中国社会科学院老学者文库

亚欧语言基本词比较研究

卷一（通论）

吴安其◎著

中国社会科学出版社

图书在版编目（CIP）数据

亚欧语言基本词比较研究：全5卷／吴安其著．—北京：中国社会科学出版社，2017.1
（中国社会科学院老学者文库）
ISBN 978-7-5161-7911-6

Ⅰ.①亚… Ⅱ.①吴… Ⅲ.①比较词汇学-南印度语系 ②比较词汇学-印欧语系 ③比较词汇学-高加索语系 ④比较词汇学-芬匈语系 Ⅳ.①H620.3 ②H703 ③H650.3 ④H660.3

中国版本图书馆CIP数据核字（2016）第070530号

出 版 人　赵剑英
责任编辑　王　茵　马　明
责任校对　朱妍洁
责任印制　戴　宽

出　　版　中国社会科学出版社
社　　址　北京鼓楼西大街甲158号
邮　　编　100720
网　　址　http://www.csspw.cn
发 行 部　010-84083685
门 市 部　010-84029450
经　　销　新华书店及其他书店

印刷装订　北京君升印刷有限公司
版　　次　2017年1月第1版
印　　次　2017年1月第1次印刷

开　　本　710×1000　1/16
印　　张　176.25
字　　数　2420千字
定　　价　638.00元（全五卷）

凡购买中国社会科学出版社图书，如有质量问题请与本社营销中心联系调换
电话：010-84083683

前　言

20世纪30年代布拉格学派的俄国学者特鲁别茨科伊（Trubetzkoy）考虑到语言之间语词的借用情况说："由此看来，所有印欧语言都由同一语言分化而来的设想便不能令人们信服了，因为印欧语的祖先可能原本不一样，只是通过长时间的互相接触与借用才有今天相似的面貌。在讨论印欧原始语问题的时候，我们应时刻考虑到这种可能性。单一原始语的设想在当下已成为主流，正如当年中国'罢黜百家，独尊儒术'一样：失去百家争鸣的同时，我们也已经失去了纯粹的语言学精神，假以时日，这种精神将灰飞烟灭。"①

亚、欧两地主要分布着汉藏、阿尔泰、南岛、南亚、达罗毗荼、印欧、高加索、芬兰-乌戈尔和亚非九个语系的语言，这些语言的基本词往往有跨语系的词源对应关系，一定程度上反映了更早以前语言的渊源关系。事实上没有一个语系是孤立的，也没有一种语言是孤立的。在我们这部《亚欧语言基本词比较研究》的书中读者们将会看到印欧语不仅不是孤立的，还与亚洲的语言有密切的关系。

语言及方言的扩散、迁徙和转用的研究是有关语源的，词源学以往是关于文献中出现的词的历史，是角度不同的观察。现在看来这两个方面研究的范畴还可以再扩大一些。结合这两个方面进一步的研究可以发现更多的问

---

① 特鲁别茨科伊:《关于印欧语言问题的设想》，邹一帆译，石锋、张洪明主编《语言学译林》，世界图书出版公司2013年版。

题，对一些久而未决的问题提出新的解释。

下文诸卷在讨论亚欧人群和语言历史的基础上讨论了亚欧语言275项基本词的词源关系，诸篇以独立文本的形式探讨一些词或词根跨语系对应的情况，并以印欧语与东亚太平洋语言意义相关的基本词的词源对应关系为基础，进一步探讨亚欧和非洲、美洲、巴布亚、澳大利亚原住民语言的词源和语源关系。所涉及的东亚太平洋语言的分布和归类已在第五卷中说明。为了讨论的方便我们沿用传统的分类，并不刻板地认为这些分类中的语系或语族的语言都是从某一种原始语中分裂出来的。

参考考古、体质人类学的结论，根据东亚太平洋语言基本词的词源关系的情况，可以推测最近的四五万年东亚有四次大规模的迁徙。一是末次冰期以前南方人群北上抵北亚，南、北不同人群的结合；二是末次冰期北方居民南下；三是末次冰期结束之后距今一万年前开始的南方居民的北上；四是五千多年前到两千年前的这段时间里阿尔泰人向西和向南迁移，藏缅人沿西南民族走廊南下，沿海地区南岛语居民南下并向太平洋岛屿迁移。

笔者发现东亚太平洋地区语言的基本词，如近指代词“这”、形容词“圆的”“小”等的说法可分别归为有词源关系的三个或四个组，这意味着东亚太平洋地区的语言较早前有着多个源头。

比较亚欧语言的基本词的词源关系，可以看到跨语系分布的基本词中，第一人称代词的词根可以作为标记。亚洲、欧洲、非洲、澳大利亚和美洲印第安人语言的第一人称单数代词词根的词源关系主要有 *ni（*ne、*no、*na），$*g^{w}a$（*go、*gu、*ku、*ŋa）和 *mi（*bi、*me）三类，与包括第二人称在内的其他基本词有一定程度一致的分布。

亚洲、欧洲和非洲基本词词源关系的分布为：从非洲、欧洲到北亚及太平洋地区；从非洲、中东到南亚和东亚太平洋地区。

东亚语言和印欧语农业文明相关的词有渊源关系，可能是末次冰期之后东亚向中亚、中东的移民，把自己与农业相关的词汇传给前印欧语系的语言。

根据苏米尔语和阿尔泰语基本词和形态的对应关系可以推测早期的苏米尔人可能是末次冰期后从东亚经中亚来到中东的。

比较的材料涉及高加索语系的格鲁吉亚语等，芬兰-乌戈尔语系的芬兰语、爱沙尼亚语和匈牙利语，巴斯克语，亚非语系的希伯来语和阿拉伯语，尼罗-撒哈拉语系的卡努里语（Kanuri）和扎尔马语（Zarma），尼日尔-科尔多凡语系班图语支的祖鲁语（Zulu）、科萨语（Xhosa）和斯瓦西里语（Kiswahili），科伊桑语系的科洪语（!Khoong）和科伊科伊语（Khoekhoe）等，爱斯基摩语和几种印第安语。涉及的印第安语有：美国新墨西哥州阿巴齐语（Apache）、明尼苏达州达科他语（Dakota）、苏语（Sioux）、俄克拉荷马州车罗科语（Cherokee）、墨西哥那瓦特尔语（Nahuatl）和玛雅语。我们眼界的开阔和工作效率的提高得益于对现代电子语料库和互联网的利用，我们感谢所有为此做出贡献的学者和工作人员。

各篇古汉语读音的解释可参见笔者《汉藏语同源研究》的有关章节，南岛语的语音对应和演变的解释可参见笔者《南岛语分类研究》的有关章节，有关印欧语的构拟参照这一方面专门的研究，不同之处另有说明。全书共五卷，第一卷为通论，第二、第三卷有关名词，第四卷有关动词，第五卷有关形容词、副词、代词和数词。多有疏漏，敬请指正！

卷一目录

语源和词源

◇ 一　语言的承传和词的对应

1. 承传和分化

亚欧大陆不同人种体质和文明的差别四五万年前的旧石器时代已出现。距今四五万年前的广西柳江人已具有蒙古人种的特征，同一时期欧洲出现了持有莫斯特文化的高加索人种的居民。世界各地不同人种的体质和语言特征的差异是人群分隔和语言相对独立演变的结果。

同一地区的不同社团方言通常是新老交替，一代一代地传下去。分处两地的相近方言随着一代又一代各自的新老派社团方言的交替，最终成为差别较大的地域方言。

语言分处两地经历了各自的演变则成为不同的方言。索绪尔解释道："这些差别是什么造成的呢？如果认为那只是空间造成的，那就受了错觉的欺骗。空间本身是不能对语言起什么作用的。殖民者在离开 G 在 G' 登陆的第二天所说的语言跟前一天晚上所说的完全一样。人们很容易忘记时间的因素，因为它没有空间那么具体。但是实际上，语言的分化正是由时间因素引起的。地理差异应该叫做时间差异。"①

① 索绪尔：《普通语言学教程》，高名凯译，商务印书馆 2001 年版，第 277 页。

人类社会的近亲通婚必定带来遗传疾病不利于种族的延续，史前社会的条件下要逃脱氏族消亡的命运只能与其他群体结合，这一情况摩尔根在《古代社会》一书中已经说得很清楚。东亚古代的氏族和部落社会中使用不同语言或方言的人群通婚，应是最普通的情况。早期人类处于不同氏族或不同部落交错和相互通婚的状态，不同语言或方言的接触，观念上的相互影响和词的大量借用是难免的。

在不同氏族或不同部落交际语的传播中精通自己原来的方言和熟悉交际语的双语人起着关键作用，他们往往在一定的圈子里讲一种以自己原来的方言或母语为基础的交际语。如民国时期和清晚期的国语，即今天的“普通话”，就是这样在官场和知识界形成的。如今在北京除了本地话，还流行着带儿化韵和不带儿化韵的两种“普通话”。“普通话”夹杂着一些明代的南京话的词和清代的东北话的词，还受到河北等周边地区移民的影响，其源头可追溯至唐宋时期的中原通语，以及两千多年前诗经时代的方言。

2. 迁徙和传播

（1）人群的迁徙和语言的分布

据地质学和古气象研究，在近二百万年中全球气候经历了许多次冷、暖交替的重大变化。每一次寒冷的气候持续约一万年，这一时期称为“冰期”。距今四万三千年到三万八千年前的这段时间里，全球环境与今天差不多。距今二万二千年到一万五千年前气候最为寒冷，称为末次冰期。距今一万二千年到一万年前开始，气候转暖。

旧石器时代人群迁徙频繁，但语言的分布仍有大范围的格局，其迁徙的方向与气候变化对植被等的影响有关。东亚的阿尔泰、南岛、汉藏和南亚诸语系语言基本词有对应关系外，它们的一些基本词还分别与今天分布于南亚次大陆达罗毗荼语系语言有对应关系，应是旧石器时代南亚和东南亚居民向东亚各地移民的结果。

新石器时代农业出现，人群从迁徙到定居，农耕民族分布于河边台地或冲积平原，渔猎民族分布于草原森林，语言的分布也趋于稳定。亚、欧两地不同语系的语言分别在一定的范围内连绵分布。

人群缓慢迁徙，则带来语言或方言的逐渐推移。如我国的南方很多地方不同村寨的居民使用相近但有一定差异的方言土语。相邻村寨之间的居民较多交往，方言土语也更接近，相隔越远差异越大。

人烟稀少的地区和居民稠密地区的语言传播不同，江南十里不同音和城市语音混杂的情况不同，游牧民族和农耕民族的语言传播不同。不同人群有自己的交际语。部落联盟时代，以部落之间的沟通为目的形成了部落交际语，城邦时代城乡之间以城镇的口语为交际语。总的说来交际语的形成以不同人群的需要和一定的语言或方言为基础，并经历一定过程的演变以适应需要。

（2）社会组织和语言的变化

我们先有氏族、部落、部落联盟，后有民族。氏族、部落的兴衰带来语言的兴衰。不能想象早期的氏族语言在人烟稀少的环境中能够一直保留着自己的传统。没有一种语言的词汇不是混合的，只是不同语言的情况不同。东亚诸语言的历史是数万年氏族、部落语言的传播和转用的历史。

氏族社会在东亚延续了相当长的时间，母系氏族社会在东亚和美洲多数地区大约持续到末次冰期以后，至气候转暖，农业出现，人口迅速增加，才出现部落社会，然后才有部落联盟的时代。母系氏族家庭中语言按照母系氏族社会传播的特征传播，其中包括男人们为了寻找异性，母系家庭为了避免近亲婚姻接纳外来的男子造成的语言的广泛接触。

五千多年前黄河流域的不同氏族结合成部落，出现了父系社会。部落是氏族的结合，希腊和美洲印第安人的部落也都是如此。每一个部落都有自己的地域和自己的方言，于是出现了语言或方言和地域联系在一起的情况。印第安人的一个部落通常不超过两千人，部落中如果出现不同方言，则是部落兼并的结果，而且方言相近的部落总是相邻的。[①] 后来的部落联盟必定以某一语言为交际的基础。[②] 古代的部落交际语应是不同部落之间交流的主要语言，并可能成为一些人群的母语，原有语言的底层得以保留。

部落联盟时代部落原本有不同的方言，以某一种方言为基础形成的通语中难免带有各种方言词。如果各部落的语言原本是不易相通的，则可能以某一种部落语为基础形成一种通语。不同语言的居民在使用部落交际语或地区共同语时改变了这些交际语，便使之成为不同风格的地区性“普通话”。早期的交际语在不同地区被改造，以缓慢的或跳跃式的形式向外传播。在中东和欧洲，宗教语言的传播和相隔形成不同的亲属语。如拉丁语族的语言来自通俗拉丁语，斯拉夫语是在古教堂斯拉夫语的基础上形成的。

交际语对土语的改造使它们成为相近的方言或亲属语。古代语言的底层经历了多次的语言转用之后，仍可以保留在今天的语言中。

末次冰期结束之后，阿尔泰语主体形成于今内蒙古地区，其分化的方言与北亚及北上的南岛语系的语言结合形成突厥、蒙古、满通古斯、朝鲜和日语等阿尔泰语系的语言。此后因相邻的语言进一步接触，如突厥语和蒙古语，蒙古语和满通古斯语，满通古斯语和朝鲜语，朝鲜语和日语等分别有更多相似的特点。

（3）人群的迁徙和语言的接触

末次冰期之后，沿海北迁的南岛语在日本沿海、朝鲜半岛和中国北方的沿海和阿尔泰语接触，南下后又与南方的语言结合。台湾的南岛语保留着与阿尔泰语有过密切关系的特点，如人称代词的一致和某些语音平行演变的

---

① 路易斯·亨利·摩尔根：《古代社会》，商务印书馆1964年版，第102、107页。

② 同上书，第122页。

特征。

巴布亚和新几内亚是波利尼西亚和新科里多尼亚南岛语扩散过程中的中间站。据 19 世纪的记录，分布在巴布亚的莫图部落的语言有莫图（Moto）、柯勒布努（Kelepunu）、阿罗玛（Aroma）、南岬（South Cape）、卡巴地（Kabadi）、玛伊瓦（Maiva）和莫图莫图（Motumotu）等方言。[①] 20 世纪的调查者发现可以把莫图语分为真莫图语（True Motu）和洋泾浜莫图（Pidgin Motu）。前者的使用者有一千五百人，后者已有二十五万人在使用（1987）。真莫图语有东、西两种方言。

从大陆出发的南岛语经由马来半岛和印度尼西亚诸岛屿到达巴布亚新几内亚，并与较早前到达那里的非南岛系的土著语言接触。如莫图诸方言是在不同语言的基础上发展起来的，这些不同的语言与印度尼西亚（印尼语、爪哇语）、新喀里多尼亚（塔希提语、嫩戈内语）、巴布亚新几内亚本地的语言有密切关系，带有不同于中国台湾、菲律宾和马来半岛诸南岛语系语言的一些词。

印度尼西亚语和亚齐语等，是较晚离开大陆的南岛语，在马来半岛和印度尼西亚地区覆盖了早先的美拉—密克罗尼西亚语族的语言。爪哇语保留着早期美拉—密克罗尼西亚语族语言的某些词汇底层。

无论是南岛语、阿尔泰语、汉藏语，还是印欧语系的语言，从某地向外扩展成为分布于广袤地区的亲属语，总非一日之工。如山东半岛的南岛语直到西周之后才消失，而东南亚地区的南岛语早在商代之时就开始向太平洋地区的岛屿迁徙。即使我们假定一个语系的语言是从最初的一种语言，一再传播一再演变的，她们语音、语法和词汇也会有不同历史层次的变化。因此历史比较中把一个语系的语言不加区分地放到一个平面上比较的方法是不可取的。

---

① *Grammar and Vocabulary of Language Spoken by Motu Tribe* (New Guinea), by Rev. W. G.Lawes, F.R.G.S., 1888.

3. 语言的底层和系统的变化

（1）语言系统的相互作用

两种语言 A_1 和 A_2，她们的接触如果产生新的语言或方言 A_3，必定与 A_1 或 A_2 比较接近，较少出现混合语。假定语言 A_1 的语音系统为 S_1，语法系统为 G_1，词汇为 L_1。跟 A_1 这三个系统分别接触的是语言 A_2 的是 S_2、G_2 和 L_2。

A_3 的语音系统一定与其中的一种，譬如说 A_1 的比较接近，基本词中仍有相当一部分来自 A_2，东亚太平洋许多语言保存早期底层成分这一事实已经证明了这一点。当 A_1、A_2、A_3 与 B_1、B_2、B_3 两组语言穿插接触影响数千年之后，在它们分布的区域有可能出现几百种不同的语言。这就是美洲印第安人的语言和巴布亚新几内亚的语言显得复杂而难以给予语言发生学归类的原因。

我们已经看到，亲属语和方言之间的语音系统往往具有一定对应关系的相似特点，而不具有同构性，相邻的不同语系的语言之间有着一定的对应关系。

语言的基本词中，或所谓的“核心词”，第一人称代词的单数形式和“眼睛”“舌头”“手”等身体部位词最为稳定，在欧亚和非洲诸语系中我们都会看到这一类基本词作为底层保留在转用的语言中。

较为普遍的是，不同人群的交际语比起产生这种交际语的语言或方言来说语音或形态要简单一些。如北京本地话有一套儿化韵，双音节和多音节复音词有轻声，而官场和知识界流行的普通话没有儿化韵，北京以外地区的普通话没有轻声。北京电台和北京电视台的一些播音员讲的普通话接近于北京土话，通常有较多的儿化韵，也有轻声。东亚的语言中有小舌音的语言、有圆唇辅音的语言和复辅音系统较为复杂的语言通常分布在较少受其他语言干扰的地方。底层语言还对传播语言的系统加以改造，往往使它们的语音系统和形态系统变得比较简单，越是广为传播的语言越是如此。如非洲班图语和科伊桑语系的语言一样，有一系列的吸气音，但比它们的简单（缺少某些系列），一些基本词有对应关系。上海话的声调系统就比周围的吴方言简单得多，美国黑人社会所讲的英语就不太讲究语法。

（2）语言的底层和谱系关系

语言一旦得以传播，尤其是为原本使用另外的语言的人所使用，马上就成为另一个样子，即接触中语言的系统可能发生调整。

交际语不完全的学习和不完全的交际语的传播使得基本结构来历不同的语言看起来像亲属语。词源关系的研究中我们可以暂时不区别这些情况，把以往有关语言的归属的争论搁置起来，先考虑词的对应及其传播的途径。我们尤其关注那些相隔遥远并有一些语词对应的语言，这种情况大多是早期的迁徙造成的。折中的观点是把那些长期分布在一个地区相互影响有密切关系的语言称为“语言联盟”（allying of languages），该提法实际上还是承认构成语言联盟的语言没有发生学关系。

许多基本词的来历比传统历史语言学所认为的语言历史要悠久得多。一个词从一种语言开始使用就有隐藏的语音、形态和语义的特征，词源的比较可以发现语词在不同语言中的历史，以及从一个区域向另一个区域传播的情况。那些过去在分类上排除在外的语言以及以往认为没有发生学关系的语言的历史关系可以从一些词（不是个别词）的传播历史中得到认识。

亚欧诸语系的亲属语基本词差异甚大，如印欧语的许多基本词来历不同，不能以原始共同语分化的模式解释。如：

	英语	丹麦语	法语	梵语	波斯语
太阳	sun	sol	soleil	divakarah	mihr
月亮	moon	maane	lune	tʃandrah	mah
水	water	vand	l’eauf	dʒalam	ab

按照语言衰变理论（语言历史年代学）推测，有共同来历的语言经过二

三万年之后，语言的核心词几乎丧失殆尽，无法说明它们之间是否有亲缘关系。我们观察到的是，随着语言的变化，基本词的形式和代表的意义可能发生变化，而不是消失。我们怎么敢断言一个语言系的语言数万年以来只有一个源头。

历史语言学认为创新是划分方言或亲属语与语系及其亲属语亲疏关系的条件，事实上分布在相邻地区的不同语言和有着共同底层的语言都可能产生使我们认为历史上有共同创新的现象。语言发生学关系的表述以谱系理论为指导，其共同语（common language）分化的模式很难较好地解释亲属语的分歧。

现代语言的谱系关系所要反映的是古代语言的发生学关系，事实上因理论上的认识不同，所依据的材料不同，对语言历史推测的方法不同。特鲁别茨科伊认为:“印欧语言都由同一语言分化而来的设想便不能令人们信服了，因为印欧语的祖先可能原本不一样，只是通过长时间的互相接触与借用才有今天相似的面貌。在讨论印欧原始语问题的时候，我们应时刻考虑到这种可能性。”①

另外，即使真的有一种原始印欧语存在于五千五百年前的伏尔加河地区，后来扩散到欧洲各地和印度的北部，她也不是真的原始语。索绪尔以来的结构主义的历史语言学一开始用一种语言单纯分化的设想解释语言的历史，后来的学者索性把这一设想贯彻到底，使人产生许多误会。语言的传播既有欧洲殖民主义时代从欧洲大陆到非洲和美洲这样强势的语言传播，也有诸欧亚大陆的部落和部落联盟时代部落交际语的传播和分化，而在此前的氏族社会时代更多的传播形式应像是殖民主义时代的传播方式。

我们已经有足够的证据说明语言跨语系之间的渊源关系，就有必要突破

① 特鲁别茨科伊:《关于印欧语言问题的设想》，邹一帆译，石锋、张洪明主编《语言学译林》，世界图书出版公司 2013 年版。

结构主义历史语言学关于诸语系语言原始语的分化的语言传播理论，更多地考虑一下早期的语言接触和相互影响给今天我们所观察到的不同语言或方言带来一致和不一致的情况。

◇ 二　语言的演变和传承

1. 语音的历史演变

语言的语音、语法和词汇的传播是相对独立的，微小的变化是语境促成的。言语中的语音变化，如同化、异化、合音、脱落、换位、误听、借用、创新等，可感染整个社团方言乃至语言，诱发语音不同方向的历史演变。语法同样是先有语境的语用，后有方言的变化。

亚欧、非洲各地的语言经历一代又一代的沿用，其语音结构可能从简单变得复杂。在语言转用的过程中又往往从复杂变得简单，后起的语音特点往往容易把原本的对应关系淹没。最令人惊讶的是非洲科伊桑语系语言除了我们常见的一套音系，还有一套各个部位的吸气音，合成一个音系。

（1）对语音演变的认识

语音的描写都是建立在一定模式上的，注重心理或物理方面的差异。文字的表达，忽略了较多语音信息，以求书写的方便。拼音文字所提取的语音信息也相当有限，如古埃及的文字只表示音节的辅音。文字的读法，是不同程度的还原。历史语言学是依据保留的信息来说明语言历史的因果关系的。构拟，是在一定假设基础上的解释，包括对历史上曾经存在的语音系统的假设。对古代语言的认识是否接近事实，则在于对它们的解释是否符合语言类型学所描写的状态。

阿尔泰、汉藏、南岛和南亚诸语系的语言，有的音系有小舌系列，有的没有。没有小舌音的语言分别以舌根音或喉塞音与亲属语的小舌音对应。那么我们认为早期的阿尔泰语、南岛语有小舌音，如同多数的突厥语。失去小舌音的语言，如土耳其语，小舌音并入舌根音。如果把小舌音视为后起的结构特征，则不能合理解释产生小舌音的条件。阿尔泰语、南岛语词汇比较的语音平台假定为有一个相近的有小舌音的音系，众多词的对应关系说明这个解释比较合理。

汉藏语送气塞音和不送气塞音的对立与不同语言不同历史时期的语音演变有关，同时又与它们的形态有关。藏、羌诸语中由于前缀，送气的塞音声母可以成为不送气的，清的可以成为浊的。它们的演变是有条件的，不是交替。

东亚太平洋语言中的圆唇辅音，有的可能早期就有，有的可能是后来才有的。早期的圆唇辅音在汉语中后来表现为 -u- 介音，汉语晚起的 -u- 介音则与舌根声母有关。汉语的 -j- 介音同样有早有晚，有的来自先秦汉语，有的来自 -r- 介音，有的是南北朝时期北方方言所增生的。区分语音历史演变的历史层次是历史语言学基本方法之一。

南岛语系马来语支语言 *r 与波利尼西亚语支语言 s 和 h 的对应如：

“鼻子”汤加语 ihu，夏威夷语 ihŭ，菲拉梅勒语 usu，锡加语 iru-ŋ < *ʔiru。

“朋友”塔希提语、拉巴努伊语 hoa，菲拉梅勒语 soa，达阿语 roa < *roʔa。

“举起”汤加语 hiki，罗杜玛语 siki，菲拉梅勒语 sikea，锡加语 regi-ŋ < *reki。

“海”汤加语 tahi，夏威夷语 kăi，夸梅拉语 təsə，吉尔伯特语 tāri < *tari。

这一类对应关系反映了迁移和传播的过程中不同历史时期不同语言的语音变化。

古藏缅语北方方言中，早期的前缀带元音，如同今天景颇语支、库基—那加语支和博多—加洛语支的语言。景颇语等后来也产生塞擦音，但与藏羌、喜马拉雅和彝缅语支的塞擦音没有对应关系。

语言的形态是历史遗留的标记。如英语动词的不规则变化可以追溯到古日耳曼时代。现代汉语的一些动词、名词和形容词以声调来区别，即所谓的四声别义，其源头可追溯至汉代和汉代以前的形态。今天的形态是昨天的词法，今天的词法是昨天的句法。

语言的创新，其主要的动力来自语言的接触和语言系统自身的演变。如捷斯尼切卡娅在《印欧语亲属关系研究中的问题》中说过："在活的语言发展过程中所看到的形态因类推而划一的现象，词干重新分解和简化的现象，原有独立词汇单位的语法化（以后转变为构词法附加成分和变词法附加成分）的真实情况，语音现象和形态现象互相作用的情况（特别是在某些语言中逐渐取得一定语法意义的语音交替现象）等等，——所有这些都大大地扩展了历史语言学家的眼界，使他们有可能更好、更充分地阐明较远的过去的事实。"[①]

（2）圆唇塞音

东亚太平洋语言中的圆唇辅音，有的可能早期就有，有的是后来才有的。早期的圆唇辅音在汉语中后来表现为 -u- 介音。

东亚语言和印欧语圆唇塞音 g^w 可与 ŋ 交替，一些语言的词中 k 和 g 常常分别读作 ŋk 和 ŋg。值得注意的是 g^w 和 b^w 等的对应。我们假定东亚语言和印欧语 *g^w 和 *b^w、*k^w 和 *p^w 可交替，如：

①"牛"西部裕固语 gus，汉语 *ŋə，土家语 wu^{35} < *b^wu，侗语kwe^{2} < *g^we。

"母牛"古英语 cu、古弗里斯语 ku，希腊语 bous，梵语 gau < *g^wu。

②"喉咙"维吾尔语 gɑl < *galo，蒙古语 xoːlɛː、东乡语 ɢoləi < *gole。"脖子"维吾尔语 bojun、哈萨克语 mojən < *borun。

"喉咙、脖子、吞咽"梵语 gala。"喉咙"拉丁语 gula，意大利语 gola。

① A.B. 捷斯尼切卡娅：《印欧语亲属关系研究中的问题》，科学出版社 1960 年版，第 107 页。

“脖子”德语、瑞典语、丹麦语 hals，意大利语 collo，拉丁语 collum。
“喉咙”古法语 gargole < *gar-gole。“脖子”芬兰语 kaula。

③“乳房”古突厥语 koguz < *kogur。“胸”鄂温克语 xəŋgər < *qəgirə，达密语 akor < *ʔakor。“心”土耳其语 jyrek、维吾尔语、塔塔尔语 jyrɛk、图瓦语 dʒyryk < *gure-k，蒙古语书面语 dʒirüke、蒙古语 dʒʉrx、达斡尔语 dʒurugu < *guru-q。瓜依沃语 goru-na < *goru。

“乳房”俄语 grudj，波兰语 gors。阿尔巴尼亚语 gji < *gri。
“乳房”亚美尼亚语 kurtskh < *kurtg。

“（动物的）乳房”达密语 su bura < *su-bura。“乳汁”义都珞巴语 ȵo^{55}bɹɑ < *nu-bra。“胸”藏文 braŋ khog < *braŋ-gog，马那姆语barabara < *bara，排湾语 varuŋ < *b^{w}aruŋ。

“乳房”古爱尔兰语 bruinne，古英语 breost（乳房、思想），古弗里斯语 briost、古挪威语 brjost < *brus-。

“心”吉尔伯特语 buro，当与邻近的瓜依沃语 goru-na 等有词源关系，即 *g^{w}oru > *buro。桑塔利语 o̠nto̠r < *ʔotor。“胸”柬埔寨文 truːŋ < *truŋ。“肝”汉语 *gar。① 他杭语 kohrlaŋ < *kor-laŋ。

在末次冰期结束前，古东亚语言中有圆唇辅音 *g^{w}- > *b^{w}-、*d-（*t-）一类的演变。“心”*g^{w}are 的演变方式是：

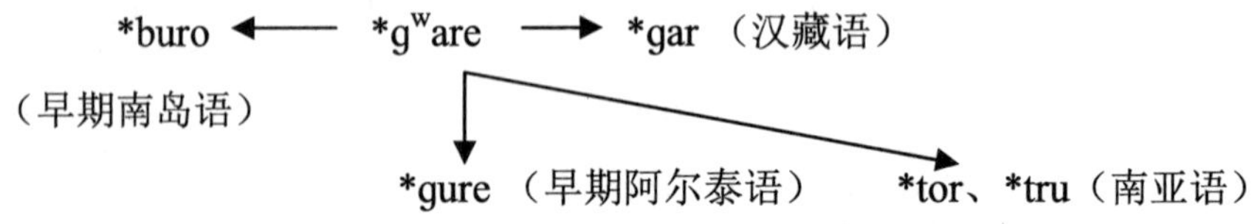

① “肝”谐声字有“岸”*ŋan、“旱”*gan、“轩”*sŋan 等。“干”*kar-s > *kans，这是周早期中部方言的变化，谐声字如“皯”，《广韵》虚我、侯旰两切。

即词首圆唇塞音 *g^w 和 *b^w、*k^w 和 *p^w 在后随流音音节时可分别成为同部位的非圆唇辅音，演变为 t、d、p 和 b，并入原来的 t、d、p 和 b，其辅音特征可转移为圆唇元音（或再为流音同化成非圆唇元音），演变关系为：

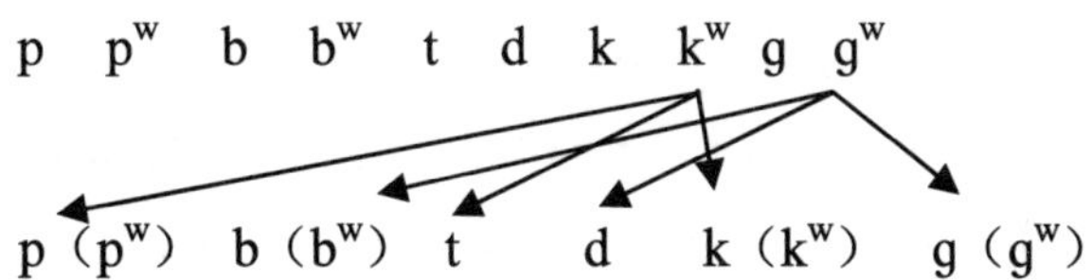

亚洲语言演变完成 *k^w、*g^w > t、d、p 和 b 这一类的变化之后可能向印欧语扩散，或是欧洲和中亚的演变向东亚扩散。有的可能是平行演变。如“牛”侗语 kwe^2 < *g^we，“水牛”黎语tui^3 < *t^wi < *k^wi。

①“土、地”东部斐济语 gele，西部斐济语 g^wele < *g^wele。

“土”普米语 tsa^{55}，木雅语 tsa^{53}，史兴语 $tɕæ^{53}$，羌语 khia < *kra。① 罗图马语 pera < *pera。蒙古语和静话 ʃabar，鄂伦春语 ʃiwar（稀泥）< *ti-bar。土耳其语 jir < *dir。撒拉语 toraq < *tora-q。

“土”意大利语、葡萄牙语 terra，梵语 dhara < *dera。“泥”西班牙语 barro，“田野”梵语 adʒra、希腊语 agros < *agra，“黏土”葡萄牙语argila、意大利语argilla < *agra-gila 等，它们与东亚语“土、地”*g^wela、*dir、*bora 等有词源关系。

②“嘴”古突厥语、土耳其语 aɣiz，维吾尔语 eʁiz，撒拉语 ɑʁəz < *ʔagir。朝鲜语 akari < *ʔagari。阿伊努语 paro < *baro。巴饶克语（Palaung）mūr，德昂语硝厂沟话 moiʔ < *mur。荷朗库尔语（Hrangkhol）ā-mūr，朗龙语（Langrong）、爱摩尔语（Aimol）mūr < *mur。

东部斐济语 ŋusu，西部斐济语 ŋuhu < *ŋuru。罗维阿纳语 ŋuzu < *ŋuru。

---

① 藏羌语的舌尖塞擦音来自 *-r- 构成的复辅音，参见吴安其《汉藏语同源研究》（中央民族大学出版社 2002 年版）第 168 页的比较。

汉语 *skriʔ（嘴）< *s-kri-ʔ。

“嘴唇”卑南语 birbir，巴塔克语、印尼语 bibir，马京达瑙语 vivir < *b^{w}ir。*g^{w}ir > *bur、*b^{w}ir。

“嘴”阿尔巴尼亚语 gojë < *goro，grykë < *gru-。亚美尼亚语 beran < *bera-。格鲁吉亚语 phiri < *biri。

③“星”汉语 *skreŋ < *sgre-ŋ。[①]“星星”藏文 skar，巴尔蒂语 skar-ma < *skar。缅文 krɑj^2，阿昌语 khzə̥^{55}，载瓦语 kji̱^{51} < *kri。豪尔巴语 sgrai < *sgri。

桑塔利语 sukar < *sukar（夜晚的星星），对应于藏缅语。与之相近的是斯拉夫语，如：

> “星星”古教堂斯拉夫语、俄语 zvezda，立陶宛语 žvaigžde < *sg^{w}egr-da。波兰语 gwiazda < *g^{w}er-da。

*sug^{w}er 可代表上述说法的早期形式。

“星星”印欧语方面的 *sitar < *sig^{w}ar，应是早期的演变。匈牙利文 sztar / star /，爱沙尼亚语 staar < *star，来自印欧语。

> “星星”梵语 star-，希腊语 astra，古高地德语 sterro，古弗里斯语 stero，拉丁语 astrum < *astro-。赫梯语 ʃitar < *sitar。

“星星”朝鲜语 pjər < *bər，达密语 barisa < *beri-sa，勒窝语 verue < *b^{w}eruʔe，莫图语南岬方言 ibora < *ʔi-bora。

“星星”如南岛语系语言的鲁凯语 tariau < *tari-ʔaʔu，伊拉鲁吐语 torə < *tari，这两种形式都是 *g^{w}ari 的演变结果。

④“火”蒙古语 gɑl，保安语 χɑl，东部裕固语 ɢɑl < *gal。西部斐济语

---

① 汉语“星”甲骨文开始以“生”为声符，甲骨文或作“晶”（*skreŋ）。“生”的读法同样是 sreŋ < *skreŋ，其演变可能发生在春秋之前或春秋之时。“新的”苗语养蒿话 xhi^1、巴亨语文界话 seŋ^1、长垌话 ŋkheŋ^1、勉语大坪话 sjaŋ^1 < *skreŋ，当与汉语“生”的说法有词源关系。

g^{w}aja < *gala。蒙达语 dongol < *do-gol。桑塔利语 sokol < *soŋol。蒙达语方言 seŋel < *seŋel。户语 ŋăl^{31}，布兴语 tʃi ŋal < *ŋal。“柴”尼科巴语 ŋɔh < *ŋol。

> “火”盖尔语 aingeal < *angel。俄语 golenie < *gole-ni。

*g^{w}uli 在北亚演变为 *tuli，如“火”芬兰语为 tuli、匈牙利文 tūz < *tuli。

“火”朝鲜语 pur < *bur。“灰烬”克木语 pɔ̆h < *por。“烟”日语 kemuri < *ke-muri。

> “火”希腊语 pyr、英语 fire、德语 feuer、荷兰语 vuːr、亚美尼亚语 hur < *pur。
>
> 俄语 pozar < *porar，pɨl < *pul。

“火”汉语 *s-m^{w}al。塔米语（Thami）meh，安德罗语（Andre）wɑl < *mel。阿美语 namal < *na-mal。大瓦拉语 ebala < *ʔebala。

> “火、火焰”俄语 plamja < plama。“火焰”古法语 flamme，拉丁语 flamma < *bla-。

“火”芬兰语 palo。

“火”查莫罗语 tiro < *tiro。“灰烬”蒙达语 toroe，桑塔利语 to̱ro̱tʃ < *toroʔe。“烟”桑塔利语 dʒho̱l < *dul。

（3）语音的平行演变和演变的扩散

语音的演变扩散有内部和外部两条途径。类推是语言、方言和社团方言之内的扩散的基本动力，通过借词的扩散是外部扩散的主要途径。历史语言学以波浪理论概括从某一中心向四周扩散的情况，语言的比较中，不能一概而论。

阿尔泰、南岛、汉藏语和南亚语塞擦音有两个主要来源，早期的来自舌尖塞音和来自舌根塞音，后来的主要来自后随高元音的舌根塞音。推测早期的清塞擦音来自 *ʈ-，浊塞擦音来自 *ɖ-，或由于 *-j- 在塞音之后引起的，是相似条件下的平行演变。

汉藏语和孟高棉语的塞擦音往往是复辅音简化的产物，同样是平行的演变的产物。中古汉语合口的重唇音变为轻唇音，在稍早前的印欧语中$*p^w > f$、$*b^w > v$，在南岛语和阿尔泰语中也是如此。汉语音韵学说明舌头变舌上、重唇变轻唇的条件是后随介音，东亚一些语言中不一定都是如此。

汉语上古 -j- 介音的一个主要来源是复辅音简化过程中 -l- 和 -r- 的演变。不同来源的材料表明，大约从汉魏开始到隋唐的三四百年间，北方方言的一些中古汉语三等音中的 -j- 介音是北方方言增生的。照三 -j- 介音西晋以前已存在。[①]

2. 语义的演变和变化的模式

（1）原始文化和意义的表达

语言的使用者持有的观念不同，区分事物的方式也不同。早期居民的观念及其表达的方式与今天的不同，为“原始文化”的表现方式。今天我们仍然可以看到东亚太平洋的一些语言把“太阳”叫作“白天的眼睛”，“月亮”叫作“夜晚的眼睛”，有的“太阳”和“月亮”的说法是这一类说法的省略形式。其他如“泉”叫作“水眼”，“头发”叫作“叶子”，“血管”叫作“根”，等等。

概括多种事物的能力使每一时期的居民往往利用原有的表达方式表示新的概念，产生新的意义。今天习以为常的说法有的是较晚才有的。一些语言对“树”“草”的概括方式与我们所理解的不同，如“树”可指“柴”，“草”可指“毛”。“水”又指今天所说的“江、河”，“土”和“地”或用一个词来表示。“股”《说文》髀也，原指“大腿”，后来指“臀”部。今天又用来喻指某物的一部分，有所谓“股份”这样的说法。

① 参见周祖谟《魏晋音与齐梁音》，《文字音韵训诂论集》，北京大学出版社 2000 年版，第 65 页。

一些语言“眼睛、脸”原本用一个词表示，后来用两个词表示。不同的亲属语或方言这两个词可能有意义上的交叉对应。

（2）语义的历史演变

老子《道德经》说：“天下皆知美之为美，斯恶已。皆知善之为善，斯不善已。”也就是说我们用两分法区分事物，这是人类普遍的认知方式，意义的存在在于主观的区分。

语词的所指可能因所指事物质地、外形、意义关系等发生关联。语词的意义演变与语词概念内涵、外延的变化，概念的投射和意义的引申等有关。语言符号与概念、客观事物和相关意义三个方面有直接的关系，以语音为形式区分概念并指向一定的事物，连带着使用者自已予以的意义。所谓的词义包括词所指的概念和连带的意义。语言符号使用者观念的变化，概括能力的发挥，原有的语词可能用来表示新的意义，或使用新的语词。

语词的概念涵盖范围变小时区分比原来仔细，往往用两个或多个词来说明原本一个概念就能概括的，原有的词只用来表示较小的概念。当词义涵盖的范围得以伸延，词的所指扩大。如“眼睛”和“脸”、“耳朵”和“耳廓”、“脚”和“小腿”等身体部位词语言中往往既有区分的说法又有合称。语义的历史演变中就可能用合称词代替分称中的一个，也有用分称中的一个代替原来的合称。

专名成为通名，如汉语中的“河”本专指“黄河”，现为通名。“丈夫”本指成年男人，如《穀梁传·文公十二年》：“男子二十而冠，冠而列丈夫。”后来专指男性配偶。“病”和“疼痛”在东亚太平洋许多语言中用相同的词来表示。一些语言中的“病”来自某一种“疾病”的名称，其中“疟疾”可能在古代的多种语言中转为“病”的通名。

如亚欧语言中“太阳”可引申指“白天”，与“火”“热”“发光”“亮的”“神”等说法有词源关系。早期印欧语“嘴”*stoma-，如赫梯语 ʃtamar、阿维斯陀经 staman（狗的嘴），“嘴、谈话、河口”希腊语 stoma。希腊语派生指“喉咙”stomachos，于是有拉丁语“喉咙、胃”stomachus，从法语 stomaque 借入 14 世纪早期的英语为“胃”stomak。

意义引申的结果是可以用原本表示不同事物的词来指另外一个事物，如“红色”的说法主要来自“血”，也引申指“恐惧的”。“苦的”或是“胆”的说法的引申，“胆”往往又与“肝”有词源关系，结果是“肝”和“苦的”说法不同语言有对应关系。

一些语言“人”的称呼来自氏族或部落的称呼。一些语言“人”的称呼在另外的语言中指“女人”“妻子”或“男人”“丈夫”等，是早期氏族婚姻的遗留。也有一些氏族或部落的称呼成为“男人”“丈夫”或“女人”“妻子”的代称。一些语言中的“骨头”与另外语言的“头盖骨”“肋骨”或“角”等对应。“嘴”通常区分为“嘴”和“鸟嘴”，“鸟嘴”多与“鼻子”有词源关系，又与“吃”“舔”“说”等有词源关系。

“水”兼有或引申义的词有“雨”“露水”“河”“湖”“海”，“流动”“喝”“吸”“洗”“泡”“沉入”“潜水”“滴落”，“湿润”“清洁的”“清的”，等等。“火”“火焰”可兼指，“火”“灰烬”“烟”“炭”等可对应。

亚欧语言中“走”与“跑”“去”“脚”“腿”“路”等说法有词源关系。其他如“跳”与“跑”“飞”等，“坐”与“居住”“跪”“躺”“屁股”等，“睡”与“躺”“闭眼”“休息”等，“跪”与“膝盖”“蹲”等，“吃”与“牙齿”“嘴”“咬”“舔”等，“看”与“眼睛”“看见”“知道”等，“听”与“耳朵”“声音”“看见、知道”等，“说”与“话”“嘴”“舌”“牙齿”“告诉”等，“抓”与“拿”“持”“爪”“手、臂”等，“死”与“杀”“枯”“去”“熄灭”等，“高兴”与“爱”“笑”等，“怕”与“血”“惊奇”“鬼”等，分别有词源关系。

比喻和意义的引申，可以用来表示新的概念，也可以是原有表达的别名。如“头”北方方言中叫“脑袋”，四川湖南一带叫“脑壳”。把身体部位的区分投射到自然事物的区分，如“山顶”“山腰”和“山脚”，“水头”“水尾”，等等。直喻的结果是“山”和“头”、“云”和“天”、“山”“天”和“高”、

“地”和“低”等，前者的说法可指后者，等等。

基本词的意义可一再引申，原来的意义为别的词所取代，从而不为后世所知。如“火”可引申为“生火处”“炉子”等，又可进一步引申指“房子”“帐篷”“家”等，在印欧语和突厥语中都可以看到。一些语言中表示“岩洞”的词，与另外语言中的“家”对应，后者当为前者意义的引申和转移。基本词，越早有，意义引申越远，引申的意义越是分歧。例如“毛”本指毛发或草，引申指货币价值的降低，手指的“指”也可以做动词。

新事物的产生和对原有概念的重新区分需要新的表达，比喻和引申是表达新概念最常见的方法。把属于其他观念的概念借到自己更新的观念中，或者连表达概念的方式也借过来。其中模仿对方的语音，以自己的语音来表示，就是借词。借词表达的概念可能是自己的表达中原本没有的，也可能是自己的表达中原来就有的。

阿尔泰诸语数词既有渊源关系，又有不同支系语言独自完善的历史。其中“一”“二”来自“少”，“三”或来自手指示数法，“四”有同源关系，“五”来自各自“手”的读法，“六”“七”“八”“九”可能来自肢体或手指示数法的表达。①

3. 词源的跨语系对应

（1）词源的跨语系对应和语源的关系

欧亚大陆虽有种种阻隔，但数万年以来两地人群仍有过多次重要的迁徙。如末次冰期气候骤变，乌拉尔地区欧洲的人群来到东西伯利亚，成为古北亚语言使用人群的组成部分，并南下。这一时期东西伯利亚的人群先后迁至美洲。欧亚两地的语言经历了末次冰期的迁徙，词源对应关系形成大致相连的三段：从北欧、乌拉尔地区、蒙古到东西伯利亚和日本列岛，

---

① 吴安其：《阿尔泰语的数词》，《语言研究》2012 年第 2 期。

从黑龙江流域、朝鲜到中国台湾，从中国台湾、马来半岛到巴布亚新几内亚，相邻地区语言的对应词较多。至于澳大利亚土著语言的基本词又与东亚内地的语言有一定的联系。

西亚的早期居民和欧洲的早期居民有过密切的接触，主要为末次冰期以前的奥瑞纳时代和农业出现以后的青铜时代的接触。亚非语系的语言关系较为密切的有南亚和东亚南部的语言，其次是印欧语和高加索系的语言。

特鲁别茨科伊的看法是："如果我们从语言结构类型来看旧世界语系的地域分布，就会发现在不同语系之间贯穿着一条牢不可破的链条。芬兰—乌戈尔语族与萨摩耶德语在某些方面和阿尔泰语系语言很相似。而阿尔泰语系一方面和韩语、日语很接近（朝鲜语为日语与阿尔泰语之间的媒介），继而把大洋语族语言联系起来；另一方面又与藏缅语族有某种相似。在非洲我们也能找到这样的链条：从亚非语系的闪米特语族、哈密提克语族、柏柏尔语族以及库希特语族开始，经由尼日尔—刚果语系中的富拉语以及沃洛夫语到尼罗—撒哈拉语系的苏丹语族，最后以类班图语族作为媒介到真正的班图语。既然地域相近的语系之间贯穿着牢不可破的链条，那么那些具有印欧语结构特征的非印欧语交接，或许就是印欧语的发源地。"① 印欧语的不同支系有着显而易见的不同来历，其中一个主要的来源在中东，即赫梯人早期居住的地方。

现如今欧亚诸语系语言连绵分布的格局是近万年以来人类定居和逐渐迁移的结果，也是此前数万年以来人类迁徙的结果。在欧洲，高加索语系的格鲁吉亚语、尚未确定归属的巴斯克语，可能是奥瑞纳时代欧洲语言的遗留。乌拉尔一带的语言新石器时代越过高加索到达安纳托利亚等地，演变为后来的赫梯语，亚美尼亚语底层中保留其成分。从农业的传播和欧亚语言词汇的

---

① 特鲁别茨科伊：《关于印欧语言问题的设想》，邹一帆译，石锋、张洪明主编《语言学译林》，世界图书出版公司 2013 年版。

相近看，印欧语的另一个主要支系来自东亚。

（2）词源跨语系对应的特点

以下几个意义的词源关系可以说明它们应是早期东亚几种语言传播的结果，其词源分布于后来不同的“语系”中。东亚的语言中后来才有的词，可能是创新，或是较晚时来自南亚、西亚和西北亚的词，它们没有机会参加东亚词汇混合，分布于较小的范围。

1）指示代词“这”

东亚太平洋诸语中指示代词“这”的对应较为集中，分布较广的说法主要可区分为A、B、C、D、E和F六组。

A组

蒙古语 ən，达斡尔语 ənə，清代蒙文 ene < *ʔene。保安语 inə < *ʔini。

邹语 eni，印尼语 ini < *ʔini。赛德克语 hini < *qini。

查莫罗语 ine，汤加语 eni < *ʔine / *ʔeni。

莫图语 inai < *ʔina-ʔi。泰雅语 qanij < *ʔani-ʔi。

马绍尔语 en̡eo < *ʔene-ʔo，en̡in < *ʔenin（我们之间的），in < *ʔin（我们这边的）。

桑塔利语 inɛ < *ʔina，ini < *ʔini。

卑南语 iḍini < *ʔidi-ni。

爱斯基摩语 ûna < *ʔuna。

鄂罗克语 sina < *si-na（或 si）。

格曼僜语 an < *ʔan，汉语 *ʔan（焉），[①] 可能来自 *ʔani，如同蒙古语。

苗语养蒿话 noŋ³，大南山话 na³，枫香话 naŋ³，勉语大坪话 na³ < *ʔnaʔ。

B组

占语 ni < *ni。夏威夷语 nei < *ne-ʔi。壮语龙州话 nai³，畲语 ni³ < *ʔniʔ。侗语、水语 naːi⁶ < *ni。

① “焉”为指示词见于《小雅·白驹》《小雅·有菀》等。

布朗语甘塘话 ni^{31}，克木语 n̥ iʔ < *ni / *sniʔ。

蒙达语 ne < *ne。蒙达语 ini < *ʔini。（这个）

桑塔利语 niɛ < *ni-ʔa，noa < *no-ʔa。

C 组

藏文 ɦdi，藏语夏河话 ndə < *m-di。普米语兰坪话 di^{13} < *di。

卑南语 iḍini < *ʔidi-ni。

白语大理话 tɯ^{31} < *s-du，他杭语 tʃu < *tu，排湾语 itsu < *ʔitu。

景颇语 n^{33}tai^{33} < *n-li。

汉语 *sliʔ（是）< *s-liʔ。（与藏语 *di 等有词源关系）

D 组

满文 eke，清代蒙文 eke < *ʔeke。

日语 kono < *ko-no，kore < *ko-re。

扎坝语 kʊ^{13} < *ku，加龙语 sɯgɯ < *sugu，桑塔利语 isko < *ʔi-sko。

克木语乌方言 gi < *gi。

E 组

朝鲜语 i < *ʔi（或 *ni）。

布兴语 ʔe，布芒语、佤语艾帅话 ʔi < *ʔi。这些说法可能与朝鲜语 *ʔi 一样，来自 *ni。

F 组

满文 ere，锡伯语 ər，鄂温克语 ərĭ，赫哲语 əi < *ʔere。

汉语 *qriʔ（此）< *qri，*s-krə（兹）

上述 A、B 两组可以分别构拟为 *ʔini、*ʔani 和 *ni 等形式，早期词根为 *ni。大体上 A 组的语言属于南岛—阿尔泰语群，B、C 组的语言属于汉藏—南亚语群。

汉语方言中的指示代词有保留底层语言的说法，如唐宋时代汉语书面语中记为“底”的指示代词可能来自方位词，可能与 C 组读作 *ti 有词源关系。

吴方言“个”可能来自可归于 D 组的 *ki。

“这”古英语 þes、古挪威语 þessi、荷兰语 deze < *de-si。梵语 idam < *ida-。“这”藏文 ɦdi，藏语夏河话 ndə < *m-di。普米语兰坪话 di^{13} < *di。卑南语 iḍini < *ʔidi-ni。*de 一类的近指代词南岛语中很少出现，其词根应出自印欧语。

美洲印第安语的近指代词与东亚太平洋语言兼有 ABC 三组的情况，如：

阿巴齐语（Apache）diːhi < *di-li。（这个）

车罗科语（Cherokee）hiano < *qi-ʔano。

达科他语（Dakota）de，苏语（Sioux）deh < *de。

那瓦特尔语（Nahuatl）inin < *ʔin-ʔin。

可以推测早在古北亚的语言进入美洲之前，欧洲的语言已经影响到北亚的语言。

2）形容词“圆的”

“圆的”东亚太平洋诸语的说法集中于几个源头，与“弯曲”“月亮”“蛋”“眼睛”等说法有词源关系。其情况为：

A 组

藏文 sgor < *s-gor，博嘎尔洛巴语 kor kor < *kor。

鄂伦春语 toŋgorin < *to-gor-in。西部裕固语 doɢər < *do-gor。

朝鲜语 tuŋkʉl- < *du-gul。蒙达语、桑塔利语 gol < *gol。

西部斐济语 giligli < *gili。

B 组

中古突厥语 bur- < *bur。赫哲语 murgi < *mur-gi。

日语 marui < *maru-ʔi。莫图语 kuboruboru < *ku-buru。

C 组

阿美语 kimulu < *ki-mulu。柬埔寨文 mūl < *mul。

大瓦拉语 wiwila-na < *b^{w}ib^{w}ila。沙外语 fofololo < *polo。

D 组

克木语 mŏn，布朗语 mon^{41} < *mon。

塔希提语 menemene < *mene。波那佩语 p^{w}onop^{w}on < *pono。

赛德克语 tumun < *tu-mun。

E 组

巴琉语 le < *le。

瓜依沃语 ʔele < *ʔele。萨摩亚语 lio < *li-ʔo。（圆周形的）

“钩子”撒拉语 gugur < *gugur。“弯曲”土耳其语 eɣri、维吾尔语 ɛgri、哈萨克语 ijir、塔塔尔语 kɛkri < *qe-giri，土族语 guguriː < *guguri，日语 magaru < *ma-garu 等可以代表其词源关系。印欧语中与 A 组对应的，如“圆的”希腊语 gyro，“指环、圆周”gyros < *guro-s。

*g^{w}ur 可能是“圆的”早期说法。*bur < *g^{w}ur，A、B、C 三组的说法有词源关系。“眼睛”如土耳其语 gøz、维吾尔语 køz < *gor。“圆的”布农语 matauntaun < *mata-ʔutaʔun，“眼睛”南岛语 *mata。

D、E 两组的说法可能与“蛋”的说法有词源关系。

“圆的”越南语 tɔn^{2} < *don，壮语武鸣话 duːn^{1}、黎语通什话 lun^{5} < *ʔlun，布依语 zan^{2} < *lan，应与“月亮”的读法有词源关系。

东亚以外语言的其他情况如“圆周”梵语 maɳɖala < *modala、valaja < *b^{w}alala，古法语 cerecle < *ker-kle。

“圆的”尼罗—撒哈拉语系尼尔利亚北部卡努里语 bukukul，亚非语系希伯来语 agl、mˈugal。

“圆的”美国墨西哥州阿巴齐语 dijoːle < *diɬole，墨西哥那瓦特尔语 tolontitʃ < *tolotiq，玛雅语楚吉方言（chuj）mel-（前缀，指小而圆的）。易见与东亚语言说法的词源关系。

3）形容词“小的”

东亚太平洋一些语言“小”和“少”可兼指，“小”说法又与“一些”“细”

“小孩”等的说法有词源关系，分布最广的主要可归于四个或五个源头，如：

A 组

古突厥语 kitʃig，西部裕固语 kətʃiɣ < *kitig。

土耳其语 kytʃyk，维吾尔语 kitʃik < *kitik。哈萨克语 kiʃikene < *kitike-ne。

米南卡保语 katʃiʔ < *katiq。萨萨克语 ketʃeʔ < *keteq。

桑塔利语 kɛʈitʃ < *ketiq。

马达加斯加语 keti，那大语 kəɖi < *kiti / *kidi。

道孚语 gede < *gede，他杭语 tʃihta < *kita。

B 组

满文 adʒige，锡伯语 adʑig < *ʔadige。朝鲜语 tʃakta < *dag-da。

达斡尔语 utʃikən < *ʔu-tik-ən。

查莫罗语 dekike < *dekike。

赛德克语 tikoh，鲁凯语 tikia < *tiko-s / *tiko-ʔa。

波那佩语 ʈikʈik < *tiko。查莫罗语 etigo < *ʔetigo。

户语 tik < *tik。柬埔寨文 toːtʃ < *tok。

C 组

鄂温克语 niʃuxun，鄂伦春语 nitʃukun < *ʔitu-qun。

塔希提语 iti，萨摩亚语 itiiti（少）< *ʔiti。

水语 ti^{3} < *tiʔ。

布朗语曼俄话 ʔiat < *ʔit。

达斡尔语 tʃuəːn < *tun。

独龙语 tiŋ^{53} < *tiŋ。

桑塔利语 huɖiɳ < *qudiŋ。

D 组

沙阿鲁阿语 ma-ini < *ʔini。

毛南语 ni^{5}，布依语 ne^{5} < *ʔnis。

哈尼语绿春话、阿昌语 n̥i^{55}，基诺语 a^{44}ni^{55} < *ʔa-sni。

景颇语 kă^{31}tʃi^{31} < *sni。（小、细）

老挝克木语 nɛʔ，中国克木语 n̥ɛʔ（小、少）< *niʔ。

尼科巴语 kūøŋnø < *kuŋ-ne。

A 组由 *kedi 和 *kedig 两小组构成，B 组来自 *diga，它们应有共同来源。C、D 两组有词源关系，由于 *ma- 前缀，可能 *-t- > *-n-，即 *ʔini < *ʔiti。

景颇语 *sni，阿昌语、哈尼语绿春话 n̥i^{55} < *sni 等对应。

“小”塔希提语、萨摩亚语 *ʔiti，独龙语 *tiŋ，桑塔利语 *qudiŋ 等，与蒙达语 *det、德昂语 *dit、桑塔利语 *dut，与“一些”嘉戎语 tᴇ tᴇ < *tete、普米语九龙话 ti^{55} < *ti 等有词源关系。

汉语 *skriʔ（仳），① “小”纳西语 tɕi^{55}、史兴语 tʂɿ^{55} < *kri，藏文 tɕhuŋ < *kruŋ 等有词源关系。这些语言“小”的说法原本可能是指“细小”。如希腊语 mikros < *mi-kro- “小的、少的、短的”，梵语 atʃira < *akira “很短的”。

◇ 三　人称代词的分布和语言的迁移

不同语言的基本词通常有较大的分歧，亲属语亦往往如此。可是许多没有“亲缘关系”的语言第一、第二人称代词的单数或复数形式相同或相近，这种分布可以跨越欧亚和非洲大陆。

人称代词有一定的稳固性，其分布可能与早期人类迁徙有密切的关系。划归同一语系或同一语族的语言或有一致的人称代词，也往往有两套或两套以上的人称代词，甚至不同方言有来历不同的人称代词。如印欧语的第一人称单数主格，古英语 ic、古挪威语 ek、哥特语 ik、赫梯语 uk，拉丁语、希

① 《诗经·小雅·正月》：“仳仳彼有屋，蔌蔌方有穀。”“仳”，渺小。

腊语 ego，丹麦语 jeg < *eg^{w}e。与格、宾格古英语 me、古弗里斯语 mi < *mi-，对应于威尔士语（主格、宾格）mi，以及动词第一人称后缀：梵语、斯拉夫语、希腊语 -mi。那么我们可以推测 *mi 可能是早期印欧语中更普通的第一人称代词，因某一强势方言带来的 *eg^{w}e 的扩散使之失去作为主格的资格。

1. 第一人称代词的分布

（1）东亚太平洋语言第一人称代词单数的词源关系

东亚太平洋语言分属于阿尔泰、南岛、汉藏和南亚四个语系，算上北亚的楚克奇—堪察加语系的语言，其第一人称代词单数（或复数）的词源可以归为几大类，诸类的说法中可以认为它们的词根有语音对应关系，其他有早期词源关系的词根可以证明这一点。第一人称代词单数形式亦可为复数形式所代替，如商代汉语甲骨文的“我”代表复数，是殷商的自称，在后来汉语的诸方言中代表单数。

东亚太平洋语言第一人称代词单数的分类和主要的分布如下：

1）*ŋa、*g^{w}a 和 *go

藏文、巴尔蒂语、那加语南桑亚方言（Namsangia）ŋa，缅文 ŋɑɑ^{2}。博多语 ɑ̄ŋ，迪马萨语 ɑŋ，加洛语 ɑ̄ŋɑ̄ < *ʔaŋa。汉语 *ŋa-r（我），*-r 为复数后缀，“吾” *ŋa 见于春秋时代的书面语。

南亚语系语言卡西语 ŋā < *ŋa。

马绍尔语 ŋa，卡乌龙语（Kaulong）ŋo < *ŋa。马那姆语 ŋau < *ŋa-ʔu，波那佩语 ŋēi < *ŋa-ʔi。

日语 watakuʃi < *g^{w}ata-kuli，wataçi < *g^{w}ata-li。

藏缅语族语言巴兴语、瓦由语 gō，吐龙语 go < *go。

2）*gu 和 *ku

布拉安语 agu < *ʔagu。查莫罗语 guaho < *gu-ʔaqo。

卑南语 ku < *ku。泰雅语 sakuʔ < *saku，爪哇语 aku < *ʔaku。赛德克

语、邵语 jaku，布农语 ðaku，赛夏语 jako < *la-ku。鲁凯语 kunaku < *ku-naku。

泰语 ku^{2}，老挝语、布依语 ku^{1}，壮语龙州话 kau^{1} < *ku。苗语大南山话 ko^{3}，石门坎话 ku^{3}，绞坨话 koŋ^{3} < *ku-ŋ。

“我们”（包括式）黎语通什话 gau^{4} < *gu。

3）*mi、*bi 和 *ben

蒙古语 biː，满文、锡伯语、赫哲语 bi，鄂温克语、鄂伦春语 biː < *bi。古突厥语、土耳其语 ben，维吾尔语 mɛn，哈萨克语、图瓦语 mɛn < *ben。

那加语南桑亚方言 mi < *mi。

“我们”阿美语 kami、卡那卡那富语 kimi < *ka-mi，卑南语 mimi < *mi，布农语（主格）ðami、（宾格）maðami 等词根为 *mi。“我们”（排除式）排湾语 amən < *ʔa-min，邵语 jamin < *la-min，词根为 *min，对应于突厥语的 *ben。

4）*na、ni、*nu 和 *ʔan

朝鲜语 na。拉加语、三威治港语 inau < *ʔina-ʔu。劳语、瓜依沃语 nau < *na-ʔu。

埃皮岛（Epi）勒窝语（Lewo, Varsu）inu，马莱塔岛劳语（Lau）nau，庞特科特岛（Pentecot），拉加语（Raga）inau < *inu。

侗语 jau^{2}，水语 ju^{2}，莫语 ʔeu^{2} < *nu。

尼科巴语 tʃhi-ni < *qi-ni。那加语奥方言（Ao）ni。

巴琉语 ʔaːn^{11} < *ʔan。

“我们”他杭语 njiː < *ni。土家语 a^{35}ȵi^{55} < *ʔani。

5）*la 和 *le

汉语 *-la（余）、*laʔ（予）。那加语棱马方言（Rengma）ɑ̄lē < *ʔale。那加语马兰方言（Maram）jē，克伦语阿果话 je < *le。

“我”莫图语 lau，斐济语 jau < *la-ʔu。达密语 aja < *ʔa-la。沙外语 ja，

依斯那格语 jaʔ < *la。

“我们”（包括式）蒙达语 a li < *ʔali。

6）*ʔo 和 *ʔu

佤语马散话 ʔɤʔ，布朗语茶叶箐话、甘塘话 ʔau^{51}，德昂语南虎话 ʔo < *ʔo。莽语 ʔa^{31}ʔu^{31} < *ʔa-ʔu。

大瓦拉语 tau < *ta-ʔu。巴塔克语、汤加语、拉巴努伊语 au，锡加语、萨摩亚语 aʔu < *ʔa-ʔu。

7）*ki、*ʔe 和 *ʔi

克伦语叶因巴方言（Yeinba）kē，他多语（Thado）kē，格曼僜语 ki。拉基语 ki^{24} < *ki。拉加语 tsi^{1} < *ki。朗龙语 kɑi-mɑ̄ < *ki-ma。

仡佬语贞丰话 ʔi^{42} < *ʔi。

“我们”布兴语、克木语 ʔiʔ，户语 eʔ < *ʔiʔ / *ʔeʔ。尼科巴语 hih < *qiq，ih < *ʔiq。

8）*b^{w}a 和 *bo

塔希提语 vau、菲拉梅勒语 avau < *ʔa-b^{w}a-ʔu。米南卡保语 ambo < *ʔa-bo。

苗语养蒿话 vi^{4}，畲语 vaŋ^{4} < *b^{w}a-ŋ。

9）*re 和 *ra

日语 ore。马林厄语 iara < *ʔi-ʔara。罗维阿纳语 arau < *ʔara-ʔu。

勉语江底话 je^{1}，览金话 ja^{1}，龙定话 ʑe^{1} < *ʔre。

（2）楚克奇语的第一人称代词

“我”tə-，“我们”mət-。

（3）印欧语的第一人称代词

印欧语的第一人称代词的词根可归纳为五类：*eg^{w}e 和 *ga，*mi 和 *me，*ni、*no 和 *na，*es，*adam。

1）*eg^{w}e 和 *ga

古英语 ic、古挪威语 ek、哥特语 ik、赫梯语 uk，拉丁语、希腊语 ego，丹麦语 jeg < *eg^{w}e。俄语、波兰语 ja < *ga。梵文 aham < *aka-。

“我们”古英语 we、古挪威语 ver、古高地德语 wir、哥特语 weis < *g^{w}e-r。

2）*mi、*me 和 *mo

主格、宾格：威尔士语 mi。

与格、宾格：古英语 me、古弗里斯语 mi < *mi-，古高地德语 mir < *mi-r。古教堂斯拉夫语、拉丁语、希腊语 me。俄语、波兰语 mnie < *mne，希腊语 emena。阿尔巴尼亚语 më < *mo，（所有格）mi。词根为 *mi。

主格：僧伽罗语 mama，词根为 *ma < *me。

所有格：古英语、古弗里斯语、古高地德语 min，古挪威语 minn。词根为 *mi。

所有格：俄语 moj、波兰语 moje < *mo-。希腊语 mou。亚美尼亚语 im < *imi。

宾格：拉脱维亚语 mani。

动词第一人称后缀：梵语、斯拉夫语、希腊语 -mi。

3）*ni、*no 和 *na

“我们”（主格、宾格）拉丁语 nos，古爱尔兰语、威尔士语 ni。

“我们”（宾格）梵语 nas，赫梯语 naʃ，阿维斯陀经 na < *na-s。

4）*es

主格：亚美尼亚语、拉脱维亚语 es < *es。

5）*adam

古波斯语 adam，阿维斯陀经 azam < *adam。

印欧语不同分支语言第一人称代词单数的主、宾格（或后缀），第一人称代词复数的主格和第二人称的形式：

	第一单主格	第一单宾格	第一复主格	第二单主格
日耳曼	*ek^w、*eg^{w}e	*mi	*g^{w}e-r、ni	*tu
赫梯语	*ek^w	-mu	*nas	-du

希腊语	*eg^{w}e	me	*emi-s	*su
拉丁语	*eg^{w}e	me	nos	*tu
斯拉夫	*ga	me	*mu	*tu
梵语	*aka	mām	*g^{w}are-	tvam
古波斯	adam	mana	*g^{w}are-	tuvam
亚美尼亚	*es	*ini	*men-g	*du
阿尔巴尼亚	*une	*une	*ne	*to

梵语、古波斯语第一人称复数主格形式的词根为 *g^{w}a，对应于日耳曼语、希腊语和拉丁语等的第一人称单数主格形式的词根。

威尔士语“我”除了 mi，还有 myfi、fi 和 i 等不同说法，其中包括早期方言的遗存。其 innau < *ina-u，minnau < *mi-inau，可能与芬兰—乌戈尔语的说法有词源关系。

（4）格鲁吉亚语、车臣语、巴斯克语和芬兰—乌戈尔语的人称代词

格鲁吉亚语和车臣语（Chechen）为高加索语族语言，分布于高加索地区。巴斯克语或认为是独立的语言，分布于西班牙。芬兰—乌戈尔语出自乌拉尔地区，有来自北亚的支系。

1）格鲁吉亚语人称代词

主格、宾格：mɛ < *me，（所有格）tʃɛmi < *kemi。

“我们”（主格、宾格）tʃvɛn < *k^{w}en，（所有格）tʃvɛni < *k^{w}eni。

“你、你们”（主格、宾格）ʃɛn < *sen，（所有格）tkvɛni、ʃɛni。

2）车臣语人称代词

“我”s^{w}ɔ < *so，（所有格）sajn。“我们”（包括）vəi、（排除）tx^{wh}o。

“你”h^{w}ɔ，（所有格）hjajn。“你们”ʃun。

印古什语（Ingush）的第一、第二人称的说法与车臣语相近。

3）巴斯克语人称代词

“我”ni，（所有格）ni-re。“我们”gu，（所有格）gu-re。

“你” hi、i，“你们” zu。

4）芬兰—乌戈尔语人称代词

“我” 匈牙利文 sze < *se，ego < *eg^{w}e，（宾格）ėn < *en。

“我” 芬兰语 mina、爱沙尼亚语 mina < *mi-na。

“我们” 匈牙利文 mi，芬兰语、爱沙尼亚语 me < *mi。

“你” 匈牙利文 te。芬兰语、爱沙尼亚语 sina < *se-。

（5）达罗毗荼语的人称代词

达罗毗荼语系区分为南部、中部和北部三个语族。

1）南部语族

“我”泰米尔语 nāṉ，马拉雅拉姆语（Malayalam）ɳān，泰卢固语（Telugu）nēnu，奎语（Kui）ānu，曼达语（manda）nannā。

“我们” 泰米尔语、马拉雅拉姆语 nām（包括式），泰卢固语 manamu，奎语 ajū（包括式）、amu（排除式），曼达语 manōm、mōmōʈ（包括式）。

“你” 泰米尔语 nī、nīr，马拉雅拉姆语 nī，泰卢固语 nīvu，奎语 īnu，曼达语 nim’me。

2）中部语族

科拉米语（Kolami）“我” an，“我们” anandun，“你” niwa。

3）北部语族

巴拉会语（Brahui）“我” i，“我们” nan，“你” ni。

（6）澳大利亚土著的第一人称代词

目前的研究认为澳大利亚土著语言可区分为十个以上的语系。根据 19 世纪记录的材料，第一人称代词单数可区分为 *ga 和 *gata、*na 和 *ni 两类。[1]最新的材料表明还有 *ŋa。

1）*ga 和 *gata

澳大利亚新南威尔士州土著语言 ġa、ġana、ġata，维多利亚州土著语言

① L. E. Threlkeld, *An Australian language as Spoken by the Awabakal*, 1892, p.xxxiv.

ġaiu，中部和南部土著语言 ġai，昆士兰州土著语言 ġaia。

昆士兰开普约尔克半岛的阿雅巴杜语（Ayabadhu, Ayapathu）（主格）ŋaya，（宾格）ŋanyi。“你”（主格）nhita，（宾格）nhinha。

北特里托里的窝吉曼语（Wagiman, Wagaman）（主格）ŋagun，（宾格）ŋanuŋ。“你”（主格）ŋigun，（宾格）ŋoŋgo。

2）*na、*ni

澳大利亚中部和南部（Central and South）土著语言 onye、ini、unyi，昆士兰州（Queensland）土著语言 nia、niu、iu。

“你”澳大利亚新南威尔士州（New South Wales）土著语言 yind-a、addu，维多利亚州（Victoria）土著语言 nindo，中部和南部土著语言 nindo、yundo，西部土著语言 yinda、nundu，昆士兰州土著语言 inda、indu。

（7）亚非语系语言的第一人称代词

1）亚非语系语言[①]

亚非语系语言区分为奥摩（Omotic）、库西特（Cushitic）、乍得（Chadic）、埃及（Egyptian）、闪米特和柏柏尔（Berber）六个语族。闪米特语族语言的第一人称代词如：

“我”希伯来语 ani（主格），阿拉伯语 ˈana，叙利亚语 ˈenā，埃塞俄比亚语 ˈana，马耳他语 jiena。

古埃及语人称代词没有主、宾格的区分。“我”i，“我们”n、“我们俩”ny，“你”k，“你们”ṯn、“你们俩”ṯny。[②]

亚非语系语言诸语族的第一人称代词如：[③]

	奥摩	库西特	乍得	埃及	闪米特	柏柏尔
我	*in-	*ʔâni	*nV	*ink	*ʔani	*nek
我们	*nina	*ʔănn	–	*inn	*ʔnn	*nekni

① 亚非系语言代词参见 en.wikipedia.org/wiki/Afroasiatic_languages。

② 参见 Shawn C. Knight, *Egytian Writing System and Grammar*, 2009。

③ 参见 en.wikipedia.org/wiki/Afroasiatic_languages。

乍得语族豪萨语“我”ni，“我们”mu，“你”kai，“你们”ku。马德语（Bade）“我”ayú，“我们”agwa，“你”agi，“你们”awùn。

2）尼罗—撒哈拉语系语言

扎尔马语（Zarma）“我”ay，“你”ni。富尔语（Fur）“我”ka，“你”bi。卡努里语（Kanuri）“我”wu < *gu，“你”ni。

3）尼日尔—科尔多凡语系

祖鲁语“我”mina，“我们”thina；“你”wena，“你们”nina。

科萨语“我”mna，“我们”thina；“你”bhuti，“你们”inye。

斯瓦西里语“我”mimi，“我们”sisi；“你”wewe，“你们”ninyi。

达哥依语“我”yigən，“我们”nigən；“你”ɔgən，“你们”nɔgən。

4）科伊桑语系

① 土语族（Tuu）塔语支（Taa）科洪语（!Khoong）“我”ñ、di，“你”āh。玛萨尔瓦语（Masarwa）“我”na、m-，“你”a。努恩语（Nu||en）“我”ŋ、na、m-，“你”a。

② 科伊科伊语“我”ti、tita，“你”sá-，“我们”（双数包括）sá-m、（双数排除）sí-m。

③ 哈扎语“我”ono（宾格和所有格后缀 -kʷa），“你”the（宾格和所有格后缀 -na）。三达维语“我”tsi < *ti（人称后缀 -es），“你”hapu < *sa-（人称后缀 -i）。

2. 人称代词的分类

亚欧诸语系、澳大利亚和非洲语言的第一人称单数代词词根的词源分布最广的有三类：舌尖鼻音组 *ni（*ne、*na）、舌根鼻音及塞音组 *gʷa（*go、*gu、*ŋa）和唇鼻音及塞音组 *mi（*bi、*me）。跟这些第一人称代词伴随的第二人称代词最常见的形式也有三类 *ti（*tu）、*ni（*na）和 *su（*sa）等，其分布与第一人称不一致。诸语系第一人称单数代词词根的词源关系分叙如下。

（1）舌尖鼻音组

该组又可区分为以下三类，分布于非洲、欧洲、亚洲、澳大利亚和太平洋岛屿：

1）“我”朝鲜语 na，拉加语、三威治港语 *ʔina-ʔu，劳语、瓜依沃语 *na-ʔu，威尔士语 innau < *ina 等词根为 *na。

“我”泰米尔语 nāṉ，马拉雅拉姆语（Malayalam）ṇān < *nan。

2）“我”（主格）希伯来语 ani < *ani。亚非系库西特语 *ʔani。

“我”澳大利亚中部和南部的土著语言 onye、ini、unyi，昆士兰土著语言 nia、niu、iu。

3）“我”科拉米语（Kolami）an，匈牙利文 en（宾格），[1] 亚非系奥摩语 *in-。

巴布亚新几内亚土著语言的第一人称代词单数基本上可归于该组，并有其中三类形式。美洲印第安语第一人称代词单数为 *na、*no 的可归于该组，另外的主要为 y-。[2]

该组诸语共存的第二人称代词或为舌尖音 *ti、*te、*tu、*int- 等，及 *mi、*mo、*ne、*ko 等。

（2）舌根鼻音及塞音组

该组的分布从非洲到澳大利亚和太平洋岛屿，又从非洲到欧洲。可区分为以下两类，主要区别在于元音。

1）东亚语言第一人称代词词根 *g^wa（*go、*ŋa），对应于印欧语的 *eg^we 和 *ga。汉藏语中与之共存的第二人称代词有 *ni（*ni-r）。

澳大利亚土著语言第一人称代词词根 ɣa 当来自 *g^wa，现代调查的如阿雅巴杜语（Ayabadhu）等的 *ŋa（记录为 nga-）。

---

① 部分匈牙利语词末音节元音丢失，如“火”tüz，爱沙尼亚语、芬兰语 tuli < *tuli。“太阳、白天”nap，“天”梵语 nabhas- < *naba-。故匈牙利文 en < *ene。

② 参见 en.wikipedia.org/wiki/Amerind_languages#Pronouns。

与之共存的第二人称代词或为 *ni 等，如“你”维多利亚州土著语言 nin、ninan，中部和南部土著语言 nini、nia，西部土著语言 nini、niya，昆士兰州土著语言 nino、nayon。“你”阿雅巴杜语主格 nhita（< *ni-），“你们”阿瓦巴卡尔语（Awabakal）nur。

2） *ku 和 *gu 见于华南地区的侗台语、太平洋岛屿上的南岛语和非洲尼罗—撒哈拉语系撒哈拉语族的语言，可能与其他语言的 *go、*gʷa 有词源关系。

该组诸语共存的第二人称代词或为舌尖音 *ni、*na、*nir 等，*ti、*du、*tu 等。

（3）唇鼻音及塞音组

该组说法的词根形式主要是 *mi（*bi、 *me），其分布为从非洲到欧洲和北亚。

欧洲除印欧语，高加索语系“我”格鲁吉亚语 mɛ（主、宾格）< *me。

非洲“我”祖鲁语 mina，科萨语 mna，斯瓦西里语 mimi < *mi-。

东亚蒙古语 biː，满文、锡伯语、赫哲语 bi，鄂温克语、鄂伦春语 biː < *bi。

澳大利亚新南威尔士的土著语言中，为 mi、mina。

该组诸语共存的第二人称代词或为舌尖音 *ti、*du、*tu 等，*su、*se 等。

第一人称代词单数除上述三大类以外，其他的分布较局限。如非洲的科伊科伊语 ti，科洪语 di，三达维语 tsi（< *ti），北亚的楚克奇语 tə-。

（4）“我”和“人”说法的对应

东亚南部和太平洋岛屿部分语言“我”和“人”的说法可能有词源关系。如：

1）“我”大瓦拉语 tau，汤加语 tau（我们）< *taʔu。巴塔克语、汤加语、拉巴努伊语 au，锡加语、萨摩亚语 aʔu < *ʔa-ʔu。查莫罗语 hu < *ʔu。

“人”邹语 tsou、卡那卡那富语 tsau、卑南语 ʈau、雅美语 tao < *ta-ʔu。邵语 θaw、巴则海语 saw < *ta-ʔu。巴拉望语 taw、戈龙塔洛语 tawu、他加

洛语 tāʔo，达阿语、布吉斯语、贡诺语 tau，乌玛语 tau-（na）< *ta-ʔu。

2）“我”马绍尔语 ŋa，马那姆语 ŋau < *ŋa-ʔu，波那佩语 ŋēi < *ŋa-ʔi。

“人”毛利语、汤加语、萨摩亚语、拉巴努伊语 taŋata，夏威夷语 kănăkă < *taŋa-ta。

3）“我”布拉安语 agu < *agu。查莫罗语 guaho < *gu-ʔaqo。阿杰语 gɔ < *go。

“人”他加洛语 tāgu < *ta-gu。

4）“我”桑塔利语 apr̥ḛ̃ < *ʔapre。

“人”佤语马散话 phui、佤语艾帅话 pui、佤语孟汞话 phi < *pri。

5）“我”仡佬语贞丰话 ʔi^{42} < *ʔi。

“人”户语 iʔ^{31} < *ʔiʔ，德昂语南虎话 to ʔi^{51}、茶叶箐话 du^{51} ʔi^{51} < *-ʔi。

南亚的语言“我”古波斯语 adam，阿维斯陀经 azam < *adam。

“男人”印度语支拉赫答语（Lahnda）、印地基语（Hindki）admi。“人、男人”格鲁吉亚语 adamiani < *adami-ani。“人”车臣语 adam。

3. 词源关系和语言的迁移

（1）尼罗—撒哈拉语系卡努里语和东亚语言词的对应

非洲尼罗—撒哈拉语系撒哈拉语族卡努里语满嘎（Manga）方言与南亚语系、汉藏语系语言词的对应关系。如：

1）“我” wu、u < *gu。侗台语 *ku，黎语 *gu（我们）。

2）“你”ni。道孚语 n̥i，土家语 n̥i^{35}，那加语索布窝马方言 ni < *ni。汉语 *ni-r（尔）。

3）“太阳”kangal < *-ŋal，扎尔马语 wayna < *g^{w}al-na。柬埔寨文 t^{h}əŋail。

4）“月亮”kumbal < *-bal。壮语龙州话 bəːn^{1}，版纳傣语 dən^{1}，德宏傣语 lən^{1} < *ʔblən。

5）“云” fofou < *popoʔu。柬埔寨文 ʔap。

6）“灰尘” bərbər。克木语 pɔh^{33} < *por。墨脱门巴语 phur < *bur。

7）“喉咙” ngowoljo < *ŋogolo，桑塔利语 gola。

8）“屁股” tʃukkul < *tukul，柬埔寨文 tʃɔŋkeh < *tokel。

9）“胃” siwo < *sib^{w}o，高棉语 phō < *bo（肚子）。

10）“肺” fufu < *pupu，布朗语 bhop^{51} < *bup。

11）“疤” balo，德昂语 bla。

12）“鬼” jinni < *ʔini。“神” 拉祜语 ne^{53}，傈僳语 ni^{31} < *ni。

13）“给” njo，桑塔利语 ni < *ni。

14）“落” njuro < *nur-，桑塔利语 n̥ũr < *nur（高处落下）。

15）“分开” faɽaidu < *pari-。格曼僜语 pɹɑ^{55} < *pra。侗语 phje^{5} < *pres。

撒哈拉语族的卡努里语和扎尔马语的另外一些词和欧洲的语言有对应关系，其祖语的词汇可能在亚欧地区接触混合之后来到非洲（进一步的讨论参见下文有关非洲语言词源关系的解释）。

（2）澳大利亚土著的语言与东亚太平洋语言词的对应

学术界通常认为澳大利亚土著的语言不仅与澳大利亚以外的语言没有什么发生学关系，还认为众多的语言应划分为十多个或更多个语系。现以阿雅巴杜语（Ayabadhu）、巴肯语（Pakanh）等为例，说明我们可以将这些语言与东亚太平洋语言作一点比较。

1）阿雅巴杜语等的人称代词和其他词源关系 ①

我（主格）ŋaya，（宾格）ŋanyi，（所有格）ŋathu

我们（主格，双数）ŋale，（宾格，双数）ŋala

我们（主格，复数）ŋampa，（宾格，复数）ŋana，（所有格，复数）ŋanaŋ

你（主格）nhita，（宾格）nhinha，（所有格）nhingku

---

① 阿雅巴杜语词典参见 www.oocities.org/anthens/delphi/ayapathu.htm。

你们（主格，双数）nhipa，（宾格、所有格，双数）nhipang

你们（主格，复数）nhiiya，（宾格、所有格，双数）nhiyang

他（主格）nhila，（宾格）nhuna，（所有格）nhingu

其第一人称代词“我”的词根为 *ŋa，对应于汉藏语的 *ŋa。与汉藏语语音语义有对应关系的其他词如：

①“鱼”阿雅巴杜语、巴肯语 ŋaˈa < *ŋa-ʔa。

汉语 *ŋa（鱼）。藏文 ȵa，景颇语 ŋa^{55}，缅文 ŋɑ^{3} < *ŋa。

②“岩石”阿雅巴杜语 kulˈa < *kul-ʔa。

“石头”苗语养蒿话 ɣi^{1}，勉语览金话 gjau^{1}，三江话 lɔu^{1} < *glu。

③“火”阿雅巴杜语 thuma < *du-ma。

“火”苗语养蒿话 tu^{4}（柴、火），布努语 ka^{1}tu^{4}，勉语 tou^{4} < *duʔ。

④“眼睛”阿雅巴杜语、巴肯语 meˈe < *me-ʔe。

“眼睛”苗语养蒿话 mɛ^{6}，勉语览金话 ŋwei^{6} < *mi。木雅语 mi，格曼僜语 min，却域语 mȵe < *mi-ne。

⑤“胸”阿雅巴杜语 umu，巴肯语 umotha。

“胸”傈僳语 o̱^{33}mɯ^{31} < *ʔomə。“肚子”仙岛语 om^{31} < *ʔom。

⑥“乳房”阿雅巴杜语 thudu，巴肯语 thuutu < *dudu。

“乳房”苗语大南山话 ɳʈau^{1}，石门坎话 ɳʈo^{1} < *ʔdu。水语 tju^{4} < *duʔ。

⑦“肚脐”阿雅巴杜语 kudin < *kudi-。

“肚脐”布依语 dɯ^{1}，毛南语 do^{2} < *ʔdo。“肚子”户语 kə tu^{33} < *kutu。

⑧“女阴”阿雅巴杜语、巴肯语 puˈu < *pu-ʔu。

汉藏诸语多与之词根读法相近，如纳西语 pi^{55} < *pi。

⑨“睾丸”阿雅巴杜语 untu < *ʔutu。

“男生殖器”白语剑川话 tu^{33} < *tu，毕苏语 le^{33} the^{31}。

2）库通语的词源关系

库通语（Kutthung）分布于澳大利亚新南威尔士卡鲁阿河（Karuah）南

岸和斯特芬斯港湾（stephens），与汉藏及北亚语言的词对应较多。[①] 身体部位词如：

①“头”库通语 wol-lun < *b^{w}ol-un。

“头”土耳其语、维吾尔语 baʃ，哈萨克语 bɑs，西部裕固语 baʂ < *bal。卡那西语（Kanashi）卡瑙里语（Kanauri）bɑl，那加语棱马方言（Rengma）peh < *bal。

②“眼睛”库通语 mik-koŋ < *mik-oŋ。

“眼睛”藏文 mig，巴尔蒂语 mik，马加尔语 mi-mik < *mik。汉语 *muk（目）。

③“鼻子”库通语 narŋ < *nar-oŋ。

“鼻子”卢舍依语 hnār，哈卡钦语 a hnarr，班尤几语（Banjogi）kā-nār < *snar / *nar。克伦语威瓦乌方言（Wewaw）nɒ zɒ < *nara。

④“嘴”库通语 kur-ra-ka < *kura-ka。

“嘴”佤语艾帅语 dʒhɯih < *gur。汉语 *skriʔ（嘴）< *s-kri-ʔ。

⑤“舌头”库通语 tul-lun < *tul-un。

“舌头”古突厥语、维吾尔语 til，土库曼语 dil，图瓦语 dɤl，西部裕固语 dəl < *dil。

⑥“脸颊”库通语 gul-lu < *gul-u。

“脸”错那门巴语 ŋur^{55}，格曼僜语 a^{31}gul^{35} < *ŋul。古突厥语、维吾尔语、土耳其语 jyz，哈萨克语 dʒyz < *gur。

⑦“肚脐”库通语 dhee-wee < *deb^{w}e。

“肚脐”标语 ti^{1}pɛ^{3} < *tipeʔ。藏文 lte ba < *l-teba。

⑧“女阴”库通语 dung-ga < *du-ga。

“女阴”错那门巴语 du^{35} < *du。博嘎尔珞巴语 tɯː < *tu。

---

① 库通语词按音节分隔，参见 users.hunterlink.net.au。

⑨“男生殖器”库通语 gool-ga < *gol-ga。

“男生殖器”阿者拉语 guri < *guli，克木语 kla。苏米尔语 g̃iʃ < *ŋil。

其他如：

①“云”库通语 krum-moon < *krum-on。

“云”中古朝鲜语 kurɯm < *gurum。马林厄语 gromno < *grom-no。

②“树根”库通语 koon-dool < *kodo-l。

“根”古突厥语、维吾尔语 jiltiz，柯尔克孜语 dʒəldəz，西部裕固语 jeldes < *gede-r。（*-r 为复数后缀）东乡语 gəndzɯ < *gədə。

③“羽毛”库通语 kil-lung < *kil-uŋ。

“毛、羽毛、体毛”克木语 khul < *gul。“羽毛、体毛”马绍尔语 kōɭ < *kol。

④“肉”库通语 buk-oo-ee < *buko-e。

“身体”帕玛语 avek < *ʔab^{w}ek。“油脂”鄂伦春语 imukʃə，鄂温克语 imuʃʃə < *ʔimukə-li。

⑤“蚊子”库通语 doo-ping < *dop-iŋ。

“蚊子”西部裕固语 dʐ̩ivən < *dibən。

⑥“飞”库通语 ba-rel-la < *bare-la。

“飞”桑塔利语 pharkao < *par-ku，占语书面语 pər < *per。汉语 *p^{w}ər（飞）。

⑦“哭泣”库通语 gun-gil-lee < *gugi-le。

汉语 *khok（哭）。

⑧“绿的、未熟的”库通语 gir-rung < *gir-uŋ。

汉语 *greŋ（青），*krun（綸，青丝绶也）。“绿的”缅文 tsin < *krin。

⑨“白的、亮的”库通语 bur-ra < *bur-a。

“白的”景颇语 phʒo^{31}，缅文 phru^{2}，基诺语 phro^{44}，纳西语 phɚ^{21} < *bro。

澳大利亚土著语言基本词与非洲中部和南部的语言比较，差异甚大。

（3）巴布亚新几内亚科姆比语和东亚太平洋语言的关系

巴布亚新几内亚及其周边海岛非南岛语系的语言有数百种，总称印太语（Indo-Pacific languages）或非南岛语（Non-Astronesian languages）。巴布亚新几内亚语言的第一人称代词单数可归入舌尖鼻音组 *ni（*ne、*na）、舌根鼻音及塞音组 *g-（*k-、*ŋ-）和唇鼻音及塞音组 *d-（*t-、*y-）。[①] 该地区语言中分布最广的是舌尖鼻音组的第一人称代词，如：

巴布亚中部地区的武通语（Wutung）“我” nie、“我们” netu，乌浑都尼语（Uhunduni）“我” na、“我们” enuŋ，富依语（Foi）“我” na，“我们” yia。

西南部地区的梯里欧语（Tirio）“我” no-、“我们” gai。

西部地区的拉哈语（Lha）“我” on，“我们” in（包括式）、mbi（排除式）。

新爱尔兰岛（New Ireland）库欧特语（Kuot）“我” turuo、tu-，“我们” bubuo、bu-（包括式），papa、pa-（排除式）。[②]

北部地区的阿卡—卡里语（Aka-Cari）、阿普希瓜尔语（A-Pucikwar）、阿卡—科德语（Aka-Kede）等“我” di-，“我们” m-。

北部地区的科姆比语（Kombio）为：[③]

“我” apm，“我们俩” antie，“我们” ant，“我们”（包括式）antarko；

“你” yiŋ，“你们俩” yipmuie，“你们” yipm，“你们”（包括式）yipmarko；

“他” kil，“他们俩” tuwie，“他们” ti，“他们”（包括式）tuarko。

1）科姆比语人称代词的词源关系

①“我” apm < *ab

“我”塔希提语 vau、菲拉梅勒语 avau < *ʔab^{w}a-ʔu。米南卡保语 ambo <

---

① 新爱尔兰岛位于巴布亚以东，岛上有三千多年前南岛语居民拉比他文化的遗存。

② Joan Henry, *Kombio Grammar Essentials*, Summer Institute of Linguistics, Ukarumpa, E. H. P., Papuan New Guinea, October, 1992.

③ Ibid..

*ʔaba。

②“我们”ant < *at

“我们”（包括式）莫图语 ita，米南卡保语 kito < *ʔita。

2）科姆比语名词的词源关系

①“太阳”awun < *agun。“太阳、白天”维吾尔语 kyn，撒拉语 gun，土耳其语 gyn（-eʃ）< *gun。沙外语 ŋɛn-ŋan < *ŋen。

②“泥”nimpliek < *ni-plek。“土”马绍尔语 p^{ɯ}irɛtʃ < *pirek。卡乌龙语 epluk < *ʔepluk。“泥”黎语保定话 pleːk^{7} < *plek。

③“水”pep < *pepe。“水”梅柯澳语 ofu < *ʔopu，“雨”莫图语卡巴地方言 opa。

④“火”yite < *ite。“火”古突厥语、维吾尔语、哈萨克语 ot，土耳其语 od < *ʔot。

⑤“手、臂”to。

“手”日语 te < *te。尼科巴语 el-ti。桑塔利语、布兴语 ti，克木语 tiʔ < *ti。

⑥“脖子”woureŋ < *goreŋ。“脖子”藏文 mdʑiŋ < *m-griŋ。汉语 *groŋʔ（项）。

⑦“鸟”aipm < *aib。“鸟”阿伊努语 tʃikap < *tik-ap。蒙古语 ʃubu < *subu。

⑧“蛋”yuwolmp < *igolp。“蛋”马绍尔语 lɛp，罗图马语 kalupi < *ka-lupi。

3）科姆比语动词的词源关系

①“走”afetn < *aped。“跑”尼科巴语 veuːtø < *buto。汉语 *bat（跋，步行）。“脚”满文 bethe，赫哲语 fatχa，锡伯语 bətk < *bat-qa。

②“来”la。“来”缅文 lɑː^{2}，哈尼语 la^{55} < *la。苗语养蒿话 lo^{4}，枫香话 lau^{4} < *lo。

③“卷”ipil。“滚”大瓦拉语 pili < *pili。马林厄语 phipli < *pi-pili。

④“射”aimp。“射”独龙语 ɑp⁵⁵，博嘎尔珞巴语 op < *ʔap。

⑤“藏”krupm < *krub。“藏”吉尔伯特语 karabā < *karaba。“盖”达密语 kerub，卡加延语 takləb。“沉”巴厘语 kələb < *kəlub。

⑥“劈”puar < *pʷar。“砍”锡加语 poro < *poro。

从以上比较看科姆比语与东亚太平洋语言的关系密切，巴布亚新爱尔兰岛（New Ireland）库欧特语（Kuot）的基本词跟南亚语系语言有较多的对应关系（参见下文有关南亚语系语言底层的讨论）。

澳大利亚、巴布亚地区的语言和美洲印第安人的语言一样，语言分布格局分别是较早前不同来历的语言迁至一个地区形成的。

（4）大陆的词源关系链

从亚欧和非洲基本词的分布看，其词源关系有两条主要的分布链：非洲、欧洲到北亚及太平洋地区；非洲到中东、南亚和东亚太平洋地区。

非洲的科伊桑语系语言的一些基本词与欧洲的语言有词源关系，欧洲的语言又与北亚的语言关系密切。科伊桑语系语言反映第一条链关系的词如：

1）“灰尘”科伊科伊语 tsara-b < *ʈara < *tura。

“灰尘”土耳其语 toz，西部裕固语 doz，维吾尔语、哈萨克语 tozɑŋ < *tora-ŋ。

“垃圾”达罗毗荼语系贡底语（Gondi）duṟi。

“灰烬”蒙达语 toroe，桑塔利语 to̱ro̱tʃ < *toroʔe。

“地”维吾尔语 jɛr，哈萨克语、图瓦语 dʒer < *der。土耳其语 durum < *duru-m。嘉戎语 ndər < *m-dər。邹语 tseoa < *tero-ʔa。

“土”土耳其语 jir < *dir。土族语 ɕiruː，东乡语 turo < *tiro。“土、泥、脏”阿伊努语 toj < *tor。“土”蒙古语书面语 ʃɪroɪ，蒙古语正蓝旗话 ʃoroː，土族语 ɕiruː，东乡语 turo < *tiro。

"土"意大利语、葡萄牙语 terra，梵语 dhara < *dera。"陆地"梵语 deʃe < *dere 。

"较低的"梵语 adhara- < *adara-。

2)"牙齿"科伊桑语系科洪语 ||qhà < *lqha-。科伊科伊语 ||gû-b < *lgu-。

"舌头"亚非语系库西特语族哈姆汤嘎语 laaq，阿尔波勒语 laeke。

"舌头"达罗毗荼语系曼达语 nālke、泰卢固语 nāluku < *na-luk。①

"舌头"匈牙利文 nyelv < *nelg。

"舌头"满文 ileŋgu，锡伯语 iliŋ，赫哲语 iləŋgu < *ʔiligi。女真语（亦冷吉）*ileŋki < *ʔilegi。"吐沫"土族语 ɕulgə < *sulgə。

"舌头"拉丁语 lingue < *lig^{w}e。

"舔"古撒克逊语 likkon、哥特语 bi-laigon、古爱尔兰语 ligi-m（我舔）。

"话"鄂伦春语 ulgur < *ʔulgu-r。"口水"满文 sileŋgi，锡伯语 ɕiliŋ < *siligi。"吐沫"土族语 ɕulgə < *sulgə。

汉语"舓"*slik，"舔"缅文 jɑk，博嘎尔珞巴语 jak < *lak。

撒哈拉语族卡努里语和扎尔马语反映第二条链关系的词如：

1）"太阳"卡努里语 kangal < *-ŋal，扎尔马语 wayna < *g^{w}al-na，对应于"太阳"柬埔寨文 t^{h}əŋail < *tə-ŋal。

①"火"南亚语系的语言如蒙达语 dongol < *do-gol，桑塔利语 sokol < *soŋol，蒙达语方言 seŋel < *seŋel。布朗语 ŋɔl，布兴语 tʃi ŋal < *ŋal，德昂语 ŋar < *ŋar。

②"亮的"西部裕固语、东部裕固语 *gəl-an。莽语 *gla。

③"光"布鲁语 glina-n < *gli-na。"照耀"马林厄语 sigla < *si-gla。

④"烧"蒙达语 dʒul < *gul。

---

① *n- 为早期的前缀，如"水"泰米尔语 nir < *n-er，曼达语 ēr。"月亮"泰米尔语 nilav < *ni-lab^{w}。

“太阳、天”古英语 swegl < *sugl。 “照耀”希腊语 gyalizo < *gali-。古法语 glisa、古丹麦语 glisse。

2）“喉咙”卡努里语 ngowoljo < *ŋogolo。

“喉咙、脖子”桑塔利语 gola。“脖子”爪哇语 gulu < *gulu。“喉咙”维吾尔语 gɑl < *galo。蒙古语 xoːlɛː，东乡语 ɢoləi < *ɢole。“喉咙、声音”沙外语 gli < *guli。汉语 *gla（胡，颈也）。

“喉咙”拉丁语 gula， 意大利语 gola。 “喉咙、脖子、吞咽”梵语 gala。“喉咙”格鲁吉亚语 qhɛli < *ɢele-。

（5）语源的推测

1）早期的语言迁移

第一人称单数代词词根 *gʷa（*go、*gu、*ŋa）和 *mi（*bi、*me）在亚、欧两地的广泛分布，拥有这些代词的语言可能较早时已分布于非洲、欧洲和亚洲。非洲科伊桑语系努恩语的第一人称代词有 ŋ、na、m- 等，似乎保留了早期另外一类非洲语言的人称代词。祖鲁语第一人称单数的前缀为 ŋi-，第二人称复数的前缀为 ni-，也可以说明这一点。

撒哈拉语族的 *gu 对应于华南地区、太平洋岛屿上的 *ku 和 *gu，其他基本词的对应也是如此，撒哈拉语族的语言可能来自华南或南亚。

从亚非语系的语言词源看与亚洲的语言关系更为密切，该语言的使用者把非洲使用第一人称代词 *mi（*m-）和 *gʷa（*gu、*ŋ-）的人群和欧洲的隔开，可能是末次冰期以后才分布于非洲北部地区。

南亚达罗毗荼系语系的语言与东亚语言关系密切，未发现该语系的语言中有第一人称代词 *gʷa（*go、*gu、*ŋa）和 *mi 的分布。其基本词的词源关系把亚非语系和东亚南方语系的语言连接起来，可能是该语系的语言向外扩张的结果。

澳大利亚、巴布亚新几内亚土著语言的一些基本词与东亚太平洋不同支系语言有关词有词源关系，是两次人群迁移的结果。七万三千五百年前苏门答腊的多巴火山爆发，东南亚人群濒于灭绝，$*g^{w}a$（*gu、*ŋ-）为第一人称代词的语言可能是从东亚中部迁移到东亚各地，其移民成为澳大利亚的主要居民。舌尖鼻音组 *ni（*ne、*na）为第一人称代词单数的语言可能从南亚迁移到巴布亚新几内亚，并进入澳大利亚，在东亚的影响基本上没有越过黄河。

欧洲的语言一方面与非洲早期的语言有密切的关系，另一方面又与亚洲的语言有密切的关系，主要应是早期非洲的居民向欧洲迁徙，欧亚两地的居民有过数次经西伯利亚和中亚来回迁徙的结果。

2）关于语言早期历史研究的方法

传统历史语言学以谱系关系解释语言的历史，语系的分化通常认为始于数千年前。20 世纪 90 年代格林伯格（Joseph Harold Greenberg）提出“欧亚语系”（Eurasiatic languages）的假说。有英国学者认为大约是一万五千年前的一种语言分裂为七种不同的语言，后来分裂成欧洲和亚洲的几千种语言。[①] 传统的历史语言学所设想“原始印欧语”如同一个喷泉，印欧语系语言皆来自“原始印欧语”，后来其他语系语言的比较研究也是这个思路。

正如特鲁别茨科伊（Trubetzkoy）所批评的：“所有印欧语言都由同一语言分化而来的设想便不能令人们信服了，因为印欧语的祖先可能原本不一样，只是通过长时间的互相接触与借用才有今天相似的面貌。”[②] 毕竟传统的研究已不同程度地对全球诸语系语言早期的语音、语法和词汇状态的推测，研究或有不足，仍然是很好的基础。追溯美洲印第安语、澳大利亚和巴布亚土著的语言的历史，考虑这些地区语言与它们以外的语言的关系才是

---

① Mark Pagel, Quentin D. Atkinson, Andreea S. Calude, and Andrew Meade, *Ultraconserved Words Point to Deep Language Ancestry Across Eurasia*. www.pnas.org/cgi/doi/10.1073/pnas.1218726110.

② 特鲁别茨科伊：《关于印欧语言问题的设想》，邹一帆译，石锋、张洪明主编《语言学译林》，世界图书出版公司 2013 年版。

出路。

如果我们要了解更早以前语言的情况，以及探索人类的语言究竟是单一源头还是多源头的，对包括人称代词及相关的一些基本词跨语系的词源关系的讨论相信是有意义的。根据非洲和亚洲语言的词源关系、相似的遗存形态成分和相似的音系结构，我们或许还能假定早在非洲的语言迁徙到欧洲之前，非洲和亚洲的语言有一个主要的源头。

东亚语言的历史关系

东亚太平洋地区语言的基本词交叉对应中，如南岛和阿尔泰、汉藏和南亚一些基本词和附带的形态特点相近，可推测末次冰期结束之后，在东亚和东北亚有过两个交流较为密切的语群，“汉藏—南亚语群”和“阿尔泰—南岛语群”，诸语群中又有一些不同来历的语言。

◇ 一　阿尔泰语的历史

1. 阿尔泰语的文化背景

末次冰期期间，乌拉尔人来到东西伯利亚，成为古北亚人的主要组成部分之一。末次冰期结束后北亚文化往南延伸，分布到丹东地区大洋河以东的黄海沿岸，向北延伸到鸭绿江流域的潘石河地区。阿尔泰人的另一个主要支系拥有距今约八千年的辽西新石器早期的“兴隆洼”文化以及后来的红山文化，与中原的文化有较多的交流。这两支文明的结合形成阿尔泰文化的主体。早期北上的南岛文化在渤海沿岸可能与北方的这两类文化有所接触。在满通古斯语、朝鲜语和日语中我们不仅会发现旧石器时代沿海北上的一些词源关系，还有后来语言接触的遗存。

一方面，五千多年前早期的红山文化与西伯利亚地区南下的文化、中原及南方的文化交流，另一方面阿尔泰文化向西扩张成为前突厥文化的主体，至匈奴西迁，在西部地区成为古突厥文化，当地的为前蒙古文化。日本列岛早期主要成员应属蒙古利亚人的北亚人种。考古研究说明冲绳和日本南部、中部地区的遗物有南岛文化的特点。新石器晚期辽东半岛出土的有段石锛和扁平穿孔石斧，与浙江良渚文化的石器相似。

西周时称为北狄和玁狁的可能是突厥先民的部落，从西伯利亚南下和当地阿尔泰人结合的人群为肃慎，即东北夷，是早期的满通古斯语居民。渤海北岸和朝鲜半岛的北部为古高句丽的居民。

早期阿尔泰部落的关系可以从有关"人"的说法中观察到。如"男人"古突厥语、维吾尔语、图瓦语 er，蒙古语 ər，东乡语 ərə < *ʔerə。"成人"朝鲜语 ərɯn < *ʔəru-n。"敌人"鄂温克语 əru bəjə < *ʔəru-bərə。可见突厥和蒙古的"男人"可能曾是鄂温克人的"敌人"。"朋友"满文 anda，锡伯语 anda < *ʔada。"敌人"日语 ada。满人祖先的"朋友"是渡海到日本的阿尔泰部落（或氏族）的"敌人"。

阿尔泰语数词"四""七"和"十"大多有共同来历，其他数词未能一致。"四"土耳其语 dørt、哈萨克语 tørt、西部裕固语 diort < *duro-t，与蒙古语 dərəb、达斡尔语 durəb、东乡语 dʑiəron < *duro-b-n，鄂伦春语 dijin，赫哲语 dujin < *duri-n 等词根有共同来历，日语 jon < *don 与满文 duin、女真语（对因）*tuin 相近。朝鲜语"二十""三十"等中表示"十"的后缀 -ɯn < *ʔun，可能来自匈奴时代的突厥语。[①]

2. 阿尔泰语的语音和形态

（1）阿尔泰诸语语音的对应

兰司铁认为阿尔泰诸语的语音对应关系为：

蒙古语的 r 对应突厥语的 z，蒙古语的 l 对应突厥语的 ʃ，蒙古语的词首

① 吴安其：《阿尔泰语的数词》，《语言研究》2012 年第 3 期。

音 n、d、j、y 对应楚瓦什语的 ʃ 和突厥语的 dʒ；中期蒙古语的 χ- 对应满文的 f-，赫哲语的 p-，鄂温克语的 χ-，突厥语的零辅音形式；等等。

捷尼舍夫等说："一般都认为阿尔泰语的 d、ǯ、j 在原始的突厥语中，与 j 是一致的，也有另一种更为谨慎，但却是出色的判断，这就是阿尔泰语的 d、ǯ、j 是与突厥语的 j 构成对应关系。困难之处就在于有关起首辅音的问题在蒙古、满通古斯诸语言，以及朝鲜和日语中尚很少经过深入研究。"①

突厥语和满通古斯语的 ʃ 或 s 对应于蒙古语族语言的 l 或 j。日语 j- < *l- < 阿尔泰古方言 *d- 或 *l-，突厥语东部语支语言中或清化为 *t-。日语与突厥语东部语支语言 j- 的对应关系是古代相邻方言相互影响和平行演变的结果，其共同来源是古方言 *d- 和 *l- 交替中的演变。如：

"好" 日语 joi < *do-ʔi。古突厥语 jeq < *deq。维吾尔语 jɑχʃi，哈萨克语 dʒɑqsə < *deq-。

"衰老" 日语 jobo-jobo < *domo。"软的" 维吾尔语 jumʃɑq < *dum-laq。

"雪" 日语 juki < *duki。"冰" 满文 dʒuhe，锡伯语 dʐuxo，赫哲语 dʐukə < *duqə。

"夜" 日语 joru < *doru。赫哲语 dolbu，鄂温克语、鄂伦春语 dɔlbɔ < *dol-。

日语保留有古阿尔泰语 *l（*ɬ）成为 s 或 ʃ 的特点，与其他阿尔泰语对应情况为：

"脚" 日语 aɕi < *ʔali。"踝骨" 古突厥语、土耳其语 aʃuq，土库曼语 asiq < *ali-q。

"虫子" 日语 muɕi < *muli。"蚊子" 蒙古语 ʃɷmɷːl < *somol。

"年" 日语 toɕi < *toli。古突厥语、维吾尔语 jil，哈萨克语 dʒəl，图瓦

① Э.Р. 捷尼舍夫编：《突厥语历史比较语法（语音学）》，沈成明、陈伟译，中国社会科学出版社 2014 年版，第 351 页。

语 dʒɤl，蒙古语、达斡尔语 dʒil < *dil。“满”哈萨克语 tolə，图瓦语 dolɤ < *tolə。

“岸”日语 kaçi < *kali。维吾尔语 qɑʃ，柯尔克孜语 qəlaː < *qala。

“下”日语 çita < *lita。土耳其语 alti，维吾尔语 ɑst < *ʔalti。

突厥人西迁前，与满通古斯人和渡海前的日本部落关系密切，语言的交流促使语音有共同的演变。后来蒙古语族语言分布于中间的位置，保留 l（*ɬ）早期读法。

现代朝鲜语的塞音和塞擦音清送气、不送气、紧音三分，前两者分别来自古朝鲜语的清音和浊音，现代方言中不送气清塞音仍保留着浊流。紧辅音对应的情况比较复杂，大体上与塞音、擦音和塞擦音的结合有关。朝鲜语中古汉语借词，以不送气清音对汉语的不送气清音及浊音，以送气对送气，可见朝鲜语送气和不送气音的对立中古时已存在，浊塞音和浊塞擦音的清化的演变比较早。古朝鲜语塞音和塞擦音的清、浊对立，大体上今不送气塞音、塞擦音来自古浊塞音。

（2）早期阿尔泰语的语音和形态

早期的阿尔泰语应为塞音两分，有小舌音。失去小舌音的语言，如土耳其语，小舌音并入舌根音。朝鲜语和日语中词首小舌塞音成为舌根擦音。一些阿尔泰和南岛语的词根可追溯其早期的形式，其唇、舌尖和舌根塞音，鼻音、擦音和流音分别有对应关系。其共同的历史特点是部分舌尖塞音演变为塞擦音（后来的阿尔泰支系中一些舌根塞音受高元音影响成为塞擦音）。日语和阿伊努语有着一致的 *p- > h- 的演变，基本词汇方面有一定的差异。

早期的阿尔泰语可能是五元音的语言，有初步的元音和谐（后来的突厥、蒙古和满通古斯中发展为较为严格和有各自特点的元音和谐）。

阿尔泰语的塞擦音来自舌尖塞音。如对应于哈萨克 ʃ- 的维吾尔、土耳其的 tʃ-，来自早期突厥语的 *t-（*ʈ-）；维吾尔、土耳其的 j-，哈萨克的 dʒ-，来自早期突厥语的 *d-（*ɖ-）。与蒙古语族语言和满通古斯语言比较，如：

“脸”维吾尔语 tʃiraj，哈萨克语 ʃiraj < *tiraʔi。日语（俗语词） tsɯra < *tura。蒙古语 tʃarɛː，达斡尔语 ʃar < *tara。满文 dere，锡伯语 dər，鄂伦春语 dərə < *dəre。

“乳房”（动物的），维吾尔语 jilin，柯尔克孜语 dʒelin < *deli-n。蒙古语 dələŋ，土族语 deleŋ < *deli-ŋ。

“肘”维吾尔语 dʒɛjnɛk，柯尔克孜语 tʃəqanaq，西部裕固语 tʃigenek < *dige-nek。东部裕固语 doɢoːnoɢ < *dogu-nok。

“吃”土耳其语 je-，维吾尔语 jɛ-，哈萨克语 dʒe-，图瓦语 dʒi- < *de。满文 dʒe-，锡伯语 dʐ̩i- < *de。蒙古语 idə-，达斡尔语 idə- < *ʔide-。

维吾尔语等的 ji 也来自 *ʔi-，如“哭”中古突厥语 iŋli-，土耳其语 inli-，维吾尔语 jiʁla-，西部裕固语 jiɣla- < *ʔiŋli。

这一类演变，与突厥语和南岛语比较，其对应为：

“爪”维吾尔语 tʃaŋgal，哈萨克语 ʃaŋgel < *ta-gal。印尼语、爪哇语 tʃakar < *ta-kar。

“路”土耳其语、维吾尔语、西部裕固语 jol，哈萨克语 dʒol < *dol。莫图语 dala，达阿语 dʒala，劳语 tala < *dala。查莫罗语 tʃaje < *tale。巴塔克语 dalan，印尼语 dʒalan < *dalan。查莫罗语 tʃalan < *talan。

“吃”土耳其语、维吾尔语、哈萨克语、图瓦语 *de。满文、锡伯语 *de。蒙古语、达斡尔语 *ʔide-。罗图马语 ʔātē，窝里沃语（Wolio）ka^{n}de < *ʔade。

突厥语词中的 -j- 有多个来历，苏联学者为其构拟了齿间浊擦音 δ 。①

阿尔泰语词末的 -ŋ 或 -g 或读作 -ŋg。

南岛语词中的塞音 -p-、-t-、-k-、-b-、-d-、-g- 往往分别成为 -mp-、-nt-、-ŋk-、-mb-、-nd-、-ŋg- 这样的形式。

---

① Э.Р. 捷尼舍夫编：《突厥语历史比较语法（语音学）》，沈成明、陈伟译，中国社会科学出版社 2014 年版，第 353 页。

3. 阿尔泰语和印欧语基本词的对应

亚、欧的语言因西伯利亚、中部地区的沙漠和喜马拉雅山脉的阻隔交流相对困难。不过末次冰期之前、末次冰期间和末次冰期之后，还是分别发生过多次重要的交流。我们可以从以下阿尔泰语和印欧语词的比较中看到这些情况。

（1）头

1)“头”土耳其语、维吾尔语 baʃ，哈萨克语 bɑs，西部裕固语 bɑʂ < *bal。“上面、顶部”撒拉语 baʃ，西部裕固语 bɑʂ < *bal。

“头、头发”古英语 polle，“头、顶”中古荷兰语 pol < *pole。 “头”希腊语 kephali < *ke-bali。

2）“额”日语 hitai < *pita-ʔi。

“头”高地德语 houbit，古弗里斯语 haved，古英语 heafod（头顶），梵语 kaput-，拉丁语 caput、中古法语 caboce、西班牙语 cabezə < *qa-pʷede。

（2）眼睛

1）“眼睛”女真语（牙撒）*jasa，满文 jasa，锡伯语 jas，鄂伦春语 jɛːʃa < *ʔila。爱斯基摩语 ije < *ʔile。

“眼睛”法语 œil、意大利语 ojo < *ole。古爱尔兰语 suil < *su-ilo。

2）“眼睛”阿伊努语 ʃik < *sik。

“眉”蒙古语、图瓦语、土族语 *komu-səge（毛—眼睛）。

“眼睛”赫梯语 sakuwa < *sakʷua，“看见”哥特语 saihwan。

3）“眼睛”土耳其语 gøz，维吾尔语 køz < *gor。“脸”蒙古语 *ʔaŋor，错那门巴语、格曼僜语 *ŋur。

“眼睛”梵语 akʃi、嘎地语（Gadi）hākhɑr < *qakara。 “脸”俄语 gronj < *gro-ni，西班牙语 cara < *kara。

（3）鼻子

“鼻子”土耳其语、维吾尔语 burun，柯尔克孜语 murun，哈萨克语 murən < *burun。满文、赫哲语 oforo，锡伯语 ovur < *ʔoburu。蒙古语、达斡尔语 xɑmar < *qamor。

“额、眉毛”古英语 bru。“前面，之前”梵语 puraḥ < *pura-。
希腊语“前面”empros，“眉毛”ophrys < *obrus。
“前面、之前，以前的时候”古英语 beforan、古高地德语 bifora < *be-bora。

（4）嘴

1）“嘴”中古朝鲜语 nip < *nib。

“鸟嘴、鼻子、脸”古英语 nebb、古挪威语 nef < *neb。
“鼻子吸进”英语 snuff、荷兰语 snuffen < *snub。

2）“嘴、鸟嘴”赫哲语 amŋə，锡伯语 aŋ，鄂伦春语 amŋa，满文 eŋge，女真语（昂哈）*aŋha < *ʔamga。

“嘴”古法语 boche，“脸颊”拉丁语 bucca < *buka。

（5）舌头

“舌头、语言”东部裕固语 kelen，土族语 kələ < *kəle-n。“说”东乡语 kiəliə-，土族语 kəle，保安语 kɑlə < *kəle。土族语 gule < *gule。“话”东乡语 kiəliən < *kili-n。

“舌头、语言”希腊语 glossa，“单词”拉丁语 gloss。

（6）牙齿

“牙齿”蒙古语 ʃʉd，达斡尔语 ʃid，蒙古语都兰方言 ʃide < *side。东乡语 ʂɯdun，保安语 ʂdoŋ < *sudun。“虎牙”满文 sidu（weihe）< *sidu。

“吃”蒙古语、达斡尔语 *ʔide-。土耳其语 je-、维吾尔语 jɛ-、哈萨克语 dʒe-、图瓦语 dʒi- < *de。满文 dʒe-、锡伯语 dʐi- < *de-。

“牙齿”梵语 danta、希腊语 odontos、拉丁语 dent、立陶宛语 dantis、古爱尔兰语 det < *dote-，古英语 toð、古弗里斯语 toth < *tode。
“吃”英语 eat、古撒克逊语 etan、古挪威语 eta。

亚欧语言“牙齿”有 *gi 和 *de 两类基本词根，分别代表亚洲的东部和西部早期底层语言的分布和对后来语言的影响。突厥和蒙古语族语言为 *de 类。

（7）喉咙

1）“喉咙”维吾尔语 gɑl < *galo。蒙古语 xoːlɛː、东乡语 ɢoləi < *ɢole。“喉咙、脖子”桑塔利语 gola < *gola。

“咳嗽”阿尔巴尼亚语 kollë < *kolo。
意大利语“喉咙”gola，“脖子”collo。
拉丁语“喉咙”gula，“脖子”collum。“脖子、领子”古法语 coler。
“喉咙、脖子、吞咽”梵语 gala。

格鲁吉亚语“咳嗽”xvɛlɛba < *qʷele-，“喉咙”qhɛli < *ɢele-。

2）“喉咙”印尼语 təŋgorokan < *tə-gorok-an。马京达瑙语 ŋarək < *garək。

“脖子、喉咙” 中古荷兰语 craghe < *krage，“喉咙”古英语 cræg。
“领子、脖子”德语 kragen、古高地德语 chrago < *krage-。
“喉咙”法语 gorge、古法语 gargole、俄语 gorlo、波兰语 gardło。
“喉咙” 亚美尼亚语 kokord < *kokor-d。

“喉咙”芬兰语 kurkku。

“咳嗽”藏文 glo rgjag < *glo-grak，汉语 *grək（咳）。

“咳出、吐”古英语 hræcan、古高地德语 rahhison（清喉咙）< *krak-。
“咕哝”立陶宛语 kregeti。

（8）耳朵

“耳朵”蒙古语 dʒix，土族语 tʃigə，东部裕固语 tʃiɢən < *digə / *tigə-n。

中古朝鲜语 ky、扶安方言 kyttɛki < *gi-degi。

“耳朵”希腊语 staχy < *staki。

（9）胸

1）“胸”土耳其语 gøɣys < *gegi-s。爱斯基摩语 sakkrark < *sa-kak。

“胸口”撒拉语 kɑŋzoŋ < *kak-roŋ。哈萨克语 kewde < *kek-de。

“胸”阿尔巴尼亚语 gjoks < *goks。“乳房”古威尔士语 dʒugr < *gug。

“肩”格鲁吉亚语 gaɣtshɛva < *gag-deb^{w}a。

2）“胸”鄂伦春语 kəːŋtirə < *kəŋ-tirə。“心”土耳其语 dujgu < *duru-gu。

“胸、胸铠”拉丁语、希腊语 thorax（thorakos 所有格） < *dora-。

“乳房”（兽）古英格兰语 ūder、古高地德语 ūtar、拉丁语 ūber、梵语 ūdhar。

“胸、乳房”希腊语 sterno < *ster-。

（10）手

1）“手”蒙古语 ɑlɑg，达斡尔语 xɑləg < *qalag。爱斯基摩语 adgak < *ʔalga-k。

“手”亚美尼亚语 sëlakh < *selag。“手、手臂”俄语 ruka，波兰语 reka < *reka。

“腿，腿、臂的骨头”古挪威语 leggr < *leg。

2）“手、手臂”日语 ude < *ʔude。

“手”哥特语 handus、古英语 hond、古弗里斯语 hand、古挪威语 hönd，古英语 handa（复数）< *qoda。

3）“腋”日语 waki < *b^{w}aki。

“手（臂）”希腊语 patʃus，梵语 bāhu-、古高地德语 buog（指骨）< *bagu。

“五”立陶宛语 penke、拉丁语 quinque、梵语 pantʃa < *peke。

（11）脚

“脚”满文 bethe，赫哲语 fatχa，锡伯语 bətk < *bat-qa。“大腿”维吾

尔语 put，西部裕固语 but ＜ *put。

“脚”英语 foot、法语 pied、意大利语 piede、亚美尼亚语 fut、希腊语 podi。 “脚跟”拉丁语 pēs、pedis（所有格），哥特语 fōtus，梵语 pad- < *padi。 “走”希腊语 badizo < *badi-。

“脚”格鲁吉亚语 mabidʒi < *ma-bidi。

（12）骨

1）“骨”日语 hone，阿伊努语 pone < *pone。

“骨”英语 bone、古英语 ban（骨头、獠牙）、古弗里斯语 ben < *ben。 波兰语 fiszbin < *p^{w}isbin。

2）“骨”蒙古语 jɑs，土族语 jɑsə，东部裕固语 jɑsən ＜ *ʔisa-n。

“骨”拉丁语 os，（所有格）ossis。“骨”亚美尼亚语 oskor < *os-kor。

3）“骨”古突厥语 syŋyk，维吾尔语 søŋɛk，哈萨克语 syjek < *sigek。

“骨头”阿尔巴尼亚语 kockë < *koke。希腊语 kokala、kokkala。

◈ 二　南岛语的历史

关于东南亚古文化的分布，凌纯声先生指出：“东南亚古文化的分布，北起长江流域，中经中南半岛，南至南洋群岛，在此广大的区域中又可分为三个副区：一、大陆区；二、半岛区；三、岛屿区。此一文化起源于大陆，向南迁移，初到一地，与当地原有文化混合，住定之后，又有其他文化的侵入，因此三区文化的层次不同，研究任何一种东南亚文化的特质，而明其演变，必先明了所在地区的文化层。在岛屿区东南亚古文化层之下，有小黑人、美拉尼西安、玻利内西安、最下层为澳大利安四层文化，其后来居上者亦有印度、中国、阿拉伯、西洋四层文化。”①

1. 南岛语系的语言及其底层

（1）南岛语系的语言

台湾是南岛语分歧最大的地区，考古发掘表明该地区五六千年以来的文化具有一脉相承的特点，其文化的源头在大陆。一万五千年前的台湾长滨文化与华中、华南地区旧石器晚期的文化为同一类型，其居民以洞穴为家，当为末次冰期期间海平面下降，两岸相通之时的大陆移民。五六千年前新石器早期的大坌坑文化的特征与福建闽侯县石山下层文化和江西大源仙人洞下层文化类似。大坌坑文化遗址在台湾分布较广，确定的文化序列为大坌坑文化、芝山岩文化、圆山文化、植物园文化等，遗物表明它们属于南岛文化类型。

新石器早、中期分布在南方沿海的南岛语南方语群的语言较早经马来、爪哇等地至巴布亚，使用五进位数词，并可能与当地早期居民的语言接触，保留当地土著语言的一些词汇和构词的特点，成为巴布亚新几内亚和美拉尼西亚等地的南岛语，保留着早期华南和南亚黑人语言的特点，它们的词汇与达罗毗荼语系语言的词汇有较多的对应关系。

马来、波利尼西亚和东部沿海的一些南岛语较晚离开大陆，离开前已使用十进位数词，爪哇语与马来支系的语言保留着美拉尼西亚南岛语的底层。菲律宾岛屿此前有来自中国台湾和沿海的早期移民。

南岛诸语族语言中一致的基本词或其词根应该是早期处于强势地位的南岛语部落交际语所传播的。如“月亮”*bula、“星星”*bitik、“石头”*batu、“火”*sapuj、“烟”*qabul、“灰烬”*qabu、“路”*dala、“眼睛”*mata、“鼻子”*ŋudu、“耳朵”*taliŋa、“手”*lima、“乳房”*susu、“虱子”*kutu、“羽

① 凌纯声：《东南亚古代文化研究发凡》，《中国边疆民族与环太平洋文化》，（台湾）联经出版事业公司1979年版。

毛”*bulu、“看见”*kita、“黑”*quɖam、“小”*tiki、“我”*ku、“这”*ini、“名字”*ŋadan 等。南岛诸语基本词或词根的分歧情况可以说明这些部落原本使用着相当不同的语言或方言。台湾南岛语的差异恰好说明未能在全岛通行一种部落联盟交际语。

（2）南岛语词的不同来历

以台湾地区南岛语为代表的南岛语北方语群的主体仍来自南方，新石器早、中期分布在渤海沿岸，与阿尔泰语有较密切的关系，后来南下至东南沿海，部分东迁至台湾岛，分布在大陆的与侗台语关系密切，余下的南下与南方语群的语言汇合，多迁至太平洋岛屿，分布于东南亚的多成为南亚语孟高棉语族语言的底层。

台湾的南岛语保留了早期南岛语的一些形态和词汇的特点，泰雅语族的语言——泰雅语、赛德克语和赛夏语，基本词与台湾以及太平洋岛屿上的其他南岛语差别甚大，显然有来自早期大陆语言和后来阿尔泰语的成分。如：

①“水”泰雅语赛考利克方言 qəsijaʔ，泽敖利方言 quʃijaʔ，赛德克语 qasia < *qəlira。马来语 ajer，印尼语 air，米南卡保语 aiᵊ，萨萨克语 aiʔ < *ʔalir。汉语 *hlirʔ（水）< *qlir-ʔ。

②“苍蝇”泰雅语 ŋəliʔ < *ŋəli。汉语 *s-ŋəl（虫）。[①]

③“尾巴”泰雅语赛考利克方言 ŋuŋuʔ，泽敖利方言ŋaʔŋuʔ，赛德克语 ŋuŋuʔ < *ŋa-ŋuʔ。藏文 rŋa，却域语 rnə^{13} < *r-ŋa。

④“刺”泰雅语 pəkəziʔ，赛德克语 pakau < *pəkə-riʔ / *paka-u。巴琉语 pɔk^{53}，莽语 gɤ^{31}bak^{55} < *pak。

⑤“落（下）”泰雅语 ma-taku < *taku。莽语 dɔk^{55} < *dok。尼科巴语 pituːk < *pi-tuk，土耳其语 taki- < *taki。

⑥“给”泰雅语 biq < *biq。墨脱门巴语 bi，缅文 pe^{3}，独龙语 bi^{55} < *bi。

① “虫”，鳞介总名，与“卉”（许伟切）音同。

⑦“聋”泰雅语 ma-pułuŋ < *puluŋ。汉语 *broŋ。

⑧“谁”泰雅语 ʔimaʔ < *ʔimaʔ。克木语 mɤʔ，户语 a mɔ^{31} < *mo。“什么”东部裕固语 ima < *ʔima。

前文已经提到的巴布亚新几内亚非南岛系语言科姆比语与该地和太平洋其他岛屿南岛语系语言的一些词有词源关系，因为南岛语系语言有的词来自巴布亚新几内亚非南岛系的语言。

2. 南岛语的语音和形态

早期的南岛语应该是古南岛人的交际语或权威方言，是新石器早期的语言，辅音系统可描写为：

p	b	p^w	b^w	m			w	
t	d			n	s	z	r	l
ʈ	ɖ		ʃ					ɭ
k	g	k^w	g^w	ŋ	h	ɣ	j	
q	ɢ							
ʔ								

早期的南岛语为 OV 语序的黏着语，名词和动词有同根形式，其普遍的形态特点是名词使用前缀 *ʔa-、*ʔi-、*ʔu- 等和后缀 *-l、*-r、*-ŋ、*-n、*-m、*-q 等。*-l 为表示实现某行为的工具，*-r 表复数。前缀 *m- 表示自动，*s- 表使动，*-i 和 *ma- 为形容词标记。

如同早期的马来—他加洛语、泰雅—赛德克语和邹—卑南语是 a、i、ə、u 4 元音结构。[1] 名词和动词有同根形式，动词的前缀 *ma- 表示自动，*pa- 和 *si- 表使动。

后来的南岛语词中的塞音 -p-、-t-、-k-、-b-、-d-、-g- 往往分别成为 -mp-、-nt-、-ŋk-、-mb-、-nd-、-ŋg- 这样的形式。

泰雅—赛夏、邹—卑南和马来—他加洛三个支系的语言使用中缀，美

① 参见吴安其《南岛语分类研究》，商务印书馆 2009 年版，第 278 页。

拉—密克罗尼西亚支系的语言没有发现使用中缀的，但有过类似其他南岛语那样的中缀。*-um- 应是早期南岛语及物动词的中缀。如“登陆”他加洛语支中的依斯那格语 dumuŋ，摩尔波格语 duŋu，表明原本有中缀 *-um-，词根是 duŋ。斐济语东部方言 udu，拉巴努伊语 tomo，表明原来也是有中缀*-um-的。

3. 南岛语与阿尔泰语的关系

突厥、蒙古和满通古斯的语言比较，身体部位词和许多基本动词往往没有直接的对应关系，而与南岛语对应。这一类词源关系应与早期东亚语言的渊源关系和后来的阿尔泰和南岛语共同分布于某一地区词的相互借用有关。如：

“水”布农语 danum < *da-num，阿美语 nanum < *na-lum，排湾语 dzalum < *da-lum。

“湿的”柯尔克孜语 nem，维吾尔语 nɛm，土耳其语 nemli < *nem / *nem-li。保安语 sɑnəm < *sa-num。

“露水”维吾尔语、乌孜别克语 ʃɛbnɛm < *leb-nam。柯尔克孜语 ʃydyrym < *ludu-rem。

南岛语中如巴布亚吉利威拉语（Kilivila）中“水”读作 sopi < *sopi，与突厥语族语言的 *subi 相近。

阿尔泰语“船”与南岛语“船”“独木舟”“筏子”等的读法对应或相近，汉藏和南亚语的说法与之相去甚远，可以说明前阿尔泰语和南岛语的使用者曾共同生活在经常使用这些水上工具的地区。下文所举的这些南岛语如今分布在菲律宾、巴布亚和南太平洋的岛屿上。

①“船”古突厥语 kemi，土耳其语 gemi，维吾尔语 kemɛ，哈萨克语 keme < *kemi。撒拉语 kemu < *kemu。“有桨叉独木舟”大瓦拉语（Tawala）kewokewou < *keb^{w}o-ʔu。

②“船”图瓦语 xɑjɤk < *qadək。“有桨叉独木舟”他加洛语、沙巴语、木鲁特语 katig < *katig。“筏子”马都拉语 gitig < *gitig。

③“船”满文 dʒahūdai < *daqu-daqi。“刀船”满文 dʒaha < *daqa。赫哲语 təmtəkən < *təm-təkən。“筏子”吉利威拉语 deu，大瓦拉语 dau < *daqu。

④“船”蒙古语 oŋgotʃ，东乡语 onɢotʂo < *ʔo-goto。“有桨叉独木舟”亚齐语 gati。

⑤“桨”满文 melbiku < *mel-biku。“桨”依斯那格语（Isnag）uwela < *ʔu-b^{w}ela。勒窝语 pilavalua < *pila-b^{w}alu-ʔa。“划桨”木鲁特语 kabil < *ka-bil，斐济语 βoðe < *bole。

“桨”梅柯澳语 poke < *boke。

“鱼”日语 sakana < *sakana。“小鱼”满文 isiha < *ʔisiqa。布农语 iskan < *ʔi-skan。邹语 eosəkʉ < *ro-sku。邵语 rusaw < *ru-saku。“鱼鳍”波那佩语 siki。“鱼鳞”沙玛语、印尼语、巴塔克语 sisiki。

阿尔泰诸语与南岛诸语不同支系词的对应关系如：

（1）天

① 土耳其语 tanri < *tanri。“高”布吉斯语（Bugis） ma-tanree < *tanre-ʔe。

② 蒙古语 təŋgər，东部裕固语 teŋger，西部裕固语 deŋər < *teger。“高”巴厘语 təgəh，印尼语、马都拉语 tiŋgi < *tegeq。

③ 柯尔克孜语 ɑbɑ < *ʔaba。南密语 awe < *ʔab^{w}e。哈拉朱乌语 p^{w}e。

（2）太阳

① 维吾尔语 kyn，撒拉语 gun，土耳其语 gyn-eʃ < *gun。鄂温克语 ʃigun，赫哲语 ɕiwun，锡伯语 sun，满文 ʃun，女真语（受温）*ʃouwen < *su-gun。

“太阳、白天”沙外语 ŋɛn-ŋan < *ŋen。“白天”伊拉鲁吐语（Irarutu）gonə < *gonə。

② 土族语 nɑrɑ < *nara。东乡语 nɑrɑn，蒙古语正蓝旗话、布里亚特话、保安语 nɑrɑŋ < *nara-n。

“发光”印尼语 sinar，贡诺语 sinara < *si-nara。“烧”邵语 ʃunara < *su-nara。

③ 朝鲜语 hɛ < *p^{w}e。日语 hi < *pi。爪哇语 we < *b^{w}e。

（3）星星

① 蒙古语 ɔd，土族语 foːd < *poto。萨摩亚语 fetū，塔希提语 feti < *petu。

② 朝鲜语 pjər < *bər。达密语（Dami）barisa < *beri-sa。勒窝语（Lewo）verue < *beruʔe

（4）水

① 维吾尔语 su，图瓦语 suw，土耳其语 sivi < *subi。巴布亚吉利威拉语（Kilivila） sopi < *sopi。“河”罗杜玛语（Rotuman）sɔfu < *sopu。

② 满文 muke，锡伯语 muku，赫哲语 mukə， 女真语（木克）*mukhe < *muke。木鲁特语（Murut） timug < *ti-mug。

③ 日语 midzɿ < *midu。“雨”莫图语 medu < *medu。

（5）河

① 日语 kawa < *kab^{w}a。劳语 kafo < *kabo。

② 赫哲语、锡伯语 bira，鄂伦春语 bɪra，赫哲语 biraŋ-qə（小溪），女真语（必剌）*pira < *bira。“小溪”朝鲜语 kɛwur < *ka-bur。“河”巴布亚布昂语（Buang）bɛl < *bel。

③“湖”蒙古语 gol，东部裕固语、西部裕固语 ɢol < *gol。维吾尔语 køl，撒拉语 gol < *gol。“河”贡诺语（Konjo）kaloro < *kal-ʔoro（河—流）。

（6）路

① 土耳其语、维吾尔语、西部裕固语 jol，哈萨克语 dʒol < *dol。莫图语 dala，达阿语 dʒala，劳语 tala < *dala。巴塔克语 dalan，印尼语dʒalan <

*dalan。阿眉斯语 lalan，鲁凯语 ka-dalan-anə。

② 满文 jugūn，锡伯语 dʐoχun，鄂温克语 təggu < *dəqu-n。“小路”马都拉语 galaɖak < *gala-dak。

（7）鼻子

① 土耳其语、维吾尔语 burun，柯尔克孜语 murun，哈萨克语 murən < *burun。赛德克语 muhiŋ，巴则海语 muziɴ < *muliŋ。贡诺语 kaʔmuruŋ < *ka-muruŋ。

② 满文、赫哲语 oforo，锡伯语 ovur < *ʔoburu。吉利威拉语 kabulu-，托莱语（Tolai）biləu- < *kabulu。

③ 日语 hana < *pana。“鸟嘴”罗地语 pana（鼻子、鸟嘴），达密语 ibana < *ʔibana。梅柯澳语（Mekeo）fifina < *p^{w}ip^{w}ina。

④ 蒙古语、达斡尔语 xɑmar < *qa-mar / *ʔa-mar。“脸”阿者拉语（Adzera）、勒窝语 mara（-na）< *mara。

（8）嘴

① 古突厥语、土耳其语 aɣiz，维吾尔语 eʁiz，撒拉语 ɑʁəz < *ʔagir。朝鲜语 akari < *ʔagari。“嘴唇”达密语 sigor < *sigor。

② 蒙古语 ɑm，土族语 ɑmɑ，东乡语 ɑmɑn < *ʔama-n。蒙古语布里亚特方言 amaŋ < *ʔama-ŋ。“舌头”排湾语 səma，阿美语 ʃəma，卑南语 səmaʔ < *sə-ma / *sə-maʔ。

③“嘴、嘴唇”赫哲语 amŋə，锡伯语 aŋ，鄂伦春语 amŋa，满文 eŋge < *ʔamga。“嘴”三威治港语 ^{m}baŋo-n，拉加语（Raga）b^{w}aŋo- < *ʔmaŋo。

④ 中古朝鲜语 nip < *nib。阿者拉语 nifo- < *nipo。

（9）舌头

① 古突厥语、维吾尔语 til，土库曼语 dil，图瓦语 dɤl，西部裕固语 dəl < *dil。印尼语 dilah，他加洛语 dilaə < *dilaq。

② 东部裕固语 kelen，土族语 kələ < *qəle-n。查莫罗语 hula < *qula，

hila < *qila。

（10）耳朵

① 古突厥语 qulqaq < *qulq-aq。土耳其语 kulak，维吾尔语 qulɑq，图瓦语 kulɑk < *qulaq。马林厄语（Maringe）k^{h}uli < *kuli。

② 蒙古语 dʒix，土族语 tʃigə，东部裕固语 tʃiɢən < *digə / *tigə-n。占语书面语 taŋĭ，他加洛语 tēŋa < *tiŋa。

③ 日语 mimi < *mimi。“颊”印尼语、爪哇语 pipi，卡林阿语（Kalinga Limos）、卡加延语（Kagayanen）mimi < *mimi。鲁凯语 tsimi < *timi。

④ 中古朝鲜语 ky，扶安方言 kyttɛki < *gidegi。“耳廓”爪哇语 gɔɖɔh < *godoq。

（11）肩

① 维吾尔语 jɛlkɛ，柯尔克孜语 dʒelke < *del-ke。东乡语 dɑləu，保安语 dɑːli < *dalu。“脖子”蒙古语 ʃil，东部裕固语 ʃelə < *dilə。多布语 sadal < *sa-dal。伊拉鲁吐语 dərəbone < *dərə-bone。

② 哈萨克语 ejeq，塔塔尔语 jijəq < *ʔirəq。马绍尔语 aeɽæ < *ʔa-ʔira。

③ 土族语 bɑːliː，保安语 bɑːli < *bali。赛夏语 æbaɭaʔ < *ʔabala。邵语 pałafa < *palapa。

④ 土耳其语 omuz，柯尔克孜语 myry < *ʔomur / *muri。蒙古语 mər，达斡尔语 mur，东部裕固语 mərə < *murə。满文 meiren，锡伯语 mirin，鄂伦春语 miːrə，鄂温克语 miːr < *mirə-n。“锁骨”马林厄语 boboromola < *boro-mola。

⑤ 日语 kata < *kata。“锁骨”嫩戈内语 ʔade < *ʔade。那大语（Ngada）koti < *kata。

（12）胸

① 土耳其语 gøɣys < *gegi-s。维吾尔语 køkrɛk，哈萨克语 køkirek，撒拉语 goxrex < *keki-req。“乳房”大瓦拉语 gugu-na，梅柯澳语 ʔuʔu < *gugu /

*kuku。

② 蒙古语 tʃəːdʒ < *təd。印尼语 dada，米南卡保语 dado，萨萨克语 dadə < *dado。“乳房”朝鲜语 tʃətʃ < *dəd。巴拉望语 duduʔ，窝里沃语 ʔduʔdu < *ʔduʔdu。

③ 达斡尔语 ərtʃuː < *ʔər-tu。“肺”马绍尔语 æɽ < *ʔor。

④ 蒙古语 ɵbtʃʉː < *ʔəbtu。东部裕固语 putʃyn < *puti-n。查莫罗语 petʃho < *pedo。

（13）肠子

① 土耳其语 bayirsak < *bagir-sak。撒拉语 bɑʁzuχ < *bagruq。莫图语（Motu）bogaraurau < *bagara-ʔu。

② 维吾尔语 ytʃɛj，乌孜别克语 itʃɛk，西部裕固语 hidʒigə < *qidekə。满文 duha，锡伯语 duχa，女真语（肚哈）*tuha < *duqa。“肚子”鄂伦春语 gudəgə < *gudəgə。卡那卡那富语 vʉtsʉkʉ < *bu-tuk。

③ 鄂伦春语 ʃilʊkta，鄂温克语 ʃɪlatta，赫哲语 ɕoloχtə < *silaq-ta。图瓦语 søjyndɛ < *soride。吉利威拉语 sileu- < *silequ。

④ 赫哲语 fuxin < *pu-qin。排湾语 vu < *bu。

⑤“肠子、肚子”蒙古语 gədəs，土族语 gədəsə，东部裕固语 gədəs-ən < *gədəs。汤加语 kete（胃），邹语 kedu（睾丸）。

（14）油脂

①“油”古突厥语、土耳其语 jaɣ，维吾尔语、撒拉语 jɑʁ < *dag。

“油”托莱语 dəŋi < *dəŋi。“肉”窝里沃语 ɖagi < *dagi。“油脂、甜的”莫图语 diɣara < *digara。

② 哈萨克语、柯尔克孜语 mɑj < *mar。沙阿鲁阿语 ʔimaru < *ʔimaru。拉巴努伊语（Rapanui）mori，帕马语（Paamese）amur < *ʔa-mori。

③ 日语 ɕiboː < *simo。查莫罗语 sebo < *sebo。

④ 蒙古语 ɵːx，达斡尔语 əugu，东乡语 fugun < *ʔugu-n。梅柯澳语

oʔo < *ʔoqo。

⑤ 满文 imeŋgi，锡伯语 iməŋ < *ʔimeŋ。（脂肪、油）鄂伦春语 imukʃə，鄂温克语 imuʃʃə < *ʔimukə-si。塔希提语 miʔi < *miki。

（15）羽毛

① 维吾尔语、乌兹别克 pɛj < *per，中古日语 foro < *poro。塔希提语 huruhuru < *pur。“毛、羽毛”邵语 kupur < *ku-pur。

②“毛、羽毛、绒毛”土耳其语 tyj < *tug。“毛”西部裕固语 jyɣə < *digə，图瓦语 dyk < *duk。“胡子”乌玛语（Uma）dʒa^{ŋ}kuʔ，马京达瑙语 dʒage < *daku。

③ 蒙古语 ɵd，土族语 foːdə，保安语 hodoŋ < *pudə-ŋ。赫哲语 ufutə < *ʔuputə。东部斐济语 βuti- < *puti。

④ 鄂温克语 ɪŋatta，锡伯语 fuŋal < *puŋal-ta。邹语 eopuŋu，沙阿鲁阿语 ʔalapuŋu < *lapuŋu。

（16）虫子

① 赫哲语 qolian，鄂伦春语 kʊlɪkaːn < *quli-an / *quli-kan。泰雅语 kuʔiʔ，赛德克语 kuwiʔ，沙阿鲁阿语 kuliʔi < *kuliqi。

② 朝鲜语铁山等方言 pərkətʃi < *bəre-kəti。“蚂蚁”波那佩语 kāʈ，嫩戈内语 kəde < *kəde。

③ 锡伯语 nimaχ < *ʔimaq。女真语（亦迷哈）*imiha < *ʔimiqa。“蚊子”朝鲜语 moki < *mogi。马达加斯加语 muka < *muka。

（17）蛇

① 蒙古语书面语 moɣaɪ，蒙古语 mogo^{e}ː，东部裕固语 moɢoi < *mogaʔi。马林厄语（Maringe）mogo < *mogo。宁德娄语 m^{w}ak < *m^{w}ak。

② 鄂温克语 xʊlɛːn，鄂伦春语 kʊlɪn < *qulin。达阿语 ule < *ʔule。印尼语 ular，爪哇语 ulɔ < *ʔular。贡诺语 ulara < *ʔulara。

（18）蛙

① 东乡语 bɑɣɑ，东部裕固语、西部裕固语 baɢa < *baɢa。土族语 sbɑːwɑɢ < *sba-baɢ。毛利语 pepeke < *bebeke。阿卡拉农语 pakaʔ，卡加延语 paŋkaʔ < *pakaʔ。

② 满文 dʒuwali < *dub^{w}ali。卑南语 tapilaʔla < *tapilaʔ-la。

③ 鄂伦春语 ərəki，鄂温克语 ərixi < *ʔəriqi。阿者拉语 uriʔ < *ʔuriq。

（19）蝴蝶

① 维吾尔语 kepinɛk，哈萨克语、图瓦语 købelek < *ko-belek。布昂语 bəluk，布农语 baɬikuan < *baliku-。

② 达斡尔语 bəːlbərt < *bəlbəl-。鄂伦春语 bolbokon，鄂温克语 bəlbuxən < *bulbu-。赛德克语 pulale < *pulala。罗维阿纳语 pepela < *pela。

③ 日语 kotʃiou < *kotiʔo。排湾语 kadʑiadʑi < *kadi-kadi。

（20）根

① 东乡语 gəndzɯ < *gədə。宁德娄语 ka^{n}d^{r}on < *gadon。

② 图瓦语 dɑzɤl < *darəl。巴拉望语 dalil < *dalil。

③ 鄂伦春语 təkən < *dakə-n。索伦语 dagasā < *daga-sa。罗维阿纳语 dedeɣa < *dedega。

④ 满文 fulehe，锡伯语 fulxɯ < *pule-qe。排湾语 qapuɭu < *ʔa-pulu。

上述的词源关系说明阿尔泰语和南岛语基本词或词根的对应关系，可能跟共同的底层语言和后来的交际语有关。其分歧情况说明阿尔泰语和南岛语的部落方言是在不同语言的基础上形成的。

4. 太平洋岛屿上的南岛语

太平洋岛屿上的南岛语来自华南沿海，从大陆出发经由马来和印度尼西亚诸岛屿，到巴布亚地区，再到南太平洋的岛屿。巴布亚和新几内亚是波利尼西亚和新喀里多尼亚南岛语扩散过程中的中间站。印度尼西亚语和亚齐语等是较晚离开大陆的南岛语，在马来半岛和印度尼西亚地区覆盖了早先的美拉—密克罗尼西亚语族的语言。爪哇语保留着早期美拉—密克罗尼西亚语族语言的某些词汇底层和早期南亚、华南语言的词汇。

20 世纪的调查者发现可以把莫图语分为真莫图语（True Motu）和洋泾浜莫图（Pidgin Motu）。19 世纪的莫图语诸方言和其他南岛语有关“太阳”的说法可比较如下：

① 莫图语 dina < *di-na。布拉安语、嫩戈内语 du < *du。

② 柯勒布努方言 haro < *qaro。印尼语 mata hari < *mata-qari。

③ 阿罗玛方言 garo < *garo。

④ 南岬方言 mahana，塔希提语 mahana。

⑤ 卡巴地方言 akona < *ʔako-na。托莱语 keake < *ʔake-ʔake。

⑥ 玛伊瓦方言 veraura < *b^wera-b^wera。马那姆语 amari < *ʔamari。

⑦ 莫图莫图方言 sare < *sare。爪哇语 srəŋeŋe < *srə-ŋeŋe。

南岛系南方语群的语言与达罗毗荼语系语言有相近的底层词。如：

①“我”劳语、瓜依沃语 nau < *na-ʔu。莫图语卡巴地方言 nana。“我”泰米尔语 naṉ，马拉雅拉姆语 ṇān，泰卢固语 nēnu，奎语 ānu，曼达语nannā。“我们”巴拉会语 nan。

②“太阳”关岛查莫罗语（Chamorro）atdau < *ada-u，塔几亚语（Takia）ad。“太阳”泰米尔语 utjn < *udin，巴拉会语 dē。“阳光”曼达语 ēddi。

③“火”莫图语柯勒布努方言 arova。泰米尔语 neruppu < *n-erupu。

④“灰尘”大瓦拉语 dubudubu < *dubu。托莱语 tobon < *tobon。“灰尘、脏”曼达语 dubbā < *duba。

⑤“屁股”多布语 apar。曼达语 pirrā < *pira。

⑥“词”马那姆语（Manam）pile。曼达语 pōllē < *pole。

⑦“鸟”罗维阿纳语 kurukuru < *kuru。泰米尔语 kuruvi < *kuru-b^wi。

⑧“大红蚁”戈龙塔洛语 buhude < *bu-pude。“蚂蚁”曼达语 pēttē <

*pete。

⑨“蜘蛛”罗地语 bolau < *bola-ʔu。曼达语 balli < *bali。

⑩“树”乌玛语 kadʒu < *kadu。“灌木”曼达语 keḍā < *keda。

三 汉藏语的历史

汉藏语这个概念来自汉语书面语和一些藏文记录的藏语书面词的对应，以及把这样的比较扩展到其他一些语言，于是有汉藏语是否包括侗台语和苗瑶语之争。笔者曾说明早期汉藏人来自华南，九千年前到达江淮地区，六千年前成为仰韶文化的居民。五千多年前仰韶文化的支系向西发展，受西来文化的影响，也受早期阿尔泰文化的影响，成为马家窑文化。马家窑文化分布在甘肃等黄河上游地区，为藏缅语的源头。大约四千年前分别南下和返回黄河中游地区。[①] 在此期间不同地区部落交际语的传播为我们留下“汉藏共同语”的证据。

法国学者沙加尔批评了美国学者白一平和俄国学者斯塔罗斯汀的研究方法。他认为白一平的汉藏同源的论证，“存在明显的循环因素——词语的选择并非独立于需要检验的假设之外”[②]。他批评斯塔罗斯汀说：“他所举出的所有汉语—高加索语的比较都存在问题。”

1. 汉藏语的特征及其历史

早期的汉藏语应是 OV 语序的黏着语，名词和动词有同根形式。形态特点是：*s- 和 *m- 常作为身体部位词的前缀，前缀 *m- 表示自动，*s- 表使

---

① 参见吴安其《汉藏语同源研究》，中央民族大学出版社 2002 年版。

② 沙加尔：《沙加尔的评论》，王士元主编《汉语的祖先》，中华书局 2005 年版，第 515 页。

动，*g- 为形容词标记。

早期的藏缅语有名词前缀 *ʔa-、*ma-、*r- 和名词后缀 *-n、*-t 等，*b-、*g- 为数词前缀，*d-、*b-、*g- 为使动前缀 。

汉藏语塞音送气和不送气的对立可能是后起的，其中一些是在复辅音的简化中产生的，故早期的汉藏语的声母塞音清、浊两分。独龙语、博格尔洛巴语分布于较为偏僻的地区，塞音没有送气和不送气的对立，保留早期藏缅语的特点。

古藏语声母 g- 现代拉萨话成为送气的 kh-，现代藏语安多话中为 k-。声母的塞音系统基本对应情况为：

古藏语	p	ph	b	t	th	d	k	kh	g
现代拉萨话	p	ph	ph	t	th	th	k	kh	kh
现代安多话	p	ph	w	t	th	t	k	kh	k

这是不太久以前的变化，与汉语方言中浊塞音清化为送气或不送气的是平行的演变。如汉语北方方言，大约在宋代，平声音节中的浊塞音声母成为送气的清塞音，仄声（上声、去声和入声）音节中的成为不送气清音。

苗语在清不送气、清送气和浊三分的基础上又有鼻冠塞音和非鼻冠塞音的对立，侗台语在清不送气、清送气和浊三分的基础上浊塞音有普通爆破和内爆音（implosion）的对立。苗瑶语的鼻冠塞音和侗台语内爆音（先喉塞音）的来历在笔者过去的文章（《汉藏语同源研究》）中已经讨论过，不再重复。

汉藏诸语中小舌音系列保留较为完整的是苗语支语言和羌语支的羌语、道孚语等。

早期汉藏和南亚语有塞音和流音结合的复辅音模式，如 *pr-、*kr-、*br-、*gr-、*pl-、*kl-、*bl-、*gl-，前缀 *s- 与塞音及这些复辅音结合的形式。南岛和阿尔泰的语言较晚才有这一类的复辅音，但不排除其他底层语言带来的说法。缅语支和藏羌语支语言舌尖塞擦音一个主要来源是 *-r- 类复辅音。[①]

塞音尾 *-p、*-t、*-k 和 *-b、*-d、*-g 并存是早期东亚语的特点，上古汉语的中部方言中统一为 *-p、*-t、*-k，东部和西部的方言统一为 *-b、*-d、*-g。后来的汉藏语系语言的塞音韵尾只有一套，孟高棉语也是如此。

汉藏、南亚语中复辅音声母以塞音和流音声母结合的最为普遍，在另外的一些语言中对应为复音词。如：

“舌头”汉语 *slat，景颇语 ʃiŋ^{31}let^{31} < *si-let，勉语 bjet^{8} < *b-let。桑塔利语 lath（卷起舌头）< *lat。布兴语“小舌”kɤr lat < *kər-lat。

“锅”德昂语南虎话 klau，硝厂沟话 klʌuʔ < *kluʔ。斐济语 kuro，汤加语 kulo < *kuro。

“吞”克木语 kəm blɤt，布兴语 klɯt < *kə-blət。“嚥”萨萨克语 bələt < *bələt。

“干燥”佤语艾帅话 kroh < *kror。达密语 gerere < *gerere。

汉藏、南亚语中塞音和流音结合的复辅音或演变为塞擦音，或简化。藏缅语中复辅音简化的情况如同龚煌城先生在《阿科话的音韵系统及其来源》中所说明的。[②]

大约春秋末期，汉语圆唇塞音和流音构成的复辅音，如 *k^{w}l-、*g^{w}l- 有这样的演变：*k^{w}l- > *t-、*tj-，*g^{w}l- > *d-、*dj-、*lj-。如：

①“合”*kləp > *təp（荅、答），*gləp > *gəp（合）。

②“豬”*k^{w}la > *tja，“屠”*g^{w}la > *d^{w}a。

③“肘”*k^{w}lu-ʔ > *tju-ʔ，“纣”*g^{w}lu-ʔ > *dju-ʔ。

④“髑”*g^{w}lok > *djok，“蠋”*g^{w}lok > 战国 *ljok > 西晋 *ʑok。

⑤“途”*g^{w}la > *d^{w}a，“舍”*qla-ʔ > *hla-ʔ。

① 参见吴安其《汉藏语同源研究》，第 168 页。

② 龚煌：《阿科话的音韵系统及其来源》，《汉藏语研究论文集》，北京大学出版社 2004 年版。

*phl-、*phr- > *th-，*bla- > *th- 的演变如：

①“甹”*phleŋ，“骋”*thjeŋʔ。

②“白”*brak，“魄”*phrak、*thak（他各切）。

③“亳”*blak，“宅”*drak（场伯切），“托”*thak（他各切）。

我们可从汉语的谐声和假借推测其演变的时代。（解释另文）

汉语、侗台语、苗瑶语和缅语支语言最初四声的来历颇有争议。汉、侗台和苗瑶语最初的四声的产生应与共同的语言区域性特征，即韵尾特征，其中包括 *-q、*-s 以及它们的演变形式 *-h 等的存在有直接的关系。后来 *-q、*-s 消失，声调特征予以代替，语言或方言之间的借词则不能依照早期的情况来推测。汉语、侗台语、苗瑶语的一些方言中最初的四声分化为八调，有的因为元音有长短对立，作为伴随特征声调继续分化。

汉藏语中较为普遍的元音链移，在阿尔泰、南岛语中较少发生，因为阿尔泰、南岛语注重重音和复音词的节拍。

2. 汉语的语源和词源

早期汉语可能是分布在南方的古汉藏语群体的语言，与南亚系语言相邻分布，商周汉语的基本词中仍保留与南亚系语言对应的一些词。末次冰期结束之后，早期汉语越过长江至黄河中、下游一带。先商时代的汉语成为黄河中下游地区羌、夷人的部落交际语，并吸收了阿尔泰语和南岛语词。汉语的历史，包括汉语的史前史，是不同历史时期与其他语言接触的历史。

早期汉语以复音词为主，重音在后。其后复音词单音节化。大约先商时代已有复辅音，进入早期汉语的阿尔泰语和南岛语词皆单音节化。春秋开始复辅音系统有较明显的演变，反映于谐声的变化。东汉时复辅音简化，保留塞音和流音结合的复辅音，南北朝四声俱备。

汉语跟藏缅语有一些音、义对应相当整齐的词，如汉语“泣”*khrəp 和“立”*g-rəp 对应于：“哭”景颇语 khʒap^{31} < *krap。“站”独龙语 ɹɛp^{55} <

*ʔrap，博嘎尔珞巴语 rop、缅文 rap、他杭语 rappa < *rap。

汉语的基本词往往与藏缅语的不对应，如：

语言名称	太阳	月亮	水	火
汉语	*nit	*ŋat	*qlir-ʔ	*s-mʷal
藏语支	*ni	*səla	*kru	*me、*mi
缅语支	*ni	*la	*gri	*mi

以下一些汉语基本词的词源关系可以说明一些情况：

①“日”汉语 *nit，为南岛语底层词。与“热”有词源关系，如“太阳、热”菲律宾北部的卡林阿语（Kalinga）īnit。“热”他加洛语 īnit，巴厘语 m-init。[①]

② 甲骨文“月”可以解释为“月”和“夕”。当时（或后来）这个字可能有两种读法，“月”*ŋat 和“夕”*s-lak，并为后世所承。“月亮”南亚语系的尼科巴语 tʃi-ŋət < *qi-ŋet。

③“水”汉语 *hlirʔ < *qlir-ʔ。[②]“水”马来语 ajer，印尼语 air，米南卡保语 aiᵊ，萨萨克语 aiʔ < *ʔalir。

④“土”*thʷa-ʔ < *kʷla。鄂伦春语 tʊkala，赫哲语 tuqalə < *tu-qala。

⑤“火”汉语 *s-mʷal，与之有词源关系的是藏缅语的另一种说法。喜马拉雅语支塔米语（Thami）meh，库基—那加语支安德罗语（Andre）wɑl < *mel。

⑥“灰”汉语 *hmə < *smə，与藏缅语“火”如马加尔语 hme < *sme

---

① “太阳”藏文 ȵi ma，缅文 ne² < *ni。如“热”（动词），扎坝语 ə⁵⁵ȵi⁵⁵，缅文 hnwe³ < *s-ni，与汉语的没有直接的词源关系。

② 《说文》：“水，准也。”郑玄注《考工记》曰：“故书准作水。”战国时代“准”“水”音近。“准”kjən < *klir，谐声字“谁”*hlir，“隼”*slir，“唯”*lir。“滙”*gʷlərʔ 指水之会。

对应。

⑦“烬”*glin-s < *glin。[①]“烟”壮语武鸣话 hon²，水语 kwan² < *glon。

⑧“风”*brəm。朝鲜语 *baram < *baram。

⑨“雨”*ɢra-ʔ。[②] 保安语 ɢorɑ，东乡语 ɢurɑ < *ɢura。

⑩“山”*sran。“山峰”东部裕固语 ʃoroŋ，蒙古语和静话 ʃoroŋ < *siron。“山、陆地、岛”阿伊努语 sir < *sira。

⑪“石”*glak < *g-lak。“石头”嘉戎语 ɟji lək < *gilək。

⑫“尘”*din。“灰烬”土族语 funeːsə，东乡语 funiəsun < *puli-dun。

⑬“人”*nin。苗语养蒿话 nɛ²，野鸡坡话 naᴬ，大南山话 nen¹ < *s-ne。

⑭“敌”*dik。“毒”藏文、错那门巴语、墨脱门巴语 *duk，汉语 *dok（毒）。

⑮“友”*ɢʷəʔ。“朋友”图瓦语 edʒi < *ʔegi。维吾尔语 ɑʁinɛ，哈萨克语 ɑʁɑjən，撒拉语 ɑʁejne < *ʔaɢe-ʔine。

⑯“首”*hluʔ < *qluʔ。“头”排湾语 quɭu，鲁凯语 auɭu < *qulu。

⑰“目”*muk。“眼睛”藏文 mig < *mik。

⑱“舌”汉语 *slat < *s-lat。景颇语 ʃiŋ³¹let³¹ < *s-let，爪哇语 ilat < *ʔilat。

⑲“耳”*nəʔ。“耳朵”藏文 rna，巴尔蒂语 sna，独龙语 ɑ⁵⁵nɑ⁵³ < *r-na / *s-na。

⑳“喉”*ɢo。“喉咙”道孚语 qvɑ < *qʷo。“脖子”壮语龙州话 ko²，水语 ɢo⁴ < *ɢo。

㉑“领”*mreŋʔ < *m-greŋ-ʔ。“脖子”藏文 mgriŋ，mdʑiŋ < *m-griŋ。《诗经·卫风·硕人》：“领如蝤蛴，齿如瓠犀。”“领”指“脖子”。

---

① “烬”为邪母字，当有 *gl- 这样的声母。

② 书母字“黍”，《说文》“雨省声”。

3. 藏缅语的分类和早期的接触关系

黄河流域距今六千年前的仰韶文化继承贾湖文化，五千多年前向西发展成为马家窑文化，为藏缅语的源头。四千年前在甘肃等黄河上游地区受西来印欧语的影响，后南下。大约在春秋时藏缅语已分布于云南地区，迁往缅甸和印度地区，留下缅、景颇和那加支系的语言。距今四五千年前，西藏为华北系统的细石器特征的卡若文化。大约战国时藏缅语成为该地的主要语言，不同时期不同来历的藏缅人越过喜马拉雅山，迁往尼泊尔、印度等地。

（1）藏缅语的分类

本尼迪克特（Benedict）提出把克伦语从藏缅语中分出来，构成两个分支，与汉语对立。这一分类的解释成为近年来国外关于汉藏语的最流行的分类。笔者将藏缅语族的语言区分为：藏—喜马拉雅—羌（简称藏—羌语支）、彝缅（或称缅彝语支）、库基—那加（Kuki-Naga）、博多—加洛（Bodo-Garo）和景颇五个语支。这些支系内部许多基本词来源比较一致，语音有对应关系。

克伦语的数词保存着古老的非十进位的特点，如同南岛语中的莫图语、马绍尔语等，克伦语的一些基本词，如“月亮”“火”“水”“头”“舌头”等仍多与其他藏缅语对应。如“月亮”克伦语比方言（Karenbyu）hlɐ，克伦语尼方言（Karenbyu）lɐ < *sla，与藏文的 zla 对应。克伦语和景颇语的一些词都经历了早期藏缅语复辅音的形成和简化的过程。克伦语古老的底层，和其他藏缅语的底层一样，只是其历史的一个方面。

缅语支和藏—羌语支语言舌尖塞擦音的一个主要来源是 *-r- 类复辅音。① 缅语支和藏语支语言的舌尖塞擦音可对应于景颇语的 kʒ- < *kr-。如“核”藏文tshi、缅文 tse^{1}、景颇语 kʒi^{33} < *kri。“肋骨”藏文 rtsib < *r-krip，景颇语 kă^{31}ʒep^{31} < *karep。“骨节”藏文 tshigs < *krig-s，景颇语 khʒiʔ^{31}khʒoʔ^{31} <

① 参见吴安其《汉藏语同源研究》，第 168 页。

*krik-krok。

藏—喜马拉雅—羌语支（藏—羌语支）包括中国、印度、尼泊尔和不丹等一批喜马拉雅山脉周围的藏缅语，这些语言构成一个藏缅语的大支系。其中羌语、普米语、木雅语、史兴语等可归入羌语支，共同来源的词如：

“土”普米语 tsa^{55}，木雅语 tsa^{53}，史兴语 tɕæ^{53}，羌语 khia < *kra。

“肺”普米语 tshy^{13}，木雅语 tshə̥^{53}，史兴语 tshʊ^{55}，羌语 tshuə < *khru。①

“胆”普米语 tʂə^{55}，木雅语 tʂə^{53}，史兴语 tɕɜ^{53}，羌语 xtʂə < *skre。②

“酸的”普米语 tʃu^{55}，木雅语 tɕu^{53}，史兴语 tɕy^{55}，羌语 tsuɛ < *kru。

羌语支语言有自己塞擦音演变和韵尾丢失的历史。藏语早期的塞擦音有舌尖和舌面两套，分别有不同的来历。

中国境内的独龙语、阿侬怒语显然与博嘎尔珞巴语差别较大，词汇方面与景颇语较为接近，语音和形态方面差异较大。尼泊尔的加龙语与博嘎尔珞巴语是相近的方言。

彝缅语支、克伦语支、藏—羌语支的语言来自古藏缅语的北方方言，景颇、库基—那加、博多—加洛语支来自古藏缅语的南方方言。景颇语与藏—羌语支的语言词汇方面的共同成分除了来自早期藏缅部落的交际语，也与后来的接触影响有关。

（2）藏缅语的送气清塞音

古藏语送气清塞音、不送气清塞音和浊塞音之间的变化多与形态有关。

1）s- 前缀的影响

古藏文词送气音自动词加 s- 前缀派生为使役动词时，成为不送气的。如：

ɦphur“飞”/spur、spurd“放飞”，ɦpho“迁移”/spo、spos“搬迁”，ɦphag“腾起”/spog、spag“提升”，mthun“一致”/stun、stund“顺应”，

---

① *khru < *kru，该词塞擦音的产生早于“土”。

② “胆”藏文 mkhris pa，错那门巴语 kli^{53} < *m-kri-s。

mthud“接上”/stud、bstud“继续”，kheŋ“满”/skoŋ、bskoŋ“使满”，ɦkhar“挂住”/skar、bskar“挂”，ɦkhur“携带”/skur、skurd“使携带”，ɦkhol“沸”/skol、skold“煮”，ɦkhjog“偏”/skjog、skjogs“使偏”，ɦkhjom“动荡”/skjom、skjoms“摇晃”，ɦkhjor“弯曲”/skjor“使弯曲”，ɦkhor“转”/skor“使转”，ɦgor“耽搁”/sgor“使耽搁”等。

2）g- 和 d- 前缀的影响

自动动词加 g- 和 d- 前缀也使派生动词的声母不送气。如：

thug“相遇”/gtug、gtugs“会见”，thos“听到”/gdas“述说”，thoŋ“收到”/gtoŋ、gtaŋ“发出”，ɦthom“糊涂”/gtom“使糊涂”，ɦkhrigs“密布”/dkrig“笼罩”，ɦkhrug“乱”/dkrug“搅”等。

3）其他前缀的影响

其他受前缀影响送气音和浊音的对应如：

mkhal“肾”/sgal“后背”，mkhar“城堡”/sgar“营地”，ɦthul“（粉尘）飞扬”/rdul“粉、尘”，thul“过分”/gdal“蔓延”/rdal“摊开”，kher“单独”/sger“个人”，phran“鄙人”/bran“奴”等。

4）屈折形态的残留

古藏语屈折的变化是形态的残留，有的还表现为与后来的形态变化结合的形式。如：

khal“驮子”/gal“承当”/khel“承载”

khug“弯”（名词）/gug“弯曲”（动词）/bkug“弯曲”（动词）

kheŋ“满、自满”/gaŋ“满”

thaŋ“晴”/dwaŋs“变清”

词根声母由于派生而由不送气成为送气的极少出现，也是形态的残留。如：gab“藏、躲藏”/kheb“被遮住”，ɦgul“动”/ɦkhul“听使唤”。[①]

① 这一部分藏文形态的情况主要由张济川研究员提供。

另外我们还注意到以下现象，如“弯”（动词）藏文 gug，阿昌语 kok^{55}，景颇语mǎ^{31}koʔ^{31}，古藏—缅语词根 *gok。“弄弯”藏文 ɦgug，错那门巴语 chɔk^{53}，阿昌语 khok^{55}。“弯的”（形容词），藏文gug po，巴塘藏语 ŋgu^{13}ŋguʔ^{53}，独龙语 du^{31}gɔʔ^{55}，缅文 kɔk，阿昌语 kok^{55}。

藏文“弯”（名词）khug 应是古藏缅语的 *gok 在前缀影响下的变化结果。

古藏语送气塞音主要有几个来历：

① 早期藏缅语；

② 古藏—缅彝语支（古藏—缅语北部方言）；

③ 古藏—羌—喜马拉雅或藏语支的交际语；

④ 藏语支分化以后的演变。

藏语支分化以后产生的送气音如：

“鳞”藏文 khrab，藏语拉萨话 tʂhəp^{52}，错那门巴语 ra^{35}，墨脱门巴语 sep，缅文kre^{3}，载瓦语 kjap̱^{55}，景颇语 sep^{31}，纳西语 kho^{55}。拉萨话 tʂhəp^{52} < *grap。缅语支语言声母清化，成为不送气音。

“漂浮”藏文 ɦphyo，缅文 pɔ^{2}，载瓦语 mju^{21}，傈僳语 bu^{33}，纳西语 pi^{33}，景颇语 wo^{55}。

“给”藏文 phul，缅文 pe^{3}，载瓦语 pji^{21}，怒苏怒语 bui^{31}，纳西语 pi^{33}，独龙语 bi^{53}。

“弯曲”藏文 gug po、khugs，缅文 kɔk，傈僳语 go̱^{31}，独龙语 gɔʔ^{55}。

“叔叔”藏文 ʔa khu，错那门巴语 ʔa^{55}ku^{53}，墨脱门巴语 ʔa ku，怒苏怒语 a^{55}gua^{33}，纳西语 ə^{21}gv^{33}（舅舅）。

（3）藏语和其他藏缅语韵尾辅音的对应

7 世纪创制的藏文所记录的藏语有 -b、-d、-g 塞音韵尾，对应于其他藏缅语的 -p、-t、-k 或 -ʔ 韵尾，古藏语的 -b、-d、-g 塞音韵尾与其他藏缅语的 -p、-t、-k 韵尾仍有系统的对应关系，也就是说在韵尾的位置上清浊塞音是不对立的。

古藏语的这些浊的塞音韵尾清化后成为现代藏语方言清的 -p、-t、-k 或 -ʔ 韵尾。此外，古藏语还有-bs、-ds、-gs 这样的由于形态变化造成的复辅音韵尾，以及鼻音和流音韵尾。

1）藏缅语次生的 -k 韵尾

藏缅语原生的 *-k 韵尾在缅文记录的古缅语中还是 -k，而在现代浪速语中通常是 -ʔ 或 -k。

藏语支、羌语支和喜马拉雅语支的语言中保留有次生的 -k 韵尾（藏语中的是 -g），如“死”藏文 ɕi，墨脱门巴语 ɕi /ɕak，喜马拉雅语支的卡纳斯语 ɕig，阿博尔语（Abor）、米里语（Miri） ɕig。① 卡纳斯语有 -k、-g 韵尾的不同，可以推测 -g 韵尾是次生的。这个词的次生韵尾分布如此之广，是早期藏缅的 *-g 后缀造成的。

早期藏缅的 *-g 后缀后来渐不活跃，而在另一些方言中仍活跃，来自 *-g 后缀的次生 *-k 韵尾在不同的藏缅语中往往是不对应的。

缅语支共同语 *g- 声母辅音清化后，*-g 后缀也清化了，也有次生的 -k 韵尾。浪速语次生的 -k 韵尾较晚才有，分布于诸类实词中，可与缅语比较。如缅文和浪速语的对应词：

“天”mo^3/ muk^{55}，“地”mre^2/ $mjik^{31}$，“水”re^2/ $ɣək^{31}$，“铜”kre^2/ $kjik^{55}$，“骨头”ro^3/ $ɣuk^{55}$，“乳房”no^1/ nuk^{55}，“屎”$khje^3$/ $khjik^{55}$，“二”hnas/ $ʃ\underline{i}k^{55}$，“四” le^3/ $pjik^{31}$，“给” pe^3/ $pjik^{55}$，“哭” $ŋo^2$/ $ŋuk^{31}$。

浪速语有四个调，带次生韵尾的这些词只读 55 与 31 调，多与古缅语的第 1 调和第 2 调对应。可能古缅语也有过 *-g 后缀，与缅语支语言声调的发生有关，这是另一个话题。

① 两种相近的方言，分布在印度阿萨姆邦，与博嘎尔珞巴语相近。

2）藏缅语次生的 -t 韵尾

本尼迪克特在他的《汉藏语言概论》中提到藏缅语的 *-t 后缀。他说：“后缀 *-t 在一些例子中显然是表示使役或命令的意思，如藏语 ɦbjed-pa ‘开，分离’（及物）< ɦbje-ba（不及物），ɦnud-pa ‘哺乳’ < nu-ba ‘吮吸’。”“克钦语（景颇语）中也有使役后缀 *-t，如克钦语 mədit ‘弄湿，淋湿’ < mədi ‘潮湿的，湿的’。”“藏语 rko-ba ~ rkod-pa ‘挖，刻上’，克钦语 got ‘舀出’。”[1]

其他如藏文 ɦdu “（聚）集” / sdud “集合” / bstud “连接”，景颇语 mă^{31}tu̱t^{55} “连接”。藏文 ɦtshos “熟” / ɦtshod “煮”（使熟），景颇语 ʃă^{31}tu^{33} “煮”。墨脱门巴语 “煮” dur。古藏语 ɦtshod “煮” 的后缀 *-d 似乎是后来才有的。

藏缅语的 *-t 后缀还能派生名词，成为名词的次生韵尾。如景颇语 “偷” lă^{31}ku^{55} > “贼” lă^{31}kut^{31}。

3）古藏语来自后缀的韵尾

张济川先生指出古藏语有 -g、-ŋ、-d、-n、-r、-s 等后缀。如：[2]

-g “烟” du > “用烟熏” gdug ~ bdug；“行走” rgju > “跑、流动” rgjug；“声音” sgra > “出声” grag、“流传” sgrag；“放光彩” bkra > “光泽” bkrag；“苦” kha > “辛苦” khag。

-ŋ “痛苦” sme > “呻吟” smeŋ；“他” kho > “他” khoŋ。

-d “行走” rgju > “传统” rgjud；“重” lei > “重量” leid；“主人” rje > “尊敬” rjed；“看” lta > “热闹” ltad；“咳” lu > “痰” lud；“赎” blu > “赎命物” blud。

-n “老” rga > “老师” rgan；“青草” sŋo > “蓝色” sŋon；“细” phra > “鄙人” phran；“疮” rma > “生疮” rman；“虚假” rdzu > “谎言” rdzun；“吃” za > “食物” zan；“早” sŋa > “先” sŋan。

---

① P. K. 本尼迪克特：《汉藏语言概论》，乐赛月、罗美珍译，中国社会科学院民族所语言室，1972 年印，第 105 页。

② 张济川：《藏语词族研究》，社会科学文献出版社 2009 年版，第 191 页。

-r "早" sŋa > "以前" sŋar；"二、对手" do > "双" dor；"总、共" spji > "通常" spjir；"分开" ɦbje > "逃散" ɦbjer。

-s "赌博" skug > "赌注" skugs；"藏匿" skuŋ > "藏匿处" skuŋs；"行走、流动" rgju > "熟悉" rgjus；"看" lta > "预兆" ltas；"经久" rtag > "记号" rtags；"吃" za > "食物" zas；"宰割" bsha > "屠夫" bshas。

（4）藏缅语的接触关系

在距今四五千年至一千多年前，藏缅语在甘青地区与阿尔泰语有一定的接触关系，试比较以下的词：

①"男人" 藏文 skjes < *skle-s。"人" 维吾尔语 kiʃi，西部裕固语 kəʃi < *kili。

②"膝盖" 藏文 pus，他杭语 pui < *put-s。"大腿" 维吾尔语 put，哈萨克语 but < *put。

③"油" 独龙语 tɯ^{31}mɑɹ^{53}，藏文 mar（酥油），他杭语 mahr < *mar。哈萨克语、柯尔克孜语 mɑj < *mar。

④"屎" 藏文 skjag，夏河藏语 htçax，道孚语 ʂcçɑ < *s-kaq。东乡语 hɑnɣɑ < *qaga。满文 kaka < *kaka。（小儿屎）

⑤"绿色" 藏文 sŋon < *sŋon。"草" 图瓦语 sigiːn < *sigin。

⑥"话" 藏文 skad- < *s-gad。普米语 gu^{55}tʃə^{55} < *gudə。保安语 gatʃi < *gati。

⑦"六" 藏文 drug。蒙古语 dʒɷrgaː，土族语 dʑirɢuːn，保安语 dʑirɢuŋ < *dirəɢo-n。

⑧"七" 藏文 bdun < *b-dun。蒙古语 doloː，土族语 duloːn，保安语 doloŋ < *dolo-n。

（5）藏缅语和印欧语

藏缅语在西北地区与印欧语有早期的接触，稍晚的青铜时代三星堆遗址中高鼻深目的人像当为西北移民之像。试比较下面的词：

①"脖子" 藏文 ske。

“脖子”俄语 ʂejk < *sek，pereʂeːk < *pere-sek。

“脖子”格鲁吉亚语 saqhɛli < *saɢe-。

②“咳嗽”藏文 glo rgjag < *glo-grak，汉语 *grək（咳）。

“咳出、吐”古英语 hræcan < *krak-。“咕哝”立陶宛语 kregeti。

“咳嗽”阿力克藏语 *glet。“刮”汉语 *krat，阿昌语 khz̥ət、嘉戎语 ka khrot < *krot。

“刮”法语 gratter < *grat-。 “摩擦、刮”古法语 grater、瑞典语 kratta、丹麦语 kratte < *krate。

③“草”藏文 rtswa < *r-kra。

“草、药草”古英语 græs、古高地德语、哥特语 gras < *gra-s。

④“蛋”藏文 sgo ŋa，道孚语 zgə ŋa < *sgo-ŋa。墨脱门巴语 go tham < *go-dam。词根为 *go。

“蛋”古英语 æg、希腊语 augo、古教堂斯拉夫语 aja、古高地德语 ei < *ago。 “蛋”俄语 jajtso、波兰语 jajko < *gagko。亚美尼亚语 ju < *gu。 “圆周”亚美尼亚语 uʁetsir < *ugeki-。

⑤“针”藏文 krab。

“针”希腊语 koruphe < *korube。“缝”希腊语 rabo。

⑥“黄的”藏文 ser，纳西语 ʂɿ²¹，博嘎尔珞巴语 ɕɯr < *ser / *sur。

“绿的、生的”俄语 s-roj < *siro-。 “黄的”格鲁吉亚语 ʃuriani < *sura-ni，匈牙利文 sarga。

⑦“黑的”藏文 nag、缅文 nak < *nag。

“夜”古英语 niht（夜、黑）、高地德语 naht、古弗里斯语、德语 natʃt、希腊语 νυχτύς。“一夜”希腊语 nyks。 “夜里”梵语 nak，希腊语 νύξ，拉丁语 nox，立陶宛语 naktis，哥特

语 nahts，赫梯语 nekut-（晚上）。“夜、黑”古印欧语 nak-。

⑧“灵魂”藏文 bla，却域语 $bla^{55}so^{55}$ < *bla。

“灵魂”古英语 sawol、古撒克逊语 seola、哥特语 saiwala < $*seb^{w}ola$。

“怕”俄语 bojatjsja < $*b^{w}ola$-。

4. 侗台语

（1）侗台语的历史

自本尼迪克特20世纪40年代提出侗台语与南岛语可以构成语言联盟以来，语言学界多数学者相信两者有发生学关系。其实侗台语与汉语、藏缅语和苗瑶语的一些词有更早的对应关系。早期侗台语来自华南，与早期汉、藏语有渊源关系。其居民的主体来自淮南，距今六七千年前分布在长江下游北岸，和南岛人关系密切，种植水稻和小米，先用鼎、后以鬲为炊具。

夏代之后一些侗台支系迁至长江下游南岸，以新的南岛语为底层语言，构成不同分支。其中一支向西南方向移动，至贵州，成为仡央语支，仍使用以南岛语数词系统为基础的数词。其主体从江苏南下至江浙和福建，和当地的南岛人结合。福建最后的南岛语居民迁往台湾。此后，东南沿海至战国时期分布有于越、瓯越、闽越和南越等不同支系。秦汉时代南下的支系迁至海南岛，为后来的黎人，以当地早期遗留的南岛语为底层，形成不同支系的黎语。留在大陆的是侗台语壮傣语支和侗水语支的语言。宋代之后壮傣语支的语言进入东南亚，为今泰语和老挝语。

（2）侗台语的语音

早期侗台语有塞音、擦音、流音和鼻音，有流音复辅音声母。复辅音简化的过程中产生塞擦音。塞音为清塞音、清送气塞音和浊塞音三分，与汉语、藏缅语的三分有对应关系。

后来侗台语塞音增加了一套先喉塞音（内爆音），成为四分。从侗台语先喉塞音（内爆音）声母的对应关系看来，原来的 *b- 、*d- 和 *g- 在有清声母前缀的情况下往往成为 *ʔb-、*ʔd- 和 *ʔg-。*ʔg- 不稳定，可演变为 ŋg- 和k-，侗水语中较多见到。带前缀的双音节词可成为单音节词。它们产生情况与南岛语系占语支语言先喉塞音（内爆音）的产生情况类似。

古侗台语有 a、e、i、ə、o、u 的六元音系统，辅音韵尾有 -p、-t、-k、-ʔ、-m、-n、-ŋ- 和 -l（-r）。

《越绝书》："越人谓船为须虑。""越人谓盐为馀。"

侗台语"肉""盐""船"元音的对应关系如：

	泰语	龙州	水语	仫佬语
肉	nɯə⁴	nɯ⁴	nan⁴	—
盐	klɯə²	kɯ¹	dwa¹	kɣa¹
船	rɯə²	lɯ²	lwa¹	—

按汉语所记，"须虑"上古音 *sora，"馀"*g-la。侗台语"肉"*naʔ，"盐"*kla，"船"*s-ra。"船"泰语 rɯə² < *ro < *ra。

（3）侗台语的南岛底层

1）早期底层词

来自南岛语的早期侗台语词大约是商周时期使用南岛语言的越人转用侗台语留下的底层词。如：

①"月亮"壮语龙州话 bəːn¹，版纳傣语 dən¹，德宏傣语 lən¹，侗语北部方言 ljan¹，标语 phyːn¹，黎语 n̥aːn¹ < *ʔblən。

印尼语、爪哇语、萨萨克语 bulan，亚齐语 bulɯən，雷德语 mlan，布农语 buan，卑南语 buɭan，卡那卡那富语 buanʉ < *bulan。

②"火"侗语 pui¹，拉加语 puːi¹，布央语郎架话 pui⁵⁴。鲁凯语aʔuj，马都拉语、亚齐语 apuj，他加洛语 apoj，达阿语 apu < *ʔapuʔi。

泰语 fai²，黎语 fei¹ < *pʷi。印尼语、米南卡保语、马京达瑙语 api，汤加语、萨摩亚语 afi，拉巴努伊语 ahi < *ʔapʷi。

③“我”泰语 ku^{2}，老挝语、布依语 ku^{1}，壮语龙州话 kau^{1} < *ku。卑南语 ku < *ku。赛德克语、邵语 jaku，布农语 ðaku，赛夏语 jako < *la-ku。

“我”侗语 jau^{2}，水语 ju^{2}，莫语 ʔeu^{2} < *nu。元音链移，*u 成为复元音。侗水语的 j- 对应老挝语的 ȵ-。如“祖母”水语 ja^{4}，老挝语 ȵa^{5}。① “我”所罗门群岛的一些语言，如埃皮岛（Epi）勒窝语（Lewo, Varsu）inu，马莱塔岛劳语（Lau）nau，庞特科特岛（Pentecot）拉加语（Raga）inau < *inu。

④“你们”壮语武鸣话 sou^{1}，布依语 su^{1}，水语 saːu^{1} < *su。

“你”泰雅语 ʔisuʔ，赛德克语 isu，鲁凯语 kasu < *ʔi-su / *ka-su。

⑤“舌头” 侗语、水语 ma^{2} < *ma。锡加语、阿者拉语 ma < *ma。排湾语 səma，阿美语 ʃəma，卑南语 səmaʔ < *sə-ma / *sə-maʔ。

⑥“哥哥、姐姐”泰语 phi^{3}，武鸣壮语 paːi^{4}，仫佬语 faːi^{4}，莫语 vaːi^{4}，古侗台语 *b^{w}liʔ。“哥哥”巴厘语 bəli，锡加语 βue（哥哥、姐姐，弟弟的面称），巴布亚宁德娄语（Nyindrou）b^{w}eleʔen（最年长的哥哥或姐姐）< *b^{w}ili。

⑦“儿子”水语、毛南语 laːk^{8} < *lak。鲁凯语 lalak，排湾语 aljak < *ʔalak。

⑧“女人”布依语 bɯk^{7}，水语 bjaːk^{7} < *s-blak。巴厘语“姑姑”bibik。爪哇语“姨妈”buliʔ。

⑨“名字”侗语南部方言 kwaːn^{1}，北部方言 tan^{1}，仫佬语 ʔɣəːn^{1} < *k-dan。水语、毛南语、 佯僙语 daːn^{1} < *ʔdan。排湾语 ŋadan，阿美语 ŋaŋan，摩尔波格语 ŋadan < *ŋadan。巴厘语 adan < *ʔadan。

⑩“去”壮语武鸣话 pai^{1}，侗语、水语 paːi^{1} < *paʔi。米南卡保语 pai < *pa-ʔi。

2）后来的南岛语底层词

后来的南岛语底层词通常分布在侗台语较小的范围内。

①“沙子”壮语邕南话 hle^{6} < *gres。萨萨克语 gəres，木鲁特语 agis，

① 参见梁敏、张均如《侗台语族概论》，中国社会科学出版社 1996 年版，第 396 页。

摩尔波格语 ogis < *ʔagres。

②“脑髓”黎语保定话 ɬuːk^{7}、黑土话 duːʔ^{7} < *ʔduk。“脑”雅美语 ətək，菲律宾阿卡拉农语（Aklanon）utuk，印尼语 otak。

③“鼻子”布央语峨村话 ʔa^{0}tiŋ^{33} < *ʔadiŋ。印尼语 hiduŋ，亚齐语 idoŋ，马都拉语 iluŋ < *qiduŋ。木鲁特语 aduŋ < *ʔaduŋ。

④“疤”临高语 leu^{3}，武鸣话 piəu^{3}，毛南语 pjeu^{3} < *pluʔ。戈龙塔洛语 lo pali。

⑤“（鸟）窝”泰语 raŋ^{2}，邕宁壮语 hlaːŋ^{2}，临高语 loŋ^{2} < *sraŋ。“鸟窝”印尼语、布吉斯语（Bugis） saraŋ。

⑥“蟑螂”布央语巴哈话 bjo^{45} < *ʔbos。印尼语 lipos，巴塔克语 ipɔs，菲律宾的摩尔波格语 ipos。

⑦“乌鸦”黎语 ʔaːk^{7}，临高语 mai^{4} ʔak^{7}。他加洛语 uwak，马来西亚沙巴语（Sabah） owak。

⑧“剁”老挝语 fak^{8} < *bak。“剁”巴厘语 n-bək，巴拉望语 mɔnbak，斐济语西部方言 boka-sia。

⑨“借”泰语 juːm^{2}，侗语 jaːm^{1}，拉加语 lam^{1} < *ʔ-lam。“借”沙巴语 indam，巴塔克语 idʒdʒam < *ʔidam。

5. 苗瑶语

（1）苗瑶先民及其文化的历史

现有的历史资料说明，苗瑶语来自湖南地区。苗瑶先民史籍中称为“武陵蛮”“五溪蛮”。关于他们的记载，最早见于南北朝范晔的《后汉书》。武陵郡之称始于西汉初年，为今湘西地区。东汉时古苗瑶人大约居于沅水中游与西水下游一带。①

唐代樊绰的《蛮书》有“黔、泾、巴、夏、四邑苗众”的记载。瑶族从

① 伍新福、龙伯亚：《苗族史》，四川民族出版社 1992 年版，第 85、81 页。

唐代开始从湖南迁至两广境内，称为“莫徭蛮”“莫徭”或“徭人”。[①]

“畲”之名始于南宋，他们在福建一带被称为“畲民”。[②] 畲人大约南北朝时沿湘黔边境南下，经桂北、桂东，至广东潮州，聚居于粤、闽、赣交界地区。南宋时部分畲人向福建的不同地区和浙江等地迁移。[③] 客家人南下广东，与畲人杂居，大部分畲人渐转用汉语客家方言，广东地区保存下来的畲语中亦有不少客家话的借词。[④]

早期的苗瑶语保留着古南亚语系语言的底层成分。在澳大利亚土著的语言、达罗毗荼语系的语言和东亚语言词源关系的比较中我们可以看到，苗瑶语中的一些词与之有对应关系。部分苗瑶语的先民可能来自东南亚或南亚。

苗瑶语的文化有两个直接的源头，史前南下的汉藏文化和长江中游南北地区的土著文化。长江中游地区的大溪文化和后来的屈家岭文化与黄河中游地区的仰韶文化有较多的联系。中原庙底沟类型的文化（距今五千二百年至四千四百年）对它们的影响最为强烈，在大溪文化和屈家岭文化的遗址中可以找到仰韶文化风格的彩陶，本地风格的彩绘图案也依仰韶的图案作了一定的改动。

到了商代，汉语在黄河中游地区占主导地位，商文化已是长江中游地区的主导文化。此时苗瑶文化在长江中游地区退居次要地位，成为楚文化的土著文化。商代以后，长江北岸的苗瑶文化为中原文化同化。南下的苗瑶文化和当地的土著文化结合。特别值得注意的是现代苗瑶语不同支系中保留的南亚语的成分，是原湘西等地南亚语的遗存。

湘西北地区石门皂市新石器时期为细石器和砾石打制的盘状器文化。这类文化是大溪文化的底层文化，但有别于与黄河中游地区的同期文化有密切关系

---

① 江应梁：《中国民族史》(中)，民族出版社1990年版，第517页。

② 同上书，第524页。

③ 毛宗武、蒙朝吉：《畲语简志》，民族出版社1986年版，第2、3页。

④ 同上书，第24、25页。

的大溪文化和屈家岭文化。到了商代，出现了陶制的釜（鼎）、鬲和斝等。战国以后，湘西原有的土著文化由湘西北开始渐为湘北文化，即古苗瑶文化所取代。

（2）苗瑶语的分类

早期苗瑶语的不同支系可能是秦汉时代湖南地区的部落交际语，因分化和获得的底层不同成为苗、瑶、畲三支。学术界认为早期的苗瑶语有四个原始调，塞音六分是其不同于其他汉藏语的创新。早期苗瑶声母的鼻冠塞音主要有两个来历，是古鼻音前缀和词根声母及声母复辅音演变的结果。近年来学术界认为畲语应归入苗语支，苗瑶语分为苗、瑶两支。

苗语支的语言有苗、布努、巴哼、炯奈四种语言，苗语有黔东、湘西、川黔滇三种方言。川黔滇方言有七种次方言。广西地区的一些瑶族人使用布努语，布努语是苗语支语言。布努语有布努、瑙格劳两种方言。一部分瑶族人使用巴哼语。巴哼语分三江、黎平两种方言，分别分布于广西和贵州。巴哼语可能还分布在越南，被称为那峨语或巴腾语。

瑶语支的语言只有勉语一种。勉语有勉、金门、标敏、藻敏四种方言。勉语还分布在越南、泰国、老挝，另有一些使用勉语的瑶族人已迁居到美国和法国。

境外的现代苗语主要分布在越南、老挝和泰国。分布在越南的有花苗（Meo Hoa）和蓝苗（Hmong Njua, Blue Meo）。花苗话属川黔滇方言。[①] 蓝苗还分布在老挝和泰国，泰国除了蓝苗（又称为青苗）外还有二三万白苗（White Meo, Hmong Daw）。据《泰国年鉴》，泰国的苗族为 19 世纪末迁入泰国。

（3）语音

以下是苗语养蒿话、高坡话，苗语支炯奈语长垌话，瑶语支勉语江底话、大坪话等不同分支语言的一组对应词：

---

① *Ethnologue Languages of the World*, p.613.

	村寨	粮仓	锐利	穿山甲
苗语养蒿话	ɣaŋ⁴	—	ɣa⁶	ɣo⁶
苗语高坡话	ʐoŋ⁴	ʐəŋ⁴	—	ʐo⁶
炯奈语长垌话	—	—	ŋkja⁶	—
勉语江底话	laŋ⁴	lam⁴	lai⁶	lai⁶
勉语大坪话	dzɔŋ⁴	dzum⁴	—	—

声母的对应情况表明诸语声母的不同形式复辅音声母，其构拟形式为*ŋgl-。①

苗瑶语的鼻冠塞音使我们感到疑惑。试比较：

	苗语古音	文界话	畲语	勉语江底话
鸽子	*ɴqɔuᴬ	ɴqo¹	—	kop⁷
茅草	*ɴqenᴬ	ŋɛ¹	kan¹	gaːn¹
价钱	*ɴqaᶜ	ɴqa⁵	—	tɕa⁵（tsin²）

江底话“鸽子”kop⁷是汉语借词。苗瑶语“茅草”应与汉语“菅”有词源关系，苗语的“价钱”*ɴqaᶜ应是“价”中古前后的汉语借词。在苗语诸方言和苗语支的语言中这两个词的声母有对应关系。“价”在汉语中是没有鼻冠音的，苗语支语言带鼻冠音。很可能早期苗瑶语没有这一类鼻冠音，塞音是清、清送气和浊三分的。“价”汉语原本有 *-r-介音，早期苗语中可能是塞音与 *-r- 构成的复辅音声母演变为带鼻冠音的声母。

（4）苗瑶语的词汇

苗瑶语词汇来源复杂，有早期的汉藏语的基本成分和南亚语的底层成分，其语音结构，如复辅音的结构和简化的情况、音节声调的结构和演变具有汉藏语的历史特点。

1）数词

苗瑶语的数词的词源关系可以说明它们的历史。试比较：

---

① 王辅世、毛宗武：《苗瑶语古音构拟》，中国社会科学出版社 1995 年版，第 322—323 页。

“一”苗语养蒿话、大南山话 i^{1}、畲语 i^{6} < *ʔi，可与黎语通什话 ʔɯ^{3}，中沙话、加茂话 kɯ^{2} < *qi 等比较。勉语“一”jet^{8} 是汉语借词。

“二”苗语养蒿话 o^{1}、大南山话 au^{1}、畲语 u^{1} < *ʔo，可与南亚语系布朗语胖品话 ʔa^{51}，德昂语硝厂沟话 ʔa 等比较。

“三”的声母苗瑶诸语中与“我们”“满”等词有对应关系，① 苗语野鸡坡话 pzi^{1}、畲语 pi^{1}、勉语江底话 pja^{1} < *pre。藏缅语中如马鲁语 pre < *pre。

“四”苗语野鸡坡话 plou^{1}、畲语 pi^{6}、勉语东山话 pləi^{1}、江底话 pjei^{1} < *pli。藏文 bʑi、错那门巴语 pli^{53}、独龙语 ɑ^{31}bli^{53} < *bli，马加里语 buli < *buli。

“五”苗语养蒿话 tsa^{1}，瑶语罗香话 pla^{1} < *pla。

“六”苗语高坡话 ʈo^{3}、勉语东山话 klɔ^{7}，可拟为 *klok。汉语 *s-khruk，错那门巴语 kroʔ^{53}、缅文 khrok^{4} < *kruk。

“七”苗语养蒿话 ɕoŋ^{6}，畲语 tshuŋ^{4}，-ŋ 为增生。勉语大坪江 sje^{6}，东山 ni^{6} 等。② 东山 ni^{6}，三江 ŋi^{6} < 早期勉语 *ŋi^{C} < *g-ni。汉语 *s-nit，景颇语 să^{31}nit^{31} < *sa-nit。却域语 sna^{55}，加洛语 snī。

“八”苗语养蒿话 ʑa^{8}、文界话 jɦi^{8}、畲语 zi^{6}、勉语江底话 ɕet^{8} < *grat。如苗瑶语同一声类的“舔”炯奈语长垌话 ŋklai^{8}。汉语 *prat，藏文 brgiad < *g-prat。

“九”养蒿话 tɕə^{2}、野鸡坡话 ʑa^{A}、文界话 kɦo^{2}，畲语 khiu^{2}、勉语江底话 dwo^{2} < *gru。汉语 *kru，景颇语 tʃă^{31}khu^{31} < *sa-gru。

“十”养蒿话 tɕu^{8}、野鸡坡话 ɣo^{D}、文界话 kɦʉ^{8}，畲语 khjɔ^{6}、勉语江底

---

① 王辅世、毛宗武：《苗瑶语古音构拟》，第 113 页。

② 王辅世、毛宗武：《苗瑶语古音构拟》，第 398 页。作者认为大坪江 sje^{6}，东山 ni^{6} 等的来历不同，大坪江的sje^{6} 与苗语的同源，韵母不对应。我们注意到大坪江的 sje^{6}，东山 ni^{6} 等的韵和声调有对应关系。

话 tsjop[8] < *glup。汉语 *gləp。

苗瑶语的数词有 *p- 和 *g- 两类与古前缀有关形成的声母，后一类是大于“六”的数词，与汉语、藏缅语关系密切，可见苗瑶语有着非汉藏语的底层成分。苗瑶语的汉藏语数词是汉藏语十进位数词通行之后采用的。

2）苗瑶语的底层词

苗瑶语“月亮”“山”“石头”“额”“眼睛”“舌头”“耳朵”“手”等为汉藏语词，“土”“水”“云”“鼻子”“牙齿”“骨头”“血”“你”等为南亚语词。如：

	苗瑶语	佤语	德昂语	布朗语
土（地）	*te^{A}	ka tɛʔ	ka dǎi	theʔ^{51}
水	*ʔjom^{A}	rɤ ʔɔm	ʔɤm	ʔom^{51}

“你”早期苗瑶语 *me（-ŋ）。苗瑶语的第二人称可能来自南亚语，如徕语（巴琉语）“你” mi^{33}，“你们” maːi^{33}。人称代词的 *-ŋ 后缀来自古汉藏语南方方言。苗瑶语核心词中的孟高棉语词应是苗瑶语进入湘西等地时从古孟高绵语中吸收的，与今孟高棉语的读法仍相近。

苗瑶语中可以与达罗毗荼语系语言比较的词如：

①“石头”苗语养蒿话 ɣi^{1}，勉语览金话 gjau^{1}，三江话 lɔu^{1} < *glu。“石头、岩石”泰米尔语 kallu < *kalu。

②“乳房”苗语大南山话 ɳʈau^{1}，石门坎话 ɳʈo^{1} < *ʔdu。曼达语 dūdō < *dudo。

③“名字”苗语养蒿话 pi^{5}，勉语江底话 bwo^{5} < *pre。泰米尔语 paeaer，曼达语 pōrō < *poro。

④“吃”苗语养蒿话 naŋ^{2}，枫香话 noŋ^{2} < *na。“喝”曼达语 unana。

◇ 四　南亚语的历史

19 世纪 50 年代洛根（Logan J.R.）提出高棉语、孟语和占语等，也许还包括京语，有发生学关系。[①] 后来洛根等西方学者研究的范围陆续扩大，肯定蒙达语、尼科巴语和马六甲地区原住民的语言与孟高棉诸语有发生学关系。德国学者斯密特（W. Schmidt）曾发表《马六甲沙凯语和塞芒语以及它们与孟高棉语的关系》等论文和著作，1907 年命名这些语言为南亚语（Astro-Asiatic），不包括京语。占语、拉德语等曾与南亚语有接触关系的南岛语系的语言划归南亚语系的东南混合语族。我们根据现代主流派的意见，将南亚语区分为孟高棉、蒙达和尼科巴三个语族。

1. 南亚语语音特征及其历史演变

早期的南亚语的形态特点是：*s- 和 *m- 常作为身体部位词的前缀，前缀 *m- 表示自动，*s- 表使动，*g- 为形容词标记。蒙达和尼科巴语中名词、数词、代词、动词及形容词使用前缀 *ʔa-、*ʔi-、*ʔu-，名词后缀 *-ni 指人。

南亚语塞音送气和不送气的对立应该是后来才有的，其中一些是在复辅音的简化中产生。现在的情况是如蒙达语和桑塔利语有浊送气，四分。桑塔利语浊送气塞音对应于亲属语的浊不送气，如：

①“石头”蒙达语 diri，桑塔利语 dhiri < *diri。

②“忘记”桑塔利语 bhul < *bul，户语、布朗语曼俄话 pil^{31}，胖品话 pir^{51}，德昂语南虎话 bir < *bil。

③“长”桑塔利语 dʒhɛl < *gil，蒙达语 dʒiliŋ < *giliŋ。

④“好”桑塔利语 boge、bhage < *bage，蒙达语 bugin < *bugin。

---

① 分布在越南和柬埔寨的占语支语言是南岛语系的语言，与印度尼西亚的亚齐语相近。

另一种情况是复辅音简化或衍生送气的说法，如桑塔利语“贫瘠的” bɛhlɛ、baɳdʒha < *balda，“多云的” ɖoŋɖrokj、dondho < *dodrok，“切削” odrao、odhrao < *ʔodru。南亚语清、浊塞音和塞擦送气音来自同部位的不送气音。

南亚语中舌尖塞音可演变为舌尖塞擦音，这一点与阿尔泰语和南岛语一样，但较少进一步成为擦音。汉藏、南亚语塞音和流音结合的复辅音的演变常见的有：

*pl- > p-、l-、t-	*pr- > pj-、r-
*kl- > k-、l-、t-	*kr- > tʃ-、r-
*bl- > b-、l-、d-	*br- > bj-、r-
*gl- > g-、l-、d-	*gr- > dʒ-、r-

汉藏、南亚语中也有一些 *tr-、*dr- 一类的辅音声母，多为晚起。

2. 汉藏语和南亚语的对应词

汉藏诸语与南亚诸语有一些有对应关系的词，尤其是身体部位词中为多见，应是汉藏语北上以前与南亚诸语有密切关系的证明，有的是较晚的接触造成的。如：

1）头

① 佤语马散话 dɔŋ，布朗语曼俄话 ntɔŋ^{55} < *ʔdoŋ。“脸”藏文 gdoŋ < *g-doŋ。黎语保定话 daŋ^{1} < *ʔdaŋ。

② 克木语 kɯm pŏŋ < *kə-poŋ。阿依怒语 a^{31} phuŋ^{55} < *puŋ。

③ 巴琉语 ^{m}bu^{55} < *ʔbu。景颇语 po^{33} < *bo。壮语龙州话 hu^{1}bau^{3} < *klu-ʔbuʔ。

2）额

巴琉语 ɬaːi^{53n}djaːŋ^{53} < *li-ʔdaŋ。蒙达语 moloŋ < *moloŋ。藏文 mdaŋ < *m-daŋ。

3）嘴

① 德昂语南虎话 sop < *sop。西双版纳傣语 sop^{7} < *sop。“腮”缅文 pɑ^{3}sɑp^{4}，载瓦语 pə̠^{21}sop^{55} < *pə-sop。

② 巴饶克语（Palaung）mūr，德昂语硝厂沟话 moiʔ < *mur。朗龙语（Langrong）、爱摩尔语（Aimol）mūr < *mur。“脸”独龙语 mɯɹ^{55} < *mur。

“鼻子”布朗语曼俄话 m̥ɯl^{33} < *s-mul。“嘴”拉哈语 mul^{3} < *mul。

4）舌头

桑塔利语 lath（卷起舌头）< *lat。布兴语 kɤr lat（小舌）< *kər-lat。汉语 *slat（舌）。景颇语 ʃiŋ^{31}let^{31} < *si-let。苗语先进话 mplai^{8}，勉语长坪话 blet^{8} < *b-let。

5）牙齿

高棉语 thmeɲ，柬埔寨文 thmëɲ < *t-min。苗语野鸡坡话 m̥jen^{55}，苗语养蒿话 m̥hi^{35} < *s-min。

6）齿龈

佤语艾帅话 ɲi，布朗语曼俄话 kaʔ^{31}ɲil^{31}，克木语 hɯl < *ɲil。藏文 rn̥il < *r-ɲil。

7）耳朵

桑塔利语、尼科巴语 naŋ < *naŋ。达让僜语 kɹu^{53}naŋ^{35} < *naŋ。

8）脖子

① 巴琉语 lɔŋ^{31} < *loŋ。黎语通什话 ɯ^{3}ɬoŋ^{6} < *ʔuloŋ。

② 佤语马散话 si ŋok，孟汞话 ɡɔk < *si-ŋok。墨脱门巴语 ŋaŋ < *ŋaŋ。

③ 桑塔利语 hot̠okh < *qotok。错那门巴语 tak^{55}pa^{53} < *tak。

9）肩

德昂语硝厂沟话 ʑaʔ，茶叶箐话 ʒaʔ < *rak。独龙语 ɹɑʔ^{55} < *rak。

10）乳房

蒙达语 nunu < *nunu。汉语 *noʔ（乳）。

11）腋

佤语艾帅话 klaik < *klak。汉语 *glak（亦）。

12）手指

德昂语茶叶箐话 si nu^{51}。阿昌语 -n̥au^{31}，怒苏怒语 -n̥ɯ^{55} < *snu。汉语 *snuʔ（手）。

13）大腿

佤语马散话 ba < *ba。“屁股”贵琼语 ba^{35}ba^{55} < *baba。

14）屁股

佤语马散话 krɛ < *kre。“女阴”户语 khiʔ^{31}，克木语 keʔ < *kreʔ。“屁股”怒苏怒语 khɹi^{55}doŋ^{55}，阿昌语 tɕhi^{31}tuŋ^{31} < *kri-doŋ。

15）脚

克木语 dʒɯaŋ，布兴语 dʒiŋ，巴琉语 ʑəŋ^{55} < *graŋ。达让僜语 gɹoŋ^{53}，藏文 rgaŋ < *graŋ。

16）肚子

佤语艾帅话 vaik，德昂语硝厂沟话 văik < *b^{w}ak。缅文 bok，嘉戎语 tə pok，那加语奥方言 te pok < *pok。汉语 *pjuk（腹），黎语 pok^{7} < *pok。

17）肠子

布兴语 sliaŋ，克木语 r̥ iaŋ < *slaŋ。汉语 *slaŋ（肠）。“心”越南语 loŋ^{2} < *loŋ。

18）心

佤语马散话 rɤ hɔm < *rə-lom。“肝”克木语 tlom < *t-lom。“心”景颇语 sǎ^{31}lum^{33}，格曼僜 lɯm^{35} < *sa-lum。

19）肺

德昂语南虎话 phu phɤp，布朗语胖品话 bhop^{51} < *bup。景颇语 sin^{31}wop^{55}，哈尼语 po̠^{31} < *pop。侗语 pup^{9} < *pup。

20）胆

佤语艾帅话 ghi̱n，布朗语 khin^{35} < *grin。藏文 mkhris pa，错那门巴语 kli^{53} < *m-kri-s。道孚语 skrə < *s-krə。

距今四五千年开始南迁的藏缅语支系在西部民族走廊与南亚语保持密切的关系，数词有借用的情况（例从略）。

3. 南亚语的南岛语底层

现代的一些南亚语的研究者认为南亚语与南岛语有发生学关系，称其为南岛—南亚语系（Austric Family）。南亚语的一些词与南岛语的对应可区分为三个层次：一是两者有共同的源头，二是早期有密切的接触，三是南亚语南下时曾以南岛语的词汇为底层词。

南亚语把一些双音节词根变成单音节词根，仍可看出与南岛语的对应。如：①

①“旱地”卑南语 maruamaru。德昂语南虎话 mar（地），布朗语 mah^{35} < *mar。

②“山” 罗维阿纳语（Roviana）togere < *to-gere。“峭壁”saɣaru < *sa-garu。“山坡”布朗语胖品话 goi^{51}，德昂语南虎话 tɕur，茶叶箐话 dʒur < *gur。

③“眼睛”印尼语、达阿语、汤加语、塔希提语 mata，卡林阿语 ata < *mata。克木语 măt，莽语 mat^{51}，尼科巴语 el-mat，蒙达语 med，桑塔利语 mẽ̱th < *mat。

④“脸”木鲁特语 bulos < *bulo-s。“鼻子”佤语马散话 mɯih，孟汞话 bɯih < *mul。布朗语曼俄话 m̥ɯl，京语 mui^{3} < *smul。尼科巴语 el-muh，克木语 muh，桑塔利语 mũ < *mul。

---

① 本书中国境内孟高棉语的材料除了已经公开的，其他如布兴语、户语、克木语、布赓语等由中国社会科学院民族学与人类学研究所陈国庆提供，特此表示感谢。

⑤“胸”沙玛语 dākan < *daka-n。佤语孟汞话 bu̯dʌ̯k，马散话 nɔk < *mu-dok。

⑥“红色”拉加语 memea < *meme-ʔa。“血”克木语 mam < *mam。

⑦“蛇”勒窝语 lomʷara，三威治港语 na-mar < *mara。克木语、布兴语 măr < *mar。

⑧“花”莫图语 herahera < *pera。布兴语 bar < *bar。

⑨“跑”马林厄语 tʃari < *tari。克木语 dar < *dar。

⑩“咬”达阿语 na-ᵑgiki < *giki。“牙齿”印尼语 gigi，亚齐语 gigɔə < *gigi。德昂语茶叶箐话 găk⁵⁵，南虎话 găʔ < *gak。户语 kak³¹ < *kak。

⑪“嚥”窝里沃语（Wolio）gofi < *gopi。“咬”蒙达语 hap' < *qap。

⑫“呻吟”勒窝语 ŋoŋoru < *ŋoŋoru。德昂语胖品话 ŋɤr³¹ < *ŋor。

⑬“烧”汤加语、拉巴努伊语 tutu，巴拉望语 tutuŋ < *tutu。莽语 tet⁵¹ < *tet。

⑭“拿”汤加语、拉巴努伊语 toʔo，托莱语 tok < *toko。布兴语 dɯak < *dak。

⑮“持”勒窝语 tari < *tari。“拿”德昂语硝厂沟话 dʌh，南虎话 tɤh < *der。

⑯“挖”鲁凯语 ɭuku < *luku。德昂语茶叶箐 lɔ̆ k⁵⁵，南虎话 lɔ̆ ʔ < *lok。

⑰“理解”大瓦拉语 hanapu < *sa-napa。[①]“知道”德昂语南虎话 nap，硝厂沟话 nap < *nap。

⑱“去”东部斐济 lako，吉利威拉语 nako < *lako。布朗语胖品话 ʒak⁵⁵，克木语 ʒɔh < *rak。

⑲“醒”拉巴努伊语 ʔara，汤加语 ara，萨摩亚语 ala < *ʔala。“懂”布

---

① 大瓦拉语 h- 来自 *s-。参见吴安其《南岛语分类研究》，第 199 页。

兴语 ʔal < *ʔal。

⑳“踢”罗杜玛语（Rotuman）tæpe < *tape。布朗语胖品话 tap^{13} < *tap。

㉑“剥”萨萨克语（Sasak）loke < *loke。克木语 laik，户语 lɛʔ^{31} < *lak。

㉒“短”萨萨克语 dendeʔ < *dedeʔ。佤语艾帅话 dɔt，布朗语胖品话 tɔt^{31} < *dot。

㉓“暗”梅柯澳语 e-ʔupa < *ʔupa。德昂语硝厂沟话 ʔăp，茶叶箐话 ʔăʔ < *ʔap。

㉔“软”那大语 məku < *muku。布朗语胖品话 m̥ɔk^{31}，甘塘话mɔk^{31} < *s-mok。

这些与南岛语有词源关系的词主要分布在孟高棉语族，我们有理由相信大多是孟高棉语族语言的南岛语底层词。

4. 南亚语和阿尔泰语的关系

蒙达语、桑塔利语、尼科巴语（卡尔尼科巴语）的一些词和阿尔泰语有词源关系，可能是末次冰期时北方语言南下带来的，或来自印度的语言，词末元音或丢失。如：

①“臂”尼科巴语 keːl < *kel。土耳其语 kol，塔塔尔语 qol < *qol。

②“手”尼科巴语 el-ti，卡西语 kti，布兴语 ti，越南语 tai < *ti。日语 te < *te。

③“喉咙”桑塔利语 gola < *gola。维吾尔语 gɑl < *gal。蒙古语 xoːlɛː，东乡语 ɢoləi < *gole。

④“肺”桑塔利语 bo̱ko̱ < *boko。古突厥语 øpke，维吾尔语 øpkɛ < *ʔopoke。

⑤“挖”尼科巴语 ul < *ʔul。达斡尔语 oiløː- < *ʔolo。鄂伦春语 uləː- < *ʔulə。

⑥“来”萨瓦拉语 蒙达语族（Savara）er < *ʔer。蒙古语 jire-，东乡语irə- <

*ʔire。

⑦“推”蒙达语 uduɽ < *ʔu-dur。“压”蒙文 daru-，东部裕固语、土族语 daːrə- < *daru。

⑧“火”蒙达语 dongol < *do-gol。蒙古语 gal，保安语 χal < *gal。

⑨“鼠”桑塔利语 tsuʈiʌ < *tutiʔa（大鼠），tsuʈo < *tuto（小鼠）。维吾尔语 tʃaʃqan，哈萨克语 təʃqan，柯尔克孜语 tʃatʃqan < *tit-qan。保安语 tɕitɕiχaŋ < *titi-qan。

⑩“树皮”蒙达语 uɽ < *ʔur。“表皮”蒙古语正蓝旗话 xərs，都兰话kørs < *qoros。“皮”赫哲语 ərxə < *ʔor-qə。

⑪“根”蒙达语 dʒer < *der。古突厥语、维吾尔语 jiltiz，柯尔克孜语 dʒəldəz，西部裕固语 jeldes < *deder。图瓦语 dazɤl < *dar-əl。

⑫“灰尘”蒙达语 dhur < *dur，duɽi < *duri。土耳其语 toz，西部裕固语 doz < *tor。达斡尔语 tuarəl < *tura-l。日语 tɕiri < *tiri。

⑬“跑”桑塔利语 dɛɽ < *dar。朝鲜语 tarrita < *dari-。

⑭“舔”桑塔利语 dʒal < *dola。[①] 蒙古语 doloː-，达斡尔语 dolo-，东乡语 dolu-，土族语 doːlə- < *dolu。

⑮“吹”桑塔利语 phur < *pur（嘴吹）。撒拉语 fur-，朝鲜语 pur- < *pur。

⑯“想”蒙达语 uɽu < *ʔuru。土耳其语 øzle-，维吾尔语、哈萨克语 ojla- < *ʔor-la。

⑰“说”桑塔利语 ror̤ < *ror。蒙古语正蓝旗话 jɛrə-，布利亚特话 jari- < *reri。

⑱“去”桑塔利语 sa < *sa（去到一边）。日语 saru < *sa-ru。

---

① 桑塔利语 *dola 当为早期“舌头”，后引申指“舔”，其另外一个引申的意义是“火舌、烧”。“烧” dala。“火焰”维吾尔语 jalqun，哈萨克语 dʒalən < *dal-qun。*dal-qun，原来的意思应是“舌头—火”。“舔”印尼语 mən-dʒilat，沙玛语 delat，巴塔克语 dilat，爪哇语 n-dilat < *dila-t。

⑲“箭”尼科巴语 tʃhɔk < *qok。户语 ak，布朗语 ʔak[35]，佤语 ʔa̱k < *ʔak。（弩）土耳其语 ok，西部裕固语 ohq，撒拉语 uχu < *ʔoqo。

⑳“斧子”桑塔利语 tabla < *ta-bala。（小斧）土耳其语 balta，维吾尔语 pɑltɑ，乌孜别克语 bɑlti，图瓦语 bɑldɤ < *bal-ti。

㉑“篱笆”桑塔利语 dʒhɛnʈi（树枝篱笆）< *dati，ʈɛʈi（树枝等编的门）< *tati。土耳其语、维吾尔语 tʃit < *tit。

㉒“小”桑塔利语 kɛʈitʃ < *ketiq。古突厥语 kitʃig，西部裕固语 kətʃiɣ < *kitig。土耳其语 kytʃyk，维吾尔语 kitʃik < *kitik。

㉓“黑的”桑塔利语 kari < *kari。古突厥语、维吾尔语、塔塔尔语 qɑrɑ，土耳其语 kara，东部裕固语 xɑrɑ < *qara。

㉔“这”蒙达语 ne < *ne。桑塔利语 niɛ < *ni-ʔa，noa < *no-ʔa。蒙古语 ən，达斡尔语 ənə < *ʔene。保安语 inə < *ʔini。

㉕“那”蒙达语 ena < *ʔena。桑塔利语 hana < *qana。日语 ano < *ʔano。

㉖“慢的”桑塔利语 o̱ste̱ < *ʔoste。维吾尔语、柯尔克孜语 ɑstɑ，乌兹别克语 ɑstɛ < *ʔasta。

㉗“鬼”桑塔利语 dʒin < *gin。维吾尔语、乌孜别克语 dʒin，柯尔克孜语 dʒən < *gin。“丑鬼”满文 ektʃin < *ʔikin。

5. 南亚语的其他底层

夏威夷大学的南亚语研究者劳伦斯·瑞德（Lawrance A. Reid）说：“问题是令人迷惑的，为什么尼科巴语的形态与南岛语的如此相像，而它的词汇既不像南岛语，也不像本语系构拟出来的形式？”“结论大约是尼科巴语词汇的分歧与底层有关——尼科巴语最初的居民所讲的语言，既不是南岛语，也不是南亚语。”[①]

① Lawrance A. Reid, Mophology Evidence For Austric, *Oceanic Linguistics*, Vol. 33, No.2 (dec. 1994).

（1）尼科巴语的某些底层成分

如尼科巴语卡尔方言和中部方言“太阳”“月亮”和“火”：

	卡尔方言	中部方言	蒙达语	京语	佤语
太阳	ta-vūöi	heŋ	siŋi	$mat^8jəːi^2$	siŋɛiʔ
月亮	tʃhi-ŋët	kāhē	chandūk	$oŋ^1jaŋ^1$	khɛʔ
火	meui	heōe	säŋgäl	$lɯə^3$	ŋau

“太阳”卡尔方言 tavūöi < *tabuʔi，排湾语 qadav，卑南语 kadaw < $*qadab^w$。“白天”柬埔寨文 tiviːə < $*tib^we$，拉祜语 $tɑ^{53}vɑ^{53}$ < $*tab^wa$。藏缅语的那加（那嘎）语群的语言“太阳”有类似于尼科巴语中部方言的说法。如索布沃马语（Sopvoma）chēŋ-hēŋ，赫罗塔语（Hlota）eŋ。

“月亮”卡尔方言 tʃhi-ŋët < *qi-ŋet。汉语 *ŋat（月）。

“水”卡尔方言 mak < *mak。阿伊努语 wakka < $*m^waka$。满文 muke，锡伯语 muku，赫哲语 mukə，鄂伦春语、鄂温克语 muu < *muke。

“柴”卡尔方言 ŋɔh < *ŋol。“火”蒙达语方言 seŋel < *seŋel。户语 $ŋăl^{31}$，布兴语 tʃi ŋal < *ŋal。

“人、男人”卡尔方言 tarik < *ta-rik。“女人”那加语南桑亚方言（Namsangia）dēhiek，昌方言（Chang）jɑk-sɑ < *de-rek / *rak-sa。

“男人”卡尔方言 kikɔnjø < *ki-kono。“女人”卡尔方言 kikānø < *ki-kano，“人”柬埔寨文 tʃuən < *kun。

“眼睛”卡尔方言 el-mat，京语 $kɔn^1mat^7$，克木语 măt，莽语 mat^{51} < *mat。印尼语、达阿语、莫图语 mata，排湾语 matsa < *mata。

“鼻子”卡尔方言 el-muh，克木语 muh，桑塔利语 mũ < *mul。蒙达语 muhu < *mulu。

“嘴”卡尔方言 el-vāŋ < $*-b^waŋ$。三威治港语 ^{m}baŋo-n，所罗门拉加语（Raga）$b^waŋo$- < $*b^waŋo$。

（2）蒙达语族语言和孟高棉语与达罗毗荼语系语言词的对应

南亚语词与达罗毗荼语系语言词的对应，部分是后来的借用，有的应来自底层语言。

①“白天”桑塔利语 roka < *roka。“白天”曼达语 rōj < *rodʒ。

②“风”布兴语 si var < *si-b^{w}ar，布央语 vən^{33} < *b^{w}rən。“风”曼达语 vaɽi < *b^{w}ari。

③“屁股”桑塔利语 ɖuke < *duke。“尾巴”曼达语 toka。

④“蝴蝶”桑塔利语 pipɽiaŋ < *pipri-aŋ。“蝴蝶”曼达语 pāpēr < *paper。

⑤“竹筒”桑塔利语 tʃoŋka < *koka。“竹子”曼达语 kaŋkā < *kaka。

⑥“声音”蒙达语、桑塔利语 sabad < *sabad。“声音”曼达语 āvāj < *ab^{w}adʒ。

⑦“话”桑塔利语 buli < *buli。“词”曼达语 pōllē < *pole。

⑧“墓”布朗甘塘话 mut^{31}，户语 muit^{31} < *mut。“墓”曼达语 vītʃ < *b^{w}it。

下文讨论达罗毗荼语系语言词源关系时，关于尼科巴语与达罗毗荼语系语言词的对应另有说明。

（3）南亚语系语言和非南岛语言库欧特语词的对应

巴布亚新爱尔兰岛（New Ireland）库欧特语（Kuot）① 和南亚语系语言基本词的对应：

①“月亮”ulà ɴ < *ula-。“月亮”京语 oŋ^{1}jaŋ^{1} < *ʔolaŋ。泰米尔语 niła: < *-la。

②“水”buru-nàm < *buru-。“水”柬埔寨文 vi:əri < *b^{w}iri。“雨”达罗毗荼语系贡底语 pir、pirr，马里阿方言 peR，贡达语（Konda）pir-u，奎语

① Joan Henry, *Kombio Grammar Essentials*, Summer Institute of Linguistics, Ukarumpa, E. H. P., Papuan New Guinea, October, 1992.

pij-u < *piʈ-。

③“石头”adàs。“石头”京语 da5 < *ʔdah。

④“云”upau < *upa-。“云”柬埔寨文 ʔap < *ʔap。

⑤“灰烬”utàrà。“灰烬”蒙达语 toroe，桑塔利语 to̠ro̠tʃ < *toroʔe。

⑥“手”kilan < *kila-。“臂、翅膀”尼科巴语 keːl < *kel。

⑦“夜”arubu。“晚上”尼科巴语 harap < *qarap。

⑧“给”-amu-。“给”蒙达语 om，桑塔利语 e̠m < *ʔom。

⑨“躺”-ot。“躺、睡”佤语布饶克方言 ʔi̠t < *ʔit。

⑩“红的”toktok。“深红的”蒙达语 ɖagɖag < *dag。

⑪“冷的”madin。“冷的”蒙达语 mādā < *mada。

⑫“满的”dak。“满的、饱的”尼科巴语 tøːkŋen < *tok-ʔen。

⑬“这”-to。“这”桑塔利语 iti < *ʔiti。

⑭“谁”aka。“谁”桑塔利语 o̠ko̠e < *ʔoko-ʔe。

⑮“什么”mani。“什么”布朗语甘塘话 manman < *man-。“谁”布朗语甘塘话 man。

南亚语系语言与库欧特语、达罗毗荼语系语言词的对应可以说明史前不同来历人群的结合及其语言的迁移和接触在语系形成以后的语言中的保留情况。

◇ 五 东亚太平洋语言的语音和形态

1. 古东亚语言的语音

根据东亚诸语言语音的对应关系，我们推测古东亚主要的语言以单音节词根为主，如同今南岛语所表现的。塞音清、浊两分，有小舌塞音（小舌清塞音与喉塞音可交替），舌尖塞音可成为舌面塞擦音。元音可单独构成音节，附加成分和词根元音和谐较为普遍。

早期东亚一些语言的辅音系统可能接近于这样的系统：

p　b　p^w　b^w　m　　　w

t　d　　　n　s　z　r　l　ɬ

ʈ　ɖ　　　　ʃ　　　ɭ

k　g　k^w　g^w　ŋ　h　ɣ　j

q　ɢ

ʔ

其中 ʈ-、ɖ-、ʃ- 分别与 t-、d-、s- 对立，除了早期保留下来的一些 ʈ-、ɖ-、ʃ-，有的是后来的语言中邻近舌位靠后的辅音或高元音同化的结果。

（1）塞擦音

阿尔泰、南岛、汉藏和南亚语的一个共同特点是中、高元音和后元音前的舌尖塞音易成为舌尖后塞音，或增生 *-j- 介音，进一步成为舌面塞擦音。南岛语中，尤其是台湾的南岛语，较多保留舌尖后塞音。汉语中的平行演变是中古早期端、定母中分化出知、澄母，印第安语群也是如此。印欧语则是中、高元音和后元音前的舌根塞音发生这种变化。

早期东亚语言可能没有舌尖和舌面塞擦音，后来的南岛、汉藏和南亚语都有舌尖音塞擦音，与舌面塞擦音关系密切。

早期东亚语的 ʈ-、ɖ- 与 t-、d- 可成为舌尖或舌面塞擦音。东亚和印欧语的舌尖和舌面塞擦音可能都是后来才有的。

（2）送气和不送气的对立

南岛语系占语支语言的语音与其他南岛语有较大的不同，其塞音送气和不送气的对立在南岛语中是罕见的。如：

	占语	加莱语	雷德语	亚齐语
大腿	pha	pha	pha	pha

苦	phiʔ	phĭʔ	phĭʔ	phet
知道	thau	thəu	thau	thɛə
年	thŭn	thun	thŭn	thon

古占语的送气塞音声母是原始占语 *-h- 音节前的塞音因元音弱化脱落而形成的。试比较印尼语“大腿”paha、“苦”pahit、“知道”tahu 和“年”tahun。占语支的语言及方言音位系统变得比马来语等复杂得多。“针”占语 dʒrum，印尼语dʒaram。占语中一些双音节词的首音节完全失去。如“雨”占语 dʒan，加莱语 hədʒan；“风”占语 ŋĭn，加莱语aŋĭn。[①]

汉藏语和南亚语的送气塞音和不送气塞音的对立可能是两个音节缩合为复辅音的时代产生的，在后来复辅音简化和浊音清化的过程中这种对立更为广泛。汉藏、南亚、南岛和印欧语都有浊塞音演变为清送气塞音的演变。

（3）同部位塞音和鼻音的对应关系

1）词首的对应

汉语闽南方言浊塞音和其他方言同部位鼻音可以有对应关系，如中古明微母读作 b-（逢鼻化读 m-），疑母读作 g-（逢鼻化读 ŋ-），黎语方言内部也是如此。[②] 阿尔泰语和南岛语有同样的对应。如：

“月亮”满文 bija，锡伯语、赫哲语 bia，鄂伦春语 bɛːga，鄂温克语 bɛːgă < *biqa。女真语（必阿）*pia < *biʔa。莫图语 hua，柯勒布努方言（Kelepunu）vue，阿罗玛方言（Aroma）bue < *buʔa。塔希提语 ʔāvaʔe < *ʔabaʔe。哈拉朱乌语 m^wea < *beʔa。

“暴风”维吾尔语 borɑn，柯尔克孜语 boroːn，图瓦语 borɑːn < *boran。“风”沙外语（Sawai）morɛ，姆布拉语（Mbula）miri < *mori。

① 占语等语言资料引自 Graham Thurgood, *From Ancient Cham to Modern Dialect*。

② 参见吴安其《汉藏语同源研究》，第 204 页。

“眼睛”土耳其语 gøz，维吾尔语 køz < *gor。“脸”卑南语 ʈaŋar < *ta-ŋor。

“嘴”日语 kutɕi < *kuti < *guti，汤加语、萨摩亚语 ŋutu < *ŋutu。

汉藏和南亚语中的情况也是如此：

“云”墨脱门巴语 muk，傈僳语 mu̠^{33} < *muk。他杭语 mukpa < *muk-pa。博嘎尔洛巴语 doŋ muk < *doŋ-muk。德宏傣语 mɔk^{9} < *ʔbok。柬埔寨文 bəbōk < *bə-bok。布兴语 bŭk，布朗语 puk < *buk。

“雾”藏文 na bun < *na-bun。侗语 mun^{2} < *mun。

“脖子”佤语马散话 si ŋok，孟汞话 gɔk，艾帅话 ŋɔk < *si-gok。

“咸”克木语 ɢɛm，德昂语硝场沟话 dʑɛm < *gem。缅文 ŋam^{2} < *ŋam。

东亚语言中词首同部位塞音和鼻音的对应关系最多的是唇音类，其次是舌根音和小舌音，舌尖音类很少。

2）词中的对应

阿尔泰语中 -nt- 和 -nd- 或分别演变为 -lt- 和 -ld-，词末的 -ŋ 和 -g 或读作 -ŋg。南岛语词中的塞音 -p-、-t-、-k-、-b-、-d-、-g- 往往分别成为 -mp-、-nt-、-ŋk-、-mb-、-nd-、-ŋg- 。汉藏、南亚语较早发生双音节词单音节化的演变。美洲印第安语的情况类似于阿尔泰、南岛语。

2. 早期汉语的语音

（1）商周汉语词的音节

1）单音节词根

从文字的表达看来，殷商和西周时期的书面语和口语中单音节词根对应后世的单音节词根，基本词的词根通常是单音节的。

① 甲骨文“麦”（甲 1218），从来从夊，西周早期（麦盉）同，“秾”也指“麦”。“来”（甲 2123）（戬 37.4）可能有 *mro-g 和 *m-ro

两个读音。与之有词源关系的，“回”满文 mari- < *mari，“来”满文 dʒi-，锡伯语 dʑi- < *gi。“回”赫哲语、鄂伦春语 əmərgi- < *ʔəmər-gi，是复合词，字面意思是“回—来”。商周汉语中“来”*mro-g > *mrə-g，*-g 相当于满语的“来”*gi。

② 汉语“抓”*skru 是“爪”*skruʔ 的派生词。如“抓”藏语阿力克话 rku < *kru 和“爪子”缅文 khre^{2} < *kru。

汉语“蚤”*sru 古字从“爪”，应来自 *suru。[1]“跳蚤”满文 suran，锡伯语 ʂuran，鄂伦春语 ʃʊra，鄂温克语 ʃɔr < *sura-n。“爪子”锡伯语 soχurqw < *soqura-qu。

③ 甲骨文地支字“子”“巳”有别，或相混，有意见认为是一字。[2]“子”*sklə，*s-大约是躯体类名称的前缀。“巳”*glo 为祭礼，或为“祀”。

④“遠”*ɣjan < *gar（从袁得声），“遐”*gra 与“远”满文 goro，锡伯语 ɢorw，赫哲语 goro，鄂温克语、鄂伦春语 gɔrɔ < *goro 等对应。*gar 和 *gra 当来自早期的 *gara。至少在西周以前汉语中这一类双音节词先是一个元音弱化，然后成为单音节词。

2）成音节的前缀和后缀

西周时期的书面语中还保留着一些成音节的形态前缀，它们和不成音节的辅音前缀和后缀一起作为形态成分，这一点和藏文记录的古藏语词的构形方式相似。

①“有”为名词前缀，可加在国名、地名、部落名前，如“有周”“有商”“有苗”“有熊”等。“薄”作为动词的前缀是西部方言的用法。如“薄言”置于动词前，也见于《诗经·周颂·有客》和《诗经·周南·芣苡》，后来的书面语中没有这样的用法。

---

① “蚤”谐声有心母字“骚”等。

② 徐中舒主编：《甲骨文辞典》，四川辞书出版社 1989 年版，第 1570 页。

②“无”“聿”“遹”为动词前缀，如《诗经·大雅·文王》：“无念尔祖，聿修厥德。”“昭事上帝，聿怀多福。”“遹求厥宁，遹观厥成。”“匪棘其欲，遹追来孝。”

《诗经·小雅·斯干》中“爰居爰处，爰笑爰语”的“爰”跟“薄”一样，是动词的前缀。《邶风》《魏风》中的“爰”为疑问词，大小雅中的多为动词前缀。

“载”也是动词前缀，如：“载寝之床，载衣之裳，载弄之璋。”（《诗经·小雅·斯干》）

“止”为动词的后缀，如：“高山仰止，景行行止。”（《诗经·小雅·车辖》）“既曰归止，曷又怀止。”（《诗经·齐风·南山》）

③“然”为副词后缀见于西周文献。[①] 如：“是究是图，亶其然乎？”（《诗经·小雅·棠棣》）“南有嘉鱼，烝然罩罩。”（《诗经·小雅·南有嘉鱼》）“今兹之正，胡然厉矣。”（《诗经·小雅·正月》）

“其”作为形容词和副词的后缀，如：“哙哙其正，哕哕其冥，君子攸宁。”（《诗经·小雅·斯干》）“苕之华，芸其黄矣。”（《诗经·小雅·苕之华》）“瞻彼中林，甡甡其鹿。”（《诗经·大雅·桑柔》）

《多友鼎》“其子子孙宝用”中的“其”为祈使语气词。《诗经·商颂·长发》中的“长发其祥”“敷奏其勇”中的“其”为指示代词。

（2）声母

根据《切韵》上推的古代汉语的音系结构、商周时代的谐声，商周汉语词与藏缅语和阿尔泰语的语音对应关系，商周时代汉语声母基本系统构拟为：

p ph b m

t th d n l s z r sn

① “然”春秋时从“難”从“火”（者减钟），战国时为“然”。

ʈ	ʈh	ɖ				
k	kh	g	ŋ			
pr	phr	br	mr			sm
pl	phl	bl		sl		
kr	khr	gr	ŋr			sŋ
kl	khl	gl		j	w	
q	qh	ɢ		h	ɦ	
qr	qhr	ɢr				
ql	qhl	ɢl				

圆唇塞音声母如 p^w、ph^w、b^w、k^w、kh^w、g^w、q^w、qh^w、$ɢ^w$，s- 构成的复辅音如 sp、sph、sb、sr、spr、spl 等未列入上表。另外还有 -j- 介音。

藏缅语与汉语的渊源当在新石器早中期，或更早的氏族社会时代，两者的许多对应词应来自后来的部落联盟时代不同部落语言之间词的扩散。到了汉语有文字记录的商周之时，藏缅语与汉语的差异是不言而喻的。

试比较汉语和藏缅语的对应：

1）唇音

“燔” *b^war。①“燃烧” 藏文 ɦbar，夏河藏语 mbar < *m-bar。

“飞” *p^wər。藏文 ɦphur < *m-bur。

“目” *muk。“眼睛” 藏文 mig < *mik。

“名” *meŋ。“名字” 藏文 miŋ，道孚语 mn̥iŋ，载瓦语 mjiŋ^{51} < *miŋ。

“昏” *smən。“黄昏” 藏文 mun（rub）< *mun。

“没” *mət。“没有” 藏文 med。

2）舌尖音

“笃” *tuk，指厚实。如《诗经 · 唐风 · 椒聊》：“彼其之子，硕大且笃。”

① 《诗经 · 小雅 · 楚茨》：“或燔或炙，君妇莫莫。”“燔”，烤也。

“笃”古或作“竺”等。《说文》：“笃，马行顿迟。从马，竹声。”“厚的”藏文 ɦthug < *m-dug，错那门巴语 tuk^{55} po^{53}，喜德彝语 ɑ^{33} tu^{33}。

“对”*təbs。[①]“回答”藏文 ɦdebs < *m-debs。

“耳”*nəʔ、*snəʔ。[②]“耳朵”藏文 rna < *r-na，巴尔蒂语 sna < *s-na。

“女”*s-na-ʔ。“儿媳妇”藏文 mnaɦ ma < *m-na。

“壤”*njaŋ-ʔ。“田地”藏文 rnaŋ < *r-naŋ。

“疓”*sna。“痛、有病”藏文 na，彝语喜德话、傈僳 nɑ^{33}，拉祜语 nɑ^{31}（病、伤）< *na。

3）舌根音

汉语匣、云和群母来自浊舌根塞音，部分来自浊小舌塞音。如龚先生所指出的，汉藏比较的材料支持中古汉语匣、云来自浊舌根塞音。匣母的例子如：

	户	含	胡	荷
汉语	*g^{w}aʔ	*grəm	*g^{w}a	*gal
藏文	sgo（门）	ɦgam	ga（什么）	sgal（兽驮的东西）

温州话有楚方言的底层语音结构，一些匣母字的白读为 *g-，如“含”“怀”“峡”等字的读音。

云母字对应的例子如：

“胃”*grəts，“肚子”藏文 grod。

“圜”*g^{w}ran < *gur-an。“圆的”藏文 sgor < *s-gor。博嘎尔洛巴语 kor kor < *kor。

“遑”*g^{w}aŋ。[③]“什么”藏文 gaŋ < *gaŋ。

---

① 《诗经·周颂·般》：“敷天之下，裒时之对，时周之命。”“对”，回应、对应。

② 谐声字“誀”，《说文》辱也，《广韵》读“耳”，《集韵》同“耻”。故“耻”“誀”古音为 *snə-ʔ。

③ 《诗经·邶风·谷风》：“我躬不阅，遑恤我后！”

群母字对应的例子如：

	掘	擒	馑	唫
汉语	*grət	*grəm	*grəns	*grəm
藏文	rkod（挖）	sgrim（捕）	bkren	grim（急、赶）

“掘”“擒”等是三等字，从谐声或重纽三等的特点看 *-j- 来自 *-r-。

“局”*gok。“弯”藏文 gug < *guk。① 缅文 kɔk^{4}、傈僳语 go̱^{31} < *guk。

疑母字对应的例子如：

	我	语	鱼	五
汉语	*ŋa-r	*ŋa	*ŋa	*ŋa
藏文	ŋa	ŋag（话）	ȵa	lŋa

“我”藏文、马加尔语 ŋa，缅文 ŋɑɑ^{2} < *ŋa。汉语 *ŋa（吾）< *ŋa。

“话”藏文 ŋag < *ŋaga。缅文 sɑ^{1}kɑ^{3} < *sakag。

“鱼”景颇语 ŋa^{55}，缅文 ŋɑ^{3} < *ŋa。

“五”藏文 lŋa，拉达克语 rgɑ < *l-ŋa。嘉戎语 kə-mŋo < *m-ŋa。

4）流音

	世	夜	淑	蝇
汉语	*s-lap	*lak-s	*g-luk	*mlaŋ
藏文	rabs（世代）	*lak	*lek-s	sbraŋ

一夜的“夜”藏文 ʑag < *lak。

“淑”*gluk < *g-luk（善也）。“好”藏文 legs < *lek-s。墨脱门巴语 lek < *lek（美的、好的）。

“髅”ro。“骨”藏文 rus，哈卡钦语 ru < *ru-s。

“领”*mreŋʔ < *m-reŋ-ʔ。②“脖子”藏文 mgriŋ， mdʑiŋ < *m-griŋ。

“坏”*grəl，“毁”*qrəl。“腐烂”藏文 rul < *rul。

① 藏文“弯”khug（名词）应是古藏缅语 *guk 的派生词。

②《诗经·小雅·桑扈》：“交交桑扈，有莺其领。”“领”，颈也。

5）送气清塞音

汉语和藏语的送气清塞音声母的对应可能有较早来历的，如：

	口	苦	泣	赤
汉语	*khoʔ	*khaʔ	*khrəp	*khrak
藏文	kha（嘴）	kha mo	khrab khrab	khrag（血）

下文这一组是汉语清不送气舌根塞音声母与藏语送气舌根塞音声母的对应，可以说明原本的对应关系是如何成为不对应的关系的：

	鸠	甲	夹	角	曲
汉语	*kru	*krap	*krap	*kruk	*khok
藏文	khu（布谷鸟）	khrab（鳞）	khjab（抱）	khug（角落）	ɦgug（弄弯）

“鸠”*kru，见于《诗经·国风·鹊巢》，谐声字“㝁”力救切。“布谷鸟”藏文 khu，缅文 khjo^{3}（斑鸠），达让僜语 piɑ kɹau（斑鸠），来自 *kru。

“夹（菜）”景颇语 lă^{55}kạp^{55} < 早期藏缅语 *krap。

古藏缅语的方言中大约发生过 *kr- > *khr-，藏语支语言中为送气音。

6）*-r- 类的复辅音

龚煌城先生认为，汉语的来母与藏语 r-、gr-、dr-、br- 等音对应，而汉语的二等字也含有 -r- 音（例如匣母二等作 gr-），由于与藏语 gr-、dr-、br- 等对应的汉语来母字大多属于三等，合理的推测是：

*gr- > ɣ- （匣母二等）	*grj- > *rj- > lj- （来母三等）
*dr- > ɖ- （澄母二等）	*drj- > *rj- > lj- （来母三等）
*br- > b- （并母二等）	*brj- > *rj- > lj- （来母三等）

龚先生的构拟和比较为：①

① 龚煌城：《从汉藏的比较看上古汉语若干声母的拟测》，《汉藏语研究论文集》，北京大学出版社 2004 年版，第 39 页。

	汉语	藏语	原始汉藏语
凉	*grjaŋ > *rjaŋ > ljaŋ上	grang	*grjaŋ
量	*grjaŋs > *rjaŋs > ljaŋ去	grangs	*grjaŋs
联	*grjan > *rjan > ljan平	gral	*grjal
类	*grjəds > *rjəds > ljwi去	gras	*grjəds

汉语的“凉”“量”“联”“类”应来自*grj-。原始汉藏语有 *-r- 类的复辅音，后来的不同方言中仍存在。

中古汉语的重纽三等来自古汉语的 *-rj-，已成为学术界的共识。龚先生还指出汉语和藏语的如下对应关系：

	几	饥	耆	别
汉语	*krjirʔ	*krjir	*grjir	*brjat
藏文	khri（座）	bkres	bgres（老）	ɦbrad（撕开）

从以上的比较中我们可以看出古汉语 *-rj- 中的 *-j- 是后来才有的。

汉语二等字的读音和藏语 *-r- 类复辅音音节有对应关系，如：

	领	硬	更	盲	八
汉语	*mreŋʔ	*ŋraŋs	*kreŋ	*mraŋ	*prat
藏文	mgriŋ（脖子）	mkhraŋ	kyaŋ（又）	rmoŋ	brgyad

7）*-l- 类复辅音

试比较邪、喻四构拟的上古读法与藏文代表的古藏语的读法：

	象	麝	淫	痒
汉语	*glaŋ	*glaks	*glam	*glaŋ
藏文	glaŋ（po）	gla	glam	glaŋ

藏文 glaŋ（po）“象、牛”，gla“麝、獐”。

《说文》：“淫，侵淫随理也。”藏文 glam“潮湿、湿润”。

《说文》：“痒，疡也。”藏文 glaŋ“一种疱疮”。

汉语与古藏语的对应关系有的可能是早期的借用，但可以说明中古邪、喻四的上古来历可能包括 *(s)gl- 和 *(s)ɢl- 类的复辅音。

	定	谈	商	善
汉语	*sleŋ	*glam	*slaŋ	*glan
藏文	mdaŋs（额）	gdam（教训）	sloŋ（问，乞求）	slan（修理）

《诗经·周南·麟之趾》"麟之定"，"定" *sleŋ 释为"额"。

8）关于舌尖塞擦音

高本汉和李方桂先生的汉语上古音都包括舌尖塞擦音声母，现代国内外的多数音韵学家也坚持这一点，认为汉语的舌尖塞擦音可以和藏缅语的对应。我们从欧亚诸语的比较中看到，除了少数例子中的塞擦音来历不明，绝大多数的塞擦音或来自舌根、舌尖塞音，或来自塞音和流音构成的复辅音。

汉语舌尖塞擦音的谐声关系尤为复杂，"千"从"人"（*snin > *tshin），鼻音与舌尖塞擦音谐声。精组字多与心、山、见、喻四等谐声，与山母谐声的通常不与喻四谐声。潘悟云教授认为精母来自 *sk（l）-，清母来自 *skh（l）-，庄、初、崇母分别来自 *skr-、*skhr- 和 *sgr-。[①]

大约在战国时期，*sCl- 和 *sCr- 演变为舌尖塞擦音，易失去与心、见母等的假借关系，产生其他的音近假借。

"缝"藏文 ɦtshem< *m-krem，缅文 khjup、独龙语 kɹɯp^{55}< *m-krep。汉语"针"是俗字，原来写成"鍼"，古音 *kjəm < *krəm，与藏文"缝" ɦtshem 的词根有对应关系。汉语"针"谐声字"汁"等从禅母字"十"，读法另有来源，为 *grəp，与藏文"针" khab，嘉戎语 kɑp 等对应。汉语"针"读与"鍼"同，是训读。

---

① 潘悟云、冯蒸：《汉语音韵研究概述》，丁邦新、孙宏开《汉藏语同源研究》(一)，广西民族出版社 2000 年版，第 280 页。

汉语精母字“臧”*tsaŋ < *skraŋ（善也），与独龙语“美”dɯ^{31}gɹɑŋ^{53}，藏文“好”bzaŋ（< *b-graŋ）对应。

汉语清母字“七”*tshit < *s-nit，是“二”*nits 的派生词。“七”景颇语 sǎ^{31} nit^{31} < *sa-nit。藏缅语族喜马拉雅语支的列布查语（Lepcha）“二”n̥at，仍保留最初的韵尾。

汉语清母字“寝”*tshəm < *skhrəm，龚先生提到与藏文“入睡”gzim（< *grim）对应，应是早期汉语 *skrim 和古藏缅语 *grim 的对应，指的是“寝卧之室”。汉语“宫”*kloŋ（宫）< *kləm，“房子”独龙语 cim^{53}、错那门巴语 chem^{53}、载瓦语 ju̠m^{51} < *klum。

前面提到，独龙语“美”dɯ^{31}gɹɑŋ^{53} 的词根与藏文“好”bzaŋ（< *b-graŋ）对应。藏文的 z-（*dz-）与其他藏缅语 *dz-（*dʐ-）交替，如：

“吃”藏文、墨脱门巴语 za，羌语 dzə，彝语巍山话 dzɑ^{21}。

“角（儿）”藏文、错那门巴语 zur，羌语 ɣdʐuə。

“美（的）”藏文 mdzes，彝语喜德话 ndʐɑ^{55}，土家语 zie^{53}（对应汉语“姝”*glo）。

“插”藏文 ɦdzugs，墨脱门巴语 tsuk（< *dzuk），缅文 sok（< *zuk）。

（3）元音

早期汉语可拟为 a e i o u 五元音，无长短的对立。《诗经》时代汉语的 *ə 与藏文的五元音皆可对应。

（4）韵尾

殷商汉语可能有 *-p、*-t、*-k 和 *-b、*-d、*-g 的清、浊对立。西周时的中部方言合并为清塞音，*-g 因担负形态功能而保存，春秋以后丢失或成为*-ʔ 或 *-h。殷商汉语 *-q 西周以后为 *-ʔ。

受早期藏语影响，西部方言中合并为 *-b、*-d、*-g，东汉以后受中部方言影响为清音。

殷商汉语 *-r、*-l 有别，《诗经》时代相混。微部字以“非飛肥幾豈光西希鬼回畾衰妥韋畏隹自”为声符，脂部字以“匕氐弟几眉米妻齊屖夷皆豊尸”为声符，带 *-r 韵尾。[①] 以“可我果罗累皮左差难那”等为声符的字的读法保留有 *-l 韵尾。

《诗经》时代鱼、侯部的“家、苦、土、鱼”“句、主、数”等不与入声字押韵。[②] “度、霸、射、借”“务、裕、窦”等与入声字押韵。中古的阴声韵并不能说明《诗经》时代一定是阴声韵。高本汉提到汉字的两读，如：恶，乌格切/乌路切；遻，五各切/五故切；度，徒落切/徒故切；莫，慕各切/莫故切；貉，莫白切/莫驾切；射，食亦切/神夜切。[③] 这些字入去两读，又与入声字谐声，可以假定“恶”“遻”“度”“莫”“貉”“路”“射”等字在《诗经》时代是 *-ks 韵尾，或 *-g 韵尾。《诗经》中阴、入谐声，其阴声韵或来自入声同部位的浊辅音。如“骸”之部字，与铎部“核”谐声，韵尾为 *-g 或 *-q。

汉、藏对音有如：“武” *mjaʔ / “军队”藏文 dmag，“语” *ŋa / “话”藏文 ŋag，“御” *ŋa / “差遣”藏文 mŋag，“余” *la / “多余”藏文 lhag，“除” *gla / “清除”藏文 ɦdag，“涂” *gla / “泥、涂抹”藏文 ɦdag 等。[④] 到底是上古汉语的所有阴声韵都应该有 *-g，还是上古藏语的 *-g 另有来历？一方面，早期汉语应有 *-g 后缀，使词的具体所指成为引申或虚化的所指。如：“昔” *sklak / “古” *kla-g，“逆” *ŋak / “忤” *ŋa-g，“兀” *ŋet / “傲” *ŋe-g，“集” *sglop / “聚” *sglo-g 等。另一方面，古藏语词借入古汉语，*-g 可能在后来的方言中跟那些有 *-g 后缀的词一样丢失，这个读法不再表现。

汉语和藏语韵尾的对应情况分述如下。

---

① 潘悟云：《上古汉语的韵尾*-l与*-r》，《民族语文》2007 年第 1 期。

② 潘悟云：《汉语历史音韵学》，上海教育出版社 2000 年版，第 190 页。

③ 高本汉：《中上古汉语音韵纲要》，聂鸿音译，齐鲁书社 1987 年版，第 169 页。

④ 潘悟云：《汉语历史音韵学》，第 169 页。

1）*-p 韵尾的对应

	甲	入	立	泣	习
汉语	*krap	*nəp	*g-rap	*khrəp	*glop
藏文	khrab（鳞）	nub	krab	khrab	slob

2）*-t 韵尾的对应

	八	脱	悦	刻
汉语	*prat	*klat	*glat	*khjat（契）
藏文	brgyad	glod	blod	khjad

汉语“契”原来指“刻凿”，如《诗经》，“爰契我龟”。

3）*-k 韵尾的对应

汉语的塞音韵尾与藏缅语的塞音韵尾有对应关系，如：

	目	翼	六	赤
汉语	*muk	*lak	*khŭ-ruk	*khrak
藏文	mig	lag（手）	drug	khrag（血）

汉语“六”*khŭ-ruk，谐声字“鼀”，《广韵》七宿切，*tshjuk < *skhruk。早期汉藏语原本是五进位的数词系统，“六”是“一”的派生词。

“洛”古音 *krak，义“来”，甲骨文为“各”或“洛”。这个词后来还保留在周代东部方言中。藏文“来”ɕog < *srək，与“洛”*krak 有词源关系。

古藏语的 -g，多数来自藏缅共同语的 *-k，藏缅语内部的对应关系如：

	藏文	墨脱门巴语	缅文	景颇语	加洛语
眼睛	mig	miŋ	mjɑk	mjiʔ^{31}	mik-rŏn
手	lag	ga daŋ	lak	ta̠ʔ^{55}	jāk
六	drug	khuŋ	khrɔk	kʒu̠ʔ^{55}	dŏk

墨脱门巴语的 -ŋ 和景颇语的 -ʔ 对应藏语的 -g。

4）*-g 韵尾的对应

龚煌城先生所举的汉语和藏缅语同源词中，汉语的开音节或其他韵尾词

对应藏语 -g 韵尾的音节，如：[①]

	候	揉	苦	叩
汉语	*go	*nu	*khɑʔ	*khos
藏文	sgug（等待）	nyug	khag（难）	khug（击）

龚煌城先生根据方桂先生的方法，汉语阴声韵加 *-g 韵尾。如“苦”藏文为 kha mo，缅文为 khɑ^{3}。“难”藏文 khag 应是“苦”*kha 的派生词。古藏缅语的 *-k 或 *-g 是动词和形容词后缀，有表示“什么样的”“怎么样了”和“使怎么样”的语义功能。“烟”du /“用烟熏”gdug，g-du-g 是双重的形态表示。

5）*-m 韵尾的对应

	寝	三	心	泛
汉语	*skhrəm	*s-rəm	*sim	*phjam
藏文	gzim	gsum	bsam（思想）	bjam

“三”*səm < *s-rum，古字或为“叁”，谐声字“掺”《广韵》所今切，二等字。藏缅语的那加语塔比陵（Tableng）方言读作 lum。

6）*-n 韵尾的对应

	乾	昏	健
汉语	*kan	*smən	*gan
藏文	gan（旱）	dmun	kjan（健康的）

上古汉语一些 *-n 韵尾的词，如“难”“展”“干”“分”“贫”等来自早一时期的*-r 或 *-l 韵尾，与藏语的这一类韵尾对应。

7）*-ŋ 韵尾的对应

	涼	孔	蜂	蝇
汉语	*graŋ	*khuŋ	*buŋ	*mlaŋ
藏文	graŋ	kuŋ	buŋ	sbraŋ

① 龚煌城：《关于汉藏语的比较研究》，《汉藏语研究论文集》，北京大学出版社 2004 年版。

8）*-l 韵尾的对应

	违	帷	荷	垂
汉语	*gəl	*glər	*gal	*glar
藏文	ɦgol	gur	sgal	ɦdyol

元音 ə 到了西周时代的中、西部方言中才出现。

藏文转写为 ɦ- 的字母是自动词前缀，来自 *m-。

大约在西周以前，商的方言中发生过 *-l > *-r > *-n，与藏语比较有如下的对应关系：

	干	靬	贫	分
汉语	*kan	*han	*bən	*pən
藏文	ɦgal（反对）	hal	dbul	ɦbul

汉语“干” *kal-s > *kans，甲骨文用来表示一种武器，是“杆”的本字。《诗经》中指“河岸”。“坎坎伐檀兮，置之河之干兮，河水清且涟猗。”“岸”是“干”的方言读法。

“干”代表“犯”义的词 *kal，与藏缅语“违反” *kal 对应。

“银”汉语 *ŋun，藏文 dŋul。藏缅语中的说法比较一致，“银”这个字的出现比较晚，*ŋun 这种说法可能较晚才有，可能是汉语借自藏缅语的 ŋul。

9）*-r 韵尾的对应

	归	围	飞
汉语	*kər	*gər	*p^{w}ər
藏文	skor（返回）	skyor	ɦphur

假定早期汉语的 *-ur > 西周时代的 *-ər。

（5）先周时代西部方言韵的变化

先周时代西部方言闭音节中可能有过：

*em、*im、*om、*um > *əm

*ep、*ip、*op、*up > *əp

*en、*in、*on、*un > *ən

*et、*it、*ot、*ut > *ət

开音节中，弱读的 *a、*e、*i、*o、*u > *ə。

周早期的方言脂、微合辙，后来的西部方言脂、微分押，东部方言脂、微合辙。这种情况可说明两个问题：

① 脂、微的分合与方言有关，不好认为有宽有严。

② 脂、微分押是西部方言的特点。战国以后的秦汉时代，西部方言成为权威方言，所以汉代作品中脂、微是分的。

（6）*-j- 介音

汉语 *-j- 介音以往的研究者已指出有晚起的，晚起的来自 *-r-、*-l-，以及南北朝时期增生的 *-j-。南北朝期间汉语新的 -j- 介音的产生与主元音及其他介音的分布有密切关系，加上原有的 -j- 介音构成新的分布格局。

完全按照《切韵》的三等与非三等的区别构拟早期汉语的介音是不对的。藏文 i 前面的 ȵ- 显然是后来才有的。试比较：

	日	二	耳	乳
汉语	*nit	*nit-s	*nəʔ	*noʔ
藏文	ȵi	gȵis	rna	no ma（乳房）
缅文	ne^2	hnɑs	na^3	no^1（乳汁）

“二”汉语 *nit-s > *nis，藏文 gȵis < *g-ni-s。“乳”甲骨文为妇人哺乳形。

藏语的 *-j- 介音有的也是衍生的，如“眼睛”mig 又读作 dmjig 和 mjig 等。[①] 其他如：“泥”nul / “抹（泥）”njul，“胎、子宫”mŋal / “孵”mŋjal，“纯金、纯银”smar/ “纯净的”smjar，“端、头”sne / “穗”snje。

---

① 张济川：《藏语词族研究》，社会科学文献出版社 2009 年版，第 89 页。

“哈欠” ʔal，又读作 g-jal 和 glal。“嗝” ʔig，又读作 g-jigs 和 skjigs（打嗝）。

藏语的 *-j- 介音有的来自 *-r-，古藏语塞音和 *-j- 介音的结合往往成为舌面塞擦音声母。与汉语“交”“丩” *kru 对应的藏语词是“弯曲” ɦkhju < *m-kru，-j(y)- < *-r-。藏文中 ɦkhju 的其他同根形式有：ɦtɕhu “扭”，ɦgjus “弯曲”，gju “阴谋”，sgju “花招”等。

3. 古东亚语言的形态

早期东亚的语言多为 OV 语序的黏着语，名词和动词同根，使用前缀、中缀和后缀，与今天的一些南岛语的形态接近。

名词前缀有 *ʔa-、*ʔi-、*ʔu-，*ta-（*ti-、*tu-）等。

名词后缀有 *-n（*-ŋ）、*-t、*-s 等，中缀 *-ur-（*-ul-）表示“多、突出”。

人称的复数后缀为 *-ri 和 *-lu（*-le）。

动词前缀 *m- 表自动，*s-、*-s 表使动，中缀 *-al-（*-ar-）表示重复或“分开”。

形容词有前缀 *ma-、*la-、*ga-（*g-、*ɢ-）、*da-（*ti-、*du-）等，后缀 *-ma（*-m）和 *-l 等。

（1）名词前缀 *ʔa-、*ʔi-、*ʔu-

1）前缀 *ʔa-

①“嘴”古突厥语、土耳其语 aɣiz，维吾尔语 eʁiz，撒拉语 ɑʁəz < *ʔagir。朝鲜语 akari < *ʔagari。“嘴唇”达密语 sigor < *sigor。

②“火”阿伊努语 abe，印尼语、马京达瑙语 api，汤加语、萨摩亚语 afi，拉巴努伊语、夏威夷语 ahi < *ʔapi。日语 hi < *pi。泰语 fai^{2}，黎语 fei^{1} < *p^{w}i。

③“火”鲁凯语 aʔuj，马都拉语、亚齐语 apuj，他加洛语 apoj < *ʔapul。

排湾语 sapui，赛夏语 hapuj < *sapul。

④“头发”巴塔克语 obuk，米南卡保语 abuᵊʔ < *ʔabuk。巴则海语 bekes < *bukes。

⑤“血”劳语 ʔabu < *ʔabu。朝鲜语 phi < *pi。

2）前缀 *ʔi-

①“额”中古朝鲜语 nima，铁山话 nimaŋ < *ʔimaŋ。布兴语“脸”rɤŋmaŋ < *rə-maŋ。

②“眼睛”女真语（牙撒）*jasa，满文 jasa，锡伯语 jas，鄂伦春语 jɛːʃa < *ʔila。泰语 ta²，壮语龙州话 ha¹，临高语 da¹，水语 nda¹ < *ʔda。

③“眼睛”朱昂语 emor < *ʔimor。“脸”独龙语 mɯɹ < *mur。

④“骨头”萨摩亚语、塔希提语 ivi，夏威夷语 iwi < *ʔibʷi。“肋骨”雅贝姆语 bi < *bi。

⑤“血”梅柯澳语 ifa < *ʔipa。朝鲜语 phi < *pi。

3）前缀 *ʔu-

①“烟”蒙古语 unjɑːr < *ʔunir。“火焰”南密语 n̥iri < *ʔniri。

②“头发”蒙古语 us < *ʔus，邹语 fəʔusʉ < *pə-ʔusu（头—毛），保安语suŋ < *suŋ。

③“脖子”黎语通什话 ɯ³ɬoŋ⁶ < *ʔuloŋ。巴琉语 lɔŋ³¹ < *loŋ。加龙语 liː po，博嘎尔珞巴语 lɯŋ poŋ < *luŋ-po。

④“肺”满文 ufuhu，锡伯语 ufxw < *ʔupuqu。古日语 pukupukusi < *pukusi。

不仅印欧语的一些词根仍保留着早期的名词前缀 *ʔa-、*ʔi-、*ʔu-，我们还可以在非洲、南亚和澳大利亚原住民的语言中发现它们的存在。如：

“天”祖鲁语、科萨语 izulu < *-gulu。“太阳”祖鲁语 ilanga < *-laŋa。

“太阳”泰米尔语 utjn < *udin，巴拉会语 dē。“阳光”曼达语 ēddi。“熊”曼达语 ēdǰū < *edu。

澳大利亚巴坎语（Pakanh）“天”aku，“鬼”awu，“背”ayi，“胸”umotha。

（2）名词前缀 *ta-（*ti-、*tu-）

前缀 *ta-（*ti-、*tu-）与东亚早期名词前缀 *ʔa-、*ʔi-、*ʔu- 的功能相同。

①“天”蒙古语 təŋgər，东部裕固语 teŋger，西部裕固语 deŋər < *te-geri。古日语 swora，现代日语 sora < *sg^{w}ora。满文 suŋgari- < *sugari。“云”清代蒙文 egule < *ʔeguli。

②“雾”鄂伦春语 tamna < *ta-man。鄂温克语 manan < *man-an。西部裕固语 mɑnɑn，土族语 mɑnɑ:n，达斡尔语 mɑnən，蒙古语、东部裕固语 mɑnɑŋ < *man-aŋ。

③“土”鄂伦春语 tʊkala，赫哲语 tuqalə < *tu-qala。萨摩亚语 ʔeleʔele < *kele。斐济语 gele < *gele。

④“山”罗维阿纳语 togere < *tu-gere。“山坡”布朗语 goi^{51}，德昂语南虎话 tɕur，茶叶箐话 dʒur < *gur。

⑤“人”邹语 tsou，卡那卡那富语 tsau， 卑南语 ʈau，雅美语 tao < *ta-ʔu。邵语 θaw，巴则海语 saw < *ta-ʔu。布朗语胖品话、巴塘话 ʔu^{51} < *ʔu。

“男人”莫图语 tau（复数 tatau） < *ta-ʔu。（词根音节重复表示复数，也见于印第安语。）

⑥“骨头”尼科巴语 taŋək < *ta-ŋek。古突厥语 syŋyk，维吾尔语 søŋɛk，哈萨克语 syjek < *sigek。卑南语 ukak < *ʔukak。

（3）名词中缀 *-ur-（*-ul-）表示“多、突出”

东亚早期的中缀 *-ur- 表示“多、突出”。如：

①“土”朝鲜语 *burəgi，马绍尔语 *pirek，卡乌龙语 *ʔe-pluk 等对应。另外有词源关系的如：“泥”黎语保定话 ple:k^{7} < *plek。爪哇语 blədux < *buləluk。

“灰尘”满文 buraki、赫哲语 burəŋgi < *buragi。日语 hokori < *pokori

（埃）。巴拉望语 purək < *puruk < *p-ur-ak。

“泥”巴厘语 buk < *buk，萨萨克语 kləbuk < *klu-buk，巴塔克语 ɔrbuk < *ʔor-buk，马京达瑙语 kəbok < *kə-buk。其共同的词根 *buk 可能与朝鲜语 *purəgi 等有词源关系。

②“岩石”藏文 brag < *burag。“石头”宁德娄语 bek < *bek。

“石头、岩石”萨萨克语、巽他语 *karaŋ < *b^{w}uroŋ。“岩石”勉语江底话 bɛŋ^{4}，长坪话 beŋ^{5} < *ʔbeŋ。

③“鼻子”突厥语 *burun < *b-ur-an。“鼻子、鸟嘴”日语 hana < *pana，罗地语 pana < *pana。另外有词源关系的如“嘴”达密语 awa < *ʔab^{w}a。“鸟嘴”达密语 ibana，梅柯澳语 fifina < *ʔi-p^{w}ana，*-na 是名词后缀。

④“牙齿”汉语 *khjəʔ、泰语 *kroʔ < *k-ur-o-ʔ。却域语 ski^{55}，格曼僜语 si < *s-ki。

⑤“绳子”桑塔利语 surɛg < *surag，汉语 *srak（索）< *k-ur-ag。克木语、布兴语 sɔk，佤语艾帅话 sɔ̱k < *sok。

（4）名词后缀 *-n（*-ŋ）

名词后缀 *-n 在早期的东亚语言中已存在，一些阿尔泰语和南岛语的 *-ŋ 是受前面后元音影响从 *-n 变来的。

早期藏缅语为后缀 *-n，景颇语中残存的是 -t，这一点本尼迪克特早已指出。如藏语“偷”rku-ba、“贼”rkun-ba。[①] 突厥语中的后缀 *-n，如“柴”维吾尔语 otun，哈萨克语 otən，土耳其语 odun < *ʔotun。“火”古突厥语、维吾尔语、哈萨克语 ot，土耳其语 od < *ʔot。古突厥语名词复数后缀 *-an 对应于南岛语名词后缀 *-an，可能是早期名词后缀 *-n 的延续形式，现代南岛的语言中仍活跃。如印度尼西亚语“喝”minum，“饮料”minum-an；“关闭”tutup，“监牢”tutup-an；“抛锚”labuh，“码头”labub-an。试比较：

① P. K. 本尼迪克特：《汉藏语言概论》，第 107 页。

①“月亮”泰雅赛考利克方言 bəja-tsiŋ，泽敖利方言 βua-tiŋ < *bula。印尼语、爪哇语、萨萨克语 bulan，亚齐语 bulɯən，雷德语 mlan < *bulan。

②“星星”罗地语 ^{n}du-k < *ʔdu。蒙文 odo，蒙古语 ɔd，土族语 foːd < *ʔodo。图瓦语 odun < *ʔodun。

③“土”蒙古语和静话 ʃɑbɑr，鄂伦春语 ʃiwar（稀泥）< *ti-bar。“干土”黎语 fan^{4} < *bran。

④“山”鄂伦春语 urə，赫哲语 urkən < *ʔurə-qən。“峭壁”亚齐uroŋ < *ʔuro-ŋ。

⑤“雨”东部斐济语 uða，劳语 uta，罗地语 udan < *ʔuda-n。

名词后缀 *-n 在非洲、南亚和澳大利亚原住民的语言中同样存在。非洲尼罗—撒哈拉语系卡努里语、扎尔马语名词也残存着后缀 *-an。如“鼻子”卡努里语 kinja < *ki-na，“太阳”扎尔马语 wayna < *g^{w}al-na。

（5）古东亚语的名词后缀 *-t

*-t 为古东亚语的名词后缀，分布于阿尔泰语和南岛语，也见于藏缅语。

① 汉语“日”*nit < *ni-t，来自南岛语。如菲律宾北部的卡林阿语（Kalinga）“太阳、热”īnit < *ʔinit。“太阳”藏文 ȵi ma，缅文 ne^{2} < *ni。

②“鼻子”勉语 bjut^{8} < *blu-t。巴布亚吉尔伯特语（Kilivila）kabulu- < *ka-bulu。

③“耳朵”赛德克语 birats < *bira-t。拉加语 b^{w}ero- < *bero。

④“鼠”泰雅语 qəliʔ，赛德克语 qolit < *qoli-t。阿美语 ʔəɬu < *qəlu。

现代爱斯基摩语 -t 为名词复数后缀，如“鹿”tuktu（单数），tuktuk（双数），tuktut（复数）。

*-k 为名词后缀，如“指甲、爪子”爱斯基摩语 kukik < *kuki-k。印尼语、爪哇语 kuku，沙玛语 kukku < *kuku。“名字”爱斯基摩语 attierk < *ʔati-ʔek。古突厥语、维吾尔语、乌孜别克语、西部裕固语 ɑt，土耳其语 ɑd < *ʔat。

*-t 是爱斯基摩语早期的名词后缀。如“去皮”爱斯基摩语 âktok，“去

皮刀” âktôt。

（6）古东亚语的名词后缀 *-s

-s 是印欧语和东亚语言的名词后缀。-s 活跃在汉藏、南岛系的语言中。汉语、侗台语的 *-s 演变为一类音节声调，中古汉语中叫作去声。例从略。

（7）人称的复数后缀 *-ri 和 *-lu（*-le）

*-ri 和 *-lu 是东亚语言的人称复数后缀。如：

①“我们”博嘎尔洛巴语 ŋoː lu，加龙语 ŋolu < *ŋa-lu。蒙达语、桑塔利语 ale，德昂语硝厂沟话 ʑe < *ʔa-le。

“你们”南岛语、汉藏语仍用 *-lu 表示复数。如劳语 gomolu，拉加语 kimiu，达阿语 komi < *komi-lu。临高语 mə²lo⁴ < *mə-lu。查莫罗语 hamjo < *qam-lo。加龙语 nolu < *no-lu。

② *-r 为突厥语、少数南岛语和印欧语人称复数后缀。汉语“我”古音 *ŋa-r，商代为第一人称复数形式（可能受阿尔泰语影响），西周开始指单数，词根同“吾”*ŋa，对应藏文、马加尔语 ŋa，缅文 ŋɑɑ² 等的第一人称单数。

“我们”土耳其语、维吾尔语 biz，图瓦语 bis < *bi-r。撒拉语 pisir < *biri-r。西部裕固语 məs-der < *bir-der。“你们”突厥语的复数后缀 *-ler 是 *-le 再加 *-r。

如第二人称的单、复数所有格形式，古英语 eower、古弗里斯语 iuwer、哥特语 izwar、古挪威语 yðvarr < *idu-ar。土耳其语 siz，维吾尔语 silɛr，撒拉语 selər < *si-ler。哈萨克语 sizder，图瓦语 silɛlɛr < *sile-ler。塔塔尔语 senlɛr < *sen-ler。

（8）使动前缀 *s-

使动前缀 *s- 保留于东亚诸语和印欧语中，应是早期的前缀。原本带有元音，古汉语中元音丢失，如：“失”*s-lit <“逸”*lit，“丧”*s-maŋ <“亡”*maŋ，“输”*s-lo <“俞（逾）”*lo，“渗”*s-rəm <“淋”*rəm。

①“落”亚齐语 srot < *s-rot，“丢失”布朗语胖品话 ret⁵¹ < *ret。亚齐

语的 srot 似乎说明原本也有一个 *s- 前缀，可与汉语“失” *s-lit /“逸” *lit 比较。

②“丢失”阿侬怒语 ɑ^{55}mɑŋ^{53} < *maŋ，与汉语“亡” *maŋ / *maŋs（忘）< *maŋ-s 等同根。

阿尔泰语：

① 日语“叫喊”sakebu < *sa-kebu。“声音”koe < *kope。“喉咙”kubi < *kubi。“喉咙”波那佩语 kepin^{w}er < *kepi-ner。

②“删除”日语 sakujo < *sa-kulo。“剥掉”东乡语 qolu-，蒙古语 ʃulɑ-，土族语 ɕulə- < *qula / *sula。

③“洗”日语 sentaku < *se-taku。“水”柬埔寨文 tɯk < *tek。哈尼语 du̠^{33} < *duk。

④“完成”日语 sumasu < *su-masu。“计量器”日语 masu。

⑤“跳”维吾尔语 sɛkrɛ-，哈萨克语 sekir- < *se-kire。达斡尔语 koreːlɑ- < *kore-la。

南岛语：

①“踢”印尼语 sepak，巴塔克语 sipak，米南卡保语 sipaʔ，贡诺语 sembaʔ < *sibak。“跳”博嘎尔珞巴语 pok < *pok。

②“理解”大瓦拉语 hanapu < *sa-napa。[①]“知道”德昂语 nap < *nap。

③“看”普米语 sto < *sto。布吉斯语 sita < *sita。“眼睛”泰语 ta^{2}，临高语 da^{1}，水语 nda^{1} < *ʔda。

④“知道”印尼语 sadar < *sa-dar。“看”桑塔利语 nadʒar < *nadar。

⑤“听”马京达瑙语 seŋet < *s-ŋet。格曼僜语 ta^{31}giat^{55} < *gat。

⑥“烧”萨萨克语 sulu，罗维阿纳语 sulua < *sulu / *sulu-ʔa。尼科巴语 hu < *lu。

---

① 大瓦拉语 h- 来自 *s-。参见吴安其《南岛语分类研究》，第 199 页。

南亚语：

①“躺”蒙达语 sāmbir < *sa-bir。桑塔利语 o̱bo̱r < *ʔobor。

②“咬”桑塔利语 sogakh（蛇咬）< *sogak。德昂语茶叶箐话 gǎk^{55} < *gak。

③“劈”桑塔利语 samakh < *sa-mak。壮语 paːk^{8}，毛南语 mak^{7} < *ʔbak。

（9）表示自动的前缀 *ma-

前缀 *ma- 在汉藏语中或成为 *m-，阿尔泰语中或为 *mi-。

汉语的 *m- 前缀西周时期仍有表现，如“彌”“瀰”“镾”是明母字，“爾”（尔）“邇”是日母字，“禰”是泥母字，这一时期“爾”“彌”等的古音是 *m-n- 或 *m-l-。[①]“袂”是明母字，谐声字“决”“诀”等是见母字，“袂”的上古音是 *m-k-。前缀 *m- 在较晚的汉藏语中仍活跃。

在南岛语中，表示自动的 *ma- 和中缀 *-um- 并存，阿尔泰语中偶有保留表示自动的中缀 *-mi- 和后缀 *-mi。东亚太平洋诸语可比较的情况如：

①“看”泰雅语 mitaʔ，赛德克语 mita < *m-ʔita。马京达瑙语 ita，锡加语 ʔita，塔希提语 ʔite < *ʔita。赛夏语 komitaʔ < *k-um-itaʔ < *kita。赫哲语 itɕi-、鄂温克语 iʃi-、鄂伦春语 itʃi- < *ʔiti。

②“说”那大语 mazi < *ma-ri。达让僜语 mɑ^{31}ɹo^{55} < *ma-ro。姆布拉语（Mbula）“话” ororo < *ʔororo。“语言”拉巴努伊语 ʔarero < *ʔarero，伊拉鲁吐语 iraro < *ʔiraro。

③“笑”景颇语 mǎ^{31}ni^{33} < *ma-ni。克伦语阿果话 ni^{33} < *ni。布兴语 kɤ ȵai < *ni。

④“站”卡加延语 mindəg < *mi-dəg。爪哇语 ŋ-adək < *ʔadək。

⑤“站”马都拉语 maɳʤəŋ < *ma-dəŋ。藏文 laŋ < *laŋ。

⑥“站”乌玛语 mo-kore < *mo-kore。却域语 ʂkhe^{55} < *s-kre。

① 潘悟云认为是 *m-l-，参见潘悟云《汉语历史音韵学》，第 317 页。

⑦“跪”满文 nijakūra-，赫哲语 miaqurə- < *mi-ʔaquru。劳语 boururu，瓜依沃语 bou ururu < *mo-ʔururu。羌语 ȵə qhuɑɹ < *ni-qrur。

⑧“去”泰雅语 musaʔ、赛德克语 maha < *ma-sa。日语 saru < *sa-ru。缅文 sɑ^{3}、阿昌语 so^{31} < *sa。“去一旁”桑塔利语 sa < *sa。

（10）动词中缀 *-al-（*-ar-）

东亚早期的中缀 *-al-（*-ar-）表示重复或“分开”。

①“劈”格曼僜语blɑ^{53} < *bla。苗语大南山话 tshi^{1}，养蒿话 pha^{1} < *pla。“分”老挝语 phɛ^{5}，仫佬语 khɣe^{1}，侗语南部方言 phje^{5} < *ple-s。“斧子”克木语 bɛ < *be。汉语 *poʔ（斧）。

②“劈”藏文 gɕags < *g-srak-s。阿卡拉农语 saksak，罗维阿纳语 sokoa < *sak / *soko-ʔa。

③“劈”阿美语 pəlaʔ < *pəlaq。布兴语 thak，布朗语 lak^{31} < *blak。克木语 bōk < *bok。壮语 paːk^{8}，毛南语 mak^{7} < *ʔbak。浪速语 pauk^{31} < *pak。

④“敲”克木语 sər glŏk < *-glok。阿昌语 kʐuak^{55} < *krak。“棍子打”克木语 kɛk < *kek。“敲”景颇语 a^{31}ko̱k^{31} < *gok。

⑤“敲打”达斡尔语 tɑrɑklɑ- < *tarak-la。“砸”维吾尔语 tʃɑq-，哈萨克语 ʃɑq- < *taq。

（11）形容词前缀 *ma-

*ma- 为古东亚语形容词前缀，亦出现于古印欧语，现代或作 mo-、mi-、mu-、ba-、bo-、bi- 等，汉藏语中元音丢失。如：

①“薄”戈龙塔洛语 mo-lipa < *mo-lipa。巴琉语 lap^{11} < *lap。

②“弯曲”雅美语 magilo < *ma-gilo。菲拉梅勒语 kole < *kole。

③“直的”布吉斯语 mu-luruʔ < *ma-lurus。爪哇语、马都拉语、印尼语 lurus，罗地语 dos < *durus。“对的”维吾尔语 durus，哈萨克语durəs < *durus。

④“好的”罗地语 ma-lole < *ma-lole。萨摩亚语 lelei < *lele-ʔi。

⑤“明亮的”汉语 *mreŋ（明）< *m-reŋ。德昂语硝厂沟话 blaŋ，南虎话 plaŋ < *blaŋ。佤语马散话 rɯaŋ < *raŋ。

⑥“圆的”满文 muhelijen，锡伯语 muxulin，鄂温克语 mʊxali < *mu-quli-n。朝鲜语 tuŋkʉl- < *du-gul。西部斐济语 giligli < *gili。

⑦“冷的”汉语 *mreŋ（冷）< *m-reŋ。布依语 çeŋ^{4} < *reŋ。阿者拉语 raŋaraŋ < *raŋ。

⑧“红的”吉尔伯特语 maraka-na < *ma-raka。桑塔利语 arakh < *ʔarak。

⑨“白的”帕玛语 muoh < *mu-ʔoq。古突厥语、维吾尔语 ɑq，图瓦语 ɑk < *ʔaq。

⑩“咸的”劳语、瓜依沃 asila，布鲁语 masi < *ʔa-sila / *ma-sila。“盐”亚齐语、巴塔克语 sira < *sira。

希伯来语残留的形容词前缀 m-（b-）可能与印欧语、格鲁吉亚语残留的形容词前缀 *m-，东亚语言形容词前缀 *m- 有共同的来历。

（12）形容词前缀 *la-

*la- 为古东亚语形容词前缀，印欧语也有该前缀的残余，可能颇有来历。如：

①“好的”德昂语茶叶箐话 la mǎi^{51} < *la-mi。勒窝语 viu < *mi-ʔu。柬埔寨文 th ˈmi < *d-mi。

②“直的”贡诺语 lambusu < *la-busu。蒙古语 bosoː < *boso。

③“少的”萨摩亚语 laʔititi < *la-ʔiti。沙外语 tʃutʃe < *tute。

④“窄的”汤加语 lausiʔi < *la-ʔusi-ʔi。“少、薄、窄”阿者拉语isiʔ < *ʔisi-ʔi。

⑤“薄的”桑塔利语 lapar < *la-par。阿伊努语 kabar < *ka-bar。

（13）形容词前缀 *ga-（*g-、*ɢ-）

*ga-（*g-、*ɢ-）为古东亚语形容词前缀，仍保留于汉藏语和阿尔泰

语中。古汉语或为 *ɢ-：如“夹”*krap /“狭”*grap、“盐”*gram /“咸”*ɢram。

①“冷的”藏文 graŋ、他杭语 khaŋpa < *g-raŋ，汉语 *mreŋ（冷）< *m-reŋ，布依语 çeŋ^{4} < *reŋ，阿者拉语 raŋaraŋ < *raŋa。

②“干净的”藏文 gtsaŋ ma，道孚语 xtsoŋ ma < *g-kraŋ。汉语 *sgreŋ（净）< *s-greŋ。

③“疲乏”土族语 dureː-、保安语 ɛdərə- < *duri / *ʔeduri，蒙古语 dʒʉdrə-、东部裕固语 dʒøderiː- < *gu-deri。“弱的”塔塔尔语 ʁɑdʒiz < *ɢa-dir，马都拉语 g^{ɦ}ədd^{ɦ}ur < *gə-dur。

④“长的、远的”蒙达语 dʒiliŋ，桑塔利语 dʒɛleɲ < *gi-liŋ。“长的”佤语 laŋ < *laŋ。

⑤“腐烂的”桑塔利语 ganɖrao < *ga-draʔo。蒙古语正蓝旗话 əldʒrə-，布里亚特方言 ilzɑra- < *ʔil-dura。

（14）形容词前缀 *da-（*tu-、*du-）

*da-（*tu-、*du-）为古东亚语形容词前缀，见于阿尔泰语。如：

①“圆的”鄂伦春语 toŋgorin < *to-gor-in。撒拉语 gosgur，保安语 gosgor < *gol-gori。藏文 sgor < *s-gor。

②“高的”维吾尔语 juquri < *du-quri。哈萨克语 dʒoʁɑrə，塔塔尔语 joʁɑrə < *du-gari。维吾尔语 ørɛ < *ʔore。

（15）形容词后缀 *-ma（*-m）

①“黑的”莫图语 korema < *kore-ma。日语 kuroi < *kuro-ʔi。

②“软的”依斯那格语 nalamaʔ < *nala-ma。汉语 *nalʔ（软）< *nal-ʔ。

③“错的”日语 ajamaru < *ʔala-ma-ru。东部斐济语 ðala < *lala（错的，假的）。

④“短的”桑塔利语 ledma（男人用词）< *led-ma，ledmi（女人用词）<

*led-mi。克木语 liat < *lat。

⑤“咸”汉语 *gram，黎语元门话 kiam^{2} < *gram。“盐”印尼语、马来语 garam < *garam。达阿语、窝里沃语 gara < *gara。

（16）形容词重复词根或词根一个音节

形容词重复词根或词根一个音节的形态方式南岛语较为常见，在东亚其他语系的语言（包括现代汉语诸方言）中也可以见到早期遗留的这一构词方式。

① 汉语 *skriʔ（仳，渺小），《诗经 · 小雅 · 正月》：“仳仳彼有屋，蔌蔌方有穀。”“小的”纳西语 tɕi^{55}、史兴语 tʂɿ^{55} < *kri。

② 汉语 *g^{w}a-ʔ（巨），《诗经 · 秦风 · 权舆》：“於我乎，夏屋渠渠。”

③ 汉语 *dat-s（大）< *dad。“大的”卡那卡那富语 tatia < *tati-ʔa。格鲁吉亚语 didi。加龙语 atte < *ʔate。

④“少的”莫图语 sisi-na < *sisi。汤加语 siʔi < *si-ʔi。

⑤“少的”傈僳语 ne^{55}，木雅语 ni^{55}ni^{55} < *nini。

⑥“远的”莫图语 daudau。劳语 tau < *daʔu。

⑦“窄的”波那佩语 ʈēʈik < *titik。鲁凯语 matiki < *ma-tiki。

早期的前缀后来可成为词根的一部分，如 *ʔa-、*ʔi-、*ʔu- 等在南亚语、阿尔泰语和南岛语等中又成为动词词根的前缀：

“飞”蒙达语 āpir < *ʔapir。布朗语胖品话 phɤr < *pər。巽他语 hibər，爪哇语 m-abur。

4. 商周汉语的形态

从商周及稍晚的字音中我们推测早期汉语附加辅音形态成分的情况如下。

（1）前缀

1）成音节的前缀

西周时期的书面语中还保留着一些成音节的形态前缀，它们和不成音节的辅音前缀和后缀一起作为形态成分，这一点和藏文记录的古藏语词的构形方式相似。

“无”“聿”“遹”可做动词前缀，如《诗经·大雅》中：

无念尔祖，聿修厥德。(《文王》)

昭事上帝，聿怀多福。(《大明》)

遹求厥宁，遹观厥成。(《文王有声》)

匪棘其欲，遹追来孝。(《文王有声》)

这一时期东部方言和西部方言前缀的用法有一定差别，如“薄”作为动词的前缀可能是周代西部方言的用法。如“薄言”置于动词前，见于《诗经·周颂·有客》和《诗经·周南·芣苡》，后来的书面语中没有这样的用法。

《诗经·小雅·斯干》中“爰居爰处，爰笑爰语”的“爰”跟“薄”一样，是动词的前缀。

《诗经·小雅·斯干》中“载寝之床，载衣之裳，载弄之璋”的“载”也是动词的前缀。“载”作为动词的前缀出现于二雅和《国风》等中。

“言”，以往主要有两种解释，或认为“言”是“语助词”，或认为是“我(焉)”。如：

陟彼北山，言采其杞。(《诗经·小雅·杕杜》)

昏姻之故，言就尔居。(《诗经·小雅·我行其野》)

载脂载辖，还车言迈。(《诗经·邶风·泉水》)

静言思之，不能奋飞。(《诗经·邶风·柏舟》)

翘翘错薪，言刈其楚；之子于归，言秣其马。(《诗经·周南·汉广》)

言告师氏，言告言归。(《诗经·周南·葛覃》)

彼汾沮洳，言采其莫。(《诗经·魏风·汾沮洳》)

“有”为名词前缀，可加在国名、地名、部落名前，如“有周”“有商”“有苗”“有熊”等。

2）*s- 前缀

*s- 前缀的作用如：

名词	形容词
倏 *lu	修 *s-lu [①]
潭 *ləm [②]	深 *s-ləm （＞*hləm）
名词	**动词**
帚 *pjuʔ	掃 *s-pus
甗 *ŋar	獻 *s-ŋar（＞*hjan）[③]
麗 *rar	灑 *s-rar-ʔ
自动词	**使动词**
逸 *lit	失 *s-lit
亡 *maŋ	丧 *s-maŋ
俞（逾）*lo	输 *s-lo（＞*hlo）
淋 *rəm	渗 *s-rəm

"引"《广韵》余忍切，又徐刃切。谐声字"矧"式忍切，引省声，取词之所之如矢也（《说文》）。"引"古音 *s-glinʔ，"矧"古音 *slinʔ＞*hlinʔ，原本有前缀 *s-。《诗经》时代"引"可作为自动词，也是使动词，那么可以推测前缀 *s- 表示使动。

甲骨文"史"即"事"，（甲 68）（乙 7764），又指任事者，用如"使"。[④]"史（事）"春秋时期大约读作 *s-grə，秦汉时期为 *sr-，隋唐为 *ʃ-（山母字）。秦汉时期"吏"为 *r-，"事"为 *dz-，来自春秋时

① "攸"以周切，"倏"土刀切，"修"息流切。

② "潭"《广韵》徒含、以荏两切，谐声字有"燂"（昨盐切）"瞫"（式任切）"嫥"（乃玷切）等，"潭"上古音 *ləm，"燂"*sgləm，"瞫"*hləm，"嫥"*m-ləm。

③ "甗"是炊具，用甗盛牲品供奉便是"獻（献）"。

④ 徐中舒：《甲骨文辞典》，第 317 页。

期的 *sgr-。

3）*q- 前缀

*q- 为使动前缀，作用如：

自动词	使动词
含 *gləm	歙、饮 *qləmʔ
及 *grəp	吸 *qrəp
壞 *grəl	毁 *qrəl，燬 *qral（火也，烧毁）
瀉 *slaqs[①]	吐 *qlaq
傜 *le（喜也）	喜 *qləʔ
跃 *lek	逐 *qlek

4）*p- 前缀

*p- 是使动前缀，如：

脱 *klat	扒 *prat
列 *rat	别（分别）*p-rat > *pjat
密 *mit	闭 *pit
降 *kram	贬 *p-kram > *pjam

*p- 也能把名词变为动词，如，“鍼”*gram > “砭”*pjams。《说文》：“砭，以石刺病也。”

“降”甲骨文[甲骨文字形]（甲 473），本指从高处走下来。《诗经》中引申的使动用法义为“赐予”，后世写作“赣”。《说文》，夅服也。段注：“凡降服字当此。‘降’行夅废矣。”“降”《广韵》下江切，服也；古巷切，下也，落也，伏也。下江切的“降”原本写作“夅”，是后世“投降”的“降”的来历。“赣”是及物动词。“贬”是使役动词，*p- 应是早期汉语的使动前缀，但也有直接用

① 《释名》：“吐，泻也，故扬豫以东，谓泻为吐也。”

“降”表示贬低的意思，是后起的意义。

5）*g- 前缀

*g- 为动词完成体前缀，早期汉语中可能是 *ɢ-，如：

沉 *kləm（词根 *ləm）	陷 *ɢram-s
亶 *qlan	诚 *glan
卷 *kan	蹨 *gan

形容词的前缀，如：

夹 *krap	狭 *ɢrap
圈 *kh^{w}an	圆 *ɢ^{w}an
盐 *gram	咸 *ɢram

6）*m- 前缀

*m- 是不及物动词的前缀。如：

名词	动词
膠 *kru（粘物）	缪 *m-kru（绞结）
实 *g-lit（果实）	密 *m-lit > *mit（《礼记》，闭也）
及物动词	不及物动词
连 *ran	䌕 *m-ran > *man
续 *gluk	睦 *m-luk > *mjuk

《说文》：“续，连也。”引申为人际关系的“睦”。

*m- 也是藏缅语不及物动词的前缀。①

（2）后缀

1）成音节后缀

“然”，春秋时从“難”从“火”（者减钟），战国时方为“然”。“然”作

① P. K. 本尼迪克特：《汉藏语言概论》，第 102 页。

为副词的后缀见于西周文献。如：

是究是图，亶其然乎？（《诗经·小雅·棠棣》）

南有嘉鱼，烝然罩罩。（《诗经·小雅·南有嘉鱼》）

今兹之正，胡然厉矣。（《诗经·小雅·正月》）

以赫厥灵，上帝不宁，不康禋祀，居然生子。（《诗经·大雅·生民》）

“其”作为形容词和副词的后缀，如：

嚶其鸣矣，求其友声。（《诗经·小雅·伐木》）

哙哙其正，哕哕其冥，君子攸宁。（《诗经·小雅·斯干》）

苕之华，芸其黄矣。（《诗经·小雅·苕之华》）

瞻彼中林，甡甡其鹿。（《诗经·大雅·桑柔》）

“止”为动词的后缀，如：

高山仰止，景行行止。（《诗经·小雅·车辖》）

既曰归止，曷又怀止。（《诗经·齐风·南山》）

2）*-g 后缀

后缀*-g 使词的具体所指成为有引申或虚化的所指。如：

昔 *sklak	古 *kla-g
落 *krak	下 *ɢra-g
逆 *ŋak	忤 *ŋa-g
兀 *ŋet	傲 *ŋe-g
集 *sglop	聚 *sglo-g

《诗经》时代的 *-g 韵尾可能是后缀 *-g 的遗存。*-g 后缀的活跃时期当在周之前，到了周代 *-g 已成为凝固形式。

“长”“乔”都有两读。“乔”巨娇切，高而曲也；举乔切，树枝曲卷似鸟翕毛。这种声母清浊不同的同源派生关系，有的早就用不同的字来表示。

3）*-r 后缀

商周汉语人称代词的复数后缀为 *-r。如“我”*ŋar，卜辞中多为殷商自称，指“我们”，*-r 为复数后缀。“尔”*s-nirʔ 可为单数或复数第二人称代词。

4）*-s 后缀

*-s 后缀主要有动词派生名词，名词、形容词派生动词，表示使动和表示动词方向四项功能。

① 动词派生名词：

坐 *sgrar-ʔ　　座 *sgrar-s

入（进入）*nip　　内（内部）*nip-s > * nis

列（排列）*rat　　例 *rat-s > *ras

责 *skrik　　债 *skrik-s > * skris

② 形容词和名词派生为动词：

空 *koŋ（空虚）　　空 *koŋs（空缺）

中 *kloŋ（平也，和也）　　中 *kloŋs（当也）

间 *kran（隙也）　　间 *krans > *kans（隔也）

恶 *ʔak（坏）　　恶 *ʔak-s（厌恶）

好 *huʔ（不坏）　　好 * huʔ-s > *hus（喜欢）

③ 构成使动动词：

饮 *ʔləm　　饮 *ʔləm-s

闻（听）*mən　　问 *mən-s > *məns

王 *gaŋ　　王 *gaŋ-s > *gaŋs（使成王）

其他如“至”与“致”，“出”与“黜”。

梅祖麟先生认为汉语动词变名词在先，名词变动词在后。[①]

① 梅祖麟：《四声别义中的时间层次》，《梅祖麟语言学论文集》，商务印书馆 2000 年版。

④ 表示动词方向：

受 *g-luʔ > *dʑuʔ	授 *g-lu-s > *dʑus
买 *mriʔ	卖 *mriʔ-s > *mris
借（入）*skrak	借（出）*skrak-s > *tsaks

“借（入）”和“借（出）”读音不同，前者为资昔切，后者为子夜切。温州话里分别读作上声的 tsaʔ 和去声的 tsei。

5）后缀 *-ʔ（*-q）

*-ʔ 后缀有指小或爱称等构词功能，也有把名词或形容词变为动词和构成使动动词等功能。

身体部位词和人称代词多附 *-ʔ 后缀。如上声字“首”“项”“体”“股”“足”“耳”“口”“齿”“我”“吾”“尔”等，及稍晚的“头”“眼”等。

*-ʔ 后缀可把名词或形容词变为动词，如：

巫 *ma	舞 *ma-ʔ
间 *kran	限 *m-krən-ʔ
长 *m-laŋ	长（涨） *m-laŋ-ʔ [①]
背 *pək	负 *m-pək-ʔ > *bəʔ

把动词变成名词，如：

卷 *kan	绻 *kan-ʔ
波 *pal	簸 *pal-ʔ

构成使动动词，如：

卬（高也）*ŋaŋ	仰 *ŋaŋ-ʔ > *ŋaŋʔ
缠（直连切，绕也）*lan	缠（持碾切，缠绕物也）*lan-ʔ > *lanʔ

（3）中缀

沙加尔（Sagart）认为古汉语中缀 *-r- 具有表示“重复的动作”“成双或

① “长”从“亡”得声。

多歧分布物体的名称”的功能。[①] 早期汉语中缀 *-r- 来自古东亚的语言。藏文“脚” rkaŋ，前缀 *r- 表示突出、支出。达让僜语为 gɹoŋ^{53}，藏缅语中前缀 *r- 可以换位到声母后成为介音。

本尼迪克特将“民”与藏缅语比较，认为早期有 *-n 后缀。沙加尔认为“氓” *mraŋ 中的 -r- 是中缀。[②]

① 沙加尔：《上古汉语词根》，上海教育出版社 2004 年版，第 125—138 页。

② 同上书，第 149 页。

商周汉语的词源关系

因气候的变化，最近的数万年间，尤其是末次冰期前后，东亚人群有过多次大规模的迁徙。早期汉语来自末次冰期结束之后的华南，经淮河流域北上分布于黄河下游流域，与古阿尔泰语和北上的南岛语有较为密切的接触关系。汉语和东亚其他语言词源关系的比较可以说明这样的描述是有依据的。

先商以来汉语约有四十个世纪的历史，其中前二十个世纪有较为复杂的复辅音声母，至东汉时基本简化。殷商和西周的文献留下了有一定传承关系的书面语的记录，以及来自早期汉语的信息。

◇ 一　商周汉语的语言文化背景

八九千年前黄淮平原上的贾湖文化和后来山东、苏北的大汶口文化中都发现了契刻符号的龟甲。[①] 距今约四千一百年至三千六百年的东部齐家文化的卜骨大多用羊胛骨，也有用猪、牛胛骨，只灼不凿。武威皇娘娘台遗址的卜骨有钻痕。[②] 山东龙山文化、内蒙古红山文化和浙江良渚文化中“旋目”

---

① 河南省文物考古研究所编著:《舞阳贾湖》，科学出版社 1999 年版。

② 张忠培:《齐家文化的研究》，《中国北方考古文集》，文物出版社 1990 年版，第 129 页。

神像为玉器的共同特征，[①] 是这些地区祭祀文化渊源关系的体现。红山文化与同一时期的中原文化关系密切，如红山遗址中出土的玉龙和中原墓葬中龙的形象相近。

商文明有来自山东、河北和山西等不同说法。商代夏，其基础应是这些地区的部落联盟或邦国联盟的变化以及主盟部落的交替，其中犹以山东、淮南等地的东夷部落与商关系密切。“殷墟的中小墓葬中，有少数具有北亚人种特征的个体，这类墓葬大都随葬有一定数量的礼器，其身份应优于一般自由民，或许可代表殷人统治阶层的体质类型。”[②]

1. 商周汉语及其文字

商王朝从公元前1751年至公元前1046年，延续了约七个世纪，其中殷商历时二百七十多年。公元前1046年周灭商，镐京为都，洛邑为第二政治、文化中心，周人活动的重心向中部地区转移。至公元前771年迁都洛邑，西周延续了两个多世纪。殷商和西周，汉语经历了五个多世纪，下传为春秋战国诸方言。

汉字的假借和谐声是文字和语音对应关系的反映。甲骨文是记录殷商语言的文字，用又来表示“右”，又假借其音指“有”“又”，也用㞢表“有”“又”，这些字后世音同或音近。其他如“风”从“凡”，“千”从“人”，“室”从“至”，“宣”从“亘”。西周以及后来的口语和书面语的基本表达承自殷商的口语和书面语。周原出土的甲骨文与殷墟的相同，西周的金文与殷商时代的写法相近。

殷人“旦”为晨时，或称“旦日”“湄日”“日明”；“食日”指早餐时，

---

① 王仁湘：《中国史前“旋目”神面图像认读》，《中国史前考古论集》，科学出版社2003年版。

② 潘其风：《中国古代居民种系分布初探》，《考古学文化论集》(1)，文物出版社1987年版。

或称“朝”;“中日”即中午，或称“日中”“正中”，周人亦称“日中”;“昃”指午后，周人说法同。午后这顿饭叫作“小食”，黄昏称“莫”或“昏”，入夜称为“夕”。[①] 商周两代的方言是不同地区汉语方言的传承，方言的演变、分布地域的变化和权威方言的交替表现在当时和后来的书面语中。

周继承了殷商的文字，后来的读音分歧与方言以及这些方言的底层有关。有的是古方言词的训读。如果一些词分别有相同的表达形式和语义对应关系，那就可以用来说明某一时期语言传播和影响的情况。

2. 殷商和西周时期方言和书面语的特点

早期汉语的传播大约依赖于以其方言为基础的部落交际语，殷商和西周时期同样有东部、中部和西部方言的差别。殷商时期的东部和中部方言有较多东夷语的特点，相当一部分词来自阿尔泰语，为后世所承。殷商甲骨卜辞是占卜和祭祀用语，承自早一时期的专门用法。王室用语往往有自己的传统，比民间用语保守。到了西周时代，铭文和诗歌中都出现了较多书面语特征和较多口语特征不同语体的作品。

周原出土的骨甲大部分属文王时期，少数为武王时期，卜辞的字体与殷墟第三期至第五期的相似，用词和句式亦与殷商的基本相同。周人称商王为“衣王”,“衣”指“殷”。[②] 而商人自称“商”，不称“衣”。《尚书》中周人称商王“纣”为“受”。“衣”*-r 尾，“殷”*-n 尾，*-r 成为 *-n 是后来汉语中部方言的特点。

殷商甲骨文中，有的字不仅仅具有多个意义，有的还有两个或三个不同的读法，西周及后世对甲骨文的读音的继承是有挑选的，有的是与殷商书面语无关的训读。如“楚”从“足”,《说文》“疋声。”“足”“疋”原本就代表

① 李圃:《甲骨文选注》，上海古籍出版社 1989 年版，第 69 页。

② 徐锡台:《周原甲骨文族属及时代的探讨》,《中国考古学研究论集——纪念夏鼐先生考古五十周年》，三秦出版社 1987 年版。

着两个不同的词，读法不同。“疋”甲骨文（佚三九二，一期），是连着小腿和脚的足。“疋”是“雅”的古字，又音为“匹”。“雅（疋）”*sŋraʔ，“楚”可拟为 *skhraʔ。“疋”“楚”的谐声字有“胥”“疏”等。“疋”《广韵》又有山於切，古音 *srɑ（-ʔ），古方言中丢失 *-ŋ-。

早期汉语基本词可分别对应阿尔泰语、其他汉藏语、南岛语和南亚语的基本词。西周以后，汉语诸方言与周边不同语言接触，基本词汇也还在逐渐地变化。早期汉语的部分阿尔泰语词可能是商的阿尔泰贵族带来的，有的是更早时期黄河流域的语言和北方的语言接触留下的。

二　商周汉语基本词的词源关系

周继承了殷商的文字，后来的读音分歧与方言以及这些方言的底层有关。有的是古方言进入书面语文字表达的训读。如“外”*ŋat 古音同“月”，反倒写作从“夕”。甲骨文一字两音，各有承，亦各有所传。

词源关系可以说明词的来历，如果一批词有相同的表达形式（语音）和较为一致的语义对应关系，那就可以用来说明某一时期语言传播的情况。

试比较殷商和西周时代汉语基本词与藏缅语词对应的情况：

1. 汉语和藏缅语

（1）“星”sreŋ < *skreŋ。① 缅文 krɑj^{2}，阿昌语 khʐə^{55}，载瓦语 kji̱^{51} < *kri。

（2）“云”*ɢən < *ɢun。“烟”错那门巴语 me^{35}kun^{55}，傈僳语 mu^{31}khu^{31} < *me-gun（火—烟）。

① “星”从二等字“生”，与精母字“旌”和二等字“猩”等谐声。

（3）“石” *glak < *g-lak。[①]“石头”嘉戎语 ɟji lək < *gi lək。

（4）“岳” *ŋrok。[②]“石头”缅文 kjɔk < *krok。

（5）“火” *s-mʷal。喜马拉雅语支塔米语 meh，那加—库克语支安德罗语wɑl < *mʷel。

（6）“夽” *pəŋ。“雪”义都珞巴语 poŋ³⁵ < *poŋ。

（7）“霰” *sans < *sar-s（《说文》稷雪也），[③]“雹子”藏文、墨脱门巴语 ser，景颇语 sin³³ < *ser。

（8）“夕” *s-lak，“夜” *laks。一夜的“夜”藏文 ʑag < *lak。

（9）“年” *nin（《说文》谷孰也），甲骨文“年”𠂹（佚 531）为“头顶禾”之形。“年”错那门巴语 niŋ⁵⁵、景颇语 niŋ³¹、博嘎尔洛巴语 ɲiŋ < *niŋ。

（10）“男” *nəm。“客人”景颇语 mă³¹nam³¹，独龙语 pɯ³¹nɑm⁵⁵，阿侬怒语 mɯ³¹nɛm³⁵ < *-nam。“男人”叫“客人”，是母系氏族社会习俗的遗留。

（11）“子” *s-kləʔ。殷商甲骨文“子”，义为“小儿”。“小孩”缅文 kɑ¹le³。“男人”藏文 skjes < *kale-s。

（12）“女” *s-na-ʔ。“儿媳妇”藏文 mnaɦ < *m-na。

（13）“朋” *bəŋ。“客人”载瓦语 piŋ，勒期语 pəŋ < *peŋ。

（14）“面” *mjan-s。“脸”景颇语 man < *man。

（15）“目” *muk。“眼睛”藏文 mig < *mik。

（16）“口”汉语 *kho。藏文 kha，嘉绒语 tə kha，罗舍依语 ka < *kha。

（17）“舌”汉语 *slat < *s-lat。景颇语 ʃiŋ³¹let³¹ < *s-let。

（18）“齿” *khjəʔ < *kro-ʔ。“牙齿”巴兴语 khlo，逊瓦尔语 khrui < *kroʔ。

---

① “石”禅母，谐声字“拓”有他格、之石两切。

② 《诗经·大雅·崧高》：“崧高维岳，骏极于天。”“岳”，大山。

③ 《诗经·小雅·頍弁》：“如彼雨雪，先集维霰。”包拟古指出“霰” *sens < *sers。包拟古：《原始汉语与汉藏语》，中华书局 2009 年版，第 202 页。

（19）“牙” *ŋra。“牙齿”喜马拉雅语支杜米语（Dumi）、吉姆达尔语（Jimdar, Rai）ŋilo < *ŋilo。

（20）“耳” *nəʔ、*snəʔ。①“耳朵”藏文 rna < *r-na，巴尔蒂语 sna < *s-na。

（21）“喉” *ɢo。“喉咙”道孚语 qvɑ < *qo。

（22）“领” *mreŋʔ < *m-reŋ-ʔ。②“脖子”藏文 mgriŋ， mdʑiŋ < *m-griŋ。

（23）“背” *pək-s、*sbu > *pə。“背”喜马拉雅语支阿卡语 sbo < *s-bu。*pək-s 是“北” *pək 的派生词，藏缅语中有类似读法的汉语借词。“倍”古“背叛”义，读作 *bəʔ，与“背” *sbu 有词源关系。

（24）“手” *s-nuʔ > *hluʔ，“丑” *s-nuʔ > *thuʔ，*thjuʔ。③“手指”阿昌语 -n̥au^{31}，怒苏怒语 -n̥ɯ^{55} < *snu。

（25）“肘” *gluʔ。④ 藏文 gru，嘉戎语 tə kru < *gru。

（26）“止” *s-krəʔ。甲骨文和早期金文“止”，形似带趾之足。“脚”缅文 khre^{2}，怒苏怒语 khri^{33} < *kri。

（27）“腹” *puk。“肚子”缅文 bok，嘉戎语 tə pok，那加语奥方言 te pok < *pok。

（28）“心” *snəm < *sni-lum。⑤ 缅文 hnɑ^{1}lum^{3} < *sni-lum。景颇语 sǎ^{31}lum^{33}，格曼僜 lɯm^{35} < *sa-lum。

（29）“乃” *nəʔ。“乳房”藏文 nu ma，道孚语 nu nu < *nu。蒙达语 nunu < *nunu。

---

① 谐声字“誀”，《说文》辱也，《广韵》读“耳”，《集韵》同“耻”。故“聏”“誀”古音为 *snə-ʔ。

② 《诗经·小雅·桑扈》：“交交桑扈，有莺其领。”“领”，颈也。

③ 如同“態”从“能”得声。

④ “肘”（陟柳切），谐声字“纣”（除柳切）< *gluʔ。

⑤ 谐声字“沁”，《广韵》七鸩切。*sni-lum 字面意思是“心—心”。

（30）“膚”*pra。① 甲骨文“膚”是割剥兽皮。“皮”义都珞巴语 ko^{55}pɹɑ^{55} < *ko-pra。

（31）“髅”ro。“骨”藏文 rus，哈卡钦语 ru < *ru-s。

（32）“胁”*s-rap。“肋骨”藏文 rtsib，景颇语 kǎ^{31}ʒep^{31}，错那门巴语 kep^{53} < *ka-rep。

（33）“汗”*ɣans < *gar-s。② 独龙语 gɯɹ^{55} < *gər。

（34）“爪”*skruʔ。“爪”缅文 khre^{2} < *kri。

（35）“毛”*s-me。怒苏怒语 m̥e^{55} < *s-me。

（36）“彡”*srəm（毛饰）。“头发”缅文 tshɑm^{2}pɑŋ^{2} < *skram-paŋ（毛—头）

（37）“䏠”*sre（牛油）。“油脂”博嘎尔珞巴语 ɕu ji < *suri。

（38）“鱼”*ŋa。景颇语 ŋa^{55}，缅文 ŋɑ^{3} < *ŋa。

（39）“甲”*krap。“鳞”藏语拉萨话 tʂhap^{52}，载瓦语 kja̠p^{55} < *krap。

（40）“蜂”*bjuŋ < *bluŋ。藏文 sbraŋ < *s-blaŋ。

（41）“卉”*sŋər，“草”*tshuʔ < *s-gru。“绿的”道孚语 sŋur ma < *sŋur。

（42）“薪”*sriŋ。“树”墨脱门巴语 ɕiŋ < *siŋ。博嘎尔珞巴语ɯ sɯŋ < *ʔə-siŋ。“木头”藏文 ɕiŋ < *sriŋ。

（43）“种”*kloŋ-ʔ < *k-loŋ。“核”阿侬怒语 luŋ < *luŋ。藏语夏河话 n̥oŋ n̥oŋ < *loŋ。

（44）“叶”*s-lap。“叶子”景颇语 lap^{31}，独龙语 lɑp^{55}，格曼僜语lop^{53} < *lap。

（45）“本”*pənʔ < *pun-ʔ（根之通称）。“根”载瓦语 a^{21}pu̠n^{51} < *ʔa-pun。

（46）“斧”*poʔ。“斧子”嘉戎语 tə rpɑ < *r-pa。佤语 bo̠i < *bo-ʔi。

---

① “膚”为“臚”之籀文，故其三等介音来自 *-r-。

② 谐声字如“䫋”，《广韵》虚我、侯旰两切，“讦”居竭切，是 *-r 在后来的方言中变化的结果。

（47）“鍼”*gram。“针”墨脱门巴语 kham < *kram。

（48）“音”*ʔjəm < *qrəm。“声”浪速语 khum^{35} < *krum。

（49）“名”*meŋ。“名字”藏文 miŋ，道孚语 mn̥iŋ，载瓦语 mjiŋ^{51} < *miŋ。

（50）“祇”*gli（地神），“社”*gla（地神）。“神”史兴语 gɪ^{33}ɬa^{55} < *gila。

（51）“飞”*p^{w}jər。藏文 ɦphur < *m-bur。

（52）“行”*graŋ。“脚”藏文、拉达克语 rkaŋ，达让僜语 gɹoŋ^{53} < *groŋ。“跑”荷罗戈语（Hloke）tʃhoŋ < *kroŋ。

（53）“趋”*skro。“走”藏文 ɦgro < *m-gro。

（54）“奔”*pər。“跑”错那门巴语 pir^{55} < *pir。

（55）“立”*g-rəp。“站”博嘎尔珞巴语 rop，缅文 rap，独龙语 ɹɛp^{55} < *rap。

（56）“企”*khriʔ，“跂”*khri-s。“站”却域语 ʂkhe^{55} < *s-kre。

（57）“启”*khiʔ。①“跪”基诺语 kho^{42}，土家语 khɯ^{53} < *gri。“膝盖”苗语养蒿话 tɕu^{6}，苗语野鸡坡话 ʑu^{6} < *gru。

（58）“噬”*glat-s。“咬”独龙语 gɹat^{55} < *grat。

（59）“闻”*mən < *mə-na，“耳”*nəʔ。“耳朵”藏文 rna < *r-na，巴尔蒂语 sna < *s-na。

（60）“泣”*khrəp。“哭”景颇语 khʒap^{31}，博嘎尔洛巴语 kap < *khrap。

（61）“谓”*ɢrət-s，“话”*grat。“说”藏语阿力克话 ɕat < *srat。

（62）“曰”*ɢlat，“说”*qlat。“告诉”藏文 gjod < *g-lot。

（63）“问”*mjəns < *mən-s。缅文 me^{3}，怒苏怒语 mi^{55} < *mi。

（64）“考”*khlu（考）。②“问”独龙语 kɹi^{53} < *kri。

（65）“记”*kjəs < *kə-s。“记得”彝语大方话 khə^{33} < *kə。

（66）“忘”*maŋs < *maŋ-s。③“丢失”阿侬怒语、独龙语 ɑ^{55}mɑŋ^{53} <

---

① 《诗经·小雅·采薇》：“不遑启居，玁狁之故。”“启”，跪。

② 《诗经·大雅·文王有声》：“考卜维王，宅是镐京。”“考”，问也。

③ “忘”是“亡”*maŋ 的比喻用法。“长”从“亡”，“望”是“长”的代指，指往远看。

*ʔa-maŋ。

（67）“忱” *gləm。①“相信”缅文 jum^{2} < *lum。

（68）“折” *slat < *s-lat（常列切，自动），*pjat < *p-rat（旨热切，使动）。“弄断”缅文 phjɑt < *prat。

（69）“降” *grəm。“落”独龙语 glom^{53} < *glom。

（70）“燔” *b^{w}ar。②“燃烧”藏文 ɦbar，夏河藏语 mbar < *m-bar。

（71）“畀” *pit。“给”钦本语（Chinbon）pjit，马鲁语（Maru）pji^{t} < *pit。

（72）“与” *la，*gla（除）。③ “给”羌语 gzə̡ < *glə。

（73）“取” *skroʔ < *s-kro-ʔ。“抓”木雅语 khʂ̥ə < *krə。

（74）“舍” *qlaʔ。“扔”土家语 la^{35}，傈僳语 lo^{55} < *ʔla。

（75）“欣” *sŋər < *s-ŋər，*gar-ʔ（衎）。④“笑”墨脱门巴语 ŋar < *ŋar。

（76）“之” *qlə。⑤“去”基诺语 le^{33}，巍山彝语 ʑi^{55}，哈尼语 ji^{55} < *le。

（77）“徂” *sla。⑥“去”基诺语 le^{33}，巍山彝语 ʑi^{55}，哈尼语 ji^{55} < *le。

（78）“育” *luk（生育、养育）。“生长”墨脱门巴语 lik < *lik。

（79）“洗” *sən < *səl。“冲洗”藏文 bɕəl < *b-səl。

（80）“濡”汉语 *s-no。“洗”博嘎尔洛巴语 nɯ < *nu。义都珞巴语 ɑ^{55}nu^{55} < *ʔanu。“洗器皿”赛德克语 sino。

（81）“疾” *glit，“疒” *nit。“咳嗽”阿力克藏语 ɣlet < *glet。

（82）“椓” *tok。⑦“劈”博嘎尔洛巴语 peː tak < *pe-tak。

---

① 《诗经·大雅·大明》：“天难忱斯，不易维王。”“忱”，信任。

② 《诗经·小雅·楚茨》：“或燔或炙，君妇莫莫。”“燔”，烤也。

③ 《诗经·小雅·天保》：“俾尔单厚，何福不除。”“除”，给予。

④ 《诗经·小雅·南有嘉鱼》：“君子有酒，嘉宾式燕以衎。”“衎”，快乐。

⑤ 汉语“之”古字为穿母字“蚩”和禅母字“时”的声符，笔者所拟不同于诸家。

⑥ 《诗经·小雅·车攻》：“四牡庞庞，驾言徂东。”“徂”，往。

⑦ 《诗经·小雅·正月》：“民今之无禄，天夭是椓。”“椓”，劈。

（83）“夏”*gra。“大、粗”缅文 kri^{3}，阿昌语 kz̩ə^{31}，仙岛语 kɯ^{31} < *gri。

（84）“膚”*pra。①“大”羌语 brɛ < *bre。

（85）“庶”*qlags。“多”墨脱门巴语 zak < *lak。

（86）“小、少”*srew < *s-kreʔ，“仳”*skriʔ。②“小”纳西语 tɕi^{55}，史兴语 tʂɿ^{55} < *kri。

（87）“修”*s-lu。③“长”景颇语 kǎ^{31}lu^{31} < *ka-lu。

（88）“勾”*ko。“弯”拉祜语 qɔ^{21} < *qo。

（89）“曲”*khok < *kok，“局”*gok。④“弯”藏文 gug < *guk。⑤缅文 kɔk^{4}、傈僳语 go̠^{31} < *guk。

（90）“姝”*glo。⑥“美丽”藏文 mdzes < *m-gles。

（91）“淑”*gluk < *g-luk（善也）。“好”藏文 legs < *lek-s。墨脱门巴语 lek < *lek（美的、好的）。

（92）“生”*skreŋ，“活的”景颇语 khʒuŋ^{33} < *kruŋ。

（93）“净”*sgreŋ。“干净的”藏文 gtsaŋ ma，道孚语 xtsoŋ ma < *g-kraŋ。

（94）“坏”*grəl，“毁”*qrəl。“腐烂”藏文 rul < *rul，东乡语 iruliə- < *ʔirulə。

（95）“圜”*g^{w}ran。“圆的”藏文 sgor < *s-gor。博嘎尔洛巴语 kor kor < *kor。

（96）“燥”*skrewʔ < *s-kreʔ。“干燥的”道孚语 ɣro ɣro < *gro。

---

①《诗经·小雅·六月》：“薄伐玁狁，以奏肤公。”“肤”，大也。“膚”*pra < *p^{w}ra < *g^{w}ra，与“夏”*gra 有词源关系。

②《诗经·小雅·正月》：“仳仳彼有屋，蔌蔌方有穀。”“仳”，渺小。

③“攸”以周切，“修”息流切。

④《诗经·小雅·正月》：“谓天盖高？不敢不局。谓地盖厚？不敢不蹐。”

⑤ 藏文“弯”khug（名词）应是古藏缅语 *guk 的派生词。

⑥《诗经·邶风·静女》：“静女其姝，俟我於城隅。”

（97）“考” *kluʔ。“老的” 扎坝语 o^{55}lo^{55} < *ʔolo。

（98）“黄” *gaŋ。普米语兰坪话 ɣɑ̃ ^{13} < *gaŋ。

（99）“寒” *gan。“霜” 阿昌语 ŋ̊an^{55}，浪速语 ŋa̠ŋ^{31} < *sgan。

（100）“盲” *maŋ。博嘎尔珞巴语 maŋ。

（101）“盈” *leŋ < *s-leŋ。①“满的” 阿昌语 pz̥əŋ^{35}，景颇语 phʒiŋ^{55} < *preŋ。

（102）“阜” *bru。②“胖的” 阿昌语 pz̥au^{31}，怒苏怒语 tshu^{33} < *bru。

（103）“苦” *kha。藏文 kha mo，缅文 kha^{3}。

（104）“时” *s-lə，“是” *s-liʔ。③“这” 景颇语 n^{33}tai^{33}，藏文 ɦdi < *m-li。

（105）“匪” *pər-ʔ < *pe-r。“那” 格曼僜语 we < *b^{w}e。

（106）“尔” *ni-r。④“你” 道孚语 ȵi，土家语 ȵi^{35}，那加语索布窝马方言 ni < *ni。

（107）“何” *gar，“胡” *g^{w}a。藏文 “什么” ga-re，“哪里” gar。

（108）“曷” *gat，“什么” 义都珞巴语 kɑ^{55}di^{55} < *kadi。“谁” 景颇语 kǎ^{31}tai^{33}、彝语喜德话 kha^{34}ti^{33} < *kadi。

（109）“遑” *g^{w}aŋ。⑤“什么” 藏文 gaŋ < *gaŋ。

（110）“莫” *ma-g（无定指代词）。“没有” 墨脱门巴语 ma。

见于西周之后的对应词:

（1）“天” *snəm。《说文》:“忝，辱也。从心天声。”“天” 藏语夏河话 hnam，博多语 aʃnam < *s-nam。《诗经》时代 “天” 未见与 *-m 韵字押韵，《说文》中的是后起的读法。

---

① 谐声字 “緸” 他丁切。

② 《诗经・小雅・车攻》:“田车既好，四牡孔阜。”“阜”，肥壮。

③ 《秦风・驷驖》:“奉时辰牡，辰牡孔硕。”《大雅・大明》:“时维鹰扬，凉彼武王。”“时” 为指示词。

④ 与 *ŋar（我）类似，本为复数形式，后转指单数。

⑤ 《诗经・邶风・谷风》:“我躬不阅，遑恤我后！”

（2）“壤” *njaŋ-ʔ。“田地”藏文 rnaŋ < *r-naŋ。

（3）《说文》：“冰，水坚也。从仌从水。俗冰从疑。”徐铉注：“今作笔陵切，以为冰冻之冰。”段玉裁注：“以冰代仌，乃别制凝字。经典凡凝字皆冰之变也。”按《说文》当有“冰”读作“疑”*ŋə。“冰”拉祜语 ɑ^{33}ŋɤ^{33} < *ʔa-ŋe。

（4）“头” *lo。“额”普米语兰坪话 ɬo^{13} < *lo。

（5）“耳垂子”古文作“耶”，《广韵》丁惬切，*thjap < *snap。“附耳小声说话”，古文作“聶”，后来写作“囁” *njap。古汉语中这两个说法都跟“耳朵”有关。彝语支语言中“耳朵”如彝语喜德话 n̥a^{21}po^{33}、拉祜语 nɑ^{11}pɔ^{33} < *sna-po。

（6）“胛” *krap。“肩”彝语喜德话 le^{34}ba^{33}，道孚语 lva < *leba。

（7）“杜” *glaʔ（原为木名，东齐方言指“根”）。“根”怒苏怒语 gɹɯ^{55}，格曼僜语 kɹɑ^{53} < *gra。

（8）“针” *krap。藏文 khab < *krap。

（9）“烧” *sŋre。“烧荒”波拉语 ŋjɛ^{35} < *ŋre。

（10）“绕” *ŋre < *m-gre，“交” *kre。“绕”藏文 dkri < *d-kri。“绳子”缅文 kro^{3} < *kro。

（11）“寻” *g-ləm。“找”景颇语 ta̱m^{33}，墨脱门巴语 lam，阿昌语 liam^{55} < *lam。

（12）“疠” *sna。“痛、有病”藏文 na，彝语喜德话、傈僳 nɑ^{33}，拉祜语 nɑ^{31}（病、伤）< *na。

（13）“疫” *gək。“痛”缅文 kok < *kok，独龙语 dʑiʔ^{55} < *gik。

（14）“乏” *bap。“累的”嘉戎语 spap < *s-pap。

（15）“摇” *le。“摇”彝语南华话 li^{33}，基诺语 lɛ^{42}，仙岛语 l̥ɛ^{35} < *sli。

（16）“红” *g^{w}oŋ。“红的”道孚语 gɛ ŋi < *ge-ŋi。

（17）“没” *mət。“没有”藏文 med。

2. 汉语和侗台语、苗瑶语

（1）“土”汉语 *kla-ʔ，“社” *gla。“旱地”壮语武鸣话 ɣei^{6}、布依语 zi^{6}、仫佬语 hɣa:i^{5} < *glis。

（2）“鼻” *bjit。勉语 bjut^{8}。

（3）“颈” *qjeŋʔ < *qreŋ-ʔ。[①]“脖子”苗瑶语 *qloŋ。[②]

（4）“肺” *phat < *pat。壮语 pɯt^{7}，傣语 pɔt^{9} < *pot。

（5）“肠” *slaŋ < *s-loŋ。“肠子”侗语 loŋ^{2}，壮语 tuŋ^{4} < *loŋ。

（6）“蝃蝀” *tət-toŋ < *to-toŋ。“彩虹”布依语 tuə^{2}toŋ^{2} < *dudoŋ。

（7）“烬” *glin-s < *glin。[③]“烟”壮语武鸣话 hon^{2}，水语 kwan^{2} < *glon。

（8）“熏” *qlən。“烟”壮语武鸣话 hon^{2}，水语 kwan^{2} < *glon。

（9）“灵” *reŋ。“鬼”勉语湘江话 mjəŋ^{3}，大坪话 mjɛn^{3} < *ʔmreŋ。

（10）“翔” *laŋ。“飞”苗语养蒿话 ʐaŋ^{5} < *ʔraŋ。

（11）“跃” *lek。“跳”西双版纳傣语 hok^{7} < *ʔlok。

（12）“复 ” *pok。“回”傣语 pok^{8} < *bok。

（13）“歁” *qləm-ʔ。“喝”泰语 dɯ:m^{5} < *ʔdəm。

（14）“呕” *ʔoʔ。“呕吐”黎语黑土话 ʔe:ʔ^{7} < *ʔeʔ。

（15）“听” *theŋ < *qleŋ。“耳朵”仫佬语 khɣa^{1}，水语 qha^{1} < *qla。

（16）“炰” *pru。“烧”泰语 phau^{5} < *plu。

（17）“灼” *prak。“晒”壮语龙州话 phja:k^{7}、壮语武鸣话 ta:k^{7}、德宏傣语 ta:k^{9} < *prak。

（18）“猎” *rap。“抓”侗语 sap$^{7'}$，西双版纳傣语 jap^{7} < *ʔrap。

（19）“摄” *snap（《说文》：引持也），*snəp（执）。“抓”壮语柳江话 ȵap^{7}、毛南语 ȵap^{8} < *ʔnap。

---

① 谐声字有影母二等字“茎”。

② 参见吴安其《汉藏语同源研究》，第 309 页。

③ “烬”为邪母字，有 *gl- 这样的声母。

（20）“屠”*kla。“杀”西双版纳傣语 ha³ < *klaʔ。

（21）“择”*qlak。“选”壮语龙州话 lə:k⁸，西双版纳傣语 lə:k⁸ < *lək。

（22）“浴”*lok < *k-lok，“濯”*lek。“洗”水语 lak⁷，德宏傣语 sak⁸ < *ʔ-lak。

（23）“失”*slit < *s-lit。“落”水语 ljət⁷ < *ʔlət。

（24）“诒”*qlə-ʔ。①“给”傣语 haɯ³，布依语 ɣaɯ³ < *ʔliʔ。

（25）“爽”*sraŋ。②“错”莫语 loŋ¹，佯僙语 lɔ:ŋ¹¹ < *sloŋ。

（26）“约”*qlak，“束”*slok。“绳子”水语 la:k⁷ < *ʔlak。壮语武鸣话 ça:k¹⁰、毛南语 za:k⁷ < *ʔrak。

（27）“纯”*ljun。“大”侗语、水语 la:u⁴ < *luʔ，傣语、黎语 loŋ¹ < *ʔloŋ。

（28）“众”*kluŋ-s，“烝”*kləŋ-s。③“多”仫佬语 kɣuŋ²，侗语、水语 kuŋ² < *gluŋ。

（29）“短”*plo-ʔ。④“近”黎语 plaɯ³，水语、毛南语 phjai⁵ < *plis。

（30）“暗”*qrəms。“深的”侗语 jam¹、水语 ʔjam¹ < *ʔram。

（31）“皎”*kre。“白色”壮语武鸣话 ɣa:u¹，傣语 xa:u¹，黎语通什话 kha:u¹ < *kru。

（32）“冷”*mreŋ-ʔ < *m-reŋ，“霜”*sraŋ。布依语 çeŋ⁴ < *reŋ。

（33）“充”*sləm < *s-ləm。（使满）“满的”壮语武鸣话 ɣim¹，布依语 zim¹ < *ʔlim。

（34）“芃”*prəm（松也）。⑤“松的”西双版纳傣语 lum¹ < *ʔlum。

---

① 《诗经·小雅·斯干》：“无非无仪，唯酒食是议，无父母诒罹。”“诒”，留给。

② 《诗经·小雅·蓼萧》：“其德不爽，寿考不忘。”“爽”，差错。

③ 《诗经·小雅·南有嘉鱼》：“南有嘉鱼，烝然罩罩。”“烝”，众多。

④ “短”从“豆”得声。后来的读音可能与“断”“段”有关。谐声字“梪”，敷救切，声母为 *pl-。

⑤ 《诗经·小雅·何草不黄》：“有芃者狐，率彼幽草。”

（35）“令” *m-reŋ。① “好的” 苗语养蒿话 ru^{5}，野鸡坡话 ʔwjoŋ^{c} < *ʔroŋ。

（36）“十” *gləp。苗语养蒿话 tɕu^{8}、野鸡坡话 ɣo^{D}、文界话 kɦʉ^{8}，畲语 khjɔ^{6}、勉语江底话 tsjop^{8} < *glup。

见于西周之后的对应词：

（1）“矑” *pra。“眼睛” 石家语 pra^{1}，拉加语 pla^{1} < *pra。

（2）“虱” *srit。“臭虫” 泰语 rɯət^{10} < *rut。

（3）“薨” *sməŋ。“走、去” 苗语养蒿话 moŋ^{4}，宗地话 məŋ^{4}，布努语 muŋ^{4} < *moŋ。

3. 汉语和突厥语、蒙古语族语言

阿尔泰人的部落联盟出现于距今三四千年前，《诗经》时代称他们为“玁狁”或“狄”，秦汉时称其为匈奴，突厥人是其主要的支系。早期的蒙古语是东胡语，与古称肃慎的满通古斯语有密切的关系。早期汉语的部分阿尔泰语词可能是商代的阿尔泰贵族带来的，有的是更早时期黄河流域的语言和北方的语言接触留下的。

（1）“天” *thin < *qlin。鄂罗克语 helle < *qele。②

（2）“地” *lar-s。“泥” 图瓦语 laj < *lar。

（3）“雨” *ɢ^{w}ja < *ɢra-ʔ。③ 保安语 ɢora，东乡语 ɢura < *ɢura。

（4）“山” *sran。“山峰” 东部裕固语 ʃoroŋ，蒙古语和静话 ʃoroŋ < *soro-ŋ。

（5）“河” *gal。蒙古语 gol，东部裕固语 ɢol，维吾尔语 køl（湖），撒拉语 gol（湖），锡伯语 χol（沟）< *gol。

（6）“祀” *glə。“年” 古突厥语、维吾尔语 jil，哈萨克语 dʒəl，图瓦语

① 《诗经·大雅·卷阿》：“颙颙卬卬，如圭如璋，令闻令望。”“令”，好的。

② 鄂罗克语分布在日本和库页岛，有少数基本词与满通古斯语对应，较多阿尔泰语的特点。

③ 书母字“黍”，《说文》“雨省声”。

dʒɤl，蒙古语、达斡尔语 dʒil < *gil。《尔雅》：“夏曰岁，商曰祀，周曰年。”

（7）“载” *sgrəs，“秋” *skru。“秋季”维吾尔语、哈萨克语 kyz，西部裕固语 guz，图瓦语 gyzyn < *kur / *guru-n。

（8）“女” *s-na-ʔ（女儿，女人）。“女儿、姑娘”撒拉语 ɑnɑ < *ʔana。“女人”日语 onna < *ʔona，“男人”朝鲜语 sanɛ < *sana，“人”锡伯语 nan。

（9）“妣” *pirs。“女人、妻子”土族语 beːrə、东乡语 biəri < *beri。“人”鄂伦春语、鄂温克语 bəjə < *bərə。鄂罗克语 firja < *bira。

（10）“友” *gʷəʔ，殷商甲骨文“友”为两 ㄡ“右”。“朋友”图瓦语 edʒi < *ʔegi。维吾尔语 ɑʁinɛ，哈萨克语 ɑʁajən，撒拉语 ɑʁejne < *ʔaɢe-ʔine。甲骨卜辞 ㄡ“右”假借为“有”“又”。“有、在”达斡尔语 ɑːgu。

（11）“肩” *kjan。古突厥语 egin < *ʔegin。西部裕固语 jiɣən < *ʔigan。

（12）“臂” *prik。“手臂”维吾尔语 bilɛk，哈萨克语 bilek < *belak。

（13）“雅” *sŋraʔ。“大腿”东乡语 ʂɯɢɑrɑ < *su-gara。蒙古语 gujɑ，达斡尔语 guɑji < *gura。

（14）“皮” *bal。[①]“皮、皮革”图瓦语 bɤlʁɑːr < *bəl-ɢar。

（15）“肝” *s-gan < *gar。[②] 土耳其语 karadʒiɣer < *kara-giger。乌孜别克语 dʒigɛr < *giger。

（16）“骨” *kət。土耳其语 iskelet < *ʔis-kelet。[③]

（17）“脂” *sglir < *s-glir。[④]“肥的”东部裕固语 mɑχɢɑluːr < *maq-galur。

（18）“鼠” *qlaʔ。鄂温克语 ʊgʊla < *ʔugula。东部裕固语 χunɑɢlɑɢ <

---

① “皮”早期字形指剥皮。《说文》：“皮，剥取兽革者谓之皮。从又，为省声。”如“剥皮”德昂语 blah < *blal。

② “肝”谐声字有“岸” *ŋan、“旱” *gan、“轩” *sŋan 等。“干” *kar-s > *kans，这是周早期中部方言的变化，谐声字如“皔”，《广韵》虚我、侯旰两切。

③ “肋骨”侗语 laːk[9] hət[7]，水语 ʔdaːk[7] xət[7] < *ʔdak-krət（胸—骨）。土耳其语 *ʔis-原来也是指“骨”。

④ “脂”谐声字有见母字“稽”和禅母字“嗜”等。

*qula-galag（鼠—鼠）。①

（19）“虺”*s-ŋal。②“蛇”土耳其语、维吾尔语 jilan，乌孜别克语 ilan，图瓦语 dʒɤlan < *gilan。

（20）“翼”*lək，“胳”*klak。“手”维吾尔语 ilik，哈萨克语 dʒilik < *gilik。

（21）“尾”*mər < *mur。“屁股”达斡尔语 bur < *bur。

（22）“矢”*qlir。“箭”维吾尔语 oqja，塔塔尔语 oqjar < *ʔoqlar。

（23）“路”*krak-s。图瓦语 oruk < *qoruk。“岸”西部裕固语 ɢəzəɣ、撒拉语 ɢərʁə，维吾尔语 qirʁaq < *qiruɢ-aq。

（24）“卧”汉语 *ŋar。“躺”保安语 hiŋger- < *qiŋer。

（25）“眠”*min。“睡”赫哲语 afinə- < *ʔab^{w}inə。

（26）“视”*glir。“看”撒拉语 uʃir- < *ʔulir。

（27）“哲”*qlat。“听、听见”土耳其语 iʃit-，柯尔克孜语 eʃit- < *ʔilit。“听”古突厥语 eʃid-，撒拉语 iʃdi- < *ʔilid。扬雄《方言》（卷一）：“党、晓、哲，知也。楚谓之党，或曰晓，齐宋之间谓之哲。”

（28）“伐”*bat。“割”古突厥语、土耳其语 bitʃ-，维吾尔语 pitʃ-，图瓦语 bɤdʒa- < *bita。

（29）“析”*sik。“斧子”蒙古语 sɵx、东部裕固语 səg、东乡语 sugiə < *suke。赫哲语 sukə、鄂伦春语 ʃukə、鄂温克语 ʃuxə < *sukə。

（30）“亡”*maŋ。“走”维吾尔语、西部裕固语 maŋ- < *maŋ。

（31）“回”*gəl，甲骨文及《说文》古文为旋涡之形。“旋转”东部裕固语 eɣel- < *ʔegel。“来”土耳其语 gel-，西部裕固语 gel- < *gel。

（32）“旋”*glan。“旋转”维吾尔语、哈萨克语 ajlan，撒拉语 ilan <

① “鼠”图瓦语 gysgɛ < *gilge。

② 《诗经·小雅·斯干》：“维虺维蛇，女子之祥。”“虺”呼怀切，《说文》兀声，“蝮蛇”。

*ʔaglan。

（33）“缠” *dan。“绕” 土耳其语 dønmak < *don-。“绳子” 日语 dzuna（綱）< *duna。

（34）“流” *ru。蒙古语 ursɑ-，东部裕固语 urus- < *ʔurus。

（35）“赐” *slik。“派遣” 蒙文 ilege。

（36）“畏” *ʔər。“怕” 蒙古语 ɛː-，达斡尔语 ɑi-，土族语 ɑjɛ- < *ʔere。

（37）“溥” *prak。“大的” 土耳其语 byjyk，西部裕固语 bezək < *berek。

（38）“高” *qre。[①] 维吾尔语 ørɛ < *ʔore。

（39）“卑” *pis。“低的” 维吾尔语 pɛs，柯尔克孜语 bɑs < *bas。

（40）“低” *tir < *g-dir。[②]“地” 维吾尔语 jɛr，哈萨克语、图瓦语 dʒer < *der。蒙古语书面语 ɣadʒar，蒙古语布里亚特方言 gɑzɑr，巴林右旗话 gɑdʒir < *gadir。

（41）“嘉” *kral。“好” 土耳其语、维吾尔语 gyzɛl < *girel。

（42）“恶” *qag。“屎” 东乡语 hɑnɣɑ < *qaga。满文 kaka < *kaka。（小儿屎）

（43）“黑” *s-muk。“暗” 保安语 mɑɢəmoɢo < *moko。

（44）“微” *mər。[③]“黑的” 鄂罗克语 more < *more。“夜” 嘉戎语 sə wɑr < *sə-bʷar。

（45）“湿” *hləp < *qləp。“使湿” 蒙古语书面语 ʃabʃi < *lab-si。“漏” 鄂伦春语 ləpə- < *ləpə。

（46）“十” *gləp。[④] 蒙古语 ɑrɑb，达斡尔语 xɑrɑb，土族语 hɑrɑvɑn，保安语 hɑrɑvɑŋ < *qarab-an。

---

① “高” 谐声字有晓母字 “蒿” 和二等字 “敲” 等，声母为 *qr-。

② 谐声字 “眂” 禅母，声母为 *gl-。

③ 《诗经·邶风·式微》：“式微，式微！胡不归？”

④ 禅母字，谐声字 “汁”。

（47）“孰” *gluk < *g-luk。“什么” 达斡尔语 əlkəː < *ʔəlukə。

（48）“弗” *pit，“不” *pət，“否” *pəʔ。“不” 东部裕固语 putə。

殷商卜辞否定词“弗”“不”的用法已有分工。“不”作为否定副词，对已然或尚未发生的否定，或表示不应该。“弗”作为否定副词，表示不会，不可能。

（49）“勿” *mət。“不要” 蒙古语 biti。

4. 汉语和满通古斯语

（1）甲骨卜辞中的“土”又指祭祀的“社”，应有不同读法，大约春秋后才区分为两个字。“社” *gla > 六朝 *zjɑ。书面语中“土”和“地”有区分可能稍晚。汉语“土” *tha-ʔ < *kla。鄂伦春语 tʊkala，赫哲语 tuqalə < *tu-kala。

（2）“阿” 汉语 *ʔal（《说文》大陵也）。《诗经 · 小雅 · 无羊》：“或降于阿，或饮于池，或寝或讹。”“平矮山” 满文 ala < *ʔala。

（3）“骸” *grəg，《说文》“胫骨也。”“骨” 满文 giraŋgi < *giragi。

（4）“犬” *kh^{w}an-ʔ < *g^{w}an。“狗” 鄂伦春语 ŋanakɪn < *ŋana-qin。

（5）“豕” *qlil。“猪” 满文 jelu < *lilu。

（6）“鸟” *tuʔ。赫哲语 to^{e}qan < *toq-an。

（7）“翅” *qli-s。“翅膀” 满文 asha，锡伯语 asχ，鄂伦春语 aʃakɪː < *ʔalaqi。

（8）“蚤” *sru。“跳蚤” 满文 suran，锡伯语 ʂuran，鄂伦春语 ʃʊra < *sura-n。

（9）“花” *qra < *qra，“华” *gra。“香的” 鄂伦春语 aja < *ʔara。

（10）“观” *k^{w}an、“见” *kans 是同根词。“看” 鄂罗克语 kena < *kena。

（11）“烤” *khlu-ʔ。赫哲语 xilə- < *qilə。

（12）“灼” *prak。“烤” 满文 fijakū-，锡伯语 fiaqə- < *piraqə。

（13）“煏”*puk。“晒”赫哲语 fukia- < *puki?a。

（14）“死”*sil。“跑”女真语（伏失勒）*fuşile < *pu-sile。

（15）“来”*mrə，*mrə-g。“回”赫哲语、鄂伦春语 əmərgi- < *?əmər-gi。“来”满文 dʒi-，锡伯语 dʑi- < *gi。满文 mari- < *mari。

（16）“去”*klab-s。《说文》：“去，人相违也。从大，凵声。”段玉裁注：“违，离也。”“走”满文 jabu-，锡伯语 javə-，鄂伦春语 jabu- < *rabu。

（17）“洗”*sən < *səl。鄂伦春语 ʃɪlkɪ-，鄂温克语 ʃixxi-ran < *sil-ki。

（18）“读”*lug。[①]“傻说”满文 loksi- < *log-si。“舌头”满文 ileŋgu，锡伯语 iliŋ，赫哲语 iləŋgu，鄂伦春语 iŋŋi，鄂温克语 iŋi < *?iligi。女真语（亦冷吉）*ileŋki < *?ilegi。“话”鄂伦春语 ulgur < *?u-lugu-r。

（19）“对”*təbs。[②]“回答”满文 dʒabu- < *dabu。

（20）“融”*ləm。[③]“长”满文 golmin，锡伯语 ɢolmin < *golm-in。鄂温克语 nʊnama，鄂伦春语 ŋʊnʊm < *gulum。

（21）“远”*ɣjan < *gar，[④]“遐”*gra，“骏”（长）*skrən < *skrə-n。[⑤]“远”满文 goro，锡伯语 ɢorw，赫哲语 goro，鄂温克语、鄂伦春语 gɔrɔ < *goro。

（22）“深”*sləm。满文 ʃumin，锡伯语 çimin < *lum-in。

（23）“厌”*?ram（美也）[⑥]“美的”鄂温克语 ajmakaːn < *?arma-kan。

（24）“圜”*g^wran < *gur-an。“圆的”鄂伦春语 toŋgorin < *to-gor-in。

---

① 《诗经·鄘风·墙有茨》：“中冓之言，不可读也。”“读”，宣扬。

② 《诗经·周颂·般》：“敷天之下，裒时之对，时周之命。”“对”，回应，对应。

③ 《诗经·大雅·既醉》：“昭明有融，高朗令终。”“融”，长也。

④ 谐声字“薳”，《广韵》韦委切。

⑤ 《诗经·小雅·雨无正》：“浩浩昊天，不骏其德。”

⑥ 《诗经·周颂·载芟》：“驿驿其达，有厌其杰。”

（25）“臧” *s-kraŋ（善也）[1]“美的”锡伯语 kuariaŋ < *karaŋ。

（26）“毋” *mo。“不要”满文 ume，锡伯语 əm < *ʔume。

（27）“东” *toŋ。“东方”鄂温克语 dʒoːŋgidə < *doŋ-də。

（28）“西” *səl。“西方”赫哲语 solki < *sol-gi。

5. 汉语和朝鲜语、日语

（1）“雪” *sqat。[2]“干净的”中古朝鲜语 skɛkʌtʃi < *sgegəti。

（2）“风” *brəm。朝鲜语 baram，*-m 为名词后缀，*bara 是词根。[3] 如“暴风”维吾尔语 borɑn，柯尔克孜语 boroːn，图瓦语 borɑːn < *bora-n。

（3）“男” *nəm。“男人、男子”朝鲜语 namtʃa < *nam-da。[4]

（4）“嘴” *skriʔ < *skri-ʔ。朝鲜语 akari < *ʔagari。

（5）“手” *snuʔ。中古朝鲜语 son < *sonu。

（6）“肉” *nuk。日语 niku < *niku。

（7）“跪” *g^{w}arʔ < *gar-ʔ。中古朝鲜语 skurta < *sgur-。

（8）“居” *k^{w}a-ʔ。[5]“坐”日语 sɿwaru < *suga-ru。

（9）“懼” *gas。“害怕”日语 *ʔigaga-ru。

（10）“选” *sgran。中古朝鲜语 korʌta < *goro-。

（11）“永” *graŋʔ < *gra-ŋ。“长”朝鲜语 kirta < *gir-。鄂温克语 nʊnama，鄂伦春语 ŋʊnʊm < *gura-m。

（12）“好” *sruʔ。“新的”朝鲜语 sɛropta < *sero-。

（13）“白” *brak。“亮的”朝鲜语 parkta < *barg-，中古突厥语 bɑlqi <

---

① 《诗经·大雅·桑柔》：“维彼不顺，自独俾臧。”

② 谐声字“慧” *glat（胡桂切），“暳” *qhlat（呼惠切，小星）。

③ 朝鲜语方言中仍保留 *-m 后缀，如“热的”朝鲜语 təpta < *dəb-ta，“暑”朝鲜语扶安话、淳昌话 təwum < *dəbu-m。

④ “女人、女子”朝鲜语 njətʃa < *nər-da。

⑤ 《诗经·小雅·采薇》：“不遑启居，玁狁之故。”“居”，坐在脚跟上。

*balqi。

（14）“笃” *tuk。“厚的” 朝鲜语铁山话 tukəpta < *dugə-。蒙古语 dʒudʒaːŋ，达斡尔语 dʒudʒaːn，保安语 dʑidʒaŋ < *dugan。

（15）“尔” *ni-r。“你们” 朝鲜书面语 nəhɯi，洪城话 nəɣɯi，庆州话 nəji < *nə-ri。

（16）“微” *mər。① “不” 朝鲜语 mar- < *mar。

秦汉之前，朝鲜语与古汉语的东部方言有较密切的接触，朝鲜语的一些古词或来自商周时代的汉语，或双方的说法都来自某一种古东夷语。汉时的高句丽时代朝鲜一部为乐浪郡，与中原关系密切，有的词来自汉语。

见于西周之后的对应词：

（1）“错” *sklag。“错的” 保安语 goloɢ < *goloɢ。

（2）“谬” *m-krug。“弯曲的” 东部裕固语 ɢorɣi < *ɢorgi。

（3）“陋” *ros < *ro-s。“坏的” 鄂伦春语、鄂温克语 *ʔəru。“丑的” 鄂伦春语 əru durutʃi < *ʔəru-duru-ti（坏—脸）。

6. 汉语和南岛语

商周汉语和南岛语词主要来自其东部方言的底层语言，即古东夷语。

（1）“日” *nit。“太阳、热” 菲律宾北部的卡林阿语 īnit。“热” 他加洛语 īnit，巴厘语 m-init。

（2）“坠” *lət-s。“平地” 帕玛语 alet < *ʔalet，沙外语 lɔt < *lot。

（3）“地（阤）” *lar-s。“它” 即 “蛇” *lar。“平地” 赛夏语 ɭoroɭorokan < *loro-kan。

（4）“尘” *din。“土” 帕玛语 atan < *ʔatan。宁德娄语 ^{n}d^{r}en < *den。

① 《诗经·邶风·柏舟》：“微我无酒，以敖以游。” 邶为商故邑，武王克商，封纣子武庚于此，今河南汤阴。该文下有 “我心匪鉴，不可以茹。” 以 “匪” 为否定词。

（5）“隰”*hləp＜*qləp。[①]“土”夏威夷语 lĕpŏ，塔希提语 repo＜*lepo。

（6）“岸”*ŋar（水厓而高者），“干”*kar（厓也）。罗维阿纳语“山” togere＜*to-gere，“峭壁”saɣaru＜*sa-garu。

（7）“水”*hlirʔ＜*qlir-ʔ。[②]马来语 ajer，印尼语 air，米南卡保语 aiᵊ，萨萨克语 aiʔ＜*ʔalir。

（8）“海”*sməʔ。萨摩亚语 sami＜*sami。

（9）“昼、昼”*qro-s。“白天”印尼语 hari，米南卡保语 ari＜*qari。“太阳”沙阿鲁阿语 tałiaria，卡那卡那富语 taniarʉ＜*tali-ʔariʔa / *tali-ʔaru（眼睛一白天）。

（10）“人”*s-nin。“小伙子”南密语 n̥in ＜*nin。萨萨克语 s-ninə（妻子），bə-sə-ninə（已婚男子）。

（11）“妇”*bəʔ。“女人”印尼语 pər-əmpu-an＜*ʔəbu。

（12）“首”*qhluʔ＜*qluʔ。“头”排湾语 quɭu，鲁凯语 auɭu＜*qulu。

（13）“眉”*mril。“眉毛”泰雅语泽敖利克方言 pawmił＜*pal-mil（眼睛一毛）。

（14）“项”*ɢroŋʔ。“喉结”摩尔波格语 goroŋ＜*goloŋ。

（15）“肘”*gluʔ。[③]巴厘语 sigu，贡诺语 siŋkulu＜*s-gulu。[④]

（16）“指”*kjirʔ。“手指”萨萨克语 kərigiʔ＜*kəri-kəri。锡加语 kikir。

（17）“足”*s-krok。甲骨文 [甲骨文字形]（佚三九二，一期）为“雅”“足”的初文。“踝”罗维阿纳语 kikorereke＜*kiroke。

（18）“泪”*rit-s。“哭”那大语 rita＜*rita。

---

① 《诗经·小雅·常棣》：“原隰裒矣，兄弟求矣。”“原隰”指“原野”。又如《邶风·新台》：“山有榛，隰有苓。”

② 《说文》：“水，准也。”郑玄注《考工记》曰：“故书准作水。”战国时代“准”“水”音近。“准”kjən＜*klir，谐声字“谁”*hlir，“隼”*slir，“唯”*lir。“滙”*ɢlərʔ 指水之会。

③ “肘”（陟柳切），谐声字“纣”（除柳切）＜*gluʔ。

④ 参见拙作《南岛语分类研究》的构拟。

（19）“羽”*ɢlaʔ。“羽毛”马林厄语（Maringe）khakla < *kala-kala。

（20）“虫”*s-ŋər。①“苍蝇”木鲁特语 buloŋor，卡加延语 laŋaw < *bula-ŋar。

（21）“蛇”*glar。印尼语 ular < *qular。

（22）“木”*mok。“木头”罗维阿纳语 muge < *muge。

（23）“枝”*kji < *kli。②“树枝”锡加语 klerə < *klele。

（24）“柢”*klil-ʔ（木根也），“氐”（根本）。③“根”劳语 lali，查莫罗语 hale < *lali。

（25）“斤”*s-gər。④“斧子”阿者拉语 gir（石斧），西部斐济语 kia，瓜依沃语 kakar。

（26）“钺”*gat。“斧子”三威治港语 taŋot < *ta-ŋot。

（27）“道” *qlu-ʔ。“小路”鲁凯语 olo < *ʔolo。

（28）“言”*ŋan。“语言”萨摩亚语 ŋaŋana < *ŋaŋa-na。

（29）“语”*ŋaʔ，“言”*ŋan。“词”东部斐济语 ŋaŋa- < *ŋaŋa。“喊”巴布亚新几内亚梅柯澳语 ŋaŋa。

（30）“帝”*qliks（甲骨卜辞，上帝）。“雷”巴厘语 kərug < *kərug。“天”爱斯基摩语 krilok < *kilok。⑤

（31）*r^{w}a（庐）⑥“房子”古尔古语 urā < *ʔura。

（32）“习”*gləp。⑦“飞”赛夏语 ḽomajap < *l-om-alap，马京达瑙语

---

① “虫”鳞介总名，与“卉”（许伟切）音同，为“虺”*sŋar 泛指。

② 谐声有书母字“翅”。

③ 《诗经·小雅·节南山》：“尹氏大师，维周之氐。”

④ 谐声字如“欣”为晓母，“祈”为微部。

⑤ kr- 通常来自 k-，-r- 是为了增加区别特征的增音（参见 Arthur, *Eskimo-English English-EskimoDictionary,* 第 103 页中的说明）。

⑥ 《诗经·小雅·信南山》：“中天有庐，疆场有瓜。”“庐”，田中小屋。

⑦ 《说文》：数飞也。

lelap < *lelap。

（33）“走”*slo-ʔ。[1]“逃”萨摩亚语 sola、塔几亚语 -sol < *sola。

（34）“陟”*bag。[2]“脚”布昂语 βaʁa < *b^{w}aɢa，贡诺语 baŋkeŋ < *bakeŋ。

（35）“骋”*phleŋ。[3]“跑”亚齐语 pluəŋ < *pluŋ。

（36）“坐”*sgrar < *s-grar。“躺”巽他语 ŋa-goler。

（37）“寐”*mət。“睡”哈拉朱乌语 mɛt-，波那佩语 wenti < *meti。

（38）“寤”*sŋa。[4]“醒”莫图语 noga < *ŋoga。罗地语 ^{ŋ}geŋe < *geŋe。

（39）“题”*s-li。[5]“知道、看见”嫩戈内语 ule < *ʔuli。

（40）“觉”*kruk。“听见”姆贝拉语 tai kuruk < *taʔi-kuruk。

（41）“食”*glək。“吞”爪哇语 ŋə-lək，巴厘语 gələk-aŋ < *lək。

（42）“茹”*s-na。“吃”尼瓦里语 nɑ < *na。罗地语 na-ʔa，伊拉鲁吐语 na < *na。布朗语甘塘话 na^{55} < *na。

（43）“吹”*slar < *s-lar。爪哇语 sumilir < *s-um-ilir < *silir。

（44）“笑”*sqes。泰雅语 siʔaq < *siqaq。

（45）“祉”*s-krəʔ（喜也）。[6]“笑”达密语 no-ŋiri、达阿语 n-ŋiri < *ŋiri。

（46）“喜”*qləʔ，“嗂”*le（喜也）。莫图语 moale < *mo-ʔale。

（47）“需、孺”*sno。[7]“爱”马都拉语 sənnəŋ。

（48）“吴”*ŋa，见于甲骨文一期（4.29.4）和周早期的金文。《说文》：

---

① 先秦“奏”可借为“走”，后又通“趣”，三者音近。

② 《诗经·周颂·访落》：“绍庭上下，陟降厥家。”“陟”，升。

③ 《诗经·小雅·节南山》：“我瞻四方,蹙蹙靡所骋。”

④ 《小尔雅·广言》：“寤，觉也。”《诗经·邶风·柏舟》：“静言思之，寤辟有摽。”邶为商故邑，武王克商，封纣子武庚于此，今河南汤阴。

⑤ 《诗经·小雅·小宛》：“题彼脊令，载飞载鸣。”“题”，看。

⑥ 《诗经·小雅·巧言》：“君子如祉，乱庶遄已。”

⑦ 《诗经·小雅·常棣》：“兄弟既具，和乐且孺。”

“吴，大言也。”段注：“大言即谓譁也。” 查莫罗语 saŋane < *saŋane。

（49）“云” *gən。“说” 莫图语 g^{w}au，西部斐济语 kwai-a < *g^{w}a-ʔu / *k^{w}a-ʔi。

（50）“知” *kli。“知道” 勒窝语 kilia < *kili-ʔa。马绍尔语 tʃelæ < *kela。“记得” 布兴语 tʃi klɛ < *kle。

（51）“思” *skrə < *s-krə。① “想” 马都拉语 kira < *kira。巽他语 mikir < *mi-kir。米南卡保语 kiro，爪哇语 kirɔ，萨萨克语 kirə-kirə < *kiro。

（52）“搜” *sru < *s-ru。“寻找” 姆布拉语 -ru < *ru。

（53）“劈” *phik < *prik。② 阿美语 pəlaʔ，排湾语 piliq（分开）< *bəlaq。

（54）“落” *krak。“滴落” 马京达瑙语 ^{ŋ}girik < *grik。

（55）“宅” *b-lag。③ “休息” 嘎卓语 la^{24}ka^{33} < *laga。梅克澳语 elaŋai < *ʔe-laga-ʔi，东部斐济语 βaka-laŋu < *b^{w}aka-lagu。

（56）“埋” *mrə。马那姆语 ʔumraʔi < *ʔumra-ʔi。

（57）“燎” *re。“烧” 那大语 roa（及物动词）< *ro-ʔa。托莱语 reŋ < *reŋ。

（58）“炰” *pru。“烧” 阿者拉语 bururu^{ŋʔ} < *buru。

（59）“狩” *qlus。“追逐” 爪哇语 m-ɛlu < *ʔelu。

（60）“持” *sləs < *s-lə-s。“抓” 达密语 sela、他加洛语 salo < *salo。“爪子” 卡加延语 sulu < *sulu。

（61）“诛” *glo。《说文》殊，死也。《广雅》殊，断也。“切” 爪哇语 nugəl < *ŋu-gol。

（62）“沉” *qləm。“沉、淹” 爪哇语 kələm < *kəlom。

（63）“適” *qliks。（之也，归也）“回来” 他加洛语、阿卡拉农语 balik，

---

① 谐声字“颸”楚持切 *tshrə < *skrə，“崽”山皆切 *srə。

② 谐声字“檗”等是二等字，“劈”原来应有中缀 *-r-。

③ 《诗经·大雅·文王有声》：“考卜维王，宅是镐京。”“宅”，居住。

卡加延语 malik < *ma-lik。木鲁特语 uliʔ < *ʔulik，巴塔克语 m-ulak < *ma-ʔulik。

（64）“釐” *mrə。①“给”亚齐语 bre，印尼语 mən-bəri，巽他语 bere < *beri。

（65）“卜” *bog。②“给”摩尔波格语 bogoj，他加洛 bigoj < *bigo-ʔi。

（66）“震” *gləɾs。“抖”鲁凯语 manoa-gili-gili < *gili。

（67）“瘼” *mag（病也）。“发烧”哈拉朱乌语 mɛgi < *megi。

（68）“恙” *laŋ，“恫” *loŋs（痛也）。“病”卑南语 kualəŋ < *ku-ʔalaŋ。

（69）“朽” *hruʔ < *qruʔ。“腐烂”贡诺语 huru < *quru。邵语 miŋqurqur < *mi-qur。

（70）“大” *dat-s。卡那卡那富语 tatia < *tati-ʔa。

（71）“甫” *p^{w}a-ʔ（大也）。③“大的”三威治港语 ^{m}bao < *b^{w}a-ʔo。

（72）“巨” *ga-ʔ。“大的”阿杰语 kau < *ka-ʔu。拉加语 ɣaivua（单数）< *gaʔi-buʔa。

（73）“憮” *sma。“大的”嫩戈内语 m̥a < *sma。

（74）“僤” *g-dal。④“大的”排湾语 kuɖaɭ < *ku-dal。

（75）“多” *klal。⑤查莫罗语 lajan < *lalan。

（76）“京” *kjaŋ < *kraŋ，“崇” *skroŋ。“高的”雅美语 kaẓaŋ < *karaŋ。

（77）“短” *plo-ʔ。⑥勒窝语 plasi < *plasi。

（78）“薄” *bak。“短”马京达瑙语 vokok，拉巴努伊语 vako-vako（窄

① 《诗经·大雅·既醉》：“釐尔女士，从以孙子。”“釐”即赉。

② 《诗经·小雅·楚茨》：“卜尔百福，如幾如式。”“卜”，给。

③ 《诗经·小雅·甫田》：“倬彼甫田，岁取千千。”

④ 《诗经·大雅·桑柔》：“我生不辰，逢天僤怒。”“僤”，大也。

⑤ 谐声字有“移”“哆”等。

⑥ “短”从“豆”得声。后来的读音可能与“断”“段”有关。谐声字“裋”，敷救切，声母为 *pl-。

的）< *b^{w}ako。

（79）“乾”*gan。“干燥的”阿卡拉农语 ugah，摩尔波格语 tuʔugah < *tu-ʔugaʔ。

（80）“老”*kruʔ。“老的、旧的”沙阿鲁阿语 ~~urukulu~~ < *ʔuru-kulu。“白发、老”莫图语 guruka < *kuro-ka。

（81）“咸”*gram。“盐”印尼语、马来语 garam < *garam。“盐、咸”达阿语、窝里沃语 gara < *gara。

（82）“热”*nat。雅美语 anŋet，米南卡保语 aŋeʔ，印尼语 haŋet < *ʔaŋet。

（83）“骍”*siŋ。①“红色”姆布拉语 siŋsiŋŋana < *siŋa-na。

（84）“休”*hju（休）< *qru。②“美的”哈拉朱乌语 xɔru < *qoru。

（85）“熙”*qhlə < *qlə。③“亮的”那大语 lila，东部斐济语 ðila < *lila。

（86）“晦”*smə-ʔ。“暗的”邹语 səvoi < *səbo-ʔi。

（87）“遄”*glal。“快”布拉安语 m-lal < *lal。

（88）“夙”*sok。“早上”巽他语 isuk。

（89）“之”*qlə。“那”赛德克语 hija < *qila。邵语 huja < *qula。

（90）“伊”*ʔir。④“那”赛夏语 hizaʔ < *qira。

（91）“余”*g-la，“予”*laʔ。⑤“我”莫图语 lau，斐济语 jau < *la-ʔu。那加语棱马方言（Rengma）ālē < *ʔale。

（92）“非”*pər。“不”瓦努阿图勒窝语（Lewo ）pere < *pere。

见于西周之后的对应词：

（1）“窬”*gla。“山洞”东部斐济语 gara-，西部斐济语 g^{w}ara（洞）< *gara。

---

① 《诗经·大雅·旱麓》：“清酒既载，骍牡既备。”“骍”，红色。

② 《诗经·大雅·民劳》：“无弃尔劳，以为王休。”“休”，美。

③ 《诗经·周颂·酌》：“时纯熙矣，是用大介。”“熙”，光明。

④ 《大雅·小明》：“心之忧矣，自诒伊戚。”

⑤ “余”谐声字有定母字“途”，邪母字“徐”，书母字“赊”，船母字“荼”，透母字“稌”等。

（2）“额”*ŋrak。“头盖骨”印尼语 taŋkorak，米南卡保语 taŋkuraʔ，巽他语 taŋkorek < *ta-korak。

（3）“定”*sleŋ < *s-leŋ。“眉毛”鲁凯语 səduŋ，卑南语 sədəŋ < *səduŋ。《诗经·周南·麟之趾》，“麟之定”。“定”释为“额”。

（4）“页”*ɢlat“头也”。“头盖骨”马绍尔语 ḷat。“额”东部斐济语 jad^{r}e < *lade。

（5）“髑”*glok。《说文》：“髅，髑髅也。”“髑，髑髅，顶也。”“髑髅”古指“头盖骨”。“头盖骨”印尼语、米南卡保语 < *ta-korak。

（6）“莽”*maŋ。[①]“草”泰雅语 kaʔ-man < *man。勒期语 mān^{55} < *man。

（7）“柢”*tilʔ < *klil-ʔ。（木根也）“根”劳语 lali，查莫罗语 hale < *lali。

（8）“疥”*krat。“皮”印尼语、爪哇语 kulit，亚齐语 kulet < *kulit。

7. 汉语和南亚语

商周汉语和南亚语词的对应有不同的层次，一是早期汉语迁徙至北方之前与南亚语的接触或渊源关系带来的；二是商周期间的语言接触带来的；三是西周之后进入汉语书面语的。

（1）“月”汉语 *ŋat，尼科巴语“月亮”tʃi-ŋət < *qi-ŋet。

（2）“望”*maŋ，“亡”得声，指“月满”。甲骨文“望”字形象人立土瞭望，后改从“亡、月”。“月亮”克木语 mŏŋ < *moŋ。

（3）“沙”汉语 *sral。克木语 sreh < *srel。

（4）“阜”*bru-ʔ。“山”蒙达语、桑塔利语 buru < *buru。

（5）“雔”*glu，*qluʔ（醜）。“丑的”克木语 gŭl < *gul。

（6）“腋”汉语 *lak（亦）。“腋”佤语艾帅话 klaik < *klak。

（7）“肾”*glin-ʔ。“胆”佤语艾帅话 ghi̱n，布朗语 khin^{35} < *grin。

---

① “莽”不见于《诗经》，《左传》中多见。《方言》卷三：“苏、芥，草也。江湘南楚之间曰苏，自关而西或曰草，或曰芥。南楚江湘之间谓之莽。”春秋以后才有草莽的“莽”。

（8）“泗”*slit-s。[①]“鼻涕”桑塔利语 sulutʃ < *sulut。

（9）“卵”*qral < *qlal。“孵蛋”桑塔利语 liliɛu < *lili-ʔu。

（10）“根”*kər。“根”蒙达语 dʒer < *ger，“气根”桑塔利语 dʒo̱ro̱ < *goro。

（11）“茇”*bat（草木根也）。“根”桑塔利语 buɖa < *buda。

（12）“刺”*skhrik-s < *s-krik。“芒刺”布朗语胖品话 l̥aʔ⁵⁵krak⁵⁵，甘塘话 la⁵⁵krak⁵⁵ < *laʔ-krak。

（13）“声”*qleŋ。“声音”柬埔寨文 sɔmleːŋ < *som-leŋ。

（14）“屋”*ʔrog。“房子”蒙达语 ōɽɑᵏ，桑塔利语 oɽakh < *orag。

（15）“途”*gla。“路”莽语 gɣa⁵¹，巴琉语 muɔ³¹kɣɔ⁵³ < *gla / *mo-kla。

（16）“陌”*mrak。（田间道）“路”桑塔利语 so̱ɽo̱k < *sorok。

（17）“魅”*mət。“鬼”桑塔利语 bhut，布兴语 bɤt < *but。柬埔寨文 khmaotʃ < *k-mat。

（18）“相”*slaŋ。“看”柬埔寨文 sɔmlɤŋ < *som-leŋ。

（19）“瞻”汉语 *g-lam。“看见”户语 lɔm³¹ < *lom。

（20）“歃”*srap。“喝”布兴语 srup，德昂语南虎话 r̥ɯp，佤语马散话 rhɤp < *srup。

（21）“吐”*qlaʔ，“泻”*slaqs。[②]“吐、呕吐”桑塔利语 ulɛ < *ʔule。

（22）“知”*kli。“记得”布兴语 tʃi klɛ < *kle。

（23）“道”*qlu-ʔ。“说”佤语艾帅话、布朗语甘塘话 lau，克木语 lău，莽语 lø⁵¹ < *lu。

（24）“斫”*glak。“劈”佤语马散话 lauk，艾帅话 luk，孟贡话 lak < *lak。

（25）“刈”*ŋats < *ŋat-s。“割”桑塔利语 ge̱th < *get。

---

① 谐声字“洒”丑利切。

② 《释名》：“吐，泻也，故扬豫以东，谓泻为吐也。”

（26）“杀”*srat < *s-rat。巴琉语 ɬet^{11} < *let。

（27）“逝”*glat < *g-lat（去、死），“夺”*lat。“丢失”布朗语胖品话 ret^{51} < *ret。

（28）“脱”*qlat。“落”京语 jɔt^{8} < *lot。

（29）“遗”*kləl，“弃”*khjils < *klil-s。“倒掉”克木语 khul < *krul。

（30）“易”*lik。“换”克木语、布兴语 lɛk < *lek。

（31）“绥”*snir（赐也）。①“高处落下”桑塔利语 n̥ũr < *nur。“低的”阿美语 muənər < *mu-ʔəner。

（32）“舒”*qla，“写”*sla-ʔ。②“高兴”桑塔利语 hulɛs < *qulas。

（33）“怿”*lak（喜悦）。③“爱”桑塔利语 leka < *leka。

（34）“哿”汉语 *gal。④“笑”佤语艾帅话 ŋiah < *ŋal。

（35）“壬”*nəm（大也）。⑤“大的”克木语 n̥ăm < *snam。

（36）“不”*pə-。(《诗经·大雅》中为前缀，表示“大的”)“大的、多的”尼科巴语 poːi < *p^{w}i。

（37）“琐”*sal。⑥“细的”佤语布饶克方言 s̱iah < *sal。

（38）“师”*sril（众也），⑦“黎”*ril（众也）。⑧“多”尼科巴语 ɽoːl < *rol。

（39）“长”*mlaŋ。⑨佤语 laŋ。

---

① 《诗经·周颂·有客》：“薄言追之，左右绥之。”

② 《诗经·小雅·蓼萧》：“既见君子，我心写兮。”“写”，舒畅。

③ 《诗经·小雅·节南山》：“既夷既怿，如相酬矣。”

④ 《诗经·小雅·正月》：“哿矣富人，哀此惸独。”“哿”，欢乐。

⑤ 《诗经·小雅·宾之初筵》：“百礼既至，有壬有林。”“壬”，大、盛大。

⑥ 《诗经·小雅·节南山》：“琐琐姻亚，则无膴仕。”“琐”，微小。

⑦ 《诗经·大雅·文王》：“殷之未丧师，克配上帝。”

⑧ 《诗经·大雅·桑柔》：“民靡有黎，具祸以烬。”

⑨ “长”从“亡”，形容词 *m-laŋ，动词、名词 *s-laŋs。春秋末期“长”*ljaŋ，“常”*s-glaŋ > *ljaŋ，“长”假借为“常”。

（40）“延”*lan。“长”布朗语甘塘话 lan[31]，户语 lan[31] < *lan。

（41）“洞”*gʷeŋ。①“长、远”桑塔利语 saŋgiɳ < *sa-giŋ。

（42）“项”*groŋʔ（肥大）。②“胖的”德昂语硝厂沟话 glăiŋ < *glaŋ。

（43）“蕴、煴”*qən（闷热）。③“热”布朗语曼俄话 hɔn[31]，克木语hɔn < *qon。柬埔寨文 ʔuŋha < *ʔun-qa。

（44）“明”*mreŋ < *m-reŋ。“亮的”佤语马散话 rɯaŋ < *raŋ。

（45）“赤”*khrak < *krak。“红色”佤语孟汞话 kra̱k，布朗语 saʔ[31] khχak[35] < *khrak。

（46）“彤”*ləm。④“红色”克木语 jim < *lim。

（47）“甘”*kam。“甜的”德昂语硝厂沟话、南虎话 ŋam < *ŋam。

（48）“硕”*glak。⑤“肥的”布朗语胖品话 khlɤik < *glak。

（49）“空”*khoŋ < *kroŋ。克木语 khrŏŋ < *kroŋ。

（50）“洒”　*səl（洒，高兀）。⑥　“高的”桑塔利语 usul < *ʔusul。

（51）“戾”*rət-s。⑦“坏”德昂语甘塘话 rɛt[33] < *ret。

（52）“焉”*ʔan。⑧“那”蒙达语 ena < *ʔena。桑塔利语 ona < *ʔona，hana < *qana。

（53）“朕”*ləm < *lu-m，甲骨卜辞中为时王之自称。“我”柬埔寨文 khɲom < *g-lom。

见于西周之后的对应词：

（1）“唐”*klaŋ（《尔雅》：庙中路）。“路”布朗语甘塘话 kroŋ[31] < *kraŋ。

---

① 《诗经·大雅·泂酌》：“泂酌彼行潦，挹彼注兹，可以餴饎。”“泂”，远也。
② 《诗经·小雅·节南山》：“驾彼四牡，四牡项领。”
③ 《诗经·大雅·云汉》：“旱既大甚，蕴隆虫虫。”
④ 《诗经·小雅·彤弓》：“彤弓弨兮，受言藏兮。”“彤”，朱红色。
⑤ 《诗经·秦风·驷驖》：“奉时辰牡，辰牡孔硕。”“硕”，肥大。
⑥ 《诗经·邶风·新台》：“新台有洒，河水浼浼。”
⑦ 《诗经·小雅·节南山》：“昊天不惠，降此大戾。”“戾”，恶。
⑧ 《小雅·白驹》：“所谓伊人，於焉逍遥。”《小雅·有菀》：“有菀者柳，不尚息焉？”。

（2）“漱”*sok-s（《公羊传》：无垢加功曰漱，去垢曰浣。齐人语也）。“洗手”布朗语胖品话 soik^{51}，德昂语茶叶箐话 soʔ^{51} < *sok。

（3）“劫”*kap（以力胁止）。“拿”尼科巴语 hakøp < *qa-kep（qa- 使动前缀）。

8. 某些词义系统和词源的关系

商周两代汉语的某些词义系统和词源的关系可以说明其更早时期不同的历史层次关系。

（1）“人”“男人”和“女人”

其有关说法反映三个历史层次的词源关系。

① 汉语“人”*nin。苗语养蒿话 nɛ^{2}，大南山话 nen^{1} < *s-ne。畲语 ne^{2} < *ne。“女人”萨萨克语 ninə，瓜依沃语 noni。“年轻男子”南密语 ȵin。“男子”朝鲜语 sanɛ < *sane。

② 汉语“男”*nəm。“男人”朝鲜语 namtʃa < *nam-ta。“兄弟或姐妹”巴厘语 ȵamə < *namə。“客人”景颇语 mă^{31}nam^{31} < *ma-nam。独龙语 pɯ^{31}nɑm^{55} < *pə-nam。阿侬怒语 mɯ^{31}nɛm^{35} < *mu-nem。“男人”叫作“客人”是母系氏族社会习俗的遗留说法。

③ 汉语“女”*s-na-ʔ。“女人”日语 onna < *ʔona。鄂罗克语 inja < *ʔina。“女儿、姑娘”撒拉语 ɑnɑ < *ʔana，“儿媳妇”藏文 mnaɦ ma < *m-na。

汉语“妻”*s-nir。[①] “女人、妻子”蒙古语 əxnər < *ʔəq-nər，书面语 ekener < *ʔeke-nər。“女人”朝鲜语 njətʃa < *nur-ta。“妻子”朝鲜语扶安方言 manur < *ma-nur。“人”赫哲语 nio，索伦语 nirō < *niro。女真语（捏儿麻）*nirma < *nir-ma。

① “妻”清母字，声母来历与“七”同。“七”*tshit < *s-nit，是“二”*nit 的派生词。甲骨卜辞“妻”指先王的配偶。西周开始“妻”通常指男子的配偶。

第一个层次，“人”的说法是汉语来自南方的证据。第二个层次，“男”是母系社会的遗留说法。第三个层次，“女”和“妻”，是汉语与北方民族接触留下的证据。朝鲜语中的对应成分或来自早期的汉语。

（2）人称代词

甲骨卜辞单数第一人称代词用“余”“朕”，西周单数第一人称用“予”“我”“吾”“卬”。西周早期的《沈子簋》“朕”“吾”连用，大约是一种强调，或因“吾”初入书面语，以免误会。“尔”*nir、“乃”*s-noʔ、“女（汝）”*naʔ，殷商卜辞的第二人称代词，西周沿用。

甲骨卜辞第一人称复数“我”*ŋar < *ŋa-r，*-r 为复数后缀。《诗经》中“我”为单数第一人称。铭文中直到西周晚期宣王时期的器物毛公鼎还以“我”*ŋar 表示复数，称“我有周”。甲骨卜辞未见用“吾”，周早期铭文中出现“吾”，后又见于周中期和晚期器物的铭文，在接近口语的《诗经》中未见。“吾”和“女（汝）”可与藏缅语比较：

	西周汉语	嘉戎语	独龙语	哈尼语	早期藏缅语
第一人称	*ŋaʔ	ŋɑ	$ŋɑ^{53}$	$ŋa^{55}$	*ŋa
第二人称	*naʔ	no	$nɑ^{53}$	no^{55}	*na

喜马拉雅语支部分语言、彝缅语和藏羌语的第一人称单数通常是 ŋa。汉语的“吾”*ŋa，来自藏缅语。

“我”*ŋar < *ŋa-r 的词根 *ŋa 对应于藏缅语。“我”藏缅语也有读作塞音声母的，如巴兴语、瓦由语 gō、吐龙语 go。印欧语中“我”如丹麦语 jeg，希腊语 ego < *eg^we，古英语 ic、古挪威语 ek、哥特语 ik、赫梯语 uk < *ek^w。“我们”古英语 we、古挪威语 ver、古高地德语 wir、哥特语 weis < *g^we-r，*-r 也是复数后缀。

“乃”*s-noʔ，殷商的第二人称代词，西周沿用。第二人称“尔”*ni-r，词根对应于“你”，如道孚语 n̥i，土家语 $n̥i^{35}$，那加语索布窝马方言（Sopvoma） ni < *ni。据第一人称的情况推测，*-r 为复数后缀。

（3）指示代词

殷商卜辞近指为“兹”，远指为“之”，西周沿用。“其”甲骨卜辞中为疑问词，周早期文献为祈使语气的标记。“兹”“是”冠前缀 *s-。

1）近指代词

①“兹”*s-krə。[①]“这”日语 kore < *kore。

②“此”*qriʔ。“这”满文 ere，锡伯语 ər，鄂温克语 ərĭ，赫哲语 əi < *ʔere。

③“焉”*ʔan。[②]格曼僜语 an < *ʔan。

④“斯”*si。“这”鄂罗克语 si < *si。

⑤“时”*s-lə，“是”*s-liʔ。“这”德宏傣语 lai^{4} < *liʔ。景颇语 $n^{33}tai^{33}$，藏文 ɦdi < *m-li。

“时”为指示词见于《诗经·秦风·驷驖》：“奉时辰牡，辰牡孔硕。”《诗经·大雅·大明》：“时维鹰扬，凉彼武王。”“时”*s-lə 是“是”*s-liʔ 的方言读法，与这一时代的中部和西部方言有关。

⑥“寔”是“实”的异体字，为指示词见于《诗经·召南·小星》：“寔命不同！”“实”*qlik 为指示词见于《诗经·邶风·雄雉》：“展矣君子，实劳我心。”及《诗经·鄘风·柏舟》《诗经·郑风·扬之水》等，是春秋时代的用法。

⑦“厥”*kat 殷商甲骨卜辞中是定指标记，西周文献中为定指标记和指示代词。

2）远指代词

①“之”*qlə。“那”赛德克语 hija < *qila。邵语 huja < *qula。

---

① “兹”精母字，“丝省声”。

② “焉”为指示词见于《诗经·小雅·白驹》《诗经·小雅·有菀》等。

②“焉”*ʔan。“那”蒙达语 ena < *ʔena。桑塔利语 ona < *ʔona，hana < *qana。

“焉”为指示词见于《诗经·小雅·白驹》：“所谓伊人，于焉逍遥。”《诗经·小雅·有菀》：“有菀者柳，不尚息焉？”等等。

③“伊”*ʔir。“那”莫语 si^4 < *riʔ。赛夏语 hizaʔ < *qira。

“伊”为指示词见于《诗经·大雅·小明》：“心之忧矣，自诒伊戚。”

④“匪”*pər-ʔ < *pe-r。“那”格曼僜语 we < *b^{w}e。

⑤“其”*gjə。“那”朝鲜语 kɯ < *gə。傈僳语 go^{33} < *go。

（4）神灵和鬼魂

商周有关神灵鬼怪和魂魄之类的说法多数对应于阿尔泰语词，少数对应于藏缅语词。

1）神和帝

①“神”*slin，本字为“申”，字形如“闪电”。“雷”东乡语 oliən < *ʔulin。

②“析”*sik（甲骨文，帝于东方曰析）。“神祇”满文 soko。

③“粦”*rins < *rin-s（甲骨文，帝于南方曰粦）。汉语“灵”*reŋ。

④“彝”*lir（甲骨文，帝于西方曰彝）。①“邪魔”清代蒙文 eliye < *ʔelire。

⑤“勹”*brug（甲骨文，帝于北方曰勹）。②“神”鄂伦春语 bʊrkan < *burka-n。“雷”朝鲜语 pjərak < *bərag。

依卜辞，帝于四方其名不同，《周礼》说是昊天和四方之帝。③ 四方神名对应阿尔泰语等神祇之名。“灵”是“帝”在南方的化身，早期的卜者当

---

① 或为“帝于西方曰丰，风曰彝”。李圃：《甲骨文选注》，第 26 页。

② 从“勹”之字有 *prug、*pru 两音。

③ 《周礼》是战国时代的作品。如《春官宗伯第三》：“凡祭祀礼成，则告事毕。”“毕”置于句末表示完成，不见于《诗经》《论语》，见于《国语》《左传》。

在中原的北方。殷商祭祀的基本特征当承自早期的中原，又受北方阿尔泰文化的影响。如早期商文化的代表是二里岗文化，是在二里头文化的基础上发展起来的，有殉狗的习俗。[①] 到西周时代商的这一习俗便被废止。“狗”的驯养和利用为早期北方居民所注重。

2）鬼和魂魄

①“鬼”*kəl。达斡尔语 ʃurkul < *sur-kul。鄂伦春语 ʃirgul，鄂温克语 ʃiggul < *sir-gul。“丑鬼”清代蒙文 kultʃin < *kul-qin。

②“魂”*gən。“鬼”维吾尔语、乌孜别克语 dʒin，柯尔克孜语 dʒən < *gin。

③“魄”*prak < *prag。“灵魂”满文 fajaŋga < *paraga。

④“魅”汉语 *mət。“鬼魂”满文 butʃeli < *bute-li。“丑的”满文 botʃihe < *boti-qe。“鬼”桑塔利语 bhut，布兴语 bɤt < *but。

⑤“妖（夭）”汉语 *ʔre。“鬼”图瓦语 ɑzɑ < *ʔara。“通天鬼”满文 ari < *ʔari。

（5）时段的区分

古汉语时段的区分和名称与阿尔泰、南岛和藏缅等有不同的对应。

1）昼夜的区分

①“朝”*kle。“早上”蒙古语正蓝旗话 ɵgləː，布里亚特方言 ʉgləː < *ʔu-glə。

②“夙”*sok。“早上”巽他语 isuk。

③“昃”*sgrək。东部裕固语“弯曲”ɢorɣi < *ɢorgi，“变歪”ɢɑldʒi- < *ɢalgi。

④“莫（暮）”*mag。“暗的”保安语 mɑɢəmoɢo < *mogo。

---

① 赵芝荃:《二里头文化与二里岗文化》,《庆祝苏秉琦考古五十五年论文集》，文物出版社 1989 年版。

⑤“宵”*sle。“晚上”保安语 cilaŋ，土族语 ɕilaŋ（傍晚）< *sila-ŋ。

⑥“昏”*smən。“黄昏”藏文 mun（rub）< *mun。

⑦ “夕”*slak。“夜”藏文 ʑag < *lak。（一夜的“夜”）

2）昨和翌

许多语言面向过去以方位的前后喻时间的前后。“昨天”即“前日”，“明天”是“后面的日子”。如：

①“昨”*s-grak，“昔”*sklak。“古时”满文 dʒulge < *guləge。“前面”赫哲语 dʑylədʑ-gə < *gulig。

②“翌”*lək。“后面”藏文 mdʑug < *m-luk。

汉语原本是古汉藏语群体中的一种语言，来自末次冰期以前的江南地区，与南亚系语言相邻分布，基本词中仍保留着一些与南亚系语言对应的词，末次冰期之后越过长江分布在黄河下游一带。到了先商时代，在以古东夷语为底层上形成早期汉语，基本词中保留较多阿尔泰和南岛系语言的词汇。

◇ 三 汉语和印欧语基本词的对应

末次冰期前后，经中亚和西伯利亚，欧亚的语言有较多的交流，欧洲语言的一些词来自东亚，东亚语言的一些词来自欧洲，我们看到商周汉语与印欧语的一些词有对应关系。这些对应并非汉语独有，而是东亚和欧洲语言交流的结果。

1. 早期汉语和印欧语词的对应

以下我们以商周时代的汉语词为线索探讨亚欧两地语言的词源关系。

（1）“天” *qlin。[①]

“天”邵语 qali < *qali。京语 jəːi² < *li。“天、空气、上面”鄂罗克语 helle < *qele，ilu < *ʔilu。

> “天”意大利语、西班牙语 cielo < *qelo。
> “天、太阳”希腊语 helios、elios < *qelo-s。

（2）“星” *skreŋ < *sgre-ŋ。

“星星”古龙语（Kulung）sūŋ-ger，那车棱语（Nachereng）sɑ̄ŋ-gēr-wɑ < *sager-。藏文 skar，巴尔蒂语 skar-ma < *skar。缅文 krɑj²，阿昌语 khzə̠⁵⁵，载瓦语 kji̠⁵¹ < *kri。豪尔巴语 sgrai < *sgri。

桑塔利语 sukar < *sukar（夜晚的星星）。柬埔寨文 phkaːj < *p-kar。

喜马拉雅语支的 *suger 可代表来自东亚的早期的形式，藏语支的 *skar 是其简略说法，与桑塔利语 *sukar 有共同的来历。印欧语方面如：

> “星星”古教堂斯拉夫语、俄语 zvezda，立陶宛语 žvaigžde < *sgʷegr-da。波兰语 gwiazda < *gʷer-da。

与之有词源关系的是：

“亮的”维吾尔语 joruq、哈萨克语 dʒɑrəq < *goru-q，鄂伦春语 ŋəːrin、鄂温克语 nəːrin < *ŋəri-n，日语 *ʔakaru-ʔi。

> “亮的”梵语 andʒor < *agor。

*sugʷer 可代表欧亚两地该类说法的早期形式，印欧语的说法来自东亚。汉语“星”甲骨文开始以“生”为声符，甲骨文“星”或作“晶”（*skreŋ）。“生”的上古的读法同样是 sreŋ < *skreŋ，该演变可能发生在春秋之前或春秋之时。“新的”苗语养蒿话 xhi¹、巴亨语文界话 seŋ¹、长垌话 ŋkheŋ¹、

---

① 刘熙：《释名·释天》：“天，豫司兖冀以舌腹言之，天，显也，在上高显也。青徐以舌头言之。天，坦也，坦然高而远也。”“天”谐声字有“吞”“蚕”“添”“祆”等。“祆”古音 *hin，是南北朝时期的方言读音。

勉语大坪话 sjaŋ[1] < *skreŋ，当与汉语“生”的说法有词源关系。印欧语中如：

“绿的、生的”古英语 grene、古弗里斯语 grene、古挪威语 grænn < *gra-。
“未煮的”古英语 hreaw、古撒克逊语 hra、古挪威语 hrar、梵语 kravih < *kra-。
“新鲜的”希腊语 kreas < *kra-。“绿的”阿尔巴尼亚语 gjebër < *gre-bor。

（3）“丘”*khə < *gə。“山”兰坪普米语 ɣɢo，博嘎尔洛巴语 o go < *go。

“小山”芬兰语 keko。“石头”匈牙利文 kö < *ko。
“石头”格鲁吉亚语 kva < *k^{w}a。

（4）“火”*s-m^{w}al。阿美语 namal < *na-mal。大瓦拉语 ebala < *ʔebala。

“火、火焰”俄语 plamja < plama。芬兰语 palo。
“火焰”古法语 flamme，拉丁语 flamma < *bla-。

（5）“河”*gal。蒙古语 gol，东部裕固语 ɢol，维吾尔语 køl（湖），撒拉语 gol（湖），锡伯语 χol（沟）< *gol。

“水”梵语 dʒala < *gala。“游水”希腊语 kolympo < *kolu-bo。

汉语“河”本为“黄河”之专名，是早期汉语使用者借用当地阿尔泰居民的说法。

（6）“岳”*ŋrok，“碌”*krok。

“山”格鲁吉亚语 gɔrakhi < *goragi。
“岩石”古英语 crag，古爱尔兰语 crec、carrac（峭壁）< *kreg。

（7）“昼、昼”*qro-s。

“白天”印尼语 hari，米南卡保语 ari < *qari。“太阳”邹语 xire < *qire。鄂罗克语 aur < *ʔaure，uːri < *ʔuri。

> “白天”亚美尼亚语 or < *or。

（8）“妣”*pirs，“灵魂”西部裕固语 ever < *ʔeb^{w}er。

> “人”古法语 persone、拉丁语 persona < *perso-。
> “男人”立陶宛语 výras、拉丁语 vir、哥特语 wair、古英语 wer、古爱尔兰语 fer < *b^{w}ira。“妻子”古英语 freo。

（9）“妻”*snir < *s-nir。

“女人、妻子”蒙古语 əxnər < *ʔəq-nər。“妻子”朝鲜语扶安方言 manur < *ma-nur。“人”赫哲语 nio，索伦语 nirō < *niro。女真语（捏儿麻）*nirma < *nir-ma。

> “男人”梵语 nara、希腊语 aner、威尔士语 ner、亚美尼亚语 ayr。
> “男人”阿尔巴尼亚语 njeri < *neri。“女人”梵语 nari。

（10）“舌”*slat < *s-lat。

“舌”景颇语 ʃiŋ^{31}let^{31} < *s-let。苗语先进话 mplai^{8}，勉语长坪话 blet^{8} < *b-let。爪哇语 ilat < *ʔilat，日语 ɕita < *lita。“舔”佤语马散话 let，佤语艾帅话 lɛt，德昂语曼俄话 liat^{33} < *let。查莫罗语 hulat < *qulat。

> “舔”梵语 ledhi < *ledi。

汉语“曰”*ɢlat，“说”*qlat。“告诉”藏文 gjod < *g-lot。

汉语“谓”*grət-s。“说”藏语阿力克话 ɕat < *s-rat，巽他语 ŋarita < *ŋa-rita，亚齐语 marit < *ma-rit。

> “说”波兰语 rzets < *ret。
> “词”古英语 word、古高地德语 wort、哥特语 waurd、古挪威语 orð < *ord。

（11）“耳” *nəʔ、*snəʔ。

“耳朵”巴尔蒂语 sna。桑塔利语、尼科巴语 naŋ < *na-ŋ。“听”怒苏怒语 n̥ɑ^{33}，拉祜语 nɑ^{33} < *s-na。“脸”壮语武鸣话、西双版纳傣语、侗语na^{3} < *na-ʔ。

“脸、嘴、鼻子”梵语 aːna。[1] “脸”波兰语 ҫtҫiana < *si-ana。

（12）“目” *muk。

“眼睛”藏文 mig、巴尔蒂语 mik、马加尔语 mi-mik < *mik。“脸颊”马林厄语 bako < *baku。“嘴”桑塔利语 mukhɛ < *muge。“嘴、鸟嘴”赫哲语、锡伯语、鄂伦春语、满文 *ʔamga。

“脸”亚美尼亚语 demkh < *de-mug。
“脸颊”拉丁语 bucca，“嘴”古法语 boche < *buka。

（13）“胡” *g^{w}la。[2]

“喉咙、脖子”桑塔利语 gola 。“喉咙”维吾尔语 gɑl < *galo。蒙古语 xoːlɛː，东乡语 Goləi < *Gole。“喉咙、声音”沙外语 gli < *guli。

“喉咙、脖子、吞咽”梵语 gala。
拉丁语“喉咙”gula，“脖子”collum。“脖子、领子”古法语 coler。
意大利语“喉咙”gola，“脖子”collo。阿尔巴尼亚语“咳嗽”kollë < *kolo。

（14）“肘” *g^{w}lu-ʔ。

“肘”贡诺语、塔几亚语 *s-gulu。“臂”马京达瑙语 gəlu < *gulu，“手腕”大瓦拉语 g^{w}alu < *g^{w}alu。

希腊语“弯曲的”skolios < *skolo-，“钩子”tsiggeli < *tsi-geli。
“手指”梵语 aŋgula < *agula。

① 见 tamilcube. com/sanskrit-dictionary.aspx。

② 《诗经 · 豳风 · 狼跋》：“狼跋其胡，载疐其尾。”“跋”，颔下垂肉。

（15）“叶”*s-lap。“叶子”景颇语 lap^{31}，独龙语 lɑp^{55}，格曼僜语 lop^{53} < *lap。布农语 siɬav < *si-lab。蒙古语喀喇沁方言 lɑbɑ < *laba。

> “叶子”古英语 leaf、古撒克逊语 lof、古弗里斯语 laf < *lap。
>
> “树皮”古教堂斯拉夫语 lubu、立陶宛语 luobas < *luba。

“细的”布朗语 lɛp^{44} < *lep，西双版纳傣语 lɛp^{8} < *lep。“薄的”巴琉语 lap^{11}、布朗语甘塘话 lɤp^{33}（锋利）< *lap。“瘦的”尼科巴语 leːv < *leb^{w}。

> “细的”希腊语 leptos < *lep-。
>
> “薄的”希腊语 leptos < *lep-。“薄的、脆的”俄语 slav-j < *slab^{w}i-。

（16）“犬”*kh^{w}an-ʔ < *g^{w}an。“狗”鄂伦春语 ŋanakın < *ŋana-qin。

> “狗”意大利语 cane、拉丁语 canis < *kani-s，希腊语 kyon、阿尔巴尼亚语 kyen < *k^{w}an。

（17）“牛”*ŋə。土家语 wu^{35}，纳西语 ɣɯ^{33} < *g^{w}u。“水牛”侗语 kwe^{2}，水语 kui^{2}，壮语武鸣话、龙州话 vai^{2}，黎语 tui^{3} < *g^{w}i。

> “母牛”古英语 cu、古弗里斯语 ku，梵语 gau < *g^{w}u。

（18）“革”*krek。

> “皮、树皮”匈牙利文 kereg，格鲁吉亚语 kɛrki < *kerki。

（19）“斤”*s-gər。

“斧子”日语 *ma-sakari。“石斧”阿者拉语 gir。“矛”马林厄语 goru。“扎”道孚语 gə jɛ < *gore。

> “斧子”波兰语 siekiera < *sekera。
>
> “刺”苏格兰语 gorren，“矛”古英语 gar。

（20）“釜、鬴”*bla-ʔ。

“锅”赛夏语 balajan < *bala-jan。“盘子”达让僜语 be^{55}la^{55} < *bela。“烧”波那佩语 mb^{w}ul < *b^{w}ule。“煮”沙玛语 balla < *bala。

“锅、碗”古英语、古高地德语 bolla、古挪威语 bolle < *bola。

“碗”希腊语 kypela，“音钹”古英语 cimbal、古法语 cymbale。

“煮”亚美尼亚语 ephel < *ebel。

（21）“之” *qlə。“去”基诺语、巍山彝语、哈尼语 *le，莫图语 *la-ʔo。

“出去”亚美尼亚语 elnel < *el-。

（22）“趋” *skro。

“走”藏文 ɦgro，克伦语阿果话 tɕhɔ，纳西语 dʑi^{33} < *m-gro / *gri。朝鲜语扶安话 kərə < *gərə。“跑”阿伊努语 kiro < *kiro。“脚”基诺语 ʃɔ^{31}khi^{33}、哈尼语 a^{31}khɯ^{55}、纳西语 khɯ^{33} < *kri / *kru。

“跑”拉丁语 currere、法语 courir、西班牙语 correr、意大利语 correre < *kure-。

“跑去见面、现身”拉丁语 occurrere < *okure-。“去”阿尔巴尼亚语 ʃkoj < *skor。

（23）“徒” *gla（步行）。

“走”亚美尼亚语 khaylel < *gale-。“散步”俄语 guliatj < *gula-。

“走”格鲁吉亚语 gɛza < *gela。

（24）“步” *bags（行也）。“跑”赫哲语 *bug-danə，锡伯语 *pəɢ-si。

“跑”波兰语 biegatʃ、俄语 biegatj < *bega-，俄语 ubiegtj < *ubega-。

“去”希腊语 pegaina < *pega-na。

（25）“造” *sgrug。

“去、走”藏文 ɦgro < *m-gro。“脚”基诺语 ʃɔ^{31}khi^{33}、哈尼语 a^{31}khɯ^{55}、纳西语 khɯ^{33} < *kri / *kru。“跑”阿伊努语 kiro < *kiro。

“去”阿尔巴尼亚语 ʃkoj < *skor。

“跑”拉丁语 currere、法语 courir、西班牙语 correr、意大利语 correre < *kure-。

“跑去见面、现身”拉丁语 occurrere < *okure-。

（26）“跋”*bat（步行、踏）。“脚”柬埔寨文 baːtiːə < *bati，满文 bethe、赫哲语 fatχa、锡伯语 bətk < *bat-qa。

“走”希腊语 badizo < *badi-，“去”拉丁语 vado < *b^{w}ado。 “脚”英语 foot、法语 pied、意大利语 piede、希腊语 podi。 “脚跟”拉丁语 pēs、ped-is，梵语 pad-、哥特语 fōtus < *padu。

（27）“洗”*sən < *səl。鄂伦春语 ʃılkı-，鄂温克语 ʃixxi-ran < *sil-ki。“冲洗”藏文 bɕəl < *b-səl。“洗”缅文 hljɔ^2 < *slu。

“洗”梵语 kasal < *ka-sal。“洗”阿尔巴尼亚语 laj < *la-。 “洗澡”希腊语 loyo、loyro < *lo-。“洗、下雨、流”俄语 litjsa < *li-。

（28）“跪”*g^{w}arʔ。

“跪”中古朝鲜语 skwrta < *sgur-。“膝盖骨”满文 tobgija < *tob-gira。“膝盖”苗语养蒿话 tɕu^6、苗语野鸡坡话 ʐu^6 < *gru。黎语通什话 go^{6}rou^4 < *goru。

“跪”阿尔巴尼亚语 gju < *gru。

（29）“濡”*no。[①]

“洗”博嘎尔洛巴语 nɯ < *nu，义都珞巴语 ɑ^{55}nu^{55} < *ʔanu。“洗衣”鲁凯语 sinaw < *si-naʔu。“洗器皿”排湾语 səmənaw < *si-naʔu，赛德克语 sino。“洗澡”阿美语 *ʔinu。

“洗澡”梵语 snaːti < *sna-。

（30）“沦”*run[②]（沦《说文》一曰没也，“隂”《说文》山阜陷也）。“溲”*sru（浸泡也）。

“沉”满文 iru-，锡伯语、赫哲语 jru- < *ʔiru。

① 《诗经·曹风·候人》：“维鹈在梁，不濡其翼。”“濡”，湿也，渍也。

② 《诗经·小雅·小旻》：“或肃或艾，如彼泉流，无沦胥以败。”

> “倒下”古法语 ruine、拉丁语 ruina < *runa。

（31）“燎”*re。“烧”托莱语 reŋ < *reŋ。“点火”莫图语 *pa-ʔara，窝里沃语 *pa-rore，劳语 *paruʔa-ʔere。

> “烧、炙”俄语 ʐetɕj < *re-。
>
> “烧”亚美尼亚语 ayrvel < *ar-。“火”阿尔巴尼亚语 zjarr < *rar。

（32）*b^{w}ar（燔）。

“燃烧”藏文 ɦbar，夏河藏语 mbar < *m-bar。“点火”藏文 spar，错那门巴语 par，独龙语 wɑɹ^{55} < *s-par。都珞巴语 a^{55} bɹa^{55} < *bra。“火”克木语 phrɯa < *pra。“火焰”印尼语 bara < *bara。“烹”汉语 *praŋ < *pra-ŋ。

> “烧”亚美尼亚语 varvel < *b^{w}ar-。
>
> “点火、烧”古挪威语 brenna，“点火”古英语 bærnan，中古荷兰语 bernen。
>
> “烧”高地德语 brinnan < *bere-na。“烧、烤”俄语 v-ʐigatj < *b^{w}iriga-。

（33）“习”*gləp（《说文》数飞也）。

“飞”卡乌龙语 jap，西部斐济语 ðaβu < *lapu。雅美语 salap < *sa-lap。“飞、跳”大瓦拉语 lupa < *lupa。“翅膀”印尼语 saɹap < *salap，加龙语 alap、博嘎尔珞巴语 a lap < *ʔalap，蒙达语 talab < *talab。“羽毛”罗图马语 lalɔvi < *lalobi。

> “跑”德语 laufen < *lupe-。
>
> “跳”古英语 hleapan、古挪威语 hlaupa、古弗里斯语 hlapa < *klupa。

（34）“考” *klu。“问”汤加语 *kore，东部斐济语 *kere，独龙语 *kri。

> “问”阿尔巴尼亚语 kërkoj < *kor-kor。“问”匈牙利文 ker。

（35）“捭”*pri。

“打”西部裕固语 per- < *per。“击”满文 fori- < *pori。

“打”希腊语 baro < *bar-，ypertero < *uper-tero。

“打击”亚美尼亚语 harvatsel < *par-b^{w}ate-。

“打击”匈牙利文 ver < *b^{w}er。

（36）“瘗” *ʔrap（埋也）。①

“盖”吉尔伯特语 rabuna < *rabu-na，达密语 kerub。“藏”吉尔伯特语 *ka-raba。

“隐藏、遮盖”希腊语 krybo。

（37）“游” *glu。

“游（水）” 东部斐济语 galo < *galo。勒窝语 kulu < *kulu。“流”马都拉语 g^{w}ili。

“游水”希腊语 kolympo < *kolu-bo。

“小船”古法语 galion，“武装商船”西班牙语 galeon，“军舰”希腊语 galea < *gale。

（38）“薄” *bak。

“薄的”怒苏怒语 ba^{55}，缅文 po^{3} < *bag。“短的”蒙古语 bœgən、达斡尔语 bogunj、东乡语 boɣoni < *bogon。“（人）细”罗维阿纳语 vivigi < *b^{w}igi。“小的、少的”蒙古语 bag。

阿尔巴尼亚语“小的” vogël < *b^{w}oge-，“小”（代词、副词、形容词）pak。“小的、少的”亚美尼亚语 phokhr < *bog-。

“小的、短的”格鲁吉亚语 mɔkhli < *mog-。

（39）“卑” *pis。

“土、地”罗维阿纳语 pepeso < *peso。“下面、低的”维吾尔语 pɛs，柯尔克孜语 bɑs < *bas。“低的”柯尔克孜语 dʒɑpəz，图瓦语 dʒɑbɤs < *da-pas。

“低的”法语 bas、意大利语 basso < *baso。俄语 neb-sokij < *nebiso-。

① 《诗经·大雅·云汉》：“上下奠瘗，靡神不宗。”

（40）“远” *ɣjan < *gar，“永” *graŋʔ < *gra-ŋ。

“远”满文 goro，锡伯语 ɢorw，赫哲语 goro，鄂温克语、鄂伦春语 gɔrɔ，女真语（过罗）*kolo < *goro。达密语 gerõ < *gero。“长的”朝鲜语 kirta < *gir-。

希腊语“长的”makros < *ma-kros。“远”（副词）makria < *ma-kra。 “长的”阿尔巴尼亚语 gjatë < *gra-to。 “大的”法语 gros、拉丁语 grandis < *gra-。

“长的”格鲁吉亚语 grdzɛli < *gra-deli。

（41）“圜” *g^wran < *gur-an。

“圆的”藏文 sgor < *s-gor，博嘎尔洛巴语 kor kor < *kor。撒拉语gosgur，保安语 gosgor < *gol-gori。西部裕固语 doɢər < *do-gər。鄂伦春语 toŋgorin < *to-gor-in。“钩子”撒拉语 gugur < *gugur。“弯曲”土族语 *guguri，日语 *ma-garu。

“圆的”希腊语 gyro，“指环、圆”gyros < *guro-s。 “圆”阿尔巴尼亚语 kjark < *krak。“圆、轮子”梵语 tʃakra < *kakra。

“圆的”格鲁吉亚语 garʃɛmɔ < *gar-semo。

（42）“恶” *qak，“污” *q^wag。

“丑的”吉利维拉语 -migaga < *mi-gaga。“坏的”吉利威拉语 gaga < *gaga。“屎”东乡语 hɑnɣɑ < *qaga。满文 kaka < *kaka。（小儿屎）

“丑的”阿尔巴尼亚语 kekj < *keki，亚美尼亚语 tgeʁ < *t-geg。 希腊语“坏的”kakos < *kaka-，“丑的”kakakamemenos < *kaka-meno-。 “丑妇人”古英语 hag，“女巫”荷兰语 heks < *qag。 “丑的”格鲁吉亚语 ugvanɔ < *ug^wa-no。

（43）“赤” *khrak < *krak。

“红色”佤语 kra̠k，布朗语 saʔ^{31} khχak^{35} < *khrak。“血”藏文 khrag <

*krak。

“血”俄语 krovj、波兰语 krew < *kreg^{w}。“红的”波兰语 tʃerwony < *kerg^{w}o-。
“红的、血色的”俄语 okrobablenn-j < *okrog^{w}a-g^{w}le-（血—色的）。
“红的、紫色的”俄语 bagrov-j < *ba-grog^{w}i-。
“血”阿尔巴尼亚语 gjak < *grak。

汉语“赤”*krak 等可能来自欧洲的语言。早期的欧语有形容词、副词的 *-k^{w} 后缀。如：

汉语 *nik（暱，《说文》日近也）。“近”缅文 ni^{3}、景颇语 ni^{31}、怒苏怒语 ni^{55} < *nig，格曼僜语 *mu-ni。“少的”傈僳语 ne^{55}、木雅语 ni^{55}ni^{55} < *nini，克木语 ȵɛʔ < *neʔ。

“近”（副词）古英语 neh、古弗里斯语 nei、哥特语 nehwa < *nek^{w}a。

汉语 *nirʔ（迩），“近”（副词）古英语 near、古挪威语 naer < *nar。

（44）“黑” *s-muk。

“烟”巴拉望语 buk < *buk，巴拉望语、摩尔波格语 tabuk < *ta-buk。道孚语 mkhə、墨脱门巴语 mu gu < *mugu。他杭语 miŋku < *miku。

“烟”威尔士语 mwg，亚美尼亚语 mux < *muq。英语 smok，荷兰语 smook，德语 schmauch < *sk-muk。

（45）“白” *brak。“亮的”朝鲜语 parkta < *barg-。“干净的”桑塔利语 *ʔarik-parik。

“亮的、闪光的”古英语 bryht、古挪威语 bjartr、哥特语 bairhts < *bareg-。
“照耀、发光”梵语 bhradʒate < *baraga-。
“弄干净”英语 purge、古法语 purgier、拉丁语 purgare < *purga-。
“白的”西班牙语、葡萄牙语 blanco、法语 blanc、意大利语 bianco <

*blanko。
“白的”俄语 belok，波兰语 bialko。“热的”阿尔巴尼亚语 flaktë < *b^wlak-。

“白、直白”匈牙利文 vilagos < *b^wilagos。“白的”芬兰语 valkoinen < *b^walko-。

“亮的”匈牙利文 vilagos < *b^wilagos。“聪明的”芬兰语 välkky < *b^walki。

（46）“纶”*krun（青丝绶也）。

“绿的”缅文 tsin < *krin。

“绿的、生的”古英语 grene、古弗里斯语 grene、古挪威语 grænn < *grene。

汉语“青”*greŋ，“草”*s-gru。

“绿色”藏文、错那门巴语 *l-graŋ-ku。“草”藏文 rtswa < *r-kra，嘉戎语 kɑ tsɑ、义都洛巴语 kɑ^{55}ɹe^{55} < *kara。

“草、药草”古英语 græs、古高地德语、哥特语 gras < *gra-s。
“草”希腊语 gkazon < *garo-n。

（47）汉语“黄”*g^waŋ。

“黄的”劳语 *gogo-ʔa，普米语兰坪话 *gaŋ。

“蛋”藏文 sgo ŋa，道孚语 zgə ŋa < *sgo-ŋa。墨脱门巴语 go tham < *go-dam。佤语马散话 ka tɔm < *ka-tom。日语 tamago < *tama-go（球—蛋）。

“蛋”古英语 æg、希腊语 augo、古教堂斯拉夫语 aja、古高地德语 ei < *ago。“蛋”俄语 jajtso、波兰语 jajko < *gagko。

（48）“热”*ŋat。

“热的”雅美语 anŋet，米南卡保语 aŋeʔ，印尼语 haŋet（热的、温暖的）< *ʔaŋat。

“照耀”他加洛语 sikat < *si-kat。“太阳”巴拉望语 sɔ-git < *so-git，南

密语 n̥egat < *sni-gat。

“热的”古英语 hat、古弗里斯语 het、古挪威语 heitr、哥特语 heito < *keta。希腊语 kaytos < *kato-。

（49）“乏”*bap。

“累的”嘉戎语 spap < *s-pap，“空的”托莱语 pobono < *pobo-na。

“累”英语 poop < *bop。

（50）“斯”*si。

“这”鄂罗克语 si，卡那卡那富语 iisi < *ʔi-ʔisi。马加尔语 ise < *ʔise。

“这”古英语 þes < *de-si。古英语定冠词 se。

“这”高加索格鲁吉亚语 ɛs < *es。

（51）“之”*qlə。

“那”清代蒙文 ali < *ʔali。赛德克语 *qila，他加洛语 *ʔilan，邵语 *qula。“他”雅美语、沙玛语 ija < *ʔila，他加洛语、卡林阿语 sija < *sila。

“那”拉丁语 illa < *ila，阿尔巴尼亚语 tsila < *kila。

（52）“我”*ŋa-r（我们）。

“我”藏文、马加尔语 ŋa，缅文 ŋɑɑ^{2} < *ŋa。马那姆语 ŋau，波那佩语 ŋēi < *ŋa-ʔu / *ŋa-ʔi。

“我”丹麦语 jeg，希腊语 ego < *eg^{w}e。俄语、波兰语 ja < *ga。
“我”古英语 ic、古挪威语 ek、哥特语 ik、赫梯语 uk < *ek^{w}。
“我们”古英语 we、古挪威语 ver、古高地德语 wir、哥特语 weis < *g^{w}e-r。

匈牙利语“我”ego（名词性）。“我”爱斯基摩语 uwaŋa < *ʔugaŋa。

（53）“尔”*ni-r（你、你们）。

“你”道孚语 n̥i，土家语 n̥i^{35}，那加语索布窝马方言（Sopvoma）ni < *ni。迪马萨语 niŋ < *ni-ŋ。“你们”朝鲜书面语 nəhɯi，洪城话 nəɣɯi，庆州话

nəji < *nə-ri。

“你们”阿尔巴尼亚语 njeriu < *ne-ru。

2. 西周以后的汉语和印欧语词的对应

西周之后的汉语书面语中又出现了这样的一些词。如：

（1）“持”*gləs < *glə-s。

“手、手臂”满文 gala，锡伯语 ɢal，女真语（哈拉）*hala < *ɢala。鄂伦春语 ŋaːla，鄂温克语 ŋaːlă < *ŋala。“爪子”维吾尔语 tʃɑŋgɑl、哈萨克语 ʃɑŋgel < *ta-gal。“臂”巴厘语 sigal < *si-gal。

“爪子”古挪威语 klo。中古拉丁语 chela、希腊语 khele < *gele。
“爪子”亚美尼亚语 magil < *ma-gil。
“踝”英语 ankle、古挪威语 ökkla、古弗里斯语 ankel < *angele。
“蹄、爪子”拉丁语 ungula。

（2）“捏”*nit（捏）。

“压”克木语 nut < *nut。

“按（键）”梵语 nudh < *nud。
“推、压、按（铃）”梵语 praɲudati < *pra-nuda-。

（3）“擦”*s-krat，“刮”*krat。

“刮”缅文 rit、阿昌语 khʐ̩ət、嘉戎语 ka khrot < *krot，摩尔波格语 korut、亚齐语 krut < *korut。

“刮”法语 gratter < *grat-，俄语 skaredɲitɕatj < *skred-。
“摩擦、刮”古法语 grater、瑞典语 kratta、丹麦语 kratte < *krate。

（4）“舓”*slik。

“舔”缅文 jɑk，博嘎尔珞巴语 jak < *lak。“舌头”满文 ileŋgu，锡伯语 iliŋ，赫哲语 iləŋgu，鄂伦春语 iŋŋi，鄂温克语 iŋi，女真语（亦泠吉）

*ileŋki < *ʔiligi。

“舌头”拉丁语 lingue < *lig^{w}e。

“舔”古撒克逊语 likkon、哥特语 bi-laigon、古爱尔兰语 ligi-m（我舔）。

“汤勺”威尔士语 llwy < *lig^{w}i。

（5）“诛、殊”*g^{w}lo。（《说文》殊，死也。《广雅》殊，断也。）

“杀”布兴语 *ŋel。“切”爪哇语 nugəl < *ŋu-gol。

“杀”古英语 cwell < *g^{w}el。英语 kill 本义为“打、敲”。

“杀”匈牙利文 gyilkol < *gil-kol。格鲁吉亚语 khvla < *g^{w}la，mɔkhvla < *mo-g^{w}la。

“头”泰语 klau^{3}，壮语武鸣话 kjau^{3} < *kluʔ。克伦语乍叶因方言（Zayein）gø klo，帕他翁方言（Padaung）kɑ klɑo < *klo。

“头”俄语 golova。亚美尼亚语 glux < *g^{w}olu-。

“头盖骨”英语 skull，古挪威语 skall（秃头、头盖骨）< *skel。

“杀”可指断头，故可能与“头”有词源关系。

（6）“咳”*grək。

“咳嗽”藏文 glo rgjag < *glo-grak。“刮”布朗语甘塘话 krak^{33} < *krak，墨脱门巴语 khik < *krik，爪哇语 kəruʔ、萨萨克语 kərik、马京达瑙语 ^{ŋ}gərok < *ŋ-kəruk。

“咳出、吐”古英语 hræcan、古高地德语 rahhison（清喉咙）< *krak-。

“咕哝”立陶宛语 kregeti。

（7）“疫”*gək。

蒙文“疟疾”ʃulkuge < *sul-kuge，“残疾”emgek < *ʔem-gek。“痛”缅文 *kok、独龙语 *gik。“发烧”南密语 tʃaɣuk < *ta-guk。

希腊语“病”kako < *kako，“病的”kakkos < *kako-。

阿尔巴尼亚语“病”kekje < *keko，“病的”kekj < *kak-。

（8）“欣”*s-ŋər。

“高兴”那大语 gore < *gore。“笑”怒苏怒语 ɣɹe^{33} < *gre，吉尔伯特语 ŋare，墨脱门巴语 ŋar < *ŋar。

“高兴”（名词）希腊语 khara < *gara。
“高兴”（形容词）阿尔巴尼亚语 gëzuar < *geru-ar。

“喜欢”匈牙利文（动词）akar < *akar。

（9）“峰”*boŋ。

“山峰”朝鲜语 poŋuri < *boŋ-ʔuri（岩石—山）。“岩石”朝鲜语庆州方言等 paŋku < *baŋu。

（10）*bat（茇）（《广韵》草木根也）。

“脚”柬埔寨文 baːtiːə < *bati，满文 bethe、赫哲语 fatχa、锡伯语 bətk < *bat-qa。

“根”威尔士语 peth、古爱尔兰语 pet、布立吞语 pez < *ped。
“脚”英语 foot、法语 pied、意大利语 piede、希腊语 podi。“脚跟”拉丁语 pēs、ped-is，梵语 pad-、哥特语 fōtus < *padu。

（11）“根”*gər。

“根”托莱语 okor，马绍尔语 okaɽ，印尼语 akar < *ʔakor。蒙达语 dʒer，桑塔利语 dʒo̰ro̰（气根）< *ger / *goro。

“根”俄语 korenj、波兰语 korzeɲ < *kore-n。

（12）“毫”*ɣew < *gre，“须（鬚）”*sŋra。

“头发”藏文 skra。“根”怒苏怒语 gɹɯ^{55}，格曼僜语 kɹɑ^{53} < *gra。

（13）“吻”*mət。“嘴”柬埔寨语 *mot，蒙达语、桑塔利语 *mota。

“嘴”丹麦语 mund、荷兰语 mond、古英语 muþ（嘴、门）< *mud。
希腊语“鼻子”myte < *mute。拉丁语“下巴”mentum。
“嚼”拉丁语 mandere < *made-。

（14）“筏” *bat。

“筏”菲拉梅勒语 *pata。“浆”劳语、瓜依沃语 fote < *pote，雅美语 avat < *ʔabat。“划船”卡加延语 *buti。

> “船”古英语 bat，荷兰语、德语 boot，古爱尔兰语 batr < *bat。
> “船”意大利语 batello、法语 bateau、中世纪拉丁语 batellus < *bate-。

（15）“曝” *brok，“灼” *prak。

“晒”满文 walgi- < *b^{w}algi，布朗语甘塘话 prak^{33}、曼俄话 phɔk^{35}、佤语马散话 hɔk、壮语龙州话 phjaːk^{7}、壮语武鸣话 taːk^{7}、德宏傣语 taːk^{9} < *prak。

> “烤”古法语 frire、拉丁语 frigere、梵语 bhrjjati、希腊语 phrygrin < *brige-。
> “照耀”阿尔巴尼亚语 fërkoj < *b^{w}orko-，波兰语 blyskatʃ < *bluska-。

（16）“饿” *ŋar。“平的”多布语 toŋar-ni < *to-ŋar。

> “饿”古英语 hungor、古弗里斯语 hunger、古高地德语 hungar < *qugar。

（17）“饱” *pru-ʔ。

“饱”中古朝鲜语 pɯrɯta < *buru-。基诺语 prɯ^{33}，拉祜语 bu^{54} < *bru。勉语江底话 peu^{3}，东山话 pjau^{3} < *pru。

“满的”桑塔利语 purɛ < *pura，缅文 prɑɲ^{1}、阿昌语 pz̧əŋ^{35}、景颇语 phʒiŋ^{55} < *preŋ。

“多的”马绍尔语 kup^{w}ɔɽp^{w}ɔɽ、阿杰语 pɔ̃rɔ̆ < *ku-poro，查莫罗语 puroha < *puro-qa。

> “满的”梵语 purna，“多的”（不可数）bhuːri < *buri。

（18）“魅” *mət。

“鬼”桑塔利语 bhut，布兴语 bɤt < *but。柬埔寨文 khmaotʃ < *k-mat。“鬼魂”满文 butʃeli < *buti-li。“敌人”满文、锡伯语、鄂伦春语、达斡尔语

*bata，摩尔波格语、沙玛语 *bata，桑塔利语 *mude。“丑的”满文botʃihe < *boti-qe。

“鬼、恶魔”梵语 bhuːta < *buta。“鬼”阿尔巴尼亚语 fantazmë < *b^w^ata-rmo。
“鬼”希腊语 phansmo、意大利语 fantasma < *bat-sma。
“敌人”古英语 feond、古挪威语 fjandi、哥特语 fijands < *b^w^idi。

（19）“粗”*sgra。“重的（前头重的）”桑塔利语 ɛgɛr < *ʔagar。

“重的”拉丁语 gravis < *gra-，梵语 guruh < *gura-。
“重的、胖的、厚的”波兰语 gruby < *gru-。
“大的、粗的、胖的”古法语 gros、拉丁语 grossus < *gros-。
“胖的”法语 gras、意大利语 grasso < *graso。
“重的”芬兰语 ankara < *an-kara，格鲁吉亚语 bɔbɔkari < *bobo-kari。

亚欧语言的历史关系

◇ 一　亚欧地区早期的文明及其语言

1. 早期的亚欧人及其文明

目前学界主流派的结论是今天人类直系的祖先来自非洲。但从目前的语言材料看来，我们语言的源头可能不止一个。如上文有关第一人称代词单数形式的词源关系中已经提到，该代词词根为 *g^wa（*go、*gu、*ŋa）和 *mi（*bi、*me）的语言可能较早时已经分布在非洲、欧洲和亚洲。亚非语系的语言末次冰期前后才占有非洲北部地区，把非洲使用第一人称代词 *mi 和 *gu 的人群和欧洲的隔开，亚非语系语言在其他词源方面与亚洲的语言关系更为密切。

在二十万年或更长的一段时间里，现代智人的祖先经历了多次地球环境的重大变故，如数次的冰期和大规模的火山爆发。每一次地球环境的重大变化，人群就向不同地区迁徙。到了末次冰期时，其他的智人支系如欧洲的尼安德特人灭绝，末次冰期后东亚太平洋地区的小黑人灭绝，地球上只剩下我们这一支。从考古发掘的遗址密度看，末次冰期结束之时诸大陆人口的总数一定是很有限的。如今中国的这一地区，西汉时人口五千万，民国时约四亿五千万，约为两千年前的九倍。如果以此为依据推测，八千年前大江南北地区的人口不过数万而已。再往前推算，人数更少。

在距今一万年前，因农业出现，人口大规模增长，人群和语言随着农业的扩散而扩散，沿江河湖泊而居为各地人群的主要生活方式。

（1）亚欧文明的渊源关系

七万三千五百年前苏门答腊的多巴火山爆发，亚洲南部的人类可能濒于灭绝。根据亚洲和澳大利亚人群Y基因的分类和分布的研究，认为澳大利亚原住民、巴布亚人和达罗毗荼人六万年前来到东南亚和澳大利亚，蒙古利亚人种的形成在距今三万年前。①

距今三万年至一万年期间，东亚有三个主要的文化区：华北、华南和东南地区。华北细石器文化与藏北高原的旧石器和细石器具有一致性，华南和藏南的旧石器和细石器具有一致性，东南地区为粗大石器文化。②

综合考古、体质人类学和语言的分布特点，我们可以推测最近的四五万年东亚有数次大规模人群的迁徙。末次冰期以前欧洲的语言经中亚进入东亚，我们可以观察到欧、亚语言早期的某些联系。末次冰期期间，北方居民南移，形成东亚大陆分布在西部地区和东部地区的不同语群，北亚人迁往美洲。在此期间，也有分别经西伯利亚和中亚进入北亚和东亚的欧洲的语言。末次冰期之后，气候转暖，欧亚语言经中亚的交流是显而易见的。在东亚大陆，从南到北依次分布着南岛、南亚、汉藏和阿尔泰的早期语言。汉藏语的主要支系先是北迁，后又部分南移。

三万四千年至二万六千年前占据欧洲大部分地区和亚洲西南部的细石器文化被称为奥瑞纳文化。考古表明，距今四万三千年到三万八千年前的这段时间欧洲和西亚的人群有较多的迁徙，至末次冰期期间形成遍布该地区的

---

① 王传超、李辉：《从Y染色体解释东亚人群的历史》，Investigative Genetics, 2013, 4(1): 11。

② 汤惠生：《略论青藏高原的旧石器和细石器》，《考古》1995年第5期。

奥瑞纳文化的分布，也就是说，可能有一种或多种早期欧洲和西亚的语言分布于这一地区。

尼安德特人和早期的欧洲居民克罗马农人（Cro-Magnon）并存，尼安德特人三万多年前灭绝。此后的一段时间里，欧洲形成高加索人种。

考古界所谓的“河套人”，是指具有某些蒙古利亚人种特征距今约三四万年的人类化石，发现于陕西、内蒙古交界的萨拉乌素（英文 Sjara-osso-gol，蒙古语义为“黄一水一河）。故河套文化又称萨拉乌素文化，为早期的细石器文化。著名的山西沁水下川文化存在于距今二万四千年至一万六千年这一时期。其晚期以种类繁多的细石器为主，也有沿袭早期的粗大石器，为采猎经济。北亚、东北亚（包括日本、朝鲜）和北美的一些与之基本相同的细石器文化，出现的时代较晚。前仰韶文化保留的细石器文化因素中有相似的一面。[①] 下川文化是华北和东北亚末次冰期期间当地文化的标记。自数万年形成的蒙古利亚人种扩散之后，大陆的东、西有中亚和西伯利亚两条人群相互迁徙的主要通道。

不同于萨拉乌素文化的是著名的宁夏灵武水洞沟文化，该文化距今三万多年（或说两万年），类似于欧洲莫斯特、奥瑞纳一类文化，当为西来。受高加索人种体质的影响，西部地区细石器文化的蒙古利亚人与东部沿海北上的蒙古利亚人有一定的不同。很长一段时间之后，仍是西部的蒙古利亚种群人头型较长，眼窝较深，东部的头型较短，眼窝较浅。东南沿海的居民，个头较矮，头型较短，鼻梁较低。

裴文中先生认为：“在西伯利亚境内，已发现旧石器时代晚期之遗物，与欧洲奥瑞纳文化者及马格德文化者，均相似。”“分布于亚洲之北部及欧洲之中北部，成为一独立之系统。时间前进，此系统之文化更向中国境内

① 石兴邦：《下川文化研究》，《庆祝苏秉琦考古五十五年论文集》，文物出版社 1989 年版。

移动。”[①] 由于来自欧洲经中西伯利亚到达东西伯利亚的人群的融入，包括黑龙江下游在内的北亚地区的情况与辽河流域有所不同。

划分诸语系的依据大多是近数千年的语言接触和分化留下的。如阿尔泰和南岛语系，汉藏和南亚语系的诸语结构分别比较接近，是部落交际语的扩散和语言的相互接触造成的，它们的对应关系可以追溯至更早的主要源头。亚欧、非洲、澳大利亚土著和美洲印第安人语言词源关系跨语系的对应是数万年中语言的扩散和转用造成的。

在东亚乃至整个亚洲地区数万年的语言交错扩散的过程中，没有什么语言的词汇不是混合的，印欧语与东亚诸语基本词的全面对应是不奇怪的。氏族和部落联盟发展的结果是地理上相近的语言词汇更为接近。相距遥远的语言尽管它们分别与同一语支或语族的语言相近，底层保留的结果是一些基本词仍能看出它们有共同的来历，并显示出各自形态和语音演变的历史遗存。

部分阿尔泰语、南岛语、藏缅语、印第安语，梵语等印欧语，都把“太阳”叫作“白天的眼睛”，“月亮”叫作“夜里的太阳”，或用“夜”代指“月亮”，“天”代指“云”，构词成分不同，构词理念相同。这说明早在印第安人东迁之前，东亚人持有一类分布较广的文化，当来自末次冰期期间以及更早前某一地区人群观念的传播。东亚的西南地区与南亚相连，据遗传基因特征的比较研究，大约在一万九千年前有一支不同于东亚蒙古利亚人种的人群从南亚进入东亚，他们的特征基因出现在如今使用南亚语系语言、苗瑶语和藏缅语的人群中，甚至还出现在日本。[②] 词源关系的比较中发现的是，巴布亚新几内亚土著的语言与达罗毗荼语系和东亚的语言有不同于欧洲语言的密切关系。

---

① 裴文中：《中国细石器文化略说》，《中国史前时期之研究》，商务印书馆 1948 年版。

② 王传超、李辉：《从 Y 染色体解释东亚人群的历史》，*Investigative Genetics*, 2013, 4(1):11。

印第安语的祖语参与了东亚的第一次语言扩散和接触，除了与古乌拉尔的语言，还与南岛—阿尔泰语群的语言关系比较密切。印第安人的语言差异甚大，研究者通常将其划分为不同的语系，有的认为有共同的来源。印第安人的语言从东北亚一带迁入的可能有主要的三批：一是以东北亚蒙古利亚人种为主的早期移民；二是与乌拉尔人混合以后稍晚的北亚人；三是末次冰期之后从阿留申群岛进入北美的移民。

加拿大北部的爱斯基摩语，较晚才从北亚迁过去，与阿伊努语一样，跟阿尔泰语群的语言基本词有较多的对应，这应是早期的该语言跟阿尔泰语、阿伊努语有接触关系的证明。日本和库页岛的鄂罗克语只有少数基本词与满通古斯语对应，较多阿尔泰语和南岛语的特点。

早期某一地域的人群今天可能分布于远离该地的不同地区，今天分布于该地的人群原本可能分布在边远地区。今天分布于东亚和太平洋边远地区的语言的共同特征，可能有早期的创新（其中也包括引起这些语言平行演变的那些因素）。至于今天偏于某一地区的少数语言特征往往是后来才开始传播的。

早期个别强势语言的特征可能遗留为后来某一些语言的共同特征，早期某一区域语言的共同特征今天可能只是一些语言的底层特征。

（2）大陆语言早期特征的遗留

从基本词的对应关系看，非洲和欧亚的语言的一些基本词有共同的来历，可能分别来自早期人类语言分化之后的两个或多个源头。从今天亚洲、欧洲和非洲的大陆词的分布看，原本可能有多个源头，后来的人群迁徙和语言接触留下的词源关系构成两条主要的词源关系链：从非洲、欧洲到北亚；从非洲到中东、到南亚和东亚太平洋地区，又从东亚到欧洲的词的对应。

圆唇塞音与非圆唇辅音的对应关系可以说明早期的东亚和欧洲的语言有 p^w、b^w、k^w、g^w 圆唇塞音。东亚边缘地区语言的词源关系、语音和形态特征恰巧说明它们是从末次冰期以前开始的语言扩散的结果。非洲南部的语言则只有残存的圆唇塞音，发展起来的是吸气音。

尽管现存的东亚太平洋语言只有少数有小舌音，可以推测早期的阿尔泰、南岛、汉藏、南亚和印欧语有小舌音，早期的东亚语也是如此，语音的对应关系可以证明这一点。

早期形态的共同底层在东亚太平洋的语言中有许多体现，如名词前缀 *ʔa-、*ʔi-、*ʔu- 等的残存，尚不能确定是否为早期东亚语言的主格标记。东亚语言中分布较广的凝固于词根的 *-al-、*-ur- 应是早期中缀的残存。

前缀 *ʔa-、*ʔi-、*ʔo-、*ʔu- 在南亚语和另外的一些语言中表现为使动前缀，应是稍晚才有的。印第安语、俄语和阿拉伯语的屈折特征也应该是后来发展的。

动词的使动前缀 *s- 保留于汉藏、南亚、南岛、阿尔泰和印欧语中，身体部位词的名词前缀 *s- 保留于爱斯基摩语、汉藏语以及南岛、南亚语的一些词中，应是早期东亚语群的语言所流行的。

东亚和太平洋地区不同语系的语言中还有一些区域性的底层。如“太阳”爪哇语 *be、朝鲜语 *p^{w}e、日语 *pi，美洲印第安语达科他语（Dakota）wi，苏语（Sioux）we < *b^{w}e，反映了东亚最古老的词源关系。“太阳” *be、“火” *me、近指代词 *ni 等从分布看有共同的来历，即早期的东亚有一个古老的语言源头。

一些语言构成的“白天的眼睛”的词中，“白天”原本就是指“太阳”，可见“白天的眼睛”这一类说法是后来才有的。“太阳”叫作“白天的眼睛”的说法可能晚于将“太阳”看作“火”“火焰”的说法，因为“白天的眼睛”的说法主要分布在南岛、南亚语和有南岛语底层的侗台语，是观念传播的产物。

东亚太平洋和印第安人的语言“太阳”的说法排除了那些后起的（包括那些仅仅分布于较小范围的），主要与“火”“燃烧”等有词源关系。汉语等的*nit < *ni-t，主要分布于阿尔泰—南岛语群，*-t 为古东亚语的名词后缀，

或许与不同地区名词的复数后缀有关。

东亚太平洋语言中“天”的说法往往与“云”的说法对应，包含着更加隐蔽的关系。如：

①“天”壮语龙州话 fa^4，德宏傣语 fa^4，黎语 fa^3 < *b^{w}aʔ。佤语马散话 ka ma，孟汞话 ba < *ka-ba。柯尔克孜语 ɑbɑ < *ʔaba。南密语 awe < *ʔab^{w}e。

“云”壮语武鸣话 fɯ^3，仫佬语 kwa^3，侗语 ma^3 < *kəbaʔ。瓜依沃语 kofa，那大语（Ngada）kobe-sa < *koba。

②“天”达让僜语 tɯm^{55} < *tim。“云”缅文 tim^2。

③“天”缅文 mo^3 < *mu。“云”拉祜语 mo^{31}，喜德彝语 mu^{33}ti^{55}。

④“天”图瓦语 kurmusdɤ < *kurmu-sdɤ。“云”中古朝鲜语 kurɯm < *gurum。

其他如“天、云”尼科巴语 taɽul < *tarul，阿伊努语 nis < *nis。

巴布亚宁德娄语（Nyindrou）“云”asi ka^{n}d^{r}ah，意思是“天的屎”。巴布亚塔几亚语（Takia）“云”tim tae-n，意思是“风的屎”。黎语保定话“云”deːk^{7}fa^3，意思是“天的渣子”。壮傣、侗水支系的语言直接用“云”指“天”，其原来的说法可能和黎语一样。东亚太平洋语言和印欧语“云”的说法往往与“天”的说法对应或兼指，有的是把“云”说成“天的屎”一类的简略说法。可能把“云”说成“天的屎”在早期的东亚是很普遍的，就像把“月亮”说成“晚上的太阳”那样。

浙、闽、赣、湘和两广地区的汉语方言和侗台语有先喉塞音（内爆音）声母。有的区域性特征表现在一个较小范围内，如西北甘青地区、云贵地区等。一个较大范围的语言区域性特征不一定是完全相连成片的，而较小范围的区域性特征在不同语言和方言之间一致。

历史上的区域性特征的分布则可能是另外一种情况。如汉语闽南方言、黎语通什话浊塞音和其他方言同部位鼻音可以有对应关系，阿尔泰和南岛语中的 m- < *b-，ŋ- < *g-，应是早期沿海语言的底层特征。

南岛语有早期的名词后缀 *-q 和 *-s，它们的演变形式主要保留在台湾的南岛语和马来—他加洛语中。汉语、侗台语、苗瑶语和部分藏缅语有共同的语言区域性特征，即韵尾特征，其中包括 *-q、*-s 以及它们的演变形式 *-h，后来表现为原始的音节声调。

阿尔泰、南岛语、南亚语和一些汉藏语的共同历史特点是舌尖塞音演变为塞擦音，后来又有一些舌根塞音受高元音影响成为塞擦音。

东亚太平洋语言形态和语音方面的部分底层特征可能承自早期的蒙古利亚人的东亚语。

2. 末次冰期结束后的东亚

（1）农业文明的出现

某一区域语言或方言的一致大抵出自某一语源的传播或影响，若分歧很大，通常是语源复杂。美洲、澳洲和巴布亚的语言分歧较大，显然不能从本地区的语言中寻找它们的共同语。由于农业出现较晚，这些地区在过去的数千年中缺少统一语言的力量。

末次冰期结束后，距今一万三千年至一万二千年时全球气候才有转暖的趋势。距今一万二千年至一万年开始，我国大部分地区的气候明显好转，北京丘陵平原地区的植被是以椴、桦和栎等树木为主的暖温带落叶阔叶林。[①]

栽培水稻大约一万多年前起源于华南地区，淮河流域八九千年前开始栽培稻和粟（小米）。栽培稻可能是一万年前经由西南地区传至今印度。八千年前的辽河西部流域的兴隆洼文化中已有较多的农业因素，延续至五千多年前的红山文化中。农业的出现和定居的生活使得语言的分布趋于相对稳定，

---

① 杨怀仁、陈西庆：《中国末次冰期的古气候》《中国晚第四纪古环境的特征及其影响因素》等论文，《第四纪冰川与第四纪地质论文集》（第五集），地质出版社 1988 年版。

此后东亚才有与地域分布比较一致的现代语言发生学意义上的“语系”。

中亚地区在距今七八千年前进入新石器时代，使用陶器，种植大麦和小麦，饲养狗、牛和羊。印欧人的农业始于中亚，五千多年前传至英伦诸岛。[①] 四千年前印欧人较多进入中国西北地区。直到今天，尤其是新疆地区的居民具有更多西方人的特征，是古代中亚和新疆地区的人群融合的结果。青铜时代三星堆遗址中高鼻深目的人像、塔克拉玛干沙漠中三四千年前的印欧人遗址都提示了这一时期自西往东的文明传播。小麦原产于西亚，大约四千年前传至新疆，见于孔雀河流域的考古遗址。

不同于地中海、非洲和印度等地细石器的华北细石器文化，后来往西传的途径是经新疆至哈萨克斯坦、土库曼斯坦等中亚地区。[②] 蒙古地区和西伯利亚南部应是末次冰期以来至青铜时代中亚和东亚、东北亚人类迁徙的主要通道，一直到两千年前仍是匈奴西迁的主要通道。

六千多年前黄河中游的仰韶文化向西、向北发展，黄河上游为藏缅文化，在甘青地区与阿尔泰语有密切的接触关系。大约四五千年前藏缅人沿西南民族走廊南下，迁移到南亚地区的是使用库基—那加、博多—加洛等语言的居民，中国境内的是春秋至汉末的羌、戎民族。

五千多年前红山文化扩张，阿尔泰居民向东、西发展，至西周称为北狄、玁狁和东北夷。如今我们推测的汉藏、阿尔泰语系的历史晚于农业文明的历史，这正好说明语系的扩展借助于农业文明的发展。渔猎民族（或族群）往往分布于农业文明的边缘地区，他们的语言与农耕民族的语言关系较远。在巴布亚、西伯利亚和南亚地区，一些来自东亚的语言仍保留着一些尤为古老的特征。

---

① 道格拉斯·普赖斯:《欧洲的中石器》，潘艳、陈淳译，《南方文物》2010 年第 4 期。

② 贾兰坡:《中国细石器的特征和它的传统、起源和分布》,《古脊椎动物与古人类》1978 年第 2 期。

东亚太平洋语言“年”的说法跟作物的“播种”和“收获”有关，跟“芋头、山药”及“稻”“粟”等的名称有关，和“种子”的说法有关。印欧语不同支系语言“年”和有关“种子”的几种主要说法对应于东亚的说法。我们可以据此推测，中东早期的农业文明可能与东亚的农业文明有密切关系。从西伯利亚或中亚到欧洲，依托于这一类农业文化的语言取代了原来分布在欧洲的那些语言。

我们今天称为同一语系或同一语族或同一语支的语言，它们的语音系统可追溯至共同的源头，又保留不同的语音、词汇和形态的底层。东亚太平洋语言底层的分布是有规律的，是探索早期东亚语言词源和语源的依据。

东亚和南亚的语言有相近的共同底层，与旧石器时代两地人群的来往迁徙有关。末次冰期之后随着农业的产生和人群的迁徙，东亚人主要从中亚进入中东，东亚的语言成为古印欧语的直接源头，今天印欧语的一些词仍和东亚太平洋一些语言的主要说法对应。青铜时代三星堆遗址中高鼻深目的人像、塔克拉玛干沙漠中三四千年前的印欧人遗址都提示了稍晚时东、西文明的交流情况。

（2）末次冰期结束之后东亚语言的底层

语言的底层如同彩画的底色，其成分往往成为新语言的重要部分。语言难免经历多次转用，经历双语或多语相互影响的过程，才成为后来的那个样子。我们可以根据支系内部的差异估计早年间语言转用的情况，也可以依据保留的底层追溯语系形成以前不同来历语言之间的关系。东亚语言的源头可以从语音、形态和概念的表达三个方面追溯，其历史信息集中于词汇。语言词汇的来源是复杂的，为了解释它们的历史，区分不同时期的底层是必要的。

末次冰期结束之后沿海和内地的一些语言北上，处于阴山以北的以北亚的语言为底层形成阿尔泰语群，河淮地区与本地的语言结合形成汉语和藏缅语，长江流域形成苗瑶语群和侗台语群。南岛语中的泰雅语群一度与阿尔泰语有较为密切的关系，五六千年前迁居台湾以早前居于台湾的语言（左镇人的语言）为底层，成为一种有自己特色的南岛语。期间从中国台湾南下菲律宾的阿尔泰语成为后来从大陆陆续迁往菲律宾的南岛语的底层。诸如此类的情况在末次冰期结束之后在东亚太平洋各地发生。

侗台语与突厥语的一些词源关系可能与突厥语北迁之前的末次冰期期间的分布有关。相当一部分侗台语词来自南岛语，拙作《南岛语分类研究》中已经说明，侗台语与南岛语的接触关系可区分为两个不同的阶段。第一个阶段在商周时期的长江下游地区，第二个阶段在周以后的长江以南的不同地区。侗台语中的南岛语词大多是在南岛人转用侗台语的过程中保留下来的。

高加索语系的格鲁吉亚语与芬兰—乌戈尔语、印欧语以及东亚的语言如指示代词、人称代词和身体部位词等基本词多有对应，同时格鲁吉亚语动词的古 *s- 和 *m- 前缀、名词的古 *a- 前缀等说明它们不仅仅与印欧语，还与东亚的语言有语源关系。

3. 亚欧语言人称代词的历史层次

前面我们已经提到，日耳曼、赫梯、希腊、拉丁、斯拉夫和梵语的第一人称代词单数主格的主要形式当来自 *g^wa，对应于汉藏语、南岛语的 *ŋa 和 *go，澳大利亚土著语言的 *ga。古波斯、亚美尼亚、拉脱维亚和阿尔巴尼亚等语言的说法分别有三个对应于欧亚其他语言的来历。

笔者设想，亚、欧语言第一、第二人称代词的交流主要有三个基本的层次：一是早期的欧亚语言的底层（A）；二是末次冰期结束前后欧亚两地的文明的交流留下的（B）；三是末次冰期结束后随着农业文明的扩散，东亚的移民经由中亚带给欧洲的（C）。

（1）第一人称

① 东亚太平洋语言 *ŋa、g^wa、*go 和印欧语 *ga、*aka、*ek^w 和 *g^we。

汉语“我”*ŋa-r，商代为第一人称复数形式，西周开始指单数，*-r 为复数后缀，词根同“吾”*ŋa，对应藏文、马加尔语 ŋa，缅文 ŋɑɑ^2 等的第一人称单数。印欧语和突厥语以 g- 对应东亚其他语言的 ŋ-。[①] “我、我自己”苏米尔语为 ŋá。

*-r 为突厥语、少数南岛语和印欧语人称复数后缀，如第二人称的单、复数所有格形式，古英语 eower、古弗里斯语 iuwer、哥特语 izwar、古挪威语 yðvarr < *idu-ar。“他们”古瑞典语 Þer、古挪威语 Þeir < *te-r。复数所有格形式的后缀为 *-ar。

“我们”土耳其语、维吾尔语 biz，图瓦语 bis < *bi-r。撒拉语 pisir < *biri-r。西部裕固语 məs-der < *bir-der。

② 东亚太平洋语言 *mi、*bi、*ben 和印欧语 *mi、*me。

“我”苏米尔语 men。

“我们”匈牙利文 mi、芬兰语、爱沙尼亚语 me < *me。

③ 东亚太平洋语言 *na、ni、*nu、*ʔan 和印欧语 *ni、*ena 和 *uns。

“我”（宾格）匈牙利文 en。“我们”印第安人的语言西部阿帕齐语nee < *ne。

该人称代词词根 *ni 前面已说明还分布于亚非语系、澳大利亚土著语言。

④ 东亚太平洋语言 *de 和印欧语 *adam。

（2）第二人称

东亚太平洋语言和印欧语的“你”与“你们”“那”或“这”等说法有词源关系。

①“你”蒙古语 tʃiː（主格）< *ti，tʃam-（宾格等），tʃin-（领格）。保安语 tʃi < *ti。东乡语 tʂɯ < *tu。

---

① 如汉语 *ŋar（饿），“饿的”古英语 hungor、古弗里斯语 hunger、古高地德语 hungar < *qugar。如果汉语和日耳曼语该词有词源关系，其早期的词根形式应是 *ŋar。日耳曼语用一个鼻音和塞音模仿鼻音。这种形式在印欧语中是常见的。

"那"土族语 te、赫哲语 ti < *ti。卑南语 iḍu < *ʔidu，排湾语dzua < *du-ʔa。藏文 de < *de。阿昌语 the < *de。彝语喜德话 $a^{33}di^{55}$ < *ʔadi。"你的"保安语 tɕinə < *tinə。

"你"古英语、古挪威语、哥特语 þu，古高地德语 du，亚美尼亚语 du。拉丁语、立陶宛语 tu，古教堂斯拉夫语 ty < *tu。威尔士语 ti。 "你"俄语 tɨ、波兰语 ty < *tu，"你、你们"阿尔巴尼亚语 të < *to。 "那"俄语、波兰语 to，希腊语、梵语、古教堂斯拉夫语定冠词 to。

"你"希伯来语 ata，阿拉伯语 anta < *ata。匈牙利语 te。

前面已说明该人称代词词根 *da 或 *du 还分布于澳大利亚土著语言中。

②"你"泰雅语 ʔisuʔ，赛德克语 isu，鲁凯语 kasu < *ʔi-su / *ka-su。布农语 su，邹语 suu，排湾语 sun < *su / *su-ʔu / *sun。

"你们"满文 suwe < *su-me，鄂伦春语 ʃuː、赫哲语 su < *su。壮语武鸣话 sou^1、布依语 su^1、水语 $saːu^1$ < *su。"那"日语 sono < *so-no。

"你"希腊语 sy < *su。"你的"希腊语 sos < *so-s。 "你们"希腊语 su，seis < *su-，eseis < *esu-。

"你"古突厥语、土耳其语、哈萨克语、图瓦语 sen，维吾尔语 sɛn < *sen。满文 si，鄂伦春语、鄂温克语 ʃiː，赫哲语 ɕi < *si。

"你"芬兰语 sinä、爱沙尼亚语 sina < *si-。"你、你们"格鲁吉亚语 ʃɛn < *sen。

③"你、你们俩"蒙达语 āben < *ʔaben。

"你、你们"（主格、宾格）波兰语 pan、panna < *pana。

④"你们"蒙古语 taːnăr < *tan-ar，tan- < *ta-n。（尊称）土族语 taŋgula < *ta-gula。保安语 ta < *ta，taɢalə < *ta-ɢalə（造—联格）。

"你"萨萨克语 anta < *ʔata。

"你们"（单、复数所有格）古英语 eower、古弗里斯语 iuwer、哥特

语 izwar、古挪威语 yðvarr < *idu-ar。“你、你们”亚美尼亚语 du < *du。
“你们”意大利语 te。“你、你们”阿尔巴尼亚语 të < *to。
“你们”阿尔巴尼亚语 teje < *te-re。

⑤“你们”马林厄语 ɣotilo < *go-tilu。“你”南密语、阿杰语 *ge，查莫罗语 *qago，罗维阿纳语 *ʔago-ʔi。

“你们”古英语 ge（主格）、古撒克逊语 gi < *ge，立陶宛语 jus < *gus。
“你们”古英语 eow（与格和宾格的复数）、古弗里斯语 iuwe < *ig^{w}e。
“你们”意大利语 voi < *g^{w}i，俄语 v-、波兰语 wy < *g^{w}i。
“你们”亚美尼亚语（主格）jez < *ge-l。

⑥“你们”维吾尔语 silɛr，撒拉语 selər < *si-ler。哈萨克语 sizder < *sir-ler。图瓦语 silɛlɛr < *sile-ler。塔塔尔语 senlɛr < *sen-ler。①

“你”满文 si，鄂伦春语、鄂温克语 ʃiː，赫哲语 ɕi < *si。“那”马加尔语 ose < *ʔo-se。

“你们”意大利语 si，“你们是”梵语 asi。

⑦“你们”朝鲜书面语 nəhɯi，洪城话 nəɣɯi，庆州话 nəji < *nə-ri。朝鲜语庆兴话 nətɯr < *nə-dur。汉语 *ni-r（尔）。“你”道孚语 ȵi，土家语 ȵi^{35}，那加语索布窝马方言（Sopvoma） ni < *ni。迪马萨语 niŋ < *ni-ŋ。

“你们”阿尔巴尼亚语 njeriu < *ne-ru。

“你”印第安人的语言西部阿帕齐语 ni < *ni。

（3）亚欧语言第一、第二人称代词的三个不同层次的对应

A 层（早期的欧亚语言的底层）

第一人称“我、我们”：阿伊努语 *ʔani，姆布拉语 *ni-ʔo，那加语 *ni，尼科巴语 *qi-ni。朝鲜语 *na，土家语 *ʔani，他杭语 *ni。

---

① “你们”芬兰语 senkin < *sen-kin。

第二人称“你、你们”：蒙古语、保安语 *ti，东乡语 *tu；古英语、古挪威语、哥特语、古高地德语、亚美尼亚语等 *du，拉丁语、立陶宛语、古教堂斯拉夫语等 *tu，威尔士语 *ti，阿尔巴尼亚语 *to；匈牙利语 te。“你”希伯来语 ata，阿拉伯语 anta、anti。

B 层（末次冰期前后亚欧交流留下的）

第一人称“我”：梵语、斯拉夫语、希腊语 -mi，古英语 me、古弗里斯语 *mi-，古高地德语 *mi-r，古教堂斯拉夫语、拉丁语、希腊语 me，阿尔巴尼亚语 *mo；“我”蒙古语 biː，满文、锡伯语、赫哲语 bi，鄂温克语、鄂伦春语 biː < *bi。

第二人称“你、你们”：维吾尔语 -ŋi、-ŋiz，南密语、阿杰语 *ge，查莫罗语 *qago，罗维阿纳语 *ʔago-ʔi。马林厄语 *go-tilu。

“你”“你们”朝鲜书面语 nəhɯi、洪城话 nəɣɯi、庆州话 nəji < *nə-ri，“你”藏缅语 *ni，汉语 *ni-r（尔）。“你们”阿尔巴尼亚语 njeriu < *ne-ru。

这一时期亚欧语言交流的主要通道可能是中亚、乌拉尔和西伯利亚地区。

C 层（东亚的移民带给欧洲的）

第一人称“我”：拉丁语、希腊语 ego，丹麦语 jeg < *eg^{w}e。梵语 *aka，俄语、波兰语 *ga，古英语、古挪威语、哥特语、赫梯语 *ek^{w}；匈牙利语 ego（名词性）。

第二人称“你、你们”：希腊语 sy，sos < *so-s。意大利语 si，梵语 asi。“你”芬兰语、爱沙尼亚语 sina < *se-。

印欧语第一人称代词的主、宾格不同形式分别对应欧洲和东亚其他不同语系的语言，是底层语言的说法造成的。日耳曼、斯拉夫、希腊等语言第一人称的单数宾格或后缀都是 *mi 或 *me，对应威尔士语、格鲁吉亚语和阿尔泰语的第一人称单数。

与 C 组人称代词一起带去的还有与农业相关的词汇。如：

①“旱地”壮语武鸣话 ɣei^{6}、布依语 zi^{6}、仫佬语 hɣaːi^{5} < *glis。“土、地”东部斐济语 gele，西部斐济语 g^{w}ele < *g^{w}ele。

“黏土”荷兰语 klei、英语 clay < *klai。葡萄牙语 argila、意大利语argilla < *ar-gila。

②“种子”拉加语（Raga）biri、西部斐济语 -wiri < *biri，义都洛巴语 a^{55}pɹi^{55} < *pri。汉语 *pars（播），“播种”爪哇语 ȵabar < *na-bar。“种子”引申指“稻子”。“稻米”印度尼西亚语 beras、萨萨克语 bəras、密克罗尼西亚沃勒阿伊语（Woleain）peɽāsi < *beras。“水稻、糯米”藏文 ɦbras < *mbras。

“种子”赫梯语 warwalan < *b^{w}ar-b^{w}alan，阿尔巴尼亚语 farë < *b^{w}aro，希腊语 sporos。“播种”希腊语 speiro、西班牙语 sembrar。“稻子”古波斯语 brizi、梵语 vrihi-s < *b^{w}ris。“大麦”拉丁语 far、古挪威语 barr，古英语 bærlic < *bar-。

③“稻”德昂语 hɔk^{35} < *qok。“米饭”桑塔利语 kakh < *kak。汉语 *kok（穀）。

“谷物、种子、浆果”希腊语 kokkos < *koko-。

④“种子”佤语马散话 si mɤ、德昂语硝厂沟话 si ma < *sima。“小米”普米语 sy^{13}mi^{55} < *sumi。嘉戎语 sməi khri < *smi-kri。

“种子”拉丁语、古普鲁士语 semen。“播种”法语 semer < *seme-。“种子”俄语 semetɕko < *seme-，波兰语 siemie。

⑤“年”史兴语 khu^{55}、怒苏怒语 khɹu̠^{53} < *kruʔ，汉语 *s-grəs（载）。“秋季”维吾尔语、哈萨克语 kyz，西部裕固语 guz，图佤语 gyzyn < *kur / *kuru-n。汉语 *skru（秋）< *s-kru。这一类说法可能与“小米（粟）”等农作物的收获有关。“小米”藏文 khre < *kre，景颇语 ʃă^{33}kji^{33} < *s-kri。

“年”古英语 gear、古高地德语 jar、古弗里斯语 ger、希腊语 hora（年、季节）、古教堂斯拉夫语 jaru < *geru。

⑥“年”马那姆语 barasi，瓜依沃语 farisi < *barisi。“播”汉语 *pars。“种子”戈龙塔洛语、拉加语、西部斐济语 *biri。

“年”赫梯语 wiz < *bir。

⑦“割”古突厥语 bitʃ-、维吾尔语 pitʃ-、图佤语 bɤdʒɑ- < *bita，汉语 *bat（伐）。“收割”拉丁语 metere、威尔士语 medi。

二 印欧语的语源和词源的关系

古印欧语被认为是公元前 3500 年至公元前 2500 年的语言，有库尔干（Kurgan）、安纳托利亚（Anatolian）和亚美尼亚（Armenian）三处起源的说法。遗传学研究表明欧洲居民的一些重要的遗传特征是从中东向西扩展的，这与早期农业出现在中亚和中东有关。① 早期印欧语可能是乌拉尔南下的部落和早期中亚部落的“交际语”，西传的过程中为其余欧洲的部落所接受，原来分布在欧洲的语言成为它们的底层，不同支系语言的许多基本词来源不同。

从人称代词的比较来看，印欧语的主体支系第一人称（单数）g^wa，（复数）*g^wa-r、*ni，（宾格或人称后缀）*-mi，第二人称（单数）*tu、*du 等与非印欧语系的欧洲语言格鲁吉亚语、巴斯克语和芬兰—乌戈尔语的人称代词有着交错对应关系（参见上文）。

① L. L. 卡瓦利-斯福扎、E. 卡瓦利-斯福扎：《人类的大迁徙》，乐俊河译，科学出版社 1998 年版，第 191 页。

1. 印欧语的分类

印欧诸语通常分为K类和S类两组。这是根据诸语“一百”的首辅音的读法来区分的。K类有罗曼语族、日耳曼语族、凯尔特语族、希腊语族、吐火罗语族（Tocharian）、安纳托利亚语族（Anatolian）的语言，阿尔巴尼亚语（Albanian）和亚美尼亚语（Armenian）。S类语群包括印度—伊朗语族、波罗地语族（Baltic）和斯拉夫语族。如拉丁语“一百”centum，希腊语 he-katón，吐火罗语 känt，梵语 śatam，伊朗语 satem，立陶宛语 šimtas，古斯拉夫语 sŭto。K类称为西部语群，S类称为东部语群。

（1）日耳曼语族

公元前250年至公元250年，日耳曼人的部落分布在欧洲的北海、莱茵河和易北河一带。古日耳曼语有西支、东支和北支三个支系。西支的语言演变为今天的德语、荷兰语和英语，北支的语言演变为斯堪的纳维亚的瑞典语、丹麦语、挪威语和冰岛语。东支的哥特语（Gothic）大约在3世纪时从维斯杜拉（Visdula）向黑海一带传播，成为勃艮地语（Burgundian）和汪达语（Vandalic），它们的情况我们所知不多。[①]

（2）罗曼语族

罗曼语族的主要语言有拉丁语、意大利语、法语、普罗旺斯语、西班牙语、葡萄牙语、卡塔兰语、摩尔达维亚语（Moldavian）及罗马尼亚语等。

古拉丁语最初是意大利半岛中部西海岸拉丁部族的语言。由于古罗马的强盛，罗马人的古拉丁语占了主导地位，公元前5世纪成为罗马共和国官方的语言。从那时至公元5世纪的一千年中随着罗马人的扩张，拉丁语广为传播，5世纪西罗马帝国灭亡，此后的一千年中古拉丁语作为教会的语言在欧洲有很大的影响。中古拉丁语成为教会统治下的宗教、文化和行政方

① Albert C. Baugh, Thomas Cable, *A History of the English Language*，p.30，外语教学和研究出版社2001年版。

面的语言。各地的通俗拉丁语演变成不同的方言，成为罗曼语族的法语、普罗旺斯语、意大利语、西班牙语、葡萄牙语、卡塔兰语及罗马尼亚语等语言。

（3）凯尔特语族

凯尔特语（Celtic）曾是欧洲大陆最重要的语言，纪元初年分布于高卢、西班牙、不列颠和意大利北部，区分为大陆凯尔特语和海岛凯尔特语。

古高卢语为大陆凯尔特语，公元 5 世纪时消亡。海岛凯尔特语区分为盖尔语（Goidelic）和布立吞语（Brythonic）两组。盖尔语组包括爱尔兰语、苏格兰盖尔语和马恩语，布立吞语组包括威尔士语、科尼什语及分布在法国的布列塔尼语。

（4）希腊语族

希腊语是希腊语族唯一传世的语言。公元前 2000 年古希腊人从巴尔干半岛来到希腊本土和爱琴海岛屿，形成不同部落的方言。主要的方言有四种：伊奥尼—阿提卡方言，阿尔卡底—塞浦路斯方言，爱奥利方言和西希腊语—多里亚方言。后来的希腊语是从阿提卡方言演变来的。现存最早的古希腊语文献是公元前 15 世纪用克里特岛线形文字 B 记录的。

（5）印度—伊朗语族

印度—伊朗语族区分为印度语支（或称为印度—雅利安语支）和伊朗语支。

印度语支的主要语言有印地语、乌尔都语、孟加拉语、旁遮普语、马拉提语、古吉拉特语、比哈尔语、奥里亚语、拉贾斯坦语等。伊朗语支的主要语言有波斯语、普什图语等。

印度语支语言最早的阶段是吠陀语，然后是史诗梵语、古典梵语，稍晚的是它们的俗语，巴利语是其中的一种。

伊朗语支早期的语言有古代波斯语（阿吠斯陀语和使用楔形文字的古代波斯语），公元 3—10 世纪的安息语、中世波斯语、大夏语、花剌子模语、粟特语等，现代的有波斯语、普什图语等。

（6）波罗地语族

波罗地语族分东支和西支。西支有普罗士语，17 世纪消亡。东支的语言有立陶宛语（Lithuannian）、拉脱维亚语（Lettish, Letvian），已消亡的库罗尼亚语、塞米加里亚语和塞罗尼亚语。

（7）斯拉夫语族

斯拉夫语族分东部语支、西部语支和南部语支 3 支。东部语支有俄语、乌克兰语和白俄罗斯语，西部语支有捷克语、斯洛伐克语、波兰语、卢萨提亚语，南部语支有保加利亚语、马其顿语、塞尔维亚—克罗地亚语和斯洛文尼亚语。东部语支的诸语来自 14 世纪前的共同东斯拉夫语。

（8）阿尔巴尼亚语和亚美尼亚语

阿尔巴尼亚语是印欧语系独立的语言，来自古伊利里亚语。

亚美尼亚语也叫作阿尔明尼亚语，是印欧语系独立的语言，17 世纪以后分化为东部和西部两种方言。

（9）吐火罗语族

吐火罗语族（Tocharian）包括已经消亡的焉耆语（吐火罗语$_A$，东吐火罗语）和龟兹语（吐火罗语$_B$，西吐火罗语）。焉耆语的文献发现于吐鲁番和焉耆，龟兹语的文献发现于库车一带，使用中亚婆罗米斜体字母。[①]

（10）安纳托利亚语族

安纳托利亚语族包括已经消亡的赫梯语（Hittite）和卢维语（Luiwian, Luvian），它们原来分布在今土耳其的阿纳多卢地区。赫梯语的最早文献是公元前 14 世纪的象形文字。卢维语是该语族的一个语支，至少包括三种相近的语言，存在于公元前一千多年前，使用象形文字。

---

① 《中国大百科全书》（语言文字卷），中国大百科全书出版社 1993 年版，第 390 页。

以下是印欧语谱系图：

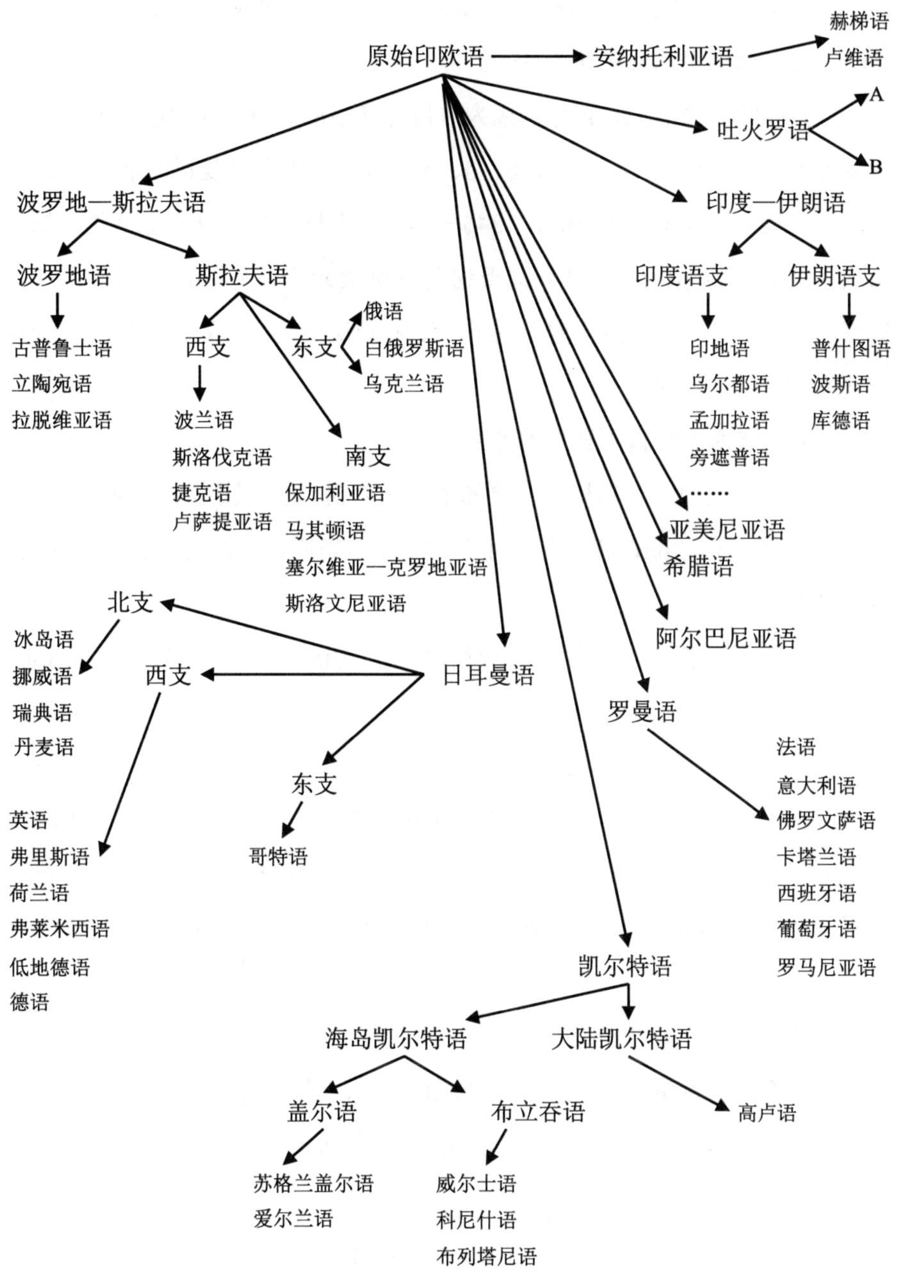

原始印欧语
安纳托利亚语
赫梯语
卢维语
吐火罗语
A
B
印度—伊朗语
印度语支
伊朗语支
印地语
乌尔都语
孟加拉语
旁遮普语
……
普什图语
波斯语
库德语
波罗地—斯拉夫语
波罗地语
古普鲁士语
立陶宛语
拉脱维亚语
斯拉夫语
西支
波兰语
斯洛伐克语
捷克语
卢萨提亚语
东支
俄语
白俄罗斯语
乌克兰语
南支
保加利亚语
马其顿语
塞尔维亚—克罗地亚语
斯洛文尼亚语
亚美尼亚语
希腊语
阿尔巴尼亚语
日耳曼语
北支
冰岛语
挪威语
瑞典语
丹麦语
西支
英语
弗里斯语
荷兰语
弗莱米西语
低地德语
德语
东支
哥特语
罗曼语
法语
意大利语
佛罗文萨语
卡塔兰语
西班牙语
葡萄牙语
罗马尼亚语
凯尔特语
海岛凯尔特语
盖尔语
苏格兰盖尔语
爱尔兰语
布立吞语
威尔士语
科尼什语
布列塔尼语
大陆凯尔特语
高卢语

2. 印欧语的语音演变和对应关系

印欧语的格里姆定律（Grimm's law）是德国学者格里姆（J. Grimm, 1785—1863，或译为格里木）所认为的：

原始印欧语的 p、t、k 分别成为古日耳曼语的 f、θ、h，bh、dh、gh 分别成为古日耳曼语的 v、ð、ɣ，b、d、g 分别成为古日耳曼语的 p、t、k。[①]

后来维尔纳（Karl Verner，1846—1896）在格里姆的基础上认为，原始印欧语的清塞音 p、t、k 只有位于词首或重读元音之后的古日耳曼语中才演变为 f、θ、h，而其他位置上的 p、t、k 则演变为 b、d、g，这一演变规律被称为维尔纳定律。

（1）送气塞音来自不送气的浊音

印欧语送气浊塞音的构拟主要的依据是梵语。笔者认为梵语的送气浊塞音如同南亚语中的 gh，应是后来才有的，格里姆所说的浊送气变浊不送气，应倒过来。

如："恶魔、精灵"古英语 gast，"精灵、鬼"德语 geist、中古荷兰语 gheest < *ges-。

我们不妨假定早期印欧部落交际语的辅音是清浊两分的（有的方言可能是三分的），后来诸支系中的送气塞音大多来自不送气的浊音（清浊两分的语言和三分的语言接触时送气和不送气或交替）。如希腊语与亚美尼亚语、阿尔巴尼亚语、梵语等比较，其送气塞音来自不送气的浊塞音。如：

1）唇音

①"眉毛"希腊语 ophrys < *obrus。"额、眉毛"古英语 bru。

②"蛇"希腊语 ophis < *obis，意大利语 biscia < *biska。

---

① 高地德语中发生的第二次演变，如英语 open / 德语 offen，英语 eat / 德语 essen。

③“飞”希腊语 pheylo < *belo，法语 voler、西班牙语 volar、意大利语 volare < *b^{w}ole-re（*-re 拉丁语动词后缀）。

④“死”希腊语 pethaino < *peda-no。阿尔巴尼亚语 vdes < *b^{w}des。

⑤“烤”古法语 frire、拉丁语 frigere、梵语 bhrjjati、希腊语 phrygrin < *brige-。

⑥“水果”希腊语 phroyto < *bro-。拉丁语 fructus < *bruk-。

⑦ 亚美尼亚语“腐烂的”phtats < *buta-，vat < *b^{w}at。

2）齿音

①“神”希腊语 theos < *dos，俄语 idon < *idon，赫梯语 idolize < *ido-lire。“灵魂、鬼、精灵”俄语 duşa，“鬼”波兰语 dux < *dus。

②“腐烂的”希腊语 sathros < *sadro-。“土”意大利语 terra，梵语 dhara < *dera。

③“烧”希腊语 aitho、拉丁语 aedēs。

④“跳”亚美尼亚语 tshatkel < *dat-，梵语 kuːrdati < *kur-dati。

⑤“跳、飞”亚美尼亚语 thrtʃel < *dr-kel。“跳、拔”俄语（动词）dergtj < *derg-。

⑥ 阿尔巴尼亚语“满的”thëthirë < *dediro，“满满地”tërë < *toro。“多的”（不可数）梵语 adara。

⑦“香草”希腊语 minthe < *mide。古英语 mint、古高地德语 minza、拉丁语 mintha < *mida。

⑧“好的”希腊语 agathos。古英语 god、古挪威语 goðr、古哥特语 goþs、德语 gut、荷兰语 goed、古教堂斯拉夫语 godu（愉快之时）< *godu。俄语 godnɨj < *god-。

⑨ 希腊语“石头”lithori < *li-dori，“岩石、峭壁”petra。“石头”梵语 adri。

⑩“红的”希腊语 eruthros < *erud-ros，意大利语 rosso。“红的”古英

语 read、古挪威语 rauðr、布立吞语 ruz、俄语 rɨʐij、波兰语 rudy < *rudi。

“线、绳子”古瑞典语 tiuther，古弗里斯语 tiader < *teder。

3）舌根音

①“有雾的”希腊语 omikhle，“蒸熏”smugenai。

②“爪子”希腊语 khele，中古拉丁语 chela < *gele。亚美尼亚语 magil < *ma-gil。

③ 希腊语“愚蠢的”koytos < *koto-，tʃhados < *gado-。

④“指甲”梵语 nakha < *naga。“指甲、爪子”希腊语 onyx、拉丁语 unguis < *ungis。

⑤“吃”梵语 khaːdati < *gada-。波兰语 jadatʃ < *gada-。

（2）圆唇辅音

根据日耳曼语、希腊语、拉丁语和梵语等的对应情况，印欧语的学者为原始印欧语构拟了*k^w、*g^w、*g^wh，没有 *b^w。笔者认为印欧语的 b^w 在过去的研究中可能被忽略了，而且古印欧语中还可能存在 *g^w- 成为 *b^w- 的演变。

早期印欧语方言中发生过 *b^w 和 *p^w 演变为 *v 和 *f，稍晚的诸语较少保留 *b^w 和 *p^w。早期印欧语方言的 *v 可演变为 w，日耳曼语中的 w 对应拉丁语、梵语和斯拉夫语的 v。古印欧语 *b^w- 可演变为赫梯语、日耳曼语 w-，拉丁语、梵语、斯拉夫语 v-。古印欧语的方言中 *b^w、*g^w 可以演变为 w，*u 可擦化为 w，及早期的 *w（*v）。以下例说明 *b^w、*g^w 可演变为 w：

①“风”威尔士语 gwjnt、布立吞语 gwent < *g^wet。古英语 wind，梵语 vatah、阿维斯陀经 vata-、拉丁语 ventus- < *g^weta-。赫梯语 huwantis < *qug^wati-。

②“酒”希腊语 oinos、古教堂斯拉夫语 vino、立陶宛语 vynas、威尔士语 gwin、古英语 win、古爱尔兰语 fin < *g^win。

③“河”英语 river，“河、河边、河岸”古法语 riviere < *rib^were。

“没盐的”古英语 fersc，古弗里斯语 fres < p^{w}ere-（可能指河水是淡的）。

④“胸”梵语 vakʃa < *b^{w}ak-sa。“肚子”瑞典语 buk、丹麦语 bug、荷兰语 buik。“乳房、胸”拉丁语 pectus，pectoris（所有格）< *peg-。

⑤“狗”赫梯语 kuwas < *kub^{w}a-s，kuwana < *kub^{w}a-na。阿维斯陀经 spa。古伊朗高原米堤亚语（Median）sobaka。俄语 sobaka。

⑥“蛇”葡萄牙语 cobra、古法语 guivre、拉丁语 vipera < *g^{w}i-bra（这个例子中 *g^{w}-连带随后元音的演变，及成为法语 v）。

⑦“男人”拉丁语 vir、哥特语 wair、古英语 wer、古爱尔兰语 fer < *b^{w}ira。“英雄”梵语 vīras < *b^{w}ira-。

⑧“母牛”古英语 cu、古弗里斯语 ku，希腊语 bous，梵语 gau < *g^{w}a。

*u 擦化为 w 的，如：

①“水”古英语 wæter、古高地德语 wazzar < *uador。赫梯语 waːtar，梵语 udra-、希腊语 ydor < *udor。

“水”古教堂斯拉夫语 voda、古波斯语 wundan、古挪威语 vatn < *uada。

②“希望”古英语 wyscan、古高地德语 wunsken、古挪威语 æskja < *uaski-。

（3）小舌音

如格里姆所指出的，古英语的 h- 可来自早期印欧语的 *k-。如：

①“皇后、女人、妻子”古英语 cwen、古挪威语 kvaen、哥特语 quens、亚美尼亚语 kin（女人）< *k^{w}en。

②“谁”古英语、古弗里斯语 hwa，古高地德语 hwer，哥特语 hvo < *k^{w}a。阿维斯陀经 ko，梵语 kaː，阿尔巴尼亚语 kjë < *ke。

③“未煮的”古英语 hreaw、古撒克逊语 hra、古挪威语 hrar < *kra-。

④“山”拉丁语 collis、古英语 hyll、希腊语 kolonos、哥特语 hallus（岩石）< *koli-。

1）早期印欧语的 *q- 可成为 *h-。如：

①“天”古英语 heofon、古挪威语 himmin < *qeb^{w}on。“上面、高”古高地德语、撒克逊语 oban、德语 oben。

②“头”高地德语 houbit，古弗里斯语 haved，古英语 heafod（头顶），梵语 kaput-，拉丁语 caput、中古法语 caboce、西班牙语 cabezə < *qa-p^{w}ede。

③“英雄”拉丁语 hero，希腊语 heros < *qero-。

④“马”古英语、古弗里斯语 hors，古高地德语 hros，荷兰语 ros < *qoros。

⑤“听见、听”古英语 heran、古弗里斯语 hora、古挪威语 hejra < *qera。[①]

⑥“历史”英语 history，“编年史、历史、故事”古法语 estorie，“故事”拉丁语 historia，“知识”希腊语 historia < *hi-stori。“注视”古英语 starian、古高地德语 staren < *star-。“正确的”格鲁吉亚语 stshɔri < *sdori。

⑦“百”古英语 hundred、古挪威语 hundrað < *qat-red（百—数目）。哥特语 hund，布立吞语 kant。阿维斯陀经 satam，梵语 satem，古教堂斯拉夫语 suto。

2）古英语的 h- 和 *c- 可来自 *g-、*ɢ-。如：

①“岩石”古英语 crag，古爱尔兰语 crec、carrac（峭壁）< *kreg。“山”格鲁吉亚语 gɔrakhi < *goragi。

②“黏土”荷兰语 klei、英语 clay < *glai。葡萄牙语 argila、意大利语 argilla < *ar-gila。

③“母牛”古英语 cu、古弗里斯语 ku，希腊语 bous，梵语 gau < *g^{w}a。

④“转”古英语 hweorfan < *g^{w}or-pan。希腊语 gyrizo < *giri-。

---

① “耳朵”古英语 eare、古挪威语 eyra、丹麦语 øre、拉丁语 auris、希腊语 aus、阿维斯陀经 usi（双耳）< *ore-。西班牙语 oreja、葡萄牙语 orelha < *orela。日耳曼语的“听见、听”*ʔera 是“耳朵”的派生词，其派生可能发生在日耳曼语以外的语言中，再进入日耳曼语。

⑤ “嚼”古英语 ceawan、中古德语 keuwen < *ɢek^{w}e-，波斯语 javidan < *ɢeg^{w}i-。

⑥ “梳子、蜂巢”古英语 comb < *qab < *ɢab。“牙齿”梵语gambhas < *gaba-。格鲁吉亚语 khbili < *gubi-。

古拉丁语中的 c 原本读作 k，通俗拉丁语中 c 在 e、i、y、æ、œ 等元音前读作了 s、ts、tʃ 等。

特鲁别茨科伊（Trubetzkoy）解释说：“印欧语言的发源并非一日之功，而是一个持续的漫长过程。正如语言中的其他元素，印欧语言结构是历史发展的产物。原则上印欧语言的每一个分支都有自己的演化方向，然而，它们的大体方向是一致的。如果我们在印欧语与非印欧语演化方向之间作横向比较，就能看到一些有趣的现象。在印欧语言尚无历史明证的最早期阶段，至少有三种以上的塞音发音方法。而在印欧语有历史明证的阶段，就只剩下两种了。”根据语言的特征，他认为非印欧语系的语言中，乌拉尔—阿尔泰语系、高加索语系及地中海语系的语言与印欧语接近，“最初的印欧语方言最有可能发源于芬兰—乌戈尔语族与高加索语系交界的地方”[①]。

前面已经提到印欧语的主体支系第一人称和第二人称代词与非印欧语系的欧洲语言格鲁吉亚语、巴斯克语和芬兰—乌戈尔语的人称代词有着交错对应关系，末次冰期结束前后这些语言当始于欧洲。如特鲁别茨科伊所说的“最初的印欧语方言最有可能发源于芬兰—乌戈尔语族与高加索语系交界的地方”。早期印欧语的不同方言向不同的方向扩展，于是有古波斯、阿尔巴尼亚、亚美尼亚和吐火罗等不同底层的语言。

① 特鲁别茨科伊：《关于印欧语言问题的设想》，邹一帆译，石锋、张洪明主编《语言学译林》，世界图书出版公司 2013 年版。

3. 古印欧语的形态

梵语名词有阳性、阴性和中性，单数、双数和复数，体格、业格、具格、为格、从格、属格、依格和呼格的变化。动词的变位包括单数、双数和复数，有第一、第二和第三人称的不同，有现在时、未完成时、完成时、不定过去时、将来时和假定时，主动态、中间态和被动态等。[①] 梵语和古拉丁语、古日耳曼语一样是屈折型的语言。根据吠陀梵语、波罗的诸语和斯拉夫语的格系统，原本认为原始印欧语的名词有八个格。

语言类型学的发展和赫梯语的发现为古印欧语和原始印欧语的构拟提供了新的思路。赫梯语与印欧语其他语言不一致的成分一直受到研究者的注意。赫梯语的三种情况是很重要的：缺少主格的屈折变化；名词的复数形式不太发展；名词复数的间接格——所有格、与格和方位格都用 -as 后缀，它也出现在单数的所有格上。复数的另外两个格——离格和工具格跟单数的相同。

赫梯语名词变格的“缺陷”也许是古印欧语克里奥尔化的结果，或是单音节形式向屈折形式发展的早期阶段，可是梨俱吠陀经（Rig-Veda）中名词复数的间接格也缺少变化。

（1）古印欧语名词的格系统

当初葆朴就认为印欧语的屈折形式来自更早时期的黏着形式。[②] 梅耶认为在印欧语的屈折形态之前，“许多词干都只由一个词根构成；这就显出语言的古代状况，——那时，每一个词根不加后缀便可以作为词干。由此可见，每一个词根就是一个词，既可以有名词的意义，又可以有动词的意义，大致好像英语的 love‘爱’一样”[③]。

勒曼（Winfred P. Lehmann）在他的《印欧语语言学的理论基础》中对古

---

① 《中国大百科全书》(语言文字卷)，第 75 页。

② A.B. 捷斯尼切卡娅：《印欧语亲属关系研究中的问题》，科学出版社 1960 年版，第 29 页。

③ 同上书，第 170 页。

印欧语名词格系统的形成做了进一步的解释。他说，许多学者假设原始印欧语的早期阶段名词的屈折形式远较根据梵语、希腊语和其他语言综合构拟的格系统简单。从类型上说，这是一种主动态的语言，名词区分为有生命的和无生命的。名词的施动格带 *-s 后缀，受事格带 *-m 后缀，表示无生命事物的名词只有受事格，如赫梯语缺少无生命名词的主格形式。在主动态的语言中无生命名词充当主语时动词只能用非主动态。

他认为前印欧语（Pre-Indo-European）中名词只有有生命和无生命两类，它们性范畴的表示也是很有限的。如赫梯语主格和宾格的复数形式只是附加后缀 -s，早期的吠陀文献中单复数形式也是不作严格区分的。前印欧语的名词只有四个标记：

*-s 标记有生命的施动者

*-m 标记无生命的目标或受动

*-h 标记集合名词

*-ø 即无标记形式，由分词或语调控制其词汇意义

-s 对应后来印欧语的主格，也成为所有格的标记。-m 对应后来的宾格和无生命名词与静态动词共同使用时的主格。吠陀经文中的双数和复数用以名词为基础的短语和词尾表示。这表明印欧语的格系统是经过扩充的。表示地点的 *-bh- 来自后缀。希腊语的后缀 -phi < *-bh- 和 *-i，用于名词的单数和复数，对应其他语言的所有格和与格。也就是说，希腊语的 -phi 原本只具有间接格的意义。而在原来的基础上进一步形成的是梵语工具格的复数标记 -bhis，与格和离格的复数后缀 -bhyas，工具格、与格和离格的双数结尾 -bhyām。如果说一些语言中发生了所谓的格形式丢失，梵文中的连读说明情况正好相反。赫梯语的材料说明前印欧语格范畴的区分是逐步扩展的，而不是残留。[①]

---

① Winfred P. Lehmann, *Theoretical Bases of Indo-European Linguistics*, pp.223–226.

（2）古印欧语的动词

印欧语的动词系统是最早被描述的。葆朴比较了希腊语、拉丁语和梵语的动词，认为梵语保留了祖语的特点。奥斯瓦尔多·谢米列尼认为梵语的三种态，主动态、中间态和被动态，每一种都有七个时式：现在时、未完成体、完成体、不定过去时、过去完成体、将来时和假定时。①

与希腊语和拉丁语比较，赫梯语动词的第一人称单数形式有 -mi 和 -hi 两种变化，每一种变化都有主动态和被动态，每一种态中都有现在时和简单过去时及祈使语气的形式。其他人称的复数形式的变化稍简单。

赫梯语 -mi 对应梵语和希腊语的 -mi，-si 和 -zi，-zi 是条件音变。对应 -hi 的分别是 -hi、-ti 和 -i。联系喉音理论（laryngeal thoery）可将它们构拟为 *-h、*-th 和 *-ø。

在主动态的语言中，词的构成是主要的。动词有主动态和静态两类。主动态的动词是行为动词，如“放”“扔”等，静态的动词如“考虑”“知道”等。其屈折形式首先表现在体上，然后才是式，没有被动态的表述。

前印欧语的动词单数的后缀有这样两组：

主动态动词	静态动词
*-m	*-ho
*-s	*-tho
*-t	*-o

主动态动词后缀加 *-i 成为 *-mi、*-si 和 *-ti，为陈述语气简单过去时的后缀，演变为赫梯语的 -mi 后缀。静态动词的后缀加 *-i 成为赫梯语的 -hi。静态动词的后缀加 *-a 成为 *-ha、*-tha 和 *a，再加 *-i 成为 *-hai、*-thai 和 *ai。*-r 与 *-i 的结合在卢维语中成为后缀 *-hari、*-thari 和 *ari。②

原始印欧语动词原本像汉语和日语的动词那样，没有人称的标记，它们

① Winfred P. Lehmann, *Theoretical Bases of Indo-European Linguistics*, p.161.

② Ibid., pp.217–219.

的人称标记是后来才发展起来的。词尾的比较表明早期的印欧语可能没有数和人称标记，复数和双数的人称词尾显然是在单数标记的基础上构成的。

最古老的人称标记保留在梵语的现在时、不定过去时和将来时的系统中，吠陀经文文献中就更清楚了。梨俱吠陀经文中：动词“给”dā 的第一、第二和第三人称简单形式为 dām、dās 和 dāt。当时、式成为动词系统的范畴后，-i 就进一步成为标记人称的后缀。试比较梵语和希腊语动词“给”单数第一、第二和第三人称现在时和未完成体的构成：

	现在时		未完成体	
	梵语	希腊语	梵语	希腊语
第一	dádāmi	dídōmi	ádadhām	edídoun
第二	dádāsi	dídōs	ádadhās	edídous
第三	dádāti	dídōsi	ádadhāt	edídou

这说明早期的印欧语开始时用词尾 -m、-s 和 -t 表示人称的不同。

试比较早期印欧语 *woyd-“知道”在梵语、希腊语和赫梯语中单数第一、第二和第三人称完成体的读法及构拟的原始印欧语和前印欧语的后缀：

	梵语	希腊语	赫梯语	原始印欧语	前印欧语
第一	véda	oîda	sak-hi	-ha	-h
第二	véttha	oîstha	sak-ti	-tha	-th
第三	véda	oîde	sak-(k)i	-e	-ø

-e 是原始印欧语的后缀，前印欧语第三人称单数是无标记的-ø。

吠陀经、希腊语、古拉丁语和赫梯语复数第一、第二和第三人称的后缀为：

	吠陀经	希腊语	古拉丁语	赫梯语①
第一	-mas(i)	-men/mes	-mus	-weni
第二	-tha(na)	-te	-tis	-teni
第三	-nti	-nti	-nt	-ntsi

① 赫梯语中 m 在后高元音后变成 w，i 前 t 变成了 ts。

第三人称后缀是后来发展的结果。诸语复数的完成体后缀更能说明这一点：

	吠陀经	希腊语	古拉丁语	赫梯语
第一	-má	-men	-mus	-weni
第二	-á	-te	-stis	-teni
第三	-úr	āsi	-ērunt	-ntsi

赫梯语使用与前一表相同的后缀。①

（3）古印欧语的形容词

梵语的名词甚至有比较级和最高级的不同。例如，vīrátara“较男人”，vīrátama“最男人”。而赫梯语的形容词倒没有这一类后缀，这说明古印欧语形容词的比较级也是后来才发展起来的。形容词性的屈折变化情况不同。古拉丁语单数的宾格、复数的主格和宾格的形容词词干有阳性和阴性的辅音屈折变化。赫梯语一些词项的形容词和名词可以变换。②

4. 赫梯语的词源关系

赫梯语（Hittite）或称为涅西特语（Nesite），公元前 1800 年至公元前 1100 年分布于安纳托利亚（今土耳其的阿纳多卢地区）。赫梯语相关的文字资料是研究早期印欧语的重要依据。

（1）赫梯语的语音③

1）辅音

p		b		m				
t		d		n	s	z	r	l
k	k^w	g	g^w		ʃ	y		w
				h_1	h_2	h_3		

① Winfred P. Lehmann, *Theoretical Bases of Indo-European Linguistics*, pp.173–175.

② Ibid., p.227.

③ 参见 the University of Texas at Austin, www.utexas.edu/cola/centers/lrc/eieol/。

h_1、h_2、h_3 指文字所表示的这个音有三种不同的来历。

2）元音

短元音 a　e　i　u　长元音 aː　eː　iː　uː

复元音 ai　au　eu　iu　ui　aːi　aːu

（2）赫梯语与其他支系印欧语基本词的词源关系

1）“我” uk < *ek^w

“我”古英语 ic、古挪威语 ek、哥特语 ik，丹麦语 jeg，希腊语 ego < *eg^{w}e。

2）“我” -mu

“我们”（主格）俄语 mɨ，波兰语 my < *mu。

3）“我的” -mi-，亚美尼亚语 im，阿尔巴尼亚语 mi。

4）“我们” naʃ < *nas

“我们”（宾格）梵语 nas，阿维斯陀经 na，古教堂斯拉夫语 ny。“我们全体”梵语 nah。

5）“你” -du

“你”古英语、古挪威语、哥特语 Þu，古高地德语 du < *tu。亚美尼亚语 du < *du。

6）“谁”赫梯语 kuiʃ，立陶宛语 kas < *k^{w}as，阿尔巴尼亚语 kuʃ < *kus

7）“天” neːbis

“天”梵语 nabhas-。“云”古斯拉夫语 nebo、nebes-，俄语 nebo，波兰语 niebo。

8）“星星” ʃitar < *sitar

“星星”梵语 star-、希腊语 astra、古高地德语 sterro、古弗里斯语 stero，拉丁语 astrum < *astro-。

9）“云” alpaʃ，“白的” alpa

“白的”西班牙语、葡萄牙语 albino、拉丁语 alba、古英语 albe。

10）“水” watar

“水” 梵语 udra-、希腊语 ydor < *udor。古英语 wæter、古高地德语 wazzar < *uador。

11）“火” pahhur

“火” 英语 fire，德语 feuer，荷兰语 vu:r，亚美尼亚语 hur。

12）“火” agni

梵语 ɑgni。拉丁语 ignis，立陶宛语 ugnis < *ugnis。

13）“风” huwantis < *qug^{w}ati-

“风”威尔士语 gwjnt、布立吞语 gwent < *g^{w}et。古英语 wind，梵语 vatah、阿维斯陀经 vata-、拉丁语 ventus- < *g^{w}eta-。

14）“年” wiz < *b^{w}ir

“年” 梵语 varʃa < *b^{w}arsa。俄语 vozrast < *b^{w}oras-。

15）“年” we:tt < *b^{w}et

“年” 阿尔巴尼亚语 vit < *b^{w}it。梵语 a:bda < *abda。西班牙语 pepita < *pepita。“年、冬天” 俄语 god < *b^{w}od。

16）“白天” siwaz < *sib^{w}ar

“白天” 希腊语 mora < *mora。“太阳” 阿维斯陀经 hvar- < *sb^{w}ari。

17）“晚上” nekut-

“夜” 古英语 niht（夜、黑）、高地德语 naht、古弗里斯语、德语 natʃt、希腊语 νυχτύς。

18）“神” idolize < *ido-lire

“神” 希腊语 theos < *dos，俄语 idon < *idon。

19）“妻子” dam

“人” 希腊语 atomo。

20）“嘴” ʃtamar

“嘴” 阿维斯陀经 staman（狗的嘴），“嘴、谈话、河口” 希腊语 stoma。

21）“眼睛” sakuwa < *sak^{w}ua

“看见” 哥特语 saihwan。

22）“血” eʃar < *esar

梵语 asʈij < *asrig。

23）“乳房” tētan < *tet-an

古英语 titt < *tit。

24）“膝盖” gēnu

梵语 dʒani、古弗里斯语 kni、古高地德语 kniu。

25）“脚” pata

法语 pied、意大利语 piede、亚美尼亚语 fut、希腊语podi。“脚跟” 哥特语 fōtus，梵语 pad- < *padi。

26）“脚” gir

希腊语 akro。“爪子” 西班牙语、葡萄牙语 garra。

27）“鸟” suwais < *suba-is

拉丁语 avis、阿维斯陀经 viʃ < *b^{w}is。

28）“公牛” wawa < *b^{w}ag^{w}a

“小牛” 梵语 vatsah < *b^{w}aka-。

29）“狗” suwana < *sug^{w}ana

希腊语 kyon、阿尔巴尼亚语 kyen < *k^{w}en。

30）“花” alil

“花” 阿尔巴尼亚语 lule，希腊语 louloudi < *lolo-di。“散发气味、嗅到” 拉丁语 olere < *ole-。

31）“种子” warwalan < *b^{w}ar-b^{w}alan

阿尔巴尼亚语 farë < *b^{w}aro。“大麦” 拉丁语 far、古挪威语 barr，古英语 bærlic < *bar-。

32）“房子” pir、parn

“谷仓”英语 barn。“棚子”俄语 barak < *bara-k。

33）“对面” hanti < *qati

“对面”希腊语 anta。“之前”拉丁语 ante。

34）“来” uezzi < *u-eri

阿尔巴尼亚语 eja < *era。“跑、流”希腊语reo < *re-。①“去”西班牙语、葡萄牙语 ir。

35）“躺” laggari < *liga-ra

古英语 licgan、古挪威语 liggja、古弗里斯语 lidzia。古教堂斯拉夫语 lego、波兰语 ɫgatʃ、俄语 lgatj < *lega-。

36）“巨大的” mekkish < *mega-

希腊语 megas、拉丁语 magnus、梵语 mahaː < *mega-。“大的”亚美尼亚语 mets < *mek。

37）“外面的” para

“越过”希腊语 pera。“远”古英语 feorr、古高地德语 ferro、古挪威语 fjarre、哥特语 fairra < *pare。

38）“吃” eːd

梵语 ad-mi、哥特语 itan，希腊语 edomenai、edomai。

39）“喝” eg^{w}

“水”西班牙语、葡萄牙语 agua、意大利语 acqua、拉丁语 aqua < *ag^{w}a。

40）“给” pija < *pira

“给、答应”俄语 obez̨atj < *obera-。

“付给”希腊语 prosphero < *pro-sbero。

41）“烧” war- < *b^{w}ar-

亚美尼亚语 varvel < *b^{w}ar-。高地德语 brinnan < *bere-na。“烧、烤”俄

① *-o、*-zo、*-no 等为希腊语动词后缀。

语 vɨʐigatj < *b^{w}iriga-。

42）“宣称” shakja-

“说”古英语 secgan、古高地德语 sagen、古挪威语 segja < *siga-。“辩白”古教堂斯拉夫语 sociti。

43）“新的、新鲜的” newaʃ < *neb^{w}a-，“新的” newa

“新的、新鲜的”古英语 neowe、梵语 nava。“新的、年轻的”俄语 novɨj，波兰语nowy < *nob^{w}i-。“新的”阿尔巴尼亚语 njomë < *nome。

44）“现在”（副词）nuwa < *nub^{w}a

“现在”（副词）古英语、古爱尔兰语、哥特语、法语、立陶宛语、希腊语、梵语、阿维斯陀经 nu，拉丁语 nunc，古教堂斯拉夫语 nyne < *nune。古波斯语 nuram < *nu-ram。

45）“一” as

希腊语 eis < *es。

46）“三” teries < teri-s

“三”古英语 þreo、古弗里斯语 thre、古教堂斯拉夫语 trje、拉丁语 tres、希腊语 treis、梵语 tri、阿维斯陀经 thri。

赫梯语早期与日耳曼语、阿尔巴尼亚语和亚美尼亚语关系密切，后与古希腊语有过密切的接触关系。

5. 吐火罗语的词源关系

吐火罗语大约在公元前的某一时期从印欧语的故乡来到中国的西域，分化为两种有差异的语言，吐火罗语 $_{A}$ 和吐火罗语 $_{B}$。前者又称东吐火罗语，分布于焉耆，故称焉耆语；后者又称西吐火罗语，即龟兹语，分布于古龟兹国。吐火罗语用婆罗米字母书写，使用于公元 6—8 世纪。据史料：唐贞观十五年，西突厥击吐火罗，灭之。

（1）吐火罗语的语音

1）辅音

p		m						
t	ts	n	ȵ	s		r	l	ʎ
k	tɕ	ŋ		ʃ	ɕ	j		w

2）元音

单元音 i ɨ e ə o a

吐火罗语$_{B}$另有复元音 au əu əi oi

（2）吐火罗语$_{A}$与印欧语其他支系基本词的词源关系

1）“我们” wes

“我们”古英语 we、古挪威语 ver、古高地德 wir、哥特语 weis < *g^{w}e-r。

2）“我们” naːs < *nas

“我们”（宾格）梵语 nas，赫梯语 naʃ，阿维斯陀经 na，古教堂斯拉夫语 ny。“我们全体”梵语 nah。

3）“你” te（中性）

“你”古英语、古挪威语、哥特语 Þu，古高地德语 du，亚美尼亚语 du < *du。拉丁语、立陶宛语 tu，古教堂斯拉夫语 ty < *tu。

4）“你” se（阳性）、saː（阴性）

“你”希腊语 sy < *su。“你、你们”格鲁吉亚语 ʃɛn < *sen。

5）“谁” kus

“谁”赫梯语 kuiʃ、立陶宛语 kas < *k^{w}as，阿尔巴尼亚语 kuʃ < *kus。

6）“这” se（阳性）、saː（阴性）、te（中性）

“这”古英语 Þes、古挪威语 Þessi、荷兰语 deze < *te-si。“这”古英语 Þis 中性，Þes 阳性，Þeos 阴性，词根是 *te-。古英语等的 *-si 可能来自另一类指示代词。“这”高加索格鲁吉亚语 ɛs < *es。

7）“那” su（阳性）、saː（阴性）、tu（中性）

“那”俄语、波兰语 to，希腊语、梵语、古教堂斯拉夫语定冠词 to。“那”希腊语 toso < *to-so，（阳性）古英语 so。

8）“眼睛” ak

“眼睛”亚美尼亚语 atʃkh < *ag。古英语 ege、瑞典语 öga。俄语、波兰语 oko，波兰语 utsho < *ugo。

9）“额 ” aːnt

“之前”拉丁语 ante。“对面”赫梯语 hanti < *qati，希腊语 anta。

10）“脸” akmal < *ak-mal（眼睛—脸颊），“脸颊” malaŋ < *mala-n

“额”梵语 bhaalam < *bala-。

11）“眉毛” pɨrwaːn < *puru-an

“眉毛”古英语 bru，古挪威语 brun，德语 braune < *bru-。

12）“耳朵” klots < *klo-k

威尔士语 clust < *klus-。“听”古英语 hlysnan、古高地德语 hlosen < *qlose-。“听见”希腊语 klyo < *klo。

13）“牙齿” kam

“嚼”古英语 ceawan、中古德语 keuwen < *kek^{w}e-，波斯语 javidan < *gek^{w}i-。

14）“手” pokem

“手（臂）”希腊语 patʃus，梵语 bāhu-、古高地德语 buog（指骨）< *bagu。

15）“脚” pe

“脚”阿尔巴尼亚语 këmbë < *kobo。汉语 *bos（跗），《玉篇》足上也。

16）“膝盖” kanwen（复数）

“膝盖”古英语 cneo、赫梯语 genu、梵语 dʒanu、希腊语 gony < *geno。法语 genou、意大利语 ginocchio。

17）“骨头” aːsta

“骨”希腊语 osteon < *osto-。“骨头、指骨”波兰语 ostʃ，“骨”俄语 kostj < *qosti。

18）“血” jsar < *isar

梵文“流动” sarah < *sara-，“小溪” sarit。

19）“头盖骨” lap

“额、前面”俄语 lob < *lob。

20）“火” por、puwar

“火”希腊语 pyr、英语 fire、德语 feuer、荷兰语 vuːr、亚美尼亚语 hur < *pur。俄语 poʐar < *porar。

21）“水” wɨr < *u-ir

“水”亚美尼亚语 jur。

22）“雨” swase < *sb^{w}ase

“湖”哥特语 saiws < *seb^{w}s。

23）“月份” meɲe

“月亮”希腊语 mene，古挪威语 mani，古英语、古弗里斯语 mona、古高地德语 mano < *ma-ne。

24）“神” ɲkat、ɲakate < *na-kate

“神”古英语 god、古挪威语 guð < *guda。

25）“地面” tkam < *tuka-m

“土、地”阿尔巴尼亚语 tokë < *toke。

26）“路” jtaːr < *i-tar

“路”俄语 doroga、波兰语 droga < *doroga。

27）“盐” saːle

拉丁语 sal、古教堂斯拉夫语 soli，俄语 solj、波兰语sol < *soli。

28）“草” ati

亚美尼亚语 xot < *qot。

29）“叶子” pɨlta < *pul-ta

“叶子” 希腊语 phyllo、拉丁语 folio、法语feuille < *bule。

30）“狗” ku

希腊语 kyon、阿尔巴尼亚语 kyen < *k^wen。

31）“牛” ko

“母牛” 古英语 cu、古弗里斯语 ku，梵语 gau < *g^wu。

32）“鱼” laks

“三文鱼” 古英语 læx，中古德语 lahs。

33）“名字” ȵom

“名字”古英语 nama、古高地德语 namo、希腊语 onoma、拉丁语 nomen、梵语 naːma，古爱尔兰语 ainm < *namo。

34）“声音” wak

“说” 梵文 vakti，阿维斯陀经 vak-。

35）“知道” knaːn

“知道” 希腊语 gnorizo < *gno-，拉丁语 gnoscere < *gno-ske-。

36）“来” kɨm- < *kum

“来” 古英语 cuman、古弗里斯语 kuma，哥特语 qiman < *g^wim-。

37）“消灭” kɨs

“熄灭” 阿尔巴尼亚语 asgjësoj < *asgoso-。

38）“触碰” tek

“打” 波兰语 stukatʃ < *stuka-。“敲、打击” 俗拉丁语 toccare < *toka-。

39）“吃” suːwa < *sub^wa

“面包蘸汤吃” 古法语 super < *supe-。

40）“喝” jok < *ik

赫梯语 eg^{w}。

41）“看见” ʎk

“看” 古英语 locian、中古荷兰语 loeken < *lek-n。

42）“问” prak

“问” 梵语 pr̥itʃhati < *prikha-ti。希腊语 parakalo < *paraka-。

43）“煮” pɨk- < *pik

“煮过的”梵文 pakvah < *pak^{w}-。“烤”古教堂斯拉夫语 pecenu < *peke-。“成熟的” 阿尔巴尼亚语 pjekur < *pek-。

44）“渴” jokani（分词）< *ika-ni

“喝” 赫梯语 eg^{w}。“水” 西班牙语、葡萄牙语 agua，意大利语 acqua，拉丁语 aqua < *ag^{w}a。

45）“织” wa:p < *b^{w}ap

“编织” 古英语 wefan、古挪威语 vefa < *b^{w}eba。

46）“喂奶” malk

“奶” 古英语 melcan、古高地德语 melchan < *melgan。

47）“笑”（分词）simima:m

丹麦语 smile、瑞典语 smila < *smila。

48）“宣布” kla:w < *klau

“解释” 古法语 declarer、拉丁语 declarare < *de-clarare。“清楚” 古法语、拉丁语 clarus。

49）“压” maʎw < *malu

“磨” 瑞典语 mala、丹麦语 male、荷兰语malen < *male。

50）“白的” a:rki、a:rkwi < *arg^{w}i

“亮的” 阿尔巴尼亚语 zgjuar < *rgu-。“使清楚、证明、宣称” 拉丁语 arguere < *arg^{w}e-。“发亮的” 匈牙利文 ragyogo < *ragogo。

51）“红的” ratre

“红的”希腊语 eruthros < *erudro-s。俄语 rɨʐij、波兰语 rudy、古教堂斯拉夫语 rudru。

52）“冷的” kuras’

希腊语 kryos < *kro-。

53）“多的” makiː

中古英语 mutʃel < *muke-l。

54）“新的” ɲu

“新的”亚美尼亚语 nor < *no-。“新的、新鲜的”丹麦语、瑞典语 ny、古弗里斯语 nie、波斯语 nau、希腊语 neos < *neo-。

55）“强壮的” tsras’i < *kras-ʔi

“强壮的”希腊语 geros。“强的、严格的”俄语 gruvɨj < *gru-。

56）“粗糙的” tsɨr < *kir

“锐利的、猛烈的”拉丁语 acer。

57）“一” sas

希腊语 eis < *es，赫梯语 as。

58）“二” wu < *b^{w}i（吐火罗语$_{B}$ wi）

“二、两倍的”拉丁语 bi-。

59）“三” tre

梵语、俄语、阿尔巴尼亚语 tri、古教堂斯拉夫语 trje < *tri。

60）“四” ʃtwar

波斯语 tʃatvar、阿维斯陀经 tʃathwaro、梵文 tʃatvarah < *qa-twor。

61）“五” pɨɲ

梵文 pantʃa < *pankje。

（3）吐火罗语中的突厥语词

1）“死”吐火罗语$_{A}$ wɨl

“死”土耳其语、维吾尔语 øl-，西部裕固语 jyl- < *ʔuli。东亚的其他语

言，壮语武鸣话 ɣaːi^{1}，龙州话 haːi^{1}，临高语 dai^{1} < *ʔli。汉语 *sil（死）。“杀”维吾尔语 soj-、土耳其语saldi- < *sal-。仫佬语 l̥i^{3} < *sliʔ。

2）“找” rit

“找”维吾尔语 izdɛ-，哈萨克语 izde- < *ʔirde-。

3）“绑” tsu < *ku

“缠绕”维吾尔语 ɛgi-， 哈萨克语 ege- < *ʔege。“捆绑”日语 kukuru < *kuku-ru。

4）“暗” ork-m

“黑的”锡伯语 jətɕin < *rəki-n。

5）“长的”吐火罗语$_{B}$ walke < *b^{w}al-ke，吐火罗语$_{A}$ pɨrkɨr < *pul-kir

“多的”哈萨克语 mol < *mol。“长的”萨萨克语 belo < *belo。

从以上比较中可以看出吐火罗语与日耳曼语和斯拉夫语的接触较早，与希腊语和梵语的接触较晚，吐火罗语有过日耳曼语那样的浊塞音清化，可归于一组。

6. 威尔士语基本词的词源关系

高卢语为大陆凯尔特语，公元 5 世纪时消亡。海岛凯尔特语区分为盖尔语（Goidelic）和布立吞语（Brythonic）两组。前者包括爱尔兰语、苏格兰盖尔语和马恩语，后者包括威尔士语（Welsh）、科尼什语及分布在法国的布列塔尼语。

威尔士语是印欧语系凯尔特语族盖尔人的语言，大约公元前 5 世纪时已分布于英格兰。公元 7 世纪盎格鲁—撒克逊人入侵，此后凯尔特人渐退至威尔士山区。

（1）语音

威尔士语拉丁字母文字表示的读音为：

a b c ch d dd e f ff g ng h i l ll m n o p ph r rh s t th u w y

另外 j、k、q、v、 x 和 z 用来表示借词。字母 k 16 世纪以后在出版物中不再使用，代之以 c。ch 用来表示 x。

1）辅音

p b m f v

t d n θ ð s r r̥ l

k g ŋ χ ʃ j w

h

m、n、ŋ 和 l 的清音被认为是对应浊音的音位变体。

2）元音

i ɨ e ə a o u，iː eː aː oː uː，ui əi oi iu əu au

3）语音的对应关系

① h- < *s-、*ʔ-、*h-。

② w < *b^{w}、*g^{w}、*u。

（2）基本词的词源关系

代词

1）“我”（主格、宾格）mi、myfi、fi、i，minnau、innau

“我”（与格、宾格）古英语 me、古弗里斯语 mi < *mi-，古高地德语 mir < *mi-r。古教堂斯拉夫语、拉丁语、希腊语 me。

阿尔巴尼亚语 më < *mo，（所有格）mi。

（所有格）古英语、古弗里斯语、古高地德语 min，古挪威语 minn。词根为 *mi。

2）“我们”（主格、宾格）ni、nyni、ninnau

“我们”（主格、宾格）阿尔巴尼亚语 ne < *ne，古爱尔兰语 ni。

“我们”（宾格）阿维斯陀经 na，古教堂斯拉夫语 ny。

“我”巴斯克语 ni。（主格）希伯来语 ani < *ani。

3）“你”ti、tydi、tithau

“你”古英语、古挪威语、哥特语 þu，古高地德语 du < *tu。亚美尼亚语 du < *du。拉丁语、立陶宛语、拉脱维亚语 tu，古教堂斯拉夫语 ty < *tu。

“你”匈牙利语 te。“你”希伯来语 ata，马耳他语 inti。

4）“你们”chi、chwi，chwychwi、chwithau（chi 即 xi < *qi）

“你”巴斯克语 hi、i，hi < *qi。“你”车臣语 h^{w}ɔ < *qo。

5）“这”hwn、hon、hyn，hwn < *sun

“这”高加索格鲁吉亚语 ɛs < *es。

6）“那”hwn yna，hwnnw 等

7）“什么”pwy < *pu

希腊语 poios < *poi-。

名词

1）“天”wybren < *ʔubren

“高的”阿尔巴尼亚语 pirë < *piro。亚美尼亚语 barjr < *bari-。

2）“太阳”heulo

布立吞语、布列塔尼语 heol，荷马史诗 heelios < *qeli-。

“天”意大利语、西班牙语 cielo < *qelo。“天、太阳”希腊语 helios < *qeli-。

3）“月亮”lleoad < *load（“满”llonaid）

“满月”梵语 amalendu < *a-mal-indu “满的—月亮”。“月亮”梵语的一种说法是 indu < *idu。

“新月、月份”希伯来语 h' odesh < *q-ʔodes。

4）“星星”seren

“星星”梵语 star-、希腊语 astra、古高地德语 sterro、古弗里斯语 stero，拉丁语 astrum < *astro-。赫梯语 ʃitar < *sitar。古挪威语 stjarna、瑞典语 stjerna，哥特语 starino。

5）“云”cwmwl < *kumul

“烟”格鲁吉亚语 khvamli < *g^wamli。

6）“风”gwynt

“风”布立吞语 gwent < *g^wet。古英语 wind，梵语 vatah、阿维斯陀经 vata-、拉丁语ventus- < *g^weta-。赫梯语 huwantis < *qug^wati-。

7）“地”gwlad < *gula-d

“黏土”荷兰语 klei、英语 clay < *glai。葡萄牙语 argila、意大利语 argilla < *ar-gila。

8）“地”tir

“土”意大利语、葡萄牙语 terra < *tera。“陆地”梵语 deʃe < *dere 。

9）“石头”carreg < *kareg

“岩石”古英语 crag，古爱尔兰语 crec、carrac（峭壁）。

“山”格鲁吉亚语 gɔrakhi < *goragi。

10）“山”mynydd < *minid

“山”拉丁语 montem、古法语 mont、西班牙语 monte、古英语munt < *monte。

11）“水”dwfr < *d^wur

“水”梵语 udra-、希腊语 ydor < *udor。赫梯语 waːtar，古英语 wæter、古高地德语 wazzar < *uador。

12）“火”tân < *tan

“篝火”古高地德语 eit。“烧”希腊语 αϊθω < *ait-。

13）“烟”mwg < *mug

“烟”亚美尼亚语 mux，古英语 smec，英语 smok，荷兰语 smook < *smug。

14）“沙子”tywod < *tigo-d

“沙子样的”古英语 sandig < *sadig。

15）“男人”gŵr < *gur

“男人”巴斯克语 gizon < *giro-n。

16）“女人”merch < *mer-q

“人”匈牙利文 ember。“妻子”古英语 freo。“男人、雄性”古教堂斯拉夫语 mozi，“男人”波兰语 mąz < *m^{w}ori。

17）“头”pen < *pe-n

“头”芬兰语 pää < *pa。

18）“眼睛”llygad < *liga-d

“眼睛”匈牙利文 lyuk < *luk。

19）“眼睛”crau < *krau

“眼睛”梵语 akʃi、嘎地语（Gadi）hākhar < *qakara。“脸”俄语gronj < *gro-ni，西班牙语 cara < *kara。

20）“鼻子”trwyn < *tru-n

“鼻子”巴斯克语 sudur < *su-dur。

21）“嘴”ceg < *keg

“腭”古英语 ceace、cece，中古低地德语 kake < *kake。“嚼”古英语 ceawan、中古德语 keuwen < *kek^{w}e-，波斯语 javidan < *gek^{w}i-。

22）“嘴”genau

“说”古英语 secgan，古高地德语 sagen。

23）“牙齿”dant

“牙齿”梵语 danta、希腊语 odontos、拉丁语 dent、立陶宛语 dantis、古爱尔兰语 det < *dote-，古英语 toð、古弗里斯语 toth < *tode。

24）“舌头”tafod < *tapo-

“牙齿”阿尔巴尼亚语 dhëmb < *dob。

25）“耳朵”clust < *klus-

“耳朵”吐火罗语 klots < *klo-。匈牙利文 kalasz < *kalas。

26）“喉咙、脖子” gwddf < *gud-

“喉咙”阿尔巴尼亚语 fyt < *g^wut。梵语“脖子的瘤” gaḍu，“脸、颊” gaṇḍa，“后颈” ghāṭā。

27）“脖子” gwar < *g^war

“喉咙”亚美尼亚语 kokord < *kokor-d。俄语 gorlo < *gor-lo。

28）“肩” ysgwydd < *us-g^wud

“肘”西班牙语 codo < *kodu。

29）“乳房” bron

“乳房”古爱尔兰语 bruinne。

“乳房”古英语 breost（乳房、思想）、古弗里斯语 briost、古挪威语 brjost < *brus-。

30）“胸” cist < *kist

“盒子、篮子”希腊语 kiste，“胸、盒子”拉丁语 cista。

31）“胸” coffr

“胸”古法语 cofre。

32）“肚子” bola

“肚子”亚美尼亚语 phor < *bor。

33）“背” cefn < *kep-

“屁股”古英语 hype、哥特语 hups、荷兰语 heup < *kupe。“大腿”阿尔巴尼亚语 kofʃë < *kopso。

34）“手臂” braich < *bra-

“肘”阿尔巴尼亚语 bërryl < *boru-l。

35）“肘” elin < *el-

“前臂”拉丁语 ulna、希腊语 olene，“肩”亚美尼亚语 uln < *ule-na。“前臂、前臂的长度”英语 ell、古英语 eln < *ele-na。

“肘”德语 ellbogen、荷兰语 elleboog、英语 elbow、古英语 elnboga、

中古荷兰语 ellenboghe、古高地德语 elinbogo < *elina-bogo-n。

36）“手” llaw < *lag^{w}

“手”亚美尼亚语 sëlakh < *selag。“腿，腿、臂的骨头”古挪威语 leggr < *leg。

37）“手指” bys < *bus

“前臂” 巴斯克语 beso。

38）“脚” troed < *tro-

“小腿” 芬兰语 säӓri < *tori。

39）“膝盖” glin < *gli-

“膝盖” 波兰语 kolano，俄语 koleno < *kole-no。“踝” 英语 ankle、古挪威语 ökkla、古弗里斯语 ankel。“膝盖” 阿尔巴尼亚语 gju < *gru。

“膝盖” 格鲁吉亚语 muxli < *mu-qli。

40）“肌肉” cig < *kig

“肌肉嫩的部分” 中古英语 quick < *k^{w}ik。

41）“骨头” asgwrn < *as-gur-

“骨” 亚美尼亚语 oskor < *os-kor。拉丁语 os，（所有格）ossis。

42）“血” gwaed < *g^{w}a-

“血” 希腊语 syggeneia。意大利语、葡萄牙语 sangue。“血的” 拉丁语 sanguineus。

43）“毛发” blew < *bleg^{w}

“头发” 西班牙语 cabolle、意大利语 cabelli < *kaboli。“毛发” 俄语 volos、波兰语 wlosy < *b^{w}olosu。“毛发” 匈牙利文 bolyh < *bolus。

44）“毛发” gwallt < *g^{w}al-

“羊毛” 古英语 wull、古高地德语 wolla、威尔士语 gwlan < *g^{w}ula，古教堂斯拉夫语 vluna、拉丁语 vellus（未剪下的）< *g^{w}elu-。

45）“皮肤” croen < *kro-

“皮革” 梵语 caːrma < kar-ma，拉丁语 corium < koru-m。“皮、皮革”

俄语 kozą < kora，波兰语 skora < skora。阿尔巴尼亚语“皮肤”lëkurë < *le-kure，“树皮”lëvore < *le-g^{w}ore。

46）“心脏”calon < *kalo-

“心”意大利语 cuore、法语 cœur、拉丁语 cor < *kore。格鲁吉亚语 guli。

47）“肺”ysgyfaint < *usgupa-

“肺”梵语 phupphusah < *bubusa-。

48）“肝”afu < *apu

49）“母牛”buwch < *buq

“母牛”巴斯克语 behi < *beqi。

“小牛”梵语 vatsah < *b^{w}aka-。

50）“熊”arth < *ʔart

“熊”巴斯克语 hartz < *qar-d。

“熊”阿维斯陀经 aresho，亚美尼亚语 arj，阿尔巴尼亚语 ari。

51）“鸟”aderyn < *aderu-

“鸟”亚美尼亚语 thrtʃun < *dr-kun。匈牙利文 madar < *ma-dar。

52）“鱼”pysgod < *pusgo-

“鱼”古英语 fisc、中古荷兰语 visc、爱尔兰语 iasc、哥特语 fisks < *pisk-。拉丁语 piscis、意大利语 pesce、西班牙语 pez、阿尔巴尼亚语 peʃk < *pesk-。

53）“蛙”broga

“蛙”古英语 frosc、古挪威语 froskr、德语 frosch < *pro-sk。

“跳、飞起”古英语 springan，古挪威语、古弗里斯语 springa < *spri-ga。

54）“蚂蚁”morgrugyn < *mor-grugu-

“蚂蚁”希腊语 myrmekos < *mur-meko-s。“虫子”法语 ver，意大利语 verme < *b^{w}er-。

55）“蝴蝶”pilli-pala

“蝴蝶”格鲁吉亚语 pepela，利兹语 parpali。

“飞”法语 voler、西班牙语 volar、意大利语 volare ＜*b^wole-re。

56）“蛋”cymysgwy＜*kumu-sg^{w}i

“蛋”威尔士语 wj、布立吞语 uiy＜*g^wi。

“蛋”古英语 æg、希腊语 augo、古教堂斯拉夫语 aja、古高地德语ei＜*ago。

57）“爪子”crafenc＜*krape-nk

“爪子”巴斯克语 erpe。

“爪子，抓、挠”低地德语 krabben、荷兰语 krabelen。“抓住”古英语 grippen＜*grip-。“善抓的”东部英格兰语 cliver。“蟹”古英语 crabba、古挪威语 clabbi＜*klabi。

58）“翅膀”adain＜*ada-

59）“翅膀”asgell＜*asgel

“翅膀”巴斯克语 hegal＜*qegal。

60）“尾巴”cwt＜*kut

“尾巴”格鲁吉亚语 khudi＜*gudi。意大利语 coda＜*koda。

61）“虱子”lleuen＜*lu-

“虱子”古英语、古挪威语 lus，荷兰语 luis＜*lus。

62）“花”blodyn＜*blodu-

“花”拉丁语 flos（主格）＜*blo-。梵语 aboli＜*aboli。

“花”祖鲁语imbali＜*-bali。

63）“叶子”dalen＜*dale-

“叶子”梵语 dala。

64）“根”gwraidd＜*gura-

“根”俄语 korenj、波兰语 korzeɲ＜*kore-n。

65）“种子”hedyn＜*sedu-

“种子、芽”古英语 sæd、古挪威语 sað、古高地德语 sad＜*sad。

66）“草” glaswellt < *glas-g^{w}el-

“草、药草” 古英语 græs、古高地德语、哥特语 gras < *gra-s。

67）“草” porfa < *por-

“草”阿尔巴尼亚语 bar < *bar。“绿的”阿尔巴尼亚语 gjebër < *gre-bor。

68）“树” coeden < *ked-

“森林、木头” 古爱尔兰语 ciad、布立吞语 coet < *kad。“橄榄树” 亚美尼亚语 jithni < *gid-。

69）“路” heol < *qel

“路” 巴斯克语 kale。

70）“绳子” rhaff < *r̥ap

“绳子” 古英语 rap、古挪威语 reip、中古荷兰语 reep < *rep。

71）“斧子” bwyall < *b^{w}al

“劈” 希腊语 peleko < *peleko。

72）“针” nodwydd < *nodu-

“针”古爱尔兰语 snathat < *snada-。“缝”威尔士语 nyddu < *nedu。“针”古英语 nædl、古弗里斯语 nedle、古高地德语 nadala < *nedala。

73）“锅” crochan < *kroqa-

“锅、大杯子” 俄语 kruz̧ka < *krurka。

74）“船” bad

“船” 古英语 bat、荷兰语、德语 boot、古爱尔兰语 batr < *bat。意大利语 batello、法语 bateau、中世纪拉丁语 batellus < *bate-。

75）“房子” annedd < *ane-

“房子” 古英语 inn。

76）“门” drws < *dru-

“门” 古英语 duru（单数）、dura（复数），古弗里斯语 dure，古高地德语 turi，亚美尼亚语 dur，俄语 dverj，希腊语 thyra（形容词）< *dura。

77）“坟墓” bed < *be-

“坟墓” 巴斯克语 hobi < *qobi。

78）“白天” dydd < *du-

“白天” 拉丁语 dies，葡萄牙语 dia < *des。“白天” 阿尔巴尼亚语 ditë < *de-to。

79）“白天” diwrod < *duro-

“白天”土耳其语、维吾尔语 kyndyz，哈萨克语 kyndiz，西部裕固语kundus < *qudur。蒙古语 ɵder，达斡尔语 udur < *ʔudur。阿伊努语tejne < *ter-ne。

80）“夜、晚上” nos < *no-

“夜” 阿尔巴尼亚语 natë < *na-to。

81）“名字” enw < *enu

“名字” 古威尔士语 anu。亚美尼亚语 anun < *anu-n。

82）“声音” swnt < *sun-

“声音” 古法语 son、拉丁语 sonus。

83）“词” gair < *gar

“词” 梵语 gira，“声音的” 希腊语 geros，“语言” 梵语 girh。

“声音” 匈牙利文 igaz < *igar。

“声音” 格鲁吉亚语 bgɛri < *bgeri。“名字” 格鲁吉亚语 gvari < *g^wari。

84）“话” llafar < *lava-

“词” 俄语 slova、波兰语 słowo < *slog^{w}o。

85）“朋友” cyfaill < *kupal

“朋友” 波兰语 kumpela < *kupela。

86）“敌人” gelyn < *gel-

“敌人” 赫梯语 gur。

87）“鬼” ysbryd < *usbr-

“灵魂、呼吸” 古法语 espirit、拉丁语 spiritus，“灵魂” 阿尔巴尼亚语

ʃpirt < *spiri-。

“灵魂”匈牙利文 ember < *eber。

88）“神”duw < *dub^{w}

“神”梵语 deva < *deb^{w}a。

89）“灵魂”enaid < *ena-

“灵魂”亚美尼亚语 anjn < *ani-。

“灵魂”格鲁吉亚语 adamiani < *adami-ani。

90）“前面”wynab < *una-

梵语“脸、嘴、鼻子”aːna。

91）“前面”blaen < *bla-

“前面、之前”梵语 puraḥ < *pura-，阿尔巴尼亚语 para。“前面、之前，以前的时候”古英语 beforan、古高地德语bifora < *be-bora。

动词

1）“走”credded < *kred-

“跑”拉丁语 currere、法语 courir、西班牙语 correr、意大利语 correre < *kure-。

2）“跑”rhedeg < *r̥ ed-

“跑”希伯来语 ratz < *raɖ。

“乘马车”古高卢语 reda，“我旅行”古爱尔兰语 riadaim。

“向前移动、滚动、漂流”古英语 ridan。“流”匈牙利文（名词）ar，（动词）ered。

3）“（向上或向前）跳”neidio < *neid-

“跳”（名词）格鲁吉亚语naxthɔmi < *na-qdo-。

4）“飞”ehedeg < *eʔed-

“飞”吐火罗语 $_{B}$ yente < *ite。

5）“坐”eistedd < *ist-

“坐”芬兰语 istua。梵语 siːdati < *sidati。俄语 sidetj、波兰语 są dʑitʃ <

*sedi-。亚美尼亚语 nstel < *m-ste-l。

6）“躺” gorwed < *goru-

“睡” 阿尔巴尼亚语 gjumë < *grumo。

“躺” 希伯来语 kizev < *kire。

7）“睡” hunu < *qun-

“睡” 亚美尼亚语 nnjel < *nine-。

8）“醒” deffro < *-pro，“醒着的” effro

9）“站” sefyll < *sepul

“站在一边” 中古英语 flank < *pla-。

10）“跪” penlinio < *pen-lin-，“膝盖” pen-lin。

11）“吃” bwyta < *b^{w}ita

“咬” 古英语 bitan，古挪威语、古弗里斯语 bita < *bita。

12）“吃” ysu < *isu

“吃” 斯瓦西里语 -sosi。“喝” 匈牙利文 szeszes < *sese-。

13）“喝” yfed < *up-

“喝” 阿尔巴尼亚语 pi < *pi。法语 boire < *bo-。

14）“吐” poeri < *por-

“吹”（动词）阿尔巴尼亚语 fryj < *b^{w}rur。

15）“看” syllu < *sil-

“看” 芬兰语 katsella < *kat-sela，“眼睛” silma < *sil-ma。

16）“看见” gweld < *g^{w}el-

“眼睛” 俄语 glaz < *glar。

17）“听” gwrando < *gura-

“听” 希腊语 akroemai < *akre-。

“耳朵” 波斯语支的帕塞语（Pasai）kār、巴斯加利语（Basgali）kōr。

18）“听见”clywed < *klu-

“听见”希腊语 klyo < *klo。“听”古英语hlysnan、古高地德语 hlosen < *klose-。“听见自己的叫声”拉丁语cluere < *klu-。

19）“说话”llefaru < *lek^{w}a-

“舌头”拉丁语 lingue < *lig^{w}e。

20）“说”dweud < *db^{w}e-

“说、说话、告诉”阿尔巴尼亚语 them < *dem。

21）“回答”ateb

“回答”斯瓦西里语 -jibu < *ḍibu。格鲁吉亚语 tavdɛbɛba < *tab^{w}-debe-。藏文 fidebs < *m-debs。汉语 *təbs（对）。

22）“拿”cael < *ka-el，“肘”elin < *el-

“前臂”拉丁语 ulna、希腊语 olene < *ule-na。

23）“死”marw < *mar-

“死”法语 mourir、西班牙语 morir、葡萄牙语 morrer、意大利语 morire < *more-。亚美尼亚语 meɾnel < *mer-。

24）“杀”lladd < *la-

“死”吐火罗语 $_{A}$ wɨl < *ul。

25）“埋”claddu < *kla-，“地”gwlad < *gula-。

26）“躲藏”celu < *kel-

“藏、埋葬”古英语 hydan、中古荷兰语 huden、希腊语 keuthein（藏）< kede-。

27）“来”dod < *do-

“来”车臣语 daan < *da-。

28）“去”rhodio < *r̥ o-

“跑、流”希腊语 reo < *re-。“去”西班牙语、葡萄牙语 ir。

29）“去” mynd < *mun-

“去” 芬兰语 mennä < *mena。

30）“记得” cofio < *kop-，“忘记” anghofio < *aŋ-kop-

“记得” 斯瓦西里语 -kumbuka < *kubuka。

“抓住” 阿尔巴尼语 kap。“抓住” 匈牙利文 elkapas < *el-kapa-s。

31）“知道” gwybod < *gub-

32）“想” meddwl < *med-

“想” 阿尔巴尼亚语 mend，mendoj < *med-。亚美尼亚语 mtatʃel < *mda-。

33）“爱” caru < *kar-

“想” 希腊语 krino < *kri-。“心” 希腊语 kardia < *kar-。“心” 意大利语 cuore、法语 cœur、拉丁语 cor < *kor。

34）“笑” gwenu < *g^{w}e-

“高兴” 英语 joy、古法语 joie、希腊语 gaio < *ga-o。

35）“害怕” ofn < *op-

“怕” 波兰语 obawiatʃ < *obab^{w}a-。希腊语 phoboymai < *bobo-。

36）“哭” wylo < *b^{w}ul-

“怕” 俄语 bojatjsja < *b^{w}ola-。

37）“拉” tynnu < *tin-

“拉” 格鲁吉亚语 tshɛva < *de-。

38）“压” gwasgu < *g^{w}as-

“拉” 亚美尼亚语 khaʃel < *gase-。

39）“摇” ysgwyd < *usgu-

“摇” 古英语 sceacan，法语 secouer、西班牙语 sacudir。

40）“颤抖” crynu < *kru-

“摇” 希腊语 klonizo < *kloni-。

41）“丢失、漏” colli < *kul-

“丢失”亚美尼亚语 kortshnel < *kord-。

42）“滴落、漏” diferu < *dip^{w}e-

“丢失”印古什语 dov < *dob^{w}。

43）“刮” crafu < *krap-

“刮、擦”古挪威语 skrapa、丹麦语 schrapen，“擦”英语 scrub。

44）“擦” rhwbio < *r̥ub-

“擦、搔”东部弗里斯语 rubben、丹麦语 rubbe < *rube。

45）“磨” melino < *meli-

“磨”瑞典语 mala、丹麦语 male、荷兰语 malen < *male。

46）“编” plod < *plo-

“编”俄语 plestj，波兰语 pleʃtj < *ples-。阿尔巴尼亚语 palë < *palo。“编、拧、拧在一起”波兰语 spleʃtj < *sples-。

47）“缠绕” dirwyn < *diru-，“旋转” troi < *tro-

“转”古英语 turnian、拉丁语 tornare。“转”（名词）古法语 tour。希腊语 treno < *ture-。波兰语 odwrotɕitʃ < *odoroki-。

48）“滚” rholio < *r̥oli-

“滚”英语 roll、古法语 roeller < *rol-。波兰语 rolowatʃ < *rolob^{w}a-。“滚”（名词）阿尔巴尼亚语 rul。

49）“射” tarddu < *tar-

“飞”阿尔巴尼亚语 fluturoj < *b^{w}lu-turor。“跳、拔”俄语（动词）dergtj < *derg-。

50）“追、打猎” erlid < *er-

“打猎”亚美尼亚语 ors < *ors。

51）“寻找” chwilio < *q^{w}il-

“寻找”阿尔巴尼亚语 kërkoj < *ker-kor。匈牙利文 keres。

52）“挑选” dewis < *deb^w-

“寻找、打猎” 格鲁吉亚语 dzɛbna < *deb-。

53）“欺骗” twyllo < *t^wul-

“欺骗” 希腊语 dolos < *dolo-。匈牙利文csal < *tal。

54）“相信” credo < *kre-

“心” 意大利语 cuore、法语 cœur、拉丁语 cor < *kore。

55）“熄灭” diffodd < *dipo-

“踩” 古高地德语 stampfon、古挪威语 stappa。

56）“烤” crasu < *kra-

“烧” 古教堂斯拉夫语 goriti- < *g^wori-。“烤、使暖” 俄语 gretj < *gre-。

57）“生长” prifio < *$prip^w$i-

“生长、种植” 俄语 v-rastj < *b^wiras-。“生长、发芽” 波兰语 wyrosnąt∫ < *b^wiros-。

58）“疼痛” poeni < *poe-

“疼痛” 阿尔巴尼亚语 vuaj < *bu-。

59）“漂浮” fflôt < *plot

“漂浮” 古英语 flotian、古挪威语 flota、希腊语 pleo < *plo-。

60）“倒水” bwrw < *bur-

“倒（水）” 英语 pour、法语 purer、拉丁语 purare < *pura-。

61）“洗” golchi < *gol-

“流” 希腊语 kylo < *kilo，阿尔巴尼亚语 gëlon < *gelo-n。

62）“劈” torri < *tor-

“劈”阿尔巴尼亚语 ndry∫oj < *driso-。“切割”亚美尼亚语 ktrel < *ktre-。“分开” 古英语 teran。“剥皮” 希腊语 derein < *dere-。

63）“平分” ysgar < *usgar

“劈” 格鲁吉亚语 t∫hɛra < *gera。

形容词等

1）“大的” mawr < *mag^{w}

“巨大的”希腊语 megas、拉丁语 magnus、梵语 mahaː < *mega-。“大的”亚美尼亚语 mets，赫梯语 meki’ < *mek。

2）“小的、少的” bach < *baq

“小的”阿尔巴尼亚语 vogël < *b^{w}oge-。“小的、少的”亚美尼亚语 phokhr < *bog-。

3）“多的” aml

“多的、重的”俄语 obiljn-ij < *obil-。

4）“远的” pell

“长的”吐火罗语$_{B}$ walke < *b^{w}al-ke，吐火罗语$_{A}$ p-rk-r < *pul-kir。

5）“近的” ger

“短的”匈牙利文 gyorsan < *gors-an。

“短的”古英语 scort、古高地德语 scurz < *skur-，拉丁语 curtus < *kur-。

6）“长的” hir < *sir

“远的”格鲁吉亚语 ʃors < *sor-。

7）“短的” byr < *bur

“近”阿尔巴尼亚语 afërt < *ab^{w}or-。

8）“高的” mawr < *ma-ur

“高的”亚美尼亚语 urats < *ura-。

9）“低的” isel < *is-

“低的”格鲁吉亚语 susthi < *sus-。

10）“弯曲的” crwca < *kruka

“弯曲”（动词）拉丁语 curvus、curvare < *kurk-。

“弯曲的”匈牙利文 horgas < *qorgas。“圆”阿尔巴尼亚语 kjark < *krak。

11）“圆的” crwn < *kru-

“圆的” 希腊语 gyro。

12）“新的” newydd < *neu-

“新的、新鲜的” 丹麦语、瑞典语 ny、古弗里斯语 nie、波斯语 nau、希腊语 neos < *neo-。

13）“老的” hen < *ʔe-

“老的” 亚美尼亚语 tser < *ke-。

14）“好的” da，“高兴的” dedwydd < *dedu-

15）“坏的” drwg < *dru-

“气味” 波兰语 odor。“腐烂的” 希腊语 sathros < *sadro-。

16）“亮的” gloyw < *glo-

“照耀” 希腊语 gyalizo < *gali-。古法语 glisa、古丹麦语 glisse。

17）“干的” cras < *kra-

“硬的” 芬兰语 ankara < *a-kara。

18）“湿的” gwlyb < *gul-

“湿的” 希腊语 ygros < *igro-。

19）“咸的” hallt < *sal-

“咸的” 俄语 solen-j、波兰语 słony < *sole-。芬兰语 suolainen < *sula-

20）“甜的” melys < *mel-

“甜的” 俄语 mil-j < *mili-，阿尔巴尼亚语 ëmbël < *ombel。

21）“红的” coch < *koq

“红的” 希腊语 kokkinos < *koki-，阿尔巴尼亚语 kukj < *kuki。

22）“黑的” du

“暗的” 古爱尔兰语 donn，“深色的” 古英语 dun。

23）“绿的” gwyrdd < *g^{w}ur

“绿的、生的” 古英语 grene、古弗里斯语 grene、古挪威语 grænn < *grene。

24）“黄的” melyn < *mel-

“黄的” 阿尔巴尼亚语 verdhë < *b^{w}er-。

25）“热的” poeth < *po-

“火” 梵语 pu。

26）“冷的” oer，“雪” eira

“冷的” 亚美尼亚语 saɾë < *saro。

27）“生的” kri

“生的” 法语、葡萄牙语 cru，意大利语 crudo < *kru-。

28）“生的” garw

“绿的、生的”古英语 grene、古弗里斯语 grene、古挪威语 grænn < *gra-。

29）“深的” dwfn < *dup

“深的” 古英语 deop、古弗里斯语 diap、古挪威语 djupr、立陶宛语 dubus < *dobu-。

30）“软的” meddal < *med-

“软的” 波兰语 wiotki < *b^{w}ot-，阿尔巴尼亚语 butë < *bute。

31）“硬的” caled < *kal-

“硬皮” 拉丁语 callus < *kalo-。“硬的” 希腊语 khalenos < *gale-。

32）“锐利的” siarp

“锐利的” 古英语 sceap、古弗里斯语 skerp、古挪威语 skarpr < *skarp-。

33）“胖的” bras

阿尔巴尼亚语 “胖、油” vaj < *b^{w}ar，“油的、油” vaji < *b^{w}ari。

34）“干净的” glân

“干净的”古英语 klæne、古弗里斯语 clene、古高地德语 kleini < *kleni。“干净的、光滑的” 俄语 gladkij < *glad-。

35）“脏的” brwnt < *bru-

“脏的” 格鲁吉亚语 gasvrili < *gas-b^{w}ri-。

36）“腐烂的” pwdr < *pud-

“腐烂的” 亚美尼亚语 phtats < *buta-。“坏的” 亚美尼亚语 vat < *b^{w}at。

37）“渴的” sychedig < *suq-

“渴的” 俄语 issoxʂij < *isoq-si-。

38）“对的” irawn < *irag^{w}-

“正确的、直的”古英语 riht、古萨克逊语 reht、古弗里斯语 riutʃt < *rik-。匈牙利文 jogos < *rogo-。

39）“强壮的” cryf < *kru-

“强壮的” 希腊语 geros。“强的、严格的” 俄语 gruv-j < *gru-。

40）“弱的” egwan < *eg^{w}a-

“弱的” 格鲁吉亚语 uɣɔnɔ < *ugo-。

41）“重的” trwm < *tru-

“多的、重的” 波兰语 duzo < *duro。

42）“薄的” tenau < *tena-

“薄的、细的” 拉丁语 tenuis < *tenu-。“窄的、细的” 古英语 Þynne、中古低地德语 dunne < *tune。

43）“美的” hardd < *ʔar-

“美的” 希腊语 oraios < *ora-，梵语 manohara < *mano-qara。

44）“丑的” hagr < *hag-

“丑妇人” 古英语 hag，“女巫” 荷兰语 heks < *qag-。

45）“上面的” uwch < *ub-

“上面、高” 古高地德语、撒克逊语 oban、德语 oben。“往上”（副词）古英语 up、古高地德语 oba、德语 ob，梵语 upa。

46）“之下” obry < *obru

“下” 俄语 pravo。“较低的” 梵语 aparaː。“泥” 西班牙语 barro。

47）“中间的” canol < *ka-

“里面” 格鲁吉亚语 ʃiga < *siga。

48）“里面的” miwnol < *mig^{w}-

“肚子” 瑞典语 buk、丹麦语 bug、荷兰语 buik < *buk。

49）“外面的” allanol < *ala-

“边” 巴斯克语 albo、alde < *al-。

50）“快” sownd < *sob^{w}-

“快的” 阿尔巴尼亚语 ʃpejtë < *spe-。

◇ 三　芬兰—乌戈尔语基本词的词源关系

芬兰—乌戈尔语系的语言有古代欧洲和古北亚语言的底层。今基本词中仍保留着一些高加索不同支系语言的成分和印第安语言的成分，有的与玛雅语对应。

匈牙利语又称马扎儿语，方言较多，差别不大。匈牙利人定居较晚，历史上分别与突厥人、斯拉夫人关系密切，基本词与阿尔泰语、欧洲的语言多有词源关系。芬兰语和爱沙尼亚语相近，书面语和口语有一定的差别。芬兰人历史上与瑞典人和俄国人关系密切。古芬兰语里的塞音 t 演变成为擦音 s，元音 e 演化成 i。青铜时代的匈牙利语和芬兰语当分处欧亚两地，它们的渊源关系应是更早以前的部落交际语。

1. 语音

（1）匈牙利语的语音

1）辅音

p	b	m	f	v				
t	d	n	s	z	ts	dz	r	l
		ɲ			ç	ɟ		
k	g		ʃ	ʒ	tʃ	dʒ	j	h

2）元音

i　y　ø　ɛ　a　ɒ　o　u

iː　yː　øː　eː　　　oː　uː

（2）文字

匈牙利文 sz / s /　zs / ʒ /　c / ts /　cs / tʃ /　dz、dzs / dʒ /

s / ʃ /　ny / ɲ /　ty / ç /　ky / ɟ /　ly / j /

á / aː /　é / eː /　í / iː /　ó / oː /　ú / uː /

（3）语音的对应

匈牙利文 v < *g^{w}、*b^{w}，ts- < *k-，tʃ- < *k-、*t-，z < *l。

1）匈牙利语 f < *p^{w}，v < *g^{w} 或 *b^{w}

①“圆的”匈牙利文 forgas < *p^{w}orga-。“圆”梵语 valaja < *b^{w}alaga。

②“亮的”匈牙利文 vilagos < *g^{w}ilagos。“发亮的”芬兰语 kirkas。“亮的”维吾尔语 joruq，哈萨克语 dʒɑrəq < *goruq。

“去”匈牙利文 vizsga < *b^{w}irga。“走”格鲁吉亚语 bilikh < *bilig。

“圆的”匈牙利文 valtozas < *b^{w}al-tola-，芬兰语 pullea < *pule-。

2）匈牙利语 ts < *k，dz < *g

“牙齿”匈牙利文 cakk < *kak。“腭”古英语 ceace，中古低地德语 kake < *kake。

3）匈牙利语 tʃ- < *k-、*t-

“骨头”匈牙利文 csont < *kot。爱沙尼亚语 kont < *kot。

“种子”匈牙利文 csira < *kira。“核”芬兰语 kara。

“小、少的”匈牙利文 kicsi < *kiti。“小的”土耳其语 kytʃyk，维吾尔语 kitʃik < *kitik。

4）匈牙利语 z < *l

“火”匈牙利文 tüz，爱沙尼亚语、芬兰语 tuli < *tuli。

“那”匈牙利语 az < *al。古突厥语 ol，图瓦语 ol（他、那），柯尔克孜

语 ɑl（他、那）< *ʔol。

2. 代词的渊源关系

（1）第一人称单数

匈牙利文（主格）sze、ego（名词性），（宾格）ėn、nekem、engem，（所有格）-m。

芬兰语 minä（主格、宾格），（所有格）minun。

爱沙尼亚语 mina（主格、宾格）、ma，（所有格）minu、mu、oma

① 匈牙利文 sze < *se。

“我”（主格）亚美尼亚语、拉脱维亚语 es < *es。

② 匈牙利文 ego。

“我”拉丁语、希腊语 ego，丹麦语 jeg < *eg^{w}e。

③ 匈牙利文（宾格）ėn < *en。

“我”（主格、宾格）阿尔巴尼亚语 unë < *une，（宾格）亚美尼亚语 inj < *ini。

④ 芬兰语 mina、爱沙尼亚语 mina < *mi-na。

“我”波斯语 man < *mi-na，（宾格）拉脱维亚语 mani。 “我”格鲁吉亚语 mɛ（主、宾格）< *me。

可与匈牙利语等比较的印欧语这一类的代词应是末次冰期结束前留下的。

（2）第一人称复数

匈牙利文 mi，（宾格）minket、bennüket、nekünk。

芬兰语 me，（宾格）meidät、meitä，（所有格）meidän。

爱沙尼亚语 meie、me，（宾格）meid、meile、meie，（所有格）meie、oma。

匈牙利文 mi，芬兰语、爱沙尼亚语 me < *mi。

“我们”（主格）俄语 m-，波兰语 my < *mu。
“我们”亚美尼亚语（主格）menkh < *men-g。

（3）第二人称

匈牙利文（单数）te、te magal，（所有格）tied、-d、-od。

芬兰语（单数主格）sina，（所有格）sinun si，（复数）senkin。

爱沙尼亚语（单数主格）sina，（所有格）sinu，（复数）sa、teie、te。

① 匈牙利文（单数）te 可能是末次冰期结束前后亚欧交流留下的。

② 芬兰语、爱沙尼亚语 sina < *se-，“你们”意大利语 si 等。

（4）疑问代词

“谁”芬兰语 kuka，匈牙利文 aki。

“什么”拉丁语 quae < *k^wa。

（5）近指代词

匈牙利文 en-，芬兰语 eräs，爱沙尼亚语 see。

① 匈牙利文 en- < *ena。

“这”梵语 enaṃ < *ena-。

② 爱沙尼亚语 see < *se。格鲁吉亚语 ɛs < *es。“这”鄂罗克语 si < *si，卡那卡那富语 iisi < *ʔi-ʔisi，马加尔语 ise < *ʔise。

“这”古英语 þes < *de-si。古英语定冠词 se。

③ 芬兰语 eräs < *era-s。“这”满文 ere，锡伯语 ər，鄂温克语 ərĭ，赫哲语 əi < *ʔere。

（6）远指代词

匈牙利文 az、aki、hogi、ami、amit，芬兰语 tuo，爱沙尼亚语 et。

① 匈牙利语 az < *al。“那”玛雅人祖赫语 aʔloʔ < *alo。

② 匈牙利文 aki，hogi < *qogi。

“那”希腊语 ekeinos < *eki-，拉丁语 que < *k^we。

③ 爱沙尼亚语 et < *eto。芬兰语 tuo < *to。

“那”俄语、波兰语 to，希腊语、梵语、古教堂斯拉夫语定冠词 to。

3. 基本词的比较

（1）名词

1）太阳

匈牙利文 nap、napsugar、dicsösseg、napfeny。

芬兰语 aurinko，爱沙尼亚语 päike、päikesepaiste、päikesevalgus[①]。

①“太阳、白天”匈牙利文 nap < *nap。“天”梵语 nabhas- < *naba-，柬埔寨文 nəb^{h}a（借自梵语）。[②]

“太阳、阳光”匈牙利文 napsugar < *nap-sugar，字面意思“太阳—照射”。俄语“烤、使暖”gretj < *gre-。

“太阳”匈牙利文 napfeny < *nap-peni，字面意思“太阳—照耀”。

②“太阳”芬兰语 aurinko < *ariko。“太阳”亚美尼亚语 arev，areg < *areg^w。

③“白天”爱沙尼亚语 aeg。“太阳”巴斯克语 ekhi < *egi。

2）月亮

匈牙利文 hold、honap，芬兰语、爱沙尼亚语 kuu。

① 匈牙利文 hold < *qold。西部裕固语 ɑjdəŋ < *ʔad-diŋ。“月光”维吾尔语 ajdiŋ。

② 芬兰语、爱沙尼亚语 kuu < *ku。“月亮”玛雅人祖赫语（Chuj）tʃiʔitʃ < *kik。

3）星星

匈牙利文 csillagzat、sztar、csillag。

① www.englishestoniandictionary.com.

② “天”指“白天”，如匈牙利文“天”eg，爱沙尼亚语“白天”aeg。

芬兰语 tähti，爱沙尼亚语 tähti、autäht、tärn、staar。

① 匈牙利文“星星、北极星”csillag < *kilag。“亮的” vilagos < *g^{w}ilagos。“发亮的”芬兰语 kirkas。“亮的”维吾尔语 joruq，哈萨克语 dʒɑrəq < *goruq。

② 匈牙利文 sztar / star /，爱沙尼亚语 staar < *star。

> “星星”梵语 star-、希腊语 astra、古高地德语 sterro、古弗里斯语 stero，拉丁语 astrum < *astro-。赫梯语 ʃitar < *sitar。

4）风

匈牙利文 szel、szufla。

芬兰语 pieru、tuuli，爱沙尼亚语 kerima、tuul、mässima。

① 匈牙利语 szel < *sel。“风” 蒙古语 sɛlxəŋ，东部裕固语 sɑlɣən < *sel-qin。鄂罗克语 suːlime < *suli-me。

② 匈牙利语 szufla < *supla。

> “风” 立陶宛语 vijas < *b^{w}ila-s。“吹” 古英语 wajan < *b^{w}ala-。

汉语 *b^{w}alu（扶摇），“旋转” 桑塔利语 pɛli < *pali。

③ 芬兰语 pieru < *peru。“风” 格鲁吉亚语 bruni。“暴风” 维吾尔语 borɑn，柯尔克孜语 boroːn，图瓦语 borɑːn < *boran。

5）土地

匈牙利文 taj、odú、föld。

芬兰语 maa，爱沙尼亚语 maa、maailm、maandus、muid。

① 匈牙利文 taj。“土” 阿伊努语 toj < *tor。“地” 土耳其语 jir < *dir。

> “土” 意大利语、葡萄牙语 terra，梵语 dhara < *dera。

② 匈牙利文 föld。“田野” 德语 feld、荷兰语 veld、英语 field。

③ “泥” 匈牙利文 lápföld < *lep-。“土” 玛雅语 ʔilɛf < *ʔilep。[①]

6）山

① 据曾晓渝教授的美洲调查材料。

匈牙利文 hegy、hegyseg，芬兰语 vuori，爱沙尼亚语 mägi。

① 匈牙利文 hegy < *qegi。“小山”芬兰语 keko。汉语 *khə（丘）< *gə。“山”爱斯基摩语 kaggak < *kagak。“高的”赫哲语 gugda，鄂温克语 gʊdda，鄂伦春语 gʊgda < *gug-。

② 芬兰语 vuori < *g^{w}ori。

“小山”古挪威语 haugr、立陶宛语 kaukara < *kagara。“山”俄语、波兰语 gora。
“石头”阿尔巴尼亚语 guri < *guri，亚美尼亚语 khar < *gar。

“高的”维吾尔语 juquri，哈萨克语 dʒoʁɑrə，塔塔尔语 joʁɑrə < *gugari。

“高的”古英语 heh、古弗里斯语 hach、古挪威语 har < *kagra。

“山”格鲁吉亚语 gɔrakhi < *goragi。“高的”芬兰语 korkeä < *korke-。

7）石头

匈牙利文 kö、tök、epekö，芬兰语、爱沙尼亚语 kivi。

① 匈牙利文 tök < *tok。“石头”朝鲜语淳昌话 tok。“山”土耳其语 daɣ、维吾尔语 tɑʁ、西部裕固语 dɑɣ < *tag。“高的”日语 takai < *taka-ʔi。

② 匈牙利文 epekö < *epeke。“岩石”中古朝鲜语 pahø，庆州话 paŋku。“硬的”东部裕固语 bekə < *bekə。

③ 芬兰语、爱沙尼亚语 kivi < *keg^{w}e。“山”匈牙利文 hegy < *qegi。

8）火

匈牙利文 tüz、tüzeles、hėv。

芬兰语 tuli、palo，爱沙尼亚语 tuli、tulistus、leek、ind、tulekahju。

① 匈牙利文 tüz，爱沙尼亚语、芬兰语 tuli < *tuli。

“烧”蒙古语 tʉlə-，达斡尔语 tulu-，土族语 tuleː < *tule。“点火”撒拉语 deʃ- < *del。“火”俄克拉荷马州车罗科语（Cherokee）atsila < *atila，那瓦特尔语 tle-tl < *de-。

② 芬兰语 palo。“烤”玛雅语楚吉方言 pholoʔ。

“火、火焰”俄语 plamja < *plama。“火焰”古法语 flamme，拉丁语 flamma < *pla-。

“生火”希腊语 plego。

③ 匈牙利文 hėv < *qeg^{w}。“火”依萨玛雅语 khaʔakh、玛雅人祖赫语 khakh < *gag。

9）水

匈牙利语 vizallas、viz。

芬兰语 vesi，爱沙尼亚语 jootma、lahjendama、vesi、kastma。

① 芬兰语、爱沙尼亚语 vesi < *veti，这个形式应是较晚的。

“水”古挪威语 vatn、古教堂斯拉夫语、俄语 voda。

② 匈牙利语 vizallas < *visa-ala-。“水”玛雅语 ʔja < *ʔla。“潮湿的”古突厥语 øl，维吾尔语 høl，图瓦语 øl < *ʔol。撒拉语 ojʃi < *ʔoli。

③ 爱沙尼亚语 lahjendama < *la-geda-，jootma < *got-。

“湿的”古英语 wæt、古弗里斯语 wet、古挪威语 vatr < *g^{w}at。

10）人

匈牙利文 ember，芬兰语 henkiö、olio，爱沙尼亚语 inimene

①“人、男人”匈牙利文 ember < *eber。

“人”古法语 persone、拉丁语 persona < *perso-。

“男人”立陶宛语 výras、拉丁语 vir、哥特语 wair、古英语 wer、古爱尔兰语 fer < *b^{w}ira。“英雄”梵语 vīras < *b^{w}ira-。“求婚”德语 freien，“妻子”古英语 freo。

“人”鄂伦春语、鄂温克语 bəjə < *bərə。鄂罗克语 firja < *b^{w}ira。“媳妇”蒙古语 bər，达斡尔语 bəri < *bəri。“灵魂”西部裕固语 ever < *ʔeb^{w}er。

② 芬兰语 henkiö < *qenuke。“人”玛雅语 unɛkʔ < *ʔunek。“男人”爱

斯基摩语 inuk。“女人”阿伊努语 menoko < *me-noko。爱斯基摩语 arnak < *ʔar-nak。

③ 爱沙尼亚语 inimene。“人”玛雅人祖赫语 ʔanimah。

11）女人

匈牙利文 asszony、no。

芬兰语 nainen、naishenkilo，爱沙尼亚语 naine、koduabiline。

① 匈牙利文 asszony < *asonj。汉语 *s-na-ʔ（女）。

② 匈牙利文 no。“女人”日语 onna < *ʔona。鄂罗克语 inja < *ʔina。

③ 芬兰语 nainen < *na-nen，爱沙尼亚语 naine < *nene。

汉语 *nin（人）。“女人”萨萨克语 ninə，瓜依沃语 noni。“年轻男子”南密语 n̥in。

12）头

匈牙利文 rubrika、makfej、elofok、csucsupont。

芬兰语 pää、opastaa，爱沙尼亚语 läte、pea。

① 匈牙利文 csucsupont < *tutu-pot。

> “头”高地德语 houbit，古弗里斯语 haved，古英语 heafod（头顶），梵语 kaput-，拉丁语 caput、中古法语 caboce、西班牙语 cabezə < *ka-p^{w}ede。

② 匈牙利文 elofok < *elo-pok。“头”玛雅语 χɔlɔn < *qolon。

③ 匈牙利文 makfej < *mak-pel。“头”土耳其语、维吾尔语 baʃ，哈萨克语 bɑs，西部裕固语 bɑʂ < *bal。

> “头、头发”古英语 polle，“头、顶”中古荷兰语 pol < *bole。
>
> “头发”东印地语 bāl、梵语 bālaḥ、帕拉克利特语（Prakrit）bōlō < *bala。
>
> “头”希腊语 kephali < *ke-bali。

④ 芬兰语 pää、爱沙尼亚语 pea < *pa。明尼苏达州达科他语（Dakota）“头”pa，苏语 pah、epah < *pa。

13）眼睛

匈牙利文 szem、pillantas、figyles。

芬兰语 silmä，爱沙尼亚语 silm、pilk、kese。

① 匈牙利文 szem、芬兰语 silmä、爱沙尼亚语 silm < *sil-m。“眼睛”古爱尔兰语 suil < *sul。

② 匈牙利文 pillantas < *pilana-。“额”维吾尔语 piʃɑnɛ < *pilane。

③ 匈牙利文 figyles < *pigle-。“额”维吾尔语 mɑŋlɑj，哈萨克语 mɑŋeɑj < *ma-ŋeli。鄂温克语 maŋgᴇːl，鄂伦春语 maŋgᴇːla < *ma-gela。

14）鼻子

匈牙利文 zamat、kiugro，芬兰语 nenä，爱沙尼亚语 nin。

① 芬兰语 nenä，爱沙尼亚语 nina < *nana。

“鼻子”墨西哥依萨玛雅语（Itzaj）neh < *ne-。“脸”阿巴齐语 *niʔ。

② 匈牙利文 kiugro < *kigro。“嘴”古突厥语、土耳其语 aɣiz，维吾尔语 eʁiz，撒拉语 ɑʁəz < *ʔagir。朝鲜语 akari < *ʔagari。

15）嘴

匈牙利文 torkolat、luk、szaj、nyilas。

芬兰语 suu，爱沙尼亚语 suu、suue。

① 匈牙利文 torkolat < *torko-lat（喉—嘴）。匈牙利文 torok“喉”。“嘴、鼻子”墨西哥那瓦特尔语（Nahuatl）jatʃa- < *lata。“舌头”日语çita < *lita。“舔”梵语 ledhi < *ledi。

② 匈牙利文 szaj < *salj。“口水”土耳其语 salja。

③ 芬兰语 suu，爱沙尼亚语 suue < *suqe。

“说”古英语 secgan、古高地德语 sagen、古挪威语 segja < *siga-。赫梯语 shakja-（宣称）、古教堂斯拉夫语 sociti（辩白）。

16）舌头

匈牙利文 nyelv，芬兰语 kieli，爱沙尼亚语 keel。

① 匈牙利文 nyelv < *nelg。“舌头”满文 ileŋgu，锡伯语 iliŋ，赫哲语 iləŋgu，鄂伦春语 iŋŋi，鄂温克语 iŋi < *ʔiligi。

> “舌头”拉丁语 lingue < *lig^{w}e。
>
> “舔”古撒克逊语 likkon、哥特语 bi-laigon、古爱尔兰语 ligi-m（我舔）。

② 芬兰语 kieli，爱沙尼亚语 keel < *kele。“舌头、语言”东部裕固语 kelen，土族语 kələ < *kəle-n。

17）牙齿

匈牙利文 cakk、bütyök、izlės，芬兰语、爱沙尼亚语 hammas。

① 匈牙利文 cakk < *kak。

“牙齿”依萨玛雅语 koh < *ko-。爱斯基摩语“牙齿”kigut < *kigu-t。“门牙”sivuak < *sibu-ʔak。

> “腭”古英语 ceace、cece，中古低地德语 kake < *kake。
>
> “嚼”古英语 ceawan、中古德语 keuwen < *kek^{w}e-，波斯语 javidan < *gek^{w}i-。

② 匈牙利文 bütyök < *butok。车罗科语“他的牙齿”ga-togv < *togu，“我的牙齿”tsi-togv < *togu，词根为 *togu。

18）手

匈牙利文 kazjel、kezjegy、lapok、kiosztott。

芬兰语 käsi，爱沙尼亚语 abi、ulatama。

① 匈牙利文 kezjegy < *kelegi。“手”维吾尔语 ilik，哈萨克语 dʒilik < *gilik。

② 匈牙利文 kazjel < *kalel。“手臂”格鲁吉亚语 xeli，卡巴尔达语 lɛ < *qele。

③ 芬兰语 käsi < *keti。

> “肘”西班牙语 codo、法语 coude < *kode，葡萄牙语 cotovelo < *koto-b^welo。

19）脚

匈牙利文 talp、talpzat、gyalogsag。

芬兰语 jalka，爱沙尼亚语 jalam、jalag。

“脚”芬兰语 jalka，爱沙尼亚语 jalag < *galag。匈牙利文 gyalogsag < *galog-。

> “爪子”古英语 clawu、中古荷兰语 clouwe < *$klag^w$e。“爪子”古英语 cloke。
>
> “抓”古英语 clawian、古高地德语 klawan。“钳子”瑞典语 klyka。

“爪子”格鲁吉亚语 khlantʃhi < *glangi。汉语 *grak（获）。

20）骨头

匈牙利文 szálka、halcsont、csont。

芬兰语 luu、ruoto，爱沙尼亚语 luu、kont、tuupima。

① 匈牙利文 csont < *kot。爱沙尼亚语 kont < *kot。汉语 *k^wət（骨）。

② 芬兰语、爱沙尼亚语 luu < *lu。“骨头”达科他语（Dakota）hu、huhu，苏语（Sioux）hoː-hoː < *lulu。

21）血

匈牙利文 ver，芬兰语、爱沙尼亚语 veri < *b^were。“红的”阿伊努语 hure < *pure。

22）狗

匈牙利文 nyarglo、jartato，芬兰语 koira，爱沙尼亚语 koer。

① 匈牙利文 nyarglo < *nar-glo。“狗”车罗科语 gili，阿巴齐语 goʃe < *gole。

② 芬兰语 koira，爱沙尼亚语 koer < *kora。

"狗"梵语 kukkura < *kukura。

23）鱼

匈牙利文 ėk，芬兰语、爱沙尼亚语 kala。

① 匈牙利文 ėk < *ek。"鱼"爱斯基摩语 irkaluk < *ʔika-luk。[①] 毛利语、斐济语 ika，印度尼西亚语 ikan < *ʔika-n。

② 芬兰语、爱沙尼亚语 kala。"鱼鳞"古法语 escale，荷兰语 skael < *skale。"鱼鳃"满文 senggele < *segele。

24）种子

匈牙利文 ondȯ、sperma、csira，爱沙尼亚语 iva、külvama、seeme。

① 匈牙利文 ondo，玛雅人祖赫语 ʔinhat。

② 匈牙利文、芬兰语 sperma < *sper-。

"种子"希腊语 sporos，"播种"希腊语 speiro、西班牙语 sembrar。

③ 匈牙利文 csira < *kira。"核"芬兰语 kara。

"种子、小的核"拉丁语 granum，"种子、谷物"古法语 grain < *gran-。

④ 爱沙尼亚语 seeme < *seme。

"种子"拉丁语、古普鲁士语 semen。"播种"法语 semer < *seme-。
"种子"俄语 semetçko < *seme-，波兰语 siemie。

25）年

匈牙利文 esztendö、ėv、ėvfolyam，芬兰语 vuosi，爱沙尼亚语 aasta

① 匈牙利文 ėvfolyam < *ebola-。玛雅人祖赫语 haphil < *abil。

② 芬兰语 vuosi < *bote。"季节"匈牙利文 evad < *eb^{w}ad。

"年"阿尔巴尼亚语 vit < *b^{w}it。西班牙语 pepita < *pepita。
"年"梵语 aːbda < *abda。"年、冬天"俄语 god < *b^{w}od。

① "鱼"墨西哥泽套玛雅语 luk。

（2）动词

1）看见

匈牙利文 ersekseg < *er-seg。

> “看见”阿尔巴尼亚语 ʃih < *siq，“看”ʃoh < *soq。
> “看见”古英语 seon、高地德语 sehen、古弗里斯语 sia、古挪威语 sja < *siqa。

2）来

① 匈牙利文 jön < *ron。

> “跑、流”古英语 irnan < *irn-an。

② 匈牙利语 lesz < *les。“走”格鲁吉亚语 alɛa < *ale-。

3）走

①“走、去”匈牙利文 jaras < *raras。“去”芬兰语 ajaː < *ara。

> “来”赫梯语 uezzi < *u-eri。阿尔巴尼亚语 eja < *era。

② 匈牙利文 gyalogol < *gjalo-gol。格鲁吉亚语 gɛza < *gela。

4）去

① 匈牙利语 esemeny < *ese-men。

> “去、骑去、坐车去”俄语 exatj < *esa-。“去”波兰语 istʃ < *is-。

② 匈牙利文 vizsga < *b^{w}irga。“走”格鲁吉亚语 bilikh < *birig。

5）飞

芬兰语 liehua < *lepu-，匈牙利文 lebeg。

> “跑”德语 laufen < *lupe-。
> “跳”古英语 hleapan、古挪威语 hlaupa、古弗里斯语 hlapa < *klupa。

6）寻找

① 匈牙利文 kutatas < *kutata-s。

> “寻找”古教堂斯拉夫语 iskati、梵语 iccati、立陶宛语 ieʃkau < *is-kati。

② 匈牙利文 kereses < *kere-ses。“问”阿尔巴尼亚语 kërkoj < *kor-kor。

“寻找”格鲁吉亚语 tʃxrɛva < *kre-。

7）杀

匈牙利文 gyilkol < *gil-kol。格鲁吉亚语 khvla < *g^{w}la，mɔkhvla < *mo-g^{w}la。古英语 cwell < *g^{w}el。

8）藏

① 匈牙利文 elver < *el-b^{w}er。格鲁吉亚语 daparva < *dapar-。

“藏、盖”梵语 aːvri- < *abri-。“藏”俄语 v-porotj < *b^{w}i-poro-。“封上”古教堂斯拉夫语 vora < *b^{w}ora。“埋”阿尔巴尼亚语 varros < *b^{w}aros。

② 匈牙利文 eldug < *el-dug。亚美尼亚语 thakhtshnel< *dagd-。

9）喜爱、高兴

匈牙利文 tetszik < *tet-sik。“爱、喜欢”格鲁吉亚语 siqhvaruli < *siɢ^{w}a-ruli。

10）爱

匈牙利文（动词）szeret < *sere-t，（名词）szerelem < *sere-，（形容词）-szerü < *seru。

“爱、喜爱”亚美尼亚语 sirel < *sire-。

11）摇

① 芬兰语 taristä < *taris-，匈牙利文 trillazik < *trila-。希腊语 trantazo < *tra-taro。古教堂斯拉夫语 treso < *tre-。“摇、颤抖”俄语 droʐatj < *drora-，“颤抖”波兰语 drʐetʃ < *dre-。

② 匈牙利文（动词）rezeg < *rereg，格鲁吉亚语（动词）rxɛva < *rqe-。

12）付给、租

匈牙利文 ber。“给”古突厥语、图瓦语 ber-，土耳其语 ver-，维吾尔语 bɛr- < *ber。

“给”赫梯语 pija < *pira。“付给”希腊语 prosphero < *pro-sbero。

“给、答应”俄语 obezątj < *obera-。

“回来”格鲁吉亚语 dabrunɛba < *-brune-。

13）流、倒水

芬兰语 virrata < *b^{w}ira-。“倒水”格鲁吉亚语 ɣvra < *g^{w}ra。

“倒（水）”英语 pour、 法语 purer、 拉丁语 purare < *pura-。

14）去皮

芬兰语 kuoria < *kori-。格鲁吉亚语 garsi（名词）。

“去皮”俄语 kozįtsu < *kori-。“去皮”阿尔巴尼亚语 kjëroj < *koro-。
“去皮”（名词）俄语 korka < *kor-。“皮革”梵语 caːrma < *kar-ma。

（3）形容词、副词等

1）圆的

匈牙利文 valtozas、körut、forgas。

芬兰语 pullea、pulska、pyörea，爱沙尼亚语 ümber、ümar。

① 匈牙利文 valtozas < *b^{w}al-tola-，芬兰语 pullea < *pule-。玛雅人祖赫语“小而圆的”pil-，“球形的”tel-。

“圆”希腊语 bole。“圆的”阿尔巴尼亚语 plotë < *plo-。
“球”古英语 beal、古挪威语 bollr、古高地德语 ballo < *balo。
“旋转”梵语 valate < *b^{w}ala-。

② 匈牙利文 forgas < *porga-。

“圆”梵语 valaja < *b^{w}alaga。

③ 爱沙尼亚语 ümber < *uber，ümar < *umar。

“圆的”中古突厥语 bur- < *bur。日语 marui < *maru-ʔi。

2）低的

① 芬兰语 matala < *ma-tala。“低的”希腊语 eyteles < *utele-。

② 匈牙利语 also。“近的”格鲁吉亚语 axlɔs < *aqlos。

3）弯的

① 芬兰语（名词）koukistus < *kokis-tus。格鲁吉亚语“曲线”mɔkhakhva < *mo-gag^{w}a，“钩子”khakhvi < *gag^{w}i。

> “弯曲的、钩状”古英语 hoced < *kok-。
> “钩子”古英语 hoc、古弗里斯语 hok、中古荷兰语 hoek < *kog。

② 芬兰语（名词）kaːrre < *kare，（形容词）kiero < *kiro。“钩子”希腊语 magkoyra < *mag-kora。“弯的”格鲁吉亚语 mɔxrili < *mo-qri-。

③“弯曲的”匈牙利文 kanyargos < *kanu-rgos。“弯曲”芬兰语（名词）konna。

> “膝盖”古英语 cneo、赫梯语 genu、梵语 dʒanu、希腊语 gony < *geno。法语 genou、意大利语 ginocchio。

④“弯曲的”匈牙利文 horgas < *qorgas。“圆的”格鲁吉亚语 irgvaliv < *irg^{w}a-lib^{w}。

> “弯曲”（动词）拉丁语 curvus、curvare < *kurk-。

4）红的

匈牙利语 piros，vörös < *b^{w}ere-。阿伊努语 hure < *pure。[①]

5）白的

“白、直白”匈牙利文 vilagos < *b^{w}ilagos。“白的”芬兰语 valkoinen < *b^{w}alko-。

> “白的”西班牙语、葡萄牙语 blanco、法语 blanc、意大利语 bianco。“白”俄语 belok，波兰语 bialko。“热的”阿尔巴尼亚语 flaktë < *b^{w}lak-。

6）亮的

① 匈牙利文 vilagos < *b^{w}ilagos。“聪明的”芬兰语 välkky < *b^{w}alki。

---

① “血”匈牙利文 ver，芬兰语、爱沙尼亚语 veri < *b^{w}ere。

“亮的、闪光的”古英语 bryht、古挪威语 bjartr、哥特语 bairhts < *bareg-。
“照耀、发光”梵语 bhradʒate < *baraga-。

② “发亮的”匈牙利文 ragyogo < *ragogo。“聪明的”芬兰语 älykas < *alukas。

“亮的、光”拉丁语 lucidus < *luki-。“光”梵语 laghaḥ < *laga-。

7）黄的

芬兰语 keltainen < *kel-ta-。

“黄的”古英语 geolu、古高地德语 gelo、古挪威语 gulr、意大利语 giallo < *gelo。
“照耀”希腊语 gyalizo < *gali-。古法语 glisa、古丹麦语 glisse。

8）冷的

① 芬兰语 kolea < *kole-。

“冰”阿尔巴尼亚语 akull < *akul。
拉丁语“结冰”gelare < *gela-，“霜”gelu。
“冷的”古英语 cald、古弗里斯语 kald、古挪威语 kaldr、哥特语 kalds < *kald-。

② 芬兰语 karu。“凉的”格鲁吉亚语 grili < *gri-。

“冷”希腊语 kryos < *kro-。

③ “冷”匈牙利语 fagy < *p^{w}agi。

“霜”希腊语 pagos < *pago-。

9）热的

① 匈牙利文 fris < *p^{w}ri-s。“热的、燃烧的”匈牙利文 forro < *p^{w}oro。

“热的”俄语 svezi̯j < *sb^{w}eri-。“火”希腊语 πνρ（pyr）、英语 fire、德语 feuer、荷兰语 vuːr、亚美尼亚语 hur < *pur。

②“热的、热烈的”匈牙利文 hires < *qire-s。

“热的”维吾尔语 qiziq，图瓦语 izix < *qiri-q。

③“热的”匈牙利文 ȧsz < *as。古突厥语 isig，维吾尔语 issiq < *ʔisi-q。

10）薄的

① 芬兰语 harva < *qarb^{w}。“细长的”格鲁吉亚语 ɣaribi < *garibi。

② 匈牙利文 gyer < *ger，gyeren < *ger-。“薄的、瘦的”梵语 kɽiʃaḥ < *kris-。

11）脏的

匈牙利文 tragar < *tra-gar。

“屎”阿维斯陀经 muthra-，“屎”梵语 mutra-。

“脏的”阿尔巴尼亚语 ndyrë < *m-dure。

“脏的”俄语 grjazn-j < *grar-。“黑的”希腊语 agrios < *agri-。

“脏、屎”古英语 gor、古高地德语 gor（动物的屎）< *gor。

12）饿的

匈牙利文 eherö < *eqero。

“饿的”阿尔巴尼亚语 urët < *uro-。

13）正确的

匈牙利文 jogos < *rogo-。

“正确的、直的”古英语 riht、古萨克逊语 reht、古弗里斯语 riutʃt < *rik-。“对的”拉丁语 rectus < *rek-。“直的”梵语 ɽidʒuḥ < *rigu-。

14）直的

匈牙利文 tisztan < *tis-tan。“正确的”亚美尼亚语 tʃiʃt < *tis-。

15）丑的

匈牙利文 ronda。“腐烂的”英语 rotten、古挪威语 rotna（腐烂）< *rot-。

16）多（副词）

匈牙利文 nagyon < *nagon。

“多次”古爱尔兰语 menice、威尔士语 mynytʃ。“多的”俄语 mnogie < *mnoge。

17）一

爱沙尼亚语 üks、芬兰语 yksi < *ik-，匈牙利语 egy < *egi。

“一”梵语 eka、ekaḥ、ekaṃ < *eka-。波斯语 aivaka- < *ig^{w}aka-。

“芬兰—乌戈尔语系”是在史前芬兰—乌戈尔人的部落交际语的基础上形成的。该部落交际语（或者一类交际语）的基本词（包括人称代词和指示代词）除了来自古代欧洲的语言，部分来自古东北亚的语言，与阿尔泰语、美洲的玛雅语、爱斯基摩语等的语词有对应关系。这个部落交际语原本可能分布于乌拉尔和西伯利亚地区。匈牙利语的古方言应有来自古北亚语言的成分。

◇ 四　高加索语系语言基本词的词源关系

高加索语系（Caucasian family）分南、北两个语族。南部语族有格鲁吉亚语（Georgian）、拉兹语（Laz）、明格雷利亚语（Mingrelian）和斯凡语（Svan），北部语族的东北语支主要有车臣语（Chechen）、印古什语（Ingush）和阿法尔语（Avar），西北语支主要有阿布哈兹语（Abkhaz）、阿迪格语（Adyghe）和卡巴尔达语（Kabardian）。

1. 格鲁吉亚语的语音

（1）辅音

p　b　ph　m　v

t　d　th　n　　s　z　ts　dz　tsh　r　l

k　g　kh　　　ʃ　ʒ　tʃ　dʒ　tʃh　h

q qh x ɣ（ʁ）

p、t、k 读为送气音，ph、th、kh、tsh、tʃh 为送气喷音。

（2）元音

格鲁吉亚语为五元音系统：i（ɪ） ɛ a ɔ u（ʊ）。

（3）格鲁吉亚语的语音对应关系

1）格鲁吉亚语清、浊塞音分别对应印欧语、芬兰—乌戈尔语和巴斯克语的清、浊塞音。如：

①“飞”格鲁吉亚语 prɛna < *pre-。“飞”波兰语 fruwatʃ < *pru-。

“蝴蝶”格鲁吉亚语 pepela，拉兹语 perpela，车臣语 polla < *pola-pola。拉丁语 papilio，法语 papillon。

②“头”格鲁吉亚语 tavi < *tab^{w}i。“额”希腊语 metob、metebo < *me-tebo。“鬓”拉丁语 tempus（单数）、tempora（复数），古法语 temple（复数转单数）。

③“石头”格鲁吉亚语 kva < *k^{w}a。匈牙利文 kö < *ko。“小山”芬兰语 keko。

④“飞”格鲁吉亚语 buz < *bul。“飞”法语 voler、西班牙语 volar、意大利语 volare < *b^{w}ole-re。匈牙利文 repül < *repul。

“多的”格鲁吉亚语 bɛvri < *beb^{w}ri。“多的”梵语 bhuːri < *buri。

⑤“大的”格鲁吉亚语、拉兹语 didi，阿布哈兹语 adə < *adi。巴斯克语 hadi < *qadi。

“低的”格鲁吉亚语 dabali < *daba-。阿尔巴尼亚语 dobët < *dobe-。

⑥“走”格鲁吉亚语 gɛza < *gela。

“散步”匈牙利文 gyalogol < *gjalo-gol。俄语 guliatj < *gula-。

2）格鲁吉亚语喷气塞音来自浊塞音

①“喉咙”格鲁吉亚语 qhɛli < *ɢele-。拉丁语 gula，意大利语 gola。“喉咙、脖子、吞咽”梵语 gala。

②“问”格鲁吉亚语 khitxva < *gitq-。“找”古教堂斯拉夫语 iskati、梵语 iccati、立陶宛语 ieʃkau < *is-kati。匈牙利文 kutatas < *kutata-s。

③“杀”格鲁吉亚语 khvla < *g^{w}la，mɔkhvla < *mo-g^{w}la。古英语 cwell < *g^{w}el。匈牙利文 gyilkol < *gil-kol。

3）格鲁吉亚语的塞擦音来自塞音

①“火”格鲁吉亚语 tsɛtsxli，拉兹语 datʃxiri，车臣语 tsle，印古什语 tsli < *tli。芬兰语为 tuli、匈牙利文 tūz < *tuli。

②“狗”格鲁吉亚语 dzaɣli、拉兹语 tʃaɣori < *dagori。“狗”古英语 docga、法语 dogue、丹麦语 dogge < *doge。

③“寻找”格鲁吉亚语 tʃxrɛva < *kre-。匈牙利文 kereses < *kere-ses。“问”阿尔巴尼亚语 kërkoj < *kor-kor。

④“沉”格鲁吉亚语 tʃadzirva < *kadir-。“埋”法语 enterrer、西班牙语、葡萄牙语 enterrar < *etera-。

2. 高加索语系语言基本词的比较

以下是高加索语系南、北两个语族语言几个基本词的比较，说明它们的词源可不同。①

	我	火	眼睛	耳朵	骨头	血
格鲁吉亚	me	tsɛtsxli	tvali	qugi	dzvali	sisxli
拉兹	ma	datʃxiri	toli	qutʃi	qvli	diʒxiri
阿布哈兹	sara、sa	amtsa	abla	aljmxa	aba	aʂja
卡巴尔达	sɛ	maflɛ	nɛ	txjɛklumɛ	kjupɕjxjɛ	ʂlj-
阿迪格	sɛ	maʂlo	nɛ	txjaklum	kjupʂjxjɛ	ʂlj-
车臣	so	tsle	blajrg	lerg	dajlaxk	tslij

① 诸语词汇参见www.geonames.de/wl-caucasus.html。

印古什	so	tsli	blarg	lerg	tlexk	tslij
阿法尔	dun	tsla	ber	glin	rakja	bi

南部语族的格鲁吉亚语、拉兹语和北部语族的车臣语、印古什语第一人称代词单数形式分别对应芬兰语和匈牙利语，以及印欧语系的不同语言，这可能是早期欧洲不同来历的居民及其语言结合的结果。“我”芬兰语（主格、宾格）minä < *mi-na，匈牙利文 sze < *se。

3. 格鲁吉亚语基本词的比较

（1）代词

①“我”格鲁吉亚语（主格、宾格）mɛ < *me。芬兰语（主格、宾格）minä < *mi-na。

②“你”格鲁吉亚语 ʃɛn < *sen。芬兰语 sinä、爱沙尼亚语 sina < *si-na。

③“谁”格鲁吉亚语 vin < *b^{w}in。亚美尼亚语 ov < *ob^{w}。

④“这”格鲁吉亚语 ɛs < *es。爱沙尼亚语 see。

（2）人、男人和女人

①“人、男人”格鲁吉亚语 adamiani < *adami-ani，“人”车臣语 adam。“人”希腊语 atomo，“妻子”赫梯语 dam。

“人类”格鲁吉亚语 adamianuri < *adami-anuri。“男人”阿尔巴尼亚语 njeri < *neri。“女人”梵语 nari。

②“男人”车臣语 bojrʂa stag < *borsa-。“人”拉丁语 persona < *perso-。“男人、丈夫”匈牙利文 ferj < *p^{w}eri。

③“男人”格鲁吉亚语 mama。“女人”俄语 baba。

④“女人”格鲁吉亚语 dɛdakhatsɔ < *deda-gato。“女人”梵语 sudati。

⑤“女人”格鲁吉亚语 kali。印古什语 kxalsag < *kal-stag。“人、男人”俄语 tɕjelovek < *kelo-b^{w}ek（字面意思可能是“男人—女人”）。

一些语言“人”的称呼在另外的语言中指“女人、妻子”“男人”“丈夫”等。

（3）名词

①“太阳”格鲁吉亚语 mzɛ < *m-le。拉丁语、丹麦语、西班牙语、葡萄牙语 sol，意大利语 sole，瑞典语、丹麦语 sol < *sole。

②“山”格鲁吉亚语 gɔrakhi < *goragi。“岩石”古英语 crag，古爱尔兰语 crec、carrac（峭壁）< *kreg。“高的”芬兰语 korkeä < *korke-。

③“风”格鲁吉亚语 bruni。芬兰语 pieru < *piru。“吹”阿尔巴尼亚语 fryj < *b^{w}rur。

④“神”格鲁吉亚语 ɣvtaɛba < *g^{w}ta-eba。“神”古英语 god、古挪威语 guð、梵语 huta-（求保佑）< *guda。

⑤“岩石”格鲁吉亚语 kide。巴斯克文 haitz < *qaidi。

⑥“盐”格鲁吉亚语 marili < *mari-。“海”高地德语 mari、古教堂斯拉夫语 morje、立陶宛语 mares。“苦的”意大利语 amaro、法语 amer、葡萄牙语、西班牙语 amargo < *amar。

⑦“牙齿”格鲁吉亚语 khbili，拉兹语 khibiri < *gubi-。梵语 gambhas < *gaba-。

⑧“嘴”格鲁吉亚语 piri，车臣 bara，印古什 bare < *bare。亚美尼亚语 beran < *bera-。

⑨“胡子”格鲁吉亚语 tʃveri < *k^{w}eri。匈牙利文 szakáll < *sakal。

⑩“脖子”格鲁吉亚语 saqhɛli < *saɢeli-。俄语 ʂejk < *sek，pereʂeːk < *pere-sek。

⑪“胸”格鲁吉亚语 didi qhuti < *didi-ɢuti。“乳房、奶头”古英语titt < *tit。

⑫“手臂”格鲁吉亚语 xeli，卡巴尔达语 lɛ < *qele。“手”匈牙利文 kazjel < *kalel。

⑬“脚”格鲁吉亚语 mabidʒi < *ma-bidi。“脚”英语 foot、法语 pied、

意大利语 piede、亚美尼亚语 fut、希腊语 podi。

⑭“血”格鲁吉亚语 sisxli < *sisq-。希腊语 syggeneia < *sigeni-。

⑮“心脏”格鲁吉亚语 guli，拉兹语 guri，卡巴尔达语 gu < *guri。“心”波兰语 kier。“用心”亚美尼亚语 angir。

⑯“虱子”格鲁吉亚语 tili，拉兹语 mthi，卡巴尔达语 tslɛ，车臣语、印古什语 meza < *me-tili。匈牙利语 tetu。

⑰“树”格鲁吉亚语 xɛ，拉兹语 tʃa，印古什语 ga < *ga。“橡树”亚美尼亚语 kaʁni < *kaɢ-ni。

⑱“皮、树皮”格鲁吉亚语 kɛrki < *kerki。匈牙利文 kereg。

⑲“坟”格鲁吉亚语 samarɛ < *samare。阿尔巴尼亚语 varr < *b^{w}ar，亚美尼亚语 dambaran < *dam-baran。

⑳“痒”格鲁吉亚语 kavili < *kab^{w}i-。阿尔巴尼亚语 zgjebe < *sgebe。“痒、疮”古英语 sceabb、古挪威语 skabb < *skab。

（4）动词

①“走”gɛza < *gela。亚美尼亚语 khaylel < *gale-。“散步”俄语 guliatj < *gula-。

②“来”mɔsvla < *mo-sb^{w}-。“返回”古希伯来文 shb，希伯来语 shav < *sab^{w}。

③“听”samɛna < *same-na。“听见”希伯来语 ʃamaˈ，阿拉伯语 samiˈa，叙利亚语 ʃmaˈ，埃塞俄比亚语、马耳他语 samˈa，阿卡德语 ʃemuû < *samiq。

④“看见”xɛdva < *qed-，“看”ʃɛxɛdva < *se-qed-。“知道”阿尔巴尼亚语 di。

⑤“走”alɛa < *ale-。“来”匈牙利文 lesz < *les。“出去”亚美尼亚语 elnel < *el-。

⑥“走”bilikh < *bilig。“去”匈牙利文 vizsga < *b^{w}irga。

⑦“去”svla < *sb^{w}la。“跑”亚美尼亚语 vazel < *b^{w}al-。“走”拉丁语

ambulare、法语 ambler（马一样地走）< *abula-。

⑧“跳”xthɔma < *qdoma。“飞”亚美尼亚语 thmel < *dme-l。

⑨“喝”sma < *s-ma，sasmɛli < *sa-sma-li。匈牙利文 ivas < *ib^{w}a-s。亚美尼亚语 xmel < *qme-l。

⑩“说”sigqhva < *siɢ-。“说”古挪威语 segja、古弗里斯语 sedsa < *sig^{w}a-。

⑪“说话”saubari < *sa-ubari。“说、告诉”俄语 govoritj < *gob^{w}ori-。“说、讲”波兰语 przemowitʃ < *pre-mob^{w}i-。

⑫“拿”aɣɛba，maɣɛba < *ma-geba。“抓住”阿尔巴尼语 kap。匈牙利文 elkapas < *el-kapa-s。

⑬“咳嗽”svɛla < *sb^{w}ela。“有病的”俄语 bolinoj < *bole-。“痛”俄语 bolj、波兰语 bol < *bole。

⑭“缠绕”grɛxa < *greqa。芬兰语（动词）keriä < *keri-。

⑮“捆”ʃɛkhvra < *se-g^{w}ra，“滚”gɔrva < *gor-，“转”dʒɛri < *geri。“包裹”（动词）芬兰语 keriä < *keri-。“转”希腊语 gyrizo < *giri-。

⑯“埋、藏”damalva < *damal-。“浸泡”希腊语 mouliazo < *mola-。

⑰“藏”daparva < *dapar-。匈牙利文 elver < *el-b^{w}er。

⑱“失去”dakhargva < *taga-rg^{w}-。“落、滴落、减少”匈牙利文 csokken < *toke-。

⑲“想”pikri < *pi-kri。“记得”阿尔巴尼亚语 kujtoj < *kur-tor。

⑳“推”（名词）bilis。“推、打击”拉丁语 pulsare、古法语 poulser < *pul-。

㉑“拉”drɛva < *dre-。“拉”法语 tirer、西班牙语 tirar、意大利语tirare < *tira-。“拉”波兰语 targtʃ < *targa-。

㉒“压”phrɛva < *bre-。“压、挤出”俄语 b^{w}ɨʐmatj < *b^{w}irma-。阿尔巴尼亚语 bezdis < *ber-。

㉓“摇”khankhali < *ganga-。“摇、摇摆”俄语 katɕjatj < *kakja-。“移

动”古挪威语、瑞典语 skaka、丹麦语 skage。

㉔“摇”rxɛva < *rqe-。匈牙利文（动词）rezeg < *rereg，“颤抖”匈牙利文（动词）didereg < *dide-reg。

㉕“颤抖”tritɔli < *trito-。“摇”古教堂斯拉夫语 treso < *tre-。“摇”希腊语 trantazo < *tra-taro。

㉖“落”datsɛba < *date-。“滴（落）、漏”希腊语 stazo < *sta-。

㉗“编、缠绕”datshvna < *dad^{w}-。“双股的线”古英语 twin、荷兰语 twijn < *dwin。

㉘“欺骗”taɣlitɔba < *tag-lito-。古法语 deceite < *deki-。

㉙“相信”dadʒɛrɛba < *dadere-。“信任的”古英语 triewe、古弗里斯语 triuwi、哥特语 triggws < *drig^{w}e。

㉚“给、归还”dabrunɛba < *-bru-。“付给、租”匈牙利文 ber。

㉛“哭”girili < *giri-。俗拉丁语 critare、意大利语 gridare、古西班牙语 cridar、英语 cry < *kri-。

㉜“倒水”ɣvra < *g^{w}ra。“流、倒水”芬兰语 virrata < *b^{w}ira-。

㉝“去皮”garsi（名词）。芬兰语 kuoria < *kori-。

㉞“劈”tʃɛxa < *keqa。古挪威语 hoggva、古弗里斯语 hawa < *kog^{w}a。

㉟“死”phvdɔma < *budo-。“死”希腊语 pethaino < *peda-no。阿尔巴尼亚语 vdes < *b^{w}des。“走”希腊语 badizo < *badi-ro。

（5）形容词等

①“大的”maɣali < *maga-。“巨大的”希腊语 megas。“大的”亚美尼亚语 mets < *mek。“大的、宽的”匈牙利文 atbogo < *at-bogo。

②“小的、短的”mɔkhli < *mog-。“小的”阿尔巴尼亚语 vogël < *b^{w}oge-，“小的、少的”亚美尼亚语 phokhr < *bog-。

③“近的”bɛtsi < *beti。“近”梵语 abhitah < *abita-。“近的”亚美尼亚语 mot < *mot。

④“近的” baxlɔbɛli < *baqlo-beli。“近的” 俄语 bliʐnij < *blir-，波兰语 bliski < *blis-。

⑤“近的” axlɔs < *aqlos。“低的” 匈牙利语 also。

⑥“长的” grdzɛli < *gra-deli。阿尔巴尼亚语 gjatë < *gra-to。

⑦“高的” marla、marali。“悬挂” 希腊语 aparto < *apar-，阿尔巴尼亚语 var < *b^{w}ar。亚美尼亚语 xumar < *qumar。

⑧“圆的” garʃɛmɔ < *gar-semo。“圆的” 希腊语 gyro，“指环、圆” gyros < *guro-s。

⑨“圆的” irgvaliv < *irg^{w}a-lib^{w}。“弯曲的” 匈牙利文 horgas < *qorgas。

⑩“弯的” 格鲁吉亚语 mɔxrili < *mo-qri-。“弯” 芬兰语（名词）kaːrre < *kare，（形容词）kiero < *kiro。

⑪“曲线” mɔkhakhva < *mo-gag^{w}a，“钩子” khakhvi < *gag^{w}i。“弯曲的、钩状”古英语 hoced < *kok-。“弯”芬兰语（名词）koukistus < *kokis-tus。

⑫“直的” sruthɛ < *srude。“直的、对的、真的” 英语 orth-、希腊语 orthos < *ordo-。

⑬“老的” bɛbɛri < *beri。“老的、以前的” 俄语 preʐnij < *prer-。

⑭“甜的” arɔmathuli < *aromadu-。“甜的香气” 拉丁语 aroma，“香草” 希腊语 aroma < *aroma。

⑮“满的” savsɛ < *sab^{w}se。希伯来语 savea。

⑯“红” ɣaʒɣaʒa < *gargara。“红的” 波兰语 tʃerwony < *kerg^{w}o-。“血” 俄语 krovj、波兰语 krew < *kreg^{w}。

⑰“白的” dɛdri < *dedri。“老的、头灰白的” 俄语 star-j < *stari-。

⑱“黄的” ʃuriani < *sura-ni。“绿的、生的” 俄语 s-roj < *siro-。

⑲“黑的” ʃavi < *sab^{w}i。“黑的” 亚美尼亚语 sev < *seb^{w}。

⑳“凉的” grili < *gri-。“冷” 希腊语 kryos < *kro-。“冷的” 芬兰语 karu。

㉑“重的”bɔbɔkari < *bobo-kari。芬兰语 ankara < *an-kara。

㉒“累的”daɣlili < *dag。“弱的”亚美尼亚语 tkar < *tuka-。

㉓“软的”nazɔ < *nalo。“软的”梵语 mɽinaːla < *mri-nala。

㉔“软的”rbili < *rubi-。“软的、腐烂的”俄语 slab-j < *slabi。

㉕“薄的”tshvrili < *d^{w}ri-。“锐利的”阿尔巴尼亚语 thartë < *dar-。

㉖“慢的”mɛli。亚美尼亚语 bolth < *bold。

㉗“细长的”thanadi < *danadi。“薄的、瘦的”古英语 þynne、古挪威语 þunnr、古高地德语 din < *dune。希腊语 adynatos < *aduna-。

㉘“细长的”ɣaribi < *ga-ribi。“薄的”芬兰语 harva < *qarb^{w}。

㉙“脏的”thalaxiani < *dalaqi-。“屎”阿维斯陀经 muthra-，“尿”梵语 mutra-。“脏的”阿尔巴尼亚语 ndyrë < *m-dure。

㉚“脏的”tʃhutʃhqhiani < *gugɢi-。“脏的”亚美尼亚语 keʁtot < *keɢ-tot。

㉛“光滑的”gluvi < *glub^{w}i。“滑的、秃的”拉丁语 glaber < *glab-，“滑的、滑溜的”英语 glib。“光滑的、流动的”俄语 plavn-ŋ < *plab^{w}-。

㉜“正确的”stshɔri < *sdori。“正确的”阿尔巴尼亚语 drejtë < *drei-。“直的”拉丁语 directus（过去分词）、法语 droit、意大利语 diritto < *dire-。

㉝“错的”mtsdari < *mt-dari。“错的”俄语 durnoj < *dur-。

㉞“美的”lamazi < *la-mali。“甜的、可爱的”俄语 milenikij < *mileni-。

㉟“丑的”ugvanɔ < *ug^{w}ano。希腊语 kakakamemenos < *kaka-meno-。亚美尼亚语 tgeʁ < *t-geg。

㊱“愚笨的”thuthutsi < *duduti。“慢的”亚美尼亚语 dandaʁ < *dada-。

㊲“不”ara。阿尔巴尼亚语 jo < *ro。

◇ 五 巴斯克语基本词的词源关系

巴斯克语是巴斯克人的语言，也是早期伊比利亚半岛的语言，现分布于西班牙和法国。从公元前 9 世纪开始，凯尔特人、迦太基人、希腊人和罗马人先后侵入伊比利亚半岛，中世纪时期为来自阿拉伯世界的摩尔人所统治。

巴斯克语的基本词一定程度上反映了早期欧洲语言的面貌，如不少词对应于高加索语系和芬兰—乌戈尔语系语言的基本词。巴斯克语中也有不少后来借自希腊语、拉丁语和阿拉伯语的词。

1. 巴斯克语的语音和文字

巴斯克语（Basque）是作格语言，非及物动词的主语不带标记，及物动词的主语带标记（-k），与高加索语系的语言语法类型上相近。[①]

（1）辅音和元音

1）辅音

p b m f

t d n s tʂ r ʎ l

ɲ ʂ tʃ ʝ

k g ʃ ɟ j h

2）元音

i e a o u

（2）文字

巴斯克文 s、z / ʂ / tt / tʃ / ts、tz / tʂ / tx / tʃ / dd / ɟ /

x / ʃ / ñ / ɲ / j / ʝ / ll / ʎ /

---

① 巴斯克语材料参见 www1.euskadi.net/morris/resultado.asp。

（3）语音的对应

1）巴斯克文 z < *r

①“胡子”bizar < *bira-。“毛发”匈牙利文 boljh < *boliq。

②“骨头”hezur < *qeru-。拉兹语 qvili < *q^wili。

③“肉”hazagi < *qaragi。格鲁吉亚语 xortsi，拉兹语 xorʒi < *qorki。

④“风”haize < *qare。格鲁吉亚语 kari。

2）巴斯克文 tz（tʂ）< *d 或 *g

①“手指”hatz < *qad。格鲁吉亚语 titi。“手”匈牙利文 kiosztott < *kos-tot。

②“岩石”haitz < *qaid。格鲁吉亚语 kide。

③“鹅”antzara < *agjara。阿布哈兹语 akjz，卡巴尔达语 kjaz < *akjar。

3）巴斯克文 tx（tʃ）< *ʈ、*k

①“狗”txakur < *ʈakur。格鲁吉亚语 dzaɣli、拉兹语 tʃaɣori < *ɖagori。

②“房子”etxe < *eʈe。“小舍”法语、弗里斯语、中古荷兰语 hutte < *qute。

③“鸟”txori < *kori。“乌鸦”拉兹语 qvari < *q^wari。

4）巴斯克文 h- < *q-

①“风”haize < *qare。格鲁吉亚语 kari。

②“那”hori < *qori。亚美尼亚语 or。

5）巴斯克文 -h- < *-n- [①]

①“嘴”aho < *ano。“舌头”格鲁吉亚语 ɛna，拉兹语 nena。

②“声音”ahots < *ano-。拉兹语 xonari < *qona-。

6）巴斯克文 -h- < *-k-

①“鸟”ehori < *ekori，txori < *kori。

---

① 参见 Proto-Basque language, en.wikipedi.org/wiki/。

②“母牛”behi < *beki。拉兹语 putʃi < *buki。

③“杀”ehiza < *ekira。“杀”格鲁吉亚语 khvla < *gula。

7）西班牙语的巴斯克语借词 [①]

以下为西班牙语近晚的两批巴斯克语借词，反映巴斯克语辅音清化前后的情况。

	余火	标枪	胡子	母牛颈铃	监狱	矮橡树
巴斯克文	askuo	azkon	bizar	zintzerri	txaboa	txapar
西班牙文	ascuo	azcona	bizzaro	cencerro	chabola	chaparro
	水道	笑	笼头	左边	锹	男孩
巴斯克文	txurru	farra	gamarra	ezkerda	laia	mutxil
西班牙文	chorro	farra	gamarra	izquierdo	laya	mochil
	眼皮	洞	羊毛	腿	僵硬的	河的
巴斯克文	piztuli	zilo	zamar	zanko	zurrun	ai-ko
西班牙文	pestaña	silo	zamarra	zanco	zurdo	vega

注：西班牙文 farra“喧闹的聚会”，zamarra“羊皮夹克”，zanco“鸟腿”，zurdo“左边的”，vega“草地、河边的平地”。

2. 早期巴斯克语的附加成分

1）*-ra（*-ru、*-r） 名词后缀

①“天”zeru < *re-ru。拉兹语 ʒa < *ra。

②“斧子”aizkora < *arko-。拉兹语 arguni。

③“汤勺”goilara < *g^{w}ila-。拉兹语 khizi < *gili。

④“草”belar。“草”波兰语 kabel < *ka-bel。“叶子”希腊语 phyllo、拉丁语 folio、法语 feuille < *bule。

① 参见 List of Spanish words of Basque, en.wikipedi.org/wiki/。

2）*e-（*i-、*qi-） 动词前缀

①“烧”erre。“烧、炙”俄语 ʐetɕj < *re-。

②“流”isuri。“跑、流”希腊语 reo < *re-。

③“走”ibitze < *ibide。“走”希腊语 badizo < *badi-。

3）*-i 形容词后缀

①“红的”gorri < *gor-i。“红的”亚美尼亚语 karmir < *karmi-。

②“黄的”hori < *qor-i。“黄的”阿维斯陀经 zari < *rari。“绿的”梵语 harita < *qari-。

③“高的”gora、gorai < *gora-i。

3. 巴斯克语基本词

（1）代词

①“我”ni。“我”（主格、宾格）阿尔巴尼亚语 unë < *une。“我”（宾格）亚美尼亚语 inj < *ini。“我们”（主格、宾格）古爱尔兰语、威尔士语 ni。

②“我们”gu。“我”拉丁语、希腊语 ego。

③“你”hi < *qi。“你”车臣语 h^{w}ɔ < *qo。

④“你们”zu < *ru。“你们”阿尔巴尼亚语 njeriu < *ne-ru。

⑤“那”hori < *qori。“那”阿尔巴尼亚语 ajo < *aro，亚美尼亚语 or，匈牙利语 az。

（2）人、男人和女人

①“人们”herri < *qeri。“英雄”拉丁语 hero，希腊语 heros < *qero-。

②“男人”gizaki < *giraki。“人们”拉兹语 xarkhi < *qargi。

③“女人、妻子”emazte < *emar-te。“人”匈牙利文 ember < *eber。“妻子”古英语 freo < *p^{w}ero。

（3）名词

①“太阳”eguzki < *egur-ki。“太阳”匈牙利文 nap、napsugar <

*nap-sugar。

②“风”haize < *qare。“风”希腊语 aeras < *era-。阿尔巴尼亚语 erë < *ero。

③“水”ur。“水”亚美尼亚语 jur。

④“沙子”hondar < *qodar。“石头”梵语 adri。

⑤“头”buru。“额、眉毛”古英语 bru。希腊语“前面”empros，“眉毛”ophrys < *obrus。

⑥“眼睛”begi，“脸”aurpegi < *aur-begi。“脸颊”拉丁语 bucca < *buka。

⑦“鼻子”sudur < *sudur。“鼻子”威尔士语 trwyn < *tru-n。

⑧“耳朵”belarri < *bela-。“颚”希腊语 symboyles < *suboles。

⑨“乳房”titi。“乳房”赫梯语 tētan < *tet-an，古英语 titt < *tit。

⑩“毛发”bilo。俄语 volos、波兰语 wlosy < *b^{w}olosu，拉丁语 pilus。“去毛”拉丁语 pilare < *pila-。

⑪“前臂”巴斯克语 beso。“手指”威尔士语 bys < *bus。

⑫“血”odol。拉兹语 diʒxiri < *dilqi-。

⑬“狗”txakur < *takur。格鲁吉亚语 dzaɣli、拉兹语 tʃaɣori < *dagori。

⑭“熊”hartz < *qard。“熊”威尔士语 arth < *ʔart。阿维斯陀经 aresho，亚美尼亚语 arj，阿尔巴尼亚语 ari。

⑮“母牛”behi < *beqi。“母牛”威尔士语 buwch < *buq。

⑯“乌鸦”bele。“鸟”希腊语 poyli < *poli。格鲁吉亚语 prinvɛli < *prin-b^{w}eli。

⑰“鹰”arrano < *arra。车臣语 ajrzj，印古什语 ajrzi < *arri。

⑱“翅膀”hegal < *qegal。“手指”梵语 aŋgula。

⑲“(动物的）脚”zangar < *ragar。“爪子”西班牙语、葡萄牙语 garra。

⑳“蛇”suge。“蛇”格鲁吉亚语 gvɛli < *g^{w}e-。亚美尼亚语 oj < *og。

㉑“花”lore < *lo-。“花”赫梯语 alil，阿尔巴尼亚语 lule。

㉒“种子”ale。苏米尔语“大麦、谷物”ʃe < *le。

㉓“种子”garau。“核”芬兰语 kara。“种子、小的核”拉丁语 granum，“种子、谷物”古法语 grain < *gran-。

㉔“大麦”garagar < *gara-。拉兹语 keri。

㉕“路”bide。“路”古弗里斯语 path、中古荷兰语 pad、梵语 pathh < *pad。

㉖“房间”gela。车臣语、印古什语 tsla < *kla。

㉗“白天”egun。芬兰语 aeg。

㉘“晚上”arrats < *ara-。“晚上”印古什语 sajre < *sare。“夜”匈牙利语 éj < *er。

㉙“坟墓”hobi < *qobi。“坟墓”威尔士语 bed < *be-。

（4）动词

①“飞”erabilli < *era-bili。“飞”西班牙语 volar、意大利语 volare < *b^wole-re。（*-re 拉丁语动词后缀）希腊语“鸟”poyli < *poli，“飞”pheylo < *belo。

②“死”il。“死”吐火罗语$_A$ w-l < *uil。

③“来”izan < *iran。“来”匈牙利语 jön < *ron。

④“喝”edari。“水”梵语 udra-、希腊语 ydor < *udor。

⑤“坐”harut < *qarut。“躺”梵语 zerate < *rerate。

⑥“站”egon。“站”格鲁吉亚语 agana。

⑦“躺”etzan < *edan。“坐”俄语 sidetj、波兰语 sądʑitʃ < *sedi-。

⑧“睡”lo。“睡”祖鲁语 -lala，斯瓦西里语 lala。“安静入睡”古英语 lull。

⑨“流”isuri。“跑、流”希腊语 reo < *re-。“流”匈牙利文（名词）ar，（动词）ered < *ere-。

⑩“漂浮”kulubiz < *kulu-bir。“游水”希腊语 kolympo < *kolu-bo。

⑪“记得”gogoratu < *gora-。“记得”阿尔巴尼亚语 kujtoj < *kur-tor。

⑫“烧”erre。“烧、炙”俄语 ʐetɕj < *re-。“烧”拉丁语、意大利语 ardere，西班牙语、葡萄牙语 arder < *ar-de-。

⑬“烤”xigortu < *qigor-。“烧”古教堂斯拉夫语 goriti- < $*g^w$ori-。

（5）形容词等

①“大的”handi < *qadi。“大的”阿布哈兹语 adə，格鲁吉亚语、拉兹语 didi。

②“小的、少的” txiki < *ʈiki。“小的、少的”匈牙利文 kicsi < *kiti。

③“热的”bero。“热的”俄语 svezʲij < $*sb^w$eri-。匈牙利文 fris < $*p^w$ri-s。“热的、燃烧的”匈牙利文 forro < $*p^w$oro。

④“高的”gora。“高的”古挪威语 har < *kar。“小山”古挪威语 haugr、立陶宛语 kaukara < *kagara。

⑤“满的”beta、beteta。“满”格鲁吉亚语 mtɛli < *mte-。

⑥“坏的”txar < *ʈar。“脏的”阿尔巴尼亚语 ndyrë < *m-dure。“尿”梵语 mutra-。“腐烂的”希腊语 sathros < *sadro-。

⑦“薄的”bakan。“小的、少的”亚美尼亚语 phokhr < *bog-。“弱的、软的”古英语 wac、古挪威语 veikr、中古荷兰语 week < $*b^w$ek。

⑧“干的”idor。“干的”古英语 dryge，古挪威语 draugr，中古荷兰语 druge < *druge。

⑨“湿的”heze < *qere。

⑩“近的”gertu < *ger-。“短的”拉丁语 curtus < *kur-。古教堂斯拉夫语 kratuku，波兰语 krotki、俄语 korotkij < *koro-tuki。

⑪“不”ez < *er。“不”格鲁吉亚语 ara。阿尔巴尼亚语 jo < *ro。

六 苏美尔语基本词的对应关系

中东地区一万年前后时出现定居或半定居的纳吐夫文化（Natufian culture），叙利亚、以色列、巴勒斯坦等地的遗址中出土有石镰和石磨，当主要用来加工野生的小麦。有意见认为其居民使用亚非语系的语言，早期埃及文明可能与之有关。[①]

公元前3500年苏米尔人（Sumer）来到两河流域的南部，今伊拉克之地，建立城邦，在那里统治了一千五百年。他们使用丁头文字（mismari）又叫楔形文字（cuneiform），此时黄河流域为仰韶文化时代。

大约五千年前，使用闪米特语（Semitic）的阿卡德人（Akkadian）在两河流域的中游建立了自己的城邦，也采用丁头文字。公元前2371年阿卡德人结束了苏米尔人一千多年的统治，有关苏米尔人诸神的信仰仍为阿卡德人所接受。后来赫梯人、波斯人也采用丁头文字。公元前331年，亚历山大灭了波斯之后，就再也没有人使用这种文字了。公元500年后丁头文字被遗忘，据说苏米尔语的影响延续到公元一世纪。苏米尔语许多基本词与阿尔泰语和藏缅语的对应，可能是末次冰期之后东亚和东北亚的移民带去的（详见下文）。

古埃及的语言、巴比伦的阿卡德语（Akkadian）、古希伯来语和后来的阿拉伯语原本归于闪含语系，现归于包括一些非洲语言在内的亚非语系（Afroasiatic Family）。

19世纪以来，学者们从波斯人的丁头字入手解读苏米尔人的丁头文字。根据他们对苏米尔语的解读，我们可以看到认为系属不明的苏米尔语（Sumerian）的基本词与阿尔泰语、藏缅语有较为密切的关系。苏米尔语与印

---

① 距今一万五千年至八千年前自土耳其的安纳托利亚至伊朗高原的西亚地区分布着自旧石器向新石器过渡的中石器文化，其西部承早一时期的奥瑞纳文化。

欧语不同支系语言基本词的对应可能与早期亚欧语言的交流有关。

苏米尔语是 SOV 语序的黏着语，其历史或区分为五个阶段：

古苏米尔语（Archaic Sumerian）前 31 世纪到前 26 世纪

经典苏米尔语（Classical Sumerian）前 26 世纪到前 23 世纪

新苏米尔语（Neo-Sumerian）前 23 世纪到前 21 世纪

晚期苏米尔语（Late Sumerian）前 20 世纪到前 18 世纪

后苏米尔语（Post-Sumerian）前 17 世纪之后

1. 语音和语法

（1）苏米尔语的语音

苏米尔语的基本辅音为：①

p b m

t d n s z l r

k g ŋ ʃ h

也有一些解读者提出其他形式的辅音，如 j、w 和小舌音等，没有得到多数研究者的认可。塞音不出现在音节末尾。

苏米尔语的基本元音为：a e i u，也有意见认为可以有 o。

可以说明词的读音和构成遵守元音和谐律。

该语言 z 的一个主要来历可能是 *r，ʃ 的一个主要来历可能是 *l，h 的一个主要来历可能是 *q。

（2）苏米尔语的语法

1）名词和名词性短语

如“为了我伟大的众神”diŋir gal-gal-ŋu-ne-ra（神—伟大的—我的—复数标记—与格标记），gal-gal“伟大的”，-ne 为人和神等的复数标记。

---

① 参见 Daniel Foxvog, *Elementary Sumerian Glossary*, University of California at Berkely, Home.comcast.net/。

名词的格标记有：作格、方向格标记 -e，夺格标记 -ta，生格标记 -ak，与格标记 -ra，终止格（terminative case）标记 -ʃe，位格标记 -a，随同格标记 -da 等。

2）动词的形态

苏米尔语的动词有与主语、宾语人称、数和性的一致的表达，语气、时、体的区分。研究者认为动词词根通常是单音节的。

动词的否定式前缀有 na-、nu-、la- 和 li-，劝诱语气前缀 ga-，虚拟语气 nuʃ- 等。

第一人称和第二人称单数的后缀为 -en，第三人称单数为零形式或加 maru。第一人称复数后缀为 -enden，第二人称复数为 -enzen，第三人称复数为 maru 之后加 -ene，或 hamtu 之后加 -eʃ。

3）形态的历史特点

苏米尔语不仅在形态类型上与阿尔泰语相近，而且有相近的后缀。

① 苏米尔语中活跃的后缀 -du 来自动词“做”du，如：“眼睛”igi，“看”igi-du；“男生殖器”ŋiʃ，“性交”ŋiʃ-du；“声音”gù，“讲话”gù-de，“喊”gù-du；“脚”ŋiri，“用脚”ŋiri-du。

苏米尔语后缀 -ʃè < *-le，如：“外面”bar，“出去”bae-ʃè；“名字”mu，“叫名字”mu-ʃè。

突厥语中 *-le / *-de 为使动后缀。[①] 如：

“牙齿”维吾尔语 tʃiʃ，哈萨克语 tis-，西部裕固语 dəs- < *disi。“咬”维吾尔语 tʃiʃlɛ-，哈萨克语 tiste-，西部裕固语 dəsde- < *dis-le / de。

“舌头”古突厥语、维吾尔语 til，土库曼语 dil，图瓦语 dɤl，西部裕固语 dəl < *dil。“说话”撒拉语 jɑnʃɑ- < *dal-la。

蒙古语族语言中 *-la / *-de 为使动后缀，如：

---

① G. J. 兰司铁：《阿尔泰语言学导论》，陈伟、沈成明译，中国社会科学出版社 1981 年版，第 206 页。

“收集、收割”东乡语 ɢurɑ- < *ɢura。保安语 ɢorudə- < *ɢoru-də。

蒙古语“多”ɛrbɑŋ < *ʔerba-ŋ；“增多”ɛrɑbdʒix- < *erab-di-q。

“味道”蒙古语 ɑmt，达斡尔语 ɑnt < *ʔamtə。“尝味”蒙古语 ɑmtlɑx < *ʔamt-la-q。

满语中 *-le（-lo）为使动后缀，如：

满文“宠”doshon < *dosqo-n，“宠爱”dosholo- < *dosqo-lo。

满文“共”emgi < *ʔemgi，“共同”emgile- < *ʔemgi-le。

日语中 *-da 是遗存的使动后缀，如：

“跪”哈萨克语 dʒygin-，柯尔克孜语 tʃøgølø- < *dugi-la。日语 dogedza- < *doge-da。

② 苏米尔语使动后缀 -sa（-sè）的表现如：

“名字”mu，“叫名字”mu-sa；“眼睛”igi，“喜欢看某人”igi-a-sa；“词、事情”inim，“插话、计划”inim-ma-sè。

蒙古语族语言 *-sə 附加于名词，使其成为及物动词。如：

“耳朵”满文、锡伯语 san，赫哲语 ɕan，鄂伦春语、鄂温克语 ʃɛɛn < *san。“听”蒙古语 sonsəx，东乡语 sonosu，达斡尔语 sonsugu < *sono-sə。

“味道”蒙古语 ɑmt，达斡尔语 ɑnt < *ʔamtə。“尝”蒙古语 ɑmsɑx，东部裕固语 ɑmsɑ- < *ʔam-sə。

蒙古语“睡眠”nœːr < *nor；“入睡”nœːrsəx < *nor-sə-q。

*-sə 是朝鲜语西南方言庆州话仍保留的动词后缀。如：

“吹”朝鲜语庆州话 purəsə < *burə-sə。

“吮吸”朝鲜语庆州话 pparasə < *spara-sə。

“问”朝鲜书面语、义州话 mutta < *mur-ta。庆兴话 murəra < *murə-ra。朝鲜语庆州话 murəsə < *murə-sə。

③ 苏米尔语动词后缀 -ra（-ri）的表现如：

“歌”ʃir，“唱歌”ʃir-ra；“手”ʃu，“把手放在上面”ʃu-ri；“砖”sig，“烧

砖” sig-ur-ra（砖—火—使动标记）。

朝鲜语动词后缀 -ra，日语动词后缀 -ra（*-ru）等的使用我们已经看到。突厥语中 *-ri / *-r 为动词后缀的情况，如：

“行走”日语 juki- < *duki。“跑”鄂伦春语 tʊkʃa- < *tukə-sa。维吾尔语 jygyr-，哈萨克语 dʒygir-，图瓦语 dʒygyry- < *dugu-ri。

“吸”蒙古语 ʃiməx，达斡尔语 ʃimigu，土族语 ɕimu < *simə-。维吾尔语 symyr-，撒拉语 symər- < *sumə-r。

“吐”维吾尔语 tykyr-，哈萨克语 tykir-，撒拉语 tyxur- < *tuqu-r。

2. 人和人称的说法

（1）“人”“男人”和“女人”等的说法

从苏米尔人关于“人”“男人”和“女人”等的说法中可以看出其早期有两个不同的来历，分别对应于阿尔泰语和藏缅语。[①]

1）与阿尔泰语的对应及其他词源关系

①“人” na，“大地女神” nanna [②]

“人”锡伯语 nan < *na-n。“女人”日语 onna < *ʔona，土族语 nəne kun < *nene-gun。

②“女士、王后” eriʃ < *eril

“人”满语 nijalma < *ʔiral-ma。“男人”鄂伦春语 nɪraj（bəjə）< *ʔiral。

③“老年妇女” um-ma

“女人”东乡语 əməs < *ʔuməs。达斡尔语 əmgun，东乡语 əmə kun < *ʔumə-gun。

---

① 苏米尔语资料见 home.comcast.net/ *Elementary Sumerian Glossary,* Daniel Foxvog, Universty of California at Berkeley，*Sunerian Lexicon*, John A. Halloran。

② 苏米尔语、阿卡德语资料见 www.piney.com/ *Ancient Near East (Babylonia) Glossary and Text*, Hohenwald, Tennessee。

④“灵魂”bar

“灵魂”西部裕固语 ever < *ʔebʷer。拉巴努伊语 varua，汤加语 vārua < *bʷaru-ʔa。“鬼”撒拉语 pirə < *pirə。汉语 *pirs（妣）。

“灵魂、呼吸”古法语 espirit、拉丁语 spiritus，“灵魂”阿尔巴尼亚语 ʃpirt < *spiri-。 “灵魂”匈牙利文 ember < *eber。

⑤“王、主人”lugal < *lu-gal

“人”维吾尔语 kiʃi，西部裕固语 kəʃi，图瓦语 giʃi < *kili。芬兰语 henkilö < *qen-kilo。汉语 *s-kləʔ（子）。“男人”克木语 gle。

“人、男人”俄语 tɕjelovek < *kelo-bʷek（字面意思可能是“男人—女人”）。

2）与藏缅语的对应及其他词源关系

①“人、男人、女人”lú

“人”缅文 lu²，土家语 lo⁵³ < *lu。

②“女人”mí

“女人”嘉戎语 tə mi < *mi。汉语 *məʔ（母）。“人”藏文 mi、达让僜语 me³⁵、普米语 mi < *mi。他杭语 miːh < *mi-ʔ。“男人”壮语龙州话 ti⁶me⁶ < *di-mi。恩语（En）*ʔumi。“女人”柬埔寨文 mē < *me。

③“女人”munus

“妻子”木雅语 mo³³ɲõ < *monoŋ。“儿媳”达让僜语 mun³⁵。

3）与汉语的对应及其他词源关系

①“女士”in-nin，“女士、王后、姐妹”nin，“生殖女神”nin-tur（女—孩子）。

阿卡德语“女神”nin-，“风神之妻”ninlil < *nin-lil，“甜水神”ninmah < *nin-maq。

汉语 *nin（人）。“女人”萨萨克语 ninə，瓜依沃语 noni。“年轻男子”南密语 n̥in。

“女人”芬兰语 nainen < *na-nen，爱沙尼亚语 naine < *nene。

②“人”na，“大地女神”nanna

汉语 *s-na（女）。

（2）人称代词

苏米尔语人称代词同样可与阿尔泰语和藏缅语比较，与印欧语的词源关系说明中东地区是欧亚地区语言接触交流的中间地带。

1）与阿尔泰语的对应

苏米尔语“我”men

“我”维吾尔语 mɛn，哈萨克语、图瓦语 mɛn < *men。

古突厥语、土耳其语 ben < *ben。

芬兰语“我”minä（主格、宾格）< *mi-na，“我的”minun，“我们”me。 “我”（宾格）俄语、波兰语 mnie < *mne，希腊语 emena。 “我”（宾格）阿尔巴尼亚语 më < *mo，（所有格）mi。 “我的”古英语 mine。 “我的”俄语 moj、波兰语 moje < *mo-。希腊语 mou。 “我的”亚美尼亚语 im < *imi。

“我们”匈牙利文 mi，（宾格）minket、bennüket、nekünk。芬兰语 me，（宾格）meidät、meitä，（所有格）meidän。爱沙尼亚语 meie、me，（宾格）meid、meile、meie，（所有格）meie、oma。

2）与藏缅语的对应

苏米尔语“我、我自己”ŋá

“我”藏文、马加尔语 ŋa，缅文 ŋɑɑ² < *ŋa。巴兴语、瓦由语 gō，吐龙语 go < *go。

“我”丹麦语 jeg，希腊语 ego < *eg^{w}e。俄语、波兰语 ja < *ga。

“我”古英语 ic、古挪威语 ek、哥特语 ik、赫梯语 uk < *ek^{w}。

“我们”古英语 we、古挪威语 ver、古高地德语 wir、哥特语 weis < *g^{w}e-r。

匈牙利语“我” ego（名词性）。“我”爱斯基摩语 uwaŋa < *ʔugaŋa。

3. 其他基本词的对应

苏米尔语基本词与阿尔泰语和藏缅语的对应是主要的，与印欧语对应也与东亚太平洋语言对应的部分应是末次冰期结束前和结束后亚欧交流留下的。

1）“天、天神、高的、前面” an，“上面、前面” anta < *an-ta

“神”拉祜语 ne^{53}，傈僳语 ni^{31} < *ni。萨萨克语 neneʔ < *nene。“上（面）”缅文 ɑ^{1}nɑː^{2}，拉祜语 ɔ^{31}nɑ^{33} < *ʔana。壮语龙州话 nɯ^{1}，西双版纳傣语 nə^{1} < *ʔnə。

“上（面）” 缅文 ɑ^{1}nɑː^{2}，拉祜语 ɔ^{31}nɑ^{33} < *ʔana。壮语龙州话 nɯ^{1}，西双版纳傣语 nə^{1} < *ʔnə。“脸” 壮语武鸣话、西双版纳傣语、侗语 na^{3} < *naʔ。

“往上”（副词）希腊语 ane。

“之前” 拉丁语 ante。“对面” 赫梯语 hanti < *qati，希腊语 anta。

阿卡德语“天神” an，dingir。后者与阿尔泰语“天”的说法对应，如土耳其语 tenri，维吾尔语 tɛŋri，哈萨克语 tæŋri < *teŋri。蒙古语 təŋgər，东部裕固语 teŋger，西部裕固语 deŋər < *tegeri。

2）“田野” agar

“土” 普米语 tsa^{55}，木雅语 tsa^{53}，史兴语 tɕæ^{53}，羌语 khia < *kra。

“地”希腊语 tʃhora < *gora。“田野”梵语 adʒra、希腊语 agros < *agra。

阿卡德语“地下的精灵” galas。

3）“山” iʃi < *ʔili

“石头”日语 içi < *ʔili。“山”女真语（阿力）*ali < *ʔali。

4）“山、高地” kur

“石头”错那门巴语 kɔr < *kor。“山坡”布朗语胖品话 goi^{51}，德昂语南虎话 tçur，茶叶箐话 dʒur < *gur。

> “小山”古挪威语 haugr、立陶宛语 kaukara < *kagara。“山”俄语、波兰语 gora。
>
> “山”芬兰语 vuori < *g^{w}ori。
>
> “石头”阿尔巴尼亚语 guri < *guri，亚美尼亚语 khar < *gar。

5）“大山” kur-gal

“山”蒙古语书面语 ɑɣulɑ，东部裕固语 uːlɑ < *ʔagula。赛夏语 kol̥kol̥ol < *kol-kol。

> “山”拉丁语 collis、古英语 hyll、希腊语 kolonos、哥特语 hallus（岩石）< *koli-。“顶”希腊语 kolophon。

6）“石头、宝石” za < *ra

“岩石、峭壁”维吾尔语 qijɑ，图瓦语 kɑjɑ，撒拉语 ɢaje < *qera。

7）“灰烬” dè-dal

“灰”藏文 thal ba < *dal –。柬埔寨文 thuːli < *duli。

8）“风、气” lil，“风神之妻” ninlil

“风”缅文 le^{2}。“气”羌语 lɛ < *le。

9）“云、雾” muru

“雾”缅文 mru^{2} < *mru。汉语 *mrə（霾）。“水”朝鲜语 mur。

10）“头顶” ugu

“头”藏文 mgo < *m-go。巴尔蒂语、拉达克语、夏尔巴语 go < *go。“山”兰坪普米语 ɣɢo，博嘎尔洛巴语 o go < *go。

11）“鼻子” kiri

“鼻子”朝鲜语镜城方言 khoji < *kori。汉语 *skriʔ（嘴）< *s-kri-ʔ。

“鼻子”匈牙利文 ekorr。

“嘴”阿尔巴尼亚语 gojë < *goro，grykë < *gru-。

12）“舌头” eme

“舌头”嘉戎语 tə ʃmᴇ < *sme。侗语、水语 ma^{2} < *ma。锡加语、阿者拉语 ma < *ma。

13）“牙齿” zú < *ru

“臼齿”蒙古语 ɑrɑː，土族语 rɑː，东部裕固语 ɑːr < *ʔara。

14）“嘴” ka，“门” ká

“嘴”卢舍依语、哈卡钦语 ka < *ka。藏文、巴尔蒂语、拉达克语 kha < *ga。“嘴”昌巴拉胡里语 ɑg。“鸟嘴”土耳其语 *gaga 等来自 *ga。

汉语“口” *kho，*g^{w}a（户）。“门”藏文 sgo，博嘎尔珞巴语 jap go。

15）“脖子” gú

汉语 *ɢo（喉）。“喉”道孚语 qvɑ < *ɢ^{w}a。“脖子”壮语龙州话 ko^{2}，水语 ɢo^{4} < *ɢo。

“轭”古教堂斯拉夫语 igo。“喉”格鲁吉亚语 qhɛli < *ɢe-。

16）“脖子” muigu < *m^{w}igu

“脖子”朝鲜语 moktʃhəŋ < *mogkəŋ。“背”赛德克语 bukui，贡诺语 boko < *bukoʔi / *boko。“肩”布兴语 svak < *s-b^{w}ak。莽语 pəŋ^{31}bak^{55} < *pəŋ-bak。

“肩、臂”古英语 bog、古高地德语 buog（指骨）< *bog。

“背”古英语 bæc、古弗里斯语 bek < *bek。亚美尼亚语 mejk < *mek。

17）“肩” zag < *rag

“肩”独龙语 ɹɑʔ^{55} < *rak。德昂语硝厂沟话 ʑaʔ，茶叶箐话 ʒaʔ < *rak。

18）“肋骨”ti-ti

“乳房”波那佩语 tīti，塔希提语 tītī < *titi。排湾语 tutu < *tutu。户语 thut[31] < *dut。

“乳房、奶头”古英语 titt < *tit。 “胸”格鲁吉亚语 didi qhuti < *didi-ɢuti。

19）“手”ʃu < *lu

“手”戈龙塔洛语 ʔoluʔu < *ʔolu。“臂”塔塔尔语 qol < *qol。

“肘”德语 ellbogen、荷兰语 elleboog、英语 elbow、古英语 elnboga、中古荷兰语 ellenboghe、古高地德语 elinbogo < *elina-bogo-n。 “卷曲”梵语 bhuga。“钩子”希腊语 magkoyra < *mag-kora。

“肘”古英语的第一个成分 eln- 对应“前臂、前臂的长度”英语 ell、古英语 eln。第二个成分 -boga 指“弯曲”，如古英语 bugan。

20）“脚，跑”ŋiri

“脚”藏文、拉达克语 rkaŋ，达让僜语 gɹoŋ[53] < *groŋ。“膝盖”佤语马散话 griɔŋ，布朗语茶叶箐话 gjɔŋ[51] < *groŋ。

“脚”希腊语 akro。“爪子”西班牙语、葡萄牙语 garra。

“走”藏文 ɦgro，克伦语阿果话 tɕhɔ，纳西语 dʑi[33] < *m-gro / *gri。汉语 *skro（趋）。

“跑”拉丁语 currere、法语 courir、西班牙语 correr、意大利语 correre < *kure-。 “跑去见面、现身”拉丁语 occurrere < *okure-。 “去”阿尔巴尼亚语 ʃkoj < *skor。

“去”匈牙利文 megegyezes < *me-gegires。

21）“大腿”haʃ < *qal

“脚”日语 açi < *ʔali。蒙古语 xəl，达斡尔语 kulj < *quli。

22）“男生殖器” g̃iʃ < *ŋil，“性交” g̃iʃ-dù

“男生殖器”德宏傣语 ŋwai^{55} < *ŋ^{w}i，东部斐济语 gala。

23）“背、后面，向后” eger

“背”蒙古语书面语、蒙古语正蓝旗话 egʉr < *ʔegur。马林厄语 t^{h}agru < *ta-gru。爪哇语 geger < *geger。“屁股”维吾尔语 saʁra，哈萨克语 sawər < *sagəra。“后面”夸梅拉语 kurira < *kurira。

“背、脊椎”阿尔巴尼亚语 kurriz < *kurir。

24）“心” ʃag < *lag

“肝”蒙古语 ələg，东部裕固语 heleɣe < *qelegə。

“肝”阿尔巴尼亚语 mëltʃi < *mo-lki。
“肺”古英语、古弗里斯语 lungen（复数）、古挪威语 lunge < *luge。
俄语 ljɔgkje（复数）< *loge-。

25）“头发、皮、羊毛” siki

“皮”女真语（速吉）*suki < *suki。女真语（速古），满文 suku，锡伯语 soqw < *suku。“剥”巽他语 pəsek < *pə-sek。宁德娄语 asik < *ʔasik。

“头发”莽语 huk^{55} < *suk。布朗语胖品话 suk^{31}khik^{55} < *suk-klik，意思是“发—头”。

“皮、去皮”英语 skin，“皮”古英语 scinn、古挪威语 skinn < *skin。
“皮肤”亚美尼亚语 maʃk < *ma-ski。
“皮口袋”希腊语 askos < *asko。

26）“皮、皮革” kuʃ < *kul

“皮”鄂伦春语 -kʃo < *klo。绍尔语、波那佩语 kil，汤加语 kili，夏威夷语 ili，毛利语 kiri（皮肤、树皮）< *kili。

27）“血” uri，uʃ

“血”格曼僜语 -ɹui^{35}，墨脱门巴语 ji，加龙语 iː，博嘎尔珞巴 u jiː < *ru。“红色”吉尔伯特语 uraura < *ʔura。

“血”亚美尼亚语 aryun < *arun。

28）“狗”ur，ur-gir

“黎狗”满文 kuri < *kuri。“狗”塔纳语 kuri，菲拉梅勒语（Fila-Mele）korī < *kuri。布兴语 tʃɔʔ，巴琉语 tsu^{53} < *kru。

“狗”梵语 kukkura < *kukura。芬兰语 koira，爱沙尼亚语 koer < *kora。

29）“母狗”nig

“狗”蒙古语 noxœː，达斡尔语 nogu < *noqu。东部裕固语 noχɢui，土族语 noxui < *noq-gui。

“狗”梵语 ʃunaka < *sunaka。

30）“猪”ʃah < *laq

“猪”满文 ulgijan，锡伯语 vɛlgian，鄂伦春语、鄂温克语 ʊlgɛːn，赫哲语 ulgian < *ʔulgi-ʔan。维吾尔语 tʃoʃqɑ，哈萨克语 ʃoʃqɑ，柯尔克孜语 tʃotʃqo < *tolqa。

31）“小母牛”gir

汉语 *gir（犪，古代西南地区的野牛）。“牛”土耳其语 siɣir，哈萨克语 səjər < *sigir。

32）“狐”ka

“狐”藏文 wa，藏语阿利克话 ɣa，博嘎尔珞巴语 o wa < *g^{w}a。

33）“蛇”muʃ < *mul

“虫”日语 muɕi < *muli。

34）“蚯蚓”mar

“蚯蚓”藏文 ɦbu dmar < *mbu d-mar（虫—蚯蚓）。“蚂蚁”夸梅拉语 m^{w}əram^{w}əra，锡加语 məre < *məra / *məre。

35）“森林”tir

“树”维吾尔语 dɛrɛχ，东部裕固语 derek < *dereq。乌孜别克语

dɛrɛχt < *dereq-t。桑塔利语 dare < *dare。“树木丛生”满文 dʒadʒuri < *daduri。

> “树、木头”古英语 treo、古弗里斯语、古挪威语 tre、梵语 dru、希腊语 drys（橡树）< *dero。“木头”阿尔巴尼亚语 dru。
>
> “树”梵语 taru、taruː、daːru、druma。亚美尼亚语 tʃar < *tar。
>
> “树”古教堂斯拉夫语 drievo、俄语 derevo、波兰语 drzewo、立陶宛语 derva（松木）< *dere-bo。

36）“大麦、谷物”ʃe < *le，“松子”ʃe-li < *le-li

“种子”满文 use，锡伯语 uso，赫哲语 udzə < *ʔule。景颇语 li[33]，墨脱门巴语 li < *li。博嘎尔珞巴语 um liː < *ʔum-li。“种”义都珞巴语 li[35] < *li。“播种”罗地语 sele < *se-le。

37）“月份”itu，idi

“月亮”古突厥语、土耳其语、维吾尔语、哈萨克语 aj < *ʔadi。西部裕固语 ɑjdəŋ < *ʔad-diŋ。

38）“名字”mu，“叫名字”mu-sa

“名字”巴琉语 mi[13] < *mi。他杭语、博嘎尔珞巴 min < *min。

> “名字”古教堂斯拉夫语 ime，古教堂斯拉夫语 imene（生格）。
>
> 俄语 imya，波兰语 imię、miano。

39）“谷仓、谷堆”kara

“楼房”怒苏怒语 kɹe[33] < *kre，汉语 *kra（家）。“仓库”佤语马散话 krɔ < *kro。

> 梵语“房子”griha < *grisa。

40）“轮子”gigir

“圆的”藏文 sgor < *s-gor，博嘎尔洛巴语 kor kor < *kor。鄂伦春语 toŋgorin < *to-gor-in。西部裕固语 doɢər < *do-gor。

“圆的”希腊语 gyro，“指环、圆”gyros < *guro-s。

“圆”阿尔巴尼亚语 kjark < *krak。“圆、轮子”梵语 tʃakra < *kakra。

“圆的、圆周形的”俄语 krugl-j < *kru-gli-，波兰语 okrą gły < *okra-gli-。

41）“锅、罐子”dug

“锅”蒙古语 tɔgɔː，土族语 toɢoː，东乡语 tuɢon，保安语 tuχuŋ < *tugon。布昂语 dɛg < *deg。

42）“绳子，编织”dun

“绳子”日语 dzuna（綱）< *duna。

“两根搓成的线”古英语 twin < *dun。

43）“缆绳”dur

“牛缰绳”鄂温克语 dor < *dor。“绳子”邹语 tresi < *ture-si。

“缰绳”英语 tether，“线、绳子”古瑞典语 tiuther、古弗里斯语 tiader < *teder。

“马缰绳”古英语 hælftre。“缠绕”希腊语 koyrdizo、khordizo < *gor-diro。

“线、拧”低地德语 twern < *tor-n。

44）“声音、喊”gù-è

“响声”景颇语 ŋoi^{33}，独龙语 ŋɔi^{53} < *ŋoi。“说”莫图语 g^{w}au < *g^{w}a-ʔu，西部斐济语 kwai-a < *k^{w}a-ʔi。

“声音”亚美尼亚语 jayn < *gai-n。

45）“气味、香气”ir

“香的”满文 hijan < *qira-n。

“气味、香气”阿尔巴尼亚语 erë < *ero。

“甜的气味”希腊语 aroma < *aro-。“嗅”希腊语 ozon < *oro-。

46）“敌人” lú-érim（-du，-g̃al）

“坏的”鄂伦春语、鄂温克语 əru < *ʔəru。

“坏的”西部裕固语 jys < *dus，哈尼语绿春话 dø < *do。

47）“晚上” uzu < *ʔuru

“晚上”蒙古语 orœː，达斡尔语 oreː，东部裕固语 ørøi < *ʔoro-i。“夜”拉巴努伊语 arui < *ʔaru-ʔi。

48）“病” gig

汉语 *gək（疫）。“痛”缅文 kok < *kok，独龙语 dʐiʔ^{55} < *gik。“疟疾”清代蒙文 ʃulkuge < *sul-kuge。“残疾”清代蒙文 emgek < *ʔem-gek。

> 希腊语“病” kako < *kako，“病的” kakkos < *kako-。
>
> 阿尔巴尼亚语“病” kekje < *keko，“病的” kekj < *kak-。

49）“舔” ʃub < *lub

“舔”阿昌语 liap^{55} < *lap。

> “舌头”阿尔巴尼亚语 llapë < *lape，“舔”拉丁语 lambere < *lape。
>
> “舔、喝”古英语 lapian。“啜、舔”希腊语 laptein。“汤勺”德语 loffel < *lope-l。

50）“吹” bul

“吹”桑塔利语 bohao < *bolu。蒙古语喀喇沁方言 pʉleː-，东部裕固语 piːle- < *pile。“波浪”托莱语 bobol、达阿语 balu^{m}ba。

> “吹”西班牙语 soplar、葡萄牙语 soprar、意大利语 soffiare、拉丁语 flare < *sbla-。
>
> 希腊语 sphrizo < *sbri-。
>
> 古教堂斯拉夫语 vejati、俄语 vejatj、波兰语 wiatʃ < *b^{w}ela-。

“吹”匈牙利文 fujas < *pula-s。

51）“飞” dal

“飞”女真语（得勒）*tele < *dele。羌语 da la < *dala。

52）“弯下” gur，gurum

“弯曲的”土族语 guguri: < *guguri。布兴语 kor < *kor。“钩子”撒拉语 gugur < *gugur。

“钩子”希腊语 magkoyra < *mag-kora。

“弯”芬兰语（名词）ka:rre < *kare，（形容词）kiero < *kiro。

53）“选择” zág < *rag

汉语 *qlak（择）。壮语龙州话 lə:k[8]，西双版纳傣语 lə:k[8] < *lək。“寻找”尼科巴语 lu:ka < *luka。“挑选”维吾尔语 ilʁɑ-，哈萨克语 əlʁɑ-，东部裕固语 əlɢɑ- < *ʔilɢa。土族语 lɑɢɑ:- < *laɢa。鄂伦春语、鄂温克语 ɪlga:-，满文 ilga-（辨别）< *ʔilga。

“捡起、挑选”拉丁语 electus < *elek-。“挑选”希腊语 eklego < *elek-。

54）“跑” hal < *qal

“走”日语 ajumu < *ʔalu-mu。萨摩亚语 alu，汤加语 ʔalu < *ʔalu。汉语 *qlə（之）。

55）“哭、笑” isiʃ < *isil

“鸟雀噪”满文 ʃuli- < *suli。

56）“跳过” dub

“跳”日语 tobu < *tobu。

57）“走开” bar

“走”古突厥语 bar- < *bar。①“跑”那大语 baru，马都拉语 buru < *baru。

58）“下雨” ʃur < *lur

“流、漏”夏河藏语 ʐər < *lər。

汉语 *hlirʔ（水）< *qlir-ʔ。（兼指河流、水体，引申指洪水、雨水等）

59）“漂浮，冲” diri（g）

“漂浮、浸泡”达斡尔语 dərdə- < *der-。

① “走”匈牙利文 bejar < *berar。

60）“说” du（g）

“说”满文 hendu-，赫哲语 χədzu < *qedu。古突厥语 te-，维吾尔语 dɛ-，撒拉语 di-，西部裕固语 de- < *de。

61）“问” én-tar

“问”藏文 ɦdri < *m-dri。马林厄语 tore < *tore。

“问”亚美尼亚语 xndrel < *qdre-。

62）“笑” gir

“笑”墨脱门巴语 ŋar < *ŋar。怒苏怒语 ɣɹe^{33} < *gre。

63）“磨碎、毁坏” gul

“磨”（动词）克伦语阿果话 gle^{31} < *gle。达阿语 no-gili，马都拉语 a-g^{ɦ}ilis < *gili。

“磨（碎）”格鲁吉亚语 galɛsva < *gales-。

64）“返回、转” gur

“转动”藏文 skor，夏河话 hkor < *s-kor。“转”道孚语 skər va < *skor-ba。博嘎尔珞巴语 dʑir < *gir。

“转”希腊语 gyrizo < *giri-；古英语 hweorfan < *k^{w}or-pan。

“转”波兰语 skrę tsatʃ < *skreka-。“卷起”梵语 puṭiːkaroti < *puti-karo-。

“包裹”（动词）芬兰语 keriä < *keri-。

格鲁吉亚语“捆” ʃɛkhvra < *se-g^{w}ra，“滚” gɔrva < *gor-，“转” dʒɛri < *geri。

65）“剥下、切掉” gùruʃ，gú-guru

“皮”吕苏语 ngə^{135} < *gər。

“去皮”俄语 kozʲitsu < *kori-。“去皮”阿尔巴尼亚语 kjëroj < *koro-。

“去皮”（名词）俄语 korka < *kor-。“皮革”梵语 caːrma < *kar-ma。

“去皮”芬兰语 kuoria < *kori-。

66）“切、裂开” tar

“劈”土耳其语 ajar- < *ʔadar。维吾尔语 jɑr-，哈萨克语 dʒɑr- < *djar。

“劈”阿尔巴尼亚语 ndryʃoj < *driso-。

“分开”古英语 teran。“剥皮”希腊语 derein < *dere-。

“（我）剥皮”亚美尼亚语 terem。“（碎）片”布立吞语 darn。

67）“烤” bir

“烤”扎坝语 $kə^{55}vz̩i^{55}$ < $*kə\text{-}b^{w}ri$。

“点火、烧”古挪威语 brenna，“点火”古英语 bærnan，中古荷兰语 bernen。

“烧”高地德语 brinnan < *bere-na。“烧、烤”俄语 v-z̩igatj < $*b^{w}iriga\text{-}$。

68）“刮” hur < *qur

“刮”维吾尔语 qir-，哈萨克语 qər-，撒拉语 ɢər- < *qir。

69）“埋葬、坟墓” ki-túm

“藏”罗维阿纳语 tome < *tome。“沉”藏文 dim，错那门巴语 tim < *dim。

“坟”波兰语 dumy < *dumu。

70）“打击、打” sig，sàg

“打”维吾尔语、哈萨克语、西部裕固语 soq- < *saq。“斧子”蒙古语族语言 *suke，满文、锡伯语 *suqe，赫哲语、鄂伦春语、鄂温克语 *sukə。

“斧子”意大利语 askia、拉丁语 ascia。

71）“割（植物）” sig

汉语 *sik（析）。“斧子”蒙古语 sɵx、东部裕固语 səg、东乡语 sugiə < *suke。赫哲语 sukə、鄂伦春语 ʃukə、鄂温克语 ʃuxə < *sukə。

“劈、割”波兰语 siekatʃ < *seka-。“斧子”波兰语 siekiera < *sekera。

“斧子”意大利语 askia、拉丁语 ascia。

> “匕首”（冰岛凯尔特人的匕首）盖尔语 scian < *ski-an。

72）“擦、扫、刮” sub

“擦掉”藏文 sub < *sub。“擦”沙玛语、印尼语、巴塔克语、罗地语 *sapu。

> “擦” 亚美尼亚语 ʃviel < *sbʷi-。

73）“挑选” suh < *suq

“挑选” 羌语 sɛ qɑ < *seqa。“找” 克木语、布兴语 sɔk，佤语艾帅话 sɔ̰k < *sok。汉语 *sak（索）。

> “寻找、问” 古英语 ascan、古高地德语 eiscon、古挪威语 soekja、古弗里斯语 askia < *aska-。“寻找、询问” 俄语 iskatj < *iska-。
>
> “夺取” 古法语 seisir、拉丁语 sacire < *seqi-。

74）“煮、烤” ʃèŋ < *leŋ

“煮” 鄂温克语 oloːrən、鄂伦春语 oloː- < *ʔolo。“烧” 维吾尔语、撒拉语 *qala。

> “烧” 古英语 onælan < *on-alan（放在—火）。
>
> “火” 格鲁吉亚语 ali。

75）“说” ʃir-du < *lir-，“唱歌” ʃir < *lir

“说”西部裕固语 lɑrgə < *lar-。“话”西部裕固语、东部裕固语 lɑr < *lar。

76）“死” ug

“死”朝鲜语 juk < *ʔug。蒙古语 ʉxə-，达斡尔语 ugu-，东部裕固语 hgu-，东乡语 fugu- < *ʔugu。“枯” 摩尔波格语 tuʔug < *tu-ʔug。

77）“离开” tag

“丢失” 东乡语 tɕiɢuɑ- < *tigu-ʔa。东部裕固语 ɢuːrtʃigi- < *gur-tigi。哈萨克语 dʒoʁɑlt-，塔塔尔语 dʒoʁɑl- < *dogal-。“落”卡林阿语 otdag < *ʔotag。

> “滴”（名词）希腊语 stagona < *stago-。
>
> “落、滴落、减少” 匈牙利文（动词）csokken < *toke-。
>
> “失去” 格鲁吉亚语 dakhargva < *taga-rg-。

78）“分开”tar

“劈”土耳其语 ajar- < *ʔadar。维吾尔语 jɑr-，哈萨克语 dʒɑr- < *djar。塔希提语 tarai < *tara-ʔi。

“劈”阿尔巴尼亚语 ndryʃoj < *driso-。

“分开”古英语 teran。“剥皮”希腊语 derein < *dere-。

“（我）剥皮”亚美尼亚语 terem。“（碎）片”布立吞语 darn。

79）“抖、振动”dúb

“摇”蒙古语 dɛːbɑ- < *deba。“跳”日语 tobu < *tobu。

80）“大的”“好”（副词）gal

汉语 *ŋal（娥）。①“美的”藏文 mdzes < *m-gles，达阿语 na-gaja < *gala。“高兴”撒拉语 gɑlɑ- < *gala，三威治港语 ^{ŋ}gal < *gal，马林厄语 gleʔa < *gle-ʔa。

“好的”希腊语 kalos < *kalo-。

81）“白的”bar

“白的”中古朝鲜语 hajahʌta < *para-。景颇语 phʒo^{31}，缅文 phru^{2}，基诺语 phro^{44}，纳西语 phɚ^{21} < *pro。锡加语 bura < *bura。

“白的”希腊语 aspros < *aspro-，梵语 supra。

“白”梵语 ʃubrataː < *subra-。“白的”阿尔巴尼亚语 bardhë < *bar-。

“雪”阿尔巴尼亚语 borë < *bore。

82）“弱的、有病，小的、年轻的”tur

“弱小的”蒙古语 dorœː，土族语 dori < *doro-ʔi。桑塔利语 nidʒo̱r < *ni-dor。“弱的”蒙达语 lendʒer < *le-der。桑塔利语 ko̱mdʒo̱r < *kom-dor。马都拉语 g^{ɦ}ədd^{ɦ}ur < *gə-dur。马都拉语 g^{ɦ}ədd^{ɦ}ur < *gə-dur。“累的”土耳其

① 扬雄：《方言》卷一：“娥、嬴，好也。秦曰娥，宋魏之间谓之嬴。秦晋之间好而轻者谓之娥。”

语 jorgun- < *dor-qun。“疲乏”土族语 dure:-，保安语 ɛdərə- < *duri / *ʔeduri。

“有病”桑塔利语 dodoroso < *doroso。

“疲乏”古英语 teorian < *dori-。

“累的”阿尔巴尼语 lodhur < *lo-dur。

83）“高兴，甜的、好的”dùg

“高兴”吕苏语 the^{33}gu^{53} < *degu。

“好的”古突厥语 jeq < *deq。图瓦语 deget < *dege-t。“甜的、香的”西部裕固语 dɑdəɣ < *dadəg。

84）“低的”sig

“浅的”土耳其语 siɣ，图瓦语 sɤ:k < *sik。

“浅的”亚美尼亚语 ʃukh < *sug。

85）“高的”uru

“高的”维吾尔语 ørɛ < *ʔore。

“高的”亚美尼亚语 uɾats < *ura-。匈牙利文 erös < *eros。

86）“邪恶的”gul

汉语 *kəl（鬼）。“丑鬼”清代蒙文 kultʃin < *kul-qin。

87）“远”ul，ul-la

“远”蒙古语 xol，达斡尔语 xol，东乡语 ɢolo，东部裕固语 χolo < *qolo。

88）“弱的”dìm

“软的”维吾尔语 jumʃaq，哈萨克语 dʒumsaq，图瓦语 dʒɤmdʒɑk < *dum-。

89）“对的、真的、好的”zi < *ri

“对的”西部裕固语 ere < *ʔere，jirə < *ʔirə。朝鲜语 orhta < *ʔor-。

90）“这”ur

“这”满文 ere，锡伯语 ər，鄂温克语 ərĭ，赫哲语 əi < *ʔere。“近的”蒙文 oira、达斡尔语 uɑir、东部裕固语 oiro < *ʔora。“我”日语 ore <

*ʔore。

91）“什么”ta

“什么”他杭语 taː < *ta。独龙语 $a^{31}ta^{55}$ < *ata。塔几亚语 ata < *ʔata。

“什么”希腊语 ti、tis < *ti-。波兰语 tso < *to。
“这”希腊语 ayto，oytos < *ato-。梵语 etaːm̩ < *eta-。

92）“什么地方”me

“什么”东部裕固语 ima < *ʔima，匈牙利文 ami。“谁”满文 we < *b^we，泰雅语 ʔimaʔ < *ʔima。

“谁”亚美尼亚语 ov < *ob^w。格鲁吉亚语 vin < *b^win。

93）“一”aʃ（a）< *ala

“一”载瓦语 $ʒa^{21}$，土家语 la^{35} < *la。

底层语言词

1）“太阳、白天、光”ud

“白天”菲律宾布拉安语（Blaan）du，马达加斯加语 anɖʳu < *ʔadu。“太阳”布拉安语、嫩戈内语（Nengone）du < *du。“灶”哈尼语 $ø^{31}du^{31}$ < *ʔodu。

“白天”拉丁语 dies，葡萄牙语 dia < *des。
“白天”阿尔巴尼亚语 ditë < *de-to。“白天、时间”古法语 date。

2）“太阳神”dutu，“太阳”utu，“东”utu-è

“太阳”菲律宾布拉安语（Blaan）、新喀里多尼亚嫩戈内语（Nengone）du < *du。“神”汤加语 ʔotua，萨摩亚语 atua，拉巴努伊语 ʔatua < *ʔatu-ʔa。

“神”意大利语 dio、iddio < *ido，希腊语 theos < *dos。
“神”赫梯语 idolize < *ido-lire。

3）“湖、海”ba

汉语 *smə-ʔ（海）。“海”京语 $beʔ^3$ < *ʔbeʔ。“河”毛利语 awa < *$ʔab^w$a。

“水”莫图语卡巴地方言 veina < *beʔi-na。“液汁”阿伊努语 be < *be。

“水”波斯语 ab。

4）“岸” peʃ < *pel

“流、溪流”古英语 flowan、中古荷兰语 vlojen、古挪威语 floa < *p^{w}lo-。 匈牙利文“水” viz < *b^{w}il，“河” folyo < *b^{w}oljo。

5）“烟” i-bi

“烟”贡诺语 ambu < *ʔabu。“火”日语 hi < *pi。阿伊努语 abe < *ʔabe。印尼语、马京达瑙语 api，汤加语、萨摩亚语 afi，拉巴努伊语、夏威夷语、毛利语 ahi < *ʔap^{w}i。

“火”梵语 pu。

6）“眼睛、脸” igi，“看” igi-du

“脸、眼睛”布朗语甘塘话 ŋai[31]，德昂语南虎话 ŋai，恩语（En）ŋai < *ŋi。

7）“脸” muʃ < *mul

“脸”宁德娄语 buli-n < *buli，克木语 boh < *bol。独龙语 muɯɹ[55] < *mur。“鼻子”布朗语曼俄话 m̥ɯl[33] < *s-mul。

“颚”希腊语 symboyles < *suboles。“额”梵语 bhaalam < *bala-。 “嘴”古弗里斯语 snavel < *sna-b^{w}el。

8）“肌肉、肉” uzu < *ʔuru

“肉”巴琉语 ɕɔ[53] < *sro。贵琼语 ɕi[55]，吕苏语 ʂi[53]，普米语九龙话 ʃi[55] < *sri。

9）“肺” mur

“肺”塔几亚语 samer < *sa-mer。爪哇语 paru，马都拉语 b^{ɦ}ara < *baru。桑塔利语 bo̹ro̹ < *boro。

“肝”罗维阿纳语 bero < *bero。“心”马那姆语 aburo < *ʔaburo。

“肝”古英语 lifer、古挪威语 lifr、古弗里斯语 livere < *li-pere。① 希腊语 hepar < *e-par。

① *li- 为古东亚语言身体部位词的前缀。

“肝”匈牙利文 maj < *mar。

10）“鱼”kua < *k^{w}a

“鱼”越南语 ka^{5}，佤语 kaʔ，克木语 kăʔ < *kaʔ。日语 sakana < *saka-na。布农语 iskan < *ʔi-skan。毛利语、斐济语 ika，印度尼西亚语 ikan < *ʔika-n。

“鱼”匈牙利文 ėk < *ek。

11）“种子”numun

“种子”苗语大南山话 noŋ^{1}，甲定话 n̊hoŋ^{1}，勉语大坪话 num^{1} < *snum。

“种子”拉丁语、古普鲁士语 semen。“播种”法语 semer < *seme-。

12）“年”mu

“年”匈牙利文 ev < *eb^{w}。壮语、傣语 pi^{1}，水语 ^{m}be^{1}，仫佬语 mɛ^{1} < *ʔbe。

13）“针”dálla

“针”东部斐济语 ʔi-ðula，西部斐济语 iðula-lima < *dula。

“针”古英语 nædl、古弗里斯语 nedle、古高地德语 nadala < *ne-dala。

14）“弓”pana

“弓”梅勒斐拉语 fana，嫩戈内语 pen̥a < *pana。

“箭”印尼语 panah，阿卡拉农语 panaʔ < *pana-q。

“射”汤加语、萨摩亚语、罗图马语 fana，西部斐济语 βana，马京达瑙语 pana < *pana。邹语 pono，鲁凯语 ʔana，瓜依沃语 panasi-a < *pana / *pana-si。藏文 ɦphen < *m-pen。户语 phɤin^{33} < *pin。京语 ban^{5} < *ʔban。

15）“鬼”gidim

“神”宁德娄语 ki^{n}t^{r}ei < *kite-ʔi。“雷”满文 akjan < *ʔakda-n。赫哲语 agdi、鄂伦春语 agdu、鄂温克语 addı < *ʔagudi。

“神”古英语 god、古挪威语 guð、梵语 huta-（求保佑）< *guda。

“神”格鲁吉亚语 ɣvtaɛba < *g^{w}ta-eba。

16）“火” izi < *ʔiri

“烧”鄂罗克语 urja- < *ʔura。汉语 *re（燎）。

17）“烧，火焰” bar

“火焰”印尼语 bara。“余火”布吉斯语 barra，那大语 fara < *b^{w}ara。汉语“燔” *b^{w}ar。

“烧”亚美尼亚语 varvel < *b^{w}ar-。

18）“烧、烤” bil，“烧” gíbil < *gi-bil

“烧”波那佩语 mb^{w}ul < *b^{w}ule。

“烧”波兰语 palitʃ < *pali-。芬兰语 palaː < *pala。

19）“燃烧” tab

“燃烧”佤语马散话 tɕap，布朗语胖品话 tʃap^{31} < *tjap。“煮”蒙达语 ɖabkāo < *djab-。

20）“落下、扔” ʃub < *lib

“扔”大瓦拉语 lipeu < *libe-ʔu。匈牙利文（动词）meglep < *-lep。

21）“看” igi-ŋal

“看、看见”蒙达语 nel，桑塔利语 ɳel̠（看、看见）< *nel。

“看”亚美尼亚语 nayel < *nale-。

22）“喝” naŋ

汉语 *s-na（茹）。“吃”尼瓦里语 nɑ < *na。苗语养蒿话 naŋ^{2}，枫香话 noŋ^{2} < *na。

23）“舔” zum < *rum

“舔”黎语通什话 ɬiːm^{2}，保定话 ziːm^{2} < *rim。汉语 *qlimʔ（舔）。

24）“吸” sub

“喝”窝里沃语 su^{m}pu < *supu。“水”巴布亚吉利威拉语 sopi < *sopi。古突厥语 sub、图瓦语 suw、土耳其语 sivi < *subi。

> “面包蘸汤吃”古法语 super < *supe-。

25）“高兴”húl < *qul

“高兴”桑塔利语 hulɛs < *qulas。汉语 *qləʔ（喜）。

26）“颤抖、摇”tuk，tuku

“抖”巽他语 ŋa-degdeg < *deg。“摇”波那佩语 iţik < *ʔitik。

> “抖”波兰语 dygotatʃ < *digota-。

27）“死”uʃ < *ul

“死”黎语保定话 ɬaːu^{2}，黑土话 daːu^{2} < *lu。汉语 *sil（死）。

28）“疼痛”púʃ < *pul

“痛”赛夏语 biʃbiʃ < *bilbil。“咳嗽”帕玛语 vil < *b^{w}il。“担心”萨摩亚语 popole < *bobole。

> “有病的”俄语 bolinoj < *bole-。“咳嗽”亚美尼亚语 haz < *pal。“痛”俄语 bolj、波兰语 bol < *bole。“痛”（动词）波兰语 boletʃ < *bole-。

“咳嗽”格鲁吉亚语 svɛla < *sb^{w}ela。

29）“分开”bar-a

“分开、份额”莫图语 hari-a < *pari-。藏语“分开”ɦbje，“逃散”ɦbjer。“分”桑塔利语 parsao < *pars-ʔo。（分食物）格曼僜语 pɹɑ^{55} < *pra。侗语 phje^{5} < *pres。“割”中古朝鲜语 pehita、安城话 pijətta < *berə-。

> “平分的”拉丁语 separatus < *separa-。

30）“高的”guru

“山”罗维阿纳语 togere < *to-gere，柬埔寨文（诗歌用词）kiri < *kiri。“峭壁”罗维阿纳语 saɣaru < *sa-garu。“天”蒙古语 təŋgər，东部裕固语 teŋger，西部裕固语 deŋər < *tegeri。

> “高的”古英语 heh、古弗里斯语 hach、荷兰语 hoog，古挪威语

har < *kagra。
“小山”古挪威语 haugr、立陶宛语 kaukara < *kagara。

“高的”芬兰语 korkeä < *korke-。

31）“厚的”peʃ < *pel

“厚的”克木语 m bɤl < *bol。布朗语曼俄话 kaʔ pɤl，布兴语 kɯm bɯl < *ka-bul。

32）“薄的”sal

“薄的”卑南语 salsal < *sal-sal。布兴语 si laŋ < *silaŋ。

33）“堆起”dub

“厚的”卑南语 kətəbə < *kə-təbə。

34）“小的、年轻的”didi

“小的、细的”蒙达语 ɖethɖeth < *det。“婴儿”帕玛语 titiali < *titi-ʔali。

35）“强壮的”ʃul < *lul

“强壮的”克木语 lɔh lɤʔ < *lol-loʔ。

36）“坏的”hul，hulu < *qulu

“坏的”德昂语茶叶箐话 l̥iau⁵⁵ < *s-lu。佤语马散话 laɯʔ，孟汞话 laiʔ < *liʔ。

37）“硬的，强有力的”kala（g），kala-ga

“硬的”仫佬语 kɣa³，水语 da³ < *klaʔ。汉语 *klas（固）。

“硬皮”拉丁语 callus < *kalo-。
“硬的”希腊语 skleros < *skle-，dyskolos < *duskolo-，khalenos < *gale-。

38）“发亮、照耀”bur

“照耀”拉巴努伊语 pura < *bura。“火”克木语 phrɯa < *bra。

“干燥”（形容词）希腊语 pheros < *beros。

“火”朝鲜语 pur < *bur。

“火”希腊语 πυρ（pyr）、英语 fire、德语 feuer、荷兰语 vuːr、亚美尼亚语 hur < *pur。“热的”俄语 svezi̯j < *sb^{w}eri-。

39）“深度”engur

“深的”布朗语胖品话 gru^{31}，克木语 dʒiruʔ < *giru。

“深的”格鲁吉亚语 ɣrma < *gru-ma。

40）“对的，信任”zid < *rid

“直的”罗图马语 rotʃi < *roti。

“直的、对的、真的”英语 orth-、希腊语 orthos < *ordo-。

“直的”格鲁吉亚语 sruthɛ < *srude。

41）“不”nu

“不”阿伊努语 *ʔani，邵语 ani < *ʔani，朝鲜语 *ʔani-，泰雅语、排湾语、赛德克语、布农语 *ʔini。“少”傈僳语 ne^{55}、木雅语 ni^{55}ni^{55} < *nini。

“不”古英语 na，古挪威语、古弗里斯语、古高地德语、俄语 ne < *ne。西班牙语、意大利语 no。波兰语 nie < *ne

苏米尔语和阿尔泰语基本词和形态的对应关系可以说明它们之间的语源关系。我们可以推测早期的苏米尔人可能是末次冰期后从东亚经中亚来到中东，藏缅人是部落联盟的成员。苏米尔语可能对印欧语有过一定的影响。

◇ 七　达罗毗荼语的比较

达罗毗荼语系的语言分布于南亚诸国，如印度、斯里兰卡、巴基斯坦、孟加拉、马来西亚和新加坡等地，划分为北部、南部和中部三个语族。南部语族的语言主要有泰米尔语（Tamil）、泰卢固语（Telugu）、马拉雅拉姆语

（Malayalam）、坎纳达语（Kannada）等；中部语族的语言主要有科拉米语（Kolami）、乃基语（Naiki）、奥拉里语（Ollari）等；北部语族的语言分布于巴基斯坦，有古鲁库语（Kurukh）和巴拉会语（Brahui）等。

1. 泰米尔语语音

（1）辅音

p b m v

t d n s

ʈ ɖ ɳ ʂ ʐ ɻ ɽ ɭ

ȶ ȡ ȵ tʃ dʒ ʃ j ȴ

k g ŋ h ɣ

浊的塞音、塞擦音在词首和词中双写时为清音。

（2）元音

ɐ e i o u，aː eː iː oː uː，aːi aːu

2. 语音对应

（1）齿龈音

达罗毗荼语系语言的齿龈音大多数是齿音受高元音影响产生的，少数前后皆为低元音的齿龈音是较早时已有的。

（2）塞擦音

达罗毗荼语系语言的塞擦音仍可解释为塞音受高元音影响变来的，其情况与阿尔泰语和南岛语的演变较为相似。南亚语系语言的一些词和曼达语的对应可以说明这一点，如：

①“声音”曼达语 āvāj < *ab^{w}adʒ。蒙达语、桑塔利语 sabad < *sabad。

②“扔”曼达语 pōtʃamar < *pota-。德昂语 pɛt < *pet。桑塔利语 tsapath < *ta-pat，lebda < *le-bda。

③“未成熟的、绿的”曼达语 patʃtʃagā < *pata-。蒙达语 peʈo < *peto。

3. 基本词的比较

以下比较说明分布于南亚的达罗毗荼语系语言的基本词多与非洲和东亚南部的语言、太平洋岛屿的南岛语词有对应关系。

（1）人称代词

1）“我”泰米尔语 nāṉ，马拉雅拉姆语 ɳān，泰卢固语 nēnu，奎语 ānu，曼达语 nannā。“我们”巴拉会语 nan。

“我”希伯来语 ani（主格），阿拉伯语 ˈana，叙利亚语 ˈenā，埃塞俄比亚语 ˈana，马耳他语 jiena。尼日尔—科尔多凡语系努恩语 na。

“我”劳语、瓜依沃语 nau < *na-ʔu。莫图语卡巴地方言 nana。

2）“我们”泰米尔语、马拉雅拉姆语 nām（包括式）< *na-，泰卢固语 manamu，曼达语 manōm。

“我们全体”梵语 nah。“这”梵语 enaṃ < *ena-。

3）“你”泰米尔语 nī、nīr，马拉雅拉姆语 nī，

“你”扎尔马语 ni。

“你”澳大利亚维多利亚州（Victoria）土著语言 nin、ninan，中部和南部土著语言 nini、nia，西部土著语言 nini、niya，昆士兰州土著语言 nino、nayon。

“你”道孚语 ɳi，土家语 ɳi[35]，那加语索布窝马方言 ni，迪马萨语 niŋ < *ni-ŋ，汉语 *ni-r（尔）。

（2）名词

1）“太阳”泰米尔语 utjn < *udin，巴拉会语 dē。“阳光”曼达语 ēddi。

“太阳”塔几亚语（Takia）ad，关岛查莫罗语（Chamorro）atdau < *ada-u。

2）“水”泰米尔语 nīr < *n-er。曼达语 ēr，科拉米语 iːr，贡底语（Gondi）

ēr，贡达语（Konda）ēru，朋格语（Pengo）ēz < *er，贡底语马里阿方言 ēR。[①] 其早期形式可能是 *eɽu。

“溪流”曼达语 ōrrē，“河”泰米尔语 āɽ。

“水”贡诺语 ere < *ʔeri。锡加语 βair < *bʷa-ʔer。“流动”姆布拉语 -rēre < *rere。“溪、沟渠”维吾尔语 eriq < *ʔeri-q。“泪水”莫图语 iruru-mata < *ʔiruru-mata（水—眼睛）。

“河”希伯来语 nahar，阿拉伯语 nahr，叙利亚语 nahrā，阿卡德语 nāru < *na-qaru。

3）“雨”贡底语 pir、pirr，马里阿方言 peR，贡达语（Konda）pir-u，奎语 pij-u < *piɽ-。

“水”柬埔寨文 viːəri < *bʷiri。

4）“火”泰米尔语 neruppu < *n-erupu。

“火”莫图语柯勒布努方言 arova，阿罗玛方言 alova。库页岛鄂罗克语 uruːva < *ʔuruba。

“火”希伯来语 s' refah < *-repʷaq。

5）“风”曼达语 vaɽi < *bʷari。

“风”布兴语 si var < *si-bʷar。布央语 vən³³ < *bʷrən。达阿语 bara（来自西方的强风），那大语 vara < *bʷara。朝鲜语 baram < *baram。汉语 *brəm。“暴风”维吾尔语 borɑn，柯尔克孜语 boroːn，图瓦语 borɑːn < *boran。

6）“风、气”泰米尔语 kaːɽɽu < *karu。

“风”卡努里语 karuwa < *karu-。

7）“干土、地面”曼达语 tōḍi < *todi。

“土、地”卡努里语 tʃidi < *tidi。

“土”日语 tsɯtɕi < *tuti。“地面，田野，地”蒙达语 ode < *ʔode。

---

① 见 *Alveolar Consonants in Proto-Dravidian: One or More?* G. S. Starostin, starling.rinet.ru/text/alveol.pdf。其中的 R 作者用来代表不能完全确定的齿龈音。

8）“灰尘、脏”曼达语 dubbā < *duba。

“灰尘”大瓦拉语 dubudubu < *dubu。托莱语 tobon < *tobon。

“土”希伯来语 ˈadamā < *ʔadama。

9）“小石头”曼达语 banḍā < *baḍa。

“石头”布农语、印尼语 batu，亚齐语 batɛə，他加洛语 bato < *batu。

10）“石头、岩石”泰米尔语 kallu < *kalu。

“石头”苗语养蒿话 ɣi[1]，勉语览金话 gjau[1]，三江话 lɔu[1] < *glu。“岩石”泰雅语泽敖利方言 kuʃ < *kul。“山沟”撒拉语 ɢol < *gol。“山”莫图语阿罗玛方言 golo < *golo。蒙古语书面语 ɑɣulɑ，东部裕固语 uːlɑ < *ʔagula。

“石头”希伯来语 gal ˈen < *gal-。

11）“山谷”曼达语 lōŋkā < *loka。

“山”鲁凯语 ɭəgəɭəg < *legə-legə。

12）“头”泰米尔语 talei < *tale。

“额”哈卡钦语 tsal < *tal。

13）“眼睛”曼达语 kaɽ。

“眼睛”土耳其语 gøz，维吾尔语 køz < *gor。“眼珠子”桑塔利语 kharan < *garan。

“眼睛”梵语 akʃi、嘎地语（Gadi）hākhɑr < *qakara。 “脸”俄语 gronj < *gro-ni，西班牙语 cara < *kara。

14）“鼻子”泰米尔语、泰卢固语 mikku < *miku。

“鼻子”雅卡语、坎布语 *na-buk。

“鼻涕”拉丁语、英语 mucus、 mucus，“擤”拉丁语 emungere < *emuge-。

15）“脸”曼达语 mōkōm，泰米尔语 mugan < *muga-。

“脸”吉利威拉语 migi- < *migi。“嘴”桑塔利语 mukhɛ < *muge。“嘴、鸟嘴”赫哲语、锡伯语、鄂伦春语、满文 *ʔamga。

16）“耳朵”曼达语 kēvvu < *kebu。巴拉会语 χaf。

“耳朵”马加里语 nɑ-kep < *na-kep。巴厘语、爪哇语 kupiŋ，印尼语 tʃupiŋ（耳廓）< *kupiŋ。“脸颊”萨萨克语 saŋkep < *sa-kep。

17）“舌头”曼达语 nālke、泰卢固语 nāluku < *na-luk。[①]

“舌头”女真语（亦冷吉）*ileŋki < *ʔilegi。满文 ileŋgu，锡伯语 iliŋ，赫哲语 iləŋgu，鄂伦春语 iŋŋi，鄂温克语 iŋi < *ʔiligi。“舔”缅文 jɑk，博嘎尔珞巴语 jak < *lak。汉语“舓”*slik。“口水”满文 sileŋgi，锡伯语 ɕiliŋ < *siligi。

“舌头”拉丁语 lingue < *ligʷe。 “舔”古撒克逊语 likkon、哥特语 bi-laigon、古爱尔兰语 ligi-m（我舔）。

“舌头”亚非语系库西特语族哈姆汤嘎语（Xamtanga）laaq，阿尔波勒语（Arbore）laeke。

18）“牙齿”曼达语、泰卢固语 pallu、泰米尔语 pal < *palu。

“牙齿”阿美语 wałiʃ，鲁凯语 valisi，卑南语 waḷi < *bʷali-si。

19）“牙齿”科拉米语 garr、帕里语（Parji）karr-a < *gar。

“牙齿”汉语 *khjəʔ（齿），泰语 khiəu³ < *kroʔ。

“臼齿”卡努里语 karu。

20）“喉”曼达语 gōndakē < *godake。

“喉咙”印尼语 təŋgorokan < *tə-gorok-an。马京达瑙语 ŋarək < *garək。

21）“乳房”曼达语 dūdō < *dudo。

“乳房”巴拉望语 duduʔ，窝里沃语 ʔduʔdu < *ʔduʔdu。朝鲜语 tʃətʃ < *dəd。苗语大南山话 ɳʈau¹，石门坎话 ɳʈo¹ < *ʔdu。水语 tju⁴ < *duʔ。户语 thut³¹ < *dut。“吸”泰语 duːt⁹ < *ʔdut，达斡尔语 tɑtə- < *tatə。

22）“腋窝”曼达语 saŋka < *saka。

“腋窝”蒙古语 suː，东乡语 soɣə < *sugə。“肩”朝鲜语 əske < *ʔəsge。

---

① *na- 为早期的前缀，如“水”泰米尔语 nir < *n-er，曼达语 ēr。“月亮”泰米尔语 nilav < *ni-labʷ。

“肘”印尼语、摩尔波格语、卡加延语 siku < *siku。布拉安语 sigu < *sigu。

23）“胳膊”曼达语 danḍā < *daḍa。

“手、手臂”日语 ude < *ʔude。“肩”嫩戈内语 ade < *ʔade。

“手”希伯来语 yad，阿拉伯语 yadd，叙利亚语ˈið，埃塞俄比亚语ˈəd，马耳他语 id，阿卡德语 qatu < *ʔadu（古埃及象形文 *d）。

24）“手”泰米尔语 kai，贡底语（Gondi）kaju < *kaḍu。巴拉会语 du。

“手”卡瑙里语（Kanauri）、荷朗库尔语（Hrangkhol）gut < *g^{w}ut。梅梯语 khut，钦本语（Chinbon）ɑ-kwit，马加尔语 hut < *k^{w}ut。“手指”尼科巴语 kunti < *kuti。

“肘”哈尼语绿春话 la^{31} du^{33} < *lak-du，博嘎尔珞巴语 lok du < *lok-du。“手腕”图瓦语 dʒys < *dus。

“肘”西班牙语 codo、法语 coude < *kode，葡萄牙语 cotovelo < *koto-b^{w}elo。

25）“爪子、指甲”曼达语 goru。

“指甲”嘉戎语 ndzru，道孚语 ldzə < *l-gru。“手指”蒙古语 xuruː，土族语 xurə，保安语 ɢor < *ɢuru。

“脚”希腊语 akro，赫梯语 gir。“爪子”西班牙语、葡萄牙语 garra。

“肘”三达维语 k^{h}iŋk^{h}ora < *gigora。

26）“屁股”曼达语 pirrā < *pira。

“屁股”多布语 apar，拉格语 boro-。

27）“大腿”帕里语 kudu，科拉米语 kudug < *kudu-。

“脚”满查底语（Manchati）kondza，昌巴拉胡里语（Chamba Lahuli）kunza < *koda。蒙达语 kɑṭa < *kata。“脚、小腿”布鲁语 kada-n < *kada。

28）“腿”曼达语 kāl，泰卢固语 kalu（脚）< *kal。

“脚、腿”尼科巴语 kalrøːn < *kal-ron。泰雅语 kakaj，赛德克语

qaqaj < *qaqal。“屁股”柬埔寨文 tʃɔŋkeh < *to-kel。

“脚、腿”希伯来语 regal < *re-gal。

29）“踝”曼达语 gut̪t̪i < *guti。

“膝盖”斯瓦西里语 goti < *goti。

30）“骨头”曼达语 bōkkā < *boka。

“头盖骨”雅贝姆语 moke < *muke。

“肋骨”贡诺语 buku rusuʔ < *buku-rusuk，字面的意思是“骨—肋骨”。“肋骨”印尼语 rusuk，巴塔克语 rusuk，亚齐语 rusoʔ < *rusuk。朝鲜语淳昌方言 ppektaku < *supek-taku（骨—骨）。

“骨”美洲玛雅人的语言，如依萨语（Itzaj）bhak，祖赫语（chuj）phak，犹加敦玛雅语（Yucateco）baːk < *bak。

31）“血”曼达语 nētūr < *ni-tur。

“血”巴塔克语 mudar，哈拉朱乌语 mada < *mu-daru。

32）“狗”泰米尔语 nāy。贡底语 nākuḍi < *naku-di。

“狗”古龙语 nɑ-ki，他杭语 naki < *naki。蒙古语 noxœː，达斡尔语 nogu < *noqu。

33）“熊”曼达语 ēḍju < *edu。

“熊”维吾尔语 ejiq，哈萨克语 ejəw，土耳其语 aji，图瓦语 ɑdɤx，撒拉语 ɑtəχ < *ʔadi-q。

34）“鸟”泰米尔语 kuruvi < *kuru-b^wi。

“鸟”罗维阿纳语 kurukuru < *kuru。

35）“尾巴”曼达语 toka。

“尾巴”南密语 t^hige-n < *dige。“屁股”桑塔利语 ḍuke < *duke。

“尾巴”古英语 tægel、古挪威语 tagl（马尾）、哥特语 tagl（毛发）< *dage-lo。

“割掉动物的尾巴”古英语 dok。

36）“蝴蝶”曼达语 pāpēr < *paper。

“蝴蝶”桑塔利语 pipɽiaŋ < *pipri-aŋ。

37）“蚂蚁”曼达语 pēttē < *pete。

“大红蚁”戈龙塔洛语 buhude < *bu-pude。“蚂蚁”东乡语 bibidzɯ < *bibidə。

“蚂蚁”古英语 æmette、古高地德语 ameiza、德语 ameise < *amede。 “咬”古英语 bitan、古弗里斯语、古挪威语 bita < *bita。

“虱子”古突厥语 bit，土耳其语、维吾尔语 pit < *bit。

38）“蜘蛛”曼达语 balli < *bali。

“蜘蛛”罗地语 bolau < *bola-ʔu。撒拉语 boje < *bore。

39）“灌木”曼达语 keḍā < *keda。

“树”乌玛语 kadʒu < *kadu。土耳其语 aɣatʃ，哈萨克语 ɑʁɑʃ < *ʔagat。

“森林”古英语 hæð，古爱尔兰语 ciad、布立吞语 coet < *kad。 “橄榄树”亚美尼亚语 jithni < *gid-ni。

40）“竹子”曼达语 kaŋkā < *kaka。

“竹筒”桑塔利语 tʃoŋka < *koka。

41）“草”泰米尔语 pul。

“草”鲁凯语 obolo < *ʔo-bolo，朝鲜语 phur < *pur。“毛”卡加延语 bəlbəl < *bəl，毛利语 huruhuru < *pulu。“毛、羽毛”查莫罗语 pulo < *pulo。

“草”波兰语 kabel < *ka-bel。 “叶子”希腊语 phyllo、拉丁语 folio、法语 feuille < *pule。

42）“花”泰米尔语 pundu，曼达语 pūdā < *puda。

“花”卑南语 ʔapuʈ < *ʔaput。排湾语 vutsiar < *buti-ʔar。

43）“年”泰米尔语 varusam，曼达语 varasā < *b^{w}arasa。

“年”马那姆语 barasi，瓜依沃语 farisi < *b^{w}arisi。

“年”梵语 varʃa < *b^{w}arsa。俄语 vozrast < *b^{w}oras-。

44）“月”曼达语 nēlā < *ne-la。

“月亮”马那姆语 ʔajea < *ʔale-ʔa。

45）“白天”曼达语 rōj < *rodʒ。

“白天”桑塔利语 roka < *roka。

“太阳”亚美尼亚语 arev，areg < *areg^{w}。[①]

46）“夜”泰米尔语 irraevu < *irabu。

“晚上”尼科巴语 harap < *qarap

47）“名字”泰米尔语 paeaer，曼达语 pōrō < *poro。

“名字”苗语养蒿话 pi^{5}，勉语江底话 bwo^{5} < *pre。罗维阿纳语 porana < *pore-na。

“名字”俄语 branj < *bra-ni。意大利语 nomare、西班牙语 nombre < *no-bare。

48）“声音”曼达语 āvāj < *ab^{w}adʒ。

“声音”蒙达语、桑塔利语 sabad < *sabad。

49）“词”曼达语 pōllē < *pole。

“词”马那姆语 pile。“话”桑塔利语 buli < *buli。

50）“墓”曼达语 vītʃ < *b^{w}it。

“墓”布朗甘塘话 mut^{31}，户语 muit^{31} < *mut。

51）“灵魂”曼达语 jīvā < *ɖib^{w}a。

“神”尼科巴语 teːv < *teb。保安语 dɑpə < *dapə。

52）“针”泰米尔语 nɛmsi。

“针”鄂伦春语 inmə，鄂温克语 immə < *ʔinəmə。满文 naman < *nam-an。鲁凯语 inamaj < *ʔinamaʔi。

① Lexicool.com, *English-Armenian Dictionary*.

53）“绳子”泰米尔语 kajiru < *kaɖiru。

“绳子”邹语 tresi < *ture-si。“牛缰绳”鄂温克语 dor。

54）“斧子”贡底语 mars，马里阿方言 maRs-u，贡达语 marz-u < *maɽ-。

“斧子”马绍尔语 mæɭ < *maɭ。

55）“路”贡底语 sarr-i，马里阿方言 aRi，贡达语 sar-i，朋格语 haz-i < *saɽ-。

“路”桑塔利语 sesa < *sesa。帕玛语 sisel < *sisel。

（3）动词和形容词

1）“跑”泰米尔语 odu-。

“跑”巴琉语 qaːt < *ʔat。桑塔利语 ɛtu < *ʔatu。佤语马散话 to，阿佤方言 tɔ，德昂语硝厂沟话 tɑu < *to。“逃”东部斐济语 dˤō < *do。“来”沙玛语 pa-itu < *ʔitu。独龙语 di^{35} < *di。

2）“跑”曼达语 vittuɖu < *b^{w}it-udu。

“跑”尼科巴语 veuːtø < *buto。“脚”满文 bethe、赫哲语 fatχa、锡伯语 bətk < *bat-qa。

> “走”希腊语 badizo < *badi-。
> “脚”英语 foot、法语 pied、意大利语 piede、希腊语 podi。“脚跟”拉丁语 pēs、ped-is，梵语 pad-、哥特语 fōtus < *padu。

3）“坐”泰米尔语 ukkar。

“坐”夸梅拉语 -akure < *ʔakure。朝鲜语淳昌话 aŋkəra < *ʔagara。汉语 *garʔ（跪）< *gar-ʔ。“屁股”维吾尔语 sɑʁrɑ、哈萨克语 sɑwər < *sa-gəra。

“坐”扎尔马语 goro。

4）“睡”曼达语 nidrā < *ni-dra。

“睡”东乡语 hunturɑ-，土族语 ntərɑː-，保安语 tərɑ- < *qutura。爪哇语 turu，达阿语 no-turu，拉加语、马达加斯加语 maturu < *turu / *ma-turu。

“睡”斯瓦西里语 -doro。

5）“吃”泰米尔语 sapidu- < *sa-pidu。

“咽”藏文 mid，藏语阿历克话 ɣȵət < *g-mit。

6）“喝”曼达语 unana。

“喝”蒙达语 anu < *ʔanu。桑塔利语 ȵu < *nu。汉语 *s-na（茹）。“吃”尼瓦里语 nɑ < *na。苗语养蒿话 naŋ^{2}，枫香话 noŋ^{2} < *na。

7）“煮”曼达语 aʈʈuɖu < *atudu。

“烧”桑塔利语 dʒuɳɖi < *dudi，tsutʃ < *tut。汤加语、拉巴努伊语 tutu，巴拉望语 tutuŋ < *tutu。侗语、水语 taːu^{3} < *tuʔ。“点火”卡加延语 tutud，亚齐语 tot < *tud。

8）“烧”曼达语 nīrasmar < *niras-。

“烧”邵语 ʃunara < *sunara。

“火”阿拉伯语 naːru，马耳他语 nar，叙利亚语 nurā < *nara。

9）“烧”曼达语 vetā < *b^{w}eta-。

“生火”户语 phut^{33} < *but。

10）“死”泰米尔语 ʃā，贡底语 sa。

“走”缅文 sa^{3}，阿昌语so^{31} < *sa。

11）“给”泰米尔语 koɖ，吐鲁语（Tulu）koɽ < *kor。

“给”阿伊努语 kore < *kore。

“给、告诉”匈牙利文 közöl < *koro-l，okoz < *okor。

12）“去”泰米尔语、泰卢固语 pō。

“去”阿者拉语 fa-，卑南语 va < *b^{w}a。米南卡保语 pai < *pa-ʔi。

“来”希伯来语 ba '。

13）“去”古鲁库语（Kurukh）kal。

“去”尼科巴语 tʃhuh < *gul。“来”古突厥语 kel-，维吾尔语 kɛl- < *kel。土耳其语 gel-，西部裕固语 gel- < *gel。

“走”亚美尼亚语 khaylel < *gale-。“散步”俄语 guliatj < *gula-。

14）“扔”曼达语 pōtʃamar < *pota-。

“扔”布拉安语、巴拉望语 bat < *bat。巴厘语 sabat < *sa-bat。壮语龙州话 vit^{7}，黎语通什话 fet^{7}，越南语 vət^{7} < *ʔb^{w}et。德昂语 pɛt < *pet。桑塔利语 tsapath < *ta-pat，lebda < *le-bda。

“扔”希腊语 peto < *pet-。“落下”梵语 patati < *pata-。

“扔”匈牙利文（名词）vetes < *b^{w}et-，（动词）vet。

15）“分开”泰米尔语 pari。“切、劈开”科拉米语 par-t-，帕里语 par-ŋg- < *par-。“分开的、不同的”曼达语 verē < *b^{w}ere。

“分开”莫图语 hari-a < *pari-。格曼僜语 pɹɑ^{55} < *pra。侗语 phje^{5} < *pres。“分（食物）”桑塔利语 parsao < *pars-ʔo。

“分开”卡努里语 faɽaidu < *pari-。

“平分的”拉丁语 separatus < *separa-。“分开”古法语 partir < *par-。

16）“大的”曼达语 pēddōɖ < *pedo-。

“大的”达阿语 na-bete < *bede。莫图语 bada < *bada（大的、多的）。伊拉鲁吐语 nabadə < *na-badə。桑塔利语 bhanɖa < *bada。

17）“短的”曼达语 kuttēm < *kute-。

“短的”达让僜语 kɯ^{31}tioŋ^{53}，格曼僜语 kɯ^{31}ti^{55} < *kuti-。桑塔利语 khaʈo̱ < *kato，geɖa < *geda，giɖi < *gidi，guɖri（女人用词）< *gudi。

18）“矮的”曼达语 pōʈʈga < *pot-。

“短的”塔希提语 poto，拉巴努伊语 poto-poto < *boto。布吉斯语 ma-pontʃo < *poto。

19）“长的”曼达语 lombu < *lobu。

“长的”那大语、马京达瑙语 leva，马达加斯加语 lava < *leb^{w}a。“大的”斐济语 leβu < *lebu。“多的”巽他语 laba < *laba，鄂罗克语 limbe < *libe。

20）“最高的”曼达语 ēttū < *etu。

“高的”满文 etuhun < *ʔetu-qun。女真语（得）*te < *te。塔希提语

teitei < *teʔi。

21）“远的”曼达语 lakku < *laku。

“远的”托莱语 vəilik < *mə-ʔilik。

22）“寒冷的”曼达语 daɖuŋa- < *daduŋa-。

“冷的”马那姆语 madidi < *ma-didi。“寒冷的”壮语武鸣话 nit^{7}，水语 ʔȵit^{7} < *ʔdit。

23）“胖的”曼达语 mōddu < *modu。

“粗的、胖的”桑塔利语 moʈa < *mota。

“胖的”梵语 medaḥ < *meda-。

24）“坚硬的”曼达语 gaʈʈiga < *gati-。

“硬的”桑塔利语 sọkọt < *sokot。

25）“弱的”曼达语 mēttagā < *meta-。

“弱的”三威治港语 ^{m}ba^{m}bat < *ma-bat。“腐烂的”马林厄语 boto、大瓦拉语 buda。“软的”他加洛语 lambot、印尼语 ləmbut < *la-but，爪哇语 əmpuʔ < *ʔu-put。

“软的”波兰语 wiotki < *b^{w}ot-，阿尔巴尼亚语 butë < *bute。

26）“红的”曼达语 ērragā < *era-。

“红的”吉尔伯特语 uraura < *ʔura。“血”贡诺语 rara < *rara。莫图语 rara-na、马绍尔语 ra < *rara。

27）“黑的”曼达语 karrēgā < *kare-。

“黑的”桑塔利语 kari < *kari。“黑、暗色的”莫图语 korema < *kore-ma。

“黑的”希腊语 agrios < *agri-，梵语 kriʃna < *kris-。
俄语 tɕjɔrn-j < *kor-，波兰语 tʃarny < *kar-。

28）“白的”曼达语 tēllagā < *tela-。

“雪”蒙古语 dʒɑs，东部裕固语 dʒɑsən，土族语 tɕɑsə < *ɖal-ən。“冰”

图瓦语 doʃ < *dol。“雹子”土耳其语 dolu < *dolu。“冰、雪”卡林阿语 dulālu < *dulalu。

29）“未成熟的、绿的” 曼达语 patʃtʃagā < *pata-。

“未成熟的、绿的”蒙达语 peʈo < *peto。“绿的”查莫罗语 betde < *bede。“叶子” 桑塔利语 pata < *pata。“草” 宁德娄语 *b^{w}idi-ʔu。

“黄的” 梵语 piːtaṃ < *pita-。“药草” 希腊语 botano < *bota-。

30）“直的” 曼达语 ōɖvamp < *odb^{w}ap-。

“直的”满文 tuwamgija < *tubam-gira。马绍尔语 tʃim^{ɯ}ə < *timə。“直的、对的” 南密语 tuva < *tub。

31）“弯曲的” 曼达语 vākɖāl < *b^{w}ak-ɖal。

“弯曲的”佤语马散话 ʔa vɔk，艾帅话 vɔ̱k < *b^{w}ok。桑塔利语 baka < *baka，beka。罗地语 peko-k，马林厄语 peko，拉巴努伊语 piko < *peko。“钩子、鱼钩” 尼科巴语 vok < *b^{w}ok。“钩住，抓住” 尼科巴语 kavok < *ka-b^{w}ok。

“弯曲的” 梵语 vakraː < *b^{w}ak-ra。波兰语 pogię̜ty < *poge-。

32）“圆的” 曼达语 gunɖuragā < *gu-dura-。

“圆的” 爪哇语 bunder，印尼语 bundar < *buder。

“圆的” 阿拉伯语 musdadiːr < *mus-dadir。

33）“甜的” 曼达语 tiyyagā < *tiʔa-。

“甜的” 佤语马散话 tɛ，孟贡话 te̱ < *te。

34）“脏的” 泰卢固语 muriki < *muri-gi。

“脏的” 吉尔伯特语 *bareka-reka。“土” 巴拉望语 purək < *puruk。

“脏的” 意大利语 sporco < *sporko，波兰语 brudzą̜tsy < *brug-。
“脏的” 阿尔巴尼亚语 fëllikjur < *b^{w}eliki。

“黑的” 布昂语 bərik < *birik。

“夜、暗” 俄语 mrak < *mrak，“暗” 波兰语 zmrok < *r-mrak。

35）“什么、谁”曼达语 bav < *bab^{w}。

“什么”景颇语 pha^{33}，缅文 bhɑɑ^{2} < *ba。东部斐济语 ðaβa < *la-b^{w}a。“谁”满文 we < *b^{w}e。

“谁”亚美尼亚语 ov < *ob^{w}。

36）“这”曼达语 id。

“这”藏文 ɦdi，藏语夏河话 ndə < *m-di。普米语兰坪话 di^{13} < *di。卑南语 iḍini < *ʔidi-ni。

“这”梵语 idaṃ < *ida-。

37）“那”曼达语 ad。

“那”藏文 de < *de。阿昌语 the < *de。彝语喜德话 a^{33}di^{55} < *ʔadi。

“那”亚美尼亚语 da。

亚欧语言和非洲语言的历史关系

按照格林伯格 20 世纪 60 年代的分类，非洲的语言划分为亚非（Afroasiatic）、尼罗—撒哈拉（Nile-Saharan）、尼日尔—科尔多凡（Niger-Kordofanian，或称为尼日尔—刚果语系）和科伊桑（Khoisan）四语系。亚非语系的语言分布于非洲大陆的北部，尼罗—撒哈拉语系分布于中部，尼日尔—科尔多凡和科伊桑语系分布在南部。马达加斯加语是南岛语系的语言，与马来语等较为接近，一千多年前才从马来半岛迁至马达加斯加岛。学术界一般认为非洲四大语系的语言起源于非洲，亚非语系的研究者设想原始亚非语一万年前起源于东非，原始闪米特语七千五百年以前形成于今埃及阿斯旺一带。[①] 闪米特语的不同支系有着跨红海的长期交流，恐怕数万年以来红海两岸和地中海沿岸的语言都是如此。

一　闪米特语的比较

1. 闪米特诸语

亚非语系旧称含闪语系（Hamito-Semitic），现划分为闪米特（Semitic）、

---

① 参见 en.wiktionary.org/wiki/Proto-Semitic。

柏柏尔（Berber）、乍得（Chadic）、库西特（Cushitic）、奥摩（Omotic）和古埃及的埃及语（Egyptian）六个语族。闪米特语族的语言有阿卡德语、阿拉伯语、希伯来语、叙利亚语、埃塞俄比亚语、马耳他语等。

五千多年前阿卡德人（Akkadian）来到两河流域，在两河流域的中游建立了自己的城邦，公元前 2371 年阿卡德人结束了苏米尔人一千多年的统治。阿卡德语还曾是苏米尔人和巴比伦人使用的语言。阿卡德语的钉头文字见于公元前 2600 年的泥板，自公元前 1 世纪之后不再现身于世。公元前 2191 年古提人（Guti）结束了阿卡德人的政权。公元前 2006 年阿摩利人入侵两河流域建立了以巴比伦城为首都的王朝，阿卡德语仍使用自己的文字。

按照区分巴比伦历史的方式区分的阿卡德语历史为：

古阿卡德语（古巴比伦语、古亚述语时代），公元前 2500 年至前 1950 年；

中古阿卡德语，公元前 1950 年至前 1530 年；

新阿卡德语，公元前 1530 年至前 1000 年；

晚阿卡德语（晚巴比伦语时代），公元前 1000 年至前 600 年。

腓尼基语是古闪米特支系的语言，公元前 13 世纪至 11 世纪时分布在今叙利亚和黎巴嫩地区。腓尼基人可能借用了一些周边民族的文字符号，创造了自己的有 22 个字母的拼音文字。后来古希腊人又借用了腓尼基字母作为自己的字母。

据《旧约》所记，公元前 1500 年的时候希伯来人的部落从两河流域来到今巴勒斯坦的地方，采用腓尼基字母系统的拼音字母文字。《旧约》认为古希伯来文的“死海古卷”是公元前 1 世纪的抄本。古希伯来文除了首音节开头的 *a，其余的元音一概不表示，动词和名词依元音的屈折变化区分。

希伯来语残留的形容词前缀 m-（b-）可能与印欧语、格鲁吉亚语残留的形容词前缀 *m-，东亚语言形容词前缀 *m-（现代或作 mo-、mi-、mu-、ba-、bo-、bi- 等）有共同的来历。欧亚语言动词前缀 *s-，早期遗存的名词后缀 *-n、

*-t 也是如此。

2. 阿卡德语的语音

（1）阿卡德语的辅音和元音

阿卡德语为 SOV 类型的屈折语，可能受苏米尔语的影响失去其他闪米特语所具有的声门和咽喉的擦音。

辅音

p　b　m

t　d　n　r　l　s　z

ṭ　　　　　ṣ

k　g　　　　ʃ　j（y）　w　x（ḫ）

q

ʔ

元音　i　e　a　u

（2）阿卡德语与其他闪米特语语音的对应

阿卡德语与其他闪米特语基本词的比较，可以说明大约农业文明之后语言的传播路径。如以下词的对应：①

	阿卡德	阿拉伯	希伯来	叙利亚	腓尼基
太阳	ʃamʃu	ʃams-	ʃemeʃ	ʃemʃ-ā	ʃamʃ
土地	erʃet-	'arḍʕ	eretz	'arʿ-ā	'arʃ
水	mû	may-	mayim	mayy-ā	mem
神	il-	'ilah-	elil	'alāh-ā	'el-
房子	bētu	bayt	bayt	bayt-ā	bet
王	maliku	malik-	meleḵ	malk-ā	malk、milk
奶	ḫilp	ḥali:b	ḥaliḇ	ḥalb-ā	ḥalib

① 下表诸语参见 en.wiktionary.org/wik。

名字	ʃum-	ism	ʃēm	ʃm-ā	ʃēm
树	iʃu	'iḍ-at-	'etz	–	'iṣ
血	damu	dam-	dam	dm-ā	dom
眼睛	in-	ʕayn	'ayin	'ayn-ā	'en
手	id-	yadd	'yaḏ	ida	id、yad
心	lbb-	lubb-	leḇ	lebb-ā	lib
舌头	liʃan-	lisan-	laʃon	leʃʃan-ā	loʃun、laʃun
牙齿	ʃinn-	sin	ʃen	ʃenn-ā	ʃinn-
牛	ʃuru-	θawr-	ʃor	tawr-ā	ʃur
母羊	laḫ ru-	riḫ l-	raḫ el	–	–

3. 闪米特诸语的语音对应

闪米特诸语的语音对应如：[①]

（1）ʃ 和 s

希伯来文 שׁ 转写为 s，读作 ʃ，对应于阿拉伯语的 ʃ。希伯来文 ש 转写为 sh，读作 s，对应于阿拉伯语的 s。如：[②]

①“太阳”希伯来语 shemesh，阿拉伯语 ʃams。

②“头”希伯来语 rosh，阿拉伯语 ras。

③“牙齿”古希伯来文 shn，希伯来语 shen，阿拉伯语 sin。

④“年”希伯来语 shanah，阿拉伯语 sana。

（2）闪米特语的 *l 对应于古埃及语 j，可能来自 *lj，也有意见构拟为 *ɬ。如：

---

① 希伯来文的转写参见www.english-hebrew-dictionary.com。叙利亚语、埃塞俄比亚语、马耳他语、阿卡德语材料来自 en.wiktionary.org/wiki（Kitchen et.al., 2009）。

② 古希伯来文参见 www.ancient-hebrew.org/bookstore, *The Ancient Hebrew Language and Alphabet*, Jeff A.Benner, 2002。

①“说”马耳他语 qal，古埃及语 j。

②“心”希伯来语 lev，马耳他语 qalb，阿卡德语 libbu。古埃及语 jb。

③“去”希伯来语 nasa，古埃及语 n'j。

（3）g 和 k

阿拉伯语的 j（ʒ）对应于其他闪米特语的 g、k。如：

①“小山”希伯来语 giv'ah，“山”阿拉伯语 jabal。

②“树”阿拉伯语 ʃajara，马耳他语 sigra。

③“翅膀”希伯来语 kanaf，阿拉伯语 janaẖ < *ganap。

（4）ch

希伯来文 ch，对应于阿拉伯语的 ħ（ḥ）、h、k。如：

①“绳子”希伯来语 chevel，阿拉伯语 ħabl。

②“针”希伯来语 machet，阿拉伯语 mihyat。

③“星星”希伯来语 kochav，阿拉伯语 kawkab < *kab-kab。

④“灵魂”希伯来语 ruach，阿拉伯语 ruh。

（5）z

希伯来文 z，对应于阿拉伯语的 z（ð）、d。如：

①“躺”希伯来语 kizev，阿拉伯语 kiðaba。

②“耳朵”希伯来语 ozen，阿拉伯语 udun、ʔuð。

③“手臂”希伯来语 zro'a，阿拉伯语 ðiraːʕ < *dira-。

（6）h

希伯来文 h，对应于阿拉伯语的 h、q，有意见构拟为闪米特语的 *ʕ、*q。如：

①“神”希伯来语 elhiym'，阿拉伯语 'ilah。

②“热的”希伯来语 h'ara，阿拉伯语 ẖaːrr。

③“烤”希伯来语 kalah，“烧”（名词）阿拉伯语 ħuraqa。

（7）塞擦音 tz

希伯来文 tz（或读作 ts），对应于阿拉伯语的 z、d 等，来自 *ḍ。如：

①“骨头”希伯来语 etzem，阿拉伯语 ʕazʕama。

②“跑”希伯来语 ratz，阿拉伯语 rakada。

③“地”希伯来语 eretz，阿拉伯语 ˈarḍʕ。

④“蛋”希伯来语 beytzah，阿拉伯语 baydʕa < *biḍa。

4. 基本词的对应关系

（1）闪米特诸语名词的对应

非洲的闪米特语如埃塞俄比亚语、马里语和中东闪米特语的对应大约可以说明两地的闪米特语有所交流。闪米特诸语基本词的对应及其与其他欧亚语言可能的词源关系解释如下：

1）“天”希伯来语 shamayim，阿拉伯语 samaːʕ，叙利亚语 ʃamayyā，马耳他语 sema，阿卡德语 ʃamû < *ljama。

“天”夏威夷语 lewǎ < *lema。西部斐济语 loma-laŋi < *loma-laŋi。

2）“太阳”希伯来语 shemesh，阿拉伯语 ʃams，叙利亚语 ʃemʃā，马耳他语 xemx，腓尼基语 ʃamʃ，阿卡德语 ʃamsu < *ljam-s。

“光线”萨摩亚语 mālamalama，汤加语 marama，东部斐济语 rārama < *ma-lama。

“太阳”菲律宾他加洛语（Tagalog）āraw，雅美语 azaw < *ʔarab^w。

3）“星星”阿卡德语 kakkabu，希伯来语 kochav，阿拉伯语 kawkab，叙利亚语 kawkva，埃塞俄比亚语 kokab，马耳他语 kewkba < *kakabu。

4）“地”古希伯来文 erets，希伯来语 eretz，阿拉伯语 ˈarḍʕ，叙利亚语 ˈarˈa，马耳他语 art，阿卡德语 erṣetu < *ered。

“地、土、干地”古英语 eorÞe、古弗里斯语 erthe、古高地德语 erda < *erta。

亚非语系其他语族语言“地”的不同说法如：①

① 奥摩语族：哈鲁罗语（Haruro）alla’，蒂梅语（Dime）yillu。

② 乍得语族：古尔登语（Gurduŋ）yil，嘎莫语（Ngamo）’eli，扎尔语（Zar）yal。

5）“火”古希伯来文 ash，希伯来语 esh < *es。

“火”巴斯克语 su。“烟”马那姆语 ʔasu，卡加延语 asu，罗图马语 ɔsu < *ʔasu。“烟，冒烟”萨摩亚语 asu < *ʔasu。土耳其语 sis，维吾尔语 is，哈萨克语、西部裕固语 əs < *ʔisi。

6）“火”阿拉伯语 naːru，马耳他语 nar，叙利亚语 nurā < *nara。

“烧”达罗毗荼语系曼达语 nīrasmar < *niras-。

“太阳”蒙古语书面语、土族语 nɑrɑ < *nara，鄂罗克语 anar < *ʔanar。“照”印尼语 sinar、贡诺语 sinara < *sinara。马都拉语 sunar < *sunar。“烧”邵语 ʃunara < *su-nara。“发光”马都拉语 sunar < *su-nar。

7）“烟”古希伯来文 ad，阿拉伯语 duxaːn。

“烟”巴厘语 andus，依斯那格语 atuʔ < *ʔadus。“火”梅柯澳语西部方言 ido < *ʔido。

“烧”希腊语 αἴθω、拉丁语 aedēs（最初指“炉灶”，后来指“房子”）、aestus，梵语 edha-（木柴），古高地德语 eit（篝火）。

“火”格鲁吉亚语 xandzli < *qad-。印第安人的苏语 e’deh < *ʔede。

8）“云”阿拉伯语 saħaba，马耳他语 sħaba < *sɢaba。

“云、雾”布昂语 bəɣob < *bə-gob。“云”木鲁特语 gaun，沙玛语 gabun < *gabun。

9）“风”希伯来语 ru'ach，阿拉伯语 riyyaːẖ，叙利亚语 ruħā，马耳他

① 亚非语系其他语族语言的说法参见 www.rogerblench. info/Language/Afroasiatic/General, *Link between Cushitic, Omotic, Chadic and the position of Kujarge*, Roger Blench Paris 2008。

语 riħ。

10）“水”希伯来语 mayim，阿拉伯语 meyah，叙利亚语 mayyā < *maʔia。

“水”莫图语莫图莫图方言 ma < *ma。

11）“河”希伯来语 nahar，阿拉伯语 nahr，叙利亚语 nahrā，阿卡德语 nāru < *na-qaru。

“水”贡诺语 ere < *ʔeri。“溪、沟渠”维吾尔语 eriq < *ʔeri-q。

12）“沙子”阿拉伯语 rimaːl，马耳他语 raml。

13）“盐”希伯来语 melach，阿拉伯语 milẖ。“咸的”希伯来语 maluahˈ < *maluq。

“盐、苦、咸”菲拉梅勒语 mmara < *m-mara。“盐”克木语 m̥ar < *smar。“苦的”塔希提语 maramara < *mara。

“咸的”希腊语 yphalmyros < *ubal-muro。

14）“人类”希伯来语 benˈenosh < *ben-enos，阿拉伯语 insan < *enos-an。

“男人”欧洲吉普赛语 manuʃ。“女人”匈牙利文 no，日语 onna < *ʔona。

15）“血”古希伯来文 dm，希伯来语、阿拉伯语、埃塞俄比亚语 dam，叙利亚语 dmā，马耳他语 demm，阿卡德语 dāmu。

“血”卑南语 damuk，排湾语 dʑamuq，巴则海语 damu < *damu-q。“汁”三威治港语 $^{n}d^{r}$umu-xai < *dumu-qaʔi。“红色”东部斐济语 damudamu < *damu。

亚非语系其他语族语言不同的说法如：

① 库西特语族：贝亚语（Beja）boy，撒和语（Saho）biilo。

② 乍得语族：米亚语（Miya）bəram，紫弥语（Zime）vurzu，比尔吉特语（Birgid）bara，当格拉语（Dangla）baari，库雅尔格语（Kujarge）ibiri。

16）“骨头”希伯来语 etzem，阿拉伯语 ʕazʕama，埃塞俄比亚语 ˈɖam，马耳他语 għadma < *qadjama。

17）“头”希伯来语 rosh，阿拉伯语 raʕs，叙利亚语 reʃā，埃塞俄比亚语 rəˈəs，马耳他语 ras，阿卡德语 reʃu < *reqas。

“头”索伦语 irge < *ʔirge。“额”毛利语 rae。

18）“眼睛”希伯来语 ayin，阿拉伯语、埃塞俄比亚语 ˈayn，叙利亚语 ˈaynā，马耳他语 ɦajn < *qaʔin。腓尼基语 ˈen，阿卡德语 inu < *ʔin。

“眼睛”藏缅语族阿卡语 ni，阿侬怒语 n̥i^{55}luŋ^{55}。“眼珠子”哈拉朱乌语 a-iñu。

19）“鼻子”希伯来语 af，阿拉伯语 ˈanf < *ap。

“鼻孔”汤加语 avaʔi- < *ʔaba-ʔi。“嘴”达密语 awa < *ʔab^{w}a。蒙古语书面语 ɑmɑ，蒙古语 ɑm，土族语 ɑmɑ < *ʔama。

20）“嘴”古希伯来文 ph，希伯来语 peh，阿拉伯语 pam，叙利亚语 pumā，埃塞俄比亚语 ˈaf，阿卡德语 pû。

“嘴”毛利语 waha，汤加语 vaha，夏威夷语 wahǎ < *bapa。亚齐语 babah，摩尔波格语 babaʔ，他加洛语 bibig < *babaq / *bibaq。

21）“舌头”希伯来语 lashon，阿拉伯语 lisaːn，叙利亚语 leʃʃnā，埃塞俄比亚语 ləsān，马耳他语 lsien，阿卡德语 liʃanu。

“舌头”汤加语、夏威夷语 *ʔalelo，马达加斯加语 *lela，雅美语 *lila。“舔”布兴语 lɤl < *ləl。

“舌头”亚美尼亚语 lezu < *lelu。

亚非语系其他语族语言的说法如：

① 库西特语族：哈姆汤嘎语（Xamtanga）laaq，阿尔波勒语（Arbore）laeke。

② 乍得语族：德拉语（Dera）daak，贝罗语（Pero）dak，格拉乌达语（Glavda）arəxa。

22）“牙齿”希伯来语 shen，阿拉伯语 sin，叙利亚语 ʃennā，埃塞俄比亚语 sən，马耳他语 sinna，阿卡德语 ʃinnu。

“牙齿”莫图语 ise-na，布昂语 isi < *ʔisi。

23）“脸”古希伯来文 pn，希伯来语 panim < *pani-m。

“额”鲁凯语 puno < *puno。“鼻子、鸟嘴”罗地语 pana < *pana。“鼻子”日语 hana < *pana。

24）“耳朵”希伯来语 ozen，阿拉伯语 ˈuð，叙利亚语 ˈeðnā，埃塞俄比亚语ˈəzn，马耳他语 widna，阿卡德语 uznu < *udun。

亚非语系其他语族语言的说法如：

① 库西特语族：嘎瓦打语（Gawwada）kamte，扎玛依语（Tsamay）k’ante。

② 乍得语族：豪萨语（Hausa）kunnee，波勒语（Bole）kumo，叶底那语（Yedina）homu，紫弥语（Zime）hum。

③ 奥摩语族：蒂梅语（Dime）k’amo，卡如语（Karo）k’ami。

25）“喉咙”希伯来语 garon。阿拉伯语 ẖanʒura < *qagura。

“脖子”阿依怒语 go³¹ɹo⁵⁵ < *goro。“喉咙”德昂语 khoroʔ < *goro，毛利语 korokoro。

“喉咙、脖子、吞咽”梵语 gala。“喉咙”意大利语 gola，拉丁语 gula。

26）“手臂”希伯来语 zroˈa，阿拉伯语 ðiraːʕ < *dira-。

“肩”蒙达语 tāran，桑塔利语 taran < *taran。“手指”印尼语、米南卡保语 dʒari < *dari。

“手”阿尔巴尼亚语 dorë < *doro。“手指”梵语 tardʒaniː < *tar-gani。

27）“手”希伯来语 yad，阿拉伯语 yadd，叙利亚语 ˈið，埃塞俄比亚语 ˈəd，马耳他语 id，阿卡德语 qatu < *ʔadu（古埃及象形文 *d）。

“手、手臂”日语 ude < *ʔude。

“手”哥特语 handus、古英语 hond、古弗里斯语 hand、古挪威语 hönd，古英语 handa（复数）< *qoda。

“手指”意大利语 dito、西班牙语、葡萄牙语 dedo。

28）“手指”希伯来语 etzˈba < *ed-ba（手—指），阿拉伯语 ˈisʕbaʕ。

“手”三威治港语 vea-n < *be-ʔa。“拿”蒙古语 ɑbɑ-、保安语 ɑpə- < *ʔaba。萨摩亚语 ʔave < *ʔabe。

29）“膝盖”希伯来语 berekh，阿拉伯语 rukba，叙利亚语 burkā，埃塞俄比亚语 bərk，马耳他语 rkoppa，阿卡德语 birku < *birik。

“肘”沙外语 rekruk-o，布昂语 rəku < *reku。

30）“皮”希伯来语 or。

“树皮”蒙达语 uɽ < *ʔur。“皮”莫图语莫图莫图方言 ruru < *ruru。

31）“皮肤”阿拉伯语 ʒildu，叙利亚语 geldā，马耳他语 ħild，阿卡德语 gildu < *ɢild。

“皮”印尼语、爪哇语 kulit，亚齐语 kulet < *kulit。“皮肤”排湾语 qaljits < *qalit。

亚非语系其他语族语言的说法如：

① 奥摩语族：卡拉语（Cara）faata，吉米拉语（Ghimira）beet。

② 乍得语族：豪萨语（Hausa）faataa，扎拉达语（Zaranda）bati，玛法语（Mafa）hutɛɖ。

32）“心”古希伯来文 lbh，希伯来语 lev，阿拉伯语 qalb，叙利亚语 lebbā，埃塞俄比亚语 ləbb，马耳他语 qalb，阿卡德语 libbu。

“肝”尼科巴语 a-lip < *lip。

33）“肺”希伯来语 re'a，阿拉伯语 riʕat < *reʔa。

“肺”毛利语 rere < *rere。印第安人那瓦特尔语 zazanatʃ-tli < *rara-naq。

34）“肝”希伯来语 kaved，阿拉伯语 kabid，叙利亚语 kavdā，埃塞俄比亚语 kabd，阿卡德语 kabattu。

35）“狗”希伯来语 kelev，阿拉伯语 kalb，叙利亚语 kalba，埃塞俄比亚语 kalb，马耳他语 kelb。

“狗”藏文、巴尔蒂语 khji，拉达克语 khji gun < *kli。古龙语 khē bɑ̄，坎布语 khe bɑ < *kli-ba。“小的”赫哲语 uʂkuli < *ʔoskuli。

> “狗”希腊语 skuli、skolos，欧洲吉普赛语 dʒukel < *gukel。

亚非语系其他语族语言“狗”的说法如：

① 库西特语族：贝亚语（Beja）kuluus，撒和语（Saho）kare，孔苏语（Konso）kuta。

② 乍得语族：豪萨语 karee，巴他语（Bata）kəde。

③ 柏柏尔语族：卡比勒语（Kabyle）akelbun（小狗）。

36）“角”叙利亚语 qamā，埃塞俄比亚语、马耳他语 kam，阿卡德语 qamu。

37）“翅膀”希伯来语 kanaf、agaf，阿拉伯语 ʒana:ẖ，叙利亚语 kanfā，埃塞俄比亚语 kənf，马耳他语 ħewnaħ，阿卡德语 kappu < *ganap。

38）“尾巴”希伯来语 zanav，叙利亚语 dunbā，埃塞俄比亚语 zabān，马耳他语 denb，阿卡德语 zibbatu < *danaba。阿拉伯语 ðajl < *dagl < *dagl。

> “尾巴”古英语 tægel、古挪威语 tagl（马尾）、哥特语 tagl（毛发）< *dage-lo。
>
> “割掉动物的尾巴”古英语 dok。

39）“蛋”希伯来语 beytzah，阿拉伯语 baydʕa，叙利亚语 beˈθā < *baʔida。

“蛋”祖鲁语 iqanda / -!ada / < *-ʔʈada。

亚非语系其他语族语言“蛋”的说法如：

① 库西特语族：布里语（Burji）bul bulee。

② 乍得语族：扎尔语（Zar）mbuɬ。

③ 奥摩语族：玛勒语（Maale）ɓuulla，阿里语（Ari）buula，吉米拉语（Ghimira）mul。

40）“树”阿卡德语 iʃu，希伯来语 ˈetz，阿拉伯语 ˈiɖ-at- < *ed。

“木头”布吉斯语 adʒu < *ʔadu。“松树”嫩戈内语 odi < *ʔodi，“柳树”清代蒙文 uda < *ʔuda。

41）“叶子”马耳他语 werqa < *b^{w}erqa。希伯来语 alah < *araq。

“草”赛德克语 superaq < *superaq。“叶子”赛夏语 biḷæʔ，邵语 fiɬaq < *bilaq。“叶子”卑南语 biraʔ < *biraq。

“草”满文 orho，鄂伦春语 ɔrɔktɔ，鄂温克语 ɔrɔttɔ，赫哲语 oroχtə < *ʔoroq-。

42）“根”马耳他语 għerq < *ger。

“根”蒙达语 dʒer < *ger，桑塔利语 dʒo̱ro̱（气根）< *goro。汉语 *gər（根）。“头发”藏文 skra。汉语“须（鬚）”*sŋra。

“根”俄语 korenj、波兰语 korzeɲ < *kore-n。

43）“树皮”希伯来语 q'lippa，阿拉伯语 qilf，叙利亚语 qlafta，埃塞俄比亚语 qərəft，马耳他语 qoxra < *qilap-t。

“皮”依斯那格语 luplup，戈龙塔洛语 alipo <*lipo。“去皮”乌玛语 lepaʔ < *lepa。

“树皮”古教堂斯拉夫语 lubu，立陶宛语 luobas < *luba-。 “皮”匈牙利文 reve < *reb^{w}e。

44）“种子”希伯来语 zera'，阿拉伯语 zar'a，叙利亚语 zar'ā，埃塞俄比亚语 zar'。豪萨语iri。

“种子、谷粒、玉米”俄语 zerno < *rer-no。“种子”波兰语 zarodek < *raro-dek。

45）“路”希伯来语 derex，阿拉伯语 tʕariq，马耳他语 triq。

“路”尼科巴语 taløːkø < *taleke。

“路”俄语 doroga、波兰语 droga < *doroga。

46）“绳子”希伯来语 chevel，阿拉伯语 ħabl，叙利亚语 ħvlā，埃塞俄比亚语 ħabl，马耳他语 ħabel，阿卡德语 eblu < *qabul。

“绳子”克伦语阿果话 bli^{33} < *bli。“线”汤加语、萨摩亚语 filo < *bilo。

“编发”布鲁语 pali < *pali。

“编”俄语 plestj，波兰语 pleʃtj < *ples-。阿尔巴尼亚语 palë < *palo。 “编、拧、拧在一起”波兰语 spleʃtj < *sples-。 “折、扭”拉丁语 plicare < *plika-。“折、编织”古法语 plier < *pli-。 希腊语“编织”plekein，“缠绕的”plektos。

47）“年”希伯来语 shanah，阿拉伯语 sana。

“年”缅文 hnɑs < *snos。“种子”梅柯澳语 ani < *ʔani。（参见第三卷《种子》《年》篇的讨论）

“年”意大利语 anno、葡萄牙语 ano、拉丁语 annus < *ano。

48）“晚上”古希伯来文 ll，“夜”希伯来语 layla，阿拉伯语 layl。

“夜”尼科巴语 ɽɔh < *rol。赛夏语 roɭhanan < *rolan-an。“暗的”布兴语 ʒal < *ral。

（2）闪米特诸语动词的对应

1）“死”古希伯来文 mt，希伯来语 met，阿拉伯语 yamuːtu，叙利亚语 meθ，马耳他语 miet，阿卡德语 mâtu < *metu。豪萨语 mutu。

“死”他加洛语、阿卡拉农语 mataj，赛夏语 masaj，沙阿鲁阿语 matsiʔi，布农语 matað，查莫罗语 matai < *mata-ʔi。

2）“杀”希伯来语 qâtala，阿拉伯语 yaqtulu，埃塞俄比亚语 qatala，叙利亚语 qtal，马耳他语 qatel < *qatela。

“砍”邵语 təmala < *tala。“劈”德昂语硝厂沟话 dauh，布朗语 tah^{35} < *dal。

3）“看见”古希伯来文 ra，希伯来语 ra'a，阿拉伯语 yaraː，埃塞俄比亚语 rə'ya，马耳他语 ra，阿卡德语 amāru。

“看”阿美语 ʔaraw < *ʔaraʔu。维吾尔语、哈萨克语 qɑrɑ-，西部裕固语 ɢɑrɑ-，蒙古语 xɑrə- < *qara-。

4）“听见”希伯来语 ʃama'，阿拉伯语 yasmaʕa，叙利亚语 ʃma'，埃塞俄比亚语、马耳他语 sam'a，阿卡德语 ʃemû < *samaq。

“听”格鲁吉亚语 samɛna < *samena（“耳朵”smɛna）。

5）“跑”希伯来语 ratz < *raɖ。

“跑”威尔士语 rhedeg < *r̥ed-。“乘马车”古高卢语 reda，“我旅行”古爱尔兰语 riadaim。

“向前移动、滚动、漂流”古英语 ridan。“流”匈牙利文 ered。

6）“飞”阿拉伯语 tara，马耳他语 tar。

“飞”满文 deje-，锡伯语 dəji- < *dere。达斡尔语 derdə- < *der-。

“跳、飞”亚美尼亚语 thrtʃel < *dr-kel。“跳、拔”俄语（动词）dergtj < *derg-。 “跳”俄语（动词）triastj < *tras-，希腊语 saltaro < *sal-taro。

7）“说”阿拉伯语 yaquːlu，马耳他语 qal。

“说”蒙达语 kākla，桑塔利语 kakala < *ka-kala。

8）“说”希伯来语 amar。

“说”朝鲜语 marhata < *mar-。那大语 mazi < *mari，卑南语 marəŋaj < *marə-ŋal。“声音”维吾尔语 ɑwɑz < *ʔabar，桑塔利语 abaɽ < *ʔabar。

9）“吃”希伯来语、叙利亚语 'axal，阿拉伯语 ya'kulu，马耳他语 kiel，阿卡德语 akālu。

“牙齿”格鲁吉亚语 khgili < *gili。

“舌头、语言”希腊语 glossa，“单词”拉丁语 gloss。

10）“睡”希伯来语 nim'nim，阿拉伯语 nawm，叙利亚语 dmuex，埃塞俄比亚语 noma。

“睡”日语 nemuru < *nemu-ru。

11）“躺”希伯来语 shiker < *si-ker。

“睡”阿伊努语 mekor < *me-kor。“躺、睡”阿杰语 kuřu < *kuru。“躺”

莫图语 he-kure < *pe-kure。

12）“返回”古希伯来文 shb，希伯来语 shav < *sab^{w}。

“来”格鲁吉亚语 mɔsvla < *mo-sb^{w}-。阿者拉语 ba < *ba。古龙语 bā < *ba。

13）“烧”阿拉伯语 ħuriqa，马耳他语 ħaraq < *qaraq。

“灼热”拉丁语 ūrō。“烧、炙”俄语 ʐetɕj < *re-。

“烧”亚美尼亚语 ayrvel < *ar-。“火”阿尔巴尼亚语 zjarr < *rar。

汉语 *re（燎）。“烧”莫图语、马那姆语 *ʔara。托莱语 reŋ < *reŋ。“点火”莫图语 *pa-ʔara，窝里沃语 *pa-rore，劳语 *paruʔa-ʔere。

（3）闪米特诸语形容词等的对应

1）“错”古希伯来文 shg，“错的”希伯来语 shaguy < *sagu-i。

“钩子”古英语 hoc、古弗里斯语 hok、中古荷兰语 hoek < *kog。

“错误”阿尔巴尼亚语 kekje < *keki。

2）“直的”希伯来语 tzar < *ɖar。

“直的”图瓦语 xɑdɤr < *qadər。达密语 madur < *ma-dur。“对的”阿杰语 tăři < *tari。“真的”马都拉语 bəndər < *bə-dər。

“直的”拉丁语 directus（过去分词）、法语 droit、意大利语 diritto < *dire-。

“注视”古英语 starian、古高地德语 staren < *sdar-。

“直的”格鲁吉亚语 mkhatsri < *mg-tri。

3）“对的”希伯来语 tzodek < *ɖodek。

“对的”图瓦语 dʒigɛ < *dige。达斡尔语 dʒugi- < *dugi。“直的”拉巴努伊语 ti-tika < *ti-tika，夸梅拉语 -atuk^{w}-atuk^{w} < *ʔatuk^{w}。

“对的”希腊语 dikaios < *dika-，梵语 adhikaːraḥ < *adikara-。

“对的、肯定的”俄语 totɕn-j < *tok-。

4）“圆的”古希伯来文 gl，希伯来语 agl、mˈugal。

“圆的”蒙达语、桑塔利语 gol < *gol。西部斐济语 giligli < *gili。

5）“满的”希伯来语 male，阿拉伯语 mali，叙利亚语 malyā，埃塞俄比亚语 məluˈ，马耳他语 mimli，阿卡德语 malû。

“满的”梵语 majaḥ < *mala-。“满月”梵语 amalendu < *a-mal-indu。

“很多”希腊语 mala。“多”拉丁语 multus < *mul-。

“饱的”阿尔巴尼亚语 velët < *b^{w}elo-。

“满的”古英语 full、古弗里斯语 ful、哥特语 fulls < *pul。

“满的”沙阿鲁阿语 milii < *muli-ʔi，帕玛语 vil < *b^{w}il，勒窝语 wule < *b^{w}ule。“多的”缅文 mja^{3} < *mla，哈萨克语 mol、赫哲语 malχun < *mol / *mal-qun。“圆的”阿美语 kimulu < *ki-mulu，柬埔寨文 mūl < *mul。

6）“满的”希伯来语 savea < *sab^{w}ea。

“满的”格鲁吉亚语 savsɛ < *sab^{w}se。

7）“热的”希伯来语 hˈara，阿拉伯语 ħaːrr < *qara。

“烧、炙”俄语 ʐetɕj < *re-。“点火”阿尔巴尼亚语 vë zjarr < *b^{w}e-rar。

“火”阿尔巴尼亚语 zjarr < *rar。

“热的”布鲁语 rara-t < *rara，坦纳语 arion < *rari-on。“烧”那达语 roa < *ro-ʔa。

8）“苦的”古希伯来文 mr，阿拉伯语 murr。

“苦的”意大利语 amaro，法语 amer，葡萄牙语、西班牙语 amargo < *amar。

“苦的”亚美尼亚语 mɾu < *mru。

“盐”格鲁吉亚语 marili < *mari-。

“苦的”塔希提语 maramara < *mara，“盐、苦、咸”菲拉梅勒语 mmara < *m-mara。“盐”克木语 m̥ar < *smar。

9）“黑的”希伯来语 shachol < *sakol。

“黑的”泰雅语 qalux < *qalu-q。赛德克语 mukaluh < *mu-kalu-q。

10）“干净的”希伯来语 bahiyr < *ba-kir。

“干净的”阿尔巴尼亚语 kjartë < *kar-。

“干净的”日语 kirei < *kire-ʔi。阿杰语 kori，瓜依沃语 k^{w}ari < *kari。

11）“慢”希伯来语 vytyvt < *b^{w}utu-，阿拉伯语 batʕiː'。

“慢”马绍尔语 $p^{ɯ}$at < *p^{w}at。印尼语 lambat < *la-bat。

12）“这”古希伯来文 zh，阿拉伯语 haðaː < *qada。

“这”梵语 idaṃ < *ida-。

13）“那”希伯来语 she < *se。

“那”马加尔语 ose < *ʔo-se。希腊语 toso < *to-so，（阳性）古英语 so，格鲁吉亚语 is。

14）“不”希伯来语 lo，阿拉伯语 laː，叙利亚语 lā。

“不”查莫罗语 ahe < *ʔale。桑塔利语 hela < *qela，alo（别）< *ʔalo。

（4）闪米特诸语代词等的对应

1）“我”希伯来语 ani（主格），阿拉伯语 'ana，叙利亚语 'enā，埃塞俄比亚语 'ana，马耳他语 jiena。豪萨语 ni。

“我们”（主格、宾格）拉丁语 nos，古爱尔兰语、威尔士语 ni。

“我”（宾格）匈牙利文 en。“我们”印第安人西部阿帕齐语 nee < *ne。

“我”阿伊努语 kuani < *ku-ʔani，姆布拉语 nio < *ni-ʔo，那加语奥方言 ni < *ni，尼科巴语 tʃhi-ni < *qi-ni。“我们”土家语 *ʔani，他杭语 *ni。

2）“你”希伯来语 ata，阿拉伯语 'anta < *ʔata，叙利亚语 atſ，埃塞俄比亚语 'antif，马耳他语 inti。

“你”萨萨克语 anta，南密语 do。

“你、你们”亚美尼亚语 du < *du。

“你们”意大利语 te。“你、你们”阿尔巴尼亚语 të < *to。
“你们”阿尔巴尼亚语 teje < *te-re。

3)“谁”阿拉伯语、叙利亚语 man，埃塞俄比亚语 mannu，马耳他语 min。

“谁”布朗语甘塘话 man，“什么”布朗语甘塘话 manman < *man-man。巴布亚非南岛系语言库欧特语 mani。

“谁”格鲁吉亚语 vin < *b^{w}in。

4)“谁”希伯来语 asher < *aser。

“谁”那加语奥方言 ʃir < *sir。博多语 sɑr < *sar。

(5) 闪米特语和苏米尔语词的对应

闪米特语的一些词大约来自苏米尔语，有如下的对应：

1)“天神”阿卡德语 an。“天、天神、高的、前面”苏米尔语 an。

2)“小山”古希伯来文 hr，“山”希伯来语 har。“山、高地”苏米尔语 kur。

3)“顶端”希伯来语 gag。“头顶”苏米尔语 ugu。

4)“烧”希伯来语 baar。“烧、火焰”苏米尔语 bar。

5)“大麦”希伯来语 s'orah < *ʃ-ʔoraq。苏米尔语“大麦、谷物”ʃe。

6)“新月、月份”希伯来语 h'odesh < *q-ʔodes。“月份”苏米尔语 idi。

7)“名字”希伯来语 shmi、shem。“名字”苏米尔语 mu。

8)“制革”希伯来语 khysh vvr < *kus-b^{w}r。“皮、皮革”苏米尔语 kuʃ。

亚非语系语言与欧亚其他语系语言词的对应是早在这些语系形成以前人类的迁移和语言的传播留下来的，早期亚非语系的语言可能来自阿拉伯半岛或南亚。

◇ 二　撒哈拉语族卡努里语的比较

尼罗—撒哈拉语系（Nilo-Saharan）区分为撒哈拉、沙里—尼罗（Chari-Nile）、桑海（Songhay）等数个语族。西非尼日尔河流域的扎尔马语（Zarma）是桑海语族的主要语言。富尔语或认为是该语系独立的语言。

撒哈拉语族的卡努里语（Kanuri）分布在乍得湖以北和以西地区的尼日利亚、尼日尔、乍得和喀麦隆，为 SOV 型有声调的语言，有四种方言。该语言曾是乍得湖地区公元 7 世纪初至 14 世纪的加涅姆帝国和后来的博尔努帝国的语言。下文讨论的是卡努里语满嘎（Manga）方言。[①]

1. 语音

（1）辅音

p	b	m	f	β				
t	d	n	s	z			r	l
ð	ȵ				tʃ	dʒ	ɽ	
k	g	ŋ	ʃ	j			w	

（2）元音

a　e　i　ə　ɑ　o　u

（3）声调

卡努里语有高、低和降三个声调，表示为 à、á、â，与无音节声调对立的扎尔马语对应词的比较如：

① 卡努里语的记录参见 Kevin Jarrett, *A dictionary of Manga, A Kanuri Language of Eastern Niger and NE Nigeria*，2007, www.rogerblench.info/RBOP.htm。

	火	臂	肺	根	给	蛇
卡努里语	kánnú	bìbí	fùfú	kárí	njò	kádí
扎尔马语	nuune	kambe	kufu	kaaji	no	gondi

卡努里语声调的来历应与辅音清浊等无关，与元音的长短和重音有关。下文有关卡努里语的说法有的原来就不带声调的标记，其他的也略去声调标记。

（4）语音的对应

① w- < *g-（*g^w-）、*p-（*p^w-）。如："是" 卡努里语 wo，扎尔马语 go。"五" 卡努里语 wuri，扎尔马语 igu。"翅膀" 卡努里语 fefeðo、feweðo。

② j- < *ḍ-（*d-）。如："谈话" 卡努里语 jande，"讲故事" 扎尔马语 deede。"狡猾的" 卡努里语 ngəjingəji，"聪明的" 扎尔马语 gonda lakkal。

2. 形态

（1）名词

"太阳" kangal、"火" kannu、"地" katti、"风" karuwa、"月亮" kumbal、"田野" kulo 等当有 *ka-、*ku- 这样的前缀。

"鱼"（名词）buni，"捕鱼" buni ta，"渔民" buni tama。

"劳动"（名词）kedi，"劳动者" kedima。

（2）动词

"姑娘"（名词）fero，"成为姑娘"（动词）feroðu。

"前面"（名词）fuwu，"向前"（动词）fuwuðu。

"除草"（名词）juwa，（动词）juwaðu。

"热的"（形容词）kannua，"加热"（动词）kannuaðu。

（3）形容词

"灌木"（名词）karaa，"有灌木的"（形容词）karaa-karaa，"野的"（形容词）karaala。

“火”（名词）kannu，“热的”（形容词）kannua。

“土”（名词）katti，“有沙的”（形容词）kattia。

“石头”（名词）kʌ̂u，“有石头的”（形容词）kʌ̂ua。

“死”（名词）no，“死的”（形容词）nuna。

（4）副词

“不久”（名词）daðe，“早”（副词）daðên。

3. 基本词

（1）人称代词

1）“我”wu、u < *gu。“我”布拉安语 agu、卑南语 ku、阿伊努语 ku。泰语 ku^{2}，老挝语、布依语 ku^{1}，壮语龙州话 kau^{1} < *ku。

2）“你”ni。“你”道孚语 ȵi，土家语 ȵi^{35}，那加语索布窝马方言 ni < *ni。迪马萨语 niŋ < *ni-ŋ。汉语 *ni-r（尔）。

3）“谁”wundu < *gudu。

“谁、哪一个”拉丁语 quod < *k^{w}od，
“谁”古教堂斯拉夫语 kuto，俄语 kto < *kuto。波兰语 ktory < *kuto-。
“什么”古英语 hwæt、古高地德语 hwaz、古弗里斯语 hwet < *k^{w}at。

“谁”景颇语 kă^{31}tai^{33}，彝语喜德话 kha^{34}ti^{33} < *kadi。“什么”义都珞巴语 kɑ^{55}di^{55} < *kadi。

（2）名词

1）“太阳”kangal < *-ŋal，扎尔马语 wayna < *g^{w}al-na。

“太阳”柬埔寨文 t^{h}əŋail < *tə-ŋal。

“太阳、天”古英语 swegl < *sugl。

2）“月亮”kumbal < *-bal。“月亮”阿昌语 phă^{31}lɔʔ^{31}，哈尼语 ba^{33}la^{33} < *balo。

3）“云”fofou < *popoʔu。“云”柬埔寨文 ʔap < *ʔap。黎语通什话 feːʔ^{7}fa^{3}。

4）“地” katti < *-ti。“平地”瓜依沃语 ote < *ʔote。

5）“风” karuwa < *karu-。“风、气”泰米尔语 kaːɽɽu。

6）“河” kuluwu < *kuluʔu。“水、河”所罗门罗维阿那语 kolo < *kolo。

7）“灰尘” bərbər。“灰尘”西双版纳傣语 pon < *por。老挝克木语 pɔh^{33} < *por，布兴语 mah pɔr < *mar-por。墨脱门巴语 phur < *bur。

8）“灰烬” buwu < *bu-ʔu。“灰烬”鲁凯语 abu，卑南语 ʔabu，印尼语 abu，爪哇语 awu，他加洛 abo < *ʔabu。

9）“头” kəla。“头”泰语 klau^{3}，壮语武鸣话 kjau^{3} < *kluʔ。克伦语乍叶因方言（Zayein）gø klo，帕他翁方言（Padaung）kɑ klɑo < *klo。

10）“鼻子” kinja < *-na，扎尔马语 niine < *nine。

“鼻子”芬兰语 nenä、爱沙尼亚语 nina < *nana。梵语“脸、嘴、鼻子” aːna。

11）“舌头” təlam。“舌头”东部斐济语 jama，马京达瑙语 ləma < *lama。邵语 ðama，排湾语 səma，阿美语 ʃəma，卑南语 səmaʔ < *ləma / *ləmaʔ。哈尼语 la^{55} ma^{33} < *lama。

12）“牙齿” timi。“牙齿”高棉语 thmeɲ，柬埔寨文 thmëɲ < *t-men。

13）“臼齿” karu、karwu < *karu。“牙齿”汉语 *khjəʔ（齿），泰语 khiəu^{3} < *kroʔ。

14）“喉咙” ngowoljo < *ŋogolo。“喉咙”莽语 ŋɤ^{31}gɣɔŋ^{55}，巴琉语 -lɔŋ^{11} < *goloŋ。“喉咙、脖子”桑塔利语 gola < *gola。

15）“手” mukko。“手”雅卡语 muk，青当语 mūk，坎布语 huk < *s-muk。“手臂”嘉戎语 tɐ jɐk mki < *-lak-muki。

16）“屁股” tʃukkul < *tukul。“屁股”鲁凯语 dəkəl < *dəkel。柬埔寨文 tʃɔŋkeh < *tokel。

17）“胃” siwo < *sib^{w}o。“肚子”高棉语 phō < *bo。坎布语 boː，古龙语 pho < *bo。

18）“肺” fufu < *pupu。“肺” 哈尼语 po̠[31] < *pop。侗语 pup[9] < *pup。德昂语南虎话 phu phɤp，布朗语胖品话 bhop[51] < *bup。户语 θɤŋ[33] phup[31] < *səŋ-bup。

19）“心脏” karu、karwu < *karu。“心脏” 瓜依沃语 goru-na < *goru。黎语 ɬa:u[3] < *kruʔ。“胆” 藏文 mkhris pa，错那门巴语 kli[53] < *m-kri-s。道孚语 skrə < *s-krə。“心情” 日语 kokoro < *koro。

“心” 匈牙利文 kör < *kor。 “心”意大利语 cuore、法语 cœur、拉丁语 cor、古荷马史诗 χῆρ < *kor。 “心” 格鲁吉亚语 guli，拉兹语 guri，卡巴尔达语 gu < *guri。

20）“血” bu。劳语 ʔabu，瓜依沃语 ʔabu-na，梅柯澳语 ifa < *ʔabu / *ʔib[w]a。

21）“皮” kaðiyi < *kadiʔi。“皮” 鲁凯语 ikid < *ʔikid。

22）“疤” balo。“疤” 德昂语 bla。克伦语阿果话 da[31]bu[33]lo[31] < *da-bulo。

23）“肉” da。“肉” 宁德娄语 oda-n < *ʔoda。

24）“骨头” silla < *sila。苗语大南山话 tshaŋ[5]，野鸡坡话 tshoŋ[B]，勉语 sjɔŋ[3] < *slaŋ。京语 sɯəŋ[1] < *sləŋ。

25）“尿” namasu。克木语 num，户语 om[31] num[31]，布兴语 nɔm，佤语 nɯm。

26）“花” fəɽe < *puri。豪萨语 fure。“花” 莫图语 herahera < *pera。罗维阿纳语 havoro < *qab[w]oro。布兴语 bar < *bar。“果子” 巴塔克语 par-bui。勒窝语 pra-sia。

“花” 格鲁吉亚语 peri < *peri。

27）“血管、树根” kari。“根” 托莱语 okor，马绍尔语 okaɽ，印尼语 akar < *ʔakor。汉语 *gər（根）。

“根” 俄语 korenj、波兰语 korzeɲ < *kore-n。

28）“种子” kasuni < *kasu-ni。“种子” 桑塔利语 kosa < *kosa。（棕榈等的种子）

29）“鱼” buni < *bu-ni。“鱼” 布拉安语 be。

30）“鸟” fou < *po-ʔu。“鸟” 格曼僜语 wa < *b^{w}a。

31）“蛋” ngəwəl < *ŋəgəl。“蛋” 壮语武鸣话 kjai^{5}，傣语 xai^{5}，仫佬语 kɣəi^{5} < *kli。“圆的” 西部斐济语 giligli < *gili，托莱语 kikil < *ki-kil。

32）“尾巴” ngaware < *ŋagare。“尾巴” 印尼语 ekor，赛夏语 kikoɭ，卑南语 ikur，亚齐语 iku < *ʔikur。毛利语 kokore < *kor。（鸟尾）中古朝鲜语 skori < *s-kori。

33）“爪子”fərgami，“指甲、蹄子”fərgan。“爪子”托莱语 pulegi- < *pulegi。

34）“翅膀” fefeðo < *pepedo。“翅膀” 壮语武鸣话 fɯt^{8}，布依语 vɯt^{8} < *but。

35）“蚂蚁” kambuwu < *ka-bubu。“蚂蚁” 彝语喜德话 bu^{55}vu^{21} < *bubu。“虫子” 藏文 ɦbu，墨脱门巴语 bu，彝语喜德话 bu^{33} < *bu。

36）“臭虫” kudi。“虱子” 印尼语 kutu，萨萨克语 gutu < *kutu。“跳蚤” 木鲁特语 kutu、菲拉梅勒语 kutu namu、依斯那格语 kūtu ātu。贡诺语 kutu asu < *kutu asu（虱子—狗）。

37）“虱子” kangusu < *ka-ŋusu。“头虱” 邵语 kuθu，赛夏语 kosoʔ < *kusu。泰雅语 kuhiŋ < *kusiŋ。

38）“甲虫、虫子” kuɽi < *kuri。“虫子，臭虫、蛆” 阿伊努语 kikir < *kikir。“虱子” 勒窝语 kuru < *kuru。阿者拉语 gor < *gor。

39）“蚯蚓” duda。“蚯蚓” 壮语武鸣话 tu^{2}duːn^{1} < *du-den。“蚯蚓、蛆” 印尼语、巽他语、爪哇语 tʃatʃiŋ < *tatiŋ。

40）“蜈蚣”dəngaɽi < *dəŋari。“蜈蚣”哈拉朱乌语 k^{w}ɛ̃k^{w}ere < *k^{w}ek^{w}ere。

41）“蚂蚱” kawi < *kapi。“蚂蚱” 布芒语 kᴇp^{21} < *kep。罗维阿纳语 kupkupo < *kupo。“蝴蝶” 印尼语 kupu-kupu，爪哇语 kupu < *kupu。

42）“斧子” bewo < *bego。“手斧” 罗维阿纳语 pego < *pego。“斧子” 印尼语 kampak，马都拉语 kapak < *kapak。鲁凯语 komogo < *kobogo。

43）“绳子” daddala。“绳子” 爪哇语、摩尔伯格语、巴拉望语、印尼语

tali，查莫罗语 tale < *tali。“编织”斐济语 tali-a。

44）“路、小路” jawal < *ɖagal。“路”莽语 gɣa^{51}，巴琉语 muɔ^{31}kɣɔ^{53} < *gla / *mo-gla。汉语 *sgla（途）。“路”格鲁吉亚语 gza < *gla。

45）“路”（兽的路）dəlwu < *dəl-ʔu。“路”莫图语 dala，达阿语 dʒala，劳语 tala < *dala。

46）“房子” faðo < *p^{w}ado。“房子”罗维阿纳语 vetu < *b^{w}etu。尼科巴语 pati < *pati。

47）“村子” bəla。“篱笆”戈龙塔洛语 bala、达阿语 vala、罗维阿纳语 bara < *b^{w}ala。哈尼语绿春话 pa^{55}ja^{31} < *pala。撒拉语 bɑli < *bali。

48）“鬼” jinni < *ʔini。“神”拉祜语 ne^{53}，傈僳语 ni^{31} < *ni。萨萨克语 neneʔ < *nene。“灵魂”勒窝语 ninu-na < *nenu。

“灵魂”亚美尼亚语 anjn < *anin。

（3）动词

1）“睡” kənəm。“睡”日语 nemuru < *nemu-ru。

2）“醒” faðu < *pa-du。“醒”窝里沃语 epe，毛利语 oho < *ʔope。

3）“看见、看” ro。“看”嘉戎语 kɑ ro < *ro。

4）“看” wuðu < *gu-du。“看见”柬埔寨文 khɤːɲ < *gen。汉语 *k^{w}an（观）。

“看、注视”梵语 iks。“眼睛”俄语 oko < *oko。

5）“死” no。“死”日语 ɕinu < *sinu。

6）“说” wulðu < *gul-，“词” kalma。“说”蒙达语 kā kla，桑塔利语 kakala < *ka-kala。

7）“笑” kaasu。“笑”朝鲜语 *ʔusə-，瓜依沃语 *ʔosa。

“笑”阿尔巴尼亚语 kyeʃ < *qes。

8）“来” iso。“走”缅文 sɑ^{3}，阿昌语 so^{31} < *so。“脚、腿”沙外语 sɔ-o < *so。

9）“来” tio。“来”沙玛语 pa-itu < *ʔitu。独龙语 di^{35} < *di。

10）“藏” gəraðu < *gəra-。“埋” 莫图语 guri-a < *guri-。

11）“埋” rəpto < *rəp-。汉语 *ʔrap（瘗，埋也）。“藏” 吉尔伯特语 karabā < *ka-raba。

12）“给” njo。桑塔利语 ni < *ni。伊拉鲁吐语 nani < *nani。木鲁特语 aniʔ < *ʔani。

13）“落” njuro < *nur-。“落” 桑塔利语 ɳũr < *nur。（高处落下）

14）“问” koro。“问” 汤加语 kole < *kore。东部斐济语 kere-a < *kere。独龙语 kɹi[53] < *kri。汉语 *kru（考）。

“问” 阿尔巴尼亚语 kërkoj < *kor-kor。

“问”匈牙利文 ker，kerdez，megkerdez（询问）。“寻找”匈牙利文 keres。

15）“知道” noðu < *no-。“知道” 罗图马语 ʔinea < *qine-ʔa，沙外语 n-unɛ < *n-qune。

16）“记得” ngirðu < *ŋir-。“记得” 彝语大方话 khə[33] < *krə。汉语 *skrə（思）< *s-krə。“想” 萨萨克语 kirə-kirə、爪哇语 ŋirɔ-kirɔ < *kiro。马都拉语 kira < *kira。“心” 瓜依沃语 *goru、黎语 *kruʔ。

“记得” 西班牙语 acordarse、意大利语 recordarsi < *kor-darsi。 “记得” 阿尔巴尼亚语 kujtoj < *kur-tor。

17）“分开” faɽaidu < *pari-。“分开” 莫图语 hari-a < *pari-。格曼僜语 pɹɑ[55] < *pra。侗语 phje[5] < *pres。“分（食物）” 桑塔利语 parsao < *pars-ʔo。

18）“吹”（名词）pat。“吹” 藏文 ɦbud < *m-pud。“风” 黎语保定话 hwoːt[7]，保城话语 vɔːt[7] < *ʔbot。马达加斯加语 rivutʳa < *ri-buta。尼科巴语 kuføt < *ku-pot。桑塔利语 po̪tʃ < *pot。戈龙塔洛语 dupoto < *du-poto。

“吹” 捷克语 vat < *pʷat，亚美尼亚语 phtʃel < *bute-。 “风” 古英语 wind，梵语 vatah、阿维斯陀经 vata-、拉丁语 ventus- < *beta-。 赫梯语 huwantis < *qubati-。

19）“吹”（动词）fuðu < *pu-。“吹”日语 fu- < *pu。巴塘藏语 pu < *pu。尼科巴语 føː < *po。

20）“洗澡”budu。“洗澡”赫哲语 əlbçi-，鄂伦春语 olbot- < *ʔol-bot。“洗衣”桑塔利语 so̱bo̱th < *sobot。

“洗澡、洗”古英语 baÞian < *bati-。“倒（水）”梵语 paːtajati < *pata-。

21）“煮”gogolðu < *gogol-。“烧”蒙达语 dʒul < *gul。“煮”尼科巴语 kahul < *kalul。“火”蒙达语 dongol < *do-gol，桑塔利语 sokol < *soŋol，蒙达语方言 seŋel < *seŋel。

22）“打”dədəptu < *dəp-。“打”嘉戎语 kɑ top < *top。“扔”莫图语 taha < *tapa。

（4）形容词

1）“小的”dodok。“小的”满文 adʒige，锡伯语 adʑig < *ʔadige。朝鲜语 tʃakta < *dag-。查莫罗语 etigo < *ʔetigo。

“小的”科洪语 ǀqʔán，科伊科伊语 ǀgā，土拉语 ǀka < *dɢa。“小的、少的”斯瓦西里语 -dogo。卡努里语 dodok。

2）“多的”kada。“多的”桑塔利语 gadgad < *gad。

3）“多的”ngəwu < *ŋəbu。

“多的”维吾尔语、哈萨克语 køp，图瓦语 gøbɛj，西部裕固语 gehp < *gepe。锡加语 gaβa-ŋ，勒窝语 keviu < *gebe / *kebi-ʔu。

4）“湿的”kəɽî < *kəri。“湿的”缅文 tso^{2}，克伦语阿果话 tso̱^{31} < *kro。“水”怒苏怒语 ɣri^{33} < *gri。勒期语 kjei^{31}、加洛语 tʃi、普米语 tʃə^{55} < *kri。“雾”日语 kiri < *kiri。

“湿的”希腊语 ygros < *igro-。

5）“干的”ngâmdu < *ŋem-。“使干”藏文 skam < *skam。独龙语 kɑm^{55} < *kam。

6）“黑的”tʃələm < *tiləm。“黑的”临高语 lam^{1} < *ʔlam。“晚上”印尼

语 malam、马都拉语 maləm、亚齐语 malam < *ma-lam。“暗的”桑塔利语 *galam，米南卡保语、亚齐语 *kalam。

“暗的”英语 gloomy，“污浊的”中古低地德语 glum。“天阴”英语 gloom。

7）“黑的（马）”kera。“黑的”土耳其语 kara。桑塔利语 kari < *kari。

“黑的”俄语 tɕjɔrn-j < *kor-，波兰语 tʃarny < *kar-。

8）“白的、干净的”bul。“白的”南密语 polu < *pula。罗地语 fula-k < *pula-。沙阿鲁阿语 mapuɬi，鲁凯语 maʔuli，邵语 mapuði < *ma-puli。泰雅语 pələquji? < *puli-quli。博嘎尔珞巴语 puŋ lu < *pulu。汉语 *blus（骠）《说文》黄马发白色，段注起白点斑驳也。

“白色的”俄语 bel-j、波兰语 biale < *beli-。

“马脸上的白色斑点”古挪威语 blesi，“浅色的点”英语 blaze。

9）“红的”kime。“血”阿伊努语 kem < *kem。

10）“苦的”tʃim < *tim，“酸的、尖锐的”tʃomtʃom < *ʈom。“酸的”阿美语 ʔatʃitʃim < *ʔatitim。

11）“脏”durdari。“脏的”托莱语 dur < *dur。印尼语 kotor，马都拉语 kutur，亚齐语 kutɔ < *ku-tor。赛德克语 suturax < *su-turaq。“土”撒拉语 torɑq < *tora-q，阿伊努语 toj < *tor。

“腐烂的”希腊语 sathros < *sadro-。

“土”意大利语、葡萄牙语 terra，梵语 dhara < *dera。

12）“重的”kurwowu < *kurbobu。“重的”桑塔利语 gọrọb < *gorob。

“重的”拉丁语 gravis < *gra-，梵语 guruh < *gura-。

“重的、胖的、厚的”波兰语 gruby < *gru-。

“重的”芬兰语 ankara < *an-kara，格鲁吉亚语 bɔbɔkari < *bobo-kari。

13）“轻的”falalai < *p^{w}alalaʔi。“轻的”桑塔利语 rawal < *ra-b^{w}al。“浮”萨萨克语 ompal- ompal < *ʔopal，排湾语 sə-vaɭi < *b^{w}ali。

14）“远的、长的、个高的”kurubu。

“远”满文 goro，锡伯语 ɢorw，赫哲语 goro，鄂温克语、鄂伦春语 gɔrɔ，女真语（过罗）*kolo < *goro。达密语 gerõ < *gero。“长的”朝鲜语 kirta < *gir-。汉语 *graŋʔ（永）< *gra-ŋ。

希腊语“长的”makros < *ma-kros。“远”（副词）makria < *ma-kra。
“长的”阿尔巴尼亚语 gjatë < *gra-to。

“长的”格鲁吉亚语 grdzɛli < *gra-deli。

15）“短的”kawuwu < *kagugu。“短的”夸梅拉语 -k^wak^wa < *k^wak^wa。大瓦拉语 kuku-na < *kuku。

16）“好的、美的”ngəla < *ŋəla。

“好的”马林厄语 keli < *keli。“美的”藏文 mdzes < *m-gles，达阿语 na-gaja < *gala。汉语 *glo（姝），*ŋal（娥）。

17）“新的”bəɽin。

“新的”依斯那格语 baru < *baru。那大语 muzi < *muri。

18）“圆的”bukukul。

“圆的”蒙达语、桑塔利语 gol < *gol。西部斐济语 giligli < *gili。朝鲜语 tuŋkɯl- < *du-gul。撒拉语 guliuliux < *gululu-。

希腊语“圆”kyklos < *kuklo-，“弯曲的”skolios < *skolo-。
“轮子”古英语 hweogol、古挪威语 hvel、古弗里斯语 hwel < *gel。
“全部”古英语 hal、古挪威语 heill、古教堂斯拉夫语 cel < *kel。

“圆的”格鲁吉亚语 irgvaliv < *ir-g^walib^w。

19）“圆的”mbol。“圆的”大瓦拉语 wiwila-na < *b^wib^wila。沙外语 fofololo < *polo。户语 ʔmal^{31} < *ʔbal。

20）“大的、老的”kura < *kura。

“老的”柬埔寨文 tʃɛəriːə < *keri。汉语 *kru（老）。

21）“坏的”diwi < *digi。

“坏的”莫图语 dika < *dika。错那门巴语 tuk^{35}，墨脱门巴语 duk（pin）< *duk。

22）“直的” tʃək < *tək。

“直的”鄂伦春语 ʃiːggən < *tig-qun。维吾尔语 tik < *tik。拉巴努伊语 ti-tika < *ti-tika。夸梅拉语 -atuk^{w}-atuk^{w} < *ʔatuk^{w}。

“对的”图瓦语 dʒigɛ < *dige，达斡尔语 dʒugi- < *dugi。

23）“瘦的” deri。

“瘦小的”托莱语 mədər < *ma-dər。“瘦的”满文 turga，赫哲语 turχa < *tur-qa。土耳其语 dar，西部裕固语 dʒɑrsən < *dar-sən。

24）“强壮的” ngəra < *ŋəra。

桑塔利语 balgar < *bal-gar。锡加语 təgor < *tə-gor。吉尔伯特语 korakora < *kora。

25）“胖的” ndənia < *dəni-。

“大的”藏文 tɕhen，错那门巴语 then^{55} < *den。

26）“空的” bowu < *bogu。

“洞”缅文 a^{3}pɔk^{4}、藏文 phog < *bok。“贝壳”拉巴努伊语 pakahera < *baka-pera。

“空的”拉丁语 vacuus < *b^{w}aku-。

27）“病的” dondi < *do-di（*do- 方言形容词前缀）。

“病的”嫩戈内语 ueɖe < *ʔu-ʔede。

卡努里语、扎尔马语与亚非语系、尼日尔—科尔多凡语系和科伊桑语系语言语音、形态和词汇方面有较大的差异，可能是末次冰期期间或稍晚迁至非洲。东亚太平洋语言的 *ʔa-、*ʔi-、*ʔu- 前缀，卡努里语为 ka-、ku-，扎尔马语为 ha-、ji- 等。古突厥语名词复数后缀 *-an 对应于南岛语名词后缀 *-an，现代南岛的语言中仍活跃，希腊语中为 -no。卡努里语、扎尔马语名词也残存着后缀 *-n，如“鱼”卡努里语 buni < *bu-ni，“太阳”扎尔马语

wayna < *g^{w}al-na。

扎尔马语几个不同于卡努里语的词也可以说明这一情况，如：

①“人” boro。鄂伦春语、鄂温克语 bəjə < *bərə。

②“头” boŋ。柬埔寨语 tboːŋ < *tə-buŋ。克木语 kɯm pŏŋ < *kə-poŋ。阿侬怒语 a^{31} phuŋ^{55} < *buŋ。

③“骨头” biri。毛利语 poroiwi < *boro-ʔib^{w}i。中古朝鲜语 spjə < *sbrə。“肋骨” 日语 abara < *ʔabara。哈尼语 bja^{55}nɔ^{55} < *bra-na。

三 班图语支祖鲁语的比较

非洲南部的班图语（Bantu）曾被认为是一个独立的语系，现归为尼日尔—科尔多凡语系（Niger-Kordofanian, Niger-Congo）大西洋—刚果语族，称班图语支，有两百多种语言。

班图语支的主要语言有祖鲁语（Zulu）、科萨语（Xhosa）、斯瓦西里语（Kiswahili）、绍纳语（Shona）、南索托语（Southern Sot）、林加拉语（Lingala）、赫雷罗语（Herero）、刚果语、卢旺达语、卢干达语等。或认为班图语三千年前起源于西非的喀麦隆。

科尔多凡语族的语言有数十种，如他罗第语（Talodi）、卡他拉语（katla）、达哥依语（Tagoi）等，分布在苏丹的科尔多凡省。

1. 语音和形态

祖鲁语（Zulu）有较为复杂的吸气辅音（klick consonants），语序为 SVO，与其他班图语支的语言一样为黏着类型的语言，名词和形容词有前缀为类的标记。[1]

---

① *Zulu language*, en.wikipedia.org/Zulu_language.

（1）语音

1）辅音

祖鲁语使用吸气辅音，出现在齿、齿龈和小舌的部位。有平吸气音（plain）、送气吸气音（aspirated）、降吸气音（depressor）、鼻吸气音（nasal）和鼻降吸气音（depressor nasal）五类。

	齿音	边音	齿龈音
平吸气音	c / l /	x / ll /	q / ! /
送气吸气音	ch / lh /	xh / llh /	qh / !h /
降吸气音	gc / glh /	gx / gllh /	gq / g!h /
鼻吸气音	nc / ŋl /	nx / ŋll /	nq / ŋ! /
鼻降吸气音	ngc / ŋlh /	ngx / ŋllh /	ngq / ŋ!h /

其他辅音：

m	n	ny /ɲ /	ng / ŋ /	
m̤	n̈	ɲ̈	ŋ̈	
p	t		k	（词首）
ph	th		kh	
bh / b̤ /	dh / d̤ /		g / g̈ /	
b / ɓ /			k / ɖ /	（词中）
		tsh / tʃ /	kl / kx /	
		j / dʒ /		
f	s	hl / ɬ /	sh /ʃ/	h
v	z	dl / lʒ /		hh / ɦ /
		l y / j /	w	
		（j̈）	（ẅ）	

v、z 等为降辅音，与 f、s 分别是浊音和清音的对立。降鼻音 m̤ 、n̈、ɲ̈、ŋ̈，降塞音 bh / b̤ /、dh / d̤ /、g / g̈ /，降擦音 j̈、ẅ 等带有浊送气。

2）元音 i e a o u

3）声调

祖鲁语的音节有三个声调，高调、降调和低调。降调只出现于长元音音节，临近高调音节时低调不出现。

（2）语音的对应关系[①]

1）吸气音

祖鲁语吸气音与ɓ、ʄ等内爆音互补，可能从齿音或流音的内爆音演变来的。如：

①“小的、少的”祖鲁语 -ncane < *-ʔntane。

②“叶子”祖鲁语 iqabi / -!abi / < *-ʔɖabi。

③“脖子”祖鲁语 umqala / -!ala / < *-ʔʈala。

④“跳”祖鲁语 -eqa / -e!a / < *-ʔeʈa。

⑤“蛋”祖鲁语 iqanda / -!ada / < *-ʔʈada。

2）送气音

祖鲁语 b /ɓ/、k /ʄ/与 p、k 的不同在于词中和词首的分布。bh / b̤ / 等浊送气塞音仍来自浊塞音。早期后高元音影响下，部分不送气塞音和塞擦音成为清送气，这一点已经有班图语学者指出。[②] 部分清送气音当来自早期的浊音，如：

①“翅膀”祖鲁语 iphiko，斯瓦西里语 bawa < *-big^{w}a。

②“树”祖鲁语 umuthi，科萨语 umthi，斯瓦西里语 mti < *-di。

③“肺”祖鲁语 iphaphu，斯瓦西里语 pafu（肺、肝）< *-babu。

3）祖鲁语 z

祖鲁语 z 的来历比较复杂，部分来自前高元音前的浊塞音，部分可能来自早期的 *r。如：

①“水”祖鲁语、科萨语 amanzi < *ama-nri。

① 祖鲁语词汇参照 isizulu.net，科萨语词汇参照 Glosbe.com/en/xh/。斯瓦西里语词汇参照 www.goswahili.org/dictionary。

② 参见 www.cbold.ish-lyon.cnrs.fr。

②“黄的”祖鲁语 -liphuzi < *-budi。

③“飞”祖鲁语 -ndiza < *dira。“飞”阿拉伯语 tara，马耳他语 tar。

（3）名词和形容词的前缀

1）名词的前缀

名词的主要前缀有 um-（自然事物）、umu-（指人）、u-（亲属等）、aba-（umu- 类的复数）、imi-（umu- 类的复数）、ili-（事物，变体为 i-）、ama-（复数）、isi-（事物）、izi-（isi- 类的复数）、in-（动物）、izin-（复数）、ulu-（长的东西，变体为 u-）、ubu-（长的东西，变体为 ub-）、uku-（动名词和不定式标记，变体为 ukw-）、pha-（方位）。

2）形容词的前缀

形容词的主要前缀有 om-、aba-、emi-、eli-、ama-、esi-、ezin-、olu-、obu-、oku-。

2. 基本词

（1）代词

1）“我”祖鲁语 mina，科萨语 mna，斯瓦西里语 mimi。试比较欧洲的语言：

“我”芬兰语 mina、爱沙尼亚语 mina < *mi-na。 “我”（主格、宾格）格鲁吉亚语 mɛ < *me “我们”匈牙利文 mi，芬兰语、爱沙尼亚语 me < *mi。

祖鲁语的第一人称单数的前缀为 ŋi-，应是底层语言人称的表现。

2）“我们”祖鲁语、科萨语 thina < *di-na。试比较高加索语系的语言：

“我们”卡巴尔达语 dɛ，车臣语、印古什语 txo < *de。

祖鲁语的第一人称复数的前缀为 si-。

3）“你”祖鲁语 wena，斯瓦西里语 wewe < *g^we-。

“你们”古英语 ge（主格）、古撒克逊语 gi < *ge，立陶宛语 jus < *gus。
“你们”古英语 eow（与格和宾格的复数）、古弗里斯语 iuwe < *ig^{w}e。
“你们”意大利语 voi < *g^{w}i。梵语 jujam，阿维斯陀经 juzem < *gurem。
“你们”俄语 v-、波兰语 wy < *g^{w}i。亚美尼亚语（主格）jez < *ge-l。

祖鲁语的第二人称单数的前缀为 u-。

4）“你们”祖鲁语 nina，科萨语 inye，斯瓦西里语 ninyi < *ni-。“你”卡努里语 ni。

“你们”阿尔巴尼亚语 njeriu < *ne-ru。

复数的前缀为 si-

5）“这”祖鲁语 le，斯瓦西里语 hili < *ile。

“这”意大利语 il，梵语 iyaṃ < *ila-。亚美尼亚语 ays < *al-。

6）“什么”祖鲁语 ni-，斯瓦西里语 nini < *ni。

“什么”亚美尼亚语 intʃh < *ini-k。

7）“谁”祖鲁语 ubani，斯瓦西里语 nani < *-ni。

（2）人、男人和女人

1）班图语“人”单、复数的说法如：祖鲁语、刚果语、卢旺达语、卢干达语 muntu / bantu，科萨语 umntu / abantu，斯瓦西里语 mtu / watu，南索托语 moto / bathu，林加拉语 moto / bato，赫雷罗语 munto / vandu。它们的词根为 *tu 或 *do。

2）“男人”祖鲁语 indoda < *-doda。“女人”梵语 sudati。格鲁吉亚语 diatsi < *dati，dɛdakhatsɔ < *deda-gato。

3）“女人”祖鲁语 umfazi < *-p^{w}ari。“人”卡努里语 boro。“人、男人”匈牙利文 ember < *eber。鄂伦春语、鄂温克语 bəjə < *bərə。

“妻子”古英语 freo < *pro。“人”古法语 persone、拉丁语

persona < *perso-。

“男人”立陶宛语 výras、拉丁语 vir、哥特语 wair、古英语 wer、古爱尔兰语 fer < *b^{w}ira。

（3）名词

1）“太阳”祖鲁语 ilanga < *-laŋa。

“太阳”亚美尼亚语 arev，areg < *areg^{w}。

2）“晨星”祖鲁语 ikwezi。“星星”科萨语 inkwenkwezi < *-k^{w}eri。

“星星”古教堂斯拉夫语、俄语 zvezda，立陶宛语 žvaigžde < *sg^{w}egr-da。

波兰语 gwiazda < *g^{w}er-da。

3）“天”祖鲁语、科萨语 izulu < *-gulu。

“太阳、天”古英语 swegl < *sugl。阿尔巴尼亚语 kjiell < *kel。

4）“土、地”祖鲁语 inhlabthi，科萨语 umhlaba < *-łaba。“泥”匈牙利文 la'pföld < *lep-。“土”玛雅语 ʔilɛf < *ʔilep。

5）“天”祖鲁语 amafu < *-pu。

“天”古英语 heofon、古挪威语 himmin < *qepon。

“上面、高”古高地德语、撒克逊语 oban、德语 oben。

6）“云”祖鲁语 ifu < *-pu。

“云”亚美尼亚语 amp < *ap。

7）“水”祖鲁语、科萨语 amanzi < *ama-nri。“河”格鲁吉亚语 mdinarɛ < *mdi-nare。

“水”斯瓦西里语 maji。“水”希伯来语 mayim，阿拉伯语 meyah，叙利亚语 mayyā < *maja-。

8）“火”祖鲁语、科萨语 umlilo < *-lilo。“火”格鲁吉亚语 ali。

9）“风”祖鲁语 umoya < *-oja。巴斯克语 haize < *qare。

“风”希腊语 aeras < *era-。阿尔巴尼亚语 erë < *ero。

10）“眼睛”祖鲁语 iso，科萨语 iliso < *-so。“脸”格鲁吉亚语 saxɛ < *saqe。

“看”古英语 seon，古弗里斯语 sia < *seq^{w}e。

11）“嘴”祖鲁语 umlomo，科萨语 ulwimi < *-lomi。

“唇”古英语、古弗里斯语 lippa，丹麦语 læbe < *labe。

“舔”拉丁语 lambere < *labe-。

12）“舌”祖鲁语、科萨语 ulimi，斯瓦西里语 limi < *-limi。

“舌头”阿尔巴尼亚语 llapë < *lape。

“舔、喝”古英语 lapian，“舔”拉丁语 lambere < *labe。

13）“牙齿”祖鲁语 izinyo，科萨语 inja，斯瓦西里语 jino < *-no。

“嘴”巴斯克语 aho < *ano。“舌头”格鲁吉亚语 ɛna，拉兹语 nena。

14）“脖子”祖鲁语 umqala / -!ala / < *-ʔʈala。“肩”科萨语 intloko < *-tloko。

“喉咙”匈牙利语 torok。

15）“乳房”祖鲁语、科萨语 ibele < *-bele。匈牙利语 kebel。

“肩”法语 epaule < *epula。“肩、肩胛骨”拉丁语 scapula < *ska-pula。

16）“胸”祖鲁语 isifuba < *-puba。

“肚子、子宫”古英语 womb，高地德语、哥特语 wamb < *b^{w}ab。

17）“手臂”祖鲁语、科萨语 igalo < *-galo。“手指”梵语 aŋgula。

“小骨”丹麦语 knokkel，“关节、手指关节”古英语 knokel < *kno-kel。

18）“手”祖鲁语、科萨语 isandla < *-alʒa。

“手臂”格鲁吉亚语 xeli，卡巴尔达语 lɛ < *qele。

19）“手指”祖鲁语 umunwe，科萨语 umnwe < *-ng^{w}e。

“指甲”梵语 nakha < *naga。“指甲”亚美尼亚语 eʁung < *eg-ung。

20）“脚”祖鲁语 unyawo < *-nag^{w}o。

“脚”古教堂斯拉夫语 noga，“蹄”立陶宛语 naga。

“指甲、爪子”希腊语 onyx、拉丁语 unguis < *ungis。

21）“膝盖”祖鲁语、科萨语 idolo < *-dolo。“腿”匈牙利文 csaloˈ < *talo。

22）“肺”祖鲁语 iphaphu，斯瓦西里语 pafu（肺、肝）< *-babu。“肺”梵语 phupphusah < *bubusa-。

23）“肝”祖鲁语 isibindi < *bidi。

“胸”意大利语 *petto，葡萄牙语 *peito。

24）“狗”祖鲁语、科萨语 inja < *-dʒa。高加索语系阿布哈兹语 ala。

25）“蛇”祖鲁语 inyoka，斯瓦西里语 joka（大蛇）< *-oka。

“蛇”亚美尼亚语 oj < *og。拉丁语 vipera < *g^{w}i-bra。

“蛇”格鲁吉亚语 gvɛli < *g^{w}e-。巴斯克语 suge。

26）“蝴蝶”祖鲁语 umvemvane < *-b^{w}eb^{w}ane，斯瓦西里语 kipepeo。

“蝴蝶”瓜依沃语 bebe，斐济语 bēbē，萨摩亚语、汤加语、塔希提语 pepe < *bebe。木雅语 mbe^{33}mbə^{53} < *bebe。布依语 bi^{6}ba^{4} < *biba。

27）“爪子”祖鲁语 izipho < *-bo。“手指”希伯来语 etzˈba < *ed-ba（手一指），阿拉伯语 ˈisʕbaʕ。

28）“翅膀”祖鲁语 iphiko，斯瓦西里语 bawa < *-big^{w}a。

“翅膀”古英语 wenge、古挪威语 vængr、丹麦语 vinge < *b^{w}ige。

“翅膀”梵语 pkaʃa < *pukasa。

29）“根”祖鲁语 impande < *-pade。

“根”威尔士语 peth、古爱尔兰语 pet、布立吞语 pez < *ped。

“脚”英语 foot、法语 pied、意大利语 piede、希腊语 podi。

30）“花”祖鲁语 imbali < *-bali。

“花”古挪威语 blomi、哥特语 bloma、中古荷兰语 bloeme、古法语

flor、意大利语 fiore < *blo-。梵语 aboli < *aboli。“花”拉丁语 flos（主格）< *blo-。

31）“树”祖鲁语 umuthi，科萨语 umthi，斯瓦西里语 mti < *-di。

“树”阿卡德语 iʃu，希伯来语 'etz，阿拉伯语 'iḍ-at- < *ed。车臣语 ditt < *dit。

32）“蛋”祖鲁语 iqanda / -!ada / < *-ʔʈada。

“蛋”希伯来语 beytzah，阿拉伯语 baydʕa，叙利亚语 be'θa，马耳他语 bajdā < *baʔida。

“蛋”哥特语 ada < *ada。亚美尼亚语 havkith < *qab^{w}k-id（鸟—蛋）。

33）“鬼”祖鲁语 isipokwe < *-pog^{w}e。

“神、造物主”俄语 bog、“神”波兰语 bog < *bog。
“灵魂”亚美尼亚语 hogi < *pogi。

34）“魂”祖鲁语 umoya < *-ola。“鬼、魂”格鲁吉亚语 suli。

“灵魂”古英语 sawol、古撒克逊语 seola、古弗里斯语 sele < *sola。

35）“神”祖鲁语 isithixo / -thillo /，科萨语 idolize < *-dilo-re。

“神”车臣语 dela，印古什语 dajla。

36）“词”祖鲁语 uhlamvu < *-ɬabu。“舌头”阿尔巴尼亚语 llapë < *lape。

37）“炉子”祖鲁语 isitofu < *-topu。“烧、烤”格鲁吉亚语 tshva < *db^{w}a。

（4）动词

1）“跑”祖鲁语 -subatha < *subada。

“走”希腊语 badizo < *badi-，“去”拉丁语 vado < *b^{w}ado。
“脚”英语 foot、法语 pied、意大利语 piede、希腊语 podi。

2）“飞”祖鲁语 -ndiza < *dira。“飞”阿拉伯语 tara，马耳他语 tar。

“飞”阿尔巴尼亚语 fluturoj < *b^{w}lu-turor。

3）“吃、喝”祖鲁语 -dla < *lʒa。“吃”车臣语 da'an。

“吃”古英语 etan、中古荷兰语 eten、古挪威语 eta、古弗里斯语 ita < *eda。

4）“喝”祖鲁语 -iphuza < *ibura。

“喝”阿尔巴尼亚语 pije < *pire。

5）“坐”祖鲁语 -hlala < *ɬala。“居住”匈牙利文 el < *el。

6）“睡”祖鲁语 -lala，斯瓦西里语 lala。“睡”巴斯克语 lo。

7）“问”祖鲁语 -buza < *bura。

“寻找、问”波兰语 prositʃ，俄语 prositj < *prosi-。

8）“拿”祖鲁语 -thatha < *dada。“拿”芬兰语 otta < *ota。

9）“杀”祖鲁语 -bulala < *bulala。“劈”希腊语 peleko < *pele-ko。

10）“煮”祖鲁语 -umpheki，斯瓦西里语 -pika < *beki。

“焙”古英语 bacan、古挪威语 baka、希腊语 phogein < *boga-。

11）“烧”祖鲁语 vutha < *buda。

“烤”（名词）希腊语 pheto < *beto。

12）“害怕”祖鲁语 -saba。“红的”祖鲁语 -bomvu < *bobu。

“怕”希腊语 phoboymai < *bobo-。意大利语 spaventare < *spab^{w}e-。

（5）形容词等

1）“小的、少的”祖鲁语 -ncane < *-ʔntane。

“窄的、细的”古英语 þynne、中古低地德语 dunne < *tune。 “薄的、细的”拉丁语 tenuis < *tenu-。

2）“满的”祖鲁语 -gcwele，斯瓦西里语 tele < *ʔdole。

“满的”匈牙利语 tele、teli。格鲁吉亚语 mtɛli < *m-teli。

3）“白的”祖鲁语 -mhlophe < *-ɬobe。“白的”希伯来语 lavan < *lab^{w}an。

“白的”赫梯语 alpa，西班牙语、葡萄牙语 albino、拉丁语 alba、古英语 albe。

“天鹅”古英语 elfet、古教堂斯拉夫语 lebedi。

4）“黄的”祖鲁语 -liphuzi < *-budi。

“黄的”梵语 piːtaṃ < *pita-。

5）“烂的”祖鲁语 -bolile < *bolile。“烂的、坏的”斯瓦西里语 viza < *b^{w}ira。

“腐烂的、脏的”古英语、古弗里斯语 ful、中古荷兰语 voul < *pul。

6）“软的”祖鲁语 -ntofontofo < *topo-topo。

“软的”波兰语 wiotki < *b^{w}ot-，阿尔巴尼亚语 butë < *bute。

7）“老的”祖鲁语 -dala。

“老的、旧的”古英语、古弗里斯语 ald。 “年老的，岁数较大的”西萨克逊语 eald。

8）“慢的”祖鲁语 -dondä < *doda。“慢的、傻的”匈牙利文 ostoba < *osto-。“慢的”芬兰语 hidas < *sida-。

祖鲁语的基本词和欧洲语言的基本词有密切的关系。

◇ 四　科伊桑语系他语的语音和词汇

科伊桑语系（Khoisan）的语言分布于非洲南部，吸气音是该语系语言的主要特征。语系名来自南非的民族名科伊科伊（Khoekhoe）和桑（San, Bushman）。东非坦桑尼亚境内的哈扎语（Hadza）、三达维语（Sandawe）也归入该语系。该语系的语言原本可能分布在南部和东部非洲的广大地区，因班图语的扩展，分布范围变窄。

科伊科伊语（Khoekhoe）分布在纳米比亚、博茨瓦纳和南非。

土语族（Tuu）塔语支（Taa）语言分布于卡拉哈里沙漠地区。塔语支语言有科洪语（!Khoong，!Xoon，!Wi）、玛萨尔瓦语（Masarwa）、努恩语（Nu||en，

Ng|u||en 等）。科洪语主要分布在博茨瓦纳，自称为 !Xoon。[①] 下文与之比较的有科伊科伊语和土拉语。[②]

他语支（Taa）科洪语的比较如下。

1. 语音

（1）辅音

1）非吸气辅音

p	ph			f				m	ʔm		
t	th	d		s	ts	tsh	dz	n	ʔn	r	l
	dth					dtsh					
								ɲ			
k	kh	g						ŋ		j	
q	qh	ɢ	ɢh	χ	tʃ						
ʔ				h							

另有气喷音：kʔ、qʔ、tsʔ。

2）吸气辅音

基本吸气辅音发生于唇、齿、龈、舌侧和硬腭五个部位，分清、浊、鼻、送气和喷气五类，小舌擦音、浊软腭擦音、小舌塞音、送气小舌音等吸气音相当于辅音丛。

科洪语基本吸气音（click）有：唇吸气音（labial）ʘ，齿吸气音（dental）|，齿龈吸气音（alveolar）!，边吸气音（lateral）|| 和腭吸气音（palatal）ǂ。

衍生的吸气辅音主要有浊吸气音（voiced）、软腭擦音（velar frictive）、

① 科洪语、玛萨尔瓦语和努恩语材料参见 South Khoisan (Taa subgroup) etymology, Compiled by Geoge Starostin. Starling. rinet.ru/xooet.pdf。

② 科伊科伊语和土拉语材料参见 Khoekhoe etymology, Compiled by Geoge Starostin. Starling. rinet.ru/kkhet.pdf。

浊软腭擦音（prevoiced velar frictive）、小舌塞音（uvular）、送气小舌音（aspirated uvular）、浊鼻吸气音（voiced nasalized）、送气吸音（aspirated），列表如下：

清音	浊音	小舌擦音	浊软腭擦音	小舌塞音	送气小舌音	鼻吸气音	送气吸音
ʘ	ʘg	ʘx	ʘ̰x	ʘq	ʘqh	ʘ̃	ʘh
ǀ	ǀg	ǀx	ǀ̰x	ǀq	ǀqh	ǀ̃	ǀh
ǁ	ǁg	ǁx	ǁ̰x	ǁq	ǁqh	ǁ̃	ǁh
ǃ	ǃg	ǃx	ǃ̰x	ǃq	ǃqh	ǃ̃	ǃh
ǂ	ǂg	ǂx	ǂ̰x	ǂq	ǂqh	ǂ̃	ǂh

其他如鼻化浊小舌送气吸气塞音（prenasalized voiced aspirated uvular top）ɢǀqh，先浊送气小舌吸气塞音（prevoiced aspirated uvular stop）ǀ̰qh，小舌吸气喷音（ejective uvular stop）ǀqʔ，先喉塞鼻吸气音（preglottalized nasalized）ʔǀn，喉塞吸气音（glottal stop）ǀʔ 等。

（2）元音

单元音 a e i o u，aa ee ii oo uu。

双元音 ai ae ao au oi oe oa ou ui ue ua。

（3）声调

有高、中、低和中降四个声调，分别表示为如：á、ā、à、â。

2. 形态

该群的语言为 SVO 型，及物动词、介词和形容词跟代词人称一致。

（1）前缀

*ʔ- 和 *t-（*tʃ-）可能是早期的名词前缀，演变为吸气音。如：

①“喉咙”科洪语 ʔǀnùm < *ʔ-dam。科伊科伊语 dom-mi。

②“脚”科洪语 ǂ̃ù < *ʔndʒu < *ʔ-gu。

③“天”科洪语 |ŋáli < *tŋali < *t-ŋali。“太阳”卡努里语 kangal < *-ŋal。

④“骨头”科洪语 ǂâ，科伊科伊语 ǂkhō- < *tʃ-ka-。

（2）后缀

-a、-i 和 *-u 为动词后缀。如：

①“跑”科洪语 ǁ̃ûu，科伊科伊语 ǁguwu（使劲跑）< *ʔlu-ʔu。

②“走”科洪语 |qhíĩ < *tqhi-ʔi。

③“给”科洪语 |̃àa < *ʔnda-。科伊科伊语 |khae < *ʔdqa-ʔi。

3. 语音的比较

（1）吸气音的来历

内爆音（包括鼻冠内爆音和先喉塞流音）可能是早期科伊桑语系语言产生吸气音的因素，如同今班图语中的吸气音，其余来自词首辅音丛。词首辅音丛来自第一音节元音丢失和第二音节辅音的结合。

1）基本吸气音

①“肉”科洪语 ʘàje < *ʔpale。

②“叶子”科洪语 ˩āna，玛萨尔瓦语 |gana < *ʔdan。

③“傍晚”科洪语 !̰óa，玛萨尔瓦语 !gwa，努恩语 !gwã（下午）< *ʔɖon。

④“跑”科洪语 ǁ̃ûu，科伊科伊语 ǁguwu（使劲跑）< *ʔlu-。

⑤“小路”科洪语 ǂólo，科伊科伊语 ǂgaro-b < *ʔdjalo-。

2）辅音丛类吸气音的来历

①“走”科洪语 |qhíĩ，科伊科伊语 |khi（来）< *tqhi-。

②“月亮”科洪语 !qhàn < *ʈqha-。

③“骨头”科洪语 ǂâ，科伊科伊语 ǂkhō- < *tʃka-。

④“星星”科洪语 ǁōna，玛萨尔瓦语 ǁgwanate < *lʔo-na-。

喷音是辅音后随的小舌音演变而来的，三达维语和哈扎语中用/'/来标识。

（2）声调

1）高调

“野猫”科洪语 ʘqóu，玛萨尔瓦语 ʘpō，努恩语 ʘʔō（红色猫）；

“蛋”科洪语 ǂ̰úã，玛萨尔瓦语 ǁkwā，努恩语 !gwõĩ。

2）中调

“蜜蜂”科洪语 |qhūje，努恩语 |khu；

“弓”科洪语 |hābe，玛萨尔瓦语 |habe，努恩语 |habe；

“打猎用口袋”科洪语 !ūma，玛萨尔瓦语 !koma（箭袋），努恩语 !kuma（箭袋）。

3）低调

“肉”科洪语 ʘàje，玛萨尔瓦语 ʘpwe，努恩语 ʘpwē；

“月亮”科洪语 !qhàn，玛萨尔瓦语 !xʌn，努恩语 !xān；

“水、雨”科洪语 !qhà，玛萨尔瓦语 !kha，努恩语 !kha。

“肝”科洪语 ǁ̃àm，努恩语 ǁnʌm。

4）中降调

“雨”科洪语 !kxʔôe，玛萨尔瓦语 !kwe-ga，努恩语 !xwē；

“秃鹫”科洪语 !̰ûe，努恩语 !gwē。

“太阳”科洪语 ǁʔân，玛萨尔瓦语 ǁʌn，努恩语 ǁʌn、ǁẽ。

“嘴”科洪语 ǂûe，玛萨尔瓦语 !kwe，努恩语 djũ、ǂkũe。

科洪语早时词首辅音清、浊的不同可能伴随高低不同的声调，后来在此基础上因元音长、短的不同分化为四个声调。基本的情况为：

清声母/长元音→ 中降调　　　　清声母/短元音→中调

浊声母和送气声母/长元音→ 高调　　浊声母和送气声母/短元音→低调

后来浊声母的清化，一些长元音演变为复元音和元音后缀产生的类似的复元音不对声调类的归属产生影响。与科伊科伊语对应词的比较如：

①“回答”科洪语 !àba < *ʔɖaba。科伊科伊语 dawa（返回）。

②“舌头”科洪语 ʔ|nà n < *ʔlan-。科伊科伊语 lam-mi。

③“藏”科洪语 dzāʔa < *ɖa-。科伊科伊语 ǂgō < *ʔdʒo。

④“弓”科洪语 |hābe < *tqha-be。科伊科伊语 khā-b。

⑤“笑”科洪语 kxʔái- < *gʔai。科伊科伊语 âi。

⑥“磨碎”科洪语 !qóʔa < *ɖqo-。科伊科伊语 xon。

⑦“嘴”科洪语 ǂûe，玛萨尔瓦语 !kwe，努恩语 ǂkũ e < *ʔdjgu-。

⑧“醒来”科洪语 ǂê- < *ʔdjge-。科伊科伊语 ǂkhai < *ʔdjkhai（醒）。

4. 基本词的比较

（1）人称代词

1）“我”科洪语 ń < *nu。“我”哈扎语 ono。

希伯来语 ani（主格），埃塞俄比亚阿姆哈拉语 əne。

“我”达罗毗荼语系泰米尔语 en，泰卢固语（Telugu）ni、nu。

2）“你”科洪语 āh，玛萨尔瓦语、努恩语 a。

“你”三达维语 ha。达哥依语（Tagoi）ɔgən < *o-。

（2）名词

1）“太阳”科洪语 ǁʔân < *ʔlqan。“太阳”三达维语 ǁ’akasu < *ʔlqaka-。[①]

“太阳”祖鲁语 ilanga < *-laga。

2）“新月”科洪语 ǂ̃ ôba < *ʔndjoba。“月亮”三达维语 !abso < *ʔdab-。

3）“星星”科洪语 ǁōna < *lʔo-na。

“星星”（复数）古普鲁士语 lauxnos < *luq-nos。

4）“土、沙子”科洪语 ǂkxʔûm < *ʔdjgu-。

“泥土”科伊科伊语 ǂgoa-b < *ʔdjʔo-。

① 三达维语材料参见 archive.phonetics.ucla.edu/Language/SAD/sad_word-list_1991_02.html。

“泥、土”斯瓦西里语 udongo < *-dogo。

5）“石头、山”科洪语 |ūle < *tʔule-。科伊科伊语 |ui-b。

“山峰、小山”阿拉伯语 tall、希伯来语 tel。

6）“火”科洪语 |ʔà < *dʔa-。“烧”科伊科伊语 dao。

“烤”祖鲁语 thosa < *do-sa。“煮”斯瓦西里语 -andaa < *-ada。

7）“灰烬”科洪语 ǂ̰ò a，努恩语 ǁgwā < *djo-a。科伊科伊语 tsao-b。

“烟”阿拉伯语 duxaːn < *duqa-。

8）“眼睛”科洪语 !ʔûì < *ʈqu-。“眼睛”三达维语 |we < *ʔdge。

豪萨语 ido。

9）“牙齿”科洪语 ǁqhà < *lqha-。“牙齿”库欧特语 lauki-ma < *laki-。

“舌头”拉丁语 lingue < *lig^{w}e。

10）“下巴”科洪语 dzàni < *ɖani。科伊科伊语 !gan-s < *ʔɖan-。

11）“喉咙”科洪语 ʔ|nù m < *ʔndam。科伊科伊语 dom-mi。

“脖子”祖鲁语 intamo < *-tamo。

12）“脖子”科洪语 ǂkxʔàu，科伊科伊语 ǂhoro < *tjqha-。

“脖子”卡努里语 dau < *daqu。

13）“手”科洪语 |kxʔà a < *tgha。“手指”科伊科伊语 |khunu-b < *tgu-。

“肘”格鲁吉亚语 idaqhvi < *idaɢ^{w}a-。

14）“手指、脚趾”科洪语 ǃ qā̰na < *ʔŋʈqa-。科伊科伊语 ǂonni（手`指）< *tʃʔon-。

“手指”拉丁语 digitus < *digi-。

15）“膝盖”科洪语 ǁ̃ xú -，科伊科伊语 ǁgoa-s < *ʔlqu-。

“腿、腿骨”古挪威语 leggr。

16）“踝”科洪语 gūlu < *gulu。

“膝盖”波兰语 kolano，俄语 koleno < *kole-no。

“踝”英语 ankle、古挪威语 ökkla、古弗里斯语 ankel。

17）“脚”科洪语 ǂ̃ù < *ʔndʒu。“腿、脚”斯瓦西里语 mguu < *m-gu。

18）“名字”科洪语 ǂʻí < *ʔgi。

“名字”格鲁吉亚语 gvari < *g^{w}a-。

19）“蛾子、蝴蝶”科伊科伊语 awure-s < *ʔabure-。

“蝴蝶”格鲁吉亚语 pepela。达罗毗荼语系曼达语 pāpēr < *paper。

20）“（较大的）蛙”科伊科伊语 ǁgôa-b < *ʔloʔa-。“蛙”祖鲁语 ixoxo < *-ʔloʔlo。

21）“翅膀”科伊科伊语 ǁgawo-b < *ʔlabo-。

“翅膀”法语 ailef、西班牙语 alaf、意大利语 ala < *alap。

“手掌”古挪威语 lofi、中古英语 love、哥特语 lofa < *lobi。

22）“蛋”ǂ̃úã < *ʔndu-an。“蛋”三达维语 diʔa。

“蛋”祖鲁语 iqanda / -!ada / < *-ʔʈada。

“蛋”哥特语 ada < *ada。亚美尼亚语 havkith < *qab^{w}k-id（鸟—蛋）。

23）“树皮”科洪语 gúle < *guli。“裂开的皮”祖鲁语 inkwali < *-k^{w}ali。

24）“鬼”科洪语 ǁkxʔú < *ʔrku。“魂”斯瓦西里语 roho < *roqo。

25）“路”科洪语 tàu < *ʔda-。科伊科伊语 dao-b。

“路”斯瓦西里语 njia < *ndʒia < *ʔɖa。

26）“小路”科洪语 ǂʻólo，科伊科伊语 ǂgaro-b < *ʔdjalo-。

“山谷”古英语 dale、古高地德语 tal、古教堂斯拉夫语 dolu < *dalo。

“路”莫图语 dala，达阿语 dʒala，劳语 tala < *dala。

（3）动词

1）“跑”科洪语ǁ̃ûu，科伊科伊语 ǁguwu（使劲跑）< *ʔlu-。

“走”格鲁吉亚语 alɛa < *ale-。“来”匈牙利语 lesz < *les。

“出去”亚美尼亚语 elnel < *el-。

2）“跳”科洪语 ǁōhbo < *ʔrokh-。

“跳、飞”斯瓦西里语 -ruka < *ruka。

“跳”俄语 prygat < *p-ruga-。

3）“听见”科洪语 tá- < *da，科伊科伊语 !ga（听）< *ʔɖa。

“看见”格鲁吉亚语 xɛdva < *qed-。“知道”阿尔巴尼亚语 di。

4）“吃（流食）”科洪语 xàbu < *qabu-。“喝”祖鲁语 -iphuza < *ʔibu。

5）“叫”科洪语 !àʔi < *ɖʔa-。“噪声”祖鲁语 umsindo < *-sido。

6）“给”科洪语 ⌈àa < *ʔnda-。科伊科伊语 |khae < *ʔdqa-。

“给、允许”芬兰语 anta < *ata。

“给”西班牙语、葡萄牙语 dar、意大利语 dare < *da-。

7）“坐”科洪语 tsʔo，科伊科伊语 ǂnôa < *ʔntʃoʔa。

“躺”格鲁吉亚语 tshɔla < *tsho-。

8）“回答”科洪语 !àba < *ʔɖaba。“回答”斯瓦西里语 -jibu < *ɖibu。

“回答”格鲁吉亚语 tavdɛbɛba < *tab^{w}-debe-。

“回答”藏文 ɦdebs < *m-debs。汉语 *təbs（对）。

9）“烤、焙”科洪语 ǁâo-，科伊科伊语 ǁgan < *ʔlan。

“火”祖鲁语 umlilo < *-lilo。

“烧”古英语 onælan < *on-alan（放在—火）。

10）“藏”科洪语 dzāʔa < *ɖa-。科伊科伊语 ǂgō < *ʔdʒo。

“藏”祖鲁语 -sitha < *-sida。

11）“死”科洪语 |ʔâa < *tʔa。“死”祖鲁语 enda < *ʔeda。

12）科伊科伊语 ǁō，土拉语 ǁʔo < *lʔo。

“死”吐火罗语$_{A}$ wɨl < *ul。

（4）形容词

1）“小的”科洪语 |qʔán，科伊科伊语 |gā，土拉语 |ka < *dɢa。

“小的、少的”斯瓦西里语 -dogo。卡努里语 dodok。

“小的”科洪语 |ʔûi，科伊科伊语 |ui（细的）< *ʔdʔu-。

2）“高的、长的、深的”科洪语 !ʔám- < *ɖʔam-。科伊科伊语 ǂomxa（久的）< *ʔdʒom。

“高的、长的”祖鲁语 -de < *de。

3）“满的”科洪语 |ʔōla < *ʔtola。

“满的”祖鲁语 -gcwele < *ʔdole，斯瓦西里语 tele。

“满的”匈牙利语 tele、teli。格鲁吉亚语 mtɛli < *m-teli。

4）“重的”科洪语 ǁ̃áu，科伊科伊语 ǁaū < *lʔa-。

“重的、迟钝的”荷兰语 log，英语 logy < *logi。

5）“干的”科洪语 |ʔò o < *tʔo-。“干燥”科伊科伊语 |aru- < *tʔa-。

“干燥的”阿尔巴尼亚语 thatë < *dato。

6）“好的”科洪语 qáĩ < *ɢai-。科伊科伊语 !gâi，土拉语 !kai < *ɖkai-。

“好的”格鲁吉亚语 khai < *gai。

7）“白的”科洪语 !̃únã < *ʔnɖu-。

“白的”格鲁吉亚语 dɛdri < *ded-。

8）“新的”科洪语 ǁqũ < *ʔlʔu。“新的”三达维语 ǁae < *ʔla-。

科洪语等科伊桑系语言的词汇与班图语较为密切，其次是亚非语系、尼罗—撒哈拉语系和欧洲的语言。

不同于科洪语的科伊科伊语词除了与欧亚的语言有词源关系，再就是与非洲其他语系语言的词有词源关系。如：

①“眼睛”科伊科伊语 mû-s < *mu-。卡努里语 sim，扎尔马语 mo。

②“鼻子”科伊科伊语 ǂgui-s，土拉语 ǂkuyb < *dʒk^{w}i-。

“鼻子”格鲁吉亚语 tskhviri < *tsk^{w}hi-。

③“嘴”科伊科伊语 am-s < *ʔam-。

“舌头”苏米尔语 eme。“鼻子”古希伯来文 aph，希伯来语 af，阿拉伯语 fam，埃塞俄比亚语 anf，阿卡德语 appu < *ʔap。

④“腿（动物）”科伊科伊语 ti-s < *ti-。

“腿、脚”扎尔马语 tʃe < *ʈe。

⑤“烟雾、霾”科伊科伊语 !nū-b < *ʔɖu。

“烟”祖鲁语 intuthu < *-tudu。

⑥“灰尘”科伊科伊语 tsara-b < *ʈara。

“地”匈牙利文 taj < *tar。“土”意大利语、葡萄牙语 terra，梵语 dhara < *dera。

⑦“火焰”科伊科伊语 ǂnora-b < *ʔdʒora- < *ʔɖola。

“火焰”维吾尔语 jɑlqun，哈萨克语 dʒɑlən < *ɖalə-。马京达瑙语 dila，达阿语 dʒela，乌玛语 dʒelaʔ < *dila。

⑧“年”科伊科伊语 kuri-b < *kuri-。

“年”卡努里语 ngəʈi。

五　非洲语言与亚欧语言词源的比较

学术界一般认为非洲四大语系的语言起源于非洲，我们以上的比较说明其中尼罗—撒哈拉语系的语言与东亚的语言关系密切，其次为亚非语系的语言。

1. 亚非语系语言基本词对应例

亚非语系语言的基本词与欧洲和亚洲的语言都有较多的对应关系。如：

1）舌头

① 库西特语族哈姆汤嘎语 laaq，阿尔波勒语 laeke。

“舌头”拉丁语 lingue < *lig^{w}e。“舔”古撒克逊语 likkon、哥特语

bi-laigon、古爱尔兰语 ligi-m（我舔）。

“舌头”匈牙利文 nyelv < *nelg。

欧洲语言“舌头”*lig^{w}e 与东亚（东北亚）语言相关的对应前面已谈到，不再列举。

② 乍得语族德拉语 daak，贝罗语 dak。

“舌头”佤语马散话 dak，德昂语茶叶箐话 sitaʔ^{51}，布兴语 sɯŋtak < *si-dak。莽语 ŋɤ^{31}tak^{35} < *ŋə-tak。尼科巴语 kaledak < *qale-dak，litāk < *li-tak。

“舌头”朝鲜语扶安方言 seppatak < *sepa-dag。

藏语“舌头（敬语）” ldʑags < *l-dag-s，“舔”*l-dag。

“舌头、语言”立陶宛语 liezucis、古教堂斯拉夫语 jezyku < *lediku。

2）喉咙

“喉咙”希伯来语 garon。阿拉伯语 ẖanʒura < *qagura。

“喉咙、脖子、吞咽”梵语 gala。“喉咙”意大利语 gola，拉丁语 gula。

“脖子”阿侬怒语 go^{31}ɹo^{55} < *goro。

“喉咙”德昂语 khoroʔ < *goro，毛利语 korokoro。

“喉咙”印尼语 təŋgorokan < *tə-gorok-an。马京达瑙语 ŋarək < *garək。

“喉咙”芬兰语 kurkku。

“咳嗽”藏文 glorgjag < *glo-grak，汉语 *grək（咳）。

3）手

“手”希伯来语、阿拉伯语 yad，叙利亚语 ˈið，埃塞俄比亚语 ˈəd，马耳他语 id，阿卡德语 qatu < *ʔadu（古埃及象形文 *d）。

“手”哥特语 handus、古英语 hond、古弗里斯语 hand、古挪威语 hönd，古英语 handa（复数）< *qoda。“手指”意大利语 dito，西班牙语、葡萄牙语 dedo < *dido。

“手”匈牙利文 kiosztott < *kos-tot。“手指”巴斯克语 hatz < *qad。格鲁吉亚语 titi。

“手、手臂”日语 ude < *ʔude。“手”日语 te < *te。

“手”德昂语、京语 tai^1，桑塔利语、布兴语 ti，克木语 tiʔ < *ti。尼科巴语 el-ti，卡西语 kti < *ti。“手、手臂”柬埔寨文 daj < *daʔi。

“手”达罗毗荼语系巴拉会语 du。“胳膊”曼达语 danḍā < *daḍa。

4）树

“树”阿卡德语 iʃu，希伯来语 ˈetz，阿拉伯语 ˈiḍ-at- < *ed。

“树”祖鲁语 umuthi，科萨语 umthi，斯瓦西里语 mti < *-di。“柳树”希腊语 itea-。

“木头”布吉斯语 adʒu < *ʔadu。“松树”嫩戈内语 odi < *ʔodi。“柳树”清代蒙文 uda < *ʔuda。

2. 尼罗—撒哈拉语系语言基本词对应例

尼罗—撒哈拉语系卡努里语主要与东亚的语言基本词有对应关系。

1）太阳

“太阳”卡努里语 kangal < *-ŋal，扎尔马语 wayna < *g^{w}al-na。

“太阳”柬埔寨文 t^{h}əŋail < *tə-ŋal。

“太阳、天”古英语 swegl < *sugl。“照耀”希腊语 gyalizo < *gali-。古法语 glisa、古丹麦语 glisse。

2）月亮

“月亮”扎尔马语 handu < *qadu。

“新月、月份”希伯来语 h'odesh < *q-ʔodes。

“满月”梵语 amalendu < *a-mal-indu，字面意思“满的—月亮”。

“月亮”古突厥语、土耳其语、维吾尔语、哈萨克语 aj < *ʔadi。

3）圆的

“圆的”卡努里语 mbol。

“圆的”大瓦拉语 wiwila-na < *b^{w}ib^{w}ila。沙外语 fofololo < *polo。户语 ʔmal^{31} < *ʔbal。

“圆”希腊语 bole，梵语 valaja < *b^{w}alaga。“圆的”阿尔巴尼亚语 plotë < *plo-。

“球”古英语 beal、古挪威语 bollr、古高地德语 ballo < *balo。

4）分开

“分开”卡努里语 faɽaidu < *pari-，“一半”faɽi。

“分开、份额”莫图语 hari-a < *pari-。

“分开”泰米尔语 pari。“切、劈开”科拉米语（Kolami）par-t-，巴里语（Parji）par-ŋg-。“分开的、不同的”曼达语（Manda）verē。

“分”桑塔利语 parsao < *pars-ʔo。（分食物）格曼僜语 pɹɑ^{55} < *pra。侗语 phje^{5} < *pres。

“割”中古朝鲜语 pehita、安城话 pijətta < *berə-。“份额”那大语 fara。

“分开”泰米尔语 pari。“切、劈开”科拉米语 par-t-，帕里语 par-ŋg- < *par-。

“平分的”拉丁语 separatus < *separa-。“分开”古法语 partir < *par-。

5）心

“心脏”卡努里语 karu。

“心脏”黎语 ɬaːu^{3} < *kruʔ。“胆”藏文 mkhris pa，错那门巴语 kli^{53} < *m-kri-s。道孚语 skrə < *s-krə。

“心”希腊语 kardia < *kar-。“心”意大利语 cuore、法语 cœur、拉丁语 cor < *kor。

“心”匈牙利文 kör < *kor。

“想”格鲁吉亚语 pikri < *pi-kri。

3. 尼日尔—科尔多凡语系语言基本词对应例

1）土地

“土、地”祖鲁语 inhlabthi，科萨语 umhlaba < *-ɬaba。

“泥”匈牙利文 laˈpföld < *lep-。

“土”玛雅语 ʔilɛf < *ʔilep。

2）手

“手”祖鲁语、科萨语 isandla < *-alʒa。

“前臂”拉丁语 ulna、希腊语 olene < *ule-na。威尔士语“拿”cael < *ka-el，“肘”elin < *el-。

“手臂”格鲁吉亚语 xeli，卡巴尔达语 lɛ < *qele。

“手”土耳其语 el < *ʔel。“拿”古突厥语、土耳其语、维吾尔语、西部裕固语 ɑl- < *ʔal。

“拿”阿美语、窝里沃语 ala，波那佩语 ale < *ʔale。汉语 *qləs（持）< *qlə-s。

3）牙

“牙齿”祖鲁语 izinyo，科萨语 inja，斯瓦西里语 jino < *-no。

“嘴”巴斯克语 aho < *ano。

“舌头”格鲁吉亚语 ɛna，拉兹语 nena。

“吃”尼瓦里语 nɑ < *na。

“吃”苗语养蒿话 naŋ^{2}，枫香话 noŋ^{2} < *na。汉语 *s-na（茹）。

“吃”罗地语 na-ʔa，伊拉鲁吐语 na < *na。

“吃”布朗语甘塘话 na^{55} < *na。尼科巴语 nja < *nja。

“吃、喝”毛南语 na^{4} < *naʔ。

4. 科伊桑语系语言基本词对应例

1）我

“我”科洪语 ň、di。科伊科伊语 ti、tita。“我们”祖鲁语 thina < *di-na。

“我”朝鲜语 tʃe < *de。

“我们”高加索语系卡巴尔达语 dɛ < *de。

2）火

“火”科洪语 |ʔà < *dqa-。“烧”科伊科伊语 dao。

“烤”祖鲁语 thosa < *-do-sa。“煮”斯瓦西里语 -andaa < *-ada。

“火”格鲁吉亚语 xandzli < *qad-。

“烧”希腊语 αϊθω、拉丁语 aedēs（最初指“炉灶”后来指“房子”）。

“火”古突厥语、维吾尔语、哈萨克语 ot，土耳其语 od < *ʔot。“炉子”维吾尔语 otʃɑq，哈萨克语 oʃɑq，图瓦语 oʃuk < *ʔot-ʔaq。塔几亚语 utut < *ʔut-ʔut。“帐篷，房间”中古突厥语、土耳其语 oda < *ʔoda。

“火”博多语 ɑt < *ʔat。彝语巍山话 $ɑ^{55}to^{33}$，傈僳语 $ɑ^{55}to^{55}$ < *ʔato。“灶”哈尼语 $ø^{31}du^{31}$ < *ʔodu。

“烧”拉加语 oda < *ʔoda。“炉子、生火处”大瓦拉语 atana < *ʔata-na。

“火”印第安苏语 e'deh < *ʔede，那瓦特尔语 tle-tl < *de。

3）手

“手”科洪语 |kxʔà a < *tgha。“手指”科伊科伊语 |khunu-b < *tgu-。

“手指”拉丁语 digitus < *digi-。

“肘”格鲁吉亚语 idaqhvi < *idaɢʷa-。

“肘”蒙古语 doxœː，东乡语 toɣəi，保安语 toχui < *doɢʷi。维吾尔语 dʒɛjnɛk，柯尔克孜语 tʃəqɑnɑq，西部裕固语 tʃigenek < *diɢe-nek。

“肘”毛利语 tuki < *tuki。戈龙塔洛语 tiʔu，莫图语 diu-na < *diqu。

“爪子”吉利威拉语 doga。

4）翅膀

“翅膀”科伊科伊语 ǁgawo-b < *ʔlabo-。

“翅膀”法语 ailef、西班牙语 alaf、意大利语 ala < *alap。

“飞”芬兰语 liehua，匈牙利文 lebeg < *lebe-ga。

“翅膀”印尼语 sajap < *salap。“羽毛”罗图马语 lalɔvi < *lalobi。“飞”马京达瑙语 lelap、卡乌龙语 jap < *lap，西部斐济语 ðaβu < *labu。

“翅膀”加龙语 alap，博嘎尔珞巴语 a lap < *ʔalap。

“翅膀”蒙达语 talab < *ta-lab。

5）给

“给”科洪语 ǀ̃àa < *ʔnda。阿拉伯语 ata。

“给”西班牙语、葡萄牙语 dar、意大利语 dare < *da-。“给”梵语 dadati，“借出、给”希腊语 dido < *dido。“给”波兰语 datʃ < *da-，俄语 otdatj < *oda-，亚美尼亚语 tal < *ta-。

“给、允许”芬兰语 anta < *ata。

“给”鄂罗克语 anta < *ʔata，anto < *ʔato（男人用语），ante < *ʔate（女人用语）。

“给”宁德娄语 adeu < *ʔade-ʔu。马京达瑙语 tei，那大语 tiʔi < *te-ʔi。

“给”佤语 toʔ < *toʔ。布朗语甘塘话 tai^{51} < *ti。

6）小的

“小的”科洪语 ǀqʔán，科伊科伊语 ǀgā，土拉语 ǀka < *dɢa。

“小的、少的”斯瓦西里语 -dogo。卡努里语 dodok。

“小的”满文 adʒige，锡伯语 adʑig < *ʔadige。朝鲜语 tʃakta < *dag-。达斡尔语 utʃikən < *ʔu-tik-ən。

“小的”波那佩语 ʈikʈik < *tiko。查莫罗语 etigo < *ʔetigo。“小的、少的”查莫罗语 dekike < *dekike。

“小的”柬埔寨文 toːtʃ < *tok。“小的、细的”户语 tik < *tik。

“小的”古突厥语 kitʃig，西部裕固语 kətʃiɣ < *kitig。土耳其语 kytʃyk，维吾尔语 kitʃik < *kitik。

“小的”米南卡保语 katʃiʔ < *katiq。萨萨克语 ketʃeʔ < *keteq。

科伊桑语系和尼日尔—科尔多凡语系的语言基本词多与欧洲语言有词

源关系，欧洲的语言又与北亚的语言关系密切，然后是北亚的语言和太平洋上的南岛语。那么，包括科伊桑语系语言在内的早期非洲的语言可能在地中海周围与欧洲的语言有过密切的接触，最晚进入非洲的是亚非语系的语言。科伊桑语系和尼日尔—科尔多凡语系的语言可能是末次冰期以前占据非洲的主要语言。

从今天亚洲、欧洲和非洲词的分布看，其词源关系有两条主要的词源关系链：从非洲、欧洲到北亚；从非洲到中东、到南亚和东亚太平洋地区，又从东亚到欧洲词的对应关系。在这两条词源链之间是欧、亚大陆语言接触和词的交换，于是欧亚和非洲语言的词有许多对应关系。

中国社会科学院老学者文库

亚欧语言基本词比较研究

卷二（名词一）

吴安其◎著

中国社会科学出版社

图书在版编目（CIP）数据

亚欧语言基本词比较研究：全5卷／吴安其著．—北京：中国社会科学出版社，2017.1
（中国社会科学院老学者文库）
ISBN 978-7-5161-7911-6

Ⅰ.①亚…　Ⅱ.①吴…　Ⅲ.①比较词汇学-南印度语系 ②比较词汇学-印欧语系 ③比较词汇学-高加索语系 ④比较词汇学-芬匈语系　Ⅳ.①H620.3 ②H703 ③H650.3 ④H660.3

中国版本图书馆CIP数据核字（2016）第070530号

出 版 人　赵剑英
责任编辑　王　茵　马　明
责任校对　朱妍洁
责任印制　戴　宽

出　　版　中国社会科学出版社
社　　址　北京鼓楼西大街甲158号
邮　　编　100720
网　　址　http://www.csspw.cn
发 行 部　010-84083685
门 市 部　010-84029450
经　　销　新华书店及其他书店

印刷装订　北京君升印刷有限公司
版　　次　2017年1月第1版
印　　次　2017年1月第1次印刷

开　　本　710×1000　1/16
印　　张　176.25
字　　数　2420千字
定　　价　638.00元（全五卷）

凡购买中国社会科学出版社图书，如有质量问题请与本社营销中心联系调换
电话：010-84083683

卷二目录

“天”的词源关系

亚欧语言“天”与“云”“太阳”“高”“蓝”等的说法有词源关系。“天、云”一词，如阿伊努语 nis、查莫罗语 mapa-gapes、罗维阿纳语 lei、尼科巴语 taɽul 等。另外一些语言“天、云”的说法有交叉对应关系，可能是原本以“云”指“天”保留下来的。

◇ 一 东亚太平洋语言的“天”

“天”的说法主要有：

1. *teŋri / *tegeri

土耳其语 tenri，维吾尔语 tɛŋri，哈萨克语 tæŋri < *teŋri。

蒙古语 təŋgər，东部裕固语 teŋger，西部裕固语 deŋər < *tegeri。

2. *dedis

图瓦语 deːdis < *dedis，kurmusdɤ < *kurmu-sdɤ（云—天）。

3. *ʔaba / *ʔab^{w}e / ʔub^{w}a / *b^{w}aʔ / ʔab^{w}aŋ

柯尔克孜语 ɑbɑ < *ʔaba。

嫩戈内语 awe < *ʔab^{w}e。梅柯澳语 ufa < *ʔub^{w}a。

壮语龙州话 fa^4，德宏傣语 fa^4，黎语 fa^3 < *b^{w}a-ʔ。

马京达瑙语 avaŋ < *ʔab^{w}aŋ。

4. *ʔabuka / *ʔugili-buka

满文 abka，赫哲语 abqa，鄂伦春语 bʊga < *ʔabuka。

鄂温克语 ugilǝː bʊgă < *ʔugili-buka。

5. *panur

中古朝鲜语 hanɯr < *panur。

6. *sg^{w}ora / *sugari

古日语 swora，现代日语 sora < *sg^{w}ora。

满文 suŋgari- < *sugari。

7. *nis

阿伊努语 nis < *nis（天、云），kanto < *kato。

8. *kilok

爱斯基摩语 krilok < *kilok。

9. *kagal

泰雅语 kajal，赛夏语 kawaʃ < *kagal。

10. *karat

赛德克语 karats < *karat。

11. *bələŋ / *pleŋ / *molaŋ

鲁凯语 so-bələ-bələŋ < *bələŋ。

德昂语南虎话 plɛŋ，莽语 pliŋ^{35}，布兴语 plᴇŋ < *pleŋ。

阿依怒语 mo^{55} lɑŋ^{31} < *molaŋ。

12. *le-ʔi / *qali / *qele / *li

罗维阿纳语 lei < *le-ʔi。邵语 qali < *qali。

鄂罗克语 helle < *qele，ilu < *ʔilu（天、空气、上面）。

塔金语 nido kolo < *nido-kolo。

京语 jəːi^{2} < *li。

13. *laŋit / *laŋita / *ʔaŋit / *ŋuta

印尼语、摩尔波格语 laŋit，卑南语 ɭaŋit < *laŋit。

查莫罗语 laŋit < *laŋit。（又 mapagahes）

马达加斯加语 laniʈʳa，沙阿鲁阿语 laŋitsa < *laŋita。

雅美语 aŋit < *ʔaŋit。邹语 ŋʉtsa < *ŋuta。

14. *laŋi / *te-ʔilaŋ / *qaloŋo

马那姆语 laŋ，瓜依沃语 laŋi，夏威夷语 lani，布鲁语 laŋi-t < *laŋi。

毛利语、拉巴努伊语 raŋi，塔希提语 raʔi，特鲁克语 nɐŋ < *laŋ。

帕玛语 teilaŋ < *te-ʔilaŋ。

尼科巴语 haliøŋo < *qaloŋo。

15. *lema / *loma-laŋi

夏威夷语 lewǎ < *lema。西部斐济语 loma-laŋi < *loma-laŋi。

16. *ʔaleb-ʔaleb-an

排湾语 ʔaḷəvəḷəvan < *ʔaleb-ʔaleb-an。

17. *guba / *kaba

莫图语 guba < *guba。（天、风暴）

佤语马散话 ka ma，孟汞话 ba < *kaba。

18. *qlin / *qlen

汉语 *thin（天）< *qlin。

白语剑川话、碧江话 xẽ^{55}，剑川话 xe^{55} < *hlen < *qlen。

19. *g-nam / *s-nam

藏文 gnam，错那门巴语 nam^{53}，墨脱门巴语 ŋam < *g-nam。

藏语夏河话 hnam，博多语 aʃnam < *s-nam。

20. *tim

达让僜语 tɯm^{55} < *tim。

21. *mu / *la-mu

缅文 mo^{3} < *mu。

景颇语 lǎ^{31}mu^{31} < *la-mu。

22. *tale

加龙语（Galong, Gallong）tale < *tale。

23. *ʔbon

泰语 bon^{2}，壮语武鸣话 bɯn^{1} < *ʔbon。

24. *ɢluŋ / *luŋ

苗语高坡话 ɴqəŋ^2，勉语罗香话 guŋ^2 < *ɢluŋ。

苗语先进话 nto^2，勉语樑子话 ðuŋ^2 < *luŋ。

25. *brik

克木语 briʔ，布朗语胖品话 phlik^{55} < *brik。

26. *sirma

蒙达语 sirmā，桑塔利语 serma < *sirma。

27. *tarul

尼科巴语 taɽul < *tarul。（天、云）

柬埔寨文 suːərk < *surk、meːkhiːə < *meghi 借自梵语 surgo、megha。

二 “天”的词源对应关系

1. “天”和“云”的词源关系

（1）汉语 *qlin。“云”蒙古语、土族语、东乡语 *ʔolin。

（2）京语 *li。“云”巴琉语 qa^{55}li^{11} < *qali。

（3）缅文 mo^3 < *mu。“云”拉祜语 mo^{31}。

（4）达让僜语 *tim。“云”缅文 tim^2。

（5）壮语龙州话、德宏傣语、黎语 *b^{w}a-ʔ。“云”仫佬语 kwa^3，水语、西双版纳傣语 fa^3，侗语 ma^3 < *ʔb^{w}aʔ。瓜依沃语、那大语 *koba。

（6）图瓦语 *kurmu-sdɤ，“云”朝鲜语 *gurum。

（7）鄂温克语 *ʔugili-buka，“云”清代蒙文 egule < *ʔeguli。

（8）夏威夷语 *lema，“云”鄂罗克语 loːme < *lome。

（9）托莱语 bələ-nə-bəkut，意思是“云的里面”，bələ“里面”，bəkut

“云”。

巴布亚的宁德娄语“云”是“天的屎”，巴布亚宁德娄语“云”asi ka^{n}d^{r}ah，“天”ka^{n}d^{r}ah，“屎”asi。黎语诸方言，如保定话“云”deːk^{7}fa^{3}，意思是“天的渣子”。壮傣、侗水支系的语言 *b^{w}a 以“云”指“天”，原来的说法可能和黎语一样。

2.“天”和“太阳”的词源关系

“天”和“太阳”相代指《太阳》篇中已说明。

3.“天”和“高”“上面”的词源关系

（1）土耳其语 tanri < *taŋri。“高的”布吉斯语（Bugis） ma-tanree < *tanre-ʔe。

（2）蒙古语 *tegeri。“高的”维吾尔语 juquri，哈萨克语 dʒoʁɑrə，塔塔尔语 joʁɑrə < *duquri / *dugari。“山”罗维阿纳语 togere < *togere。“上面”古突厥语 jygery，维吾尔语 juquri，西部裕固语 jorəɢə < *dugeri。

（3）鲁凯语、排湾语 *bələŋ。“高的”鲁凯语 mabələŋ，赛德克语 babalaw < *bəlaŋ。

（4）马那姆语、瓜依沃语、夏威夷语、布鲁语 *laŋi。“高的”窝里沃语（Wolio）ma-laŋa，马京达瑙语 la^{ŋ}kas，达阿语 na-laŋa < *laŋas / *laŋa。

（5）缅文 *mu。“高的”彝语武定话 mv^{11}，南华话 m̩^{33} < *mu。

“天”和“高的”的说法有词源关系，“高的”是“天”的比喻说法。

4.“天”和“蓝”的词源关系

（1）“天、蓝”塔希提语 leva。“天”排湾语 ʔaḽəvəḽəvan < *ʔaleb^{w}a-n。

（2）“蓝”西部斐济语 karawa。“天”巴布亚吉尔伯特语（Kilivila）karaw。

三 词源关系分析

1. *qeli（*qele、*li、*qlin、*qlen）

“天”邵语 *qali、京语 *li，鄂罗克语 *qele。

> “天”意大利语、西班牙语 cielo < *qelo。“天、太阳”希腊语 helios < *qeli-。

汉语 *qlin、白语 *qlen 当有词源关系。刘熙《释名·释天》：“天，豫司兖冀以舌腹言之，天，显也，在上高显也。青徐以舌头言之。天，坦也，坦然高而远也。”“天”谐声字有“吞”“蚕”“添”“祆”等。“祆”古音 *hin，是南北朝时期的方言读音。[①]

2. *g^wali（*ʔugili、*ʔeguli）

“天”鄂温克语 *ʔugili-。“云”清代蒙文 egule < *ʔeguli。

> “太阳、天”古英语 swegl < *sugl。阿尔巴尼亚语 kjiell < *kel。

3. *napu（*nəba）

“天”柬埔寨文 nəb^hā < *nəba。“云”塔纳语、夸梅拉语 napua < *napuʔa，爱斯基摩语 nuvujak < *nubula-k（*-k 古名词后缀，现名词复数后缀）。

> “天”梵语 nabhas-。“云”拉丁语 nebula、希腊语 niphele，古斯拉夫语 nebo、nebes-，俄语 nebo，波兰语 niebo。“雾”德语 nebel。

“云”爱斯基摩语 nuvujak < *nubula-k（*-k 名词后缀，现为名词复数后缀）。

“太阳”匈牙利文 nap、napsugar。

---

① “祆”，《广韵》呼烟切。《集韵》：“关中谓天为祆。”

4. *b^{w}an（*ʔbon、）

“天”泰语、壮语武鸣话 *ʔbon。“云”勉语罗香话 bwən^{5}，东山话 hwan^{5} < *ʔb^{w}an。印尼语、米南卡保语、亚齐语 awan，萨萨克语 awun < *ʔaban。“高的”仫佬语 foŋ^{1}，毛南语 voŋ^{1} < *ʔb^{w}oŋ。

> “天”古英语 heofon、古挪威语 himmin < *qepon。
>
> “上面、高”古高地德语、撒克逊语 oban，德语 oben。

5. *sala（*sal）

“太阳”加洛语 sāl，柴热尔语（Chairel）sɑl，拉龙语 sālɑ < *sala。

> “天”古教堂斯拉夫语 slunice < *slu-nike，哥特语 sail < *selu-。

“太阳”古教堂斯拉夫语 sluhuce < *slu-quke，字面意思“天—眼睛”。“眼睛”如俄语、波兰语 oko，波兰语 utsho。

6. *sg^{w}ora（*sugari）

“天”日语 *sg^{w}ora，满文 *sugari。

> “天”亚美尼亚语 skyuɾ < *skur。威尔士语 awyr < *agur。

印第安语“天”如：

新墨西哥州阿巴齐语 jaː < *la。“太阳”夏威夷语 lā，毛利语 ra < *la。

俄克拉荷马州车罗科语 galvloi < *galuloʔi。“天”鄂温克语 ugiləː bʊgă < *ʔugili-buka。

“天、云”明尼苏达州达科他语 maɦpija < *maq-pira。“天”威尔士语 wybren < *ʔubren。“高的”阿尔巴尼亚语 pirë < *piro。亚美尼亚语 barjr < *bari-。

墨西哥那瓦特尔语 ilhuicatl，“白天”ilhuitl。

“高、天”玛雅语楚吉方言（chuj）tʃaʔanh。

“太阳”的词源关系

东亚太平洋语言的“太阳”与“火”“热”“发光”“亮的”“神”等说法有词源关系。该地区的一些语言用“白天的眼睛”代指“太阳”，美洲印第安语也有这样的说法。这一类说法可能早在末次冰期结束以前就已存在。不同语言“太阳”叫做“白天的眼睛”的说法构成语素差别很大，有的语素是早期底层的遗存。

一　东亚太平洋语言的“太阳”

东亚太平洋语言“太阳”的代表性的说法有：

1. *gun / *sigun

维吾尔语 kyn，撒拉语 gun，土耳其语 gyn（-eʃ）< *gun。[①]（太阳、日子）

鄂温克语 ʃigun，赫哲语 ɕiwun，锡伯语 sun，满文 ʃun < *sigun。

女真语（受温）*ʃouwen < *sugen。

沙外语（Sawu, Hawu）ŋɛn-ŋan < *ŋen。（太阳、白天）

① 图瓦语 khyn，国内学者或记为 kyn，以不送气清塞音记送气塞音。

2. *nara / *nara-n / *ʔanar

蒙古语书面语、土族语 nɑrɑ < *nara。

东乡语 nɑrɑn，蒙古语正蓝旗话、布里亚特话、保安语 nɑrɑŋ < *nara-n。

鄂罗克语 anar < *ʔanar。

3. *pi / *b^{w}e / *poʔe / *b^{w}i

日语 hi < *pi。[1] 朝鲜语 hɛ < *b^{w}e。[2] 爪哇语 we < *b^{w}e。

巽他语 poe < *poʔe。（太阳，白天）

普米语九龙话 bi，却域语 pu^{55}，载瓦语 pui^{51} < *b^{w}i。

4. *dup / *dupe / *tabuʔi / *qadab^w

阿伊努语 tʃhup < *dup。

卡那西语 dupe < *dupe。

尼科巴语 tavuːøi < *tabuʔi。

排湾语 qadav，卑南语 kadaw < *qadab^w。

5. *ʔuri / *tali-ʔaria / *re-ʔa

鄂罗克语 aur < *ʔaure，uːri < *ʔuri。

沙阿鲁阿语 taɬiaria < *tali-ʔaria。邹语 xire < *qire。

瓦努阿图菲拉梅勒语（Fila-Mele）reā，复活节岛拉巴努伊语（Rapanui）raʔa < *re-ʔa。

---

① 早期日语塞音清、浊对立，清塞音送气。古日语 * p（h）- 演变为 h- 后大约还有残留，p（h）- 就主要用来描写外来的词语，f- 本是 h- 的变体，后来也是用来描写外来的词语。

② 早期朝鲜语塞音两分，清、浊对立，圆唇 *b^w-、*p^w- > *p^w- > h-。如"浊"，朝鲜语 huɯrita < *buri-ta，清代蒙文 bulaŋgi < *bula-gi。"朦胧"满文 buruhan < *buru-qan。"泥土"朝鲜语 huɯrk < *p^{w}urəgi，图瓦语 doburak < *dobaraq，土耳其语 toprak，哈萨克语 topəraq < *toparaq。

6. *so-git / *sni-gat

巴拉望语（Palawano）sɔ-git < *so-git。

新喀里多尼亚南密语（Nami）n̥egat < *sni-gat。

7. *ʔada-ʔu / *sido / *du

巴布亚新几内亚塔几亚语（Takia）ad，关岛查莫罗语（Chamorro）atdau < *ʔada-ʔu。

台湾赛德克语 hido < *sido。[①]

菲律宾布拉安语（Blaan）、新喀里多尼亚嫩戈内语（Nengone）du < *du。

8. *dina

巴布亚莫图语 dina < *dina。（太阳、白天）

9. *le-ʔa / *la / *ʔalo / *qa-laŋ

印度尼西亚布鲁语（Buru）lea，汤加语 lāʔa < *le-ʔa。

夏威夷语 lā，毛利语 rā < *la。马绍尔语 aḻ，拉加语 alo < *ʔalo。

普标语 $qa^{33}ɬa:ŋ^{53}$ < *qa-laŋ。

10. *laru / *kalari-ʔa

锡加语 ləro，多布语（Dobu）laru < *laru。

巴布亚吉利威拉语（Kiriwina, Kilivila）kalasia < *kalari-ʔa。

11. *b^w^ali / *bela

鲁凯语 vai，布农语 vaɬi < *b^w^ali。[②]

朱昂语 belɑ̄，桑塔利语 bela < *bela。

---

① h- < *s-，参见吴安其《南岛语分类研究》，商务印书馆 2009 年版。

② “太阳”格鲁吉亚语 mzɛ < *mle。

12. *ʔarab^{w}

菲律宾他加洛语（Tagalog）āraw，雅美语 aʐaw < *ʔarab^{w}。

13. *delo / *ledo / *ʔadlaʔu

巽他群岛萨萨克语（Sasak, Lombok）dʒəlo < *delo。

印度尼西亚罗地语（Roti）ledo < *ledo。

菲律宾中部阿卡拉农语（Aklanon）adlaw < *ʔadlaʔu。

14. *srə-ŋeŋe / *sare

爪哇语 srəŋeŋe < *srə-ŋeŋe。

莫图语莫图方言（Motumotu）sare < *sare。

15. *siŋa / *siŋi

东部斐济语 siŋa < *siŋa。

蒙达语 siŋi < *siŋi。

16. *masa-na / *mari

塔希提语、莫图语南岬方言 mahana < *masa-na。

巴布亚马那姆语（Manam, Manum）amari，夸梅拉语 meri < *mari。

17. *mata

吕宋岛依斯那格语（Isnag）mata < *mata。

18. *nit / *ʔinit

汉语 *nit（日）。

菲律宾北部的卡林阿语（Kalinga）īnit < *ʔinit。（太阳、热）

19. *ni / *mə-ni / *do-ni / *ti-sni / *nu-ma

藏文 ȵi ma，缅文 ne^{2}，卢舍依语、哈卡钦语（Haka Chin） ni < *ni。

彝语南华话 mə^{21}ȵi^{33} < *mə-ni。

加龙语 doȵi，塔金语（Tagin）doni，博嘎尔珞巴语 doŋ ȵi < *do-ni。

他杭语（Tahang）tihnji < *ti-sni。

林布语、巴兴语 nɑm，瓦由语（Vāyu）numa < *nu-ma。

20. *na / *ʔana / *na-gan / *si-na / *si-naŋ / *s-neŋ

尼泊尔逊瓦尔语（Sunwar）nɑ，尼泊尔马加尔语 nakhan < *na / *na-gan。

印度那加语奥方言（Ao）āna < *ʔana。

所罗门瓜依沃语（Kwaio, Koio）sina < *si-na。卡乌龙语（Kaulong）sinaŋ < *si-naŋ。

苗语大南山话 n̥o^{1}，野鸡坡话 n̥a^{A}，枫香话 n̥hoŋ^{1} < *s-neŋ。

21. *ʔdat

西双版纳傣语 dɛt^{9}，布依语 dan^{1}daːt^{7} < *ʔdat。

22. *tə-ŋal

柬埔寨文 t^{h}əŋail < *tə-ŋal。

23. *legi

昌巴拉胡里语（Chamba Lahuli）jegi < *legi。

◇ 二 词源对应关系

鄂罗克语“太阳”aur < *ʔaure、uːri < *ʔuri，“热”uːrin < *ʔurin，“烧”urja- < *ʔuri，是“太阳”“热”“烧”等词同根的例子。

1.“太阳”和“白天”的词源关系

“太阳”多引申指“白天”。有的语言中“太阳”和“白天”的说法不同，其中一种的说法来自底层或是后来的借用。

（1）维吾尔语、撒拉语、土耳其语 *gun，应与沙外语“太阳、白天”*ŋen 有词源关系。其他如伊拉鲁吐语（Irarutu）“白天”gonə < *gonə，瓜依沃语 gani < *gani。保留在侗台语中的是“白天”壮语武鸣话 $toŋ^4ŋon^2$，布依语 $tɕaːŋ^1ŋon$ < *da-ŋon / *ka-ŋon。“今天”壮语武鸣话 $ŋon^2nei^4$，布依语 $ŋon^2ni^4$ < *ŋon-niʔ（日—这）。

（2）“白天”印度克木语 si-n̥i，对应于藏文、缅文“太阳”*ni。

（3）昌巴拉胡里语 *legi。“白天”依斯那格语 algaw，卡林阿语 ālgaw < *ʔalga-ʔu。

（4）加龙语、塔金语、博嘎尔珞巴语“太阳”*do-ni。“白天”加龙语 alo，博嘎尔洛巴语 aloː < *ʔalo。后者对应于马绍尔语、拉加语“太阳”*ʔalo。

（5）柬埔寨文“白天”tiviːə < $*tib^we$，阿伊努语“太阳”tʃhup < *tup。

2.“太阳”和“热”“发光”等说法的词源关系

（1）汉语 *nit。“太阳、热”，菲律宾北部的卡林阿语（Kalinga）īnit < *ʔinit。“热”卡林阿语、他加洛语 īnit，巴厘语 m-init。

（2）巴拉望语 *so-git。“热的、温暖的”斐济语 katakata < *kata，雅美语 anŋet，米南卡保语 aŋeʔ < *ʔa-ŋat。“照耀”他加洛语 sikat < *si-kat。

（3）西双版纳傣语 *ʔdat。“热”布依语 $daːt^7$ < *ʔdat。阿美语 faəɬət < *ma-ʔəlit。“发光”沙玛语 illat < *ʔilat。

（4）土族语 *nara。“照”印尼语 sinar、贡诺语 sinara < *sinara。马都拉语 sunar < *sunar。

（5）赛德克语 *sido。“照”布鲁语 sida < *sida。

（6）菲拉梅勒语、拉巴努伊语 *re-ʔa。“照”阿杰语 kařa < *kara。

（7）巴拉望语 sɔ-git，南密语 n̥egat < *git / *sni-gat。“照”他加洛语

sikat < *si-kat。

（8）朱昂语、桑塔利语 *bela。“亮的”克木语 bah < *bal，“阳光” val < *b^{w}al。“亮的”，中古突厥语 bɑlqi < *bal-qi。

3. “太阳”和“火”“燃烧”的对应

（1）藏文、缅文 *ni。“火”巽他语 sɨnɨ < *si-ni，哈拉朱乌语 nɛ < *ne。“燃烧”阿昌语 ȵe^{35} < *ni。“神”拉祜语 ne^{53}，傈僳语 ni^{31} < *ni。

（2）柬埔寨文 *tə-ŋal。“火”布朗语曼俄话 ŋɔl，布兴语南谦话 tʃi ŋal < *ŋal。德昂语南虎话 ŋar < *ŋar。

（3）土族语 *nara。“烧”邵语 ʃunara < *su-nara。“发光”马都拉语 sunar < *su-nar。“神”马那姆语 nanaraŋa < *naraŋa。

（4）塔几亚语 *ʔad。“火”土耳其语 od，博多语 ɑt < *ʔat。彝语巍山话 ɑ^{55}to^{33}，傈僳语 ɑ^{55}to^{55} < *ʔato。

（5）朝鲜语、爪哇语 *b^{w}e。“太阳、火”日语 hi < *pi。

（6）他加洛语、雅美语、阿卡拉农语 *ʔadab，排湾语、卑南语 *qadab。“火焰”鲁凯语 kəɭab < *kəlab，阿卡拉农语 dabdab < *dab。

（7）蒙达语 *siŋi。“火”佤语马散话 ŋau，艾帅话 ŋu，孟贡话 go < *ŋu。

（8）巴厘语 ai < *ʔaʔi。“火”波那佩语 āi，吉尔伯特语 te ai < *ʔaʔi。

（9）维吾尔语 kyn，撒拉语 gun，土耳其语 gyn-eʃ < *gun。

“火焰”维吾尔语 jɑlqun，哈萨克语 dʒɑlən < *dal-qun。*dal-qun，字面意思应是“舌头—火”。“舌头”维吾尔语 til，图瓦语 dɤl，西部裕固语 dəl < *dil。

（10）阿伊努语“太阳”*tupi < *ʔudabi，与排湾语、他加洛语 *qadab 有词源关系，与“火焰”阿卡拉农语 dabdab < *dab，以及“火”莫图语 lahi < *labi 有词源关系。

4. “太阳”和“神”的词源关系

（1）汉语 *nit。“神”马绍尔语 anitʃ < *ʔanit。雅贝姆语 anoto < *ʔanoto。

（2）藏文、缅文 *ni。“神”拉祜语 ne^{53}，傈僳语 ni^{31} < *ni。萨萨克语 neneʔ < *neneʔ。

（3）土族语 *nara。“神”马那姆语（Manam）nanaraŋa < *nara-ŋa。

（4）朝鲜语、爪哇语 *b^{w}e。“神”布鲁语 opo < *ʔopo，巴拉望语 amp^{w}u < *ʔap^{w}e。

东亚语言的“太阳”主要来自“火”“燃烧”“发光”这样的表达，“神”“热”等为引申。

5. “太阳”和“天”的对应

（1）林布语、巴兴语 nɑm，吐龙语 nem < *nam。“天”藏文 gnam，错那门巴语 nam，墨脱门巴语 ŋam < *g-nam。

（2）错那门巴语 plaŋ < *plaŋ。“天”阿依怒语 mo^{55} lɑŋ^{31} < *molaŋ。布兴语 plɛŋ、德昂语南虎话 plɛŋ < *pleŋ。

（3）拉加语 *ʔalo。“天”邵语 qali < *qali。

（4）朝鲜语、爪哇语 *b^{w}e。“天”哈拉朱乌语 p^{w}e < *p^{w}e。

（5）南密语 *sni-gat。“天”雅美语 aɲit < *ʔaɲit。邹语 ŋʉtsa < *ŋuta。*sni-gat 的字面意思是“太阳—天”，几种南亚语也用这个方法来表示“太阳”。

（6）台湾泰雅语赛考利克方言 ʔuwagiʔ < *ʔub^{w}agi。“天”满文 abka，赫哲语 abqa，鄂伦春语 bʊga < *ʔabuka。

三　不同支系的说法

1. 阿尔泰语

突厥和满通古斯语“太阳”的词根同，蒙古语族语言的不同。“日”突厥和蒙古语族的相同，满通古斯语的不同。

“太阳”土耳其语 gyneʃ < *gun-ʔel，字面意思大约是“白天—眼睛”。“眼睛”如女真语（牙撒）*jasa，满文 jasa，锡伯语 jas，鄂伦春语 jᴇːʃa < *ʔila。

“太阳”赫哲语 ɕiwun，锡伯语 sun，满文 ʃun < *siwun < *sigun。爱斯基摩语 sikrinerk < *sikine-k，可能与之有词源关系。①

“白昼”土耳其语、维吾尔语 kyndyz，哈萨克语 kyndiz，西部裕固语 kundus < *gun-dur。蒙古语 ɵder，达斡尔语 udur < *ʔudur。阿伊努语 tejne < *ter-ne。

2. 藏缅语

藏缅语区分为藏—喜马拉雅—羌语支（藏—羌语支）、彝缅语支、克伦语支、库基—那加语支、博多—加洛语支五支。“太阳”的主要词源可以分为五组，与系属分类不一致：

（1）藏—喜马拉雅、彝—缅语和库基语支的语言，通常是以 *ni 为词根。如：

藏文 ȵi ma，缅文 ne^{2}，卢舍依语 ni < *ni。彝语南华话 mə^{21}ȵi^{33} < *mə-ni。

加龙语 doȵi，塔金语（Tagin）doni，博嘎尔珞巴语 doŋ ȵi < *do-ni。他杭语（Tahang）tihnji < *ti-sni。

（2）羌、克伦语支的语言，通常是以 *bu（*mu）为词根。如：

普米语兰坪话 by，九龙话 bi，却域语 pu，羌语 mu- < *bu（*mu）。

克伦语因他拉方言 my，帕当方言 maɯ，阿果方言 mɯ^{31} < *mu。

（3）喜马拉雅地区的语言，或是 *nam。如：

林布语、巴兴语 nɑm，吐龙语 nem < *nam。

（4）那加语支

马林方言（Maring）tā-mik，帕当方言（Phadang）di-mit。

---

① kr- 通常来自 k-，-r- 是为了增加区别特征的增音（参见 *Arthur，Eskimo-English English-Eskimc Dictionary*，第 103 页中的说明）。*-k 应是早期的名词后缀，或为 *-ʔok、*-ʔak。

夸依令方言（Kwoireng）ni-mit，加布依方言（Kabui）nāi-hmik < *ni-mik（白天—眼睛）。

耽鲁方言（Tamlu）gàŋ-hi，达布棱方言（Tableng）wàŋ-he < *gaŋ-hi。

奥方言 āna < *ʔana。荷罗达方言（Hlota）eŋ < *ʔeɲi。

（5）博多—加洛语支

豪尔巴语（Haurpa）ŋà，那加语吐苦米方言（Thukumi）ŋē < *ŋa。景颇语 tʃan^{33} < *gjan，达让僜语 ɹun^{53} < *run，错那门巴语 plaŋ < *plaŋ。昌巴拉胡里语（Chamba Lahuli）jegi < *legi，逊瓦尔语（Sunwar）nā < *na，卡那西语（Kanashi）dupe < *dupe 等。

加洛语 sāl，柴热尔语（Chairel）sɑl，拉龙语 sālɑ < *sala。

汉语"汨"（古汨水，汨罗江上游），当从"日"得声，《说文》冥省声。藏缅语中，"太阳"如那加语马林方言 tā-mik < *-mik，能说明这个古音的来历。那加语现在分布在印度，两千多年前可能也有这一类语言分布在南楚。"汨"古音 *mik，是"日"的训读。战国时代南楚"日"的这一说法应是受古藏缅语（古羌人语言）的影响所致。

3. 侗台语

壮语武鸣话 kjaːŋ^{3}ŋon^{2} < *klaŋ-ŋan。壮语方言中 kjaːŋ^{3}ŋon^{2} 又指"白天"。

黎语通什话 tsha^{1}van^{4} < *pla-ʔban（眼睛—白天）。

水语 da^{1}wan^{1}（da^{1}"眼睛"，van^{1}"白天"）。

4. 南岛语

泰雅语族语言各有各的说法，如泰雅语赛考利克方言 ʔuwagiʔ，泽敖利方言 waɣiʔ < *bagi；赛德克语 hido < *sido；赛夏语 hæhilaɭ < *lali-lali。

其他南岛语"太阳"的主要词源可以分为五组或更多组，与现在任何一种有关南岛语发生学分类无关。其中许多语言用“白天的眼睛”代指“太阳”，复合词中的语素“白天”应是早期的“太阳”。

（1）阿美语、邵语、马绍尔语等以 *la 为词根

夏威夷语 lā，毛利语 rā < *la。

菲拉梅勒语 reā，拉巴努伊语 raʔa < *le-ʔa。

马绍尔语 aɭ，拉加语 alo < *ʔalo。塔几亚语 ad < *ʔad。

阿美语 tʃiɬal，邵语 tiɬað < *til-ʔal / *til-ʔad（眼睛—白天）。

（2）排湾语、他加洛语以 *qadab 为词根

排湾语 qadav，卑南语 kadaw < *qadab。

他加洛语 āraw，雅美语 aʐaw，阿卡拉农语 adlaw < *ʔadab。

（3）沙阿鲁阿语等以 *ʔari、*ʔaru、*ʔire 为词根

邹语 xire < *qire。

沙阿鲁阿语 taɬiaria，卡那卡那富语 taniarʉ < *tali-ʔariʔa / *tali-ʔaru（眼睛—白天）。

马都拉语 mata ari，印尼语 mata hari < *mata-ʔari（眼睛—白天）。

（4）鲁凯语、布农语等以 *b^{w}ali 为词根

鲁凯语 vai，布农语 vaɬi < *b^{w}ali。

（5）布拉安语、马达加斯加语等以 *du、*ʔadu 为词根

布拉安语、嫩戈内语（Nengone）du < *du。赛德克语 hido < *sido。

马达加斯加语 mase-a^{n}ɖru < *mase-ʔadu（眼睛—白天）。

其他说法，如：锡加语 ləro，多布语（Dobu）laru < *laru。巴拉望语 sɔ-git，南密语 n̥egat < *git / *sni-gat。沙外语 ŋɛn-ŋan < *ŋen。所罗门瓜依沃语 sina < *si-na。卡乌龙语 sinaŋ < *si-naŋ。

5. 南亚语

蒙达语 si ŋgi < *si-ŋi，尼科巴语 heŋ < *siŋi。（“脸、眼睛”佤语马散话

ŋai，布朗语甘塘话 $ŋai^{31}$ < *ŋi）

莽语 $mat^{55}ni^{35}$，印度克木语 mat siṇi，字面意思“眼睛—白天”。

柬埔寨文 tɯnəkɔː < *tunə-go，字面意思大约是“白天—眼睛”。“白天”柬埔寨文诗歌用词 tɯn，当来自古语。kɔː < *go，“眼睛”如佤语孟汞话 baʔ ga̱i < *ma-gi，佤语马散话 ŋai、布朗语甘塘话 $ŋai^{31}$ < *ŋi。

京语“太阳”$mat^{8}jəːi^{2}$ < *mat-ri，字面意思是“眼睛—天”，“眼睛”$kɔn^{1}mat^{7}$。

四 复合词的语素和构词中的观念

来自底层语言的复合词包含着该底层语言的语素。东亚语言“白天的眼睛”代指“太阳”等说法如果本身是底层词，“白天”和“眼睛”两语素可能有更早的来历。

1.“白天”和“今日”

一般来说，“太阳”的引申义是“白天”“日”。阿尔泰语“今天”意思是“这—日”，南岛语是“日—这”。

（1）“今天”蒙古语 ənəːder，达斡尔语 ənə udur，东部裕固语 oŋdur，保安语 nudə < *ʔeno-ʔudur。“白天”土耳其语、维吾尔语 kyndyz，哈萨克语 kyndiz，西部裕固语 kundus < *kudur。蒙古语 əder，达斡尔语 udur < *ʔudur。

（2）“白天”锡伯语 inəŋ，赫哲语 iniŋ，鄂温克语 inigi < *ʔi-niŋi。“今天”满文 eneŋgi，锡伯语 ənəŋ，赫哲语 əiniŋ < *ʔeri-niŋ。鄂伦春语 ənniji，鄂温克语 əri inigi < *ʔeri-ʔiniŋ。“这”满文 ere，锡伯语 ər，鄂温克语 ərĭ，赫哲语 əi < *ʔere。满通古斯语“太阳”的早期说法可能被替换，原来的说法保留在复合词中。“太阳”满通古斯语早期的说法应该是 *niŋ，如同南岛语

系的卡乌龙语"太阳"sinaŋ < *si-naŋ。

(3)"中午"蒙古语 ʉd，达斡尔语 ude，东乡语 udu，土族语 dur < *ʔudur。"曙光"东部裕固语 ojir < *ʔudur。这些词与突厥、蒙古语族语言的"白天"*ʔudur 有共同来历，其最初的词源大约是"亮"。桑塔利语 sōdōr < *sodor "带来亮光、曝光"。

2. "白天的眼睛"代指"太阳"

东亚太平洋诸语言中用"白天的眼睛"来代指"太阳"的构成语素的不同，是观念和表达方式传播的结果。其基本情况为：

（1）南岛语

马都拉语 mata ari，印尼语 mata hari < *mata-qari（眼睛—白天）。

西部斐济语 mata ni hiŋa < *mata-ni-siŋa（眼睛—白天）。①

马达加斯加语 mase-aⁿɖru < *mase-ʔadu（眼睛—白天）。(aⁿɖru "白天")

阿美语 tʃiɬal，邵语 tiɬað < *til-ʔal / *til-ʔad（眼睛—白天）。

沙阿鲁阿语 taɬiaria，卡那卡那富语 taniarʉ < *tali-ʔariʔa / *tali-ʔaru（眼睛—白天）。

木鲁特语 mato nu odow < *mata-nu-ʔodo（眼睛—白天）。

巴厘语 ai < *mata-na-ʔi（眼睛—白天）。②

（2）藏缅语

梅梯语 nu-mit < *ni-mik（白天—眼睛）。

那加语马林方言（Maring）tā-mik，帕当方言（Phadang）di-mit。

那加语夸依令方言（Kwoireng）ni-mit，加布依方言（Kabui）nāi-hmik <

---

① "太阳"东部斐济语 siŋa < *siŋa，蒙达语 siŋi < *siŋi。"白天"东部斐济语 siŋa，西部斐济语 hiŋa，萨摩亚语 aso < *ʔa-siŋa。桑塔利语 siŋ < *siŋ。似乎说明斐济语的说法是底层。

② 参见 Darrell T. Tryon, *Comparative Austronesian Dictionary*，第 69 页。

*ni-mik（白天—眼睛）。梅梯语和那加语作为词缀或第一构词成分的有 *ni 和 *di 等，指“白天”，原指“太阳”。

在上面的复合词中的“白天”都来自“太阳”。“白天”斐济语 *siŋa，应与卡乌龙语“太阳”sinaŋ 有词源关系。

3. 表示“太阳”的其他复合词的构成方式

（1）“太阳”克木语 măt briʔ（眼睛—天），京语 mat^{8} $jə:i^{2}$（眼睛—天）。“天的眼睛”代指“太阳”。

（2）“太阳”桑塔利语 siŋ tsanda < *siŋ-tada（白天—日月），siŋ boŋga < *siŋ-boga（白天—神）。

4. 表示“月亮”的复合词中的“太阳”

（1）“月亮”汤加语、夏威夷语、萨摩亚语 *ma-sina，意思是“夜里的太阳”。“太阳”如瓜依沃语 sina。

（2）“月亮”阿伊努语 ɑntʃikɑrɑ-tʃhup < *ʔatikara-tup，“晚上的太阳”。*tup “太阳”。

（3）“月亮”豪尔巴语（Haurpa）slik-no，墨脱门巴语 la ni，木雅语 $le̤^{33}$ $nə̤^{53}$ < *la-ni。字面意思也是“夜—太阳”。“太阳”藏文 n̥i ma，缅文 ne^{2} < *ni。

（4）“月亮”明尼苏达州印第安人的达科他语（Dakota）haŋietuwi 意思是“夜里的太阳”，haŋietu “夜”，“太阳” wi < $*b^{w}i$。

五　词源关系分析

1. $*b^{w}e$（*pi、*be、*pi、*pe）

“太阳”日语 *pi，朝鲜语 *pe，爪哇语 $*b^{w}e$。“火”日语 hi < *pi。阿伊

努语 abe < *ʔabe。印尼语、马京达瑙语 api，汤加语、萨摩亚语 afi，拉巴努伊语、夏威夷语、毛利语 ahi < *ʔapi。泰语 fai^2，黎语 fei^1 < *pi。布鲁语 bana，伊拉鲁吐语 ɸena < *b^{w}e-na。

> "火" 梵语 pu。

"白天" 美洲印第安语达科他语（Dakota）wi，苏语（Sioux）we < *be。

2. *mari（*b^{w}era）

"太阳" 莫图语玛伊瓦方言 veraura < *b^{w}era-b^{w}era。"太阳、白天" 马那姆语 amari、夸梅拉语 meri < *ʔa-mari。

> "太阳" 阿维斯陀经 hvar- < *qub^{w}ari。粟特语 xuwər- < *qub^{w}ər。
> "白天" 希腊语 mora < *mora，赫梯语 siwaz < *sib^{w}ar。

3. *dab^{w}e（*tup、*dupe、*tabu）

"太阳" 阿伊努语 *tup，卡那西语 *dupe，尼科巴语 *tabuʔi。"白天" 柬埔寨文 tiviːə < *tib^{w}e，拉祜语 tɑ^{53}vɑ^{53} < *tab^{w}a。

> "太阳" 梵语 divakaraḥ < *dib^{w}a-kara-q，字面意思是"白天—眼睛"。
> "白天" 梵语的另一说法 divasa，diva < *dib^{w}a。
> "白天" 梵语 diva < *dib^{w}a，波兰语 doba < *doba。
> "恶神" 古波斯语 daiva-、梵语 deva-、古教堂斯拉夫语 deivai < *deb^{w}a-。
> "神" 拉丁语 deus、希腊语 theos，"宙斯神" 希腊语 zeus < *deb^{w}us。
> "白天" 梵语 divasa，diva < *dib^{w}a。波兰语 doba < *doba。

"烧、烤" 格鲁吉亚语 tshva < *db^{w}a。

"炉子" 亚齐语 dapu，藏文 thab < *dab。"生火处" 木鲁特语 dapuan < *dapua-an，阿卡拉农语 dapug < *dapua-g。

4. *na（ *si-na、*si-naŋ、*ne）

“太阳”逊瓦尔语、马加尔语 *na，那加语奥方言 *ʔana，瓜依沃语 *si-na，卡乌龙语 *si-naŋ。“白天”达密语 nā < *na。“火”哈拉朱乌语 nɛ < *ne。

> “太阳”古英语 sunne，古高地德语、撒克逊语 sunna，哥特语 sunno < *suna。

“太阳” *na 有词源关系的可能还有 *dina、*sini 等。

> “太阳”梵语 dinakaraḥ < *dina-kara-q，字面意思“白天—眼睛”。[①] “白天”梵语 dina，“眼睛”梵语 akʃi、嘎地语（Gadi）hākhɑr，西班牙语 cara（脸）< *qakara。如巴布亚莫图语 dina < *dina“白天、太阳”。

5. *sala（*sal）

“太阳”加洛语 sāl，柴热尔语（Chairel）sɑl，拉龙语 sālɑ < *sala。“亮的”藏文、嘉戎语 *g-sal。

> “太阳”拉丁语、丹麦语、西班牙语、葡萄牙语 sol、意大利语 sole，瑞典语、丹麦语 sol < *sole。俄语 solntɕe、捷克语 sluntse < *solnike。拉丁语 soliculum。

“太阳”古教堂斯拉夫语 sluhuce < *slu-quke，字面意思“天—眼睛”。“天”古教堂斯拉夫语 slunice < *slu-nike（俄语、捷克语“太阳”）。“眼睛”如俄语、波兰语 oko，波兰语 utsho。

“太阳”希腊语 helios、elios 可与“眼睛”法语 œil、意大利语 ojo < *ole 等比较，可能是“太阳”叫作“白天的眼睛”的说法的遗存。

6. *ŋal

“太阳”柬埔寨文 *tə-ŋal。“火”布朗语曼俄话 ŋɔl，布兴语南谦话

① 梵语词的拉丁转写参见 www.sanskrit-lexicon.uni-koeln.de/aequery/。

tʃi ŋal < *ŋal。德昂语南虎话 ŋar < *ŋar。

“太阳、天”古英语 swegl < *sugl。

7. *ʔalo（*la）

“太阳”夏威夷语、毛利语 *la，马绍尔语、拉加语 *ʔalo。“白天”贡诺语 allo < *ʔalo，博嘎尔洛巴语 a loː，加龙语 alo < *ʔalo。

“太阳”威尔士语 heulo，布立吞语 heol，希腊语 helios、elios < *qelo-s。 “眼睛”法语 œil，意大利语 ojo < *ole。

8. *delo（*ledo、*dolo）

“太阳”萨萨克语 *delo，罗地语 *ledo。“白天”爪哇语、萨萨克语 dʒəlo < *dolo。

“太阳”阿尔巴尼亚语 diell < *del。①

9. *roka（*legi、*lok）

“太阳”昌巴拉胡里语 *legi。“白天”桑塔利语 hilokh < *qilok，roka < *roka。

“太阳”亚美尼亚语 arev，areg < *areg^w。②

“太阳”芬兰语 aurinko < *ariko。

10. *bas-kara

“太阳”梵语 bhāskaraḥ < *bas-kara-q，字面意思也是“白天一眼睛”。 “白天”梵语 vasarḥ < *b^{w}asr-。

① ECTEC, *English-Albanian Dictionary*, a Bilingual Dictionary.

② Lexicool.com, *English-Armenian Dictionary*.

“太阳”犹加敦玛雅语（Yucateco）khiːn，墨西哥祖赫语（chuj）khinh < *gin。爱斯基摩语 sikrinerk < *sikin-ʔek。[1] 鄂温克语 ʃigun，赫哲语 ɕiwun，锡伯语 sun，满文 ʃun < *sigun。女真语（受温）*ʃouwen < *sugen。

其他印第安语的情况如：

“太阳”明尼苏达州达科他语（Dakota）aŋpetuwi、aŋpawi、wi。

① aŋpetuwi < *ʔaŋ-be-dupi，字面意思可能是“太阳—太阳”。达科他语“白天”aŋpetu < *ʔaŋ-dupi。*dupi 是“太阳”的原有说法，如同卡那西语 *dupe、阿伊努语 *dup。

② 达科他语 wi，苏语（Sioux）we < *b^{w}e。如同朝鲜语、爪哇语 *b^{w}e。

“太阳”墨西哥那瓦特尔语（Nahuatl）tonatiuh < *tona-ti-uh，字面意思应是“白天—眼睛”。[2] “白天”tonalli < *tona-tli，“眼球”ixtetl < *ʔiqte-tl。

---

① 爱斯基摩语 kr- 通常来自 k-，-r- 是为了增加区别特征的增音（参见 *Arthur, Eskimo-English English-Eskimc Dictionary*，第 103 页中的说明）。名词有单、双和复数三类状态，单数用词根，双数为 -k，复数为 -t。情态相关的单数名词为 -mik，双数、复数为 -nik。*-ʔek 应是早期的名词后缀。

② 名词单数后缀有 -tl、-tli、-li、-in 等，复数后缀有 -h、-tin、-meh 等，有的使用复数后缀还重复词根中的一个音节。

“月亮”的词源关系

亚欧语言“月亮”有通称、“新月”和“满月”等的区分。“满月”的说法有的与“圆的”有词源关系，或成为“月亮”的通称。东亚太平洋和美洲印第安语都有把“月亮”叫作“夜里的太阳”的情况，一些语言用“夜”代指“月亮”。

◇ 一　东亚太平洋语言的“月亮”

东亚太平洋语言“月亮”的代表性的说法有：

1. *dari / *dar / *si-dara

土耳其语方言 jɑrik < *dari-q。朝鲜语 tar < *dar。①

所罗门群岛罗维阿纳语（Roviana, Robiana）sidara < *si-dara。

2. *ʔadi / *ʔad-diŋ

古突厥语、土耳其语、维吾尔语、哈萨克语 aj < *ʔadi。

维吾尔语 ajdiŋ（月光），西部裕固语 ɑjdəŋ < *ʔad-diŋ。

---

① 格鲁吉亚语“月亮”mthvarɛ < *mdʷare，“满的”mtɛli < *mte-。

3. *sara / *saru-l / *ʔisil

蒙古语书面语 sɑrɑ，保安语 sɑrə，东部裕固语 sɑrɑ < *sara。

达斡尔语 sɑruːl < *saru-l。（月亮，明亮的）

鄂罗克语 isil < *ʔisil。

4. *biʔa / *buʔa / ʔab^{w}aʔe / *b^{w}eʔa

满文 bija，锡伯语、赫哲语 bia，鄂伦春语 bɛːga，鄂温克语 bɛːgă < *biqa。

女真语（必阿）*pia < *biʔa。

莫图语 hua，克勒布努方言（Kerepunu）vue，阿罗马方言（Aroma）bue < *buʔa。

泰雅语泽敖利方言 βua-tiŋ < *buʔa。

塔希提语 ʔāvaʔe < *ʔab^{w}aʔe。新喀里多尼亚哈拉朱乌语（Xaracuu）m^{w}ea < *b^{w}eʔa。

5. *tuki

日语 tsɿki < *tuki。

6. *ma-sina / *sni

汤加语、夏威夷语 mahina，萨摩亚语 masina < *ma-sina。

沙外语（Sawai）sni < *sni。

7. *ʔale-ʔa / *ʔaloŋ / *ʔolaŋ

马那姆语 ʔajea < *ʔale-ʔa。

马绍尔语 alləŋ，雅贝姆语（Yabim）ajoŋ < *ʔaloŋ。

京语 oŋ^{1}jaŋ^1 < *ʔolaŋ。

8. *bula / *bulan / *bun / *ʔblən

达阿语 vula，斐济语 βula ＜ *bula。罗地语 bula-k < *bula。

泰雅赛考利克方言 bəja-tsiŋ，泽敖利方言 βua-tiŋ < *bula。

印尼语、爪哇语、萨萨克语 bulan，亚齐语 bulɯən，雷德语 mlan < *bulan。

布农语 buan，卑南语 buɭan，卡那卡那富语 buanʉ < *bulan。宁德娄语 bun < *bun。

壮语龙州话 bəːn^{1}，西双版纳傣语 dən^{1}，德宏傣语 lən^{1} < *ʔblən。

侗语北部方言 ljan^{1}，标语 phyːn^{1}，黎语 n̥aːn^{1} < *ʔblən。

9. *s-ŋali / *te-kol / *tu-gul

所罗门群岛劳语（Lau）sinali，所罗门瓜依沃语（Kwaio）siŋali < *s-ŋali。

新喀里多尼亚嫩戈内语（Nengone, Mare） tʃekol < *te-kol。

鄂伦春语 tungul < *tu-gul。（圆月）

10. *pural / *prol

邵语 furað，邹语 feohʉ < *pural / *prol。

11. *k^{w}upa-riʔo / *k^{w}eb

瓦努阿图勒窝语（Lewo, Varsu）kup^{w}ario < *k^{w}upa-riʔo。

巴布亚新几内亚布昂语（Buang）k^{w}eβ < *k^{w}eb。

12. *malam

毛利语、马那姆语、特鲁克语 maram，加洛林群岛沃勒阿伊语（Woleain）maɽam < *malam。

13. *bare

莫图语莫图莫图方言（Motomoto）papare < *bare。

14. *ŋat / *qi-ŋet

汉语 *ŋat（月）。

尼科巴语 tʃi-ŋət < *qi-ŋet。

15. *dla-ba / *dla / *k-dla / *ʔidał

藏文 zla ba，拉达克语 ldɑ-wɑ < *dla-ba。

梅梯语 thā，卢舍依语 thlɑ，他多语 hlā，哈卡钦语 ktla pa < *dla / *k-dla。

排湾语 qidas，赛德克语 idas，赛夏语 ilaʃ < *ʔidał。

16. *sula / *sla / *la / *lobo / *laba

景颇语 ʃă^{33} ta̠^{33}，独龙语 sɯ^{31}lɑ^{55} < *sula。

苗语养蒿话 l̥ha^{5}，野鸡坡话 l̥a^{c}，大南山话 l̥i^{5} < *sla。巴哼语唔奈话 naŋ^{35} l̥a^{55} < *naŋ-sla。

加洛语 jɑ，克伦语、巴兴语 lɑ < *la。

彝语喜德话 ɬo^{21}bo^{21}，载瓦语 lo̠^{55}mo^{55} < *lobo。林布语 lābā < *laba。

17. *lani / *la-gnə

墨脱门巴语 la ni，木雅语 le̠^{33} nə̠^{53}，他杭语 lanji < *lani。道孚语 ɬə ɣnə < *la-gnə。

18. *polo / *balo / *polo / *bala / *bale-mulu

加龙语 polo，塔金语 polu，博嘎尔珞巴语 poŋ lo < *polo。

阿昌语 phă^{31}lɔʔ^{31}，哈尼语 ba^{33}la^{33} < *balo。

布努语 po^{3}ɬo^{5}，勉语 ɬo^{5} < *polo。

阿卡语 bala < *bala。

蒙达语 bale-mulu < *bale-mulu。（初月，第三、第四天的新月）

19. *s-lik / *s-lak

豪尔巴语（Haurpa）slik no < *s-lik。

汉语 *s-lak（夕）。

20. *noka-buri

博多语（Bodo）noka buri < *noka-buri。

21. *kre / *kreʔ / *n-kra / *kro

柬埔寨文 k^hε < *kre。佤语马散话 khεʔ，艾帅话 khi̱ʔ < *kreʔ。户语 n khja^{31} < *n-kra。

那加语索布窝马方言（Sopvoma） khro，哥乍马方言（Kezama）kry < *kro。

22. *plaŋ-klar

德昂语南虎话 plaŋ kiar，巴饶克语 plāŋ kjār < *plaŋ-klar（亮—月）。

23. *le-raŋ / *ki-raŋ

朱昂语（Juang，蒙达语族） leraŋ < *le-raŋ。布兴语 tʃi riaŋ < *ki-raŋ。

24. *moŋ

克木语 mŏŋ < *moŋ。

25. *me / *p^we

巴琉语 maːi^{13}，莽语 me^{35} < *me。

新喀里多尼亚南密语（Nami）p^{mw}e < *p^we。

26. *taduk

蒙达语 chandūk < *taduk。

二 “月亮”的词源对应关系

1.“夜里的太阳”等代指“月亮”

“夜里的太阳”代指“月亮”在早期东亚的语言中可能并不罕见，包括末次冰期间迁移至美洲的印第安语。东亚太平洋语言中那些用“夜”或“夜晚”代指“月亮”，原本可能都是以“夜里的太阳”代指“月亮”。

（1）日本阿伊努语 ɑntʃikɑrɑ-tʃhup < *ʔatikara-tup，其义是“晚上的太阳”。又叫 kunne-tʃup < *kune-tup，字面意义是“黑暗—太阳”，kunne“暗、黑”。

（2）豪尔巴语（Haurpa，藏语支）slik-no，墨脱门巴语 la ni，木雅语 le̱^{33} nə̱^{53} < *la-ni。字面意思也是“夜—太阳”。“太阳”藏文 n̥i ma，缅文 ne^{2} < *ni。一夜的“夜”，藏文 ʑag < *lak。东亚一些语言的“夜”与“黑”有词源关系。“黑”阿昌语 lok^{55} < *slok。

（3）却域语 slə^{55}mnə^{33} < *sla-m-ni，字面意思“夜—太阳”。

（4）扎坝语 ɬe^{33}vʑʌ^{55} < *le-bra，字面意思是“夜—月亮”。

（5）鲁凯语 ɖamar < *dam-ʔar，疑其义为“夜里的太阳”。“夜”同一语系的卑南语 ɖəmkakələm < *dam-kakələm，排湾语 qadzəmədzəmətç < *qadam-dəmək。

（6）汤加语、夏威夷语、萨摩亚语 *malam-sina，早期的意思可能是“晚上的太阳”。“晚上”印尼语 malam，马都拉语 maləm，亚齐语 malam < *malam。

用“夜里的太阳”代指“月亮”与东亚许多语言把“太阳”叫作“白天的眼睛”一样，大约是东亚末次冰期前的语言扩散产生的词。

“月亮”巴琉语 maːi^{13}，莽语 me^{35} < *me。南密语 p^{mw}e < *p^{w}e。这一类说法可能是“夜里的太阳”的省略说法，*p^{w}e 是早期东亚语“太阳”。

2. "月亮"和"夜晚"

东亚太平洋语言用"夜晚"直接指"月亮"的，或"月亮"的说法与别的语言的"夜晚"有对应关系的，"月亮"的说法应是原本"夜晚的太阳"的简略表达。如：

（1）毛利语、马那姆语 maram，沃勒阿伊语（Woleain）maɽam < *malam。"晚上"印尼语 malam。

（2）塔几亚语（Takia）kalam < *kalam。"夜"卑南语 ɖəmkakaləm < *dam-kakaləm。

（3）布昂语 kʷeβ < *keb。"夜"那大语 kobe < *kobe。

（4）布努语、勉语 *polo。"夜"户语 pɤl33 pɣɔ31 < *pəl-plo。

（5）那加语索布窝马方言（Sopvoma） khro，哥乍马方言（Kezama）kry < *kro。"夜"阿侬怒语 a31ʂɿ55khɹɑ55 < *ʔa-sikra。

（6）"月亮"藏文、拉达克语、林布语 *dla-ba。可能有词源关系的是"夜晚"女真语（多罗斡）*dolowo < *dolo-bo。赫哲语 dolbu，鄂温克语、鄂伦春语 dɔlbɔ < *dol-bo。

（7）"月亮"突厥语 *ʔadi。"晚上"东部裕固语 ødøgʃə < *ʔodi-gəti（月亮—晚上）。蒙古语都兰话 ɑsgɑn（晚上），和静话 ɑsxɑn（傍晚）< *ʔat-qan。

（8）"月亮"满通古斯语 *biqa、莫图语 *buʔa、哈拉朱乌语 *beʔa < *bʷeʔa 等，与梅柯澳语"新月"*buʔi-ʔa 对应。"夜"马京达瑙语 vie < *bʷiʔe。

（9）早期甲骨文中用 ᗡ 指"月亮"也指"夜晚"。后来这个字分别成为"月"和"夕"，分别指"月亮"和"夜晚"，后来有两个读法 *ŋat 和 *s-lak。

与"夕"*s-lak 对应的是藏文"夜"ʑag < *lak。楚简"夜"字上"亦"下"夕"，音 *laks。后来的"外"从"夕"，古音同"月"为 *ŋat，反倒写作从"夕"。

《释名》："月阙也，满则阙也。"意思说"月"指有缺之"月"。"晚上"图瓦语 geʃɛ、西部裕固语 gedʒe < *gede。甲骨文 ᗡ 可能读 *ged，兼指"晚

上”。如“蚏”王伐切。

3.“月亮”和“圆”

（1）达阿语、斐济语 *bula。壮语龙州话 bəːn^{1}，版纳傣语 dən^{1}，德宏傣语 lən^{1} < *ʔblən。

“圆的”壮语武鸣话 duːn^{1}，黎语通什话 lun^{5} < *ʔlun。布依语 zan^{2} < *lan。黎语保定话 pluːn^{1} < *plun。侗台语“月亮”和“圆”的说法似乎有平行的语音演变，如：

“月亮”西双版纳傣语 dən^{1}，德宏傣语 lən^{1} < *ʔdən < *ʔblən。

“圆”布依语 zan^{2} < *lan。侗语 ton^{2}，毛南语 don^{2} < *don。越南语 tɔn^{2} < *don。

“圆”黎语保定话 plun^{1} < *plun。

（2）“月亮”鲁凯语 ɖamar < *domar。“圆的”维吾尔语 domilɑq，哈萨克语 domɑlɑq < *domila-q。

（3）罗维阿纳语 *sidara，土耳其语方言 *dari-q，朝鲜语 *dar 有词源关系。“圆的”蒙古语 dʉrə-，达斡尔语 duːrə-，东部裕固语 duːrtʃ-，保安语 dərgɛ- < *durə-ge。

4.“月亮”和“满的”

（1）藏文、拉达克语 *dla-ba。“满的”撒尼彝语 lo^{11}dlæ^{33} < *lo-dla。①

（2）加龙语、塔金语、博嘎尔珞巴语 *polo，阿昌语、哈尼语 *balo。“满的”达让僜语 blɯŋ^{55} < *bluŋ；缅文 prɑŋ^{1}，阿昌语 pʐəŋ^{35}，景颇语 phʒiŋ^{55} < *preŋ。

（3）达阿语 vula，斐济语 βula，罗地语 bula-k < *bula。“满的”勒窝语 wule < *bule。

① *lo-dla，字面意思是“满的—满的”，如史兴语“满的”lu^{35} < *lu。

（4）邵语 *pural，"满"邵语 mapuniʃ <*ma-punil。

（5）克木语 *moŋ，"满"柬埔寨文 pëɲ <*poŋ。

（6）"月亮"帕玛语 avati，三威治港语 ᵐbatʃi <*bʷati。"满的"阿美语 matuməʃ，布农语 matmuð，卑南语 matəmuj <*matu-mul。沙阿鲁阿语 milii <*muli-ʔi。

5. "月亮"和"明亮"

"月亮"和"明亮"有词源关系的，可能"月亮"的说法在先。

（1）土耳其语方言 *dari-q，朝鲜语 *dar。罗维阿纳语 *si-dara。"明亮的"马达加斯加语 ma-dera <*dera。"光"那大语 dara <*dara。鲁凯语 ɖarəɖarə <*darə。

（2）蒙古语族语言 *sara，"明亮的"东部斐济语 sērau <*sera-ʔu。

（3）西部裕固语 *ʔad-diŋ，"明亮的" ɢəldəŋ <*gəl-diŋ。

（4）排湾语 qidas，赛德克语 idas，赛夏语 ilaʃ <*ʔidaɬ。"明亮的"罗维阿纳语 ŋedala <*ŋe-dala。

（5）劳语 sinali，所罗门瓜依沃语 siŋali <*s-ŋali。"明亮的"汤加语 ŋiŋila <*ŋiŋila。

（6）阿卡语 bala <*bala。"明亮的"克木语 bah <*bal。塔几亚语 mala-n <*mala。

（7）京语 $oŋ^{1}jaŋ^{1}$ <*ʔolaŋ，布兴语 tʃi riaŋ <*ki-raŋ。"明亮的"缅文 $lɑŋ^{3}$，吕苏语 $ba^{33}laŋ^{53}laŋ^{31}$ <*laŋ。佤语马散话 rɯaŋ <*raŋ。

三 新月和满月

早期东亚的语言中有"月亮"的通称及"新月"和"满月"等的区分。

“满月”或用“满的—月亮”一类的方式表示。

（1）朝鲜语 *dar，“望日” porɯm < *boru-m，“晦日” kɯmɯm < *gum-ʔum。“望日”中的 *boru-，原来指“饱满的”。“饱的”朝鲜语 purɯta < *buru-，东亚语早期的意思是“圆的”。“晦日” *gum-ʔum，原来指“黑的”，“黑的”朝鲜语 kəmta < *gum-。

（2）日语 *tuki，“望日” motʃidzɿki < *moti-diki。“满的”日语 mitɕiru < *miti-ru。*moti-diki 字面的意思是“满的—月亮”。“晦日”日语 misoka，词源不明。

（3）蒙达语 bale-mulu < *bale-mulu。（初月，第三、第四天的新月）

桑塔利语“满月” buru kunɛmi < *buru-kunami（月—满月），或 buru。“第二或第三天的新月” baleː molokh < *bale-molok（月—初现）。《说文》：“霸，月始生霸然也。”“霸”古音 *prak，如同桑塔利语“新月”中的 *molok。

（4）爱斯基摩语“月亮” tatkret < *tat-kre-t，“满的” tatattok< *tata-tok。[1] *kre 可能与柬埔寨语“月亮” *kre 有词源关系。

（5）南岛语系一些语言“月亮”和“满的”说法相近，原本当专指“满月”。如：

“月亮”达阿语 vula，斐济语 βula，罗地语 bula-k < *bula。

“满的”帕马语 vil < *bʷil，勒窝语 wule < *bule，戈龙塔洛语 mo-polu < *polu。

（6）梅柯澳语“月亮” ŋava < *ŋaba，“新月” puia < *buʔi-ʔa。“月亮”莫图语、克勒布努方言、阿罗马方言 *buʔa，哈拉朱乌语 *bʷeʔa，塔希提语 *ʔabaʔe 等与梅柯澳语“新月” *buʔi-ʔa 对应。

（7）日语“望月” motʃidzɿki < *moti-diki，字面的意义为“满的—月亮”。“满的、圆的”日语 mitɕiru < *miti-ru。

---

① -tok 为形容词后缀。

（8）古汉语“望”指“月满”。“望”甲骨文像人立土瞭望，后改从“亡、月”，“亡”得声，古音 *maŋ。如孟高棉语言“月亮”克木语 *moŋ。

“霸”*prag-s，月始生。“月”未盛之明古称“朏”所角切，音 *srok，与“夕” *s-lak 音近。“晦”*smə-s，《说文》月尽也。

◇ 四　词源关系分析

1. *me

“月亮”巴琉语、莽语 *me。克木语 mǒŋ < *mo-ŋ。

“月亮”古爱尔兰语 mi、威尔士语 mis，亚美尼亚语 amis < *mis。[①]
古斯拉夫语 meseci、立陶宛语 menesis < *mene-sis。
“月亮”阿维斯陀经 ma、波斯语 mah，希腊语 mene，古挪威语 mani、古英语、古弗里斯语 mona、古高地德语 mano < *ma-。

2. *lani

“月亮”墨脱门巴语 lani、木雅语 le̠^{33} nə̠^{53}、他杭语 lanji < *lani。

“月亮”希腊语 selene，拉丁语、意大利语、古教堂斯拉夫语 luna。
阿尔巴尼亚语 hënë。亚美尼亚语 lusin。

3. *bula

“月亮”南岛语 *bula 和加龙语、塔金语、博嘎尔珞巴语 *polo，阿昌语、哈尼语 *balo 等应有词源关系，来自“满的”。“满的”勒窝语 wule < *bule，戈龙塔洛语 mo-polu < *polu。

“满的”法语 plein，拉丁语 plēnus，梵语 plātas < *ple-。英语 full，

① 参见 www.dicts.info/dictionary.php English-Armenain。

荷兰语 vol，丹麦语 fuld < *pul-。

4. *ʔadi

“月亮”古突厥语、土耳其语、维吾尔语、哈萨克语 aj < *ʔadi。[1]

“满月”梵语 amalendu < *a-mal-indu，字面意思“满的—月亮”。“月亮”梵语的一种说法是 indu < *idu。

梵语“月亮”的几种说法字面意思是“夜—眼睛（眼珠）”，意思是“夜里的眼睛”。

① nakʃākaraḥ、niʃākarah < *nakʃa-kara-q。“夜里”梵语 nak，“在夜里”梵语 naktam。“眼睛”梵语、嘎地语 *qakara。（参见上文《太阳》篇。）

② rajanikaraḥ < *rajani-kara-，“夜”梵语 rajani。

③ ʃaʃadharaḥ < *ʃaʃa-dara-，“夜”ʃaʃarvari，“眼珠”tārā。

“夜里”梵语 nak，希腊语 νύξ，拉丁语 nox，立陶宛语 naktis，哥特语 nahts，赫梯语 nekut-（晚上）。“夜、黑”古印欧语 nak-。[2]

“月亮”匈牙利文 honap < *qo-nap 字面的意思可能是“夜—太阳”。“太阳”匈牙利文 nap，“夜”芬兰语 yö < *io。

印第安语的情况如：

北美印第安人的语言阿巴齐语（Abache）“月亮”tɬhego-naʔai，义为“夜里的太阳”，tɬhe “夜”，naʔai “太阳”，-go 连接成分。

美国俄克拉荷马州印第安人的车罗科语（Cherokee）“月亮”

① 其对应关系如：“划分”图瓦语 ɑdɤrɤ-，土耳其语 ajir-，维吾尔语 ɑjri-，哈萨克语 ɑjər- < *ʔadiri。“撒尿”图瓦语 sidiktɛ-，土耳其语 iʃe-，维吾尔语 sij-，哈萨克语 sij- < *sidi-。“穿”图瓦语 kit-，土耳其语 gijin-，维吾尔语、哈萨克语 kij- < *kidi-。

② Custom logo design by LogoBee.com. Douglas Harper, 2001—2013.

svnoji-ehi-nvda，字面意思“夜里的太阳”，svnoji “夜”，nvda“太阳”，ehi 构词成分。

明尼苏达州印第安人的达科他语（Dakota）“月亮”haŋjetuwi，意思是“夜里的太阳”，haŋjetu“夜”，wi“太阳”。

“月亮”那瓦特尔语 metztli ＜*med-tli（-tli 单数名词后缀），*med 可与三威治港语“月亮”ᵐbatʃi＜*mati 比较。

“月亮”玛雅语楚吉方言（chuj）tʃiʔitʃ＜*tik。[①] 与日语 *tuki 可能有词源关系。

① 玛雅语楚吉方言长元音可裂为两个相连的元音，如“皮、革”tzhuʔum＝tzhum，“叶子、头发、毛”xiʔil＝xil，“人们” waʔanh＝wanh 等。参见 A Dictionary of the Chuj (Mayan) Language，Nicholas A. Hopkins, Ph. D. www.docin.com。

“星星”的词源关系

“星星”，东亚语言的 *taro 和印欧语的 *sitar 应有词源关系。阿尔泰语不同支系“星星”的说法有不同的来历，一些南岛语称“星星”为“晚上的眼睛”或“天的眼睛”。南亚语在区分“晚上的星星”和“晨星”的基础上用其中的某种说法为通名。台湾、马来和波利尼西亚等地语言有关“星星”的比喻说法和南亚语的一样，是相近底层语言的表现。藏缅语诸支系内部的说法大体一致，也是南亚语相近的表达方式。

一　东亚太平洋语言的“星星”

东亚太平洋语言“星星”的说法如：

1. *guli / *guli-qan

古突厥语、维吾尔语 jultuz，土耳其语 jildiz，哈萨克语 dʒuldəz，图瓦语 juldus < *guli-。

图瓦语 dʒədiχan < *guli-qan。（北斗星）

2. *podo / *podun / *patu-ʔi / *puti-ʔon

蒙古语 ɔd，土族语 foːd，清代蒙文 odo < *podo。

图瓦语 odun，东部裕固语 hodən < *podun。

塔几亚语 patui < *patu-ʔi。

查莫罗语 pution < *puti-ʔon。

3. *ʔuliqa / *ʔuliq-ta

满文 usiha，女真语（兀失哈）*usiha，锡伯语 uçaχa < *ʔuliqa。

鄂伦春语 ɔːʃikta，鄂温克语 ɔːʃitta，赫哲语 uçaxta < *ʔuliq-ta。

4. *bər / *beri-sa / *b^{w}eruʔe / *ʔi-bora

朝鲜语 pjər < *bər。

达密语 barisa < *beri-sa。勒窝语 verue < *b^{w}eruʔe。

莫图语南岬方言 ibora < *ʔi-bora。

5. *poli / *poli-lama / *buliq

日语 hoçi < *poli。

戈龙塔洛语 polijama < *poli-lama（星星一夜晚）。

泰雅语泽敖利方言 βuliq < *buliq。

6. *tari-ʔaʔu / *tari

鲁凯语 tariau < *tari-ʔaʔu。伊拉鲁吐语 torə < *tari。

7. *mata-no-aŋit / *bari-sa

雅美语 mata no aŋit < *mata-no-aŋit（眼睛一的一天）。（天的眼睛）

达密语 barisa < *bari-sa（眼睛一天）。

8. *b^{w}etu / *bitu-ʔon / *b^{w}itu-qan / *bitu-ʔəŋ / *biti-q / *bita-ŋ

毛利语 whetū，萨摩亚语 fetū，塔希提语 feti，夏威夷语 hōkō < *b^{w}etu。①

他加洛语 bituwin，摩尔波格语 bituʔon < *bitu-ʔon。

排湾语 vitçuqan < *b^{w}itu-qan（眼睛—夜晚）。

布昂语 bətuʁəŋ < *bitu-ʔəŋ。姆贝拉语 pitik < *biti-q。

印尼语、爪哇语、萨萨克语 bintaŋ，巴塔克语 bittaŋ < *bita-ŋ。

9. *puŋe-lal / *biŋal / *ʔata-ŋalala / *ŋela

赛德克语 puŋerah < *puŋe-lal（夜—眼睛）。泰雅语赛考利方言 biŋah < *biŋal。

沙阿鲁阿语 atsaŋalaɬa < *ʔata-ŋalala。

多布语 ŋela < *ŋela。

10. *ʔuti / *ʔuti-lam

雅贝姆语 uti < *ʔuti。吉利威拉语 utujam < *ʔuti-lam（星星—夜晚）。

11. *b^{w}isi-bus

拉加语 visivu，莫图语 hisiu < *b^{w}isi-bus。

12. *dala / *tala / *tala-tala / *tolo

那大语、锡加语 dala < *dala。菲律宾马京达瑙语 ^{n}tala < *tala。

雅贝姆语 talata < *tala-tala，uti-talata < *ʔuti-talata。

布鲁语 tolo-t < *tolo。

---

① 塔希提语 fētū，古语。夏威夷语 *t > k。

13. *skreŋ / *kri / *sgri / *koru

汉语 sreŋ < *skreŋ（星）。①

缅文 krɑj^{2}，阿昌语 khʐ̥ə^{55}，载瓦语 kji̠^{51} < *kri。豪尔巴语（Haurpa）sgrai < *sgri。

莫图语莫图莫图方言 koru < *koru。

14. *skar / *takar / *sker / *suŋ-ger / *suger / *sager-ba / *sukar / *p-kar

藏文 skar，巴尔蒂语 skar-ma < *skar。加龙语、塔金语 takarr < *takar。

白语剑川话 çeɹ^{55}，鹤庆话 sheɹ^{55} < *sker。

卡林语（Khaling）soŋ-ga，古龙语 sūŋ-ger，坎布语 soŋer < *suŋ-ger。

那车棱语（Nachereng）sūŋ-gēr-wɑ < *suger / *sager-ba。

桑塔利语 sukar < *sukar（夜晚的星星）。柬埔寨文 phkaːj < *p-kar。

15. *ma-rik

那加语邝奥依方言（Khangoi）ma-rik < *ma-rik。

16. *ʔdudi / *ʔdu

壮语武鸣话 daːu^{1}dei^{5}，壮语龙州话 daːu^{1}di^{5} < *ʔdudi。

西双版纳傣语 daːu^{1}，德宏傣语 laːu^{6} < *ʔdu。

罗地语 ^{n}du-k < *ʔdu。

17. *quŋ / *qaŋ / *qeŋ

布努语 ta^{1} kuŋ^{1}，巴哼语 a^{2} qaŋ^{1} < *quŋ / *qaŋ。

苗语野鸡坡话 qaŋ^{A}，枫香话 qoŋ^{1} < *qeŋ。

---

① “星”从二等字“生”得声，谐声字另有精母字“旌”和二等字“猩”等。

18. *ʔblet / *blatik

拉加语 tau^{3}blet^{7} < *ʔblet。

布拉安语 blatik < *blatik。

19. *sora / ʔara-si

那加语坦库尔方言 si-ra，逊瓦尔语（Sunwar）sor-ru < *sora。

卢舍依语 ra-ʃi，康语（Kom）ār-si，哈卡钦语 arr-fi < *ʔara-si（夜一星）。

20. *kat-si

卡米语（Khami）kɑt-ʃi < *kat-si。

21. *ʔret

侗语 ɕət^{7}，水语 zət^{7} < *ʔret。

22. *bo / *ʔubo-na

莽语 bo^{31} < *bo。

大瓦拉语 ubona < *ʔubo-na。

23. *tap-ru

黎语通什话 raːu^{4}，保定话 raːu^{1}，堑对话 tap^{7}laːu^{4} < *tap-ru。

24. *sər-meŋ

克木语 sɯr mĕŋ，布兴语 sɯŋ mĕŋ < *sər-meŋ。

25. *suk-ma-leta

尼科巴语 ʃŏk malētʃa < *suk-ma-leta。

◇ 二　诸支系的说法

1. 阿尔泰语

（1）突厥语 *guli-。“亮的”西部裕固语 ʁəldɑn，东部裕固语 gəldəŋ < *gəl-dan。

（2）蒙古语 *podo、东部裕固语 *podun 等与塔几亚语 *patu-ʔi 对应，与毛利语、萨摩亚语、塔希提语、夏威夷语 *betu 等南岛语的说法有词源关系。

（3）“星星”满文、女真语、锡伯语 *ʔuliqa，鄂伦春语、鄂温克语、赫哲语 *ʔuliq-ta，可能是“夜里的眼睛”的简略说法，“眼睛”如满文 jasa，女真语（牙撒）*jasa，锡伯语 jas，鄂伦春语 jɛːʃa < *ʔila。爱斯基摩语 ije < *ʔile。

2. 南岛语

（1）台湾现存南岛语“星星”的说法有多种来历，保留着“天的眼睛”“晚上的眼睛”代指“星星”，也有以“黑的”“夜晚的”代指“星星”的说法。

（2）马来—他加洛语和美拉—密克罗尼西亚语的一些说法与台湾的对应。

姆贝拉语 pitik < *bitiq，莫图语 hisiu < *pisi-ʔu，塔几亚语 patui < *patu-ʔi，南密语 piuk < *piʔu-q，帕玛语 hitu < *pitu，汤加语 fetuʔu < *petu-ʔu，萨摩亚语 fetū < *petu 等。

雅贝姆语、马绍尔语、波那佩语 *uti，吉利威拉语 *ʔuti-lam 指“晚上的星星”，表达的意思类似于南亚语和藏缅语。其他的说法如：

东部斐济语 kalokalo < *kalo，西部斐济语 dʒiliŋo < *diliŋo，劳语 bubulu < *bubulu，瓜依沃语 buruburu < *buru，勒窝语 verue < *beruʔe 等。梅柯澳语以 miʔi-miʔi“萤火虫”代指“星星”。夸梅拉语 kumhau 义为“星

星、眼球”。

3. 汉语和藏缅语

（1）“星”汉语 *skreŋ，与豪尔巴语 sgrai、羌语 ʁrə、阿昌语 khʐə^{55} 等有词源关系。

卡林语、古龙语、坎布语的 *suger 可代表藏缅语的另一种早期形式，藏语、巴尔蒂语的 *skar 是前缀元音丢失后的形式，并借入南亚语，如桑塔利语读作 *sukar，指“夜晚的星星”。

克伦语支的语言，如克伦语帕他翁方言（Padaung）tsɑ，乍叶因方言（Zayein）sɑ < *ska。

（2）除了藏语支、羌语支、缅语支和喜马拉雅语支语言的 *skar、*suger 等，藏缅语“星星”的说法还有几个主要的词源。如：

哈尼语墨江话 pɛ^{31}kɯ^{55}，拉祜语 mɤ^{21}kɤ^{21} < *məkə。

那加语坦库尔方言 si-ra，逊瓦尔语（Sunwar） sor-ru < *sora。

卢舍依语（Lusei）ār-ʃi，康语（Kom）ār-si < *ʔar-si。

（3）那加语邝奥依方言（Khangoi）ma-rik < *ma-rik。

4. 侗台语

（1）壮语 *ʔdudi、傣语 *ʔdu。

（2）布央语郎架话 laːŋ^{11}loŋ^{312} < *laŋ-loŋ。“亮的”郎架话 maloŋ^{312} < *ma-loŋ。

（3）拉加语、侗语、水语 *ʔblet，黎语 *tap-lu，可能是“晚上的眼睛”的简略说法。

5. 苗瑶语

（1）“星星”苗语腊乙坪话 te^{35}te^{35}qe^{35}l̥hɑ^{53}，养蒿话 tɛ^{33}qɛ^{33}，大南山话

n̥o^{43}qo^{43}。野鸡坡话 qaŋ^{A}，枫香话 qoŋ^{1} < *qeŋ。“亮的”苗语大南山话 kaŋ^{2}，野鸡坡话 ʁwen^{A}，枫香话 qwoŋ^{2} < *ɢleŋ。

（2）“星星”畲语莲花方言、罗浮方言 ne^{5} taŋ^{1}。“月亮”畲语罗浮方言 ne^{5} khui^{2}，字面意思是“月—亮的”，ne^{5} 对应于大南山话 n̥o^{43} < *sna，即“月亮”。

6. 南亚语

桑塔利语 sukar“夜晚的星星”，bhurkɛ“晨星、金星”。南亚诸语“星星”多指“夜晚的星星”。

（1）“星星”佤语马散话 sem ʔuiŋ，艾帅话 sim ʔu̠i̠ŋ < *sim-ʔiŋ。“夜里”如布朗语南虎话 sɤm < *səm。“星星”佤语孟贡话 bu̠ pu̠ i̠ ŋ < *bu-piŋ，*bu“夜里”。

*ʔiŋ、*piŋ 来自 *miŋ，如巴饶湾语“星星”sɑ-mɑiŋ。佤语马散话“星星”字面意思是“夜—星星”。

布朗语胖品话 si mɤik，硝厂沟话 si măiŋ，对应于巴饶湾语 sɑ-mɑiŋ。

（2）巴饶湾语另一种说法 *per-laŋ，其义为“黑暗的星星”即指“夜晚的星星”。

（3）柬埔寨文 daːraː < *dara，应是巴利语借词。据《印度语言调查》（G. A. Crierson, K.C.I.E., Linguistic Survey of India），dārā 是印度—伊朗语族语言“星星”最常见的说法，min 之类是达罗毗荼语的说法。

三　复合词的意义

一些语言中用“天的眼睛”“晚上的眼睛”一类的说法代指“星星”，不同语言中这一类复合词由不同词源的成分构成，不同的支系说法不同。

“星星”如雅美语 *mata-no-aŋit，字面意思“眼睛—的—天”。*mata“眼睛”，*aŋit“天”。

1.“晚上的眼睛”代指“星星”

（1）赛德克语 *puŋe-lal，字面意思“夜晚—眼睛”。“夜”斐济语 boŋi，马绍尔语 p^{w}ɔŋ < *boŋi。查莫罗语 pueŋue < *puŋe。“眼睛”赛德克语 doliq <*dol-iq。赫哲语 idzalə，索伦语 isal，鄂温克语 ɪʃal < *ʔilalə。

（2）雅贝姆语 uti-talata < *ʔuti-talata“夜晚—眼睛”。

（3）沙阿鲁阿语 *ʔata-ŋalala“眼睛—夜晚”。

（4）拉加语 *ʔblet 应与菲律宾的布拉安语 *blatik 有词源关系。*blatik 或可分析为 *bla-tik，相当于排湾语 *bi-tuqa-n，义为“晚上的眼睛”。*bla“眼睛”，如拉加语 pla^{1}。

2.“晚上的星星”和“黑暗的星星”

（1）“星星”吉利威拉语 utuyam < *ʔuti-lam，意思是“晚上的星星”。“星星”如雅贝姆语 uti，马绍尔语 itʃu < *uti。密克罗尼西亚波那佩语（Ponape, Ponapean）usu < *ʔusu。“晚上”如印尼语 malam，马都拉语 maləm，亚齐语 malam < *ma-lam。

夜晚的“星星”区分于早晨或黄昏的“星星”。如桑塔利语 sukar < *sukar，指“夜晚的星星”。

（2）克木语、布兴语 *sər-meŋ，*sər 可能是 *skər 的省略说法。“星星”喜马拉雅语支的古龙语（Kulung）sūŋ-ger，卡林语（Khaling）soŋ-gɑr < *suger。*meŋ 可能也来自藏缅语，“暗”缅文 $hmoŋ^{2}$ < *s-moŋ。

（3）巴饶湾语（Palaung）pɛr lāŋ < *per-laŋ，字面的意思是“星星—黑暗”，即“晚上的星星”。*per 即“星星”如蒙达语、桑塔利语 ipil < *ʔipil。“黑”佤语马散话 lauŋ，艾帅话 luŋ，孟贡话 loŋ < *loŋ。

3.“黑、暗”代指“星星”

（1）“星星”印尼语、爪哇语、萨萨克语、巴塔克语 *bitaŋ。“暗”爪哇语 pə-pətəŋ，巴厘语 pətəŋ，布昂语 pittaŋ < *pitaŋ。“晚上”巽他语 p-tiŋ < *pitiŋ。

“星星”爪哇语 lintaŋ < *litaŋ，畲语 ne^5 $taŋ^1$ < *taŋ 等的词根与印尼语等的说法有词源关系。

（2）“星星”排湾语 vitɕuqan < *b^witu-qan，他加洛语、摩尔波格语 *bitu-ʔon，萨摩亚语 fetū，塔希提语 feti < *b^wetu。

“黑的”东部斐济语 butō < *buto。

赛夏语 bintœʔæn < *bitu-ʔan，与排湾语 *bituq-ʔan 对应，意思是“晚上的”。

四 词源分析

1. *taro（*tari、*dera）

“星星”鲁凯语 *tari-ʔaʔu。伊拉鲁吐语 *tari。“亮的”马达加斯加语 ma-dera < *dera。

“星星”梵语 star-、希腊语 astra、古高地德语 sterro、古弗里斯语 stero，拉丁语 astrum < *astro-。赫梯语 ʃitar < *sitar。拉丁语、意大利语 stella，法语 ėtoile，西班牙语 estrella < *estro-la。
梵语“星星”nakʃatra < *nak-satra，意思是“夜里的星星”。“夜里”梵语 nak、希腊语 νύξ、拉丁语 nox。
“星星”古挪威语 stjarna、瑞典语 stjerna，哥特语 starino。

“星星”匈牙利文 sztar [star]，爱沙尼亚语 staar。“金星”阿卡德语（Akkadian，古巴比伦阿卡德人的语言）istar。

2. *sugar（*sager、*skar）

喜马拉雅语支的 *suger 代表藏缅语“星星”的早期形式，藏语支的 *skar 是其简略说法，桑塔利语 sukar 来自藏缅语。古龙语 *suger、那车棱语 *sager-ba、桑塔利语“夜晚的星星”sukar < *sukar 有共同的来历。

“亮星”满文 durgija < *dur-gira。

> “星星”古教堂斯拉夫语、俄语 zvezda，立陶宛语 žvaigžde < *sg^{w}egr-da。
>
> 波兰语 gwiazda < *g^{w}er-da。

与之有词源关系的是：

“亮的”维吾尔语 joruq、哈萨克语 dʒɑrəq < *goru-q，鄂伦春语 ŋəːrin、鄂温克语 nəːrin < *ŋəri-n，日语 *ʔakaru-ʔi。

> “亮的”梵语 andʒor < *agor。

*sug^{w}er 可代表欧、亚两地“星星”说法的早期形式，印欧语的说法来自东亚。汉语“星”甲骨文开始以“生”为声符，甲骨文“星”或作“晶”（*skreŋ）。“生”的上古的读法同样是 sreŋ < *skreŋ，该演变可能发生在春秋之前或春秋之时。“新的”苗语养蒿话 xhi^{1}、巴亨语文界话 seŋ^{1}、长垌话 ŋkheŋ^{1}、勉语大坪话 sjaŋ^{1} < *skreŋ，当与汉语“生”的说法有词源关系。印欧语中如：

> “绿的、生的”古英语 grene、古弗里斯语 grene、古挪威语 grænn < *gra-。
>
> “未煮的”古英语 hreaw、古撒克逊语 hra、古挪威语 hrar、梵语 kravih < *kra-。
>
> “新鲜的”希腊语 kreas < *kra-。“绿的”阿尔巴尼亚语 gjebër < *gre-bor。

3. *liqa

“星星”满通古斯语 *ʔuliqa。“亮的”中古突厥语 bɑlqi < *ba-lqi。

“星星”（复数）古普鲁士语 lauxnos < *luq-nos。阿尔巴尼亚语 yll < *ul。 “光”拉丁语 laux。“亮的、光”拉丁语 lucidus < *luki-。

4. *b^{w}eri（*bore、*bisi、*posi、*ʔusi 等）

“星星”达密语 *beri-sa、勒窝语 *beru-ʔe、朝鲜语 *bər 等的共同词根为 *b^{w}eri，拉加语 *bisi-bus 等是南岛语中 *-r- 演变为 *-s- 以后的形式，波那佩语 *ʔusi 丢失前面的辅音。

词根 *b^{w}er < *g^{w}er。

印第安语“星星”：

车罗科语 noquisi < *nok^{w}isi。

达科他语 witʃaŋhpi、苏语 we-tʃoŋ-hpe < *b^{w}itaŋ-hepi。

那瓦特尔语 tʃitlalin < *tilal-in。（-in 单数名词后缀）

阿巴齐语 tshiɬsoì:se < *til-sose，字面意思“星星—星星”。

“水”的词源关系

早在一百多年前，澳大利亚的学者（Jone Fraser）就已指出 *ma、*mo、*ba 等是许多语言，包括古埃及语、希伯来语、毛利语、澳大利亚土著的语言中“水”“雨”“液体”“流动”等意义的词的词根。[①]

东亚太平洋语言“水”一些说法与“雨”“露水”“河”“湖”“海”，“流动”“喝”“吸”“洗”“泡”“沉入”“潜水”“滴落”，“湿润”“清洁的”“清的”等的说法有词源关系。大约早期有“河水”“雨水”“露水”“雾水”等的区分，后来“水”的通称有不同的来历。

◇ 一　东亚太平洋语言的“水”

“水”的主要说法如下：

1. *sub^{w}i / *sopi

古突厥语 sub，图瓦语 suw，土耳其语 sivi < *sub^{w}i。

巴布亚吉利威拉语 sopi < *sopi。

---

① *An Australian languagean as Spoken by the Awabakal*, L. E. Threlkeld, 1892.

2. *su / *ʔusu / *qusu-n / *ʔisi

维吾尔语 su，保安语 sə < *su。①

蒙古语 uʃ，蒙古语书面语、达斡尔语 usu < *ʔusu。

东部裕固语 ɢusun，布里亚特方言 uhɑŋ < *qusu-n。

加龙语 isi < *ʔisi。

3. *gri / *kri / *gru

墨脱门巴语 ri，缅文 re², 怒苏怒语 ɣri³³，勒期语 kjei³¹ < *gri。

克伦语阿果话 thi⁵⁵，卢舍依语 tui，哈卡钦语 ti，马加尔语 di < *gri。

他杭语 ki，勒期语 kjei³¹，加洛语 tʃi，普米语 tʃə⁵⁵ < *kri。

藏文 tɕhu，道孚语 ɣrə < *gru。（水、河）②

4. *qlir / *ʔalir / *qəlira

汉语 *hlirʔ（水）< *qlir-ʔ。③（兼指河流、水体，引申指洪水、雨水等）

马来语 ajer，印尼语 air，米南卡保语 aiᵊ，萨萨克语 aiʔ < *ʔalir。

泰雅语赛考利克方言 qəsijaʔ，泽敖利方言 quʃijaʔ，赛德克语 qasia < *qəlira。

5. *namʔ / *da-num

泰语、西双版纳傣语、壮语龙州话 nam⁴，水语、毛南语、黎语 nam³ < *namʔ。

布农语 danum < *da-num。

---

① "湿的、雨"匈牙利文 esö < *eso。

② 如"走"藏文 tɕha < *kra。藏文 ɦgro（走，去），纳西语 dʑi³³，克伦语阿果话 tɕhɔ⁵⁵ < *m-gro / *kro。

③《说文》："水，准也。"郑玄注《考工记》曰："故书准作水。"战国时代"准""水"音近。"准" kjən < *klir，谐声字"谁" *hlir，"隼" *slir，"唯" *gʷlir。"滙" *gʷlərʔ 指水之会。

6. *lum / *lamʔ

阿美语 nanum，排湾语 dzalum，沙阿鲁阿语 sałumu < *na-lum / *da-lum / *sa-lum。

壮语武鸣话 ɣam^4，布依语 zam^4 < *lamʔ。

7. *rom

佤语 ro̱m < *rom。

8. *dak / *duk

尼科巴语 dāk，蒙达语 dā^k，桑塔利语 dakh < *dak。

柬埔寨文 tɯk < *tuk。

哈尼语 du̱^{33} < *duk。

9. *muke / *ti-mug / *m^{w}aka / *mak

满文 muke，锡伯语 muku，赫哲语 mukə，鄂伦春语、鄂温克语muu < *muke。

女真语（木克）*mukhe < *muke。

爱斯基摩语 immurk < *ʔimuk。

他加洛语 tūbig，阿卡拉农语 tūbiʔ，木鲁特语 timug < *ti-mug。

阿伊努语 wakka < *m^{w}aka。

尼科巴语 mak < *mak。

10. *mur / *b^{w}iri

朝鲜语 mur < *mur。（水、雨）

柬埔寨文 viːəri < *b^{w}iri。

11. *midu

日语 midzɿ < *midu。

12. *ʔeri / *b^wa-ʔer

贡诺语 ere < *ʔeri。锡加语 βair < *b^wa-ʔer。

13. *ʔali / *go-ʔilo / *go-ʔila

格曼僜语 $a^{31}li^{35}$，博嘎尔珞巴语 ali < *ʔali。

大瓦拉语 goilo < *go-ʔilo。（水、河，液体）

莫图语南岬方言 goila < *go-ʔila。

14. *kolo / *kul

所罗门罗维阿那语 kolo < *kolo。（水、河）

柬埔寨文 tʃu̠l < *kul。（水、泪）

15. *kar

多布语 k^war < *kar。

16. *saru

窝里沃语 ʃaȓy < *saru。

17. *ʔom

德昂语 ʔɔm，布朗语 $ʔum^{35}$ < *ʔom。苗语 *$ʔuŋ^A$，勉语 wam^1 <*ʔom。

18. *kabo

劳语 kafo < *kabo。（水、河）

19. *dara / *daru / *taru-si

那加语坦库尔方言tɑrɑ，邝奥依方言dērū < *dara / *daru。

瓜依沃语 tarusi < *taru-si。

20. *ʔde

巴琉语 ⁿde < *ʔde。

21. *banu / *pani

爪哇语 banu < *banu。

桑塔利语 pɛni < *pani。

22. *ranu

马达加斯加语、莫图语 ranu，马绍尔语 ræn，达密语 nanu < *ranu。

23. *gʷaʔi

布鲁语 wae（水、河、湖），拉巴努伊语、汤加语、萨摩亚语、拉加语、毛利语 wai，夏威夷语 wăi < *gʷaʔi。莫图语卡巴地方言 veina < *gʷaʔi-na。

◇ 二 “水”的词源对应关系

一些语言和古汉语一样，“水”原兼指“河”。有的语言“水”或引申或兼指“雨”“露水”“雾”“河”“湖”“海”“脓”，引申指“喝”“吸”“洗”“流动”“沉入”“潜水”等。有的语言中“湿润的”“清洁的”“清的”其词根来自“水”。试比较不同根词语义兼有或引申义词的读法：

1. *sub^{w}i （*sopu、*subaʔ、*sapu、*sop、*sobe）

罗图马语 sɔfu < *sopu。（河）

巴拉望语 sɔpaʔ，阿卡拉农语 subaʔ < *subaʔ。（河）

东部斐济语 saβu，西部斐济语 haβu < *sapu。（瀑布）

摩尔波格语 sopsop，巴拉望语 m-sof < *sop / *m-sop。（吸）

菲拉梅勒语 sopu < *sopu。（潜水）

桑塔利语 sẹmbẹ < *sobe。（浸泡）

2. *ʔusi-qin

满文 usihin，锡伯语 uɕxin < *ʔusi-qin。（湿的）

3. *giri （ *g^{w}ili、*gli、*kiri、*gru、*glu）

剑川白语 kɯ^{21}，傈僳语 ʒi^{33}，怒苏怒语 ʑe^{33} < *gri。（流）

毛南语 ^{ŋ}gi^{1}，侗语 ŋwe^{2} < *ʔgri。（口水）

日语 kiri < *kiri。（雾）

德昂语硝厂沟话 glai，南虎话 klăi < *gli。（雨）

马都拉语 g^{w}ili < *g^{w}ili。（流）

怒苏怒语 gɹɯ^{33} < *gru。（清的）

姆布拉语 ^{ŋ}guru < *guru。（洗）

汉语 *glu（游）。

4. *qlir （*ʔalir、*lər、*lir）

印尼语 məŋ-alir（流），托莱语 əlir（流、游泳）< *ʔalir。

夏河藏语 ʐər < *lər。（流、漏）

佤语阿佤方言 lih < *lir。（流）

5. *nam（*namʔ、*num、*ʔnam、*tu-nam）

错那门巴语 nam^{35}，独龙语 nam^{53} < *nam。（雨）

黎语通什话 nam^{3} < *ʔnam。（河）

沙阿鲁阿语 tʉnʉmʉ（海） < *tu-nam，tʉtʉnʉmʉ（湖） < *tutu-nam。

雅美语 inom，摩尔波格语 inum，巴拉望语 m-inum < *ʔi-num。（喝）

柯尔克孜语 nem，维吾尔语 nɛm，土耳其语 nemli < *nem / *nem-li。（湿的）

保安语 sɑnəm < *sa-num。（潮湿的）

日语 nomu < *nomu。（喝）

桑塔利语 unum < *ʔu-num。（沉入水中）

6. *lum / lam（*dam）

布依语 tum^{2} < *dum。（湿润）

蒙达语 lum < *lum。（湿润）

汉语 *ʔləmʔ（歓、饮）。

印尼语 səlam，爪哇语 siləm < *si-lam。（潜水）

汉语 *sləm（沉）< *s-lum。

版纳傣语 lum^{5}，德宏傣语 lom^{5}，武鸣、柳江壮语 lom^{5} < *ʔlum。（沉）

巴琉语 ɬam^{53} < *lam。（沉，淹）

毛南语 lam^{5}< *ʔlam。（沉）

中古朝鲜语 tʌmkta < *dam-gə-da。（腌，泡）

户语 tham^{31} < *dam。（泡）

萨摩亚语 timu < *dimu。（雨）

7. *rom（*ʔurum、*ʔərum、*ram）

日语 urumu < *ʔurum。（湿润）

朝鲜语 ərum < *ʔərum。（冰）

桑塔利语 boram < *bo-ram。（泡）

8. *duk（*dak、*daka）

桑塔利语 dakh < *dak。（雨，下雨）

西部斐济语 d^{ʕ}ak^{w}a < *daka。（脓）

塔几亚语 dog，达密语 tetok < *dug / *tuk。（露水）

土耳其语 jika- < *dika。（洗）

维吾尔语 ju-， 哈萨克语 dʒuw-，图瓦语 dʒu- < *duk。（洗）

维吾尔语 jujun-， 哈萨克语 dʒuwən- < *dukun。（洗澡）

9. *muke （*muk、*mok）

藏文 smog pa < *s-muk。（雾）

佤语艾帅话 si mɔk < *si-mok。（雾）

壮语 mo:k^{7}，西双版纳傣语 mɔk^{9} < *ʔmok。（雾）

那大语 foki，锡加语 βoki < *boki。（鼻涕）

鄂罗克语 miksa < *mik-sa。（潮湿的）

10. *mur （*bur）

朝鲜语 mur < *mur。（雨）

朝鲜语 kɛwur < *ka-bur。（小溪）

爪哇语 sumur（井）< *sumur，sumbur（泉）< *subur。

巴塔克语 nabbur < *na-bur。（露水）

巴拉望语 burbur < *bur-bur。（流）

摩尔波格语 simbur < *si-bur。（溅）

满文 buribu- < *buri-。（淹没）

维吾尔语 symyr-，柯尔克孜语 ʃəməʃ-，撒拉语 symər- < *su-mur。（吸）

多布语 mabur < *ma-bur。（脓）

11. *midu（*medu）

莫图语 medu < *medu。（雨）

12. *ʔeri（*rere、*ʔeriq）

满文 eje，锡伯语 əji-，赫哲语 əji-，鄂温克语 əjə-，鄂伦春语 əjəː- < *ʔeri。（水流动）

姆布拉语 -rēre < *rere。（流）

维吾尔语 eriq < *ʔeri-q。（溪，沟渠）

土耳其语 irmak < *ʔir-mak。（江、河）

满文 iru- < *ʔiru。（沉溺）

维吾尔语 jiriŋ，哈萨克语 iriŋ，西部裕固语 jerəŋ < *ʔiri-ŋ。（脓）

莫图语 ori < *ʔori。（雾）

13. *ʔali （*ʔili、*li、*ʔaluʔ）

沙玛语 aluʔ，布拉安语 ɔluʔ < *ʔaluʔ。（露水）

爪哇语 m-ili，乌玛语 mo-ʔili < *ʔili。（流）

壮语、傣语 lai^{1}（流）< *ʔli。户语 li^{33}（流汗）< *li。

桑塔利语 hẽhẽl < *qelel。（洗掉，漂流）

14. *kolo（*kloŋ、*kalaŋa、*kroŋ）

佤语马散话 kloŋ（河）< *kloŋ。吉尔伯特语 karaŋa（河）< *kalaŋa。

汉语 *kroŋ（江）。

15. *kar、*ɢura（*ɢ^{w}ja、*qar、*kara）

汉语 *ɢ^{w}ja（雨）< *ɢra-ʔ。① 保安语 ɢorɑ，东乡语 ɢurɑ < *ɢura。（雨）

土耳其语 kar，哈萨克语 qɑr，图瓦语 xɑr < *qar。（雪）

达让僜语 kɑ^{55}ɹɑ^{55} < *kara。（雨）

藏文 tɕhar（pa）< *krar。（雨）

16. *sira（*seri、*siro、*sori）

满文 ʃeri < *seri。（泉）

桑塔利语 sisir dakh < *sisir-dak（水—水）。（露水）

桑塔利语 siro̱ so̱ro̱ < *siro-soro。（流）

克木语 r̥ e < *sre。（浮）

朝鲜语 isɯr < *ʔisər。（露水）

哈萨克语、图瓦语、西部裕固语 sor-，蒙古语 sorə-，东部裕固语 soro- < *sori。（吸）

17. *ʔom（*ʔomo、*ʔum）

满文 omo（池）< *ʔomo。日语 umi（海）< *ʔumi。（海）

佤语马散话 ka ʔɔm < *ka-ʔom。（云）

桑塔利语 um < *ʔum。（洗身子）莽语 ʔom^{51} < *ʔom。（洗澡）

18. *kab^{w}o（*kaba、*kopi、*kopa、*kəpə、*qoba、*ʔab^{w}a）

日语 kawa < *kab^{w}a。（河）

梅柯澳语 ofu，罗维阿纳语 kopi < *ʔop^{w}u / *kopi。（湖）

莫图语卡巴地方言 opa，阿罗玛方言 kupa < *kopa。（雨）

鄂伦春语 kəpəː- < *kəpə。（浮）

① 书母字"黍"，《说文》"雨省声"。

蒙古语 umbɑ-，达斡尔语 xompɑː-，土族语 xombɑː- < *qoba。（游泳）

达密语 kobõ < *kobo。（沉入）

斐济语 kabu，汤加语 kakapi < *kabu。（雾）

毛利语 awa < *ʔab^wa。（河）

19. *tari（*dara、*duri、*tara、*dir、*deri、*turu）

夏威夷语 kăi（海、海水），汤加语 tahi（海）< *tari。

吉尔伯特语 tāri < *tari。（海水，海）

维吾尔语 dɛrjɑ，哈萨克语 dærijɑ，乌孜别克语 dærjʌ < *darira。（河）

锡伯语 mədərj，满文 mederi < *me-dari。（海）

达斡尔语 dɑlɑi，东部裕固语 dɑliː，鄂伦春语 dalaj < *dalai。（海）

蒙达语 dariāo，桑塔利语 dʌriʌ̃u < *dari-ʔu。（海）

图瓦语 dʒɑrɑː（口水）< *dara。鄂伦春语 dʒyji（口水）< *duri。

日语 jodare < *lo-dare。（口水）

桑塔利语 hiḍir < *qi-dir。（流泪）

蒙古语 idəː，土族语 ideː，布里亚特方言 idəːrj < *ʔi-deri。（脓）

日语 tarasɿ < *tara-su。（落）

摩尔波格语 taras < *tara-s。（落）

东部斐济语 turu，拉巴努伊语 turu-turu < *turu。（滴落）阿杰语 dořo < *doro。（滴落）

桑塔利语 dʒo̱ro̱ < *doro。（滴落）

马都拉语 katuruʔ < *ka-turuʔ。（漏）

20. *ʔuda（*ʔadu、*ʔadun、*ʔute）

乌玛语 uda，东部斐济语 uða，劳语 uta，汤加语、夏威夷语 ua，罗地语 udan < *ʔuda / *ʔudan。（雨）

他加洛语 ulan，印尼语 hudʒan，亚齐语 udʒɯən < *qudan。（雨）

鄂温克语 ʊdʊn < *ʔudun。（雨）

马达加斯加语 andu < *ʔadu。（露水）

塔希提语 ʔote < *ʔute。（吸）

21. *banu（*pani、*bonu、*buna、*ʔubun、*pana、*ban）

窝里沃语 pe-wanu < *pe-banu。（洗手）

莫图语 hunu，戈龙塔洛语 wonu，爪哇语 bun，亚齐语 mbon < *bonu。（露水）

毛利语 puna < *buna。（泉水）印尼语 əmbun < *ʔubun。（露水）

排湾语 pana < *pana。（河）

桑塔利语 ban < *ban。（洪水）

22. *g^{w}aʔi

宁德娄语 g^{w}a，瓜依沃语 k^{w}ai，布鲁语 wae，菲拉梅勒语 vai < *g^{w}aʔi。（河）

三　复合词

“泉”阿尔泰、南岛和汉藏的语言通常用“水的眼睛”这样的方式来表示，也有用“喷水”这类意义的词来表示，其中表示“水”“眼”等的语素或与该语言正在使用的那些词不同。利用“水”构成的复合词还有“露水”“鼻涕”等，如：

1. *subi

柯尔克孜语 ʃydyrym < *su-duram（水—水）。（露水）

邹语 s-m-optsuku < *sop-tuku（水—滴）。（滴落）[①]

邹语 esbabuka < *ʔe-suba-buka（水—水）。（泉）[②]

沙玛语 suppun < *sup-pun（水—鼻子）。（鼻涕）

2. *su

图瓦语 qɑrɑːsu < *qara-su（眼睛—水）。[③]（泉）

蒙古语 suːdǎr，保安语 sijo，土族语 ɕiuːdərə < *su-dərə（水—滴）。（露水）

3. *gri（*kri、*gri、*kli、*kru）

墨脱门巴语 miŋ ri，格曼僜语 mit^{55}ti^{35}，< *mik-kri（眼睛—水）。（泪）

义都珞巴语 a^{31}nde^{55}khɹe^{55} < *ʔade-kri（鼻子—水）。[④]（鼻涕）

莽语 gə^{31}mat^{55} < *gri-mat（水—眼睛）。（泪）

缅文 swɑ^{3}re^{2} < *ska-gri（口—水）。（口水）

藏文 tɕhu mig，藏语阿历克话 tɕhə ngo < *kru-mig（水—眼睛）。（泉）

嘉戎语 tʃhə mɲək < *kru-mlik（水—眼睛）。（泉）

哈卡钦语 mit ktli < *mit-kli（眼睛—水）。（泪）

4. *ʔalir

印尼语 məŋ-alir-kan < *meŋ-ʔalir-kan（流动—用）。（水渠）

印尼语 mata air，亚齐语 mata iə < *mata-ʔalir（眼睛—水）。（泉）

印尼语 air mata < ʔalir-mata（水—眼睛）。（泪）

佤语阿佤方言 ʔar ʔom ŋia < *ʔar-ʔom-ŋal（水—水—嘴）。（口水）

---

① *-m- 自动词中缀。

② 邹语“眼睛”mətsoo < *matoʔo，此处的 *buka 恐怕也是指“水”或“泉”。

③ “泪水”图瓦语 kɑrɑktʏŋ dʒɑʃʏ < *karaktəŋ daʃə（眼睛—泪）。撒拉语 jaʃ goz < *daʃ gor（泪—眼睛）。

④ “鼻子”如罗地语 idu < *ʔidu。

5. *nam

水语 nam^{3}nda^{1}，侗语 nam^{4}ta^{1} < *nam-ʔda（水—眼睛）。（泪）

日语 namida < *nami-da（水—眼睛）。（泪）

德宏傣语 lam^{4}pun^{2}，侗语 nam^{4}mən^{5} < *nam-ʔbun（水—喷）。（泉）

土耳其语 ʃebnem，维吾尔语、乌孜别克语 ʃɛbnɛm < *leb-nam。（露水）

6. *lam

壮语武鸣话 ɣam^{4}ɣaːi^{2} < *lam-li（水—水）。（露水）

7. *rom（*ram）

壮语武鸣话 ɣam^{4}ta^{1}，布依语 zam^{4}ta^{1} < *ram-ʔda（水—眼睛）。

佤语艾帅话 rɔ̤m mɯih < *rom-mul（水—鼻子）。（鼻涕）

佤语艾帅话 rɔ̤ m tɕɛʔ < *rom-slaʔ（水—叶子）。（露水）

柯尔克孜语 ʃydyrym < *su-duram。（露水）

8. *dak / *duk

蒙达语 medh dā < *med-da，桑塔利语 mẽ̱th dakh < *met-dak（眼睛—水）。（泪）

桑塔利语 uli dakh < *ʔuli-dak（舌—水）。（口水）

京语 mat^{8} nɯək^{7} < *mat-duk（眼睛—水）。（泉）

9. *muke（*mug）

鄂伦春语 umukʃu，鄂温克语 omoʃʃo < *ʔumuk-su。（冰）

满文 jasai muke，锡伯语 jasəj muku < *ʔida-ʔi-muke（眼睛的水）。（泪）

10. *mur（*bur）

中古朝鲜语 nunmɯr < *nun-mur（眼睛—水）。（泪）

中古朝鲜语 khosmɯr < *ko-smur（鼻子—水）。（鼻涕）

土耳其语 jaɣmur，哈萨克语 dʒaŋber，西部裕固语 jaɣmər < *dag-mur。（雨）

伊拉鲁吐语 wɛr mətie < *ber-mati-ʔe（水—眼睛—名词后缀）。（泉）

11. *midu（*mut）

蒙古语 nœlməs，达斡尔语 niombus，土族语 nəmpusə < *nol-mut（眼睛—水）。①（泪）

12. *ʔeri（*ʔire、*ʔar）

莫图语 iruru-mata < *ʔiruru-mata（水—眼睛）。（泪）

贡诺语 ere mata < *ʔire-mata（水—眼睛）。（泪）

13. *ʔali

达让僜语 khɯ^{31}lai^{35} < *kha-li（口—水）。（口水）

勒期语 khə̆^{31}ta̱i^{35} < *kha-kli（口—水）。（口水）

14. *kolo

罗维阿纳语 kolomata < *kolo-mata（水—眼睛）。（泪）

15. *kar

多布语 mata k^{w}ar < *mata-kar（眼睛—水）。（泪）

多布语 k^{w}ar maj < *kar-mat（水—眼睛）。（泉）

16. *sira（*saruri）

沃勒阿伊语（Woleain, Wolean）sařyři mata < *saruri-mata（水—眼睛）。（泪）

① “眼睛”蒙古语正蓝旗话 nʉd，阿拉善话 nydy。

桑塔利语 sisir dakh < *sisir-dak（水—水）。（露水）

雅贝姆语 mata-sulu < *mata-sulu（眼睛—液）。（泪）

17. *ʔom（*ʔum）

克木语 ʔŏm măt < *ʔom-mat（水—眼睛）。（泪）

布朗语 $ʔum^{35}nam^{31}mɛ^{33}$ < *ʔum-nam-me（水—水—湖）。（海）

克木语 ʔŏm put < *ʔom-put（水—云）。（露水）

户语 om^{31} $poŋ^{31}$ < *ʔom-moŋ（水—云）。（露水）

18. *kabo（*kape）

阿杰语 $kāp^{w}eĩr̃ʌ̄$ < *kape-ʔi-ra（水—眼睛）。（泉）[①]

19. *tari（*tali，*diro，*turu）

桑塔利语 taha tahi（流）< *tala-tali，dʒiro̱ dʒo̱ro̱（一点点地流）< *diro-doro

拉巴努伊语 turu-turu < *turu。（漏）

20. *ʔuda（*ʔutu）

吉尔伯特语 utuwotu < *ʔutu-matu（水—眼睛）。（泉）

窝里沃语 $ku^{n}de$-$ku^{n}de$ < *kude-kude。（洗头发）

日语 idzɯme < *ʔidu-me（水—眼睛）。（泉）

21. *banu（puna）

萨摩亚语 vai-puna < *baʔi-puna（淡水—涌出）。（泉）

---

① 相近的三威治港语“眼睛”mara-n < *mara。

◇ 四 词源关系分析

1. *qudan（*ʔudun）

“雨”印尼语、亚齐语、布农语 *qudan，鄂温克语 *ʔudun。

“水”古教堂斯拉夫语、俄语 voda、古波斯语 wundan、古挪威语 vatn < *uadan。

“水”巴斯克语 uda-。

2. *daru（*dara、*taru）

“水”那加语坦库尔方言 *dara、邝奥依方言 *daru，瓜依沃语 *taru-si。“口水”图瓦语 *dara。“海水、海”吉尔伯特语 tāri < *tari。

“水”梵语 udra-、希腊语 ydor < *udor。赫梯语 waːtar，古英语 wæter、古高地德语 wazzar < *uador。阿尔巴尼亚语 ujëra < *ulora。
“水”威尔士语 dwfr < *d^{w}ur。

“河”维吾尔语 dɛrjɑ，哈萨克语 dærijɑ，乌孜别克语 dærjʌ < *darira 波斯语借词。

3. *g^{w}a

“河、水”宁德娄语 g^{w}a，瓜依沃语 k^{w}ai、布鲁语 wae、菲拉梅勒语 vai < *g^{w}a-ʔi。

“水”西班牙语、葡萄牙语 agua、意大利语 acqua、拉丁语 aqua < *ag^{w}a。
“喝”赫梯语 eg^w。

4. *meru（*mur、*bur）

“水”朝鲜语 *mur。爪哇语“井”sumur、“泉”sumbur。

"海"西班牙语 mar、意大利语 mare，德语 meer。"水、海"俄语 morje。"湖"荷兰语 meer。

"水"格鲁吉亚语 mɛrtshqhva < *mer-dɢʷa。

5. *su

"水"维吾尔语、保安语 *su，蒙古语、达斡尔语 *ʔusu，加龙语 *ʔisi。"湿的"满文 usihin，锡伯语 uçxin < *ʔusi-qin。

"海"古弗里斯语 se、古撒克逊语 seo、古英语 sæ、荷兰语 zee < *so。

6. *subʷi

"水"古突厥语、图瓦语、土耳其语 *subʷi，吉利威拉语 *sopi。

"湖"哥特语 saiws < *sebʷs。"雨"吐火罗语 A swase < *sbʷase。"汤"中古荷兰语 sop，"面包蘸汤"拉丁语 suppa。

7. *ʔomi（*ʔomo、*ʔom、*ʔumi）

"水"德昂语、布朗语、苗瑶语 *ʔom，"池"满文 omo < *ʔomo，"海"日语 umi < *ʔumi 等有词源关系。

"水"梵语 ambu、apaḥ < *abu。波斯语 ab。

8. *ma（*bʷa）

"水"莫图语莫图莫图方言 ma < *ma。"河"毛利语 awa < *ʔabʷa。

"水"印第安人车罗科语 a ma、东部车罗科语 awen、木豪克语（Mohawk）awa < *ʔama。

"水"希伯来语 mayim < *ma-ʔima，古埃及语 mo。

“火”的词源关系

亚欧语言“火”“火焰”可兼指，“火”“灰烬”“烟”“炭”等可对应。“火”可引申为“生火处”“炉子”等，又可进一步引申指“房子”“帐篷”“家”等。

一　东亚太平洋语言的“火”

“火”的说法可以区分为以下二十多类：

1. *ʔot / *ʔat / *ʔato

古突厥语、维吾尔语、哈萨克语 ot，土耳其语 od < *ʔot。

博多语 ɑt < *ʔat。彝语巍山话 $\text{ɑ}^{55}\text{to}^{33}$，傈僳语 $\text{ɑ}^{55}\text{to}^{55}$ < *ʔato。

2. *gal / *gala / *do-gol / *soŋol / *seŋel / *seŋel / *ŋal

蒙古语 gɑl，保安语 χɑl，东部裕固语 ɢɑl < *gal。

西部斐济语 g^{w}aja < *gala。

蒙达语 dongol < *do-gol。桑塔利语 sokol < *soŋol。蒙达语方言 seŋel < *seŋel。

户语 ŋăl^{31}，布兴语 tʃi ŋal < *ŋal。

布朗语曼俄话 ŋɔl < *ŋol。

3. *tugo / *tuga

鄂伦春语 tɔgɔ < *tugo。

满文 tuwa，锡伯语 tua，赫哲语 tua，女真语（脱委）*thowe < *tuga。

4. *bur

朝鲜语 pur < *bur。

5. *pi / *ʔap^{w}i / *ʔabe / *b^{w}e-na / *p^{w}i

日语 hi < *pi。阿伊努语 abe < *ʔabe。

印尼语、马京达瑙语 api，汤加语、萨摩亚语 afi，拉巴努伊语、夏威夷语、毛利语 ahi < *ʔap^{w}i。布鲁语 bana，伊拉鲁吐语 ɸena < *b^{w}e-na。

泰语 fai^{2}，黎语 fei^{1} < *p^{w}i。

6. *me / *sme / *mi / *mi-ʔu

藏文、拉达克语、他杭语 me < *me。

马加尔语 hme < *sme。

梅梯语（Meithei）mɑi，卢舍依语、哈卡钦语 mei < *mi。

缅文、坎布语（Khambu）、逊瓦尔语（Sunwar）克伦尼语 mi < *mi。

科木希语 miu < *mi-ʔu。

7. *ʔapul / *pul / *ʔapulu / *sapul / *kabula

鲁凯语 aʔuj，马都拉语、亚齐语 apuj，他加洛语 apoj < *ʔapul。

侗语 pui^{1}，拉加语 puːi^{1}，布央语郎架话 pui^{54} < *pul。

邹语 puzu，卡那卡那富语 apulu < *ʔapulu。

排湾语 sapui，赛夏语 hapuj < *sapul。

毛利语 kāpura < *kabula。

8. *tiro

查莫罗语 tiro < *tiro。

9. *s-m^{w}al / *mel / *na-mal / *ʔebala

汉语 *s-m^{w}al（火）。

塔米语（Thami）meh，安德罗语（Andre）wɑl < *mel。

阿美语 namal < *na-mal。大瓦拉语 ebala < *ʔebala。

10. *kama / *kamu / *ʔikuma

东部斐济语 kama < *kama。

他拉因语 kɑmu < *kamu。

爱斯基摩语 ikkuma < *ʔikuma。

11. *lapi / *ʔa-loba / *ʔuruba

莫图语 lahi < *lapi。

莫图语柯勒布努方言 arova，阿罗玛方言 alova < *ʔa-loba。

鄂罗克语 uruːva < *ʔuruba。

12. *ʔele / *lo / *ʔluʔ

所罗门群岛瓜依沃语 ele，劳语 ēre < *ʔele。

梅柯澳语东部方言 lo < *lo。

越南语 lɯə^{3} < *ʔluʔ。

13. *ʔido / *duʔ

梅柯澳语西部方言 ido < *ʔido。

苗语养蒿话 tu^{4}（柴、火），布努语 ka^{1}tu^{4}，勉语 tou^{4} < *duʔ。

14. *mutu / *mat

彝语喜德话 mu^{21}tu^{55}，武定话 mu^{33}tu^{55} < *mutu。

巴琉语 mat^{33} < *mat。

15. *paʔi

罗地语 haʔi < *paʔi。

16. *ʔaʔi / *ʔeki

波那佩语 āi，吉尔伯特语 te ai < *ʔaʔi。特鲁克语 ekki < *ʔeki。

17. *gabi

拉加语 ɣabi，勒窝语 kapi < *gabi。

18. *b^{w}aki

莫图语南岬方言 vaki < *b^{w}aki。

19. *sini

巽他语 sinɨ < *sini。（火、火焰）

20. *go

佤语马散话 ŋau，艾帅话 ŋu，孟贡话 go < *go。

21. *pleŋ / *diŋ

柬埔寨文 phlɤːŋ < *pleŋ。卡西语 diŋ < *diŋ。

22. *pra

克木语 phrɯa < *pra。

23. *ŋar

巴饶湾语 ŋār，德昂语南虎话 ŋar < *ŋar。

二 词源对应关系

上文有关“太阳”词源关系的讨论中已经提到一些语言的“火”和“太阳”的说法有词源关系，此处不再讨论。

1.“火”“火焰”的兼指和对应

“火”“火焰”的兼指如排湾语 sapui，亚齐语 apuj，巽他语 sinɨ，锡加语 api 等。不同语言之间的对应是兼指的分化或派生。

（1）莫图语 lahi < *lapi。“火焰”他加洛语 ālab，鲁凯语 kəḷabi。阿卡拉农语 dabdab < *dab。马达加斯加语 lelafu < *lapu。

（2）哈拉朱乌语 nɛ < *ne，“火、火焰”巽他语 sinɨ < *sini。

（3）克木语 *pra，“火焰”印尼语 bara < *bara。

2.“火”“烟”“灰烬”等的对应

（1）古突厥语、维吾尔语、哈萨克语 *ʔot。“烟”巴厘语 andus，依斯那格语 atuʔ < *ʔadus。蒙古语 utɑː，东部裕固语 χdɑː < *ʔuta。“炭”伊拉鲁吐语 udə < *ʔudu。

（2）朝鲜语 *bur。“烟”日语 kemuri < *kemuri。“炭”图瓦语 kømyr，东部裕固语 kømør < *komor。

（3）泰雅语 puniq，赛德克语 puneq < *puni-q。“灰烬”蒙古语 ʉns，土族语 funeːsə，东乡语 funiəsun < *puni-sun。

（4）满通古斯语 *tuga。“灰烬”伊拉鲁吐语（Irarutu）tuguanə < *tugu-ʔanə。

（5）大瓦拉语 ebala < *ʔebala。“灰烬”莽语 bɔl^{55} < *bol。

（6）罗地语 *paʔi。“灰烬”日语 hai < *paʔi。

（7）高棉语 *ploŋ。“灰烬”锡伯语 filiŋ < *puliŋ。

（8）查莫罗语 *tiro。“灰烬”蒙达语 toroe，桑塔利语 to̠ro̠tʃ < *toroʔe。

（9）达阿语、乌玛语 apu < *ʔapu。“烟”贡诺语 ambu < *ʔabu。

（10）邹语、卡那卡那富语 *ʔapulu。“烟”仫佬语 pu^{1}，龙州壮语 pjau^{1}，武鸣壮语 tau^{1} < *plu。

（11）阿杰语 kēmɔ̆ru < *kemoru。“烟”日语 kemuri < *kemuri。

3.“火”“炭”的词源关系

（1）大瓦拉语 ebala < *ʔebala。“炭”汤加语、萨摩亚语 malala，吉尔伯特语 marara，马绍尔语 mælle < *malala。

（2）阿杰语 *kemoru。“炭”图瓦语 kømyr，东部裕固语 kømør < *komor。

（3）哈拉朱乌语 nɛ < *ne。“炭”劳语 neneno < *nene-no。

（4）莫图语柯勒布努方言、阿罗玛方言 *ʔa-loba。“炭”邵语 rabu < *rabu。

（5）蒙达语方言 seŋel < *seŋel。“炭”卑南语 laŋəl，鲁凯语 ɭaŋal < *la-ŋal。

（6）马加尔语 *sme。“炭”基诺语 a^{33}mə^{55} < *ʔa-sme。

4.“火”“烧”的词源关系

（1）古突厥语、维吾尔语、哈萨克语 *ʔot。“烧”拉加语 oda < *ʔoda。

（2）越南语 *ʔlu-ʔ。“烧山”苗语大南山话 l̥eu^{3}，绞坨话 ɭə^{3} < *qluʔ。“烧”萨萨克语 sulu，罗维阿纳语 sulua，< *sulu / *sulu-ʔa。“柴”巽他语

suluh < *sulu-q。

“炭”藏文 sol，藏语拉萨话 so^{55}la^{55} < *sola。

（3）布朗语曼俄话 *ŋol。“烧”蒙达语 dʒul < *gul。

（4）查莫罗语 *tiro。“烧”桑塔利语 atar < *ʔatar。锡伯语 tʂarə- < *dara。

（5）鄂罗克语 *ʔuruba，“烧” uruja- < *ʔurura。

5. “火”“热”的词源关系

（1）古突厥语、维吾尔语、哈萨克语 *ʔot。“热”日语 atsɿi < *ʔatu-ʔi。义都洛巴语 tɯ^{55} < *tu。桑塔利语 udgɛr < *ʔud-gar。

（2）佤语马散话、艾帅话、孟贡话 *go。“热”劳语、瓜依沃语 ʔagoʔago < *ʔago。博嘎尔洛巴语 agu < *ʔagu。克伦语阿果话 go < *go。

（3）梅梯语、卢舍依语 *mi。“热”德昂语南虎话 mǎi，硝厂沟话 m̥ai < *s-mi。

（4）日语 *pi。“热”坦纳语（Tanna）ap^{w}eap^{w}e < *ʔa-pe。

（5）越南语 *ʔlu-ʔ。“热”剑川白语 ɣɯ^{31} < *lu。基诺语 ɬo^{44}，哈尼语绿春话 lɔ^{55} < *lo。

6. “火”“柴”的词源关系

（1）古突厥语、维吾尔语、哈萨克语 *ʔot。“柴”维吾尔语 otun，哈萨克语 otən，土耳其语 odun < *ʔotun。

（2）蒙达语 *do-gol。“柴”尼科巴语 ŋɔh < *ŋol。

（3）拉加语、勒窝语 *gabi。“柴”拉加语 ɣabi。

（4）波那佩语、吉尔伯特语 *ʔaʔi。“柴”塔几亚语 ʔai < *ʔaʔi。

7. “火”“火焰”和“炉子”“生火处”等的词源关系

（1）突厥语 *ʔot。“炉子”维吾尔语 otʃaq，哈萨克语 oʃaq，图瓦语

oʃuk < *ʔot-ʔaq。塔几亚语 utut < *ʔut-ʔut。

（2）达阿语、乌玛语 apu < *ʔapu。“炉子”卡加延语 buan < *bu-ʔan。“做饭处”布拉安语 abu < *ʔabu。

（3）博多语 *ʔat、彝语 *ʔato。“炉子”布拉安语 atəŋ < *ʔatə-ŋ。“炉子、生火处”，大瓦拉语 atana < *ʔata-na。“灶”哈尼语 ø^{31}du^{31} < *ʔodu。

（4）“火、做饭处”夸梅拉语 nap^{w} < *nap。

（5）莫图语 *labi。“生火处”那大语 lapu < *lapu。

（6）越南语 *ʔluʔ。“炉子”柬埔寨文 lɔː < *lo。

（7）“火焰”阿卡拉农语 dabdab < *dab。“炉子”亚齐语 dapu，藏文 thab < *dab。“生火处”木鲁特语 dapuan < *dapua-an，阿卡拉农语 dapug < *dapua-g。

8.“火”和“房子”“帐篷”等的词源关系

（1）突厥语 *ʔot。“帐篷，房间”中古突厥语、土耳其语 oda < *ʔoda。“房子”雅贝姆语 a^{n}du < *ʔadu。

（2）阿伊努语 *ʔabe。“房子”蒙古语 bɛʃiŋ，东部裕固语 bɑiʃiŋ < *be-siŋ。

（3）莫图语 *labi。“房子、家”中古朝鲜语 tʃip < *dib。“房子”巴塔克语 dʒabu < *dabu。“生火处”那大语 lapu < *lapu。

（4）大瓦拉语 *ʔebala。“房子”萨萨克语 bale，戈龙塔洛语 bele，萨摩亚语 fale，东部斐济语 βale，汤加语 fare < *bale。“议事房”马那姆语 bale，亚齐语 balɛ < *bale。“泥房子”鄂温克语 bajʃan < *bar-san。“棚子”东部斐济语 βaleβale。“帐篷”萨摩亚语 fale ʔie。

（5）罗地语 *paʔi。“棚子”拉巴努伊语 pae-pae。

（6）东部斐济语 *kama。“帐篷”大瓦拉语 kape。

◈ 三 复合词中的“火”

1. 复合词“火焰”中的“火”

（1）“火焰”雅美语 lilanoapoj，巴塔克语 dila ni api，意思是“火的舌头”。马达加斯加语 lilafu < *lila-ʔapu，也是这个意思。

“火焰”吉利威拉语 koβa i-lululu < *koba-lulu，*koba 是“火”的意思。直接用“舌头”指“火焰”的如：

“火焰”马京达瑙语 dila，达阿语 dʒela，乌玛语 dʒelaʔ < *dila。

“火焰”塔希提语 ura，汤加语 ulo，马绍尔语 uɽuɽ < *ʔuro。

（2）“火焰”维吾尔语 jɑlqun，哈萨克语 dʒɑlən < *dal-qun。*dal-qun，原来的意思应是“舌头—火”。“舌头”维吾尔语 til，图瓦语 dɤl，西部裕固语 dəl < *dil。

南岛语中或许原本也有把“火”和“太阳”叫作 *gun 的，今天的语言中保留的是“日子，白天”。“日子、白天”伊拉鲁吐语（Irarutu）gonə < *gonə，沙外语 ŋɛn-ŋan < *ŋen。

“烟”错那门巴语 $me^{35}kun^{55}$ < *me-kun，字面意思是“火—烟”。赛德克语 gure-ŋun < *gure-gun，字面意思也是“火—烟”。

*gun 对应于印度—伊朗“火”，如班加利语（Bangali）等 agun，可能有词源关系。

（3）“火焰”巴拉望语 dɔlɔg，摩尔波格语 dolog < *dalo-g，其字面意思应是“舌头—火”。*-g 是“火”的意思。“舌头”摩尔波格语 dilaʔ < *dilaq。

2. “余火”和“火”

（1）“余火”摩尔波格语 polpag < *pul-bag，字面意思应是“火—余烬”。“余火”沙玛语 baga，他加洛语 bāga < *baga。

（2）"余火"贡诺语 bara api < *bara-ʔapi，字面意思"余烬—火"。"余火"布吉斯语 barra，那大语 fara < *bara。"火焰"大瓦拉语 bala。

四 词源关系分析

1. *b^{w}uri（*moru、*mor、bur）

"火"朝鲜语 *bur、阿杰语 *ke-moru，"烟"日语 kemuri < *ke-muri，"灰烬"克木语 pɔ̆h < *por，"炭"图瓦语 kømyr，东部裕固语 kømør < *ko-mor。

"火"希腊语 pyr、英语 fire、德语 feuer、荷兰语 vuːr、亚美尼亚语 hur < *pur。 俄语 poẓar < *porar，pɨl < *pul。 "点火、烧"古挪威语 brenna，"点火"古英语 bærnan、中古荷兰语 bernen，"烧"高地德语 brinnan < *bure-na。

2. *g^{w}el（*gal、*ŋal、*gol、*soŋol、*seŋel）

"火"蒙古语、保安语、东部裕固语 *gal，户语、布兴语 *ŋal。蒙达语 *do-gol，桑塔利语 *soŋol，蒙达语方言 *seŋel。"柴"尼科巴语 ŋɔh < *ŋol。

"火"盖尔语 aingeal̠ < *angel。俄语 golenie < *gole-ni。

"火"*guli 在北亚和欧洲演变为 *tuli，如芬兰语为 tuli、匈牙利文为 tūz < *tuli。[①] 格鲁吉亚语 tsɛtsxli，车臣语 tsle，印古什语 tsli < *tli。印第安那瓦特尔语 tle-tl。

① 芬兰语、匈牙利语见 en.bab.la/dictionary/。

3. *b^{w}ela（ *bela、*mel、*sapul）

“火”大瓦拉语 *ʔebala，汉语 *s-m^{w}al，塔米语、安德罗语 *mel。阿美语 *na-mal。

“火、火焰”俄语 plamja < plama。“火焰”古法语 flamme，拉丁语 flamma < *bla-。 希腊语“房子”boylu < *bolu，“生火”plego。

“火”芬兰语 palo。

4. *ʔatu（ *ʔot、*tu）

“火”彝语巍山话、傈僳语 *ʔato、梅柯澳语西部方言 *ʔido、突厥语 *ʔot、博多语 *ʔat 等当有词源关系。

“烧”拉加语 oda < *ʔoda。“烟”蒙古语 utɑː、东部裕固语 χdɑː < *quta；依斯那格语 atuʔ < *ʔatuʔ。“热”日语 atsɿi < *qatu-ʔi，义都洛巴语 tɯ^{55} < *tu。引申为“帐篷、房间”，如中古突厥语、土耳其语 oda < *ʔoda。“房子”雅贝姆语 a^{n}du < *ʔadu。

“篝火”古高地德语 eit。“烧”希腊语 αϊθω < *ait-。[①]

“火”印第安苏语 e'deh < *ʔede。

5. *b^{w}e（ *pi、*be、*bu）

“火”日语 hi < *pi。阿伊努语 abe < *ʔabe。“烟”贡诺语 ambu < *ʔabu。

“火”梵语 pu。

6. *gun

“太阳”突厥语 *gun，满通古斯语 *sigun。

“火”梵语 ɑgni，帕拉克利特语（Prakrit）ɑggi，班加利语（Bengali）

① www.georgianweb.com.

ɑgun。
"火"拉丁语 ignis，立陶宛语 ugnis < *ugnis。

7. *tuga

"火"满文、锡伯语、赫哲语、女真语 *tuga，鄂伦春语 *tugo。

"火"古爱尔兰语 daig，"燃烧、烧热"梵语 dahati，立陶宛语 degù。
"火焰"和阗塞语 dajä < *daga。

该组词源可能与下一组的有词源关系，即 *tug^{w}o 和 *dap^{w}u 有词源关系。

8. *dapu（ *dapa、*dap、*labi、loba）

"火"莫图语 *labi，莫图语柯勒布努方言 arova，阿罗玛方言 alova < *ʔa-loba。"火焰"他加洛语 ālab，鲁凯语 kəɭabi。"炉子"亚齐语 dapu，藏文 thab < *dab。"生火处"木鲁特语 dapuan < *dapua-an，阿卡拉农语 dapug < *dapua-g，上述说法应有词源关系。

"房子、家"中古朝鲜语 tʃip < *dib。"房子"巴塔克语 dʒabu < *dabu。

东亚太平洋语言一些"太阳"的说法来自该词源，如：

"太阳"阿卡拉农语 adlaw < *ʔadab。排湾语 qadav，卑南语 kadaw < *qadab^w。尼科巴语 tavuːøi < *tabuʔi，阿伊努语 tʃhup < *tup，卡那西语 dupe < *dupe。

"恶神"古波斯语 daiva-、梵语 deva-、古教堂斯拉夫语 deivai < *deb^{w}a-。
"神"拉丁语 deus、希腊语 theos，"宙斯神"希腊语 zeus < *deb^{w}us。
"白天"梵语 divasa，diva < *dib^{w}a。

"烧、烤"格鲁吉亚语 tshva < *db^{w}a。

9. *ra（ *re、*ro、*reŋ）

汉语 *re（燎）。"烧"那达语 roa < *ro-ʔa。托莱语 reŋ < *reŋ。

“火”阿尔巴尼亚语 zjarr < *rar。

“烧”拉丁语、意大利语 ardere，西班牙语、葡萄牙语 arder < *ar-de-。

“烧”（动名词）拉丁语 arsionem。“烧、炙”俄语 zętçj < *re-。

“火”格鲁吉亚语 ali。[①] 瓜依沃语 ele，劳语 ēre < *ʔele。

① 芬兰语、匈牙利语见 en.bab.la/dictionary/。

“风”的词源关系

亚欧语言“风”与“旋转”“吹”有较为普遍的词源关系，有的与表示方向的词可能有词源关系。多数情况下“风”的表达来自“旋转”。一些语言的“风”和“气”有词源关系，“气”是“风”派生词。

◇ 一　东亚太平洋语言的“风”

“风”的主要说法有：

1. *bilgi / *balog

土耳其语 bilgi < *bilgi。

卡林阿语 bajogbōg < *balog-balog。

2. *qa-sirqa / *sel-qi / *sel-qin / *suli-me

中古突厥语 qɑsirqɑ，土耳其语 qasirɣa < *qa-sirqa。（旋风）

蒙古语书面语 sɑlqi，蒙古语 sɛlxəŋ，东部裕固语 sɑlɣən < *sel-qi / *sel-qin。[①]

---

① “风”匈牙利文 szel < *sel。

鄂罗克语 suːru < *suru，suːlime < *suli-me。

3. *boran / *da-bar / *bʷrən / *bʷara / *si-bʷar

维吾尔语 boran，柯尔克孜语 boroːn，图瓦语 boraːn < *boran。（暴风）[①]

蒙古语达尔罕方言 dʒabar < *da-bar。[②]

布央语 vən³³ < *bʷrən。

达阿语 bara（来自西方的强风），那大语 vara < *bʷara。

布兴语 si var < *si-bʷar。

4. *lamal

维吾尔语 ʃamal，哈萨克语 samal < *lamal。

5. *dal

塔塔尔语 dʒal，撒拉语 jal < *dal。

6. *ʔedun

满文 edun，赫哲语、鄂温克语 ədin，锡伯语 udun < *ʔedun。

7. *kade

日语 kadze < *kade。

马绍尔语 kətɔ，哈拉朱乌语 kʷadɛ < *kade。

8. *baram / *brəm / *lom

朝鲜语 baram < *baram。汉语 *brəm（风）。

泰语 lom²，壮语武鸣话 lum² < *lom。

---

① “风”格鲁吉亚语 bruni。

② “风”芬兰语 pieru < *piru。

9. *rera

阿伊努语 rera < *rera。

10. *mur / *mori / *miru / *mur

沙外语（Sawai）morɛ，姆布拉语（Mbula）miri < *mori。

莫图语莫图莫图方言 miruru < *miru， maruru < *maru（北风）。

墨脱门巴语 mur < *mur。

11. *b^{w}aɭi / *bali?i / *b^{w}li / *b^{w}ilo / *b^{w}alu

卑南语 baɭi，排湾语 vəɭi < *b^{w}aɭi。泰雅语 bɛhuj，赛夏语 baɭiʔ < *baliʔi。

扎坝语 vli^{55} < *b^{w}li。

柬埔寨文 viəjoː < *b^{w}ilo。

汉语 *b^{w}alu（扶摇）。

12. *ʔaŋin / *ʔaŋi / *ʔagi

印尼语、爪哇语 aŋin < *ʔaŋin。

马绍尔语 aŋ，波那佩语 āŋ < *ʔaŋi。莫图语柯勒布努方言、阿罗玛方言 agi < *ʔagi。

13. *laŋi / *lagi-la

窝里沃语 jaŋi，罗图马语 lɔŋi < *laŋi。莫图语 lai < *laŋi。

吉利威拉语 jagila < *lagi-la。

14. *doro-s / *dore

巴拉望语 dɔrɔs，摩尔波格语 doros < *doro-s。

加龙语 dore < *dore。

15. *kera / *gur

拉巴努伊语 tokerau < *to-kera-ʔu。

德昂语南虎话 khur < *gur。

16. *bagi / *bagi-sul / *baʔe

雅美语 pagpag < *bagi。赛德克语 bugihul < *bagi-sul（风—风）。

桑塔利语 bae < *baʔe。

17. *ʔab^{w}ib^{w}i-na / *ʔab^{w}i

莫图卡巴地方言 avivina < *ʔab^{w}ib^{w}i-na。

卡乌龙语 aβhi < *ʔab^{w}i。（东南风）

18. *po-ʔiri / *ʔiru / *ʔa-ʔire

达阿语 poiri < *po-ʔiri。瓜依沃语 ʔiru < *ʔiru。查莫罗语 aire < *ʔa-ʔire。

19. *ma-nis / *nus

阿者拉语 manis < *ma-nis。布拉安语 nus < *nus（风、气）。

20. *ma-ŋlo / *ŋoluʔ

查莫罗语 maŋlo < *ma-ŋlo。乌玛语 ŋoluʔ < *ŋoluʔ。

21. *ma-taŋi / *nama-taŋi

夏威夷语 makani，汤加语 mataŋi，塔希提语 matai < *ma-taŋi。

夸梅拉语 nəmataŋi < *nama-taŋi。

22. *ʔe-ʔip

卡乌龙语 eip < *ʔe-ʔip（风，东北风）。

23. *r-luŋ / *nuluŋ / *ʔa-nole

藏文 rluŋ，博嘎尔珞巴语 n̥u luŋ < *r-luŋ / *nuluŋ。

爱斯基摩语 anore < *ʔa-nole。

24. *buŋ /*bu

景颇语 $n^{31}puŋ^{33}$，独龙语 $nɑm^{53}bɯŋ^{53}$ < *buŋ。

托莱语 vuvu < *bu。（风、吹）

25. *li / *ma-sli / *mele

缅文 le^{2}，怒苏怒语 $mɯ^{55}l̥ i^{33}$，彝语南华话 $mə^{21}ɕi^{33}$ < *li / *ma-sli。

吕苏语 $me^{55}le^{53}$ < *mele。

26. *kla / *kli / *kul

苗语大南山话 $tɕua^{5}$，甲定话 $tɕɑ^{5}$，野鸡坡话 $tɕi^{c}$ < *kla。

哈卡钦语 ktli < *kli。

布朗语曼俄话 kɯh < *kul。

27. *ʔbot / *ri-buta / *ku-pot / *du-poto

黎语保定话 $hwoːt^{7}$，保城话语 $vɔːt^{7}$ < *ʔbot。

马达加斯加语 $rivut^{r}a$ < *ri-buta。

尼科巴语 kuføt < *ku-pot。桑塔利语 po̰tʃ < *pot。

戈龙塔洛语 dupoto < *du-poto。

28. *qa-təŋ

巴琉语 $qa^{55}təŋ^{55}$ < *qa-təŋ。

◈ 二 “风”的词源对应关系

1.“风”和“吹”的词源关系

（1）瓜依沃语 *ʔiru，查莫罗语 *ʔa-ʔire。“吹”古突厥语 yri-，图瓦语 yr- < *ʔuri。哈萨克语 yrle- < *ʔur-le。马那姆语 eur，罗图马语 ui < *ʔe-ʔuri / *ʔuri。克木语 hŭr < *qur。蒙达语 oroŋ < *ʔoroŋ。

（2）墨脱门巴语 *mur，沙外语、姆布拉语 *mori。“吹”撒拉语 fur- < *pur。朝鲜语 pur- < *bur。桑塔利语 phur < *pur（嘴吹）。波那佩语 ipur < *ʔipur。塔希提语 puhipuhi，拉巴努伊语 puhi，莫图语 hiriri-a，马京达瑙语 pūr < *puri。夏河藏语 χwor < *por。畲语 phiu[1] < *pru。

（3）宁德娄语 sijer < *siler。“吹”汉语 *slar，蒙文 uliye- < *ʔu-lire，爪哇语 sumilir < *s-um-ilir < *si-lir。

（4）土耳其语 *bilgi。“吹”满文 fulgiʔe-，赫哲语 fulgi-，锡伯语 filxi- < *pulgi-ʔe。女真语（伏冷必）*fuleŋpi < *puleg-。波那佩语 peuk < *peluk。

（5）戈龙塔洛语 *du-poto。“吹”西部裕固语 pude- < *pude，藏文 ɦbud < *m-pud，缅文 hmut < *s-mut。

（6）“风、吹”托莱语 vuvu < *bu。“吹”日语 fu- < *pu，鄂温克语 uwu-、鄂伦春语 uu- < *ʔubu。巴塘藏语 pu < *pu，桑塔利语 phu < *pu，尼科巴语 føː < *po。

（7）“风、东北风”卡乌龙语 *ʔe-ʔip。“吹”马林厄语 ifu < *ʔipu。鲁凯语 iʔi < *ʔipi。

（8）景颇语、独龙语 *buŋ。“吹”布兴语 poŋ < *puŋ。

（9）马绍尔语、波那佩语 *ʔaŋi。“吹”汤加语、萨摩亚语 aŋi < *ʔaŋi。

2.“风”和“旋转”“翻转”的词源关系

（1）查莫罗语 *ma-ŋlo。“翻转”乌玛语 goli，达阿语 ne goli < *goli。

（2）拉巴努伊语 *to-kera-ʔu。“翻转”莫图语 giro-a < *giro-ʔa。

（3）瓜依沃语 *ʔiru，查莫罗语 *ʔa-ʔire。“旋转”蒙古语 ərgə-，达斡尔语 ərgi-，保安语 χɑːrə- < *ʔarə-gi。瓜依沃语 ori < *ʔori。

（4）巴拉望语、摩尔波格语 *doro-s。“翻转”姆布拉语 -tōro < *toro。爪哇语、巽他语 mutər < *mu-tur，保安语 torə- < *torə，锡伯语 tœrxu- < *ter-qu。

（5）卑南语、排湾语 *baḷi。“翻转”戈龙塔洛语 mo-bale < *bale。

（6）沙外语、姆布拉语 *mori。“翻转”南密语 b^{w}eri < *beri。塔希提语 huri < *puri。

（7）宁德娄语 sijer < *siler。“翻转”罗维阿纳语 taliria < *taliri-ʔa。

（8）巴琉语 $qa^{55}təŋ^{55}$ < *qa-təŋ。“翻转”马京达瑙语 ve^{n}toŋ < *b^{w}etoŋ。

（9）吕苏语 *me-le。“卷起”哈卡钦语 merr < *mer。

（10）景颇语、独龙语 *buŋ。“旋转”克木语 moŋ < *moŋ。

（11）怒苏怒语、彝语南华话 *ma-sli。“卷”达密语 sili < *sili。

（12）朝鲜语 *baram，“旋”阿者拉语 parim < *parim。

（13）“旋风”中古突厥语、土耳其语 *qa-sirqa。“旋转”满文 ʃurde- < *sur-。

（14）柬埔寨文 *b^{w}ilo。“旋转”柬埔寨文 vuəl < *b^{w}ul。

3.“风”和方向词的词源关系

（1）阿者拉语 *ma-nis。“西”日语 niɕi < *nisi。

（2）怒苏怒语、彝语南华话 *ma-sli。“西”汉语 *sil。

（3）达阿语 bara（来自西方的强风），那大语 vara < *b^{w}ara。“西”窝里沃语 ɓara，多布语 ɸara < *bara。

（4）满通古斯语 *ʔedun。“东”蒙古语 dʒʉŋ，东部裕固语 dʒyːn，东乡语 dun < *duŋ / *dun。图瓦语 dʒyːn < *dun。

4.“风”和“气”的词源关系

“风”和“气”往往有词源关系，一些语言的“气”是“风”派生词。如：

（1）彝语南华话 *ma-sli。“气”景颇语 sǎ^{31}lu^{33} < *salu。

（2）缅文 le^{2}。“气”羌语 lɛ < *le。

（3）藏文 rluŋ < *r-luŋ。“气”藏文 rlaŋs pa < *r-luŋs。

（4）墨脱门巴语 *mur，沙外语、姆布拉语 *mori。“气”邹语 prutsu < *pru-tu。

（5）卑南语、排湾语 *b^{w}aɭi。“气”排湾语 vaɭi < *b^{w}aɭi。

（6）马绍尔语、波那佩语 *ʔaŋi。“气”卡加延语、木鲁特语 aŋin < *ʔaŋin。

（7）巴拉望语、摩尔波格语 *doro-s。“气”摩尔波格语 doros。

（8）马绍尔语、哈拉朱乌语 *kade。“气”哈拉朱乌语 k^{w}adɛ。

（9）满通古斯语 *ʔedun。“气”嫩戈内语 uteut < *ʔute-ʔute。

（10）塔塔尔语、撒拉语 *dal。“气”塔塔尔语 dʒe、撒拉语 jel < *del。

三　词源关系分析

1. *k^{w}ade（ *kade）

“风”日语 *kade，马绍尔语、哈拉朱乌语 *k^{w}ade。“波浪”哈拉朱乌语 k^{w}eta。

> “风”古英语 wind，梵语 vatah、阿维斯陀经 vata-、拉丁语 ventus- < *g^{w}eta-。
>
> 赫梯语 huwantis < *qug^{w}ati-。

“风”威尔士语 gwjnt、布立吞语 gwent < *g^{w}et。

2. *b^{w}ali（*bli、*bal、*bol）

“风”扎坝语 *b^{w}li，柬埔寨文 *b^{w}ilo。汉语 *b^{w}alu（扶摇）等与“旋转”桑塔利语 pɛli < *pali 有词源关系。“波浪”托莱语 bobol、达阿语 balu^{m}ba。“吹”马绍尔语 *pol。

“风”立陶宛语 vijas < *b^{w}ila-s。“吹”古英语 wajan < *b^{w}ala-。

阿卡德语“风神”bel。

3. *baligi

“风”土耳其语 *bilgi。“吹”满文 fulgiʔe-，赫哲语 fulgi-，锡伯语 filxi- < *pulgi-ʔe。女真语（伏冷必）*fuleŋpi < *puleg-。

“吹”古英语 blawen、德语 blähen < *blag^{w}e-。

“波浪”丹麦语 bølge、瑞典语 bölja。

4. *ʔiru（*ʔiri）

“风”达阿语 *po-ʔiri，瓜依沃语 *ʔiru，查莫罗语 *ʔa-ʔire。“吹”古突厥语 yri-，图瓦语 yr- < *ʔuri。哈萨克语 yrle- < *ʔur-le。马那姆语 eur，罗图马语 ui < *ʔe-ʔuri / *ʔuri。克木语 hŭr < *qur。蒙达语 oroŋ < *ʔoroŋ。

“风”希腊语 aeras < *era-。阿尔巴尼亚语 erë < *ero。

5. *nule（ *nuri、*nuluŋ）

“风”博嘎尔珞巴语 n̥u luŋ < *nuluŋ，马林厄语 nuri，爱斯基摩语 anore。

印第安人语言：阿巴齐语“风”n̥ol < *nul，车罗科语 unole < *ʔunole。

6. *gori（*gur、*kor、*giro、*gər 等）

“风”德昂语南虎话 *gur。“旋转”鄂伦春语 tʃəkər- < *tə-kər。“转动”

藏文 skor，夏河话 hkor < *s-kor。“滚”土族语 nguroː- < *guro，东乡语 ɢoɣori- < *go-gori，日语 korogaru < *koro-garu。桑塔利语 guʈgɛu < *gur-gu，蒙古语 toŋgoro- < *to-goro。“圆的”藏文 sgor < *s-gor，博嘎尔洛巴语 kor kor < *kor。

> “转”希腊语 gyrizo < *giri-；古英语 hweorfan < *k^w^or-pan。
> “转”波兰语 skrę tsatʃ < *skreka-。
> “卷起”梵语 puʈiːkaroti < *puti-karo-。

“包裹”（动词）芬兰语 keriä < *keri-。

格鲁吉亚语“捆”ʃɛkhvra < *se-g^w^ra，“滚”gɔrva < *gor-，“转”dʒɛri < *geri。

关于日语的浊塞擦音来历的说明：

汉语中古从母字读作 *dz-，高元音的定母和澄母字读作 *dj，借入日语读作 dz- 或 dʒ-，如“座谈”dzadan、“图、头”dzu、“地狱”dʒigoku、“蒸汽”dʒoːki。

汉语中古船、禅母字读作 *z-，现代日语如“是非”dzehi。汉语中古日母字读作 *nʑ-，日语如“若干”dʒakkan、“弱国”dʒakkok。中古日语 *z- > dʒ-。公元四五世纪时日语 *dz-、*dʒ- 已存在，*z-、*dz- 当可交替。

汉语中古邪母字读作 *zj-，“蛇”“邪”现代日语读作 dʒa，“蛇行”读作 dʒakoː 或 dakoː 。

故此可设想日语 dz- < *d-，dʒ- < *dj-。与其他阿尔泰语的对应情况如：

“滑”日语 dzureru < *dure-ru。撒拉语 dejin- < *deri-n。维吾尔语 tejil- < deri-l。

“狡猾的”日语 dzurui < duru-ʔi。撒拉语 edʐilən < *ʔedilə-ŋ。蒙古语 dʒil < *dil。

“潮湿的”日语 dʒime-dʒime < *dime-dime。哈萨克语 dəm，图瓦语

dɤm < *dem。

“沙砾”日语 dʒari < *djari。“石头”中古朝鲜语 torh < *dors。

“咬”日语 kadʒi-ru < *kadi-。蒙古语 xɑdʒəx，达斡尔语 xɑdʒigu < *qadi-。“吃”土耳其语 je-，哈萨克语 dʒe-，图瓦语 dʒi- < *de。

“关”日语 todʒiru < *todi-ru。中古朝鲜语 tatta < *dad-。

日语 *l- 可擦化为 dz-，如“溅”ɕibu-ku < *libu-，词根可变化为 dzabu-dzabu“飞溅的”（形容词）。

"云"的词源关系

亚欧语言"云"与"雾""天""水"等有词源关系。南岛语系语言"云"的说法较复杂，一些说法来自比喻，如巴布亚宁德娄语（Nyindrou）"云"asi ka^{n}d^{r}ah，意思是"天的屎"。

◇ 一　东亚太平洋语言的"云"

"云"的主要说法有：

1. *bulut / *bunot

中古突厥语、土耳其语、维吾尔语 bulut，撒拉语 bulət，西部裕固语 buləd，雅库特语 bilit < *bulut。[①]

卡林阿语 būnot < *bunot。（云、雾）

2. *ʔulin / *qali

蒙古语 ʉːl，土族语 uloŋ，东乡语 olian < *ʔulin。

巴琉语 qa^{55}li^{11} < *qali。

---

① "云"匈牙利文 folt < *polt。

3. *buduŋ / *ʔibuluŋ / budun

东部裕固语 buduŋ < *buduŋ。

赛考利克方言 ʔiwuluŋ < *ʔibuluŋ。

达密语 budun < *budun。（云、雾）

4. *gurum / *grom-no / *gulimu

中古朝鲜语 kurɯm < *gurum。[①]

马林厄语 gromno < *grom-no。巴厘语 guləm（乌云），达阿语 kulimu < *gulimu。

5. *tugil / *tuki / *ʔeguli

满文 tugi，锡伯语 tuxsɯ，鄂伦春语 tukʃu，鄂温克语 toʃʃo，赫哲语 tuxsu < *tugil。

女真语（秃吉）*thuki < *tuki。

清代蒙文 egule < *ʔeguli。

6. *kumo

日语 kumo < *kumo。

7. *nis

阿伊努语 nis < *nis。（天、云）

8. *s-lome / *lamlum / *lum

鄂罗克语 loːme < *lome，lumbar < *lubar。

泰雅语泽敖利方言 hamhum，赛夏语 ɭəmɭəm < *lamlum / *lum。

---

① “云”格鲁吉亚语 ɣrubɛli < *grube-。

9. *qu-dəm / *tim / *s-dem / *dome / *timi-timi

卑南语 kutəm，马都拉语 undəm < *qu-dem。

羌语 udəm（云、雾）< *qu-dem。缅文 tim^2 < *tim。

嘉戎语 zdᴇm < *s-dem。加龙语 doːme < *dome。

邹语 tsmitsmi < *timi-timi。（雨云）

10. *pulabu

赛德克语 pulabu。

11. *lobu-n

布拉安语 lɔbun < *lobu-n。

12. *ʔori

莫图语 ori < *ʔori。

13. *napuʔa

坦纳语、夸梅拉语 napua < *napuʔa。

14. *bə-gob / *gabun / *koba / *kabu-ʔa

布昂语 bəɣob < *bə-gob。（云、雾）

木鲁特语 gaun，沙玛语 gabun（白云）< *gabun。

锡加语 koβa，瓜依沃语 kofa，那大语（Ngada）kobe-sa < *koba。

毛利语 kapua < *kabu-ʔa。

15. *ʔa-ʔo / *ʔo

萨摩亚语 ao，夏威夷语 aŏ < *ʔa-ʔo。斐济语 ō < *ʔo。

16. *mapa-gapes

查莫罗语 mapagahes < *mapa-gapes。（云、天）

17. *gən

汉语 *gən（云）。

18. *s-prin

藏文 sprin，夏河藏语 ʂ̥ən < *s-prin。

19. *muk / *doŋ-muk / *muk-pa /ʔmok / *mok / *buk

墨脱门巴语 muk pa，傈僳语 mu̠ ^{33}ku^{55} < *muk / *muku。

他杭语 mukpa < *muk-pa。

博嘎尔珞巴语 doŋ muk < *doŋ-muk。（云、雾）

德宏傣语 mɔk^{9} < *ʔmok。

柬埔寨文 bəbōk < *bə-bok。布兴语 bŭk，布朗语 puk < *buk。

20. *ʔb^{w}aʔ

仫佬语 kwa^{3}，水语、西双版纳傣语 fa^{3}，侗语 ma^{3} < *ʔb^{w}aʔ。

21. *qəbu / *ʔap

仡佬语 qə^{33}pu^{55} < *qəbu。

柬埔寨文 ʔap < *ʔap。

22. *dibu

马加尔语 dibu < *dibu。

23. *qapom

塔金语 apam < *ʔapam，hapom < *qapom。

24. *ʔem / *ka-ʔom

苗语养蒿话 en^{5}，巴哼语文界话 ĩ < *ʔem。

佤语马散话 ka ʔɔm < *ka-ʔom。

25. *ʔb^{w}an / *ʔab^{w}an / *b^{w}an-raŋ

勉语罗香话 bwən^{5}，东山话 hwan^{5} < *ʔb^{w}an。

印尼语、米南卡保语、亚齐语 awan，萨萨克语 awun < *ʔab^{w}an。

哈卡钦语 van raŋ < *b^{w}an-raŋ。

26. *m-put / *s-mut

克木语 m put，布朗语曼俄话 m̥ut^{35} < *m-put / *s-mut。

◇ 二 “云”的词源对应关系

1. “云”和“雾”

“云、雾”兼指见于东亚太平洋语言诸系的一些语言，可能与这些语言的使用者长期处于云雾缭绕的环境有关。如羌语 udəm、柬埔寨文 ʔap、户语 mɔŋ^{33} mo^{31}、莽语 ma^{31}tip^{55}、布昂语 bəɣob、依斯那格语 aɲap、卡林阿语 bū not、他加洛语 ū lop、达密语 budun 等。不同语言“云”和“雾”的对应如：

（1）突厥语 *bulut。“雾”爪哇语 pəɖut < *pudut。

（2）蒙古语、土族语、东乡语 *ʔolin。“雾”嘎卓语 o^{35} lo^{35} < *ʔolo。

（3）女真语 *tuki。“雾”哈拉朱乌语 tika < *tika。波那佩语 ʈɔ̃koi < *toko-ʔi。

（4）德宏傣语 mɔk^{9} < *mok。“雾”藏文 smog pa < *s-mok。汉语 *mok（霂）。

（5）布昂语 *bəgob。“雾”斐济语 kabu < *kabu。

（6）印尼语、米南卡保语 *ʔaban。“雾”蒙古语、东部裕固语 mɑnɑŋ < *man-aŋ。

（7）鲁凯语、邵语、卑南语 *qudəm。“雾、云”羌语 *ʔudem。汉语 *qləm（黔，云复日）。

（8）鲁凯语 əməmə < *ʔamə。“雾”汉语 *mo（雺）。

（9）东部裕固语 *buduŋ。“雾”蒙古语 budoŋ、东部裕固语 budɑŋ < *buduŋ。

2. “云”和“雨”“水”等的词源关系

（1）德宏傣语 mɔk^{9} < *mok。“雨”扎坝语 mo^{33}ku^{55} < *moku。“雾”藏文 smog pa < *s-mok。“水”锡伯语 muku、赫哲语 mukə < *mukə。

（2）鲁凯语 əməmə < *ʔamə，莫图语莫图莫图方言 mea < *meʔa，苗语 *ʔem。“雨”日语 ame < *ʔame，克木语 ka mǎʔ、莽语 maʔ^{31} < *maʔ。

（3）藏语 *s-prin。“雨”壮语武鸣话 fwn^{1}，壮语龙州话 phən^{1}，黎语 fən^{1} < *prən。

（4）巴琉语 *qali。“雨”泰雅语泽敖利方言 quałax < *qu-ʔalaq。“露水”沙玛语 aluʔ，马达加斯加语 andu < *ʔaluq。

（5）印尼语、米南卡保语、亚齐语 *ʔaban。“露水”印尼语 əmbun、米南卡保语 ambun、爪哇语 awun < *ʔabun。

（6）赛夏语 *lum。“水”排湾语 dzalum，沙阿鲁阿语 sałumu < *da-lum / *sa-lum。

（7）佤语马散话 ka ʔɔm < *ka-ʔom。“水”德昂语 ʔɔm，布朗语 ʔum^{35} < *ʔom。

3. “天”和“云”的词源关系

“天”代指“云”或“天、云”一词的语言有阿伊努语 *nis、查莫罗语

*mapa-gapes，尼科巴语 taɽul < *tarul 等。其他交叉对应关系的语言有：

（1）汉语 *thin（天）< *qlin。“云”蒙古语、土族语、东乡语 *ʔolin。

（2）京语 jəːi^{2} < *li。“云”巴琉语 qa^{55}li^{11} < *qali。

（3）缅文 mo^{3} < *mu。“云”拉祜语 mo^{31}。

（4）达让僜语 tɯm^{55} < *tim。“云”缅文 tim^{2}。

（5）壮语龙州话 fa^{4}、德宏傣语 fa^{4}、黎语 fa^{3} < *b^{w}aʔ。佤语马散话 ka ma、孟汞话 ba < *ka-ba。“云”壮语武鸣话、仫佬语、侗语 *kəbaʔ，瓜依沃语、那大语 *koba。

（6）图瓦语 kurmusdɤ < *kurmu-sdɤ。“云”朝鲜语 *gurum。

三 复合词的意义

巴布亚的宁德娄语“云”是“天的屎”，黎语诸方言，如保定话“云”deːk^{7}fa^{3}，意思是“天的渣子”。壮傣、侗水支系的语言直接用“云”指“天”，其原来的说法可能和黎语一样。把“云”说成“天的屎”在早期的东亚可能是很普遍的，就像把“月亮”说成“晚上的太阳”那样。另外还有巴布亚塔几亚语（Takia）“云”tim tae-n，意思是“风的屎”。

1.“云”的意义是“天的屎（或渣滓）”

（1）宁德娄语“云”asika^{n}d^{r}ah，“天”ka^{n}d^{r}ah，“屎”asi。

（2）黎语保定话“云”deːk^{7}fa^{3}，“天”fa^{3}，“渣滓”deːk^{7}。

（3）黎语通什话“云”feːʔ^{7}fa^{3}，“天”fa^{3}，黎语元门话“渣滓”fiaʔ^{7}。

（4）彝语喜德话“云”mu^{33}ti^{33}，“天”mu^{33}，“屎”tɕhɿ^{33} < *di。

2. "云"是"风的屎"

（1）塔几亚语"云"tim tae-n，"风"tim，"屎"tae。

（2）姆贝拉语"白云" miri tiene，"风"miri，"屎"tiene。"乌云" gubur tiene，字面意思"黑一屎"。

上文已经举出"天"和"云"有词源关系的一些例子，这些可能是"天"代指"云"，结合这一部分的比较可以推断它们的"云"是"天的屎（或渣滓）"的简略说法。

3. "云"是"太阳蜕下的皮"

"云"德昂语南虎话 ŋʔut，克木语 m put，布朗语曼俄话 m̥ut^{35} < *sŋ-put。这个词原来的意思可能是"太阳蜕的皮"。

克木语"云、蜕下"m put，蒙达语"太阳"siŋi < *siŋi。*siŋi 是南亚语"太阳"早期的说法。

四 词源关系分析

南岛语和侗台语中以"天的屎""风的屎"代指"云"，以及用"天"代指"云"是后来才有的说法。东亚早期的语言中"云"和"雾"大约用同样的说法来表示。

1. *napu（*nəba、*nuba）

"云"坦纳语、夸梅拉语 *napuʔa。"天"柬埔寨文 nəb^{h}ā < *nəba。爱斯基摩语 nuvujak < *nubula-k（*-k 名词后缀，现为名词复数后缀）。

"云"拉丁语 nebula，古斯拉夫语 nebo、nebes-，希腊语 nephos、nephele，威尔士语 niwl。希腊语 mynnepho < *mu-nebo。

“天”梵语 nabhas-，“雾”德语 nebel。

2. *mok（ *muk、*ʔmok、*bok）

“云”墨脱门巴语 *muk，傈僳语 *muku，德宏傣语 *ʔmok，柬埔寨文 *bə-bok，布兴语、布朗语 *buk。“云、雾”博嘎尔珞巴语 doŋ muk < *-muk。“雾”藏文 smog < *smog，汉语 *mok-s。佤语艾帅话 si mɔk < *si-mok。“暗淡的”保安语 mɑɢəmoɢo < *mogo。

“烟”巴拉望语 buk < *buk。巴拉望语、摩尔波格语 tabuk < *ta-buk。道孚语 mkhə，墨脱门巴语 mu gu < *mugu。他杭语 miŋku < *miku。

“云”梵语 megha。

“烟”威尔士语 mwg、亚美尼亚语 mux < *muk。英语 smok，荷兰语 smook，德语 schmauch < *sk-muk。“蒸熏”希腊语 smugenai。

3. *budu（ *buduŋ、*budun）

“云”东部裕固语 、达密语 *budun。

“云”梵语 ambuda，古爱尔兰语 muad。

“尿”阿维斯陀经 muthra-，“尿”梵语 mutra-。

4. *dome（*timu、*tim、*dem、*timi、*dimu、*tuma）

“云”缅文 *tim，嘉戎语 *s-dem，加龙语 *dome。“雨云”邹语 *timi-timi。“雾”布鲁语 dimu < *dimu。维吾尔语 tumɑn，撒拉语 bus dumɑn < *tuman。“烟”巴塔克语 timus < *timus。

“烟”梵语 dhumah、古教堂斯拉夫语 dymu、古波斯语 dumis、立陶宛语 dumai。

俄语 “云” tjma < *tima，“雾” tuman。

5. ri

“云”莫图语 ori < *ʔori。

> “云”阿尔巴尼亚语 re。

6. *ʔap

“云”柬埔寨文 ʔap < *ʔap，仡佬语 *qəbu。

> “云”亚美尼亚语 amp < *ap。

印第安车罗科语、达科他语“云”意思可能是“天的火”。

车罗科语 ulogilv < *ʔulo-gilu，“天”galvloi < *galuloʔi，“火”苏语 e’leh < *ʔele。

达科他语 mahpijaʃapa < *mapira-tapa，“天”mahpija < *mapira，“火”-utepi。

“云”阿巴齐语 jaːkhos < *la-gos。

“云”那瓦特尔语 mix-tli < *miq。

“云”玛雅语 suːtsh。

“地”的词源关系

亚欧语言“地”与“土”“低的”等说法有词源关系。自农业产生以后，“地”有“大地”和“田”之别，“田”有“旱地”“水田”之别。牧区的“地”有“牧场”“原野”之分。这些说法多源于“地、土”之称。

一　东亚太平洋语言的“地”

东亚太平洋语言“地”的主要说法有：

1. *der / *duru / *tero-ʔa / *dara-t

维吾尔语 jɛr，哈萨克语、图瓦语 dʒer < *der。

土耳其语 jerjyzy < *der-duru（土—土）。土耳其语 durum < *duru-m。

嘉戎语 ndər < *m-dər。

邹语 tseoa < *tero-ʔa。巽他语 darat < *dara-t（平地）。

2. *gadir

蒙古语书面语 ɣadʒar，蒙古语布里亚特方言 gazar，巴林右旗话

gadʒir < *gadir。[①]

3. *na / *nuna / *ʔa-ʔina

满文、赫哲语 na < *na。爱斯基摩语 nuna。（地、土）

夏威夷语 ăină < *ʔa-ʔina。

4. *buga

鄂温克语 bʊgă < *buga。

5. *pata / *pita / *puta / *pateʔ

朝鲜语 pat，日语 hata < *pata（旱田）。

卡林阿语 pīta，戈龙塔洛语 huta < *pita / *puta。

克木语 patĕʔ < *pateʔ。

6. *sdaŋ

朝鲜书面语 ttaŋ，铁山话 sta < *sdaŋ。

7. *ra

阿伊努语 ja < *ra。

8. *ʔuma / *ʔumaq / *ma

鲁凯语 umauma，卑南语 ʔuma < *ʔuma。（旱地）

阿美语 umah < *ʔumaq。（田）

佤语马散话 ma，艾帅话 ma̱ < *ma。（旱地）

---

① 蒙古语“地”*gadir 的词根是 *-dir。如“脏的”蒙古语 budʒar、达斡尔语 badʒir、土族语 budʑir < *bu-dir。

9. *rali

赛夏语 raɭiʔ < *rali。

10. *beʔa

马京达瑙语 bea < *beʔa。（平地）

11. *ʔalet / *lot

帕玛语 alet < *ʔalet。（平地）沙外语 lɔt < *lot。（平地）

12. *do

哈拉朱乌语 dɔ̄，嫩戈内语 ɖo < *do。

13. *penu-ʔa

毛利语 whenoa < *penu-ʔa。

14. *mala

那大语 mala < *mala。（平地）

15. *gide

嫩戈内语 gide < *gide。

16. *lars / *loro-kan

汉语 *lar-s（地）。

赛夏语 ɭoroɭorokan < *loro-kan。（平地）

17. *dal / *tal / *tala / *tal / *dalaq / *dele-ral / *dili

藏文 thal < *dal。

布兴语 dal < *dal。（地、泥土）

蒙古语 tɑl，东部裕固语 tɑlɑ < *tala。（草原）鄂伦春语楠木话 tal < *tal。（地面）

布农语 dałaχ < *dalaq。赛夏语 deheral < *dele-ral。

柬埔寨文 thli < *dili

18. *mri / *maru / *mar

缅文 mre^2 < *mri。

怒苏怒语 $mɹɯ^{55}mɹi^{33}$ < *mri。（土、地）

卑南语 maruamaru < *maru。（旱地）

布朗语曼俄话 mah^{35}，德昂南虎话 mar < *mar。（旱地）

19. *le

却域语 le^{55}，土家语 li^{53} < *le。（种的地）

20. *glis / *gulen / *gʷele

壮语武鸣话 $ɣei^6$，布依语 zi^6，仫佬语 $hɣa:i^5$ < *glis。（旱地）

黎语加茂话 $kɯ^2len^4$ < *gulen。

马林厄语 glose < *glo-se。东部斐济语 gele，西部斐济语 gʷele < *gʷele。（地、土）

21. *nam / *nom

壮语武鸣话 $na:m^6$，侗语、仫佬语 $na:m^6$（土）< *nam。

雅贝姆语 nom < *nom。（地、土）

22. *ʔbran

黎语保定话 van^1，中沙话 ran^1 < *ʔbran。（地、干土）

23. *kadi

德昂语茶叶箐话 ka dăi^{51}，硝厂沟话 ka dăi < *kadi。（地、泥土）

24. *tano

尼科巴语 tanjɔː < *tano。（干的地）

查莫罗语 tano < *tano。

25. *dagal

桑塔利语 dʒagah < *dagal，hasa < *qasa（土、地）。

26. *ʔode / *ʔote

蒙达语 ode < *ʔode。（地面、田野、地）

瓜依沃语 ote < *ʔote。（平地）

◇ 二 “地”的词源对应关系

1. “地”和“土”

东亚太平洋诸语系的语言大多有兼指“土”“地”的词，如藏文、景颇语 ka^{55}、怒苏怒语 mɹɯ^{55}mɹi^{33}、德昂语茶叶箐话 ka dăi^{51}、硝厂沟话 ka dăi、布兴语 dal、桑塔利语 hasa、雅贝姆语 nom、莫图语 tano 等。不同语言“土、地”说法的对应情况如：

（1）维吾尔语、哈萨克语、图瓦语 *der。“土”土耳其语 jir < *dir。

（2）“平地”巽他语 darat < *dara-t。“土”卑南语 darəʔ < *darə-q。

（3）东部斐济语、西部斐济语 *g^{w}ele。“土”菲拉梅勒语 kere、汤加语 kelekele、萨摩亚语 ʔeleʔele < *kele。

（4）“旱田”日语 *pata。“土”沙外语 bɛt-bɛt < *bet。

（5）柬埔寨文 *dili。“地面”鄂伦春语楠木话 tal < *tal。“地、泥土”布兴语 dal < *dal。

（6）“地、泥土”德昂语 *kadi。“土”加龙语 kode、塔金语 kedi < *kedi。布努语 ka^{1}te^{1}、苗语腊乙坪话 qɔ^{1}tɯ^{1} < *kate。

（7）“地、土”莫图语 tano < *tano。“地”查莫罗语 tano < *tano。“干的地”尼科巴语 tanjɔː < *tano。

（8）“平地”那大语 mala < *mala，“土”多布语 bala < *bala。

（9）“地”他加洛语 lū paʔ < *lupa-ʔ。“土”夏威夷语 lĕ pŏ，塔希提语 repo < *lepo。

（10）汉语 *lar-s（地）。“泥”图瓦语 laj < *lar。

2.“地”和“低的”

（1）维吾尔语、哈萨克语、图瓦语 *der。“低的”巴塔克语 tɔru < *toru。

（2）壮语、毛南语 *nam。“低的”蒙古语 nɑm < *nam。缅文 nim^{1} < *nimʔ。格曼僜语 kɯ^{31}năm^{55} < *ku-nam。

（3）“平地”那大语 *mala。“低的”马那姆语 ibala < *ʔibala。

（4）德昂语 *kadi。“低的”达阿语 na-ede < *ʔede。克木语 deʔ < *deʔ。

（5）“土、地”莫图语 *tano。“低的”塔几亚语 tan-na < *tan。

三 词源关系分析

1. *loda（*ləda、*lot）

“平地、田野”萨萨克语 ləndaŋ < *ləda-ŋ。沙外语 lɔt < *lot，帕玛语 alet < *ʔalet。

“下（面）”日语 çita < *lita。土耳其语 alti，维吾尔语 ɑst < *ʔalti。

> “土、地”古英语 land、lond，哥特语、古弗里斯语 land，波兰语 ląd < *lad。
> “荒芜的土地”古教堂斯拉夫语 ledina。
> “田野”德语 feld、荷兰语 veld、英语 field < *pe-lod。

2. *rata

“平地”窝里沃语 tana-rata。“低的”印尼语 rəndah，米南卡保语 randah < *rada-q。

> “地、土、干地”古英语 eorþe、古弗里斯语 erthe、古高地德语 erda < *erda。

“地”爱沙尼亚语 rand < *rad 当借自印欧语。“地”爱沙尼亚语、芬兰语 maa 是较早有的词，对应于佤语 *ma。

3. *g^wela（*gla、*ʔele、*giru）

“地、土”东部斐济语、西部斐济语 *g^wele，“红土”蒙达语 giru < *giru。

> “地”希腊语 tʃhora < *gora。“田野”梵语 adʒra、希腊语 agros < *agra。
> “黏土”葡萄牙语 argila、意大利语 argilla < *ar-gila。

“低的”畲语 $khje^4$ < *gre，波那佩语 karakarāk < *kara。“下方”缅文 $ɑ^1kre^3$，阿昌语 $a^{31}the^{31}$ < *kre。

4. *deru（ *der、dər、*tero）

“地”突厥语 *der、嘉戎语 *m-dər、邹语 *tero-ʔa 等，“土”土耳其语 *dir、蒙古语 *tiro、阿伊努语 *tor、撒拉语 *tor-aq。

> “土”意大利语、葡萄牙语 terra，梵语 dhara < *dera。“陆地”梵语 deʃe < *dere 。
> “较低的”梵语 adhara- < *adara-。

“下面”蒙古语正蓝旗话 doːd、蒙古语和静话 dord、东乡语 dodu < *dor-du，达斡尔语 duɑrgi、东部裕固语 duːrɑʁə < *dor-gi。

5. *baru（*maru、*mre、*bra、*bore）

“旱地”卑南语 *maru，布朗语曼俄话、德昂南虎话 *mar，“地”缅文、土家语、怒苏怒语 *mri 等有词源关系。“泥”蒙古语、鄂伦春语 *ti-bar，“地、干土”黎语 *bra-n，“土”哈卡钦语 *bore 等。*baru、*bora 可能 < $*g^wera$。

“泥”西班牙语 barro。

6. *le（*li、*la）

“（种的）地”却域语、土家语 *le。“土”萨摩亚语 ʔeleʔele < *ʔele。“脏的”壮语武鸣话 hei^2，龙州话 a^1loi^1，布依语 ji^2 < *li。科木希语 alili，汤加语 ʔuli < *ʔali。桑塔利语 mɛila < *ma-ʔila。“低、矮的”巴琉语 $laːi^{53}$，莽语 le^{51} < *li。

“地、地方，屎、脏”英语 soil，“泥泞的地方”古法语 soille < *sole。

7. *dala（*dal、*tala）

“地”藏文、布兴语 *dal。“草原”蒙古语 tɑl，东部裕固语 tɑlɑ < *tala。

“土”车罗科语 gadohi < *ga-doli。那瓦特尔语“土”tlalli < *dali。

8. *doki（*diki、*daki、*duka）

“泥”邹语 diŋki < *diki。“脏的”巴厘语 daki < *daki，东部斐济语 duka < *duka。

“土、地”阿尔巴尼亚语 tokë < *toke。 “低的”亚美尼亚语 tshatʃr < *dak-r。

“土”的词源关系

一些语言“土”“地”用一个词表示，“泥”“尘”等与“土”的说法或交叉对应，“脏的”是“土”的引申。一些语言“低的”和“地”的说法有词源关系，也与“土”的说法有词源关系。

一　东亚太平洋语言的“土”

东亚太平洋语言关于“土”的代表性说法有：

1. *dir / *tora-q / *tor / *tiro / *darə-q / *təro-ʔa

土耳其语 jir < *dir。撒拉语 torɑq < *tora-q。[①]

阿伊努语 toj < *tor。（土、泥、脏）

蒙古语书面语 ʃɪroɪ，蒙古语正蓝旗话 ʃoroː，土族语 ɕiruː，东乡语 turo < *tiro。

卑南语 darəʔ，邹语 tsroa < *darə-q / *təro-ʔa。

① “地”匈牙利文 terület < *teru-let，taj < *tar。词见 en.bab.la/dictionary/English-Hungarian。

2. *doba / *doba-raq / *topa / *topa-raq

布昂语 dob，嫩戈内语 ɖawa < *doba。[①]

图瓦语 doburak < *doba-raq。（泥土）

维吾尔语 topɑ，土耳其语 toprak，哈萨克语 topərɑq < *topa / *topa-raq。（泥土）

3. *ti-bar / *baru

蒙古语和静话 ʃɑbɑr，鄂伦春语 ʃiwar（稀泥）< *ti-bar。[②]

毛利语 paru < *baru。

4. *boʔi-qan

满文 boihan，锡伯语 boiχan < *boʔi-qan。

5. *pʷurəg / *pirek / *ʔepluk

朝鲜语 hɯrk < *pʷurəg。

马绍尔语 pʷirɛtʃ < *pirek。卡乌龙语 epluk < *ʔepluk。

黎语保定话 pleːk⁷ < *plek。（泥）

6. *tuti / *tut

日语 tsɿtɕi < *tuti。

布朗语甘塘话 thut < *tut。

7. *lepo

夏威夷语 lĕpŏ，塔希提语 repo < *lepo。（土、脏的）

---

① “腐烂的”格鲁吉亚语 damphali < *daba-。

② “地”匈牙利文 mezö < *mero。

8. *ʔone

毛利语 ona < *ʔona，oneone < *ʔone。拉巴努伊语 ʔoʔone < *ʔone。

9. *ra-ʔuq

泰雅语泽敖利方言 rauq < *ra-ʔuq。

10. *rali / *dali-rali

赛夏语 raɭiʔ < *rali。赛德克语 deheral < *dali-rali。

11. *daʔe / *ʔate-ʔa / *ʔatan / *den / *ʔoda / *ʔode / *do

鲁凯语 daə，罗地语 tae < *daʔe。马那姆语 ʔateʔa < *ʔate-ʔa。

帕玛语 atan < *ʔatan。宁德娄语 ^{n}d^{ʕ}en < *den。

查莫罗语 eda < *ʔeda，oda < *ʔoda，o̱t < *ʔota。

蒙达语 ode < *ʔode。（地面，田野，地）

嫩戈内语 ɖo < *do。

12. *tana / *tanaq / *tano / nuna

达阿语、马都拉语、雅美语 tana < *tana。

印尼语 tanah，亚齐语 tanɔh，萨萨克语 tanak < *tanaq。

莫图语、拉加语 tano < *tano。（地、土）

爱斯基摩语 nuna。（地、土）

13. *ʔa-ʔisa / *qasa

梅克澳语 ʔaʔisa < *ʔa-ʔisa。

桑塔利语 hasa < *qasa。（土、地）

14. *peso / *bet / *pera

罗维阿纳语 pepeso < *peso。

沙外语 bɛt-bɛt < *bet。

罗图马语 pera < *pera。

15. *qlaʔ / *kele / *g^{w}ele / *qala

汉语 *thaʔ（土）< *qlaʔ。①

菲拉梅勒语 kere，汤加语 kelekele，萨摩亚语 ʔeleʔele < *kele。

东部斐济语 gele，西部斐济语 g^{w}ele < *g^{w}ele。（土、地）

鄂伦春语 tʊkala，赫哲语 tuqalə < *tu-qala。

16. *ska

藏文 sa，藏语巴塘话 sha，景颇语 ka^{55} < *ska。（土、地）

17. *kra

普米语 tsa^{55}，木雅语 tsa^{53}，史兴语 $tɕæ^{53}$，羌语 khia < *kra。

18. *mre / *pre / *bran

缅文 mre^{2}，怒苏怒语 $mɹɯ^{55}mɹi^{33}$ < *mre。（土、地）

基诺语 $a^{44}tɕe^{55}$ < *pre， $a^{44}prœ^{55}$ < *pro（泥巴）。

哈卡钦语 vole < *bore（土），volei < *bori（地）。

黎语 fan^{4} < *bran。（地、干土）

19. *kə-nam / *nom / *nomər

壮语 $naːm^{6}$（地、干土），毛南语 $khəm^{5}$ < *kə-nam。

巴布亚雅贝姆语（Yabim）nom < *nom。（地、土）

夸梅拉语 nəmər < *nomər。（泥）

① 甲骨卜辞中的"土"又指祭祀的"社"，两者应有不同读法，大约春秋之后为两个字。"社" *gla > 六朝 *zjɑ。汉语"土"的读法可能来自古东夷语。

20. *kedi / *kate / *kadi / *pəteʔ / *kədeʔ / *di

加龙语 kode，塔金语 kedi ＜*kedi。

布努语 ka^{1}te^{1}，苗语腊乙坪话 qɔ^{1}tɯ^{1} ＜*kate。

德昂语茶叶箐话 ka dăi^{51}，硝厂沟话 ka dăi < *kadi。（地、泥土）

克木语 pə teʔ，户语 kə thɛʔ^{31} ＜*pəteʔ / *kədeʔ。

柬埔寨文 dɤj < *di。（地、土）

21. *mar

德昂语南虎话 mar < *mar。

◇ 二　“土”的词源对应关系

1. “土”和“地”

现代的南岛、汉藏和南亚语系的语言大多有兼指“土”“地”的词，如藏文、景颇语 ka^{55}、怒苏怒语 mɹɯ^{55}mɹi^{33}、德昂语茶叶箐话 ka dăi^{51}、硝厂沟话 ka dăi、布兴语 dal、桑塔利语 hasa、雅贝姆语 nom、莫图语 tano 等。东亚太平洋不同语言“土、地”两词的对应情况如：

（1）土耳其语 *dir。“地”维吾尔语 jɛr，哈萨克语、图瓦语 dʒer < *der。土耳其语 jerjyzy < *der-duru。嘉戎语 ndər < *m-dər。

（2）卑南语 *darə-q。“平地”巽他语 darat < *dara-t。

（3）菲拉梅勒语 kere，汤加语 kelekele，萨摩亚语 ʔeleʔele < *kele。“地”东部斐济语、西部斐济语 *g^{w}ele。

（4）沙外语 bɛt-bɛt < *bet。“地”卡林阿语（Kalinga）pīta，戈龙塔洛语 huta < *pita / *puta。“旱田”日语 hata < *pata。朝鲜语 pat < *bad。

（5）“地、泥土”布兴语 dal < *dal。“地面”鄂伦春语楠木话 tal < *tal。

（6）布努语、苗语腊乙坪话 *kate。“地、泥土”德昂语茶叶箐话 ka dǎi[51]，硝厂沟话 ka dǎi < *ka-di。

（7）“地、土”莫图语 tano < *tano。“地”查莫罗语 tano < *tano。“干的地”尼科巴语 tanjɔː < *tano。

（8）“土”多布语 bala < *bala。“平地”那大语 mala < *mala。

（9）夏威夷语、塔希提语 *lepo。“地”他加洛语 lūpaʔ < *lupa-ʔ。

2.“土”和“尘”“灰”等

（1）朝鲜语 *purəgi。“灰尘”满文 buraki、赫哲语 burəŋgi < *buragi。日语 hokori < *pokori（埃）。巴拉望语 purək < *puruk。

（2）“泥土”土耳其语 toprak，哈萨克语 topəraq。“灰尘”古突厥语 topraq，土耳其语 toprak < *to-prak。

（3）阿伊努语 *tor。“灰尘”土耳其语 toz，西部裕固语 doz，维吾尔语、哈萨克语 tozaŋ < *tora-ŋ。蒙达语 dhur < *dur，duɽi < *duri。桑塔利语 dhuɽi < *duri。① 日语 tɕiri < *tiri。嘉戎语 ndər < *m-dər。

（4）德昂语南虎话 *mar。“泥”塔希提语 vari paruparu < *bʷari-barubaru。“灰尘”布兴语 pah < *par。布兴语 mah pɔr < *mar-por。墨脱门巴语 phur < *bur。

（5）西双版纳傣语 din[1] < *ʔdin。汉语 *din（尘）。

（6）“红土”蒙达语 giru < *giru。“灰尘”三威治港语 ᵑgoᵑgor < *gor。桑塔利语 ḍigir < *digir。

① 桑塔利语的浊送气塞音对应于亲属语的浊不送气，如“石头”蒙达语 diri，桑塔利语 dhiri < *diri。“忘记”桑塔利语 bhul < *bul，户语、布朗语曼俄话 pil[31]，胖品话 pir[51]，德昂语南虎话 bir < *bil。“话”桑塔利语 bhasa < *bahasa，为梵语借词。

（7）罗维阿纳语 *peso。“灰尘”布昂语 kəbus < *kə-bus。

3.“土”和“脏的”

（1）菲拉梅勒语“土”kere，“脏的”kerekere。

（2）萨摩亚语“土”ʔeleʔele，“脏的”ʔeleʔele-a。

（3）阿伊努语“土、泥、脏”toj < *tor。“脏的”印尼语 kotor，马都拉语 kutur，亚齐语 kutɔ < *ku-tor。桑塔利语 bo̠ɖo̠r < *bo-dor（水脏）。

（4）“土、脏的”塔希提语 repo < *repo。“脏的”桑塔利语 laplonde < *lap-lode。

（5）布昂语 *dob。“脏的”达阿语 na-depu < *depu。

（6）“泥、脏的”尼科巴语 mum < *mum。

（7）罗维阿纳语 *peso。“脏”桑塔利语 bhoso < *boso。

4.“土”“地”和“低的”

（1）罗维阿纳语 *peso。“低的”维吾尔语 pɛs，图瓦语 dʒɑbɤs < *da-pas。

（2）布昂语 *dob。“低的”巴厘语 endep < *ʔedep。卡林阿语 doba < *doba。

（3）日语 *tuti，布朗语甘塘话 *tut。“低的”东乡语 tɕotɕodʑi < *toto-gi。萨萨克语 dendeʔ < *dedeʔ。桑塔利语 tshoʈa < *dota。

（4）鲁凯语、罗地语 *daʔe。“低的”达阿语 na-ede < *ʔede。克木语 deʔ < *deʔ。

（5）萨摩亚语 ʔeleʔele。“低的”满文 eje- < *ʔere。罗图马语 ʔele < *ʔele。

（6）“土、地”壮语、毛南语 *kə-nam。“低的”蒙古语 nɑm < *nam。格曼僜语 kɯ^{31}năm^{55} < *kə-nam。缅文 nim^{1} < *nim。

（7）多布语 bala < *bala。“低的”马那姆语 ibala < *ʔibala。

（8）阿伊努语 *tor。“低的”巴塔克语 tɔru < *toru。

（9）“土、地”莫图语 *tano。“低的”塔几亚语 tan-na < *tan。

◈ 三 词源关系分析

1. *g^{w}ele（ *kla、*kele、*qala、*gla）

“土”汉语 *kla-ʔ，鄂伦春语、赫哲语 *tu-qala，菲拉梅勒语、汤加语、萨摩亚语 *kele，菲拉梅勒语 kere，东部斐济语、西部斐济语 *g^{w}ele。

汉语 *gli（祇，地神），*gla（社，地神）。甲骨卜辞中的“土”又指祭祀的“社”，春秋后区分为两个字。

阿卡德语“地下的精灵”galas。

“红土”蒙达语 *giru。“土”普米语、木雅语、史兴语、羌语 *kra。

> “黏土”荷兰语 klei、英语 clay < *klai。葡萄牙语 argila、意大利语 argilla < *ar-gila。
>
> 希腊语“田野”agros，“地”tʃhera < *gera。“土、脏”俄语 griazj < *grari。

“土”芬兰语 kolo。

2. *bora（ *bara、*mar、*pro、*pera、*peso）

“泥”蒙古语、鄂伦春语 *ti-bar，“地、干土”黎语 *bra-n，“土”德昂语南虎话 *mar 等有共同的来源，早期词根为 *bora。

罗维阿纳语 *peso、沙外语 *bet、罗图马语 *pera、哈卡钦语 *bore 等与之有词源关系。南岛语中 *-s-、*-t-、*-r- 等的对应关系前面已经说过。

> “泥”西班牙语 barro。“较低的”梵语 aparaː。

3. *b^{w}urek（ *b^{w}urəg、*pirek、*pluk）

“泥土”朝鲜语 *b^{w}urəgi。“土”马绍尔语 *pirek，卡乌龙语 *ʔe-pluk。“泥”黎语保定话 pleːk^7 < *plek，沙玛语 pisak < *pirak。“陆（地）”汉

语 *mruk。

“闲地”古英语 fealh、高地德语 felga、东部弗里斯语 falge < *palge。
“土”亚美尼亚语 hoʁ < *porg。

“灰尘”古突厥语 topraq、土耳其语 toprak < *to-prak。满文 buraki、赫哲语 burəŋgi < *buragi，巴拉望语 purək < *puruk。

“脏的”意大利语 sporco < *sporko，波兰语 brudzątsy < *bruga-。
“脏的”阿尔巴尼亚语 fëllikjur < *b^{w}eliki。

“黑的”布昂语 bərik < *birik。

4. *doru（ *tor、*dir、*dero）

“土”土耳其语 *dir、蒙古语 *tiro、阿伊努语 *tor、撒拉语 *tor-aq 等词根有共同来源，早期为 *diru。“泥泞的”朝鲜语 tʃirta < *dir-，与之对应。

该词根原本兼指“地”。“地”维吾尔语 jɛr、哈萨克语、图瓦语 dʒer < *der。土耳其语 jerjyzy < *der-duru。嘉戎语 ndər < *m-dər。

派生和语义变化的情况如：

“灰尘”土耳其语 toz，西部裕固语 doz < *tor。蒙达语 dhur < *dur，duɽi < *duri。桑塔利语 dhuɽi < *duri。日语 tɕiri < *tiri。嘉戎语 tɑ ndər < *m-dər。

“地”蒙古语布里亚特方言 gɑzɑr，巴林右旗话 gɑdʒir < *ga-dir。

“脏的”印尼语 kotor，马都拉语 kutur < *ku-tor。“低的”巴塔克语 tɔru < *toru。

“土”意大利语、葡萄牙语 terra，梵语 dhara < *dera。

“地”匈牙利文 terület < *teru-let，taj < *tar。

5. *doki（*diki、*daki、*duka）

“泥”邹语 diŋki < *diki。“脏的”巴厘语 daki < *daki，东部斐济语 duka < *duka。

“土、地”阿尔巴尼亚语 tokë < *toke。

“土”格鲁吉亚语 niadagi < *ni-adagi。

印第安语中“土”的说法如：

车罗科语 gadohi < *ga-doli。

那瓦特尔语 tlalli < *dal-li（-li 名词后缀）。

玛雅语 ʔilɛf < *ʔilep。

“石头”的词源关系

亚欧语言“石头”“岩石”“石山”“沙砾”“沙子”等有词源关系，如《释名》，“山体曰石”。一些语言“高的”“硬的”“重的”也与“石头”的说法有词源关系。

◇ 一　东亚太平洋语言的“石头”

“石头”的主要说法有：

1. *tal / *talu / *tulo / *dolu / *dol

土耳其语、维吾尔语 taʃ，图瓦语 daʃ < *tal。

土族语 taʂ，东乡语 taʂɯ，保安语 taɕi < *talu。

蒙古语 tʃuluː，达斡尔语 tʃuloː < *tulo。

赫哲语 dʐolu，鄂温克语、鄂伦春语 dʒɔlɔ < *dolu。

朝鲜语 toːl < *dol。

2. *qera

维吾尔语 qija，图瓦语 kaja，撒拉语 ɢaje < *qera。（岩石、峭壁）

3. *b^{w}eqe / *b^{w}eʔu / *b^{w}aʔu

满文 wehe，锡伯语 vəhə，< *b^{w}eqe。

莫图语南岬方言 veu，莫图语阿罗玛方言 vau < *b^{w}eʔu / *b^{w}aʔu。

4. *dors / *diri

中古朝鲜语 torh < *dors。

蒙达语 diri，桑塔利语 dhiri < *diri。

5. *dog / *doga / *daku / *deka / *taka-ʔi

朝鲜语淳昌话 tok < *dog。[①]

毛利语 toka < *doga。（岩石）

吉利威拉语 dakuna < *daku-na。马绍尔语 dekæ < *deka。

波那佩语 ʈakai < *taka-ʔi。

6. *bagu / *bek / *bopaku / *baka / *b^{w}aku-na / *maka

中古朝鲜语 pahø，庆州话 paŋku < *bagu。（岩石）[②]

宁德娄语 bek < *bek。夏威夷语 pŏhakŭ < *bopaku。

莫图语 haga（高的石头），莫图语卡巴地方言 vakuna < *baka / *b^{w}aku-na。

汤加语 maka，萨摩亚语 maʔa < *maka。

7. *ʔili

日语 iɕi < *ʔili。

8. *por-na

阿伊努语 pojna < *por-na。

---

① “石头”匈牙利文 tök < *tok。

② “石头”匈牙利文 mag。

9. *pukə-lul

阿美语 fukəluh < *pukə-lul。

10. *kul

泰雅语泽敖利方言 kuʃ < *kul。（岩石）

11. *batu / *go-patu

布农语 batu，印尼语 batu，亚齐语 batɛə，他加洛语 bato，巴拉望语 batu-g < *batu。

毛利语 kōhatu < *go-patu。

12. *pela / pale / *pla

阿杰语 peja < *pela。

布努语 fa^{3}ɣe^{1} < *pale。仫佬语 pɣa^{1} < *pla。（石头、石山）

13. *bara-saʔ / *ta-bar

卑南语 barasaʔ < *bara-saʔ。多布语 tabar < *ta-bar。

14. *ʔenas

卡乌龙语 enah < *ʔenas。

15. *qati-lal / *ʔete / *qata / *ʔoto / *ʔato

排湾语 qatsilaj < *qati-lal。

嫩戈内语 ete < *ʔete。

女真语（哈答）*hata < *qata（*ʔata）。（岩石）

鄂罗克语 onto < *ʔoto，ondo < *ʔodo。查莫罗语 acho < *ʔato。

16. *karaŋ

萨萨克语 karaŋ，印尼语 karaŋ（峭壁）< *karaŋ。

爪哇语 karaŋ，巽他语 karaŋ < *karaŋ。（岩石）

17. *paʔu / *ʔopaʔi

特鲁克语（Trukese）faɯ，劳语、瓜依沃语 fou < *paʔu。

塔希提语 ʔōpaʔi < *ʔopaʔi。

18. *maʔi-ʔa

拉巴努伊语 maʔea < *maʔi-ʔa。

19. *gəloŋ / *glaŋ

布昂语 ɢəlɔɴ < *gəloŋ。克木语 glaŋ，布兴语 luaŋ < *glaŋ。

20. *glak / *gilək / *kilagu

汉语 *glak（石）。嘉戎语 ɟji lək < *gilək。蒙古语书面语 tʃilɑɣu <*kilagu。

21. *krok

汉语 *krok（碌）。缅文 kjɔk < *krok。

22. *r-do / *ʔdah

藏文 rdo < *r-do。

京语 da^{5} < *ʔdah。

23. *luŋ / *ʔeliŋ

景颇语 n^{31}luŋ^{31}，阿侬怒语 ɭuŋ^{55}，哈卡钦语 luŋ < *luŋ。（石头、岩石）

他杭语 juŋpa < *luŋ-pa。塔金语 eliŋ < *ʔeliŋ。

24. *brak / *prak-luŋ

藏文 brag，嘉戎语 prak < *brak。（岩石）

独龙语 pɹɑʔ^{55}luŋ^{55} < *prak-luŋ。（岩石）

25. *plaŋ / *praŋ

达让僜语 phlaŋ^{35} < *plaŋ。

阿昌语 pz̨aŋ < *praŋ。（岩石）

26. *kor / *səkuru

错那门巴语 kɔr < *kor。

邹语 səkuzu < *səkuru。

27. *ʔbeŋ

勉语江底话 bɛŋ^{4}， 长坪话 beŋ^{5} < *ʔbeŋ（岩石）。

28. *glu

苗语养蒿话 ɣi^{1}，勉语览金话 gjau^{1}，三江话 lɔu^{1} < *glu。

29. *tə-mo / *si-muʔ / *mu / *suma

柬埔寨文 t^həmo < *tə-mo。

佤语马散话 si miuʔ，布朗语甘塘话 mu^{55}，德昂语硝厂沟话 mau < *si-muʔ / *mu。

阿伊努语 suma < *suma。

◈ 二 "石头"的词源对应关系

1. "岩石""石头""沙砾""沙子"的词源关系

汉语书面语区分"岩石""石头""沙砾""沙子","沙粒"最小,"沙砾"次之,最大的称为"岩石"。试比较东亚太平洋诸语中这些石质块状之物的说法:

(1)朝鲜语 *bagu。"沙子"马绍尔语 p^{w}ok。嘉戎语 ke wek < *bek。

(2)爱斯基摩语 *ʔula-rak。"山"藏文 la < *la。

(3)卡乌龙语 *ʔenas。"沙子"布鲁语 ena,那大语 əna,劳语 one < *ʔena。马林厄语 nusu < *nusu。

(4)查莫罗语 *ʔato。"沙子"阿伊努语 ota < *ʔota。

(5)蒙达语、桑塔利语 *diri。"沙砾"桑塔利语 rogɽo dhiri < *rogro-diri。

2. "石头""山""岛"的词源关系

(1)土耳其语、维吾尔语、图瓦语 *tal。"山"马绍尔语 tol̥,波那佩语 tōl(小山),< *tol。东部斐济语 delana < *dela-na。

(2)日语 *ʔili。"山"女真语(阿力)*ali < *ʔali。

(3)爱斯基摩语 ujarak < *ʔula-rak。"山"蒙古语正蓝旗话 uːl,东部裕固语 uːla < *ʔula。"沙子"鄂伦春语 ʃirgi < *si-rgi。

(4)朝鲜语 *bagu。"山、岛"布鲁语 buka < *buka。

(5)阿杰语 *pela。"石头、石山"仫佬语 pɣa^{1} < *pla。"岛"爪哇语、巽他语 pulo,印尼语 pulau < *pula-ʔu。

(6)京语 *ʔdah。"岛"南密语 dau < *da-ʔu。

(7)藏文 *r-do。"岛"汉语 *tuʔ < *tu-ʔ。

(8)卡乌龙语 *ʔenas。"岛"罗维阿纳语 nusa < *nusa。"山"波那佩语

nāna < *nana。

3. “石头”“峭壁（悬崖）”的词源关系

（1）爪哇语、巽他语 *karaŋ。“峭壁”印尼语 karaŋ。巽他语 dʒuraŋ < *guraŋ。

（2）藏文 *r-do。“峭壁”嫩戈内语 dua < *du-ʔa。汉语 *tuʔ（岛）< *tu-ʔ。

（3）阿伊努语 *suma。“峭壁”排湾语 quma < *ʔuma。

（4）“石头、石山”仫佬语 *pla。“悬崖”扎坝语 vz̥a < *b^{w}ra。

4. “石头”“山”“峭壁”和“高”的词源关系

“石头”与“山”“峭壁”和“高”有词源关系。

（1）道孚语 rgə，木雅语 dʑo^{53} < *r-go。“山”兰坪普米语 ɣɢo，博嘎尔洛巴语 o go < *r-go / *go。“高”哈尼语 go^{31} < *go。

（2）克木语、布兴语 *glaŋ。“高”莽语 gɣaŋ^{31}、克木语 dʑŏŋ < *glaŋ。汉语 *kjaŋ（京）< *kraŋ。

（3）景颇语、阿侬怒语 *luŋ。“高”佤语马散话 l̥ɔŋ、布朗语曼俄话 l̥eŋ < *sleŋ。马绍尔语 ləŋ < *ləŋ。

（4）查莫罗语 *ʔato。“高”满文 etuhun < *ʔetu-qun。柯尔克孜语ødø < *ʔodo。莫图语 atai < *ʔata-ʔi。

（5）马绍尔语 dekæ < *deka。“高”马绍尔语 aetok < *ʔa-ʔetok。

（6）蒙达语 diri，桑塔利语 dhiri < *diri。“山”伊拉鲁吐语 tarɔ <*taro。“高”蒙古语 əndər、土族语 undur < *ʔudur。伊拉鲁吐语 tərərə < *tərə。“顶部”阿伊努语 kitaj < *kitar。

（7）“峭壁”南密语 t^{n}e < *te。“高”女真语（得）*te < *te。

5.“石头”和“硬”“重”的词源关系

（1）缅文 *krok。“硬的”藏文 mkhregs po < *m-krek-s。阿昌语 kʐak^{55} < *krak。

（2）马绍尔语 *deka。“硬的”鲁凯语 matəkə < *ma-təkə。阿美语 ʔatəkak < *ʔa-təka。他加洛语 tigas < *tiga-s。“重的”巴塔克语 dɔkdɔk < *dok。“生的”斐济语 dˤoka < *doka。

（3）朝鲜语 *dog。“重的”桑塔利语 do̠gdo̠go̠ < *dogo。

（4）萨萨克语 karaŋ。“硬的”德昂语南虎话 khrɤŋ < *krəŋ。壮语龙州话 kheŋ^{1}，傣语 xɛŋ^{1} < *kreŋ。汉语 *krin（坚）

（5）嫩戈内语 *ʔete，女真语 *qada，查莫罗语 *ʔato。“硬的”爪哇语 atɔs、巴厘语 katos < *ʔatos。“重的”马京达瑙语 mə^{n}do < *m-ʔodo。

（6）错那门巴语 *kor。“硬的”塔几亚语 sakar < *sa-kar。桑塔利语 khaɽa < *kara。罗维阿纳语 ŋira < *ŋira。“前头重的”桑塔利语 ɛgɛr < *ʔagar。

（7）赫哲语、鄂温克语、鄂伦春语 *dolu。“硬的”摩尔波格语 kotul < *ko-tul。巴拉望语 mɔktul < *mok-tul（石头—硬）。

（8）蒙古语、达斡尔语 *tulo。“硬的”达密语 totol < *tol。

（9）汤加语 *maka。“硬的”马林厄语 maku < *maku。东部裕固语 bekə < *bekə。

（10）阿伊努语 suma < *suma。“硬的”沃勒阿伊语 masowa < *ma-soma。

（11）蒙达语、桑塔利语 *diri。“硬的”贡诺语 terasa < *tera-sa，墨脱门巴语 kaktar < *kak-tar。

（12）印尼语、亚齐语、他加洛语 *batu。“硬的”宁德娄语 botoʔon < *boto-ʔon。

6.“山洞”中的“石”

（1）藏文 brag phug < *brak-pok（岩石—洞）。“洞”缅文 a^{3}pɔk、藏文

phog < *pok。

（2）雅贝姆语 pɔʔ-gesuŋ < *pot-gesuŋ（石—洞）。“石头”雅贝姆语 pɔʔ，姆贝拉语 pat < *bato。

（3）西部裕固语 tɑɣ teləkˌ 撒拉语 dɑʁ tiʃux < *tag-tiluq。该词字面意思是“山—洞”或“石—洞”。“山”土耳其语 daɣ，维吾尔语 tɑʁ，西部裕固语 dɑɣ < *dag。“石头”朝鲜语淳昌话 *dog。“洞穴”西部裕固语 teləkˌ 撒拉语 tiʃux < *tiluq。

7.“石头”和“磨”的词源关系

（1）中古朝鲜语 *dors。“磨（刀）”藏文 rdor < *r-dor，阿力克藏语 ɣdar < *g-dar。

（2）吉利威拉语 *daku-na，“磨（面）”博嘎尔珞巴语 tak。

（3）错那门巴语 kɔr < *kor，“磨（面）”独龙语 $kɔɹ^{53}$ < *kor。

◇ 三　词源关系分析

1. *p^w^ela（ *pela、*pale、*pla、*pula）

“石头”阿杰语 *pela，布努语 *pale。“石头、石山”仫佬语 $pɣa^{1}$ < *pla。“岛”爪哇语、巽他语 pulo，印尼语 pulau < *pula-ʔu。

“石头、岩石”德语 fels，“山”古挪威语 fiall < *pel。

2. *dori（ *diri、*tera、*tar、*dor）

“石头”蒙达语、桑塔利语 *diri，朝鲜语 *dors。“矮山”巴塔克语 tɔr < *tor。“硬的”贡诺语 terasa < *tera-sa，墨脱门巴语 kak tar < *kak-tar，博嘎尔珞巴语 lar kak < *dar-kak。

希腊语“石头”lithori < *li-dori，“岩石、峭壁”petra。
“石头”梵语 adri。“多石的”拉丁语 petrosus。

印欧语中 *dori 引申指“硬的”，如：

“硬的”威尔士语 dir，“钢”布立吞语 dir。“强壮的”立陶宛语 dirzmas。
“硬的”梵语 dur。“变硬”拉丁语 durare < *dura-。
“硬的”法语 dur、意大利语、西班牙语 duro，希腊语 drimys < *dri-mus。

在词根 *dori 成为 *stori 的基础上词的派生和意义的表达，如：

“强壮的、硬的”古教堂斯拉夫语 strublu < *stru-blu。
“贫瘠的”拉丁语 sterilis < *steri-。“粗的”立陶宛语 storas。
“固态的”希腊语 stereos < *stere-，“坚固的”梵语 sthirah < *sdira-。

在词根 *stori 成为 *storig 的基础上的表达如：

“强壮的、僵硬的”古英语 stearc < *sterk。“瘦奶牛”古教堂斯拉夫语 sterica。
“强壮的”波斯语 suturg。

3. *krak（*krok、*krek、*krak）

“石头”缅文 *krok，汉语 *krok（碌）。汉语 *ŋrok（岳）。“硬的”藏文 mkhregs po < *m-krek-s，阿昌语 kz̨ak^{55} < *krak。

“石头”威尔士语 carreg < *kareg。
“岩石”古英语 crag，古爱尔兰语 crec、carrac（峭壁）。

“山”格鲁吉亚语 gɔrakhi < *goragi。

4. *kori（*kor、*kiri）

“石头”错那门巴语 *kor，“山”柬埔寨文（诗歌用词）kiri < *kiri。“磨（面）”独龙语 kɔɹ^{53} < *kor。

“石头”阿尔巴尼亚语 guri < *guri，亚美尼亚语 khar < *gar。
“小山”古挪威语 haugr、立陶宛语 kaukara < *kagara。“山”俄语、波兰语 gora。

“硬的”格鲁吉亚语 magari < *ma-gari。

5. *te（*ʔete、*ʔata、*ʔato）

“石头”嫩戈内语 *ʔete、女真语 *ʔata（岩石）、查莫罗语 *ʔato。

“石头”古英语 stan、古挪威语 steinn、古弗里斯语 sten < *ste-n。

“山”格鲁吉亚语 mta < *m-ta。

印第安语：

阿巴齐语“岩石”tseː < *te，那瓦特尔语“石头”te-tl < *te（-tl 单数名词后缀）。

6. *talo（ *tulo、*dolu、*dol）

“石头”突厥语 *tal、蒙古语 *tulo、赫哲语、鄂温克语、鄂伦春语 *dolu。“山”东部斐济语 *dela-na，马绍尔语、波那佩语 *tol。

阿巴齐语“山”diɬ < *dil，“小石头”daʃtʃhine < *dal-qine。

“山峰、小山”阿拉伯语 tall、 希伯来语 tel。

“山谷”古英语 dale、古高地德语 tal、古教堂斯拉夫语 dolu < *dalo。

7. *doka（ *dog、*dogo）

“石头”马绍尔语 *deka、朝鲜语 *dog 分别与一些南岛语“硬的”“重的”“生的”的说法有词源关系。“山”土耳其语 daɣ，维吾尔语 taʁ，西部裕固语dɑɣ < *dag。桑塔利语“重的”*dogo，也是该词的派生。*doka 可能来自 *g^{w}eka。

达科他语“山”pahataŋka < *bala-daga。

早期亚欧语言"石头、岩石"*p^{w}ela（如阿杰语 *pela、布努语 *pale、德语 *b^{w}el），*k^{w}ela（如泰雅语泽敖利方言 *kul、布昂语 *gəloŋ）和 *t^{w}alo（如突厥语 *tal、蒙古语 *tulo，赫哲语、鄂温克语、鄂伦春语 *dolu），"山、山谷"*d^{w}alo（如东部斐济语 *dela-na、印欧语 *dalo、阿巴齐语 *dil、阿拉伯语 tall、 希伯来语 tel 等）应有词源关系。

"石头"错那门巴语 *kor、阿尔巴尼亚语 *guri，亚美尼亚语 *gar，"石头"蒙达语、桑塔利语 *diri，朝鲜语 *dors，梵语 adri 是类似的圆唇辅音和流音结合的演变形式。

"山"的词源关系

"山"与"石头""岩石""高的"等有词源关系，上文已经说明。

◇ 一　东亚太平洋语言的"山"

"山"的主要说法有：

1. *dag

土耳其语 daɣ，维吾尔语 taʁ，西部裕固语 dɑɣ < *dag。

2. *ʔagula / *golo

蒙古语书面语 ɑɣulɑ，东部裕固语 uːlɑ < *ʔagula。

莫图语阿罗玛方言 golo < *golo。

3. *ʔurə / *ʔoro / *ʔoron / *boŋ-ʔuri / *ʔare-ʔi / *qar

鄂伦春语 urə，赫哲语 urkən < *ʔurə-qən。

鄂罗克语 oron < *ʔoron，oro（小山）< *ʔoro。

朝鲜语 poŋuri < *boŋ-ʔuri（岩石一山）。（山峰）

莫图语 ororo，柯勒布努方言 olo，托莱语 ər（峭壁）< *ʔoro。[①]

达密语 arei < *ʔare-ʔi。

汉语 *qar（厂，山石之崖）。

4. *ʔali / *ʔilin / *ʔiloŋ

满文 alin，锡伯语 ɛlin < *ʔali-n。女真语（阿力）*ali < *ʔali。

锡加语 ili-n < *ʔilin。

尼科巴语 ihoŋ < *ʔiloŋ。

5. *ʔala / *la / *ʔal / *klaŋ

满文 ala < *ʔala。（平矮山）

藏文 la < *la。

汉语 *ʔal（阿，《说文》大陵也）。

哈卡钦语 ktlaŋ < *klaŋ。（山，山脊）

6. *loma

日语 jama < *lama。

7. *kol-kol / *tu-kuɬ

赛夏语 koɭkoɭol < *kol-kol。阿美语 tukuʃ < *tu-kuɬ。

8. *gadu

排湾语 gadə，布昂语 kədu < *gadu。

9. *gu-nuŋ / *pu-nuŋ

印尼语、爪哇语 gunuŋ < *gu-nuŋ。

① 19 世纪记录的莫图语是 ɔrooro。

布兴语 pu noŋ < *pu-nuŋ。

10. *bulu / *buʔu / *bol / *moli

巴厘语 bululu，达阿语 bulu，贡诺语 buluʔ < *bulu。马那姆语 buʔu < *buʔu。

莽语 pəl^{31}，户语 mal^{31} < *bol。

加龙语 moːli < *moli。

11. *ma-b^{w}aru / *buru / *mori / *nuburi

沙阿鲁阿语 mavarʉarʉ < *ma-b^{w}aru。

蒙达语、桑塔利语 buru < *buru。

阿伊努语 mori < *mori（山坡，小山），nuburi < *nu-buri。

12. *bu-dok

他加洛语 bundok，卡加延语（Kagayanen）bukid < *bu-dok。

13. *dolok

巴塔克语 dɔlɔk < *dolok，tɔr < *tor（矮山）。

14. *ma-ʔuŋa / *ma-ʔuna

汤加语 moʔuŋa，塔希提语 mouʔa，拉巴努伊语 maʔuŋa，毛利语 mauŋa < *ma-ʔuŋa。

夏威夷语 mǎŭnǎ < *ma-ʔuna。

15. *səla / *sili

罗图马语 solo，雅贝姆语 saliʔ（山谷）< *sali。

蒙文 sili < *sili。（平矮山）

16. *made-ʔi / *modi / *ʔamud

宁德娄语 $ma^{n}d^{r}ei$ < *made-ʔi。

塔金语 modi < *modi。

鄂罗克语 amund < *ʔamud。

17. *b^{w}ake

哈拉朱乌语 $b^{w}ak^{w}ɛ$ < *b^{w}ake。

18. *qudun

邵语 hudun < *qudun。

19. *poto

马京达瑙语 potʃo < *poto。

20. *reg-raq / *legə-legə

泰雅语 rəgijax < *reg-raq。鲁凯语 ɭəgəɭəg < *legə-legə。

21. *sabana

查莫罗语 sabana < *sabana。（又：ogso < *ʔogsa。）

22. *to-gere / *kiri

罗维阿纳语 togere < *to-gere。

柬埔寨文（诗歌用词）kiri < *kiri。

23. *tol / *dela

马绍尔语 toɭ，波那佩语 tōl（小山）< *tol。

东部斐济语 delana < *dela-na。

鄂罗克语 tol < *tol。（山、岛）

24. *sran / *sira / *siron

汉语 *sran（山）。

阿伊努语 sir < *sira。（山、陆地、岛）

东部裕固语 ʃoroŋ，蒙古语和静话 ʃoroŋ < *siron。（山峰）

25. *bo / *buʔ / *biʔ

木雅语 mbo^{53}，彝语喜德话 bo^{33} < *bo。汉语 *buʔ（阜）①。

苗语养蒿话、枫香话 pi^{4}，高坡话 pe^{4} < *biʔ。

26. *ri

藏文 ri < *ri。

27. *go / *gə / *goŋ / *gaŋ

兰坪普米语 ɣɢo，博嘎尔洛巴语 o go < *go。 汉语 *khə（丘）< *gə。

佤语马散话 ghoŋ，布朗语甘塘话 kɔŋ^{51} < *goŋ。

西双版纳傣语 kɑŋ^{2}，黎语通什话 gaŋ^{1} < *gaŋ。

28. *pla

壮语武鸣话 pja^{1}（石山），仫佬语 pɣa^{1} < *pla。

二　“山”的词源对应关系

1. “山”与“石头”“岩石”的词源关系

东亚太平洋语言“山”与“石头”“岩石”“高的”等的词源关系在上文讨论“石头”词源关系时已经说明，如：

① 《释名》：“土山曰阜。”

（1）土耳其语、维吾尔语、西部裕固语 *dag。“石头”朝鲜语淳昌话 tok < *dog。

（2）兰坪普米语、博嘎尔洛巴语 *go。“石头”藏文 rdo，道孚语 rgə，木雅语 dʑo[53] < *r-go。

（3）壮语武鸣话、仫佬语 *pla。“石头”阿杰语 peja < *pela。

（4）哈拉朱乌语 *baka。“石头”宁德娄语 bek < *bek。“岩石”中古朝鲜语 pahø，庆州话 paŋku < *bagu。

（5）马京达瑙语 *poto。“石头”布农语 batu，印尼语 batu，亚齐语 batɛə，他加洛语 bato < *batu。

（6）马绍尔语 *tol。“石头”土耳其语、维吾尔语 taʃ，图瓦语 daʃ < *tal。

（7）夸梅拉语 takʷər < *ta-kora。“石头”错那门巴语 kɔr < *kor。

（8）“山峰”满文 hada < *qada。“岩石”女真语（哈答）*hata < *qada。“石头”查莫罗语 acho < *ʔato。

（9）“高峰峰尖”满文 tʃolhon < *tol-qon。“石头”赫哲语 dʐolu，鄂温克语、鄂伦春语 dʒɔlɔ < *dolu。

（10）日语 *lama。“岩”汉语（礹）*ŋ-ram。① 满文“走平矮山”alarame < *ʔala-rame。

（11）“山峰”汉语 boŋ（峰）。朝鲜语 poŋuri < *boŋ-ʔuri（岩石一山）。“岩石”朝鲜语庆州方言等 paŋku < *baŋu。

（12）罗图马语、雅贝姆语 *sali。“石头”柬埔寨文 selaː < *sela。

（13）木雅语、彝语喜德话 *ʔbo / *bo。“石头”柬埔寨文 thmɔː < *d-mo。

2.“山”与“峭壁”“等的词源关系

（1）姆贝拉语 abal < *ʔa-bala。“峭壁”达密语 wala < *bala。大瓦拉语

① 汉语“岩”*ŋram 原指“石山”。《说文》：“礹，石山也。”

gubala < *gu-bala。

（2）罗维阿纳语 *to-gere。“峭壁”罗维阿纳语 saɣaru < *sa-garu。“岛、大陆”多布语（Dobu）k^warisa < *kari-sa。

（3）莫图语 *ʔoro。“峭壁”托莱语 ər < *ʔor。

（4）雅美语 tokon < *toko-n。“峭壁”马京达瑙语 $te^ŋ$ku < *teku。

（5）蒙古语、东部裕固语 *ʔula。“峭壁”鄂罗克语 ollo < *ʔolo。

（6）伊拉鲁吐语 tarɔ < *taro。“崖”维吾尔语 jar，哈萨克语 dʒar < *dar。

（7）泰雅语 *reg-raq。“崖、岸”蒙古语 ərəg，达斡尔语 ərigj < *ʔərigi。

3. “山”与“山谷”等的词源关系

（1）排湾语、布昂语 *gadu。“山谷”大瓦拉语 gado < *gadu。

（2）日语 *lama。“山谷”罗维阿纳语 lolomo < *loma。

（3）清代蒙文 sili < *sili（平矮山）。“山谷”雅贝姆语 saliʔ。

（4）赛夏语 *kolo。“山沟”撒拉语 ɢol < *gol。

（5）马京达瑙语 *poto。“山谷”马绍尔语 peta < *peta。

4. “山”与“高”“上面”“顶”等说法的词源关系

（1）鄂罗克语 oron < *ʔoron。“高”鄂罗克语 oro- < *ʔoro。“陡”oronta < *ʔoro-ta。

（2）突厥语 *dag。“高”马绍尔语 aetok < *ʔa-ʔetok。土耳其语 jyksek < *dik-sek。塔塔尔语、哈萨克语 tik < *tek。日语 takai < *taka-ʔi。桑塔利语 ɖakɖaka < *daka。

（3）兰坪普米语、博嘎尔洛巴语 *go。“高”哈尼语 go^{31} < *go。

（4）伊拉鲁吐语 tarɔ < *taro。“高”伊拉鲁吐语 tərərə < *tərə。蒙古语 əndər，土族语 undur < *ʔudur。“上面、高”蒙古语 dəːr，土族语 dəre，东部裕固语 diːre < *dəre。“顶部”阿伊努语 kitaj < *kitar。

（5）藏语 *ri。“高”阿伊努语 ri < *ri。

（6）邵语 *qudun。“高”锡伯语 dən < *dən。墨脱门巴语 thon po < *ton。

（7）塔几亚语 did < *dita。坦纳语 ntot < *tot。“上（面）”印尼语 di atas < *di-ʔata-s。“高”卡加延语 datas < *data-s。

（8）“上面，顶部，山岗”维吾尔语 tøpɛ、哈萨克语 tøbe < *tobe。

（9）波那佩语 nāna < *nana。“上面”缅文 ɑ^{1}nɑː^{2}，拉祜语 ɔ^{31}nɑ^{33} < *na。

（10）阿伊努语 mori < *mori（山坡、小山）。“上面”爪哇语 n-ɖuwur < *dubur。

（11）姆贝拉语 abal < *ʔa-bala。“上面、顶部”撒拉语 bɑʃ，西部裕固语 bɑʂ < *bal。

三　词源关系分析

1. *kolo（ *kol、*kul、*golo）

“山”赛夏语 *kol-kol，阿美语 *tu-kul，莫图语阿罗玛方言 *golo。“岩石”泰雅语泽敖利方言 kuʃ < *kul。

> “山”拉丁语 collis、古英语 hyll、希腊语 kolonos、哥特语 hallus（岩石）< *koli-。
>
> “顶”希腊语 kolophon。

2. *mode（ *modi、*mud）

“山”宁德娄语 *made-ʔi，塔金语 *modi，鄂罗克语 *ʔamud。

> “山”拉丁语 montem、古法语 mont、西班牙语 monte、古英语 munt < *monte。
>
> “山”威尔士语 mynydd < *minid。

3. *g^{w}ari（*gere、garu、*gur、*kiri、*ŋar、*kar、*kor）

“山”罗维阿纳语 togere < *to-gere，柬埔寨文（诗歌用词）kiri < *kiri。“峭壁”罗维阿纳语 saɣaru < *sa-garu。“山坡”布朗语胖品话 goi^{51}，德昂语南虎话 tɕur，茶叶箐话 dʒur < *gur。汉语 *ŋar（岸，水厓而高者），*kar（干，厓也）。“石头”错那门巴语 kɔr < *kor。“高”维吾尔语 juquri，哈萨克语 dʒoʁɑrə，塔塔尔语 joʁɑrə < *du-gari。

“小山”古挪威语 haugr、立陶宛语 kaukara < *kagara。

“山”俄语、波兰语 gora。

“石头”阿尔巴尼亚语 guri < *guri，亚美尼亚语 khar < *gar。

4. *brag（*brak、*prak）

“岩石”藏文 brag、嘉戎语 prak < *brak，独龙语 pɹɑʔ^{55}luŋ^{55} < *prak-luŋ。

“山”德语、瑞典语 berg，丹麦语 bjerg。

“冰山”英语 iceberg < *ice-berg。

“山”格鲁吉亚语 gɔrakhi < *goragi。汉语 *ŋrok（岳）。

5. *reg（ *legə）

“山”泰雅语 *reg-raq，鲁凯语 *legə。

“岩石”俗拉丁语 rocca、古北方法语 roque、古英语 rocc < *roɢ^{w}e。

6. *dori（*taro、*diri、*tera、*tar、*dor）

“山”伊拉鲁吐语 tarɔ < *taro。“石头”蒙达语、桑塔利语 *diri，朝鲜语 *dors。“矮山”巴塔克语 tɔr < *tor。“硬的”贡诺语 terasa < *tera-sa，墨脱门巴语 kak tar < *kak-tar。

“岩石山、高的”古英语 torr。

希腊语“石头”lithori < *li-dori，“岩石、峭壁”petra。

“石头”梵语 adri。“多石的”拉丁语 petrosus。

“高”伊拉鲁吐语 tərərə < *tərə。蒙古语 əndər、土族语 undur < *ʔudur。

“上面、高”蒙古语 dəːr、土族语 dəre、东部裕固语 diːre < *dəre。

“顶部”阿伊努语 kitaj < *ki-tar。

7. *bal

“山”姆贝拉语 *ʔa-bal。“上面、顶部”撒拉语 bɑʃ，西部裕固语 bɑʂ < *bal。

“山”阿尔巴尼亚语 mal。

8. *sira（ *sra）

“山、陆地、岛”阿伊努语 *sira。汉语 *sran（山）。

“山”亚美尼亚语 sar。

9. *go（ *gə）

“山”兰坪普米语、博嘎尔洛巴语 *go， 汉语 *khə（丘）。

匈牙利文“石头”kö < *ko，“山” hegyseg < *qegu-seg。

“小山”芬兰语 keko。“石头”格鲁吉亚语 kva < *k^{w}a。

“沙子”的词源关系

汉语区分石质物为“岩石”“石头”“沙砾”“沙子”，“沙粒”为其最小者。亚欧语言“沙子”的说法与“石头”“土”及动词“磨”等的说法有词源关系。一些南岛语的“沙子”与“海岸”有词源关系。

◇ 一　东亚太平洋语言的“沙子”

“沙子”的主要说法有：

1. *qum

土耳其语 kum，维吾尔语、西部裕固语 qum < *qum。

2. *ʔeles-ən / *ʔles / *ʔle

蒙古语正蓝旗话 ələs，图瓦语 elesɤn < *ʔeles-ən。

邕南壮语 hle^{6}，布依语 -ze^{5} < *ʔles。水语 de^{1} < *ʔle。

3. *ʔu-mag / *na-mag / *maga-mag / *s-mak

蒙古语喀喇沁方言 xomog < *ʔu-mag。

卡乌龙语 namak < *na-mag。阿者拉语 magamaᵑ < *maga-mag。
佤语马散话 m̥aik，艾帅话 mha̱i̱k < *s-mak。

4. *sir-tal

达斡尔语 ʃirtɑl < *sir-tal。

5. *ʔiŋa-n

满文 joŋgan，锡伯语 nioŋun，鄂温克语 ɪŋa < *ʔiŋa-n。

6. *sirgi / *sorgo / *sirok

鄂伦春语 ʃirgi < *sirgi。女真语（灼儿窝）*ʃjorwo < *sorgo。
爱斯基摩语 siorok < *sirok。

7. *more / *miri

朝鲜书面语 morɛ < *more。
莫图语 miri < *miri。

8. *suna

日语 sɯna < *suna。

9. *ʔota

阿伊努语 ota < *ʔota。

10. *butuk

卑南语 buʈuk，布农语 bunnuk < *butuk。

11. *puru-puru

邹语 fueufuʔu < *puru-puru。

12. *ʔagis

木鲁特语 agis，摩尔波格语 ogis < *ʔagis。

13. *buna-qil / *bunal / *bone

赛德克语 bunaquj，泰雅语 bunaqij < *buna-qil。

邵语 bunal，赛夏语 bunaz < *bunal。达阿语 bone < *bone。

14. *pasir

印尼语 pasir，米南卡保语 pasi^{ə} < *pasir。

15. *none

勒窝语 none < *none。

16. *b^{w}eku / *b^{w}ek

马绍尔语 p^{w}ok < *b^{w}eku。

嘉戎语 ke wek < *b^{w}ek。

17. *bubu

大瓦拉语 bubu < *bubu。

18. *ʔanaʔi / *ʔinaʔi / *ʔuna / *ʔone / *ʔano

雅美语 anaj，鲁凯语 ənaj < *ʔanaʔi。

查莫罗语 unai < *ʔunaʔi，inai < *ʔinaʔi。

那大语 əna < *ʔuna。

汤加语 ʔoneʔone，劳语、瓜依沃语、塔希提语 one，宁德娄语 on < *ʔone。

夏威夷语 onĕ < *ʔone。亚齐语 anɔə < *ʔano。

19. *nusu

马林厄语 nusu < *nusu。

20. *ʔumus

沙外语 umus < *ʔumus。

21. *gəres

萨萨克语 gəres < *gəres。

22. *sral

汉语 *sral（沙）。

23. *ble / *bilas / *boli-boli

藏文 bje ma，道孚语 bji ma < *ble。

巴厘语 bias，阿卡拉农语 bałas（细沙）< *bilas。

西部斐济语 βoliβoli < *boli-boli。

24. *sre / *sres

藏语夏河话 ɕe ma，纳西语 ʂə^{21} < *sre。

克木语 sreh < *sres。

25. *sale

阿昌语 să^{31}le^{55} < *sale。[①]

26. *semi / *sume

勒期语 sə̆^{33}mui^{31}，嘎卓语 sɛ^{31}m^{33} < *semi。

---

① “沙子”格鲁吉亚语 sila。

伊拉鲁吐语 sume < *sume。

27. *si / *seʔse

缅文 sɑi[3]，佤语孟贡话 sai < *si。

沙外语 sɛʔsɛ < *seʔse。

28. *kat

京语 kaːt[7] < *kat。

29. *gitil

蒙达语、桑塔利语 gitil < *gitil。

30. *kakor

桑塔利语 kakor < *kakor。（沙砾）

31. *k-sak / *n-sak

柬埔寨文 khsatʃ < *k-sak。户语 n̍ θaik[31] < *n-sak。

32. *rora

桑塔利语 roɽa < *rora。（沙砾）

二 “沙”的词源对应关系

1. “沙”“石头”的对应

（1）马绍尔语、大瓦拉语 *bʷeku。嘉戎语 ke wek < *bek。“岩石”中古朝鲜语 pahø，庆州话 paŋku < *bagu。“石头”宁德娄语 bek < *bek，夏威夷

语 pŏhakŭ < *bopaku。莫图语 haga（高的石头），莫图语卡巴地方言 vakuna < *baka / *baku-na。

（2）布鲁语、那大语、劳语 *ʔena。"石头"卡乌龙语 enah < *ʔenas。

（3）阿伊努语 *ʔota。"石头"鄂罗克语 onto < *ʔoto，ondo < *ʔodo。查莫罗语 acho < *ʔato。嫩戈内语 ete < *ʔete。

（4）伊拉鲁吐语 *sume。"石头"阿伊努语 suma < *suma。

（5）邹语 *puru-puru。"石头"阿伊努语 pojna < *por-na。

（6）巴厘语、阿卡拉农语 *bilas。"石头"卑南语 barasaʔ < *barasa。

2. "沙""土、地"的词源关系

（1）汤加语、劳语、瓜依沃语、塔希提语、宁德娄语 *ʔone。"土"毛利语 ona < *ʔona，oneone < *ʔone。拉巴努伊语 ʔoʔone < *ʔone。

（2）阿伊努语 *ʔota。"土"查莫罗语 oda < *ʔoda，o̱t < *ʔota。"地面、田野、地"蒙达语 ode < *ʔode。

（3）勒窝语 *none。"土、地"爱斯基摩语 nuna。

3. "沙"和"海岸"的词源关系

（1）印尼语 *pasir。"海岸"印尼语、爪哇语 pəsisir，巽他语 basisir < *pasir。

（2）阿伊努语 *ʔota，"海岸"菲拉梅勒语 uta。

（3）沙外语 *ʔumus，"海岸"罗维阿纳语 mas。

（4）桑塔利语 roɽa < *rora，"海岸"波那佩语 ɔrɔ̄r < *ʔoror。

（5）蒙达语、桑塔利语 *gitil，"海岸"马林厄语 gililih < *gililisi。

（6）勒窝语 *none，"海岸"锡加语 ne。

4. "沙""磨、擦"等的词源关系

"沙子"和"磨、擦"等有词源关系，前缀和后缀提示它们之间的派生关系。其中一些词根原本是指“石头”。如“石头”错那门巴语 kɔr < *kor，“磨（面）”独龙语 kɔɹ⁵³ < *kor。

（1）朝鲜语 *more。“磨”东乡语 moji- < *mori，汉语 *mars。

（2）西部斐济语 βoliβoli < *boli-boli。“磨”土耳其语 bile、维吾尔语 bilɛ-、西部裕固语 bəle-< *bile。蒙古语 bilʉdə-，东部裕固语 buly:de- < *bilu-。

（3）沙玛语 *ʔumus。“磨”东部斐济语 masi-a，姆布拉语 -mus < *masi / *mus。

（4）满文、鄂温克语 *ʔiŋa-n。“磨米”鄂伦春语 iŋdəː-、鄂温克语 ində- < *ʔiŋ-də。汉语 *ŋan（研）。

（5）沙外语 *seʔ。“磨”查莫罗语 guasa < *gu-ʔasa。

（6）阿昌语 $să^{31}le^{55}$ < *sale。“磨（刀）”克伦语 gle。

（7）缅文、佤语孟贡话 *si。“磨（刀）”道孚语 fsi < *p-si。

（8）鄂伦春语 *sirgi。“摩擦”日语 sɯreru < *sure-ru。

（9）桑塔利语 *rora。“擦”马绍尔语 iɽi，波那佩语 iris < *ʔiri-s。

（10）达阿语、勒窝语 *bone。“擦”摩尔波格语 panis < *panis。

◇ 三　词源关系分析

1. *bila（*ble、*boli）

“沙子”藏文、道孚语 *ble，巴厘语、阿卡拉农语 *bilas，西部斐济语 *boli-boli。“石头”蒙古语、图瓦语 *ʔeles 可能来自 *peles。

> “沙子”法语 sable、意大利语 sabbia、拉丁语 sambulum < *sabule。
> “沙子”亚美尼亚语 avaz < *abʷal。

“磨”（动词）瑞典语 mala、丹麦语 male、荷兰语 malen < *male。

2. *mase（*mus、*mose、*mas）

“沙子”沙玛语 *ʔumus。“海岸”罗维阿纳语 mas。“磨”姆布拉语 -mus < *mus，满文 mosela- < *mose-。

“沙子”希腊语 ammos。

3. *b^{w}eku（*mag、*s-mak、*bek、*amik）

“沙子”蒙古语 *ʔu-mag、阿者拉语、卡乌龙语 *na-mag，佤语 *s-mak，马绍尔语、大瓦拉语 *b^{w}eku，嘉戎语 *bek。“海岸”宁德娄语 amik < *ʔamik。

“沙盘”拉丁语 abacus、希腊语 abax（计算用桌）< *abaku-。

4. *doga（*dog、*daku、*deka）

“石头”朝鲜语淳昌话 tok < *dog，吉利威拉语 dakuna < *daku-na，马绍尔语 dekæ < *deka。

“沙子”威尔士语 tywod < *tigo-d。“沙子样的”古英语 sandig < *sadig。

5. *sirgo（*sirgi、*sorgo、*sirok、*rak）

“沙子”鄂伦春语 *sirgi，女真语 *sorgo，爱斯基摩语 *sirok。汉语 *rak（砾）。

“沙丘”法语 erg。

6. *p^{w}asika

“沙子”马达加斯加语 fasika < *p^{w}asika。

“沙子、沙砾”俄语 pesok，“沙子”波兰语 piasek < *pesok。

7. *rora

“沙砾”桑塔利语 *rora，“海岸”波那佩语 ɔrɔ̄r < *ʔoror。

“沙子”阿尔巴尼亚语 rërë < *roro。

8. *kat

“沙子”京语 kaːt⁷ < *kat。

“石头”和阗塞语 gaḍä- < *gado。

9. *sak

“沙子”柬埔寨文 khsatʃ < *k-sak。户语 ṅ θaik³¹ < *n-sak。

“石头、岩石”粟特语 sang < *sang。

“石头砸死”粟特语 sang-sār（石头一头）。

“河”的词源关系

汉语“河流”，古称“水”或“川”，小者为“溪”，山谷中为“涧”。“河”本“黄河”专名，后为通名。亚欧语言“河”“水”“山谷、沟”“流动”等说法有词源关系。

一　东亚太平洋语言的“河”

“河”的主要说法有：

1. *ʔeriq

维吾尔语 eriq < *ʔeriq。（溪、沟渠）

2. *morin

撒拉语 morən < *morin。

3. *ʔidil / *ʔe-dolo

塔塔尔语 idil < *ʔidil。西部斐济语 e-dolo < *ʔe-dolo。

4. *gol / *qol / *gal / *kal-ʔoro / *kolo / *kalen / *golo

蒙古语 gol，东部裕固语、西部裕固语 ɢol < *gol。

维吾尔语 køl，撒拉语 gol < *gol。（湖）

锡伯语 χol < *qol。（沟）

汉语 *gal（河），*khlan（川）[①]。

贡诺语 kaloro < *kal-ʔoro（河—流）。

罗维阿那语 kolo < *kolo。

爪哇语 kalɛn < *kalen。（小溪）

大瓦拉语 goilo < *golo。（水、河、液体）

5. *doraŋ

朝鲜语 toraŋ < *doraŋ。（水沟）

6. *ge-bur / *bira / *biʔa

朝鲜语 kɛwur < *ge-bur。（小溪）

赫哲语、锡伯语 bira，鄂伦春语 bɪra，赫哲语 biraŋ-qə（小溪）< *bira。

女真语（必剌）*pira < *bira，（必阿）*pia < *biʔa。

7. *kab^{w}a / *kab^{w}o

日语 kawa < *kab^{w}a。

劳语 kafo < *kab^{w}o。（水、河）

8. *bet / *buta-ʔilo

阿伊努语 bet < *bet。

戈龙塔洛语 butaʔ-ijo < *buta-ʔilo。（小溪）

① “川”谐声字有神母字“顺”*glən 等。

9. *bala / *b^{w}aluŋ / *bloŋ / *ploŋ-ʔom

赛夏语 baɭalaʔ，布昂语 bɛl < *bala。

巽他语 waluŋ-an < *b^{w}aluŋ。

莽语 boŋ^{55}，京语 thoŋ^{1} < *bloŋ。克木语 plɔŋ ʔŏm < *ploŋ-ʔom（河一水）。

10. ʔalu / *sə-luŋ / *luluŋ / *lon

阿美语 ʔalu，雅美语 aju < *ʔalu。

卡林阿语 sūluŋ < *sə-luŋ。泰雅语 liʔuŋ，赛夏语 jajuŋ < *luluŋ。

户语 lɤn^{31} < *lon。

11. *leko / *lok

那大语 ləko < *leko。

汉语 *lok（渎，沟也）。

12. *taku-ranu / *daku-ralə / *sa-dog

卡那卡那富语 tsakʉranʉ，鲁凯语 ɖakərala < *taku-ranu / *daku-ralə。

查莫罗语 sadog < *sa-dog。

13. *ʔumala / *mali-g^{w}aʔi

窝里沃语 umala < *ʔumala。夏威夷语 maliwăi < *mali-g^{w}aʔi。

14. *mar

多布语 mar < *mar。

15. *ʔab^{w}a

毛利语 awa < *ʔab^{w}a。

16. *tə-ʔorqa

邹语 tsʔorxa < *tə-ʔorqa。

17. *g^{w}a / *g^{w}aʔi / *g^{w}a / *ko

宁德娄语 g^{w}a < *g^{w}a。（水、河）

瓜依沃语 k^{w}ai，布鲁语 wae，菲拉梅勒语 vai < *g^{w}aʔi。（水、河）

汉语 *g^{w}a（渠），*ko（沟）[①]。

18. *ragura

马那姆语 zagura < *ragura。

19. *subaʔ / *sopu

巴拉望语 sɔpaʔ，阿卡拉农语 subaʔ < *subaʔ。

罗图马语 sɔfu < *sopu。

20. *qlir-ʔ / *galor

汉语 *hlirʔ（水）< *qlir-ʔ。[②]（水、河流、水体）

贡诺语 kaloro，马京达瑙语 ŋalor < *galor。

21. *kroŋ

汉语 *kroŋ（江）。

22. *kluŋ / *kloŋ / *kalaŋa

藏文 kluŋ ma < *kluŋ。

---

① 《释名》："水注谷曰沟，田间之水亦曰沟。"

② 《说文》："水，准也。"郑玄注《考工记》曰："故书准作水。"战国时代"准""水"音近。"准" kjən < *klir，谐声字"谁" *hlir，"隼" *slir，"唯" *lir。"滙" *glərʔ 指水之会。

佤语马散话 kloŋ < *kloŋ。

吉尔伯特语 te karaŋa < *kalaŋa。

23. *kru / *gri

藏文、巴尔蒂语、拉达克语 tɕhu < *kru。（水、河）

墨脱门巴语 ri，缅文 re^{2} < *gri。（水、河）

24. *so-toŋ / *s-tuŋ / *ʔosteŋ

博嘎尔洛巴语 ɕo toŋ < *so-toŋ。

柬埔寨文 stuŋ < *s-tuŋ。

维吾尔语 østɛŋ < *ʔosteŋ。（人工沟渠）

25. *ʔnam

黎语通什话 nam^{3} < *ʔnam。

26. *da

壮语武鸣话、布依语 ta^{6} < *da。

27. *ɢle

苗语大南山话 tl̥e^{2}，野鸡坡话 ʁlei^{A} < *ɢle。

28. *goda

桑塔利语 gaḍa < *goda。（河，溪流，洞）

29. *ra

布兴语 ra < *ra。

30. *prek

柬埔寨文 prɛːk < *prek。

31. *taləl

尼科巴语 tahəl < *taləl。（小溪、河）

◇ 二 “河”的词源对应关系

1. “河”和“水”的词源关系

古汉语“水”兼指“河”，南岛语和藏缅语中亦常见。南岛语中如布鲁语 wae、毛利语 awa、劳语 kafo、大瓦拉语 goilo、宁德娄语 $g^{w}a$、瓜依沃语 $k^{w}ai$、菲拉梅勒语 vai，藏缅语中如藏文 tɕhu、道孚语 ɣrə、墨脱门巴语 ri、缅文 re^{2}。

其他“河”和“水”的说法有交叉对应的如：

（1）查莫罗语 *sa-dog。“水”尼科巴语 dăk，蒙达语 $dă^{k}$，桑塔利语 dakh < *dak。

（2）罗图马语 *sopu。“水”维吾尔语 su，图瓦语 suw，土耳其语sivi < $*sub^{w}i$。

（3）黎语通什话 *ʔnam。“水”泰语 nam^{4} < *namʔ。

（4）阿美语、雅美语 *ʔalu。“水”格曼僜语 $a^{31}li^{35}$ < *ʔali。

（5）“溪、沟渠”维吾尔语 *ʔeri-q。“水”贡诺语 ere < *ʔere。

（6）排湾语 pana < *pana。“水”爪哇语 baɳu < *banu，桑塔利语 pɛni < *pani。

2.“河”和“山谷、山”的词源关系

（1）蒙古语、东部裕固语、西部裕固语 *gol。撒拉语 ɢol < *gol（山沟）。“山”莫图语阿罗玛方言 golo < *golo。

（2）马京达瑙语 *galor。“山谷”吉利威拉语 sakala。

（3）桑塔利语 *goda。“山谷”大瓦拉语 gado。“山”排湾语 gadə，布昂语 kədu < *gadu。

（4）阿伊努语 *bet。“山谷”马绍尔语 peta。“山”马京达瑙语 *poto。

（5）毛利语 *ʔab^{w}a。“山谷”罗地语 bafa-k < *bab^{w}a。

（6）朝鲜语 *ga-bur。“山谷”布昂语 βur < *bur。

（7）夏威夷语 *mali-g^{w}aʔi。“山谷”托莱语 male。

（8）道孚语 *gru。“山谷”基诺语 a^{44}khro^{33} < *kro。

（9）壮语 *da。“山谷”劳语 dede。

3.“河”和“流（动）”的词源关系

（1）汉语 *qlir-ʔ（水）。“流”印尼语 məŋ-alir、托莱语 əlir < *ʔalir。夏河藏语 ʐər < *lər，佤语阿佤方言 lih < *lir。

（2）阿美语、雅美语 *ʔalu。“流”爪哇语 m-ili，乌玛语 mo-ʔili，< *ʔili。壮语、傣语 lai^{1} < *ʔli，户语 li^{33} < *li（流汗）。“洗掉、漂流”桑塔利语 hḛ̃ hḛ̃ l < *qelel。

（3）朝鲜语 kɛwur < *ga-bur（小溪）。“流”巴拉望语 burbur < *bur-bur，“溅”摩尔波格语 simbur < *si-bur，“淹没”满文 buribu- < *buri-bu。

（4）“溪、沟渠”维吾尔语 *ʔeri-q。“流”满文 eje，锡伯语 əji-，赫哲语 əji-，鄂温克语 əjə-，鄂伦春语 əjəː- < *ʔeri。姆布拉语 -rēre < *rere。

三 词源关系分析

1. g^{w}a（*g^{w}aʔi）

“河、水”宁德娄语 *g^{w}a、瓜依沃语、布鲁语、菲拉梅勒语 *g^{w}aʔi。汉语 *g^{w}a（渠）。

“河”古英语 ea，哥特语 ahwa、拉丁语 aqua（水、雨、海）< *ak^{w}a。
“水”西班牙语、葡萄牙语 agua，意大利语 acqua < *ag^{w}a。

2. *gola（*gol、*kal、*kolo）

“河”罗维阿那语 *kolo，蒙古语、东部裕固语、西部裕固语 *gol，藏文 *kluŋ。佤语马散话 *kloŋ。“湖”维吾尔语、撒拉语 *gol。

“水”梵语 dʒala < *gjala。

3. *kab^{w}a（*kab^{w}o、*kopi）

“河”劳语 *kab^{w}o，日语 *kab^{w}a。“湖”罗维阿纳语 kopi。

“河”赫梯语 hapas < *kapa-s。

4. *b^{w}alu（*bulo）

“河”巽他语 *b^{w}aluŋ。莽语、京语 *buloŋ。

“流、溪流”古英语 flowan、中古荷兰语 vlojen、古挪威语 floa < *p^{w}lo-。
“漂浮”古英语 flotian、古挪威语 flota、希腊语 pleo < *p^{w}lo-。
“洪水、溪流、流水”拉丁语 flumen。“流”拉丁语 fluere < *p^{w}lu-。

匈牙利文“水”viz < *b^{w}il，“河”folyo < *b^{w}oljo。

5. *dagu（*dog、*daku、*dak）

“河”查莫罗语 *sa-dog，鲁凯语 *daku-ralə。

“水”尼科巴语 dɑ̄k，蒙达语 dɑ̄^{k}，桑塔利语 dakh < *dak。

> “河”和阗塞语 ttāja-，粟特语 taɣ（溪）< *taga。
>
> “挖”英语 dig、古法语 diguer < *digu-。
>
> “沟渠，挖渠”英语 dike、拉丁语 ditch < *dike。

6. *leko（*lok）

“河”那大语 ləko < *leko。汉语 *lok（渎，沟也）。

> “湖”古法语 lack、拉丁语 lacus（池、湖），希腊语 lakkos（坑、池）< *laku-。
>
> 古英语“溪”lacu，“来自海的洪水、水”lagu。
>
> “河”俄语 reka、波兰语 rzeka < *reka。

7. *lum

“水”阿美语 nanum、排湾语 dzalum < *da-lum，沙阿鲁阿语 sałumu < *sa-lum。

> “河”阿尔巴尼亚语 lumi。

8. *goda

“河、溪流，洞”桑塔利语 *goda。

“山谷”大瓦拉语 gado。“山”排湾语 gadə，布昂语 kədu < *gadu。

> “河”亚美尼亚语 get。

9. *daru（*dara、*taru、*dora 等）

“水”那加语坦库尔方言（Tangkhul）tɑrɑ < *dara，邝奥依方言（Khangoi）

dērū < *daru。瓜依沃语 tarusi < *taru-si。

“口水”图瓦语 dʒɑrɑː < *dara。鄂伦春语 dʒyji < *duri。日语 jodare < *lo-dare。

“水沟”朝鲜语 toraŋ < *dora-ŋ。

> “水”梵语 udra-、希腊语 ydor < *udor。赫梯语 watar，古英语 wæter、古高地德语 wazzar < *uador。
>
> “河”乌尔都语 darya < *dara。

“河”维吾尔语 dɛrjɑ，哈萨克语 dærijɑ，乌孜别克语 dærjʌ < *darira 波斯语借词。

10. *da

“河”壮语武鸣话、布依语 ta^{6} < *da。

“雨”乌玛语 uda，东部斐济语 uða，劳语 uta，汤加语、夏威夷语 ua，罗地语 udan < *ʔuda / *ʔudan。

> “水”古教堂斯拉夫语、俄语 voda、和阗塞语（Khotan Saka）ūttʃā- < *uda。
>
> “水”古波斯语 wundan、古挪威语 vatn < *uadan。

“水”巴斯克语 uda-。

11. *bet

“河”阿伊努语 *bet。

> “溪流”和阗塞语 baʃʃä < *bata。①

① 和阗塞语 ʃ- < *s-，-ʃ- < *-t-。

“烟”的词源关系

亚欧语言“烟”义的词可能与“火”“灰烬”“雾”等说法有词源关系，亦可派生为动词“熏”“冒烟”等。

一　东亚太平洋语言的“烟”

“烟”的主要说法有：

1. *ʔisi / *ʔasu / *ʔaso

土耳其语 sis，维吾尔语 is，哈萨克语、西部裕固语 əs < *ʔisi。
马那姆语 ʔasu，卡加延语 asu，罗图马语 ɔsu < *ʔasu。
查莫罗语 aso < *ʔaso。（烟、雾）
萨摩亚语 asu < *ʔasu。（烟，冒烟）

2. *ʔunir

蒙古语 unjaːr，土族语 fune，东乡语 funi < *ʔunir。

3. *quta

蒙古语 utaː，东部裕固语 χdaː < *quta。

4. *lagi-an / *laga-n

满文 ʃaŋgiyan，赫哲语 ʂaŋnian < *lagi-an。

锡伯语 ɕaŋan，鄂伦春语 ʃaŋŋan < *laga-n。

5. *kemuri

日语 kemuri < *kemuri。①

6. *ʔatə-bul / *ko-bulu / *plu

阿美语 ʔatʃəfuɬ < *ʔatə-bul。

斐济语 kobulu < *ko-bulu。

壮语龙州话 pjau^{1}，壮语武鸣话 tau^{1} < *plu。

7. *ʔasap

印尼语、亚齐语 asap，萨萨克语 asəp，米南卡保语 asoʔ < *ʔasap。

8. *ʔusok

占语书面语 săk，他加洛语 ūsok < *ʔusok。

9. *ʔu^{b}api / *ʔapu / *ʔapu-ʔapi / *pu

夏威夷语 ŭwahi，汤加语 ʔahu < *ʔu^{b}api / *ʔapu。

毛利语 ahuahi < *ʔapu-ʔapi。

仫佬语 pu^{1} < *pu。

10. *k^{w}ala-pu / *kaluʔ / *kali

莫图语 k^{w}alahu < *k^{w}ala-pu。

爪哇语 kəluʔ，嫩戈内语 kali < *kaluʔ / *kali。

---

① “烟”格鲁吉亚语 khvamli > *g^{w}amli。

11. *bab^{w}a / *bobu / *bubu / *smu

毛利语 pawa < *bab^{w}a。

伊拉鲁吐语 bɔbɔ，沙玛语 humbu < *bobu。

吉尔伯特语 te bubu < *bubu。

南密语 m̥u < *smu。

12. *buk / *ta-buk / *mugu / *miku

巴拉望语 buk < *buk。

巴拉望语、摩尔波格语 tabuk < *ta-buk。

道孚语 mkhə，墨脱门巴语 mu gu < *mugu。

他杭语 miŋku < *miku。

13. *tipa

查莫罗语 tʃipa < *tipa。

14. *qin

汉语 *qin（烟、煙）或 < *qlin，如 *qlən（熏）。

15. *du / *ʔadus

藏文 du ba < *du。

巴厘语 andus，依斯那格语 atuʔ < *ʔadus。

16. *skrə / *skru

却域语 ʂkhɯ^{55}，普米语兰坪话 skhiɯ^{13} < *skrə。

苗语石门话 ȵtɕho^{5}，勉语江底话 sjou^{5} < *skru。

17. *kəli / *guli / *sukul / *glon

扎坝语 $khə^{55}li^{33}$ < *kəli。

泰雅语泽敖利方言 ɣuhi-ɬuq < *guli。

蒙达语 sukul < *sukul。

壮语武鸣话 hon^{2}，水语 $kwan^{2}$ < *glon。

18. *me-gun / *gure-gun

错那门巴语 $me^{35}kun^{55}$，傈僳语 $mu^{31}khu^{31}$ < *me-gun（火—烟）。

赛德克语 gure-ŋun < *gure-gun。（烟—烟）

19. *mut-ŋal

户语 mut^{31} $ŋăl^{31}$ < *mut-ŋal（烟—火）。

20. *dak / *duk / *dugiʔa / *-dəʔ / *se-duka

德昂语硝厂沟话 dăk，南虎话 tɑʔ，布朗语曼俄话 tuʔ < *dak / *duk。

桑塔利语 dʒhuŋgiɛ < *dugiʔa。

克木语 pə thɤʔ < *-dəʔ。

马达加斯加语 seʈruka < *se-duka。

21. *lul

尼科巴语 lul < *lul。

◇ 二 “烟”的词源对应关系

1. “烟” 和 “火” 等

（1）蒙古语 *ʔuta。“火” 古突厥语、维吾尔语、哈萨克语 ot，土耳其语

od < *ʔot。“炭”伊拉鲁吐语 udə < *ʔudu。

（2）蒙古语、土族语、东乡语 *ʔunir。“火焰”嫩戈内语 n̥iri < *ʔniri。

（3）日语 *kemuri。“火”阿杰语 kēmɔ̌ru < *kemoru。“炭”图瓦语 kømyr，东部裕固语 kømør < *komor。

（4）贡诺语 ambu < *ʔabu。“火”达阿语、乌玛语 apu < *ʔapu。

（5）壮语 *plu。“火”排湾语 sapui，赛夏语 hapuj < *sapul。邹语 puzu，卡那卡那富语 apulu < *ʔapulu。

（6）尼科巴语 *lul。“火焰”波那佩语 lul。

2. “烟”“灰烬”的词源关系

（1）泰雅语泽敖利方言 *guli，蒙达语 *sukul。“灰烬”维吾尔语 kyl，西部裕固语 kul，撒拉语 kuli < *kuli。

（2）阿美语 *ʔatə-bul（火—烟），斐济语 *ko-bulu。“灰烬”柬埔寨文 pheh，莽语 bɔl^{55}，巴琉语 ^{m}bai^{55} < *bol。

（3）夏威夷语 *ʔu-ʔapi，汤加语 *ʔapu。“灰烬”鲁凯语 abu，卑南语 ʔabu，印尼语 abu，爪哇语 awu，亚齐语 abɛə，他加洛语 abo < *ʔabu。

（4）壮语武鸣话、水语 *glon。汉语 *glin-s（烬）< *s-glin。①

（5）查莫罗语 *tipa。“灰烬”南密语 dap，科木希语 dêp < *dap。

（6）道孚语、墨脱门巴语 *mugu。“灰烬”萨萨克语 abuk < *ʔabuk。

3. “烟”“雾”的词源关系

（1）道孚语、墨脱门巴语 *mugu。“雾”藏文 smog pa < *smog。博嘎尔洛巴语 doŋ muk < *doŋ-muk。汉语 *mok-s。壮语 moːk^{7}，西双版纳傣语 mɔk^{9} < *ʔmok。佤语艾帅话 si mɔk < *si-mok。女真语（他尔马吉）*tharmaki <

---

① “烬”为邪母字，声母 *s-gl-。

*tar-maki。

（2）马那姆语、卡加延语、罗图马语 *ʔasu。“烟、雾”查莫罗语 aso < *ʔaso。

（3）嫩戈内语“烟”kali，“雾”kalikal < *kali-kali。

（4）毛利语 *ʔapu-ʔapi。“雾”梅克澳语 apu < *ʔabu，斐济语 kabu < *kabu。

（5）却域语、普米语兰坪话 *skrə。“雾”朝鲜语龙川话、义州话 hɛmtʃiri < *pem-giri（烟—雾），日语 kiri < *kiri。

4. “烟”和“熏”的词源关系

（1）“烟、熏”藏文 du。

（2）“烟、熏”道孚语 mkhə < *mugu。

（3）纳西语“烟”$mɯ^{55}khɯ^{21}$，“熏”$mɯ^{55}$。“熏”景颇语 $să^{31}mu^{55}$ < *samu。

（4）壮语、水语 *glon。汉语 *qlən（熏）。[①]

三 词源关系分析

1. *buk（*ta-buk、*mugu）

“烟”巴拉望语 *buk，巴拉望语、摩尔波格语 *ta-buk，道孚语、墨脱门巴语 *mugu。

“云、雾”博嘎尔珞巴语 doŋ muk < *doŋ-muk。“熏”道孚语 *mugu。

“雾”藏文 smog pa < *smog、汉语 *mok-s、佤语艾帅话 si mɔk <

① “熏”谐声字“櫄”丑伦切，*qlən > *thjən。

*si-mok。

“烟”威尔士语 mwg，亚美尼亚语 mux < *muk。古英语 smec，英语 smok，荷兰语 smook < *smug。“蒸熏”希腊语 smugenai。“有雾的”希腊语 omikhle。

“云”梵语 megha。

2. *dome（*timus、*tim、*dem、*timi、*dimu、*tuman）

“烟”巴塔克语 timus < *timus。

“云”缅文 tim^{2} < *tim，嘉戎语 zdᴇm < *s-dem，加龙语 doːme < *dome。

“雨云”邹语 tsmitsmi < *timi-timi。

“雾”布鲁语 dimu < *dimu。维吾尔语 tumɑn，撒拉语 bus dumɑn < *tuman。

“烟”梵语 dhumah、古教堂斯拉夫语 dymu、古波斯语 dumis、立陶宛语 dumai。

俄语 dɨm、波兰语 dym < *dum。阿尔巴尼亚语 tym < *tum。

“烟”乌尔都语 dhuwaːn < *dub^{w}a-。和阗塞语 dumä < *dumo。

“烟”意大利语 fumo，西班牙语 humo，拉丁语 fumus（烟、蒸汽）。

“脏的”他加洛语 dumi < *dumi。

“黑的”米南卡保语 itam，阿卡拉农语 itum < *ʔitum。

“脏的、黑的”俄语 tjɔmnɨj < *tom-。

3. *dapa（*dap、*tipa）

“烟”查莫罗语 *tipa。“灰烬”南密语 dap，科木希语 dêp < *dap。

“尘土”古挪威语 dampi，古高地德语 damph（蒸汽）< *dabi。

“火焰”粟特语 δβān < *db^{w}an。

4. *lagi（*laga）

“烟”满文、赫哲语 *lagi-an，锡伯语、鄂伦春语 *laga-n。

“烟”古英语 rec，古挪威语 reykr，古法语 rek（烟、蒸汽）< *reg。

5. *guli（*kəli、*kul）

“烟”扎坝语 *kəli，泰雅语泽敖利方言 *guli，蒙达语 *sukul。

“烟”亚美尼亚语 xel < *kel。

6. *sok

“烟”占语书面语 săk，他加洛语 ūsok < *ʔusok。

“灰烬”粟特语 āʃtʃ < *ask。

7. *dal

“灰尘”藏文 thal ba < *dal。

“烟”粟特语 pazd、阿维斯陀经 pazdaya < *par-daja。 “火”俄语 poẓar < *porar。

“灰尘”曼达语 dūli < *duli。

“灰尘”的词源关系

亚欧语言“灰尘”义的词可能与“土”“灰”等说法有词源关系，或兼指“粉尘”“尘土”等。

◇ 一　东亚太平洋语言的“灰尘”

“灰尘”主要有以下说法：

1. *to-prak / *buragi / *puruk

古突厥语 topraq，土耳其语 toprak，维吾尔语 topɑ < *to-prak。

满文 buraki，赫哲语 burəŋgi < *buragi。

巴拉望语 purək < *puruk。

2. *tora-ŋ / *tura-l / *toran / *tiri

土耳其语 toz，西部裕固语 doz，维吾尔语、哈萨克语 tozɑŋ < *tora-ŋ。

达斡尔语 tuɑrəl < *tura-l。

满文 toran < *toran。（飞尘）

日语 tɕiri < *tiri。

3. *tot / *toŋ / *sdi

蒙古语 tos < *tot。东部裕固语 tʃoŋ < *toŋ。土族语 sdziː < *sdi。

4. *mədi / *mit / *moŋ-mot

朝鲜语 məntʃi < *mədi。

博嘎尔珞巴语 mit bu < *mit。

德宏傣语 moŋ^{6}mot^{8} < *moŋ-mot。

5. *pokori

日语 hokori（埃）< *pokori。

6. *ʔab^{w}iŋ / *ʔabu / *ʔapu / *ʔabe / *te-bubu / *məŋ-po

泰雅语 ʔaβiŋ < *ʔab^{w}iŋ。米南卡保语 abu < *ʔabu。

乌玛语 afu，汤加语 efu（灰尘、灰烬）< *ʔapu。亚齐语 abɛe < *ʔabe。

吉利威拉语 te bubu < *te-bubu。（灰尘、粉尘、雾）

莽语 məŋ^{31}pø^{55} < *məŋ-po。

7. *litaq

排湾语 l^{y}itsaq < *litaq。

8. *ʔalik-ʔabok / *buk

他加洛语 alikabok < *ʔalik-ʔabok。巴厘语 buk < *buk。

9. *gabu / *gafuŋ / *kekop / *kapu / *kabu / *kabu-s

塔几亚语 gufguf，卡林阿语 gafu < *gabu。布拉安语 kfuŋ < *gafuŋ。

雅贝姆语 kɛkɔp < *kekop。莫图语 kahu < *kapu。西部斐济语 kaβu < *kabu。

布昂语 kəbus < *kabu-s。

10. *puru / *kaburu / *bur / *mar-por

瓜依沃语 furu < *puru。罗维阿纳语 kavuru < *kaburu。

墨脱门巴语 phur < *bur。

老挝克木语 pɔh^{33}，布兴语 mah pɔr < *por / *mar-por。

11. *tobon / *dubu

托莱语 tobon < *tobon。大瓦拉语 dubudubu < *dubu。

12. *din / *sidin

汉语 *din（尘）。

阿侬怒语 ʂɿ^{55}ʈhɿn^{31} < *sidin。

13. *dal / *duli

藏文 thal ba < *dal。

柬埔寨文 thuːli < *duli。

14. *pra

错那门巴语 pra^{53}，却域语 ptʂa^{55} < *pra。

15. *dər / *duri

嘉戎语 ndər < *dər。

蒙达语 dhur < *dur，duɽi < *duri。桑塔利语 dhuɽi < *duri。

16. *didi

贵琼语 thi^{55}thi^{55} < *didi。

17. *bum

缅文 phuṁ^{2} < *bum。

18. *qalo / *qlə / *ʔululu

哈尼语绿春话 xa^{55}lø^{55}，彝语武定话 qho^{11}ɬɒ^{33}，纳木兹语 la^{35} < *qalo。

汉语 *qlə（埃）。

姆布拉语 ululu < *ʔululu。

19. *pon / *bun

西双版纳傣语 pon < *pon。壮语武鸣话 pon^{5}，壮语邕宁话 phan^{6} < *pon。

克木语 phǔn < *bun。

20. *puŋ / *k-puŋ / *boŋ

毛南语 phuŋ^{5}，黎语保定话 fuŋ^{3} < *puŋ。

布拉安语 kfuŋ < *k-puŋ。

柬埔寨文 phɔŋ < *boŋ。

21. *plu / *pul / *pal / *pepela-ʔe

户语 plu^{31} < *plu。克木语 pǔl < *pul。布兴语 pɑh < *pal。

沙外语 pɛplaɛ < *pepela-ʔe。

22. *nute

佤语 ȵauʔ tɛʔ < *nute。

23. *pituŋ

尼科巴语 pituŋ < *pituŋ。

24. *digir

桑塔利语 ɖigir < *digir。

◈ 二 "灰尘"的词源对应关系

1. "灰尘" 和 "土"

（1）满文、赫哲语 *buragi。"土" 朝鲜语 hɯrk < *p^{w}urəg。马绍尔语 p^{ɯ}irɛtʃ < *pirek。

（2）嘉戎语 *dər。"土" 土耳其语 jir < *dir。土族语 ɕiruː，东乡语 turo < *tiro。

（3）大瓦拉语 *dubu。"土" 布昂语 dob，嫩戈内语 ɖawa < *doba。

（4）错那门巴语、却域语 *pra。"土" 基诺语 a^{44}tɕe^{55} < *pre， a^{44}prœ^{55}（泥巴）< *pro。

（5）蒙古语 *tot。"土" 日语 tsɿtɕi < *tuti。布朗语甘塘话 thut < *tut。

（6）汉语 *din（尘）。"土" 帕玛语 atan < *ʔatan。宁德娄语 ^{n}d^{r}en < *den。

（7）汉语 *qlə（埃）。"土" 萨摩亚语 ʔeleʔele。

（8）贵琼语 *didi。"土" 柬埔寨文 dɤj < *di。

2. "尘土" 和 "灰烬"

（1）土耳其语、西部裕固语、维吾尔语、哈萨克语 *tora-ŋ。"灰烬" 蒙达语 toroe，桑塔利语 to̠ro̠tʃ < *toroʔe。

（2）古突厥语、土耳其语、维吾尔语 *to-prak。"灰烬" 女真语（伏冷吉）*fuleŋki < *puliki。毛南语 vuk^{7}，侗语 phjuk$^{9'}$ < *pluk。

（3）巴厘语 *buk。"灰烬" 萨萨克语 awuk < *ʔabuk。马京达瑙语 ravuk < *rabuk。

（4）米南卡保语 *ʔabu。“灰烬”鲁凯语 abu，卑南语 ʔabu，印尼语 abu，爪哇语 awu，亚齐语 abɛə，他加洛语 abo < *ʔabu。

（5）排湾语 *litaq。“灰烬”赛考利克方言 qəbuliʔ，泽敖利方言 qaβu-ɬiʔ，赛德克语 qabulit < *qabu-lit。

（6）纳木兹语 *qalo。“灰烬”藏语拉萨话 so^{55}la^{55}，错那门巴语 so la < *sola。

（7）户语 *plu。“灰烬”仫佬语 pu^{1}，壮语龙州话 pjau^{1}，壮语武鸣话 tau^{1} < *plu。

（8）沙外语 *pepela-ʔe。“灰烬”错那门巴语 pla，独龙语 ɑ^{31}pla^{53}，缅文 prɑɑ^{2} < *pla。

（9）布兴语 pɑh < *pal。“灰烬”克木语 pɔ̆h < *pol。

（10）错那门巴语、却域语 *pra。“灰烬”他杭语 mepphra < *me-pra。缅文 prɑɑ^{2} < *pra。

◇ 三 词源关系分析

1. *moti（*mədi、*mit、*mot）

“灰尘”朝鲜语 *mədi，博嘎尔珞巴语 *mit，德宏傣语 *moŋ-mot。

“尘粉”古英语 mot、挪威语 mutt < *mot。

2. *bora（*pra、*pre、*pro）

“灰尘”错那门巴语、却域语 *pra。“土”基诺语 a^{44}tɕe^{55} < *pre，a^{44}prœ^{55}（泥巴）< *pro。“灰烬”他杭语 mepphra < *me-pra。缅文 prɑɑ^{2} < *pra。

“泥”西班牙语 barro。“较低的”梵语 aparaː。

“灰尘”老挝克木语 *por，布兴语 *mar-por。

“尘土、泥土”阿拉伯语 afar < *apar。

3. *b^{w}urek（*b^{w}urəg、*pirek、*pluk）

“灰尘”古突厥语、土耳其语、维吾尔语 *to-prak。“泥土”朝鲜语 *b^{w}urəgi。“土”马绍尔语 *pirek，卡乌龙语 *ʔe-pluk。“泥”黎语保定话 pleːk^{7} < *plek，沙玛语 pisak < *pirak。“陆（地）”汉语 *mruk。

“闲地”古英语 fealh、高地德语 felga、东部弗里斯语 falge < *palge。

“土”亚美尼亚语 hoʁ < *porg。

“脏的”意大利语 sporco < *sporko，波兰语 brudzątsy < *brug-。

“脏的”阿尔巴尼亚语 fëllikjur < *b^{w}eliki。

“黑的”布昂语 bərik < *birik。

4. *doru（*tor、*dir、*dero）

“灰尘”土耳其语、西部裕固语、维吾尔语、哈萨克语 *tora-ŋ。“灰烬”蒙达语 toroe，桑塔利语 tor̥ot̥ʃ < *toroʔe。“土”土耳其语 jir < *dir。土族语 ɕiruː，东乡语 turo < *tiro。

“土”意大利语、葡萄牙语 terra，梵语 dhara < *dera。

“地”匈牙利文 terûlet < *teru-let，taj < *tar。

5. *duba（*dubu、*doba）

“灰尘”大瓦拉语 *dubu。“土”布昂语 dob，嫩戈内语 ɖawa < *doba。

“尘土”古挪威语 dampi，古高地德语 damph（蒸汽）< *dabi。

“烟”乌尔都语 dhuwaːn < *dub^{w}a-。

6. *p^{w}al（*pal、*pol）

“灰尘”布兴语 pɑh < *pal。“灰烬”克木语 pɔ̆h < *pol。

拉丁语“面粉尘”pollen < *pol-，“碾压成粉尘”pulvis。

“人”的词源关系

一些语言“人”的称呼来自氏族或部落的称呼，一些语言“人”的说法在另外的语言中指“女人”“妻子”或“男人”“丈夫”等，是早期氏族婚姻的遗留。也有一些氏族或部落的称呼成为“男人”“丈夫”或“女人”“妻子”的代称。“人”“男人”“女人”等说法只有少数语支的语言才有基本一致的说法，在语系、跨语系的比较中有交叉对应关系。

相隔遥远的民族“人”的说法一致，往往与发生学分类上属于同一族的语言无关。语言中关于“人”的表达和另外一些基本词保留有着一致的关系，这应是更早时期的语言传播造成的。这与两个不同时期和语言的两种传播方式有关：一是氏族组织迁移中的语言传播；二是部落联盟中交际语的传播。

一　东亚太平洋语言的“人”

东亚太平洋语言“人”的主要说法有：

1. *kili / *ʔer-kel

维吾尔语 kiʃi，西部裕固语 kəʃi，图瓦语 giʃi < *kili。[①]

---

① “人”芬兰语 henkilö < *qen-kilo。

土耳其语 herkes < *ʔer-kel。

2. *qun / *ʔu-ʔu / *ʔu

蒙古语 xʉŋ，达斡尔语 xuː，保安语 kuŋ，土族语 kun < *qun。

拉基语侗台语仡央语支 qu^{21} < *ʔu。黎语保定话 u^{2}aːu^{1} < *ʔu-ʔu。①

布朗语胖品话、巴塘话 ʔu^{51} < *ʔu。

3. *ʔiral

满语 nijalma < *ʔiral-ma。

4. *niro / *nir-ma

赫哲语 nio，索伦语 nirō < *niro。

女真语（捏儿麻）*nirma < *nir-ma。

5. *bərə / *b^{w}ira / *b^{w}irə- / *buru

鄂伦春语、鄂温克语 bəjə < *bərə。

鄂罗克语 firja < *b^{w}ira。

托莱语 vərə-gunən < *b^{w}irə-。

哈拉朱乌语（Xaracuu）kamũ rũ < *ka-buru。

6. *kur / *qor

阿伊努语 kur < *kur。（人、丈夫、男人）

桑塔利语 hoɽ < *qor。（人、男人）

---

① 海南黎人的十个支系中只有说加茂话的人管“人”叫 ɬai^{4}（< *li），其他的方言如保定话叫 u^{2}aːu^{1}，白沙话叫 ŋaːu^{4}（< *ŋu）。西方话 ŋɯ^{3}ʔaːu^{1}（< *ŋu-ʔu），似乎是两个支系的合称。

7. *ta-ʔu / *ta-ʔu-ta-ʔu / *ʔita-ʔu / *taʔu-nima / *ta-taʔu

邹语 tsou, 卡那卡那富语 tsau， 卑南语 ʈau，雅美语 tao < *ta-ʔu。[①]

邵语 θaw，巴则海语 saw < *ta-ʔu。[②]

排湾语 tsautsau < *ta-ʔuʔ-ta-ʔuʔ。

巴拉望语 taw，戈龙塔洛语 tawu，他加洛语 tāʔo，达阿语、布吉斯语、贡诺语 tau，乌玛语（Uma）tau-（na）< *ta-ʔu。

阿卡拉农语 tāwuh < *ta-ʔuʔ。

卡加延语 ittaw < *ʔita-ʔu。

莫图语 taunimanima < *taʔu-nima，南岬方言 tatao < *ta-taʔu。

8. *ʔuraŋ / *m-ran

印尼语 oraŋ，米南卡保语 uraŋ，亚齐语 urɯəŋ，马都拉语 uriŋ < *ʔuraŋ。[③]

回辉语 zaːŋ^{32}，拉德莱语（Radlai）araŋ < *ʔaraŋ。

巴哼语文界话 mjɦɛ^{2}，勉语江底话 mjen^{2} < *m-ran。

9. *ʔarar

所罗门三威治港语 arar < *ʔarar。（人、男人）

10. *se-quliq / *tu-quli-q / *se-qedaq / *ma-ʔiliq

泰雅语赛考利克方言 səquliq，泽敖利方言 tʃuquɬi-q，赛德克语 seʔedaq < *se-quliq / *tu-quli-q / *se-qedaq。

赛夏语 mæʔiḽæh < *ma-ʔiliq。

---

① *ta- 是早期名词前缀。

② 邵语 θ-、巴则海语 s- < *t-。参见吴安其《南岛语分类研究》，第 168 页。

③ 印尼语中首音节 o 对应于该支系语言的 u。“鹞”印尼语 əlaŋ，马都拉语 əllaŋ。

11. *taŋa-ta / *taŋu / *daŋa-n

毛利语、汤加语、萨摩亚语、拉巴努伊语 taŋata，夏威夷语 kǎnǎkǎ < *taŋa-ta。

他加洛语 tāgu < *taŋu。萨萨克语 dəŋan < *daŋa-n。

12. *rama

波那佩语 aramas < *ʔa-rama-s。

13. *bunun

布农语 bunun < *bunun。

14. *ʔata

塔希提语 taʔata < *ta-ʔata。

那大语、芒加莱语（Manggarai）ata < *ʔata。

拉加语 atatu < *ʔatatu。

马那姆语（Manam）tamoata < *tamo-ʔata。

15. *dama / *tam / *tamu

宁德娄语（Nyindrou）^{n}d^{r}amak < *dama-k。

阿美语 tamław < *tam-laʔu。

巴布亚多布语（Dobu）tamatu，吉尔伯特语 tomota，东部斐济语 tamata < *tamu-ta。

16. *qalak / *ʔalak

巴塔克语 halak，巴厘语 anak < *qalak / *ʔalak。

17. *nin

汉语 *s-nin（人）。

18. *mi / *bur-mi / *mi-ta

藏文 mi，达让僜语 me^{35}，兰坪普米语 mi < *mi。

马加尔语 bhɯrmi < *bur-mi。

木佬语 le^{53}mi^{53} < *-mi。

日语 mita < *mi-ta。

19. *soŋ

独龙语 ɑ^{31}sɑŋ^{53} < *soŋ。

墨脱门巴语 soŋo < *soŋo。

那加语当沙方言（Tangsa）mē suŋ < *me-suŋ。

20. *lu

缅文 lu^{2}，土家语 lo^{53} < *lu。

21. *plu / *plo

阿昌语 tʂo^{55}，仙岛语 tʂu^{55}，载瓦语 pju^{51}，勒期语 pju^{31} < *plu。①

彝语撒尼话 tsho^{33}，哈尼语绿春话 tsho^{55} < *plo。②

22. *g^{w}un / *kun

壮语武鸣话 vun^{2}，壮语龙州话 kən^{2} < *g^{w}un。③

柬埔寨文 tʃuən < *kun。（人、人们）

尼科巴语 kikɔnjø < *ki-kono。（男人）

---

① 彝缅语舌尖塞擦音有共同来源。

② 彝族自古自称 lolo。嘎卓人称“人”为 tsho^{35}，“男人”为 ji^{33}tsɤ^{24}（彝族）。

③ “个人”匈牙利文 egyen < *egun。

23. *ne / *na

苗语养蒿话 nɛ^{2}，野鸡坡话 na^{A}，大南山话 nen^{1} < *s-ne。畲语 ne^{2} < *ne。锡伯语 nan < *na-n。

24. *bal

柬埔寨语 kbaːl < *k-bal。

25. *ʔi / *ʔe

户语 iʔ^{31} < *ʔiʔ。

德昂语南虎话 to ʔi^{51}，德昂语茶叶箐话 du^{51} ʔi^{51} < *du-ʔi。

赛德克语 seedaq，赛夏语 mæʔiɭæh < *sə-ʔe-daq / *ma-ʔi-laq。

劳语（Lau）ʔa-i < *ʔi。

罗维阿那语 ti-e，西部斐济语 e-ðola < *ʔe。

26. *pri

佤语马散话 phui，佤语艾帅话 pui，佤语孟汞话 phi < *pri。

印度的孟高棉人把“男人”叫作 *ʔi-mi、*ʔu-mi 等，这一类说法可能是 *ʔi、*ʔu 两个外来的族群和本地叫作 *mi 的人结合的标记。

达罗毗荼语系语言“男人”如巴达伽语（Badaga）ālu，多达语（Toda）āl。“人”缅语、土家语 *lu 可能与之有词源关系。印度—伊朗语族语言“男人”如西印地语、印地科语（Hindki）ādmi，尼玛地语（Nimadi）ād^{a}mi，可能与宁德娄语 *dama-k，多布语、吉尔伯特语、东部斐济语 *tamu-ta 等有词源关系。

南亚语系语言和藏缅语南方支系的先民、部分印地人和达罗毗荼人应有共同的黑人东支居民的渊源，其他达罗毗荼语、印度—伊朗语族语言的词汇也可以证明这一点。

◇ 二 “人”的词源对应关系

台湾的泰雅语赛考利克方言把“人”叫作 səquliq，赛德克语叫作 seʔedaq，这两个称呼又分别是他们支系的名称，邹语、邵语、雅美等支系也和关于“人”的说法一致，其先民大约用这样的称呼把自己与其他生物或人群区分开来。部落和氏族支系的区分可避免近亲的婚姻，于是有了“人”这样的概念。一些语言“人”的称呼可能来自自称。南岛语多数支系和部分南亚语居民的支系都把“人”叫作 qu（ʔu）或 qi（ʔi），有的支系的名称是在 qu（ʔu）或 qi（ʔi）前、后再加标记。

东亚太平洋一些语言“人”的称呼在另外的语言中指“女人”“妻子”“男人”“丈夫”等，可能与两个情况有关。一是不同支系的称呼成为“人”的称呼；二是部落时代氏族联姻，“人”的称呼转指“女人”或“男人”。由于一个氏族或部落既有年轻女子，又有年轻男子，在不同的情况下（母系或父系社会的不同，数个氏族或部落的交错关系的不同）就会有原本的支系名称分别成为“人”“女人”或“男人”。“人”“女人”“男人”称呼在不同语言中是对应的。

1.“人”“女人”和“男人”的对应

（1）藏缅语和南亚语

藏羌语支语言 *mi 指“人”或“女人”。如：

“人”藏文 mi < *mi。道孚语 sme < *s-mi。“女人”嘉戎语 tə mi < *mi。

南亚语中柬埔寨语（柬埔寨文）“女人”mē < *me，其他使用南亚语言的民族这个对应词通常指“男人”或“丈夫”。如：

“男人、丈夫”佤语马散话 ʔa mɛiʔ，艾帅话 si meʔ，德昂语硝厂沟话 ʔi mai < *mi / *simi。

“丈夫”布朗语甘塘话 mai^{31}，胖品话 m̥ɤi^{55} < *s-mi。

“男人”恩语（En）u-mē < *ʔu-mi。巴饶湾语（Palaung）i-mē < *ʔi-mi。

（2）南岛语和侗台语

南岛语中也有这种情况，侗台语保留类似的底层。如：

“女人”马那姆语（Manam）aine < *ʔa-ʔine。“丈夫”阿者拉语 o-na < *ʔo-na。

“女人”萨萨克语 ninə，瓜依沃语 noni。“年轻男子”南密语 ȵin。

“人”巴塔克语 halak、巴厘语 anak < *qalak / *ʔalak。“男人”巽他语 lalaki < *laki。“年轻男子、年轻女子”武鸣壮语 lɯk^{8}、侗语 laːk^{10} < *lək / *lak。

“人”宁德娄语 ^{n}dˤamak < *dama-k。“女人”龙州壮语 ti^{6}me^{6} < *dimis。

（3）阿尔泰和南岛语

由于阿尔泰与南岛历史上的密切关系，下面的对应不是偶然的：

“人”鄂伦春语、鄂温克语 *bərə，阿杰语（Ajie）、哈拉朱乌语 *ka-buru。“媳妇”蒙古语 bər，达斡尔语 bəri < *bəri。“女人”巴塔克语 boru-boru < *buru。

“男人”布农语 bunun，贡诺语 buruʔne。

2.“人”“朋友”和“敌人”的词源关系

根据一些历史上相邻语言的情况，我们推测一些语言把联盟支系的名称引申指“朋友”，敌对部落名或“人”的称呼引申指“敌人”。如：

（1）“男人”维吾尔语、图瓦语 er，蒙古语 ər，东乡语 ərə < *ʔerə。“敌人”鄂伦春语、鄂温克语 əru < *ʔəru。

（2）“朋友”满文 anda，锡伯语 anda < *ʔada。“客人”锡伯语 antχ <

*ʔatq。“敌人”日语 ada < *ʔada。“人”马京达瑙语、那大语 ata，锡加语 ata-biʔa-n < *ʔata。大约跟满通古斯人结盟的南岛人正是渡海前日本部落的“敌人”。

（3）“敌人”贡诺语 uraŋ < *ʔuraŋ。“人”印尼语 oraŋ，米南卡保语 uraŋ，亚齐语 urɯəŋ，马都拉语 uriŋ < *ʔuraŋ。

（4）“男”汉语 *nəm。“客人”景颇语 mă^{31}nam^{31}、阿侬怒语 mɯ^{31}nɛm^{35} < *ma-nam。独龙语 pɯ^{31}nɑm^{55} < *pə-nam。把“男人”叫作“客人”可能是母系民族社会习俗的遗留。

◇ 三　诸支系的情况

1. 台湾南岛语的情况

台湾的十个支系民族的自称及“人”“男人”“女人”说法的比较：

民族名称	支系自称	人	男人	女人
泰雅	ʔətajal	səquliq	məlikuj	kənɛril
赛德克	sediq	seedaq	riseno	muqidil
赛夏	sajʃiḷat	mæʔiḷæh	kamamanraḷan	minkoriŋan
布农	bunun	bunun	mabananað	małuspiŋað
鲁凯	rukai	umas	saovalaj	ababaj
卑南	pujuma	ʈau	maʔinajan	babajan
邵	θau	θau	ajuði	minawʔað
排湾	paiwan	tsautsau	ʔuqalaj	vavaian
邹	tsou	tsou	hahotsəŋʉ	mamesəpiŋi
雅美	tau	tau	mehakaj	mavakeʂ

（1）泰雅、赛德克和赛夏人的情况

泰雅语赛考利克方言把“人”叫作 səquliq，泽敖利克方言叫作 tʃuquɬiq，这两个称呼有对应关系。泰雅语赛考利克方言 səquliq < *sequliq，泽敖利方言 tʃuquɬi-q < *tuquli-q，赛夏语 mæʔiɭæh < *ma-ʔiliq，赛德克语 seʔedaq < *seqedaq。

“女人”鄂伦春语 aʃɪː（bəjə），鄂温语 aʃɪ（bəjə）< *ʔali。赛考利克和泽敖利两个支系名称对应于该称呼，可能与通古斯部落有渊源关系。

“男人”泽敖利方言 mamaɬiku < *mama-liku，赛考利克方言 məlikuj < *ma-likuʔi。其中的词根应该是 *liku。“男人”萨萨克语 mamə < *mama。泰雅语“男人”的构成是“男—人”。*liku 是“人”的词根，与之有渊源关系的是马来、他加洛人和侗台人的表达方式：

“人”巴塔克语 halak，巴厘语 anak < *qalak / *ʔalak。

“男人”印尼语 laki-laki，巽他语 lalaki < *laki。

“年轻男子、年轻女子”壮语武鸣话 lɯk[8] < *luk。

“女人”泽敖利方言 kanajriɬ，赛考利克方言 kənɛril < *kənar-il；赛德克语 muqidil < *muqid-il。泰雅语该词尚未在南岛语中找到词源，可与比较的是：“女人”蒙古语 əxnər < *ʔəq-nər。

（2）布农语

“人”布农语 bunun < *bunun，词根是 *bunu。-n < *-an，是后缀。-að 也是表示人的后缀，其他如 madaiŋað“老人”、binanavuað“姑娘”。可以跟布农语 *bun-ʔun 比较的有：

“人”蒙古语书面语 kymyn < *ku-mun。

“女人”巴拉望语、摩尔波格语、布拉安语 libun < *li-bun。佤语马散话 ʔa pon，佤语艾帅话 būn，德昂语硝厂沟话 ʔi bʌn < *bun。

“男人”布农语 mabananað < *ma-banan-al。元音随前缀 *ma- 成为 a。

“女人”布农语 maɬuspiŋað < *ma-luspiŋ-al，词根 *luspiŋ < *lu-spiŋ。如邹语“女人” mamesəpiŋi < *ma-mesəpiŋi。

（3）鲁凯语

鲁凯语“人”umas < *ʔumas，可以比较的有马绍尔语“人”aɽmɛts < *ʔar-mas，波那佩语 aramas < *ʔara-mas。“女人”东乡语 əməs < *ʔəməs，达斡尔语 əmgun，东乡语 əmə kun < *ʔəmə-gun。

“男人”鲁凯语 saovalaj < *sa-ʔobalaj，词根是 *ʔobala。如雅贝姆语（Yabim）“人”ŋamalaʔ < *ŋa-malaʔ。

“女人”鲁凯语 ababaj < *ʔababa-j，词根是 *baba。其他南岛语“女人”如：

卡加延语 bai，巽他语 awewe < *babi / *ʔabebe。

莫图语 hahine，汤加语 fefine < *babi-ne。

（4）卑南语等

“人” 卑南语 ʈau，邵语 θaw，排湾语 tsautsau，邹语 tsou, 雅美语 tao < *ta-ʔu。*ta- 可能是早期的前缀。*taʔu 是南岛语系语言最多见的“人”的说法，可能也是早期南岛语使用者支系的自称。

“男人”排湾语 ʔuqalaj < *ʔuqala-ʔi，与泰雅语赛考利克方言“人”sə-quli-q 的读法对应。

“男人”卑南语 maʔinajan，阿美语 faʔinajan < *ma-ʔina-jan，词根与阿伊努语“男人”ainu < *ʔa-ʔinu，阿者拉语“丈夫”o-na < *ʔo-na，马那姆语“女人”aine < *ʔa-ʔine，日语“女人”onna < *ʔona 对应。

“男人”邵语 ajuði < *ʔalu-ði，邹语 hahotsəŋʉ < *lalo-təŋ。与其词根对应的是布吉斯语（Bugis）kallolo（年轻男子）。

“男人”雅美语 mehakaj < *me-lakaʔi。与其对应的是“男人”印尼语 laki-laki，巽他语 lalaki < *laki。

“女人”雅美语 mavakeʂ < *ma-bakes，对应的是布昂语“女人”aβɛɣ < *ʔabag。布依语 buɯk^{7}，水语 bjaːk^{7} < *s-blak。巴厘语 bibik（姑姑），爪哇语 buliʔ（姨妈）< *bibik / *bilak。

2. 阿尔泰语的情况

（1）突厥语

“人”维吾尔语 kiʃi，西部裕固语 kəʃi，图瓦语 giʃi < *kili。汉语“子” *skləʔ。[①]“男人”藏文 skjes < *skle-s。

“男人”古突厥语、维吾尔语、图瓦语 er，蒙古语 ər，东乡语 ərə < *ʔerə。南岛语与其有对应关系的是：“男的”罗维阿纳语 koreo < *kore-ʔo。“朋友”勒窝语 erau < *ʔera-ʔu。“敌人”鄂温克语 əru bəjə < *ʔəru。

“女人”西部裕固语 dʒin < *gin。撒拉语 kinə < *kinə。有对应关系的大约是“人”壮语龙州话 kən² < *gən。“女人”达斡尔语 əmgun，东乡语 əmə kun < *ʔəmə-gun（母—人）。

（2）蒙古语族语言

“人”达斡尔语 xuː，蒙古语 xʉŋ，保安语 kuŋ，土族语、东乡语 kun < *qu / *qun。*qun 是 *qu 的衍生。*-n 后缀在东亚关于“人”的称呼中是常见的，在后元音之后或读作 *-ŋ。拉基语 qu²¹，布朗语胖品话、巴塘话 ʔu⁵¹ < *ʔu，同达斡尔语 xuː 和蒙古语的 xʉŋ 有共同的来源。ʔ-、q- 作为首辅音在东亚太平洋语言中的交替是常见的。

“女人、妻子”蒙古语 əxnər < *ʔəq-nər，书面语 ekener < *ʔeke-nər。“母”蒙古语正蓝旗话 əx，阿拉善话 eŋk，都兰话 eke，达斡尔语 əg 同源，是“女人、妻子”中的修饰成分。*ʔeke-nər 的词根是 *nər，与朝鲜语“妻子” manur < *ma-nur，泰雅语“女人”*kənar-il 中的词根 *kə-nar 有词源关系。

“女人”达斡尔语 əmgun，东乡语 əmə kun < *ʔəmə-gun，字面意思“女—人”。如东乡语“女人”əməs < *ʔəmə，原本也是指“人”。如鲁凯语 umas < *ʔumas。马绍尔语 aɽmɛts < *ʔar-mas，波那佩语 aramas < *ʔara-mas。

---

① 先秦“子”有多种意义，可以是“儿子”“儿女”“男子（或女子）”“士大夫”“己之师”“子爵”等。早期汉语“子”，义为“小儿”。可能受藏缅语影响，西周时“子”为“男子”的尊称，进而有种种引申义。

“人”傣语 kun² < *gun。

（3）满通古斯语

满通古斯语族通常区分为满和通古斯两个语支，女真和锡伯属于满语支。关于“人”的说法是不同的，可以分为四类：满语 nijalma < *niral-ma；锡伯语 nan < *nan；鄂伦春语、鄂温克语 bəjə < *bərə；赫哲语 nio，索伦语 nirō < *niro，女真语（捏儿麻）*nirma < *nir-ma。

与满语“人”*ʔiral-ma 对应的是，鄂伦春语“男人”*ʔiral，桑塔利语 hẹrẹl < *qerel。

“男人”满文 haha < *qa-qa，与南岛语“人”“兄长”有词源关系，如沙巴语“人”aʔa < *ʔa-ʔa。“兄长”排湾语 kaka，木鲁特语 akaʔ，梅柯澳语 aa < *qaqa。

“女人”满文 hehe < *qe-qe。“人”罗维阿那语 ti-e < *ti-ʔe。

（4）朝鲜语

“人”朝鲜语 saram < *saram。“男人、男子”朝鲜语 namtʃa < *nam-da。

“男子”朝鲜语 sanɛ < *sana。“丈夫”阿者拉语 o-na < *ʔo-na。“女人”日语 onna < *ʔona。

“女人”朝鲜语 njətʃa < *nur-ta。“妻子”朝鲜语扶安方言 manur < *ma-nur。“女人、妻子”蒙古语 əxnər < *ʔəq-nər。

（5）日语

“人”日语 mita < *mi-ta。① 藏文 mi，达让僜语 me³⁵，兰坪普米语 mi < *mi。道孚语 sme < *s-mi。“女人”嘉戎语 tə mi < *mi。

“男人”日语 otoko < *ʔo-toko。“人”他加洛语 tāgu < *taŋu。“男人”汤加语 taŋata，东斐济语 taŋane < *taŋa-ta / *taŋa-ne。

“女人”日语 onna < *ʔona。马那姆语（Manam）aine < *ʔa-ʔine。鄂罗克语 inja < *ʔina。汉语“女”*s-na-ʔ。“人”苗语 *s-ne。

---

① *-ta 后缀可能来自早期的南岛语，我们在南岛语、朝鲜语和日语中可以找到它的存在。

（6）阿伊努语和爱斯基摩语

“人、男人”阿伊努语 ainu < *ʔa-ʔinu。“男人”爱斯基摩语 inuk < *ʔinuk。

“人、丈夫、男人”，阿伊努语 kur < *kur。“丈夫”哈萨克语 kyjew，维吾尔语 kyjø < *kure。

“女人”阿伊努语 menoko < *me-noko。爱斯基摩语 arnak < *ʔar-nak。

3. 汉藏语

汉民族自称“汉”，春秋时的中原民族自称“夏”，或称“诸夏”，是继承夏商中原传统文化或认同中原文化诸民族的自称。藏文中汉人叫作 rgja < *gra，自称 bod。壮语武鸣话汉人叫作 pou^{4}kun^{1} < *bu-kun，自称 pou^{4}ɕuːŋ^{6} < *bu-gruŋ。汉语“夏”古音 *gras，与藏文记录符合。藏人的自称就是藏文“女人”bud med 中的第一个成分。壮语武鸣话汉人 kun^{1} 可能来自“汉”。

（1）汉语

汉语“人”“男人”“女人”的说法里隐藏着早期的历史。

“人”汉语 *nin。“女人”萨萨克语 ninə，瓜依沃语 noni。“年轻男子”南密语 n̥in。

“男人”汉语 *nəm（男）。朝鲜语 namtʃa < *nam-ta。“兄弟或姐妹”巴厘语 n̥amə < *namə。“客人”景颇语 mǎ^{31}nam^{31} < *ma-nam。独龙语 pɯ^{31}nɑm^{55} < *pə-nam。阿侬怒语 mɯ^{31}nɛm^{35} < *mu-nem。把“男人”叫作“客人”，是母系氏族社会习俗的遗留。

据考殷商“毋”“母”“女”一字，为（甲 230）（母戊觯）等，代表三个读音：“毋”*mo，“母”*moʔ > *məʔ，“女”*s-naʔ。

《诗经》中未嫁女子称为“女”，汉语“女”*s-na-ʔ。“女儿、姑娘”，撒拉语 ɑnɑ < *ʔana。“儿媳妇”藏文 mnaɦ ma < *m-na。

汉语“母”*moʔ > *məʔ。“人”鲁凯语 umas < *ʔumas。马绍尔语 aɽmɛts < *ʔar-mas，波那佩语 aramas < *ʔara-mas。“女人”东乡语

əməs < *ʔəməs。“妻子”塔米语 u-mā，克伦语叶他拉话 mā < *ʔuma / *ma。

（2）藏缅语

“人”藏文 mi，达让僜语 me^{35}，兰坪普米语 mi < *mi。“女人”嘉戎语 tə mi < *mi。“丈夫”布朗语甘塘话 mai^{31}，胖品话 m̥ɣi^{55} < *s-mi。佤语马散话 ʔa mɛiʔ，艾帅话 meʔ < *miʔ。“男人”佤语马散话 ʔa mɛiʔ，艾帅话 si meʔ，德昂语硝厂沟话 ʔi mai < *mi / *simi。

“男人”巴尔蒂语、拉达克语、卡瑙里语、塔米语 mi，古隆语 hmi < *mi。

“已婚男子”罗东语（Rodong，Chamling）mi-nɑ < *mi-na。

“已婚男子”瓦零语（Waling）mɑ-nɑ < *ma-na。①

“男人”藏文 skjes < *skle-s。汉语 *skləʔ（子）。缅文 ka^{1}le^{3}（小孩），载瓦语 kje^{51}（士兵）< *kale。

“男人”爱摩尔语（Aimol）、戈尔何棱语（Kolhreng）pɑ-sɑl，齐鲁语（Chiru）ɑ-pā < *pa-sal / *ʔapa。

“女人”嘉戎语 tə mi < *mi。

“女人”藏文 bud med < *but-met。钦本语 hmāt-to < *smat-。

藏缅语的支系中，除了彝缅和克伦，“男人”叫作 mi 分布比较广，“女人”的叫法差异较大。缅语支、彝语支语言“人”和“女人”分别有相近的说法。

“人”缅文 lu^{2}，土家语 lo^{53} < *lu。阿昌语 tʂo^{55}，仙岛语 tʂu^{55}，载瓦语 pju^{51}，勒期语 pju^{31} < *plu。彝语喜德话 tʂo^{33}，彝语撒尼话 tso^{33}，哈尼语绿春话 tsho^{55} < *plo。

“男人”缅文 jɔk kja^{3}，载瓦语 luʔ^{21}ke^{51} < *lu-kle。马鲁语 mru < *mru。纳西语 zo^{33} < *ru。

“女人”缅文 min^{3} mɑ^{1} < *mi-maʔ。载瓦语 mji^{21}ve^{21} < *mi-b^{w}e。怒苏怒

① 瓦零语 dū-wɑ < *du-ma。（未婚男子）

语 mi^{31} < *mi。

（3）苗瑶语

1）"人"苗语养蒿话 $nɛ^{2}$，野鸡坡话 na^{A}，大南山话 nen^{1} < *s-ne。对应的苗、瑶人自称：

红苗 $pa^{42}na^{213}$，背篓瑶 $pu^{53}nu^{42}$，土瑶 $nu^{42}nu^{42}$。[①]

2）"人"瑶语江底话 $mjen^{2}$，东山话、大坪话 min^{2} < *mren。对应的瑶人自称：

过山瑶 min^{21}，盘瑶 $jeu^{31}mjen^{31}$，东山瑶 $bjao^{31}min^{31}$，排瑶 $dzao^{53}min^{53}$。

4. 南亚语

南亚语系的语言中"男人""女人"都有叫作 mi 的。这应该是早期"人"称为 *mi 的部落扩散的结果。

（1）高棉语

从"人""男人""女人"的叫法看，与古高棉语 *bal 这个支系有渊源的人在藏缅和南亚语中都曾有扩散。

"人"高棉语 kbaːl < *kə-bal。"男人"桑塔利语 hep̱eḻ < *qepel。迪马尔语 wɑ vɑl < *ma-b^{w}al。

"人、人们"柬埔寨文 tʃuən < *kun。"男人"尼科巴语 kikɔnjø < *ki-kono。

"女人"高棉语 me < *mi。

（2）佤语

"人"佤语马散话 phui，艾帅话 pui，孟汞话 phi，德昂语硝厂沟话 vi < *pri。"男人"卡西语 briw < *bru。哈拉朱乌语 kamũrũ < *ka-buru。

"男人"佤语马散话 ʔa mɛiʔ，艾帅话 si meʔ，德昂语硝厂沟话

① 陈其光：《苗瑶语文》，中央民族大学出版社 2012 年版，第 7 页。

ʔi mai < *mi / *simi。“丈夫”布朗语甘塘话 mai^{31}，胖品话 m̥ɤi^{55} < *s-mi。佤语马散话 ʔa mɛiʔ，艾帅话 meʔ < *miʔ。

“女人”佤语马散话 ʔa pon，佤语艾帅话 būn，德昂语硝厂沟话 ʔi bʌn < *bun。

（3）桑塔利语

“人”桑塔利语 manawa < *mana-ba。“已婚男子”瓦零语 mɑ-nɑ < *ma-na。

“男人”桑塔利语 he̱re̱l < *qerel。“女人”桑塔利语 ʌimʌ̃ i < *ʔe-mi。

（4）尼科巴语

“人、男人”尼科巴语 tarik < *ta-rik。“女人”那加语南桑亚方言（Namsangia）dēhiek，昌方言（Chang）jɑk-sɑ < *de-rek / *rak-sa。

“男人”尼科巴语 kikɔnjø < *ki-kono，enkoiṇɑ < *ʔe-kona。

“女人”尼科巴语 kikānø < *ki-kano，enkānɑ < *ʔe-kana。

“人”“男人”“女人”称为 *mi 和 *s-mi 的，主要是藏缅和南亚的语言，属于个别情况的是日语。藏缅和南亚是早期同一语群的语言，它们有很多共同的特点。南亚语中也保留着汉藏语普遍使用的人称代词。如卡西语“我”ŋā < *ŋa，苏开语（Sukai）eŋ < *ʔaŋ。

◇ 四 词源关系分析

“人”称为 *ʔu 和 *ta-ʔu 的语言，主要属于南岛语系，通常这些语言有比较多基本词有对应关系。其他如仡央语支的语言拉基语 qu^{21} < *ʔu。

1. *b^{w}ira（*bərə、*beri）

“人”鄂伦春语、鄂温克语 *bərə，鄂罗克语 *b^{w}ira。“女人、妻子”土族语 beːrə、东乡语 biəri < *beri。"媳妇"蒙古语 bər，达斡尔语 bəri < *bəri。汉语 *pirs（妣），"灵魂"西部裕固语 ever < *ʔeb^{w}er。

> "人"古法语 persone、拉丁语 persona < *perso-。
>
> "男人"立陶宛语 výras、拉丁语 vir、哥特语 wair、古英语 wer、古爱尔兰语 fer < *b^{w}ira。"英雄"梵语 vīras < *b^{w}ira-。古英语 wer 后来被 man 所取代。
>
> "求婚"德语 freien，"妻子"古英语 freo。

"男人"车臣语 bojrșa stag < *borsa-。匈牙利文"人"ember，"男人"ember、ferfe、ferj、katona，"丈夫"ferj。

2. *b^{w}ado（*mat、*but、b^{w}edo、*matu）

"人"伊拉鲁吐语 matətu < *matu。"女人"爪哇语 wɔŋ wedɔʔ < *b^{w}o-b^{w}edo，藏文 *but-met。"女人、妻子"阿伊努语 *mat。"我们"蒙古语、土族语、保安语 *buda。

> "男人"古挪威语 maðr、丹麦语 mand、哥特语 manna < *mada。

"男人"高棉语 mnys < *mnus，来自古印度语。如：

> "人、英雄"古英语 mann，"男人、雄性"阿维斯陀经 manu-、梵语 manuh < *manu-。
>
> "男人"达罗毗荼语系科拉瓦语（Korava）manusu，科达古语（Kodagu）mānus。

3. *mi（*ʔumi、*me）

"人"鲁凯语 *ʔumes，藏文、达让僜语、兰坪普米语 *mi。"男人"恩语（En）*ʔumi。"女人"柬埔寨文 mē < *me，嘉戎语 tə mi < *mi。

> "男人"意大利语 uomo、古法语 umain（形容词）< *ume。

"人"阿杰语 kɑ̃mɔ < *ka-mo。"女人"印尼语 pər-əmpu-an < *ʔəbu，汉

语 *bəʔ（妇）、*məʔ（母），前缀 *ʔu- 容易把词根的元音变做 *u。加前缀 *ta- 为 *tamu。

4. *tamu（*tamo）

“人”多布语、吉尔伯特语、东部斐济语 *tamu-ta，马那姆语 *tamo-ʔata，宁德娄语 *dama-k。“女人”龙州壮语 ti^6me^6 < *dimis。

“人”希腊语 atomo。“妻子”赫梯语 dam。

“人、男人”格鲁吉亚语 adamiani < *adami-ani。“人”车臣语 adam。

5. *kili（*klə）

“人”维吾尔语、西部裕固语、图瓦语 *kili。汉语 *s-kləʔ（子）。

“人、男人”俄语 tɕjelovek < *kelo-b^wek（最初的字面意思可能是“男人—女人”）。

“女人”雅美语 mavakeʂ < *ma-b^wakes，布昂语 aβɛɣ < *ʔab^wag。

6. *nura（*niro、*nir、*nara、*nur、*nər）

“人”赫哲语、索伦语 *niro，女真语 *nir-ma。“男人”卑南语 maʔinajan，阿美语 faʔinajan < *maʔi-naran。阿美语 faʔinajan < *paʔi-naran。“女人”朝鲜语 njətʃa < *nur-。“女人、妻子”蒙古语 əxnər < *ʔəq-nər。“妻子”朝鲜语扶安方言 manur < *ma-nur。

“男人”梵语 nara、希腊语 aner、威尔士语 ner、亚美尼亚语 ayr。 “男人”阿尔巴尼亚语 njeri < *neri。“女人”梵语 nari。

“人类”格鲁吉亚语 adamianuri < *adami-anuri。[1]

① 格鲁吉亚语 *adami-anuri 对应于“人”希腊语 atomo 和赫哲语、索伦语 *niro。

7. *g^{w}uni（*g^{w}un、*kun、*kini、*kəne）

“人”壮语 *g^{w}un，柬埔寨文 *kun。“女人”西部裕固语 dʒin，撒拉语 kinə < *kini。克木语 tɕəm kɤ̆n < *kim-ken。户语 khɤn^{31} < *ken。尼科巴语 kikānø < *ki-kano。

> “女人”希腊语 gune，“女人、妻子”希腊语 gunaika < *guna-ika。
> “皇后、女人、妻子”古英语 cwen、古挪威语 kvaen、哥特语 quens、亚美尼亚语 kin（女人）< *k^{w}en。
> “女人”古波斯语 genna < *gina，梵语 janis、阿维斯陀经 jainiʃə（妻子）< *ganis。

8. *qoru

“人、男人”桑塔利语 hoɽ < *qor。“男人”维吾尔语、图瓦语 er，蒙古语 ər，东乡语 ərə < *ʔerə。“敌人”鄂伦春语、鄂温克语 əru < *ʔəru。

> “英雄”拉丁语 hero，希腊语 heros < *qero-。

9. *dala

“人”西部斐济语 *dala。

> “人”阿巴齐语 dałaː < *dala。
> “人”达科他语 wetʃaʃta、苏语 we-tʃhosh-dah < *be-dada。那瓦特尔语tlatʃa-tl < *data(-tl 单数名词后缀)。“人”塔希提语 taʔata < *ta-ʔata，拉加语 atatu < *ʔatatu。

西部斐济语“人”与一些印第安语的说法一致，这一点可能不是偶然的，另外一些词的词源关系可以说明西部斐济人可能和印第安人的关系较密切。

10. *nini

汉语 *nin（人）。“女人”萨萨克语 ninə，瓜依沃语 noni。“年轻男子”

南密语 ɳin。

苏米尔语“女士”in-nin，“女士、王后、姐妹”nin，“生殖女神”nin-tur（女一孩子）。

阿卡德语“女神”nin-，“风神之妻”ninlil < *nin-lil，“甜水神”ninmah < *nin-maq。

“人”玛雅语 unɛkʔ < *ʔunek，对应于爱斯基摩语“男人”*ʔinuk。爱斯基摩语另外一些词与印第安语对应，我们有理由相信在史前北上和西进的道路上爱斯基摩人和玛雅人等曾经是关系密切的人群，西伯利亚东部的沿海地区是他们进入美洲的主要通道。

“男人”的词源关系

部落时代氏族联姻，来自部落名的“人”的称呼可转指“女人”或“男人”，也可能有相反的情况，原指“男人”后来指“人”。亚欧语言“男人”的说法多与“人”“女人”的说法有词源关系，也有与“敌人”“朋友”等的说法有词源关系。

◇ 一　东亚太平洋语言的“男人”

“男人”主要有以下说法：

1. *ʔere / *ʔere-gun / *ʔi-ʔere-man

古突厥语、维吾尔语、图瓦语 er，蒙古语 ər，东乡语 ərə，东部裕固语 ere < *ʔere。

达斡尔语 ərgun < *ʔere-gun。（男人、丈夫）

夸梅拉语 i erman < *ʔi-ʔere-man。

2. *dede / *tote / *tota-na

土族语 dəde < *dede。（男人、丈夫）

东部裕固语 søtə < *tote。（男人、丈夫）

托莱语 totanə < *tota-na。

3. *qaqa

满文 haha < *qaqa。

4. *ʔiral

鄂伦春语 nɪraj（bəjə）< *ʔiral。

5. *namə-da / *nəm

朝鲜语 namtʃa < *nam-da。（男人、男子）

汉语 *nəm（男）。

6. *sana / *mi-na / *ma-na

朝鲜语 sanɛ < *sana。（男子）

罗东语（Rodong, Chamling）mi-nɑ < *mi-na。（已婚男子）

瓦零语（Waling）mɑ-nɑ < *ma-na。（已婚男子）[①]

7. *ʔotoko

日语 otoko < *ʔotoko。

8. *kur

阿伊努语 kur < *kur。（人、丈夫、男人）

9. *ʔa-ʔinu

阿伊努语 ainu < *ʔa-ʔinu。

---

① 瓦零语 dū -wɑ < *du-ma。（未婚男子）

10. *mama / *mama-liku

萨萨克语 mamə < *mama。

泰雅语 mamaɬiku < *mama-liku。

11. *taʔu / *taʔo-taʔo

莫图语 tau（复数 tatau） < *taʔu。

查莫罗语 taotao < *taʔo-taʔo。（人、男人）

12. *laki / *laqe / *laga-ʔi / *luk-paʔ

印尼语 laki-laki < *laki。查莫罗语 lahe < *laqe。

达阿语 la^{ŋ}gai < *laga-ʔi。

黎语通什话 ɬɯʔ^{7}pha^{3} < *luk-paʔ。

13. *kamaman-raɭan / *qerel

赛夏语 kamamanraɭan < *kamaman-raɭan。

桑塔利语 he̱re̱l < *qerel。

14. *mane

乌玛语 to-mane，宁德娄语 m^{w}an < *mane。

15. *ʔagom / *gom

亚齐语 agam < *ʔagom。

嫩戈内语（Nengone）ŋom < *gom。

16. *taŋa-ta / *taŋa-ne / *qaqo-təŋu

东部斐济语 taŋane，汤加语、毛利语 taŋata < *taŋa-ne / *taŋa-ta。（人、男人）

夏威夷语 kănăkă < *taŋa-ta。（人、男人）

邹语 hahotsəŋʉ < *qaqo-təŋu。

17. *ʔuqala-ʔi

排湾语 ʔuqalai < *ʔuqala-ʔi。

18. *maʔi-naran / *paʔi-naran

卑南语 maʔinajan，阿美语 faʔinajan < *maʔi-naran。

阿美语 faʔinajan < *paʔi-naran。

19. *sab^{w}ala-ʔi

鲁凯语 sawalaj < *sab^{w}ala-ʔi。

20. *kale-s / *s-kləʔ / *gle

藏文 skjes < *kale-s。

汉语 *s-kləʔ（子）。[①]

克木语 gle，布兴语 le < *gle。

21. *mi / *simi / *miʔ / *simiʔ / *ʔi-mi

巴尔蒂语、拉达克语、卡脑里语、塔米语 mi，古隆语 hmi < *mi / *simi。

佤语马散话 ʔa mɛiʔ，艾帅话 si meʔ < *miʔ / *simiʔ。

德昂语硝厂沟话 ʔi mai < *ʔi-mi。

22. *ʔapa-ma

他杭语 apama: < *ʔapa-ma。

---

① 殷商甲骨文“子”义为“小儿”。西周时“子”为“男子”的尊称，进而有其他引申义。

23. *pa-sal / *ʔapa。

爱摩尔语（Aimol）、戈尔何棱语（Kolhreng）pɑ-sɑl < *pa-sal

齐鲁语（Chiru）ɑ-pɑ̄ < *ʔapa。

24. *posi

壮语武鸣话 pou^{1}saːi^{1} < *posi。

25. *di-ʔbo

壮语龙州话 ti^{6}po^{6} < *di-ʔbo。

26. *ʔi-ʔban

水语 ai^{3m}baːn^{1} < *ʔi-ʔban。

27. *graŋ

苗语养蒿话 tɕaŋ^{6}，勉语樑子话 kjaŋ^{6} < *graŋ。

28. *ki-kono

尼科巴语 kikɔnjø < *ki-kono。

29. *qara / *ʔara-ʔi

蒙达语 hɑɽɑ < *qara。

劳语 ārai < *ʔara-ʔi。

30. *ʔumi / *ʔimi

恩语（En）u-mē < *ʔumi。巴饶湾语（Palaung）i-mē < *ʔimi。

◇ 二　“男人”的词源对应关系

1. “男人”和“人”

“男人”兼指“人”，如阿伊努语 kur、查莫罗语 taotao、东部斐济语 taŋane、汤加语和毛利语 taŋata、夏威夷语 kănăka 等。两种说法有交叉对应关系的：

（1）满文 *qaqa，“人”沙玛语 aʔa < *ʔaʔa。“兄长”排湾语 kaka、木鲁特语 akaʔ、梅柯澳语 aa < *qaqa。

（2）邹语 hahotsəŋʉ < *qaqo-təŋu，“人”他加洛语 tāgu < *taŋu。

（3）莫图语 *taʔu，“人”达阿语、布吉斯语、贡诺语 tau，乌玛语 tau-（na）< *taʔu。

（4）汉语 *s-kləʔ（子），“人”维吾尔语 kiʃi，西部裕固语 kəʃi，图瓦语 giʃi < *kili。

（5）德昂语硝厂沟话 *ʔi-mi。“人”藏文 mi、达让僜语 me^{35}、普米语 mi < *mi。

2. “男人”和“女人”

一个支系如果与另外两个支系分别有男婚和女嫁的关系，可能出现另外的这两个支系用同样的说法分别指“女人”和“男人”。

（1）阿伊努语 *ʔa-ʔinu。“女人”马那姆语（Manam）aine < *ʔa-ʔine。

（2）瓜依沃语 wane < *bʷane。“女人”毛利语 wahine、夏威夷语 wăhinĕ、塔希提语 vahine、萨摩亚语 fafine < *bʷapine。

（3）贡诺语 buruʔne < *buruʔ-ne。“女人”巴塔克语 boru-boru < *boru。“女人、妻子”土族语 beːrə、东乡语 biəri < *beri。

（4）德昂语硝厂沟话 *ʔi-mi。“女人”嘉戎语 tə mi < *mi，壮语龙州话 ti^{6}me^{6} < *di-mi。

3.“男人”和“朋友”

（1）锡克语 ata laʔi < *ʔata-laʔi。“人”塔希提语 taʔata < *ta-ʔata。“朋友”满文 anda（宾友），锡伯语 anda < *ʔada。

（2）莫图语 *taʔu。“人”卡加延语 ittaw < *ʔi-taʔu，“朋友”东部斐济语 itau < *ʔi-taʔu。

（3）古突厥语、维吾尔语、图瓦语、蒙古语、东乡语、东部裕固语 *ʔere。“朋友”勒窝语 erau < *ʔera-ʔu。

4.“男人”和“敌人”“仇人”

（1）锡克语 ata laʔi < *ʔata-laʔi。“人”塔希提语 taʔata < *ta-ʔata。“敌人”日语 ada < *ʔada。

（2）古突厥语、维吾尔语、图瓦语、蒙古语、东乡语、东部裕固语 *ʔere。“敌人”马那姆语 ereʔei < *ʔere-ʔei。

（3）鲁凯语 *sab^{w}ala-ʔi。“敌人”鲁凯语 baða < *bala。贡诺语bali < *bali。

（4）克木语、布兴语 *gle。汉语 *glu（雠）。

（5）苗瑶语 *graŋ。“仇人”藏文 dgra bo，嘉戎语 tə gre，墨脱门巴语 dʐa < *d-gra。

◇ 三　词源关系分析

1. *b^{w}ira（*buru、*boru、*bira、*beri、*bri、*bru）

“男人”贡诺语 buruʔne < *buruʔ-ne，卡西语 briw < *bru，克木语 tɕəm brɔʔ < *kə-broʔ。

“女人”巴塔克语 boru-boru < *boru。

“人”鄂伦春语、鄂温克语 *bərə，鄂罗克语 firja < *bira。

“女人、妻子”土族语 beːrə、东乡语 biəri < *beri。

“媳妇”蒙古语 bər，达斡尔语 bəri < *bəri。

“男人”立陶宛语 výras，拉丁语 vir，哥特语 wair，古英语 wer，古爱尔兰语 fer < *b^wira。“丈夫”粟特语 wir < *b^wir。

“英雄”梵语 vīras < *b^wira-。古英语 wer 后为 man 所取代。

2. *nura（*naran、*nur、*nər、*nir）

“男人”卑南语、阿美语 *maʔi-naran，阿美语 *paʔi-naran。

“女人”朝鲜语 njətʃa < *nur-。“女人、妻子”蒙古语 əxnər < *ʔəq-nər。

“妻子”朝鲜语扶安方言 manur < *ma-nur。汉语 *s-nir（妻）。

“男人”梵语 nara、希腊语 aner、威尔士语 ner、亚美尼亚语 ayr。

“男人”阿尔巴尼亚语 njeri < *neri。“女人”梵语 nari。

“男人、人、英雄”和阗塞语 nata- < *narta。①

“人类”格鲁吉亚语 adamianuri < *adami-anuri。

3. gom（*ʔagom）

“男人”亚齐语 *ʔagom、嫩戈内语 *gom。

“男人”古英语 guma、法语 homme < *gume。

4. *mi（*ʔumi、*me）

“男人”恩语（En）*ʔumi。

“人”鲁凯语 umas < *ʔumes，藏文 mi、达让僜语 me^{35}、普米语兰坪话 mi < *mi。

“女人”柬埔寨文 mē < *me，嘉戎语 tə mi < *mi，壮语龙州话 ti^6me^6 <

① H. W. Bailey, *Dictionary of Khotan Saka*, p.172.

*mi。

“男人”意大利语 uomo、古法语 umain（形容词）< *ume。
“女人、妻子”法语 femme < *b^{w}eme。“女人”古英语 wif，古挪威语 vif，丹麦语 viv < *b^{w}ib。

5. *mori

“人”罗杜马语 famori < *ba-mori。

“结婚”拉丁语、意大利语 maritare、西班牙语 maridare，古法语 marier < *mari-。
“已婚男子、丈夫”拉丁语 maritus。“年轻男子”梵语 marya-。
“男人、丈夫” 亚美尼亚语 mard < *mard。
“男人、雄性”古教堂斯拉夫语 mozi，“男人”波兰语 mąz < *m^{w}ori。
“男人”俄语 muztɕina < *mur-kina。西班牙语 hombre < *kubre。

如汉语称“新郎、新娘”为“新人”，印欧语 *mari 原指“年轻的男子或女子”，母系时代或专指加入母系大家庭的“年轻男子”。

“好的”菲拉梅勒语 marie < *mari-ʔe。鄂罗克语 maːr < *mar。

“新的”巴厘语 marə < *maru。依斯那格语 baru < *baru。那大语muzi < *muri。

“好的”阿尔巴尼亚语 mirë < *miro。

6. *besi（*ʔuməs、*posi）

“男人”壮语武鸣话 *posi。

“女人”达阿语 besi < *besi，东乡语 əməs < *ʔuməs。

“妻子”西班牙语 esposa、葡萄牙语 espôsa < *esposa。

7. *tamu（*tamo）

“人”多布语、吉尔伯特语、东部斐济语 *tamu-ta。马那姆语 *tamo-ʔata，

宁德娄语 *dama-k。

“男人”乌尔都语 aːdmi。“人”希腊语 atomo。 “妻子”赫梯语 dam。

8. *toko

“男人”日语 otoko < *ʔotoko。汉语 *dək（特，《说文》牛父也）。

“男人、雄性”粟特语 δx < *dak。

“女人”的词源关系

古汉语“未婚女子”称“女子”，“已婚女子”称“妇”。现代称“未婚女子”为“姑娘”。一些语言中“女人”又是“妻子”的代称。亚欧语言“女人”的说法可能与“人”“男人”的说法有词源关系。

◇ 一　东亚太平洋语言的“女人”

“女人”主要有以下说法：

1. *kadin / *mat-kati

土耳其语 kadin < *kadin。（已婚女子）
阿伊努语 matkatʃi < *mat-kati。（姑娘）

2. *baran

土耳其语 bajan < *baran。

3. *duger / *nugur

图瓦语 dʒygɛːr < *duger。
达斡尔语 nugur < *nugur（女人、妻子）。

4. *kini / *kəne-ril

西部裕固语 dʒin，撒拉语 kinə < *kini。

泰雅语赛考利克方言 kənɛril，泽敖利方言 kanajril < *kəne-ril。

5. *ʔuməs / *ʔuməgte / *ʔumə-gun

东乡语 əməs < *ʔuməs。

蒙古语 əːməgteː < *ʔuməgte。

达斡尔语 əmgun，东乡语 əmə kun < *ʔumə-gun。

6. *ʔəq-nər / *nər-da

蒙古语 əxnər < *ʔəq-nər。（女人、妻子）

朝鲜语 njətʃa < *nər-da。（女人、女子）

7. *qeqe

满文 hehe < *qeqe。

8. *ʔada-ro

赫哲语 adzan nio < *ʔada-ro。

9. *ʔali

鄂伦春语 aʃɪː（bəjə），鄂温语 aʃɪ（bəjə）< *ʔali。

10. *ʔona / *nene-gun / *s-na-ʔ

日语 onna < *ʔona。土族语 nəne kun < *nene-gun。

汉语 *s-na-ʔ（女）。

11. *me-noko / *s-me / *mi / *ʔemi

阿伊努语 menoko < *me-noko。

道孚语 sme < *s-me。嘉戎语 tə mi < *mi。

桑塔利语 ʌimʌ̃i < *ʔemi。

12. *mat / *but-met / *but-bala

阿伊努语 mat < *mat。（女人、妻子）

藏文 bud med < *but-met。

卡乌龙语 βut βala < *but-bala。

13. *ma-b^{w}akes / *ʔab^{w}ag

雅美语 mavakeʂ < *ma-b^{w}akes。

布昂语 aβɛɣ < *ʔab^{w}ag。

14. *ʔəbu / *bəʔ

印尼语 pər-əmpu-an < *ʔəbu。

汉语 *bəʔ（妇）。

15. *palu-ʔan

查莫罗语 palauan < *palu-ʔan。

16. *boru / *beri / *ʔabar

巴塔克语 boru-boru < *boru。

土族语 beːrə，东乡语 biəri < *beri。（女人、妻子）

鲁凯语 ababaj < *ʔabar。

17. *sira

勒窝语 sira < *sira。

18. *noni / *ʔa-ʔine

萨萨克语 ninə，瓜依沃语 noni < *noni。

马那姆语（Manam）aine < *ʔa-ʔine。

19. *deda

沙玛语 denda < *deda。

20. *ʔab^{w}eb^{w}e / *b^{w}apine / *papine

巽他语 awewe < *ʔab^{w}eb^{w}e。

毛利语 wahine，夏威夷语 wăhinĕ，塔希提语 vahine，萨摩亚语 fafine < *b^{w}apine。

莫图语 hahine，梅克澳语 papie < *papine。

21. *besi / *di-mis

达阿语 besi < *besi。

壮语龙州话 ti^{6}me^{6} < *di-mis。

22. *ma-sto

马加尔语 masto < *ma-sto。

23. *ʔamama

他杭语 amamaː < *ʔamama。

24. *bo

苗语大南山话 po^{2}，石门坎话 bɦo^{2} < *bo。

25. *ʔblak

布依语 bɯk^{7}，水语 bjaːk^{7} < *ʔblak。

26. *bun / *li-bun

佤语马散话 ʔa pon，佤语艾帅话 būn，德昂语硝厂沟话 ʔi bʌn < *bun。巴拉望语、摩尔波格语、布拉安语 libun < *li-bun。

27. *kim-ken / *ken / *pusiŋ-makan

克木语 tɕəm kɤ̆n < *kim-ken。

户语 khɤn³¹ < *ken。

布兴语 pu ʃiŋ ma kan < *pusiŋ-makan。

28. *kuri

蒙达语 kuɽi < *kuri。（女人、妻子）

29. *ki-kano

尼科巴语 kikānø < *ki-kano。

◇ 二 "女人"的词源对应关系

1. "女人"和"人"

东亚太平洋一些语言"人"的称呼在另外的语言中指"女人、妻子""男人、丈夫"等。母系社会状态下，"女人"的叫法容易来自"人"的称呼。"人"的称呼可来自部落支系的名称，这一点我们在《人》篇中已提到。

（1）东乡语 *ʔuməs。"人"鲁凯语 umas < *ʔumas，马绍尔语 aɽmets < *ʔar-mas，波那佩语 aramas < *ʔara-mas。

（2）满文 *qeqe，"人"罗维阿那语 ti-e < *ti-qe。

（3）日语 *ʔona，“人”锡伯语 nan < *nan。

（4）道孚语 *s-me，嘉戎语 *mi。“人”藏文 mi、达让僜语 me^{35}、兰坪普米语 mi < *mi。他杭语 miːh < *mi-ʔ。

2.“女人”和“男人”

上文已经提到两个支系可用同样的说法分别指“女人”和“男人”的情况。如：

（1）马那姆语（Manam）*ʔa-ʔine。“男人”阿伊努语 ainu < *ʔa-ʔinu。

（2）沙玛语 *deda。“男人、丈夫”土族语 dəde < *dede。

（3）汉语 *sna-ʔ，“男人”朝鲜语 sanɛ < *sana。

（4）泰雅语 *kəne-ril。“男人”桑塔利语 he̱re̱l < *qerel。

◇ 三　词源关系分析

1. *b^wabi（*b^web^we、*b^wapi、*bu）

“女人”巽他语 *ʔab^web^we，毛利语、夏威夷语、塔希提语、萨摩亚语 *b^wapi-ne。

“女人”印尼语 pər-əmpu-an < *ʔəbu。汉语 *bəʔ（妇）。

“女人、妻子”法语 femme < *b^weme。

“女人”古英语 wif，古挪威语 vif，丹麦语 viv < *b^wib。俄语 baba。

“老妇人”和阗塞语 amai。

“男人”格鲁吉亚语 mama。

2. *mi（*ʔumi、*me）

“女人”柬埔寨文、嘉戎语 tə mi < *mi。“人”藏文 mi、达让僜语 me^{35}、

兰坪普米语 mi < *mi，他杭语 miːh < *mi-ʔ。"男人"恩语（En）*ʔumi。

"男人"意大利语 uomo、古法语 umain（形容词）< *ume。

3. *bira（*bərə、*pir、*bərə、*beri）

"女人、妻子"土族语 beːrə、东乡语 biəri < *beri。汉语 *pirs（妣）。

"人"鄂伦春语、鄂温克语 bəjə < *bərə。鄂罗克语 firja < *bira。

"姑娘、处女"粟特语 pūritʃ < *puri-k。 "妻子"古英语 freo < *pre。"求婚"德语 freien。"结婚"梵语 parini < *pari-。

匈牙利文"人"ember，"男人"ember、ferfe、ferj、katona，"丈夫"ferj，"女人"asszony、nô。匈牙利文"女人"no，相当于汉语 *sna-ʔ（女），及"女人"萨萨克语、瓜依沃语 *noni，马那姆语 *ʔa-ʔine 等。"妻子"俄语 ʐençɕina < *rena-sina。

4. *gʷani（*kini、*kano、*gʷun）

"女人"西部裕固语、撒拉语 *kini、尼科巴语 *ki-kano。

"人"壮语武鸣话 vun², 壮语龙州话 kən² < *gʷun。"男人"尼科巴语 kikɔnjø < *ki-kono。

"女人"希腊语 gune，"女人、妻子"希腊语 gunaika < *guna-ika。 "皇后、女人、妻子"古英语 cwen、古挪威语 kvaen、哥特语 quens、亚美尼亚语 kin（女人）< *kʷen。 "女人"古波斯语 genna < *gina，梵语 janis、阿维斯陀经 jainiʃə（妻子）< *ganis。

5. *bʷado（*mat、*but、bʷedo、*matu）

"女人、妻子"阿伊努语 *mat。"女人"藏文 *but-met，爪哇语 wɔŋ wedɔʔ <

*b^{w}o-b^{w}edo。

“人”伊拉鲁吐语 matətu < *matu。

“人、英雄”古英语 mann。 “男人”古挪威语 maðr、丹麦语 mand、哥特语 manna < *mada。 “女人”（单数）和阗塞语 manɖe < *made。

6. *doda

“女人”沙玛语 *deda。“男人、丈夫”土族语 dəde < *dede，东部裕固语 søtə < *tote。

“男人”托莱语 totanə < *tota-na。

“女人”梵语 sudati。

“女人”格鲁吉亚语 dɛdakhatsɔ < *deda-gato。

7. *kuri

“女人、妻子”蒙达语 kuɽi < *kuri。

“女人、妻子”阿尔巴尼亚语 grua < *gru-a。

8. *nur（*nir）

“女人、妻子”蒙古语书面语 ekener < *ʔeke-nər。“女人”朝鲜语 njətʃa < *nur-ta。

“妻子”朝鲜语扶安方言 manur < *ma-nur。汉语 *s-nir（妻）。

“人”赫哲语 nio，索伦语 nirō < *niro。女真语（捏儿麻）*nirma < *nir-ma。

“男人”梵语 nara、希腊语 aner、威尔士语 ner、亚美尼亚语 ayr。 “男人”阿尔巴尼亚语 njeri < *neri。“女人”梵语 nari。 “男人、人、英雄”和阗塞语 nata- < *narta。[①]

① H. W. Bailey, *Dictionary of Khotan Saka*, p.172.

“妻子”和阗塞语 nārä < *naro。

9. *məgte

“女人”蒙古语 əːməgteː < *ʔuməgte。

“女人”（复数）和阗塞语 majʂ̧ī < *magsi。[①]

10. *na（*nene）

“女人”日语 *ʔona，土族语 *nene-gun。汉语 *s-na-ʔ（女）。

“男人”（复数）和阗塞语 huna < *quna。

“女人”（单数）粟特语 intʃ < *in-k。

11. *ʔada-ro

“女人”赫哲语 adzan nio < *ʔada-ro。

“妻子”赫梯语 dam，“人”希腊语 atomo。

---

① 和阗塞语 j < *g。

“头”的词源关系

亚欧语言“头”和“脑”“脸”“额”“上（面）”等的说法往往有交叉的词源关系，应是先有“头”的说法，后有“上（面）”的说法。另外与“头”的几种主要说法可能还有词源关系的是“杀”的说法，指“砍头”。如甲骨文“伐”示意以戈（戟）“砍头”。

◇ 一　东亚太平洋语言的“头”

“头”的代表性说法有：

1. *bal

土耳其语、维吾尔语 bɑʃ，哈萨克语 bɑs，西部裕固语 bɑʂ < *bal。

卡那西语（Kanashi）卡瑙里语（Kanauri）bɑl，那加语棱马方言（Rengma）peh < *bal。

2. *kapa

土耳其语 kafa < *kapa。夸梅拉语 kap^{w}a < *kapa。

3. *dolo-gori / *dili / *mi-talu

蒙古语书面语 toloɣaɪ，蒙古语 tolgœː，阿拉善话 dologoi < *dolo-gori。（头一头）

赫哲语 dili，鄂伦春语 dɪli < *dili。

马加尔语 mitalu < *mi-talu。

4. *ʔudu

满文 udʒu，锡伯语 udʐw < *ʔudu。

哈尼语 $u^{31}du^{31}$ < *ʔudu。

5. *ʔirge

索伦语 irge < *ʔirge。

6. *toroŋ

保安语 təroŋ < *toroŋ。

7. *məri / *tuburi / *bero

朝鲜语 məri < *məri。

日语（方言词） tsɪburi < *tuburi。[①]

毛利语 pero < *bero（鱼头）。

8. *gor / *de-gari / *dolo-gori / *kar

朝鲜语 kor < *gor。朝鲜语 tɛkari < *de-gari。

鄂罗克语 kaːr < *kar。

---

① “头”匈牙利文 fej < $*p^{w}er$。

9. *kasira

日语 kaçira < *kasira。

10. *sapa

阿伊努语 sɑpɑ < *sapa。

11. *punu-q

邵语 punuq < *punu-q。

12. *bətu-nuq / *b^{w}atu

泰雅语赛考利克方言 bətunux，泽敖利方言 tunux，赛德克语 tunuh < *bətu-nuq。

拉加语 b^{w}atu- < *b^{w}atu。

13. *ʔata-ma / *ʔatu / *qete

日语 atama < *ʔata-ma。

吉尔伯特语 te atū < *ʔatu。劳语 kete < *qete。

14. *ʔədas / *tadas

爪哇语 ənḍas < *ʔədas。巴厘语 təndas < *tadas。

15. *p^{w}ar / *pra

马绍尔语 p^{ɯ}aɽ < *p^{w}ar。

苗语吉卫话 pʐei^3，七百弄话 fa^3，布努语瑶里话 vɦja^3 < *pra。

16. *ta-ŋuru-ʔ

卑南语 taŋuruʔ < *ta-ŋuru-ʔ。

17. *ma-teŋa

毛利语 māteŋa < *ma-teŋa。

18. *boʔo / *ʔu-boʔo / *bo / *ʔbu / *klu-ʔbuʔ

夏威夷语 pŏŏ，塔希提语 upoʔo < *boʔo / *ʔu-boʔo。

蒙达语 bo < *bo。

景颇语 po^{33} < *bo。

壮语龙州话 hu^{1}bau^{3} < *klu-ʔbuʔ。巴琉语 ^{m}bu^{55} < *ʔbu。

19. *qlu-ʔ / *qulu / *ʔulu / *ɢe-qulu / *ɢe-lu

汉语 *qlu-ʔ（首）。

排湾语 quḷu，木鲁特语、巴塔克语 ulu，巽他语 hulu，汤加语 ʔulu < *qulu。

鲁凯语 auḷu < *ʔa-ʔulu。史兴语 ʁɛ^{33}qhʊ^{33}lu^{33}，木雅语 ʁɛ^{53}lø^{33} < *ɢe-qulu / *ɢe-lu。

20. *ʔa-ʔolo / *lu

鲁凯语 aoḷo < *ʔa-ʔolo。查莫罗语 ulo < *ʔulo。

卢舍依语（Lusei）、来语（Lai）、班尤几语（Banjogi）lū，哈卡钦语 lu < *lu。

21. *m-go / *go / *goŋ / *ga

藏文 mgo < *m-go。巴尔蒂语、拉达克语、夏尔巴语 go < *go。

缅文 khɔŋ^{3}，缅语仰光话 gɑ̃ u^{55} < *goŋ。

雅美语 oʁo < *ʔoɢo。阿杰语 g^{w}ã < *ŋgã < *ga。

22. *kluʔ / *klo

泰语 klau^{3}，壮语武鸣话 kjau^{3} < *kluʔ。

克伦语乍叶因方言（Zayein）gø klo，帕他翁方言（Padaung）kɑ klɑo < *klo。

23. *pliʔ / *p^{w}ilo-ʔu

勉语东山话 pli^{3}，罗香话 pje^{3}，大坪话 pɛi^{3} < *pliʔ。

罗图马语 filoʔu < *p^{w}ilo-ʔu。

24. *klak / *ni-ʔakrok

布兴语 klak < *klak。

爱斯基摩语 niakrok < *ni-ʔakrok。

25. *ʔdoŋ / *toŋ / *ma-teŋa

佤语马散话 dɔŋ，布朗语曼俄话 ntɔŋ^{55} < *ʔdoŋ。

坎布语（Khambu）古龙语（Kulung）toŋ，兰比匆语（Lambichong）tɑŋ < *toŋ。

毛利语 māteŋa < *ma-teŋa。

26. *tə-buŋ / *kə-poŋ / *buŋ / *moŋ / *ma-puŋa / *buŋu-ʔu / *buŋu

柬埔寨语 tboːŋ < *tə-buŋ。克木语 kɯm pŏŋ < *kə-poŋ。

阿侬怒语 a^{31} phuŋ^{55} < *buŋ。

波那佩语 mōŋ < *moŋ。毛利语 māhuŋa < *ma-puŋa。

沙阿鲁阿语 vuŋuʔu，阿美语 fuŋuh，布农语 buŋu < *buŋu-ʔu / *buŋu。

27. *giŋ-lo / *giŋ / *ki

莽语 tɕɯ^{35}lɔ^{51} < *giŋ-lo。巴饶克语（Palaung）达朗方言 giŋ < *giŋ。尼科巴语 kui < *ki。

◇ 二 “头”的词源对应关系

1.“头”和“额”“头盖骨”的词源关系

（1）邵语 *punu-q。“额”鲁凯语 puno < *puno。

（2）佤语马散话 *ʔdoŋ。“额”巴琉语 ɬaːi^{53n}djaːŋ^{53} < *li-ʔdaŋ，藏文 mdaŋ < *m-daŋ。

（3）阿美语 *buŋu-q。“头盖骨”他加洛语 buŋoʔ < *buŋu-ʔ。

（4）排湾语、木鲁特语、巽他语、汤加语等 *qulu。“头盖骨”那大语 ulu < *ʔulu。

（5）布兴语 *klak。“头盖骨”印尼语 təŋkorak，巽他语 taŋkorek < *ta-korak。“额”赛德克语 kuduruk < *kuduruk。

2.“头”和“脑”的词源关系

（1）邵语 *punu-q。“脑”沙阿鲁阿语 punuʔu，排湾语 punuq < *punu-q。博嘎尔珞巴语 pɯ niː < *puni。

（2）泰雅语赛考利克方言“头”*bə-tunuq，“脑”tunuʔ < *tunuq。

（3）吉尔伯特语 *ʔatu。“脑”依斯那格语 utaʔ，印尼语 otak < *ʔuta-q。

（4）波那佩语 *moŋ。“脑”维吾尔语 miŋɛ，西部裕固语 muŋe < *muŋe。

（5）保安语 *toroŋ。“脑”蒙古语正蓝旗方言 tɛrəx，布里亚特方言 tɑrxj < *tari-qi。

（6）土耳其语、维吾尔语、哈萨克语、西部裕固语 *bal。“脑”巴厘语 polo < *polo。

3.“头”和“脸”的词源关系

（1）罗地语 laŋa < *laŋa。“脸”马京达瑙语 raŋa < *raŋa。

（2）赫哲语、鄂伦春语 *dili。“脸”满文 dere，锡伯语 dər，鄂伦春语 dərə < *dəre。

（3）赛考利克方言 *bətu-nuq。“脸”邹语 sapətsi < *s-pəti。“额”日语 hitai < *pita-ʔi。

（4）卑南语 *ta-ŋuru-ʔ。“脸”卑南语 ʈaŋar < *ta-ŋor。

4.“头”和“上（面）”的词源关系

“头”和“上（面）”的词源关系分布于四个语系，词源关系多在语系内部。

（1）朝鲜语 *degari。“上（面）”古突厥语 jygery，维吾尔语 juquri < *du-geri。

（2）突厥语 *bal。“上面、顶部”撒拉语 bɑʃ，西部裕固语 bɑʂ < *bal。“上面”克木语 pɤh < *pəl。

（3）保安语 *toro-ŋ。“上面、高”蒙古语 dəːr，土族语 dəre，东部裕固语 diːre < *dəre。

（4）罗地语“头”laŋa < *laŋa，马京达瑙语“脸”raŋa。“上（面）”满文 niŋgu，锡伯语 nuŋu < *riŋu。拉巴努伊语 ʔi ruŋa < *ʔi-ruŋa，萨摩亚 i luŋa o < *ʔi-luŋa-ʔo。

（5）日语（方言词） *tuburi。“上（面）”爪哇语 n-ɖuwur < *dubur。

（6）爪哇语 ənɖas < *ʔədas。“上（面）”马都拉语 attas < *ʔatas。

（7）巴厘语 *tadas。“上（面）”印尼语 di atas < *di-ʔatas。

（8）伊拉鲁图语 ragunə < *ragu-nə。“上（面）”布昂语 raq < *raq。

（9）劳语 *qete。“上（面）”马京达瑙语 eta < *ʔeta。

（10）拉加语 *batu。“上（面）”夸梅拉语 puta < *puta。

（11）景颇语 *bo。“上面”缅文 $ɑ^1pɔ^2$ < *ʔaʔ-po。

（12）哈尼语 *ʔudu。“上面”羌语 qu tɑ < *quta。

（13）佤语马散话、布朗语曼俄话 *ʔdoŋ。“上面”莽语 duaŋ^{51}doŋ^{35} < *doŋ-doŋ。

“头”和“上（面）”的词源关系从派生的情况看，多数是先有“头”的说法，后有“上（面）”的说法。另外还有“头”和“高”的词源关系。

5.“上方”和“头”“额”等的词源关系

（1）载瓦语 u^{21}lu̠m^{21} < *ʔu-ʔlum。“上方”阿昌语 a^{31}lum^{31} < *ʔa-ʔlum。

（2）景颇语 po^{33} < *bo。“上方”藏文 phu < *bu。

（3）“额”缅文 nɑ^{1}phu^{55} < *naʔ-bu。“上方”缅文 ɑ^{1}nɑː^{2} < *ʔaʔ-na。

词根 *na 在早期当指“头”或“额”，后来才转指“鼻子”“脸”等。“上（面）”壮语龙州话 nɯ^{1}，西双版纳傣语 nə^{1} < *ʔnə。“脸”壮语武鸣话、西双版纳傣语、侗语 na^{3} < *naʔ。

（4）马绍尔语 *par。“向上”桑塔利语 bhor < *bor。

汉语“上”*glaŋ-s < *g-laŋ，可能与藏文“额”mdaŋ < *m-daŋ，佤语马散话、布朗语曼俄话“头”*ʔdoŋ 有词源关系。*g- 是汉语表示方向的前缀。

6.“山”和“头”的词源关系

（1）土耳其语、维吾尔语、哈萨克语、西部裕固语 *bal。“山”户语 mal^{31} < *bal。

（2）朝鲜语 *gor。“山坡”布朗语胖品话 goi^{51}，德昂语南虎话 tɕur，茶叶箐话 dʒur < *gur。

（3）藏文 *m-go。“山”兰坪普米语 ɣɢo，博嘎尔洛巴语 o go < *go。

（4）克伦语 *klo。“山”赛夏语 koɭkoɭol < *kolo。

（5）毛利语 *bero。“山”蒙达语、桑塔利语 buru < *buru，阿伊努语 mori < *mori（山坡，小山）。

（6）拉加语 *bʷatu。“山”马京达瑙语 potʃo < *poto。

（7）罗图马语 *pilo-ʔu。“山”壮语武鸣话 pja^{1}（石山），仫佬语 pɣa^{1} < *pla。

◈ 三 复合词中的“头”

1.“头发”中的“头”

有三类常见表示“头发”的词。一是把“头发”视为“体毛”类，称为“头的毛”。二是用“毛”“羽毛”等以外的单纯词来表示。三是用“毛”“羽毛”等以外的词构成包括“头”语素的复合词。

（1）“毛、头发”满文 funijehe，锡伯语 fənjx < *puni-reqe，字面意思是“毛—头”。*puni 对应于南密语“体毛”pun < *pun，reqe 对应于索伦语“头”irge。

（2）“头发”赛德克语 sununuh，泰雅语 hununux < *sunu-nuq，意思是“发—头”。“头发”保安语 suŋ < *suŋ，东乡语 usun < *ʔusun。“头”赛考利克方言、泽敖利方言 *bətu-nuq。

（3）“头发”拉巴努伊语 puʔoko，摩尔波格语 nuok < *punu-ʔoko，意思是“毛—头”。“头发”汤加语 lou-ʔulu，萨摩亚语 lau-ulu，塔希提语 rouru < *raʔu-ʔulu，意思是“叶子—头”。

“叶子”巴布亚多布语（Dobu）rak^{w}u-n，莫图语 rau，汤加语 lau < *raʔu。

（4）“头发”塔几亚语 gurma-rou-k < *gurma-roʔu-k，意思是“头—叶子—我的”。

（5）“头发”印尼语、爪哇语 rambut < *ra-but，最初的意思可能是“叶子—头”。

（6）“头发”布央语巴哈话 mut^{11}mao^{11} < *but-mu，意思是“体毛—头”。

（7）“头发”莽语 huk^{55} < *suk。布朗语胖品话 suk^{31}khik^{55} < *suk-klik，

意思是"发一头"。"头发"佤语艾帅话 ha̰ɯ̰k kaiŋ，德昂语硝厂沟话 hɤ̆k geiŋ < *suk-giŋ，意思也是"发一头"。"头"巴饶克语（Palaung）达朗方言 giŋ < *giŋ。

2."头盖骨"中的"头"

一些语言用复合词表示"头盖骨"，其中包括表示"头"的语素。如马京达瑙语"头盖骨"toko ulu < *toko-ʔulu，字面意思是"骨一头"，这两个构词成分就是现在使用的两个词，"骨"和"头"。

（1）"头盖骨"伊拉鲁图语 ragunə-rurə < *ragunə-ruri，意思是"头一骨"。

（2）"头盖骨"布昂语 ju səqɛ < *lu-səqe，"骨"səqɛ。*lu 应指"头"，来自 *ʔulu。

（3）"头盖骨"大瓦拉语 ununu gejamina < *ʔununu-gelamina，"骨"ununu-na。

四 词源关系分析

1. $*b^wali$（*bal、*polo、*pli、$*p^wilo$）

"头"突厥语 *bal，卡那西语、卡瑙里语、那加语棱马方言（Rengma）*bal。勉语 *pliʔ，罗图马语 $*p^wilo$-ʔu。"脑"巴厘语 polo < *polo。"上面、顶部"撒拉语 baʃ，西部裕固语 baʂ < *bal。

> "头、头发"古英语 polle，"头、顶"中古荷兰语 pol < *pole。
> "头发"东印地语 bāl、梵语 bālaḥ、帕拉克利特语（Prakrit）bōlō < *bala。
> "头"希腊语 kephali、梵语 kapal < *ko-bali。

“杀”尼科巴语 kapaha < *ka-pala，kumpah < *ku-pal。佤语艾帅话 paɯh < *pal。

2. *b^{w}ati（*b^{w}at、*bətu、*b^{w}atu、*pita、*but）

“头”泰雅语、赛德克语 *bətu-nuq。拉加语 *b^{w}atu。“额”日语 hitai < *pita-ʔi。“头发”印尼语、爪哇语 rambut < *ra-but，即“叶子—头”。“杀”阿卡拉农语 pataj，马都拉语 patiʔ-i，< *pati-ʔi。汉语 *bat（伐）。“上”巴拉望语 dibwat < *di-b^{w}at。“脸”邹语 sapətsi < *sa-pəti。

> “头”高地德语 houbit，古弗里斯语 haved，古英语 heafod（头顶），梵语 kaput-，拉丁语 caput、中古法语 caboce、西班牙语 cabezə < *qa-p^{w}ede。

“头”格鲁吉亚语 mɛdauli < *meda-uli。

3. *klo（*klu）

“头”泰语、壮语武鸣话 *klu-ʔ，克伦语 *klo。

> “头”俄语 golova。亚美尼亚语 glux < *g^{w}olu-。
> “头盖骨”英语 skull，古挪威语 skall（秃头、头盖骨）< *sgel。

汉语 *glo（诛、殊）。《说文》殊，死也。《广雅》殊，断也。“切”爪哇语 nugəl < *ŋu-gol。

> “杀”古英语 cwell < *g^{w}el。

“杀”匈牙利文 gyilkol < *gil-kol。

4. *ʔadu（*ʔutu、*ʔuta）

“头”满文、锡伯语 *ʔudu，吉尔伯特语 *ʔatu。

> “头”俄语 otden < *otde-。

5. *g^wi（*ki、*go）

“头”尼科巴语 *ki，藏文 *m-go，巴尔蒂语、拉达克语、夏尔巴语 *go。

> “头”阿尔巴尼亚语 kokë < *koke。

6. *qulu（*lulu）

“头”*qulu 一类的说法广泛分布在南岛和汉藏，满文“鬓角”ʃulu < *lulu。

> “头”玛雅语 χɔlɔn < *qolon。

7. *b^wa（*bo）

“头”哈拉朱乌语 b^wa、阿杰语 g^wã，景颇语 *bo。

> 印第安人的达科他语“头”pa，苏语 pah、epah < *ba。

“脸”的词源关系

亚欧语言“脸”的说法和“眼睛”“腮（颊）”“额”等说法交叉对应。一些语言“脸、眼睛”合称，对应于不同语言的“脸”和“眼睛”。有的语言的“脸”是“眼睛”说法变化形式，有的用“眼睛—鼻子”之类的说法指“脸”。

◇ 一　东亚太平洋语言的“脸”

“脸”的说法主要有：

1. *gur / *ʔaŋor / *ŋur / *ta-ŋar

古突厥语、维吾尔语、土耳其语 jyz，哈萨克语 dʒyz < *gur。

蒙古语 nʉːr，保安语 nor，东乡语 angir < *ʔaŋor。

错那门巴语 ŋur^{55}，格曼僜语 a^{31}gul^{35} < *ŋur。

卑南语 ʈaŋar < *ta-ŋor。

2. *tiraʔi / *dere / *tura / *tareqi

维吾尔语 tʃirɑj，哈萨克语 ʃirɑj < *tiraʔi。

蒙古语书面语 tʃɪrɑɪ，蒙古语 tʃɑrɛː，达斡尔语 ʃɑr < *tiraʔi。

满文 dere，锡伯语 dər，鄂伦春语 dərə < *dere。

日语（俗语词） tsɪra < *tura。

查莫罗语 tʃara < *tara。

马达加斯加语 tarehi < *tareqi。

3. *kaʔo / *kuʔo

日语 kao < *kaʔo。

尼科巴语 kūø < *kuʔo。

4. *nana

阿伊努语 nan < *nana。

5. *ʔata / *ta-ʔutu

鄂罗克语 anta < *ʔata。

爱斯基摩语 tautu < *ta-ʔutu。

6. *s-pəti

邹语 sapətsi < *s-pəti。

7. *pele-pele-na / *mala / *bala

夏威夷语 helĕhĕlena < *pele-pele-na。

布昂语 mala < *mala。戈龙塔洛语 baja < *bala。

8. *daqa-ras / *daqi-s

赛德克语 daqaras < *daqa-ras。

布农语 daχis < *daqi-s。

9. *ʔa-raŋi / *raŋi / *raŋo-ʔano

拉巴努伊语 ʔariŋa，马京达瑙语 raŋa < *ʔa-raŋi / *raŋi。

雅贝姆语 laŋo-ano < *raŋo-ʔano。

10. *raqi-nas / *raʔi

泰雅语赛考利克方言 rəqiʔas，泽敖利方言 raqi-na-ʃ < *raqi-nas。

爪哇语 rai < *raʔi。

11. *karema / *kramʔ

南密语 karemā-n < *karema。

汉语 *kramʔ（脸）。

12. *baba / *bobo

布拉安语 bawə < *baba。特鲁克语 wowo < *bobo。

13. *mata / *mata-qa

毛利语、汤加语、萨摩亚语、查莫罗语 mata，夏威夷语 mǎkǎ < *mata。（眼睛、脸）

桑塔利语 mḛ̃thãhã < *mata-qa。

14. *buli / *bula-ʔili / *bulo-s / *tə-pal / *bol

宁德娄语 buli-n < *buli。沙阿鲁阿语 vulaiɬi < *bula-ʔili。

木鲁特语 bulos < *bulo-s。

柬埔寨语 t^hpɔəl < *tə-pal。克木语 boh < *bol。

15. *mara / *bira

阿者拉语、勒窝语 mara（-na）< *mara。

莫图语阿罗玛方言 pira < *bira。

16. *b^{w}a-ʔira

莫图语 βaira，梅柯澳语 veina < *b^{w}a-ʔira。

17. *g-doŋ / *mu-diŋ-an

藏文 gdoŋ < *g-doŋ。

排湾语 mudiŋan < *mu-diŋ-an。

18. *nuk-mo / *nak / *ki-nak

加龙语 njuk-mo，塔金语 ȵokmu < *nuk-mo。

帕玛语 nāk < *nak。

爱斯基摩语 kinark < *ki-nak。

19. *mlak-sna

缅文 mjɑk hnɑː^{2} < *mlak-sna（眼睛—鼻子）。

20. *smi

哈卡钦语 hmai < *smi。

21. *man / *mjan-s

景颇语 man^{33} < *man。

汉语 *mjan-s（面）。

22. *mur / *mul

独龙语 mɯɹ^{55} < *mur。

克木语 moih < *mul。

23. *na-ʔ / *ma-na

壮语武鸣话、西双版纳傣语、侗语 na^{3} < *na-ʔ。

劳语 mana < *ma-na。

24. *ŋi / *ŋiʔa

佤语马散话 ŋai，布朗语甘塘话 ŋai^{31} < *ŋi。（脸、眼睛）

那大语 ŋia < *ŋiʔa。

25. *rə-maŋ

布兴语 rɤŋ maŋ < *rə-maŋ。

二 词源对应关系

1.“脸”和“眼睛”

一些语言“脸、眼睛”合称，如佤语马散话、布朗语甘塘话 *ŋi，汤加语、萨摩亚语 *mata，梅柯澳语 maa。其他“脸”和“眼睛”有对应关系的语言如：

（1）蒙古语、保安语、东乡语 *ʔaŋor。“眼睛”土耳其语 gøz，维吾尔语 køz < *gor。“脸”的说法与“眼睛”的说法有词源关系。

（2）布兴语 rɤŋ maŋ < *rə-maŋ。“眼睛”墨脱门巴语 miŋ < *miŋ。

（3）桑塔利语 *mata-qa。“眼睛”尼科巴语 el-mat，克木语 mǎt，莽语 mat^{51} < *mat。

（4）吉利威拉语 migi- < *migi。“目”汉语 *muk。

（5）阿者拉语、勒窝语 mara（-na）< *mara。“眼睛”三威治港语 *mara。

（6）拉加语 lol-mata < *lol-mata。马那姆语 lili < *lili。“眼睛”泰雅语

赛考利克方言 *loli-q。

（7）独龙语 mɯɹ < *mur。“眼睛”朱昂语 emor < *ʔimor。

（8）维吾尔语、哈萨克语 *tira。“眼睛”昌巴拉胡里语（Chamba Lahuli）ʈir，满查底语（Manchati）ʈirɑ̄ < *tira。

2.“脸”和“额”

（1）布兴语 *rə-maŋ。“额”中古朝鲜语 nima，铁山话 nimaŋ < *ʔimaŋ。

（2）图瓦语 ɑrɤn < *ʔarən。“额”土耳其语 alin，西部裕固语 ɑlən < *ʔalin。“眉”印尼语、爪哇语 alis < *ʔalis。

（3）夏威夷语 *pele-pele-na。“额”维吾尔语 piʃɑnɛ < *pila-ne。“鬓”印尼语 pəlipis < *pili-pis。

（4）邹语 *s-pəti。“额”日语 hitai < *pita-ʔi。

（5）蒙古语、达斡尔语 *tara。“额”劳语 madarana < *madara-na。罗图马语 motara < *mo-tara。

3.“脸”和“腮”

（1）布拉安语 *baba。“腮”哈尼语 ba^{31} ba^{33} < *baba。

（2）南密语 *karema。“腮”巴塔克语 hurum，达阿语 $kuli^{m}pi$ < *qurum / *kurupi。藏文 ɦgram < *m-gram，汉语 *grap（颊）。

（3）日语 *kaʔo，尼科巴语 *kuʔo。“颊”哈拉朱乌语 kaɔ < *kaʔo。

（4）戈龙塔洛语 baja < *bala。“颊”拉加语 vala-，达密语 wala < $*b^{w}ala$。

（5）布拉安语 *baba。“颊”罗维阿纳语 papara < *papara。

（6）错那门巴语、格曼僜语 *ŋur。“嘴”土耳其语 aɣiz，维吾尔语 eʁiz，撒拉语 ɑʁəz < *ʔagir。

4.“脸”与“鼻子”等的词源关系

（1）克木语 moih < *mul。“鼻子”布朗语曼俄话 m̥ɯl^{33}。

（2）壮语武鸣话、西双版纳傣语、侗语 *na-ʔ。“鼻子”藏文、拉达克语 snɑ < *sna。道孚语 sni，阿侬怒语 sɿ³¹nɑ⁵⁵ < *sina。旦戎加语（Danjongka）、荷罗戈语（Hloke）nɑ < *na。

（3）独龙语 *mur。“鼻子”蒙古语、达斡尔语 xɑmar < *qamor。

（4）佤语马散话、布朗语 *ŋi。“鼻子”达阿语 oɲe < *ʔoɲe。布鲁语 ŋee-a < *ŋe-ŋe。

5.“脸”与“头”等的词源的关系

（1）古突厥语、维吾尔语、哈萨克语 *dir。“头”赫哲语 dili，鄂伦春语 dɪli < *dili。

（2）藏文 *g-doŋ。“头”佤语马散话 dɔŋ，布朗语曼俄话 ntɔŋ⁵⁵ < *ʔdoŋ。“鼻子”印尼语 hiduŋ，亚齐语 idoŋ，马都拉语 iluŋ < *qiduŋ。

（3）满文、锡伯语、鄂伦春语 *dere。“头”保安语 təroŋ < *toro-ŋ。“颊”桑塔利语 dʒoha < *dola。

（4）莫图语阿罗玛方言 *bira。“头”马绍尔语 pᵚaɽ < *par。

（5）鲁凯语 ɭiŋaw < *liŋaʔu，拉巴努伊语 ʔariŋa < *ʔariŋa。“耳朵”泰雅语泽敖利方言 tʃaŋiaʔ，布农语 taŋiaʔ，鲁凯语 tsaɭiŋa，卑南语 ʈaŋiɭa < *ta-liŋa。

三 “脸”的复合词

“脸”泰雅语赛考利克方言、泽敖利方言 *raqi-na-s，字面意思是“脸—脸”，由不同词源的词素构成。“脸”爪哇语 rai < *raʔi。“脸”伊拉鲁吐语 matarumə < *mata-rupa，字面意思是“眼睛—脸”。rupa 梵语“脸”。

1. “眼睛”和“鼻子”共同构成“脸”的指称

（1）缅文 mjɑk hnɑː² < *mlak-sna，字面意思是“眼睛—鼻子”。

（2）沙阿鲁阿语 vulaiɬi < *bula-ʔili 字面意思是“鼻子—眼睛”。“鼻子”吉尔伯特语 kabulu-，托莱语 biləu- < *ka-bulu。“眼睛”泰雅语赛考利克方言 *loli-q。

（3）佤语艾帅话 ŋa̱i bauh < *ŋi-mul，字面意思是“眼睛—鼻子”。

（4）载瓦语 mjoʔ²¹toŋ²¹ < *mlak-doŋ，字面意思是“眼睛—鼻子”。“鼻子”布央语峨村话 ʔa⁰tiŋ³³ < *ʔadiŋ。印尼语 hiduŋ，亚齐语 idoŋ，马都拉语 iluŋ < *qiduŋ。

2. 不同词源的“眼睛”构成“脸”的说法

拉加语 lol-mata < *lol-mata，字面意思是“眼睛—眼睛”。

3. “嘴—眼睛”构成“脸”的说法

“脸”布鲁语 pupa-n lale-n，字面意思是“嘴—眼睛”。“嘴”亚齐语 babah，他加洛语 bibig，摩尔波格语 babaʔ < *bibaq。

四 词源关系分析

1. *dira（*dir、*tira、*tara、*tare）

“脸”蒙古语、达斡尔语 *tara，满文、锡伯语、鄂伦春语 *dəre < *dari，与查莫罗语 *tara 等对应。维吾尔语、哈萨克语 *tiraʔi 与马达加斯加语 *tareqi 对应。

昌巴拉胡里语、满查底语 *tira 指“眼睛”。“额”劳语 *madara-na，罗图马语 *mo-tara。

“脸”希腊语 moutra < *mu-tra，波兰语 twarz < *tor。

“脸”和阗塞语 ttʃara < *tara。

2. *muga（*baku、*muge、*mga、*buka）

“脸颊”马林厄语 bako < *baku。

“嘴”桑塔利语 mukhɛ < *muge。“嘴、鸟嘴”赫哲语、锡伯语、鄂伦春语、满文 *ʔamga。

汉语 *muk（目），“眼睛”藏文 mig、巴尔蒂语 mik、马加尔语 mi-mik < *mik。

“脸”亚美尼亚语 demkh < *de-mug。

“脸颊”拉丁语 bucca，“嘴”古法语 boche < *buka。

3. *mato（*maʈa）

“脸、眼睛”汤加语、萨摩亚语、查莫罗语、夏威夷语 *mata，早期“脸”和“眼睛”的合称词，来自 *mato，受后元音影响或读作 *maʈo。如“眼睛”邹语 mətsoo < *maʈoʔo。

“脸、表面”俄语 vid < *b^{w}id。“脸”阿尔巴尼亚语 fytyrë < *b^{w}iti-ro。

4. *na（*sna、*sina）

东亚太平洋的语言中既用 *na 来表示“脸”或“额”，也用来指“鼻子”。如壮语武鸣话、西双版纳傣语、侗语“脸”*na-ʔ。藏语支的藏语、拉达克语“鼻子”snɑ < *sna，羌语支、彝缅语支的道孚语 sni，阿侬怒语 sɪ^{31}nɑ^{55} < *sina。其他如清代蒙文“腮根”sina，南密语“鼻涕”n̥a < *sna。

“脸”阿伊努语 nan < *nana。

梵语“脸、嘴、鼻子”aːna。① “脸”波兰语 ɕtɕiana < *sik-ana。

① 见 tamilcube. com/sanskrit—dictionary.aspx。

"鼻子"芬兰语 nenâ、爱沙尼亚语 nina < *nana。

"鼻子"古英语 nosu、古高地德语、梵语 nasa、拉丁语 nasus、古教堂斯拉夫语 nasu，古波斯语 naham、和阗塞语 naha-、粟特语 nas < *nasu-。

5. *bʷali（*buli、*bula、*pali、*pla、*bla 等）

"脸"宁德娄语 *buli，沙阿鲁阿语 *bula-ʔili，木鲁特语 bulos < *bulo-s，柬埔寨语 *tə-pal，克木语 *bol。

"脸"柬埔寨语 *tə-pal，夏威夷语 *pele-pele-na。

"额"维吾尔语 piʃɑnɛ < *pila-ne，"鬓"印尼语 pəlipis < *pili-pis，"颊"拉加语 vala- < *bʷala。汉语 *bla（辅，人颊车也）。

"颚"希腊语 symboyles < *suboles。"额"梵语 bhaalam < *bala-。 "嘴"古弗里斯语 snavel < *sna-bʷel。

6. *gor（*gur、*ŋor）

"脸"突厥语族语言 *gur，蒙古语族语言 *ʔaŋor。

"眼睛"土耳其语 gøz、维吾尔语 køz < *gor。

"脸"俄语 gronj < *gro-ni，西班牙语 cara < *kara。 "脸"乌尔都语 tʃhara < *gara。 "眼睛"梵语 akʃi、嘎地语（Gadi）hākhɑr < *qakara。

7. *man（*mjan）

"脸"景颇语 man³³ < *man。汉语 *mjan-s（面）。

"脸"和阗塞语 ʃʃāman- < *saman。

“额”的词源关系

亚欧语言“额”的说法可能与“眼睛”“脸”等有词源关系。有的语言原来可能没有“额”的说法，以“眼睛”“脸”“头”“鼻子”等为语素构成复合词，指额这个部位。

◇ 一　东亚太平洋语言的“额”

“额”的代表性说法有：

1. *ʔalin / *ʔalin-ro / *s-li

土耳其语 alin，西部裕固语 ɑlən < *ʔalin。

布吉斯语 alinro < *ʔalin-ro。

汉语 *s-li（题）。

2. *ma-ŋeli / *ma-ŋli / *ma-ŋela / *si-ŋəl-tal / *si-ŋil / *ʔatu-ŋul

维吾尔语 mɑŋlɑj，哈萨克语 mɑŋeɑj < *ma-ŋeli。

清代蒙文 maŋnai，达斡尔语 mɑngil，土族语 mɑnləi，东部裕固语 mɑŋli: < *ma-ŋli。

鄂温克语 maŋgɛːl，鄂伦春语 maŋgɛːla < *ma-ŋela。

锡伯语 ɕiŋəl tal < *si-ŋəl-tal。

满文 ʃeŋgin < *si-ŋil。

阿美语 ʔatuŋul，卑南语 tuŋur < *ʔatu-ŋul。

3. *gal-pə / *qəli

保安语 ɢɑlpə < *gal-pə。

赫哲语 xəji < *qəli。

4. *pila-ne

维吾尔语 piʃɑnɛ < *pila-ne。

5. *ʔimaŋ

中古朝鲜语 nima，铁山话 nimaŋ < *ʔimaŋ。

6. *pita-ʔi

日语 hitai < *pita-ʔi。

7. *gada

南密语 gādā-n < *gada。

8. *daqi / *daqi-s / *daʔi

印尼语 dahi，亚齐语 dhɔə < *daqi。

排湾语 dʑaqis < *daqi-s。

马都拉语 ḍai < *daʔi。

9. *lade

东部斐济语 jad^{r}e < *lade。

10. *puno

鲁凯语 puno < *puno。

11. *kora-ʔe

拉巴努伊语 koraʔe，菲拉梅勒语（Fila-Mele）raerae < *kora-ʔe。

12. *laʔe

查莫罗语 hae < *laʔe。

夏威夷语 laĕ，汤加语 laʔe，毛利语 rae < *laʔe。

13. *dira / *dara-ŋ / *ma-dara-na / *mo-tara

拉巴努伊语 dira < *dira。巽他语 daraŋ < *dara-ŋ。

劳语 madarana < *ma-dara-na。

罗图马语 motara < *mo-tara。

14. *sudun

邵语 sudun < *sudun。

15. *ŋrak

汉语 *ŋrak（额）。

16. *m-daŋ / *li-ʔdaŋ / *kə-diŋ

藏文 mdaŋ < *m-daŋ。

巴琉语 ɬaːi^{53n}djaːŋ^{53} < *li-ʔdaŋ。

萨萨克语 kəndiŋ < *kə-diŋ。

17. *tuk-ko / *mi-tuk / *tuk-tum / *tuk

加龙语 tuk-ko < *tuk-ko。

博嘎尔珞巴语 mi tuk < *mi-tuk。

塔金语 toktum < *tuk-tum。

沙玛语 tuktuk < *tuk。

18. *tal

哈卡钦语 tsal < *tal。

19. *lo

普米语兰坪话 ɬo^{13} < *lo。

20. *ma-plaŋ / *blaŋ / *plaŋ-ʔdu / *pla-ʔdu

义都洛巴语 ma^{31} plɑŋ^{35} < *ma-plaŋ。

勉语金门方言 plɔŋ^{2}，藻敏方言大坪话 paŋ^{2} < *blaŋ。

黎语保城话 feːŋ^{1}daːu^{1}，保定话 pla^{3}daːu^{1} < *plaŋ-ʔdu / *pla-ʔdu。

21. *plak / *naʔ-plak / *ŋi-plak

侗语 pjaːk^{9}，壮语 na^{3}plaːk^{7}，仫佬语 ŋə^{6}pɣaːk^{7} < *plak / *naʔ-plak / *ŋi-plak。

22. *mal / *moloŋ

尼科巴语 māl < *mal。

蒙达语 moloŋ < *moloŋ。

23. *mada

桑塔利语 matha < *mada。

二 “额”的词源对应关系

1.“额”和“脸”的词源关系

一些语言“额”的说法和另外一些语言“脸”的说法对应，如：

（1）拉巴努伊语 *dira。“脸”蒙古语 tʃɑrɛː，达斡尔语 ʃɑr < *tara。满文 dere，锡伯语 dər，鄂伦春语 dərə < *dəre。

（2）朝鲜语 *ʔimaŋ。“脸”布兴语 rɤŋ maŋ < *rə-maŋ。

（3）土耳其语、西部裕固语 *ʔalin。“脸”图瓦语 ɑrɤn < *ʔarən。

（4）维吾尔语 *pila-ne。“脸”夏威夷语 helĕhĕlena < *pele-pele-na。

（5）印尼语、亚齐语 *daqi，排湾语 *daqi-s。“脸”布农语 daχis < *daqi-s。

（6）尼科巴语 *mal。“脸”布昂语 mala < *mala。

（7）爱斯基摩语 krau < *ka-ʔu。“额”印第安人那瓦特尔语 ixtʃuai-tl < *ʔiqi-kuʔa-ʔi，字面意思是“眼睛—脸”。“脸”尼科巴语 kūø < *kuʔo。那瓦特尔语 tʃua-tl < *kuʔa（-tl 单数名词后缀）。

2.“额”和“眼睛”的词源关系

（1）汉语 *ŋrak。“眼睛”图瓦语 kɑrɑk < *karak。

（2）道孚语 kɛ pə la < *ke-pila。“眼睛”拉加语 pla^{1} < *pla。

（3）史兴语 lɜ^{53}pɜ^{33} < *lepe。“眼睛”土家语 lo^{35}pu^{55} < *lopu。

（4）勒窝语 prana-na < *pra-na。“眼睛”黎语 tsha^{1}，石家语 pra^{1} < *pra。

3.“额”和“头”“头盖骨”等的词源关系

（1）藏文 *m-daŋ。“头”佤语马散话 dɔŋ，布朗语曼俄话 ntɔŋ^{55} < *ʔdoŋ。

（2）达阿语 kire < *kire。“头”他杭语 kra < *kra。

（3）嘉戎语 mto < *m-to。“头”南华彝语 u^{55}də^{33} < *ʔudu。

（4）贡诺语 abaŋ < *ʔa-boŋ。“头”波那佩语 mɔ̄ŋ < *moŋ。阿依怒语 a^{31} $phuŋ^{55}$ < *buŋ。

（5）汉语 *ŋrak。“头盖骨”印尼语 taŋkorak，米南卡保语 taŋkuraʔ，巽他语 taŋkorek < *ta-korak。

（6）达阿语 kire < *kire。“头盖骨”夸梅拉语 kera < *kera。

（7）道孚语 kɛ pə la < *ke-pila。“头盖骨”瓜依沃语 falai < *pala-ʔi。

4.“额”和“鬓角”“眉”等的词源关系

（1）维吾尔语、哈萨克语 *ma-ŋeli。“鬓角”窝里沃语 ŋili-ŋili < *ŋili。

（2）维吾尔语 *pila-ne。“鬓角”乌玛语 peli < *peli。巽他语 palipis-an < *pali-pis。印尼语 pəlipis < *pili-pis。

（3）史兴语 $lɜ^{53}pɜ^{33}$ < *lepe。“鬓角”泰雅语泽敖利方言 ʃaʃap < *lalap。

（4）土耳其语、西部裕固语 *ʔalin。“眉”印尼语、爪哇语 alis < *ʔalis。

（5）邵语 *sudun。“眉”鲁凯语 sədunŋ，卑南语 sədəŋ < *səduŋ。

（6）鲁凯语 *puno。“眉”莫图语 ibuni-na < *ʔibuni。

三　复合词表示的“额”

1.“额”为语素构成“额”的指称

（1）加龙语 tuk-ko < *tuk-ko，字面意思是“额—头”。“额” 沙玛语 tuktuk < *tuk。一些语言中这个说法指“脑”。

（2）博嘎尔珞巴语 mi tuk < *mi-tuk，字面意思可能是“眼睛—额”。

（3）布吉斯语 alinro < *ʔalin-ro，字面意思是“额—额”。“额”土耳其语 alin，西部裕固语 ɑlən < *ʔalin。

（4）宁德娄语 mada buli-n < *mada-buli，字面意思是“额—鼻子”。“额”

桑塔利语 matha < *mada。“鼻子”吉尔伯特语（Kilivila）kabulu-，托莱语 biləu- < *ka-bulu。

（5）锡伯语 çiŋəl tal < *si-ŋəl-tal，字面意思是“额—额”。“额”劳语 madala-na，瓜依沃语（Kwaio）mā-na dala < *dala。

2.“头”为语素构成“额”的指称

（1）黎语保定话 pla^{3}daːu^{1} < *pla-ʔdu，字面意思可能是“眼睛—头”。“头”哈尼语 u^{31}du^{31} < *ʔudu。

（2）黎语保城话 feːŋ^{1}daːu^{1} < *plaŋ-ʔdu，字面意思是“额—头”。

（3）阿美语 ʔatuŋul，卑南语 tuŋur < *ʔatu-ŋul，字面意思是“头—额”。“头”吉尔伯特语 atū < *ʔatu。“额”维吾尔语、哈萨克语 *ma-ŋeli，达斡尔语、土族语、东部裕固语 *ma-ŋli。

3.“脸”为语素构成“额”的指称

（1）壮语 na^{3}plaːk^{7} < *naʔ-plak，字面意思是“脸—额”。

（2）那大语 mata-ŋia < *mata-ŋi-ʔa，字面意思是“眼睛—脸”。

（3）大瓦拉语 tep-na pouna < *tep-poʔu-na，字面意思是“脸—额”。“额”莫图语卡巴地方言 pouna-na < *poʔu-na。

（4）载瓦语 ŋĕ^{21}laŋ^{21} < *ŋi-laŋ，字面意思可能是“脸—骨头”。“脸、眼睛”布朗语甘塘话 ŋai^{31}，德昂语南虎话 ŋai，恩语（En）ŋai < *ŋi。“骨头”印尼语 tulaŋ，摩尔波格语 tuʔlaŋ，萨萨克语 tolaŋ < *tu-laŋ。

（5）勒窝语 prana-na < *pra-na，字面意思是“眼睛—脸”。“眼睛”黎语 tsha^{1}，石家语 pra^{1} < *pra。“脸”壮语武鸣话、西双版纳傣语、侗语 na^{3} < *na-ʔ。

（6）瓜依沃语（Kwaio）mā-na dala，字面意思是“脸—额”。

四 词源关系分析

1. *pita

“额”日语 *pita-ʔi。“脸”邹语 sapətsi < *sa-pəti。

“头”泰雅语赛考利克方言 bətunux，泽敖利方言 tunux，赛德克语 tunuh < *bətu-nuq。

> “头”高地德语 houbit、古英语 heafod（顶端）、梵语 kaput-、拉丁语 caput。

2. *teba（daba、*tepa、*tobe）

“额”木鲁特语 dabas，布昂语、吉利威拉语 daba。

大瓦拉语“额”tepa-na pouna，“脸”tepa-na < *tepa。

“上面、顶部、山岗”维吾尔语 tøpɛ，哈萨克语 tøbe < *tobe。

“上面”吉利威拉语 o-daba-la < *ʔo-daba。

> “额”希腊语 metob、metebo < *me-tebo。
>
> “鬓”拉丁语 tempus（单数）、tempora（复数），古法语 temple（复数转单数）。
>
> “顶点”古英语 top，“端点”古荷兰语 topp、古弗里斯语 top。

“头”格鲁吉亚语 tavi < *tab^{w}i。

3. *dira（*dara、*tara）

“额”拉巴努伊语 *dira、巽他语 *dara-ŋ、劳语 *ma-dara-na、罗图马语 *mo-tara。

“脸”古突厥语、维吾尔语、哈萨克语 dir < *dira，蒙古语、达斡尔语 tara，满文、锡伯语、鄂伦春语 dəre < *dari，查莫罗语 tara。

“头”保安语 *toroŋ。“脑”蒙古语正蓝旗方言 tɛrəx，布里亚特方言 tɑrxj < *tari-qi。

“额、头顶”和阗塞语 ttāra、粟特语 tār < *tara。

“脸”希腊语 moutra < *mu-tra，波兰语 twarz < *tor。

4. *b^{w}ali（*pila、*pili、*pali、*b^{w}ala 等）

“额”维吾尔语 *pila-ne，道孚语 *ke-pila，义都洛巴语 *ma-plaŋ，勉语 *blaŋ。黎语 *pla-ʔdu。

“脸”柬埔寨语 *tə-pal，夏威夷语 *pele-pele-na。

“鬓”印尼语 pəlipis < *pili-pis，“颊”拉加语 vala- < *b^{w}ala。

“额”梵语 bhaalam < *bala-，kapaala < *ka-pala。阿尔巴尼亚语 ballë < *balo。

5. *lope（*lepe、*lopu）

“额”史兴语 lɜ^{53}pɜ^{33} < *lepe。“眼睛”土家语 lo^{35}pu^{55} < *lopu。

“额、前面”俄语 lob < *lob。“头盖骨”吐火罗语 lap。

6. *kolo（*klo、*klu）

“头”泰语 klau^{3}，壮语武鸣话 kjau^{3} < *kluʔ。克伦语乍叶因方言（Zayein）gø klo，帕他翁方言（Padaung）kɑ klɑo < *klo。

“山”赛夏语 koɭkoɭol < *kolo。

“额”波兰语 tʃolo < *kolo。

“头”俄语 golova。亚美尼亚语 glux < *g^{w}olu-。

“头盖骨”英语 skull，古挪威语 skall（秃头、头盖骨）< *sgel。

“眼睛”的词源关系

不同语言“眼睛”“眼珠子”“脸”“额”等说法可以有对应关系。南岛、阿尔泰语群中“眼睛”和“看”往往是同根词。阿尔泰、南岛、藏缅和印第安语的一些说法与印欧语的有词源关系。如满通古斯语“眼睛”*ʔila，除了分布于东亚太平洋一些语言中“看”的词根与之对应，一些语言复合词中义为“眼睛”，并对应于一些印欧语义为“眼睛”的词根，另外美洲印第安人的玛雅语“看”的词根与之有词源关系。

一　东亚太平洋语言的“眼睛”

东亚太平洋语言“眼睛”的代表性的说法有：

1. *gor / *garan

土耳其语 gøz，维吾尔语 køz < *gor。

桑塔利语 kharan < *garan。（眼珠子）

2. *karak

图瓦语 kɑrɑk < *karak。

3. *nudu / *nudun / *nun / *nadu

蒙古语正蓝旗话 nʉd，蒙古语阿拉善话 nydy，土族语 nudə < *nudu。

东部裕固语 nudun，保安语 nədoŋ < *nudun/ŋ。

朝鲜语 nun < *nun。

嘎卓语 na^{53}thi^{31}，彝语武定话 nɑ̠^{2}dv^{33} < *nadu。

4. *ʔila

女真语（牙撒）*jasa，满文 jasa，锡伯语 jas，鄂伦春语 jɛːʃa < *ʔila。

爱斯基摩语 ije < *ʔile（复数 ijet）。

5. *ʔilalə / *loli-q / *doli-q

赫哲语 idzalə，索伦语 isal，鄂温克语 ɪʃal < *ʔilalə。

泰雅语赛考利克方言 lɔziq < *loli-q。

赛德克语 doliq < *doli-q。

6. *mi / *mi-ne

日语 me < *mi。①

古龙语、木尔米语（喜马拉雅语支）mi，那加语班巴拉方言（Banpara）mi < *mi。

木雅语 mi，格曼僜语 min，却域语 mn̻e < *mi-ne。

苗语养蒿话 mɛ^{6}，高坡话 məŋ^{6}，勉语览金话 ŋwei^{6} < *mi。

7. *sik

阿伊努语 ʃik < *sik。

---

① 早期日语是四元音的语言。

8. *rabi-q / *rama

泰雅语泽敖利方言 rawiq < *rabi-q。

布鲁语 rama-n < *rama。

9. *bula-ʔili

沙阿鲁阿语 vulaiɬi，卡那卡那富语 vulaini < *bula-ʔili。

10. *mara / *ʔimor

三威治港语 mara-n < *mara。

朱昂语 emor < *ʔimor。

11. *ma-na

劳语 mā，莫图语柯勒布努方言 ma，阿罗玛方言 māna，梅柯澳语 maa < *ma-na。

12. *ka-nopi

毛利语 kanohi < *ka-nopi。（脸、眼睛）

13. *mata / *matoʔo / *mat / *met

印尼语、达阿语、莫图语 mata，排湾语 matsa < *mata。

汤加语、萨摩亚语、查莫罗语、毛利语 mata，夏威夷语 mǎkǎ< *mata。（眼睛，脸）

邹语 mətsoo < *matoʔo。

尼科巴语 el-mat，京语 kɔn^{1}mat^{7}，克木语 mǎt，莽语 mat^{51} < *mat。

14. *mik / *muk

藏文 mig，巴尔蒂语 mik，马加尔语 mi-mik < *mik。

汉语 *muk（目）。

15. *mjak / *mak

缅文 mjɑk，怒苏怒语 mɹa̰，马鲁语 mja < *mjak。

那加语雅楚米方言（Yachumi）mak < *mak。

16. *ma-nik / *nik / *ʔanik / *p-nek

嘉戎语 mȵɑk < *ma-nik。

塔金语 njik，那加语登沙方言（Tengsa）te-ȵik < *nik。

加龙语 anjik < *ʔanik。

柬埔寨文 phnɛːk < *p-nek。

17. *miŋ

墨脱门巴语 miŋ < *miŋ。

18. *ni

藏缅语族阿卡语 ni，阿依怒语 ȵi^{55}luŋ^{55}。

19. *mit / *met

梅梯语、哈卡钦语 mit < *mit。

蒙达语 med，桑塔利语 mḛ̃th < *med（*met）。

20. *ʔda / *ʔata

泰语 ta^{2}，壮语龙州话 ha^{1}，临高语 da^{1}，水语 nda^{1} < *ʔda。[①]

卡林阿语 ata < *ʔata。

① “眼睛”格鲁吉亚语 tvali < *t^{w}a-。

21. *pra / *ʔelo-bra / *mudu-plo

汉语 *pra（矑）。

黎语 tsha¹，石家语 pra¹ < *pra。

义都珞巴语 e⁵⁵lo⁵⁵bɹɑ⁵⁵ < *ʔelo-bra。

克伦语比威方言（Bwe）mudu plø < *mudu-plo。

22. *ŋi

布朗语甘塘话 ŋai³¹，德昂语南虎话 ŋai，恩语（En）ŋai < *ŋi。（脸、眼睛）

23. *tira

昌巴拉胡里语（Chamba Lahuli）ʈir，满查底语（Manchati, Patini）ʈirɑ̄ < *tira。

◇ 二 “眼睛”的词源对应关系

1. “眼睛”兼指或转指“脸”

“脸、眼睛”佤语马散话、布朗语甘塘话 *ŋi，汤加语、萨摩亚语 *mata，毛利语 kanohi < *ka-nopi。

（1）土耳其语、维吾尔语 *gor。“脸”卑南语 ʈaŋar < *ta-ŋor。错那门巴语 ŋur⁵⁵ < *ŋur。

（2）墨脱门巴语 miŋ < *miŋ。“脸”布兴语 rɤŋmaŋ < *rə-maŋ。

（3）尼科巴语、克木语、莽语 *mat。“脸”桑塔利语 matha < *mada。

（4）汉语 *muk。“脸”吉利威拉语 migi- < *migi，印尼语 muka、米南卡保语 muko、他加洛语 mukhaʔ 是较晚的梵语借词。印度—伊朗语中 *muk

指的是“嘴”，如班加利语 mukh，梵语 mukhɑm。

（5）三威治港语 *mara。“脸”阿者拉语、勒窝语 mara（-na）< *mara。

（6）赛考利克方言 *loli-q。“脸”拉加语 lol-mata < *lol-mata。马那姆语lili < *lili。

（7）朱昂语 *ʔimor。“脸”独龙语 mɯɹ < *mur。

（8）昌巴拉胡里语、满查底语 *ʈira。“脸”维吾尔语 tʃirɑj，哈萨克语 ʃirɑj < *ʈira。

（9）柬埔寨文 tʃa̱kkho < *tago。“脸”加龙语 tuk-ko < *tuk-ko。

2.“眼睛”与“眉”“额”等的词源的关系

（1）女真语、满文、锡伯语 *ʔila。“眉毛”古突厥语、土耳其语、维吾尔语 qɑʃ，哈萨克语 qɑs < *qali（*ʔali）。

（2）拉加语 *pla。“额”维吾尔语 piʃɑnɛ < *pila-ne。“鬓角”印尼语 pəlipis < *pili-pis，乌玛语 peli。“眉”吉利威拉语 pola < *pola。

（3）泰语、壮语龙州话、临高语、水语 *ʔda。“额”马都拉语 ɖai < *daʔi。

（4）布鲁语 rama-n < *rama。“额”吉尔伯特语 te ramʷa < *rama。

（5）昌巴拉胡里语、满查底语 *tira。“额”罗图马语 motara < *mo-tira。

《说文》:“眼，目也。从目，艮声。”战国末期汉语书面语中开始以“眼”指“目”。如《吕氏春秋·遇合》，“垂眼临鼻，长肘而盭”。“眼”*ŋan-ʔ，原本可能指“脸”或“鬓角”。“脸”排湾语 mudiŋan < *mudu-ŋan。“鬓角”如爪哇语 piliŋan < *pili-ŋan。

3.“眼睛”转指“看”

阿尔泰语“眼睛”和“看”为同根词，“眼睛”派生为动词“看”。这种情况在南岛、阿尔泰语中可见到。

（1）维吾尔语等 *gor。“看”古突厥语 gøz-，土耳其语 gør-，维吾尔语、哈萨克语 kør- < *gor。西部裕固语 ɢɑrɑ-。“看见”西部裕固语 gør-。

（2）日语 me < *mi。“看”日语 miru < *mi-ru。

（3）蒙古语 *nudu。“看”巽他语 nendʒo，巴厘语 ŋə-not < *nodo。

（4）“眼睛、脸”沙阿鲁阿语 *bula-ʔili。“看”塔几亚语 ili < *ʔili。嫩戈内语 ule，汤加语 ilo < *ʔuli / *ʔilo。

（5）泰语等 *ʔda。“看”巴塔克语 ida < *ʔida。赛夏语 komitaʔ < *k-om-itaʔ < *kitaʔ。泰雅语 mitaʔ，赛德克语 mita，马京达瑙语 ita，锡加语 ʔita，塔希提语 ʔite，< *m-ʔita / *ʔita。赫哲语 itɕi-，鄂温克语 iʃi-，鄂伦春语 itʃi- < *ʔiti。

“眼睛”泰语等 *ʔda，与巴塔克语“看”*ʔida 有词源关系，与南岛语“看”常见的形式 *m-ʔita、*ʔita 等有共同来源。可见 *ʔida 曾经是早期东亚语言“眼睛”的表示方式。

三 复合词中的“眼睛”

1. “眼泪”中的“眼睛”

许多语言用“眼睛”和“水”构成的复合词表示“眼泪”。如：水语 nam^3nda^1，侗语 nam^4ta^1 < *nam-ʔda（水—眼睛）。复合词中往往包含着底层成分，如：

（1）南岛语“眼泪”中的“眼睛”

“眼泪”大瓦拉语 $dilig^weg^we$ < *dili-g^weg^we。*dili“眼睛”或“脸”，对应于赛考利克方言 lɔziq < *lol-iq“眼睛”，马那姆语 lili < *lili“脸”。*gege“水”，对应于宁德娄语 g^wa“水”。

“眼泪”吉利威拉语 mitilagila < *miti-lagi-lagi。*miti“眼睛”，对应于藏缅语的说法，如梅梯语 mit < *mit。“泪”布拉安语 lwak。

（2）阿尔泰语“眼泪”中的“眼睛”

日语、满通古斯语“眼泪”中代表“眼睛”的成分与这些语言中“眼睛”的说法不同，另有来历：

满文 jasai muke，锡伯语 jasəj muku < *ʔila-ʔi-muke（眼睛的水）。

鄂伦春语 ȵamʊktə，鄂温克语 namɪtta，赫哲语 niamaqtə < *la-muk-tə（眼睛—水）。

日语 namida < *nami-da（水—眼睛）。日语的说法与“泪”水语、侗语 *nam-ʔda 比较，可以看出 *da 指“眼睛”。

通古斯语“泪” *na-muk-tə 中的 *na，可能指的是“眼睛”，原本是 *da，辅音同化为鼻音。

中古朝鲜语 nunmɯr < *nun-mur（眼睛—水）。

（3）藏缅语“眼泪”中的“眼睛”

“眼泪”藏文 migtɕhu，墨脱门巴语 miŋ ri < *mik-kri / *miŋ-kri。格曼僜语 mit^{55}ti^{35} < *mit-kri，克伦语阿果话 mi^{33}thi^{55} < *mi-kri。通常的构成是“眼睛—水”。其中格曼僜语 *mit 对应于梅梯语 mit。

“眼泪”怒苏怒语 ŋɯ^{33}bɹi^{33} < *ŋi-bri，字面意义应该是“眼睛—水”，*ŋi 是南亚语系语言的说法，如“脸、眼睛”布朗语甘塘话、德昂语南虎话、恩语 *ŋi。怒苏怒语“眼泪”的两个构词成分一个来自南亚语，另一个为彝缅语的特色词，前者是底层成分。

2.“眉毛”中的“眼睛”

（1）阿尔泰语“眉”中的“眼睛”

突厥语“眉”，如古突厥语、土耳其语、维吾尔语 qaʃ，哈萨克语 qas < *qali。可与印尼语、爪哇语、巴厘语 alis，巽他语 halis < *qalis“眉”比较。

“眉”西部裕固语 gərmək，东部裕固语 gərwəg < *gər-məge，其字面意

思是“眼睛—毛”。*gər 对应于土耳其语 gøz，维吾尔语 køz < *gor“眼睛”。*məge 义为“毛”，可能与日语 umoʔu < *ʔumoqu“羽毛”有词源关系。又如“头发”布拉安语 wak < *mak。

“眉”蒙古语 xəmsəg，图瓦语 kømysgɛ，土族语 kumosgo < *komu-səge，字面意思“毛—眼睛”。蒙古语族语言 *səge 义为“眼睛”。

“眉”达斡尔语 sɑriməlt < *tari-mət，其字面意思是“眼睛—毛”。*tari 与昌巴拉胡里语、满查底语 *tira“眼睛”，维吾尔语 tʃirɑj，哈萨克语 ʃirɑj < *tira“脸”对应。*mət 义为“毛”，与蒙古语 ɵd，土族语 foːdə < *pudə“羽毛”有词源关系。

“眉”满文 faitan，锡伯语 faidən < *padə-n。对应于波那佩语 pati < *patu“眉”。

“眉”赫哲语 sarməχtə，鄂伦春语 ʃarmʊgda，鄂温克语 ʃamɪtta < *lar-mik-tə，其字面意思是“眼睛—毛”。*lar 与达斡尔语 *dari 对应。*mik，义为“毛”，与 *məge 对应。

“眉”中古朝鲜语 nunsəp < *nun-səb，其字面意思是“眼睛—毛”。“眼睛”*nun 与现代读法同。*səb 义为“毛”，可能与藏文“毛”spu 有词源关系。

（2）汉藏语“眉”中的“眼睛”

“眉”藏文 mig spu，墨脱门巴语 miŋ pu < *mik-spu / *miŋ-spu，即“眼睛—毛”。“毛”藏文 spu < *spu。

“眉”壮语武鸣话 pɯn¹ta¹，侗语 pjən¹ta¹，水语 tsən¹nda¹ < *plən-ʔda。傣语 xun¹ta¹，黎语通什话 hun¹tsha¹ < *klun-ta / *klun-pla（毛—眼睛）。字面意思都是“毛—眼睛”。

（3）南岛语“眉”中的“眼睛”

“眉”雅美语 tʃitʃimit < *titi-mit。“上面”戈龙塔洛语 to titāto < *to-titato。雅美语 *mit，“眼睛”。

“眉”泽敖利方言 pawmił < *pal-mil，即“眼睛—毛”。可与 *pal 对应

的是黎语的“眼睛”*pla。可与 *mil 对应的是汉语“眉”*mil。“毛”，卑南语 gumul < *gu-mul。邹语 məʔuməʔu < *məlu-məlu。

“上面”坦纳语 iləs < *ʔilis。“眉”印尼语、爪哇语、巴厘语、巽他语 *qalis 应与之有词源关系。“上面”夸梅拉语 puta < *puta。“眉”波那佩语 pati，沃里阿依语 faty < *patu，与夸梅拉语 *puta 有词源关系。

（4）南亚语“眉”中的“眼睛”

“眉”京语 loŋ¹mai² < *ʔloŋ-mi，字面意思是“毛—眼睛”。*ʔmi 应与藏缅语的“眼睛”有词源关系，与尼科巴语、京语、克木语、莽语的 *mat 不同。

“眉”克木语 khulklɔŋpir < *kul-kloŋ-pir，字面意思“毛—眼珠”，其中 -pir 指圆形物。“汗毛、（睫）毛”等，克木语 khul < *kul。“眼珠”克木语 klɔŋmăt < *koŋ-mat。这个词原本是指“睫毛”。

3.“泉”中的“眼睛”

东亚语言多以“眼睛”“水”构成的复合词指“泉”，有的语言该复合词中的“水”仍与现代所说的“水”相同，有的不同，从词源看来是底层成分。

（1）藏文 tɕhu mig，藏语阿历克话 tɕhə ngo，< *kru-mig（水—眼睛）。

（2）朝鲜语楚山话、咸兴话 sɛmmur，庆兴话 samtʃhimur < *semti-mur（眼睛—水）。

（3）图瓦语 qɑrɑːsu < *qara-su（眼睛—水）。

（4）维吾尔语、乌孜别克语、哈萨克语 bulɑq < *bul-ʔaq（水—眼睛）。

（5）蒙古语 bulɑg，达斡尔语 bulaːr，东部裕固语 bulɑɢ < *bul-ʔagr（水—眼睛）。

（6）日语 idzɯme < *ʔidu-me（水—眼睛）。

（7）加龙语 isi si-gurr < *ʔisi-ʔisi-gur（水—水—眼睛）。

“眼睛”土耳其语、维吾尔语 *gor，是加龙语“泉水”的构词成分。

4.“白天的眼睛”中的“眼睛”

东亚太平洋许多语言用“白天的眼睛”代指“太阳”，其中包含“眼睛”的早期说法。如：

（1）阿美语 tʃiɬal，邵语 tiɬað < *til-ʔal / *til-ʔad（眼睛—白天）。

沙阿鲁阿语 taɬiaria，卡那卡那富语 taniarʉ < *tali-ʔariʔa / *tali-ʔaru（眼睛—白天）。

*tili 即“眼睛”，如赛德克语 doliq < *doli-q，昌巴拉胡里语、满查底语 *tira。

（2）土耳其语 gyneʃ < *gun-ʔel，字面意思大约是“白天—眼睛”。*ʔel 义为“眼睛”。“眼睛”如女真语（牙撒）*jasa，满文 jasa，锡伯语 jas，鄂伦春语 jɛːʃa < *ʔila。

（3）那加语马林方言（Maring）tū-mik，帕当方言（Phadang）di-mit。（白天—眼睛）

那加语夸依令方言（Kwoireng）ni-mit，加布依方言（Kabui）nūi-hmik < *ni-mik（白天—眼睛）。梅梯语和那加语作为词缀或第一构词成分的有 *ni 和 *di 等，指“白天”，原指“太阳”。

◇ 四　词源关系分析

1. *ʔila（*ʔile、*ʔilo）

“眼睛”女真语、满文、锡伯语、鄂伦春语 *ʔila，爱斯基摩语 ije < *ʔile。

“看见、知道”汤加语 ilo，“看”卡林阿语 ilan。

“眼睛”法语 œil、意大利语 ojo < *ole。古爱尔兰语 suil < *su-ilo。

“眼睛”芬兰语 silma、爱沙尼亚语 silm、匈牙利语 szem < *sile-m。

印第安语“看”，如玛雅语楚吉方言（chuj）ʔilaʔ、优卡特克方言（Yucatec）

il < *ʔila-q。

2. *mati（mata、mat）

*mata 是南岛语中分布最广的表示“眼睛”的词，来自 *mati。

“鼻子”希腊语 myte < *mute。

蒙达语、桑塔利语“眼睛”*med（*met），梅梯语 *mit 当与之有词源关系。“眼睛”克伦语比威方言 mudu plø < *mudu-plo。“头”蒙达语 munɖ，桑塔利语 munɖɛ < *mude。

3. *sike（*sik、*səge）

“眼睛”阿伊努语 ʃik < *sik。“眉”蒙古语、图瓦语、土族语 *komu-səge（毛—眼睛）。

“眼睛”赫梯语 sakuwa < *sak^{w}ua，“看见”哥特语 saihwan。

4. *go

“眼睛”嫩戈内语 waegogo < *ma-ʔego。“额”窝里沃语 maŋo < *ma-go。

“眼睛”古英语 ege、瑞典语 öga。俄语、波兰语 oko，波兰语 utsho < *ugo。

“眼睛”亚美尼亚语 atʃkh < *ag。

“看见”挪威语 akis、古教堂斯拉夫语 oko、希腊语 okkos。

5. *pira（*pla、*pra）

汉语“矑”*pra，黎语、石家语“眼睛”*pra，拉加语“眼睛”*pla。

希腊语“前面”empros，“眉毛”ophrys < *obrus。“额、眉毛”古英语 bru。

6. *gor（*ŋor、*ŋur）

“眼睛”突厥语 *gor。“脸”蒙古语 *ʔaŋor，错那门巴语、格曼僜语 *ŋur。

> “眼睛”梵语 akʃi、嘎地语（Gadi）hɑ̄khɑr < *qakara。“眼睛”威尔士语 crau < *krau。
>
> “脸”俄语 gronj < *gro-ni，西班牙语 cara < *kara。

古印欧语部分 -s- < *-r-，可以从印度语支等语言中的交替看到。如上文已提到“太阳”梵语 dinakaraḥ < *dina-kara-q，字面意思是“白天—眼睛”。

7. *lali（*dali 、*ʔilalə）

“眼睛”通古斯语 *ʔilalə，赛德克语 *doli-q。“泪”土耳其语、维吾尔语 jɑʃ，哈萨克语 dʒɑs，图瓦语 dʒɑʃɤ，西部裕固语 jɑs < *dalə。印第安语的对应情况如：

> 达科他语“眼睛”iʃta，苏语 esh-dah < *ʔiləda。
>
> 那瓦特尔语“眼睛”ixtololohtli、ixtli。ixtololoh-tli < *ʔiq-tolo。[①]
>
> 车罗科语“他的眼睛”atoli < *ʔa-toli。
>
> 印度—伊朗语的“眼睛”，如马拉梯语（Malrathi）、空卡尼语（Kongkangi）ɖoɭo。

8. *mi

“眼睛”日语、古龙语、木尔米语、那加语、木雅语、苗语、勉语 *mi。

澳大利亚的学者（Jone Fraser）指出 *mi、*mil 是澳大利亚土著的语言“眼睛”最常见的说法。[②]

> “眼睛”希腊语 mati < *ommation < *omma-。

① -tli 是名词单数后缀。

② *An Australian languagean as Spoken by the Awabakal*, L. E. Threlkeld, 1892.

语音说明

现代满通古斯语族语言 l 不出现于词首，赫哲语 -dz- < *-d-、*-l- 或 *-r-，可对应于满文等的 -ʃ- 和 -s-。如：

“眼睛”赫哲语 idzalə，鄂温克语 ɪʃal < *ʔidalə 或 *ʔilalə。

“肉”赫哲语 uldzə，鄂伦春语 ulə，鄂温克语 uldə < *ʔulə。

“种子”赫哲语 udzə，鄂伦春语 urə < *ʔulə。

“说”赫哲语 χədzu-，满文 gisure-，锡伯语 gisirə- < *gilu-re。

满文、鄂温克语等 -ʃ- < *-d-、*-l-（邻接高元音或 < *-s-）。如：

“鱼”鄂伦春语 ɔlɔ，鄂温克语 ɔʃxɔn < *ʔolo-qon。

“眼睛”满文 jasa，锡伯语 jas，鄂伦春语 jɛːʃa < *ʔila（*ʔida）。

“耳朵”满文 ʃan，锡伯语 san，赫哲语 ɕan，鄂伦春语、鄂温克语 ʃɛːn，女真语（尚）*saŋ < *lan。

“鼻子”的词源关系

一些语言“鼻子”的说法或与另一些语言的“脸”“嘴”，甚至“眉毛”的说法对应，与“嘴”的说法对应的多与“鸟嘴”的说法有关。南岛语“鼻子”的说法有数个主要来源，可能“鼻子”和“鸟嘴”一类的词原本有兼指。藏缅语、南亚语“鼻子”的说法比较一致，较少和“鸟嘴”混用。印欧语“鼻子”的说法有数个与藏缅语有词源关系。

◇ 一　东亚太平洋语言的“鼻子”

“鼻子”的主要说法有：

1. *burun / *ʔoburu

土耳其语、维吾尔语 burun，柯尔克孜语 murun，哈萨克语 murən < *burun。

满文、赫哲语 oforo，锡伯语 ovur < *ʔoburu。

2. *qamor / *ka-muruŋ

蒙古语、达斡尔语 xɑmar，保安语 xor < *qamor。

贡诺语 kaʔmuruŋ < *ka-muruŋ。

3. *ʔoŋok-tə / *ki-ŋak

鄂伦春语 ɔŋɔktə < *ʔoŋok-tə。[①]

爱斯基摩语 kriŋak < *ki-ŋak。

4. *so-ŋi / *ʔoɲe / *ɲe-ɲe / *ŋ^{w}i

女真语（宋吉）*soŋki < *so-ŋi。

达阿语 oɲe < *ʔoɲe。布鲁语 ŋee-a < *ɲe-ɲe。

阿杰语 kwĩ < *ŋ^{w}i。

5. *go / *ŋo-ʔanə

中古朝鲜语 ko < *go。

鲁凯语 ŋoŋoanə < *ŋo-ʔanə。

6. *kori / *ɲiru / *ŋora

朝鲜语镜城方言 khoji < *kori。[②]

那大语 ɲizu，西部斐济语 ɲiðu < *ɲiru。劳语 ŋora < *ŋora。

7. *pana

日语 hana < *pana。

罗地语 pana < *pana。（鼻子、鸟嘴）

8. *ŋudu / *sŋut / *ŋutu / *ŋusuʔ

塔几亚语 ŋudu < *ŋudu。

卡乌龙语 hut < *sŋut。邹语 ŋʉtʉ < *ŋutu。阿美语 ŋuʃuʔ < *ŋusuʔ。

① “鼻子”芬兰语 nokko。

② “鼻子”匈牙利文 ekorr。

9. *ŋulu

达密语 ulu < *ŋulu。

10. *ka-bulu / *blu

吉尔伯特语（Kilivila）kabulu-，托莱语 biləu- < *ka-bulu。

苗语腊乙坪话 mʐə^{6}，石门坎话 mby^{6}，甲定话 mplɯ^{6} < *blu。

11. *ʔidu / *ʔudu / *qiduŋ / *ʔaduŋ / *ʔadiŋ

罗地语 idu < *ʔidu。莫图语 udu < *ʔudu。（鼻子、嘴）

印尼语 hiduŋ，亚齐语 idoŋ，马都拉语 iluŋ < *qiduŋ。木鲁特语 aduŋ < *ʔaduŋ。

布央语峨村话 ʔa^{0}tiŋ^{33} < *ʔadiŋ。

12. *ʔiru / *ʔuru / *ma-ʔiri / *ʔiru-ŋ

罗图马语 isu，毛利语、塔希提语、拉巴努伊语 ihu，夏威夷语 ihŭ < *ʔisu < *ʔiru。

马达加斯加语 uru-na < *ʔuru。吉尔伯特语 te b^{w}airi < *ma-ʔiri。

爪哇语、萨萨克语 iruŋ，马都拉语 iluŋ，锡加语 iru-ŋ < *ʔiru-ŋ。

马京达瑙语 isuŋ < *ʔiruŋ。

13. *tume

波那佩语 ʈum^{w}e < *tume。

14. *p^{w}ot / *bot / *bit-s

特鲁克语 p^{w}øt < *p^{w}ot。马绍尔语 bɒt < *bot。（鼻子、鸟嘴）

汉语 *bit-s（鼻）。

15. *ŋoŋo-ʔana / *gaŋo-na

鲁凯语 ŋoŋoanə，瓜依沃语 gwaŋo-na < *ŋoŋo-ʔana / *gaŋo-na。

16. *bul / *smul / *trə-mol / *mulu / *muliŋ

佤语马散话 mɯih，孟贡话 bɯih，克木语 buh < *bul。

布朗语曼俄话 m̥ ɯl，京语 mui^{3} < *smul。

柬埔寨文 tʃrəmoh < *trə-mol。

尼科巴语 el-muh，克木语 muh，桑塔利语 mũ < *mul。蒙达语 muhu < *mulu。

赛德克语 muhiŋ，巴则海语 muziɴ < *muliŋ。

17. *s-grits

汉语 *s-grits（自，《说文》鼻也）。

18. *sna / *sina / *na / *na-da / *na-buk / *na-pum / *na-niki / *naŋ

藏文、拉达克语 snɑ，马加尔语 mi-nha < *sna。道孚语 sni，阿侬怒语 sɿ^{31}nɑ^{55} < *sina。

旦戎加语（Danjongka）、荷罗戈语（Hloke）nɑ < *na。拉基语 nɑ^{45} < *na。

乍叶因方言（Zayein）nɒ dɒ < *na-da。

雅卡语（Yakha）nā-phuk，坎布语（Khambu）nāp < *na-buk。

加龙语 njepum，博嘎尔珞巴语 ȵa pum < *na-pum。

那加语吐苦米方言（Thukumi）nɑniki < *na-niki。塔金语 nɑŋ < *naŋ。

19. *snar / *nar / *nara

卢舍依语 hnɑ̄r，哈卡钦语 a hnarr，班尤几语（Banjogi）kɑ̄-nɑ̄r < *snar / *nar。

克伦语威瓦乌方言（Wewaw）nɒ zɒ < *nara。

20. *nasi / sna-sa

阿卡语 niʃi，逊瓦尔语 neh < *nasi。

尼瓦尔语 hnā-sa < *sna-sa。

21. *guŋ / *bu-guŋ / *sina-guŋ

拉龙语（Lalung）guŋ，迪马萨语（Dimasa）gōŋ < *guŋ。

提普拉语（Tipura）bu-kuŋ < *bu-guŋ。

缅文 hnɑː ^{2}khɔŋ^{3}，阿昌语 ŋ̥ ɔŋ^{55} < *sina-guŋ。

依斯那格语、巴塔克语 iguŋ < *ʔi-guŋ。

22. *gə-kat

黎语通什话 khat^{7}，加茂话 kɯ^{2}hɔːt^{9} < *gə-kat。

23. *ʔdaŋ

壮语武鸣话 daŋ^{1}，西双版纳傣语 hu^{2}daŋ^{1}，侗语 naŋ^{1} < *ʔdaŋ。

二 “鼻子”的词源对应关系

东亚太平洋语言“鼻子”的说法不同的语言中或与“嘴”“脸”等对应。关于“嘴”，常常区分一般的“嘴”和“鸟嘴”，“鼻子”在一些语言中与“鸟嘴”有词源关系。例如：

1. “鼻子”与“(鸟)嘴”

（1）日语 hana < *pana。“鸟嘴”达密语 ibana < *ʔibana。梅柯澳语 fifina < *pina。

（2）佤语 *bul。“鸟嘴”柬埔寨文 tʃɔmpuh < *to-pol。

（3）那大语 ŋizu，西部斐济语 ŋiðu < *ŋilu。“嘴”排湾语 aŋal < *ʔaŋol。“鸟嘴”戈龙塔洛语 tu^{ŋ}gilo < *tu-gilo。

（4）卡乌龙语 hut < *sŋut。邹语 ŋutu < *ŋutu。“鸟嘴”毛利语、汤加语、拉巴努伊语、萨摩亚语 ŋutu，塔希提语 ʔutu < *ŋutu。

（5）塔几亚语 *ŋudu。“鸟嘴”乌玛语 ŋudʒu，瓜依沃语 ŋidu < *ŋudu / *ŋidu。“嘴唇”劳语、瓜依沃语 ŋudu。

（6）波那佩语 *tume。“鸟嘴”布昂语、毛利语 timu < *timu。“嘴唇、嘴”西部裕固语 dəmsəɣ < *dəmu-səq。

（7）特鲁克语 *pot。“鸟嘴”马绍尔语 pɒti < *poti。

（8）黎语 *kat。“嘴”那加语科泽玛方言（Kezama） keti，那加语色玛方言（Sema）kitʃhi < *keti。“嘴唇”仡佬语 mi^{13}ka^{42}te^{42} < *mi-kati。

（9）朝鲜语镜城方言 *kori。“嘴”佤语艾帅语 dʒhɯih < *gur。“嘴唇”达密语 sigor < *sigor。

2. “鼻子”与“脸”

（1）达阿语 oŋe < *ʔoŋe。布鲁语 ŋee-a < *ŋe-ŋe。

“脸、眼睛”布朗语甘塘话 ŋai^{31}，德昂语南虎话 ŋai，恩语 ŋai < *ŋi。

“脸”那大语 ŋia < *ŋiʔa。

（2）藏文、拉达克语 snɑ < *sna。道孚语 sni，阿侬怒语 sɿ^{31}nɑ^{55} < *sina。

“脸”壮语武鸣话、西双版纳傣语、侗语 na^{3} < *naʔ。

（3）尼科巴语 el-muh，克木语 muh，桑塔利语 mũ < *mul。

“脸”木鲁特语 bulos < *bulo-s。

（4）蒙古语、达斡尔语 xɑmar < *qamor。

“脸”阿者拉语、勒窝语 mara（-na）< *mara。“眼睛”三威治港语 mara-n < *mara。

（5）满文、赫哲语 oforo，锡伯语 ovur < *ʔoburu。“脸”独龙语 mɯr < *mur。

（6）那大语 ŋizu，西部斐济语 ŋiðu < *ŋilu。“脸”错那门巴语 ŋur^{55}，格曼僜语 a^{31}gul^{35} < *ŋur。

3. “鼻子”与“鼻涕”

多数语言用复合词指“鼻涕”，一些语言“鼻涕”的说法直接来自“鼻子”。如：

（1）锡加语 *ʔiru-ŋ。“鼻涕”萨萨克语 irus < *ʔirus。

（2）那大语、西部斐济语 *ŋiru。“鼻涕”罗维阿纳语 ŋuru < *ŋuru。

（3）蒙古语、达斡尔语 *qamar。“鼻涕”土族语 hɑwɑr，保安语 χor < *qabar。

（4）波那佩语 ʈum^{w}e < *tume。“鼻涕”图瓦语 dumɑː < *duma。

（5）“鼻涕”藏文 snabs、缅文 hnɑp、却域语 sna^{55}pɔ^{55} < *sna-b-s / *sna-po。

4. “鼻子”与“嗅”

（1）卢舍依语、哈卡钦语 *snar。“嗅”蒙古语 unirtən- < *ʔunər-tan。

（2）罗地语 idu < *ʔidu。“嗅”坦纳语 -ato- < *ʔato。

（3）勉语 *but。“嗅”克木语 kəm m̥ŭt < *ka-mut。沙玛语 hamut < *qamut。（香味、闻）

（4）满文、赫哲语、锡伯语 *ʔoburu。“嗅”阿杰语 bor̆ ər̆ə < *borərə。

三 复合词中的“鼻子”

1. 复合词“鼻涕”中的“鼻子”

（1）“鼻涕”中古朝鲜语 khosmɯr < *ko-smur，字面意思是“鼻子—水”。

“鼻子”中古朝鲜语 ko。

（2）“鼻涕”满文 nijaki，锡伯语 ovurjaŋk < *ʔobur-raki，字面意思是“鼻子—水”。

（3）“鼻涕”义都珞巴语 a³¹nde⁵⁵khɹe⁵⁵ < *ʔade-kri，“鼻子—水”。“鼻子”罗地语 idu < *ʔidu。

（4）“鼻涕”墨脱门巴语 ŋi naŋ < *ŋi-daŋ，意义“鼻子—水”。墨脱门巴语“鼻子”nawuŋ < *na-guŋ，女真语 *so-ŋi。

（5）“鼻涕”沙玛语 suppun < *sup-pan，意义“水—鼻子”。“鼻子”日语 *pana。

其他如：他加洛语 sipon，阿卡拉农语 sipʔon < *sip-ʔon（水—鼻子）。日语 hanamidzɿ < *pana-milu（鼻子—水）。

2. 复合词“鼻孔”中的“鼻子”

（1）“鼻孔”罗地语 pana-bolo-k，字面意思是“鼻子—洞”。“鼻子”罗地语 idu < *ʔidu。“鼻子、鸟嘴”罗地语 pana < *pana。

（2）“鼻孔、鼻子”马那姆语 susuʔuri < *susu-ʔuri。“鼻子”罗杜玛语、塔希提语、拉巴努伊语 *ʔiru。

四 词源关系分析

1. *na（*sna、*sina）

“鼻子”藏文、拉达克语 snɑ < *sna，道孚语 sni，阿侬怒语 sɿ³¹nɑ⁵⁵。克伦语威瓦乌方言 nɒ zɒ < *na-ra，大约可以说明罗舍依语的 *snar < *sina-r。缅文 hnɑː ²khɔŋ³，阿昌语 n̥ ɔŋ⁵⁵ < *sina-guŋ。*guŋ 是博多语支语言的“鼻子”。

"鼻子"阿卡语、逊瓦尔语 *nasi，尼瓦尔语 *sna-sa。

东亚太平洋的语言中用 *na 来表示"脸"或"额"，也用来指"鼻子。如清代蒙文"腮根"sina，壮傣、侗水语"脸"*naʔ。"鼻涕"南密语 n̥ a < *sna。

梵语"脸、嘴、鼻子" aːna。①

"鼻子"芬兰语 nenä、爱沙尼亚语 nina < *nana。

"鼻子"古英语 nosu、古高地德语、梵语 nasa、拉丁语 nasus、古教堂斯拉夫语 nasu、古波斯语 naham < *nasu-。和阗塞语 naha-，粟特语 nas。

2. *sna-b

"鼻涕"藏文 snabs、缅文 hnɑp、却域语 sna^{55}pɔ^{55} < *sna-b-s / *sna-po。

"鸟嘴、鼻子、脸"古英语 nebb、古挪威语 nef < *neb。

"鼻子吸进"英语 snuff、荷兰语 snuffen < *snub。

"嘴"阿者拉语 nifo- < *nipo，中古朝鲜语 nip < *nib。加龙语 nappa、博嘎尔珞巴语 nap paŋ < *nap-paŋ。

3. *b^{w}ot（*bot、*p^{w}ot、*but、*bit、*mut）

"鼻子"特鲁克语 *p^{w}ot，马绍尔语 *bot。"嗅"克木语 kəm m̥ŭt < *ka-mut。"香味、闻"沙玛语 hamut < *qamut。

"鼻子"希腊语 myte。

"嘴"柬埔寨语 *mot，蒙达语、桑塔利语 *mota。

4. *buru（*bur、bulu）

"鼻子"突厥语 *burun < *bur-an，满文、赫哲语、锡伯语 *ʔoburu，蒙古语、达斡尔语、保安语 *qamor。

---

① 见 tamilcube. com/Sanskrit-dictionary.aspx。

“前面，之前”梵语 puraḥ < *pura-。
希腊语“前面”empros，“眉毛”ophrys < *obrus。“额、眉毛”古英语 bru。
“前面、之前，以前的时候”古英语 beforan、古高地德语 bifora < *be-bora。

吉尔伯特语 *ka-bulu，佤语 *bul，蒙达语 *mulu，尼科巴语、桑塔利语 *mul，布朗语 *smul 等，词根为 *bulu（*mulu），即阿尔泰语和南亚语有 *-r-、*-l- 的对应关系。*bulu（*mulu、*buru）的词源分布于四个语系，当来自早期东亚语，指的是“鼻子”。

5. *buk

“鼻子”雅卡语、坎布语 *na-buk。

“鼻涕”拉丁语、英语 mucus、 mucus，“擤”拉丁语 emungere < *emuge-。

6. *ʔidu、*ʔadi 和 *ŋidu 等

（1）“鼻子”罗图马语 isu，塔希提语、拉巴努伊语 ihu，夏威夷语 ihŭ，等同源，来自 *ʔiru。莫图语诸方言如：“鼻子、嘴”莫图语 udu。柯勒布努方言 ilu，阿罗玛方言 iru，南岬方言 isu，卡巴地方言 itu < *ʔiru / *ʔidu。

南岛语群语言 -r-、-l-、-d-、-t- 的对应在这一范围的分布中得到体现。莫图语 udu 应来自 *ʔidu。有词源关系的还有：

印尼语 hiduŋ，亚齐语 idoŋ，马都拉语 iluŋ < *qiduŋ。

壮傣、侗水语 *ʔdaŋ，布央语 *ʔadiŋ，木鲁特语 *ʔaduŋ。

“鼻子”阿尔巴尼亚语 hundë < *qudo。

（2）另外有词源关系的是：

那大语 ŋizu，西部斐济语 ŋiðu < *ŋiru / *ŋilu。塔几亚语 ŋudu < *ŋudu。

卡乌龙语 hut < *sŋut。邹语 ŋʉtʉ < *ŋutu。阿美语 ŋuʃuʔ < *ŋusuʔ。

这一组除了首辅音，其他音素是对应的。可以假定来自 *ŋidu。*ʔidu < *ŋidu，*ŋ- 因后随 i 丢失。

“鼻子”亚美尼亚语 khith < *gidi。

亚美尼亚语 *g- < *ŋ-。

“嘴”的词源关系

亚欧语言通常有“嘴”和“鸟嘴”的分别。“鸟嘴”的说法多与“鼻子”有词源关系。“鼻子”“嘴”“腮”“脸”“嘴唇”等位置相近的部位易有词源关系。“嘴”又与动词“吃”“舔”“说”等有词源关系。

◇ 一　东亚太平洋语言的“嘴”

东亚太平洋语言“嘴”的代表性的说法有：

1. *ʔagir / *ʔagari / *s-kri-ʔ / *giro / *gur

古突厥语、土耳其语 aɣiz，维吾尔语 eʁiz，撒拉语 ɑʁəz < *ʔagir。

朝鲜语 akari < *ʔagari。

汉语 *skriʔ（嘴）< *s-kri-ʔ。[①]

塔几亚语 sukuro-n，戈龙塔洛语 tu$^{\eta}$gilo < *su-giro / *tu-gilo。（鸟嘴）

佤语艾帅语 dʒhɯih < *gur。

---

① 汉语“嘴”较晚才见于书面语，与之有词源关系的可能是“龇”“齿”等。

2. *ʔama-n / *ʔamaŋ

蒙古语书面语 ɑmɑ，蒙古语 ɑm，土族语 ɑmɑ，东乡语 ɑmɑn < *ʔama-n。

蒙古语布里亚特方言 amaŋ < *ʔamaŋ。

3. *ʔamga / *ʔaŋga

赫哲语 amŋə，锡伯语 aŋ，鄂伦春语 amŋa，满文 eŋge < *ʔamga。（嘴、鸟嘴）

女真语（昂哈）*aŋha < *ʔaŋga。

4. *kuti / *ŋutu / *keti

日语 kutɕi < *kuti。

毛利语、汤加语、萨摩亚语 ŋutu < *ŋutu。（鸟嘴、嘴）

那加语科泽玛方言（Kezama）keti，那加语色玛方言（Sema）kitʃhi < *keti。

5. *baro

阿伊努语 pɑro < *baro。

6. *nipo / *nib / *nap-paŋ

阿者拉语 nifo- < *nipo。

中古朝鲜语 nip < *nib。

加龙语 nappa，博嘎尔珞巴语 nappaŋ < *nap-paŋ。

7. *naqa

哈拉朱乌语 nã x^{w}ã，阿杰语 newã < *naqa。

8. *ʔaŋal / *ŋaro / *ŋer

排湾语 aŋal，邹语 ŋaro < *ʔaŋal / *ŋaro。

马加尔语 me-ŋer < *ŋer。

9. *ŋaqu-ʔaq

泰雅语赛考利克方言 nəquʔaq，泽敖利方言 ŋaquaq < *ŋaqu-ʔaq。

10. *ʔudu/ *ndu

莫图语 udu < *ʔudu。（鼻子、嘴）

苗语养蒿话 n̥u^{2}（鸟嘴），青岩话 n̥tɕu^{2}，勉语东山话 tɕi^{2} < *ndu。

11. *ŋaŋa / *gaga / *ŋo / *ŋa-bas

乌玛语 ŋaŋa < *ŋaŋa。

土耳其语 gaga < *gaga。（鸟嘴）

勒窝语 ŋo-na < *ŋo。赛夏语 ŋabas < *ŋa-bas。

12. *ŋulus / *ŋuru

布农语 ŋułus，阿美语 ŋujuʃ < *ŋulus。

东部斐济语 ŋusu，西部斐济语 ŋuhu < *ŋuru。罗维阿纳语 ŋuzu < *ŋuru。

13. *saŋi

卡林阿语 sāŋi < *saŋi。

14. *ʔab^{w}a / *ʔib^{w}a / *ʔibu

达密语 awa < *ʔab^{w}a。

达密语 ibana，梅柯澳语 fifina < *ʔib^{w}a-na。（鸟嘴）

加龙语 ibu < *ʔibu。（鸟嘴）

15. *babaq / *bibaq / *qobaq / *baba / *bapa

亚齐语 babah，摩尔波格语 babaʔ，他加洛语 bibig < *babaq / *bibaq。

赛德克语 qowaq < *qobaq。

巴塔克语 baba，罗地语 bafa-k < *baba。

毛利语 waha，汤加语 vaha，夏威夷语 wahă < *bapa。

16. *timu / *dəmu-səq / *dəmu-duq

布昂语 timu < *timu。毛利语 timo < *timu。（鸟嘴）

西部裕固语 dəmsəɣ < *dəmu-səq。（嘴唇，嘴）

维吾尔语 dumʃuq，撒拉语 dumdʒux < *dəmu-duq。（鸟嘴）

17. *qrats

汉语 *qrats（喙）。

18. *kha / *ka

汉语 *kho-ʔ（口），藏文 kha，嘉绒语 tə kha < *kha。

卢舍依语、哈卡钦语 ka < *ka。

19. *snot

阿昌语 n̥ot^{55}，载瓦语 nu̠t^{55} < *snot。

20. *pak

壮语、水语 paːk^{7}，西双版纳傣语 paːk^{9} < *pak。

21. *sop / *pə-sop / *suba

德昂语南虎话 sop < *sop。

西双版纳傣语 sop^{7} < *sop。

缅文 pɑ^{3}sɑp^{4}，载瓦语 pə̠^{21}sop^{55} < *pə-sop。

达阿语 su^{m}ba < *suba。

22. *muge

桑塔利语 mukhɛ < *muge。

23. *mot / *mota

柬埔寨语 mɔət < *mot。蒙达语 motʃhā，桑塔利语 motsa < *mota。

汉语 *mət（吻，口边也）。

24. *s-maŋ / *b^{w}aŋo / *b^{w}aŋ / *maŋa-ʔi

那加语棱马方言（Rengma）maŋ，加布依方言（Kabui）hmoŋ < *s-maŋ。

三威治港语 ^{m}baŋo-n，所罗门拉加语（Raga）b^{w}aŋo- < *b^{w}aŋo。

尼科巴语 el-vāŋ < *b^{w}aŋ。

毛利语 maŋai < *maŋa-ʔi。

25. *nol / *ner

克木语 tə nɔh，布兴语 tɤr nŏih < *nol。

康语（Kom）kɑ̄hnēr，黑洛依—蓝干语（Hiroi-Lamgang）ɑ-nērr < *ner。

26. *mur / *maŋ-sumuru / *mul / *s-mul

巴饶克语（Palaung）mūr，德昂语硝厂沟话 moiʔ < *mur。

荷朗库尔语（Hrangkhol）ɑ̄-mūr，朗龙语（Langrong）、爱摩尔语（Aimol）mūr < *mur。

马那姆语 maŋ-sumuru < *maŋ-sumuru。（鸟嘴）

拉哈语 mul^{3} < *mul。

布朗语曼俄话 m̥ɯl^{33} < *s-mul。柬埔寨文 tʃɔmpuh < *to-pol。（鸟嘴）

27. *duti / *dut

桑塔利语 thuti < *duti。

勉语罗香话 dʑut^{7}，樑子话、览金话 ɖut^{7} < *dut。

◇ 二 “嘴”的词源对应关系

1.“嘴”“鸟嘴”的对应

“嘴、鸟嘴”赫哲语、锡伯语、鄂伦春语、满文 *ʔamga。

（1）古突厥语 *ʔagir。“鸟嘴”塔几亚语 sukuro-n < *su-giro，戈龙塔洛语 tu^{ŋ}gilo < *tu-gilo。

（2）布昂语 *timu。“嘴、嘴唇”西部裕固语 *dəmu-səq。“鸟嘴”维吾尔语 dumʃuq，撒拉语 dumdʒux < *dəmu-duq。

（3）乌玛语 ŋaŋa < *ŋaŋa。“鸟嘴”土耳其语 gaga < *gaga。

（4）爱斯基摩语 kanerk < *ka-nek。“鸟嘴”帕玛语 uŋok < *ʔuŋok。

2.“嘴”或“鸟嘴”与“鼻子”的词源关系

“鸟嘴、鼻子”罗地语 pana < *pana，“嘴、鼻子”莫图语 udu < *ʔudu。“嘴”与“鼻子”的说法有对应关系的如：

（1）布昂语 *timu。“鼻子”波那佩语 ʈum^{w}e < *tume。

（2）罗维阿纳语 ŋuzu < *ŋuru。“鼻子”那大语 ŋizu，西部斐济语 ŋiðu < *ŋiru / *ŋilu。

（3）那加语科泽玛方言、色玛方言 *keti。“鼻子”黎语通什话 khat^{7}，加茂话 kɯ^{2}hɔːt^{9} < *kə-kat。

（4）康语、黑洛依—蓝干语 *ner。“鼻子”罗舍依语 hnār，班尤几语（Banjogi）kā-nār < *nar。

（5）拉哈语 *mul。“鼻子”布朗语曼俄话 m̥ɯl^{33} < *s-mul。

（6）巴饶克语、硝厂沟话、朗龙语、爱摩尔语 *mur。“鼻子”满文、赫哲语 oforo，锡伯语 ovur < *ʔoburu。

（7）莫图语 udu < *ʔudu。“鼻子”罗地语 idu < *ʔidu。

3. “嘴”与“唇”

（1）“鸟嘴”乌玛语 *ŋudu。“唇”劳语 ŋudu-na，拉巴努伊语 ŋutu < *ŋudu。

（2）汉语 *skriʔ。“唇”藏文 mtɕhu < *m-kru。

（3）桑塔利语 thuti < *duti。“唇”土耳其语 dudak，撒拉语 dodɑχ < *dudaq。

（4）巴饶克语 *mur。“唇”卑南语 birbir，巴塔克语、印尼语 bibir，马京达瑙语 vivir < *bir-bir。德昂语南虎话 si bar < *si-bar。柬埔寨文 bəboːr < *bobor。

（5）阿伊努语 *baro。“唇”沙外语 pɛro < *pero。

4. “嘴”与“腮”“牙齿”“舌头”等的对应

（1）巴塔克语、罗地语 *baba。“腮”哈尼语 ba^{31} ba^{33} < *baba。

（2）卡林阿语 *saŋi。“腮”侗语 $ŋəi^{6}$ < *ŋis。

（3）阿者拉语 *nipo。“牙齿”巴拉望语 nipɔn，摩尔波格语 nipon，他加洛语 ipin < *nipon。

（4）巴饶克语、硝厂沟话、朗龙语、爱摩尔语 *mur。“脸”独龙语 $muɹ^{55}$ < *mur。

（5）蒙古语、土族语、东乡语 *ʔama-n。“舌”排湾语 səma，阿美语 ʃəma，卑南语 səmaʔ < *sə-ma / *sə-maʔ。侗语、水语 ma^{2} < *ma。

（6）汉语“嘴”*skriʔ。“牙齿”巴兴语 khlo，逊瓦尔语 khrui < *kroʔ。

◇ 三 派生

1. “嘴”与“吃”“舔”“啄”等的词源关系

（1）加龙语 *ʔibu。“吃”阿伊努语 ibe < *ʔibe。

（2）达阿语 su^{m}ba < *sub。“吃”中古朝鲜语 tʃapsupta < *dab-sub-。

（3）莫图语 udu < *ʔudu。“舔”萨摩亚语 eto < *ʔeto。

（4）蒙古语、土族语、东乡语 *ʔama-n。“舔”拉巴努伊语 amo-amo < *ʔamo。

（5）勉语 *dut。“啄”畲语多祝话 tju^{7}、苗语养蒿话 tɕu^{7} < *tut。

2. “嘴”与“说”的词源关系

（1）水语、壮语、西双版纳傣语 *pak。“说”西双版纳傣语 paːk^{9} < *pak。

（2）汉语“喙”或为 *qlal-s。“说”西部裕固语 lɑrgə < *lar-gə。“话”西部裕固语、东部裕固语 lɑr < *lar。

（3）藏文、嘉戎语、罗舍依语 *ka。“结巴地说”西部斐济语 kaka < *kaka。

（4）那加语棱马方言、加布依方言 *smaŋ。“说”爪哇语 ɔmɔŋ，巴厘语 ŋ-omoŋ < *ʔomoŋ。帕玛语 meŋmeŋ < *meŋ。（结巴地说）

（5）巴塔克语、罗地语 *baba。“说”锡加语 babaŋ < *babaŋ。

（6）乌玛语 ŋaŋa < *ŋaŋa。“大声说话”汉语“吴”*ŋa。“说、话”汉语 *ŋan（言）。

（7）戈龙塔洛语 *tu-gilo。“说”满文 gisure-，锡伯语 gisirə-，赫哲语 χədzu- < *gilu-re。“话”满文、锡伯语、赫哲语 gisun < *gilu-n。

（8）阿伊努语 *paro。“说”缅文 prɔ^{3} < *pro。塔希提语 parau < *para-ʔu。

（9）钦本语 ɑ mon < *ʔa-mon。“说”桑塔利语 me̠n < *men。

（10）戈龙塔洛语 *tu-gilo。“说”赫哲语 χədzu- < *gilu。

（11）汉语 *skriʔ。“说”阿昌语 kʐai^{55} < *kri。“词”，布拉安语 krunə < *kru-nə。

3. “嘴”与“打开”的词源关系

（1）水语、壮语、西双版纳傣语 *pak。“打开”巴厘语 ŋ-ampak-aŋ < *ʔa-pak。墨脱门巴语 phek，景颇语 phoʔ^{31} < *bek。

（2）毛利语、汤加语、夏威夷语 *bapa。达密语 *ʔaba。“打开”阿美语 fawah < *pabaq。邹语 maavo < *ma-ʔabo。

（3）桑塔利语 *muge。“打开”巴塔克语 bukka，印尼语 məm-buka < *buka。

4. “嘴”与“吸”的词源关系

（1）德昂语南虎话、西双版纳傣语 *sop。“吸”摩尔波格语 sopsop，巴拉望语 m-sof < *sop。朝鲜语 ppara < *sopa-ra。宁德娄语 somosom，姆布拉语（Mbula）-sem- < *somo / *sem。印尼语 məŋ-isap < *ʔisap。

（2）水语、壮语、西双版纳傣语 *pak。“吸”桑塔利语 tse̠pe̠tʃ < *tepek。

（3）桑塔利语 *duti。“吸”阿者拉语 tut-，南密语 tit < *tuti。

（4）柬埔寨语、蒙达语、桑塔利语 *mota。“吸”瓜依沃语 mudu < *mudu。

◇ 四　复合词中的“嘴”

1. “嘴唇”中表示“嘴”的成分

（1）“唇”图瓦语、哈萨克语 erin，柯尔克孜语 eːrin < *ʔerin。东乡语 furun < *ʔurun。当与姆布拉语“嘴唇”zuru < *ruru 有词源关系。

“嘴唇”鄂伦春语 ʊdʊrʊ < *ʔud-ʔuru 字面意思应是“嘴—唇”。

（2）“唇”莽语 bɤp^{55} ŋtø^{35} < *bəp-ŋto，字面意思应是“唇—嘴”。“嘴”如汤加语、萨摩亚语 ŋutu < *ŋutu。“唇”劳语 ŋudu-na，拉巴努伊语 ŋutu < *ŋutu。莫图语 bibina-na，邵语 bipi < *bibi-na。

（3）“唇”中古朝鲜语 ipsiwul < *ʔib-sibul（嘴—唇）。“嘴”拉哈语 *mul。

（4）“唇”哈尼语绿春话 me^{31}lu^{31}，傈僳语 mɯ^{31}lɯ^{31} < *me-lu。南华彝语 me^{21}læ̱^{33} < *me-lat。基诺语 mø^{44}kho^{42} < *me-kho。这些彝语支语言“唇”的字面意思都是“皮—嘴”。“嘴”的说法不同。

2.“口水”中表示“嘴”的成分

（1）“口水”土耳其语 salja < *salga。维吾尔语 ʃølgɛj，哈萨克语 silekej，乌孜别克语 ʃolugɛj < *sile-gag。这些突厥语族语言“口水”的字面意思都是“汁—嘴”。“汁”如蒙古语 ʃʉːs，达斡尔语 ʃil，保安语 ɕilɛ < *sile。“鸟嘴”如土耳其语 gaga < *gaga，原本指的应是“嘴”。

（2）“口水”维吾尔语 ʃɑlwɑq < *sil-baq。“嘴”如亚齐语 babah，摩尔波格语 babaʔ，他加洛语 bibig < *babaq / *bibaq。

（3）“口水”保安语 kɑtɕi < *kaki。西部裕固语 kɑdʒigə，东部裕固语 kɑːdʒə，撒拉语 kɑtʃy < *kagi-gə。裕固语、撒拉语“口水”的字面意思应是“口水—嘴”。

（4）“口水”勒期语 khə̆^{31}ta̱i^{35} < *kha-kli，缅文 swɑ^{3}re^{2} < *ska-gri，字面意思应是“口水—嘴”。

（5）“口水”西双版纳傣语 nam^{4}laːi^{2}，黎语通什话 nam^{3}laːi^{1} < *nam-li。意思应是“水—嘴”。*li < *gri。

（6）“口水”畲语罗浮方言 ɔŋ^{1}pi^{2} < *ʔom-bi，意思应是“水—嘴”。

（7）“吐沫”蒙古语 nœlməs，达斡尔语 niombus，土族语 nəmpusə < *nol-mudə。“嘴”克木语 tə nɔh，布兴语 tɤr nŏih < *nol。蒙古语“吐沫”意思应是“嘴—水”。

◇ 五 词源关系分析

东亚太平洋语言“嘴”“鸟嘴”“鼻子”“腮”“脸”“嘴唇”等的词源关系主要集中在同一语系或相近的语系内。“嘴”与“吃”“舔”“说”的词源关系可以把相隔甚远的语言联系在一起。

1. *mota（*mot、*mudu、*mət）

“嘴”柬埔寨语 *mot，蒙达语、桑塔利语 *mota。“吸”瓜依沃语 mudu < *mudu。汉语 *mət（吻）。“横推门”朝鲜语 mitati < *midadi。

“嘴”丹麦语 mund、荷兰语 mond、古英语 muþ（嘴、门）< *mud。 希腊语“鼻子”myte < *mute。拉丁语“下巴”mentum。 “嚼”拉丁语 mandere < *made-。

“鼻子、鸟嘴”马绍尔语 bɒt < *bot。“嗅”克木语 kəm m̥ŭt < *ka-mut。“香味、闻”沙玛语 hamut < *qamut。

2. *timu（*timu、*dəmu、*tume、*tama、*timi）

“鸟嘴”布昂语、毛利语 *timu，维吾尔语、撒拉语 *dəmu-duq。“嘴唇、嘴”西部裕固语 *dəmu-səq。“鼻子”波那佩语 ʈumʷe < *tume。“喉咙”哈萨克语 tɑmɑq < *tama-q。“脸颊”鲁凯语 tsimi < *timi。

“嘴、谈话、河口”希腊语 stoma。 “嘴”阿维斯陀经 staman（狗的嘴）、赫梯语 ʃtamar < *stoma-。 “嘴、腭骨”布立吞语 staffn。

“嘴”希腊语 stoma 大约可代表印欧语中该词的早期形式和概念的所指，引申指“喉咙”stomachos，拉丁语“喉咙、胃”stomachus，14 世纪早期的英语“胃”stomak。

3. *nibo（*nipo、*nib、*nap）

“嘴”阿者拉语 nifo- < *nipo，中古朝鲜语 nip < *nib。加龙语 nappa、博嘎尔珞巴语 nap paŋ < *nap-paŋ。

“鸟嘴、鼻子、脸”古英语 nebb、古挪威语 nef < *neb。 “鼻子吸进”英语 snuff、荷兰语 snuffen < *snub。

“鼻涕”藏文 snabs、缅文 hnɑp、却域语 sna^{55}pɔ^{55} < *sna-b-s / *sna-po。

“鼻子”格鲁吉亚语 qhnɔsvi < *ɢnosb^{w}i。

4. *muga（*muge、*mga、*buka、*buk、*baku）

“嘴”桑塔利语 *muge。“嘴、鸟嘴”赫哲语、锡伯语、鄂伦春语、满文 *ʔamga。“打开”巴塔克语 bukka、印尼语 məm-buka < *buka。“鼻子”雅卡语、坎布语 *na-buk。“脸颊”马林厄语 bako < *baku。

“嘴”古法语 boche，“脸颊”拉丁语 bucca < *buka。

5. *katu（*kuti、*keti、*ŋuti）

“嘴”日语 *kuti，那加语 *keti。“鸟嘴、嘴”毛利语、汤加语、萨摩亚语 *ŋutu。“洞”德昂语茶叶箐话 ka tɛu^{51} < *katu。

“打开、通道”古英语 geat、古挪威语 gat，“针眼、洞”古撒克逊语 gat。 “街道”拉脱维亚语 gatua、芬兰语 katu。

6. *gir（*kri）

汉语“嘴”*skriʔ 本指“鸟嘴”，后兼指“嘴”，成为“口”的俗称。朝鲜语 *ʔagari 与突厥语 *ʔagir、汉语的“嘴”*skriʔ 有词源关系。汉语该词的 *-ʔ 与“口”*khoʔ 中的 *-ʔ 一样，是身体部位词的后缀。

“山洞”朝鲜语 kur < *gur，鄂温克语 agʊj < *ʔagur，哈萨克语 yŋgir、图瓦语 oŋgyr < *ʔogur。

“嘴”阿尔巴尼亚语 gojë < *goro，grykë < *gru-。

7. *muru（*mur、*buru）

“嘴”巴饶克语、硝厂沟话、朗龙语、爱摩尔语 *mur。“鼻子”满文、赫哲语 oforo，锡伯语 ovur < *ʔoburu。

“嘴”亚美尼亚语 beran < *bera-。

“嘴”格鲁吉亚语 piri < *biri。

8. *ŋa（*ga、*kha、*kho、*khu）

“嘴”卢舍依语、哈卡钦语 ka < *ka。汉语“口”*kho 似乎是藏缅语借词，藏缅语中发生过浊塞音变为送气塞音的演变：藏文、巴尔蒂语、拉达克语 kha < *ga。“嘴”昌巴拉胡里语 ɑg。“鸟嘴”土耳其语 *gaga 等来自 *ga。与之有词源关系的如汉语 *ga（户），“门”藏文 sgo，墨脱门巴语 ko，博嘎尔珞巴语 jap go < *s-go。

“话”景颇语 ka^{31} < *ga，汉语 *ŋa（语），“词”东部斐济语 ŋaŋa < *ŋa。“说”查莫罗语 saŋane < *saŋa-ne。

“说”古英语 secgan、古高地德语 sagen、古挪威语 segja < *siga-。
赫梯语 shakja-（宣称）、古教堂斯拉夫语 sociti（辩白）。

9. *lal

蒙达语“舔”*glal 。

“语言”亚美尼亚语 lezu < *lelu。

“舌头”汤加语 ʔelelo，夏威夷语 ălĕlŏ < *ʔalelo。马达加斯加语 lela < *lela。雅美语 lila < *lila。

10. *duti（*detə、*tuti）

“嘴”桑塔利语 *duti、勉语 *dut。“吃”鄂温克语 *detə-n。“啄”畲语多祝话 tju^{7}、苗语养蒿话 tɕu^{7} < *tut。

"牙齿"梵语 danta、希腊语 donti、立陶宛语 dantis、古爱尔兰语 det、法语 dent、意大利语 dente。

印第安人语言的情况如：

"嘴"车罗科语 aholi < *ʔaloli。汉语 *qlals（喙）< *qlal-s。 "嘴、鼻子"那瓦特尔语 jatʃa-tl < *lata。"脸"达阿语 le^{n}dʒe < *lede，"下巴"瓜依沃语 late-na < *late。

“舌头”的词源关系

亚欧语言的“舌头”与“牙齿”等有词源关系，“舔”“尝”“说”等动词有的是“舌”的同根派生词。东亚太平洋语言的“舌头”分布最广的几个词根亦见于印第安语和印欧语。

一　东亚太平洋语言的“舌头”

东亚太平洋语言“舌头”的代表性说法有：

1. *dil / *dila-gan / *dila-q / *dila-ʔə / *dila

古突厥语、维吾尔语 til，土库曼语 dil，图瓦语 dɤl，西部裕固语 dəl < *dil。(舌头、语言)

埃文基语 dilagan < *dila-gan。

印尼语 dilah，巴拉望语、摩尔波格语 dilaʔ < *dila-q 。

他加洛语 dilaə，巴塔克语 dila < *dila-ʔə / *dila。

2. *kəle-n

东部裕固语 kelen，土族语 kələ < *kəle-n。(舌头、语言)[①]

① “舌头”芬兰语 kieli < *keli。

3. *qəliŋ / *ʔiligi / *ʔilegi

蒙古语 xələŋ < *qəliŋ。（舌头、语言）

满文 ileŋgu，锡伯语 iliŋ，赫哲语 iləŋgu，鄂伦春语 iŋŋi，鄂温克语 iŋi < *ʔiligi。

女真语（亦冷吉）*ileŋki < *ʔilegi。

4. *lita / *b-let / *slat / *s-let / *ʔilat

日语 çita < *lita。

苗语先进话 mplai[8]，勉语长坪话 blet[8] < *b-let。

汉语 *slat（舌）。①

景颇语 ʃiŋ[31]let[31] < *s-let。马加尔语 me-let < *let。

爪哇语 ilat < *ʔilat。

5. *parube

阿伊努语 pɑrumbe < *parube。

6. *səmali / *bale / *ʔibila

泰雅语 həmaliʔ < *səmali-ʔ。

塔几亚语 bale-n，达密语 bale < *bale。雅贝姆语 imbela < *ʔibila。

7. *meme / *memen

马那姆语 meme < *meme。三威治港语 memen < *memen。

8. *qila / *ʔala

查莫罗语 hula < *qula，hila < *qila。

萨瓦拉语（Savara，蒙达语族）ɑlā < *ʔala。

① 《释名》：“舌，泄也。”音、义两释。

9. *ʔarero / *ʔaro / *ru

毛利语、塔希提语 arero，拉巴努伊语 ʔarero < *ʔarero。（舌头、语言）

加龙语 aro，博嘎尔珞巴语 ajo < *ʔaro。塔金语 riu < *ru。

10. *lo / *ʔalelo / *lela / *lila

马绍尔语 lo < *lo。

汤加语 ʔelelo，夏威夷语 ălĕlŏ < *ʔalelo。

马达加斯加语 lela < *lela。雅美语 lila < *lila。

11. *nam

坦纳语 nam-n < *nam。

12. *ka-limə / *lo-lim

宁德娄语 kalime-n，马京达瑙语 ləma < *ka-limə。

巴琉语 lɔ^{11}liːm^{31} < *lo-lim。

13. *lama / *ləma / *ləmaʔ / *lidam

东部斐济语 jama，马京达瑙语 ləma < *lama。

邵语 ðama，排湾语 səma，阿美语 ʃəma，卑南语 səmaʔ < *ləma / *ləmaʔ。

哈尼语 la^{55} ma^{33} < *lama。

鲁凯语 ḷiḍamə < *li-dama。

14. *ma / *s-maʔ / *sme / *ma

锡加语、阿者拉语 ma < *ma。

嘉戎语 təʃmᴇ < *sme。

侗语、水语 ma^{2} < *ma。

15. *le-ple / *ple-le / *pli / *ble / *bli

藏文 ltɕe，藏语拉萨话 tɕe^{55}le^{52} < *le-ple / *ple-le。①

因他拉语 pli < *pli。

道孚语 vlʒɛ，克伦语阿果话 ble^{33} < *ble。格曼僜 blai < *bli。

16. *si-la / *sla / *slo / *le

缅文 hljɑː^{2}，缅语仰光话 ɕɑ^{22}，博多语 si-lɑ < *sla。

阿昌语 ʃɔ^{55}，彝语南华话 lo^{55} < *slo。

错那门巴语 le^{53}，他杭语、墨脱门巴语 le，哈卡钦语 lei < *le。

17. *di

扎坝语 di^{33} < *di。

18. *lin

壮语武鸣话、傣语 lin^{4}，黎语 ɬin^{3} < *lin-ʔ。

19. *si-dak / *ŋə-tak / *li-tak / *pər-degi / *dage-n

佤语马散话 dak，德昂语茶叶箐话 sitaʔ^{51}，布兴语 sɯŋtak < *si-dak。

莽语 ŋɤ^{31}tak^{35} < *ŋə-tak。

尼科巴语 kaledak < *qale-dak，litāk < *li-tak。

朝鲜语扶安方言 seppatak < *sepa-dag。朝鲜语 hjə，龙川方言 hetteki < *pər-degi。

布昂语 daɣen < *dage-n。

① 如“火镰”藏文 me tɕha，兰坪普米语 mɐ^{13}pʂɑ^{55} < *me-pla。古藏语 tɕ- 有 *pl-、*kr- 和 *t- 等主要来历。

20. *ʔliʔ

京语 lɯəi³ < *ʔliʔ。

21. *ʔan-dat / *ʔo-dat

高棉语 ʔan ʔdat < *ʔan-dat。柬埔寨文 ʔɔndaːt < *ʔo-dat。

22. *ʔalaŋ

桑塔利语、蒙达语 ɑlɑ̃ŋ < *ʔalaŋ。

◇ 二 “舌”的词源对应关系

1. “舌头”“牙齿”的词源关系

一些语言的“舌头”“牙齿”“嘴唇”“齿龈”等有词源关系，如：

（1）缅文、阿昌语、彝语南华话 *slo。“牙齿”雅贝姆语 lo，罗图马语 ʔalo < *ʔalo。

（2）马达加斯加语 *lela，汉语 *qlals（喙）。

（3）马那姆语 *meme。“嘴唇”邵语 bipi < *bibi。

（4）布昂语 *dage-n。“齿龈”大瓦拉语 degu-na < *degu。

2. “舌头”和“舔”的词源关系

（1）汉语 *slat，景颇语 *s-let，爪哇语 ilat < *ʔilat。“舔”佤语马散话 let，佤语艾帅话 lɛt，德昂语曼俄话 liat³³ < *let。查莫罗语 hulat < *qulat。

（2）雅美语 *lila。“舔”布兴语 lɤl < *ləl。

（3）坦纳语 *nam。“舔”日语 namedzɯru < *name-du-ru。

（4）侗语、水语 *ma，排湾语 *sə-ma。“舔”拉巴努伊语 amo-amo <

*ʔamo。

（5）查莫罗语 *qula、*qila。“舔”满文 ile-，锡伯语 ili- < *ʔile。

（6）京语 *ʔliʔ。“舔”壮武鸣话 $ɣi^{2}$，傣语 le^{2} < *li。锡加语 leʔa < *le-ʔa。

（7）布昂语 *dage-n。“舔”藏文 ldag < *l-dag。

3. “舌头”和“尝”的词源关系

（1）马那姆语、三威治港语 *meme。“尝”波那佩语 mem < *mem。

（2）东部斐济语、马京达瑙语 *ləma。“尝”罗维阿纳语 lomoso < *lomo-so。

（3）侗语、水语 *ma，阿美语、卑南语 *sə-ma。“尝”卡林阿语 maʔis < *ma-ʔis。

4. “舌头”和“说”“语言”“话”等的词源关系

“舌头”和“语言”之间的词源关系是直接的。一般来说，应是具体概念的表达转指抽象的概念。从相关词源的分布看，前者分布较广，后者分布较窄，也可以说明先有“舌头”的表达方式，后才有这种指称的转移。如：

（1）汉语“舌”*slat，“曰”*glat，“说”*qlat，“话”*grat。

“说”藏语阿力克话 ɕat < *srat。

（2）京语 *ʔliʔ，错那门巴语、墨脱门巴语 *le。“说”土家语 li^{21} < *li。巴琉语 li^{33}、户语 $lăi^{35}$ < *li。

（3）三威治港语 *memen。“说”桑塔利语 me̱n < *men。

（4）突厥语 *dila。“说”撒拉语 jɑʃɑ- < *dala。“讲故事”萨摩亚语 tala < *tala。“话”拉巴努伊语 tatara < *tara。

（5）东部裕固语 *qəle-n。“话”东乡语 kiəliən < *kilin。

（6）加龙语、博嘎尔珞巴语 *ʔaro。“说”达让僜语 $mɑ^{31}ɹo^{55}$ < *ma-ro。（*ma- 为不及物动词前缀）

5.“舌头”转指“火焰”

（1）“火焰”雅美语 lila no apoj，巴塔克语 dila ni api，意思是“火的舌头”。马达加斯加语 lilafu < *lila-ʔapu，也是这个意思。

（2）一些语言用“舌头”指“火焰”，或者原本用“舌头”指“火焰”，如：

“舌头”马京达瑙语 ləma，达阿语 dʒila，乌玛语 dʒilaʔ。

“火焰”马京达瑙语 dila，达阿语 dʒela，乌玛语 dʒelaʔ < *dila。

“舌头”塔希提语 arera，汤加语 ʔelelo，马绍尔语 lo。

“火焰”塔希提语 ura，汤加语 ulo，马绍尔语 uɽuɽ < *ʔuro。

（3）“火焰”布鲁语 bana lai-n < *bana-lali-n，字面意思应是“嘴—舌头”。

（4）“舌头”哈尼语 *lama。汉语 *lam（焰）。

三 诸支系的“舌”的说法

1. 阿尔泰语

（1）*dila

“舌头、语言”突厥语、维吾尔语、土库曼语、图瓦语、西部裕固语 *dil，与印尼语、他加洛语 *dilaq 有词源关系。埃文基语 *dila-gan 说明其词根为 *dila。印尼语 *dilaq < *dila-q。马来语支名词后缀 *-q 现多为 -h 或 -ʔ。

（2）*qila

“舌头、语言”东部裕固语 *qəle-n，与东乡语“话”kiəliən < *kilin 应有词源关系，词根为 *kili。查莫罗语 *qula 来自 *qila，与东部裕固语 *qəle 对应。

（3）*gati

“舌头、语言”保安语 gɑtɕi < *gati，可以比较的有“话”普米语 $gu^{55}tʃə^{55}$ < *gutə，藏文 skad- < *s-gat。

（4）*ligi

“舌头、语言”蒙古语 *qəliŋ，“舌头”满通古斯语 *ʔiligi，两者有词源关系。

（5）*dagi

“舌头”朝鲜语书面语 hjə，龙川方言 hetteki < *pər-degi。扶安方言 seppatak < *sepa-dag。*dagi 是其共同的词根。可能与布昂语“舌头”*dage-n，藏语“舔”*l-dag 等有词源关系。马来语支语言中相近的说法指的是“下巴”，如印尼语、米南卡保语 dagu。

（6）*g^{w}agi

“舌头”爱斯基摩语 okrark < *ʔokak，应与印第安人车罗科语“舌头”gago < *gago、“鸟嘴”土耳其语 gaga < *gaga 等有词源关系。*gaga、dagi 等 < *g^{w}agi。

2. 南岛语

南岛语主要有 *ma 和 *dila 两个词源，其次为 *dage-n、*ʔalelo、*lila、*nam、*lama、*səmali、*bale、*qula 等。突厥语的 *dila 对应于南岛语马来—他加洛支系的说法。

布拉斯特把原始南岛语“舌头”构拟为 *ʃema，依据的是中国台湾的南岛语。他为原始波利尼西亚语构拟了 *dilaq，依据的是马来和他加洛语等的说法。

“舔”印尼语 mən-dʒilat，沙玛语 delat，巴塔克语 dilat，爪哇语 n-dilat < *dila-t，应是 *dila 的派生词。

3. 汉语和藏缅语

汉语和藏缅系语言主要的词源有 *lat、*la、*li、*ple、*ble 等。汉语 *slat、景颇语 *s-let、苗瑶语 *b-let 等共同的词根是 *lat，对应于爪哇语 ilat < *ʔilat，

高棉语“舌头”*ʔan-dat，布兴语“小舌”*kər-lat 等的词根。

汉语“函”*gam，《说文》舌也；“臄”*gak，《诗经》毛传，函也。

自西周至秦汉，以及后来的唐代，西部方言的影响下与藏缅语相关的许多方言词进入汉语通语及书面用语。有关用“舌食取”和“伸舌”一类的词多与藏缅语的说法有词源关系，如：

汉语“舓”*slik，“舔”缅文 jɑk，博嘎尔珞巴语 jak < *lak。

本尼迪克特把原始藏缅语“舌头”和“舔”构拟为 *ljak。[①]

（1）*ple

藏语 *le-ple 的两个成分都表示“舌头”。与之有词源关系的如：独龙语 pɯ³¹lɑi⁵³，格曼僜语 blɑi⁵³ < *bli。克伦语乍叶因方言（Zayein）pli，格科方言（Geko）bli < *bli。

（2）*lo（*le）

博多语 *si-la，缅文、阿昌语、彝语南华话 *slo 等的词根可能是 *lo。与错那门巴语、墨脱门巴语 *le 对应的另外还有：

卡那西语（Kanashi）le，多多语（Toto）lē-bē，坦库尔方言（Tangkhul）mɑ-le < *le。

梅梯语（Meithei）lei，布鲁姆语（Purum）lɑi < *li。

（3）*lem

雅卡语（Yakha）、坎布语（Khambu）lem < *lem。与巴琉语 *lo-lim 的词根有词源关系。

4. 侗台语

（1）“舌头”壮语、傣语、黎语 *lin，与“舔”如壮语武鸣话 ɣi²、傣语 le² < *li 是同根词，*-n 是名词后缀。

（2）“舌头”侗语、水语 ma² < *ma，与锡加语、阿者拉语 *ma 等有词

① P. K. 本尼迪克特：《汉藏语言概论》，第 364 页。

源关系。

5. 南亚语

南亚系语言主要的词源有 *dak 和 *lat，如佤语、德昂语、布兴语 *si-dak，莽语 *ŋə-tak，尼科巴语 *li-tak 的共同词根是*dak，对应藏语的"舔"。尼科巴语 *qale-dak 的第一个成分仍是"舌头"，与错那门巴语"舔"kla 有词源关系。

高棉语"舌头"*ʔan-dat，词根同 *lat。桑塔利语"卷舌"lath < *lat，布兴语"小舌"kɤr lat < *kər-lat。"舔"佤语马散话 let，佤语艾帅话 lɛt，德昂语曼俄话 liat³³ < *let。

◇ 四 词源关系分析

1. *legʷi（*ligi、*legi、*siligi、*sulgə）

"舌头"满通古斯语 *ʔiligi、*ʔilegi。"口水"满文 sileŋgi，锡伯语 ɕiliŋ < *siligi。"吐沫"土族语 ɕulgə < *sulgə。汉语"舓"*slik，"舔"缅文 jɑk，博嘎尔珞巴语 jak < *lak。

> "舌头"拉丁语 lingue < *ligʷe。
> "舔"古撒克逊语 likkon、哥特语 bi-laigon、古爱尔兰语 ligi-m（我舔）。[①]
> "汤勺"威尔士语 llwy < *ligʷi。

"舌头"词根 *legʷi 音节交换成为 *gʷili，或许最早发生在东亚。圆唇辅音演变的结果产生不同的说法：

*legʷi > *ledi、*lape，如"舔"梵语 *ledi。

① 印欧语和突厥语一样，无单独的舌根鼻音，这个鼻音演变为 *g。

$*leg^wi$ > *lape，“舔”拉丁语 *lape。“牙齿”罗维阿纳语 livo、劳语 lifo < $*lip^wo$，塔几亚语 luwo-n < $*lup^wo$-n。

$*g^wili$ > *dila，如“舌头”南岛、阿尔泰 *dila。

诸词进一步意义的引申产生如“口水”“词”“火焰”等。

2. *lama（*ləma）

“舌头”东部斐济语、马京达瑙语 *lama，邵语、排湾语、阿美语、卑南语 *ləma，哈尼语 *lama。汉语 *qlamʔ（舔）。

“唇”古英语、古弗里斯语 lippa，丹麦语 læbe < *labe。 “舌头”阿尔巴尼亚语 llapë < *lape，“舔”拉丁语 lambere < *labe。 “舔、喝”古英语 lapian。“啜、舔”希腊语 laptein。“汤勺”德语 loffel < *lope-l。

“舔”阿昌语 $liap^{55}$ < *lap。

3. *dage（*dak）

“舌头”“舔”等分布于四个语系的词源有 *dagi（*dak）。“舌头”朝鲜语诸方言的词根 *dagi，布昂语“舌头”*dage-n。

“舌头、语言”古英语 tungue、古高地德语 zunga、古爱尔兰语 tenge、拉丁语 dingua < $*deg^wa$。 印第安人的车罗科语“他的牙齿”ga-togv < *togu，“我的牙齿”tsi-togv < *togu，词根为 *togu。

藏语“舌头（敬语）” ldʑags < *l-dag-s，“舔”*l-dag。

“舌头、语言”立陶宛语 liezucis、古教堂斯拉夫语 jezyku < *lediku。

4. *lat（*let）

汉语 *slat（舌）的词根为 *lat，该词根分布于东亚诸语系的语言中。引申用法如“舔”佤语马散话 let，佤语艾帅话 lɛt，德昂语曼俄话 liat[33] < *let。

“舔”梵语 ledhi < *ledi。①

5. *lela（*lelo、*lila）

“舌头”汤加语、夏威夷语 *ʔalelo，马达加斯加语 *lela，雅美语 *lila。“舔”布兴语 lɤl < *ləl。

“舌头”亚美尼亚语 lezu < *lelu。

6. *dila

“舌头”南岛、阿尔泰 *dila 与马达加斯加语 *lela、雅美语 *lila，“舔”巴塔克语 dilat、爪哇语 n-dilat、印尼语 mən-dʒilat、沙玛语 delat < *dila-t 等，“说”古突厥语 ajit- < *ʔadit，鄂温克语 dʒaːndʒi- < *dadi 等，为 d 和 l 的交替，还有元音的交换，东亚和太平洋的语言中较多发生音节交换和元音交换。

“舌头”印第安达科他语 tʃezi̥ < *teli。

① “嘴”俄语 rot。

“牙齿”的词源关系

一些语言“牙”“齿”一词。东亚太平洋语言“牙、齿”“舌”“唇”“齿龈”等的说法有词源的关系，“咬”“吃”“说”等词为“牙齿”说法的派生。

一　东亚太平洋语言的“牙齿”

“牙齿”的代表性说法有：

1. *dis / *ʔeriq-tis
土耳其语 diʃ，维吾尔语 tʃiʃ，哈萨克语 tis，西部裕固语 dəs < *dis。
维吾尔语 eziq tʃiʃ < *ʔeriq-tis。（臼齿）

2. *ʔara / *ʔara-ga / *ʔire
蒙古语 ɑrɑː，土族语 rɑː，东部裕固语 ɑːr < *ʔara。（臼齿）
蒙古语 ɑrɑɣɑ < *ʔara-ga。（犬齿）
宁德娄语 ihe < *ʔire。

3. *side / *sudun / *sidu / *sit

蒙古语书面语 ʃidü，蒙古语 ʃʉd，达斡尔语 ʃid，蒙古语都兰方言 ʃide < *side。

东乡语 ʂɯdun，保安语 ʂdoŋ < *sudun。

满文 sidu（weihe）< *sidu。（虎牙）

古突厥语 siʃ < *sit。

4. *ʔiqe / *ʔik / *ʔəkə

女真语（未黑）*weihe，满文 weihe，锡伯语 vix < *be-ʔiqe。

赫哲语 ixtələ < *ʔiq-telə。

鄂伦春语 iktə，鄂温克语 iːddi < *ʔik-tə。

中古朝鲜语 əkɯmini < *ʔəkə-mini。（臼齿）

5. *pa / *sbʷo / *siba / *sibu-ʔak

日语 ha < *pa。

他多语（Thado）、希因语（Siyin）、来语（Lai）、卢舍依语、哈卡钦语 hā < *pa。

藏文 so，嘉戎语 swɑ，缅文 swɑ³，怒苏怒语 suɑ⁵⁵，景颇语 wa³³ < *sbʷo。

那加语吐苦米方言（Thukumi）hā，达布棱方言（Tableng）、耽鲁方言（Tamlu）phɑ，班巴拉方言（βanpara）bɑ，米佐语 si pā < *siba。

爱斯基摩语 sivuak < *sibu-ʔak。（门牙）

6. *ne-let

鄂罗克语 nelet < *ne-let。

7. *kigu-t / *gigi / *giʔ-nuq

爱斯基摩语 kigut < *kigu-t。[①]

① -t 为复数后缀。

印尼语 gigi，亚齐语 gigɔə < *gigi。

泰雅语赛考利克方言 ʔə-nux，泽敖利方言 ɣiʔ-nux < *giʔ-nuq。

8. *ʔalis / *ʔalo / *ʔile

排湾语 aljis < *ʔalis。

雅贝姆语 lo，罗图马语 ʔalo < *ʔalo。

马那姆语 ile < *ʔile。

9. *ʔisi

莫图语 ise-na，布昂语 isi < *ʔisi。

10. *ŋisi / *nisi

达阿语 ŋisi < *ŋisi。

卡那卡那富语 anis，莫图语卡巴地方言 nise < *nisi。

11. *b^{w}ali-si

阿美语 wałiʃ，鲁凯语 valisi，卑南语 wal̯i < *b^{w}ali-si。

12. *gadi

莫图语 gadigadi-na < *gadi。（臼齿）

13. *ŋipa-n

依斯那格语 ŋipan，卡加延语 ŋipən < *ŋipa-n。

14. *nipo / *nipun / *nipu-ʔurun / *ka-nap

夏威夷语 nihŏ，毛利语、汤加语、拉巴奴伊语 niho < *nipo。

巴拉望语 nipɔn，摩尔波格语 nipon，他加洛语 ipin，查莫罗语 nipen < *nipon。

阿者拉语 nifu urun < *nipu-ʔurun（嘴的骨头）。（nifu “嘴”）

尼科巴语 kanap < *ka-nap。

15. *lepun / *lip^{w}o / *lup^{w}o-n

赛德克语 rupun，巴则海语 lepeɴ < *lepun。

罗维阿纳语 livo，劳语 lifo < *lip^{w}o。[①]

塔几亚语 luwo-n < *lup^{w}o-n。

马绍尔语 ŋilep，波那佩语 ŋilap < *ŋi-lep。（臼齿）

16. *bati

东部斐济语 bati，西部斐济语 basi < *bati。

17. *tipa

窝里沃语（Wolio）ti^{m}pa < *tipa（臼齿）。

18. *ŋra / *ŋela-n / *da-ŋel / *ŋilu

汉语 *ŋra（牙）。[②]

多布语 ŋejan < *ŋela-n。

萨萨克语 dʒaŋel < *da-ŋel。（臼齿）

杜米语（Dumi）、吉姆达尔语（Jimdar, Rai）ŋilo < *ŋilu。

19. *kroʔ / *skro

汉语 *khjəʔ（齿），泰语 khiəu^3 < *kroʔ。

巴兴语 khlo，逊瓦尔语 khrui < *kroʔ。

① “牙齿”俄语 zub < *rub。

② 周金文“牙”与“齿”有别。

20. *ski

却域语 ski^{55}，格曼僜语 si < *ski。

21. *ŋi-ilu / *ŋi-kluŋ / *ŋi-loŋ / *ŋi

加龙语 ai iju，博嘎尔珞巴语 jiː tɕuŋ < *ŋi-ilu / *ŋi-kluŋ。塔金语 ijoŋ < *ŋi-loŋ。

马绍尔语、波那佩语 ŋi < *ŋi。

现代朝鲜语 ni < *ŋi。

22. *ʔban / *ʔibon

壮语 fan^{2}，仫佬语、黎语 fan^{1} < *ʔban。

沙玛语 embon < *ʔibon。

23. *si-raŋ

布兴语 si ruɑŋ，克木语 r̥ aŋ，佤语 rhaŋ < *si-raŋ。

24. *s-min

苗语野鸡坡话 m̥jen^{55}，苗语养蒿话 m̥hi^{35} < *s-min。

25. *t-men

高棉语 thmeɲ，柬埔寨文 thmëɲ < *t-men。

◇◇ 二 “牙齿”的词源对应关系

1. “牙齿”“齿龈”的词源关系

（1）杜米语、吉姆达尔语 *ŋilu。“齿龈”布朗语曼俄话 kaʔ^{31}ɲil^{31}，克木语 hɯl < *ŋilo。

（2）汉语 *ŋra。"齿龈"东部斐济语 ŋadˤo-，吉尔伯特语 te ŋaro，马绍尔语 ŋar < *ŋaro。

（3）达阿语 *ŋisi。"齿龈"沙外语 ŋisi < *ŋisi。印尼语、爪哇语 gusi < *ŋusi。

（4）蒙古语 *side。"齿龈"巴厘语 isit < *ʔisit。

2. "牙齿""舌头"的词源关系

（1）罗图马语 ʔalo < *ʔalo。"舌头"萨瓦拉语 ɑlā < *ʔala。

（2）雅贝姆语 lo。"舌头"马绍尔语 lo。

（3）"臼齿"布鲁语 dage-n < *dage。"舌头"布昂语 daɣen < *dage-n。

3. "牙齿""唇"的词源关系

（1）"臼齿"莫图语 gadigadi-na。"唇"雅贝母语 gedo-。

（2）杜米语、吉姆达尔语 *ŋilo。"唇"劳语、瓜依沃语 ŋidu。

"牙齿"与"齿龈""齿龈""唇"等的转指主要发生在较为相近的亲属语之间，另外也有"牙齿"与"嘴"的词源关系。如邹语"嘴"ŋaro。

4. "牙齿""嘴"的词源关系

（1）壮语、仫佬语、黎语 *ʔban。"嘴"日语 hana < *pana。"鼻子、鸟嘴"罗地语 pana < *pana。"鸟嘴"达密语 ibana < *ʔibana。

（2）那加语等 *ba。"嘴"巴塔克语、罗地语 *baba。"腮"哈尼语 ba^{31} ba^{33} < *baba。

（3）巴拉望语、摩尔波格语、他加洛语 *nipon。"嘴"阿者拉语 *nipo。

◇ 三 派生

1. “牙齿”派生为“咬”

（1）突厥语 *dis。“咬”维吾尔语 tʃiʃlɛ-，哈萨克语 tiste-，撒拉语 tʃille- < *dis-。[①]

（2）蒙古语、土族语、东部裕固语 *ʔara。“咬”图瓦语 ɤzɤ- < *ʔərə。

（3）排湾语 aljis < *ʔalis。“咬”桑塔利语 les < *les。劳语 ʔalea < *ʔali-ʔa。

（4）印尼语、亚齐语 *gigi。“咬”达阿语 na-ᵑgiki < *giki。缅文 kok < *kok。

（5）沙外语 ŋaŋ-o < *ŋoŋ。“咬”德昂语茶叶箐话 gǎk[55]、南虎话 gǎʔ < *gak。桑塔利语 sogakh < *sogak。（蛇咬）

（6）汉语、泰语 *kroʔ。“咬嚼”汉语 *skraʔ（咀）。

2. “牙齿”派生为“吃”

（1）蒙古语 *side。“吃”清代蒙文 ide-、蒙古语 idə-、达斡尔语 idə- < *ʔide-。土耳其语 je-、维吾尔语 jɛ-、哈萨克语 dʒe-、图瓦语 dʒi- < *de。满文 dʒe-、锡伯语 dzi̡- < *de-。罗图马语 ʔātē < *ʔade。

（2）罗图马语 ʔalo < *ʔalo。“吃”塔塔尔语 ɑʃɑ- < *ʔala。“嚼”罗地语 ale < *ʔale。

（3）沙外语 ŋaŋ-o < *ŋoŋ。“吃”尼科巴语 kāk < *kak。（吃肉、鱼、蛋）

（4）拉格语 livo < *lobo。“吃”赫哲语 dzə̡fu-，鄂伦春语 dʒəb- < *dəbu。

（5）多布语 *ŋela-n。“吃”藏文、嘉戎语 zɑ，缅文 tsa[3]，凉山彝语 dzɯ[33]，拉祜语 lɛ[21] < *gla。

① *-le 和 *-de 是阿尔泰语把名词派生为与其所指事物有关动词的后缀。

3.“牙齿”派生为“说”

所谓“伶牙俐齿”，认为“说”与“牙齿”有关。“牙齿”派生为“说”，如：

（1）蒙古语、达斡尔语 *side。“说”古突厥语 te-、维吾尔语 dɛ-、撒拉语 di-、西部裕固语 de- < *de。

（2）蒙古语、土族语、东部裕固语 *ʔara。“说”蒙古语正蓝旗话 jɛrə-，布利亚特话 jɑri- < *rari。桑塔利语 ro̱ɽ < *ror。

（3）达阿语 ŋisi < *ŋisi。“说”满文 gisure-，锡伯语 gisirə-，赫哲语 χədzu- < *gisu-re。

（4）斐济语 *basi。“说”东部斐济语 βosa，勒窝语 visi < *bosa / *bisi。

（5）巴兴语、逊瓦尔语 *kroʔ。“说”阿昌语 kʐai^{55} < *kri。佤语艾帅话 krai < *kri。“词”布拉安语 krunə < *kru-nə。

四 词源关系分析

1. *de（*side）

“牙齿”蒙古语 *side，“虎牙”满文 *sidu。“吃”蒙古语、达斡尔语 *ʔide-。土耳其语 je-、维吾尔语 jɛ-、哈萨克语 dʒe-、图瓦语 dʒi- < *de。满文 dʒe-、锡伯语 dʐi- < *de-。罗图马语 ʔātē < *ʔade。

“牙齿”梵语 danta、希腊语 odontos、拉丁语 dent、立陶宛语 dantis、古爱尔兰语 det < *dote-，古英语 toð、古弗里斯语 toth < *tode。“吃”英语 eat、古撒克逊语 etan、古挪威语 eta。

2. *ŋib^{w}a（*ŋipa、*ŋab^{w}a）

“牙齿”依斯那格语、卡加延语 *ŋipa-n。“齿龈”东部斐济语 ŋaβa < *ŋab^{w}a。

“牙齿”梵语 gambhas < *gaba-。

“齿龈”古英语 gimm、拉丁语 gemma（芽）< *gima。

“臼齿”希腊语 gomphos < *gobo-。“梳子、蜂巢”古英语 comb。

“牙齿”格鲁吉亚语 khbili < *gubi-。

3. *gi（*gigi、*ŋi）

*gi 为早期东亚语“牙齿”的词根，如印尼语、亚齐语 *gigi、马绍尔语、波那佩语 *ŋi、杜米语、吉姆达尔语 *ŋi-lu。*-lu 为早期东亚语的复数后缀，亦见于人称代词。

“嘴”威尔士语 ceg < *keg。

“腭”古英语 ceace、cece，中古低地德语 kake < *kake。

“嚼”古英语 ceawan、中古德语 keuwen < *kek^{w}e-，波斯语 javidan < *gek^{w}i-。

“牙齿”却域语 *ski < *sgi。

印第安人阿巴齐语“他的牙齿”bi-gho:ʔ < *goʔ。（bi- 为第三人称单数前缀）

4. *mini（*min）

“牙齿”苗瑶语的 *s-min。“嘴”布农语 nimnim < *nim。“颊”卡林阿语、卡加延语 mimi < *mimi。

5. *g^{w}ira（*kro、*gre、*kri、*kru、kra、*ŋiri）

“牙齿”汉语、泰语、巴兴语、逊瓦尔语 *kro-ʔ。“笑”怒苏怒语 ɣɹe^{33} < *gre。日语 warau < *g^{w}ara-ʔu。“说”阿昌语 kʐai^{55} < *kri。佤语艾帅话 krai < *kri。“咬嚼”汉语 *skraʔ（咀）。

“牙齿”亚美尼亚语 akra < *akra。

“龇牙、咧嘴”古英语 grennian、古挪威语 grena，“咆哮”古挪威语 grenja。

早期的词根可能是 *ɲiri，如达阿语 *ɲisi。*ɲ- 因后随 i 丢失（参见上文有关“鼻子”词源关系的讨论），莫图语 ise，布昂语 isi 等与之有词源关系。

*lisi 又对应于突厥语 *dis，*l- 和 *d- 交替。

与“牙齿”*ɲiri 有早期词源关系的是突厥语“嘴”*ʔa-gir。

6. *b^wa（*pa、*ban）

侗台语的 *ʔban 与沙玛语 *ʔibon 有词源关系，词根是 *ba。*pa 及其演变形式 *ha 还分布于藏缅语。与之有词源关系的有：“嘴”巴塔克语 baba、罗地语 bafa-k < *baba，“腮”哈尼语 $ba^{31}ba^{33}$ < *baba。

“颊”匈牙利文 pofa < *pop^wa。

7. *dabu（*tipa、*dəbu、*dab、*tabe）

“臼齿”窝里沃语 *tipa。“吃”赫哲语 dʐəfu-，鄂伦春语 dʒəb-，鄂温克语 dʒəttən < *dəbu。朝鲜书面语（敬语）tapsuta，中古朝鲜语 tʃapsupta < *dab-ru-。日语 taberu < *tabe-ru。

“牙齿”阿尔巴尼亚语 dhëmb < *dob。

“耳朵”的词源关系

亚欧语言的“耳朵”与“耳廓”“脸颊”等有词源关系，“听”或是“耳朵”的派生词。阿尔泰语该意义的有关词与南岛语的关系密切，汉藏语和南亚语的表达有另外的词源。

◇ 一 东亚太平洋语言的“耳朵”

东亚太平洋语言“耳朵”的代表性说法有：

1. *qul-qaq / *qula-q / *qla

古突厥语 qulqaq < *qul-qaq。

土耳其语 kulak，维吾尔语 qulɑq，图瓦语 kulɑk < *qula-q。①

仫佬语 khɣa[1]，水语 qha[1] < *qla。

2. *digə / *tigə / *gi-degi / *trə-tik

蒙古语书面语 tʃiki，蒙古语 dʒix，土族语 tʃigə，东部裕固语 tʃiɢən < *digə / *tigə-n。

① “耳朵”匈牙利文 kalasz < *kalas，波兰语 klos。

中古朝鲜语 ky，扶安方言 kyttɛki < *gi-degi。

柬埔寨文 trətʃiək < *trə-tik。[①]

3. *mimi / *bebe / *bebe-ʔiʔao

日语 mimi < *mimi。

西部斐济语 bebe < *bebe。夏威夷语 pēpeiaŏ < *bebe-ʔiʔao。

4. *lan / *sla-qa / *saleŋ / *sali-ʔilu

满文 ʃan，锡伯语 san，赫哲语 ɕan，鄂伦春语、鄂温克语 ʃɛːn < *lan。

女真语（沙哈）*sjaha < *sla-qa。

波那佩语 saleŋ < *saleŋ。

赛夏语 saliʔiḽ < *sali-ʔilu。

5. *ki-sara

阿伊努语 kisara < *ki-sara。

6. *si-ʔut

爱斯基摩语 siut < *si-ʔut，plur。

7. *koru / *s-kor / *kor / *gur

邹语 koru < *koru。

卡西语 ʃkōr < *s-kor。

哈尔蓝语（Hallam）kor，荷朗库尔语（Hrangkhol）mi-gū r < *kor / *gur。

① 柬埔寨语的 trə- 是两个音节的缩合，这里的是前缀。如“屁股”柬埔寨文 trəpoːk < *trə-pok。

8. *ta-liŋa / *ta-laŋa / *ʔa-liŋa / *ʔa-riŋa / *pa-liŋa / *laŋ / *riŋa

泰雅语泽敖利方言 tʃaŋiaʔ，布农语 taŋiaʔ，鲁凯语 tsaḽiŋa，卑南语 ʈaŋiḽa < *ta-liŋa。

印尼语 təliŋa，摩尔波格语 toliŋa，查莫罗语 talaŋa，毛利语 tariŋa < *ta-liŋa / *ta-laŋa。

汤加语 teliŋa，马绍尔语 lɒtʃilŋi < *te-liŋa。

劳语 ʔaliŋa，瓜依沃语 ariŋa < *ʔa-liŋa / *ʔ-ariŋa。

罗图马语 faliŋa < *pa-liŋa。

女真语（尚）*saŋ < *laŋ。

布昂语 rəŋa，阿者拉语 riŋa- < *riŋa。

9. *taʔi-na

莫图语 taia，莫图语卡巴地方言 kaina，梅柯澳语 aina < *taʔi-na。

10. *tuli / *tilu

贡诺语 toli，马京达瑙语、锡加语 tilu < *tuli / *tilu。

11. *bira-t / *bero

赛德克语 birats < *bira-t。拉加语 b^{w}ero- < *bero。

12. *pak

泰雅语赛考利克方言 papak < *pak。

瓦陵语 na-phak < *pak。

13. *tiŋa

占语书面语 taŋĭ，他加洛语 tēŋa < *tiŋa。

14. *nəʔ / *na / *na-ruŋ / *na-piŋ / *na-kep / *naŋ

汉语 *nəʔ（耳）。

独龙语 $ɑ^{55}nɑ^{53}$，藏文 rna < *r-na。

巴尔蒂语 sna，哈卡钦语 hna < *s-na。

加龙语 njeru，博嘎尔珞巴语、塔金语 n̥a ruŋ < *na-ruŋ。

他杭语 napiŋ < *na-piŋ。

达让僜语 $kɹu^{53}naŋ^{35}$ < *kru-naŋ。

桑塔利语、尼科巴语 naŋ < *naŋ。

15. *na-kep / *kepiŋ

马加里语 nɑ-kep < *na-kep。

巴厘语、爪哇语 kupiŋ，印尼语 tʃupiŋ（耳廓）< *kupiŋ。

16. *ble / *ʔbila / *pala

苗语养蒿话 $zɛ^{2}$，高坡话 $mplæ^{2}$，勉语东山话 $blau^{2}$ < *ble。

布央语峨村话 $ʔbaːi^{55}ða^{33}$ < *ʔbila。

克伦尼语 pha la < *pala。

17. *nam-go / *nam-neʔ / *ma-nam

旦戎加语（Danjongka）nɑm tʃho，加戈德语（kagate）nɑm dʒo < *nam-go。

错那门巴语 $nem^{35}nɛʔ^{53}$ < *nam-neʔ。蓝靛瑶语 mɑ-nɑm < *ma-nam。

18. *ga-guŋ

畲语 ka^{2} $khuŋ^{3}$ < *ga-guŋ。

19. *li / *lu / *kuli

黎语通什话 $ɬai^{4}$，保定话 zai^{4} < *li。壮语武鸣话 $ɣɯ^{2}$，布依语 $zɯ^{2}$ < *lu。

马林厄语 kʰuli < *kuli。

20. *srok / *la-srok / *ku-srok / *te-rek
德昂语南虎话 ɕɔʔ，德昂语茶叶箐话 ʃɔk⁵⁵ < *srok。
户语 lə ɕɔk³³，布朗语甘塘话 ku³¹ʂok⁵⁵ < *la-srok / *ku-srok。
佤语孟汞话 tʌ ʒʌ̱k < *te-rek。

21. *ti
京语 taːi¹ < *ti。

22. *lu-tur / *tor
蒙达语 lutūr，桑塔利语 lutur（耳朵、听），朱昂语（Juang）nutur < *lu-tur。①
布兴语 tor < *tor。

二 词源对应关系

1. “耳朵”和“颊”
（1）劳语 *ʔaliŋa。“颊”西部斐济语 kaliŋa。
（2）苗瑶 *ble。“颊”东部斐济语 balu。拉加语 balina < *bali-na。
（3）泰雅语赛考利克方言 *pak。“颊”马林厄语 bakoi < *bakoʔi。
（4）日语 *mimi。“颊”卡林阿语、卡加延语 mimi < *mimi。
（5）马加里语 *na-kep。“颊”萨萨克语 saŋkep < *sakep。

2. “耳朵”和“耳廓”
（1）巴厘语、爪哇语 *kupiŋ。“耳廓”印尼语 tʃupiŋ < *kupiŋ。
（2）印尼语、摩尔波格语 *taliŋa。“耳廓”沙外语 taiŋa < *taʔiŋa。

① lu- 是前缀，蒙达语如“手腕背面”lulha。

（3）邵语 ɬarina < *lari-na。"耳廓" 窝里沃语 jøřa < *lora。

（4）西部斐济语 *bebe。"耳廓" 东部斐济语 bebe-ni-daliŋa。拉巴努伊语 ʔepe < *ʔebe。

（5）朝鲜语 *gi-degi。"耳廓" 爪哇语 gɔɖɔh < *godoq。

3. "耳朵" 和 "额"

（1）邹语 koru < *koru。"额" 拉巴努伊语 koraʔe < *kora-ʔe。

（2）泰雅语赛考利克方言 *pak。"额" 梅柯澳语 paku < *baku。

4. "听" 和 "耳朵"

（1）藏文 rna < *r-na。"听" 锡加语 rəna < *rəna。

（2）布昂语、阿者拉语 *riŋa。"听" 窝里沃语 raŋo，东部斐济语 raŋo-o < *raŋo。

（3）蒙古语、土族语 *tigə。占语、他加洛语 *təŋa。"听"哈萨克语 təŋdɑ-，柯尔克孜语 təŋʃɑ-，保安语 tɕɑŋlə- < *taŋ-la。那大语 teŋe < *teŋe。

（4）巴尔蒂语 sna < *s-na。"听" 怒苏怒语 n̥ɑ^{33}，拉祜语 nɑ^{33} < *s-na。

（5）布兴语 *tor。"听" 桑塔利语 lutur < *lu-tur。

（6）爱斯基摩语 siutit < *si-ʔutit。"听" tussawok < *tuta-pok。[①]

三 诸支系的"耳朵"

1. 阿尔泰语

（1）突厥语

"耳朵" 古突厥语 *qul-qaq，土耳其语、维吾尔语、图瓦语 *qulaq。可能与马林厄语 "耳朵" *kuli，排湾语 "耳屎" iḷiq < *ʔili-q 有词源关系。

---

① -pok 为动词后缀。如 "咬" 爱斯基摩语 kiːsiwok < *kiti-pok，-s- < *-t-。

（2）蒙古语

“耳朵”蒙古语 *digə，东部裕固语 *digən 带名词后缀 *-n。朝鲜语 *gi-degi 的前一个成分 *gi 也指“耳朵”。“下巴”印尼语 dagu，沙玛语 tokaʔ 等与之有词源对应关系。

“耳朵”女真语 *daŋ < *daŋgi，与蒙古语等有同源关系。

（3）日语

“耳朵”日语 mimi，“颊”卡林阿语、卡加延语 mimi 对应。“颊”印尼语、爪哇语 pipi。

在汉藏语系的语言中 *mi 是“耳朵”的构词成分，如荷朗库尔语（Hrangkhol）mi-gūr，那加语俄姆比奥方言（Empeo）mi-kon。

与阿伊努语“耳朵”*kisara 有词源关系的是日语“头”kaçira < *kasira。

（4）爱斯基摩语

“耳朵”爱斯基摩语 siutit < *si-ʔutit。“听”tussawok < *tuta-pok。

“耳朵”满通古斯语 *dan < *dandi，“听”满文 dondʒi，锡伯语 dœndʑi- < *dondi。

2. 南岛语

（1）*liŋa 的来历及派生用法

“耳朵”卡林阿语 iŋa < *ʔi-ŋa，马那姆语 uŋi < *ʔi-ŋa，*ŋa 是早期的词根。“鬓角”马那姆语 uaŋi < *ʔu-ʔaŋi，阿者拉语 gia < *ŋi-ʔa，拉巴努伊语 haŋu < *ra-ŋu 等可以说明这个词根意义上的转指。

“嘴”乌玛语 ŋaŋa < *ŋaŋa，“鸟嘴”土耳其语 gaga，“脸”拉巴努伊语 ʔariŋa < *ʔa-riŋa，可以说明这个词根在另一个语义方向上的转指。*ri- 和 *li- 是早期东亚语表示“凸起”或“支出”的前缀，*ri- 在藏缅语中得到保存。

*liŋa 再次作为南岛语“耳朵”词根，与名词前缀 *ta-、*ʔa- 等形成南岛

语中以下的说法：泰雅语、布农语、鲁凯语、卑南语 *taliŋa，查莫罗语 *talaŋa，莫图语、汤加语 *teliŋa，劳语 *ʔaliŋa、瓜依沃语 *ʔariŋa。

“耳朵”罗图马语 *paliŋa，当来自 *pa-liŋa。如“额”罗图马语 motara < *mo-tara。*mo-（*pa-）为前缀。

蒙古语 *digə，土族语 *tigə，占语、他加洛语 *tiŋa 是没有出现前缀 *li- 直接使用名词前缀 *ti- 的构成方式。

（2）*tuli 和 *tilu

*tuli 和 *tilu 是贡诺语、马京达瑙语、锡加语等“耳朵”的说法，*li 是词根。“耳屎”卡加延语 tutuli < *tu-tuli。“耳朵”卡加延语 taliŋa，贡诺语 toli。原本卡加延语、贡诺语“耳朵”的说法相同，是 tuli。“耳朵”黎语 *li，武鸣话、布依语 *lu 是它们的保留形式。

（3）*kuli

南岛语中马林厄语“耳朵”*kuli 是较为特殊的形式。达阿语“颊、鬓角”、乌玛语“颊”kuli^{m}pi < *kuli-pi，第一个成分与之对应。又如“脸”马那姆语 lili < *li-li。这个原本是南岛语边缘语言的说法，来自“头”*ʔulu。“头”如汉语“首”*qhluʔ < *quluʔ，排湾语 quḷu，木鲁特语、巴塔克语 ulu，巽他语 hulu，汤加语 ʔulu < *qulu。

（4）*kupi 和 *pipi

“耳朵”巴厘语、爪哇语 *kupiŋ，日语 mimi。“颊”锡加语 pipi-ŋ，印尼语、爪哇语 pipi，卡林阿语、卡加延语 mimi。它们有共同的词源。

3. 藏缅语

藏缅语族诸语支基本上以词根 *na 附加其他构词成分指“耳朵”，如缅文 nɑ^{3}，藏文、拉达克语 snɑ < *sna，及彝缅语支的道孚语 sni，阿侬怒语 sɿ^{31}nɑ^{55} < *sina。*na 这个词根原本指的是“脸”，如壮语武鸣话、西双版纳傣语、侗语 na^{3} < *na-ʔ。又有“鼻子”旦戎加语、荷罗戈语 *na。未见用来

指“头”“额”等。

词根 *na 的派生中以古藏文的 *r-na 和巴尔蒂语的 *s-na 最为典型，*r-是表示“凸起”或“支出”的前缀，*s- 是身体部位词的前缀。*na 词根在藏缅语中常见的是转指为“鼻子”和“耳朵”，容易被误会，常常前加或后加一个成分用以区分所指。

词根 *na 在缅语支语言中或成为表示“鼻子”的前缀，如载瓦语 $\text{nŏ}^{21}\text{phjo}^{21}$、勒期语 $\text{nə̆}^{33}\text{khjɛp}^{55}$ 等。

4. 汉语

汉语“耳”这个字汉语书面语中原本可能不止 *nə-ʔ 一个读音。“耳”的谐声字“誀”，《说文》辱也。《广韵》读“耳”，《集韵》同“耻”。故“恥”“誀”古音为 *snə-ʔ。

“耳垂子”古文作“耴”，《广韵》丁惬切，古音 *tap ＜*snap。“附耳小声说话”，古文作“聶”，后来写作“囁”古音 *njap。古汉语中这两个说法都跟“耳朵”有关。彝语支语言中“耳朵”如彝语喜德话 $\text{n̥a}^{21}\ \text{po}^{33}$、拉祜语 $\text{nɑ}^{11}\text{pɔ}^{33}$ ＜*sna-po，当与之有词源关系。

5. 侗台语

侗台语“耳朵”的来历比较复杂。

壮语、布依语 *lu，黎语 *li，似乎是马京达瑙语、锡加语和贡诺语等 *tilu、*tuli 的简略说法。

拉基语 $\text{pu}^{33}\text{lu}^{35}$ ＜*pu-lu，词根与壮语、布依语的说法同。

仫佬语、水语 *qla，与克伦尼语 *pa-la 可能有词源关系。

佯僙语 ʔnaŋ^{1}，对应于喜马拉雅语支卡瑙里语的 kɑnɑŋ 和尼科巴语 *naŋ。

六枝仡佬语 $\text{pɑ}^{35}\text{vei}^{31}$ ＜*pa-bi，与西部斐济语 bebe 这样的说法相近。

木佬语 phuŋ^{33}ɣo^{31} < *pruŋ-lo。

6. 苗瑶语

苗语、勉语东山话 *ble，对应于拉加语“颊”balina < *bali-na。

畲语 ka^{2} khuŋ^{3} < *ga-guŋ，第二个成分 *guŋ 可能与钦语 hno-gauŋ 的第二个成分有词源关系。“头”藏文 mgo < *m-go，“鼻子”拉龙语、迪马萨语 *guŋ。

蓝靛瑶语 *ma-nam 与错那门巴语 *nam-neʔ 的第一个成分对应，应是词源关系的表现，*nam 作为词根另外还出现在拉达克语等中。是否应该理解为是 *mam 这一类说法的变化结果，“脸”如瓜依沃语 māmā < *mama。

7. 南亚语

蒙达语、桑塔利语、朱昂语 *lu-tur，布兴语 *tor，词根为 *tor。可能与贡诺语“耳朵”toli 有词源关系，是 r 与 l 的交替。另外与之有词源关系的是“头”古突厥语、维吾尔语 jyz，哈萨克语 dʒyz < *dir。日语（俗语词）tsɿra < *tura。“脸”满文 dere，锡伯语 dər，鄂伦春语 dərə < *dəre。

德昂语 *srok、户语 *lu-srok、布朗语 *ku-srok、佤语孟汞话 *te-rek 共同的词根是 *rok。与之有对应关系的是：“头”伊拉鲁吐语 rəgunə < *rugu-na。“脸”马那姆语 ru^{ŋ}gu < *rugu。“额”雅美语 rorogwan < *rogo-an。

◇ 四　词源关系分析

藏缅语和南岛语“耳朵”的词源各自有较一致的分布，阿尔泰语和南亚语各支系词源有分歧，“眼睛”“手”的说法也是如此。阿尔泰语“耳朵”跟南岛语的一些说法有词源关系。

1. *qori（*qul）

“耳门”满文 hohori < *qori，大约与“耳朵”古突厥语 *qul-qaq，土耳其语、维吾尔语、图瓦语 *qul-aq < *ʔul-qaq 等有词源关系。

> “耳朵”古英语 eare、古挪威语 eyra、丹麦语 øre、拉丁语 auris、希腊语 aus、阿维斯陀经 usi（双耳）< *ore-。
>
> “耳朵”西班牙语 oreja、葡萄牙语 orelha < *orela。
>
> “听见、听”古英语 heran、古弗里斯语 hora、古挪威语 hejra < *ʔera。①

2. *gor（*kor、*gur）

“耳朵”邹语 *koru、卡西语 *s-kor、哈尔蓝语 *kor、荷朗库尔语 *gur。“脸”东乡语 angir < *ʔaŋor，卑南语 ʈaŋar < *ta-ŋor，错那门巴语 ŋur^{55}，格曼僜语 a^{31}gul^{35} < *ŋur / *ŋul。

“听”吉尔伯特语 oŋorā < *ʔoŋora，印尼语 mən dəŋar，萨萨克语 n-dəŋah < *dəŋar。

> “耳朵”波斯语支的帕塞语（Pasai）kār、巴斯加利语（Basgali）kō。
>
> “穗（谷物的耳朵）”古高地德语 ehir < *ekir。

“耳朵”格鲁吉亚语 qhuri < *ɢuri。

3. *digi（*tigə、*degi）

“耳朵”蒙古语、土族语 *digə，东部裕固语 *tigə-n，朝鲜语 *gi-degi。

> “耳朵”希腊语 staχy < *staki。

4. *ŋa（*ŋaŋa、*ŋi、*ŋu）

“耳朵”卡林阿语 iŋa < *ʔi-ŋa，马那姆语 uŋi < *ʔu-ŋa，*ŋa 是早期的词根。“鬓角”马那姆语 uaŋi < *ʔu-ʔaŋi，阿者拉语 gia < *ŋi-ʔa，拉巴努伊语

① 日耳曼语的“听见、听”*ʔera 是“耳朵”的派生词。

haŋu < *ra-ŋu。

“耳朵”古教堂斯拉夫语、波兰语 ucho、俄语 uxo < *uko。亚美尼亚语 akan。

5. *rna

“耳朵”藏文 rna。“听见”锡加语 rəna < *runa。

“知道”俄语 znatj、波兰语 znatʃ < *rna-。“得知”波兰语 ponatʃ < *po-rna-。
“听见”俄语 uznatj < *urna-。

印第安语的情况如：

阿巴齐语“他的耳朵”bi-dʒaːʔ < *daʔ。“耳朵”女真语 *taqa，莫图语 taia、梅柯澳语 aina < *taʔi-na。
车罗科语“他的耳朵”galeni，“我的耳朵”tsileni，词根为 *leni。
“耳朵”满通古斯语 *lan。
“耳朵”达科他语 noɢe，苏语 nuɢaj、nuk-pah。达科他语 noɢe < *noge。
“脸”加龙语 njuk-mo < *nuk-mo。“鸟嘴”芬兰语 nokka < *noka。
那瓦特尔语“耳朵”natʃaz-tli < *nakar，与苏语 nuɢaj 有词源关系，*nakar < *na-gar。“耳朵”如伊拉鲁吐语 təgəra < *tə-gora。

“脖子”的词源关系

“脖子”可区分为“前脖”和“后颈”及“喉结”等不同部位。亚欧语言“脖子”的说法可能与“喉咙”“下巴”“肩”等邻近部位的说法及动词“说”等说法有词源关系。

一 东亚太平洋语言的“脖子”

“脖子”的主要说法有：

1. *borun

维吾尔语 bojun，哈萨克语 mojən < *borun。[①]

2. *tilo

蒙古语 ʃil，东部裕固语 ʃelə < *tilo。

3. *biloqa / *boloko

满文 bilha，锡伯语 bilχa，赫哲语 bilga < *biloqa。（喉咙、脖子）

① 如“身体”维吾尔语、哈萨克语 boj，西部裕固语 boz < *bor。

窝里沃语（Wolio）ʔboloko，乌玛语 βorokoʔ < *boloko。

4. *me-pan / *dərə-bone

女真语（梅番）*meifan < *me-pan。

伊拉鲁吐语 dərəbone < *dərə-bone。

5. *mo-gadi / *gudi / *kuduq

朝鲜语 mokatʃi < *mo-gadi。土族语 gudʑi < *gudi。

米南卡保语 kudu^{ə}ʔ < *kuduq。

6. *kubi

日语 kubi < *kubi。

7. *lati

鄂罗克语 jahti < *lati。

8. *kaki / *koko / *ʔagaga / *mo-kak / *si-gok

毛利语 kaki < *kaki。（脖子、喉咙）

沙外语 koko < *koko。查莫罗语 agaga < *ʔagaga。

马京达瑙语 bokak < *mo-kak。

佤语马散话 si ŋok，孟汞话 gɔk，艾帅话 ŋɔk < *si-gok。

9. *gulu

爪哇语 gulu < *gulu。

10. *teko

查莫罗语 teŋho < *teko。

11. *sa-dal

多布语 sadal < *sa-dal。

12. *ʔaʔi / *ʔaʔi-so

夏威夷语 ai，塔希提语 ʔaʔi < *ʔaʔi。

梅柯澳语 aiso < *ʔaʔi-so。

13. *qreŋ-ʔ / *qəroŋ

汉语 *qjeŋʔ（颈）< *qreŋ-ʔ。[①]

锡加语 ʔəruŋ < *qəroŋ。

14. *s-ke / *m-ki / *ta-ki

藏文 ske < *s-ke。嘉戎语 tə mki < *m-ki。他杭语 taːtʃi < *ta-ki。

15. *guro / *groŋʔ / *m-griŋ / *m-greŋ-ʔ

阿侬怒语 $go^{31}ɹo^{55}$ < *guro。

汉语 *groŋʔ（项）。

藏文 mdʑiŋ < *m-griŋ。

汉语 *mreŋʔ（领）< *m-greŋ-ʔ。[②]

16. *gla

汉语 *gla（胡，颈也）。

17. *ŋaŋ

墨脱门巴语 ŋaŋ < *ŋaŋ。

---

① 谐声字有影母二等字“茎”。

② 《诗经·卫风·硕人》:“领如蝤蛴，齿如瓠犀。”“领”指“脖子”。

18. *kuli / *kaloŋ

喜德彝语 $ku^{21}li^{33}$ < *kuli。

沙玛语 kolloŋ，贡诺语 kalloŋ < *kaloŋ。

19. *tak / *duga / *qotok

错那门巴语 $tak^{55}pa^{53}$ < *tak。

马加尔语 mi-duŋga < *duga。

桑塔利语 hoṱoḵh < *qotok。

20. *qloŋ / *ʔuloŋ / *loŋ / *luŋ-po

苗语青岩话 $ʔlɔŋ^{1}$，瑶里话 $tlɑ^{1}$，瑶语东山话 $klaŋ^{1}$ < *qloŋ。

黎语通什话 $ɯ^{3}ɬoŋ^{6}$ < *ʔuloŋ。

巴琉语 $lɔŋ^{31}$ < *loŋ。

加龙语 liː po，博嘎尔珞巴语 lɯŋ poŋ < *luŋ-po。

21. *ʔlən

仫佬语 $lən^{3}$，毛南语 $dən^{4}$ < *ʔlən。

22. *lel

户语 lel^{31} < *lel。

23. *maŋ

德昂语南虎话 ra mɑŋ，茶叶箐话 khɤ $meŋ^{51}$ < *maŋ。

24. *qoto

蒙达语 hoṱo < *qoto。

25. *taren / *dərə-bone

桑塔利语 taren < *taren。（动物的脖子）

伊拉鲁吐语 dərəbone < *dərə-bone。

26. *li-kun

尼科巴语 likeun < *li-kun。

27. *gardan

桑塔利语 gardan < *gardan。

◇ 二 “脖子”的词源对应关系

1. “脖子”“喉咙”的词源关系

“喉咙、脖子”用一个说法，如满通古斯语 *biloqa、查莫罗语 tʃuejo、沙外语 gli、莫图语 gado、毛利语 kaki 等。交叉对应的情况如：

（1）维吾尔语、哈萨克语 *borun。“喉咙”马绍尔语 bəɽɔ < *boro。

（2）阿侬怒语 *goro。“喉咙”独龙语 $kɑ^{31}kɔɹ^{53}$ < *ka-kor。

（3）土族语 *gudi。“喉咙”莫图语 gado-na，乌玛语 toᵑkodoʔ < *to-godo。格曼僜语 $gɑ^{31}dɯŋ^{35}$ < *gaduŋ。

（4）蒙古语、东部裕固语 *tilo。“喉咙”东部斐济语 i-tilotilo < *tilo。

（5）日语 *kubi。“喉咙”尼科巴语 likøːp < *li-kep。

（6）壮语龙州话 ko^2、水语 qo^4 < *ɢo。汉语 *ɢo（喉）。

2. “脖子”“下巴”的词源关系

（1）朝鲜语 *mo-gadi，“下巴”巽他语 gado。

（2）日语 *kubi，“下巴”托莱语 kəbe-。

（3）鄂罗克语 jahti < *lati，“下巴”瓜依沃语 late-na。

（4）马加尔语 *duga，“下巴”印尼语、米南卡保语 dagu，爪哇语 dagut。

（5）藏文 *s-ke，“下巴”梅克澳语 ake。

3. “脖子”“肩”的词源关系

（1）维吾尔语、哈萨克语 *borun，“肩”巴塔克语 abara。

（2）蒙古语、东部裕固语 *tilə。“肩”维吾尔语 jɛlkɛ，柯尔克孜语 dʒelke < *del-ke。

（3）满通古斯语 *biloqa。“肩”拉祜语 $lɑ^{21}qɑ^{35}$ < *laqa。

（4）景颇语 $tuʔ^{31}$ < *luk，“肩”罗地语 alu-k。

三 词源关系分析

1. $*g^{w}ale$（*gulu、*kuli、*galo、*gale）

“脖子”爪哇语 *gulu，彝语喜德话 *kuli。“喉咙”维吾尔语 gɑl < *galo，蒙古语 xoːlɛː、东乡语 ɢoləi < *gole。“喉咙、声音”沙外语 gli < *guli，塔几亚语 kilagu-n < *kilagu 。汉语 *gla（胡）。[①]

“喉咙、脖子、吞咽”梵语 gala。“喉咙”拉丁语 gula，意大利语 gola。
“脖子”德语、瑞典语、丹麦语 hals，意大利语 collo，拉丁语 collum。

“喉咙”古法语 gargole < *gar-gole。“脖子”芬兰语 kaula。

2. $*g^{w}adu$（*gudu、*gudi、gadi）

“脖子”米南卡保语 *guduq，土族语 *gudi，莫图语 gado，朝鲜语

① 《诗经·豳风·狼跋》：“狼跋其胡，载疐其尾。”“跋”指颔下的垂肉。

*mo-gadi。“下巴”巽他语 gado。

> 梵语“脖子的瘤”gaɖu、“脸、颊”gaɳɖa、“后颈”ghāʈā。
> “脖子、喉咙”和阗塞语 gaɖaa- < *gada。
> “喉咙”阿尔巴尼亚语 fyt < *g^{w}ut。

3. *b^{w}ora（*boru、*bara、*ʔabar）

“脖子”维吾尔语、哈萨克语 *boru-n。“喉咙”马绍尔语 bəɽɔ、拉巴努伊语 ŋuruhara < *boro / *ŋuru-bara。“呼喊”东乡语 *bəra-da，“声音、喊”桑塔利语 *ʔabar，“声音”维吾尔语、乌孜别克语、塔塔尔语 ɑwaz < *ʔab^{w}ar 等。

> “脖子”希腊语 rberkos。“脖子”亚美尼亚语 paranotʃ < *para-nok。
> “胡子”法语 barbe，“胡子、下巴”西班牙语、意大利语 baraba。

4. *g^{w}arok（*gorok、*garək）

“喉咙”印尼语 təŋgorokan < *tə-gorok-an。马京达瑙语 ŋarək < *garək。

> “脖子”波兰语 kark，“喉咙”古英语 cræg。
> “领子、脖子”德语 kragen、古高地德语 chrago < *krage-。
> “喉咙”法语 gorge，“脖子、喉咙” 中古荷兰语 craghe < *krage。

5. *kun（*gən）

“脖子”尼科巴语 likeun < *li-kun。“背”嘉戎语 zgən < *r-gən。

> “轭”希腊语 zygon < *ri-gon。

6. *b^{w}ane（*pan、*bone）

“脖子”女真语 *me-pan，伊拉鲁吐语 *dərə-bone。

> “后颈”梵语 manja。“项圈”古英语 mene。“脖子”古教堂斯拉夫语 monisto。

“鬃毛”古英语 manu，古弗里斯语、古高地德语 mana，中古荷兰语 mane < *mano。

7. *gaki（*kaki、*koko、*gaga、*kak、*gok 等）

“脖子”毛利语 *kaki、沙外语 *koko、查莫罗语 *ʔagaga、马京达瑙语 *mo-kak、佤语 *si-gok、墨脱门巴语 *ŋaŋ。

“喉咙”锡加语 koko-ŋ < *koko。

“轭”古英语 geoc < *gek。

“后颈”法语 chignon < *kignon。

“脖子”波兰语 kartʃek < *kar-kek。“喉咙”粟特语 ʃkutʃ < *skuk。

8. *ske

“脖子”藏文 ske。

“脖子”俄语 ʂejk < *sek，pereʂeːk < *pere-sek。

“脖子”格鲁吉亚语 saqhɛli < *saɢe-。

“轭”古教堂斯拉夫语 igo，粟特语 yɣū < *igu。

“脖子”匈牙利文 nyak，ingnyak < *ig-nek。

9. *naki

“下巴”贵琼语 nã ^{31}kɯ^{55} < *naki

“脖子”匈牙利文 ingnyak < *ig-nek。“脖子”亚美尼亚语 paranotʃ < *para-nok。

“脖子、喉结、后颈”古英语 hnecca、古弗里斯语 hnekk < *kneka。

“脖子”古挪威语 hnakkr、古高地德语 hnach < *knek。

“山”古爱尔兰语 cnocc、古布列吞语 cnoch < *knok。

10. *k^{w}ebi（*kubi、*kep、*kepi）

“脖子”日语 *kubi。“喉咙”尼科巴语 likøːp < *li-kep。波那佩语 kepin^{w}er < *kepi-ner。

> “脖子”阿尔巴尼亚语 kjafë < *kab^{w}e。

11. *garda

“脖子”桑塔利语 gardan < *garda-n。

> “脖子”粟特语 ɣarδak（单数）< *garda-。

“喉咙”的词源关系

亚欧语言“喉咙”的说法可能与“脖子”“喉结”“下巴”“肩膀”“声音”等的说法有词源关系，也可能与“呼喊”“哭”等说法有词源关系。

◇ 一 东亚太平洋语言的“喉咙”

“喉咙”的主要说法有：

1. *galo / *ɢole / *guli / *gola / *goloŋ

维吾尔语 gɑl < *galo。蒙古语 xoːlɛː，东乡语 ɢoləi < *ɢole。

沙外语 gli < *guli。（喉咙、声音）

桑塔利语 gola < *gola。（喉咙、脖子）

莽语 $ŋɤ^{31}gɣɔŋ^{55}$，巴琉语 $-lɔŋ^{11}$ < *goloŋ。

2. *boɢur / *boɢor-daq / *boqir

古突厥语 boɣuz，土耳其语 boɣaz，维吾尔语 boʁuz < *boɢur。

哈萨克语 bowəzdɑw，撒拉语 boʁdɑχ < *boɢor-daq。

锡加语 boʔir < *boqir。

3. *baga-dur

蒙古语 bɑgɑdʒur < *baga-dur。

4. *tamaq / *tomo

哈萨克语 tɑmɑq < *tamaq。

吉利威拉语 dumodom-，马林厄语 tʰotomono < *tomo。

5. *qul-qun / *qulu / *tu-ʔelo

柯尔克孜语 qulqun < *qul-qun。

泰雅语赛考利克方言 qɔluʔ，排湾语 ḽiqu < *qulu。

查莫罗语 tʃuejo < *tu-ʔelo。（脖子、喉咙）

6. *biloqa / *bila / *qapal-ta

满文 bilha，锡伯语 bilχa，赫哲语 bilga < *biloqa。（喉咙、脖子）

女真语（必剌）*pila < *bila。

鄂温克语 xapatta < *qapal-ta。

7. *mogkəŋ / *məkakaŋ

朝鲜语 moktʃhəŋ < *mogkəŋ。

布拉安语 bkakoŋ < *məkakaŋ。

8. *ʔidgi-ʔak / ʔu-daga-rak

爱斯基摩语 idgiark < *ʔidgi-ʔak。

阿者拉语 u dagarak < *ʔu-daga-rak。

9. *teda / *teten-an

马达加斯加语 tenda < *teda。

雅美语 tətənan < *teten-an。

10. *tilo

东部斐济语 i-tilotilo < *tilo。

11. *kilagu

塔几亚语 kilagu-n < *kilagu。（喉咙、声音）

12. *kulam

多布语 k^{w}ulam < *kulam。

13. *buto

罗地语 boto-li-k < *buto。

布农语 butuχuɬ < *buto-qul。

14. *buʔu

夏威夷语 pŭŭ，沃勒阿依语 ɓuu（喉结）< *buʔu。

15. *boro / *ŋuru-bara

马绍尔语 bəʈɔ，拉巴努伊语 ŋuruhara < *boro / *ŋuru-bara。

16. *ɢo / *ɢ^{w}a / *goŋ

汉语 *ɢo（喉）。① 道孚语 qvɑ < *ɢ^{w}a。

毛南语 koːŋ^4 < *goŋ。

17. *ka-kor / *bon-kuro / *qro-bo / *qro / *goro / *gure / *koro

独龙语 kɑ^{31}kɔɹ^{53} < *ka-kor。

马加尔语 bhonkuro < *bon-kuro。

---

① “喉”格鲁吉亚语 qhɛli < *ɢe-。

哈尼语 $khɔ^{31}bɔ^{31}$，拉祜语 $qhɔ^{21}qhɔ^{33}$ < *qro-bo / *qro。

德昂语 khoroʔ < *goro。

姆布拉语 ᵑgure- < *gure。

毛利语 korokoro < *koro。

18. *troŋ / *totora

克木语 troŋ < *troŋ。

蒙达语 totorā < *totora。

19. *kata / *gat-gata / *to-godo / *gaduŋ / *ŋodo

桑塔利语 kaɲʈa < *kata。

查莫罗语 gatganta < *gat-gata。

莫图语 gado-na，乌玛语 toᵑkodoʔ < *to-godo。

格曼僜语 $gɑ^{31}duɯŋ^{35}$ < *gaduŋ。

日语 nodo < *ŋodo。

20. *li-kep / *kepi-ner

尼科巴语 likøːp < *li-kep。

波那佩语 kepinʷer < *kepi-ner。

二 “喉咙”的词源对应关系

1. “喉咙、脖子”和“肩”的词源关系

有的语言“喉咙、脖子”用一个词，如满通古斯语 *biloqa、查莫罗语 tʃuejo、沙外语 gli、莫图语 gado、毛利语 kaki 等。不同语言两个概念的表

达有交叉对应的如：

（1）满通古斯语 *biloqa。"脖子"窝里沃语 ʔboloko，乌玛语 βorokoʔ < *boloko。

（2）汉语 *ɢo。"脖子"壮语龙州话 ko^{2}，水语 $ɢo^{4}$ < *ɢo。

（3）蒙古语、东乡语 *gole。"脖子"喜德彝语 $ku^{21}li^{33}$ < *kuli。

（4）独龙语 *ka-kor。"脖子"阿侬怒语 $go^{31}ɹo^{55}$ < *goro。

（5）乌玛语 *to-godo。"脖子"爪哇语 gulu < *gulu，土族语 gudʑi < *gudi，日语 kata < *kata。

（6）蒙达语 totorā < *totora。"脖子"伊拉鲁吐语 dərəbone < *dərə-bone。"肩"蒙达语 tāran，桑塔利语 taran < *taran。

（7）东部斐济语 *tilo。"脖子"蒙古语 ʃil，东部裕固语 ʃelə < *tilə。"肩"维吾尔语 jɛlkɛ，柯尔克孜语 dʒelke < *del-ke。

（8）女真语 *bila。"喉咙、脖子"满通古斯语 *biloqa。"肩"土族语 bɑːliː，保安语 bɑːli < *bali。赛夏语 æbaɭaʔ < *ʔabala。邵语 pałafa < *palapa。

（9）尼科巴语 likøːp < *li-kep。"脖子"日语 kubi < *kubi。

2. "喉咙""声音"的词源关系

有的语言"喉咙""声音"可以用一个词来表示，如塔几亚语 kilagu-n、桑塔利语 gola 等。不同语言交叉对应的情况如：

（1）乌玛语 *to-godo。"声音、话、语言、喉咙"莫图语 gado-na < *gado。

（2）东部斐济语 *tilo。"声音"满文 dʒilgan，锡伯语 dʑilχan，赫哲语 dilgan，鄂伦春语、鄂温克语 dɪlgan < *dil-qan。

（3）雅美语 *teten-an。"声音"布昂语 dədun，布鲁语 tede-n，< *dedu-n。多布语 dudum < *dedu-m。蒙古语正蓝旗话 duː，东乡语 dun < *du-n。卡加延语 tunu < *tunu。

（4）塔几亚语 *kilagu。"声音"缅文 $khjɑk^{4}$ < *krak。"响声"藏文

sgra grags < *grak-s。

（5）马绍尔语 *boro。“声音”摩尔波格语 boros，木鲁特语 bolos（噪音）< *boros。

3.“喉咙”“喉结”的词源关系

（1）多布语 k^wulam < *kulam。“喉结”雅贝姆语 k^walim-mala < *kalim-mala。

（2）夏威夷语 pŭŭ < *buʔu。“喉结”沃勒阿依语 ɓuu < *buʔu。

（3）马达加斯加语 *teda。“喉结”达阿语 tu^ndu < *tudu。

4.“喉咙”“下巴”的词源关系

（1）莫图语 gado-na，“下巴”巽他语 gado，“脖子”土族语 gudʑi < *gudi。

（2）巴塔克语 aruaru < *ʔaru，“下巴”锡克语 aru-ŋ，马那姆语 are，罗维阿纳语 ase < *ʔaru。清代蒙文 ereo < *ʔero。

5.“喉咙”和“呼喊”“哭”的词源关系

“喉咙”和“呼喊”“哭”等有词源关系，带标记的通常是派生形式。

（1）突厥语 *boɢor。“呼喊”维吾尔语 wɑqirɑ-，哈萨克语 bɑqər- < *baqira。蒙古语 bɛxrɑ-，达斡尔语 bɑkir- < *beqira。

（2）塔几亚语 kilagu-n < *kilagu。“鸣叫”东乡语 qəilɑ- < *qila。“呼喊”保安语 χilə- < *qilə。鄂温克语 xɔxɔʃi- < *qoqoli。

（3）姆布拉语 *gure，毛利语 *koro。“呼喊”窝里沃语（Wolio）gora < *gora。普米语兰坪话 $qo^{55}ʐɑ^{55}$，墨脱门巴语 dʐai < *qori / *gri。缅文 $khɔ^2$，阿昌语 $kʐə^{55}$ < *kro。汉语 *ɣa（呼）< *ɢra。[①]“呼喊，招呼，狗叫”义都

① “乎”户吴切，“呼”荒乌切，谐声字“枰”落胡切 *ra < *qra。

珞巴语 gɹɑ^{53} < *gra。

（4）马绍尔语 *bura。“呼喊”东乡语 wərɑdɑ- < *bəra-da。“声音、喊”桑塔利语 abaɽ < *ʔabar。“声音”维吾尔语、乌孜别克语、塔塔尔语 ɑwaz < *ʔab^{w}ar。

（5）泰雅语、排湾语 *qulu。“啼叫”赫哲语 χudalə- < *quda-lə。“哭”蒙古语 uelɑ-，东乡语 uilɑ-，达斡尔语 uɑil- < *ʔula。

（6）马达加斯加语 *teda。“哭”查莫罗语 tʃati < *tati。

（7）锡克语 koko-ŋ < *koko。“哭”桑塔利语 kikiɛ < *kiki-ʔa。汉语 *khok（哭）< *kok。

（8）蒙古语、东乡语 *gole。“哭”哈萨克语 dʒəlɑ- < *gəli。中古突厥语 iŋli-，土耳其语 inli-，维吾尔语 jiʁlɑ-，西部裕固语 jiɣlɑ- < *ʔiŋli。

三 词源关系分析

1. *g^{w}ale（*galo、*gale、*gulu）

“喉咙”维吾尔语 *galo，蒙古语、东乡语 *ɢole、桑塔利语 *gola。

“脖子”爪哇语 gulu < *gulu。汉语 *gla（胡，颈也）。

“喉咙、脖子、吞咽”梵语 gala。“喉咙”乌尔都语 galla。

拉丁语“喉咙”gula，“脖子”collum。“脖子、领子”古法语 coler。

意大利语“喉咙”gola，“脖子”collo。阿尔巴尼亚语“咳嗽”kollë < *kolo。

格鲁吉亚语“咳嗽”xvɛlɛba < *q^{w}ele-，“喉咙”qhɛli < *ɢele-。

2. *gado（*godo、*kata、*gata）

“喉咙”莫图语 gado-na < *gado，乌玛语 to^{ŋ}kodoʔ < *to-godo；

“喉咙”桑塔利语 *kata，查莫罗语 *gat-gata。

> “喉咙”阿尔巴尼亚语 fyt < *g^{w}ut。

3. *g^{w}arok（*gorok、*garək）

“喉咙”印尼语 təŋgorokan < *tə-gorok-an。马京达瑙语 ŋarək < *garək。

> “脖子、喉咙” 中古荷兰语 craghe < *krage，“喉咙”古英语 cræg。
>
> “领子、脖子”德语 kragen、古高地德语 chrago < *krage-。
>
> “喉咙”法语 gorge、古法语 gargole、俄语 gorlo、波兰语 gardło。
>
> “喉咙” 亚美尼亚语 kokord < *kokor-d。
>
> “小舌” 和阗塞语 gūrakä < *guraka。

“喉咙”芬兰语 kurkku。

4. *b^{w}ora（*boro、*bara、*borun、*ʔabar）

“喉咙”马绍尔语 *boro，拉巴努伊语 *ŋuru-bara。

“脖子”维吾尔语 bojun，哈萨克语 mojən < *borun。

“肩”巴塔克语、罗维阿纳语 *ʔabara。

“呼喊”东乡语 *bəra-da。“声音、喊”桑塔利语 *ʔabar。

“声音”维吾尔语、乌孜别克语、塔塔尔语 ɑwaz < *ʔab^{w}ar。*b^{w}ara 可能是较早的形式。

> “风管、喉”希腊语 pharynx < *barunk。
>
> “胡子”法语 barbe，“胡子、下巴”西班牙语、意大利语 baraba。

早期东亚语言中发生词首圆唇塞音 p^{w}、b^{w}、k^{w}、g^{w} 成为 t、d、k 和 g 等的演变，“喉咙、脖子”原本为 *g^{w}ila，后来的形式是 *bila、*kila、*dilo。

> “喉咙”阿巴齐语（Apache）bidaːiji < *bi-dali。

阿巴齐语“喉咙”与东部斐济语“喉咙”*tilo、蒙古语族语言“脖子”*tilə，维吾尔语 jɛlkɛ可比较。

“肩”东乡语 dɑləu、保安语 dɑːli < *dalu，维吾尔语 jɛlkɛ，柯尔克孜语 dʒelke < *del-ke 等有词源关系。

5. *toma（*tama、*tomo）

“喉咙”哈萨克语 *tamaq。吉利威拉语、马林厄语 *tomo-。（参见卷一《嘴》篇的讨论）

“喉咙、食道”希腊语 stomatʃos、拉丁语 stomatʃus < *stomako-。

“胃”古英语 stomak。

6. *ɡaki（*koko、*kaki）

“喉咙”锡加语 koko-ŋ < *koko。“脖子、喉咙”毛利语 kaki < *kaki。

“脖子”波兰语 kartʃek < *kar-kek。

“喉咙”粟特语 ʃkutʃ < *skuk。

“轭”古英语 geoc < *gek。“后颈”法语 chignon < *kignon。

“脖子”藏文 ske。

“脖子”俄语 şejk < *sek，pereşeːk < *pere-sek。

“脖子”格鲁吉亚语 saqhɛli < *saɢe-。

"肩"的词源关系

亚欧语言"肩"的说法可以与"手臂""脖子""腋""背""肩胛骨""胸"等的说法有词源关系，或可派生为动词"扛"。

◇ 一　东亚太平洋语言的"肩"

"肩"的代表性说法有：

1. *gelke

维吾尔语 jɛlkɛ，柯尔克孜语 dʒelke < *gelke。[1]

2. *ʔiruq / *ʔerek

哈萨克语 ejeq，塔塔尔语 jijəq < *ʔiruq。

爱斯基摩语 eriek < *ʔerek。

3. *ʔegin / *ʔigan / *kan

古突厥语 egin < *ʔegin。西部裕固语 jiɣən < *ʔigan。

---

① "肩"芬兰语 olka。

汉语 *kan（肩）。

4. *ʔomur / *mure / *mirə-n

土耳其语 omuz，维吾尔语 myrɛ，柯尔克孜语 myry < *ʔomur / *mure。

蒙古语 mɵr，达斡尔语 mur，东部裕固语 mərə < *mure。

满文 meiren，锡伯语 mirin，鄂伦春语 miːrə，鄂温克语 miːr < *mirə-n。

5. *bali / *ʔabala / *palapa / *pala / *ble / *bla

土族语 bɑːliː，保安语 bɑːli，< *bali。

赛夏语 æbaḽaʔ，阿美语 afala < *ʔabala。

邵语 pałafa < *palapa。巴厘语 palə < *pala。

畲语多祝话 pje^{6} < *ble。

克木语 blǎʔ < *bla。

6. *dalu

东乡语 dɑləu，保安语 dɑːli < *dalu。

7. *kata / *kata-ʔad

日语 kata < *kata。

嫩戈内语（Nengone）kataʔad < *kata-ʔad。

8. *ʔəsge / *ʔaŋa

朝鲜语 əske < *ʔəsge。

吉尔伯特语 te aŋa < *ʔaŋa。

9. *roma

鄂罗克语 roːma < *roma。

10. *baga / *ʔabaga / *baɢe / *b^{w}aŋa / *ʔabaga / *boko-pibi / *s-b^{w}ak / *pəŋ-bak

摩尔波格语 baga，卡林阿语 bagaʔ，马那姆语（Manam）bage < *baga。

依斯那格语 abāga，巴拉望语 ɔbaga < *ʔabaga。

布昂语 baɢɛ，沙玛语 baha（肩、肩胛骨）< *baɢe。

梅柯澳语 vaŋa < *b^{w}aŋa。查莫罗语 apaga < *ʔabaga。

毛利语 pokohiwi < *boko-pibi。

布兴语 svak < *s-b^{w}ak。莽语 pəŋ^{31}bak^{55} < *pəŋ-bak。

11. *ʔabara / *babra

巴塔克语 abara，罗维阿纳语 avara < *ʔabara。马林厄语 fafra < *babra。

12. *pisag-ʔatan / *ʔade

雅美语 piʂagatan < *pisag-ʔatan。

嫩戈内语 ʔade < *ʔade。

13. *su-ruka / *rege / *rak

马达加斯加语 suruka < *su-ruka。姆布拉语 rege- < *rege。

独龙语 ɹɑʔ^{55} < *rak。

德昂语硝厂沟话 ʐaʔ，茶叶箐话 ʒaʔ < *rak。

14. *ʔa-ʔira / *ʔra

马绍尔语 aeɽæ < *ʔa-ʔira。

侗语南部方言 sa^{1}，水语 ha^{1} < *ʔra。

15. *ʔuma

汤加语、罗图马语 uma < *ʔuma。

16. *pope / *boʔo-pibi / *boko-pibi

波那佩语 p^{w}op^{w}e < *pope。夏威夷语 pŏŏhiwi < *boʔo-pibi。

毛利语 pokohiwi < *boko-pibi。

17. *solo-poʔu

莫图语莫图莫图方言 solohou < *solo-poʔu。

18. *ʔalu / *ʔali-ʔasi

罗地语 alu-k，莫图语柯勒布努方言 alo < *ʔalu。

沙阿鲁阿语 aɬiasa，邹语 eiʔəsi < *ʔali-ʔasi。

19. *b^{w}iŋa / *biŋuŋo

达阿语 viŋa，乌玛语 βiŋa < *b^{w}iŋa。

戈龙塔洛语 bi^{ŋ}guŋo < *biŋuŋo。

20. *prak / *palik

藏文 phrag，嘉戎语 rpɑk < *prak。

锡加语 palik < *palik。

21. *dan

马加尔语 dan < *dan。

22. *leba / *ʔelipa / *ʔilab / *krap

彝语喜德话 le^{34}ba^{33}，道孚语 lva，义都洛巴语 e^{55}li^{55}pɑ^{55} < *leba / *ʔelipa。

卑南语 ʔijab < *ʔilab。

汉语 *krap（胛）。

23. *kəbas / *ʔaba / *qaba-n

壮语武鸣话 ba^5，德宏傣语 ho^1ma^5，黎语保定话 $tsɯ^2va^2$ < *kəbas。

瓜依沃语 ʔabaʔaba < *ʔaba。

排湾语 qavan < *qaba-n。

24. *bus

苗语七百弄话 pau^6，枫香话 pu^6 < *bus。

25. *plaŋ / *sə-plaŋ

德昂语南虎话 ka plaŋ < *plaŋ。

佤语马散话 si plaŋ，户语 θə $plaŋ^{55}$ < *sə-plaŋ。

26. *taran

蒙达语 tāran，桑塔利语 taran < *taran。

◇ 二 “肩”的词源对应关系

1. “肩” 和 “臂” 的词源关系

（1）汤加语、罗图马语 *ʔuma。“臂”达密语 ima，莫图语 ima-na < *ʔima。

（2）锡加语 palik < *palik。“臂” 维吾尔语 bilɛk，哈萨克语 bilek < *belak。

（3）雅美语 *pisag-ʔatan。“臂” 他加洛语 bisig < *bisig。

（4）彝语喜德话、道孚语 *leba。“臂” 罗地语 lima-k，夏威夷语 limǎ < *lima。

（5）嫩戈内语 *ʔade。“臂” 日语 ude < *ʔude。

（6）鄂罗克语 *roma。“臂”汤加语 nima，塔希提语 rima < *rima。

2.“肩”和“脖子”的词源关系

（1）东乡语、保安语 *dalu。“脖子”蒙古语 ʃil，东部裕固语 ʃelə < *tilə。

（2）蒙达语、桑塔利语 *taran。“脖子”伊拉鲁吐语 dərəbone < *dərə-bone。“动物的脖子”桑塔利语 taren < *taren。

（3）“肩”锡加语 palik < *palik。“喉咙、脖子”满文 bilha，锡伯语 bilχa，赫哲语 bilga < *biloqa。女真语（必剌）*pila < *bila。

3.“肩”和“腋”的词源关系

（1）朝鲜语 *ʔəsge。“腋”吉尔伯特语 pusiga < *pu-siga。东乡语 soɣə < *sugə。

（2）萨萨克语 toak < *to-ʔak。“腋”克木语 kəl ʔɛ̆ k < *kel-ʔek（臂—胸）。① 巴塔克语 gɛdɛk-gɛdɛk < *gadi-ʔak。印尼语 kətiak，米南卡保语 katiaʔ < *kati-ʔak（肩—胸）。

（3）摩尔波格语、卡林阿语、马那姆语 *baga。“腋”日语 waki < *b^{w}aki。姆布拉语 bege- < *bege。

（4）罗维阿纳语 ababe < *ʔa-babe。“腋”波那佩语 p^{w}op^{w}e < *pope。

4.“肩”和“背”的词源关系

（1）马绍尔语 *ʔa-ʔira。“背”古突厥语、哈萨克语 ɑrqɑ，撒拉语 ɑrχɑ，西部裕固语 ɑhrɢo < *ʔar-qa。“背负”维吾尔语、哈萨克语 ɑrt- < *ʔar-t。

（2）嫩戈内语 *ʔade。“背”桑塔利语 dea < *de-ʔa。维吾尔语 utʃɑ，乌孜别克语 utʃɛ < *ʔute。

---

① 古词，如“一臂”之长为 tçɔk kəl ʔɛ̆ k。

（3）蒙达语、桑塔利语 *taran。“背”朝鲜语镜城话 tʃantəri < *dadəri。“脊椎骨”依斯那格语 dardar < *dardar。

（4）摩尔波格语、卡林阿语、马那姆语 *baga。“背”赛德克语 bukui，贡诺语 boko < *bukoʔi / *boko。汉语 *pək-s（背）。

（5）沙阿鲁阿语、邹语 *ʔali-ʔasi。“背”日语 se < *se。“后面”劳语 isi < *ʔisi。

（6）巽他语 taktak < *tak。“背”那加语耽鲁方言、昌方言 *tak。

5. “肩”和“肩胛骨”的词源关系

（1）马绍尔语 *ʔa-ʔira。“肩胛骨”乌玛语 hiru < *ʔiru。

（2）土族语、保安语 *bali。“肩胛骨”东部斐济语 i-βaði < *bali。

（3）摩尔波格语、马那姆语 *baga。“肩胛骨”马那姆语 bage-buʔu < *bage-buʔu。马布昂语 bage-seq < *bage-seq。

6. “肩”和“胸”的词源关系

（1）赛夏语、阿美语 *ʔabala。“胸”赛德克语 balah < *balal。

（2）维吾尔语、柯尔克孜语 *del-ke。“胸”维吾尔语 tøʃ，哈萨克语 tøs，撒拉语 diuʃi < *toli。

（3）朝鲜语 *ʔəsge。“胸”泰雅语 səkutaw < *səku-tab。

（4）阿者拉语 sipat < *si-pat。“胸”汤加语 fatafata，雅美语 vatavat < *bata。

（5）萨萨克语 toak < *to-ʔak。“胸”加龙语 aki < *ʔaki。壮语武鸣话 ak^{7}，西双版纳傣语 ho^{1}ɔk^{7} < *ʔok。

（6）巴塔克语、罗维阿纳语 *ʔabara。“胸”马那姆语 barabara，达阿语 bo^{m}bara < *bara。

（7）马绍尔语 *ʔa-ʔira。“胸”达斡尔语 ərtʃuː < *ʔər-tu。

（8）嫩戈内语 *ʔade。"胸"印尼语 dada，米南卡保语 dado，萨萨克语 dadə < *dado。

（9）罗维阿纳语 ababe < *ʔa-babe。"胸"拉加语 b^wab^wa- < *baba。莫图语柯勒布努方言 oba < *ʔoba。

7. "肩"和"扛"（carry on shoulder）的词源关系

"扛"往往和"肩"有词源关系，如嫩戈内语"肩"*ʔade，"扛"ʔadeni < *ʔade-ni。东亚太平洋语言中多数情况下是与别的语言的"肩"对应。

（1）巴厘语 *pala。"扛"马林厄语 pala < *pala。罗维阿纳语paleke < *pala-ke。

（2）瓜依沃语 *ʔaba。"扛"萨摩亚语 ʔave < *$ʔab^we$。波那佩语 wa < *b^wa。

（3）巴塔克语、罗维阿纳语 *ʔabara。"扛"宁德娄语 bose < *bore。

（4）苗语 *bus。"扛"纳西语 bu^{21}，达让僜语 bu^{55} < *bu。阿侬怒语 $a^{31}bu^{55}$ < *ʔabu。

◇ 三　词源关系分析

1. *b^wali （*bala、*ble、*bla、*pala）

"肩"土族语、保安语 *bali，赛夏语、阿美语 *ʔabala，邵语 *palapa，巴厘语 *pala，畲语 *ble，克木语 *bla。"扛"马林厄语 pala < *pala，罗维阿纳语 paleke < *pala-ke。

"肩"法语 epaule < *epula。"肩、肩胛骨"拉丁语 scapula < *ska-pula。"肩"和阗塞语 sāmalā < *samala。

2. *b^{w}ari （*bara、*mari、*muri）

“肩”巴塔克语、罗维阿纳语 *ʔabara，马林厄语 *babra，阿尔泰语 *ʔomur、*muri、 *mirə-n。“锁骨”马林厄语 boboromola < *boro-mola。

“肩”拉丁语 umerus < *umeru-。

-r-、-l- 交替构成对应关系。

3. *bagi（*baga、*baŋa、*ʔabaga、*boko、*pak）

“肩”摩尔波格语、卡林阿语、马那姆语 *baga，依斯那格语、巴拉望语、查莫罗语 *ʔabaga，布昂语、沙玛语 *baɢe，梅柯澳语 *baŋa，毛利语 *boko-pipi。布兴语 *s-bak，莽语 *pəŋ-bak。

“肩”粟特语 fēk < *p^{w}ek。

“肩、臂”古英语 bog、古高地德语 buog（指骨）< *bog。

“手臂、肩”梵语 bhuja < *buga。“前臂”希腊语 pakhys < *pagu-。

4. *ʔalu（*ʔali）

“肩”罗地语、莫图语柯勒布努方言 *ʔalu，沙阿鲁阿语、邹语 *ʔali-ʔasi。

“肩”亚美尼亚语 uln。“前臂”拉丁语 ulna、希腊语 olene。

5. *kata

“肩”日语 *kata、嫩戈内语 *kata-ʔad。

“肩”和阗塞语 kʃana- < *kta-。

“手”哥特语 handus、古英语 hond，“肘”西班牙语 codo < *kodu。

6. *gal（*kol）

“手臂”如布拉安语 sigal < *si-gal，土耳其语 kol < *kol。

“肩”古英语 sculdor、古弗里斯语 skoldere、中古荷兰语 scouder <

*skol-dere。

日耳曼语“肩”*skol-dere 应为复合词。“胸、乳房”希腊语 sterno < *ster-。

7. *b^{w}as（*bas、*bus）

“肩”壮语、傣语、黎语 *kəbas，苗语 *bus。“背”汉语 *pəs。“胸”毛利语、拉巴努伊语 uma，塔希提语 ʔōuma < *ʔuma / *ʔo-ʔuma。傈僳语 o̱^{33}mɯ^{31} < *ʔomə。

“肩”希腊语 omos，梵语 amsah < *amusa-。亚美尼亚语 us。

8. *palik（*bilak、*prak）

“肩”藏文 phrag、嘉戎语 rpɑk < *prak，锡加语 palik < *palik。“手臂”维吾尔语 bilɛk，哈萨克语 bilek < *bilak。汉语 *prik（臂）、*plak（膊）。

“肩”俄语 pletɕo、波兰语 pletsu < *pleko（肩、背）。

“臂”意大利语 braccio、葡萄牙语 braço、葡萄牙语 braço。

“前臂”梵语 prakoʃthaḥ < *prakos-。

“绵羊胛骨”粟特语 əpasfrētʃ < *əpas-prek。

“臂”匈牙利文 folyoag < *polag。

9. *supu

“手臂”蒙达语 supu，桑塔利语 sopo < *supu。“翅膀”东乡语 sɯbɑn < *səba-n。

“肩”阿尔巴尼亚语 sup。

“乳房”的词源关系

亚欧语言“乳房”义的词与“胸”“乳头”“乳汁”等说法有词源关系，或可派生为动词“吸、喝”等。

一　东亚太平洋语言的“乳房”

“乳房”主要有以下说法：

1. *kogur

古突厥语 koguz < *kogur。

2. *meme / *məmə / *mimi / *ʔmiʔ

土耳其语 meme < *meme。
赫哲语 məmə < *məmə。
嫩戈内语（Nengone）mimi。
侗语 mi^3 < *ʔmiʔ。

3. *deli-n / *tel / *tul

维吾尔语 jilin，柯尔克孜语 dʒelin < *deli-n。（动物的）

蒙古语 dələŋ，土族语 deleŋ < *deli-ŋ。（动物的）

尼科巴语 teh < *tel。（女人的）

佤语阿佤方言 tɯh < *tul。

4. *diməg / *mək

西部裕固语 jeməɣ < *diməg。达斡尔语 mək < *mək。

5. *kugo / *ʔem-kek / *gugu

蒙古语 gɵx，土族语 kugo < *kugo。①

维吾尔语 ɛmtʃɛk，塔塔尔语 imtʃɛk < *ʔem-kek。

大瓦拉语 gugu-na < *gugu。

6. *qukun / *ʔukun

满文 huhun，锡伯语 xuxun，女真语（忽浑）*huhun < *qukun。

鄂伦春语 ukun，鄂温克语 uxun < *ʔukun。

7. *dəd / *ʔduʔdu / *tutu /*ʔutuʔ / *tati

朝鲜语 tʃətʃ < *dəd。

巴拉望语 duduʔ，窝里沃语 ʔduʔdu < *ʔduʔdu。

排湾语 tutu，阿美语 tʃutʃu < *tutu。

德宏傣语 u^{1}tau^{3} < *ʔutuʔ。

户语 thut^{31} < *dut。桑塔利语 tʃɛti < *tati。

8. *ti-busa

日语 tɕibusa < *ti-busa。

---

① “乳房”匈牙利文 csecs < *kek。

9. *bubu / *bu / *ʔbus

泰雅语 bubuʔ < *bubu。

纳西语 ə^{55}po^{21}，莽语 bu^{51} < *bu。

京语 bu^{5} < *ʔbus。

10. *ruro / *reʔ / *ʔa-ʔora

马那姆语 ruru < *ruro。

布依语、莫语 se^{4} < *reʔ。

柬埔寨文 ʔaoraː < *ʔa-ʔora，ʔuraː < *ʔura。

11. *ʔuʔu / *ʔu

梅柯澳语 ʔuʔu < *ʔuʔu。拉巴努伊语 ū < *ʔu。

12. *ʔuma-ʔuma / *ʔumu-ʔumu

夏威夷语 umăumă < *ʔuma-ʔuma。

卡那卡那富语 muumu < *ʔumu-ʔumu。

13. *pedo

查莫罗语 petʃho < *pedo，haof < *ʔa-ʔop。

14. *suso / *susu

他加洛语 sūso，查莫罗语 siso，鲁凯语 θuθu < *suso。

印尼语、爪哇语、萨摩亚语、卑南语 susu，汤加语 huhu，赛夏语 hœhœ < *susu。

15. *nəʔ / *nu / *nu-ʔum / *nunu

汉语 *nəʔ（乃）。

藏文 nu ma，道孚语 nu nu < *nu。

缅文 $no^{1}um^{2}$ < *nu-ʔum。

蒙达语、桑塔利语 nunu < *nunu。

赛德克语 nunuh，吉尔伯特语 nunu < *nunu。

16. *koto

他杭语 kutto < *koto。

17. *ti / *titi

黎语通什话 tsi^{5}，元门话 ti^{3} < *ti。

波那佩语 tīti，塔希提语 tītī < *titi。

18. *ʔdu / *duʔ

苗语大南山话 $ȵʈau^{1}$，石门坎话 $ȵʈo^{1}$ < *ʔdu。

水语 tju^{4} < *duʔ。

19. *gon

佤语马散话 gon < *gon。

20. *ple-bu

德昂语南虎话 ple bu < *ple-bu。

21. *nan / *nen

巴琉语 $ȵan^{53}$ < *nan。

黎语加茂话 $ȵen^{5}$ < *nen。

22. *koram

桑塔利语 koɽam < *koram。（胸、乳房）

◇ 二　词源对应关系

1. “乳房”和“胸”

（1）古突厥语 koguz < *kogu-r。“胸”维吾尔语 køkrɛk，哈萨克语 køkirek，撒拉语 goxrex < *keki-req。

（2）佤语阿佤方言 tɯh < *tul。“胸”维吾尔语 tøʃ，哈萨克语 tøs，撒拉语 diuʃi < *toli。

（3）“（动物）乳房”亚齐语 abin < *ʔabin。“胸”拉加语 pu^{4}wiːn^2 < *bub^{w}in。

（4）朝鲜语 *dəd。“胸”印尼语 dada，米南卡保语 dado，萨萨克语 dadə < *dado。

（5）西部裕固语 *dimə-g。“胸”布鲁语 dime < *dime。

（6）查莫罗语 *pedo。“胸”汤加语 fatafata，雅美语 vatavat < *b^{w}ata。

（7）京语、莽语 *bu，“胸”三威治港语 *ma^{m}by-n < *ma-bu。

（8）夏威夷语 *ʔuma-ʔuma。“胸”拉巴努伊语 uma，塔希提语 ʔōuma < *ʔuma。傈僳语 o̱^{33}mɯ^{31} < *ʔomə。“肚子”仙岛语 om^{31} < *ʔom。

（9）柬埔寨文 *ʔura。“胸”达斡尔语 ərtʃuː < *ʔər-tu。

2. “乳房”和“乳头”

（1）查莫罗语 *pedo，“乳头”鲁凯语 potono < *poto-na。

（2）排湾语、阿美语 *tutu。“乳头”布拉安语 tutuʔ < *tutu-ʔ。

（3）马那姆语 *ruro，“乳头”布昂语 rur < *ruru。

（4）鲁凯语 θuθu < *susu，“乳头”罗维阿纳语 mata susu < *mata-susu

（眼睛—乳房）。

（5）拉巴努伊语 *ʔu，“乳头”拉巴努伊语 mata ū < *mata-ʔu（眼睛—乳房）。

3. “乳房”和“吸、喝”

（1）巴拉望、窝里沃语 *ʔduʔdu。“吸”泰语 duːt^{9} < *ʔdut，达斡尔语 tɑtə- < *tatə。

（2）蒙达语 *nunu。“吸”桑塔利语 nunu < *nunu。“喝”乌玛语 ŋ-inu，马京达瑙语 inu，宁德娄语 aʔun < *ʔinu / *ʔunu。

（3）鲁凯语 *susu，赛夏语 *soso。“吸”萨摩亚语 susu、帕马语 sūsu < *susu。日语 suː < *su。

（4）马那姆语 *ruro。“吸”缅文 hru^{2}、怒苏怒语 ɕe^{55} < *soru。

（5）查莫罗语 *pedo，“吸”嘉戎语 ka mot。

（6）夏威夷语 *ʔuma-ʔuma，“吸”拉巴努伊语 ʔomo ʔomo < *ʔomo，窝里沃语 omu。“喝”锡伯语 œmim，赫哲语 omi- < *ʔomi。卡乌龙语 um，大瓦拉语 uma < *omu。

（7）拉巴努伊语 *ʔu。“吸”梅柯澳语 e-ʔu，托莱语 ū < *ʔu。“喝”蒙古语、东部裕固语 uː-，达斡尔语 oː- < *ʔu。

三 词源关系分析

1. *b^{w}aru（*bara、*bra、*b^{w}aru 等）

“（动物的）乳房”达密语 su bura < *su-bura。

“乳汁”义都珞巴语 n̥o^{55}bɹɑ < *nu-bra。

“胸”藏文 braŋ khog < *braŋ-gog，马那姆语 barabara < *bara，排湾语 varuŋ < *b^{w}aruŋ。

“乳房”古爱尔兰语 bruinne、古英语 breost（乳房、思想）、古弗里斯语 briost、古挪威语 brjost < *brus-。

“心”吉尔伯特语 buro，马那姆语 aburo < *buro / *ʔaburo。“肺”多布语 bar < *bar，爪哇语 paru、马都拉语 b^{ɦ}ara < *baru，达阿语 atevura < *ʔate-bura。

“爱”那大语 mora < *mura。满文 buje- < *bure。

2. *b^{w}aku（*mək、*boka、*boko、*b^{w}oki、*b^{w}ak、*pok）

“乳房”达斡尔语 *mək。

“身体”马京达瑙语、那大语 vəki，巽他语 awak < *b^{w}oki / *ʔab^{w}ak。

“胸”邵语 paku < *paku。

“肺”那大语 boka，锡加语 bokaka，他加洛语 bagaʔ < *boka。桑塔利语 bo̱ko̱ < *boko。

“锁骨”马那姆语 puke- < *puke。

汉藏和南亚的语言“腹”义的词：缅文 bok，嘉戎语 tə pok，那加语奥方言 te pok < *pok。佤语艾帅话 vaik，德昂语硝厂沟话 vǎik < *b^{w}ak。

“乳房、胸”拉丁语 pectus，pectoris（所有格）< *peg-。 “乳房”和阗塞语 pija- < *pig。 “胸”梵语 vakʃa < *b^{w}ak-sa。 “肚子”瑞典语 buk、丹麦语 bug、荷兰语 buik。

3. *nunu（*ʔinu、*ʔunu、*ʔun）

“乳房”蒙达语 *nunu。“吸”桑塔利语 *nunu，“喝”乌玛语 ŋ-inu、马京达瑙语 inu、宁德娄语 aʔun 等有词源关系。

> "乳房"意大利语、西班牙语 seno，葡萄牙语 seio。

4. *tori（*tul、*tor、*duru）

"乳房"佤语 *tul。"心"土耳其语 dujgu < *duru-gu，桑塔利语 o̱nto̱r < *ʔotor。

> "胸、乳房"希腊语 sterno < *ster-。
>
> "胸、胸铠"拉丁语、希腊语 thorax（thorakos 所有格）< *dora-。
>
> "乳房"（兽）古英格兰语 ūder、古高地德语 ūtar、拉丁语 ūber、梵语 ūdhar。
>
> "乳房"和阗塞语 ttʃijsa < *tira。

5. *tutu（*titi）

"乳房"波那佩语、塔希提语 *titi，排湾语、阿美语 *tutu。

> "乳房"赫梯语 tētan < *tet-an，古英语 titt < *tit。

6. *ʔuma（*ʔomo、*ʔomi、*ʔimi）

"乳房"夏威夷语 *ʔuma-ʔuma。

"吸"拉巴努伊语 *ʔomo，"喝"锡伯语、赫哲语 *ʔomi 等有词源关系。

"胸"拉巴努伊语 uma，塔希提语 ʔōuma < *ʔuma。傈僳语 o̱^{33}mɯ^{31} < *ʔomə。

"肚子"仙岛语 om^{31} < *ʔom。

> "乳房"拉丁语 mamma < *mama。

7. *goru（*gur、*girə、*guru）

"乳房"古突厥语 *kogur。"胸"鄂温克语 *qəgirə，达密语 *ʔakor。

"心"蒙古语 dʒʉrx，达斡尔语 dʒurugu < *guru-q。瓜依沃语 goru-na <

*goru。

“乳房”俄语 grudj，波兰语 gors。阿尔巴尼亚语 gji < *gri。 “乳房”亚美尼亚语 kurtskh < *kurtg。 “心”意大利语 cuore、法语 cœur、拉丁语 cor、古荷马史诗 χῆρ < *kor。

“胸”的词源关系

东亚太平洋语言“胸”与“乳房”“肺”“心”“肋骨”“肚子”“背”“肩”等的说法有词源关系。

◇ 一　东亚太平洋语言的“胸”

东亚太平洋语言“胸”的代表性说法有：

1. *gegi-s / *kak-roŋ / *kek-de / *sa-kak / *braŋ-gog / *ta-ʔoqaqo

土耳其语 gøɣys < *gegi-s。①

撒拉语 kɑŋzoŋ < *kak-roŋ。（胸口）哈萨克语 kewde < *kek-de。（胸口）

爱斯基摩语 sakkrark < *sa-kak。

藏文 braŋ khog < *braŋ-gog。

查莫罗语 tʃaohao < *ta-ʔoqaqo。（胸、乳房）

2. *kekire-q / *qəgirə / *ʔakor

维吾尔语 køkrɛk，哈萨克语 køkirek，撒拉语 goxrex < *kekire-q。

① “乳房”匈牙利文 csecs < *kek。“肩”格鲁吉亚语 gaɣtshɛva < *gag-debʷa。

（胸脯）

鄂温克语 xəŋgər ＜ *qəgirə。

达密语 akor＜*ʔakor。

3. *toli / *tulu

维吾尔语 tøʃ，哈萨克语 tøs，撒拉语 diuʃi＜*toli。（胸脯）

满文 tulu＜*tulu。

4. *təd / *dado

蒙古语 tʃəːdʒ＜*təd。（胸脯、记性）

印尼语 dada，米南卡保语 dado，萨萨克语 dadə＜*dado。

5. *ʔəbutu / *putun / *b^{w}at-b^{w}at / *pedo

蒙古语 əbtʃʉː＜*ʔəbutu。东部裕固语 putʃyn＜*putun。

萨摩亚语、汤加语、罗图马语 fatfat，雅美语 vatavat ＜*b^{w}at-b^{w}at。

查莫罗语 petʃho＜*pedo。（胸、乳房）

6. *ʔərtu

达斡尔语 ərtʃuː＜*ʔərtu。①

7. *kəŋ-tirə / *qhoŋ

鄂伦春语 kəːŋtirə＜*kəŋ-tirə。

汉语 *qhoŋ（胸）。

8. *kasum / *ka-num

朝鲜语 kasɯm＜*kasum。

布农语 kanum＜*ka-num。

---

① “乳房”芬兰语 rinta＜*rita。

9. *mune

日语 mune < *mune。

10. *səku-tab / *soku-ʔade

泰雅语 səkutaw < *səku-tab。

宁德娄语 soko ade-n < *soku-ʔade。

11. *paku

邵语 paku < *paku。

12. *ʔuma / *ʔomə

毛利语、拉巴努伊语 uma，塔希提语 ʔōuma < *ʔuma / *ʔo-ʔuma。

傈僳语 o̠^{33}mɯ^{31} < *ʔomə。

13. *dib / *dime

他加洛语 dibdib，摩尔波格语 dobdob < *dib。

布鲁语 dime < *dime。

14. *boŋi-boŋi / *b^{w}aŋe

托莱语 boŋboŋi < *boŋi-boŋi。

南密语 b^{w}āŋe-n，科木希语 bwāŋɛ-n < *b^{w}aŋe。

15. *baba / *ʔoba / *bopo

拉加语 b^{w}ab^{w}a- < *baba。

莫图语柯勒布努方言 oba < *ʔoba。

毛利语 poho < *bopo。

16. *garaga

马林厄语 graga < *graga。

17. *du-qelo

戈龙塔洛语 duhelo < *du-qelo。

18. *gema

莫图语 geme，阿罗玛方言 komakoma < *gema。① 南岬方言 kapakapa < *kapa。

19. *balas

赛德克语 balah < *balas。

20. *bora / *b^{w}are-baŋ / *b^{w}are / *basi-basi-na / *paro / *paparo-na / *braŋ / *praŋ

马那姆语 barabara，达阿语 bo^{m}bara < *bora。

贡诺语 barambaŋ，波那佩语 m^{w}arm^{w}are < *b^{w}are-baŋ / *b^{w}are。

莫图语卡巴地方言 pasipasina < *basi-basi-na。

西部斐济语 haro，莫图语玛伊瓦方言（Maiva）haharana < *paro / *paparo-na。

藏文 braŋ khog，墨脱门巴语 braŋ toŋ < *braŋ-gog / *braŋ。

独龙语 pɹaŋ^{55}，错那门巴语 praŋ^{35} < *praŋ。

21. *ʔaki / *qakiŋ

加龙语 aki < *ʔaki。塔金语 hakiŋ < *qakiŋ。

① 现代莫图语 keme-na。

22. *groŋ / *kruŋ

格曼僜语 gɹoŋ^{35}，哈卡钦语 traŋ < *groŋ。

柬埔寨文 truːŋ < *kruŋ。

23. *ʔok

壮语武鸣话 ak^{7}，西双版纳傣语 ho^{1}ək^{7} < *ʔok。

布朗语胖品话 ʔɤk^{31}，克木语 ʔɔk < *ʔok。

24. *p^{w}aʔe

布努语 fa^{3}e^{1} < *p^{w}aʔe。

25. *bubin

拉加语 pu^{4}wiːn^{2} < *bubin。

26. *tak / *daka / *dagi / *dok / *si-duk / *tig-ən

侗语 tak^{7}，水语 te^{3}tak^{7} < *tak。

沙玛语 dākan < *daka-n。雅贝姆语 bo-dagi < *dagi。

佤语孟汞话 bu̠ dʌ̠k，马散话 nɔk < *mu-dok。

桑塔利语 sinduk < *si-duk。

锡伯语 tuŋun，赫哲语 tiŋən < *tig-ən。

◇ 二 “胸”的词源对应关系

1. “胸”“乳房”的词源关系

（1）土耳其语 *gegi-s。“乳房”古突厥语 koguz < *kogu-r。蒙古语 gɵx，土族语 kugo < *kugo。维吾尔语 ɛmtʃɛk，塔塔尔语 imtʃɛk < *ʔem-kek。满

文 huhun，锡伯语 xuxun < *qukun。女真语（忽浑）*huhun < *qukun。鄂伦春语 ukun，鄂温克语 uxun < *ʔukun。大瓦拉语 gugu-na，梅柯澳语 ʔuʔu < *gugu / *ququ。

（2）维吾尔语、哈萨克语、撒拉语 *toli。“乳房”尼科巴语 teh < *tel。佤语阿佤方言 tɯh < *tul。“（动物的）乳房”维吾尔语 jilin，柯尔克孜语 dʒelin < *deli-n。蒙古语 dələŋ，土族语 deleŋ < *deli-ŋ。

（3）拉加语 pu⁴wiːn² < *bubin。“动物的乳房”亚齐语 abin < *ʔabin。“乳房”嫩戈内语 mimi。土耳其语 meme < *meme。赫哲语 məmə < *məmə。侗语 mi³。

（4）印尼语、米南卡保语、萨萨克语 *dado。“乳房”巴拉望语 duduʔ，窝里沃语 ʔduʔdu < *ʔduʔdu。波那佩语 tīti，塔希提语 tītī < *titi。朝鲜语 tʃətʃ < *dəd。苗语大南山话 ɳʈau¹，石门坎话 ɳʈo¹ < *ʔdu。

（5）布鲁语 *dime。“乳房”西部裕固语 jeməɣ < *dimə-g。

（6）汤加语、雅美语 *bata。“乳房”查莫罗语 petʃho < *pedo。

（7）三威治港语 *maᵐby-n < *ma-bu。“乳房”京语 bu⁵，莽语 bu⁵¹ < *bu。

（8）拉巴努伊语、塔希提语 ʔuma。夏威夷语umaumă。“乳房”夏威夷语 umăumă < *ʔuma-ʔuma。

（9）“胸口”蒙古语书面语 ɑjulqɑi < *ʔaru-lqaʔi。“乳房”柬埔寨文 ʔuraː < *ʔura。

2.“胸”“肺”的词源关系

（1）布努语 *paʔe。“肺”现代日语 hai < *paqi。

（2）邵语 *paku。“肺”那大语 boka，锡加语 bokaka，他加洛语 bagaʔ < *boka。桑塔利语 bo̰ko̰ < *boko。

（3）达密语 *ʔakor。“肺”罗维阿纳语 korkoro < *koro。

（4）赛德克语 *balal。"肺"阿美语 falaʔ，赛夏语 bæɭæʔ < *balaʔ。

（5）东部裕固语 *putu-n。"肺"马林厄语 pʰotʃo < *poto。汉语 *phat（肺）< *pat。壮语 pɯt[7]，傣语 pɔt[9] < *pot。

3. "胸""心"的词源关系

（1）达密语 *ʔakor。"心"瓜依沃语 goru-na < *goru。"心情"日语 kokoro < *koro。

（2）东部裕固语 *putu-n。"心"萨摩亚语 fatu，汤加语 māfatu < *patu。布农语 χaputuŋ，排湾语 qavuvuŋ < *qa-butuŋ。

（3）布农语 *ka-num。"心"南密语 name-n < *name-n。汉语 *snəm（心）。

（4）拉加语 *baba。"心"塔几亚语 babu < *babu。

（5）达阿语 boᵐbara < *bora。"心"吉尔伯特语 buro，马那姆语 aburo < *buro / *ʔaburo。

4. "胸""肋（骨）"的词源关系

（1）马那姆语、达阿语 *bara。"肋骨"日语 abara < *ʔabara。哈尼语 bja[55]nɔ[55] < *bra-na。

（2）蒙古语 *ʔəbtu。"肋骨"蒙古语鄂托克方言 gɑbtɑs < *qabta-s。满文 ebtʃi < *ʔebti。

（3）侗语、水语 *tak。"肋骨"侗语 laːk[9] hət[7]，水语 ʔdaːk[7] xət[7] < *ʔdak-krət（胸一骨）。

（4）布农语 *ka-num。"肋骨"尼科巴语 ranuːmø < *ra-numo。

（5）宁德娄语 *soku-ʔade。"肋骨"阿卡拉农语 gūsuk，卡加延语 gusuk < *gru-suk。

（6）马林厄语 graga < *graga。"肋骨"马绍尔语、劳语 gagaro < *gagara。马那姆语 garaŋa < *gara-ŋa。

（7）罗维阿纳语 ragraga < *raga。“肋骨”汉语 *rak（肋）。东部裕固语 χarʁuɑ，东乡语 qɑruɣɑ < *qaruga。

5. “胸”“肚子”“腰”的词源关系

（1）马那姆语、达阿语 *bara。“肚子”日语 hara < *para。马京达瑙语 bara < *bara。鲁凯语 baraŋ < *baraŋ。

（2）傈僳语 *ʔomu。“肚子”仙岛语 om³¹ < *ʔom。

（3）桑塔利语 *si-duk。“肚子”桑塔利语 dodʒok < *dodok。马加尔语 tuk < *tuk。格曼僜语 dǎk⁵³ < *dak。

（4）邵语 *paku。“腹”缅文 bok，嘉戎语 tə pok，那加语奥方言 te pok < *pok。佤语艾帅话 vaik，德昂语硝厂沟话 vǎik < *bʷak。

6. “胸”和“背”的词源关系

（1）布鲁语 *dime。“背”布昂语 dəmi < *dəmi。雅贝姆语 demʷe < *deme。

（2）他加洛语 *dib。“背”维吾尔语、塔塔尔语 dymbɛ < *dube。

（3）沙玛语 *daka-n。“背”那加语耽鲁方言（Tamlu）tok，昌方言（Chang）thǎk < *dok / *dak。满查底语（Manchati）thɑkhɑ，昌巴拉胡里语 thǎkh < *daga。

（4）达密语 akor < *ʔakor。“背”蒙古语 egʉr < *ʔegur。马林厄语 tʰagru < *ta-gru。爪哇语 geger < *ge-ger。

（5）布朗语胖品话、克木语 *ʔok。“背”布农语 iku < *ʔiku。“背、背面”尼科巴语 uk < *ʔuk。

（6）维吾尔语、哈萨克语、撒拉语 *toli。“背”查莫罗语 tatalo < *tatalo。

（7）邵语 *paku。“背”赛德克语 bukui < *bukoʔi。贡诺语 boko < *boko。伊拉鲁吐语 ɸague < *pagu-ʔe。汉语 *pək-s。

（8）柬埔寨文 *truŋ。“背”克木语 ntlɔŋ < *tloŋ。

（9）克木语 *ʔok。“背”尼科巴语 uk < *ʔuk。

*bori、*kori 和 *tori 有共同的来历，来自 *bori，原指“心”。词根 *b^{w}ime、*gime、*dime 有共同的来历，原本可能指“肺”。

◇ 三　词源关系分析

1. *baku（*boka、*boko、*bak、*pək）

“胸”邵语 *paku。“肺”那大语 boka，锡加语 bokaka，他加洛语 bagaʔ < *boka。桑塔利语 bo̱ko̱ < *boko。“锁骨”马那姆语 puke- < *puke。“背”赛德克语 bukui < *bukoʔi。贡诺语 boko < *boko。汉语 *pək-s。“肩”摩尔波格语 baga，卡林阿语 bagaʔ，马那姆语（Manam）bage < *baga。依斯那格语 abāga，巴拉望语 ɔbaga < *ʔabaga。

“身体”马京达瑙语、那大语 vəki，巽他语 awak < *b^{w}oki / *ʔab^{w}ak。“腰”布拉安语 awək < *ʔab^{w}ak。汉藏和南亚的语言指“腹”。

“腹”缅文 bok，嘉戎语 tə pok，那加语奥方言 te pok < *pok。佤语艾帅话 vaik，德昂语硝厂沟话 vǎik < *b^{w}ak。

“乳房、胸”拉丁语 pectus，pectoris（所有格）< *peg-。
“胸”梵语 vakʃa < *b^{w}aksa。
“肚子”瑞典语 buk、丹麦语 bug、荷兰语 buik。

2. *b^{w}as（*bas、*bus、*ʔuma）

“胸”毛利语、拉巴努伊语 uma，塔希提语 ʔōuma < *ʔuma / *ʔo-ʔuma。傈僳语 o̱^{33}mɯ^{31} < *ʔomə。“肩”壮语、傣语、黎语 *kəbas，苗语 *bus。

“肩”希腊语 omos，梵语 amsah < *amusa-。

3. *tako（*tak、*dak、*tok、*daga）

“胸”侗语、水语 *tak，沙玛语 *daka-n，佤语孟汞话、马散话 *mu-dok，桑塔利语 *si-duk 等词根对应。“背”那加语耽鲁方言 tok，昌方言 thāk < *dok / *dak。满查底语（Manchati）thɑkhɑ，昌巴拉胡里语 thākh < *daga。

“胸”拉丁语 hutica，法语 huche < *qutika。亚美尼亚语 snduk < *sduk。
“身体、胸”古英语 bodig < *bodig，古高地德语 botah < *bo-tak。

“肚子”匈牙利文 padka。

4. *b^{w}ime（*gime、*dime）

“胸”布鲁语 *dime。“背”布昂语 dəmi < *dəmi。雅贝姆语 dem^{w}e < *deme。维吾尔语、塔塔尔语 dymbɛ < *dube。

“胸”莫图语 *gema < *b^{w}ima。

“肺”德昂语南虎话 phu phɤp，布朗语胖品话 bhop^{51} < *bup。景颇语 sin^{31}wop^{55}，哈尼语 po̱^{31} < *bop。侗语 pup^{9} < *pup。它们来自 *b^{w}ime，原本可能指“肺”。

5. *gake（*gegi、*kak）

“胸”土耳其语 *gegi-s，爱斯基摩语 *sa-kak。

“胸”阿尔巴尼亚语 gjoks < *goks。“乳房”古威尔士语 dʒugr < *gug。

“肩”格鲁吉亚语 gaɣtshɛva < *gag-deb^{w}a。

6. *tori（*tirə、*tor、*duru、*truŋ）

“胸”鄂伦春语 kəːŋtirə < *kəŋ-tirə，柬埔寨文 *truŋ。“心”土耳其语 dujgu < *duru-gu，桑塔利语 o̠nto̠r < *ʔotor。

“胸、胸铠”拉丁语、希腊语 thorax（thorakos 所有格）< *dora-。 “乳房”（兽）古英格兰语 ūder、古高地德语 ūtar、拉丁语 ūber、梵语 ūdhar。 “胸、乳房”希腊语 sterno < *ster-。

7. *datu（*ʔduʔdu、*dəd、*tutu、*dut）

“胸”印尼语、米南卡保语、萨萨克语 *dado。“乳房”巴拉望语 duduʔ，窝里沃语 ʔduʔdu < *ʔduʔdu。朝鲜语 tʃətʃ < *dəd。排湾语 tutu < *tutu。户语 thut[31] < *dut。苗语大南山话 ɳʈau[1]，石门坎话 ɳʈo[1] < *ʔdu。

“乳房、奶头”古英语 titt < *tit。

“肺”匈牙利文 tüdö。“胸”格鲁吉亚语 didi qhuti < *didi-ɢuti。

8. *bara（*bra）

“胸”马那姆语、达阿语 *bara。“肋骨”日语 abara < *ʔabara。哈尼语 bja[55]nɔ[55] < *bra-na。

“肋骨”俄语 rebro，波兰语 zebro < *rebro。

印第安语的情况如：

阿巴齐语“他的胸”bi-dʒiːlah < *dilaq。“胸脯”维吾尔语 tøʃ，哈萨克语 tøs，撒拉语 diuʃi < *toli。 车罗科语“胸”ganetsi < *ga-neti。“身体”伊拉鲁吐语 tənitu < *tə-nitu。 “胸”达科他语 tʃaŋkoka、opije，苏语 mah-koː（胸、身体）。 （1）tʃaŋkoka < *ta-koka。“胸”土耳其语 gøɣys < *gegi-s。

（2）opije < *ʔobire。“胸”马那姆语 barabara、达阿语 boᵐbara < *bara / *bora。

（3）苏语 mah-koː < *mako。“肺”那大语、锡加语、他加洛语 < *boka。那瓦特尔语“胸”elpantli < *ʔelapan-tli。“胸”嫩戈内语 jewanono < *lebano-na。

“背”的词源关系

亚欧语言“背”与“胸”“肩”“腰”“身体”“肚子”等有词源关系。一些语言“背负”“驮”的说法是“背”的派生词，如汉语“荷”*gal 与藏语“背”sgal 有词源关系。大约是先有藏语中 *gal 引申指“驮、荷”，借入汉语，然后才有“荷枪”之“荷”的读法。

“背”汉语 *pək-s，对应邵语 paku“胸”，马京达瑙语、那大语 vəki、巽他语 awak（< *bʷəki、*ʔabʷak）“身体”，缅文 bok“腹”等。

一　东亚太平洋语言的“背”

东亚太平洋语言“背”的代表性说法有：

1. *ʔarqa

古突厥语、哈萨克语 ɑrqɑ，撒拉语 ɑrχɑ，西部裕固语 ɑhrɢo < *ʔarqa。

2. *ʔute

维吾尔语 utʃɑ，乌孜别克语 utʃɛ < *ʔute。[①]

---

① “背”匈牙利文 hat < *qat。

3. *kede-rbe

图瓦语 kenderbɛ < *kede-rbe。

4. *dube

维吾尔语、塔塔尔语 dymbɛ < *dube。

5. *ʔegur / *ta-gru / *geger

蒙古语书面语、蒙古语正蓝旗话 egʉr < *ʔegur，ʉr < *ʔur。

马林厄语 t^{h}agru < *ta-gru。爪哇语 geger < *geger。

6. *pisa / *ʔab^{w}asa

满文、锡伯语、赫哲语 fisa < *pisa。

莫图语莫图莫图方言 avasa < *ʔab^{w}asa。

7. *sigde

鄂伦春语 ʃigde < *sigde。

8. *darama

鄂温克语 darama < *darama。

9. *dadəri / *doru

朝鲜语镜城话 tʃantəri < *dadəri。

莫图语 doru-na < *doru。

10. *dəŋ / *təŋa

中古朝鲜语 tɯŋ < *dəŋ。

马都拉语 təŋŋa < *təŋa。

11. *se

日语 se < *se。

12. *li-kur

邵语 rikus，沙阿鲁阿语 likʉsʉ，赛夏语 ɭikor，卑南语 ɖakur < *li-kur。

13. *dəlik / *likud

鲁凯语 ɖəɭək < *dəlik。巴拉望语、摩尔波格语 likud，雅美语 likoɖ < *likud。

14. *toʔu / *tuʔa

沙外语 to-u < *toʔu。（背、后面）汤加语 tuʔa，塔希提语 tua，夏威夷语 kuă< *tuʔa。

15. *tu-ʔara / *li-ʔar

毛利语 tuarā < *tu-ʔara。锡加语 leʔar < *li-ʔar。

16. *ʔagara

达密语 agara < *ʔagara。

17. *kona / *ʔogina / *r-gən

宁德娄语 kona-n，劳语 ʔogina < *kona / *ʔogina。

嘉戎语 zgən < *r-gən。

18. *ʔaku

吉尔伯特语 akū < *ʔaku。

19. *tatalo

查莫罗语 tatalo < *tatalo。（又 santate < *sa-tate。）

20. *toni / *tunu

马京达瑙语 toni < *toni。

爱斯基摩语 tunnu < *tunu。

21. *dəmi / *deme

布昂语 dəmi < *dəmi。雅贝姆语 dem^{w}e < *deme。

22. *pək-s / *bukoʔi / *boko / *pagu-ʔe

汉语 *pək-s（背）。

赛德克语 bukui，贡诺语 boko < *bukoʔi / *boko。伊拉鲁吐语 ɸague < *pagu-ʔe。

23. *sgal

藏文 sgal < *sgal。

24. *glu / *klo

格曼僜语 glǔ^{53} < *glu。

缅文 kjɔ^{3}，克伦语乍叶因方言（Zayein）klø < *klo。

25. *daŋ

马加尔语 dʒaŋ < *daŋ。

26. *lam-ko

塔金语 laŋku，博嘎尔珞巴语 lam ko < *lam-ko。

27. *bi-ʔlaŋ / *san-ʔlaŋ / *baku-luŋ / *daŋ

壮语武鸣话 paːi^{6}laŋ^{1}，德宏傣语 san^{1}laŋ^{1} < *bi-ʔlaŋ / *san-ʔlaŋ。

木鲁特语 bakuluŋ < *baku-luŋ。

28. *ʔano / *nja / *g-noŋ / *noʔu

基诺语 a^{44}no^{42} < *ʔano。克伦尼语 ȵɑ < *nja。

柬埔寨文 khnɔːŋ < *g-noŋ。

马那姆语 noʔu < *noʔu。

29. *kətə

彝语喜德话 kɯ^{21}tɯ^{21} < *kətə。

30. *daga / *dak

满查底语（Manchati）thɑkhɑ，昌巴拉胡里语 thākh < *daga。

那加语耽鲁方言（Tamlu）tok，昌方言（Chang）thāk < *dok / *dak。

31. *kraŋ / *kloŋ

德昂语南虎话 krɑŋ < *kraŋ。克木语 n tlɔŋ < *kloŋ。

32. *blok

佤语马散话 blok < *blok。

33. *ʔuk / *ʔiku

尼科巴语 uk < *ʔuk。（背、背面）

布农语 iku < *ʔiku。

34. *sa-bir

桑塔利语 sʌmbir < *sa-bir，dea < *deʔa。

◇ 二 “背”的词源对应关系

“背”与“身体”“腰”“肩”“颈”“屁股”等说法的对应为常见。

1. “背”和“身体”

（1）汉语 *pək-s。“身体”马京达瑙语、那大语 vəki，巽他语 awak < *bʷəki / *ʔabʷak。

（2）朝鲜语 *dəŋ，马都拉语 *təŋa。“身体”壮语 daːŋ¹ < *ʔdaŋ。

壮语“背”*bi-ʔlaŋ 跟木鲁特语 *baku-luŋ 有类似的结构，第一个成分指“背”或“身体”，第二个成分指“后面”。

（3）莫图语 *doru。“身体”加龙语 ador < *ʔador。

2. “背”和“腰”

（1）鄂温克语 darama，“腰”满文 darama。

（2）缅文 *kro。“腰”缅文 khɑ³，错那门巴语 khren⁵³ < *kre-n。吉尔伯特语 te korea < *kore-ʔa。

（3）阿昌语 xa³¹luŋ³⁵，“腰”布朗语 n̥ɔŋ⁴¹ < *noŋ。

（4）贡诺语 *boko，“腰”布拉安语 awək < *ʔabak。

3. “背”和“肩”

（1）汉语 *pək-s，“肩”嘉戎语 rpɑk。

（2）蒙古语 *ʔuru。“肩”哈萨克语 eje、塔塔尔语 jijəq < *ʔirəq。马绍尔语 aeɽæ < *ʔa-ʔira。

（3）鄂温克语 darama，“肩”蒙达语、桑塔利语 taran < *taran。

（4）日语 *se。“肩”沙阿鲁阿语 ałiasa，邹语 eiʔəsi < *ʔali-ʔasi。

（5）那加语耽鲁方言、昌方言 *tak，“肩”巽他语 taktak < *tak。

4.“背”和“屁股”

（1）蒙古语 *ʔuru，“屁股”满文 ura，赫哲语 ora < *ʔura。

（2）鄂伦春语 *sigde，“屁股”维吾尔语 sɑʁrɑ，哈萨克语 sɑwər < *sagəra。

（3）壮语 *bi-ʔlaŋ，“屁股”壮语 haːŋ^{4} < *laŋʔ。

（4）缅文 *kro，“屁股”佤语马散话 krɛ < *kre。

（5）汉语 *pək-s，“屁股”柬埔寨文 trəpoːk < *trə-pok。

有关“背”和“肚子”说法的词源关系参见下文。

三 派生

1.“背”的意义引申和词的派生

汉语“北”本为两人相背义，“背”*pək-s 和“北”*pək 有词源关系。东亚太平洋诸语中“背”和“后面”的引申或派生的例子很多。

（1）突厥语 *ʔarqa（后背、后面）。“后面”三威治港语 arax < *ʔaraq。

（2）蒙古语 *ʔuru。“后面”蒙古语 xœːt，达斡尔语 xuɑindɑː，东部裕固语 xøitə，保安语 χuitə < *qur-tə。

（3）朝鲜语镜城话 tʃantəri < *dadəri。“后面”中古朝鲜语 ty，庆兴话 tuji < *duri。

（4）巴拉望语等 *likud。“后面”卑南语 likuɖan < *liqud-an，排湾语 ɭiʔudz，他加洛语 likod，亚齐语 likot < *liqud。

（5）马林厄语 *te-gru。“后面”夸梅拉语 kurira < *kurira。

（6）日语 *se。“后面”劳语 isi < *ʔisi。

（7）壮语武鸣话 paːi^{6}laŋ^{1} < *bi-ʔlaŋ。“后面”壮语武鸣话 laŋ^{1} < *ʔlaŋ。

（8）京语 thau^{1}lɯŋ^{1} < *tu-ʔləŋ。“后面”京语 thau^{1} < *tu。

（9）佤语马散话 si ʔaŋ < *si-ʔaŋ。“后面”苗语养蒿话 qaŋ^{1}，勉语大坪话 kɔŋ^{1} < *qaŋ。

（10）尼科巴语 *ʔuk。“后面”尼科巴语 lauk < *la-ʔuk。

（11）雅贝姆语 dem^{w}e < *deme。“后面”桑塔利语 kuɖʌm < *kudam。

（12）彝语喜德话 *kətə。“后面”南密语 k^{ŋ}ut < *kut。

有的语言自身的“背”“后面”没有引申或派生的关系，或是借用别的语言的说法来表达。跨语系的对应有可能是早期语言接触的遗留。

2.“背”和“北边”

（1）蒙古语 *ʔuru。“北边、背后”蒙古语 ɑr，东部裕固语 ɑːr，蒙文 aru < *ʔaru。达斡尔语 ɑrkən < *ʔar-kən。

（2）雅美语 likuɖ，他加洛语 likod < *likud。“北”巴拉望语 iragaʔ，摩尔波格语 hiragaʔ，他加洛语 hilagaʔ < *ʔi-lagad。

（3）“背、北”锡加语 leʔar。

（4）壮语 *bi-ʔlaŋ，“北”勒窝语 laŋi-soi < *laŋi-soʔi。

（5）查莫罗语 *tatalo，“北”宁德娄语 tolau < *tola-ʔu。

3.“背”和“背负”

（1）蒙古语 *ʔuru。“背负”蒙古语 ʉːrəx，东部裕固语 orɣu，土族语 urgu < *ʔuru-gu。

（2）古突厥语、哈萨克语、撒拉语、西部裕固语 *ʔar-qa。“背负”维吾尔语、哈萨克语 ɑrt- < *ʔar-t。

（3）雅美语、他加洛语 *likud。“背负”摩尔波格语 akut < *ʔakut。

（4）维吾尔语、乌孜别克语 *ʔute。“背负”锡加语 ʔ-əti < *ʔəti。

（5）壮语武鸣话 *bi-ʔlaŋ。“背负”莫图语 abi-a < *ʔabi。

（6）藏文 sgal < *s-gal，“承当”gal，“驮子”khal，“承载”khel。汉语 *gal（荷）。

汉语“背”中古时读作平声。“倍”古“背叛”义，读作 *bəʔ，后作“背” *bəs。“背负”的“背”古读当作 *pə。“背”和“北”读作 *pəks，后来又读 *bəs、*bəʔ。

“背”喜马拉雅语支阿卡语 sbo < *s-bu，那加语马兰方言（Maram）ɑ-bɑu < *ʔa-bu 等。汉语“背负”的“负”古读 *bu-ʔ。早期语言中有以 *bu 指“背”，并派生“背负”义的说法。

“背”瓜依沃语 bobo < *bo。西部斐济语 lobo < *lo-bo，*lo- 为身体部位词前缀。大瓦拉语 upu-na < *ʔu-bu，*ʔu- 为早期的名词前缀。

四 词源关系分析

1. *b^wako（*poko、*boka、*puk、*boka、*boko、*bak、*pək 等）

“背”贡诺语 *boko，汉语 *pək-s。“胸”邵语 *paku。“肺”那大语 boka，锡加语 bokaka，他加洛语 bagaʔ < *boka。桑塔利语 bo̠ko̠ < *boko。“身体”马京达瑙语、那大语 vəki，巽他语 awak < *b^wəki / *ʔab^wak。“腰”布拉安语 awək < *ʔab^wak。“腹”缅文 bok，嘉戎语 tə pok，那加语奥方言 te pok < *pok。佤语艾帅话 vaik，德昂语硝厂沟话 vǎik < *b^wak。“锁骨”马那姆语 puke- < *puke。

“背”古英语 bæc、古弗里斯语 bek < *bek。亚美尼亚语 mejk < *mek。 “肚子”瑞典语 buk、丹麦语 bug、荷兰语 buik < *buk。 “乳房、胸”拉丁语 pectus，pectoris（所有格）< *peg-。

“背”芬兰语 pakki。

2. *duri（*diri、*doru、*dor）

“背”莫图语 *doru，朝鲜语镜城话 *dadəri。“身体”加龙语 ador < *ʔa-dor。“后（面）”中古朝鲜语 ty、庆兴话 tuji < *duri，嫩戈内语（Nengone）dirin < *diri-n 等有词源关系。

“背”意大利语 dorso，法语 dor。“屁股”西班牙语 cadera < *ka-dera。

3. *guri（*gru、*kuri）

“背”马林厄语 *te-gru。“后面”夸梅拉语 kurira < *kurira。

“背、脊椎”阿尔巴尼亚语 kurriz < *kurir。

4. *b^watu（*patu、*b^wat）

“背”塔几亚语 patu-n < *patu。“肾”他加洛语 bato，雅美语 vatu < *b^watu。“胸”萨摩亚语、汤加语、罗图马语 fatfat，雅美语 vatavat < *b^wat-b^wat。

“背”希腊语 bathas < *bada-。

5. *bisa（*basa）

“背”满文、锡伯语、赫哲语 *pisa、莫图语莫图莫图方言 *ʔabasa。

“背后”（副词）希腊语 pise。

6. *g^wal（*glu、*gal）

“背”藏文 sgal < *s-gal，*s- 是身体部位词前缀，*gal 引申指“驮、荷”，汉语“荷”*gal。古藏语 *gal “背”又派生指“相违”藏文 ɦgal。“背”缅文 $kjɔ^3$，克伦语乍叶因方言（Zayein）klø < *klo。布拉安语 kagol < *ka-gol。

“肚子”希腊语 koilia < *kola。

7. *bo（*sob^{w}e）

“背”瓜依沃语 bobo < *bo。波那佩语 sowe < *sob^{w}e。

> “背”阿尔巴尼亚语 ʃpine < *spine。“脊椎骨”拉丁语 spina、古法语 espine。

印第安语中如：

> 阿巴齐语“他的背”bi-gaŋ < *gan。“背”嘉戎语 zgən < *r-gən。“肩”古突厥语 egin < *ʔegin。西部裕固语 jiɣən < *ʔigan。
>
> 车罗科语“他的背”gasohi < *ga-soli。“屁股”马那姆语 sali- < *sali，赛德克语 sulai < *sula-ʔi。
>
> “背”达科他语 tapete < *ta-bede。“背”维吾尔语、塔塔尔语 dymbɛ < *dube。
>
> 那瓦特尔语“背”tʃuitlapantli、teputztli、tepotztli。
>
> （1）tʃuitlapan-tli < *tu-ʔidapan，字面意思可能是“背—胸”。那瓦特尔语“胸”elpan-tli < *ʔelapan。“背、后面”沙外语 to-u < *to-ʔu，汤加语 tuʔa、塔希提语 tua、夏威夷语 kuǎ < *tu-ʔa。
>
> （2）teputz-tli < *tepud。如达科他语 *tabede。

“肚子”的词源关系

东亚太平洋语言“肚子”与“胃”“肠子”“腰”“肚脐”“背”“身体”“男根”“睾丸”等有词源关系。“肚子”和“胃”“肠子”“肚脐”等所指的变化可能先是代指或兼指，后才作区分。“肚子”和“腰”“背”“胸”“屁股”等的转指可能经历相邻部位的“误指”。因避讳，“肚子”“肠子”可转指“男根”或“睾丸”。

◇ 一　东亚太平洋语言的“肚子”

东亚太平洋语言“肚子”的代表性说法有：

1. *qar-in / *qor-saq / *qo-saq

古突厥语、乌孜别克语 qarin，塔塔尔语 qarən，图瓦语 kɤrɤn，土耳其语 karin ＜*qar-in。

哈萨克语、柯尔克孜语 qorsaq ＜*qor-saq。[①]

维吾尔语 qosaq，撒拉语 χosaχ ＜*qo-saq。

---

① *-saq 大约是古突厥语指小或爱称后缀，早期的形式为 *-tʃaq，类似的后缀还有 *-iq。参见 G. J. 兰司铁《阿尔泰语言学导论》，第 281 页。

2. *gədəs / *qidigə / *gudəgə / *maraŋ-gada

蒙古语 gədəs，土族语 gədəsə，东部裕固语 gədəs-ən < *gədəs。（肠子、肚子）

西部裕固语 hidʒigə < *qidigə。鄂伦春语 gudəgə < *gudəgə。

桑塔利语 maraŋ gaɖa < *maraŋ-gada。

3. *qe-beli / *qepuli / *pul

满文 hefeli，锡伯语 kəvəl，赫哲语 xəbəli，蒙文 kebeli < *qe-beli。

女真语（黑夫里）*hefuli < *qepuli。

布兴语 sɯm pul < *su-pul。

4. *para / *bara / *baraŋ

日语 hara < *para。

马京达瑙语 bara < *bara。鲁凯语 baraŋ < *baraŋ。

5. *na-ʔak

爱斯基摩语 naark < *na-ʔak。

6. *b^{w}elek

雅美语 velek < *b^{w}elek。

7. *ti-ʔan

赛夏语、卑南语 tial，布农语 tian < *ti-ʔan。

8. *buro / *bus-ʔun

邹语 bʉeo < *buro。阿卡拉农语 busʔun < *bus-ʔun。

9. *ʔobu / *kobu

夏威夷语、塔希提语 ōpū < *ʔobu。毛利语 kopu < *kobu。

10. *tula-n

查莫罗语 tujan < *tula-n。（又 tijan < *tila-n。）

11. *puk / *pok / *buk / *buku / *pak / *b^{w}ak

汉语 *pjuk（腹）< *puk。黎语 pok^{7} < *pok。

缅文 bok，嘉戎语 tə pok，那加语奥方言 te pok < *pok。

那加语马林方言（Maring）ŭk，加洛语 ŏk，提普拉语（Tipura）hŏk < *pok。

毛利语 puku < *buku。

哈卡钦语 paw < *pak。

佤语艾帅话 vaik，德昂语硝厂沟话 văik < *b^{w}ak。

12. *grod

藏文 grod < *grod。

13. *l-to / *lad

巴尔蒂语 ltō-ɑ < *l-to。

蒙达语 ladh，桑塔利语 latʃ（肚子、肠子）< *lad。

14. *ban / *pan-sa / *pon

齐鲁语（Chiru）、布鲁姆语（Purum）won，达湾沙语（Taungtha）wɑn < *ban。

查莫罗语 pansa < *pan-sa。

阿伊努语 hon < *pon。（肚子、胃）

15. *dak / *b^{w}e-tuk / *bu-tuk / *dodok / *tuk

格曼僜语 dăk^{53} < *dak。浪速语 vẽ tuk < *b^{w}e-tuk。

卡那卡那富语 vʉtsʉkʉ < *bu-tuk。

桑塔利语 dodʒok < *dodok。

马加尔语 tuk < *tuk。

16. *duŋʔ / *loŋ

壮语 tuŋ^{4} < *duŋʔ。侗语 loŋ^{2} < *loŋ。

17. *klu

苗语养蒿话 tɕhu^{1}，石门话 tɕhau^{1}，宗地话 tɕɔ^{1} < *klu。

18. *bo / *po / *pu

高棉语 phō < *bo。

坎布语（Khambu）boː，古龙语（Kulung）pho < *bo。

帕他翁方言（Padaung）pou，克伦尼语 pø < *po。羌语 pu < *pu。

19. *kutu

户语 kə tu^{33} < *kutu。“肚脐”布依语 dɯ^{1}，毛南语 do^{2} < *ʔdo。

20. *buŋ

京语 buŋ^{6} < *buŋ。

◇ 二 “肚子”的词源对应关系

1. “肚子”和“胃”

（1）赛夏语、卑南语 *ti-ʔan。“胃”萨萨克语 tian < *ti-ʔan，达密语 tē < *te。

（2）马加尔语 *tuk。“胃”马京达瑙语、那大语 tuka < *tuka。

（3）缅语、嘉戎语、那加语奥方言 *pok。“胃、子宫”莫图语 boga-na < *boga。

（4）蒙古语、土族语 *gədəs。“胃”汤加语 kete。“睾丸”邹语 kedu。

（5）京语 *buŋ。“胃”戈龙塔洛语 ʔomboŋo < *ʔoboŋo。

（6）藏文 *grod。汉语 *grəts（胃）< *grət-s。

2. “肚子”和“肠子”

蒙古语族语言“肚子”兼指“肠子”，交叉对应的有：

（1）满语、锡伯语、赫哲语 *qe-beli。“肠子”朝鲜语 pɛl < *bel。

（2）赛夏语、卑南语 *ti-ʔan。“肠子”布拉安语 tinaʔi < *tina-ʔi。

（3）桑塔利语 *dodok。“肠子”维吾尔语 ytʃɛj，乌孜别克语 itʃɛk < *qi-tek。

（4）佤语艾帅话、德昂语硝厂沟话 *bak。“肠子”布朗语 viek^{44} < *b^{w}ek。

3. “肚子”和“肚脐”

（1）蒙古语、土族语 *gədəs。“肚脐”维吾尔语、乌孜别克语 kindik，撒拉语 gindix，西部裕固语 kəndək < *gid-iq。

（2）卡那卡那富语 *butuk。“肚脐”卑南语 puduk，排湾语 pudək。“胃”卑南语 biʈuka。

（3）巴尔蒂语 *lto。“肚脐”藏文 lte ba < *lte。

（4）邹语 *buro。“肚脐”独龙语 pu^{55}ɹi^{53} < *puri。

（5）莽语 dø < *do。“肚脐”布依语 duɯ^{1}，毛南语 do^{2} < *ʔdo。

4. “肚子”和“腰”

（1）满语、锡伯语、赫哲语 *qe-beli。“腰”维吾尔语 bɛl，哈萨克语

bel < *bel。

（2）突厥语 *qarin。“腰”错那门巴语 $khren^{53}$ < *kren。

（3）邹语 *buro。“腰”东部裕固语 pyːreː < *pure，中古朝鲜语 həri < *pəri。

（4）侗语 *loŋ。“腰”京语 $luɯŋ^{1}$ < *ʔluŋ。

（5）苗语 *klu。“腰”布努语 $fa^{3}tɬo^{3}$ < *pa-qlo。

5. “肚子”和“胸”

（1）突厥语 *qarin。“胸”鄂温克语 xəŋgər < *qəgirə。“身体”拉巴努伊语 hakari < *qakari。

（2）仙岛语 om^{31} < *ʔom。“胸”傈僳语 $o̠^{33}muɯ^{31}$ < *ʔomə。拉巴努伊语 uma，塔希提语 ʔōuma < *ʔuma。

（3）查莫罗语 *tula-n。“胸”维吾尔语 tøʃ，哈萨克语 tøs，撒拉语 diuʃi < *toli。

（4）马京达瑙语 *bara。“胸”马那姆语 barabara，达阿语 $bo^{m}bara$ < *bara。

（5）鲁凯语 *baraŋ。“胸”墨脱门巴语 braŋ toŋ，错那门巴语 $praŋ^{35}$ < *braŋ。

（6）爱斯基摩语 *na-ʔak。“胸”基诺语 $a^{44}no^{42}$ < *ʔano。

6. “肚子”和“身体”

（1）邹语 *buro。“身体”维语 boj，西部裕固语 boz < *bor。罗图马语 foro < *poro。

（2）京语 *buŋ。“身体”撒拉语 poŋ < *poŋ。

（3）黎语 *pok。“身体”巴厘语、萨萨克语 awak < *ʔabok。

（4）莽语 dø < *do。“身体”阿昌语、仙岛语 $a^{31}tu^{31}$ < *ʔatu。

（5）蒙古语、土族语 *gədəs。“身体”彝语南华话 $guɯ^{33}də^{21}$ < *gudə。

7.“肚子、肠子”和“男根”（或“睾丸”）

（1）满语、锡伯语、赫哲语 *qe-beli。“男根”马绍尔语 wəl < *bəl，爪哇语 *pəli。“肠子”朝鲜语 pɛl < *bel。

（2）查莫罗语 *tula-n。“睾丸”乌玛语 ^{n}tolu < *tolu。

（3）缅语、嘉戎语 *pok。“男根”邹语 boki < *boki。

（4）邹语 *buro。“男根”泰雅语 βurax < *buraq。

（5）哈尼语绿春话 $u^{31}de^{31}$ < *ʔude。“男根”达阿语 uti，罗地语 uti-k < *ʔuti。阿伊努语 tʃi < *ti。

8.“肚子”和“背”

（1）哈尼语绿春话 $u^{31}de^{31}$ < *ʔude。“背”维吾尔语 utʃɑ，乌孜别克语 utʃɛ < *ʔute。桑塔利语 dea < *de-ʔa。

（2）莽语 dø < *do。“背”汤加语 tuʔa，塔希提语 tua < *tu-ʔa。

（3）格曼僜语 *dak。“背”那加语耽鲁方言（Tamlu）tok，昌方言（Chang）thāk < *dok / *dak。

三 词源关系分析

1. *ʔob^{w}a（*bo、*ʔoba、*ʔobu）

“肚子”高棉语、坎布语、古龙语 *bo。夏威夷语、塔希提语 *ʔobu。“胸”莫图语柯勒布努方言 oba < *ʔoba，毛利语 poho < *bopo。拉加语 b^{w}ab^{w}a-。

“肚子、子宫”古英语 womb，高地德语、哥特语 wamb < *b^{w}ab。

2. *boki（*buk、*bok、*bak、*pok）

汉语“腹”*puk。“肚子”缅语 *bok 及嘉戎语、那加语、黎语 pok 等，佤语、德昂语 *bak，莫图语 *boga “胃、子宫” 与之有词源关系。

满语 “胸尖骨” bokʃon < *bok-son，可能有词源关系。“身体” 巴厘语、萨萨克语 awak < *ʔab^{w}ok，“男根” 邹语 boki < *boki 等与之对应。

“肚子” 瑞典语 buk、丹麦语 bug、荷兰语 buik < *buk。
“背” 古英语 bæc、古弗里斯语 bek < *bek。

3. *doro（*dər、*tor）

“肠子” 爪哇语 dʒəro-an < *dəro。“里面” 爪哇语 dʒəro < *dəro。东部裕固语 hdoro < *doro。锡伯语 dœr-xi，赫哲语 doç-ki < *doro。蒙古语 dotor，达斡尔语 tuɑtɑr < *dotor。“身体” 加龙语 ador < *ʔa-dor。

“肚子” 拉丁语 uterus < *uter-，拉丁语 venter、法语 ventre < *b^{w}e-tere。“肚子、胃” 粟特语 kaθārē < *qa-tare。

4. *b^{w}eraq（*b^{w}elek、*buraq）

“肚子” 雅美语 *b^{w}elek。“男根” 泰雅语 βurax < *buraq。

“肚子” 阿尔巴尼亚语 bark，波兰语 brzuh < *bruq。

5. *kola（*klu）

“肚子” 苗语 *klu。“胃” 多布语 k^{w}ola < *kola。

“肚子” 希腊语 koilia < *kola。“胃” 拉丁语 ventriculus < *b^{w}etre-kulus。

6. *buro（*bor、*poro）

“肚子” 邹语 *buro。“身体” 维吾尔语 boj，西部裕固语 boz < *bor。罗图马语 foro < *poro。

“肚子” 亚美尼亚语 phor < *bor。

印第安语的情况如：

阿巴齐语“他的肚子、胃”ko-bid < *bid。“胸”蒙古语 əbtʃuː < *ʔəbtu。东部裕固语 putʃyn < *puti-n。“肠子”日语 harawata < *para-bata。

阿巴齐语“他的肚子、胃”kodig < *kodig。“肚子”西部裕固语 hidʒigə < *qidigə。

车罗科语“肚子”asquoli < *ʔa-sq^{w}oli。“腰”布努语 fa^{3}tło^{3} < *pa-qlo。

“肚子”达科他语 niɢe、ikpi、tezi，苏语 ne-ɢaj、eːk-pe、teh-zeː。

（1）niɢe < *nige。“腋”帕玛语 hiŋek、坦纳语 nəku-n < *ŋəku。

（2）ikpi < *ʔi-kəbi。“腰”雅美语 kawakan < *kabak-an。“胸”莫图语南岬方言 kapakapa < *kapa。

（3）tezi < *teri。“肚子”查莫罗语 tijan < *tila-n。“背”匈牙利文 hatul < *satul。

那瓦特尔语“肚子”ihtitl、ihtetl。ihti-tl < *ʔiti。“肚子”布农语 tian < *ti-ʔan。

*p^{w}oki、*buro 可能是古东亚语“腹”的说法。

“手”的词源关系

一些语言“手”兼指“臂”，或包括“手指”。“手”和“臂”、“手”和“手指”等不同语言有交叉对应关系。南岛语、藏缅语“五”的说法比较一致，“手”的说法分歧较大，因数词容易借用。

一 东亚太平洋语言的“手”

东亚太平洋语言“手”的代表性说法有：

1. *ʔilik / *ɢilik

维吾尔语 ilik，哈萨克语 dʒilik < *ʔilik / *ɢilik。

2. *ʔel / *ʔolu

土耳其语 el < *ʔel。（手、爪）

戈龙塔洛语 ʔoluʔu < *ʔolu。

3. *qalag / *ʔalga-k / *lag / *liŋa

蒙古语 ɑlɑg，达斡尔语 xɑləg ＜*qalag。

爱斯基摩语 adgak < *ʔalga-k。①

藏文 lag，缅文 lɑk^{4} < *lag。

东部斐济语 liŋa-，毛利语 riŋa < *liŋa。

4. *ɢala/ *qala / *ŋala

满文 gala，锡伯语 ɢal < *ɢala。（手、手臂）

女真语（哈拉）*hala < *qala。

鄂伦春语 ŋaːla，鄂温克语 ŋaːlă < *ŋala。（手、胳膊）

5. *te / *ti / *de

日语 te < *te。

德昂语、京语 tai^{1}，桑塔利语、布兴语 ti，克木语 tiʔ < *ti。

尼科巴语 el-ti，卡西语 kti < *ti。

克伦语马保克方言（Mapauk）tso de < *de。

6. *ma / *ʔima / *ʔəba / ʔama

鄂罗克语 maː < *ma。

布农语 ima，萨萨克语 imə，达密语 ima，莫图语 ima-na < *ʔima。

泰雅语 qəbaʔ < *ʔəba。劳语 ʔaba < *ʔama。（手、手臂）

7. *teke

阿伊努语 teke < *teke。（手、手臂）

8. *ra-mutu / *mutu

沙阿鲁阿语 ramutsu，邹语 mutsu < *ra-mutu / *mutu。

---

① 爱斯基摩语名词有单数、双数和复数三类状态，单数用词根，双数为 -k，复数为 -t。

9. *rima / *lima / *ʔrimʔ

邵语、塔希提语、拉巴努伊语 rima < *rima。

鲁凯语 ḷima，雅美语 lima，巴厘语 limə < *lima。

夏威夷语 limă < *lima。（手、手臂）

毛南语 siːm^3 < *ʔrimʔ。

10. *baga / *baŋi

赛德克语 baga < *baga。阿者拉语 baŋi- < *baŋi。

11. *b^{w}ili

卡乌龙语 βili-n < *b^{w}ili。

12. *la-mila / *mla

吉利威拉语 jamila < *la-mila。（手、手臂）

侗语南部方言 lja^2，侗语北部方言 mja^2，水语 mja^1 < *mla。

13. *pəra

伊拉鲁吐语 ɸəra < *pəra。（手、手臂）

14. *pale

达阿语 pale < *pale。（手、手臂）

15. *snuʔ / *sonu

汉语 *snuʔ（丑）（手）。[①]

中古朝鲜语 son < *sonu。

---

① 甲骨文“丑”为“手”之形。“手”是春秋时代开始有的字，其谐声字“杽”，又作“杻”。“杻”的谐声字有“羞”“纽”等。

16. *gʷut / *kʷut

卡瑙里语（Kanauri）、荷朗库尔语（Hrangkhol）gut < *gʷut。

梅梯语 khut，钦本语（Chinbon）ɑ-kwit，马加尔语 hut < *kʷut。

17. *sidi

克伦语格科方言（Geko）sidɛi < *sidi。

18. *ʔmru

泰语、傣语、壮语龙州话 mɯ²，黎语保定话 meɯ¹ < *ʔmru。

19. *bri / *briŋ

苗语养蒿话 pi⁴，腊乙坪话 tɯ⁴，绞坨话 ʂe⁴，勉语江底话 pwo⁴ < *bri。

壮语、布依语 fɯŋ²，黎语 ziːŋ² < *briŋ。

20. *ʔbi / *bʷe-ʔa

莫语 mi¹ < *ʔbi。

三威治港语 vea-n < *bʷe-ʔa。

21. *gar

杜米语（Dumi）、吉姆达尔语（Jimdar, Rai）khar < *gar。

22. *s-muk

雅卡语（Yakha）muk，青当语（Chingtang）mūk，坎布语（Khambu）huk < *s-muk。

23. *daʔi

柬埔寨文 daj < *daʔi。（手、手臂）

24. *ʔeŋ

莽语 ʔɛŋ³⁵ < *ʔeŋ。

◇ 二 "手"的词源对应关系

1. "手"和"臂"的词源关系

"手"和"臂"用一个词表示的，如满通古斯语 *ɢala、查莫罗语 tʃanai、加龙语 alak、汤加语 nima、塔希提语 rima、伊拉鲁吐语 ɸəra、劳语 ʔaba、乌玛语 pale、柬埔寨文 daj 等。不同语言交叉对应的如：

（1）戈龙塔洛语 *ʔolu。"臂"土耳其语 kol，塔塔尔语 qol < *qol。

（2）"手、臂"加龙语 alak < *ʔalak。"臂"拉祜语 $lɑ^{21}ɣɔ^{53}$ < *laga。

（3）"手"印尼语、爪哇语 taŋan。"臂"印尼语 ləŋan，爪哇语 ləŋən < *laŋan。

（4）"手"南亚语 *ti、日语 *te、克伦语的 *sidi，"手指"波那佩语*seti、苗语 *nte < *ʔde 等有词源关系。"手、手臂"日语 ude < *ʔude。

2. "手"转指"腋"

"臂、手"在兼指的基础上，又有"手"和"腋"的词义转指，如：

（1）蒙古语、达斡尔语 *qalag。"腋"仫佬语 te khɣaːk⁷，毛南语 kha³ saːk⁷ < *krak。佤语艾帅话 klaik < *klak。汉语"亦（腋）" *glak，"胳" *krak，古指"腋"。

（2）哈萨克语 *ɢilik。"腋"巽他语 kelek，萨萨克语 klelek < *kelek。

（3）藏文 lag、缅文 lɑk⁴ < *lag，应是 *qalag（*ʔalag）一类的简略说法。如果中间有过 *qalag 一类"臂"兼指"手"，就容易理解为什么可以指"腋"。

（4）鲁凯语、雅美语、巴厘语 *lima。邵语、塔希提语、拉巴努伊语

rima < *rima。布农语 ima，萨萨克语 imə，达密语 ima，莫图语 ima-na < *ʔima。

“臂”罗地语(Roti)lima-k < *lima。汤加语 nima，塔希提语 rima < *rima。达密语 ima，莫图语 ima-na < *ʔima。

3. “手”兼指“手指”或指“指甲”

（1）汉语 *snuʔ，中古朝鲜语 son < *sonu。“手指”阿昌语 -n̥au[31]，怒苏怒语 -n̥ɯ[55] < *snu。“指甲”藏文 sen。“拧”缅文 hnɑs，独龙语 suʔ[55] < *s-nuʔ。

（2）尼科巴语 el-ti，[①] 卡西语 kti，桑塔利语、布兴语 ti，京语 tai[1] < *ti。日语 te < *te。“手指”波那佩语 sent < *seti。

（3）布吉斯语 dʒari < *dari。“手指”印尼语、米南卡保语 dʒari < *dari。

（4）昌巴拉胡里语（Chamba Lahuli）guɽ < *gur。“手指”克木语 tɕəl gul < *kəl-gul。

（5）鲁凯语、雅美语、巴厘语 *lima。“手指”日语 jubi < *lubi。鄂罗克语 lepse < *lep-se。“五”鄂罗克语 lemin < *lemi-n。

4. “手”和“爪子”

（1）“爪”维吾尔语 tʃɑŋgɑl、哈萨克语 ʃɑŋgel < *ta-gal。“臂”巴厘语 sigal < *si-gal。

（2）“手”邵语、塔希提语、拉巴努伊语 rima < *rima。“手”沙阿鲁阿语 ramutsu，邹语 mutsu（手、手臂”）< *ram-utu / *mutu。“指甲，爪子”桑塔利语 rama < *rama。

（3）“手”汉语 *snuʔ。“爪子”柬埔寨文 krəɲaɯ < *krə-nu。载瓦语 san[21] < *san。

（4）“手”蒙古语、达斡尔语 *qalag。“爪子”鄂罗克语 rakka < *raka。

---

① el- 为前缀，如“嘴”el-vāŋ，“头顶”el-tuvøp，“鼻子”el-meh。

5. “手”和“拿”“抓”的词源关系

（1）土耳其语 el < *ʔel。“拿”古突厥语、土耳其语、维吾尔语、西部裕固语 ɑl- < *ʔal。阿美语、窝里沃语 ala，波那佩语 ale < *ʔale。

（2）杜米语、吉姆达尔语 *gar。“拿”阿伊努语 kor < *kor。

（3）泰雅语 qəbaʔ < *ʔəba。“拿”蒙古语 ɑbɑ-、保安语 ɑpə- < *ʔaba。萨摩亚语 ʔave < *ʔabe。

（4）“手、臂”达阿语 pale < *pale。“手臂”伊拉鲁吐语 ɸəra、布鲁语 fəha-n < *pəra。“拿”清代蒙文 bari- < *bari。“抓”蒙古语布里亚特方言 bɑri-，达斡尔语 bɑri- < *bari。

（5）雅卡语、青当语、坎布语 *s-muk。“抓”萨萨克语 naŋkop，巴塔克语 takkup < *na-kop / *ta-kup。

三 词源关系分析

1. *te（*ti、de）

“手”南亚语 *ti、日语 *te、克伦语 *sidi，“手指”苗语 *nte < *ʔde 等有词源关系。“手、手臂”日语 ude < *ʔude。

“手”哥特语 handus、古英语 hond、古弗里斯语 hand、古挪威语 hönd，古英语 handa（复数）< *qoda。

“手指”爱沙尼亚语 osuti。“五”匈牙利文 öt。

2. *sonu（*snu、sen、*sin）

“手”朝鲜语 *sonu，尼科巴语 *ta-nu，汉语 *snu-ʔ（手）。“手指”阿昌语、怒苏怒语 *snu，藏文“指甲”sen。“拧”缅文 hnɑs，独龙语 suʔ[55] < *s-nuʔ。

“手”拉丁语 manus、法语 main、西班牙语、意大利 mano，希腊语 mane < *ma-nu。

“手”鄂罗克语 maː < *ma。布农语 ima、萨萨克语 imə、达密语 ima、莫图语 ima-na < *ʔima。

3. *muda（*madi、*muti、*mutu）

“手”沙阿鲁阿语 *ra-mutu，邹语 *mutu。“指甲”蒙古语 xomos、土族语 tɕimusə、达斡尔语 kimtʃi < *kimuti。“抚摸”朝鲜语 mantʃita < *madi-da。“摸”罗地语 na-meda < *meda。

“手”古英语、古挪威语 mund < *mud。“肘”意大利语 gomito。

4. *lima（*nima、*limo）

“手”瓜依沃语 nimo、汤加语 nima，鲁凯语 ḷima、雅美语 lima、巴厘语 limə。“持”托莱语 kinim < *ki-nim。

“肢、枝”古英语 lim、古挪威语 lim（小枝）。

南岛语“手”*lima、*rima 分别来自早期南岛语的 *li-ma 和 *ri-ma，词根为 *ma。前面讨论“耳朵”*liŋa 的来历时已经提到前缀 *ri- 和 *li- 的功能。

5. *gulu（*gul）

“手”昌巴拉胡里语、卡那西语、卡瑙里语 *gul，贡诺语 siŋkulu < *s-gulu。

“手指”梵语 aŋgula。

6. *bage（*baŋi、*baga、*baki、*boŋa）

“手”赛德克语 *baga，阿者拉语 *baŋi。“肩”马那姆语 bage < *bage。“腋”日语 waki < *baki。“五”加洛语 *boŋa。

“手（臂）”希腊语 patʃus，梵语 bāhu-、古高地德语 buog（指骨）< *bagu。
“五”立陶宛语 penke、拉丁语 quinque、梵语 pantʃa < *peke。

7. $*k^{w}ut$

“手”梅梯语、钦本语、马加尔语、荷朗库尔语 $*k^{w}ut$。

“肘”西班牙语 codo、法语 coude < *kode。

8. *gari（*gar、*kiri、*kir）

“手”杜米语（Dumi）、吉姆达尔语（Jimdar, Rai）khar < *gar。汉语 *kirʔ（指），“手指”锡加语 kikir < *kəri-kəri。

“手臂”俄语 rɨtɕjar < *rikar。阿尔巴尼亚语 krah < *kraq。
“手、手臂”梵语 kara < *kara。“爪子”西班牙语、葡萄牙语 garra。

9. *dari

“手”布吉斯语 dʒari < *dari。“手指”印尼语、米南卡保语 dʒari < *dari。

“手”阿尔巴尼亚语 dorë < *doro。“手指”梵语 tardʒaniː < *tar-gani。

10. *laga（*lag、liŋa、riŋa）

“手”蒙古语、达斡尔语 *qalag，藏文、缅文 *lag。东部斐济语 liŋa-（手、手臂），毛利语 riŋa。

“手”威尔士语 llaw < $*lag^{w}$，亚美尼亚语 sëlakh < *selag。
“手、手臂”俄语 ruka，波兰语 reka < *reka。
“腿，腿、臂的骨头”古挪威语 leggr < *leg。

印第安语的情况如：

“手”达科他语 nape，苏语 nah-peh < *nabe。“指甲、爪子”乌玛语 kunupa < *kanupa。
那瓦特尔语“手”mai-tl < *maʔi。“手”布农语、达密语、莫图语 < *ʔima。

“臂”的词源关系

亚欧语言多区分“手”和“臂”，也有一些语言“臂”的所指包括“手”“手腕”“肘”的整个部位，“肘”部以下称“前臂”。因为指称的转移，“臂”或与“手”“肩”“腋”等说法有词源关系，也有语言以“臂”指“翅膀”。

◇ 一　东亚太平洋语言的“臂”

“臂”的说法主要有以下方式：

1. *qar / *gar

古突厥语 qar < *qar。蒙古语 gɑr < *gar。

2. *belak

维吾尔语 bilɛk，哈萨克语 bilek < *belak。

3. *ɢala / *galu / *si-gal

满文 gala，锡伯语 ɢal，鄂伦春语 ŋaːla < *ɢala。（手、手臂）

马京达瑙语 gɔlu，大瓦拉语 g^{w}alu（手腕）< *galu。

布拉安语 sigal < *si-gal。

4. *pal / *pale / *bali

朝鲜语 phal < *pal。

乌玛语、达阿语 pale < *pale。（手、手臂）

桑塔利语 bʌ̃hĩ < *bali。（前臂、肘）

5. *tap / *dəpə / *taba-laŋa-ʔa

阿伊努语 tap < *tap。（肩、臂）

萨萨克语 dəpə < *dəpə。鲁凯语 tabalaŋaa < *taba-laŋa-ʔa。

6. *ʔude / *ʔat-mas

日语 ude < *ʔude。（手、手臂）

查莫罗语 atmas < *ʔat-mas。

7. *lima / *rima

罗地语（Roti）lima-k，夏威夷语 limă < *lima。

汤加语 nima，塔希提语 rima < *rima。

8. *tanaʔi

查莫罗语 tʃanai < *tanaʔi。（手、手臂）

9. *qəba

泰雅语 qəbaʔ < *qəba。

10. *kakak

赛德克语 kakak < *kakak。

11. *mutu

邹语 mutsu < *mutu。

12. *ʔasəl

卑南语 ʔasəl < *ʔasəl。

13. *ʔama / *ʔima

劳语 ʔaba < *ʔama。（手、手臂）

达密语 ima，莫图语 ima-na < *ʔima。

14. *liŋa / *laŋa-n / *laŋa / *laga

毛利语 riŋa < *liŋa。

东部斐济语 liŋa- < *liŋa。（手、手臂）

印尼语 ləŋan，米南卡保语 laŋan，西部斐济语 laŋa- < *laŋa-n。

却域语 la^{13}ŋa^{55}，拉祜语 lɑ^{21}ɣɔ^{53} < *laŋa / *laga。

15. *piks / *m-phok

汉语 *piks（臂）。

户语 n phɔk^{31} < *m-phok。

16. *krak

汉语 *krak（胳）。

17. *lag-ŋar / *ʔalak / *lak-pɔŋ / *lok-pɔŋ

藏文 lag ŋar < *lag-ŋar（手—臂）。

加龙语 alak < *ʔalak。（手、手臂）

缅文 lak-mɔŋ^{3} < *lak-pɔŋ。博嘎尔珞巴语 lok poŋ < *lok-pɔŋ。

18. *pru / *pəra

义都珞巴语 a^{53} $pɹu^{53}$ < *pru。

伊拉鲁吐语 ɸəra < *pəra。（手、手臂）

19. *ʔur

独龙语 $uɹ^{55}$ < *ʔur。

20. *krin

壮语武鸣话 ken^{1}，西双版纳傣语 $xɛn^{1}$，黎语保定话 $khiːn^{1}$，加茂话 $tɯːn^{1}$ < *krin。

21. *kan-ti

京语 $kan^{5}tai^{1}$ < *kan-ti（臂—手）。

22. *ploŋ-ti

佤语布饶克方言 plɔŋ taiʔ < *ploŋ-ti（臂—手）。

23. *kel / *kol / *ʔel

尼科巴语 keːl < *kel。（臂，翅膀）

土耳其语 kol < *kol。塔塔尔语 qol < *ʔel。

24. *supu / sapaʔi

蒙达语 supu，桑塔利语 sopo < *supu。

亚齐语 sapaj < *sapaʔi。

◇ 二 “臂”的词源对应关系

1.“臂”“手”的词源关系

一些语言“手”和“臂”用一个词表示，如满通古斯语 *ɢala、查莫罗语 tʃanai、加龙语 alak、汤加语 nima、塔希提语 rima、伊拉鲁吐语 ɸəra、劳语 ʔaba、乌玛语 pale、柬埔寨文 daj 等。不同语言交叉对应的说法如：

（1）土耳其语、塔塔尔语 *ʔel，“手”戈龙塔洛语 ʔoluʔu < *ʔolu。

（2）蒙古语 *gar。“手”杜米语（Dumi）、吉姆达尔语（Jimdar）khar < *gar。

（3）日语 ude < *ʔu-de。“手”南亚语 *ti、日语 *te、克伦语的 *sidi，“手指”波那佩语的*seti、苗语 *nte < *ʔde。

2.“臂”和“肘”

（1）阿者拉语 baŋi < *bagi。“肘”马那姆语 bagabaga < *baga。

（2）伊拉鲁吐语 *pəra。“肘”朝鲜语庆州方言 pharkuməri < *paragu-mari。

（3）马京达瑙语 gəlu < *gulu。“肘”贡诺语 siŋkulu，塔几亚语 sukuru-n < *s-gulu。

3.“臂”和“肩”

（1）“手、手臂”日语 ude < *ʔude。“肩”嫩戈内语 ade < *ʔade。

（2）“手、臂”达阿语 pale < *pale。“肩”巴厘语 palə < *pale。

（3）他加洛语 bisig，“肩”雅美语 piʂagatan < *pisag-ʔatan。

（4）达密语、莫图语 *ʔima。“肩”汤加语、罗图马语 uma < *ʔuma。

4.“臂”和“腋”

（1）劳语 ʔaba，“腋”罗维阿纳语 ababe < *ʔababe。

（2）汉语 *klak（胳）。“腋”巽他语 kelek，萨萨克语 klelek < *kelek。仫佬语 te khɣaːk^{7}，毛南语 kha^{3} saːk^{7} < *krak。

（3）尼科巴语 *kel。“腋”克木语 kəl ʔɛ̆k < *kel-ʔek（臂—胸）。[①] 他加洛语 kili-kili < *kili。维吾尔语 qoltuq，撒拉语 χoltuχ < *qol-tuq。

5.“臂”和“翅膀”

（1）汉语 *prik（臂）。“翅膀”佤语艾帅话 pru̲i̲k，布朗语曼俄话 phɤik < *prik。桑塔利语 phʌ̃kɽʌ̃kh < *prek-prek。

（2）蒙达语、桑塔利语 *supu。“翅膀”东乡语 sɯban < *səba-n。

（3）尼科巴语 *kel。汉语 *qlis（翅） < *qli-s。

◇ 三 词源关系分析

1. *ʔel（*kel、*ʔolu）

“手臂”土耳其语、塔塔尔 *ʔel，尼科巴语 *kel。

“手、爪”土耳其语 el，“手”戈龙塔洛语 ʔoluʔu < *ʔolu，“肩”罗地语、莫图语柯勒布努方言 *ʔalu。

“前臂”拉丁语 ulna、希腊语 olene，“肩”亚美尼亚语 uln < *ule-na。
“前臂、前臂的长度”英语 ell、古英语 eln < *ele-na。

“手臂”匈牙利文 elagazas < *el-galas，格鲁吉亚语 saxɛlɔ < *sa-qelo。“腋窝”格鲁吉亚语 iɣlia < *igla。

---

① 如克木语“一臂”之长叫作 tɕɔk kəl ʔɛ̆ k。

2. *laga（*laŋa、*lak）

“手、臂”毛利语、东部斐济语 *liŋa，印尼语、米南卡保语、西部斐济语 *laŋa-n，却域语 *laŋa，拉祜语 *laga，加龙语 *ʔalak。

“手”俄语 ruka，波兰语 reka < *reka。

“腿，腿、臂的骨头”古挪威语 leggr < *leg。

3. *rima（*lima）

“手臂”汤加语、塔希提语 *rima，罗地语、夏威夷语 *lima。

“手”邵语、塔希提语、拉巴努伊语 rima < *rima。

“手臂”古波斯语 irmo、梵语 irmah，古英语 earm、古弗里斯语 erm < *irma。

“肩”拉丁语 armus。“肘”亚美尼亚语 armunk < *armu-nuk。

4. *gar

“手臂”蒙古语 *gar，“手”杜米语、吉姆达尔语 khar < *gar。“手”杜米语（Dumi）、吉姆达尔语（Jimdar, Rai）khar < *gar。

“手臂”俄语 r-tɕjar < *rikar。

“手、手臂”梵语 kara < *kara。“爪子”西班牙语、葡萄牙语 garra。

“翅膀”匈牙利文 kar。

5. *bagi

“手臂”阿者拉语 baŋi < *bagi。

“手臂、肩”古英语 bog，“肩”古挪威语 bogr、古高地德 buog。

“前臂”希腊语 pakhys，“手臂”梵语 bahus。

“手臂”粟特语 βāzā < *b^{w}aga。

“肘”马那姆语 bagabaga < *baga。鲁凯语 poko，排湾语 piku < *piku。

“弯曲的”佤语马散话 ʔavɔk、艾帅话 vo̰k < *b^{w}ok，桑塔利语 baka < *baka。

“肘”德语 ellbogen、荷兰语 elleboog、英语 elbow、古英语 elnboga、中古荷兰语 ellenboghe、古高地德语 elinbogo < *elina-bogo-n。
“卷曲”梵语 bhuga。“钩子”希腊语 magkoyra < *mag-kora。

6. *prik

“翅膀”佤语艾帅话 pruik，布朗语曼俄话 phɣik < *prik。

“前臂”亚美尼亚语 bazuk，“手臂”波兰语 poręʧ < *porek。

“手臂”维吾尔语、哈萨克语 *belak。“臂”匈牙利文 folyoag < *polag。“手指”波兰语、俄语 palets < *polek。

7. *riŋa

“手、手臂”毛利语 riŋa。

“手、手臂”俄语 ruka，波兰语 reka < *reka。
“腿，腿、臂的骨头”古挪威语 leggr < *leg。

“双臂”格鲁吉亚语 iaraɣa < *iraga。

8. *supu

“手臂”蒙达语、桑塔利语 *supu。“翅膀”东乡语 sɯban < *səba-n。

“肩”阿尔巴尼亚语 sup。

9. *glək（*krak、*gilik、*kelek）

汉语 *krak(胳)。“手”维吾尔语 ilik，哈萨克语 dʒilik < *gilik。汉语 *glək（翼）“腋”巽他语 kelek，萨萨克语 klelek < *kelek。

“手臂”亚美尼亚语 jerk < *gerk。“手臂、翅膀”阿尔巴尼亚语

krah < *kraq。

10. *du（*dus、*tu）

“手腕”图瓦语 dʒys < *dus。

“膝盖、肘”大瓦拉语 itutu-na < *ʔitutu。

“膝盖”缅文 du^{3}，阿昌语 du^{55} < *du。

“手、手臂”粟特语 δst < *dus-t。

"肘"的词源关系

亚欧语言"肘"的说法可能与"臂"的说法有词源关系，有的说法来自"膝盖""弯曲"等的说法。

◇ 一　东亚太平洋语言的"肘"

"肘"的说法主要有：

1. *dir-sek / *ti-seq / *siku / *sigu / *ʔima-suk / *plu-sak / *sikoŋ

土耳其语 dirsek < *dir-sek。

撒拉语 tysex，塔塔尔语 tɨsɛk < *ti-seq。

印尼语、摩尔波格语、卡加延语 siku，布拉安语 sigu < *siku / *sigu。

达密语 ima-su < *ʔima-suk。

莽语 $plu^{31}θak^{55}$ < *plu-sak。

尼科巴语 sikɔŋ < *sikoŋ。

2. *diɢe-nek / *doɢu-nok / *doɢʷi / *tuki / *diqu

维吾尔语 dʒɛjnɛk，柯尔克孜语 tʃəqɑnɑq，西部裕固语 tʃigenek <

*diɢe-nek。

东部裕固语 doɢoːnoɢ < *doɢu-nok。

蒙古语 doxœː，东乡语 toɣəi，保安语 toχui < *doɢ^{w}i。①

毛利语 tuki < *tuki。戈龙塔洛语 tiʔu，莫图语 diu-na < *diqu。

3. *maran

满文 majan，赫哲语 majan < *maran。

4. *pargu-bi / *paragu-mari

中古朝鲜语 phʌrkupɯi < *pargu-bi。庆州方言 pharkuməri < *paragu-mari。

5. *pidi

日语 hidi < *pidi。

6. *siku / *sak-dok / *lak-sek

泰雅语 hikuʔ，雅美语 ʂiko，他加洛语 siko，布拉安语 sigu < *siku。

傣语 sɑk^{9}，临高话 xak^{7}dok^{8} < *sak-dok。

阿昌语 lɔʔ^{55} suak^{35} < *lak-sek（手—肘）。

7. *piku

鲁凯语 poko，排湾语 piku < *piku。

8. *ʔitutu

大瓦拉语 itutu-na < *ʔitutu。

9. *todo / *ʔitutu

查莫罗语 tʃodo < *todo。大瓦拉语 itutu-na < *ʔitutu（膝盖、肘）。

---

① “肘”格鲁吉亚语 idaqhvi < *idaɢ^{w}i。

10. *tomo

查莫罗语 tomo < *tomo。（膝盖、肘）

11. *duru

东部斐济语 duruduru-ni-liŋa，西部斐济语 tʃuru-ni-lima < *duru-。

12. *diʔu

莫图语 diu-na < *diʔu。

13. *reku

沙外语 rekruk-o，布昂语 rəku < *reku。

14. *poro-rima

塔希提语 poro rima < *poro-rima（肘—手）。

15. *turi-rima / *duru-liŋa / *tule-tule-lima / *tuli-lima

拉巴努伊语 turi rima，东部斐济语 duruduru-ni-liŋa < *turi-rima / *duru-liŋa。

夏威夷语 kŭěkŭělimă < *tule-tule-lima。

萨摩亚语 tuli-lima < *tuli-lima。

16. *ʔima-galu-galu / *s-gulu / *glu-ʔ

莫图语阿罗玛方言 ima galugalu-na < *ʔima-galu-galu。

贡诺语 siŋkulu，塔几亚语 sukuru-n < *s-gulu。

汉语 *glu-ʔ（肘）。

17. *gru / *ma-ʔi-kiri

藏文 gru，嘉戎语 tə kru < *gru。

莫图语莫图莫图方言 maikiri < *ma-ʔi-kiri。

18. *lak-du / *lok-du

哈尼语绿春话 la^{31} du^{33} < *lak-du（手—肘）。

博嘎尔珞巴语 lok du < *lok-du（手—肘）。

19. *kaŋ

克木语 kiaŋ < *kaŋ。

20. *moka

桑塔利语 moka < *moka。

21. *bali

桑塔利语 bẽhĩ < *bali。（前臂，肘）

◇ 二 "肘"的词源对应关系

1. "肘""臂"的词源关系

（1）贡诺语、塔几亚语 *s-gulu，"臂"马京达瑙语 gəlu < *gulu。

（2）马那姆语 bagabaga < *baga，"臂"阿者拉语 baŋi < *bagi。

（3）朝鲜语庆州方言 *paragu-mari，"臂"伊拉鲁吐语 ɸəra < *pəra。

2. "肘"和"膝"

有的语言"肘、膝"一词，如查莫罗语 tomo < *tomo，大瓦拉语 itutu-na。有的把"肘"称为"手臂"的膝盖。如"肘"东部斐济语 duruduru-ni-liŋa，西部斐济语 tʃuru-ni-lima；"膝盖"，东部斐济语 duru，西部斐济语 tʃuru。一

些语言“肘”和“膝”的说法交叉对应：

（1）日语 *pidi，“膝盖”卡乌龙语 poβut < *pobut。

（2）藏文、嘉戎语 *gru。“膝盖”毛南语 ko^{6}，仫佬语 ku^{6}，黎语保定话 rou^{1} < *gru。瓜伊沃语 goru，所罗门夸梅拉语（Kwamera）nu-kuru- < *goru。

（3）土耳其语 *dir-sek。“膝盖”土耳其语 diz，维吾尔语 tiz，西部裕固语 dəz < *dir。塔希提语 turi，夏威夷语 kuli，毛利语 turi < *turi。泰雅语赛考利克方言 tari，泽敖利方言 tariʔ < *tari。阿美语 turuʃ < *turul。

（4）哈尼语绿春话 la^{31} du^{33} < *lak-du，博嘎尔珞巴语 lok du < *lok-du。“膝盖”缅文 du^{3}，阿昌语 du^{55} < *du。“手腕”图瓦语 dʒys < *dus。

（5）鲁凯语、排湾语 *piku。“膝盖”马绍尔语 p^{ɯ}uk^{w}ε，波那佩语 p^{w}ukie < *p^{w}uki。

（6）大瓦拉语 *ʔitutu，“膝盖”印尼语 lutut。

3.“肘”和“弯曲”

（1）莫图语莫图莫图方言 *ma-ʔi-kiri。“弯曲”土耳其语 eɣri，维吾尔语 εgri，哈萨克语 ijir，塔塔尔语 kεkri < *qe-giri。

（2）莫图语阿罗玛方言 *ʔima-galu-galu。“弯曲”雅美语 magilo < *ma-gilo。

（3）桑塔利语 *moka。“弯曲”桑塔利语 baka < *baka。佤语艾帅话 vɔk，格木语 vek，布朗语曼俄话 mvuk < *b^{w}ek。罗地语 peko-k，马林厄语 peko，拉巴努伊语 piko < *piko。

（4）塔希提语 *poro-rima。“弯曲”朝鲜语宜川话 kupurətʃita < *guburə-di-。

（5）满文、赫哲语 *maran。“弯曲”保安语 mεrᴏɢ，土族语 muri: < *mero-g。

（6）藏文、嘉戎语 *gru < *g^{w}aru。“弯曲”日语 magaru < *ma-garu。

三 词源关系分析

1. *b^{w}aka（*piku、*b^{w}ok、*moka）

"肘"鲁凯语、排湾语 *piku。"弯曲"佤语马散话 ʔa vɔk、艾帅话 vɔ̰k < *b^{w}ok，桑塔利语 baka < *baka。

"肘"德语 ellbogen、荷兰语 elleboog、英语 elbow、古英语 elnboga、中古荷兰语 ellenboghe、古高地德语 elinbogo < *elina-bogo-n。"卷曲"梵语 bhuga。"钩子"希腊语 magkoyra < *mag-kora。

"肘"古英语的第一个成分 eln- 对应于"前臂、前臂的长度"英语 ell、古英语 eln（参见上文），第二个成分 -boga 指"弯曲"，如古英语 bugan。

2. *g^{w}alu（*gulu、*glu）

汉语 *glu-ʔ（肘）。"肘"贡诺语、塔几亚语 *s-gulu，莫图语阿罗玛方言 *ʔima-galu-galu。"膝盖"莫图语阿罗玛方言 kalukalu，"臂"马京达瑙语 gəlu < *gulu，"手腕"大瓦拉语 g^{w}alu < *g^{w}alu。

希腊语"弯曲的"skolios < *skolo-，"钩子"tsiggeli < *tsi-geli。"手指"梵语 aŋgula < *agula。

3. *g^{w}aru（*gru、*gar、*kar）

"肘"藏文、嘉戎语 *gru。"爪子"印尼语、爪哇语 tʃakar < *ta-kar，"手臂"蒙古语 *gar，"手"杜米语、吉姆达尔语 khar < *gar 等与之有词源关系。

"肘"梵语 kuːrparah < *k^{w}ar-para-。"手"梵语 kara。"手腕"希腊语 carpos < *kar-pos。

4. *k^{w}ut

“手”卡瑙里语（Kanauri）、荷朗库尔语（Hrangkhol）gut < *g^{w}ut，梅梯语 khut，钦本语（Chinbon）ɑ-kwit、马加尔语 hut < *k^{w}ut。

> “肘”西班牙语 codo、法语 coude < *kode，葡萄牙语 cotovelo < *koto-b^{w}elo。

5. *lak-du（*lok-du）

“肘”哈尼语绿春话 *lak-du，博嘎尔珞巴语 *lok-du（手—肘）。

> “肘”波兰语 łokiets，俄语 lokotj < *loketi。

6. *b^{w}are（*b^{w}aru、*b^{w}ere）

“弯曲的”东乡语 wɑiru < *b^{w}aru，西部斐济语 βere < *b^{w}ere。

> “肘”阿尔巴尼亚语 bërryl < *boru-l。

7. *rima（*lima）

“手臂”塔希提语 rima，邵语、塔希提语、拉巴努伊语 rima（手）< *rima。

> “手臂”古波斯语 irmo、梵语 irmah，古英语 earm、古弗里斯语 erm < *irma。
>
> “肩”拉丁语 armus。“肘”亚美尼亚语 armunk < *arm-unuk。

“指甲、爪子”希腊语 onyx、拉丁语 unguis < *ungis。

“指甲”土耳其语 tirnak，维吾尔语 tirnaq，西部裕固语 derŋɑq < *dir-naq（手指—甲）。*-naq 与“手指”如鄂伦春语 ʊɳakaːn，鄂温克语 ʊnaxan < *ʔunaq-an 词根有词源关系。*dir- 如“肘”土耳其语 dirsek < *dir-sek，“手指”印尼语、米南卡保语 *dari。

“指甲”梵语 nakha < *naga。

“指甲、爪子”希腊语 onyx、拉丁语 unguis < *ungis。

“指甲”亚美尼亚语 eʁung < *eg-ung。

“指甲”波兰语 paznokietç < *par-nokit，俄语 nogotj < *nokot。

“脚”古教堂斯拉夫语 noga，“蹄”立陶宛语 naga。

“手指”的词源关系

亚欧语言“手指”的说法与“手”“手臂”“指甲、爪子”“弯曲”“小的”等说法有词源关系。南岛语中“手指”如勒窝语 pras-lima-na 意思是“手的果子”，马绍尔语 arri-lit 意思是“手（臂）的末端”，萨摩亚语 tamaʔi-lima 字面意思“小的—手”。

一 东亚太平洋语言的“手指”

“手指”的说法主要有：

1. *bar-maq / *sa-bar

土耳其语 parmak，维吾尔语 bɑrmɑq，撒拉语 bərmɑχ < *bar-maq。

图瓦语 sɑbɑr < *sa-bar。

2. *qurugu / *ɢurun

蒙古语书面语 quruɣu，蒙古语 xuruː，土族语 xurə，保安语 ɢor < *qurugu。[①]

① 匈牙利语“手指”ujj < *ur，应与蒙古语等有词源关系。

东乡语 ɢurun < *ɢurun。

3. *son-garag / *garigiʔ / *kərikiʔ

朝鲜语 son-skarak < *son-garag（手一指）。

马都拉语 garigiʔ < *garigiʔ。萨萨克语 kəriŋkiʔ < *kərikiʔ。

4. *tum-qun / *maŋa-tumu

满文 simhun，锡伯语 ɕymxun，赫哲语 tɕumkən < *tum-qun。

拉巴努伊语 maŋa-maŋa tumu < *maŋa-tumu。（大拇指）

5. *ʔunaq-an

鄂伦春语 ʊn̥akaːn，鄂温克语 ʊnaxan < *ʔunaq-an。

6. *lubi / *lep-se

日语 jubi < *lubi。鄂罗克语 lepse < *lep-se。

7. *kola-pale / *ma-bele

达阿语 koja ^{m}pale < *kola-pale。

毛利语 māpere（中指）< *ma-bele。

8. *kekol / *mi-ʔuŋula / *kəl-gul

沙外语 kɛkol-o < *kekol。

马加尔语 mi-ɯŋɯla < *mi-ʔuŋula。

克木语 tɕəl gul < *kəl-gul。

9. *dari / *daliri / *turiŋ

印尼语、米南卡保语 dʒari < *dari。

他加洛语 dalириʔ < *daliri。

泰雅语 turiŋ < *turiŋ。

10. *tuludiŋ / *talulot

赛德克语 tuludiŋ < *tuludiŋ。

查莫罗语 tʃalulot < *talulot。

11. *maŋa-maŋa-lima / *maŋa-maŋa

夏威夷语 mănămănălimă < *maŋa-maŋa-lima。

拉巴努伊语 maŋa-maŋa < *maŋa-maŋa。

12. *ʔaki / *ko-ʔiti

马绍尔语 akki < *ʔaki。

毛利语 koiti（小指）< *ko-ʔiti。

13. *kəri-kəri / *koro-ʔa / *ta-gri

锡加语 kikir < *kəri-kəri。

毛利语 koroa（食指）< *koro-ʔa。

桑塔利语 tʃaŋgɽi（复数）< *ta-gri。

14. *set

波那佩语 sent < *set。（手指、脚趾）

15. *kir-ʔ

汉语 *kjirʔ（指）< *kir-ʔ。

16. *m-bluk

藏文 mdzub mo，藏语阿历克话 mdzuk ɣə < *m-bluk-。

17. *snu

阿昌语 -n̥au^{31}，怒苏怒语 -n̥ɯ^{55} < *snu。

德昂语茶叶箐话 si nu^{51}。

18. *ʔda

苗语养蒿话 ta^{3}，苗语大南山话 nti^{3} < *ʔda。

19. *ʔdut

勉语江底话 du^{7}，勉语三江话 tɔ^{7} < *ʔdut。

20. *lak-mla / *lek-mu

壮语武鸣话 lɯk^{7}fɯŋ^{2}，侗语 lak^{7}mja^{2} < *luk-blu / *lak-mla。

德宏傣语 leu^{4}mɯ^{2} < *lek-mu（指一手）。

21. *golaŋ

黎语通什话 go^{6}ɬiaŋ^{2} < *golaŋ。

22. *nur

德昂语南虎话 ka nur < *nur。

23. *ka-tip / *ma-tipaʔo

桑塔利语 kʌʈiph < *ka-tip。

毛利语 matihao < *ma-tipaʔo。

24. *ʔeŋ

莽语 ʔɛŋ^{35} < *ʔeŋ。（手、手指）

25. *m-rim

柬埔寨文 mriːəm < *m-rim。

26. *kuti

尼科巴语 kunti < *kuti。

◇ 二 “手指”的词源对应关系

1. “手指”“手”的词源关系

有的语言“手、指”一词，如莽语 ʔɛŋ[35]。一些语言“手指”和“手”的说法交叉对应：

（1）日语 *lubi。“手”鲁凯语、雅美语、巴厘语 *lima。

（2）阿昌语、怒苏怒语 *snu。“手”汉语 *snuʔ，中古朝鲜语 son < *sonu。

（3）波那佩语 *set。“手”桑塔利语、布兴语 ti，京语 tai[1] < *ti。日语 te < *te。

（4）印尼语、米南卡保语 *dari。“手”布吉斯语 dʒari < *dari。

（5）克木语 *kəl-gul。“手”昌巴拉胡里语 guɽ，卡那西语（Kanashi）guɖ < *gul。

2. “手指”和“爪子”

（1）阿昌语、怒苏怒语 *snu。“爪子”载瓦语 san[21] < *san。

（2）沙外语 kɛkol-o < *kekol “爪子”赛夏语 kaklokœh，鲁凯语 kaluka < *kaklo-kol / *kaluka。缅文 khre[2] < *kri。汉语 *skruʔ（爪）。柬埔寨文 krənauɯ < *krə-nu。

（3）日语 *lubi。“爪子”壮语龙州话 lip[8′]，毛南语 dip[7] < *lip / *ʔdip。

（4）印尼语、米南卡保语 *dari。"爪子"撒拉语 dʐuɑdʐɑr < *dur-dar。西部裕固语 dɑrmɑq < *dar-maq。鄂温克语 bəldir < *bəl-dir。

（5）勉语 *ʔdut。"爪子"沙外语 dʒedʒum-o < *dedum。

（6）图瓦语 sɑbɑr < *sa-bar。"爪子"蒙古语 salbar < *sal-bar。

3. "手指"和"指甲"

（1）印尼语、米南卡保语 *dari。"指甲"土耳其语 tirnak，维吾尔语 tirnaq，西部裕固语 derŋɑq < *dir-naq（手指—甲）。图瓦语 derkak < *der-kak（手指—爪）。

（2）阿昌语、怒苏怒语 *snu。"指甲"藏文 sen，缅文 sɑȵ^{3} < *sen。

（3）尼科巴语 kunti < *kuti。"指甲"满文 hitahun，锡伯语 kœtχun < *kita-qun。

（4）鄂伦春语、鄂温克语 *ʔunaq-an。"指甲"卡那卡那富语 ʔanuka，沙阿鲁阿语 ʔaluku < *ʔanuku。布吉斯语、贡诺语 kanuku < *kanuku。

（5）日语 *lubi。"指甲"壮语 kjip^{7}，临高语 lip^{8}，毛南语 dip^{7}，黎语通什话 tsɯ^{2} liːp^{7} < *klip。

4. "手指""膝盖"和"弯曲"

古东亚语"弯曲"代指"手指""膝盖"。"弯曲"或指"角落"的内弯。

（1）印尼语、米南卡保语 *dari。"膝盖"土耳其语、维吾尔语、西部裕固语 *dir，塔希提语、夏威夷语、毛利语 *turi，泰雅语 *tari。"角落"巽他语 dʒuru、马达加斯加语 zuru < *duru。

（2）马都拉语 *garigiʔ，毛利语 *koro-ʔa。"膝盖"黎语 go^{6}rou^{4} < *goru。"角落"劳语 ŋorona < *goro-na。"弯曲"土耳其语 eɣri，维吾尔语 ɛgri，哈萨克语 ijir，塔塔尔语 kɛkri < *qe-giri。

（3）勉语 *ʔdut，"膝盖"萨萨克语 kəkətut < *kətut。"角落"戈龙塔洛

语 tutu < *tutu，印尼语 sudut < *su-dut。

（4）桑塔利语 *ka-tip，“膝盖”窝里沃语 toputu。“角落”西部斐济语 doβi < *dopi。

（5）沙外语 *kekol。“弯曲的”雅美语 magilo < *ma-gilo，菲拉梅勒语 kole < *kole。

5.“手指”和“抓”

（1）印尼语、米南卡保语 *dari。“爪子”藏文 sder，道孚语 zder < *s-der。“抓”锡加语 tor < *tor。“用爪子抓”桑塔利语 gʌdur < *ga-dur。

（2）日语 *lubi。“抓”坦纳语 arppərəp-o < *ʔarəp。侗语 sap⁷′，西双版纳傣语 jap⁷ < *ʔrap。汉语 *rap（猎）。

（3）锡加语 kikir < *kəri-kəri。“抓”马林厄语（Maringe）takuri < *ta-kuri。

（4）图瓦语 sɑbɑr < *sa-bar。“抓”蒙古语布里亚特方言 bɑri-，达斡尔语 bɑri- < *bari。

三　词源关系分析

1. *gari（*kəri、*gar）

“手指”锡加语 *kəri-kəri。“手”杜米语（Dumi）、吉姆达尔语（Jimdar, Rai）khar < *gar。

“手”梵语 kara < *kara。“爪子”西班牙语、葡萄牙语 garra。

“拿”阿伊努语 kor < *kor。帕玛语 guri < *guri，瓜依沃语 ŋari-a < *gari-ʔa。

“拿”和阗塞语 gir- < *gir。

2. *dari

“手指”印尼语、米南卡保语 *dari。

“手”阿尔巴尼亚语 dorë < *doro。“手指”梵语 tardʒaniː < *tar-gani。

3. *pikuru

“爪子”勒窝语 piŋkuru ne na < *pikuru-ne。“食指”毛利语 koroa < *koro-ʔa。

“手指”古英语 fingor、古撒克逊语 fingar、哥特语 figgrs < *pigar。

“小指”荷兰语 pinkje。

4. *garag（*ɢorgi、*grak、*s-krok）

“手指”朝鲜语 son-skarak < *son-garag（手—指）。“弯曲的”东部裕固语 *ɢorgi。汉语 *grak（获），*s-krok（捉）。

“爪子”古高地德语 clawa、中古荷兰语 clauw < *klag^w。

“钩子、角落”古挪威语 krokr，“钩状工具”古高地德语 kracho < *krako。

5. *doga

“爪子”吉利威拉语 doga < *doga。

“手指”拉丁语 digitus < *digi-。

6. *dut

“手指”勉语 *ʔdut。“抓”维吾尔语 tut-、图瓦语 dut- < *dut。

“手指”意大利语 dito、西班牙语、葡萄牙语 dedo。

“指甲、爪子”阿尔巴尼亚语 thua < *dua。

“手指”格鲁吉亚语 titi。

7. *tumu（*tum）

“手指”满通古斯语 *tum-qun。“拇指”拉巴努伊语 *maŋa-tumu。“小的”蒙达语、桑塔利语 ʈum < *tum。

> “拇指”古英语 þuma、高地德语、古弗里斯语 thumo < *tumo。

8. *gula（*ŋula、*gul）

“手指”马加尔语 mi-ɯŋɯla < *mi-ʔuŋula。克木语 tɕəl gul < *kəl-gul。

> “手指”乌尔都语 ungali < *un-gali。
>
> “小骨”丹麦语 knokkel。“关节、手指关节”古英语 knokel < *kno-kel。

古英语 *kno-“弯曲的”。如“膝盖”古英语 cneo、赫梯语 genu、梵语 dʒanu、希腊语 gony < *geno。*-kel 指“手指、手”。

9. *b^{w}elaki（*bluk、*belak、*pulegi、*ʔilogi）

藏语 *m-bluk。“手臂”维吾尔语、哈萨克语 *belak。“爪子”托莱语 pulegi- < *pulegi，布鲁语 elogi < *ʔilogi。

> “手指、脚趾、爪子”波兰语、俄语 palets < *polek。
>
> “拿”波兰语（名词）polow < *polog^{w}。“拿”俄语（动词）polutɕitj < *polukit。
>
> 波兰语“手臂”porętʃ < *porek，“拿”（动词）bratʃ < *brak，（名词）portʃja < *pork。

“指甲”格鲁吉亚语 prtʃxili < *prk-qi-（指甲—手）。

10. *gesu（*kus）

“爪子”马林厄语 geɣesu < *gegesu。布农语 kuskus < *kus-kus。

> “手指”阿尔巴尼亚语 giʃt < *gis-t。（*-t 古复数后缀）
>
> “手指”粟特语 anguʃt < *an-gust。

"手"和阗塞语 ggoʃtä < *gosto。
"手"阿维斯陀经 zasta-，古波斯语、和阗塞语 dasta-，粟特语 δost- < *g^was-ta。

11. *dab^we（*daba、*dub）

"手指"藏文 mdzub < *m-dub。"抓"锡伯语 dʒavə-，鄂伦春语 dʒawa- < *dab^wa。朝鲜语 tʃapta < *dab-。莫图语 daba-ia < *daba。"抓住"那大语 dave < *dab^we。

"抓住、得到"波兰语 dopaʃtʃ < *dopas-。"抓住、拍打"俄语 udapitj < *udapi-。

12. *sidi（*set）

"手指、脚趾"波那佩语 sent < *set。"手"克伦语格科方言（Geko）sidɛi < *sidi。

"手臂"乌尔都语 asteːn < *aste-。
"拇指"和阗塞语 aʃʈi < *asti。

"手指"爱沙尼亚语 osuti。

"骨头、指骨"波兰语 ostʃ，"骨"俄语 kostj < *qosti。
"骨"希腊语 osteon < *osto-，和阗塞语 āstaa- < *asta。

“指甲”的词源关系

亚欧语言“指甲”的说法可能与“手指、爪子”“抓、挠”等的说法有词源关系。有的语言称“指甲”为“手的贝壳”，如嫩戈内语 newanin < *nema-nin（贝壳—手）。

一　东亚太平洋语言的“指甲”

“指甲”的说法主要有：

1. *dir-naq / *ʔanuku / *kanuku / *t-nugu

土耳其语 tirnak，维吾尔语 tirnaq，西部裕固语 derŋɑq < *dir-naq（手指—甲）。

卡那卡那富语 ʔanuka，沙阿鲁阿语 ʔaluku < *ʔanuku。

布吉斯语、贡诺语 kanuku < *kanuku。布拉安语 tnugu < *t-nugu。

2. *qimuti

蒙古语书面语 qɪmusu，土族语 tɕimusə，达斡尔语 kimtʃi < *qimuti。

3. *der-kak

图瓦语 derkak < *der-kak。

4. *kita-qun / *ʔusi-kta

满文 hitahun，锡伯语 kœtχun < *kita-qun。

赫哲语 oçaχtə，鄂伦春语 ʊʃikta，鄂温克语 ʊʃitta < *ʔusi-kta。

5. *son-sdobi / *dubi-time / *ʔdip / *dip

中古朝鲜语 sonstop，洪城话 sonthupi < *son-sdobi。

日语 jubi-no-tsɿme < *dubi-time（指甲—爪）。

毛南语 dip^{7} < *ʔdip。

布朗语胖品话 $dʒhip^{55}$ < *dip。（指甲、爪子）

6. *kanu-ʔus / *kus / *papa-kes

阿美语 kanuuʃ < *kanu-ʔus。鲁凯语 kuskus < *kus。

查莫罗语 papakes（复数）< *papa-kes。

7. *kuku / *ma-tikuku / *ma-ʔikuku

印尼语、爪哇语 kuku，沙玛语 kukku < *kuku。

夏威夷语 mikiao，毛利语 matikuku < *ma-tikuku。

拉巴努伊语、毛利语 maikuku，塔希提语 maiʔuʔu < *ma-ʔikuku。（指甲，爪子）

8. *kamil

泰雅语 kamil < *kamil。（搔、指甲）

9. *ʔasa

马那姆语 ʔasa < *ʔasa。（指甲、爪子）

10. *napəs / *kanupa / *ʔnap

夸梅拉语 nəpəspəs < *napəs。（指甲、爪子）

乌玛语 kunupa < *kanupa。（指甲、爪子）

侗语 n̥əp^{7} < *ʔnap。

11. *lulog

查莫罗语（单数）lulog < *lulog。

12. *buku

马京达瑙语 vuku < *buku。

13. *ʔaki / *ski

马绍尔语 akki < *ʔaki。卑南语 ski < *ski。

14. *krap

汉语 *krap（甲，本指“鳞”转指“指甲”）。

15. *sen

藏文 sen，缅文 san̥^{3} < *sen。

16. *la-gin

他杭语 jaː-tʃhin，博嘎尔珞巴语 lu gin < *la-gin。

17. *l-gru

嘉戎语 ndzru，道孚语 ldzə < *l-gru。

18. *la-so

哈尼语绿春话 $la^{31}sɔ^{31}$，基诺语 $la^{55}sɤ^{44}$ < *la-so。

19. *gulip / *klip / *kalupa

黎语通什话 $tsɯ^{2}$ $liːp^{7}$ < *gulip。壮语 $kjip^{7}$，临高语 lip^{8} < *klip。

达阿语 kalupa < *kalupa。（指甲、爪子）

20. *mi-ti / *ʔmoŋ-ti

巴琉语 $maːi^{13}ti^{55}$ < *mi-ti。京语 $mɔŋ^{5}tai^{1}$ < *ʔmoŋ-ti。

21. *sar

蒙达语 sār-sār < *sar。

22. *rama

桑塔利语 rama < *rama。（指甲、爪子）

23. *kin-sol

尼科巴语 kinsɔl < *kin-sol。

二　词源对应关系

1. “指甲”“手指”

（1）嘉戎语、道孚语 *l-gru。“手指”蒙古语 xuruː，土族语 xurə，保安语 ɢor < *ɢuru。

（2）藏文、缅文 *sen。“手指”德昂语茶叶箐话 si nu^{51}。

（3）卡那卡那富语、沙阿鲁阿语 *ʔanuku。“手指”鄂伦春语 ʊɳakaːn，

鄂温克语 ʊnaxan < *ʔunaq-an。

（4）印尼语、爪哇语、沙玛语 *kuku。“手指”托莱语 kəkə-na-lima。

2. “指甲”和“爪”

一些语言“指甲、爪”同，如拉巴努伊语 maikuku、塔希提语 maiʔuʔu、马那姆语 ʔasa、夸梅拉语 nəpəspəs、达阿语 kalupa、乌玛语 kunupa、布朗语胖品话 dʒhip[55]、桑塔利语 rama、壮语龙州话 lip[8']、毛南语 dip[7] 等。有交叉对应关系的如：

（1）嘉戎语、道孚语 *l-gru。汉语 *skruʔ（爪）。

（2）尼科巴语 *kin-sol。“爪子”蒙古语 salbar，图瓦语 sobar < *sal-bar。

（3）蒙达语 *sar。“爪子”鄂伦春语 ʃarbaktan < *sar-bak-tan。

（4）印尼语、爪哇语、沙玛语 *kuku。“爪子”巴拉望语、摩尔波格语 kuku < *kuku。

（5）鲁凯语 *kus。“爪子”布农语 kuskus < *kus-kus。查莫罗语 papakes < *papa-kes。

3. “指甲”和“抓”

一些语言“指甲、抓”为同词根，如：

（1）鲁凯语 kuskus < *kus，夸梅拉语 *nap-ʔus。“抓、捉”哈萨克语 ustɑ- < *ʔus-tɑ。满文 uʃa-，鄂温克语 uʃɪ-（搔）< *ʔusa / *ʔusi。“获得”坦纳语 os < *ʔus。

（2）尼科巴语 *kin-sol。“抓”达密语 sela，他加洛语 salo < *salo。

（3）汉语 *krap（甲）。“抓”载瓦语 tʃup[55]、阿昌语 tʂhɔp[55] < *krop。德昂语南虎话 grăp、克木语 grɤ̆p < *grəp。侗语 sap[7']，西双版纳傣语 jap[7] < *ʔrap。汉语 *rap（猎）。“拿”尼科巴语 rap < *rap。

（4）嘉戎语、道孚语 *l-gru。“抓”木雅语 khʂə < *krə。汉语 *skroʔ

（取）< *s-kro-ʔ。

（5）蒙达语 *sar。"用爪抓"桑塔利语 gasar < *ga-sar。

三 词源关系分析

1. *nuku（*ʔanuku、*naq）

"指甲"突厥语 *dir-naq（手—指甲）。*-naq 与"手指"鄂伦春语 ʊɳakaːn，鄂温克语 ʊnaxan < *ʔunaq-an 的词根有词源关系。*dir- 如"肘"土耳其语 dirsek < *dir-sek，"手指"印尼语、米南卡保语 *dari。

"指甲"梵语 nakha < *naga。乌尔都语 nakhun < *nagu-。 "指甲、爪子"希腊语 onyx、拉丁语 unguis < *ungis。 "指甲"亚美尼亚语 eʁung < *eg-ung。 "指甲"波兰语 paznokietɕ < *par-nokit，俄语 nogotj < *nokot。 "脚"古教堂斯拉夫语 noga，"蹄"立陶宛语 naga。

2. *kilip（*gulip、*klip、*kalupa）

"指甲、爪子"黎语通什话 *gulip，壮语、临高语 *klip，达阿语 kalupa。

"刮、擦"古挪威语 skrapa、丹麦语 schrapen，"擦"英语 scrub。

3. $*g^{w}alo$（*gal）

"爪"维吾尔语 tʃaŋgal，哈萨克语 ʃaŋgel < *ta-gal。"手指"克木语 tɕəl gul < *kəl-gul。

"指甲"古英语 nægl、古挪威语 nagl、古弗里斯语 neil < *nagl。 "蹄、爪子"拉丁语 ungula。"踝"英语 ankle、古挪威语 ökkla、古弗里斯语 ankel。"手指"梵语 aŋgula < *agula。

4. *kuku（*tikuku、*ʔikuku、*kok）

“指甲”印尼语、爪哇语、沙玛语 *kuku，夏威夷语 、毛利语 *ma-tikuku，拉巴努伊语、塔希提语 *ma-ʔikuku，“爪子”巴拉望语、摩尔波格语 kuku，“脚”黎语 khok^{7} < *kok 等有词源关系。

“指甲”亚美尼亚语 eʁung < *eg-ung。

“指甲”芬兰语 kynsi < *kun-。

5. *dut

“手指”勉语江底话 du^{7}，三江话 tɔ^{7} < *ʔdut。“抓”维吾尔语 tut-、图瓦语 dut- < *dut。

“手指”意大利语 dito、西班牙语、葡萄牙语 dedo。 “指甲、爪子”阿尔巴尼亚语 thua < *dua。

“屁股”的词源关系

亚欧语言“屁股”的说法多与“大腿”的说法有词源关系，或跟“腰”“背”等说法有词源关系。

◇ 一 东亚太平洋语言的“屁股”

“屁股”主要有以下说法：

1. *sa-gʷora / *gogər / *boɢor

维吾尔语 saʁra，哈萨克语 sawər，图瓦语 saːr < *sa-gʷora。

西部裕固语 ɢoŋɢər，东部裕固语 ɢoŋɢor < *gogər。

保安语 boɢor < *boɢor。

2. *kalta

土耳其语 kaltʃa < *kalta。

3. *dan-bal / *ʔəŋ-dəŋi

塔塔尔语 dʒambaʃ，图瓦语 dʒaŋbaʃ < *dan-bal。

朝鲜语 əŋtəŋji < *ʔəŋ-dəŋi。

4. *ʔodoq / *duke

撒拉语 ondoχ < *ʔodoq。

桑塔利语 ḍuke < *duke。

5. *bogse

蒙古语 bɵgs，东部裕固语 bəgse < *bogse。

6. *ʔura

满文 ura，赫哲语 ora < *ʔura。

7. *patəq / *pute

锡伯语 fatʂk < *patəq。

巴琉语 pau^{53}te^{55} < *pute。

8. *ʔaŋar

鄂伦春语 aŋar < *ʔaŋar。

9. *siri

日语 çiri < *siri（尻）。

10. *borgi / *burs

朝鲜语 porki < *borgi。

达斡尔语 burs < *burs。

11. *pigul / *pokul / *pege / *bigi / *pigiʔ

印尼语 piŋgul，米南卡保语 paŋguᵊ < *pigul。

巴拉望语 fɔŋkul < *pokul。

南密语 p^{w}ege-n < *pege。

达阿语 $bi^{ŋ}gi$，沙玛语 pigiʔ < *bigi / *pigiʔ。

12. *dəkel / *tokel

鲁凯语 dəkəl < *dəkel。

柬埔寨文 tʃɔŋkeh < *tokel。

13. *sali / *silo / *sula-ʔi

马那姆语 sali-，嫩戈内语 sio < *sali / *silo。

赛德克语 sulai < *sula-ʔi。

14. *noko / *nago

汤加语 noko，萨摩亚语 noʔo < *noko。

查莫罗语 ɳaŋgo < *nago。

15. *lomo

查莫罗语 lomo < *lomo。

16. *pimu

毛利语 himu < *pimu。

17. *r-kup / *s-kop / *kapi

藏文 rkub，嘉戎语 tɑ sop < *r-kup / *s-kop。

沃勒阿依语 xapi < *kapi。

18. *kri-doŋ / *kre

怒苏怒语 $khɹi^{55}doŋ^{55}$，阿昌语 $tɕhi^{31}tuŋ^{31}$ < *kri-doŋ。

佤语马散话 krɛ < *kre。

19. *laŋʔ

壮语 haːŋ^{4} < *laŋʔ。

20. *ta-graŋ

雅美语 tagraŋ < *ta-graŋ。

21. *ʔdit / *toto / *tade / *toti / *qududu

京语 dit^{7} < *ʔdit。

土耳其语（俚语）toto < *toto。

查莫罗语 tʃade < *tade。爪哇语 tʃət̪iʔ < *toti。

排湾语 qudʑudʑu < *qududu。

22. *si-boŋ

德昂语硝厂沟话 si poŋ，茶叶箐话 si bɔŋ^{31} < *si-boŋ。

23. *trə-kik

柬埔寨文 trəkiːək < *trə-kik。

24. *klar

布兴语 klel，布朗语胖品话 khliar < *klar。

25. *ladi / *loto

蒙达语 land̪i < *ladi。

西部斐济语 -loto < *loto。

◇ 二 "屁股"的词源对应关系

1. "屁股""大腿"的词源关系

(1) 突厥语 *sa-gəra，"大腿"蒙古语 gujɑ，达斡尔语 guɑji < *gura。东乡语 ʂɯɢɑrɑ < *su-gara。

(2) 巴琉语 *pute，"大腿"维吾尔语 put，哈萨克语 but < *put。

(3) 京语 *ʔdit。"大腿"维吾尔语 jota，柯尔克孜语 dʒoto，乌孜别克语 jotɛ < *dote。

(4) 满文、赫哲语 *ʔura。"大腿"柬埔寨文 ʔuːru < *ʔuru。

(5) 德昂语 *si-boŋ。"大腿"缅文 $pəŋ^{2}$ < *poŋ，巽他语 piŋpiŋ < *piŋ。"肚子"京语 $buŋ^{6}$ < *buŋ。

(6) 藏文 rkub < *r-kup。"大腿"波那佩语 kepe < *kepe，布鲁语 keba-n < *keba。

(7) 查莫罗语 *nago，"大腿"马那姆语 noga。

(8) 蒙达语 *ladi，"大腿"土族语 lɑndʑi < *ladi。

2. "屁股""腰"的词源关系

(1) 佤语马散话 *kre。"腰"缅文 kha^{3}，错那门巴语 $khren^{53}$ < *kre-n。吉尔伯特语 te korea < *kore-ʔa。

(2) 蒙达语 *ladi。"腰"壮语武鸣话、布依语 $ɣuːt^{7}$ < *ʔlət。劳语 litana < *lita-na。"肚子"蒙达语 ladh，桑塔利语 latʃ < *lad。"小腿"博嘎尔珞巴语 lɯ tɯ < *lutu。

(3) 查莫罗语 *tade，"腰"桑塔利语 ɖaɳɖa < *dada。

(4) 藏文 rkub < *r-kup，"腰"达阿语 kope。

(5) 马那姆语 *sali，"腰"窝里沃语 sele。

3.“屁股”“背”的词源关系

（1）满文、赫哲语 *ʔura。“背”蒙古语 ʉr < *ʔuru。

（2）裕固语 *gogər，“背”爪哇语 geger < *geger。

（3）查莫罗语 *lomo。“背”塔金语 laŋku，博嘎尔珞巴语 lam ko < *lam-ko。

（4）撒拉语 *ʔodoq。“背”罗地语 dea，汤加语、塔希提语 tua < *deʔa / *tuʔa。

三 词源关系分析

1. *kope（*kup、*kepe）

“屁股”藏文 *r-kup。

“大腿”波那佩语 *kepe、布鲁语 *keba，“腰”达阿语 kope。

“屁股”古英语 hype、哥特语 hups、荷兰语 heup < *kupe。
“大腿”阿尔巴尼亚语 kofʃë < *kopso。“背”威尔士语 cefn < *kep-。

2. *boki（*bik、*bok、*buk、*pok）

“屁股”木鲁特语 abik < *ʔabik。

汉语“腹”*puk。“肚子”缅文 bok，嘉戎语 tə pok，那加语奥方言 tepok < *pok。

“男根”邹语 boki < *boki。

“屁股”希腊语 pyge < *pige。“肚子”瑞典语 buk、丹麦语 bug、荷兰语 buik。

“身体”巴厘语、萨萨克语 awak < *ʔabok。

3. *duri（*doru、*dor）

“屁股”窝里沃语 duria < *duri-ʔa。

“背”莫图语 *doru，“身体”加龙语 ador < *ʔa-dor。

“屁股”西班牙语 cadera < *kadera。“背”意大利语 dorso、法语 dor。“屁股”俄语 bedro，波兰语 biodro < *bedro。亚美尼亚语 azdr < *al-dr。

4. *ʔura（*ʔuru）

“屁股”满文、赫哲语 *ʔura。“背”蒙古语 *ʔuru，“大腿”柬埔寨文 *ʔuru。

“大腿”梵语 uːruḥ < *uru-。乌尔都语 raːn < *ran。

“大腿”和阗塞语 hurā < *qura。

“屁股”粟特语 ʃūn，阿维斯陀经 sraoni < *quro-。

5. *duka（*duke、*doq、*dak、*tuk、*dok）

“屁股”桑塔利语 *duke，撒拉语 *ʔodoq。

“肚子”格曼僜语 dǎk^{53} < *dak，浪速语 vẽ^{35}tuk^{31} < *b^{w}e-tuk，卡那卡那富语 vʉtsʉkʉ < *bu-tuk，桑塔利语 dodʒok < *dodok，马加尔语 tuk < *tuk。

“大腿”古英语 þeh、古弗里斯语 thiach、荷兰语 dij < *tik。

6. *noga（*nago、*naka）

“屁股”汤加语、萨摩亚语 *noko，查莫罗语 *nago。

“大腿”马那姆语 noga。“中间”日语 naka < *naka。

“屁股”意大利语 anca < *anka。“屁股、底子”波兰语 miednits < *med-nik。

7. *b^{w}alaka（*balaka、*blok）

“屁股”他加洛语 balakaŋ < *balaka-ŋ。“肚子”佤语马散话 blok < *blok。

“屁股”阿尔巴尼亚语 mollakye < *molake。

8. *bute（*but、*pute、*butə、*put）

“屁股”巴琉语 *pute。巴拉望语 ambut，卡加延语 labbut < *ʔa-but / *la-but。

“大腿”彝语武定话 $bv^{11}tɤ^{33}$ < *butə。维吾尔语 put，哈萨克语 but < *put。

“屁股”亚美尼亚语 bud < *bud。

汉语 *bat（跋，步行）。“跑”尼科巴语 veuːtø < *buto。

“脚”英语 foot、法语 pied、意大利语 piede、亚美尼亚语 fut、希腊语 podi。

“脚跟”拉丁语 pēs、pedis（所有格），哥特语 fōtus，梵语 pad- < *padi。

“走”希腊语 badizo < *badi-。

“膝盖”的词源关系

亚欧语言“膝盖”的说法可能与“腿”“肘”等的说法有词源关系，或派生为动词“跪”。

一　东亚太平洋语言的“膝盖”

“膝盖”主要有以下说法：

1. *dir / *turi / *turus

土耳其语 diz，维吾尔语 tiz，西部裕固语 dəz < *dir。

塔希提语 turi，夏威夷语 kuli，毛利语 turi，莫图语 tui-na，汤加语 tui < *turi。

阿美语 turuʃ < *turus。

2. *dis-gek

图瓦语 disgɛk < *dis-gek。

3. *ʔeb-dəg / *be-ʔa

蒙古语 əbdəg，保安语 ɛbdəg，东部裕固语 wəbdəg < *ʔeb-dəg。

阿杰语 bēā < *be-ʔa。

4. *qa-reŋe

赫哲语 χarəŋə < *qa-reŋe。

5. *bətk-buqu

锡伯语 bətk buxw < *bətk-buqu。

6. *muru-pak

朝鲜语 murɯphak < *muru-pak。

7. *pila / *nu-b^{w}ələ

日语 hidza < *pila。

坦纳语 nuβələ-n < *nu-b^{w}ələ。

8. *sikrok

爱斯基摩语 sirkrok < *sikrok。

9. *tari

泰雅语赛考利克方言 tari，泽敖利方言 tariʔ < *tari。

10. *ʔatud / *kətut

木鲁特语 atud，巴厘语 əntud，< *ʔatud。

萨萨克语 kəkətut < *kətut。

11. *goru / *gru / *tob-gira

瓜依沃语 goru，夸梅拉语（Kwamera）nu-kuru- < *goru。

黎语 go^{6}rou^{4} < *goru。

苗语养蒿话 tɕu^{6}，苗语野鸡坡话 ʑu^{6} < *gru。

满文 tobgija < *tob-gira。（膝盖骨）

12. *galu

莫图语阿罗玛方言 kalukalu < *galu。

13. *ʔibor

达密语 ibor < *ʔibor。

14. *tuŋal / *ŋal

排湾语 tsuŋal < *tuŋal。

布兴语 ma ŋal < *ŋal。

15. *ʔalob

巴拉望语 alɔb < *ʔalob。

16. *tomo

查莫罗语 tomo < *tomo。（膝盖、肘）

17. *lus / *kluʔ-los / *ʔlo-klus

布昂语 lus < *lus。

壮语 kjau^{3}ho^{5} < *kluʔ-los。傣语 ho^{1}xau^{5}，龙州话 hu^{1}khau^{5} < *ʔlo-klus。

18. *ʔatul / *dili

鲁凯语 ʔatsuɭ < *ʔatul。科木希语 ɟili-n < *dili。

19. *skrit

汉语 *skrit（膝，卪）。

20. *pus / *la-but / *tu-putu / *po-put

藏文 pus，他杭语 pui < *pus。景颇语 lă^{31}phut^{31} < *la-but。

窝里沃语 tuputu，卡乌龙语 poβut < *tu-putu / *po-put。

21. *m-ŋa / *r-ŋə / *siŋi

嘉戎语 tə mŋa，道孚语 rŋə < *m-ŋa / *r-ŋə。

却域语 ʂŋi < *siŋi。

22. *bu-kotu / *kotuʔ / *tu-qut / *guti

达阿语 vukotu，乌玛语 kotuʔ < *bu-kotu / *kotuʔ。

亚齐语 tɯʔot，他加洛语 tūhod < *tu-qut。

桑塔利语 gunʈhi < *guti。

23. *gukos

仫佬语 ku^{6}ko^{5} < *gukos。

24. *duʔ / *du

雅贝姆语 a-duʔ（他/她的膝盖）< *duʔ。

缅文 du^{3}，阿昌语 du^{55} < *du。

25. *nun

克木语 kə nun < *nun。

26. *kiŋ-koŋ

户语 kiŋ^{33} koŋ^{31} < *kiŋ-koŋ。

27. *mur-graŋ / *groŋ

佤语阿佤方言 mɯh griaŋ < *mur-graŋ。
佤语马散话 griɔŋ，布朗语茶叶箐话 gjɔŋ^{51} < *groŋ。

◇ 二 “膝盖”的词源对应关系

1. “肘”和“膝”

一些语言“肘、膝”一词，如查莫罗语 tomo < *tomo，大瓦拉语 itutu-na。

“膝”东部斐济语 duru，西部斐济语 tʃuru；“肘”东部斐济语 duruduru-ni-liŋa，西部斐济语 tʃuru-ni-lima。一些语言“膝”“肘”的说法交叉对应：

（1）毛南语、仫佬语、黎语保定话 *gru。“肘”藏文 gru，嘉戎语 tə kru < *gru。

（2）突厥语 *dir。“肘”拉巴努伊语 turi rima，东部斐济语 duruduru-ni-liŋa < *turi-rima / *duru-liŋa。

（3）莫图语 tui-na，汤加语 tui。“肘”莫图语 diu-na < *diʔu。

（4）缅文、阿昌语 *du。“肘”哈尼语绿春话 la^{31} du^{33} < *lak-du，博嘎尔珞巴语 lok du < *lok-du（手—膝盖）。

（5）马绍尔语、波那佩语 *p^{w}uki。“肘”鲁凯语 poko，排湾语 piku < *piku。

（6）印尼语 lutut。“肘”查莫罗语 tʃodo < *todo，大瓦拉语 itutu-na < *ʔitutu。

（7）赫哲语 *qa-reŋe。“肘”沙外语 rekruk-o，布昂语 rəku < *reku。

2.“膝”和“弯曲的”

（1）满文 *tob-gira。“弯曲”土耳其语 eɣri，维吾尔语 ɛgri，哈萨克语 ijir，塔塔尔语 kɛkri < *qe-giri。日语 magaru < *ma-garu。

（2）莫图语阿罗玛方言 *galu，“弯曲”雅美语 magilo < *ma-gilo。

（3）达密语 *ʔibor。“弯曲”朝鲜语宜川话 kupurətʃita < *guburə-di-。

（4）南密语 gan-ɟili-n < *gan-，“弯曲”克木语 ŋen < *ŋen。

3.“膝”和“腿”“屁股”

（1）萨萨克语 *kətut。“大腿”维吾尔语 jota，柯尔克孜语 dʒoto，乌孜别克语 jotɛ < *dote。“屁股”京语 dit^{7} < *ʔdit。

（2）满文 *tob-gira。“大腿”东乡语 ʂɯɢɑrɑ < *su-gara。蒙古语 gujɑ，达斡尔语 guɑji < *gura。

（3）藏文 *put-s。“大腿”日语 futomomo < *puto-momo。维吾尔语 put，哈萨克语 but < *put。罗维阿纳语 punpuda < *put-puda。

（4）日语 *pila。“大腿”藏文 brla，却域语 bla，格曼僜语 plɑ^{55}（脚）< *r-bla。“屁股”罗地语 peli-k < *peli。

（5）泰雅语 *tari。“大腿”朝鲜语 tari < *dari，赫哲语 bəgdələ < *bəgo-tələ。

（6）嘉戎语 *m-ŋa，“小腿”塔几亚语 ŋe-n < *ŋe。

（7）巴拉望语 *ʔalob，“小腿”武定彝语 rɒ^{33}be^{33} < *rabe。

（8）佤语马散话、布朗语茶叶箐话 *groŋ。“脚”藏文、拉达克语 rkaŋ，他杭语 kaŋ，达让僜语 gɹoŋ^{53}。

4.“膝”和“跪”

一些语言“跪”和“膝盖”有简单派生关系，如印尼语“跪”ber-lututˎ“膝盖”lutut，查莫罗语“跪”dimo、“膝盖”tomo，排湾语“跪”ts-əm-uŋaɭ < *tuŋal、“膝盖”*tuŋal。有的语言“跪”的字面意思是“膝盖—跪”，一些语言有交叉对应关系。如：

（1）突厥语 *dir。“跪”土耳其语 diz tʃøk- < *dir-tok，字面意思是“膝盖—跪”。

（2）蒙古语族语言 *ʔeb-dəg。“跪”维吾尔语 jykyn-，哈萨克语 dʒykin-，撒拉语 juggun- < *dikun。西部裕固语 tʃøk- < *tok。

（3）劳语 urūru-na < *ʔururu。“跪”劳语 boururu、瓜依沃语 bou ururu < *bo-ʔururu。

（4）瓜依沃语、夸梅拉语 *goru。“跪”中古朝鲜语 skurta < *sgur-。

（5）亚齐语 tɯʔot、他加洛语 tūhod < *tuʔut / *tuqud。

“跪”印尼语 ber-lutut、卡加延语 luʔut < *luʔut。

（6）南密语 gan-ɟili-n < *gan-。“跪”勒窝语 kinae < *kina-ʔe。

◇ 三　词源关系分析

1. *dira（*dir、*turi、*tari）

“膝盖”突厥语 *dir，塔希提语、夏威夷语、毛利语 *turi，泰雅语 *tari。“跪”土耳其语 diz tʃøk- < *dir-tok，字面意思是“膝盖—跪”。

“腿、脚”梵语 caritra < *kari-tra。

2. g^{w}alu（*gulu、*kalu、*gilo、*gili 等）

“膝盖”莫图语阿罗玛方言 *galu。“肘”贡诺语、塔几亚语 *s-gulu，莫

图语阿罗玛方言 *galu。“弯曲的”雅美语 magilo < *ma-gilo，菲拉梅勒语 kole < *kole。“圆的”西部斐济语 giligli < *gili。蒙达语、桑塔利语 gol < *gol。

“膝盖”波兰语 kolano，俄语 koleno < *kole-no。
“踝”英语 ankle、古挪威语 ökkla、古弗里斯语 ankel。
“（马的）后腿关节”古英语 hæla < *kala。
“角、角落”古法语 angle、拉丁语 angulus。“角落”古教堂斯拉夫语 aglu。
希腊语“弯曲的”ankylos，“圆”kyklos < *kuklo-。

“膝盖”格鲁吉亚语 muxli < *mu-qli。

3. *g^{w}aru（*guru、*gru、*gulu、*glu）

“膝盖”毛南语、仫佬语、保定黎语 *gru，瓜伊沃语、夸梅拉语 *goru。“肘”藏文、嘉戎语 *gru。“弯曲的”土耳其语 eɣri，维吾尔语 ɛgri，哈萨克语 ijir，塔塔尔语 kɛkri < *qe-giri。土族语 guguri: < *guguri，日语 magaru < *ma-garu。“钩子”撒拉语 gugur < *gugur。

“膝盖”阿尔巴尼亚语 gju < *gru。

4. *gina（*kina、*gan）

“膝盖”南密语 *gan-，“跪”勒窝语 kinae < *kina-ʔe。

“膝盖”古英语 cneo、赫梯语 genu、梵语 dʒanu、希腊语 gony < *geno。法语 genou、意大利语 ginocchio。
“膝盖”阿维斯陀经 ʒnu，粟特语 jnwwq < *gnu-。
“跪”古英语 cneowlian、中古低地德语 knelen < *geno-lan。

5. *tuli（*tul、*dili）

“膝盖”鲁凯语 *ʔatul，科木希语 *dili。

“髌骨”拉丁语 patella < *pa-tela。

如“手指”古英语 fingor、古撒克逊语 fingar、哥特语 figgrs < *pigar，*pi- 可能是前缀。

6. *kogi（*guko、*guk、*kok）

“膝盖”仫佬语 *gukos。

“弯曲的”缅文 kɔk[4]，藏文 gug，傈僳语 go̠[31] < *guk。汉语 *khok（曲）< *kok

“膝盖”亚美尼亚语 tʃunk < *kunk。“（马）后腿关节”古英语 hohsinu < *kok-sinu。 “弯曲的、钩状”古英语 hoced < *kog-。 “钩子”古英语 hoc、古弗里斯语 hok、中古荷兰语 hoek < *kog。

7. *guti（*qut）

“膝盖”亚齐语、他加洛语 *tu-qut。桑塔利语 gunʈhi < *guti。

“膝盖”乌尔都语 ghutna < *gut-。

“脚”的词源关系

亚欧语言“脚”的说法可与“脚后跟”“腿”“膝盖”或“屁股”等对应，“脚”的说法或作为动词“走”“跑”“逃跑”“跳”等的词根。

◇ 一　东亚太平洋语言的“脚”

“脚”的代表性说法有：

1. *ʔedek / *daga

土耳其语 etek < *ʔedek。

桑塔利语 dʒaŋga < *daga。

2. *ʔaraq

土耳其语 ajak，维吾尔语 ɑjaq，西部裕固语 ɑzɑq < *ʔaraq。

3. *daman / *dapan

图瓦语 daman < *daman。卡林阿语 dapan < *dapan。

4. *qit / *kati

土耳其语 kitʃ < *qit。（脚方言，屁股）

宁德娄语 kati-n < *kati。

5. *bati / *botis / *batis / *patas / *bati

满文 bethe，赫哲语 fatχa，锡伯语 bətk < *bat-qa。

摩尔波格语 botis，巴厘语 batis，乌玛语 βitiʔ < *botis / *batis。

查莫罗语 patas < *patas。

柬埔寨文 baːtiːə < *bati。

6. *ʔali / *quli / *qil / *kil / *kula

日语 açi < *ʔali。

蒙古语 xɵl，达斡尔语 kulj < *quli。

马加尔语 hil < *qil。

爪哇语 si-kil < *kil。排湾语 kuɭa < *kula。

7. *kada / *koda / *kata

达阿语 kada < *kada。蒙达语 kɑʈa < *kata。①

满查底语（Manchati）kondza，昌巴拉胡里语（Chamba Lahuli）kunza < *koda。

布鲁语 kada-n < *kada。（脚、小腿）

蒙达语 kɑʈa < *kata。

8. *so

沙外语 sɔ-o < *so。（脚、腿）

① “脚”芬兰语 kanta < *kata。

9. *bala / *ʔaʔe-bala / *pla

达密语 bala < *bala。莫图语 ae palapala < *ʔaʔe-bala。

格曼僜语 pla^{55} < *pla。

10. *paʔe / *baʔe / *b^{w}ab^{w}aʔe / *bos

他加洛语 paʔa，汤加语、拉巴努伊语 vaʔe，毛利语 wae < *paʔe / *baʔe。（脚、腿）

夏威夷语 wǎwaě < *b^{w}ab^{w}aʔe。

汉语 *bos（跗），《玉篇》足上也。

11. *ʔadidi / *tuti

布吉斯语 adʒdʒi < *ʔadidi。

尼瓦里语（Newari）tuti < *tuti。

12. *suku / *sko / *ke / *ʔake / *ʔoki

马都拉语 suku < *suku。（脚、腿）①

道孚语、却域语 ʂko < *sko。哈卡钦语 ke < *ke。

莫图语柯勒布努方言 ake，大瓦拉语 ae < *ʔake。

爱斯基摩语 okk < *ʔoki。

13. *qaqal

泰雅语 kakaj，赛德克语 qaqaj < *qaqal。赛夏语 raqal < *ra-qal。

尼科巴语 kalrøːn < *kal-ron。（脚，腿）

14. *gaki / *kaki / *kok / *ʔiti-gak

亚齐语 gaki < *gaki。印尼语、米南卡保语 kaki < *kaki。

① “脚”格鲁吉亚语 ʃɛxi < *seqi。

黎语 khok^{7} < *kok。

爱斯基摩语 ittigak < *ʔiti-gak。

15. *ne

罗维阿纳语 nene，马绍尔语 ne < *ne。（脚，腿）

16. *baɢa / *bakeŋ

布昂语 βaʁa < *baɢa。贡诺语 baŋkeŋ < *bakeŋ。

17. *la

西部斐济语 -lā，罗图马语 lā < *la。

那加语耽鲁方言（Tamlu）lā，达布棱方言（Tableng）jā < *la。

18. *pak

赛德克语 papak < *pak。

19. *krok

汉语 *s-krok（足）。①

20. *groŋ / *graŋ

藏文、拉达克语 rkaŋ，达让僜语 gɹoŋ^{53} < *groŋ。

梅梯语 khoŋ，他多语（Thado）keŋ < *groŋ。

佤语马散话 tʃhiɔŋ，克木语 dʒɯaŋ，布兴语 dʒiŋ，巴琉语 ʑəŋ^{55} < *graŋ。

21. *gri / *gru / *tikiri

基诺语 ʃɔ^{31}khi^{33}，哈尼语 a^{31}khɯ^{55}，纳西语 khɯ^{33} < *kri / *kru。

---

① 甲骨文辨认为"疋"的字，以小腿带脚为形，是"雅""足"的初文，"足"古音 *s-krok。

阿伊努语 tʃikiri < *tikiri。

22. *tin

壮语、侗语 tin^{1} < *tin。

23. *ron

尼科巴语 rø:n < *ron。

◇ 二　“脚”的词源对应关系

1. “脚”和“腿”的兼指和对应

“脚、腿”兼指的主要是南岛语，如印尼语 kaki，亚齐语 gaki，莫图语、大瓦拉语 ae-na，布鲁语 kada-n，罗维阿纳语 nene，巴厘语 batis，马都拉语 suku，他加洛语 paʔa，汤加语、拉巴努伊语 vaʔe，萨萨克语 nae，沙外语 sɔ-o，夸梅拉语 nəsu 等。“脚”“腿”的说法有对应关系的，如：

（1）勒窝语“脚”lo-la-na，“腿”la-na。

（2）朝鲜语 *bal。“腿”排湾语 dʑapal < *dapal。

（3）卡那卡那富语 kʉkʉ。“腿”鲁凯语 kuku。

2. “脚”和“脚后跟”的对应

（1）壮语、侗语 *tin。“脚后跟”卡加延语 kitin < *kitin。

（2）土耳其语 *ʔetek。“脚后跟”爪哇语 tuŋkaʔ < *tukaʔ。

（3）尼瓦里语 *tuti。“脚后跟”那大语 titi-muri < *titi-muri。

（4）道孚语、却域语 *sku。“脚后跟”邹语 roski < *ro-ski。

（5）满查底语、昌巴拉胡里语 *koda。“脚后跟”马林厄语 k^{h}okoto <

*ko-koto。

3.“脚”和“膝盖”“踝”的对应

（1）他加洛语 *paʔe。“膝盖”马绍尔语 p^{ɯ}uk^{w}ɛ，波那佩语 p^{w}ukie < *puke / *puki-ʔe。

（2）佤语 *graŋ。“膝盖”佤语马散话 griɔŋ，布朗语茶叶箐话 gjɔŋ^{51} < *groŋ。

（3）泰雅语、赛德克语 *qaqal。“膝盖”布兴语 ma ŋal < *ma-ŋal。

（4）达阿语 *kada。“膝盖”邹语 kadi < *kadi。

（5）赛德克语 *pak。“膝盖”朝鲜语 murɯphak < *muru-pak。

（6）塔几亚语 ŋe-n < *ŋe。“膝盖”嘉戎语 tə mŋa，道孚语 rŋə < *m-ŋa / *r-ŋə。

（7）汉语 *s-krok（足）。“踝”罗维阿纳语 kikorereke < *kiroke。

（8）卡那卡那富语 *kuku。“踝”印尼语 buku kaki。

4.“脚”和“爪子”的词源关系

（1）卡那卡那富语 *kuku。“爪子”巴拉望语、摩尔波格语 kuku < *kuku。

（2）西部斐济语、罗图马语 *la。“爪子”塔几亚语 alao < *ʔalaʔo。

（3）基诺语 ʃɔ^{31}khi^{33} < *so-kri。“爪子”缅文 khre^{2} < *kri。

（4）道孚语、却域语 *sko。“爪子”卑南语 skiʔ < *skiʔ。

（5）阿伊努语 *tikiri。“爪子”印尼语、爪哇语、巽他语 tʃakar < *takar。萨萨克语 tʃeker < *teker。

5.“脚”和“屁股”（或“大腿”）

“脚”可以和“屁股”或“大腿”对应。如：

（1）土耳其语 *ʔedek。“屁股”撒拉语 ondoχ < *ʔodoq。

（2）土耳其语、维吾尔语、西部裕固语 *ʔaraq。“屁股”满文 ura < *ʔura。“背”清代蒙文 aru < *ʔaru。“脚底”清代蒙文 alu < *ʔalu。

（3）泰雅语、赛德克语 *qaqal。“屁股”土耳其语 kaltʃa < *kal-ta。扎坝语 she^{55}li^{55} < *skeli。柬埔寨文 tʃɔŋkeh < *to-kel。

（4）沙外语 *so。“屁股”普米语 so^{13} < *so。

（5）马都拉语 *suku。“屁股”罗维阿纳语 sige < *suge。

（6）格曼僜语 *pla。“大腿”藏文 brla < *r-bla，却域语 bla。柬埔寨文 phlɤu < *plu。

（7）尼科巴语 *ron。“大腿”柬埔寨文 ʔuːru < *ʔuru。

（8）桑塔利语 *daga。“大腿”查莫罗语 tʃhatʃhag < *dadag。

三 “脚”和“走”“跑”等的词源关系

1.“脚”和“走”的词源关系

（1）朝鲜语 par < *bar。“走”古突厥语 bar- < *bar。

（2）巴拉望语 bliʔ < *bliq。“走”劳语 fali < *pali。

（3）藏文、拉达克语、达让僜语、景颇语 *groŋ。“走”汉语 *graŋ（行）。

（4）沙外语 *so。“走”缅文 sɑ^{3}、阿昌语 so^{31} < *so。

2.“脚”和“跑”的词源关系

（1）宁德娄语 *kati。“跑”古突厥语、土耳其语 katʃ- < *kat。

（2）摩尔波格语 *botis。“跑”尼科巴语 veuːtø < *buto。中古朝鲜语 ptyta < *ptu-。邹语 mo-ftiʔi < *pitiʔi。

（3）尼瓦里语 *tuti。“跑”佤语艾帅话 si dot < *si-dot。巽他语 lun̥tʃat，马都拉语 lun̥tʃaʔ < *lu-tat。

（4）土耳其语 *ʔetek。“跑”鄂伦春语 ətəkən-，鄂温克语 tuʃʃan- < *ʔətək-an。

（5）土耳其语、维吾尔语 *ʔara-q。“跑”卡那卡那富语 arapanaʉ < *ʔara-pana-ʔu。

3.“脚”和“跳”“逃跑”等的词源关系

“跳、跑”中古朝鲜语 ptyta、朝鲜语水原话 ttyjəkanta、邹语 mo-ftiʔi、户语 phat³¹、佤语艾帅话 si dot、巽他语 lun̩tʃat、马都拉语 lun̩tʃaʔ、鄂伦春语 ətəkən-，鄂温克语 tuʃʃan- 等，用同样的词来表达。其他如：

（1）赛德克语 *pak。“跳”博嘎尔珞巴语 pok < *pok。“踢”印尼语 sepak，巴塔克语 sipak，米南卡保语 sipaʔ，贡诺语 sembaʔ < *sibak。

（2）沙外语 *so。“逃跑”鄂温克语 ʃuʃa- < *susa。

（3）朝鲜语 *bar。“逃跑”桑塔利语 pharkau < *bar-ku。

（4）土耳其语 *ʔetek。汉语 *slik（踢）。

四　词源分析

1. *bati（*bat、*boti、*batas、*bat）

“脚”满文、赫哲语、锡伯语 *bat-qa，摩尔波格语、巴厘语 *botis，乌玛语 *batis，查莫罗语 *patas。汉语 *bat（跋，步行）。“跑”尼科巴语 veuːtø < *buto。

> “脚”英语 foot、法语 pied、意大利语 piede、亚美尼亚语 fut、希腊语 podi。
>
> “脚跟”拉丁语 pēs、pedis（所有格），哥特语 fōtus，梵语 pad- < *padi。

> “走”希腊语 badizo < *badi-。

“大腿”彝语武定话 bv^{11}tɤ^{33} < *butə。维吾尔语 put，西部裕固语 but < *put。“屁股”巴拉望语 ambut，卡加延语 labbut < *ʔa-but / *la-but。

“脚”格鲁吉亚语 mabidʒi < *ma-bidi。

2. *gro（*groŋ、*graŋ、*kroŋ）

“脚”达让僜语 *groŋ。汉语 *kroŋ-ʔ（踵，脚后跟、脚趾）。“膝盖”佤语马散话 griɔŋ，布朗语茶叶箐话 gjɔŋ^{51} < *groŋ。

> “脚”希腊语 akro，赫梯语 gir。“爪子”西班牙语、葡萄牙语 garra。

3. *bar

“脚”朝鲜语 par < *bar，“走”古突厥语 bar- < *bar，“去”维吾尔语、哈萨克语 bar-， 撒拉语 var- < *bar。“逃跑”藏文 bros < *bro-s、桑塔利语 pharkau < *bar-ku。共同词根为 *bar。

> 希腊语“腿”pozi < *pori，“脚”propodis < *pro-podis。

4. *b^{w}ali（*bala、*pla、*bala、*pila）

“脚”达密语 *bala，格曼僜语 *pla。“膝盖”日语 hidza < *pila 等应有词源关系。早期东亚语从这个词根派生的动词如“走”劳语 fali < *p^{w}ali。

> “跑”亚美尼亚语 vazel < *b^{w}al-。
>
> “走”拉丁语 ambulare、法语 ambler（马一样地走）< *abula-。

5. *daki（*tek、*daga、*daqa）

“脚”土耳其语 *ʔedek、桑塔利语 *daga 等应有词源关系，其他说法如“屁股”撒拉语 ondoχ < *ʔodoq，“脚后跟”爪哇语 tuŋkaʔ < *tukaʔ。

> “脚”亚美尼亚语 otkh < *otug。

“跳、跑”鄂伦春语 ətəkən-，鄂温克语 tʊʃʃan-。*daki 在阿尔泰语中原本大约不是专指“脚”。“膝盖”如蒙古语 ɵbdɵg，保安语 ɛbdəg，东部裕固语 wəbdəg ＜ *ʔeb-dəg，“膝盖骨”桑塔利语 tsaki＜*taki。

“脚、腿”亚齐语 gaki，印尼语、米南卡保语 kaki＜*k^{w}aki。

“脚”贡诺语 baŋkeŋ＜*b^{w}ake-ŋ。

*k^{w}aki、*b^{w}aki、*daki＜*g^{w}aki。

6. *duti（*didi、*tuti、*tutu）

“脚”布吉斯语 *ʔadidi、尼瓦里语 *tuti 等应有词源关系。同根的动词有“跑”佤语艾帅话 si dot＜*si-dot。巽他语 lun̥tʃat，马都拉语 lun̥tʃaʔ＜*lu-tat。“逃跑”蒙古语 dutɑː-，土族语 tudɑː，保安语 tətɑ ＜*duta。桑塔利语 pɛɳɖhutʃ＜*pa-dut。

> “爪子、手指”西班牙语 dedo。

7. *dapa（*dama）

“脚”图瓦语 *daman，卡林阿语 *dapan。

> “脚”俄语 stupna，波兰语 stopa ＜*stopa。
> “跺脚”古英语 stempan、古挪威语 stapa，古高地德语 stampfon、德语 stapfen＜*stapo-。

8. *kuba（*kubu、*kupa）

“脚”姆布拉语 ku^{m}bu＜*kubu。“大腿”毛利语 kūhā＜*kupa，kūwhā＜*kupa。

> “脚”阿尔巴尼亚语 këmbë＜*kobo。

印第安语的情况如：

阿巴齐语 bi-keːʔ < *keʔ（他的脚）。“脚”印尼语、米南卡保语 kaki < *k^{w}aki。

车罗科语 ulasdena < *ʔu-lasde-na“他的脚”，aqualasdena < *ʔaq^{w}o-lasde-na“我的脚”（aquo-“我的”），词根 *la-sde。“脚”布吉斯语 adʒdʒi < *ʔadidi。

“脚”达科他语 siha、si，苏语 se-ha、se。达科他语 siha < *sila。“脚”西部斐济语 -lā、罗图马语 lā < *la。

那瓦特尔语“脚”itʃxi-tl < *ʔitqi。“脚”土耳其语 etek < *ʔedek。

“肉、肌肉”的词源关系

亚欧地区有的语言“肉”和“肌肉”用一词，或有区分。“肉”的说法或与“油脂”“身体”等说法有词源关系。藏缅语和南亚语“肉”与“鹿、猪”等的说法一致或相近，可能有词源关系。苗语方言中“肉”又指“猎物”。

◇ 一　东亚太平洋语言的“肉、肌肉”

东亚太平洋语言“肉、肌肉”的代表性说法有：

1. *goʃ

维吾尔语 gøʃ，西部裕固语 guhʂ（肉、膘）< *goʃ。[①]

2. *ʔet

土耳其语 et，维吾尔语 ɛt < *ʔet。

3. *maqa / *meqi

蒙古语 max，达斡尔语 miaɡ，保安语 məɢɑ < *maqa。
东部裕固语 mɑχɢɑn < *maqa-gan。

① goʃ 波斯语借词。“肌肉”土耳其语 adale，阿拉伯语借词。

科木希语 mehi-n < *meqi。

4. *sida / *sadiʔ

满文 sidʒa < *sida。（肉糜）

摩尔波格语 sodaʔ < *sadiʔ。

5. *ʔuda-ʔili / *ʔoda

满文 unda jali < *ʔuda-ʔili。（里脊肉）

宁德娄语 oda-n < *ʔoda。

6. *lali / *ʔulə / *ʔal

女真语（牙力）*jali，满文 jali，锡伯语 jəlj < *lali。

鄂伦春语 ulə，鄂温克语 uldə，赫哲语 uldzə < *ʔulə。

克木语 ʔah < *ʔal。

7. *gogi / *kika

朝鲜语 koki < *gogi。

拉巴努伊语 kiko，澳柯玛语 kiki，夏威夷语 ʼiŏ（肌肉、肉），汤加语 kakano（肌肉）< *kika-。

8. *kam

阿伊努语 kam < *kam。（肉，食物）

9. *nəsa / *nos

夸梅拉语 nəsa- < *nəsa。

壮语武鸣话 no^6 < *nos。

10. *dagi / *ʔutuk

窝里沃语 dagi < *dagi。

印尼语、爪哇语 dagiŋ < *dagi-ŋ。（肉、肌肉）

波那佩语 utuk < *ʔutuk。（肉、肌肉）

11. *titi / *dit

阿美语 titi < *titi。

京语 thit^{8}，莽语 tuʔ < *dit。

12. *bupat

鲁凯语 buat < *bupat。（肉、肌肉）

13. *rəgus / *bo-gas

布昂语 rəɣus < *rəgus。卡林阿语 bogas < *bo-gas。

14. *babuj

阿卡拉农语 bābuj，他加洛语 bāboj（猪）< *babuj。

15. *sile / *sali

赛德克语 hije，泰雅语赛考利克方言 hiʔ（肌肉），泽敖利方言 hiʔ < *sile。

宁德娄语 sali-n < *sali。

16. *muda / *mida

达密语 muda < *muda。

塔几亚语 mida-n < *mida。（肌肉）

17. *nuk

汉语 *nuk（肉）。

日语 niku < *niku。

马绍尔语 kanniək < *ka-nik。（肌肉）

18. *kril

汉语 *kril（肌）。

19. *sra / *sro / *sri / *srin

藏文 ça，错那门巴语 ça（肌肉、肉），他杭语 sja，怒苏怒语 ʂ̥a^{55} < *sra。

巴琉语 çɔ^{53} < *sro。

贵琼语 çi^{55}，吕苏语 ʂ̥i^{53}，普米语九龙话 ʃi^{55} < *sri。

格曼僜语 çin^{53} < *srin。（肌肉、肉）

20. *sdin

博嘎尔珞巴语 din < *sdin。（肌肉、肉）

21. *gri

苗语养蒿话 ŋa^{2}，青岩话 ɴqai^{2}，勉语三江话 kai^{2} < *gri。

22. *ʔo

勉语江底话 ɔ^{3}，览金话 a^{3} < *ʔo。

23. *ʔak

黎语 ʔaːk^{7} < *ʔak。

24. *s-neʔ / *nanʔ

户语 n̥ ɛʔ^{31}，佤语 neʔ < *s-neʔ。

水语、毛南语、壮语武鸣话 naːn^{4} < *nanʔ。

25. *sat

柬埔寨文 satʃ < *sat。（肌肉、肉）

26. *lomo

桑塔利语 lomo < *lomo。（肌肉）

27. *ʔalaqa

尼科巴语 alaha < *ʔalaqa。（身体，肌肉）

28. *dilu / *dol / *tila-ʔalu / *til-tin

蒙达语 dʒilu（肉，鹿），桑塔利语 dʒel（肌肉，鹿）< *dilu。

桑塔利语 dho̱lma（肉块）< *dol-ma。

沙阿鲁阿语 tiɬaʔalʉ，卡那卡那富 tinaʔanʉ < *tila-ʔalu。

满文 tʃiltʃin（肉核）< *til-tin。

29. *ba-ʔa

蒙达语 bā-ā < *ba-ʔa。

◇ 二 “肉、肌肉”的词源对应关系

1. “肉”和“肌肉”

东亚太平洋的许多语言“肉”也指“肌肉”，如错那门巴语 ça、独龙语 $ça^{55}$，南岛语系的鲁凯语 buat，印尼语、爪哇语 dagiŋ，波那佩语 utuk，夏威夷语 ĭo 等。

2. “肉”和“鹿、猪”

“肉”与“鹿”说法一致或相近的，如蒙达语 dʒilu、桑塔利语 dʒel。“肉”和“猪”的对应如：

（1）土耳其语、维吾尔语 *ʔet，“将壮猪”满文 hentei < *qete。

（2）阿美语 titi。“猪”排湾语 ḍiḍi < *didi，朝鲜语 twɛtʃi < *dodi。

（3）朝鲜语 *gogi，“猪”蒙古语 gɑxɛː，达斡尔语 gɑgɑ，保安语 ɢɑi < *gagi。

（4）满文、锡伯语 *lali，“猪”满文 jelu < *lilu。汉语 *qlil（豕）。

（5）鄂温克语 uldə、赫哲语 uldzə，“半大猪”满文 alda。“猪”马京达瑙语 əla < *ʔəla。

（6）桑塔利语 *dol-ma。“猪”维吾尔语 tʃoʃqɑ，哈萨克语 ʃoʃqɑ，柯尔克孜语 tʃotʃqo < *tolqa。

（7）阿卡拉农语 bābuj，“猪”他加洛语 bāboj。

（8）汉语 *nuk（肉），“一岁野猪”满文 nuhen < *nuqen。

3. “肉”和“油脂”

（1）印尼语、爪哇语 *dagi-ŋ。“油脂”古突厥语、土耳其语 jaɣ，维吾尔语、撒拉语 jɑʁ < *dag。

（2）蒙古语 *maqa。“油脂”鄂伦春语 imukʃə，鄂温克语 imuʃʃə < *ʔimukə-li。

（3）贵琼语 ɕi^{55}，吕苏语 ʂi^{53} < *sri。汉语 *sre（膂，牛油）。

（4）苗瑶语 *gri。“油脂”黎语 guːi^{6} < *gri。达密语 gigiru < *giru。

4. “肉”和“身体”

（1）贵琼语 ɕi^{55}，吕苏语 ʂi^{53} < *sri。“身体”格曼僜语 ɕăi^{53} < *sri。

（2）科木希语 mehi-n < *meqi。“身体”帕玛语 avek < *ʔab^{w}ek。

（3）宁德娄语 *sali。“身体”雅贝姆语 oli < *ʔoli。

（4）蒙达语 *ba-ʔa。“身体”达密语 bowa < *bob^{w}a。

（5）汉语 *kril（肌），*sril-ʔ（軆）。

◈ 三　词源关系分析

1. *m^{w}ida（*mida、*muda）

“肉”达密语 muda < *muda。“肌肉”塔几亚语 mida-n < *mida。

“胖的”桑塔利语 bo̱ɖe < *bode，蒙古语 bʉdʉːŋ、达斡尔语 buduːn、东部裕固语 bydyːn、保安语 bɛdoŋ < *bedon。

“肉”粟特语 əpt < *əpat。阿维斯陀经 pitu。

“食物”古英语、古弗里斯语 mete，古挪威语 matr，高地德语 maz，哥特语 mats < *medi。（当原指“肉食”）

“胖的”梵语 medas，“猪”爱尔兰语 mat。

2. *bugo（*mukə、*bug、*buk）

“肉”科木希语 mehi-n < *meqi。

“身体”帕玛语 avek < *ʔab^{w}ek。“油脂”鄂伦春语 imukʃə，鄂温克语 imuʃʃə < *ʔimukə-li。

“胖的”鄂温克语 *bogo。“粗的”赫哲语 bugdyn < *bug-dun，壮语武鸣话 bɯk^{7} < *ʔbuk。

“胖的”希腊语 patʃhys < *pagi-。“美的”阿尔巴尼亚语 bukur < *buk-。

3. *gara（*garan、*giru、*gri）

“肉”苗瑶语 *gri。

“油脂”黎语 guːi^{6} < *gri。达密语 gigiru < *giru。

“胖的”阿者拉语 *ra-garan。“油脂、甜的” 莫图语 diɣara < *digara。

“油脂”达密语 gigiru < *giru。

> “肌肉”希腊语 kreas，意大利语、西班牙语 crane（肌肉、肉）< *kra-。
>
> “鹿”威尔士语 carw < *karu。
>
> “胖的、粗的”拉丁语 crassus < *gras-。“胖的”亚美尼亚语 ger。

4. *sri

“肉”贵琼语 ɕi^{55}，吕苏语 ʂi^{53} < *sri。

“身体”格曼僜语 ɕǎi^{53} < *sri。

> “肌肉”希腊语 sarkos < *sar-。

5. *goʃ

“肉、膘”维吾尔语 gøʃ，西部裕固语 guhʂ < *goʃ。

> “肌肉、肉”和阗塞语 ggūʃta < *guʃ-。

6. *ʔet

“肉”土耳其语 et，维吾尔语 ɛt < *ʔet。“将壮猪”满文 hentei < *qete。

> “肉”粟特语 yātē < *jate。

“骨”的词源关系

身体某一部位“骨”的说法或与这一部位的说法有直接的对应关系，“骨”是通称。亚欧地区一些语言“骨”的说法与另外语言的“头盖骨”“肋骨”“指骨”或“角”“牙齿”等对应，与“肋骨”对应的最为常见。

一 东亚太平洋语言的“骨”

“骨”的代表性说法有：

1. *sigek / *ʔukak / *taŋek

古突厥语 syŋyk，维吾尔语 søŋɛk，哈萨克语 syjek < *sigek。

卑南语 ukak < *ʔukak。

尼科巴语 taŋək < *taŋek。

2. *sumek / *kemik / *ʔa-muku / *buku

西部裕固语 səmək，乌孜别克语 sypɛk < *sumek。

土耳其语 kemik < *kemik。

拉祜语 $ɔ^{31}mv^{21}ku^{33}$ < *ʔa-muku。

达阿语 vuku，乌玛语 βuku，贡诺语 buku < *buku。

3. *ruq

土耳其语 ruh < *ruq。

4. *rasu-n / *rus / *ruru

蒙古语书面语 jasu，蒙古语 jɑs，土族语 jɑsə，东部裕固语 jɑsən < *rasu-n。

藏文 rus，缅文 $ɑ^1ro^3$，哈卡钦语 ru < *rus。

伊拉鲁吐语 rurə < *ruru。

5. *giragi / *grəg / *krak / *kip-krak

满文 giraŋgi，锡伯语 giraŋ，女真语（吉郎吉）*kilaŋki < *giragi。

汉语 *grəg（骸），① *krak（骼）。②

爱斯基摩语 kipkrak < *kip-krak。（喂狗用的骨头）

6. *girada / *ʔis-kelet

鄂伦春语、鄂温克语 gɪranda < *girada。

土耳其语 iskelet < *ʔis-kelet（骨—骨）。

7. *spek-taku / *toko / *ʔduk

朝鲜语淳昌方言 ppektaku < *supek-taku（骨—骨）。

马京达瑙语、那大语 toko < *toko。

泰语 duk^7 < *ʔduk。

---

① “骸”之部字，与“核”谐声。“骸”古音 *grəg，《说文》：“胫骨也。”

② 《说文》：“禽兽之骨曰骼。”郑玄注《乡饮酒礼》：“凡牲，前胫骨三：肩、臂、臑也；后胫骨二：膊、胳也……今文胳作骼。”

8. *sbrə / *boro-ʔib^{w}i

中古朝鲜语 spjə < *sbrə。

毛利语 poroiwi < *boro-ʔib^{w}i。

9. *pone

日语 hone，阿伊努语 pone < *pone。

10. *sa-ʔunek / *siniq

爱斯基摩语 saunerk < *sa-ʔunek。（骨头架子）

撒拉语 sinix < *siniq。

11. *tulaŋ / *tulalu / *tuqalalu / *tul

印尼语 tulaŋ，摩尔波格语 tuʔlaŋ，萨萨克语 tolaŋ < *tulaŋ。

沙阿鲁阿语 tsulalʉ，邹语 tsʉehʉ < *tulalu。

排湾语 tsuqəlal，布农语 tuχnað < *tuqalalu。

多布语 tul < *tul。

12. *buto / *pute / *budu / *pot

赛夏语 buts，他加洛语 buto < *buto。

巴琉语 pau^{53}te^{55} < *pute。

彝语喜德话 vu^{21}du^{33} < *budu。

他杭语 pot < *pot。

13. *turi-ʔa

莫图语 turia-na < *turi-ʔa。

14. *ri / *suri

马绍尔语 ri < *ri。

罗维阿纳语 susuri，东部斐济语 sui，汤加语 hui < *suri。

15. *sik / *seqe / *suʔi

帕玛语 sik < *sik。布昂语 səqɛ < *seqe。

东部斐济语、罗图马语 sui < *suʔi。

16. *ʔib^{w}i

萨摩亚语、塔希提语 ivi，毛利语、夏威夷语 iwi < *ʔib^{w}i。

17. *k^{w}ət

汉语 *k^{w}ət（骨）。

18. *glok / *klak

汉语 *glok（髑）。①

水语 la:k^{7}，仫佬语 hɣa:k^{7} < *klak。

19. *ruka / *raqa

错那门巴语 ru^{35}ko^{53}，土家语 lu^{55}ka^{55} < *ruka。

普米语 ʐɑ^{55}qɑ^{13} < *raqa。

20. *saro / *sru / *ʔasare

哈尼语 sa^{31}jø^{31}，嘉戎语 ʃɐ rə < *saro。马加尔语 hju < *sru。

鄂罗克语 assare < *ʔasare。

21. *gru

怒苏怒语 ɣɹɯ < *gru。

---

① 《说文》:“髅，髑髅也。”“髑，髑髅，顶也。”“髑髅”古指“头骨”。

22. *ʔa-lo / *lo-poŋ

加龙语 alo < *ʔa-lo。

博嘎尔珞巴语 loŋ poŋ < *lo-poŋ。

23. *ʔbruk

黎语通什话 fuːʔ^{7}，黑土话 ruːʔ^{7} < *ʔbruk。

24. *ʔbuŋ / *ru-boŋ

勉语 buŋ^{3} < *ʔbuŋ。

达让僜语 ɹɯ^{31}boŋ^{35} < *ru-boŋ（骨一骨）。

25. *slaŋ / *sləŋ

苗语大南山话 tshaŋ^{5}，野鸡坡话 tshoŋ^{B}，勉语三江话 sjɔŋ^{3} < *slaŋ。

京语 sɯəŋ^{1} < *sləŋ。

26. *si-ʔaŋ / *ka-ʔaŋ

佤语马散话 si ʔaŋ <*si-ʔaŋ。

柬埔寨文 tʃhʔɤŋ，德昂语硝厂沟话 ka ʔaŋ，户语 kə ʔaŋ^{31}，克木语 tʃa ʔaŋ < *ka-ʔaŋ。

27. *graŋ / *kraŋ

蒙达语 dʒāŋ，布兴语 dʒuaŋ，桑塔利语 dʒaŋ < *graŋ。

莽语 ma^{31}tɕaŋ^{31} < *ma-kraŋ。墨脱门巴语 khaŋ < *kraŋ。

28. *qadi

桑塔利语 haɖ < *qadi。

◇ 二 “骨”的词源对应关系

一些语言“骨头”的说法与另外语言“头盖骨”“肋骨”或“角”等的说法对应，与“肋骨”对应的最为常见，也有一些复合词原本指的是“肋骨”。

1.“骨头”和“头盖骨”的对应

（1）突厥语 *si-gek。“头盖骨”沙玛语（Sabah）kōk < *kok。

（2）西部裕固语、乌孜别克语 *su-mek。“头盖骨”雅贝姆语 moke < *moke。

（3）马京达瑙语、那大语 *toko。“头盖骨”马都拉语 ʈuʈuk < *tuḳ。

（4）怒苏怒语 *gru。“头盖骨”巴拉望语 tɔkuruŋ < *to-kuruŋ。

2.“骨头”和“肋骨”的对应

（1）蒙达语、布兴语、桑塔利语 *graŋ。“肋骨”马那姆语 garaŋa，马绍尔语、劳语 gagaro < *gagara。

（2）错那门巴语、土家语 *ruka。“肋骨”东部裕固语 χɑrʁuɑ，东乡语 qɑruɣɑ < *qa-ruga。

（3）土耳其语 *ʔis-kelet（骨—骨）。“肋骨”沙玛语 isɛ < *ʔise。

（4）朝鲜语 *sbrə。“肋骨”日语 abara < *ʔabara。泰雅语 qaraw，布昂语 kwəben < *qarabe-n。

（5）黎语 *ʔbruk。“肋骨”户语 kə ʔaŋ^{31} phə ɣɛk^{31} < *kəʔaŋ-prek（骨—肋）。

（6）赛夏语、他加洛语 *buto，巴琉语 *pute。“肋骨”满文 ebtʃi < *ʔebti。

（7）萨摩亚语、塔希提语 *ʔibi。“肋骨”雅贝姆语 bi < *bi。

（8）泰语、水语 *klak。“肋骨”克木语 trɯak < *krak。“头盖骨”印尼语 təŋkorek，米南卡保语 taŋkoraʔ < *ta-korak。

3.“骨头”和“角”的对应

（1）马京达瑙语、那大语 *toko。“角”印尼语 taŋduk，米南卡保语 tandu^{ə}ʔ，沙玛语、巴厘语 tanduk < *ta-duk。

（2）普米语 *raqa。“角”马京达瑙语 ra^{ŋ}ga，那大语 zɔgu < *rago。

（3）怒苏怒语 *gru。“角”缅文 khjo^{2}，阿昌语 khz̧au^{35} < *kru。吉尔伯特语 te koro < *koro。

（4）墨脱门巴语 khaŋ < *kraŋ。“角”格曼僜语 kɹǎŋ^{35} < *kraŋ。勉语三江话 kloŋ^{1}，苗语青岩话 koŋ^{1} < *klaŋ。

（5）帕玛语 *sik。“角”爪哇语 siŋu < *siŋu。“肋骨”墨脱门巴语 sik po < *sik。“枕骨”满文 seksehe < *sek-seqe。

（6）莫图语 *turi-ʔa。“角”鄂罗克语 taru < *taru。

4.“骨头”“肋骨”和“胸”的对应

“胸”可指“肋骨”，或成为“骨”的通称。这一类“骨”的说法为后起。如：

（1）“胸”罗维阿纳语 ragraga，马林厄语 graga < *graga。“肋骨”马那姆语 garaŋa，马绍尔语、劳语 gagaro。

（2）“胸口”撒拉语 kɑŋzoŋ < *kakroŋ。“骨”莽语 *ma-kraŋ，墨脱门巴语 *kraŋ。

（3）“胸”马那姆语 barabara，达阿语 bo^{m}bara < *bara。“肋骨”日语 abara < *ʔabara。“骨”朝鲜语 *sbrə。

（4）“胸口”哈萨克语 kewde < *kek-de。“乳房”大瓦拉语 gugu-na，梅柯澳语 ʔuʔu < *kuku。“肋骨”菲拉梅勒语（Fila-Mele）kaokao < *kaqo-kaqo。“骨”突厥语 *si-gek。“头盖骨”沙玛语（Sabah）kōk < *kok。

三　复合词中的语素

1. 两个不同来历的语素构成的复合词

（1）汉语“骨骼”之“骼”本指后腿骨的一截，“尸骸”的“骸”原指胫骨。

（2）汉语“髑髅”指“头骨”，古音 *glok-ro，字面意义应是“头顶骨—骨”。“头盖骨”如印尼语、米南卡保语 < *ta-korak，“骨头”缅文 ɑ^{1}ro^{3}。

（3）勉语 buŋ^{3} < *ʔbuŋ。达让僜语 *ru-boŋ 为两个表示“骨”的语素构成。

（4）马京达瑙语、那大语 *toko，西部裕固语、乌孜别克语 *sumek。朝鲜语淳昌方言 *supek-taku 也是由两个表示“骨”的语素构成。

（5）“肋骨”侗语 laːk^{9} hət^{7}，水语 ʔdaːk^{7} xət^{7} < *ʔdak-khət（胸—骨）。土耳其语 *ʔis- 原来可能也是指“骨”。

（6）“肋骨”贡诺语 buku rusuʔ < *buku-rusuk，第二个成分 rusuk 原本的意思也是“肋骨”。“肋骨”印尼语 rusuk，巴塔克语 rusuk，亚齐语 rusoʔ < *rusuk。“肋骨”贡诺语 *buku-rusuk，字面的意思是“骨—肋骨”。

2. “头盖骨”中的“骨”

（1）“头盖骨”亚齐语 bruəʔ ulɛə < *bruk-ʔulu，字面意思是“骨—头”。其中“骨”对应于如黎语通什话、黑土话“骨”*ʔbruk。

（2）“头盖骨”布鲁语 olo-n rohi-n < *ʔulu-rori，意思是“头—骨”。

（3）“头盖骨”大瓦拉语 ununu gejamina < *ʔununu-gelamina，意思是“头—骨”。

四 词源分析

1. *pone

"骨"日语、阿伊努语 *pone。

"牙"壮语 fan^2，仫佬语、黎语 fan^1 < *ʔban。

"骨"英语 bone、古英语 ban（骨头、獠牙）、古弗里斯语 ben < *ben。
波兰语 fiszbin < *p^{w}isbin。

2. *sidi

"手"克伦语格科方言（Geko）sidɛi < *sidi。

"骨"希腊语 osteon < *osto-。
"骨"和阗塞语 āstaa- < *asta。
"骨头、指骨"波兰语 ostʃ，"骨"俄语 kostj < *qosti。

"手指"爱沙尼亚语 osuti。

3. *su（*ʔisu、*ʔise）

"肋骨"沙玛语 isɛ < *ʔise。

"乳房"印尼语、爪哇语、萨摩亚语、卑南语 susu，汤加语 huhu，赛夏语 hœhœ < *susu。

"骨"拉丁语 os，（所有格）ossis。

4. *gek（*kok）

"骨"突厥语 *si-gek。

"头盖骨"沙玛语（Sabah）kōk < *kok。

"骨"阿尔巴尼亚语 kockë < *koke。

5. *nek（*niq、*nek）

“骨”撒拉语 *siniq。“骨头架子”爱斯基摩语 *sa-ʔunek。

“脚”俄语、波兰语 noga。

6. *ru

“骨头”土耳其语 ruh < *ruq。藏文 rus，缅文 ɑ^{1}ro^{3}，哈卡钦语 ru < *rus。

“肋骨”俄语 rebro，波兰语 zebro < *reb-ro。

7. *qadi

“骨头”桑塔利语 haɖ < *qadi。

“骨”乌尔都语 haddi < *qadi。

8. *taku（*toko、*ʔduk）

“骨头”马京达瑙语、那大语 *toko。泰语 *ʔduk。朝鲜语 *supek-taku（骨—骨）。

“骨”粟特语 əstak < *əs-taka。

9. *gira（*gara）

“骨头”满文 giraŋgi，锡伯语 giraŋ，女真语 *kilaŋki < *giraŋi。鄂伦春语、鄂温克语 gıranda < *girana。词根是 *gira，*-ŋi 和 *-na 是后缀。

“有骨的”桑塔利语 gãɽã< *garaŋ。

“肋骨”马那姆语 garaŋa < *gara-ŋa，马绍尔语、劳语 gagaro < *gagara。

“骨”亚美尼亚语 oskor < *os-kor。威尔士语 asgwrn < *as-gur-。

“指骨”粟特语 wɣrāy < *u-graj。

“头盖骨”夸梅拉语 kera。

印第安车罗科语“骨头”kola < *kola。

希腊语"骨头"kokala、kokkala。

10. *baku（*muke、*buku、*bak）

"骨头"南岛语系语言达阿语、乌玛语、贡诺语 *buku，拉祜语 *ʔa-muku，西部裕固语 *sumek，对应于朝鲜语淳昌方言"骨"*supek-taku 的第一个成分。藏缅语中与之对应的是拉祜语"骨"*ʔa-muku。

"头盖骨"雅贝姆语 moke < *muke。

"骨"美洲玛雅人的语言，如依萨语（Itzaj）bhak，祖赫语（Chuj）phak，犹加敦玛雅语（Yucateco）baːk < *bak。

“血”的词源关系

亚欧语言“血”的说法可派生指“红色”“健康的”，并可指“流血”“恐惧”“伤害”等。一些语言“汁液”的说法与“血”的说法对应。

◇ 一　东亚太平洋语言的“血”

1. *qan

土耳其语 kan，维吾尔语 qɑn，西部裕固语 qɑn < *qan。

2. *gutə / *kutən / *ketu / *q^{w}it / *gətiq / *kudi

蒙古语 dʒus，土族语 tɕisə < *gutə。

东部裕固语 tʃysən，东乡语 tʂusun < *kutən。

日语 ketsɿ- < *ketu。

汉语 *q^{w}it（血）。①

爪哇语、巴厘语 gətih < *gətiq。多布语 k^{w}udi < *kudi。（红色、血）

---

① “血”郑张尚芳先生构拟为 *qh^{w}iig，斯塔罗斯汀构拟为 *swhiit。

3. *sək-sə / *sigi / *segi / *skuʔ

鄂温克语 ʃəːʃʃi，鄂伦春语 ʃəːkʃə，赫哲语 səxəsə < *sək-sə。

满文 seŋgi，锡伯语 ɕiŋ < *sigi。女真语（生吉）*seŋki < *segi。

缅文 swe^{2}，哈尼语绿春话 si̠^{31}，白语剑川话 suɑ^{44} < *skuʔ。

4. *pi / *ʔabu / *ʔib^{w}a

朝鲜语 phi < *pi。

劳语 ʔabu，瓜依沃语 ʔabu-na，梅柯澳语 ifa < *ʔabu / *ʔib^{w}a。

5. *ti / *sti

日语 tɕi < *ti，tiketsɿ < *tiketu。

哈卡钦语 a hti < *sti。

6. *kem / *kem-nu

阿伊努语 kem < *kem。kemnu < *kem-nu（流血）。

7. *ʔa-ʔok

爱斯基摩语 aok < *ʔa-ʔok。

8. *qaga

查莫罗语 haga < *qaga。

9. *dugus / *daga

他加洛语 dugoʔ，戈龙塔洛语 duhu，摩尔波格语 dahaʔ < *dugus。

拉加语 daɣa- < *daga。

10. lagas

沙玛语 lahaʔ，卡加延语 ləŋəs sa < *lagas。

11. *ramu-q / *ta-rum / *ma-rom

泰雅语赛考利克方言 ramuʔ，泽敖利方言 ramux，赛夏语 ramoʔ < *ramu-q。

邵语 tałum < *ta-rum。

蒙达语 mājom，桑塔利语 mãjãm < *ma-rom。

12. *dara / *daraq / *mu-daru

马那姆语 dara，马都拉语 ḍara < *dara。

印尼语 darah，亚齐语 darah < *daraq。

巴塔克语 mudar，哈拉朱乌语 mada < *mu-daru。

13. *rala / *rara

雅美语 ẓala < *rala。

贡诺语 rara < *rara。莫图语 rara-na，马绍尔语 ra < *rara。

14. *kura / *skram

南密语 kura，勒窝语 kuru-ta < *kura。

勉语大坪话 dzɛm^3，苗语养蒿话 ɕhaŋ^3，勉语览金话、樑子话 saːm^3 < *skram。

15. *da / *toto

东部斐济语、西部斐济语 drā，波那佩语 nʈa，嫩戈内语 ḍa < *da。

毛利语、汤加语、萨摩亚语、拉巴努伊语 toto，夏威夷语 kŏkŏ < *toto。

16. *damu-q / *dəmuru-q

卑南语 damuk，排湾语 dʑamuq，巴则海语 damu < *damu-q。

邹语 həmueu，卡那卡那富语 nimuruʔu < *dəmuru-q。

17. *kurak

藏文 khrag < *krak。

18. *ru / *rus

格曼僜语 -ɹui^{35}，墨脱门巴语 ji，加龙语 iː，博嘎尔珞巴 u jiː < *ru。

马加尔语 mi-rhus < *rus。

19. *plat / *ʔlat / *lolot

壮语武鸣话 lɯːt^{8}，水语 phaːt^{7} < *plat。

黎语通什话 ɬaːt^{7}，黑土话 daːt^{7} < *ʔlat。

柬埔寨文 loːhɤt < *lolot。

20. *si-nam / *sam

佤语马散话 n̥am，户语 n̥am^{31}，布兴语 si nuam < *si-nam。

巴琉语 saːm^{53}，莽语 ma^{31} ham^{51} < *sam。

21. *mam

克木语 mam < *mam。

22. *ʔmus

京语 mau^{5} < *ʔmus。

23. *rokos / *rak

蒙达语 rokoθ < *rokos。

帕马语（Paamese）rāk < *rak。

◇ 二 “血”的词源对应关系

1.“血”和“红”的词源关系

（1）藏文 *krak。汉语 *khrak（赤）< *krak。“红色”佤语孟汞话 kra̱k，布朗语曼俄话 saʔ[31] khχak[35] < *khrak。

（2）壮语、水语 *plat。“红”沙玛语 pejat < *pelat。

“伤害”木鲁特语 pilat < *pilat。

（3）土耳其语、维吾尔语、西部裕固语 *qan。汉语“嫣” *ʔan（嫣红）。

（4）日语 *ketu，爪哇语、巴厘语 *gəti-q。“红色、血”多布语 *kudi。

（5）满文、锡伯语 *sigi。“红色”姆布拉语 siŋsiŋŋana < *siŋa-na。“健康的”古突厥语 saɣ，撒拉语 sɑχ < *sag。

（6）他加洛语、戈龙塔洛语 *dagus。“红色”依斯那格语 daggāŋ < *dagaŋ，蒙达语 ɖagɖag < *dag。

（7）马那姆语、马都拉语 *dara。“红色”鲁凯语 dirərəl < *dirə-rəl。

（8）莫图语、马绍尔语 *ra。“红色”吉尔伯特语 uraura < *ʔura。

（9）斐济语、波那佩语、嫩戈内语 *da。“红色”西部斐济语 drādrā < *dada。

（10）巴则海语 *damu。“红色”东部斐济语 damudamu < *damu。

（11）南密语、勒窝语 *kura。“红色”劳语 kekero < *kero。

（12）查莫罗语 *qaga。“红色”查莫罗语 agaga < *ʔagaga。日语 akai < *qaka-ʔi。

（13）克木语 *mam。“红色”拉加语 memea < *meme-ʔa。日语 momi < *momi。（红绢，红色的丝绸衣服）

（14）“血”帕马语 rāk < *rak。“红”吉尔伯特语 maraka-na < *ma-raka。*ma- 是形容词前缀，*ma-raka 是“血”的派生词。

（15）"血"土耳其语、维吾尔语、西部裕固语 *qan。"红的、成熟的"尼科巴语 ŋaːnvø < *ŋan-bo 与之对应。

2."血"和"汁液"或"胶"等的词源关系

（1）爪哇语、巴厘语 *gətiq。"汁"巴厘语 gətah，萨萨克语 gətaʔ，巽他语 g-tah < *gitaq。

（2）他加洛语、戈龙塔洛语 *dagus。"汁"查莫罗语 tʃugo < *tugo。

（3）斐济语、波那佩语、嫩戈内语 *da。"树汁"桑塔利语 aŋɖu kaʈ < *ʔadu-。（kat "树"）

（4）邵语 *tarum。"树胶"维吾尔语 jilim，哈萨克语 dʒelim < *delim。

（5）蒙达语、桑塔利语 *marom。"树胶"乌孜别克语 bilim < *bilim。

（6）汤加语、萨摩亚语、拉巴努伊语 *toto。"汁"拉格语 totoa < *toto-ʔa。

（7）卑南语、排湾语 *damu-q。"汁"三威治港语 ^{n}d^{ʕ}umu-xai < *dumu-qaʔi。

（8）佤语马散话、布兴语 *sinam。"汁液"土族语 ɕimeːn < *simen。

（9）朝鲜语 *pi。"液、汁"阿伊努语 be < *be。"水"莫图语卡巴地方言 veina < *b^{w}eʔi-na。

（10）满文、锡伯语 *sigi。"津液"满文 ʃugi < *sugi。

（11）雅美语 *rala。"汁"柬埔寨文 ru̠əh < *rul。

3."血"和"恐惧"

（1）藏文 *krak。"怕"藏文 skrag，缅文 krɔk，怒苏怒语 gɹu̠^{53} < *s-grok。

（2）查莫罗语 *qaga。"怕"日语 niwagaru < *ʔigaga-ru。

（3）柬埔寨文 *lolot。"怕"户语 lat^{33}，佤语艾帅话 lhat < *lat。

（4）日语 *tiketu。"怕"赛夏语 tikot，巴拉望语 takut，他加洛语 takot < *takot。

（5）阿伊努语 *kem。“怕”达密语 kumi < *kumi。

（6）他加洛语、戈龙塔洛语 *dugus。“怕”莽语 tə^{31}gɔ^{35} < *togo。

（7）毛利语、汤加语、萨摩亚语、拉巴努伊语、夏威夷语 *toto。“怕”巴厘语 dʒədʒəh < *dedeq。

◇ 三 词源关系分析

“血”和“汁液”或“胶”的词源关系说明一些语言中“血”的说法来自“汁液”或“树胶”，就像一些语言中把“头发”说成“头上的叶子”那样，是较早时期的比喻说法。

1. *sugi（*sigi、*siŋi）

“血”满文、锡伯语 *sigi，满文“津液”ʃugi < *sugi。

“健康的”古突厥语 sɑɣ，撒拉 sɑχ < *sag。

“红色”姆布拉语 siŋsiŋŋana < *siŋa-na。“成熟”罗维阿纳语 saɣana < *siga-na。

“伤害”伊拉鲁吐语 sɛgigərə < *segi-gərə。

> “血”西班牙语 sangre，意大利语、葡萄牙语 sangue。“血的”拉丁语 sanguineus。
>
> “血”希腊语 syggeneia。乌尔都语 khoːn < *gon。

“血”格鲁吉亚语 sisxli < *sisq-。

2. *pelat（*plat、*pilat）

“血”壮语武鸣话、水语 *plat。

“红色”沙玛语 pejat < *pelat。

“伤害”木鲁特语 pilat < *pilat。

“血”古英语、古弗里斯语 blod，古高地德语 bluot，哥特语 bloþ < *blod。

3. *ʔiba

“血”梅柯澳语 *ʔiba。

“怕”萨摩亚语 fefe < *b^{w}eb^{w}e，“吃惊”汤加语 ofo < *ʔobo。

“血”希腊语 aima < *a-ima。拉丁语 haemo-、法语 hemo- 借自希腊语。

“怕”希腊语 phoboymai < *bobo-。意大利语 spaventare < *spab^{w}e-。

4. *rake（*rak、*roko）

“血”帕马语 *rak。

“红的”桑塔利语 arakh < *ʔarak、rɛŋgiɛ < *ragi-ʔa。吉尔伯特语 maraka-na < *ma-raka，米南卡保语 sirah < *si-raq。

“伤害”桑塔利语 rokor < *roko-roko，拉巴努伊语 hakarakerake < *rake。

“血”梵语 asr̨ij < *asrig。赫梯语 eʃar < *esar。

“紫色的”粟特语 arɣawān < *arga-。

5. *giti（*git、*q^{w}it、*gəti）

“血”爪哇语、巴厘语 *gətiq < *gəti-q。汉语 q^{w}it。

“汁”印度尼西亚沙外语 gɛtgit < *git。

“伤害”卡林阿语 sakit < *sa-git。

“伤”古英语 wund、古弗里斯语 wunde < *g^{w}ude。

6. *krag（*krak、*grok）

“血”藏文 *krak。汉语 *khrak（赤）< *krak。

“红色”佤语孟汞话 kra̱k，布朗语曼俄话 saʔ^{31} khχak^{35} < *khrak。

“怕”藏文 skrag，缅文 krɔk，怒苏怒语 gɹu̱^{53} < *s-grok。

“血”俄语 krovj、波兰语 krew < *kreg^w。“红的”波兰语 tʃerwony < *kerg^{w}o-。 “红的、血色的”俄语 okrobablenn-j < *okrog^{w}a-g^{w}le-（血一色的）。 “血”阿尔巴尼亚语 gjak < *grak。“红的、紫色的”俄语 bagrov-j < *ba-grog^{w}i-。

7. *ru

“血”格曼僜语、墨脱门巴语、加龙语、博嘎尔珞巴 *ru，马加尔语 *rus。

“血”亚美尼亚语 aryun < *arun。

8. *qan

“血”土耳其语 kan，维吾尔语 qɑn，西部裕固语 qɑn < *qan。

汉语“嫣”*ʔan（嫣红）。

“血”和阗塞语 hūnä < *quna。

9. *kura（*kero、*kru）

“血”南密语 kura，勒窝语 kuru-ta < *kura。

“红色”劳语 kekero < *kero，马林厄语 ukru < *ʔukru。

“血”粟特语 uxrn < *ukr-。 “红的”亚美尼亚语 karmir、粟特语 kərmir < *kar-mir。

10. *sti

“血”哈卡钦语 a hti < *sti。

“血”粟特语 itʃi < *isti。[①]

印第安语的说法如：

① B.Gharib, *Dictionary Sogdian-Persian-English*, p.445.

阿巴齐语“血”diɬ < *dil。“血”卡林阿语 dāla < *dala，“红色”鲁凯语 do-doli。
车罗科语“血”giga < *giga。“血”查莫罗语 *qaga。“红色”查莫罗语 agaga < *ʔagaga。
“血”达科他语 we、tuwe、wotakuye，苏语 weh。达科他语 tuwe < *tubi。“血”朝鲜语 phi < *pi。
那瓦特尔语“血”yezr-tli（或 ezr-tli）< *ler。“血”雅美语 *rala。“红色”鲁凯语 dirərəl < *dirə-rəl。那瓦特尔语“红”eztitʃ < *ler-tiq。（-titʃ 单数形容词后缀）

“毛、羽毛”的词源关系

亚欧地区的多数语言对“体毛”和动物的“毛、羽毛”不作区分。南岛系的语言或称头发为“头上的叶子”，有的“头发”的叫法与别的语言“辫子”的说法有词源关系。

一些语言“毛、发、羽毛”，或“叶子、草、头发、毛”等有总称说法。汉语“毛、发”可指“草木”。《左传·隐公三年》：“涧溪沼沚之毛。”《庄子·逍遥游》：“穷发之北有冥海者，天池也。”

一　东亚太平洋语言的“毛、羽毛”

“毛、羽毛”等的代表性说法有：

1. *tu

古突厥语 ty，西部裕固语 tu（汗毛）< *tu。

2. *dun / *donu / *doŋ

土耳其语 jyn，维吾尔语 juŋ，哈萨克语 dʒyn < *dun。

塔金语 donu < *donu。

布兴语 doŋ < *doŋ。（毛、羽毛）

3. *tuk

图瓦语 dyk，维吾尔语、哈萨克语 tyk（汗毛）< *tuk。
土耳其语 tyj < *tug。（毛、羽毛、绒毛）

4. *qus / *qur-sun / *qus-pil / *ɢʷas

蒙古语 ʉs，达斡尔语 xus < *qus。①
图瓦语 xuːrsun < *qur-sun（鸟—毛）。
布农语 χuspiɬ < *qus-pil。
汉语 *ɢʷas（羽）。

5. *qusun / *gason

保安语 suŋ，东部裕固语 həsun < *qusun。
东部裕固语 ɢuɑsən < *gason。（牛羊毛）

6. *ʔugas / *ʔugaso-ŋ

蒙古语正蓝旗话 uŋgɑs，蒙古语达尔罕话 nuŋs < *ʔugas。（牛羊毛）
保安语 nogsoŋ < *ʔugaso-ŋ。（牛羊毛）

7. *puni-ʔeqe / *pun-qe / *pine

满文 funijehe，锡伯语 fənjx < *puni-reqe（毛—头）。（毛、头发）
女真语（分黑）*fenhe < *pun-qe。（毛、头发）
波那佩语 wine < *pine。（体毛）

① “毛”芬兰语 hius < *qus。

8. *dəb-tilə / *del

鄂伦春语 dəbtiləː < *dəb-tilə。

蒙古语书面语 del。（鬃毛）

9. *təre-gi

朝鲜语庆兴方言 thəreki，淳昌方言 thərək < *təre-gi。

10. *ʔumo

日语 umoː < *ʔumo（羽毛），ke < *ke（毛）

11. *ʔuputə / *p^wat

赫哲语 ufutə < *ʔuputə。（羽毛）

汉语 *p^wat（髮）

12. *nura / *nuri

爱斯基摩语 nuja < *nura。

鄂伦春语 ɳuriktə < *nuri-。（头发，-ktə 指聚集状）

13. *bulu / *pulo / *kubul / *gu-mul / *bul

印尼语 bulu，布鲁语 folo-n，马达加斯加语 -buruna < *bulu-n。（毛、羽毛）

查莫罗语 pulo < *pulo。（毛、羽毛）

泰雅赛考利克方言 bukil，赛夏语 ʔœɭobœh < *kubul。

卑南语 gumul < *gu-mul。

格曼僜语 bɯl < *bul。

14. *qub^{w}is

排湾语 quvis < *qub^{w}is。

15. *buq

雅美语 bubuh < *buq。

16. *pur / *kupur

毛利语、塔希提语 huruhuru < *pur。

邵语 kupur < *kupur。

17. *s-m^{w}e / *s-me

汉语 *s-m^{w}e（毛）。怒苏怒语 m̥e^{55} < *s-me，

18. *srəm

汉语 *srəm（彡）（毛饰），*nəm（绒）（细毛）。

19. *gre / *kala-kala / *kura

汉语 *ɣew < *gre（毫）（长锐毛，细毛），*tshat-s < *skra-t（毳）（细毛）。

马林厄语 khakla < *kala-kala。（羽毛）毛利语 kura < *kura。（羽毛）

20. *spu / *pu / *pun

藏文、拉达克语 spu，扎坝语 shu^{13} < *spu。

错那门巴语 pu^{53}，墨脱门巴语 pu < *pu。

南密语 pun < *pun。（体毛）

21. *mu / *mun / *smus

达让僜语 m^{55}，基诺语 $mɯ^{55}$，博嘎尔珞巴语 a mɯ < *mu。

景颇语 mun^{33}，独龙语 $mɯn^{55}$ < *mun。

马加尔语 mi-mhus < *smus。（阴毛）

22. $*m^{w}i$ / *lo-mi

缅文 mwe^{3}，阿昌语 mui^{31}，古龙语（Kulung）mūi < $*m^{w}i$。

柬埔寨文 loːmiːə < *lo-mi。（体毛）

23. *klun

壮语龙州话 $khun^{1}$，傣语 xun^{1}，水语 $tsən^{1}$，黎语 hun^{1} < *klun。（毛、羽毛）

24. *pli / *pulu / *pulo / *plun

苗语吉卫话 pi^{1}，青岩话 $plou^{1}$，勉语东山话 pli < *pli。

毛利语 huruhuru < *pulu。查莫罗语 pulo < *pulo（毛、羽毛）。

壮语武鸣话 $fɯn^{1}$，毛南语 $sən^{1}$ < *plun。

25. *gul / *kol / *kaluŋ

克木语 khul < *gul。（毛、羽毛、体毛）

马绍尔语 kōl̢ < *kol。（羽毛、体毛）

塔几亚语 kaluŋ < *kaluŋ。（羽毛）

26. *ʔloŋ

京语 $loŋ^{1}$ < *ʔloŋ。

27. *ʔub

蒙达语 ubh，桑塔利语 uph < *ʔub。

28. *suk / *sok

户语 θuk^{31}（毛、羽毛），莽语 mə^{31}hɔk^{55} < *suk / *sok。

29. *sani

尼科巴语 sanɔi < *sani。（毛、羽毛）

二 "毛"的词源对应关系

1."毛"和"羽毛"

南岛、南亚语中"毛、羽毛"不作区分为常见。如印尼语 bulu，爪哇语 wulu，巴拉望语、查莫罗语 pulo，尼科巴语 sanɔi，布兴语 doŋ，克木语 khul 等。不同语言"毛（羽毛）"和"羽毛"的说法有交叉对应关系。如：

（1）邵语 *ku-pur。"羽毛"维吾尔语、乌兹别克语 pɛr < *per。

（2）京语 *ʔloŋ。"羽毛"塔几亚语 kaluŋ < *kaluŋ。

（3）克木语 *gul。"羽毛"马绍尔语 kōɭ < *kol。

2."毛"和"头发"

"毛、头发"满通古斯语不作区分，如满文 funijehe，锡伯语 fənjx < *puni-reqe；女真语（分黑）*fenhe < *pun-qe；赫哲语 yxtə。

"毛"古突厥语 ty < *tu，对应于土族语"头发"ʂdzu < *sdu。一些语言"头发"的字面意思是"头—毛"或"毛—头"。如：

（1）朝鲜语 mərithər < *məri-tər（头—毛）。

（2）图瓦语 baʃdyk < *bal-duk（头—毛）。

（3）布朗语胖品话 $suk^{31}khik^{55}$ < *suk-klik（毛—头）。

（4）汉语 *srəm（彡），毛饰。[①] 缅文 $tsham^{2}paŋ^{2}$ < *skram-paŋ（毛—头）。

3. “毛”和“胡子”

“毛”和“胡子”的对应关系，如：

（1）藏文“胡子”kho spu，字面意思是“口—毛”。“毛”藏文、拉达克语、扎坝语 *spu。

（2）独龙语“胡子” $duŋ^{55}$bɯɹ < *duŋ-bur，字面意思是“毛—脸”。独龙语“脸” $mɯɹ^{55}$。“毛”布兴语 doŋ < *doŋ，维吾尔语 juŋ < *duŋ。

（3）景颇语“毛” mun^{33}，“胡子” $n^{31}mun^{33}$。

（4）傈僳语“毛” $e^{55}mɯ^{55}$，“胡子” $mɯ^{31}tsi̱^{33}$。

（5）南密语“体毛”*pun。阿者拉语“胡子”mu fufun < *mu-pupun。

汉语“须（鬚）”战国时通“胥”，*so < *sŋra，可能与藏文“头发”skra 有词源关系。

4. “毛”和“皮毛”“皮”

“毛”和“皮毛”的对应关系，如：

（1）印尼语 *bulu。“皮毛”摩尔波格语 bulbul < *bul-bul。鲁凯语 əbələ < *ʔəbulu。

（2）朝鲜语方言 *təre-gi。“皮毛”嫩戈内语 dire < *dire。“皮、皮革”古突厥语、土耳其语 deri，维吾尔语 terɛ，撒拉语 tirə < *derə。（皮肤、皮革）

（3）赛德克语 *ʔubal。“皮毛”排湾语 qubalj < *ʔubali。汉语 *bal（皮）。

（4）“牛羊毛”保安语 *nuŋa-soŋ。“皮”壮语、傣语 $naŋ^{1}$，黎语 $noŋ^{1}$ < *ʔnoŋ。

---

① “髟”又读与“彡”同，引申指“屋翼”。“髟”匹妙切，指“长鬣”，即“头发”。

（5）“羽毛”蒙古语 ɵd，土族语 foːdə < *pudə。“皮”日语 hada（膚）< *pada。

（6）“毛”图瓦语、维吾尔语、哈萨克语 *tuk。“皮子”大瓦拉语 teki < *teki。

5.“毛”和“草、叶子”等的词源关系

玛雅语楚吉方言（Chuj）“叶子、头发、毛”xil，这是一个体现原始分类的例子。早期的语言中“叶子、草木、头发、毛”一类有通称，又有区别的说法。古东亚语言“毛”和“草”的说法有词源关系。赫哲语“毛、头发”yxtə < *ʔiqtə，“草”oroχtə < *oro-qtə。“头发”印尼语、爪哇语 rambut，印尼语中又指“草”。

（1）蒙达语、桑塔利语 *ʔub。“草”蒙古语 ɵb < *ʔob。

（2）格曼僜语 *bul。“草”鲁凯语 obolo < *ʔo-bolo。排湾语 ta-əməɭ < *ʔəmol

（3）邵语 *kupur。“草”朝鲜语 phur < *pur。

（4）蒙古语、达斡尔语、保安语、东部裕固语 *ʔusu-n。“草”土族语 usə，东部裕固语 weːsən < *ʔusə-n。日语 kusa < *kusa。罗图马语 mɔʔusu < *mo-ʔusu。“叶子”加龙语 ɯsɯ-ane < *ʔusu-ʔane。博嘎尔珞巴语 a nə < *ʔane。

（5）土耳其语 *tug（毛、羽毛、绒毛）。“草”查莫罗语 tʃhaguan < *dagu-ʔan。布兴语 tɤk < *tək。

（6）鄂伦春语 dəbtiləː < *dəb-tilə。“草”蒙达语 dumbu < *dubu。“头”赫哲语 dili，鄂伦春语 dɪli < *dili。

（7）景颇语 *mun。“草”土耳其语 tʃimen < *ki-men。

（8）汉语 *tshat-s < *skra-t（毳），“头发”藏文 skra < *s-kra。“草”藏文 rtswa，嘉戎语 kɑ tsɑ，义都洛巴语 kɑ^{55}ɹe^{55} < *kra。

（9）错那门巴语、墨脱门巴语 *pu。“草”吕苏语 bu^{35} < *bu。

（10）京语 *ʔloŋ。“草”亚齐语 nalɯəŋ < *na-ləŋ。

（11）排湾语 ta-əməɭ < *ʔəmol。“草”鲁凯语 obolo < *ʔo-bolo。莽语 ma^{31}la^{51}，越南语 la^{5} < *mala。

（12）赫哲语 *ʔiqtə。“草”马达加斯加语 ahiʈra < *ʔaqita。

（13）日语 *ke。“树”姆布拉语 ke，雅贝姆语 ka < *ke。日语 ki < *ki。京语 kəi^{1} < *ki。“柴”马那姆语 ke < *ke。

◇ 三　复合词中的“毛”

东亚太平洋语言复合词“头发”“眉毛”“胡子”中多包含语素“毛”。

1.“头发”中的“毛”

在关于“头”的词源关系讨论中我们已经提到一些较为特殊的例子，如：

（1）“毛、头发”满文 funijehe，锡伯语 fənjx < *puni-reqe，字面意思是“毛—头”。*puni 对应于南密语“体毛”pun < *pun，reqe 对应于索伦语“头”irge < *ʔirge。

（2）“头发”赛德克语 sununuh，泰雅语 hununux < *sunu-nuq，意思是“发—头”。“头发”保安语 suŋ < *suŋ，东乡语 usun < *ʔusun。“头”赛考利克方言、泽敖利方言 *bətu-nuq，赛德克语 tunuh < *tu-nuq。

（3）“头发”拉巴努伊语 puʔoko，摩尔波格语 nuok < *punu-ʔoko，意思是“毛—头”。“头发”汤加语 lou-ʔulu，萨摩亚语 lau-ulu，塔希提语 rouru < *raʔu-ʔulu，意思是“叶子—头”。“叶子”巴布亚多布语 rak^{w}u-n，莫图语 rau，汤加语 lau < *raʔu。

（4）“头发”塔几亚语 gurma-rou-k < *gurma-roʔu-k，意思是“头—叶子—我的”。

（5）“头发”印尼语、爪哇语 rambut < *ra-but，最初的意思可能是

"头—羽毛"。"羽毛"，如东部斐济语 βuti- < *puti。

"头发"查莫罗语 gaputulo < *gaput-ʔulo，意思是"发—头"。*gaput，对应于贡诺语 appiʔ，沙玛语、卡加延语 sapid < *sapid "辫子"。

（6）"头发"邹语 fəʔʉsʉ < *pə-ʔusu，意思是"头—毛"或"头—草"。

（7）"头发"布央语巴哈话 $mut^{11}mao^{11}$ < *but-mu，意思是"体毛—头"。

（8）"头发"莽语 huk^{55} < *suk。布朗语胖品话 $suk^{31}khik^{55}$ < *suk-klik，意思是"发—头"。"头发"佤语艾帅话 ha̠ɯ̠k kaiŋ，德昂语硝厂沟话 hɤ̆k geiŋ < *suk-giŋ，意思也是"发—头"。"头"巴饶克语（Palaung）达朗方言 giŋ < *giŋ。

（9）"头发"布赓语 $sa̠ŋ^{31}mbo̠u^{31}$ < *saŋ-bu（毛—头）。布赓语"毛" $sa̠ŋ^{31}$。

2. "眉毛"中的"毛"

上文"眼睛"词源关系的讨论中已说明一些语言"眉毛"的说法中包含"眼睛"的特别说法，也包括表示"毛"等的特殊说法。

（1）西部裕固语 gərmək，东部裕固语 gərwəg < *gər-məge（眼睛—毛）。

（2）蒙古语 xəmsəg，图瓦语 kømysgɛ，土族语 kumosgo < *komu-səge（毛—眼睛）。

（3）中古朝鲜语 nunsəp < *nun-səb，其字面意思是"眼睛—毛"。"眼睛" *nun 与现代读法同。*səb 义为"毛"，可能与藏文"毛" spu 有词源关系。

（4）藏文 mig spu，墨脱门巴语 miŋ pu < *mik-spu（眼睛—毛）。

（5）泰雅语 pawmiɬ < *pal-mil（眼睛—毛）。

（6）傣语 $xun^{1}ta^{1}$，黎语通什话 $hun^{1}tsha^{1}$ < *klun-ta / *klun-pla（毛—眼睛）。

（7）壮语武鸣话 $pɯn^{1}ta^{1}$，侗语 $pjən^{1}ta^{1}$ < *plən-ʔda（毛—眼睛）。

（8）汉语"眉"*mil，即南岛语"毛"，如泰雅语"眉毛"pawmiɬ < *pal-mil。

（9）克木语 khul klɔŋ pir < *kul-kloŋ-pir，字面意思是"毛—眼珠"。pir 指圆形物。"毛、羽毛、汗毛、（睫）毛"等，克木语 khul < *gul。

◇ 四 词源关系分析

1. *g^{w}ara（*gre、*kura、*kra、*kara）

汉语 *gre（毫），*skra-t（毳）（细毛）。

“羽毛”毛利语 *kura。藏文“头发”skra < *s-kra，“羽毛”sgra < *s-gra。

“草”嘉戎语、义都洛巴语 *kara。

“毛发”古英语 hær、古高地德语、古挪威语 har < *kar。

“草、药草”古英语 græs、古高地德语、哥特语 gras < *gra-s。

“毛”匈牙利文 haj、hajzat。芬兰语 karvat < *kar-b^{w}at。

2. *g^{w}alu（*gul、*kol、*kalu）

“毛、羽毛、体毛”克木语 *gul。

“羽毛、体毛”马绍尔语 *kol。

“羽毛”塔几亚语 *kaluŋ。

“毛发”威尔士语 gwallt < *g^{w}al-。粟特语 wars、阿维斯陀经 varəsa < *g^{w}alə-。

“羊毛”古英语 wull、古高地德语 wolla、威尔士语 gwlan < *g^{w}ula。古教堂斯拉夫语 vluna、拉丁语 vellus（未剪下的），粟特语 warnā、阿维斯陀经 varənā < *g^{w}elu-。

3. *b^{w}alu（*pulo、*bul、*bal、*bulu）

“毛、羽毛”印尼语、布鲁语、马达加斯加语 *bulu-n，泰雅语、赛夏语 *kubul，格曼僜语 *bul，赛德克语 *ʔubal。

“草”鲁凯语 ʔo-bolo。

> "头发"西班牙语 cabolle、意大利语 cabelli < *kaboli，拉丁语 pilus。
> "毛发"乌尔都语 baːl < *bal。俄语 volos、波兰语 wlosy < *b^{w}olosu。
> "毛发"亚美尼亚语 maz < *mal。
> "去毛" 拉丁语 pilare < *pila-。

"毛发"匈牙利文 bolyh < *bolus，格鲁吉亚语 balani < *bala-ni。

4. *p^{w}er（*pur、*per）

"毛"毛利语、塔希提语 *pur。"羽毛"维吾尔语、乌兹别克语 pɛr < *per。

> "羽毛"粟特语 parn、阿维斯陀经 parəna < *pare-。

5. *gaso（*gas）

"牛羊毛"东部裕固语 *gaso-n。蒙古语 *ʔugas。保安语 *ʔugaso-ŋ。汉语 *ɢ^{w}as（羽）。

> "卷曲的毛发"阿维斯陀经 gaesa < *gesa。
> "毛发"和阗塞语 sakṣa。

"草"日语 kusa < *kusa。桑塔利语 ghãs < *gas。

> 和阗塞语"草"ggisai < *gisa-，"辫子"gisana < *gisa-。

6. *b^{w}edi（*putə、*puti、*pudəŋ、*p^{w}at）

"羽毛"赫哲语 ufutə < *ʔuputə。东部斐济语 βuti- < *puti。蒙古语 ɵd、土族语 foːdə、保安语 hodoŋ < *pudəŋ。汉语 *p^{w}at（髮）。

"草"宁德娄语 b^{w}idiʔu < *b^{w}idi-ʔu。

"飞"戈龙塔洛语 t-um-o^{m}boto < *to-boto。他加洛语 lipad，巴拉望语 lumɔpad < *lo-pad。"跑"尼科巴语 veuːtø < *buto。

> "飞"希腊语 peto，梵语 pat、patati。

"毛发"格鲁吉亚语 bɛtsvi < *bet-b^{w}i。

7. *dage（*dige、*duke、*tuk、*tug）

“毛”图瓦语、维吾尔语、哈萨克语 *tuk。

“毛、羽毛、绒毛”土耳其语*tug。

“尾巴”东乡语 ɕian，保安语 ɕantʃig < *satig。南密语 t^hige-n < *dige。

“屁股”桑塔利语 ɖuke < *duke。

“毛发”哥特语 tagl < *tage-l。“尾巴”古英语 tægel、古挪威语 tagl（马尾）。

8. *m^wi（*mi、*m^we）

“毛”缅文、阿昌语、古龙语 *m^wi。汉语 *s-m^we（毛）。

“体毛”柬埔寨文 loːmiːə < *lo-mi。

“毛发”阿尔巴尼亚语 qime < *qime。

9. *dire（*təre、*derə）

“毛”朝鲜语方言 *təre-gi。“皮毛”嫩戈内语 dire < *dire。

“皮、皮革”古突厥语、土耳其语 deri，维吾尔语 terɛ，撒拉语 tirə < *derə。

“毛发”和阗塞语 dro。

阿巴齐语“毛发”tsizil < *tilil，“他的体毛”bi-ghaːʔ < *gaʔ。车罗科语 ugitli，西部车罗科语 gotlu，东部车罗科语 gitsu < *go-tili。相当于阿巴齐语“体毛、毛发”的合称。“草”阿美语 taluɫ < *talul，卑南语 ʈaɭun < *talun。

“毛发”达科他语 hiŋ、pahiŋ、paha，苏语 hiŋ、pa-hiŋ。

（1）paha < *bala。“头发”大瓦拉语 apala-na < *ʔapala。

（2）pahiŋ < *baliŋ。“体毛”布鲁语 folo-n < *polo。

“皮”的词源关系

“皮肤、（树）皮”或归为一类，或有不同说法。亚欧语言“皮肤”“（树）皮”的说法与“皮革”“毛皮”等的说法有词源关系。如汉语“皮”原指动植物的“皮”，又引申指“剥皮”“皮革”“裘皮”等。

◇ 一　东亚太平洋语言的“皮”

“皮”“树皮”等的代表性说法有：

1. *derə / *tirə / *dire

古突厥语、土耳其语 deri，维吾尔语 terɛ < *derə。（皮肤、皮革）[①]

蒙古语 ʃir，撒拉语 tirə < *tirə。（皮肤、皮革）

嫩戈内语 dire < *dire。（毛皮）

2. *qabuq / *sbek / *so-bok

土耳其语 kabuk，哈萨克语 qɑbɑq（树皮）< *qabuq。

柬埔寨文 sbaek < *sbek。

---

① “皮”芬兰语 talja < *tala。

柬埔寨文 sɔmbɔːk ＜*so-bok。（皮、树皮）

3. *qabarəq / *qabaraq / *gabari

柯尔克孜语 qɑbəzɑq＜*qabarəq。

维吾尔语 qowzɑq＜*qabaraq。（树皮）

达密语 gabari＜*gabari。（树皮）

4. *qoros / *qar-dəq / *qar-ta / *ʔari / *tu-ʔero

蒙古语书面语 ɑrɑsu，蒙古语正蓝旗话 xərs，鄂托克话 gørøs，都兰话 kørs＜*qoros。

西部裕固语 qɑzdəq＜*qar-dəq。

桑塔利语 harta＜*qar-ta。（皮、皮革）

缅文 ɑ^{1}re^{2}＜*ʔari。

查莫罗语 tʃuero＜*tu-ʔero。

5. *kab^{w}a / *kab / *sar-kəbə-tak / *kob^{w}a / *kabi

日语 kawa＜*kab^{w}a。阿伊努语 kap＜*kab。

朝鲜语淳昌方言 sarkkəpttak＜*sar-kəbə-tak。

卡那卡那富语 kava＜*kab^{w}a。

罗维阿纳语 kapu，莫图语 kopi-na，莫图语柯勒布努方言 opi＜*kabi。

6. *suqu / *suqi

满文 suku，锡伯语 soqw ＜*suqu。

女真语（速古）*suku＜*suqu。女真语（速吉）*suki＜*suqi。

7. *gadug / *ketik

中古朝鲜语 katʃuk＜*gadug。

爱斯基摩语 kresik < *ketik。（海兽皮）

8. *pada

日语 hada（膚）< *pada。①

9. *nana / *nenun

鄂温克语 nanda < *nana。

嫩戈内语 nenun < *nenun。

10. *ʔamek

爱斯基摩语 amerk < *ʔamek。

11. *kulit / *qudita

印尼语、爪哇语 kulit，亚齐语 kulet < *kulit。

马达加斯加语 hudiʈ^{r}a < *qudita。

12. *ʔikid

鲁凯语 ikid < *ʔikid。

13. *ʔalu / *ʔala / *ʔuli / *lela

夏威夷语 ălŭ < *ʔalu。

多布语 ʔala-m < *ʔala。

罗图马语 ʔuli < *ʔuli。（皮肤、树皮、皮革）

毛利语 rera < *lela。（皮革）

---

① “皮”芬兰语 vuota < *bota。

14. *kili / *sukulo / *klo

马绍尔语、波那佩语 kil，汤加语 kili，夏威夷语 ili，毛利语 kiri（皮肤、树皮）< *kili。

菲拉梅勒语、拉巴努伊语 kiri < *kili。

塔几亚语 sukulo-n < *sukulo。

鄂伦春语 -kʃo < *klo。

15. *baŋəl

阿美语 faŋəʃ，赛夏语 baŋəʃ < *baŋəl。

16. *pra / *ko-pra / *par-ma

汉语 *pra（膚）。[①]

义都珞巴语 ko^{55}pɹɑ^{55} < *ko-pra。（皮肤）

鄂罗克语 parma < *par-ma。（皮肤、树皮）

17. *bral / *bəl-qar / *bol-son ʔara-son / *qu-bali / *pali

汉语 *bral（皮）。[②]

图瓦语 bɤlʁɑːr < *bəl-qar。（皮、皮革）[③]

东部裕固语 bolson ɑrɑsən < *bol-son ʔara-son。（皮、皮革）

巴拉望语 kubal，托莱语（Tolai）pali- < *qu-bali / *pali。

18. *ʔnaŋ / *moŋ-noŋ

壮语、傣语 naŋ^{1}，黎语 noŋ^{1} < *ʔnaŋ。

墨脱门巴语 moŋ naŋ < *moŋ-noŋ。

---

① “膚”谐声字有“盧”*ra，“慮”*ras。“膚”为“臚”之籀文，其三等介音来自 *-r-。

② 《说文》：“皮，剥取兽革者谓之皮。从又为省声。”

③ “皮肤”匈牙利文 bel < *bel。

19. *l-pag-s / *bak-ʔoro / *ʔu-pak / *tabuk

藏文 lpags < *l-pag-s（皮），ça pags （皮肤，字面意思是“肉—皮”）。

鲁凯语 bakoro < *bak-ʔoro。

摩尔波格语 upak < *ʔu-pak。（树皮）

排湾语 tsabuk < *tabuk。

20. *tuʔ / *tiq / *ti

苗语养蒿话 tu^{3}，野鸡坡话 to^{B}，枫香话 tɛ^{3} < *tuʔ。

他杭语 tih < *tiq。

南密语 tʃi-n < *ti。

21. *ʔapin / *pun / *bi

加龙语 apin，博嘎尔珞巴语 a pin < *ʔapin。

独龙语 pɯn^{55} < *pun。

他杭语 phiː < *bi。（树皮）

22. *so-kuk / *ʔakuk / *quki

勒期语 ʃŏ^{55}kṵk^{55} < *so-kuk。（皮肤）

加龙语 akuk < *ʔakuk。（树皮）

那大语 huki < *quki。

23. *gər / *gu

吕苏语 ngə^{ɹ35} < *gər。

拉祜语 ɔ^{31}gɯ^{31}，彝语巍山话 gɯ^{55} < *gu。

24. *buŋ / *ʔbuŋ

仡央语支布央语峨村话 buŋ^{24} < *buŋ。

巴琉语 mbuŋ^{55} < *ʔbuŋ。

25. *sak

佤语 hak，莽语 ma^{31} hak^{35} < *sak。

26. *sul

布兴语 sul < *sul。

27. *pur

克木语 m̥pur，德昂语南虎话 hur < *pur。

28. *dal

桑塔利语 tshal < *dal。（皮、树皮）

29. *ʔur / *ruru

蒙达语 uɽ < *ʔur。（树皮）

莫图语莫图莫图方言 ruru < *ruru。

◇ 二 “皮”的词源对应关系

1. “皮肤”和“树皮”

“皮、树皮”说法相同的，如莫图语“皮肤”kapu-na、“树皮”kapu。“皮肤、树皮”东部斐济语 kuli，西部斐济语 taba，排湾语 qaljits，波那佩语 kil，柬埔寨文 sɔmbɔːk，等等。南岛语中多以“树的皮”这样的说法来表示“树皮”。

一些语言“皮肤”和“树皮”说法不同，不同语言交叉对应。如：

（1）印尼语、爪哇语 kulit，亚齐语 kulet < *kulit。“树皮”巴拉望语、布拉安语 kulit < *kulit。泰雅语泽敖利方言 qaɬiʔ < *qalit。

（2）柯尔克孜语 *qa-barəq。“树皮”维吾尔语 qowzɑq < *qa-baraq。

（3）柬埔寨文 sɔmbɔːk < *so-bok。“树皮”桑塔利语 baklakh < *bak-lak。

2. “皮肤”和“皮革”

一些语言“皮肤、皮革”说法相同，如古突厥语、土耳其语、维吾尔语 *derə，蒙古语、撒拉语 *tirə，桑塔利语 *qar-ta。有的语言“皮肤、皮革”说法不同，与别的语言对应，如：

（1）印尼语、爪哇语 kulit，亚齐语 kulet < *kulit。“树皮、皮革”锡加语 ʔulit < *qulit。

（2）汉语 *bral（皮）。“皮、皮革”图瓦语 bɤlʁɑːr < *bəl-gar。

3. “皮”“毛皮”的词源关系

（1）突厥语“皮肤、皮革”*derə，嫩戈内语“毛皮”dire < *dire。

（2）克木语、德昂语南虎话“皮”*pur，伊拉鲁吐语“毛皮”ɸeru < *peru。

（3）汉语 *pra（膚），吉尔伯特语“毛皮”burae < *bura-ʔe。

4. “皮”和“肉、肌肉”的词源关系

“皮”的说法可和“肉”的说法对应。如：

（1）爱斯基摩语 *ʔamek。“肉”科木希语 mehi-n < *meqi。

（2）夏威夷语 *ʔalu。“肉”鄂伦春语 ulə，鄂温克语 uldə，赫哲语 uldzə < *ʔulə-。

（3）京语 *ʔla。“肌肉”尼科巴语 alaha < *ʔalala。“油脂”夏威夷语 aĭlă< *ʔa-ʔila。

（4）南密语 *ti。“肌肉”阿美语 titi < *ti-ti。

5.“皮”和“去皮”的词源关系

一些语言表示“去皮”的动词的词根为“皮”，有的这个动词的词根与别的语言“皮”的说法一致或有词源关系。

（1）“皮、去皮”摩尔波格语 kulit，亚齐语 kulet < *kulit。

（2）“去皮”莫图语 kopa-ia，“皮”莫图语 kopi-na。

（3）“去皮”卡加延语 palut，“皮”托莱语 pali-。

（4）“去皮”布兴语 sul < *sul，“皮”卡乌龙语 sil。

（5）“去皮”塔希提语 hohore < *po-pore，“皮”格木语、德昂语南虎话 *pur。

（6）“（皮）脱落”桑塔利语 ur < *ʔur。“树皮”蒙达语 uɽ < *ʔur。

6.“皮”和“遮盖”“躲藏”的词源关系

如英语把 hide 叫作“皮”，“皮”的说法可能来自动词“遮盖”。“盖”引申义有“藏”“闭合”等，“皮”的说法又和这一类说法有词源关系。

（1）“皮”日语 *kaba、阿伊努语 *kab、卡那卡那富语 *kaba，罗维阿纳语、莫图语 *kapu。“盖（土）”藏文 ɦgebs < *m-geb-s，嘉戎语 pkɑp < *p-kap，博嘎尔珞巴语 kup kap。“盖（毯子等）”布拉安语 s-n-aŋaba，布昂语 kəbu。“盖子”巴厘语 kəkəp。

（2）“皮”依斯那格语 luplup，戈龙塔洛语 alipo < *lipo。“盖上”卡加延语 takləb < *ta-kləb。“闭眼”壮语 lap^7 < *ʔlap，侗语 n̥ap^7 < *ʔnap，汉语 *gləp（合）。①

（3）“皮”桑塔利语 *dal。“藏”哈萨克语 dʒɑsərən-，塔塔尔语 jɛʃirin-，撒拉语 jɑʃin- < *dali-ən。图瓦语 dʒɑʃdɤ- < *dal-də。

---

① “合/答”谐声字组涉及中古舌根、舌尖、舌面等不同声母读音的字，如上古晚期“合”*ɣəp，“歙”*hləp，“恰”*khrəp，“荅”*təp。

◇ 三　复合词中的“皮”

1. 并列成分中的“皮”

（1）蒙古语 arasu < *ʔara-su。“皮”马那姆语 usi < *ʔusi。

（2）“皮、皮革”东部裕固语 *bol-son ʔara-son，字面意思是“皮毛—皮毛”。土族语 bolsan ɑrɑsə < *bol-san ʔara-su，也是如此。如“皮”汉语 *bal，“毛”蒙古语 ʉs，达斡尔语 xus，保安语 suŋ，东部裕固语 həsun < *ʔusun/ŋ。

（3）“皮革”图瓦语 bʏlʁɑːr < *bəl-qar，字面意思是“皮—皮肤”。“皮”蒙古语 *ʔara-su。图瓦语的浊塞音有的对应于维吾尔语、哈萨克语的清塞音，不知是否有过浊化。

（4）“皮、皮革”东乡语 bolusɑn fugiə ɑrɑsun，字面意思是“皮毛—皮—皮毛”。东乡语 fugiə < *pugi，相当于土耳其语 kabuk（皮），哈萨克语 qɑbɑq（树皮）< *qabuq。

（5）鲁凯语 bakoro < *bak-ʔoro。“皮”藏文 *l-pag-s。“表皮”蒙古语正蓝旗话 xɵrs，鄂托克话 gørøs，都兰话 kørs < *qoros。

（6）“皮肤”义都珞巴语 $ko^{55}pɹɑ^{55}$ < *ko-pra。达让僜语 ko^{55} < *ko。拉祜语 $ɔ^{55}gɯ^{31}$ < *ʔogu。汉语 *pra（膚）。

2. “树皮”的“皮”

（1）“树皮”他加洛语 naŋ kāhoj，字面意思是“皮—树”。“皮”如壮语、傣语 $naŋ^{1}$，黎语 $noŋ^{1}$ < *ʔnaŋ。

（2）“树皮”毛利语 kiripaka < *kili-paka，字面意思是“皮—皮”。

3. “毛皮”的“皮”

（1）达阿语 $vulu^{ŋ}guli$ < *bulu-kuli，字面意思是“毛—皮”。

（2）马达加斯加语 hudiʈ^{r}a malem vulu，字面意思是“皮和毛”。“皮肤”马达加斯加语 hudiʈ^{r}a ＜*qudita。

一些南岛语的“毛皮”，字面意思是“鸟毛”。

4.“眼皮”中的“皮”

（1）亚齐语 kulet mata，达阿语 kuli mata，字面意思是“皮—眼睛”。

（2）莫图语 mata-na kopi-na，字面意思是“眼睛—皮”。

（3）汤加语、萨摩亚语 lau mata，字面意思是“皮—眼睛”。“皮”罗地语lou-k < *laʔu。

（4）西部斐济语 loblob-ni-mata，字面意思是“皮—眼睛”。“皮”依斯那格语 luplup。

（5）西部裕固语 gyz qɑlɑq，字面意思是“眼睛—皮”。“皮”夏威夷语 ălŭ < *ʔalu。多布语 ʔala-m < *ʔala。

◇ 四 词源关系分析

1. *g^{w}ari（(*gər、*garo、*gar、*kiri)）

“皮”吕苏语 *gər，菲拉梅勒语、拉巴努伊语 kiri。“皮、皮革”图瓦语 bɤlʁɑːr < *bəl-gar。“去皮”罗维阿纳语 *garo。

“皮革”梵语 caːrma < kar-ma，拉丁语 corium < koru-m。

“皮肤、皮革”粟特语 tʃarm < kar-m。

阿尔巴尼亚语“皮肤”lëkurë < *le-kure，“树皮”lëvore < *le-g^{w}ore。

“皮、皮革”俄语 koʐa < kora，波兰语 skora < skora。

俄语“壳”korika，“树皮”kora。

"皮、树皮"匈牙利文 kereg，格鲁吉亚语 kɛrki < *kerki。汉语 *krek（革）。

2. *dari（(*derə、*tirə、*dire)）

"皮肤、皮革"古突厥语、土耳其语、维吾尔语 *derə，蒙古语、撒拉语 *tirə，对应于嫩戈内语"毛皮"dire < *dire，早期词根为 *g^w^ari。

"皮"希腊语 derma < *der-。

3. *dal

"皮、树皮"桑塔利语 tshal < *dal。

"贝壳、树皮"和阗塞语 dalaa- < *dala。

4. *siki（*suqu、*suqi、*sek、*sgi）

"皮"满文、女真语 *suqu，女真语 *suqi。

"剥"巽他语 pəsek < *pə-sek。宁德娄语 asik < *ʔasik。

"皮、去皮"英语 skin，"皮"古英语 scinn、古挪威语 skinn < *skin。 "皮肤"亚美尼亚语 maʃk < *ma-ski。 "皮口袋"希腊语 askos < *asko。

5. *kab^w^i（*qabu、*kab^w^a、*kab、*kabi）

"皮肤、树皮"土耳其语、哈萨克语 *qabu-q，"皮"日语 *kab^w^a、阿伊努语 *kab、卡那卡那富语 *kaba，罗维阿纳语、莫图语 *kabi。

"树皮"希腊语 gabgisma < gab-gism。"皮疮"拉丁语 hyvis < kib^w^is。

6. *bali（*pali）

巴拉望语 *qu-bali，托莱语*pali。

"皮"拉丁语 pellis。"皮肤、树皮"希腊语 phlaoios，"肚子"英语 belly。

“皮袋子、钱包、风箱”古英语 belg，“风箱”哥特语 balgs。
“皮袋子、风箱”古挪威语 belgr。
“剥皮”古英语 flean、pillian，古挪威语 fla，中古荷兰语 vlaen < *bla。

“皮、皮革”图瓦语 *bəlgar，可能来自印欧语。

7. *lupa（*lipo、*lepa）

“皮”依斯那格语 luplup，戈龙塔洛语 alipo < *lipo。“去皮”乌玛语 lepaʔ < *lepa。

“树皮”古教堂斯拉夫语 lubu，立陶宛语 luobas < *luba-。

“皮”匈牙利文 reve。

8. *kid

“皮”鲁凯语 ikid < *ʔikid。

“皮”古英语 hyd，古弗里斯语 hed、古挪威语 huþ < *kid。
“割”瑞典语方言 kuta，“小刀”古挪威语 kuti < *kita。

“树皮”匈牙利文 ugatas。

9. *kilo（*kili、*sukulo、*klo）

“皮”鄂伦春语 -kʃo < *klo。马绍尔语、波那佩语、汤加语、夏威夷语、毛利语、菲拉梅勒语、拉巴努伊语 *kili。塔几亚语 sukulo-n < *sukulo。

“皮肤”和阗塞语 tʃhala < *gala。
“树皮”俄语 skala。

印第安语的情况如：

阿巴齐语“他的皮肤”bi-ka，bi-kage。“树皮”加龙语 akuk < *ʔakuk
车罗科语“皮肤”ganega，“皮革”ganetsi，“去皮”ganega-di，“树

皮”ujalv < *ʔulalu。

达科他语“皮肤”uka。“皮子”苏语 wah-ha < *baqa。“树皮”摩尔波格语 upak < *ʔu-pak，“皮”鲁凯语 bakoro < *bak-ʔoro。

那瓦特尔语“皮肤”ehuatl、toehuajo、“脸皮”ixehuatl。

（1）ehua-tl < *ʔelu-ʔa。“皮肤”夏威夷语 ǎlǔ < *ʔalu。

（2）toehuajo < *to-ʔelu-ʔalo。“皮肤”查莫罗语 tʃuero < *tu-ʔero。

“心脏”的词源关系

亚欧语言“心脏”的说法跟“肺”“肝”“脾”“胆”等说法有词源关系，或引申指“心情”“胆量”“灵魂”等，可派生为动词“想”“思念”等。

◇ 一 东亚太平洋语言的“心脏”

“心脏”的代表性说法如：

1. *gurek / *guruk

土耳其语 jyrek，维吾尔语、塔塔尔语 jyrɛk，图瓦语 dʒyryk < *gurek。（心、胆量）

蒙古语书面语 dʒirüke，蒙古语 dʒʉrx，达斡尔语 dʒurugu < *guruk。

2. *mer-ker / *muri-le / *buro-baʔi / *buro / *ʔaburo / *ta-bur

土耳其语 merkez < *mer-ker。[1]

女真语（木日勒）*muzile < *muri-le。

夏威夷语 pŭŭwăi < *buro-baʔi。

---

[1] “心脏”匈牙利文 kör < *kor。

吉尔伯特语 buro，马那姆语 aburo < *buro / *ʔaburo。

雅美语 tawur < *ta-bur。

3. *ʔiram-an / *rəm-toŋ / *ram / *ʔirubi

锡伯语 niamən，满文 nijaman < *ʔiram-an。

中古朝鲜语 njəmthoŋ < *rəm-toŋ。阿伊努语 ram < *ram（心、灵魂）。

拉加语 irub^{w}i < *ʔirubi。

4. *miʔa-gan

鄂伦春语 mɛːgan，赫哲语 miawun < *miʔa-gan。

5. *ʔomat / *ʔa-bat / *ma-batu / *qa-butuŋ

爱斯基摩语 omat < *ʔomat。

卡乌龙语 aβhat，萨摩亚语 fatu，汤加语 māfatu < *ʔa-bat / *ma-batu。

布农语 χaputuŋ，排湾语 qavuvuŋ < *qa-butuŋ。

6. *sape / *sobibi

阿伊努语 sampe < *sape。

达密语 sõbibi < *sobibi。[①]

7. *ʔido / *ʔati

鄂罗克语 indo < *ʔido。（心、心情）[②]

布吉斯语、马都拉语 ati < *ʔati。

---

① "心"匈牙利文 sziv < *sib^{w}。

② "心"芬兰语 into < *ito。

8. *datuŋ

印尼语、爪哇语，摩尔波格语 dʒantuŋ，亚齐语 ɟantoŋ < *datuŋ。（心，香蕉花蕾）

9. *babu / *bubu / *ʔab^{w}ab^{w}a / *ʔabubuŋ

塔几亚语 babu < *babu。

巴则海语 bubu < *bubu。

鲁凯语 avava < *ʔab^{w}ab^{w}a。

排湾语 abubuŋ < *ʔabubuŋ。

10. *puso-q

巴拉望语、木鲁特语 pusuʔ，那大语 puso < *puso-q。

11. *nugo / *nako

大瓦拉语 nugonugo-na，夸梅拉语 nəkenaku < *nugo / *nako。

12. *tama-balaq / *bel-doŋ

赛德克语 tamabalaq，赛夏语 bæɭæʔ（肺）< *tama-balaq。

柬埔寨文 behdoːŋ < *bel-doŋ。

13. *sule

达阿语 sule，乌玛语 hule < *sule。

14. *ʔbake / *buka / *ʔapuk / *goŋ-puk

窝里沃语 ɓake < *ʔbake。

多布语 ɸuk^{w}a < *buka。

塔金语 apuk，博嘎尔珞巴语 ɦoŋ puk < *ʔapuk / *goŋ-puk。

15. *moŋiʔoŋ / *moŋo

波那佩语 mōŋioŋ ＜*moŋiʔoŋ。

劳语 maŋo ＜*moŋo。

16. *guru / *kruʔ

瓜依沃语 goru-na ＜*goru。

黎语 ɬaːu^{3} ＜*kruʔ。

17. *sni-lum / *sa-lum / *rə-lom / *ma-lam / *name-n

汉语 *snəm（心）＜*sni-lum。[①]

壮语 sim^{1}，侗语 səm$^{1'}$，毛南语 sam^{1}。（汉语借词）

景颇语 să^{31}lum^{33}，格曼僜 lɯm^{35} ＜*sa-lum。

佤语马散话 rɤ hɔm＜*rə-lom。

朝鲜语书面语 maɣɯm，中古朝鲜语 mʌzʌm ＜*ma-lam。

南密语 name-n ＜*name-n。

18. *sni-lum / *sni-ŋ

阿依怒语 n̥i^{31}ɹum^{31}，缅文 hnɑ^{1}lum^{3} ＜*sni-lum。

藏文 sn̥iŋ ＜*sni-ŋ。

19. *gin

马加尔语 mi-gin ＜*gin。

20. *loŋ / *luŋ

越南语 loŋ^{2} ＜*loŋ。

哈卡钦语 luŋ ＜*luŋ。

---

① 谐声字“沁”《广韵》七鸩切。

21. *plu

苗语绞坨话 pl̥ə^{3}，野鸡坡话 plo^{3} < *plu。

22. *təl-ŋok / *ŋaka-ʔu

克木语 təlŋŏk < *təl-ŋok。

毛利语 ŋākau < *ŋaka-ʔu。

23. *rə-qam

佤语艾帅话 rhɔm，马散话 rɤ hɔm < *rə-qam。

24. *smul

布朗语曼俄话 m̥ ul < *smul。

25. *ʔotor

桑塔利语 o̱nto̱r < *ʔotor。

◇ 二 “心脏”的词源对应关系

1. “心脏”和“肺”“胸”的对应

（1）土耳其语、维吾尔语、塔塔尔语、图瓦语 *gurek。“肺”蒙古语书面语 ɑɣusqı，清代蒙文 aguʃki，达斡尔语 ɑurkj < *ʔagurki。

（2）塔金语 apuk < *ʔapuk。“肺”古突厥语 øpke，维吾尔语 øpkɛ < *ʔopoke。

（3）萨摩亚语、汤加语 *patu。“肺”马林厄语 p^{h}otʃo < *poto。“胸”蒙古语 əbtʃʉː < *ʔobutu。东部裕固语 putʃyn < *putu-n。

（4）鲁凯语 *ʔababa，塔几亚语 *babu。“肺”户语 θɤŋ^{33} phup^{31} <

*səŋ-bup。哈尼语 po̱^{31} <*bop。"胸"拉加语 $b^{w}ab^{w}a$- <*$b^{w}ab^{w}a$。

（5）巴拉望语、木鲁特语、那大语 *puso-q。"肺"摩尔波格语 opos，巴拉望语 ɔpɔs <*ʔopos。

（6）达阿语、乌玛语 *sule。"肺"布兴语 sɔ̆h <*sol。

（7）瓜依沃语 *goru。"肺"罗维阿纳语 korkoro，达密语 kuru <*kuru。

（8）赛德克语 *tama-balaq。"肺"阿美语 falaʔ <*p^{w}alaq。

（9）阿伊努语 *ram。"肺"乌玛语 ram <*ram。

（10）窝里沃语 *ʔbake。"肺"那大语 boka，锡加语 bokaka <*boka。

2. "心脏"和"肝"的对应

（1）布吉斯语、马都拉语 *ʔati。"肝"马达加斯加语、爪哇语 ati，亚齐语、达阿语 ate <*ʔati。沙阿鲁阿语 ʔatsiʔi <*ʔati-ʔi。

（2）巴拉望语、木鲁特语、那大语 *piso-q。"肝"嘉戎语 tə pʃu <*pəsu。

（3）朝鲜语 *ma-lam。"肝"布兴语 ta lɑm <*ta-lam。

（4）卡乌龙语 *ʔebat。"肝"锡加语 ʔβate <*ʔbati。

（5）南密语 *name-n。"肝"三威治港语 $nama^{m}b$ <*namam。

（6）藏文 *sni-ŋ。"肝"载瓦语 $siŋ^{21}$ <*siŋ。

3. "心脏"和"肾""脾"的对应

（1）土耳其语 *mer-ker。"肾"蒙古语 beːr，保安语 borə <*borə。

（2）萨摩亚语、汤加语 *patu。"肾"塔几亚语 pat <*pat。莽语 $pɤ^{31}dø^{35}$ <*pədo。

（3）朝鲜语 *ma-lam。"肾"布朗语胖品话、甘塘话 $mak^{55}lam^{51}$ <*mak-lam。

（4）巴拉望语、木鲁特语、那大语 *piso-q。"脾"卡加延语 basu <*basu。

（5）布吉斯语、马都拉语 *ʔati。"脾"汤加语 ʔate-pili <*ʔate-pili。

（6）大瓦拉语、夸梅拉语 *nako。“脾”达密语 neneg ＜*neg。

4.“心脏”和“胆”的对应

（1）土耳其语 *mer-ker。“胆”藏文 mkhris pa，错那门巴语 kli^{53} ＜*m-kri-s。道孚语 skrə ＜*s-krə。缅文 sɑn̥^{3}khre^{2} ＜*saŋ-kri（肝—胆）。

（2）卡乌龙语 *ʔebat。“胆”桑塔利语 pit ＜*pit。京语 mət^{8} ＜*mət。

（3）达阿语、乌玛语 *sule。“胆”达斡尔语 tʃultʃ，土族语 suːldzə ＜*sul-də。鄂伦春语 ʃiːlə，鄂温克语 ʃiːldə＜*sil-də。满文 silhi，锡伯语 ɕilx，赫哲语 ɕilxə ＜*sil-qə。

（4）桑塔利语 *ʔotor。“胆”朝鲜语铁山话 jər＜*dər。

（5）鄂罗克语 *ʔido。“胆”维吾尔语、哈萨克语 øt，西部裕固语 jøt＜*ʔot。壮语龙州话 di^{1}，黎语 dai^{1} ＜*ʔdi。

5.“心脏”和“想”（思考）的词源关系

（1）土耳其语 *mer-ker，女真语 *muri-le。“想”撒拉语 sumurlɑ- ＜*sumur-la。

（2）卡乌龙语 *ʔebat，萨摩亚语、汤加语 *patu。“想”景颇语 mjit^{31}，独龙语 mit^{55} ＜*mit。马京达瑙语 bət ＜*bət。

（3）南密语 *name-n。“想”雅美语 nakem ＜ *ke-nam。西部斐济语 numi-a＜*numi。吉尔伯特语 -nanamsa＜*nanam-sa。壮语 nam^{3}＜*ʔnamʔ。

（4）藏文 sn̥iŋ ＜*sni-ŋ。汉语 *snə（思）。[①]

（5）黎语 *kruʔ。“记”汉语 *kjəs＜*krə-s。“记得”彝语大方话 khə^{33} ＜*krə。

（6）朝鲜语 *ma-lam。“想”格曼僜语 dăm ＜ *dam。户语 n thɛm^{31} ＜

① “思”古文“恖”。

*n-dem。（想、想念）巴拉望语 fandam < *pa-dam。鲁凯语 kiɖəməɖəm，排湾语 ʔinəmənəm < *qi-dəm。

“记得”卡加延语 dəmdəm < *dəm。

（7）鄂伦春语 *mi-ʔa。“记得”怒苏怒语 m̥i < *s-mi。缅文 hmɑt mi^{1} < *smat-miʔ。

（8）桑塔利语 *ʔotor。“想起”藏文 dran < *dəran。

6.“心脏”和“心思”的词源关系

（1）瓜依沃语 *goru。“心思”姆贝拉语 ^{ŋ}gar < *ma-gar。“心情”日语 kokoro < *koro。

（2）大瓦拉语、夸梅拉语 *nako。“心思”坦纳语 nəki-n < *nəki。马京达瑙语 nūk < *nuk。

（3）中古朝鲜语 *rəm-toŋ。“心、灵魂”阿伊努语 ram < *ram。

7.“心”和“灵魂”的词源关系

（1）南密语 *name-n。“灵魂”藏语拉萨话 nam^{55}çe^{52}，夏河话 hnam çe < *nam-se / *s-nam-se。

（2）中古朝鲜语 *rəm-toŋ。“灵魂”阿伊努语 ramat < *ramat。

（3）女真语 *muri-le。“灵魂”西部裕固语 ever < *ʔeb^{w}er。

（4）窝里沃语 *ʔbake。“灵魂”排湾语 avak，鲁凯语 abakə < *ʔab^{w}ak。

（5）布吉斯语、马都拉语 *ʔati。“灵魂”泰雅语 ʔutux，赛德克语 utux < *ʔutu-q。卡那卡那富语 uutsu < *ʔuʔutu。

◇ 三 词源关系分析

1. *goru（*kru、*gur、*kuru 等）

“心”瓜依沃语 *goru、黎语 *kruʔ。达密语、罗维阿纳语 *kuru。

“胸”鄂温克语 xəŋgər < *qəgirə，达密语 akor < *ʔakor。

> “心”意大利语 cuore、法语 cœur、拉丁语 cor、古荷马史诗 χῆρ < *kor。
>
> “心”拉丁语 cordis（生格）、立陶宛语 širdìs、古斯拉夫语 srŭdĭce、丹麦语 hjerte、哥特语 haírtō、古爱尔兰语 cride、希腊语 kardia < *korde-。
>
> “心”梵语 hɽdaya，粟特语 ɣarδē < *karde-。
>
> “心、感受、脾气”古法语 courage，意大利语 coraggio。“想”希腊语 krino < *kri-。
>
> “心、焦点”俄语 otçiar < *okar，“心”波兰语 kier。“用心”亚美尼亚语 angir。
>
> “肺”阿尔巴尼亚语 muʃkëri < *mus-kori。

“心”匈牙利文 kör < *kor。

2. *dor（*dər、*truŋ）

“心”桑塔利语 *ʔotor。“胆”朝鲜语铁山话 jər < *dər。

“胸”柬埔寨文 truːŋ < *truŋ。

> “心”希腊语 tharos < *daro-。粟特语 δɽʒi < *duri。

3. *b^{w}ura（*buro、*boro、*baru、*bara）

“心脏”吉尔伯特语 *buro。

“肺”桑塔利语 bo̱ro̱ ＜*boro，爪哇语 paru、马都拉语 b^{ɦ}ara ＜*baru，达阿语 atevura ＜*ʔate-bura，莫图语 baragi-na ＜*bara-gi。

> “心”阿尔巴尼亚语 zemër ＜*re-mor。粟特语 ʒyāwar ＜*ra-b^{w}ar。
>
> “乳房”古爱尔兰语 bruinne、古英语 breost（乳房、思想）、古弗里斯语 briost、古挪威语 brjost ＜*brus-。

“（动物的）乳房”达密语 su bura ＜*su-bura。

4. *b^{w}adi（*bat、*patu、*mat、*mədə、*buto）

“心脏”卡乌龙语 *ʔe-bat、萨摩亚语、汤加语 *patu 等早期词根 *batu，或转指“肺”“肝”“肾”等。

“知道”蒙古语 mədə-、东乡语 məidʑiə- ＜*mədə，桑塔利语 badae ＜*bada-ʔe。

“想”蒙古语、土族语、东部裕固语 bodo-，达斡尔语 bodu- ＜*bodu。图瓦语 boda- ＜*boda。满文 bodo-（筹划），锡伯语 bodo-，鄂伦春语、鄂温克语 bɔdɔ-（猜想、算），＜*bodo。

“肚脐”托莱语 bito-，阿者拉语 mut＜*mito，马那姆语 buto＜*buto。“中间”西部斐济语 -buto＜*buto。

> “记忆”古英语 gemynd ＜*ge-mid。“思想”梵语 matih ＜*mati-。
>
> “记住”俄语 pamat ＜*pa-mat。
>
> “中间”古英语、古弗里斯语 middel、古高地德语 mittil、拉丁语 medialis ＜*medi-lis。
>
> “中间”（介词）古英语 amidde、拉丁语 medio ＜*medi-。

5. *deli（*tel）

“乳房”尼科巴语 teh ＜*tel。

“（动物的）乳房”维吾尔语 jilin，柯尔克孜语 dʒelin ＜ *deli-n。蒙古语 dələŋ，土族语 deleŋ ＜*deli-ŋ。

“心”俄语 udalets ＜*udale-。乌尔都语 dil。

6. *ʔati（*ʔutu、*ti）

“心脏”布吉斯语、马都拉语 *ʔati，鄂罗克语 *ʔido（心、心情）。芬兰语 into＜*ito。“肝”马达加斯加语、爪哇语、亚齐语、达阿语 *ʔati。沙阿鲁阿语 *ʔati-ʔi 等与之有词源关系。其他如：

“胆”壮语龙州话 di[1]，黎语 dai[1]＜*ʔdi。布兴语 sɤn dăʔ，莽语 da[31]＜*sən-daʔ。

“苦、辣”维吾尔语 ɑtʃtʃiq，哈萨克语 ɑʃtə，图瓦语 ɑdʒɤx ＜*ʔat-tiq / *ʔat-tə / *ʔat-q。西部裕固语 ɑdz̥əɣ ＜*ʔadə-q。

“苦”莫图语 idita＜*ʔidita。排湾语 qadid ＜*ʔadad。桑塔利语 tito̠ ＜*tito。

该词早期是指“肝胆”，后转指“心”，转指“苦”的词分布更广。

印第安语的情况如：

阿巴齐语“他的心”bi-dʒiː＜*di。“心”布吉斯语、马都拉语 ati＜*ʔati。车罗科语“心”adato ＜*ʔadato，与阿巴齐语“心”说法相近。“心脏”印尼语、爪哇语，摩尔波格语 dʒantuŋ，亚齐语 ɟantoŋ＜*datuŋ。“心”达科他语 tʃaŋte，苏语 tʃhoŋ-teh ＜*daŋte。 那瓦特尔语“心” jollotl、jollohtli、jolli。jollo-tl＜*lolo，jolloh-tli＜*lolol。 “心”窝里沃语 ɽaɽo ＜*raro。

“肺”的词源关系

亚欧语言中“肺”的说法与“心”“胸”“肋”“肋骨”等的说法有词源关系。

◇ 一 东亚太平洋语言的“肺”

“肺”的代表性说法有：

1. *ʔopoke / *ʔupuqu / *pub^{w}ak / *pukusi / *paqi

古突厥语 øpke，维吾尔语、塔塔尔语 øpkɛ ＜*ʔopoke。

满文 ufuhu，锡伯语 ufxw ＜*ʔupuqu。

爱斯基摩语 pubvak ＜*pub^{w}ak。

古日语 pukupukusi ＜*pukusi。

现代日语 hai ＜*paqi。

2. *ʔekube / *kuba

图瓦语 økbɛ，西部裕固语 øhkbe ＜*ʔekube。

窝里沃语 ku^{m}ba ＜*kuba。

3. *ʔutiɢə-n / *ʔutə

蒙古语正蓝旗话 uːʃig，陈巴尔虎话 uːtig，东部裕固语 uːʃiɢən < *ʔutiɢə-n。

鄂伦春语 əwtə，鄂温克语 əːttə < *ʔutə。

4. *ʔagur-ki / *kuru / *kru

蒙古语书面语 ɑɣusqı，清代蒙文 aguʃki，达斡尔语 ɑurkj < *ʔagur-ki。

达密语 guru，罗维阿纳语 korkoro < *kuru。

普米语 tshy^{13}，木雅语 tshə̱^{53}，史兴语 tshʊ^{55}，羌语 tshuə < *kru。

5. *buga / *pubug / *bokaka / *buka / *boko

中古朝鲜语 puhwa < *buga。朝鲜语明川话 həpuk < *pubug。

锡加语 bokaka，他加洛语 bagaʔ < *bokaka。

那大语 boka，毛利语 pukapuka < *buka。

桑塔利语 bo̱ko̱ < *boko。

6. *ʔopos / *ka-p^{w}as / *go-p^{w}is

摩尔波格语 opos，巴拉望语 ɔpɔs < *ʔopos。

卡乌龙语 kaβhas < *ka-p^{w}as。

查莫罗语 gofis < *go-p^{w}is。

7. *baru / *bar / *ʔate-bura / *bara-gi / *ʔate-buroburo / *barə / *boro

爪哇语 paru，马都拉语 b^{ɦ}ara < *baru。

多布语 bar < *bar。

达阿语 atevura < *ʔate-bura。

莫图语 baragi-na < *bara-gi。

莫图语南岬方言 ateburoburo < *ʔate-buroburo。

毛利语 ate wharowharo ＜*ʔate-paroparo。

伊拉鲁吐语 bərəbarə ＜*barə。

桑塔利语 bo̱ro̱ ＜*boro。

8. *balaq / *b^{w}aluk

阿美语 falaʔ，赛夏语 bæɭæʔ，邵语 baaq ＜*balaq。

泰雅语赛考利克方言 həluk，泽敖利方言 βahɬuk ＜*b^{w}aluk。

9. *kat-loŋo / *lugo

托莱语 kat-loŋoloŋo ＜*kat-loŋo（肝—肺）。

大瓦拉语 nugonugo-na ＜*lugo。

10. *ʔaba-ʔaba / *b^{w}a

莫图语卡巴地方言 apaapa ＜*ʔaba-ʔaba。

罗地语 ba-k ＜*ba。排湾语 va ＜*b^{w}a。

11. *mama / *ma-ʔama-ʔa / *ʔate-mama

吉尔伯特语 te mama ＜*mama。

汤加语 maʔamaʔa ＜*ma-ʔama-ʔa。

夏威夷语 akĕmāmā ＜*ʔate-mama。

12. *rama

乌玛语 rama ＜*rama。

13. *sa-mer

塔几亚语 samer ＜*sa-mer。

14. *ʔor / *rere

马绍尔语 æɽ < *ʔor。

毛利语 rere < *rere。

15. *rabu

米南卡保语 rabu < *rabu。

16. *pat-s / *pot / *poto

汉语 *phat-s（肺）< *pat-s。

壮语 puɯt^{7}，傣语 pɔt^{9} < *pot。

马林厄语 p^{h}otʃo < *poto。

17. *glo / *s-gle / *ŋolu-ŋolu

藏文 glo < *glo。

扎坝语 tse^{55}pe^{55}，道孚语 s̥tse < *s-gle。

波那佩语 ŋoluŋol < *ŋolu-ŋolu。

18. *lo

博嘎尔洛巴语 loː < *lo。

19. *ʔaru

塔金语 aru < *ʔaru。

20. *plo

苗语吉卫话 mz̥ə^{5}，高坡话 mplɯ^{5} < *plo。

21. *bup / *səŋ-bup / *sin-p^{w}op / *pop / *pup

德昂语南虎话 phu phɤp，布朗语胖品话 bhop^{51} ＜*bup。

户语 θɤŋ^{33} phup^{31} ＜*səŋ-bup。

景颇语 sin^{31}wop^{55} ＜*sin-p^{w}op。

哈尼语 po̱^{31} ＜*pop。

侗语 pup^{9} ＜*pup。

22. *talol

尼科巴语 tahøh ＜*talol。

23. *sol

布兴语 sɔ̆h̲ ＜*sol。

◇ 二 "肺"的词源对应关系

1. "肺"和"心"的对应

"肺"和"心"的对应关系上文《心》篇已经讨论过，在此再补充几条：

（1）桑塔利语 *boro。"心"马那姆语 aburo ＜*ʔaburo。

（2）苗语 *plo。"心"罗维阿纳语 bulo ＜*bulo。

（3）排湾语 *ba。"心"鲁凯语 avava ＜*ʔab^{w}ab^{w}a。

（4）布兴语 *sol。"心"达阿语 sule，乌玛语 hule ＜*sule。

2. "肺"和"胸"的对应

"肺""胸"是两个相近的内外身体部位，如同内脏和肢体部位的名称，容易转指。

（1）马林厄语 *poto。“胸” 蒙古语 ɵbtʃʉː < *ʔobutu。东部裕固语 putʃyn < *putu-n。查莫罗语 petʃho < *pedo。

（2）达密语、罗维阿纳语 *kuru。“胸” 达密语 akor < *ʔakor。

（3）尼科巴语 *talel。“胸” 维吾尔语 tøʃ，哈萨克语 tøs，撒拉语 diuʃi < *toli。满文 tulu < *tulu。

（4）汤加语 *ma-ʔama-ʔa。“胸” 拉巴努伊语 uma，塔希提语 ʔōuma < *ʔuma。傈僳语 o̠^{33}mɯ^{31} < *ʔomə。

（5）莫图语 *bara-gi。“胸”马那姆语 barabara，达阿语 bo^{m}bara < *bara。墨脱门巴语 braŋ toŋ，错那门巴语 praŋ^{35} < *braŋ。

（6）蒙文、达斡尔语 *ʔagur-ki。“胸” 马林厄语 graga < *graga。

3. “肺” 和 “乳房” 的对应

“胸” 和 “乳房”，人的 “乳房” 或动物的 “乳房”，往往有语义的转移。故 “乳房” 的说法也与 “肺” 的说法有词源关系。

（1）尼科巴语 *talel。“胸” 维吾尔语 tøʃ，哈萨克语 tøs，撒拉语 diuʃi < *toli。满文 tulu < *tulu。“女人的乳房” 尼科巴语 teh < *tel。“动物的乳房” 维吾尔语 jilin，柯尔克孜语 dʒelin < *deli-n。蒙古语 dələŋ，土族语 deleŋ < *deli-ŋ。

（2）汤加语 *ma-ʔama-ʔa。“胸” 拉巴努伊语、塔希提语 *ʔuma，傈僳语 *ʔomə。“乳房” 土耳其语 meme < *meme，赫哲语 məmə < *məmə，侗语 mi^{3} < *ʔmiʔ。维吾尔语 ɛmtʃɛk，塔塔尔语 imtʃɛk < *ʔem-kek。

（3）鄂伦春语、鄂温克语 *ʔutə。“胸” 印尼语 dada，米南卡保语 dado，萨萨克语 dadə < *dado。“乳房” 巴拉望语 duduʔ，窝里沃语 ʔduʔdu < *ʔduʔdu。朝鲜语 tʃətʃ < *dəd。排湾语 tutu < *tutu。户语 thut^{31} < *dut。苗语大南山话 ɳʈau^{1}，石门坎话 ɳʈo^{1} < *ʔdu。

“肺” 匈牙利文 tüdö。

（4）苗语 *plo。“乳房” 多布语 ɸola < *pola。

（5）吉尔伯特语 *mama。"乳房"吉尔伯特语 te mmamma ＜*mama。

4. "肺"和"肋（骨）"的对应

（1）莫图语 *bara-gi。"肋骨"土耳其语 kaburga，维吾尔语 qowurʁɑ，柯尔克孜语 qoburʁɑ ＜ *qabura-ga。达斡尔语 xɑbirəg ＜ *qabirə-g。日语 abara ＜*qabara。

（2）蒙文、达斡尔语 *ʔagur-ki。"肋骨"马那姆语 garaŋa，马绍尔语、劳语 gagaro。

（3）查莫罗语 *go-pis。"肋骨"蒙古语 xɛbis ＜*ʔebis。

（4）马林厄语 *poto。"肋骨"蒙古语鄂托克方言 gɑbtɑs ＜ *qabta-s。满文 ebtʃi ＜*ʔebti。

（5）窝里沃语 *kuba，"肋骨"拉巴努伊语 kava-kava ＜*kaba。

（6）米南卡保语 *rabu。"肋骨"泰雅语 qaraw ＜*qarab。汉语 *hjap（胁）＜ *qrap。淳昌话 karpippi ＜ *garib-sbrə。藏文 rtsib（ma），景颇语 kă³¹ʒep³¹，错那门巴语 kep⁵³ ＜*karep。

5. "肺"和"肝""肾"等的对应

（1）日语 *paqi。"肝"满文 fahūn，锡伯语 faχun ＜ *paqu-n。鄂伦春语 aːkin，鄂温克语 aːxin ＜*paqi-n。

（2）蒙文、达斡尔语 *ʔagur-ki。"肝"乌孜别克语 dʒigɛr ＜ *giger。汉语 *s-gan（肝） ＜*gar。[①] "胆"道孚语 skrə ＜ *s-krə。缅文 sɑŋ³khre² ＜ *saŋ-kri（肝—胆）。

（3）摩尔波格语、巴拉望语 *ʔopos。"肝"嘉戎语 tə pʃu ＜*pəsu。

（4）德昂语南虎话、布朗语胖品话 *bup。"肝"蒙达语 ibim＜*ʔibim。

---

① "肝"谐声字有"岸"*ŋan、"旱"*gan、"轩"*sŋan 等。

（5）马林厄语 p^{h}otʃo < *poto。“肾”他加洛语 bato，鲁凯语 pədə < *bado。莽语 pɤ^{31}dø^{35} < *pədo。彝语南华话 pi^{21}di^{33} < *pidi。中古朝鲜语 khoŋphʌs，淳昌话 phoŋphot < *koŋ-pot / *poŋ-pot。

（6）满文、锡伯语 *ʔupuqu。“肾”马京达瑙语 vua，菲拉梅勒语 fua < *buʔa。

（7）米南卡保语 rabu < *rabu。“肾”阿者拉语 ru^{m}pu < *rupu。

◇ 三　词源关系分析

1. *bupu（*pop、*bup）

“肺”德昂语南虎话、布朗语胖品话 *bup，哈尼语 *pop，侗语 *pup。

“肺”梵语 phupphusah < *bubusa-。

“肺”和阗塞语 svi < *sb^{w}i。

2. *lugo（*loŋo、*legə）

“肺”托莱语 *kat-loŋo（肝—肺），大瓦拉语 *lugo。

“肝”蒙古语 ələg、东部裕固语 heleɣe < *qelegə。

“肺”古英语、古弗里斯语 lungen（复数）、古挪威语 lunge < *luge。

俄语 ljəgkje（复数）< *loge。

3. *mama（*ʔuma、*ʔomə）

“肺”吉尔伯特语 *mama、夏威夷语 *ʔate-mama。

“胸”拉巴努伊语 uma，塔希提语 ʔōuma < *ʔuma。傈僳语 o̱^{33}mɯ^{31} < *ʔomə。

“乳房”拉丁语 mamma。

4. *pola（*plo、*pali）

“肺”苗语 *plo。“乳房”多布语 ɸola ＜*pola。

“脾”他加洛语 paliʔ ＜*pali-q，汤加语 ʔate-pili ＜*ʔate-pali。

“肺”拉丁语 pulmo，古教堂斯拉夫语 plusta（复数）、波兰语 plutʃo、希腊语 pleumon ＜*plu-。 “脾”古法语 spleen，拉丁语、希腊语 splen，古波斯语 blusne。

5. *pato（*pat、*pot、*poto、*patu）

“肺”汉语 *pat-s，壮语、傣语 *pot，马林厄语 *poto 等应有词源关系。

“心”萨摩亚语、汤加语 *patu。“胸”蒙古语 əbtʃʉː＜*ʔobutu，东部裕固语 putʃyn ＜*putu-n，查莫罗语 petʃho ＜*pedo。

“胸”意大利语 *petto，葡萄牙语 *peito。

“肺”摩尔波格语、巴拉望语 *ʔo-pos，卡乌龙语 *ka-pas，查莫罗语 *go-pis 等应有词源关系，来自早期词根 *paso。

“心”巴拉望语、木鲁特语 pusuʔ，那大语 puso ＜*piso-q。“肋骨”蒙古语 xɛbis ＜*ʔebis。“肝”嘉戎语 tə pʃu ＜*pəsu。

*pato 和 *paso 是 *-t- 和 *-s- 交替的结果，通常是 *-t-＞*-s-。

6. *buka（*poke、*puqu、*buga、*boko）

“肺”古突厥语、维吾尔语、塔塔尔 *ʔopoke，满语、锡伯语 *ʔupuqu，古日语 *pukusi，朝鲜语 *buga，爱斯基摩语 *pubak、*pubak。锡加语、他加洛语 *bokaka，那大语、毛利语 *buka，桑塔利语 *boko 等有词源关系。另外有词源关系的如：

“胸”邵语 paku ＜*paku。

“男根”邹语 boki ＜*boki。

“肚子”毛利语 puku ＜*buku。

“身体”巴厘语、萨萨克语 awak < *ʔab^{w}ok。

“乳房、胸”拉丁语 pectus，pectoris（所有格）< *peg-。
“胸”梵语 vakʃa < *b^{w}aksa。

“心”匈牙利文 mag。

7. *tigo（*tiɢə）

“肺”蒙古语、东部裕固语 *ʔutiɢə-n。

“肺”亚美尼亚语 thokh < *dog。

印第安语的情况如：

阿巴齐语“他的肺”bi-dʒiːʔizole < *di-ʔilole，*di-ʔilole 字面意思是“心—肺”。可以比较的是“胸”印尼语 dada、米南卡保语 dado、萨萨克语 dadə < *dado。“肺”尼科巴语 *talel。
车罗科语“肺”tsuwelv < *tu-b^{w}elu。“肺”苗语 *plo。
“肺”达科他语 akaŋjaŋkapi paŋpaŋna < *ʔakaŋi-ʔakabi baŋbaŋ-na。“胸”托莱语 boŋboŋi < *boŋi-boŋi，南密语 b^{w}āɲe-n、科木希语 bwāŋɛ-n < *b^{w}aɲe。
“肺”苏语 tʃha-ɢoː < *dago。“胸”侗语 tak^{7}、水语 te^{3}tak^{7} < *tak。沙玛语 dākan < *daka-n。
那瓦特尔语“肺”zazanatʃ-tli < *rara-naq，字面意思是“肺—肺”，两个来源词素的结合。如“肺”毛利语 rere < *rere，大瓦拉语 nugonugo-na < *nugo。

“肝”的词源关系

亚欧语言“肝”的说法可能与“胆”“心”“肠子”等说法有词源关系。“胆”和“肝”相连，“肝”的说法又与“苦的”等形容词有词源关系。

一　东亚太平洋语言的“肝”

“肝”的代表性说法有：

1. *bagir

维吾尔语 beʁir，塔塔尔语 bɑwər，西部裕固语 bɑɣər ＜*bagir。

2. *qelegə

蒙古语 ələg，东部裕固语 heleɣe ＜*qelegə。

3. *paqun / *paqin

满文 fahūn，锡伯语 faχun ＜*paqun。

鄂伦春语 aːkin，鄂温克语 aːxin ＜*paqin。

4. *kimo

日语 kimo < *kimo。

5. *tiguk

爱斯基摩语 tinguk < *tiguk。

6. *qataʔi / *ʔaqataʔi / *ʔati / *de

阿美语 ʔataj，雅美语、他加洛语 ataj，沙阿鲁阿语 ʔatsiʔi，布农语 χatað < *qataʔi。

依斯那格语 agtaj < *ʔaqataʔi。

马达加斯加语、爪哇语 ati，毛利语、亚齐语、达阿语 ate，夏威夷语 ā kĕ < *ʔati。

哈拉朱乌语 dɛ̄ < *de。

7. *kate

吉利威拉语 kate，托莱语 kati-，姆布拉语 kete，南密语 ketʃ < *kate。

8. *ʔap^{w}e / *b^{w}a-ʔu

莫图语玛伊瓦方言（Maiva）ahe，罗图马语 æfe < *ʔap^{w}e。

达密语 wau < *b^{w}a-ʔu。

9. *kebu

马林厄语 k^{h}ebu < *kebu。

10. *nuʔa-na / *nena

莫图语卡巴地方言（Kabadi）nuana < *nuʔa-na。

布鲁语 nena-n < *nena。

11. *ramul

赛德克语 rumul，卑南语 rami ＜*ramul。

12. *gar / *kor-laŋ / *kara-giger

汉语 *s-gan（肝） ＜*gar。①

他杭语 kohrlaŋ ＜*kor-laŋ。

土耳其语 karadʒiɣer ＜*kara-giger。

13. *mi-gin

藏文 mtɕin，马加尔 mi-gin ＜*mi-gin。

14. *ʔaŋan / *ʔŋan / *gan

土家语 $a^{55}ŋan^{55}$ ＜*ʔaŋan。黎语 $ŋaːn^{1}$ ＜*ʔŋan。

越南语 $ɣaːn^{1}$ ＜*gan。

15. *soŋ

缅文 $tθaɳ^{3}$，阿昌语 $ʂəŋ^{31}$，彝语喜德话 sɿ ＜*soŋ。

16. *bero / *pero-pote / *puri-ʔare / *porin

罗维阿纳语 bero ＜*bero。

伊拉鲁图语 ɸərəɸɔtə ＜*pero-pote。

勒窝语 p^{w}uriare ＜*puri-ʔare。

苗语腊一坪话 $ʂin^{1}$，枫香话 hen^{1}，绞坨话 $ʐæin^{1}$ ＜*porin。

---

①“肝”谐声字有“岸”*ŋan、“旱”*gan、“轩”*sŋan 等。“干”*kar-s＞*kans，这是周早期中部方言的变化，谐声字如“𣪠”，《广韵》虚我、侯旰两切。

17. *pəsu / *busin

嘉戎语 tə pʃu ＜*pəsu。

独龙语 $pɯ^{31}çin^{55}$，阿侬怒语 $bɯ^{31}çin^{55}$ ＜*busin。

18. *tap / *tapu

泰语 tap^{7}，水语 tap^{7}＜*tap。

仡佬语 $ta^{42}pu^{35}$ ＜*tapu。

19. *lip

尼科巴语 a-lip ＜*lip。

20. *ta-lam

布兴语 ta lɑm，克木语 tlom，柬埔寨文 thlaəm ＜*ta-lam。

21. *tom

佤语艾帅话 to̱m ＜*tom。

22. *ʔibim / *ʔim

蒙达语 ibim ＜*ʔibim。

桑塔利语 im ＜*ʔim。

23. 乌孜别克语 dʒigɛr＜*giger。（波斯语借词）

二 “肝”的词源对应关系

1. “肝”和“胆”

“胆”附于“肝”，可当作“肝”的一部分，“肝”和“胆”的说法或相近。如：

（1）达密语 *b^{w}a-ʔu，“胆”布鲁语 peu-n < *peʔu。

（2）马达加斯加语、爪哇语、毛利语、亚齐语、达阿语 *ʔati。“胆”维吾尔语、哈萨克语 øt，西部裕固语 jøt < *ʔot。

（3）哈尼语墨江话 ɔ^{31}tshu^{31} < *ʔakro。“胆”道孚语 skrə < *skro。

2.“肝”和“心”

（1）马达加斯加语、爪哇语、毛利语、亚齐语、达阿语 *ʔati。“心”布吉斯语、马都拉语 ati < *ʔati。

（2）嘉戎语 *pəsu，“心”贡诺语 puso < *puso。

（3）布兴语、克木语、柬埔寨文 *ta-lam。“心”朝鲜语 *ma-lam。锡伯语 niamən，满文 nijaman < *ʔiram-an。格曼僜语 lɯm^{35} < *lum。

（4）锡加语 ʔβate < *ʔbati。“心”卡乌龙语 aβhat，萨摩亚语 fatu，汤加语 māfatu < *ʔa-b^{w}at / *ma-b^{w}atu。

（5）三威治港语 nama^{m}b < *namam。“心”南密语 name-n。

3.“肝”和“肠”

（1）维吾尔语、塔塔尔语、西部裕固语 *bagir。“肠”土耳其语 baɣirsak < *bagir-sak。撒拉语 bɑʁzuχ < *bagruq。

（2）满文、锡伯语 *paqun，“肠”赫哲语 fuxin < *puqin。

（3）哈尼语墨江话 ɔ^{31}tshu^{31} < *ʔakro。“肠”义都洛巴语 kɹu^{55} < *kru。仫佬语 khɣaːi^{3}，黎语 raːi^{6} < *kri。

（4）查莫罗语 *li-gado。“肠、肚子”蒙古语 gədəs，土族语 gədəsə，东部裕固语 gədəs-ən < *gədəs。

4. “肝” 和 “肺”

（1）鄂伦春语、鄂温克语 *paqin。“肺” 日语 hai < *paqi。

（2）爱斯基摩语 tiŋuk < *ti-ŋuk。“肺” 大瓦拉语 nugonugo-na < *nugo。

（3）嘉戎语 *pəsu。“肺” 摩尔波格语 opos，巴拉望语 ɔpɔs < *ʔopos。

（4）布兴语、克木语、柬埔寨文 *ta-lam。“肺” 乌玛语 rama < *rama。

（5）哈尼语墨江话 ɔ^{31}tshu^{31} < *ʔakro。“肺” 普米语 tshy^{13}，木雅语 tshə̠^{53}，史兴语 tshʊ^{55}，羌语 tshuə < *kru。

5. “肝” 和 “苦” “咸” 的词源关系

（1）马达加斯加语、爪哇语等 *ʔati。“苦、辣、酸” 土耳其语 atʃi，维吾尔语 ɑtʃtʃiq < *ʔati / *ʔati-q。“苦” 桑塔利语 haʈhath < *qar-qat。

（2）嘉戎语 *pəsu，“苦” 中古朝鲜语 psɯta < *bsu-da。“咸” 那大语 məsi < *məsi。

（3）哈拉朱乌语 *de。“苦” 哈拉朱乌语 mad- < *ma-di。莫图语 idita < *ʔidita。排湾语 qadid < *ʔadad。桑塔利语 tito̠ < *tito。“咸” 哈拉朱乌语 dia < *diʔa。

（4）吉利威拉语、托莱语、姆布拉语 *kate。“苦、咸” 嫩戈内语 ketʃe < *kete。

（5）缅文、阿昌语、彝语喜德话 *sraŋ。“苦” 佤语马散话 sɔŋ，德昂语硝厂沟话 sɔ̆ŋ，南虎话 săŋ，户语 ɕaŋ^{55} < *sroŋ。

（6）哈尼语墨江话 ɔ^{31}tshu^{31} < *ʔakro。“苦” 达让僜语 khlai^{55} < *kli。

（7）莫图语玛伊瓦方言、罗图马语 *ʔape。“苦” 劳语 ʔafae < *ʔapa-ʔe。“咸” 塔希提语 ʔavaʔava < *ʔaba。

（8）赛德克语、赛夏语、卑南语 *ramu-l，“苦” 邹语 r-m- < *rimu。

（9）布鲁语 *nena，“苦” 罗图马语 ʔona < *ʔona。

◈ 三　词源关系分析

1. *bagir

“肝”维吾尔语、塔塔尔语、西部裕固语 *bagir。“肾”撒拉语 boɣrex、西部裕固语 peɣər < *bogəreq，清代蒙文 bugere < *bugere。“苦的”大瓦拉语 *bigola。

“苦的”希腊语 pikros、pageros < *pigero-。

2. *gare（*kara、*gar）

“肝”土耳其语 *kara-giger，乌孜别克语 *giger（波斯语借词），汉语 *s-gar。

“胸”马林厄语 graga < *graga。“肋骨”马那姆语garaŋa，马绍尔语、劳语 gagaro。

“肝”波斯语 jigar、阿维斯陀经 yakar < *gigar，梵语 yakrt。 “肝”乌尔都语 jigar < *gigar。 “肝”和阗塞语 gyagarrä < *gjagara，jara < *gara。

3. *kate

“肝”吉利威拉语、托莱语、姆布拉语、南密语 *kate，可能与马达加斯加语、爪哇语、毛利语、亚齐语、达阿语 *ʔati 有词源关系。

“肝”希腊语 sykoti < *si-kote。“苦的”梵语 tikta。

“肝”格鲁吉亚语 ɣvidzli < *g^wid-。

4. *beru（*peru、*porin）

“肝”罗维阿纳语 *bero，与伊拉鲁图语 *pero-pote 的第一个成分对应。

苗语 *porin 归入此类。“肺”桑塔利语 bo̱ro̱ < *boro，达阿语 atevura < *ʔate-bura，莫图语 baragi-na < *bara-gi。“心”马那姆语 aburo < *ʔaburo，罗维阿纳语 bulo < *bulo 等。

“肝”古英语 lifer、古挪威语 lifr、古弗里斯语 livere < *li-pere。[①] 希腊语 hepar < *qepar。

“肝”匈牙利文 maj < *mar。

印第安人的语言如：

“肝”车罗科语 uwela < *ubela。罗维阿纳语 bero < *bero。 “肝”苏语 peː < *pe，“牛肝”达科他语 ta-pi。莫图语玛伊瓦方言 ahe、罗图马语 æfe < *ʔape。

5. *di（*ʔati、*ʔata、*qate）

“肝”马达加斯加语、爪哇语、毛利语、亚齐语、达阿语、夏威夷语 *ʔati，哈拉朱乌语 *de，阿美语、雅美语、他加洛语、沙阿鲁阿语、布农语 *qataʔi、吉利威拉语、托莱语、姆布拉语 *kate 等南岛诸语的说法有词源关系，对应于突厥语的“胆”如维吾尔语、哈萨克语 øt，西部裕固语 jøt < *ʔot。南岛语中也有转指“心”，如布吉斯语、马都拉语 ati。另外也指“苦”如土耳其语 atʃi，维吾尔语 ɑtʃtʃiq < *ʔati / *ʔati-q。

“咸、盐”的说法可能与“肝”的说法有词源关系，如：

“咸”满文 hatuhūn，锡伯语、赫哲语 χatχun < *qati-qun。

“盐”排湾语 qatia < *qatiʔa。

6. *legə

“肝”蒙古语、东部裕固语 *qelegə。

“肝”阿尔巴尼亚语 mëltʃi < *mo-lki。

① *li- 为古东亚语言身体部位词的前缀，现活跃于蒙达语。

“肺”古英语、古弗里斯语 lungen（复数）、古挪威语 lunge < *luge。俄语 ljɔgkje（复数）< *loge-。

7. *petu（*pesu、*busin）

“肝”嘉戎语 *pəsu。“肺”摩尔波格语、巴拉望语 *ʔo-pos，卡乌龙语 *ka-pas，查莫罗语 *go-pis 等，来自早期词根 *paso。“心”巴拉望语、木鲁特语 pusuʔ，那大语 puso < *piso-q。“肋骨”蒙古语 xɛbis < *ʔebis。前面已提到 *pato 和 *paso 是 *-t- 和 *-s- 交替的结果。独龙语等的 *busin 可以归入这一类。

伊拉鲁图语的第二个成分 *pote 与锡克语“肝”ʔβate < *ʔb^{w}ate 有词源关系，原本可能指“肺”，如马林厄语 *poto 等应有词源关系，来自早期词根 *p^{w}ato。又指“心”，萨摩亚语、汤加语 *patu，对应于“胸”蒙古语 ɵbtʃʉː < *ʔobutu，东部裕固语 putʃyn < *putu-n，查莫罗语 petʃho < *pedo。而早在南岛语自成一语群之前发生过 *-r- 和 *-d- 一类的交替，并可成为 *-t-、*-s-，*beru 可能与之有词源关系。

中国社会科学院老学者文库

亚欧语言基本词比较研究

卷三（名词二）

吴安其◎著

中国社会科学出版社

图书在版编目（CIP）数据

亚欧语言基本词比较研究：全5卷／吴安其著．—北京：中国社会科学出版社，2017.1
（中国社会科学院老学者文库）
ISBN 978-7-5161-7911-6

Ⅰ.①亚… Ⅱ.①吴… Ⅲ.①比较词汇学-南印度语系 ②比较词汇学-印欧语系 ③比较词汇学-高加索语系 ④比较词汇学-芬匈语系 Ⅳ.①H620.3 ②H703 ③H650.3 ④H660.3

中国版本图书馆CIP数据核字（2016）第070530号

出 版 人　赵剑英
责任编辑　王　茵　马　明
责任校对　朱妍洁
责任印制　戴　宽

出　　版　中国社会科学出版社
社　　址　北京鼓楼西大街甲158号
邮　　编　100720
网　　址　http://www.csspw.cn
发 行 部　010-84083685
门 市 部　010-84029450
经　　销　新华书店及其他书店

印刷装订　北京君升印刷有限公司
版　　次　2017年1月第1版
印　　次　2017年1月第1次印刷

开　　本　710×1000　1/16
印　　张　176.25
字　　数　2420千字
定　　价　638.00元（全五卷）

卷三目录

“狗”的词源关系

“狼”驯养为“狗”，或认为始于一万多年前。狗无汗腺，热天用舌头散热，可知它们的祖先必定出于寒冷的地区，是原本居住于那些地区的人驯养了狗。亚、欧两地“狗”有几种相近的说法，可能出自北亚的语言。如满通古斯语几种“狗”的说法的词根与“小”的读法一致或相近，可能不是偶然。如汉语“狗”“驹”“豿”原本也是指幼兽。《尔雅》：“熊虎丑，其子狗。”“狗”指熊虎幼子。

◇ 一　东亚太平洋语言的“狗”

“狗”主要有以下说法：

1. *qatiq / *ʔit / *na-ʔoto / *ʔatu

古突厥语 qɑntʃiq ＜*qatiq。

维吾尔语 et，撒拉语 id ＜*ʔit。

那乃语 naoto ＜*na-ʔoto。

邵语 atu，马京达瑙语 atʃu ＜*ʔatu。

2. *ʔida-qun / *ʔida-qu / *ʔidoq / *ʔadiŋ / *ʔidaŋ / *diʔ

满文 indahūn，赫哲语 inaki，锡伯语 jonxun ＜*ʔida-qun。

女真语（因答忽）*intahu ＜*ʔida-qu。

沙玛语 idoʔ ＜*ʔidoq。

印尼语 anḍʒiŋ，巴拉望语 iŋdaŋ，摩尔波格语 idaŋ＜*ʔadiŋ / *ʔidaŋ。

玛雅人祖赫语（chuj）tzhiʔ ＜*diʔ。

3. *noqu / *noq-gui / *naki

蒙古语 noxœː，达斡尔语 nogu ＜*noqu。

东部裕固语 noχɢui，土族语 noxui ＜*noq-gui。

古龙语 nɑ-ki，他杭语 naki ＜*naki。

4. *gari / *ʔiger

朝鲜语楚山、龙川等方言 kaji，鸟致院话 kahi ＜*gari。

中古突厥语 iger ＜*ʔiger。（猎狗）

5. *ʔinu / *ʔini-qin

日语 inu ＜*ʔinu。

鄂温克语 nɪnɪxin ＜*ʔini-qin。

6. *su-ril / *ʔasu / *soʔ / *ma-so

赛考利克方言 huzil，泽敖利方言 xujiɫ＜*su-ril。

爪哇语、布鲁语 asu，亚齐语 asɛə，他加洛语 āso ＜*ʔasu。

佤语马散话 sɔʔ，克木语 sɔʔ ＜*soʔ。

莽语 $ma^{31}θɔ^{51}$ ＜*ma-so。

7. *ʔagsa / *guso

雅美语 agṣa < *ʔagsa。

嘎道阿语（蒙达语族）(Gadaoa) ghusō < *guso。

8. *keʔam / *ʔam

雅贝姆语 keam < *keʔam。

尼科巴语 ɑ̄m < *ʔam。

9. *mi

宁德娄语 m^{w}i，姆布拉语 me < *mi。

10. *b^{w}atu

阿美语 watʃu，排湾语 vatu < *b^{w}atu。

11. *gat-lago / *lako / *lakuli

查莫罗语 gatlago < *gat-lago。

那大语 lako < *lako。

勒窝语 lakuli < *lakuli。

12. *kiru / *kuri / *kriŋ-mek / *kru

马绍尔语 kiru < *kiru。

满文 kuri < *kuri。（黎狗）

爱斯基摩语 kriŋmerk < *kriŋ-mek。

塔纳语 kuri，菲拉梅勒语（Fila-Mele）korī < *kuri。

布兴语 tʃɔʔ，巴琉语 tsu^{53} < *kru。

13. *dug^{w}i / *dak / *taku / *tak^{w}i / *deki

独龙语 dɯ^{31}gɯi^{55} ＜*dug^{w}i。

加洛语 tʃhak ＜*dak。

满文 tʃaku ＜*taku。（白颈狗）

萨蒙语（Samong）（藏缅语族缅语支）takwi ＜*tak^{w}i。

乌玛语 dekiʔ ＜*deki。

14. *ʔabu-ʔu / *tab-ʔuŋ

邹语 abəʔu ＜*ʔabu-ʔu。

鲁凯语 tawʔuŋ ＜*tab-ʔuŋ。

15. *k^{w}an / *ŋana-qin

汉语 *k^{w}han-ʔ（犬）＜*k^{w}an，*koʔ（狗）。

鄂伦春语 ŋanakɪn ＜*ŋana-qin。

16. *kli / *kuli

藏文、巴尔蒂语 khji，拉达克语 khji gun ＜*kli。

吐龙语 khle bā，杜米语（Dumi）khli bu，巴兴语 khlĭ-tʃɑ ＜*kli。

古龙语 khē bā，坎布语 khe bɑ ＜*kli。

汤加语、东部斐济语 koli ＜*kuli。

17. *kla / *kola

布努语 kla^{3}，勉语罗香话 klo^{3}，樑子话 tlo^{3} ＜*kla。

桑塔利语 koja ＜*kola。（野狗）

18. *degri

阿侬怒语 dɛ^{31}gɹn ＜*degri。

19. *ʔiki / *si-ki / *kiki

塔金语 iki < *ʔiki。

罗维阿纳语 siki < *si-ki。

印第安人那瓦特尔语 tʃitʃi < *kiki。

20. *sma / kuma

壮语 ma^1，水语 m̥a^1，仫佬语 ŋ̊wa^1 < *sma。

所罗门马林厄语（Maringe）k^{h}uma < *kuma。

21. *seta / *ʔast

蒙达语、桑塔利语 setɑ̄ < *seta。

阿伊努语 seta < *seta。

西部裕固语 əʂt < *ʔast。

蒙古语族语言和南岛语中有的把“跳蚤”叫作“狗的跳蚤”。如：

蒙古语正蓝旗话 noxo^e: bɵs，都兰话 noxɑ: bɵ:sen < *noqu-bes-en（狗—跳蚤）。

罗维阿纳语 ɣutu siki < *gutu siki（跳蚤—狗）。

贡诺语 kutu asu < *kutu asu（跳蚤—狗）。

巴厘语 kilimpit < *kili-pit（狗—跳蚤）。巴厘语“狗”有 tʃitʃiŋ（< *titiŋ）、kuluk 两种说法，“跳蚤”这个词中可能保留较早时的另一说法。

二 “狗”和“小”

汉语古称“狗”为“犬”，大约战国时代才有“狗”字出现，类似的说法指幼兽，如小马叫“驹”。“狗”满文、赫哲语、锡伯语 *ʔida-qun，女真

语 *ʔida-qu，鄂温克语 *ʔini-qin，鄂伦春语 *ŋana-qin，词根指小。日语 ʔinu 可能来自 *ʔini-qu，词根原本也是指“小”。

（1）满文、赫哲语、锡伯语 *ʔida，邵语、马京达瑙语 *ʔatu。“小的”鄂温克语 niʃuxun，鄂伦春语 nitʃukun < *ʔitu-qun。

（2）鄂温克语 *ʔini，“小的”沙阿鲁阿语 ma-ini < *ʔini。

（3）独龙语 *dug^{w}i，乌玛语 dekiʔ < *deki。“小的”满文 adʒige，锡伯语 adʑig < *ʔadige。朝鲜语 tʃakta < *dag-。

（4）马绍尔语 *kiru，汤加语、菲拉梅勒语 *kuri。“小的”纳西语 tɕi^{55}、史兴语 tʂɿ^{55} < *kri，汉语 *s-kreʔ（小）。

（5）爪哇语、布鲁语、亚齐语、他加洛语 *ʔasu，佤语马散话、克木语 *soʔ。“小的”满文 osohon < *ʔoso-qon。赫哲语 uʂkuli < *ʔos-kuli（小—小）。

三 词源关系分析

1. *k^{w}ani（*k^{w}an、*ŋana）

汉语 *k^{w}an（犬）。“狗”鄂伦春语 *ŋana-qin。

“狗”意大利语 cane、拉丁语 canis < *kani-s，希腊语 kyon、阿尔巴尼亚语 kyen < *k^{w}en。

2. *kure（*kuri、*kru）

“狗”马绍尔语 *kiru，汤加语、菲拉梅勒语 *kuri，桑塔利语、布兴语、巴琉语 *kru。

“狗”梵语 kukkura < *kukura。

“狗”桑塔利语 kutru。粟特语 kut < *k^{w}ud-。

“狗”芬兰语 koira，爱沙尼亚语 koer < *kora。

3. *kuli（*kli）

“狗”藏文、巴尔蒂语、拉达克语 *kli，汤加语、东部斐济语、勒窝语 *kuli。

“狗”希腊语 skuli、skolos，欧洲吉普赛语 dʒukel ＜*gukel。

“狗”印第安人的车罗科语（Cherokee）gili，西部阿帕齐语 goʃe＜*gole。

“狗”匈牙利文 nyarglo ＜*nar-glo。

“狗”亚非语系的语言：① 闪米特语族的希伯来语 kelev，阿拉伯语 kalb，叙利亚语 kalba，埃塞俄比亚语 kalb，马耳他语 kelb。② 库西特语族的贝亚语（Beja）kuluus。③ 柏柏尔语族的卡比勒语（Kabyle）akelbun（小狗）。

4. *deki（*dugi、*degri、*taku）

“狗”独龙语 *dug^{w}i，乌玛语 dekiʔ＜*deki，满文 tʃaku＜*taku（白颈狗）。

“狗”古英语 docga、法语 dogue、丹麦语 dogge ＜*doge。

“狗”巴斯克文 txakur ＜*takur。格鲁吉亚语 dzaɣli、拉兹语 tʃaɣori ＜*dagori。

5. naqi（*noqu、*noq、*naki、*nu）

“狗”蒙古语、达斡尔语 *noqu，东部裕固语、土族语 *noq-gui，女真语 *ʔinaqu，古龙语、他杭语 *naki。

“狗”梵语 ʃunaka ＜*sunaka。

6. *kuma（*sma）

“狗”壮语、水语、仫佬语 *sma，马林厄语 *kuma。

“狗”赫梯语 kuwas ＜*kub^{w}a-s，kuwana ＜*kub^{w}a-na。 阿维斯陀经 spa，梵语 shvana ＜*sub^{w}a-na。

和阗塞语 ʃʃuvānä（复数）< *sub^{w}a-na，ʃve（单数）< *sb^{w}e。 古伊朗高原米堤亚语（Median）sobaka，俄语 sobaka < *sobaka。

7. *ʔasu（*soʔ、*ʔatu）

“狗”爪哇语、布鲁语、亚齐语、他加洛语 *ʔasu，佤语马散话、克木语 *soʔ。

“狗”立陶宛语 ʃuo < *so。亚美尼亚语 ʃun < *sun。

8. *ki（*kiki）

“狗”塔金语 *ʔiki。罗维阿纳语 *si-ki。

“狗”威尔士语 ci < *ki。

印第安人那瓦特尔语 tʃitʃi < *kiki。

“牛”的词源关系

东亚南方普通有“黄牛”“水牛”等的分别，主要用于耕种。北方没有“水牛”，蓄养的“牛”用于耕种和拉车。草原牧区主要是“肉牛”和“奶牛”。西亚最早驯化饲养“牛”，东亚可能稍晚。从亚、欧两地的说法看，除了早期有词源关系的说法，还有后来的交流。

“牛”的说法与“（犄）角”的说法对应，应是代指。“（犄）角”又可引申指“用角顶”。“角”的另一些说法与“鹿”的说法对应。“牛”的说法还可引申为“强壮的”。

◇ 一　东亚太平洋语言的“牛”

“牛、水牛、黄牛”等主要有以下说法：

1. *gale-q / *gola

维吾尔语 kɑlɑ，撒拉语 goliex < *gale-q。

桑塔利语 gola（棕色牛）。

2. *sigir / *sger / *gir

土耳其语 siɣir，哈萨克语 səjər < *sigir。

中古朝鲜语 sjo，朝鲜语咸兴话 swɛ < *sger。[①]

汉语 *gir（犪，古代西南地区的野牛）。

3. *gus

西部裕固语 gus < *gus。

4. *ʔinek

图瓦语 inek < *ʔinek。

5. *qugur / *ʔukur

蒙古语 ʉxər，达斡尔语 xukur，东部裕固语 hogor，土族语 fugor < *qugur。

鄂伦春语 ukur，鄂温克语 əxur < *ʔukur。

6. *b^{w}alaŋ

保安语 vɑlɑŋ < *b^{w}alaŋ。

7. *ʔiqan

满文 ihan，锡伯语 iχan，赫哲语 iχan（黄牛）< *ʔiqan。

8. *ʔuli / *ʔur

日语 uçi < *ʔuli。

柯尔克孜语 uj < *ʔur。

9. *guŋ

排湾语、卑南语 guŋ < *guŋ。

---

① 朝鲜语腭化辅音的 -j- 通常因韵尾的 *-r 的同化增生。

10. *katiŋ

赛夏语 katin，泰雅语 katsiŋ（牛、水牛）< *katiŋ。

11. *baka / *qubaq / *la-baka

雅美语 baka < *baka。（牛、水牛）

邵语 humbaq < *qubaq。（黄牛）

赛夏语 jabakaʔ < *la-baka。（水牛）

12. *kuluŋ

阿美语 kuluŋ < *kuluŋ。

13. *dapa / *dab^{w}i

赛德克语 dapa < *dapa。

（水牛）米南卡保语 dʒawi < *dab^{w}i。

14. *sakin / *sakiŋ-al / *mon-sako

鲁凯语 sakinkin，卑南语 sakiŋkiŋ < *sakin。（水牛）

阿美语 takiŋkiŋaj < *sakiŋ-al。（水牛）

木鲁特语 monsoko < *mon-sako。（野牛）

15. *sapi

爪哇语 sapi（牛），印尼语 sapi（牲畜）< *sapi。

16. *lobu

巴塔克语 lobbu < *lobu。

17. *kapun

卡林阿语 kapun < *kapun。

18. *b^{w}ab^{w}ali

西部斐济语 βaβali < *b^{w}ab^{w}ali。

19. *sele

东部斐济语 sele < *sele。

20. *ŋə / *ŋa

汉语 *ŋə（牛）。景颇语 ŋa^{33} < *ŋa。

21. *ba / *bo / *b^{w}i

藏文 ba < *ba。（黄牛）

水语 po^{4}，壮语龙州话 mo^{2} < *bo。（黄牛）

佤语马散话 mui，孟贡话 boi^{2} < *b^{w}i。（黄牛）

22. *glaŋ / *galaŋ / *kədiŋ

藏文 glaŋ < *glaŋ。（黄牛）

格曼僜语 kɑ^{31}liɑŋ^{55}，达让僜语 kɑ^{31}liɑŋ^{53} < *galaŋ。（黄牛）

克木语 kə diŋ < *kədiŋ。（野牛）

23. *g^{w}u

土家语 wu^{35}，纳西语 ɣɯ^{33} < *g^{w}u。

24. *g^{w}i / *t^{w}i

侗语 kwe^{2}，水语 kui^{2}，壮语武鸣话、龙州话 vai^{2} < *g^{w}i。（水牛）

黎语 tui^{3} < *t^{w}i。（水牛）

25. *gru / *da-gra

布依语 tsɯ^{2}，壮语武鸣话 ɕɯ^{2} < *gru。（黄牛）

桑塔利语 ɖaŋra < *da-gra。

26. *grak / *krak / *keri-gei

佤语马散话 krak，德昂语南虎话 kraʔ，硝厂沟话 grăʔ < *grak。（水牛）

克木语、布兴语 trak < *krak。（水牛）

桑塔利语 kɛri gɛi < *keri-gei。（黑牛）

二 “牛”的词源对应关系

1. “牛”和“（犄）角”的对应

（1）土耳其语、哈萨克语 *sigir。“角”古突厥语 myjyz，维吾尔语 myŋgyz，图瓦语 myjes < *mi-guri。

（2）汉语 *ŋə（牛）。“角”毛南语 ŋau^{1}，黎语 hau^{1} < *sŋu。

（3）满文、锡伯语、赫哲语 *ʔiqan。“角”满文 uihe，锡伯语 vix < *ʔu-ʔiqe。

（4）侗语、水语、壮语 *g^{w}i。“角”鄂伦春语 iːgə，鄂温克语 iːg < *ʔige。

（5）佤语 *grak。“角”布朗语胖品话 krɤk^{55} < *krək，汉语 *krok（角）。

（6）邵语 *qubaq。“角”阿美语 waʔa，布农语 vaχa，邵语 waqa < *b^{w}aqa。

（7）阿美语 *kuluŋ。“角”勉语三江话 kloŋ^{1}，苗语青岩话 koŋ^{1} < *klaŋ。

2. “牛”和“强壮的、结实的”

（1）侗语、水语、壮语 *g^w^i。

“强壮的”巴塔克语 gogo < *gogo。“结实的”道孚语 gɛ ngə < *gege。

（2）土耳其语、哈萨克语 *sigir。“强壮的”罗维阿纳语 ŋiŋira < *ŋira。

（3）桑塔利语 *da-gra。“强壮的”桑塔利语 balgar < *bal-gar。

（4）排湾语、卑南语 *guŋ。“结实的”景颇语 ŋaŋ^{31} < *ŋaŋ。

◇ 三 词源关系分析

1. *g^{w}i（*ŋə、*g^{w}u）

“牛”汉语 *ŋə。土家语 wu^{35}，纳西语 ɣɯ^{33} < *g^{w}u。“水牛”侗语 kwe^{2}，水语 kui^{2}，壮语武鸣话、龙州话 vai^{2}，黎语 tui^{3} < *g^{w}i。

“母牛”古英语 cu、古弗里斯语 ku < *g^{w}u。

“母牛”乌尔都语 gaːeː，梵语 gau < *gau。

和阗塞语“母牛”gūhā-，“公牛”gūha-。

2. gus

“牛”西部裕固语 gus。

“牛”古英语、古弗里斯语、古法语 ox，古高地德语 ohso，梵语 uksa < *uksa。

希腊语 bus < *b^{w}us。

3. *giro（*sigir、*gru、*gra、*karas、*kares、*kros、*kurus）

“牛”土耳其语、哈萨克语 *sigir。布依语、壮语武鸣话 *gru，桑塔利语 *da-gra。

“硬的”印尼语 kəras < *karas，亚齐语 krɯᵊh、米南卡保语 kareh < *kares，佤语马散话 krɔh、布朗语曼俄话 kɔh < *kros，桑塔利语 kuɽus < *kurus。

“角”古英语 horn，哥特语 haurn，荷兰语 horen < *karen。希腊语 karnon < *karen-。
“鹿”威尔士语 carw < *karu。
“强壮的”希腊语 geros。“强的、严格的”俄语 gruv-j < *gru-。

4. $*b^{w}aka$（*baka、$*b^{w}aqa$）
“牛”雅美语 *baka。赛夏语 *la-baka。
“角”阿美语 waʔa，布农语 vaχa，邵语 waqa < $*b^{w}aqa$。

“小牛”梵语 vatsah < $*b^{w}aka$-。
“公牛”赫梯语 wawa < $*b^{w}ag^{w}a$。

“母牛”巴斯克语 behi。

“熊”的词源关系

“熊”当为早期东亚人和印欧人群的主要图腾之一。亚欧语言“熊”的说法与“神、鬼、精灵”“害怕”等的说法有词源关系。因忌讳提到“熊”，东亚太平洋语言中有以“棕色、黄色、黑色”等代指“熊”的情况。

一　东亚太平洋语言的“熊”

“熊”主要有以下说法：

1. *ʔeriq

维吾尔语 ejiq，哈萨克语 ejəw，土耳其语 aji < *ʔeriq。

2. *gusuŋ / *qara-gorosun / *qara-goros / *ŋaruq

西部裕固语 gəuʃuŋ < *gusuŋ。

东部裕固语 xɑrɑ gørosun < *qara-gorosun（黑—熊）。

蒙古语喀喇沁方言 xɑr gərəːs < *qara-goros。

泰雅语 ŋarux < *ŋaruq。

3. *babəgi / *ma-pəqə。

达斡尔语 bəːbəg，蒙古语都兰方言 bɑmbu，阿拉善方言 bɑːbgɑi < *babəgi。

赫哲语 mafqə < *ma-pəqə。

4. *dermoŋ

保安语 dɛrmoŋ < *dermoŋ。

5. *ʔutege / *ʔətiqən-bərun / *ʔadiq

蒙文 ūtege < *ʔutege。鄂温克语 ətəxən bəjun < *ʔətiqən-bərun。

图瓦语 ɑdɤx，撒拉语 ɑtəχ < *ʔadiq。

6. *lepu / *qlep

满文 lefu，锡伯语 ləf < *lepu。

苗语养蒿话 l̥ji^{7}，石门坎话 tl̥i^{7}，绞坨话 l̥e^{7} < *qlep。

7. *ʔətirqən

鄂伦春语 ətirkəːn < *ʔətirqən。

8. *goma / *kamuʔi / *gəm / *g^{w}um / *kum

日语 kuma，朝鲜语 kom < *goma。

阿伊努语 kamuj < *kamuʔi。（神，精灵，熊）

汉语 *gəm（熊）。史兴语 gĩ^{35}，吕苏语 ŋu^{33}mu^{53} < *g^{w}um。

格曼僜语 kum^{55} < *kum。

9. *tumal

布农语 tumað，阿美语 tumaj，排湾语、鲁凯语 tsumaj，沙阿鲁阿语

tsumiʔi ＜*tumal。

10. *moturun

巴拉望语 mɔnturun ＜*moturun。

11. *baru-ʔaŋ

印尼语 baruaŋ，爪哇语 bruaŋ，马都拉语 baruwaŋ ＜*baru-ʔaŋ。

12. *gopul

巴塔克语 gɔppul ＜*gopul。

13. *dom

藏文 dom，道孚语 dəm ＜*dom。

14. *b^{w}am

缅文 wɑm^{2}，载佤语 vam^{51}，仙岛语 om^{55} ＜*b^{w}am。

15. *b^{w}er

却域语 wɛr^{13} ＜*b^{w}er。

16. *sibu

阿侬怒语 ʂɿ^{55}phɯ^{31} ＜*sibu。

17. *ʔb^{w}i

黎语、壮语武鸣话 mui^{1}，傣语 mi^{1}，水语 ʔmi^{1} ＜*ʔb^{w}i。

18. *gril

佤语马散话 kriɯh，德昂语南虎话 kreh、硝厂沟话 grɛih ＜*gril。

19. *sol

克木语 hual，布兴语 sɔl < *sol。

20. *klet

户语 a hɣɛt^{31} < *klet。

21. *bana

桑塔利语 bana < *bana。（黑熊）

◇ 二 “熊”的词源对应关系

1. “熊”和“棕色、黄色、黑色”等

（1）蒙古语喀喇沁方言 *qara-goros（黑—熊）。“棕色”维吾尔语 qoŋur，哈萨克语 qoŋər < *qogur。“黄色”满文 suwajan，鄂温克语、鄂伦春语 ʃɪŋarɪn < *sug^{w}ara-n。

（2）朝鲜语 *goma。“黑色”朝鲜语 kəmta < *gəm-。柬埔寨文 khmau < *k-mu。

（3）缅文、载佤语、仙岛语 *b^{w}am。“黑的”吉利威拉语 b^{w}ab^{w}au < *b^{w}ab^{w}a-ʔu。

（4）却域语 *b^{w}er，印尼语、爪哇语、马都拉语 *baru-ʔaŋ。“黑的”劳语 bora < *bora。达阿语 na-vuri < *buri。

（5）藏文、道孚语 *dom。“黑的”卑南语 ʔuɖʔudam < *ʔud-ʔudam。

（6）侗台语 *ʔb^{w}i。“灰的”布依语 voi^{2} < *b^{w}i。

2.“熊”和“神”等

（1）“神、精灵、熊”阿伊努语 *kamuʔi。“神”日语 kami，“鬼”古突厥语 kɑm，“灵魂”日语 tama < *tama。

（2）藏文、道孚语 *dom。“神”阿昌语 tam^{31} < *dam。

（3）布农语、阿美语、排湾语、鲁凯语、沙阿鲁阿语 *tumal。“神”排湾语 tsəmas，罗维阿纳语 tamasa < *tamasa。

（4）达斡尔语、蒙古语 *babəgi。“鬼”日语 obake < *ʔobake。

（5）侗台语 $*ʔb^wi$。“神”巴拉望语 amp^wu < $*ʔap^we$。

（6）却域语 $wɛr^{13}$ < $*b^wer$。“灵魂”西部裕固语 ever < $*ʔeb^wer$。

（7）印尼语、爪哇语、马都拉语 *baru-ʔaŋ。“灵魂”拉巴努伊语 varua，汤加语 vārua < $*b^waru$-ʔa。

3.“熊”和“怕”等

（1）保安语 dɛrmoŋ < *der-moŋ。“怕”中古朝鲜语 turi- < *duri。

（2）印尼语、爪哇语、马都拉语 *baru-ʔaŋ。“怕”南密语 pareu < *pare-ʔu。

（3）朝鲜语 *goma。“怕”达密语 kumi < *kumi。

（4）户语 *klet。“怕”柬埔寨文 khlaːtʃ < *klat。

（5）侗台语 $*ʔb^wi$。“怕”萨摩亚语 fefe < $*b^web^we$。

◇ 三 词源关系分析

1. $*b^were$（*boro、*bere、$*b^wer$、*pirə）

“熊”却域语 $*b^wer$。“鬼”撒拉语 pirə < *pirə，德昂语硝厂沟话 ka pro < *pro。“怕”蒙达语 boro，桑塔利语 bo̱ ro̱ < *boro。“吃惊”罗图马语 ferehiti <

$*b^{w}$ere-piti。

"熊"古英语 bera，古高地德语 bero、古挪威语 björn＜*beron。（原指"棕色"） "怕"古英语 færan、古高地德语 faren、古挪威语 færɑ（辱骂）＜*pare。

2. $*b^{w}$e（$*b^{w}$i）

"熊"侗台语 $*ʔb^{w}$i。"怕"萨摩亚语 fefe ＜$*b^{w}eb^{w}$e。

"怕"希腊语 phoboymai＜*bobo-。意大利语 spaventare＜$*spab^{w}$e-。 "怕"波兰语 obawiatʃ ＜$*obab^{w}$a-，亚美尼亚语 vax ＜$*b^{w}$aq。

3. $*b^{w}$agi（$*b^{w}$ak）

"熊"达斡尔语、蒙古语 *babəgi。"鬼"日语 obake＜*ʔobake。"灵魂"排湾语 avak，鲁凯语 abakə＜$*ʔab^{w}$ak。

"神、造物主"俄语 bog，"神"波兰语 bog ＜*bog。 "神"亚美尼亚语 astvatʃ ＜$*ast\text{-}b^{w}$ak。

4. $*g^{w}$as（*gus）

"熊"京语 $kon^{1}ɣəu^{5}$ ＜*-gus。汉语 $*g^{w}$as（惧）。

"恶魔、灵魂"古英语 gast、德语 geist＜*ges-。"吓唬"古英语 gæstan。

5. *ʔeriq

"熊"维吾尔语 ejiq，哈萨克语 ejəw，土耳其语 aji ＜*ʔeriq。

"熊"阿维斯陀经 aresho，亚美尼亚语 arj，阿尔巴尼亚语 ari。 "熊"和阗塞语 arrä ＜*aro。

"熊"威尔士语 arth ＜*ʔart。巴斯克语 hartz ＜*qar-d。

“鸟”的词源关系

亚欧语言中“鸟”的通名可来自专名。“鸟”古突厥语、维吾尔语 quʃ < *qul，“乌鸦”鄂温克语 ʊlɛː < *ʔule，鹰”撒拉语 ti-uli。“鸟”日语 tori，“鹌鹑”朝鲜语 metʃhuri < *me-turi，“鸡”卑南语 turukuk < *turu-kuk 等。东亚太平洋语言中“鸟”与“飞”“啼叫”等的说法有词源关系。

◇ 一 东亚太平洋语言的“鸟”

“鸟”主要有以下说法：

1. *qul / *qələ-niq

古突厥语、维吾尔语 quʃ，土耳其语 kuʃ < *qul。

泰雅语 qəhəniq < *qələ-niq。

2. *subu / *sibagu

蒙古语 ʃubu < *subu。清代蒙文 sibagu < *sibagu。

3. *gas-qa

满文 gasha < *gas-qa。

4. *sari / *siriq

朝鲜书面语 sɛ，义州话 saji < *sari。

宁德娄语 sirih < *siriq。

5. *dəgi

鄂温克语 dəgi，鄂伦春语 dəji < *dəgi。

6. *tori / *tir

日语 tori < *tori。阿伊努语 tʃir < *tir。

7. *tikap

阿伊努语 tʃikap < *tikap。

8. *qalam / *gləm

卑南语、阿美语 ʔajam，布农语 χaðam，沙阿鲁阿语 ałamʉ < *qalam。

汉语 *gləm（禽）。

9. *manuk / *ma-nok / *nuk

巽他语 manuk < *manuk。

泰语 nok^{8}，拉加语 mlok^{8}，黎语加茂话 nɔːk^{8} < *ma-nuk。

苗语养蒿话 nə^{6}，甲定话 noŋ^{6}，石门坎话 nau^{6}，勉语长坪话 nu^{8} < *nuk。

10. *manu

爪哇语 manuʔ，多布语 man，莫图语 manu < *manu。

11. *qubele-ni / *kab-kabalal / *b^{w}ilin

赛德克语 qubeheni ＜*qubele-ni。

赛夏语 kabkabæhæl ＜*kab-kabalal。

鄂罗克语 wilin ＜*b^{w}ilin。

12. *rup^{w}al / *rum

邵语 rumfað ＜*rup^{w}al。邹语 zumʉ ＜*rum。

13. *paluma

查莫罗语 paluma ＜*paluma。

14. *kuru

罗维阿纳语 kurukuru ＜*kuru。

15. *tuʔ / *tuq-an / *tu

汉语 *tuʔ（鸟）。

赫哲语 to^{e}qan ＜*toq-an。

克伦语乍叶因方言 tu，拉龙语 tu ＜*tu。

16. *bre-ʔu / *muru / *buruŋ

藏文 bjeɦu＜*bre-ʔu。（鸟、麻雀）

阿杰语 müřü ＜*muru。

印尼语 buruŋ ＜*buruŋ。

17. *b^{w}a

格曼僜语 wa ＜*b^{w}a。

18. *sŋak

缅文 hŋɑk < *sŋak。

19. *nam-nam

他杭语 njamnja < *nam-nam。

20. *mo-naŋ

仡佬语贞丰话 mo^{42}naŋ^{42} < *mo-naŋ。

21. *slem

佤语马散话 sem，京语 tsim^{1}，户语 a ɕim，布兴语 tʃem < *slem。

22. *ʔore / *qore

蒙达语 oɽe < *ʔore。

桑塔利语 tsḛ̃ɽḛ̃ < *qore。

23. *bak-sa / *bak-si

柬埔寨文 ba̰ksaː < *bak-sa（公鸟），ba̰ksɤj < *bak-si（母鸟）。

二 “鸟”的词源对应关系

1. “鸟”的通名和专名

（1）突厥语 *qul。“鹰”蒙古语 ələ，撒拉语 ti-uli < *ʔəli / *ʔuli。“乌鸦”鄂温克语 ʊlɛː < *ʔule。“鹞”满文 hujebele < *qule-bele。

（2）日语 *tori，“乌鸦”鄂伦春语 tʊrakɪ < *tura-ki，“元鸟”满文 turaki < *tura-ki，“沙鸡”满文 nuturu < *nu-turu，“鸽子”中古朝鲜语 tʃipituri <

*dibi-duri，“鹡鸰”朝鲜语 metʃhuri < *me-turi，“鸡”朝鲜语 tark < *dar-gi。“鹰”锡伯语 diəmin < *dirə-min，赛德克语 qudiro < *qudiro，柬埔寨文 ʔɤtri < *ʔətri。

（3）鄂温克语、鄂伦春语 *dəgi，“秃鹫”朝鲜语 toksuri < *dog-suri，“水鸡”满文 nijo tʃoko < *ʔilo-toko，“飞禽”达斡尔语 dəːgi < *dəgi。“鹰”日语 taka，布昂语 tug，查莫罗语 tʃagtʃag < *tagtag。“鹞”拉巴努伊语 manu toke toke。

（4）鄂罗克语 *bilin，“鹤”满文 bulehen < *bule-qen，“苍鹭”斐济语 belō。

（5）巽他语 *manuk，“鹰”达斡尔语 məːngəː，“鹞”阿卡拉农语 banug，“鸡”雅美语 manuk。

（6）赛德克语 qubeheni < *qubele-ni，“鹞”坦纳语 kuβəria < *kubari-ʔa。

（7）克伦语乍叶因方言、拉龙语 *tu，“半翅鸟”满文 itu < *ʔitu。

（8）佤语马散话、京语、户语、布兴语 *slem，“鹞”多布语 selim，“雀鹰”满文 silmen < *silm-ʔen，“伯雄”满文 hija silmen < *qila-silmen。

（9）蒙达语 oɽe < *ʔore，“鸭子”朝鲜语 ori < *ʔori。

2.“鸟”和“飞”

（1）清代蒙文 *tibagu，“飞”东部斐济语 βuka < *buka。

（2）鄂温克语、鄂伦春语 *dəgi，“飞”锡伯语 dəjim < *dəgi-m。

（3）赛德克语 *qubele-ni，“飞”马林厄语 flalo < *plalo。

（4）藏文、羌语、白语剑川话 *breʔu，“飞”道孚语 bjo，吕苏语 bʑe < *bro。

（5）鄂罗克语 *b^{w}ilin，“飞”鄂罗克语 wili < *b^{w}ili。

3. “鸟”和“啼、鸣”

（1）突厥语 *qul，“呼喊”保安语 χilə- < *qilə。“啼鸣”满文 hūla-，锡伯语 χula- < *qula。“鸣叫”东乡语 qəilɑ- < *qila，保安语 bəndʑir χilə- < *bədir-qilə。

（2）日语 *tori。“啼”鄂伦春语 tuːrəː-、鄂温克语 tuːrə- < *turə。西部裕固语 dʒirdəlɑ- < *dir-dəla。东部裕固语 dʒerge- < *der-ge。布兴语 tɤr tᴇ < *tər-te，克木语 tər ʔoʔ。木雅语 tu^{33}rə^{53}。“家禽鸣叫”桑塔利语 tsoṟtsoṟ < *tor-tor。

（3）鄂温克语、鄂伦春语 *dəgi。“鸣叫”蒙古语 doŋgodo-，达斡尔语 tʃuɑŋgɑː- < *dogo-da。“鸣叫”桑塔利语 tsẽ̱ kh < *tek。“啼叫”尼科巴语 takeuːk < *take-ʔuk。“喊”德昂语南虎话 tɤk < *tək。

三 词源关系分析

1. *b^{w}eli（*beli、*b^{w}ili）

“鸟”鄂罗克语 *b^{w}ilin。“鹰”爪哇语 beli，摩尔波格语 billi（鹞）< *beli。

> 希腊语“鸟”poyli < *poli，“飞”pheylo < *belo。
> “飞”古英语、古高地德语 fleogan，古挪威语 flügja、古弗里斯语 fliaga，中古荷兰语 vleghen < *ple-ga。（*-ga 日耳曼语动词后缀）

“鸟”格鲁吉亚语 prinvɛli < *prin-b^{w}eli。

2. *sib^{w}a（*subu、*b^{w}a、*sibi、*ʔibu）

“鸟”蒙古语 *subu，格曼僜语 *b^{w}a。“羽毛、毛皮”达密语 siwi < *sibi，“羽毛”瓜依沃语 ifu-na、托莱语 ivu- < *ʔibu。“飞”莽语 paɯ^{55}，京语 bai^{1} < *ʔbi。

“鸟”赫梯语 suwais < *suba-is。拉丁语 avis、阿维斯陀经 viʃ < *bʷis。

3. *bre（*bro）

“鸟”藏文、羌语、白语剑川话 *breʔu。“鹰”爪哇语 bəri。“飞”道孚语 bjo，吕苏语 bʑe < *bro。水语 vjən³ < *ʔbrən。“孵”土家语 phɯe²¹ < *bre。

“鸟”乌尔都语 paranda < *parada。“幼鸟”古英语 bird。 “孵”古英语 brod、古高地德语 bruot < *bre-t。

“鸟”阿杰语 mɯ̈ɾɯ̈ < *muru。

“鸟”和阗塞语 mura- < *mura（单数），murka（复数）。 “鸟”粟特语 mɽɣ < *mərg。

4. *ʔule（*qul、*ʔuli）

“鸟”突厥语 *qul，“鹰”撒拉语 ti-uli < *ʔuli，“乌鸦”鄂温克语 ʊlɛː < *ʔule。

“（沼泽地）鸟”希腊语 elea < *ela。

5. *to（*tu）

汉语 *tuʔ（鸟）。“鸟”赫哲语 *toq-an，克伦语乍叶因方言、拉龙语 *tu。

“鹰”希腊语 aietos < *etos。

“鸟”格鲁吉亚语 tʃiʃi < *tisi。

6. *tori（*tir、*tura）

“鸟”日语 tori，阿伊努语 *tir。“乌鸦”鄂伦春语 *tura-ki，“元鸟”满文 *tura-ki 等不同的鸟用相同或相近的说法。

“鹰”锡伯语 *dirə-min，赛德克语 *qudiro，柬埔寨文 *ʔətri。“啼”鄂伦春语 tuːrəː-、鄂温克语 tuːrə- < *turə，西部裕固语 dʒirdəla- < *dir-dəla，

东部裕固语 dʒerge- < *der-ge ，"家禽鸣叫"桑塔利语 *tor-tor 等可以说明该词根的早期渊源关系。

"鸟"亚美尼亚语 thrtʃun < *dr-kun。

"鸟"匈牙利文 madar < *ma-dar。

7. *galo（*kalu、*ŋal）

"乌鸦"莫图语 galo < *galo，桑塔利语 kʌhu < *kalu。"雁、鹅"蒙古语 galuː < *galu。汉语 *ŋal（鹅）。

"鸟"意大利语 uccello < *ukelo。 "鹰"古法语 egle，"黑鹰"拉丁语 aquila < *ag^{w}ila。

8. *gas

"鸟"满文 *gas-qa。

"鹅"古英语、古弗里斯语 gos、古挪威语 gas、波兰语 geʃ < *gas。 "天鹅"古爱尔兰语 geiss < *ges。 "鹅"古高地德语 gans、西班牙语 ganso、梵语 hansi < *gans。

9. *buka（*p^{w}ak、*pik）

"飞"东部斐济语 βuka < *buka。波那佩语 pik。"翅膀"壮语龙州话、德宏傣语 pik^7 < *pik。沙玛语 pikpik < *pik。锡克语 kəpik < *kə-pik。布拉安语 fafak < *p^{w}ap^{w}ak。

"鸟"亚美尼亚语 havkh < *qab^{w}g。"猎鹰"俄语 kobec。 "鹞"古英语 havek、古高地德语 habuh、古挪威语 haukr < *kab^{w}ek。 "翅膀"古英语 wenge、古挪威语 vængr、丹麦语 vinge < *b^{w}ige。

“鱼”的词源关系

亚欧语言“鱼”的说法与“游”“浮”等的说法有词源关系。北亚东部阿尔泰语和一些南岛语“鱼”的说法来自“鳞”。有的通名和专名有词源关系，如“鱼”汉语 *ŋa，“鲤鱼”朝鲜语 iŋɣə < *ʔiŋə。“鱼”雅美语 amoŋ，“鲨鱼”托莱语 moŋ 等。

◇ 一 东亚太平洋语言的“鱼”

“鱼”主要有以下说法：

1. *baliq / *bla / *pla / *bale

古突厥语 baliq，土耳其语 balik，维吾尔语 beliq，图瓦语 bɑlɤk < *baliq。

苗语石门坎话 $mbə^4$，甲定话 $mplæ^4$，畲语 pja^4 < *bla。

壮语 pja^1，黎语 $ɬa^1$ < *pla。

布吉斯语 bale < *bale。

2. *dagoso-n / *dil-ɢoso-ŋ

蒙古语 dʒɑgɑs，东部裕固语 dʒɑɢɑsən < *dagoso-n。

保安语 dʑilɢɑsoŋ < *dil-ɢoso-ŋ。

3. *ʔolo-qon / *qulaq

鄂伦春语 ɔlɔ，鄂温克语 ɔʃxɔn < *ʔolo-qon。

泰雅语 qulɛh，赛夏语 ʔælaw < *qulaq。

4. *ʔimuqa

满文 nimaha，赫哲语 imaχa，锡伯语 nimχa < *ʔimuqa。

女真语（泥木哈）*nimuha < *ʔimuqa。

5. *sakana / *ʔi-skan / *ro-sku / *ru-saku

日语 sakana < *sakana。

布农语 iskan < *ʔi-skan。

邹语 eosəkʉ < *ro-sku。

邵语 rusaw < *ru-saku。

6. *gogi

中古朝鲜语 koki，现代朝鲜书面语 murkoki < *mur-gogi（水—鱼）。

7. *tep

阿伊努语 tʃep < *tep。

8. *ʔika-luk / *ʔika-n / *gu-ʔikan / *ʔiga-na / *ʔige / *qako

爱斯基摩语 irkaluk < *ʔika-luk。

毛利语、斐济语 ika，印尼语 ikan < *ʔika-n。

查莫罗语 guihan < *gu-ʔikan。

罗维阿纳语 igana < *ʔiga-na。

拉格语 iɣe < *ʔige。

桑塔利语 hako < *qako。

9. *kaʔ / *kaʔaŋ

越南语 ka^{5}，佤语 kaʔ，克木语 kăʔ < *kaʔ。

鲁凯语 kaaŋ < *kaʔaŋ。

10. *ʔi-sodaʔ / *sodaʔ

他加洛语 isdaʔ，卡加延语 siddaʔ，摩尔波格语 sodaʔ < *ʔi-sodaʔ / *sodaʔ。

11. *dakuʔ

马都拉语 dʒ^{h}ukuʔ < *dakuʔ。

12. *ʔi-b^{w}aʔ

萨萨克语 əmpaʔ，爪哇语 iwaʔ < *ʔi-b^{w}aʔ。

13. *namu

坦纳语 nam，瓜依沃语 nəmu < *namu。

14. *siʔa

多布语 siʔa < *siʔa。

15. *ŋa / *dar-ŋa / *ŋo-pi

汉语 *ŋa（鱼）。

藏文 ȵa，景颇语 ŋa^{55}，缅文 ŋɑ^{3} < *ŋa。

他杭语 darŋa < *dar-ŋa。

毛利语 ŋohi <*ŋo-pi。

16. *ɢre

羌语 ʁzə，道孚语 ʁjə <*ɢre。

17. *soŋ / *sa

土家语 soŋ^{35} <*soŋ。

马林厄语 sasa <*sa。

18. *moms

水语 məm^{6}，仫佬语 mom^{6} <*moms。

19. *smo / *ʔesma

布兴语 m̥uɔ <*smo。

卡乌龙语 esma <*ʔesma。

20. *plu

户语 plau^{31} <*plu。

21. *tri

柬埔寨文 trɤj <*tri。

二 “鱼”的词源对应关系

1.“鱼”的通名和专名

（1）汉语 *ŋa，“鲤鱼”朝鲜语 iŋɣə <*ʔiŋə。

（2）雅美语 amoŋ，“鲨鱼”托莱语 moŋ。

（3）鄂伦春语 *ʔolo-qon。“黑鱼”满文 horo < *qoro，“鲨鱼”罗杜马语 iʔoro。

（4）户语 *plu，“黑鳊花鱼”满文 falu < *palu。

（5）多布语 *siʔa，“小鱼”满文 isiha < *ʔisiqa。

2. “鱼”和“游”

（1）柬埔寨文 *tri。“游、浮”土耳其语 jyz-，维吾尔语 yz-，哈萨克语 dʒyz- < *dur。萨萨克语 ŋotər < *ŋo-tor。

（2）保安语 *dil-ɢoso-ŋ，“鱼游动”桑塔利语 ɖulɖul < *dul。

（3）萨萨克语、爪哇语 *ʔi-baʔ。“游”蒙古语 umbɑ-，达斡尔语 xompɑː-，土族语 xombɑː- < *qoba。

（4）鄂伦春语 *ʔolo-qon，“游”日语 ojogu < *ʔologu。尼科巴语 jøː < *lo。

（5）壮语、黎语 *pla，“游”黎语 plei^1 nom^3 < *pli-nom（游—水）。

3. “鱼”和“漂浮”

“鱼”和“漂浮”往往有词源关系，如“鱼、漂浮”巴斯克语 iz。①

（1）柬埔寨文 *tri。“漂浮”达斡尔语 dərdə- < *der-。土耳其语 jyz-，塔塔尔语 jyz- < *duri。“漂流”满文 tori- < *tori。

（2）泰雅语、赛夏语 *qulaq。“漂浮”哈萨克语 qɑlqə-，图瓦语 ɢɑlɢ- < *qalqal。东部裕固语 ɢɑilɑχɢɑː- < *qalaqa。东乡语 həliə- < *qəli。

（3）萨萨克语、爪哇语 *ʔi-b^{w}aʔ。“浮”窝里沃语 ka-a^{m}pe-a^{m}pe < *ʔabe，萨摩亚语 opeopia < *ʔobe-ʔa。汉语 *bu，黎语通什话 bau^1 < *ʔbu。缅文 pɔ^2，

① 见 www.1.euskadi.net。

彝语 bu^{33} < *bo。

（4）鄂伦春语 *ʔolo-qon，“漂浮”阿杰语 ořo < *ʔoro。

（5）毛利语、斐济语 *ʔika。“游泳”布鲁语 uka < *ʔuka。

◇ 三 词源关系分析

1. *saka（*ʔiska、*sku、*saku）

“鱼”日语 *saka-na，布农语 *ʔiska-n。邹语 *ro-sku。邵语 *ru-saku。

“小鱼”满文 isiha < *ʔisiqa。

“鱼鳍”波那佩语 siki。“鱼鳞”沙玛语、印尼语、巴塔克语 sisiki。

“鱼鳃”满文 senggele < *segele。“鱼鳍”锡伯语 səŋəl < *segel。

“鳞”古法语 escale，“瓦”哥特语 skalja，“贝壳、壳”古英语 scealu < *skalu。

“漂浮、游泳”匈牙利文（动词）uszik < *usik。

“鱼”古英语 fisc、中古荷兰语 visc、爱尔兰语 iasc、哥特语 fisks < *pisk-。

拉丁语 piscis、意大利语 pesce、西班牙语 pez、阿尔巴尼亚语 peʃk < *pesk-。

“蛇”意大利语 biscia < *biska。

2. *bali（*bale、*baliq、*pla、*bla）

“鱼”突厥语 *baliq，苗语 *bla，壮语、黎语 *pla，布吉斯语 *bale、户语 *plu。

“漂浮”排湾语 sə-vaḻi < *b^{w}ali，科木希语 pulā < *pula，桑塔利语 buhel < *bulel，佤语布饶克方言 si blo̱i < *si-blo。

“（一种）鱼”拉丁语 mola。“漂浮”梵语 bhela。

“漂浮”古英语 flotian、古挪威语 flota、希腊语 pleo < *plo-。

“鱼”希腊语 phari < *bari。“（一种）鱼”古英语 bærs。

“鱼”格鲁吉亚语 tɛvzi < *te-b^{w}li。

3. *kili

“鳗鱼”布拉安语 kili < *kili。

“鳗鱼”希腊语 tʃheli < *geli。“鱼”乌尔都语 machali < *makjali。

4. *ʔelo（*ʔolo、*ʔile）

“鱼”鄂伦春语*ʔolo，鄂温克语 *ʔolo-qon。

“鳗鱼”那大语 elo < *ʔelo，亚齐语 ileh < *ʔile-q。

“蛇”哈尼语 $o^{55}lo^{55}$，贵琼语 ro^{53} < *ʔolo。

“鳗鱼”古英语 æl、古高地德语 all < *al。

5. *ʔika（*ʔiga、*ʔige）

“鱼”爱斯基摩语 *ʔika-luk，① 毛利语、斐济语、印度尼西亚语 *ʔika-n，罗维阿纳语 *ʔiga-na，拉格语 *ʔige。桑塔利语 *qako。

“鱼”亚美尼亚语 juk < *ik。

“鱼”匈牙利文 ėk。

① “鱼”墨西哥泽套玛雅语 luk。

“蛇”的词源关系

亚欧地区一些语言“蛇、虫”有通称，或来自某一专名。“蛇”的说法可对应于“鳗鱼”，与“缠绕”“爬”等动词对应。

◇ 一 东亚太平洋语言的“蛇”

“蛇”主要有以下说法：

1. *gilan / *s-ŋal

土耳其语、维吾尔语 jilan，乌兹别克语 ilan，图瓦语 dʒɤlan < *gilan。汉语*sŋal < *s-ŋal（虺）。①

2. *mogaʔi / *mogo / *m^{w}ak

蒙古语书面语 moɣɑɪ，蒙古语 mogo^{e}:，东部裕固语 moɢoi < *mogaʔi。马林厄语（Maringe）mogo < *mogo。宁德娄语 m^{w}ak < *m^{w}ak。

①《诗经·小雅·斯干》：“维虺维蛇，女子之祥。”“虺”呼怀切，《说文》兀声，“蝮蛇”。

3. *miqe

女真语（妹黑）*meihe，赫哲语、锡伯语 məix，满文 meihe < *miqe。

4. *qulin / *ʔule / *ʔula-q

鄂温克语 xʊlɛːn，鄂伦春语 kʊlɪn < *qulin。

达阿语 ule < *ʔule。

巴塔克语 ulok，萨萨克语 ulah < *ʔula-q。

5. *biram

中古朝鲜语 pʌijam，淳昌方言 piɣam < *biram。

6. *pibi / *b^wi-an / *biŋ

日语 hibi < *pibi。

科木希语 b^wiɛn < *b^wi-an。

蒙达语 biŋ，桑塔利语 biɳ < *biŋ。

7. *ʔular / *ʔulara

印尼语 ular，爪哇语 ulɔ < *ʔular。贡诺语 ulara < *ʔulara。

8. *quru / *ʔoro

泰雅语泽敖利方言 quruʔ < *quru。

哈尼语 $o^{55}lo^{55}$，贵琼语 ro^{53} < *ʔoro。

9. maqu

泰雅语赛考利克方言 məquʔ < *maqu。

10. *tele

拉加语 teltele < *tele。

11. *ŋata

汤加语、萨摩亚语、东部斐济语 ŋata，西部斐济语 $ŋ^{w}$ata < *ŋata。

12. *lo-mara / *mar / *mre / *bre

勒窝语 lom^{w}ara，三威治港语 na-mar < *lo-mara。

克木语、布兴语 mǎr < *mar。

缅文 mrwe < *mre。

错那门巴语 $bre:^{35}$ < *bre。

13. *ʔunar

阿美语 ʔunər，卑南语 unan < *ʔunar。

14. *set-piʔete

查莫罗语 setpiente < *set-piʔete。

15. *ʔamot / *$ʔb^{w}$at

帕玛语 amot < *ʔamot。

黎语加茂话 $buət^{9}$，元门话 $buat^{7}$ < *$ʔb^{w}$at。

16. *glar

汉语 *glar（蛇）。

17. *s-brul

藏文 sbrul < *s-brul。

18. *bu

独龙语 bɯ^{53}，阿侬怒语 bɯ^{31}，达让僜语 ta^{31}bu^{55} ＜*bu（虫、蛇）。

19. *ŋu / *taŋu / *gu / *ʔaŋo

泰语 ŋu^{2}，仡佬语贞丰话 mo^{42}ŋo^{42}，拉基语 qa^{2} ŋu^{23} ＜*ŋu。

柳江壮语 taːŋ^{6} ＜*taŋu。

沙外语 gu ＜*gu。

鄂罗克语 aŋo ＜*ʔaŋo。

20. *ʔnaŋ

苗语养蒿话 naŋ^{1}，勉语江底话 naːŋ^{1} ＜*ʔnaŋ。

21. *la

黎语保定话 za^{2}，通什话 ɬa^{2} ＜*la。

22. *san / *ma-san

德昂语南虎话 hăn，茶叶箐话 hăn^{51} ＜*san。

莽语 ma^{31}han^{51} ＜*ma-san。

23. *saren

尼科巴语 saren ＜*saren。

24. *kal

桑塔利语 kal ＜*kal。

二 “蛇”的词源对应关系

1. “蛇”和“虫”

“蛇”和“虫”或以一个词来概括，如独龙语 bɯ^{53}、阿侬怒语 bɯ^{31}、达让僜语 ta^{31}bu^{55}。其他语言有交叉对应关系的如：

（1）贡诺语 *ʔulara。“虫”勒窝语 kulari < *kulari，邵语 kukulaj < *kulal。

（2）苗瑶语 *ʔnaŋ。“虫”壮语武鸣话 neŋ^{2} < *neŋ。

（3）日语 *pibi。“虫”南密语 be。

（4）帕玛语 *ʔamot。“虫”马那姆语 motmōt < *mot。

2. “蛇”“蟒”和“蜗牛”等

（1）尼科巴语 *saren。“蟒”户语 sa lɤn^{31} < *salan。

（2）罗地语 meŋe，汉语 *maŋ（蟒）。

（3）贡诺语 *ʔulara。“蜗牛”维吾尔语 qulylɛ，乌兹别克语 qululɛ < *qulule。

（4）缅文 *mre。“蜗牛”图瓦语 buzi momo < *buri-momo。

（5）汉语 *glar（蛇），*krar（蜗）。“蜗牛”马那姆语 guleri。

3. “蛇”和“鳗鱼”

（1）巴塔克语、萨萨克语 *ʔulaq。“鳗鱼”那大语 elo < *ʔelo，亚齐语 ileh < *ʔile-q。

（2）桑塔利语 *kal。“鳗鱼”布拉安语 kili < *kili。

（3）拉加语 teltele < *tele。“鳗鱼”戈龙塔洛语 ʔotili，“鳝鱼”赛夏语 tolaʔ、卑南语 tula。

（4）帕玛语 *ʔamot。“鳗鱼”达密语 māt。

4.“蛇”和“缠绕”

（1）尼科巴语 *saren。“缠绕”达密语 sili < *sili。“拧”赫哲语 ɕirə-，锡伯语 ɕirəm < *sirə。

（2）贡诺语 *ʔulara。“缠”清代蒙文 kulijesulemui < *kulire-sule。

（3）朝鲜语 *biram。“缠绕”桑塔利语 bɛ̃uɽ̃i < *muri。土族语 furoː，蒙古语 oroːx < *puro-q。

（4）日语 *pibi。“缠绕”乌玛语 βeβe < *bebe。窝里沃语 kaʔbe < *kabe。

（5）沙外语 *gu，“缠绕”雅贝姆语 gi。

（6）桑塔利语 kal，“缠绕”佤语艾帅话 kla̱u̱ < *klu。

5.“蛇”和“爬”

（1）查莫罗语 *tule-bla。“爬”西部裕固语 bala-，土族语 paːbala < *pa-bala。

（2）汉语 *maŋ（蟒）。“爬”阿卡拉农语 kāmaŋ < *ka-maŋ。萨萨克语 ŋ-umaŋ。

（3）拉加语 *tele。“爬”汤加语、萨摩亚语 totolo。

（4）鄂罗克语 aŋo。“爬”劳语、瓜依沃语 aŋo，独龙语 ŋoŋ^{53}。

（5）阿美语、卑南语 *ʔunar。“爬”夏河藏语 nər。

（6）独龙语、阿侬怒语、达让僜语 *bu。“爬”纳西语 bv^{33}bv^{21} < *bubu。

（7）桑塔利语 kal，“爬”马京达瑙语 halala < *qalal。

（8）汉语 *glar。“爬（树）”却域语 mdʑar^{13}，木雅语 ndʑə^{53} < *m-glar。

三 词源关系分析

1. *noki（*nege、*gi-nək）

“蛇”罗维阿纳语 noki。

“蝎子”罗维阿纳语 neneɣe，“虫子”布昂语 ɢinək。

> “蛇”立陶宛语 angis、拉丁语 anguis（一种蛇）< *ang^{w}is。
>
> “蛇”粟特语 nāw，梵语 naːga < *nag^{w}a。
>
> “蛇”古英语 snaca、瑞典语 snok，立陶宛语 snake（蜗牛）。
>
> “爬”中古英语 sniken。

2. *b^{w}i（*be、*pibi、*biŋ）

“蛇”日语 *pibi，科木希语 *b^{w}i-an，蒙达语、桑塔利语 *biŋ。“虫子”南密语 be。“蝎子”达密语 ambei < *ʔabe-ʔi。

> “蛇”希腊语 ophis < *obis。“毒蛇”古英语、拉丁语 aspis，古法语 aspe。

3. *m^{w}a（*maqu）

“蛇”泰雅语赛考利克方言 *maqu。雅贝姆语 m^{w}aʔ < *m^{w}a。

> “大蛇”古英语 boa < *b^{w}a。

4. *m^{w}aki（*mogi、*mogo、*mogo）

“蛇”蒙古语、东部裕固语 *mogi，马林厄语 *mogo，宁德娄语 *m^{w}ak。

> “草蛇、龙”古波斯语 smok。

5. *mare（*bre、*mre、*mar、*mara）

“蛇”错那门巴语 *bre，缅甸语 *mre，三威治港语 *mara，克木语、布兴语 *mar。

“蛇”波兰语 wąz < *b^{w}ar。波兰语 ʑmija，俄语 zmeja < *ri-mira。
“蛇”葡萄牙语 cobra、古法语 guivre、拉丁语 vipera < *g^{w}i-bra。
阿尔巴尼亚语 gjapër < *gra-per。
“蛇”西班牙语 culebra < *kole-bra，“（一种）蛇”拉丁语 colubra。

6. *ʔelo（*ʔile）

“鳗鱼”那大语 elo < *ʔelo，亚齐语 ileh < *ʔile-q。

“鳗鱼”古英语 æl、古高地德语 all < *al。

7. *gila

“蛇”土耳其语、维吾尔语、乌兹别克语、图瓦语 *gilan。汉语 *s-ŋal（虵）。

“鳗鱼”意大利语 anguilla、西班牙语 anguila < *ang^{w}ila。

8. *ŋi（*ŋu、*gi）

“蛇”沙外语 *gu，泰语、仡佬语贞丰话、拉基语 *ŋu。“缠绕”雅贝姆语 gi。

“蛇”亚美尼亚语 oj < *og。拉丁语 vipera < *g^{w}i-bra。

“蛇”格鲁吉亚语 gvɛli < *g^{w}e-。

“蛙”的词源关系

亚欧语言“蛙”和“跳”的说法有词源关系，东亚语言“蛙”的说法与印欧语“跳跃”对应。东亚语言“蛙”和“蚂蚱”读法相近，大多在于“跳跃”为词素造成的。

一　东亚太平洋语言的“蛙”

“蛙”主要有以下说法：

1. *baqa / *b^{w}aq-sən

古突厥语 baqa < *baqa。维吾尔语 pɑqɑ，图瓦语 pɑʁɑ < *baqa。

锡伯语 vaχsən，赫哲语 waχʂan < *b^{w}aq-sən。

2. *qur-baga / *baɢa / *sba-baɢ / *bebeke / *pakaʔ / *bak / *pake

中古突厥语 qur-baɣa，土耳其语 kurbaɣa < *qur-baga。

东乡语 bɑɣɑ，东部裕固语、西部裕固语 baɢa < *baɢa。土族语 sbɑːwɑɢ < *sba-baɢ。

毛利语 pepeke < *bebeke。阿卡拉农语 pakaʔ，卡加延语 paŋkaʔ <

*pakaʔ。

沙玛语 ambak < *ʔa-bak。那大语 pake < *pake。

3. *mə-ləgi

蒙古语 məlxiː，达斡尔语 mələg < *mə-ləgi。

4. *lam-dəgi / *meg-dagu / *deq / *doke

保安语 lɑmdəgi < *lam-dəgi。朝鲜语铁山话 mektʃaku < *meg-dagu。

布昂语 deq < *deq。

蒙达语 tʃhoke < *doke。

5. *dub^{w}ali / *tapilaʔ-la / *tupa

满文 dʒuwali < *dub^{w}ali。

卑南语 tapilaʔla < *tapilaʔ-la。

达阿语 tu^{m}pa < *tupa。

6. *ʔəriqi / *ʔuriq

鄂伦春语 ərəki，鄂温克语 ərixi < *ʔəriqi。

阿者拉语 uriʔ < *ʔuriq。

7. *geguri / *kaqeru / *q^{w}ra / *ta-kuraraʔaŋ

朝鲜语 kɛkuri < *geguri。

日语 kaeru < *kaqeru。

汉语 *q^{w}ra（蛙）。

鲁凯语 takuraraʔaŋ < *ta-kuraraʔaŋ。

8. *taka / *katak / *tatek / *ta-tək

泰雅语 taka < *taka。

印尼语 katak，马都拉语 kataʔ < *katak。乌玛语 teteʔ < *tetek。

博嘎尔珞巴语 ta tɯk < *ta-tək。

9. *kiʔab^w / *ʔopo-ʔaʔ / *qup

排湾语 kiav < *kiʔab^w。

雅贝姆语 opoaʔ < *ʔopo-ʔaʔ。

水语 qup^7 < *qup。

10. *tura

雅美语 turatura < *tura。

11. *dole

布鲁语 dole < *dole。

12. *kerkar

沙外语 kɛrkar < *kerkar。

13. *boroka / *rok

毛利语 porōka < *boroka。

托莱语（Tolai）rokrok < *rok。

14. *boto

汤加语 poto，东部斐济语 boto < *boto。

15. *sbal

藏文 sbal ba，却域语 spa^{13} < *sbal。

16. *duri

独龙语 dɯ^{55}ɹi^{53} < *duri。

17. *po / *be / *bebe

缅文 phɑ^{3}，纳西语 pɑ^{33} < *po。

木雅语 mbə^{53}mbə^{53} < *bebe。

巴琉语 phe^{11} < *be。

18. *pari

义都珞巴语 pɑ^{55}ɹɑi^{55} < *pari。

19. *kop / *kon-kap

壮语武鸣话 kop^{7} < *kop。（田鸡）

克木语 kŏp < *kop。

柬埔寨语 kɔŋkaep < *kon-kap。

20. *krat

傣语 xet^{9}，黎语 kaːt^{7} < *krat。

佤语马散话 khiat < *krat。

21. *q^{w}aŋ

苗语养蒿话 qaŋ^{3}，枫香话 qoŋ^{3}，勉语长坪话 kjeŋ^{3} < *q^{w}aŋ。

22. *krek

布朗语甘塘话 $krɛk^{31}$ $krɛk^{31}$ <*krek。

23. *-$ŋ^{w}$es / *geʔu

京语 $kɔn^{1}ŋwe^{5}$ <*-$ŋ^{w}$es。

姆贝拉语 ᵑgeu <*geʔu。

24. *ri

布兴语 rai <*ri。

25. *tarot / *rote

尼科巴语 tarɔːnt <*tarot。桑塔利语 ro̱te <*rote。

◇ 二 “蛙”的词源对应关系

1. “蛙”和“跳”

（1）汉语 *q^{w}ra（蛙）。“跳”蒙古语 xɑrɛː- <*qara。

（2）布鲁语 dole。“跳”保安语 dulə-，土族语 diulə <*dulə。柬埔寨文 kɔɲtʃɔl <*ko-tol。（动物跳）

（3）雅美语 turatura <*tura。“跳”蒙古语 ʉsrə-，达斡尔语 xəsurə- <*quturə。东部裕固语 sur- <*tur。

（4）泰雅语 taka。“跳”鄂伦春语 ətəkən-，鄂温克语 tuʃʃan- <*ʔətək-an。

（5）汤加语、东部斐济语 *boto。“跳”中古朝鲜语 ptyta <*btu-。

（6）达阿语 $tu^{m}pa$ <*tupa。“跳”日语 tobu <*tobu。阿者拉语 atup <*ʔatup。

（7）桑塔利语 *rote。“跳”西部斐济语 rido ＜*rido。

（8）柬埔寨语 *kon-kap。“跳”查莫罗语 gope ＜*gope

（9）沙外语 kɛrkar。“跳”土耳其语 sitʃra-，维吾尔语 sɛkrɛ-，哈萨克语 sekir-，撒拉语 søggire-＜*sekire。

（10）布兴语 *ri。“飞、跳”拉巴努伊语、塔希提语 rere，萨摩亚语 lele＜*rere。

2.“蛙”和“蚂蚱”

“蛙”和“蚂蚱”大多以“跳跃”作为词素。

（1）保安语 *lam-dəgi。“蚂蚱”土耳其语 tʃekirge，哈萨克语 ʃegirtike＜*tegir-tiqe。水语 ^{n}djak^{7} ma^{4}，壮语武鸣话 tak^{7}，侗语 tjak^{7}＜*ʔdak。“蚂蚱”罗地语 lama-k ＜*lama-k。

（2）托莱语 *rok。“蚂蚱”斡尔语 xorogu ＜*qorogu。

（3）汤加语、东部斐济语 *boto。“蚂蚱”苏拉威西窝里沃语（Wolio）kaʔboro，斐济语 βod^{r}e＜*boro / *bodo。

（4）柬埔寨语 *kon-kap。“蚂蚱”布芒语 kᴇp^{21} ＜*kep。

◇ 三 词源关系分析

1. *paro（*pari、*pru、*buru）

“蛙”义都珞巴语 *pari。“跳”侗语 pjiu^{1}＜*pru。蒙达语 buru＜*buru。

> “蛙”古英语 frosc、古挪威语 froskr、德语 frosch ＜*pro-sk。
> “蛙”阿尔巴尼亚语 bretkosö。“蟾蜍”希腊语 phryne ＜*bru-ne。
> “跳过”波兰语（动词）przeskoʃytʃ ＜*pre-skosu-。·
> “跳、飞起”古英语 springan、古挪威语、古弗里斯语 springa ＜

*spri-ga。

2. *dora（*tura、*turə、*tur）

“蛙”雅美语 *tura。“跳”蒙古语 ʉsrə-，达斡尔语 xəsurə- < *quturə。东部裕固语 sur- < *tur。

“跳”俄语（动词）triastj < *tras-，希腊语 saltaro < *sal-taro。

“跳、拔”俄语（动词）dergtj < *derg-。“跳、飞”亚美尼亚语 thrtʃel < *dr-kel。

3. *ker（*kire）

“蛙”沙外语 *kerkar。“跳”土耳其语 sitʃra-，维吾尔语 sɛkrɛ-，哈萨克语 sekir-，撒拉语 søggire- < *sekire。

“跑”拉丁语 currere、法语 courir、西班牙语 correr、意大利语 correre < *kure-。

“跳”梵语 kuːrdati < *kur-dati。“上跳、前跳”阿尔巴尼亚语 kë rtsim < *kor-tim。

“鼠”的词源关系

“鼠”为通称，有“家鼠”“田鼠”“山鼠”等的分别，或指“松鼠、黄鼠狼”等。东亚太平洋语言“鼠”的说法和“吃、咬、嚼”的说法有词源关系。“鼠”是小动物，有的可来自“小的”说法。汉语北方方言中又叫“耗子”，指其“损耗诸物”。

◇ 一　东亚太平洋语言的“鼠”

“鼠”主要有以下说法：

1. *tit-qan / *bu-tit / *ʔutut / *tutiʔa / *tuto

维吾尔语 tʃɑʃqɑn，哈萨克语 təʃqɑn，柯尔克孜语 tʃɑtʃqɑn，保安语 tɕitɕiχɑŋ < *tit-qan。

卡林阿语 ūtut < *ʔutut。依斯那格语 butit < *bu-tit。

桑塔利语 tsuʈiʌ < *tutiʔa（大鼠），tsuʈo < *tuto（小鼠）。

2. *geme / *negume

撒拉语 geme < *geme。

日语 nedzɯme ＜*negume。

3. *gilge / *qula-galag / *ʔugula

图瓦语 gysgɛ ＜*gilge。东部裕固语 χunɑɢlɑɢ ＜*qula-galag。

鄂温克语 ʊgʊla ＜*ʔugula。

4. *qulaga-lag

蒙古语 xulgɑnɛː，土族语 xulɢɑnɑɢ ＜*qulaga-lag。

5. *ʔatik-tan / *tikus / *tiku-ʔiq

达斡尔语 ɑtʃiktʃɑːn ＜*ʔatik-tan。

印尼语、爪哇语、萨萨克语 tikus ＜*tikus。

亚齐语 tikoih ＜*tiku-ʔiq。

6. *du / *ʔudu

朝鲜语 tʃy ＜*du。

戈龙塔洛语 ʔudu ＜*ʔudu。

7. *si-geri / *ŋeri

满文 siŋgeri，锡伯语 ɕiŋər，赫哲语 ɕiŋəri ＜*si-geri。

马那姆语（Manam）ŋeri，多布语 ŋiro ＜*ŋeri。

8. *ʔerum

阿伊努语 erum ＜*ʔerum。

9. *qolit

泰雅语 qɔliʔ，赛德克语 qolit ＜*qolit。

10. *qəlu / ʔalu-ʔal / *ʔalu-lal

阿美语 ʔəɬu < *qəlu。

布农语 aluað < *ʔalu-ʔal。

赛夏语 ʔæɭəhæʃ < *ʔalu-lal。

11. *karam

雅美语 kaẓam < *karam。

12. *mal

邵语 maʃmaʃ < *mal。

13. *talu-butu / *tila / *ʔitala / *ko-dol / *dolo

沙阿鲁阿语 taluvutsu < *talu-butu。

鲁凯语 tila < *tila。

大瓦拉语 itala < *ʔitala。

柬埔寨文 kɔndol < *ko-dol。

基诺语 $to^{33}lɔ^{44}$ < *dolo。（黄鼠狼）

14. *kitik / *ʔdeke / *dagas / *sədag-an

波那佩语 kiʈik < *kitik。

那大语 ʔdeke < *ʔdeke。

他加洛语 dagaʔ < *dagas。

东乡语 sɯdẓɑɣan < *sədag-an。

15. *kiʔore-ʔiti

毛利语 kiore iti < *kiʔore-ʔiti。

16. *data / *dət

查莫罗语 tʃhatʃa < *data。

独龙语 dɯt^{55} < *dət。

17. *qlaʔ

汉语 *qlaʔ（鼠）。

18. *bi

藏文 bji ba < *bi -。

19. *grak / *kikrik

缅文 krwɑk，怒苏怒语 ɣɹu̠a^{53} < *grak。

马绍尔语 kitʃrik < *kikrik。

20. *sinu / *nu / *ʔnu

格曼僜语 si^{55}nu^{53} < *sinu。

勉语大坪话 naːu^{4}，苗语石门坎话 naɯ^{4} < *nu。

壮语龙州话 nu^{1}，水语 n̊o^{3} < *ʔnu。

21. *pə-ru

景颇语 ju^{55}，嘉戎语 pə ju < *pə-ru。

22. *kraŋ

佤语马散话 khɯaŋ，艾帅话 kiaŋ < *kraŋ。

23. *neʔ / *ʔəni-kan

德昂语南虎话 n̊ai < *sini。克木语 ka nĕʔ < *neʔ。

鄂伦春语 ənikəːn ＜*ʔəni-kan。

24. *laŋ

巴琉语 ɬjaŋ[55] ＜*laŋ。

25. *ku-mit

尼科巴语 kumit ＜*ku-mit。

◇ 二 “鼠”的词源对应关系

1. “鼠”和“吃、咬、嚼”等说法的词源关系

（1）独龙语 *dət。“吃”土耳其语 je-，维吾尔语 jɛ-，哈萨克语 dʒe-，图瓦语 dʒi- ＜*de。“嚼”蒙古语 dʒɑdʒlɑ-，达斡尔语 dʒɑdʒilɑ-，东部裕固语 dʒɑdʒil- ＜*dadi-la。

（2）藏文 bji ba＜*bi。“吃”阿伊努语 ibe＜*ʔibe。“嚼”中古朝鲜语 sipta＜*sib-。

（3）汉语 *qlaʔ（鼠）。“吃”塔塔尔语 ɑʃɑ-＜*ʔala。“嚼”罗地语 ale＜*ʔale。“牙齿”雅贝姆语 lo，罗图马语 ʔalo ＜*ʔalo。

（4）邵语 *mal。“吃”克木语、布兴语 mah ＜*mal。

（5）缅文、怒苏怒语 *grak。汉语 *glək（食）。“吞”巴厘语 gələk-aŋ＜*gələk。

（6）尼科巴语 *ku-mit。“吃”鄂罗克语 mat ＜*mat。“嚥”藏文 mid，藏语阿历克话 ɣn̥ət ＜*g-mit。

（7）东乡语 *sədag-an。“嚼”土耳其语 tʃɑɣne-，维吾尔语 tʃɑjnɑ-，哈萨克语 ʃɑjnɑ-，图瓦语 dɑjnɑ- ＜*tag-ne。

（8）满文、锡伯语、赫哲语 *si-geri。“咬”阿者拉语 gara- < *gara，桑塔利语 ger < *ger。

2. “鼠”和“小的”词源关系

一些语言中“鼠”的说法大约可来自“小的”。

（1）德昂语南虎话 *sini。“小的”哈尼语绿春话、阿昌语 n̥i^{55}，基诺语 a^{44}ni^{55} < *ʔa-sni。景颇语 kǎ^{31}tʃi^{31} < *sni。

（2）景颇语、嘉戎语 *pə-ru。“小的”布鲁语 roi-n < *roʔi。“少”黎语保定话 rau^{2} < *ru，侗语 jun^{3} < *ʔrun。

（3）毛利语 *kiʔore-ʔiti。“小的”塔希提语 iti，拉巴努伊语 ʔiti-ʔiti < *ʔiti。

（4）达斡尔语 *ʔatik-tan。“小的”达斡尔语 utʃikən < *ʔu-tik-ən。户语 tik < *tik。柬埔寨文 toːtʃ < *tok。“细”维吾尔语 intʃik、哈萨克语 dʒiŋiʃke < *digi-tik，户语 tik^{31} < *tik，波那佩语 āʈikiʈik < *ʔa-tik。

（5）突厥语 *tit-qan。“小的”德昂语茶叶箐话 dʒiʔ，南虎话 diat，硝厂沟话 tɛʔ < *dit。

◇ 三 词源关系分析

1. *dati（*dət、*de、dadi、*side）

“鼠”独龙语 *dət。

“吃”土耳其语 je-，维吾尔语 jɛ-，哈萨克语 dʒe-，图瓦语 dʒi- < *de。

“嚼”蒙古语 dʒadʒla-，达斡尔语 dʒadʒila-，东部裕固语 dʒadʒil- < *dadi-la。

“牙齿”蒙古语 ʃʉd、达斡尔语 ʃid、蒙古语都兰方言 ʃide < *side。

“吃”希腊语 edonti < *edoti。

“牙齿”梵语 danta、希腊语 donti、立陶宛语 dantis、古爱尔兰语 det、法语 dent、意大利语 dente。

2. *mala（*mal、*məl）

“鼠”邵语 *mal。

“吃”克木语、布兴语 mah < *mal。

“鼠”和阗塞语 mūla- < *mula。

“细小的、窄的”古英语 smæl、中古高地德语 smal、古弗里斯语 smel、古挪威语 smali < *smali。“小的、少的”波兰语 mały < *malu-。

“小的、少的”俄语 malenikij < *male-，波兰语 małe < *male。

“小动物”希腊语 melon < *melo-。“坏的”古教堂斯拉夫语 malu。

汉语 *məl（微）。

“蚂蚁”的词源关系

常见的“蚁”有多种，如“白蚁”“黑蚁”和“飞蚁”等，语言中各有其名。“蚂蚁”又多被归为“虫子”，与“蚂蚱”“蟑螂”“虫子”等说法有词源关系。

◇ 一　东亚太平洋语言的“蚂蚁”

“蚂蚁”主要有以下说法：

1. *kumu-le / *kəmə-skarak / *kəmə-sqan

维吾尔语　tʃymylɛ < *kumu-le。

图瓦语　kɤmɤskɑjɑk < *kəmə-skarak。

撒拉语　ɢəməsɢɑn < *kəmə-sqan。

2. *qumurə-sqa / *m^{w}əre / *ʔi-ʔaburaŋ

哈萨克语　quməræsqɑ，塔塔尔语　qərməsqɑ < *qumurə-sqa（虫子—蚂蚁）。

夸梅拉语　m^{w}əram^{w}əra，锡加语　məre < *m^{w}əre。

卑南语　ʔiʔaburaŋ < *ʔi-ʔaburaŋ。

3. *kariʤa

土耳其语 karindʒa < *kariʤa。

4. *sor-godən / *sur-ɢodəŋ / *sora

西部裕固语 ʂorɣohdʐən，东部裕固语 ʃorɢoldʒin，达斡尔语 suigɑldʒin < *sor-godən。

蒙古语 ʃurguːldʒ，土族语 ɕɑrɢoldʑɑŋ < *sur-ɢodəŋ（蚂蚁—蚂蚁）。

邹语 sosora < *sora。

5. *bibidə / *bibila

东乡语 bibidzɯ < *bibidə。

马林厄语 bibil̥a < *bibila。

6. *ʔirqu-b^{w}e / *ʔirik-tə / *ʔirŋi-maq / *reŋi

满文 jerhuwe < *ʔirqu-b^{w}e。

赫哲语 ixtək，鄂伦春语 iriktə，鄂温克语 iːrəttə < *ʔirik-tə。

锡伯语 nyrnimaχ < *ʔirŋi-maq。

沃勒阿伊语（Woleain）řeŋy < *reŋi。

7. *garami / *gulam / *kulam

中古朝鲜语 kajami < *garami。

布拉安语 gulam，巴厘语 gulam（黑蚂蚁）< *gulam。

邵语 kakułum < *kulam。

8. *ʔari / *ʔaʔira

日语 ari < *ʔari。

沙阿鲁阿语 ʔaira < *ʔaʔira。

9. *səmut / *mətu / *mut

印尼语、爪哇语 səmut，沙玛语 summut < *səmut。

那大语 mətu < *mətu。

桑塔利语 mutʃ < *mut。

10. *lagam

他加洛语 laŋgam < *lagam。

11. *seqa / *sasiq / *sasə-pul

窝里沃语 sea < *seqa。

排湾语 sasiq < *sasiq。

赛夏语 sasəpəɭ < *sasə-pul。

12. *qətali

泰雅语 qətahi < *qətali。

13. *kakun-aq / *kakin

阿美语 kakunah < *kakun-aq。

景颇语 kă^{33}kjin^{33} < *kakin。

14. *b^{w}aqaʔu

雅美语 vahau < *b^{w}aqaʔu。

15. *kadi

嫩戈内语 kede，波那佩语 kaʈ < *kadi。

16. *ŋar

汉语 *ŋar（蚁）。

17. *grok / *tu-krik / *la-gruk / *karak / *kərəkum

藏文 grog ma <*grok。格曼僜语 tçu^{31} kɹik^{53} <*tu-krik。

怒苏怒语 la^{55}ɣɹuạ^{53} <*la-gruk。

宁德娄语 karak <*karak。

托莱语 kərəkum <*kərəkum。

18. *sruk / *suruk

错那门巴语 ʂuk^{55}pu^{53} <*sruk -。

独龙语 çɯ^{55}ɹɔʔ^{55} <*suruk。

19. *bubu

彝语喜德话 bu^{55}vu^{21} <*bubu。

20. *mlot

傣语、壮语武鸣话 mot^{8}，侗语 mət^{8}，仫佬语 mɣət^{8} <*mlot。

21. *bluk

苗语青岩话 mplou^{8}，复员话 mpju^{8} <*bluk。

22. *si-muk / *ʔa-muk

布兴语 simoik，克木语 m̥uik <*si-muk。

佤语马散话 mɣik，孟汞话 ʔa bɣ̱ik <*ʔa-muk。

23. *tiʔuti

桑塔利语 tsiuṭi <*tiʔuti。

二 “蚂蚁”的词源对应关系

1. “蚂蚁”和其他昆虫

（1）汉语 *ŋar（蚁）。“苍蝇”木鲁特语 buloŋor ＜*bulu-ŋar，“蟑螂”马都拉语 ɲiriɲiri ＜*ɲiri。

（2）桑塔利语 mutʃ ＜ *mut。“蛀虫”佤语艾帅话 mɔt，户语 mɔt[35] ＜ *mot。

（3）苗语 *bluk。“蝴蝶”布昂语 bəluk ＜*bəluk。

（4）佤语 *ʔa-muk。“螳螂”巴琉语 muɔ[31]poːk[31] ＜*mu-bok。

（5）他加洛语 *lagam。“蝲蝲蛄”满文 lagu。

（6）朝鲜语 *garami。“蚊子”满文 galman。

（7）朝鲜语 *garami。“蚯蚓”赫哲语 bətən，鄂伦春语 məːtə，鄂温克语 məttə ＜*bətə-n。

（8）邹语 *sora。“虱子”嘉戎语 sor，汉语 *sru（蚤）。

2. “蚂蚁”和“虫子”

（1）布拉安语 *gulam。汉语 *gləm（蟲）。

（2）彝语喜德话 *bubu。“虫子”藏文 ɦbu，墨脱门巴语 bu，彝语喜德话 bu[33] ＜*bu。

（3）藏文 grog ma。“虫子、蚯蚓”西部裕固语 qurɑhɢe ＜*qurage。

（4）哈萨克语、塔塔尔语 *qumurə-sqa。“虫子”中古朝鲜语 pəre ＜ *bəre。

（5）景颇语 *kakin。“虫子、臭虫、蛆”阿伊努语 kikir ＜*kikir。

（6）佤语 *ʔa-muk。“虫子”锡伯语 nimaχ ＜*ʔimaq。女真语（亦迷哈）*imiha。

（7）马林厄语 *bibila。“虫子”赛夏语 ʃibʃibaḽiʔ ＜*sib-sibaliʔ。

◈ 三 词源关系分析

1. *m^{w}itu（*mətu、*mut、*bibidə、*bətə）

“蚂蚁”印尼语、爪哇语 *səmut，那大语 *mətu，桑塔利语 *mut。东乡语 *bibidə。“蛀虫”佤语艾帅话 mɔt，户语 mɔt^{35} ＜*mot。“蚯蚓”赫哲语 bətən，鄂伦春语 məːtə，鄂温克语 məttə ＜*bətə-n。

“咬”排湾语 ʔəmats ＜*ʔəmat。

“蚂蚁”古英语 æmette、古高地德语 ameiza、德语 ameise＜*amede。 “咬”古英语 bitan、古弗里斯语、古挪威语 bita ＜*bita。

2. *m^{w}ira（*bura）

“蚂蚁”夸梅拉语、锡加语 *m^{w}əra，卑南语 *ʔi-ʔaburaŋ。

“蚂蚁”希腊语 myrmekos ＜ *mur-meko-s。威尔士语 morgrugyn ＜ *mor-。 “蚂蚁”阿维斯陀经 maori ＜*mori。粟特语 zmōrē ＜*rmore。 “虫子”法语 ver，意大利语 verme ＜*b^{w}er-。 “毒蛇、龙”古英语 wurm（稍晚，指蚯蚓）。 “昆虫”古俄语 vermie，“昆虫、咬人昆虫”立陶宛语 varmas。

3. *m^{w}iqa（*muk、*ʔimaq、*imiha）

“蚂蚁”佤语马散话 mɣik，孟汞话 ʔa bɣ̠ik ＜*ʔa-muk。

“虫子”锡伯语 nimaχ ＜*ʔimaq。女真语（亦迷哈）*imiha。

“蚂蚁”和阗塞语 mujaka- ＜*mugaka。

4. *kakin（*kakun）

“蚂蚁”阿美语 kakunah < *kakun-aq。景颇语 kǎ^{33}kjin^{33} < *kakin。

> “蠕虫”粟特语 kitʃak < *kikak，梵语 kita。

“虫子、臭虫、蛆”阿伊努语 kikir < *kikir。

5. *kadi（*kutu）

“蚂蚁”嫩戈内语 kede，波那佩语 kaʈ < *kadi。

“虱子”印尼语 kutu，萨萨克语 gutu < *kutu。

> “蠕虫”梵语 kita。

“痒”（动词）匈牙利文 viszket < *b^{w}is-ket，芬兰语 kutista < *kutis-。格鲁吉亚语 kɛtsi < *keti。

6. *garami（*gulam / *kulam）

“蚂蚁”中古朝鲜语 kajami < *garami。邵语 kakułum < *kulam。

“黑蚂蚁”布拉安语 gulam，巴厘语 gulam < *gulam。

汉语 *gləm（蟲）。

> “蛇、蠕虫”粟特语 kiɽm < *krim。

“蚂蚁”萨萨克语 teres < *tere-s。“白蚁”柬埔寨文 kɔndiər < *kon-dir。

> “白蚁”早期拉丁语 termes。

这些说法可能出自热带常见的飞蚁。如“蝴蝶”泰雅语 tatajuʔ < *tataru。“飞”满文 deje-，锡伯语 dəji- < *dere。达斡尔语 derdə- < *der-。克木语 tɯr < *tur。

“蝴蝶”的词源关系

亚欧语言“蝴蝶”的说法多与“飞”的说法有对应关系。又与其他飞的虫，如“蜂”等，或“蝙蝠”的说法有词源关系。

◇ 一　东亚太平洋语言的“蝴蝶”

“蝴蝶”的主要说法有：

1. *ko-belek / *baliku / *bəluk

维吾尔语 kepinɛk，哈萨克语、图瓦语 købelek < *ko-belek。

布农语 bałikuan < *baliku-。

布昂语 bəluk < *bəluk。

2. *kelebek / *kelege

土耳其语 kelebek < *kelebek。

西部裕固语 kelehge < *kelege。

3. *qer-buge

蒙古语 ərbəːxeː，土族语 xerbuge < *qer-buge。

4. *bəlbəl / *bulbu- / *pulala / *to-pola / *pela / *paro

达斡尔语 bəːlbərt < *bəlbəl-。

鄂伦春语 bolbokon，鄂温克语 bəlbuxən < *bulbu-。

赛德克语 pulale < *pulala。

摩尔波格语 tompola-pola < *to-pola。

罗维阿纳语 pepela < *pela。

他加洛语 puro-paro < *paro。

5. *gepeqe / *gəbəgə / *kupu

满文 gefehe < *gepeqe。

东乡语 həbəɣəi < *gəbəgə-。

印尼语 kupu-kupu，爪哇语 kupu，巴厘语 kəkupu < *kupu。

6. dondon / *domdo

满文 dondon（小蝴蝶）。

锡伯语 domdoqun < *domdo-。

7. *qoʔi

赫哲语 χoilan < *qoʔi-。

8. *nabuʔi

中古朝鲜语 napʌi < *nabuʔi。

9. *kotiʔo / *kadi-kadi

日语 kotʃiou < *kotiʔo。

排湾语 kadʑiadʑi < *kadi-kadi。

10. *tataru

泰雅语 tatajuʔ < *tataru。

11. *to-kupekupeʔa / *ta-ʔapuʔaʔi

邹语 tokueuea < *to-kupekupeʔa。沙阿鲁阿语 taapuʔai < *ta-ʔapuʔaʔi。

12. *papa-ʔo / *baba-ŋ / *bebe / *ka-ʔubebe / *biba / *bubaʔ

赛夏语 papaoʔ < *papa-ʔo。

巴拉望语 babaŋ < *baba-ŋ。

瓜依沃语 bebe，斐济语 bēbē，萨摩亚语、汤加语、塔希提语 pepe < *bebe。

莫图语 kaubebe < *ka-ʔubebe。

木雅语 mbe^{33}mbə^{53} < *bebe。布依语 bi^{6} ba^{4} < *biba。

水语 ba^{3}，毛南语 buŋ^{6}ba^{4} < *bubaʔ。

13. *ʔalib^{w}ab^{w}ara

鲁凯语 ʔalivavara < *ʔalib^{w}ab^{w}ara。

14. *ʔali-paŋ / *kali-baŋ / *kali-baba

阿美语 ʔaɬipaŋpaŋ < *ʔali-paŋ。

卡加延语 kalibaŋbaŋ，依斯那格语 kulibaŋbāŋ < *kali-baŋ。

达阿语 kaliba^{m}ba < *kali-baba。

15. *to-krura

邹语 tokrura < *to-krura。

16. *lepepe / *lapu / *ta-lapa / *labu / *lolap

勒窝语 lepepe < *lepepe。

巴塔克语 lappu-lappu < *lapu。

布鲁语 tap-lapa < *ta-lapa。

阿侬怒语 lɑ^{31}bɯ^{35} < *labu。

布兴语 loŋ lap < *lolap。

17. *rata

贡诺语 rata-rata < *rata。

18. *kakel / *kegiliq

马京达瑙语 kakel < *kakel。

撒拉语 kegilix < *kegiliq。

19. *lap / *kelebu

汉语 *lap（蝶）。

东部裕固语 kelebu < *kelebu。

20. *bla-ma leb / *bala / *bəlu

藏文 phje ma leb < *bla-ma leb。

普米语兰坪话 phɑ^{13} lɑ^{55} < *bala。彝语南华话 bə^{21}lu^{33} < *bəlu。

21. *lipra / *lolap

缅文 lip^{4}prɑɑ^{2} < *lipra。

户语　loŋ lap < *lolap。

22. *pakar

独龙语　pɑ^{31}kuɑɹ^{55} < *pakar。

23. *papur

博嘎尔珞巴语　paŋ pur < *papur。

24. *palam-lap / *pəlam

景颇语　pă^{33}lam^{51}laʔ^{55} < *palam-lap。

载瓦语　phə̆^{55}la̱m^{51} < *pəlam。

25. *kabəʔ

西双版纳傣语　kaːp^{9}bə^{3} < *kabəʔ。

26. *poŋ-peŋ / *puŋ-paŋ

黎语通什话　phoŋ^{3}pheːŋ^{5} < *poŋ-peŋ。

佤语马散话　phuŋ phɯaŋ，孟汞话　fuŋ faŋ < *puŋ-paŋ。

27. *ʔble

苗语野鸡坡话　mʔple^{c}，摆脱话　mpji^{5} < *ʔble。

28. *kalaʔ

德昂语茶叶箐话　kaʔ^{55}laʔ^{51} < *kalaʔ。

29. *tla-pam

克木语　tlam pam < *tla-pam。

30. *-ʔblən-ʔblən

京语 kən[1]bɯən[1]bɯən[1] ＜*-ʔblən-ʔblən。

31. *pipri-ʔaŋ

桑塔利语 pipɽiaŋ ＜*pipri-ʔaŋ。

◇ 二 “蝴蝶”和其他动物及“飞”说法的对应

1. “蝴蝶”和“蜂”等昆虫的说法

（1）博嘎尔珞巴语 *papur。“黄蜂”锡加语 babər ＜*babər。

（2）达斡尔语 *bəlbəl-。“蚊子”维吾尔语 paʃa，哈萨克语 masa＜*bala。“蚂蚁”爪哇语 walaŋ，巴厘语 balaŋ，印尼语 bəlalaŋ ＜ *bala-ŋ。“蜂”鲁凯语 valu，赛德克语 walo ＜$*b^w$alu。

（3）京语 *-ʔblən-ʔblən。“蜂”莽语 $pɤ^{31}loŋ^{33}$ ＜ *pəluŋ。“黄蜂”黎语 plou[1]＜*plu。“蚊子”布拉安语 blɔbɔŋ＜*bloboŋ。汉语 *bjuŋ（蜂）＜*bluŋ。

（4）日语 *kotiʔo。“蚂蚁”嫩戈内语 kede，波那佩语 kaʈ ＜*kadi。

（5）布农语 *baliku-。“蚂蚁”苗语青岩话 mplou[8]，复员话 mpju[8] ＜*bluk。

2. “蝴蝶”和“蝙蝠”的说法

（1）布昂语 *bəluk。“蝙蝠”邵语 babalaq，阿美语 fałałaki ＜*balak。佤语艾帅话 blak̠，布朗语胖品话 $blak^{51}$ ＜*blak。

（2）毛南语 *bubaʔ。“蝙蝠”壮语武鸣话 $vom^2vaːu^2$ ＜*bombu。

（3）西双版纳傣语 *kabəʔ。“蝙蝠”阿伊努语 kapap ＜*kabab。

3.“蝴蝶”和“飞”

汉语 *lap（蝶），*gləp（习）。

（1）赛德克语 *pulala。“飞”马林厄语 flalo < *plalo。

（2）独龙语 *pakar。“飞”东部斐济语 βuka < *buka。

（3）西双版纳傣语 *kabəʔ。“飞”查莫罗语 gupo < *gupo。

（4）勒窝语 *lepepe。“飞”马京达瑙语 lelap < *lelap。

（5）博嘎尔珞巴语 *papur。“飞”占语书面语 pər < *per。汉语 *p^{w}ər（飞）。

（6）京语 *-ʔblən-ʔblən。“飞”泰语 bin^{2}，壮语 bin^{1}，侗语 pən^{3} < *ʔbin。

三 词源关系分析

1. *baliku（*belek、*bəluk）

“蝴蝶”维吾尔语、哈萨克语、图瓦语 *ko-belek，布农语 *baliku-，布昂语 *bəluk。

> “苍蝇、飞虫”古英语 fleoge、古撒克逊语 fleiga、古挪威语 fluga < *plega。
>
> “飞”古英语、古高地德语 fleogan，古挪威语 flügja、古弗里斯语 fliaga，中古荷兰语 vleghen < *ple-ga。

“飞”匈牙利文 repül < *repul，格鲁吉亚语 buz < *bul。

2. *pipri

“蝴蝶”桑塔利语 pipɽian < *pipri-ʔan。“鹰”爪哇语 bəri。

> “飞”波兰语 fruwatʃ < *pru-。

“飞”格鲁吉亚语 prɛna < *pre-。

3. *pulala

“蝴蝶”赛德克语 *pulala。“飞”马林厄语 flalo < *plalo。

> “蝴蝶”威尔士语 pili-pala。
>
> “飞”阿尔巴尼亚语 fluturoj < *b^{w}lu-turor。
>
> “飞”法语 voler、西班牙语 volar、意大利语 volare < *b^{w}ole-re。(*-re 拉丁语动词后缀)“羽毛”法语 plume、西班牙语 pluma < *plu-me。

“蝴蝶”格鲁吉亚语 pepela。

4. *tataru

“蝴蝶”泰雅语 tatajuʔ < *tataru。“飞”满文 deje-，锡伯语 dəji- < *dere。达斡尔语 derdə- < *der-。克木语 tɯr < *tur。

> “跳、飞”亚美尼亚语 thrtʃel < *dr-kel。“跳、拔”俄语（动词）dergtj < *derg-。
>
> “跳”俄语（动词）triastj < *tras-，希腊语 saltaro < *sal-taro。

“蝴蝶”克木语 tlam pam < *tla-pam。

> “蝴蝶”乌尔都语 titali < *tali。

5. *qer-buge

蒙古语 ərbəːxeː，土族语 xerbuge < *qer-buge。

> “蝴蝶”和阗塞语 yyauvaka < *ja-b^{w}aka。

“虱子”的词源关系

“虱子”“跳蚤”和“臭虫”等同为吸血的虫子，说法上有词源关系。“头虱”和“衣虱”统称“虱子”，或把它们和它们的幼虫“虮子”视为一类，名称混淆。

◇ 一　东亚太平洋语言的“虱子”

“头虱”和“衣虱”的主要说法如：

1. *bit / *bist

古突厥语 bit，土耳其语、维吾尔语 pit < *bit。

哈萨克语 bijt，西部裕固语 bəʂt < *bist。

2. *boges-ən

蒙古语书面语 bögesü，蒙古语 bɵs，东部裕固语 byːsən < *boges-ən。

3. *kiqe / *ki

满文 tʃihe，锡伯语 tɕixə < *kiqe。

阿伊努语 ki < *ki。

4. *quq

鄂温克语 xuŋx < *quq。

5. *kuməkə

鄂伦春语 kumuk，赫哲语 kuməkə < *kuməkə。

6. *ni

中古朝鲜语 ni < *ni。

7. *sirami

日语 çirami < *sirami。

8. *somas

赛夏语 somæh < *somas。（衣虱）

9. *kutu / *kusu / *kusiŋ

印尼语 kutu，萨萨克语 gutu < *kutu。①

邵语 kuθu，赛夏语 kosoʔ，泰雅语 kuhiŋ < *kusu / *kusiŋ。（头虱）

10. *ʔutu / *ʔutuʔu / *quto

排湾语 ʔutsu，邹语 ʔətsuu < *ʔutu / *ʔutuʔu。（头虱）

查莫罗语 huto < *quto，hito < *qitu。

---

①“痒”（动词）匈牙利文 viszket < *$b^{w}$is-ket，芬兰语 kutista < *kutis-。格鲁吉亚语 kɛtsi < *keti。

11. *tubus

布农语 tumbus，邵语 tunbuʃ < *tubus。（衣虱）

12. *tumiq / *tuma / *tam

赛德克语 tsumiq < *tumiq。（衣虱）

雅美语 tuma < *tuma。（衣虱）

苗语养蒿话 $tɛ^3$，勉语樑子话 tam^3 < *tam。

13. *ʔu

劳语 ū，瓜依沃语 ʔū < *ʔu。

14. *moni / *min

沃勒阿伊语（Woleain）moomoni < *moni。（头虱）[①]

壮语龙州话、傣语 min^2 < *min。（衣虱）

15. *kuru / *gor

勒窝语 kuru < *kuru。阿者拉语 gor < *gor。

16. *srit / *sret

汉语 *srit（虱）。[②]

他杭语 sjet < *sret。

17. *srik

藏文 ɕig，博嘎尔洛巴语 jɯk < *srik。

---

① "痒" 格鲁吉亚语 muni。

② 汉语 "虱" *srit 龚煌城和郑张尚芳都认为来自 *srik，与藏语 *srik 对应，笔者认为可能来历不同。

18. *sor

嘉戎语 sor < *sor。

19. *sa-krat

景颇语 ʃă^{55}kʒa̱t^{55} < *sa-krat。

20. *sisi / *si / *sen / *se

土家语 si^{55}si^{55} < *sisi。

彝语巍山话 ɕi^{55} < *si。

撒尼彝语 ɕɪ^{33}mɒ^{33} < *si-ma。

缅文 san^{3}，哈尼语 se^{55} < *sen。

桑塔利语 se < *se。

21. *klu

壮语武鸣话 ɣau^{1}，傣语 hau^{1}，侗语 tau^{1}，仫佬语 khɣau^{1} < *klu。（头虱）

22. *nan

壮语武鸣话、水语 nan^{2} < *nan。（衣虱）

23. *maliʔ

户语 ma liʔ^{31} < *maliʔ。（鸡虱）

24. *bruŋ

佤语布饶克方言 bruiŋ < *bruŋ。

25. *siku / *sek

蒙达语 siku < *siku。

佤语艾帅话 si̠ʔ（头虱），克木语 seʔ < *sek。

26. *ta-rul / *kril

尼科巴语 taɽeul < *ta-rul。（头虱）（ɽeul < *rul “爬”）

汉语 *kril（虮）。

二　词源对应关系

1.“虱子”和“虮子”

（1）朝鲜语 *ni。“虮子”达密语 kini < *kini，阿杰语 nia < *ni-ʔa。

（2）蒙达语 *siku。“虮子”吉尔伯特语 saku。

（3）桑塔利语 *se。“虮子”那大语 se。

2.“虱子”和“跳蚤”

（1）突厥语 *bit。“跳蚤”巴厘语 kilimpit < *kili-pit。桑塔利语 piʈis < *pitis。

（2）满文、锡伯语 *tiqe。“跳蚤”雅贝姆语 tɛʔ < *teʔ。

（3）印尼语、萨萨克语 *kutu。“跳蚤”木鲁特语 kutu、菲拉梅勒语 kutu namu、依斯那格语 kūtu ātu。贡诺语 kutu asu < *kutu asu（虱子—狗）。

（4）勒窝语 *kuru，“跳蚤” kuru kona（虱子—虮子）。

（5）排湾语 *ʔutu，邹语 *qutuʔu。“跳蚤”萨摩亚语 utu-fisi、托莱语 ut（虱子、跳蚤）。

（6）苗瑶语 *tam。“跳蚤”克木语 ta mǎʔ，莽语 ta^{31}ma^{35} < *tama。邹语 timeo，沙阿鲁阿语 ʔatimula < *timula。

（7）嘉戎语 *sor。“跳蚤”满文 suran，锡伯语 ʂuran，鄂伦春语 ʃʊra，鄂温克语 ʃɔr ＜*sura-n。

（8）户语 *mali，“跳蚤” mə liʔ^{31} ＜*moli。

3. “虱子”和“臭虫”

（1）蒙达语 *siku，“臭虫”布朗语胖品话 ʔa sek^{55}。

（2）汉语 *srit（虱），“臭虫”泰语 rɯət^{10} ＜*rut。

（3）壮语武鸣话、水语 *nan，“臭虫”尼科巴语 manan ＜*ma-nan。

◇ 三　词源关系分析

1. *lisa（lise、*lis）

“虮子”他加洛语 lisaʔ，罗维阿纳语 lisa，宁德娄语 lis，东部斐济语 lise＜*lisa。

“虱子”古英语、古挪威语 lus，荷兰语 luis ＜*lus。

2. *pasira（parasi）

“跳蚤”马达加斯加语 parasi。

希腊语“虱子” pseira，“跳蚤” psylla。 “跳蚤”阿尔巴尼亚语 pleʃt ＜*ples-t。

3. *somas

“衣虱”赛夏语 somæh ＜*somas。

“虱子”波兰语 wesz ＜*b^{w}eʃ。 “虱子”粟特语 ʃpiʃ，阿维斯陀经 spiʃ ＜*spis。

4. *mola（*bola、*mali、*moli、*pala）

“跳蚤”马京达瑙语、那大语 məla < *mola，沙外语 bola。

户语“鸡虱”ma liʔ^{31} < *mali，“跳蚤”mə liʔ^{31} < *moli。

“爬”西部裕固语 pɑlɑ- < *pala。

“虱子”阿尔巴尼亚语 morr < *mor。

“跳蚤”匈牙利文 bolha。

5. *geno（*guna）

“蜘蛛”勉语 ke^{2}ɲo^{6} < *geno，嫩戈内语 gunama < *guna-ma。

“虱子”波兰语 gnida。 “虮子”古英语 hnitu、俄语 gnida、希腊语 konidos < *goni-。

6. *m^{w}akul（*makul、*mokla）

“虱子”鲁凯语 θimakul < *si-makul。

“爬”撒拉语 oməxlɑ- < *ʔomokla。

“虱子”亚美尼亚语 vojil < *b^{w}ogul。

7. *kadi（*kutu）

“虱子”印尼语 kutu，萨萨克语 gutu < *kutu。

“跳蚤”木鲁特语 kutu、菲拉梅勒语 kutu namu、依斯那格语 kūtu ātu。贡诺语 kutu asu < *kutu asu（虱子—狗）。

“蚂蚁”嫩戈内语 kede，波那佩语 kaʈ < *kadi。

“蠕虫”梵语 kita。

“痒”（动词）匈牙利文 viszket < *b^{w}is-ket，芬兰语 kutista < *kutis-。格鲁吉亚语 kɛtsi < *keti。

“蛋”的词源关系

亚欧语言“蛋”的说法和“种子”“核”等说法有词源关系。“蛋”的说法可派生为动词“下蛋”和形容词“圆的”。

◇ 一　东亚太平洋语言的“蛋”

“蛋”主要有以下说法：

1. *dumur-taga / *ʔədogi / *ʔədok

古突厥语 jumurtɣa < *dumur-taga。

蒙古语 ɵndɵg，达斡尔语 əndugu，东乡语 əndəɣəi，保安语 ndəgi < *ʔədogi。

爪哇语 ənɖɔk < *ʔədok。

2. *dumur

土耳其语 jumurta，撒拉语 jumudɑ < *dumur-ta。

图瓦语 dʒumurkɑ < *dumur-ka。

3. *bala / *bali / *bili

西部裕固语、东部裕固语 bɑlɑ <*bala。

泰雅语 baziŋ，赛德克语 baluŋ <*bali-ŋ。

蒙达语 bili，桑塔利语 bele（蛋、下蛋）<*bili。

4. *ʔumuq-an / *ʔumuq-ta

满文 umhan，锡伯语 umχan <*ʔumuq-an。

赫哲语 umuχtə，鄂伦春语 ʊmʊkta，鄂温克语 ʊmatta <*ʔumuq-ta。

5. *ʔar

朝鲜语 ar <*ʔar。

6. *tama-go / *ka-tom

日语 tamago <*tama-go（球—蛋）。

佤语马散话 ka tɔm <*ka-tom。

7. *təlur / *tilorg

印尼语 təlur，马都拉语 təllur <*təlur。

他加洛语 tilog <*tilorg。

8. *pira

巴塔克语 pira <*pira。

9. *ʔidoli / *tolu

拉加语 idoli <*ʔidoli。

那大语、马京达瑙语、锡加语 təlo，达阿语 tolu <*tolu。

10. *gatori / *kutori

莫图语 ɣatoi，梅柯澳语 aoi，波那佩语 kuʈōr < *gatori / *kutori。

11. *ka-lupi

马绍尔语 lɛp，罗图马语 kalupi < *ka-lupi。

12. *puʔa-manu / *mani-k

毛利语 hua manu < *puʔa-manu。

爱斯基摩语 mannik < *mani-k。（芬兰语 muna）

13. *dada

查莫罗语 tʃhada < *dada。

14. *batuk

鲁凯语 batuk < *batuk。

15. *pitaʔul

阿美语 fitaul < *pitaʔul。

16. *ral

汉语 *ral（卵）。①

17. *sgo-ŋa / *go-dam

藏文 sgo ŋa，道孚语 zgə ŋa < *sgo-ŋa。

墨脱门巴语 go tham < *go-dam。

---

①“卵”郎果、力管两切。

18. *kli

壮语武鸣话 kjai^{5}，傣语 xai^{5}，仫佬语 kɣəi^{5} ＜*kli。

19. *bən / *bon

德昂语茶叶箐话 bɤn^{51}，硝厂沟话 pɤan ＜*bən。

沙外语 bɔn，吉尔伯特语 te bun ＜*bon。

20. *lum

黎语 zuɯːm^{4} ＜*lum。

21. *ka-doŋ

越南语 tuŋ^{5}，布兴语 ka dăŋ，克木语 ka dŏŋ ＜*ka-doŋ。

22. *qlu / *ʔulo

苗语养蒿话 ki^{5}，先进话 qe^{5}，勉语东山话 klau^{5} ＜*qlu。

尼科巴语 uhøː ＜*ʔulo。

23. *kra-u

德昂语南虎话 krau ＜*kra-u。

24. *dap

布朗语甘塘话 thap^{31}，布朗语胖品话 dhap^{55} ＜*dap。

25. *darom

蒙达语 dʒārom ＜*darom。

◇ 二 "蛋"的词源对应关系

1. "蛋"和"种子"的对应

（1）满文、锡伯语 *ʔumuq-an，"种子"邵语 buqu < *buqu。

（2）蒙达语、桑塔利语 *bili，"种子"戈龙塔洛语 bili。莽语 pli^{35} < *pli。

（3）汉语 *qral（卵），"种子"尼科巴语 kuløl < *kulel。

（4）德昂语茶叶箐话、硝厂沟话 *bən。"种子"藏文 sa bon < *sa-bon。锡加语 βini，印尼语 bənih，巽他语 binih，爪哇语 winih，卑南语 biniʔ < *bini-q。

（5）越南语、布兴语、克木语 *ka-doŋ，"种子"汤加语 teŋa < *teŋa。

（6）壮语武鸣话、傣语、仫佬语 *kli，"种子"马绍尔语 k^{w}ʌle < *k^{w}ele。

（7）德昂语南虎话 *kra-u，"种子"拉巴努伊语 karu。

（8）道孚语、藏文 *sgo-ŋa，"种子"罗维阿纳语 kiko。

2. "蛋"和"核"

（1）黎语 *lum，"核"达让僜语、格曼僜语 lum < *lum。

（2）西部裕固语、东部裕固语 *bala，"核"撒拉语 bala < *bala。

（3）蒙达语、桑塔利语 *bili，"核"图瓦语 emil < *ʔebil。

3. "蛋"和"圆的"

一些语言"蛋"和"圆的"有词源关系。如"蛋"黎语 *lum，"圆的"黎语通什话 gom^{4}、黎语保定话 hwom^{1} < *glom。"蛋"怒苏怒语 u^{31}，"圆的"ui^{33}。"蛋"查莫罗语 *dada，"圆的"redondo < *redodo。这三个例子中"圆的"是派生词。但也有反过来的情况。不同语言的交叉对应关系如：

（1）土耳其语、撒拉语 *dumur-ta，图瓦语 *dumur-ka。"圆的"维吾尔语 jumulɑq，哈萨克语 dumulɑq < *dumu-laq。

（2）日语 *tama-go，“圆的” tama。

（3）景颇语 ti^{31} < *li。“圆的” 景颇语 tin^{31} < *lin。畲语 zin^{2} < *lin。

（4）那大语、马京达瑙语、锡加语、达阿语 *tolu。“圆的” 塔几亚语 -tilanti < *tila-tila。

（5）汉语 *qral（卵），“圆的”泰雅语泽敖利方言 m-tumurul < *tumu-rul。

（6）沙外语、吉尔伯特语 *bon，“圆的” 克木语 mŏn，布朗语 mon^{41} < *mon。赛德克语 tumun < *tu-mun。

（7）西部裕固语、东部裕固语 *bala。“圆的” 户语 $ʔmal^{31}$ < *ʔbal。

（8）博嘎尔珞巴语 pɯ pɯ < *pupu。“圆的” 黎语元门话 $bom^{3}bau^{3}$ < *bobu。黎语堑对话 po^{5} < *po。那大语（Ngada）bebe，阿杰语 powe < *bebe。达密语 obu < *ʔobu。

藏文“蛋” sgo 与“睾丸” 如嘉戎语 lgo、缅文 $gwe^{3}tse^{1}$ 等有词源关系。①

4.“蛋” 和 “下蛋”

“蛋、下蛋” 桑塔利语 bele，景颇语 ti^{31}，阿侬怒语 lim^{35}，博嘎尔珞巴语“蛋” pɯ pɯ、“下蛋” pɯ，怒苏怒语 “蛋” u^{31}、“下蛋” u^{33} 等说明这两类表达的同根方式。不同语言的交叉对应关系如：

（1）越南语、布兴语、克木语 *ka-doŋ，“下蛋” 藏文 gtoŋ。

（2）黎语 *lum，“下蛋” 独龙语 $lɯm^{53}$、阿侬怒语 lim^{35}（u^{31}）< *lum。

（3）他杭语 phum < *bum，“下蛋” 博嘎尔珞巴语 pɯ < *pu。

---

① 金理新：《汉藏语系核心词》，民族出版社 2012 年版，第 358 页。

◇ 三 词源关系分析

1. *go

“蛋”道孚语、藏文 *sgo-ŋa，墨脱门巴语 *go-dam，词根为 *go。日语 *tama-go 相当于墨脱门巴语的说法。

> “蛋”古英语 æg、希腊语 augo、古教堂斯拉夫语 aja、古高地德语 ei < *ago。
> “蛋”俄语 jajtso、波兰语 jajko < *gagko。亚美尼亚语 ju < *gu。
> “蛋”威尔士语 wj、布列吞语 uiy < $*g^wi$。
> “圆周”亚美尼亚语 uʁetsir < *ugeki-。

“睾丸”如嘉戎语 lgo、缅文 gwe^3tse^1 的词根 $*g^we$ 有词源关系。“睾丸”喻为“蛋”，汉语中如闽方言，以及借自闽方言的温州话中的说法，用的是“卵”。

2. *dogi（*taga、*dok）

“蛋”古突厥语 *dumur-taga、蒙古语族语言 *ʔədogi、爪哇语 *ʔədok。

> “球”梵语 kanduka < *kaduka。

“蛋”土耳其语、撒拉语 *dumur-ta，图瓦语 *dumur-ka。“圆的”维吾尔语 jumulɑq，哈萨克语 dumulɑq，< *dumula-q 等可以比较。*dumur 原本就是指“圆的”，又是词根 *bur“圆的”的派生。（参见关于“月亮”词源篇的讨论）

3. $*b^wila$（bala、*bili）

“蛋”裕固语 *bala，蒙达语、桑塔利语 *bili。“核”图瓦语 emil < *ʔebil。

> “蛋”西班牙语 ovulo < $*ob^wulo$-。阿尔巴尼亚语 vezë < $*b^wero$。

“圆的”大瓦拉语 wiwila-na < *b^{w}ib^{w}ila。沙外语 fofololo < *p^{w}olo。

“圆”希腊语 bole。“圆”梵语 valaja < *b^{w}alaga。

“球”希腊语 mpala、古英语 beal、古高地德语 ballo、拉丁语 pila < *b^{w}alo。

“小球”拉丁语 pilula。

4. glom（*lum）

“蛋”黎语 *lum，“下蛋”独龙语 lɯm^{53}、阿侬怒语 lim^{35}（u^{31}）< *lum。“圆的”黎语通什话 gom^{4}、黎语保定话 hwom^{1} < *glom。

“纱球”拉丁语 glomus < *glom-。

5. *k^{w}ele（*kli）

“蛋”壮语武鸣话、傣语、仫佬语 *kli。“圆的”西部斐济语 giligli < *gili，托莱语 kikil < *ki-kil。

“圆周”古法语 cerecle < *ker-kle。

“圆的”格鲁吉亚语 irgvaliv < *ir-g^{w}alib^{w}。

6. *da

“蛋”查莫罗语 *dada。

“蛋”哥特语 ada、乌尔都语 andaː < *ada。

“蛋”亚美尼亚语 havkith < *qab^{w}k-id（鸟—蛋）。

7. *bon（*bən）

“蛋”德昂语 *bən，沙外语、吉尔伯特语 *bon。“种子”藏文 sa bon < *sa-bon。

“蛋”意大利语 uovo、葡萄牙语 ovo、西班牙语 huevo < *eb^{w}o。

“蛋”意大利语、葡萄牙语、西班牙语 *eb^{w}o 等可能来自 *eg^{w}o，及哥特语 *ada 是圆唇辅音的演变的结果。

8. *g^{w}ari（*kor、*gor）

“圆的”藏文 sgor < *s-gor。博嘎尔洛巴语 kor kor < *kor。

“蛋”古英语 ægru，古英高地德语 eigir（复数）。[①]

“圆的”希腊语 gyro，“指环、圆”gyros < *guro-s。

“圆”阿尔巴尼亚语 kjark < *krak。“弯曲的”梵语 vakraː < *b^{w}a-kra。

① H. W. Bailey, *Dictionary of Khotan Saka*, p.30.

“爪子”的词源关系

动物的“爪子”“蹄”和人的“手”“脚”一些语言中或归为一类，说法相同或可代指。亚欧语言“爪子”的说法与“手”“手指”“指甲”“脚”等说法对应。另外，“爪子”又与“抓”“弯曲”等的说法有词源关系。

◇ 一　东亚太平洋语言的“爪子”

“爪子”的主要说法如：

1. *qit

中古突厥语 qitʃ < *qit。

2. *ta-gal

维吾尔语 tʃaŋgal，哈萨克语 ʃaŋgel < *ta-gal。

3. *sal-bar / *sisilo-n / *sulu

蒙古语 salbar，图瓦语 sobar < *sal-bar。

巴塔克语 sisilon < *sisilo-n。

卡加延语（Kagayanen）sulu < *sulu。

4. *dur-dar / *dar-maq / *s-der / *bəl-dir

撒拉语 dʐuɑdʐɑr < *dur-dar。

西部裕固语 dɑrmɑq < *dar-maq。

藏文 sder，道孚语 zder < *s-der。

鄂温克语 bəldir < *bəl-dir。

5. *b^{w}asi-qa / *pesi / *napə-spus

满文 wasiha < *b^{w}asi-qa。

汤加语 pesipesi < *pesi。

夸梅拉语 nəpəspəs < *napə-spus。（指甲、爪子）

6. *sa-qura-qu

锡伯语 soχurqw < *sa-qura-qu。

7. *lar-bak-tan

鄂伦春语 ʃarbaktan < *lar-bak-tan。

8. *tume / *dedum / *ditom

日语 tsɿme < *tume。

沙外语 dʒedʒum-o < *dedum。

桑塔利语 ɖiʈom < *ditom。（蟹爪）

9. *kanupa

乌玛语 kunupa < *kanupa。

10. *kaklo-kos / *kaluka

赛夏语 kaklokœh ＜*kaklo-kos。

鲁凯语 kaluka ＜*kaluka。

11. *takar / *teker

印尼语、爪哇语 tʃakar ＜*takar。

萨萨克语 tʃeker ＜*teker。

12. *ʔasa

马那姆语 ʔasa ＜*ʔasa。（指甲，爪子）

13. *kuku / *ski

巴拉望语、摩尔波格语 kuku ＜*kuku。

卑南语 skiʔ ＜*ski。

14. *kus-kus / *papa-kes

布农语 kuskus ＜*kus-kus。

查莫罗语 damagas ＜*dama-gas，papakes ＜*papa-kes。

15. *ʔalaʔo

塔几亚语 alao ＜*ʔalaʔo。[1]

16. *karas

泰雅语 karah ＜*karas。

---

① “爪子”匈牙利文 ollo＜*olo。

17. *talu-lot

查莫罗语 tʃalulot < *talu-lot。

18. *skruʔ / *kri / *kru-nu / *pikuru-ne

汉语 *skruʔ（爪）。

缅文 khre^{2} < *kri。

柬埔寨文 krəɲaɯ < *kru-nu。

勒窝语 piŋkuru ne na < *pikuru-ne。

19. *lip / *ʔdip / *kalupa

壮语龙州话 lip$^{8'}$，毛南语 dip^{7} < *lip / *ʔdip。

达阿语 kalupa < *kalupa。

20. *san / *li-sin

载瓦语 san^{21} < *san。

加龙语 lə-sin，博嘎尔珞巴语 lə jin < *li-sin。

藏文 sen。（指甲）

21. *rama

桑塔利语 rama < *rama。（指甲，爪子）

22. *grip

布朗语胖品话 dʒhip^{55} < *grip。

◇ 二 词源对应关系

1.“爪子”和“指甲”的对应

“爪子、指甲”为一词者，如拉巴努伊语 maikuku、塔希提语 maiʔuʔu，马那姆语 ʔasa，夸梅拉语 nəpəspəs，达阿语 kalupa、乌玛语 kunupa，布朗语胖品话 dʒhip^{55}，桑塔利语 rama 等。不同语言有交叉对应关系的说法，上文“指甲”篇已述。如：

（1）汉语 *skruʔ（爪），“指甲”嘉戎语 ndzru，道孚语 ldzə < *l-gru。

（2）蒙古语、图瓦语 *sal-bar。“指甲”尼科巴语 kinsɔl < *kin-sol。

（3）鄂伦春语 *sar-bak-tan。“指甲”蒙达语 sār-sār < *sar。

（4）巴拉望语、摩尔波格语 *kuku。“指甲”拉巴努伊语 maikuku，塔希提语 maiʔuʔu < *ma-ʔikuku。印尼语、爪哇语 kuku，沙玛语 kukku < *kuku。

（5）布农语 *kus-kus。查莫罗语 papakes < *papa-kes。“指甲”鲁凯语 kuskus < *kus。

2.“爪子”和“手指”的对应

“爪子、手指”不同语言有交叉对应关系的上文“手指”篇已及，如：

（1）载瓦语 *san。“手指”阿昌语 -n̥au^{31}，怒苏怒语 -n̥ɯ^{55} < *snu。

（2）汉语 *skruʔ（爪）。“手指”萨萨克语 kəriŋkiʔ < *kərikiʔ。

（3）壮语龙州话 *lip、毛南语 *ʔdip。“手指”日语 jubi < *lubi。鄂罗克语 lepse < *lep-se。藏文 mdzub < *m-dub。

（4）撒拉语 *dur-dar，西部裕固语 *dar-maq。“手指”印尼语 dʒari < *dari。

（5）蒙古语 *sal-bar。“手指”土耳其语 parmak，维吾尔语 barmaq，

图瓦语 sɑbɑr，撒拉语 bərmɑχ < *bar-maq。图瓦语 sɑbɑr < *sa-bar。

3. "爪"和"脚"

（1）中古突厥语 *qit。"脚"土耳其语 kitʃ < *qit。

（2）巴拉望语、摩尔波格语 kuku < *kuku。"脚"黎语 $khok^7$ < *kok。

（3）塔几亚语 *ʔalaʔo。"脚"西部斐济语 -lā，罗图马语 lā < *la。日语 açi < *ʔali。

（4）缅文 *kri。"脚"基诺语 $ʃɔ^{31}khi^{33}$ < *sokri。

（5）卑南语 *skik。"脚"道孚语、却域语 ʂko < *sko。哈卡钦语 ke < *ke。

（6）印尼语、爪哇语、巽他语 *takar。"脚"阿伊努语 tʃikiri < *tikiri。

（7）吉利威拉语 doga。"脚"土耳其语 etek < *ʔedek。桑塔利语 dʒaŋga < *daga。

（8）勒窝语 *pikuru-ne。"脚、腿"罗维阿纳语 nene，马绍尔语 ne < *ne。

4. "爪子"和"抓"

（1）藏文、道孚语 *s-der。"抓"锡加语 tor < *tor，桑塔利语 gʌdur < *ga-dur。

（2）壮语龙州话 *lip、毛南语 *ʔdip。"抓"坦纳语 arppərəp-o < *ʔarəp。侗语 $sap^{7'}$，西双版纳傣语 jap^7 < *ʔrap。汉语 *rap（猎）。

（3）汉语 *skruʔ（爪）。"抓"马林厄语 takuri < *ta-kuri。

（4）蒙古语 *sal-bar。"抓"蒙古语布里亚特方言 bɑri-，达斡尔语 bɑri- < *bari。

三 词源关系分析

1. *kaloka（*kaluka、*kiroke、*garag、*grak）

“爪子”鲁凯语 *kaluka，“手指”朝鲜语 son-skarak < *son-sgarag（手—指）。

“踝”罗维阿纳语 kikorereke < *kiroke。汉语 *grak（獲）。

“爪子”古英语 clawu、中古荷兰语 clouwe < *klag^{w}e。“爪子”古英语 cloke。

“抓”古英语 clawian、古高地德语 klawan。“钳子”瑞典语 klyka。

“爪子”格鲁吉亚语 khlantʃhi < *glangi。

“脚”匈牙利文 gyalogsag < *galog-sag。芬兰语 jalka，爱沙尼亚语 jalag < *galag。

2. *g^{w}alo（*gal、*gilu、*kaklo、*kole、*kiluŋ）

“爪子”维吾尔语、哈萨克语 *ta-gal，赛夏语 *kaklo-kos。

“肘”莫图语阿罗玛方言 kalukalu < *galu。

“弯曲的”雅美语 magilo < *ma-gilo，菲拉梅勒语 kole < *kole，鲁凯语 makiɭuŋ < *ma-kiluŋ，户语 khǎl^{31} < *gal（腰弯）。

“爪子”古挪威语 klo。中古拉丁语 chela、希腊语 khele < *gele。

“爪子”亚美尼亚语 magil < *ma-gil。

“指甲”古英语 nægl、古挪威语 nagl、古弗里斯语 neil < *nagl。

“钉子”古挪威语 nagli。

“踝”英语 ankle、古挪威语 ökkla、古弗里斯语 ankel。“蹄、爪子”拉丁语 ungula。

3. *g^wari（*kru、*kri、*sokri、*giri、*ɢor、*garu 等）

"爪"汉语 *skruʔ、缅语 *kri。"脚"基诺语 *sokri，哈尼语、纳西语 *kru。

"钩子"撒拉语 gugur < *gugur。

"弯曲的"土耳其语 eɣri、维吾尔语 ɛgri、哈萨克语 ijir、塔塔尔语 kɛkri < *qe-giri，土族语 guguriː < *guguri，日语 magaru < *ma-garu。（参见第四卷《弯曲》篇的说明）

"爪子"亚美尼亚语 tʃiran < *kira-n。
"弯曲"（动词）拉丁语 curvus、curvare < *kur-$g^w$are。
"钩子"希腊语 magkoyra < *mag-kora。

4. *gropa（*grip、*grop、*rap）

"爪子"布朗语胖品话 *grip。

"抓"德昂语南虎话 grăp，克木语 grɤ̆p < *grop。载瓦语 tʃu̠p^{55}，阿昌语 tʂhɔp^{55} < *krop。侗语 sap$^{7'}$、西双版纳傣语 jap^{7} < *ʔrap，汉语 *rap（猎）。

"爪子，抓、挠"低地德语 krabben、荷兰语 krabelen。
"抓住"古英语 grippen < *grip-。"善抓的"东部英格兰语 cliver。
"蟹"古英语 crabba、古挪威语 clabbi < *klabi。

"爪子"匈牙利文 karom。

5. *ke（*skik、*kuku、*sko）

"爪子"卑南语 *ski，巴拉望语、摩尔波格语 *kuku。

"脚"道孚语、却域语 ʂko < *sko。哈卡钦语 ke < *ke。

"蹄子"古英语、古弗里斯语 hok、中古荷兰语 hoek < *kek。

"指甲"匈牙利文 szög < *sog。

6. *libo（*lip、*ʔdip、*lupa）

“爪子”壮语龙州话 *lip、毛南语 *ʔdip。

“爪子、指甲”达阿语 kalupa < *kalupa。

“手掌”古挪威语 lofi、中古英语 love、哥特语 lofa < *lobi。

“爪子”波兰语 łapa、俄语 lapa < *lapa。

7. *b^{w}elaki（*belak、*pulegi、*ʔilogi）

“爪子”托莱语 pulegi- < *pulegi，布鲁语 elogi < *ʔilogi。

“手臂”维吾尔语 bilɛk，哈萨克语 bilek < *belak。

“手指、脚趾、爪子”波兰语、俄语 palets < *polek。

“拿”波兰语（名词）polow < *polog^{w}。“拿”俄语（动词）polutɕitj < *polukit。

波兰语“手臂”poręt∫ < *porek，“拿”（动词）brat∫ < *brak，（名词）port∫ja < *pork。

8. *dudi（*dut、*didi）

“手指”勉语江底话 du^{7}，三江话 tɔ^{7} < *ʔdut。

“脚”布吉斯语 adʒdʒi < *ʔadidi。“抓”维吾尔语 tut-、图瓦语 dut- < *dut。

“手指”意大利语 dito、西班牙语、葡萄牙语 dedo。

“指甲、爪子”阿尔巴尼亚语 thua < *d^{w}a。

“爪子”格鲁吉亚语 tati。

9. *bati（*bat、*boti、*batas）

“脚”满文 bethe，赫哲语 fatχa，锡伯语 bətk < *bat-qa。摩尔波格语 botis，巴厘语 batis，乌玛语 βitiʔ < *botis / *batis。查莫罗语 patas < *patas。柬埔寨文 baːtiːə < *bati。

> “爪子”乌尔都语 panjaː <*padja。
> “脚”英语 foot、法语 pied、意大利语 piede、亚美尼亚语 fut、希腊语 podi。
> “脚跟”拉丁语 pēs、pedis(所有格)，哥特语 fōtus，梵语 pad- <*padi。

10. *gesu（*kus）

“爪子”马林厄语 geɣesu <*gegesu。布农语 kuskus <*kus-kus。

“指甲”鲁凯语 kuskus <*kus。

> “手指”阿尔巴尼亚语 giʃt <*gis-t。（*-t 古复数后缀）
> “手”和阗塞语 ggoʃtä <*gosto。
> “手”阿维斯陀经 zasta-，古波斯语、和阗塞语 dasta-，粟特语 δost- <*gʷas-ta。

11. *bʷari（*bar、*bari、*par、*poro、*paru）

“爪子”蒙古语 salbar，图瓦语 sobar <*sal-bar。

“抓”蒙古语、达斡尔语 *bari，桑塔利语 *ta-par，满文 *lo-poro，塔希提语 *paru。汉语 *phu（俘）<*bru。

> “抓住”亚美尼亚语 bɾnel <*bur-。

“手”勉语江底话 pwo⁴、苗语养蒿话 pi⁴、腊乙坪话 tɯ⁴、绞坨话 ʂe⁴ <*bri。

> “拿”俄语 vzjatj、波兰语 wziąʈʃ（拿住、捡起）<*bʷra-。
> “拿住、捡起”波兰语 bratʃ <*bra-。“拿”波兰语 uwaʐatʃ <*ubʷra-。
> “拿”希腊语 pairno <*par-。阿尔巴尼亚语 merr <*mer，“持”mbaj <*bar。

“翅膀”的词源关系

有的语言中“翅膀”视为飞禽的“手臂”,“手”和“臂”视为一体，结果是“翅膀”与“手、臂”等的说法有词源关系。“翅膀”又因长有“羽毛”和有“飞”的功能，与“羽毛”和“飞”有词源关系。

◇ 一 东亚太平洋语言的“翅膀”

“翅膀”主要有以下说法：

1. *qenat / *qənat / *ʔinut

土耳其语 kanat，维吾尔语 qɑnɑt，西部裕固语 qenɑt < *qenat。

东部裕固语 χnɑd < *qənat。

阿者拉语 inut < *ʔinut。

2. *dal-abti / *dəl-tule / *ʔbut

蒙古语 dɑlɑbtʃ < *dal-abti（飞—翅）。

鄂温克语 dəttuleː < *dəl-tule（飞—胸）。

壮语武鸣话 fɯt^{8}，布依语 vɯt^{8} < *ʔbut。

3. *digur / *dar

蒙古语书面语 dʒigür，蒙古语正蓝旗话 dʒigʉːr < *digur。

土族语 dʑɑːr < *dar。

4. *gibə-rəg

蒙古语科尔沁话 dʒibərəg < *gibə-rəg。

5. *səba-n

东乡语 sɯbɑn < *səba-n。

6. *qalaqi

满文 asha，锡伯语 asχ，鄂伦春语 aʃakɪː < *qalaqi。

7. *dəq-sə / *ʔatiki

赫哲语 dəxsə < *dəq-sə。

达斡尔语 atʃikiː < *ʔatiki。

8. *narge

朝鲜语 narkɛ < *narge。

9. *pane / *pani / *pani-t

日语 hane < *pane。

莫图语 hani-na < *pani。

布农语 pani < *pani。雅美语 paniɖ < *pani-t。

10. *pak / *$p^{w}ap^{w}ak$

阿卡拉农语 pakpak，排湾语 pakə-pak < *pak。

布拉安语 fafak < *$p^{w}ap^{w}ak$。

11. *pali-t / *pali

泰雅语赛考利克方言 paliʔ，赛德克语 palit < *pali-t。

邵语 pali < *pali。

12. *papa / *bebe-ʔa

查莫罗语 papa < *papa。

托莱语 bebea- < *bebe-ʔa。

13. *salap / *ʔalap / *talab

印尼语 sajap < *salap。

加龙语 alap，博嘎尔珞巴语 a lap < *ʔalap。

蒙达语 talab < *talab。

14. *gaba

拉加语 ɣaba < *gaba。

15. *sibari

塔几亚语 sibari-n，马那姆语 bazi < *sibari。

16. *lək

汉语 *lək（翼）。

17. *qli-s / *kel

汉语 *qlis（翅）< *qli-s。

尼科巴语 keːl < *kel。（臂、翅膀）

18. *ʔotu / *tuŋ

哈尼语 ɔ^{55}tu^{55} ＜*ʔotu。

阿昌语 a^{31}tuŋ^{55} ＜*tuŋ。

19. *pik / *kə-pik / *la-pik

壮语龙州话、德宏傣语 pik^{7} ＜*pik。

沙玛语 pikpik ＜*pik。

锡克语 kəpik ＜*kə-pik。

阿美语 ʃapikpik ＜*la-pik。

20. *ʔb^{w}as / *baʔi

侗语 pa^{5}，水语 va^{5} ＜*ʔb^{w}as。

吉尔伯特语 bai ＜*baʔi。

21. *ʔdat

苗语养蒿话 ta^{7}，勉语罗香话 daːt^{7} ＜*ʔdat。

22. *doŋ-si-naŋ

布兴语 doŋ sɿ naŋ ＜*doŋ-si-naŋ（羽毛—胸）。

23. *prik / *prek-prek

佤语艾帅话 pru̠i̠k，布朗语曼俄话 phɤik ＜*prik。

桑塔利语 phʌ̃kɽʌ̃kh ＜*prek-prek。

24. *pe-ner

克木语 pə nɤr ＜*pe-ner。

25. *bel

户语 phɛl^{33} < *bel。

26. *ʔaprob

蒙达语 āprob < *ʔaprob。

二 “翅膀”的词源对应关系

1. “翅膀”和“臂”

尼科巴语 keːl 即“翅膀”和“臂”，其他语言的对应情况如：

（1）佤语艾帅话、布朗语曼俄话 *prik，汉语 *prik（臂）。

（2）吉尔伯特语 *baʔi，“手臂”劳语 ʔaba。

（3）户语 *bel，“手臂”朝鲜语 phal < *pal。

（4）哈尼语 *ʔotu，“手臂”日语 ude < *ʔude。

（5）汉语 *lək（翼）。“手”维吾尔语 ilik，哈萨克语 dʒilik < *gilik。

（6）塔几亚语 sibari-n，“手”图瓦语 sambar < *sabar。

2. “翅膀”和“腋”

（1）汉语 *qlis（翅）< *qli-s，“腋”马京达瑙语 lele < *le。

（2）汉语 *lək（翼），*s-lak（亦）。

（3）阿卡拉农语、排湾语 *pak。“腋”日语 waki < *baki，姆布拉语 bege- < *bege。

（4）托莱语 *bebe-ʔa。“腋”查莫罗语 afafa < *ʔapapa，罗维阿纳语 ababe < *ʔa-babe。

3. “翅膀”和“羽毛”

赛德克语 palit 即“翅膀、羽毛”，其他如：

（1）沙玛语 pikpik，“羽毛”毛利语 piki <*biki。

（2）印尼语 *salap，“羽毛”罗图马语 lalɔvi <*lalobi。

（3）壮语武鸣话、布依语 *ʔbut，“羽毛”东部斐济语 βuti- <*buti。

“翅膀”布农语 pani，雅美语 panid < *pani-t；泰雅语赛考利克方言 paliʔ，赛德克语 palit <*pali-t。*-t 应是残留的复数后缀。

“羽毛”排湾语 paɭal，“翅膀”赛夏语 palar。*-r 为残留的复数后缀。

4. “飞”和“翅膀”

（1）女真语（得勒）*tele <*dele。“翅膀”蒙古语 dɑlɑbtʃ <*dal-abti 字面意思是“飞—肋”。鄂温克语 dəttuleː <*dəl-tule 字面意思是“飞—胸”。

（2）马京达瑙语 lelap、卡乌龙语 jap <*lap，西部斐济语 ðaβu <*labu。“翅膀”印尼语 *salap，加龙语、博嘎尔珞巴语 *ʔalap，蒙达语 *talab 等应是该动词的派生形式。

（3）戈龙塔洛语 t-um-o^{m}boto <*to-boto。“翅膀”壮语武鸣话、布依语 *ʔbut，应与之有词源关系。

三 词源关系分析

1. *biki（*pik）

“翅膀”壮语龙州话、德宏傣语 *pik，沙玛语 pikpik <*pik。

“羽毛”毛利语 piki <*biki。“飞”波那佩语 pik <*pik。

> “翅膀”古英语 wenge、古挪威语 vængr、丹麦语 vinge <*b^{w}ige。
> “翅膀”梵语 pkaʃa <*pukasa。

2. *b^wedi（*ʔbut、*boto、*pad、*puti）

“翅膀”壮语武鸣话、布依语 *ʔbut，蒙古语 dɑlɑbtʃ < *dal-abti（飞—翅）。

“羽毛”东部斐济语 βuti- < *buti。蒙古语 ɵd、土族语 foːdə、保安语 hodoŋ < *pudəŋ。

“飞”戈龙塔洛语 *to-boto，他加洛语、巴拉望语 *lo-pad。

希腊语“鼓翅”pheto、phtera，“翅膀”phtera < *bete-ra。
“翅膀”（复数）古英语 feðra，“羽毛”希腊语 ptero、古高地德语 fedara、中古荷兰语 vedere < *pete-ra。
“飞”希腊语 peto，梵语 pat、patati。

3. *lap（*talab、*labu）

“翅膀”印尼语 *salap，加龙语、博嘎尔珞巴语 *ʔalap，蒙达语 *talab。

“飞”马京达瑙语 lelap、卡乌龙语 jap < *lap，西部斐济语 ðaβu < *labu 等有词源关系。

“翅膀”法语 ailef、西班牙语 alaf、意大利语 ala < *alap。
“手掌”古挪威语 lofi、中古英语 love、哥特语 lofa < *lobi。
“爪子”波兰语 łapa、俄语 lapa < *lapa。

4. *b^wa（b^was、*baʔi）

“翅膀”侗语、水语 *ʔb^was，吉尔伯特语 *baʔi。

“鸟”赫梯语 suwais < *suba-is。阿维斯陀经 viʃ < *$b^w$is。

“翅膀”格鲁吉亚语 prpɛbis < *prpe-bis。

5. *b^wilu（*pali、*bele）

“翅膀”邵语 *pali，泰雅语赛考利克方言 paliʔ、赛德克语 palit < *pali-t。

“飞”马林厄语 *plalo。“鸟”赛德克语 qubeheni < *qubele-ni。

“毛、羽毛”查莫罗语 pulo，“羽毛”沙外语 plu、勒窝语 vilu-na < *b^{w}ilu。

希腊语“鸟”poyli < *poli，“飞”pheylo < *belo，“羽毛”poypoylo。“飞”法语 voler、西班牙语 volar、意大利语 volare < *b^{w}ole-re。（*-re 拉丁语动词后缀）“羽毛”法语 plume、西班牙语 pluma < *plu-me。“飞”古英语、古高地德语 fleogan，古挪威语 flügja、古弗里斯语 fliaga，中古荷兰语 vleghen < *ple-。（*-ga 日耳曼语动词后缀）

6. *pani（pane）

“翅膀”日语 *pane，莫图语、布农语 *pani，雅美语 *pani-t。

“翅膀、翅膀上的羽毛”俗拉丁语 pinnionem < *pino-，拉丁语 pinno。“鳍”古英语 finn、荷兰语 vin、中古低地德语 vinne < *pine。

7. *ʔile（*qli、*le）

汉语 *qlis（翅） < *qli-s。

“腋”马京达瑙语 lele < *le。

“翅膀”古法语 ele，拉丁语 ala。

“翅膀”匈牙利文 allithato < *ali-dato。

8. *ruka（*rəg）

“翅膀”蒙古语 *dibə-rəg。

“翅膀、手、手臂”俄语 ruka。

9. *dib^{w}u（*dibə、*tobu、*tap）

“翅膀”蒙古语 *dibə-rəg。

“飞”日语 tobu < *tobu，宁德娄语 atah < *ʔatap。

"翅膀"亚美尼亚语 thev < *deb^{w}。

10. *kilak（*lak、*gilik、*kelek）

"翅膀"满文 asha，锡伯语 asχ，鄂伦春语 aʃakɪː < *qalaqi。

"手"维吾尔语 ilik，哈萨克语 dʒilik < *gilik。

汉语 *lək（翼）。"腋"巽他语 kelek，萨萨克语 klelek < *kelek。汉语 *krak（胳）。

"手臂、翅膀"阿尔巴尼亚语 krah < *kraq。

11. *b^{w}ari（*bari、*bur、*pur）

"翅膀"塔几亚语 sibari-n，马那姆语 bazi < *si-bari。

"蝴蝶"博嘎尔珞巴语 paŋ pur < *papur。

"飞"巽他语 hibər，爪哇语 m-abur < *qibur / *ʔabur。藏文 ɦphur < *m-bur。汉语 *p^{w}ər（飞）。

"翅膀"乌尔都语 par，粟特语 wāz < *p^{w}ar。

"羽毛、翅膀"和阗塞语 pārra- < *para。

"飞"波兰语 fruwatʃ < *pru-。粟特语 fəruʃt- < *puru-。

“尾巴”的词源关系

“尾巴”是动物身体末端的部位，与“屁股”“大腿”等部位相近，这几种说法可代指而有词源关系。一些语言中飞禽和走兽的尾巴有不同名称，也可代指，鸟尾和兽尾的叫法可对应。

◇ 一 东亚太平洋语言的“尾巴”

“尾巴”的主要说法如：

1. *qud-ruq / *kudu-ruq / *kut / *pi-kutu / *katu

古突厥语 qudruq，土耳其语 kujruk，维吾尔语 qujruq，哈萨克语 qujrəq < *qud-ruq。

图瓦语 kuduruk，西部裕固语 guzuruq < *kudu-ruq。①

卡乌龙语 kut < *kut。

罗维阿纳语 pikutu < *pi-kutu。

苗语大南山话 tu^{3}，布努语 tau^{3}，勉语 twei^{3}，畲语 ka^{1}tɔ^{3} < *katu。

---

① “尾巴”格鲁吉亚语 khuti < *guti。

2. *sul

蒙古语 sʉːl，东部裕固语 syl < *sul。

3. *satig

东乡语 ɕian，保安语 ɕɑntʃig < *satig。

4. *ʔut-qin

满文untʃehen，锡伯语 untɕxin < *ʔut-qin。

5. *qurgi / *s-koragi / *ɢuruq

鄂伦春语 irgi，赫哲语 jilgi，那乃语 xujgu < *qurgi。

朝鲜语淳昌方言 kkoraŋtʃi < *s-koragi。

撒拉语 ɢuruχ < *ɢuruq。

6. *ʔo

日语 o < *ʔo。

7. *sar / *sar-pik

阿伊努语 sar < *sar。

爱斯基摩语 sarpik < *sar-pik（鲸尾），papik < *papik（鸟尾）。

8. *pamek

爱斯基摩语 pameok < *pamek。

9. *ʔikur / *kor / *s-kori

印尼语 ekor，赛夏语 kikoɭ，卑南语 ikur，亚齐语 iku < *ʔikur。

毛利语 kokore < *kor。（鸟尾）

中古朝鲜语 skori < *s-kori。

10. *dige

南密语 t^{h}ige-n < *dige。

11. *dadalag

查莫罗语 dadalag < *dadalag。

12. *bu-tot / *tad

他加洛语 buntot < *bu-tot。

桑塔利语 tsaɳɖbol < *tad-bol，tsaɳɖlom < *tad-lom，tsaɳɖkilom（猪、羊的尾巴）< *tad-kilom。

13. *ŋaŋuʔ

泰雅语赛考利克方言 ŋuŋuʔ，泽敖利方言ŋaʔŋuʔ，赛德克语 ŋuŋuʔ < *ŋaŋuʔ。

14. *kikul / *ʔikul

赛夏语 kikoɭ < *kikul。

布农语 ikuɬ < *ʔikul。

15. *ʔibu / *qupi

达密语 ibu < *ʔibu。

桑塔利语 tsupi < *qupi。（鸟的尾巴）

16. *mara

阿杰语 mara。

17. *mər / *mri

汉语 *mər（尾）。

缅文 mri^{3} < *mri。

18. *r-ŋa

藏文 rŋa < *r-ŋa。

19. *ʔa-no / *no-bu / *r-nə

博嘎尔珞巴语 am n̥o < *ʔa-no。加龙语 njobu < *no-bu。

却域语 rnə^{13} < *r-nə。

20. *domi

哈尼语绿春话 dɔ^{31}mi^{31} < *domi。

21. *me

他杭语、克伦语阿果话 me^{31}，纳西语 mæ^{33} < *me。

22. *ʔlaŋ / *leŋe

壮语 ɣiːŋ^{1}，布依语 zuːŋ^{1}，傣语 haːŋ^{1} < *ʔlaŋ。

波那佩语 leŋe-leŋe < *leŋe。

23. *krət / *rit

侗语 sut^{7}，仫佬语 khɣət^{7}，黎语 tshut^{7} < *krət。

尼科巴语 rit < *rit，lamrit < *lam-rit。

24. *sida / *n-da

佤语艾帅话 si da̱ʔ，布兴语 sɤn ta，户语 θa thaʔ^{31} < *sida。

克木语 n daʔ < *n-da。

25. *mod / *mat

桑塔利语 monḍ < *mod。（蛇的尾巴）

汉语 *mat（末）。

26. *kodur

柬埔寨文 kɔnduj < *kodur。

◇ 二 "尾巴"的词源对应关系

1. "尾巴"和"屁股"的对应

（1）中古朝鲜语 skori < *s-gori。"屁股"维吾尔语 saʁra，哈萨克语 sawər，图瓦语 saːr < *sa-gəra。西部裕固语 ɢoŋɢər，东部裕固语 ɢoŋɢor < *gogər。

（2）蒙古语、东部裕固语 *sul。"屁股"赛德克语 sulai < *sula-ʔi。

（3）印尼语 ekor < *ʔekor。"屁股"鄂伦春语 aŋar < *ʔaŋar。

（4）汉语 *mər（尾），"屁股"达斡尔语 bur < *bur。

（5）壮语、布依语、傣语 *ʔlaŋ。"屁股"壮语 haːŋ^4 < *laŋʔ。

（6）汉语 *mər（尾）。"屁股"那大语、罗图马语 buri < *buri。

（7）阿杰语 mara，"屁股"多布语 ʔabar。

（8）桑塔利语 *mod。"屁股"马达加斯加语 vudi < *budi。

2. "尾巴"和"大腿"等的对应

（1）中古朝鲜语 skori < *s-gori。"大腿"东乡语 ʂɯɢɑrɑ < *su-gara。

蒙古语 gujɑ，达斡尔语 guɑji < *gura。“脚跟”满文 guja < *gura。

（2）桑塔利语 *tad-。“屁股”查莫罗语 tʃade < *tade。“大腿”维吾尔语 jota，柯尔克孜语 dʒoto，乌孜别克语 jotɛ < *dote。

（3）南密语 *dige。“屁股”桑塔利语 ɖuke < *duke。“背”那加语耽鲁方言（Tamlu）tok，昌方言（Chang）thāk < *dok / *dak。“大腿”查莫罗语 tʃhatʃhag < *dadag。

三　词源关系分析

1. *dage（*dige、*tig、*duke）

“尾巴”东乡语、保安语 *satig，南密语 *dige。

“屁股”桑塔利语 ɖuke < *duke。

> “尾巴”古英语 tægel、古挪威语 tagl（马尾）、哥特语 tagl（毛发）< *dage-lo。
>
> “割掉动物的尾巴”古英语 dok。

“尾巴”曼达语 tokā < *toka。

2. *katu（*qudu、*kut）

“尾巴”突厥语 *qudu-ruq。苗瑶语 *katu，卡乌龙语 *kut。

> “尾巴”西班牙语 cola、拉丁语、意大利语 coda < *koda。
>
> “尾巴”威尔士语 cwt < *kut。

“尾巴”格鲁吉亚语 khudi < *gudi。

3. *buki（*piki、*bog、*pege、*bigi）

“尾巴”吉尔伯特语 te buki < *buki。塔纳语、夸梅拉语 nəpiki- <

*nə-piki。

“屁股”蒙古语 bəgs，东部裕固语 bəgse < *bogse。南密语 p^{w}ege-n < *pege。达阿语 $bi^{ŋ}gi$，沙玛语 pigiʔ < *bigi / *pigiʔ。

“尾巴”梵语 putʃtʃha < *puga，亚美尼亚语 potʃ < *pok。

4. *ʔiku

“尾巴”排湾语、乌玛语 iku，那大语 eko < *ʔiku。

“尾巴、阴茎”古法语 cue < *k^{w}e。“尾巴”波兰语 ogon < *ogon。

“尾巴、辫子”俄语 kosa < *kosa。“尾巴”匈牙利文 hekus。

5. *ʔero（*ʔura）

“尾巴”汤加语 ʔaero < *ʔa-ʔero。

“屁股”满文 ura，赫哲语 ora < *ʔura。

“尾巴”古英语 ærs、古高地德语、古挪威语 ars，希腊语 arros < *aro-。

“尾巴”匈牙利文 iras。

6. *pus

“尾巴”巴拉望语 ipus，雅美语 ipoʃ < *ʔipus。

“尾巴”阿尔巴尼亚语 biʃt < *bis-t。（*-t 古复数后缀）

7. *domi

“尾巴”哈尼语绿春话 $dɔ^{31}mi^{31}$，基诺语 $to^{44}mi^{44}$ < *domi。

“尾巴”乌尔都语 dum。和阗塞语 dumaa-。

“花”的词源关系

一些语言“花朵”和“果实”的说法交叉对应，可能与人们早期的归类有关。“花”因其“气味”的特征，其说法与“香”“臭”“气味”“嗅”等说法有词源关系。

◇ 一　东亚太平洋语言的“花”

“花”主要有如下说法：

1. *titik / *tidig / *titig

古突厥语 tʃetʃek，土耳其语 tʃitʃek，图瓦语 dʒedʒek，撒拉语 dʒidʒix < *titik。

西部裕固语 tʃydʒyk < *tidig。

蒙古语正蓝旗话 dʒitʃig，阿拉善话 tsetseg，土族语 tɕidʑig < *titig。

蒙古语巴林右旗话 sətʃig，布里亚特话 səsəg，达尔罕话 ʃiʃig < *titig。

2. *ma-dog / *me-tok / *me-tog / *ʔdok

东部裕固语 medoɢ，保安语 mɑtəg < *ma-dog。

藏文 me tog ，嘉戎语 men tok，木雅语 $mi^{33}to^{53}$ < *me-tok / *me-tog。

壮语龙州话 $djo:k^{7}$，西双版纳傣语 $dɔk^{7}$，侗语 nuk^{9} < *ʔdok。

3. *ʔilaga / *ʔileqa

满文 ilha，锡伯语 ɪlχa，赫哲语、鄂温克语 ɪlga < *ʔilga。

达斡尔语 ilgɑ: < *ʔilga。

女真语（一勒哈）*ileha < *ʔileqa。

4. *ʔila / *ŋa-ʔola / *lala / *boŋ-ʔəlaʔi

女真语（亦剌）*ila < *ʔila。

雅贝姆语 ŋa ɔla < *ŋa-ʔola。

吉尔伯特语（Kilivila）lala < *lala。

赛夏语 poŋɭæh，鲁凯语 bəŋəɭaj < *boŋ-ʔəlaʔi。（花—花）

5. *gosi

中古朝鲜语 kos，孟山话 kkosi < *gosi。

6. *pana / *buna

日语 hana < *pana。

罗地语 buna-k < *buna。

7. *nono

阿伊努语 nonno < *nono。

8. *boŋa / *kə-baŋ / *poŋ / *boŋ

印尼语 buŋa，米南卡保语 buŋo < *boŋa。

马都拉语、萨萨克语 kəmbaŋ < *kə-baŋ。

缅文 ɑ^{1}pwɑŋ^{1}，浪速语 pəŋ^{35} < *poŋ。

苗语大南山话 paŋ^{2}，石门坎话 bɦaɯ^{2}，勉语江底话 pjaŋ^{2} < *boŋ。

9. *sisi / *sisu

马林厄语 sisi < *sisi。（花、果子）

傈僳语 si^{35}sɯ^{31} < *sisu。

10. *sisik

布昂语 səsik < *sisik。

11. *b^{w}ela / *b^{w}eli-ŋaʔu / *p^{w}alu / *bala / *blaŋ

马京达瑙语 vela < *b^{w}ela。

排湾语 vəljəŋaw < *b^{w}eli-ŋaʔu。

阿美语 falu < *p^{w}alu。

桑塔利语 baha < *bala。

侗语 mjeŋ^{2}，仫佬语 mɣaːŋ^{2}，水语 ^{m}bjaːŋ^{1} < *blaŋ。

12. *pupu / *bopo

托莱语 pupu-nə < *pupu。

柬埔寨文 boppha: < *bopo。

13. *pera / *qab^{w}oro / *bra / *bar

莫图语 herahera < *pera。①

罗维阿纳语 havoro < *qab^{w}oro。

汉语 *phra（葩）< *bra。

布兴语 bar < *bar。

---

①“花”格鲁吉亚语 pɛri < *peri。

14. *qra / *g^wra / *ʔare

汉语 *qra（花），*g^wra（華）。

马那姆语 moare，塔希提语 teare < *mo-ʔare / *te-ʔare。

15. *lan

羌语 lan po < *lan。

16. *ʔapu-ʔana / *ʔape

加龙语 apu-ana < *ʔapu-ʔana。

义都珞巴语 $ɑ^{55}pe^{55}$ < *ʔape。

17. *na-ban

景颇语 $nam^{31}pa̱n^{33}$ < *na-ban。

18. *ʔdis

布依语 $da:i^5$ < *ʔdis。

19. *raŋ

克木语 raŋ，户语 $ɣaŋ^{33}$ < *raŋ。

20. *ti / *tutu

佤语艾帅话 tai < *ti。

木鲁特语 tutu-n < *tutu。

21. *se

莽语 $θe^{31}$ < *se。

22. *prul

佤语马散话 prauh，布朗语曼俄话 phɤl̥^{35} ＜*prul。

桑塔利语 phul＜*prul。

◈ 二 “花”的词源对应关系

1. “花”和“果子”

（1）西部裕固语 *tidig，“水果”东部裕固语 ʃitoɢ＜*titog。汉语 *qlik（实）＜*qidig。

（2）傈僳语 si^{35}sɯ^{31}＜*sisu，“水果”哈尼语 a^{55}si^{31}，缅文 ɑ^{1}si^{3}＜*ʔasi。雅美语 as̩i ＜*ʔasi。

（3）柬埔寨文 *bopo，“水果”博嘎尔珞巴语 pɯ ＜*pu。“蓓蕾”缅文 ɑ^{1}phu^{3} ＜*ʔabu。

（4）莫图语 *pera，“果子”勒窝语 pra-sia。

（5）阿伊努语 *nono，“果子”布昂语 anono。

（6）布兴语 *bar，“果子”巴塔克语 par-bui。

2. “花”和“香的”

（1）西部裕固语 *tidig，“香的” dadəɣ ＜*dadəg。

（2）中古朝鲜语 *gosi，“香的”中古朝鲜语 kusɯta＜*gusə-。

（3）马都拉语、萨萨克语 *kə-baŋ，“香的”锡伯语 vaŋ ＜*b^{w}aŋ。

（4）布兴语 *bar，“香的”那大语 faru＜*paru。汉语 *phər（芬）＜*por。

（5）侗语、仫佬语、水语 *blaŋ，“香的”壮语武鸣话 pjaŋ^{1}、仫佬语 m̥ɣaːŋ^{1}、水语 ^{n}daːŋ^{1} ＜*ʔblaŋ。

3.“花”和“臭”

（1）布昂语 səsik < *sisik。“臭的”维吾尔语 sesiq、哈萨克语 sɑsəq < *sesiq。排湾语 sasəqu < *sasiqu。

（2）西部裕固语 *tidig，“臭的”图瓦语 dʒɤdɤx < *dədəq。

（3）阿伊努语 *nono，“臭的”道孚语 nə no < *nəno。基诺语 a^{33}nɛ^{44} < *ʔane。

（4）日语 *pana，“臭的”彝语喜德话 bo^{21}ni^{33} < *boni。

（5）罗维阿纳语 *qaboro。“臭”菲拉梅勒语 purau < *pura-ʔu，拉巴努伊语 piro < *piro。

4.“花”和“气味”“嗅”

（1）西部裕固语 *tidig，“气味、嗅”图瓦语 dʒɤt < *dət。

（2）罗维阿纳语 *qaboro。维吾尔语“气味”buj < *bur，“嗅”purɑ- < *bura。

（3）柬埔寨文 *bopo。布拉安语“气味”bo，“嗅”mə-bo。

（4）印尼语、米南卡保语 *boŋa。“嗅”满文 weŋki-，锡伯语 veŋkə- < *b^{w}eŋi。拉巴努伊语 hoŋi < *poŋi。

（5）布昂语 səsik < *sisik。“气味”哈萨克语 ijis- < *ʔis，撒拉语 isginə < *ʔiski-nə。“嗅”哈萨克语 ijiske- < *ʔiske，撒拉语 isgin- < *ʔisgi-n。

◇ 三 词源关系分析

1. *bela（*beli、*bala、*bla、*bila 等）

“花”马京达瑙语 *b^{w}ela、排湾语 *b^{w}eli-ŋaʔu、阿美语 *p^{w}alu、桑塔利语 *bala，侗语、仫佬语、水语 *blaŋ。

“水果”达密语 bija < *bila。

“花”古挪威语 blomi、哥特语 bloma、中古荷兰语 bloeme、古法语 flor、意大利语 fiore < *blo-。拉丁语 flos（主格）< *blo-。 “花”梵语 aboli < *aboli。乌尔都语 phoːl < *bol。 “气味”圣经拉丁语 flator、英语 flavor < *pla-。 “苹果、水果”古英语 æpple、古弗里斯语 appel，古挪威语 eple < *aple。 “苹果”立陶宛语 obuolys、古爱尔兰语 ubull。“水果”梵语 phala < *bala。

古印欧语 *-m 标记无生命的目标或受动。*-r 为复数后缀，后演变为 *-s。

2. *la（*lala、*li）

“花”吉尔伯特语 *lala，女真语 *ʔila。“香的”鄂温克语 uʃi < *ʔuli。

“花”赫梯语 alil，阿尔巴尼亚语 lule。希腊语 louloudi < *lolo-。 “散发气味、嗅到”拉丁语 olere < *ole-。

“百合花”古英语 lilie，希腊语 leirion。希伯来语 ʃoʃanna < *lolo-na。①

3. *burak（*braq）

“花”摩尔波格语、巴拉望语 burak，卡加延语 bulak，木鲁特语 busak < *burak。

“果子”邹语 braxtsi < *braq-ti。

“花”粟特语 əspraɣmē，阿维斯陀经 sparəɣa < *sparəga。 “水果”拉丁语 fructus < *bruk-，亚美尼亚语 mirg。

① Douglas Harper, *Online Etymology Dictionary*, 2001-2014, www.etymonline.com/index, on lily.

“水果”粟特语 frāk ＜*p^{w}rak。

“香”俄语 pliwkus ＜*plukus。

“花”匈牙利文 virag ＜*b^{w}irag。

4. *di（*ʔdi、*ti、*de）

“花”布依语 *ʔdis，佤语艾帅话 *ti。

“香的”保安语 ɑtɕi ＜*ʔati。科木希语 udɛ-ɛ ＜*ʔude。

“香的”希腊语 eyodes ＜*ode。“嗅”立陶宛语 uodziu ＜*ode。

“香气、嗅”拉丁语、古法语 odor。

“花”希腊语 dios，anthos ＜*ado-。

5. *puna（*pana、*buna）

“花”日语 *pana，罗地语 *buna。

“花、泡沫”俄语 pena ＜*pena。

6. *tidig（*titik、*titig）

“花”古突厥语、土耳其语、图瓦语、撒拉语 *titik，西部裕固语 *tidig，蒙古语、土族语 *titig。

“水果”东部裕固语 ʃitoɢ ＜*titog。

“花”亚美尼亚语 tsaʁik ＜*tagik。

7. *sisu

“花”傈僳语 $si^{35}sɯ^{31}$ ＜*sisu。

“百合花”粟特语 swsn ＜*sus-。

“叶子”的词源关系

“叶子”和“毛发”一些语言归为一类，不同语言“叶子”和“毛发”的说法交叉对应。“叶子”又因其外形特征与“薄的”说法有词源关系。

◇ 一　东亚太平洋语言的“叶子”

“叶子”主要有以下说法：

1. *dapurə-maq / *dapur-əq / *dəbur-aq
维吾尔语 jopurmɑq ＜*dopur-maq。
土耳其语 japrak，哈萨克语 dʒɑpəraq ＜*dapur-əq。
柯尔克孜语 dʒəlbəraq ＜*dəbur-aq。

2. *lab-dag / *labt / *labuti
东部裕固语 ɬɑbdʒəg，西部裕固语 lɑhpdẓəq ＜*lab-dag。
蒙古语正蓝旗话 nɛbtʃ，达尔罕话 lɛbʃ ＜*labt
鄂伦春语 nabʊtʃɪ，鄂温克语 naʃʃɪ ＜*labuti。

3. *ʔab-daqa / *ʔab-daq-sə

满文 abdaha，满语 abdaɣa < *ʔab-daqa（叶—叶）。

赫哲语 abdəχsə < *ʔab-daq-sə。

4. *gə-lbə

图瓦语 ʁɑlbɤ < *gə-lbə。

5. *rib-sagi

朝鲜语 nipsaky < *rib-sagi。

6. *pa / *ba

日语 ha < *pa。

吉尔伯特语 te bā < *ba。

7. *pam

阿伊努语 ham < *pam。

8. *do

罗地语 do-k，南密语 do < *do。

9. *daʔun / *daqun

印尼语 daun，马都拉语 ḍaun < *daʔun。

他加洛语 dāhon，巴拉望语 daʔhon < *daqun。

10. *bilaq

赛夏语 biɭæʔ，卑南语 biraʔ，邵语 fiɬaq < *bilaq。

11. *ʔabag / *ʔabq

泰雅语赛考利克方言 ʔabaw，泽敖利方言 ʔaβaɣ < *ʔabag。

锡伯语 avχ < *ʔabq。

12. *raʔu / *raʔun

莫图语 rau，汤加语 lau，西斐济语 rau < *raʔu。

贡诺语 rauŋ，多布语 rak^{w}un < *raʔun。

13. *ʔoqas

查莫罗语 ohas < *ʔoqas，hagon < *qagon。

14. *s-lap / *lap / *se-lap / *si-lab / *laba

汉语 *s-lap（叶）。景颇语 lap^{31}，独龙语 lɑp^{55}，格曼僜语 lop^{53} < *lap。

克伦语阿果话 tθe^{31}la̠^{31} < *se-lap。

布农语 siɬav < *si-lab。

蒙古语喀喇沁方言 lɑbɑ < *laba。

15. *lo / *ʔelo / *slaʔ / *ʔla

藏文 lo ma，木雅语 lo^{33}mɑ^{55} < *lo-ma。

罗维阿纳语 elelo < *ʔelo。

佤语马散话 l̥aʔ，德昂语硝厂沟话 l̥a，克木语 l̥ǎʔ < *slaʔ。

京语 la^{5} < *ʔla。

16. *ʔusu-ʔane / *ʔane

加龙语 ɯsɯ-ane < *ʔusu-ʔane。

博嘎尔珞巴语 a nə < *ʔane。

17. *sapa / *paʔ / *sak-paʔ

普米语 sɐ^{13}fpa^{55} < *sapa。

他杭语 paːh < *paʔ。

波拉语 sak^{55}faʔ^{55} < *sak-paʔ。

18. *ʔbu

壮语 baɯ^{1}，西双版纳语傣语 bai^{1} < *ʔbu。

19. *pala / *blaŋ / *buluŋ

桑塔利语 palha < *pala。

苗语大南山话 mploŋ^{2}，石门坎话 ndlɦau^{2} < *blaŋ。

巴塔克语 buluŋ < *buluŋ。

20. *sakam

蒙达语、桑塔利语 sākam < *sakam。

21. *ru

尼科巴语 roːi < *ru。

22. *pata

桑塔利语 pata < *pata。

23. *mala

莽语 ma^{31}la^{51}< *mala。

24. *son-lok

柬埔寨文 sɔnlɤk < *son-lok。

◇ 二 “叶子”的词源对应关系

1.“叶子”和“毛发”

（1）东部裕固语、西部裕固语 *lab-dag。“头发”图瓦语 bɑʃdyk < *bal-duk（头—毛）。“毛”图瓦语 dyk < *duk。

（2）布农语 *si-lab，“羽毛”罗图马语 lalɔvi < *lalobi。

（3）巴布亚多布语、莫图语、汤加语 *raʔu。“头发”汤加语 lou-ʔulu，萨摩亚语 lau-ulu，塔希提语 rouru < *raʔu-ʔulu，意思是“叶子—头”。塔几亚语 gurma-rou-k < *gurma-roʔu-k “头—叶子—我的”。

（4）加龙语 *ʔusu-ʔane，“头发”东乡语 usun < *ʔusun。

2.“叶子”和“草”

（1）柬埔寨文 *son-lok。“草”仫佬语 ɣak[8] < *lak。

（2）加龙语 *ʔusu-ʔane，“草”土族语 usə，东部裕固语 weːsən < *ʔusə-n。

（3）东部裕固语、西部裕固语 *lab-dag。“草”布兴语 tɤk < *tək。

（4）博嘎尔珞巴语 *ʔane。“草”阿伊努语 kina < *kina。

3.“叶子”和“绿的”

（1）桑塔利语 *pata。“绿的”蒙达语 peṭo < *peto。

（2）阿伊努语 *pam。“绿的”罗维阿纳语 buma < *buma。

（3）南密语 *do。“绿的”爪哇语 idʒo < *ʔido。

（4）布农语 *si-lab，“蓝、绿”乌玛语 mo-leβue < *lebu-ʔe。

（5）加龙语 ɯsɯ-ane < *ʔusu-ʔane，“蓝、绿”勒窝语 memaena < *mema-ʔena。

4.“叶子”和“薄的”

“叶子”的说法和“薄的”词源关系参见第五卷《薄》篇的说明。

三 词源关系分析

1. *labu（*lap、*slap、*lab）

“叶子”景颇语、独龙语、格曼僜语 *lap，汉语 *slap、克伦语 *se-lap、布农语 *si-lab，裕固语 *lab-dag。“蓝、绿”乌玛语 mo-leβue ＜*lebu-ʔe。

“叶子”古英语 leaf、古撒克逊语 lof、古弗里斯语 laf ＜*lab。 “树皮”古教堂斯拉夫语 lubu、立陶宛语 luobas。

“细的”布朗语 $lɛp^{44}$ ＜*lep，西双版纳傣语 $lɛp^{8}$ ＜*lep。“薄的”巴琉语 lap^{11}、布朗语甘塘话 $lɤp^{33}$（锋利）＜*lap。“瘦的”尼科巴语 leːv ＜*leb^{w}。

“细的”希腊语 leptos ＜*lep-。

2. *reba（*rib、*rəba）

“叶子”朝鲜语 *rib-sagi。“草”马都拉语 *rəbb^ɦa ＜*rəba。

“草、药草”拉丁语 herba、古法语 erbe ＜*qerba。 “叶子”亚美尼亚语 terev ＜*te-reb^{w}。

3. *b^{w}ala（*pala、*blaŋ、*buluŋ、*bolo）

“叶子”桑塔利语 *pala，苗语 *blaŋ，巴塔克语 *buluŋ。“草”鲁凯语 *ʔo-bolo。“毛、羽毛”查莫罗语 pulo ＜*pulo。

“叶子”希腊语 phyllo、拉丁语 folio、法语 feuille ＜*bule。 “花”阿尔巴尼亚语 fletë ＜*ble-to。 “头发”西班牙语 cabolle、意大利语 cabelli ＜*ka-bole。

“叶子、叶状物”古英语 blæd，“叶子”古弗里斯语 bled、古挪威语 blað。
“花”古爱尔兰语 blath < *blad。

4. *dali（*talu）

“草”阿美语 taluɬ < *talul，卑南语 ʈaɭun < *talun。“根”巴拉望语 dalil < *dalil。

“叶子”梵语 dala。威尔士语 dalen < *dale-。

5. *pato（*pata、*peto）

“叶子”桑塔利语 *pata。“绿的”蒙达语 peʈo < *peto。

“叶子”乌尔都语 patta < *pata。

“花”曼达语 pūda < *puda。

"根"的词源关系

一些语言"根""毛发""血管"有词源关系，不同语言的这些说法可交叉对应。"根"又喻为"脚"，来自草木的拟人化。如：

"脚"土耳其语 etek < *ʔedek，桑塔利语 dʒaŋga < *daga。"根"鄂伦春语 təkən < *dakə-n。

"脚"满文 bethe、赫哲语 fatχa、锡伯语 bətk < *bat-qa。"脚跟"如拉丁语 ped-is，梵语 pad-、哥特语 fōtus < *padu。汉语"茇"*bat（《说文》艸根也）。

◇ 一　东亚太平洋语言的"根"

"根"主要有以下说法：

1. *gede-r / *gədə / *mi-kte / *kadon

古突厥语、维吾尔语 jiltiz，柯尔克孜语 dʒəldəz，西部裕固语 jeldes < *gede-r。（*-r 为复数后缀）

东乡语 gəndzɯ < *gədə。

那乃语 muikte ＜*mi-kte。①

宁德娄语 ka^{n}d^{r}on ＜*kadon。

2. *darəl / *dalil

图瓦语 dɑzɤl ＜*darəl。

巴拉望语 dalil ＜*dalil。

3. *ʔoreq / *ʔuri / *riri / *qoro / *ri

撒拉语 ozex ＜*ʔoreq。

布昂语 uri ＜*ʔuri。马那姆语 ziri ＜*riri。

义都珞巴语 ho^{55}ro^{55} ＜*qoro。

巴琉语 ʐi^{11} ＜*ri。

4. *dapə / *dipa / *dabi-n

西部裕固语 dɑp，保安语 dzɑpə ＜*dapə。

彝语喜德话 ndʐi^{21}pɑ^{33} ＜*dipa。

塔几亚语 dabi-n ＜*dabi-n。

5. *ʔudu-s / *ʔitə

蒙古语正蓝旗话 ʉndəs，达斡尔语 undus ＜*ʔudu-s。②

鄂温克语 niːntə ＜*ʔitə。

6. *da

赫哲语 da。女真语（答）*ta ＜*da。

① Sereistarostin, Annadybo, Olegmudrak, *Etymological Dictionary of the Altaic Languages*, p.1033.

② “根” 匈牙利文 szotõ ＜*soton。

桑塔利语 da < *da。

7. *takə-n / *daga-sa / *dadega

鄂伦春语 təkən < *takə-n。

索伦语 dagasā < *daga-sa。

罗维阿纳语 dedeɣa < *dedega。

8. *pule-qe / *ʔa-pulu

满文 fulehe，锡伯语 fulxw < *pule-qe。

排湾语 qapuḻu < *ʔa-pulu。

9. *s-pure / *pa-pur / *ʔusu-ʔapir / *ta-mər

朝鲜书面语 ppuri，镜城话 ppureki < *s-pure / *s-pure-gi。

博嘎尔珞巴语 pa pɯr < *pa-pur。

加龙语 ɯsɯ apirr < *ʔusu-ʔapir。

塔塔尔语、哈萨克语 tɑmər < *ta-mər。

10. *ne

日语 ne < *ne。

11. *sul-ka

鄂罗克语 sulka < *sul-ka，sunda < *suda。

12. *ʔuret / *sin-rit

米南卡保语 ureʔ，巴塔克语 uret，亚齐语 urat（血管）< *ʔuret。

阿伊努语 sinrit < *sin-rit。

13. *ʔugat

他加洛语 ugat < *ʔugat。（根、血管）

14. *ga-mut / *ʔi-mut / *la-mit

巴拉望语 gamut < *ga-mut。

卡乌龙语 imut < *ʔi-mut。

阿美语 lamit，邵语 ɬamiθ < *la-mit。

15. *ramiʔi / *ramuʔ / *ramu

沙阿鲁阿语 ramii < *ramiʔi。

马都拉语 ramuʔ < *ramuʔ。

莫图语 ramu < *ramu。

16. *ga-mil / *mo-mulo

泰雅语、赛德克语 gamil < *ga-mil。

戈龙塔洛语 mo-mulo < *mo-mulo。

17. *dede / *tat / *tet

大瓦拉语 dede-na < *dede。

黎语加茂话 tat < *tat。

白语 te^{44} < *tet。

18. *nok

三威治港语 nok-n < *nok。

19. *g^wlaʔ / *gra / *groŋ

汉语 *g^wlaʔ（杜）。

怒苏怒语 gɹɯ^{55}，格曼僜语 kɹɑ^{53} < *gra。

苗语养蒿话 tɕoŋ^{2}，苗语野鸡坡话 ʑoŋ^{A} < *groŋ。

20. *klir-ʔ / *lali

汉语 *tirʔ（柢）< *klir-ʔ。（“柢”木根也）

劳语 lali，查莫罗语 hale < *lali。

21. *gər / *ʔakor / *ger / *goro

汉语 *gər（根）。①

托莱语 okor，马绍尔语 okaɽ，印尼语 akar < *ʔakor。

蒙达语 dʒer，桑塔利语 dʒo̱ro̱（气根）< *ger / *goro。

22. *ʔa-pun / *punʔ

载瓦语 a^{21}pu̱n^{51} < *ʔa-pun。

汉语 *pənʔ（本）< *pun-ʔ。（“本”根之通称）

23. *mri-as

缅文 mrɑs^{4}< *mri-as。

24. *lak

壮语龙州话 ɣaːk^{8}，傣语 haːk^{8} < *lak。

25. *ril / *rele-t / *rel-toʔ / *lari

柬埔寨文 rɯh，克木语 riah（须根），佤语孟贡话 reh（须根），尼科巴语 ɽeh < *ril。

桑塔利语 re̱he̱th < *rele-t。

---

① “银”汉语 *ŋun，藏文 dŋul。

布兴语 riăh tɔʔ < *rel-toʔ。

瓜依沃语 lari-na < *lari。

26. *man / *mem

莽语 man^{31} < *man。

柬埔寨文 mɤːm < *mem。

27. *buda / *bat

桑塔利语 buḍa < *buda。

汉语 *bat（茇）。（《广韵》草木根也）

二 “根”的词源对应关系

1. “根”和“毛、发”

（1）鄂伦春语 *takə-n，“毛”图瓦语 dyk < *duk。

（2）汉语 *pun-ʔ。“毛、头发”女真语 *pun-qe，“毛”波那佩语 wine < *p^{w}ine。

（3）蒙古语、达斡尔语 *ʔudu-s，“头发”土族语 ʂdzu < *sdu。

（4）塔塔尔语、哈萨克语 *ta-mər。“毛”毛利语、塔希提语 huruhuru < *pur。邵语 kupur < *kupur。“羽毛”维吾尔语、乌兹别克语 pɛr < *per。

（5）怒苏怒语、格曼僜语 *gra。汉语 *ɣew < *gre（毫）。“头发”藏文 skra。汉语“须（鬚）” *sŋra。

（6）加龙语 *ʔusu-ʔapir。“毛”达斡尔语 xus < *qus。布农语 χuspiɬ < *qus-pil。

（7）戈龙塔洛语 *mo-mulo，“毛”格曼僜语 bɯl < *bul。

（8）泰雅语、赛德克语 *ga-mil，“毛”卑南语 gumul < *gu-mul。

（9）桑塔利语 *buda，“毛”赫哲语 ufutə < *ʔuputə。汉语 *bat（茇），*pjat（髮）。“辫子”贡诺语 appiʔ，沙玛语、卡加延语 sapid < *sapid。

2. “根”和“血管”“筋”

“根、血管”他加洛语 ugat < *ʔugat。

（1）撒拉语 *ʔoreq，“血管”那大语 ura < *ʔura。

（2）米南卡保语、巴塔克语 *ʔuret，“血管”亚齐语 urat，“筋”雅美语 urat。

（3）鄂伦春语 *takə-n，“血管”达密语 digẽ < *digen。

（4）卡乌龙语 imut < *ʔi-mut，“血管”吉利威拉语 wotunu < *motu-na。

（5）怒苏怒语、格曼僜语 *gra。“血管”多布语 $k^{w}ura$，“筋”道孚语 krə kra，缅文语 $ɑ^{1}krɔ^{3}$。

3. “根”和“脚”

“根”和“脚”的对应来自草木的拟人比喻，上文已经提到鄂伦春语的 *dakə-n 和汉语的 *bat（茇）的对应情况。其他如：

（1）撒拉语 *ʔoreq，“脚”土耳其语 ajak、维吾尔语 ɑjaq、西部裕固语 ɑzɑq < *ʔaraq。

（2）大瓦拉语 *dede。“脚”布吉斯语 adʒdʒi < *ʔadidi，尼瓦里语（Newari）tuti < *tuti。

（3）日语 *ne。“脚”罗维阿纳语 nene，马绍尔语 ne < *ne。

（4）莽语 man^{31} < *man。“脚”图瓦语 daman < *daman。

（5）东乡语 gəndzɯ < *gədə。“脚”达阿语 kada < *kada，蒙达语 kɑʈa < *kata。满查底语kondza，昌巴拉胡里语 kunza < *koda。

三　词源关系分析

1. *ret（*rat）

“根”米南卡保语、巴塔克语 *ʔuret，“血管”亚齐语 urat。

> “根”古英语、古挪威语 rot。意大利语 radice、拉丁语 radicem < *radi-。
> “根、药草、植物”古英语 wyrt，“根”哥特语 waurts < *urt-。
> “根”波兰语 ʐrodło < *rod-lo。

2. *ri

“根”巴琉语 *ri，布昂语 *ʔuri，马那姆语 *riri。“须根”柬埔寨文、克木语、佤语孟贡话、尼科巴语 *ril。

> “树的丛根”希腊语 riza、西班牙语 raiz、拉丁语 rhizoma < *riro-。
> “根”阿尔巴尼亚语 rrënjë < *roni。

3. *mulo（*mul、*bul、*mil）

“根”戈龙塔洛语 *mo-mulo，泰雅语、赛德克语 *ga-mil。“毛”格曼僜语 bɯl < *bul、卑南语 gumul < *gu-mul 等当有词源关系。

> “根”梵语 mula。

4. *bat

汉语 *bat（茇）。

“脚”柬埔寨文 baːtiːə < *bati，满文 bethe、赫哲语 fatχa、锡伯语 bətk < *bat-qa。

> “根”威尔士语 peth、古爱尔兰语 pet、布立吞语 pez < *ped。

"根"和阗塞语 bātā- < *bata。
"脚"英语 foot、法语 pied、意大利语 piede、希腊语 podi。
"脚跟"拉丁语 pēs、ped-is，梵语 pad-、哥特语 fōtus < *padu。

"毛发"爱斯基摩语 mitkok < *mit-kok。"草"宁德娄语 b^{w}idiʔu < *b^{w}idi-ʔu。

"根"亚美尼亚语 armat < *ar-mat。

5. *gero（*kor、*goro、*gər）

"根"托莱语、马绍尔语、印尼语 *ʔakor，蒙达语 *ger，桑塔利语 *goro（气根）。汉语 *gər（根）。

"根"俄语 korenj、波兰语 korzeɲ < *kore-n。威尔士语 gwraidd < *gura-。

6. *g^{w}aki（*k^{w}aki）

"脚、腿"亚齐语 gaki，印尼语、米南卡保语 kaki < *k^{w}aki。

"根"粟特语 wēx < *g^{w}ek。

"根"匈牙利文 gyök < *gok。

印第安人阿巴齐语"脚"bi-keːʔ < *keʔ（他的脚），"根"keghad < *keg-ladi。

7. *pure（*pir、*pur）

"根"朝鲜语 *s-pure，博嘎尔珞巴语 *pa-pur，加龙语 *ʔusu-ʔapir。
"毛"毛利语、塔希提语 huruhuru < *pur。邵语 kupur < *kupur。
"羽毛"维吾尔语、乌兹别克 pɛr < *per。

"根"和阗塞语 virä < *b^{w}iro。

“种子”的词源关系

东亚太平洋语言的“种子”说法主要与“芋头、山药”、“草”及果实的“核”等的说法对应，可引申指“播种”，或指“女儿”“孙子”等。东亚“稻”“小米（粟）”的说法可能来自“种子”，有的与“草”的说法有词源关系。印欧语“种子”“播种”“稻米”“麦子”“小米”等说法与东亚的语言有一系列的对应关系，可证明两地农业文明的渊源关系。

◇ 一　东亚太平洋语言的“种子”

“种子”主要有以下说法：

1. *ʔuruq / *ʔurə / *pu-ʔoro / *pa-ʔura / *ʔaro

古突厥语 uruɣ，维吾尔语 uruq，哈萨克语 urəq ＜*ʔuruq。

鄂伦春语 urə＜*ʔurə。（种子、芽）

塔希提语 huero，沃勒阿依语 faŭŭra ＜*pu-ʔoro / *pa-ʔura。

哈尼语绿春话 $a^{55}zø^{31}$＜*ʔaro。[①]

① “核” 匈牙利文 maghaz＜*mag-qar。

2. *puri

蒙古语 ʉr，土族语 fureː，东乡语 furə < *puri。

3. *ʔule

满文 use，锡伯语 uso，赫哲语 udzə < *ʔule。

4. *bəsi / *besu

中古朝鲜语 psi < *bəsi。（种子、核）

乌玛语 besa，伊拉鲁吐语 ɸesubə < *besa / *besu。

5. *tane

日语 tane < *tane。

6. *bi / *pabi

阿伊努语 bi < *bi。（种子，小石子）

鲁凯语 əapə < *pabi。

7. *b^{w}iri / *pri

拉加语（Raga）biri，西部斐济语 -wiri < *b^{w}iri。

义都洛巴语 a^{55}pɹi^{55} < *pri。

8. *biniq / *biniqi / *bin-saq

巴拉望语 biniʔ，印尼语 bənih，爪哇语 winih，卑南语 biniʔ < *biniq。

沙玛语 binihiʔ < *biniqi。

布农语 binsaχ < *bin-saq。

9. *ʔani / *ʔaniq / *nuni / *ʔanu

梅柯澳语 ani < *ʔani。

他加洛语 āni，阿卡拉农语 ānih < *ʔaniq。

夸梅拉语 nuni- < *nuni。

阿昌语 a^{31}ɳau^{31} < *ʔanu。

10. *patu / *put

塔几亚语 patu < *patu。（果子、坚果、蛋、种子）

柬埔寨文 puːtʃ < *put。

11. *ʔuto / *tutu / ʔutiti

乌玛语 u^{n}toʔ < *ʔuto。

邹语 tutu < *tutu。

帕马语 utīti < *ʔutiti。

12. *tioŋ-ʔ

汉语 *tjoŋʔ（種）。

13. *sa-bon / *b^{w}an

藏文 sa bon < *sa-bon，son < *son。

泰语 phan^{2}，壮语龙州话 fan^{2}，黎语 fan^{1}，拉基语 pjɔ^{43} < *b^{w}an。

14. *mri

缅文 mjo^{3}-，载瓦语 a^{21}mji^{21} < *mri。

15. *simu / *sima

武定彝语 ʂɿ^{55}mu^{11} < *simu。

佤语马散话 si mɤ，德昂语硝厂沟话 si ma < *sima。

16. *li / *ʔali / *ʔum-li

景颇语 li^{33}，墨脱门巴语 li < *li。

加龙语 ali < *ʔali。

博嘎尔珞巴语 um liː < *ʔum-li。

17. *pli / *pluq / *bili

莽语 pli^{35} < *pli。

他杭语 pluh < *pluq。

戈龙塔洛语 bili < *bili。

18. *snum

苗语大南山话 noŋ^{1}，甲定话 n̊hoŋ^{1}，勉语大坪话 num^{1} < *snum。

19. *sum-lal / *ku-lel

克木语 sɯm lah < *sum-lal（小米—稻子）。

尼科巴语 kuløl < *ku-lel。

20. *samal

户语 θa mal^{33} < *samal。

21. *mar / *ʔabar

德昂语南虎话 ka mar^{51} < *mar。

萨萨克语 ambar < *ʔabar。

22. *ʔita / *mo-te

蒙达语 hita，桑塔利语 itɛ < *ʔita。

巴琉语 muɔ^{11}te^{53} < *mo-te。

23. *kosa

桑塔利语 kosa < *kosa。（棕榈等的种子）

二 “种子”的词源对应关系

1. “种子”和“稻子”“小米”等

（1）萨萨克语 *ʔabar。“稻米”萨萨克语 bəras，印度尼西亚语 beras，密克罗尼西亚沃勒阿伊语（Woleain）peɽāsi < *beras。“水稻、糯米”藏文 ɦbras < *mbras。“稻”苗语川黔滇方言大南山话 mpla^{2}，勉语标敏方言东山话 blau^{2} < *bra。中古朝鲜语 pjə < *brə，马达加斯加语 vari < *b^{w}ari，贡诺语 pare。

（2）缅文、载瓦语 *mri。汉语 *mrə（来，麦子）。

（3）满文、锡伯语 *ʔule。汉语 *qla（黍）。

（4）乌玛语 *besa，伊拉鲁吐语 *besu。“稻”沙外语 fɔs，伊拉鲁吐语 ɸasə < *pasə。

（5）梅柯澳语 *ʔani。日语（稻）ine < *ʔine。

（6）武定彝语 *simu、佤语、德昂语 *sima。“小米”普米语 sy^{13}mi^{55} < *sumi。嘉戎语 sməi khri < *smi-kri。

（7）邵语 buqu < *buqu。“小米”排湾语 vaqu < *b^{w}aqu。

（8）克木语 sɯm lah < *sum-lal。“小米”桑塔利语 lajo < *lalo。“稻子”维吾尔语 ʃɑl，乌孜别克语 ʃɑli < *lali。

（9）鄂伦春语 *ʔurə。“黍”满文 jeje ira < *rere-ʔire。

2.“种子”和“芋头、山药”

（1）阿伊努语 *bi。“薯”他加洛语、依斯那格 ūbi，印尼语、沙玛语 ubi，爪哇语 uwi < *ʔubi。

（2）夸梅拉语 *nuni。“薯”卡乌龙语 eni < *ʔeni。

（3）达阿语 savu < *sabu，“薯”沃勒阿依语 sepa。

（4）东部斐济语 sore，“芋头”克木语 srɔʔ < *sro。

（5）义都洛巴语 *pri，“葛藤”满文 fije < *p^{w}ire。

3.“种子”和“芽”

（1）赫哲语 *ʔule。“芽”锡伯语 luqa < *luqa。

（2）藏文 *son。“芽”侗语 sun^{1} < *sun。

（3）勉语大坪话 *snum。“芽”壮语龙州话、西双版纳傣语 naːm^{1} < *ʔnam。

4.“种子”和“女儿”“孙子、孙女”

（1）古突厥语、维吾尔语、哈萨克语 *ʔuruq。“女儿、姑娘”图瓦语 urux < *ʔuruq。

（2）中古朝鲜语 *bəsi。“女儿”日语 musɿme < *musu-me。

（3）邹语 *tutu。“孙子、孙女”米南卡保语 tʃutʃu < *tutu。

（4）阿伊努语 *bi。“孙子、孙女”马绍尔语 p^{ɯ}-p^{ɯ}- < *p^{w}ip^{w}i。

（5）查莫罗语 *gra-na。“孙子、孙女”马林厄语 graɲa。

5.“种子”和“（播）种”

（1）萨萨克语 *ʔabar。汉语 *pars（播），[①]“播种”爪哇语 ŋabar < *-bar。

（2）土族语、东乡语 *puri。“核”错那门巴语 bru[53] < *bru。“播”朝鲜语 ppuri- < *spuri。“播种”印尼语 tabur < *-buri，锡加语 buri。

（3）查莫罗语 *semila。“种”赛夏语 mamoɭaʔ < *ma-mola。

（4）苗瑶语 *snum。“种”卑南语 səmaɭam < *s-əm-alom。

（5）景颇语、墨脱门巴语 *li。“种”义都珞巴语 li[35] < *li。“播种”罗地语 sele < *se-le。

（6）乌玛语、帕马语 *ʔutiti。“种”拉祜语 ti[33] < *ti。

（7）满文、锡伯语 *ʔule，“撒（种）” 锡伯语 usu-、赫哲语 usə-。

（8）藏文 *son。“撒”满文 so。

三　词源关系分析

1. *b^w^ari（*biri、*pri、*mri、*ʔabar、*purə）

“种子”戈龙塔洛语、拉加语、西部斐济语 *biri，义都洛巴语 *pri，缅文、载瓦语 *mri，萨萨克语 *ʔabar 等当有词源关系，来自 *b^w^ari。

“播”汉语 *pars。

“稻”藏文 *mbras，苗瑶语 *bra，中古朝鲜语 pjə < *brə，贡诺语 pare，马达加斯加语 *bari。“稻米”萨萨克语 bəras，印度尼西亚语 beras < *beras，沃勒阿伊语 peɽāsi < *beras。

> “种子”希腊语 sporos，“播种”希腊语 speiro、西班牙语 sembrar。
> “稻子”古波斯语 brizi、梵语 vrihi-s < *b^w^ris。

① “播、皤”等从“番”得声，原本有 *-r 韵尾。

“大麦”拉丁语 far、古挪威语 barr，古英语 bærlic < *bar-。
“种子”赫梯语 warwalan < *b^war-b^walan，阿尔巴尼亚语 farë < *b^waro。
“种子”粟特语 βize < *b^wire。
“播种、栽种”和阗塞语 pärān < *p^wara-。

“种子”匈牙利文、芬兰语 sperma，匈牙利文“年”evfolyam < *eb^{w}olam。

“稻子”起源于东亚，印欧语的说法对应于东亚语言的“稻米”“种子”。印欧语“大麦”可能与东亚太平洋语言“种子”*bari 等有词源关系，作为“麦子”的名称借入东亚，如汉语 *mrə（来）。最初的“麦子”来自中东和中亚，其名称与亚欧语言的“种子”有词源关系。

“年”马那姆语 barasi、瓜依沃语 farisi < *barisi。“年”的概念与收获有关。（参见下文有关“年”的讨论）

*b^wari 最初可能指“草”和“草的种子”。如：

“草”朝鲜语 phur < *pur。托莱语 vurə < *bure。马林厄语 buburu < *buru。赛德克语 superaq < *su-peraq。又指“绿色”。

“青色、绿色”朝鲜书面语 phurɯta < *purə-。朝鲜语淳昌话 sɛparətha < *se-barə-。

“绿的”希腊语 prasinos < *prasi-。

2. *sima（*simu、*sumi）

“种子”武定彝语 *simu、佤语、德昂语 *sima。

“小米”普米语 $sy^{13}mi^{55}$ < *sumi。嘉戎语 sməi khri < *smi-kri。

“种子”拉丁语、古普鲁士语 semen。“播种”法语 semer < *seme-。
“种子”俄语 semetɕko < *seme-，波兰语 siemie。

拉丁语 semen 的词根可能是 se-，如“播种”拉丁语 sero，satum（过去分词）。藏缅语和南亚语的这一类说法当来自印欧语。“种子”芬兰语

siemen。

“种子”亚美尼亚语 serm < *ser-。“播种”拉丁语 sero。

3. *bi（*pabi）

“种子”阿伊努语 *bi，鲁凯语 *pabi。（查莫罗语 pepidas，借自西班牙语 pepita）

“种子、核”意大利语 pippolo、西班牙语 pepita、古法语 pepin < *pepi-。

4. *gra

“种”（动词）黎语 *gra。

“种子、小的核”拉丁语 granum，“种子、谷物”古法语 grain < *gran-。“谷物”和阗塞语 gritʃa < *gri-。

巴斯克语“大麦”garagar < *gara-，“种子”garau。“核”芬兰语 kara。

5. *kre（*kri、*kru）

“种”（动词）木雅语 khə^{55}rə^{53} < *kre。

“小米”藏文 khre < *kre，景颇语 ʃă^{33}kji^{33} < *s-kri。

“播种”粟特语 kēr、和阗塞语 ker- < *ker。阿维斯陀经 kāraya。

“种子”匈牙利文 csira [tʃira] < *kira。

“大麦”拉兹语 keri。

6. *kok（*qok、*kak）

汉语 *kok（榖），“稻”德昂语 hɔk^{35} < *qok。

“米饭”桑塔利语 kakh < *kak。

“谷物、种子、浆果”希腊语 kokkos < *koko-。

7. *sido（*soto）

“女儿、姑娘”土族语 ɕidʑun < *sidun，伊拉鲁吐语 mo sɔtə < *mo-soto。

“芽”东乡语 sojə ʂɯdun < *sori-sudun。

“种子、芽”古英语 sæd、古挪威语 sað、古高地德语 sad < *sad。

“出生、儿女”古爱尔兰语 suth < *sud。

“播种”立陶宛语 seti。

8. *ro（*ʔurə、*ʔoro、*rere）

“种子、芽”鄂伦春语 urə < *ʔurə。“种子”哈尼语绿春话 $a^{55}zø^{31}$ < *ʔaro。

“黍”满文 jeje ira < *rere-ʔire。

“种子、谷粒、玉米”俄语 zerno < *rer-no。“种子”波兰语 zarodek < *raro-dek。

“黍、小米”粟特语 arzan < *arz-an。

“种子”希伯来语 zera'，阿拉伯语 zar'a，叙利亚语 zar'ā，埃塞俄比亚语 zar'。

“种子”豪萨语 iri。

它们最初可能指“草的种子”，如“草”满文 orho，鄂伦春语 ɔrɔktɔ，鄂温克语 ɔrɔttɔ，赫哲语 oroχtə < *ʔoroq-ʔoto。锡加语 uru-ŋ < *ʔuru。“黍”原本就是草籽。

“播种”印第安人达科他语 oʐu < *ʔoru。

9. $*b^{w}it$（*put、*bot）

“种子”柬埔寨文 *put。“核”京语 hot^{8} < *bot。

“核”英语 pit，“种子”中古荷兰语 pitte < *pite。

10. *qule（*qla、*lo）

“种子”满文 use，锡伯语 uso，赫哲语 udzə ＜*ʔule。

“谷粒”木雅语 $lø^{24}$，却域语 $lɯ^{55}$（小麦）＜*lo。

“种”（动词）义都珞巴语 li^{35} ＜*li。“播种”罗地语 sele ＜*se-le。

汉语“黍”*qla，[①]“稌”*la（稻子）相关的可能有：

苏米尔语“大麦、谷物”ʃe ＜*le，“大麦”希伯来语 sʿorah ＜*l-ʔoraq。“种子”巴斯克语 ale。

对应于希伯来语“大麦”*-ʔoraq 的有：“种子”古突厥语、维吾尔语、哈萨克语 *ʔuruq。“芽”蒙古语 ɵrgʉːs，达斡尔语 urgis，东部裕固语 ørgøːsøn ＜*ʔurgi-sun。

11. *ta（*to）

“种子”蒙达语 hita，桑塔利语 itɛ ＜*ʔita。乌玛语 $u^{n}toʔ$ ＜*ʔuto。

和阗塞语“种子”ttiṃ ＜*ti-，“谷物”dānā ＜*da-。

12. *duku（*dugu、*duq）

“小米”撒拉语 diuɣu ＜ *dugu。赛德克语 matsu，布农语 maduχ ＜ *ma-duq。

“小米”希伯来语 dʿchan ＜*dkan。

“种子、后代、孩子”粟特语 taxm＜*tak-。 “谷物、庄稼”粟特语 āδuk ＜*aduk。

13. *sore（*sro）

“种子”东部斐济语 sore。

---

① “黍”俗称黄米，古代又叫“糜”*mral。“粟”*sok，“小米”维吾尔语、哈萨克语 søk，西部裕固语 soqba。

“芋头”克木语 srɔʔ <*sro。

“种子、坚果”和阗塞语 ʂara <*sara。
“播种、种”古挪威语 sa。“播种”拉丁语 sero，satum（过去分词）。

“小米”图瓦语 ʃɑrɑk <*sarak，朝鲜语扶安话、淳昌话 səsuk <*səruk。

14. *tane

“种子”日语 tane <*tane。

“种子”粟特语 δan <*dan。阿维斯陀经 dāno-karʃ。

15. *kosa

“棕榈等的种子”桑塔利语 kosa <*kosa。

“播种”粟特语 kaʃ <*kas。

“核、中心、心”芬兰语 keskusta <*kes-kus-ta。

印欧语“种子”“播种”“稻米”“麦子”“小米”等说法与东亚的语言有关的说法有一系列的对应关系，其中如 *ro、*le、*sido 等的说法可能是较早传播的，*kok、*sore、*gra 等是较晚传播的。

“草”的词源关系

“草”与“毛发、羽毛”“叶子”等说法有词源关系，有的语言把它们归为一类。欧、亚两地古代以“草”为“药”，它们的说法或对应。“草”又可引申指“绿色的”。

“草”作为通名，可来自专名。如汉语“莪”*ŋar（抱娘蒿，见《诗经·小雅》），与“卉”*sŋər 应有词源关系。“草”朝鲜语 phur < *pur，对应于满文“乌拉草”fojo < *poro。

一　东亚太平洋语言的“草”

“草”主要有以下说法：

1. *ʔot / *ʔute / *ʔaqita

土耳其语 ot，维吾尔语 øt，西部裕固语 oht < *ʔot。

吉利威拉语 te uteute < *ʔute。

马达加斯加语 ahiʈra < *ʔaqita。

2. *ki-men / *mun / *man / *m^wane-ʔa

土耳其语 tʃimen < *ki-men。

阿伊努语 mun < *mun。

泰雅语 kaʔ-man < *man。

拉加语 m^wanea < *m^wane-ʔa。

勒期语 mān^{55} < *man。

3. *ʔole-n / *lele

塔塔尔语 ølɛn < *ʔole-n。满文 olo < *ʔolo。(线麻草)

达密语 jeje < *lele。

4. *kob / *ʔob / *ʔab^{w}a

维吾尔语 tʃøp,撒拉语 tʃob < *kob。①

蒙古语 ɵb < *ʔob。

梅柯澳语 ava < *ʔab^{w}a。

5. *ʔobesu / *busə-n

蒙古语书面语 ebesü < *ʔobesu。

土族语 usə,东部裕固语 weːsən < *busə-n。

6. *ʔoroq / *ʔuru

满文 orho,鄂伦春语 ɔrɔktɔ,鄂温克语 ɔrɔttɔ,赫哲语 oroχtə < *ʔoroq-。②

锡加语 uru-ŋ < *ʔuru。

---

① "草"匈牙利文 gyom < *gom。

② "草"鄂伦春语 ɔrɔktɔ,鄂温克语 ɔrɔttɔ,赫哲语 oroχtə < *ʔoroq-qtə。"毛、头发"赫哲语 yxtə < *ʔiqtə

7. *pur / *bure / *buru / *mure / *supera

朝鲜语 phur ＜*pur。

托莱语 vurə ＜*bure。马林厄语 buburu ＜*buru。

那大语 mərе ＜*mure。

赛德克语 superaq ＜*supera。

8. *kusa

日语 kusa ＜*kusa。

9. *kina

阿伊努语 kina ＜*kina。①

10. *naləŋ

亚齐语 nalɯəŋ ＜*naləŋ。

11. *ʔəmol / *ʔo-bolo

排湾语 ta-əməɭ ＜*ʔəmol。

鲁凯语 obolo ＜*ʔo-bolo。

12. *talul / *talun

阿美语 taluɬ ＜*talul。

卑南语 ʈaɭun ＜*talun。

13. *re-ʔi

莫图语 rei ＜*re-ʔi。

① "草"芬兰语 heinä＜*qina。

14. *b^widiʔu

宁德娄语 b^widiu < *b^widiʔu。

15. *maŋ

汉语 *maŋ（莽）。

16. *sŋa / *sigi

汉语 *sŋa（苏）。道孚语 rŋə rŋa < *sŋa。

图瓦语 sigiːn < *sigi-n。

17. *sŋər / *s-gru / *k^wuru / *kuru / *kukuru

汉语 *sŋər（卉），*tshuʔ（草）< *s-gru。

多布语 k^wuru < *k^wuru。

莫图语 kurukuru < *kuru。（长的草）

邹语 kukuzu < *kukuru。

18. *r-kra / *kare

藏文 rtswa < *r-kra。

嘉戎语 kɑ tsɑ，义都洛巴语 kɑ^{55}ɹe^{55} < *kare。

19. *rak / *lak

缅文 mrɑk^{4}，怒苏怒语 mɹɑ̱^{53} < *m-rak。

仫佬语 ɣak^{8} < *lak。

20. *bu

吕苏语 bu^{35} < *bu。

21. *nam

载瓦语 nām^{21} < *nam。

22. *ʔbʷok / *tamək

毛南语 wɔk^{7} < *ʔbʷok。

雅美语 tamək < *tamək。

23. *ʔna / *ʔnaŋ

布依语 n̥ɯ^{3}，傣语 ja^{3} < *ʔna。侗语 n̥aːŋ$^{3'}$ < *ʔnaŋ。

24. *tək / *dagu-ʔan

布兴语 tɤk < *tək。

查莫罗语 tʃhaguan < *dagu-ʔan。

25. *nal

克木语 năl^{31} < *nal。

26. *dubu

蒙达语 dumbu < *dubu。

27. *gas

桑塔利语 ghãs < *gas。

扬雄《方言》卷三“苏、芥，草也。江淮南楚之间曰苏，自关西或曰草或曰芥，南楚江湘之间谓之莽。”“莽”不见于《诗经》，《左传》中多见。大约春秋以后才有草莽的“莽”。

二 词源对应关系

1. "草"和"毛发、羽毛"

（1）朝鲜语 *pur。"毛"邵语 kupur ＜*kupur。

（2）鲁凯语 *ʔo-bolo。"毛"格曼僜语 bɯl ＜*bul。

（3）吕苏语 *bu。"毛"错那门巴语 pu^{53}，墨脱门巴语 pu ＜*pu。

（4）布兴语 *tək，查莫罗语 *dagu-ʔan。"毛、羽毛、绒毛"土耳其语 tyj＜*tug。

（5）蒙达语 *dubu，"毛"鄂伦春语 dəbtiləː ＜*dəb-tilə。

（6）阿伊努语 *mun。"毛"景颇语 mun^{33}、独龙语 $mɯn^{55}$ ＜*mun。

（7）蒙古语 *ʔob。"毛"蒙达语 ubh，桑塔利语 uph ＜*ʔub。

（8）嘉戎语、义都洛巴语 *kara，"头发"藏文 skra ＜*s-kra。

（9）宁德娄语 $*b^widiʔu$。"羽毛"东部斐济语 βuti- ＜*puti。

（10）梅柯澳语 $*ʔab^wa$。"羽毛"加龙语 amə ＜*ʔame。

（11）毛南语 *ʔbok，"羽毛"毛利语 piki ＜*biki。

2. "草"和"叶子"

（1）莫图语 *re-ʔi。"叶子"莫图语 rau，汤加语 lau，西斐济语 rau ＜*raʔu。尼科巴语 roːi ＜*roʔi。

（2）仫佬语 *lak。"叶子"柬埔寨文 sɔnlɤk ＜*son-lok。

（3）赛德克语 *su-peraq。"叶子"赛夏语 biɭæʔ，卑南语 biraʔ，邵语 fiɬaq ＜*bilaq。

3. "草"和"药"

（1）蒙古语 *ʔob。"药"撒拉语、图瓦语 em，西部裕固语 jem，蒙古

语 əm，东部裕固语 eːm＜*ʔem。鄂伦春语 əːm，鄂温克语 əːn＜*ʔəm。侗语 $əm^3$ ＜*ʔəmʔ。

（2）日语 *kusa。“药”日语 kusɯri＜*kusuri。

（3）嘉戎语、义都洛巴语 *kara。“药”仫佬语 $kɣa^2$，毛南语 za^2＜*gra。苗语吉卫话 $ŋkɑ^1$，畲语多祝话 kja^1，勉语东山话 $gjaːi^1$＜*ʔgra。

（4）卡乌龙语 epilil＜*ʔepilili，“药”布兴语 plai＜*pli。

（5）土耳其语、维吾尔语、西部裕固语 *ʔot，“药”萨萨克语 oat＜*ʔoʔat。

◈ 三　词源关系分析

1. *gara（*kara、*gra）

汉语 *sŋər（卉），*tshuʔ（草）＜*s-gru。“草”嘉戎语、义都洛巴语 *kara，“头发”藏文 skra＜*s-kra。“药”仫佬语 $kɣa^2$，毛南语 za^2＜*gra。苗语吉卫话 $ŋkɑ^1$，畲语多祝话 kja^1，勉语东山话 $gjaːi^1$＜*ʔgra。

“绿色”缅文 tsin ＜ *krin。藏文 ldʑaŋ khu，错那门巴语 $dʑaŋ^{35}ku^{53}$ ＜ *l-graŋ-。汉语 *greŋ（青）。那大语 ŋura＜*ŋura。道孚语 sŋur ma＜*sŋur。

“草、药草”古英语 græs、古高地德语、哥特语 gras ＜*gra-s。
“草”希腊语 gkazon、俄语 gazon＜*garo-n。乌尔都语 ghaːs＜*gras。
“草”粟特语 wēʃ ＜*g^wer。
“绿色”古英语 grene、古高地德语 gruoni、古挪威语 grænn＜*groni。

“草”匈牙利文 gaz。

汉语 *gar（禾）。“草”藏文 rtswa ＜*r-kra，嘉戎语 kɑ tsɑ、义都洛巴语 $kɑ^{55}ɹe^{55}$＜*kara。

“绿的”雅美语 *mo-garo，汉语 *greŋ（青），藏文、错那门巴语 *l-graŋ-ku。

2. *b^{w}ida（*b^{w}idi、*buta、*buda、*ʔuputə、*puti、*pudəŋ）

“草”宁德娄语 *b^{w}idi-ʔu。“灌木”哈萨克语、柯尔克孜语 buta < *buta，蒙古语、东部裕固语 but，土族语 budɑː，东乡语 pudɑ < *buda。

“羽毛”赫哲语 ufutə < *ʔuputə。东部斐济语 βuti- < *puti。蒙古语 ɵd、土族语 foːdə、保安语 hodoŋ < *pudəŋ。

“绿的”查莫罗语 *bede，蒙达语 *peto。

“叶子”桑塔利语 pata < *pata。

> “药草”希腊语 botano < *botano。
>
> “香草”古英语 mint、古高地德语 minza、拉丁语 mintha、希腊语 minthe < *mida。
>
> “黄的”梵语 piːtaṃ < *pita-。

3. *b^{w}oki（*b^{w}ok、*mək、*biki）

“草”毛南语 *ʔb^{w}ok。雅美语 *ta-mək。“羽毛”毛利语 piki < *biki。

> “长草”英语 fog、挪威语 fogg、冰岛语 fuki（烂海草）。

4. *bulo（*bolo、*bul、*pulu、*pulo）

“草”鲁凯语 *ʔo-bolo。

“毛”格曼僜语 bɯl < *bul，卡加延语 bəlbəl < *bəl，毛利语 huruhuru < *pulu。

“毛、羽毛”查莫罗语 pulo < *pulo。

> “草”波兰语 kabel < *ka-bel。
>
> “叶子”希腊语 phyllo、拉丁语 folio、法语 feuille < *pule。
>
> “头发”西班牙语 cabolle、意大利语 cabelli < *ka-bole。

“草”格鲁吉亚语 balaxi < *balaqi。

5. *reba（*rəba、*lap）

“草”马都拉语 *rəbbʱa <*rəba。“茅草”满文 elben。

“叶子”景颇语 lap31，独龙语 lɑp55，格曼僜语 lop53 <*lap。汉语 *s-lap（叶）。

> “草、药草”拉丁语 herba、古法语 erbe <*qerba。
>
> “药、药用植物”粟特语 ərwar、阿维斯陀经 urvarā- < *ərbʷar，和阗塞语 aruva <*arubʷa。①

6. *baru（*purə、*bora、*bero、*pur、*bure、*buru）

“草”朝鲜语 *pur，托莱语 *bure，马林厄语 buburu <*buru。

“青色、绿色”朝鲜书面语 phurɯta <*purə-。

“蓝的”劳语 boborā <*bora。

“黄的”莫图语 laboralabora< *la-bora，罗图马语 perpero< *bero。

> “草”阿尔巴尼亚语 bar <*bar。“叶子”和阗塞语 pirä <*piro。
>
> “绿的”阿尔巴尼亚语 gjebër <*gre-bor。
>
> “绿的”希腊语 prasinos < *prasi-。“绿的、新鲜的”俄语 svezij < *sbʷeri-。

7. *qari（*re、*qar、*ʔara 等）

“草”莫图语 *re-ʔi。

“绿的”桑塔利语 hɛriɛṭ <*qari-qar。马那姆语 arairai <*ʔara-ʔi。

“黄的”雅美语 azaj< *ʔaraʔi，koazoy < *ko-ʔaro-ʔi。

> “绿的”梵语 harita <*qari-。

① B.Gharib, *Dictionary Sogdian-Persian-English*, p.60.

8. *ragi（*roga、*regi、*rak、*lak）

"草"缅文、怒苏怒语 *m-rak，仫佬语 *lak。

"绿的"满文 niowaŋgijan < *rogagi-ʔan。锡伯语 nyŋnian，赫哲语 nyŋgian < *regi-an。

"绿、田野、草地"俄语 lug。

9. *ʔote（*ʔot、*ʔute）

"草"土耳其语、维吾尔语、西部裕固语 *ʔot，吉利威拉语 *ʔute。

"草"亚美尼亚语 xot < *qot。

10. *gas（*kusa、*gas）

"草"日语 kusa < *kusa。桑塔利语 ghãs < *gas。

和阗塞语"草"ggisai < *gisa-，"辫子"gisana < *gisa-。

汉语 *G^{w}as（羽）。"牛、羊毛"蒙古语正蓝旗话 uŋgɑs，蒙古语达尔罕话 nuŋs < *ʔugas。保安语 nogsoŋ < *ʔugaso-ŋ。

"卷曲的毛发"阿维斯陀经 gaesa < *gesa。

11. *ʔobesu / *busə-n

"草"蒙古语书面语、蒙古语 *ʔobesu。土族语、东部裕固语 *busə-n。

"草地"粟特语 wēʃxurt < *b^{w}es-qurt。

"草药、药用植物"粟特语 wēʃ < *b^{w}es。

“树”的词源关系

“树”与“木”“灌木”“竹子”“森林”的说法有词源关系。“树、灌木”及其枝条用于生火的便是“柴”，故“柴”的说法与“火”与“树”等说法有词源关系。有的语言中“松树”“柳树”等常见乔木的专称可成为“树”的通称。印欧语“橡树”“柳树”的名称大约与“树”的通名有关。

东亚太平洋语言和印欧语的“树”说法可引申指“直的”，或进一步引申指“对的”。

一　东亚太平洋语言的“树”

“树”主要有以下说法：

1. *ʔagat / *ʔaɲato

土耳其语 aɣatʃ，哈萨克语 ɑʁɑʃ ＜*ʔagat。

鲁凯语 aɲato ＜*ʔaɲato。（树、柴）

2. *dereq / *dereq-t / *dare

维吾尔语 dɛrɛχ，东部裕固语 derek ＜*dereq。

乌孜别克语 dɛrɛχt ＜*dereq-t。

桑塔利语 dare ＜*dare。

3. *modo / *ʔat-bot / *bʷit

蒙古语书面语 modo，土族语 moːdə，东乡语 mutun＜*modo-n。（树、木头）

查莫罗语 atbot ＜*ʔat-bot。

爪哇语 wit ＜*bʷit。

4. *mo / *bo

满文 moː，鄂伦春语、鄂温克语 mɔː，赫哲语 mo ＜*mo。

哈尼语绿春话 a^{55} bo^{55} ＜*bo。

5. *qelin / *qal / *qolo

锡伯语 χɛlin ＜*qelin。

布昂语 qale，沙外语 aj，多布语 ʔaj ＜*qal。

泰雅语 qɔhɔniq，赛德克语 quhuni ＜*qolo-niq。

6. *namu

朝鲜语 namu ＜*namu。

7. *na-ki / *ki / *ke

朝鲜语庆兴话 naŋki ＜*na-ki。

日语 ki ＜*ki。

京语 $kəi^{1}$ ＜*ki。

姆布拉语 ke，雅贝姆语 ka < *ke。

8. *ni

阿伊努语 ni < *ni。

9. *kalu / *ta-kalu / *kalo-ʔi

雅美语、沙玛语、巴拉望语 kaju，巽他语 taŋkal < *kalu / *ta-kalu。

赛夏语 kæhœj < *kalo-ʔi。

10. *kilaŋ / *ʔglaŋ

阿美语 kilaŋ < *kilaŋ。

苗语养蒿话 tə^{5}，勉语江底话 djaŋ^{5}，览金话 gjaŋ^{5} < *ʔglaŋ。

11. *kab^{w}i / *ʔeb^{w}i / *miʔ

卑南语 kawi < *kab^{w}i。

邹语 evi < *ʔeb^{w}i。

壮语武鸣话 fai^{4}，龙州话、水语、毛南语 mai^{4}，侗语 məi^{4} < *miʔ。

12. *lukis

布农语 ɬukis < *lukis。

13. *ribus

邵语 ribuʃ < *ribus。

14. *mok

汉语 *mok（木）。

15. *siŋ / *ʔə-siŋ / *siŋ-sdoŋ

墨脱门巴语 ɕiŋ < *siŋ。

博嘎尔珞巴语 ɯ sɯŋ < *ʔə-siŋ。

藏文 ɕiŋ sdoŋ < *siŋ-sdoŋ。（sdoŋ“树干”）

16. *poŋ / *sriŋ-poŋ

布吉斯语 poŋ < *poŋ。

藏文 ɕiŋ phoŋ < *sriŋ-poŋ。

17. *bun

景颇语 phun^{55}（树、柴），嘉戎语 lə phu < *bun。

18. *sine

加龙语 sinə < *sine。

19. *dut

克木语 dŭt < *dut。

20. *qon / *si-ʔoŋ

尼科巴语 tʃhōn < *qon。

布兴语 tsɿ ʔoŋ，克木语 si ʔɔŋ < *si-ʔoŋ。

21. *pruk-sa

柬埔寨文 prɯksaː < *pruk-sa。

22. *kruʔ

佤语马散话 khɔʔ，艾帅话 kha̠u̠ʔ，布朗语曼俄话 khuʔ < *kruʔ。

◇ 二 词源对应关系

1.“树”和“柴、火”

“树”即“柴”，有鲁凯语 aŋato、景颇语 phun^{55} 等。有交叉对应关系的说法如：

（1）土耳其语、哈萨克语 *ʔagat，“柴、树”鲁凯语 aŋato < *ʔaŋato。

（2）满通古斯语 *mo，哈尼语 *ʔabo。“柴”伊拉鲁吐语 ɛma < *ʔema，“火”阿伊努语 abe < *ʔabe。

（3）景颇语 *bun。“柴”武鸣壮语 fuɯn^{2}、临高语 vən^{2}、德宏傣语 fun^{2} < *bun。

（4）克木语 *dut。“柴”水语 dit^{7}、毛南语 ndit^{7} < *ʔdit。

（5）墨脱门巴语 *siŋ。汉语 *sriŋ（薪）。

（6）壮语、水语、毛南语、侗语 *miʔ。“火”藏文 me、拉达克语 me、缅文 mi^{3} < *mi。

（7）日语 *ki。“火”特鲁克语 ekki < *ʔeki。

（8）蒙古语、土族语、东乡语 *modo-n。“火”彝语喜德话 mu^{21}tu^{55}、武定话 mu^{33}tu^{55} < *mutu。

（9）托莱语 dəbai < *deba-ʔi。“火”莫图语 lahi < *labi，莫图语柯勒布努方言 arova、阿罗玛方言 alova < *ʔa-lob^{w}a。

（10）萨萨克语 lolo。“火”梅柯澳语东部方言 lo < *lo。

2.“树”和“灌木”

（1）蒙古语族语言 *modə-n。“灌木”蒙古语、东部裕固语 but，土族语 budɑː，东乡语 pudɑ < *buda。哈萨克语、柯尔克孜语 buta < *buta，满文wedʒi < *bedi（丛林），马林厄语 mata < *mata。

（2）维吾尔语、东部裕固语 *dereq。“树木丛生”满文 dʒadʒuri < *daduri。

3. “树”和“木头”

“树”即“木”，如蒙古语族语言 *modə-n、墨脱门巴语 ɕiŋ、巴拉望语 kaju、邹语 evi、排湾语 kasiw、达密语 ā 等。有交叉对应关系的如：

（1）汉语 *mok，“木头”罗维阿纳语 muge < *muge。

（2）墨脱门巴语 *siŋ，“木头”藏文 ɕiŋ < *siŋ。

（3）日语 *ki，“木头”却域语 ke^{55} < *ke。

（4）卡乌龙语 sa，“木头”嘉戎语 ʃᴇ < *se。

（5）乌玛语 kadʒu < *kadu，“木头”布吉斯语 adʒu < *ʔadu。

4. “树”和“竹子”

（1）汉语 *mok，“竹子”藏文 smjuk < *s-muk。

（2）“灌木”马林厄语 mata < *mata，“竹子”蒙达语 madh、桑塔利语 math < *mad。

（3）朝鲜语 *namu，“竹子”朝鲜语扶安话、淳昌话 tɛnamu < *de-namu。

（4）“森林”德昂语 riŋ < *riŋ。“竹子”德昂语南虎话 r̥ăŋ < *s-raŋ。比贡仡佬语 ma^{55}zaŋ^{31} < *ma-raŋ。

（5）满通古斯语 *mo。“竹子”达密语 moo。

（6）哈尼语 *ʔabo，“竹子”缅文 wɑ^{3}、景颇语 kă^{55}wa^{55}、怒苏怒语 m̥a^{55} < *s-m^{w}a。

（7）锡加语、马那姆语、劳语、瓜依沃语 ʔai < *ʔaʔi。“竹子”佤语马散话 ʔɔʔ、孟汞话 ʔo̱ʔ < *ʔoʔ。罗地语 o、排湾语 qau、瓜依沃语 ʔau < *ʔo / *ʔaʔu。

（8）爪哇语 *bit，“竹子”罗维阿纳语 beti、东部斐济语 bitu。

5.“树”和“松树”等

（1）柬埔寨文 *pruk-sa，“松树”克木语 phɛk < *prek。

（2）乌玛语 *kadu，“松树”嫩戈内语 odi < *ʔodi，“柳树”清代蒙文 uda < *ʔuda。

（3）汉语 *mok，“松树”布拉安语 mguʔu < *mugu-ʔu。

（4）锡伯语 *qelin，“果松”满文 holdon < *qol-dan。

（5）蒙古语族语言 *modə-n，“柳树”满文 fodoho < *podo-qo。

◇ 三 词源关系分析

1. *duri（*dur、*tur、*turu、*dari 等）

“树”维吾尔语、东部裕固语 *dere-q，桑塔利语 *dare。

“直的”撒拉语 dyz，西部裕固语 duz < *dur。达密语 madur < *ma-dur。

> “树、木头”古英语 treo、古弗里斯语、古挪威语 tre、梵语 dru、希腊语 drys（橡树）< *dero。“木头”阿尔巴尼亚语 dru。
>
> “树”梵语 taru、taruː、daːru、druma。亚美尼亚语 tʃaɾ < *tar。
>
> “树”古教堂斯拉夫语 drievo、俄语 derevo、波兰语 drzewo、立陶宛语 derva（松木）< *dere-bo。
>
> “直的”拉丁语 directus（过去分词）、法语 droit、意大利语 diritto < *dire-。

2. $*b^{w}ido$（$*b^{w}ət$、*bit、*podo）

“树”查莫罗语 atbot < *ʔat-bot。爪哇语 wit < $*b^{w}it$。“柳树”满文 *podo-qo。

“竹子”罗维阿纳语 beti、东部斐济语 bitu。

“直的”排湾语 səvəsəvəts ＜*səb^{w}ət。

“树”古英语 widu、古高地德语 witu、瑞典语 ved、古爱尔兰语 fid＜*b^{w}edu。

“柳树”丹麦语 vidje、古高地德语 wida＜*b^{w}ida。

“叶子”桑塔利语 pata＜*pata。

“药草”希腊语 botano＜*botano。

“香草”古英语 mint、古高地德语 minza、拉丁语 mintha、希腊语 minthe＜*mida。

“黄的”梵语 piːtaṃ＜*pita-。

3. *basi（*bato）

“竹子”卑南语 basikaw＜*basikaʔu，邹语 pətsokənʉ＜*batoka-nu。

“树”和阗塞语 bihya＜*bisja。

“灌木”古英语 bysc、古高地德语 busc、荷兰语 bosch、古挪威语 buskr。

“柴火”意大利语 busco、西班牙语 bosque、法语 bois。

4. *ki（*ke）

“树”日语、京语 *ki，姆布拉语、雅贝姆语 *ke，朝鲜语庆兴话 *na-ki。

“橡树”古英语 ac、古弗里斯语 ek、中古荷兰语 eike＜*eki。

亚美尼亚语 kaʁni＜*kag-ni。

“树”格鲁吉亚语 xɛ，拉兹语 tʃa，印古什语 ga＜*ga。

5. *gatu（*kadu、*gat）

“树”乌玛语 kadʒu＜*kadu。土耳其语、哈萨克语 *ʔagat。

“树”和阗塞语 kiʃaukä＜*kita-uka。

“森林”古英语 hæð，“森林、木头”古爱尔兰语 ciad、布立吞语 coet < *kad。
“橄榄树”亚美尼亚语 jithni < *gid-ni。

6. *kru

“树”佤语马散话 khɔʔ，艾帅话 kha̠u̠ʔ，布朗语曼俄话 khuʔ < *kruʔ。

“灌木”和阗塞语 kirä < *kiro。

7. *bun

“树”景颇语 phun^{55}（树、柴），嘉戎语 lə phu < *bun。

“树”粟特语 wan < *b^{w}an。

8. *miʔ

“树”壮侗语 *miʔ。

“柴火”粟特语 zmē < *rme。

“火”藏文、拉达克语、他杭语 me < *me。马加尔语 hme < *sme。梅梯语（Meithei）mɑi，卢舍依语、哈卡钦语 mei < *mi。缅文、坎布语（Khambu）、逊瓦尔语（Sunwar）、克伦尼语 mi < *mi。

“路”的词源关系

人类穴居山洞时代，沿谷而行，或以兽“道”为“路”。今天的语言中可观察到早期“路”的说法与“岸”“边”“河”“山谷”“行走”等说法有词源关系。

◇ 一 东亚太平洋语言的“路”

“路”主要有以下说法：

1. *gol

土耳其语、维吾尔语、西部裕固语 jol，哈萨克语 dʒol ＜*gol。

2. *qoruk / *krak-s / *krak

图瓦语 oruk ＜*qoruk。

汉语 *krak-s（路）。

佤语艾帅话 kra̱ʔ，布朗语 khχa^{35} ＜*krak。

3. *dam

蒙古语 dʒɑm < *dam。

4. *gir / *ŋor

朝鲜语 kir < *gir。

克木语 ŋɔr < *ŋor。

5. *tar-qul / *qlu-ʔ / *ʔolo / *ʔaluŋ

布里亚特方言 xɑrgui，达斡尔语 tergul < *tar-qul。①

汉语 *qlu-ʔ（道）。

鲁凯语 olo < *ʔolo。（小路）

汤加语 ʔaluŋ < *ʔaluŋ。

6. *mor

土族语 moːr，保安语 mor < *mor。

7. dugu-n / *tek / *gala-dak

满文 dʒugūn，锡伯语 dʐoχun，鄂温克语 təggu < *dugu-n。

达密语 tetek < *tek。

马都拉语 galaɖak < *gala-dak。（小路）

8. *gira / *kra / *krak / *kraŋ

满文 gijai < *gira。（街）

怒苏怒语 khɹa^{33} < *kra。

佤语马散话 kraʔ < *krak。布朗语甘塘话 kroŋ^{31} < *kraŋ。

拉加语 tsaːŋ^{1} < *kraŋ。

---

① “路”匈牙利文 tarna。

9. *pok

赫哲语 foχtu，鄂伦春语 ɔktɔ < *pok-to。

10. *miti / *soput / *b^{w}ade-n / *bat

日语 mitɕi < *miti。

卡乌龙语 soput < *soput（小路）。

科木希语 b^{w}ãdɛn < *b^{w}ade-n。

桑塔利语 baʈ < *bat。

11. *male

鄂罗克语 malle < *male。

12. *sala / *salaŋ

多布语、东部斐济语 sala < *sala。

马京达瑙语 salaŋ < *salaŋ。

13. *sisel / *sesa

帕玛语 sisel < *sisel。

桑塔利语 sesa < *sesa。

14. *tata-sada

查莫罗语 tʃatasada < *tata-sada。

15. *pale / *balo-ŋ

马京达瑙语 pale。（小路）

格曼僜语 bloŋ < *blo-ŋ。

16. *dala / *tale / *dalan / *talan / *ka-dalan-anə

莫图语 dala，达阿语 dʒala，劳语 tala < *dala。

查莫罗语 tʃaje < *tale。

巴塔克语 dalan，印尼语 dʒalan < *dalan。

查莫罗语 tʃalan < *talan。

鲁凯语 ka-dalan-anə。

17. *gla / *mo-gla / *gegeli

汉语 *gla（途）。

莽语 gɣa^{51}，巴琉语 muɔ^{31}kɣɔ^{53} < *gla / *mo-gla。

清代蒙文 dʒegeli < *gegeli。（街）

18. *laŋ

汉语 *laŋ（唐）。①

19. *lam

藏文 lam，缅文 lam^{3}，景颇语 lam^{33} < *lam。

20. *daŋ / *kə-deŋ / *taŋ

西双版纳傣语 taŋ^{2} < *daŋ。

布兴语 kɤn dᴇŋ < *kə-deŋ。

错那门巴语 -taŋ^{55} < *taŋ。

21. *krun

布依语 zon^{1}，毛南语 khun^{1}，黎语 kuːn^{1} < *krun。

汉语 *kren（畛，田间小路）。

---

①“唐”“庙中路”（《尔雅》）。

22. *taleke

尼科巴语 taløːkø ＜*taleke。

23. *rala / *ral / *ralan / *lan

那大语、马那姆语 zala ＜*rala。

桑塔利语 rah ＜*ral。

赛夏语 ralan，阿眉斯语 lalan ＜*ralan。

贞丰仡佬语 $qə^{33}ʔlan^{31}$ ＜*lan。

24. *plob

柬埔寨文 phloːv ＜*plob，thnɔl ＜*d-nol。

25. *ʔora / *ʔara / *tu-ra

蒙达语 horā（路，小路），桑塔利语 ho̱r ＜*ʔora。

拉巴努伊语 ara ＜*ʔara。

独龙语 $tɯ^{33}ɹɑ^{53}$ ＜*tu-ra。

26. *sorok / *mrak

桑塔利语 so̱ɽo̱k ＜*sorok。

汉语 *mrak（陌，田间道）。

二 “路”的词源对应关系

1. “路”和“岸”“旁边”

（1）巴塔克语、印尼语 *dalan。“岸”满文 dalin ＜*dalin。

（2）汉语 *krak-s（路）。“岸”西部裕固语 ɢəzəɣ、撒拉语 ɢərʁə，维

吾尔语 qirʁɑq < *qiruɢ-aq。“旁边”锡加语 korok。

（3）藏文、景颇语 *lam。“岸”壮语 haːm^{5} < *ʔlam。“边”阿昌语 a^{31}ʐam^{55} < *ʔaram。

（4）满通古斯语 *dugu。“岸”塔塔尔语 jɑqɑ、柯尔克孜语 dʒɑqɑ < *daqa。

（5）布依语、毛南语、黎语 *krun，“岸”布依语 zan^{5} < *kran。

（6）桑塔利语 *sesa，“边缘”巽他语、巴厘语 sisi < *sisi。

（7）拉巴努伊语 *ʔara。“边缘”蒙达语 aɽi < *ʔari。

2. “路”和“山谷”

（1）土族语、保安语 *mor。“山谷”布昂语 bur。

（2）蒙达语、桑塔利语 *qora。“山谷”莫图语 goura，巴塔克语 rura。

（3）藏文、缅文、景颇语 *lam。“山谷”罗维阿纳语 lolomo < *loma。

（4）查莫罗语 *tale。“山谷”汤加语 teleʔa。

（5）马京达瑙语 pale。“山谷”托莱语 male。

（6）查莫罗语 *tata-sada。“山谷”劳语 dede。

3. “路”和“河”

（1）突厥语族语言 *gol，汉语 *sgla（途）。“河”蒙古语 gol，东部裕固语、西部裕固语 ɢol < *gol。汉语 *gal（河）。

（2）土族语、保安语 *mor。“小溪”朝鲜语 kɛwur < *ka-bur。

（3）蒙达语、桑塔利语 *ʔora。“河”邹语 tsʔorxa < *tə-ʔorqa。贡诺语 kaloro < *kal-ʔoro（河—路、河—流）

（4）满通古斯 *dugu。“河”查莫罗语 sadog < *sa-dog。

（5）那大语、马那姆语 *rala。“河”鲁凯语 ɖakəralə < *daku-ralə（水—路）。

(6) 错那门巴语 *taŋ。"人工沟渠"维吾尔语 østɛŋ < *ʔos-teŋ(水—路)。

4. "路"和"行走"

(1) 赫哲语、鄂伦春语 *pok-to。"跑"赫哲语 bugdanə- < *bug-danə。汉语 *phoks(赴,至也);*puk(复,《说文》行古道也)。

(2) 马京达瑙语 pale。"跑"尼科巴语 fal < *p^{w}al,hufaːlø < *qu-p^{w}alo。

(3) 藏文、景颇语 *lam。"走"雅美语 alam < *ʔalam。

(4) 汉语 *qlu-ʔ(道)。"走"波那佩语、汤加语 alu < *ʔalu。

◇ 三 词源关系分析

1. *ʔora(*qora、*ʔara、*rura)

"路"蒙达语、桑塔利语 *ʔora,拉巴努伊语 *ʔara。

"边缘"蒙达语 aɽi < *ʔari。

"河"邹语 tsʔorxa < *tə-ʔorqa,"溪、沟渠"维吾尔语 eriq < *ʔeri-q。

"街道"法语 rue、葡萄牙语 rua。"河"西班牙语、葡萄牙语 rio。

2. *b^{w}ade(*bat、*put、*bet)

"路"桑塔利语 *bat,卡乌龙语 *so-put,科木希语 *b^{w}ade-n。

"河"阿伊努语 bet < *bet。

"路"古弗里斯语 path、中古荷兰语 pad、梵语 pathh < *pad。

和阗塞语"路"pada、-vadā,"街道"eväte < *eb^{w}ate。

"路"粟特语 kārpδ < *kar-pad。

"路"巴斯克语 bide。

3. *gola（*gol、*kal、*kolo）

汉语 *gla（途），“路”莽语 *gla，巴琉语 *mo-gla。

“山谷”盖尔语 glean、古爱尔兰语 glenn < *glen。

“路”格鲁吉亚语 gza < *gla。

4. *b^{w}alu（*blo、*bulo、pale）

“小路”马京达瑙语 pale。“路”格曼僜语 bloŋ < *blo-ŋ。“河”巽他语 *b^{w}aluŋ。莽语、京语 *buloŋ。

“山谷”拉丁语 vallis、古法语 valee < *b^{w}ale。

“流、溪流”古英语 flowan、中古荷兰语 vlojen、古挪威语 floa < *plo。

5. *dola（*dala、*tale）

“路”莫图语、达阿语、劳语 *dala，查莫罗语 *tale。“岸”满文 dalin < *dalin。

“山谷”古英语 dale、古高地德语 tal、古教堂斯拉夫语 dolu < *dalo。

6. *kra

“路”怒苏怒语、佤语马散话 *kra，布朗语甘塘话、拉加语 *kraŋ。

“路”中古法语 carriere、意大利语 carriero < *karero。

7. *peka（*pok）

“路”赫哲语、鄂伦春语 *pok-to。“山谷”彝语撒尼话 pɤ^{33}kɑ^{44} < *peka。

“路”古英语、古高地德语 weg，古挪威语 vegr < *b^{w}eg。

“路”匈牙利文 vagany < *b^{w}agani。

汉语 *phoks（赴，至也）；*puk（复，《说文》行古道也）。

“去”希腊语 pegaina < *pega-na。

8. *rap^{w}a（*rapa、*lep^{w}e、*lob）

“路”勒窝语 mrapa < *m-rapa，沙外语 jɛfɛn < *lep^{w}e-n。柬埔寨文 *plob

“路”古法语 rute、拉丁语 rupta < *rup。 “河、河边、岸”古法语 riviere，圣经拉丁语 riparia，意大利语 riviera < *rib^{w}ara。

9. *tar-qul

“路”布里亚特方言 xɑrgui，达斡尔语 tergul < *tar-qul。

“路”俄语 doroga、波兰语 droga < *doroga。 “路”阿尔巴尼亚语 rrugë < *druge。 “路”吐火罗语 $_A$ jtaːr < *i-tar。

10. *sorok

“路”桑塔利语 so̠ɽo̠k < *sorok。

“路”乌尔都语 sarrak < *sarak。

11. *mor

“路”土族语 moːr，保安语 mor < *mor。

“山谷”布昂语 bur。“小溪”朝鲜语 kɛwur < *ka-bur。

“小路”和阗塞语 āspar- < *aspar。

“走”古突厥语 bar-。“去”维吾尔语、哈萨克语 bar-，撒拉语 var- < *bar。

“绳”的词源关系

早时用“藤子”“捆绑、束系、缠绕”或“拴牵”，后有“绳子”。粗者为绳，细者为线。“绳子”用“搓”“缠”“编”等方法制作。故亚欧语言“绳子”的说法与“藤子”“编织”“捆绑”“缠绕”等说法有词源关系。“绳子”有两股和三股的区分，又与数词“二、三”有词源关系。

◇ 一 东亚太平洋语言的“绳”

“绳”主要有以下说法：

1. *ʔoquruq / *ʔoquruga / *qurqun

中古突厥语 oqruq ＜*ʔoquruq。

鄂温克语 okurga ＜*ʔoquruga。

赫哲语 χorqun，鄂伦春语 ʊrkʊn ＜*qurqun。

2. *ʔaragam-də / *ʔuʔarige

维吾尔语 aʁamtʃa，图瓦语 arʁamdʒɤ ＜*ʔaragam-də。

马那姆语 uarige ＜*ʔuʔarige。（藤子、绳子）

3. *ʔarqan / *ʔurqan

哈萨克语 ɑrqan，撒拉语 urχan < *ʔarqan / *ʔurqan。

4. *tel / *tali / *talisi

土耳其语 tel < *tel。①

爪哇语、摩尔伯格语、巴拉望语、印尼语 tali，查莫罗语 tale < *tali。

鲁凯语 tsaɭis，卡那卡那富语 talisi，戈龙塔洛语 lesi（麻绳）< *talisi。

5. *ditun

蒙古语 dəːs，东部裕固语 diːsən，东乡语 dʑiəsun < *ditun。

6. *puta / *ʔubid

满文 futa，锡伯语 fəta < *puta。

雅美语 uviɖ < *ʔubid。

7. *nag^{w}a / *noikin / *nak^{w}ose

日语 nawa < *nag^{w}a。

朝鲜语铁山话 noji，朝鲜语义州话 nojikkin < *noikin。（细绳）

夸梅拉语 nak^{w}us，嫩戈内语 nawose，< *nak^{w}ose。

8. *duna

日语 dzuna（綱）< *duna，tsɿna < *tuna。（细绳）

9. *ʔare

那大语 aze < *ʔare。

---

①“绳子”匈牙利文 kötel。

10. *ture-si / *dor

邹语 tresi < *ture-si。

鄂温克语 dor < *dor。（牛缰绳）

11. *silu / *sili / *gasil

卡林阿语 sīlu < *silu。

桑塔利语 sili < *sili。（束发绳）

泰雅语 gasil < *gasil。

12. *ka-ʔəral

阿美语 kaəral < *ka-ʔəral。

13. *qelika

卡乌龙语 elik（绳子、藤子），勒窝语 kelika < *qelika。

14. *laso

查莫罗语 laso < *laso，tʃuetdas < *tuʔet-das。

15. *kaloro / *k^{w}alo

达阿语 kaloro，乌玛语 koloro < *kaloro。

瓜依沃语 k^{w}alo < *k^{w}alo。（绳子、藤子）

16. *srak / *ʔlak

汉语 *srak（索）。

水语 la:k^{7}，毛南语 za:k^{7} < *ʔlak。

17. *krak / *grak

汉语 *krak（络）。

壮语武鸣话 ça:k^{10}，傣语 tsək^{8} ＜*grak。

18. *dag

藏文 thag ＜*dag。

19. *do / *ʔito

墨脱门巴语 do ＜*do。

雅美语 ito ＜*ʔito。（线）

20. *bar / *b^{w}ar / *baraqi / *b^{w}aro

吕苏语 ba^{ɹ35} ＜*bar。

德昂语南虎话 var ＜*b^{w}ar。（绳子、藤子）

桑塔利语 barahi ＜*baraqi。（粗绳）

莫图语 βaro ＜*b^{w}aro。（线）

21. *bre / *braŋ

嘉戎语 tə brᴇ ＜*bre。格曼僜语 bɹɑ̆ŋ ＜*braŋ。

22. *bli / *bilo

克伦语阿果话 bli^{33} ＜*bli。

汤加语、萨摩亚语 filo ＜*bilo。（线）

23. *kro / *si-gro

缅文 kro^{3} ＜*kro。

布朗语胖品话 si gro^{51} ＜*si-gro。

24. *pur / *bor / *bruq

柬埔寨文 puːər < *pur。

桑塔利语 boɽ < *bor。（草绳）

阿者拉语 bruʔ < *bruq。

25. *sər-mu / *smi

布兴语 sɤr mɯ < *sər-mu。

克木语 m̥ăi < *smi。（线）

26. *pəsi

户语 pə çiʔ^{31} < *pəsi。

27. *ʔin-rot

尼科巴语 inrøt < *ʔin-rot，pisik < *pi-sik。

28. *sikol

桑塔利语 sikol < *sikol。（细绳）

◇ 二 “绳”的词源对应关系

1. “绳子”和“藤”

“绳子、藤”一词，如卡乌龙语 elik、嫩戈内语 nawose、瓜依沃语 k^{w}ala、德昂语南虎话 var 等。交叉对应关系的如：

（1）马那姆语 *ʔuʔarige，“藤子”卡乌龙语 *qelika。

（2）日语 *nag^{w}a，“藤子”夸梅拉语 nak^{w}us < *nak^{w}as。

（3）卡林阿语 *silu，“葡萄藤”罗地语 se-sele-k < *sele-k。

（4）达阿语、乌玛语 *kaloro，“藤子”瓜依沃语 k^{w}ala ＜*kala。

（5）嘉戎语 *bre，“藤子”莫图语 βaroβaro ＜*b^{w}aro。

（6）缅文 *kro，“藤子”藏文 ɦkhri ＜*m-kri。

（7）景颇语 sum^{33}ʒi^{33} ＜*sum-ri，“藤子”ʒi^{33} ＜*ri。

2.“绳子”和“捆绑”“缠绕”

（1）爪哇语、摩尔伯格语、巴拉望语、印尼语、查莫罗语 *tali。“捆绑”，巴塔克 tali，他加洛语 tā liʔ。桑塔利语 to̱ l ＜ *tol。“缠绕”土耳其语 dolanmak ＜*dola-n。

（2）柬埔寨语 *pur，“捆绑”波那佩语 pire、拉巴努伊语 here。“缠绕”土族语 furoː，蒙古语 oroːx ＜*puro-q。桑塔利语 bɛ̃uɽ̃i ＜*muri。

（3）鄂温克语 *dor，“捆绑”阿者拉语 dzur- ＜*dur。

（4）满文 futa、锡伯语 *puta，“捆绑”锡加语 pəte。

（5）道孚语 sku lu。“捆绑”中古朝鲜语 muskta＜*mu-sgu-。

（6）桑塔利语 *sikol。“捆、扎”西部裕固语 kul-＜*kul。

（7）那大语 *ʔare，“捆绑”罗图马语 ʔoro ＜ *ʔoro。“裹”维吾尔语、哈萨克语 orɑ-，图瓦语 orɑː-＜*ʔora。

（8）汉语 *srak（索），*rək（勒）。

（9）桑塔利语 *sili，“缠绕”达密语 sili ＜*sili。

（10）缅文 *kro。“缠绕”藏文 dkri＜*d-kri。汉语 *kre（交）。柳江壮语 kju^{3}，仫佬语 kɣəu^{3} ＜*kruʔ。

（11）达阿语、乌玛语 *kaloro。“缠”清代蒙文 kulijesulemui ＜*kulire-sule-。

（12）尼科巴语 inrøt ＜*ʔin-rot。“捆绑”嘉戎语 zgrot＜*r-grot。佤语孟贡话 rat，德昂语茶叶箐话 ɣit^{55}＜*grat。桑塔利语 galo̱ʈ ＜*galot。

3. “绳子”和“编、拧”

（1）日语 *nag^{w}a。“编织”蒙古语 nəxə-，达斡尔语 nəgə-，东部裕固语 neke- < *neke。“编发”浪速语 nak^{31}，仙岛语 nɤk^{55} < *nek。

（2）那大语 *ʔare。“编”中古突厥语 ør，维吾尔语 øri < *ʔori。古日语 or < *ʔor。

（3）柬埔寨语 *pur、桑塔利语 *bor。“编”托莱语 pir，阿者拉语 fir- < *pir。“编发”布鲁语 pali < *pali。

（4）格曼僜语 *braŋ。“编”布朗语佤方言 blaiŋ^{51}、thaiŋ^{51} < *blaŋ。佤语艾帅话、克木语 taiŋ，老挝克木语 taːɳ^{33}，户语 thaiŋ^{31} < *blaŋ。

（5）汉语 *gləŋ（绳）。“编”桑塔利语 galaŋ。

（6）布朗语胖品话 *si-gro。“编织”东部裕固语 gur-，土族语 gurə- < *gurə。

（7）德昂语南虎话 *bar。“织”卡加延语 abəl，布拉安语 ma-abal < *ʔabal。

（8）爪哇语等 *tali。“编织”斐济语 tali-a。“拧”维吾尔语 tolʁa-，西部裕固语 tolɣɑ- < *toli-ga。

（9）贵琼语 ʒa^{31}pu^{55} < *rapu。“拧”景颇语 ʃup^{31} < *rup。

（10）爪哇语、摩尔伯格语、巴拉望语、印尼语、查莫罗语 *tali。“拧”维吾尔语 tolʁa-，西部裕固语 tolɣɑ- < *toli-ga。“多的”维吾尔语 tolɑ、柯尔克孜语 tolo < *tola。

◈ 三　词源关系分析

1. *rapu（*rpopo、*rup）

“绳子”贵琼语 ʒa^{31}pu^{55} < *rapu。“绳结”罗图马语 ʔorpofo < *ʔorpopo。

“拧”景颇语 ʃup^{31} <*rup。

“绳子”古英语 rap、古挪威语 reip、中古荷兰语 reep <*rep。
“鞋带”哥特语 skauda-raip（鞋一带子）。

2. *puta（*batu、*pat、*bid、*pote）

“绳子”满文、锡伯语 *puta，雅美语 *ʔubid。“拧”那大语 pote <*pote。“编”莫图语 hatu-a < *patu，木鲁特语 batu < *batu，尼科巴语 kupāt < *ku-pat。

“双线的”希腊语 dimitos <*di-mito-（两一线）。
“编”梵语 puṭaḥ <*puta-。“系上”梵语 badh。
“绑”古英语 bindan、古挪威语、古弗里斯语 binda <*bida。
“绳子捆的东西”苏格兰方言 bundle。

3. *dore（*ture、*dor、*toru、*tor）

（1）“绳子”邹语 tresi <*ture-si。“牛缰绳”鄂温克语 dor <*dor。

“三”赛德克语 teru，邹语 tueu，邵语 turu<*teru。塔希提语、拉巴努伊语 toru <*toru。“多的”蒙达语 ḍher <*der。

“绳子”阿尔巴尼亚语 litar <*li-tar。
“缰绳”英语 tether。
“线、绳子”古瑞典语 tiuther、古弗里斯语 tiader <*teder。
“马缰绳”古英语 hælftre。
“缠绕”希腊语 koyrdizo、khordizo <*gor-diro。
“线、拧”低地德语 twern <*tor-n。
“三”古英语 Þreo、古弗里斯语 thre、古教堂斯拉夫语 trje、拉丁语 tres、希腊语 treis、梵语 tri、阿维斯陀经 thri、赫梯语 teries<teri-s。

（2）“细绳”日语 tsɿna < *tuna。

“二”满文 dʒuwe < *duwe。朝鲜语中古文献 tuwur < *duwu-r。雅美语 ɖuwa，依斯那格语、巴拉望语 duwa < *duwa。鄂伦春语 dʒuːr，锡伯语 dʐu，赫哲语 dʐuru < *du-r。

> “两根搓成的线”古英语 twin。“双线布”古英语 twili。
>
> “二”古英语 twa、古弗里斯语 twene、古教堂斯拉夫语 duva、拉丁语 duo、希腊语 duo、梵语 dvau、阿维斯陀经 dva < *duwe。

4. *ruga（*quruq、*quruga、*rak）

“绳子”突厥语 *ʔoquruq、鄂温克语 *ʔoquruga。汉语 *srak（索） < *s-rak。

> “绳子”梵语 radʒdʒu < *ragu。
>
> “系”意大利语 legare、葡萄牙语 legar < *lega-。

5. *$b^w$are（*pur、*bor、*pire）

“绳子”柬埔寨文 *pur，桑塔利语 *bor。“缠绕”土族语 furoː、蒙古语 oroːx < *puro-。“编”傈僳语 phi^{31}、基诺语 phrœ^{55} < *pri / *pro。

> “绳子”亚美尼亚语 paran < *para-。
>
> “捆绑、打结”俄语 vazatj，波兰语 wiązatʃ < *b^wara-。
>
> “捆绑”俄语 svaz-vatj < *sb^warib^wa-。

“斧”的词源关系

“斧”因外形、制作材料及用途不同而有不同的名称。汉语历史上有“斤”“钺”等。东亚新石器晚期玉制的“戉”和环状的“璧”“琮”等成为礼器，东南沿海和我国台湾一带流行形制相近的有肩石斧和有段石锛。

“手斧”类打制石器考古报告中或称“盘状器”或“圆盘斧”(discoid axe)，东亚和澳大利亚旧石器时代的“手斧”类打制石器的文明有渊源关系。这类石器一般直径为 8 厘米至 16 厘米，周边或大部分的边缘打出刃。中国境内见于江西万年洞、西安半坡、河南庙底沟、内蒙古赤峰和夏家店、四川礼州等地的遗址。另一类是穿孔石器，巴布亚新几内亚的居民用来固定于棒端，可作为武器和挖掘工具，中国境内见于江西万年县全新世末期的仙人洞遗址和内蒙古夏家店等地。①

亚欧语言“斧子”的说法多与“刀”“劈”“砍”等说法有词源关系。

一　东亚太平洋语言的“斧”

“斧子”主要有以下说法：

---

① 王宁生：《试释几种石器的用途》，《民族考古学论集》，文物出版社 1989 年版。

1. *bal-ta / *ta-bala / *bali-ʔu / *bali-uŋ / *b^walə-s

土耳其语 balta，维吾尔语 palta，乌孜别克语 balti，图瓦语 baldɤ < *bal-ta。[①]

桑塔利语 tabla < *ta-bala。（小斧）

达阿语 baliu，窝里沃语（Wolio）bali-bali（手斧）< *bali-ʔu。[②]

印尼语 bɔliuŋ，米南卡保语 baliuᵊŋ < *bali-uŋ。（手斧）

排湾语 valəs < *b^walə-s。

2. *suke / *suqe / *sukə

蒙古语 sɵx，东部裕固语 səg，东乡语 sugiə < *suke。

满文 suhe，锡伯语 suxo < *suqe。

赫哲语 sukə，鄂伦春语 ʃukə，鄂温克语 ʃuxə < *sukə。

3. *topor

达斡尔语 topoːr < *topor。

4. *ʔono / *ʔina

日语 ono < *ʔono。

梅柯澳语 ina-ina < *ʔina。

5. *peleko / *palakul

鄂罗克语 pelekko < *peleko。

他加洛语 palakol，阿卡拉农语 parakuɫ < *palakul。

---

① "斧子"匈牙利文 balt，当为突厥语借词。

② *-ʔu 表示为实现某类行为的工具。

6. *kapak / *kobogo / *pego

印尼语 kampak，马都拉语 kapak < *kapak。

鲁凯语 komogo < *kobogo。

罗维阿纳语 pego < *pego。（手斧）

7. *gomi / *kema / *gəm-dan

布鲁语 gomi < *gomi。

吉尔伯特语 -kema < *kema。

西部裕固语 ɢəmdɑn < *gəm-dan。

8. *toki / *doki / *taga / *takə-lil

汤加语 toki，塔希提语 toʔi，萨摩亚语 toʔi（斧、手斧）< *toki。

朝鲜语 tokki < *doki。

桑塔利语 taŋga < *taga。（大斧）

阿美语 tʃakəliʃ < *takə-lil。

9. *ʔatita / *patut

查莫罗语 atʃita < *ʔatita，satʃapitʃo < *sata-pito。

泰雅语 patut < *patut。

10. *ʔogi / *gi

马那姆语 ogi < *ʔogi。南密语、阿杰语 gi < *gi。

11. *gira / *s-gər / *ma-sakari

阿者拉语 gir（石斧），西部斐济语 kia，瓜依沃语（Kwaio）kakar（手斧）< *gira。

汉语 *s-gər（斤）。①

日语 masakari（钺）< *ma-sakari。

12. *pati / *sata-pito / *pudu

乌玛语 pati < *pati。（斧子、手斧）

爪哇语 pəʈɛl < *pati-l。

查莫罗语 satʃapitʃo < *sata-pito。

柬埔寨文 puːthau < *pudu。

13. *sudip

卑南语 suɖip < *sudip。

14. *gat / *ta-ŋot

汉语 *gat（钺）。

三威治港语 taŋot < *ta-ŋot。

15. *sta-re / *to/ sata-pito

藏文 sta re，羌语 stɛ ji < *sta-re。

苗语养蒿话 to^5，枫香话 tja^5 < *to。②

查莫罗语 satʃapitʃo < *sata-pito。

16. *pa / *r-pa/ *poʔ / *ʔbʷa / *bʷa-bʷan / *ʔbo / *bo-ʔi

达让僜语 $pɑ^{35}$ < *pa。嘉戎语 tə rpɑ < *r-pa。

汉语 *poʔ（斧）。

黎语保定话 bua^2、通什话 bua^5，佯僙语 ba^4（柴刀）< *ʔbʷa。

① 如谐声字“欣”为晓母，“祈”为微部。

② “斧子”格鲁吉亚语 tsuli < *tu-。

布依语 vaːʔ^{8}vaːn^{1} < *b^{w}a-b^{w}an。

京语 buə^{5} < *ʔbo。

佤语 bo̱i < *bo-ʔi。

17. *la-b^{w}e

道孚语 lvi，独龙语 lɑn^{55}bɛ^{53} < *la-b^{w}e。

18. *k^{w}an / *kan-bo

侗语 kwaːn^{1}，傣语 xwaːn^{1} < *k^{w}an。

巴琉语 khun^{13} < *k^{w}an。布兴语 kan bɔ < *kan-bo。

19. *so

克木语 soʔ < *so。

20. *kapi

蒙达语 kā pi < *kapi。

二 "斧子"的词源对应关系

1. "斧子"和"刀"

（1）乌玛语 *pati，"刀"图瓦语 biʃek、维吾尔语 pitʃɑq < *pita-q。"小刀"戈龙塔洛语 pito。

（2）汤加语、塔希提语、萨摩亚语 *toki。"刀"保安语 doɢə < *dogo。

（3）藏文、羌语 *sta-re。"刀"格曼僜语 sot。

（4）印尼语、马都拉语 *kapak，"小刀"布昂语 ɣipək，克木语 vɛk。

（5）汉语 *gat，"小刀"布鲁语 katue-n < *katu-ʔe-n。

（6）蒙古语族语言 *suke。“小刀”排湾语 siqunu，亚齐语 sikin。

2. “斧子”和“劈、砍”等

（1）突厥语族语言 *bal-ti。“劈”格曼僜语 bla^{53} < *bla。苗语大南山话 tshi^{1}，养蒿话 pha^{1} < *pla。

（2）蒙古语族语言 *suke。“劈”阿卡拉农语 saksak，罗维阿纳语 sokoa。

（3）达斡尔语 *topor。“挖、砍”维吾尔语 tʃɑp-，哈萨克语 ʃɑp-，西部裕固语 dʒɑhp- < *tap。

（4）乌玛语 pati < *pati。“砍”布兴语 pat < *pat。汉语 *bat（伐）。

（5）鄂罗克语 *peleko。“劈”汉语 *prik，阿美语 pəlaʔ < *pəlaq。

（6）汉语 *poʔ（斧）。“劈”日语 waru < *ba-ru。罗地语 bia < *bi-ʔa。克木语 bɛ < *be。

（7）汉语 *s-gər（斤）。“裂开”东乡语 tɑŋɢɑi-，土族语 ɑnɢəi-，保安语 ɢɑr- < *tagar。

◇ 三 词源关系分析

1. *balek（*peleko、*palak、*porak、*pəlaq）

“斧子”鄂罗克语 *peleko，他加洛语、阿卡拉农语 *palak-ul，“断”阿卡拉农语、他加洛语 bariʔ < *bariq，罗维阿纳语 poraka < *porak。“劈”阿美语 pəlaʔ、排湾语 piliq（分开）< *pəlaq。

“斧子”梵语 paraku。“劈”希腊语 peleko < *peleko。

2. *suke（*suqe、*sak、*suka）

“斧子”蒙古语族语言 *suke，满文、锡伯语 *suqe，赫哲语、鄂伦春语、

鄂温克语 *sukə。"小刀"排湾语 siqunu，亚齐语 sikin。"劈"阿卡拉农语 saksak、罗维阿纳语 sokoa。"裂开"东部斐济语 musuka < *ma-suka。汉语"析"*sik。

"斧子"意大利语 askia、拉丁语 ascia。
"匕首"（冰岛凯尔特人的匕首）盖尔语 scian < *ski-an。

3. *bati（*pati、*pito、*bat、*pati 等）

"斧子"乌玛语 *pati、泰雅语 *patu、爪哇语 *pati-l、查莫罗语 *sata-pito、柬埔寨语 *pudu，"砍"布兴语 pat，汉语 *bat（伐）等有词源关系。

"手斧、小刀"梵语 savadha: < *sab^{w}ada。
"斧子"阿尔巴尼亚语 së patë 。
"斧子"和阗塞语 paḍä < *pado。
"分开"拉丁语 dividere < *di-b^{w}ide。（*di-"离开"）

"斧子"匈牙利文 leepites < *le-pites。

4. *b^{w}aga（*pego、*kapak、*kobogo、*boke、*bak、*pak 等）

"手斧"罗维阿纳语 *pego。"斧子"印尼语、马都拉语 *kapak。鲁凯语 *kobogo。

"劈"朝鲜语安城话 pokenta < *boke-，壮语 pa:k^8 < *bak，浪速语 pauk^{31} < *pak。"分开"鲁凯语 pa-o-vagaj < *b^{w}aga-ʔi，巴拉望语 bɔgɔj < *bogo-ʔi。

"分开"梵语 bhadʒati < *baga-。

"斧子"匈牙利文 fejsze < *p^{w}egs。

5. *gore（*kari、*gir、*gər）

"斧子"日语 *ma-sakari，汉语 *s-gər（斤）。"石斧"阿者拉语 gir。"矛"

马林厄语 goru。“扎”道孚语 gə jɛ < *gore。

> “斧子”波兰语 siekiera < *sekera。
>
> “刺”苏格兰语 gorren，“矛”古英语 gar。

6. *topor

“斧子”达斡尔语 *topor。“挖、砍”维吾尔语 tʃɑp-，哈萨克语 ʃɑp-，西部裕固语 dʒɑhp- < *tap。

> “斧子”俄语、波兰语 topor < *topor。

7. *g^{w}at（*gat、*ŋot、*k^{w}at、*kut、*got）

汉语 *g^{w}at（钺）。“斧子”三威治港语 *ta-ŋot。“小刀”布鲁语 katue-n < *katu-ʔe-n。“劈”阿力克藏语 kwat < *k^{w}at，卡乌龙语 kut。“死、杀”桑塔利语 go̱tʃ < *got。

> “斧子”亚美尼亚语 katshin < *kadi-n。“劈”希腊语 katakopto < *kata-kop-no。

8. *ʔuk

“分开”鄂伦春语 ʊktʃa-，鄂温克语 uʃɑː- < *ʔuk-ta。

> “斧子”古英语 æces、古弗里斯语 axe < *aki-s。希腊语 axine < *aksi-ne。
>
> “分开”亚美尼亚语 kisel < *kis-。

9. *to（*tita、*tat）

“斧子”苗语养蒿话 to^{5}，枫香话 tja^{5} < *to。查莫罗语 atʃita < *ʔatita。“砸”撒拉语 tʃɑt- < *tat。

“斧子”波斯语 taʃ，阿维斯陀经 taʃa，粟特语 taʃ。
“割”和阗塞语 ttä ş-，阿维斯陀经 taʃ- < *toʃ。亚美尼亚语 taʃem < *taʃ-。

“斧子”格鲁吉亚语 tsuli < *tu-。

“针”的词源关系

史前用骨针、竹针，后有金属的“针”。亚欧语言“针”的说法与“缝”“编”“锐利的”“细的”等说法有词源关系。

一 东亚太平洋语言的“针”

“针”主要有以下说法：

1. *ʔigne / *nene

古突厥语、维吾尔语 jiŋnɛ，土耳其语 iɣne，西部裕固语 jiŋne，撒拉语 jiɣne < *ʔigne。

乌孜别克语 nenɛ < *nene。

2. *ʔuno / *nunu

锡伯语 uno < *ʔuno。

宁德娄语 nunu < *nunu。

3. *dun

蒙古语 dʒʉ，东部裕固语 dʒyːn < *dun。①

嫩戈内语 dun < *dun。

4. *ʔinəmə / *nam-an / *ʔinamaʔi

鄂伦春语 inmə，鄂温克语 immə < *ʔinəmə。

满文 naman < *nam-an。

鲁凯语 inamaj < *ʔinamaʔi。

5. *banuri

朝鲜语 panɯr < *banuri。

6. *pari

日语 hari < *pari。

7. *daru / *daruŋ

乌玛语 dʒaru < *daru。

贡诺语 dʒaruŋ < *daruŋ。

8. *kobi

莫图语 kobi < *kobi。

9. *ʔilir

多布语 ʔilir，锡加语 luhir < *ʔilir。

10. *b^{w}ek

南密语 du-b^{w}ek < *b^{w}ek。（骨针）

---

①“针”匈牙利文 tû。

11. *raru

那大语 raru < *raru。

12. *ʔomi

赛德克语 qomi < *ʔomi。

13. *dula / *dolum / *dalum / *dom

东部斐济语 ʔi-ðula，西部斐济语 iðula-lima < *dula。

布拉安语 dɔlum < *dolum。

印尼语 dʒarum < *dalum。

爪哇语 dɔm < *dom。

14. *dagum

依斯那格语 dā gum，巴拉望语 dagum < *dagum。

15. *ʔiŋit / *ŋut / *sŋat

苏拉威西托莱语 iŋiŋit < *ʔiŋit。

黎语中沙话 kut^{7}，黑土话 ŋut^{7}，通什话 kut^{8} < *ŋut。

布央语峨村话 ŋaːt^{55} < *sŋat。

16. *lame-ʔo

梅柯澳语 lameo < *lame-ʔo。（竹针）

17. *sə-mrit / *mrat

景颇语 sǎ^{33}mjit^{55} < *sə-mrit。

汉语 *mrat（髍）。

18. *gram / *kram / *krom / *krim

汉语 *gram（针）。

墨脱门巴语 kham < *kram。

苗语养蒿话 tɕu^{1}，高坡话 koŋ^{1}，畲语多祝话 kjɔŋ^{1} < *kroŋ < *krom。

壮语 khim^{1}，水语 sum^{1} < *krim。

19. *krab

藏文 khab < *krab。（汉语古俗字“针”从“十”，可能有 *gləp 之类的读法）

20. *ɢar

道孚语 ʁar < *ɢar。

21. *sikam / *kim / *kem

克木语 si kă m < *sikam。

京语 kim^{1} < *kim。

阿伊努语 kem < *kem。

22. *ʔap

巴琉语 qaːp < *ʔap。

23. *ma-tot / *diti / *dedu

莽语 ma^{31}tot^{51} < *ma-tot。

科木希语 diti < *diti。

戈龙塔洛语 du-detu < *dedu。

24. *sŋe / *pə-ŋe

布朗语甘塘话 ŋi^{35}，胖品话 ŋ̊eʔ^{55} < *sŋe。

户语 pə ŋɛʔ^{31} < *pə-ŋe。

二 “针”的词源对应关系

1. “针”和“缝”“编”

（1）托莱语 *ʔiŋit，“缝”依斯那格语 managet < *ma-nagit。

（2）宁德娄语 *nunu，“缝”日语 nu。

（3）藏文 *krab，“缝”独龙语 kɹɯp < *krup。

（4）壮语、水语 *krim，“缝”藏文 ɦtsem < *m-krem。

（5）那大语 *raru，“缝”史兴语 ru。

（6）满文 *nam-an，“编”墨脱门巴语 nam，义都洛巴语 nɑm^{35}mɑ^{35} < *nam。爪哇语 anam，沙玛语 anom < *ʔanam。

2. “针”和“细的”“薄的”

（1）汉语 *gram（针），*skram（纤）。

（2）克木语 *sikam，“细的”柬埔寨文 skɔːm < *skom。

（3）锡伯语 *ʔuno。“细的”阿昌语、哈尼语绿春话 n̥i^{55} < *ni。汉语 *snə（细）。

（4）藏文 *krab，“薄的” *srab < *s-rab。

（5）满文 *nam-an，“薄的”蒙古语 niŋgəŋ，达斡尔语 ningən，土族语 nemgen，东乡语 ninkiɑn < *nim-gən。

（6）南密语 *du-b^{w}ek，汉语 *bak（薄）。

3. “针”和“锐利的”

（1）科木希语 *diti，“锐利的”图瓦语 dʒidix < *didiq。

（2）锡伯语 *ʔuno，“锐利的”藏文 rno < *r-no。

（3）梅柯澳语 *lame-ʔo，“锐利的”佤语布饶克方言 lɔm，莽语 lɔm^{51} < *lom。

（4）那大语 *raru，“锋利的”达让僜语 ɹa^{55} < *ra。

◇ 三　词源关系分析

1. *ne（*ʔina、*ʔuno、*nunu）

“针”锡伯语 *ʔuno、宁德娄语 *nunu。

“锐利的”藏文 rno < *r-no。

“纺”希腊语 nein、拉丁语 nere。“缝、纺”古印欧语 *（s）ne-。①

2. *krab

“针”藏文 *krab。

“针”希腊语 koruphe < *korube。“缝”希腊语 rabo。

3. *gule（*gulu、guri、*ɢar）

“针”道孚语 ʁar < *ɢar。

“刺”马那姆语 naguri < *naguri，布昂语 gəlu < *gulu。

“锐利的”桑塔利语 khar < *gar。

“针”拉丁语 acucula、中古法语 aiguille、西班牙语 aguja < *agula。

① Custom logo design by LogoBee.com.Douglas Harper, 2001–2013.

“针”波兰语 igła、俄语 igla < *igla。 “钉子、针”粟特语 uʃkarδ < *uskal-。

4. *pari

“针”日语 *pari。

“针”俄语 ʂpilj < *spili。阿尔巴尼亚语 gjilpë rë < *gil-poro。

5. *sŋe

“针”布朗语 *sŋe。

“针”亚美尼亚语 aseʁ < *aseg。

6. *lik（*lək）

“钻子”卡加延语 ələk。

“针”亚美尼亚语 slakh < *slag。

“锅”的词源关系

“锅”因用途、外形和制作材料有异，而有不同的名称。亚欧语言“锅”的说法与“罐”“壶”“盘”“碟”的说法有词源关系，有的与“灶”“煮”等说法有词源关系。

◇ 一　东亚太平洋语言的“锅”

“锅”主要有以下说法：

1. *qaran / *raro

维吾尔语、哈萨克语、乌孜别克语 qɑzɑn < *qaran。

罗维阿纳语 raro < *raro。

2. *dəs

西部裕固语 dəs < *dəs。

3. *tugon / *deg

蒙古语 tɔgɔː，土族语 toɢoː，东乡语 tuɢon，保安语 tuχuŋ < *tugon。

布昂语 dɛg < *deg。

4. *muten

满文 mutʃen，锡伯语 mətʂən < *muten。

5. *ʔikə

赫哲语 ykə，鄂伦春语 iːkə，鄂温克语 iːxə < *ʔikə。

6. *kama / *kemeʔ

朝鲜语 kama，日语（釜）kama < *kama。

马绍尔语 kʌm^{ɯ}a，波那佩语 kama < *kama。（日语借词）

萨萨克语 kəmeʔ < *kemeʔ。

7. *pari-ʔuk / *pari-ʔu / *paluk

印尼语 periuk，巽他语 pariuk，雅美语 parijuk，排湾语 pariuʔ < *pari-ʔuk（烧—锅）。

排湾语 pariu < *pari-ʔu。

巴厘语 pajuk < *paluk。

8. *bala-jan / *b^{w}ila-ni / *tino-balo

赛夏语 balajan < *bala-jan。

马达加斯加语 vilani < *b^{w}ila-ni。

鲁凯语 tinopalo < *tino-balo。（大锅）

9. *bod

塔几亚语 bod < *bod。（砂锅）

10. *kuro / *gur / *kro

斐济语 kuro，汤加语 kulo < *kuro。

阿者拉语 gur < *gur。

藏文 khro < *kro。（铁锅）

11. *ʔuro / *ʔoriŋ

萨摩亚语 ʔulo，莫图语 uro < *ʔuro。

布吉斯语 oriŋ < *ʔoriŋ。

12. *piʔaki

勒窝语 piaki < *piʔaki。

13. *krik / *kilek

汉语 *krik（鬲）。[①] 壮语 ɣek^{7}，毛南语 chik^{7} < *krik。

南密语 tʃilek < *kilek。

亚齐语 kanɔk < *kanok。

14. *kleŋ / *greŋ / *kreŋ / *koroŋ

汉语 *kleŋ（鼎）。[②]

水语 tseŋ^{6}，布央语巴哈话 gaːŋ^{31}（炒菜锅）< *greŋ。

勉语江底话 tshɛːŋ^{1}，长坪话 sjeŋ^{1} < *kreŋ。

贡诺语 koroŋ < *koroŋ。

---

①“鬲”三足中空，该形制起源于四千多年前的关中地区。其后“鬲”随着商文化传入长江南岸。

② 古“鼎”“贞”同字，如“侦”为二等。

15. *ma-lin

阿昌语 mă ^{31}lin^{31} < *ma-lin。

16. *ʔu / *ʔo

阿昌语 au，勒期语 ʃa̠ m^{33}ou^{55} < *ʔu。（铁锅）

佤语艾帅话、孟汞话 ʔɔ̠ < *ʔo。

17. *sagu

怒苏怒语 ʂa^{33}ɣɯ^{55} < *sagu。

18. *qelaŋ / *ku-ʔali / *ʔule / *ʔuluŋ / *ʔuloŋo

错那门巴语 he^{55}laŋ^{55}，博嘎尔洛巴语 çe laŋ < *qelaŋ。

爪哇语 kuali < *ku-ʔali。

罗地语 ule-k < *ʔule。

鲁凯语 əluŋ < *ʔuluŋ。

戈龙塔洛语 ʔuloŋo < *ʔuloŋo。

19. *ʔmoʔ

傣语 mo^{3}，布央语峨村话 mo^{33} < *ʔmoʔ。

20. *tu

侗语 taːu^{1}，黎语 thau^{1} < *tu。

21. *bri / *pru

苗语养蒿话 vi^{4}，先进话 ʑa^{4} < *bri。

汉语 *pru（匋，《说文》瓦器灶也）。

22. *kluʔ / *ma-kloŋ

德昂语南虎话 klau，硝厂沟话 klʌuʔ < *kluʔ。

佤语马散话 ka toŋ，布朗语曼俄话 ma^{31}tɔŋ^{31}，茶叶箐话 ma khoŋ^{51} < *ma-kloŋ。

23. *lu / *lula

莽语 ly^{35} < *lu。桑塔利语 luihɛ < *lula。

二 “锅”的词源对应关系

1. “锅”和“壶”“盘”“碟”

（1）布昂语 dɛg < *deg。“壶”维吾尔语 tʃøgyn、乌孜别克语 tʃɑwgun < *tagin，巽他语 teko。

（2）南密语 tʃilek < *kilek，“壶”达阿语 tʃerek < *kerek。

（3）西部裕固语 *dəs，“盘”维吾尔语、塔塔尔语 dɑs。

（4）蒙古语族语言 *tugon，“盘”图瓦语 tegenɛ。

（5）印尼语、巽他语、雅美语、排湾语 *pari-ʔuk，“盘”窝里沃语 piri。

（6）巴厘语 *paluk，“盘、碟”布拉安语 filigo < *piligo。

（7）马达加斯加语 *bilani，“碟”马达加斯加语 vilia < *b^{w}iliʔa。

（8）莽语 *lu，“碟”宁德娄语 lus。

2. “锅”和“煮”“热”“烧”

（1）布昂语 dɛg < *deg。“烧”保安语 dʑɑgə、赫哲语 dʑigdə- < *diga-də。

（2）排湾语 *pari-ʔu，“煮”萨萨克语 pariap < *pari-ʔap。“点火”藏文 spar、错那门巴语 par、独龙语 wɑɹ^{55} < *s-par。

（3）马达加斯加语 *bilani，“煮”勒窝语 virani kapi < *birani-kapi，“热”马绍尔语 p^{ɯ}il、汤加语 vela < *bela。

（4）戈龙塔洛语 *ʔuloŋo，“煮”大瓦拉语 ulona < *ʔulo-na。“热”却域语 qa^{55}lu^{55} < *qalu。“烧”维吾尔语 qɑlɑ-，撒拉语 ɢɑlɑ- < *qala。

（5）罗维阿纳语 raro，“煮”马林厄语 raro，“烧”马那姆语 ʔaraʔara < *ʔara。

（6）侗语、黎语 < *tu，“煮”卡林阿语 ū tu，“热”义都洛巴语 tɯ^{55} < *tu。

（7）水语、布央语 *graŋ，“烧”他杭语 khraŋpa < *graŋ-pa。

（8）怒苏怒语 *sagu，“烧”查莫罗语 soŋgue < *sogu-ʔe。

◇ 三　词源关系分析

1. *b^{w}ala（*bala、*b^{w}ule）

“锅”赛夏语 balajan < *bala-jan。

“盘子”达让僜语 be^{55}la^{55} < *bela。“马勺”满文 mala。

“烧”波那佩语 mb^{w}ul < *b^{w}ule。“煮”沙玛语 balla < *bala。

“锅、碗”古英语、古高地德语 bolla、古挪威语 bolle < *bola。

“盘子”拉丁语 pē luis，“奶桶”希腊语 pella。

“音钹”古英语 cimbal、古法语 cymbale。

“煮”亚美尼亚语 ephel < *ebel。

2. *basi（*paso、*bis）

“碗”马都拉语 basi < *basi。“泥碗”巴厘语 paso < *paso。“锅”达密语 mis < *bis。

“容器”拉丁语 vase < *b^{w}ase。“游艇”希腊语 phaselus < *base-lus。

3. $*g^{w}ada$（$*k^{w}ada$、*kudi）

“锅”多布语 $k^{w}adal$ < $*k^{w}ada-l$。“大水罐”布拉安语 takudiʔ < *ta-kudi。

“煮”摩尔波格语 gunda < $*g^{w}ada$。

“煮”阿尔巴尼亚语 gatim < *gati-m。“泥罐”梵语 ghata < *gata。

“锅”格鲁吉亚语 kɔtani < *kota-ni。

4. *mo

“锅”傣语、布央语峨村话 *ʔmoʔ。

“罐子”亚美尼亚语 aman < *ama-n。

5. *krik

“锅”壮语 ɣek⁷，毛南语 chik⁷ < *krik。汉语 *krik（鬲）。

“锅、大杯子”俄语 kruẓka < *krurka。“锅”威尔士语 crochan < *kroqa-。

“船”的词源关系

“独木舟”和“筏”是人们最早的水上工具，亚欧语言“船”的说法与“独木舟、筏”等说法有词源关系。早期可能有形似“锅、碗”的“船”，故有以“锅、碗”直喻。也可能因“锅、碗”等形似“船”以“船”喻之。

◇ 一　东亚太平洋语言的“船”

“船”主要有以下说法：

1. *kemi / *kemu

古突厥语 kemi，土耳其语 gemi，维吾尔语 kemɛ，哈萨克语 keme < *kemi。[①]

撒拉语 kemu < *kemu。

2. *qadək / *dugi / *gitig

图瓦语 xɑjɤk < *qadək。

桑塔利语 duŋgi < *dugi。（小船）

---

① “船”格鲁吉亚语 gɛmi < *gemi。

马都拉语 gitig < *gitig。（筏）

3. *ʔogoto / *geda

蒙古语 oŋgotʃ，东乡语 onɢotʂo < *ʔogoto。（船、槽子）

莽语 gə^{55}da^{31} < *geda。

4. *daqu-daqi / *daqa / *təm-təkən / *doŋa / *tuk

满文 dʒahū dai < *daqu-daqi，dʒaha < *daqa（刀船）。

赫哲语 təmtəkən < *təm-təkən。

蒙达语 ɖoŋā，桑塔利语 duŋgi < *doŋa。

柬埔寨文 tuːk < *tuk。

5. *debi / *dabi / *tip

达斡尔语 dʒebj < *debi。（船、槽子）

鄂温克语 dʒawɪ < *dabi。

阿伊努语 tʃip < *tip（船、独木舟）。

6. *be / *ʔb^{w}a

朝鲜语 pɛ < *be。

黎语保定话 va^{1} < *ʔb^{w}a。

7. *pune

日语 fune < *pune。

8. *qatu / *qasu

布农语 χatu < *qatu。

泰雅语 qasuʔ，赛德克语 ʔasuʔ < *qasu。

9. *b^{w}aga / *bogo

东部斐济语 waga，达密语 wāg < *b^{w}aga。

鄂伦春语 mɔŋgɔ < *bogo。

10. *ʔabəŋ / *peŋ

布拉安语 awəŋ，鲁凯语 avaŋ，邹语 abaŋʉ < *ʔabəŋ。

义都珞巴语、达让僜语 peŋ^{35}，彝语南华话 pu^{33} < *peŋ。

11. *pulotu

戈龙塔洛语 pulotu < *pulotu。

12. *paraqu / *b^{w}aru-ʔur

印尼语 pərahu，巽他语 parahu，爪哇语 prau < *paraqu。

排湾语 varuʔur < *b^{w}aru-ʔur。

13. *rula

邵语 ruða < *rula。

14. *tala

雅美语 tatala < *tala。

15. *ʔimuti / *buti

卡乌龙语 imuti < *ʔimuti。

卡加延语 buti < *buti（划船）。

16. *glan

汉语 *glan（船）。

仫佬语 søn^{2}，毛南语 zon^{2} < *ron。

17. *m-klu / *kli

汉语 *m-klu（舟）。①

克伦语阿果话 khli^{55} < *kli。

18. *gru

藏文 gru，道孚语 grə，嘉戎语 ʒgru < *gru。

19. *sli

缅文 hle^{2}，怒苏怒语 l̥i^{33} < *sli。

20. *kiloŋ / *ʔloŋ

布朗语胖品话 ʔluaŋ^{51}，克木语 tʃi lɔŋ < *kiloŋ。

勉语江底话 dzaːŋ^{3}，大坪话 dɔŋ^{3} < *ʔloŋ。

21. *gra / *rə

泰语 rɯə^{2}，德宏傣语 hə^{2}，壮语武鸣话 ɣu^{2}，壮语龙州话 lɯ^{2}，布依语 lɯ^{2} < *gra。

佤语艾帅话 rɤ < *rə。

22. *luka

桑塔利语 lɛukɛ < *luka，nao < *nu。

---

①“舟”谐声字有“朝”“廟”等。“朝”从“舟”见于春秋石鼓文，“廟”古文从“苗”或从“朝”。（见高明《古文字类编》，中华书局 1980 年版，第 336 页）

◇ 二　“船”的词源对应关系

1.“船”和“独木舟”“木筏”

（1）撒拉语 *kemu,“有桨叉独木舟”大瓦拉语 kewokewou < *kemo-ʔu。

（2）图瓦语 *qadək。“有桨叉独木舟”他加洛语、沙玛语、木鲁特语 katig < *katig。

（3）蒙古语、东乡语 *ʔogoto、莽语 *geda，“有桨叉独木舟”亚齐语 gati < *gati。“木筏”爪哇语 gɛʈɛʔ < *geteq。

（4）日语 *pune，“有桨叉独木舟”托莱语 amən < *ʔapən。

（5）黎语保定话 *ʔb^{w}a，“独木舟”那大语 kova < *kob^{w}a。

（6）鄂伦春语 *bogo。“独木舟”他加洛语 baŋkaʔ、巴拉望语 baŋka、汤加语 vaʔa < *baka，满文 weihu < *b^{w}equ。

（7）克伦语 *kli，“独木舟”摩尔波格语 killi < *kili。

（8）缅文、怒苏怒语 *sli。“独木舟”巴塔克语 solu，“木筏”拉祜语 silo，桑塔利语 suli。“筏子”蒙古语 sɑl，达斡尔语 sɑlj < *sali。

（9）黎语保定话*ʔb^{w}a。“独木舟”尼科巴语 ap < *ʔapo，invov < *ʔin-b^{w}ob^{w}。

（10）满文 dʒaha < *daqa。“筏”吉利威拉语 deu，大瓦拉语 dau < *daqu。

（11）卡加延 *buti。“筏”菲拉梅勒语 fata < *pata，汉语 *bat（筏）。

2.“船”和“浮、游”

（1）撒拉语 *kemu，“浮”鄂伦春语 kəpəː- < *kəpə，“漂浮、漂流”蒙古语 gəbə-、蒙文 kubu- < *qubu。

（2）黎语保定话 *ʔba。“浮”缅文 pɔ^{2}，彝语 bu^{33} < *bo。黎语通什话 bau^{1} < *ʔbu。汉语 *bu。萨摩亚语 opeopia < *ʔobe-ʔa。“游”蒙古语 umbɑ-，达斡

尔语 xompɑ:-，土族语 xombɑ:- < *qoba。

（3）卡加延 *buti。“浮”中古朝鲜语 ptɯta < *butu-，吉尔伯特语 beibeti< *beti。

（4）汉语 *m-klu（舟），汉语 *glu（游）。“游”东部斐济语 galo，勒窝语 kulu < *galu。

（5）藏文、道孚语、嘉戎语 *gru。“游”劳语 garu < *garu。

（6）“独木舟”尼科巴语 ap < *ʔapo。“游”侗语 ʔa:p^{9}、水语 ʔa:p^{7} < *ʔap，波那佩语 pap < *pap。

（7）布拉安语、鲁凯语、邹语 *ʔabaŋ。“浮”侗语 poŋ^{2}、毛南语 ʔmuŋ^{1} < *ʔboŋ。印尼语 məŋ-apuŋ、亚齐语 ampoŋ < *ʔapuŋ。

3. “船”和“锅、碗”等

（1）撒拉语 *kemu。“锅”朝鲜语 kama，日语（釜）kama < *kama。

（2）赛夏语 palonoʔ < *palono。“锅”赛夏语 balajan < *bala-jan。“盘子”达让僜语 be^{55}la^{55} < *bela。

（3）蒙古语、东乡语 *ʔogoto、莽语 *geda。“锅”多布语 k^{w}adal < *k^{w}ada-l。

（4）布朗语胖品话、克木语 *kiloŋ。“锅”贡诺语 koroŋ < *koroŋ。

（5）朝鲜语 *be。“盘子”贡诺语 sempe < *sepe。

（6）印尼语、巽他语 *paraqu，排湾语 *b^{w}aru-ʔur。“锅”排湾语 pariu < *pari-ʔu。

三　词源关系分析

1. *b^{w}ati（*bat、*ʔabat、*pata、*buti、*beti、*bədu）

“筏”菲拉梅勒语 *pata，汉语 *bat。“桨”劳语、瓜依沃语 fote < *pote，

雅美语 avat < *ʔabat。“划船”卡加延语 *buti。“漂浮”吉尔伯特语 beibeti < *beti，中古朝鲜语 ptɯta < *budu-。

> “船”古英语 bat、荷兰语、德语 boot、古爱尔兰语 batr < *bat。
>
> “船”意大利语 batello、法语 bateau、中世纪拉丁语 batellus < *bate-lo。

2. *p^{w}ara（*paraqu）

“船”印尼语、巽他语、爪哇语 *paraqu。

> “小船”拉丁语 barca、中古法语 barque < *bark^{w}e。

3. *ro（*ron）

“船”泰语、佤语艾帅话 rɤ < *ro，仫佬语、毛南语 *ron。“划船”萨摩亚语 alo，达密语 jojo < *lolo。

> “桨”古英语、古挪威语 ar、丹麦语 aare、瑞典语 åra < *aro。

4. *k^{w}api（*kep^{w}o、*kupi、*kapi）

“有桨叉独木舟”大瓦拉语 kewokewou < *kep^{w}o-ʔu。“大水罐”贡诺语 kupiʔ < *kupi。“盘子”梅柯澳语 kapia < *kapi-ʔa。

> “小船”古英语 scip、哥特语 skip、法语 esquif、意大利语 schifo < *sk^{w}ipo。
>
> “（一种）船”希腊语 kype、古教堂斯拉夫语 kupu。“杯子”俄语 kubok。
>
> “杯子”古英语 cuppe、拉丁语 cuppa，“盆”拉丁语 cupa。

“罐”匈牙利文 kupa。

5. *b^{w}ega（*b^{w}aga、*bogo、*baka、*b^{w}equ）

“船”东部斐济语、达密语 *b^{w}aga，鄂伦春语 *bogo。“独木舟”他加洛语 baŋkaʔ、巴拉望语 baŋka、汤加语 vaʔa < *baka，满文 weihu < *b^{w}equ。

“船”亚美尼亚语 navak < *na-b^wak。

“船舷”古挪威语 bogr、中古荷兰语 boech < *beg。

6. *magala（*m-klu、*galu、*glu）

汉语 *m-klu（舟）。“有桨叉独木舟”南密语 b^waɣala < *magala。“游”东部斐济语 galo，勒窝语 kulu < *galu，汉语 *glu（游）。

“小船”古法语 galion，“武装商船”西班牙语 galeon，“军舰”希腊语 galea < *gale。

“游水”希腊语 kolympo < *kolu-bo。

7. *geda（*goto、*gati、gete）

“船”蒙古语、东乡语 *ʔogoto，莽语 *geda。“有桨叉独木舟”亚齐语 gati < *gati。“木筏”爪哇语 gɛʈɛʔ < *geteq。

“船”乌尔都语 kaʃti < *kati。

“房子”的词源关系

早期人类穴居，或栖身草棚树屋。新石器时代定居，北方的房子半截在地下，南方为干栏式，另有谷仓等。聚居处除了个人和小家庭的居处，另外有公共用房（议事房、宗教用房）。故亚欧语言“房子”的说法与“仓库、房间”等说法有词源关系，或与“火”“生火处”“炉子”等说法有词源关系。“房子”的说法以与“山洞”和“火”的对应最为古老。

◇ 一　东亚太平洋语言的“房子”

“房子”主要有以下说法：

1. *ʔeb / *ʔob^{w}q / *bo

古突厥语 eb < *ʔeb。

图瓦语 øwx < *ʔob^{w}q。（房子、家）

满文 boː，锡伯语 bo < *bo。

2. *ʔor / *ru / *ʔori

维吾尔语 øj，哈萨克语 yj < *ʔor。

西部裕固语 jy < *ru。（房子、家）

锡加语 ori-ŋ < *ʔori。

3. *ʔoda / *ʔute-na / *qeto-bo/ *ʔadu

中古突厥语、土耳其语 oda < *ʔoda。（帐篷、房间）

日语 utena < *ʔute-na。（楼台、花萼）

满文 heto boː < *qeto-bo。（厢房）

雅贝姆语 a^{n}du < *ʔadu。

4. *ger / *ʔaŋar

清代蒙文 ger，保安语 gɑr，东乡语 giə < *ger。（房子、蒙古包、家）

阿者拉语 aŋar < *ʔaŋar，tagur < *tagur（Yarus 方言）。

5. *betiŋ

蒙古语 bɛʃiŋ，东部裕固语 bɑiʃiŋ < *betiŋ。

6. *bar-lan / *ʔulen

鄂温克语 bajʃan < *bar-lan。（泥房子）

满文 ulen < *ʔulen。（房舍）

7. *dug

赫哲语 dʑo，鄂伦春语 dʒuː，鄂温克语 dʒug < *dug。

8. *dib / *dabu

中古朝鲜语 tʃip < *dib。（房子、家）

巴塔克语 dʒabu < *dabu。

9. *ʔiʔe / *ʔeʔa

日语 ie < *ʔiʔe。

梅柯澳语 eʔa < *ʔeʔa。

10. *tise

阿伊努语 tʃise < *tise。

11. *ruma-q

印尼语 rumah，亚齐语 rumɔh，大瓦拉语 numa < *ruma-q。

12. *lom

雅贝姆语 lom < *lom。（议事房）

13. *ʔuma-q / *ʔuma / *ʔima-q / *ʔim

排湾语 umaq，巴厘语 umah < *ʔuma-q。

罗地语 uma，沙外语 um < *ʔuma。

马绍尔语 εm^{ɯ}，波那佩语 im^{w}，巽他语 imah < *ʔima-q。

缅文 im^{2} < *ʔim。

14. *sapo

达阿语 sapo < *sapo。

15. *b^{w}are

汤加语、萨摩亚语 fare，拉巴努伊语 hare，东部斐济语 βare，马京达瑙语 ^{m}baru < *b^{w}are。

16. *pla / *bale / *ploŋ / *blaŋ

苗语高坡话 plæ^{3}，勉语东山话 pla^{3}，炯奈语 pja^{3} < *pla。

萨萨克语 bale，戈龙塔洛语 bele，萨摩亚语 fale，东部斐济语 βale < *bale。

马那姆语 bale，亚齐语 balɛ < *bale。（议事房）

黎语 ploŋ^{3} < *ploŋ。

汉语 *bjaŋ（房）< *blaŋ。

17. *re / *r^{w}a / *ʔura

汉语 *re（寮），*r^{w}a（庐）。①

古尔古语 urā < *ʔura。

18. *kraŋ / *guruŋ

藏文 khaŋ pa < *kraŋ。

满文 guruŋ < *guruŋ。

19. *kaŋ / *gaŋ

德昂语硝厂沟话 kaŋ，布朗语胖品话 kaŋ^{51}，户语 kaŋ^{33} < *kaŋ。

克木语 gaŋ < *gaŋ。

20. *gran

壮语武鸣话 ɣaːn^{2}，布依语 zaːn^{2}，侗语 jaːn^{2} < *gran。（房子、家）

21. *klum / *klom

独龙语 cim^{53}，错那门巴语 chem^{53}，载瓦语 ju̠m^{51} < *klum。

汉语 *kloŋ（宫）< *klom。

---

①《诗经·小雅·信南山》：“中天有庐，疆埸有瓜。”“庐”田中小屋。

22. *pati / *b^{w}etu

尼科巴语 pati < *pati。

罗维阿纳语 vetu < *b^{w}etu。

23. *sal

桑塔利语 sal < *sal。

24. *orag

蒙达语 ō ɽɑ^{k}，桑塔利语 oɽakh < *orag。

汉语 *ʔrog（屋）。

《尔雅》:“宷、寮，官也。”此“官”即“馆”。

◇ 二　词源对应关系

1.“房子”和“火”

“火”可引申为“生火处”“炉子”等，又可进一步引申指“房子”“帐篷”“家”等。

（1）雅贝姆语 *ʔadu,“帐篷、房间”中古突厥语、土耳其语 oda < *ʔoda。“火”古突厥语、维吾尔语、哈萨克语 ot、土耳其语 od < *ʔot。博多语 ɑt、彝语巍山话 ɑ^{55}to^{33}、傈僳语 ɑ^{55}to^{55} < *ʔato。

（2）阿者拉语 *ʔaŋar。“火”巴饶湾语 ŋār，德昂语南虎话 ŋar < *ŋar。

（3）巴塔克语 *dabu。“生火处”那大语 lapu < *lapu,“火”莫图语 *labi。

（4）萨萨克语、戈龙塔洛语、萨摩亚语、东部斐济语 *bale。“议事房”马那姆语、亚齐语 *bale。“帐篷”萨摩亚语 fale ʔie。“火”大瓦拉语 ebala < *ʔebala。

（5）达阿语 *sapo。"火"排湾语 sapui，赛夏语 hapuj < *sapul。

（6）梅柯澳语 *ʔeʔa，"火"波那佩语 āi、吉尔伯特语 te ai < *ʔaʔi。

2. "房子"和"炉子"

（1）雅贝姆语 *ʔadu。"炉子"维吾尔语 otʃɑq、哈萨克语 oʃɑq、图瓦语 oʃuk < *ʔot-ʔaq。布拉安语 atəŋ < *ʔatəŋ。"炉子、生火处"大瓦拉语 atana < *ʔata-na。"灶"哈尼语 $ø^{31}du^{31}$ < *ʔodu。

（2）满文、锡伯语 *bo，"做饭处"布拉安语 abu。"炉子"卡加延语 buan < *bu-ʔan。

（3）巴塔克语 *dabu。"炉子"亚齐语 dapu，藏文 thab < *dab。"生火处"木鲁特语 dapuan < *dapu-an，阿卡拉农语 dapug < *dapu-g。

3. "房子"和"仓库"

（1）清代蒙文、保安语、东乡语 *ger。"仓库、米仓"中古朝鲜语 kokan、龙川话 korkan < *gor-gan。"仓库"布朗语胖品话 $ghɤr^{51}$ < *ger。

（2）"楼房"怒苏怒语 $kɹe^{33}$ < *kre，汉语 *kra（家）。"仓库"佤语马散话 krɔ、德昂语硝厂沟话 grua < *kra。

（3）达阿语 *sapo，"仓库"羌语 spə。

4. "房子"和"山洞"

（1）独龙语、错那门巴语、载瓦语 *klum，汉语 *klom（宫）。"山洞"壮语武鸣话 $ka{:}m^{3}$，傣语 $tham^{3}$ < *klam。

（2）清代蒙文、保安语、东乡语 *ger。"山洞"维吾尔语 ʁɑr、哈萨克语 dʒɑr < *gar。哈萨克语 yŋgir、图瓦语 oŋgyr < *ʔogur。鄂温克语 agʊj < *ʔagur。朝鲜语 kur < *gur。日语 kura < *kura。

（3）怒苏怒语 $kɹe^{33}$ < *kre。"山洞"基诺语 $a^{33}khro^{44}$、纳西语

$æ^{21}kho^{33}$ < *kro。

（4）雅贝姆语 *ʔadu。“山洞”德昂语硝厂沟话 ka dau、布朗语甘塘话 thu^{31} < *ka-du。克木语 ʔduʔ、户语 n $thuʔ^{31}$ < *ʔduʔ。

（5）马京达瑙语 *baru，“山洞”阿伊努语 poru < *boru。

（6）满文、锡伯语 *bo，“山洞”布昂语 wāq < *boq。

5. “房子”和“篱笆”

（1）阿伊努语 *tise，“篱笆” tʃasi < *tasi。

（2）中古突厥语、土耳其语 *ʔoda。“篱笆”巴塔克语 haddaŋ < *qadaŋ，“寨子”德昂语茶叶箐话 ka dʒɔŋ < *kadoŋ。

（3）苗瑶语 *pla，萨萨克语、戈龙塔洛语、萨摩亚语 *bale。“篱笆”撒拉语 bɑli < *bali。戈龙塔洛语 bala、达阿语 vala、罗维阿纳语 bara < $*b^{w}ala$。哈尼语绿春话 $pa^{55}ja^{31}$ < *pala。

（4）清代蒙文、保安语、东乡语 *ger。“篱笆”桑塔利语 ghoɽna < *gor-na。

◇ 三 词源关系分析

维吾尔语 øj、哈萨克语 yj、图瓦语 øwx、朝鲜语 tʃip、壮语武鸣话 $ɣaːn^{2}$、布依语 $zaːn^{2}$、侗语 $jaːn^{2}$ 等，“房子”即“家”。

1. *kre（*kro、*kra）

“楼房”怒苏怒语 *kre，汉语 *kra（家）。“仓库”佤语马散话 krɔ < *kro。“山洞”基诺语 $a^{33}khro^{44}$、纳西语 $æ^{21}kho^{33}$ < *kro。柬埔寨文 krɯhiːə < *krusi，当借自梵语。

梵语“房子” griha < *grisa。

2. *bale（*pla、*bala）

“房子”苗瑶语 *pla，萨萨克语、戈龙塔洛语、萨摩亚语 *bale。“议事房”马那姆语、亚齐语 *bale。“帐篷”萨摩亚语 fale ʔie。“火”大瓦拉语 ebala < *ʔebala。

希腊语“房子”boylu，“宫殿”palati。“生火”plego。
“宫殿”古法语 palais、意大利语 palazzo、西班牙语 palacio < *pala-。
“乡间房子、农场”拉丁语 villa < *b^{w}ila。

3. *b^{w}are（*bare、*baru 、*bar、*boru）

“房子”汤加语、萨摩亚语、拉巴努伊语、东部斐济语 *bare，马京达瑙语 *baru。

“泥房子”鄂温克语 *bar-san。“山洞”阿伊努语 poru < *boru。

“房子”赫梯语 pir、parn，“谷仓”英语 barn。
“棚子”俄语 barak < *bara-k。
“烟囱、炉子、生火处”古法语 foier。“炉子”阿尔巴尼亚语 furrë < *furo。
“火”希腊语 pyr、英语 fire，德语 feuer、荷兰语 vuːr < *pur。

4. *qosa、*geso

“村子”邹语 hosa < *qosa。

“洞”雅贝姆语 gesoŋ < *geso-ŋ。

“房子”意大利语、西班牙语 casa，古英语、古弗里斯语 hus < *qusa。
“山洞”梵语 guha < *gusa。

5. *quda（*ʔoda、*ʔute、*ʔodu、*quta、*ʔata）

“帐篷、房间”中古突厥语、土耳其语 *ʔoda。“楼台、花萼”日语 *ʔute-na。

“炉子、生火处”大瓦拉语 atana < *ʔata-na。

“烟”蒙古语 utaː、东部裕固语 χdaː < *quta

“房子”粟特语 qt < *qat。

“小舍”法语、弗里斯语、中古荷兰语 hutte，瑞典语 hytta < *quta。

“烧”希腊语 αϊθω、拉丁语 aedēs（最初指“炉灶”，后来指“房子”）。

“房子”雅贝姆语 *ʔadu。“灶”哈尼语 $ø^{31}du^{31}$ < *ʔodu。

“房子”亚美尼亚语 tun < *tu-n。

6. *ʔem（*ʔim）

“房子”马绍尔语、波那佩语 *ʔem，缅文 *ʔim。

“居处、房子、村子”古英语 ham，古弗里斯语 hem。“家”中古荷兰语 heem < *qem。

“村子”希腊语 kome，立陶宛语 kaimas。

7. *dabu（*dib）

“房子”中古朝鲜语 *dib，巴塔克语 *dabu。“生火处”木鲁特语 dapuan < *dapu-an，阿卡拉农语 dapug < *dapu-g。

“房子”阿尔巴尼亚语 ʃtë pi < *stopi。

8. *b^wo（*ʔeb、*ʔob^wq、*bo）

“房子”古突厥语 eb，满、锡伯语 *bo。“房子、家”图瓦语 øwx < *ʔob^wq。

“做饭处”布拉安语 abu。“炉子”卡加延语 buan < *bu-ʔan。

“村子”和阗塞语 ā vū < *ab^wu。

“门”的词源关系

东亚太平洋语言“门”或喻为“房子的眼睛”等，“门”与“眼睛”“嘴”“洞”等说法有词源关系。“门”的封闭、开合处于“门洞”，“门”连着“通道”，故“门”与“门廊”“关”等说法有词源关系。汉语书面语中“门”的说法较晚才有，原称“户”“窦”。

◇ 一　东亚太平洋语言的“门”

“门”主要有以下说法：

1. *ʔilek / *qolka / *qalga / *loks / *ʔurlə/ *qurka

维吾尔语 iʃik，哈萨克语 esik，西部裕固语 sək < *ʔilek。

图瓦语 xolkɑ < *qolka。

蒙古语 xɑːlɑg，土族语 xɑːlɢɑ < *qalga。

鄂温克语 xaːlga < *qalga。

汉语 *loks（窦）。

鄂伦春语 urkə，鄂温克语 uxxə < *ʔurkə。（房门）

桑塔利语 huʈka < *qurka。（门的木杠）

2. *ʔegude

蒙古语书面语 egüde，蒙古语 uːd，土族语 ude < *ʔegude。

3. *daŋ

东部裕固语 ndɑŋ < *daŋ。

4. *ʔute

满文 utʃe，锡伯语 utɕi < *ʔute。（房门）

5. *duka

满文 duka < *duka。（院门）

6. *midadi

朝鲜语 mitati < *midadi。（横推门）

7. *tobira / *ka-tuba

日语 tobira < *tobira。

东部斐济语 kā tuba < *ka-tuba。

8. *paliŋ

排湾语 paliŋ < *paliŋ。

9. *qəlu

泰雅语 qəqəluʔ < *qəlu。

10. *mata-ni-b^{w}ere / mata

西部斐济语 mata-ni-were < *mata-ni-b^{w}ere（房子的眼睛）。

菲拉梅勒语 mata。

11. *me-ʔo-ma

阿杰语 meɔm^{w}ã < *me-ʔo-ma（房子的眼睛）。

12. *pito

印尼语 pintu，巽他语、亚齐语 panto < *pito。

13. *ʔilab^{w} / *lab^{w}aŋ

布农语 ʔiɬav < *ʔilab^{w}。

爪哇语 lawaŋ，马都拉语 labaŋ < *lab^{w}aŋ。

14. *sukar

达密语 sukar < *sukar。

15. *ʔidu-ʔara

莫图语 iduara < *ʔidu-ʔara（房子的篱笆）。

16. *b^{w}ara / *boro-bona

马京达瑙语 bara，马达加斯加语 vara-varana < *b^{w}ara-na。

伊拉鲁吐语 fərərofənə < *boro-bona。

17. *g^{w}aʔ / a*s-go / *lap-go

汉语 *g^{w}aʔ（户）。

藏文 sgo，墨脱门巴语 ko < *s-go。

博嘎尔珞巴语 jap go < *lap-go。

18. *to

壮语武鸣话 tou^{1}，侗语 to^{1}，毛南语 tɔ^{1} < *to。

19. *glaŋ

苗语高坡话 ʈoŋ^{2}，畲语多祝话 khɔŋ^{2}，勉语东山话 klɛ^{2} < *glaŋ。

20. *ʔa-b^{w}a

佤语马散话 ʔa vɤʔ，布朗语曼俄话 kaʔ^{31}vaʔ^{33}，甘塘话 va^{33} < *ʔa-b^{w}a。

21. *dura

蒙达语 durā < *dura。桑塔利语 darban（看门人）< *dar-ban。

22. *ʔin-kup

尼科巴语 inkūp < *ʔin-kup。

23. *sil-pin

桑塔利语 silpiɳ < *sil-pin。

二　“门”的词源对应关系

1. “门”和“眼睛”

“门”喻为“房子的眼睛”等。

（1）西部斐济语 mata-ni-were，字面意思是“眼睛—的—房子”，were “房子”。

（2）阿杰语 meɔm^{w}ã，字面意思是“眼睛—的—房子”，piɛmɛ “眼睛”，m^{w}ã “房子”。

（3）莫图语 *ʔidu-ʔara，字面意思是“房子—篱笆”。“房子”莫图语玛伊瓦方言 itu。莫图语 ara “棍子做的篱笆”。

2. “门”和“嘴”“洞”

（1）佤语马散话、布朗语曼俄话、甘塘话 *ʔa-baʔ。“嘴”巴塔克语 baba、罗地语 bafa-k < *bab^wa。

（2）达密语 *sukar，“鸟嘴”塔几亚语 sukuro-n < *su-giro。

（3）朝鲜语 *midadi，“嘴”桑塔利语 thuti < *duti。

（4）布农语 *ʔilaba。“洞”印尼语 lobaŋ、巽他语 liaŋ、巴塔克语 lubaŋ、亚齐语 rɯhuŋ < *lubaŋ。

（5）侗台语 *to。“洞”莽语 do^{31}，佤语艾帅话 daɯʔ < *do。

3. “门”和“篱笆”

（1）排湾语 *paliŋ，“篱笆”卡戈龙塔洛语 bala、达阿语 vala < *b^wala。

（2）马京达瑙语、马达加斯加语 *bara-na。“篱笆”马林厄语 bara。

（3）佤语马散话、布朗语曼俄话、甘塘话 *ʔa-baʔ，“篱笆”斐济语 bā 。

（4）布农语 *ʔilaba，“篱笆”劳语 labu。

4. “门”和“关闭”

（1）日语 *tobira。“关”维吾尔语 jap-、哈萨克语 dʒɑp-、图瓦语 dʒɤbɑ- < *dəba。“闭（嘴）”朝鲜语 tamurta < *damur-。

（2）布农语 *ʔilaba。“关”赛夏语 ʔiləb、卑南语 ʔaɭəb、雅美语 aneb < *ʔa-ləb。锡加语 ləbe < *ləb。

（3）朝鲜语 *midadi。“关”中古朝鲜语 tatta、朝鲜语安城话 tatatta < *dada-。

（4）维吾尔语、哈萨克语、西部裕固语 *ʔilek < *ʔi-lek。“关”满文 jaksi- < *lak-si。

（5）尼科巴语 *ʔin-kup，“关”莽语 $tɕip^{35}$ < *kip。

（6）排湾语 *paliŋ，“关”卡乌龙语 sabal < *sa-bal。

三 词源关系分析

1. *tobi-（*tobira、*dəba、*damur-）

“门”日语 *tobira（扉）。“闭（嘴）”朝鲜语 tamurta < *damur-。

> “门、大门”梵语 dvarah、古波斯语 duvara- < *dub^{w}ara。

2. *b^{w}ara（*bara、*boro）

“门”马京达瑙语、马达加斯加语 *bara-na，伊拉鲁吐语 *boro-。“篱笆”马林厄语 bara。

> “门”拉丁语 foris < *bori-。
> “门、大门”古英语 port，希腊语 porta，拉丁语 porta（城门、通道）。
> “坝、篱笆”古英语 wer，“防御、保护”古高地德语 ware、古挪威语 ver < *b^{w}are。

3. *dura

“门”蒙达语 *dura。莫图语 iduara < *ʔidu-ʔara（房子的篱笆）。

> “门”古英语 duru（单数）、dura（复数），古弗里斯语 dure，古高地德语 turi，亚美尼亚语 dur，俄语 dverj，希腊语 thyra（形容词）< *dura。
> “门”波兰语 drzwi < *drui。阿尔巴尼亚语 derë < *dero。

4. *kap（*kup）

“门”尼科巴语 *ʔin-kup。汉语 *kap（胠，《经典释文》从旁开为胠）①

① 周及徐：《汉语印欧语词汇比较》，四川民族出版社2002年版，第324页。

“陷窟”古挪威语 gap，“张嘴”古挪威语、瑞典语 gapa、中古荷兰语 gapen。

“门”匈牙利文 kapu。

“坟墓”的词源关系

早期人类穴居遗体亦掩埋于洞穴，故“坟墓”与“山洞”“洞”“坑”等说法有词源关系。“坟墓”用于“掩埋”，死者之态为长眠，“坟墓”的说法与“埋”“躺、睡”等说法对应。

◇ 一　东亚太平洋语言的“坟墓”

“坟墓”主要有以下说法：

1. *gur

维吾尔语 gør，哈萨克语 kør，图瓦语 guːr < *gur。

2. *tur-bet / *der-lik / *dur / *medar / *deraʔ

土耳其语 tyrbe，撒拉语 terbet < *tur-bet。

维吾尔语 jɛrlik < *der-lik。

西部裕固语 dur < *dur。

土耳其语 mezar，保安语 mədzɑr < *medar。

贡诺语 dʒeraʔ < *deraʔ。

3. *reret / *ʔorti-la / *rate

哈萨克语 zəjrɑt，撒拉语 zeret < *reret。

蒙古语 orʃilɑ < *ʔorti-la。（坟墓、埋葬）

那大语 rate，锡加语 ratə-ŋ < *rate。

4. *qamər / *beri-t / *kobor

图瓦语 xɑmɤr < *qamər。

柯尔克孜语 bejit < *beri-t。

桑塔利语 ko̱bo̱r < *kobor。

5. *marar / *b^{w}aru

柯尔克孜语 mɑzɑr < *marar。

拉加语 b^{w}aru < *b^{w}aru。

6. *buba / *b^{w}omu

清代蒙文 bumba < *buba。

科木希 b^{w}ômu < *b^{w}omu。

7. *qoron / *ʔor

鄂温克语 xɔːrɔn < *qoron。

德昂语南虎话 ʔor < *ʔor。

8. *ʔipu / *ʔim

满文 eifu，锡伯语 if < *ʔipu。

德昂语曼俄话 kaʔ ʔim^{35} < *ʔim。

9. *mudəm

朝鲜语 mutəm < *mudəm。

10. *paka / *baksa / *maks / *meku / *b^{w}ik

日语 haka < *paka。

鄂伦春语 bakʃa < *baksa。

汉语 *maks（墓）。

达密语 meku，马林厄语 beku < *meku。

佤语马散话 ʔa mɯik，孟汞话 boik < *b^{w}ik。

11. *tusir

阿伊努语 tusir < *tusir。

12. *gara / *gra-t

莫图语 gara < *gara。亚齐语 ɟrat < *gra-t。

13. *ruʔa

拉巴努伊语 rua < *ruʔa。（坟、洞）

14. *lobu / *lob / *lopo-ŋ / *lup / *libə / *lap

罗维阿纳语 lovu < *lobu。

马绍尔语 ləp^w < *lob。

摩尔波格语、木鲁特语 loboŋ，布拉安语 lboŋ < *lopo-ŋ。

景颇语 lup^{31}，独龙语 tɯ^{31}lɯp^{55} < *lup。

彝语南华话 li^{21}bə^{33}，武定话 ji^{33}bɤ^{33} < *libə。

巴琉语 lap^{33} < *lap。

15. *gulu

南密语 gulu < *gulu。

16. *taburu / *ʔi-bulu

伊拉鲁吐语 taburə < *taburu。

斐济语 i-bulubulu < *ʔi-bulu。

17. *tup / *tapu

阿者拉语 ^{n}tsuf < *tup。夸梅拉语 tapu < *tapu。

18. *ʔen

黎语通什话 en^{3} < *ʔen。

19. *kroŋ / *sa-kroŋ

苗语先进话 ntsaŋ^{5}，枫香话 zoŋ^{5} < *kroŋ。

缅文 tθɑŋ^{3}khjoŋ^{3} < *sa-kroŋ。

20. *lup / *tu-lup / *lubo

景颇语 lup^{31} < *lup。

独龙语 tɯ^{31}lɯp^{55} < *tu-lup。

哈尼语 lu^{31}bɔ^{55} < *lubo。

21. *rə-man

克木语 rə mă n < *rə-man。

22. *mut

布朗甘塘话 mut^{31}，户语 muit^{31} < *mut。

23. *ʔmaʔ

京语 ma[3] < *ʔmaʔ。

◇ 二 “坟墓”的词源对应关系

1. “坟” 和 “洞” “坑”

（1）维吾尔语、哈萨克语、图瓦语 *gur。“山洞”维吾尔语 ʁɑr、哈萨克语 dʒɑr < *gar。哈萨克语 yŋgir、图瓦语 oŋgyr < *ʔogur。鄂温克语 agʊj < *ʔagur。朝鲜语 kur < *gur。

（2）鄂温克语 *qoron，“洞穴”清代蒙文 orosil < *ʔoro-sil。“坑”维吾尔语 orɑ、哈萨克语 urɑ < *ʔora。

（3）摩尔波格语、木鲁特语 、布拉安语 *lopoŋ，“洞”印尼语 lobaŋ、巽他语 liaŋ、巴塔克语 lubaŋ、亚齐语 rɯhuŋ < *lubaŋ。

（4）南密语 *gulu，“山洞”马林厄语 gluma < *gəluma。

（5）苗语 *kroŋ。“洞”藏语拉萨话 sə[55]khuŋ[55] < *sə-kruŋ，畲语 khuŋ[3] < *kruŋ。

（6）拉加语 *baru。“洞”鲁凯语 baroŋolo，邹语 froŋo < *baro-ŋolo。

2. “坟” 和 “埋”

（1）摩尔波格语、木鲁特语 、布拉安语 *lopoŋ，“埋”木鲁特语 lobaŋ、摩尔波格语 loboŋ < *lobaŋ。

（2）汉语 *maks（墓），“埋”壮语武鸣话、侗语 mok[7]，仫佬语 m̥ɔk[7] < *smok。

（3）清代蒙文 *buba，“埋”雅美语 bobo < *bobo。

（4）图瓦语 *qamər，“下葬”满文 burki- < *bur-ki。（“坟”阿拉伯语

qubur）

（5）景颇语、独龙语 *lup。“埋”错那门巴语 ɕup < *slup。

3. “坟”和“躺、睡”

（1）克木语 *rə-man，“躺下”勒窝语 mono < *mono。

（2）西部裕固语 dur < *dur。“睡”爪哇语 turu、达阿语 no-turu、拉加语 maturu < *-turu。贡诺语、布吉斯语 tinro < *tiro。

（3）满文、锡伯语 *ʔipu，“睡”缅文 ip、独龙语 ip^{55} < *ʔip。

（4）那大语、锡加语 *rate，“睡”柬埔寨文 sɔmraːnt < *so-rat。

（5）阿伊努语 *tu-sir，“睡、躺”克木语 sih < *sil。

◇ 三　词源关系分析

1. *karaba

“藏”吉尔伯特语karabā < *karaba。

“坟、山洞”古英语 græf、古弗里斯语 gref、古教堂斯拉夫语 grobu、古挪威语 gröf（山洞）、哥特语 graba（沟）< *grab。 “埋”波兰语 grzebatʃ < *greba-。

“盖上”达密语 kerub < *kerub。

2. *tupa（*tapu、*topa、*tap、*top 等）

“坟”阿者拉语 *tup、夸梅拉语 *tapu。“埋”桑塔利语 topa < *topa。莽语 tap^{51} < *tap。亚齐语 top < *top。“关”维吾尔语 jap-、哈萨克语 dʒɑp-、图瓦语 dʒɤbɑ- < *dəba。“闭合”印尼语 mənu-tup、巴塔克语 tutup、摩尔波格语 kotup < *-tup。

“坟”古法语 tombe、拉丁语 tumba、意大利语 tomba、希腊语 tymbos < *tuba。

“坟”波兰语 dumy < *dumu。“埋”希腊语 thabo < *dabo。[①]

3. *b^wamu（*buba、*b^womu、*bobo）

“坟”清代蒙文 *buba，科木希 *b^womu。“埋”雅美语 bobo < *bobo。

“坟、尸体”梵语 savam < *sabam。

4. *b^wura（*buru、*bulu、*bur、*buraŋ）

“坟”伊拉鲁吐语 *ta-buru、斐济语 *ʔi-bulu。“埋”东部斐济语 bulu-ta，西部斐济语 bulu-sia < *bulu。萨萨克语 ŋuburaŋ < *ŋu-buraŋ。“下葬”满文 burki- < *bur-ki。

“坟”阿尔巴尼亚语 varr < *b^war，古英语 byrgel < *burge-l。

“坟”亚美尼亚语 dambaran < *dam-baran。

“埋”古英语 byrgan、古挪威语 bjarga、瑞典语 berga < *bur-ga。

“坟”格鲁吉亚语 samarɛ < *samare。

5. *nom（*num）

“埋”巴厘语 nanəmu < *na-nəmu。“沉”波那佩语 si-nom，桑塔利语 unum。

“坟”希腊语 mnema。

“坟”俄语 nemoj、波兰语 niemy < *nemoi。

6. *bu（*bo）

“坟”蒙古语 *buba，“埋”雅美语 bobo < *bobo。

① “埋”希腊语 thabo，th 为 θ 按规则的转写。

“坟墓”威尔士语 bed < *be-。巴斯克语 hobi < *qobi。

7. *dagi（*dogə、*doke、*toko）

“藏”保安语 doːgə- < *dogə。鄂温克语 dʒagi- < *dagi。托莱语 pidik < *pi-dik。日语 jokeru < *doke-ru。桑塔利语 tsoko < *toko。

“藏”亚美尼亚语 thakhtshnel < *dagd-。

“坟墓”粟特语 δɣmē，阿维斯陀经 daxma < *dag-。

“藏”匈牙利文 eldug < *el-dug。

“白天”的词源关系

欧亚语言“白天”的说法通常与“太阳”的说法有词源关系，也与“热的”“火”等有词源关系。复合词如“今天”字面意思多为“这—白天”或“白天—这”，其中包含语素“白天”。

◇ 一　东亚太平洋语言的“白天”

“白天”主要有以下说法：

1. *gun-duri / *ʔudur / *ter-ne

土耳其语、维吾尔语 kyndyz，哈萨克语 kyndiz，图瓦语 guntisi，西部裕固语 kundus < *gun-duri。

蒙古语 ɵder，达斡尔语 udur < *ʔudur。

阿伊努语 tejne < *ter-ne。

2. *nadi / *neda

朝鲜语 natʃi < *nadi。

阿杰语 nedā < *neda。

3. *ʔiniŋi

满文 ineŋgi，锡伯语 inəŋ，赫哲语 iniŋ，鄂伦春语 inəŋ，鄂温克语 inigi < *ʔiniŋi。

4. *ʔara

鄂罗克语 arja < *ʔara。

5. *piru

日语 hiru < *piru。

6. *ʔadu / *ʔodoʔu

马达加斯加语 anɖˤu < *ʔadu。

摩尔波格语 oddow，木鲁特语 odow < *ʔodoʔu。

7. *ʔalgaʔu

依斯那格语 algaw，卡林阿语 ālgaw < *ʔalgaʔu。

8. *ʔalo

贡诺语 allo < *ʔalo。

博嘎尔洛巴语 a loː，加龙语 alo < *ʔalo。

9. *raŋi

毛利语 raŋi < *raŋi，rā 。

10. *malo / *molo

南密语 mala < *malo。

傈僳语 mo̱^{31}lo^{33}，卡卓语 m^{31}lo^{53} < *molo。

11. *gonə / *gani / *ŋen-ŋan / *da-ŋon / *ka-ŋon

伊拉鲁吐语（Irarutu）gonə < *gonə。

瓜依沃语 gani < *gani。

沙外语 ŋɛn-ŋan < *ŋen-ŋan。

壮语武鸣话 toŋ^{4}ŋon^{2}，布依语 tɕaːŋ^{1}ŋon < *da-ŋon / *ka-ŋon。

12. *di-ʔa

查莫罗语 dia < *di-ʔa。

13. *la-ʔane

查莫罗语 haane < *la-ʔane。

14. *dolo

爪哇语、萨萨克语 dʒəlo < *dolo。

15. *dina / *dani

莫图语 dina < *dina。（白天、太阳）

劳语 dani < *dani。

16. *qari

印尼语 hari，米南卡保语 ari < *qari。

17. *nin

藏文 ȵin < *nin。

18. *sini / *sni-gla / *ni-le-gu

景颇语 să^{31}ni^{55}，普米语 n̊i^{55} < *sini。

嘉戎语 sni ŋgla，道孚语 sȵɛ lɛ < *sni-gla。

纳西语 ȵi^{33}le^{55}gv^{55} < *ni-le-gu。

19. *ŋap-ka

墨脱门巴语 ŋap ka < *ŋap-ka。

20. *ʔb^{w}an / *ʔaban / *boŋ

水语 van^{1}，毛南语 -van^{1} < *ʔb^{w}an。

马都拉语 aban < *ʔaban。

吉利威拉语 te boŋ，三威治港语 na-mboŋ < *boŋ。

21. *tib^{w}e / *tab^{w}a

柬埔寨文 tiviːə < *tib^{w}e，（诗歌用词）tɯn < *tun。

拉祜语 tɑ^{53}vɑ^{53} < *tab^{w}a。

22. *ŋi / *siŋiʔ / *siŋ / *ʔasiŋa

京语 bat^{7} ŋai^{2}，布朗语甘塘话 ta^{31}ŋi^{51}，佤语艾帅话 pon ŋaiʔ < *ŋi。

克木语 jam si ŋiʔ（时间一白天）< *siŋiʔ。

桑塔利语 siŋ̥ < *siŋ。

东部斐济语 siŋa，西部斐济语 hiŋa，萨摩亚语 aso < *ʔa-siŋa。

23. *sakamo

尼科巴语 sakaːmø < *sakamo。

24. *qilok / *roka

桑塔利语 hilokh < *qilok，roka < *roka。

二　词源对应关系

1.“白天”和“太阳”

“白天”多来自“太阳”。一词兼有“太阳、白天”义的，如维吾尔语 kyn，撒拉语 gun，土耳其语 gyn（-eʃ）< *gun。有的语言中“太阳”和“白天”的说法不同，“白天”的说法来自底层或是后来的借用。“白天”和“太阳”的说法有交叉对应关系的如：

（1）印尼语、米南卡保语 *qari。“太阳”沙阿鲁阿语 tałiaria，卡那卡那富语 taniarʉ < *tali-ʔariʔa / *tali-ʔaru（眼睛—白天）。

（2）马达加斯加语 *ʔadu。“太阳”塔几亚语 ad < *ʔad。

（3）贡诺语 *ʔalgo。“太阳”昌巴拉胡里语（Chamba Lahuli）jegi < *legi。

（4）博嘎尔洛巴语、加龙语 *ʔalo。“太阳”马绍尔语 aɭ，拉加语 alo < *ʔalo。

（5）爪哇语、萨萨克语 *dolo。“太阳”萨萨克语 dʒəlo < *delo。

（6）印度克木语 si-n̥i。“太阳”藏文 n̥i ma，缅文 ne²，卢舍依语、哈卡钦语（Haka Chin） ni < *ni。彝语南华话 mə²¹n̥i³³ < *mə-ni。

（7）桑塔利语 *siŋ。“太阳”蒙达语 siŋi < *siŋi，东部斐济语 siŋa < *siŋa。

（8）柬埔寨文 *tibe。“太阳”阿伊努语 tʃhup < *tup，卡那西语 dupe < *dupe，尼科巴语 tavuːøi < *tabuʔi。

2.“白天”和“今天”

“今天”相当于汉语“这日”，字面意思为“这一日”或“日—这”。其中“日”即“白天”，对应于该语言的“太阳”，有的是底层语言说法的遗存。

（1）“今天”维吾尔语 bygyn，哈萨克语 bygin，图瓦语 bøgyn，西部裕固语 buɣən < *bu-gun（这一日）。蒙古语 ɵnɵːder，达斡尔语 ənə udur，东部

裕固语 oŋdur，保安语 nudə < *ʔeno-ʔudur（这一日）。

（2）“今天”满文 eneŋgi，锡伯语 ənəŋ，赫哲语 əiniŋ，鄂伦春语 ənniji，鄂温克语 əri inigi < *ʔeri-ʔiniŋ（这一日）。

（3）“今天”马达加斯加语 anɖru-ani，卡加延语 anduni < *ʔadu-ʔani（日一这）。

（4）“今天”沙阿鲁阿语 arinaani < *ʔarina-ʔani（日一这）。印尼语 hari ini，米南卡保语 ari ko，< *qari-ʔini / *qari-ko（日一这）。

（5）“今天”景颇语 $tai^{31}ni^{55}$，独龙语 $dɔ^{31}ni^{55}$ < *li-sni / *do-sni（这一日）。嘉戎语 mə sni < *mdə-sni（这一日）。

“中午”蒙古语 ʉd，达斡尔语 ude，东乡语 udu，土族语 dur < *ʔudur。“曙光”东部裕固语 ojir < *ʔudur。这些词与蒙古语族语言的“白天”*ʔudur 有词源关系。

“白天”锡伯语、赫哲语、鄂温克语 *ʔi-niŋi，“今天”满通古斯语 *ʔeri-ʔiniŋ。“这”满文 ere，锡伯语 ər，鄂温克语 ərĭ，赫哲语 əi < *ʔere。满通古斯语“太阳”的早期说法已被替换。“太阳”满通古斯语早期的说法应该是 *niŋ，如同卡乌龙语 sinaŋ < *si-naŋ。

3.“白天”和“热的”

（1）贡诺语、博嘎尔洛巴语、加龙语 *ʔalo。“热的”满文 halhū n，锡伯语 χalχun，< *qal-qun。女真语（哈鲁温）*haluwen < *qal-qun。女真语（哈鲁兀）*haluwu < *qalu-qu。赫哲语 otɕaqoli < *ʔota-qoli。泰雅语 kilux < *kiluq。却域语 $qa^{55}lu^{55}$ < *qalu。剑川白语 $ɣɯ^{31}$ < *lu。基诺语 $ɬo^{44}$，哈尼语绿春话 $lɔ^{55}$ < *lo。

（2）南密语 *malo。“热的”藏文 tsha < *pla。

（3）马达加斯加语 *ʔadu。“热的”日语 atsɿi < *ʔatu-ʔi。

三　词源关系分析

1. *mari（*bari、*pari）

“太阳、白天”马那姆语 amari、瓜依沃语 meri < *ʔa-mari。“白天”莫图语玛伊瓦方言 bariu < *bari-ʔu，马那姆语 amari < *ʔamari。日语 *piru。

“白天”希腊语 mora < *mora，赫梯语 siwaz < *sib^{w}ar。
“太阳”阿维斯陀经 hvar- < *qub^{w}ari，粟特语 xuwər- < *qub^{w}ər。

“白天”格鲁吉亚语 phɛriɔdi < *beri-odi。

2. *du（*tu）

“白天”菲律宾布拉安语（Blaan）du，马达加斯加语 anɖ^{r}u < *ʔadu。
“太阳”布拉安语、嫩戈内语（Nengone）du < *du。

“白天”拉丁语 dies，葡萄牙语 dia < *des。
“白天”阿尔巴尼亚语 ditë < *de-to。“白天、时间”古法语 date。
“白天”和阗塞语 haḍā < *sada。

3. *tuga（*tugo、*dig）

“火”鄂伦春语 tɔgɔ < *tugo，满文 tuwa、锡伯语 tua、赫哲语 tua、女真语（脱委）*thowe < *tuga。
“亮的”桑塔利语 ḍigḍig < *dig-dig。

“白天”英语 day、古挪威语 dagr，古普鲁士语 dagis，哥特语 dags < *dagi-。
“热季”立陶宛语 dagas。“夏天”古波斯语 dagis。
“燃烧、烧热”梵语 dah，立陶宛语 degù。“火”古爱尔兰语 daig < *dag。

“白天”格鲁吉亚语 dɣɛ < *duge。

4. *dina（*dani）

“白天、太阳”莫图语 dina，“白天”劳语 dani。

“太阳”梵语 dinakaraḥ < *dina-kara-q，字面意思是“白天—眼睛”。

“白天”梵语 dina。（参见《太阳》篇的讨论）

“白天”俄语 denj、波兰语 dzien < *deni。乌尔都语 din。

“太阳”墨西哥那瓦特尔语（Nahuatl）tonatiuh < *tona-ti-uh，字面意思应是“白天—眼睛”。① “白天”tonalli < *tona-tli。

5. *gara（*gar、*karu）

“亮的”日语 akarui < *ʔakaru-ʔi。

“热的”桑塔利语 udgɛr < *ʔud-gar。

“白天”法语 jour、意大利语 giorno < *gor-。

“亮的”梵语 andʒor < *agor。

“太阳”粟特语 ɣwr- < *gur。

6. *dab^{w}e（*tib^{w}e、*tab^{w}a）

“白天”柬埔寨文 *tib^{w}e，拉祜语 *tab^{w}a。

“太阳”阿伊努语 tʃhup < *dup，卡那西语 dupe < *dupe，尼科巴语 tavuːøi < *tabuʔi。排湾语 qadav，卑南语 kadaw < *qadab^w。

“白天”梵语 diva < *dib^{w}a，波兰语 doba < *doba。

“恶神”古波斯语 daiva-、梵语 deva-、古教堂斯拉夫语 deivai < *deb^{w}a-。

“宙斯神”希腊语 zeus < *deb^{w}us。

“太阳”的说法可引申指“太阳神”“神”等，相关的其他例参见第二卷

① 名词单数后缀有 -tl、-tli、-li、-in 等，复数后缀有 -h、-tin、-meh 等，有的使用复数后缀还重复词根中的一个音节。

《太阳》篇。

7. *quri（*qire、*ʔuri）

“太阳”邹语 xire < *qire。鄂罗克语 aur < *ʔaure，uːri < *ʔuri。

“白天”亚美尼亚语 oɾ < *or。

8. *qudur（*ʔudur）

“白天”突厥语 *qudur，蒙古语 *ʔudur。

“白天”威尔士语 diwrod < *duro-。

9. *roka

“白天”桑塔利语 roka < *roka。

“白天”粟特语 rō tʃ < *rok。

“太阳”亚美尼亚语 arev，areg < *areg^{w}。

“太阳”芬兰语 aurinko < *ariko。

“白天”依斯那格语 algaw，卡林阿语 ā lgaw < *ʔalga-ʔu。

“夜、晚上”的词源关系

“夜晚”可区分为“晚上”“夜”“半夜”及“傍晚”等不同阶段。亚欧语言“夜”的说法与“暗的”“黑的”“迟的”“昨天”等说法有词源关系。

◇ 一　东亚太平洋语言的“夜晚”

“夜、晚上”主要有以下说法：

1. *tune / *tuni

古突厥语、维吾尔语 tyn，西部裕固语 tune < *tune。（夜）

蒙古语书面语 söni，蒙古语 syni，保安语、土族语 sonə < *tuni。（夜）

2. *ʔaq-lam / *ma-lam

土耳其语 akʃam，维吾尔语 aχʃam，哈萨克语 aqʃam < *ʔaq-lam。（晚上）

印尼语 malam，马都拉语 maləm，亚齐语 malam < *ma-lam。（晚上）

3. *ket / *kede-qurun / *gede / *ketu-la / *la-kiti

维吾尔语 ketʃ，哈萨克语 keʃ，图瓦语 geʃɛ < *ket。（晚上、迟的）

柯尔克孜语 ketʃqurun < *kede-qurun。（晚上）

西部裕固语 gedʒe < *gede。（晚上）

雅贝姆语 ketu-la < *ketu-la。（晚上）

嫩戈内语 lakiti < *la-kiti。（晚上）

4. *ʔudi-gəti / *ʔudət / *ʔat-qan

东部裕固语 ødøgʃə，东乡语 udʑiəʂi < *ʔudi-gəti。（晚上、傍晚）

蒙古语书面语 üdesi，蒙古语 ʉdəʃ < *ʔudət。（晚上、傍晚）

蒙古语都兰话 ɑsgɑn（晚上），和静话 ɑsxɑn（傍晚）< *ʔat-qan。

5. *ʔoro / *ʔaruʔi

蒙古语 orœː，达斡尔语 oreː，东部裕固语 ørøi < *ʔoro-i。（晚上）

拉巴努伊语 arui < *ʔaruʔi。（夜）

6. *sila-ŋ / *sle

保安语 ɕilaŋ（晚上），土族语 ɕilaŋ（傍晚）< *sila-ŋ。

汉语 *sle（宵）。

7. *bam / *ʔa-ʔipom

朝鲜语 pam < *bam。（夜晚）

大瓦拉语 aipom < *ʔa-ʔipom。（晚上）

8. *ʔiŋer

西部裕固语 jiŋər < *ʔiŋer。（晚上）

9. *do-bori / *mori / *mor / *ta-bor

满文 dobori，锡伯语 dœvirj < *do-bori。（夜）

鄂罗克语 mori < *mori。

嘉戎语 tə mor < *mor。（晚上）

德昂语胖品话 ta^{31}bor^{51} < *ta-bor。（晚上）

10. *dolo-bo / *dol-bo / *doru / *ʔur-təri

女真语（多罗斡）*dolowo < *dolo-bo。

赫哲语 dolbu，鄂温克语、鄂伦春语 dɔlbɔ < *dol-bo。

日语 joru（夜）< *doru。

达斡尔语 urtʃəːri < *ʔur-təri。（傍晚）

11. *buʔi / *bo

鄂罗克语 fui < *buʔi。

毛利语、汤加语、萨摩亚语、塔希提语 pō < *bo。（夜）

12. *lo

鄂罗克语 loː < *lo。

13. *du-nig / *sa-nak

朝鲜语 tʃənjək < *du-nig。（傍晚）

景颇语 sǎ ^{31}naʔ^{55} < *sa-nak。（晚上）

14. *dam-kakələm / *ʔa-nam

卑南语 ɖəmkakələm < *dam-kakələm。

侗语 an^{1}ȵam^{5} < *ʔa-nam。（夜）

藏文 nam phjed（半夜）。

15. *p^{w}oŋi / *puŋe / *boŋ / *p^{w}eŋə-na / *b^{w}en

斐济语 boŋi，马绍尔语 p^{w}ɔŋ < *p^{w}oŋi。（夜）

查莫罗语 pueŋue < *puŋe。（夜）

达密语 bo < *boŋ。（夜）

邹语 feŋəna < *p^{w}eŋə-na。

科木希语 b^{w}ên，宁德娄语 ben < *b^{w}en。

16. *ʔaraga-ʔu

达密语 aragau < *ʔaraga-ʔu。（晚上）

17. *luŋa-n

泰雅语 huŋan < *luŋa-n。（晚上）

18. *ʔapi

毛利语 ahi ahi < *ʔapi。（晚上）

19. *rodo / *ridu

劳语 rodo < *rodo。（夜）

嫩戈内语（Nengone）riḍi < *ridu。（夜）

20. *malo / *pəl-plo

窝里沃语（Wolio）malo < *malo。（夜）

户语 pɤl^{33} pɣɔ^{31} < *pəl-plo。（夜）

21. *qadam-dəmək

排湾语 qadzəmədzəmətç < *qadam-dəmək。

22. *laks / *s-lak / *lak

汉语 *laks（夜），*s-lak（夕）。

藏文 ȥag < *lak。（一夜的“夜”）

23. *sə-b^{w}ar

嘉戎语 sə wɑr < *sə-b^{w}ar。（夜）

24. *nida / node

蒙达语 nidā （晚上、昨晚），桑塔利语 n̥inda（夜）< *nida。

查莫罗语 node。（夜）

25. *rum / *ʔalum

景颇语 n^{33}ʒim^{33} < *rum。

博嘎尔洛巴语 a jum（黄昏）< *ʔalum。

26. *kaŋ-krən / *ʔa-sikra

壮语 kjaːŋ^{1}hɯn^{2}，傣语 kaːŋ^{1}xɯn^{2} < *kaŋ-krən。（夜）

阿侬怒语 a^{31}ʂɿ^{55}khɹɑ^{55} < *ʔa-sikra。（夜）

27. *som

佤语马散话 -sɔm，布朗语曼俄话 nsum^{35} < *n-som。（夜）

28. *rol / *rolan-an

尼科巴语 ɽɔh < *rol。（夜）

赛夏语 roɭhanan < *rolan-an。

29. *qarap

尼科巴语 harap（晚上）< *qarap，hatøːm（夜）< *qatom。

30. *lup / *lapi-ʔi

柬埔寨文 jup < *lup。（夜）

阿美语 lapii < *lapi-ʔi。

二 “夜晚”的词源对应关系

1. “夜晚”和“黑、暗”

一些语言“黑暗”即“夜晚”，如劳语 rodo、鄂罗克语 mori 等。有交叉对应关系的语言如：

（1）古突厥语、维吾尔语、西部裕固语 *tune。“暗的”印尼语 tua，爪哇语 tuɔ，贡诺语 toa < *tu-ʔa。

（2）图瓦语、西部裕固语 *kede。“暗的”哈拉朱乌语 kɔdɔ，托莱语 kokodo < *kodo。

（3）鄂罗克语 *lo。“暗的”鄂罗克语 loːna < *lo-na。

（4）印尼语、马都拉语、亚齐语 *ma-lam。“黑的”临高语 lam^{1} < *ʔlam。

（5）侗语 *ʔa-nam。“黑的”侗语、仫佬语 nam^{1}，佯僙语 ʔnam^{1} < *ʔnam。

（6）佤语马散话、布朗语曼俄话 *n-som。

“黑的”邵语 maqusum < *ma-qusum。

（7）尼科巴语 *rol。“暗的”布兴语 ʒal < *ral。

（8）景颇语 *sa-nak。“黑的”藏文 nag，缅文 nak < *nag。

（9）嘉戎语 *sə-bar。“黑的”蒙古语 bɑrɑːŋ < *bara-ŋ，劳语 bora < *bora。“暗的”满文 farhū n，锡伯语 farχun < *par-qun。

（10）斐济语、马绍尔语 *p^{w}oŋi。“暗的”缅文 hmɔŋ^{2} < *smoŋ。阿者拉语 biŋibiŋ < *biŋ。

（11）“傍晚”朝鲜语 *du-nig，“暗的”朝鲜语 ətupta < *ʔədu-。

2. “夜晚”和“昨天”

一些语言“夜晚”与“昨天”有词源关系，如：

（1）古突厥语、维吾尔语、西部裕固语 *tune。“昨天”维吾尔语 tynygyn，西部裕固语 toɣən < *tunu-gun（夜一日）。图瓦语 dyːn < *dun。

（2）图瓦语、西部裕固语 *kede。“昨天”哈萨克语 keʃe，柯尔克孜语 ketʃeː < *kete。

（3）嘉戎语 *sə-b^{w}ar。“昨天”印尼语 kəmarin，巽他语 kamari，亚齐语 barɔə < *kə-bari。锡加语 məra，莫图语 βarani < *məra / *b^{w}ara-ni。

（4）汉语 *slak（夕）< *s-glak，*s-grak（昨）。

（5）壮语武鸣话 to^{4}lɯn^{2} < *doʔ-lən。“昨天”壮语武鸣话、布依语 ŋon^{2}lɯːn^{2} < *ŋon-lən（日一夜）。

3. “夜晚”和“迟的”

（1）科木希语、宁德娄语 *b^{w}en。“迟的”波那佩语 p^{w}ant < *p^{w}at。

（2）毛利语 *ʔapi。“迟的”罗图马语 fepi < *p^{w}ebi。

（3）鄂罗克语 *mori。“迟的”巴拉望语 ɔmuri < *ʔomuri。

（4）东部裕固语、东乡语 *ʔudi-gəti。“迟的”萨拉语 uda < *ʔuda。

三 词源关系分析

1. *nag（*nig、*nak）

“傍晚”朝鲜语 *du-nig，“晚上”景颇语 *sa-nak，“夜”缅文 ɲ̥ɑɲ̥^{1}nɑk^{4} < *niŋ-nak。

“黑的”藏文 nag、缅文 nak < *nag。

“夜”古英语 niht（夜、黑）、高地德语 naht、古弗里斯语、德语 natʃt、希腊语 νυχτύς。“一夜”希腊语 nyks。

“夜里”梵语 nak，希腊语 νύξ，拉丁语 nox，立陶宛语 naktis，哥特语 nahts，赫梯语 nekut-（晚上）。“夜、黑”古印欧语 nak-。①

“夜”俄语 notɕj、波兰语 nots < *nok。

“夜”阿尔巴尼亚语 natë < *na-to。

2. *bude（*buto）

“暗色的”西部斐济语 butō < *buto。

“脏的”桑塔利语 bo̯de̯ < *bode。

“晚上”英语 evening 来自古英语 æfnung（晚上，日落动名词）< *eb^{w}en-。

“晚上”古英语 æfen、古高地德语 aband、古弗里斯语 ewnd < *ab^{w}end。

“晚上”和阗塞语 pape̯ ʃa̯¯ < *papeta。

“夜”格鲁吉亚语 bindi < *bidi。

① Custom logo design by LogoBee.com.Douglas Harper, 2001-2013.

3. *b^{w}are（*b^{w}ara、*bora、*par）

“夜”嘉戎语 *sə-b^{w}ar。“黑的”劳语 bora < *bora，达阿语 na-vuri < *buri。“暗的”满文 farhūn、锡伯语 farχun < *par-qun。

> 希腊语“晚上”espera，“黑的”mayros < *maro-。
> “晚上”阿尔巴尼亚语 mbrë mje < *mro-mre。

4. *lam（*ʔlam）

“晚上”印尼语、马都拉语、亚齐语 *ma-lam。

> “晚上”梵语 saːyam < *salam。

5. *g^{w}ari（*ŋer、*kari）

“晚上”西部裕固语 *ʔiŋer。“黑的”桑塔利语 kari < *kari。

> “晚上、夜”俄语 vetɕer < *b^{w}e-ker。
> “黑的”希腊语 agrios < *agri-，梵语 kriʃna < *kris-。

6. *raga（*rəki）

“晚上”达密语 aragau < *ʔaraga-ʔu。“黑的”锡伯语 jətɕin < *rəki-n。

> “晚上、昨天”亚美尼亚语 ereko < *ereko。

7. *rodi（*rodo）

“夜”劳语 rodo < *rodo。嫩戈内语 riḍi < *ridu。

> “夜”乌尔都语 raːt < *rat。

8. *somə（*som、*smə）

“夜”佤语马散话 -sɔm，布朗语曼俄话 nsum^{35} < *n-som。汉语 *smə-ʔ（晦）。

"晚上"乌尔都语 ʃaːm < *sam。

"夜"和阗塞语 ʂʂavā - < *sab^{w}a，粟特语 əxʃap < *əksap。

"暗的"邹语 səvoi < *səbo-ʔi。

“现在”的词源关系

亚欧语言近指代词“这”可代指“现在”，有的语言中“现在”“今天”是相同的词。相当于现代汉语书面语来自佛家用语“现在”，古汉语和中古汉语用“今”“如今”等。“今”《说文》是时也。

◇ 一　东亚太平洋语言的“现在”

“现在”主要有以下说法：

1. *ʔemu-di / *mu-du / *ʔodo

古突厥语 emti，图瓦语 ɑmdɤ < *ʔemu-di。

布兴语 mɤn diau < *mu-du。（现在、现代）

蒙古语 ɔdɔː < *ʔodo。[1]

2. *ʔam / *ʔima / *ʔuta-ʔima / *me / *ʔamu / *ʔoma

西部裕固语 ɑm < *ʔam。

日语 ima < *ʔima。

---

①“现在”格鲁吉亚语 atsha < *ada。

大瓦拉语 utaima < *ʔuta-ʔima。（现在、今天）

三威治港语 me < *me。

彝语喜德话 ɑ^{21}m̩^{33} < *ʔamu。

墨脱门巴语 ʔo ma < *ʔoma。

3. *kuqur

撒拉语 tʃuχur < *kuqur。

4. *ne / *ne-ʔi / *ʔani / *ʔana / *ʔene

满文 ne < *ne。

萨摩亚语 nei < *ne-ʔi。汤加语 ani < *ʔani。哈拉朱乌语 anã < *ʔana。

桑塔利语 e̯ne̯ < *ʔene。

浪速语 a^{31}na^{55} < *ʔana。

5. *te

满文 te，锡伯语 tə < *te。

6. *ʔili

赫哲语 əçi，鄂伦春语、鄂温克语 əʃi < *ʔili。

7. *ʔa-duni / *dani

卡加延语 anduni < *ʔa-duni （日一这）。（现在、今天）

巴厘语 dʒani < *dani。

8. *buri / *pari

姆贝拉语 buri < *buri。

莫图语 harihari < *pari-pari（今天一今天）。

9. *sani

泰雅语 ka-hani < *sani。

10. *gamu

塔几亚语 gamu，达密语 gama < *gamu。（现在、今天）

11. *ʔaru-ʔani

阿者拉语 aru ani < *ʔaru-ʔani。（现在、今天）

12. *siʔi / *ʔasu

窝里沃语 sii sii < *siʔi。

怒苏怒语 $a^{55}su^{33}$ < *ʔasu。

13. *kləm

汉语 *kləm（今）。

14. *da-lta / *tata

藏文 da lta < *da-lta。

错那门巴语 $ta^{31}ta^{53}$ < *tata。

15. *tan

独龙语 $tɑn^{55}$ < *tan。

16. *pe-sni

羌语 pɛɕ < *pe-sni（这一日）。

17. *ri

史兴语 ri^{53} < *ri。

18. *ʔana

浪速语 a^{31}na^{55} < *ʔana。

19. *ra-niʔ

布依语 za^{5}ni^{4}，侗语 ɕi^{2}naːi^{6}，水语 si^{2}naːi^{6} < *ra-niʔ（时候—这）。

20. *ni-ram / *ram-di / *ram-ʔini / *ʔini

布朗语胖品话 ni^{31}ʒam^{51} < *ni-ram（这—时候），甘塘话 ʐam^{33}thi^{55} < *ram-di（时候—这）。

佤语艾帅话 ʐam ʔi̠ n < *ram-ʔini（时候—这）。

克木语 ʔn̥iʔ < *ʔini。

21. *ʔe-krup / *ta-krap

户语 e^{13}tɕup^{31} < *ʔe-krup。（现在、现代）

藏语阿力克方言 ta rkap < *ta-krap。

22. *nit / *nete

桑塔利语 nit < *nit，lit < *lit。

沙外语 nete < *nete。

23. *ʔbi-lə

京语 bəi^{1}jə^{2} < *ʔbi-lə。

24. 土耳其语、维吾尔语 hɑzir，哈萨克语 qɑzər，阿拉伯语借词。

二 “现在”的词源对应关系

1. “现在”和“今天”

一些南岛语“现在”“今天”是相同的词，如卡加延语 anduni、塔几亚语 gamu、达密语 gama、排湾语 tutsu、哈拉朱乌语 anã、阿杰语 xina、布鲁语 leanaa、他加洛语 ŋajon 等。东亚太平洋的一些语言中“现在”是“今天”说法的变化形式。

（1）莫图语 harihari，“今天”hari。

（2）窝里沃语 sii sii，“今天”窝里沃语 eo sii、乌玛语 eo toi。

（3）爪哇语 saʔ-iki，“今天”iki。

（4）大瓦拉语 utaima，“今天”ataima。

（5）宁德娄语 na dah，“今天”na len dah。

（6）墨脱门巴语 *ʔoma，“今天”史兴语 ma^{55} < *ʔma。

（7）羌语 pɛç，“今天”pəs。

（8）浪速语 *ʔana，“今天”扎坝语 $a^{55}nə^{55}$ < *ʔana。

2. “现在”和“这”

阿尔泰语中“现在”是“这”的变化形式。如：

（1）古突厥语、图瓦语 *ʔemu-di。“这”土耳其语、维吾尔语 bu < *bu。

（2）满文 *ne。“这”清代蒙文 ene、蒙古语 ən、达斡尔语 ənə < *ʔene。

侗台语和南亚语中“现在”是“这时”，或是该指示代词的变化形式。如：

（1）布依语、侗语、水语 *ra-niʔ（时候—这）。“这”壮语龙州话 nai^{3} < *niʔ，侗语、水语 $na:i^{6}$ < *ni。

（2）德昂语胖品话 $ni^{31}ʒam^{51}$ < *ni-ram（这—时候）。“这”布朗语甘塘话 ni^{31}、克木语 n̥iʔ < *ni / *sniʔ。“时候”，佤语布饶克方言 jam < *ram。

（3）克木语 *ʔini，“这” n̥iʔ。

◇ 三　词源关系分析

1. *ne（*ʔane、*ʔene、*ʔana、*ʔini）

“现在”满文 *ne、萨摩亚语 *ne-ʔi、汤加语 *ʔani、哈拉朱乌语 *ʔana、桑塔利语 *ʔene、浪速语 *ʔana、克木语 *ʔini。

“这”桑塔利语 noa < *no-ʔa，布朗语甘塘话 ni^{31}、克木语 n̥iʔ < *ni / *sniʔ。

“现在”（副词）古英语、古爱尔兰语、哥特语、法语、立陶宛语、希腊语、梵语、阿维斯陀经 nu，拉丁语 nunc，古教堂斯拉夫语 nyne < *nune。

古波斯语 nuram < *nu-ram，赫梯语 nuwa < *nuba。阿尔巴尼亚语 tani < *tani。

“这”梵语 enaṃ < *ena-。

2. *ma（*ʔam、*ʔima、*me、*ʔamu、*ʔoma）

“现在”西部裕固语 *ʔam、日语 *ʔima、三威治港语 *me、彝语喜德话 *ʔamu、墨脱门巴语 *ʔoma。“今天”布兴语 mɯ ni < *mu-ni。

“现在”（副词）希腊语 omos。乌尔都语 abhi < *abi。

和阗塞语“今天”imu，“现在”mi。

“今天”匈牙利文 ma。

3. *b^{w}ari（*buri、*pari、*mori）

“现在”姆贝拉语 *buri、莫图语 *pari-pari。“今天”莫图语hari < *pari，

卑南语 garəm wari < *garəm-b^wari。

“今天”（副词）希腊语 semera。

4. *ter

“白天”阿伊努语 tejne < *ter-ne。“白天”蒙古语 ɵder < *ʔoder。

“现在”（副词）希腊语 tora，波兰语 teraz < *terar。 “现在”粟特语 qθry < *qatre。

“今天”的词源关系

亚欧语言“今天”“现在”等说法有词源关系。一些语言中用“这一日”或“日一这”来表示“今天”。

◇ 一　东亚太平洋语言的“今天”

“今天”主要有以下说法：

1. *bu-gun

维吾尔语 bygyn，哈萨克语 bygin，图瓦语 bøgyn，西部裕固语 buɣən < *bu-gun。①

2. *ʔeno-ʔudur / *ʔonur

蒙古语 enɵːder，达斡尔语 ənə udur，东部裕固语 oŋdur，保安语 nudə < *ʔeno-ʔudur（这一白天）。

中古朝鲜语 onʌr，铁山话 onur < *ʔonur。

---

①“现在”匈牙利文 ugyan。

3. *ʔeri-ʔiniŋ / *ʔeri-ʔinig

满文 eneŋgi，锡伯语 ənəŋ，赫哲语 əiniŋ < *ʔeri-ʔiniŋ（这一白天）。

鄂伦春语 ənniji，鄂温克语 əri inigi < *ʔeri-ʔinig。

4. *kilo

日语 kijoː < *kilo。

5. *tato

阿伊努语 tanto < *tato。①

6. *ʔadu-ʔani

马达加斯加语 anɖru-ani，卡加延语 anduni < *ʔadu-ʔani（日一这）。（现在、今天）

7. *qari-ʔini / *qari-ko / *ʔarina-ʔani

印尼语 hari ini，米南卡保语 ari ko < *qari-ʔini / *qari-ko（白天一这）。

沙阿鲁阿语 arinaani < *ʔarina-ʔani（白天一这）。

8. *tara-ʔina

劳语 tari ʔena，瓜依沃语 tala ʔina < *tara-ʔina（日一这）。

9. *sa-ʔuni

泰雅语 sɔniʔ，卡那卡那富语 sauni < *sa-ʔuni。

10. *garəm-b^{w}ari

卑南语 garəm wari < *garəm-b^{w}ari。

---

①“现在”格鲁吉亚语 atsha < *ada。

11. *g^{w}ari / *kori

拉加语 ɣariɣi，托莱语 gori < *g^{w}ari。姆布拉语 kō zi < *kori。

12. *gamu

塔几亚语 gamu，达密语 gama < *gamu。（现在、今天）

13. *gubu-ʔaru-ʔani

阿者拉语 gubuʔ aru ani < *gubu-ʔaru-ʔani（日—今天）。

14. *ʔuta-ʔima

大瓦拉语 utaima < *ʔuta-ʔima。（现在、今天）

15. *de-riŋ / *ʔa-ri

藏文 de riŋ < *de-riŋ。

巴塘藏语 a^{13}ri^{55} < *ʔa-ri。

16. *pə-sni / *mə-sni / *ma

普米语 pə^{55}n̥i^{55}，羌语 pəs < *pə-sni（这一日）。

嘉戎语 mə sni < *mə-sni（这一日）。

史兴语 ma^{55} < *ma。

17. *li-sni / *do-sni

景颇语 tai^{31}ni^{55}，独龙语 dɔ^{31}ni^{55} < *li-sni / *do-sni（这一日）。

18. *ʔban-niʔ

西双版纳傣语 van^{2}niʔ^{8}，水语 van^{1}nai^{6}，侗语 man^{1}nai^{6} < *ʔban-niʔ（白天—这）。

19. *ŋon-niʔ

壮语武鸣话 ŋon^{2}nei^{4}，布依语 ŋon^{2}ni^{4} < *ŋon-niʔ（白天—这）。

20. *mu-ni

布兴语 mɯ ni < *mu-ni。

21. *roka

桑塔利语 roka < *roka。

22. *ti-siŋ

蒙达语 tisiŋ，桑塔利语 teheȵ < *ti-siŋ（这—日）。

二 “今天”的词源对应关系

1.“今天”和“白天”

（1）米南卡保语 *qari-ko（白天—这），汉语 *qro-s（昼）。

（2）蒙古语族语言 *ʔeno-ʔudur。“白天”土耳其语、维吾尔语 kyndyz，哈萨克语 kyndiz，西部裕固语 kundus < *gun-dur。

（3）马达加斯加语、卡加延语 *ʔadu-ʔani。“白天”马达加斯加语 a^{n}ɖ^{r}u < *ʔadu。

（4）印尼语 *qari-ʔini。“白天”印尼语 hari。

（5）嘉戎语 *mə-sni，原来的字面意思可能是“这—白天”。“那（近指）”错那门巴语 mo^{35} < *mo。“白天”嘉戎语 sni ŋglɑ。

（6）西双版纳傣语、水语、侗语 *ʔban-niʔ。“白天”水语 van^{1}、毛南语 -van^{1} < *ʔban，马都拉语 aban < *ʔaban。

（7）“今天”格鲁吉亚语 dɣɛs < *duge-s，“白天”dɣɛ，“这”ɛs。

2. “今天”和“这”

“今天”阿尔泰语中字面的意思通常是“这一日（白天）”，南岛语中通常是“日（白天）一这”。如：

（1）维吾尔语、哈萨克语、图瓦语、西部裕固语 *bu-gun。“太阳、日子”维吾尔语、哈萨克语 kyn，撒拉语 gun < *gun。

（2）蒙古语、达斡尔语、东部裕固语、保安语 *ʔeno-ʔudur。“白天”蒙古语 ɵder、达斡尔语 udur < *ʔudur。“这”蒙文 ene，蒙古语 ən，达斡尔语 ənə < *ʔene / *ʔenə。

（3）满文、锡伯语、赫哲语 *ʔeri-ʔiniŋ。“这”满文 ere，锡伯语 ər，鄂温克语 ərĭ，赫哲语 əi < *ʔere。“白天”锡伯语 inəŋ、赫哲语 iniŋ、鄂温克语 inigi < *ʔiniŋi。

（4）马达加斯加语 anɖ^{r}u-ani < *ʔadu-ani“日一这”。“白天”布拉安语 du < *du，马达加斯加语 anɖ^{r}u < *ʔadu。

（5）嘉戎语 mə sni < *mə-sni（这一日）。“那（近指）”错那门巴语 mo^{35} < *mo。

3. “今天”和“现在”

前面已经提到一些南岛语“现在”和“今天”同，如卡加延语 anduni < *ʔadu-ni，字面意思为“日一这”，等等。有的语言中“现在”是“今天”说法的变化形式，如莫图语“今天”hari，“现在”harihari。爪哇语“现在”saʔ-iki，“今天”iki，等等。

4. “今天”和“太阳”

一些语言的“白天”已改用其他说法，“今天”仍保留来自“太阳”的

"白天"的说法。

（1）拉巴努伊语 ʔaŋanira < ʔaŋa-nira，ʔaŋa- 完成体标记。-nira "今天"，raʔa "太阳"。

（2）蒙达语 tisiŋ，桑塔利语 teheŋ̊ < *ti-siŋ。"太阳"蒙达语 siŋi < *siŋi。

（3）阿者拉语 *gubu-ʔaru-ʔani，字面意思是（日-今天）。"太阳、白天"阿者拉语 gubuʔ。

◇ 三　词源关系分析

1. *b^{w}ari（*pari、*mari）

"今天"莫图语 hari < *pari，"现在" harihari < *pari。

"白天"莫图语玛伊瓦方言 bariu < *bari-ʔu。马那姆语 amari < *ʔamari。

"今天"（副词）希腊语 semora < *se-mora。阿尔巴尼亚语 sot < *so-t。

"白天"希腊语 mora < *mora，赫梯语 siwaz < *sib^{w}ar。

2. *g^{w}ari（*kori）

"今天"拉加语、托莱语 *g^{w}ari，姆布拉语 *kori。

"今天"葡萄牙语 hoje < *kore。

"现在"（副词）葡萄牙语 agora、西班牙语 ahora、意大利语 ora < *agora。

"白天"法语 jour、意大利语 giorno < *gor。

3. *der（*dur）

"今天"蒙古语、达斡尔语、东部裕固语、保安语 *ʔeno-ʔudur。

“白天”蒙古语 ɵder < *ʔoder。“白天”阿伊努语 tejne < *ter-ne。

“现在”（副词）希腊语 tora，波兰语 teraz < *terar。

“现在”粟特语 qθry < *qatre。

4. *qari

“今天”印尼语 *qari-ʔini，米南卡保语 *qari-ko（白天—这）。

“今天”乌尔都语 aːj < *ar。

“今天”亚美尼亚语 aysor < *ais-or（这—天）。

“昨天”的词源关系

亚欧语言表时间前后，常直喻以方位，以自己为参照。面向过去的说法，如“昨天”即“前日”，“明天”是“后面的日子”。面向将来的说法，视时间是流动的，如把“昨天”说成“过去的日子”。有的语言“昨天”的说法与“晚上、夜”的说法有词源关系，即“昨天”和“今天”以今天的黎明为界。

◇ 一　东亚太平洋语言的“昨天”

“昨天”主要有以下说法：

1. *tun / *tunu-gun / *tinə-gu

古突厥语 tyn，土耳其语 dyn，图瓦语 dyːn < *tun。

维吾尔语 tynygyn，西部裕固语 toɣən < *tunu-gun（夜一日）。

鄂伦春语 tiːnəwə，鄂温克语 tiːnugu < *tinə-gu。[①]

---

①“昨天”匈牙利文 tegnap < *teg-nap，字面意思是“昨一日”，*teg 来自阿尔泰语。

2. *ʔote-qudur / *ʔudil-ʔudur

蒙古语 ətʃəgder，东部裕固语 tʃugdur，土族语 tɕigudə < *ʔote-qudur。

达斡尔语 udiʃ udur < *ʔudil-ʔudur（过去一日）。

3. *gede / *gudə / *kete

撒拉语 gedʒe < *gede。

保安语 gudə < *gudə。

哈萨克语 keʃe，柯尔克孜语 ketʃeː < *kete。

4. *lik-se

满文 sikse < *lik-se。

5. *dək-seniŋ / *diluk-ʔiniŋ / *tak-na / *tiga

锡伯语 tʂəksənəŋ < *dək-seniŋ（过去一日）。

赫哲语 dʑyluk iniŋ < *diluk-ʔiniŋ（过去一日）。

布农语 takna < *tak-na。

赛德克语 tsiga < *tiga。

6. *kino

日语 kinoː < *kino。

7. *ka-marin / *bara / *b^{w}ara-ni

印尼语 kamarin，巽他语 kamari < *ka-marin。

亚齐语 barɔə，锡加语 məra < *bara。

莫图语 βarani < *b^{w}ara-ni。

8. *ʔumali

马达加斯加语 umali < *ʔumali。

9. *b^{w}iŋi

爪哇语 wiŋi < *b^{w}iŋi。(昨天、夜晚)

10. *lob^{w}i / *lob^{w}a

达阿语 jovi < *lob^{w}i。

吉利威拉语 loβa < *lob^{w}a。

11. *leʔa-beto

布鲁语 le-beto < *leʔa-beto（白天一夜）。

12. *b^{w}aʔi

梅克澳语 vai < *b^{w}aʔi。

13. *s-grak

汉语 *s-grak（昨）。

14. *ka-kraŋ

藏文 kha saŋ，阿力克藏语 kha rtsaŋ < *ka-kraŋ。

15. *mə-ser-sni / *b^{w}ə-sni

嘉戎语 mə ʃɛr sni < *mə-ser-sni。

道孚语 a və sɲ̥i < *b^{w}ə-sni。

16. *ʔre-sni / *ri-sni / *ʔe-sni

普米语兰坪话 ʒɛ^{55}ɲ̥i^{55} < *ʔre-sni（前一日）。

基诺语 ji^{44}ni^{33} < *ri-sni。

怒苏怒语 e^{31}ȵi^{31} < *ʔe-sni。

17. *maʔ-niʔ / *ma-niʔ / *man

缅文 mɑ^{1}ne^{1} < *maʔ-niʔ。

景颇语 mǎ ^{31}ni^{55} < *ma-niʔ。

阿昌语 man^{35} < *man。

18. *ʔi-niŋ

墨脱门巴语 ʔi ȵiŋ < *ʔi-niŋ。

19. *ŋon-lun

壮语武鸣话、布依语 ŋon^{2}lɯːn^{2} < *ŋon-lun（白天一夜）。

20. *ʔb^{w}an-b^{w}a

西双版纳傣语 van^{2}va^{2} < *ʔb^{w}an-b^{w}a。

21. *ʔb^{w}an-ʔnu

水语 van^{1}ʔȵu^{1} < *ʔb^{w}an-ʔnu。

22. *si-ŋi

布兴语 si ŋi < *si-ŋi。

23. *koʔ-koʔ / *soŋ-koʔ

佤语马散话 kɔʔ kɔʔ，孟贡话 ʔa kauʔ < *koʔ-koʔ。

户语 sɤŋ^{55} khoʔ^{31} < *soŋ-koʔ。

24. *ʔa-smu

德昂语南虎话 ʔa m̥ ɯ，硝厂沟话 ʔa m̥ʌɯ < *ʔa-smu。

25. *qola-nok

桑塔利语 hola < *qola，holanokh < *qola-nok（昨天—黑）。

◇ 二 “昨天”的词源对应关系

1. “昨天”和“夜晚”“黑”

东亚太平洋一些语言“昨天”和“夜晚”为一词，或是引申用法，或是派生词，或是以其为语素的复合词。如：

（1）古突厥语、土耳其语、图瓦语 *tun。“夜”古突厥语、维吾尔语 tyn，西部裕固语 tune < *tun / *tune。蒙古语 syni，保安语、土族语 sonə < *tuni。

（2）撒拉语 *gede。“晚上”图瓦语 geʃɛ、西部裕固语 gedʒe < *gede。“暗”哈拉朱乌语 kɔdɔ，托莱语 kokodo < *kodo。

（3）印尼语、巽他语 *ka-marin。“夜晚”鄂罗克语 mori < *mori。“黑”鄂罗克语 more < *more，劳语 bora < *bora。

（4）吉利威拉语 loβa < *lob^{w}a。“夜”汤加语、萨摩亚语 pō 、达密语 bõ < *bo。

（5）莫图语 *bara-ni。“黑”蒙古语 bɑrɑːŋ < *bara-ŋ。

（6）布鲁语 *leʔa-beto（日—夜）。“夜”布鲁语 beto-n。“暗”西部斐济语 butō < *buto。

（7）壮语武鸣话、布依语 ŋon^{2}lɯːn^{2} < *ŋon-lun（白天—夜）。“夜”to^{4}lɯn^{2} < *-lun。

（8）桑塔利语 *qola-nok，字面意思可能是“昨天—黑”。nok 可与藏缅语“黑”的说法比较。

2.“昨天”为“过去的日”

阿尔泰的一些语言“昨天”为“过去的日”。如：

（1）赫哲语 *diluk-ʔiniŋ（过去一日）。“过去”赫哲语 dʑylə < *dulə。

（2）达斡尔语 *ʔudil-ʔudur（过去一日）。“过去”达斡尔语 dulə:sən < *dulə-sən。

3.“昨天”为“前日”

以“前日”表示“昨天”，字面意思是“前面一日子”，如保留早期“东方、前面”为一词，字面意思成了“东方一日子”。这是面向过去的思维。

（1）普米语兰坪话 $ʒɛ^{55}ȵ̥i^{55}$，“从前” $ʒɛ^{13}ne^{13}$，“前面” $ʒɛ^{55}$。

（2）基诺语 $ji^{44}ni^{33}$ < *ri-ni，“从前”基诺语 $ɕi^{35}ji^{31}a^{44}fu^{44}$。

（3）嘉戎语 mə ʃɛr sni < *mə-ser-sni，“东方” ʃɐr。

4.“昨天”为“旧日”

以“旧日”表示“昨天”，字面意思是“旧的一日子”。如：

（1）义都珞巴语 $bɯ^{55}ȵi^{53}$ < *bu-ni，“旧的” me^{55}。

（2）土家语 $phu^{21}ȵi^{21}$ < *bu-ni，“旧的” $a^{35}phɯe^{35}$。

（3）哈尼语绿春话 $mi^{55}nɔ^{33}$ < *mi-no。

三 词源关系分析

1. *qre-sni

“昨天”普米语兰坪话 *ʔre-sni，“前面”普米语 $ʒɛ^{55}$、怒苏怒语

xɹu^{33} < *qre。“前面、东方”缅文 hre^{1} < *sre。

“昨天”梵语 hjah、阿维斯陀经 zjo、意大利语 ieri、拉丁语 heri < *qero。

2. *du-（*da）

“前天”摩尔波格语 dua、马都拉语 du- < *du-，木鲁特语 dadai < *da-ʔi。“前（面）”马都拉语 *ʔada-q，沙玛语 *mu-da-q。

“昨天”古爱尔兰语 inde，威尔士语 doe，西班牙语、葡萄牙语 antes（以前）< *ade。

“之前”拉丁语 ante。

3. *gede

“昨天”撒拉语 *gede，哈萨克语 keʃe、柯尔克孜语 ketʃeː < *kete。“晚上”东部裕固语 ødøgʃə、东乡语 udʑiəʂi < *ʔudi-gədi。图瓦语 geʃɛ、西部裕固语 gedʒe < *gede。

希腊语“昨天”ekhthes < *egdes，“夜”nukhta、nukta，“暗”skotos。

4. *gari（*kar、*kere、*ŋor）

“前（面）”姆布拉语 kere。“头”朝鲜语 tɛkari < *de-gari，鄂罗克语 kaːr < *kar。“脸”卑南语 ʈaŋar < *ta-ŋor。

“昨天、明天”古挪威语 gær。

“昨天”俄语 vtɕera，波兰语 wtʃoraj < *ukora-。

“昨天、明天”乌尔都语 kal。

“前面、在前、事前”梵语 agre。“眉毛”希腊语 akro。

5. *doru

“夜”日语 *doru。

“昨天”古英语 geostran dæg，高地德语 gestaron < *ge-staro-。
“昨天的”拉丁语 hesternus < *ke-ster-。“明天”哥特语 gistradagis。
“昨天”阿尔巴尼亚语 dje < *dre。

“后（面）”中古朝鲜语 ty，庆兴话 tuji < *duri。嫩戈内语（Nengone）dirin < *diri-n。“背”朝鲜语镜城话 tʃantəri < *dadəri，莫图语 doru-na < *doru。

“后面”意大利语 dietro。“背”意大利语 dorso、法语 dor，“屁股”西班牙语 cadera < *ka-dera。

6. *raga（*rəki）

“晚上”达密语 aragau < *ʔaraga-ʔu。“黑的”锡伯语 jətɕin < *rəki-n。

“晚上、昨天”亚美尼亚语 ereko < *ereko。

“明天”的词源关系

一些语言用“后面的日子”或“早的日子”这样的说法指“明天”。“后面的日子”这样的说法是面向过去的空间转换为时间的思维模式。亚欧语言都有以“早上”指“明天”的说法。

◇ 一 东亚太平洋语言的“明天”

“明天”主要有以下说法：

1. *ʔerteŋ

维吾尔语 ɛtɛ，哈萨克语 erteŋ，图瓦语 erten < *ʔerteŋ。

2. *do-gun

西部裕固语 doɣən < *do-gun。

3. *ʔedisi

撒拉语 eddisi < *ʔedisi。

4. *maga-tar / *maga-su

蒙古语 magaːtă r < *maga-tar。

东乡语 maɣaʂɯ < *maga-su。

5. *malaŋ

土族语 malaŋ < *malaŋ。

6. *tima-riki / *tima-lin / *dema-ʔaru

满文 tʃimari，锡伯语 tɕimar，赫哲语 tomaki < *tima-riki（日—后面）。

鄂伦春语 tɪmaːna，鄂温克语 tɪmaʃin，< *tima-lin。

萨萨克语 dʒəmaʔ aru < *dema-ʔaru（日—后面）。

7. *rer / *ʔorore / *ʔare / *rərə

朝鲜语 rɛir < *rer。

嫩戈内语 orore，哈拉朱乌语 arɛ < *ʔorore / *ʔare。

伊拉鲁吐语 rərərə < *rərə。

8. *ʔasita / *ʔasu / *ʔesuʔ

日语 aɕita < *ʔasita，asɿ < *ʔasu。

爪哇语 esuʔ < *ʔesuʔ。（明天、早上）

9. *mane / *bene-ʔo

巴厘语 mani，沙外语 mɔnɛ，< *mane。

乌玛语 ᵐpeneo < *bene-ʔo。

10. *beri-sok / *more

印尼语 besok，米南卡保语 barisuᵓʔ < *beri-sok。

朝鲜语 more < *more。（后天）

11. *keru

莫图语 kerukeru < *keru。

12. *lək

汉语 *lək（翌）。

13. *saŋ-nin

藏文 saŋ ȵin < *saŋ-nin（早一日）。

14. *so-ni

纳西语 $so^{21}ȵi^{33}$ < *so-ni（早一日）。

15. *nak-pran

缅文 nɑk $phrɑn^{2}$ < *nak-pran（后面一日）。

16. *ŋan-bruk / *b^{w}an-bruk / *ʔb^{w}an-ʔbuʔ

壮语武鸣话 $ŋon^{2}ɕoːk^{8}$ < *ŋan-bruk（日一后）。

西双版纳傣语 $van^{2}phuk^{8}$ < *b^{w}an-bruk（日一后）。

水语、毛南语 $van^{1}ʔmu^{3}$ < *ʔb^{w}an-ʔbuʔ（日一后）。

17. *mu-kaʔ

布兴语 mɯ kaʔ < *mu-kaʔ。

18. *pon-saʔ

佤语艾帅话 pon sa̱ ʔ < *pon-saʔ。

19. *ta-ʔa

尼科巴语 taa < *ta-ʔa。（*ta- 动词前缀）（来，明天）

20. *gap-nok

桑塔利语 gapnokh < *gap-nok。

◇ 二 “明天”的词源对应关系

1. “明天”和“后面的日子”

东亚太平洋一些语言“明天”是指“后面的日子”，如：

（1）汉语 *lək（翌）。“后面”藏文 mdʑug < *m-luk。

（2）萨萨克语 *dema-ʔaru（日一后面）。“后面”三威治港语 arax < *ʔaraq。古突厥语、维吾尔语 ɑrqɑ，撒拉语 ɑrχɑ，图瓦语 oːrkɑ < *ʔarqa。“白天”柬埔寨文 tiviːə < *tibʷe。“太阳”排湾语 qadav，卑南语 kadaw < *qadabʷ。

（3）日语 *ʔasu。“后面” uçi < *ʔusi。

（4）缅文 *nak-pran（后面一日），“后面” nɔk < *nok。“白天”佤语马散话 phun si ŋɛiʔ < *prun-siŋiʔ。

（5）壮语武鸣话 *ŋan-bruk（日一后）。“后面”沙玛语 buliʔ-an，米南卡保语 balakaŋ，< *bulik / *bulik-aŋ。

（6）哈尼语绿春话 $xu^{31}nɔ^{33}$ < *qu-no，“后面” $nɔ^{55}xɔ^{33}$ < *no-qo。（试比较“昨天”哈尼语绿春话 $mi^{55}nɔ^{33}$ < *qu-no，“前面” $me^{31}si^{33}$ < *mi-）

（7）布吉斯语 bā dʒa < *bada。“后面”萨萨克语 mudi、马都拉语 buḍi < *mudi。罗维阿纳语 mudina < *mudi-na。

（8）印尼语、米南卡保语 *beri-sok。“后面”马那姆语 muri、波那佩语 mʷuri < *muri。

2. “明天” 和 “早的日子”

东亚太平洋一些语言“明天”是指“早的日子”或“将来的日子”。如：

（1）藏文 *saŋ-nin（早—日），“早”sŋa < *sŋa，“日子”ȵin mo < *nin-mo。

（2）纳西语 *so-ni（早—日）。“早”缅文 sɔ^{3} < *so，“日子”纳西语 ȵi^{33} < *ni。

（3）拉巴努伊语 *ʔapo。“早”马那姆语 pō ʔā < *po-ʔa。

（4）佤语艾帅话 pon sa̠ ʔ < *pon-saʔ。“白天”艾帅话 pon ŋaiʔ < *pon ŋiʔ，“将来”khaiʔ saʔ < *kriʔ-saʔ。

3. “明天” 和 “早上”

南岛语多“明天”即“早上”，如爪哇语 esuʔ、阿者拉语 tataʔ、马都拉语 laggu （“早上”或 gu-laggu）、布鲁语 supa-n 等。其他有对应关系的如：

（1）巽他语 isuk-an，“早上”isuk。

（2）拉巴努伊语 ʔapo，“早上”pōʔa。

（3）沙外语 mɔnɛ，“早上”tɔmɛ-mɔnɛ。

（4）劳语 boboŋi，“早上”ʔuboŋi。

（5）嫩戈内语 orore，“早上”ore。

（6）泰雅语 suxan，“早上”sasan。

（7）赛夏语 rimaʔæn，“早上”ririmaʔænan。

（8）西部斐济语 ig^{w}ata，“早上”g^{w}ata。

（9）布吉斯语 bā dʒa < *bada。“早上”达阿语 ^{m}padondo < *badodo。

三 词源关系分析

就“明天”一词的表达理念和语素看，印欧语与南岛语、阿尔泰语的较为一致。

1. *re（*rer、*ro、*rərə、*ru）

“明天”朝鲜语 *rer，嫩戈内语 orore，哈拉朱乌语 *ʔare，伊拉鲁吐语 *rərə。“早上”嫩戈内语 ore。“早”朝鲜语 irɯta < *ʔiru-，撒拉语 er、图瓦语 erdɛ < *ʔer-。

> “明天”希腊语 ayrio < *aro。“早的”古英语 ærlic < *ar-lik。

土耳其语 ertesi“下一（年、月、日、周等）”。

2. *mari（*simara、*more、*mar）

“明天”雅美语 ṣimaẓaw < *simara-ʔu。“后天”朝鲜语 more < *more。“后面”满文 amargi，锡伯语 amərxi，赫哲语 amidʑgə < *ʔamar-gi。

> “明天”古英语 to morgenne。“上午、太阳升起”古英语、古弗里斯语 morgen、古撒克逊语、古高地德语 morgan < *mor-gen。

3. *b^{w}ane（*mane、*bene、*mune、*boni）

“明天”巴厘语、沙外语 *mane，乌玛语 *bene-ʔo。

“早上”沙外语 tɔmɛmɔnɛ < *to-mone，罗维阿纳语 munmunu < *mune，达密语 bonimei < *boni-meni。

“早”邹语 monʔi < *mon-ʔi。

> “明天”西班牙语 maɲana，“早上”拉丁语 mane。“早”俗拉丁语 maneana。

4. *bada（*badodo）

“明天”布吉斯语 bādʒa < *bada。“早上”达阿语 ^{m}padondo < *badodo。

> “上午”梵语 prabhaːta < *pra-bata，意大利语 mattina < *mati-na。

5. *tura（*tora、*tiri）

“早的” 扎坝语 tə^{55}ra^{55} < *tora，窝里沃语 ttiʈi < *tiri。

“明天”波兰语 jutro、俄语 zavtra < *ra-utro。“上午”俄语 ytro < *utro。

6. *maga

“明天” 蒙古语 *maga-tar，东乡语 *maga-su。

“明天” 亚美尼亚语 vaʁë < *b^{w}age。

“年”的词源关系

中国古有夏历，冬至之月为岁首的子月，即以日照最短时为新、旧年的交替期。朔望交替为月，昼夜交替为日。更早时“年”的概念与农业有关。如《说文》：“年，谷孰也。” 甲骨文“年”（佚531）为“头顶禾”之形。有的语言中可能先有“季节”之名，后有“年”的说法。

东亚太平洋的一些语言“薯（yam）”名与“年”同，有的“粟”或“稻”名与“年”同，即以某一收获物名为“年”。

印欧语“年”的几种主要说法与“狗”的说法一样来自东亚。其“年”四种主要的说法与东亚太平洋“年”的说法分别对应。其词源关系大多属于这两个系列：

种子的专名→粮食作物的专名（或指一种植物的“播种”或“收获”）→“年”的说法；

种子的通名→粮食作物的专名→“年”的说法。

◇ 一　东亚太平洋语言的“年”

“年”主要有以下说法：

1. *gil / *glə / *ŋali

古突厥语、维吾尔语 jil，哈萨克语 dʒəl，图瓦语 dʒɤl，蒙古语、达斡尔语 dʒil < *gil。

汉语 *glə（祀）。

劳语 ŋali < *ŋali。

2. *qon / *ta-qun

蒙古语 oŋ，达斡尔语 xoːn，东乡语 xon，保安语 hoŋ，土族语 fon < *qon。

巴拉望语 taʔun，摩尔波格语 toun，印尼语 tahun < *ta-qun。

3. *ʔanira / *nara-ʔu

满文 anija，锡伯语 anj，赫哲语 ani，鄂温克语 anɪ < *ʔanira。

多布语 naraʔu < *nara-ʔu。（年、季节）

4. *ʔaŋani

鄂伦春语 aŋŋani < *ʔaŋani。

5. *paʔi / *paʔe

中古朝鲜语 hʌi < *paʔi。①

乌玛语、达阿语 ^{m}pae < *paʔe。（年、稻子）

6. *toli

日语 toçi < *toli。

7. *ta-ʔili / *ta-ʔulu / *ta-ʔila

鲁凯语 tsaili < *ta-ʔili。

---

①“年”匈牙利文 ev < *eb^{w}。

拉加语 taulu < *ta-ʔulu。

沙阿鲁阿语 tsaiɬa < *ta-ʔila。

8. *kag^{w}al

泰雅语、赛德克语 kawas，邵语 kawaʃ < *kag^{w}al。

9. *laga-ni

莫图语 laɣani < *laga-ni。①

10. *b^{w}arisi

马那姆语 barasi，瓜依沃语 farisi < *b^{w}arisi。

11. *kilali

托莱语 kilalə < *kilali。（年、季节）

12. *ʔana-ŋar

塔几亚语 anaŋar < *ʔana-ŋar。

13. *boli-ma

大瓦拉语 bolima < *boli-ma。（年、季风）

14. *s-krəʔ / *kruʔ

汉语 *s-krəʔ（载）。

史兴语 khu^{55}，怒苏怒语 khɹu̠^{53} < *kruʔ。

---

① “年”芬兰语 luokka < *loka。

15. *krat-s

汉语 *s-krats（岁）< *krat-s。

16. *niŋ / *snin

错那门巴语 niŋ^{55}，景颇语 niŋ^{31}，博嘎尔洛巴语 ȵiŋ < *niŋ。

汉语 *snin（年）。①

17. *lo / *lu

藏文 lo < *lo。格曼僜语 lau^{53} < *lu。

18. *ʔinu / *snos

义都珞巴语 i nu < *ʔinu。缅文 hnɑs < *snos。

19. *pa

嘉戎语 pɑ < *pa。

20. *ʔbe / *pi

壮语、傣语 pi^{1}，水语 ^{m}be^{1}，仫佬语 mɛ^{1} < *ʔbe。（年、岁）

布兴语、克木语 pi < *pi。

21. *sroŋ

苗语先进话 ɕoŋ^{5}，布努语瑶里话 sɔŋ^{5} < *sroŋ。

22. *snep

布朗语曼俄话、胖品话 ŋ̥ ɤp^{55}，甘塘话 nɤp^{55} < *snep。

① 《说文》:“年，谷孰也。从禾千声。”甲骨文“年”从“禾、人”。

23. *bodor

桑塔利语 bo̠tsho̠r < *bodor，serma < *serma。

24. *si-nom / *snem

德昂语南虎话 si nǎm，佤语马散话 num，布朗语甘塘话 nɤp^{55} < *si-nom。

克木语 nǎm，户语 n̥ɤm^{31} < *snem。

25. *sal

蒙达语 sāl，桑塔利语 sal < *sal。

《尔雅》：“载，岁也。夏曰岁，商曰祀，周曰年。”《释名》：“唐虞曰载。”

二 词源对应关系

1. “年”和“季节”

一些语言中“年”即“季节”，如太平洋岛屿上的托莱语 kilalə、多布语 naraʔu，不同语言的两种说法有对应关系。如：

（1）汉语 *s-krəʔ（载）。“季节”姆布拉语（Mbula）gorgor-ki < *gorgor。

（2）汉语“岁”*s-krat-s。“秋季”排湾语 kaladzəqaran < *kaladə-qaran。

（3）泰雅语、赛德克语、邵语 *kabʷal。“季节”图瓦语 kɤwɑldɑl < *kəbʷal-dal。

（4）拉加语 *ta-ʔulu。“季节”蒙古语 ulirɑl < *ʔuli-ral。

（5）托莱语 kilalə < *kilali。“秋季”中古朝鲜语 kʌzʌr、庆兴话 kasɯr、淳昌话 kaɣɯr < *galər。

2. “年”和“芋头、山药”

南方块茎植物的种植大约早于谷物的种植。有的语言干脆以“蕷（芋头或山药)”名为“年”。“薠、年”如塔纳语 nup、夸梅拉语 nuk、帕玛语 auh、三威治港语 na-^{n}d^{ʕ}am，即以某一作物名一季为“年”。“年”梅柯澳语 ʔinip，又指每年一次开花的一种植物。“薠、年”说法有对应关系的如：

（1）日语 *toli。“薠”马都拉语 tila。“芋头”阿美语 tali，布兴语 tsɿ lɔ。“圆的”塔几亚语 -tilanti < *tila-tila。

（2）马那姆语、瓜依沃语 *barisi。“薠”罗维阿纳语 marihi < *marisi。

（3）壮语、傣语、水语、仫佬语 *ʔbe。黎语 pau^{2} < *bu。“薠”他加洛语、依斯那格 ūbi，印尼语、沙玛语 ubi，爪哇语 uwi < *ʔubi。“圆的”那大语 bebe，阿杰语 powe < *bebe。

（4）义都珞巴语 *ʔinu。“薠”卡乌龙语 eni < *ʔeni。

（5）嘉戎语 *pa。“薠”沃勒阿依语 sepa，“藕”莽语 tə^{31}pɔ^{51}。

（6）苗瑶语 *sroŋ。“芋头”克木语 srɔʔ。

3.“年”和“稻、米”

据考古报告，稻作农业在华南的出现可追溯到湘江流域的道县，有一万年前的稻谷的遗存。以“稻”名为“年”的可能有：

（1）汉语 *s-krəʔ（载）。“稻”武鸣壮语 hau^{4}，泰语 khau^{3} < *gruʔ。

（2）汉语 *glə（祀），汉语 *gluʔ（稻）。①

（3）藏文 lo < *lo。格曼僜语 lau^{53} < *lu。“稻”京语 luə^{5} < *ʔlu。“稻谷”尼科巴语卡尔方言 në-lö < *ne-lu。

（4）义都珞巴语 *ʔinu、缅文 *snos。“稻”桑塔利语 an < *ʔan。日语（稻）ine < *ʔine。

（5）壮语、傣语、水语、仫佬语 *ʔbe。“稻”怒苏怒语 me^{33}me^{31}，基诺语 a^{44}mɛ^{44}，博嘎尔珞巴语 a mə，独龙语 ɑm^{55} < *ʔa-me。“稻谷”日语 momi <

① 汉语“稻”与余母字“舀”、透母字“韬”等谐声，“稻”*gluʔ > *duʔ。“舀”*luʔ，“韬”*qlu > *thu。

*momi。

（6）马那姆语 barasi，瓜依沃语 farisi < *barisi。“稻”马达加斯加语*bari。“稻米”萨萨克语 bəras、印度尼西亚语 beras < *beras，沃勒阿伊语peʈāsi < *beras。

（7）蒙达语、桑塔利语 *sal。“米”朝鲜语 ssar < *p-sal。德宏傣语（hau³）saːn¹，壮语武鸣话（hau⁴）saːn¹，拉哈语 saːl¹′（大米）< *sal。

（8）桑塔利语 bo̱tsho̱r < *bodor，“稻谷” benḓer < *beder。

4. “年”和“小米”

（1）汉语 *s-krəʔ（载），史兴语、怒苏怒语 *kruʔ。

“小米”藏文 khre < *kre，景颇语 ʃă³³kji³³ < *sa-kri，嘉戎语 sməi khri < *smi-kri。克木语 khău khiau < *kru-kru。

（2）中古朝鲜语 *paʔi。“小米”日语 awa < *ʔabʷa。

◇ 三　词源关系分析

印欧语有关“年”的几种主要说法当来自古东亚的语言，与农业文明的扩散有关。

1. *koru（*s-krəʔ、*kruʔ）

汉语 *s-krəʔ（载）。“稻”武鸣壮语 hau⁴，泰语 khau³ < *gruʔ。

“年”史兴语、怒苏怒语 *kruʔ。“小米”景颇语 ʃă³³kji³³ < *sa-kri，藏文 khre < *kre，嘉戎语 sməi khri < *smi-kri，克木语 khău khiau < *kru-kru。

“年”古英语 gear、古高地德语 jar、古弗里斯语 ger、哥特语 jer、希腊语 hora（年、季节）、古教堂斯拉夫语 jaru（春天）< *gera、*geru。

“季节”波兰语 okres。

“种”（动词）木雅语 khə^{55}rə^{53} < *kre。“绿的”缅文 tsin < *krin。

“绿的、生的”古英语 grene、古弗里斯语 grene、古挪威语 grænn < *grene。

2. *no（*ʔinu、*snos、*niŋ、*snin、*ʔono）

“年”义都珞巴语 *ʔinu、缅文 *snos。“荑”卡乌龙语 eni < *ʔeni。“种子”梅柯澳语 ani < *ʔani。“庄稼”马都拉语 aṇi < *ʔani。

“年”意大利语 anno、葡萄牙语 ano、拉丁语 annus < *ano。

3. *barisi

“年”马那姆语 barasi，瓜依沃语 farisi < *barisi。“播”汉语 *pars。“种子”戈龙塔洛语、拉加语、西部斐济语 *biri。

“年”梵语 varʃa < *b^{w}arsa。俄语 vozrast < *b^{w}oras-。

“年”赫梯语 wiz < *b^{w}ir，另一说法是 uitti。[①]

“年”泰米尔语 varusam，曼达语 varasā < *b^{w}arasa，当借自梵语。

“种子”邹语 tutu < *tutu，帕马语 utīti < *ʔutiti。

前面《种子》篇已说明，与“种子”的说法有词源关系的如：“稻”藏文 *mbras，苗瑶语 *bra，中古朝鲜语 pjə < *brə，贡诺语 pare，马达加斯加语 *bari。“稻米”萨萨克语 bəras，印度尼西亚语 beras < *beras，沃勒阿伊语 peʈāsi < *beras。

“种子”希腊语 sporos，“播种”希腊语 speiro、西班牙语 sembrar。

“稻子”古波斯语 brizi、梵语 vrihi-s < *b^{w}ris。

“大麦”拉丁语 far、古挪威语 barr，古英语 bærlic < *bar-。

① Glosbe.com。

“种子”赫梯语 warwalan < *b^{w}ar-b^{w}alan。

匈牙利文“种子”sperma，“年”evfolyam < *eb^{w}olam。

4. *b^{w}ader（*bodor、*beder、*padar）

“年”桑塔利语 bo̱tsho̱r < *bodor，“稻谷”benɖer < *beder。“稻子”泰雅语泽敖利方言 patiʔ，邵语 paðaj，排湾语 padaj，印尼语 padaj < *padar。

“年”梵语 vatsarah < *b^{w}atara。亚美尼亚语 tari。

5. *bi（*ʔbe、*ʔubi、*ʔame）

“年”壮语、傣语、水语、仫佬语 *ʔbe。“种子”阿伊努语 bi < *bi。“薯”他加洛语、依斯那格、印尼语、沙玛语、爪哇语 *ʔubi。“稻”怒苏怒语、基诺语、博嘎尔珞巴语、独龙语 *ʔame，“稻谷”日语 *momi。

“种子、核”意大利语 pippolo、古法语 pepin < *pepi-。

“年”匈牙利文 ev < *eb^{w}。

6. *b^{w}uda（*b^{w}əda、*buda）

“小米”藏语阿力克话 wə da < *b^{w}əda。“米、饭”蒙古语、土族语 budaː，达斡尔语 bɑdɑː，东乡语 budan < *buda-n。

“年”阿尔巴尼亚语 vit < *b^{w}it。西班牙语 pepita < *pepita。

“年”梵语 aːbda < *abda。赫梯语 weːtt < *b^{w}et。

“年、冬天”俄语 god < *b^{w}od。

“季节”匈牙利文 evad < *eb^{w}ad。

7. *sal

“年”蒙达语 sāl，桑塔利语 sal < *sal。

“大麦、谷物”苏米尔语 ʃe < *le。“种子”景颇语 li^{33}，墨脱门巴语 li < *li。

“种”义都珞巴语 li^{35} < *li。“播种”罗地语 sele < *se-le。

“年”乌尔都语 saːl。

和阗塞语 aʃa salye（马—年）“马年”。

8. *ser

“年”桑塔利语 serma < *ser-。

“年”粟特语 sarδ，阿维斯陀经 sarəda < *sare-。

“芋头”克木语 srɔʔ < *sro。

“种子、坚果”和阗塞语 ṣara < *sara。

“播种、种”古挪威语 sa。“播种”拉丁语 sero，satum（过去分词）。

“小米”图瓦语 ʃɑrɑk < *sarak，朝鲜语扶安话、淳昌话 səsuk < *səruk。

“名”的词源关系

人的“名”可以是自称或他称，动植物名和地名来自人们的命名。亚欧语言“名”的说法与“词”“话、说”“鸣、叫”“声音”等说法有词源关系。

◇◇ 一　东亚太平洋语言的“名”

“名”主要有以下说法：

1. *ʔat / *ʔita

古突厥语、维吾尔语、乌孜别克语、西部裕固语 ɑt，土耳其语 ɑd < *ʔat。

马绍尔语 at，波那佩语 āt < *ʔat。

窝里沃语 ita < *ʔita。

2. *nere

清代蒙文 nere，蒙古语 ner，东乡语 niere < *nere。

3. *gebu

满文 gebu，锡伯语 gəv，女真语（革不）*kepu < *gebu。

4. *ger-bi

鄂伦春语、赫哲语 gerbi，鄂温克语 gəbbi < *ger-bi。①

5. *ʔirum

朝鲜语 irɯm < *ʔirum。

6. *na-maʔe / *no / *na-ʔan

日语 namae < *na-maʔe。

伊拉鲁吐语 no < *no。

查莫罗语 naan < *na-ʔan。

7. *re

阿伊努语 re < *re。

8. *tule

鄂罗克语 tuːle < *tule。

9. *ʔaran / *go-ʔar

爪哇语、萨萨克语 aran，吉利威拉语 te ara < *ʔaran。

巴塔克语 gɔar < *go-ʔar。

10. *ŋadan / *ʔadan / *ʔdan

排湾语 ŋadan，阿美语 ŋaŋan，摩尔波格语 ŋadan < *ŋadan。

巴厘语 adan < *ʔadan。

水语、毛南语、 佯僙语 daːn^{1}，侗语北部方言 tan^{1} < *ʔdan。

① “名字” 格鲁吉亚语 gvari < *g^{w}ari。

11. *ŋaran / *ŋala

巽他语、卡加延语 ŋaran < *ŋaran。

沙阿鲁阿语 ŋała < *ŋala。

12. *repu-taton

查莫罗语 reputatʃion < *repu-taton。

13. *lalu / *raro-lo

泰雅语 laluʔ，赛夏语 raroɭoʔ < *lalu / *raro-lo。

14. *lada / *ŋa-lad / *ʔape-lido

莫图语 lada，瓜依沃语 lata < *lada。

卑南语 ŋaɭad < *ŋa-lad。

查莫罗语 apejido < *ʔape-lido。

15. *ʔiŋo-ʔa

萨摩亚语 iŋoa，塔希提语 iʔoa < *ʔiŋo-ʔa。

16. *mjeŋ / *miŋ / *na-miŋ

汉语 *mjeŋ（名）。

藏文 miŋ < *miŋ。载瓦语 mjiŋ^{51} < *miŋ。

缅文 nɑɑ^{2}mɑȵ^{2} < *na-miŋ。

17. *m-niŋ / *njaŋ / *ʔa-niŋ

道孚语 mȵiŋ < *m-niŋ。藏语夏河话 ȵaŋ < *njaŋ。

阿昌语 a^{31}ȵiŋ^{55} < *ʔa-niŋ。

18. *min / *mi / *mineni

他杭语、博嘎尔珞巴 min < *min。

巴琉语 mi^{13} < *mi。

尼科巴语 mineenj < *mineni。

19. *smrəŋ / *smri

怒苏怒语 m̥ɹɚ̃ ^{33} < *smrəŋ。

白语剑川话 miɛ^{55}，大理话 meɹ^{35} < *smri。

20. *ʔg^{w}an

侗语南部方言 kwaːn^{1}，仫佬语 ʔɣəːn^{1} < *ʔg^{w}an。

21. *ʔbre / *pore-na / *preŋ

苗语养蒿话 pi^{5}，勉语江底话 bwo^{5} < *ʔbre。

罗维阿纳语 porana < *pore-na。

黎语 pheːŋ^{1} < *preŋ。

22. *nutum

蒙达语 nutum，桑塔利语 n̥utum < *nutum。

23. *ploʔ

莽语 pɣoʔ^{31} < *ploʔ。

24. *kuʔ

佤语艾帅话 ka̠ɯʔ，德昂语 tɕɯ，布兴语 tsɯ < *kuʔ。

25. *t-mul / *mul

柬埔寨文 tʃhmuəh < *t-mul。

布朗语 mɯl̥ < *mul。

（土耳其语、维吾尔语 isim、塔塔尔语 isɨm 阿拉伯语借词）。

◇ 二 “名”的词源对应关系

1. “名”和“说、话”“词”

（1）查莫罗语 *na-ʔan。“说”阿者拉语 *nan < *nan。

（2）伊拉鲁吐语 *no。“说”壮语武鸣话 nau² < *nu。

（3）他杭语、博噶尔珞巴 *min。“说”桑塔利语 mḛn < *men。

（4）阿伊努语 *re。“说”蒙古语正蓝旗话 jɛrə-，布利亚特话 jɑri- < *rari。

（5）赛夏语 *raro-lo。“话”桑塔利语 roʈ < *ror。

（6）藏文、缅文、阿昌语 *na-miŋ。“语言”雅贝姆语 biŋ，“词”爪哇语 te mbuŋ。

（7）莽语 pɣoʔ³¹ < *ploʔ。“词”马那姆语 pile。

2. “名”和“叫”“呼喊”

（1）白语 *smri。“喊”马那姆语 mere、波那佩语 wer < *mere。

（2）怒苏怒语 *smrəŋ。“鸣、叫”阿昌语 mʐ̥əŋ⁵⁵ < *mreŋ，汉语 *mreŋ（鸣）。

（3）日语 *na-。“鸣、叫”日语 naku < *naku。

（4）鄂伦春语、赫哲语、鄂温克语 *ger-bi。“喊”锡克语 gəri，波那佩语 eker < *ʔeker。

（5）满文、锡伯语、女真语（革不）*gebu。“鸟鸣”满文 guwe- < *gube。

“呼喊”日语 sakebu < *sakebu。

（6）萨摩亚语、塔希提语 *ʔiŋo-ʔa。“喊”哈拉朱乌语 ŋã < *ŋa。“词”东部斐济语 ŋaŋa < *ŋaŋa。

3. “名”和“声音、响声”

（1）怒苏怒语 *smrəŋ。“响声”缅文 mreȵ^{2} < *mreŋ。

（2）朝鲜语 *ʔirum。汉语 *ʔjəm（音）< *qrəm。

（3）怒苏怒语 *ʔmrə。“声音”托莱语 varekrek < *b^{w}are-krek（声音—叫音）。

◇ 三　词源关系分析

1. *no（*na）

“名字”日语 *na-、伊拉鲁吐语 *no。“说”壮语武鸣话 nau^{2} < *nu。

“鸣、叫”日语 naku < *na-ku。

“声音”撒拉语 unə、西部裕固语 un < *ʔunə，爪哇语 uni、布吉斯语 oni < *ʔuni。

“名字”古威尔士语 anu。亚美尼亚语 anun < *anu-n。

2. *mi

“名字”他杭语、博嘎尔珞巴语 *min，巴琉语 *mi，尼科巴语 *mineni。

“名字”古教堂斯拉夫语 ime，古教堂斯拉夫语 imene（生格）。
“名字”俄语 imya，波兰语 imię、miano。

3. *na-mi

“名字”缅文 *na-miŋ。

“名字”古英语 nama、古高地德语 namo、希腊语 onoma、拉丁语 nomen、梵语 naːma，古爱尔兰语 ainm < *namo。“叫名字”古英语 namian。

“名字”粟特语 nām < *nam。乌尔都语 naːm，和阗塞语 nama。

“姓”粟特语 piʃnāmē < *pis-name。

“名字”匈牙利文 nev < *nem。

4. *mere（*pore、*ʔbre、*preŋ）

“名字”苗瑶语 *ʔbre、罗维阿纳语 *pore-、黎语 *preŋ。

“喊”马那姆语 mere、波那佩语 wer < *mere。

“名字”俄语 branj < *bra-ni。意大利语 nomare、西班牙语 nombre < *no-bare。

“名字”阿尔巴尼亚语 emër < *emor。

5. *g^{w}adi（g^{w}da、*ɢəde、*kodo、*gado）

“名字”侗语南部方言、仫佬语 *ʔg^{w}dan。“呼喊、呼叫”西部裕固语 ɢəde- < *ɢəde。“声音、话、语言、喉咙”莫图语 gado-na < *gado。“说”爪哇语 *kodo。

“说”梵语 gadati < *gada-。“声音”意大利语 secondo < *sekodo。

“声、音”的词源关系

人类的“音”和“声”与“响声”有别。人和动物的“声音”出自“喉”，故亚欧语言“声音”的说法多与“喉、脖子”等说法有词源关系。

◇ 一　东亚太平洋语言的“声”和“音”

“声、音”主要有以下说法：

1. *ses / *sisi

土耳其语 ses < *ses。（声音、响声）

伊拉鲁吐语 sisə < *sisi。（歌）

2. *ʔab^{w}ar / *ʔabar / *boros / *bare / *b^{w}are-krek

维吾尔语 ɑwɑz < *ʔab^{w}ar。

桑塔利语 abaɽ < *ʔabar。（声音、喊）

摩尔波格语 boros，木鲁特语 bolos（噪音） < *boros。

托莱语 varekrek < *b^{w}are-krek（声音—叫音）。

托莱语 vareareo < *bare-ʔare-ʔo。（喧哗声）

3. *tab^{w}əl / *kuru-tuben

哈萨克语 dɑwəs，柯尔克孜语 təbəʃ < *tab^{w}əl。

宁德娄语 kurutuwen < *kuru-tuben（声音—声音）。

4. *ʔol

图瓦语 ɣːʃ < *ʔol。

5. *ʔunə / *ʔuni

撒拉语 unə，西部裕固语 un < *ʔunə。

爪哇语 uni，布吉斯语（Bugis）oni < *ʔuni。

6. *dun / *tunu / *tono

蒙古语正蓝旗话 duː，东乡语 dun < *dun。

卡加延语 tunu < *tunu。查莫罗语 tono < *tono。

7. *dil / *dəlu

满文 dʒilgan，锡伯语 dʑilχan，赫哲语 dilgan，鄂伦春语、鄂温克语 dɪlgan < *dil-qan。

女真语（的鲁阿）*təluʔa < *dəlu-ʔa。

8. *dagun

清代蒙文 dagun < *dagun。

9. *koʔe

日语 koe < *koʔe。

10. *pab

阿伊努语 haw < *pab。

11. *sori / *sor / *silo

朝鲜语 sori < *sori。[①]

柬埔寨文 soːr < *sor。

拉加语 silo < *silo。

12. *gli

沙外语 gli < *gli。（喉咙、声音、嗓音）

13. *muni

印尼语 buɲi，乌玛语 moni < *muni。

14. *dedu

布昂语 dədun，布鲁语 tede-n < *dedu-n。多布语 dudum < *dedu-m。

15. *gado / *gadeŋ

莫图语 gado-na < *gado。（声音、话、语言、喉咙）

巽他语 gandeŋ < *gadeŋ。（噪音）

16. *buruta

查莫罗语 burutʃa < *buruta，ruido < *rudo。

17. *pati

科木希语 pati-n < *pati。（嗓音）

① “声音”匈牙利文 tengerszoros < *teger-soros。

18. skre / *sgra / *gra-l

汉语 *skre（噪，群鸟声）。[①]

藏文 sgra < *sgra。

德昂语硝厂沟话 grʌuh，南虎话 krɑh < *gra-l。（话、声音）

19. *qleŋ / *som-leŋ

汉语 *qleŋ（声）。

柬埔寨文 sɔmleːŋ < *som-leŋ。

20. *mreŋ / *riŋ

缅文 mreŋ̥^{2} < *mreŋ。（响声）

阿者拉语 riririŋ < *riŋ。（噪音）

21. *qrəm / *krum

汉语 *ʔjəm（音）< *qrəm。[②]

浪速语 khum^{35} < *krum。（声）

22. *grag-s / *krak / *krek

藏文 sgra grags < *grag-s。（响声）

缅文 khjɑk^{4} < *krak。（喊声）

托莱语 varekrek < *b^{w}are-krek。

23. *lago / *lego

博嘎尔洛巴语 la go < *lago。（喊声）

---

① 谐声字有苏母字“臊”等，二等字“橾”。

② 该词 *-j- 来 *-r-，如谐声字“⿰犭音”为二等。

莫图语 reɣe，萨摩亚语 leo < *lego。①

24. *ŋoi / *ʔoŋo

景颇语 ŋoi^{33}，独龙语 ŋɔi^{53} < *ŋoi。（响声）

汤加语 oŋo < *ʔoŋo。

25. *ʔros / *ʔororo

水语 lo^{5}，侗语 so^{6} < *ʔros。

姆布拉语（Mbula）ororo < *ʔororo。

26. *sabad

蒙达语、桑塔利语 sabad < *sabad。

27. *sade / *sada / *soda

桑塔利语 sade < *sade。

布吉斯语 sadda < *sada。（嗓音）

罗地语 soda < *soda。（歌）

◇ 二 “声音、响声”的词源对应关系

1. “声音、响声”和“喉咙、脖子”的词源关系

（1）维吾尔语 *ʔab^{w}ar。“喉咙”马绍尔语 bəɽɔ < *boro。“脖子”维吾尔语 bojun，哈萨克语 mojən < *borun。

（2）日语 *kope。“喉咙”波那佩语 kepin^{w}er < *kepi-ner。“脖子”日语

① “声音”匈牙利文 logikus < *logi-kus。

kubi < *kubi。

（3）沙外语 *gli。“脖子”蒙古语 xoːlɛː，东乡语 ɢoləi < *gole。

（4）藏文 *grag-s。“喉咙”塔几亚 kilagu-n < *kilagu。

（5）汉语 *qleŋ（声）。“脖子”沙玛语（Sabah）kolloŋ，贡诺语 kalloŋ < *koloŋ。

2.“声音、响声”和“话”

（1）朝鲜语 *sori。“话”土耳其语、哈萨克语、柯尔克孜语 søz，图瓦语 søs < *sor。

（2）沙外语 *gli。“话”东乡语 kiəliən < *kili-n。赛夏语 kaḻiʔ < *kali。

（3）姆布拉语 *ʔororo。“话”桑塔利语 roʈ < *ror。

3.“声音、响声”和“喊、说、叫”

（1）维吾尔语 *ʔab^{w}ar。“喊”东乡语 wərɑdɑ- < *b^{w}əra-da。

（2）汉语 *qrəm（音），*gram（喊）。

（3）日语 *kope。“喊叫”日语 sakebu < *sakebu。窝里沃语 ke^{m}ba < *keba。“鸟鸣”满文 guwe- < *gube。

（4）缅文 khjɑk^{4} < *krak。“喊叫”佤语马散话 kok，孟汞话 ha̱k，德昂语南虎话 tɤk < *krok。“鸣叫”错那门巴语 krek^{53}，墨脱门巴语 dʑik < *krek / *grik。

（5）景颇语、独龙语 *ŋoi。藏文 ŋu（狼叫），彝语喜德话 ŋo^{33}（虎啸）< *ŋu。

（6）朝鲜语 *sori。“鸣叫”维吾尔语、哈萨克语 sɑjrɑ- < *sara。

（7）缅文 *mreŋ。“鸣”汉语 *mreŋ。

（8）沙外语 *gli。“吠”壮语武鸣话 ɣau^{5}，水语 khau^{5} < *klu。

三　词源关系分析

1. *b^{w}ara（*ʔabar、*bara、*boro）

“声音”维吾尔语、乌孜别克语、塔塔尔语 *ʔab^{w}ar，“声音、喊”桑塔利语 *ʔabar，“呼喊”东乡语 *bəra-da，“喉咙”马绍尔语 *boro、拉巴努伊语 *ŋuru-bara。“脖子”维吾尔语 bojun、哈萨克语 mojən < *borun。

“声音”梵语 svara < *sb^{w}ara。
“声音、嗓音”乌尔都语 awaz < *ab^{w}ar。
“声音、噪音”和阗塞语 aysmūra- < *aj-smura。
“话、语言”和阗塞语 pharā- < *bara。
“争吵”古教堂斯拉夫语 svara < *sb^{w}era。

“喊”马那姆语 mere、波那佩语 wer < *mere。

“名字”俄语 branj < *bra-ni。意大利语 nomare、西班牙语 nombre< *no-bare。
“名字”阿尔巴尼亚语 emër < *emor。

2. *g^{w}ali（*gli、*gole、*galo、*gola）

“声音、喉咙”沙外语 *gli。“脖子”蒙古语 xoːlɛː，东乡语 ɢoləi < *gole。“喉咙”维吾尔语 gɑl < *galo。东乡语 ɢoləi < *gole。“喉咙、脖子”桑塔利语 gola < *gola。

“声音”波兰语 odgłos < *od-glos。
“声音、噪音”和阗塞语 ṣkalä < *skalo。
“喉咙”意大利语 gola，“喉咙、脖子、吞咽”梵语 gala，“脖子”意大利语 collo。

3. *g^wera（*sgra、*skra、*skre、gora、*goro）

“声音”藏文 *sgra，“噪”汉语 *skre。“叫喊”锡加语 gəri、布吉斯语 gora。“喉咙”独龙语 $kɑ^{31}kɔɹ^{53}$ < *ka-kor。德昂语 khoroʔ < *goro。姆布拉语 ᵑgure- < *gure。毛利语 korokoro < *koro。“脖子”阿侬怒语 $go^{31}ɹo^{55}$ < *goro。

> “声音的”希腊语 geros，“嚎叫”古挪威语 grenja。“喉咙”法语 gorge。
> “声音”波兰语 dʑwięk、俄语 zvuk < *g^wrek。
> “声音、嗓音”粟特语 wanxar < *b^wan-kar。

“声音”匈牙利文 igaz < *igar。“声音”格鲁吉亚语 bgɛri < *bgeri。

“名字”格鲁吉亚语 gvarɔ < *g^waro。

“叫喊”锡加语 gəri、布吉斯语 gora。“嘴”古突厥语、土耳其语 aɣiz，维吾尔语 eʁiz，撒拉语 ɑʁəz < *ʔagir。朝鲜语 akari < *ʔagari。

> “词”梵语 gira，“语言”梵语 girḥ。
> “龇牙、咧嘴”古英语 grennian、古挪威语 grena，“咆哮”古挪威语 grenja。

4. *gado（*gadeŋ、*godo、*gudi、*gudu）

“声音、话、语言、喉咙”莫图语 *gado，“噪音”巽他语 *gadeŋ，“喉咙”乌玛语 toᵑkodoʔ < *to-godo，查莫罗语 *gat-gata。“脖子”朝鲜语 mokatʃi < *mo-gadi。土族语 gudʑi < *gudi。米南卡保语 kuduᵊʔ < *gudu。

> “声音”意大利语 secondo < *sekodo。“嘲笑声”古挪威语 skuta，“喊、叫”古英语 schowten。

5. *tunu（*dun、*tono）

“声音”蒙古语正蓝旗话、东乡语 *dun，卡加延语 *tunu，查莫罗语 *tono。

> “声音、声调、重音”古法语 ton、拉丁语 tonus。“声高”希腊语 tonos。
> “声音”亚美尼亚语 hntʃyun < *qtun。“声音”古法语 son、拉丁语

sonus。

6. *ro（*roro、*re、*rero）

“声音”水语、侗语 *ʔro，“声音、话”姆布拉语 *ʔororo。“话”嘉戎语 rjo。“语言”邹语 reʔre、塔希提语 reo、拉巴努伊语 ʔarero、伊拉鲁吐语 iraro。

“声音”阿尔巴尼亚语 zë < *ro。

7. *g^{w}a（*ŋo、*k^{w}a）

“响声”景颇语 ŋoi^{33}，独龙语 ŋɔi^{53} < *ŋoi。“说”莫图语 g^{w}au < *g^{w}a-ʔu，西部斐济语 kwai-a < *k^{w}a-ʔi。

“声音”亚美尼亚语 jayn < *gai-n。

“话”的词源关系

亚欧语言中“话”的说法与“词”“语言”等说法有词源关系，另外还与“嘴”“舌”“说”等说法有词源关系。

◇ 一 东亚太平洋语言的“话”

“话”主要有以下说法：

1. *sor / *ʔasori

土耳其语、哈萨克语、柯尔克孜语 søz，图瓦语 søs < *sor。[①]

夸梅拉语 ni asori < *ʔasori。

2. *gap

维吾尔语、乌孜别克语、塔塔尔语 gɛp < *gap。

3. *lar

西部裕固语、东部裕固语 lɑr < *lar。

---

① “声音”匈牙利文 tengerszoros < *teger-soros，“词”匈牙利文 szolas < *solas。

4. *ʔugu

清代蒙文 ug，蒙古语正蓝旗话 ʉg，鄂温克语 ugə < *ʔugu。（话、词）

5. *kili-n / *kali

东乡语 kiəliən < *kili-n。

赛夏语 kaɭiʔ，沙阿鲁阿语 kari < *kali。

6. *ʔulgu-r

鄂伦春语 ulgur < *ʔulgu-r。

7. *gisu-n

满文、锡伯语、赫哲语 gisun < *gisu-n。

8. *panasi

日语 hanaçi < *panasi。

9. *gati / *s-gat / *gutə / *gado

保安语 gɑtʃi < *gati。

藏文 skad- < *s-gat。

普米语 gu^{55}tʃə^{55} < *gutə。克伦语阿果话 da^{31}gă^{31}do̱^{33} < *gado。

10. *mars-sum / *pala-bras / *bari

朝鲜语 marssɯm < *mars-sum（话—说）。

查莫罗语 palabras < *pala-bras。

那大语 mazi < *bari。

11. *ŋar / *kari

卑南语 ŋaj < *ŋar。

沙阿鲁阿语 kari，赛夏语 kaɭiʔ < *kari。

12. *b^{w}aga / *biga / *baka

鲁凯语 vaga < *b^{w}aga。（话、语言）

吉利威拉语 biga < *biga。（词）

桑塔利语 bhaka < *baka。

13. *mə-dar / *tara

爪哇语 mədar < *mə-dar。

拉巴努伊语 tatara < *tara。

14. *pidato / *tetos

印尼语、巽他语 pidato，布吉斯语 pedato < *pidato。

查莫罗语 tʃuentos < *tetos。

15. *set-mon / *man

查莫罗语 setmon < *set-mon。

错那门巴语 man^{55} < *man。

16. *dok

巴塔克语 maN-dɔk < *dok。

17. *ŋan / *sina-ŋan

汉语 *ŋan（言）。

查莫罗语 sinaŋan < *sina-ŋan。

18. *lə

汉语 *lə（词），*glə（辞）。

19. *ga / *ŋa / *ŋaga / *saka

景颇语 ka^{31} < *ga。

汉语 *ŋa（语）。

藏文 ŋag < *ŋaga。

缅文 $sɑ^{1}kɑ^{3}$ < *saka。

20. *taŋ

载瓦语 $taŋ^{21}$ < *taŋ。

21. *sŋeŋ

阿昌语 $\mathring{ŋ}eŋ^{35}$ < *sŋeŋ。

22. *loʔ / *liʔ

佤语马散话 lo̱ʔ < *loʔ。（话、声音）

侗语 li^{4} < *liʔ。

23. *krol

德昂语 krɔh < *krol。

24. *buli

桑塔利语 buli < *buli。

25. *ror / *ʔora-sin / *ʔororo / *ro

桑塔利语 roɽ < *ror。（话、说）

查莫罗语 orasion < *ʔora-sin。

姆布拉语（Mbula）ororo < *ʔororo。

嘉戎语 rjo < *ro。

◇ 二 “话”的词源对应关系

1. “话”和“词、语言”的词源关系

（1）汉语 *ŋa（语），“词”东部斐济语 ŋaŋa < *ŋa。

（2）鲁凯语 vaga < *b^{w}aga，“词”吉利威拉语 biga。

（3）查莫罗语 *pala-bras，“词”马那姆语 pile、巴拉望语 bɔrɔs。

（4）嘉戎语 *ro。“语言”邹语 reʔre、塔希提语 reo、拉巴努伊语 ʔarero、伊拉鲁吐语 iraro。

（5）突厥语族语言 *sor，“语言”那大语 səzu < *səru。

（6）保安语 *gati，“语言”莫图语 gado。

2. “话”和“说”

一些语言“话”和“说”是同根词。

（1）突厥语族语言 *sor，“说话”维吾尔语 søzlɛ-，哈萨克语 søjle-< *sor-le。

（2）西部裕固语、东部裕固语 lɑr < *lar，“说”西部裕固语 lɑrgə < *lar-gə。

（3）桑塔利语 *buli，“说”多布语 ʔa-wuli < *buli。

（4）满文、锡伯语、赫哲语 *gisu-n，“说”满文 gisure-，锡伯语 gisirə- < *gisu-re。

（5）朝鲜语 *mars-sum，“说”雅贝姆语 som < *som。

（6）汉语 *ŋan（言），“说”阿者拉语 *nan < *ŋan。

（7）东乡语 *kili-n。“说”东乡语 kiəliə-，土族语 kəle，保安语 kɑlə < *kəle。土族语 gule < *gule。

（8）查莫罗语 *set-mon。“说”萨萨克语 muni < *muni，桑塔利语 me̱n< *men。

3.“话”和“舌头”

（1）侗语 *liʔ，“舌头”京语 lɯəi^3 < *ʔliʔ。

（2）佤语马散话 *loʔ，“舌头”马绍尔语 lo < *lo。

（3）错那门巴语 *man。“舌头”锡加语、阿者拉语 ma，侗语、水语 ma^2< *ma。

三 词源关系分析

1. *leg^{w}i（*lgu、*ligi、*legi、*siligi、*sulgə）

“话”鄂伦春语 *ʔulgu-r。

“舌头”满文 ileŋgu，锡伯语 iliŋ，赫哲语 iləŋgu，鄂伦春语 iŋŋi，鄂温克语 iŋi < *ʔiligi。女真语（亦冷吉）*ileŋki < *ʔilegi。

“口水”满文 sileŋgi，锡伯语 ɕiliŋ < *siligi。“吐沫”土族语 ɕulgə < *sulgə。

“词”希腊语 logos < *log^{w}o-。“舌头”拉丁语 lingue < *lig^{w}e。

“词”俄语 slova、波兰语 słowo < *slog^{w}o。

“舔”古撒克逊语 likkon、哥特语 bi-laigon、古爱尔兰语 ligi-m（我舔）。

“汤勺”威尔士语 llwy < *lig^{w}i。

2. *g^{w}a（*ga、*ŋa、*k^{w}a、*saŋa、*sakag）

“话”景颇语 *ga，汉语 *ŋa（语）。

“词”东部斐济语 ŋaŋa < *ŋa。

“说”莫图语 g^{w}au < *g^{w}a-ʔu，西部斐济语 kwai-a < *k^{w}a-ʔi。查莫罗语 saŋane < *saŋa-ne。“嘴”乌玛语 ŋaŋa < *ŋaŋa。“鸟嘴”土耳其语 gaga。

“词”粟特语 wāxʃ < *g^{w}aks。

“讲话、词”亚美尼亚语 xoskh < *qosg。

“说”古英语 secgan、荷兰语 sige、古挪威语 segja、古弗里斯语 sedsa < *sig^{w}a-。

赫梯语 shakja（宣称），俗拉丁语 inseque，立陶宛语 sakyti < *sak^{w}i-。古教堂斯拉夫语 sociti（辩白）。

3. *g^{w}ari（*kari、*ŋar、*kri、gur）

“话”卑南语 *ŋar，沙阿鲁阿语、赛夏语 *kari。鄂伦春语 ulgur < *ʔul-gur。

“说”阿昌语 kʐai^{55} < *kri，佤语艾帅话 krai < *kri。

“叫喊”锡加语 gəri、布吉斯语 gora。“嘴”古突厥语、土耳其语 aɣiz，维吾尔语 eʁiz，撒拉语 ɑʁəz < *ʔagir。朝鲜语 akari < *ʔagari。

“词”梵语 gira，“声音的”希腊语 geros，“语言”梵语 girḥ。

“龇牙、咧嘴”古英语 grennian、古挪威语 grena，“咆哮”古挪威语 grenja。

“声音”匈牙利文 igaz < *igar。“声音”格鲁吉亚语 bgɛri < *bgeri。

“名字”格鲁吉亚语 gvari < *g^{w}ari。

4. *g^{w}ili（*gule、*kili、*kəle、*gəls）

“话”东乡语 *kili-n。“舌头、语言”东部裕固语 kelen，土族语 kələ < *kəle-n。

"说"东乡语 kiəliə-，土族语 kəle，保安语 kɑlə < *kəle。土族语 gule < *gule。

"舌头、语言"希腊语 glossa，"单词"拉丁语 gloss。

"舌头"词根 *leg^{w}i 音节交换成为 *g^{w}ili 发生在东亚。

5. *dage（*dok、dagu）

"话"巴塔克语 *dok，"语言"木鲁特语 dagu。

"舌头"布昂语 daɣen < *dage-n，佤语 dak、德昂语 si taʔ^{51}、布兴语 sɯŋ tak < *si-dak，莽语 ŋɤ^{31}tak^{35} < *ŋə-tak。尼科巴语 kale dak < *qale-dak。

"舌头、语言"古高地德语 zunga、古爱尔兰语 tenge、俗语 dingua < *deg^{w}a。

6. *b^{w}ari（*bari、bras、*bre、*bara、*boros）

"话"那大语 *bari、查莫罗语 *pala-bras。

"说"缅文 prɔ^3、基诺语 pjə^{42} < *pro。塔希提语 parau < *bara-ʔu。

"声音"维吾尔语 ɑwɑz < *ʔabar，桑塔利语 abaɽ < *ʔabar。摩尔波格语 boros、木鲁特语 bolos（噪音）< *boros。

"词"亚美尼亚语 baɾ < *bar。 "词"乌尔都语 lafz < *la-pr。"声音"梵语 svara < *sb^{w}ara。 "话、语言"和阗塞语 pharā- < *bara。 "话、词"和阗塞语 mura。 "发誓"古英语 swerian、古弗里斯语 swera、古挪威语 sverja。 "争吵"古教堂斯拉夫语 svara < *sb^{w}era。 "声音"梵语 svara < *sb^{w}ara。 "声音、噪音"乌尔都语 awaz < *ab^{w}ar。 "声音、噪音"和阗塞语 aysmūra- < *aj-smura。

7. *rati（*rat、*rita、*rit）

“词”亚齐语 narit < *na-rit。

“说”藏语阿力克话 ɕat < *s-rat，巽他语 ɲarita < *ŋa-rita，亚齐语 marit < *ma-rit。汉语 *grət-s（谓）。

“词”古英语 word、古高地德语 wort、哥特语 waurd、古挪威语 orð < *ord。

“词、短语”波兰语 zwrot < *rurot。

“词”匈牙利文 uʔzenet < *urenet。

8. *saka（*saŋa）

“词”缅文 $sɑ^{1}kɑ^{3}$ < *saka。“说”查莫罗语 saŋane < *saŋane。

“词”粟特语 sahunu < *saku-。

“朋友”的词源关系

一些语言“朋友”的说法可能与早期结盟的部落名有关，是他们的自称或他称。“敌人”的称呼来自敌对部落的自称或他称。“朋友”说法的另一个主要来历是“女人、妻子”，原指“女性伴侣”，后泛指一般的“朋友”。

与“朋友”有词源关系的还有“帮助”，后者多为前者的派生词。

◇ 一　东亚太平洋语言的“朋友”

“朋友”主要有以下说法：

1. *ʔegi / *ʔaɢe-ʔine / *ʔaqin-nəqun / *ɢ^{w}əʔ

图瓦语 edʒi < *ʔegi。

维吾尔语 ɑʁinɛ，哈萨克语 ɑʁɑjən，撒拉语 ɑʁejne < *ʔaɢe-ʔine。

鄂温克语 axin nəxun < *ʔaqin-nəqun。

汉语 *ɢ^{w}əʔ（友）。

2. *ʔarka-dal

土耳其语 arkadaʃ < *ʔarka-dal（后面—臂膀）。

3. *nuqor / *nogor

蒙古语 nəxər，达斡尔语 nugur，土族语 nukor < *nuqor。

西部裕固语 nøhgør < *nogor。

4. *ʔada

满文 anda（宾友），锡伯语 anda < *ʔada。

5. *guti / *gutu / *gate

达斡尔语 gutʃi < *guti。

满文 gutʃu，锡伯语 gutʂw，鄂伦春语 gutʃu < *gutu。

桑塔利语 gate < *gate。

6. *duqan-aq

赫哲语 duχanaq < *duqan-aq。

7. *bəs

朝鲜语 pəs < *bəs。

8. *domo

日语 domotatʃi < *domo-tati。

9. *ʔutari

阿伊努语 utari < *ʔutari。（朋友、伙伴）

10. *ʔila

爱斯基摩语 illa < *ʔila（朋友、伙伴），illamar < *ʔila-mar。

11. *kab^{w}as / *kab^{w}a-n

宁德娄语 kawas < *kab^{w}as。

印尼语、亚齐语、米南卡保语 kawan < *kab^{w}a-n。

12. *ʔuraŋ

贡诺语 uraŋ < *ʔuraŋ。

13. *roʔa / *ro / *ru-du

达阿语 roa，塔希提语、拉巴努伊语 hoa，菲拉梅勒语 soa < *roʔa。

吉利威拉语 so- < *ro。（朋友、客人、邻居）

布依语 saːu^{6}tu^{2} < *ru-du。

14. *ʔera-ʔu

勒窝语 erau < *ʔera-ʔu。

15. *ʔi-taʔu

东部斐济语 itau < *ʔi-taʔu。

16. moɢo

布昂语 məʁɔ < *moɢo。

17. *bəŋ

汉语 *bəŋ（朋）。

18. *grog-s / *gak

藏文 grogs po，错那门巴语 tʂɔk^{35} po^{53} < *grog-s。

莽语 ha^{31}gak^{55} < *gak。

19. *kura

格曼僜语 kɯ^{55}ɹɑ^{55} < *kura。

20. *pele / *bilaŋ

撒尼彝语 pe^{44}le^{2} < *pele。

阿美语 wiłaŋ < *bilaŋ。

21. *ʔi-goʔ

德宏傣语 əi^{2}ko^{4} < *ʔi-goʔ。

22. *brun / *prun / *bulun

柬埔寨文 phɯən < *brun。

黎语通什话 phiːn^{3}，加茂话 phɯən^{5} < *prun。

卡林阿语 bulun < *bulun。

23. *b^{w}an-no

莽语 van^{35}nɔ^{55} < *b^{w}an-no（nɔ^{55} 件）。

24. *nole

尼科巴语 hol < *ʔol，nɔːlø < *nole。

25. *puʔ-grom

佤语艾帅话 pauʔ grɔm < *puʔ-grom。

26. *pira

桑塔利语 peɽa < *pira，saŋga < *saga。

27. *som-lan

柬埔寨文 sɔmlaɲ < *som-lan。

◇ 二 “朋友”的词源对应关系

1. “朋友”和“人”的词源关系

东亚太平洋语言“朋友”与“人”的说法一致，因结盟部落的人称为“朋友”。

（1）锡伯语 *ʔada。“人”塔希提语 taʔata < *ta-ʔata，那大语、马京达瑙语 ata < *ʔata。

（2）东部斐济语 *ʔi-taʔu。“人”卡加延语 ittaw < *ʔi-taʔu。

（3）贡诺语 *ʔuraŋ。“人”印尼语 oraŋ，米南卡保语 uraŋ，亚齐语 urɯəŋ，马都拉语 uriŋ < *ʔuraŋ。

（4）撒尼彝语 *pele。“人”载瓦语 pju^{51}，勒期语 pju^{31} < *plu。

2. “朋友”和“女人”

原指“女性伴侣”的“朋友”说法可泛指一般的“朋友”，故“女人”的称呼与“朋友”的说法一致。

（1）满文 anda、锡伯语 *ʔada。“女人”赫哲语 adzan nio < *ʔadan-ro。

（2）达斡尔语 *guti。“女人”蒙古语 əːməgteː < *ʔəmə-gute。

（3）柬埔寨文 *brun，“女人”巴塔克语 boru-boru < *boru。

（4）桑塔利语 *pira，“女人”土耳其语 bajan < *baran。

3. “朋友”和“男人”

父系社会时代“男人”的称呼有的可来自本部落的自称，成为其他部落

“朋友”的说法。

（1）勒窝语 *ʔera-ʔu。“男人”古突厥语、维吾尔语、图瓦语 er，蒙古语 ər，东乡语 ərə < *ʔerə。

（2）布兴语 nǒʔ nam（伴一人）。汉语 *nəm（男）。

（3）格曼僜语 *kura。“丈夫、男的”蒙达语 koɽā < *kora。“人、丈夫、男人”阿伊努语 kur < *kur。

（4）撒尼彝语 $pe^{44}le^{2}$ < *pele。“男人”桑塔利语 he̠pe̠l < *qepel。

4.“朋友”和“帮助”

（1）汉语 *$ɢ^{w}$əʔ（友），*$ɢ^{w}$əs（佑）。

（2）汉语 *bəŋ（朋），“帮助”撒拉语 baŋnaʃ-，西部裕固语 baŋnas < *baŋ-nal。阿侬怒语 $di^{31}baŋ^{55}$ < *di-baŋ。

（3）阿伊努语 *ʔutari、日语 *domo-。“帮助”西部斐济语 taru-β，维吾尔语 jardɛm、哈萨克语 dʒardem < *dar-dom。

（4）撒尼彝语 *pele，“帮助”布鲁语 po-bele。

（5）桑塔利语 *pira。“帮助”伊拉鲁吐语 daɸerə < *da-pera。

（6）勒窝语 *ʔera-ʔu，“帮助”kila-wo < *kila-bo。

（7）藏文、错那门巴语 *grog-s。“帮助”藏语阿力克话 rok ɕi < *rog-si。

（8）格曼僜语 *kura。“帮助”嘉戎语 kor。

三　词源关系分析

1. b^{w}irɑ（*pira、*bərə、*pri、*brun、*prun、*bri、*boru）

“朋友”桑塔利语 *pirɑ。

“女人”巴塔克语 boru-boru < *boru。土耳其语 bajan < *baran。

“女人、妻子”土族语 beːrə，东乡语 biəri < *beri。

“人”鄂伦春语、鄂温克语 bəjə < *bərə，鄂罗克语 firja < *bira。

“朋友”柬埔寨文 *brun，黎语 *prun。

“人”哈拉朱乌语 kamũ rũ < *ka-buru。

“女人”巴塔克语 boru-boru < *boru，夸梅拉语 pran。

“男人”贡诺语 buruʔne < *boru-na。

“朋友”古英语 freond，古挪威语 frændi，哥特语 frijonds < *pre-。

“朋友”亚美尼亚语 barekam < *bare-。粟特语 pri-。

“妻子”古英语 freo < *pre。“娶妻”古低地德语 vrien，“求婚”德语 freien。

“爱”梵语 priyate，“亲爱的”priyah。

“朋友”古教堂斯拉夫语 prijatelje，“帮助”prijati。

古英语 freond 为“喜欢”古英语 freogan 的现在分词，与德语 freien“求婚”、古英语 freo“妻子”等有词源关系。

“朋友”匈牙利文 barat。格鲁吉亚语 mɛgɔbari < *mego-bari。

2. *pule（*pele、*qepel、*plo、*plu）

“朋友”撒尼彝语 *pele。

“人”阿昌语 tṣo^{55}、仙岛语 tṣu^{55}、载瓦语 pju^{51}、勒期语 pju^{31} < *plu，彝语撒尼话 tsho^{33}、哈尼语绿春话 tsho^{55} < *plo。

“男人”桑塔利语 *qepel < *ʔa-pele。

“朋友”希腊语 philos、phileː < *bilo-。波兰语 kumpela < *kupela。

3. *masi（*mus、*mos、*ʔuməs、*bəs）

“朋友”朝鲜语 *bəs。

“女人”东乡语 əməs < *ʔuməs，达斡尔语 əmgun，东乡语 əmə kun < *ʔumə-gun。

“爱”窝里沃语 amasi < *ʔamasi。“笑”马京达瑙语 imus < *ʔimus，萨萨克语 kəmos。

“喜欢的”希腊语 omoios < *omois。“爱”拉丁语 amare。

4. *mago（*moɢo、*magu、*b^{w}ake、*b^{w}ag）

“朋友”布昂语 *moɢo。“爱”锡加语 məgu < *magu，巽他语 bogoh < *bogoq。

“女人”雅美语 mavakeʂ < *ma-b^{w}akes，布昂语 aβɛɣ < *ʔab^{w}ag。

“朋友”西班牙语 amigo、拉丁语 amicus，阿尔巴尼亚语 mik。

5. *g^{w}ani（*kini、*kano、*g^{w}un）

“朋友”夸梅拉语 nəmk^{w}an < *nəm-k^{w}an。

“女人”西部裕固语、撒拉语 *kini、尼科巴语 *ki-kano。

“人”壮语武鸣话 vun^{2}，壮语龙州话 kən^{2} < *g^{w}un。“男人”尼科巴语 kikɔnjø < *ki-kono。

“女人”希腊语 gune，“女人、妻子”希腊语 gunaika < *guna-ika。

“皇后、女人、妻子”古英语 cwen、古挪威语 kvaen、哥特语 quens、亚美尼亚语 kin（女人）< *k^{w}en。

“女人”古波斯语 genna < *gina，梵语 janis、阿维斯陀经 jainiʃə（妻子）< *ganis。

“爱”（动词）希腊语 agano < *agano。“帮助”亚美尼亚语 ognel< *ogne-l。

6. *kura（kor）

“朋友”格曼僜语 *kura。“帮助”嘉戎语 kor。

“朋友”亚美尼亚语 ënker。

“敌人”的词源关系

一些语言“敌人”的说法可能是早期敌对部落的名称。与“敌人”的说法有关的还有“毒的”“丑的”“气愤”等说法。

◇ 一　东亚太平洋语言的“敌人”

“敌人”主要有以下说法：

1. *dusman / *dusuman

土耳其语 dyʃman，维吾尔语 dyʃmɛn，哈萨克语 duspɑn < *dusman。

东乡语 duʂɯmɑn < *dusuman。

桑塔利语 dusmɛn < *dusman。

2. *ragi

古突厥语 jɑɣi，东部裕固语 jaɣə（战争）< *ragi。

3. *ʔataki-ŋ / *kataki

蒙古语 ɑtɑːtʃiŋ < *ʔataki-ŋ。

日语 kataki < *kataki。

4. *dara

撒拉语 dʒɑjɑ < *dara。

5. *da / *ʔada

图瓦语 dʒɑː < *da。

日语 ada < *ʔada。

6. *mi-kun

达斡尔语 muiːkuːn，东部裕固语 muːkuːn < *mi-kun。

7. *bata / *bati-qan

满文、锡伯语、鄂伦春语 bata < *bata。达斡尔语 bɑːtɑː < *bata。

摩尔波格语、沙玛语 banta < *bata。

赫哲语 baχtɕiχan < *bati-qan。

8. *ʔəru / *ʔere-ʔei

鄂伦春语、鄂温克语 əru < *ʔəru。（坏的、敌人）

马那姆语 ereʔei < *ʔere-ʔei。

9. *musuq / *muŋsuq

印尼语、巴厘语 musuh，爪哇语 muŋsuh < *musuq / *muŋsuq。

10. *pili

汤加语、萨摩亚语 fili < *pili。

11. *bali / *bala

戈龙塔洛语、达阿语 、贡诺语 bali < *bali。

鲁凯语 baða < *bala。

12. *qala / *ʔalaʔ

排湾语 qala，阿美语 ʔaɬa < *qala。

赛夏语 ʔælaʔ，卑南语 ʔalaʔ < *ʔalaʔ。

13. *pari-s / *beri

泰雅语 paris，赛德克语 pais < *pari-s。

桑塔利语 bɛiri < *beri。

14. *gra

藏文 dgra bo，嘉戎语 tə gre，墨脱门巴语 dz̧a < *d-gra。（仇人）

15. *plen

景颇语 phjen^{33} < *plen。（仇人）

16. *mi-reŋ

达让僜语 bɯ^{31}ɹeŋ^{55}，义都珞巴语 me^{55}ɹeŋ^{55} < *mi-reŋ。（仇人）

17. *dik

汉语 *dik（敌），汉语 *glu（雠）。

18. *gun-klen

德宏傣语 kon^{2}xen^{1} < *gun-klen（人—恨）。

19. *ʔi-ʔiʔ

户语 i^{33} iʔ^{31} < *ʔi-ʔiʔ。

20. *ʔi-gu

德昂语 ʔi dʑiau < *ʔi-gu。

21. *kris / *si-kru

蒙达语 khis-tān-ko（气愤一现在时后缀一复数后缀）。

克木语 si thru < *si-kru。

22. *mude

桑塔利语 mudoe < *mude。

二 “敌人”的词源对应关系

1. “敌人”“朋友”和“人”

一些语言“朋友”的称呼，就是另外一些语言中的“敌人”。

（1）日语 *ʔada，“朋友”满文 anda、锡伯语 *ʔada。“人”塔希提语 taʔata < *ta-ʔata，那大语、马京达瑙语 ata < *ʔata。

（2）马那姆语 *ʔere-ʔei，“朋友”勒窝语 erau < *ʔera-ʔu。“男人”古突厥语、维吾尔语、图瓦语 er，蒙古语 ər，东乡语 ərə < *ʔerə。

（3）汤加语、萨摩亚语 *pili、景颇语 *plen，“朋友”撒尼彝语 *pele。“人”，阿昌语 tʂo^{55}、仙岛语 tʂu^{55}、载瓦语 pju^{51}、勒期语 pju^{31} < *plu。“男人”桑塔利语 *qepel < *ʔa-pele。

（4）藏文、嘉戎语、墨脱门巴语 *d-gra。“朋友”格曼僜语 kɯ^{55}ɹɑ^{55} <

*kura。汉语 *gras（夏）。[①]

2.“敌人”和“坏的”

（1）古突厥语 *ragi。“坏的”壮语武鸣话 jaːk[7]，黎语保定话 reːk[7] < *ʔrak / *ʔrek。拉巴努伊语 rake-rake < *rake。“丑的”西部裕固语 zə̧q < *rəq。

（2）泰雅语、赛德克语 *paris，“坏的”鲁凯语 malisi。“坏的”布鲁语 rasi-n < *rasi。

（3）汉语 *dik（敌）。“坏的”莫图语 dika < *dika。错那门巴语 tuk[35]，墨脱门巴语 duk（pin）< *duk。

（4）土耳其语、维吾尔语、哈萨克语 *dusman。“坏的”西部裕固语 jys < *dus。

（5）“坏的、敌人”鄂伦春语、鄂温克语 əru < *ʔəru。“战争”维吾尔语 uruʃ，哈萨克语 urəs，撒拉语 vurəʃ < *burus。

3.“敌人”和“丑的”

（1）达斡尔语、东部裕固语 *mi-kun。“丑的”朝鲜语 mipta < *mi-。

（2）鲁凯语 *bala，“丑的”梅克澳语 apala < *ʔapala。

（3）赫哲语 *bati-qan，“丑的”满文 botʃihe < *boti-qe。

（4）图瓦语 *da，“丑的”乌玛语 dadaʔa < *dada-ʔa。

4.“敌人”和“毒”

（1）日语 *kataki。“毒”巴厘语 tʃətik < *tətiki。

（2）汉语 *dik（敌）。“毒”藏文、错那门巴语、墨脱门巴语 duk，汉语

① 春秋时中原诸族称“诸夏”，与戎狄为敌。

*dok（毒）。

三 词源关系分析

1. *b^{w}ati（*bata、*bati、*boti、*but、*mət）

“敌人”满文、锡伯语、鄂伦春语、达斡尔语、摩尔波格语、沙玛语 *bata，赫哲语 *bati-qan。

“丑的”满文 botʃihe < *boti-qe。

“鬼”桑塔利语 bhut，布兴语 bɤt < *but。马京达瑙语 poti < *poti。汉语 *mət（魅）。

“敌人”古英语 feond、古挪威语 fjandi、哥特语 fijands < *pidi。 “鬼、恶魔”梵语 bhuːta < *buta。 “鬼”希腊语 phansmo、意大利语 fantasma < *bat-sma。

2. *mi

“敌人”达斡尔语、东部裕固语 *mi-kun。

“丑的”朝鲜语 mipta < *mi-。“人”藏文 mi、达让僜语 me^{35}、普米语 mi < *mi，日语 mita < *mi-ta。（称为 *mi 的民族可能来自古东亚大陆西南，与藏羌民族有渊源关系，也是日本古代部落的一支。他们可能曾是蒙古部落和高丽部落的“敌人”。）

“敌人”古法语 inimi、拉丁语 inimicus < *in-imi（-cus）（不一爱）。 “女人、妻子”法语 femme < *b^{w}eme。“女人”古英语 wif，古挪威语 vif，丹麦语 viv < *b^{w}ib。

3. *bali（*pili、*bali、*bala）

“敌人”汤加语、萨摩亚语 *pili，戈龙塔洛语、达阿语 、贡诺语 *bali，鲁凯语 *bala。

“腐烂”宁德娄语 abola < *ʔabola，瓜依沃语 bila < *bila，汤加语 pala < *bala。

“坏的、邪恶的”古英语 yfel，古弗里斯语 evel，古撒克逊语 ubil < *upel。

“腐烂的、脏的”古英语、古弗里斯语 ful、中古荷兰语 voul < *pul。

4. *ʔera（*ʔere、*ʔəru、*ʔerə）

“敌人”马那姆语 *ʔere-ʔei。“敌人、坏的”鄂伦春语、鄂温克语 *ʔəru。“朋友”勒窝语 erau < *ʔera-ʔu。

“男人”古突厥语、维吾尔语、图瓦语 er，蒙古语 ər，东乡语 ərə < *ʔerə。

“敌人”梵语 ari。

5. *mago（*moɢo、*magu、*bogoq）

“朋友”布昂语 *moɢo。

“爱”锡加语 məgu < *magu，巽他语 bogoh < *bogoq。

“朋友”西班牙语 amigo、拉丁语 amicus。

“敌人”西班牙语 enemigo、葡萄牙语 inimicus、意大利语 nemico < *in-amicus。

“朋友”阿尔巴尼亚语 mik，“敌人”阿尔巴尼亚语 amik。

“敌人”格鲁吉亚语 mgɛri < *mgeri。

6. *ragi（*rak、*rek、*rake、*rəq）

“敌人”古突厥语 *ragi。

“坏的”壮语武鸣话 ja:k[7]，黎语保定话 re:k[7] < *ʔrak / *ʔrek。拉巴努伊语 rake-rake < *rake。

“丑的”西部裕固语 zəq < *rəq。“坏的”维吾尔语 buzuq、哈萨克语 buzəq < *buruq。桑塔利语 bɛritʃ < *beriq。

“敌人”波兰语 wrog、俄语 vrag。 “痛苦”古教堂斯拉夫语 vragu、俄语 vrag、立陶宛语 vargas < *b^warag-。 “狼、非法”古挪威语 vargr，“狐狸”冰岛语 vargur，“罪犯”古英语 wearg。

7. *dusuman（*dusman）

“敌人”土耳其语、维吾尔语、哈萨克语、桑塔利语 *dusman，东乡语 *dusuman。

“坏的”西部裕固语 jys < *dus。

“敌人”乌尔都语 dushman < *dusman。粟特语 mnw < *mnu。 “敌人”亚美尼亚语 thʃnami < *dsnami。

8. *ʔeski

“坏的”维吾尔语、柯尔克孜语、乌孜别克 eski < *ʔeski。

“敌人”亚美尼亚语 osox < *osoq。

“鬼”的词源关系

古“神、灵”和“鬼、怪”分等级，最强的是“帝、后”，次者称“神、灵”，末者为“鬼、怪”，虫鱼为“精”。害人的是“妖、魔”，人死为“鬼”。不同民族有自己的鬼神，不同的宗教有不同的说法。亚欧语言中早期的鬼神之名或来自崇拜物之名。不同语言“神”“鬼”“灵魂”等的说法有对应关系，后来信仰中鬼神之名可来自以前信仰中的说法。

一　东亚太平洋语言的“鬼”

“鬼”主要有以下说法：

1. *kam / *gomo-na

古突厥语 kɑm < *kam。[①]

伊拉鲁吐语 gəmɔnə < *gomo-na。

2. *gin / *ʔikin / *kon

维吾尔语、乌孜别克语 dʒin，柯尔克孜语 dʒən < *gin。

① “鬼”芬兰语 haːmu < *qamu，“怕”kammo < *kamo。

满文 ektʃin < *ʔikin。（丑鬼）[①]

桑塔利语 dʒin < *gin。

姆布拉语 kon < *kon。

汉语 *gən（魂）。

3. *ʔurət / *rati

西部裕固语 uzət < *ʔurət。

乌玛语 rati < *rati。

4. *ʔara / *ʔari / *ʔre

图瓦语 ɑzɑ < *ʔara。

满文 ari < *ʔari。（通天鬼）

汉语 *ʔre（妖）。

5. *pirə

撒拉语 pirə < *pirə。

6. *dut-ger / *dete / *dit / *b-dut

蒙古语正蓝旗话 dʒətxər，喀喇沁话 dʒʉtgʉr，东部裕固语 tʃydger < *dut-ger。

满文 dʒetʃe < *dete。（旱魃）

博嘎尔珞巴语 dit < *dit。

藏文 bdud < *b-dut。（妖精）

7. *sur-kul / *sir-gul / *ŋagur

达斡尔语 ʃurkul < *sur-kul。

---

① “丑的”格鲁吉亚语 ugvni < *ug^{w}ni。

鄂伦春语 ʃirgul，鄂温克语 ʃiggul < *sir-gul。

布昂语 ɴaʁur < *ŋagur。

8. *tig-ter

保安语 tɕigtər < *tig-ter。

9. *ʔile / *ʔelire

土族语 ileː < *ʔile。清代蒙文 eliye < *ʔelire。（邪魔）

10. *qutu / *ʔada / *qatu / *ʔa-ʔitu / *ʔutuq / *ʔatu-ʔa / *ʔna-ʔitu

满文 hutu，锡伯语 xutw < *qutu。

清代蒙文 ada < *ʔada。（通天鬼）

印尼语 hantu，米南卡保语 antu，萨摩亚语 aitu < *qatu / *ʔa-ʔitu。

泰雅语 ʔutux < *ʔutuq。（神、鬼）

罗杜马语 ʔatuʔa < *ʔatu-ʔa。马林厄语 naʔitu < *ʔna-ʔitu。

11. *ʔobake / *begu

日语 obake < *ʔobake。

巴塔克语 begu < *begu。

12. *balaŋ-ʔubaŋ / *bol-balan / *bal-gun / *bli

依斯那格语 balaŋūbāŋ < *balaŋ-ʔubaŋ。

摩尔波格语 bolbalan < *bol-balan。

满文 baldʒun < *bal-gun。（妖怪）

莽语 bli^{51} < *bli。（神、鬼）

13. *lati

戈龙塔洛语 lati < *lati。①

14. *laʔu

莫图语 laulau < *laʔu。

15. *ʔagata

马达加斯加语 angaʈˤa < *ʔagata。

16. *kəl / *kul-qin

汉语 *kəl（鬼）。

清代蒙文 kultʃin < *kul-qin。（丑鬼）

17. *m-dre

藏文 ɦdre < *m-dre。

18. *plaŋ

独龙语 plɑŋ^{55} < *plaŋ。

19. *nat / *ʔanito

景颇语 nat^{55}，载瓦语 nat^{21} < *nat。缅文 nat^{4}- < *nat。（妖精、神）

雅美语 anito < *ʔanito。

20. *bʷaŋ

壮语武鸣话 faːŋ^{2}，水语、毛南语 maːŋ^{1} < *ʔbʷaŋ。（神、鬼）

① “鬼”格鲁吉亚语 landi < *ladi。

21. *ʔa-mraŋ / *ʔmreŋ

佤语马散话 ʔa mɯaŋ，布饶克方言 miaŋ < *ʔa-mraŋ。

勉语湘江话 mjəŋ^{3}，大坪话 mjɛn^{3} < *ʔmreŋ。

22. *si-kri

布朗语胖品话 si kri^{51}，甘塘话 kri^{51} < *si-kri。

23. *qlon

苗语青岩话 ʔlɔŋ^{1}，复员话 klen^{A} < *qlon。

24. *si-ŋar

布朗语胖品话 si ŋar^{51} < *si-ŋar。

25. *pro

德昂语硝厂沟话 ka pro < *pro。

26. *bir-sak / *siʔo

柬埔寨文 bɤjsaːtʃ < *bir-sak。

尼科巴语 siø < *siʔo。（鬼、精灵）

27. *but / *k-mat / *poti / *mət

桑塔利语 bhut，布兴语 bɤt < *but。

柬埔寨文 khmaotʃ < *k-mat。

马京达瑙语 poti < *poti。

汉语 *mət（魅）。

二　词源对应关系

1. “鬼”和“神”

“鬼、神”的词源关系如：

（1）古突厥语 kɑm < *kam，“神”日语 kami < *kami。

（2）满文、锡伯语 *qutu，“神、鬼”泰雅语 ʔutux < *ʔutuq。

（3）萨摩亚语 *ʔa-ʔitu，“神”萨摩亚语 atua，拉巴努伊语 ʔatua < *ʔatuʔa。

（4）苗语 *qlon，汉语 *ɢlin（神）。

（5）莽语 *bli，“神”卡西语 blei < *bli。

2. “鬼”和“灵”

（1）勉语 *ʔmreŋ，汉语 *reŋ（灵）。

（2）汉语 *gən（魂），“灵”布昂语 qənu，阿者拉语 ganu < *qenu / *ganu。

（3）撒拉语 *pirə。“灵”柬埔寨文 prelɯŋ < *pre-luŋ。

3. “鬼”和“雷”

（1）马达加斯加语 *ʔagata。“雷”赫哲语 agdi，鄂伦春语 agdu，鄂温克语 addɪ < *ʔagudi。满文 akjan < *ʔakda-n。

（2）摩尔波格语 *bol-balaṅ，“雷”爪哇语 bladɛk < *bəla-dek。布农语 biɬva < *bilba。

（3）汉语 *reŋ（灵），“雷”阿者拉语 nam riririŋ < *nam-ririŋ。

（4）巴塔克语 *begu，“雷”景颇语、独龙语 moʔ < *mok，撒拉语 boʁnaχ < *bog-naq。

4.“鬼”和“害怕”

（1）戈龙塔洛语、乌玛语 *lati。“害怕”户语 lat^{33}、佤语艾帅语 lhat < *lat。

（2）撒拉语 *pirə。“害怕”蒙达语 boro，桑塔利语 bo̱ro̱ < *boro。

（3）布朗语胖品话、甘塘话 *si-kri。“害怕”莫图语 gari < *gari。

（4）图瓦语 *ʔara。“害怕”蒙古语 ɛː-，达斡尔语 ɑi-，土族语 ɑjɛ- < *ʔare。维吾尔语、乌孜别克语 qorq-，哈萨克语 qorəq-，撒拉语 χorʁɑ- < *qorəq。

（5）汉语 *kəl（鬼）。“害怕”满文 gele-，锡伯语 gələ-，赫哲语 lələ-，鄂伦春语 ŋəːlə-，鄂温克语 ŋəːli- < *gele。雅贝姆语 gəlɛʔ < *goleʔ。

5.“鬼”和“坏的”

（1）景颇语、载瓦语 *nat。“坏的”中古朝鲜语 natpʌta < *nad-。

（2）马达加斯加语 *ʔagata。“坏的”土耳其语 køty < *kote，柬埔寨文 kaːtʃ < *kat。

（3）乌玛语 *rati。“坏的”德昂语甘塘话 rɛt^{33} < *ret，马达加斯加语 ratsi、坦纳语 rat < *rati。

（4）莽语 *bli。“坏的”柬埔寨文 piːəliːə < *pili。

三 词源关系分析

1. *gadi（*ʔagata、*ʔagudi）

“鬼”马达加斯加语 *ʔagata。“神”宁德娄语 ki^{n}t^{r}ei < *kite-ʔi。“雷”赫哲语 agdi、鄂伦春语 agdu、鄂温克语 addı < *ʔagudi，满文 akjan < *ʔakda-n。

> “影子”古英语 sceadwe、古撒克逊语 skado、古高地德语 scado < *skado。
>
> “神”古英语 god、古挪威语 guð < *guda。

“鬼”粟特语 tʃē te < *kete。“求保佑”梵语 huta- < *guta。

2. *b^{w}ati（*bata、*bati、*boti、*but、*mət）

“鬼”桑塔利语、布兴语 *but，马京达瑙语 *poti，汉语 *mət（魅），柬埔寨文 *k-mat 等当有词源关系。“鬼魂”满文 butʃeli < *buti-li。“敌人”满文、锡伯语、鄂伦春语、达斡尔语 *bata、摩尔波格语、沙玛语 *bata，桑塔利语 *mude。“丑的”满文 botʃihe < *boti-qe。

“鬼、恶魔”梵语 bhuːta < *buta。乌尔都语 bhoːt < *bot。

“鬼”阿尔巴尼亚语 fantazmë < *b^{w}ata-rmo。

“鬼”希腊语 phansmo、意大利语 fantasma < *bat-sma。

“敌人”古英语 feond、古挪威语 fjandi、哥特语 fijands < *pidi。

3. *g^{w}as（*gus）

汉语 *g^{w}as（惧）。“熊”京语 kon^{1}ɣəu^{5} < *kon-gus。

“恶魔、灵魂”古英语 gast，“精灵、鬼”德语 geist、中古荷兰语 gheest < *ges-。

“吓唬”古英语 gæstan。

4. *ʔatu（*ʔitu、*du）

“鬼”萨摩亚语 *ʔa-ʔitu，罗杜马语 ʔatuʔa < *ʔatu-ʔa，马林厄语 naʔitu < *ʔna-ʔitu。“神”汤加语、萨摩亚语、拉巴努伊语 *ʔatu-ʔa。

“神”意大利语 dio、iddio < *ido，希腊语 theos < *dos。

“神”赫梯语 idolize < *ido-lire。

“鬼”波兰语 dux < *dus。

5. *b^{w}ake（*bake、*begu）

“鬼”日语 *ʔobake，巴塔克语 *begu。“灵魂”排湾语 avak，鲁凯语 abakə < *ʔab^{w}ak。

“鬼”亚美尼亚语 urvakan < *ur-b^{w}akan。

“神、造物主”俄语 bog、“神”波兰语 bog < *bog。

“鬼”格鲁吉亚语 mɔtʃvɛnɛba < *mok^{w}e-neba。

6. *dete（*dit、*dut）

“鬼”博嘎尔珞巴语 *dit。“旱魃”满文 *dete。“妖精”藏文 *b-dut。

“鬼”粟特语 tʃēte < *tete。

7. *roʔa

“鬼”图瓦语 ɑzɑ < *ʔara。“通天鬼”满文 ari < *ʔari。汉语 *ʔre（妖）。“灵魂”蒙达语 roā < *roʔa。“魄”满文 oron < *ʔoron。

“灵魂”乌尔都语 roh < *roq，粟特语 əruwān < *əru-an。

“害怕”蒙古语 ɛː-，达斡尔语 ɑi-，土族语 ɑjɛ- < *ʔare。维吾尔语、乌孜别克语 qorq-，哈萨克语 qorəq-，撒拉语 χorʁɑ- < *qorəq。

“神”的词源关系

神的名可来自“太阳”“雷”“天”“地”等的说法，或来自早期人群对某种动物的禁忌。汉语“神”，本字为“申”，字形如“闪电”，读作 *ɢlin，如同东乡语“雷”oliən < *ʔulin。亚欧语言一些“神”的称呼可能有共同的来历。

◇ 一　东亚太平洋语言的“神”

“神”主要有以下说法：

1. *burga-n / *burka-n

西部裕固语 buhrɢɑn，东部裕固语 bɑlkən < *burga-n。

鄂伦春语 bʊrkan < *burka-n。

2. *suten

蒙古语 ʃʉtəːŋ，达斡尔语 ʃyteːn < *suten。

3. *dapə / *teb

保安语 dɑpə < *dapə。

尼科巴语 teːv < *teb。

4. *kami / *kamuʔi

日语 kami < *kami。

阿伊努语 kamuj < *kamuʔi。（神、精灵、熊）

5. *ʔeduri

满文 enduri，锡伯语、赫哲语 əndurj < *ʔeduri。

6. *diraba

莫图语 diraβa < *diraba。

7. *ʔuli

布拉安语 m-ul- < *m-ʔuli。

8. *kite-ʔi

宁德娄语 ki^{n}t^{r}ei < *kite-ʔi。

9. *ʔutuq

泰雅语 ʔutux < *ʔutuq。（神、灵魂）

10. *ʔanit / *ʔanoto

马绍尔语 anitʃ < *ʔanit。

雅贝姆语 anoto < *ʔanoto。

11. *ʔatu-ʔa / *ʔadiʔa-manita

汤加语 ʔotua，萨摩亚语 atua，拉巴努伊语 ʔatua < *ʔatu-ʔa。

马达加斯加语 anɖ^{r}ia-maniʈ^{r}a < *ʔadiʔa-manita（高贵的—香味）。

12. *opo/ *ʔap^{w}e

布鲁语 opo < *ʔopo，巴拉望语 amp^{w}u < *ʔap^{w}e。

13. *tamasa

排湾语 tsəmas，罗维阿纳语 tamasa < *tamasa。

14. *tagaro

拉加语 taɣaro < *tagaro。

15. *dubud

塔几亚语 tubud < *dubud。（土地神）

16. *gli / *gila / *ʔagalo

汉语 *gli（祇，地神），*gla（社，地神）。

史兴语 gɪ^{33}ɬa^{55} < *gila。

劳语 agalo < *ʔagalo。

17. *mori / *pra

马京达瑙语 mori < *mori。

克伦语乍叶因方言 prɑ < *pra。

18. *ɢlin

汉语 *ɢlin（神），*reŋ（灵）。

19. *sla

藏文 lha，墨脱门巴语 ɬa，荷罗戈语（Hloke）hla < *sla。

20. *ni / *nene

拉祜语 ne^{53}，傈僳语 ni^{31} < *ni。

萨萨克语 neneʔ < *nene。

21. *nat

缅文 nat^{4} < *nat。

22. *tam

阿昌语 tam^{31} < *tam。

23. *ʔbaŋ / *boŋa

水语、毛南语 maːŋ^{1} < *ʔbaŋ。（神、鬼）

桑塔利语 boŋga < *boŋa。

24. *nara-ŋa

马那姆语 nanaraŋa < *nara-ŋa。

25. *bli

莽语 bli^{51} < *bli。（神、鬼）

卡西语 blei < *bli。

26. *ʔisor

桑塔利语 isor < *ʔisor。

27. *pre-s

柬埔寨文 prɛəh < *pre-s。

二 “神”的词源对应关系

1. “神”和“太阳、天”

“太阳”和“火”可成为崇拜的对象，称为“神”。

（1）马绍尔语 *ʔanit，雅贝姆语 *ʔanoto。“太阳”汉语 *nit。

（2）拉祜语、傈僳语 *ni，萨萨克语 *neneʔ。“太阳”藏文 ȵi ma，缅文 ne[2]，卢舍依语、哈卡钦语（Haka Chin）ni < *ni。

（3）马那姆语 *nara-ŋa，“太阳”土族语 nɑrɑ < *nara。东乡语 nɑrɑn，蒙古语正蓝旗话、布里亚特话、保安语 nɑrɑŋ < *nara-n。

（4）布鲁语 *ʔopo，巴拉望语 *ʔap^{w}e。“太阳”朝鲜语 *p^{w}e。“天”哈拉朱乌语 p^{w}e。

2. “神”和“雷”

（1）宁德娄语 *kite-ʔi。“雷”赫哲语 agdi，鄂伦春语 agdu，鄂温克语 addı < *ʔagudi。满文 akdʒan < *ʔakda-n。“鬼”马达加斯加语 *ʔagata。

（2）西部裕固语 *burga-n。“雷”朝鲜语 pjərak < *bərag，藏文 ɦbrug < *m-brug。

（3）莽语 bli[51] < *bli。“雷”爪哇语 blaɖɛk < *bla-dek，大瓦拉语 palele < *pəlele。

（4）马那姆语 *nara-ŋa。“雷”日语 kaminari < *kami-nari（神—雷）。

（5）汉语 *reŋ（灵），“雷”阿者拉语 nam riririŋ < *nam-ririŋ。

（6）汉语 *ɢlin（神），“雷”东乡语 oliən < *ʔulin。

3. “神”和“鬼”

“神”和“鬼”的词源关系上文《鬼》篇已提到。如：

（1）日语 *kami，“鬼”古突厥语 kɑm < *kam。

（2）萨摩亚语、拉巴努伊语 *ʔatu-ʔa，“鬼”萨摩亚语 *ʔa-ʔitu。

（3）汉语 *ɢlin（神），“鬼”苗语青岩话 ʔlɔŋ^{1}，复员话 klen^{A} < *qlon。

（4）卡西语 blei < *bli，“鬼”莽语 *bli。

（5）柬埔寨文 *pre-s，“鬼”德昂语硝厂沟话 ka pro < *pro。

4.“神”和“灵魂”

（1）阿昌语 *tam，“灵魂”日语 tama < *tama。

（2）满文、锡伯语、赫哲语 *ʔeduri，“灵魂”克木语 kən dŭ r < *kuŋ-dur。

（3）西部裕固语 *burga-n。“灵魂”满文 fajaŋga < *paraga，汉语 *prak（魄）< *prag。

5.“神”和对猛兽的禁忌

（1）日语 *kami。“神、精灵、熊”阿伊努语 kamuj < *kamuʔi。

（2）阿昌语 *tam。“熊”藏文 dom，道孚语 dəm，缅文 wɑm^{2} < *dom，博嘎尔珞巴语 ɕu tum < *su-dom。

（3）藏文、墨脱门巴语、荷罗戈语 *sla。“虎”阿昌语 lɔ^{31}，怒苏怒语、史兴语 la^{55}，普米语九龙话 lo^{35} < *ʔla。

（4）柬埔寨文 *pre-s。“灵魂”西部裕固语 ever < *ʔeb^{w}er。汉语 *pirs（妣）。“母虎”满文 biren。“人”鄂伦春语、鄂温克语 bəjə < *bərə。“女人、妻子”土族语 beːrə、东乡语 biəri < *beri。

◇ 三　词源关系分析

1. *guda（*ʔagudi）

“神”宁德娄语 *kite-ʔi。“雷”赫哲语 agdi，鄂伦春语 agdu，鄂温克语 addı < *ʔagudi。满文 akdʒan < *ʔakda-n。

“鬼”马达加斯加语 *ʔagata。

> “神”古英语 god、古挪威语 guð，梵语 huta-（祈神佑）< *guda。
> “神”乌尔都语 khuda < *guda，粟特语 yzdān（复数）< *igdan。

“神”格鲁吉亚语 ɣvtaɛba < *g^{w}ta-eba。

2. *deb^{w}a（*dapə、*teb）

“神”保安语 *dapə、尼科巴语 *teb。

> “神”梵语 deva < *deb^{w}a。

“太阳”阿伊努语 tʃhup < *tup，卡那西语 dupe < *dupe，尼科巴语 tavuːøi < *tabuʔi。排湾语 qadav，卑南语 kadaw < *qadab^{w}。

3. *ʔatu（*ʔitu、*tis、*du、*ʔada）

“神”汤加语、萨摩亚语、拉巴努伊语 *ʔatu-ʔa。

“鬼”萨摩亚语 *ʔa-ʔitu，罗杜马语 ʔatuʔa < *ʔatu-ʔa，马林厄语 naʔitu < *ʔna-ʔitu。

“太阳”塔几亚语 ad、查莫罗语 atdau < *ʔada-ʔu。布拉安语、嫩戈内语 du < *du。

> “神”意大利语 dio、iddio < *ido，希腊语 theos < *dos。俄语 idon < *idon。
> “神”赫梯语 idolize < *ido-lire。“太阳神”赫梯语 utu。

4. *duri（*ʔeduri、*duruŋ、*gudur）

“神”满文 enduri，锡伯语、赫哲语 əndurj < *ʔeduri。

“雷”卑南语 ḍəruŋ < *duruŋ，维吾尔语 gyldyrmɑmɑ < *gudur-mama。

“打雷”桑塔利语 haḍar huḍur < *qadar-qudar。

“雷”古挪威语 þorr、荷兰语 donder、波斯语 tundar < *toder。

5. *nenu（*ʔenu、*ʔanu、*nene、*ne）

“神”拉祜语、傈僳语 *ne，萨萨克语 *nene。

“灵魂”卡乌龙语 enu、布昂语 qənu、瓜依沃语 ano < *ʔenu / *ʔanu，勒窝语 ninu-na < *nenu。“呼吸”科木希语 nene。

“灵魂”亚美尼亚语 anjn < *ani-。威尔士语 enaid < *ena-。

6. *b^{w}agi（*buka）

“太阳”雅语赛考利克方言 ʔuwagiʔ < *ʔub^{w}agi。

“天”满文 abka，赫哲语 abqa，鄂伦春语 bʊga < *ʔabuka。

“灵魂”排湾语 avak，鲁凯语 abakə < *ʔab^{w}ak。

“神、造物主”俄语 bog，“神”波兰语 bog < *bog。

“神”亚美尼亚语 astvatʃ < *ast-b^{w}ak。

“神”粟特语 βaɣān < *b^{w}aga-。

“雷”撒拉语 boʁnaχ < *bog-naq。

7. *grok

“害怕”藏文 skrag，缅文 krɔk，怒苏怒语 gɹu̱^{53} < *s-grok。

“神”亚美尼亚语 kuɾkh < *kurg。

8. *sula（*sla）

“神”藏文 lha，墨脱门巴语 ɬa，荷罗戈语（Hloke）hla < *sla。

“灵魂”古弗里斯语 sele、古挪威语 sala < *sela。

“灵魂、鬼”格鲁吉亚语 suli。

9. *gila（*gli、*gla、*galo）

“神”史兴语 gɪ³³ɬa⁵⁵ < *gila。劳语 agalo < *ʔagalo。

汉语 *gli（祇，地神），*gla（社，地神）。“地下的精灵”阿卡德语 galas。

“土”汉语 *kla-ʔ。菲拉梅勒语 kere，汤加语 kelekele，萨摩亚语 ʔeleʔele < *kele。

“土、地”东部斐济语 gele，西部斐济语 g^{w}ele < *g^{w}ele。

“黏土”荷兰语 klei、英语 clay < *klai。 葡萄牙语 argila、意大利语 argilla < *ar-gila。 “黏土”和阗塞语 ggūla < *gula。

“灵魂”的词源关系

亚欧语言“灵魂”的说法与“鬼、神”“影子”“呼吸”等说法有词源关系。

◇ 一　东亚太平洋语言的“灵魂”

“灵魂”主要有以下说法：

1. *ʔeb^{w}er / *b^{w}aru-ʔa

西部裕固语 ever < *ʔeb^{w}er。

拉巴努伊语 varua，汤加语 vārua < *b^{w}aru-ʔa。

2. *sune-sən / *suno-sun

蒙古语 sʉns，土族语 suneːsə，东部裕固语 sunesən < *sune-sən。

图瓦语 synøsyn < *suno-sun。

3. *sumsu / *sama-ne

达斡尔语 sumsu < *sumsu。

罗地语 samane < *sama-ne。

4. *paraga / *prak

满文 fajaŋga < *paraga。汉语 *prak（魄）。

5. *ʔoron / *roʔa

满文 oron < *ʔoron。（魄）

蒙达语 roā < *roʔa。

6. *tama

日语 tama < *tama。

7. *ramat

阿伊努语 ramat < *ramat。

8. *ʔutuq / *ʔuʔutu

泰雅语 ʔutux，赛德克语 utux < *ʔutuq。（神、灵魂）

卡那卡那布语 uutsu < *ʔuʔutu。

9. *ʔab^{w}ak / *b^{w}akar

排湾语 avak，鲁凯语 abakə < *ʔab^{w}ak。

马京达瑙语 vakar < *b^{w}akar。

10. *ʔenu / *ʔanu / *nenu

卡乌龙语 enu，布昂语 qənu，瓜依沃语 ano < *ʔenu / *ʔanu。

勒窝语 ninu-na < *nenu。

11. *maʔe

那大语 mae < *maʔe。

12. *ganu / *gen / *gən

阿者拉语 ganu < *ganu。

波那佩语 ŋēn < *gen。

汉语 *gən（魂）。

13. *bla / *pula / *mula

藏文 bla，却域语 bla^{55}so^{55} < *bla。

独龙语 pɯ^{31}lɑ^{53}，阿侬怒语 phɯ^{31}lɑ^{31} < *pula。

羌语 məla < *mula。

14. *s-namse / *r-nam-ses / *num-la / *namse-ŋ

藏语拉萨话 nam^{55}çe^{52}，夏河话 hnam çe < *namse / *s-namse。

嘉戎语 rnam ʃəs < *r-nam-ses。

景颇语 num^{31}la^{33} < *num-la。

保安语 nɑmçoŋ < *namse-ŋ。（藏语借词）

15. *k^{w}an

西双版纳傣语 xvɒn^{1}，侗语 kwan^{1} < *k^{w}an。（汉语借词）

佤语布饶克方言 khu̱an < *k^{w}an。

16. *kun-dur

克木语 kən dŭr < *kun-dur。

17. *ku-laʔ

户语 khə laʔ^{31} < *ku-laʔ。

18. *pre-luŋ

柬埔寨文 preluɯŋ < *pre-luŋ。

◇ 二 "灵魂"的词源对应关系

1. "灵魂"和"神"

(1) 汉语 *prag(魄)。"神"西部裕固语 buhrɢɑn，东部裕固语 bɑlkən < *burɢa-n。鄂伦春语 bʊrkan < *burka-n。

(2) 卡那卡那布语 *ʔuʔutu。"神、灵魂"泰雅语 ʔutux，赛德克语 utux，< *ʔutuq。

(3) 满文 *paraga。"神"西部裕固语 buhrɢɑn，东部裕固语 bɑlkən，< *burɢa-n。"雷"朝鲜语 pjərak < *bərag，藏文 ɦbrug < *m-brug。

(4) 勒窝语 *nenu。"神"拉祜语 ne^{53}、傈僳语 ni^{31} < *ne，萨萨克语 neneʔ < *neneʔ。

(5) 克木语 *kun-dur。"神"满文 enduri，锡伯语、赫哲语 əndurj < *ʔeduri。

2. "灵魂"和"鬼"

(1) 西部裕固语 *ʔeber。"鬼"撒拉语 pirə < *pirə，柬埔寨文 bɤjsaːtʃ < *bir-sak。

(2) 沃勒阿依 ŋeřü < *ŋeru。"鬼"布朗语胖品话 si ŋar^{51} < *si-ŋar。布昂语 ɴaʁur < *ŋagur。

(3) 克木语 *kun-dur。"鬼"保安语 tɕigtər < *tig-ter。

（4）藏文、却域语 *bla。“神、鬼”莽语 bli^{51} < *bli。

3.“灵魂”和“影子”

（1）克木语 *kun-dur。“影子”蒙古语 sʉdər，达斡尔语 səudər，土族语 suːdər < *sudər。

（2）卡乌龙语 *ʔenu。“影子”卡乌龙语 enu、巴拉望语 ɔninu < *ʔeninu。拉加语 nunu、马京达瑙语 nenu < *nenu。

（3）米南卡保语 aŋoʔ < *ʔaŋo（呼吸、灵魂）。“影子”梅柯澳语 oŋo < *ʔoŋo。

4.“灵魂”和“呼吸”

古人或认为“灵魂”就是“呼吸”，故两者有词源关系。如“灵魂、呼吸”米南卡保语 aŋoʔ。沙玛语“灵魂”ɳawa，“呼吸”napas 等。

（1）米南卡保语 aŋoʔ < *ʔaŋo。“呼吸”罗维阿纳语 siŋo。

（2）卡乌龙语 *ʔenu，“呼吸”科木希语 nene。

（3）沙玛语 ɳawa、马都拉语 ɳaba < *ŋab^{w}a。“呼吸”三威治港语 ŋa^{m}bos < *ŋabos。

◇ 三　词源关系分析

1. *nenu（*ʔenu、*ʔanu、*nene、*ne）

“灵魂”勒窝语 *nenu，卡乌龙语 *ʔenu，瓜依沃语 *ʔanu。蒙古语、土族语 suneːsə，东部裕固语 unesən < *sune-sən。图瓦语 *suno-sun。“呼吸”科木希语 nene。“神”拉祜语 ne^{53}、傈僳语 ni^{31}< *ne，萨萨克语 neneʔ < *neneʔ。

“灵魂”亚美尼亚语 anjn < *ani-。威尔士语 enaid < *ena-。
“呼吸”梵语 ana，和阗塞语 an-。

“灵魂”格鲁吉亚语 adamiani < *adami-ani。

2. *b^{w}aro（*b^{w}er、*b^{w}aru）

“灵魂”西部裕固语 *ʔeb^{w}er。拉巴努伊语、汤加语 *b^{w}aru-ʔa。

“灵魂、呼吸”古法语 espirit、拉丁语 spiritus，“灵魂”阿尔巴尼亚语 ʃpirt < *spiri-。
“鬼”威尔士语 ysbryd < *usbr-。“呼吸、爬上”拉丁语 aspirare < *spiri-re。
“死亡”中古法语 expirer、拉丁语 expirare（呼出、死亡）< *ex-pire-re。

“灵魂”匈牙利文 ember < *eber。

3. *namose（*namses）

“灵魂”藏语拉萨话 nam^{55}çe^{52} < *namse，夏河话 hnam çe < *s-namse。嘉戎语 rnam ʃəs < *r-namses。

“理性的灵魂、心灵”拉丁语 animus。

4. *ʔatu（*ʔitu、*du）

“鬼”萨摩亚语 *ʔa-ʔitu，罗杜马语 ʔatuʔa < *ʔatu-ʔa，马林厄语 naʔitu < *ʔna-ʔitu。“神”汤加语、萨摩亚语、拉巴努伊语 *ʔatu-ʔa。

“鬼”波兰语 dux < *dus。
“灵魂、精灵”俄语 duşa < *dusa。“神”希腊语 theos < *dos。

5. *b^{w}agi（*b^{w}ak、*buka）

“灵魂”排湾语、鲁凯语 *ʔab^{w}ak。“太阳”雅语赛考利克方言

ʔuwagiʔ < *ʔub^{w}agi 。“天”满文 abka，赫哲语 abqa，鄂伦春语 bʊga < *ʔabuka。鄂温克语 ugiləː bʊgǎ < *ʔugili-buka。

“神、造物主”俄语 bog、“神”波兰语 bog < *bog。

“灵魂”亚美尼亚语 hogi < *pogi。

6. *roʔa

“灵魂”蒙达语 roā < *roʔa。“魄”满文 oron < *ʔoron。

“灵魂”乌尔都语 roh < *roq，粟特语 əruwān < *əru-an。

“鬼”图瓦语 ɑzɑ < *ʔara。“通天鬼”满文 ari < *ʔari。汉语 *ʔre（妖）。

“害怕”蒙古语 ɛː-，达斡尔语 ɑi-，土族语 ɑjɛ- < *ʔare。维吾尔语、乌孜别克语 qorq-，哈萨克语 qorəq-，撒拉语 χorʁɑ- < *qorəq。

“前（面）”的词源关系

亚欧语言中方向的认知有以自身位置和地理方位为参照的两种方式。前者以脸所向为“前”，背所向为“后”。后者以某一地理方向为“前”，相反的方向为后。亚欧地区脸为“前”的语言中“前（面）”的说法多与“脸、头、眼睛”等说法有词源关系。

“前（面）”，如古突厥语又指“东方”，满语指“南方”。朝鲜语的“前（面）”与维吾尔语的“西方”有相同的词根。梵语也以“前面”为“东方”。

◇ 一 东亚太平洋语言的“前（面）”

“前（面）”主要有以下说法：

1. *ʔoŋ / *ʔaŋo / *ŋi-ʔa

古突厥语 øŋ（前面、东方），土耳其语 ønde < *ʔoŋ。[①]

梅柯澳语 aŋo < *ʔaŋo。那大语 ŋia < *ŋi-ʔa。

---

① 突厥语族语言“前、后”等方位词使用 -de 等后缀。

2. *ʔiliri-de

土耳其语 ileride < *ʔiliri-de。[①]

3. *ʔali-de / *ʔul-dər / *ʔili / *mə-ʔili / *ʔolo / *ʔulu

维吾尔语 ɑdli，哈萨克语 ɑldə < *ʔali-de。

西部裕固语 uhldər < *ʔul-dər。

撒拉语 ili < *ʔili。

东乡语 məiliə < *mə-ʔili。

布吉斯语 ri-olo，马林厄语 ulu < *ʔolo / *ʔulu。

4. *ʔob^{w}er

蒙古语 ɵber，达斡尔语 wer，东部裕固语 wər，保安语 vɛr < *ʔob^{w}er。

5. *dule-r / *duli / *dulu / *talu

满文 dʒuler-gi，锡伯语 dʐul-xi < *dule-r-。[②]（前面、南方）

鄂伦春语 dʒulləː，鄂温克语 dʒuliləː，赫哲语 dʑylədʑ-gə < *duli-lə。

鄂温克语 dʒulidə，赫哲语 dʑyləxi < *duli-。（南方）

巴塔克语 dʒolo，萨萨克语 dʒulu < *dulu。

戈龙塔洛语 talu < *talu。

6. *ʔarbe / *ʔarep / *ʔorapan

中古朝鲜语 arp，淳昌话 aphe < *ʔarbe。

爪哇语 arep，巴厘语 aəp < *ʔarep。

巴拉望语 ɔrapan < *ʔorapan。

---

① “前（面）”匈牙利文 eleje < *eleri，elöresz < *elores。

② 满语用 -gi 后缀，此前有 -r 等后缀。

7. *maʔe / *muʔa

日语 mae < *maʔe。

汤加语 muʔa，拉巴努伊语 i muʔa < *muʔa。

8. *dupan / *tubaŋ

印尼语 di dəpan < *dupan。

阿卡拉农语 atubāŋ-an，卡加延语 tubaŋ ta < *tubaŋ。

9. *ʔaro / *ʔaʔe-ʔar

马那姆语 aro < *ʔaro。

蒙达利语 āe-ār < *ʔaʔe-ʔar。

10. *b^{w}ali-maʔe

锡加语 βaliβae < *b^{w}ali-maʔe。

11. *b^{w}aga

达密语 waga < *b^{w}aga。

12. *mata / *ʔe-mata

斐济语 mata < *mata。

卡乌龙语 emata < *ʔe-mata。

13. *ʔadaq / *mu-daq

马都拉语 aɖaʔ < *ʔadaq。

沙玛语 mundaʔ < *mu-daq。

14. *mana / *mona / *mena / *muno / *ʔomon

宁德娄语 b^{w}ena < *mana。

多布语 mona < *mona。

查莫罗语 mena < *mena，mona < *mona。

布拉安语 munɔ < *muno。

蒙古语 ɵmɵn < *ʔomon。（前面、南方）

15. *nema

雅贝姆语 nema < *nema。

16. *s-gran / *mu-kran / *ma-su-kran

汉语 *s-gran（前）。

独龙语 mɯ^{31}tɕɑn^{55}< *mu-kran。

阿侬怒语 mɑ^{55}ʂ̥u^{31}khɑ^{53} < *ma-su-kran。

17. *m-dun

藏文 mdun < *m-dun。

18. *sna-le

错那门巴语 na^{55}le^{31} < *sna-le。

19. *gub

墨脱门巴语 gub < *gub。

20. *roŋ

景颇语 ʃoŋ^{33} < *roŋ。

21. *sreʔ

缅文 hre¹（前面、东方），怒苏怒语 xɹu³³ < *sreʔ。

22. *sisi

哈尼语 ʃɿ³¹ʃɿ³¹ < *sisi。

23. *ʔnaʔ

壮语武鸣话 na³，水语 ʔna³ < *ʔnaʔ。

24. *quns

侗语 un⁵，仫佬语 kun⁵ < *quns。

25. *le-ʔe

莽语 lɛ³¹ʔɛ³⁵ < *le-ʔe。[①]

26. *laŋi / *laŋan / *rŋən

布朗语甘塘话 la³³ŋai³¹ < *laŋi。

巴琉语 le³³ŋaːn³³ < *laŋan。

藏语阿力克话 rŋən < *rŋən。

27. *samaŋ / *maŋ-na

桑塔利语 samaŋ < *samaŋ。

布兴语 maŋ na < *maŋ-na。（前面、正面）

28. *ʔutat

桑塔利语 utsʌʈ < *ʔutat。

① 南亚系语言“前、后”等方位词使用 le- 等前缀。

◇ 二 “前（面）”的词源对应关系

1. “前（面）”和“脸”

（1）斐济语 *mata。“脸、眼睛”毛利语、汤加语、萨摩亚语、查莫罗语 mata，夏威夷语 mǎkǎ < *mata。

（2）壮语、水语 *ʔnaʔ。“脸”壮语武鸣话、西双版纳傣语、侗语 na^{3} < *naʔ。阿伊努语 nan < *nan，鄂罗克语 anta < *ʔana。

（3）宁德娄语 *mana、多布语 *mona。“脸”劳语 mana < *mana。景颇语 man^{33} < *man，汉语 *mjan-s（面）。

（4）波那佩语 m^{w}owe < *mob^{w}e。“脸”布拉安语 bawə < *bab^{w}a，特鲁克语 wowo < *b^{w}ob^{w}o。

（5）梅柯澳语 *ʔaŋo。“脸”日语 kao < *kaʔo。

2. “前（面）”和“头”

（1）土耳其语 *ʔiliri-de。“头”日语 kaçira < *kalira。

（2）蒙古语、达斡尔语 *ʔob^{w}er。“鱼头”毛利语 pero < *bero。

（3）鄂伦春语、鄂温克语 *duli-lə。“头”赫哲语 dili，鄂伦春语 dɪli < *dili。

（4）布吉斯语 *ʔolo、马林厄语 *ʔulu。“头”查莫罗语 ulo < *ʔulo，鲁凯语 auɭu < *ʔa-ʔulu。排湾语 quɭu，木鲁特语、巴塔克语 ulu，巽他语 hulu，汤加语 ʔulu < *ʔulu。

3. “前（面）”和“眼睛”

（1）土耳其语 *ʔiliri-de。“眼睛”赫哲语 idzalə，索伦语 isal，鄂温克语 ɪʃal < *ʔilalə。

（2）沙玛语 *mudaʔ。“眼睛”梅梯语、哈卡钦语 mit < *mit。蒙达语 med，

桑塔利语 mẽ̱th < *med（*met）。

（3）那大语 *ŋi-ʔa。“眼睛”布朗语甘塘话 ŋai^{31}、德昂语南虎话 ŋai、恩语（En）ŋai < *ŋi。（脸、眼睛）

（4）宁德娄语 *mana。“眼睛”劳语 mā、莫图语柯勒布努方言 ma、阿罗玛方言 māna、梅柯澳语 maa < *ma-na。

（5）锡加语 *bali-maʔe。“眼睛”拉加语 pla^{1} < *pla。

4. “前（面）”和“东方”

有的语言“前（面）”即“东方”，如古突厥语 øŋ、西部裕固语 undijɑq、缅文 ɑ^{1}hre^{1} 等。词源有交叉对应关系的如：

（1）斐济语 *mata，“东方”乌玛语 mata-ʔeo。

（2）桑塔利语 *samaŋ，“东方”沙玛语 sabaŋ-an。

（3）藏文 *m-dun。“东方、左边”蒙古语 dʒuːŋ、达斡尔语 dʒyn、东乡语 dun < *dun。

5. “前（面）”和“南方”

“前（面）”即“南方”，如满文 dʒuler-gi、锡伯语 dʐul-xi、蒙古语 ɵmən、达斡尔语 əməl、东部裕固语 ølmøː、基诺语 a^{55}pɔ^{44} 等。

（1）雅贝姆语 *nema，汉语 *nəm（南）。

（2）多布语 *mona，“南方”义都珞巴语 mɑ^{55}no^{35}。

（3）达斡尔语 əməl，“南方”卑南语 timuḷ < *ti-mul。

三　词源关系分析

1. *b^{w}era（*ʔob^{w}er、*meri、*bero、*pra）

“前（面）”蒙古语、达斡尔语 *ʔob^{w}er。“头”朝鲜语 məri < *meri，“鱼

头”毛利语 pero < *bero。“眼睛”黎语 tsha[1]、石家语 pra[1] < *pra，汉语 *pra（矑）。

“前面、之前”梵语 puraḥ < *pura-，阿尔巴尼亚语 para。
“东方”梵语 purvaː、praːtʃi < *pra-。
希腊语“前面”empros，“眉毛”ophrys < *obrus。“额、眉毛”古英语 bru。
“前面、之前”和阗塞语 bruṃbä te < *bru-bote。
“前面、之前，以前的时候”古英语 beforan、古高地德语 bifora < *be-bora。
“前部”古法语 frontier。“额、眉毛”拉丁语 frontum、古法语 front < *prot。
“前面”俄语 perednij（形容词）、波兰语 przod < *prod。

“前面”格鲁吉亚语 prɛnthi < *predi。

2. *gari（*kar、*kere、*ŋor）

“前（面）”姆布拉语 kere。“头”鄂罗克语 kaːr < *kar，朝鲜语 tɛkari < *de-gari。“脸”卑南语 ʈaŋar < *ta-ŋor。

“前面、在前、事前”梵语 agre。“眼睛”梵语 akʃi、嘎地语（Gadi）hākhɑr，西班牙语 cara（脸）< *kara。“眉毛”希腊语 akro。

3. *ʔeda（*ʔada、*ʔəda、*ʔatu、*qete、*ʔata）

“前（面）”马都拉语 *ʔada-q，沙玛语 *mu-da-q。“头”爪哇语 əndas < *ʔədas，吉尔伯特语 te atū < *ʔatu，劳语 kete < *qete，日语 atama < *ʔata-ma。

“之前”拉丁语 ante。“对面”赫梯语 hanti < *qati，希腊语 anta。

“东、升起的太阳”拉丁语 orientem < *ore-tem，*ore 指“升起”，如拉

丁语 oriri“升起、出现”。“东”希腊语 anatole < *anatole，“升起”anatelle。同样的构词方式是：

“东”哈萨克语 ʃəʁəs、柯尔克孜语 tʃəʁəʃ < *tegə-l，“出”哈萨克语 ʃəq-，柯尔克孜语 tʃəq- < *teq。

“东”达斡尔语 nɑr gɑrwəi，保安语 nɑraŋ χɑrgunə ɕoɢ < *naraŋ-qargu-nə（太阳—出）。

“东”布兴语 bɔn ʔɔk tʃiŋ ʔi < *bon-ʔɔk-tiŋ-ʔi（地方—出—太阳）。

4. *lope（*lepe、*lopu、rpe）

“前”朝鲜语 *ʔarbe。“额”史兴语 $lɜ^{53}pɜ^{33}$ < *lepe。“眼睛”土家语 $lo^{35}pu^{55}$ < *lopu。

“之前”亚美尼亚语 aɹjev < *$areb^{w}$。“额、前面”俄语 lob < *lob。

5. *na

“前面”壮语武鸣话 na^{3}，水语 $ʔna^{3}$ < *ʔnaʔ。侗语 un^{5}，仫佬语 kun^{5} < *quns。

“前面”威尔士语 wynab < *una-。梵语“脸、嘴、鼻子”aːna。

“后（面）”的词源关系

亚欧语言中都有“前（面）”为“东方”，“后（面）”指“西方”这样的约定。东亚太平洋语言的“后（面）”大多与“背”“屁股”“北方”等说法有词源关系，相应的是以“前（面）”指“南方”。

◇ 一　东亚太平洋语言的“后（面）”

“后（面）”主要有以下说法：

1. *ʔarqa / *ʔar / *ʔaraq

古突厥语、维吾尔语 ɑrqɑ，撒拉语 ɑrχɑ，图瓦语 oːrkɑ，土耳其语 arka < *ʔarqa。

土耳其语 art，西部裕固语 ɑrt（后面、西方），乌孜别克语 ʌrt，东部裕固语 ɑːrtə < *ʔar-。

三威治港语 arax < *ʔaraq。

2. *quin / *qui

蒙古语 xœːn，达斡尔语 xuɑinɑː，东部裕固语 xøine，保安语

χuine < *quin-。[①]

蒙古语 xœːt，达斡尔语 xuɑindɑː，东部裕固语 xøitə，保安语 χuitə < *qui-。（后面、北方）

3. *ʔamar

满文 amargi（后面、北方），锡伯语 amərxi，赫哲语 amidʑgə < *ʔamar-gi。

鄂伦春语 amajlaː，鄂温克语 amᴇːlaː < *ʔamar-la。

4. *duri / *diri-n / *ʔatra-saʔo

中古朝鲜语 ty，庆兴话 tuji < *duri。

嫩戈内语（Nengone）dirin < *diri-n。查莫罗语 atrasao < *ʔatra-saʔo。

5. *ʔusi / *ʔosi / *ʔisi / *kon-sai

日语 uçi < *ʔusi。

西部斐济语 osi < *ʔosi（之后）。

劳语 isi < *ʔisi。

柬埔寨文 kɔnsaj < *kon-sai。

6. *liqud

卑南语 likuɖan，排湾语 ʎiʔudz，他加洛语 likod，亚齐语 likot < *liqud-an。

7. *mudi / *b^{w}et-po

萨萨克语 mudi，马都拉语 buɖi < *mudi。

---

① 蒙古语族语言面南背北、东左西右，"前面"的说法如同印欧语，"后面"又指"北方"。"东方（左边）"与藏语的"前（面）"有词源关系，"西方（右边）"蒙古语 bɑruːŋ、东部裕固语 bɑruːn、东乡语 borun < *baru-n，与满语、印尼语一致。

罗维阿纳语 mudina < *mudi-na。

卡乌龙语 βetpo < *b^{w}et-po。

8. *muri / *buri-na

马那姆语 muri，波那佩语 m^{w}uri < *muri。

塔希提语 i muri，汤加语 mui < *muri。

瓜依沃语 burina < *buri-na。

9. *balakaŋ

印尼语 di bəlakaŋ，米南卡保语 balakaŋ < *balakaŋ。

10. *re-boko

贡诺语 ri-boko < *re-boko。

11. *ʔa-ʔikur / *tili-kuri

阿美语 aikur，赛夏语 ʔikor < *ʔa-ʔikur。

乌玛语 tili^{ŋ}kuri-a < *tili-kuri。

12. *tate

查莫罗语 tate < *tate，taten < *tate-n，tatate < *ta-tate。

13. *goʔ

汉语 *goʔ（後）。

14. *m-luk

藏文 mdʑug < *m-luk。

15. *glu

格曼僜语 glau^{53} < *glu。（后面、背）

16. *pə-na

木雅语 pə^{33}nɑ^{24} < *pə-na。

17. *nok / *noqo

缅文 nɔk < *nok。（后面、西方）

彝语萨尼话 nɔ^{55}xɔ^{33} < *noqo。

18. *baŋ

景颇语 phaŋ^{33} < *baŋ。

19. *ʔlaŋ

壮语武鸣话 laŋ^{1} < *ʔlaŋ。

20. *qaŋ

苗语养蒿话 qaŋ^{1}，勉语大坪话 kɔŋ^{1} < *qaŋ。

21. *la-ʔuk

尼科巴语 lauk < *la-ʔuk。

22. *ta-lom

桑塔利语 tajọm < *ta-lom，kuɖʌm < *kudam。

23. *liqi

莽语 li^{31}hi^{35} < *liqi。

24. *tu

京语 thau^{1} < *tu。

◇ 二 “后（面）”的词源对应关系

1. “后（面）”和“背”

（1）三威治港语 *ʔaraq。“背”毛利语 tuarā < *tu-ʔara。清代蒙文 aru，蒙古语 ɑr，东部裕固语 ɑːr < *ʔaru。

（2）中古朝鲜语、庆兴话 *duri。“背”朝鲜语镜城话 tʃantəri < *dadəri。莫图语 doru-na < *doru。

（3）日语 *ʔusi。“背”日语 se < *se。

（4）卑南语、排湾语、他加洛语 *liqud-an。“背”巴拉望语、摩尔波格语 likud，雅美语 likoḍ < *likud。

（5）壮语武鸣话 *ʔlaŋ。“背”壮语武鸣话 paːi^{6}laŋ^{1} < *bi-ʔlaŋ。

（6）苗语、勉语 *qaŋ。“背”佤语马散话 si ʔaŋ < *si-ʔaŋ。

（7）尼科巴语 *la-ʔuk。“背”尼科巴语 uk < *ʔuk。

（8）桑塔利语 *kudam。“背”布昂语 dəmi < *dəmi，雅贝姆语 dem^{w}e < *deme。

（9）贡诺语 *re-boko。“背”赛德克语 bukui，贡诺语 boko，< *bukoʔi / *boko。汉语 *pək-s（背）。

2. “后（面）”和“屁股”

（1）阿美语、赛夏语 *ʔa-ʔikur。“屁股”西部裕固语 ɢoŋɢər，东部裕固语 ɢoŋɢor < *gogər。

（2）缅文 *nok。“屁股”汤加语 noko，萨摩亚语 noʔo < *noko。

（3）乌玛语 *tili-kuri，“屁股”佤语马散话 krɛ < *kre。

（4）壮语武鸣话 *ʔlaŋ。“屁股”壮语 haːŋ^{4} < *laŋʔ。

（5）卡乌龙语 *bet-po。“屁股”巴琉语 pau^{53}te^{55} < *pute。

（6）蒙古语族语言 *qur-tə。“屁股”满文 ura，赫哲语 ora < *ʔura。

3.“后（面）”和“北方”

（1）土耳其语、西部裕固语、乌孜别克语 *ʔar-t。“北方、背后”蒙古语 ɑr，东部裕固语 ɑːr < *ʔar。

（2）藏文 *m-luk。“北方”缅文 mrɔk < *m-rok。

（3）乌玛语 *tili-kuri。“北方”宁德娄语 tolau < *tola-ʔu。

（4）罗维阿纳语 *mudi-na。“北方”萨摩亚语 mātū。

4.“后（面）”和“西方”

土耳其语 art、西部裕固语 ɑrt、缅文 nɔk^{4}“后（面）”即“西方”，其他如：

（1）日语 *ʔusi，“西方”日语 niɕi < *ni-si。

（2）朝鲜语 *duri。“西方”锡伯语 dirxi < *dir-gi。

（3）汉语 *goʔ（後）。“西方”加龙语 ago < *ʔago。

（4）藏语阿力克话 rɟjap < *g-rap。“西方”维吾尔语 ʁɛrp，塔塔尔语 ʁɛrip < *ɢerip。

三　词源关系分析

1. *duri（*diri、*tra、*doru）

“后（面）”朝鲜语 *duri，嫩戈内语 *diri-n，查莫罗语 *ʔatra-saʔo。

“背”朝鲜语镜城话 tʃantəri < *dadəri，莫图语 doru-na < *doru。

“后面”意大利语 dietro。“背”意大利语 dorso、法语 dor，“屁股”西班牙语 cadera < *ka-dera。

2. *buri（*muri、*bir）

“后（面）”马那姆语、波那佩语、塔希提语、汤加语 *muri，瓜依沃语 *buri-na。

“背”桑塔利语 sʌmbir < *sa-bir。

希腊语“后面”piro、opiro，“北”borras。
“后面”阿尔巴尼亚语 prapa < *pra-pa。
“背、后面”粟特语 partʃ，“背”阿维斯陀经 parʃti < *par-。

3. *b^{w}ako（*boko、b^{w}ak）

“后（面）”贡诺语 *re-boko。

“背”赛德克语 bukui，贡诺语 boko。

“身体”马京达瑙语、那大语 vəki，巽他语 awak < *ʔab^{w}ak。

“后面的”中古英语 backermore < *baker-more。“背、后面”古英语 bæc、古弗里斯语 bek。

汉语“北”为两人相背之意，“背”*pək-s 和“北”*pək 有词源关系。

“北”粟特语 pāʃ，阿维斯陀经 apaʃi < *apahi。

4. *b^{w}atu（*bet、*patu、*pute、*b^{w}at）

“后（面）”卡乌龙语 *bet-po。

“背”塔几亚语 patu-n < *patu。“屁股”巴琉语 $pau^{53}te^{55}$ < *pute。

“背”希腊语 bathas < *bada-。“西”高地德语 abend < *abed。

5. *si（*so、*sa）

“后(面)” 日语 *ʔusi,“西方”日语 niçi < *ni-si，赫哲语 solki < *so-l-gi，马京达瑙语 sale。汉语 *səl（西）。

“后”(名词) 波兰语 wstetʃ < *uste-,“后”(副词) 俄语 vspjatj < *us-。

“西” 古英语、古弗里斯语 west、古挪威语 vestr < *us-t。

“西” 法语 ouest、西班牙语 oste。“西、晚上” 拉丁语 vesper < *ues-。

*-t 为印欧语和突厥语方位后缀。如“后(面)”古突厥语、维吾尔语 ɑrqɑ，撒拉语 ɑrχɑ，图瓦语 oːrkɑ，土耳其语 arka < *ʔar-qa。土耳其语 art，西部裕固语 ɑrt（后面、西方），乌孜别克语 ʌrt，东部裕固语 ɑːrtə < *ʔar-t。

“背” 清代蒙文 aru，蒙古语 ɑr，东部裕固语 ɑːr < *ʔaru。

“上（面）”的词源关系

表示“上”“下”的方位词可来自比喻说法。如以身体部位投射说明方位关系的语言“头”指“上”，“脚”指“下”，肚子、腰指“中间”。早期的词源关系仍体现于今天分离已久的不同语言中。亚欧语言“上（面）”的说法与“山”“头”“向上”“高”等说法有词源关系。

与方位或运动有关“上、下”义的表述通常以地形地物为参照。如居于山地河边的一些民族称上游为“上方”，下游为“下方”。亚、欧两地的语言都有以城市的方向为“上”，以离开城市的方向为“下”。战国以来汉语“北”为“上”，“南”为“下”，可能与南向而居有关。故北行称为“北上”，南行叫作“南下”。

◇ 一　东亚太平洋语言的“上（面）”

“上（面）”主要有以下说法：

1. *dugeri / *dogari-gə

古突厥语 jygery，维吾尔语 juquri，西部裕固语 jorəɢə < *dugeri。（上面、往上）

哈萨克语 dʒøʁɑrʁə < *dogari-gə。（上面、往上）

2. *tobe / *ʔo-daba

维吾尔语 tøpɛ，哈萨克语 tøbe < *tobe。（上面、顶部、山岗）

马那姆语 atabala，吉利威拉语 o-daba-la < *ʔo-daba。

3. *bal / *pel

撒拉语 bɑʃ，西部裕固语 bɑʂ < *bal。（上面、顶部）①

克木语 lɔŋ pɤh < *loŋ-pel。

4. *ʔusti / *ʔisat

土耳其语、维吾尔语 yst，柯尔克孜语 ysty，撒拉语 isdʒi < *ʔusti。（上面、顶部）

卑南语 isaʈ < *ʔisat。

5. *dəre / *dori-gə / *der-gi

蒙古语 dəːr，土族语 dəre，东部裕固语 diːre < *dəre。（上面、高）

西部裕固语 jorəɢə < *dori-gə。（上面、往上）

满文 dergi < *der-gi。（上、东方）

6. *ʔigu / *ʔugi / *ʔuge

满文 niŋgu < *ʔigu。

鄂温克语 ugidə，锡伯语 nuŋu < *ʔugi-。

中古朝鲜语 uh，庆州话 uɣɛ < *ʔuge。

---

①"上面"匈牙利文 felsö < *pʷel-so。

7. *ʔuli-

赫哲语 uɕki，鄂伦春语 ujləː < *ʔuli-。

8. *ʔuʔe / *ʔu

日语 ue < *ʔuʔe。

侗语 wu^{1}，水语 u^{1} < *ʔu。

9. *b^{w}ab^{w}ab^{w} / *ʔi-b^{w}ab^{w}ab^{w} / *p^{w}op^{w}o / *p^{w}ip^{w}in

泰雅语、赛夏语 babaw，邵语 fafaw < *b^{w}ab^{w}ab^{w}。

排湾语 ivavav < *ʔi-b^{w}ab^{w}ab^{w}。

瓜依沃语 fofo-na < *p^{w}op^{w}o。多布语 ɸiɸin < *p^{w}ip^{w}in。

10. *dala

布农语 tandaða，鲁凯语 ɖaða < *dala。

11. *di-ʔatas / *tas

印尼语 di atas，米南卡保语 di ateh < *di-ʔatas。布拉安语 tah < *tas。

12. *reta

那大语 zeta，锡加语 reta < *reta。

13. *ʔe-rere

罗图马语 ʔe rere < *ʔe-rere。

14. *dubur / *ʔamure / *bor

爪哇语 n-ɖuwur < *dubur。

拉加语 amare < *ʔamure。

桑塔利语 bhor < *bor。（向上）

15. *ruŋa

拉巴努伊语 ʔi ruŋa，萨摩亚 i luŋa o < *ruŋa。

16. *g-laŋ / *glaŋ

汉语 *glaŋ-s（上）< *g-laŋ。

畲语 khjaŋ^{2} – < *glaŋ。

17. *bu

藏文 phu，嘉戎语 phə < *bu。

18. *ʔana / *ʔnə / *kana

缅文 ɑ^{1}nɑː^{2}，拉祜语 ɔ^{31}nɑ^{33} < *ʔana。

壮语龙州话 nɯ^{1}，西双版纳傣语 nə^{1} < *ʔnə。

阿伊努语 kanna < *kana。

19. *gən

壮语武鸣话、布依语 kɯn^{2} < *gən。

20. *qa-ʔdu

巴琉语 qa^{55}ndau^{55} < *qa-ʔdu。

21. *sə-loŋ / *la-leŋ

佤语马散话 siɯ lɔŋ，布朗语甘塘话 la^{33}leŋ^{55} < *sə-loŋ / *la-leŋ。

22. *daŋ-doŋ

莽语 duaŋ^{51}doŋ^{35} < *daŋ-doŋ。

23. *dabit/ *dib^{w}at

桑塔利语 hεbitʃ < *dabit，dhεbitʃ < *dabit。（向上）

巴拉望语 dibwat < *dib^{w}at。

二 “上（面）”的词源对应关系

1. “上（面）”和“山、高”

第一卷《山》篇已讨论“山”与“高”“上面”“顶”等词源关系，现结合本篇相关的词讨论如下：

（1）突厥语族语言 *dugeri。“山”罗维阿纳语 togere < *togere。“天”蒙古语 təŋgər，东部裕固语 teŋger，西部裕固语 deŋər < *tegeri。

（2）“上面、高”蒙古语族语言 *dəre。“山”伊拉鲁吐语 tarɔ < *taro。“顶部”阿伊努语 kitaj < *kitar。

（3）罗图马语 *ʔe-rere。“山”藏文 ri，“高”阿伊努语 ri。

（4）印尼语 di atas < *di-ʔatas。“高”卡加延语 datas < *datas。

（5）缅文、拉祜语 *ʔana。“山”波那佩语 nāna < *nana。

（6）爪哇语 *dubur。“山坡、小山”阿伊努语 mori < *mori。

（7）“上面、顶部”撒拉语、西部裕固语 *bal。“山”姆贝拉语 abal < *ʔa-bala。

2. “上（面）”和“头”

（1）“上面、顶部”撒拉语、西部裕固语 *bal。“头”土耳其语、维吾尔语 baʃ，哈萨克语 bas，西部裕固语 baʂ < *bal。卡那西语（Kanashi）卡瑙里语（Kanauri）bal，那加语棱马方言（Rengma）peh < *bal。

（2）爪哇语 *dubur。“头”朝鲜语 məri < *məri。日语（方言词）

tsɿburi < *tuburi。毛利语 pero < *bero（鱼头）。

（3）“上面、高”蒙古语族语言 *dəre。“头”保安语 təroŋ < *toroŋ。

（4）布农语、鲁凯语 *dala。“头”赫哲语 dili，鄂伦春语 dɪli < *dili。马加尔语 mitalu < *mi-talu。

（5）印尼语 di atas < *di-ʔatas。“头”爪哇语 ənḍas，巴厘语 təndas < *tadas。

（6）藏文、嘉戎语 *bu。“头”蒙达语 bo < *bo。景颇语 po^{33} < *bo。

（7）巴琉语 *qa-ʔdu。“头”吉尔伯特语 te atū < *ʔatu。

（8）巴拉望语 *di-b^{w}at。“头”泰雅语赛考利克方言 bətunux，泽敖利方言 tunux，赛德克语 tunuh < *bətu-nuq。拉加语 b^{w}atu- < *b^{w}atu。

（9）阿昌语 $a^{31}lum^{31}$ < *ʔa-ʔlum。“头”载瓦语 u^{21}lṵ m^{21} < *ʔu-ʔlum。

汉语“上”*glaŋ-s < *g-laŋ，可能与藏文“额”mdaŋ < *m-daŋ，佤语马散话、布朗语曼俄话“头”*ʔdoŋ 有词源关系。“上”布朗语甘塘话 $la^{33}leŋ^{55}$ < *sə-loŋ / *la-leŋ。*g- 是早期汉语表示方位的前缀。

◇ 三　词源关系分析

1. *b^{w}eri（*bur、*bor、*ʔamure、*mori、*muri）

“上（面）”爪哇语 *du-bur、桑塔利语 *bor、拉加语 *ʔamure。“山坡、小山”阿伊努语 *mori。“头”朝鲜语 məri < *muri。

乌尔都语“上”upar < *upar，“上面”upar ka。 “上、越过”（介词）中古英语 ofer、古撒克逊语 abar、古高地德语 ubar、哥特语 ufar < *ob^{w}er。“上面的”古英语 uffer < *ub^{w}er，“额、眉毛”bru。

希腊语“上、越过”（介词）uper，“眉毛”ophrys < *obrus。
“上”（介词）俄语 vverx < *ob^{w}ers，naverx < *na-b^{w}ers。
“上面”波兰语 przyszwa < *prys-。“之上”阿尔巴尼亚语 sipër < *sipor。

“前面、之前”梵语 puraḥ < *pura-，“东方”梵语 purvaː、praːtʃi < *pra-，似与日耳曼和希腊等“上（面）”的这一类说法有词源关系。

2. *b^{w}ati（*b^{w}at、*bətu、*b^{w}atu、*pita）

“上（面）”巴拉望语 *di-b^{w}at。“头”泰雅语赛考利克方言 bətunux，泽敖利方言 tunux，赛德克语 tunuh < *bətu-nuq。拉加语 b^{w}atu- < *b^{w}atu。“脸”邹语 sapətsi < *sa-pəti。“额”日语 hitai < *pita-ʔi。

“头”高地德语 houbit，古英语 heafod（顶端），梵语 kaput-，拉丁语 caput。“头”梵语 muɳɖam < *muda-m。

3. *teba（daba、*tepa、*tobe）

“上面、顶部、山岗”维吾尔语 tøpɛ，哈萨克语 tøbe < *tobe。“上面”吉利威拉语 o-daba-la < *ʔo-daba。“额”木鲁特语 dabas，布昂语、吉利威拉语 daba。大瓦拉语“额”tepa-na pouna，“脸”tepa-na < *tepa。

“顶点”古英语 top，“端点”古荷兰语 topp、古弗里斯语 top。
“额”希腊语 metob、metebo < *me-tebo。
“鬓”拉丁语 tempus（单数）、tempora（复数），古法语 temple（复数转单数）。

4. *na（*ʔana、*ʔnə、*nana、*naʔ）

“上（面）”缅文、拉祜语 *ʔana，壮语龙州话、西双版纳傣语 *ʔnə。“山”波那佩语 nāna < *nana。“脸”壮语武鸣话、西双版纳傣语、侗语 na^{3} < *naʔ。

“往上”（副词）希腊语 ane。

5. *geri（*gere、garu、*kiri、*gari）

“上面、往上”突厥语族语言 *dugeri < *du-geri。“山”罗维阿纳语 togere < *to-gere，柬埔寨文（诗歌用词）kiri < *kiri。“峭壁”罗维阿纳语 saɣaru < *sa-garu。“头”朝鲜语 tɛkari < *degari。“高的”维吾尔语 juquri、哈萨克语 dʒoʁɑrə、塔塔尔语 joʁɑrə < *dugari。

“上”（介词）波兰语 wgorę < *ogora，（形容词）gorny < *gor-。
“小山”古挪威语 haugr、立陶宛语 kaukara < *kagara。
“高”古英语 heh、古弗里斯语 hach、古挪威语 har < *kagra。

6. *bʷa（*bo、*bu）

“上（方）”藏文、嘉戎语 *bu。“头”蒙达语 bo < *bo，景颇语 po³³ < *bo，哈拉朱乌语 bʷa、阿杰语 gʷã 。“高的”仫佬语 foŋ¹，毛南语 voŋ¹ < *ʔbʷoŋ。

“上面、高”古高地德语、撒克逊语 oban、德语 oben。
“往上”（副词）古英语 up、古高地德语 oba、德语 ob，梵语 upa。

7. *ʔuli

“上”赫哲语 uɕki，鄂伦春语 ujləː < *ʔuli-。“平矮山”满文 ala < *ʔala。

“上”和阗塞语 ula。

8. *ʔusdi

“上面、顶部”土耳其语、维吾尔语 yst，柯尔克孜语 ysty，撒拉语 isdʒi < *ʔusti。

“上”阿维斯陀经 ustəma-。[①]

---

① H. W. Bailey, *Dictionary of Khotan Saka*, Cambrige University Press, 1979, p.41.

“下（面）”的词源关系

亚欧语言“下（面）”的说法与“地”“脚”“底”“低”“里（面）”等说法有词源关系。“上、下”方位的表述可跟最初的思维方式有关。

一　东亚太平洋语言的“下（面）”

“下（面）”主要有以下说法：

1. *toben / *tabe / *top / *dob

维吾尔语 tøwɛn，哈萨克语 tømen，乌孜别克语 tøbɛn < *toben。（下面、低的）

窝里沃语 $ta^{m}be$ < *tabe。

沙外语 top < *top。

卡林阿语 dob < *dob（下面、低的）。

2. *bas

维吾尔语 pɛs，柯尔克孜语 bɑs < *bas。（下面，低的）

3. *ʔala-qi

土耳其语 aʃaɣi，撒拉语 ɑʃɑq < *ʔala-qi。（下面，低的）[①]

4. *gudu / *kodi-ʔe

图瓦语 ʁudu < *gudu。（下面，低的）

南密语 kodie < *kodi-ʔe。

5. *qərgil-gə / *ʔərgili / *ʔərgidə

赫哲语 xərgidʑgə < *qərgil-gə。

鄂伦春语 ərgiləː < *ʔərgili。

鄂温克语 əggidə < *ʔərgidə。

6. *bale

西部斐济语 bale < *bale。

7. *dor-du / *dor-gi / *ʔal-der / *pe-dir-qi / *ʔidara / *la-dar

蒙古语正蓝旗话 doːd，蒙古语和静话 dord，东乡语 dodu < *dor-du。

达斡尔语 duɑrgi，东部裕固语 duːrɑʁə < *dor-gi。

西部裕固语 ɑhlder < *ʔal-der。（下面、低的）

满文 fedʒergi，锡伯语 fədʑirxi < *pe-dir-qi。

卑南语 idara < *ʔidara。

道孚语 la ndar < *la-dar。

8. *ʔare / *ʔaro / *raro / *ʔaraq

中古朝鲜语 arɛ < *ʔare。

菲拉梅勒语（Fila-Mele）i-aro < *ʔaro。

---

① “下（面）” 匈牙利文 alsö < *al-so。

塔希提语 i-raro < *raro。

乌玛语 araʔ < *ʔaraq。

9. *lita / *ʔalti

日语 çita < *lita。

土耳其语 alti，维吾尔语 ɑst < *ʔalti。

10. *bok-na

阿伊努语 pokna < *bok-na。

11. *toru / *la-tar / *tari / *la-tareʔu

巴塔克语 di tɔru < *toru。

蒙达语 lātār，桑塔利语 latar < *la-tar。

桑塔利语 tɛri < *tari。

尼科巴语 latareu < *la-tareʔu。

12. *ʔade / *teʔ

拉加语 ata，宁德娄语 a^{n}d^{r}i < *ʔade。

布依语 taɯ^{3}，侗语、水语 te^{3} < *teʔ。

13. *baba / *babaq

马都拉语 baba-na，锡加语 βaβa < *baba。

印尼语、米南卡保语 di bawah，他加洛语 babaʔ < *babaq。

14. *baroq

亚齐语 baroh < *baroq。

15. *ŋ-ʔisor

爪哇语 ŋ-isɔr < *ŋ-ʔisor。

16. *gra / *kre

汉语 *gra-ʔ（下）< *gra。

缅文 ɑ^{1}kre^{3}，阿昌语 a^{31}the^{31} < *kre。（下方）

17. *ʔog

藏文语 ɦog（下、底下），缅文 ok < *ʔog。

18. *smuk

阿昌语 m̥uʔ < *smuk。

19. *lek

景颇语 teʔ^{31} < *lek。

20. *ʔlaʔ / *lalo

壮语武鸣话 la^{3} < *ʔlaʔ。

汤加语 lalo，萨摩亚语 i lalo o < *lalo。

21. *dal

克木语 dɤh，布兴语 si tăl < *dal。

22. *ʔlis

京语 jɯəi^{5} < *ʔlis。

23. *grəm

佤语马散话 ka grɤm，艾帅话 gru̠m < *grəm。

◇ 二 “下（面）”的词源对应关系

1.“下（面）”和“地”

（1）蒙古语、东乡语 *dor-du。“地”维吾尔语 jɛr，哈萨克语、图瓦语 dʒer < *der。嘉戎语 ndər < *m-dər。

（2）克木语、布兴语 *dal。“地”藏文 thal < *dal，布兴语 dal < *dal。

（3）拉加语、宁德娄语 *ʔade。“地”蒙达语 ode < *ʔode。

（4）乌玛语 *ʔaraq。“地”阿伊努语 ja < *ra。

（5）勒窝语 va tano < *ba-tano。“地”查莫罗语 tano < *tano。

2.“下（面）”和“脚”

（1）乌玛语 *ʔaraq。“脚”土耳其语 ajak，维吾尔语 ɑjaq，西部裕固语 ɑzɑq < *ʔaraq。

（2）西部斐济语 *bale。“脚”达密语 bala < *bala。莫图语 ae palapala < *ʔaʔe-bala。格曼僜语 pla^{55} < *pla。

（3）拉加语、宁德娄语 *ʔade。“脚”布吉斯语 adʒdʒi < *ʔadidi。

（4）南密语 *kodi-ʔe。“脚”达阿语 kada < *kada。蒙达语 kɑʈa < *kata。满查底语 kondza，昌巴拉胡里语 kunza < *koda。

3.“下（面）”和“低的”

“下（面）、低的”用一个词表示的有维吾尔语 pɛs、柯尔克孜语 bɑs、图瓦语 ʁudu、塔塔尔语 tybɛn、土耳其语 aʃaɣi、撒拉语 ɑʃaq、西部裕固语 ɑhlder、卡林阿语 dob 等，其他有词源交叉对应关系的如：

（1）沙外语 *top。“低的”巴厘语 endep < *ʔedep。

（2）阿伊努语 *bok-na。“低的”日语 hikui < *piku-ʔi。罗维阿纳语

pepek < *peka。满文 fangkala < *paka-la。

（3）拉加语、宁德娄语 *ʔade。“低的”达阿语 na-ede < *ʔede。克木语 deʔ < *deʔ。

（4）乌玛语 *ʔaraq。“低的”罗图马语 ʔele < *ʔele。

汉语“下”*gra-ʔ 表方位和方向，可能和“低的”畲语 khje^{4} < *gre 这样的说法有词源关系，还可成为“下蛋”“下楼”中的动词。

“下（面）”和“里（面）”词源关系的例子很多，参阅下文《里（面）》篇的说明。

◇ 三　词源关系分析

1. *dero（*der、*tora、*tor、*tiro）

“下（面）”蒙古语、东乡语 *dor-du，达斡尔语、东部裕固语 *dor-gi，西部裕固语 *ʔal-der。“地”维吾尔语 jɛr，哈萨克语、图瓦语 dʒer < *der。嘉戎语 ndər < *m-dər。巴塔克语 *toru，蒙达语、桑塔利语 *la-tar，桑塔利语 *tari。

“土”撒拉语 torɑq < *tora-q，阿伊努语 toj < *tor。

“之下”（介词）古英语 under、古高地德语 untar、古弗里斯语 undir < *udar。

“下”（介词）俄语 vdolj、波兰语 wdoł < *udoli。

“较低的”阿维斯陀经 athara-、梵语 adhara- < *adara-。

“土”意大利语、葡萄牙语 terra，梵语 dhara < *dera。

“下面的”格鲁吉亚语 dzirs < *dirs。

2. *g^{w}are（*kre、*gre、*kra）

“下方”缅文、阿昌语 *kre，汉语 *gra（下）。“低的”畲语 khje^{4} < *gre。

“土”普米语 tsa^{55}、木雅语 tsa^{53}、史兴语 tɕæ^{53}、羌语 khia < *kra。

“地”希腊语 tʃora < *kora。“田野”梵语 adʒra、希腊语 agros < *agra。

3. *b^{w}aro（*pera、*baroq、*bore、*bori）

“下（面）”亚齐语 *baroq。“地”罗图马语 pera < *pera。哈卡钦语 vole < *bore（土），volei < *bori（地）。

“之下”（介词）威尔士语 obry < *obru。

“下面”俄语 pravo。“较低的”梵语 aparaː。“泥”西班牙语 barro。

4. *legi（ *lagi、*lek、*luk、*lik）

“下面”景颇语 *lek。“低的、短的”锡加语 *mu-luk。

“低的”古英语 lah、古挪威语 lagr、古弗里斯语 lech、中古荷兰语 lage < *lage。

5. *baso（ *bas、*pas、*peso）

“下面、低的”维吾尔语、柯尔克孜语 *bas。“低的”柯尔克孜语 dʒɑpəz，图瓦语 dʒɑbɤs < *da-pas。“土、地”罗维阿纳语 pepeso < *peso。

“低的”法语 bas、意大利语 basso < *baso。

“下面”阿尔巴尼亚语 poʃtë < *pos-to。

6. *dopi（*tabe、*top、*dob、*dip、*tobe）

“下面”窝里沃语 *tabe。沙外语 *top。“下面、低的”卡林阿语 *dob。“压”景颇语 tip^{31} < *dip。“推”布鲁语 tobe < *tobe。

“倒（水）”亚美尼亚语 thaphel < *dabe-。“压、压碎”俄语 davitj < *dab^{w}i-。

“下面的”格鲁吉亚语 dabla。

“中（间）”的词源关系

亚欧语言“中”的说法与“腰”“肚子、肚脐”等说法有词源关系，以身体部位关系投射说明方位关系。

◇ 一 东亚太平洋语言的“中（间）”

“中（间）”主要有以下说法：

1. *ʔara / *ʔor- / *ʔar-turə

维吾尔语、哈萨克语、西部裕固语 ɑrɑ < *ʔara。

土耳其语 orta，维吾尔语、哈萨克语 ortɑ，西部裕固语 ohrdɑ < *ʔor-。

图瓦语 ɑrtuzɤ < *ʔar-turə。

2. *dum-dagur

蒙古语书面语 dumdɑɣur < *dum-dagur。

3. *dudar / *ʔoda

蒙古语喀喇沁方言 d^{w}anduːr，达斡尔语 duɑndɑ，东部裕固语、保安语

dundɑ < *dudar。

撒拉语 oddɑ < *ʔoda。

4. *duli-ba / *duli-an

满文 dulimba < *duli-ba。赫哲语 dulian < *duli-an。

5. *siden

满文 siden < *siden。

6. *gabu-de / *gaba

中古朝鲜语 kaβontʌi，淳昌话 kawunte < *gabu-de。

卡林阿语 gāwa < *gaba。

桑塔利语 gabha < *gaba。

7. *naka / *te-nuka

日语 naka < *naka。（里面、中间）

吉尔伯特语 te nūka < *te-nuka。

8. *noski

阿伊努语 noski < *noski。

9. *taŋaq / *toŋa

印尼语、爪哇语 təŋah，米南卡保语 taŋah，木鲁特语 taŋaʔ < *taŋaq。

马都拉语 təŋŋa，达阿语 toŋo < *toŋa。

10. *teka

赛德克语 tseka < *teka。

11. *ʔatu

达密语 atu < *ʔatu。

12. *len

帕玛语 len < *len。

13. *sipoli

大瓦拉语 sipoli-na < *sipoli。（中间、腰）

14. *ʔipuʔa-naʔi

莫图语 ihua-nai < *ʔipuʔa-naʔi。

15. *ʔuna

罗杜马语 una < *ʔuna。

16. *buto / *kabati-ʔaka

西部斐济语 -buto < *buto。

鲁凯语 kabətsiaka < *kabati-ʔaka。

17. *paduk / *butuka

卑南语 paduk < *paduk。

卡那卡那布语 vʉtsʉkai < *butuka-ʔi。

18. *kuŋ

阿昌语 a^{31}kuŋ^{55}，载瓦语 kuŋ^{21}kuŋ^{51} < *kuŋ。

19. *duŋ

独龙语 ɑ^{31}duŋ^{53} < *duŋ。

20. *b^{w}ar

错那门巴语 war，道孚语 bar ma ＜ *b^{w}ar。

21. *d-bus / *b^{w}asa-ʔ

藏文 dbus < *d-bus。

阿者拉语 wasaʔ < *b^{w}asa-ʔ。（里面、中间）

22. *tum / *tham

汉语 *tum（中）。

墨脱门巴语 tɕham < *tham。

23. *ʔaŋ

汉语 *ʔaŋ（央）。

24. *ta-gaŋ / *du-goŋ

德宏傣语 tan^{2}kaːŋ^{6} ＜ *ta-gaŋ。

户语 thu^{31} ɣɔŋ^{33} < *du-goŋ。

25. *tas / *tustas

仫佬语、水语 ta^{5} < *tas。毛南语 tu^{5}ta^{5} < *tustas。

26. *kroŋ / *taŋ-kruŋ

苗语吉卫话 ɲʈoŋ^{1}，枫香话 ȵtɕaŋ^{1} < *kroŋ。

克木语 tɕaŋ krɯŋ < *taŋ-kruŋ。（中间、中心）

27. *sina

佤语布饶克方言 si naʔ，德昂语 n̥a < *sina。

28. *mi-luke / *lika

尼科巴语 miluːkø < *mi-luke。

勒窝语 lika < *lika。

29. *tala / *talada / *təla

蒙达语 tālā，桑塔利语 tala < *tala。

罗地语 talada < *talada。

嘉戎语 tə lɑ < *təla。

二 “中（间）”的词源对应关系

1.“中（间）”和“腰”

“腰、中间”说法相同如大瓦拉语 sipoli-na、罗地语 talada-k 等。有交叉对应关系的语言如：

（1）满文 *duliba，“腰”达斡尔语 diɑlɑb < *dilab。

（2）蒙达语、桑塔利语 *tala，“腰”东部斐济语 tolo- < *tolo。

（3）朝鲜语 *gabu-de，“腰”莫图语 gaba < *gaba。

（4）印尼语、木鲁特语 *taŋaq，“腰”摩尔波格语 toŋaʔ-toŋaʔ < *toŋaq。

（5）苗语 *kroŋ，“腰”错那门巴语 $khren^{53}$ < *kren。

（6）西部斐济语 *buto，“腰”卡乌龙语 put。

2.“中（间）”和“肚子”

（1）突厥语族语言 *ʔor-ta。“肚子”维吾尔语 qosɑq，哈萨克语、柯尔克孜语 qorsɑq，撒拉语 χosɑχ < *qor-saq。土耳其语 karin，乌孜别克语 qɑrin，塔塔尔语 qɑrən，图瓦语 kʏrʏn < *qarə-n。

（2）独龙语 *duŋ。“肚子”壮语 tuŋ^{4} < *duŋʔ。

（3）错那门巴语、道孚语 *bar。“肚子”日语 hara < *para，马京达瑙语 bara < *bara，鲁凯语 baraŋ < *baraŋ。

（4）蒙达语、桑塔利语 *tala。“肚子”查莫罗语 tujan < *tula-n。

（5）赛德克语 *teka。“肚子”格曼僜语 dǎ k^{53} < *dak，桑塔利语 dodʒok < *dodok，马加尔语 tuk < *tuk。

（6）卡那卡那布语 *butuka-ʔi。“肚子”卡那卡那富语 vʉtsʉkʉ < *butuk，浪速语 vẽ tuk < *betuk。

3. “中（间）”和“肚脐”

（1）卡那卡那布语 *butuka-ʔi。“肚脐”邹语 putsəku < *putuk。

（2）西部斐济语 *buto。“肚脐”马那姆语 buto < *buto。

（3）藏文 *d-bus。“肚脐”达阿语 buse，乌玛语 buhe < *buse。

4. “中（间）”和“里（面）”

（1）罗杜马语 *ʔuna。“里（面）”，那大语 one，锡加语 unə < *ʔune。

（2）维吾尔语、哈萨克语、西部裕固语 *ʔara。“里（面）”达阿语 ri ara < *ri-ʔara。

（3）汉语 *kləm（中）。“里（面）”印尼语 di-dalam，马都拉语、萨萨克语 daləm，布拉安语 lam < *dalam。

（4）蒙达语、桑塔利语 *tala。“里（面）”满文 dolo，鄂伦春语、鄂温克语 dɔːlaː < *dola。

◇ 三 词源关系分析

1. *b^{w}ito（*buto、*butu、 *mito、*buto）

“中（间）”西部斐济语 *buto。

“肠子”马林厄语 butu、巴塔克语 butuha < *butu-qa。

“腰”卡乌龙语 put。“肚脐”托莱语 bito-，阿者拉语 mut < *mito，马那姆语 buto < *buto。

“中间的”古英语、古弗里斯语 middel、古高地德语 mittil、拉丁语 medialis < *medi-lis。

“中间”（介词）古英语 amidde、拉丁语 medio < *medi-。

“中间”乌尔都语 wasti < *b^{w}ati。粟特语 mδ’n < *mdan。

“心（脏）”爱斯基摩语 omat < *ʔomat。卡乌龙语 aβhat，萨摩亚语 fatu，汤加语 mā fatu < *ʔa-bat / *ma-batu。布农语 χaputuŋ，排湾语 qavuvuŋ < *qa-butuŋ。

“想”景颇语 mjit^{31}，独龙语 mit^{55} < *mit。

“记忆”古英语 gemynd < *ge-mid。“思想”梵语 matih < *mati-。

“记住”俄语 pamjat < *pa-mit。

2. *b^{w}asa（*bus、*basa、*buse）

“中（间）”藏文 *d-bus，阿者拉语 *basa-ʔ。

“肚脐”达阿语 buse，乌玛语 buhe < *buse。

“心”巴拉望语、木鲁特语 pusuʔ，那大语 puso < *puso-q。

“中间”希腊语 meso，阿尔巴尼亚语 mes。

“中间”和阗塞语 myāna- < *mja-。

3. *boli（*poli、*bulo）

“中间、腰”大瓦拉语 sipoli-na < *sipoli。

“心”罗维阿纳语 bulo < *bulo。

> “肚脐”希腊语 omphalos < *obalos，梵语 nabhila < *na-bila。

4. *noga（*nago、*naka）

“中间、里面”日语 naka < *naka。“中（间）”吉尔伯特语 *te-nuka。

“心”大瓦拉语 nugonugo-na，夸梅拉语 nəkenaku < *nugo / *nako。

“屁股”汤加语 noko，萨摩亚语 noʔo < *noko。查莫罗语 n̥aŋgo < *nago。“大腿”马那姆语 noga。

> “屁股”意大利语 anca < *anka。

“里（面）”的词源关系

亚欧语言“里（面）”的说法与“肠子”“中（间）”“下（面）”等说法有词源关系。

◇ 一 东亚太平洋语言的“里（面）”

“里（面）”主要有以下说法：

1. *ʔit / *ʔati / *ʔadiŋ

古突厥语、土耳其语、维吾尔语 itʃ，哈萨克语、撒拉语 iʃ，西部裕固语 əʂ < *ʔit。

马达加斯加语 an-ati < *ʔati。

鲁凯语 aɖiŋ < *ʔadiŋ。

2. *dotor / *tudorə / *doro / *dəro / *bi-tar

蒙古语书面语、蒙古语正蓝旗话 dotor，达斡尔语 tuɑtɑr < *dotor。

东乡语 tudoro，保安语 dorə < *tudorə。

东部裕固语 hdoro < *doro。锡伯语 dœr-xi，赫哲语 doç-ki < *doro-。

爪哇语 dʒəro < *dəro。

桑塔利语 bhitɛr < *bi-tar，bhitri < *bi-tri。

3. *dola

满文 dolo，鄂伦春语、鄂温克语 dɔːlaː < *dola。

4. *ʔan-q / *ʔune / *du-ne

中古朝鲜语 anh < *ʔan-q。

那大语 one，锡加语 unə < *ʔune。

户语 thu^{31} ne^{35} < *du-ne。

5. *naka / *ʔunag

日语 naka < *naka。（里面、中间）

依斯那格语 unag < *ʔunag。

6. *ʔabo

赛夏语 ʔæboʔ < *ʔabo。

7. *ʔima / *lo-ʔima

卡乌龙语 mi，坦纳语 im^{w}a < *ʔima。

三威治港语 leima，勒窝语 loima < *ʔima / *lo-ʔima。

8. *dalam / *dalumaʔ

印尼语 di-dalam，马都拉语、萨萨克语 daləm，布拉安语 lam < *dalam。

阿美语 lalumaʔ < *dalumaʔ。

9. *tu-rumaʔ

赛德克语 turumaʔ < *tu-rumaʔ。

10. *ŋadaq

布农语 ŋadaχ < *ŋadaq。

11. *sabak / *ʔabok

卑南语 sabak < *sabak。赛夏语 ʔæboʔ < *ʔabok。

12. *loq

布昂语 loq < *loq。

13. *lale

布鲁语 lale-n，姆布拉语 lela < *lale。

14. *b^{w}asa-ʔ

阿者拉语 wasaʔ < *b^{w}asa-ʔ。（里面、中间）

15. *ri / *ri-ʔara

嫩戈内语 ri < *ri。达阿语 ri ara < *ri-ʔara（里面—里面）。

16. *nəp / *nepe

汉语 *nəp-s（内）。

哈拉朱乌语 nɛp^{w}ē < *nepe。

17. *naŋ / *kəl-naŋ / *noŋ

藏文、博嘎尔珞巴语 naŋ，错那门巴语 neŋ，道孚语 noŋ < *naŋ。

德昂语甘塘话 khloŋ^{51}，布兴语 kɤl nɑŋ < *kəl-naŋ。

佤语马散话 nuŋ < *noŋ。

18. *kala

景颇语 kă^{33}ta̠^{31} < *kala。

19. *qruk

侗语 aːu^{4}，水语 ʁaːu^{3}，毛南语 jaːu^{3}，黎语保定话 uːk^{8} < *qruk。

20. *bi-ʔdu / *plak-du / *du-ne

壮语武鸣话 paːi^{6}daɯ^{1} < *bi-ʔdu。

佤语布饶克方言 plak daɯ < *plak-du。

户语 thu^{31} ne^{35} < *du-ne。

21. *ka-ni

布朗语 kha^{33}nεi^{441} < *ka-ni。

22. *loŋ-liŋ

克木语 lɔŋ liŋ < *loŋ-liŋ。

◇ 二 “里（面）”的词源对应关系

1. “里（面）”和“肠子、肚子”

（1）卑南语 *sabak。“肠子”布朗语 viek^{44} < *b^{w}ek。“肚子”佤语艾帅话 vaik，德昂语硝厂沟话 văik < *b^{w}ak。

（2）鲁凯语 *ʔadiŋ，“肚子”壮语 tuŋ^{4} < *duŋʔ。

（3）那大语、锡加语 *ʔune，“肠子”勒窝语 sine-na < *sine。

（4）藏文、博嘎尔珞巴语、错那门巴语、道孚语 *naŋ。“肠子”苗语宗地话 n̥oŋ，复员话 n̥en^{B} < *snoŋ。

2.“里（面）”和“中（间）”

（1）那大语、锡加语 *ʔune，“中（间）”罗杜马语 *ʔuna。

（2）达阿语 *ri-ʔara，“中（间）”维吾尔语、哈萨克语、西部裕固语 *ʔara。

（3）印尼语、马都拉语、萨萨克语 < *da-lam。汉语 *təm（中）。

（4）满文、鄂伦春语、鄂温克语 *dola。“中（间）”蒙达语、桑塔利语 *tala。

3.“里（面）”和“下（面）”

（1）阿者拉语 *basa-ʔ。“下面、低的” 维吾尔语 pɛs，柯尔克孜语 bɑs < *bas。

（2）布鲁语、姆布拉语 *lale。“下”汤加语 lalo，萨摩亚语 i lalo o < *lalo。

（3）锡伯语、赫哲语 *doro。“下”卑南语 idara < *ʔidara。巴塔克语 di tɔru < *toru。道孚语 la ndar < *m-dar。

（4）卑南语 *sabak。“下”阿伊努语 pokna < *bok-na。

（5）马达加斯加语 *ʔati。“下”，拉加语 ata、宁德娄语 a^{n}d^{r}i < *ʔate。布依语 tauɯ^{3}，侗语、水语 te^{3} < *teʔ。

（6）达阿语 *ri-ʔara。“下”乌玛语 araʔ、塔希提语 i raro < *ʔaraq / *ʔi-raro。

（7）赛夏语 *ʔabo。“下”马都拉语 baba-na，锡加语 βaβa < *baba。

（8）嫩戈内语 *ri，“下”京语 jɯəi^{5} < *ʔris。

◇ 三 词源关系分析

1. *ne（*na）

“里（面）” 那大语、锡加语 *ʔune，“中（间）”罗杜马语 una < *ʔuna，佤语布饶克方言 si naʔ，德昂语 n̥a < *sina。

“内”（副词）古英语 inne。“内部的”古英语 inra、古高地德语 innaro < *ina-ro。

“里（面）”和阗塞语 āna。亚美尼亚语 ners < *ne-rs。

“之内”（介词）希腊语 en。

“之内”（介词）古英语、古弗里斯语、哥特语、爱尔兰语 in，古挪威语 i。

2. *basa（*bas）

“里（面）”阿者拉语 *basa-ʔ。“下面、低的” 维吾尔语 pɛs、柯尔克孜语 bɑs < *bas。藏文 *d-bus，阿者拉语 *basa-ʔ。“肠子”巴厘语 basaŋ < *basa-ŋ。

“之内”（介词）希腊语 mesa，“中间”希腊语 meso。

“里面、想法”俄语 m-slj < *mis-。

“理性的灵魂、心灵”拉丁语 animus。

3. *ʔati（*ʔadi、*du）

“里（面）”马达加斯加语 *ʔati、鲁凯语 *ʔadi-ŋ，户语 *du-ne。“中（间）”独龙语 *duŋ。“肚子”壮语 tuŋ^4 < *duŋʔ。

“里面”拉丁语 intus < *itu < *dus。“里（面）、灵魂、精神”俄语 duşa < *dus。

"内"梵语 antaḥ < *ata-。

4. *bara（*bar、*para）

"中间"错那门巴语 war，道孚语 bar ma < *b^{w}ar。"肚子"日语 hara < *para，马京达瑙语 bara < *bara，鲁凯语 baraŋ < *baraŋ。

"里面、之内"阿尔巴尼亚语 brenda < *bre-da。

"里面"格鲁吉亚语 phiri < *biri。

5. *bak（*bok、*bek）

"里面"卑南语 *sabak，赛夏语 *ʔabok。"肠子"布朗语 viek^{44} < *b^{w}ek。"肚子"佤语艾帅话 vaik，德昂语硝厂沟话 văik < *b^{w}ak。

"里面"亚美尼亚语 mej < *meg。

6. *dorə（*tor、*dar）

"里面"蒙古语、达斡尔语 *dotor。东乡语、保安语 *tudorə。

"中间"蒙古语喀喇沁方言 d^{w}andʊːr，达斡尔语 duɑndɑ，东部裕固语、保安语 dundɑ < *dudar。

"里面"粟特语 tʃendər < *kedər。乌尔都语 andar < *adar。

“外（面）”的词源关系

亚欧语言“外面”的说法有不同来历，除了与“上面”“边、边缘”等说法有词源关系的，还有来自“皮”的比喻说法。

◇ 一　东亚太平洋语言的“外（面）”

“外（面）”主要有以下说法：

1. *sirt / *sor-ta

维吾尔语 sirt，哈萨克语 sərt < *sirt。

阿伊努语 soj-ta < *sor-ta。（soj-ke）

2. *dal / *dal-gar

土耳其语 diʃari，撒拉语 dɑʃ < *dal-。

西部裕固语 dɑsɢɑr < *dal-gar。

3. *gada / *gadə-r / *gada-r-nə

蒙古语 gɑdɑ:，土族语 ɢɑdɑ < *gada。（外边）

蒙古语 gɑdər，土族语 ɢɑdɑr < *gadə-r。（外面的）

东部裕固语 ɢɑdɑrnə < *gada-r-nə。（外面的）

4. *bəd

达斡尔语 bəːd < *bəd。

5. *tule / *tule-siki

满文 tule，锡伯语 tyl-xi，鄂伦春语 tulləː，鄂温克语 tuldə < *tule。

赫哲语 tuləɕiki < *tule-siki。

6. *bas / *la-bas

中古朝鲜语 pas < *bas。

他加洛语 labas，依斯那格语 lasi < *la-bas。

7. *bes-kasi / *kosi

朝鲜语洪城话 pɛkkasi < *bes-kasi。

马林厄语 k^{h}osi < *kosi。

8. *soto / *sada / *tota

日语 soto < *soto。

罗维阿纳语 sada < *sada。

邹语 tsotsa < *tota。

9. *lik / *pa-lok

马绍尔语 lik，波那佩语 liki < *lik。

壮语武鸣话 ɣoːk^{8}，德宏傣语 pa^{3}lok^{8} < *pa-lok。

10. *lu-b^{w}ar

马都拉语 luwar < *lu-b^{w}ar。①

11. *tu-ʔa / *to

汤加语 tuʔa，菲拉梅勒语 i-tua < *tu-ʔa。

沙外语 tɔ < *to。

12. *di-luʔar

印尼语 di luar，米南卡保语 di lua < *di-luʔar。

13. *rara

西部斐济语 rārā < *rara。

14. *mali / *sabali

乌玛语 mali < *mali。

窝里沃语 sa^{m}bali < *sabali。②

15. *sisi

巴厘语 sisi < *sisi。（外面、边）

16. *doba

爪哇语 dʒɔbɔ，布昂语 dobanɛ < *doba-ne。

17. *b^{w}ab^{w}a-ʔe / *p^{w}apa / *ʔab^{w}e / *ʔoba

三威治港语 vavae < *b^{w}ab^{w}a-ʔe。

---

① “另外的”土耳其文 öbürü < *ʔoburu。

② “外面”匈牙利文 kivül < *kibul。

多布语 ɸaɸa，南密语 p^{w}ap < *p^{w}apa。

雅贝姆语 awe < *ʔab^{w}e。

拉祜语 ɔ^{31}bɑ^{31} < *ʔoba。

18. *ŋat-s / *ŋaŋut

汉语 *ŋat-s（外）。

赛德克语 ŋaŋut < *ŋaŋut。

19. *bri

藏文 phji < *bri。

20. *siŋ-kan

景颇语 ʃiŋ^{31}kan^{31} < *si-kan。

21. *le

木雅语 le^{53} < *le。

22. *ni-lo / *ʔalu

巴琉语 ni lo < *ni-lo。

博嘎尔珞巴语 a ju < *ʔalu。

23. *la-nok / *nok / *ʔnuk

克木语 nɔk，布兴语 ra nɔk，德昂语南虎话 laʔ nɑʔ < *la-nok。

阿昌语 a^{31}nɔk^{55}，仙岛语 a^{31}noʔ^{55} < *nok。

侗语 nuk^{9}，水语、毛南语 ʔnuk^{7} < *ʔnuk。

24. *baqar

桑塔利语 bahar < *baqar。

二 “外（面）”的词源对应关系

1. “外（面）”和“皮”

（1）维吾尔语、哈萨克语 *sirt。“皮肤”土耳其语 sirt < *sirt。

（2）雅贝姆语 *ʔabe。“皮”日语 kawa < *kaba，阿伊努语 kap < *kab。

（3）桑塔利语 *ba-qar。“皮、皮革”桑塔利语 harta < *qar-ta。

（4）达斡尔语 *bəd。日语 hada（膚）< *pada。

（5）马那姆语 eluʔu < *ʔelu-ʔu。“皮”夏威夷语 ălŭ < *ʔalu，多布语 ʔala-m < *ʔala。

（6）撒拉语 *dal。“皮、树皮”桑塔利语 tshal < *dal。

2. “外（面）”和“边、边缘”

（1）朝鲜语 *bas。“边缘”日语 haçi < *pasi。

（2）汉语 *ŋat-s（外）。“边”帕玛语 iŋite，沃勒阿依语 ŋaṣe < *ʔiŋate / *ŋate。

（3）巴厘语 *sisi，“边”印尼语 sisi。

（4）窝里沃语 *sa-bali，“边”那大语 fale < *pale。拉加语 balsi < *bal-si。

（5）雅贝姆语 *ʔab^{w}e，“边”巴拉望语 abiʔ。

（6）马都拉语 *lu-bar，“边”马京达瑙语 biriŋ。

（7）日语 *soto，“边”帕玛语 usite。

（8）爪哇语、布昂语 *doba-ne，“边”萨摩亚语 tafa。

3. “外（面）”和“上（面）”

（1）日语 *soto，“边”帕玛语 usite。“上面、顶部”土耳其语、维吾尔语 yst，柯尔克孜语 ysty，撒拉语 isdʒi < *ʔusdi。“上”卑南语 isaʈ < *ʔisat。

（2）窝里沃语 *sa-bali。“上面、顶部”撒拉语 bɑʃ，西部裕固语 bɑʂ，< *bal。

（3）蒙古语、土族语 *gadər。“上面、高”蒙古语 dəːr、土族语 dəre、东部裕固语 diːre < *dəre。

（4）三威治港语 *b^wab^wa-ʔe。“上”泰雅语、赛夏语 babaw，邵语 fafaw，< *babaʔu。排湾语 ivavav < *ʔib^wab^wa。

（5）撒拉语 *dal。“上”布农语 tandaða < *tadala，鲁凯语 ɖaða < *dala。

三 词源关系分析

1. *du（*tu、*te、*to）

“外（面）”汤加语、菲拉梅勒语*tu-ʔa，沙外语 *to。

“远的”爪哇语 adɔh < *ʔado-q，塔希提语 atea < *ʔate-ʔa，博嘎尔洛巴语 aːto < *ʔato。

“外”（副词）古英语 ut、古高地德语 uz、古爱尔兰语 ud < *ud。
“外”亚美尼亚语 durs < *du-rs。
“上、外”梵语 ut、阿维斯陀经 uz- < *ud。“排除”古英语 utian。
“以外”古教堂斯拉夫语 izu < *idu。

“上”巴琉语 qa^{55}ndau^{55} < *ʔadu。

2. *basi（*bas、*bisu、*basi、*pasi）

“外（面）”朝鲜语 *bas、朝鲜语洪城话 *bes-kasi，他加洛语、依斯那格

语 *la-bas，道孚语 phisu < *bisu，傈僳语 $ba^{33}si^{33}$ < *basi。

“边缘”日语 haçi < *pasi。

> “外”梵语 bahiḥ < *basi-。“外、外面”粟特语 bsā < *bsa。

3. *kosi（*kasi）

“外（面）”马林厄语 *kosi，朝鲜语洪城话 *bes-kasi。

> “以外”英语 ex-、拉丁语 ex，古爱尔兰语 ess- < *eks。
>
> “外”（副词）希腊语 ekso、atekso < *at-ekso。
>
> “角落、边”粟特语 kōʃ < *kos。

4. *soti（*site、*sdi、*sat）

“外边”日语 *soto，罗维阿纳语 *sada。“边”帕玛语 usite。

“上面、顶部”土耳其语、维吾尔语 yst，柯尔克孜语 ysty，撒拉语 isdʒi < *ʔusdi。

“上面”卑南语 isaʈ < *ʔisat。

> “边”古英语、丹麦语 side，古高地德语 sita、古挪威语 siða < *sida。
>
> “外”阿尔巴尼亚语 jaʃtë < *ra-sto。
>
> “外表”阿维斯陀经 saδaya < *sadaja。

5. *baqar

“外（面）”桑塔利语 bahar < *baqar。

> “外（面）”乌尔都语 bahar wala < *baqar-b^{w}ala。

6. *pada（*bəd）

“外面”达斡尔语 bəːd < *bəd。

“皮肤”日语 hada（膚）< *pada。

> “外表”粟特语 patsāδ < *pat-sad。

中国社会科学院老学者文库

亚欧语言基本词比较研究

卷四（动词）

吴安其◎著

中国社会科学出版社

图书在版编目（CIP）数据

亚欧语言基本词比较研究：全5卷／吴安其著．—北京：中国社会科学出版社，2017.1

（中国社会科学院老学者文库）

ISBN 978-7-5161-7911-6

Ⅰ．①亚… Ⅱ．①吴… Ⅲ．①比较词汇学-南印度语系 ②比较词汇学-印欧语系 ③比较词汇学-高加索语系 ④比较词汇学-芬匈语系 Ⅳ．①H620.3 ②H703 ③H650.3 ④H660.3

中国版本图书馆CIP数据核字（2016）第070530号

出 版 人 赵剑英
责任编辑 王 茵 马 明
责任校对 朱妍洁
责任印制 戴 宽

出 版 中国社会科学出版社
社 址 北京鼓楼西大街甲158号
邮 编 100720
网 址 http://www.csspw.cn
发 行 部 010-84083685
门 市 部 010-84029450
经 销 新华书店及其他书店

印刷装订 北京君升印刷有限公司
版 次 2017年1月第1版
印 次 2017年1月第1次印刷

开 本 710×1000 1/16
印 张 176.25
字 数 2420千字
定 价 638.00元（全五卷）

凡购买中国社会科学出版社图书，如有质量问题请与本社营销中心联系调换
电话：010-84083683

卷四目录

“走”的词源关系

亚欧语言“走”与“跑”有词源关系，如古汉语“奔、走”义为今汉语“跑”，“行”是今汉语的“走”。诸语“走”与“去”“脚”“腿”“路”等说法有词源关系。如汉语 *graŋ（行）与达让僜语 gɹoŋ^{53}“脚”有词源关系。

◇ 一　东亚太平洋语言的“走”

1. *bar / *bʷara

古突厥语 bar- < *bar。[①]

阿杰语 vã̆rã < *bʷara。

2. *guru / *gərə / *m-gro / *gri

土耳其语 jyry-，哈萨克语、柯尔克孜语 dʒyr-，图瓦语 dʒoru- < *guru。

朝鲜语扶安话 kərə < *gərə。

藏文 ɦgro，克伦语阿果话 tɕhɔ，纳西语 dʑi^{33} < *m-gro / *gri。

① “走”匈牙利文 bejar < *berar。

3. *maŋ / *kam-kab^{w}aŋ / *buŋ / *moŋ

维吾尔语、西部裕固语 mɑŋ- < *maŋ。

卑南语 kamkawaŋ < *kam-kab^{w}aŋ。

阿者拉语 vuŋ- < *buŋ。

苗语养蒿话 moŋ^{4}，宗地话 məŋ^{4}，布努语 muŋ^{4} < *moŋ。（走、去）

4. *rabu

蒙古语书面语 jɑbu-，清代蒙文 jɑb-，蒙古语 jɑbə-，达斡尔语 jɑu- < *rabu。

满文 jabu-（行走），锡伯语 javə-，鄂伦春语 jabu- < *rabu。

5. *ʔalu-mu / *ʔalu

日语 ajumu < *ʔalu-mu。

萨摩亚语 alu，汤加语 ʔalu < *ʔalu。（走、去）

6. *peli / *pli / *pali

满文 felije-，赫哲语 fuli-，鄂温克语 uli- < *peli。

壮语 pjaːi^{3}，德宏傣语 pai^{6} < *pli。

劳语 fali < *pali。

7. *delo / *dalan / *tol

窝里沃语（Wolio）ʔdele，锡加语 dʒəlo-ŋ（跛行）< *delo。

印尼语 bər-dʒalan，米南卡保语 ba-dʒalan < *dalan。

德昂语曼俄话 tɔl^{35} < *tol。

8. *ʔalam

雅美语 alam < *ʔalam。

9. *seleŋ

雅贝姆语 seleŋ- < *seleŋ。

10. *leka / *raka / *luki

瓜依沃语 leka，莫图语 raka < *leka / *raka。

日语 juki- < *luki。（行走）

11. *pa-ʔere

毛利语 haere < *pa-ʔere。

12. *pamo-tat

查莫罗语 famotʃat < *pamo-tat，potʃat < *po-tat，paseo < *pase-ʔo。

13. *ʔadek

宁德娄语 adek < *ʔadek。

14. *kra / *graŋ

藏文 tɕha < *kra。

汉语 *graŋ（行）。①

15. *krom / *kram

景颇语 khom^{33} < *krom。

侗语 ȶhaːm^{3}，水语、毛南语 saːm^{3} < *kram。

16. *te-praʔ-pa

他杭语 the prahpa < *te-praʔ-pa。

---

①“行”胡朗、户庚切，有一等和二等的读法。

17. *ro / *tə-rora / *ʔaru-ku

基诺语 zo^{44}，史兴语 ru^{55} < *ro。

木雅语 tə^{33}ro^{55}rɑ^{33} < *tə-rora。

日语 aruku < *ʔaru-ku。

18. *sa

缅文 sɑ^{3}，阿昌语 so^{31} < *sa。

19. *qo / *ʔuʔaʔ

佤语艾帅话 hu，阿佤方言 hɔ < *qo。布兴语 ʔuaʔ < *ʔuʔaʔ。

20. *dar / *dara / *tor

柬埔寨文 daər < *dar。

桑塔利语 dãɽã < *dara，taɽam < *taram。

塔几亚语 -tor < *tor。

21. *sagar

桑塔利语 saŋgar < *sagar。（走、去）

《尔雅》："征、迈，行也。"

◇ 二　"走"的词源对应关系

1. "走"和"跑"的词源关系

古汉语"奔、走"为"跑"，"行"是"走"。东亚太平洋语言"奔跑"和"行走"对应的例子如：

（1）汉语 *graŋ（行），荷罗戈语（Hloke）"跑" tʃhoŋ < *kroŋ。

（2）塔几亚语 *tor，“跑”克木语 dăr < *dor。

（3）宁德娄语 *ʔadek，“跑”博嘎尔珞巴语 dʑuk < *duk。

（4）土耳其语、哈萨克语、柯尔克孜语、图瓦语 *guru。“跑”蒙文 guju-、蒙古语 gʉi-、达斡尔语 gui- < *guri。

（5）德昂语曼俄话 tɔl^{35} < *tol。“跑”鄂温克语 tutuli-（人跑）< *tutuli，鄂温克语 uttəli-（动物跑）< *ʔutəli，窝里沃语 “u^{n}tuli < *bu-tuli。

（6）桑塔利语 dãɽã < *dara。“跑”朝鲜语 tarrita < *dari-，马林厄语 tʃari < *tari。

（7）波那佩语、汤加语 alu < *ʔalu，“跑”尼科巴语 lō < *lo。

（8）劳语 fali < *pali，“跑”尼科巴语 fal < *pal。

（9）蒙古语族、满通古斯语族语言 *rabu。“跑”邹语 peaeofʉ < *pra-rop。

2.“走”和“去”的词源关系

（1）古突厥语 *bar。“去”维吾尔语、哈萨克语 bar-，撒拉语 var- < *bar。

（2）波那佩语、汤加语 alu < *ʔalu。“去”基诺语 le^{33}、巍山彝语 ʑi^{55}、哈尼语 ji^{55} < *le。

（3）藏文 *kra，“去”ɦgro < *m-gro。

（4）莫图语 raka，“去”布朗语胖品话 ʒak^{55}、克木语 ʒɔh < *rak。

3.“走”和“脚、腿”的词源关系

（1）宁德娄语 *ʔadek，“脚”土耳其语 etek < *ʔedek。

（2）波那佩语、汤加语 alu < *ʔalu，“脚”日语 aɕi < *ʔali。

（3）缅文、阿昌语 *so，“脚、腿”沙外语 sɔ-o < *so。

（4）汉语 *graŋ（行）。“脚”藏文、拉达克语 rkaŋ，达让僜语 gɹoŋ^{53} < *groŋ。梅梯语 khoŋ、他多语（Thado）keŋ < *groŋ。佤语马散话 tʃhiɔŋ、克木语 dʒɯaŋ、布兴语 dʒiŋ，巴琉语 ʑəŋ^{55} < *graŋ。

4.“走”和“路”的词源关系

（1）德昂语曼俄话 tɔl^{35} < *tol。“路”土耳其语、维吾尔语、西部裕固语 jol，哈萨克语 dʒol < *dol。

（2）雅美语 alam < *ʔalam。“路”藏文 lam、缅文 lam^{3}、景颇语 lam^{33} < *lam。

（3）波那佩语、汤加语 alu < *ʔalu，汉语 *qlu-ʔ（道）。

（4）木雅语 tə^{33}ro^{55}rɑ^{33} < *tu-rora，“路”拉巴努伊语 ara < *ʔara。

（5）藏文 *kra。“路”怒苏怒语 khɹa^{33} < *kra，佤语马散话 kraʔ < *kraʔ。

（6）印尼语、米南卡保语 *dalan。“路”巴塔克语 dalan、印尼语 dʒalan < *dalan。查莫罗语 tʃalan < *talan。

◇ 三 词源分析

1. *bati（*bat、*boti、*batis、*batas）

汉语 *bat（跋，步行）。“跑”尼科巴语 veuːtø < *buto。

“脚”满文 bethe，赫哲语 fatχa，锡伯语 bətk < *bat-qa。摩尔波格语 botis，巴厘语 batis，乌玛语 βitiʔ < *botis / *batis。查莫罗语 patas < *patas。柬埔寨文 baːtiːə < *bati。

> “走”希腊语 badizo < *badi-，“去”拉丁语 vado < *b^{w}ado。
>
> “来”俄语 vɨpadatj < *b^{w}i-pada-。
>
> “脚”英语 foot、法语 pied、意大利语 piede、希腊语 podi。
>
> “脚、腿”粟特语 pāδ < *pad。
>
> “脚跟”拉丁语 pēs、pedis（所有格），梵语 pad-、哥特语 fōtus < *padi。

2. *p^wali（*pli、*pali、*palo、*pla、*bala）

“走”满文、赫哲语、鄂温克语 *peli，壮语、德宏傣语 *pli、劳语 *pali。

“跑”尼科巴语 fal < *p^wal，hufaːlø < *qu-p^walo。

“脚”格曼僜语 pla^{55} < *pla，达密语 bala < *bala，莫图语 ae palapala < *ʔaʔe-bala。

> “走”拉丁语 ambulare、法语 ambler（马一样地走）< *abula-。
> “跑”亚美尼亚语 vazel < *b^wal-。

格鲁吉亚语“来”mɔsvla < *-sb^{w}la，“去”svla < *sb^{w}la。

3. *dari（*dar、*dara）

“走”柬埔寨语、桑塔利语 *dara。“跑”克木语 dar < *dar，朝鲜语 tarrita < *dari-，马林厄语 tʃari < *tari，菲拉梅勒语 tere < *tere。

> “跑”梵语 dru。

4. *ro（*rora、*ʔire、*ʔora）

“走”基诺语、史兴语 *ro。“路”蒙达语、桑塔利语 *ʔora，拉巴努伊语 *ʔara。

“来”蒙古语 jire-、东乡语 irə- < *ʔire，巴塔克语 rɔ < *ro。

> “跑、流”希腊语 reo < *re-。①“去”西班牙语、葡萄牙语 ir。
> “跑、流”古英语 irnan < *ir-nan。“来”赫梯语 uezzi < *u-eri。

“走、去”匈牙利文 jaras < *raras。“去”芬兰语 ajaː < *ara。

5. *guro（*guru、*kro、*kiro、*gro、*krə）

“走”突厥语 *guru，藏文 *kra。汉语 *skro（趋）。“去、走”藏文 ɦgro < *m-gro。

① *-o、*-zo、*-no 等为希腊语动词后缀。

“跑”阿伊努语 kiro < *kiro。“脚”基诺语 ʃɔ^{31}khi^{33}、哈尼语 a^{31}khɯ^{55}、纳西语 khɯ^{33} < *kri / *kru。

“跑”拉丁语 currere、法语 courir、西班牙语 correr、意大利语 correre < *kure-。

“跑去见面、现身”拉丁语 occurrere < *okure-。

“去”阿尔巴尼亚语 ʃkoj < *skor。

“走”格鲁吉亚语 gɛza < *gera。“去”匈牙利文 megegyezes < *me-gegires。

6. *gla

汉语 *gla（徒，步行），*sgla（徂）。“去”尼科巴语 tʃhuh < *gul。

“走”亚美尼亚语 khaylel < *gale-。“散步”俄语 guliatj < *gula-。

“走”乌尔都语 tʃalna < *kal-。

“走”匈牙利文 gyalogol < *gjalo-gol。格鲁吉亚语 gɛza < *gela。

7. *b^{w}ar（*bar、*mor）

“走”古突厥语 bar-。“去”维吾尔语、哈萨克语 bar-，撒拉语 var- < *bar。

“路”土族语 moːr，保安语 mor < *mor。

“走”粟特语 anʃpar < *an-spar。

“小路”和阗塞语 āspar- < *aspar。

“跑”那大语、马都拉语 *baru。缅文 *pre。汉语 *pər（奔）。

“逃”藏文 bros、嘉戎语 pho < *bro-s，勉语大坪江话 pjau^{5} < *pru。

“逃跑”和阗塞语 pari。

“跑”的词源关系

亚欧语言“跑”的说法与“走”“跳”“逃”等说法有词源关系。“跑、走”的说法又与“脚、爪子”有词源关系。

一 东亚太平洋语言的“跑”

东亚太平洋语言“跑”的主要说法有：

1. *qat / *ʔat / *ʔatu

古突厥语、土耳其语 katʃ- < *qat。

巴琉语 qaːt < *ʔat。

桑塔利语 ɛtu < *ʔatu。

2. *guguri / *guri / *kiro

维吾尔语 jygyr-，哈萨克语 dʒygir-，图瓦语 dʒygyry- < *guguri。

蒙古语书面语 gujü-，清代蒙文 guju-，蒙古语 gʉi-，达斡尔语 gui- < *guri-。

阿伊努语 kiro < *kiro。

3. *qulu

东乡语 xolu < *qulu。

4. *sudu

满文 sudʒu- < *sudu。

5. *tuklə / *duk

鄂伦春语 tʊkʃa- < *tuklə-。

博嘎尔珞巴语 dʑuk < *duk。

6. *tutuli / *ʔutəli / *pu-sile / *bu-tuli

鄂温克语 tutuli-（人跑）< *tutuli。

鄂温克语 uttəli-（动物跑）< *ʔutəli。

女真语（伏失勒）*fuşile < *pu-sile。

窝里沃语 ɓu^{n}tuli < *bu-tuli。

7. *pəɢ / *bug

锡伯语 fəxçi- < *pəɢ。赫哲语 bugdanə- < *bug-。

8. *dari / *tari / *tere / *dar / *geŋ-der

朝鲜语 tarrita < *dari-。

马林厄语 tʃari < *tari。

菲拉梅勒语（Fila-Mele）tere < *tere。

桑塔利语 dɛɽ，克木语 dar < *dar。

桑塔利语 ge̱ŋɖhe̱r < *geŋ-der。

9. *qa-gala / *mi-kal / *tumi-kal

罗维阿纳语 hagala < *qa-gala。

排湾语 mikəl < *mi-kal。

阿美语 tʃumikaj < *tumi-kal。

10. *tati-le

查莫罗语 tatije < *tati-le。

11. *ʔoma

毛利语 oma < *ʔoma。

12. *kos-kas / *pad-kas

摩尔波格语 koskas < *kos-kas。

卑南语 padkas < *pad-kas。

13. *lalu / *lele / *lala-ʔo / *lo

雅美语 laju < *lalu。

汤加语 lele < *lele。

劳语 lalao < *lala-ʔo。

尼科巴语 lō < *lo。

14. *lari / *plari / *paliru / *buliri

印尼语 ber-lari，布吉斯语 lari，米南卡保语 lari < *lari。

锡加语 plari < *plari。

日语 haçiru < *paliru。

大瓦拉语 bulili < *buliri。

15. *p^{w}alago

查莫罗语 falago < *p^{w}alago。

16. *pər / *pre / *baru

错那门巴语 pir^{55}，汉语 *pər（奔）。

缅文 pre^{3} < *pre。

那大语 baru，马都拉语 buru < *baru。

17. *skro-ʔ

汉语 *skro-ʔ（走）。

18. *plu / *pluŋ

水语 pjaːu^{5}，毛南语 pjeu^{5} < *plu。

亚齐语 pluəŋ < *pluŋ。

汉语 *phleŋ（骋）。

19. *buto / *petigu-ʔe

尼科巴语 veuːtø < *buto。

查莫罗语 petsigue < *petigu-ʔe。

20. *dam

柬埔寨文 daːm < *dam。

21. *to

佤语马散话 to，阿佤方言 tɔ，德昂语硝厂沟话 tɑu < *to。

22. *pʷalo

尼科巴语 fal < *pʷal，hufaːlø < *qu-pʷalo。

◇ 二 “跑”的词源对应关系

上篇《走》已举例说明“跑”和“走”交叉对应的词源关系。

1. “跑”和“跳”

（1）阿伊努语 *kiro。“跳”土耳其语 sitʃra-、维吾尔语 sɛkrɛ-、哈萨克语 sekir-、撒拉语 søggire- < *sekire。

（2）鄂温克语 *tutuli。“跳”保安语 dulə-、土族语 diulə < *dulə。柬埔寨文 kɔɲtʃɔl < *ko-tol（动物跳）。

（3）查莫罗语 *tati-le，“跳”巽他语 lun̥tʃat、马都拉语 lun̥tʃaʔ < *lu-tat。

（4）朝鲜语 tarrita < *dari-，“跳”蒙古语 ʉsrə-、达斡尔语 xəsurə- < *quturə。

2. “跑”和“逃”

（1）古突厥语、土耳其语 *kat。“逃”维吾尔语 qɑtʃ-、哈萨克语 qɑʃ- < *qat。

（2）佤语、德昂语 *to，“逃”东部斐济语 dʳō < *do。

（3）朝鲜语 tarrita < *dari-。“逃”图瓦语 des-、西部裕固语 tez- < *der。拉巴努伊语 tere、印尼语 -diri < *dere。

（4）蒙古语、达斡尔语 *guri。“逃”西部裕固语 ʂuger- < *su-ger。日语 nigeru < *ʔigeru。

（5）缅文 *pre。“逃”藏文 bros、嘉戎语 pho < *bro-s，勉语大坪江话

pjau^{5} < *pru。

3.“跑”和“脚、爪子”

（1）查莫罗语 *pala-go。“脚”达密语 bala < *bala，莫图语 ae palapala < *ʔaʔe-bala，格曼僜语 pla^{55} < *pla。

（2）东乡语 *qulu。“脚”蒙古语 xəl、达斡尔语 kulj < *quli，马加尔语 hil < *qil，爪哇语 si-kil < *kil。

（3）劳语 lalao < *lala-ʔo。“脚”西部斐济语 -lā、罗图马语 lā < *la。

（4）赫哲语 *bug-danə。“脚”布昂语 βaʁa < *baɢa。贡诺语 baŋkeŋ < *bakeŋ。

（5）朝鲜语 *dari-。古突厥语 *qat。“爪子”藏文 sder，道孚语 zder < *s-der。撒拉语 dʐuɑdʐɑr < *dur-dar。西部裕固语 dɑrmɑq < *dar-maq。

◇ 三 词源分析

1. *p^{w}ali（*p^{w}alo、*peli、*pli、*pali）

“跑”尼科巴语 fal < *p^{w}al，hufaːlø < *qu-p^{w}alo。“走”满文、赫哲语、鄂温克语 *peli，壮语、德宏傣语 *pli，劳语 *pali。“脚”格曼僜语 pla^{55} < *pla，达密语 bala < *bala，莫图语 ae palapala < *ʔaʔe-bala。“膝盖”日语 hidza < *pila。

> “跑”亚美尼亚语 vazel < *b^{w}al-。
> “走”拉丁语 ambulare、法语 ambler（马一样地走）< *abula-。

“跑”匈牙利文 palya < *pala，格鲁吉亚语 sirbili < *sir-bili。

2. *b^{w}aɢ（*bug、*pəɢ、*poge、*bok）

汉语 *bags（步，行也）。“跑”赫哲语 *bug-danə，锡伯语 *pəɢ-si。“脚”布昂语 βaʁa < *baɢa，贡诺语 baŋkeŋ < *bakeŋ。

汉语 *phoks（赴，至也）；*puk（复，《说文》行古道也）。

“跑”波兰语 biegatʃ、俄语 biegatj < *bega-，俄语 ubiegtj < *ubega-。
“跑”乌尔都语 bhagna < *bag-。
“逃脱”和阗塞语 phij- < *big。
“去”希腊语 pegaina < *pega-na。
“脚”和阗塞语 pāka- < *paka。

3. *p^{w}alago（*pureku、*prak）

“跑”查莫罗语 falago < *p^{w}alago。

“跳”西部裕固语 poɢər- < *poger。满文 feku-，赫哲语 furku- < *pureku。藏文 ɦphag，嘉戎语 mtsɐk < *m-prak。

“跑”（名词）俄语 progon < *peogo-。“去”梵语 vradʒa < *b^{w}raga。

“去”匈牙利文 vizsga < *b^{w}irga。“走”格鲁吉亚语 bilikh < *bilig。

4. *b^{w}ato（*buto、*bat、*bati）

“跑”尼科巴语 *buto。汉语 *bat（跋，步行）。“脚”满文 bethe、赫哲语 fatχa、锡伯语 bətk < *bat-qa。摩尔波格语 botis、巴厘语 batis、乌玛语 βitiʔ < *botis / *batis。柬埔寨文 baːtiːə < *bati。

“走”希腊语 badizo < *badi-。
“脚”英语 foot、法语 pied、意大利语 piede、希腊语 podi。“脚跟”拉丁语 pēs、ped-is，梵语 pad-、哥特语 fōtus < *padu。

5. *guro（*kiro、*guri、*kro、*gro、*krə）

“跑”阿伊努语 *kiro，突厥语 *guguri，蒙古语 *guri-。

“走”突厥语 *guru，藏文 *kra。

“跳”土耳其语 sitʃra-，维吾尔语 sɛkrɛ-，哈萨克语 sekir-，撒拉语 søggire- < *sekire。

> “跑”拉丁语 currere、法语 courir、西班牙语 correr、意大利语 correre < *kure-。
>
> “去”阿尔巴尼亚语 ʃkoj < *skor。

汉语 *skhro（趋），“去、走”藏文 ɦgro < *m-gro。汉语用 *s- 前缀，藏语用 *m- 前缀。“去”匈牙利文 megegyezes < *me-gegire-s，词根当来自突厥语。

6. *b^{w}aru（*pre、*pru、*bro）

“跑”那大语、马都拉语 *baru。缅文 *pre。汉语 *pər（奔）。

“逃”藏文 bros、嘉戎语 pho < *bro-s，勉语大坪江话 pjau^{5} < *pru。

“去”维吾尔语、哈萨克语 bar-，撒拉语 var- < *bar。

> “逃跑”和阗塞语 pari，粟特语 pārēz。

“跳”的词源关系

一些语言中“跳”有往上和往前两类表达，或兼有这两个意思。欧亚地区不同语言“跳”与“跑”“飞”等的说法有对应关系。

◇ 一　东亚太平洋语言的“跳”

“跳”的主要说法有：

1. *sekire

土耳其语 sitʃra-，维吾尔语 sɛkrɛ-，哈萨克语 sekir-，撒拉语 søggire- < *sekire。

2. *qalə / *qle-s

图瓦语 xɑlɤ- < *qalə。

汉语 *qle-s（跳）。

3. *poger

西部裕固语 poɢər- < *poger。

4. *qara / *qaru

蒙古语 xɑrɛː- < *qara。

劳语 ʔaru < *qaru。

5. *kore-la / *te-kar

达斡尔语 koreːlɑ- < *kore-la。

马京达瑙语 tekar < *te-kar。

6. *dulə / *ko-tol

保安语 dulə-，土族语 diulə < *dulə。

柬埔寨文 kɔɲtʃɔl < *ko-tol。（动物跳）

7. *quturə / *tur

蒙古语 ʉsrə-，达斡尔语 xəsurə- < *quturə。

东部裕固语 sur- < *tur。

8. *pureku / *m-prak

满文 feku-，赫哲语 furku- < *pureku。

藏文 ɦphag，嘉戎语 mtsɐk < *m-prak。

9. *ʔətək-an / *bətok

鄂伦春语 ətəkən-，鄂温克语 tuʃʃan- < *ʔətək-an。

锡加语 bətok < *bətok。

巴琉语 $tiuk^{53}$ < *tuk。

10. btu / *btu-rəga / *pitiʔi

中古朝鲜语 ptyta < *btu-。朝鲜语水原话 ttyjəkanta < *btu-rəga-。

邹语 mo-ftiʔi < *pitiʔi。

11. *tobu / *ʔatup

日语 tobu < *tobu。

阿者拉语 atup < *ʔatup。

12. *kalak / *si-kalik

马绍尔语 kælɒk < *kalak。塔几亚语 sikalik < *si-kalik。

13. *lupa / *ropo / *ga-lope / *kalop

大瓦拉语 lupa < *lupa。（飞、跳）

莫图语 roho < *ropo。（飞、跳）

查莫罗语 galope < *ga-lope。

景颇语 kǎ^{31}lop^{31} < *kalop。

14. *gope

查莫罗语 gope < *gope。

15. *lade / *rido

东部斐济语 lade < *lade。西部斐济语 rido < *rido。

16. *mosor / *b^{w}isiri / *samor-samor

伊拉鲁吐语 mɔsor < *mosor。拉加语 visiri < *b^{w}isiri。

邹语 səmoesao < *samor-samor。

17. *ʔagu-ʔa

查莫罗语 agua < *ʔagu-ʔa。

18. *p-kok

布拉安语 fkɔk < *p-kok。

19. *rere

拉巴努伊语、塔希提语 rere，萨摩亚语 lele < *rere。（飞、跳）

20. *lek / *ʔlok / *lek / *ta-log / *luk-tun

汉语 *lek（躍）。

西双版纳傣语 hok^{7} < *ʔlok。

姆布拉语 lek < *lek。查莫罗语 tajog < *ta-log。

雅美语 luktun < *luk-tun。

21. *krun

缅文 khun^{2} < *krun。

22. *pok

博嘎尔珞巴语 pok < *pok。

23. *kan-tot / *si-dot / *lu-tat

景颇语 kan^{33}to̱t^{55} < *kan-tot。

佤语艾帅话 si dot < *si-dot。

巽他语 luɳtʃat，马都拉语 luɳtʃaʔ < *lu-tat。

24. *pru / *buru

侗语 pjiu^{1} < *pru。

蒙达语 buru < *buru。

25. *don

桑塔利语 do̠n < *don。

26. *gros / *sros

阿佤方言 grɔh < *gros。克木语 r̥ɤh < *sros。

27. *lot / *pə-lut / *ʔlet

柬埔寨文 loːt < *lot。户语 phə lut^{31} < *pə-lut。（窜）

壮语武鸣话 jet^{7} < *ʔlet。

◇ 二 "跳"的词源对应关系

上篇《跑》已举例说明"跑"和"跳"交叉对应的词源关系。

1. "跳"和"飞"

如上文所列，"跳"和"飞"一词的有大瓦拉语 lupa、莫图语 roho，拉巴努伊语、塔希提语 rere，萨摩亚语 lele 等。交叉对应的如：

（1）保安语、土族语 *dulə。"飞"女真语（得勒）*tele < *dele，羌语 da la < *dala。

（2）东部裕固语 *tur。"飞"满文 deje-、锡伯语 dəji- < *dere，达斡尔语 derdə- < *der-。

（3）鄂伦春语、鄂温克语 *ʔətək-an。"飞"鄂伦春语 dəjli、鄂温克语 dəgili-、赫哲语 dəgədə < *dəgi- / *dəgi-。

（4）大瓦拉语 *lupa。"飞"马京达瑙语 lelap、卡乌龙语 jap < *lap，西部斐济语 ðaβu < *labu。

（5）东部裕固语 *tur。“飞”满文 deje-、锡伯语 dəji- < *dere。

（6）拉巴努伊语 rere，“飞”马那姆语 ro。

（7）蒙达语 *buru。“飞”占语书面语 pər < *per，汉语 *pər（飞），巽他语 hibər、爪哇语 m-abur < *qibur / *ʔabur。

2.“跳”和“上面、往上”等

（1）土耳其语、维吾尔语、哈萨克语、撒拉语 *sekire。“上、往上”古突厥语 jygery、维吾尔语 juquri、西部裕固语 jorəɢə < *dugeri。

（2）日语 *tobu。“上面、顶部、山岗”维吾尔语 tøpɛ、哈萨克语 tøbe < *tobe。

（3）东部裕固语 *tur。“上、往上”西部裕固语 jorəɢə < *dori-gə。

（4）查莫罗语 *ʔagu-ʔa。“上”中古朝鲜语 uh、庆州话 uɣɛ < *ʔuge。

（5）拉巴努伊语 rere，“上”罗图马语 ʔe rere < *ʔe-rere。

（6）蒙达语 *buru。“上”爪哇语 n-ɖuwur < *dubur，拉加语 amare < *ʔamure。

◇ 三 词源分析

1. *lupa（*ropo、*lap、*lop、*lope、*labu）

“跑”莫图语 *ropo，景颇语 *kalop，查莫罗语 *galope，大瓦拉语 *lupa（飞、跳）。“飞”马京达瑙语 lelap、卡乌龙语 jap < *lap，西部斐济语 ðaβu < *labu。雅美语 salap < *sa-lap。汉语 *gləp（习）。[①]

“跑”德语 laufen < *lupe-。

① “习”，《说文》数飞也。*g- 为使动前缀。

"跳"古英语 hleapan、古挪威语 hlaupa、古弗里斯语 hlapa < *klupa。

"跳"芬兰语 hypätä。

2. *bor（*samor、*qibur、*ʔabur）

"跳"邹语 *samor，"飞"巽他语 hibər < *qibur、爪哇语 m-abur < *ʔabur。

"跳"俄语（名词）sbros < *sbro-，希腊语 yperpedo < *uper-pedo。 "跳、飞起"古英语 springan、古挪威语、古弗里斯语 springa < *spri-ga。 "跳过"俄语（动词）pr-gatj < *priga-。 "跳过"波兰语（动词）przeskoʃytʃ < *pre-skosu-。

3. *date（*dot、*tat、*dede）

"跳"佤语艾帅话 *si-dot，巽他语 *lu-tat。"飞"嫩戈内语 dede。

"跳"梵语 kuːrdati < *kur-dati，亚美尼亚语 tshatkel < *dat-。

4. *dori（*quturə、*tur、*dere）

"跳"蒙古语、达斡尔语 *quturə、东部裕固语 *tur。"飞"满文 deje-、锡伯语 dəji- < *dere。"上面、往上"西部裕固语 jorəɢə < *dori-gə。

"跑"克木语 dar < *dar，朝鲜语 tarrita < *dari-，马林厄语 tʃari < *tari。

"跳"俄语（动词）triastj < *tras-，希腊语 saltaro < *sal-taro。 "逃跑"粟特语 tərʃ < *tərs。 "跳、拔"俄语（动词）dergtj < *derg-。"跳、飞"亚美尼亚语 thrtʃel < *dr-kel。

5. *guro（*kiro、*kore、*guri、*kro、*gro、*krə）

"跳"突厥语 *sekire，达斡尔语 *kore-la，马京达瑙语 *te-kar。"跑"

维吾尔语 jygyr-，哈萨克语 dʒygir-，图瓦语 dʒygyry- < *guguri。阿伊努语 kiro < *kiro。“脚”基诺语 ʃɔ^{31}khi^{33}、哈尼语 a^{31}khɯ^{55}、纳西语 khɯ^{33} < *kri / *kru。（参见上文相关的讨论）

> “跑”拉丁语 currere、法语 courir、西班牙语 correr、意大利语 correre < *kure-。
> “跳”梵语 kuːrdati < *kur-dati。“上跳、前跳”阿尔巴尼亚语 kë rtsim < *kor-tim。

“跳”（名词）匈牙利文 ugras < *ugra-s，（动词）ugral < *ugra-l。

6. *dem（*dam）

“跑”柬埔寨文 daːm < *dam。“飞”阿侬怒语 dɛm^{55} < *dem。

> “飞”亚美尼亚语 thmel < *dme-l。

“跳”格鲁吉亚语 xthɔma < *qdoma。

7. *pureku（*prak）

“跳”满文、赫哲语 *pureku，藏文、嘉戎语 *m-prak。

> “跳”俄语 prygat < *pruga-。

8. *gope

“跳”查莫罗语 gope < *gope。

> “跳”和阗塞语 kuvaa < *kub^{w}a-。

“田鸡”壮语武鸣话 kop^{7} < *kop。

“蛙”克木语 kŏp < *kop。柬埔寨语 kɔŋkaep < *kon-kap。

“蚂蚱”布芒语 kɛp^{21} < *kep。

“飞”的词源关系

“飞”的说法与“跑”“跳”等的说法有词源关系，上文已提及。“飞”是“鸟”“蝴蝶”等的行为，故与这些动物的说法有词源关系。“飞”的说法另外又与“翅膀、羽毛”等的说法有词源关系。

一　东亚太平洋语言的“飞”

“飞”的主要说法有：

1. *ʔut / *ʔut-q / *ʔude / *ʔdi / *dede

古突厥语、土耳其语、维吾尔语、乌孜别克语 utʃ-，图瓦语 uʃuɑ- < *ʔut。

西部裕固语 uhk- < *ʔut-q。

桑塔利语 uɖɛu < *ʔude。

勉语江底话、东山话 dai⁵ < *ʔdi。

嫩戈内语（Nengone）dede < *dede。

2. *nitə

蒙古语正蓝旗话 nisə-，布里亚特方言 niːdə- < *nitə。

3. *musu

保安语 məsə-，东乡语 musɯ- < *musu。

4. *dele / *dala

女真语（得勒）*tele < *dele。

羌语 da la < *dala。

5. *dere / *der- / *tur

满文 deje-，锡伯语 dəji- < *dere。

达斡尔语 derdə- < *der-。

中古朝鲜语 narta，朝鲜语洪城话 narrɯnta < *dar-。

克木语 tɯr < *tur。

邹语 tor-soso < *tor-soso。（飞去）①

6. *dəgi

鄂伦春语 dəjli，鄂温克语 dəgili-，赫哲语 dəgədə < *dəgi-。

7. *tobu / *ʔatap

日语 tobu < *tobu。

宁德娄语 atah < *ʔatap。

8. *b^wili / *p^wlalo

鄂罗克语 wili < *b^wili。（飞、航海、漂浮）

马林厄语 flalo < *p^wlalo。

---

①“去”萨摩亚语 susū，soso-po < *susu。

9. *gupo

查莫罗语 gupo < *gupo。

10. *buka

东部斐济语 βuka < *buka。

11. *lelap / *labu / *sa-lap / *g-ləp

赛夏语 ɭomajap < *l-om-alap。马京达瑙语 lelap < *lelap。

卡乌龙语 jap，西部斐济语 ðaβu < *lapu。雅美语 salap < *sa-lap。

大瓦拉语 lupa < *lupa。（飞、跳）

汉语 *g-ləp（习）。①

12. *pik

波那佩语 pik < *pik。

13. *to-boto / *lo-pad

戈龙塔洛语 t-um-o^{m}boto < *to-boto。

他加洛语 lipad，巴拉望语 lumɔpad < *lo-pad。

14. *baŋ / *te-baŋ-pa

米南卡保语 tabaŋ，印尼语 terbaŋ < *ter-baŋ。

他杭语 the phangpa < *te-baŋ-pa。

15. *rere

拉巴努伊语、塔希提语 rere，萨摩亚语 lele < *rere。（飞、跳）

---

①“习”，《说文》数飞也。*g- 为使动前缀。

16. *ropo

莫图语 roho < *ropo。（飞、跳）

17. *p^{w}ər / *qibur / *ʔabur / *ʔapir / *par-ku / *pururuŋ

汉语 *p^{w}ər（飞）。

占语书面语 pər < *per。巽他语 hibər，爪哇语 m-abur < *qibur / *ʔabur。

藏文 ɦphur < *m-bur。

蒙达语 āpir < *ʔapir。布朗语胖品话 phɤr，布兴语 pər < *pər。

桑塔利语 pharkao < *par-ku。

托莱语 pururuŋ < *pururuŋ。

18. *bro / *ʔbrən

道孚语 bjo，吕苏语 bʑe < *bro。

水语 vjən^{3} < *ʔbrən。

19. *dem

阿侬怒语 dɛm^{55} < *dem。

20. *ʔbin / *ben

泰语 bin^{2}，壮语 bin^{1}，侗语 pən^{3} < *ʔbin。

墨脱门巴语 phen < *ben。

21. *ʔraŋ / *laŋ

苗语养蒿话 ʑaŋ^{5}，畲语多祝话 ŋi^{5} < *ʔraŋ。

汉语 *laŋ（翔）。

22. *ʔbi / *si-ʔab

莽语 paɯ^{55}，京语 bai^{1} < *ʔbi。

木鲁特语 siab < *si-ʔab。

23. *kite-ʔuk

尼科巴语 kiteuk < *kite-ʔuk。

◇ 二 “飞”的词源对应关系

上篇《跳》已举例说明“跳”和“飞”的词源关系，补充下面几条。

1. “飞”和“跳”

（1）保安语、东乡语 *musu，“跳”萨摩亚语 musa < *musa。

（2）日语 *tobu，“跳”坦纳语 etəp < *ʔetəp。

（3）米南卡保语、印尼语 *ter-baŋ，“跳”雅贝姆语 b^{w}aŋ。

2. “飞”和“跑”

（1）汉语 *p^{w}ər，*pər（奔）。“跑”错那门巴语 pir^{55}。

（2）东部斐济语 βuka < *buka。“跑”锡伯语 *pəq-si，赫哲语 *bug-danə。

（3）阿依怒语 *dem。“跑”柬埔寨文 daːm < *dam。

（4）桑塔利语 *ʔude。“跑”佤语马散话 to、阿佤方言 tɔ、德昂语硝厂沟话 tɑu < *to。

3.“飞”和“翅膀、羽毛”

（1）波那佩语 *pik。“翅膀”壮语龙州话、德宏傣语 pik^{7} < *pik。沙玛语 pikpik < *pik。锡克语 kəpik < *kə-pik。“羽毛”毛利语 piki < *biki。

（2）桑塔利语 *ʔude，“翅膀”哈尼语 ɔ^{55}tu^{55} < *ʔotu。

（3）雅美语 salap < *sa-lap。“翅膀”印尼语 sajap < *salap，加龙语 alap、博嘎尔珞巴语 a lap < *ʔalap，蒙达语 talab < *talab。“羽毛”罗图马语 lalɔvi < *lalobi。

（4）巽他语 *qibur、爪哇语 *ʔabur。“羽毛”维吾尔语、乌兹别克 pɛr < *per。塔希提语 huruhuru < *pur。

（5）鄂伦春语、鄂温克语、赫哲语 *dəgi-。“毛、羽毛、绒毛”土耳其语 tyj < *tug。

（6）卡乌龙语、西部斐济语 *lapu。“羽毛”邹语 eopuŋu < *ropuŋu，沙阿鲁阿语 ʔalapuŋu < *ʔalpuŋu。

（7）马林厄语 *plalo，“毛、羽毛”查莫罗语 pulo < *pulo。

4.“飞”和“鸟”

（1）鄂伦春语、鄂温克语、赫哲语 *dəgi-。“鸟”鄂温克语 dəgi、鄂伦春语 dəji < *dəgi。达斡尔语 dəːgi < *dəgi。

（2）马林厄语 *plalo。“鸟”赛夏语 kabkabæhæl < *kab-kabalal。赛德克语 qubeheni < *qubele-ni。

（3）鄂罗克语 wili < *b^{w}ili，“鸟”wilin < *b^{w}ilin。

（4）道孚语、吕苏语 *bro，“鸟”藏文 bjeɦu < *bre-ʔu。

（5）东部斐济语 βuga < *buga，“鸟”清代蒙文 sibagu < *sibagu。

5.“飞”和“蝴蝶”

汉语 *g-ləp（习），*lap（蝶）。

（1）马林厄语 *plalo。“蝴蝶”赛德克语 pulale < *pulala。摩尔波格语 tompola-pola < *to-pola。

（2）马京达瑙语 *lelap。“蝴蝶”勒窝语 lepepe < *lepepe。布鲁语 tap̚-lapa < *ta-lapa。巴塔克语 lappu-lappu < *lapu。

（3）汉语 *p^{w}ər（飞）。“蝴蝶”博嘎尔珞巴语 paŋ pur < *papur。

◇ 三　词源分析

1. *b^{w}ilu（*pali、*bulel、*pula、*bele）

“飞”马林厄语 *plalo。“鸟”赛夏语 kabkabæhæl < *kab-kabalal。赛德克语 qubeheni < *qubele-ni。“毛、羽毛”查莫罗语 pulo，“羽毛”沙外语 plu、勒窝语 vilu-na < *b^{w}ilu。

> 希腊语“鸟”poyli < *poli，“飞”pheylo < *belo，“羽毛”poypoylo。“飞”法语 voler、西班牙语 volar、意大利语 volare < *b^{w}ole-re。（*-re 拉丁语动词后缀）“羽毛”法语 plume、西班牙语 pluma < *plu-me。“飞”古英语、古高地德语 fleogan，古挪威语 flügja、古弗里斯语 fliaga，中古荷兰语 vleghen < *ple-ga。（*-ga 日耳曼语动词后缀）

“飞”匈牙利文 repül < *repul，格鲁吉亚语 buz < *bul。

2. *dore（*dere、*dar、*der、*tur、*tor）

“飞”满文、锡伯语 *dere，朝鲜语 *dar-，达斡尔语 *der-，克木语 *tur，邹语 *tor。“鸟”日语 tori。阿伊努语 tʃir < *tir。“鹰”锡伯语 diəmin < *dirə-min。“鸡”朝鲜语 *dar-gi。“乌鸦”鄂伦春语 tʊrakı < *tura-ki。

> “飞”阿尔巴尼亚语 fluturoj < *b^{w}lu-turor。

“上面、往上”西部裕固语 jorəɢə < *dori-gə。“跑”克木语 dar < *dar，朝鲜语 tarrita < *dari-，马林厄语 tʃari < *tari。

“跳、飞”亚美尼亚语 thrtʃel < *dr-kel。“跳、拔”俄语（动词）dergtj < *derg-。
“跳”俄语（动词）triastj < *tras-，希腊语 saltaro < *sal-taro。

3. *bʷedi（*boto、*pad、*puti）

“飞”戈龙塔洛语 *to-boto，他加洛语、巴拉望语 *lo-pad。“跑”尼科巴语 veuːtø < *buto。“羽毛”东部斐济语 βuti- < *puti。蒙古语 ɵd、土族语 foːdə、保安语 hodoŋ < *pudəŋ。

“飞”希腊语 peto，梵语 pat、patati。俄语 podgonjatj < *pod-gona-。
“羽毛”希腊语 ptero、古高地德语 fedara、古英语 feðer、中古荷兰语 vedere < *pete-ra。

4. *bure（*bro、*bre、*pʷər、*bur）

“飞”道孚语、吕苏语 *bro。汉语 *pʷər（飞）。巽他语 *qibur，爪哇语 *ʔabur，藏语 *m-bur。

“鸟”藏文、羌语、白语剑川话 *breʔu，“鹰”爪哇语 bəri。

“飞”波兰语 fruwatʃ < *pru-。粟特语 fəruʃt- < *puru-。
“飞”粟特语 parnāy < *par-nai。“翅膀”乌尔都语 par。
“溅”和阗塞语 asphir- < *asbir-。

“飞”格鲁吉亚语 prɛna < *pre-。

“翅膀”塔几亚语 sibari-n，马那姆语 bazi < *si-bari。

“蝴蝶”博嘎尔珞巴语 paŋ pur < *papur。

5. *lupa（*lap、*lop、*lope、*labu）

“飞、跳”大瓦拉语 *lupa。“飞”马京达瑙语、卡乌龙语 *lap，西部斐济语 *labu。雅美语 *sa-lap。汉语 *g-ləp（习，《说文》数飞也）。

“翅膀”印尼语 sajap < *salap，加龙语 alap、博嘎尔珞巴语 a lap <

*ʔalap，蒙达语 talab < *talab。“羽毛”罗图马语 lalɔvi < *lalobi。

“跑”德语 laufen < *lupe-。

“跳”古英语 hleapan、古挪威语 hlaupa、古弗里斯语 hlapa < *klupa。

“飞”芬兰语 liehua，匈牙利文 lebeg < *lebe-ga。

6. *subi（*subu、*sibi、*ʔibu）

“飞”莽语、京语 *ʔbi。“鸟”蒙古语 *subu。

“羽毛、毛皮”达密语 siwi < *sibi，“羽毛”瓜依沃语 ifu-na、托莱语 ivu- < *ʔibu。

“鸟”赫梯语 suwais < *suba-is。阿维斯陀经 viʃ < *$b^w$is。

“天鹅”古英语、古高地德语 swan、丹麦语 svane < *sb^wane。

“快的”阿尔巴尼亚语 ʃpejtë < *spe-。

7. *dem（*dam）

“飞”阿侬怒语 *dem。“跑”柬埔寨文 daːm < *dam。

“飞”亚美尼亚语 thmel < *dme-l。

“跳”格鲁吉亚语 xthɔma < *qdoma。

8. *ʔut

古突厥语、土耳其语、维吾尔语、乌孜别克语 utʃ-，图瓦语 uʃuɑ- < *ʔut。

“飞”吐火罗语 $_A$ want，吐火罗语 $_B$ yente < *-te。

“飞”粟特语 uʃt < *ut。

9. *rere

“飞、跳”拉巴努伊语、塔希提语、萨摩亚语 *rere。“上”罗图马语 ʔe rere < *ʔe-rere。

“飞”乌尔都语 urana < *ura-。

“坐”的词源关系

亚欧语言“坐”与“居住”“跪”“躺”等说法有词源关系，另外还可能与“屁股”等说法有词源关系。

一　东亚太平洋语言的“坐”

“坐”的主要说法有：

1. *ʔotur / *ʔol-tur / *turi / *tura-tud / *dri

土耳其语 otur-，哈萨克语 otər- < *ʔotur。（坐、居住）

维吾尔语 oltur- < *ʔol-tur。（坐、居住）①

锡加语 təri < *turi。（坐、居住）

雅美语 tuẓatuḍ < *tura-tud。

侗语 sui^{5}，水语 tui^{6}，毛南语 zuːi^{6} < *dri。

2. *sagu / *suga-ru / *k^{w}ja

蒙古语书面语 saɣu-，蒙古语 suːx，达斡尔语 sɑugu，东乡语 sɑo- <

---

① “坐”匈牙利文 ül < *ul，ültet < *ul-tet。“居住”匈牙利文 el < *el。

*sagu。（坐、居住）

日语 sɿwaru < *suga-ru。

汉语 *k^{w}ja（居）。①

3. *toge / *togo / *tago

西部裕固语 tʂoɢe-，东部裕固语 dʒoɢɢui- < *toge。

鄂伦春语 təgə，鄂温克语 təgə- < *togo。

拉加语 toɣo，南密语 tago < *tago。

4. *te / *t^{w}i / *ʔada

满文 te，锡伯语、赫哲语 tə- < *te。

女真语（忒）*thui < *t^{w}i。

朝鲜语义州话 antʃara，朝鲜语楚山话 annɯnta < *ʔada-。

5. *ʔagara / *ʔakure

朝鲜语淳昌话 aŋkəra < *ʔagara。

夸梅拉语 -akure < *ʔakure。

6. *tada / *b-sdad / *todan / *pa-tadoŋ

西部斐济语 $tad^{r}a$，三威治港语 $ta^{n}d^{r}$ < *tada。

藏文 bsdad < *b-sdad。

勒窝语 totan < *todan。

查莫罗语 fatatʃhoŋ < *pa-tadoŋ。

7. *ʔaduŋ / *duŋ

摩尔波格语 aduŋ < *ʔaduŋ。

①《诗经·小雅·采薇》:“不遑启居，玁狁之故。”“居”，坐在脚跟上。

景颇语 tuŋ^{33}，博嘎尔珞巴语 duŋ < *duŋ。

8. *ne / *ni / *no

鲁凯语 wa-nənə，吉利威拉语 wene < *ma-ne。

阿昌语 ni^{55}，怒苏怒语 ȵi^{33} < *ni。

布兴语 ȵɔʔ < *no-ʔ。

9. *solaŋ

赛夏语 ʃomaɭəŋ < *solaŋ。

10. *qərəŋ

排湾语 q-əm-ərəŋ < *qərəŋ。

11. *pela-ʔi

莫图语 helai < *pela-ʔi。

12. *nopo

汤加语 nofo，拉巴努伊语 noho < *nopo。（坐、住）

13. *b^{w}ato

波那佩语 m^{w}ōt，沃勒阿依语 matto < *b^{w}ato。

14. *b^{w}ala

那大语 vala（坐、躺），东部斐济语 bula（生活）< *b^{w}ala。

15. *tu-ʔapuru

沙阿鲁阿语、卡那卡那富语 tuapuru < *tu-ʔapuru。

16. *sglar-ʔ / *ʔolur

汉语 *sglar-ʔ（坐）。

图瓦语 olɤr- < *ʔolur。（坐、居住）

17. *tipa / *tepo

他杭语 the tipa < *tipa。

科木希语 têp^{w}ɔ，东部斐济语 tape < *tepo。

18. *bi

木雅语 mbi^{53} < *bi。

19. *lap

格曼僜语 lǎp^{55} < *lap。

20. *ʔnoŋʔ

泰语 naŋ^{3} < *ʔnoŋʔ。（坐、住）

21. *brus

毛南语 zuːi^{6}，莫语 ʐəi^{6}，水语 fui^{6} < *brus。

22. *mok

布朗语 mok^{35} < *mok。

23. *ŋom

佤语艾帅话 ŋɔm，阿佤方言 ŋom < *ŋom。

24. *den

克木语 děn，莽语 tɐn^{55} < *den。

25. *durup

桑塔利语 duɽup < *durup。

二 “坐”的词源对应关系

1. “坐”和“居住”

“坐、居住”为一词的有维吾尔语 oltur-、土耳其语 otur-、哈萨克语 otər-、清代蒙文 sagu、蒙古语 suːx、达斡尔语 saugu、东乡语 sao-、锡加语 təri、汤加语 nofo、拉巴努伊语 noho、布昂语 nədo、泰语 naŋ^3 等。不同语言的说法有交叉对应关系的如：

（1）藏文 *b-sdad，“住” sdad。

（2）阿昌语、怒苏怒语 *ni，“住” 缅文 ne^2 < *ni。

（3）木雅语 *bi，“住” 波那佩语 mi。

（4）摩尔波格语 *ʔaduŋ，“住” 那大语 doŋo。

（5）满文、锡伯语、赫哲语 *te，“住” 阿杰语 tɔ < *to。

（6）汉语 *k^{w}ja-ʔ（居），*g^{w}ja-s（芋）。①

2. “坐”和“跪”

（1）锡加语 *turi，“跪” 土耳其语 diz tʃøk- < *dir-tok。

（2）西部裕固语、东部裕固语 *toge。“跪” 西部裕固语 tʃøk- < *tok。维吾尔语 jykyn-，哈萨克语 dʒykin-，撒拉语 juggun- < *dikun。

（3）夸梅拉语 *ʔakure，“跪” 中古朝鲜语 skurta < *sgur-。“屁股” 维吾尔语 saʁra、哈萨克语 sawər、图瓦语 saːr < *sa-gəra。西部裕固语

① 《诗经·小雅·斯干》：“风雨攸除，鸟鼠攸去，君子攸芋。”“芋”，居住。

ɢoŋɢər、东部裕固语 ɢoŋɢor < *gogər。

（4）朝鲜语淳昌话 *ʔagara，汉语 *garʔ（跪）< *gar-ʔ。

（5）莫图语 *pela-ʔi，“跪”日语 hidzamadzɿ < *pila-malu。

3.“坐”和“躺”

（1）泰语 *ʔnoŋ。“躺”错那门巴语 ȵaŋ^{33}、仙岛语 ɲɛŋ^{55}。“停留”马都拉语 ənnəŋ。

（2）汉语 *sglar-ʔ（坐），“躺”巽他语 ŋa-goler < *gəlar。

（3）西部裕固语、东部裕固语 *toge。“躺、睡、休息”柬埔寨文 deːk < *dek。

（4）夸梅拉语 *ʔakure。“躺”莫图语 he-kure < *pe-kure。

（5）锡加语 *turi。“躺”爪哇语 turɔn < *turo-n。

（6）西部斐济语、三威治港语 *tada。“躺”维吾尔语 jat-、哈萨克语 dʒɑt-、图瓦语 dʒɤd- < *dat。满文 dedu-、锡伯语 dudu- < *dedu。

（7）维吾尔语 *ʔol-tur。“躺”桑塔利语 ol < *ʔol。

4.“坐”和“屁股”

（1）西部裕固语、东部裕固语 *toge。“屁股”撒拉语 ondoχ < *ʔodoq。

（2）夸梅拉语 *ʔakure。“屁股”维吾尔语 sɑʁrɑ、哈萨克语 sɑwər、图瓦语 sɑːr < *sa-gəra。西部裕固语 ɢoŋɢər、东部裕固语 ɢoŋɢor < *gogər。

（3）西部斐济语、三威治港语 *tada。“屁股”查莫罗语 tʃade < *tade。

（4）汉语 *sglar-ʔ（坐）。“屁股”布兴语 klel，布朗语胖品话 khliar < *klar。

三 词源分析

1. *turi（*tur、*turo、*dri）

“坐、居住”土耳其语、哈萨克语 *ʔotur，维吾尔语 *ʔol-tur、锡加语 *turi。“坐”侗语、水语、毛南语 *dri。“躺”爪哇语 turɔn < *turo-n。

> “坐”古英语 sitten、古挪威语 stja、古高地德语 sizzen、德语 sitzen < *sidre-n。
>
> 希腊语“躺”strono < *stro-no。
>
> “坐着”意大利语 sedere。“坐下”意大利语 sedersi。
>
> “生活”阿尔巴尼亚语 jetoj < *re-tor。“休息”俄语 derẓatj < *dera-。

2. *dati（*tada、*dedu、*toto）

“坐”西部斐济语、三威治港语 *tada。“躺”维吾尔语 jat-、哈萨克语 dʒɑt-、图瓦语 dʒɤd- < *dat。满文 dedu-、锡伯语 dudu- < *dedu。查莫罗语 toto < *toto。

> “坐”梵语 siːdati < *sidati。“站”粟特语 ōstāt- < *ostat。
>
> “坐着”西班牙语、葡萄牙语 estar sentado。
>
> “坐”俄语 sidetj、波兰语 sądẓitʃ < *sedi-。威尔士语 eistedd < *ist-。
>
> “坐”亚美尼亚语 nstel < *n-ste-l。粟特语 niδ < *n-sda。

“坐”芬兰语 istua。

3. *bi

“坐”木雅语 *bi，“住”波那佩语 mi。

> “居住”古法语 habiter、拉丁语 habitare < *qabi-tare。

4. *ʔol

“坐、居住”维吾尔语 oltur- < *ʔol-tur。

“躺”桑塔利语 ol < *ʔol。

“坐”阿尔巴尼亚语 ul，ulem < *ul-em。

“坐”匈牙利文 ül < *ul，ültet < *ul-tet。“居住”匈牙利文 el < *el。

5. *nupa（*nopo）

“坐、居住”汤加语、拉巴努伊语 *nopo。

“躺”他杭语 nupa < *nupa。

“躺下”粟特语 nəpəδ- < *nəpə-。

“打盹”古英语 hnappian，德语方言 nafzen，挪威语 napp。

6. *b^wati（*b^wato、*bati、*pat）

“坐”波那佩语 m^wō t，沃勒阿依语 matto < *b^wato。“睡、躺”蒙达语 bā ʈin < *batin。“躺”三威治港语 patʃ < *pat。

“坐”乌尔都语 beːthna < *bed-。

7. *ni（*no）

“坐”阿昌语 ni^{55}，怒苏怒语 $ȵi^{33}$ < *ni。布兴语 ȵɔʔ < *no-ʔ。

“坐着”和阗塞语 āna- < *ana。

“躺”的词源关系

“躺”与“睡”“坐”等的说法有词源关系，与“房子”的词源关系当为晚起。“躺”为体位动作，可能与“身体”的说法有词源关系。

◇ 一 东亚太平洋语言的“躺”

“躺”的主要说法有：

1. *dat / *dedu / *toto

维吾尔语 jat-，哈萨克语 dʒɑt-，图瓦语 dʒɤd- < *dat。

满文 dedu-，锡伯语 dudu- < *dedu。

查莫罗语 toto < *toto，ason < *ʔason。

2. *kəb / *gep

蒙古语书面语 kebte-，蒙古语 gəbtə- < *kəb-。

布昂语 ɣɛp < *gep。（躺、睡）

3. *kertə

达斡尔语 kərtə- < *kertə。

4. *ʔena / *ʔeno

东部裕固语 ənaː- < *ʔena。

瓜依沃语 eno < *ʔeno。（睡、躺）

5. *kide

土族语 kədeː，东乡语 kidʑiə- < *kide。

6. *ʔuqələ / *ʔilo / *ʔol / *ʔiloŋ

鄂温克语 uxələ- < *ʔuqələ。

布拉安语（Blaan） m-iləʔ < *ʔilo。

桑塔利语 ol < *ʔol。

摩尔波格语 iloŋ < *ʔiloŋ。

7. *ʔibəra / *bariŋ

朝鲜语庆兴话 nipəra，朝鲜语蔚山话 nupəra < *ʔibəra。[①]

印尼语 ber-bariŋ < *bariŋ。

8. *ne / *ninʔ / *nun / *nen

日语 neru < *ne-ru。（睡、躺下）

壮语武鸣话 nin^{4}，西双版纳傣语 nɔn^{2}，水语 nun^{2} < *ninʔ / *nun。（睡、躺）

多布语 nen < *nen。（睡、躺，第三人称单数）

---

① “躺”匈牙利文 hever < *qeb^{w}er（动词）。

9. *ʔales

宁德娄语 ales < *ʔales。

10. *ma-di

马达加斯加语 manɖ^{r}i < *ma-di。

11. *tako

马京达瑙语 toko，罗图马语 taka < *tako。

12. *ʔamak

夸梅拉语 -amak < *ʔamak。

13. *daro / *turon

西部斐济语 daro < *daro。

爪哇语 turɔn < *turon。

14. *goler / *goleq

巽他语 ŋa-goler，米南卡保语 ba-goleʔ < *goler / *goleq。

15. *ŋar / *qiŋer

汉语 *ŋar（卧）。

保安语 hiŋger- < *qiŋer。

16. *skhrəm

汉语 *skhrəm（寝）。

17. *nal

藏文 n̥al < *nal。（躺、睡）

18. *rge

嘉戎语 rgə < *rge。（躺、睡）

19. *nupa

他杭语 nupa < *nupa。

20. *sil

克木语 sih < *sil。（躺、睡）

21. *sabir / *ʔobor

蒙达语 sāmbir < *sabir。

桑塔利语 o̠bo̠r < *ʔobor。

22. *kuk

布朗语 kək^{13} < *kuk。

23. *ʔit

佤语布饶克方言 ʔi̠t < *ʔit。（躺、睡）

24. *dek / *toko / *tokotoko

柬埔寨文 deːk < *dek。（躺、睡、休息）

马京达瑙语 toko < *toko。（睡、躺）

汤加语 tokoto，萨摩亚语、塔希提语 toʔoto < *tokotoko。

25. *gitit

桑塔利语 gititʃ < *gitit。（睡、躺）

26. *batin / *pat

蒙达语 bāʈin < *batin。（睡、躺）

三威治港语 patʃ < *pat。

◇ 二 “躺”的词源对应关系

1.“躺”和“坐”

东亚太平洋语言“躺”和“坐”的对应关系上文《坐》篇中已说明，不再重复。

2.“躺”和“睡”

“躺”即“睡”的语言有瓜依沃语 eno、布昂语 ɣɛp、阿杰语 kŭru、日语 neru、藏语 n̥al、克木语 sih、佤语布饶克方言 ʔi̱t、柬埔寨语 deːk、桑塔利语 gititʃ、蒙达语 bāʈin 等，有交叉对应关系的如：

（1）布拉安语 *ʔilo。“睡”苗语腊乙坪话 ɴqwe^{1}、石门坎话 ntl̥au^{1} < *qle。鄂伦春语、鄂温克语 aːʃɪn- < *ʔalin。

（2）勒窝语 mono < *mono。汉语 *min（眠）。

（3）乌玛语 turu < *turu。“睡”爪哇语 turu，达阿语 no-turu，拉加语 maturu < *turu / *ma-turu。

（4）罗维阿纳语 eko < *ʔeko，“睡”查莫罗语 maigo < *ma-ʔigo。

3.“躺”和“身体”

从以下比较中可以看出，有的语言仍保留着“躺”和“身体”词的派生关系，有的语言保留有演变以后的交叉对应关系。

（1）萨萨克语“躺”ŋə-rəba-ʔawak，“身体”awak。

（2）依斯那格语“躺”mag-idda，“身体”baggi。“躺”布鲁语 bage。

（3）阿杰语“躺”kuřu，“身体”kařɔ。“躺”莫图语 he-kure < *pe-kure。

（4）三威治港语 *pat，“身体”乌玛语 βoto < *bato。

（5）拉巴努伊语、菲拉梅勒语 moe < *mo-ʔe，“身体”达阿语 bowa < *boba、卡乌龙语 βo-n < *bo。

（6）宁德娄语 *ʔales，“身体”布吉斯语 ale。

（7）布拉安语 *ʔilo。“身体”雅贝姆语 oli。

4.“躺”和“房子”

（1）汉语 *ŋar（卧）。“房子”保安语 gɑr、东乡语 giə < *ger，阿者拉语 aŋar < *ʔaŋar。

（2）朝鲜语 *ʔibəra。“房子”古突厥语 eb < *ʔeb。马绍尔语 ɛm^{ɯ}，波那佩语 im^{w} < *ʔem。

（3）汉语 *skrəm（寝）。“房子”独龙语 cim^{53}、错那门巴语 chem^{53}、载瓦语 ju̱m^{51} < *klum。

（4）克木语 sih < *sil。“房子”桑塔利语 sal < *sal。

（5）朝鲜语 *ʔibəra。“泥房子”鄂温克语 bajʃan < *bar-san。“房子”汤加语、萨摩亚语 fare，拉巴努伊语 hare，东部斐济语 βare < *bare。

三 词源分析

1. *turi（*tur、*turo、*turu）

“躺”爪哇语 *turo-n、乌玛语 turu < *turu。西部斐济语 *daro。

“睡”爪哇语 turu、达阿语 no-turu、拉加语 maturu < *turu / *ma-turu。

希腊语“躺”strono < *stro-no。

“睡”法语、西班牙语、葡萄牙语 dormir、意大利语 dormire < *dor-mire。
“躺”阿尔巴尼语 gënjeʃtër < *geni-stor。“休息”俄语 derzạtj < *dera-。

“躺”匈牙利文 elterül < *el-teru-l。（*-l 动词后缀）

2. *dati（*dedu、*toto）

“躺”维吾尔语、哈萨克语、图瓦语 *dat，满文、锡伯语 *dedu。查莫罗语 *toto。

“躺”亚美尼亚语 sut，stel < *sute-l。“坐”梵语 siːdati < *sidati。
“坐着”西班牙语、葡萄牙语 estar sentado。“坐”俄语 sidetj、波兰语 sądʑitʃ < *sedi-。

3. *luga（*laga、*rge、*lag）

“休息”莫图语 laɣaani < *laga-ʔani、[①] 梅克澳语 elaŋai < *ʔe-laga-ʔi、东部斐济语 βaka-laŋu < *baka-lagu、嘎卓语 $la^{24}ka^{33}$ < *laga。汉语 *slək（息），*b-lag（宅）。[②]

“躺、睡”嘉戎语 *rge。

“休息”的意义来自“呼吸”，莫图语 laɣaani 字面意义是“呼吸—吃”。

“肺”泰雅语 *balə-luk、大瓦拉语 *lugo。

“躺”古英语 licgan、古挪威语 liggja、古弗里斯语 lidzia、赫梯语 laggari < *liga-ra。
古教堂斯拉夫语 lego、波兰语 ɫgatʃ、俄语 lgatj < *lega-。
“躺”希腊语 lekesthai，拉丁语 lectus < *lek-tus。
“肺”古英语、古弗里斯语 lungen（复数）、古挪威语 lunge < *luge。

① 莫图语 laɣa“呼吸”，ani“吃”。

②《诗经·大雅·文王有声》：“考卜维王，宅是镐京。”“宅”，居住。

4. *rat（*rtə）

“躺”达斡尔语 *kertə。“睡”柬埔寨文 sɔmraːnt < *so-rat。

“躺”梵语 zerate < *rerate。

5. *ŋer（*ker、*ŋar）

“躺”达斡尔语 *ker-tə、保安语 *qiŋer，汉语 *ŋar（卧）。

“房子”保安语 gɑr、东乡语 giə < *ger，阿者拉语 aŋar < *ʔaŋar。

“休息”排湾语 s-əm-əkəz < *sə-ker。

“睡”阿伊努语 mekor < *me-kor。“打鼾”劳语、马那姆语 ŋoro，瓜依沃语 ŋola < *ŋoro。

“躺”威尔士语 gorwed < *goru-。

6. *nupa（*nopo）

“躺”他杭语 *nupa。“坐、居住”汤加语 nofo，拉巴努伊语 noho < *nopo。

“打盹”古英语 hnappian，德语方言 nafzen，挪威语 napp。

7. *b^{w}ati（*b^{w}ato、*bati、*pat）

“睡、躺”蒙达语 *batin。“躺”三威治港语 *pat。“坐”波那佩语 m^{w}ōt，沃勒阿依语 matto < *b^{w}ato。

“躺下”粟特语 nəpəδ-，和阗塞语 nuvad- < *ni-b^{w}ad。

“躺下”阿维斯陀经 ni paiδya- < *ni-padja。

“坐”乌尔都语 beːthna < *bed-。

"睡"的词源关系

亚欧语言"睡"与"躺""闭眼""做梦""休息"等的说法有词源关系。

一　东亚太平洋语言的"睡"

"睡"的主要说法有：

1. *ʔuru-q / *mo-ʔir

土耳其语 uju-，哈萨克语 ujəq-tɑ-，西部裕固语 uzu- < *ʔuru-q。

波那佩语 moir < *mo-ʔir。

2. *ʔuq-la

维吾尔语 uχlɑ-，塔塔尔语 juqlɑ- < *ʔuq-la。

3. *ʔuta / *ʔudu / *qutə / *ʔa-ʔət / *ta-qəd / *ʔit

蒙古语书面语 untɑ-，达斡尔语 uɑnt-，东部裕固语 ntɑː- < *ʔuta。

图瓦语 udu- < *ʔudu。

鲁凯语 aʔəts < *ʔa-ʔət。

排湾语 taqəd < *ta-qəd。

佤语艾帅话、德昂语南虎话 ʔit，布朗语曼俄话 ʔit^{35}，户语 ʔɛt^{35} < *ʔit。

4. *qutura / *turu / *ma-turu / *tiro

东乡语 hunturɑ-，土族语 ntərɑ:-，保安语 tərɑ- < *qutura。

爪哇语 turu，达阿语 no-turu，拉加语、马达加斯加语 maturu < *turu / *ma-turu。

贡诺语、布吉斯语 tinro < *tiro。

5. *da

朝鲜语 tʃata < *da-。

6. *ʔamqə / *mo-ʔe

满文 amga-，锡伯语 amχə- < *ʔamqə。

毛利语 moe < *mo-ʔe。

7. *ʔalin / *qle

鄂伦春语、鄂温克语 a:ʃɪn- < *ʔalin。[①]

苗语腊乙坪话 ɴqwe^{1}，石门坎话 ntl̥au^{1} < *qle。

8. *nemu

日语 nemuru < *nemu-ru。

9. *ne / *ʔeno / *nen / *ninʔ / *nun / *non

日语 neru < *ne-ru。（睡、躺）[②]

---

① "睡"（名词）匈牙利文 alom < *alo-m，（动词）alszik < *al-sik。

② "睡"芬兰语 uni。

瓜依沃语 eno < *ʔeno。（睡、躺）

多布语 nen < *nen。（睡、躺）

壮语武鸣话 nin^{4}，西双版纳傣语 nɔn^{2}，水语 nun^{2} < *ninʔ / *nun。（睡，躺）

西双版纳傣语 nɔn^{2} < *non。

10. *me-kor / *kuru / *po-kuru

阿伊努语 mekor < *me-kor。

阿杰语 kur̆u < *kuru。（躺、睡）

拉巴努伊语 hoʔuru < *po-kuru。

11. *taqi

赛德克语 taqi < *taqi。

12. *ma-ʔigo

查莫罗语 maigo < *ma-ʔigo。

13. *ʔalupa / *sulop

卑南语 alupəʔ < *ʔalupa。

卡林阿语 sūjop < *sulop。

14. *mət / *meti

汉语 *mət（寐）。

哈拉朱乌语 mɛt-，波那佩语 wenti < *meti。

15. *min / *ʔab^{w}inə

汉语 *min（眠）。

赫哲语 afinə- < *ʔab^{w}inə。

16. *nal

藏文 n̥al < *nal。（躺、睡）（“打鼾”达密语 ninor）

17. *ʔip

缅文 ip，独龙语 ip^{55} < *ʔip。

18. *batin

蒙达语 bāʈin < *batin。（睡、躺）

19. *sil

克木语 sih < *sil。（睡、躺）

20. *so-rat

柬埔寨文 sɔmraːnt < *so-rat，keːŋ < *keŋ。

21. *dapit

桑塔利语 dʒɛpith < *dapit（睡、闭眼），dʒɛnapith < *dana-pit。

22. *dek

柬埔寨文 deːk < *dek。（躺、睡、休息）

23. *ʔarol

尼科巴语 haɽɔh < *ʔarol，inɽoho < *ʔin-rolo。

◇ 二 “睡”的词源对应关系

1.“睡”和“躺”

东亚太平洋语言“睡”和“躺”的对应关系上文《躺》篇中已说明。

2.“睡”和“闭眼”

“睡”和“闭眼”是同一说法的语言如桑塔利语 dʒɛpith。有的语言一种说法是另一种说法的派生或滋生形式，不同语言两种说法有交叉对应关系。

（1）马那姆语“睡”eno，“闭”ono。

（2）朝鲜语“睡”*da-。“闭”中古朝鲜语 tatta、朝鲜语安城话 tatatta < *dada-。

（3）斐济语 moðe < *bole，木鲁特语 boloŋ < *boloŋ。“闭”鄂伦春语 balɪ- < *bali、卡乌龙语 sabal < *sa-bal。

（4）缅文、独龙语 *ʔip。“闭”德昂语硝厂沟话 ka ʔiap < *ka-ʔip，莽语 tɕip^{35} < *kip。

（5）克木语 *sil。“闭”西部裕固语 solɑ- < *sola。

（6）卡林阿语 *sulop。“闭（眼）”锡加语 ləbe < *ləb，赛夏语 ʔiləb、卑南语 ʔaləb < *ʔa-ləb，壮语 lap^{7} < *ʔlap。

（7）瓜依沃语 *ʔeno。“闭”吉尔伯特语 kaina < *ka-ʔina。

（8）蒙古语、达斡尔语、东部裕固语 *ʔuta。“闭”乌玛语 un̥tʃa < *ʔuta。

（9）土耳其语、哈萨克语、西部裕固语 *ʔuru-q。“闭”多布语 ʔa-ʔuj < *ʔur。

3.“睡”和“休息”

（1）阿伊努语 *me-kor，“休息”排湾语 s-əm-əkəz < *sə-ker。

（2）日语 *ne-ru，“休息”嫩戈内语 nene。

（3）维吾尔语、塔塔尔语 *ʔuq-la，“休息”罗图马语 aʔuʔua < *ʔaʔu-ʔuʔa。

（4）满文、锡伯语 *ʔamqə，“休息”拉加语 mabu < *mamu。

（5）斐济语 moðe < *bole，“休息”劳语、瓜依沃语 mamalo。

◇ 三　词源分析

1. *labu（lupa、*sulop、*ləb、*ʔlap 等）

“睡”卑南语 *ʔalupa、卡林阿语 *sulop。

“闭（眼）”锡加语 ləbe < *ləb，赛夏语 ʔiləb、卑南语 ʔal̥əb < *ʔa-ləb，壮语 lap^{7} < *ʔlap。

“睡”（名词）古英语 slæp、古高地德语 slaf、古弗里斯语 slep、古教堂斯拉夫语 slabu < *slab。

“睡”（动词）古英语 slæpan、古高地德语 slafen、古弗里斯语 slepa。

2. *tura（*turu、*tiro、*turo）

“睡”爪哇语 *turu、拉加语 *ma-turu，东乡语、土族语、保安语 *qutura，贡诺语、布吉斯语 *tiro。

“躺”爪哇语 *turo-n、乌玛语 turu < *turu。

希腊语“躺”strono < *stro-no。

“打盹”（名词）俄语 dremota < *dremo-ta。

“梦”古法语 dram、古高地德语 troum。“鬼”古挪威语 draugr。

3. *ma（*ʔam、*mamu）

“睡”满文、锡伯语 *ʔamqə。“休息”拉加语 mabu < *mamu。

“睡”希腊语 koimamai < *ko-mama。

4. *mura（*puri、*baru）

“睡”夸梅拉语 apri < *ʔapuri。

“休息”勒窝语 varuru < *b^{w}aruru、那大语 məza < *mura。

“睡”法语、西班牙语、葡萄牙语 dormir、意大利语 dormire < *dor-mire。

5. *krum（*khrəm）

汉语 *skhrəm（寝）。

“睡”阿尔巴尼亚语 gjumë < *grumo。

6. *nor（*ne、*nin、*nun）

“打鼾”达密语 ninor。

“睡、躺下”日语 neru < *ne-ru。

壮语武鸣话 *ninʔ，西双版纳傣语、水语 *nun。

“睡”亚美尼亚语 nirhel < *nir-，nnjel < *nine-。
“梦”希腊语 oneiros。

“睡”芬兰语 uni。

7. *qle

“睡”苗语腊乙坪话 ɴqwe^{1}，石门坎话 ntl̥au^{1} < *qle。

“安静入睡”古英语 lull。

“睡”巴斯克语 lo。

8. *ʔuta

“睡”蒙古语书面语 untɑ-，达斡尔语 uɑnt-，东部裕固语 ntɑː- < *ʔuta。

“睡”和阗塞语 hūs- < *qus，（过去分词）hūta- < *quta。

9. *ʔipi（*ʔip）

“睡”缅文、独龙语 *ʔip。

“梦”巴厘语 ŋ-ipi、爪哇语、巽他语 ŋ-impi < *ʔipi。

“睡”梵语 svaːpa < *sb^{w}apa。“睡”俄语 spatj、波兰语 spatʃ < *qupa-。
“睡”阿维斯陀经 hufsa-、粟特语 ufs < *qup^{w}-。[①]

① 印欧语 S 类包括印度—伊朗语族、波罗的语族和斯拉夫语族的语言，对应于 K 类语言 h- 的 s- < *h- < *q-。参见第一卷关于印欧语语音的讨论。

“醒”的词源关系

亚欧语言“醒”有两个语义关系：一是与知觉相关的，即与“知道、懂”“感觉”等说法有词源关系；二是与起身相关的，与“起来”“上来”说法有词源关系。

一 东亚太平洋语言的“醒”

“醒”的主要说法有：

1. *ʔuran / *ʔuras

土耳其语 ujan-，哈萨克语 ujɑn- < *ʔuran。

萨萨克语 uras < *ʔuras。

2. *ʔurəg / *ʔurik

维吾尔语 ojʁɑn-，西部裕固语 uzɣɑn- < *ʔurəg-an。

阿者拉语 uriʔ-，达密语 irik < *ʔurik。

3. *ʔodu / *ʔdu / *to-ʔo / *mo-toʔ / *ʔuti

图瓦语 odu- < *ʔodu。

壮语武鸣话 diu^{1}，水语 lju^{1} < *ʔdu。

马京达瑙语、那大语 toʔo，布昂语 motoʔ < *to-ʔo / *mo-toʔ。

吉尔伯特语 uti < *ʔuti。

4. *seri / *sər / *ʔasir-an

蒙古语、达斡尔语 sərə-，土族语 serə-，东乡语 ɕiəri- < *seri。（感觉、醒）

蒙古语书面语 sergü- < *ser-gi。（醒来）

鄂伦春语 ʃər- < *sər。鄂温克语 aːʃinan < *ʔasir-an。

5. *gete / *ta-get

满文 gete-，锡伯语、赫哲语 gətə- < *gete。

南密语 tʃaget < *ta-get。

6. *ske / *ge-suqe / *sŋa

中古朝鲜语 skʌita < *ske-。

满文 gesuhe- < *ge-suqe。（醒过来）

汉语 *sŋa（寤）。

7. *same

日语 sameru < *same-ru。

8. *ʔala

拉巴努伊语 ʔara，汤加语 ara，萨摩亚语 ala < *ʔala。

9. *like / *rik

卡林阿语 likna，乌玛语 mo-like < *like。

马绍尔语 ɽutʃ，达密语 irik < *rik。

10. *taŋi

爪哇语 taŋi < *taŋi。

11. *ŋoga / *geŋe

莫图语 noga < *ŋoga。罗地语 ᵑgeŋe < *geŋe。①

12. *ʔamak

宁德娄语 amak < *ʔamak。

13. *kadat

木鲁特语 kadat < *kadat。

14. *lolo

三威治港语 lölo < *lolo。

15. *ʔope

窝里沃语 epe，毛利语 oho < *ʔope。

16. *no

缅文 no^{2}，哈尼语绿春话 nø^{31}，纳西语 no^{33} < *no。

---

①“醒”格鲁吉亚语 gaɣvidzɛba < *gag^{w}i-deba。

17. *skreŋ / *qogor

汉语 *skreŋ（醒）。

锡加语 hogor < *qogor。

18. *kruk

汉语 *kruk（觉）。

19. *sad

藏文（gnid）sad，独龙语 ɑ^{31}sɑt^{55} < *sad。

20. *sal / *sel

藏语夏河话 shal，阿侬怒语 ɑ^{31}sɛ^{55} < *sal。

德昂语南虎话 ka sɤh，茶叶箐话 ka seh < *ka-sel。

21. *ʔliŋ

壮语龙州话 ɬiŋ^{1} < *ʔliŋ。

22. *ʔlun

黎语 ɬuːn^{1} < *ʔlun。

23. *sə-rol

布兴语 sɤn rɔh，克木语 r̥ɤh < *sə-rol。

24. *ʔeben

桑塔利语 e̱bhe̱n < *ʔeben。

25. *ʔada

蒙达语 adā < *ʔada。劳语 ada < *ʔada。

26. *krat / *gret

布朗语甘塘话 khrat[55] < *krat。

苗语石门坎话 dẓɦi[8]，甲定话 sa[8] < *gret。

古汉语“睡醒”叫“寤”和“觉”。《小尔雅·广言》：“寤，觉也。”《诗经·周南·关雎》：“窈窕淑女，寤寐求之。”

二 “醒”的词源对应关系

1.“醒”和“起来”“上（来）”

“醒”和“起来”“上（来）”可能有词源关系，与早期居民半穴居有关。例如：

（1）吉尔伯特语 *ʔuti，“起来”撒拉语 χot < *qot。

（2）黎语 *ʔlun，“起来”壮语武鸣话 hɯn[5]、布依语 zun[5] < *ʔlun。

（3）缅文、哈尼语绿春话、纳西语 *no。“上面”缅文 ɑ[1]nɑː[2]、拉祜语 ɔ[31]nɑ[33] < *ʔana。壮语龙州话 nɯ[1]、西双版纳傣语 nə[1] < *ʔnə。

（4）藏文、独龙语 *sad。“上面”土耳其语、维吾尔语 yst，柯尔克孜语 ysty，撒拉语 isdʒi < *ʔusdi。

2.“醒”和“知道”“懂”

“醒”和“知道”“懂”有的语言有词源关系，指的是意识。例如：

（1）拉巴努伊语、汤加语、萨摩亚语 *ʔala。“知道”中古朝鲜语 arta、朝鲜语安城话 aratta < *ʔara-。

（2）爪哇语 *taŋi。“知道”查莫罗语 tuŋo < *tuŋo。

（3）三威治港语 *lolo。“知道”拉加语 ilo < *ʔilo、雅贝姆语 -jala < *lala。

（4）满文、锡伯语、赫哲语 *gete。“知道”布拉安语 gadəʔ。

（5）罗地语 *geŋe。“懂”拉巴努伊语 aŋi-aŋi。

（6）木鲁特语 *kadat。“懂”吉利威拉语 -kateta。

3. “醒”和“感觉”

（1）蒙古语族语言 *seri，鄂伦春语 *sər。“感觉”维吾尔语 sɛz- < *ser。

（2）窝里沃语 *ʔope，“感觉”乌玛语 epe。

（3）多布语 ʔa-k^{w}aŋar，“感觉”ʔa-k^{w}umar。

（4）萨摩亚语 *ʔala，“感觉”巴塔克语 hilala < *qilala。

（5）马京达瑙语、那大语 toʔo，“感觉”宁德娄语 atona < *ʔato-na。

4. “醒”和“听见”

（1）汉语 *kruk（觉），“听见”姆贝拉语 tai kuruk < *taʔi-kuruk。

（2）汉语 *sŋa（寤），“听见”那大语 səŋa < *suŋa。

（3）锡加语 *qogor，“听见”塔几亚语 girger。

（4）蒙达语 adā < *ʔada，“听见”汤加语 taitai < *taʔi-taʔi。

三 词源分析

1. *ʔepe（*ʔeben）

“醒”窝里沃语、毛利语 *ʔope，桑塔利语 *ʔeben。“感觉”乌玛语 epe。

“感觉”希腊语 aphe < *abe。

“知道”法语 savoir，西班牙语、葡萄牙语 saber，意大利语 sapere < *sabo-er。

2. *b^{w}ak（mak、*bak）

“醒”宁德娄语 *ʔamak。“感觉”巽他语 tʃabak < *tabak。

“醒”古英语 wacan、古挪威语 vaka、古弗里斯语 waka < *b^{w}aga。

3. *gore（*gor、*kreŋ）

汉语 *skreŋ(醒)。“醒”锡加语 hogor < *qogor，“听见”塔几亚语 girger。

“知道”梵语 gjaː < *gra。“感觉”希腊语 aggizo < *agiro。

“醒”粟特语 wiɣrās < *b^{w}i-gras。

4. *grat（*krat、*gret）

“醒”布朗语甘塘话 *krat、苗语 *gret。

“醒”梵语 dʒaːgrata < *gagrat。乌尔都语 jaːgna < *gag-。

5. *mata（*bada）

“知道”蒙古语 mədə-、东乡语 məidʑiə- < *mədə。桑塔利语 badae < *bada-ʔe，托莱语 matoto。“看”萨摩亚语 mātamata、马那姆语 mata-ila。“瞧”鄂温克语 məndəʃi- < *mədə-li。

“醒”俄语 buditj、波兰语 budʑitʃ < *budi-。

“看见”意大利语 vedere < *bade-re。

6. *ʔado（*ʔodu、*ʔada、*ʔato）

“醒”图瓦语 odu- < *ʔodu。蒙达语 adā < *ʔada。劳语 ada < *ʔada。马京达瑙语、那大语 toʔo。“感觉”宁德娄语 atona < *ʔato-na。

“醒来”乌尔都语 uthna < *ud-。

“站”的词源关系

亚欧语言中“站”的说法与“直的”“居住、停留”“存在、有”等说法有词源关系。

◇ 一　东亚太平洋语言的“站”

“站”的主要说法有：

1. *tur / *turu / *diri / *tərə / *dor / *tor

古突厥语 tur-，土耳其语 dur- < *tur。

维吾尔语、哈萨克语 tur- < *tur。（站立、存在、居住）

托莱语 tur，塔几亚语 -tur，罗维阿纳语 turu < *turu。

印尼语 bər-diri < *diri。

木雅语 $tə^{33}rə^{53}$ < *tərə。

柬埔寨文 tʃhɔːr < *dor。布朗语胖品话 $tʃɔr^{51}$ < *tor。

2. *tuq / *tuʔu / *tuʔa / *doq-sə

撒拉语 tux- < *tuq。（站立、存在、居住）

汤加语 tuʔu，塔希提语 tiʔa < *tuʔu / *tuʔa。

蒙古语 dʒoxsə- < *doq-sə。（站立、停留）

3. *botu

土族语 bosə，东部裕固语 poso，东乡语 posɯ- < *botu。（站立、停留）

4. *baʔi

达斡尔语 bɑi-，保安语 bi- < *baʔi。（站立、停留）

5. *ʔili / *ʔila / *lili / *liliʔ

满文、赫哲语ili-，锡伯语ila-，鄂伦春语、鄂温克语 ɪlɪ- < *ʔili / *ʔila。①

邵语 miɬiɬi < *mi-lili。赛夏语 miriḷiʔ < *mi-liliʔ。

6. *srə / *ʔasiri

中古朝鲜语 sjəta < *srə-。

沙阿鲁阿语 muasiri < *mu-ʔasiri。

7. *tatu / *tutu / *tado / *didi / *dida

日语 tatsɿ < *tatu。

南密语 tutu < *tutu。

查莫罗语 tatʃho < *tado，tʃahulo < *talulo。

蒙达语 ḍidi < *didi。

桑塔利语 ḍiḍa（小孩站立）< *dida。

8. *dəg / *ʔadək / *togu-ʔe

卡加延语 mindəg < *mi-dəg。

---

①“站”匈牙利文 allas < *ala-s。

爪哇语 ŋ-adək < *ʔadək。

查莫罗语 togue < *togu-ʔe。

9. *gini

莫图语 gini < *gini。

10. *kere / *kore / *khriʔ / *s-kre

布鲁语 kere-k < *kere。乌玛语 mo-kore < *kore。

汉语 *khriʔ（企），*khri-s（跂）。

却域语 ʂkhe^{55} < *s-kre。

11. *turuk

马绍尔语 tʃuɽuk < *turuk。

12. *rəp / *rap / *ʔrap

汉语 *rəp（立）。

博嘎尔珞巴语 rop，缅文 rap，他杭语 rappa，独龙语 ɹɛp^{55} < *rap / *ʔrap。[①]

13. *laŋ / *ma-dəŋ

藏文 laŋ < *laŋ。

马都拉语 maɲdʒəŋ < *ma-dəŋ。

14. *re / *sere / *roŋ / *reŋ

道孚语 rjɛ < *re。

嫩戈内语 sere < *sere。

---

① “站”格鲁吉亚语 gatʃɛrɛba < *gake-reba。

壮语武鸣话 soŋ^{2}，侗语 ɕaŋ^{6} < *roŋ。

布兴语 ʒᴇŋ < *reŋ。

15. *droŋ

佤语马散话 tɕhauŋ，艾帅话 tɕuŋ，孟贡话 ʃuŋ，德昂语茶叶箐话 dʒăŋ^{51} < *droŋ。

16. *su / *qəse

苗语养蒿话 ɕhu^{3}，畲语多祝话 sou^{3}，勉语东山话 səu^{3} < *su。

马京达瑙语 həse < *qəse。

17. *tiŋu / *teŋo / *ʔduŋ

蒙达语 tiŋu < *tiŋu。

桑塔利语 teŋgo < *teŋo。

京语 dɯŋ^{5} < *ʔduŋ。

18. *dun

克木语 dŭn < *dun。

19. *kige / *ko

户语 tɕi^{33} ɣɤ^{31} < *kige。

雅贝姆语 -ko < *ko。

20. *sek-qaka

尼科巴语 søkhaka < *sek-qaka。

21. *teŋon

桑塔利语 teŋgon < *teŋon。

二 “站”的词源对应关系

1.“站”和“直的”

（1）土耳其语 *dur。“直的”达密语 madur < *ma-dur。撒拉语 dyz，西部裕固语 duz < *dur。

（2）查莫罗语 *tado。“直的”锡伯语 tondo-qun、赫哲语 tondo < *todo。汤加语 totonu < *toto-nu。

（3）汉语 *rəp（立），“直的”布昂语 ni rəp < *rop。

（4）壮语武鸣话、侗语 *roŋ。“直的”侗语 soŋ^2，毛南语 zjaŋ^2，水语 ɕaŋ^2 < *roŋ。

（5）佤语、德昂语 *droŋ。“直的”藏文 draŋ po，道孚语 dʐoŋ dʐoŋ < *droŋ。

（6）苗瑶语 *su。“直的”佤语马散话、艾帅话、孟贡话，布兴语 sɯ < *su。

（7）爪哇语 *ʔadək。“直的”拉巴努伊语 ti-tika < *tika。

（8）马绍尔语 *turuk，“直的”马京达瑙语 ^{ŋ}gəluk < *guluk。

2.“站”和“居住、停留”

“站”即“居住、停留”的说法如突厥和蒙古语族语言，维吾尔语、哈萨克语 tur-，撒拉语 tux-，蒙古语 dʒoxsə-，土族语 bosə，东部裕固语 poso，东乡语 posɯ-，达斡尔语 bɑi-，保安语 bi- 等。不同语言这些说法有对应关系的如：

（1）土族语、东部裕固语、东乡语 *botu。“停留”姆布拉语 -^{m}bot^{m}bot < *bot。

（2）爪哇语 *ʔadək。“停留”吉尔伯特语 tiku。

（3）苗瑶语 *su，“停留”勒窝语 sū。

（4）查莫罗语 *tado。“停留”帕玛语 dō，劳语 tō。

3. “站”和“存在、有”

（1）苗瑶语 *su，“存在、居住”东部裕固语 su- < *su。

（2）道孚语 *re。“有”普米语九龙话 ʑe^{35} < *re，缅文 hri < *sriʔ。

（3）却域语 *s-kre。“有”道孚语 ɟji < *gre，汉语 * gjəʔ（有）。

◇ 三　词源分析

1. *tado（*tatu、*dida）

“站”查莫罗语 *tado，日语 *tatu，桑塔利语 *dida。“停留”帕玛语 dō、劳语 tō。

“站”古英语、古高地德语 standan、古挪威语 standa < *stada。
瑞典语 stå、荷兰语 staan < *sta。“使它站”拉丁语 stet < *ste-t。
希腊语 istamai < *ista-。梵语 sthaː、和阗塞语 stā- < *sta。粟特语 ōst。
“逗留、站”中古法语 estai-、古法语、拉丁语 stare < *sta-。“站”波兰语 statʃ < *sta-。

“直的”桑塔利语 sodʒhe < *sode，sidhɛ < *sida。

2. *deku（*dək、*togu）

“站”卡加延语 *mi-dəg、爪哇语 *ʔadək、查莫罗语 *togu-ʔe，“停留”吉尔伯特语 tiku。

“站”希腊语 steko，“站、逗留”stekomai < *steko-。
“支撑桅杆的绳子”中古荷兰语 stake。“站”俄语 stojatj < *stoga-。

3. *duri（*dur、*tur、*turu、*tari 等）

“站”古突厥语、土耳其语 *tur，托莱语、塔几亚语、罗维阿纳语 *turu。“直的”撒拉语 dyz，西部裕固语 duz < *dur。图瓦语 xɑdɤr < *qadər。达密语 madur < *ma-dur。

“站”阿尔巴尼亚语 kyëndrim < *kodri-m。
“直的”拉丁语 directus（过去分词）、法语 droit、意大利语 diritto < *dire-。
“注视”古英语 starian、古高地德语 staren < *sdar-。

“站”匈牙利文 tarto。

4. *ʔila（*ʔili、*ʔolo）

“站”满通古斯语 *ʔili、*ʔila。“直的”劳语 ʔolo ʔoloa < *ʔolo-ʔa。

“站起来”亚美尼亚语 elnel < *el-。

“站”匈牙利文 allas < *ala-s。

5. *geri（*kere、*gri、*khri）

“站”布鲁语 kere-k < *kere。乌玛语 mo-kore < *kore。却域语 ʂkhe^{55} < *s-kre。汉语 *khriʔ（企），*khri-s（跂）。

“站”乌尔都语 khara hona < *gara-。

“跪”的词源关系

亚欧语言“跪”与“膝盖”“蹲”等说法有词源关系。一些语言的“跪”和“膝盖”的说法仍保持着简单派生关系。有的跟“弯曲”有词源关系，原本当指“膝盖”的“弯曲”。

◇ 一 东亚太平洋语言的“跪”

“跪”的主要说法有：

1. *dir-tok / *tire-la / *pe-turi / *tu-turi

土耳其语 diz tʃøk- < *dir-tok。

维吾尔语 tizlɑn-，哈萨克语 tizele- < *tire-la-n。

莫图语 he-tuitui，拉巴努伊语 tu-tui，塔希提语 tu-turi < *pe-turi / *tu-turi。

2. *dikun / *teki-duru / *dok / *dudok

维吾尔语 jykyn-，哈萨克语 dʒykin-，撒拉语 juggun- < *dikun。

西部裕固语 tʃøk- < *tok。

东部斐济语 tekiduru，西部斐济语 siki-tʃuru < *teki-duru。

侗语 ȶok^{8}，德宏傣语 lɔk^{8} < *dok。

缅文 du^{3}thɔk^{4} < *dudok。

3. *sok / *sogo / *sokok

古突厥语 søk- < *sok。

蒙古语 sɵgdə-，东部裕固语 søgød-，图瓦语 søgødɛ- < *sogo-。

萨萨克语 soŋkok < *sokok。

4. *ʔi-ʔaquru / *mi-ʔaquru / *bo-ʔururu

满文 nijakūra-，锡伯语 jaquru- < *ʔi-ʔaquru。

赫哲语 miaqurə- < *mi-ʔaquru。

劳语 boururu，瓜依沃语 bou ururu < *bo-ʔururu。

5. *sgur / *g^{w}ar-ʔ

中古朝鲜语 skurta < *sgur-。

汉语 *g^{w}arʔ（跪）< *g^{w}ar-ʔ。

6. *ʔəŋənə

鄂伦春语、鄂温克语 əŋəntə- < *ʔəŋənə。

7. *pila-malu

日语 hidzamadzɿ < *pila-malu。

8. *lutut / *luʔut

印尼语 ber-lutut < *lutut。

卡加延语 luʔut < *luʔut。

9. *tuŋal

排湾语 ts-əm-uŋaɭ < *tuŋal。

10. *dimo

查莫罗语 dimo < *dimo。

11. *kele-p^{w}iki

波那佩语 kelep^{w}iki < *kele-p^{w}iki。

12. *ʔineŋ

马那姆语 ʔineŋ < *ʔineŋ。

13. *bi-kudu

乌玛语 βiŋkudu < *bi-kudu。

14. *kina-ʔe

勒窝语 kinae < *kina-ʔe。

15. *gumu

独龙语 gɯm^{55}，博嘎尔珞巴语 gu mɯ < *gumu。

16. *khe / *khiʔ

基诺语 kho^{42}，土家语 khɯ^{53} < *khe。

汉语 *khiʔ（启）。①

---

①《诗经·小雅·采薇》："不遑启居，玁狁之故。""启"，跪。

17. *sŋup / *gonop

仙岛语 ŋup^{55} < *sŋup。

莽语 gə^{31}nɔp^{55} < *gonop。

18. *pis

布依语 pai^{5}< *pis。

19. *tunkru

黎语保定话 tɯn^{3}rou^{1} < *tunkru。

20. *kum-nun

克木语 kəm nun < *kum-nun。

21. *kip-kloŋ

户语 khip^{31}kɣɔŋ^{33} < *kip-kloŋ。

22. *sum-dul

布兴语 sɤm dŭh < *sum-dul。

23. *ʔikrum

桑塔利语 ikɽum < *ʔikrum。

二 "跪"的词源对应关系

1."跪"和"膝盖""腿"

一些语言的"跪"和"膝盖"的说法仍保持着简单派生关系，如印尼语

“跪” ber-lutut、“膝盖” lutut，查莫罗语 “跪” dimo、“膝盖” tomo，排湾语 “跪” *tuŋal、“膝盖” *tuŋal。有的语言 “跪” 的字面意思 “膝盖—跪”，一些语言有交叉对应关系。例如：

（1）土耳其语 *dir-tok，字面意思 “膝盖—跪”。“膝盖” 土耳其语 diz、维吾尔语 tiz、西部裕固语 dəz < *dir。“小腿” 菲拉梅勒语 tore。

（2）西部裕固语 *tok。“膝盖” 蒙古语 ɵbdəg、保安语 ɛbdəg、东部裕固语 wəbdəg < *ʔeb-dəg，字面意思 “膝盖—膝盖”。

（3）中古朝鲜语 *sgur-。“膝盖” 瓜依沃语 goru、黎语 go^{6}rou^{4} < *goru。“大腿” 蒙古语 gujɑ、达斡尔语 guɑji < *gura。

（4）满文、锡伯语 *ʔi-ʔaquru。“膝盖” 劳语 urūru-na < *ʔururu。

（5）日语 hidzamadzɿ < *pila-malu，“膝盖—膝盖”。“膝盖” 日语 hidza < *pila。坦纳语 nuβələ-n < *nu-bələ。

（6）萨萨克语 *sokok。“膝盖” 图瓦语 disgɛk < *di-sgek。

（7）卡加延语 luʔut，“膝盖” 马都拉语 tuʔut。

（8）乌玛语 βiŋkudu < *bi-kudu，“膝盖” kotuʔ。

（9）布依语 *pis，“膝盖” 藏文 pus、他杭语 pui < *pus。

（10）佤语布饶克方言 grṳʔ < *gru，“膝盖” 苗语养蒿话 tɕu^{6}、苗语野鸡坡话 ʑu^{6} < *gru。

（11）汉语 *g^{w}ar-ʔ（跪），“膝盖骨” 满文 tobgija < *tob-gira。“大腿” 东乡语 ʂɯɢɑrɑ < *su-gara。

（12）勒窝语 kinae < *kina-ʔe。“膝盖” 南密语 gan-ɟili-n < *gan-。科木希语 ɟili-n < *dili-。

2.“跪” 和 “蹲”

（1）萨萨克语 *sokok，“蹲” 巽他语 tʃiŋoko < *ti-gogo。

（2）乌玛语 βiŋkudu < *bi-kudu，“蹲” 摩尔波格语 kuduʔ。

（3）侗语、德宏傣语 *dok，“蹲”巴厘语 ŋ-untuk。

（4）塔希提语 tu-turi。“蹲”莫图语 idori，哈拉朱乌语 mɔçɔri。

（5）日语 *pila-malu“膝盖—膝盖”,“蹲”印尼语 məlun̩tʃur < *malu-tur。

三　词源分析

1. *gina（*kina、*gana）

“跪”勒窝语 *kina-ʔe，“膝盖”南密语 *gan-。

“跪”古英语 cneowlian，中古低地德语 knelen < *geno-lan。
希腊语 gonatizo < *gona-toro，proskuno < *pros-guno。
“膝盖”古英语 cneo，赫梯语 genu，梵语 dʒanu，希腊语 gony < *geno。
法语 genou，意大利语 ginocchio。

2. *turi（*dori、*turi），*tari

“跪”土耳其语 *dir-tok，维吾尔语、哈萨克语 *tire-la-n，莫图语 *pe-turi，拉巴努伊语、塔希提语 *tu-turi 等词根为 *turi。“膝盖”土耳其语、维吾尔语、西部裕固语 *dir，泰雅语赛考利克方言 tari、泽敖利方言 tariʔ < *tari。“蹲”莫图语 ʔi-dori < *ʔidori、哈拉朱乌语 mɔçɔri < *mo-tori，它们的词根来自 *g^{w}ari。

“腿、脚”梵语 caritra < *kari-tra。

“跪”匈牙利文 terdel < *ter-del。

3. *g^{w}aru（*g^{w}ar、*gur、*goru、*gura）

“跪”汉语 *g^{w}ar-ʔ，佤语 *gru，中古朝鲜语 *sgur-。“膝盖”苗语养蒿话 tɕu^{6}，苗语野鸡坡话 ʑu^{6} < *gru。黎语通什话 go^{6}rou^{4} < *goru，黎语保定话 *tunkru。“大腿”蒙古语 gujɑ、达斡尔语 guɑji < *gura 等有词源关系，来自 *g^{w}aru。

“跪”阿尔巴尼亚语 gju < *gru。

“膝盖”瓜依沃语 goru，夸梅拉语 nu-kuru- < *goru。“膝盖骨”满文 *tob-gira。“弯曲”日语 magaru < *ma-garu。土耳其语 eɣri，维吾尔语 ɛgri，哈萨克语 ijir，塔塔尔语 kɛkri < *qe-giri。“钩子”撒拉语 gugur < *gugur。可能与之有词源关系的有“爪子”印尼语、爪哇语 tʃakar < *ta-kar，“手臂”蒙古语 gar，“手”杜米语、吉姆达尔语 khar < *gar。

“肘”梵语 kuːrparah < *k^{w}ar-para-。
“手”梵语 kara。“手腕”希腊语 carpos < *kar-pos。

“跪”布依语 *pis，“膝盖”藏文 pus、他杭语 pui < *pus，对应希腊语“手腕”*kar-pos 的后一语素。

4. *gogo（*kok）

“跪”萨萨克语 *sokok，“蹲”巽他语 tʃiŋoko < *ti-gogo。

“跪”乌尔都语 jhukna < *guk-。

“吃”的词源关系

亚欧语言中“吃”的说法与“牙齿”“嘴”等的说法有词源关系为常见。另外“吃”的说法还可以跟“咬”“嚼”“喝”“舔”“食物”等说法有词源关系。

◇ 一　东亚太平洋语言的“吃”

“吃”的主要说法有：

1. *de / *ʔide / *ʔade / *di

土耳其语 je-，维吾尔语 jɛ-，哈萨克语 dʒe-，图瓦语 dʒi- < *de。

满文 dʒe-，锡伯语 dzị- < *de。

清代蒙文 ide-，蒙古语 idə-，达斡尔语 idə- < *ʔide-。

罗图马语 ʔātē < *ʔade。

柬埔寨文 tʃhɤj < *di。

2. *dəbu / *dab-ru / *tabe-ru / *tablu

赫哲语 dzə̢fu-，鄂伦春语 dʒəb-，鄂温克语 dʒəttən < *dəbu。

朝鲜书面语（敬语）tapsuta，中古朝鲜语 tʃapsupta < *dab-ru-。

日语 taberu < *tabe-ru。

桑塔利语 tsablɛu < *tablu。（吃，咬）

3. *ʔibe

阿伊努语 ibe < *ʔibe。

4. *ʔala

塔塔尔语 ɑʃɑ- < *ʔala。

5. *məg / *moŋa

朝鲜语 məkta < *məg-。

戈龙塔洛语 moŋa < *moŋa。

6. *mat

鄂罗克语 mat < *mat。

7. *gege-l / *kakan / *kak

巽他语 gegel < *gege-l。

萨萨克语 kakən < *kakan。

尼科巴语 kāk < *kak。（吃肉、鱼、蛋）

8. *kaʔa / *kaʔi / *kaʔin / *kan / *ʔan

布鲁语、那大语 kaa < *kaʔa。

萨摩亚语 ʔai，汤加语 kai，菲拉梅勒语 kai-na < *kaʔi。

他加洛语 kāʔin < *kaʔin。

卑南语 məkan，赛德克语 mekan，印尼语 makan < *ma-kan。①
侗语南部方言 ʈaːn^{1}，峨村话 kaːn^{24} (A1) < *kan。
京语 an^{1} < *ʔan。

9. *ʔoso
瓜依沃语 oso < *ʔoso。

10. *dodo / *da / *do
查莫罗语 tʃhotʃho < *dodo。
哈拉朱乌语 da < *da。
博嘎尔珞巴语 doː < *do。

11. *ma-ʔun / *ʔuma-ʔu
布农语 maun < *ma-ʔun。
沙阿鲁阿语 umau < *ʔuma-ʔu。

12. *bon / *ʔəman
邹语 bonʉ < *bon。
排湾语 ʔəman < *ʔəman。

13. *kade
窝里沃语 ka^{n}de < *kade。

14. *ʔara / *sra / *sa
阿杰语 ara < *ʔara。
景颇语 ʃa^{55} < *sra。

① *-kan 可能是 *ka-ʔin 的缩合。

那加语班巴拉方言 sɑ，莫桑方言 sɑ̄ < *sa。

莽语 θa < *sa。

15. *glək / *gələk

汉语 *glək（食）。

巴厘语 gələk-aŋ < *gələk。（吞）

16. *gla / *kla

藏文、巴尔蒂语、拉达克语、嘉戎语 zɑ，夏河藏语 sa，巴兴语 jɑ，缅文 tsa^{3}，凉山彝语 $dzɯ^{33}$，拉祜语 $lɛ^{21}$ < *gla。

他杭语 the tʃapa，阿侬怒语 tɕɑ，土家语 kɑ < *kla-pa / *kla。

17. *na / *nja / *naʔ

汉语 *s-na（茹）。尼瓦里语 nɑ < *na。

苗语养蒿话 $naŋ^{2}$，枫香话 $noŋ^{2}$ < *na。

罗地语 na-ʔa，伊拉鲁吐语 na < *na。

布朗语甘塘话 na^{55} < *na。

尼科巴语 nja < *nja。

毛南语 na^{4} < *naʔ。（吃、喝）

查莫罗语 tʃano < *tano。（吃、咬）

18. *kin / *koni / *ʔani / *gani

壮语龙州话 kin^{1}，武鸣话 $kɯn^{1}$ < *kin。（吃、喝）

乌玛语 ŋ-koniʔ < *koni。

莫图语 ani < *ʔani。

达阿语 ma-ᵑgoni，拉加语 ɣani < *gani。

19. *mal

克木语、布兴语 mah < *mal。

20. *som

佤语马散话 som，德昂语硝厂沟话 hom < *som。

21. *dom / *nam

蒙达语 dʒom < *dom。

柬埔寨文 ɲam < *nam。

22. *lam

桑塔利语 jam < *lam，lilɛm < *lilam。

23. *si

柬埔寨文 siː < *si。

汉语“吃”是“喫”的俗写，唐宋作“喫”，元明写作“吃”“乞”，现代方言中仍可读入声，中古音 *kiət。

◇ 二 “吃”的词源对应关系

1. “吃”和“牙齿”

（1）突厥、蒙古、满通古斯语言 *de，“牙齿”蒙古语 ʃʉd、达斡尔语 ʃid、蒙古语都兰方言 ʃide < *side。

（2）塔塔尔语 *ʔala。“嚼”罗地语 ale < *ʔale。“牙齿”雅贝姆语 lo，罗图马语 ʔalo < *ʔalo。

（3）巽他语 gegel < *gege-l，“牙齿”印尼语 gigi、亚齐语 gigɔə < *gigi。

（4）尼科巴语 *kak。“牙齿”沙外语 ŋaŋ-o < *ŋoŋ。

（5）赫哲语、鄂伦春语 *dəbu。“牙齿”拉加语 livo < *lobo。

（6）藏缅语 *gla。“牙齿”多布语 ŋejan < *ŋela-n。

2.“吃”和“嘴”

（1）阿伊努语 *ʔibe。“嘴”中古朝鲜语 nip < *ʔib，加龙语 *ʔibu。

（2）中古朝鲜语 *dab-sub-，“嘴”达阿语 su^{m}ba < *sub。

（3）克木语、布兴语 *mal，“嘴”布朗语曼俄话 m̥ɯl^{33} < *s-mul。

（4）沙阿鲁阿语 *ʔuma-ʔu，“嘴”蒙古语 ɑm、土族语 ɑmɑ < *ʔama。

（5）排湾语 *ʔəman，“嘴”东乡语 ɑmɑn < *ʔaman。

（6）罗地语 na-ʔa，“嘴”哈拉朱乌语、阿杰语 *naqa。

3.“吃”和“咬”

查莫罗语 tʃano、桑塔利语 tsablɛu 等兼指“吃”和“咬”。其他有交叉对应关系的如：

（1）窝里沃语 *kade。“咬”东部斐济语 kata、西部斐济语 kasi < *kati，蒙古语 xɑdʒə-、达斡尔语 xɑdʒi- < *qadi，东部裕固语 ɢɑdʒɑ- < *gada，日语 kadʒiru < *kadi-ru。

（2）尼科巴语 *kak。“咬”户语 kak^{31} < *kak，德昂语茶叶箐话 gǎk^{55}、南虎话 gǎʔ < *gak。

（3）巽他语 gegel < *gege-l。“咬”缅文 kok < *kok。

（4）柬埔寨文 *nam。“咬”加龙语 njam nam < *nam，“舔”坦纳语 nam-n < *nam。

（5）克木语、布兴语 *mal。“咬”朝鲜语 murta < *mul-。“嚼”达密语 omul < *ʔomul。

4.“吃”和“喝”

（1）柬埔寨文 *nam，“喝”加龙语 dɯ nam < *du-nam。

（2）桑塔利语 jam < *lam，lilɛm < *lilam。汉语 *qləmʔ（歓、饮）。

（3）查莫罗语 *dodo，“喝”哈尼语 do^{55}、喜德彝语 ndo^{33} < *ʔdo。

5.“吃”和“食物”

爪哇语 paŋan、波那佩语 m^{w}eŋe、拉巴努伊语 kai 等“吃”和“食物”有相同的说法。其他一些两者有同根形式的，例如：

（1）莫图语 ani-a < *ʔani-ʔa，“食物”aniani < *ʔani-ʔani。

（2）梅克澳语 e-ani，“食物”ani-ani。

（3）西部斐济语 kana，“食物”kākana。

（4）哈拉朱乌语 da，“食物”ʌ̄da。

（5）菲拉梅勒语 kai-na，“食物”kai。

（6）印尼语 makan，“食物”makan-an。

（7）木鲁特语 akan，“食物”akanon。

（8）塔几亚语 -ani，“食物”an-aŋ。

（9）哈萨克语 dʒe-，“食物”哈萨克语 dʒemek。

（10）图瓦语 dʒi-，“食物”图瓦语 dʒiːr、idʒer。

上述例子中，有的“吃”是“食物”的派生词，有的“食物”是“吃”的派生词。如塔几亚语“食物”an-aŋ 是动词的名物化。

三 词源分析

1. *de（*ʔide）

“吃”突厥语族语言 *de，蒙古语族语言 *ʔide。“咬”蒙古语 xɑdʒə-、达斡尔语 xɑdʒi- < *qadi。

“牙齿”蒙古语 ʃʉd，达斡尔语 ʃid，蒙古语都兰方言 ʃide < *side。*de 为早期东亚语表示“牙齿”的词根，又指“吃”，分布于阿尔泰和南岛语。

“喝”古突厥语、土耳其语、维吾尔语 itʃ-，哈萨克语 iʃ-，西部裕固语 əʂ- < *ʔit。

“吃”古英语 etan、中古荷兰语 eten、古挪威语 eta、古弗里斯语 ita < *eda。

梵语 ad-mi、哥特语 itan，希腊语 edomenai、edomai。赫梯语 eːd。

“吃”亚美尼亚语 utel < *ute-l。

“吃”芬兰语 syödä < *ʃoda。

2. *duti（*dut、*tuti、*tut）

“嘴”桑塔利语 *duti、勉语 *dut。

“啄”畲语多祝话 tju^{7}、苗语养蒿话 tɕu^{7}< *tut。

“吃”希腊语 edonti < *edoti。

“牙齿”梵语 danta、和阗塞语 dantaa-、粟特语 danda、希腊语 donti、立陶宛语 dantis、古爱尔兰语 det、法语 dent、意大利语 dente。

“牙齿”粟特语 δandăk < *dada-，（复数）δanδyt < *dadi-。

3. *kade（*kati、*qadi、*gada、*kadi）

“吃”窝里沃语 *kade。“咬”东部斐济语 kata、西部斐济语 kasi < *kati，蒙古语 xɑdʒə-、达斡尔语 xɑdʒi- < *qadi，东部裕固语 ɢɑdʒɑ- < *gada，日语 kadʒiru < *kadi-ru。

“吃”梵语 khaːdati < *gada-。波兰语 jadatʃ < *gada-。

“咬”乌尔都语 kaːt < *kat。

4. *ŋese（*gese、*ŋisi）

“嚼”西部裕固语 gøhse- < *gese。

“牙齿”达阿语 ŋisi < *ŋisi。

“吃”俄语 jestj < *ges-。 “牙齿”和阗塞语 ysimä < *jsi-。

5. *kaqa（*kaʔa）

“吃”布鲁语、那大语 *kaʔa。

“吃”阿尔巴尼亚语 ha < *qa。

6. *dapu（*dəbu、*dab、*tabe）

“吃”赫哲语、鄂伦春语、鄂温克语 *dəbu，朝鲜语 *dab-ru-，日语 *tabe-ru。

“蘸”古英语 dyppan、古挪威语 deypa、古弗里斯语 depa < *dupa。

7. *g^wira（*kro、*ŋra）

“牙齿”巴兴语 khlo，逊瓦尔语 khrui < *kroʔ。

汉语 *ŋra（牙）。

“牙齿”亚美尼亚语 akra < *akra。 “龇牙、咧嘴”古英语 grennian、古挪威语 grena。 “吃”粟特语 xurδār < *k^wur-dar。 “食物”粟特语 xurt，阿维斯陀经 xvarəti < *k^wurə-ti。

藏缅语塞擦音的对应：

汉语“臧”*tsaŋ < *skraŋ（善也），独龙语“美”$dɯ^{31}gɹɑŋ^{53}$ 的词根与藏文“好”bzaŋ（< *b-graŋ）对应。藏文的 z-（*dz-）与其他藏缅语 *dz-

（*dʐ-）的交替，例如：

“吃”藏文、墨脱门巴语 za，羌语 dzə，彝语巍山话 dzɑ^{21}。

“角（儿）”藏文、错那门巴语 zur，羌语 ɣdʐuə。

“美（的）”藏文 mdzes，彝语喜德话 ndʐɑ^{55}，土家语 zie^{53}。（对应汉语“姝”*glo）

“插”藏文 ɦdzugs，墨脱门巴语 tsuk（< *dzuk），缅文 sok（< *zuk）。

“喝”的词源关系

亚欧语言“喝”与“水”“吸”“里面、中间”“肚子”等说法有词源关系。因“里面、中间”和“肚子”有相代指的关系。

◇ 一 东亚太平洋语言的“喝”

“喝”的主要说法有：

1. *ʔit

古突厥语、土耳其语、维吾尔语 itʃ-，哈萨克语 iʃ-，西部裕固语 əʂ- < *ʔit。

2. *ʔuku / *ʔuki-re / *ku / *ʔok

蒙古语书面语 uːɣu-，蒙古语、东部裕固语 uː-，达斡尔语 oː-，土族语 utɕi，东乡语 otʂɯ- < *ʔuku。

满文 ukije < *ʔuki-re。

阿伊努语 ku < *ku。

黎语通什话 oːʔ^{9} < *ʔok。

3. *ʔomi / *ʔimi / *ʔimo / *momo / *ʔuma

锡伯语 œmim，赫哲语 omi- < *ʔomi。

鄂温克语 ımı-，鄂伦春语 ım- < *ʔimi。

邹语 m-imo，罗图马语 ʔimo < *ʔimo。

托莱语 momo，吉利威拉语 -mom < *momo。

卡乌龙语 um，大瓦拉语 uma < *ʔuma。

4. *pumi / *mimo / *mima / *mimaq

女真语（不迷）*pumi < *pumi。

邹语 mimo < *mimo。

沙阿鲁阿语 mima，赛德克语 mimah < *mima / *mimaq。

5. *masi

朝鲜语 masita < *masi-。①

6. *nomu / *ʔinum

日语 nomu < *nomu。

雅美语 inom，摩尔波格语 inum，巴拉望语 m-inum < *ʔinum。

7. *ʔinu / *ʔaʔunu / *nu

乌玛语 ŋ-inu，马京达瑙语 inu < *ʔinu。

宁德娄语 aʔun < *ʔaʔunu。

蒙达语 nu < *nu，anu < *ʔanu。桑塔利语 ɳu < *nu。

8. *kuduk / *dak

南密语 $k^{ŋ}$uduk < *kuduk。

---

①“喝”匈牙利文 szeszes < *sese-s。

莽语 dak^{51} < *dak。

9. *napo-ʔa

罗维阿纳语 napoa < *napo-ʔa。

10. *supu

窝里沃语 su^{m}pu < *supu。

11. *gu-ʔimen

查莫罗语 guimen < *gu-ʔimen。

12. *mi-sutu

马达加斯加语 mi-suʈ^{r}u < *mi-sutu。

13. *ʔirak

马绍尔语 irāk < *ʔirak。

14. *ʔdo / *du / *ʔodu

哈尼语 do^{55}，喜德彝语 ndo^{33} < *ʔdo。

加龙语 dɯ nam < *du。

科木希语 odu < *ʔodu。

15. *duŋ-pa

他杭语 thuŋpa < *duŋ-pa。

16. *qləmʔ / *dam / *ʔdəm

汉语 *qləmʔ（歙、饮）。

墨脱门巴语 dʑam < *dam。

泰语 dɯːm^{5} < *ʔdəm。

17. *glat / *grot

汉语 *glat（啜）。

壮语武鸣话 dot^{7}，德宏傣语 sot^{8} < *grot。

18. *srup / *srap

布兴语 srup，德昂语南虎话 r̥ɯp，佤语马散话 rhɣp < *srup。

汉语 *srap（歃，《说文》歠也，凡盟者歃血）。

19. *qogor

桑塔利语 ho̠ŋgo̠r < *qogor。

20. *bek

柬埔寨文 phɣk < *bek。

汉语“喝”本是“恐喝”的“喝”，后转指“饮”，中古音 *hat，或来自“啜”。

二 “喝”的词源对应关系

1. “喝”和“水”

（1）汉语 *qləmʔ（歓、饮），“水”沙阿鲁阿语 sałumu < *sa-lum。

（2）莽语 *dak，“水”尼科巴语 dāk、蒙达语 dā^{k}、桑塔利语 dakh < *dak。

（3）锡伯语、赫哲语 *ʔomi。“水”德昂语 ʔɔm、布朗语 ʔum^{35} < *ʔom。苗语 *ʔuŋ^{A}、勉语 wam^{1} < *ʔom。

（4）窝里沃语 *supu。“水”古突厥语 sub、图瓦语 suw、土耳其语 sivi < *subi。巴布亚吉利威拉语 sopi < *sopi。

2. “喝”和“里面、中间”“肚子”

“喝”指进入“肚子”，“里面、中间”即“肚子”。（参见《肚子》篇的讨论）

（1）突厥语族语言 *ʔit。“里面”土耳其语、维吾尔语 itʃ，哈萨克语、撒拉语 iʃ，西部裕固语 əʂ < *ʔit。

（2）邹语、罗图马语 *ʔimo。“里面”坦纳语 im^{w}a，三威治港语 leima，勒窝语 loima，< *ʔima / *lo-ʔima。

（3）沙阿鲁阿语 *mima、赛德克语 *mimaq。“里面”卡乌龙语 mi < *mi。

（4）乌玛语、马京达瑙语、宁德娄语 *ʔinu。“里面”那大语 one，锡加语 unə < *ʔonə。“中（间）”罗杜马语 *ʔuna。“肠子”勒窝语 sine-na < *sine。

（5）他杭语 *duŋ-pa。“中间”独龙语 ɑ^{31}duŋ^{53} < *duŋ。“肚子”壮语 tuŋ^{4} < *duŋʔ。

（6）柬埔寨文 *bek。“肚子”佤语艾帅话 vaik、德昂语硝厂沟话 văik < *bak。

3. “喝”和“吸”

（1）布兴语、德昂语南虎话、佤语马散话 *srup。“吸”排湾语 s-əm-rup，卡乌龙语 slup < *sərup。

（2）朝鲜语 *masi-，“吸”汤加语 misi < *misi。

（3）锡伯语、赫哲语 *ʔomi，“吸”窝里沃语 omu。

（4）仫佬语 hɣop^{7} < *qlop，汉语 *qrəp（吸）。

4. “喝”和“吃”

“喝、吃”通用，或交叉对应，上文已提及，不重复。

◇ 三 词源分析

1. *mima（*momo、*pumi、*pumi）

“喝”托莱语、吉利威拉语 *momo，女真语 *pumi，邹语 *mimo，沙阿鲁阿语 *mima，赛德克语 *mima-q 等当有词源关系。

梵语“喝”pibh，“使喝”pibantu。

“喝”拉丁语 bibere，西班牙语、葡萄牙语、意大利语 beber < *bibe-。

“喝、喝光、喝掉”俄语 v-pitj < *b^{w}ipi-。“喝”捷克语 bumpat < *bupa-。

“喝”希腊语 pino，波兰语 pitʃ，俄语 pitj，捷克语 pit < *pi-。

“喝”阿尔巴尼亚语 pi < *pi。法语 boire < *bo-。

“水”梵语 ambu、apaḥ < *abu。“啤酒”古斯拉夫语 pivo < *pib^{w}o。

2. *mi（*mo）

“喝”锡伯语、赫哲语 *ʔomi，鄂温克语、鄂伦春语 *ʔimi，邹语、罗图马语 *ʔimo，卡乌龙语、大瓦拉语 *ʔuma。

“水”德昂语、布朗语、苗瑶语 *ʔom，“池”满文 omo < *ʔomo，“海”日语 umi < *ʔumi。

“喝”亚美尼亚语 xmel < *qme-l。

“喝”粟特语 āʃām < *asam。

“喝”匈牙利文 ivas < *ib^{w}a-s。“喝”格鲁吉亚语 sma < *s-ma，sasmɛli < *sa-sma-li。

3. *subi（*supu、*subi、*sopi）

“喝”窝里沃语 *supu。

“水”古突厥语 sub，图瓦语 suw，土耳其语 sivi < *subi。

巴布亚吉利威拉语 sopi < *sopi。

“面包蘸汤吃”古法语 super < *supe-。

4. *sok

汉语 *sok-s（欶，吮也）。

“吸”古英语 sucan、古挪威语 suga、古爱尔兰语 sugim、威尔士语 sugno、拉丁语 sugere < *suge-。

5. $*b^wiri$（*mur）

“水”柬埔寨文 viːəri < $*b^wiri$。

朝鲜语 mur < *mur。“吸”维吾尔语 symyr-，柯尔克孜语 ʃəməʃ-，撒拉语 symər- < *su-mur。

“喝”阿尔巴尼亚语 pije < *pire。

6. *ku

蒙古语族语言 *ʔuku。满文 ukije < *ʔuki-re。阿伊努语 ku < *ku。

“喝”赫梯语 eg^w。吐火罗语 $_A$jok < *ik。 “水”西班牙语、葡萄牙语 agua、意大利语 acqua、拉丁语 aqua < $*ag^wa$。

“吐”的词源关系

“吐”是自主的行为，多为及物动词，“呕吐”是不自主的行为，为不及物动词。一些语言中可用同样的词来表示这两个意思。亚欧语言中“吐”和“呕吐”与“分开”“痰、口水”等说法有词源关系。

◇ 一　东亚太平洋语言的“吐”

“吐”的主要说法有：

1. *tup-kur / *ʔuguru / *kə-gur/ *ʔi-tupiŋ-nipu-guru-n

土耳其语、维吾尔语 tykyr-，乌孜别克语 tyfir-，土库曼语 tyjkyr- < *tup-kur。

清代蒙文 uguru- < *ʔuguru。

克木语 kə dʑuh < *kə-gur。

阿者拉语 i-tupiŋ-nifu-guru-n < *ʔi-tupiŋ-nipu-guru-n（吐—嘴—汁）。

2. *tubu-n / *tupa / *ʔitep

鄂温克语 tɯm-，鄂伦春语 tɯmʊn- < *tubu-n。

那大语 təfa，马都拉语 tʃupa < *tupa。

沙外语 n-itɛf < *ʔitep。

3. *kus / *kusu / *ŋisu

图瓦语 kusko- < *kus-ko。

马林厄语 kmisu，卡乌龙语 kimos < *k-im-usu < *kusu。

劳语 ŋisu < *ŋisu。

4. *tude / *tidu / *idu

西部裕固语 tude- < *tude。

萨萨克语 tidʒuʔ < *tidu。

爪哇语 idu < *idu。

5. *badi / *bata / *badu / *mudi / *buta / *bat / *pat

达斡尔语 bəːdʒigu，保安语 bandʑi < *badi-。（吐、呕吐）

中古朝鲜语 pathta，朝鲜语淳昌话 pathara < *bata-da。

朝鲜语宣川话 pannɯnta < *badu-da。

罗地语 mudi < *mudi。

锡加语 bota-ŋ，泰雅语 putu-naq < *buta。

德昂语茶叶箐话 băt^{55}，甘塘话 pɤt^{33} < *bat。

格曼僜语 phɑt^{55} < *pat。

6. *bol-di / *bali-ʔa / *kaplo / *plu / *splə / *plu / *ple

蒙古语 bɵːldʒi-，土族语 baːldʑa，东乡语 bandʐi < *bol-di。（吐、呕吐）

满文 walija- < *bali-ʔa。

马绍尔语 kaplo < *kaplo。

侗语南部方言 phjui$^{1'}$，仫佬语 phy^{3}，拉加语 phlui^{1} < *plu。

布努语 ɬu^{3} < *plu。

道孚语 ʂphə，吕苏语 nphʑi，怒苏怒语 phiu < *splə / *plu。

载瓦语 pje^{55} < *ple。

7. tipuli / *təpol

锡伯语 tɕivələ-，赫哲语 tifulə- < *tipuli。

赛夏语 toməpəʃ < *t-om-əpəl < *təpol。

8. *paku / *pik

日语 haku < *paku。

户语 pik^{31} < *pik。

9. *moŋo

马那姆语 moŋo < *moŋo。

10. *ludaq

印尼语 mə-ludah，亚齐语 ludah < *ludaq。

11. *ʔidu / *do / *ma-do

爪哇语 idu < *ʔidu。

缅文 thwe^{3} < *do。

景颇语 mă^{31}tho^{55} < *ma-do。

桑塔利语 tho < *do。

12. *ʔanu

萨摩亚语 anu，拉巴努伊语 ʔa-ʔanu < *ʔanu。

13. *tola

查莫罗语 tola < *tola。

14. *qlaq / *ʔloʔ / *ʔule

汉语 *qlaq（吐），*slas（泻）。[①]

京语 jo^{3} < *ʔloʔ。

桑塔利语 ulɛ < *ʔule。（吐，呕吐）

15. *kop

错那门巴语 $kɔp^{35}$ < *kop。

16. *me

达让僜语、义都珞巴语 me^{55} < *me。

17. *pis

壮语武鸣话 pi^{5} < *pis。

18. *dada

木雅语 $thɐ^{55}dæ^{53}$ < *dada。

19. *pel

佤语艾帅话 peh，布朗语 peh^{44}，克木语 fɤl（呕吐）< *pel。

20. *k-tek

柬埔寨文 khtʃɛək < *k-tek。

①《释名》:“吐，泻也，故扬豫以东，谓泻为吐也。”

二　“吐”的词源对应关系

1.“吐”和“呕吐”

一些语言中可用同样的词来表示“吐”和“呕吐”这两个意思，如蒙古语 bɵːldʒi-、土族语 bɑːldʑɑ、东乡语 bɑndzi̢、保安语 bɑndʑi，桑塔利语 ulɛ 等。两种说法有交叉对应关系的如：

（1）图瓦语 *kus-ko，“呕吐”古突厥语、土耳其语、维吾尔语、哈萨克语 qus-，图瓦语 kus-＜*qus。满文、清代蒙文 oksi-＜*ʔoksi。

（2）清代蒙文 *ʔuguru，“呕吐”锡伯语 dʐuru-＜*guru。

（3）梅柯澳语 e-ʔupe＜*kupe，“呕吐”朝鲜语 kewuta＜*gebu-。

（4）锡加语 bota-ŋ、泰雅语 putu-naq＜*buta。“呕吐”泰雅语 putaq、布农语 mutaχ＜*mutaq。

（5）德昂语 *bat，“呕吐”桑塔利语 phaʈkar＜*pat-kar。

（6）南密 suma。“呕吐”劳语、瓜依沃语 moa＜*mo-ʔa

2.“吐”和“分开”

（1）桑塔利语 *ʔule，“分开”西部裕固语 ule-。

（2）赛夏语 *təpol，“分开”撒拉语 bol-。

（3）壮语武鸣话 *pis，“分开”马都拉语 a-pisa，印尼语 pisah。

（4）锡加语、泰雅语 *buta，“分开”阿杰语 viduɯ＜*bidu。

（5）木雅语 *dada，“分开”勒窝语 su-tetae＜*teta-ʔe。

（6）日语 *paku，“分开”锡加语 bega。

（7）马京达瑙语 ipo＜*ʔipo，“分开”宁德娄语 $ap^{w}a$＜$*ʔap^{w}a$。

3. "吐"和"痰、口水"

"吐"和"痰、口水"可以是同根词，如赛夏语"吐"tomәpәʃ < *t-om-әpәl，"口水"tәpәʃ；泰雅语赛考利克方言"吐、口水"tujɔq。其他对应关系如：

（1）汉语 *qlaq（吐），"痰"嘎卓语 lo^{55}。

（2）印尼语、亚齐语 *ludaq，"痰"藏文 lud（pa）。

（3）清代蒙文 *ʔuguru，"痰"邹语 ŋeoi < *ŋro-ʔi。

（4）满文 *bali-ʔa，"痰、口水"邵语 fiɬaq < *pilaq。

（5）鄂温克语、鄂伦春语 *tubu-n，"口水"雅美语 tʃipa < *tipa。

◇ 三 词源分析

1. *mute

"呕吐"罗地语、锡加语、布鲁语 mute，莫图语 mumuta < *mute。

"呕吐"古法语 vomite、拉丁语 vomitus < *bomite-。

2. $*b^wati$（*buda、*mudi、*bidu、*badu）

"吐"锡加语、泰雅语 *buta，罗地语 *mudi，朝鲜语 *badu，蒙古语族语言 *badi。"分开"阿杰语 vidɯ < $*b^widu$。

"吐"古英语 spitten、拉丁语 sputare < *sputa-。"口水"英语 spit。① "吐"希腊语 ptyo、phtyno。②

3. $*b^wali$（*bol、*bali、*plo）

"吐"蒙古 *bol-、满文 *bali-、马绍尔语 *kaplo。"痰、口水"邵语 fiɬaq <

① 参见 www.etymonline/index.php?allowed-in-frame, 2014。

② 参见 online.ectaco.co.uk/main.jsp;jsessionid, 2014。

*pilaq。

> “吐”（动词）波兰语 plutʃ < *plu-。
>
> “吐”（名词）俄语 plevok，波兰语 plwotsina < *ple-。
>
> “吐”（名词）希腊语 obelos、saybla。

4. *moma（*suma、*mo、*mupa）

“吐”南密 suma。“呕吐”劳语、瓜依沃语 moa，罗图马语 mumufa。

> “呕吐”希腊语 emein，和阗塞语 bam-。
>
> “吐”阿维斯陀经 vam-、立陶宛语 vemiu。“晕船”古挪威语 væma。

“呕吐”格鲁吉亚语 amɔsrɔli < *amo-sro-li。

5. *pisa（*pis、*bas、*basa）

“吐”壮语武鸣话 *pis。“扔”缅文 pɑs^4 < *pas，保安语 vaɕɑl < *basa-l。

> “呕吐”波兰语 puʃitʃ < *pusi-。“吐”阿尔巴尼亚语 pëʃtyj < *poʃ-tur。
>
> “呕吐”亚美尼亚语 phsxel < *bus-。

“吹”壮语、傣语 pau^5 < *pus。巴塔克语 obbus < *ʔobus。

> “吹”希腊语 physo < *buso。

6. *tek（*tak）

“吐”柬埔寨文 *k-tek。“呕吐”萨萨克语 utak < *ʔutak。

> “吐”亚美尼亚语 thkhel < *duge-。

"吹"的词源关系

"吹"通常用来表达"用嘴吹"和"风吹"两个意思，故亚欧语言中的"吹"与"吐（出）"和"风"等说法有词源关系。

◇ 一　东亚太平洋语言的"吹"

"吹"的主要说法有：

1. *ʔuri / *ʔe-ʔuri / *qur / *ʔoroŋ

古突厥语 yri-，图瓦语 yr- < *ʔuri。

哈萨克语 yrle- < *ʔur-le。

马那姆语 eur，罗图马语 ui < *ʔe-ʔuri / *ʔuri。

克木语 hŭr < *qur。

蒙达语 oroŋ < *ʔoroŋ。

2. *pur / *bur / *ʔipur / *puri / *por

撒拉语 fur- < *pur。朝鲜语 pur- < *bur。

桑塔利语 phur < *bur。（嘴吹）

波那佩语 ipur < *ʔipur。

莫图语 hiriri-a，马京达瑙语 pūr < *puri。

夏河藏语 χwor < *por。

3. *puple / *plupi

土耳其语 ypli-，维吾尔语 pylɛ-，乌孜别克语 pyflɛ- < *puple。

锡加语 plupi < *plupi。

4. *pile / *ʔupuli-ʔa / *pol / *bolu

蒙古语喀喇沁方言 pʉːleː-，东部裕固语 piːle- < *pile。

劳语 ʔufulia < *ʔupuli-ʔa。

马绍尔语 pæl < *pol。

桑塔利语 bohao < *bolu。（风吹）

5. *ʔulire / *silir / *qʷlar /*lalera

清代蒙文 ulije- < *ʔulire。

爪哇语 sumilir < *s-um-ilir < *silir。

汉语 *qʷlar（吹）。

尼科巴语 lahøːra < *lalera。

6. *pulgi / *puleg-pi / *peluk

满文 fulgiʔe-，赫哲语 fulgi-，锡伯语 filxi- < *pulgi-ʔe。

女真语（伏冷必）*fuleŋpi < *puleg-。

波那佩语 peuk < *peluk。

7. *pu / *ʔubu / *ʔipu / *ʔipi

日语 fu- < *pu。

鄂温克语 uwu-，鄂伦春语 uu- < *ʔubu。

巴塘藏语 pu < *pu。

桑塔利语 phu < *pu。尼科巴语 føː < *po。

查莫罗语 guaife < *guʔa-ʔipe，gotpea < *got-peʔa。

马林厄语 ifu < *ʔipu。鲁凯语 iʔi < *ʔipi。

8. *ʔəlup / *lup

卡加延语 əjəp < *ʔəlup。

布拉安语 m-juf < *lup。

9. *porepe / *piriri-ʔa

邹语 porepe < *porepe。

莫图语 hiriri-a < *piriri-ʔa。

10. *ʔuti

嫩戈内语 uti < *ʔuti。

11. *ʔuka

吉尔伯特语 uka < *ʔuka。

12. *bupi / *bup-qe / *bab

塔希提语 puhipuhi，拉巴努伊语 puhi < *bupi。

托莱语 vuvu < *bubu。（风、吹）

尼科巴语 vuphə < *bup-qe。

桑塔利语 phaph < *bab。

13. *ʔaŋi

汤加语、萨摩亚语 aŋi < *ʔaŋi。

14. *pa-nite

查莫罗语 paɳite < *pa-nite，domo < *domo。

15. *mə-rup / *ʔi-rup / *rəp

卑南语 mijup，邵语 məjup，阿美语 ijuf < *mə-rup / *ʔi-rup。

侗语 səp^{8}，毛南语 zəp^{8} < *rəp。

16. *m-pud / *pude

藏文 ɦbud < *m-pud。

西部裕固语 pude- < *pude。

17. *pus / *ʔobus

壮语、傣语 pau^{5} < *pus。

巴塔克语 obbus < *ʔobus。

18. *ʔu / *ʔu-ʔi

黎语通什话 ou^{5} < *ʔu。

罗地语 ui < *ʔu-ʔi。

19. *plu

畲语 phiu^{1} < *plu。

苗语养蒿话 tsho^{1}，甲定话 phlu^{1} < *plu。

20. *s-mut

缅文 hmut < *s-mut。

21. *puŋ

布兴语 poŋ < *puŋ。

二 “吹”的词源对应关系

1. “吹”和“风”的词源关系

（1）古突厥语、图瓦语 *ʔuri，“风”阿伊努语 rera < *rera，达阿语 poiri < *po-ʔiri。瓜依沃语 ʔiru < *ʔiru，查莫罗语 aire < *ʔa-ʔire。

（2）满文、赫哲语、锡伯语 *pulgi-ʔe，“风”土耳其语 bilgi < *bilgi。

（3）汤加语、萨摩亚语 *ʔaŋi，“风”印尼语 aŋin，马绍尔语 aŋ < *ʔaŋin。

（4）鲁凯语 *ʔipi，“风”卡乌龙语 eip < *ʔe-ʔip。

（5）塔希提语、拉巴努伊语 *bupi，“风、吹”托莱语 vuvu < *bubu。

（6）布兴语 *puŋ，“风”景颇语 $n^{31}puŋ^{33}$、独龙语 $nɑm^{53}bɯŋ^{53}$ < *buŋ。

（7）畲语 *plu，“风”黎语 viu^{4} < *blu。

（8）马绍尔语 *pol，“风”维吾尔语 ʃɑmɑl、哈萨克语 sɑmɑl < *la-bal。

（9）缅文 *s-mut，“风”黎语保定话 $hwoːt^{7}$、保城话 $vɔːt^{7}$ < *ʔbot。

2. “吹”和“气”

（1）古突厥语、图瓦语 *ʔuri，“气”西部裕固语 or < *ʔor，图瓦语 kej < *ker。

（2）嫩戈内语 uti，“气”uteut < *ʔute-ʔute。

（3）邹语 *porepe，“气”prutsu < *pru-tu。

（4）蒙古语喀喇沁方言、东部裕固语 *pile,“风”卑南语、排湾语 *baɭi。“气”排湾语 vaɭi < *baɭi。

（5）汤加语、萨摩亚语 *ʔaŋi,“气”卡加延语、木鲁特语 aŋin < *ʔaŋin。

3.“吹”和“吐”

（1）苗语 *plu。“吐”布努语 ɬu^{3} < *plu，侗语南部方言 phjui$^{1'}$、仫佬语 phy^{3}、拉加语 phlui^{1} < *plu。

（2）嫩戈内语 uti，“吐”爪哇语 idu < *ʔidu。

（3）壮语、傣语 *pus，“吐”壮语武鸣话 pi^{5} < *pis。

（4）萨萨克语 pəpək-aŋ，“吐”日语 haku < *paku。

◇ 三　词源分析

1. *b^{w}ali（*pol、*pile）

“吹”马绍尔语 *pol，蒙古语喀喇沁方言、东部裕固语 *pile。

“波浪”托莱语 bobol、达阿语 balu^{m}ba。

> “吹”西班牙语 soplar、葡萄牙语 soprar、意大利语 soffiare、拉丁语 flare < *sbla-。
>
> 希腊语 sphrizo < *sbri-。
>
> 古教堂斯拉夫语 vejati、俄语 vejatj、波兰语 wiatʃ < *b^{w}ela-。

“吹”匈牙利文 fujas < *pula-s。“风”芬兰语 pieru < *piru。

2. *b^{w}algi（*pulgi、*bilgi）

“吹”满文、赫哲语、锡伯语 *pulgi-ʔe。

“风”土耳其语 bilgi < *bilgi。

“吹”古英语 blawan、高地德语 blaen、德语 blähen。 “波浪”丹麦语 bølge、瑞典语 bölja。

“吹”匈牙利文 viragzas < *p^{w}ilagra-s。

3. *bode（*pud、*pude、*mut、*bota）

“吹”藏文 *m-pud、西部裕固语 *pude，缅文 *s-mut。

“风”黎语保定话 hwoːt^7，保城话语 vɔːt^7 < *ʔbot。马达加斯加语 rivuʈ^{r}a < *ri-buta。尼科巴语 kuføt < *ku-pot。桑塔利语 poṯʃ < *pot。戈龙塔洛语 dupoto < *du-poto。

“波浪”锡克语 bata。

“吹”捷克语 vat < *p^{w}at，亚美尼亚语 phtʃel < *bute-。 “风”古英语 wind，梵语 vatah，阿维斯陀经 vata-，拉丁语 ventus- < *beta-。 “风”赫梯语 huwantis < *qubati-。和阗塞语 padama- < *pada-。

4. *b^{w}abi（*bu、*bab、*bupi、*bubu、*bup）

“吹”桑塔利语 *bu，尼科巴语 *po。桑塔利语 *bab，塔希提语 *bupi，托莱语 *bubu，尼科巴语 *bup-qe。

“风”莫图卡巴地方言 avivina < *ʔabibi-na，卡乌龙语 aβhi < *ʔabi（东南风）。

“波浪”拉巴努伊语 vave，那大语 ebo。

“吹”梵语 va-、希腊语 aemi-、古英语 wawan。 和阗塞语 phūm- < *bum。

5. *buso（*pus、*ʔobus）

“吹”壮语、傣语 *pus、巴塔克语 *ʔobus。

“吹”希腊语 physo < *buso。

“吐”壮语武鸣话 pi^5 < *pis。

“呕吐”波兰语 puʃitʃ < *pusi-。“吐”阿尔巴尼亚语 pëʃtyj < *poʃ-tur。

6. *buri（*bur、*pur、*por）

“吹”撒拉语 *pur，朝鲜语、桑塔利语 *bur，波那佩语 *ʔipur。莫图语、马京达瑙语 *puri，夏河藏语 *por。“暴风”维吾尔语 borɑn，柯尔克孜语 boroːn，图瓦语 borɑːn < *boran。

“风”达阿语 bara（来自西方的强风），那大语 vara < *b^{w}ara。布兴语 si var < *si-b^{w}ar。

“吹”（动词）阿尔巴尼亚语 fryj < *b^{w}rur。

“风”格鲁吉亚语 bruni < *bru-。

7. *ʔuti（*ʔidu）

“吹”嫩戈内语 uti < *ʔuti。

“吐”爪哇语 idu < *ʔidu。

“吹”乌尔都语 utnaː < *ut-。

8. *ʔuri（*rera、*ʔiru、*ʔire）

“吹”古突厥语、图瓦语 *ʔuri。

“风”阿伊努语 rera < *rera。达阿语 poiri < *po-ʔiri。瓜依沃语 ʔiru < *ʔiru，查莫罗语 aire < *ʔa-ʔire。

“吹”乌尔都语 urhaːna < *urqa-。

“看”的词源关系

一些语言“看”和“看见”用不同的词表示，或用同根词，也有用相同的词表示。如古汉语“觀”$*k^wan$、“見”*kans 是同根词的两个词。“視”*glir 兼有“看”和“看见”两义。“示”为使动用法。

亚欧地区的一些语言中“眼睛”是“看”的派生词，“看”与“看见”“知道”等说法往往有词源关系。

◇ 一 东亚太平洋语言的“看”

“看”的主要说法有：

1. *gor

古突厥语 gøz-，土耳其语、西部裕固语 gør-，维吾尔语、哈萨克语 kør- < *gor。

2. *qara / *ʔaraʔu

维吾尔语、哈萨克语 qɑrɑ-，西部裕固语 ɢɑrɑ-，蒙古语 xɑrə- < *qara-。阿美语 ʔaraw < *ʔaraʔu。

3. *ɢali / *qal / *kil / *gale / *kilaŋ

保安语 ɢɑli- < *ɢali。

东部裕固语 χɑldɑ < *qal-。

鄂罗克语 kil- < *kil（看）。

大瓦拉语 gale < *gale。波那佩语 kilaŋ < *kilaŋ。（看、看见）

4. *ʔiti / *ʔita / *ʔata / *sita / *ʔida

赫哲语 itɕi-，鄂温克语 iʃi-，鄂伦春语 itʃi- < *ʔiti。①

泰雅语 mitaʔ，赛德克语 mita < *m-ʔita。

马京达瑙语 ita，锡加语 ʔita，塔希提语 ʔite < *ʔita。

查莫罗语 atan < *ʔata-n，espia < *es-pi-ʔa。（看）

布吉斯语 sita < *sita。巴塔克语 ida < *ʔida。

5. *ʔudi / *ʔudu

蒙古语书面语 üdʒe-，清代蒙文 udʒe-，达斡尔语 udʒi- < *ʔudi。

水语 qau^{5}ndo^{3}，毛南语 kau^{5}du^{6} < *ʔudu。（看见）

6. *ʔulir / *glir-s

撒拉语 uʃir- < *ʔulir。

汉语 *glir-s（视）。②

7. *tub^{w}a

满文 tuwa- < *tub^{w}a。

---

① 格鲁吉亚语“看见”xɛdva < *qed-，“看”ʃɛxɛdva < *se-qed-。

②“示”“视”《诗经》时代可用“视”一字表示，后来分别属船母、禅母。“示”，《广韵》具支切、神至切。

8. *bo

朝鲜语 pota < *bo-。

托莱语 bobo-e < *bo。(看见)

9. *mi

日语 miru < *mi-ru。

10. *kena / *gen / *k^wan / *kans

鄂罗克语 kena < *kena。

柬埔寨文 khɤːɲ < *gen(看见)。

汉语 *k^wan(观),*kans(见)。

11. *mata-ʔila / *li-ʔe / *ʔuli

马那姆语 mata-ila < *mata-ʔila(眼睛—看)。

查莫罗语 lie < *li-ʔe。(看、看见)

嫩戈内语 ule < *ʔuli。(知道、看见)

汉语 *s-li(题)。[①]

12. *lelo / *la

马京达瑙语 lelo,帕玛语 lēle < *lelo。

独龙语 jɑ^{53} < *la。

13. *mana-ʔu

卑南语 mənaʔu < *mana-ʔu。

---

①《诗经·小雅·小苑》:"题彼脊令,载飞载鸣。""题",看。

14. *ʔiso / *siʔo / *ʔes-tudi-ʔa

那大语 iso < *ʔiso。汤加语 sio < *siʔo（看、看见）。

查莫罗语 estudia < *ʔes-tudi-ʔa。（看见）

15. *kitaʔ

萨萨克语 gitaʔ，阿卡拉农语 kitaʔ，布鲁语 kita < *kitaʔ。

赛夏语 komitaʔ < *k-om-itaʔ < *kitaʔ。

16. *ta / *sto / *ta-ʔ

藏文 lta < *l-ta。普米语 sto < *sto。

汉语 *ta-ʔ（睹）。

17. *ro

嘉戎语 kɑ ro < *ro。

18. *pla

他杭语 tʃjaːpa < *pla-pa。

19. *kraŋʔ

缅文 krɑŋ̊^{1} < *kraŋʔ。

20. *ʔloʔ / *lu

布依语 ʔjo^{3} < *ʔloʔ。

景颇语 ju^{33}，纳西语 ly^{21} < *lu。

布朗语胖品话 ʒɤu^{51}，甘塘话 ʑo^{31}，巴琉语 lu^{11} < *lu。

21. *mel

布兴语 mĕh < *mel。

布兴语 mĕh ȵi < *mel-ni。（看见）

22. *lom / *glam

户语 lɔm^{31} < *lom。（看见）

汉语 *glam（瞻）。

23. *me-ʔuke

尼科巴语 meukø < *me-ʔuke，meuken < *me-ʔuken。

24. *nadar

桑塔利语 nadʒar < *nadar。

25. *so-m-leŋ / *slaŋ

柬埔寨文 sɔmlɤŋ < *so-m-leŋ。

汉语 *slaŋ（相）。

26. *nel

蒙达语 nel，桑塔利语 ȵe̠l（看、看见）< *nel。

《尔雅》：“监、瞻、临、涖、頫、相，视也。”《诗经·小雅·节南山》：“方茂尔恶，相尔矛矣。”“相”视也。

◇ 二　“看”的词源对应关系

1.“看”和“眼睛”的词源关系

（1）突厥语族语言 *gor-，“眼睛”维吾尔语 køz < *gor。

（2）巴塔克语 ida，“眼睛”泰语 ta^{2}，壮语龙州话 ha^{1}，临高语 da^{1}，水语 nda^{1} < *ʔda。

（3）日语 miru，“眼睛”mi。

（4）马京达瑙语、帕玛语 *lelo。“眼睛”赫哲语 idzalə，鄂温克语 ɪʃal < *ʔilalə。

（5）汤加语 ilo，“眼睛”女真语（牙撒）*jasa，满文 jasa，锡伯语 jas，鄂伦春语 jɛːʃa < *ʔila。爱斯基摩语 ije < *ʔile。

（6）哈拉朱乌语、吉尔伯特语 tara，“眼睛”昌巴拉胡里语 ʈir、满查底语 ʈirɑ̄ < *tira。

2.“看”和“看见”

一些语言“看”和“看见”用相同的词或词根来表示。一些语言“看”和“看见”用不同来历的词表示，例如：

（1）他加洛语“看”tiŋin，“看见”kita-。

（2）萨萨克语“看”gitaʔ，“看见”təgas-aŋ。

（3）卡乌龙语“看”supa，“看见”kon。

（4）萨摩亚语“看”mātamata，“看见”vaʔai。

（5）哈拉朱乌语“看”tara，“看见”tē。

（6）藏文“看”ita，“看见”mthoŋ。

（7）缅文“看”kraŋ̥^{1}，“看见”mraŋ^{3}。

“看”多与“眼睛”是相同的词或同根的词，“看见”另有来历。

3.“看见”和“知道”

“看见”即“知道”，如嫩戈内语 uli、汤加语 ʔilo 等。“看”和“看见”都可以与“知道”有交叉对应关系，“看见”与“知道”对应的如：

（1）马林厄语 filo < *pilo。“知道”土耳其语 bil-，维吾尔语 bil-，西部裕固语 bəl- < *bil。

（2）梅柯澳语 e-isa < *ʔisa。“知道”满文、锡伯语、赫哲语 sa- < *sa。

（3）蒙古语 *qara-。“知道”中古朝鲜语 arta、朝鲜语安城话 aratta < *ʔara-。

（4）马京达瑙语、锡加语、塔希提语 *ʔita。“知道”拉巴努伊语、塔希提语 ʔite。

◇ 三 词源分析

1. *si（*siʔo、*so）

“看见”那大语 iso < *ʔiso。“看、看见”汤加语 sio < *siʔo。

“看见”古英语 seon、高地德语 sehen、古弗里斯语 sia、古挪威语 sja < *siqa。

“看见”阿尔巴尼亚语 ʃih < *siq，“看”ʃoh < *soq。

“眼睛”阿尔巴尼亚语 sy < *su。

“看见”匈牙利文 ersekseg < *er-seg。

2. *pla

“看”他杭语 *pla-pa，“眼睛”拉加语 pla^{1} < *pla。

“看见”希腊语 blepo。“看见、假设”俄语 polagatj < *polaga-。

3. *mata（*bada）

“看”萨摩亚语 mātamata、马那姆语 mata-ila。“知道”托莱语 matoto。

“眼睛”印尼语、达阿语、莫图语 mata，排湾语 matsa < *mata。

“瞧”鄂温克语 məndəʃi- < *mədə-li。

“知道”蒙古语 mədə-、东乡语 məidʑiə- < *mədə。桑塔利语 badae < *bada-ʔe。

“看”俄语 smotrj < *smot-。

“看见”意大利语 vedere < *bade-re。

“看见”粟特语 wit < *b^wit，wiδār < *b^wida-。

4. *gisi（*kos、gas）

汉语 *kos（覯，看见）。

“看”吉利威拉语 -gisi，“看见”萨萨克语 təgas-aŋ。

“看、注视”梵语 iks。“看”和阗塞语 kaʃ-。

“眼睛”俄语 oko < *oko，粟特语 tʃaʃm < *kas-m。

5. *ila（*ilo、ilan、*ʔile）

“看见、知道”汤加语 ilo，“看”卡林阿语 ilan。

“眼睛”女真语、满文、锡伯语、鄂伦春语 *ʔila。爱斯基摩语 ije < *ʔile。

“看”威尔士语 syllu < *sil-。“眼睛”法语 œil、意大利语 ojo < *ole。

“看”芬兰语 katsella < *kat-sela，“眼睛”silma < *sil-ma。

“看”玛雅语楚吉方言（chuj）ʔilaʔ、优卡特克方言（Yucatec）il < *ʔila-q。

6. *ba（pa、*bo）

“看”卡乌龙语 supa、朝鲜语 *bo-，土家语 pa^{53} < *pa。

“看见”托莱语 *bo。

“看见”粟特语 wēn，阿维斯陀经 vaēna < *b^{w}e-。
“知道”法语 savoir，西班牙语、葡萄牙语 saber，意大利语 sapere < *sabo-。

7. *gora（*gor、*ŋor）

“看”突厥语族语言 *gor。

“眼睛”维吾尔语 køz < *gor。“脸”东乡语 angir < *ʔaŋor，卑南语 ʈaŋar < *ta-ŋor。

“看”俄语 kazatjsa < *kara-。

“看”格鲁吉亚语 qhurɛba < *ɢure-。

8. *glir

汉语 *glir-s（视）。

“眼睛”俄语 glaz < *glar。

9. *nel

“看、看见”蒙达语、桑塔利语 *nel。

“看”亚美尼亚语 nayel < *nale-。

10. *ta（*sto）

“看”藏文 lta < *l-ta。普米语 sto < *sto。汉语 *ta-ʔ（睹）。

“看见”和阗塞语 ttʃäʂ- < *tas。“眼睛”和阗塞语 ttʃai < *tai。

“听”的词源关系

亚欧地区的一些语言“听”是“耳朵”的派生词，“听”与“声音”“看见、知道”等说法有词源关系。

◇ 一　东亚太平洋语言的“听”

“听”的主要说法有：

1. *ʔilid / *ʔilit

古突厥语 eʃid-，柯尔克孜语 eʃit-，撒拉语 iʃdi- < *ʔilid-。

土耳其语 iʃit- < *ʔilit。（听、听见）

2. *diŋ / *taŋ / *ʔidiŋ / *teɲe / *daŋa / *doŋo-g / *ki-doŋo-g

土耳其语 dinle-，图瓦语 dɤŋnɑ- < *diŋ-。

哈萨克语 təŋdɑ-，柯尔克孜语 təŋʃɑ-，保安语 tɕɑŋlə- < *taŋ-。

马都拉语 ŋ-iḍiŋ < *ʔidiŋ。

那大语 teɲe < *teɲe。

米南卡保语 daŋa < *daŋa。

摩尔波格语 doŋog，木鲁特语 kidoŋog < *doŋo-g / *ki-doŋo-g。（听、听见）①

3. *ʔaŋla

维吾尔语 ɑŋlɑ-，撒拉语、西部裕固语 ɑŋnɑ- < *ʔaŋla。

4. *sonosu-

蒙古语书面语 sonos-，东乡语 sonosu，达斡尔语 sonsu- < *sonosu-。

5. *dodi / *dod / *ʔatede / *ma-dat

满文 dondʒi，锡伯语 dœndʑi- < *dodi-。

女真语（断的）*tonti < *dodi-。

中古朝鲜语 tɯtta，朝鲜语洪城话 tɯnnɯnta < *dod-。

查莫罗语 atende < *ʔatede（听），etʃuŋog < *ʔequŋog（听、听见）。

景颇语 mǎ^{31}tat^{31} < *ma-dat。

6. *doli- / *daloŋ

鄂温克语 dɔːldɪ-，鄂伦春语 dɔːldɪ-，赫哲语 doldi-，索伦语 dōldi < *doli-。

帕玛语 daloŋ < *daloŋ。

7. *kiku

日语 kiku < *kiku。

8. *dəŋar / *ʔoŋora

印尼语 mən dəŋar，萨萨克语 n-dəŋah < *dəŋar。

① *-g 为把名词派生为与其所指事物有关动词的后缀。

吉尔伯特语 oŋorā < *ʔoŋora。

9. *raŋe / *raŋo

那大语 zeŋe，窝里沃语 raŋo，西部斐济语 raŋo-o < *raŋe / *raŋo。（听见）

10. *loŋon / *li-ŋin

三威治港语 loŋon < *loŋon。

德宏傣语 lai^{3}ŋin^{2} < *li-ŋin。

11. *s-ŋet / *s-ŋat / *gat

马京达瑙语 seŋet < *s-ŋet。

布朗语甘塘话 ŋɛt，佤语马散话 ŋ̊ iat < *s-ŋat。

格曼僜语 ta^{31}giat^{55} < *gat。

12. *tumala

邹语 təmalʉ，邵语 təmaða，沙阿鲁阿语 tumimaɬa < *tumala。

13. *kali / *kilalo

达密语 kari，沙玛语 kale，< *kali。（听、听见）

鲁凯语 kelaḽa < *kilalo。

14. *qleŋ / *loŋ

汉语 *theŋ（聽）< *qleŋ。①

塔几亚语 -loŋ < *loŋ。（听、听见）

---

①“聽”从书母字“聖”得声。

15. *mən

汉语 *mən（闻）。①

16. *nan / *sna / *na-doŋ

藏文 ȵ̥an < *nan。

怒苏怒语 n̊ɑ^{33}，拉祜语 nɑ^{33} < *sna。

景颇语 na^{31} < *na。（听见）

缅文 na^{3}thɔŋ^{2} < *na-doŋ。

17. *kra

缅文 krɑ^{3} < *kra。（听见）

阿昌语 kʐua^{31} < *kra。（听、听见）

18. *ta

博嘎尔珞巴语 tɑː < *ta（听），tɑː poŋ < *ta-poŋ（听见）。

19. *ʔdiʔ / *ʔote

水语 di^{3} < *ʔdiʔ。

桑塔利语 o̱te̱ < *ʔote（不及物），ate̱n < *ʔaten。

20. *nem-pa

他杭语 njempa < *nem-pa。（听见）

21. *qaŋ-lore / *kan-ler

尼科巴语 haŋløre < *qaŋ-lore。

桑塔利语 kanhe̱ɽ < *kan-ler。

---

①“听、听见”格鲁吉亚语 mɔsmɛna < *mo-smena，“耳朵”smɛni < *si-meni。

22. *qaŋ-tore / *lu-tur

尼科巴语 haŋtøre < *qaŋ-tore。

桑塔利语 lutur < *lu-tur。（耳朵、听）

23. *qinaɲo / *sunan

尼科巴语 hināŋɲo < *qinaɲo。

桑塔利语 sunɛn < *sunan。

24. *mek

克木语 mĕk < *mek。

25. *lu

柬埔寨文 lɯː < *lu。

26. *ʔadom / *s-dap

桑塔利语 aṇdʒo̱m < *ʔadom。

柬埔寨文 sdap < *s-dap。

27. *ʔŋe / *ŋaŋ

京语 ŋɛ[1] < *ʔŋe。

户语 ŋʌaŋ[33] < *ŋaŋ。

二 “听”的词源对应关系

1. “听、听见”和“耳朵”的词源关系

（1）马都拉语 *ʔidiŋ。“耳朵”占语书面语 taŋĭ、他加洛语 tēŋa < *təŋa。

（2）那大语、窝里沃语 *raŋe。“耳朵”布昂语 rəŋa、阿者拉语 riŋa- < *riŋa。泰雅语泽敖利方言 tʃaŋiaʔ、布农语 taŋiaʔ、鲁凯语 tsaɭiŋa、卑南语 ʈaŋiɭa < *ta-liŋa。

（3）他杭语 njempa < *nem-pa。“耳朵”错那门巴语 nem^{35}nɛʔ^{53} < *nam-neʔ，蓝靛瑶语 mɑ-nɑm < *ma-nam。

（4）塔几亚语 *loŋ。“耳朵”波那佩语 saleŋ < *saleŋ。

（5）汉语“闻”*mən < *mə-na，*nəʔ（耳朵）。“耳朵”藏文 rna < *r-na，巴尔蒂语 sna < *s-na。

（6）汉语“听”*qleŋ。“耳朵”女真语（尚）*saŋ < *laŋ。

2. “听、听见”和“声音”

（1）通古斯语 *doli-。“声音”满文 dʒilgan、锡伯语 dʑilχan、赫哲语 dilgan、鄂伦春语 dɪlgan < *dil-qan。

（2）满文、锡伯语 *dodi-。“声音”布昂语 dədun、布鲁语 tede-n < *dedun。

（3）越南语 *ʔŋe。“声音”汤加语 oŋo < *ʔoŋo。

（4）三威治港语 *loŋon。“声音”莫图语 reɣe、萨摩亚语 leo < *lego。

3. “听见”和“看、看见、知道、听从”

（1）汉语 *mən（闻）。“看”卑南语 mənaʔu < *mana-ʔu。

（2）柬埔寨文 *lu。“看”布朗语胖品话 ʒɤu^{51}、甘塘话 ʐo^{31}、巴琉语 lu^{11} < *lu。“知道”傣语 hu^{4}，水语 ɕau^{3} < *qluʔ。

（3）桑塔利语 *kan-ler。“看”撒拉语 uʃir- < *ʔulir。

（4）古突厥语、柯尔克孜语、撒拉语 *ʔili-。“知道”拉加语 ilo、汤加语 ʔilo < *ʔilo。

（5）水语 di^{3} < *ʔdiʔ。“知道”拉巴努伊语 ʔite。“知道、看见”塔希提

语 ʔite < *ʔite。

（6）摩尔波格语 *doŋo-g。“知道”柬埔寨文 dɤŋ < *doŋ。

（7）京语 *ʔŋe。汉语 *sŋa（许，听从）。

（8）土耳其语、图瓦语 *diŋ-。“同意”西部裕固语 tuŋjila- < *tuŋri-。

◇ 三 词源分析

1. *kila（*kari、*kol）

“听”鲁凯语 *kilalo，“听见、听”达密语、沙玛语 *kali。“看、看见”波那佩语 kilaŋ < *kilaŋ。“知道”斐济语 kila-a < *kila，赛德克语 mukela < *mu-kela。

“听”古英语 hlysnan、古高地德语 hlosen < *klose-。
“听见”希腊语 klyo < *klo。“听”意大利语 ascoltare < *askolta-。
“听、听见”古教堂斯拉夫语 slusati、俄语 sl-ʂatj、波兰语 słutshatʃ < *hlusa-。
“听见自己的叫声”拉丁语 cluere < *klu-。

“听见”芬兰语 kuːlla < *kula，“听”kuːnnella。“听见”匈牙利文 hall，“听”hallgat。

2. *kora（*kra、*ŋora、*dəŋar）

“听见”缅文 *kra，“听见、听”阿昌语 *kra。

“耳朵”邹语 *koru、卡西语 *s-kor、哈尔蓝语 *kor、荷朗库尔语 *gur。

“听”希腊语 akroemai < *akre-。
“听见、听”古英语 heran、古弗里斯语 hora、古挪威语 hejra < *kera。
“穗（谷物的耳朵）”古高地德语 ehir < *ekir。

"耳朵"粟特语 ɣōʃ < *gor。

"听"吉尔伯特语 oŋorā < *ʔoŋora，印尼语 mən dəŋar、萨萨克语 n-dəŋah < *dəŋar。

"听、听见"阿尔巴尼亚语 dëgjoj < *dogor。

3. *na（*sna、*nan）

"听"怒苏怒语、拉祜语 *sna、藏文 *nan。

"耳朵"独龙语 ɑ^{55}nɑ^{53}。巴尔蒂语 sna、哈卡钦语 hna < *sna。清代蒙文"腮根"sina。

乌尔都语"听见"sunana < *suna-，"听"sunna < *sun-。

4. *rna

"听见"锡加语 rəna < *runa。

"听见"俄语 uznatj < *urna-。

“说”的词源关系

亚欧地区的一些语言“说”可以是“话”“嘴”“舌”“牙齿”等词的派生词，兼有“告诉”“讲述”“谈论”等义。

◇ 一　东亚太平洋语言的“说”

“说”的主要说法有：

1. *de / *ta-ʔe / *tata / *da / *sdi

古突厥语 te-，维吾尔语 dɛ-，撒拉语 di-，西部裕固语 de- < *de。

马京达瑙语 tae < *ta-ʔe。

西部斐济语 tata < *tata。（说，告诉）

柬埔寨文 thaː < *da，sdɤj < *sdi。

2. *ʔadit / *dadi / *dede

古突厥语 ajit- < *ʔadit。

鄂温克语 dʒaːndʒi- < *dadi。

大瓦拉语 dede < *dede。（讲故事）

3. *dala / *taluʔ

撒拉语 jɑʃɑ- < *dala。

布拉安语 taluʔ < *taluʔ。（说、告诉）

萨摩亚语 tala < *tala。（讲故事）

4. *lar / *lara

西部裕固语 lɑrgə < *lar-。

马达加斯加语 mi-laza < *lara。

5. *rari / *ror / *ro-ʔob

蒙古语正蓝旗话 jɛrə-，布利亚特话 jɑri- < *rari。[①]

桑塔利语 roɽ < *ror。（话、说）

尼科巴语 ɽɔɔv < *ro-ʔob。

6. *kəle / *kola / *kodo

东乡语 kiəliə-，土族语 kəle，保安语 kɑlə < *kəle。

罗地语 ko-kola < *kola。

爪哇语 kɔnɖɔ < *kodo。

7. *gule / *gole / *gleŋ

土族语 gule < *gule。

达密语 gole < *gole。（不流利地说）

藏文 gleŋ < *gleŋ。

8. *qedu / *gudən / *kata / *kodo / *gado。

满文 hendu-，赫哲语 χədzu < *qedu。

---

① “（也就是）说”匈牙利文 azaz < *arar。

鄂伦春语 ulgutʃəːn- < *ʔul-gudən。

日语 kataru < *kata-ru。

爪哇语 kɔnɖɔ < *kodo。

克伦语阿果话 gă^{31}do^{33} < *gado。

9. *gisu

满文 gisure-，锡伯语 gisirə-，赫哲语 χədzu- < *gisu-re。

10. *qula / *ʔulgu-tən

锡伯语 χula- < *qula。

鄂伦春语 ulgutʃəːn- < *ʔulgu-tən。

11. *mar / *mari / *maro

朝鲜语 marhata < *mar-。

卑南语 marəŋaj < *marə-ŋal。

排湾语 malavar < *mala-bar。

那大语 mazi < *mari。

达让僜语 mɑ^{31}ɹo^{55} < *maro。

12. *pata-su / *pati / *bota

日语 hatasɿ < *pata-su。

雅美语 pantʃi < *pati。

锡克语 βəta < *bota。

13. *b^{w}osa / *b^{w}isi

东部斐济语 βosa，勒窝语 visi < *b^{w}osa / *b^{w}isi。

14. *ʔomoŋ / *meŋ / *babaŋ

爪哇语 ɔmɔŋ，巴厘语 ŋ-omoŋ < *ʔomoŋ。

帕玛语 meŋmeŋ < *meŋ。（结巴地说）

锡加语 babaŋ < *babaŋ。

15. *gʷa-ʔu / *kʷa-ʔi / *gʷən

莫图语 gʷau，西部斐济语 kwai-a < *gʷa-ʔu / *kʷa-ʔi。

汉语 *gʷən（云）。

16. *bol / *pol / *pala

塔几亚语 -bol < *bol。（说、讲话、谈）

柬埔寨文 poːl < *pol。

南密语 pala < *pala。

17. *uliʔ / *lu / *qlu-ʔ

乌玛语 uliʔ，达阿语 naŋ-uli < *uliʔ。

佤语艾帅话、布朗语甘塘话 lau，克木语 lău，莽语 lø^{51} < *lu。

汉语 *qlu-ʔ（道）。

18. *gʷrət-s / *s-rat / *ŋa-rita / *ma-rit

汉语 *gʷrət-s（谓）。

藏语阿力克话 ɕat < *s-rat。

巽他语 ŋarita < *ŋa-rita。

亚齐语 marit < *ma-rit。

19. *ŋan / *saŋane

汉语 *ŋan（言），*sŋa（语），*ŋa（吴）。

查莫罗语 saŋane < *saŋane。

20. *gʷlat / *g-lot

汉语 *gʷlat（曰），*qlat（说）。藏文 gjod < *g-lot。（告诉）

21. *kri

阿昌语 kʐai^{55}，载瓦语 tai^{21} < *kri。

佤语艾帅话 krai < *kri。

22. *paŋ-pa

他杭语 paŋpa < *paŋ-pa。

23. *li

土家语 li^{21} < *li。

巴琉语 li^{33}，户语 lăi^{35} < *li。

桑塔利语 lɛi < *li。

24. *kuk

汉语 *kuk-s（告）。

西部斐济语 kaka < *kaka。（结巴地说）

25. *pro / *bara-ʔu

缅文 prɔ^{3}，基诺语 pjə^{42} < *pro。

塔希提语 parau < *bara-ʔu。

26. *nu / *ʔunu / *bə-ʔenen

壮语武鸣话 nau^{2} < *nu。

劳语 ūnu < *ʔunu。（讲故事）

尼科巴语 vəenjen < *bə-ʔenen。（告诉）

27. *pak

西双版纳傣语 paːk[9] < *pak。

28. *muni / *men

萨萨克语 muni < *muni。

桑塔利语 me̱n < *men。

29. *ka-kala

蒙达语 kākla，桑塔利语 kakala < *ka-kala。

《尔雅》:“粤、于、爰，曰也。”

二 “说”的词源对应关系

1.“说”和“话、声音”

（1）“说话”维吾尔语 søzlɛ-、哈萨克语 søjle- < *sor-。“话”土耳其语、哈萨克语、柯尔克孜语 søz，图瓦语 søs < *sor。“声音”朝鲜语 sori < *sori，柬埔寨文 soːr < *sor。

（2）满文、锡伯语、赫哲语 *gisu-re。“话”满文、锡伯语、赫哲语 gisun < *gisu-n。

（3）萨摩亚语 *tala，“话”拉巴努伊语 tatara < *tara。

（4）西部裕固语 *lar-，“话”西部裕固语、东部裕固语 lɑr < *lar。

（5）桑塔利语 *ror。“话、声音”姆布拉语 ororo < *ʔororo。“语言”伊

拉鲁吐语 iraro，拉巴努伊语 ʔarero。

（6）桑塔利语 *men，“话”错那门巴语 man^{55} < *man。

（7）西部斐济语 *tata，“话”查莫罗语 tʃuentos < *tetos。印尼语、巽他语 pidato，布吉斯语 pedato < *pidato。“声音”布昂语 dədun、布鲁语 tede-n < *dedu-n。

（8）朝鲜语 *mar-。“声音”维吾尔语 ɑwɑz < *ʔabʷar，桑塔利语 abaɽ < *ʔabar。摩尔波格语 boros、木鲁特语 bolos（嗓音）< *boros。

（9）萨萨克语 *muni，“声音”印尼语 buɳi、乌玛语 moni < *muni。

2.“说”和“嘴、舌头”

（1）朝鲜语 *mar-，“嘴”阿伊努语 pɑro < *baro。

（2）汉语 *ŋan（言），“嘴”乌玛语 ŋaŋa < *ŋaŋa。

（3）西双版纳傣语 *pak，“嘴”壮语、水语 paːk^{7}，西双版纳傣语 paːk^{9} < *pak。

（4）阿昌语 kʐai^{55} < *kri，汉语 *skriʔ（嘴）。

（5）撒拉语 *dala，“舌”印尼语 dilah、巴拉望语 dilaʔ < *dila-q，他加洛语 dilaə、巴塔克语 dila < *dila-ʔə / *dila。

（6）汉语 *ɢlat（曰）。“舌”苗语先进话 mplai^{8}、勉语长坪话 blet^{8} < *b-let。汉语 *slat（舌）。

（7）帕玛语 meŋmeŋ。“舌”马那姆语 meme < *meme。

（8）桑塔利语 *ror。“舌”毛利语、塔希提语 arero，拉巴努伊语 ʔarero < *ʔarero。

3.“说”和“牙齿”

（1）柬埔寨文 *sdi。“牙齿”东乡语 ʂɯdun、保安语 ʂdoŋ < *sudun。

（2）萨萨克语 *muni。“牙齿”苗语野鸡坡话 m̥jen^{55}、苗语养蒿话 m̥hi^{35} <

*s-min。

（3）汉语 *g^wlat（曰），“牙齿”鄂罗克语 nelet < *ne-let。

（4）锡克语 *bota，“牙齿”东部斐济语 bati，西部斐济语 basi < *bati。

◇ 三　词源分析

1. *g^wa（*k^wa、*sŋa 等）

“说”莫图语 *g^wa-ʔu，西部斐济语 *k^wa-ʔi，可能包括汉语 *ŋan（言）、*sŋa（语）、*ŋa（吴）。柬埔寨文 *da、马京达瑙语 *ta-ʔe、西部斐济语 *tata，其词根是莫图语说法的演变形式，弗里斯语中也是如此。

“嘴”乌玛语 ŋaŋa < *ŋaŋa，土耳其语 gaga < *gaga（鸟嘴），卡林阿语 sāŋi < *saŋi 等与之有词源关系。印第安车罗科语“舌头”gago < *gago。

“说”古英语 secgan、荷兰语 sige、古挪威语 segja、古弗里斯语 sedsa < *sig^{w}a-。
赫梯语 shakja（宣称），俗拉丁语 inseque，立陶宛语 sakyti < *sak^{w}i-。
古教堂斯拉夫语 sociti（辩白）。

“说”格鲁吉亚语 sigqhva < *siɢ^w-。

2. *bola（*bol、*pala）

“说”塔几亚语 *bol、柬埔寨文 *pol、南密语 *pala。

“说话”希腊语 ekballo < *ek-balo。“说”阿尔巴尼语 flas < *b^{w}las。

3. *dila（*dala、*tala）

“说”撒拉语 *dala，“讲故事”萨摩亚语 *tala。

“舌”他加洛语 dilaə、巴塔克语 dila < *dila-ʔə / *dila，印尼语 dilah、

巴拉望语 dilaʔ < *dila-q。

> “告诉”古挪威语 telja、古弗里斯语 tella、古英语 tellon（考虑）< *dela-。

4. *gadi（*kodo、*gadi）

“说”日语 *kata-ru。爪哇语 *kodo。

“臼齿”莫图语 gadigadi-na < *gadi。

> “说”梵语 gadati < *gada-。“说、告诉”粟特语 ɣuδār < *guda-。
> “说、告诉”波兰语 nagadatʃ < *na-gada-。

5. *rati（*rat、*rita、*rit）

“说”藏语阿力克话 *s-rat，巽他语 *ŋa-rita，亚齐语 *ma-rit。汉语 *g^{w}rət-s（谓）。

> “说”波兰语 rzets < *ret。
> “词”古英语 word，古高地德语 wort，哥特语 waurd，古挪威语 orð < *ord。

6. b^{w}ari（*pro、*bara）

“说”缅文、基诺语 *pro，塔希提语 *bara-ʔu。

> “说、告诉”和阗塞语 ʃver- < *sb^{w}er。
> “说、告诉”俄语 govoritj < *gob^{w}ori-。
> “说、讲”波兰语 przemowitʃ < *pre-mob^{w}i-。

格鲁吉亚语“说话”saubari < *sa-ubari，“嘴”phiri < *biri。

7. *leg^{w}i（*lgu、*ligi、*legi、*siligi、*sulgə）

“说”鄂伦春语 *ʔulgu-tən。“舌头”满文 ileŋgu，锡伯语 iliŋ，赫哲语

iləŋgu，鄂伦春语 iŋŋi，鄂温克语 iŋi，女真语（亦冷吉）*ileŋki < *ʔiligi。

“口水”满文 sileŋgi，锡伯语 ɕiliŋ < *siligi。“吐沫”土族语 ɕulgə < *sulgə。汉语“舓”*slik，“舔”缅文 jɑk，博嘎尔珞巴语 jak < *lak。

“舌头”拉丁语 lingue < *lig^{w}e。 “舔”古撒克逊语 likkon、哥特语 bi-laigon、古爱尔兰语 ligi-m（我舔）。 “汤勺”威尔士语 llwy < *lig^{w}i。

8. *domu（*tam、*dəmu、*timu）

“谈”藏文 gtam < *g-tam。

“嘴唇、嘴”西部裕固语 dəmsəɣ < *dəmu-səq。“嘴”布昂语 timu < *timu。“鸟嘴”毛利语 timo < *timu。

“说、说话、告诉”阿尔巴尼亚语 them < *dem。 “嘴、谈话”希腊语 stoma。 “嘴”阿维斯陀经 staman（狗的嘴）、赫梯语 ʃtamar < *stoma-。

9. *gisu

“说”满文、锡伯语、赫哲语 *gisu-re。

“话”满文、锡伯语、赫哲语 gisun < *gisu-n。

“讲”亚美尼亚语 khosel < *gose-。

10. *pak

“说”西双版纳傣语 *pak。

“说、讲”梵文 vakti，阿维斯陀经 vak- < *b^{w}ak。“声音”吐火罗语 $_A$ wak。

11. *kaku（*kaka、*kuk）

“结巴地说”西部斐济语 kaka < *kaka。汉语 *kuk-s（告）。

> “说”乌尔都语 kehna < *keq-。

12. *prib^{w}a

“说”鲁凯语 kawriva < *ka-prib^{w}a。

> “谈话”和阗塞语 pravā < *prab^{w}a。
>
> “牙齿”俄语 zub < *rub。
>
> “舌头”阿维斯陀经 hizvā < *qirb^{w}a。“舌头、语言”粟特语 zβāk < *rb^{w}a-。

“问”的词源关系

亚欧语言“问”的说法有不同的来历，与“找”“说”“什么、谁”等说法有词源关系。

◇ 一 东亚太平洋语言的“问”

“问”的主要说法有：

1. *sora / *sura

古突厥语、土耳其语 sor-，维吾尔语 sorɑ-，哈萨克语 surɑ-，撒拉语 sor- < *sora。

蒙古语阿拉善话 surɑ-，和静话 sur-，东部裕固语 sərɑ- < *sura。

2. *ʔasago / *soqe / *ʔase

蒙古语书面语 ɑsɑɣu-，达斡尔语 xɑso-，东乡语 ɑsɑ-，保安语 ɑsɢə- < *ʔasago。

瓜依沃语 soe-a < *soqe。

夸梅拉语 -ase < *ʔase。

3. *sda

土族语 sdzɑɢɑ < *sda-。

4. *podi / *pita / *putu

满文 fondʒi-，锡伯语 fœndʑi- < *podi。

马都拉语 pinta < *pita。

桑塔利语 putseu < *putu。

5. *mədi / *mud / *mita

赫哲语 mədələ- < *mədi-。

朝鲜语 mutta < *mud-。

印尼语 mə-minta，巽他语 minta < *mita。

6. *ʔaŋu

鄂伦春语 aŋŋʊ-，鄂温克语 aŋʊ- < *ʔaŋu。

7. *tadu-neru

日语 tadzɿneru < *tadu-neru。

8. *no-ʔi / *noni / *no / *ni / *ʔani

莫图语 noinoi < *no-ʔi。

锡克语 nəni < *noni。

罗地语 no-ke < *no。

苗语养蒿话 $nɛ^6$，勉语江底话 $na:i^6$ < *ni。

塔希提语 ani < *ʔani。

布拉安语 m-ni < *ni。

9. *sol / *pe-sili

多布语 ʔa-sol < *sol。

萨摩亚语 fesili < *pe-sili。（及物动词）

10. *pari

罗图马语 fara，阿杰语 pʌri < *pari。

11. *kore / *kere / *kri

汤加语 kole < *kore。

东部斐济语 kere-a < *kere。

独龙语 kɹi^{53} < *kri。

12. *peki

波那佩语 peki < *peki。

13. *ʔlam

布依语 ɣam^{5}，傣语 thaːm^{1} < *ʔlam。

14. *siʔ

侗语 ɕaːi^{1}，水语、毛南语 saːi^{3} < *siʔ。

15. *mən-s

汉语 *mən-s（问）。

16. *m-dri / *tore

藏文 ɦdri < *m-dri。

马林厄语 tore < *tore。

17. *mi / *simi-ʔaʔi

缅文 me^{3}，怒苏怒语 mi^{55} < *mi。

塔几亚语 -simiai < *simi-ʔaʔi。（及物动词）

18. *take-nam

加龙语 take nam < *take-nam。

19. *kete / *ketaq

布朗语 kte < *kete。

布昂语 ketaɢ < *ketaq。

20. *sab^{w}al

蒙达语 sawāl < *sab^{w}al。

21. *kuli / *khlu-ʔ

桑塔利语 kuli < *kuli，kunuli < *kunuli。

汉语 *khlu-ʔ（考）。①

二 “问”的词源对应关系

1.“问”和“找”

（1）突厥语族语言 *sora。“找”缅文 hrɑː^{2} < *sra，布昂语 səro < *suro。

（2）马都拉语 *pita，“找”哈拉朱乌语 pitʃɛ < *pite。

（3）印尼语、巽他语 *mita。“找”亚齐语 mita < *mita。

①《诗经·大雅·文王有声》：“考卜维王，宅是镐京。”“考”，问也。

（4）日语 *tadu-。"找"，撒拉语 dɑt- < *dat，朝鲜语 tʃhatʃta < *tad-。

（5）萨摩亚语 *pe-sili。"找"鲁凯语 wa-silapə < *silapə。

（6）布依语、傣语 *ʔlam，"找"德宏傣语 lɛm^{2} < *lem。

（7）缅文、怒苏怒语 *mi，"找"塔希提语 imi < *ʔimi。

（8）东部斐济语 *kere，"找"吉尔伯特语 ukera < *ʔukera。

（9）布朗语 *kete，"找"帕玛语 lēkate < *le-kate。

2."问"和"说"

（1）马都拉语 *pita。"说"日语 hatasɿ < *pata-su，雅美语 pantʃi < *pati。

（2）独龙语 *kri。"说"阿昌语 kz̥ai^{55} < *kri，佤语艾帅话 krai < *kri。"词"布拉安语 krunə < *kru-nə。

（3）罗图马语、阿杰语 *pari。"说"缅文 prɔ^{3}、基诺语 pjə^{42} < *pro。

（4）汤加语 *kole，"说"罗地语 ko-kola < *kola。

（5）突厥语族语言 *sora。"说话"维吾尔语 søzlɛ-、哈萨克语 søjle- < *sor-。

（6）马林厄语 *tore，"话"拉巴努伊语 tatara < *tara。

3."问"和"什么、谁"

（1）苗语瑶语 *ni。"什么"古突厥语、土耳其语、哈萨克语 ne，塔塔尔语 ni < *ni。日语 nani < *na-ni。"谁"鄂伦春语 niː、赫哲语 ni < *ni，多布语 ba-ni < *ma-ni。

（2）缅文、怒苏怒语 *mi。"什么"布兴语 ʔa bi < *ʔabi。

（3）侗水语 *siʔ。"谁"夸梅拉语 si < *si。"什么"阿昌语 pi^{35}si^{55} < *pi-si。

（4）汉语 *mən-s（问）。"谁"布朗语甘塘话 man，"什么"赛德克语 manu < *manu，鲁凯语 manəmaə < *manə。布朗语甘塘话 manman <

*man-man。

（5）蒙达语 sawāl < *sab^{w}al，“什么”布兴语 m̥ɤh < *smər。

（6）罗图马语、阿杰语 *pari，“什么”柬埔寨文 ʔvɤj < *ʔbər。

（7）马林厄语 *tore，“谁”日语 dare < *dare、吉尔伯特语 dera < *dera。

◇ 三 词源分析

1. *sako（*sak、*sgo、*soqe）

“问”蒙古语、达斡尔语、东乡语、保安语 *ʔasago-，瓜依沃语 *soqe。

“找”克木语、布兴语 sɔk，佤语艾帅话 sɔ̱k < *sok。

“寻找、问”古英语 ascan、古高地德语 eiscon、古挪威语 soekja、古弗里斯语 askia < *aska-。

2. *pari（*pora）

“问”罗图马语、阿杰语 *pari。

“寻找”邹语 fora < *pora。

“寻找、问”波兰语 prositʃ，俄语 prositj < *prosi-。 “问”和阗塞语 brriʂʈi < *bris-。粟特语 əpəs < *əprəs。 “问”西班牙语 preguntar < *prigu-，吐火罗语 $_{A}$ prak。 “问”希腊语 parakalo < *paraka-lo。梵语 pɽitʃhati < *prikha-ti。 “问题”粟特语 upɽs < *upur-。

3. *keta（*kete、*ketaq、*kate、*kadi）

“问”布朗语 *kete、布昂语 *ketaq。

“找”帕玛语 lēkate < *le-kate。“什么”义都珞巴语 kɑ^{55}di^{55} < *kadi。

“找”古教堂斯拉夫语 iskati、梵语 iccati、立陶宛语 ieʃkau < *is-kati。
“什么”古英语 hwæt、古高地德语 hwaz、古弗里斯语 hwet < *k^{w}at。

“问”格鲁吉亚语 khitxva < *gitq-。

4. *ni、*nu

“问”苗语瑶语 *ni。“什么”古突厥语、土耳其语、哈萨克语 ne，塔塔尔语 ni < *ni。

“问”莫图语 *no-ʔi，锡克语 *noni，罗地语 *no。“什么”巴拉望语、卡加延语 anu，他加洛语 ano < *ʔanu。“谁”鲁凯语 anəanə < *ʔanu。

5. *kore（*kere、*kri）

“问”汤加语 *kore，东部斐济语 *kere，独龙语 *kri。

“问”阿尔巴尼亚语 kërkoj < *kor-kor。

“问”匈牙利文 ker，kerdez，megkerdez（询问）。“寻找”匈牙利文 kereses < *kere-ses。格鲁吉亚语 tʃxrɛva < *kre-。

6. *dore（*dri、*tore）

“问”藏文 *m-dri，马林厄语 *tore。

“问”亚美尼亚语 xndrel < *qdre-。粟特语 pəsδār- < *pəs-dar。

7. *peki（*pak）

“问”波那佩语 peki < *peki。

“说”西双版纳傣语 pa:k^{9} < *pak。

“问”乌尔都语 potʃna < *pok-。
“说、讲”梵文 vakti，阿维斯陀经 vak- < *b^{w}ak。“声音”吐火罗语 $_{A}$ wak。

8. $*b^wal$

“问”蒙达语 sawāl < $*sab^wal$。

“问”和阗塞语 puls- < *pul-。

“回答”的词源关系

亚欧语言中“回答”与“说”有词源关系，另外“回答”是对“问”的“应答”，一些语言中和“回”“返回”的说法有词源关系。

一　东亚太平洋语言的“回答”

“回答”的主要说法有：

1. *lor

西部裕固语 ʃoz < *lor。

2. *qaru / *kari-ʔula

蒙古语 xɛruː，达斡尔语 xɑroː，东部裕固语 χɑrː < *qaru。（回答，往回）

鄂伦春语 karɪwlaː-，鄂温克语 xarʊla- < *kari-ʔula。

3. *qaru-dabu / *dabu

锡伯语 qaru dʐavə- < *qaru-dabu（回答—答）。

满文 dʒabu- < *dabu。[①]

4. *deda

朝鲜语 tɛtaphata < *deda-。

5. *kota

日语 kotaeru < *kota-ʔeru。

6. *sabot / *sabag

他加洛语 sabot，卡加延语 sabat < *sabot。

摩尔波格语 sambag < *sabag。

7. *tali

汤加语、萨摩亚语 tali < *tali。

8. *tugu-ʔe

查莫罗语 tuguie < *tugu-ʔe。

9. *pa-ʔere

莫图语 ha-ere < *pa-ʔere（回一词）。

10. *bapono

塔希提语、拉巴努伊语 pahono < *bapono。

11. *təm-bola / *boli

排湾语 təmvəḽa < *təm-bola。

---

① “回答”格鲁吉亚语 tavdɛbɛba < *tab^{w}-debe-。

托莱语 bəli < *boli。

12. *ʔu-ʔalp^{w}-ən / *ʔerup^{w}u-na

坦纳语 -ualp^{w}ən < *ʔu-ʔalp^{w}-ən。

夸梅拉语 erup^{w}una < *ʔerup^{w}u-na（义为“酬答”）。

13. *dor

锡克语 dor < *dor。

14. *bre / *sapro

缅文 phre^{2} < *bre。

尼科巴语 sapɽɔ < *sapro。

15. *təbs / *m-debs

汉语 *təbs（對）。[①]

藏文 ɦdebs < *m-debs。

16. *lan-slog / *len / *ʔlan

藏文 lan slog < *lan-slog（答—回）。

墨脱门巴语 len^{55} < *len。

壮语武鸣话 haːn^{1}，布依语 ɣaːn^{1}，德宏傣语 xan^{1} < *ʔlan。

17. *ʔope

查莫罗语 ope < *ʔope。

---

①《诗经·大雅·般》：“敷天之下，裒时之对，时周之命。”“对”，回应，对应。

18. *kləp / *ləbo

汉语 *kləp（答）。[①]

莽语 $lə^{31}bɔ^{51}$ < *ləbo。[②]

西双版纳傣语 $tɔp^{9}$，克木语 tɔp < *top。（汉语借词）

19. *kagi-runar

蒙达语 kādʒi-runār < *kagi-runar。

20. *to-kar

桑塔利语 ṭokar < *to-kar。

21. *lat

户语 jat < *lat。（回答、答应）

二 “答”的词源对应关系

1.“答”和“说”

（1）朝鲜语 *deda-，“说”鄂温克语 dʒaːndʒi- < *dadi。

（2）日语 *kota-ʔeru，“说”日语 kataru < *kata-ru。

（3）西部裕固语 *lor，“说”西部裕固语 lɑrgə < *lar-。

（4）尼科巴语 *sapro，“说”缅文 $prɔ^{3}$，基诺语 $pjə^{42}$ < *pro。

（5）户语 *lat，汉语 *glat（曰）。

---

①“合”与“答”“给”“歙”“欲”等谐声，西周时期 *kləp、*qləp、*ɢrəp 等以“合”为声符。“答”的读音可能是 *kləp > *təp。战国早期的《左传》“答”“合”有别，“合”偶为“答”义。通语中 *kl- 到 t- 的演变可能在春秋晚期。

② $lə^{31}$ 前缀，$bɔ^{55}$ “问”。

（6）爪哇语 maŋsuli，"说"爪哇语 ɔmɔŋ、巴厘语 ŋ-omoŋ < *ʔomoŋ。

2."答"和"回"

（1）蒙古语、达斡尔语、东部裕固语 *qaru。"返回"蒙古语 xɛrə-、达斡尔语 xɑri-、东部裕固语 χɑrə-、东乡语 qɑri- < *qari。

（2）锡克语 *tor。"返回"桑塔利语 ạtsur < *ʔatur。

（3）托莱语 *bəli。"回来"爪哇语 bali < *bali。"返回"帕玛语 viles、米南卡保语 beloʔ < *bilo-。塔希提语 huri、罗图马语 furi < *puri。

（4）莽语 *lə-bo。"回来"萨摩亚语 foʔi < *po-ʔi。

（5）藏文 lan slog < *lan-slog，"（使）回"slog。

（6）桑塔利语 *to-kar，"返回"kar。

三 词源分析

1. *b^{w}are（*pro、*bre、*bri、*beri）

"回答"尼科巴语 *sapro、缅文 *bre。"归还"邹语 m-ōvri < *ʔobri。"给"亚齐语 bre、印尼语 mən-bəri、巽他语 bere < *beri，卑南语 bəraj < *bəra-ʔi。

> "回答"阿尔巴尼亚语 përgjigje < *por-grigre（回一回）。①
> 俄语"回来"（名词）vozrazenje < *b^{w}ore-。
> 俄语"借来、买"bratj < *bra-。"还、返回"vernutj < *b^{w}ernu-。

2. *b^{w}aro（*bari、*bras、b^{w}ar、bar、*boro）

"话"那大语 *bari、查莫罗语 *pala-bras。"声音"维吾尔语 ɑwɑz <

① 如"圆的"希腊语 gyro。汉语 *kər（归），*g^{w}ər（回）。

*ʔab^{w}ar，桑塔利语 abaɽ < *ʔabar。摩尔波格语 boros、木鲁特语 bolos（噪音）< *boros。

“回答”古挪威语 andsvar，古弗里斯语 ondser，古英语 andswaru。古英语 andswaru < *and-swaru “再—誓言”。

“发誓”古英语 swerian、古弗里斯语 swera、古挪威语 sverja，“争吵”古教堂斯拉夫语 svara < *sbera。“声音”梵语 svara < *sbara。

“返回”匈牙利文 haszon < *ason。

3. *b^{w}ali（*bali、*bilo）

“回答”托莱语 boli。“回来”爪哇语 bali < *bali。“返回”帕玛语 viles、米南卡保语 beloʔ < *bilo-。塔希提语 huri、罗图马语 furi < *puri。

“回答”古法语 replier < *re-pli- “再—折（回）”。

“回来”（名词）波兰语 replika < *repli-。

“回答”匈牙利文 valasz < *b^{w}alas，felele < *p^{w}elele，felelet < *p^{w}elele-t。

4. *dor（*tur）

“回答”锡克语 *dor。“返回”桑塔利语 ạtsur < *ʔatur。

“回答”梵语 uttaram < *utara-。

5. *g^{w}ari（*kari、*kər、*g^{w}ər、*kor、*gər）

“回答”鄂伦春语、鄂温克语 *kari-ʔula（回—说）。汉语 *kər（归）。“返回”藏文 skor < *s-kor。“圆的”藏文 sgor < *s-gor。博嘎尔珞巴语 kor kor < *kor。

“圆的”希腊语 gyro，“指环、圆”gyros < *guro-s。

“缠绕”希腊语 koyrdizo、khordizo < *gor-diro。

6. b^{w}ato（*buta、*bədə、*b^{w}ado）

“回去”蒙古语正蓝旗话 butʃɑ- < *buta。“回来”锡伯语 bədə- < *bədə。那大语 vado < *b^{w}ado。“卷起”南密语 bidi。

“回答”俄语 otvetitj < *otb^{w}eti-，亚美尼亚语 patasxan < *pata-sqan。“回来”梵语 nivatante < *nib^{w}ata-。

7. *deb（*təb）

“回答”藏文 ɦdebs < *m-debs。汉语 *təbs（對）。

“回答”威尔士语 ateb。

该词根历史悠久，如“回答”格鲁吉亚语 tavdɛbɛba < *tab^{w}-debe-，斯瓦西里语 -jibu < *ḍibu。

“拿”的词源关系

现代汉语“拿”兼有古汉语静态的“持”和动态的“取”两类说法的意义。亚欧语言“持、取”义的动词多与“手、臂”等说法有词源关系。

一　东亚太平洋语言的“拿”

“拿”的主要说法有：

1. *ʔal / *ʔale / *glə

古突厥语、土耳其语、维吾尔语、西部裕固语 ɑl- < *ʔal。[①]

阿美语、窝里沃语 ala，波那佩语 ale < *ʔale。

汉语 *glə（持）。

2. *ʔaba / *ʔabe

蒙古语 ɑbɑ-，保安语 ɑpə- < *ʔaba。

萨摩亚语 ʔave < *ʔabe。

① “拿”匈牙利文 eltür < *el-tur。

3. *bari / *bar

清代蒙文 bari- < *bari。

4. *daba / *dabu / *ŋa-dubu

满文、鄂伦春语 dʒawa-，鄂温克语 dʒawʊ- < *daba / *dabu。

爪哇语 n̥-dʒubuʔ < *ŋa-dubu。

5. *gadi / *gadi / *qagute

锡伯语 gia-，赫哲语 gadʑi- < *gadi。

朝鲜语 katʃita < *gadi-da。

查莫罗语 hatʃote < *qagute。

6. *kor / *guri / *gari-ʔa

阿伊努语 kor < *kor。

帕玛语 guri < *guri。

瓜依沃语 ŋari-a < *gari-ʔa。

汉语 *skroʔ（取），*skraŋ（将，拿、扶）。

7. *ʔagal / *gule

泰雅语 ʔagal < *ʔagal。

查莫罗语 tʃhule < *gule。

8. *ʔalap / *rabe

木鲁特语 alap < *ʔalap。

塔希提语 rave < *rabe。

9. *ʔusa

查莫罗语 usa < *ʔusa，ajeg < *ʔaleg。

10. *ʔabil

印尼语 məŋ-ambil < *ʔabil。

11. *ʔəmi

马京达瑙语 əmi < *ʔəmi。

12. *b^{w}a / *pe

卡乌龙语 βa < *b^{w}a。

阿杰语 pɛ < *pe。

13. *snap

汉语 *snap（摄，《说文》引持也）。*tjəp（执）。

14. *len / *leŋ

藏文 len，错那门巴语 loŋ^{35}，博嘎尔珞巴语 loŋ < *len / *leŋ。

15. *lu / *loŋ

缅文 ju^{2}，独龙语 lu^{53} < *lu。

错那门巴语 lɔŋ^{35}，博嘎尔珞巴语 loŋ < *loŋ。

16. *ʔu

侗语 aːu^{1}，德宏傣语 au^{6} < *ʔu。（持）①

① 侗台语“娶”也用这个词。

17. *dak / *toko / *tuge-ʔa

布兴语 dɯak < *dak。

汤加语、拉巴努伊语 toʔo < *toko。

罗维阿纳语 tugea < *tuge-ʔa。（持）

18. *der / *toru / *tari

德昂语硝厂沟话 dʌh，南虎话 tɤh < *der。

日语 toru < *toru。（抓、拿）

勒窝语 tari < *tari。（持）

19. *qa-kep

尼科巴语 hakøp < *qa-kep。（qa- 使动前缀）

汉语 *kap（劫，以力胁止）。

20. *ka-bok / *bagi-ʔa

尼科巴语 kavok < *ka-bok。（ka- 使动前缀）（钩住，抓住）

罗维阿纳语 vaɣia < *bagi-ʔa。

21. *rap

尼科巴语 rap < *rap。

22. *ʔataŋ / *qatu

桑塔利语 ataŋ < *ʔataŋ，hatao < *qatu。

23. *dolo

桑塔利语 do̱ho̱ < *dolo。（持）

◇ 二 “拿”的词源对应关系

1. “拿”“抓”和“爪子”

（1）勒窝语 *tari。“抓”锡加语 tor＜*tor。“用爪抓”桑塔利语 gʌdur＜*ga-dur。“爪子”藏文 sder，道孚语 zder＜*s-der。

（2）尼科巴语 *rap。“抓”坦纳语 arppərəp-o＜*ʔarəp，侗语 sap$^{7'}$、西双版纳傣语 jap^{7}＜*ʔrap。汉语 *s-krap（夹）。

（3）阿伊努语 *kor。“抓”马林厄语 takuri＜*takuri。“爪子”印尼语、爪哇语 tʃakar＜*takar。

（4）汉语 *skroʔ（取）。“爪子”缅文 khre^{2}＜*kri，汉语 *skruʔ（爪）。

2. “拿”和“手”

（1）突厥语族语言 *ʔal，“手、爪”土耳其语 el＜*ʔel。

（2）蒙古语、保安语 *ʔaba，“手”泰雅语 qəbaʔ＜*ʔəba。

（3）泰雅语 *ʔagal，“手”满文 gala、锡伯语 ɢal＜*gala。

（4）宁德娄语 a^{n}d^{ʕ}ei＜*ʔade-ʔi，“手”日语 te＜*te。①

（5）汉语 *glə（持）。“手、手臂”满文 gala，锡伯语 ɢal，女真语（哈拉）*hala＜*ɢala。

（6）汤加语、拉巴努伊语 *toko，“手、手臂”阿伊努语 teke＜*teke。

（7）清代蒙文 *bari，“手”勉语江底话 pwo^{4}、苗语养蒿话 pi^{4}、腊乙坪话 tɯ^{4}、绞坨话 ʂe^{4} ＜*bri。

---

① “拿”芬兰语 otta＜*ota。

◇ 三　词源分析

1. *toke（*toko、*teke）

“拿”汤加语、拉巴努伊语 *toko，“持”罗维阿纳语 *tuge-ʔa。

“手、手臂”阿伊努语 teke < *teke。

> “拿”古英语 tacan、古挪威语 taka、瑞典语 tagit（过去式）< *daka-。
>
> “持”和阗塞语 dajs- < *dag-。

2. *nim（*nəm）

“持”托莱语 kinim < *ki-nim。汉语 *snəm（拈）。

> “拿”古英语 niman、德语 nehmen、荷兰语 nemen < *nem-。
>
> “抓住”梵语 anumṛz < *anum-。

3. *rabe（*lap、*rap）

“拿”木鲁特语 *ʔalap、塔希提语 *rabe。

“抓”坦纳语 arppərəp-o < *ʔarəp，侗语 sap$^{7'}$、西双版纳傣语 jap^{7} < *ʔrap。汉语 *rap（猎）。

> “拿”希腊语 lambano < *laba-。

4. *bari（*bri）

“拿”清代蒙文 *bari。

“手”勉语江底话 pwo^{4}、苗语养蒿话 pi^{4}、腊乙坪话 tɯ^{4}、绞坨话 ʂe^{4} < *bri。

> “拿”俄语 vzjatj、波兰语 wziątʃ（拿住、捡起）< *b^{w}ra-。
>
> “拿住、捡起”波兰语 bratʃ < *bra-。“拿”波兰语 uwaʑatʃ < *ub^{w}ra-。

“拿”希腊语 pairno < *par-。阿尔巴尼亚语 merr < *mer，“持”mbaj < *bar。

“拿”法语 prendre、意大利语 prendere < *pred-。

“拿”亚美尼亚语 vertshnel < *b^{w}erd-。“捡”阿尔巴尼亚语 mbledh < *bled。

“手臂”法语 bras、西班牙语 brazo、葡萄牙语 braço、意大利语 braccio。

5. *b^{w}a（*ba）

“拿”蒙古语、保安语 *ʔaba。卡乌龙语 *b^{w}a。

“手”泰雅语 qəbaʔ < *ʔəba。“手、手臂”劳语 ʔaba。

“手”法语 main、西班牙语、意大利语 mano < *ma-no。

6. *snap

汉语 *snap（摄）。“抓”壮语柳江话 ȵap^{7}、毛南语 ȵap^{8} < *ʔnap。

“夹、咬”低地德语 nipen、古挪威语 hnippa < *k-nipa。

7. ʔal

“拿”古突厥语、土耳其语、维吾尔语、西部裕固语 *ʔal。阿美语、窝里沃语 ala，波那佩语 ale < *ʔale。

“拿”乌尔都语 lyana < *la-。

威尔士语“拿”cael < *ka-el，“肘”elin < *el-。

“前臂”拉丁语 ulna、希腊语 olene < *ule-na。

8. *g^{w}ari（*kor、*guri、*gari）

“拿”阿伊努语 *kor，帕玛语 *guri，瓜依沃语 *gari-ʔa。汉语 *skroʔ

（取）。

“拿”和阗塞语 gir- < *gir。

“手”杜米语（Dumi）、吉姆达尔语（Jimdar, Rai）khar < *gar。

“手”梵语 kara < *kara。“爪子”西班牙语、葡萄牙语 garra。

9. *kep（*kap）

“拿”尼科巴语 hakøp < *qa-kep。汉语 *kap（劫，以力胁止）。

“取”和阗塞语 tʃev- < *keb^{w}。

10. *bagi

“拿”罗维阿纳语 vaɣia < *bagi-ʔa。

“持”和阗塞语 vāj- < *b^{w}ag。

“抓”的词源关系

古汉语捕兽为“猎”，捕鸟为“禽”（“擒”本为“禽”，指抓鸟）。现代书面语承中古，“抓、捕”或“捉、拿”，连用“住”以区分过程和结果，如“抓、抓住”“捉、捉住”等。用“爪、手”等为“抓”，跃起“抓捕”叫“扑”，“活捉”叫“生擒”等。英语有 catch、seize、grasp 等说法。

亚欧语言中“抓”与“拿”“持”“爪”“手、臂”等说法有词源关系。

◇ 一 东亚太平洋语言的“抓、抓住”

“抓、抓住”的主要说法有：

1. *dut / *tutu-k / *tot

维吾尔语 tut-，图瓦语 dut- < *dut。（抓、捉）

土耳其语 tutuk < *tutu-k。

南密语 t^hōt < *tot。

2. *ʔus / *ʔusa / *ʔusi

哈萨克语 ustɑ- < *ʔus-。（抓、捉）

满文 uʃa-，鄂温克语 uʃɪ-（搔）< *ʔusa / *ʔusi。

吉利威拉语 juusi < *lu-ʔusi（获—捕）。①

3. *bari / *ta-par / *lo-poro / *paru

蒙古语布里亚特方言 bɑri-，达斡尔语 bɑri- < *bari。

桑塔利语 tsapaɽ < *ta-par。

满文 ʃoforo- < *lo-poro。

塔希提语 haru < *paru。

4. *daba / *dabe

锡伯语 dʒavə-，鄂伦春语 dʒawa- < *daba。

朝鲜语 tʃapta < *dab-。

莫图语 daba-ia < *daba。那大语 dave < *dabe。（抓住）

5. *toru / *tur / *tor

日语 toru < *toru（抓、拿）。

清代蒙文 ʃurgu- < *tur-gu。

锡加语 tor < *tor。

桑塔利语 gʌdur < *ga-dur。（用爪抓）

6. *salo

达密语 sela，他加洛语 salo < *salo。

7. *na-kop / *ta-kup / *kap

萨萨克语 naŋkop，巴塔克语 takkup < *na-kop / *ta-kup。（抓住）

德宏傣语、壮语 kap^{7} < *kap。

① *lu“捕捉”，如阿者拉语 ju。

8. *ʔarəp / *rap / *ʔrap

坦纳语 arppərəp-o < *ʔarəp。

侗语 sap$^{7'}$，西双版纳傣语 jap^{7} < *ʔrap。

汉语 *rap（猎）。

布兴语 kə răp < *rap。

9. *kuli

波那佩语 kuli < *kuli。（抓住）

10. *rom

布昂语 zom < *rom。（抓住）

11. *rubut

爪哇语 ŋ-rəbut < *rubut。（抓住）

12. *salap

阿卡拉农语 sałap < *salap。

13. *gobe / *su-gab

莫图语 ɣobe-a < *gobe。

他加洛语 suŋgab < *su-gab（抓住）。

14. *ta-per

波那佩语 taper < *ta-per。

15. *gote / *skot

查莫罗语 gote < *gote。

布拉安语 skot < *skot（抓住）。

16. *qaba-ʔo / *ʔabo

查莫罗语 habao < *qaba-ʔo。

塔希提语 ʔapo < *ʔabo。

17. *bas

汉语 *bas（捕）。

18. *grak /*s-krok / *grak

汉语 *grak（获），*s-krok（捉）。

景颇语 kʒaʔ^{31} < *grak。

19. *kru / *skru / *ta-kuri

藏语阿力克话 rku < *kru。

汉语 *skru（抓）。①

马林厄语 takuri < *ta-kuri。

20. *gran

仙岛语 ŋʐan^{55} < *gran。

21. *krop / *grop / *s-krap

载瓦语 tʃu̱p^{55}，阿昌语 tʂhɔp^{55} < *krop。

德昂语南虎话 grăp，克木语 grɤ̆p < *grop。

汉语 *s-krap（夹）。

---

①“抓住”格鲁吉亚语 tʃhɛra < *gera。

22. *ʔnap

壮语柳江话 ȵap^{7}、毛南语 ȵap^{8} < *ʔnap。

23. *gasar

桑塔利语 gasar < *gasar。（用爪抓）

24. *sap / *sapo

桑塔利语 saph < *sap。

罗图马语 sasapo < *sapo。（抓住）

25. *tap

柬埔寨文 tʃap < *tap。

◇ 二 “抓”的词源对应关系

1. “抓”和“拿”“爪子”

“抓”和“拿”“爪子”的词源关系上文已经说明的不再重复，补充几条。

（1）汉语 *s-krok（捉），“爪子”鲁凯语 kaluka < *kaluka，汉语 *s-krok（足）。

（2）哈萨克语 ustɑ- < *ʔus-，“爪子”布农语 kuskus < *kus-kus。

（3）德昂语南虎话、克木语 *grop，“爪子”布朗语胖品话 dʒhip^{55} < *grip。

（4）蒙古语、达斡尔语 *bari，“爪子”蒙古语 salbar，图瓦语 sobar < *sal-bar。

2.“抓”和“获得”

马绍尔语 p^{ɯ}ʌk“拿、获”，布鲁语 ego、阿者拉语 ju-“抓、获”。“抓、获”义交叉对应的如：

（1）阿卡拉农语 *salap，“获”木鲁特语 alap。

（2）坦纳语 *ʔarəp，“获”东部斐济语 rawa-ta。

（3）塔希提语 *ʔabo，“获”莫图语 abi-a。

（4）巽他语 nwak < *n-b^{w}ak，“拿、获”马绍尔语 p^{ɯ}ʌk。①

3.“抓”和“手指”

（1）维吾尔语、图瓦语 *dut。“手指”勉语江底话 du^{7}、勉语三江话 tɔ^{7} < *ʔdut。

（2）布拉安语 *skot，“手指”尼科巴语 kunti < *kuti。

（3）汉语 *skru（抓）。“手指”蒙古语 xuruː、土族语 xurə、保安语 ɢor < *ɢuru。

（4）马林厄语 *ta-kuri，“手指”锡克语 kikir < *kəri-kəri、汉语 *kjirʔ（指）< *kirʔ。“食指”毛利语 koroa < *koro-ʔa。

（5）朝鲜语 *dab-。“手指”藏文 mdzub < *m-dub，日语 jubi < *lubi，鄂罗克语 lepse < *lep-se。“爪子”壮语龙州话 lip^{8}′、毛南语 dip^{7} < *lip / *ʔdip。

（6）布昂语 zom < *rom，“手指”柬埔寨文 mriːəm < *m-rim。

三 词源分析

1. *ʔdut

“抓”维吾尔语、图瓦语 *dut，“手指”勉语江底话 du^{7}、勉语三江话 tɔ^{7} <

① “抓住”匈牙利文 fogas < *p^{w}oga-s。

*ʔdut。

“拿”粟特语 ēt。

“手指”意大利语 dito、西班牙语、葡萄牙语 dedo。

2. *garag（*grak）

汉语 *grak（获），*s-krok（捉）。“手指”马都拉语 garigiʔ < *garigiʔ。萨萨克语 kəriŋkiʔ < *kərikiʔ。朝鲜语 son-skarak < *son-garag（手—指）。

“爪子”古高地德语 clawa，中古荷兰语 clauw < *klag^{w}。

“钩子、角落”古挪威语 krokr，“钩状工具”古高地德语 kracho < *krako。

3. *krop（*grop、*ʔrap、*rap）

“抓”德昂语南虎话、克木语 *grop，载瓦语、阿昌语 *krop。

汉语 *s-krap（夹）。

“抓取”古波斯语 grab-、中古低地德语 grabben。“摸”古英语 græpsan。

“抓住”东部弗里斯语 grapsen、中古荷兰语 grapen < *grab-。

4. *but

“抓住”爪哇语 ŋ-rəbut < *rubut，“追逐”摩尔波格语 ibut < *ʔibut。

“抓、追逐”俗拉丁语 captier < *kapt-。“追逐”希腊语 epidioko < *epido-ko。

“发现、得到”和阗塞语 bida- < *bida。

“抓住”芬兰语 pyːdystäː < *pudus-ta。“抓捕”匈牙利文 csapda < *kjapda。

5. *kuli（*gul、*kol）

“抓住”波那佩语 *kuli。“手指”克木语 tɕəl gul < *kəl-gul，沙外语 kεkol-o < *kekol。汉语*glə（持）。

“指甲”梵语 anguli。

6. *lap（*lip）

“抓住”阿卡拉农语 *salap，“获”木鲁特语 alap。“爪子”壮语龙州话 lip$^{8'}$，毛南语 dip^{7} < *lip / *ʔdip。

“抓住”俄语 ulovitj < *ulob^{w}i-，波兰语 lapatʃ < *lapa-。
“拿”希腊语 lambano < *laba-。

7. *dab^{w}e（*daba、*dub）

“抓”锡伯语、鄂伦春语 *daba，朝鲜语、莫图语 *daba。“抓住”那大语 dave < *dab^{w}e。“手指”藏文 mdzub < *m-dub。

汉语 *tjəp（执）。

“抓住、得到”波兰语 dopaʃtʃ < *dopas-。“抓住、拍打”俄语 udapitj < *udapi-。

8. *gab（*gobe、*kep、*kap）

“抓住”莫图语 *gobe，他加洛语 *su-gab。“拿”尼科巴语 hakøp < *qa-kep。汉语 *kap（劫，以力胁止）。

“抓住”阿尔巴尼语 kap。“记得”威尔士语 cofio < *kop-。

“抓住”匈牙利文 elkapas < *el-kapa-s。“拿”格鲁吉亚 aɣεba，maɣεba < *ma-geba。

9. *b^wari（*bari、*par、*poro、*paru）

“抓”蒙古语、达斡尔语 *bari，桑塔利语 *ta-par，满文 *lo-poro，塔希提语 *paru。

“爪子”蒙古语 salbar，图瓦语 sobar < *sal-bar。

“抓住”亚美尼亚语 brnel < *bur-。

“手”勉语江底话 pwo^4、苗语养蒿话 pi^4、腊乙坪话 $tɯ^4$、绞坨话 $ʂe^4$ < *bri。

“拿”俄语 vzjatj、波兰语 wziąʧ（拿住、捡起）< *b^wra-。 “拿住、捡起”波兰语 braʧ < *bra-。“拿”波兰语 uwaʐaʧ < *ub^wra-。 “拿”希腊语 pairno < *par-。阿尔巴尼亚语 merr < *mer，“持”mbaj < *bar。

“死”的词源关系

亚欧语言中“死”的说法与“杀”“枯”“去”“熄灭”等说法有词源关系。如藏缅语用“熄灭”指“死亡”，南亚语用“枯萎”指“死亡”，汉语、侗台语和部分阿尔泰语以“去”“离去”“回去”作为“死去”的委婉说法，南岛语的说法主要来自“熄灭”和“枯萎”。

一　东亚太平洋语言的“死”

“死”的主要说法有：

1. *ʔoli / *ʔuli

土耳其语、维吾尔语 øl- < *ʔoli。

西部裕固语 jyl- < *ʔuli。[①]

2. *ʔugu / *ʔug

蒙古语 ʉxə-，达斡尔语 ugu-，东部裕固语 hgu-，东乡语 fugu- < *ʔugu。

① “死”匈牙利文 meghal < *meg-qal，“死了”elhal < *el-qal。“死”芬兰语 kuolla < *ku-ola。

朝鲜语 juk < *ʔug。

3. *budə / *bute / *poti

鄂温克语 budən，赫哲语 budə- < *budə。

满文 butʃehe，锡伯语 bətʂə- < *bute-qe / *butə。

4. *sinu

日语 çinu < *sinu。

5. *ra-ʔi

阿伊努语 raj < *ra-ʔi。

6. *pato-ʔi / *pati / *moti

巴拉望语 patɔj，摩尔波格语 patoj < *pato-ʔi。

爪哇语 pati，沙外语 n-mɔti < *pati / *moti。

7. *mata-ʔi / *mate

赛夏语 masaj，沙阿鲁阿语 matsiʔi，布农语 matað，查莫罗语 matai < *mata-ʔi。

他加洛语、阿卡拉农语 mataj < *mata-ʔi。

窝里沃语、西部斐济语 mase < *mate。

8. *ma-ʔe

劳语、瓜依沃语 mae，阿杰语 me < *ma-ʔe。

9. *bope

塔希提语 pohe < *bope。萨摩亚语 pe（动物死）。

10. *mare

勒窝语 mare < *mare。

11. *sil

汉语 *sil（死）。

12. *si-no / *si

白语 çi^{33}no^{33} < *si-no。

藏文 çi ro，加龙语 si nam < *si-。

基诺语 çi^{42}，南华彝语 çi^{33}，独龙语 çi^{53}，他杭语 sjipa < *si / *si-pa。

林布语 si，加洛语棱马话（Rengma）si < *si。

13. *ti / *ʔoti

泰语 taːi^{2}，水语 təi^{1} < *ti。

迪马萨语 ti，加洛语他姆鲁话（Tamlu）ti < *ti。

萨摩亚语 oti，布拉安语 m-ɔti < *ʔoti。

14. *pli / *ʔli / *li

拉加语 plei^{1} < *pli。

壮语武鸣话 ɣaːi^{1}，龙州话 haːi^{1}，临高语 dai^{1} < *ʔli。

加洛语他布棱话（Tableng）li < *li。

15. *das / *da-si

苗语养蒿话 da^{6}，甲定话 tu^{6}，枫香话 ta^{6} < *das。

道孚语 dəshɛ < *da-si。

16. *ʔlut / *lu

黎语保定话 hɯt^{7}，加茂话 lɔːt^{9} < *ʔlut。

黎语保定话 ɬaːu^{2}，黑土话 daːu^{2} < *lu。

17. *rom

佤语艾帅话 ʐum，布朗语曼俄话 ʒɤm，户语 jam^{31}（死，枯）< *rom。

18. *ŋat / *got

布兴语 ŋăt < *ŋat。（死、枯）

桑塔利语 go̱tʃ < *got。（死、杀）

19. *ʔlet / *sk^{w}lət

巴琉语 ɬet^{53} < *ʔlet。

汉语 *sk^{w}lət（卒）。

20. *qan

克木语 han < *qan。

21. *ka-pal

尼科巴语 kapah < *ka-pal，hɔːkø < *qoke（枯萎，死）。

22. *guguk

桑塔利语 gudʒukh < *guguk。

23. *ʔasid / *sit

蒙达语 asidh < *ʔasid。

莽语 θit < *sit。（死、枯）

《尔雅》:“崩、薨、无禄、卒、徂、落、殪，死也。”

◇ 二 “死”的词源对应关系

1.“死”和“杀”

（1）汉语 *ʔrit-s（殪），*srat（杀）。

（2）蒙达语 *ʔasid。“杀”维吾尔语 soj-、土耳其语 saldi- < *sal-。

（3）罗图马语 ala。“杀”马京达瑙语 ala，蒙古语 ɑlɑ-、达斡尔语 ɑlɑ-。

（4）阿杰语 me，“杀”哈拉朱乌语 -amɛ < *ʔa-me。

（5）壮语武鸣话、龙州话、临高语 *ʔli，“杀”仫佬语 l̥i^{3} < *sliʔ。

（6）巴拉望语、摩尔波格语 *pato-ʔi，“杀”阿卡拉农语 pataj < *pataʔi。

（7）西部斐济语 *mate，“杀”西部斐济语 βa-mase < *ba-mate（使—死），莫图语 ha-mase-a < *pa-mate-ʔa（使—死）。

2.“死”和“枯”

“死、枯”窝里沃语 p^{w}ata（植物）、尼科巴语 hɔːkø、布兴语 ŋăt、克木语 han、户语 jam^{31}、莽语 θit^{55}。

（1）蒙达语 *ʔasid，“枯、死”莽语 θit < *sit。

（2）突厥语族语言 *ʔoli。“枯”锡伯语 olχu-，鄂伦春语、鄂温克语 ɔlgɔ- < *ʔolgo。

（3）蒙古语族语言 *ʔugu。“枯”摩尔波格语 tuʔug < *tu-ʔug。

（4）巴拉望语、摩尔波格语 *pato-ʔi，“枯、死”窝里沃语 p^{w}ata（植物）。

3.“死”和“去”“离开”“走”等

（1）鄂温克语、赫哲语 *budə，“回（去）”锡伯语 bədə-、蒙古语 butʃɑ- < *buda。

（2）壮语武鸣话、龙州话、临高语 *ʔli。“去”卡乌龙语 li < *li。

（3）拉加语 *pli。“走”壮语 pjaːi³，德宏傣语 pai⁶ < *pli。

（4）汉语 *sil（死）。“跑”女真语（伏失勒）*fuşile < *ʔu-sile。

（5）汉语 *maŋ（亡）。“走”维吾尔语、西部裕固语 mɑŋ- < *maŋ，卑南语 kamkawaŋ < *kabaŋ-kabaŋ。

4. “死”和“熄灭”

（1）藏文 ɕi ro。“熄灭”藏文 ɕi。

（2）墨脱门巴语 ɕi，博嘎尔珞巴语 ɕiː，阿昌语 ʂʅ⁵⁵，哈尼语 si⁵⁵ < *si。“熄灭”墨脱门巴语 ɕi，博嘎尔珞巴语 ɕiː，阿昌语 ʂʅ⁵⁵，哈尼语 si⁵⁵ < *si。

（3）窝里沃语、西部斐济语 *mate，“熄灭”罗地语 mate、戈龙塔洛语 momate < *mo-mate。

5. “死”和“尸体”

“死”和“尸体”说法相同的语言，如罗图马语 ala，萨摩亚语 oti，布拉安语 m-ɔti 等。

（1）汉语 *sil（死），*slil（屍）。

（2）藏文 ɕi ro。“尸体”藏文 ro。

（3）塔希提语 pohe，“尸体”tino pohe。

（4）罗维阿纳语 mate，“尸体”tomate。

◇ 三 词源分析

1. *buda

“死”鄂温克语、赫哲语 *budə，“回（去）”锡伯语 bədə-、蒙古语 butʃɑ- < *buda。“跑”尼科巴语 veuːtø < *buto。

“死”希腊语 pethaino < *peda-no。阿尔巴尼亚语 vdes < *b^{w}des。

“走”希腊语 badizo < *badi-ro。

“死”格鲁吉亚语 phvdɔma < *budo-。

2. *bare（*mare、*bar）

“死”勒窝语 *mare。

“跑”贡诺语 numare < *-mare。

“走”古突厥语 bar- < *bar。

“去”维吾尔语、哈萨克语 bar-，撒拉语 var- < *bar。

“死”法语 mourir，西班牙语 morir，葡萄牙语 morrer，意大利语 morire < *more-。

“死”亚美尼亚语 meɾnel < *mer-。波兰语 ymieratʃ、俄语 umjeretj < *umere-。

“死”和阗塞语 mar- < *mar。

“走”法语 marcher < *mar-。

“熄灭”锡加语 bəre < *bere，萨萨克语 məraʔ < *mera-ʔ。

“熄灭”波兰语 wymazatʃ < *b^{w}i-mara-。“黑”希腊语 mayros < *maros。

3. *dogi（*doko）

“杀”朝鲜语 tʃukita < *dugi-，托莱语 doko < *doko。

“割”查莫罗语 taga < *taga，“劈”巴塔克语 ta^{n}gɔ < *tago。

“死”古丹麦语 døja、古挪威语 deyja。“致命的”哥特语 diwans。

“杀”古弗里斯语 deja < *deg^{w}a。

4. *lir

汉语 *lir（夷，灭）。

> “死”亚美尼亚语 zaɾ < *lar。

5. *ʔuli（*ʔli）

“死”土耳其语、维吾尔语 øl-，西部裕固语 jyl- < *ʔuli。壮语武鸣话、龙州话、临高语 *ʔli。汉语 *sil（死）。

> “死”吐火罗语$_A$ wɨl < *ul。

“杀”的词源关系

亚欧语言“杀”的说法或为“死”的使动形式，也有与“劈”“割”等动作有关的表达，或与“斧子”等说法有词源关系。“杀”的说法有的和“头”的说法有词源关系，大约指“砍头”。

◇ 一 东亚太平洋语言的“杀”

“杀”的主要说法有：

1. *sal

维吾尔语 soj-，土耳其语 saldi- < *sal-。

2. *ʔala / *se-ʔelaq / al-ʔɔki

蒙古语 ɑlɑ-，达斡尔语 ɑlɑ- < *ʔala。[①]

赛德克语 sumeelaq < *s-um-eʔelaq < *se-ʔelaq。

马京达瑙语 ala < *ʔala。

罗图马语 al-ʔɔki。

---

① “杀”匈牙利文 öl < *ol。“死”芬兰语 kuolla < *ku-ola。

3. *b^wa

满文 wa-，锡伯语 va-，鄂伦春语 waː-，赫哲语 wa- < *b^wa。

4. *dugi / *doko / *toko

朝鲜语 tʃukita < *dugi-。

托莱语 doko < *doko。

赛夏语 tombok < *toko。

5. *ko-ro / *kaʔ / *ka-ʔi

日语 koro < *ko-ro。

壮语 ka^3 < *kaʔ。

南密语 kāi < *ka-ʔi。

6. *bunuq / *puno

印尼语 məm-bunuh < *bunuq。

沙外语 n-pun，查莫罗语 puno < *puno。

7. *ba-mate / *pa-mate-ʔa

西部斐济语 βa-mase < *ba-mate（杀—死）。

莫图语 ha-mase-a < *pa-mate-ʔa（使—死）。

8. *b^wela

那大语 vela，波那佩语 ka-mēla < *b^wela。

9. *ʔopəto-ʔi / *pata-ʔi

邹语 opətsoi < *ʔopəto-ʔi。

阿卡拉农语 pataj，马都拉语 patiʔ-i < *pata-ʔi。

10. *to-boko / *peka-mate

赛夏语 tombok < *to-boko。

窝里沃语 peka-mate < *peka-mate（杀—死）。

11. *nisa

罗地语 na-nisa < *nisa。

12. *ri-ʔa

沃勒阿依语 řia < *ri-ʔa。

13. *me-qi / *ʔa-me

拉加语 wehi < *me-qi。

哈拉朱乌语 -amɛ < *ʔa-me。

14. *s-rat

汉语 *srat（杀）< *s-rat。①

15. *g^{w}la / *klaʔ

汉语 *g^{w}la（屠）。

西双版纳傣语 ha^{3} < *klaʔ。

16. *g-sod / *sat

藏文 gsod < *g-sod。

景颇语 sat^{31}，独龙语 sɑt^{55}，他杭语 seppa < *sat / *sat-pa。

① “蔡”春秋时期通“杀”，当为*skrat-s > *srats。

17. *sliʔ

仫佬语 l̥i^{3} < *sliʔ。

18. *ta

苗语养蒿话、石门坎话 ta^{5} < *ta。

19. *ŋel

布兴语 ŋĕh < *ŋel。

20. *got / *net

桑塔利语 go̠tʃ（死、杀）< *got，go̠no̠tʃ（杀死动物）< *g-on-ot。

桑塔利语 n̥ẽth < *net。

21. *so-lap

柬埔寨文 sɔmlap < *so-lap，prəhaːr < *pre-qar，kut < *kut。

22. *palo / *ka-pala / *pal

尼科巴语 falø < *palo。（被杀，杀）

尼科巴语 kapaha < *ka-pala，kumpah < *ku-pal。

佤语艾帅话 paɯh < *pal。

23. *pa-qel

尼科巴语 fa-həl < *pa-qel。

《尔雅》:“刘、狝、斩、刺，杀也。”

◇ 二 “杀”的词源对应关系

1. “杀”和“死”

“杀”和“死”的词源关系上文《死》篇已说明。“杀”可以是“死”的派生，“死”也可以是“杀”的派生。从“杀死”义来的“死”，“死”为“杀”的派生。

2. “杀”和“劈”“斧子”等

（1）朝鲜语 tʃukita < *dugi-，托莱语 doko < *doko，赛夏语 tombok < *toko。“劈”巴塔克语 ta^{ŋ}gɔ < *tago。“割”查莫罗语 taga < *taga。“斧子”朝鲜语 tokki < *doki。“大斧子”桑塔利语 taŋga < *taga。

（2）尼科巴语 *ka-pala。“劈”格曼僜语 bla^{53} < *bla，苗语大南山话 tshi^{1}、养蒿话 pha^{1} < *pla。“斧子”土耳其语 balta，维吾尔语 pɑltɑ，乌孜别克语 bɑlti，图瓦语 bɑldɤ < *bal-ti。排湾语 valəs < *b^{w}alə-s。“小斧子”桑塔利语 tabla < *ta-bala。

（3）阿卡拉农语、马都拉语 *pati-ʔi。“砍”布兴语 pat < *pat，汉语 *b^{w}at（伐）。“斧子”乌玛语 pati < *pati，爪哇语 pəʈɛl < *pati-l，查莫罗语 satʃapitʃo < *sata-pito。

（4）满通古斯语 *b^{w}a。“劈”日语 waru < *b^{w}a-ru，罗地语 bia < *bi-ʔa。克木语 bɛ < *be。“斧子”布依语 vaːʔ^{8}vaːn^{1} < *ba-b^{w}an，嘉戎语 tə rpɑ < *r-pa，汉语 *poʔ（斧），京语 buə^{5} < *ʔbo。

（5）赛夏语 *to-boko。“劈”朝鲜语安城话 pokenta < *boge-，壮语 paːk^{8}、毛南语 mak^{7} < *ʔbak，浪速语 pauk^{31} < *pak。托莱语 poko（切）、马京达瑙语 poka（切下）< *poka。“斧子”印尼语 kampak、马都拉语 kapak < *kapak，鲁凯语 komogo < *kobogo。

3.“杀”和“割”等

（1）汉语 *srat（杀），“割”汉语 *qrat。“断”布朗语甘塘话 ʑat < *rat。

（2）桑塔利语 *got。“割”桑塔利语 ge̱th < *get，尼科巴语 køt < *kot。汉语 *gat（钺）。

（3）苗语 *ta。“切开”木鲁特语 tatas。“割”马那姆语 toto、罗地语 tate < *toto / *tate，伊拉鲁吐语 mətotə < *mə-totə。

4.“杀”和“头”

“杀”的说法和“头”有词源关系大约指“砍头”。如甲骨文“伐”以戟“砍头”示意。

（1）汉语 *kla（屠），*glo（诛）。“头”克伦语乍叶因方言（Zayein）gø klo，帕他翁方言（Padaung）kɑ klɑo < *klo。

（2）汉语 *b^{w}at（伐）。“头”泰雅语赛考利克方言 bətunux，泽敖利方言 tunux，赛德克语 tunuh < *bətu-nuq。拉加语 b^{w}atu- < *b^{w}atu。

（3）尼科巴语 *ka-pala。“头”土耳其语、维吾尔语 baʃ，哈萨克语 bɑs，西部裕固语 bɑʂ < *bal。

（4）满通古斯语 *b^{w}a。“头”蒙达语 bo < *bo。景颇语 po^{33} < *bo。

◇ 三　词源分析

1. *dogi

“杀”朝鲜语 tʃukita < *dugi-，托莱语 doko < *doko。“割”查莫罗语 taga < *taga，“劈”巴塔克语 ta^{ŋ}gɔ < *tago。

“杀”古弗里斯语 deja < *deg^{w}a。“死”古丹麦语 døja、古挪威语 deyja < *dega。

2. *gel（*ŋel、*glo、*gol）

“杀”布兴语 *ŋel。汉语 *glo（诛、殊）。《说文》殊，死也。《广雅》殊，断也。“切”爪哇语 nugəl < *ŋu-gol。

> “杀”古英语 cwell < *g^{w}el。英语 kill 本义为“打、敲”。

“杀”匈牙利文 gyilkol < *gil-kol。格鲁吉亚语 khvla < *g^{w}la，mɔkhvla < *mo-g^{w}la。

“头”泰语 klau^{3}，壮语武鸣话 kjau^{3} < *kluʔ。克伦语乍叶因方言（Zayein）gø klo，帕他翁方言（Padaung）kɑ klɑo < *klo。

> “头”俄语 golova。亚美尼亚语 glux < *g^{w}olu-。
> “头盖骨”英语 skull，古挪威语 skall（秃头、头盖骨）< *sgel。

3. *gore（*kari、*gir、*gər）

“扎”道孚语 gə jɛ < *gore。“矛”马林厄语 goru。“石斧”阿者拉语 gir。

> “刺”苏格兰语 gorren，“矛”古英语 gar。

4. *got（*get、*kot、*ŋat、*gat）

“死、杀”桑塔利语 *got，“死、枯”布兴语 ŋăt < *ŋat。“割”桑塔利语 geth < *get，尼科巴语 køt < *kot。汉语 *ŋats（刈）< *ŋat-s，*gat（钺）。

> “杀”梵语 hantum、希腊语 skotono < *skotu-。
> 意大利语 uccidere < *ukide-。

5. *bate（*mate、*mata、*b^{w}at、*pati 等）

“杀”窝里沃语 *peka-mate（杀一死）。

“死”他加洛语、阿卡拉农语 mataj < *mata-ʔi，窝里沃语、西部斐济语 mase < *mate。

> “杀”西班牙语、葡萄牙语 matar < *mata-。

“砍”布兴语 *pat，汉语 *b^{w}at（伐）。

“斧子”乌玛语 pati < *pati，爪哇语 pəṭɛl < *pati-l。

“杀”粟特语 patuxāy < *patu-。

“手斧、小刀”梵语 savadhaː < *sabada。

6. *b^{w}a（*bi、*be）

“杀”满通古斯语 *b^{w}a。

“劈”日语 waru < *b^{w}a-ru，罗地语 bia < *bi-ʔa。克木语 bɛ < *be。

“杀”俄语 ubivatʃ < *ubib^{w}a-。捷克语 zabit < *rabi-。亚美尼亚语 spanel < *spa-。“熄灭”希腊语 sbeno。

“杀、灭”沙外语 n-pun，托莱语 pun < *pun。

“熄灭”嫩戈内语 abini < *ʔabini，伊拉鲁吐语 bunə ɸena < *bune-p^{w}ena。

“黑”塔纳语 apən < *ʔapen。

7. *b^{w}era（*bere、*mera）

“熄灭”锡加语 bəre < *bere，萨萨克语 məraʔ < *mera-ʔ。

“杀”阿尔巴尼亚语 vras < *b^{w}ras。“杀”乌尔都语 marna < *mar-。

“死”法语 mourir、西班牙语 morir、葡萄牙语 morrer、意大利语 morire < *more-。

“死”亚美尼亚语 mernel < *mer-。波兰语 ymieratʃ、俄语 umjeretj < *umere-。

“熄灭”波兰语 wymazatʃ < *b^{w}i-mara-。“黑”希腊语 mayros < *maros。

“死”勒窝语 *mare。“跑”贡诺语 numare < *-mare。

8. *rat

汉语 *srat（杀）< *s-rat。

“割”汉语 *qrat。“断”布朗语甘塘话 ʑat < *rjat。

“杀、打击”粟特语 ʒit < *rit。

“沉”的词源关系

汉语“沉”指“没入水中”，亚欧诸多语言该义的词多与“水”“埋”“淹没”“浸泡”“陷入”等说法有词源关系或兼有其中的一义，有的语言中“沉”引申指“洗”“藏”等。

一　东亚太平洋语言的“沉”

“沉”的主要说法有：

1. *bat / *podo
土耳其语、哈萨克语 bat-，维吾尔语 pat- < *bat。
查莫罗语 fondo < *podo。

2. *siŋ
古突厥语 siŋ- < *siŋ。

3. *toki / *tuke
维吾尔语 tʃøk-，哈萨克语 ʃøk-，图瓦语 ʃøgy- < *toki。[①]

① “沉”匈牙利文 csökken < *token。

日语 tsɿkeru < *tuke-ru。（泡）

4. *pur / *moru

撒拉语 fur- < *pur。

拉加语 moru < *moru。

5. *dibə / *tob-la / *tepa / *dab-dub

蒙古语 dʒibə- < *dibə。

保安语 tobla- < *tob-la。

波那佩语 tep^{w}a-la < *tepa。（淹死）

桑塔利语 ɖabɖub < *dab-dub（突然沉入），ɖub < *dub（沉入不起）。

6. *tidə / *dudu

达斡尔语 tiːndə- < *tidə。

托莱语 dudu < *dudu。

7. *taŋ-la

土族语 tɑŋla- < *taŋ-la。

8. *ʔiru / *kuru / *run / *sru

满文 iru-，锡伯语、赫哲语 jru- < *ʔiru。

劳语、瓜依沃语 kurū < *kuru。

汉语 *run（沦，《说文》一曰没也）。①

汉语 *sru（溲，浸泡也）。

①《诗经·小雅·小旻》：“或肃或艾，如彼泉流，无沦胥以败。”

9. *sidumu / *domu / *tomo / *dim

日语 ɕidzʅmu < *sidumu。

东部斐济语 dromu < *domu。

塔希提语 tomo < *tomo。

藏文 dim，错那门巴语 tim < *dim。

10. *g-ləm / *kəlom / *klim

汉语 *g-ləm（沉），kləm（湛）。

爪哇语 kələm < *kəlom。（沉、淹）

京语 tsim^{2}，莽语 tɕɛm^{51}，克木语 tɕɔ̆m < *klim。

11. *kəlub / *lup

巴厘语 kələb < *kəlub。

景颇语 lup^{31} < *lup。

12. *mutu / *mət

莫图语、哈拉朱乌语 mutu < *mùtu。

汉语 *mət（没）。

13. *ladaŋ / *daŋ

卡加延语 ləddaŋ，贡诺语 tallaŋ < *ladaŋ。

苗语养蒿话、枫香话 taŋ^{2}，宗地话 toŋ^{6} < *daŋ。

14. *ʔemu

拉巴努伊语 emu < *ʔemu。

15. *molo / *molu / *mə-bolu

布鲁语 molo，罗地语 bolo < *molo。（沉、淹死、浸泡）

那大语 molu < *molu。

马京达瑙语 bə^{m}bəl < *mə-bolu。

16. *pelal

马绍尔语 pelaɭ < *pelal。

17. *ŋoto

汤加语、萨摩亚语 ŋoto < *ŋoto。

18. *ʔlam / *lam / *tə-gəlam

侗语 jam^{1}，水语 ʔɣam^{1} < *ʔlam。（沉、埋）

巴琉语 ɬam^{53} < *lam。

印尼语 təŋgəlam < *tə-gəlam。（沉、淹）

19. *nos

缅文 nɑs^{4} < *nos。

20. *snop

阿昌语 ɲ̊ɔp^{55} < *snop。

21. *sumi

尼科巴语 suːmi < *sumi。

22. *ʔunum / *si-nom

桑塔利语 unum < *ʔunum。（沉入水）

波那佩语 sinom < *si-nom。

23. *gadi-ʔu

桑塔利语 gɛɖiɛo < *gadi-ʔu。（沉，埋）

◇ 二 “沉”的词源对应关系

1. “沉”和“水”

（1）桑塔利语 *ʔunum。“水”布农语 danum < *da-num。

（2）爪哇语 *kəlom，“水”沙阿鲁阿语 sałumu < *sa-lum。

（3）侗语、水语 *ʔlam。“水”壮语武鸣话 ɣam^{4}、布依语 zam^{4} < *lamʔ。

（4）满文、锡伯语、赫哲语 *ʔiru-。“水”贡诺语 ere < *ʔeri，锡加语 βair < *ba-ʔer。

（5）达密语 kobō < *kobo。“水”劳语 kafo < *kabo。

2. “沉”和“埋”

“沉”又指“埋”，如侗水语和桑塔利语。其他有交叉对应关系的如：

（1）土耳其语、哈萨克语、维吾尔语 *bat。“埋”哈尼语绿春话 bɑ̱^{31}du^{31} < *badu，基诺语 pa^{55}tu^{44} < *patu，查莫罗语 hafot < *qa-pot。

（2）撒拉语 *pur，“下葬”满文 burki- < *bur-ki。

（3）保安语 *tob-la。“埋”桑塔利语 topa < *topa。莽语 tap^{51} < *tap。

（4）尼科巴语 *sumi。“埋葬”满文 somi-、锡伯语 çœmi- < *somi。

（5）阿昌语 *snop。“埋”加龙语 njibu-ru nam < *nibu-ru。

3.“沉”和“浸泡”

（1）蒙古语 *dibə。“浸泡”蒙古语 dəbtə、土族语 təbdeː-、东部裕固语 debteː- < *dəb-。

（2）东部斐济语 *domu，“浸泡”户语 tham^{31} < *dam。

（3）突厥语族语言 *toki。“浸泡”鄂伦春语 dəktu- < *dək-du，日语 tsɿkeru < *tuke-ru。

（4）撒拉语 *pur，“浸泡”桑塔利语 siȵ ɖɛbur < *siŋ-dabur。

（5）缅文 *nos。汉语 *no（濡，渍也）。

4.“沉”和“陷入、陷塌”

（1）古突厥语 *siŋ。“陷入”蒙古语 ʃigdə- < *sig-。“埋”雅贝姆语 -suŋ、勒窝语 sin < *siŋ。

（2）劳语、瓜依沃语 *kuru。“陷塌”东部裕固语 kire- < *kire。

（3）伊拉鲁吐语 daɸurə < *dapurə。“陷塌”蒙古语正蓝旗话 tʃemre-，蒙古语陈巴尔虎话 sʉmbere- < *tubere。

（4）乌玛语 tiri < *tiri。“陷塌”东部裕固语 jureː- < *dure。

（5）罗维阿纳语 sipatea < *sipate-ʔa。“陷”中古朝鲜语 spʌtʃita < *sbadi-。

（6）汉语 *ləm（沉）。“陷”版纳傣语 lum^{5}、德宏傣语 lom^{5}、武鸣、柳江壮语 lom^{5}、毛南语 lam^{5} < *ʔləm。

◇ 三　词源分析

1. *siŋ（*sig、*sku）

“沉”古突厥语 *siŋ。“埋”雅贝姆语 -suŋ、勒窝语 sin < *siŋ。“浸泡”

桑塔利语 siɳ ɖɛbur < *siŋ-dabur。“陷入”蒙古语 ʃigdə- < *sig-。

> “沉”古英语 sincan、古挪威语 sökkva、哥特语 sigqan < *sig^{w}a-。
> “躲藏”阿尔巴尼亚语 fʃeh < *b^{w}-seq。

“水落下”匈牙利文 esik。

2. *b^{w}atu（*mutu、*mut、*mət、*podo、*bat）

“沉”莫图语、哈拉朱乌语 *mutu，汉语 *mət（没），查莫罗语 *podo，土耳其语、哈萨克语、维吾尔语 *bat。“藏”邹语 amu~~tu~~ < *ʔa-mut。

> “沉”希腊语 buthizo < *budi-。“浸泡”希腊语 empotizo < *epoti-。
> “沉、落下、下去”俄语 spadatj < *spada-。

“水退去”匈牙利文 apad。

3. *molu（*molo、*molu、*bolu）

“沉”那大语 *molu、马京达瑙语 *mə-bolu。“沉、淹死、浸泡”布鲁语、罗地语 *molo。

> “浸泡”希腊语 mouliazo < *mola-。

“埋、藏”格鲁吉亚语 damalva < *damal-。

4. *nom（*num）

“沉”波那佩语 *si-nom，桑塔利语 *ʔunum。“水”布农语 danum < *da-num。

> “沉”梵语 nimadʒdʒati < *nima-gadi。

“沉、埋”桑塔利语 gɛɖiɛo < *gadi-ʔu。“陷入”蒙古语 ʃigdə- < *sigdə-。

5. *nu（*nos、*no、*ʔanu、*sino、*ʔinu）

"沉"缅文 *nos。汉语 *no（濡，渍也）。[①]"洗"博嘎尔珞巴语 nɯ < *nu，义都珞巴语 $ɑ^{55}nu^{55}$ < *ʔanu。"洗衣"鲁凯语 sinaw < *si-naʔu。"洗器皿"排湾语 səmənaw < *si-naʔu，赛德克语 sino。"洗澡"阿美语 *ʔinu。

"洗澡"梵语 snaːti < *sna-。

6. *tiru（*dure、*tar）

"沉"乌玛语 tiri < *tiri。"陷塌"东部裕固语 jureː- < *dure，土族语 tɑrdɑː < *tar-da。（陷塌，陷下去）

"埋"法语 enterrer、西班牙语、葡萄牙语 enterrar < *etera-。 意大利语 sotterrare < *sotera-。

"沉"格鲁吉亚语 tʃadzirva < *kadir-。

7. *ru（*run）

"沉"满文、锡伯语、赫哲语 *ʔiru。汉语 *run（沦），*run（陯，《说文》山阜陷也）。

"倒下"古法语 ruine、拉丁语 ruina < *runa。

8. *dobi（*dibə、*tob）

"沉"蒙古语 *dibə，保安语 *tob-la。

"沉"乌尔都语 dubana < *duba-。 "沉、下去"俄语 topitj、波兰语 topitʃ < *topi-。

"埋"拉加语 *tabi，桑塔利语 *topa，莽语 tap^{51} < *tap。"淹死"波那佩语 tep^{w}a-la < *tepa。"突然沉入"桑塔利语 ɖabɖub < *dab-dub，ɖub < *dub（沉入不起）。

---

①《诗经·曹风·候人》："维鹈在梁，不濡其翼。""濡"，湿。

“坟”阿者拉语 ^{n}tsuf < *tup，夸梅拉语 tapu < *tapu。

“埋”希腊语 thabo < *dabo。

“坟”古法语 tombe、拉丁语 tumba、意大利语 tomba，希腊语 tymbos < *tuba。

9. *b^{w}oru（*pur、*moru、*poru）

“沉”撒拉语 *pur，拉加语 *moru。“藏”马林厄语 *poru。

“埋”阿尔巴尼亚语 varros < *b^{w}aros。

“藏、盖”梵语 aːvri- < *ab^{w}ri-。“藏”俄语 v-porotj < *b^{w}i-poro-。

“藏”匈牙利文 elver < *el-b^{w}er。

10. *lub（*lup）

“沉”巴厘语 *kəlub，景颇语 *lup。

“沉”亚美尼亚语 suzvel < *sulub^{w}-。

“坟”罗维阿纳语 lovu、马绍尔语 ləp^{w} < *lobu。景颇语 lup^{31}，独龙语 tɯ^{31}lɯp^{55} < *lup。彝语南华话 li^{21}bə^{33}，武定话 ji^{33}bɤ^{33} < *libə。

“埋”的词源关系

汉语的“埋”本指“埋入土中”的动作或状态。亚欧其他语言与该义对应的词主要可区分为“埋藏”和“埋葬”义的两类，多与“盖”“藏”“沉”“陷”等说法有词源关系。

◇ 一　东亚太平洋语言的“埋”

“埋、埋葬”等的主要说法有：

1. *kom

土耳其语、维吾尔语 køm-，撒拉语 gom- < *kom。

2. *bula / *bulu

东部裕固语 bulɑː-，东乡语 bulɑ-，保安语 bəlɑ- < *bula。（埋葬）[①]

蒙古语 bulɑ-，达斡尔语 bulə-，赫哲语 bula-，鄂伦春语 bʊla- < *bula。（埋藏）

东部斐济语 bulu-ta，西部斐济语 bulu-sia < *bulu。

---

①“埋、藏”格鲁吉亚语 damalva < *damal-。

3. *burki

满文 burki- < *burki。（下葬）

4. *lomi / *ʔlam / *lamu

满文 somi-，锡伯语 çœmi- < *lomi。（葬埋）

壮语武鸣话 ham^{1}，布依语 ɣam^{1} < *ʔlam。

窝里沃语 lamu < *lamu。

5. *mudə / *badu / *patu / *qa-pot

中古朝鲜语 mutta，朝鲜语庆州话 mutəsə < *mudə-。

哈尼语绿春话 bɑ̱^{31}du^{31} < *badu。基诺语 pa^{55}tu^{44} < *patu。

查莫罗语 hafot < *qa-pot。

6. *ʔume-ru / *ʔumu

日语 umeru < *ʔume-ru。

锡伯语 umu- < *ʔumu。（埋藏）

7. *siŋ

雅贝姆语 -suŋ、勒窝语 sin < *siŋ。

8. *na-nəmu

巴厘语 nanəmu < *na-nəmu。

9. *pomu

罗图马语 fɔmu < *pomu。罗维阿纳语 pomunu < *pomu-nu。

10. *tat-ne

查莫罗语 tatne < *tat-ne，guaduke < *gu-ʔaduke。

11. *ʔumra-ʔi / *mrə

马那姆语 ʔumraʔi < *ʔumra-ʔi。

汉语 *mrə（埋）。

12. *ŋu-buraŋ / *praŋ

萨萨克语 ŋuburaŋ < *ŋu-buraŋ。

泰语 faŋ^{1}，壮语龙州话 phaŋ^{1}，水语 haːŋ^{5} < *praŋ。

13. *guri

莫图语 guri-a < *guri-。

14. *tabi / *top / *topa / *tap

拉加语 tavi < *tabi。亚齐语 top < *top。

桑塔利语 topa < *topa。莽语 tap^{51} < *tap。

15. *ta-ʔuna

吉尔伯特语 tauna < *ta-ʔuna。

16. *tanu

汤加语、萨摩亚语、拉巴努伊语 tanu < *tanu。

17. *qom-s / *-ʔam

泰语、老挝语、傣语 hom^{5}（盖），侗语 əm^{5} < *qom-s。

多布语 ʔa-ʔam < *-ʔam。

18. *s-ba / *s-man / *bobo

藏文 sba < *s-ba。

克木语 m̥an < *s-man。

雅美语 bobo < *bobo。

19. *rgo

道孚语 zgo < *rgo。

20. *nibu-ru

加龙语 njibu-ru nam < *nibu-ru。

21. *begi

吕苏语 be^{33}gi^{53} < *begi。

22. *lik

博嘎尔珞巴语 lik < *lik。

23. *smrup / ʔrap

缅文 hmrup^{4} < *smrup。

汉语 *ʔrap（瘞，埋也）。①

24. *smok

壮语武鸣话、侗语 mok^{7}，仫佬语 m̥ɔk^{7} < *smok。（埋、藏）

25. *si-baŋ / *puŋ / *lobaŋ

佤语艾帅话 si bauŋ < *si-baŋ。德昂语 puŋ < *puŋ。

① 《诗经 · 大雅 · 云汉》："上下奠瘞，靡神不宗。"

木鲁特语 lobaŋ，摩尔波格语 loboŋ < *lobaŋ。

26. *gadi-ʔu

桑塔利语 gɛɖiɛo < *gadi-ʔu。（沉，埋）

27. *kop

柬埔寨文 bɔŋkɔp < *bo-kop，kɔp < *kop。

28. *lap-ŋe / *slup

尼科巴语 lāpŋø < *lap-ŋe。

错那门巴语 ɕup < *slup。

◇ 二 “埋”的词源对应关系

1. “埋”和“盖（上）”“藏”

（1）土耳其语、维吾尔语、撒拉语 *kom。“盖（上）”黎语 kom^{1} < *kom。水语 kəm^{5}、壮语武鸣话 kom^{5} < *kom-s。

（2）朝鲜语 *mudə-。“盖（上）” 锡加语 βuta < *puta。

（3）莽语 *tap。“盖” 维吾尔语 jap- < *dap。

（4）多布语 *-ʔam。汉语 *ʔam（掩）。

（5）壮语武鸣话、侗语、仫佬语 *smok。“藏在腋下”桑塔利语 boktsao < *bok-。

（6）满文 somi-。“藏”朝鲜语 sumta < *sumə-。亚齐语 sɔm < *som。

（7）雅贝姆、勒窝语 *siŋ。“藏”藏文 skuŋ < *sku-ŋ。

（8）满文 *burki。“藏”缅文 hwɑk、仰光话 phwɛʔ < *prek。

2.“埋”和“沉”

一些语言“埋”和“沉”的说法有词源关系，上文《沉》篇已说明，不重复。

3.“埋”和“陷”

（1）雅贝姆、勒窝语 *siŋ。“陷入”蒙古语 ʃigdə- < *sig-。

（2）莫图语 *guri-。“陷塌”东部裕固语 kire- < *kire。

（3）窝里沃语 lamui < *lamu-ʔi。“陷”版纳傣语 lum^5、德宏傣语 lom^5、武鸣、柳江壮语 lom^5、毛南语 lam^5< *ʔləm。汉语 *ɢram（陷）< *ɢləm。独龙语 $glɔm^{53}$ < *glom。缅文 $kjwɑm^2$ < *k-lam。汉语 *ləm（沉）。

（4）哈尼语绿春话 *badu。“陷”中古朝鲜语 spʌtʃita < *sbadi-。

4.“埋”和“坟”

“埋”和“坟”的词源关系参见第二卷《坟》篇。

◇ 三 词源分析

1. *bulik（burki、*prek、*buraŋ、*praŋ）

“下葬”满文 burki- < *burki。“藏”缅文 hwɑk、仰光话 phwɛʔ < *prek。

“埋葬”古英语 byrgan，“盖、藏”古挪威语 bjarga，“保护”哥特语 bairgan。 “我保存”古教堂斯拉夫语 brego。“坟”古英语 byrgel < *burge-l。

2. *dapi（*tabi、*topa、*dibə、*dəb、*dub 等）

“埋”拉加语 *tabi，桑塔利语 *topa，莽语 tap^{51} < *tap。

“沉”蒙古语 *dibə。“浸泡”蒙古语 dəbtə、土族语 təbdeː-、东部裕固语 debteː- < *dəb-。“淹死”波那佩语 tep^{w}a-la < *tepa。“突然沉入”桑塔利语 ɖabɖub < *dab-dub，ɖub < *dub（沉入不起）。

“坟”阿者拉语 *tup、夸梅拉语 *tapu。

“埋”希腊语 thabo < *dabo。

“沉、下去”俄语 topitj、波兰语 topitʃ < *topi-。

“坟”古法语 tombe、拉丁语 tumba、意大利语 tomba、希腊语 tymbos < *tuba。

“盖”维吾尔语 jap- < *dap。“闭合”印尼语 mənu-tup，巴塔克语 tutup，摩尔波格语 kotup < *tup。“突然关上”桑塔利语 siʈɛph < *sitap。

3. *b^{w}a（*bobo、*pomu、*ba）

“埋”雅美语 *bobo，罗图马语 *pomu，罗维阿纳语 *pomu-nu，藏文 sba < *s-ba。

“坟”清代蒙文 *buba，科木希 *b^{w}omu。

“坟、尸体”梵语 savam < *sabam。

4. *nom（*num）

“埋”巴厘语 *na-nəmu。“沉”波那佩语 si-nom，桑塔利语 unum。

“坟”希腊语 mnema。

“坟”俄语 nemoj、波兰语 niemy < *nemoi。

5. *kop

“埋”柬埔寨文 *kop。“盖（上）”莽语 tɕip^{35} < *kip。

“埋、盖土、建墓”波兰语 rakopatʃ < *ra-kopa-。

6. *b^{w}oru（*pur、*moru、*poru、*bere）

“埋”马那姆语 *ʔumra-ʔi。汉语 *mrə（埋）。

“沉”撒拉语 fur- < *pur。拉加语 moru < *moru。伊拉鲁吐语 daɸurə < *dapurə。

“藏”马林厄语 poru < *poru。

“陷塌”蒙古语正蓝旗话 ibre- < *ʔibere。

“埋”阿尔巴尼亚语 varros < *b^{w}aros。

“藏、盖”梵语 aːvri- < *ab^{w}ri-。“藏”俄语 v-porotj < *b^{w}i-poro-。

“封上”古教堂斯拉夫语 vora < *b^{w}ora。

“埋”古英语 byrgan，古撒克逊语 bergan < *berga-。

“坟”阿尔巴尼亚语 varr < *b^{w}ar，古英语 byrgel < *burge-l。

“坟”亚美尼亚语 dambaran < *dam-baran。

“藏”匈牙利文 elver < *el-b^{w}er。

7. *rap（*smrup、*ʔrap）

“埋”缅文 hmrup^{4} < *smrup。

汉语 *ʔrap（瘗，埋也）。

“埋”粟特语 māʃēp- < *ma-rep。

“藏”吉尔伯特语 karabā < *karaba。

“盖”吉尔伯特语 rabuna < *rabu-na。“盖上”达密语 kerub < *kerub。

“隐藏、遮盖”希腊语 krybo。

“坟、山洞”古英语 græf、古弗里斯语 gref、古教堂斯拉夫语 grobu、古挪威语 gröf（山洞）、哥特语 graba（沟）< *grab。

“埋”波兰语 grzebatʃ < *greba-。

“藏”的词源关系

“藏”在汉语里可以有及物和不及物两种用法，自己藏自己叫作“躲”。亚欧语言中与汉语该义相当的词多与“盖”“埋”“陷”等说法有词源关系。

◇ 一 东亚太平洋语言的“藏、躲藏”

“隐藏、躲藏”的主要说法有：

1. *buk / *b^{w}ek / *ta-puk / *bok

维吾尔语 møk-，哈萨克语 buq- < *buk。

缅文 hwɑk，仰光话 phwɛʔ < *b^{w}ek。

沙玛语 tapuk < *ta-puk。

桑塔利语 boktsao < *bok-。（藏在腋下）

2. *dali-ən / *dal / *dela

哈萨克语 dʒɑsərən-，塔塔尔语 jɛʃirin-，撒拉语 jɑʃin- < *dali-rən / *dali-ən。

图瓦语 dʒɑʃdɤ- < *dal-。

蒙古语 dʒɛːlɑ-，土族语 dʑeːle < *dela。（躲开）

3. *dogə / *dagi / *pi-dik / *doke / *toko

保安语 doːgə- < *dogə。[①]

鄂温克语 dʒagi- < *dagi。

托莱语 pidik < *pi-dik。

日语 jokeru < *doke-ru。

桑塔利语 tsoko < *toko。

4. *somi / *sumə / *som

满文 somi-，锡伯语 sœmi- < *somi。

朝鲜语 sumta < *sumə-。

亚齐语 sɔm < *som。

5. *kagasu / *gusi-ʔu

日语 kawasɿ < *kagasu。

桑塔利语 gusiɛu < *gusi-ʔu。（藏起来）

6. *sobuni / *puni / *pun

印尼语 -səmbuȵi < *sobuni。

乌玛语 vuni，莫图语 huni-a，罗地语 funi，东部斐济语 βuni-a < *puni。

缅文 pun^3 < *pun。

7. *ʔag^{w}a

劳语 ag^{w}a < *ʔag^{w}a。

---

①“藏”匈牙利文 eldug < *el-dug。

8. *poru

马林厄语 poru < *poru。

9. *tome

罗维阿纳语 tome < *tome。

10. *karaba

吉尔伯特语 karabā < *karaba。

11. *ʔəkəb / gab

巴厘语 m-əŋkəb < *ʔəkəb。

藏文 gab。（躲藏）

12. *suluk / *ruk / *lek

卡林阿语 suluk < *suluk。

波那佩语 ruk < *ruk。

柬埔寨文 lɛək < *lek。

13. *qən

汉语 *qən（隐），*sgraŋ（藏）。

14. *sku / *sake

藏文 skuŋ < *sku-ŋ。

日语 sakeru < *sake-ru。

15. *smok

侗语 mok^{7}，仫佬语 m̥ok^{7} < *smok。

16. *pʷet / *su-put / *ʔubut / *ʔa-mut

西双版纳傣语 fet[9] < *pʷet。

巽他语 sumput < *su-put。

爪哇语 mu-umbət < *ʔubut。

邹语 amʉtʉ < *ʔa-mut。

17. *boʔ / *qobo

布朗语曼俄话 ka moʔ[55]，佤语马散话 mɔʔ，孟贡话 bo̱ʔ < *boʔ。

桑塔利语 hombo < *qobo。

18. *ʔad / *ʔadon / *ʔaton / *ʔət

桑塔利语 aɖ < *ʔad，aɖo̱n < *ʔadon。

宁德娄语 aton < *ʔaton。

汉语 *ʔət（薆）。

19. *plut

克木语 plŭt < *plut。（藏、躲）

20. *rul

布兴语 ruih < *rul。（藏、躲）

21. *ʔoko

桑塔利语 oko < *ʔoko。

《尔雅》:“瘞、幽、隐、匿、蔽、窜，微也。”

扬雄《方言》:“掩、翳，薆也。”《诗经·邶风·静女》:“静女其姝，俟我於城隅。爱而不见，搔首踟蹰。”“爱”即“薆”，义为“隐”。

◇ 二 “藏”的词源对应关系

1.“藏”和“盖（上）”

（1）巴厘语 *ʔəkəb，“盖”博嘎尔珞巴语 kup kap，藏文 ɦgebs。

（2）图瓦语 *dal-，“盖”科木希语 talui。

（3）爪哇语 *ʔubut，“盖”锡克语 βuta。

（4）桑塔利语 *qobo，“盖”拉巴努伊语 ʔapi < *ʔabi。

（5）汉语 *qən（隐），“盖”塔几亚语 tuani < *tu-ʔani。

（6）吉尔伯特语 *ka-raba。“盖”吉尔伯特语 rabuna < *rabu-na。达密语 kerub，卡加延语 takləb。

2.“藏”和“埋”

“藏”和“埋”的词源对应关系上文《埋》篇已举例说明。

3.“藏”和“陷”

（1）哈萨克语 buq-，“陷”土族语 poɢdɑ，保安语 voχtə- < *poq-。

（2）西双版纳傣语 *pet，“陷”中古朝鲜语 spʌtʃita < *sbadi-。“沉”罗维阿纳语 sipatea < *sipate-ʔa。

（3）卡加延语 magu，“陷”桑塔利语 bagas-bugus。

（4）马林厄语 *poru，“陷塌”蒙古语正蓝旗话 ibre- < *ʔibere，“沉”伊拉鲁吐语 daɸurə < *dapurə。

◇ 三 词源分析

1. *belik（*prek、pidik、belika）

“藏”缅文、仰光话 *prek。“闭合”劳语 belika。

> “盖、藏”古挪威语 bjarga，“保护”哥特语 bairgan，“埋葬”古英语 byrgan。
> “我保存”古教堂斯拉夫语 brego。“坟”古英语 byrgel < *burge-l。

2. *kaleb（*karaba、kerub、kləb）

“藏”吉尔伯特语 *ka-raba，“盖”吉尔伯特语 rabuna < *rabu-na。达密语 kerub，卡加延语 takləb。汉语 *ʔrap（瘗，埋也）。

> “隐藏、遮盖”希腊语 krybo。

“沉”巴厘语 kələb < *kəlub，景颇语 lup^{31} < *lup。汉语 *gləp（合）< *g-ləp。①

3. *gida（*gade）

“藏”大瓦拉语 gowadi。“沉、埋”桑塔利语 gɛɖiɛo < *gadi-ʔu。“盖上”雅贝姆语 -gade < *gade。

“闭合”锡伯语 gidam、赫哲语 gida- < *gida-，大瓦拉语 gudu。

> “藏、埋葬”古英语 hydan、中古荷兰语 huden、希腊语 keuthein（藏）< *kede-。

①“合/答”谐声字组涉及中古舌根、舌尖、舌面等不同声母读音的字，上古晚期“合”*ɣəp，“歙”*hləp，“恰”*khrəp，“荅”*təp。

4. *g^{w}ab（*kəb、gab）

“藏”巴厘语 *ʔəkəb。“躲藏”藏文 gab。

“藏”梵语 guph。

5. *moru（*poru）

“藏”马林厄语 *poru。“埋”马那姆语 ʔumraʔi < *ʔumra-ʔi。汉语 *mrə（埋）。“沉”撒拉语 fur- < *pur。拉加语 moru < *moru。伊拉鲁吐语 daɸurə < *dapurə。

“藏、盖”梵语 aːvri- < *abri-。“藏”俄语 v-porotj < *b^{w}i-poro-。
“封上”古教堂斯拉夫语 vora < *b^{w}ora。
“埋”阿尔巴尼亚语 varros < *b^{w}aros。

“藏”匈牙利文 elver < *el-b^{w}er，格鲁吉亚语 daparva < *dapar-。

6. *guri

“埋”莫图语 guri-a < *guri-。

“藏”波兰语 krytʃ < *kru-，ukrytʃ。

7. *sake（*sku、*siŋ）

“藏”藏文 *sku-ŋ，日语 *sake-ru。“沉”古突厥语 siŋ- < *siŋ。“埋”雅贝姆语 -suŋ、勒窝语 sin < *siŋ。“陷入”蒙古语 ʃigdə- < *sig-。

“沉”古英语 sincan、古挪威语 sökkva、哥特语 sigqan < *sig^{w}a-。
“躲藏”阿尔巴尼亚语 fʃeh < *b^{w}-seq。

8. *dagi（*dogə、*doke、*toko）

“藏”鄂温克语 *dagi，保安语 *dogə，日语 *doke-ru，桑塔利语 *toko。

“藏”亚美尼亚语 thakhtshnel < *dagd-。

“坟墓”粟特语 δɣmē，阿维斯陀经 daxma < *dag-。

“藏”匈牙利文 eldug < *el-dug。

9. *b^wek（*buk）

“藏”维吾尔语、哈萨克语 *buk，缅语 *b^wek。

“盖”和阗塞语 pvetʃa < *p^weka。

“来”的词源关系

诸语言中皆有以某处为参照的行为动词“来”和“去”。一些语言“来”的说法与“回来”“走、跑”等说法有词源关系。

◇ 一 东亚太平洋语言的“来”

“来、回来”的主要说法有：

1. *kel / *gel / *kelu

古突厥语 kel-，维吾尔语 kɛl- < *kel。

土耳其语 gel-，西部裕固语 gel- < *gel。

汉语 *gəl（回）。

排湾语 kəlju，马京达瑙语 kole < *kelu。（回来）

2. *ʔire / *ʔer / *ro

蒙古语 jire-，东乡语 irə- < *ʔire。①

萨瓦拉语 蒙达语族（Savara）er < *ʔer。

---

①“来”匈牙利文 jön < *ron。

巴塔克语 rɔ < *ro。

3. *gi

满文 dʒi-，锡伯语 dʑi- < *gi。

汉语 *mrə-g（来）。

4. *ku

日语 kuru < *ku-ru。

摩尔波格语 kuan < *ku-ʔan。

5. *ʔek

阿伊努语 ek < *ʔek。

6. *ʔəmə / *ʔame / *ʔba / *ba / *mo

鄂温克语、鄂伦春语、赫哲语 əmə- < *ʔəmə。

宁德娄语 ame，卡乌龙语 me < *ʔame。

莫图语、雅美语、马那姆语、拉加语 mai，罗维阿纳语 mae < *maʔi。

壮语龙州话 ma^{2}，布依语 ma^{1} < *ʔba。

阿者拉语 ba < *ba。

古龙语 bā < *ba。

巴琉语 muɔ^{33} < *mo。

7. *ʔidu / *ʔitu

排湾语 idu < *ʔidu。

沙玛语 pa-itu < *ʔitu。

8. *ma-ʔila

查莫罗语 maila < *ma-ʔila。

9. *ʔo / *qoʔe / *ʔu

朝鲜语 ota < *ʔo-。

桑塔利语 hoe < *qoʔe。（经过而来）

夸梅拉语 -uw < *ʔu。

10. *mi

阿杰语 mi < *mi。

11. *mali

阿卡拉农语 mali < *mali。

12. *slok / *lak

藏文 ɕog < *slok。梅梯语 lāk < *lak。

13. *la / *lo

布央语 ða^{31}$_{(A2)}$ < *la。

缅文 lɑː^{2}，哈尼语 la^{55} < *la。

苗语养蒿话 lo^{4}，枫香话 lau^{4} < *lo。

14. *mrə / *mar

汉语 *mrə，*mrə-g（来）。

姆布拉语 mar < *mar。

15. *taŋ / *dataŋ

水语、毛南语 taŋ^{1} < *taŋ。

印尼语、米南卡保语 dataŋ，萨萨克语 datəŋ < *dataŋ。

16. *lu-pa / *lu

他杭语 jupa，史兴语 lu^{35} < *lu-pa / *lu。

17. *di / *de

独龙语 di^{35} < *di。

卡里阿语 蒙达语族（Kharia）ɖe < *de。

18. *dela / *del / *tula

蒙达语 delā < *dela。

德昂语硝厂沟话 tah，茶叶箐话 deh < *del。

鄂罗克语 tulja < *tula。①

19. *rat / *lat

克木语 rɔt（来，到达），德昂语南虎话 rat < *rat。

布朗语胖品话 lat^{31}，户语 lat < *lat。

20. *ta-ʔa

尼科巴语 taa < *ta-ʔa。（来，明天）

21. *qet

桑塔利语 hetʃ < *qet。

---

①“来”芬兰语 tulla < *tula。

22. *qiduk / *ʔatok

桑塔利语 hidʒukh < *qiduk，oɖok（回到外面，出去）< *ʔodok。

马绍尔语 atok < *ʔatok。

《尔雅》：“格、怀，来也。”

二 “来”的词源对应关系

1. “来”和“回来”

“来”和“回来”的说法可对应，词源关系如：

（1）藏语 *slok，“回来”藏文 log、墨脱门巴语 lok < *lok。

（2）莫图语、雅美语、马那姆语 mai，“回来”瓜依沃语 ori-mai。

（3）阿杰语 mi，“回来”雅美语 mioli。

（4）阿伊努语 *ʔek，“回来”吉尔伯特语 oki。

（5）汉语 *mrə（来），“回”满文 mari- < *mari。

（6）蒙古语、东乡语 *ʔire，“回来”帕玛语 ris。

（7）阿卡拉农语 *mali，“回来”爪哇语 bali、印尼语 kəmbali、沙玛语 balik。

2. “来”和“走”

“来”和“走、跑”的说法可对应，词源关系如：

（1）塔几亚语 -palu。“走”劳语 fali < *pali，赫哲语 fuli-、鄂温克语 uli- < *puli，壮语 pjaːi^{3}、德宏傣语 pai^{6} < *pli。

（2）马绍尔语 atok，“走”宁德娄语 adek < *ʔadek。

（3）巴塔克语 *ro，“走”基诺语 zo^{44}、史兴语 ru^{55}、木雅语 tə^{33}ro^{55}rɑ^{33} < *ro。

（4）桑塔利语 *qoʔe，“走”佤语艾帅话 hu、阿佤方言 hɔ < *qo。

（5）阿者拉语 ba，“跑”毛利语 oma < *ʔoma。

（6）桑塔利语 *qet。“跑”巴琉语 qaːt。

3.“来”和“去”

（1）阿者拉语 ba，“去”卑南语 va < *ba。

（2）“回来”清代蒙文语 ege- < *ʔege，“去”朝鲜语 kata < *ga-。

（3）梅梯语 *lak，“去”东部斐济语 lako。

三　词源分析

1. *ge（*gi、*genə）

“来”满文、锡伯语 *gi。“去、来、离开”印尼语 gi、pergi < *-gi。“回来”清代蒙文语 ege- < *ʔege，克伦语 ge。

“来”梵语 gaː < *ga，粟特语 āɣət < *agə-。亚美尼亚语 gal < *ga-。
“去、离开”古英语、古弗里斯语、古高地德语 gan < *ga-。
“来”古英语 cuman、古弗里斯语 kuma，哥特语 qiman < *g^wim-。

2. *loka（*lak、*lako）

“来”藏文 *slok、梅梯语 *lak。“去”东部斐济语 lako。

“来”希腊语 erokomai < *eroko-。

“来”匈牙利文 szamazik < *sam-arik，“来到、卷起”megerkezik < *-erik-erik。

3. *ro（*rora、*ʔire、*ʔora）

“来”蒙古语、东乡语 *ʔire，巴塔克语 *ro。“走”基诺语 zo^{44}，史兴语 ru^{55} < *ro。木雅语 tə^{33}ro^{55}rɑ^{33} < *tə-rora。

“来”赫梯语 uezzi < *u-eri。阿尔巴尼亚语 eja < *era。
“跑”希腊语 reo < *re。“去”西班牙语、葡萄牙语 ir。
“跑、流”古英语 irnan < *ir-n-an。

“来”匈牙利文 jön < *ron。

4. *bati（*bato、*boti、*batas、*bat）

汉语 *bat（跋，步行）。“跑”尼科巴语 veuːtø < *buto。

“脚”满文 bethe，赫哲语 fatχa，锡伯语 bətk < *bat-qa。摩尔波格语 botis，巴厘语 batis，乌玛语 βitiʔ < *botis / *batis。查莫罗语 patas < *patas。柬埔寨文 baːtiːə < *bati。

“来”俄语 vɨpadatj < *b^{w}i-pada-。
“走”希腊语 badizo < *badi-，“去”拉丁语 vado < *b^{w}ado。
“脚”英语 foot、法语 pied、意大利语 piede、希腊语 podi。
“脚跟”拉丁语 pēs、pedis（所有格），梵语 pad-、哥特语 fōtus < *padi。

5. *mrə

汉语 *mrə（来）。[①]

“来、来自”波兰语 wziąʧ się < *b^{w}ra-se。

6. *ʔo

“来”朝鲜语 ota < *ʔo-。桑塔利语 hoe < *qoʔe。（经过而来）

“来”乌尔都语 aːna < *a-。

① 甲骨文“来”（甲 2123）（戬 37·4）可能有 *mro-g 和 *m-ro 两个读音。与之有词源关系的：如“回”满文 mari- < *mari。“来”满文 dʒi-，锡伯语 dʑi- < *gi。“回”赫哲语、鄂伦春语 əmərgi- < *ʔəmər-gi，是复合词，意思是“回—来”。商周汉语中“来”*mro-g > *mrə-g，*-g 相当于满语的“来”*gi。

“去”的词源关系

亚欧语言“去”与“走”“出去”“离开”等说法有词源关系，有的语言的“来”对应于另外语言的“去”。

◇ 一 东亚太平洋语言的“去”

“去、回去”的主要说法有：

1. *bar

维吾尔语、哈萨克语 bar-，撒拉语 var- < *bar。

古突厥语 bar- < *bar。（走、走开，去）

2. *ʔoti / *ʔodu / *ʔudu / *tu

蒙古语 otʃi-，东乡语 ətʂɯ < *ʔoti。

清代蒙文 odu-，东部裕固语 oːd < *ʔodu。

阿卡拉农语 udtu < *ʔudu。

柬埔寨文 tɤu < *tu。

3. *genə / *li-ŋani

满文 gene-，锡伯语 gənə-，鄂伦春语 ŋənə-，鄂温克语 nənə-，赫哲语 ənə- < *genə。

勒窝语 liŋani < *li-ŋani。（出去）

4. *ga / *ŋo / *sigu-ʔe。

朝鲜语 kata < *ga-。

马京达瑙语 ŋō < *ŋo。

查莫罗语 sigue < *sigu-ʔe。

5. *sa

日语 saru < *sa-ru。

缅文 sɑ^{3}，阿昌语 so^{31} < *sa。（走、去）

桑塔利语 sa < *sa。（去到一边）

6. *ʔoman

阿伊努语 oman < *ʔoman。

7. *bano / *pana-ʔo / *puna

沙外语 n-fan，拉加语 vano < *bano。

查莫罗语 hanao < *pana-ʔo。

他加洛语 punta < *puna。

8. *masa

泰雅语 musaʔ，赛德克语 maha < *masa。

9. *mu-ʔa

鲁凯语 mua < *mu-ʔa。

10. *-gi

印尼语 pergi < *-gi。（去、来、离开）

11. *ʔalu

萨摩亚语 alu，汤加语 ʔalu < *ʔalu。（走、去）

12. *salu / *mu-sala

巴拉望语 salu < *salu。

沙阿鲁阿语 musala < *mu-sala。

13. *b^{w}a / *pa-ʔi

阿者拉语 fa-，卑南语 va < *b^{w}a。

米南卡保语 pai < *pa-ʔi。

14. *m-gro

藏文 ɦgro < *m-gro。（去、走）

15. *phok-s

汉语 *phok-s（赴，至也）①，*qlik-s（適，之也），*klap-s（去）。

16. *g-lat

汉语 *g-lat-s（逝，往也）。

---

①“去、拉出”匈牙利文 elmegy < *-megi。

17. *k-lə / *le / *la-ʔo / *ʔala / *ʔalale

汉语 *k-lə（之）。①

基诺语 le^{33}，巍山彝语 ʑi^{55}，哈尼语 ji^{55} < *le。

莫图语 lao < *la-ʔo。

宁德娄语 ala，马那姆语 alale < *ʔala / *ʔalale。

18. *ra

景颇语 sa^{33} < *ra。②

19. *ʔin

博嘎尔珞巴语 in < *ʔin。

20. *di / *sidi

墨脱门巴语 de，独龙语 di^{53} < *di。

土族语 ɕidʑi < *sidi。

21. *pi

壮语武鸣话 pai^{1}，侗语、水语 paːi^{1} < *pi。

22. *moŋ

苗语养蒿话 moŋ^{4}，宗地话 məŋ^{4} < *moŋ。（走、去）

23. *rak

布朗语胖品话 ʒak^{55}，克木语 ʒɔh < *rak。

---

①“之”古字为穿母字“蚩”和禅母字“时”的声符，笔者所拟不同于诸家。

②“去”芬兰语 ajaː < *ara。

24. *tarak / *talak / *lako

柬埔寨文 tratʃ < *tarak。

桑塔利语 tsalakh < *talak。

东部斐济 lako，吉尔伯特语 nako < *lako。

25. *tol / *ʔetal

布朗语曼俄话 tɔl < *tol。

马绍尔语 etal < *ʔetal。

26. *gul

尼科巴语 tʃhuh < *gul。

27. *sa-gar

桑塔利语 saŋgar < *sa-gar。

《尔雅》:“如、适、之、嫁、徂、逝，往也。”

◇ 二 “去”的词源对应关系

1. “去”和“来”

“来”和“去”说法的词源关系上文《来》篇中已说明。

2. “去”和“出去”

“去”和“出去”的说法可对应，词源关系如：

（1）朝鲜语 *ga-，“出去”卡加延语 gwa < *g^{w}a。

（2）马绍尔语 *ʔetal，“出去”帕玛语 sital < *si-tal。

（3）布朗语胖品话、克木语 *rak，“出去”莫图语 raka lasi（走—去）。

（4）缅文、阿昌语 *sa，“出去”雅贝姆语 sa。

3.“去”和“走”

有的语言“去”即“走”，如古突厥语 bar-、藏文 ɦgro、缅文 sɑ^{3}、阿昌语 so^{31}、萨摩亚语 alu、汤加语 ʔalu、苗语养蒿话 moŋ^{4}、宗地话 məŋ^{4} 等。有交叉对应关系的如：

（1）维吾尔语、哈萨克语、撒拉语 *bar。“走”阿杰语 vɑ̃ř̃ɑ̃ < *bara。

（2）景颇语 *ra，“走”基诺语 zo^{44}、史兴语 ru^{55} < *ro。

（3）东部斐济语 lako，“走”瓜依沃语 leka、莫图语 raka < *leka / *raka。

（4）马都拉语 itar，“走”柬埔寨文 daər < *dar。

三　词源分析

1. *g^{w}a（*ga）

“去”朝鲜语 kata < *ga-。“出去”卡加延语 gwa < *g^{w}a。

“去”和阗塞语 gam- < *ga-。

*g^{w}a 应是早期的词根，如乌尔都语 jana < *ga-，加后缀成为 *g^{w}ana，成为新的词根。

2. *genə

“去、使去”满通古斯语 *genə。

“去”乌尔都语 jana < *gana。

“去、离开”古英语、古弗里斯语、古高地德语 gan < *gan。

> “去”亚美尼亚语 gnal < *guna-。“来”希腊语 ginamai < *gina-。

3. *b^{w}ana（*bano、*pana、*puna、*ʔoman）

“去”沙外语、拉加语 *bano、查莫罗语 *pana-ʔo、他加洛语 *puna、阿伊努语 *ʔoman。

> “来”法语、西班牙语 venir，葡萄牙语 vir，意大利语 venire < *b^{w}eni-。

“去”芬兰语 mennä < *mena。

4. *b^{w}ag（*bok、*bug、*pəɢ、*b^{w}aɢa）

汉语 *phoks < *bok-s（赴）。“跑”赫哲语 bugdanə- < *bug-danə，锡伯语 fəxçi- < *pəɢ-。“脚”布昂语 βaʁa < *b^{w}aɢa，贡诺语 baŋkeŋ < *bakeŋ。

> “去”希腊语 pegaina < *pega-na。“去、来”波兰语 pojʃtʃ < *pogs-。

5. *guro（*guru、*kro、*kiro、*gro、*krə）

“去、走”藏文 *m-gro。

“跑”阿伊努语 kiro < *kiro。

“脚”基诺语 ʃɔ^{31}khi^{33}、哈尼语 a^{31}khɯ^{55}、纳西语 khɯ^{33} < *kri / *kru。

> 粟特语“去、走、经过”ɣyr- < *ger，“去、出去、走掉”xyr- < *ker。
>
> “去”阿尔巴尼亚语 ʃkoj < *skor。
>
> “跑”拉丁语 currere，法语 courir，西班牙语correr，意大利语 correre < *kure-。
>
> “跑去见面、现身”拉丁语 occurrere < *okure-。

6. *sa

“去”日语 *sa-ru。“去、走”缅文、阿昌语 *sa。

“去、骑去、坐车去”俄语 exatj < *esa-。“去”波兰语 istʃ < *is-。
“去”粟特语 ʃəw- < *siu-。
“来、去”和阗塞语 his- < *qis-。

“去”匈牙利语 esemeny < *ese-men。

7. *le（*la、lə）

“去”基诺语、巍山彝语、哈尼语 *le，莫图语 *la-ʔo。汉语 *k-lə（之）。

“出去”亚美尼亚语 elnel < *el-。

“走”格鲁吉亚语 alɛa < *ale-。

“记得”的词源关系

“记”指“记得”“能回忆”。亚欧语言中“记得”的说法与“回忆、记忆”“知道”“来、回来”“想、想念”“心”等说法有词源关系。

◇ 一　东亚太平洋语言的“记”

“记得”及兼有义的主要说法有：

1. *ʔes

维吾尔语 ɛs-，哈萨克语 es-，塔塔尔语 is- < *ʔes。

维吾尔语 ɛslɛ-，塔塔尔语 islɛ- < *ʔesle-。（回忆）

2. *gila

撒拉语 gilɑ- < *gila。

3. *dursa

蒙古语 dursa-，达斡尔语 dorsə- < *dursa。（回忆、提醒）

4. *bodo-no / *budis

东部裕固语 bodono < *bodo-no。

桑塔利语 bundis < *budis。

5. *mula / *bol-bo

土族语 muːlɑ < *mula。

蒙达语 phohm < *bol-bo。（记住、认识）

6. *sumu / *ʔosob

东乡语 sumulɑ-，保安语 sumugə < *sumu-。（回忆、提醒、想）

沙玛语 ossob < *ʔosob。[①]

7. *ʔedi

满文 edʒe-，锡伯语 ədzi̢-，赫哲语 ədzə̢-，鄂伦春语 edʒə-，鄂温克语 edʒi- < *ʔedi。

8. *ʔobo

日语 oboeru < *ʔobo-ʔeru。（感觉，记忆）

9. *mo-lolomo / *lolem

戈龙塔洛语 mololomo < *mo-lolomo。

沙外语 n-lolɛm < *lolem。

10. *ʔilo

塔几亚语 ilo，马那姆语 ilo-ani < *ʔilo。

---

① “记得”匈牙利文 eszebe < *esebe。

11. *qaso

查莫罗语 haso < *qaso。

12. *ʔiŋat

印尼语 məŋ-iŋat，巴厘语 iŋət，巴塔克语 iŋɔt < *ʔiŋat。

13. *ʔeliŋ

爪哇语 eliŋ < *ʔeliŋ。

14. *mana- / *mana-kəm

汤加语 manatu，萨摩亚语 manatu-a，拉巴努伊语 manaʔu < *mana-。

雅美语 manakəm < *mana-kəm。

15. *ʔuʔa

嫩戈内语 ua < *ʔuʔa。

16. *kjəs / *kisi

汉语 *kjəs（记）。

达密语 kisi < *kisi。

17. *dran

藏文 dran < *dran。

18. *mit / *smat-miʔ

独龙语 mit^{55} < *mit。

缅文 hmɑt^{4}mi^{1} < *smat-miʔ。

19. *proŋ

仙岛语 pʐɔŋ^{35} < *proŋ。

20. *krə

彝语大方话 khə^{33} < *krə。

21. *doŋ / *toŋ

傣语德宏话 tɔŋ^{2} < *doŋ。阿昌语 toŋ^{35} < *toŋ。德昂语 toŋ < *toŋ。

22. *kle / *klu

布兴语 tʃi klɛ < *kle。莽语 tɕɯ^{55} < *klu。

23. *desa

桑塔利语 desɛ < *desa。

24. *tam / *damdam

柬埔寨文 tʃam < *tam。

卡加延语 dəmdəm < *damdam。依斯那格语 damdamman < *damdam-an。

◇ 二 “记得”的词源对应关系

1. “记得”和“知道”等

“记得”和“知道”的说法可对应，词源关系如：

（1）嫩戈内语 *ʔuʔa，“知道”维吾尔语、哈萨克语 uq- < *ʔuq。“理解”古突厥语 uq- < *ʔuq。“记性”蒙古语正蓝旗话 œː、都兰话 uxɑː < *ʔuqa。“想”南密语 ua < *ʔua。

（2）蒙达语 *bol-bo，“知道”土耳其语 bil-、维吾尔语 bil-、西部裕固语 bəl- < *bil。“记性”蒙古语和静话 bilig < *bili-g。

（3）布兴语 *kle，汉语 *kli（知）。“知道”勒窝语 kilia < *kili-ʔa。

（4）东部裕固语 bodono < *bodo-no，“知道”蒙古语 mədə-、东乡语 məidʑiə- < *mədə，桑塔利语 badae < *bada-ʔe。

（5）蒙古语、达斡尔语 *dursa。“知道”满文、锡伯语、赫哲语 sa- < *sa。

（6）维吾尔语、哈萨克语、塔塔尔语 *ʔes。“知道”藏文 ɕes < *sis。墨脱门巴语 se，缅文 si < *si。波那佩语 ese < *ʔesi。

（7）满通古斯语 *ʔedi。“知道”拉巴努伊语 ʔite，乌玛语 i^{n}tʃa < *ʔite。塔希提语 ʔite < *ʔite。（知道、看见）

（8）布兴语 *kle。“知道”柬埔寨文 skɔəl < *s-kol，tʃeh < *kel。

2.“记得”和“来、回来”

（1）布兴语 *kle。汉语 *gəl（回）。“回来”排湾语 kəlju，马京达瑙语 kole < *kelu。

（2）满通古斯语 *ʔedi。“来”满文 dʒi-，锡伯语 dʑi- < *di。

（3）塔几亚语、马那姆语 *ʔilo。“来”查莫罗语 maila < *ma-ʔila。“回来”布鲁语 oli < *ʔoli。

（4）傣语德宏话 *doŋ。“来”水语、毛南语 taŋ^{1} < *taŋ。印尼语、米南卡保语 dataŋ，萨萨克语 datəŋ < *dataŋ。

（5）嫩戈内语 *ʔuʔa。“来”夸梅拉语 -uw < *ʔu。

3.“记得”和“想、想念”

（1）嫩戈内语 *ʔuʔa，“想”南密语 ua < *ʔua。

（2）东部裕固语 bodono < *bodo-no，“想”满文 bodo-（筹划），锡伯语bodo-，鄂伦春语、鄂温克语 bɔdɔ-（猜想，算）< *bodo。桑塔利语hudis <

*budis，bhundis < *budis。宁德娄语 abudon < *ʔabudo-n。马京达瑙语 bət < *bət。

（3）汤加语、萨摩亚语、拉巴努伊语 *mana-。“想”马达加斯加语 manau、拉巴努伊语 manaʔu、塔希提语 manaʔo < *mana-ʔu。桑塔利语 mo̱ne < *mone。

（4）彝语大方话 *krə。汉语 *skrə（思）< *s-krə。① “想”萨萨克语 kirə-kirə、爪哇语 ŋirɔ-kirɔ < *kiro。马都拉语 kira < *kira。

（5）卡加延语 *damdam。“想”格曼僜语 dǎ m < *dam，巴拉望语 fandam < *pa-dam。“想、思念”户语 n thɛm^{31} < *n-dem。

（6）东乡语、保安语 *sumu-，“想”撒拉语 sumurlɑ- < *sumur-。

（7）印尼语、巴厘语、巴塔克语 *ʔiŋat。“想”伊拉鲁吐语 gətɛ < *gəte，西双版纳傣语 kɯt^{8} < *gət，佤语艾帅话 kɤt < *kət。“想念”满文 kidu- < *kidu。

三 词源分析

1. *sumu（*sumur、*beruru、*mrə）

“记得”东乡语、保安语 *sumu-，“想”撒拉语 sumurlɑ- < *sumur-。“思想”塔希提语 feruru < *beruru。汉语 *mrə（来）。“回”满文 mari-i < *mari。

“记忆”古法语 memoire、拉丁语 memoria、阿维斯陀经 mimara、梵语 smarati（第三人称）< *memore-。
“思想”希腊语 merimno。“知道”古英语 gemimor。

2. *dam（*tam、*dem）

“记得”卡加延语 *damdam，柬埔寨语 *tam。“想”格曼僜语 dǎ m <

① 谐声字“颸”楚持切 *tshrə < *skrə，“崽”山皆切 *srə。

*dam，巴拉望语 fandam < *pa-dam。“想、思念”，户语 n thɛm^{31} < *n-dem。

“记得”希腊语 thymamai < *duma-。

3. *koru（*krə、*kir、*goru）

“记得”彝语大方话 *krə，“想”巽他语 mikir < *mi-kir。

汉语 *skrə（思）< *s-krə。

“心”瓜依沃语 *goru、黎语 *kruʔ。

“记得”西班牙语 acordarse、意大利语 recordarsi < *kor-darsi。

“记得”阿尔巴尼亚语 kujtoj < *kur-tor。

“心”意大利语 cuore、法语 cœur、拉丁语 cor、古荷马史诗 χῆρ < *kor。

“心”匈牙利文 kör < *kor。“想”格鲁吉亚语 pikri < *pi-kri。

4. *b^{w}adi（*budi、*butu、*bat、*mat、*mit 等）

“记得”独龙语 *mit。“想”马京达瑙语 bət < *bət。

“心(脏)”爱斯基摩语 omat < *ʔomat。卡乌龙语 aβhat，萨摩亚语 fatu，汤加语 mā fatu < *ʔa-bat / *ma-batu。布农语 χaputuŋ，排湾语 qavuvuŋ < *qa-butuŋ。

“记得”和阗塞语 byā ta < *bjata。

“记忆”古英语 gemynd < *ge-mid。“思想”梵语 matih < *mati-。

“记得”俄语 pamjat、波兰语 pamięta ʃ < *pa-meta-。

“记得”亚美尼亚语 mtapahel < *muta-pape-。

“忘记”的词源关系

亚欧语言中“忘记”的说法与“扔掉”“失去”“没”等说法有词源关系。如汉语“忘”*maŋ-s 是“亡”(丢失)*maŋ 的比喻用法。乌孜别克语 esdɛn-、马京达瑙语 mamur 的意思是“没记住”。

一 东亚太平洋语言的“忘记”

“忘记”的主要说法有:

1. *ʔunutu

古突厥语 unut-，土耳其语 unut-，维吾尔语 untu-，撒拉语 unət- < *ʔunutu。①

2. es-den

乌孜别克语 esdɛn- < *ʔes-den（记—没）。

① “忘”芬兰语 unohtaː < *unoh-。

3. *marta / *ʔumət

蒙古语、达斡尔语 martə-，东部裕固语 mɑrtɑː- < *marta-。

哈萨克语 umət- < *ʔumət。

4. *ʔoŋu / *ʔiŋiʔ / *ʔaŋeŋe

满文 oŋgo-，锡伯语 oŋu-< *ʔoŋu。

泰雅语赛考利克方言 ʔiwuŋiʔ、泽敖利方言 ʔum-uŋiʔ < *ʔiŋiʔ。①

梅克澳语 e-ʔaŋeŋe < *ʔaŋeŋe。

5. *ʔom / *mo-ʔe

赫哲语 omχu- < *ʔom-qu。

鄂伦春语 ɔmŋɔ-，鄂温克语 ɔmmɔ- < *ʔom-go。

汤加语 moʔe < *mo-ʔe。

6. *ʔid

朝鲜语 itʃta < *ʔid-。

7. *basu-reru

日语 wasɿreru < *basu-reru。②

8. *nuk-bu-ʔe

托莱语 nuk vue < *nuk-bu-ʔe。（忘记，扔掉）

9. *ŋalo

汤加语、萨摩亚语 ŋalo < *ŋalo。

---

① *-ʔum- 为自动词中缀。

② “丢失”匈牙利文 veszit < *b^{w}esit。

10. mata-^{m}belele

姆布拉语 mata-^{m}belele（眼睛—没用）。

11. *lipat / *limot

萨萨克语 lupaʔ，摩尔波格语、卡加延语 lipat < *lipat。

他加洛语 limot < *limot。

12. *ma-mur / *mari-mur / *bir / *ʔaber

马京达瑙语 mamur < *ma-mur。

鲁凯语 marimur < *mari-mur。

布朗语胖品话 pir^{51}，德昂语南虎话 bir < *bir。

柬埔寨文 ʔa̰phej < *ʔaber。

13. *ʔemet

马绍尔语 ɛmɛmɛtʃ < *ʔemet。①

14. *maŋ-s

汉语 *maŋs（忘）< *maŋ-s。

15. *r-mə / *rebo

道孚语 də rmə < *r-mə。

那大语 reɓo < *rebo。

16. *meʔ / *smi / *si-ma

缅文 me^{1} < *meʔ。怒苏怒语 m̥i^{31}< *smi。

土家语 si^{55}ma^{21} < *si-ma。

① “忘” 匈牙利文 elfelejt vimit < *el-p^{w}elejt b^{w}imit，字面意思可能是“记—没什么”。

17. *ma-lap / *lupa /*ma-lepa

景颇语 mă ^{31}lap^{31} < *ma-lap。

印尼语、巴塔克语 lupa，米南卡保语 lupo < *lupa。

查莫罗语 malefa < *ma-lepa。

18. *lum / *lam / *lume-ʔiloba

壮语武鸣话 lum^{2}，黎语通什话 lɯm^{5} < *lum。

侗语、水语 lam^{2} < *lam。

吉利威拉语 -lum^{w}eiloβa < *lume-ʔiloba。

19. *s-loŋ

克木语 l̥ŏ ŋ < *s-loŋ。

20. *baq-ŋo

尼科巴语 vaitʃhŋø < *baq-ŋo。

21. *pi

佤语艾帅话 pi < *pi。

22. *qirin

桑塔利语 hiɽiɳ < *qirin。

23. *bul / *pil

桑塔利语 bhul < *bul。

户语、布朗语曼俄话 pil^{31} < *pil。

◇ 二 “忘记”的词源对应关系

1.“忘记”是“不记得”

（1）乌孜别克语 esdɛn-（记—没）。“记得”突厥语 *ʔes-，“没有”维吾尔语、乌孜别克语 joq，哈萨克语、图瓦语 dʒoq- < *doq。

（2）马京达瑙语 *ma-mur（不—记），*-mur “记得”。

2.“忘记”和“丢失”

（1）汉语 *maŋ-s。“丢失”阿侬怒语 ɑ^{55}mɑŋ^{53} < *maŋ，独龙语 ɑ^{55}mɑŋ^{53} < *ʔa-maŋ。汉语 *maŋ（亡）。

（2）蒙古语、达斡尔语、东部裕固语 *marta-，“丢失”鄂温克语 əməənən- < *ʔumar-ən。“失误”满文 ufara- < *ʔupara。

（3）汤加语 moʔe < *mo-ʔe，“丢失”塔希提语 moe < *mo-ʔe。

（4）莫图语 he-lalo-boio（想—丢失）。

（5）印尼语、巴塔克语、米南卡保语 *lupa，“丢失”大瓦拉语 lipeu < *libe-ʔu。“扔”桑塔利语 lebda < *leb-da。

3.“忘记”和“扔掉”

“忘记”是记忆的“扔掉”，例如：

（1）突厥语族语言 *ʔunitu。“扔”鄂温克语 nʊda- < *nuda。

（2）朝鲜语 itʃta < *ʔid-，“扔”朝鲜语 təntʃita < *dədi-。

（3）日语 wasɿreru < *basu-reru，“记得”日语 oboeru < *ʔobo-ʔeru。“扔”保安语 vaçal < *bas-。

（4）马绍尔语 *ʔemet，“扔”壮语龙州话 vit^{7}、黎语 fet^{7} < *ʔbet。

三　词源分析

1. *mora（*mar、*para）

“忘记”蒙古语族语言 *marta-。

“丢失”鄂温克语 əməənən- < *ʔumar-ən，马京达瑙语 mora < *mora。

“失误”满文 ufara- < *ʔup^{w}ara。

“忘记、否定”梵语 mrsyate，“忘记”立陶宛语 mirszati < *mer-slate。

“忘记”亚美尼亚语 moɾanal < *mora-。

“原谅、忘记”和阗塞语 marṣya̰rä < *mar-。

“浪费、损坏”古英语 merran，“阻止”古弗里斯语 meria < *mera。

2. *geta

“忘记”古弗里斯语 forjeta，古英语 forgietan < for-gietan（失去—得到）。

“记得”印尼语 məŋ-iŋat，巴厘语 iŋət，巴塔克语 iŋɔt < *ʔiŋat。

3. *bul

“忘记”桑塔利语 bhul < *bul。

“忘记”乌尔都语 bulana < *bula-。拉丁语 oblitus，古法语 oblier < *obli-。

4. *b^{w}adi（*mit、*bət）

“记得”独龙语 *mit。“想”马京达瑙语 bət < *bət。

“记忆”古英语 gemynd < *ge-mid。“思想”梵语 matih < *mati-。

“记住”俄语 pamjat、波兰语 pamię tatʃ < *pa-meta-。

“忘”波兰语 nie pamiętatʃ < *ne pa-meta-（不—记得）。

“知道”的词源关系

“知道”古汉语的说法是“知”，方言中有“晓”“懂”等。亚欧语言中“知道”的说法与“理解”“记得”“看见、听见”等说法有词源关系。

一 东亚太平洋语言的“知道”

“知道”的主要说法有：

1. *ʔuq

维吾尔语、哈萨克语 uq- < *ʔuq。

2. *bil

土耳其语 bil-，维吾尔语 bil-，西部裕固语 bəl- < *bil。[①]

3. *mədə / *bada-ʔe

蒙古语 mədə-，东乡语 məidʑiə- < *mədə。

桑塔利语 badae < *bada-ʔe。

① “知道”匈牙利文 ismer < *is-mel。

4. *sa

满文、锡伯语、赫哲语 sa- < *sa。

鄂伦春语、鄂温克语 ʃaːran < *sa-ran。

女真语（撒拉）*sala < *sa-ra。

5. *ʔarat / *k-lat

中古朝鲜语 arta，朝鲜语安城话 aratta < *ʔarat-。

汉语 *k-lat（哲）。

6. *si-ru / *si / *ʔesi

日语 çiru < *si-ru。

墨脱门巴语 se，缅文 si，他杭语 sjeːpa < *si。

巴琉语 saːi^{53} < *si。

波那佩语 ese < *ʔesi。（知道、理解）

7. *baq

泰雅语 baq < *baq。（知道、理解）

8. *si-ŋal / *s-kol

鲁凯语 θiŋal < *si-ŋal。

柬埔寨文 skɔəl < *s-kol，tʃeh < *kel。

9. *ta-ʔu

印尼语 tahu，沙玛语 taʔu，巴厘语 tau < *ta-ʔu。

10. *ʔite

拉巴努伊语 ʔite，乌玛语 i^{n}tʃa < *ʔite。

11. *tuŋo

查莫罗语 tuŋo < *tuŋo。

12. *diba / *teba / *tubi-m

莫图语 diba < *diba。

布鲁语 tewa < *teba（知道、理解）。

桑塔利语 tuphim < *tubi-m。

13. *loŋo

梅克澳语 e-loŋo < *loŋo。（知道、听见）

14. *mala-dam

卑南语 malaɖam < *mala-dam。

15. *lala / *ʔulol

雅贝姆语 -jala < *lala。（知道、理解）

尼科巴语 uloh-ten < *ʔulol。

16. *kli / *kili-ʔa / *kela / *mu-kela

汉语 *kli（知）。

勒窝语 kilia < *kili-ʔa。

马绍尔语 tʃelæ < *kela。

赛德克语 mukela < *mu-kela。

17. *sis

藏文 ɕes < *sis。

18. *r-tog

藏文 rtog < *r-tog。

19. *ŋit

格曼僜语 ŋit[35] < *ŋit。

20. *qluʔ / *ʔilo / *ʔilo-ʔa

傣语 hu[4]，水语 ɕau[3] < *qluʔ。

拉加语 ilo，汤加语 ʔilo，萨摩亚语 ʔiloa < *ʔilo / *ʔilo-ʔa。

21. *doŋ

柬埔寨文 dɤŋ < *doŋ。

22. *nap

德昂语南虎话 nap，硝厂沟话 nap < *nap。

23. *nuʔaŋ

克木语 nɯaŋ < *nuʔaŋ。

24. *ban

布兴语 ban < *ban。

25. *se-ʔel

户语 θə ɛl[31] < *se-ʔel。

26. *tolor

桑塔利语 ʈo̱ ho̱ r < *tolor。

扬雄《方言》（卷一）：“党、晓、哲，知也。楚谓之党，或曰晓，齐宋之间谓之哲。""党"是"懂"的方音。汉以后"晓""懂"为通语词。汉语 *sŋe(晓)。

◇ 二 "知道"的词源对应关系

1. "知道"和"理解"

(1)维吾尔语、哈萨克语 *ʔuq,"理解"古突厥语 uq- < *ʔuq。

(2)朝鲜语 *ʔarat-。"理解"摩尔波格语 oroti。

(3)雅贝姆语 *lala,"理解"马绍尔语 meḷeḷe < *ma-lele。罗地语 na-lela-k。

(4)德昂语南虎话、硝厂沟话 *nap。"理解、聪明"大瓦拉语 hanapu < *pa-napu。

(5)拉巴努伊语、乌玛语 *ʔite。"理解"沙玛语 hati < *qati。

(6)梅克澳语 *loŋo。"理解"瓜依沃语 loŋoa < *loŋo-ʔa。

2. "知道"和"记得"

(1)波那佩语 *ʔesi。"记得"维吾尔语 ɛs-、哈萨克语 es-、塔塔尔语is- < *ʔes。

(2)维吾尔语、哈萨克语 *ʔuq,"记得"嫩戈内语 ua < *ʔuʔa。

(3)拉巴努伊语、乌玛语 *ʔite。"记得"满文 edʒe-、锡伯语 ədzi̯-、赫哲语 ədzə̯-、鄂伦春语 edʒə-、鄂温克语 edʒi- < *ʔedi。

(4)拉加语、汤加语、萨摩亚语 *ʔilo。"记得"塔几亚语 ilo、马那姆语 ilo-ani < *ʔilo。

(5)汉语 *kli(知)。"记得"布兴语 tʃi klɛ < *kle。

(6)柬埔寨文 *doŋ。"记得"傣语德宏话 tɔŋ² < *doŋ。

(7)卑南语 *mala-dam。"记得"柬埔寨文 tʃam < *tam。

3. “知道”和“看（见）”

（1）拉巴努伊语、乌玛语 *ʔite。“看见”赫哲语 itɕi-、鄂温克语 iʃi-、鄂伦春语 itʃi- < *ʔiti。

（2）莫图语 diba < *diba，“看见”满文 tuwa- < *tuba。

（3）尼科巴语 *ʔulol，“看见”马京达瑙语 lelo、帕玛语 lē le < *lelo。

（4）印尼语 sadar < *sa-dar，“看见”桑塔利语 nadʒar < *nadar。

（5）波那佩语 *ʔesi，“看见”汤加语 sio < *si-ʔo。

4. “知道”和“听（见）”

（1）梅克澳语 *loŋo，“听”三威治港语（Port Sandwich）loŋon < *loŋon。

（2）卑南语 *mala-dam，“听”桑塔利语 aɳdʒo̱m < *ʔadom。

（3）赛德克语 *mu-kela，“听”鲁凯语 kelaɭa < *kilalo。

5. “知道”和“聪明”

（1）印尼语 sadar < *sa-dar，“聪明”爪哇语 pinʈər < *pi-tor。

（2）雅贝姆语 *lala，“聪明”罗地语 ma-lela-k。

（3）印尼语、沙玛语、巴厘语 *taʔu，“聪明”达阿语 na-taʔu。

（4）满文、锡伯语、赫哲语 *sa，“聪明”锡克语 bisa。

（5）布鲁语 tewa < *teba，“聪明”布鲁语 em-tewa-t。

◇ 三 词源分析

1. *ba（supa、*bo）

“知道”泰雅语 baq。“看”卡乌龙语 supa、朝鲜语 *bo-，“看见”托莱语 *bo。

> “知道”法语 savoir，西班牙语、葡萄牙语 saber，意大利语 sapere < *sabo-er。

“记得”匈牙利文 eszebe < *esebe。

2. *kila（*kela、*kali）

“知道”斐济语 kila-a < *kila，赛德克语 mukela < *mu-kela，汉语 *kli（知）。“听”鲁凯语 *kilalo，“听见、听”达密语、沙玛语 *kali。“看、看见”波那佩语 kilaŋ < *kilaŋ。

> “知道”梵语 gjaː < *gla。
>
> “听”古英语 hlysnan、古高地德语 hlosen，古教堂斯拉夫语 slusati < *khlose。
>
> “听见”希腊语 klyo < *klo。

3. *ŋe（*ŋa）

汉语 *sŋe（晓），*ŋa（虞，料想）。

> “知道”乌尔都语 janana < *gana-。
>
> 古英语 cnawan，拉丁语 gnoscere < *gno-ske-。法语 connaitre < *konat-。
>
> 希腊语 gnorizo < *gnori-。吐火罗语 $_{A}$ gnorizo < *gnori-。

4. *mata（*bada）

“知道”蒙古语 mədə-、东乡语 məidʑiə- < *mədə，桑塔利语 badae < *bada-ʔe。托莱语 matoto。

“看”萨摩亚语 mā tamata、马那姆语 mata-ila。“瞧”鄂温克语 məndəʃi- < *mədə-li。

> “知道”粟特语 patβeδ < *pat-b^{w}ed。

> “看见”意大利语 vedere＜*b^{w}ade-re。
> “醒”俄语 buditj、波兰语 budʑitʃ＜*budi-。

5. *runa

“听见”锡加语 rəna＜*runa。

> “知道”俄语 znatj，波兰语 znatʃ＜*rna-，粟特语 zān＜*rana。
> “得知”波兰语 ponatʃ＜*po-rna-。“听见”俄语 uznatj＜*urna-。

6. *te（*ti）

“知道”拉巴努伊语、乌玛语 *ʔite。“看见”赫哲语 itɕi-、鄂温克语 iʃi-、鄂伦春语 itʃi-＜*ʔiti。

> “知道”阿尔巴尼亚语 di。

格鲁吉亚语“看见”xɛdva＜*qed-，“看”ʃɛxɛdva＜*se-qed-。

7. *gete（*gəte、*gət、*kət、*gote、*kot）

“想”伊拉鲁吐语 gətɛ＜*gəte，西双版纳傣语 kɯt^8＜*gət，佤语艾帅话 kɤt＜*kət。

“拿”查莫罗语 gote＜*gote。“抓住”布拉安语 skot＜*skot。

> “知道”亚美尼亚语 getinal＜*geti-。
> “获得、猜到”古英语 geta、古教堂斯拉夫语 gadati（猜、假设）＜*geta-。

8. *me

“想”巴琉语 me^{31}＜*me。“心”鄂伦春语 mɛːgan，赫哲语 miawun＜*miʔa-gan。

> “知道”亚美尼亚语 imanal＜*iman-。

“想、思考”的词源关系

汉语“想”有“思考”和“思念”两个基本意思。亚欧语言表示“想、思考”义的词与“想念”“算”“心”等说法有词源关系。

一　东亚太平洋语言的“想、思考”

“想、思考”的主要说法有：

1. *ʔor / *ʔuru

土耳其语 øzle-（想、想念），维吾尔语、哈萨克语 ojlɑ- < *ʔor-la。

蒙达语 uɽu < *ʔuru。

2. *sumur / *sumula

撒拉语 sumurlɑ- < *sumur-。

东乡语 sumulɑ- < *sumula-。

3. *bodu / *boda / *bodo / *budis / *ʔabudo-n / *bət

蒙古语、土族语、东部裕固语 bodo-，达斡尔语 bodu- < *bodu。

图瓦语 bodɑ- < *boda。

满文 bodo-（筹划），锡伯语 bodo-，鄂伦春语、鄂温克语 bɔdɔ-（猜想，算）< *bodo。

桑塔利语 hudis < *budis，bhundis < *budis。

宁德娄语 abudon < *ʔabudo-n。马京达瑙语 bət < *bət。

4. *saɢən / *ɢuni

西部裕固语 sɑɢən- < *saɢən。（想，想念）

满文 gūni，赫哲语 ɢoni- < *ɢuni。

5. *tula

东部裕固语 tuːlɑ- < *tula。[①]

6. *gəte / *gət / *kət

伊拉鲁吐语 gətɛ < *gəte。

西双版纳傣语 kɯt[8] < *gət。

佤语艾帅话 kɤt < *kət。

7. *mana-ʔu / *mone

马达加斯加语 manau，拉巴努伊语 manaʔu，塔希提语 manaʔo < *mana-ʔu。

桑塔利语 mo̱ne < *mone。

8. *tutu-ʔo

嫩戈内语 tutuo < *tutu-ʔo。

---

①“想”芬兰语 ajatella < *ara-tela。

9. *kisi

达密语 kis < *kisi。（想到、思考、心思）

10. *taku / *digi

吉尔伯特语 taku < *taku。

贵琼语 di^{35}gi^{55} < *digi。

11. *bala

罗维阿纳语 balbala < *bala。（想到、思考）

12. *ki-dəm / *dam / *n-dem / *pa-dam

鲁凯语 kiɖəməɖəm < *ki-dəm。

格曼僜语 dǎ m < *dam。

户语 n thɛm^{31} < *n-dem。（想、想念）

巴拉望语 fandam < *pa-dam。

13. *leme

波那佩语 leme < *leme。

14. *ʔi-nəmə / *nanam-sa / *ʔnamʔ

排湾语 ʔinəmənəm < *ʔi-nəmə。

吉尔伯特语 -nanamsa < *nanam-sa。

壮语 nam^{3} < *ʔnamʔ。

15. *kira / *mi-kir / *kiro

马都拉语 kira < *kira。

巽他语 mikir < *mi-kir。①

---

①“想”格鲁吉亚语 pikri < *pi-kri。

米南卡保语 kiro，爪哇语 kirɔ，萨萨克语 kirə-kirə < *kiro。

16. *snə

汉语 *snə（思）。①

17. *b-sam / *somo-k

藏文 bsam，阿昌语 sam^{55} < *b-sam。

卡林阿语 somsomok < *somo-k。

18. *mit

景颇语 mjit^{31}，独龙语 mit^{55}（记、想）< *mit。

19. *ʔŋiʔ / *ŋiʔ

京语 ŋi^{3} < *ʔŋiʔ。

壮语武鸣话 ŋei^{4} < *ŋiʔ。

20. *me

巴琉语 me^{31} < *me。

21. *lon

尼科巴语 loːn < *lon。

22. *gadon

桑塔利语 gaɳɖo n < *gadon。

《尔雅》:“悠、伤、忧，思也。” “怀、惟、虑、愿、念、惄，思也。”

---

① 谐声字“颸”楚持切 *tshrə < *skrə，“崽”山皆切 *srə，“思”可能有 *s-krə。

◈ 二 "想"的词源对应关系

1. "想"和"思念"

（1）吉尔伯特语 *taku，"思念"桑塔利语 dikiɛu < *diki-ʔu。

（2）壮语 *ʔnamʔ，汉语 *snəm（念）< *s-nəm。①

（3）达密语 *kisi，"思念"日语 natsɿkaɕiː < *natu-kasi。

2. "想"和"算"

（1）吉尔伯特语 *taku，"算"拉巴努伊语 ta-taku。

（2）锡伯语 bodo-，"猜想、算"鄂伦春语、鄂温克语 bɔdɔ-。

（3）壮语武鸣话 *ŋiʔ，"算"那大语 gee < *ge-ʔe。

（4）鲁凯语 *ki-dəm，"算"宁德娄语 $a^{n}d^{r}om$ < *ʔadom。

3. "想"和"心"

（1）米南卡保语、爪哇语、萨萨克语 *kiro。"心"瓜依沃语 goru-na < *goru。

（2）壮语 nam^{3} < *ʔnamʔ，汉语 *snəm（心）。②"心"南密语 name-n < *name。

（3）马京达瑙语 *bət。"心"卡乌龙语 aβhat，萨摩亚语 fatu，汤加语 mā fatu < *ʔa-bat / *ma-batu。

（4）巴琉语 *me。"心"鄂伦春语 mɛːgan，赫哲语 miawun < *miʔa-gan。

（5）波那佩语 leme。"心"景颇语 $să^{31}lum^{33}$，格曼僜语 $lɯm^{35}$ < *sa-lum。

（6）罗维阿纳语 *bala。"心"赛德克语 tamabalaq < *tama-balaq。

---

① 谐声字"贪"他含切 *thəm < *snəm。

② 谐声字"沁"，《广韵》七鸩切。

◇ 三　词源分析

1. *taki（*taku、*diki）

“想”吉尔伯特语 *taku。

“思念”桑塔利语 dikiɛu < *diki-ʔu，“算”拉巴努伊语 ta-taku。

“想”古英语 þencan（过去式 þuhte），古弗里斯语 thinka，古高地德语 denken < *teka-。

2. *kiro（*kira、*skrə）

“想”米南卡保语、爪哇语、萨萨克语 *kiro，马都拉语 *kira，巽他语 *mi-kir。

“心”瓜依沃语 goru-na < *goru。“胸”鄂温克语 xəŋgər < *qəgirə，达密语 akor < *ʔakor。

“想”希腊语 krino < *kri-。“心”希腊语 kardia < *kar-。
“心”意大利语 cuore，法语 cœur，拉丁语 cor，古荷马史诗 χῆρ < *kor。

“想”格鲁吉亚语 pikri < *pi-kri。“心”匈牙利文 kör < *kor。

3. *mane（*mana、*mone）

“想”马达加斯加语、拉巴努伊语、塔希提语 *mana-ʔu，桑塔利语 *mone。

梵语“想”manh、manje，“心”manah。

4. *mati（*mit）

“想”景颇语、独龙语 *mit。

“心（脏）”爱斯基摩语 omat < *ʔomat。卡乌龙语 aβhat，萨摩亚语 fatu，

汤加语 māfatu < *ʔa-b^wat / *ma-b^watu。

> “想”阿尔巴尼亚语 mend，mendoj < *med-。亚美尼亚语 mtatʃel < *mda-。
>
> “想”威尔士语 meddwl < *med-。“记住”俄语 pamjat < *pa-mit。
>
> “记忆”古英语 gemynd < *ge-mid。“思想”梵语 matih < *mati-。

“肠子”马林厄语 butu、巴塔克语 butuha < *butu-qa。

“腰”卡乌龙语 put。“肚脐”托莱语 bito-，阿者拉语 mut < *mito，马那姆语 buto < *buto。

“中（间）”西部斐济语 -buto < *buto。

> “中间的”古英语、古弗里斯语 middel，古高地德语 mittil，拉丁语 medialis < *medi-lis。“中间”（介词）古英语 amidde，拉丁语 medio < *medi-。

5. *dam（*dem、*dəm）

“想”格曼僜语 *dam，鲁凯语 *ki-dəm，巴拉望语 *pa-dam。“想、想念”户语 n thɛm^{31} < *n-dem。“算”宁德娄语 a^{n}d^{r}om < *ʔadom。“心（脏）”赛德克语 tamabalaq < *tama-balaq。

> “想”俄语 dumatj < *duma-。

6. *ɢuni（*ɢən）

“想”满文、赫哲语 *ɢuni，“想、想念”西部裕固语 saɢən- < *saɢən。

> “想”乌尔都语 sotʃna < *sok-。
>
> “担心”威尔士语 cnoi < *kni。

7. *gete（*gəte、*gət、*kət、*gote、*kot）

“想”伊拉鲁吐语 *gəte，西双版纳傣语 *gət，佤语艾帅话 *kət。

“拿”查莫罗语 gote < *gote。“抓住”布拉安语 skot < *skot。

“想”和阗塞语 käʃ- < *kat。

“知道”亚美尼亚语 getinal < *geti-。

“获得、猜到”古英语 geta，古教堂斯拉夫语 gadati（猜、假设）< *geta-。

8. *me

“想”巴琉语 *me。“心”鄂伦春语 mɛːgan，赫哲语 miawun < *miʔa-gan。

“知道”亚美尼亚语 imanal < *ima-。

9. *ʔor

“想、想念”土耳其语、维吾尔语、哈萨克语 *ʔor-la。

“想”亚美尼亚语 xorhel < *qor。

10. *sumur

“想、想念”撒拉语 sumurlɑ- < *sumur-。

“想、思考、计算”粟特语 ʃmār < *smar。

“爱”托莱语 *meri，那大语 *mura，满文 *bure。

“爱”俄语（名词）amur。

"爱"的词源关系

汉语的"爱"有"喜爱""情爱""怜爱"等义，亚欧地区的其他语言多如此，并与"高兴""笑"等说法有词源关系。

◇ 一 东亚太平洋语言的"爱"

"爱、喜欢"的主要说法有：

1. *sori-n

维吾尔语 søj，撒拉语 søjin < *sori-n。[①]

2. *ʔar-daq / *qerə / *me-ʔari

塔塔尔语、西部裕固语 ɑrdɑq < *ʔar-daq。（喜爱）

锡伯语 χɛrə- < *qerə。

阿杰语 meař i < *me-ʔari。

---

①"爱"匈牙利文（动词）szeret < *sere-t，（名词）szerelem < *sere-，（形容词）-szerü < *seru。

3. *qul-tar /*ʔotar / *si-dara / *ta-taru / *dura / *toran

哈萨克语 quʃtɑrləq < *qul-tar-。（喜爱）

图瓦语 oxʃɑr- < *ʔotar。

满文 sidara- < *si-dara。

罗维阿纳语 tataru < *ta-taru。

蒙古语 durlɑ-x，达斡尔语 duɑrlə-gu，土族语 durɑː-lɑ < *dura。（爱慕）

桑塔利语 toran < *toran。

4. *tiqa / *tiʔa

满文 tʃihala-，锡伯语 tɕiχalə-，赫哲语 tiχalə-，鄂伦春语 tʊllaː- < *tiqa-。（喜欢）

马达加斯加语 tia < *tiʔa。

5. *suki / *ʔaseke-n

日语 sɿki < *suki。

宁德娄语 aseken < *ʔaseke-n。

6. *mele

萨萨克语 mele < *mele。

7. *kasiq / *kasi

印尼语 kasih < *kasiq。

摩尔波格语 kasi < *kasi。

8. *laloka-ʔu / *leka / *lak

莫图语 lalokau < *laloka-ʔu。

桑塔利语 leka < *leka。

汉语 *lak（怿，喜悦）。[①]

9. *meri / *mura / *bure /*mrir

托莱语 məri < *meri。那大语 mora < *mura。

满文 buje- < *bure。

汉语 *mrir（媚）。[②]

10. *pere

塔希提语、拉巴努伊语 here < *pere。

11. *ʔalop

萨摩亚语 alofa，汤加语 ʔofa < *ʔalop。

12. *dalama / *domo

鲁凯语 mā -dalama < *dalama。

东部斐济语 domo-na < *domo。

13. *ʔamasi

窝里沃语 amasi < *ʔamasi。

14. *mags / *magu / *bogoq / *bag / *mak

汉语 *mags（慕）、*maʔ（怃）。

锡加语 məgu < *magu。

巽他语 bogoh < *bogoq。

蒙古语书面语 baq-，喀喇沁方言 bɑg < *bag。（喜好）

---

①《诗经·小雅·节南山》：“既夷既怿，如相酬矣。”

②《诗经·大雅·下武》：“媚兹一人，应侯顺德。”“媚”，爱。

莽语 mak^{55}，布朗语 mak^{44} < *mak。

15. *ʔət-s

汉语 *ʔət-s（爱）。

16. *d-ga

藏文 dgaɦ，道孚语 rga，拉祜语 ga < *d-ga。

17. *gu

彝语喜德话 ŋgu^{33} < *gu。

克木语 guʔ ，户语 kuʔ^{31} < *gu。（爱、相爱）

18. *maŋʔ / *momaŋ

壮语武鸣话、侗语、水语 maŋ^{4} < *maŋʔ。（喜欢）

马京达瑙语 momaŋ < *momaŋ。

19. *ʔbum

水语 ^{m}bjum^{1} < *ʔbum。

20. *le-kate

桑塔利语 lekate < *le-kate。

21. *surik

桑塔利语 surik < *surik。

扬雄《方言》（卷一）："亟、怜、怃、憐，爱也。东齐海岱之间曰亟，自关而西秦晋之间凡相敬爱谓之亟。陈楚江淮之间曰怜，宋卫邠陶之间曰怃，或曰憐。"

二 “爱”的词源对应关系

1. “爱”和“高兴”

（1）藏文、道孚语 *d-ga，“高兴”夏河藏语 ga。

（2）宁德娄语 aseken < *ʔaseke-n，“高兴”宁德娄语 sekesek。

（3）克木语、户语 *guʔ，“高兴”托莱语 gugu。

（4）塔希提语、拉巴努伊语 *pere，“高兴”波那佩语 peren。

（5）锡伯语 *qerə，“高兴”哈拉朱乌语 ō ro。

（6）萨萨克语 *mele，“高兴”那大语 melo。

（7）维吾尔语、撒拉语 *sori-n，“高兴”维吾尔语 søjyn-、西部裕固语 søjin- < *sorun。

2. “爱”和“笑”

（1）藏文、道孚语 *d-ga，“笑”雅美语 magaga。

（2）窝里沃语 *ʔamasi，“笑”马京达瑙语 imus < *ʔimus，萨萨克语 kəmos。

（3）锡加语 məgu，“笑”蒙达语 mogoe < *mogo-ʔe。

（4）梅克澳语 ani-na ani < *ʔani。“笑”景颇语 mǎ^{31}ni^{33} < *ma-ni，克伦语阿果话 ni^{33} < *ni。

（5）萨萨克语 *mele，“笑”汤加语 malimali。

3. “爱”和“要、需要”

（1）藏文、道孚语 *d-ga，“需要”藏文 dgos < *d-gos。

（2）彝语喜德话 *gu，“需要”独龙语 gɯ^{55} < *gu，汉语 *gə（求）。

（3）罗维阿纳语 tataru，“需要”桑塔利语 dʒɛruɽ < *darur。

（4）锡伯语 *qerə，“要、希望”莫图语 ura < *ʔura。“要”苗语石门话 ʐa^{3}、巴哼语文界话 ja^{3} < *ʔra。

（5）窝里沃语 *ʔamasi，“请求”沙玛语 amuʔ < *ʔamuʔ。

（6）马都拉语 sənnəŋ，汉语 *sno（需）。

4.“爱”和“女人”“朋友”

（1）窝里沃语 *ʔamasi。“女人”东乡语 əməs < *ʔuməs，达斡尔语 əmgun，东乡语 əmə kun < *ʔumə-gun。“朋友”朝鲜语 pəs < *bəs。

（2）满文 *bure。“女人”巴塔克语 boru-boru < *boru。“女人、妻子”土族语 beːrə，东乡语 biəri < *beri。“朋友”桑塔利语 peɽa < *pira。

（3）锡加语 *magu。“女人”雅美语 mavakeʂ < *ma-b^{w}akes，布昂语 aβɛɣ < *ʔab^{w}ag。

（4）藏文、道孚语、拉祜语 *d-ga。“朋友”图瓦语 edʒi < *ʔegi。

三 词源分析

1. *lopa（*lop、*leba、*rabe）

“爱”萨摩亚语、汤加语 *ʔalop。“高兴”独龙语 ɑ^{31}lɯp^{55}ɕɛ^{31}。

“笑”排湾语 maɭəva < *ma-leba，史兴语 ra^{33}bə^{55} < *rabe。

“爱”古英语 lifian、高地德语 lubon < *lubo-，（名词）古英语 lufu。
“喜欢”俄语 ljubitj < *lubi-。
“高兴”高地德语 liubi、古弗里斯语 liaf（亲爱的）。

2. *leka（*laloka、*rik）

“爱”莫图语 lalokau < *laloka-ʔu，桑塔利语 leka < *leka，桑塔利语

surik < *su-rik。汉语 *lak（怿，喜悦）。

"高兴"古英语 lician、古挪威语 lika、古弗里斯语 likia < *lika。

3. *ʔero（*qerə、*ʔari、*ʔoro）

"爱"锡伯语 *qerə，阿杰语 *me-ʔari。"高兴"哈拉朱乌语 ōro，"要、希望"莫图语 ura < *ʔura。

"爱"乌尔都语 iʃaq < *ira-。

"爱"希腊语 eromai < *ero-。"想"亚美尼亚语 xorhel < *qor。

4. *masi（*mus、*mos、*ʔuməs、*bəs）

"爱"窝里沃语 *ʔamasi。"笑"马京达瑙语 imus < *ʔimus，萨萨克语 kəmos。"女人"东乡语 əməs < *ʔuməs，达斡尔语 əmgun，东乡语 əmə kun < *ʔumə-gun。"朋友"朝鲜语 pəs < *bəs。

"喜欢的"希腊语 omoios < *omois。

汉语"怃"*ma-ʔ 和拉丁语 amare < *ama-"爱"对应。"你爱"拉丁语 amas < *ama-s，*-s 是动词的第二人称后缀。

"爱"匈牙利语 szerelmes < *serel-mes。

5. *no（*sino、*sno）

"爱"马都拉语 sənnəŋ，汉语 *sno（需、孺）。"高兴"印尼语 sənaŋ、爪哇语 sənəŋ < *sənaŋ，布兴语 ȵɤ < *no。

"爱"梵语 anuraga < *anu-raga。

"爱"梅克澳语 *ʔani。"笑"景颇语 mǎ ^{31}ni^{33} < *ma-ni。

6. *b^{w}apine（*papine）

"女人"毛利语 wahine，夏威夷语 wǎhinĕ，塔希提语 vahine，萨摩亚语 fafine < *b^{w}apine。莫图语 hahine，梅克澳语 papie < *papine。

> “爱、性的欲望，美丽、迷人”拉丁语 venus，即 Venus（爱神） < *b^{w}enu-。
>
> “渴望”梵语 vanas-，“他希望”阿维斯陀经 vanasi-ti。“欣赏”古英语 wynn。

7. *suki（*seke）

“爱”日语 *suki，宁德娄语 *ʔaseke-n。

> “希望”古英语 wyscan、古高地德语 wunsken、古挪威语 æskja < *uaski-。

“喜爱、高兴”匈牙利文 tetszik < *tet-sik。

“爱、喜欢”格鲁吉亚语 siqhvaruli < *siɢ^{w}a-ruli。

“挑选”保安语 sɑgə- < *sagə，羌语 sɛ qɑ < *seqa。“找”克木语、布兴语 sɔk，佤语艾帅话 sɔ̰k < *sok。汉语 *sak（索）。

> “寻找、问”古英语 ascan，古高地德语 eiscon，古挪威语 soekja、古弗里斯语 askia < *aska-。
>
> “夺取”古法语 seisir，拉丁语 sacire < *seqi-。

8. *mure（*mura、*meri、*bure）

“爱”托莱语 *meri，那大语 *mura，满文 *bure。

> “爱”俄语（名词）amur。

“想、想念”撒拉语 sumurlɑ- < *sumur-。

> “想、思考、计算”粟特语 ʃmā r < *smar。

9. *tiʔa（*tiqa）

“爱”马达加斯加语 *tiʔa。“喜欢”满通古斯语 *tiqa-。“笑”满文 indʒe-，锡伯语 indʑi-，女真语（因者必）*intʃepi < *ʔide。

“爱、喜爱”阿尔巴尼亚语 dua < *dua。

10. *sori（*soru）

“爱”维吾尔语、撒拉语 *sori-n。“高兴”维吾尔语、哈萨克语 søjyn-，西部裕固语 søjin- < *sorun。

“爱、喜爱”亚美尼亚语 sirel < *sire-。

“爱”匈牙利文（动词）szeret < *sere-t，（名词）szerelem < *sere-，（形容词）-szerü < *seru。

11. *g^{w}a（*gu）

“爱”彝语喜德话 *gu。“爱、相爱”克木语 guʔ，户语 kuʔ^{31} < *gu。

“需要”独龙语 gɯ^{55} < *gu，汉语 *gu（求）。

“爱”和阗塞语 jū h- < *gug。

“高兴”英语 joy、古法语 joie < *goi。

“笑”威尔士语 gwenu < *g^{w}e-。

“高兴”的词源关系

亚欧语言中“高兴”的说法与“爱”“笑”等说法有词源关系。

◇ 一　东亚太平洋语言的“高兴”

“高兴”的主要说法有：

1. *ʔub^{w}an

维吾尔语、哈萨克语 uwɑn- < *ʔub^{w}an。

2. *gala / *gal / *gle-ʔa

撒拉语 gɑlɑ- < *gala。

三威治港语 ^{ŋ}gal < *gal。

马林厄语 gleʔa < *gle-ʔa。

3. *sorun / *suri

维吾尔语、哈萨克语 søjyn-，西部裕固语 søjin- < *sorun。

马那姆语 suri-uia < *suri-ʔuʔiʔa。

4. *baʔir / *baʔisə

蒙古语 bɑjirlɑ-，东部裕固语 bɑjɑrlɑ- < *baʔir-。

达斡尔语 bɑisə-，土族语 beːsə < *baʔisə。

5. *ʔuru-gun / *ʔurubu-gdi / *ʔure / *ʔoro

满文 urgun- < *ʔuru-gun。

鄂伦春语 urumugdi < *ʔurubu-gdi。

日语 ureçiː < *ʔure-。

哈拉朱乌语 ōro < *ʔoro。

6. *gis

中古朝鲜语 kispɯta < *gis-。

7. *ban-gab / *doro-koba / *kabu

朝鲜语 pankapta < *ban-gab-。

日语 jorokobaçiː < *doro-koba-。

纳西语 kɑ^{33}v^{21}，景颇语 kă^{31}pu^{33} < *kabu。

8. *sek-sek

宁德娄语 sekesek < *sek-sek。

9. *gugu / *goʔeʔ

托莱语 gugu < *gugu。

乌玛语 goeʔ < *goʔeʔ。

10. *melo

那大语 melo < *melo。

11. *sənaŋ

印尼语 sənaŋ，爪哇语 sənəŋ < *sənaŋ。

12. *gore

那大语 gore < *gore。

13. *ga

夏河藏语 ga < *ga。

14. *lup-se / *si

独龙语 $ɑ^{31}lɯp^{55}ɕɛ^{31}$ < *lup-se。

阿昌语 se^{55} < *si。

15. *degu

吕苏语 $the^{33}gu^{53}$ < *degu。

16. *rga-rga

却域语 $rga^{13}rga^{55}$ < *rga-rga。

17. *s-ŋər

汉语 *sŋən（欣）< *s-ŋər，*gar-ʔ（衎）。[①]

18. *qləʔ / *mo-ʔale

汉语 *qləʔ（喜），*le（嗂，喜也）。

莫图语 moale < *mo-ʔale。

---

①《诗经·小雅·南有嘉鱼》："君子有酒，嘉宾式燕以衎。""衎"，快乐。"喜欢"匈牙利文（动词）akar < *akar，"高兴"（名词）szarokozas < *saro-koras。

19. *ʔaŋ

壮语武鸣话 ʔaŋ^{1} < *ʔaŋ。

20. *maŋʔ

侗语、水语 maŋ^{4} < *maŋʔ。（喜欢、高兴）

21. *guʔ-rom / *surom / *rum

佤语布饶克方言 gaɯʔ rhọ m < *guʔ-rom。

克木语 su jɤm < *surom。

德昂语 jum < *rum。

22. *m-mek

户语 m mɤik^{31} < *m-mek。

23. *no

布兴语 ȵɤ < *no。

24. *qulas / *qla / *sla-ʔ

桑塔利语 anad < *ʔanad，hulɛs < *qulas。

汉语 *qla（舒），*sla-ʔ（写）。①

《尔雅》：“郁陶、繇，喜也。”扬雄《方言》卷二：“逞、晓、恔、苦，快也。自关而东或曰晓，或曰逞。江淮陈楚之间曰逞，宋郑、周洛、韩魏之间曰苦，东齐、海岱之间曰恔，自关而西曰快。”

① 《诗经·小雅·蓼萧》：“既见君子，我心写兮。”“写”，舒畅。

◇ 二 “高兴”的词源对应关系

1.“高兴”和“爱”

“高兴”和“爱”的词源关系上文《爱》篇已说明的不重复，补充如下：

（1）户语 *m-mek。“爱”莽语 mak^{55}，布朗语 mak^{44} < *mak。

（2）桑塔利语 *qulas。“爱”沙玛语 lasa。

2.“高兴”和“笑”

（1）撒拉语 *gala，“笑”米南卡保语 galaʔ < *galaq。

（2）鄂伦春语 *ʔurubu-gdi，“笑”桑塔利语 gadgadao < *gad-gad-ʔu。

（3）汉语 *sŋər（欣），*s-krəʔ（祉，喜也）。[①] “笑”吉尔伯特语 ŋare、达密语 no-ŋiri，达阿语 n-ŋiri < *ŋare / *ŋiri，墨脱门巴语 ŋar < *ŋar。

（4）那大语 gore < *gore。“笑”怒苏怒语 $ɣɹe^{33}$ < *gre，莫图语 kiri < *kiri。

（5）三威治港语 ŋgal < *gal。“笑”佤语艾帅话 ŋiah < *ŋal。

（6）桑塔利语 *ʔanad，“笑”户语 $n̥at^{31}$ < *ʔnat。

（7）阿昌语 *si，“笑”马那姆语 ao-sisi。

（8）马那姆语 suri-uia，“笑”波那佩语 sirei。

（9）日语 *ʔure-，“笑”邹语 tu-ʔiri。

（10）那大语 melo，“笑”汤加语 malimali。

（11）维吾尔语、哈萨克语 *ʔuban，“笑”日语 emu。

（12）日语 ureçiː < *ʔure-，“笑”卑南语 saʔəru < *sa-ʔuru。

---

①《诗经·小雅·巧言》：“君子如祉，乱庶遄已。”

◇ 三　词源分析

1. *leka（*laloka、*rga、*rik）

"高兴"却域语 *rga-rga。"爱"莫图语 lalokau < *laloka-ʔu，桑塔利语 leka < *leka，桑塔利语 surik < *su-rik。汉语 *lak（怿，喜悦）。[①]

"高兴"古英语 lician、古挪威语 lika、古弗里斯语 likia < *lika。

2. *lopa（*lop、*leba、*rabe）

"高兴"独龙语 $\alpha^{31}l\text{ɯ}p^{55}\text{ç}\varepsilon^{31}$。"爱"萨摩亚语、汤加语 *ʔalop。

"笑"排湾语 maɭəva < *ma-leba，史兴语 $ra^{33}bə^{55}$ < *rabe。

"高兴"高地德语 liubi、古弗里斯语 liaf（亲爱的）。 "喜欢"俄语 ljubitj < *lubi-。"笑"亚美尼亚语 ʒpit < *lip-。 "爱"古英语 lifian、高地德语 lubon < *lubo-，（名词）古英语 lufu。

3. *ga

"高兴"夏河藏语 *ga，"笑"雅美语 magaga，"爱"藏文、道孚语 *d-ga。

"高兴"英语 joy，古法语 joie，希腊语 gaio < *ga-o。 "笑"威尔士语 gwenu < $*g^we$-。

4. *gis

"高兴"中古朝鲜语 kispɯta < *gis-。

"高兴的"粟特语 wiɣaʃ < $*b^wi$-gas。

①《诗经·商颂·那》："我有嘉客，亦不夷怿。"

5. *gore（*gre、*ŋər、*ŋar）

“高兴”那大语 gore < *gore，汉语 *s-ŋər（欣）。

“笑”怒苏怒语 ɣɹe^{33} < *gre，吉尔伯特语 ŋare，墨脱门巴语 ŋar < *ŋar。

“高兴”（名词）希腊语 khara < *gara。

“高兴的”阿尔巴尼亚语 gë zuar < *geru-ar。

“高兴的”乌尔都语 khuʃi < *guri。

“喜欢”匈牙利文（动词）akar < *akar。

6. *sori（*soru）

“高兴”维吾尔语、哈萨克语、西部裕固语 *sorun。

“爱”维吾尔语 søj，撒拉语 søjin < *sori-n。

“爱、喜爱”亚美尼亚语 sirel < *sire-。

“爱”匈牙利文（动词）szeret < *sere-t，（名词）szerelem < *sere-，（形容词）-szerü < *seru。

“笑”的词源关系

“笑”是脸部表情，亚欧语言中表示该义的动词与表示感情的“高兴”的说法有词源关系。有的语言中表示该义的词与“牙齿”的说法有词源关系，原本当指“露齿的笑”。

◇ 一　东亚太平洋语言的“笑”

“笑”的主要说法有：

1. *kul / *ma-kel

土耳其语 gyl-，维吾尔语 kyl-，西部裕固语 kul- < *kul。

巴塔克语 mɛkkɛl < *ma-kel。

2. *qinire / *qine

蒙古语书面语 inije-，蒙古语 injəː-，达斡尔语 hinəːdə- < *qinire。

东乡语 ɕiniə-，土族语 ɕineː < *hine < *qine。

3. *ʔide

满文 indʒe-，锡伯语 indʑi-，女真语（因者必）*intʃepi < *ʔide-。

4. *ʔinik-tə / *nik-tə

鄂伦春语 iŋəktə- < *ʔinik-tə。

鄂温克语 nəttə-，赫哲语 nixtənə- < *nik-tə。

5. *gʷara-ʔu

日语 warau < *gʷara-ʔu。

6. *ʔemu / *ʔimu-s / *kə-mos

日语 emu < *ʔemu。[①]

马京达瑙语 imus < *ʔimu-s。

萨萨克语 kəmos < *kə-mos。

7. *ʔusə / *ʔosa

朝鲜书面语 usta、庆兴话 usəra < *ʔusə-。

瓜依沃语 ʔosa < *ʔosa。

8. *mena / *mana

阿伊努语 mena < *mena。

拉加语 mana < *mana。

9. *si-ʔaq / sisi / *sqes

泰雅语 siʔaq < *si-ʔaq。

马那姆语 ao-sisi。

① “笑”芬兰语（动词）hymyillä < *qimu-la，（名词）hymy < *qimu。

汉语 *sqes（笑）。[①]

10. *saba

赛夏语 somawaʔ < *saba。

11. *ŋare / *ŋiri / *ŋar

吉尔伯特语 ŋare，达密语 no-ŋiri，达阿语 n-ŋiri < *ŋare / *ŋiri。

墨脱门巴语 ŋar < *ŋar。

12. *duma-leg

查莫罗语 tʃhumaleg < *duma-leg，tʃhatgui < *dat-guʔi。

13. *mali / *ko-molo。

汤加语 malimali < *mali。

罗维阿纳语 komolo < *ko-molo。

14. *ma-ʔata / *ʔata

卡那卡那富语 maatsaataa < *ma-ʔata。

塔希提语、萨摩亚语 ʔata < *ʔata。

15. *sa-ʔuru / *sire-ʔi / *tu-ʔiri

卑南语 saʔəru < *sa-ʔuru。

波那佩语 sirei < *sire-ʔi。

邹语 tu-ʔiri。

16. *tab^{w}a

马京达瑙语、那大语 tava，卡加延语、阿美语 tawa < *tab^{w}a。

---

① 宵部先秦 *e，两汉关中为 *əu。

17. *galaq

马都拉语 a-gəllaʔ、米南卡保语 galaʔ < *galaq。

18. *ʔibut / *b^{w}ite-ʔal

巽他语 imut < *ʔibut。

帕玛语 viteal < *b^{w}ite-ʔal。

19. *ŋal / *kal

佤语艾帅话 ŋiah < *ŋal。

汉语 *kal（哿）。①

20. *ni

景颇语 mă^{31}ni^{33} < *ma-ni。

克伦语阿果话 ni^{33} < *ni。

布兴语 kɤ ȵai < *ni。

21. *ri

缅文 rɑj^{2}，阿昌语 zə̥^{55} < *ri。

22. *gre / *kiri / *kru

怒苏怒语 ɣɹe^{33} < *gre。

莫图语 kiri < *kiri。（大笑、微笑）

傣语 xo^{1}，水语 ku^{1}，黎语保定话 raːu^{1} < *kru。

23. *ʔnat / *ŋitiʔ

户语 ȵ̥at^{31} < *ʔnat。

他加洛语 ŋitiʔ < *ŋitiʔ。

①《诗经·小雅·正月》："哿矣富人，哀此惸独。""哿"欢乐，"惸"忧虑。

24. *mogo-ʔe

蒙达语 mogoe < *mogo-ʔe。

25. *lada

桑塔利语 landa < *lada。

26. *gad-gad-ʔu / *kata

桑塔利语 gadgadao < *gad-gad-ʔu。

拉巴努伊语 kata < *kata。（大笑、微笑）

二 "笑"的词源对应关系

1. "笑"和"高兴"

"笑"和"高兴"的词源关系上文《高兴》篇已说明。

2. "笑"和"牙齿"

（1）马那姆语 ao-sisi，"牙齿"莫图语 ise-na，布昂语 isi < *ʔisi。

（2）佤语艾帅话 *ŋal，"牙齿"多布语 ŋejan < *ŋela-n。

（3）傣语、水语、黎语保定话 *kru。"牙齿"汉语 *khjəʔ（齿），泰语 khiəu^{3}、巴兴语 khlo、逊瓦尔语 khrui < *kroʔ。

（4）桑塔利语 *gad-gad-ʔu。"臼齿"莫图语 gadigadi-na < *gadi。

（5）赛夏语 *saba。"牙齿"米佐语 si pū < *siba，"门牙"爱斯基摩语 sivuak < *sibu-。

（6）马京达瑙语、那大语、卡加延语 *tab^{w}a。"臼齿"窝里沃语 ti^{m}pa < *tipa。

（7）布昂语 nɔp < *nop。“牙齿”夏威夷语 nihǒ，毛利语、汤加语、拉巴努伊语 niho < *nipo。

（8）巽他语 *ʔibut。“牙齿”东部斐济语 bati、西部斐济语 basi < *bati。

（9）汉语 *sqes（笑），“牙齿”却域语 ski^{55} < *ski。

（10）汤加语 *mali，“牙齿”阿美语 waɬiʃ、鲁凯语 valisi < *b^{w}ali-si。

◇ 三　词源分析

1. *mali（*b^{w}ali）

“笑”汤加语 malimali。“牙齿”阿美语 waɬiʃ、鲁凯语 valisi < *b^{w}ali-si，卑南语 waɭi < *b^{w}ali。

> “笑”丹麦语 smile、瑞典语 smila < *s-mila。梵语 smajate < *smala-te。
>
> “笑”俄语（名词）usmjęska，波兰语 usmieh < *usmles-。

2. *gala（*galaq、*kal、*ŋal）

“笑”马都拉语、米南卡保语 *galaq，佤语艾帅话 *ŋal。“高兴”马林厄语 gleʔa < *gle-ʔa。汉语 *kal（哿）。

> “笑”古英语 hlæhhan，古挪威语 hlæja，古弗里斯语 hlakkia < *klaga。希腊语 gelo < *gela。

3. *b^{w}ite（*but、*b^{w}ite）

“笑”巽他语 *ʔibut，帕玛语 *b^{w}ite-ʔal，“牙齿”斐济语 bati。

> “笑”希腊语 meidio < *mido。

4. *ri（*re）

“笑”缅文、阿昌语 *ri，波那佩语 *sire，邹语 tu-ʔiri。“高兴”日语 ureçiː < *ʔure-。

> “笑”法语 rire、西班牙语 reir、葡萄牙语 rir < *ri-。

5. *g^{w}ara（*kro、*gre、*kri、*kru、kra）

“笑”怒苏怒语 *gre。傣语、水语、黎语保定话 *kru，日语 *g^{w}ara-ʔu。“牙齿”泰语 khiəu^{3}，巴兴语 khlo，逊瓦尔语 khrui < *kroʔ。

> “龇牙、咧嘴”古英语 grennian，古挪威语 grena，“咆哮”古挪威语 grenja。

6. *qosa（*ʔosa、*ʔusə）

“笑”朝鲜语 *ʔusə-，瓜依沃语 *ʔosa。

> “笑”阿尔巴尼亚语 kyeʃ < *qes。

7. *lopa（*lop、*leba、*rabe）

“笑”排湾语 *ma-leba，史兴语 *rabe。“高兴”独龙语 ɑ^{31}lɯp^{55}çɛ^{31}。“爱”萨摩亚语、汤加语 *ʔalop。

> “笑”亚美尼亚语 ʒpit < *lip-。“喜欢”俄语 ljubitj < *lubi-。
> “高兴”高地德语 liubi、古弗里斯语 liaf（亲爱的）。
> “爱”古英语 lifian，高地德语 lubon < *lubo-，（名词）古英语 lufu。

8. *ʔide

“笑”满文 indʒe-，锡伯语 indʑi-，女真语（因者必）*intʃepi < *ʔide-。

> “高兴的”威尔士语 dedwydd < *dedu-。“高兴的、富有的”古英语 ead。

9. *qine（*qini）

“笑”蒙古语、达斡尔语 *qini-，东乡语、土族语 *qine。

“笑”乌尔都语 hansi < *qansi。
“笑”和阗塞语 khan- < *gan。

“怕”的词源关系

“怕”是对心理的描述，亚欧语言中这一类的词多与“血”“惊奇”“鬼”等说法有词源关系。

◇ 一 东亚太平洋语言的“怕”

“怕”的主要说法有：

1. *qorəq

维吾尔语、乌孜别克语 qorq-，哈萨克语 qorəq-，撒拉语 χorʁɑ- < *qorəq。

2. *ʔere / *ʔire / *ri-ʔa / *ʔər

蒙古语 ɛː-，达斡尔语 ɑi-，土族语 ɑjɛ- < *ʔere。

塔几亚语 irire-k < *ʔire。

塔希提语 riʔariʔa < *ri-ʔa。

东部斐济语 rere。

汉语 *ʔər（畏）。

3. *gele / *goleʔ

满文 gele-，锡伯语 gələ-，赫哲语 lələ-，鄂伦春语 ŋəːlə-，鄂温克语 ŋəːli- < *gele。

雅贝姆语 gɔlɛʔ < *goleʔ。

4. *ʔise

满文 ise- < *ʔise。[①]

5. *duri

中古朝鲜语 turi- < *duri。

6. *ʔoso-reru

日语 osoreru < *ʔoso-reru。

7. *ʔigaga-ru

日语 niwagaru < *ʔigaga-ru。

8. *gari

莫图语 gari < *gari。

9. *ŋuŋu / *ŋo

泰雅语 ŋuŋuʔ < *ŋuŋu。

克木语 ŋɔʔ < *ŋo。

10. *səkoru / *sukal

邹语 səkoeu < *səkoru。

邵语 ʃuŋkaʃ < *sukal。

---

① “怕”格鲁吉亚语 ʃiʃi < *sisi。

11. *takot / *ma-toʔuta

赛夏语 tikot，巴拉望语 takut，他加洛语 takot < *takot。

大瓦拉语 matouta < *ma-toʔuta。

12. *b^{w}adi

爪哇语 wadi < *b^{w}adi。

13. *pare-ʔu / *mara-ʔu

南密语 pareu < *pare-ʔu。

勒窝语 marau < *mara-ʔu。

14. *ʔeka / *pa-ʔeku

达阿语 eka，乌玛语 ekaʔ < *ʔeka。

尼科巴语 paekuːø < *pa-ʔeku。

15. *kumi

达密语 kumi < *kumi。

16. *g^{w}as

汉语 *g^{w}as（惧）。

17. *s-grok

藏文 skrag，缅文 krɔk，怒苏怒语 gɹu̯ ^{53} < *s-grok。

18. *boso

加龙语 boso-na < *boso。

19. *ʔlu / *lo

壮语武鸣话、布依语 laːu^{1} < *ʔlu。

德昂语 jo < *lo。

20. *boro

蒙达语 boro，桑塔利语 bo̱ ro̱ < *boro。

21. *lat / *lit-bit / *klat

户语 lat^{33}，佤语艾帅话 lhat < *lat。

桑塔利语 litsbits < *lit-bit。

柬埔寨文 khlaːtʃ < *klat。

22. *togo

莽语 tə^{31}gɔ^{35} < *togo。

23. *botor

桑塔利语 bo̱ to̱ r < *botor，ḓorokia < *doroki-ʔa。

《尔雅》:“战、栗、震、惊、戁、竦、恐、慴，惧也。”

◇ 二 “怕”的词源对应关系

1.“怕”和“血”

（1）藏文 skrag，“血”khrag < *krak。

（2）柬埔寨文 *klat，“血”loːhɤt < *lolot。

（3）中古朝鲜语 turi- < *duri。“血”巴塔克语 mudar < *mu-daru。

（4）日语 *ʔigaga-ru。“血”查莫罗语 haga < *qaga。

（5）赛夏语、巴拉望语、他加洛语 *takot。“血”日语 tiketsɿ < *tiketu，“红色、血”多布语 k^{w}udi < *kudi。

（6）达密语 *kumi，“血”阿伊努语 kem < *kem。

（7）加龙语 *boso，“血”京语 mau⁵ < *ʔmus。

（8）莽语 *togo，“血”他加洛语 dugoʔ、戈龙塔洛语 duhu < *dugus。

（9）萨摩亚语 fefe < *bʷebʷe，“血”梅柯澳语 ifa < *ʔibʷa。

（10）巴厘语 dʒədʒəh < *dedeq，“血”毛利语、汤加语、萨摩亚语、拉巴努伊语 toto，夏威夷语 kŏkŏ < *toto。

2.“怕”和“惊”

（1）日语 *ʔigaga-ru，“奇怪、惊奇”蒙古语 gɛːxɑ-、达斡尔语 gɑigɑ- < *giga。

（2）藏文 skrag，“受惊”怒苏努语 gɹu̠⁵³、浪速语 kjauk³¹ < *gruk。“惊奇”雅美语 maʁalak < *ma-galak。

（3）蒙古语族语言 *ʔere，“吃惊”塔希提语、拉巴努伊语 maere < *ma-ʔere。瓜依沃语 kʷaʔaru < *ka-ʔaru。

（4）达密语 *kumi，“吃惊”爪哇语 gumun < *gumu-n。

（5）满通古斯语 *gele，“吃惊”劳语 kʷele < *kele。

（6）莽语 *togo，“吃惊”布鲁语 dike-k < *dike。

（7）柬埔寨文 *klat，“吃惊”他加洛语 gūlat。

（8）萨摩亚语 fefe < *bʷebʷe，“吃惊”汤加语 ofo < *ʔobo。

（9）南密语 *pare-ʔu，“吃惊”罗图马语 ferehiti < *bere-piti。

3.“怕”和“鬼”

（1）蒙古语族语言 *ʔere，“鬼”图瓦语 ɑzɑ < *ʔara，“通天鬼”满文 ari < *ʔari。

（2）达密语 *kumi，“鬼”古突厥语 kɑm < *kam，伊拉鲁吐语 gəmɔnə <

*gomo-na。“神、精灵、熊”阿伊努语 kamuj < *kamuʔi。

芬兰语“怕”kammo < *kamo，“鬼”haːmu < *qamu。

（3）巴厘语 *dedeq，“鬼”博嘎尔珞巴语 dit < *dit，“旱魃”满文 jetʃe < *dete。

（4）邵语 *sukal，汉语 *kəl（鬼）。

（5）户语、佤语艾帅话 *lat。“鬼”戈龙塔洛语 lati、乌玛语 rati < *lati。

（6）爪哇语 wadi < *badi。“鬼”柬埔寨文 khmaotʃ < *k-mat，汉语 *mət（魅）。

（7）莫图语 *gari，“鬼”布朗语胖品话 si ŋar[51] < *si-ŋar。

（8）南密语 *pare-ʔu。“鬼”撒拉语 pirə < *pirə，德昂语硝厂沟话 ka pro < *pro。

◇ 三 词源分析

1. *b^{w}ere（*boro、*bere、*b^{w}er、*pirə）

“怕”蒙达语、桑塔利语 *boro。“吃惊”罗图马语 ferehiti < *b^{w}ere-piti。“熊”却域语 wɛr[13] < *b^{w}er。“鬼”撒拉语 pirə < *pirə。

“怕”古英语 færan，古高地德语 faren，古挪威语 færɑ（辱骂）< *pare。 “熊”古英语 bera、古高地德语 bero、古挪威语 bjö rn。

“怕”匈牙利文 fel。

2. *b^{w}ola（*ʔap^{w}ala、*bula、*bla）

“神”多布语 aɸala < *ʔap^{w}ala。“灵魂”藏文、却域语 *bla，独龙语、

阿依怒语 *bula。

“怕”俄语 bojatjsja < *b^{w}ola-。“灵魂”古英语 sawol、古撒克逊语 seola、古弗里斯语 sele、哥特语 saiwala < *seb^{w}ola。

“雷”壮语 pja^{3}，毛南语 va^{1} < *plaʔ / *ʔb^{w}la。大瓦拉语 palele < *palele。勒窝语 p^{w}olulu < *p^{w}alulu。

3. *burga（*burka）

“神”西部裕固语 buhrɢɑn，东部裕固语 bɑlkən < *burga-n。鄂伦春语 bʊrkan < *burka-n。

“怕”阿尔巴尼亚语 frikë < *b^{w}rike。

4. *b^{w}a（*b^{w}eb^{w}e、*ba、*bu）

“怕”萨摩亚语 *b^{w}eb^{w}e。“血”梅柯澳语 ifa < *ʔiba。劳语 ʔabu、瓜依沃语 ʔabu-na。

“怕”希腊语 phoboymai < *bobo-。意大利语 spaventare < *spab^{w}e-。

“怕”波兰语 obawiatʃ < *obab^{w}a-，亚美尼亚语 vax < *b^{w}aq。

“怕”和阗塞语 pve̜ ṇa < *p^{w}e-，pvaimä < *p^{w}ai-ma（我害怕）。

5. *g^{w}as（*gus）

汉语 *g^{w}as（惧）。“熊”京语 kon^{1}ɣəu^{5} < *kon-gus。

“恶魔、灵魂”古英语 gast，“精灵、鬼”德语 geist、中古荷兰语 gheest < *ges-。

“吓唬”古英语 gæstan。

6. *b^{w}ati（*mat、*mət）

“怕”爪哇语 *badi。“鬼”柬埔寨文 khmaotʃ < *k-mat，汉语 *mət（魅）。“丑的”满文 botʃihe < *boti-qe。“敌人”满文、锡伯语、鄂伦春语、达斡尔

语 *bata、摩尔波格语、沙玛语 *bata，桑塔利语 *mude。

“怕”梵语 bhiti < *biti。“鬼、恶魔”梵语 bhuːta < *buta。

“鬼”希腊语 phansmo、意大利语 fantasma < *bat-sma。

7. *grok（*krok、*krog）

“害怕”藏文、缅文、怒苏怒语 *s-grok。“坏的、丑的”柬埔寨文 ʔaːkrɔk < *ʔakrok，“坏的”缅文 tsho^3 < *krog。

“可怕的”古挪威语 uggligr < *uglig，“丑的”古英语 uglike。

“怕”亚美尼亚语 erkyuʁel < *er-kjug-。

8. *duri

“害怕”中古朝鲜语 turi- < *duri。

“怕”乌尔都语 darna < *dar-。

“哭”的词源关系

“哭”指脸部的表情和伴随的声音，汉语无声称“泣”，有声为“哭”。亚欧语言中表示该义的动词或与“生气”“眼泪”“呻吟”等说法有词源关系。

◇ 一 东亚太平洋语言的“哭”

“哭”的主要说法有：

1. *ʔiŋla/ *gila / *ʔugila / *ŋilis / *ŋil

中古突厥语 iŋli-，土耳其语 inli-，维吾尔语 jiʁlɑ-，西部裕固语 jiɣlɑ- < *ʔiŋla。

哈萨克语 dʒəlɑ- < *gila。

蒙古语书面语 uɣılɑ-，蒙古语 uelɑ-，东乡语 uilɑ-，达斡尔语 uɑil- < *ʔugila。

泰雅语 ŋilis < *ŋilis。

布拉安语 m-ŋil < *ŋil。

2. *soŋo / *soŋu / *soŋor / *seŋ

满文 soŋgo-，锡伯语 soŋu- < *soŋo。

女真语（宋谷必）*soŋkupi < *soŋu-。

鄂温克语 ʃɔŋɔran，鄂伦春语 ʃɔŋɔ-，赫哲语 soŋo- < *soŋor。

波那佩语 seŋ < *seŋ。

3. *ʔur

朝鲜语 urta < *ʔur-。

4. *na-ku

日语 naku < *na-ku（哭、叫）。

5. *tis

阿伊努语 tʃis < *tis。

6. *ta-ni / *ʔni / *ʔne

瓜依沃语 ani，马林厄语 tan̊ i < *ta-ni。

苗语大南山话 n̥a^{3}、枫香话 n̥i^{3} < *ʔni。

侗语 ne^{3}，毛南语 ʔn̥e^{3} < *ʔne。

7. *na-ŋis / *ra-ŋis / *ta-ŋis / *mo-ŋisi / *lumi-ŋisi / *mata-ŋis

爪哇语 naŋis < *na-ŋis。

三威治港语 ra^{ŋ}gis-i < *ra-ŋis。

布农语、马都拉语 taŋis，汤加语、萨摩亚语 taŋi，查莫罗语 taŋse < *ta-ŋis。

邹语 moŋəsi < *mo-ŋisi。

赛德克语 lumiŋisi，赛夏语 hœmaŋih < *lumi-ŋisi。

卑南语 maʈaŋis < *mata-ŋis。

8. *balam

吉利威拉语 -βalam < *balam。

9. *ta-ʔi / *tati

莫图语 tai < *ta-ʔi。查莫罗语 tʃati < *tati。

10. *rita

那大语 rita < *rita。

11. *su

布昂语 su < *su。

12. *mis

帕玛语 mis < *mis。

13. *tubi

鲁凯语 tubi < *tubi。

14. *ʔaʔuŋ

排湾语 qauŋ < *ʔaʔuŋ。

15. *kabo / *kap

罗维阿纳语 kabo < *kabo。

博嘎尔珞巴语 kap < *kap。

16. *krap

汉语 *khrəp（泣），景颇语 $khʒap^{31}$ < *krap。

17. *ŋu

藏文 ŋu，缅文 ŋo[2] < *ŋu。

18. *kro

达让僜语 khro[53] < *kro。

19. *ʔiam / *ʔi-am

克木语 jăm，户语 jam[33]，布兴语 ȵam < *ʔiam。

蒙达语 iām < *ʔi-am。

20. *kiki-ʔa / *khok

桑塔利语 kikiɛ < *kiki-ʔa。（哭、喊叫）

汉语 *khok（哭）。

21. *rag

桑塔利语 rakh < *rag。

◇ 二 "哭"的词源对应关系

1. "哭"和"生气""忧愁"等

（1）那大语 *rita。"生气"维吾尔语 rɛndʒi-，哈萨克语 rendʒi- < *redi。

（2）帕玛语 *mis，"生气"那大语 miso < *miso。

（3）日语 *na-ku。汉语 *sna（怒）。

（4）哈萨克语 *gila，"生气"西部裕固语 tʂilɑ < *kila。"怒气"蒙古语和静话 kiliŋ。

（5）桑塔利语 *kiki-ʔa，"郁闷"满文 giŋka- < *gika。

（6）鲁凯语 *tubi，“忧愁”满文 dʒobo-＜*dobo。

（7）朝鲜语 *ʔur-，“气愤”蒙古语 uːr。“怒气”东部裕固语 uːr。“伤心透了”满文 ure-＜*ʔure。

（8）达让僜语 *kro，“生气”瓜依沃语 ogaria＜*ʔogari-ʔa。

2.“哭”和“眼泪”

（1）那大语 *rita。汉语 *rət-s（泪）。

（2）泰雅语 *ŋi-lis，“眼泪”排湾语 ʅusəq、鲁凯语 ʅəsə＜*lusəq。

（3）帕玛语 *mis，“眼泪”波那佩语 pilen-mese。

（4）排湾语 *ʔaʔuŋ，“眼泪”马都拉语 aiŋ mata＜*ʔaʔiŋ-mata（泪—眼睛）。

（5）朝鲜语 *ʔur-。“眼泪”塔几亚语 iro-n，伊拉鲁吐语 matiɛ ruɛ。

3.“哭”和“呻吟”

（1）鄂温克语、鄂伦春语、赫哲语 *soŋor。“呻吟”勒窝语 ŋoŋoru＜*ŋoŋoru，德昂语胖品话 ŋɤr^{31}＜*ŋor。吉尔伯特语 ŋira。

（2）朝鲜语 *ʔur-，“呻吟”塔希提语、拉巴努伊语 ʔuʔuru＜*ʔuʔuru。托莱语 riri。

（3）汉语 *khok（哭）＜*kok，“呻吟”摩尔波格语 oŋok＜*ʔoŋok。

（4）藏文、缅文 *ŋu，“呻吟”罗图马语 ŋū。

（5）哈萨克语 *gila，“呻吟”瓜依沃语 ŋola、南密语 kolo。

（6）那大语 *rita，“呻吟”爪哇语 ŋ-rintih＜*ritiq。

（7）达让僜语 *kro，“呻吟”马林厄语 eʔegre＜*ʔe-gre。

4.“哭”和“叫喊”等

（1）达让僜语 *kro。“叫喊”缅文 khɔ^{2}，阿昌语 kzə̥^{55}＜*kro。布昂语

gora、锡克语 gəri。

（2）罗维阿纳语 *kabo。“叫喊”窝里沃语 ke^{m}ba＜*keba，日语 sakebu＜*sakebu。

（3）藏文、缅文 *ŋu，“狼叫”藏文 ŋu、彝语喜德话 ŋo^{33}（虎啸）。

（4）桑塔利语 *rag。“叫喊”摩尔波格语、萨萨克语 surak。

（5）帕玛语 *mis，“叫喊”vise。

（6）蒙古语族语言 *ʔula。“叫喊”满文 hūla-、锡伯语 χula-（啼）＜*qula。

◇ 三 词源分析

1. *g^{w}ari（*kro、*gari、*gre、*gri 等）

“哭”达让僜语 *kro。

“叫喊”墨脱门巴语 dʐai＜*gri，布昂语 gora，锡克语 gəri，缅文 khɔ^{2}、阿昌语 kʐə^{55}＜*kro，义都珞巴语 gɹɑ^{53}＜*gra。

“生气”瓜依沃语 ogaria＜*ʔogari-ʔa。

“呻吟”马林厄语 eʔegre＜*ʔe-gre。

“哭”俗拉丁语 critare，意大利语 gridare，古西班牙语 cridar，英语 cry＜*kri-。
“哭”亚美尼亚语 goɾal＜*gora-。“悲伤”古挪威语 angra。

2. *ʔure（*ʔur、*ʔuru、riri）

“哭”朝鲜语 *ʔur-，“气愤”蒙古语 uːr。“怒气”东部裕固语 uːr。“伤心透了”满文 ure-＜*ʔure。“呻吟”塔希提语、拉巴努伊语 ʔuʔuru＜*ʔuʔuru。托莱语 riri。

“哭泣”乌尔都语 ronaː＜*ro-。

> “哭泣”阿尔巴尼亚语（动词）kyaj < *qar，（名词）kyarë < *qaro。
> “生气、粗暴”拉丁语 ira、古法语 ire、古英语 irre。

3. *gila（*kila、ŋola）

“哭”哈萨克语 *gila，“生气”西部裕固语 tʂilɑ < *kila，“呻吟”瓜依沃语 ŋola。

> “哭、泣”希腊语 klaio < *kla-。

4. *rida（*rita、redi、*riti、*rit）

“哭”那大语 *rita。“生气”维吾尔语 rɛndʒi-、哈萨克语 rendʒi- < *redi。“呻吟”爪哇语 ŋ-rintih < *ritiq。汉语 *rit-s（泪）。

> “哭、泣”梵语 roditi < *rodi-，俄语 rɨdatj < *ruda-。

5. *kabo（*kap）

“哭”罗维阿纳语 *kabo、博嘎尔珞巴语 *kap。“叫喊”日语 sakebu < *sakebu。

> “哭泣”英语 weep、古挪威语 op、古高地德语 wuef < *k^{w}op。
> “生气”梵语 kopa。“叫”古教堂斯拉夫语 vupiti。

“眼泪”匈牙利文 csepp < *kep。

6. *kiki-ʔa / *kok

“哭、喊叫”桑塔利语 kikiɛ < *kiki-ʔa。汉语 *khok（哭）< *kok。

> “哭喊”乌尔都语 tʃeːkhna < *keg-。

“推”的词源关系

“推”是以身体为参照向外的动作，亚欧诸语中与“压”“打击”“往外”等说法有词源关系。

◇ 一　东亚太平洋语言的“推”

“推”的主要说法有：

1. *tul / *tule-ʔi

古突厥语 tul- < *tul。

萨摩亚语 tulei，塔希提语 tūrai < *tule-ʔi。

2. *ture-t / *turuq

土耳其语 dyzelt-，维吾尔语、哈萨克语 tyrt- < *ture-t。

阿美语 tʃuruh < *turuq。

3. *rit / *rot

图瓦语、撒拉语、西部裕固语 jit- < *rit。①

布昂语 rot < *rot。

4. *tuləku / *tulak

蒙古语 dʉlxə-，达斡尔语 tulki-，东部裕固语 tulgu-，土族语 turgu- < *tuləku。②

他加洛语 tūlak，米南卡保语、亚齐语 tulaʔ < *tulak。

5. *ʔana

满文、赫哲语、鄂温克语 ana-，锡伯语 anə- < *ʔana。

6. *nidu

鄂伦春语 nidu- < *nidu。

7. *mir

朝鲜语 mirta < *mir-。

8. *ʔosu / *ʔusu-ʔa

日语 osɿ < *ʔosu。（推、压）

瓜依沃语 usu-a，阿者拉语 usu < *ʔusu-ʔa。

9. *duru / *dori-ʔa / *doroŋ / *ʔudur

鲁凯语 ɖuruɖuru < *duru。

莫图语 dori-a < *dori-ʔa。

---

① "压"匈牙利文（动词）szorit < *sorit。

② "推"匈牙利文（动词）törekszik < *torek-sik。

印尼语 mən-doroŋ < *doroŋ。

蒙达语 uduɽ < *ʔudur。（扔、推）

10. *ʔi-tulad

卡加延语 tulud，巴拉望语 itulad < *ʔi-tulad。

11. *doneg

查莫罗语 tʃhoneg < *doneg，somug < *somug。

12. *tobe

布鲁语 tobe < *tobe。

13. *pure / *poroq

嫩戈内语 puze < *pure。

邹语 poeohʉ < *poroq。

14. *bili

东部斐济语 bili-ŋa，西部斐济语 bili-a < *bili。

15. *nuruŋ / *so-roŋ

爪哇语 ɲuruŋ，贡诺语 aɲɲoroŋ，萨萨克语 soroŋ < *nuruŋ / *so-roŋ。

16. *q^wlər

汉语 *thwər（推）< *q^wlər。①

---

①“推”谐声有从母字“崔”，心母字“睢”等。

17. *ʔnoŋ /*naŋ

景颇语 noŋ⁵⁵，达让僜语 n̥ɯŋ⁵⁵ < *ʔnoŋ。

汉语 *naŋ（攘）。[①]

18. *ro / *ruru-ag / *ruru-ʔa

道孚语 zo < *ro。

泰雅语赛考利克方言 ruruw、泽敖利方言 r-um-uruaɣ < *ruru-ag。

罗维阿纳语 zuzua < *ruru-ʔa。

19. *tun

缅文 ton³，阿昌语 tun³¹ < *tun。

20. *num

博嘎尔珞巴语 num < *num。

21. *ʔoŋʔ

壮语龙州话 uŋ³，侗语 woŋ³ < *ʔoŋʔ。

22. *not

佤语艾帅话 n̥ho̱ t，克木语 n̥ut < *not。

23. *pok

尼科巴语 peɔk < *pok。

24. *daka

桑塔利语 ɖhaka < *daka，ɖhakao < *daka-ʔu。

---

①《说文》："攘，推也。"

25. *dela / *del

桑塔利语 ţhelao < *dela-ʔu，ţhela < *dela。

藏语夏河话 ndel < *del。

26. *kuriŋ

尼科巴语 kuriŋ < *kuriŋ。

◇ 二 “推”的词源对应关系

1. “推” 和 “压”

（1）图瓦语、撒拉语、西部裕固语 *rit，“压” 巽他语 m-r-t < *mi-rit。

（2）满通古斯语 *ʔana，“压” 吉尔伯特语 taona < *ta-ʔona。

（3）朝鲜语 mirta < *mir-，“压” 阿杰语 kā wiř i < *ka-miri。

（4）鲁凯语 *duru。“压”清代蒙文 dɑru-，蒙古语 dɑrlɑ-，东部裕固语、土族语 dɑːrə- < *daru。

（5）缅文、阿昌语 *tun。“压” 哈拉朱乌语 tō nĩ < *toni，西部斐济语 tania < *tani-ʔa。

（6）嫩戈内语 *pure，“压” 锡克语 pəra < *pəra。

（7）景颇语、达让僜语 *ʔnoŋ，“压”藏文 gnon，错那门巴语 nen < *g-nen。

2. “推” 和 “打击”

“推” 作为武力，也是 “打击”，故这两种表达可以有词源关系。例如：

（1）日语 *ʔosu，“打击” 夸梅拉语 -osi。

（2）尼科巴语 *pok，“打击” 沙玛语 pokpok。

（3）罗维阿纳语 *ruru-ʔa。“打击” 吉尔伯特语 orea < *ʔore-ʔa。

（4）古突厥语 *tul，“打击”锡加语 tola。

（5）布鲁语 *tobe，“打击”嘉戎语 kə top。

3. “推”和“外”

“推”是向“外”，故它们可以有词源关系。

（1）古突厥语 *tul。“外”满文 tule，锡伯语 tyl-xi < *tule-。鄂伦春语 tulləː，鄂温克语 tuldə < *tul-。

（2）藏语夏河话 *del。“外”撒拉语 dɑʃ < *dal。

（3）图瓦语、撒拉语、西部裕固语 *rit。“外”维吾尔语 sirt、哈萨克语 sərt < *sirt。

（4）布鲁语 *tobe。“外”爪哇语 dʒɔbɔ，布昂语 dobanɛ < *doba-ne。

（5）罗维阿纳语 *ruru-ʔa。“外”西部斐济语 rārā < *rara。

三 词源分析

1. *beli（*bili）

“推”斐济语 *bili，“打击”马达加斯加语 maN-veli < *beli。

“推、打击”拉丁语 pulsare，古法语 poulser，英语 push < *pul-。希腊语 sprokhno < *sprog-。

“推”（名词）格鲁吉亚语 bilis。

2. *ro（*ruru）

“推”罗维阿纳语 *ruru-ʔa，道孚语 *ro，“打击”吉尔伯特语 orea < *ʔore-ʔa。

“推”希腊语 zorizo < *rori-。

3. *pura（*pure）

“推”嫩戈内语 *pure，“压”锡克语 pəra < *pəra。

> “推”波兰语 przetʃ < *pre-。“推、压、按（铃）”梵语 praɲudati < *pra-nuda-。
>
> “推”西班牙语 empujar，葡萄牙语 empurrar < *empura-。
>
> “推”亚美尼亚语 hrel < *pre-。
>
> “压”拉丁语 pressare，“挤压”古法语 presser < *pur-。

4. *tuleku（*tulak、*tərək）

“推”蒙古语族语言 *tuleku。他加洛语，米南卡保语、亚齐语 *tulak。“抽”克木语 trɤh、布朗语南虎话 rɤiʔ < *tərək。

> “推”俄语 tolkatj < *tolka-。

5. *ture（*tule）

“推”突厥语 *ture-t，古突厥语 *tul。“外面”满文 tule，锡伯语 tyl-xi，鄂伦春语 tulləː，鄂温克语 tuldə < *tule-。

> “推”阿尔巴尼亚语 ʃtyrë < *sture。

“拉”阿者拉语 *ʔatir、邹语 *ʔe-ʔaturu。

> “拉”法语 tirer，西班牙语 tirar，意大利语 tirare < *tira-。
>
> “拉”波兰语 targtʃ < *targa-。
>
> “拔”粟特语 pətar < *pə-tar。

“拉”格鲁吉亚语 drɛva < *dre-。

“拉”古突厥语、维吾尔语、哈萨克语 tɑrt-，西部裕固语 dɑhrt- < *tarə-t。蒙古语 tʃɑŋgɑː-，东部裕固语 tʃirɢɑ-，保安语 tɕirgə- < *tir-ga。

> “拉”阿尔巴尼亚语 tërheky < *torke-q。

6. *daka

“推”桑塔利语 ɖhaka < *daka。

“推”乌尔都语 dhakka dena < *daka -。

“拉”水语 daːk^{7} < *ʔdak。朝鲜语 taŋkita < *dagi-ta。罗维阿纳语 dakua < *daku-ʔa。

“(用绳)拉”古英语 togian，古弗里斯语 togia，古挪威语 toga < *doga-。

拉丁语 ducere（引领）< *duke-。

“拉”波兰语 ciągatʃ < *taga-。“推”乌尔都语 dhakka dena < *daka-。

“拉”的词源关系

“拉”是向自身方向用力的动作，亚欧语言中“推”和“拉”与向“外”和往“里”的说法有关，“拉”的说法与“伸”“拉长”“抽”等说法有词源关系。有的语言的“拉”与“推”有词源关系，以词根辅音清、浊的交替和元音变化的方式来区分，南岛语和阿尔泰系语中保留着这一类说法的对应关系。

◇ 一　东亚太平洋语言的“拉”

“拉”的主要说法有：

1. *tarə-t / *tir-ga / *tarik / *ʔe-ʔaturu / *ʔatir / *dara-dari

古突厥语、维吾尔语、哈萨克语 tɑrt-，西部裕固语 dɑhrt- < *tarə-t。（拉、抽）

蒙古语 tʃɑŋgɑː-，东部裕固语 tʃirɢɑ-，保安语 tɕirgə- < *tir-ga。

印尼语、摩尔波格语、巴厘语 tarik，亚齐语 tareʔ < *tarik。

邹语 eʔətʉeʉ，阿者拉语 a^{n}tir- < *ʔe-ʔaturu / *ʔatir。

桑塔利语 dhara dhɛri < *dara-dari。

2. *dat / *dadi / *dət

图瓦语 dat- < *dat。

西双版纳傣语 tɯt^{8} < *dət。

布昂语 dadī < *dadi。

3. *tata / *tatə / *toto / *tot

满文 tata-，锡伯语 tatə- < *tata。

达斡尔语 tɑtə- < *tatə。[①]

西部斐济语 toto < *toto。

桑塔利语 toth < *tot。（拉开）

4. *tan / *m-den / *k-den

鄂伦春语、鄂温克语 taːn- < *tan。

藏文 ɦthen，嘉戎语 kthən < *m-den / *k-den。

5. *ʔusa /*ʔusi

赫哲语 us̯a- < *ʔusa。

嫩戈内语 uʃi < *ʔusi。

6. *pi-ku / *bi-ʔi / *bi-ʔa

日语 hiku < *pi-ku。

那大语 vii < *bi-ʔi。

吉尔伯特语 -bia < *bi-ʔa。

7. *bʷeri

莫图语 veri-a < *bʷeri。

---

① "拉"芬兰语（动词）antaː < *ata，saːda < *sada。

8. *raba / *repe

拉加语 rava < *raba。

马那姆语 repe < *repe。

9. *na-rik

爪哇语 nariʔ < *na-rik（拉、伸）。

10. *peli / *pelib

南密语 p^{w}eli < *peli。

三威治港语 peliv < *pelib。

11. *qala

查莫罗语 hala < *qala，arantʃa < *ʔarata，batsala < *batala。

12. *ʔdak / *dagi-ta / *daku-ʔa / *tuk

水语 daːk^{7} < *ʔdak。

朝鲜语 taŋkita < *dagi-ta。

罗维阿纳语 dakua < *daku-ʔa。

佤语马散话 tauk，孟贡话 tu̱k，布朗语胖品话 tɯk^{31} < *tuk。

13. *lak

壮语武鸣话 ɣaːk^{8}，西双版纳傣语 lak^{8} < *lak。

布兴语 lak < *lak。

14. *lin / *si-len

汉语 *lin（引）。

博嘎尔珞巴语 ɕe len < *si-len。

15. *gaŋ

景颇语 kaŋ^{33} < *gaŋ。

16. *peŋ

勉语大坪江话 pɛːŋ^{1}，布努语 piŋ^{1} < *peŋ。

壮语武鸣话 peŋ^{1}，毛南语 pɛŋ^{1} < *peŋ。

17. *ka-bot

尼科巴语 kavɔt < *ka-bot。

18. *ʔor / *ru

桑塔利语 o̜ r < *ʔor。

柬埔寨文 ʔoːh̠ < *ʔor。

克木语 ru < *ru。

二 “拉”的词源对应关系

1. “拉”和“推”

南岛语中“拉”和“推”说法的交叉对应的关系以词根辅音清、浊的交替和元音变化的方式出现。

（1）邹语 *ʔe-ʔaturu，“推”鲁凯语 ɖuruɖuru < *duru、莫图语 dori-a < *dori-ʔa。

（2）拉巴努伊语 haro < *paro，“推”嫩戈内语 puze < *pure。

（3）萨萨克语 awek < *ʔab^{w}ek，“推”尼科巴语 peɔk < *pok。

（4）罗维阿纳语 *daku-ʔa，“推”桑塔利语 ɖhaka < *daka。

（5）南密语 *peli，“推”东部斐济语 bili-ŋa、西部斐济语 bili-a < *bili。

（6）嫩戈内语 *ʔusi，“推”瓜依沃语 usu-a，阿者拉语 usu < *ʔusu-ʔa。

2. “拉”和“伸”“抽”

（1）西部斐济语 toto，“伸”dodo。

（2）桑塔利语 *dara-dari，“伸”罗维阿纳语 nadoro < *na-doro。

（3）那大语 *bi-ʔi，“伸”夸梅拉语 -əmi < *ʔimi。

（4）壮语武鸣话、西双版纳傣语 *lak，“伸”马绍尔语 eɭɭɒke < *ʔlake。

（5）嫩戈内语 *ʔusi，“伸”卡乌龙语 uus < *ʔuʔus。

（6）蒙古语族语言 *tirəga，“抽”克木语 trɤh、布朗语南虎话 rɤiʔ < *tərək。

3. “拉”和“长”

“拉”可指“拉长”，故“拉”和“长”有词源关系。

（1）勉语大坪江话、布努语 *peŋ，“长”柬埔寨文 vɛːŋ < *b^{w}eŋ，克木语 vaŋ < *b^{w}aŋ。

（2）博嘎尔珞巴语 *si-len，“长”布朗语甘塘话 lan^{31} < *lan。

（3）西部斐济语 toto，“长”那大语 dada < *dada。

（4）邹语 *ʔe-ʔaturu，“长”土族语 ʂdur < *s-dur。

（5）桑塔利语 *ʔor，“长”爪哇语 duur < *du-ʔur。

（6）克木语 *ru。“长”傣语 jaːu^{2} < *ru。伊拉鲁吐语 mərərɔ < *mə-roro，布兴语 ʒau < *ru。

◇ 三 词源分析

1. *beli（*peli）

“拉”南密语 *peli，“推”东部斐济语 bili-ŋa、西部斐济语 bili-a < *bili。

“拉”古英语 pullian < *buli-。

“推、打击”拉丁语 pulsare、古法语 poulser、英语 push < *pul-。

“推”（名词）格鲁吉亚语 bilis。

2. *ʔusi（*ʔusu、*ʔisi）

“拉”嫩戈内语 *ʔusi，“推”瓜依沃语 usu-a、阿者拉语 usu < *ʔusu-ʔa。“后”日语 uçi < *ʔusi，劳语 isi < *ʔisi。

“拉”希腊语 syro < *su-。

3. *daki（*daka、*dagi、*daku、*tuk）

“拉”水语 *ʔdak，朝鲜语 *dagi-，佤语马散话、孟贡话、布朗语胖品话 *tuk，罗维阿纳语 *daku-ʔa。“推”桑塔利语 ɖhaka < *daka。

“（用绳）拉”古英语 togian，古弗里斯语 togia，古挪威语 toga < *doga-。

拉丁语 ducere（引领）< *duke-。

“拉”波兰语 tiąɡatʃ < *taga-。“推”乌尔都语 dhakka dena < *daka -。

4. *tiru（*tir、*turu）

“拉”阿者拉语 *ʔatir、邹语 *ʔe-ʔaturu。

“里面”满文 dolo，鄂伦春语、鄂温克语 dɔːlaː < *dola。

“拉”法语 tirer，西班牙语 tirar，意大利语 tirare < *tira-。

“拉”波兰语 targtʃ < *targa-。

“拔”粟特语 pətar < *pə-tar。

“拉”格鲁吉亚语 drɛva < *dre-。

“拉”蒙古语、东部裕固语、保安语 *tir-ga。突厥语 *tarə-t。

“拉”阿尔巴尼亚语 tërheky < *torke-q。

5. *geso

“拉”伊拉鲁吐语 gesɔ < *geso。

“拉”亚美尼亚语 khaʃel < *gase-。“压”威尔士语 gwasgu < *g^{w}as-。

6. *den（*tan）

“拉”鄂伦春语、鄂温克语 *tan。藏文 ɦthen，嘉戎语 kthən < *m-den / *k-den。

“拉”威尔士语 tynnu < *tin-。

“拉”格鲁吉亚语 tshɛva < *de-。

7. *gero（*gir）

“长的”朝鲜语 kirta < *gir-。

“长的”希腊语 makros < *ma-kros。阿尔巴尼亚语 gjatë < *gra-to。
“拉”粟特语 xarʃ < *kars。

“压”的词源关系

“压”是缓慢施力的动作，有别于快速施力的“推”。亚欧语言中“压”与“推”“挤”“捏”“紧的”等说法有词源关系。

◇ 一　东亚太平洋语言的“压”

“压”的主要说法有：

1. *bas / *pasa / *pasa-ʔi
维吾尔语、哈萨克语、西部裕固语 bɑs- < *bas。[①]
罗图马语 hasa，马那姆语 pisaʔi < *pasa / *pasa-ʔi。

2. *bara / *pəra
图瓦语 bɑzɑ- < *bara。
锡克语 pəra < *pəra。（压、挤）

① “压”匈牙利文（动词）kivasal < *ki-b^{w}asa-l。

3. *daru / *ma-deri

清代蒙文 dɑru-，蒙古语 dɑrlɑ-，东部裕固语、土族语 dɑːrə- < *daru。

马达加斯加语 maneri < *ma-deri。

4. *sogə

东部裕固语 søɣə- < *sogə。

5. *gida / *gətet / *seketi

满文 gida- < *gida。

巽他语 ŋa-gəntʃet < *gətet。

窝里沃语 seketi < *seketi。

6. *ʔosu

日语 osɿ < *ʔosu。（推、压）

7. *raʔruʔ / *ruka

泰雅语 r-um-aʔruʔ，窝里沃语 ruka < *raʔruʔ / *ruka。

8. *pərəka-ʔu / *prak

卑南语 pərkau < *pərəka-ʔu。

汉语 *prak（迫）。

9. *pagaʔ

巴拉望语 pagaʔ-ɔn，木鲁特语 pagaʔ < *pagaʔ。

10. *tak-an / *tek

印尼语 təkan，米南卡保语 takan，沙玛语 tokkon < *tak-an。

阿昌语 tek^{35} < *tek。

德昂语南虎话 tĕk、茶叶箐话 tɛk^{55} < *tek。

德宏傣语 tek^{9} < *tek。

11. *nunu

莫图语 nunu-a < *nunu。

12. *biŋ

托莱语 biŋ < *biŋ。

13. *ŋatu

拉巴努伊语 ŋatu < *ŋatu。

14. *səpat

排湾语 səmpət < *səpat。

15. *pasut / *pisat

泰雅语 pahut < *pasut。

巴塔克语 pisat < *pisat。

16. *ʔrəp

汉语 *ʔrəp（压）。

17. *g-nen

藏文 gnon，错那门巴语 nen < *g-nen。

18. *pen

墨脱门巴语 pen < *pen。

19. *dip

景颇语 tip^{31} < *dip。

20. *ʔa-ret

独龙语 a^{31}ɹɛt^{55} < *ʔa-ret。

21. *nut / *dənut

克木语 nut < *nut。

马京达瑙语 dənət < *dənut。

22. *dit

布兴语 kɤ dit < *dit。

23. *ʔnep / *ʔnap

布朗语胖品话 ʔnep^{55}、甘塘话 nip^{31} < *ʔnep。

布依语 naːp^{7} < *ʔnap。

24. *lin / *len

蒙达语 linʔ（挤压），桑塔利语 lin < *lin（用手压）< *linʔ / *lin。

桑塔利语 le̤n < *len。

◇ 二 “压”的词源对应关系

1. “压” 和 “推”

“压”和“推”的词源关系上文《推》篇中已经说明。

2. “压”和“挤”

（1）东部裕固语 *sogə。“挤”维吾尔语 saʁ-，西部裕固语 saɣ- < *sag。

（2）日语 *ʔosu。“挤、夹”维吾尔语 qis-，图瓦语 kɤs- < *qis。

（3）蒙古语族语言 *daru，“挤、靠近”东乡语 dɑru。

（4）马那姆语 *pasa-ʔi，“挤”雅美语 poʃipoʃ < *posi、马那姆语 pisa < *pisa。

（5）布兴语 *dit，“挤”汤加语 tatau < *tata-ʔu。

3. “压”和“捏”等

（1）亚齐语 tɯgɔn < *tigo-n。“捏”维吾尔语 tyg-，西部裕固语 dʒiɣ-（攥）< *dig。

（2）锡克语 *pəra，“捏”罗图马语 pɔru < *poru。

（3）克木语 *nut，汉语 *nit（捏）。

4. “压”和“紧的”

（1）蒙古语族语言 *daru，“紧的”撒拉语 dɑr < *dar。锡伯语 tɕira < *tira。

（2）科木希语 pitɛ < *pite，“紧的”日语 pinto < *pito。

（3）独龙语 *ʔa-ret，“紧的”阿昌语 zạt^{55} < *rat、德昂语 rit < *rit。

（4）布朗语胖品话、甘塘话 *ʔnep，“紧的”尼科巴语 lanipø < *la-nipo。

（5）东部裕固语 *sogə，“紧的”尼科巴语 sik < *sik、桑塔利语 sọkọt < *soko-t。

◇ 三　词源分析

1. *pura（*pure）

“压”锡克语 pəra < *pəra，“推”嫩戈内语 *pure，“捏”罗图马语 pɔru < *poru。

“压”拉丁语 pressare，希腊语 presro < *pres-。
“挤压”古法语 presser < *pur-。“压”波兰语 przetʃ < *pre-。
“推”西班牙语 empujar，葡萄牙语 empurrar < *empura-。

“压”匈牙利文 kipresel < *ki-pres-。

2. *b^{w}era（*bara）

“压”图瓦语 *bara。

“压、挤出”俄语 b^{w}-zʐmatj < *b^{w}irma-。阿尔巴尼亚语 bezdis < *ber-。
“压碎”和阗塞语 vamurr- < *b^{w}a-mur。

“压”格鲁吉亚语 phrɛva < *bre-。

3. *dero（*daru、*dar、*tira）

“压”蒙古语族语言 *daru，“紧的”撒拉语 dɑr < *dar，锡伯语 tɕira < *tira。

“压”希腊语 siderono < *sidero-。阿尔巴尼亚语 ʃtrydh < *stru-。
“压”和阗塞语 hastris < *qastri-。

4. *nut（*nit）

“压”克木语 *nut，汉语 *nit（捏）。

“按（键）”梵语 nudh < *nud。

“推、压、按（铃）”梵语 praɲudati < *pra-nuda-。

5. *dipo（*dip、*tobe）

“压”景颇语 *dip。“推”布鲁语 tobe < *tobe。汉语*thap（踏）< *dap。

“压、压碎”俄语 davitj < *dab^{w}i-。

“压力”乌尔都语 dabao < *daba-。

“倒（水）”亚美尼亚语 thaphel < *dabe-。

6. *gəmə（*kəmə）

“挤、捆”鲁凯语 wa-gəməgəmə < *gəmə，卡加延语 kəməs < *kəmə-s。

“压”亚美尼亚语 seʁmel < *segme-。

7. *gida（*gətet、*seketi）

“压”满文 *gida。巽他语 ŋa-gən̥tʃet < *gətet。窝里沃语 seketi < *seketi。

“推”威尔士语 gwthio < *guti-。

“摇”的词源关系

汉语以“摇晃”“摇动”等说法说明“摇”的方式。亚欧语言描述“摇”的说法与“抖”“移动”“跳”等说法有词源关系。

◇ 一　东亚太平洋语言的“摇”

“摇”的主要说法有：

1. *tori / *dar-qa / *durge / *torqu-bu / *qu-tur /*tir /*laq-tər

维吾尔语 tʃøry-，乌孜别克语 tʃøri- < *tori。[①]

图瓦语 dʒɑjʁɑ-，西部裕固语 jejqɑ- < *dar-qa。

满文 durge-（振动），锡伯语 tœrxuvu- < *durge / *torqu-bu。

巴塔克语 hutur < *qu-tur。

姆布拉语 -tir < *tir。

哈萨克语 lɑqtər- < *laq-tər。

---

①“摇”匈牙利文（动词）trillazik < *trila-rik。

2. *tal- / *dal-ku / *dal-dal-ʔu

塔塔尔语 taʃla- < *tal-。

蒙达语 dalkāo，桑塔利语 dalkao < *dal-ku。

桑塔利语 daldalao < *dal-dal-ʔu，dildil < *dil-dil。

3. *deba

蒙古语 dɛːba- < *deba。

4. *raq-gal / *gelo-gelo / *ŋali / *ŋel / *ŋlu

东部裕固语 jaχɢal- < *raq-gal。

劳语 gelogelo < *gelo-gelo。

马林厄语 ŋali < *ŋali。

克木语 kəm ŋɛl，布兴语 ʔɔl ŋᴇl < *ŋel。

壮语武鸣话、毛南语 ŋaːu^2，水语 ^{n}djaːu^2 < *ŋlu。

5. *kel-pise

满文 kelfiʃe- < *kel-pise。（摇晃）

6. *puru

日语 furu < *puru。

7. *gili

南密语 tʃili，科木西语 gili < *gili。

8. *nini-ʔu

罗维阿纳语 niniu < *nini-ʔu。

9. *ŋu-kok / *ʔe-gok / *kaka-s

巽他语 ŋutʃok < *ŋu-kok。

萨萨克语 ŋ-eŋgok < *ʔe-gok。

布拉安语 kakəs < *kaka-s。

10. *ruru

阿杰语 r̆ɯr̆ɯ̄ < *ruru。

11. *kalog

他加洛语 kalog < *kalog。

12. *lom

藏文 jom，墨脱门巴语 jum < *lom。

13. *snon / *ʔnoŋ / *ʔniŋ

阿昌语 n̥on < *snon。

黎语 ȵoŋ⁵ < *ʔnoŋ。

布依语 niŋ¹ < *ʔniŋ。

14. *ka-ŋaʔ / *ŋok

景颇语 kă³¹ŋaʔ⁵⁵ < *ka-ŋaʔ。

壮语武鸣话 ŋok⁸ < *ŋok。

15. *lala

扎坝语 ɬa⁵⁵ɬa⁵⁵ < *lala。

16. *sli / *le

彝语南华话 li³³，基诺语 lɛ⁴²，仙岛语 l̥ɛ³⁵ < *sli。

汉语 *le（摇）。

17. *bubet

佤语布饶克方言 vu vɛt < *bubet。

18. *ŋiŋi

户语 ŋǎ i^{33} $ŋai^{31}$，布朗语 $ŋɯi^{31}ŋɯi^{13}$ < *ŋiŋi。

19. *piŋbiŋ

莽语 $pəŋ^{31}viŋ^{51}$ < *piŋbiŋ。

20. *laru

桑塔利语 laɽao < *laru。

21. *qilu / *lulu

桑塔利语 hilɛo < *qilu。

汤加语 lulu < *lulu。

22. *dar-dar-ʔu / *gə-tar

桑塔利语 thartharao < *dar-dar-ʔu，tharthar < *dar-dar。

印尼语 bər-gətar < *gə-tar。

二 “摇”的词源对应关系

1.“摇”和“抖”

（1）塔塔尔语 *tal-，“抖”莽语 $tə^{31}le^{55}$ < *təle。

（2）日语 furu < *puru，“抖”日语 furueru < *puru-ʔeru、马京达瑙语 fififri < *piri。

（3）维吾尔语、乌孜别克语 *tori，“抖”中古朝鲜语 stəta、庆州话 ttərrinta < *s-dəri-。马京达瑙语 dʒədʒer、托莱语 dədədər < *dəder。

（4）桑塔利语 *dar-dar-ʔu，“抖”藏文 ɦdar < *m-dar。

（5）罗维阿纳语 *nini-ʔu，“抖”拉巴努伊语 nene < *nene。

2. “摇”和“移动”等

（1）彝语南华话、基诺语、仙岛语 *sli。“抖”维吾尔语 silki- < *silki，“移动”维吾尔语 sildʒi- < *silgi。

（2）塔塔尔语 *tal-，“移动”西部裕固语 jila- < *dila。

（3）南密语、科木西语 *gili，“移动”马都拉语 g^{ɦ}uli < *guli、“动”藏文 sgul < *s-gul。

（4）阿杰语 *ruru，“移动”罗图马语 rue < *ru-ʔe。

（5）马林厄语 *ŋali，“移动”帕玛语 gal。

（6）布拉安语 *kaka-s，“移动”西部斐济语 ðekutʃu < *le-kuku。

（7）汤加语 *lulu，“动”纳西语 ly^{55}ly^{33} < *lulu。

（8）桑塔利语 *laru，汉语 *lar（移）。

3. “摇”和“跳”

（1）蒙古语 *deba，“跳”日语 tobu < *tobu。

（2）达密语 joku < *loku，汉语 *lek（跃）。

（3）维吾尔语、乌孜别克语 *tori，“跳”东部裕固语 sur- < *tur。

（4）波那佩语 iʈik < *ʔitik，“跳”锡克语 bətok < *bətok、巴琉语 tiuk^{53} < *tuk。

三 词源分析

1. *kaku（*kaka、*kok、*gok、*kuku）

“摇”巽他语 *ŋu-kok，布拉安语 *kaka-s，萨萨克语 *ʔe-gok。

“移动”西部斐济语 ðekutʃu < *le-kuku。

> “摇”古英语 sceacan，法语 secouer，西班牙语 sacudir。
>
> “摇”威尔士语 ysgwyd < *usgu-。“摇、摇摆”俄语 katçjatj < *kakja-。
>
> “移动”古挪威语、瑞典语 skaka，丹麦语 skage。

“摇”格鲁吉亚语 khankhali < *ganga-。“移动”匈牙利文 sakkhuzas。

2. *dari（*dar、*tori）

“摇”维吾尔语、乌孜别克语 *tori，桑塔利语 *dar-dar-ʔu。

“抖”藏文 ɦdar < *m-dar。

> “摇”希腊语 trantazo < *tra-taro。古教堂斯拉夫语 treso < *tre-。
>
> “摇”阿尔巴尼亚语 troʃis < *trosis。“抖”希腊语 tremo。
>
> “摇、颤抖”俄语 drozạtj < *drora-，“颤抖”波兰语 drẓetʃ < *dre-。

“摇”芬兰语 taristä < *taris-，匈牙利文 trillazik < *trila-。

3. *gelo（*gili、*guli、*gul）

“摇”劳语 *gelo-gelo，南密语、科木西语 *gili。

“移动”马都拉语 g^{ɦ}uli < *guli，“动”藏文 sgul < *s-gul。

> “摇”希腊语 klonizo < *kloni-。

4. *rigi（*rqi、*lgo）

“抖”锡伯语 surχwnu- < *sirqu-nu。满文 isihi- < *ʔisirqi。蒙古语 ʃilgəː-，

东部裕固语 ʃøgøː-，土族语 ɕilgo- < *silgo。汉语 *rik（栗）。

“摇”古英语 roccian、古挪威语 rykkja、瑞典语 rycka < *rok-。

“摇”匈牙利文（动词）rezeg < *rereg，格鲁吉亚（动词）rxɛva < *rqe-。

“颤抖”匈牙利文（动词）didereg < *dide-reg。

“抖”的词源关系

汉语“抖动”“颤抖”等描述“抖”的方式。亚欧语言中“抖”的这一类说法与“摇”“跳”“移动”等说法有词源关系。

◇ 一 东亚太平洋语言的“抖”

“抖”的主要说法有：

1. *silge / *silgə-m / *silgo / *silgi-n / *ʔisirqi / *sirqu-nu / *rik

维吾尔语、哈萨克语 silki-，撒拉语 silɣe- < *silge。

西部裕固语 səlgəm- < *silgə-m。

蒙古语 ʃilgəː-，东部裕固语 ʃøgøː-，土族语 ɕilgo- < *silgo。

鄂伦春语 ʃilgin- < *silgi-n。鄂温克语 ʃilgiʃi- < *silgi-si。

满文 isihi- < *ʔisirqi。（抖、抖毛、抖洒）

锡伯语 surχwnu- < *sirqu-nu。

汉语 *rik（栗）。[①]

①《诗经·国风·黄鸟》：“临其穴，惴惴其栗。”“栗”，战栗。

2. *qorog-dege / *gru-tuk / *kərog

东部裕固语 χorogdege- < *qorog-dege。

萨萨克语 grutuk < *gru-tuk。

卡加延语 kərəg < *kərog。

3. *tugara

东乡语 tɯɢɑrɑ- < *tugara。

4. *gubi

达斡尔语 gubi- < *gubi。

5. *s-dəri / *dəder / *m-dar / *dar-dar

中古朝鲜语 stəta，庆州话 ttərrinta < *s-dəri-。

马京达瑙语 dʒədʒer，托莱语 dədədər < *dəder。①

藏文 ɦdar < *m-dar。

桑塔利语 dʒadʒar < *dar-dar。（发烧发抖）

6. *puru-ʔeru / *piri

日语 furueru < *puru-ʔeru。②

马京达瑙语 fififri < *piri。

7. *siroro / *sroʔ / *sisiru

塔几亚语 siror < *siroro。

汉语 *sroʔ（擞）。

桑塔利语 sisiɽɛu < *sisiru，susuɛ < *susu-ʔa。

---

①“颤抖”匈牙利文（动词）didereg < *didereg。

②“颤抖”芬兰语（动词）väristä < *b^{w}aris-，（名词）värinä < *b^{w}ari-。

8. *gor

摩尔波格语 gorgor < *gor。

9. *deg / *taka-riri

巽他语 ŋa-degdeg < *deg。

吉尔伯特语 takariri < *taka-riri。

10. *lili

那大语 ləli < *lili。

11. *lek

布昂语 lɛk < *lek。

12. *ʔaruru / *ruru

夸梅拉语 -arur < *ʔaruru。

菲拉梅勒语 rū ru < *ruru。①

13. *nene / *ʔnan / *nan

拉巴努伊语 nene < *nene。

黎语 n̥an^{1} < *ʔnan。

阿昌语 nan^{35} < *nan。

14. *tun

缅文 tun^{2} < *tun。

15. *sisi /*ma-sisi

土家语 si^{55}si^{21} < *sisi。

---

① “颤抖” 格鲁吉亚语 ʒrʒrəli < *ruro-。

拉加语 masisi < *ma-sisi。

16. *glan / *klans / *gili / *gləns

壮语武鸣话 san^{2}，毛南语 zan^{2}，侗语 taːn^{2} < *glan。

汉语 *klans（颤）< *klan-s。

鲁凯语 manoa-gili-gili < *gili。汉语 *kləns（震）。

17. *dede / *dut-nun / *toʔ / *tete

贵琼语 thɛ^{55}thɛ^{55} < *dede。

仙岛语 thut^{55}thut^{55}nun^{35} < *dut-nun。

汉语 *toʔ（抖）。

萨摩亚语 tete < *tete。

18. *b^{w}e

怒苏怒语 ve < *b^{w}e。

19. *luk-luk

桑塔利语 lukluk < *luk-luk。

20. *kraŋ

佤语阿佤方言 khrauɯŋ < *kraŋ。

21. *təle

莽语 tə^{31}le^{55} < *təle。

桑塔利语 tsilki < *til-ki，tsilka < *til-ka。

◈ 二 “抖”的词源对应关系

1. “抖” 和 “摇”

“抖”和“摇”说法的词源关系上文《摇》篇中已举例说明，不重复。

2. “抖” 和 “跳”

（1）桑塔利语 *luk-luk，“摇”达密语 joku < *loku，汉语 *lek（跃）。

（2）马京达瑙语、托莱语 *dəder，“摇”维吾尔语、乌孜别克语 *tori，“跳”东部裕固语 sur- < *tur。

（3）巽他语 *deg，“摇”波那佩语 iʈik < *ʔitik，“跳”鄂伦春语 ətəkən-、鄂温克语 tʊʃʃan- < *ʔətək-an。

（4）缅文 tun^2 < *tun，“跳”桑塔利语 dọn < *don。

（5）仙岛语 *dut-nun，“跳”佤语艾帅话 si dot。

3. “抖” 和 “移动”

（1）维吾尔语 silki- < *silki，“移动”维吾尔语 sildʒi- < *silgi。

（2）鲁凯语 manoa-gili-gili，“移动”马都拉语 g^{ɦ}uli < *guli、“动”藏文 sgul < *s-gul。

（3）拉梅勒语 *ruru，“摇”阿杰语 *ruru，“移动”罗图马语 rue < *ru-ʔe。

◈ 三 词源分析

1. *deri（*der、*tori、*dar、*daro 等）

“抖”朝鲜语 *s-dəri，马京达瑙语、托莱语 *dəder。

“摇”维吾尔语、乌孜别克语 *tori。“抖”藏文 ɦdar < *m-dar。

“抖动、震颤的”拉丁语 tremulus，“抖”（名词）希腊语 tromos。 “摇”古教堂斯拉夫语 treso < *tre-。“摇”希腊语 trantazo < *tra-taro。 “摇、颤抖”俄语 drozatj < *drora-，“颤抖”波兰语 drʑetʃ < *dre-。 “颤抖”（名词）阿尔巴尼亚语 dridhje < *dridre。

“颤抖”格鲁吉亚语 tritɔli < *trito-。

2. *gubi（*gope）

“抖”达斡尔语 *gubi，“跳”查莫罗语 gope < *gope。

“抖”梵语 kampate < *kapa-。

3. *si（*sisi）

“抖”土家语 *sisi、拉加语 *ma-sisi。

“震动”希腊语（动词）seio < *se-，（名词）seismos < *ses-。 “摇、震动”亚美尼亚语 sasanel < *sasa-。

4. *deg

“抖”巽他语 ŋa-degdeg < *deg。

“抖”波兰语 dygotatʃ < *digota-。

5. *rigi（*rqi、*lgo）

“抖”锡伯语 surχwnu- < *sirqu-nu。满文 isihi- < *ʔisirqi。蒙古语 ʃilgəː-，东部裕固语 ʃøgøː-，土族语 ɕilgo- < *silgo。汉语 *rik（栗）。

“摇”古英语 roccian，古挪威语 rykkja，瑞典语 rycka < *rok-。

“摇”匈牙利文（动词）rezeg < *rereg，格鲁吉亚（动词）rxɛva < *rqe-。

“颤抖”匈牙利文（动词）didereg < *dide-reg。

“丢失”的词源关系

古汉语“佚”“亡”指“丢失”“遗失”“走失”等。亚欧语言与“丢失”“失落”等说法有词源关系的有“落”“忘记”“扔”等说法。

◇一　东亚太平洋语言的“丢失”

“丢失”的主要说法有：

1. *kar-bet / *p^{w}at

土耳其语 kajbetmak < *kar-bet-。[①]

黎语 fat^{7} < *p^{w}at。

2. *dut

维吾尔语 jyt-，图瓦语 dʒit- < *dut。

3. *dogal

哈萨克语 dʒoʁɑlt-，塔塔尔语 dʒoʁɑl- < *dogal-。[②]

---

① “扔”匈牙利文（名词）vetes < *b^{w}et-，（动词）vet。

② “丢失”格鲁吉亚语 dakhargva < *daga-rg-。

4. *dala / *pa-dol

撒拉语 jɑlɑ- < *dala。

布鲁语 dala < *dala。

桑塔利语 pandol < *pa-dol。

5. *gə / *ma-go

蒙古语 gəː- < *gə。

巴塔克语 magɔ < *ma-go。

6. *gur-tigi / *tigu / *tok

东部裕固语 ɢuːrtʃigi- < *gur-tigi。

东乡语 tɕiɢuɑ- < *tigu-ʔa。

壮语、水语、侗语 tok^{7} < *tok。

7. *b^{w}alibə / *pelaʔ

锡伯语 vialivə- < *b^{w}alibə。

贡诺语 taʔ-pelaʔ < *pelaʔ。

8. *ʔubara-qun / *ʔumar-ən

满文 ufaratʃun < *ʔubara-qun。

鄂温克语 əməənən- < *ʔumar-ən。

9. *ʔulina-ʔu / *p-lana

日语 uçinau < *ʔulina-ʔu。

布拉安语 f-lana < *p-lana。

10. *libe-ʔu

大瓦拉语 lipeu < *libe-ʔu。[①]

11. *mo-ʔe

塔希提语 moe < *mo-ʔe。

12. *talo-ʔu

宁德娄语 talou < *talo-ʔu。

13. *ŋaro

拉巴努伊语 ŋaro < *ŋaro。

14. *ʔabag

查莫罗语 abag < *ʔabag，foliŋo < *poliŋo。

15. *le-ʔilo-ʔa / *ʔila-ŋ

萨摩亚语 lē-iloa < *le-ʔilo-ʔa。[②]

马都拉语、米南卡保语 ilaŋ < *ʔila-ŋ。

16. *bor / *mora

藏文 bor < *bor。

马京达瑙语 mora < *mora。

17. *maŋ

阿侬怒语 $\alpha^{55}m\alpha\eta^{53}$ < *maŋ。

独龙语 $\alpha^{55}m\alpha\eta^{53}$ < *ʔa-maŋ。

---

① “扔”匈牙利文（动词）meglep < *-lep。

② “知道”汤加语 ʔilo、萨摩亚语 ʔiloa < *ʔilo-ʔa。萨摩亚语 lē “不”。

汉语 *maŋ（亡）。

18. *s-lit / *ret

汉语 *slit（失）< *s-lit，*qlat（脱），*lat（夺）。

布朗语胖品话 ret^{51} < *ret。

19. *kləl

汉语 *kləl（遗）。

20. *lak

克木语 laik < *lak。

21. *ʔat

桑塔利语 ath < *ʔat。

◇ 二　“丢失”的词源对应关系

1. “丢失”和“落”

（1）黎语 *p^{w}at，“滴落”南密语 p^{w}at < *pat。

（2）维吾尔语、图瓦语 *dut。“滴落”塔几亚语 dut < *dut。印尼语 tetes、那大语 dəti < *dəti。

（3）哈萨克语、塔塔尔语 *dogal-。“漏”东部裕固语 dəgəlɑ- < *dəgəla。“滴落”东部裕固语 dəgəswɑ、保安语 dəgəl- < *dəgəl。

（4）壮侗语 *tok，“滴落”宁德娄语 atekua < *ʔateku-ʔa。

（5）汉语 *maŋ（亡），“落”马那姆语 tamoŋ < *ta-moŋ。

（6）汉语 *slit（失）< *s-lit。“落”亚齐语 srot < *s-rot、东部斐济语 lutu <

*lutu。

（7）藏文 rlag，汉语 *krak（落）。

2.“丢失”和“丢、扔”

（1）壮侗语 *tok，“丢”佤语艾帅话、布兴语 tik、克木语 tɛik < *tik。

（2）桑塔利语 *ʔat，“扔”土耳其语 at-、维吾尔语 ɑt- < *ʔat。

（3）撒拉语 *dala，“扔”维吾尔语 tɑʃlɑ-、哈萨克语 tɑstɑ- < *tal-。

（4）汉语 *kləl（遗），*khjils（弃）< *kril-s。“倒掉”克木语 khul < *krul。

（5）大瓦拉语 *libe-ʔu，“扔”桑塔利语 lebda < *leb-。

3.“丢失”和“忘记”

（1）桑塔利语 *ʔat，“忘记”朝鲜语 itʃta < *ʔid-。“脱”赫哲语 atɕi- < *ʔati。“掉下”扎坝语 $a^{33}ti^{55}$ < *ʔati。

（2）拉巴努伊语 *ŋaro，“忘记”汤加语、萨摩亚语 ŋalo < *ŋalo。

（3）汉语 *maŋ（亡），*maŋs（忘）< *maŋ-s。

（4）大瓦拉语 *libe-ʔu。“忘记”景颇语 $mǎ^{31}lap^{31}$ < *ma-lap，印尼语、巴塔克语 lupa，米南卡保语 lupo < *lupa。

（5）巴拉望语 alam。“忘记”壮语武鸣话 lum^{2}、黎语通什话 $lɯm^{5}$ < *lum，侗语、水语 lam^{2} < *lam。“松的”西双版纳傣语 lum^{1} < *ʔlum。

（6）鄂温克语 *ʔumar-ən，“忘记”蒙古语 mɑrtə-、东部裕固语 mɑrtɑː- < *mar-ta。

◇ 三 词源分析

1. *mora（*mar、*para）

“丢失”鄂温克语 *ʔumar-ən、马京达瑙语 *mora。“忘记”蒙古语、达斡尔语 mɑrtə-，东部裕固语 mɑrtɑː-，< *marta-。“失误”满文 ufara- < *ʔupara。

> “忘记、否定”梵语 mrsyate，“忘记”立陶宛语 mirszati < *mer-slate。
> “浪费、损坏”古英语 merran，“阻止”古弗里斯语 meria < *mera。

2. *losi（*lisa、*ros）

“放开”马林厄语 lisa，汉语 *ros（漏）。

> “失去”古英语 losian，古挪威语 los < *losi。
> “失去、毁坏”古弗里斯语 forliasa，古高地德语 firliosan < *ber-lisa。

3. *klul（*ləl、*kril、*krul）

汉语 *ləl（遗），*khjils（弃）< *kril-s，“倒掉”克木语 khul < *krul。

> “失去”梵语 haːrajati < *haral-。

4. *taru（*tur、*turu）

“滴”鄂伦春语 tʃʊrgi- < *tur-gi，东部斐济语 turu、拉巴努伊语 turu-turu < *turu。

> “失去”波兰语 trątɕitʃ < *traki-。“丢失、浪费”俄语 terjatj < *terga-。

5. *b^{w}esa（*b^{w}asa、*b^{w}es）

“扔”缅文 $pɑs^{4}$ < *pas，保安语 vɑɕɑl < *b^{w}asa-l。“落下”布昂语 βɛs < *b^{w}es。

“丢失”阿尔巴尼亚语 humbas < *qubas。
“落、落地”俄语 upastj < *upas-。

“丢失”芬兰语（动词）hävtaː < *qab^{w}-，匈牙利文（动词）veszit < *b^{w}esi-。

6. *g^{w}are（*gur、*ŋaro、*garu、*g^{w}ere、*kere、*giri）

“丢失”东部裕固语 *gur-tigi，拉巴努伊语 *ŋaro。“扔”鄂伦春语 garʊnda- < *garu-，哈拉朱乌语 g^{w}ere < *g^{w}ere，吉尔伯特语 karea < *kere-ʔa。“扔、落”蒙达语 giɽi < *giri。

“丢失”亚美尼亚语 kortshnel < *kord-。

7. *go（*gə）

“丢失”蒙古语 gəː- < *gə。巴塔克语 magɔ < *ma-go。

“丢失”乌尔都语 khoːna < *go-。

“扔”的词源关系

现代汉语“扔”有“扔掉”“抛弃”等义，古汉语中用“投”“掷”“弃”等所代表的词表示。亚欧其他语言中与汉语“扔”语义对应的词与“丢失”“落”“推”等说法有词源关系。

◇ 一　东亚太平洋语言的“扔”

“扔”的主要说法有：

1. *ʔat / *te / *ʔot

土耳其语 at-，维吾尔语 ɑt-（投、射）< *ʔat。①

沙外语 n-tɛ，布昂语 tɛ < *te。

错那门巴语 ɔt^{35} < *ʔot。

2. *tal- / *tilu-

维吾尔语 tɑʃlɑ-，哈萨克语 tɑstɑ- < *tal-。

东部裕固语 tʃiludɑ- < *tilu-。

---

①“扔、流出”匈牙利文（动词）ont < *ot。

3. *tar / *tira

西部裕固语 tɑrda- < *tar-。

查莫罗语 tira < *tira。

4. *pir / *piri / *b^{w}iri

土耳其语 firla- < *pir-。

姆贝拉语 -piri < *piri。

东部斐济语 βiri < *b^{w}iri。

5. *qari / *ʔari

蒙古语 xɑji- < *qari。

马达加斯加语 man-ari < *ʔari。

6. *garu / *g^{w}ere / *kere-ʔa / *giri

鄂伦春语 garʊnda- < *garu-。

哈拉朱乌语 g^{w}ere，吉尔伯特语 karea < *g^{w}ere / *kere-ʔa。

蒙达语 giɽi < *giri。（扔、落）

7. *maq

满文 makta，赫哲语 maqta- < *maq-。

8. *bali / *s-pele / *ka-b^{w}al / *pela-ʔo

锡伯语 viali- < *bali。

布鲁语 spele < *s-pele。

尼科巴语 kaval < *ka-b^{w}al。

桑塔利语 pelao < *pela-ʔo。

9. *nuda / *nada

鄂温克语 nʊda- < *nuda。

木雅语 nɐ^{33}dæ^{53} < *nada。

10. *dədi-da / *datuʔ

朝鲜语 təntʃita < *dədi-da。

木鲁特语 datuʔ < *datuʔ。

11. *nage-ru

日语 nageru < *nage-ru。

12. *soni

帕玛语 sōni < *soni。

13. *mo-maʔi

戈龙塔洛语 momaʔi < *mo-maʔi。

14. *daga-ʔo

查莫罗语 dagao < *daga-ʔo，jute < *lute，fagas < *pagas，lansa < *lansa。

15. *tapa

莫图语 taha < *tapa。

16. *lapar

印尼语 mə-lampar < *lapar。

17. *kril-s

汉语 *khjils（弃）< *kril-s。

18. *dor

藏文 dor < *dor。

19. *pas / *b^{w}asa-l

缅文 pɑs^{4} < *pas。

保安语 vɑɕɑl < *b^{w}asa-l。

20. *ʔb^{w}et / *pet / *ta-pat / *bat / *sa-bat

壮语龙州话 vit^{7}，黎语通什话 fet^{7} < *ʔb^{w}et。

越南语 vət^{7} < *ʔb^{w}et。

德昂语 pɛt < *pet。

桑塔利语 tsapath < *ta-pat，lebda < *le-bda。

布拉安语、巴拉望语 bat < *bat。

巴厘语 sabat < *sa-bat。

21. *plut

格曼僜语 mphlut^{55} < *plut。

22. *ʔla / *qlaʔ

土家语 la^{35}，傈僳语 lo^{55} < *ʔla。

汉语 *qlaʔ（舍），*glo（投）。

23. *tik

佤语艾帅话、布兴语 tik，克木语 tɛik < *tik。

24. *tu

莽语 ty^{51} < *tu。

25. *bagi

蒙达语 bā gi < *bagi，uduɽ < *ʔudur（扔、推）。

二 “扔”的词源对应关系

“扔”和“丢失”的词源对应关系上文《丢失》篇已说明。

1. “扔”和“推”

（1）东部裕固语 *tilu-。“推”古突厥语 tul- < *tul，萨摩亚语 tulei、塔希提语 tū rai < *tule-ʔi。

（2）土耳其语 *pir-，“推”朝鲜语 mirta < *mir-。

（3）藏文 dor < *dor。“推”鲁凯语 ḍuruḍuru < *duru，莫图语 dori-a < *dori-ʔa。

（4）莫图语 *tapa，“推”布鲁语 tobe < *tobe。

（5）鄂温克语 *nuda。“推”鄂伦春语 nidu- < *nidu，佤语 n̥hot̠、克木语 n̥ut < *not。

2. “扔”和“落”

（1）东部裕固语 *tilu-。“落”古突厥语 tyʃ- < *tul，土耳其语 dyʃ < *dul。“滴落”他加洛语 tūla < *tula。

（2）佤语艾帅话、布兴语、克木语 *tik。“掉”鄂伦春语 tik- < *tik。“落”土耳其语 taki- < *taki，宁德娄语 taku、泰雅语 ma-taku < *taku。

（3）藏文 dor < *dor。“落下”瓜依沃语 tori、萨萨克语 teriʔ < *toriʔ。“滴落”东部斐济语 turu，拉巴努伊语 turu-turu < *turu。

（4）土家语、傈僳语 *ʔla。“落”锡加语 ʔəla、坦纳语 -alh（滴落）< *ʔala。

（5）土耳其语、维吾尔语 *ʔat。“落”日语 otçiru < *oti-ru，“脱”赫哲语 atçi- < *ʔati，“掉下”扎坝语 $a^{33}ti^{55}$ < *ʔati。

（6）巴厘语 *sa-bat。“落”中古朝鲜语 pəsta，朝鲜语庆州话 pətʃəra < *bədə。

（7）莫图语 *tapa。“落”爪哇语 tibɔ < *tibo，塔希提语 topa < *topa。

三 词源分析

1. *b^{w}ati（*bat、*pet、*pat、*ʔbet）

“扔”德昂语 *pet，桑塔利语 *ta-pat，布拉安语、巴拉望语 *bat，巴厘语 *sa-bat，壮语龙州话、黎语通什话、越南语 *ʔbet。

“扔”希腊语 peto < *pet-。“落下”梵语 patati < *pata-。

“扔”匈牙利文（名词）vetes < *b^{w}et-，（动词）vet。

2. *qari（*ʔari）

“扔”蒙古语 *qari，马达加斯加语 *ʔari。

“扔”和阗塞语 haran-，梵语 haranti < *qara-。

3. *b^{w}ale（*bali、pele、bal、*pela）

“扔”锡伯语 *bali，布鲁语 *s-pele，尼科巴语 *ka-bal，桑塔利语 *pela-ʔo。

“扔”（名词）希腊语 bole。 “落下”古英语 feallan、古弗里斯语、古挪威语 falla、立陶宛语 puola < *pola。

4. *nuda（*nada、*nidu、*not）

“扔”木雅语 *nada，鄂温克语 *nuda。

“推”鄂伦春语 nidu- < *nidu，佤语 ŋ̊ho̱t、克木语 ŋ̊ut < *not。

“扔”俄语 nadetj < *nade-，亚美尼亚语 netel < *nete-。

5. durak（*turgi）

“落下”土耳其语 durak，“滴”鄂温克语 tʃʊrgi- < *turgi。

“扔”波兰语 dorzutɕitʃ < *doruki-。

“失去”波兰语 tratɕitʃ < *traki-。“丢失、浪费”俄语 terjatj < *terga-。

6. *b^{w}esa（*b^{w}asa、*b^{w}es）

“扔”缅文 *pas，保安语 *b^{w}asa-l。“落下”布昂语 βɛs < *b^{w}es。

“扔”粟特语 fərpā ʃ- < *pur-pas。

“打击”和阗塞语 pveh- < *p^{w}es。

“落、落地”俄语 upastj < *upas-。“丢失”阿尔巴尼亚语 humbas < *qubas。

“漏”亚美尼亚语 hosel < *pose-。

“丢失”芬兰语（动词）hävta: < *qab^{w}-，匈牙利文（动词）veszit < *b^{w}esi-。

7. *g^{w}are（*gur、*ŋaro、*garu、*g^{w}ere、*kere、*giri）

“扔”鄂伦春语 *garu-，哈拉朱乌语 *g^{w}ere，吉尔伯特语 *kere-ʔa。“扔、落”蒙达语 giɽi < *giri。“丢失”东部裕固语 ɢuːrtʃigi- < *gur-tigi，拉巴努伊语 ŋaro < *ŋaro。

“丢失”亚美尼亚语 kortshnel < *kord-。“打”威尔士语 curo < *kur-。

8. *tali（*tal、*tilu）

“扔”维吾尔语、哈萨克语 *tal-，东部裕固语 *tilu-。

“扔”爱尔兰语 teilg < *tel-。

“滴落”希腊语 stalazo < *stala-。“滴落、退回”波兰语 odwołatʃ < *odola-。

“滴”亚美尼亚语 kathil < *ka-dil。

“滴（落）”的词源关系

动词“滴”指“滴落”，多与名词“滴”同根。亚欧语言中动词“滴”与动词“落”“丢失”“渗漏”等说法有词源关系。

一　东亚太平洋语言的“滴”

“滴”的主要说法有：

1. *tom / *temu

维吾尔语、哈萨克语 tom-，图瓦语 damdɤ-，西部裕固语 damda- < *tom-。

吉尔伯特语 tim，布鲁语 temu < *temu。

2. *duta / *ʔa-todo / *todo / *dut / *dit

蒙古语 dusɑ-，达斡尔语 doso-，土族语 tusɑː- < *duta。

鲁凯语 atotoɖo < *ʔa-todo。

卡林阿语 todtod < *todo。[①]

---

① “滴”格鲁吉亚语 tshvɛtiba < *d^{w}eti-。

塔几亚语 dut < *dut。

毛南语 dit^8 < *dit。

3. *dəgə-l / *m-dig / *ka-deʔ

保安语 dəgəl- < *dəgə-l。①

藏文 ɦthig，嘉戎语 nthɐk < *m-dig。（量词）

景颇语 kă ^{31}theʔ < *ka-deʔ。

4. *sab / *sop-tuku

锡伯语 savdə-，赫哲语 səbdə-，满文 sabda-（渗漏）< *sab-。（漏、滴）

邹语 s-m-optsuku < *sop-tuku（水一滴）。（滴落）

5. *tur-gi / *turu / *pe-tuturu

鄂伦春语 tʃʊrgi- < *tur-gi。

东部斐济语 turu，拉巴努伊语 turu-turu < *turu。

莫图语 hetuturu < *pe-tuturu。

6. *sugi / *po-suk / *su-suk

鄂温克语 ʃʊggi- < *sugi。（漏、滴）②

木鲁特语 posok，卡乌龙语 susuk ko < *po-suk / *su-suk。

7. *tara-su / *tara-s

日语 tarasɿ < *tara-su。

摩尔波格语 taras < *tara-s。

---

①“失去”格鲁吉亚语 dakhargva < *daga-rg-。

②“落”匈牙利文（动词）esik < *esik，芬兰语（动词）laskea < *la-sik-。

8. *tete-s / *tes

印尼语 tetes，爪哇语 tɛtɛs，米南卡保语 titi^{ə}ʔ < *tete-s。

巴塔克语 tɛstɛs < *tes。

9. *telu / *kə-tel

卡加延语 tulu < *telu。巴厘语 kətel < *kə-tel。

10. *p^{w}at /*sabədə

南密语 p^{w}at，沙外语 n-fɔt < *p^{w}at。

赫哲语 sabdə- < *sabədə。

11. *girik / *rik

马京达瑙语 ^{ŋ}girik < *girik。

汉语 *rik（沥）。

12. *siri

拉加语 siri < *siri。

13. *tep / *top / *top-topo

亚齐语 titep < *tep。（滴、滴落）

姆贝拉语 -top < *top。（滴、滴落）

桑塔利语 t̪ho̪p t̪ho̪po̪ < *top-topo。

14. *togor

达密语 togor < *togor。

15. *tik

汉语 *tik（滴）。

16. *kraʔ

缅文 kjɑ[1] < *kraʔ。

17. *grap

格曼僜语 dzɑp[35] < *grap。

18. *ʔlət / *lot

水语 ljət[7] < *ʔlət。

京语 jɔt[8] < *lot。

19. *sud-ʔu / *sut-ko

桑塔利语 suɖ suɖɛu < *sud-ʔu。

卡乌龙语 sut ko（流一下）< *sut-ko。

20. *ligi

桑塔利语 liŋgi < *ligi。

◇ 二 "滴（落）"的词源对应关系

1. "滴（落）"和"（水）滴"

（1）维吾尔语、哈萨克语、图瓦语、西部裕固语 *tom-。"（水）滴"维吾尔语、哈萨克语 tomtʃɛ、图瓦语 dɑmdɤ < *tom-te，西部裕固语 dɑmɢo < *dom-ɢo。

（2）蒙古语、达斡尔语、土族语 *duta。“（水）滴”木鲁特语 datuʔ < *datuʔ，罗地语 tuda < *tuda。

（3）姆贝拉语 *top。“（水）滴” 科木希语 patip^{w}ɔ < *pa-tip^{w}o，桑塔利语 ʈop。

2. “滴（落）”和“漏”

（1）维吾尔语、哈萨克语、图瓦语 *tom-，“漏”维吾尔语 tɑmtʃilɑ- < *tamti-。

（2）达密语 *togor。“漏”达斡尔语 tʃoːri- < *kori，保安语 tɕur- < *kur。

（3）邹语 *sop-tuku。满文 sabda-（渗漏），锡伯语 savdə-（漏，滴），赫哲语 səbdə-（漏）< *sub-。

（4）东部斐济语、拉巴努伊语 *turu。“漏”桑塔利语 dʒo̱ro̱ < *doro，suɖrɛu < *su-dru，siɖo̱r（一点点地）< *si-dor。

3. “滴（落）”和“落”“掉”等

（1）卡加延语 tulu < *telu，“落、脱落”土耳其语 dyʃ < *dul。

（2）藏文、嘉戎语 *m-dig，“落”尼科巴语 pituːk < *pi-tuk。

（3）东部斐济语、拉巴努伊语 *turu，“落”瓜依沃语 tori、萨萨克语 teriʔ < *toriʔ。

（4）印尼语、爪哇语、米南卡保语 *tete-s。“脱”泰语 thɔːt$^{7\prime}$，侗语 thot$^{9\prime}$，黎语保定话 thut^{7} < *tot。“掉”佤语艾帅话 tɕot < *tot。“拔、抽”佤语孟汞话 du̱ t < *dut。

（5）水语 *ʔlət。“落”查莫罗语 latppapa < *lat-papa，juti < *luti。“拔、抽”佤语艾帅话 lɔt，布朗语甘塘话 lot^{55}。

（6）姆贝拉语 *top。“落”爪哇语 tibɔ < *tibo，塔希提语 topa < *topa。

4.“滴（落）”和“丢失”

（1）塔几亚语 *dut，“丢失”维吾尔语 jyt-、图瓦语 dʒit- < *dut。

（2）保安语 dəgəl- < *dəgə-l，“丢失”哈萨克语 dʒoʁɑlt-、塔塔尔语 dʒoʁɑl- < *dogal-。

（3）藏文、嘉戎语 *m-dig。“丢失”壮语、水语、侗语 tok^{7} < *tok。佤语艾帅话、布兴语 tik、克木语 tɛik < *tik。

（4）水语 *ʔlət。汉语 *slit（失）< *s-lit。

◈ 三 词源分析

1. *taru（*tara、*dru、*turu）

“滴（落）”日语 *tara-su，摩尔波格语 *tara-s。“扔”西部裕固语 tɑrda- < *tar-，藏文 dor < *dor，查莫罗语 tira < *tira。“推”鲁凯语 ɖuruɖuru < *duru，莫图语 dori-a < *dori-ʔa。

“漏”桑塔利语 suɖrɛu < *su-dru，马都拉语 katuruʔ < *ka-turu。

> “漏”希腊语 diarreo < *dare-。
>
> “滴”（名词）古英语 dropa，古挪威语 dropi，高地德语 tropfen < *dro-。
>
> “滴”（名词）和阗塞语 ttre < *dre。

2. *talu（*tel、*del、*tal、*tilu）

“滴（落）”卡加延语 *telu，巴厘语 *kə-tel。

“脱”维吾尔语 jiʃ-，撒拉语 tʃoj-，哈萨克语 ʃeʃ- < *tel-，塔塔尔语 tʃeʃ-n- < *del-in“脱落”克木语 toh < *tol。

“扔”维吾尔语 tɑʃlɑ-，哈萨克语 tɑstɑ- < *tal-，东部裕固语 tʃiludɑ- <

*tilu-。

“滴落”希腊语 stalazo < *stala-。“滴落、退回”波兰语 odwoławʃ < *odola-。
“滴”亚美尼亚语 kathil < *ka-dil。“漏”阿尔巴尼亚语 dal。

3. *diga（*dig、*tag）

“滴（落）”保安语 *dəgə-，藏文、嘉戎语 *m-dig。

“落”卡林阿语 otdag < *ʔotag。汉语 *tik（滴）。

“滴”（名词）希腊语 stagona < *stago-。

“落、滴落、减少”匈牙利文（动词）csokken < *toke-。

“失去”格鲁吉亚语 dakhargva < *taga-rg-。

4. *b^{w}atu（*p^{w}at、*budə）

“滴（落）”南密语、沙外语 *p^{w}at，赫哲语 sabdə- < *sabudə。

“（水）滴”锡加语 βatu < *b^{w}atu。

“滴”（名词）梵语 binduː < *bidu。
“滴、落”俄语 padatj < *pada-。“滴”波兰语 upadatʃ < *upada-。

5. *ligi（*lug）

“滴”桑塔利语 liŋgi < *ligi。“（水）滴”沙玛语 hulug，卡加延语 ulug < *qulug。

“漏”中古荷兰语 lekan，古挪威语 leka，古英语 leccan < *lek-。

“漏”匈牙利文 leket kap < *leke-t kap，*leke 印欧语借词。

“漏”的词源关系

“漏”指液体、沙粒等慢慢地“流失”。亚欧语言中“漏”的说法主要与“滴”“流”“丢失”“水”等说法有词源关系。

◇ 一 东亚太平洋语言的“漏”

“漏”的主要说法有：

1. *tamti

维吾尔语 tɑmtʃilɑ- < *tamti-。

2. *ɢodi

蒙古语正蓝旗话 goːdʒə-、和静话 ɢodʒi- < *ɢodi。①

3. *ʔuru-su / *ʔru / *ro-s

东部裕固语 urus-，东乡语 urusu- < *ʔuru-su。

缅文 jo[2]，阿昌语 ʐau[55]，怒苏怒语 ʐɯ[33] < *ʔru。

① “漏”格鲁吉亚语 gadɛna < *gade-。

汉语 *ros（漏）< *ro-s。

4. *kori / *kur / *ɢor

达斡尔语 tʃoːri- < *kori。

保安语 tɕur- < *kur。东部裕固语 ɢɑr- < *ɢor。

5. *dəgə

东部裕固语 dəgəlɑ- < *dəgə-。

6. *subdə

满文 sabda-（渗漏），锡伯语 savdə-（漏，滴）< *subdə-。

7. *ləpə

鄂伦春语 ləpə- < *ləpə。

8. *sugi / *sgi

鄂温克语 ʃʊggi- < *sugi。（漏，滴）

中古朝鲜语 sʌita、蔚山话 swɛta < *sgi-。

9. *mure-ru

日语 mureru < *mure-ru。

10. *ka-turu /*turu

马都拉语 katuruʔ < *ka-turu。斐济语 turu < *turu，tiri < *tiri。

11. *rere-koba-ʔo

毛利语 rere kowhao < *rere-koba-ʔo。

12. *dudi

莫图语 dudi < *dudi。（独木舟漏水）

13. *b^{w}aka-baʔi

斐济语 vakawai < *b^{w}aka-baʔi。（独木舟漏水）

14. *glag-s

藏文 zags < *glag-s。

15. *lu

独龙语 a jɯ^{53} < *lu。

巴琉语 ljo^{11}，莽语 lu^{51} < *lu。

斐济语 lu。

16. *srap

格曼僜语 ɑ^{31}ɕap^{55} < *srap。

17. *gro

壮语武鸣话 ɣo^{6}，布依语 zo^{6} < *gro。

18. *ʔrop

黎语通什话 zop^{7} < *ʔrop。

19. *lot-lul

克木语 lɔt l̥uh < *lot-lul。

20. *ker-tul

布兴语 kɤr tuh < *ker-tul。

21. *gok

户语 ɣɔik^{31} < *gok。

22. *doro / *su-dru / *si-dor

桑塔利语 dʒo̱ ro̱ < *doro，suɖrɛu < *su-dru，siɖo̱ r（一点点地）< *si-dor。

23. *ʔarok / *rok

尼科巴语 aɽō k < *ʔarok。

佤语布饶克方言 rɔ̱ ik，德昂语 rɔiʔ < *rok。

二 "漏"的词源对应关系

1. "漏"和"滴"

（1）维吾尔语 *tamti-。"滴"维吾尔语、哈萨克语 tom- < *tom，吉尔伯特语 tim，布鲁语 temu < *temu。

（2）朝鲜语 *sgi-。"滴"木鲁特语 posok、卡乌龙语 susuk ko < *po-sok / *su-suk。

（3）东部裕固语 *dəgə-la，"滴"保安语 dəgəl- < *dəgə-l。

（4）满文 *sub，"滴"赫哲语 səbdə- < *sub-。

（5）马都拉语 *ka-turuʔ。"滴"鄂伦春语 tʃʊrgi- < *tur-gi，东部斐济语 turu、拉巴努伊语 turu-turu < *turu。

（6）莫图语 *dudi。"滴"鲁凯语 atotoɖo < *ʔa-todo，卡林阿语 todtod < *todo，塔几亚语 dut < *dut，毛南语 dit^{8} < *dit。

（7）克木语 *lot-lul。"滴"水语 ljət^{7} < *ʔlət，京语 jɔt^{8} < *lot。

2. “漏” 和 “流”

（1）马都拉语 *ka-turuʔ，“流” 保安语 tʃurə- < *turə。

（2）东部裕固语、东乡语 *ʔuru-su。“流” 蒙古语 ursɑ-、东部裕固语 urus- < *ʔurus。汉语 *ru（流）。

（3）达斡尔语 *kori。“流”缅文 tsi^{3} < *kri，剑川白语 $kɯ^{21}$、傈僳语 $ʒi^{33}$、怒苏怒语 $ʑe^{33}$ < *gri，克木语 kɔr < *kor。

（4）巴琉语、莽语 *lu。“流” 莽语 ly^{55} < *ʔlu。

3. “漏” 和 “水”

（1）满文、锡伯语 *subdə-。“水” 古突厥语 sub、维吾尔语 su、图瓦语 suw、土耳其语 sivi < *subi。吉尔伯特语 sopi < *sopi。

（2）达斡尔语 *kori。“水” 怒苏怒语 $ɣri^{33}$、勒期语 $kjei^{31}$、道孚语 ɣrə < *gri。

（3）日语 *mure-ru。“水、雨” 朝鲜语 mur < *mur。“雨” 土耳其语 jɑɣmur，哈萨克语 dʒɑŋber，西部裕固语 jɑɣmər < *dag-mur。

（4）马都拉语 katuruʔ < *ka-turu。“水” 那加语坦库尔方言（Tangkhul）tɑrɑ，邝奥依方言（Khangoi）dērū < *dara / *daru。

（5）斐济语 *b^{w}aka-baʔi。“水” 拉加语 wai，夏威夷语 wǎ i，拉巴努伊语、汤加语、萨摩亚语 vai < *b^{w}aʔi。

◇ 三 词源分析

1. *rak（*rag、*rok）

“漏” 尼科巴语 *ʔarok，佤语、德昂语 *rok。

“落” 巽他语 ragrag < *rag。

“滴（落）”梵语 rejati < *rega-，粟特语 ōrēz < *oreg。

2. *taru（*tara、*dru、*turu、*tiri）

“漏”马都拉语 *ka-turu，斐济语 *tiri，桑塔利语 *su-dru。“滴”日语 tarasɿ < *tara-su，摩尔波格语 taras < *tara-s，鄂伦春语 tʃʊrgi- < *tur-gi，东部斐济语 turu、拉巴努伊语 turu-turu < *turu。“流”保安语 tʃurə- < *turə。“水”那加语坦库尔方言 tɑrɑ、邝奥依方言 dē rū < *dara / *daru。

“漏”希腊语 diarreo < *dare-。“丢失、浪费”俄语 terjatj < *terja-。“滴”（名词）古英语 dropa、古挪威语 dropi、高地德语 tropfen < *dro-。

“漏、放过”匈牙利文 atereszt < *ateres-t。

3. *rapa（*rap、*ləpə、*leb）

“漏”格曼僜语 *srap，鄂伦春语 *ləpə。“丢失”桑塔利语 lebda < *leb-da。

“漏”梵语 sravati < *srab^{w}a-。

4. *b^{w}atu（*bdə、*budə）

“漏”满文、锡伯语 *subdə-。“滴（落）”赫哲语 sabdə- < *sabudə。“（水）滴”锡加语 βatu < *b^{w}atu。

“滴”（名词）梵语 binduː < *bidu。

“滴、落”俄语 padatj < *pada-。“滴”波兰语 upadatʃ < *upada-。

5. *diga（*dəgə、*dig、*tag）

“漏”东部裕固语 *dəgə。“滴（落）”保安语 dəgə-。“滴（量词）”藏文 ɦthig、嘉戎语 nthɐk < *m-dig。“落”卡林阿语 otdag < *ʔotag。

“落”土耳其语 *taki，宁德娄语、泰雅语 *taku，卡林阿语 *ʔotag，莽

语 *dok。“丢失”东乡语 tɕiɢuɑ- < *tigu-ʔa，壮语、水语、侗语 tok^{7} < *tok。

“漏”俄语 tetɕj < *tek-，波兰语 dotɕiets < *doke-。

“滴”（名词）希腊语 stagona < *stago-。

“泪”哥特语 tagr，威尔士语 deigr，“泪、滴”古英语 teahor < *dago-。

6. *telu（*tul、*tel）

“漏”布兴语 *ker-tul。“滴（落）”卡加延语 tulu < *telu。巴厘语 kətel < *kə-tel。“落”古突厥语 tyʃ- < *tul。“落、脱落”土耳其语 dyʃ < *dul。“脱”维吾尔语 jiʃ-、撒拉语 tʃoj-、哈萨克语 ʃeʃ- < *tel-，塔塔尔语 tʃeʃ-n- < *del-in。“脱落”克木语 toh < *tol。

“漏”阿尔巴尼亚语 dal。“滴”亚美尼亚语 kathil < *ka-dil。

“滴落”希腊语 stalazo < *stala-。“滴落、退回”波兰语 odwołatʃ < *odola-。

7. *b^{w}esa（*b^{w}asa、*b^{w}es）

“扔”缅文 pɑs^{4} < *pas，保安语 vɑɕal < *b^{w}asa-l。“落下”布昂语 βɛs < *b^{w}es。

“漏”亚美尼亚语 hosel < *pose-。“落、落地”俄语 upastj < *upas-。

“丢失”阿尔巴尼亚语 humbas < *qubas。

“丢失”芬兰语（动词）hävtaː < *qab^{w}-，匈牙利文（动词）veszit < *b^{w}esi-。

8. *kori（*kur、*ɢor）

“漏”达斡尔语 tʃoːri- < *kori。保安语 tɕur- < *kur。东部裕固语 ɢɑr- < *ɢor。

“落”乌尔都语 girna < *gir-。

“落”的词源关系

“落”指物体从高处“掉下”的过程。亚欧语言“落”的说法多与“脱落”“滴”“丢失”等说法有词源关系。

◇ 一　东亚太平洋语言的“落”

“落、掉”“脱落”的主要说法有：

1. *tul / *dul / *tol

古突厥语 tyʃ- < *tul。土耳其语 dyʃ < *dul（落、脱落）。

克木语 toh < *tol（脱落），n toh < *m-tol（脱落）。

2. *taki / *taku / *ʔotag / *dok / *pi-tuk

土耳其语 taki- < *taki。[①]

宁德娄语 taku，泰雅语 ma-taku < *taku。卡林阿语 otdag < *ʔotag。

莽语 dɔk[55] < *dok。（落、掉）

尼科巴语 pituːk < *pi-tuk，fuk < *puk。

---

① “落、滴落、减少”匈牙利文（动词）csokken < *toke-。

3. *mu-ture / *ʔugi-durə / *toriʔ / *doro

蒙古语 mɵtrɵx，达斡尔语 mutʃurgu，土族语 mutəre: < *mu-ture。（脱落）

蒙古语 ɛŋxtʃrɑx（脱离），西部裕固语 undur- < *ʔugi-durə。

瓜依沃语 tori，萨萨克语 teriʔ < *toriʔ。（落下）

桑塔利语 dʒo̠ro̠ （滴落）< *doro。桑塔利语 bindɛɽ < *bi-dor。

4. *durak / *turgi / *ma-tərak

土耳其语 durak < *durak。

阿美语 matərak < *ma-tərak。

5. *bədə

中古朝鲜语 pəsta，朝鲜语庆州话 pətʃəra < *bədə。

6. *ʔoti-ru / *ʔati

日语 otɕiru < *ʔoti-ru。①

扎坝语 $a^{33}ti^{55}$ < *ʔati。（掉下）

7. *tamoŋ

马那姆语 tamoŋ < *tamoŋ。

8. *ploŋ / *podoŋ / *loŋ

卡乌龙语 ploŋ < *ploŋ。查莫罗语 podaŋ < *podoŋ。

布兴语 lɔŋ < *loŋ。

① “扔、流出” 匈牙利文（动词）ont < *ot。

9. *tibo / *topa / *tup

爪哇语 tibɔ < *tibo。塔希提语 topa < *topa。

尼科巴语 tup < *tup。

10. *luti / *lutu / *glət-s

查莫罗语 latppapa < *lat-papa，juti < *luti。

东部斐济语 lutu，西部斐济语 lutʃu < *lutu。

11. *moru

莫图语 moru < *moru。

12. *lapo

帕玛语 lā po < *lapo。

13. *loru

勒窝语 loru < *loru。

14. *b^wes

布昂语 βɛs < *b^wes。

15. *b^wili / *plo-ŋ

罗图马语 vili < *b^wili。卡乌龙语 ploŋ < *plo-ŋ。

16. *to

汤加语 tō < *to。

17. *krak / *rag

汉语 *krak（落）。

巽他语 ragrag < *rag。

18. *nup / *nabu

藏文 nub，墨脱门巴语 nup < *nup。

达阿语 na-navu < *nabu。

19. *raŋ

景颇语 ʃaŋ^{31} < *raŋ。

20. *glom / *grəm

独龙语 glom^{53} < *glom。

汉语 *grəm（降）。①

21. *poŋ

苗语大南山话 poŋ^{1}、绞坨话 paŋ^{1} < *poŋ。

22. *dasa / *dasu / *dasi

桑塔利语 dasa < *dasa，dasao < *dasu，dasi < *dasi。

23. *klip

佤语布饶克方言 kli̱p < *klip。

24. *tot

佤语艾帅话 tɕot < *tot。（掉）

---

①《说文》：“夅，服也”。段注：“凡降服字当此。‘降’行夅废矣。”“降”，《广韵》下江切，服也；古巷切，下也，落也，伏也。下江切的“降”原本写作“夅”，是后世“投降”的“降”的来历。

25. *s-rot

亚齐语 srot < *s-rot。

26. *nur

桑塔利语 n̥ũr < *nur。（高处落下）

《尔雅》：“陨、磒、湮、下、降、坠、摽、蘦，落也。”

◇ 二 “落”的词源对应关系

1.“落”和“滴”

“滴、漏”的关系上文《漏》篇已说明，“落”和“滴”的关系下文说明，“落、漏”的关系可参考这两处的比较。

（1）土耳其语 *taki，“滴”保安语 dəgəl- < *dəgə-l。

（2）蒙古语、达斡尔语、土族语 *mu-ture。“滴”拉巴努伊语 turu-turu、东部斐济语 turu < *turu。

（3）尼科巴语 *tup，“滴”桑塔利语 ʈho̱p ʈho̱po̱ < *top-topo。

（4）马那姆语 *tamoŋ。“滴”维吾尔语、哈萨克语 tom-，图瓦语 dɑmdɤ-，西部裕固语 dɑmdɑ- < *tom-。

（5）克木语 *tol，“滴”巴厘语 ŋətel < *ŋə-tel。

（6）土耳其语 *durak，“滴”鄂温克语 tʃʊrgi- < *turgi。

（7）朝鲜语 *bədə，“滴”赫哲语 sabdə- < *sabədə。

（8）扎坝语 *ʔati，“掉”佤语艾帅话 tɕot < *tot。“脱”赫哲语 atɕi- < *ʔati，泰语 thɔːt$^{7'}$，侗语 thot$^{9'}$，黎语保定话 thut^{7} < *tot。“滴”罗地语 titi < *titi，毛南语 dit^{8} < *dit。

（9）查莫罗语 *luti，“滴”水语 ljət^{7} < *ʔlət。

（10）汉语 *krak（落），“滴”马京达瑙语 ^{ŋ}girik < *grik。

2. “落”和“丢失”

（1）“掉”佤语艾帅话 tɕot < *tot，“丢失”维吾尔语 jyt-、图瓦语 dʒit- < *dut。

（2）土耳其语 *taki。“丢失”壮语、水语、侗语 tok^{7} < *tok。佤语艾帅话、布兴语 tik，格木语 tɛik < *tik。

（3）古突厥语 *tul，“丢失”宁德娄语 talou < *talo-ʔu。

（4）莫图语 *moru。“丢失”马京达瑙语 mora < *mora，满文 ufaratʃun < *ʔubara-qun，鄂温克语 əməənən- < *ʔumar-ən。

（5）帕玛语 *lapo，“丢失”大瓦拉语 lipeu < *libe-ʔu。

（6）亚齐语 *s-rot，“丢失”布朗语胖品话 ret^{51} < *ret，汉语 *slit（失）。

（7）卡乌龙语 *plo-ŋ。“丢失”，锡伯语 vialivə- < *balibə，贡诺语 taʔ-pelaʔ < *pelaʔ。

◇ 三 词源分析

1. *bale（*plo、*bili、*pela、*bal）

“落”卡乌龙语 *plo-ŋ、罗图马语 *bili。

“丢失”贡诺语 taʔ-pelaʔ < *pelaʔ。

“扔”锡伯语 viali- < *bali，布鲁语 spele < *s-pele，桑塔利语 pelao < *pela-ʔo，尼科巴语 kaval < *ka-bal。

“落”古英语 feallan、古弗里斯语 falla、立陶宛语 puola < *pola-。
“扔”（名词）希腊语 bole。

2. *taki（*taku、*dok、*tigu、*tok）

“落”土耳其语 *taki，宁德娄语、泰雅语 *taku，卡林阿语 *ʔotag，莽语 *dok。

“丢失”东乡语 tɕiɢuɑ- < *tigu-ʔa，壮语、水语、侗语 tok^{7} < *tok。

“滴落”（名词）希腊语 stagona < *stago-。

“泪”哥特语 tagr、威尔士语 deigr，“泪、滴”古英语 teahor < *dago-。

“落、滴落、减少”匈牙利文（动词）csokken < *toke-。

3. *b^{w}atu（*bədə、*p^{w}at、*budə）

“落”朝鲜语 *bədə。

“滴（落）”南密语、沙外语 *p^{w}at，赫哲语 sabdə- < *sabudə。“（水）滴”锡加语 βatu < *b^{w}atu。

“滴、落”俄语 padatj < *pada-，波兰语 wpadatʃ < *upada-。

“落下，沉淀”俄语 spadatj < *spada-。

“滴”（名词）梵语 binduː < *bidu。

“落下”粟特语 ōpət- < *opət。和阗塞语 pat-。

4. *to（*tado）

“落”汤加语 tō < *to。

“滴”鲁凯语 atotoɖo < *ʔa-todo，卡林阿语 todtod < *todo。

“落”梵语 asta < *a-sta。“滴（落）、漏”希腊语 stazo < *sta-。

“落”日语 *ʔoti-ru，“扔、流出”匈牙利文（动词）ont < *ot。

“落”格鲁吉亚语 datsɛba < *date-。

5. *durak（*tərak、turgi）

“落下”土耳其语 durak，阿美语 *ma-tərak。

“滴”鄂温克语 tʃʊrgi- < *turgi。

“扔”波兰语 dorzutɕitʃ < *doruki-。

“失去”波兰语 tratɕitʃ < *traki-。“丢失、浪费”俄语 terjatj < *terja-。

6. *b^{w}esa（*b^{w}asa、*b^{w}es）

“落下”布昂语 *b^{w}es。

“扔”缅文 pɑs^{4} < *pas，保安语 vɑɕɑl < *b^{w}asa-l。

“落、落地”俄语 upastj < *upas-。“落”粟特语 ōpast < *opas-。

“漏”亚美尼亚语 hosel < *pose-。

“丢失”阿尔巴尼亚语 humbas < *qubas。

7. *telu（*tul、*tel）

“落”古突厥语 *tul。“脱落”克木语 *tol。“落、脱落”土耳其语 *dul。

“滴（落）” 卡加延语 tulu < *telu。巴厘语 kətel < *kə-tel。

“落”乌尔都语 dhalaːn < *dala-。

“漏”阿尔巴尼亚语 dal。“滴”亚美尼亚语 kathil < *ka-dil。

“滴落”希腊语 stalazo < *stala-。“滴落、退回”波兰语 odwołatʃ < *odola-。

8. *kori（*kur、*ɢor）

“漏”达斡尔语 tʃoːri- < *kori。保安语 tɕur- < *kur。东部裕固语 ɢɑr- < *ɢor。

“落”乌尔都语 girna < *gir-。

“刮”的词源关系

物体表面的摩擦移动称为“刮”，亚欧语言该义的表达多与“搔”“抓挠”“指甲、爪子”等说法有词源关系。

◇ 一　东亚太平洋语言的“刮”

“刮”的主要说法有：

1. *qir

维吾尔语 qir-，哈萨克语 qər-，撒拉语 ɢər- < *qir。

2. *qusə / *ra-ʔusu

蒙古语 gusə-，东部裕固语 qəsə-，土族语 kəsə- < *qusə。

罗维阿纳语 rausu < *ra-ʔusu。

3. *dulik

东乡语 dulik- < *dulik。

4. *ludu

满文 ʃudu-（铲），锡伯语 sodu- < *ludu。

5. *kaŋ

鄂伦春语 kaŋna- < *kaŋ-。

6. *sgag / *gik

中古朝鲜语 skakta < *sgag-。

墨脱门巴语 khik < *gik。

7. *so-ru

日语 soru < *so-ru。

满文 ʃo-，鄂温克语 ʃiː- < *so。

8. *ŋ-kəruk / *krik / *krak

爪哇语 kəruʔ，萨萨克语 kərik，马京达瑙语 ^{ŋ}gərok < *ŋ-kəruk。

墨脱门巴语 khik < *krik。

布朗语甘塘话 krak^{33} < *krak。

9. *korut / *krat / *krot / *krut

摩尔波格语 korut，亚齐语 krut < *korut。

汉语 *krat（刮）。

阿昌语 khzə̣t，嘉戎语 ka khrot < *krot。

布兴语 kut，克木语 khut < *krut。

10. *kus / *ma-koso

巴拉望语 kuskus < *kus。

鲁凯语 wa-koso-koso < *ma-koso。

11. *ga-rasi-ʔa

帕玛语 rasi，劳语 garasia，马林厄语 grahi < *ga-rasi-ʔa。

12. *ko

达密语 ko < *ko。

13. *nab

阿者拉语 nab- < *nab。

14. *regu

那大语 rəgu < *regu。

15. *kikis / *kagis

米南卡保语 kikih，木鲁特语 kikis，卡加延语 kias < *kikis。

沙玛语 kagis < *kagis。

16. *keri / *sa-kukərə

锡加语 kəru，姆布拉语 -kēre，斐济语 kari-a < *keri。

伊拉鲁吐语 sakukərə < *sa-kukərə。

17. *ʔori / *ro

莫图语 ori-a < *ʔori。

道孚语 ro，扎坝语 a^{33}ʐo^{55} < *ro。

18. *garo

亚齐语 garo < *garo。

19. *m-dog

藏文 ɦthog < *m-dog。

20. *rit / *rat / *qurid

缅文 rit^{4} < *rit。

汉语 *rat（捋）。

桑塔利语 hurith < *qurid。

21. *sisi

土家语 si^{35}si^{55} < *sisi。

22. *k^{w}et / *got / *get

壮语武鸣话 kvet^{7} < *k^{w}et。

侗语 kwet^{10}，水语 kot^{8} < *got。

莽语 get^{55}，桑塔利语 ge̱tʃ（刮掉）< *get。

23. *gasar

桑塔利语 ghasar < *gasar。（用爪抓、刮）

◇ 二 “刮”的词源对应关系

1. “刮”和“搔、擦”

（1）蒙古语族语言 *qusə，“搔”卡乌龙语 uus < *ʔu-ʔus。“擦”劳语 usua < *ʔusu-ʔa。

（2）道孚语、扎坝语 *ro，“搔”莫图语 ha-roro-a < *pa-roro。

（3）满文、锡伯语 *ludu，“搔”马京达瑙语 lōt < *lot。

（4）鲁凯语 wa-koso-koso < *ma-koso，“擦”马京达瑙语 koso。

（5）维吾尔语、哈萨克语、撒拉语 *qir，“擦”波那佩语 iris。

（6）土家语 *sisi，“擦”阿者拉语 sisa-。

（7）日语 *so-ru，“擦”邹语 s-m-aso < *saso。

（8）爪哇语、萨萨克语、马京达瑙语 *ŋ-kəruk。“擦掉”嘉戎语 klɐk < *klak。

2.“刮”和“抓”

（1）伊拉鲁吐语 *sa-kukərə。“抓”木雅语 khʂ̧ə < *krə。汉语 *skroʔ（取）。

（2）侗语、水语 *got，“抓住”布拉安语 skot < *skot。

（3）蒙古语族语言 *qusə，“抓、捉”哈萨克语 ustɑ- < *ʔus-。

3.“刮”和“爪子、指甲”

（1）伊拉鲁吐语 *sa-kukərə。“爪子”缅文 khre² < *kri。汉语 *skruʔ（爪）。

（2）巴拉望语 kuskus < *kus。“爪子”布农语 kuskus < *kus-kus。

（3）米南卡保语、木鲁特语、卡加延语 *kikis。“爪子”卑南语 skiʔ < *sukik。

（4）爪哇语、萨萨克语、马京达瑙语 *ŋ-kəruk。“爪子”鲁凯语 kaluka < *kaluka。

（5）桑塔利语 *ga-sar。“指甲”蒙达语 sā r-sā r < *sar。

（6）阿者拉语 *nab。“指甲、爪子”夸梅拉语 nəpəspəs < *napəs。

◇ 三　词源分析

1. *kilip（*gulip、*klip、*kalup、*kalupa）

“刮”波那佩语 kalup^{w}ur < *kalup-ʔur。

“指甲、爪子”黎语通什话 tsɯ^{2} liːp^{7} < *gulip，壮语 kjip^{7}、临高语 lip^{8} < *klip，达阿语 kalupa。

> “刮、擦”古挪威语 skrapa，丹麦语 schrapen，“擦”英语 scrub。
> “刮”波兰语 skrobną tʃ < *skrabna-，俄语 skrestj < *skres-。

“刮”芬兰语 raːpia < *rapi-。

2. *rasi（*ris）

“刮”帕玛语 rasi，劳语 garasia，马林厄语 grahi，< *ga-rasi-ʔa。“擦”波那佩语 iris < *ʔi-ris。

> “刮掉、剃掉”古法语 raser、中古拉丁语 rasare < *rasa-。

3. *koso（*kus）

“刮”鲁凯语 wa-koso-koso < *ma-koso，“擦”马京达瑙语 koso。“爪子”布农语 kuskus < *kus-kus。

> “刮”希腊语 xyno < *ksu-。

4. *korut（*krat、*krot）

“刮”摩尔波格语、亚齐语 *korut，汉语 *krat（刮），阿昌语、嘉戎语 *krot。

> “刮”法语 gratter < *grat-，俄语 skarednitɕatj < *skred-。
> “摩擦、刮”古法语 grater，瑞典语 kratta，丹麦语 kratte < *krate。

5. *keri（kərə、*kri、*skru）

“刮”锡加语、姆布拉语、斐济语 *keri，伊拉鲁吐语 *sa-kukərə。

“爪子”缅文 khre² < *kri。汉语 *skruʔ（爪）。

“刮”阿尔巴尼亚语 grij < *grir，亚美尼亚语 kherel < *gere-。 “刮”乌尔都语 ragrna < *ragr-。

“钩子”撒拉语 gugur < *gugur。

“弯曲的”土耳其语 eɣri，维吾尔语 ɛgri，哈萨克语 ijir，塔塔尔语 kɛkri < *qe-giri，土族语 guguriː < *guguri，日语 magaru < *ma-garu。（参见第四卷《弯曲》篇的说明）

“弯曲”（动词）拉丁语 curvus、curvare < *kur-gʷare。 “钩子”希腊语 magkoyra < *mag-kora。

“擦”的词源关系

“擦”是轻微的“摩擦”。亚欧语言中“擦”的说法多与“摩擦”“磨”“刮”“扫”等说法有词源关系。

◇ 一 东亚太平洋语言的“擦”

“擦”的主要说法有：

1. *sur / *sari / *sara-ʔo / *seru-s

土耳其语 syr- < *sur。东乡语 sɑji- < *sari。

罗图马语 sarao < *sara-ʔo。

赛德克语 sumerus < *s-um-erus < *seru-s。

2. *ʔari-lɢa / *ʔorki / *rag-du

达斡尔语 ɑrilɢɑ:-，土族语 ɑrəlɢɑ- < *ʔari-lɢa。

蒙古语 ɛrtʃi-，东部裕固语 ordʒ- < *ʔorki。

桑塔利语 ragdao < *rag-du，ragɽao < *rag-ru。

3. *pu / *ʔabu

满文 fu-，鄂温克语 awʊ- < *pu / *ʔabu。

4. *ma-bula / *pulo

锡伯语 mavələ-，赫哲语 mabula- < *ma-bula。

瓜依沃语 fulo-a < *pulo。

5. *ʔiki

鄂伦春语 iki- < *ʔiki。

6. *dibu / *dapu

中古朝鲜语 tʃiwuta < *dibu-。

莫图语 dahu-a < *dapu。

7. *puku / *pok

日语 fuku < *puku。

马绍尔语 pōk < *pok。

8. *ʔara / *qar

马那姆语 ara < *ʔara。

桑塔利语 har < *qar。（擦衣服）

9. *ʔusu-ʔa

劳语 usua < *ʔusu-ʔa。

10. *koso

马京达瑙语 koso < *koso。

11. *ʔiris

波那佩语 iris < *ʔiris。

12. *sisa / *saso

阿者拉语 sisa- < *sisa。

邹语 s-m-aso < *saso。

13. *ga-sok / *ʔo-sok

印尼语 gasok < *ga-sok。

萨萨克语 osok < *ʔo-sok。

14. *sola

菲拉梅勒语 sōlā < *sola。

15. *tiri / *tara

嫩戈内语 t^{h}iri < *tiri。

吉尔伯特语 tārā < *tara。

16. *qlək / *klak

汉语 *qlək（拭）。

嘉戎语 klɐk < *klak。（擦掉）

17. *sub / *spe / *sapu

藏文 sub < *sub。（擦掉）

羌语 ʂpɛ < *spe。（擦掉）

沙玛语 sapu，印尼语、巴塔克语、罗地语 sapu < *sapu。

18. *s-krat

汉语 *skhrat（擦）< *s-krat。

19. *sut / *kusut

缅文 sut，博噶尔珞巴语 ɕit，纳西语 sɿ^{55} < *sut。

畲语多祝话 sot^{7}，勉语江底话 su^{7}，湘江话 ɕot^{7} < *sut。

巴厘语 sutsut < *sut。

马都拉语 kusut < *kusut。

20. *mat / *sa-mat

壮语龙州话 maːt^{8} < *mat。

景颇语 sǎ ^{31}mat^{31} < *sa-mat。

21. *ʔblat

侗语 mjaːt^{7}，毛南语 djaːt^{7} < *ʔblat。

22. *pot

克木语 m pɔt < *pot。

23. *kat

布兴语 kait，巴琉语 kat^{53} < *kat。

24. *ʔurud

桑塔利语 uruth < *ʔurud。（在石头上擦）

二 “擦”的词源对应关系

1.“擦”和“摩擦”“磨（刀）”

（1）土耳其语 *sur。“摩擦”维吾尔语 syrkɛ-，哈萨克语 syrke-，柯尔克孜语 syr-（涂抹，摩擦）< *sur-ke，日语 sɿreru < *sure-ru。

（2）菲拉梅勒语 *sola，“摩擦”撒拉语 sɑlɑ- < *sala。

（3）蒙古语 *ʔorki。“摩擦”塔塔尔语 əʃqə-、图瓦语 øjgɛ- < *ʔolqə / *ʔorke。

（4）锡伯语、赫哲语 *ma-bula。“磨”土耳其语 bile、维吾尔语 bilɛ-、西部裕固语 bəle- < *bile，蒙古语 biludə-、东部裕固语 buly:de- < *bilu-。

（5）鄂温克语 *ʔabu，“磨刀”鄂伦春语 iwə-，鄂温克语 i:wu，< *ʔibu。

（6）汉语 *skrat。“磨”佤语艾帅话、德昂语硝厂沟话 krit < *krit，黎语 hwa:t < *krat。

（7）吉尔伯特语 dārā < *dara。“磨刀”藏文 rdar、藏语夏河话 dar < *r-dar。

2.“擦”和“刮”

“擦”和“刮”的词源关系上文《刮》篇中已说明。

3.“擦”和“扫”

（1）日语 *puku。“扫”日语 haku < *paku，博嘎尔珞巴语 pək < *pək。

（2）劳语 *ʔusu-ʔa。“扫”鄂伦春语 əʃu-、鄂温克语 əʃu:də- < *ʔəsu-də。

（3）菲拉梅勒语 *sola，“扫”萨摩亚语 salu < *salu。

（4）克木语 *pot，“扫”壮语武鸣话、傣语 pat⁷ < *pat。

◇ 三 词源分析

1. *korut（*krat、*krot）

汉语 *skhrat（擦）< *s-krat。

“磨”佤语艾帅话、德昂语硝厂沟话 krit < *krit，黎语 hwaːt < *krat。

“刮”摩尔波格语 korut、亚齐语 krut < *korut，汉语 *krat（刮），阿昌语 khẓət、嘉戎语 ka khrot < *krot，桑塔利语 hurith < *qurid。

“摩擦、刮”古法语 grater，瑞典语 kratta，丹麦语 kratte < *krate。
“刮”法语 gratter < *grat-，俄语 skaredɲitɕatj < *skred-。
“磨、擦”古英语 grindan、立陶宛语 grendu < *gredu。

2. *tiri

“擦”嫩戈内语 *tiri。

“擦、磨”希腊语 trizo < *tri-。“擦”波兰语 trzetʃ < *tre-，wtɕiratʃ < *utira-。
“擦、搓”俄语 teretjsa < *tere-，natiratj < *natira-。

“擦”匈牙利文 dörgöl < *dor-gol，kiradiroz < *kira-diror。“摩擦”tör < *tor。

3. *dara（*dar）

“擦”吉尔伯特语 *dara。

“磨刀”藏文 rdar、藏语夏河话 dar < *r-dar。

“擦、刮”和阗塞语 dar- < *dar。

4. *koso（*kus）

“擦”马京达瑙语 *koso。

“刮”鲁凯语 wa-koso-koso < *ma-koso，“擦”马京达瑙语 koso。

“爪子”布农语 kuskus < *kus-kus。

“擦”梵语 kaʃ < *kas。“刮”希腊语 xyno < *ksu-。

5. *labu（*rilab、*rub、*lap）

“擦”巴拉望语 rijab-an < *rilab。

“磨”傣语 lap^{8} < *lap。

“洗”桑塔利语 ɛruph < *ʔarub。“洗脸”巴厘语 n-alob。“洗澡”布依语 ʔaːp^{7}、毛南语 zaːp^{8} < *lap。

“擦、搔”东部弗里斯语 rubben，丹麦语 rubbe < *rube。

“洗”法语 laver、西班牙语、葡萄牙语 lavar、意大利语 lavare < *lab^{w}e-。

“爪子”壮语龙州话 lip$^{8'}$，毛南语 dip^{7} < *lip / *ʔdip。

“手掌”古挪威语 lofi，中古英语 love，哥特语 lofa < *lobi。

“爪子”波兰语 łapa，俄语 lapa < *lapa。

6. *sub^{w}e（*sub、*spe、*sapu）

“擦掉”藏文 *sub，羌语 *spe。“擦”沙玛语、印尼语、巴塔克语、罗地语 *sapu。汉语 *sbuʔ（扫）。

“擦”亚美尼亚语 ʃviel < *sb^{w}i-。

“扫”粟特语 ʃem < *sem。

7. *ragar（*ʔorki、*ragru）

“擦”蒙古语、东部裕固语 *ʔorki。桑塔利语 ragɽao < *ragru。

“擦”乌尔都语 raggarna < *ragar-。

“磨”的词源关系

汉语“磨”，可指“碾磨”“研磨”和“磨（刀）”，一些语言这一类说法可通。亚欧语言这些说法多与“磨、擦”有关，与“擦”“刮”“沙砾”等说法有词源关系。

◇ 一　东亚太平洋语言的“磨”

有关“磨”的主要说法有：

1. *bile / *bilu

土耳其语 bile，维吾尔语 bilɛ-，西部裕固语 bəle- < *bile。

蒙古语 bilʉdə-，东部裕固语 buly:de- < *bilu-。

2. *mori / *mar-s

东乡语 moji- < *mori。[①]

汉语 *mars（磨）< *mar-s。

---

① “摩擦”芬兰语（动词）murskata < *murs-kata。

3. *mose / *masi / *mus

满文 mosela- < *mose-。

东部斐济语 masi-a，姆布拉语 -mus < *masi / *mus。

4. *danə

哈萨克语 dʒɑnə-，图瓦语 dʒɑnɤ- < *danə。

5. *leke / *reke

满文 leke-，锡伯语 ləkə- < *leke。（磨刀）

乌玛语 reke < *reke。

6. *ʔibu

鄂伦春语 iwə-，鄂温克语 iːwu < *ʔibu。（磨刀）

7. *ʔiŋ

鄂伦春语 iŋdəː-，鄂温克语 ində- < *ʔiŋ-。（磨米）

8. *ʔile / *ʔolo / *ʔoli / *ʔolu

锡伯语 ilə- < *ʔile。（磨米）

萨摩亚语 olo < *ʔolo。

达密语 oli < *ʔoli。

拉巴努伊语 oro < *ʔolo（碾磨）。

布兴语 ʔɔ lui < *ʔolu。

9. *gar / *gar-gur / *goro

朝鲜语 karta < *gar-。

泰雅语 ɣ-um-arɣur < *gar-gur。

乌玛语 goro < *goro（碾磨）。

10. *miga-ku

日语 migaku < *miga-ku。（使光滑、锋利）

11. *gu-ʔasa / *ʔese

查莫罗语 guasa < *gu-ʔasa。

布鲁语 ese-k < *ʔese（碾磨）。

12. *tok

沙外语 n-tok < *tok。（碾磨）

13. *ʔirid

依斯那格语 irid-an < *ʔirid。

14. *durog

他加洛语 dū rog < *durog。

15. *tutu / *toto

马达加斯加语 mi-tutu，木鲁特语 tutu，卡乌龙语 tut（碾磨）< *tutu。

布鲁语 toto < *toto。

16. *gili / *giliŋ / *gle

达阿语 no-gili，马都拉语 a-g^{ɦ}ilis < *gili。①

巽他语 giliŋ < *giliŋ。

他家洛语、阿卡拉农语、卡加延语、布拉安语 giliŋ < *giliŋ。（碾磨）

克伦语阿果话 gle^{31} < *gle。

① “磨（碎）”格鲁吉亚语 galɛsva < *gales-。

17. *pa-batabata

莫图语 ha-patapata-ia < *pa-batabata。

18. *gagi

西部斐济语 gagi-a < *gagi。

西部斐济语、东部斐济语 i-gagi < *gagi。（碾磨）

19. *retu / *rit

那大语 rətu < *retu。

桑塔利语 rit < *rit。

20. *ŋatu / *giti

拉巴努伊语 ŋatu < *ŋatu。

哈拉朱乌语 tɛ-gitʃi < *giti。

21. *r-dar / *dar-ʔu

藏文 rdar，藏语夏河话 dar < *r-dar。（磨刀）①

桑塔利语 darɽao < *dar-ʔu。

22. *su / *so / *su-ʔe

吕苏语 te su < *su。（磨刀）

缅文 swe³，怒苏怒语 sui⁵⁵ < *su。（磨刀）

苗语养蒿话 xhə³，腊乙坪话 ho³ < *so。（磨刀）

塔几亚语 -sue < *su-ʔe。

23. *krit / *krat / *glut

缅文 krit < *krit。（磨面）

① "摩擦" 匈牙利文（动词）daral < *dara-l。

佤语艾帅话、德昂语硝厂沟话 krit < *krit。
黎语 hwaːt < *khat < *krat。
苗语吉卫话 ʐo⁸、枫香话 ɣau⁸ < *glut。（磨谷子）

24. *ban
壮语武鸣话、水语 pan²，毛南语 pjan² < *ban。（磨刀）

25. *lap
傣语 lap⁸ < *lap。（磨刀）

26. *ra
黎语通什话 ra⁴ < *ra。（磨刀）

27. *kleŋ / *kəloŋ
佤语马散话 klɛiŋ，布朗语曼俄话 kleŋ³⁵ < *kleŋ。
克木语 tɕə lɔŋ < *kəloŋ。（磨刀）

28. *pat
户语 pat³¹ < *pat。（磨刀）

29. *sen
桑塔利语 sen < *sen。

二 “磨”的词源对应关系

1. “磨”和“擦”
（1）土耳其语、维吾尔语、西部裕固语 *bile。“擦”锡伯语 mavələ-、赫哲语 mabula- < *ma-bula，瓜依沃语 fulo-a < *pulo。

（2）乌玛语 *reke。“擦”蒙古语 ɛrtʃi-、东部裕固语 ordʒ- < *ʔorki。桑塔利语 ragdao < *rag-du，ragɽao < *rag-ru。

（3）塔几亚语 *su-ʔe。“擦”劳语 usua < *ʔusu-ʔa。

（4）鄂伦春语、鄂温克语 *ʔibu。“擦”满文 fu-、鄂温克语 awʊ- < *pu / *ʔabu。

（5）黎语 *krat，汉语 *skhrat（擦）< *s-krat。

（6）户语 *pat，“擦”克木语 m pɔt < *pot。

2.“磨”和“擦”

（1）西部斐济语 *gagi，“刮”中古朝鲜语 skakta < *sgag-。

（2）道孚语 *p-su。“刮”日语 soru < *so-ru，满文 ʃo-、鄂温克语 ʃiː- < *so。

（3）缅文 *krit。“刮”摩尔波格语 korut、亚齐语 krut < *korut，汉语 *krat（刮）。

（4）乌玛语 *reke，“刮”那大语 rəgu < *regu。

（5）乌玛语 *goro。“刮”锡加语 kəru、姆布拉语 -kē re、斐济语 kari-a < *keri。

3.“磨”和“沙砾”

（1）鄂伦春语、鄂温克语 *ʔiŋ-。“沙子”满文 joŋgan，锡伯语 nioŋun，鄂温克语 ɪŋa < *ʔiŋa-。

（2）东乡语 *mori。“沙子”朝鲜书面语 morɛ < *more，莫图语 miri < *miri。

（3）西部斐济语 *gagi，“沙子”木鲁特语 agis、摩尔波格语 ogis < *ʔagis。

（4）维吾尔语、西部裕固语 *bile。“沙子”西部斐济语 βoliβoli <

*boli-boli。

（5）姆布拉语 *mus，“沙子”沙外语 umus < *ʔumus。

（6）乌玛语 *goro，“沙砾”桑塔利语 kako̱r < *kakor。

（7）布鲁语 *ʔese，“沙子”沙外语 sɛʔsɛ < *seʔse。

4.“磨”和“锐利”

（1）桑塔利语 rit < *rit，“锐利”汉语 *las（锐）< *lat-s。

（2）东乡语 *mori，“锐利”鄂伦春语 əmər < *ʔəmər。

（3）藏语 *r-dar，“锐利”锡加语 dira-ŋ、贡诺语 daraŋ < *dira-ŋ。

（4）布鲁语 *toto，“锐利”达阿语 natadʒa < *na-tada。

三 词源关系分析

1. *bila（*ble、*boli）

“磨”维吾尔语、西部裕固语 *bile。“沙子”西部斐济语 βoliβoli < *boli-boli，藏文 bje ma、道孚语 bji ma < *ble。

“磨”阿尔巴尼亚语 bluaj < *blu-。

“磨”波兰语 mletʃ < *mle-。

“磨”（动词）瑞典语 mala，丹麦语 male，荷兰语 malen < *male。

“擦、压碎”和阗塞语 malys- < *maljs。

“沙子”法语 sable，意大利语 sabbia，拉丁语 sambulum < *sabule。

2. *mar（*mori）

“磨”东乡语 moji- < *mori。汉语 *mars（磨、摩）。

“磨损”古英语 werian，古挪威语 verja < *b^{w}era。

> “压碎”和阗塞语 vamurr- < *b^{w}a-mur。
> “擦”粟特语 mrz-、阿维斯陀经 marəz < *marə-。

3. *masi（*mose、*masi、*mus）

“磨”满文 *mose-。东部斐济语 *masi、姆布拉语 *mus。

“沙子”沙外语 umus < *ʔumus。

> “沙子”希腊语 ammos。“使干净，扫”波兰语 omieʃtʃ < *omes-。

4. *korut（*krit、*krat、*krot）

“磨”缅文、佤语、德昂语 *krit，黎语 *krat。汉语 *skhrat（擦）< *s-krat。“刮”摩尔波格语 korut、亚齐语 krut < *korut，阿昌语 khz̥ət、嘉戎语 ka khrot < *krot，桑塔利语 hurith < *qurit，汉语 *krat（刮）。

> “磨、擦”古英语 grindan，立陶宛语 grendu（抓挠）< *gredu。
> “摩擦、刮”古法语 grater，瑞典语 kratta、丹麦语 kratte < *krate。
> “磨”波兰语 zgrzytatʃ < *r-gruta。“刮”法语 gratter < *grat-。

“接触”匈牙利文（动词）megerint < *megerit。

5. *g^{w}ati（*giti、*ŋatu、*kat、*k^{w}et、*got、*get）

“磨”哈拉朱乌语 *giti、拉巴努伊语 *ŋatu。“擦”布兴语 kait、巴琉语 kat^{53} < *kat。“刮”壮语武鸣话 kvet^{7} < *k^{w}et，侗语 kwet^{10}、水语 kot^{8} < *got，莽语 get^{55}、桑塔利语 ge̱ tʃ（刮掉）< *get。

> “磨”梵语 kuʈʈati < *kuta-。

“摩擦”芬兰语（动词）hangata < *qagata。

6. *miga-ku

“使光滑、锋利”日语 *miga-ku。

“磨”俄语 mutɕitj < *muki-。

7. *durog

“磨”他加洛语 *durog。

“触摸”俄语 trogatj < *troga-。

8. *gore（*goro、*keri）

“磨”乌玛语 *goro。“刮”锡加语、姆布拉语、斐济语 *keri。

“磨损”亚美尼亚语 krel < *kre-。

9. *psu

“磨刀”道孚语 fsi < *psu。

“磨（碎）”乌尔都语 peːsna < *pes-。

“摸”的词源关系

汉语“摸”可指“触摸”“抚摸”“摸索”等。亚欧语言“触摸、抚摸”多与“擦”“手”等说法有词源关系。

◇ 一　东亚太平洋语言的“摸”

有关“摸”“触摸”“抚摸”的主要说法有：

1. *sib^{w}ar / *sib^{w}eri

土耳其语 sivaz- < *sib^{w}ar。

拉加语 sib^{w}eri < *sib^{w}eri。

2. *siba / *sop

塔塔尔语 sipɑ-，西部裕固语 sovɑ- < *siba。（抚摸）

日语 sawaru < *saba-ru。（抚摸）

景颇语 ma^{31}sop^{31}，独龙语 sɔp^{55}，墨脱门巴语 sup < *sop。

3. *sila

维吾尔语 silɑ-，哈萨克语 səlɑ- < *sila。（抚摸）

4. *surma

图瓦语 syjmɑ- < *surma。（抚摸）

5. *mala / *molo / *mali-lim / *mal-s

撒拉语 mɑlɑ- < *mala。（抚摸）

东部裕固语 molo- < *molo。

雅美语 maliliw < *mali-lim。

汉语 *mars（摩）< *mal-s。

6. *təm-tərə / *tem-dələ / *təmi-lə / *təmi / *dama / *dam-du

蒙古语正蓝旗话 təmtrə-，布里亚特话 təmtərə- < *təm-tərə。①

土族语 temdələ- < *tem-dələ。

达斡尔语 təmiləː- < *təmi-lə。

鄂温克语 təmi- < *təmi。

爪哇语 n-dəmɛʔ，巴塔克语 dʒama < *dama。（触摸）

桑塔利语 ʈamɖao < *dam-du。

7. *ʔəl-bəg-la / *ʔili

东部裕固语 əlbəglɑ- < *ʔəl-bəg-la。

清代蒙文 ili- < *ʔili。

8. *bilu

满文 biʃu- < *bilu。

---

①“摩擦”匈牙利文（动词）tör < *tor。

9. *madi / *meda

朝鲜语 mantʃita < *madi-。（抚摸）

罗地语 na-meda < *meda。

10. *nade-ru

日语 naderu < *nade-ru。（抚摸）

11. *laŋo-na

萨摩亚语 laŋona < *laŋo-na。

12. *pere

窝里沃语 perere < *pere。

13. *ʔaso

邹语 a-aso < *ʔaso。（触摸）

14. *ʔagot / *kokət

布拉安语 n-agot < *ʔagot。（触摸）

柬埔寨语 kəkɤt < *kokət。

15. *sətuq / *sut

印尼语 səntuh < *sətuq。（触摸）

阿昌语 sut^{55} < *sut。

16. *saʔa

卡乌龙语 saa < *saʔa。①

---

①“触摸”格鲁吉亚语 ʃɛxɛba < *seqe-。

17. *tebi / *tabo

南密语 tʃebi < *tebi。

马林厄语 tabo < *tabo。（触摸）

18. *tara

东部斐济语 tara-a < *tara。（触摸）

东部斐济语 βaka-tara-a < *baka-tara。（摸到）

19. *reg / *roŋo

藏文 reg < *reg。

拉加语 roŋo < *roŋo。（摸到）

20. *sam

缅文 sɑm^{3} < *sam。

21. *ʔduk

水语 ʔduk^{7} < *ʔduk。

22. *ʔbuk / *ʔbok

壮语 buk^{7} < *ʔbuk。

莽语 bɔk^{55} < *ʔbok。

23. *gom / *keme

壮语 kam^{6}，黎语 gom^{3} < *gom。

布鲁语 keme < *keme。

24. *pot

克木语 n pŏt < *pot。

25. *tunum

桑塔利语 tunum < *tunum。

二 “摸”的词源对应关系

1. “摸”和“擦”

（1）藏文 *reg。“擦”桑塔利语 ragdao < *rag-du，ragɽao < *rag-ru。蒙古语 ɛrtʃi-、东部裕固语 ordʒ- < *ʔorki。

（2）南密语 *tebi。“擦”中古朝鲜语 tʃiwuta < *dibu-。

（3）邹语 a-aso < *ʔaso，“擦”s-m-aso < *saso。

（4）印尼语 *sətuq，“擦”巴厘语 sutsut < *sut。

（5）克木语 *pot，“擦”m pɔt < *pot。

2. “摸”和“磨”

（1）清代蒙文 *ʔili。“磨”锡伯语 ilə- < *ʔile。

（2）邹语 a-aso < *ʔaso，“磨”查莫罗语 guasa < *gu-ʔasa。

（3）满文 *bilu。“磨”土耳其语 bile，维吾尔语 bilɛ-，西部裕固语 bəle- < *bile。

（4）托莱语 tukiə < *tuki-，“磨”沙外语 n-tok < *tok。

3. “摸”和“手”

（1）清代蒙文 *ʔili，“手”土耳其语 el < *ʔel。

（2）萨摩亚语 *laŋo-na，“手”东部斐济语 liŋa-、毛利语 riŋa < *liŋa。

（3）托莱语 *tuki-，“手”阿伊努语 teke < *teke。

（4）柬埔寨语 *kokət。“手”梅梯语 khut，钦本语 ɑ-kwit，马加尔语 hut、荷朗库尔语 gut < *k^{w}ut。

◇ 三 词源关系分析

1. *bile（*bilu）

“摸”满文 *bilu。

“磨”土耳其语 bile、维吾尔语 bilɛ-、西部裕固语 bəle- < *bile。

“触摸、察觉”古英语 felan、古挪威语 falma、古弗里斯语 fela < *p^{w}ela。

2. *male（*mal、*mala）

“抚摸”撒拉语 mɑlɑ- < *mala。“摸”东部裕固语 molo- < *molo。

“磨”（动词）瑞典语 mala、丹麦语 male、荷兰语 malen < *male。

“磨”波兰语 mletʃ < *mle-。

3. *mari（*mori、*mars）

“磨”东乡语 moji- < *mori。汉语 *mars（磨、摩）。

“磨损”古英语 werian，古挪威语 verja < *b^{w}era。

“触摸”粟特语 mrus，nmarz < *n-mars。

“擦”粟特语 mrz-，阿维斯陀经 marəz < *marə-。

4. *tuki（*tok）

“摸”托莱语 *tuki-，“磨”沙外语 n-tok < *tok。

“触摸、敲打”古法语 touchier，俗拉丁语 toccare < *toka-。

“触摸、滴答响”波兰语 tykatʃ < *tuka-。“触摸”波兰语 tkanątʃ <

*tukana-。

“触摸”阿尔巴尼亚语 tsek < *tek。

5. *ʔek

“摸”塔纳语 -ek < *ʔek。

“触摸”希腊语 eggizo < *egi-。乌尔都语 tʃoːna < *ko-。

6. *gom

“摸”壮语、黎语 *gom。

“触摸”希腊语 akoymno < *akom-。

7. *b^weri（*pere、*sib^{w}eri）

“摸”窝里沃语 *pere，拉加语 *sib^{w}eri。

“触摸”梵语 spr̥iʃ < *spris。

8. *muda（*madi、*muti、*mutu）

“抚摸”朝鲜语 *madi-。

“摸”罗地语 *meda。

“手”沙阿鲁阿语 ramutsu，邹语 mutsu < *ra-mutu / *mutu。“指甲”蒙古语 xomos，土族语 tɕimusə，达斡尔语 kimtʃi < *kimuti。

“手”古英语、古挪威语 mund < *mud。

“擦”格鲁吉亚语 tsmɛnda < *-meda。

9. *durog

“磨”他加洛语 dū rog < *durog。

“触摸”俄语 trogatj < *troga-。

10. *reg（*rag、rki）

“摸”藏文 *reg。“擦”桑塔利语 ragdao < *rag-du，ragɽao < *rag-ru。蒙古语 ɛrtʃi-、东部裕固语 ordʒ- < *ʔorki。

“触摸”亚美尼亚语 zgal < *lga-。

11. *təmi

“摸”达斡尔语 təmiləː- < *təmi-lə。鄂温克语 təmi- < *təmi。

“触摸”威尔士语 teimlo < *tem-。

12. *psu

“磨刀”道孚语 fsi < *psu。

“磨（碎）”乌尔都语 peːsna < *pes-。

“触摸”粟特语 psāw < *psau。

“编”的词源关系

把条状物交织起来叫作“编”。古时的居民以草或藤条“编”为绳子或席子，或将头发编成辫子。席子和布的编造又叫作“织”。亚欧语言动词“编”的说法与“织”“缠绕”“捆绑”“扭”和“绳子”等说法有词源关系。

◇ 一　东亚太平洋语言的“编”

“编”的主要说法有：

1. *doqu

土耳其语 doku-，维吾尔语 toqu-，哈萨克语 toqə-，撒拉语 doχɑ- < *doqu。（织、编）

2. *neke / *nek

蒙古语 nəxə-，达斡尔语 nəgə-，东部裕固语 neke- < *neke。（织编）

浪速语 nak^{31}，仙岛语 $nɤk^{55}$ < *nek。（编发）

3. *gurə / *kru

蒙古语 gʉrə-，东部裕固语 gur-，土族语 gurə- < *gurə。（织编）[①]

汉语 *kru（纠）。

4. *ʔori / *ʔiri

中古突厥语 ør，维吾尔语 øri < *ʔori。

嫩戈内语 iri < *ʔiri。（编绳子）

5. *ʔil-sa

满文 isa-，赫哲语 jisa-，鄂温克语 ɪlʃa- < *ʔil-sa。（编发）

6. *ʔamu

日语 amu < *ʔamu。

7. *pir / *pri / *pro

托莱语 pir，阿者拉语 fir- < *pir。

傈僳语 phi^{31}，基诺语 $phrœ^{55}$ < *pri / *pro。

8. *pali / *pla

布鲁语 pali < *pali。（编发）

水语 lja^{1}，仫佬语 pja^{1} < *pla。

9. *tinun / *tanun / *tənun

泰雅语 tsinun < *tinun。

印尼语 tənun，米南卡保语 tanun < *tanun。

赛夏语 tomnun，卑南语 təmənun < *tənun。

---

① “扭、包”匈牙利文（动词）elgörbül < *el-gor-bul。

10. *lati

达阿语 no-lati < *lati。

11. *patu / *batu / *ku-pat

莫图语 hatu-a < *patu。

木鲁特语 batu < *batu。

尼科巴语 kupāt < *ku-pat。

12. *tali / *tolu

斐济语 tali < *tali。

窝里沃语 tolu < *tolu。

13. *ʔadi

宁德娄语 adi < *ʔadi。

14. *moli

马那姆语 moli < *moli。

15. *b^{w}a-ʔi / *be-ʔa

帕玛语 vai < *b^{w}a-ʔi。

锡加语 bea < *be-ʔa。

16. *pjin / *bjen

汉语 *pjin（编）。

苗语青岩话 mpjen^{4}，勉语三江话 pjen^{4} < *bjen。

17. *sla / *la

藏文 sla < *sla。

卡加延语 lala，阿杰语 lʌ < *la。

18. *nam / *ʔanam

墨脱门巴语 nam，义都珞巴语 nɑm^{35}mɑ^{35} < *nam。

爪哇语 anam，沙玛语 anom < *ʔanam。

19. *tan

德昂语 tan < *tan。（编竹器）

20. *galaŋ

桑塔利语 galaŋ < *galaŋ。

21. *blaŋ

布朗语佤方言 blaiŋ^{51}，thaiŋ^{51} < *blaŋ。

佤语艾帅话、中国克木语 taiŋ，老挝克木语 taːɳ^{33}，户语 thaiŋ^{31} < *blaŋ。

二 “编”的词源对应关系

1. “编” 和 “缠绕”

（1）德昂语 *tan。汉语 *dan（缠），“绕” 土耳其语 dønmak < *don-。

（2）基诺语 *pro。“缠绕” 土族语 furoː，蒙古语 oroːx < *puro-。

（3）斐济语 *tali。“缠绕” 土耳其语 dolanmak < *dola-n。

（4）锡加语 *be-ʔa。“缠绕” 乌玛语 βeβe < *bebe，窝里沃语 kaʔbe < *kabe。

（5）藏文 *sla。“缠绕” 达密语 sili < *sili。清代蒙文 kulijesulemui < *kuliʔe-sule-。

2. “编” 和 “绑”

（1）基诺语 *pro。“捆绑”拉巴努伊语 here，波那佩语 pire < *pire。

（2）汉语 *prin（编），“捆绑”独龙语 prɑn^{53} < *pran。

（3）斐济语 *tali。“捆绑”巴塔克语 tali、他加洛语 tā li < *tali，桑塔利语 to̱l < *tol。

（4）中古突厥语、维吾尔语 *ʔori。“捆绑”罗图马语 ʔoro < *ʔoro，鄂伦春语 ərkə- < *ʔər-kə。

（5）土耳其语 doku-。“扎起头发”桑塔利语 toke < *toke。

（6）帕玛语 *ba-ʔi。“捆”义都珞巴语 a^{55}bo^{55} < *abo。

3. “编” 和 “绳子”

（1）基诺语 *pro。“绳子”柬埔寨文 puːər < *pur。桑塔利语 boɽ < *bor。（草绳）

（2）斐济语 *tali。“绳子”爪哇语、摩尔波格语、巴拉望语、印尼语 tali，查莫罗语 tale < *tali。“捆绑”巴塔克 tali，他加洛语 tāliʔ。桑塔利语 to̱l < *tol。

（3）莫图语 *patu。“绳子”满文 futa、锡伯语 fəta < *puta，雅美语 uviɖ < *ʔubid。

（4）蒙古语族语言 *gurə。“绳子”缅文 kro^{3} < *kro，布朗语胖品话 si gro^{51} < *si-gro。

（5）布朗语佤方言 *blaŋ，“绳子”格曼僜语 bɹă ŋ < *braŋ。

（6）桑塔利语 galaŋ < *galaŋ，汉语 *gləŋ（绳）。

三 词源关系分析

1. *bore（*pro、*bor、*pire）

“编”基诺语 *pro。“缠绕”土族语 furo:，蒙古语 oro:x，< *puro-。“绳子”柬埔寨文 pu:ər < *pur，桑塔利语 boɽ < *bor。“捆绑”波那佩语 pire、拉巴努伊语 here。

> “编、打结、扭一起”古英语 breidan。

“扭”芬兰语（动词）vä:ristellä < *b^{w}aris-tela-。

2. *pali（*pla）

“编”水语、仫佬语 *pla，“编发”布鲁语 *pali。

> “编”俄语 plestj，波兰语 pleʃtj < *ples-。阿尔巴尼亚语 palë < *palo。
> “编、拧、拧在一起”波兰语 spleʃtj < *sples-。
> “折、扭”拉丁语 plicare < *plika-。希腊语“编织”plekein，“缠绕的”plektos。
> 古法语“褶子”ploit，“折、编织”plier < *pli-。

3. *buta（*puta、*batu、*pat、*bid）

“编”莫图语 *patu、木鲁特语 *batu、尼科巴语 *ku-pat。

> “编”梵语 puʈaḥ < *puta-。“转”亚美尼亚语 pttel < *pute-。
> “缠绕”古英语 windan、古挪威语 vinda、古弗里斯语 winda、立陶宛语 vyti < *buta。

“扭”芬兰语（动词）vä:ntä: < *b^{w}ata-。

“绳子”满文 futa、锡伯语 fəta < *puta，雅美语 uviɖ < *ʔubid。“缠绕”瓜依沃语 buta-a < *buta。

“系上”梵语 badh。“绑”古英语 bindan、古挪威语、古弗里斯语 binda < *bida。

“绳子捆的东西”苏格兰方言 bundle。

4. *gurə

“织编”蒙古语、东部裕固语、土族语 *gurə。“缠绕”柯尔克孜语 tegeren- < *te-gere-n。汉语 *ŋre（绕）< *m-gre。“绳子”缅文 kro^{3} < *kro，布朗语胖品话 si gro^{51} < *si-gro。

“编织”乌尔都语 jorna < *gor-。

“缠绕”芬兰语（动词）keriä < *keri-，格鲁吉亚语 grɛxa < *greqa。

“缠绕”希腊语 koyrdizo、khordizo < *gordi-。

俄语 krutitj < *kruti-，波兰语 kręˌ tɕitʃ < *kruti-。

“捆”格鲁吉亚语 ʃɛkhvra < *se-g^{w}ra。

“缠绕”的词源关系

亚欧语言“缠绕”的说法多与“编”“捆”“滚”等说法有词源关系。“缠、绕”是藤类植物生长的状态和“绳子”的主要用法，故“缠绕”又与“绳子、藤子”等说法有词源关系。

一 东亚太平洋语言的“缠绕”

“缠绕”的主要说法有：

1. *ʔege

维吾尔语 ɛgi-，哈萨克语 ege- < *ʔege。

2. *te-gere-n / *m-gre / *d-kri / *pi-gri / *gure / *kur

柯尔克孜语 tegeren- < *te-gere-n。[①]

汉语 *ŋre（绕）< *m-gre。藏文 dkri < *d-kri。

马林厄语 figri < *pi-gri。

桑塔利语 guɽhe < *gure。克木语 kŭr < *kur。

---

① “缠绕”芬兰语（动词）keriä < *keri-。

柳江壮语 kju^3，仫佬语 kɣəu^3 < *kruʔ。

3. *ʔer-gile

图瓦语 ergilɛ- < *ʔer-gile。

4. *kuliʔe-sule / *sari-l / *sili / *slin

清代蒙文 kulijesulemui < *kuliʔe-sule-。（缠）

土耳其语 sarilmak < *sari-l。（缠）①

达密语 sili < *sili。

阿昌语 l̥in^{35}< *slin。

5. *koti / *kat / *kuta

达斡尔语 kotʃigu < *koti-。②

姆布拉语 -kat < *kat。

却域语 kɯ^{55}ta^{55} < *kuta。

6. *tada / *dida

满文 tʃada < *tada。

羌语 dɪ dɛ < *dida。

7. *puro / *bur-tal / *buri

土族语 furoː，蒙古语 oroːx < *puro-。

柯尔克孜语 bujtɑʃ- < *bur-tal。

桑塔利语 bɛ̃uɽ̃i < *buri。

---

①“绳子”匈牙利文 koszoru < *kosoru，sor。

②“缠绕”匈牙利文（动词）szagot kap < *sagot-。

8. *gama

朝鲜语 kamta < *gama-。

9. *ma-ku

日语 maku < *ma-ku。

10. *guluŋ

印尼语 məŋ-guluŋ < *guluŋ。

11. *butəl

爪哇语 m-buntəl < *butəl。

12. *balo-t / *bolo

他加洛语 bālot，亚齐语 balot < *balo-t。锡加语 βolo-t < *bolo。

13. *le-bot / *buta

沙玛语 lebod，木鲁特语 lopot < *le-bot。

瓜依沃语 buta-a < *buta。

14. *loku

莫图语 loku-a < *loku。

15. *bisisi

帕玛语 visisi < *bisisi。

16. *ʔiŋ

马绍尔语 iŋiŋ < *ʔiŋ。

17. *b^{w}eb^{w}e / *kabe

乌玛语 βeβe，斐济语 βiβi < *b^{w}eb^{w}e。窝里沃语 kaʔbe < *kabe。

18. *tako-ʔi / *taka-ʔi

罗图马语 takɔi < *tako-ʔi。汤加语 takai < *taka-ʔi。

19. *do / *dan / *don / *dini

木雅语 tə^{55}to^{33}，扎坝语 ə^{55}de^{55} < *do。

汉语 *dan（缠）。

土耳其语 dønmak < *don-。（绕）

塔几亚语 dini < *dini。

20. *ras

缅文 ras^{4} < *ras。

21. *klu

佤语艾帅话 kla̠u̠ < *klu。

22. *ma-ʔul

户语 maul < *ma-ʔul。

◇ 二 “缠绕”的词源对应关系

1. “缠绕” 和 “编”

“缠绕” 和 “编” 的词源关系上文《编》中已举例说明。

2.“缠绕”和“滚”

（1）柯尔克孜语 *te-gere。“滚”蒙古语 toŋgoro- < *to-goro、锡伯语 doχuru- < *do-quru、土族语 nguroː- < *guro，东乡语 ɢoɣori- < *go-gori、日语 korogaru < *korogaru。

（2）维吾尔语、哈萨克语 *ʔege。“滚”西部斐济语 gigi。

（3）印尼语 *guluŋ。“滚”爪哇语 ŋ-guluŋ、萨萨克语 guluŋ < *guluŋ。

（4）锡加语 *bolo。“滚”托莱语 bulu。

3.“缠绕”和“绳子、藤子”

（1）瓜依沃语 *buta。“绳子”满文 futa、锡伯语 fəta < *puta。

（2）土耳其语 *don-，“绳子”日语 dzuna（綱）< *duna。

（3）莫图语 *loku，“绳子”卡乌龙语 elik（绳子，藤子），勒窝语 kelika < *qelika。

（4）藏文 *d-kri。“绳子”缅文 kro^{3} < *kro，布朗语胖品话 si gro^{51} < *si-gro。

（5）土族语、蒙古语 *puro-。柬埔寨文 puːər < *pur，桑塔利语 boɽ < *bor（草绳），阿者拉语 bruʔ < *bruq。

（6）锡加语 *bolo。“藤子”鲁凯语 uvaj < *ʔubal。

（7）达密语 sili < *sili。“绳子”卡林阿语 silu < *silu，桑塔利语 sili < *sili（束发绳）。

三　词源关系分析

1. *bore（*pro、*bor、*pire）

“缠绕”土族语、蒙古语 *puro-。“捆绑”波那佩语 pire、拉巴努伊语

here < *pire。“编”傈僳语 phi^{31}、基诺语 phrœ^{55} < *pri / *pro。“绳子”柬埔寨文 puːər < *pur，桑塔利语 boɽ < *bor。

“编、打结、扭一起”古英语 breidan。

2. *buta（*patu、*batu、*pat、*bid）

“缠绕”瓜依沃语 *buta。“编”莫图语 hatu-a < *patu。木鲁特语 batu < *batu。尼科巴语 kupā t < *ku-pat。“绳子”满文 futa、锡伯语 fəta < *puta，雅美语 uviɖ < *ʔubid。

“缠绕”古英语 windan，古挪威语 vinda，古弗里斯语 winda，立陶宛语 vyti < *buta。

“缠绕”俄语 motatj < *mota-。“拧”和阗塞语 biṭh- < *bid。

梵语“编”puṭaḥ < *puta-，“系上”badh。

“拧”那大语 pote < *pote。

“双线的”希腊语 dimitos < *di-mito-（两—线）。

“绑”古英语 bindan，古挪威语、古弗里斯语 binda < *bida。

“绳子捆的东西”苏格兰方言 bundle。

3. *gore（*gre、*kre、*kri、*gri、*gure、*kur、*guro 等）

“缠绕”汉语 *m-gre（绕）、*kre（交），藏文 *d-kri，马林厄语 figri < *pi-gri，桑塔利语 *gure，克木语 *kur，柳江壮语、仫佬语 *kruʔ。“绳子”缅文 kro^{3} < *kro，布朗语胖品话 si gro^{51} < *si-gro。“滚”日语 korogaru < *korogaru，土族语 nguroː- < *guro，东乡语 ɢoɣori- < *go-gori。

“缠绕”希腊语 koyrdizo、khordizo < *gordi-。

俄语 krutitj < *kruti-，波兰语 krętɕitʃ < *kruti-。俄语 zakljutɕitj < *rakluti-。

“缠绕”芬兰语（动词）keriä < *keri-，格鲁吉亚语 grɛxa < *greqa。

“捆”格鲁吉亚语 ʃɛkhvra < *se-g^{w}ra。

“织编”蒙古语、东部裕固语、土族语 *gurə。“缠绕”柯尔克孜语 tegeren < *te-gere-n。汉语 *ŋre（绕）< *m-gre。“绳子”缅文 kro^{3} < *kro，布朗语胖品话 si gro^{51} < *si-gro。

“编织”乌尔都语 jorna < *gor-。

4. *do（*da、*du）

“缠绕”木雅语、扎坝语 *do，汉语 *dan（缠）。“旋转、缠绕”土耳其语 døn- < *don。“绳子”日语 dzuna（綱）< *duna。

“加倍”古挪威语 tvinna < *twina。

“细绳”日语 tsɿna < *tuna。

“两根搓成的线”古英语 twin，荷兰语 twijn < *dwin。

“编、缠绕”格鲁吉亚语 datshvna < *dad^{w}-。

5. *ro（*ri、*ra、*re）

“捆绑”鄂温克语 uji- < *ʔuri，罗图马语 ʔoro < *ʔoro，布昂语 zō < *ro。“裹”维吾尔语、哈萨克语 orɑ-，图瓦语 orɑː- < *ʔora。“绳子”那大语 aze < *ʔare。

“缠绕”阿尔巴尼亚语 erë < *ero。

6. *b^{w}e（*be）

“缠绕”乌玛语、斐济语 *b^{w}eb^{w}e，窝里沃语 *kabe。

“编织”古英语 wefan，古挪威语 vefa < *b^{w}eba。

“蜘蛛网”古英语 webb，希腊语 hyphe < *b^{w}ebe。

“捆绑”的词源关系

亚欧语言“捆、绑”的说法与“缠绕”“滚”“绳子、藤子”等说法有词源关系。

◇ 一 东亚太平洋语言的“捆、绑”

“捆、绑”的主要说法有：

1. *baɢ / *bugu-dila / *boki / *boke / *bak / *buku

维吾尔语 bɑʁlɑ-，哈萨克语 bɑjlɑ-，图瓦语 bɑʁlɑ- < *baɢ-。（包、捆）

蒙古语书面语 buɣudʒɪla- < *bugu-dila。

达斡尔语 boki- < *boki。

窝里沃语 ʔboke < *boke。

汉语 *bak（缚）。

史兴语 $bu^{33}ku^{55}$ < *buku。

2. *baq / *paqe

图瓦语 bɑxlɑ- < *baq-。（扎，捆）

马京达瑙语 paʔe < *paqe。

3. *taŋ

维吾尔语、哈萨克语、撒拉语 tɑŋ- < *taŋ。（扎、捆）

4. *kul / *qulə / *tə-gul / *me-qul

西部裕固语 kul- < *kul。（扎，捆）

蒙古语 xʉlə-，东部裕固语 kulə- < *qulə。

巴厘语 təgul < *tə-gul。

泰雅语 məhul，赛德克语 mekuj < *me-qul。

5. *toɢ / *toke

土族语 tɕoɢlɑ-，东乡语 tʂəulɑ- < *toɢ-。

桑塔利语 toke < *toke（扎起头发），toŋge < *toge（把两头系在一起）。

6. *pul-mire

满文 fulmije- < *pul-mire。

7. *ʔər / *ʔuri / *ʔora / *ʔoro / *ro

鄂伦春语 ərkə- < *ʔər-kə。

鄂温克语 uji- < *ʔuri。

维吾尔语、哈萨克语 orɑ-，图瓦语 orɑː- < *ʔora。（裹）

罗图马语 ʔoro < *ʔoro。

布昂语 zō < *ro。

8. *pəŋgi / *baŋ-ʔ / *poŋo

锡伯语 fəŋni- < *pəŋgi。

汉语 *baŋ-ʔ（绑）。

马京达瑙语 poŋo < *poŋo。

9. *mu-sgu

中古朝鲜语 muskta < *mu-sgu-。

10. *kuku

日语 kukuru < *kuku-ru。

11. *siba-ru / *ʔabo

日语 çibaru < *siba-ru。

义都珞巴语 $a^{55}bo^{55}$ < *ʔabo。

12. *si-got / *ʔi-kat / *ket / *gat / *kit

摩尔波格语 sigot，阿卡拉农语 higut < *si-got。

亚齐语 ikat < *ʔi-kat。

亚美语 keɖkeɖ < *ket。

克木语 gat < *gat。

汉语 *kit（结），*git（系）。

13. *pire

拉巴努伊语 here，波那佩语 pire < *pire。

14. *bite / *boto-ʔe

锡加语 pəte，姆布拉语 -ᵐbit < *bite。

鲁凯语 botoe < *boto-ʔe。

15. *sipu

吉利威拉语 -sipu < *sipu。

16. *ʔak

夸梅拉语 -ak^{w} < *ʔak。（给绳子打结，弓上弦）

17. *pusi-ʔa

罗维阿纳语 pusia < *pusi-ʔa。

18. *tali / *tol

巴塔克语 tali，他加洛语 tāli < *tali。

桑塔利语 to̱l < *tol。

19. *lo

汉语 *lo（臾）（《说文》：束缚捽抴为臾）。

20. *r-grot / *grat / *galot

嘉戎语 zgrot < *r-grot。

佤语孟贡话 rat，德昂语茶叶箐话 ɣit^{55} < *grat。

桑塔利语 galo̱ʈ < *galot。

21. *pran

独龙语 prɑn^{53} < *pran。

22. *groŋ

格曼僜语 gɹoŋ^{53} < *groŋ。

23. *sa-bon

景颇语 ʃă^{31}pon^{31} < *sa-bon。

24. *logi

克伦语阿果话 jɔ^{31}gi^{31} < *logi。（系）

25. *ruk / *rək

侗语 ɕuk^{10}，毛南语 zuk^{8} < *ruk。

汉语 *rək（勒），*qlak（约），*slok（束）。

◇ 二 “捆、绑”的词源对应关系

1. “捆、绑”和“缠绕”

（1）夸梅拉语 *ʔak。“缠绕”维吾尔语 ɛgi-，哈萨克语 ege- < *ʔege。

（2）摩尔波格语、阿卡拉农语 *si-got。“缠绕”达斡尔语 kotʃigu < *koti，姆布拉语 -kat < *kat。

（3）波那佩语 *pire。“缠绕”土族语 furo:、蒙古语 oro:x < *puro-。

（4）锡加语、姆布拉语 *bite。“缠绕”瓜依沃语 buta-a < *buta。

2. “捆、绑”和“绳子”

（1）锡加语、姆布拉语 *bite。“绳子”满文 futa、锡伯语 fəta < *puta。

（2）罗图马语 *ʔoro。“绳子”那大语 aze < *ʔare。

（3）波那佩语 *pire。“绳子”柬埔寨文 pu:ər < *pur。桑塔利语 boɽ < *bor（草绳）。

（4）侗语、毛南语 *ruk。汉语 *srak（索）。

（5）西部裕固语 *kul。“绳子”桑塔利语 *sikol。

（6）桑塔利语 *tol。“绳子”土耳其语 tel < *tel。爪哇语、摩尔波格语、巴拉望语、印尼语 tali，查莫罗语 tale < *tali。

3. “捆、绑”和“滚”

（1）日语 *kuku-ru。“滚”莫图语 ɣeɣe-a < *gege-ʔa。锡加语 gogo、西部斐济语 gigi < *gogi。

（2）西部裕固语 *kul，“滚动”户语 khɤl^{33} mɤl^{31} < *kul-mul。

（3）桑塔利语 *toke，“滚”汤加语 teka。

（4）波那佩语 *pire，“滚”阿杰语 peři。

（5）汉语 *lo（臾）。“滚”彝语巍山话 ʔly^{33} < *ʔlu，嘉戎语 zə le < *re-le。

◇ 三 词源关系分析

1. *b^{w}ite（*bite、*puta、*bot、*buta）

“捆绑”，锡加语、姆布拉语 *bite。“绳子”满文 futa、锡伯语 fəta < *puta。“缠绕”沙玛语 lebod、木鲁特语 lopot < *le-bot，瓜依沃语 buta-a < *buta。

> “捆绑”乌尔都语 baːndhna < *bad-。“系上”梵语 badh。
> “绑”古英语 bindan、古挪威语、古弗里斯语 binda < *bida。

2. *b^{w}are（*pro、*bor、*pire）

“捆绑”波那佩语、拉巴努伊语 *pire。“缠绕”土族语 furoː、蒙古语 oroːx < *puro-。“编”傈僳语 phi^{31}、基诺语 phrœ^{55} < *pri / *pro。

“绳子”吕苏语 ba^{135} < *bar。“绳子、藤子”德昂语南虎话 var < *b^{w}ar。

> “捆绑、打结”俄语 vazatj，波兰语 wią zatʃ < *b^{w}ara-。
> “捆绑”俄语 svaz-vatj < *$sb^{w}arib^{w}a$-。
> “绳子”俄语 verevka < *$b^{w}ereb^{w}$-，“绳子、线”波兰语 powroz < *poror。

3. *toge（*toɢ、*teka）

“捆绑”土族语、东乡语 *toɢ-，桑塔利语 *toke。“滚”汤加语 teka。

> “系”古英语 tigan、tiegan。“细绳子”古挪威语 tygill。

4. *baki（*boki、*baɢ、*bak）

“捆绑”达斡尔语 *boki，突厥语族语言 *baɢ-，汉语 *bak（缚）。

> “包在一起”英语 pack、中世纪拉丁语 paccare < *paka-。

“捆上”匈牙利文 bekötör < *beko-tor。

5. *lagi（*logi、*ʔlak、*ruk、*grak、*srak）

“系”克伦语阿果话 *logi。

“捆”侗语、毛南语 *ruk。

“绳子”水语 $laːk^{7}$ < *ʔlak。壮语武鸣话 $çaːk^{10}$、傣语 $tsək^{8}$、毛南语 $zaːk^{7}$ < *grak，汉语 *srak（索）。

> “系”意大利语 legare，葡萄牙语 legar < *lega-。
> “绳子”梵语 radʒdʒu < *ragu。

6. *ku（*sgu、*kuku）

“捆绑”中古朝鲜语 *mu-sgu-，日语 *kuku-ru。

> “绳子”波兰语 skakanka < *skakan-。

7. *ro（*ri、*ra、*re）

“捆绑”鄂温克语 *ʔuri，罗图马语 *ʔoro，布昂语 *ro。“裹”维吾尔语、哈萨克语 orɑ-，图瓦语 orɑː- < *ʔora。“绳子”那大语 aze < *ʔare。

“缠绕”阿尔巴尼亚语 erë < *ero。

8. *bon

“捆绑”景颇语 ʃă ^{31}pon^{31} < *sa-bon。

“捆”和阗塞语 bani。

“滚”的词源关系

“滚”有“打滚”和使动的“滚动”“卷起”等义相关的基本说法，可用一个词根表示。亚欧语言“滚”的说法与“缠绕”“卷”“圆的”等说法有词源关系。

一　东亚太平洋语言的“滚”

“滚”的主要说法有：

1. *dubar-lan / *ʔuburi / *ta-pʷur / *bʷar

土耳其语 juvarlan- < *dubar-lan。

鄂温克语 umburi- < *ʔuburi。

波那佩语 ʈapʷur < *ta-pʷur。

汉语 *phʷar（翻）< *bʷar。[①]

2. *dumala

维吾尔语 jumul-，哈萨克语 domala- < *dumala。

① “翻”可指“滚”，见于南北朝。“衮”诗经时代已专指“衮龙”。

3. *balan / *malu

撒拉语 bɑlɑn- < *balan。

贡诺语 am-malu < *malu。

4. *ʔagə-na / *gege-ʔa / *gogi

西部裕固语 ɑɣənɑ- < *ʔagə-na。

莫图语 ɣeɣe-a < *gege-ʔa。

锡加语 gogo，西部斐济语 gigi < *gogi。

5. *guro / *go-gori / *koro-garu / *gur-gu / *ʔogeri / *to-goro / *to-kiri / *garə

土族语 nguroː- < *guro。东乡语 ɢoɣori- < *go-gori。

日语 korogaru < *koro-garu。①

桑塔利语 guɽgɛu < *gur-gu。

蒙古语书面语 öngkeri- < *ʔogeri。

蒙古语 toŋgoro- < *to-goro。

罗图马语 tokiri < *to-kiri。

藏语夏河话 ʁa rə < *garə。

6. *qur-bi / *do-quru

达斡尔语 xurbi-，东部裕固语 kerwe- < *qur-bi。

锡伯语 doχuru- < *do-quru。

7. *du-qələ / *pu-qele

图瓦语 dʒuxlɤ- < *du-qələ。

---

①“滚”匈牙利文 gördül < *gor-dul，gurul < *guru-l。

满文 fuheʃe- < *pu-qele。

8. *goli / *guluŋ / *galidiŋ / *kləŋ

那大语 goli < *goli。

爪哇语 ŋ-guluŋ，萨萨克语 guluŋ < *guluŋ。

印尼语 gəlindiŋ，马都拉语 galunɖuŋ < *galidiŋ。

克木语 klɤŋ < *kləŋ。

9. *b^wigisi-ʔa

罗维阿纳语 vigusia < *b^wigisi-ʔa。

10. *pili

大瓦拉语 pili < *pili。

马林厄语 phipli < *pi-pili（滚），pili（使滚）。

纳西语 $pi^{33}li^{21}$ < *pili。

11. *b^wab^we / *bo

南密语 b^wawe < *b^wab^we（滚），bi、bidi（卷起）。

怒苏怒语 $bɔ^{55}$ < *bo。

12. *ʔuke

波那佩语 uke < *ʔuke。

13. *teka

汤加语 teka < *teka。

14. *bulu / *buli

窝里沃语 bulu < *bulu。

纳木兹语 bu^{33}li^{55} < *buli。

15. *totolin

布昂语 tətolin < *totolin。

16. *slimʔ

缅文 hlim^{1} < *slimʔ。

17. *rin

墨脱门巴语 rin < *rin。

18. *tan

独龙语 tan^{55} < *tan。

19. *rele

嘉戎语 zə le < *rele。

20. *ʔlu / *qlon / *ʔlun / lunu

彝语巍山话 ʔly^{33} < *ʔlu。

苗语养蒿话 l̥jaŋ^{3}，大南山话 tl̥au^{3} < *qlon。

黎语 lun^{1} < *ʔlun。

罗地语 lunu（卷起），loli（滚动）。

21. *qalol / *lel / *lulun / *lilidu / *luli-q

格曼僜语 xɑ^{31}lol^{55} < *qalol。

布朗语 lel^{33} < *lel。

布拉安语 n-lulun < *lulun。

戈龙塔洛语 mo-lilidu < *lilidu（不及物），mo- po-lilidu < *lilidu（及物）。

乌玛语 luliʔ < *luli-q（滚动），lulu（卷起）。

22. *gun / *kunʔ

德宏傣语 kun^{2}，毛南语 kun^{3} < *gun / *kunʔ。

23. *liŋʔ / *loŋʔ

壮语武鸣话 ɣiŋ^{4}，布依语 ziŋ^{4}，仫佬语 løŋ^{4} < *liŋʔ / *loŋʔ。

24. *mu-kul / *kul-mul / *ʔukəl

布兴语 mu kɯl < *mu-kul。

户语 khɤl^{33} mɤl^{31} < *kul-mul。（滚动）

鄂伦春语 ukəl- < *ʔukəl。

25. *daru / *tar

桑塔利语 darɽau < *daru。

波那佩语 tār < *tar（鱼打滚）。

◇ 二 "滚"的词源对应关系

1. "滚"和"缠绕"

（1）莫图语 *gege-ʔa。"缠绕"维吾尔语 ɛgi-、哈萨克语 ege- < *ʔege。

（2）鄂温克语 *ʔuburi。"缠绕"土族语 furoː、蒙古语 oroːx < *puro-。

（3）东乡语 *go-gori。"缠绕"藏文 dkri < *d-kri，桑塔利语 guɽhe <

*gure。

（4）那大语 *goli，“缠绕”图瓦语 ergilɛ-＜*ʔer-gile。

（5）爪哇语 ŋ-guluŋ，“缠绕”印尼语 məŋ-guluŋ＜*guluŋ。

（6）南密语 b^{w}awe ＜ *b^{w}ab^{w}e，“缠绕”乌玛语 βeβe，斐济语 βiβi ＜ *b^{w}eb^{w}e。

（7）独龙语 *tan。“缠绕”汉语 *dan（缠），土耳其语 dønmak＜*don-mak。

2.“滚”和“卷”

（1）西部裕固语 *ʔagə-na。汉语 *s-gan（捲）。

（2）布朗语 *lel，“卷”藏文 sgril＜*s-gril。

（3）缅文 *slimʔ，“卷”墨脱门巴语 lom。

（4）那大语 *goli，“卷”土家语 khɯ^{55}li^{55}＜*guli。

（5）黎语 *ʔlun，“卷”罗地语 lunu。

（6）布拉安语 n-lulun＜*lulun，“卷”乌玛语 lulu。

3.“滚”和“圆的”

（1）鄂温克语 *ʔuburi，“圆的”赫哲语 murgi＜*mur-gi。

（2）维吾尔语、哈萨克语 *dumala。“圆的”柬埔寨文 mūl＜*mul，维吾尔语 jumulaq、哈萨克语 dumulaq＜*dumula-q。

（3）蒙古语 toŋgoro-＜*to-goro。“圆的”柯尔克孜语 tøgørøk，西部裕固语 doɢər＜*dogər。

（4）缅文 *slimʔ，“圆的”德宏傣语 lum^{6}＜*lum。

（5）苗语 *qlon。“圆的”壮语武鸣话 duːn^{1}、黎语通什话 lun^{5}＜*ʔlun。

（6）布朗语 *lel。“圆的”瓜依沃语 ʔele＜*ʔele。

◇ 三 词源关系分析

1. *role（*rele、*lel、*luli、*lulu）

“滚”嘉戎语 *rele，格曼僜语 *qalol，布朗语 *lel。

乌玛语“滚动”luliʔ < *luli-q，lulu（卷起）。

“圆的”瓜依沃语 ʔele < *ʔele，布鲁语 em-loli < *loli。

“滚”英语 roll，古法语 roeller < *rol-。波兰语 rolowatʃ < *rolob^{w}a-。

“滚”（名词）阿尔巴尼亚语 rul。

“滚”芬兰语 rullata < *rula-。

2. *goli（gile、*guluŋ、*kləŋ）

“滚”那大语 *goli，爪哇语、萨萨克语 *guluŋ，印尼语、马都拉语 *galidiŋ，克木语 *kləŋ。

“缠绕”图瓦语 ergilɛ- < *ʔer-gile。

“圆的”撒拉语 guliuliux < *gululu-，西部斐济语 giligli < *gili，托莱语 kikil < *ki-kil。“圆、圆周”蒙达语、桑塔利语 gol < *gol。

“滚”英语 wheel，希腊语 kylo。波兰语 wkulatʃ < *ukula-。

“轮子”古挪威语 hvel、古弗里斯语 hwel、古教堂斯拉夫语 kolo。

“滚”匈牙利文 göngyölit < *goguli-。

3. *toli（*tali、*tolu、*diɬole）

“滚”布昂语 *totolin。“编”斐济语 tali < *tali，窝里沃语 tolu < *tolu。

“圆的”阿巴齐语 dijoːle < *diɬole。

“滚”希腊语 tylissomai < *tuliso-。

“滚”匈牙利文 gördül < *gor-dul，gurul < *guru-l。

4. *g^{w}ari（*guro、gori、*koro、garu、*gur、goro）

“滚”土族语 *guro、东乡语 *go-gori、日语 *koro-garu、桑塔利语 *gur-gu、蒙古语 *to-goro。

“圆的”藏文 sgor < *s-gor，博嘎尔珞巴语 kor kor < *kor。

“卷起”梵语 puʈiːkaroti < *puti-karo-。

“绑”古英语 bindan、古挪威语、古弗里斯语 binda < *bida。“卷起”南密语 bidi。

“滚”格鲁吉亚语 gɔrva < *gor-。“捆”格鲁吉亚语 ʃɛkhvra < *se-g^{w}ra。

5. *balik

“翻转”巴塔克语 mar-balik，米南卡保语 beloʔ < *balik。

“滚”俄语 valitsevatj，波兰语 wałkowatʃ < *b^{w}alik-。

“滚”（名词）波兰语 bułka < *bul-，bula。

“滚”窝里沃语 bulu < *bulu，纳木兹语 bu^{33}li^{55} < *buli。

“旋转”柬埔寨文 vuəl < *bul。

6. *daru（torə）

“滚”桑塔利语 darʈau < *daru。“旋转”保安语 torə-。

“缠绕”威尔士语 dirwyn < *diru-。

“卷起”和阗塞语 nyū ḍā re < *nu-dare。

7. *b^{w}ari（*b^{w}ar、*buri、*p^{w}ur）

“滚”鄂温克语 *ʔuburi。波那佩语 *ta-p^{w}ur。汉语 *ph^{w}ar（翻）< *b^{w}ar。

“旋转”土耳其语 tʃevir- < *tebir。桑塔利语 pherao < *beru。

“卷”粟特语 parnāʒ < *par-nar。

“旋转”的词源关系

“旋转”有自动和使动两类基本的说法。亚欧语言关于“旋转”的说法多与“翻转”“盘旋”“滚”“缠绕”“风”等说法有词源关系。

◇ 一　东亚太平洋语言的“旋转”

“旋转、翻转”等的主要说法有：

1. *ʔagl-an / *tegile / *ʔegel / *goli / *glan

维吾尔语、哈萨克语、柯尔克孜语 ɑjlɑn，撒拉语 ilɑn < *ʔagl-an。

维吾尔语 tʃøgilɛ- < *tegile。

东部裕固语 eɣel- < *ʔegel。

乌玛语 goli，达阿语 ne goli < *goli。（翻转）

汉语 *glan（旋）。

2. *don

土耳其语 døn- < *don。

3. *te-sgini

图瓦语 desgini < *te-sgini。

4. *qəgəra / *tə-kər / *giro / *kore / *s-kor / *gir

西部裕固语 qəhɢərɑ < *qəgəra。

鄂伦春语 tʃəkər- < *tə-kər。

日语 kurukuru < *kuru。（旋转的）

莫图语 giro-a < *giro。（翻转）

博嘎尔珞巴语 ko re < *kore。（转身）

藏文 skor、夏河话 hkor < *s-kor。（转动）[①]

道孚语 skər va < *skor-ba。博嘎尔珞巴语 dʑir < *gir。

5. *qəragi / *ʔori

蒙古语 ərgə-，达斡尔语 ərgi-，保安语 χɑːrə- < *qəragi。

瓜依沃语 ori < *ʔori。（翻转）

6. *torə / *gam-dor / *toro / *pu-tər /*ʔatur

保安语 torə- < *torə。

中古朝鲜语 kamtorta，庆州话、水原话 torta < *gam-dor-。（盘旋）

姆布拉语 -tō ro < *toro。（翻转）

爪哇语、巽他语 putər < *pu-tər。（翻转）

桑塔利语 atsur < *ʔatur。（转、翻转）

---

① 藏缅语中自动词“转”及其使动形式“转动”保留着早一时期形态上的差别，如藏文为 ɦkhor / skor，缅文为 lɑŋ̥^{2} / hlɑŋ̥，载瓦语为 liŋ^{51} / li̠ŋ^{51}，景颇语为 tʃa̠i^{33} / ʃă ^{31}ta̠i^{33}，*s-是主要的使动标记。

7. *sur

满文 ʃurde- < *sur-。

8. *terqu

锡伯语 tœrxu- < *terqu。

9. *bale / *baliŋ / *pali

戈龙塔洛语 mo-bale < *bale。

印尼语 bər-baliŋ < *baliŋ。（翻转）

桑塔利语 pɛli < *pali。

10. *beri / *puri / *piraʔi / *tebir / *beru / *per-bal

南密语 b^{w}eri < *beri。（翻转）

塔希提语 huri < *puri。（翻转）①

泰雅语 piraj < *piraʔi。

土耳其语 tʃevir- < *tebir。

桑塔利语 pherao < *beru。

布兴语 pɤr vial < *per-bal。

11. *mali-ʔun /*muli-qil

阿美语 maliun < *mali-ʔun。邵语 muʃuqiʃ < *muli-qil。

12. *ma-ʔuli-ʔuli

卑南语 muliulius < *ma-ʔuli-ʔuli。

---

①"转"芬兰语 pyöriä < *pori-，格鲁吉亚语 brunva < *brun-。

13. *balik

巴塔克语 mar-balik，米南卡保语 beloʔ < *balik。（翻转）[①]

爪哇语 m-balik < *balik。（转过去）

14. *ʔok-tak

马绍尔语 ɔktak < *ʔok-tak。（翻转）

15. *puli / *bul

萨摩亚语 fuli，塔希提语 huri < *puli。（转过去）

柬埔寨文 vuəl < *bul。

16. *s-laŋ / *krə-loŋ

缅文 hlɑŋ̰[1]，浪速语 laŋ[31] < *s-laŋ。（转动）

柬埔寨文 krəlvŋ < *krə-loŋ。

17. *pan / *pan-s

汉语 *pan（般）。[②]

阿昌语 pan[35] < *pan。

布努语 pen[5] < *pan。

壮语、傣语、水语 pan[5] < *pan-s。

18. *paliŋ / *paleŋ

佤语布饶克方言 pa̠i li̠ŋ < *paliŋ（旋转），kli̠ŋ < *kliŋ（转动）。

亚齐语 paleŋ < *paleŋ。（翻转）

---

① “旋转”匈牙利文 forog < *porog。

②《说文》“般”“象舟之旋”。“般”古指师之归。

19. *moŋ

克木语 moŋ < *moŋ。

20. *pit

布朗语 pit^{35} < *pit。

21. $*b^wi$

户语 $v\check{a}i^{31}$，德昂语 bi < $*b^wi$。

◇ 二 “旋转”的词源对应关系

1. “旋转”“翻转”和“滚”

（1）柬埔寨文 *bul，“滚”纳木兹语 $bu^{33}li^{55}$ < *buli。

（2）莫图语 *giro。“滚”土族语 nguro:- < *guro，东乡语 ɢoɣori- < *go-gori。

（3）乌玛语 goli。“滚”那大语 goli < *goli，爪哇语 ŋ-guluŋ、萨萨克语 guluŋ。

（4）户语、德昂语 $*b^wi$，“滚”南密语 b^wawe < $*b^wab^we$。

（5）马绍尔语 *ʔok-tak，“滚”汤加语 teka < *teka。

（6）土耳其语 *don，“滚”独龙语 tan^{55} < *tan。

2. “旋转”“翻转”和“缠绕”

（1）桑塔利语 *beru。“缠绕”土族语 furo:，蒙古语 oro:x < *puro-。

（2）布朗语 *pit。“缠绕”瓜依沃语 buta-a < *buta。

（3）莫图语 *giro，“缠绕”桑塔利语 guɽhe < *gure，克木语 kǔr < *kur。

（4）维吾尔语 *tegile，“缠绕”图瓦语 ergilɛ- < *ʔer-gile。

（5）户语、德昂语 *b^{w}i。“缠绕”乌玛语 βeβe、斐济语 βiβi < *bebe。

（6）马绍尔语 *ʔok-tak。“缠绕”罗图马语 takɔi < *tako-ʔi，汤加语 takai < *taka-ʔi。

3.“旋转”“翻转”和“风”

（1）戈龙塔洛语 *bale。“风”卑南语 baḷi、排湾语 vəḷi < *baḷi，扎坝语 vli^{55} < *b^{w}li。

（2）桑塔利语 *beru。“风”沙外语 morɛ，姆布拉语 miri < *mori。

（3）土耳其语 *don。“风”赫哲语、鄂温克语 ədin，锡伯语 udun，满文 edun < *ʔedun。

（4）保安语 *torə。“风”巴拉望语 dɔrɔs、摩尔波格语 doros < *doro-s，加龙语 dore < *dore。

（5）莫图语 *giro。“风”拉巴努伊语 tokerau < *to-kera-，德昂语南虎话 khur < *gur。

（6）户语、德昂语 *b^{w}i。“风”莫图卡巴地方言 avivina < *ʔabibi-na。卡乌龙语 aβhi < *ʔabi（东南风）。

（7）瓜依沃语 *ʔori。“风”达阿语 poiri < *po-ʔiri，瓜依沃语 ʔiru < *ʔiru，查莫罗语 aire < *ʔa-ʔire。

（8）东部裕固语 *ʔegel。“风”查莫罗语 maŋlo < *ma-ŋlo。乌玛语 ŋoluʔ < *ŋoluʔ。

（9）缅文、浪速语 *s-laŋ。“风”藏文 rluŋ、博嘎尔珞巴语 ȵu luŋ < *r-luŋ / *nuluŋ。

（10）阿美语 *mali-ʔun。“风”吕苏语 me^{55}le^{53} < *mele。

（11）阿美语 *mali-ʔun。“风”黎语保定话 hwo:t^{7}、保城话 vɔ:t^{7} < *ʔbot，马达加斯加语 rivuʈ^{r}a < *ri-buta。

（12）阿者拉语 parim < *parim。“风”朝鲜语 baram，汉语 *brəm。

（13）柬埔寨文 *bul。“风”柬埔寨文 viəjoː < *bilo。

三 词源关系分析

1. *toro（*torə、*tur）

“旋转”保安语 *torə。“翻转”姆布拉语 -tōro < *toro，爪哇语、巽他语 *pu-tər，桑塔利语 *ʔatur。

> “转”古英语 turnian、拉丁语 tornare。“转”（名词）古法语 tour。
> “转”希腊语 treno < *ture-。波兰语 odwrotɕitʃ < *odoroki-。
> “缠绕”威尔士语 dirwyn < *diru-，“旋转”troi < *tro-。

2. *gori（*kor、*giro、*gir 等）

“旋转”鄂伦春语 *tə-kər，藏语 *s-kor，博嘎尔珞巴语 *gir。“翻转”莫图语 *giro。

“滚”土族语 nguroː- < *guro，东乡语 ɢoɣori- < *go-gori，日语 korogaru < *koro-garu。桑塔利语 guɽgɛu < *gur-gu，蒙古语 toŋgoro- < *to-goro。

“圆的”藏文 sgor < *s-gor，博嘎尔珞巴语 kor kor < *kor。

> “转”希腊语 gyrizo < *giri-；古英语 hweorfan < *kʷor-pan。
> “转”波兰语 skrę tsatʃ < *skreka-。
> “卷起”梵语 puʈiːkaroti < *puti-karo-。
> “旋转”和阗塞语 gesti < *ger-ti。[1]

① H. W. Bailey, *Dictionary of Khotan Saka*, p.90.

“包裹”（动词）芬兰语 keriä < *keri-。

格鲁吉亚语“捆”ʃεkhvra < *se-g^{w}ra，“滚”gɔrva < *gor-，“转”dʒεri < *geri。

3. *b^{w}ali（*pali、*bale、*bli）

“旋转”桑塔利语 *pali，“翻转”戈龙塔洛语 *bale。

“风”扎坝语 vli^{55} < *bli，卑南语 baɭi，排湾语 vəɭi < *b^{w}ali。

“旋转”拉丁语 volvere，梵语 valate < *b^{w}ala-。

4. *balik

“翻转”巴塔克语、米南卡保语 *balik。

“滚”俄语 valitsevatj，波兰语 wałkowatʃ < *b^{w}alik-。

5. *buli（*bul、*bulu）

“旋转”柬埔寨文 vuəl < *bul。

“滚”窝里沃语 bulu < *bulu，纳木兹语 bu^{33}li^{55} < *buli。

“滚”（名词）波兰语 bułka < *bul-，bula。

6. *b^{w}ab^{w}e

“滚”南密语 b^{w}awe < *b^{w}ab^{w}e。

“旋转”俄语 razvivatjsa < *rarb^{w}ib^{w}a-。

“编织”古英语 wefan，古挪威语 vefa < *b^{w}eba。

7. *sur

“滚”满文 *sur-。

“转”亚美尼亚语 ʃrjel < *sure-。

8. *buta（*pit、*puta、*batu、*pat、*bid）

“滚”布朗语 *pit。“缠绕”瓜依沃语 buta-a < *buta。

“编”莫图语 hatu-a < *patu。木鲁特语 batu < *batu。尼科巴语 kupāt < *ku-pat。

“转”亚美尼亚语 pttel < *pute-。“编”梵语 puṭaḥ < *puta-。
“缠绕”古英语 windan，古挪威语 vinda，古弗里斯语 winda，立陶宛语 vyti < *buta。

9. *ban（*pan）

“旋转”阿昌语 *pan，布努语 *pan。壮语、傣语、水语 *pan-s。汉语 *pan（般）。

“捆绑”景颇语 ʃă^{31}pon^{31} < *sa-bon。

“转”粟特语 spē n < *spen。“捆”和阗塞语 bani。

“射”的词源关系

亚欧语言“射”的说法有对应关系。“射”的说法可追溯到早期狩猎时代梭镖“投射”和箭“射出”的表述。故“射”与“扔（投）”“推”“飞”“弓、箭”等说法有词源关系。

◇ 一　东亚太平洋语言的“射”

“射”的主要说法有：

1. *ʔat

维吾尔语、哈萨克语 ɑt- < *ʔat。（投、射）

2. *bur

土耳其语、撒拉语 vur- < *bur。

3. *qarmu / *qarbu

蒙古语 xɑrbɑ-，达斡尔语 xɑrbə-，东部裕固语 xɑrwu-，土族语 xɑrmu- < *qarmu。

清代蒙文语 harbu- < *qarbu。

4. qurə / *ʔoro-ʔu

保安语 χurə- < *qurə。

宁德娄语 orou < *ʔoro-ʔu。

5. *qoge

东乡语 əɣɯ-，保安语 ɛkə- < *qoge。（敲打、射）

6. *ɢab / *gap / *to-gap

满文 gabta-，锡伯语 ɢavtə-，赫哲语 ɢabta- < *ɢab-。

墨脱门巴语 gap，景颇语 kap^{31} < *gap。

格曼僜语 toŋ^{55}kap^{35} < *to-gap。

7. *gara

鄂伦春语 garpa-，鄂温克语 gaːra- < *gara-。

8. *bso / *bas

中古朝鲜语 psota < *bso-。①

缅文 pɑs < *bas。（扔、射）

9. *ʔi-ru

日语 iru < *ʔi-ru。

10. *ni

卡乌龙语 ni < *ni。

---

①“射”芬兰语 ammuskella < *amus-kela。

11. *pana / *pana-si / *pana-q / *ʔban

汤加语、萨摩亚语、罗图马语 fana，西部斐济语 βana < *pana。

邹语 pono，鲁凯语 ʔana，马京达瑙语 pana，瓜依沃语 panasi-a < *pana / *pana-si。

邵语 panaq，布农语 manaχ < *pana-q。

京语 ban^{5} < *ʔban。

12. *bidi / *bot / *p^{w}at

莫图语 pidi-a < *bidi。

布朗语甘塘话 phɤt^{33} < *bot。

汉语 *p^{w}at（發）。

13. *tubu

泰雅语 tʃ-um-βuʔ < *tubu。

14. *pasak / *pəsiki

锡加语 pasak < *pasak。

卡乌龙语 psiki < *pəsiki。

15. *kati

吉尔伯特语 katia < *kati-。

16. *glak

汉语 *glak（射）。

17. *m-pen / *pin

藏文 ɦphen < *m-pen。

户语 phɤin^{33} < *pin。

18. *bik / *bak

阿昌语 pək^{55}，载瓦语 pik^{21}，浪速语 pak^{31} < *bik / *bak。

19. *ʔap

独龙语 ɑp^{55}，博嘎尔珞巴语 op < *ʔap。

20. *p-qe

道孚语 fqe < *p-qe。

21. *peŋ

佤语马散话 puiŋ，德昂语硝厂沟话 bǎiŋ，布兴语 pěŋ < *peŋ。

侗语、水语 peŋ^{5}，毛南语 pɛŋ^{5} < *peŋ。

22. *li-reŋ

尼科巴语 lirenj < *li-reŋ。

23. *tuŋ

桑塔利语 tuŋ < *tuŋ。

◇ 二 “射”的词源对应关系

1.“射”和“扔（投）”

（1）蒙古语族语言 *qarmu。“扔”蒙古语 xɑji- < *qari，马达加斯加语 man-ari < *ʔari。

（2）鄂伦春语、鄂温克语 *gara-。“扔”鄂伦春语 garʊnda- < *garu-，哈拉朱乌语 g^{w}ere、吉尔伯特语 karea < *gere / *kere-。

（3）莫图语 *bidi。“扔”壮语龙州话 vit^{7}，黎语通什话 fet^{7} < *ʔb^{w}et，越南语 vət^{7} < *ʔb^{w}et，德昂语 pɛt < *pet，桑塔利语 tsapath < *ta-pat，布拉安语、巴拉望语 bat < *bat，巴厘语 sabat < *sa-bat。

（4）土耳其语、撒拉语 *bur。“扔”土耳其语 firla- < *p^{w}ir-，姆布拉语 -piri、东部斐济语 βiri < *p^{w}iri。

2.“射”和“飞”

（1）泰雅语 *tubu，“飞”日语 tobu < *tobu。

（2）阿昌语、载瓦语 *bik，“飞”波那佩语 pik < *pik。“推”尼科巴语 *pok，“打击”沙玛语 pokpok。

（3）莫图语 *bidi。“飞”戈龙塔洛语 t-um-o^{m}boto < *to-boto，他加洛语 lipad、巴拉望语 lumɔpad < *lo-pad。

（4）佤语、德昂语、布兴语 *peŋ。“飞”米南卡保语 tabaŋ、印尼语 terbaŋ < *-baŋ，他杭语 the phangpa < *-baŋ-pa。

（5）尼科巴语 *li-reŋ，“飞”苗语养蒿话 ʑaŋ^{5}、畲语多祝话 ŋi^{5} < *ʔriŋ。

3.“射”和“弓、箭”

（1）汤加语、萨摩亚语、罗图马语、西部斐济语 *pana。“弓”梅勒斐拉语 fana、嫩戈内语 peŋ̥a < *pana，印尼语 panah、阿卡拉农语 panaʔ < *panaq。

（2）锡加语 *pasak。“弓”亚齐语 busu、他加洛语 bū sog < *busok。

（3）达密语 ɸidur < *pi-dur。“弓”锡加语 utər < *ʔutər。

（4）吉尔伯特语 *kati-，“弓”katebe < *kate-be。

（5）维吾尔语、哈萨克语 *ʔat，“弓”伊拉鲁吐语 ato < *ʔato。

（6）泰雅语 *tubu，“箭”哈萨克语 dʒebe < *debe，莫图语 diba < *diba，罗维阿纳语 tupi < *tupi，黎语 tiːp^{7} < *tip。

（7）莫图语 *bidi。“箭”大瓦拉语 pidu < *pidu，赛德克语 budi < *budi，邵语 paðiʃan < *padi-lan。“梭镖”东部斐济语 moto，帕马语 metas < *meta-s。

（8）蒙古语族语言 *qarmu。“刺、箭”阿伊努语 aj < *ʔar。

（9）日语 *ʔi-ru。“箭”锡伯语 nyrw，鄂温克语 nʊr < *nuru，女真语（你鲁）*nilu < *niru。

三　词源关系分析

1. *b^{w}ati（*bidi、*bat、*pet、*pat、*ʔbet）

“射”莫图语 *bidi，布朗语甘塘话 *bot。

“箭”大瓦拉语 *pidu、赛德克语 *budi、邵语 *padi-lan。

“扔”壮语龙州话 vit^{7}、黎语通什话 fet^{7} < *ʔb^{w}et，越南语 vət^{7} < *ʔb^{w}et，德昂语 pɛt < *pet，桑塔利语 tsapath < *ta-pat，布拉安语、巴拉望语 bat < *bat，巴厘语 sabat < *sa-bat。

“扔、射、戳”和阗塞语 bid- < *bid。
“扔”希腊语 peto < *pet-。

2. *kati（*kate）

“射”吉尔伯特语 *kati-，“弓”katebe < *kate-be。

“打击”莫图语 k^{w}adia < *k^{w}adi-。

“射”古英语 sceotan，古挪威语 skjota，古弗里斯语 skiata，梵语 skundate（催促），古教堂斯拉夫语 iskydati（扔出）< *skita-。“射、投”俄语 kidatʃ < *kida-。

3. *b^{w}iri（*bur、*p^{w}ir、*piri）

“射”土耳其语、撒拉语 *bur。

“扔”土耳其语 firla- < *p^{w}ir-，姆布拉语 -piri、东部斐济语 βiri < *p^{w}iri。

“射”希腊语 pyrobolo < *puro-belo。“箭”希腊语 belos。

“射、扔”俄语 brosatʃ < *brosa-。

粟特语“射”βraxs < *bra-，“派人送”βrā is- < *bra-is。

4. *b^{w}usa（*bso、*bas）

“射”中古朝鲜语 *bso-，“射、扔”缅文 pɑs < *bas。

“射、喷”俄语 puskatj < *pus-ka-。

“落下”布昂语 βɛs < *b^{w}es。

“落、落地”俄语 upastj < *upas-。

“丢失”阿尔巴尼亚语 humbas < *qubas。

5. *dur（*tər）

“射”达密语 ɸidur < *pi-dur。“弓”锡加语 utər < *ʔutər。

“箭”乌尔都语 teːr < *ter。

6. *pana

“射”邹语、鲁凯语、马京达瑙语、汤加语、萨摩亚语、罗图马语、西部斐济语 *pana。瓜依沃语 *pana-si。

“弓”梅勒斐拉语 fana，嫩戈内语 peṇa < *pana，印尼语 panah、阿卡拉农语 panaʔ < *panaq。

“箭”和阗塞语 pūna < *puna。

“追”的词源关系

“追”有“追逐”“追赶”等义，一些有关的说法仍应来自早期的狩猎行为的描述。故“追”与“跟随”“抓捕”“打猎”等说法有词源关系。

◇ 一　东亚太平洋语言的“追逐”

“追逐”的主要说法有：

1. *qogə-

维吾尔语 qoʁla-，哈萨克语 quw- < *qogə-。

2. *qər / *le-ʔor

西部裕固语 qəʂdɑ- < *qər-。[①]

马京达瑙语 leor < *le-ʔor。

3. *ʔoglat

图瓦语 ojlɑt- < *ʔoglat。

---

① “追击”匈牙利文 hajt < *qar-t，“驱赶、追逐”üz < *ur。

4. *qolal / *lele

撒拉语 ɢolɑʃ- < *qolal。

巴塔克语、那大语 lele，多布语 ʔa-rir（驱赶）< *lele。

5. *nəqə

蒙古语 nəxə- < *nəqə。

鄂温克语 nəxəldə- < *nəqə-。

6. *gura

东部裕固语 dʒurɑ-，土族语 ʥurɑː-，东乡语 kɯrəu- < *gura。

7. *ʔamta

满文 amtʃa-，锡伯语 amtʂə-，鄂伦春语 ɳamɳa- < *ʔamta。

8. *ʔudaqa

赫哲语 udzaqa- < *ʔudaqa。

9. *p^{w}ar-ga / *mor / *mor-go / *ŋ-marə

满文 farga- < *p^{w}ar-ga。（追赶）

中古朝鲜语 morta，安城话 morko < *mor- / *mor-go。（赶）

爪哇语 ŋubər，萨萨克语 ŋ-maləʔ < *ŋ-marə。

10. *ʔo-ʔu

日语 ou < *ʔo-ʔu。

11. *gab^{w}a

莫图语 ɣaβa-ia < *gab^{w}a。

12. *ʔib^{w}a / *b^{w}eb^{w}e

梅柯澳语 e-iva < *ʔib^{w}a。

勒窝语 veve < *b^{w}eb^{w}e。

13. *ʔelu

爪哇语 m-ɛlu < *ʔelu。

14. *lagas / *laga

卡加延语 lagas，阿卡拉农语 ɬagas < *lagas。

桑塔利语 laga < *laga。

15. *keto

姆布拉语 -keto < *keto。

16. *m-ded / *tute

藏文 ɦded < *m-ded。

拉巴努伊语 tute < *tute。

17. *luk

汉语 *luk（逐）。

18. *klap / *krap

壮语武鸣话 kjap^{7}，德宏傣语 lɯp^{8} < *klap。（追、驱赶）

莽语 tɕap^{51} < *krap。

19. *srop

克木语 r̥ɯp < *srop。

20. *krom

户语 hɣom^{31}，布兴语 rɔm < *krom。

21. *guda

桑塔利语 khudɛu < *gudu，guda < *guda。

二 “追逐”的词源对应关系

1. “追” 和 “跟随”

（1）朝鲜语 *mor-。“跟随” 托莱语 mur，东部斐济语 muri-a < *muri。

（2）巴塔克语、那大语 *lele，“跟随” 罗维阿纳语 luli。

（3）拉巴努伊语 tute < *tute，“跟随” 亚齐语 sɯtɛt < *sutet、巴厘语 ŋə-tut < *tut。

（4）桑塔利语 *laga，“跟随” 马林厄语 lel̥eɣu < *lelegu。

2. “追” 和 “抓捕”

（1）藏文 ɦded < *m-ded。“抓、捉” 维吾尔语 tut-，图瓦语 dut- < *dut。

（2）克木语 *srop。“抓” 侗语 sap$^{7'}$、西双版纳傣语 jap^{7} < *ʔrap，阿卡拉农语 sałap < *salap。

（3）莽语 *krap。“抓” 载瓦语 tʃu̱p^{55}，阿昌语 tʂhɔp^{55} < *krop。德昂语南虎话 grăp、克木语 grɤ̆p < *grəp。

（4）布兴语 rɔm，“抓” 布昂语 zom < *rom。

（5）姆布拉语 *keto。“抓”查莫罗语 gote < *gote，布拉安语 skot < *skot（抓住）。

（6）布昂语 səpa，“抓” 桑塔利语 saph < *sap。

（7）莫图语 *gabʷa，"抓"莫图语 ɣobe-a < *gobe。

3. "追"和"打猎"

"追"即"猎"，如侗语 lam[1]、巽他语 boro。其他有对应关系的如：

（1）梅柯澳语 *ʔiba。"打猎"土耳其语 avla-、维吾尔语 owlɑ-、哈萨克语 ɑwlɑ- < *ʔab-。"围猎"满语 abala-，锡伯语 avələ-，< *ʔaba-lə。

（2）克木语 *srop。汉语 *rap（猎）。

（3）朝鲜语 *mor-。"打猎、追逐"巽他语 boro，"打猎"印尼语 ber-buru、爪哇语 m-buru、巴塔克语 mar-buru < *buru。

（4）莽语 *krap。"打猎"黎语通什话 gip[8]，黎语保定话 gip[7] < *grip（一个人打猎）。

（5）东部裕固语、土族语、东乡语 *gura。"打猎"东部裕固语 gørøsəle- < *gore-səle。

（6）爪哇语 *ʔelu。汉语 *qlus（狩）。

三 词源关系分析

1. *saqe（*saga、*suqe）

"追逐"菲拉梅勒语 ʃaxe-a < *saqe。"寻找"日语 sagasɿ < *saga-lu，萨摩亚语 suʔe < *suqe。

"追逐、跟随"俗拉丁语 prosequare、拉丁语 prosequi < *pro-sekʷa。

2. *krop（*klap、*krap、*grop、*ʔrap、*rap）

"追、驱赶"壮语武鸣话、德宏傣语 *klap，莽语 *krap。"抓"载瓦语 tʃup[55]、阿昌语 tʂhɔp[55] < *krop，德昂语南虎话 grăp、克木语 grɤ̆p < *grop，侗语

sap$^{7'}$、西双版纳傣语 jap^{7} < *ʔrap，汉语 *rap（猎）。

“抓取”古波斯语 grab-、中古低地德语 grabben。

“抓住”东部弗里斯语 grapsen、中古荷兰语 grapen < *grab-。

“追逐、刻碑”俄语 gravirovatj < *grab^{w}irob^{w}a-。

3. *but

“追逐”摩尔波格语 ibut < *ʔibut，“抓住”爪哇语 ŋ-rəbut < *rubut。

“追逐”希腊语 epidioko < *epido-ko。“抓、追逐”俗拉丁语 captier < *kapt-。

“追逐”亚美尼亚语 hetapndel < *peta-pude-，“跟随”hetevel < *pete-。

4. *gəna

“打猎”蒙古语 ɑgnɑ-，图瓦语 ɑŋnɑ- < *ʔagəna。

“打猎”希腊语 kynego < *kine-go。

“追逐、去打猎”俄语 progonatj < *pro-gona-。“追逐”波兰语 gonitʃ < *goni-。

5. *gura（*gore）

“追”东部裕固语、土族语、东乡语 *gura。“打猎”东部裕固语 gørøsəle- < *goresə-le。

“追逐、射、打猎”阿尔巴尼亚语 gjuaj < *gru-。

“跑”维吾尔语 jygyr-，哈萨克语 dʒygir-，图瓦语 dʒygyry- < *guguri。清代蒙文 guju-，蒙古语 gʉi-，达斡尔语 gui- < *guri-。阿伊努语 kiro < *kiro。

“跑”拉丁语 currere、法语 courir、西班牙语 correr、意大利语 correre < *kure-。

“寻找”阿尔巴尼亚语 kë rkoj < *ker-kor。

6. *kas（*kos、*khos）

汉语 *khos（驱）。

“跑”摩尔波格语 koskas < *kos-kas。卑南语 padkas < *pad-kas。

“追逐、打猎”英语 chase、加泰隆语 casar、西班牙语 cazar < *kase-。

“挑选、找出”英语 ceasan、古撒克逊语 kiosan，古法语 kiasa < *kisa。

“打猎”的词源关系

亚欧语言“打猎”的说法多与“追逐”“跟随”“射”等说法有词源关系。有的语言仍保留着“围猎”“夜猎”等的说法，有的语言把“打猎”叫作“追肉”或“射肉”（“肉”的说法又可来自“鹿”等某一类动物的名称）。

◇ 一　东亚太平洋语言的“打猎”

“打猎”的主要说法有：

1. *ʔab^{w}əla / *ʔabalə

土耳其语 avla-，维吾尔语 owlɑ-，哈萨克语 ɑwlɑ- < *ʔab^{w}əla-。

满语 abala-，锡伯语 avələ- < *ʔabalə。（围猎）

2. *ʔagəna

蒙古语 ɑgnɑ-，图瓦语 ɑŋnɑ- < *ʔagəna。

3. *ʔola

达斡尔语 oulɑː- < *ʔola。

4. *bur / *bəru-si / *buru / *boro

撒拉语 vur- < *bur。

鄂伦春语 bəju-，鄂温克语 bəjuʃi- < *bəru-si。

印尼语 ber-buru，爪哇语 m-buru，巴塔克语 mar-buru < *buru。

巽他语 boro < *boro。（打猎，追逐）

5. *goresə-le

东部裕固语 gørøsəle- < *goresə-le。[①]

6. *redəq / *redəq-ʔekə

土族语 rdɑɢdɑ- < *redəq-。

保安语 rədəɢ ɛkə- < *redəq-ʔekə。[②]

7. *biqan-puli

赫哲语 biχan fuli < *biqan-puli。

8. *ka-ru

日语 karu < *ka-ru。

9. *p^wana / *la-bon

瓜依沃语 fana < *p^wana。

克木语 laʔ bǐn，德昂语 ʔpɔn < *la-bon。

10. *laba-na / *ʔalop / *maŋalap

莫图语 labana < *laba-nana。

---

① “打猎”匈牙利文 keres < *keres。

② “打猎”芬兰语 hakea < *qake-。

鲁凯语 wa-alopo < *ʔalop。

依斯那格语 maŋanap < *maŋalap。

11. *kabu-kabu

梅柯澳语 e-kapu-kapu < *kabu-kabu。

12. *raka

锡加语 raka-ŋ < *raka。

13. *kidi / *ba-kati

塔几亚语 -kidi < *kati。

东部斐济语 βakati < *ba-kati。

14. *tuli

萨摩亚语 tuli < *tuli。

15. *ʔose / *ʔasu

窝里沃语 ose < *ʔose。（跟随、打猎）

达阿语 no-asu < *ʔasu。

16. *ʔab^{w}i

宁德娄语 am^{w}i < *ʔab^{w}i。

17. *r-ŋabə。

道孚语 rŋa və < *r-ŋabə。

18. *sra-bak

载瓦语 ʃŏ^{21}pik^{21}，浪速语 ʃɔ̃^{35}pak^{31} < *sra-bak（肉—射）。

19. *sran-gap

景颇语 ʃan^{31}kap^{31} < *sran-gap（肉—射）。

20. *grip

黎语通什话 gip^{8}、保定话 gip^{7} < *grip（一个人打猎）。

汉语 *rap（猎）。

21. *tək-nan / *lik-nan

壮语武鸣话 tɯk^{7}ȵan^{1}，仫佬语 lik^{8}naːn^{4} < *tək-nan / *lik-nan（追—肉）。

22. ʔlam / *qap lom

侗语 lam^{1} < *ʔlam。（打猎，追）

布朗语 χap^{31} lɔm^{44} < *qap lom。

23. ʔaka。

莽语 ʔa^{31}kua^{55} < ʔaka。

24. *sedara / *darpa / man-dari

桑塔利语 sendra < *sedara，dʒarpa < *darpa。

布鲁语 mantʃari < man-dari。

◇ 二 “打猎”的词源对应关系

1. “打猎”和“射”的词源关系

（1）布朗语 *qap lom。“射”独龙语 ɑp^{55}、博嘎尔珞巴语 op < *ʔap。

（2）撒拉语 *bur，“射”土耳其语、撒拉语 vur- < *bur。

（3）土族语 rdɑɢdɑ- < *redəq-，“射”保安语 rədəɢ ɛkə- < *redəq-ʔekə。

（4）瓜依沃语 *p^{w}ana。“射”汤加语、萨摩亚语、罗图马语 fana < *p^{w}ana。

（5）克木语、德昂语 *la-bon，“射”京语 ban^{5} < *ʔban。

（6）载瓦语 *sro-pik、浪速语 *sro-pak。“射”阿昌语 pək^{55}、载瓦语 pik^{21}、浪速语 pak^{31} < *pik / *pak。

（7）东部斐济语 βakati < *ba-kati，“射”吉尔伯特语 katia < *kati-。

2. “打猎”和“追逐”

“打猎”和“追逐”的词源关系上文《追》篇中已说明，不重复。

3. “打猎”和“跟随”的词源关系

（1）撒拉语 *bur，“跟随”托莱语 mur、东部斐济语 muri-a < *muri。

（2）西部斐济语 βa-roro < *roro，“跟随”西部裕固语 ezer- < *ʔerer。

4. “打猎”和“抓捕”

（1）汉语 *rap（猎）。“抓”侗语 sap$^{7'}$，西双版纳傣语 jap^{7} < *ʔrap。阿卡拉农语 sałap < *salap。

（2）黎语 *grip。“抓”载瓦语 tʃu̱p^{55}、阿昌语 tʂhɔp^{55} < *krop。德昂语南虎话 grăp、克木语 grɤ̆p < *grəp。

（3）布鲁语 eŋati（夜猎）。“抓”查莫罗语 gote < *gote，布拉安语 skot < *skot（抓住）。

（4）道孚语 *r-ŋabə，“抓”莫图语 ɣobe-a < *gobe。

三 词源关系分析

1. *krop（*grip、*krap、*grop、*ʔrap）

“打猎”黎语 *grip。“抓”载瓦语 tʃu̱p^{55}、阿昌语 tʂhɔp^{55} < *krop，德昂语南虎话 grăp、克木语 grɤ̆p < *grop，侗语 sap$^{7'}$、西双版纳傣语 jap^{7} < *ʔrap。

> “抓取”古波斯语 grab-、中古低地德语 grabben。
> “抓住”东部弗里斯语 grapsen、中古荷兰语 grapen < *grab-。

2. *gəna

“打猎”蒙古语、图瓦语 *ʔagəna。

> “打猎”希腊语 kynego < *kine-go。俄语 gnatj < *gona-。
> “追逐、去打猎”俄语 progonatj < *pro-gona-。“追逐”波兰语 gonitʃ < *goni-。

3. *kati（*kate、*kidi）

“打猎”塔几亚语 *kidi、东部斐济语 *-kati。

“射”吉尔伯特语 *kati-，“弓”katebe < *kate-be。

“打击”莫图语 k^{w}adia < *k^{w}adi-。

> “打猎”古英语 huntian，古英语、古弗里斯语 hund、古挪威语 hundr、哥特语 hunds < *k^{w}und-。
> “抓获”哥特语 hinþan < *kida-。
> “射”古英语 sceotan、古挪威语 skjota、古弗里斯语 skiata < *skita-。

4. *laba（*lop）

“打猎”莫图语 labana < *laba-na。鲁凯语 wa-alopo < *ʔalop。

“打猎”波兰语 łowitʃ < *lob^{w}i-。

5. *boru（*boro、*bur、*bəru-si）

“打猎”鄂伦春语、鄂温克语 *bəru-si，撒拉语 *bur，印尼语、爪哇语、巴塔克语 *buru。

“打猎、追逐”巽他语 boro < *boro。

“打猎”亚美尼亚语 vorsal < *b^{w}orsa-，ors < *ors。

“寻找”的词源关系

亚欧语言“寻找”的说法与“搜索”“挑选”“追逐”“打猎”“问”等说法有词源关系。如“寻找、问”古英语 ascan < *aska-。

◇ 一　东亚太平洋语言的“寻找”

“寻找”的主要说法有：

1. *ʔire- / *ʔirə / *ru / *s-ru

维吾尔语 izdɛ-，哈萨克语 izde- < *ʔire-。

蒙古语 ərə-，达斡尔语 əri-，土族语 jerə- < *ʔirə。

姆布拉语 -ru < *ru。

汉语 *sru（搜）< *s-ru。

2. *dile

图瓦语 dilɛ-，西部裕固语 dəle- < *dile。

3. *ʔil- / *lilə / *lele

撒拉语 iʃde- < *ʔil-。

保安语 lələ- < *lilə。

马那姆语 lele < *lele。

4. *dat / *tad

撒拉语 dɑt- < *dat。

朝鲜语 tʃhatʃta < *tad-。

5. *dap

西部裕固语 dɑhp- < *dap。[①]

6. *bja

满文 bai-，锡伯语 bia- < *bja。

巴拉望语 abjaʔ，贡诺语 aʔ-bja < *bja。

7. *gələ / *sagalu / *gole / *gul

鄂伦春语、鄂温克语 gələː- < *gələ。[②]

日语 sagasɿ < *sagalu。

爪哇语 ŋ-golɛ < *gole。

汉语 *gul（蒐）。[③]

8. *suqe

萨摩亚语 suʔe < *suqe。

---

① “寻找、打猎”格鲁吉亚语 dzɛbna < *deb-。

② “寻找”匈牙利文 keres。

③ “蒐”为“搜”异体，原本可能另有读音。

9. *ʔirum / *ʔrim

摩尔波格语 irum < *ʔirum。

毛南语 ȵim^{1} < *ʔrim。

10. *mita

亚齐语 mita < *mita。

11. *petə / *pite

萨萨克语 petə < *petə。

哈拉朱乌语 pitʃɛ < *pite。

12. *tapu

莫图语 tahu-a < *tapu-。

13. *kimi

汤加语 kumi，塔希提语 ʔimi，拉巴努伊语 kimi < *kimi。

14. *ŋara / *ʔukera

东部斐济语 βā-ŋara-a < *ŋara-。

吉尔伯特语 ukera < *ʔukera。

15. *le-kate

帕玛语 lēkate < *le-kate。

16. *su-kadi

赛德克语 sukadi < *su-kadi。

17. *kilim

阿美语 kilim，布农语 kiɬim，赛夏语 komil̥im < *kilim。

18. *gləm / *lam / *lem

汉语 *gləm（寻）。

景颇语 ta̱m^{33}，墨脱门巴语 lam，阿昌语 liam^{55} < *lam。

德宏傣语 lɛm^{2} < *lem。

19. *srak / *surag

汉语 *srak（索）。

桑塔利语 surɛg < *surag。

20. *sra / *sara

缅文 hrɑː^{2}，怒苏怒语 xra^{33} < *sra。

布昂语 səro，菲拉梅勒语 sārā < *sara。

21. *rok

德宏傣语 sɔk^{8} < *rok。

22. *sok

克木语、布兴语 sɔk，佤语艾帅话 sɔ̱k < *sok。

23. *luka / *luk

尼科巴语 luːka < *luka。

汉语 *luk（逐）。

24. *nam

桑塔利语 n̥am < *nam。

25. *dadru

桑塔利语 dhɛndɽɛu < *dadru，ɖuɳɖhɛu < *dudu。

◇ 二 “寻找”的词源对应关系

1. “寻找”和“挑选”

（1）尼科巴语 *luka。“挑选”鄂伦春语、鄂温克语 ɪlgaː-，满文 ilga-（辨别）< *ʔilga。壮语龙州话 ləːk^{8}、西双版纳傣语 ləːk^{8} < *lək。克木语 lɯak、户语 lɤk^{31}、布兴语 lɯk < *lək。

（2）撒拉语 *ʔil-。“挑选”锡加语 liʔi < *li-ʔi，侗语、水语、毛南语 lai^{6} < *li-s。

（3）萨摩亚语 *suqe。“挑选”保安语 sɑgə- < *sagə，羌语 sɛ qɑ < *seqa。

（4）鄂伦春语、鄂温克语 *gələ。“挑选”马京达瑙语 ᵑgale < *gale。

（5）维吾尔语、哈萨克语 *ʔire-。“挑选”日语 erabu < *ʔera-。嫩戈内语 ure < *ʔure。

2. “寻找”和“问”

（1）缅文 *sra。“问”古突厥语、土耳其语 sor-，维吾尔语 sorɑ-，哈萨克语 surɑ-，撒拉语 sor- < *sora。蒙古语阿拉善话 surɑ-、和静话 sur-，东部裕固语 sərɑ- < *sura。

（2）哈拉朱乌语 *pite。“问”满文 fondʒi-、锡伯语 fœndʑi- < *podi。马都拉语 pinta < *pita。

（3）亚齐语 *mita。“问”赫哲语 mədələ- < *mədi-，朝鲜语 mutta < *mud-。印尼语 mə-minta、巽他语 minta < *mita。

（4）朝鲜语 *tad-。“问”日语 tadzɿneru < *tadu-neru。

（5）德宏傣语 *lem。“问”布依语 ɣam^{5}，傣语 thaːm^{1} < *ʔlam。

（6）塔希提语 *kimi。“问”塔几亚语 -simiai < *simi-ʔaʔi。

（7）吉尔伯特语 *ʔukera。“问”独龙语 kɹi^{53} < *kri。东部斐济语 kere-a < *kere。

（8）帕玛语 lē kate < *le-kate。“问”布朗语 kte < *kete。

（9）汉语 *srak（索）。“审问”图瓦语 sorɑk。

3. “寻找”和“打猎”

（1）德宏傣语 *lem，“打猎、追”侗语 lam^{1} < *ʔlam。

（2）帕玛语 lē kate < *le-kate。“打猎”塔几亚语 -kidi < *kidi。

（3）东部斐济语 *ŋara-。“打猎”东部裕固语 gørøsəle- < *gore-səle。

◇ 三 词源关系分析

1. *sako（*sak、*sgo、*soqe）

“寻找”克木语、布兴语 sɔk，佤语艾帅话 so̠ k < *sok。

“问”蒙古语、达斡尔语、东乡语、保安语 *ʔasgo-，瓜依沃语 *soqe。

> “寻找、问”古英语 ascan，古高地德语 eiscon，古挪威语 soekja，古弗里斯语 askia < *aska-。“寻找”古爱尔兰语 saigim，“觉察”拉丁语 sagus。
>
> “找”古教堂斯拉夫语 iskati，梵语 iccati，立陶宛语 ieʃkau < *iska-。
>
> “寻找、询问”俄语 iskatj < *iska-。

“寻找”芬兰语 haeskella < *qaske-la。

2. *keta（*kete、*ketaq、*kida）

“寻找”赛德克语 *su-kadi，帕玛语 *le-kate。

“问”布朗语 kte < *kete、布昂语 *ketaq。

“打猎”塔几亚语 -kidi < *kidi。

“打猎”古英语 huntian，“抓获”哥特语 hinþan < *kida-。

“问”梵语 pɽitʃhati < *pri-khati。

3. *pora（*boro、*pari）

“寻找”邹语 fora < *pora。

“打猎、追逐”巽他语 boro < *boro。

“问”罗图马语 fara，阿杰语 pʌri < *pari。

“寻找”希腊语 epizeto < *epire-to。“问”希腊语 parakalo < *para-kalo。

“寻找、问”俄语 prositj < *prosi-。“寻找”阿尔巴尼亚语 pres。

“寻找”粟特语 prwydy < *prui-。

“打猎”撒拉语 vur- < *bur。鄂伦春语 bəju-，鄂温克语 bəjuʃi- < *bəru-si。印尼语 ber-buru，爪哇语 m-buru，巴塔克语 mar-buru < *buru。

“打猎”亚美尼亚语 vorsal < *b^{w}orsa-，ors < *ors。

4. *peti（*petə、*pite）

“寻找”萨萨克语 *petə，哈拉朱乌语 *pite。

“寻找、调查、研究”波兰语 badatʃ < *bada-。

“追逐”摩尔波格语 ibut < *ʔibut，“抓住”爪哇语 ŋ-rəbut < *rubut。

“追逐”希腊语 epidioko < *epido-ko。“抓、追逐”俗拉丁语 captier < *kapt-。

> “追逐”亚美尼亚语 hetapndel < *peta-pude-，“跟随”hetevel < *pete-。

5. *guro（*kera、*kiro、*guri、*kro、*gro、*krə）

“寻找” 吉尔伯特语 *ʔukera。

“问” 独龙语 kɹi^{53} < *kri。东部斐济语 kere-a < *kere。

“跑” 维吾尔语 jygyr-，哈萨克语 dʒygir-，图瓦语 dʒygyry- < *guguri。清代蒙文 guju-，蒙古语 gʉi-，达斡尔语 gui- < *guri-。阿伊努语 kiro < *kiro。

> “寻找” 阿尔巴尼亚语 kë rkoj < *ker-kor。
>
> “跑” 拉丁语 currere，法语 courir，西班牙语 correr，意大利语 correre < *kure-。

6. *ʔire（*ʔirə）

“寻找” 维吾尔语、哈萨克语 *ʔire-。蒙古语 ərə-，达斡尔语 əri-，土族语 jerə- < *ʔirə。

> “追、打猎” 威尔士语 erlid < *er-。“打猎” 亚美尼亚语 ors < *ors。

7. *dat（*tad）

“寻找” 撒拉语 dɑt- < *dat。朝鲜语 tʃhatʃta < *tad-。

> “打猎” 乌尔都语 dhoːdna < *dod-。

“挑选”的词源关系

亚欧语言有关“挑选”义的说法多与“寻找”“拣（起）”“看”“要”等说法有词源关系，其词源关系与语义的兼有或意义的引申有关。

◇ 一　东亚太平洋语言的“挑选”

“挑选”的主要说法有：

1. *set / *sodo

土耳其语 setʃ-，塔塔尔语 sjlɑ- < *set-。

满文 sonjo-，锡伯语 çœndʑy-，赫哲语 sondʐo- < *sodo。

2. *ʔilɢa / *laɢa / *ʔilga

维吾尔语 ilʁɑ-，哈萨克语 əlʁɑ-，东部裕固语 əlɢɑ- < *ʔilɢa。

土族语 lɑɢɑː- < *laɢa。

鄂伦春语、鄂温克语 ɪlgaː-，满文 ilga-（辨别）< *ʔilga。

3. *tilə

蒙古语 ʃilə- < *tilə。

4. *tola / *tal / *dal / *ʔdili

西部裕固语 tiolɑ- < *tola。

图瓦语 tɑlda- < *tal-。

达斡尔语 jɑlgə- < *dal-。

那大语 ɗili < *ʔdili。

5. *daŋ / *diŋi-ʔa

撒拉语 dɑŋnɑ- < *daŋ-。

东部斐济语 diŋi-a < *diŋi-ʔa。

6. *sagə / *seqa

保安语 sɑgə- < *sagə。

羌语 sɛ qɑ < *seqa。

7. *goro / *giri

中古朝鲜语 korʌta < *goro-。

达密语 i-giri-ja < *giri。

8. *ʔera / *ʔure / *ro / *ra

日语 erabu < *ʔera-。

嫩戈内语 ure < *ʔure。

缅文 rwe^{3} < *ro。

阿昌语 ra^{31} < *ra。

9. *pili / *piliq / *pilit / *miliq / *lok-pli

汤加语 fili，波那佩语 pil，卡乌龙语 pele < *pili。鲁凯语 waʔiɭi < *ma-pili。

印尼语 pilih < *piliq。

巴塔克语 pollit < *pilit。

爪哇语 milih，萨萨克语 meleʔ < *miliq。

莽语 lɔk^{55}pli^{35} < *lok-pli（挑—选）。

10. *piri-ʔa / *nə-piri / *ʔepri

瓜依沃语、菲拉梅勒语 firi-a，伊拉鲁吐语 nəpirə < *piri-ʔa / *nə-piri。

邹语 epri < *ʔepri。

11. *gale

马京达瑙语 ^{ŋ}gale < *gale。

12. *toke

布鲁语 toke < *toke。

13. *rupi

夸梅拉语 -ruɸi < *rupi。

14. *kina-ŋa

梅柯澳语 e-kina-ŋa < *kina-ŋa。

15. *rine-ʔa

吉尔伯特语 rinea < *rine-ʔa。

16. *m-dem

藏文 ɦdem，博嘎尔珞巴语 dam < *m-dem。

17. *ʔin

格曼僜语 in^{55} < *ʔin。

18. *sisi

纳西语 sɿ^{33}sɿ^{21} < *sisi。

19. *lis / *li-ʔi

侗语、水语、毛南语 lai^{6} < *lis。

锡加语 liʔi < *li-ʔi。

20. *ʔlan

黎语 ɬan^{1} < *ʔlan。

21. *lək / *lek / *lak

壮语龙州话 ləːk^{8}，西双版纳傣语 ləːk^{8} < *lək。

克木语 lɯak，户语 lɤk^{31}，布兴语 lɯk < *lek。

汉语 *lak（择）。

22. *badu

桑塔利语 batshao，badão < *badu。

《尔雅》：“流、差、柬，择也。”

二 “挑选”的词源对应关系

1.“挑选”和“寻找”

“挑选”和“寻找”的词源关系上文《寻找》篇中已说明，不再重复。

2.“挑选”和“拣（起）”

（1）汤加语、波那佩语、卡乌龙语 *pili，“拣”马京达瑙语 pili。

（2）巴塔克语 *pilit，“拣”他加洛语 pūlot。

（3）东部斐济语 *diŋi-ʔa，“拣”锡伯语 tiŋə-、赫哲语 tuŋi- < *tuŋi。

（4）邹语 *ʔepri，“拣”日语 hirou < *piro-ʔu。

3.“挑选”和“看”

（1）满文、锡伯语、赫哲语 *sodo。“看”普米语 sto < *sto，布吉斯语 sita < *sita。

（2）纳西语 *sisi。“看”那大语 iso，罗图马语 ʔio < *ʔiso。汤加语 sio < *si-ʔo。

（3）马京达瑙语 *gale，“看”大瓦拉语 gale < *gale。

4.“挑选”和“要”

（1）汤加语、波那佩语、卡乌龙语 *pili，“要”汤加语 holi < *poli。

（2）嫩戈内语 *ʔure，“要”马那姆语 rere。

（3）朝鲜语 *goru-，“要”罗维阿纳语 okoro。

（4）黎语 *ʔlan，“要”嫩戈内语 alan。

三　词源关系分析

1. *laka（*ʔilɢa、*ʔilga、*qlak、*lek、*luka、*qluk）

“挑选”维吾尔语、哈萨克语、东部裕固语 *ʔilɢa，鄂伦春语、鄂温克语、满文 *ʔilga，汉语 *lak（择）。壮语龙州话、西双版纳傣语 *lək，克木语、户语、布兴语 *lek。“寻找”尼科巴语 luːka < *luka。

“捡起、挑选”拉丁语 electus < *elek-。“挑选”希腊语 eklego < *elek-。

2. *pile（*pili）

“挑选”汤加语、波那佩语、卡乌龙语 *pili，鲁凯语 *ma-pili，印尼语 *piliq，巴塔克语 *pilit。

“挑选”希腊语 epilego < *epile-。

“挑选”匈牙利文 valogat < *b^{w}alo-gat。芬兰语 valita < *b^{w}ali-ta。

3. *p^{w}iri（*piri、*ʔepri、*pora）

“挑选”瓜依沃语、菲拉梅勒语 *piri-ʔa、伊拉鲁吐语 *nə-piri，邹语 epri < *ʔepri。“寻找”邹语 fora < *pora。

“挑选”梵语 vɽiɳute < *b^{w}rinu-，希腊语 protimo < *proti-。

“寻找”希腊语 epizeto < *epire-to。

“挑选”俄语 v-biratj < *b^{w}ibira-。

“挑选、叫出名字、挑出”波兰语 wybratʃ < *b^{w}ibra-。

“挑选、拣、除草”波兰语 przebratʃ < *pre-bra-。

4. *sake（*sagə、*seqa、*sok、*sak）

“挑选”保安语 *sagə，羌语 *seqa。“找”克木语、布兴语 sɔk，佤语艾帅话 sɔ̱k < *sok。汉语 *sak（索）。

“寻找、问”古英语 ascan，古高地德语 eiscon，古挪威语 soekja，古弗里斯语 askia < *aska-。“寻找、询问”俄语 iskatj < *iska-。
“夺取”古法语 seisir，拉丁语 sacire < *seqi-。

5. *dori（*doro）

“要”拉格语 doroni < *doro-ni，劳语 doria < *dori-ʔa。

“选择”亚美尼亚语 əndrel < *ədre-。

6. *peki（*pak）

“问”波那佩语 peki < *peki。

“问”乌尔都语 potʃna < *pok-。“挑选”粟特语 witʃē < *p^{w}ike。
“捡、挑选”古英语 picken < *pike-。

“欺骗”的词源关系

亚欧语言“欺骗”义的词多与“错的”“乱的”“假的”“坏的”等说法有词源关系。如“欺骗、弯曲的、假的”梵语 vridʒina < *brigi-，“狼、非法”古挪威语 vargr，“狐狸”冰岛语 vargur，“罪犯”古英语 wearg。“坏的、丑的”印尼语 buruk、米南卡保语 buruˀʔ、亚齐语 broʔ < *buruk，等等。

◇ 一　东亚太平洋语言的“欺骗”

“欺骗”的主要说法有：

1. *ʔalda / *ʔalda

土耳其语 aldat- < *ʔalda。

维吾尔语、哈萨克语 ɑldɑ- < *ʔalda。

2. *godə / *ʔar-gada

西部裕固语 godəlɑ- < *godə-。

西部裕固语 ɑrɣɑdɑ- < *ʔar-gada。

满文 argada- < *ʔar-gada。（用计）

3. *pele / *bole / *bole-si / *belo

撒拉语 pielle- < *pele。[①]

那大语 ɓole-ɓole < *bole。

马那姆语 bolesi < *bole-si。

帕玛语 luvosien < *bolesi-ʔen。

萨摩亚语 pepelo < *belo。

4. *me-qele / *me-qal / *qol-tu / *qolo-kit / *qolo-quli

图瓦语 megele- < *me-qele。

蒙古语 məxlə-，土族语 munkɑl- < *me-qal。

锡伯语 χoltu- < *qol-tu。

鄂伦春语 oloːkit- < *qolo-kit。

鄂温克语 oloxuʃi- < *qolo-quli。

5. *dala

满文 dʒalda- < *dala。（哄骗）

卡加延语 daja < *dala。

6. *ʔitere / *ʔitərə

满文 eitere- < *ʔitere。

达斡尔语 əitrəː- < *ʔitərə。

7. *qokirə

赫哲语 qokirə- < *qokirə。

---

① “欺骗”芬兰语 valttä < *b^wal-ta。

8. *darge

朝鲜语铁山话 tarkɛta < *darge-。

9. *ʔadamu-ku

日语 adzamuku < *ʔadamu-ku。

10. *kedi

罗地语 ma-kedi-k < *kedi。

11. *koʔi

莫图语 koikoi < *koʔi。

12. *tipu

米南卡保语、摩尔波格语 tipu < *tipu。

13. *seke-ʔi / *seko

罗维阿纳语 seksekei < *seke-ʔi。

罗图马语 siko < *seko。①

14. *lol

沙外语 ma-lɔl < *lol。

15. *kaka / *gək

汤加语 kākā < *kaka。

汉语 *gək（惑）。

---

①“欺骗”匈牙利文 sug < *sug。

16. *khə

汉语 *khə（欺），*phans（骗）。

17. *klup / *glop

独龙语 kluɯp^{55}，格曼僜语 giop^{55} < *klup / *glop。

18. *lim

缅文语 lim^{2} < *lim。

19. *loʔ / *lu

壮语、布依语 lo^{4} < *loʔ。

汉语 *lu（猶）。①

20. *maruʔ

景颇语 mă^{31}suʔ^{31} < *maruʔ。

21. *lak

克木语 lak < *lak。

22. *ʔlen

佤语艾帅话 lhe̱n < *ʔlen。

德宏傣语 len^{1} < *ʔlen。

23. *doka

桑塔利语 dokha < *doka。

---

①《诗经 · 小雅 · 侯人》：“兄及弟矣，式相好矣，无相猶矣。”“猶”，欺骗。

◇ 二 “欺骗”的词源对应关系

1.“欺骗”和“错”

（1）满文 *dala。“错”蒙古语 əndɯː、达斡尔语 əndəl < *ʔədul。

（2）卡加延语 *dala。“错的、乱的、假的”东部斐济语 ðala < *dala。

（3）满文 *ʔitere。“错”朝鲜语 thɯrrita < *təri-。

（4）赫哲语 *qokirə。“错”劳语 garo < *garo。

（5）日语 *ʔadamu-ku，“错”ajamaru < *ʔalama-ru。

（6）罗地语 *kedi，“错”道孚语 ʁdi < *ɢdi。

2.“欺骗”和“乱”

（1）罗地语 *kedi，“乱”嫩戈内语 giḍo < *gidi。

（2）赫哲语 *qokirə，“乱、假的”莫图语 kerere < *kere。

（3）萨摩亚语 *pelo，“乱”梅柯澳语 apala < *ʔapala。

3.“欺骗”和“假的”

（1）马那姆语 *bole-si，“假的”西部斐济语 bale-si-。

（2）赫哲语 *qokirə。“假的”马那姆语 giriʔi，汉语 *kra（假）。

（3）莫图语 *koʔi，“假的”基诺语 $a^{33}kø^{55}$。

（4）朝鲜语铁山话 *darge-，“假的”维吾尔语 jɑlʁan < *dalgan。

（5）拉巴努伊语 poriko，“假的”阿昌语 pʐ̥uaʔ[55] < *prak。

4.“欺骗”和“坏的”

（1）拉巴努伊语 poriko。“坏的、丑的”，印尼语 buruk、米南卡保语 buruᵓʔ、亚齐语 broʔ < *buruk。“坏的”维吾尔语 buzuq、哈萨克语

buzəq < *buruq，日语 warui < *baru-ʔi。

（2）汉语 *phans（骗）。“坏、残忍、穷”阿伊努语 wen < *b^w^en。

（3）蒙古语、土族语 *me-qal。“坏的”赫哲语 əxələ、锡伯语 əx < *ʔeqelə，泰雅语 aqih < *ʔaqil。

（4）桑塔利语 *doka。“坏的”莫图语 dika < *dika，依斯那格语 nadakeʔ < *na-dakeʔ。

（5）撒拉语 *pele。“坏的”柬埔寨文 piːəliːə < *pili。

三 词源关系分析

1. *dala

“欺骗”卡加延语 *dala，“哄骗”满文 *dala。“错的、乱的、假的”东部斐济语 ðala < *dala，“错”蒙古语 əndʉː、达斡尔语 əndəl < *ʔədul。

“欺骗”希腊语 dolos < *dolo-。威尔士语 twyllo < *t^w^ul-。

“欺骗”匈牙利文 csal < *tal。

2. *b^w^aro（*poriko、*prak、*buruk、*buruq、*boriku、*merog）

“欺骗”拉巴努伊语 poriko，“假的”阿昌语 pzuaʔ^{55} < *prak。“坏的”维吾尔语 buzuq、哈萨克语 buzəq < *buruq，日语 warui < *b^w^aru-ʔi。“弯曲的”摩尔波格语 boriŋkuʔ < *borikuʔ，保安语 mɛroɢ < *merog，东乡语 wɑiru < *b^w^aru，查莫罗语 birada < *bira-da。

“欺骗、弯曲的、假的”梵语 vridʒina < *brigi-。 “欺骗”俄语 izbeẓatj < *ir-bera-。

*b^w^aro“坏的、假的”，*poriko、*prak、*buruk 等是派生词，*-g、*-qi 等可能是早期的形容词后缀。

“坏的、丑的”印尼语 buruk，米南卡保语 buru^{ɔ}ʔ，亚齐语 broʔ < *buruk。“坏的”维吾尔语 buzuq，哈萨克语 buzəq < *buruq。桑塔利语 bɛritʃ < *beriq，日语 warui < *b^{w}aru-ʔi。“敌人”泰雅语 paris、赛德克语 pais < *pari-s，桑塔利语 bɛiri < *biri。

> “痛苦”古教堂斯拉夫语 vragu，俄语 vrag，立陶宛语 vargas < *b^{w}arag-。
> “狼、非法”古挪威语 vargr，“狐狸”冰岛语 vargur，“罪犯”古英语 wearg。

3. *dika（*doka、*dake）

“欺骗”桑塔利语 *doka。“坏的”莫图语 dika < *dika，依斯那格语 nadakeʔ < *na-dakeʔ。

> “欺骗”古法语 deceite < *deki-。

“欺骗”格鲁吉亚语 taɣlitɔba < *tag-lito-。

4. *bole（*pele、*bole、*belo）

“欺骗”撒拉语 *pele，那大语 *bole，萨摩亚语 *belo，马那姆语 *bole-si。

> “坏的，欺骗”俄语 ploxoj < *ploso-。

“丢失”贡诺语 taʔ-pelaʔ < *pelaʔ。“扔”锡伯语 viali- < *b^{w}ali，布鲁语 spele < *s-pele，桑塔利语 pelao < *pela-ʔo，尼科巴语 kaval < *ka-b^{w}al。

> “落”古英语 feallan，古弗里斯语 falla，立陶宛语 puola < *pola-。
> “扔”（名词）希腊语 bole。

5. *gaka（*kaka、*gək）

“欺骗”汤加语 *kaka。汉语 *gək（惑）。

> “假的”亚美尼亚语 keʁdz < *kegd。

“坏的”吉利威拉语 gaga，吉尔伯特语 *bu-ʔakaka，汉语 *qag（恶）。“屎”东乡语 hɑnɣɑ < *qaga。满文 kaka < *kaka（小儿屎）。

希腊语“坏的”kakos < *kaka-，“丑的”kakakamemenos < *kaka-meno-。 阿尔巴尼亚语“坏的”kekj < *keki，“坏”kekje < *keke。

“相信”的词源关系

“相信”与“听”“想”“真的”“直的”等说法有词源关系。如汉语 *theŋ（聽）< *qleŋ，引申指“相信、服从”。《诗经·小雅·伐木》：“神之听之，终和且平。”

◇ 一　东亚太平洋语言的“相信”

“相信”的主要说法有：

1. *ʔilen / *ʔilə / *klan-ʔ / *lon

维吾尔语 iʃɛn-，柯尔克孜语 iʃen-，图瓦语 jilə- < *ʔilen / *ʔilə。

汉语 *klanʔ（亶）< *klan-ʔ，*slin-s（信）。

藏语夏河话 lon < *lon。

2. *ʔitge / *ʔitqə

蒙古语正蓝旗话 itxə-、和静话 itge-，达斡尔语 itgə- < *ʔitge。

鄂伦春语 itəkə-，鄂温克语 itəxə- < *ʔitqə。

3. *ʔunum-sə / *ʔonim-ʔakina / *nom

蒙古语正蓝旗话 ʉnəmʃə-、和静话 ynymʃi- < *ʔunum-sə。

吉尔伯特语 onimakina < *ʔonim-ʔakina。

达阿语 nom- < *nom。

4. *sen

哈萨克语、图瓦语 sen < *sen。[①]

5. *pi-surə

土族语 ɕureː，东乡语 piɕiərə- < *pi-surə。

6. *ʔagədu

满文 akdu-n，锡伯语 aχdə-，赫哲语 agdə- < *ʔagədu。

7. *dodi / *təto-no

满文 dondʒi，锡伯语 dœndʑi-m < *dodi。（相信，听）

伊拉鲁吐语 tətonə < *təto-no。

8. *ʔinu

马达加斯加语 m-inu < *ʔinu。

9. *leme

波那佩语 leme < *leme。（相信，想）

10. *tuʔi

汤加语 tui < *tuʔi。

---

① “相信”匈牙利文 hisz < *qis。

11. *nur

托莱语 nur < *nur。

12. *p^{w}ama-ʔi

南密语 famai < *p^{w}ama-ʔi。

13. *ləke

马绍尔语 ləkɛ < *ləke。

14. *le-laŋa

勒窝语 lelaŋa < *le-laŋa。（真的、相信）

15. *gam

景颇语 kām^{31} < *gam。

16. *lum / *gləm

缅文 jum^{2} < *lum。

汉语 *gləm（忱）。①

17. *sigiŋ / *kiŋ

阿侬怒语 sɿ^{31}dʑɯŋ^{31} < *sigiŋ。

载瓦语 tʃiŋ^{55} < *kiŋ。

18. *nap-lo / *nap

傈僳语 nɑ̱^{33}lo̱^{33} < *nap-lo。

克伦语阿果话 na̱^{31} < *nap。

---

①《诗经·大雅·大明》："天难忱斯，不易维王。""忱"，信任。

19. *ʔdiʔ / *ʔidi-ŋ

水语 di^3 < *ʔdiʔ。（相信，听）

马都拉语 ŋ-iɖiŋ < *ʔidi-ŋ。（相信，听）

20. *krim

黎语 tshim^1 < *krim。

21. *dəm / *lu-tam / *ʔdəme

克木语 dɤm，布兴语 lui tam < *dəm / *lu-tam。

那大语 ɗəme < *ʔdəme。

22. *pati-ʔu

桑塔利语 pɛtiɐu < *pati-ʔu。

《尔雅》：“允、孚、亶、展、谌、诚、亮、询，信也。”

二 “相信”的词源对应关系

1.“相信”和“听”

前文“听”兼“相信”义的有满文 dondʒi，锡伯语 dœndʑi-，水语 di^3，马都拉语 ŋ-iɖiŋ 等。不同语言对应的如：

（1）维吾尔语、图瓦语 *ʔilə-。“听”柯尔克孜语 eʃit-，撒拉语 iʃdi- < *ʔili-。

（2）哈萨克语、图瓦语 *sen。“听”蒙古语 sonsə-，东乡语 sonosu，达斡尔语 sonsu- < *sonosu-。

（3）满文、锡伯语 *dodi。“听”中古朝鲜语 tɯtta，朝鲜语洪城话

tɯnnɯnta < *dod-。景颇语 mǎ^{31}tat^{31} < *ma-dat。

（4）勒窝语 lelaŋa，“听”塔几亚语 -loŋ < *loŋ。

（5）沙外语 n-dɛlɛ，“听”鄂温克语 dɔːldɪ-，鄂伦春语 dɔːldɪ-，赫哲语 doldi-，索伦语 dō ldi < *doli-。

（6）汉语 *sŋa（许），本义为“听从”，引申义为“相信”。

2.“相信”和“想”

（1）克木语 dɤm，布兴语 lui tam。“想”格曼僜语 dǎm < *dam，巴拉望语 fandam < *pa-dam。“想、想念”户语 n thɛm^{31} < *n-dem。“记得”卡加延语 dəmdəm < *dəm。

（2）伊拉鲁吐语 *təto-no，“想”嫩戈内语 tutuo < *tutu-ʔo。

（3）蒙古语 *ʔunum-sə。“想”雅美语 nakem < *kenam，吉尔伯特语 -nanamsa < *nanam-sa，壮语 nam^{3} < *ʔnamʔ。

3.“相信”和“真的”“直的”

（1）哈萨克语、图瓦语 *sen。“真的”图瓦语 ʃɤn < *sen。

（2）伊拉鲁吐语 *təto-no，“真的”他加洛语 totoʔo < *toto-。“直的”斐济语 dodonu，汤加语 totonu < *dodo-nu。

（3）桑塔利语 *pati-ʔu。“真的”亚齐语 bɯtoj < *buto-。

（4）汤加语 *tuʔi。“真的”瓜依沃语 toʔo < *to-。

（5）托莱语 *nur。“真的”摩尔波格语 banar。

（6）瓜依沃语 loʔo < *lo-。“直的”劳语 ʔolo ʔoloa < *ʔolo-ʔa。

（7）塔希提语 tiʔaturi < *tiʔa-turi。“直的”达密语 madur < *ma-dur。“对的”维吾尔语 durus，哈萨克语 durəs < *durus。桑塔利语 durus < *durus。

（8）满文、锡伯语、赫哲语 *ʔagədu。“直的”卡林阿语 gadoŋ < *gado-ŋ，蒙古语 əgtʃ < *ʔegt。

三 词源关系分析

1. *b^{w}aro（*para、*pari、*baro）

"相信"沃勒阿依语 ʃapaɽa < *sa-para。

"直的" 塔希提语 ʔāfaro < *ʔabaro。"直的"基诺语 a^{44}pro^{33} < *pro。

"相信"梵语 pratjaja-。"真的"希腊语 beros < *bero-。

"相信"和阗塞语、粟特语 pir-。乌尔都语 bharosa karna < *baro-。

"相信"波兰语 uwierzytʃ < *ub^{w}eru-，俄语 poveritj < *pob^{w}eri-。

"真的"俄语 vern-j < *b^{w}ernuj-。"对的、肯定的"俄语 vern-j < *b^{w}er-。

"直的"希腊语 pareythys < *pare-dus。

2. *duri（*turi、*dur、*durus）

"相信"塔希提语 tiʔaturi < *tiʔa-turi。"直的"达密语 madur < *ma-dur。

"树"维吾尔语 dɛrɛχ，东部裕固语 derek < *dereq，桑塔利语 dare < *dare。

"信任的"古英语 triewe，古弗里斯语 triuwi、哥特语 triggws < *drig^{w}e。

"树"古英语 Þreo，古弗里斯语 thre，梵语 dru，拉丁语 tres < *dero。

格鲁吉亚语"相信"dadʒɛrɛba < *dadere-，"真的"stshɔri < *sdori。

"对的"维吾尔语 durus，哈萨克语 durəs < *durus。桑塔利语 durus < *durus。阿杰语 tāři < *tari。"真的"马都拉语 bəndər < *bə-dər。

"直的"拉丁语 directus（过去分词），法语 droit、意大利语 diritto < *dire-。

"注视"古英语 starian，古高地德语 staren < *sdar-。

3. *tuge（*tge、*tqə、*tigə）

“相信”蒙古语、达斡尔语 *ʔitge，鄂伦春语、鄂温克语 *ʔitqə。

“耳朵”蒙古语 dʒix，土族语 tʃigə，东部裕固语 tʃiɢən < *tigə-n。

“真的”俄语 totɕnij < *tok-。

“给”的词源关系

亚欧语言“给”义的动词多与“送”“去”等说法有词源关系。汉语书面语中“给”战国时期先有“相足”义，后有“给予”义。早期的汉语书面语中表“给予”义的有“畀”“釐”“与”“予”“诒”等。

◇ 一　东亚太平洋语言的“给”

“给”的主要说法有：

1. *ber / *beri / *bəra-ʔi / *mrə

古突厥语、图瓦语 ber-，土耳其语 ver-，维吾尔语 bɛr- < *ber。

亚齐语 bre，印尼语 mən-bəri，巽他语 bere < *beri。

鲁凯语 baaj，卑南语 bəraj < *bəra-ʔi。

汉语 *mrə（釐）。[①]

2. *ʔege / *ʔuku / *ʔoku-ru / *ʔagi-q / *gu

蒙古语 ege- < *ʔege。

---

①《诗经·大雅·既醉》：“釐尔女士，从以孙子。”“釐”，赉。

达斡尔语 uku-，土族语 uɢu < *ʔuku。

日语 okuru < *ʔoku-ru。

朝鲜语 tʃuta < *gu-。

米南卡保语 agi^{ə}h < *ʔagi-q。

傈僳语 go，巍山彝语 gu^{21} < *gu。

3. *bu

满文、锡伯语、赫哲语 bu- < *bu。

4. *du

朝鲜语 tʃuta < *du-。

5. *ʔata-ʔeru / *ʔata / *ʔade / *toʔ / *ti

日语 ataeru < *ʔata-ʔeru。[①]

鄂罗克语 anta < *ʔata，anto < *ʔato（男人用语），ante < *ʔate（女人用语）。

宁德娄语 adeu < *ʔade-ʔu。

马京达瑙语 tei，那大语 tiʔi < *te-ʔi。

佤语 toʔ < *toʔ。

布朗语甘塘话 tai^{51} < *ti。

6. *kore

阿伊努语 kore < *kore。[②]

---

①“给、允许”芬兰语 anta < *ata，“给”阿拉伯语 ata。

②“给、劝”芬兰语 kertoa < *kerto-。“给、告诉”匈牙利文 közoöl < *koro-l，okoz < *okor。

7. *pab^{w}ali / *pale-ʔa / *bole / *mo-bila-ʔi

阿美语 pafəli < *pab^{w}ali。

劳语 falea < *pale-ʔa。

巴厘语 、布拉安语 ble，锡加语 βəli < *bole。

赛夏语 mobəɭaj < *mo-bila-ʔi。

8. *peni-ʔa / *poni-ʔa

莫图语 heni-a < *peni-ʔa。

梅克澳语 e-peni-a < *peni-ʔa。

罗维阿纳语 ponia < *poni-ʔa。

9. *soli-ʔa

东部斐济语 solia、西部斐济语 holia < *soli-ʔa。

10. *poro-ʔa

塔希提语 hōroʔa < *poro-ʔa。

11. *rim

阿者拉语 -rim < *rim。（给、借、付给、放）

12. *pit

汉语 *pit（畀）。

钦本语（Chinbon）pjit，马鲁语（Maru）pji^{t} < *pit。

13. *glə / *gla

羌语 gʐə < *glə。

汉语 *gla（與），*sgla（除）。①

14. *bog / *bigo-ʔi

汉语 *bog（卜）。②

摩尔波格语 bogoj，他加洛语 bigoj < *bigo-ʔi。

15. *s-ter / *ter / *der

藏文 ster < *s-ter。

托莱语 tər < *ter。

德昂语 dɛh < *der。

16. *la / *le / *ʔleʔ / *qlə

那加语南桑亚方言、昌方言（Chang）lā < *la。

景颇语 ja^{33} < *la。

土家语 lie^{35} < *le。

马绍尔语 le < *le。

傣语 haɯ^{3}，布依语 ɣaɯ^{3} < *ʔleʔ。

汉语 *qlə（诒）。③

17. *bi / *biq / *mo-bi / *ʔab^{w}e

缅文 pe^{3}，独龙语 bi^{53} < *bi。

墨脱门巴语 bi，他杭语 pimpa < *bi。

泰雅语 biq < *biq。

邹语 mofi < *mo-bi。

---

①《诗经·小雅·天保》："俾尔单厚，何福不除。""除"，予。

②《诗经·小雅·楚茨》："卜尔百福，如幾如式。""卜"，给。

③《诗经·小雅·斯干》："无非无仪，唯酒食是议，无父母诒罹。""诒"，留给。

萨摩亚语 ʔave < *ʔab^{w}e。（给他）

18. b^{w}a / *ʔab^{w}e / *b^{w}a-ʔaʔi

户语 va^{31}，布朗语佤方言 fa < *b^{w}a。

萨摩亚语 ʔave < *ʔab^{w}e。（给、送）

拉巴努伊语 vaʔai < *b^{w}a-ʔaʔi。

19. *kek / *ʔagiq

尼科巴语 kĕk < *kek。

米南卡保语 agi^{ə}h < *ʔagiq。

20. *ʔom

蒙达语 om，桑塔利语 e̱m < *ʔom。

21. *ni / *sani / *nani / *ʔani / mane

桑塔利语 ni < *ni。

帕玛语 sani < *sani（给、送）。

伊拉鲁吐语 nani < *nani。

木鲁特语 aniʔ < *ʔani。

马达加斯语 manume < *man-ʔum-e < *mane。

22. *ʔaʔi / *ʔo

柬埔寨文 ʔaoj < *ʔaʔi。

莽语 ʔɔ^{51} < *ʔo。

23. *tal

桑塔利语 tsal < *tal，tel < *tel。

24. *s-lot

柬埔寨文 slot < *s-lot，bɔmpoːk < *bopok。

《尔雅》：“赉、贡、锡、畀、予、贶，赐也。”

◇ 二 “给”的词源对应关系

1.“给”和“送”

（1）柬埔寨文 *s-lot，“送”泰雅语 ʃ-um-atuʔ < *latu。

（2）托莱语 *ter，“送”波那佩语 katar。

（3）汉语 *pit（畀），“送”巴厘语 mapet < *ma-pet。

（4）那大语 *ti-ʔi，“送”那大语 idi。

（5）柬埔寨文 ʔaoj < *ʔaʔi，“送”罗图马语 eʔa。

（6）阿伊努语 *kore，“送”米南卡保语 kirin。

（7）阿哲拉语 *rim，“送”马都拉语 kirim、爪哇语 ŋirim。

“给、送”京语 $tsɔ^1$、莽语 $ɔ^1$。

2.“给”和“去”

（1）突厥语族语言 *ber，“去”维吾尔语、哈萨克语 bar-，撒拉语 var- < $*b^war$。

（2）蒙古语 *ʔege，“去”朝鲜语 kata < *ga-。

（3）土家语 *le，“去”基诺语 le^{33}、巍山彝语 $ʑi^{55}$、哈尼语 ji^{55} < *le。

（4）萨摩亚语 *ʔabe，“去”米南卡保语 pai < *pa-ʔi、阿者拉语 fa- < *pa。

（5）桑塔利语 tsal < *tal，“去”布朗语曼俄话 tɔl < *tol、马绍尔语 etal < *ʔetal。

（6）佤语 *toʔ、那大语 *ti-ʔi，“去”蒙古语 otʃi-、东乡语 ətʂɯ < *ʔoti。

3. "给"和"付给（钱）"

（1）托莱语 *ter，"付给"嫩戈内语 tize < *tire。

（2）突厥语族语言 *ber，"付给"三威治港语 vur-i < *bur-ʔi。

（3）尼科巴语 *kek，"付给"马林厄语 koko。

4. "给"和"分"

（1）达斡尔语 uku-、土族语 *ʔuku，"分"鄂伦春语 ʊktʃa-，鄂温克语 uʃɑː- < *ʔuk-。

（2）户语、布朗语 *ba，"分"萨摩亚语 vavae < $*b^wab^wa$-ʔe。

（3）汉语 *pit（畀），"分"马京达瑙语 pati，汉语 *phət-s（配）。

（4）亚齐语、印尼语、巽他语 *beri。"分"莫图语 hari-a < *pari-ʔa，爪哇语 pɔrɔ、萨萨克语 paro < *paro，格曼僜语 $pɹɑ^{55}$ < *pra，侗语 $phje^5$ < *pres。

三　词源分析

1. *ta（*te、*da、*ti）

"给"日语 *ʔata-ʔeru、鄂罗克语 *ʔata、宁德娄语 *ʔade-ʔu、马京达瑙语 *te-ʔi、布朗语甘塘话 *ti。

> "给"西班牙语、葡萄牙语 dar、意大利语 dare < *da-。
>
> "给"波兰语 datʃ < *da-，俄语 otdatj < *-da-，亚美尼亚语 tal < *ta-。
>
> "给"梵语 dadati。乌尔都语 deːna < *de-，和阗塞语 dā- < *da。
>
> "借出、给"希腊语 dido < *dido。
>
> "分开"希腊语 diairo < *da-ro。

"给、允许"芬兰语 anta < *ata，"给"阿拉伯语 ata。

“给、屈服”匈牙利文 ad。“给、免除”匈牙利文 atad。

2. *kab^{w}a（*kab^{w}ə、*kap^{w}）

“给”嘉戎语 kɐ wə < *kab^{w}ə。

“分”日语 kubaru < *kuba-ru，阿者拉语 aŋkaf < *ʔa-kap^{w}。

“给”古英语 giefan、古弗里斯语 jeva、古丹麦语 givæ（屈服）< *gib^{w}a。

3. *beri（*ber、*bəra）

“给”突厥语 *ber，亚齐语、印尼、巽他语 *beri，鲁凯语、卑南语 *bəra-ʔi。

“给”赫梯语 pija < *pira。

“给”粟特语 ðāβar < *da-b^{w}ar。

“给、答应”俄语 obeẓatj < *obera-。“付给”希腊语 prosphcro < *pro-sbero。

“向前、通过”高地德语 fir-、荷兰语 ver- < *b^{w}er。

“付给、租”匈牙利文 ber。“给、归还”格鲁吉亚语 dabrunɛba < *-bru-。

4. *b^{w}ali（*pale、*bole、*bila）

“给”阿美语 *pab^{w}ali，劳语 *pale-ʔa。巴厘语 、布拉安语、锡加语 *bole。赛夏语 *mo-bila-ʔi。

“给、借”阿尔巴尼亚语 fal < *b^{w}al。

5. *b^{w}a（*bu）

“给”满文、锡伯语、赫哲语 *bu。户语 va^{31}，布朗语佤方言 fa < *b^{w}a。

“分”萨摩亚语 vavae < *b^{w}ab^{w}a-ʔe。

“给”和阗塞语 bū。

6. *tel

“给”桑塔利语 *tel。

“给”俄语 udeljtj < *udeli-。

“分开”瓜依沃语 daloʔi- < *daloʔi。“分开、份额”劳语 toliŋia < *toliŋi-。

“劈”鄂温克语 dəlxi- < *dul-gi。布朗语 tah^{35} < *tal。德昂语硝厂沟话 dauh、曼俄话 tah^{35} < *dal。“剁”鄂伦春语 doːləː- < *dolə。

“分开、分配”古英语 dælan < *dala-。

“借”的词源关系

“借”有“借出”和“借入”的区分。亚欧诸语言中“借出”多与“给”的说法有词源关系，“借入”多与“拿”的说法有词源关系，或用同根词区分“借出”和“借入”。一些语言的“借出”是“借入”的派生形式。

◇ 一　东亚太平洋语言的“借”

“借出”和“借入”的主要说法有：

1. *ʔotine / *tina

维吾尔语 øtnɛ，柯尔克孜语 øtynø，土耳其语 ødyn（补偿）< *ʔotine。[①]

罗地语 tina < *tina（借进），tona fe < *tona-pe（借进）。

2. *qarə-r / *ʔares

哈萨克语 qɑrəz，图瓦语 kɑrz < *qarə-r。（名词）

夸梅拉语 -ares < *ʔares（借进），-asitu < *ʔasitu（借出）。

① 维吾尔语“借出”øtnɛ bɛr-，“借进”øtnɛ ɑl-。

3. *ʔak-lu

鄂伦春语 akʃʊ-，鄂温克语 aʃʃʊ- < *ʔak-lu。

4. *ʔasugu / *sgu / *sigaq

达斡尔语 ɑrsɑ-，东乡语 ɑsuɣu- < *ʔasugu。（借进、借出）

中古朝鲜语 skuta < *sgu-。[①]

萨萨克语 siŋgaʔ < *sigaq。（借进、借出）

5. *bir

朝鲜语 pirta < *bir-。

6. *kalu / *kole

日语 kasɿ < *kalu。（借出）

汤加语 kole < *kole（借出）。

7. *dele

蒙古语 dʒəːlə-，东部裕固语 dʒeːle- < *dele。（借进、借出）

8. *ʔidam / *pa-ʔidam / *ŋ-ʔidam /*dəm /*p-dəm

巴塔克语 idʒdʒam < *ʔidam。（借进）

巴塔克语 pa-idʒdʒam < *pa-ʔidam。（借出）

印尼语 pin̥dʒam（借进，借出），马都拉语 ŋ-in̥dʒam（借进）< *p-ʔidam / *ŋ-ʔidam。

布拉安语 m-dəm < *dəm（借进），f-dəm < *p-dəm（借出）。

---

① “借出、借进”格鲁吉亚语 sɛsxɛba < *sesqe-。

9. *bolo-s / *boli

摩尔波格语 bolos < *bolo-s。（借进、借出）

那大语 voli < *boli（借进），tiʔi-voli < *tiʔi-boli（借出）。

10. *kere-ʔa / *kari-ru

东部斐济语 kere-a < *kere-ʔa。（借进）

日语 kariru < *kari-ru。（借进）

11. *baga / *ʔani

马那姆语 baga < *baga（借进），ani < *ʔani（借出）。

12. *pomo

汤加语 homo < *pomo。（借出）

13. *qiram / *rim / *ʔrim / *ʔram / *ram

他加洛语 hiram < *qiram（借进），pa-hiram < *pa-qiram（借出）。

阿哲拉语 -rim < *rim。（给、借、付给、放）

壮语龙州话 jim^{1} < *ʔrim。（借钱）

侗语 jaːm^{1}，水语 ʔjaːm^{1} < *ʔram。（借钱）

布兴语 ʒam，克木语 ʔjɯm < *ram。（借工具）

14. *ʔatese-ʔi / *ʔida

宁德娄语 atehei < *ʔatese-ʔi。（借出）

木鲁特语 idaʔ < *ʔida。（借进、借出）

15. *skrak

汉语 *skrak-s（借）< *skrak。[①]

16. *kra

汉语 *kra（假）。

17. *jar

藏文 g-jar，博嘎尔珞巴语 jar，错那门巴语 ɳar < *jar。（借工具）

18. *r-ŋa

缅文 $hŋɑ^{3}$，嘉戎语 kɑ rŋɑ < *r-ŋa。（借工具）

19. $*b^{w}i$

佤语马散话 vi、艾帅话 vai，布朗语曼俄话 vai^{31} < $*b^{w}i$。

20. *pata

桑塔利语 paɳtsa < *pata。（借进）

二 “借”的词源对应关系

1. “借出”和“给”

（1）土耳其语、维吾尔语、柯尔克孜语 *ʔotine。“给”那大语 tiʔi < *ti-ʔi。

（2）鄂伦春语、鄂温克语 *ʔak-lu，“给”蒙古语 ege- < *ʔege。达斡尔语 uku-、土族语 uɢu < *ʔuku。米南卡保语 $agi^{ə}h$ < *ʔagi-q。

（3）朝鲜语 pirta < *bir-，“给”维吾尔语 bɛr-，图瓦语 ber- < *ber。

① 谐声有心母字“昔”等。

（4）摩尔波格语 *bolo-s。“给”巴厘语、布拉安语 ble，锡加语 βəli < *bole。

（5）汤加语 kole < *kole。“给” 阿伊努语 kore < *kore。

（6）那大语 voli < *boli（借进），tiʔi-voli < *tiʔi-boli（借出）。“给” 那大语 tiʔi < *ti-ʔi。

（7）佤语、布朗语曼俄话 *b^{w}i。“给” 萨摩亚语 ʔave < *ʔab^{w}e。

2. “借入” 和 “得到”

（1）鄂伦春语、鄂温克语 *ʔak-lu，“得到” 布鲁语 ego < *ʔego。

（2）哈萨克语、图瓦语 *qar-r。“得到” 邹语 m-aro < *ʔaro。

（3）巴塔克语 *ʔidam，“得到” 锡加语 toma。

（4）木鲁特语 *ʔida，“得到” 马那姆语 doʔi。

（5）汉语 *skrak-s（借），“得到” 吉尔伯特语 karekea < *kareke-。

◇ 三 词源关系分析

1. *bari（baruq、*beri、*bəra）

“借” 赛德克语 kumubarux < *k-um-baruq。

“给” 亚齐语 bre、印尼语 mən-bəri、巽他语 bere < *beri，卑南语 bəraj < *bəra-ʔi。

“借来、买” 俄语 bratj < *bra-。“借出” 粟特语 pār < *par。

“借出、租” 波兰语 pozytsatʃ < *poruka-。

“借出” 古英语 borgian，“借出、借入” 德语 borgen < *borge-。

2. *tina（*ʔotine）

“借” 土耳其语、维吾尔语、柯尔克孜语 *ʔotine。“借入” 罗地语

tina < *tina。“给”日语 ataeru < *ʔata-ʔeru，宁德娄语 adeu < *ʔade-ʔu。

希腊语“借入”daneizomai，“借出”daneizo < *dane-ro。
“给”梵语 donate < *dona-。

“借出”匈牙利文 kölcsönöz < *kol-tonor。

3. *ʔida（*ʔade、*te、*to、*ti、*du）

“借”木鲁特语 *ʔida。

“给”宁德娄语 adeu < *ʔade-ʔu，马京达瑙语 tei、那大语 tiʔi < *te-ʔi，佤语 toʔ < *toʔ，布朗语甘塘话 tai^{51} < *ti，朝鲜语 tʃuta < *du-。

“借出、给”希腊语 dido < *dido。“给”梵语 dadati < *dada-。
“给”西班牙语、葡萄牙语 dar，意大利语 dare，梵语 daː < *da-。
“给”波兰语 datʃ < *da-，俄语 otdatj < *oda-。

“给”日语 *ʔata-ʔeru、鄂罗克语 *ʔata、宁德娄语 *ʔade-ʔu、马京达瑙语 *te-ʔi、布朗语甘塘话 *ti。

“给、允许”芬兰语 anta < *ata。“给、屈服”匈牙利文 ad。

4. *b^{w}ali（*bolo、*boli、*pale、*bəle、*bila）

“借进、借出”摩尔波格语 *bolo-s。那大语“借进”*boli，“借出”*tiʔi-boli。

“给”赛夏语 mobəɭaj < *mo-bila-ʔi。阿美语 pafəli < *pab^{w}ali。劳语 falea < *pale-ʔa。巴厘语、布拉安语 ble，锡加语 βəli < *bole。

“给、借”阿尔巴尼亚语 fal < *b^{w}al。

5. *qar / *ʔares

“借”哈萨克语、图瓦语 *qar-。“借进”夸梅拉语 *ʔares。

“得到”邹语 m-aro < *ʔaro。

“借”乌尔都语 qarz < *qar-。

“还”的词源关系

“还”可指“归还”和“返回”。亚欧语言“归还”的说法多与“返回”“回来”“给”等说法有词源关系。

◇ 一　东亚太平洋语言的“还”

有关“归还”义的主要说法有：

1. *don-dur / *qar-tur

维吾尔语 jɑndur- < *don-dur（回—给）。

维吾尔语 qɑjtur-，柯尔克孜语 qɑjtɑr-，乌孜别克语 qæjtær- < *qar-tur。

2. *toda / *tat / *tut

满文 toːda- < *toda。

错那门巴语 tat^{53} < *tat。

黎语 tut^{7} < *tut。

3. *burgi / *bərgi

鄂伦春语 burgi-，鄂温克语 buːggli- < *burgi-。

朝鲜语 pəskita < *bərgi-。

4. *kaʔe-ru / *kaʔo-kaʔo

日语 kaeru < *kaʔe-ru。

吉尔伯特语 kaoka < *kaʔo-kaʔo。

5. *baliʔ-ke / *kə-baliʔ / *balik

爪哇语 m-balɛʔke < *baliʔ-ke。

印尼语 kəmbali，米南卡保语 baliᵊʔ-an < *kə-baliʔ。

卡加延语 balik < *balik。

6. *ʔulik / *leko

摩尔波格语 uliʔ（还、回来），巴塔克语 pa-ulak < *ʔulik。

马京达瑙语 leko < *leko。

7. *paka-poki / *tu-puk

拉巴努伊语 haka hoki，汤加语 fakafoki < *paka-poki。

波那佩语 tupuk < *tu-puk。

8. *ʔobri

邹语 m-ōvri < *ʔobri。

9. *peni-lo-ʔu

莫图语 heni-a lou < *peni-lo-ʔu（给一还）。

10. *bape

哈拉朱乌语 bapɛ < *bape。

11. *k^{w}lər

汉语 *k^{w}lər（归）。

12. *s-prad

藏文 sprad < *s-prad。

13. *sap / *sapi

独龙语 sɑp^{55}，景颇语 ʃă^{31}pai^{55} < *sap / *sapi。

14. *pran-pe

缅文 pran^{2} pe^{3} < *pran-pe。

15. *goŋ

博嘎尔珞巴语 goŋ < *goŋ。

16. *bi / *piʔ

壮语武鸣话 poi^{2} < *bi。

侗语 pəi^{3} < *piʔ。

17. *ʔlum

水语 lum^{5} < *ʔlum。

18. *si

傣语 saːi^{3}，侗语 saːi^{1}（给，送） < *si。

布兴语 sai < *si。

19. *dur

佤语布饶克方言 dɯih < *dur。

20. *tu

莽语 taɯ^{51} < *tu。

21. *bet

户语 vɛt^{35} < *bet。

22. *gi

克木语 gai < *gi。（还、回）

23. *qala

桑塔利语 hala < *qala，phujɛu < *bulu。（偿还）

二 “还”的词源对应关系

1. “归还”和“返回”“回来”

（1）汉语 *g^{w}əl（回），“返回”藏文 skor < *s-kor。

（2）柯尔克孜语、乌孜别克语 *qar-tur，“返回”蒙古语 xɛrə-、达斡尔语 xɑri-、东部裕固语 χɑrə-、东乡语 qɑri- < *qari。

（3）维吾尔语 jɑndur-（回一给），“回”jɑn-。

（4）巴塔克语 pa-ulak，“回来”m-ulak。

（5）卡加延语 balik，“回来”malik。

（6）马京达瑙语 leko，“回来”kole。

（7）莫图语 *peni-lo-ʔu（给一还），“回来”lou mai。

（8）汤加语 fakafoki，“回来”foki mai。傣语 pok^{8} < *bok。

（9）吉尔伯特语 kaoka，“回来”oki。

（10）爪哇语 m-balɛʔke，“回来”bali。

（11）马那姆语 muleaʔi，“回来”mule。

上述南岛语“归还”和“回来”区分以使动和自动的形式。

2. “归还”和“给”

（1）壮语武鸣话 *bi。“给”墨脱门巴语 bi、缅文 pe^{3}、独龙语 bi^{55} < *bi。

（2）卡加延语 *bali-k。“给”阿美语 pafəli < *papali，劳语 falea < *pale-ʔa。巴厘语、布拉安语 ble，锡加语 βəli < *bəle。赛夏语 mobəlaj < *mo-bila-ʔi。

（3）桑塔利语 *qala。“给”那加语南桑亚方言、昌方言 lǎ < *la。

（4）克木语 gai < *gi。“给”米南卡保语 agi^{ə}h < *ʔagiq。

（5）维吾尔语 jɑndur-（回—给），“给”藏文 ster < *s-ter，托莱语 tər < *ter。

◇ 三 词源关系分析

1. *g^{w}orə（*kor、*gər、*garu、*korə、*gur 等）

“返回”藏文 skor < *s-kor。“圆的”藏文 sgor < *s-gor。博嘎尔珞巴语 kor kor < *kor。鄂伦春语 *to-gor-in，西部裕固语 *do-gor。“钩子”撒拉语 gugur < *gugur。“弯曲”土族语 *guguri，日语 *ma-garu。

“圆的”希腊语 gyro，“指环、圆”gyros < *guro-s。
“缠绕”希腊语 koyrdizo、khordizo < *gor-diro。
“钩子”希腊语 magkoyra < *mag-kora。

2. *bira（*beri、*bəra）

“归还”邹语 *ʔobri。“给”亚齐语 bre、印尼语 mən-bəri、巽他语 bere < *beri，卑南语 bəraj < *bəra-ʔi。

> 俄语“借来、买”bratj < *bra-。“还、返回”vernutj < *b^wernu-。
> “归还”亚美尼亚语 veradaɾnal < *b^wera-dar-

“给”古突厥语、图瓦语 ber-，土耳其语 ver-，维吾尔语 bɛr- < *ber。亚齐语 bre，印尼语 mən-bəri，巽他语 bere < *beri。鲁凯语 baaj，卑南语 bəraj < *bəra-ʔi。

> “给、答应”俄语 obeʐatj < *obera-。“付给”希腊语 prosphero< *pro-sbero。
> “向前、通过”高地德语 fir-、荷兰语 ver- < *b^wer。

“回来、归还”格鲁吉亚语 dabrunɛba < *-bru-。

3. *dur（*tur、*ter）

“归还”佤语布饶克方言 *dur。维吾尔语 *don-dur（回—给），柯尔克孜语、乌孜别克语 *qar-tur。“给”藏文 ster < *s-ter，托莱语 tər < *ter。

> “归还”拉丁语 reddere < *re-dare，字面意义“回-给”。
> “返回”古法语 retorner < *re-torn-，字面意义“回-返”。
> “转”古英语 turnian、古法语 torner，“旋转的工具”希腊语 tornos < *tor-。
> “归还、恢复”英语 return，古法语 retorner < *re-tor-。

4. *du（*tu、*ti）

“归还”莽语 *tu。“给”朝鲜语 tʃuta < *du-，马京达瑙语 tei、那大语 tiʔi < *te-ʔi，佤语 toʔ < *toʔ，布朗语甘塘话 tai^{51} < *ti。

> “归还”希腊语 apodido < *apo-dido，字面意义“回—给”。

希腊语“回”（副词）opiso，“借出、给”dido。 “归还”波兰语 oddatʃ < *oda-。

5. *burgi

“归还”鄂伦春语、鄂温克语 *burgi-。

“借出、租”波兰语 pozytsatʃ < *poruka-。 “借出”古英语 borgian，“借出、借入”德语 borgen < *borge-。

“回”的词源关系

汉语书面语中“来回”的“回”甲骨文及《说文》古文为旋涡之形，是“洄”的本字，读作 *gəl。古汉语中的这两个意义原本可能来自“转”。亚欧语言中“回来”义的说法多与“转”“来”的说法有词源关系。

一 东亚太平洋语言的“回”

“回来、返回”的主要说法有：

1. *don / *geri-don

维吾尔语 jɑn-，哈萨克语 dʒɑn- < *don。

土耳其语 geri døn- < *geri-don（向后—旋转）。

2. *buta / *bədə / *b^wado

蒙古语正蓝旗话 butʃɑ- < *buta。（回去）

锡伯语 bədə- < *bədə。

那大语 vado < *b^wado。（回来）

3. *qari / *qari-lu

达斡尔语 xɑri-，土族语 xɑrə-，东乡语 qɑrulu- < *qari / *qari-lu。

4. *mari / *ʔəmər-gi

满文 mari- < *mari。

赫哲语、鄂伦春语 əmərgi- < *ʔəmər-gi。

5. *nənu

鄂温克语 nənu- < *nənu。

6. *dori

朝鲜语 torri- < *dori。（回）[①]

7. *kaʔe-ru

日语 kaeru < *kaʔe-ru。

8. *ʔulik / *t-ʔulak / *ba-lik

木鲁特语 uliʔ < *ʔulik。（回来）

巴塔克语 m-ulak < *ma-ʔulik。（回来）

萨萨克语 tulak < *t-ʔulak。（回来）

他加洛语、阿卡拉农语 balik，卡加延语 malik < *ba-lik。（回来）

9. *kə-bali / *bali

印尼语 kəmbali < *kə-bali。（回来）[②]

爪哇语 bali，罗地语 fali < *bali。（回来）

---

① “回来”匈牙利文 visszater < *bʷiʃsa-ter。

② “回来”芬兰语 paluː < *palu。

10. *ʔoli

雅美语 mioli < *mi-ʔoli。（回家）

布鲁语 oli < *ʔoli。（回来）

11. *lom

布昂语 jom < *lom。（回来）

12. *mul / *mule

多布语 ʔa-mul < *mul。（回来）

马那姆语 mule < *mule。（回来）

13. *pule-ma- / *pulo / *boli

罗维阿纳语 pule mai < *pule-ma-。（回来）

马林厄语 pulo < *pulo。（回来）

窝里沃语 mboli < *boli。（回来）

14. *lok / *tu-lak

藏文 log，墨脱门巴语 lok < *lok。

萨萨克语 tulak < *tu-lak。（回来）

15. *kəqa / *qo

羌语 kə qa < *kəqa。

拉祜语 qɔ^{21} < *qo。

16. *kəli / *le / *lo

嘎卓语 kɯ^{33}li^{33} < *kəli。

傈僳语 le^{31}，载瓦语 lo^{55} < *le / *lo。

苗语养蒿话 lo^{4}，巴哼语文界话 lɦo^{4}，勉语大坪话 lau^{4} < *lo。

17. *ʔma

仫佬语 m̥a^{1}，壮语武鸣话、毛南语 ma^{1} < *ʔma。

18. *pok / *bok / *b^{w}ek / *boki-ma-

汉语 *pok（复）。

傣语 pok^{8} < *bok。

克木语 vĕik < *b^{w}ek。

汤加语 foki mai < *boki-ma-。

19. *ʔiŋ

佤语艾帅话 ʔiŋ，布朗语曼俄话 ʔiŋ^{35} < *ʔiŋ。

20. *gəl / *ʔiqil

汉语 *gəl（回）。

尼科巴语 jihih < *ʔiqil。（来、回家）

21. *rur / *rereŋ / *ruʔo-b^{w}ri

桑塔利语 ruɛɽ < *rur。

夸梅拉语 rerəŋ < *rereŋ。（回来）

邹语 ruo-vri < *ruʔo-b^{w}ri。（回来）

《尔雅》：“还、复，返也。”

◇ 二 “回来”的词源对应关系

1. “返回”“回来”和“转”

（1）达斡尔语、土族语、东乡语 *qari。“旋转”蒙古语 ərgə-、达斡尔语 ərgi-、保安语 χaːrə- < *qarə-gi。

（2）爪哇语、罗地语 *bali。“旋转”戈龙塔洛语 mo-bale < *bale，桑塔利语 pɛli < *pali，印尼语 bər-baliŋ < *baliŋ。

（3）雅美语 *mi-ʔoli。“旋转”卑南语 muliulius < *ma-ʔuli-ʔuli。

（4）他加洛语、阿卡拉农语、卡加延语 *balik。“翻转”巴塔克语 mar-balik，米南卡保语 beloʔ < *balik。“转过去”爪哇语 m-balik < *balik。

（5）多布语 *mul，“旋转”柬埔寨文 vuəl < *bul。

2. “返回”“回来”和“来”

（1）汉语 *gəl（回）。“来”土耳其语 gel-、维吾尔语 kɛl-、西部裕固语 gel- < *gel。

（2）赫哲语、鄂伦春语 *ʔəmər-gi。“来”鄂温克语、鄂伦春语、赫哲语 əmə- < *ʔəmə。

（3）苗语养蒿话、巴哼语文界话、勉语大坪话 *lo。“来”苗语养蒿话 lo^4、枫香话 lau^4 < *lo。

（4）仫佬语、壮语武鸣话、毛南语 *ʔma。“来”壮语龙州话 ma^2，布依语 ma^1 < *ʔma，锡加语、罗地语 mai < *ma-ʔi。阿者拉语 ba < *ba，古龙语 bā < *ba。

（5）藏文、墨脱门巴语 *lok，“来”藏文 ɕog < *slok。

（6）吉尔伯特语 oki，“来”阿伊努语 ek < *ʔek。

（7）“回”满文 *mari，“来”汉语 *mrə（来）。

三 词源分析

1. *ge（*gi、*genə）

“回来”清代蒙文语 ege- < *ʔege，克伦语 ge。

“来”满文、锡伯语 *gi。“去、来、离开”印尼语 gi、pergi < *-gi。

> “来”梵语 gaː < *ga，亚美尼亚语 gal < *ga-。
>
> “去、离开”古英语、古弗里斯语、古高地德语 gan < *ga-。

2. b^{w}ato（*buta、*bədə、*b^{w}ado）

“回去”蒙古语正蓝旗话 *buta。

“回来”锡伯语 *bədə。那大语 *b^{w}ado。“卷起”南密语 bidi。

> “回来”梵语 nivatante < *ni-b^{w}ata-。

3. *ro（*rora、*rur、*rereŋ、*ʔire、*ʔora 等）

“回来”桑塔利语 *rur，夸梅拉语 *rereŋ，邹语 ruo-vri < *ruʔo-bri。“来”蒙古语、东乡语 *ʔire，巴塔克语 *ro。“走”基诺语 zo^{44}、史兴语 ru^{55} < *ro。木雅语 tə^{33}ro^{55}rɑ^{33} < *tə-rora。

> “来”赫梯语 uezzi < *u-eri。
>
> “跑”希腊语 reo < *re。“去”西班牙语、葡萄牙语 ir。

4. *boli（*mule、*puli、*pulo）

“回来”窝里沃语 *boli，马那姆语 *mule。马林厄语 *pulo。

“转过去”萨摩亚语 fuli、塔希提语 huri < *puli。

“滚”大瓦拉语 pili < *pili，马林厄语 phipli < *pi-pili。“使滚动”马林厄语 pili < *pili。

> “回来”葡萄牙语 voltar、西班牙语 volver。

“滚动、回心转意”拉丁语 volvere < *b^wolb^{w}e-。

“回来”芬兰语 paluː < *palu。

“回答”托莱语 boli。“回来”爪哇语 bali < *bali。

“返回”帕玛语 viles、米南卡保语 beloʔ < *bilo-。塔希提语 huri、罗图马语 furi < *puri。

“回答”古法语 replier < *re-pli-“再一折（回）”。

“回来”（名词）波兰语 replika < *repli-。

5. *bira（*mrə、*beri、*bəra）

“来”汉语 *mrə。“归还”邹语 m-ōvri < *ʔobri。

俄语 “回来”（名词） vozraz̨enje < *b^wore-。

俄语 “借来、买” bratj < *bra-。“还、返回” vernutj < *b^wernu-。

“回”阿尔巴尼亚语 （副词） parë < *paro。

格鲁吉亚语“回来”dabrunɛba < *-bru-。

6. *g^wera（*geri、*g^wran）

汉语 *g^wran（還）。

“回来”土耳其语 geri døn- < *geri-don（向后一旋转）。

“返回”粟特语 zwart < *g^war-。

“旋转”道孚语 skər va < *skor-ba。博嘎尔珞巴语 dʑir < *gir。

“转身”博嘎尔珞巴语 ko re < *kore。

“转动”藏文 skor、夏河话 hkor < *s-kor。

“翻转”莫图语 giro-a < *giro。

“转”希腊语 gyrizo < *giri-；古英语 hweorfan < *k^wor-pan。

“转”波兰语 skrę tsatʃ < *skreka-。

“卷起”梵语 puʈiːkaroti < *puti-karo-。

“旋转”和阗塞语 gesti < *gert-ti。

“点火”的词源关系

亚欧语言“烧”兼有“点火”义，“点火”义的词多与“燃烧”“火”等说法有词源关系。

◇ 一　东亚太平洋语言的“点火”

“点火”的主要说法有：

1. *daq

维吾尔语 jɑq-，图瓦语、哈萨克语 dʒɑq- < *daq。（点火、烧）

2. *tam-dər / *tam

西部裕固语 tɑmdər- < *tam-dər。

布拉安语 n-tam < *tam。

3. *sida

蒙古语、达斡尔语 ʃitɑː-，东部裕固语 ʃədɑː-，土族语 ʂdɑ- < *sida。[①]

① “点火”芬兰语 syttjä < *suta，格鲁吉亚语 sntɛba < *ste-。

4. *sidara / *dar / *ʔatar

东乡语 ɕidarɑɣɑ < *sidara-。

保安语 dɑrɢə- < *dar-。

蒙达语 ataɽ < *ʔatar。（烧、点火）

5. *del / til / *tela / *dol

撒拉语 deʃ- < *del。

马绍尔语 ttil < *t-til。

达阿语 na-tela < *tela。

桑塔利语 dʒol < *dol。

6. *dabu / *tapu-na

满文 dabu- < *dabu。

菲拉梅勒语 tafuna < *tapu-na。

7. *tuke-ru / *tok / *tigi

日语 tsɿkeru < *tuke-ru。

佤语马散话 dok，艾帅话 to̱k，德昂语茶叶箐话 tɔk^{55} < *tok。

桑塔利语 tiŋgi < *tigi。

8. *tutu / *tud / *dede / *tata / *tu

汤加语、萨摩亚语 tutu < *tutu。

卡加延语 tutud，亚齐语 tot < *tud。

罗地语 dede < *dede。

拉祜语 tɑ^{55}tɑ^{33} < *tata。

比贡仡佬语 tau^{13} < *tu。（引火）

9. *pa-ʔara / *pa-rore / *paruʔa-ʔere

莫图语 ha-ara-ia < *pa-ʔara。

窝里沃语 pa-rore < *pa-rore。

劳语 farua-ēre < *paruʔa-ʔere。

10. *ʔurup-ke

爪哇语 ŋ-urup-ke < *ʔurup-ke。

11. *po-baʔa

乌玛语 po-baa < *po-baʔa。

12. *siluʔ / *salgu

巴拉望语 siluʔ < *siluʔ。

桑塔利语 salgao < *salgu。

13. *pupu / *paka-pu

罗图马语 fufu < *pupu。

拉巴努伊语 haka hū < *paka-pu。

14. *ʔisik

波那佩语 isik < *ʔisik。

15. *s-par / *bra / *bra

藏文 spar，错那门巴语 par，独龙语 wɑɹ^{55} < *s-par。

义都珞巴语 a^{55} bɹa^{55} < *bra。

马林厄语 ŋ̥u-bra < *bra。

16. *s-na

道孚语 snə，却域语 sna^{55} < *s-na。

17. *kebe

木雅语 khə^{33} bɐ^{53}，扎坝语 kʌ^{33} bɛ^{55} < *kebe。

18. *sroʔ

缅文 hro^{1} < *sroʔ。

19. *mal-bra

克木语 măl phrɯa < *mal-bra。（生火）

20. *but

户语 phut^{33} < *but。（生火）

21. *tjap

德昂语 tɕap < *tjap。

阿昌语 tʂap^{35} < *tjap。

22. *deret

桑塔利语 dʒe̱re̱th < *deret。

二 “点火”的词源对应关系

1. “点火” 和 “烧”

（1）维吾尔语、图瓦语、哈萨克语 *daq。“烧”日语 taku < *taku。

（2）巴拉望语 *siluʔ。“烧”萨萨克语 sulu、罗维阿纳语 sulua < *sulu / *sulu-ʔa。

（3）达阿语 *tela。“烧”蒙古语 tʉlə-，达斡尔语 tulu-，土族语 tuleː < *tule。马京达瑙语 dila < *dila。

（4）保安语 *dar-，“烧”锡伯语 tʂarə- < *dara。

（5）蒙古语、达斡尔语、东部裕固语、土族语 *sida。“烧”东部裕固语 ʃədɑ-、土族语 ʂdɑː- < *səda。

（6）汤加语、萨摩亚语 *tutu。“烧”汤加语、拉巴努伊语 tutu，巴拉望语 tutuŋ < *tutu / *tutu-ŋ。桑塔利语 dʒuɳɖi < *dudi，tsutʃ < *tut。

（7）日语 *tuke-ru，“烧”壮语武鸣话 tɯk^{7} < *tuk。

（8）劳语 *paruʔa-ʔere，汉语 *re（燎）。“烧”托莱语 reŋ < *reŋ。

（9）德昂语 tɕap，“燃”佤语马散话 tɕap、布朗语胖品话 tʃap^{31} < *tjap。

2. “点火”和“火”

（1）汤加语、萨摩亚语 *tutu。“火”彝语巍山话 ɑ^{55}to^{33}，傈僳语 ɑ^{55}to^{55} < *ʔato。

（2）日语 *tuke-ru。“火”鄂伦春语 tɔgɔ < *tugo。满文 tuwa、锡伯语 tua、赫哲语 tua、女真语（脱委）*thowe < *tuga。

（3）罗图马语 *pupu。“火”印尼语、马京达瑙语 api，汤加语、萨摩亚语 afi，拉巴努伊语、夏威夷语、毛利语 ahi < *ʔapi。

（4）保安语 *dar-。“火”查莫罗语 tiro < *tiro。

（5）爪哇语 *ʔurup-ke。“火”鄂罗克语 uruːva < *ʔuruba。

（6）木雅语、扎坝语 *kebe。“火”拉加语 ɣabi、勒窝语 kapi < *gabi。

（7）义都珞巴语 *bra。“火”克木语 phrɯa < *pra。

◇ 三 词源分析

1. *tuga（*tuke、*tuk）

“点火”日语 *tuke-ru。“烧”壮语武鸣话 tɯk[7] < *tuk。

“火”满文、锡伯语、赫哲语、女真语 *tuga，鄂伦春语 *tugo。

“火”古爱尔兰语 daig，“燃烧、烧热”梵语 dahati，立陶宛语 degù。

2. *pʷari（*par、*paru）

“点火”藏文、错那门巴语、独龙语 *s-par。劳语 farua-ēre < *paruʔa-ʔere。

“灰烬”克木语 pɔ̆h < *por。汉语 *pʷar（燔），*pʷar-s（播）。

“点火”希腊语 pyrnolo < *pur-nolo，“火”希腊语 πνρ（pyr）。

3. *bʷara（*bra、*bur、*pra、*moru 等）

“点火”义都珞巴语、马林厄语 *bra。

“火”克木语 phrɯa < *bra。“火焰”印尼语 bara < *bara。

“烧”苗语养蒿话 phi[3]、甲定话 phæ[3]、枫香话 tshei[3] < *pra。

“点火、烧”古挪威语 brenna，“点火”古英语 bærnan，中古荷兰语 bernen，“烧”高地德语 brinnan < *bere-na。“烧”亚美尼亚语 varvel < *bʷar-。 “火”英语 fire，德语 feuer，荷兰语 vuːr，亚美尼亚语 hur，赫梯语 pahhur。

4. *dero（*dar、*tiro）

“点火”保安语 *dar-。“火”查莫罗语 tiro < *tiro。

“点火”阿尔巴尼亚语 ndez < *m-der。

5. *ra（ *re、*rore、*reŋ）

“点火”莫图语 *pa-ʔara，窝里沃语 *pa-rore，劳语 *paruʔa-ʔere。汉语 *re（燎）。

“烧”莫图语、马那姆语 *ʔara。托莱语 reŋ < *reŋ。

“点火”莫图语 *pa-ʔara，窝里沃语 *pa-rore，劳语 *paruʔa-ʔere。

“点火”阿尔巴尼亚语 vë zjarr < *b^we-rar。拉丁语“灼热”ūrō。 “烧”拉丁语、意大利语 ardere，西班牙语、葡萄牙语 arder < *ar-de-。 “烧”（动名词）拉丁语 arsionem。“烧、炙”俄语 ẓetɕj < *re-。 “烧”亚美尼亚语 ayrvel < *ar-。 “火”阿尔巴尼亚语 zjarr < *rar。

6. *sogu（*sik）

“点火”波那佩语 isik < *ʔisik。

“烧”查莫罗语 soŋgue < *sogu-ʔe。

“烧”和阗塞语 sūjs < *sugs，粟特语 swtʃ < *suk。

“烧”的词源关系

汉语及物动词“烧”兼有不及物的用法，“燃”是不及物动词。“尞”甲骨文是一种祭，后写作“燎”，如《诗经·小雅·庭燎》：“夜如何其，夜乡晨，庭燎有辉。”亚欧语言“烧”的说法多与“点火”“煮”“火、火焰”等说法有词源关系。

◇ 一 东亚太平洋语言的“烧”

“烧”的主要说法有：

1. *daq / *diga / *taku

中古突厥语 jɑq，哈萨克语、塔塔尔语 dʒɑq- < *daq。

保安语 dʐɑɡə，赫哲语 dʑiɡdə- < *diga-。

日语 taku < *taku。

2. *qala

维吾尔语 qɑlɑ-，撒拉语 ɢɑlɑ- < *qala。

3. *ʔokol / *kol

图瓦语 okɤl < *ʔokol。

布朗语 kɤl̥ ^{35} < *kol。

4. *tule / *dila / *dal-ku / *dol / *tol

蒙古语 tʉlə-，达斡尔语 tulu-，土族语 tuleː < *tule。①

马京达瑙语 dila < *dila。

蒙达语 dʒhalkāo < *dal-ku。

桑塔利语 dʒol < *dol。 布兴语 tɔl < *tol。

5. *dara / *ʔatar

锡伯语 tʂarə- < *dara。

蒙达语 ataɽ（烧，点火），桑塔利语 atar < *ʔatar。

6. *sida / *ʔoda

蒙古语书面语 ʃitɑ-，东部裕固语 ʃədɑ-，土族语 ʂdɑː- < *sida。

拉加语 oda < *ʔoda。

7. *ʔasleb / *solob

雅美语 aʂleb < *ʔasleb。木鲁特语 solob < *solob。

8. *ʔalata

大瓦拉语 alata < *ʔalata。

9. *lom / *sulumu / *ma-lama

泰雅语 lɔm < *lom。

---

①“火”匈牙利文 tüz < *tur，芬兰语 tuli、tulipalo。

宁德娄语 sulum^{w}i < *sulumu。

排湾语 malama < *ma-lama。

10. *ʔara / *tu-ʔaro

莫图语 ara，马那姆语 ʔaraʔara < *ʔara。

赛德克语 t-um-uqaro < *tu-ʔaro。

11. *b^{w}ule / *plu

波那佩语 mb^{w}ul < *b^{w}ule。

泰语 phau^{5} < *plu。

12. *sogu-ʔe

查莫罗语 soŋgue < *sogu-ʔe，tuno < *tuno。

13. *ʔok

波那佩语 ok < *ʔok。

14. *sunara

邵语 ʃunara < *sunara。

15. *qaŋus

印尼语 haŋus < *qaŋus。

16. *sulu / *slu / *lo / *lolo

萨萨克语 sulu，罗维阿纳语 sulua < *sulu / *sulu-ʔa。

苗语大南山话 l̥eu^{3}、绞坨话 l̥ə^{3} < *slu。（烧山）

桑塔利语 lo̰ < *lo。

满文 ʃolo < *lolo。

17. *bru / *buru

汉语 *bru（炰），*njan（燃）。

阿者拉语 bururu^{ŋʔ} < *buru。

18. *re / *reŋ / *pu-ruŋu / *ro-ʔa

汉语 *re（燎）。

托莱语 reŋ < *reŋ。

罗维阿纳语 huruŋu < *pu-ruŋu。

那达语 roa < *ro-ʔa。（及物动词）

19. *s-ŋre / *graŋ-pa

汉语 *s-ŋre（烧）。

波拉语 ŋjɛ^{35} < *ŋre。（烧荒）

他杭语 khraŋpa < *graŋ-pa。

20. *m-bar / *b^{w}ar

藏文 ɦbar，夏河藏语 mbar < *m-bar。（燃烧）

汉语 *b^{w}ar（燔）。①

21. *tuk

壮语武鸣话 tɯk^{7} < *tuk。（烧火）

22. *pra / *pra-ŋ / *para-paʔit

苗语养蒿话 phi^{3}、甲定话 phæ^{3}、枫香话 tshei^{3} < *pra。（烧房）

①《诗经·小雅·楚茨》："或燔或炙，君妇莫莫。""燔"，烤也。

汉语 *praŋ（烹）< *pra-ŋ。

卑南语 parapaʔit < *para-paʔit。

23. *tjap

佤语马散话 tɕap，布朗语胖品话 tʃap^{31} < *tjap。（燃）

24. *tet / *dudi / *tut / *tutu / *tuʔ

莽语 tet^{51} < *tet。

桑塔利语 dʒuɳɖi < *dudi，tsutʃ < *tut。

汤加语、拉巴努伊语 tutu，巴拉望语 tutuŋ < *tutu。

侗语、水语 taːu^{3} < *tuʔ。

25. *sin-karit

尼科巴语 sinkarit < *sin-karit，sinrit < *sin-rit。（烧柴）

26. *qu

尼科巴语 huː < *qu，føŋ < *poŋ。

27. *gul

蒙达语 dʒul < *gul。

28. *ʔop / *ʔuʔop

柬埔寨文 ʔɔp < *ʔop。

塔纳语 uop < *ʔuʔop。

29. *klak

柬埔寨文 khlaotʃ < *klak。

二　“烧”的词源对应关系

1.“烧”和“点火”

“烧”和“点火”的词源关系上文《点火》篇中已说明。

2.“烧”和“火、火焰”

（1）拉加语 *ʔoda。“火”古突厥语、维吾尔语、哈萨克语 ot，土耳其语 od < *ʔot。博多语 ɑt < *ʔat，彝语巍山话 ɑ^{55}to^{33}、傈僳语 ɑ^{55}to^{55} < *ʔato。

（2）萨萨克语 *sulu。“火”越南语 lɯə^{3} < *ʔluʔ。“柴”巽他语 suluh < *sulu-q。

（3）蒙达语 *gul。“火”蒙达语 dongol < *do-gol，桑塔利语 sokol < *soŋol，蒙达语方言 seŋel < *seŋel。

（4）桑塔利语 *ʔatar。“火”查莫罗语 tiro < *tiro。

（5）木鲁特语 *solob。“火”莫图语柯勒布努方言 arova、阿罗玛方言 alova < *ʔa-loba，鄂罗克语 uruːva < *ʔuruba。“火焰”他加洛语 ālab，鲁凯语 kəɭabi。马达加斯加语 lelafu < *lapu。

（6）壮语武鸣话 *tuk。“火”鄂伦春语 tɔgɔ < *tugo。满文 tuwa、锡伯语 tua、赫哲语 tua、女真语（脱委）*thowe < *tuga。

（7）苗语 *pra。“火”克木语 phrɯa < *pra。“火焰”印尼语 bara < *bara。

（8）马京达瑙语 dila。“火焰”马京达瑙语 dila、达阿语 dʒela、乌玛语 dʒelaʔ < *dila。

（9）排湾语 *ma-lama。汉语 *lam（焰）。

（10）莫图语、马那姆语 *ʔara。“火焰”塔希提语 ura、马绍尔语 uɽuɽ < *ʔura。

东亚太平洋语言的“火焰”不少来自“舌头”的说法，一些语言的“烧、煮”又来自“火焰”，这一类说法是晚起的。

3. “烧” 和 “煮”

（1）保安语、赫哲语 *diga-。“煮” 布拉安语 t-m-aga、亚齐语 taguən < *taga-ən。

（2）满文 *lolo。“火”梅柯澳语东部方言 lo < *lo。“煮”鄂温克语 oloːrən、鄂伦春语 oloː- < *ʔolo。尼科巴语 kahul < *kalul。

（3）佤语马散话、布朗语胖品话 *tjap。“煮” 蒙达语 ḍabkāo < *dab-。

◇ 三 词源分析

1. *duga（*dog、*tuke、*tuk、*taga、*tugo）

汉语 *dog（燭，庭燎）。

“点火”日语 *tuke-ru。“煮”布拉安语 t-m-aga、亚齐语 taguən < *taga-ən。

“火” 满文、锡伯语、赫哲语、女真语 *tuga，鄂伦春语 *tugo。

“燃烧、烧热” 梵语 dahati，立陶宛语 degù。 “烧” 阿尔巴尼亚语 djeg，digjem < *digi-。 “烧” 和阗塞语 dajs < *dag-，粟特语 δaɣ- < *dag。 “火” 古爱尔兰语 daig。“火焰” 和阗塞语 dajä < *daga。

2. *b^{w}ara（*pra、*bra、*bur、*moru 等）

“烧” 苗语养蒿话 phi^3、甲定话 phæ^3、枫香话 tshei^3 < *pra。汉语 *b^{w}ar（燔）。

“点火” 义都珞巴语、马林厄语 *bra，“火” 克木语 phrɯa < *pra。

“火焰” 印尼语 bara < *bara。“烹” 汉语 *praŋ < *pra-ŋ。

“烧”亚美尼亚语 varvel < *b^war-。赫梯语 war- < *b^war-。

“点火、烧”古挪威语 brenna，“点火”古英语 bærnan，中古荷兰语 bernen。

“烧”高地德语 brinnan < *bere-na。“烧、烤”俄语 v-z̧igatj < *b^wiriga-。

“火”希腊语 pyr、英语 fire、德语 feuer、荷兰语 vuːr、亚美尼亚语 hur < *pur。

粟特语“火焰”prδāu，“烧”prδūt < *prdu-t。

3. *b^wule（ *plu）

“烧”波那佩语 *b^wule，泰语 *plu。

“烧”波兰语 palitʃ < *pali-。

“火”芬兰语 tuli、tulipalo，“烧”palaː < *pala。

4. *ra（ *re、*rore、*reŋ）

汉语 *re（燎）。“烧”莫图语、马那姆语 *ʔara。托莱语 reŋ < *reŋ。

“点火”莫图语 *pa-ʔara，窝里沃语 *pa-rore，劳语 *paruʔa-ʔere。

“烧”拉丁语、意大利语 ardere，西班牙语、葡萄牙语 arder < *ar-de-。

“烧”（动名词）拉丁语 arsionem。“烧、炙”俄语 z̧etɕj < *re-。

“点火”阿尔巴尼亚语 vë zjarr < *b^we-rar。“火”阿尔巴尼亚语 zjarr < *rar。

“热的”希伯来语 h'ara，阿拉伯语 harr。

5. *lo（*lolo）

“烧”满文 *lolo。“煮”鄂温克语 oloːrən、鄂伦春语 oloː- < *ʔolo。

“火”梅柯澳语东部方言 lo < *lo。

“烧”维吾尔语、撒拉语 *qala。

"烧"古英语 onælan < *on-alan（放在一火）。

"火"格鲁吉亚语 ali。

6. *g^{w}ara（*ŋre、*kra、*kara）

汉语 *s-ŋre（烧），"烧荒"波拉语 ŋjɛ^{35} < *ŋre。

"晒、烤"景颇语 kʒa̠^{31} < *kra，"晒"阿杰语 kařa < *kara。

俄语"烧"dogoratj < *do-gora-，"烧掉"sgoratj < *s-gora-。

"烧"古教堂斯拉夫语 goriti- < *g^{w}ori-。

"热的"波那佩语 karakar < *kara，他杭语 kropa < *kro-pa，桑塔利语 udgɛr < *ʔud-gar。

"热的"俄语 gorjatɕ-j，波兰语 gorą tsy < *gora-。

"使温暖"波兰语 ogrzatʃ < *ogra-。

"温暖的"古英语 wearm，亚美尼亚语 jerm < *g^{w}ar-m。

"温暖的"拉丁语 formus、希腊语 thermos < *g^{w}orm-。

7. *gol（*gul、*ŋel、*ŋol）

"烧"蒙达语 *gul。

"火"蒙达语 dongol < *do-gol，桑塔利语 sokol < *soŋol，蒙达语方言 seŋel < *seŋel。

"烧"乌尔都语 jalana < *gala。

8. *tara（*tar、*tiro）

"烧"锡伯语 *dara。桑塔利语、蒙达语 *ʔatar。

"火"查莫罗语 tiro < *tiro。

"火"粟特语 ātər。

“熄灭”的词源关系

火的“熄灭”有“自灭”和“扑灭”之别。亚欧语言“熄灭”义的说法多与“死”“杀”“压”“黑”等说法有词源关系。有的语言中“熄灭”是“黑”的派生词，不同语言的两种说法可以有对应关系。如“熄灭”西部裕固语 *qar。“黑”维吾尔语、塔塔尔语 qara，东乡语 gara，东部裕固语 xara < *qara。

一　东亚太平洋语言的“熄灭”

“熄灭”的主要说法有：

1. *ʔot

维吾尔语 øtʃ-，图瓦语、哈萨克语 øʃ- < *ʔot。

2. *qar

西部裕固语 qar- < *qar。

3. *ʔudar

蒙古语书面语 undɑr < *ʔudar。[①]

4. *sen / *sune

撒拉语 sen- < *sen。

东乡语 ɕiniə-，土族语 suneː- < *sune。[②]

5. *su-mul / *qa-mul

达斡尔语 suːmul-，东部裕固语 χɑmul- < *su-mul / *qa-mul。

6. *mukire

满文 mukije- < *mukire。[③]

7. *ki-ʔeru

日语 kieru < *ki-ʔeru。

8. *sgə

中古朝鲜语 skuɯta < *sgə-。

9. *pa-dam

印尼语 padam，米南卡保语 padam-i < *pa-dam。

10. *mo-mate / *s-mjat / *mit

罗地语 mate，戈龙塔洛语 momate < *mo-mate。

汉语 *mjat（灭）< *s-mjat。

---

① “熄灭”匈牙利文 eltöroöl < *el-toro-l。

② “熄灭、终止”匈牙利文 megszüntet < *meg-sunte-。

③ “熄灭”格鲁吉亚语 tʃakrɔba < *ka-kro-。

独龙语 mit < *mit。

11. *pataj

他加洛语 pataj，巴拉望语 patoj < *pataj。

12. *pun / *ʔabini / *bune-pena

沙外语 n-pun，托莱语 pun < *pun。（杀、灭）

嫩戈内语 abini < *ʔabini。

伊拉鲁吐语 bunə ɸena < *bune-pena。

13. *pa-bodo / *pate

莫图语 ha-bodo-a < *pa-bodo-。

戈龙塔洛语 pate < *pate。

14. *bere / *mera-ʔ

锡加语 bəre < *bere。

萨萨克语 məraʔ < *mera-ʔ。

15. *bopo / *pub / *səbu

大瓦拉语 boho < *bopo。

布昂语 puβ < *pub。

那大语 səvu < *səbu。

16. *ma-ʔodopu

鲁凯语 waəɖəpə < *ma-ʔodopu。

17. *paʔa-baka / *paka-mate-

瓜依沃语 faʔa-baka-a < *paʔa-baka-（使—熄灭）。

菲拉梅勒语 fakamatea < *paka-mate-。

18. *si

藏文、墨脱门巴语 ɕi，博嘎尔珞巴语 ɕiː，克伦语阿果话 tθi^{55} < *si。（死，灭）

阿昌语 ʂʅ^{55}，哈尼语 si^{55} < *si。（死、灭）

19. *krip

景颇语 kʒi̠p^{55} < *krip。

20. *ŋrim

缅文 ŋrim^{3} < *ŋrim。

21. *sək

汉语 *sək（熄）。

22. *ʔdap

壮语武鸣话 dap^{7}，水语 ʔdap^{7} < *ʔdap。

23. *prut

佤语布饶克方言 pruṯt < *prut。

24. *b-ret / *ʔirit

佤语马散话 ʐɯt、孟贡话 ʒet，德昂语硝厂沟话 biat < *b-ret。

桑塔利语 iɽ̃i tʃ < *ʔirit。

二 “熄灭”的词源对应关系

1.“熄灭”和“死、杀”

藏缅语中 *si 即“熄灭”和“死”，南岛语和南亚语中“熄灭”和“死、杀”的词源关系也是显而易见的。其他如：

（1）罗地语、戈龙塔洛语 *mo-mate。“死”沙阿鲁阿语 matsiʔi、布农语 matað < *mata-i。

（2）他加洛语、巴拉望语 *pataj。“死”巴拉望语 patɔj、摩尔波格语 patoj < *pato-ʔi。

（3）日语 *ki-ʔeru。“杀”日语 koro < *ko-ro，南密语 kāi < *ka-ʔi。

（4）“熄灭、杀”沙外语、托莱语 *pun。“杀”印度尼西亚语 məm-bunuh < *bunuq，沙外语 n-pun、查莫罗语 puno < *puno。

（5）桑塔利语 *ʔirit。“杀”汉语 *srat < *s-rat。

（6）缅文 *ŋrim。“殲”汉语 *skram。

2.“熄灭”和“压”

（1）壮语武鸣话、水语 *ʔdap。“压”景颇语 tip[31] < *dip。

（2）“熄灭、杀”沙外语、托莱语 *pun。“压”墨脱门巴语 pen < *pen。

（3）朝鲜语 *sgə-，“压”东部裕固语 søɣə- < *sogə。

（4）戈龙塔洛语 *pate。“压”排湾语 səmpət、巴塔克语 pisat < *səpat。

（5）桑塔利语 *ʔirit。“压”独龙语 a[31]ɹɛt[55] < *ʔa-ret。

3.“熄灭”和“黑”

（1）印尼语、米南卡保语 *pa-dam。“黑”壮语龙州话 dam[1]、黎语通什话 dam[3]、布央语峨村话 ʔdam[24] < *ʔdam。印尼语 hitam、米南卡保语 itam、

阿卡拉农语 itum < *ʔitam。

（2）满文 *mukire。“黑”日语 kuroi < *kuro-ʔi，莫图语 korema < *kore-ma。

（3）突厥语 *ʔot。“黑”布兴语 ʔɑit < *ʔat，蒙达语 hende、桑塔利语 he̱nde̱ < *qede。

（4）汉语 *mjat（灭）。“黑”那大语 mite、布鲁语 mite-t < *mite。

（5）嫩戈内语 *ʔabini，“黑”塔纳语 apən < *ʔapen。

（6）锡加语 *bere，“黑”达阿语 na-vuri < *buri。

4. “熄灭”和“枯萎”

（1）锡加语 *bere。汉语 *pər（腓，枯萎）。[①]

（2）戈龙塔洛语 *pate。“枯、死”窝里沃语 p^{w}ata（植物）。

三 词源分析

1. *bena（*bini、*bune、*pun、*pen）

“熄灭”嫩戈内语 *ʔabini，伊拉鲁吐语 *bune-pena，沙外语、托莱语 *pun。“黑”塔纳语 apən < *ʔapen。

“熄灭”希腊语 sbeno。

2. *mera（*bere、*mare）

“熄灭”锡加语 *bere，萨萨克语 *mera-ʔ。“死”勒窝语 *mare。

“熄灭”波兰语 wymazatʃ < *b^{w}i-mara-。“黑”希腊语 mayros < *maros。
“死”亚美尼亚语 mernel < *mer-。波兰语 ymieratʃ、俄语 umjeretj <

① 《诗经·小雅·四月》：“秋日凄凄，百卉具腓。”

*umere-。

“死”法语 mourir，西班牙语 morir，葡萄牙语 morrer，意大利语 morire < *more-。

3. *b^{w}ate（bodo、*pate）

“熄灭”莫图语 *pa-bodo，戈龙塔洛语 *pate。“死”鄂温克语 budən、赫哲语 budə- < *budə。满文 butʃehe、锡伯语 bətʂə- < *bute-qe / *butə。

“死”希腊语 pethaino < *peda-no。

“吹”藏文 ɦbud < *m-pud，西部裕固语 pude- < *pude。“风”黎语 *ʔbot、马达加斯加语 *ra-buta、尼科巴语 *ku-pot、桑塔利语 *pot、戈龙塔洛语 *du-poto。“波浪”锡克语 bata。

“吹”捷克语 vat < *p^{w}at。“风”古英语 wind，梵语 vatah、阿维斯陀经 vata-、拉丁语 ventus- < *b^{w}eta-。赫梯语 huwantis < *qub^{w}ati-。

两地语言“风”*b^{w}eta 可能是该词根早期的意义，后派生指“吹”*bot 和“熄灭”*bot 及“死”*bute 等。

4. *bu（*bopo、*pub）

“熄灭”那大语 *səbu，大瓦拉语 *bopo，布昂语 *pub。

“熄灭”梵语 upaʃaṃ < *upa-ʃam。

5. *baka（*baku）

“熄灭”瓜依沃语 *paʔa-baka-。“黑”菲拉梅勒语 paku < *baku。

“熄灭”西班牙语、葡萄牙语 apagar，意大利语 spegnere < *spega-。

6. *ʔutra

“熄灭”蒙古语 untrɑ- < *ʔutra。

“死”阿尔巴尼亚语 etur < *etur。

“熄灭”匈牙利文 eltöröl < *el-toro-l。

7. *soga（*sgə、*sogə、*sag）

“熄灭”朝鲜语 *sgə-，“压”东部裕固语 søɣə- < *sogə。“挤”维吾尔语 saʁ-，西部裕固语 saɣ- < *sag。

“熄灭”阿尔巴尼亚语 asgjë soj < *asgoso-。

8. *dap

“熄灭”壮语武鸣话 dap^{7}，水语 ʔdap^{7} < *ʔdap。

“熄灭”威尔士语 diffodd < *dipo-。

“烤”的词源关系

亚欧语言“烤”的说法多与“烧”“晒”“干燥”和“热的、温暖的”等说法有词源关系。

◇ 一　东亚太平洋语言的“烤”

“烤”的主要说法有：

1. *qaqa- / *qe

维吾尔语 qɑχlɑ-，哈萨克语 qɑqtɑ-，撒拉语 χoʁolɑ-，西部裕固语 qɑqdɑ- < *qaqa-。

蒙古语 əː-，土族语 xeː-，东部裕固语 hiː- < *qe。

2. *qira-

土耳其语 kizar-，塔塔尔语 qəzdər- < *qira-。

3. *sira / *sro / *ʔasore-ʔi

蒙古语 ʃɑrə-，达斡尔语 ʃɑr-，土族语 ɕirɑː-，东乡语 ʂɯrɑ-，保安语

çira- < *sira。

藏文 sro < *sro（晒，烤）。

宁德娄语 asorei < *ʔasore-ʔi。

4. *p^{w}iraqə / *prak

满文 fijakū-，锡伯语 fiaqə- < *p^{w}iraqə。

汉语 *prak（灼）。

5. *kagar / *kar

鄂伦春语 kagar- < *kagar。

克木语 kar，布朗语曼俄话 khχah^{31} < *kar。

6. *qilə

赫哲语 xilə- < *qilə。

7. *lila / *solal

鄂温克语 ʃila- < *lila。

赛夏语 somolœh < *s-əm-olal < *solal。

8. *gub / *gabu-ʔa

朝鲜语 kupta < *gub-。

莫图语 gabu-a < *gabu-ʔa。

9. ʔabu-ru / *ʔobuq / *ʔumə-n / *ʔem / *ʔum

日语 aburu < *ʔabu-ru。

赛德克语 obuh < *ʔobuq。

马绍尔语 um^{ɯ}，波那佩语 um^{ɯ}un < *ʔumə-n。

德宏傣语 ʔɑm^{5}（烤火，烤衣服），西双版纳傣语 em^{1}（烤衣服）< *ʔem。

黎语通什话 ʔɯm^{5}< *ʔum。

10. *ʔego

那大语 ego < *ʔego。

11. *tuni

木鲁特语、乌玛语 tunu，南密语　toni < *tuni。

12. *goreŋ

爪哇语 ŋ-gorɛŋ，米南卡保语 goreŋ < *goreŋ。

13. *pagaŋ

印尼语 paŋgaŋ < *pagaŋ。

14. *bəsi / *bos

布昂语 βəsi < *bəsi。

毛南语 pɔ^{6} < *bos。

15. *rara

菲拉梅勒语 rara < *rara。

16. *tabu / *ʔitibi / *tapa

东部斐济语 taβu-na < *tabu。

鲁凯语 itsibi < *ʔitibi。

卑南语 təmapa < *tapa。

17. *sarab

雅美语 saʐab < *sarab。

18. *kə-b^{w}ri / *burŋu

扎坝语 kə^{55}vʐi^{55} < *kə-b^{w}ri。

邹语 bʉeŋʉ < *burŋu。

19. *kaŋ

缅文 kɑŋ^{2}，阿昌语 kuaŋ < *kaŋ。

20. *kra / *kəro / *kri / *khlu-ʔ

景颇语 kʒa̱^{31} < *kra。（晒，烤）

木雅语 khə^{55}rø^{55} < *kəro。

苗语大南山话 tɕi^{5}、枫香话 tsi^{5} < *kri。

汉语 *khlu-ʔ（烤）。

21. *lom

仙岛语 lom^{55} < *lom。

22. *pi

拉祜语 pi^{31} < *pi。

23. *plo

壮语武鸣话 pjo^{5} < *plo。

24. *ʔliŋ / *liŋ

壮语龙州话 hiŋ^{1} < *ʔliŋ。

柬埔寨文 liːŋ < *liŋ。

25. *qaŋ

莽语 haŋ^{51} < *qaŋ。

26. *pita / *motu

桑塔利语 piṯhɛ < *pita。

罗维阿纳语 motu < *motu。

27. *qaroŋo / *kaku-raŋu / *raŋi

尼科巴语 harāŋo < *qaroŋo。（被烤的）

卡那卡那富语 kumakʉraŋʉ < *kaku-raŋu。

拉加语 raraŋi < *raŋi。

◇ 二 “烤”的词源对应关系

1. “烤”和“烧”

（1）爪哇语、米南卡保语 *goreŋ，“烧”他杭语 khraŋpa < *graŋ-pa。

（2）菲拉梅勒语 *rara，“烧”莫图语 ara、马那姆语 ʔaraʔara < *ʔara。

（3）壮语武鸣话 *plo，“烧”泰语 phau^{5} < *plu，波那佩语 mb^{w}ul、吉尔伯特语 bue < *b^{w}ule。

（4）鄂温克语 *lila。“烧”桑塔利语 lo̱ < *lo，满文 ʃolo < *lolo。

（5）那大语 ego < *ʔego，“烧”波那佩语 ok < *ʔok。

（6）仙岛语 lom^{55} < *lom，“烧”泰雅语 lɔm < *lom。

2. “烤”和“晒”

（1）“烤、晒”藏文 sro < *sro。

（2）赫哲语 *qilə，“晒”鄂温克语 xaʃʃi- < *qali。

（3）鄂温克语 *lila，“晒”东部斐济语 ðila < *lila。

（4）景颇语 *kra，“晒”阿杰语 kařa < *kara。

（5）壮语武鸣话 *plo，“晒”罗地语 pila < *pila。

（6）拉祜语 *pi，“晒”雅贝姆语 -po < *po。

3.“烤”和“干燥”

（1）突厥语 *qaqa-，“干燥”日语 kawaku < *kag^{w}a-ku，达斡尔语 xuɑgu < *qagu。

（2）木雅语 *kəro。汉语 *skreʔ（燥）< *s-kreʔ。“干燥”萨萨克语 goro、达密语 gerere < *gere，清代蒙文 hagūrai < *qagura-ʔi。

（3）那大语 *ʔego。“干燥”阿卡拉农语 ugah、摩尔波格语 tuʔugah < *ʔugaq。

（4）爪哇语、米南卡保语 *goreŋ，“干燥”爪哇语 gariŋ、印尼语 kəriŋ < *gariŋ。

（5）鄂温克语 *lila，“干燥”查莫罗语 malajo < *ma-lalo。

有的语言“烤”“烧”和“热的、温暖的”有词源关系。如俄语“烤、使暖”gretj < *gre-，“热的”俄语 gorjatɕ-j，波兰语 gorątsy < *gora-。“使温暖”波兰语 ogrzatʃ < *ogra-。

三　词源分析

1. *piraqa（*piraqə、*prak）

“烤”满文、锡伯语 *piraqə。“晒”布朗语甘塘话 prak^{33}、曼俄话 phɔk^{35}，佤语马散话 hɔk，壮语龙州话 phjaːk^{7}、壮语武鸣话 taːk^{7}、德宏傣语

ta:k^{9} < *prak。汉语 *prak（灼）。

“烤”古法语 frire，拉丁语 frigere，梵语 bhrjjati，希腊语 phrygrin < *brige-。
“烧、烤”俄语 vɨʐigatj < *b^{w}iriga-。“烤”阿尔巴尼亚语 pjek < *p^{w}rek。
“烤”和阗塞语 aysbrijs- < *ar-sbrigs。
“干燥”（形容词）希腊语 pheros < *beros。

2. *buga（*buk、*puki、*puk、*peka）

汉语 *puk（煏），“烤”印尼语 *pagaŋ。“晒”赫哲语 fukia- < *pukiʔa。“焙”摩尔波格语 tumbuk < *tu-buk，亚齐语 paŋgaŋ < *pagaŋ。
“软的”拉巴努伊语 hekaheka < *peka-peka。

“烤”古教堂斯拉夫语 pecenu < *peke-。
“焙”古英语 bacan，古挪威语 baka，希腊语 phogein < *boga-。
“煮”吐火罗语 $_{A}$ pɨk- < *pik。粟特语 ptʃ < *pək。
“煮过的”梵文 pakvah < *pak^{w}-。
“成熟的”阿尔巴尼亚语 pjekur < *pek-。
和阗塞语“煮”pajs < *peg-，“煮过的食物”paka，“煮过的”pātʃhai。

3. *bito（*pita、*motu）

“烤”桑塔利语 *pita，罗维阿纳语 *motu。

“烤”（名词）希腊语 pheto < *beto。

4. *rara

“烤”菲拉梅勒语 rara < *rara。汉语 *re（燎），“烧”莫图语、马那姆语 *ʔara。汉语 *srarʔ。（曬）

“烧、烤”俄语 ʐaritj < *rari-。“烧、炙”俄语 ʐetɕj < *re-。

5. *g^wara（*ŋre、*kra、*kara）

“烤”景颇语 *kra，“晒”阿杰语 kar̆a < *kara。

> 俄语“烤、使暖”gretj < *gre-，“烧掉”sgoratj < *s-gora-。

汉语 *ŋre（烧），“烧荒”波拉语 ŋjɛ^{35} < *ŋre。

> 俄语“烧”dogoratj < *do-gora-。
>
> “烧”古教堂斯拉夫语 goriti- < *g^wori-。赫梯语 war- < *g^war-。

“热的”波那佩语 karakar < *kara，他杭语 kropa < *kro-pa，桑塔利语 udgɛr < *ʔud-gar。

> “热的”俄语 gorjatɕ-j，波兰语 gorątsy < *gora-。
>
> “使温暖”波兰语 ogrzatʃ < *ogra-。
>
> “温暖的”古英语 wearm，亚美尼亚语 jerm < *g^war-m。
>
> “温暖的”拉丁语 formus，希腊语 thermos < *g^worm-。

6. *tabu（*tibi、*tapa）

“烤”东部斐济语 *tabu，鲁凯语 *ʔitibi，卑南语 təmapa < *tapa。

> “烤”波兰语 dopiets < *dope-。“烧、照耀、受苦”梵语 tapa。

“炉子”亚齐语 dapu，藏文 thab < *dab。“生火处”木鲁特语 dapuan < *dapua-an，阿卡拉农语 dapug < *dapua-g。

“晒”的词源关系

亚欧语言“晒、照耀”的说法多与“烤”“干燥”“太阳”等说法有词源关系。

◇ 一　东亚太平洋语言的“晒”

“晒、照耀”的主要说法有：

1. *dar / *p-dori / ʔəter / *te-tar

维吾尔语 jaj-，哈萨克语 dʒaj-，西部裕固语 jaz- < *dar。（晾、晒）

中古朝鲜语 ptʃøta，端川话 tʃʃojinta < *p-dori-。

巴厘语 ŋ-ənter < *ʔəter。

克木语 ntar，布兴语 tɛʔ tar < *te-tar。

2. *qala / *qali

撒拉语 χallɑ- < *qala。

鄂温克语 xaʃʃi- < *qali。

3. *qurət / *sorot

西部裕固语 qurət- < *qurət。

爪哇语 sumɔrɔt < *sorot。

4. *b^{w}algi / *ʔulgi / *legi-ga

满文 walgi-，鄂伦春语 ʊlgi- < *b^{w}algi / *ʔulgi。

拉加语 leɣi ɣa < *legi-ga。

5. *pukiʔa

赫哲语 fukia- < *pukiʔa。

6. *sara-su / *sro

日语 sarasɿ < *sara-su。

藏文 sro < *sro。（晒、烤）

7. *ʔulo

汤加语 ulo < *ʔulo。

8. *lila

东部斐济语 ðila < *lila。

9. *paŋ

三威治港语 paŋ < *paŋ。

10. *sunar / *nere-n

马都拉语 sunar < *sunar。

嫩戈内语 neren < *nere-n。

11. *gerak

马京达瑙语 gerak < *gerak。

12. *pila / *ʔe-plaŋ

罗地语 pila < *pila。

蒙达语 eplāŋ < *ʔe-plaŋ。

13. *po / *poʔa

雅贝姆语 -po < *po。

梅柯澳语 e-poa < *poʔa。

14. *ki-ʔama

莫图语 kiama < *ki-ʔama。

15. *bura

拉巴努伊语 pura < *bura。

16. *s-gla

马林厄语 sigla < *s-gla。

17. *s-kem

藏文 skem < *s-kem。（晾晒）

18. *slan

缅文 $hlan^{3}$ < *slan。（晾晒）

19. *slap

阿昌语 $l̥ap^{55}$，怒苏怒语 $l̥a̱^{53}$，哈尼语墨江话 $l̥a^{31}$ < *slap。

20. *lam / *ma-lama

独龙语 lam[53] < *lam。（晾晒）

马那姆语 malamalama < *ma-lama。

21. *prak / *brok

布朗语甘塘话 prak[33]、曼俄话 phɔk[35]，佤语马散话 hɔk < *prak。

壮语龙州话 phjaːk[7]，壮语武鸣话 taːk[7]，德宏傣语 taːk[9] < *prak。

汉语 *brok（曝，晒米谷）。

22. *polok

桑塔利语 pohok < *polok。（从云后照耀）

◇ 二 “晒、照”的词源对应关系

1. “晒、照”和“烤”

“晒”和“烤”可出自一源的词上文《烤》篇中已说明。

2. “晒、照”和“干燥”

（1）突厥语 *dar-，“干燥的”阿者拉语 tsaraʔ- < *taraʔ。

（2）西部裕固语 *qurət < *quru-t。“干燥”土耳其语 kuru、撒拉语 ɢurə < *quru。

（3）马京达瑙语 *gerak。“干燥”土耳其语 kurak < *qurak。

（4）东部斐济语 ðila < *lila，“干燥”查莫罗语 malajo < *ma-lalo。

（5）鄂伦春语 *ʔulgi-。“干燥”赫哲语 olgon，鄂温克语 ɔlgɔ-、鄂伦春语 ɔlgɔ- < *ʔolgo-n。

（6）藏文 *s-kem。“干的”藏文 skem，独龙语 kɑm[55]。

3. “晒、照”和“太阳”

（1）嫩戈内语 *nere-n。“太阳”土族语 nɑrɑ，东乡语 nɑrɑn，蒙古语正蓝旗话、布里亚特话、保安语 nɑrɑŋ < *nara-n。

（2）雅贝姆语 *po。“太阳”朝鲜语 hɛ、爪哇语 we < *b^{w}e，巽他语 poe < *poʔe。

（3）鄂伦春语 *ʔulgi-，“太阳”昌巴拉胡里语 jegi < *legi。

（4）汤加语 *ʔulo。“太阳”马绍尔语 aɭ、拉加语 alo < *ʔalo。

（5）罗地语 *pila。“太阳”朱昂语 belā、桑塔利语 bela < *bela。

（6）布鲁语 sida，“太阳”赛德克语 hido < *sido。

（7）劳语 tala，“太阳”萨萨克语 dʒəlo < *delo。

（8）日语 *sara-su，“太阳”莫图语莫图方言 sare < *sare。

◈ 三 词源分析

1. *legi（lok、lgi）

“晒”鄂伦春语 *ʔulgi。汉语 *lek（耀）。

“照耀”拉加语 leɣi ɣa < *legi-ga。

“太阳”昌巴拉胡里语 jegi < *legi。

“亮的、光”拉丁语 lucidus < *luki-。

“光”梵语 laghaḥ < *laga-。

2. *b^{w}algi（*brok、*prak）

“晒”满文 *b^{w}algi，布朗语甘塘话、曼俄话、佤语马散话、壮语龙州话、壮语武鸣话、德宏傣语 *prak。汉语 *brok（曝），*prak（灼）。

“烤”古法语 frire，拉丁语 frigere，梵语 bhrjjati，希腊语 phrygrin < *brige-。
“照耀、发光”梵语 bhradʒate < *baraga-。“烧、烤”俄语 v-zʲigatj < *b^{w}iriga-。
“照耀”阿尔巴尼亚语 fë rkoj < *b^{w}orko-。波兰语 blyskatʃ < *bluska-。

3. *lama（*lam）

“晾晒”独龙语 lam^{53} < *lam。

“照耀”马那姆语 *ma-lama。

“照耀”希腊语 lampo。

4. *gula（*kles、*gla、ŋlo）

汉语 *kles（照）。“照耀”马林厄语 sigla < *s-gla。

“干燥的”查莫罗语 aŋlo < *ʔaŋlo。

“照耀”希腊语 gyalizo < *gali-。古法语 glisa、古丹麦语 glisse。

5. *ʔulo（*ʔalo）

“照耀”汤加语 *ʔulo。

“太阳”马绍尔语 aɭ、拉加语 alo < *ʔalo。

“照耀”梵语 ullah < *ula-。

6. *tabu（*tibi、*tapa）

“照耀”贡诺语 tappaʔ < *tapa-ʔ。“烤”东部斐济语 *tabu，鲁凯语 *ʔitibi，卑南语 təmapa < *tapa。“太阳”尼科巴语 tavuːøi < *tabuʔi，卡那西语 dupe < *dupe。

“烧、照耀、受苦”梵语 tapa。

7. *bura（*bra、*bara、*pra）

“照耀”拉巴努伊语 *bura。

“火”克木语 phrɯa < *bra。

“火焰”印尼语 bara < *bara。

“烧”苗语养蒿话 phi^3、甲定话 phæ^3、枫香话 tshei^3 < *pra。

“干燥”（形容词）希腊语 pheros < *beros。

“热的（东西）”邹语 tsuvru < *tu-bru。

“温暖的”布鲁语 muru-k < *muru。

“火”朝鲜语 pur < *bur，阿杰语 kēmɔ̆ru < *ke-moru。

“火”希腊语 πυρ（pyr），英语 fire，德语 feuer，荷兰语 vuːr，亚美尼亚语 hur < *pur。“热的”俄语 svezi̯j < *sb^{w}eri-。

8. *b^{w}ule（*pila、*plo、*plu）

“照耀”罗地语 pila < *pila。

“烤”壮语武鸣话 pjo^5 < *plo。

“烧”泰语 phau^5 < *plu，波那佩语 mb^{w}ul、吉尔伯特语 bue < *b^{w}ule。

“照耀”亚美尼亚语 phaylel < *bale-。

9. *dari（ *dar、*dori）

“晾、晒”维吾尔语、哈萨克语 、西部裕固语 *dar。

“晒”朝鲜语 *p-dori-。克木语、布兴语 *te-tar。

“照耀”和阗塞语 rruḍarū < *ru-daru。

“生长”的词源关系

亚欧语言“生长”义的词多与“大的”“多的”“长的”等说法有词源关系。

◇ 一　东亚太平洋语言的“生长”

“生长”的主要说法有：

1. *ʔola

土耳其语 ol-，维吾尔语、哈萨克语、柯尔克孜语 øs-，撒拉语 uzɑ < *ʔola。

2. *qode / *quʔati

蒙古语正蓝旗话 ɵsə-，布里亚特话 ʉdə- < *qode。

达斡尔语 xuɑːʃi- < *quʔati。锡伯语 χuasi- < *quʔati。

3. *berə / *bra / *bar-ʔu

西部裕固语 bezə < *berə。

义都珞巴语 bɹɑ^{55} < *bra。

桑塔利语 baɽhao < *bar-ʔu。

4. *siged / *skjed

东部裕固语 ʃiged- < *siged。

藏文 skjed < *skjed。

5. *ʔugu / *ʔuki / *gə / *ke

鄂伦春语 juː-，鄂温克语 ʊggʊ- < *ʔugu。

梅柯澳语 e-uki < *ʔuki。

浪速语 ɣə^{35} < *gə。

布兴语 kɛ < *ke。

6. *na

朝鲜语 nata < *na-。①

7. *pa-ʔeru

日语 haeru < *pa-ʔeru。②

8. *tubu / *tubuq

沙外语 n-tub，东部斐济语 tubu，塔希提语 tupu < *tubu。

印尼语 tumbuh，爪哇语 tuwuh < *tubuq。

9. *bada

莫图语 bada < *bada。（长大、大的、多的）

---

①“生长”匈牙利文 nö < *no。

②“生长”芬兰语 oppia < *opi-。

10. *tim

南密语 tʃim < *tim。

11. *ma-ʔuri

拉加语 mauri < *ma-ʔuri。

12. *to-golo / *gelil

罗维阿纳语 togolo < *to-golo。

土耳其语 geliʃ- < *gelil。

13. *laba

马那姆语 laba < *laba。

14. *luk / *lik

汉语 *luk（育，生育、养育）。

墨脱门巴语 lik < *lik。

15. *kri

缅文 kri^{3}，阿昌语 kz̥ə^{31} < *kri。（大，长大）

16. *kaba

景颇语 kă^{31}pa^{31} < *kaba。

17. *lu / *luʔ

撒尼彝语 z̩u^{44} < *lu。

水语 laːu^{4} < *luʔ。

18. *ʔmaʔ

壮语、布依语 ma^{3} < *ʔmaʔ。

19. *bok

毛南语 bok^{8} < *bok。

20. *ʔloŋ / *ploŋ-leŋ / *s-laŋʔ

黎语 loŋ^{1} < *ʔloŋ。

户语 ploŋ^{31} leŋ^{33} < *ploŋ-leŋ（发芽—长）。

汉语 *s-laŋʔ（长）。①

21. *qan

佤语布饶克方言 hu̠an < *qan。

22. *snam

克木语 n̥ăm < *snam。

23. *dare

桑塔利语 dare < *dare。

24. *qor-qara

桑塔利语 hoɽ hara < *qor-qara。

---

① “长”从“亡”，形容词 *m-laŋ，动词 *s-laŋʔ。春秋末期“长”*ljaŋ，“常”*s-glaŋ > *ljaŋ，“长”假借为“常”。

◇ 二 “生长”的词源对应关系

1. “生长”和“大的”

（1）水语 *luʔ，“大的”侗语、水语 laːu⁴ < *luʔ。

（2）义都珞巴语 *bra。“大的”多布语 bari < *bari，羌语 brɛ < *bre。

（3）沙外语、斐济语、塔希提语 *tubu。“大的”塔几亚语 tubu-n < *tubu。

（4）墨脱门巴语 *lik，“大的”他加洛语 laki < *laki。

（5）马那姆语 *laba，“大的”斐济语 leβu < *lebu。

（6）蒙古语 *qode，“大的”戈龙塔洛语 daʔa < *da-ʔa。

2. “生长”和“多的”

（1）马那姆语 *laba。“多的”巽他语 laba < *laba，鄂罗克语 limbe < *libe。

（2）蒙古语 *qode。“多的”撒拉语 ɑtoχ < *ʔado-q，依斯那格语 adu < *ʔado。

（3）西部裕固语 *berə。“多的”鄂温克语、鄂伦春语 baraːn < *bara-n。

（4）拉加语 *ma-ʔuri，“多的”劳语 ʔoro。

（5）墨脱门巴语 *lik。“多的”他杭语 jahko < *lako，墨脱门巴语 zak < *lak。

（6）突厥语 *ʔola，汉语 *la（余）。

（7）桑塔利语 *dare，“多的”蒙达语 ɖher < *der。

（8）东部裕固语 *siged，多的”桑塔利语 gadgad < *gad。

3. “生长”和“长的”

（1）拉加语 *ma-ʔuri。“长的”古突厥语、土耳其语、维吾尔语

uzun < *ʔuru-n。伊拉鲁吐语 mərərɔ < *mə-roro。

（2）罗维阿纳语 *to-golo。“长的”罗维阿纳语 ɣelena < *gele-，南密语 galia < *gali-。

（3）水语 *luʔ，“长的”汉语 *s-lu（修）。[①]

（4）缅文、阿昌语 *kri，“长的”朝鲜语 kirta < *gir-。

（5）汉语 *s-laŋʔ（长）。“长的”锡加语 bloŋ < *bloŋ，雅贝姆语 baliŋ < *baliŋ，佤语 laŋ < *laŋ。

◈ 三 词源分析

1. *gure（*skrə、*kri、*gir、*ŋura）

汉语 *skrə（滋）。

“生长、大的”缅文、阿昌语 *kri，“长的”朝鲜语 kirta < *gir-，鄂温克语 nʊnama、鄂伦春语 ŋʊnʊm < *ŋura-。

“生长”古英语 growan，古挪威语 groa，古弗里斯语 groia < *gro-。 “（植物）生长” 西班牙语 crecer，意大利语 crescere < *kre-ske-。 “增加、长成”古法语 encress-，拉丁语 increscere < *in-kre-。 “大的”法语 gros，西班牙语、葡萄牙语、意大利语 grande。

2. *ʔugi（*ʔugu、*ʔuki、*ʔugag、*gə、*ke）

“生长”鄂伦春语、鄂温克语 *ʔugu，梅柯澳语 *ʔuki，浪速语 *gə，布兴语 *ke。“高的”泰雅语 ʔuwagiq < *ʔugag-iq。

“长大”古英语 weaxan，希腊语 auksano（生长），梵语

① “攸”以周切，“修”息流切。

vaksajati < *aug-。

“生长”乌尔都语 ugaːna < *uga-。和阗塞语 gvāna- < *g^{w}a-。

“生长”亚美尼亚语 adʒel < *age-。“增加”希腊语 autʃhein < *akin。

“活的、（心思）活的”古英语 cwic，古挪威语 kvikr < *k^{w}ik。

3. *geli（*glə、*golo、*gali、*gele）

汉语 *glə-s（字，生育、养育）。

“生长”罗维阿纳语 *to-golo，土耳其语 *geli-l。“长的”罗维阿纳语 ɣelena < *gele-，南密语 galia < *gali-。

“生长”法语、西班牙语、葡萄牙语 cultivar、意大利语 coltivare < *kol-tiva-。

4. *ʔadi（*qode、*ʔati、*ʔado）

“生长”蒙古语 *qode，达斡尔语、锡伯语 *quʔati。“多的”撒拉语 ɑtoχ < *ʔado-q，依斯那格语 adu < *ʔado。

“生长”梵语 edhate < *eda-。

5. *riga（*rig、*ruga、*lig、*larga）

“生长”布昂语 riga < *riga，沙玛语 sulig < *su-lig。

“长的、高的、大的”桑塔利语 raeka < *raka。“长的（角等）”桑塔利语 rɛukɛ < *ruga（男人用语），rɛuki < *rugi（女人用语）。“大的”雅美语 ʐaku < *raku。

“生长”和阗塞语 ārkha- < *arga。

“生长”希腊语 kalliergo < *kalergo。

“长的”西班牙语 largo < *largo，亚美尼亚语 yerkar < *lerka-。

“大的，广阔的”古弗里斯语 large、拉丁语 largus < *largo-。

“生长、开始”芬兰语 alkaː < *alka。

6. *b^{w}eri（*berə、*bra、*bur、 *bri）

“生长”西部裕固语 *berə，义都珞巴语 *bra。

“高的”爪哇语 ɖuwur < *dubur，羌语 bɹɪ < *bri。

“生长、种植”俄语 vɨrastj < *b^{w}iras-。

“生长、发芽”波兰语 wyrosnąt∫ < *b^{w}iros-。

“生长、种植、实践”波兰语 uprawiat∫ < *uprab^{w}a-。

“生长”粟特语 βzŭt < *b^{w}ru-。

“上、越过”(介词)中古英语 ofer，古撒克逊语 abar，古高地德语 ubar，哥特语 ufar，希腊语 uper < 古印欧语 *oper。

7. *pa

“生长”日语 haeru < *pa-ʔeru。

“生长”阿尔巴尼亚语 pëj < *po-。

“生长”芬兰语 oppia < *opi-。

“疼痛”的词源关系

亚欧语言“疼痛”义的词多与“病”“痛苦”“伤”“哭、呻吟”等说法有词源关系。

汉语“痛”字见于战国时期，本指病痛，引申指伤心。

《诗·大雅·思齐》：“神罔时恫，刑于寡妻。”“恫”痛、伤心。汉语 *laŋ（恙），*loŋ（恫），*s-loŋ-s（痛），“痛”为派生词。

一 东亚太平洋语言的“疼痛”

“疼痛”的主要说法有：

1. *ʔaɢəri / *garasi

土耳其语 aɣri-，维吾尔语 ɑʁrɑ-，哈萨克语 ɑwər-，撒拉语 ɑʁər-，西部裕固语 ɑɣər-< *ʔaɢəri。（痛、有病）[①]

拉加语 ɣaɣarasi < *garasi。

①“有病的”匈牙利文 karos < *karos。

2. *sir / *suru

土耳其语 sizi- < *siri（痛苦）。

土耳其语、土库曼语 s-zla- < *sir-。[①]

马那姆语 sururu < *suru。

3. *ʔarə

图瓦语 ɑrɤ- < *ʔarə。（痛、有病）[②]

4. *ʔobdə / *ʔobeti-n / *ʔubedə / *peda-ʔ

蒙古语 ɷbdə-，清代蒙文 ebettʃin- < *ʔobdə / *ʔobeti-n。（痛、有病）

土族语 udə-，东乡语 otu-，达斡尔语 əudə-，东部裕固语 weːd- < *ʔubedə。（痛、有病）

乌玛语 pedaʔ < *peda-ʔ。

5. *gosi

满文 gosi- < *gosi。

6. *ʔapu

朝鲜语 aphɯta < *ʔapu-。

7. *ʔita-mu / *qit

日语 itamu < *ʔita-mu。

侗语 qit[7] < *qit。（痛、有病）

---

① "有病的" 芬兰语 sairas < *saras。

② "有病的" 匈牙利文 rossz < *roʃs。

8. *sakit / *sigiti

印尼语、巴厘语、萨萨克语 sakit，亚齐语 saket，米南卡保语 sakiʔ < *sakit。（痛、病）

罗维阿纳语 siɣiti < *sigiti。

9. *ʔalala

阿美语 aɬaɬa < *ʔalala。（痛、有病）

10. *ŋoto / *ŋituʔ

戈龙塔洛语 ŋoŋoto < *ŋoto。

临高语 ŋai^{2}tu^{4} < *ŋituʔ。（痛苦）

11. *dara-ʔu

达密语 darau < *dara-ʔu。

12. *pisi-pisi / *pise / *mosi

莫图语 hishisi < *pisi-pisi。

沙外语 n-pisɛ < *pise。（痛、有病）

东部斐济语 mosi < *mosi。

13. *ʔoʔaŋ

鲁凯语 əaŋəaŋ < *ʔoʔaŋ。

14. *na / *naŋ / *nana

藏文 na，彝语喜德话、傈僳 nɑ^{33}，拉祜语 nɑ^{31} < *na。（痛、有病）

达让僜语 ȵaŋ^{35} < *naŋ。（痛、病）

卑南语 nana < *nana。

15. *g-ler

藏文 gzer < *g-ler。

16. *kok / *gik

缅文 kok < *kok。

独龙语 dʑiʔ^{55} < *gik。

17. *gu / *ŋo / *toŋo

藏语夏河话 khu，纳西语 gu^{21} < *gu。（痛、病）

道孚语 ŋo < *ŋo。（痛、病）

邹语 tsoŋo < *toŋo。

18. *ʔin / *sisi-ʔin

壮语、布依语 in^{1} < *ʔin。

宁德娄语 sisiʔin < *sisi-ʔin。

19. *dok / *ma-tek

临高语 dɔk^{8} < *dok。

马绍尔语 metak，波那佩语 metek < *ma-tek。

20. *ʔbuŋ

苗语养蒿话 moŋ^{1}，勉语湘江话 muŋ^{1} < *ʔbuŋ。

21. *kuʔ

布兴语 tʃǒʔ，克木语 tɕuʔ，户语 ɕuʔ^{31} < *kuʔ。（痛、病）

22. *qaso / *suʔ

桑塔利语 haso < *qaso。

佤语布饶克方言 saṵṵʔ（痛、病），布朗语 sɯ^{35} < *suʔ。

◇ 二 “疼痛”的词源对应关系

1. “疼痛”和“病”

阿尔泰语、藏缅语多用“疼痛”指“病”，不同语言有交叉对应说法的如：

（1）图瓦语 *ʔarə，“病”朝鲜语 arhta < *ʔar-。

（2）藏文 *g-ler，“病”爪哇语 lɔrɔ < *loro。

（3）东部斐济语 *mosi，“病”帕玛语 mesai < *mesa-ʔi。

（4）卑南语 *nana，“病”勒窝语 inana-ena < *ʔinana-ʔena。

（5）日语 *ʔita-mu，“病”嫩戈内语 ueḓe < *ʔu-ʔede。

（6）藏文、彝语、傈僳、拉祜语 *na。“病”马达加斯加语 aret-ina < *ʔaret-ʔina。

（7）印尼语、巴厘语、萨萨克语 *sakit。“疟疾”德昂语 kat < *kat。

（8）临高语 *dok。“喉痛（甲状腺肿）”卡加延语 daŋga < *daga。

（9）达密语 *dara-ʔu。“病”桑塔利语 dodoroso < *doroso。“喉痛（甲状腺肿）”马达加斯加语 tazu < *taru。

（10）缅文 *kok，“喉痛（甲状腺肿）”南密语 tʃaguk < *ta-guk。

2. “疼痛”和“伤（到）”

（1）图瓦语 *ʔarə，“伤”缅文 hrɑ^{1} < *sraʔ。

（2）印尼语、巴厘语、萨萨克语 *sakit。“伤”他加洛语 sūgat < *sugat。

（3）卑南语 *nana，“伤”卡加延语 nina < *nina。

（4）临高语 *dok，“伤”那大语 təka。

（5）藏文 *g-ler，“伤”波那佩语 lel。

（6）沙外语 *pise，“伤”罗地语 bisu。

3. “疼痛”和“哭、呻吟”

（1）东部斐济语 *mosi，“哭”帕玛语 mis < *mis。

（2）缅文 kok < *kok，汉语 *khok（哭）< *kok。

（3）藏文、彝语、傈僳、拉祜语 *na。“哭”日语 *na-ku。

（4）道孚语 *ŋo。“哭”藏文 ŋu、缅文 ŋo^2 < *ŋu，“呻吟”罗图马语 ŋū < *ŋu。

（5）突厥语 *ʔaɢəri。“哭”达让僜语 *kro，“生气”瓜依沃语 ogaria < *ʔogari-ʔa。

（6）图瓦语 ɑrɤ- < *ʔarə，“哎哟声”满文 ara < *ʔara。

三　词源分析

1. *gu（*ŋo、*ŋu）

“痛、病”藏语夏河话、纳西语 *gu。“痛”道孚语 *ŋo。“哭”藏文 ŋu、缅文 ŋo^2 < *ŋu，“呻吟”罗图马语 ŋū < *ŋu。

“痛苦、消沉”希腊语 akhos < *ago-s。

2. *koge（*kok、*gik、*gək）

“痛”缅文 *kok，独龙语 *gik。汉语 *gək（疫）。

“哭”汉语 *khok < *kok。

希腊语“病”kako < *kako，“病的”kakkos < *kako-。

阿尔巴尼亚语“病”kekje < *keko，“病的”kekj < *kak-。

“疟疾”清代蒙文 ʃulkuge < *sul-kuge。“残疾”清代蒙文 emgek < *ʔem-gek。

3. *g^{w}ari（*ɢəri、*geri、*kro、*gari、*gre、*gri 等）

“痛、病”突厥语 *ʔaɢəri，“疾病”满文 geri < *geri。

“哭”达让僜语 *kro。“生气”瓜依沃语 ogaria < *ʔogari-ʔa，“呻吟”马林厄语 eʔegre < *ʔe-gre。

“哭”俗拉丁语 critare，意大利语 gridare，古西班牙语 cridar，英语 cry < *kri-。

“悲伤”古挪威语 angra。

“有病的”匈牙利文 karos < *karos。

4. *b^{w}edi（*peda、*bdə、*p^{w}edə、*beti）

“痛”乌玛语 *peda-ʔ。“痛、病”蒙古语 ɷbdə- < *ʔobdə，清代蒙文 ebettʃin- < *ʔobeti-n。土族语、东乡语、达斡尔语、东部裕固语 *p^{w}edə。“病”马京达瑙语 bəti < *beti。

梵语“疼痛”piḍaː < *pida-。“有病”亚美尼亚语 hivand < *pib^{w}ad。

5. *boli（*bil、*bobole）

“痛”赛夏语 biʃbiʃ < *bilbil。

“咳嗽”帕玛语 vil < *b^{w}il。“担心”萨摩亚语 popole < *bobole。

“有病的”俄语 bolinoj < *bole-。

“痛”俄语 bolj，波兰语 bol < *bole。“痛”（动词）波兰语 boletʃ < *bole-。

6. *bu（*pu）

“痛”朝鲜语 aphɯta < *ʔapu-。苗语养蒿话、勉语湘江话 *ʔbuŋ。

“疼痛”阿尔巴尼亚语 vuaj < *bu-。威尔士语 poeni < *poe-。

7. *daru（*dara、*daro、*taru）

“痛”达密语 darau < *dara-ʔu。“病”桑塔利语 dodoroso < *doroso。

“喉痛（甲状腺肿）”马达加斯加语 tazu < *taru。

“疼痛”乌尔都语 dard < *dar-。

“生病”和“病”的词源关系

亚欧语言“病”的说法多与“疼痛”“受伤”“哭、呻吟”“发烧”“咳嗽”等说法有词源关系。一些“疾病”的专名与通名有词源关系。

◇ 一　东亚太平洋语言“生病”和“病”的说法

“病”的主要说法有：

1. *ʔaɢəri / *geri / *gorere / *gariŋ

土耳其语 aɣri-，维吾尔语 ɑʁrɑ-，哈萨克语 ɑwər-，撒拉语 ɑʁər-，西部裕固语 ɑɣər- < *ʔaɢəri。（痛、有病）

满文 geri < *geri。（疾病）

莫图语 gorere < *gorere。

贡诺语 garriŋ < *gariŋ。

2. *nab-qas / *nəbuʔ

哈萨克语 nɑwqɑs < *nab-qas。（病，病人）

泰雅语赛考利克方言 nəbuʔ < *nubuʔ。

3. *ʔebedi-n / *ʔobdə / *ʔobeti-n / *p^{w}edə / *beti / *mete

蒙古语书面语 ebedtʃin < *ʔebedi-n。（疾病）

蒙古语 ɷbdə-，蒙文 ebettʃin- < *ʔobdə / *ʔobeti-n。（痛、有病）

土族语 udə-，东乡语 otu-，达斡尔语 əudə-，东部裕固语 weːd- < *p^{w}edə。（痛、有病）

马京达瑙语 bəti < *beti。

姆布拉语 mete < *mete。

4. *nime / *numku

满文 nime-，锡伯语 nymkw < *nime / *numku。

5. *ʔənun-ən / *ʔun-qu

鄂伦春语 ənun-，鄂温克语 ənuːnən < *ʔənun-ən。

赫哲语 unku- < *ʔun-qu。

6. *ʔar / *ʔarə

朝鲜语 arhta < *ʔar-。

图瓦语 ɑrɤ- < *ʔarə。（痛、有病）①

7. *lamaʔi / *lama-ʔa

日语 jamai < *lamaʔi。

沙玛语 lammaʔa < *lama-ʔa。

8. *ʔalala / *lo

阿美语 ałała < *ʔalala。（痛、有病）

汉语 *lo（瘉）。

---

①“有病的”匈牙利文 rossz < *roʃs。

9. *pise

沙外语 n-pisɛ < *pise。（痛、有病）

10. *ʔinana-ʔena / *ʔaret-ʔina

勒窝语 inana-ena < *ʔinana-ʔena。

马达加斯加语 aret-ina < *ʔaret-ʔina。

11. *ʔu-ʔede

嫩戈内语 ueḍe < *ʔu-ʔede。

12. *ka-naru

赛德克语 kanaru < *ka-naru。

13. *qal

泰雅语泽敖利方言 mu-xāɬ < *qal。

14. *suku-ʔam

卡那卡那富语 sukuamʉ < *suku-ʔam。

15. *sakit

印尼语、他加洛语、阿卡拉农语 sakit，亚齐语 saket < *sakit。（痛、有病）

16. *bada

西部斐济语 baða < *bada。

17. *loro

爪哇语 loro < *loro。

18. *glit

汉语 *glit（疾），*nit（疒），*gək（疫）。

汉语 *braŋs（病）。[①]

19. *laŋ / *ku-ʔalaŋ

汉语 *laŋ（恙）。

卑南语 kualəŋ < *ku-ʔalaŋ。

20. *na / *sna / *naŋ

藏文 na，彝语喜德话、傈僳 nɑ^{33}，拉祜语 nɑ^{31}（病、伤）< *na。（痛、有病）

汉语 *sna（疠）。[②]

达让僜语 n̥aŋ^{35} < *naŋ。（痛、病）

21. *mar

墨脱门巴语 mar < *mar。

22. *gu / *ŋo / *teŋe

藏语夏河话 khu，纳西语 gu^{21} < *gu。（痛、病）

道孚语 ŋo < *ŋo。（痛、病）

木雅语 tə^{33}ŋe^{24} < *teŋe。

23. *qiʔ

傣语 xai^{3} < *qiʔ。

---

① 从“丙”得声。

②“病”格鲁吉亚语（名词）snɛuli < *sne-uli。

24. *qit / *ma-ʔit

侗语 qit^{7} < *qit。（痛、有病）

托莱语 məit < *ma-ʔit。

25. *suʔ

佤语布饶克方言 sa̠ɯ̠ʔ < *suʔ。（痛、病）

26. *kat-gat

户语 kɤt^{13} khat^{31} < *kat-gat。

27. *sel-maʔ

克木语 səl măʔ < *sel-maʔ。

28. *b^{w}iker

柬埔寨文 vikəːr < *b^{w}iker。

29. *ʔoms / *mesa-ʔi

越南语 om^{5} < *ʔoms。

帕玛语 mesai < *mesa-ʔi。

30. *rugi / *ʔa-ʔoraki

桑塔利语 rugi < *rugi。

吉尔伯特语 aoraki < *ʔa-ʔoraki。

31. *doroso

桑塔利语 dodoroso < *doroso。

◇ 二 “病”的词源对应关系

1.“病”和“疼痛”

“病”兼指“疼痛”如上文说明，其他词源关系《疼痛》篇中已说明。

2.“病”的通称和专名

“病”是身体不适的通称，往往来自专名，有的与得病部位的叫法相关如：

（1）突厥语 *ʔaɢəri，汉语 *gra-s（疜，《集韵》痢疾）。

（2）汉语 *krat（疥）。“皮”印尼语、爪哇语 kulit，亚齐语 kulet < *kulit。

（3）汉语 *gək（疫），“痛”缅文 kok < *kok，独龙语 dʑiʔ⁵⁵ < *gik。“疟疾”清代蒙文 ʃulkuge < *sul-kuge。“残疾”清代蒙文 emgek < *ʔem-gek。

（4）嫩戈内语 *ʔu-ʔede，“疟疾”满文 indehen < *ʔide-qen。

（5）蒙古语 *ʔobdə，“急喘”满文 fodo- < *podo。“肺”汉语 *phat-s < *pat-s，壮语 pɯt⁷、傣语 pɔt⁹ < *pot，马林厄语 pʰotʃo < *poto。

（6）西部斐济语 *bada，“发烧”满文 wendʒe- < *bede。

（7）越南语 *ʔoms。“残疾”清代蒙文 emgek < *ʔem-gek。

3.“病”和“伤（到）”

（1）“病、伤”拉祜语 na³¹。

（2）印尼语、巴厘语、萨萨克语 *sakit。“伤”他加洛语 sūgat < *sugat。

（3）墨脱门巴语 *mar，“伤”藏语巴塘话 ma⁵³zo⁵³ < *maro。

（4）图瓦语 ɑrɤ- < *ʔarə，“伤”缅文 hra¹ < *sraʔ。

（5）沙外语 *pise，“伤”罗地语 bisu。

4. “病”和“哭、呻吟”

（1）帕玛语 *mesa-ʔi，“哭”帕玛语 mis < *mis。

（2）汉语 *gək（疫），“哭”汉语 *khok（哭）< *kok。

（3）藏文、彝语、傈僳、拉祜语 *na。“哭”日语 *na-ku。

（4）突厥语 *ʔaɢəri。“哭”达让僜语 *kro，“生气”瓜依沃语 ogaria < *ʔogari-ʔa。

（5）图瓦语 *ʔarə，“哎哟声”满文 ara < *ʔara。

5. “病”和“发烧”

（1）莫图语 gorere < *gore，“发烧”keru。

（2）日语 *lamaʔi，“发烧”木鲁特语 salom < *sa-lom。

（3）图瓦语 *ʔarə，“发烧”布鲁语 rara-n < *rara。

（4）桑塔利语 *rugi，“发烧”马那姆语 ʔusi-ragogo。

（5）汉语 *gək（疫），“发烧”南密语 tʃaɣuk < *ta-guk。

（6）户语 *kat-gat，“发烧”东部斐济语 katakata < *kata。

6. “病”和“咳嗽”

（1）汉语 *glit（疾），“咳嗽”阿力克藏语 ɣlet < *glet。

（2）汉语 *gək（疫）。“咳嗽”布朗语 χek^{44} < *qek，桑塔利语 khokh < *qok。

（3）傣语 xai^{3} < *qiʔ，“咳嗽”壮语、傣语 ai^{1} < *ʔi。

（4）日语 *lamaʔi，“咳嗽”桑塔利语 e̱he̱m < *ʔelem。

三　词源分析

1. *koge（*gik、*kok、*gek、*kuge）

汉语 *gək（疫）。“痛”缅文 *kok、独龙语 *gik。

“发烧”南密语 tʃaɣuk < *ta-guk。

“疟疾”清代蒙文 ʃulkuge < *sul-kuge，“残疾”emgek < *ʔem-gek。

希腊语“病”kako < *kako，“病的”kakkos < *kako-。
阿尔巴尼亚语“病”kekje < *keko，“病的”kekj < *kak-。
“病的”粟特语 xwətʃnāk < *k^{w}ək-nak。

“咳嗽”布朗语、桑塔利语 *qok。

“咳嗽”中古高地德语 kuchen、中古丹麦语 kochen < *kog-。

2. *g^{w}ari（*ɢəri、*geri、*kro、*gari、*gre、*gri 等）

“痛、病”突厥语 *ʔaɢəri，“疾病”满文 geri < *geri。

“呻吟”马林厄语 eʔegre < *ʔe-gre。

“痛的”和阗塞语 ākrre < *akre。
“哭”俗拉丁语 critare，意大利语 gridare，古西班牙语 cridar，英语 cry < *kri-。

格鲁吉亚语“哭”girili < *giri-。“生病”daɣlili < *dagli-。

3. *ragi（*raq、*raki、*rago）

“病”桑塔利语 *rugi、吉尔伯特语 *ʔa-ʔoraki。

“发烧”马那姆语 ʔusi-ragogo。

梵语“有病的、病人”rogi < *rogi，“有病的”ruɡṇaḥ < *rog-。

4. *suka（*suku、*səqa）

“病”卡那卡那富语 sukuamʉ < *suku-ʔam。

“放松、无力”布昂语 səqa ma < *səqa。

“有病的、虚弱的”古英语 seok，古弗里斯语 siak，哥特语 siuks < *sok。

5. *boli（*bil、*bobole）

“痛”赛夏语 biʃbiʃ < *bilbil。“咳嗽”帕玛语 vil < *b^{w}il。

“担心”萨摩亚语 popole < *bobole。

“有病的”俄语 bolinoj < *bole-。“咳嗽”亚美尼亚语 haz < *pal。

“痛”俄语 bolj，波兰语 bol < *bole。“痛”（动词）波兰语 boletʃ < *bole-。

“咳嗽”格鲁吉亚语 svɛla < *sb^{w}ela。

6. *re（*ʔar、*ʔarə）

“病”朝鲜语 *ʔar-。“痛、有病”图瓦语 ɑrɤ- < *ʔarə。

“发烧”布鲁语 rara-n < *rara。

“有病的”波兰语 xore < *qore。

“痛、病”和阗塞语 rrāha- < *rasa。

“有病的”匈牙利文 rossz < *roʃs。

7. *p^{w}edi（*bdə、*beti、*p^{w}edə、）

“痛、病”蒙古语 *ʔobdə。土族语、东乡语、达斡尔语、东部裕固语 *p^{w}edə。

“病”马京达瑙语 bəti < *beti。

梵语“疼痛”piḍaː < *pida-。“有病”亚美尼亚语 hivand < *pib^{w}ad。

8. *maro（*mar）

“病”墨脱门巴语 mar < *mar。

“伤”藏语巴塘话 ma^{53}zo^{53} < *maro。

“生病”乌尔都语 mareːz < *mare-。

“痛的”粟特语 βyzm < *b^{w}ir-。

9. *na

“痛、有病”藏缅语 *na。汉语 *sna（疠）。

“痛苦的”和阗塞语 iṇa < *ina。

“病”格鲁吉亚语（名词）snɛuli < *sne-uli。

10. *gita（*kat、*kot、*kata）

“病”户语 *kat-gat。

“咳嗽”朝鲜语 kitʃhta < *giti-。克木语 ŋ kɔt < *ŋ-kot。

“发烧”东部斐济语 katakata < *kata。

“病”（名词）粟特语 ɣyntwh < *gitu-。

“咳嗽”的词源关系

亚欧语言“咳嗽”的说法多与“病”“发烧”“喉咙、脖子”“痒”“刮、搔”等说法有词源关系。

◇ 一 东亚太平洋语言的“咳嗽”

“咳嗽”的主要说法有：

1. *do-tel / *tale

维吾尔语 jøtɛl-，哈萨克语 dʒøtel- < *do-tel。

汤加语、萨摩亚语 tale < *tale。

2. *do-ter / *tare / *ko-dor / *turu-turu

图瓦语 dʒødyr- < *do-ter。

菲拉梅勒语 tare < *tare。

达密语 kodor < *ko-dor。

沙阿鲁阿语 turʉʉrʉ < *turu-turu。

3. *ʔoq-sir

撒拉语 oxsir- < *ʔoq-sir（喉—痛）。

4. *qanera

蒙古语书面语 qanɪja-，蒙古语正蓝旗话 xɑnjɑː-，达斡尔语 xɑneːdə-，土族语 xɑnɑː-，东乡语 qɑnɑ- < *qanera-。

5. *giti / *ŋ-kot

朝鲜语 kitʃhta < *giti-。

克木语 ŋ kɔt < *ŋ-kot。

6. *seki

日语 seki < *seki。①

7. *batu-k / *pota / *puti-qiʔa

印尼语、巽他语 batuk，爪哇语 watuʔ < *batu-k。

塔希提语 hota < *pota。

满文 futʃihija- < *puti-qiʔa（呕—痒）。

8. *pu-ʔa / *pu-ʔu

莫图语 hua，瓜依沃语 fuʔu < *pu-ʔa / *pu-ʔu。

9. *meki

乌玛语、马京达瑙语、那大语 meke，马京达瑙语 meki < *meki。

10. *b^{w}il

帕玛语 vil < *b^{w}il。

① "咳嗽"芬兰语（动词）yskiä < *iski-。

11. *ʔubu / *pu / *popo

卡加延语 ubu < *ʔubu。

阿杰语 pu < *pu。

南密语 pop < *popo。

12. *beko

吉尔伯特语 beko < *beko。

13. *kaba

勒窝语 kawa < *kaba。

14. *glo-grak

藏文 glo rgjag < *glo-grak。

15. *glet

阿力克藏语 ɣlet < *glet。

16. *sa-kru / *kəroq

景颇语 tʃă^{31}khʒu^{31} < *sa-kru。

布昂语 kərɔq < *kəroq。

17. *do

达让僜语 do^{55}，普米语九龙话 tho^{11} < *do。

18. *dut

格曼僜语 thɯt < *dut。

19. *ʔi

壮语、傣语 ai^{1} < *ʔi。

20. *sun-luk

水语 çən^{1}ɣuk^{8} < *sun-luk。

21. *qek / *qok

布朗语 χek^{44} < *qek。

桑塔利语 khokh < *qok。

22. *suʔ-mak

佤语布饶克方言 sa̱ɯʔ ma̱uk < *suʔ-mak。

23. *ʔelem

桑塔利语 e̱he̱m < *ʔelem。

◇ 二 “咳嗽”的词源对应关系

1. “咳嗽”和“病”

“咳嗽”和“病”的源关系《病》篇中已说明。

2. “咳嗽”和“喉咙、脖子”

（1）撒拉语 *ʔoq-sir。“喉咙”柯尔克孜语 qoqo。“痛”土耳其语 sizla- < *sir-。

（2）维吾尔语、哈萨克语 *do-tel。“脖子”蒙古语 ʃil、东部裕固语 ʃelə < *tilə。“喉咙”东部斐济语 *tilo。

（3）朝鲜语 *giti-。“脖子”土族语 gudʑi < *gudi。

（4）塔希提语 *pota。“脖子”卡乌龙语 βut < *but，布鲁语 wadu-n < *badu。

（5）莫图语 *pu-ʔa，“脖子”阿者拉语 ua < *ʔuʔa。

（6）壮语、傣语 *ʔi，“脖子”夏威夷语 ai、塔希提语 ʔaʔi < *ʔaʔi。

（7）菲拉梅勒语 *tare，“脖子”桑塔利语 taren < *taren（动物的脖子）。

（8）景颇语 *sa-kru，“脖子”阿侬怒语 go^{31}ɹo^{55} < *guro。

（9）藏文 *glo-grak。“喉咙”桑塔利语 gola < *gola，维吾尔语 gɑl < *gal，蒙古语 xoːlɛː、东乡语 ɢoləi < *gole。

3. “咳嗽”和“痒”

（1）满文 *puti-qiʔa，字面意思应是“呕-痒”。“呕逆”满文 fuda- < *puda。“痒”锡伯语 yχa- < *ʔiqa。

（2）格曼僜语 *dut，“痒”满文 jotʃa- < *dota。

（3）帕玛语 *b^{w}il，“痒”汤加语 vali < *b^{w}ali、勒窝语 vilulu < *b^{w}ilulu。

（4）景颇语 *sa-kru，“痒”达让僜语 mɑ^{31}so^{53} < *ma-so。

（5）桑塔利语 *qok，“痒”博嘎尔珞巴语 ak < *ʔak。

4. “咳嗽”和“刮、搔”

（1）日语 *se-ki，“刮”日语 soru < *so-ru，满文 ʃo-、鄂温克语 ʃiː- < *so。

（2）克木语 *ŋ-kot，“刮”莽语 get^{55}、桑塔利语 ge̱tʃ（刮掉）< *get。

（3）阿力克藏语 *glet。“刮”汉语 *krat，阿昌语 khz̡ət、嘉戎语 ka khrot < *krot。

（4）雅贝姆语 leto。“搔”马京达瑙语 lōt < *lot。

◈ 三　词源分析

1. *g^{w}ale（*galo、*gole、*gola）

“喉咙”维吾尔语 gɑl < *galo。蒙古语 xoːlɛː，东乡语 ɢoləi < *ɢole。

“喉咙、脖子”桑塔利语 gola < *gola。

“咳嗽”阿尔巴尼亚语 kollë < *kolo。意大利语“喉咙”gola，“脖子”collo。

拉丁语“喉咙”gula，“脖子”collum。“脖子、领子”古法语 coler。

“喉咙、脖子、吞咽”梵语 gala。

格鲁吉亚语“咳嗽”xvɛlɛba < *q^wele-，“喉咙”qhɛli < *ɢele-。

2. *boli（*bil、*bobole）

“痛”赛夏语 biʃbiʃ < *bilbil。“咳嗽”帕玛语 vil < *b^wil。

“咳嗽”亚美尼亚语 haz < *pal。“有病的”俄语 bolinoj < *bole-。

“痛”俄语 bolj，波兰语 bol < *bole。“痛”（动词）波兰语 boletʃ < *bole-。

3. *koge（*qok、*gik、*kok、*gek、*kuge）

“咳嗽”布朗语、桑塔利语 *qok。汉语 *gək（疫）。

“痛”缅文 *kok、独龙语 *gik。“发烧”南密语 tʃaɣuk < *ta-guk。

“咳嗽”中古高地德语 kuchen，中古丹麦语 kochen < *kog-。

希腊语“病”kako < *kako，“病的”kakkos < *kako-。

“病的”粟特语 xwətʃnāk < *k^wək-nak。

4. *gret（*krat、*krot、*glet）

“咳嗽”阿力克藏语 *glet。

“刮”汉语 *krat。阿昌语 khzə̯t，嘉戎语 ka khrot < *krot。

“刮”法语 gratter < *grat-。

“摩擦、刮”古法语 grater，瑞典语 kratta，丹麦语 kratte < *krate。

5. *grak（*grək、*krak、*krik 等）

“咳嗽”藏文 *glo-grak。汉语*khəks < *krəks（咳、欬）。

“刮”布朗语甘塘话 krak^{33} < *krak，墨脱门巴语 khik < *krik，爪哇语 kəruʔ、萨萨克语 kərik、马京达瑙语 ᵑgərok < *ŋ-kəruk。

“咳出、吐”古英语 hræcan、古高地德语 rahhison（清喉咙）< *krak-。 “咕哝”立陶宛语 kregeti。

6. *beko（*buko、*meki、*megi）

“咳嗽”吉尔伯特语 *beko，乌玛语、马京达瑙语、那大语、马京达瑙语 *meki，卡林阿语 bukos < *buko-s。

“发烧”哈拉朱乌语 mɛgi < *megi。汉语 *mag（瘼，病也）。

“咳嗽”希腊语 betʃo < *beko。

7. *kose（*qəsaŋ、*koso、*kase）

“咳嗽”排湾语 qəmsaŋ < *qəsaŋ。“痒”雅贝姆语 kase。

“擦”马京达瑙语 koso。“刮”鲁凯语 wa-koso-koso < *ma-koso。

“咳嗽”梵语 kaːsate < *kasa-。“刮”希腊语 xyno < *ksu-。

8. *bʷedi（*bdə、*beti、*pʷedə、*peda）

“痛、病”蒙古语 ɷbdə- < *ʔobdə，清代蒙文 ebettʃin- < *ʔobeti-n。土族语、东乡语、达斡尔语、东部裕固语 *pʷedə。“病”马京达瑙语 bəti < *beti。“痛”乌玛语 *peda-ʔ。

“咳嗽”俄语 vɨdatj < *bʷida-。“疼痛”梵语 piḍaː < *pida-。

“浮”的词源关系

亚欧语言“浮、漂浮”义的说法多与“漂流”“流”等说法有词源关系。“漂浮”中古朝鲜语 ptɯta < *bədu-，当对应于汉语 *bat（筏）。汉语 *bat（筏）对应于“船”古英语 bat、荷兰语、德语 boot、古爱尔兰语 batr < *bat 等。

◇ 一　东亚太平洋语言的“浮、漂浮”

“浮、漂浮”的主要说法有：

1. *duru / *der

土耳其语 jyz-，塔塔尔语 jyz- < *duru。[①]

达斡尔语 dərdə- < *der-。（漂浮、浸泡）

2. *qalqa / *qəli / *ʔul / *lele / *ʔalul / *ʔale

哈萨克语 qɑlqə-，图瓦语 ɢɑlɢ- < *qalqa。（漂浮）

东部裕固语 ɢɑilɑχɢɑː- < *qalaqa。（漂浮）

---

① “漂浮”匈牙利文（名词）tutaj < *tutar，（动词）sodrodik < *sodro-dik。“浮”格鲁吉亚语 tsurva < *tur-。

东乡语 həliə- < *qəli。（漂浮）

撒拉语 uʃ- < *ʔul。（漂浮）

维吾尔语 lɛjlɛ- < *lele。（漂浮）[①]

泰雅语 qəluj，鲁凯语 ʔəlaj < *ʔalul。

罗维阿纳语 ale < *ʔale。

3. *gubu / *kəpə

蒙古语 gəbə-（漂浮），清代蒙文 kubu-（漂流）< *gubu。

鄂伦春语 kəpəː- < *kəpə。

4. *dək

满文 dekde-（漂浮），锡伯语 dəxdə-（浮、升），鄂温克语 dəddə < *dək-。

5. *bədu / *beti

中古朝鲜语 ptɯta < *bədu-。

吉尔伯特语 beibeti < *beti。

6. *ʔuku

日语 uku < *ʔuku。

7. *ʔoro

阿杰语 ořo < *ʔoro。

8. *mi-ʔara-ŋulu

沙阿鲁阿语 miaraŋulu < *mi-ʔara-ŋulu。

---

① “漂浮”芬兰语 leijua < *lelu-。

9. *sukila

赛德克语 sukija < *sukila。①

10. *pab-pab / *tema-bab / *səta-bab

阿美语 pawpaw < *pab-pab。

卑南语 temabaw < *tema-bab。

排湾语 sətçavav < *səta-bab。

11. *l-teb / *tape

布拉安语 l-am-təw < *l-teb。②

桑塔利语 tsape < *tape。

12. *pure / *na-boro

莫图语 hure < *pure。

伊拉鲁吐语 nabɔrɔ < *na-boro。

13. *tede / *didi

那大语 tede，汤加语 tētē < *tede。

贵琼语 $di^{31}ndi^{35}$ < *didi。（漂浮）

14. *naba

斐济语 nawa < *naba。

15. *b^{w}ali / *pula / *bulel / *si-blo

排湾语 sə-vaḽi < *b^{w}ali。

---

① “漂浮、游泳” 匈牙利文（动词）uszik < *usik。

② “浮” 格鲁吉亚语 thivthivi（名词）< *dib^{w}i。

科木希语 pulā < *pula。

桑塔利语 buhel < *bulel，taple（浮在表面）< *taple。

佤语布饶克方言 si blo̱i < *si-blo。

16. *bu / *ʔbu

汉语 *bu（浮）。

黎语通什话 bau^{1} < *ʔbu。

缅文 pɔ^{2}，彝语 bu^{33} < *bo。（漂浮）

17. *l-diŋ / *r-de

藏文语 ldiŋ < *l-diŋ。（漂浮）

却域语 rde^{13} < *r-de。（漂浮）

18. *sudam

独龙语 sɯ^{31}dɑːm^{55} < *sudam。（漂浮）

19. *ʔboŋ / *ʔapuŋ / *ŋa-baŋ

侗语 poŋ^{2}，毛南语 ʔmuŋ^{1} < *ʔboŋ。

印尼语 məŋ-apuŋ，亚齐语 ampoŋ < *ʔapuŋ。

爪哇语 ŋambaŋ < *ŋa-baŋ。

20. *sre

克木语 r̥e < *sre。

21. *pul / *ʔopal

莽语 pɤl^{55}，布兴语 pul < *pul。

萨萨克语 ompal-ompal < *ʔopal。

22. *ʔatu

桑塔利语 ɛtu，蒙达语 ātu < *ʔatu。

◇ 二 “浮、漂浮”的词源对应关系

1. “浮、漂浮” 和 “泡”

（1）桑塔利语 *tape。“浸泡” 鄂温克语 dəbbi- < *dəbi，蒙古语 dəbtə-、土族语 təbdeː-、东部裕固语 debteː- < *dəb-。

（2）独龙语 *sudam，“浸泡” 户语 tham^{31} < *dam。

（3）满文、锡伯语 *dək-de。“浸泡” 鄂伦春语 dəktu- < *dək-，日语 tsɿkeru < *tuke-ru。

（4）爪哇语 *ŋa-baŋ。“浸泡” 藏文 sbaŋ，博嘎尔珞巴语 baŋ < *s-baŋ / *baŋ。

（5）阿杰语 *ʔoro。“浸泡” 布兴语 ʒu < *ru。

（6）鄂温克语 *dəd，“浸泡” 托莱语 dudu < *dudu。

（7）维吾尔语 *lele，“浸泡” 劳语 lola。

（8）日语 uku < *ʔuku，“浸泡” 瓜依沃语 goʔu < *go-ʔu。

（9）阿美语 *pab-pab，“浸泡” 吉尔伯特语 b^{w}ab^{w}a。

2. “浮、漂浮” 和 “流”

（1）阿杰语 *ʔoro。“流” 汉语 *ru，莫图语 aru < *ʔaru，西部斐济语 roro < *roro。

（2）土耳其语、塔塔尔语 *duru，“流” 保安语 tʃurə- < *turə。

（3）莫图语 hure < *pure。“流” 朝鲜语 huuruuta < *puru-，那大语 bere < *bere，吉尔伯特语 b^{w}aro。

（4）克木语 *sre，“流”桑塔利语 siro̱so̱ro̱ < *siro-soro。

（5）罗维阿纳语 ale，< *ʔale。“流”爪哇语 m-ili、乌玛语 mo-ʔili < *ʔili，壮语、傣语 lai^{1} < *ʔli，户语 li^{33} < *li（流汗）。

（6）赛德克语 *sukila，“流”大瓦拉语 kololo < *kololo。“水、河”罗维阿纳语 kolo < *kolo。

◇ 三　词源分析

1. *b^{w}ale（*pula、*bulel、*blo）

“漂浮”排湾语 *b^{w}ali、科木希语 *pula、桑塔利语 *bulel、佤语布饶克方言 *si-blo。

“船”戈龙塔洛语 pulotu < *pulotu。汉语 *brəl（椑、排）。

“漂浮、滚动”波兰语 bujatʃ < *bula-。“漂浮”阿尔巴尼亚语 pluskoj < *plusko-。

“漂浮、游泳”俄语 plavatj < *plab^{w}a-。“漂浮”梵语 plavate。

“漂浮”古英语 flotian、古挪威语 flota、希腊语 pleo < *plo-。

“漂浮”梵语 bhela，希腊语 phloter < *blo-ter（流—跑）。“划船”希腊语 pleru。

“流”芬兰语 valua < *b^{w}alu-。

2. *b^{w}ati（*bədu、*beti、*bat、*pata、*buti、*beti 等）

“漂浮”朝鲜语 *bədu-，吉尔伯特语 *beti。“流”博嘎尔珞巴语 bit < *bit。

“筏”菲拉梅勒语 *pata，汉语 *bat（筏）。“浆”劳语、瓜依沃语 fote < *pote，雅美语 avat < *ʔabat。“划船”卡加延语 *buti。

“船”古英语 bat，荷兰语，德语 boot，古爱尔兰语 batr < *bat。

“船”意大利语 batello，法语 bateau，中世纪拉丁语 batellus < *bate-。

3. *ro（*ru、*ʔaru、*roro、*ron）

“漂浮”阿杰语 *ʔoro。“流”汉语 *ru，莫图语 aru < *ʔaru，西部斐济语 roro < *roro。

“船”泰语、佤语艾帅话 rɤ < *ro，仫佬语、毛南语 *ron。“划船”萨摩亚语 alo、达密语 jojo < *lolo。

“桨”古英语、古挪威语 ar，丹麦语 aare，瑞典语 åra < *aro。

“流”匈牙利文（名词）ar，（动词）ered < *ere-。

4. *deru（*duru、*der、*turə）

“漂浮”土耳其语 jyz-，塔塔尔语 jyz- < *duru。“漂浮、浸泡”达斡尔语 dərdə- < *der-。“流”保安语 tʃurə- < *turə。

“漂浮”乌尔都语 tarna < *tar-。

“漂浮”匈牙利文（名词）tutaj < *tutar，（动词）sodrodik < *sodro-dik。

“浮”格鲁吉亚语 tsurva < *tur-。

“流”的词源关系

亚欧语言“流”义的说法多与“漂浮”“水、河”“走”等说法有词源关系，因不同方面的语义特点而相关。

◇ 一 东亚太平洋语言的“流”

“流”的主要说法有：

1. *ʔaq / *ʔa-ʔu

古突厥语、维吾尔语 ɑq-， 撒拉语 ɑχ-，土耳其语 ak < *ʔaq。

塔几亚语 -ao，罗图马语 au < *ʔa-ʔu。

2. *ʔurus / *naga-riru / *ma-rusrus / *ʔaru / *roro / *ru / *siro-soro

蒙古语 ursɑ-，东部裕固语 urus- < *ʔurus。

日语 nagareru < *naga-riru。

邵语 muruʃruʃ < *ma-rusrus。

莫图语 aru < *ʔaru。

西部斐济语 roro < *roro。

汉语 *ru（流）。

桑塔利语 siro̱ so̱ro̱ < *siro-soro。

3. *ʔeri / *rere

满文 eje，锡伯语 əji-，赫哲语 əji-，鄂温克语 əjə-，鄂伦春语 əjəː- < *ʔeri。①

姆布拉语 -rēre < *rere。

4. *kuri / *gri

保安语 tʃurə- < *kuri。

缅文 tsi^{3}，剑川白语 kɯ^{21}，傈僳语 ʒi^{33}，怒苏怒语 ʑe^{33} < *gri。

5. *puru / *bere / *b^{w}aro

朝鲜语 hɯrɯta < *puru-。②

那大语 bere < *bere。

吉尔伯特语 b^{w}aro < *b^{w}aro。

6. *tolo / *dala-dali

罗维阿纳语 totolo < *tolo。

桑塔利语 daha dɛhi < *dala-dali。

7. *g^{w}ili

马都拉语 g^{w}ili < *g^{w}ili。

8. *milag / *b^{w}ulug

查莫罗语 milag < *milag。

---

①“流”匈牙利文（名词）ar,（动词）ered < *ere-。

②“流、倒水”芬兰语 virrata < *b^{w}ira-。

雅美语 vujug < *b^{w}ulug。

9. *tə-lulu?i / *?u-lulu?i

泰雅语 təhuluj < *tə-lulu?i。

赛德克语 qulului < *?u-lulu?i。

10. *limi-?ab^{w}

排湾语 ɭəmiav < *limi-?ab^{w}。

11. *tolo

罗维阿纳语 totolo < *tolo。

12. *p^{w}il

波那佩语 p^{w}il < *p^{w}il。

13. *?iga / *?agos

劳语 iga < *?iga。

他加洛语 āgos < *?agos。

14. *kololo

大瓦拉语 kololo < *kololo。

15. *?alir / *lər / *lir

印尼语 məŋ-alir，托莱语 əlir < *?alir。

夏河藏语 ʐər < *lər。（流、漏）

佤语阿佤方言 lih < *lir。

16. *ʔili / *ʔli /*sli

爪哇语 m-ili，乌玛语 mo-ʔili < *ʔili。

壮语、傣语 lai^{1} < *ʔli。

户语 li^{33} < *li。（流汗）

布朗语 l̥ɛi^{35} < *sli。

17. *grug / *rik

藏文 rgjug < *grug。

汉语 *rik（沥）。

18. *bit

博嘎尔珞巴语 bit < *bit。

19. *la / *slaŋ / *laŋ

佤语布饶克方言 la < *la。

柬埔寨文 lhaeŋ < *slaŋ。

户语 laŋ^{33} < *laŋ。

20. *sluʔ / *ʔalos / *lu

莽语 ly^{55}，克木语 l̥uʔ < *sluʔ。①

依斯那格语 ajus，布拉安语 ma-ʔaloh < *ʔalos。

景颇语 lui^{33} < *lu。

21. *ʔatu

桑塔利语 ɛtu < *ʔatu，hiḍir < *qidir。（流泪）

① “流” 芬兰语（动词）soljua < *solu-。

◇ 二 “流”的词源对应关系

1.“流”和“漂浮”

“流”和“漂浮”的词源关系上文已举例说明。

2.“流”和“水、河”

（1）满通古斯语 *ʔeri。“水”贡诺语 ere < *ʔere。

（2）剑川白语、傈僳语、怒苏怒语 *gri。“水”怒苏怒语 ɣri[33]、勒期语 kjei[31] < *gri。“水、河”藏文 tɕhu，道孚语 ɣrə < *gru。

（3）印尼语、托莱语 *ʔalir。汉语 *hlirʔ（水）< *qlir-ʔ。

（4）桑塔利语 *siro-soro。“水”窝里沃语 ʃarˇy < *saru。

（5）那大语 *bere。“水”柬埔寨文 viːəri < *bʷiri。

（6）朝鲜语 *puru-。“水、雨”朝鲜语 mur < *mur。

（7）大瓦拉语 *kololo。“水、河”维阿那语 kolo < *kolo。

（8）桑塔利语 *qidir。“水”那加语坦库尔方言 tɑrɑ、邝奥依方言 dērū < *dara / *daru，瓜依沃语 tarusi < *taru-si。

（9）三威治港语 tʃe < *te，“水”巴琉语 ⁿde < *ʔde。

（10）博嘎尔珞巴语 *bit，“河”阿伊努语 bet < *bet。

（11）劳语 *ʔiga，“水、河”宁德娄语 gʷa < *gʷa。

3.“流”和“走、跑”

（1）剑川白语、傈僳语、怒苏怒语 *gri。“走”土耳其语 jyry-，哈萨克语、柯尔克孜语 dʒyr-，图瓦语 dʒoru- < *guru。朝鲜语扶安话 kərə < *gərə。藏文 ɦgro < *m-gro。

（2）三威治港语 *te。“跑”佤语马散话 to、阿佤方言 tɔ，德昂语硝厂沟话 tau < *to。

（3）波那佩语 *p^wil。“走”满文 felije-，赫哲语 fuli-，鄂温克语 uli- < *p^weli。

（4）汉语 *ru（流）。“走”日语 aruku < *ʔaru-ku。

（5）塔几亚语、罗图马语 *ʔa-ʔu。“走”佤语艾帅话 hu、阿佤方言 hɔ< *qo。布兴语 ʔuaʔ < *ʔuʔaʔ。

（6）桑塔利语 *qidir，“走”柬埔寨文 daər < *dar。

三 词源分析

1. *p^wilo（*p^wil、*p^weli、*blo、*plu）

“流”波那佩语 *p^wil。“走”满文 felije-、赫哲语 fuli-、鄂温克语 uli- < *p^weli。“漂浮”佤语布饶克方言 *si-blo。“跑”水语 pjaːu⁵、毛南语 pjeu⁵ < *plu。亚齐语 pluəŋ < *plu-ŋ。

“流、溪流”古英语 flowan，中古荷兰语 vlojen，古挪威语 floa < *p^wlo。 “漂浮”古英语 flotian，古挪威语 flota，希腊语 pleo < *p^wlo-。 “流”古法语 flus，拉丁语 fluxus。“流”波兰语 płynąt < *p^wlu-。 “流、盛产”俄语 irobilovatj < *iro-bilob^wa-。 “流”阿尔巴尼亚语 valëviten < *b^walob^wi-。

“流”芬兰语 valua < *b^walu-。

2. *ro（*ru）

汉语 *ru（流）。“漂浮”阿杰语 *ʔoro。“走”日语 aruku < *ʔaru-ku，基诺语、史兴语 *ro。

“跑、流”古英语 irnan < *ir-nan。“跑、流”希腊语 reo < *re-。

3. *g^{w}ilo（*kolo）

“流”马都拉语 g^{w}ili < *g^{w}ili, 大瓦拉语 *kololo。“水、河”罗维阿那语 kolo < *kolo。

“流”希腊语 kylo < *kilo，阿尔巴尼亚语 gëlon < *gelo-n。

4. *lig（*lik）

汉语 *lik（溢）。

“滴、漏”古挪威语 leka，中古荷兰语 leken < *leka-。

“灌溉”古英语 leccan < *leka-。

拉丁语“液态的、流动”liquide，“融化、流动”liqui < *lik^{w}i。

“游”的词源关系

亚欧语言“游（水）”义的说法多与“漂浮”“流”等说法有词源关系。“游（水）”“漂流”等又与“船、筏”等说法有词源关系。

一 东亚太平洋语言的“游（水）”

“游（水）”的主要说法有：

1. *dur / *ŋo-tor

土耳其语 jyz-，维吾尔语 yz-，哈萨克语 dʒyz- < *dur。[①]

萨萨克语 ŋotər < *ŋo-tor。

2. *tom

撒拉语 tʃom- < *tom。

3. *qoba

蒙古语 umbɑ-，达斡尔语 xompɑː-，土族语 xombɑː- < *qoba。

---

① “游泳”格鲁吉亚语 tsurva < *tur-。

4. *selbi

满文 selbi- < *selbi。

5. *ʔologu / *log

日语 ojogu < *ʔologu。

塔几亚语 log < *log。

6. *naŋe

查莫罗语 naŋo，布吉斯语 naŋe < *naŋe。

7. *tu-nuru

罗维阿纳语 tunuru < *tu-nuru。

8. *galo / *kulu / *glu

东部斐济语 galo < *galo。

勒窝语 kulu < *kulu。

汉语 *glu（游）。

9. *garu / *gra-ŋ

劳语 garu < *garu。

汉语 *graŋʔ（泳）< *gra-ŋ。

10. *ʔalir

托莱语 əlir < *ʔalir。（流、游泳）

11. *nani / *neni

锡加语 nani < *nani。

多布语 ʔa-nen < *neni。

12. *panu

莫图语 hanu < *panu。

13. *ʔuʔa / *ʔuka

吉尔伯特语 uaua < *ʔuʔa。

布鲁语 uka < *ʔuka。

14. *pap

波那佩语 pap < *pap。

15. *laŋi / *laŋuʔi / *laŋ

爪哇语、布拉安语 ŋ-laŋi < *laŋi。

沙玛语 laŋi < *laŋi。

鲁凯语 laŋuj，赛夏语 lomaŋoj，赛德克语 lumaŋuj < *laŋuʔi。

独龙语 laŋ^{53} < *laŋ。

16. *gul

帕玛语 gul < *gul。

17. *gral / *kral

藏文 rgjal < *gral。

他杭语 kjalpa < *kral-。

18. *re-ku

缅文 re^{2}ku^{3} < *re-ku（水—游）。

19. *ʔap

侗语 ʔaːp^{9}，水语 ʔaːp^{7} < *ʔap。

20. *pli-nom / *li-namʔ

黎语 plei^{1} nom^{3} < *pli-nom（游—水）。

西双版纳傣语 lɒi^{2}năm^{4} < *li-namʔ（游—水）。

21. *paʔi-ʔar

桑塔利语 pajar、paear < *paʔi-ʔar。

22. *de-bel

蒙达语 ɖebel < *de-bel。

23. *lo / *lu

尼科巴语 jøː < *lo。

佤语布饶克方言 loi，布朗语 lɔi < *lo。

水语 lui^{2}，莫语 ɗui^{1} < *lu。

24. *di

户语 thɤi^{31} < *di。

25. *dul

桑塔利语 ɖulɖul < *dul。（鱼游动）

◇◇ 二 “游”的词源对应关系

1. “游（水）”和“漂浮”

（1）土耳其语、维吾尔语、哈萨克语 *dur。“漂浮”土耳其语 jyz- < *duru。达斡尔语 dərdə- < *der-。

（2）侗语、水语 *ʔap，“漂浮”萨摩亚语 opeopia < *ʔobe-ʔa。

（3）布鲁语 *ʔuka，“漂浮”日语 uku < *ʔuku。

（4）蒙达语 *de-bel，“漂浮”萨萨克语 ompal- ompal < *ʔopal。

（5）尼科巴语 *lo，“漂浮”罗维阿纳语 ale < *ʔale。

（6）波那佩语 *pap，“漂浮”阿美语 pawpaw < *pab。排湾语 sətɕavav < *səta-b^{w}ab^{w}。卑南语 temabaw < *tema-bab^{w}。

2. “游（水）”和“流”

（1）土耳其语、维吾尔语、哈萨克语 *dur。“流泪”桑塔利语 hiḍir < *qidir。

（2）汉语 *glu（游），“流”马都拉语 g^{w}ili < *g^{w}ili。

（3）劳语 *garu。“流”缅文 tsi^{3}、剑川白语 kɯ^{21}、傈僳语 ʒi^{33}、怒苏怒语 ʑe^{33} < *gri。

（4）托莱语 *ʔalir，“流”印尼语 məŋ-alir < *ʔalir。

（5）蒙古语族语言 *qoba，“流”排湾语 ḷəmiav < *limi-ʔab^{w}。

（6）桑塔利语 *dul，“流”罗维阿纳语 totolo < *tolo。

◇ 三　词源分析

1. *b^{w}ab^{w}a（*pap、*pab、*bab）

“游（水）”波那佩语 *pap，“漂浮”阿美语 pawpaw < *pab^{w}。排湾语 sətçavav < *səta-b^{w}ab^{w}。卑南语 temabaw < *tema-bab^{w}。

“游（水）” 侗语 ʔaːp^{9}、水语 ʔaːp^{7} < *ʔap。“船”黎语保定话 va^{1} < *ʔb^{w}a，“独木舟”尼科巴语 ap < *ʔapo。

“游水、漂浮”古英语、高地德语 swimman，古挪威语 svimma < *sb^{w}im。

2. *g^{w}alo（*kulu、*glu、g^{w}ili）

“游（水）”东部斐济语 *galo，勒窝语 *kulu，汉语 *glu（游）。“流”马都拉语 g^{w}ili。汉语 *m-klu（舟）。

“游水”希腊语 kolympo < *kolu-bo。

“小船”古法语 galion，“武装商船”西班牙语 galeon，“军舰”希腊语 galea < *gale。

3. *rale（*ral）

“游（水）”藏文 *gral、他杭语 *kral < *g-ral。

“游水”（名词）希腊语 zale < *rale。

4. *laŋi（*naŋe、*naga）

“游（水）”查莫罗语、布吉斯语 *naŋe，爪哇语、布拉安语 *laŋi、沙玛语 *laŋi。“流”日语 nagareru < *naga-riru。

“游水”法语 nager < *nag-。

5. *b^{w}ale（*pli、*pula、*bulel、*blo）

“游” 黎语 *pli-nom（游—水）。“漂浮”佤语布饶克方言 *si-blo。排湾语 sə-vaɭi < *b^{w}ali。科木希语 pulā < *pula。

“漂浮、游泳”俄语 plavatj < *plab^{w}a-。“游水、漂浮”梵语 plavate < *plab^w-。
“游水、流”波兰语 płynątʃ < *plu-，波兰语 przepłynątʃ < *pre-plu-。
“漂浮”古英语 flotian，古挪威语 flota，希腊语 pleo < *p^{w}lo-。
“划船”希腊语 pleru。

6. *logu（*log）

“游（水）”日语 *ʔologu，塔几亚语 *log。

“游水”亚美尼亚语 loʁal < *loga-。

7. *deru（*dur、*tor、*dir）

“游（水）”土耳其语、维吾尔语、哈萨克语 *dur。萨萨克语 ŋotər < *ŋo-tor。“流泪”桑塔利语 hiɖir < *qidir。

“漂浮”土耳其语 jyz-，塔塔尔语 jyz- < *duru。“漂浮、浸泡”达斡尔语 dərdə- < *der-。“流”保安语 tʃurə- < *turə。

“游水”乌尔都语 tairna < *tar-。

“漂浮”匈牙利文（名词）tutaj < *tutar，（动词）sodrodik < *sodro-dik。
“浮、游泳”格鲁吉亚语 tsurva < *tur-。

“倒（水）”的词源关系

亚欧语言“倒（水）”的说法多与“落”“滴”“扔”“倒（过来）”等说法有词源关系。汉语“倒（水）”“泼”“洒”“注”则分别强调其方式的不同。

◇ 一　东亚太平洋语言的“倒（水）”

“倒（水）”的主要说法有：

1. *tok / *tugu / *tuk / *dak / *tok / *tak

维吾尔语、哈萨克语 tøk-，西部裕固语 tøhk- < *tok。（倾倒、泼）

日语 tsɿgu < *tugu。

马京达瑙语 tʃōk < *tok。

马绍尔语 lutək < *lu-tuk。

阿昌语 thək^{35}，浪速语 tu̠k^{55}（倒过来）< *tuk。

户语 thak^{31} < *dak。

德昂语 thoʔ < *tok。

傣语 thɒk^{9} < *tak。

2. *ʔasɢa / *səɢa

蒙古语正蓝旗话 ɑsxɑ-、布里亚特话 ɑtgɑ- < *ʔasɢa。

东部裕固语 sɢɑː-，东乡语 ʂɯdʑɯ- < *səɢa。

3. *susrə / *g-sro

达斡尔语 susrəː- < *susrə。

藏文 gɕo < *g-sro。（倒、泼）

4. *dola / *dul

满文 doːla- < *dola。

桑塔利语 dul < *dul。

5. *bur / *puri

摩尔波格语 burbur < *bur。

拉巴努伊语 huri < *puri。

6. *kok

布拉安语 kok，马京达瑙语 tʃōk < *kok。

7. *seʔi / *seqe-ʔi

莫图语 sei-a < *seʔi。

帕玛语 sehei < *seqe-ʔi。

8. *tuʔa / *tuʔa-ŋ /*do-ʔi

乌玛语 tua，米南卡保语 tuaŋ < *tuʔa / *tuʔa-ŋ。

那大语 doʔi，罗地语 diʔa < *do-ʔi。

9. *liŋi

萨摩亚语 liŋi < *liŋi。

10. *kuli

南密语 kuli < *kuli。

11. *bali

塔几亚语 -wali < *bali。

12. *bot / *phat

错那门巴语 phot^{53} < *bot。

汉语 *phat（泼）。

13. *lap

墨脱门巴语 jap < *lap。

14. *s-lik / *lək / *lok

汉语 *slik（易）< *s-lik。①

博嘎尔珞巴语 lɯk < *lək。

户语 lok^{31} < *lok。（泼）

15. *kro-s / *sukira

汉语 *tʃos（注）< *kro-s。②

满文 sukija- < *sukira。（倒空）

---

① 甲骨文“易”，为一尊倾注另一尊之形。

② “注”见于《诗·大雅》，《说文》，灌也，从水主声。“水”藏语 tɕhu，普米语 tʃə^{55}，勒期语 kjei^{31} 等，< *kru，其词根与藏缅语“水”有词源关系。

16. *ru

景颇语 ʒu^{55} < *ru。

17. *lu

克伦语阿果话 lu^{55} < *lu。

18. *pok / *bok-bak

壮语 poːk^{7}，布依语 pɔk^{7} < *pok。

巴拉望语 i-bɔkbak < *bok-bak。

19. *ʔrop

毛南语 həp^{7} < *ʔrop。

20. *dara-ʔu

桑塔利语 ɖharao < *dara-ʔu，bubhɛu < *bubu。

21. *gul

克木语 khul < *gul。

22. *prok

佤语阿佤方言 prɤk < *prok。

◇ 二 “倒”的词源对应关系

1. “倒（水）”和“落”等

（1）维吾尔语、哈萨克语、西部裕固语 *tok。“落”土耳其语 taki- < *taki，

宁德娄语 taku、泰雅语 ma-taku < *taku，卡林阿语 otdag < *ʔotag。“滴落”保安语 dəgəl- < *dəgə-。“漏”东部裕固语 dəgəlɑ- < *dəgə-。

（2）桑塔利语 *dara-ʔu。“滴落”日语 tarasɿ < *tara-su，摩尔波格语 taras < *tara-s。“水”那加语坦库尔方言 tɑrɑ、邝奥依方言 dērū < *dara / *daru。

（3）满文 *sukira。“滴落”缅文 kjɑ^{1} < *kraʔ。

（4）摩尔波格语 *bur。“落”莫图语 moru < *moru。“丢失”马京达瑙语 mora < *mora。“滴落”莫图语 ha-moru-a < *pa-moru。

（5）克伦语阿果话 *lu。“漏”独龙语 a jɯ^{53} < *lu，巴琉语 ljo^{11}、莽语 lu^{51} < *lu。斐济语 lu。

2.“倒（水）”和“扔”

（1）塔几亚语 *bali。“扔”锡伯语 viali- < *b^{w}ali，布鲁语 spele < *s-pele，尼科巴语 kaval < *ka-bal，桑塔利语 pelao < *pela-ʔu。

（2）户语 *dak。“扔”查莫罗语 dagao < *daga-ʔo。

（3）错那门巴语 *bot。“扔”壮语龙州话 vit^{7}、黎语通什话 fet^{7} < *ʔbet，越南语 vət^{7} < *ʔbet，德昂语 pɛt < *pet，桑塔利语 tsapath < *ta-pat，布拉安语、巴拉望语 bat < *bat，巴厘语 sabat < *sa-bat。

（4）摩尔波格语 *bur。“扔”土耳其语 firla- < *p^{w}ir-，姆布拉语 -piri、东部斐济语 βiri < *p^{w}iri。

3.“倒（水）”和“下（面）”

（1）桑塔利语 *bubu。“下（面）”马都拉语 baba-na、锡加语 βaβa < *b^{w}ab^{w}a。印尼语、米南卡保语 di bawah、他加洛语 babaʔ < *babaq。

（2）巴拉望语 *bok-bak。“下（面）”阿伊努语 pokna < *bok-na。

（3）藏文 *g-sro。“下（面）”爪哇语 ŋ-isɔr < *ŋ-ʔisor。

（4）佤语阿佤方言 *prok。“下（面）”亚齐语 baroh < *baroq。

◇ 三 词源分析

1. *p^{w}uri（*bur、*puri、*pir、*piri）

“倒（水）” 摩尔波格语 *bur、拉巴努伊语 *puri。“扔” 土耳其语 firla- < *pir-，姆布拉语 -piri、东部斐济语 βiri < *p^{w}iri。

“倒（水）” 英语 pour，法语 purer，拉丁语 purare < *pura-。
梵语 puːrajati < *pura-。

“流、倒水” 芬兰语 virrata < *b^{w}ira-。“倒水” 格鲁吉亚语 ɣvra < *g^{w}ra。

2. *bat（*bot、*pat）

“倒（水）” 错那门巴语 *bot。“扔” 桑塔利语 tsapath < *ta-pat，布拉安语、巴拉望语 bat < *bat，巴厘语 sabat < *sa-bat。汉语 *phat（泼）。

“倒（水）” 梵语 paːtajati < *pata-。
“扔” 希腊语 peto < *pet-。“落下” 梵语 patati < *pata-。

3. *b^{w}ale（*bali、pele、bal、*pela）

“倒（水）” 塔几亚语 *bali。“扔” 锡伯语 viali- < *b^{w}ali，布鲁语 spele < *s-pele，尼科巴语 kaval < *ka-b^{w}al，桑塔利语 pelao < *pela-ʔu。

“倒（水）” 俄语 politj < *poli-，波兰语 polatʃ < *pola-。
“扔”（名词）希腊语 bole。
“落下”古英语 feallan，古弗里斯语、古挪威语 falla，立陶宛语 puola < *pola。

4. *lab（*lap、*leb）

“倒（水）” 墨脱门巴语 *lap。“扔” 桑塔利语 lebda < *leb-。

“倒、倒进”俄语 nalivatʃ < *na-lib^{w}a-。

5. *dara（*tara、*daru）

“倒（水）”桑塔利语 *dara-ʔu。“滴落”日语 tarasɿ < *tara-su，摩尔波格语 taras < *tara-s。“水”那加语坦库尔方言 tɑrɑ、邝奥依方言 dērū < *dara / *daru。

“倒”阿尔巴尼亚语 derdh < *derd。

6. *dopi（*dip、*tobe、*tabe、*top、*dob）

“压”景颇语 tip^{31} < *dip。“推”布鲁语 tobe < *tobe。“下面”窝里沃语 ta^{m}be < *tabe。沙外语 top < *top。“下面、低的”卡林阿语 dob < *dob。

“倒（水）”亚美尼亚语 thaphel < *dabe-。“压、压碎”俄语 davitj < *dab^{w}i-。

“洗”的词源关系

一些语言因“洗”的对象不同，有明确的区分。古汉语有“洗”(洒足)、“沐”(濯发)、“盥”(澡手)、“浴”(洒身)等因洗涤对象不同的分别，现代的“洗”把古代相关的概念都包括了。台湾的南岛语，“洗”通常有“洗衣”“洗器皿”“洗手”“洗澡”等用词的区分。

亚欧语言“洗”的说法与“水”“倒(水)”“漂浮”等说法有词源关系。

◇ 一　东亚太平洋语言的“洗”

“洗”的主要说法有：

1. *dika / *duk / *se-taku / *ʔdok

土耳其语 jika- < *dika，jikan- < *dikan。

维吾尔语 ju-，哈萨克语 dʒuw-，图瓦语 dʒu- < *duk。

日语 sentaku < *se-taku。

黎语保定话 doːk^{7} < *ʔdok。

2. *gukun

维吾尔语 jujun-，哈萨克语 dʒuwən- < *gukun。（洗澡）

3. *qudun

塔塔尔语 qujən- < *qudun。（洗澡）

4. *quga / *ʔuga / *qugas / *pa-gase

蒙古语 ugaː-，东部裕固语 ɢuɑ- < *quga。

大瓦拉语 oga < *ʔuga。

他加洛语 hūgas，摩尔波格语 uga < *qugas。

查莫罗语 fagase < *pa-gase，nagasgas < *na-gase。

5. *ʔobu / *ʔabuŋ

满文 obo，锡伯语 ovu-（洗手）< *ʔobu。

蒙达利语 ābuŋ < *ʔabuŋ。（洗手、脚）

6. *ʔob^{w}se / *b^{w}əb^{w}as / *ʔapis

锡伯语 əvsə-，女真语（欧塞必）*ousepi < *ʔob^{w}se-。（洗澡）①

马京达瑙语 vəvas < *b^{w}əb^{w}as。

雅美语 apiș < *ʔapis（洗衣）。

7. *ʔol-bot / *sobot

赫哲语 əlbçi-，鄂伦春语 olbot- < *ʔol-bot。（洗澡）

桑塔利语 so̱bo̱th < *sobot。（洗衣）

---

① “洗”芬兰语（动词）pestä < *pes-，（名词）-vesi < *b^{w}esi。匈牙利文 mos。

8. *ʔara-ʔu

日语 arau < *ʔara-ʔu。

9. *tu-bal / *balo-q

土耳其语 tʃuval < *tu-bal。

泰雅语 bahɔq < *balo-q。（洗衣）

10. *sigə / *sak / *sok / *soqo / *sok-s

朝鲜语盈德话 ssiɣəra，铁山话 ssitʃhətta < *sigə-。

卡林阿语 saksak < *sak。（洗脸）

布朗语胖品话 soik^{51}，德昂语茶叶箐话 soʔ^{51} < *sok。（洗手）

尼科巴语 søitʃh < *soq，søitʃhø < *soqo。

汉语 *sok-s（漱）。（《公羊传》无垢加功曰漱，去垢曰浣。齐人语也）。

11. *b^{w}era

雅美语 vez̧avez̧a < *b^{w}era。（洗器皿）

12. *puri / *lo-p^{w}or

莫图语 huri-a < *puri-。

波那佩语 lop^{w}or < *lo-p^{w}or。（洗衣服）

13. *pulu / *bulu / *pila

劳语 fulua，汤加语 fufulu-ʔi < *pulu-。

卡林阿语 bulu < *bulu。

塔几亚语 -filani < *pila-。

14. *dak

沙玛语 dakdak-an < *dak。（洗脸）

15. *romu-rumu

邹语 eomueu < *romu-rumu。（洗手）

16. *b^{w}aga / *bagu

拉加语 b^{w}aɣa < *b^{w}aga。

依斯那格语 baggu < *bagu。

17. *milu

邵语 miluʔ < *milu。（洗澡）

18. *kude / *kota-ʔo

窝里沃语 ku^{n}de-ku^{n}de < *kude。（洗头）

桑塔利语 kotsʈao < *kota-ʔo。

19. *ba-naʔu / *ra-naʔu / *ma-banaʔu / *si-naʔu / *ʔi-nagu-ʔa / *nage

雅美语 vanaw < *ba-naʔu（洗手）。

赛夏语 ranaw < *ra-naʔu（洗澡）。

鲁凯语 mabanaw < *ma-banaʔu（洗澡），sinaw < *si-naʔu（洗衣）。

排湾语 səmənaw < *si-naʔu（洗器皿）。

查莫罗语 inagua < *ʔi-nagu-ʔa。

南密语 ŋ̥age < *nage。

20. *tata

拉巴努伊语 tata < *tata。

21. *səl / sil-ki

汉语 *səl（洗）。

藏文 bçəl < *b-səl（冲洗）。

鄂伦春语 ʃɪlkɪ-，鄂温克语 ʃixxi- < *sil-ki。

22. *slu / *lu

缅文 hljɔ^{2} < *slu。

汉语 *lu（涤）。

23. *nu / *ʔanu / *ʔinu

博嘎尔珞巴语 nɯ < *nu。

义都珞巴语 ɑ^{55}nu^{55} < *ʔanu。

赛德克语 sino（洗器皿），阿美语 mainuʔ（洗澡）< *ʔinu。

24. *krut

景颇语 khʒut^{31} < *krut。

25. *bop / *popo

阿昌语 phop^{55} < *bop。

锡加语 popo < *popo。

26. *lap / *ʔalob / *ʔarub

布依语 ʔaːp^{7}，毛南语 zaːp^{8} < *lap。（洗澡）

巴厘语 n-alob < *ʔalob。（洗脸）

桑塔利语 ɛruph < *ʔarub。

27. *ʔlak / *lok / *lek

水语 lak^{7}，德宏傣语 sak^{8} < *ʔlak。

汉语 *lok（浴）< *k-lok，*lek（濯）。

28. *gla

克木语 glaʔ < *gla（洗脸、手），buh < *bul（洗衣）。

29. *leŋ

柬埔寨文 liːəŋ < *leŋ。

30. *kok / *gok

柬埔寨语 kɔk < *kok。（洗发）

佤语马散话 khɔik < *gok。（洗脸、手）

31. *ʔu-num

蒙达语 unum < *ʔu-num。（洗澡）

32. *ʔum / *ʔom

桑塔利语 um < *ʔum。（洗身子）

莽语 ʔom^{51} < *ʔom。（洗澡）

二 “洗”的词源对应关系

1. “洗” 和 “水”

（1）蒙达语 *ʔu-num。“水” 阿美语 nanum。

（2）莽语 *ʔom。“水” 德昂语 ʔɔm、布朗语 ʔum^{35} < *ʔom。

（3）邹语 *romu-rumu。“水”佤语 rɔ̱m < *rom。

（4）沙玛语 *dak。“水”尼科巴语 dɑ̄ k，蒙达语 dɑ̄^{k}，桑塔利语 dakh < *dak。

（5）莫图语 *puri-。“水”柬埔寨文 viːəri < *biri。

（6）汉语 *mok（沐）。“水”满文 muke，锡伯语 muku，赫哲语 mukə，鄂伦春语、鄂温克语 muu < *muke。女真语（木克）*mukhe < *muke。

2.“洗”和“倒（水）”

（1）维吾尔语、哈萨克语、图瓦语 *duk。“倾倒、泼”维吾尔语、哈萨克语 tøk-，西部裕固语 tøhk- < *tok。

（2）赫哲语、鄂伦春语 *ʔol-bot（手-洗）。“倒（水）” 错那门巴语 phot^{53} < *bot。

（3）柬埔寨文 *leŋ。“倒（水）” 萨摩亚语 liŋi < *liŋi。

（4）汉语 *lok（浴）。“倒（水）”博嘎尔珞巴语 lɯk < *lək。汉语 *slik（易）“泼（水）”户语 lok^{31} < *lok。

（5）布依语、毛南语 *lap。“倒（水）” 墨脱门巴语 jap < *lap。

（6）阿昌语 *bop。“倒（水）” 桑塔利语 bubhɛu < *bubu。

（7）柬埔寨语 *kok。“倒（水）”布拉安语 kok、马京达瑙语 tʃōk < *kok。

（8）朝鲜语 *sigə-。“倒（水）”蒙古语正蓝旗话 ɑsxɑ-、布里亚特话 ɑtgɑ- < *ʔasɢa。东部裕固语 sɢɑː-、东乡语 ʂɯdʑɯ- < *səɢa。

（9）泰雅语 *balo-q。“倒（水）”塔几亚语 -wali < *bali。

3.“洗”和“擦”

（1）日语 *ʔara-ʔu。“擦”马那姆语 ara < *ʔara。桑塔利语 har < *qar（擦衣服）。

（2）汉语 *səl（洗），“擦”菲拉梅勒语 sōlā < *sola。

（3）景颇语 *krut。汉语 *skrat（擦）< *s-krat。桑塔利语 uruth < *ʔurut。（在石头上擦）

◇ 三　词源分析

1. *b^wase（*b^wse、*b^wəb^was、*pis）

“洗”女真语、锡伯语 *ʔob^wse，马京达瑙语 *b^wəb^was，雅美语 *ʔapis。

> “洗”古英语 wascan，古挪威语 vaska < *b^was-。和阗塞语 paṣoj- < *paso-。

“洗”芬兰语（动词）pestä < *pes-，（名词）-vesi < *b^wesi。匈牙利文（动词）mos，kimos < *ki-mos。

2. *bot

“洗”赫哲语、鄂伦春语 *-bot。“洗衣”桑塔利语 so̱bo̱th < *sobot。“倒（水）”错那门巴语 phot^{53} < *bot。汉语 *phat（泼）。

> “洗澡、洗”古英语 baþian < *bati-。“倒（水）”梵语 paːtajati < *pata-。“扔”希腊语 peto < *pet-。

3. *lak（*lok、*lək）

“洗”水语、德宏傣语 *ʔlak，汉语 *lok（浴）。

“倒（水）”博嘎尔珞巴语 lɯk < *lək。“泼（水）”户语 lok^{31} < *lok。

> “热水澡”古挪威语 laug < *lag。“洗”阿尔巴尼亚语 lag。

4. *p^wila（*pulu、*bulu、*pila、*pula）

“洗”劳语、汤加语 *pulu-，卡林阿语 *bulu，塔几亚语 *pila-。“漂浮”

科木希语 pulā < *pula。

> “洗”希腊语 pleno < *ple-。
> “漂浮”古英语 flotian，古挪威语 flota，希腊语 pleo < *plo-。

5. *silu（*lu、*sil、*slu、*səl）

汉语 *səl（洗）。“冲洗”藏文 *b-səl。

“抚摸”维吾尔语 silɑ-，哈萨克语 səlɑ- < *sila。

“洗”缅文 *slu，汉语 *lu（涤）。“倒（水）”克伦语阿果话 lu^{55} < *lu。

> “洗”梵语 kasal < *ka-sal。“洗”阿尔巴尼亚语 laj < *la-。
> “洗澡”希腊语 loyo、loyro < *lo-。“洗、下雨、流”俄语 litjsa < *li-。

6. *nu（*ʔanu、*sino、*ʔinu）

“洗”博嘎尔珞巴语 *nu，义都珞巴语 *ʔanu。

“洗器皿”赛德克语 sino，“洗澡”阿美语 *ʔinu。汉语 *no（濡，渍也）。

> “洗澡”梵语 snaːti < *sna-。“洗”粟特语 sn’yt < *sni-。
> “洗、扫”俄语 snositj < *snosi-。

7. *lob（*rub、*lap、*rilab）

“洗”桑塔利语 ɛruph < *ʔarub。“洗脸”巴厘语 n-alob。

“洗澡”布依语 $ʔaːp^{7}$、毛南语 $zaːp^{8}$ < *lap。

“擦”巴拉望语 rijab-an < *rilab。

> “洗”法语 laver，西班牙语、葡萄牙语 lavar，意大利语 lavare < $*lab^{w}e$-。
> “洗”亚美尼亚语 lval < $*lb^{w}a$。
> “擦、搔”东部弗里斯语 rubben，丹麦语 rubbe < *rube。

“洗澡”芬兰语（动词）kylpeä < *ki-lpe-。

8. *gla

"洗（脸、手）"克木语 glaʔ < *gla。

> "洗"威尔士语 golchi < *gol-。
>
> "流"希腊语 kylo < *kilo，阿尔巴尼亚语 gë lon < *gelo-n。

9. *quda（*qudun、*ʔde、*ʔuda、*ʔudan、*ʔadu）

"洗澡"塔塔尔语 qujən- < *qudun。

"水"巴琉语 ^{n}de < *ʔde。

"雨"鄂温克语 ʊdʊn < *ʔudun。乌玛语 uda，东部斐济语 uða，劳语 uta，汤加语、夏威夷语 ua，罗地语 udan < *ʔuda / *ʔudan。"露水"马达加斯加语 andu < *ʔadu。

> "洗"乌尔都语 dhona < do-。
>
> "水"古教堂斯拉夫语、俄语 voda，古波斯语 wundan，古挪威语 vatn < *uadan。

"水"巴斯克语 uda-。

10. *num

"洗"蒙达语 *ʔu-num。

"水"阿美语 nanum < *na-lum，沙阿鲁阿语 sałumu < *sa-lum。

> "洗手"粟特语 δstysnām < *dstj-snam（手—洗）。

“打击”类词的词源关系

“打击、砍砸”类的表述与行为的方式和所用的工具有关。亚欧语言“打击、砍砸”义的说法多与“扔”“砍”“斧子”“石头”等说法有词源关系。

一　东亚太平洋语言的“打击”类词

“打击、砍砸”类的表述主要有：

1. *saq

维吾尔语、哈萨克语、西部裕固语 soq- < *saq。(打)

布里亚特方言 sox- < *soq。(打)

2. *taq

维吾尔语 tʃɑq-，哈萨克语 ʃɑq- < *taq。(砸)

3. *bur / *per / *pori / *priʔ

土耳其语、撒拉语 vur- < *bur。(打)①

① “打击”匈牙利文 ver < $*b^{w}er$。

西部裕固语 per- < *per。（打）

满文 fori- < *pori。（击）

汉语 *priʔ（捭）。

4. *tok / *tuki

蒙古语正蓝旗话 dʒoxə-、和静话 tsok- < *tok。（打）

佤语艾帅话 to̰ k < *tok。（打）

汤加语 tuki < *tuki。（用拳头打）

5. bəltə / *paliti / *ʔepel

图瓦语 bɤldʒɤ- < *bəltə-。（砸）

马那姆语 paliti < *paliti。

桑塔利语 epel < *ʔepel。（举起打）

6. *tat / *tata / *ʔadet / *dudəri- / *tota-q / *tutu-ʔi / *tati

撒拉语 tʃɑt- < *tat。（砸）①

满文 tanta，锡伯语 tandə-（打铁）< *tata。

日语 tataku < *tata-ku。（敲打）

土耳其语 addet- < *ʔadet。（打）

朝鲜语 tuturita < *dudəri-（敲），ttɛrita < *duderi-（打）。

赛夏语 totœh < *tota-q。（打）

拉加语 tutui < *tutu-ʔi（打、用拳头打）。

桑塔利语 ʈɛʈhi < *tati。（棍子打）

7. *tarak

达斡尔语 tɑrɑklɑ- < *tarak-。（敲打）

---

① “打击”芬兰语（名词）tahti < *tati。

8. *baga

土族语 bɑɢɑ- < *baga。（打）①

9. *qoge / *ʔugi / *ʔoga

东部裕固语 χog-，东乡语 əɣɯ-，保安语 ɛkə- < *qoge。（打）

鄂温克语 ugi- < *ʔugi。（砍）

马京达瑙语 o^{ŋ}ga < *ʔoga。

10. *sila-ʔi / *ʔisala

泰雅语 silaj < *sila-ʔi。（打）

满文 niʃala- < *ʔisala。（重打）

11. *robako / *labaq / *lipako / *tu-poki

邹语 eobako < *robako。（打）

木鲁特语 lambaʔ，巴拉望语 lipakɔn < *labaq / *lipako-n。

塔希提语 tūpaʔi < *tu-poki。

12. *pukul / *pokil

印尼语、马都拉语 pukul，巴塔克语 pukkul，沙玛语 pokpok < *pukul。

波那佩语 pɔkih < *pokil。

13. *bak / *pok

雅美语 bakbakan < *bak-an。

沙玛语 pokpok < *pok（用拳头打）。

---

① "打击"格鲁吉亚语 bɛgva < *beg-。

14. *k^{w}adi

莫图语 k^{w}adi-a < *k^{w}adi-。

15. *k^{w}a-ʔi

南密语 kāi，瓜依沃语 k^{w}aʔi < *k^{w}a-ʔi。

16. *sisi / *sasa

布昂语 sis < *sisi。

萨摩亚语 sasa < *sasa。

17. *lubu

托莱语 lubə < *lubu。

18. *pun

姆贝拉语 -pun < *pun。

19. *rəp

汉语 *rəp（拉，折也、败也、摧也）。

20. *nes

藏文 ȵ̥es < *nes。（打）

21. *top

嘉戎语 kɑ top < *top。（打）

22. *sat

独龙语 sɑt^{55} < *sat。（打）

23. *rok / *krak

缅文 rok^{4} < *rok。（打）

阿昌语 kʐuak^{55} < *krak。（敲）

汉语 *krak（磬）。

24. *bat / *badi

载瓦语 pat^{21} < *bat。（打）

摩尔波格语 badʒi < *badi。

25. *ʔla

纳西语 la^{55} < *ʔla。（打）

26. *gonʔ

壮语武鸣话 hon^{4}，龙州话 kon^{4} < *gonʔ。（打）

27. *di

布依语 ti^{2}，黎语保定话 thaːi^{2} < *di。（打）

28. ʔbup / *map

西双版纳傣语 bup^{7} < *ʔbup。（打）

毛南语 map^{8} < *map。（打）

29. *kek / *gok

克木语 kɛk < *kek。（用棍子打）

景颇语 a^{31}ko̱k^{31} < *gok（敲）。

汉语 *kek（擊）。

30. *glok

克木语 sər glŏk < *glok。（敲）

31. *dal / *tola / *dəl

桑塔利语 dal < *dal。（砸）

锡加语 tola < *tola。

蒙古语 dəldə- < *dəl-。（敲打）

32. *takiq / *ʔi-tak

桑塔利语 tɛkitʃ（踩，头顶）< *takiq。

马绍尔语 itāk < *ʔi-tak。

33. *datir

桑塔利语 dhɛtiɽ < *datir。

◇ 二 “打击、砍砸”类的表述的词源关系

1.“打击”和“扔”

（1）桑塔利语 *datir。“扔”西部裕固语 tɑrda- < *tar-，藏文 dor < *dor，查莫罗语 tira < *tira。

（2）桑塔利语 *dal。“扔”维吾尔语 tɑʃlɑ-、哈萨克语 tɑstɑ- < *tal-。东部裕固语 tʃiludɑ- < *tilu-。

（3）满文 *pori。“扔”土耳其语 firla- < *pir-，姆贝拉语 -piri < *piri，东部斐济语 βiri < *biri。

（4）撒拉语 *tat。“扔”朝鲜语 təntʃita < *dədi-，木鲁特语 datuʔ < *datuʔ。

（5）嘉戎语 *top。“扔”莫图语 taha < *tapa。

（6）载瓦语 *bat。“扔”布拉安语、巴拉望语 bat < *bat，桑塔利语 tsapath < *ta-pat，壮语龙州话 vit⁷、黎语通什话 fet⁷ < *ʔbʷet，越南语 vət⁷ < *ʔbet，德昂语 pɛt < *pet。

（7）佤语艾帅话 *tok。“扔”佤语艾帅话、布兴语 tik、格木语 tɛik < *tik。

（8）土族语 *baga，“扔”蒙达语 bāgi < *bagi。

2. “打击”和“砍”

（1）嘉戎语 *top。“砍、挖”维吾尔语 tʃɑp-、西部裕固语 dʒɑhp- < *tap。

（2）载瓦语 *bat，“砍”布兴语 pat < *pat。维吾尔语 puta-、哈萨克语 buta-。

（3）沙玛语 *pok，“砍”克木语 bōk < *bok。

（4）土耳其语、撒拉语 vur-，“砍”西部裕固语 lɑvur-。

3. “打击”和“石头”

（1）锡加语 *tola。“石头”土耳其语、维吾尔语 tɑʃ、图瓦语 dɑʃ < *tal。土族语 taʂ、东乡语 taʂɯ、保安语 taɕi < *talu。蒙古语 tʃuluː、达斡尔语 tʃuloː < *tulo。

（2）土族语 *baga。“岩石”中古朝鲜语 pahø、庆州话 paŋku < *bagu。

（3）摩尔波格语 *badi。“石头”布农语 batu、印尼语 batu、亚齐语 batɛə、他加洛语 bato、巴拉望语 batu-g < *batu。

（4）桑塔利语 *datir。“石头”中古朝鲜语 torh < *dors，蒙达语 diri、桑塔利语 dhiri < *diri。

（5）马绍尔语 *ʔi-tak。“石头”吉利威拉语 dakuna < *daku-na，马绍尔语 dekæ < *deka，波那佩语 ʈakai < *taka-ʔi。

（6）克木语 sər glŏk < *glok。“石头”汉语 *glak（石）。嘉戎语

ɟji lək < *gilək。

（7）汉语 *krak（礐）。“石头”缅文 kjɔk < *krok。

（8）藏文 ȵes < *nes。“石头”卡乌龙语 enah < *ʔenas。

4.“打击”和“斧子”

（1）桑塔利语 *dal。“斧子”土耳其语 balta、维吾尔语 pɑltɑ、乌孜别克语 bɑlti、图瓦语 bɑldɤ < *bal-ta。桑塔利语 tabla < *ta-bala（小斧）。

（2）维吾尔语、哈萨克语、西部裕固语 *saq。“斧子”蒙古语 sɵx、东部裕固语 səg、东乡语 sugiə < *suke。满文 suhe、锡伯语 suxo < *suqe。

（3）藏文 ȵes < *nes。“斧子”日语 ono < *ʔono。

（4）雅美语 *bak-an。“斧子”印尼语 kampak，马都拉语 kapak，< *kapak。

（5）蒙古语正蓝旗话、和静话 *tok。“斧子”汤加语 toki、塔希提语 toʔi、萨摩亚语 toʔi（斧、手斧）< *toki，朝鲜语 tokki < *doki。

（6）莫图语 *k^{w}adi-。汉语 *gat（钺），“斧子”三威治港语 taŋot < *ta-ŋot。

（7）日语 *tata-ku。“斧子”查莫罗语 atʃita < *ʔatita。

（8）载瓦语 *bat。“斧子”乌玛语 pati < *pati。

三 词源关系分析

1. *bati（ *pati、*badi、*pito、*pati、*batu）

“打”载瓦语 *bat、摩尔波格语 *badi。

“砍”布兴语 pat < *pat。维吾尔语 puta-、哈萨克语 buta-。

“斧子”乌玛语 pati < *pati。

“石头”布农语 batu、印尼语 batu、亚齐语 batɛə、他加洛语 bato、巴拉望语 batu-g < *batu。

“打击、打”古英语 beatan，古高地德语 bozan，古挪威语 bauta < *boda。
“打击”亚美尼亚语 harvatsel < *par-b^{w}ate-。“打”乌尔都语 moti。
“攻击”粟特语 spāδyā < *spadja。
“手斧、小刀”梵语 savadhaː < *sabada。
“倒（水）”梵语 paːtajati < *pata-。“扔”希腊语 peto < *pet-。

“打击”芬兰语（动词）peitota < *peto-ta。

2. *suke（*saq、*suqe、*sako）

“打”维吾尔语、哈萨克语、西部裕固语 *saq。

“斧子”蒙古语族语言 *suke，满文、锡伯语 *suqe，赫哲语、鄂伦春语、鄂温克语 *sukə。

“劈”阿卡拉农语 saksak、罗维阿纳语 sokoa。

“斧子”意大利语 askia、拉丁语 ascia。

3. *bali（*bal、*paliti、*bala、*pale、*pla）

“打”马那姆语 *paliti。“砸”图瓦语 bɤldʒɤ- < *bəlta-。

“斧子”土耳其语 balta、维吾尔语 palta、乌孜别克语 balti、图瓦语 baldɤ < *balta。达阿语 baliu < *bali-ʔu。

“打”希腊语 epiballamai < *epibala-。

4. *p^{w}ari（*pori、*pir、*biri、*bara、*bar）

“打”满文 *pori。汉语 *pri（捭）。“扔”土耳其语 firla- < *p^{w}ir-，姆贝拉语 -piri < *pir，东部斐济语 βiri < *b^{w}iri。

“打”希腊语 baro < *bar-，ypertero < *uper-tero。
“打击”亚美尼亚语 harvatsel < *par-b^{w}ate-。

“打击”匈牙利文 ver < *b^{w}er。

“打”桑塔利语 *datir。

“扔”西部裕固语 tɑrda- < *tar-，藏文 dor < *dor，查莫罗语 tira < *tira。

5. *dati（*tata、*det、*tat、*tati、*tita）

“打”满文、锡伯语 *tata，土耳其语 *ʔadet。“砸”撒拉语 *tat。“敲打”日语 *tata-ku。“棍子打”桑塔利语 *tati。“斧子”查莫罗语 atʃita < *ʔatita。

梵语“打”taːdajati、“被打”taːdita < *tada-。

“打击”芬兰语（名词）tahti < *tati。

6. *toki（*tok、*tuki）

“打”蒙古语 *tok，佤语艾帅话 *tok，汤加语 *tuki。（用拳头打）“斧子”汤加语 toki，塔希提语 toʔi，萨摩亚语 toʔi（斧、手斧）< *toki，朝鲜语 tokki < *doki。

“打”波兰语 stukatʃ < *stuka-。“敲、打击”俗拉丁语 toccare < *toka-。

7. *g^{w}adi（*k^{w}adi、*gat、*ŋot）

“打击”莫图语 k^{w}adi-a < *k^{w}adi-。汉语 *gat（钺），“斧子”三威治港语 taŋot < *ta-ŋot。

“打击”阿尔巴尼亚语 godas < *goda-。 “打”乌尔都语 tʃoat < *kat。

“剥”的词源关系

亚欧语言“剥、去皮”义的说法多与“皮”“落”“扔”“割、劈、切”等说法有词源关系。如古汉语“皮”兼指“剥皮”，动、名同根。[①]

一　东亚太平洋语言的“剥、去皮”

“剥、去皮”的主要说法有：

1. *sor / *soroʔ / *suri / *sri / *b-sru

土耳其语、维吾尔语、哈萨克语、西部裕固语 soj- < *sor。

东部裕固语 ʃoriːlɢo- < *soril-。（剥落）

贡诺语 soroʔ < *soroʔ。

瓜依沃语 susuri-a < *suri。

义都珞巴语 hɹi^{55} < *sri。（剥皮）

藏文 bɕu < *b-sru。（剥掉）

---

①《说文》：“皮，剥取兽革者谓之皮，从又为省声。”从早期的字形看，指剥皮。

2. *sugala / *qolu

蒙古语书面语 ʃaɣala-，蒙古语 ʃula-，土族语 ɕulə- < *sugala。（剥掉）

东乡语 qolu- < *qolu。（剥掉）

3. *pure / *pare / *po-pore

满文 fuje- < *pure。①

阿杰语 pař̌i < *pare。

塔希提语 hohore < *po-pore。

4. *bi-sgi / *pə-sek / *ʔasik

中古朝鲜语 pəskita < *bi-sgi-。

巽他语 pəsek < *pə-sek。

宁德娄语 asik < *ʔasik。

5. *mu-ku

日语 muku < *mu-ku。

6. *pagu / *ʔupak

日语 hagu < *pagu。

卡林阿语 upik，阿卡拉农语 ūpak < *ʔupak。

7. *qupas

印尼语 kupas，米南卡保语 kupaʔ，巴拉望语 upas < *qupas。

8. *kulit

摩尔波格语 kulit，亚齐语 kulet，沙玛语 kuwit < *kulit。

---

①“去皮”匈牙利文 fordul < *por-dul。

9. *sil / *sul

卡乌龙语 sil < *sil。（皮、去皮）

布兴语 sul < *sul。（去皮）

10. *lepa

乌玛语 lepaʔ < *lepa。

11. *rasi

马那姆语 rasi < *rasi。

12. *koba / *kopi

莫图语 kopa-ia < *koba-。

梅柯澳语 e-kopi-a < *kopi-。

13. *p^{w}adi

南密语、科木希语 p^{w}adi < *p^{w}adi。

14. *dib^{w}i

东部斐济语 ðiβi-ta < *dib^{w}i。

15. *bula-q

依斯那格语 bulaʔ < *bula-q。

16. *garo

罗维阿纳语 garoa < *garo-。

17. *prok

汉语 *prok（剥）。

浪速语 phauk^{55}，波拉语 tʃhak^{55} < *prok。

18. *qra / *ku-ʔora

汉语 *ra（盧）< *qra。①

吉尔伯特语 kuora < *ku-ʔora。

19. *b-kog / *kak

藏文 bkog < *b-kog。（剥牛皮）

嘉戎语 kɐk < *kak。（剥牛皮）

20. *du

博嘎尔珞巴语 duɯ < *du。

21. *ko

景颇语 ko^{55} < *ko。

22. *lal / *b-lal / *k-lal

佤语布饶克方言 lɛh，布朗语 lah^{44} < *lal。

德昂语 blah < *b-lal。（剥、剖）

汉语 *kral（剮）< *k-lal。②

23. *lak / *g-lak / *lik / *loke

克木语 laik，布兴语 lait，户语 lɛʔ^{31} < *lak。

汉语 *glak（择）< *g-lak。

水语、毛南语 lik^{7} < *lik。

---

① 甲骨文“盧”割剥义，谐声字有“虚”“虡”等。

② “剮”为剔人肉之刑。

萨萨克语 lokeʔ < *loke。

24. *to-tak / *po-tak

桑塔利语 tsoʈakh < *to-tak，poʈakh（部分剥落）< *po-tak。

◇ 二 “剥”类的词源关系

1. “剥、去皮”和“皮”

（1）莫图语 *koba-。“皮”日语 kawa < *kaba，阿伊努语 kap < *kab，朝鲜语淳昌方言 sarkkəpttak < *sar-kəbə-tak，卡那卡那富语 kava < *kaba，罗维阿纳语 kapu、莫图语 kopi-na、莫图语柯勒布努方言 opi < *kabi。

（2）满文 *pure-。“皮”克木语 m̥ pur、德昂语南虎话 hur < *pur。义都珞巴语 ko^{55}pɹɑ^{55} < *ko-pra。汉语 *pra（膚）。[①]

（3）摩尔波格语、亚齐语、沙玛语 *kulit。“皮”印尼语、爪哇语 kulit，亚齐语 kulet < *kulit。

（4）博嘎尔珞巴语 *du。“皮”苗语养蒿话 tu^{3}、野鸡坡话 to^{B}、枫香话 tɛ^{3} < *tu。

（5）藏文 *b-kog。“皮肤”勒期语 ʃŏ^{55}ku̠k^{55} < *so-kuk。“树皮”加龙语 akuk < *ʔakuk。

（6）卡林阿语、阿卡拉农语 *ʔupak。“皮”藏文 lpags < *l-pag-s。“树皮”摩尔波格语 upak ＜ *ʔupak。

---

① “膚”谐声字有“盧”*ra，“慮”*ras。“膚”为“臚”之籀文，故其三等介音来自 *-r-。

2. "剥、去皮"和"扔、落、失"

（1）桑塔利语 *to-tak。"落"土耳其语 taki- < *taki，宁德娄语 taku、泰雅语 ma-taku < *taku。"扔"佤语艾帅话、布兴语 tik，格木语 tɛik < *tik。

（2）东乡语 *qolu。"脱离"达斡尔语 xoldu- < *qolu-。

（3）南密语、科木希语 *p^{w}adi。"落"中古朝鲜语 pəsta、庆州话 pətʃəra < *bədə。"扔"桑塔利语 lebda < *le-bda。

（4）乌玛语 *lep，"落"帕玛语 lāpo < *lapo。

（5）印尼语、米南卡保语、巴拉望语 *qupas。"扔"缅文 pɑs^{4} < *pas。

（6）佤语布饶克方言、布朗语 *lal。汉语 *kləl（遗）。

（7）克木语、布兴语、户语 *lak。"丢失"克木语 laik < *lak。

3. "剥、去皮"和"割、劈、切"等

（1）卡林阿语、阿卡拉农语 *ʔupak。"劈"朝鲜语安城话 pokenta < *boke-，壮语 paːk^{8}、毛南语 mak^{7} < *ʔbak，浪速语 pauk^{31} < *pak，"切"托莱语 poko、马京达瑙语 poka < *poka。

（2）汉语 *prok（剥），*phik（劈）。

（3）桑塔利语 *po-tak。"劈"萨萨克语 pantok < *patok。

（4）景颇语 *ko。"劈"尼科巴语 hɔːk < *qok，"斧"马那姆语 ogi < *ʔogi。

（5）宁德娄语 *ʔasik。"劈"阿卡拉农语 saksak，罗维阿纳语 sokoa < *sak / *soko-ʔa。"斧"蒙古语 səx，东部裕固语 səg，东乡语 sugiə < *suke。赫哲语 sukə、鄂伦春语 ʃukə、鄂温克语 ʃuxə < *sukə。

（6）博嘎尔珞巴语 dɯ < *du。"割"满文 hadu-，锡伯语 χadə- < *qadu。

（7）克木语、布兴语、户语 *lak。"割"桑塔利语 lakh < *lak。

◇ 三　词源分析

1. *b^{w}ale（*bula、bal、*pela）

“去皮”依斯那格语 *bula-q。“扔”尼科巴语 kaval < *ka-bal，桑塔利语 pelao < *pela-ʔo。

> “皮、去皮”古英语 pilian，“去毛”拉丁语 pilare < *pila。
> “拉”古英语 pullian < *puli-。
> “落下”古英语 feallan、古弗里斯语、古挪威语 falla、立陶宛语 puola < *pola。

2. *lupa（*lipo、*lepa）

“去皮”乌玛语 lepaʔ < *lepa。“皮”依斯那格语 luplup，戈龙塔洛语 alipo < *lipo。

> “去皮”波兰语 obłupatʃ < *ob-lupa-。“去皮”阿尔巴尼亚语 rrjep < *rep。
> “树皮”古教堂斯拉夫语 lubu，立陶宛语 luobas < *luba-。

3. palut

“去皮”卡加延语 palut < *palu-t。

> “皮”希腊语 ployda < *plo-da。

4. *sik（*sek、*sgi、*suqu、*suqi）

“剥”宁德娄语 *ʔasik，巽他语 *pə-sek，朝鲜语 *bi-sgi-。“皮”满文 suku，女真语（速古）*suku < *suqu。女真语（速吉）*suki < *suqi。

> “皮、去皮”英语 skin，“皮”古英语 scinn，古挪威语 skinn < *skin。

5. *g^{w}ari（*garo、*gar、*kiri）

“去皮”罗维阿纳语 *garo。“皮、皮革”图瓦语 bɤlʁɑːr < *bəl-gar。“皮”菲拉梅勒语、拉巴努伊语 kiri。吕苏语 ngə^{135} < *gər。

“去皮”俄语 koẓitsu < *kori-。“去皮”阿尔巴尼亚语 kjëroj < *koro-。
“去皮”（名词）俄语 korka < *kor-。“皮革”梵语 caːrma < *kar-ma。

“去皮”芬兰语 kuoria < *kori-，格鲁吉亚语 garsi（名词）。

6. *k^{w}ab^{w}i（*koba、*kapu、*kab^{w}a、*kabi）

“去皮”莫图语 *koba-。“皮”日语 kawa < *kab^{w}a，阿伊努语 kap < *kab，朝鲜语淳昌方言 sarkkəpttak < *sar-kəbə-tak，卡那卡那富语 kava < *kab^{w}a，罗维阿纳语 kapu、莫图语 kopi-na、莫图语柯勒布努方言 opi < *kabi。

“树皮”希腊语 gabgisma < gab-gism。

7. 汉语 *prok（剥）。“剥”浪速语 phauk^{55}，波拉语 tʃhak^{55} < *prok。

“劈”希腊语 peleko < *peleko。“斧子”梵语 paraku。
“断”古英语 brecan，哥特语 brikan，古弗里斯语 breka < *breka。

“挂”的词源关系

亚欧语言“悬挂”义的表述多与“高的”“上（面）”等说法有词源关系。

◇ 一　东亚太平洋语言的“挂”

“挂”的主要说法有：

1. *ʔil / *lo-ʔe

维吾尔语、哈萨克语 il- < *ʔil。

窝里沃语 loe < *lo-ʔe。

2. *ʔas

土耳其语、撒拉语 as- < *ʔas。

3. *ʔolgo / *loko / *laki-ra / *lik

清代蒙文 elgu，蒙古语 ɵlgɵ-，东部裕固语 olɢo- < *ʔolgo。①

锡伯语 liəkə-，赫哲语 loqo-，鄂伦春语 lɔkɔ-，鄂温克语 lɔxɔ- < *loko。

① “挂”匈牙利文 loga，logat < *loga-t。

满文 lakija- < *laki-ra。

墨脱门巴语 lik < *lik。

4. *kaku-re / *kake-ru

达斡尔语 kɑkureː- < *kaku-re。

日语 kakeru < *kake-ru。

5. *dudəle / *dule

土族语 diudzəle- < *dudəle。

拉加语 dule- < *dule。

6. *gatuŋ / *si-goto

印尼语、爪哇语 gantuŋ，巴塔克语 gattuŋ，贡诺语 aŋ-gentuŋ < *gatuŋ。

罗维阿纳语 siɣoto < *si-goto。

7. *bo-ʔe

马京达瑙语 voe < *bo-ʔe。

8. *ma-bʷilis

布农语 maviɬis < *ma-bʷilis。

9. *taʔu

萨摩亚语、汤加语 tautau，拉巴努伊语 tau < *taʔu。

10. *sagi / *sege / *sukiki

吉利威拉语 -sagi < *sagi。

达密语 i-sege-ja < *sege。

宁德娄语 sukiki < *sukiki。

11. *rugu

阿者拉语 rugu- < *rugu。[①]

12. *laŋa

波那佩语 laŋa < *laŋa。

13. *puʔe

瓜依沃语 fuʔe-a < *puʔe。

14. *ʔatu-per / *qe-b^{w}er

塔纳语 -atuper < *ʔatu-per。

锡加语 heβer < *qe-b^{w}er。

15. *qela-ʔi / *kəla-ʔi / *kli

赛德克语 qeja，赛夏语 halaj < *qela-ʔi。

鲁凯语 kəɭaj，排湾语 kəmɭaj < *kəla-ʔi。

克木语 kloi < *kli。

16. *bita-ʔi / *biti-n

阿卡拉农语 bitaj < *bita-ʔi。

他加洛语 bitin < *biti-n。

17. *g^{w}an

汉语 *g^{w}an（悬）。

---

①“挂”芬兰语 roikkua < *roku-。

18. *k^wri-s / *ʔore

汉语 *k^wris（挂）< *k^wri-s。

锡加语 orə < *ʔore。

19. *m-gel

藏文 ɦgel < *m-gel。

20. *tak / *p-tak / *totok

博嘎尔珞巴语 tak，阿力克藏语 ptak < *tak / *p-tak。

马绍尔语 totōk < *totok。

21. *r-ŋo / *taŋa-ʔo

道孚语 zŋo < *r-ŋo。

桑塔利语 taŋgao < *taŋa-ʔo。（挂起）

22. *krit

缅文 khjit^{4} < *krit。

23. *ʔb^wen / *kə-b^wen

壮语武鸣话 ven^{3} < *ʔb^wen。

克木语 khə vɛn < *kə-b^wen。

24. *gap

黎语通什话 kap^{8} < *gap。①

25. *b^wak / *bak / *b^wak-lili-ŋa

佤语艾帅话 vha̱ k，户语 vak^{31}，布朗语 fok^{35} < *b^wak。

---

①“挂”格鲁吉亚语 khipɛba < *gipe-。

桑塔利语 bak < *bak。（挂在钩上）

东部斐济语 βak-lili-ŋa < *b^{w}ak-lili-ŋa。（挂起）

26. *ʔak / *ʔaka

布兴语 ʔuak < *ʔak。

桑塔利语 aka < *ʔaka。

◇ 二 “挂”的词源对应关系

1. “挂”和“高”

（1）维吾尔语、哈萨克语 *ʔil。“高”坦纳语 iləs < *ʔiləs。

（2）土耳其语、撒拉语 *ʔas。“高”他加洛语 taʔas < *ta-ʔas。

（3）锡伯语、赫哲语、鄂伦春语、鄂温克语 *loko。“高”达密语 meluk < *me-luk。

（4）日语 *kake-ru。“高”大瓦拉语 gege-na < *gege。赫哲语 gugda、鄂温克语 gʊdda、鄂伦春语 gʊgda < *gug-。

（5）汉语 *$k^{w}$is（挂），*ke（高）。

（6）锡加语 *ʔore。“高”维吾尔语 ørɛ，西部裕固语 ər-liɣ < *ʔore。

（7）马绍尔语 *totok。“高”塔塔尔语、哈萨克语 tik < *tek。图瓦语 petik < *pe-tek。

（8）黎语通什话 *gap。“高”梅柯澳语 ŋapuŋap < *ŋapu-ŋapu。

（9）波那佩语 *laŋa。“高”窝里沃语 ma-laŋ < *ma-laŋ。

（10）桑塔利语 *ʔaka。“高”哈尼语 go^{31} < *go。

（11）萨摩亚语、汤加语、拉巴努伊语 *taʔu。“高”卡加延语 datas < *data-s。

2."挂"和"上(面)"

(1)波那佩语 *laŋa。汉语 *glaŋ-s(上)< *g-laŋ。"上(面)"佤语马散话 siɯ lɔŋ,布朗语甘塘话 $la^{33}leŋ^{55}$ < *sə-loŋ / *la-leŋ。

(2)汉语 $*g^wan$(悬)。"上(面)"壮语武鸣话、布依语 $kɯn^2$ < *gən。

(3)萨摩亚语、汤加语、拉巴努伊语 *taʔu。"上(面)"印尼语 di atas、米南卡保语 di ateh < *di-ʔatas。布拉安语 tah < *tas。

(4)日语 *kake-ru。"上(面)"中古朝鲜语 uh、庆州话 uɣɛ < *ʔuge。

(5)阿者拉语 rugu- < *rugu。"上(面)"拉巴努伊语 ʔi ruŋa、萨摩亚语 i luŋa o < *ruŋa。

(6)阿卡拉农语 bitaj < *bita-ʔi。"上(面)"巴拉望语 dibwat < $*di-b^wat$。"向上"桑塔利语 hɛbitʃ < *dabit,dhɛbitʃ < *dabit。

三 词源关系分析

1. *ge(*kake、*sege、*sagi、*ka、*gege、*go)

"挂"达密语 *sege,吉利威拉语 *sagi,日语 *kake-ru,桑塔利语 *ʔaka。"高"大瓦拉语 gege-na < *gege,赫哲语 gugda、鄂温克语 gʊdda、鄂伦春语 gʊgda < *gug-,哈尼语 go^{31} < *go。"上(面)"中古朝鲜语 uh,庆州话 uɣɛ < *ʔuge。

> "悬、吊"古英语 hon,古挪威语 hengja、hanga,古弗里斯语 hangia < *kega。
>
> "挂"粟特语 ākōts < *akog。

"挂"匈牙利文(动词)akaszt < *akas-t。

"高的"马京达瑙语 $la^ŋkas$ < *la-kas。

"峭壁"塔纳语 lekiakəs < *leki-ʔakəs。

“高”希腊语 megas < *me-gas。

2. *b^{w}ati（*bita、*b^{w}at、*bətu、*b^{w}atu、*pita）

“挂”阿卡拉农语 bitaj < *bita-ʔi。“上（面）”巴拉望语 dibwat < *di-b^{w}at。“向上”桑塔利语 hɛbitʃ < *dabit，dhɛbitʃ < *dabit。

“悬”法语 pendre，拉丁语 pendere < *pede-。

“悬于”中古法语 dependre，拉丁语 dependere < *de-pede-。

“头”高地德语 houbit、古英语 heafod（顶端）、梵语 kaput-，拉丁语 caput。

3. *b^{w}o（*pu、*bo、*bu）

“挂”瓜依沃语 *puʔe。“上（面）”藏文 phu，嘉戎语 phə < *bu。“头”蒙达语 bo < *bo。景颇语 po^{33} < *bo。

“上面、高”古高地德语、撒克逊语 oban、德语 oben。

“高的”柬埔寨文 khpuəh < *k-pus。

“悬挂”俄语 veşatj < *b^{w}esa-，波兰语 wisietʃ < *b^{w}ise-。

4. *b^{w}eri（*ber、*per、*bor、*bur）

“挂”塔纳语 *ʔatu-per，锡加语 *qe-ber。“上（面）”拉加语 *ʔamure、爪哇语 *dubur、桑塔利语 *bor。

“悬挂”希腊语 aparto < *apar-，阿尔巴尼亚语 var < *b^{w}ar。

“悬挂”亚美尼亚语 xumar < *qumar。

“上、越过”（介词）中古英语 ofer、古撒克逊语 abar、古高地德语 ubar、哥特语 ufar、希腊语 uper < 古印欧语 *oper。“超越”梵语 paraː。

“高的”格鲁吉亚语 marla、marali。

“分”的词源关系

亚欧语言“分、分开”义的说法多与“份额”“劈”等说法有词源关系。一些语言“分、劈开”的说法跟“斧子”的说法有词源关系。

◇ 一 东亚太平洋语言的“分”

表示“分、分开”意思的主要说法有：

1. *bole / *bil / *bleŋ

维吾尔语 bøl-（分），图瓦语、哈萨克语 bøl-，西部裕固语 ule- < *bole。[①]

桑塔利语 bilhɛu < *bil-qu，biloe < *bilo-ʔe。

布兴语 blɛŋ < *bleŋ。

2. *qur-tə / *ʔor / *ʔuru-para

蒙古语 xʉrtəː- < *qur-tə。[②]

坦纳语 -ōr < *ʔor。

① “分开”匈牙利文（动词）feloszt < *polos-t。

② “分开”芬兰语（动词）irrota < *iro-,（形容词）eri。

达密语 uru ɸara < *ʔuru-para。

3. *qobida / *bada-ʔi / *bate / *pati

蒙古语书面语 qobɪdɑ- < *qobida。（分得）

排湾语 ma-vadaj < *bada-ʔi。

东部斐济语 wase-a < *bate-。

马京达瑙语 pati < *pati（分开、份额）。

4. *quga / *ʔogu / *ʔuk-ta

东乡语 ɢuɣɑ-，东部裕固语 χuɢuɑ- < *quga。

中古朝鲜语 nanota、镜城话 noŋkuta < *ʔogu-。

鄂伦春语 ʊktʃa-，鄂温克语 uʃɑː- < *ʔuk-ta。

5. *dede / *diti

满文 dende-，锡伯语、赫哲语 dəndə- < *dede。

帕马语 diti < *diti。

6. *kuba-ru / *ʔa-kap

日语 kubaru < *kuba-ru。①

阿者拉语 aŋkaf < *ʔa-kap。

7. *nege / *nek

马那姆语 nege < *nege（分开、份额）。波那佩语 nēk < *nek（分开、份额）。

① "分开"格鲁吉亚语 daqhɔpa < *da-ɢopa。

8. *daloʔi / *toliŋi

瓜依沃语 daloʔi- < *daloʔi。劳语 toliŋia < *toliŋi-（分开、份额）。

9. *na-riri / *riri

伊拉鲁吐语 nɛrirə < *na-riri。（分开、份额）

木雅语 ji^{24}rə^{33} < *riri。

10. *b^{w}ab^{w}a-ʔe / *ʔap^{w}a / *b^{w}e

萨摩亚语 vavae < *b^{w}ab^{w}a-ʔe。宁德娄语 ap^{w}ai < *ʔap^{w}a-。

缅文 we^{2} < *b^{w}e。

11. *moro /*maro / *pari / *pars / *pra / *pres

爪哇语 mɔrɔ < *moro。萨萨克语 maro < *maro。

莫图语 hari-a < *pari-（分开、份额）。

桑塔利语 parsao < *pars-。（分食物）

格曼僜语 pɹɑ^{55} < *pra。

侗语 phje^{5} < *pres。

12. *ma-ʔa

锡加语 maʔa < *ma-ʔa。

13. *ʔulas

卡加延语 ulas < *ʔulas。

14. *baga-ʔi / *bogo-ʔi

鲁凯语 pa-o-vagaj < *baga-ʔi。巴拉望语 bɔgɔj < *bogo-ʔi。

15. *pən / *phan-s

汉语 *pən（分），*phans（判）。

16. *go / *gu / *ga / *gog^{w}a

藏文 bgo，博嘎尔珞巴语 guː，怒苏怒语 gɔ^{35} < *b-go / *go。

黎语保定话 kau^{2} < *gu。

布朗语胖品话 ga < *ga。

卡林阿语 gogwa < *gog^{w}a。

17. *beŋ / *ʔbeŋ / *ʔbiŋ

墨脱门巴语 boŋ，义都珞巴语 beŋ < *beŋ。

西双版纳傣语 bɛŋ^{5} < *ʔbeŋ。

户语 ʔmiŋ^{33} < *ʔbiŋ。

18. *kro / *karan

嘉戎语 ka kro < *kro。景颇语 kă^{31}ʒan^{55} < *karan。

19. *kle

仫佬语 khɣe^{1} < *kle。

20. *gul

佤语马散话 ghuɤh、艾帅话 guah、孟贡话 vah < *gul。

21. *kal

布朗语 k′kah < *kal。

◇ 二 “分”的词源对应关系

1.“分”和“份额”

一些语言“分开”和“分、份额”用相同的词表示，如马京达瑙语 pati、马那姆语 nege、波那佩语 nēk、莫图语 hari-a、伊拉鲁吐语 nɛrirə、劳语 toliŋia < *toliŋi- 等。这两种说法有对应关系的如：

（1）劳语 *toliŋi-，“份额”瓜依沃语 toriŋia。

（2）景颇语 *karan，“份额”邹语 a-ŋare。

（3）马京达瑙语 pati，“份额”依斯那格语 ikipat。

（4）莫图语 *pari-，“份额”那大语 fara。

2.“分”和“劈、割”

（1）瓜依沃语 *daloʔi。“劈”鄂温克语 dəlxi- < *dul-gi。布朗语 tah^{35} < *tal。“剁”鄂伦春语 doːləː- < *dolə。

（2）布兴语 *bleŋ。“劈”格曼僜语 bla^{53} < *bla，苗语养蒿话 pha^{1} < *pla。

（3）佤语 *gul。“利刃切、砍”桑塔利语 thugul < *tugul。

（4）布朗语 *kal。“劈”尼科巴语 keh、克木语 koh、布兴语 kal < *kel。

（5）缅文 $*b^{w}e$。“劈”日语 waru < $*b^{w}a$-ru，罗地语 bia < *bi-ʔa，克木语 bɛ < *be。

（6）马京达瑙语 pati < *pati，“劈”查莫罗语 pitʃa < *pita。“割”古突厥语、土耳其语 bitʃ-，维吾尔语 pitʃ-，图瓦语 bɤdʒɑ- < *bita。

（7）爪哇语、萨萨克语 *paro。“割”中古朝鲜语 pehita、安城话 pijətta < *berə-。

（8）满文、锡伯语、赫哲语 *dede。“割”马那姆语 toto，罗地语 tate < *toto / *tate。查莫罗语 utot < *ʔutot。伊拉鲁吐语 mətotə < *mə-totə。

“切开”木鲁特语 tatas。

三 词源关系分析

1. *bati（*pati、*bada、*bate、*pita、*pat、*bat 等）

“分开”马京达瑙语 pati < *pati，排湾语 *bada-ʔi，东部斐济语 wase-a < *bate-。

“劈”查莫罗语 pitʃa < *pita。

“割”古突厥语、土耳其语 bitʃ-，维吾尔语 pitʃ-，图瓦语 bɤdʒɑ- < *bita。木鲁特语 babat（砍开一条路），pidis（切割）。德宏傣语 paːt^{7} < *pat。汉语 *b^{w}at（伐）。

“分开”拉丁语 dividere < *di-b^{w}ide。（*di-“离开”）
“分开”粟特语 patin，阿维斯陀经 paitina < *pati-。
“割”和阗塞语 patta（第三人称单数）< *pata。
“断”梵语 bhidh < *bid。
“手斧、小刀”梵语 savadhaː < *sab^{w}ada。

2. *dalo（*toli、*dul、*tal、*dal、*dolə）

“分开”瓜依沃语 *daloʔi，劳语 *toliŋi。

“劈”鄂温克语 dəlxi- < *dul-gi。布朗语 tah^{35} < *tal。德昂语硝厂沟话 dauh、曼俄话 tah^{35} < *dal。

“剁”鄂伦春语 doːləː- < *dolə。

“分开、分配”古英语 dælan < *dala-。“分开”希腊语 diairo < *daro。
“分开、分配”俄语 delitj，波兰语 dʑielitʃ < *deli-。

3. *maro（*moro）

“分开”爪哇语 *moro，萨萨克语 *maro。

“分开”希腊语 moirazo < *mora-。

4. *b^{w}ari（*pari、*par、*pra、*pre、*berə）

“分开”爪哇语 *moro，萨萨克语 *maro，莫图语 *pari，桑塔利语 *pars-ʔo，格曼僜语 *pra，侗语 *pres。

“割”中古朝鲜语 pehita、安城话 pijətta < *berə-。

“平分的”拉丁语 separatus < *separa-。“分开”古法语 partir < *par-。

“分开”粟特语 yiwār < *ib^{w}ar。

5. *kro

“分开”嘉戎语 *kro。

“分开”希腊语 tʃorizo < *kori-。

6. *b^{w}aga（*bogo、*boke、*ʔbak、*pak）

“分开”鲁凯语 pa-o-vagaj < *b^{w}aga-ʔi，巴拉望语 bɔgɔj < *bogo-ʔi。

“劈”朝鲜语安城话 pokenta < *boke-，壮语 paːk^{8}、毛南语 mak^{7} < *ʔbak，浪速语 pauk^{31} < *pak。

“分开”梵语 bhadʒati < *baga-。

7. *dede（*diti）

“分开”满文、锡伯语、赫哲语 *dede，帕马语 *diti。

“分开”阿尔巴尼亚语 ndaj < *da-。

“割下”蒙古语书面语 qɑdu- < *qadu。“劈”萨摩亚语 tātā < *tata。

“斧子”查莫罗语 atʃita < *ʔatita。

“割”和阗塞语 ttä ṣ-，阿维斯陀经 taʃ- < *toʃ。亚美尼亚 taʃem < *taʃ-。 “斧子”波斯语 taʃ，粟特语 tʃ-。①

8. *bole（*bilo、*pla）

“分开”维吾尔语、图瓦语、哈萨克语、西部裕固语 *bole，桑塔利语 *bilo-ʔe。

“劈”格曼僜语 bla^{53} < *bla。苗语大南山话 $tshi^{1}$、养蒿话 pha^{1} < *pla。

“斧子”达阿语 baliu、窝里沃语 bali-bali（手斧）< *bali-ʔu，排湾语 valəs < $*b^{w}alə$-s，“手斧”印尼语 bɔliuŋ、米南卡保语 $baliu^{ə}ŋ$ < *bali-uŋ。

“分开”亚美尼亚语 baʒanel < *bala-。

“分开”匈牙利文（动词）feloszt < *polos-t。

9. *ʔuk

“分开”鄂伦春语、鄂温克语 *ʔuk-ta。

“斧子”马那姆语 ogi < *ʔogi。南密语、阿杰语 gi < *gi。

“分开”亚美尼亚语 kisel < *kis-。 “斧子”古英语 æces，古弗里斯语 axe < *aki-s。希腊语 axine < *aksi-ne。

10. *kal

“分开”布朗语 k′kah < *kal。

“劈”尼科巴语 keh、克木语 koh、布兴语 kal < *kel。

“分开”和阗塞语 vaskal- < $*b^{w}a$-skal。

① H. W. Bailey, *Dictionary of Khotan Saka*, p.130.

“劈”的词源关系

“劈、割”是“使裂开”。“砍、剁”是冲击性的，“割”是持续或反复用力。亚欧语言“劈、砍”义的说法多与“分开”“割”“杀”“断”“斧子、刀”等说法有词源关系。

◇一　东亚太平洋语言的“劈、砍”

“劈、砍”的主要说法有：

1. *ʔadjar / *djar / *tare-ʔi

土耳其语 ajar- < *ʔadjar。

维吾尔语 jɑr-，哈萨克语 dʒɑr- < *djar。

塔希提语 tarai < *tara-ʔi。

2. *bol / *polo

土耳其语 bøl- < *bol。[①]

布吉斯语 polo < *polo。（切）

---

① “劈”匈牙利文 felvag < *pol-b^{w}ag。

3. *dabti / *tap / *dap

蒙古语 dʒɑbtʃi-，东部裕固语 dʒɑbtʃɑ- < *dabti。（砍）

维吾尔语 tʃɑp-，哈萨克语 ʃɑp-，西部裕固语 dʒɑhp- < *tap。（挖、砍）①

卡林阿语 dapdap < *dap。（砍）

4. *ti-rit / *rit

达斡尔语 tʃiritʃ- < *ti-rit。（砍）

阿美语 ritrit < *rit。（割）

5. *dul-gi / *doli / *dolə / *tala / *dal

满文 jurgi-（加楔劈），鄂温克语 dəlxi- < *dul-gi。

保安语 dolə-，东乡语 doji- < *doli。（砍）

鄂伦春语 doːləː- < *dolə。（剁）

邵语 təmala < *tala。（砍）

德昂语硝厂沟话 dauh，曼俄话 tah^{35}，布朗语 tah^{35} < *dal。

6. *boge / *bok / *ʔbak / *pak / *bok

朝鲜语安城话 pokenta < *boge-。②

布拉安语 n-bək < *bok。

壮语 paːk^{8}，毛南语 mak^{7} < *ʔbak。

浪速语 pauk^{31} < *pak。

克木语 bōk < *bok。

7. *b^{w}a-ru / *bi-ʔa / *poʔi / *be

日语 waru < *b^{w}a-ru。③

---

①“割”匈牙利文（名词）csapas < *tapas。

②“劈”匈牙利文 vag < *b^{w}ag。

③“劈”格鲁吉亚语 phɔba < *bo-。

罗地语 bia < *bi-ʔa。罗图马语 fɔi < *poʔi。

克木语 bɛ < *be。

8. *sak / *soko-ʔa / *sik

阿卡拉农语 saksak，罗维阿纳语 sokoa < *sak / *soko-ʔa。[①]

汉语 *sik（析）。

9. *poro

锡加语 poro < *poro。（砍）

10. *lapo

瓜依沃语 lafo < *lapo。（砍）

11. *riŋo

拉加语 riŋo < *riŋo。（砍）

12. *pita / *pat

查莫罗语 pitʃa < *pita。

布兴语 pat < *pat。（砍）

13. *rab

阿者拉语 rab- < *rab。（砍）

14. *da-ʔi / *qadu

帕玛语 dai < *da-ʔi。（砍）

蒙古语书面语 qɑdu- < *qadu。（割下）

---

① “劈”芬兰语 iskeä < *iske-。

15. *salit / *sglat

泰雅语 salit < *salit。（砍）

汉语 *sglat（绝），*glat（折，已断）。

16. *siri

莫图语 siri-a < *siri-。

17. *tata

萨摩亚语 tātā < *tata。

18. *p^{w}ile

塔几亚语 -file < *p^{w}ile。

19. *sib^{w}i

东部斐济语 siβi-ta < *sib^{w}i。

20. *phik

汉语 *phik（劈）。

21. *g-srak-s / *rək / *g-rik / *li-rak

藏文 gçags < *g-srak-s。①

嘉戎语 kɐ rzək < *rək。（割绳）

汉语 *grik（划）< *g-rik。

尼科巴语 lirak < *li-rak。

① 古藏语 *g-、*-s 表示使动。

22. *pe-tak / *butuk / *dak / *tok

博嘎尔珞巴语 peː tak < *pe-tak。

汉语 *tok（椓）。[①]

鲁凯语 butsuku < *butuk。

布兴语 thak < *dak。

23. *bla / pla / *pəlaq

格曼僜语 bla^{53} < *bla。

苗语大南山话 $tshi^{1}$、养蒿话 pha^{1} < *pla。

布依语 pa^{5}，傣语 pha^{5}，侗语 la^{5} < *pla。

阿美语 pəlaʔ，排湾语 piliq（分开）< *pəlaq。

24. *k^{w}at / *kh^{w}at / *kut

阿力克藏语 kwat < *k^{w}at。

汉语 *kh^{w}at（缺）。

卡乌龙语 kut < *kut。

25. *kro

道孚语 krə < *kro。

26. *lak / *k-lak

佤语马散话 lauk，艾帅话 luk，孟贡话 lak < *lak。

汉语 *klak（斫）< *k-lak。

27. *smak / *sa-mak

水语 m̥ aːk^{7}，毛南语 maːk^{7} < *smak。

①《诗经·小雅·正月》：“民今之无禄，天夭是椓。”“椓”，劈。

桑塔利语 hubɛg < *qubeg，makh < *mak，samakh < *sa-mak。

28. *ʔbuŋ

黎语 buːŋ^{1} < *ʔbuŋ。

29. *tugul / *kel

桑塔利语 thugul < *tugul。（利刃切、砍）

尼科巴语 keh，克木语 koh，布兴语 kal < *kel。

30. *qok

尼科巴语 hɔːk < *qok。

◇ 二 “劈、砍”的词源对应关系

1. “劈、砍、割”和“分开”

“劈、砍、割”和“分开”的词源关系上文《分》篇已举例说明。

2. “劈、砍”和“斧子”

（1）土耳其语 *bol。“斧子”土耳其语 balta、维吾尔语 pɑltɑ < *bal-ta。

（2）日语 *bʷa-ru。汉语 *poʔ（斧）。

（3）阿卡拉农语 *sak，罗维阿纳语 *soko-ʔa。“斧子”蒙古语 səx、东部裕固语 səg、东乡语 sugiə < *suke。赫哲语 sukə、鄂伦春语 ʃukə、鄂温克语 ʃuxə < *sukə。

（4）格曼僜语 *bla。“斧子”达阿语 baliu、窝里沃语 bali-bali（手斧）< *bali-ʔu。排湾语 valəs < *bʷalə-s。“手斧”印尼语 bəliuŋ、米南卡保语 baliuᵊŋ <

*bali-uŋ。

（5）尼科巴语 *qok。“斧子”马那姆语 ogi < *ʔogi。南密语、阿杰语 gi < *gi。

（6）维吾尔语、哈萨克语、西部裕固语 *tap。“斧子”达斡尔语 topoːr < *topor。

（7）查莫罗语 *pita。“斧子”乌玛语 pati < *pati。查莫罗语 satʃapitʃo < *sata-pito。

（8）汉语 *phik。“斧子”鄂罗克语 pelekko < *peleko。他加洛语 palakol、阿卡拉农语 parakuɬ < *palak-ul。

（9）布兴语 *dak。“斧子”朝鲜语 tokki < *doki。“大斧子”桑塔利语 taŋga < *taga。

（10）阿力克藏语 *k^wat，汉语 *g^wat（钺）。

3.“劈、砍”和“杀”

（1）布兴语 *dak。“杀”朝鲜语 tʃukita < *dugi-，托莱语 doko < *doko，赛夏语 tombok < *toko。

（2）阿美语 *pəlaq。“杀”那大语 vela、波那佩语 ka-mēla < *b^wela。

（3）查莫罗语 *pita。汉语 *b^wat（伐）。

（4）日语 *b^wa-ru。“杀”满文 wa-、锡伯语 va-、鄂伦春语 waː-、赫哲语 wa- < *b^wa。

（5）朝鲜语安城话 *boge-。“杀”赛夏语 tombok < *to-boko，窝里沃语 peka-mate < *peka-mate（杀—死）。

（6）阿力克藏语 *k^wat。“死、杀”桑塔利语 gotʃ < *got。汉语 *g^wat（钺）。

4.“劈、砍”和“断”

（1）达斡尔语 *ti-rit。“断”乌孜别克语 yzɛt- < *uret。

（2）阿美语 *pəlaq。“断”阿卡拉农语、他加洛语 bariʔ < *bariq。

（3）壮语、毛南语 *ʔbak。“断”印尼语 kampak、马都拉语 kapak < *ka-pak。

（4）汉语 *phik，“断”罗维阿纳语 poraka < *porak。

（5）格曼僜语 *bla，“断”巴塔克语 bola。

（6）道孚语 *kro，“断”达密语 kerã 。

（7）查莫罗语 *pita，“断”木鲁特语 poto。

三　词源关系分析

1. *dare（*dar、*tara）

“劈”土耳其语 *ʔadjar，维吾尔语、哈萨克语 *dar，塔希提语 *tara-ʔi。

> “劈”阿尔巴尼亚语 ndryʃoj < *driso-。“切割”亚美尼亚语 ktrel < *ktre-。
>
> “分开”古英语 teran。“剥皮”希腊语 derein < *dere-。
>
> “（我）剥皮”亚美尼亚语 terem。“（碎）片”布列吞语 darn。

2. *qog^{w}a（*qok、*gog^{w}a、*gi、*k^{w}an）

“劈”尼科巴语 hɔːk < *qok。“分开”卡林阿语 gogwa < *gog^{w}a。

“打”壮语武鸣话 hon^{4}，龙州话 kon^{4} < *gonʔ。

“斧子”马那姆语 ogi < *ʔogi。南密语、阿杰语 gi < *gi。侗语 kwaːn^{1}、傣语 xwaːn^{1} < *k^{w}an。

> “打击、杀”阿维斯陀经 gan-、古波斯语 jan- < *gan。
>
> “劈”古英语 heawan，古挪威语 hoggva，古弗里斯语 hawa < *kog^{w}a。
>
> “斧子”古英语 æces，古弗里斯语 axe < *aki-s。希腊语 axine <

*aksi-ne。

“劈”格鲁吉亚语 tʃɛxa < *keqa。

3. *palak（*pəlaq、*prik、*porak、*bariq、*peleko、*palak）

“劈”阿美语 *pəlaq。“断”罗维阿纳语 poraka < *porak，阿卡拉农语、他加洛语 bariʔ < *bariq。“斧子”鄂罗克语 pelekko < *peleko，他加洛语 palakol，阿卡拉农语 parakuɬ < *palak-ul。[①]

“劈”希腊语 peleko < *peleko。“斧子”梵语 paraku。 “断”古英语 brecan、哥特语 brikan、古弗里斯语 breka < *breka。

4. $*g^{w}at$（$*k^{w}at$、*kut、*got、*gat）

“劈”阿力克藏语 $*k^{w}at$，卡乌龙语 *kut。“死、杀”桑塔利语 go̱tʃ < *got。汉语 $*g^{w}at$（钺）。汉语 $*kh^{w}at$（缺）。

“劈”希腊语 katakopto < *kata-kop-no。乌尔都语 kaːnta < *kata。 “斧子”亚美尼亚语 katshin < *kadi-n。

5. *bati（*pita、*pati、*pito、*bat、*pat）

“劈”查莫罗语 *pita。“砍”布兴语 *pat，汉语 $*b^{w}at$（伐）。

“斧子”乌玛语 pati < *pati。查莫罗语 satʃapitʃo < *sata-pito。

“割”和阗塞语 patta（第三人称单数）< *pata。 “断”梵语 bhidh < *bid。 “手斧、小刀”梵语 savadhaː < *sabada。

6. *kro

“劈”道孚语 krə < *kro。“断”达密语 kerã < *keran。

① *-ul 表示某类行为的工具。

> “劈”波兰语 kroitʃ < *kro-，俄语 kroçitj < *krosi-。

“劈”格鲁吉亚语 tʃhɛra < *gera。

7. *suke（*sak、*soko、*sukə）

“劈”阿卡拉农语 *sak，罗维阿纳语 *soko-ʔa。“斧子”蒙古语 sɵx、东部裕固语 səg、东乡语 sugiə < *suke。赫哲语 sukə、鄂伦春语 ʃukə、鄂温克语 ʃuxə < *sukə。

> “劈、割”波兰语 siekatʃ < *seka-。“斧子”波兰语 siekiera < *sekera。
>
> “斧子”意大利语 askia、拉丁语 ascia。
>
> “匕首”（冰岛凯尔特人的匕首）盖尔语 scian < *ski-an。

8. *tota（*du、*ta）

“割下”蒙古语书面语 qɑdu- < *qadu。“劈”萨摩亚语 tātā < *tata。

“斧子”查莫罗语 atʃita < *ʔatita。

> “割”和阗塞语 ttä ʂ-，阿维斯陀经 taʃ- < *toʃ。亚美尼亚语 taʃem < *taʃ-。
>
> “斧子”波斯语 taʃ，粟特语 tʃ-。①

“分开”满文、锡伯语、赫哲语 *dede，帕马语 *diti。

> “分开”阿尔巴尼亚语 ndaj < *da-。

① H. W. Bailey, *Dictionary of Khotan Saka*, p.130.

中国社会科学院老学者文库

亚欧语言基本词比较研究

卷五（形容词、副词、代词和数词）

吴安其◎著

中国社会科学出版社

图书在版编目（CIP）数据

亚欧语言基本词比较研究：全5卷／吴安其著．—北京：中国社会科学出版社，2017.1

（中国社会科学院老学者文库）

ISBN 978-7-5161-7911-6

Ⅰ．①亚…　Ⅱ．①吴…　Ⅲ．①比较词汇学-南印度语系 ②比较词汇学-印欧语系 ③比较词汇学-高加索语系 ④比较词汇学-芬匈语系　Ⅳ．①H620.3 ②H703 ③H650.3 ④H660.3

中国版本图书馆CIP数据核字（2016）第070530号

出 版 人　赵剑英
责任编辑　王　茵　马　明
责任校对　朱妍洁
责任印制　戴　宽

出　　版　中国社会科学出版社
社　　址　北京鼓楼西大街甲158号
邮　　编　100720
网　　址　http://www.csspw.cn
发 行 部　010-84083685
门 市 部　010-84029450
经　　销　新华书店及其他书店

印刷装订　北京君升印刷有限公司
版　　次　2017年1月第1版
印　　次　2017年1月第1次印刷

开　　本　710×1000　1/16
印　　张　176.25
字　　数　2420千字
定　　价　638.00元（全五卷）

凡购买中国社会科学出版社图书，如有质量问题请与本社营销中心联系调换
电话：010-84083683

卷五目录

“大”的词源关系

亚欧语言“大”义的说法多与“多的”的说法有词源关系，亦可与“长的”“胖的”“厚的”等对应。

一　东亚太平洋语言的“大”

“大”的主要说法有：

1. *bedu-k / *bede / *bada / *na-badə

古突厥语　bedūk < *bedu-k。

达阿语　na-bete < *bede。

莫图语　bada < *bada。（大的、多的）

伊拉鲁吐语　nabadə < *na-badə。

桑塔利语　bhaɳḍa < *bada。

2. *toŋ / *n-teŋ / *diŋ / *daŋ / *kotoŋ

维吾尔语　tʃoŋ，　哈萨克语　ʃoŋ < *toŋ。

户语　n tɛŋ^{33} < *n-teŋ。

佤语马散话　thiŋ，艾帅话　tiŋ < *diŋ。

德昂语硝厂沟话 taŋ、南虎话 daŋ < *daŋ。

柬埔寨文 kɔntoːŋ < *kotoŋ。

3. *ʔuluq / *loqe

图瓦语 ulux < *ʔuluq。

贡诺语 lohe < *loqe。

4. *qige / *ʔəg-dəŋə / *ʔok-ʔi / *ma-ʔoge

蒙古语书面语 jeke，蒙古语正蓝旗话 jix，达斡尔语 xig < *qige。（大的、多的）①

鄂伦春语 əgdəŋə < *ʔəg-dəŋə。

日语 oːkiː < *ʔok-ʔi。

窝里沃语 maoge < *ma-ʔoge。

5. *pugo / *bogo-n / *beka

东乡语 fugiə，保安语 fuguo < *pugo。（大的、多的）

鄂温克语 bɔŋgɔn < *bogo-n。

吉利威拉语 βeka < *beka。

6. *sige / *sagi

土族语 ʂge，东部裕固语 ʃige，赫哲语 sag-di < *sige / *sagi。②

7. *ʔaba / *ʔabu / *b^{w}a-ʔo / *ka-ba / *p^{w}a-ʔ

满文 amba，女真语（昂八）*aŋba，锡伯语 ambu < *ʔaba / *ʔabu。③

---

①“大的”匈牙利文 kegyes < *kegis。

②“厚的”格鲁吉亚语 skɛli < *ske-。

③“大的”匈牙利文 bö < *bo。

三威治港语 ^{m}bao < *b^{w}a-ʔo。

景颇语 kă^{31}pa^{31} < *ka-ba。

汉语 *p^{w}a-ʔ（甫，大也）。①

8. *ki

朝鲜语 khɯta < *ki-。

吕苏语 kɯ^{53}kɯ^{53} < *ki。加龙语 kai < *ki。

9. *boro / *bari / *bre / *pra / *da-bar

阿伊努语 poro < *boro。

多布语 bari < *bari。

羌语 brɛ < *bre。

汉语 *pra（肤，大也）。②

桑塔利语 dhabaɽ < *da-bar。

10. *tubu

塔几亚语 tubu-n < *tubu。

11. *laki / *raku / *laga

他加洛语 laki < *laki。

雅美语 ʐaku < *raku。

巽他语 ləga < *laga。

12. *ku-dal / *g-lal / *datulo / *tele

排湾语 kuɖaɭ < *ku-dal。

①《诗经·小雅·甫田》：“倬彼甫田，岁取十千。”

②《诗经·小雅·六月》：“薄伐玁狁，以奏肤公。”

汉语 *g-lal（僤）。[①]

查莫罗语 dantʃulo < *datulo。

萨摩亚语 tele < *tele。（大的、多的）

13. *lebu

斐济语 leβu < *lebu。

14. *gade / *gəte / *qigati

米南卡保语 gadaŋ，爪哇语 gəde < *gade-ŋ。

锡加语 gəte < *gəte。

查莫罗语 higante < *qigati。

15. *ka-ʔu / *gaʔi / *gʷa-ʔ

阿杰语 kau < *ka-ʔu。

拉加语 ɣaivua（单数）< *gaʔi-buʔa。

汉语 *gʷa-ʔ（巨）。

16. *sma

汉语 *sma（憮）。

嫩戈内语 m̥a < *sma。

17. *dat-s / *tati

汉语 *dat-s（大）。

卡那卡那富语 tatia < *tati-ʔa。

---

①《诗经·大雅·桑柔》："我生不辰，逢天僤怒。""僤"，大也。"單"谐声字分属歌、元两部。属元部者为古中部方言音变与"單"谐声。

18. *gra / *gri

汉语 *gra（夏），*kras（嘏），*kraŋʔ（景，大也）。

缅文 kri^{3}，阿昌语 kʐə^{31}，仙岛语 kɯ^{31} < *gri。（大、粗）

19. *den

藏文 tɕhen，错那门巴语 then^{55} < *den。

20. *k-de / *ʔate / *qata

嘉戎语 kte，独龙语 tai^{53} < *k-de。

加龙语 atte < *ʔate。

排湾语 qatsa < *qata。

21. *du / *ma-du

纳西语 dɯ^{21} < *du。

史兴语 mɜ^{33}dɜ^{53} < *ma-du。

22. *luʔ / *slo / *ʔloŋ / *ljun

侗语、水语 laːu^{4} < *luʔ。

苗语大南山话 l̥o^{1} < *slo。

傣语、黎语 loŋ^{1} < *ʔloŋ。

汉语 *ljun（纯）。

23. *pʷi

尼科巴语 poːi < *pʷi（大、多），poːijø < *pilo。

24. *snam

克木语 n̥ăm < *snam。汉语 *nəm（壬，大也）。

25. *ʔat / *ma-ʔita

布朗语 ʔat^{55} < *ʔat。

瓜依沃语 baʔita < *ma-ʔita。

26. *ma-praŋ / *mroŋ

蒙达语 mārāŋ < *maraŋ，māprāŋ < *ma-praŋ。

桑塔利语 maraŋ < *maraŋ。汉语 *mroŋ（厖）。

27. *na-prak

桑塔利语 napɽakh < *na-prak。汉语 *prak（溥，补各切）。

土耳其语 byjyk，西部裕固语 bezək < *berek。

《尔雅》："弘、廓、宏、溥、介、纯、夏、幠、厖、坟、嘏、丕、…，大也。"如《诗经・小雅・巧言》："昊天已威，予慎无罪。昊天泰幠，予慎无辜。"

扬雄《方言》卷一："秦晋之閒凡物之大谓之嘏，或曰夏。秦晋之閒凡人之大谓之奘，或谓之壮。燕之北鄙、齐楚之郊或曰京，或曰将，皆古今语也。""宋鲁陈卫之间谓之嘏，或曰戎。"如《诗经・秦风・权舆》："於我乎，夏屋渠渠。"

◇ 二 "大"的词源对应关系

1. "大的"和"多的"

（1）纳西语 *du。"多"撒拉语 ɑtoχ < *ʔado-q，依斯那格语 adu、雅美语 aʐo、马京达瑙语 dō < *ʔado，基诺语 thə^{42}、达让僜语 dɯ^{35} < *du。莽语 dɔ^{51} < *do。

（2）加龙语 *ʔate，"多"桑塔利语 ɛɖi < *ʔadi。

（3）斐济语 *lebu。“多”满文 labdu、锡伯语 lavdw < *lab-du。巽他语 laba < *laba，鄂罗克语 limbe < *libe。

（4）他加洛语 *laki。“多”他杭语 jahko < *lako，墨脱门巴语 zak < *lak。

（5）维吾尔语、哈萨克语 *toŋ。“多”巴琉语 ^{n}dɔŋ^{55} < *ʔdoŋ。

（6）锡加语 *gəte。“多”桑塔利语 gadgad < *gad。

（7）鄂温克语 *bogo-n。“多”布吉斯语 mega、伊拉鲁吐语 mogə < *moga，勒窝语 m^{w}oki < *moki，梅柯澳语 maʔo < *mako。

（8）排湾语 kuɖaɭ < *ku-dal。汉语 *g-lal（僤），*klal（多）< *k-lal。

2.“大的”和“长的”

（1）侗语、水语 *luʔ。汉语 *s-lu（修）。“长”景颇语 kǎ^{31}lu^{31} < *kalu。

（2）纳西语 *du，“长”卡林阿语 andu < *ʔadu。

（3）排湾语 *qata。“长”那大语 dada < *dada，苗语养蒿话 ta^{3}、枫香话 nti^{3} < *ʔda，布昂语 adiŋ < *ʔadiŋ。

（4）巽他语 *laga，“长”马那姆语 salaga < *sa-laga。

（5）三威治港语 *ba-ʔo，“长”梅柯澳语 maeva < *ma-ʔeb^{w}a。

3.“大的”和“胖的”

（1）鄂温克语 *bogo-n。“胖的、粗的”鄂温克语 boggo < *bogo。

（2）达阿语 *bede。“胖的”桑塔利语 pedgoɽ（男人用词）< *ped-gor，pidguɽ（女人用词）< *pid-gur。（小孩胖）日语 futoru < *puto-ru。“粗大的”日语 futoi < *puto-ʔi。

（3）桑塔利语 *da-bar。“胖的”邵语 maramu < *mara-maru。

（4）阿伊努语 *boro。“胖的”独龙语 buɹ^{53} < *bur。

（5）萨摩亚语 *tele。“胖的”桑塔利语 itil < *ʔitil，bhuʈel < *butel。

◇ 三 词源关系分析

1. *bega（*bogo、*beka、*pag）

“大的”鄂温克语 *bogo-n，吉利威拉语 *beka。“胖、粗”鄂温克语 boggo < *bogo。

“大的、宽的”俄语 ʂipokij < *sipoki-。“胖的”希腊语 patʃos < *pako-。

“大的、宽的”匈牙利文 atbogo < *at-bogo。

2. *moga（*moki、*mako）

“多的”布吉斯语 mega、伊拉鲁吐语 mogə < *moga，勒窝语 m^{w}oki < *moki，梅柯澳语 maʔo < *mako。

“巨大的”希腊语 megas，拉丁语 magnus，梵语 maha:，赫梯语 mekkish < *mega-。“大的”亚美尼亚语 mets < *mek。

“大的”格鲁吉亚语 maɣali < *maga-。

3. *prak

“大的”土耳其语、西部裕固语 *berek，汉语 *prak（溥），桑塔利语 napɽakh < *na-prak。

“大的”梵语 brihat < *brika-。

“大的”俄语 blagoprijanɨj < *blago-priga-。波兰语 wielki < *b^{w}elki。

4. *gra

汉语 *gra（夏）、*kras（嘏），*sgra（粗）。“胖的”莫图语 digara，阿者拉语 ra-garan。

“大的”阿尔巴尼亚语 gjerë < *gero。

“大的、粗的、胖的”古法语 gros、拉丁语 grossus < *gros-。
“胖的”法语 gras、意大利语 grasso < *graso。
“胖、油脂”古法语 gresse，“胖的、粗的”拉丁语 crassus < *gras-。

5. *krat

汉语 *krats（介）< *krat-s。

“大的、高的、粗的”古英语 great，古撒克逊语 grot、古弗里斯语 grat < *grot。

6. *sma

汉语 *sma（幠）。“大的”嫩戈内语 *sma。

“多”（副词）阿尔巴尼亚语 ʃumë < *sumo。

7. *madu（*bede、*bada、*mota）

“大的”史兴语 *madu，达阿语 *bede。“大的、多的”莫图语 *bada。“粗的、胖的”桑塔利语 moṭa < *mota。

“大的”粟特语 məzēx < *mede-。“胖的”梵语 medaḥ < *meda-。

8. *den

“大的”藏文、错那门巴语 *den。

“厚的”亚美尼亚语 thanjr < *dani-。

9. *b^wara（*boro、*bari、*bre、*pra、*bar）

“大的”阿伊努语 *boro, 多布语 *bari。羌语 brɛ < *bre。汉语 *pra（肤，大也）。桑塔利语 dhabaṛ < *da-bar。“胖的”独龙语 buɹ^{53} < *bur。

“大的”乌尔都语 bara。

“多的”鄂温克语、鄂伦春语 baraːn < *bara-n。德克语 habaro < *sa-baro。

“满”桑塔利语 purɛ < *pura，缅文 prɑɲ̥^{1}、阿昌语 pʐ̥əŋ^{35}、景颇语 phʒiŋ^{55} < *preŋ。

“多的”（不可数）梵语 bhuːri < *buri。
“满的”梵语 purna，paripuːrɲa。

“多的”格鲁吉亚语 bɛvri < *beb^{w}ri。

“小”的词源关系

亚欧语言“小”义的说法多与“少的”说法有词源关系，其次还与“一些”“细的”“小孩”“小狗”等的说法有词源关系。

一 东亚太平洋语言的“小”

“小的”的主要说法有：

1. *kitig / *kitik / *katiq / *dekike / *keteq

古突厥语 kitʃig， 西部裕固语 kətʃiɣ < *kitig。

土耳其语 kytʃyk，维吾尔语 kitʃik < *kitik。

米南卡保语 katʃiʔ < *katiq。萨萨克语 ketʃeʔ < *keteq。①

查莫罗语 dekike < *dekike（小、少），pojet < *polet。

桑塔利语 kɛʈitʃ < *ketiq。

2. *bidi / *biti-qan

图瓦语 bidʒiː < *bidi。

① “小的、少的”匈牙利文 kicsi < *kiti。

清代蒙文 bitʃihan < *biti-qan。

3. *bag / *magen

蒙古语书面语 baɣ- < *bag。（少、小）

布昂语 maʁen < *magen。

4. *tun

达斡尔语 tʃuəːn < *tun。（小、少）

5. *ʔoso / *ʔos-kuli

满文 osohon < *ʔoso-qon。

赫哲语 uʂkuli < *ʔos-kuli（小—小）。

6. *ʔadige / *dag / *tika-ʔi / *tiko-s / *tiko-ʔa / *tiko / *etigo / *tik / *ʔu-tik

满文 adʒige，锡伯语 adʑig < *ʔadige。

朝鲜语 tʃakta < *dag-。

泰雅语 tikaj < *tika-ʔi。赛德克语 tikoh，鲁凯语 tikia < *tiko-s / *tiko-ʔa。

波那佩语 t̪ikt̪ik < *tiko。查莫罗语 etigo < *ʔetigo。

户语 tik < *tik。柬埔寨文 toːtʃ < *tok。

达斡尔语 utʃikən < *ʔu-tik-。

7. *ʔitu-qun

鄂温克语 niʃuxun，鄂伦春语 nitʃukun < *ʔitu-qun。

8. *tisa-ʔi / *ʔisiʔ

日语 tɕiːsai < *tisa-ʔi。

卡加延语 tisəʔ < *tisəʔ。

9. *pon

阿伊努语 pon < *pon。①

10. *ʔiti / *tiʔ / *ʔit

塔希提语 iti，拉巴努伊语 ʔiti-ʔiti < *ʔiti。

水语 ti^{3} < *tiʔ。

布朗语曼俄话 ʔiat < *ʔit。

11. *ʔini / *ʔa-sni / *ʔnis / *niʔ

沙阿鲁阿语 ma-ini < *ʔini。

哈尼语绿春话、阿昌语 $ȵ̥i^{55}$，基诺语 $a^{44}ni^{55}$ < *ʔa-sni。

毛南语 ni^{5}，布依语 ne^{5} < *ʔnis。

老挝克木语 nɛʔ，中国克木语 ȵɛʔ（小、少）< *niʔ。

12. *kedi / *gede / *kita

排湾语 kədzi̯，那大语 kəɗi < *kedi。

道孚语 ge de < *gede。（小、孩子）

他杭语 tʃihta < *kita。

13. *si-ʔi / *ʔisi-ʔi

汤加语 siʔi < *si-ʔi。（小、少）

阿者拉语 isiʔ < *ʔisi-ʔi。（小、少、薄、窄）

14. *me-ʔa

罗图马语 meʔameʔa < *me-ʔa。（小、少）

---

①“小的、少的”芬兰语 piene < *peni。

15. *peb^{w}a

西部斐济语 hewa < *peb^{w}a。

16. *ʔoko

邹语 oko < *ʔoko。（小、孩子）

17. *like-ʔi

雅美语 likej < *like-ʔi。

18. *ma-ragi / *rik

莫图语 maraɣi < *ma-ragi。

马绍尔语 rik < *rik。

19. *ʔe-ʔele / *ʔola-ʔan

梅柯澳语 eʔele < *ʔe-ʔele。

赛夏语 ʔolʔolaʔan < *ʔola-ʔan。

20. *keli

马达加斯加语 keli < *keli。

21. *s-kreʔ / *kri / *kruŋ

汉语 *sreʔ（小）< *s-kreʔ，① *skhriʔ（仳）。②

纳西语 tɕi^{55}，史兴语 tʂʅ^{55} < *kri。

藏文 tɕhuŋ < *kruŋ。保安语 tɕuŋ。（小、少，可能是藏语借词）

格曼僜语 kɯ^{31}juŋ^{55} < *kuruŋ。（小、细）

---

① "小"谐声字"⿰木小"子了切。

② 《诗经・小雅・正月》："仳仳彼有屋，蔌蔌方有穀。""仳"，渺小。

22. *ŋi

缅文 ŋaj², 浪速语 ŋai³¹ < *ŋi。

23. *tiŋ / *qudiŋ

独龙语 tiŋ⁵³ < *tiŋ。

桑塔利语 huḍiṇ < *qudiŋ。（小、少）

24. *det / *dit / *dut / *pa-data

蒙达语 ḍethḍeth < *det。（小、细）

德昂语茶叶箐话 dʒiʔ，南虎话 diat，硝厂沟话 tɛʔ < *dit。

桑塔利语 dʒutʃ < *dut。

查莫罗语 patʃhatʃa < *pa-data。

25. *tum / *tim-ki

蒙达语、桑塔利语 ʈum < *tum。

桑塔利语 thimki < *tim-ki。

26. *kun

尼科巴语 kun < *kun。尼科巴语 kūøŋnø < *kuŋ-ne。

◇ 二 “小”的词源对应关系

1. “小的”和“少的”

“小”和“少”可兼指，如汉语 *s-kreʔ、蒙古语 bag、达斡尔语 tʃuəːn、保安语 tɕuŋ、阿者拉语 isiʔ、汤加语 siʔi、罗图马语 meʔameʔ、克木语 ɳɛʔ 等。其他对应情况如下：

（1）汉语 *s-kreʔ，“少”布朗语胖品话 kle^{35} < *kle。

（2）图瓦语 *bidi，“少”布吉斯语 betʃtʃu < *betu。

（3）布鲁语 roi-n < *roʔi。“少”黎语保定话 rau^{2} < *ru，侗语 jun^{3} < *ʔrun。

（4）阿伊努语 *pon，“少”拉加语 hen < *pen。

（5）泰雅语 *tika-ʔi。“少”马绍尔语 tʃet < *ket，印尼语 sədkit < *sed-kit。

2.“小的”和“一些”

（1）马达加斯加语 keli。“一些”马达加斯加语 keli-keli，沙外语 iʔglɛ < *ʔiʔ-gle。

（2）满文 *ʔoso-qon，“一些”东部斐济语 sō < *so。

（3）邹语 *ʔoko，“一些”藏文 ɦgaɦ < *m-ga。

（4）蒙达语 *det，“一些”嘉戎语 tᴇ tᴇ < *tete。

（5）泰雅语 *tika-ʔi，“一些”嘎卓语 tɛ^{31}ko^{55} < *teko。

（6）赛夏语 *ʔola-ʔan，“一些”戈龙塔洛语 ŋo-olo < *ʔolo。

（7）排湾语、那大语 *kedi，“一些”印尼语 sədikit < *sedi-ket。

3.“小的”和“细的”

（1）汉语 *s-kreʔ，“细”土家语 ɕi^{21}ka^{21}li^{21} < *si-kali。

（2）泰雅语 *tika-ʔi。“细”维吾尔语 intʃik、哈萨克语 dʒiŋiʃke < *digi-tik，户语 tik^{31} < *tik，波那佩语 āṱikiṱik < *ʔa-tik。

（3）哈尼语绿春话、阿昌语 *sni。汉语 *snə（细）。

（4）赛夏语 *ʔola-ʔan，“细”锡加语 ʔalus < *ʔalus。

4. “小” 和 “孩子”

（1）马达加斯加语 *keli。“孩子”马达加斯加语 zaza-keli < *rara-keli，缅文 kɑ^{1}le^{3} < *kale。

（2）道孚语 *gede，“孩子” 吉利威拉语 g^{w}adi。

（3）雅美语 *like-ʔi。“孩子”邵语 aðaðak < *ʔalak。“儿子”鲁凯语 lalak、排湾语 aljak < *ʔalak。

（4）汤加语 *si-ʔi，“孩子” 勒窝语 sisi。

（5）蒙达语 *det，“婴儿” 帕马语 titiali。

（6）马绍尔语 *rik，“婴儿” 巽他语 orok。

5. “小的” 和 “狗”

“狗”的驯养据说始于一万多年前，“狗”的说法多与“小”的说法有词源关系，这一点在第三卷《狗》篇中已提及。如：

（1）“狗”满文 indahūn，锡伯语 jonxun < *ʔida-qun。女真语（因答忽）*intahu < *ʔida-qu。“小的”鄂温克语 niʃuxun，鄂伦春语 nitʃukun < *ʔitu-qun。

（2）“狗”日语 inu < *ʔinu。鄂温克语 nɪnɪxin < *ʔini-qin。“小的”沙阿鲁阿语 ma-ini < *ʔini。

（3）“狗”独龙语 dɯ^{31}gɯi^{55} < *dug^{w}i。“小的”满文 adʒige，锡伯语 adʐig < *ʔadige。朝鲜语 tʃakta < *dag-。

（4）“狗”爪哇语、布鲁语 asu，亚齐语 asɛə，他加洛语 āso < *ʔasu。佤语马散话 sɔʔ，克木语 sɔʔ < *soʔ。“小的”满文 osohon < *ʔoso-qon。赫哲语 uʂkuli < *ʔos-kuli（小一小）。

（5）邹语 *ʔoko。“狗”汉语 *koʔ。“狗”“驹”“豿”原本也是指幼兽。《尔雅》：“熊虎丑，其子狗。”“豿”熊虎之子。

◇ 三 词源分布

东亚太平洋语言“小”的说法与“少”“一些”“细”的说法有词源关系，跨语系分布最广的主要可归于四个源头，如：

A. 古突厥语 kitʃig， 西部裕固语 kətʃiɣ < *kitig。

土耳其语 kytʃyk，维吾尔语 kitʃik < *kitik。

米南卡保语 katʃiʔ < *katiq。萨萨克语 ketʃeʔ < *keteq。

桑塔利语 kɛʈitʃ < *ketiq。

马达加斯加语 keti，那大语 kəɗi < *kiti / *kidi。

道孚语 ge de < *gede，他杭语 tʃihta < *kita。

景颇语 kă^{31}tʃi^{31} < *kadi。（小、细）

B. 满文 adʒige，锡伯语 adʑig < *ʔadige。朝鲜语 tʃakta < *dag-。

达斡尔语 utʃikən < *ʔu-tik-ən。

查莫罗语 dekike < *dekike。

赛德克语 tikoh，鲁凯语 tikia < *tiko-s / *tiko-ʔa。

波那佩语 ʈikʈik < *tiko。查莫罗语 etigo < *ʔetigo。

户语 tik < *tik（小、细）。柬埔寨文 toːtʃ < *tok。

C. 鄂温克语 niʃuxun，鄂伦春语 nitʃukun < *ʔitu-qun。

塔希提语 iti，萨摩亚语 itiiti（少）< *ʔiti。

水语 ti^{3} < *tiʔ。

布朗语曼俄话 ʔiat < *ʔit。

达斡尔语 tʃuəːn，保安语 tɕuŋ < *tuŋ。

独龙语 tiŋ^{53} < *tiŋ。

桑塔利语 huɖiɳ < *qudiŋ。

D. 沙阿鲁阿语 ma-ini < *ʔini。

毛南语 ni^{5}，布依语 ne^{5} < *ʔnis。

哈尼语绿春话、阿昌语 ȵi^{55}，基诺语 a^{44}ni^{55} < *ʔa-sni。

老挝克木语 nɛʔ，中国克木语 ȵɛʔ（小、少）< *niʔ。尼科巴语 kūøŋnø < *kuŋ-ne。

A 组可区分为 *kedi 和 *kedig 两小组。B 组来自 *diga 它们可能有共同来源。C、D 两组有词源关系，由于 *ma- 前缀，可能 *-t- > *-n-，即 *ʔini < *ʔiti。

景颇语 *sni，阿昌语、哈尼语绿春话 ȵi^{55} < *sni 等有词源关系。

“小”塔希提语、萨摩亚语 *ʔiti，独龙语 *tiŋ，桑塔利语 *qudiŋ 等，与蒙达语 *det、德昂语 *dit、桑塔利语 *dut，与“一些”嘉戎语 te te < *tete、普米语九龙话 ti^{55} < *ti 等有词源关系。

“细”土家语 ɕi^{21}ka^{21}li^{21} < *si-kali，“一些”马达加斯加语 keli-keli，沙外语 iʔglɛ 等与“小”如汉语 *s-kreʔ（小），*skhriʔ（仳）。纳西语 tɕi^{55}、史兴语 tʂʅ^{55} < *kri，藏文 tɕhuŋ < *kruŋ 等有词源关系。这些语言“小”的说法原本可能是指“细小”。

图瓦语 bidʒiː < *bidi，清代蒙文 bitʃihan < *biti-qan 另有来历。

东亚太平洋语言数词“一”“二”通常与“少、小”有词源关系，参见本卷有关数词的讨论。

四 词源关系分析

1. *duna（*dina、*din、*tun、*tin 等）

“小的、少的”达斡尔语 tʃuəːn < *tun。

“细的”大瓦拉语 dinadina-na < *dina。

“短的”壮语武鸣话 tin^{3}，毛南语 din^{4} < *tinʔ / *ʔdinʔ。

“浅”傣语 tɯn^{3}、黎语 thɯn^{3} < *tunʔ，缅文 tin^{2} < *tin。

“很小的”古英语 tyne < *dune。“尖”古挪威语 tindr。
“窄的、细的”古英语 þynne、中古低地德语 dunne < *tune。
“薄的、细的”拉丁语 tenuis < *tenu-。

2. *mala（*mal、*məl、*mala）

汉语 *mal（麼，《广雅》小也），*məl（微）。

“薄的”邵语 mabaðaj < *ma-bala-ʔi。

“细小的、窄的”古英语 smæl、中古高地德语 smal、古弗里斯语 smel、古挪威语 smali < *smali。“小的、少的”波兰语 mały < *malu-。
“小的、少的”俄语 malenikij < *male-，波兰语 małe < *male。
“小的、浅的”俄语 melkij < *mel-。“小动物”希腊语 melon < *melo-。

3. *kore（*kri、*kru、*gre）

“小的”纳西语、史兴语 *kri，藏文 *kruŋ。汉语 *s-kreʔ（小），*skhriʔ（仳）。

“薄的”女真语（捏克叶）*nikheje < *ʔikore。“低的”畲语 khje^{4} < *gre。

“小的、少的、短的”希腊语 mikros < *mi-kro-。
“很短的”梵语 atʃira < *akira。
“小孩”挪威语方言 gorre、瑞典语方言 gurre，“男孩、女孩”低地德语 gære，“姑娘”古英语 gyrle（< *gure-le）。

4. *ragi（*rag、*rik、orok）

“小的”莫图语 *ma-ragi，马绍尔语 *rik。“婴儿”巽他语 orok。

“小孩、小的、少的”粟特语 rintʃāk、阿维斯陀经 rənjyah < *ringja-。
“少的”希腊语 merikoi < *me-riko-。

5. *like（*lak）

“小的”雅美语 *like-ʔi。“孩子”邵语 aðaðak < *ʔalak。

“儿子”鲁凯语 lalak、排湾语 aljak < *ʔalak，水语、毛南语 laːk^8 < *lak。

“小、少”希腊语 oligos、ligos < *ligo-。

“少的”和阗塞语 laka。

6. *biti（*bidi、*betu）

“小的”图瓦语 *bidi，清代蒙文 *biti-qan。

“少”布吉斯语 betʃtʃu < *betu。

“小的”法语 petit，“咬下的碎片”古英语 bita。

“小的”和阗塞语 vanda < *b^{w}ada。

7. *sedi（*ʔisut、*sita）

“小的”阿卡拉农语 isut < *ʔisut，“少的”吉利威拉语 sitana < *sita-na。

“一些”印尼语 sədikit < *sedi-ket。

“小的”梵语 iʃath < *isad。亚美尼亚语 pstik < *p-sti-。

8. *g^{w}adi（*gede、*kedi、*kita、*kati、*kete、*ket）

“小的”排湾语、那大语 *kedi，道孚语 *gede，他杭语 *kita。米南卡保语 *kati-q。萨萨克语 *kete-q。“少的” 那大语 se-kəɖi < *se-kedi。

“一些”印尼语 sədikit < *sedi-ket。“孩子”吉利威拉语 g^{w}adi。

“小的、少的、短的”乌尔都语 tʃotta < *kota。

“小孩子”古高地德语 kizzin < *kid-in。

“小羊”英语、丹麦语 kid、古弗里斯语 kið < *kid。

“绑架”英语 kidnap < *kid-nap（小孩—抓）。

“小的、少的”匈牙利文 kicsi < *kiti。

9. *bage（*bag、*mage）

“小的、少的”蒙古语 *bag。“小的”布昂语 *magen。

阿尔巴尼亚语“小的”vogël < *b^{w}oge-，“小”（代词、副词、形容词）pak。

“小的、少的”亚美尼亚语 phokhr < *bog-。

“小的”和阗塞语 baka。

“小的、短的”格鲁吉亚语 mɔkhli < *mog-。①

① “大的”格鲁吉亚语 maɣali < *maga-，用词的元音变化区别对立的概念。可能与早期附加否定词于某一种说法引起元音变化有关。

“多”的词源关系

亚欧语言“多”义的说法多与“大的”“长的”“胖的”“满的”等的说法有词源关系。一些语言“多的”跟“手指”的说法有词源关系，为后者意义的引申。如“多的”（不可数）梵语 adara，“手指”tardʒaniː < *tar-gani。

◇ 一 东亚太平洋语言的“多”

“多”的主要说法有：

1. *toq / *diq / *tiʔu

土耳其语 tʃok，维吾尔语 dʒiq < *toq / *diq。

罗图马语 tiʔu < *tiʔu。

2. *tola / *tele / *ʔatala

维吾尔语 tolɑ，柯尔克孜语 tolo < *tola。

萨摩亚语 tele < *tele。（大的、多的）

嫩戈内语 atʃala < *ʔatala。

3. *gepe / *geb^{w}e / *keb^{w}i-ʔu

维吾尔语、哈萨克语 køp，图瓦语 gøbɛj，西部裕固语 gehp < *gepe。

锡加语 gaβa-ŋ，勒窝语 keviu < *geb^{w}e / *keb^{w}i-ʔu。

4. *ʔado-q / *ʔado / *ʔadi / *du

撒拉语 ɑtoχ < *ʔado-q。

依斯那格语 adu，马京达瑙语 dō < *ʔado。

桑塔利语 ɛḍi < *ʔadi。

基诺语 thə^{42}，达让僜语 dɯ^{35} < *du。

莽语 dɔ^{51} < *do。巴琉语 ^{n}dɔŋ^{55} < *ʔdoŋ。

5. *ʔike

蒙古语正蓝旗话 jix，都兰话 ike < *ʔike。（大的、多的）

6. *ʔarbin

蒙古语正蓝旗话 ɛrbɑŋ，都兰话 ɑrbin < *ʔarbin。

7. *sige

达斡尔语 xig，东部裕固语 ʃige，土族语 ʂge < *sige。（大的、多的）①

8. *lab-du / *laba

满文 labdu，锡伯语 lavdɯ < *lab-du（多—多）。

巽他语 laba < *laba。

鄂罗克语 limbe < *libe。

① “多”匈牙利文（名词、副词）sok。

9. *bara-n / *sa-baro / *ku-poro / *puro-qa / *b^{w}rə-n

鄂温克语、鄂伦春语 baraːn < *bara-n。

赛德克语 habaro < *sa-baro。

马绍尔语 kup^{w}ɔɽp^{w}ɔɽ，阿杰语 põřõ < *ku-poro。

查莫罗语 puroha < *puro-qa。

汉语 *b^{w}rən（繁）< *b^{w}rə-n。

10. *pute / *beta-ka / *betaj / *bada

女真语（伏测）*futʃhe < *pute。

马达加斯加语 betʃak，多布语 betaj < *beta-ka / *beta-ʔi。

莫图语 bada < *bada。（长大的、大的、多的）

11. *mol / *mal-qun / *mla

哈萨克语 mol，赫哲语 malχun < *mol / *mal-qun。

缅文 mja^{3} < *mla。

12. *man / *ka-mana / *mana-sa

朝鲜语 manhta < *man-。①

马林厄语 kmana < *ka-mana。邵语 manaʃa < *mana-sa。

13. *ʔo / *ʔa

日语 oːi < *ʔo-ʔi。

梅柯澳语 maʔo < *ma-ʔo。（大的、多的）

克伦语阿果话 ā^{55} < *ʔa。

① "多"芬兰语（代词）moni。

14. *ʔoro / *ʔaro

劳语 ʔoro < *ʔoro。雅美语 azo < *ʔaro。

15. *ʔulu / *ʔule

帕马语 haulu < *pa-ʔulu。

清代蒙文 ule- < *ʔule。

16. *kalo

鲁凯语 makaɭa < *ma-kalo。

17. *ma-nak

印尼语 baɲak，米南卡保语 baɲaʔ < *ma-nak。

18. *moga / *moki / *mako / *maga-mago / *pugo

布吉斯语 mega，伊拉鲁吐语 mogə < *moga。

勒窝语 m^{w}oki < *moki。

梅柯澳语 maʔo < *mako。

大瓦拉语 magamagou-na < *maga-mago-ʔu。

东乡语 fugiə，保安语 fuguo < *pugo。（大的、多的）

19. *tome / *tama

科木希语 tomɛ < *tome。卡加延语 tama < *tama。

20. *ti-ʔu

罗图马语 tiʔu < *ti-ʔu。

21. *ʔibusi

拉加语 ivusi < *ʔibusi。

22. *doram / *mo-doram

摩尔波格语 doram，巴拉望语 mɔdɔram < *doram / *mo-doram。

23. *pʷele

沙外语 fɛʔlɛ < *pʷele。

24. *k-lal / *lalan

汉语 *klal（多）< *k-lal。①

查莫罗语 lajan < *lalan，megai < *mega-ʔi。（可数）

25. *maŋ / *baŋ

藏文 maŋ po < *maŋ。

户语 $phaŋ^{55}$ < *baŋ。

26. *ʔli

壮语 $la:i^{1}$，黎语 $ɬa:i^{1}$ < *ʔli。

27. *lako / *lak

他杭语 jahko < *lako。墨脱门巴语 zak < *lak。

汉语 *qlags（庶）。

28. *gluŋ / *kləŋ-s

仫佬语 $kɣuŋ^{2}$，侗语、水语 $kuŋ^{2}$ < *gluŋ。

汉语 *kloŋ-s（众），*kləŋ-s（烝）。②

① 谐声字有“移”“蛥”等。

②《诗经·小雅·南有嘉鱼》：“南有嘉鱼，烝然罩罩。”“烝”，众多。

29. *doŋ

巴琉语 ^{n}dɔŋ^{55} < *ʔdoŋ。

30. *ma-roŋe

尼科巴语 maɽɔːŋø < *ma-roŋe。

31. *gun

佤语马散话 hon，德昂语硝厂沟话 kɯn，茶叶箐话 gɯn^{51} < *gun。

32. *mak

布朗语胖品话 mak^{51}，克木语 mak < *mak。

33. *gad

桑塔利语 gadgad < *gad，gaʈek < *gatik，in < *ʔin。

34. *prut

柬埔寨文（诗歌用语）prɯnt < *prut。

35. *rol

尼科巴语 ɽoːl < *rol。汉语 *sril（师，众也），*ril（黎，众也）。

36. *der / *tran

蒙达语 ɖher < *der。柬埔寨文 tʃraən < *tran。

《尔雅》："洋、观、裒、众、那，多也。"

二 “多”的词源对应关系

1. “多”和“大”

“多”和“大”的词源对应关系上文《大》篇中已说明。

2. “多”和“满”

（1）维吾尔语、柯尔克孜语 *tola。“满”维吾尔语 toʃ-、哈萨克语 tol-、撒拉语 doʃ- < *tol。“厚、胖”马那姆语 matoli < ma-toli。

（2）汉语 *k-lal。“满”桑塔利语 tuhel < *tulel。

（3）蒙达语 *der。“满”蒙古语 dʉrə-，达斡尔语 duːrə-、东部裕固语 duːrtʃ-、保安语 dərgɛ- < *durə-ge。

（4）阿杰语 *poro。“满”桑塔利语 purɛ < *pura，缅文 prɑŋ[1]、阿昌语 pʐəŋ[35]、景颇语 phʒiŋ[55] < *preŋ。

（5）科木希语 *tome。“满”萨摩亚语 tumu < *tumu，布兴语 tɛm < *tem，西双版纳傣语、龙州话 tim[1] < *tim。

（6）藏语 *maŋ。“满”柬埔寨文 pëɲ < *poŋ。畲语多祝话 paŋ[3]、勉语江底话 pwaŋ[3]、大坪话 baŋ[3] < *paŋ。

（7）朝鲜语 *man。汉语 *man（满）。

3. “多”和“手指”

（1）墨脱门巴语 *lak。“手指”壮语武鸣话 lɯk[7]fɯŋ[2] < *luk-bluŋ，侗语 lak[7]mja[2] < *lak-mla，德宏傣语 leu[4]mɯ[2] < *lek-mu（指—手）。

（2）罗图马语 *ti-ʔu。“手指”苗语养蒿话 ta[3]、大南山话 nti[3] < *te。

（3）藏文语 *maŋ。“手指”拉巴努伊语 maŋa-maŋa < *maŋa-maŋa。

（4）鄂罗克语 limbe < *libe。“手指”鄂罗克语 lepse < *lep-se。

（5）科木希语 *tome。“手指”满文 simhun、锡伯语 çymxun < *tum-qun。

4.“多”和“收集”

（1）蒙达语 *der。“收集”古突厥语 ter < *ter，桑塔利语 dʒarwa < *dar-ba。“堆起”塔几亚语 -diri < *diri。

（2）赫哲语 malχun *mal-qun。“收集”达斡尔语 mɑltə- < *mal-də。

（3）汉语 *gluŋ-s（众）。“收集”东乡语 ɢulɑ < *gula，保安语 loɢlɑ- < *lo-gula。

（4）女真语 *pute。“集中”西部裕固语 jimət- < *ʔi-mət。

（5）劳语 *ʔoro。“收集”蒙古语正蓝旗话 xɑmɑ-、蒙古语达尔罕话 xɑrmɑ-、土族语 xurmɑː < *qur-ma。

三 词源关系分析

1. *b^{w}ele（*p^{w}ele、*b^{w}il、*b^{w}ule、*polu）

“多的”沙外语 *p^{w}ele。

“满的”帕马语 vil < *b^{w}il，勒窝语 wule < *b^{w}ule，戈龙塔洛语 mo-polu < *polu。

> “多的”希腊语 polus，“更多、多”拉丁语 plus < *polu-。
>
> “多的”亚美尼亚语 bazum < *balu-。
>
> “满的”古英语 full、古弗里斯语 ful、哥特语 fulls < *pul。
>
> “多的、重的”俄语 obiljnɨij < *obil-。“多、重要”（名词）俄语 boljʂinstvo < *bolsin-。

“多”芬兰语（副词）paljon < *palon。

2. *bʷora（*brə、*bara、*poro、*puro、*pura、*preŋ）

汉语 *bʷrən（繁）< *bʷrə-n。

“多的”鄂温克语、鄂伦春语 *bara-n，马绍尔语、阿杰语 *ku-poro，查莫罗语 puroha < *puro-qa。

“满的”桑塔利语 purɛ < *pura，缅文 prɑŋ̥^{1}、阿昌语 pz̥əŋ^{35}、景颇语 phʒiŋ^{55} < *preŋ。

“多的”和阗塞语 pharu < *baru。

“多的”（不可数）梵语 bhuːri < *buri。

“满的”梵语 purna，paripuːrɲa。

“多的”格鲁吉亚语 bɛvri < *bebʷri。

3. *mola（*mol、*mal、*mla、*mul、*muli）

“多的”哈萨克语 *mol，赫哲语 *mal-qun，缅文 mja^{3} < *mla。

“满的”阿美语 matuməʃ、布农语 matmuð、卑南语 matəmuj < *matə-mul。沙阿鲁阿语 milii < *muli-ʔi。

“满的”梵语 majaḥ < *mala-。“多”拉丁语 multus < *mul-。

“满月”梵语 amalendu < *a-mal-indu，字面意思“满的—月亮”。

“很多”希腊语 mala。

4. *ma-nak

“多的”印尼语、米南卡保语 *ma-nak。①

“手指”鄂伦春语、鄂温克语 *ʔunaq-an。

“多的”梵语 aneka。古英语 manig、古弗里斯语 manitʃ，古教堂斯拉夫语 munogu < *manig。“多的”俄语 mnogie < *mnoge。

“多次”古爱尔兰语 menice、威尔士语 mynytʃ。

① *ma- 为古东亚语和古欧洲语言形容词前缀。

“多”匈牙利文（副词）nagyon＜*nagon。

5. *dori（*der）

“多的”蒙达语 *der。

“手指”印尼语、米南卡保语 dʒari＜*dari，泰雅语 turiŋ＜*turiŋ。

“多的”（不可数）梵语 adara。“多的、重的”波兰语 duzo＜*duro。

“手指”梵语 tardʒaniː＜*tar-gani。

“多的”柬埔寨文 tʃraən＜*tran。

“多的”和阗塞语 tvarai＜*t^{w}ara-。

6. *b^{w}uga（*bogo、*beka、*moga、*moki、*mako）

“多”布吉斯语、伊拉鲁吐语 *moga，勒窝语 *moki，梅柯澳语 *mako。

“大的”鄂温克语 bɔŋgɔn＜*bogo-n，吉利威拉语 βeka＜*beka。

“多的”中古英语 mutʃel＜*muke-l。

“巨大的”古英语 micel，古挪威语 mikill＜*miki-l。

“巨大的”希腊语 megas，拉丁语 magnus，梵语 mahaː，赫梯语 mekkish＜*mega-。

“大的”格鲁吉亚语 maɣali＜*maga-。

7. *sma

汉语 *sma（幠）。“大的”嫩戈内语 m̥a＜*sma。

“多”（副词）阿尔巴尼亚语 ʃumë＜*sumo。

8. *ʔli

“多的”壮语、黎语 *ʔli。

“满的”亚美尼亚语 li＜*li。

“少”的词源关系

亚欧语言“少”义的说法多与“小的”说法有词源关系，另外也与“短的”“薄的”等的说法有词源关系。

◇ 一 东亚太平洋语言的“少”

“少”的主要说法有：

1. *ʔar

土耳其语、维吾尔语、西部裕固语 ɑz < *ʔar。

2. *bag

蒙古语 bag < *bag。（少、小）

3. *tuken / *toge-kan / *ʔutikən / *ʔatukun / *tika-ʔi

蒙古语 tʃɵːxəŋ，达斡尔语 tʃuəːn，清代蒙文 tʃūken < *tuken。

蒙古语书面语 tʃögeken，东乡语 tʂoɣuɑn < *toge-kan。

达斡尔语 utʃikən < *ʔutikən。（少、小）

鄂伦春语 atʃʊkʊn < *ʔatukun。

泰雅语 tikaj < *tika-ʔi。

4. *qomso / *b^{w}isa

满文 komso，锡伯语 qomsɯ，赫哲语 qomtɕœ < *qomso。

罗维阿纳语 visvisa < *b^{w}isa。

5. *ʔoso

女真语（我锁）*oso < *ʔoso。

6. *qodo / *ʔede

鄂温克语 xɔndɔ < *qodo。

窝里沃语 sa-eɗe < *ʔede。

7. *dək / *deki

朝鲜语 tʃəkta < *dək-。

查莫罗语 dekike < *deki，pojet < *polet。（小、少）

8. *sukuna / *saku-ni

日语 sɿkunai < *sukuna-ʔi。

马都拉语 sakuniʔ，卡乌龙语 sakun < *saku-ni。

9. *bəriki / *peraq / *brek

菲拉梅勒语 fāriki < *bəriki。雅美语 pez̧ah < *peraq。

德昂语硝厂沟话 preik，南虎话 brɛʔ < *brek。

10. *la-ʔiti / *tute / *tede

萨摩亚语 laʔititi < *la-ʔiti。沙外语 tʃutʃe < *tute。

布昂语 tʃedde < *tede。

11. *ro / *ru / *ʔrun

布鲁语 ro-ro-in < *ro。

黎语保定话 rau^2 < *ru。

侗语 jun^3 < *ʔrun。

12. *pen

拉加语 hen < *pen。①

13. *kura / *k^wra

达阿语 na-kura < *kura。

汉语 *k^wra（寡）。

14. *mur / *bre-ʔu

波那佩语 m^wur < *mur。

布鲁语 breu-breu-k < *bre-ʔu。

15. *sitiq

爪哇语 siṭiʔ < *sitiq。

16. *ket / *sed-kit / *si-kidi / *kot / *gidi / *k^wet

马绍尔语 tʃet < *ket。②

印尼语 sədkit < *sed-kit。

贡诺语 si-kiddi < *si-kidi。

---

①“小的、少的”芬兰语 piene < *peni。

②“小的、少的”匈牙利文 kicsi < *kiti。

户语　kot^{31} < *kot。

桑塔利语　giḍi < *gidi。

汉语　*kh^{w}at（缺）< *k^{w}et。

17. *sisi / *si-ʔi

莫图语　sisi-na < *sisi。

汤加语　siʔi < *si-ʔi。

阿者拉语　isiʔ < *ʔisi-ʔi。（小、少、薄、窄）

18. *bu-ʔa

马林厄语　bua < *bu-ʔa。

19. *pa-ʔu / *ʔaba

托莱语　pəuau < *pa-ʔu。

梅柯澳语　afa < *ʔaba。

20. *s-meʔ

汉语　*s-meʔ（少）。

21. *ni / *neʔ / *nuŋ

傈僳语　ne^{55} < *ne。木雅语　ni^{55}ni^{55} < *nini。

克木语　ȵɛʔ < *neʔ。

藏文　ȵuŋ < *nuŋ。

22. *naŋ

缅文　nɑȵ^{3} < *naŋ。

巴琉语　ȵaŋ^{53} < *naŋ。

23. *kle

布朗语胖品话 kle^{35} < *kle。

24. *ʔan

莽语 ʔan^{51} < *ʔan。

25. *gidri / *gidli

桑塔利语 giɖri < *gidri，ghiʈli < *gidli，guɖra < *gudra。

26. *qudiŋ

桑塔利语 huɖiɳ < *qudiŋ。（小、少）

《尔雅》：“鲜，寡也。”

◇ 二 “少”的词源对应关系

1. “少”和“小”

“少”和“小”的词源对应关系上文《小》篇已说明。

2. “少”和“短”

（1）蒙古语 *bag。“短”蒙古语 bœgən、达斡尔语 bogunj、东乡语 boɣoni < *bogon。

（2）阿者拉语 *ʔisi-ʔi。“短”土耳其语 kisa、维吾尔语 qisqɑ、图瓦语 kɤskɑ、西部裕固语 ɢəsɢɑ < *qis-qa。

（3）达阿语 *kura，“短”劳语 kukuru < *kuru。

（4）泰雅语 *tika-ʔi。“短”鲁凯语 matiki（窄），沙阿鲁阿语 manitʉkʉ < *ma-tiki / *mani-tiki。

（5）贡诺语 *si-kidi。“短”戈龙塔洛语 kodo-kodoʔo < *kodo-ʔo，达让僜语 kɯ^{31}tioŋ^{53}、普米语兰坪话 tshiõ、土家语 tsoŋ^{53} < *kətoŋ。

（6）沙外语 *tute。“短”佤语艾帅话 dɔt、布朗语胖品话 tɔt^{31} < *dot，萨萨克语 dendeʔ < *dedeʔ，黎语 that^{7} < *tat。

（7）布朗语胖品话 *kle，“短”柬埔寨文 khlɤj < *kli。

3.“少”和“薄”

（1）达阿语 *kura，“薄”女真语（捏克叶）*nikheje < *ʔikore。

（2）女真语 *ʔoso，“薄”日语 usɿi < *ʔusu-ʔi。

（3）波那佩语 m^{w}ur < *mur。“薄”那大语 piro < *piro，莫图语 seβera < *se-b^{w}era。

（4）德昂语 *brek。“薄”巴厘语 bərag < *bərag。

（5）梅柯澳语 afa < *ʔaba。“薄”怒苏怒语 ba^{55}、缅文 po^{3} < *ba。

（6）桑塔利语 *gidri。“薄”托莱语 məder < *mə-der，桑塔利语 tsuɽutsuɽua < *turu-ʔa。

三　词源关系分析

1. *bəraki（*brek、*bəriki、*peraq、*bərag、*bre）

“少的”德昂语 *brek，菲拉梅勒语 *bəriki，雅美语 peʐah < *peraq。布鲁语 breu-breu-k < *bre-ʔu。“薄”巴厘语 bərag < *bərag。

“少的”希腊语 merikoi < *meriko-，拉丁语 parvus < *pargu-。

“少的”希腊语 pauros < *paro-，

2. *sedi（*sut、*sita）

“少的”吉利威拉语 sitana < *sita-na，“一些”印尼语 sədikit < *sedi-ket。“小的”阿卡拉农语 isut < *ʔisut。

> “小的”梵语 iʃath < *isad。

3. *kore（*kura、*kri、*kruŋ、*gre）

“少的”达阿语 *kura。“小的”纳西语、史兴语 *kri，藏文 *kruŋ。“薄的”女真语（捏克叶）*nikheje < *ʔikore。“低的”畲语 $khje^{4}$ < *gre。

汉语 $*k^{w}ra$（寡）。

> “小的、少的”希腊语 mikros < *mikro-。

4. $*b^{w}ile$（$*b^{w}ila$、*mala）

“少的”西部斐济语 βiða < $*b^{w}ila$， 波那佩语 malaulau < *mala-ʔu。汉语 *məl（微）。

> “细小的、窄的”古英语 smæl、中古高地德语 smal、古弗里斯语 smel，古挪威语 smali < *smali。
>
> “少的、不多的”波兰语、俄语 mało < *malo，波兰语 niewiele < $*ne\text{-}b^{w}ele$。
>
> “小的、少的”俄语 malenikij < *male-，波兰语 małe < *male。
>
> “短的”和阗塞语 mulysga- < *mulj-。

5. *bage（*bag、*bogo、$*b^{w}igi$）

“小的、少的”蒙古语 bag。汉语 *bak（薄）。“薄的”怒苏怒语 ba^{55}，缅文 po^{3} < *bag。“短”蒙古语 bœgən、达斡尔语 bogunj、东乡语 boɣoni < *bogon。“（人）细”罗维阿纳语 vivigi < $*b^{w}igi$。

阿尔巴尼亚语“小的” vogël < *bʷoge-，“小”（代词、副词、形容词）pak。

“小的、少的”亚美尼亚语 phokhr < *bog-。

“小的、短的”格鲁吉亚语 mɔkhli < *mog-。

6. *bʷure（*mur、*bre、*bəri、*pari）

“少的”波那佩语 mʷur < *mur。布鲁语 breu-breu-k < *bre-ʔu。

“低的、矮的”达让僜语 bɯ^{31}ɹi^{35} < *bəri。马林厄语 pari < *pari。

“近”阿尔巴尼亚语（形容词）afërt < *abʷor-，（副词、介词）afër < *abʷor。

“近的”亚美尼亚语 merj < *meri。

“短的”和阗塞语 āmura- < *amura。

7. *like（*lak、*lik）

“小的”雅美语 likej < *like-ʔi。“短的”卑南语 likti < *lik-ti。

“孩子”邵语 aðaðak < *ʔalak。“儿子”鲁凯语 lalak、排湾语 aljak < *ʔalak，水语、毛南语 la:k^{8} < *lak。

“小、少”希腊语 oligos、ligos < *ligo-。

“少的”和阗塞语 laka。

“远”的词源关系

亚欧语言“远”义的说法多与“长的”说法有词源关系，也与“高的”“多的”等说法有词源关系。

◇ 一　东亚太平洋语言的“远”

“远”的主要说法有：

1. *giraq / *goro / *gero / *gʷarʔ

维吾尔语 jirɑq，哈萨克语 dʒərɑq < *giraq。

满文 goro，锡伯语 ɢorw，赫哲语 goro，鄂温克语、鄂伦春语 gɔrɔ < *goro。

女真语（过罗）*kolo < *goro。

达密语 gerõ < *gero。

汉语 *ɣjan（远）< *gʷarʔ，[①] *gra（遐）。

① 谐声字“薳”，《广韵》韦委切。

2. *ʔuraq

古突厥语 uzɑq，土耳其语 uzak，图瓦语 ɤrɑk，西部裕固语 ozɑq < *ʔuraq。

3. *ʔalis

哈萨克语 ɑləs，乌孜别克语 ɑlis，蒙古语 ɑls < *ʔalis。[①]

4. *qolo / *ʔola

蒙古语 xol，达斡尔语 xol，东乡语 ɢolo，东部裕固语 χolo < *qolo。

那大语 ola < *ʔola。

5. *ʔal-daga / *dago

满文 aldaŋga < *ʔal-daga。

查莫罗语 tʃhago < *dago。

6. *to-ʔi / *ʔado-q / *ʔate / *ʔato

日语 toːi < *to-ʔi。

爪哇语 adɔh < *ʔado-q。

塔希提语 atea < *ʔate-ʔa。

博嘎尔珞巴语 aːto < *ʔato。

7. *mər / *mara-ʔaʔi

朝鲜语 mərta < *mər-。

阿美语 maraaj < *mara-ʔaʔi。

---

①“远的”芬兰语 ari- < *ari。

8. *daraq

亚齐语 dʒaraʔ < *daraq。

9. *daʔu / *daʔuq

莫图语 daudau，巴塔克语 dao，劳语 tau < *daʔu。

印尼语 dauh，萨萨克语 dʒaoʔ < *daʔuq。

10. *soʔu

塔纳语 isou < *ʔi-soʔu。

罗图马语 sousou < *soʔu。

11. *molo

姆布拉语 molo < *molo。（远、长）

12. *ro / *roʔ

拉巴努伊语 roa < *ro-ʔa。（远、长）

布芒语 zœ^{24}，布兴语 ʒɔʔ < *roʔ。

13. *m^{w}a / *maʔo

哈拉朱乌语 m^{w}ā < *m^{w}a。

汤加语 mamaʔo < *maʔo。

14. *gutiʔ

阿者拉语 gu^{n}tiʔ < *gutiʔ。（高、远）

15. *mə-ʔilik

托莱语 vəilik < *mə-ʔilik。

16. *ʔada-bil

卑南语 ʔadawil，赛夏语 aɭawaʃ < *ʔada-bil。

17. *rali

雅美语 ʐaji < *rali。

18. *bela / *baliŋ-geŋ

布吉斯语 ma-bela < *bela。

雅贝姆语 baliŋ-gɛŋ < *baliŋ-geŋ。（长、远）

19. *bʷi

缅文 we³，阿昌语 ve³¹，拉祜语 vɯ⁵³ < *bʷi。

20. *ge / *si-gi / *ŋi / *sa-giŋ / *gʷeŋ

土家语 ɣɯe²¹ < *ge。

佤语艾帅话 si̱ ŋai，孟贡话 gai < *si-gi。

户语 ŋ ŋai³³ < *ŋi。

桑塔利语 saŋgiɳ < *sa-giŋ。（长、远）

汉语 *gʷeŋ（泂）。

21. *deŋ / *doŋ / *daŋ

白语剑川话 tuĩ³³ < *deŋ。

德昂语硝厂沟话 toŋ，南虎话 doŋ < *doŋ。

马京达瑙语 tandaŋ < *ta-daŋ。

22. *mraŋ

独龙语 mɹɑŋ⁵⁵ < *mraŋ。（远的、高的）

23. *qle

苗语野鸡坡话 $qwei^{A}$，大南山话 $t\text{l̥}e^{1}$ < *qle。

24. *kli

壮语 $kjai^{1}$，黎语 lai^{1} < *kli。

25. *gi-liŋ

蒙达语 dʒiliŋ，桑塔利语 dʒɛleɳ < *gi-liŋ。（长、远）

《尔雅》："永、悠、迥、违、遐、逷、阔，远也。"如《诗经·大雅·泂酌》："泂酌彼行潦，挹彼注兹，可以餴饎。""泂"远也。

二 "远"的词源对应关系

1. "远"和"长"

"远"和"长"义可兼，如姆布拉语 molo、拉巴努伊语 roa、雅贝姆语 baliŋ-gɛŋ、桑塔利语 saŋgiɳ、蒙达语 dʒiliŋ 等。其他有对应关系的如下：

（1）布芒语、布兴语 *roʔ。"长"伊拉鲁吐语 mərərɔ < *mə-roro。

（2）女真语 *goro，"长"朝鲜语 kirta < *gir-。

（3）独龙语 *mraŋ，"长"缅文 $hrɑŋ^{2}$ < *s-raŋ。

（4）雅贝姆语 *baliŋ-geŋ。"长"萨萨克语 belo < *belo，锡加语 bloŋ < *bloŋ。

（5）哈拉朱乌语 $*m^{w}a$。"长"梅柯澳语 maeva < $*ma\text{-}ʔeb^{w}a$。

2. "远"和"高"

（1）布芒语、布兴语 *roʔ，"高"维吾尔语 ørɛ < *ʔore。

（2）爪哇语 *ʔado-q。"高"柯尔克孜语 ødø < *ʔodo，满文 etuhun <

*ʔetu-qun。

（3）独龙语 *mraŋ。“高”缅文 mrɑŋ^{1} < *maraŋ。

（4）土家语 *ge。“高”哈尼语 go^{31} < *go。

3.“远”和“多”

（1）博嘎尔珞巴语 *ʔato。“多”撒拉语 ɑtoχ < *ʔado-q，依斯那格语 adu、雅美语 azo̧ < *ʔado，桑塔利语 ɛḍi < *ʔadi。

（2）阿美语 *mara-ʔaʔi。“多”鄂温克语、鄂伦春语 baraːn < *bara-n。

（3）姆布拉语 *molo。“多”哈萨克语 mol、赫哲语 malχun < *mol / *mal-qun。

（4）布芒语、布兴语 *roʔ。“多”劳语 ʔoro < *ʔoro。雅美语 azo < *ʔaro。

（5）汤加语 *maʔo。“多”梅柯澳语 maʔo < *maʔo。

（6）维吾尔语、哈萨克语 *diraq。“多”蒙达语 ḍher < *der。

（7）哈拉朱乌语 *m^{w}a。“多”梅柯澳语 maʔo < *maʔo。

三　词源关系分析

1. *bora（*bara、*mara、*mər、*poro、*puro）

“远”朝鲜语 *mər-、阿美语 *mara-ʔaʔi。

“多”鄂温克语、鄂伦春语 baraːn < *bara-n，马绍尔语、阿杰语 *ku-poro，查莫罗语 puroha < *puro-qa。

“远”古英语 feorr、古高地德语 ferro，古挪威语 fjarre，哥特语 fairra < *p^{w}are。

“远”亚美尼亚语 heɾu < *peru。

“更远”梵语 parah，“外面的”赫梯语 para，“越过”希腊语 pera。

2. *bola（*molo、*mal、*bela、*belo、*bil 等）

“远”姆布拉语 *molo、布吉斯语 *bela、卑南语、赛夏语 *ʔada-bil。

“长”萨萨克语 belo < *belo，锡加语 bloŋ < *bloŋ。

“多”哈萨克语 mol、赫哲语 malχun < *mol / *mal-qun。

“长的”吐火罗语 B walke < *bʷal-ke，吐火罗语 A pɨrkɨr < *pul-kir。

3. *gari（*gira、*goro、*gero、*gar、*gir）

“远”维吾尔语、哈萨克语 *giraq，满通古斯语 *goro，达密语 *gero，汉语 *gʷar。“长”朝鲜语 kirta < *gir-。

“远”（副词）希腊语 makria < *ma-kra。

“远的”匈牙利文 sokkal < *so-kal。

4. *dora（*dira、*dara、*der、*tran）

“远”亚齐语 *daraq。

“多”蒙达语 ɖher < *der，摩尔波格语 doram、巴拉望语 mɔdɔram，柬埔寨文 tʃraən < *tran。

“远的”梵语 duːra < *dura。粟特语 δūr < *dur。 “远的”乌尔都语 doːr daraz。和阗塞语 dura-。 “多的”（不可数）梵语 adara。 “远的”俄语 daljɔkij，波兰语 daleko < *dalo-。

“近”的词源关系

亚欧语言“近”义的说法多与“短的”“低的、矮的”“少的、小的”等说法有词源关系。

◇ 一　东亚太平洋语言的“近”

“近”的主要说法有：

1. *daqə-n / *daga

维吾尔语 jeqən，哈萨克语 dʒɑqən，西部裕固语 jɑhɢən，撒拉语 jɑχən < *daqə-n。

鄂伦春语、鄂温克语 daga < *daga。

2. *ʔo-ʔira / *qara

清代蒙文 oira，达斡尔语 uɑir，东部裕固语 oiro < *ʔo-ʔira。

木雅语 qɐ^{55}rɐ^{55} < *qara。

3. *tada / *tata / *dat / *dadoŋ

土族语 tɑːdɑ < *tada。

罗维阿纳语 tata < *tata。

佤语马散话 thɛiʔ、艾帅话 deʔ，德昂语南虎话 n dat < *dat。

布拉安语 dadoŋ < *dadoŋ。

4. *qalti

满文 hantʃi，锡伯语 χantɕi，赫哲语 qaltɕi < *qalti。

5. *gasga

中古朝鲜语 kaskapta < *gasga-。

6. *tika / *dake-t / *daki

日语 tɕikai < *tika-ʔi。

印尼语 dəkat，米南卡保语 dakeʔ < *dake-t。

桑塔利语 ʈhakj < *daki。

7. *rapi-t / *rap / *ʔada-lop

他加洛语 lāpit，萨萨克语 rapət < *rapi-t。亚齐语 rap < *rap。

卑南语 adaləp < *ʔada-lop。

8. *ʔele / *ka-ʔele

罗图马语 ʔelʔele < *ʔele。（近、低）

桑塔利语 kaele < *ka-ʔele。

9. *ka-pira

莫图语 kahira < *ka-pira。

10. *gala-ni

劳语 garaŋia，瓜依沃语 galani-a < *gala-ni。

11. *raken

沙外语 rakɛn < *raken。

12. *ʔaka-ʔiki

马达加斯加语 akaiki < *ʔaka-ʔiki。

13. *bʷe-ʔe / *bo

那大语 veʔe < *bʷe-ʔe。

莽语 $bɔ^{51}$ < *bo。

14. *tumu-ʔu

邹语 tsəmuu < *tumu-ʔu。

15. *ʔasŋe-n

雅美语 aʂŋen < *ʔasŋe-n。

16. *daliq

赛德克语 dalix < *daliq。

17. *nig / *mu-ni / *ʔaba-ni / *ʔarata-ni

缅文 ni^{3}，景颇语 ni^{31}，阿昌语 ne^{31}，怒苏怒语 ni^{55} < *nig。①

格曼僜语 $mɯ^{31}nai^{53}$ < *mu-ni。

① 缅文第三调、景颇语 31 调部分来自丢失的辅音韵尾，古缅语为 *-g（参见拙文《汉藏语同源研究》有关章节）。

贡诺语 ambani < *ʔaba-ni。卡那卡那富语 aratsani < *ʔarata-ni。

18. *gər / *gro-ʔo

汉语 *gərʔ（近）< *gər-ʔ。①

锡克语 groʔo < *gro-ʔo。

19. *nir-ʔ

汉语 *nirʔ（邇）< *nir-ʔ。

20. *pluʔ / *plis

黎语 plaɯ^{3} < *pluʔ。

水语、毛南语 phjai^{5} < *plis。

21. *kliʔ

壮语武鸣话 kjaɯ^{3}、龙州话 khjaɯ^{3}，西双版纳傣语 kai^{3} < *kliʔ。

22. *ʔade-pase / *ʔada-ni

桑塔利语 ade̱pase̱ < *ʔade-pase。

依斯那格语 adanni，卡林阿语 adani，卡加延语 dani < *ʔada-ni。

23. *ler

克木语 lĕh < *ler。

24. *dapa / *dap

蒙达语 dʒāpā < *dapa。巴琉语 tap^{33} < *dap。

---

① 如谐声字"沂"，微部。

25. *ni-pat / *bet / *b^{w}at

蒙达语 nipat < *ni-pat。布兴语 bet < *bet。

嘉戎语 kə wat < *b^{w}at。

26. *raŋ

尼科巴语 raŋ < *raŋ。

27. *sor

桑塔利语 sor < *sor，dhare < *dare，dhure < *dure。

28. *kut

柬埔寨文 tʃɯt < *kut。

《尔雅》：“邇、几、暱，近也。”

二 “近”的词源对应关系

1. “近”和“短”

“近”和“短”都是指某一方向上的距离。“短”指物体的长度，也可指距离上的“近”。东亚不同语言“近”和“短”说法的对应关系如下：

（1）土族语 *tada。“短”佤语艾帅话 dɔt、布朗语胖品话 tɔt^{31} < *dot，萨萨克语 dendeʔ < *dedeʔ。

（2）日语 tɕikai < *tika-ʔi，“短”midʑikai < *mi-dika-ʔi。鲁凯语 matiki（窄）、沙阿鲁阿语 manitʉkʉ < *ma-tiki / *mani-tiki。

（3）壮语、西双版纳傣语 *kliʔ。“短”柬埔寨文 khlɤj < *kli。

（4）鄂伦春语、鄂温克语 *daga。“短”查莫罗语 etego < *ʔetego。

2.“近”和“低、矮”

（1）土族语 *tada。“低”萨萨克语 dendeʔ < *dedeʔ，桑塔利语 tshoʈa < *tota。

（2）满文、锡伯语、赫哲语 *qati。“低”达阿语 na-ede < *ʔede。克木语 deʔ < *deʔ。

（3）鄂伦春语、鄂温克语 *daga。“低”查莫罗语 tagpapa < *tag-papa。

（4）莫图语 *ka-pira。“低、矮”达让僜语 bɯ^{31}ɹi^{35} < *bəri，马林厄语 pari < *pari。

（5）锡克语 *gro-ʔo。“低”畲语 khje^{4} < *gre，波那佩语 karakarāk < *kara。

3.“近”和“少、小”

（1）木雅语 *qara。“少”土耳其语、维吾尔语、西部裕固语 ɑz < *ʔar。

（2）日语 tɕikai < *tika-ʔi。“少、小”达斡尔语 utʃikən < *ʔutikən，鄂伦春语 atʃʊkʊn < *ʔatukun。

（3）清代蒙文、达斡尔语、东部裕固语 *ʔora。“少”布鲁语 ro-ro-in < *ro，黎语保定话 rau^{2} < *ru。

（4）锡克语 *gro-ʔo。“少”达阿语 na-kura < *kura。

（5）柬埔寨文 *kut。“少”马绍尔语 tʃet < *ket，印尼语 sədkit < *sed-kit，贡诺语 si-kiddi < *si-kidi。

三 词源关系分析

1. *nik（*nig、*ni、*neʔ）

汉语 *nik（暱，《说文》曰近也）。“近”缅文、景颇语、阿昌语、怒苏怒语 *nig，格曼僜语 *mu-ni。

“少的”傈僳语 ne^{55}、木雅语 $ni^{55}ni^{55}$ < *nini，克木语 ɳɛʔ < *neʔ。

“近”（副词）古英语 neh，古弗里斯语 nei，哥特语 nehwa < *nekʷa。

早期的印欧语可能有形容词 *-kʷ 后缀。

2. *nir

汉语 *nirʔ（邇）< *nir-ʔ。汉语 *nir（尼，《说文》从后近之）。

“低的”阿美语 muənər < *mu-ʔəner。

“近”（副词）古英语 near，古挪威语 naer < *nar。 “近”乌尔都语 nazdeːk < *nar-dek。 “近的”和阗塞语 naysda-、粟特语 nazd < *nar-。

3. *kʷeti（*kut、*ket、*kit、*kidi）

“近的”柬埔寨文 *kut。“少的”马绍尔语 tʃet < *ket，印尼语 sədkit < *sed-kit，贡诺语 si-kiddi < *si-kidi。“一些”印尼语 sədikit < *sedi-ket。

希腊语 “近的”kontinos < *kotino-，“近于”（介词）konta < *kota。

4. *dika（*tika、*dake、*daqə、*tiki、*tiku 等）

“近的”日语 *tika-ʔi，印尼语、米南卡保语 *dake-t，桑塔利语 *daki，突厥语 *daqə-n。

“短”日语 midʑikai < *mi-dika-ʔi，鲁凯语 matiki（窄）、沙阿鲁阿语 manitʉkʉ < *ma-tiki / *mani-tiki。

“少、小”达斡尔语 utʃikən < *ʔutikən，鄂伦春语 atʃʊkʊn < *ʔatukun。

“近”梵语 atike。

5. *bʷati（*pat、*bet、*bʷat 等）

“近的”蒙达语 *ni-pat，布兴语 *bet，嘉戎语 *bʷat。

“近”梵语 abhitah < *abita-。“近的”亚美尼亚语 mot < *mot。

“近的”格鲁吉亚语 bɛtsi < *beti。

6. *bʷe（*bo、*pa、*ba）

“近的”那大语 *bʷe-ʔe，莽语 *bo。

“少的”托莱语 pəuau < *pa-ʔu，梅柯澳语 afa < *ʔabʷa。

“近”梵语 upa。

“近的、接近、到达”粟特语 βaw < *bʷau。

7. *bila（*plo、*pla、*bla、*balu）

“短的”勒窝语 plasi < *plasi。

“薄的”邵语 mabaðaj < *ma-bala-ʔi，锡加语 bleler < *beler。错那门巴语 bla^{35}mo^{53} < *bla，墨脱门巴语 ba lu < *balu。

“近的”俄语 bliz̨nij < *blir-，波兰语 bliski < *blis-。

“近的”格鲁吉亚语 baxləbɛli < *baqlo-beli。

“近”黎语 *pluʔ、水语、毛南语 *plis。

希腊语“接近”（动词）plesiaro < *plesa-，（副词）plesion < *pleso-。

8. *bʷari（*bəri、*pira、*pari）

“近”莫图语 *ka-pira。

“低、矮”达让僜语 bɯ^{31}ɹi^{35} < *bəri，马林厄语 pari < *pari。

“近”阿尔巴尼亚语（形容词）afërt < *ab^{w}or-，（副词、介词）afër < *ab^{w}or。

“近的”亚美尼亚语 merj < *meri。

“短的”和阗塞语 āmura- < *amura。

9. *gər

汉语 *gərʔ（近）< *gər-ʔ。

“近的”威尔士语 ger。

10. *rap

“近”亚齐语 *rap。

“近”乌尔都语 qareːb < *qareb。

“长”的词源关系

亚欧语言“长”义的说法多与“远”的说法有词源关系，另外也与“高”“大、多”等的说法有词源关系。

◇ 一　东亚太平洋语言的“长”

“长”的主要说法有：

1. *ʔuru-n / *ʔur / *ru / *roro

古突厥语、土耳其语、维吾尔语 uzun < *ʔuru-n。

傣语 jaːu^{2} < *ru。布兴语 ʒau < *ru。

伊拉鲁吐语 mərərɔ < *mə-roro。

2. *ʔurt / *ma-rota / *ʔarate

蒙古语 urt，达斡尔语 ortu < *ʔurt-。

尼科巴语 marɔːta < *ma-rota。

窝里沃语 ma-arate < *ma-ʔarate。

3. *s-dur / *dur

土族语 ʂdur < *s-dur。

爪哇语 duur < *dur。

4. *golm / *gulum / *ləm

满文 golmin，锡伯语 ɢolmin，女真语（过迷）*komi < *golm-in。

鄂温克语 nʊnama，鄂伦春语 ŋʊnʊm < *gulum。

汉语 *ləm（融）。[1]

5. *gir / *gra-ŋ

朝鲜语 kirta < *gir-。

汉语 *graŋʔ（永）< *gra-ŋ。

6. *naga-ʔi

日语 nagai < *naga-ʔi。

7. *tane

阿伊努语 tanne < *tane。

8. *gali-ʔa / *gele-na / *gil / *giliŋ

南密语 galia < *gali-ʔa。

罗维阿纳语 ɣelena < *gele-na。

桑塔利语 dʒhɛl < *gil。

蒙达语 dʒiliŋ，桑塔利语 dʒɛleŋ < *giliŋ。（长，远）

---

① 《诗经·大雅·既醉》："昭明有融，高朗令终。""融"，长也。

9. *sa-laga / *ma-lakas

马那姆语 salaga < *sa-laga。卑南语 baɭakas < *ma-lakas。

10. *qoloru / *ʔinaro / *naru

泰雅语 qəlɔjux < *qoloru-q。

赛夏语 ʔinaroʔ < *ʔinaro。

雅美语 naʐu < *naru。

11. *ʔanado

查莫罗语 anatʃo < *ʔanado，abmam < *ʔab-am。

12. *belo / *bloŋ / *bola / *baliŋ / *molo

萨萨克语 belo < *belo。锡加语 bloŋ < *bloŋ。

桑塔利语 boela < *bola。

雅贝姆语 baliŋ < *baliŋ。（长、远）

姆布拉语 molo < *molo。（远、长）

13. *ʔadu

卡林阿语 andu < *ʔadu。

14. *ʔeb^{w}a

梅柯澳语 maeva < *ma-ʔeb^{w}a。

15. *lata

莫图语 lata < *lata。

16. *ʔədəka

鲁凯语 əɖəkaj < *ʔədəka-ʔi。

17. *leb^{w}a / *dab^{w}o

那大语、马京达瑙语 leva，马达加斯加语 lava < *leb^{w}a。

巴厘语 dawə，爪哇语 dɔwɔ < *dab^{w}o。

18. *padaŋ

印尼语 paɲdʒaŋ，亚齐语 paɲaŋ < *padaŋ。

19. *date / *dada

达阿语 na-^{n}date < *date。那大语 dada < *dada。

20. *riŋ / *ʔri / *re / *ri

藏语 riŋ，他杭语 rehŋpa < *riŋ。

壮语龙州话 ɬi^{2}，毛南语 ʔjaːi^{3} < *ʔri。

波那佩语 reirei < *re-ʔi。（高、长）

京语 jaːi^{2} < *ri。

21. *m-laŋ / *laŋ

汉语 *m-laŋ（长）。①

佤语 laŋ < *laŋ。

22. *s-raŋ

缅文 hrɑŋ^{2} < *s-raŋ。

23. *s-lu / *kalu

汉语 *s-lu（修）。②

---

①“长”形容词 *m-laŋ，动词 *s-laŋʔ。春秋末期“长”*ljaŋ，“常”*s-glaŋ > *ljaŋ，“长”假借为“常”。

②“攸”以周切，“修”息流切。

景颇语 kǎ^{31}lu^{31} < *kalu。

24. *ʔda / *ʔadiŋ

苗语养蒿话 ta^{3}，枫香话 nti^{3} < *ʔda。

布昂语 adiŋ < *ʔadiŋ。

25. *b^{w}eŋ / *b^{w}aŋ

柬埔寨文 vɛːŋ < *b^{w}eŋ。克木语 vaŋ < *b^{w}aŋ。

26. *lan

布朗语甘塘话 lan^{31}，户语 lan^{31} < *lan。

汉语 *lan（延）。

27. *gipliŋ

蒙达语 dʒipliŋ < *gipliŋ。

28. *belul

桑塔利语 bɛjul < *belul。

29. *la-rga

桑塔利语 laɽga < *la-rga（男人用），lɛɽgi < *la-rgi（女人用）。（长、高）

二 "长"的词源对应关系

1. "长"和"远"

"长"和"远"如同"近"和"短"，指某一方向上的长度或距离。东亚不同语言"长"和"远"说法对应，上文《远》篇已说明。

2.“长”和“高”

（1）波那佩语 *re-ʔi。“高”维吾尔语 ørɛ < *ʔore，阿伊努语 ri < *ri。

（2）鲁凯语 *ʔədəka-ʔi。“高”日语 takai < *taka-ʔi。桑塔利语 ɖakɖaka < *daka，ɖɛukɛ < *daka。

（3）土族语 *s-dur。“高”蒙古语 ɵndər、土族语 undur < *ʔudur。蒙古语 dəːr、土族语 dere、东乡语 dʒiərə < *dərə。（高，上面）

（4）苗语 *ʔda。“高”柯尔克孜语 ødø < *ʔodo，莫图语 atai < *ʔata-ʔi。

（5）阿伊努语 *tane。“高”锡伯语 dən < *dən，墨脱门巴语 thon po < *don。

（6）汉语 *mlaŋ（长）。“高”独龙语 mɹɑŋ^{53}、缅文 mrɑŋ^{1} < *maraŋ，窝里沃语 ma-laŋ < *ma-laŋ。

（7）蒙达语、桑塔利语 *giliŋ。“高”莽语 gɣaŋ^{31}、克木语 dʑɔ̆ŋ < *glaŋ。汉语 *kjaŋ（京）< *kraŋ。

（8）莫图语 *lata。“高”查莫罗语 lotʃa < *lota。

（9）那大语 *dada。“高”卡加延语 datas < *data-s。

3.“长”和“大、多”

（1）马那姆语 *sa-laga。“大”他加洛语 laki < *laki，巽他语 ləga < *laga。“多”他杭语 jahko < *lako，墨脱门巴语 zak < *lak。

（2）那大语、马京达瑙语、马达加斯加语 *leb^{w}a。“大的”斐济语 leβu < *lebu。“多的”巽他语 laba < *laba，鄂罗克语 limbe < *libe。

（3）梅柯澳语 *ma-ʔeb^{w}a。“大”满文 amba < *ʔaba，三威治港语 ^{m}bao < *ba-ʔo。

（4）阿伊努语 *tane。“大”藏文 tɕhen、错那门巴语 then^{55} < *den。

（5）汉语 *s-lu（修）。“大”侗语、水语 laːu^{4} < *luʔ。

（6）蒙达语、桑塔利语 *giliŋ。“多”仫佬语 kɣuŋ²、侗语、水语 kuŋ² < *gluŋ。

三 词源关系分析

1. *laga（*laka、*lako、*lak、*laki）

“长的”马那姆语 *sa-laga，卑南语 *ma-lakas。“大”他加洛语 laki < *laki，巽他语 ləga < *laga。“多”他杭语 jahko < *lako，墨脱门巴语 zak < *lak。

“长的”古英语 long，古弗里斯语 lang，哥特语 laggs < *lag-。

2. *raga（*raka、*raku、*larga）

“长的、高的”桑塔利语 *la-rga、*la-rgi。“长的、高的、大的”桑塔利语 raeka < *raka。“大的”雅美语 ẓaku < *raku。

“长的”西班牙语 largo < *largo，亚美尼亚语 yerkar < *lerka-。
“大的，广阔的”古弗里斯语 large、拉丁语 largus < *largo-。

3. *gero（*gura、*gir、*goro、*gar）

“长的”朝鲜语 *gir-。“远”满文 goro，锡伯语 ɢorw，赫哲语 goro，鄂温克语、鄂伦春语 gɔrɔ，女真语（过罗）*kolo < *goro。达密语 gerõ < *gero。汉语 *ɣjan（远）< *gʷar，*graŋʔ（永）< *gra-ŋ。

希腊语“长的”makros < *ma-kros。“远”（副词）makria < *ma-kra。
“长的”阿尔巴尼亚语 gjatë < *gra-to。
“大的”法语 gros、拉丁语 grandis，古英语 great、古弗里斯语 grat < *gra-。

“长的”格鲁吉亚语 grdzɛli < *gra-deli。

4. *dora（*dur）

“长的”土族语 *s-dur，爪哇语 *dur。

“长的、伟大的”俄语 dolgij，“长的”波兰语 dɫugi < *dolu-gi。 “长的、远的”俄语 daljnij < *dal-。 “远的”俄语 daljɔkij，波兰语 daleko < *dalo-ki。 “长的”和阗塞语 dāra- < *dara。 “远”梵语 duːra < *dura。

5. *ʔuru

“长的”古突厥语 *ʔuru-n。

“长的”威尔士语 hir < *ʔir。

6. *lebʷa

“长的”那大语、马京达瑙语 leva，马达加斯加语 lava < *lebʷa。

“大的”斐济语 leβu < *lebu。“多的”巽他语 laba < *laba，鄂罗克语 limbe < *libe。

“长的”乌尔都语 lambaː < *laba。

7. *belul

“长的”桑塔利语 bɛjul < *belul。

“长的”和阗塞语 bulysa < *bulj-。

“短”的词源关系

亚欧语言“短”义的说法多与“近”“窄、浅”“薄”“小、少”等说法有词源关系。

一 东亚太平洋语言的“短”

“短”的主要说法有：

1. *qis-qa

土耳其语 kisa，维吾尔语 qisqɑ，图瓦语 kɤskɑ，西部裕固语 ɢəsɢɑ < *qis-qa。

2. *kalde

维吾尔语 kɑltɑ，哈萨克语 kelte < *kalde。

3. *bogo / *bugu / *boko / *paka / *buku

蒙古语 bœgən，达斡尔语 bogunj，东乡语 boɣoni，东部裕固语 boɢno < *bogo-ni。[①]

---

①“小的、短的”格鲁吉亚语 mɔkhli < *mog-。

土族语 buɢunnə < *bugu-nə。保安语 boɢloŋ < *bogo-loŋ。
马京达瑙语 vokok，拉巴努伊语 vako-vako（窄的）< *boko / *bʷako。
罗维阿纳语 papaka < *paka。萨摩亚语 puʔupuʔu < *buku。

4. *mugu-rdɑŋ
土族语 mugurdɑŋ < *mugu-rdɑŋ。（短的，短尾）

5. *poqolon / *poqolo
满文 foholon，锡伯语 fœχulun，赫哲语 foχolon < *poqolon。
女真语（佛活罗）*foholo < *poqolo。

6. *ʔurum-qun / *ʔuruqun
鄂伦春语 urumkun，鄂温克语 uruŋxun < *ʔuru-m-qun / *ʔuru-qun。

7. *mi-dika-ʔi / *ma-tiki
日语 midʑikai < *mi-dika-ʔi。
鲁凯语 matiki（窄），沙阿鲁阿语 manitʉkʉ < *ma-tiki / *mani-tiki。
查莫罗语 etego < *ʔetego。

8. *daru / *ture
中古朝鲜语 tʃjarɯta，现代书面语 tʃʃarpta < *daru-。
布鲁语 ture-n < *ture。

9. *ʔuma
阿杰语 ũbʷa < *ʔuma。

10. *lik-ti / *liŋ-ʔed
卑南语 likti < *lik-ti。雅美语 liŋeɖ < *liŋ-ʔed。

11. *kuru / *kroŋ

劳语 kukuru < *kuru。

兰坪普米语 tshiõ，土家语 tsoŋ^{53} < *kroŋ。

12. *dabe

雅贝姆语 da^{m}be < *dabe。

13. *boto / *poto / *pedok

塔希提语 poto，拉巴努伊语 poto-poto < *boto。

布吉斯语 ma-pontʃo < *poto。

印尼语 pendek，巽他语 pondok，亚齐语 panɯʔ < *pedok。

14. *k^{w}ak^{w}a / *kuku

夸梅拉语 -k^{w}ak^{w}a < *k^{w}ak^{w}a。大瓦拉语 kuku-na < *kuku。

15. *buluk

锡加语 buluk < *buluk。（短、低）

16. *kekita / *kodo / *k^{w}ado-gi / *kato / *geda / *kuti

吉利威拉语 -kekita < *kekita。戈龙塔洛语 kodo-kodoʔo < *kodo-ʔo。

莫图语 k^{w}adoɣi < *k^{w}ado-gi。

桑塔利语 khat̪o < *kato，ged̪a < *geda，gid̪i < *gidi，gud̪ri（女人用词）< *gudi。

达让僜语 kɯ^{31}tioŋ^{53}，格曼僜语 kɯ^{31}ti^{55} < *kuti-。

17. *plasi

勒窝语 plasi < *plasi。

18. *le

道孚语 lji lje < *le。

19. *du-ŋ / *du / *dus

藏文 thuŋ ŋu < *du-ŋ。（浅、短）

缅文 to^{2}，怒苏怒语 du^{31} < *du。

布昂语 dus < *dus。（窄、短）

20. *tinʔ / *ʔdinʔ / *ton-ʔ

壮语武鸣话 tin^{3}，毛南语 din^{4} < *tinʔ / *ʔdinʔ。

汉语 *ton-ʔ（短）。

21. *lat / *led-m / *letuŋ

克木语 liat < *lat。

桑塔利语 ledma（男人用词）< *led-ma，ledmi（女人用词）< *led-mi。

泰雅语 lətuŋ < *letuŋ。

22. *dot / *tot / *tat / *dedeʔ / *tadada

佤语艾帅话 dɔt，布朗语胖品话 tɔt^{31} < *dot。

景颇语 to̠t^{55} < *tot。

黎语 that^{7} < *tat。

萨萨克语 dendeʔ < *dedeʔ。

查莫罗语 tʃadada < *tadada。

23. *kli

柬埔寨文 khlɤj < *kli。

◇ 二 “短”的词源对应关系

1. “短”和“近”

“短”和“近”说法的对应上文《近》篇已说明。

2. “短”和“窄、浅”

（1）朝鲜语 *daru-。“窄”维吾尔语、哈萨克语、东部裕固语 tɑr < *tar，马达加斯加语 teri < *teri。“浅”布朗语胖品话 diar^{51} < *dar。

（2）土耳其语、维吾尔语、西部裕固语 *qis-qa。“窄”汤加语 lausiʔi < *la-ʔusi-ʔi。“少、薄、窄”阿者拉语 isiʔ < *ʔisi-ʔi。

（3）查莫罗语 *ʔetego。“窄”波那佩语 ʈēʈik < *titik。

（4）布吉斯语 *poto。“窄”锡加语 ipot < *ʔipot。“浅”波那佩语 petepete、马绍尔语 pɛcpɛc < *pete / *pet。

（5）壮语武鸣话 *tinʔ。“浅”傣语 tɯn^{3}、黎语 thɯn^{3} < *tunʔ，缅文 tin^{2} < *tin。

（6）罗维阿纳语 *paka。“浅”巴厘语 babuk、布拉安语 babu、那大语 boko < *buk，布依语 boʔ^{7} < *ʔbok。

3. “短”和“薄”

（1）劳语 *kuru。“薄”女真语（捏克叶）*nikheje < *ʔikore。

（2）土耳其语、维吾尔语、西部裕固语 *qis-qa。“薄”日语 usɿi < *ʔusu-ʔi。

（3）罗维阿纳语 *paka。汉语 *bak（薄）。

（4）朝鲜语 *daru-。“薄”托莱语 məder < *mə-der。桑塔利语 tsuʈutsuʈua < *turu-ʔa，tsiribiri < *tiri-biri。

4.“短”和“少、小”

（1）蒙古语族语言 *bogo-ni。“少、小”蒙古语 bag < *bag。

（2）日语 *mi-dika-ʔi。“小”满文 adʒige、锡伯语 adʑig < *ʔadige。

（3）格曼僜语 *kuti。“小”马绍尔语 tʃet < *ket。印尼语 sədkit < *sed-kit。贡诺语 si-kiddi < *si-kidi。

（4）土耳其语、维吾尔语、西部裕固语 *qis-qa。“小”莫图语 sisi-na < *sisi。汤加语 siʔi < *si-ʔi。

（5）女真语 *poqolo。“小”赛夏语 ʔolʔolaʔan < *ʔola-ʔan。

（6）卑南语 *lik-ti。“小”雅美语 likej < *like-ʔi。

三 词源关系分析

1. *kore（*kuru、*kro、*kri、*kru）

“短的”劳语 *kuru，普米语兰坪话、土家语 *kroŋ。“小的”纳西语、史兴语 *kri，藏文 *kruŋ。“薄的”女真语（捏克叶）*nikheje < *ʔikore。

“很短的”梵语 atʃira < *akira。“短的、小的、少的”希腊语 mikros < *mi-kro-。

“短的”古英语 scort、古高地德语 scurz < *skur-，拉丁语 curtus < *kur-。

“短的”古教堂斯拉夫语 kratuku，波兰语 krotki、俄语 korotkij < *koro-tuki。

“短的、少的”粟特语 ɣruʃ < *grus。

“短的”匈牙利文 gyorsan < *gors-an，“短促的”kurta < *kur-。

2. *g^{w}adi（*kade、*kekita、*kodo、*gede、*kedi、*kita、*ket 等）

“短的”吉利威拉语 -kekita < *kekita，戈龙塔洛语 *kodo-ʔo。桑塔利语 *kato、*geda，莫图语 *k^{w}ado-gi，格曼僜语 *kuti。

“小的”马绍尔语 tʃet < *ket。印尼语 sədkit < *sed-kit。贡诺语 si-kiddi < *si-kidi。排湾语、那大语 *kedi，道孚语 *gede，他杭语 *kita。

“少的” 那大语 se-kəḍi < *se-kedi。“一些”印尼语 sədikit < *sedi-ket。汉语 *kh^{w}at（缺）< *k^{w}et。

“小的、少的、短的”乌尔都语 tʃotta < *kota。
“短的”希腊语 kontos < *koto-，阿尔巴尼亚语 mangët < *ma-got。

“小的、少的”匈牙利文 kicsi < *kiti。

3. *bila（*plo、*pla、*bla、*balu）

“短的”勒窝语 *plasi。

“薄的”错那门巴语 bla^{35}mo^{53} < *bla，墨脱门巴语 ba lu < *balu，邵语 mabaðaj < *ma-bala-ʔi，锡加语 bleler < *beler。

“近的”俄语 bliz̨nij < *blir-，波兰语 bliski < *blis-。

4. *kalde

“短的”维吾尔语、哈萨克语 *kalde。

“短的”亚美尼亚语 kartʃh < *kard，kolot < *kolot。“小的”古爱尔兰语 cert。

“高”的词源关系

亚欧语言“高”义的说法多与“大的”“长的”“远的”等说法有词源关系，有的与“山”“上面”等说法有词源关系。

◇ 一　东亚太平洋语言的“高”

“高”的主要说法有：

1. *du-quri / *du-ɢari

维吾尔语 juquri < *du-quri。哈萨克语 dʒoʁɑrə，塔塔尔语 joʁɑrə < *du-ɢari。

2. *ʔore / *ri

维吾尔语 ørɛ < *ʔore。

阿伊努语 ri < *ri。

3. *dik / *tek / *ʔetok / *tag-kilo / *bedik / *teka / *tegeq

土耳其语 jyksek < *dik-sek。

塔塔尔语、哈萨克语 tik < *tek。

马绍尔语 aetok < *ʔa-ʔetok。

查莫罗语 tagkilo < *tag-kilo。

图瓦语 bedik < *bedik。

瓜依沃语、劳语 tek^{w}a < *teka。（高的、长的）

巴厘语 təgəh，印尼语、马都拉语 tiŋgi < *tegeq。

4. *ʔudur / *dərə / *tərə

蒙古语 əndər，土族语 undur < *ʔudur。①

蒙古语 dəːr，土族语 dere，东乡语 dʒiərə < *dərə。（高，上面）

伊拉鲁吐语 tərərə < *tərə。

5. *nop / *ŋapu

朝鲜语 nophta < *nop-。

梅柯澳语 ŋapuŋap < *ŋapu-ŋapu。

6. *ʔodo / *ʔata-ʔi

柯尔克孜语 ødø < *ʔodo。

莫图语 atai < *ʔata-ʔi。

7. *ʔetu / *te / *teʔi

满文 etuhun < *ʔetu-qun。

女真语（得）*te < *te。

塔希提语 teitei < *teʔi。

8. *dən / *don

锡伯语 dən < *dən。

---

①“高的”格鲁吉亚语 dzviri < *d^{w}iri。

藏文 mthon po < *m-don。墨脱门巴语 thon po < *don。

9. *gug / *ʔugag / *gege / *go / *ke

赫哲语 gugda，鄂温克语 gʊdda，鄂伦春语 gʊgda < *gug-da。

泰雅语 ʔuwagiq < *ʔugag-iq。

大瓦拉语 gege-na < *gege。

哈尼语 go^{31} < *go。

汉语 *ke（高）。

10. *taka-ʔi / *daka

日语 takai < *taka-ʔi。

桑塔利语 ɖakɖaka < *daka，ɖɛukɛ < *daka。

11. *ʔululu

罗维阿纳语 ululu，菲拉梅勒语 lūlū < *ʔululu。

12. *data-s

卡加延语 datas < *data-s。

13. *dubur

爪哇语 ɖuwur < *dubur。

14. *pepe / *p^we

邹语 pepe < *pepe。

哈拉朱乌语 p^we < *p^we。

15. *babalaŋ / *ma-balaŋ

赛德克语 babalaw < *babalaŋ。

鲁凯语 mabələŋ < *ma-balaŋ。

16. *laŋi / *ləŋ

劳语、瓜依沃语 laŋi < *laŋi。

马绍尔语 ləŋ < *ləŋ。

窝里沃语 ma-laŋ < *ma-laŋ。

17. *ʔiququ

布农语 iχuχu < *ʔiququ。

18. *lota

查莫罗语 lotʃa < *lota。

19. *gutiʔ

阿者拉语 gu^{n}tiʔ < *gutiʔ。（高、远）

20. *bri

羌语 bɹɪ < *bri。

21. *maraŋ

独龙语 mɹɑŋ^{53}，缅文 mrɑŋ^{1} < *maraŋ。

22. *kraŋ / *karaŋ

汉语 *kjaŋ（京）< *kraŋ，*sgroŋ（崇）。

雅美语 kaẓaŋ < *karaŋ。

23. *saŋ

壮语武鸣话 saːŋ^{1} < *saŋ。

24. *ʔbʷoŋ

仫佬语 foŋ^{1}，毛南语 voŋ^{1} < *ʔbʷoŋ。

25. *ʔrin

苗语腊一坪话 ʂɛn^{1}，绞坨话 ʐæin^{1} < *ʔrin。

26. *sleŋ / *sluŋ

佤语马散话 l̥ɔŋ，布朗语曼俄话 l̥eŋ < *sleŋ。

西双版纳傣语 suŋ^{1}，壮语龙州话 g103łuŋ^{1} < *sluŋ。

布兴语 suŋ < *suŋ。

27. *glaŋ / *kaloŋ

莽语 gɣaŋ^{31}，克木语 dʑŏŋ < *glaŋ。

义都珞巴语 ka^{55}loŋ^{55} < *kaloŋ。

28. *ʔusul

桑塔利语 usul < *ʔusul。汉语 *səl（洒）。①

29. *k-pus

柬埔寨文 khpuəh < *k-pus。

30. *daŋi

蒙达语 dhaŋi < *daŋi。

《尔雅》：“乔、嵩、崇，高也。”

---

① 《诗经·邶风·新台》：“新台有洒，河水浼浼。”“洒”，高兀。

◇ 二 “高”的词源对应关系

1.“高”和“长”

“高的”和“长的”的对应上文《长》篇已有说明。

2.“高”和“远”

“高”和“远”说法的兼用大约是早期居于山区时的说法。

（1）塔纳语 iləs。“远”哈萨克语 ɑləs、乌孜别克语 ɑlis、蒙古语 ɑls < *ʔalis。

（2）桑塔利语 *daka。“远”满文 aldaŋga < *ʔadaga，查莫罗语 tʃhago < *dago。

（3）莫图语 *ʔata-ʔi。“远”爪哇语 adɔh < *ʔado-q，塔希提语 atea < *ʔate-ʔa，博嘎尔珞巴语 aːto < *ʔato。

（4）爪哇语 *dubur。“远”朝鲜语 mərta < *mər-。

（5）哈拉朱乌语 *p^{w}e。“远”缅文 we^{3}、阿昌语 ve^{31}、拉祜语 vɯ^{53} < *b^{w}i。

（6）蒙达语 *daŋi。“远”马京达瑙语 tandaŋ < *ta-daŋ。

3.“高”和“山”“峭壁”

（1）维吾尔语、哈萨克语、塔塔尔语 *dugari。“山”罗维阿纳语 togere < *togere，柬埔寨文（诗歌用词）kiri < *kiri。

（2）莫图语 *ʔata-ʔi。“峭壁”瓜依沃语 ʔato < *ʔato。

（3）藏文 *m-don。“山”邵语 hudun < *qudun。

（4）哈尼语 *go。“山”兰坪普米语 ɣɢo、博嘎尔珞巴语 o go < *go。

（5）桑塔利语 *daka。“山”土耳其语 daɣ、维吾尔语 taʁ、西部裕固语 dɑɣ < *dag。

（6）爪哇语 *dubur。“山”蒙达语、桑塔利语 buru < *buru，阿伊努语 mori < *mori（山坡、小山）、nuburi < *nu-buri。

4. “高”和“上面”

方位词“上面”往往是“高”的派生词，并与“天”“头”的说法有词关系。

（1）维吾尔语、哈萨克语、塔塔尔语 *dugari。“上面、往上”古突厥语 jygery、维吾尔语 juquri、西部裕固语 jorəɢə < *dugeri。“天”蒙古语 təŋgər，东部裕固语 teŋger，西部裕固语 deŋər < *tegeri。

（2）蒙古语、土族语、东乡语 *dərə。“上面、往上”西部裕固语 jorəɢə < *dori-gə，“上面、东方”满文 dergi < *der-gi。“头”保安语 təroŋ < *toroŋ。

（3）邹语 *pepe。“上面”瓜依沃语 fofo-na < *popo，多布语 ɸiɸin < *p^{w}ip^{w}in。

（4）卡加延语 *data-s。“上面”印尼语 di atas、米南卡保语 di ateh < *di-ʔatas，布拉安语 tah < *tas。“头”吉尔伯特语 te atū < *ʔatu。

（5）爪哇语 *dubur。“上面”爪哇语 n-ḍuwur < *dubur。拉加语 amare < *ʔamure。“头”朝鲜语 məri < *məri，日语（方言词） tsɿburi < *tuburi。

（6）维吾尔语 *ʔore。“上面”罗图马语 ʔe rere < *ʔe-rere。

三　词源关系分析

1. *geri（*gari、*gere、*garu、*kiri）

“高的”哈萨克语、塔塔尔语 *du-gari。

“上面、往上”古突厥语 jygery，维吾尔语 juquri，西部裕固语 jorəɢə。

“山”罗维阿纳语 togere < *to-gere，柬埔寨文（诗歌用词）kiri < *kiri。

“峭壁”罗维阿纳语 saɣaru < *sa-garu。汉语*gre（乔）。

“高的”古英语 heh、古弗里斯语 hach、荷兰语 hoog，古挪威语 har < *kagra。

“小山”古挪威语 haugr，立陶宛语 kaukara < *kagara。

“山”和阗塞语 gara-，粟特语 ɣar。

“高的”芬兰语 korkeä < *korke-。

“天”古日语 swora，现代日语 sora < *sg^{w}ora。满文 suŋgari- < *sugari。

“天”亚美尼亚语 skyuɾ < *skur。威尔士语 awyr < *agur。

2. *b^{w}eri（*bur、*bri、*bor、*ʔamure、*mori、*muri）

“高的”羌语 *bri。哈萨克语 bijik < *biri-k。拉加语 amare < *ʔamure。

“高的”梵语 pare。“超越”梵语 paraː。“高的”阿尔巴尼亚语 pirë < *piro。

“高的”亚美尼亚语 barjr < *bari-。

“远”古英语 feorr、古高地德语 ferro，古挪威语 fjarre，哥特语 fairra < *p^{w}aro。

“上、越过”（介词）中古英语 ofer、古撒克逊语 abar、古高地德语 ubar、哥特语 ufar、希腊语 uper < 古印欧语 *ob^{w}er。

3. *gas（*kas、*kəs）

“高的”马京达瑙语 la^{ŋ}kas < *la-kas。

“峭壁”塔纳语 lekiakəs < *leki-ʔakəs。

“高的”希腊语 megas < *me-gas。

4. *lota（*reta）

“高的”查莫罗语 lotʃa < *lota。

“山”那大语 zeta、锡加语 reta < *reta。

“高的”意大利语、西班牙语、葡萄牙语 alto < *alut-。

5. *b^{w}a（*bo、*bu）

“高的”仫佬语、毛南语 *ʔboŋ。

“上（面）” 藏文 phu，嘉戎语 phə < *bu。

“头”蒙达语 bo < *bo。景颇语 po^{33} < *bo，哈拉朱乌语 b^{w}a、阿杰语 g^{w}ã。

“上面、高”古高地德语、撒克逊语 oban、德语 oben。

“高的”柬埔寨文 *k-pus。

“高的”波兰语 wysoki，俄语 vɨsokij < *b^{w}uso-。

6. *re

“高的”维吾尔语 *ʔore。阿伊努语 ri < *ri。

“高的”亚美尼亚语 uɾats < *ura-。

“高的”匈牙利文 erös < *eros。

7. *ge（*ke、*gi）

“高的”大瓦拉语 gege-na < *gege。汉语 *ke（高）。

“远的”土家语 ɣɯe^{21} < *g^{w}e。佤语艾帅话 si̠ ŋai，孟贡话 gai < *si-gi。

“高的、上面”粟特语 əsk，阿维斯陀经 uskāt。

“云”古挪威语 sky、古英语 sceo < *ske-。

“云、天”古撒克逊语 scio < *ski-。

“低”的词源关系

亚欧语言“低、矮”义的说法多与“短”的说法有词源关系，有的与“下面”“地”等的说法有词源关系。

◇ 一　东亚太平洋语言的“低”

“低、矮”的主要说法有：

1. *bas / *da-pas

维吾尔语 pɛs，柯尔克孜语 bɑs < *bas。（下面、低的）

柯尔克孜语 dʒɑpəz，图瓦语 dʒɑbɤs < *da-pas。

汉语 *pis（卑，《诗》谓山盖卑，为岗为陵）。

2. *toben / *tuben / *tabe / *top / *dob

维吾尔语 tøwɛn，哈萨克语 tømen，乌孜别克语 tøbɛn < *toben。（下面、低的）

塔塔尔语 tybɛn < *tuben。（低的、下面）

窝里沃语 ta^{m}be < *tabe。沙外语 top < *top。卡林阿语 dob < *dob（下

面、低的）。

巴厘语 endep < *ʔedep。

3. *ʔalagi

土耳其语 aʃaɣi，撒拉语 ɑʃɑq < *ʔalagi。（下面、低的）

锡加语 buluk < *mu-luk。（短、低）

4. *gudu

图瓦语 ʁudu < *gudu。（下面、低的）

5. *nikutə

赫哲语 nixtə，鄂温克语 nəttə，鄂伦春语 nəktə < *nikutə。

6. *nam / *nim

蒙古语 nɑm < *nam。

格曼僜语 kɯ^{31}nǎm^{55} < *kə-nam。缅文 nim^{1} < *nim。

7. *toto / *dedeʔ / *tota

东乡语 tɕotɕodʑi < *toto-gi。

萨萨克语 dendeʔ < *dedeʔ。（短、低）

桑塔利语 tshoʈa < *tota。

8. *p^{w}ika-lan / *piku / *pek

满文 faŋkala，锡伯语 fiaŋqələn < *p^{w}ika-lan。

日语 hikui < *piku-ʔi。

罗维阿纳语 pepek < *pek。

9. *rad / *rada-q

朝鲜语 natʃta < *rad-。

印尼语 rəndah，米南卡保语 randah < *rada-q。

10. *ʔede / *deʔ

达阿语 na-ede < *ʔede。

克木语 deʔ < *deʔ。

11. *ʔinis

布农语 inisnis < *ʔinis。

12. *penu

莫图语 henu < *penu。

13. *b^{w}olu

科木希语 b^{w}ɔlu < *b^{w}olu。

14. *k^{w}ak^{w}a

夸梅拉语 -k^{w}ak^{w}a < *k^{w}ak^{w}a。（短、低）

15. *tag-papa

查莫罗语 tagpapa < *tag-papa。

16. *lebu / *ma-leb

赛德克语 lulebu < *lebu。鲁凯语 maləb < *ma-leb。

17. *mu-ʔəner

阿美语 muənər < *mu-ʔəner。

18. *tan

塔几亚语 tan-na < *tan。

19. *ʔele / *ʔal-der

罗图马语 ʔele < *ʔele。

西部裕固语 ɑhlder < *ʔal-der。（下面、低的）

20. *tir

汉语 *tir（低），*ʔral-ʔ（矮），*slar-ʔ（隓，矮山）。

21. *d-ma / *ʔuma

藏文 dmaɦ < *d-ma。

阿杰语 ũb^{w}a < *ʔuma。（短、低）

22. *mes

墨脱门巴语 mes po < *mes。

23. *bəri / *pari

达让僜语 bɯ^{31}ɹi^{35} < *bəri。

马林厄语 pari < *pari。

24. *puʔ

缅文 pu^{1} < *puʔ。

25. *ʔdam / *tam / *tomu-kon

壮语 tam^{5}，水语 ndam^{5} < *ʔdam。

布兴语 tăm，佤语艾帅话 tiam < *tam。

达斡尔语 ʃomu:kon < *tomu-kon。

26. *ʔem

德宏傣语 εm^{5} < *ʔem。

德昂语硝厂沟话 εm < *ʔem。

27. *gre / *kara

畲语 khje^{4} < *gre。

波那佩语 karakarāk < *kara。

28. *li

巴琉语 la:i^{53}，莽语 le^{51} < *li。（低、矮）

29. *to-pot

桑塔利语 tso̱po̱th < *to-pot。

二 “低、矮”的词源对应关系

1. “低、矮”和“短”

（1）巴厘语 *ʔedep。“短”雅贝姆语 da^{m}be < *dabe。

（2）桑塔利语 *to-pot。“短”塔希提语 poto，拉巴努伊语 poto-poto < *boto。布吉斯语 ma-pontʃo < *poto。

（3）日语 *piku-ʔi。“短”马京达瑙语 vokok < *boko，罗维阿纳语 papaka < *paka，萨摩亚语 puʔupuʔu < *buku。

（4）东乡语 *toto-gi。“短”查莫罗语 tʃadada < *tadada。

（5）赫哲语、鄂温克语、鄂伦春语 *ʔikutə。“短”格曼僜语 kɯ^{31}ti^{55} < *kuti-。

2.“低、矮”和“下面”

突厥语族语言多数“低”义的词兼有“下面”义，南岛语也有这种情况，如维吾尔语 pɛs、柯尔克孜语 bɑs、图瓦语 ʁudu、塔塔尔语 tybɛn、土耳其语 aʃaɣi、撒拉语 ɑʃɑq、西部裕固语 ɑhlder、卡林阿语 dob 等。其他语言的对应情况如：

（1）巴厘语 *ʔedep。“下面”窝里沃语 ta^{m}be < *tabe。沙外语 top < *top。

（2）日语 *piku-ʔi。“下面”阿伊努语 pokna < *bok-na。

（3）达阿语 *ʔede。“下面”拉加语 ata，宁德娄语 a^{n}d^{r}i < *ʔade。

（4）畲语 *gre。“下方”缅文 ɑ^{1}kre^{3}，阿昌语 a^{31}the^{31} < *kre。

（5）西部裕固语 *ʔal-der。“下面”蒙古语正蓝旗话 doːd、蒙古语和静话 dord、东乡语 dodu < *dor-du，达斡尔语 duɑrgi、东部裕固语 duːrɑʁə < *dor-gi。

3.“低、矮”和“地”

（1）达阿语 *ʔede。“地面、田野、地”蒙达语 ode < *ʔode。

（2）蒙古语 *nam。“地”壮语武鸣话 naːm^{6}，“土”侗语、仫佬语 naːm^{6} < *nam。

（3）莫图语 *penu。“地”毛利语 whenoa < *penu-ʔa。

（4）阿杰语 *ʔuma。“旱地”鲁凯语 umauma、卑南语 ʔuma < *ʔuma。

（5）汉语 *tir（低）。“地”维吾尔语 jɛr，哈萨克语、图瓦语 dʒer < *der。

（6）赫哲语、鄂温克语、鄂伦春语 *ʔikutə。“地、泥土”德昂语茶叶箐话 ka dǎi^{51}，硝厂沟话 ka dǎi < *kadi。

三 词源关系分析

1. *legi（*lagi、*lek、*luk、*lik）

“下面、低的”土耳其语、撒拉语 *ʔalagi。“低的、短的”锡加语 *mu-luk，“短的”卑南语 likti < *lik-ti。“下面”景颇语 teʔ^{31} < *lek。

> “低的”古英语 lah、古挪威语 lagr、古弗里斯语 lech、中古荷兰语 lage < *lage。

2. *dope（*dep、*tabe、*top、*dob、*tobe 等）

“低的”巴厘语 *ʔedep。“低的、下面”窝里沃语 ta^{m}be < *tabe。沙外语 top < *top。卡林阿语 dob < *dob。维吾尔语、哈萨克语、乌孜别克语 *toben。塔塔尔语 *tuben。

> “低的”阿尔巴尼亚语 dobët < *dobe-。

“低的”格鲁吉亚语 dabali < *daba-。

3. *der

“低的”西部裕固语 *ʔal-der。

“下面”蒙古语正蓝旗话 doːd、蒙古语和静话 dord、东乡语 dodu < *dor-du，达斡尔语 duɑrgi、东部裕固语 duːrɑʁə < *dor-gi。

“地”突厥语 *der、嘉戎语 *m-dər、邹语 *tero-ʔa。

> “低的”和阗塞语 dira- < *dira。
>
> “较低的”梵语 adhara- < *adara-。“低的”希腊语 eyteles < *utele-。
>
> “土”意大利语、葡萄牙语 terra、梵语 dhara < *dera。

“低的”芬兰语 matala < *ma-tala。

4. *baso（*bas、*pis、*peso）

“下面、低的”维吾尔语、柯尔克孜语 *bas。“低的”柯尔克孜语、图瓦语 *da-pas。汉语 *pis（卑）。

“土、地”罗维阿纳语 pepeso < *peso。

“低的”法语 bas、意大利语 basso < *baso。俄语 nebɨsokij < *nebiso-。

5. *nir（*ner）

“低的”阿美语 *mu-ʔəner。汉语 *nirʔ（邇）< *nir-ʔ。

汉语 *nir（尼，《说文》从后近之）。

“低的”俄语 nizkij < *nir-。“低的、短的”波兰语 nizuʃki < *niru-。 “近”（副词）古英语 near、古挪威语 naer < *nar。

6. *nis

“低的”布农语 *ʔinis。

“低的、短的”波兰语 niski < *nis-。

7. *tota（*toto、*dede）

“低的”东乡语 *toto-gi，桑塔利语 *tota。“短的、低的”萨萨克语 *dedeʔ。“短的”查莫罗语 tʃadada < *tadada。

“低的”亚美尼亚语 tshatsr < *dat-。

8. *niku

“低的”赫哲语 nixtə，鄂温克语 nəttə，鄂伦春语 nəktə < *niku-tə。

“低的”乌尔都语 nitʃa、和阗塞语 netʃa < *nika-。

“弯曲”的词源关系

亚欧语言“弯曲”义的说法多与“圆的”“旋转、回来”等说法有词源关系，有的跟“钩子”“爪子”等的说法有词源关系。

◇ 一 东亚太平洋语言的“弯曲”

“弯曲、弯曲的”的主要说法有：

1. *giri / *korə / *kar / *kor / *ʔakur-bakur

土耳其语 eɣri，维吾尔语 ɛgri，哈萨克语 ijir，塔塔尔语 kɛkri < *qe-giri。

土族语 guguriː < *guguri。日语 magaru < *ma-garu。[①]

伊拉鲁吐语 kərkɔrə < *korə。

博嘎尔珞巴语 pa kar < *kar。

布兴语 kor < *kor。

桑塔利语 ɛŋkur bɛŋkur < *ʔakur-bakur，bhẽkʈa。

① “弯”芬兰语（名词）kaːrre < *kare，（形容词）kiero < *kiro。

2. *dekər

蒙古语 dɛxər < *dekər。

3. *ɢorgi

东部裕固语 ɢorɣi < *ɢorgi。

4. *muk / *muqu

鄂温克语 mʊʃʃᴇᴇxʊ，鄂伦春语 mʊktʃika < *muk-teka。

锡伯语 muχuŋ < *muqu-ŋ。

5. *mu-daga / *dego

满文 mudaŋga < *mu-daga。

达阿语 na-de^{ŋ}go < *dego。

6. *gaku-len / *kaga-mu / *kogi / *be-kok / *de-kok / *guk / *gok / *kok / *kuk / *gak

达斡尔语 gɑkulen < *gaku-len。

日语 kagamu < *kaga-mu。

罗维阿纳语 kogi，托莱语 gege < *kogi。

印尼语、巽他语 beŋkok，爪哇语 bɛŋkɔʔ < *be-kok。

贡诺语 dʒekoʔ，马京达瑙语 ^{n}dəkok < *de-kok。

缅文 kɔk^{4}，藏文 gug，傈僳语 go̠^{31} < *guk。

汉语 *khok（曲）< *kok，*gok（局）。①

克木语 kǒk < *kok。

户语 kuk^{31} < *kuk（人弯曲），khɒk^{31} < *gak（物体弯曲）。

---

①《诗经・小雅・正月》："谓天盖高？不敢不局。谓地盖厚？不敢不蹐。"《释名》："曲，局也，相近局也。"

7. *me-rog / *gubu-rəki / *bo-rikuʔ / *rgo

保安语 mɛroɢ，土族语 muriː < *me-rog。

朝鲜语宜川话 kupurətʃita < *gubu-rəki-。

摩尔波格语 boriŋkuʔ < *bo-rikuʔ。

嘉戎语 rgo < *rgo。

8. *b^{w}aru / *b^{w}ere / *broŋ

东乡语 wɑiru < *b^{w}aru。

西部斐济语 βere < *b^{w}ere。

黎语通什话 voːŋ < *broŋ。

9. *gub

朝鲜语 kupta < *gub-。（弯）

10. *nabi-ku

日语 nabiku < *nabi-ku。（弯）

11. *ma-gilo / *kole / *ma-kiluŋ / *gal

雅美语 magilo < *ma-gilo。

菲拉梅勒语 kole < *kole。

鲁凯语 makiɭuŋ < *ma-kiluŋ。

户语 khǎl^{31} < *gal（腰弯）。

12. *gege-b^{w}a / *geka-b^{w}el / *b^{w}e-b^{w}alu / *b^{w}uli

莫图语 gegeβa < *gege-b^{w}a。

帕马语 gekavel < *geka-b^{w}el。

勒窝语 ve-valu < *b^{w}e-b^{w}alu。

多布语 wuli < *bʷuli。

13. *peko / *bʷok / *baka

罗地语 peko-k，马林厄语 peko，拉巴努伊语 piko < *peko。

佤语马散话 ʔa vɔk，艾帅话 vɔ̠k < *bʷok。

桑塔利语 baka < *baka，beka。

14. *leku / *leko

泰雅语 həkuj < *leku-ʔi。

那大语 leko < *leko。

15. *kabele

沙外语 n-kɛbelɛ < *kabele。

16. *bi-ʔa

阿杰语 bia < *bi-ʔa。

17. *ko / *qo / *gu / *go / *ʔeko-ʔu

汉语 *ko（勾）。

拉祜语 qɔ^{21} < *qo。（弯、回来）

壮语 kau^{2} < *gu。

京语 ɣɔ^{2} < *go。

坦纳语 ekoeko，夸梅拉语 -ikou < *ʔeko-ʔu。

18. *got / *kot / *ʔakut

傣语 kot^{8} < *got。

巴厘语 beŋkot < *be-kot。

桑塔利语 ɛkuʈ < *ʔakut。

19. *kode / *gedo

桑塔利语 koŋḍe < *kode。

嫩戈内语 giḍo < *gedo。

20. *ŋen

克木语 ŋen < *ŋen。

21. *lot

尼科巴语 loːt < *lot。

◇ 二 “弯曲”的词源对应关系

1. “弯曲、弯曲的”和“钩子”

（1）佤语 *b^wok。“钩子、鱼钩”尼科巴语 vok < *b^wok。“钩住，抓住”尼科巴语 kavok < *ka-b^wok。（ka- 使动前缀）

（2）土族语 *guguri。“钩子”撒拉语 gugur < *gugur。

（3）达斡尔语 *gaku-len。“钩子”西部裕固语 gɑgu < *gagu。维吾尔语 ilgɛk、图瓦语 ilgek < *ʔil-gek。托莱语 il < *ʔil。

（4）满文 *mu-daga。“钩子”蒙古语 dəgə、东部裕固语 degeː < *dege。“钩住”东部裕固语 degeːle-。

（5）巴厘语 *be-kot。“钩子”雅美语 ʃagit < *sagit。

（6）那大语 *leko。“钩子”达密语 joki < *loki。

（7）阿杰语 *bi-ʔa。“钩子”吉利威拉语 bani < *ba-ni，罗图马语 fei < *p^we-ʔi。

（8）多布语 *b^wuli。“钩子”布鲁语 kawil < *ka-b^wil。

（9）嘉戎语 rgo，“钩子”扎坝语 ŋo^{33}rgo^{55} < *ŋo-rgo。

（10）克木语 *ŋen，“钩子”载瓦语 ŋen^{21} < *ŋen。

2.“弯曲、弯曲的”和“圆的”

（1）东部裕固语 *ɢorgi，“圆的”ɢorɣi。

（2）锡伯语 *muqu-ŋ。“圆的”满文 muhelijen、锡伯语 muxulin、鄂温克语 mʊxali < *muqu-lin。

（3）克木语 *ŋen，汉语 *gən（圆）。

（4）阿杰语 *bi-ʔa。“圆的”那大语 bebe、阿杰语 powe < *bebʷe。

（5）那大语 *leko，“圆周形的”锡克语 loka < *loka。

（6）雅美语 *ma-gilo。“圆的”西部斐济语 giligli < *gili。蒙达语、桑塔利语 gol < *gol。（圆，圆周）“球”蒙达语 guli < *guli。

（7）户语 *gal，“圆的”布兴语 tɤr kɛl < *kel。①

（8）多布语 *bʷuli。“圆的”黎语保定话 pluːn^{1} < *plun。

（9）蒙古语 dɛxər < *de-kər。“圆的”西部裕固语 doɢər < *dogər。

3.“弯曲、弯曲的”和“爪子”

（1）蒙古语 *dekər。“爪子”印尼语、爪哇语 tʃakar < *takar。萨萨克语 tʃeker < *teker。

（2）土族语 *guguri。“爪子”缅文 khre^{2} < *kri，汉语 *skruʔ（爪），柬埔寨文 krəɲaɯ < *kru-nu。

（3）罗维阿纳语、托莱语 *kogi。“爪子”巴拉望语、摩尔波格语 kuku < *kuku，卑南语 skiʔ < *sukik。

（4）户语 *gal。“爪子”维吾尔语 tʃaŋgal、哈萨克语 ʃaŋgel < *ta-gal。

---

① tɤr- 为圆形物的前缀。

4.“弯曲、弯曲的”和“旋转、回来”

（1）蒙古语 dɛxər < *de-kər。“旋转”西部裕固语 qəhɢərɑ < *qəgərɑ。

（2）阿杰语 *bi-ʔa。“旋转”户语 vǎi^{31}、德昂语 bi < *b^{w}i。

（3）户语 *gal。“旋转”东部裕固语 eɣel- < *ʔegel，维吾尔语 tʃøgilɛ- < *tegile。

（4）西部斐济语 *b^{w}ere。“翻转”南密语 b^{w}eri < *beri，塔希提语 huri < *puri。

（5）勒窝语 *b^{w}e-b^{w}alu。“翻转”亚齐语 paleŋ < *paleŋ。“回来”马林厄语 pulo < *pulo。窝里沃语 mboli < *boli。

（6）那大语 *leko。“回”藏文 log、墨脱门巴语 lok < *lok。

三 词源关系分析

1. *kogi（*guko、*guk、*kok、*gok）

“弯曲的”罗维阿纳语、托莱语 *kogi，缅文、藏文、傈僳语 *guk，汉语 *kok、*gok。“爪子”巴拉望语、摩尔波格语 kuku < *kuku，卑南语 skiʔ < *sukik。

“弯曲的、钩状”古英语 hoced < *kok-。

“直的”亚美尼亚语 naʁutsh < *na-gug（不一弯）。

“钩子”古英语 hoc，古弗里斯语 hok，中古荷兰语 hoek < *kog。

“错误”阿尔巴尼亚语 kekje < *keki。

“弯”芬兰语（名词）koukistus < *kokis-tus。

格鲁吉亚语“曲线”mɔkhakhva < *mo-gag^{w}a，“钩子”khakhvi < *gag^{w}i。

2. *g^wari（*giri、*ɢor、*garu、*korə、*gur 等）

“弯曲的”土耳其语、维吾尔语、哈萨克语 *ʔegiri，东部裕固语 *ɢorgi，土族语 *guguri，日语 *ma-garu，博嘎尔珞巴语 *kar。伊拉鲁吐语 *korə。

“钩子”撒拉语 gugur < *gugur。

> “弯曲的、弯”和阗塞语 kūysa- < *kur-。
>
> “弯曲的、假的、不存在的”和阗塞语 kūra < *kura。
>
> “弯曲的”粟特语 kwz < *kur。阿维斯陀经 kauʒda < *kurda。
>
> “钩子”希腊语 magkoyra < *mag-kora。

“弯”芬兰语（名词）kaːrre < *kare，（形容词）kiero < *kiro。

“弯的”格鲁吉亚语 mɔxrili < *mo-qri-。

3. *g^walo（*gilo、*kole、*kiluŋ、*gal、*gili 等）

“弯曲的”雅美语 *ma-gilo，菲拉梅勒语 *kole，鲁凯语 *ma-kiluŋ，户语 *gal。“圆的”西部斐济语 giligli < *gili。

“圆，圆周”蒙达语、桑塔利语 gol < *gol。

“球”蒙达语 guli < *guli。“爪子”维吾尔语 tʃaŋgal、哈萨克语 ʃaŋgel < *ta-gal。

> 希腊语“弯曲的”skolios < *skolo-，“钩子”tsiggeli < *tsi-geli。
>
> “错的”亚美尼亚语 sxal < *sqal。

4. *dago（*daga、*dego、*doga）

“弯曲的”满文 *mu-daga，达阿语 *dego。

“钩子”蒙古语 dəgə、东部裕固语 degeː < *dege。

> “弯曲的”希腊语 agurtikos < *agur-tiko-。

5. *ŋen（*gon、*gan）

“弯曲的”克木语 *ŋen，“钩子”载瓦语 ŋen^{21} < *ŋen。

“圆的”水语 qon^{2} < *gon。

“膝盖”南密语 gan-ɟili-n < *gan-，“跪”勒窝语 kinae < *kina-ʔe。

“膝盖”古英语 cneo，赫梯语 genu，梵语 dʒanu，希腊语 gony < *geno。

法语 genou、意大利语 ginocchio。

“跪”古英语 cneowlian，中古低地德语 knelen < *geno-lan。

“弯曲的”匈牙利文 kanyargos < *kanu-rgos。“弯曲”芬兰语（名词）konna。

6. *gorgi（*ɢorgi）

东部裕固语“弯曲”ɢorɣi < *ɢorgi，“变歪”ɢɑldʒi- < *ɢalgi。

“偏”藏文 ɦkhjog < *m-grog。

“弯曲”（动词）拉丁语 curvus、curvare < *kurk-。

“钩子、角落”古挪威语 krokr，“钩状工具”古高地德语 kracho < *krako。

“钩子”俄语 krjuk < *kruk。“变弯”古法语 crochir < *kroki-。

“弯曲的”匈牙利文 horgas < *qorgas。

7. *b^{w}aka（*b^{w}ok、*baka）

“弯曲的”佤语 *b^{w}ok，桑塔利语 baka < *baka。

“钩子、鱼钩”尼科巴语 vok < *b^{w}ok。“钩住、抓住”尼科巴语 kavok < *ka-b^{w}ok。

“弯曲的”梵语 vakraː < *b^{w}ak-ra。波兰语 pogięty < *poge-。

“弯腰”和阗塞语 haṃbujs- < *sambug-。

8. *rago（*rgo、*rog）

“弯曲的”嘉戎语 rgo，保安语、土族语 *me-rog。“钩子”扎坝语 $ŋo^{33}rgo^{55}$ < *ŋo-rgo。

“弯曲的”波兰语 zagięty < *rage-。

“直”的词源关系

亚欧语言表“直”义的说法与“站”“树”“对的”“真的”等说法有词源关系。

◇ 一 东亚太平洋语言的“直的”

“直的”的主要说法有：

1. *tekir / *tikur / *tugra / *toŋar

乌孜别克语 tekiz < *tekir。

鄂伦春语 tʃitʃur < *tikur。

土耳其语 toɣru，维吾尔语 toʁrɑ，哈萨克语 duwrɑ < *tugra。

多布语 toŋar < *toŋar。

2. *dur / *qadər / *ma-dur

撒拉语 dyz，西部裕固语 duz < *dur。[①]

图瓦语 xɑdɤr < *qadər。

---

①“直的”格鲁吉亚语 mkhatsri < *mga-tri。

达密语 madur < *ma-dur。

3. *boso / *la-busu

蒙古语 boso: < *boso。

贡诺语 lambusu < *la-busu。

4. *ʔeŋogor

东部裕固语 øŋgøgør < *ʔeŋogor。

5. *tus / *dos

土族语 tusdɑ:n < *tus-dan。①

罗地语 ^{n}dos < *dos。

6. *dududi / *todo / *dodo

东乡语 dʐɯdʐɯdʐi < *dududi。

锡伯语 tondo-qun，赫哲语 tondo < *todo。

斐济语 dodonu，汤加语 totonu < *dodo-nu。

7. *tub^{w}am-gira / *timə

满文 tuwamgija < *tub^{w}am-gira。

马绍尔语 tʃim^{ɯ}ə < *timə。

8. *tig / *tik / *ti-tika / *ʔatuk^{w} / *təga

鄂伦春语 ʃi:ggən < *tig-qun。

维吾尔语 tik < *tik。

拉巴努伊语 ti-tika < *ti-tika。

---

①“直的”匈牙利文 tisztan < *tis-tan。

夸梅拉语 -atukʷ-atukʷ < *ʔatukʷ。

贵琼语 tə^{55}kha^{55} < *təga。

9. *matulu-guda / *tar-dəgədə / *ʔegt / *gadoŋ

日语 matsɿsɿguda < *matulu-guda。

达斡尔语 tʃɑr dəgidəː < *tar-dəgədə。

蒙古语 əgtʃ < *ʔegt。

卡林阿语 gadoŋ < *gadoŋ。

10. *ma-ʔoro

莫图语 maoromaoro < *ma-ʔoro。（直的、对的）

11. *sik

卡乌龙语 sik < *sik。

12. *lurus / *ros

爪哇语、印尼语 lurus < *lurus。布吉斯语 mu-luruʔ < *ma-lurus。

壮语武鸣话 so^{6}，傣语 sɯ^{6} < *ros。

13. *səbʷət / *patə-dəl

排湾语 səvəsəvəts < *səbʷət。

卑南语 patəɖəl < *patə-dəl。

14. *no-ʔa

达阿语 na-noa < *no-ʔa。

15. *doglo

马林厄语 doglo < *doglo。（直的、对的）

16. *tunas

查莫罗语　tunas < *tunas，tiso < *tiso。

17. *ʔeti

吉尔伯特语　eti < *ʔeti。

18. *ta-loŋ

摩尔波格语　taddoŋ，卡加延语　tadləŋ < *ta-loŋ。

19. *nor

三威治港语　nör < *nor。（直的、正确的）

20. *tub

南密语　tuva < *tub。（直的、对的）

21. *droŋ

藏文　draŋ po，道孚语　dʐoŋ dʐoŋ < *droŋ。

22. *broŋ / *bro

缅文　phrɔŋ^{1} < *broŋ。

基诺语　a^{44}pro^{33} < *bro。

23. *bloŋ / *liŋ

格曼僜语　bloŋ^{35} < *bloŋ。

景颇语　tiŋ^{33} < *liŋ。

24. *glək / *gəluk

汉语　*dək（直）< *glək。①

---

① 谐声字“殖”为禅母。

马京达瑙语 ᵑgəluk < *gəluk。

25. *b-san / *san

藏文 bɕan po，独龙语 ɕan^{55} < *b-san / *san。

26. *dan

阿昌语 tan^{31} < *dan。

27. *ʔloʔ / *ʔolo

仫佬语 l̥ɔ^{3} < *ʔloʔ。

劳语 ʔolo ʔoloa < *ʔolo-ʔa。

28. *roŋ / *ruŋ

侗语 soŋ^{2}，毛南语 zjaŋ^{2}，水语 ɕaŋ^{2} < *roŋ。

阿者拉语 rururuŋ < *ruŋ。

29. *su

佤语马散话、艾帅话、孟贡话，布兴语 sɯ < *su。

30. *si-gar / *kar-kas

克木语 si gar < *si-gar。

桑塔利语 karkas < *kar-kas。

31. *sode / *sida

桑塔利语 sodʒhe < *sode，sidhɛ < *sida。

二 “直”的词源对应关系

1. “直的”和“站”

（1）撒拉语、西部裕固语 *dur。“站”古突厥语 tur-、土耳其语 dur- < *tur，托莱语 tur、塔几亚语 -tur、罗维阿纳语 turu < *turu。“站立、存在、居住”维吾尔语、哈萨克语 tur- < *tur。

（2）东乡语 *dududi。“站”日语 tatsɿ < *tatu，南密语 tutu < *tutu。

（3）乌孜别克语 *tekir。“站”布鲁语 kere-k < *kere，乌玛语 mo-kore < *kore，汉语 *khriʔ（企）。

（4）贵琼语 *təg。“站”卡加延语 mindəg < *mi-dəg，爪哇语 ŋ-adək < *ʔadək，查莫罗语 togue < *togu-ʔe。

（5）侗语、毛南语、水语 *roŋ。“站”壮语武鸣话 soŋ²、侗语 ɕaŋ⁶ < *roŋ。

（6）藏文、道孚语 *droŋ。“站”佤语马散话 tɕhauŋ、艾帅话 tɕuŋ、孟贡话 ʃuŋ、德昂语茶叶箐话 dʒăŋ⁵¹ < *droŋ。

（7）佤语、布兴语 *su。“站”苗语养蒿话 ɕhu³，畲语多祝话 sou³，勉语东山话 səu³ < *su。

（8）独龙语 *sran “站”中古朝鲜语 sjəta < *srə-，沙阿鲁阿语 muasiri < *mu-ʔasiri。

2. “直的”和“对的”

（1）撒拉语、西部裕固语 *dur。“对的”维吾尔语 durus、哈萨克语 durəs < *durus。桑塔利语 durus < *durus。西部裕固语 jirə < *dirə，阿杰语 tāři < *tari。

（2）土耳其语、维吾尔语、哈萨克语 *tugra。“对的”土耳其语 doɣru < *dogru。

（3）鄂伦春语 *tig-qun。"对的"图瓦语 dʒigɛ < *dige，达斡尔语 dʒugi- < *dugi。

（4）莫图语 *ma-ʔoro。"对的"西部裕固语 ere < *ʔere，朝鲜语 orhta < *ʔor-。

（5）南密语 *tub。"对的"蒙古语 dʒɵb、达斡尔语 tob、土族语 dʒob < *dob。

（6）汉语 *glək（直）。"对的"藏文 ɦgrig < *m-grik。

（7）斐济语、汤加语 *dodo-nu。"对的"日语 tadaçiː < *tada-，布吉斯语 tudʒu < *tuda。

3."直的"和"真的"

（1）撒拉语、西部裕固语 *dur。"真的"马都拉语 bəndər < *bə-dər。

（2）阿昌语 tan^{31} < *dan。"真的"西部裕固语 dʒən < *dən。

（3）斐济语、汤加语 *dodo-nu。"真的"他加洛语 totoʔo < *toto-。

（4）卡乌龙语 *sik。"真的"嫩戈内语 seseko < *seko。

（5）三威治港语 *nor。"真的"印尼语 bənar < *bə-nar。

（6）南密语 *tub。"真的"托莱语 dovot < *dobo-t。

◇◇ 三 词源关系分析

1. *ruk（*g-lək、*g-rik、*ku-rug、*rak）

"直的"汉语 *glək（直），马京达瑙语 *gəluk。

"对的"藏文 ɦgrig < *m-grik，布兴语 ʒak < *rak。

"真的"依斯那格语 kurug < *kurug，佤语布饶克方言 ruk < *ruk。

"正确的、直的"古英语 riht，古萨克逊语 reht，古弗里斯语 riutʃt < *rik-。

"延伸、立着"希腊语 orektos < *orek-。"对的"拉丁语 rectus < *rek-。

"直的"梵语 ʈidʒuḥ < *rigu-，俄语 uzkij < *urki-。

"真实的"亚美尼亚语 irakan < *iraka-。

2. *roti

"直的"罗图马语 rotʃi < *roti。

"直的、对的、真的"英语 orth-、希腊语 orthos < *ordo-。

"直的"格鲁吉亚语 sruthɛ < *srude。

3. *duri（*dur、*tur、*turu、*tari 等）

"直的"撒拉语、西部裕固语 *dur，图瓦语 *qadər，达密语 madur < *ma-dur。

"站"古突厥语 tur-、土耳其语 dur- < *tur，托莱语 tur、塔儿亚语 -tur、罗维阿纳语 turu < *turu。

"对的"维吾尔语 durus、哈萨克语 durəs < *durus。桑塔利语 durus < *durus。阿杰语 tāři < *tari。

"真的"马都拉语 bəndər < *bə-dər。

"直的"拉丁语 directus（过去分词）、法语 droit、意大利语 diritto < *dire-。

"直的"粟特语 wizər < *mi-dər。

"注视"古英语 starian、古高地德语 staren < *sdar-。

"直的"格鲁吉亚语 mkhatsri < *mg-tri。

"树"维吾尔语 dɛrɛχ、东部裕固语 derek < *dereq，桑塔利语 dare < *dare。

“信任的”古英语 triewe、古弗里斯语 triuwi、哥特语 triggws < *drig^{w}e。

“树”古英语 Þreo、古弗里斯语 thre、梵语 dru、拉丁语 tres < *dero。

4. *tus（*dos）

“直的”土族语 *tus-dan，罗地语 *dos。

“正确的”亚美尼亚语 tʃiʃt < *tis-。

“直的”匈牙利文 tisztan < *tis-tan。

5. *b^{w}ido（*b^{w}ət、*bit、*podo）

“直的”排湾语 səvəsəvəts < *səb^{w}ət。

“树”查莫罗语 atbot < *ʔat-bot。爪哇语 wit < *b^{w}it。

“竹子”罗维阿纳语 beti、东部斐济语 bitu。

“柳树”满文 *podo-qo。

“树”古英语 widu，古高地德语 witu，瑞典语 ved，古爱尔兰语 fid < *b^{w}edu。

“柳树”丹麦语 vidje、古高地德语 wida < *b^{w}ida。

6. *gora（*gra、*gor）

“直的”土耳其语 toɣru，维吾尔语 toʁrɑ，哈萨克语 duwrɑ < *tu-gra。东部裕固语 øŋgøgør < *ʔeŋogor。

“直的、真的”粟特语 wizr，阿维斯陀经 vərəzra < *b^{w}ir-gra。

“圆”的词源关系

亚欧语言“圆的”说法多与“弯曲的”“月亮”“蛋”“眼睛”等说法有词源关系。

◇ 一　东亚太平洋语言的“圆的”

“圆的”的主要说法有：

1. *bur / *mur / *maru / *buru / *mron

中古突厥语　bur- < *bur。① 赫哲语　murgi < *mur-gi。

日语　marui < *maru-ʔi。

莫图语　kuboruboru < *ku-buru。

吉尔伯特语　mronron < *mro-n。

2. *dubar-laq / *domi-laq / *dumu-laq / *tumu-n / *tumu-ŋ / *tibu-luŋ

土耳其语　juvarlak < *dubar-laq。（球形、圆的）

维吾尔语　domilɑq，哈萨克语　domɑlɑq < *domi-laq。

---

①“圆的、满的”芬兰语　pyöreä < *pore-。

维吾尔语 jumulɑq，哈萨克语 dumulɑq < *dumu-laq。

赛德克语 tumun < *tumu-n。阿者拉语 tumu^{ŋ}ʔ < *tumu-ŋ。

沙玛语 tibuluŋ < *tibu-luŋ。

3. *du-gurik / *gorgi / *gol-gori / *do-gər / *to-gor-in

柯尔克孜语 tøgørøk，蒙古语喀喇沁方言 dugurig < *du-gurik

东部裕固语 ɢorɣi < *gorgi。

撒拉语 gosgur，保安语 gosgor < *gol-gori。①

西部裕固语 doɢər < *do-gər。鄂伦春语 toŋgorin < *to-gor-in。

4. *mu-qulin / *lin

满文 muhelijen，锡伯语 muxulin，鄂温克语 mʊxali < *mu-qulin。

景颇语 tin^{31} < *lin。畲语 zin^{2} < *lin。

5. *du-gul / *gululu / *gili / *ki-kil / *gol / *kel

朝鲜语 tuŋkɯl- < *du-gul。撒拉语 guliuliux < *gululu-。

西部斐济语 giligli < *gili。托莱语 kikil < *ki-kil。

蒙达语、桑塔利语 gol < *gol。（圆、圆周）

布兴语 tɤr kɛl < *kel。②

6. *ki-mulu / *mul

阿美语 kimulu < *ki-mulu。

柬埔寨文 mūl < *mul。

---

①“圆的”匈牙利文 körül < *koru-。

② tɤr- 为圆形物的前缀。

7. *kon-kon-ʔonan / *ta-ʔunu

赛夏语　konkononan < *kon-kon-ʔonan。

邹语　taunu < *ta-ʔunu。

8. *buder

爪哇语　bunder，印尼语　bundar < *buder。

9. *ta-ʔutunu / *mata-ʔutaʔun

邹语　tautsunu < *ta-ʔutunu。

布农语　matauntaun < *mata-ʔutaʔun。

10. *beb^{w}e / *ʔobu / *bobu / *po / *b^{w}a / *krə-boŋ

那大语　bebe，阿杰语　powe < *beb^{w}e。达密语　obu < *ʔobu。

黎语元门话　bom^{3}bau^{3} < *bobu。黎语堑对话　po^{5} < *po。

彝语南华话　vɑ^{33} < *b^{w}a。

柬埔寨文　krəvɔŋ < *krə-boŋ。

11. *tila-tila

塔几亚语　-tilanti < *tila-tila。

12. *b^{w}ib^{w}ila / *p^{w}olo / *ʔbal

大瓦拉语　wiwila-na < *b^{w}ib^{w}ila。沙外语　fofololo < *p^{w}olo。

户语　ʔmal^{31} < *ʔbal。

13. *redodo

查莫罗语　redondo < *redodo。（西班牙语借词）

14. *tumu-rul

泰雅语泽敖利方言 m-tumurul < *tumu-rul。

15. *s-gor / *kor

藏文 sgor < *s-gor。博嘎尔珞巴语 kor kor < *kor。

16. *luŋ

独龙语 ɑŋ^{31}luŋ^{55} < *ʔaŋ-luŋ。

17. *ʔu / *ʔoŋ

拉祜语 u < *ʔu。

莽语 ʔoŋ < *ʔoŋ。

18. *plun / *ʔlun / *lan

黎语保定话 plu:n^{1} < *plun。

壮语武鸣话 du:n^{1}，黎语通什话 lun^{5} < *ʔlun。

布依语 zan^{2} < *lan。

19. *don

侗语 ton^{2}，毛南语 don^{2} < *don。

越南语 tɔn^{2} < *don。

20. *lum / *lok-lum / *dum-k / *glom

德宏傣语 lum^{6} < *lum。

阿昌语 lum^{31} < *lum。

佤语阿佤方言 lɔk num < *lok-lum。①

① *lok 圆周形的。如锡克语 loka < *loka “圆周形的”。

桑塔利语 ɖumk < *dum-k。

黎语通什话 gom^{4}，黎语保定话 hwom^{1} < *glom。

21. *gon / *gən

水语 qon^{2} < *gon。

汉语 *gən（圆）。

22. *le / *ʔele / *loli

巴琉语 le < *le。

瓜依沃语 ʔele < *ʔele。布鲁语 em-loli < *loli。

23. *mon / *mene / *mono

克木语 mŏn，布朗语 mon^{41} < *mon。

塔希提语 menemene < *mene。

波那佩语 p^{w}onop^{w}on < *mono。

24. *gulad

桑塔利语 gulɛnɖ < *gulad。

二 “圆”的词源对应关系

1. “圆”和“弯曲”

“圆的”和“弯曲”的词源对应关系上文《弯曲》篇已说明。

2. “圆”和“蛋”

“圆”和“蛋”的词源对应关系第二卷《蛋》篇已说明：“蛋”怒苏怒语

u^{31}，“圆的”ui^{33}；“蛋”查莫罗语 tʃhada < *dada，“圆的”redondo < *redodo；“蛋”黎语 zɯːm^{4} < *lum，“圆的”黎语通什话 gom^{4}、黎语保定话 hwom^{1} < *glom；日语“蛋”tamago < *tama-go（球—蛋），“圆的”tama；“蛋”景颇语 ti^{31} < *li，“圆的”tin^{31} < *lin。

（1）土耳其语 *dubar-laq。“蛋”土耳其语 jumurta、撒拉语 jumudɑ < *dumur-ta，图瓦语 dʒumurkɑ < *dumur-ka。

（2）泰雅语泽敖利方言 *tumu-rul。汉语 *qlal（卵）。

（3）塔几亚语 *tila-tila。“蛋”那大语、马京达瑙语、锡加语 təlo，达阿语 tolu < *tolu。

（4）黎语元门话 bom^{3}bau^{3} < *bobu。“蛋”博嘎尔珞巴语 pɯ pɯ < *pupu。

一些语言“蛋”的说法是“圆的”派生词，如桑塔利语、塔几亚语。一些语言“圆的”是“蛋”的说法的派生词，如怒苏怒语、查莫罗语。

3.“圆”和“月亮”

（1）沙玛语 *tibuluŋ。“月亮”达阿语 vula、斐济语 βula < *bula，罗地语 bula-k < *bula，泰雅赛考利克方言 bəja-tsiŋ、泽敖利方言 βua-tiŋ < *bula。

（2）瓜依沃语 *ʔele。“月亮”马绍尔语 alləŋ、雅贝姆语 ajoŋ < *ʔaloŋ。

（3）黎语保定话 *plun。“月亮”壮语龙州话 bəːn^{1}、西双版纳傣语 dən^{1}、德宏傣语 lən^{1} < *ʔblən。

（4）柬埔寨文 *krə-boŋ。“月亮”那加语索布窝马方言（Sopvoma）khro、哥乍马方言（Kezama）kry < *kro。

（5）户语 *ʔbal。“月亮”阿卡语 bala < *bala，蒙达语 bale-mulu < *bale-mulu。（初月，第三四天的新月）

三 词源关系和词源分布

“圆的”东亚太平洋诸语的说法集中于几个源头，其情况为：

A. 藏文 sgor < *s-gor，博嘎尔珞巴语 kor kor < *kor。

鄂伦春语 toŋgorin < *to-gor-in。西部裕固语 doɢər < *do-gor。

朝鲜语 tuŋkʉl- < *du-gul。

蒙达语、桑塔利语 gol < *gol。

西部斐济语 giligli < *gili。

B. 中古突厥语 bur- < *bur。赫哲语 murgi < *mur-gi。日语 marui < *maru-ʔi。

莫图语 kuboruboru < *ku-buru。

C. 阿美语 kimulu < *ki-mulu。柬埔寨文 mūl < *mul。

大瓦拉语 wiwila-na < *b^{w}ib^{w}ila。

沙外语 fofololo < *polo。

D. 克木语 mǒn，布朗语 mon^{41} < *mon。

塔希提语 menemene < *mene。波那佩语 p^{w}onop^{w}on < *pono。

E. 维吾尔语 domilɑq，哈萨克语 domɑlɑq < *domi-laq。

赛德克语 tumun < *tu-mun。

F. 巴琉语 le < *le。

瓜依沃语 ʔele < *ʔele。萨摩亚语 lio < *li-ʔo。（圆周形的）

“钩子”撒拉语 gugur < *gugur。“弯曲”土耳其语 eɣri、维吾尔语 ɛgri、哈萨克语 ijir、塔塔尔语 kɛkri < *qe-giri，土族语 guguri: < *guguri，日语 magaru < *ma-garu 等可以代表其词源关系。印欧语中与 A 组说法对应的，如“圆的”希腊语 gyro，“指环、圆周”gyros < *guro-s。格鲁吉亚语“捆”

ʃɛkhvra < *se-gʷra，"滚" gɔrva < *gor-，"转" dʒɛri < *geri。

*gʷur 可能是"圆的"早期说法。*bur < *gʷur，A、B、C 三组的说法有词源关系。

D、E、F 组的说法与"蛋"的说法有词源关系。（参见第三卷《蛋》和本卷《弯曲》等篇的讨论）

"圆的"如越南语 tɔn² < *don，壮语武鸣话 duːn¹、黎语通什话 lun⁵ < *ʔlun，布依语 zan² < *lan，应与"月亮"的读法有词源关系。

东亚以外语言的其他情况如"圆周"古法语 cerecle < *ker-kle。"圆的"格鲁吉亚语 garʃɛmɔ < *gar-semo。"圆的"墨西哥州印第安人阿巴齐语 dijoːle < *diłole，那瓦特尔语 tolontitʃ < *tolotiq，玛雅语楚吉方言（chuj）mel-（前缀，指小而圆的）。易见与古东亚语言说法的词源关系。

四 词源关系分析

1. *gʷari（*kor、*gor、*gər、*garu、*korə、*gur 等）

"圆的"藏文 *s-gor，博嘎尔珞巴语 *kor，鄂伦春语 *to-gor-in，西部裕固语 *do-gor。

"钩子"撒拉语 gugur < *gugur。"弯曲"土族语 *guguri，日语 *ma-garu。

"圆的"希腊语 gyro，"指环、圆" gyros < *guro-s。

"圆"阿尔巴尼亚语 kjark < *krak。"弯曲的"梵语 vakraː < *bʷa-kra。

"圆的、圆周形的"俄语 kruglɨj < *kru-gli-，波兰语 okrąɡły < *okra-gli-。

"圆的"粟特语 skurnē，阿维斯陀经 skarənā < *skurə-。

> “蛋”古英语 ægru，古高地德语 eigir（复数）。①
>
> “缠绕”希腊语 koyrdizo、khordizo < *gor-diro。

“圆的”格鲁吉亚语 garʃɛmɔ < *gar-semo。

2. *gʷalo（*gilo、*kole、*kiluŋ、*gal、*gili 等）

“圆的”西部斐济语 *gili，蒙达语、桑塔利语 *gol。“球”蒙达语 guli。

“弯曲的”雅美语 magilo < *ma-gilo，菲拉梅勒语 kole < *kole，鲁凯语 makiɭuŋ < *ma-kiluŋ。

> 希腊语“圆”kyklos < *kuklo-，“弯曲的”skolios < *skolo-。
>
> “轮子”古英语 hweogol、古挪威语 hvel、古弗里斯语 hwel < *gʷel。
>
> “球”和阗塞语 gūla- < *gula。
>
> “全部”古英语 hal、古挪威语 heill、古教堂斯拉夫语 cel < *kel。

3. *bʷali（*bʷila、*polo、*bal、*mulu、*mul）

“圆的”大瓦拉语 *bʷibʷila，沙外语 *polo，户语 *ʔbal。

“旋转”桑塔利语 *pali，“翻转”戈龙塔洛语 *bale。

> “圆”希腊语 bole，梵语 valaja < *bʷalaga。
>
> “圆的”阿尔巴尼亚语 plotë < *plo-。
>
> “球”古英语 beal、古挪威语 bollr、古高地德语 ballo < *balo。
>
> “旋转”梵语 valate < *bʷala-。

4. *rado（*rat）

“缠绕”佤语孟贡话 rat < *rat。

---

① H. W. Bailey, *Dictionary of Khotan Saka*, p.30.

“圆的”古法语 roont、俗拉丁语 retundus、古意大利语 ritondo < *reto-。

“轮子”意大利语 ruota、葡萄牙语 rota、西班牙语 rueta < *rota-。

“圆的”桑塔利语 *gulad，“缠绕”galo̱ʈ < *ga-lot。

“卷（起）”他加洛语 bālot，亚齐语 balot < *ba-lot。

5. *go

“蛋”藏文 sgo ŋa，道孚语 zgə ŋa < *sgo-ŋa。

“圆周”亚美尼亚语 uʁetsir < *ugeki-。

“蛋”古英语 æg，希腊语 augo，古教堂斯拉夫语 aja，古高地德语 ei < *ago。

“蛋”俄语 jajtso、波兰语 jajko < *gagko。亚美尼亚语 ju < *gu。

6. *b^{w}aru（*bur、*mur、*maru、*buru、*mro）

“圆的”中古突厥语 *bur，赫哲语 *mur-gi。日语 *maru-ʔi。莫图语 *ku-buru。吉尔伯特语 *mro-n。

“蛋”土耳其语 jumurta、撒拉语 jumudɑ < *dumur-ta，图瓦语 dʒumurkɑ < *dumur-ka。

“圆的”和阗塞语 parbira < *par-bira。

“圆的”和阗塞语 parbira < *par-bira。

“圆的、满的”芬兰语 pyöreä < *pore-。

7. *b^{w}uder

“圆的”爪哇语 bunder，印尼语 bundar < *b^{w}uder。

“圆形”粟特语 mntr’ < *mundr。梵语 mandala < *madala。

“圆的”匈牙利文 menet。

“新”的词源关系

亚欧语言表“新”义的说法多与“好的”“发亮、亮的”等说法有词源关系，另外也与“新鲜的”“不成熟的”等说法有词源关系。

◇ 一 东亚太平洋语言“新”

“新的”的主要说法有：

1. *diga / *tikən

古突厥语、维吾尔语 jeŋi，哈萨克语 dʒɑŋɑ，乌孜别克语 jɛngi < *diga。

蒙古语 ʃin，达斡尔语 ʃinkən，东部裕固语 ʃənə < *tikən。

2. *ʔike / *ʔirkə

满文 itʃe，锡伯语 itʂə，女真语（亦车）*itʃhe < *ʔike。①

鄂温克语 ixxixin < *ʔiki-qin。

赫哲语 irkin，鄂伦春语 irkəkin < *ʔirkə-kin。

① “新的”格鲁吉亚语 axali < *aqa-。

3. *sero / *siroʔ

朝鲜语 sɛropta，searoun < *sero-。

佤语马散话 si rɔʔ，布朗语胖品话 sruʔ^{55} < *siroʔ。

4. *ʔatara

日语 ataraçiː < *ʔatara-。①

5. *sina

鄂罗克语 sinja < *sina。

6. *balu

泰雅语 bah，雅美语 vaju < *balu。

7. *baqalu

布农语 baχɬu，卑南语 bəkaɭ < *baqalu。

8. *ma-qu / *ma-gu

排湾语 vaquan < *ma-qu-ʔan。

卡林阿语 bagu < *ma-gu。

9. *bo-ʔu / *mama

乌玛语 boʔu < *bo-ʔu。梅柯澳语 mama < *mama。

10. *maru / *baru / *muri

巴厘语 marə < *maru。依斯那格语 baru < *baru。

那大语 muzi < *muri。

---

①"新的"芬兰语 tuore < *tore。

11. *mata

莫图语 matamata < *mata-mata。

哈拉朱乌语、达密语 mata < *mata。（生的、不成熟的、新的）

12. *ʔanar / *ʔanari

爪哇语、马都拉语 aɳar < *ʔanar。

桑塔利语 ɛnɛɽi < *ʔanari。

13. *kabe

嫩戈内语 kabe，波那佩语 kapʷ < *kabe。

14. *kala

南密语 kaja < *kala。

15. *ma-gura / * gara / * ma-quru

罗维阿纳语 vagura < *ma-gura。拉加语 ɣara < *gara。

卡那卡那富语 vaʔurua < *ma-quru-ʔa。

16. *skriŋ / *skreŋ

汉语 *skriŋ（新）。①

苗语养蒿话 xhi¹，巴哼语文界话 seŋ¹，长垌话 ŋkheŋ¹，勉语大坪话 sjaŋ¹ < *skreŋ。

17. *g-sar / *g-sə

藏文 gsar pa，他杭语 tʃhar，独龙语 -ɕɑɹ⁵⁵ < *g-sar。

---

① 汉语“新”甲骨文从“辛”“斤”，或从“亲”“斤”，“辛”为声符。本为斧断木之意，借为“新”。“辛”考为刑具，甲骨文“辛”为天干字。

羌语 khsə < *g-sə。

18. *nan / *ʔanin

景颇语 n^{31}nan^{33} < *nan。

桑塔利语 antʃin < *ʔanin，salas < *salas。

19. *saks / *sok

缅文 tθɑs^{4} < *saks。克伦语阿果话 tθɔ̰^{55}，波拉语 sak^{55} < *sok。

20. *ʔmis / *mimis

傣语、毛南语 mai^{5}，水语 m̥ai^{5} < *ʔmis。京语 məːi^{5} < *ʔmis。

布昂语 məwis < *mimis。

21. *d-mi / *meʔ / *la-mi / *mi-ʔu

柬埔寨文 th ˈmi < *d-mi。户语 mɛʔ^{31} < *meʔ。

德昂语茶叶箐话 la măi^{51} < *la-mi。

勒窝语 viu < *mi-ʔu。

22. *gruʔ

佤语艾帅话 khra̰ṵʔ，布朗语曼俄话 tʃhuʔ < *gruʔ。

23. *tupom-ŋore

尼科巴语 tufømŋøre < *tupom-ŋore。

24. *nab^{w}a

蒙达语 nawā，桑塔利语 nãwă < *nab^{w}a。

二 “新”的词源对应关系

1. “新的”和“好的”

（1）梅柯澳语 *mama。“好的”满文 amu- < *ʔamu，夸梅拉语 -amasan < *ʔama-san。“味美的”日语 umai < *ʔuma-ʔi。

（2）沙外语 n-ɔbɛn < *ʔobe-n。“好的”维吾尔语 obdan < *ʔob-dan。

（3）突厥语 *diga。“好的”维吾尔语 jɑχʃi、哈萨克语 dʒɑqsə < *deq-。

（4）日语 *ʔatara-。“好的”中古朝鲜语 tjohta < *dor。“美的”伊拉鲁吐语 derə < *derə。

（5）蒙达语、桑塔利语 *nama。“好的”布朗语曼俄话 n̥am < *snam。莫图语 namo < *namo。

（6）景颇语 *nan。“好的”羌语 na、嘎卓语 na^{35} < *na。

2. “新的”和“发亮、亮的”

（1）爪哇语、马都拉语 *ʔanar。“发亮”爪哇语、马都拉语 sunar < *sunar。

（2）罗维阿纳语 *ma-gura。“发亮”日语 gira-gira < *gira。

（3）日语 *ʔatara-。“亮的”维吾尔语 joruq、哈萨克语 dʒɑrəq < *doru-q。米南卡保语 daraŋ、马达加斯加语 ma-dera < *deraŋ / *dera。查莫罗语 tʃlaro < *daro。

（4）朝鲜语 sɛropta < *sero-。“亮的”东部斐济语 sērau < *sera-ʔu。

（5）赫哲语、鄂伦春语 *ʔirkə-kin。“亮的”朝鲜语 parkta < *barg-。

（6）尼科巴语 *tupom-ŋore。“亮的”鄂伦春语 ŋəːrin、鄂温克语 nəːrin < *ŋəri-n。汤加语 ŋiŋila、多布语 ŋalaj < *ŋila。

（7）突厥语 *diga。“亮的”桑塔利语 ɖigɖig < *dig-dig。

3. “新的”和“生的”

（1）朝鲜语 sɛropta < *sero-。“生的”中古朝鲜语 sərta < *sər-。汉语 *sreŋ（生）。（不熟、活的、鲜活、活着、生出、出生）

（2）蒙古语、达斡尔语、东部裕固语 *tikən。“生的”蒙古语 tɯːxeː、土族语 tuːgu、达斡尔语 tugun < *tuge / *tugun，印尼语 məntah、巽他语 atah、贡诺语 mata < *ma-taq。

（3）傣语、毛南语、水语 *ʔmis。“生的”波那佩语 amas、马绍尔语 amɛtʃ < *ʔamas。

三 词源关系分析

1. *na（*sina、*naʔa、*naʔo）

“新的”景颇语 *nan，鄂罗克语 *sina。

“好的”羌语 na、嘎卓语 na^{35} < *na。

“亮的”布鲁语 naa-n < *naʔa-，沙外语 ma-nano < *naʔo。

“新的、新鲜的”丹麦语、瑞典语 ny、古弗里斯语 nie < *ne-。

“新的”希腊语 neos < *neo-。

2. *nari（*nar）

“新的”爪哇语、马都拉语 aɳar < *ʔanar。桑塔利语 ɛnɛɽi < *ʔanari。

“发亮”爪哇语、马都拉语 sunar < *sunar。

“新的”亚美尼亚语 nor。

“新的”乌尔都语 neyaː，和阗塞语 nūra、粟特语 nūr < *nura。

3. *ʔirkə

“新的”赫哲语、鄂伦春语 *ʔirkə-kin。

“新的”希腊语 kainoyrges < *kano-rge-。

“新的”格鲁吉亚语 zɔgi < *logi。

4. *taro（*tara、*dor、*derə）

“新的”日语 *ʔatara-。“好的”中古朝鲜语 tjohta < *dor。

“美的”伊拉鲁吐语 derə < *derə。

“新的”阿尔巴尼亚语 tjetër < *tretor。“亮的”梵语 andʒor < *ador。

“新的”芬兰语 tuore < *tore。

5. *siro（*sər、*sero、*siri、*sar）

“新的”朝鲜语 *sero-。藏文、他杭语、独龙语 *g-sar，羌语 *g-sə。

“生的”中古朝鲜语 sərta < *sər-。“未煮熟的”莫图语 kasiri < *ka-siri。

“新的”阿尔巴尼亚语 ri < *ri。

“未煮的”俄语 sɨroj < *siro-。“生的”波兰语 surowy < *suro-。

6. *nab^{w}a（*nama）

“新的”蒙达语、桑塔利语 *nab^{w}a。

“未煮熟的”日语 namade < *nama-。

“新的、新鲜的”古英语 neowe、梵语 nava、波斯语 nau、赫梯语 newaʃ < *neb^{w}a-。

“新的”粟特语 nəwe < *neb^{w}e，“新月” βaɣy nəwē。

“新的、年轻的”俄语 novɨj，波兰语 nowy < *nob^{w}i-。

“新的”阿尔巴尼亚语 njomë < *nome。

“老的”的词源关系

“老的”与“旧的”有的语言用不同的词区分，有的用一个词。如汉语“老”通常指有生命的，指物时用“旧”，偶用“老”。亚欧语言中表“老”义的说法与“老人”“旧的”“白的”等说法有词源关系，另外“旧的”还与“坏的”有词源关系。

◇ 一 东亚太平洋语言的“老、旧”

“老的、旧的”的主要说法有：

1. *qeri / *ʔore

古突厥语 qɑri，维吾尔语 qeri，撒拉语 χarə，哈萨克语 kæri < *qeri。[①]

桑塔利语 ore < *ʔore。

2. *gok-sin / *koko

蒙古语 goxʃiŋ，东部裕固语 køgʃən < *gok-sin。

瓜依沃语 kōkoʔo < *koko-ʔo。（老的、祖父母）

① “旧的”格鲁吉亚语 xniɛri < *qni-eri。

3. *saridi

达斡尔语 sɑridiː < *saridi。

4. *lolə / *ʔolo

保安语 loləŋ < *lolə-ŋ。

扎坝语 $o^{55}lo^{55}$ < *ʔolo。

5. *la-kda / *la-gdi

满文 sakda，锡伯语 səxd < *la-kda。

鄂伦春语 ʃagdɪ，鄂温克语 ʃaddɪ < *la-gdi。

6. *ʔərg / *ʔergi / *rga / *rake

中古朝鲜语 nɯrkta，朝鲜语淳昌话 nɯrkətta < *ʔərg-。①

土耳其语 eski < *ʔergi。西部裕固语 ehrgə，图瓦语 ergi，撒拉语 esgi < *ʔergi。（旧的）

藏文 rga < *rga。

雅美语 ẓaẓake < *rake。（老的、老人）

7. *ʔo

日语 oi < *ʔo-ʔi。②

缅文 o^{2} < *ʔo。

8. *tu-ʔo / *tu-ʔa / *tuqa-tuqa-l / *ma-tu / *ʔam-to / *ʔati-ʔa

布拉安语 tɔɔ，米南卡保语 tuo，爪哇语 tuɔ < *tu-ʔo。

印尼语 tua，巴厘语 tuə（老、旧），乌玛语 tuʔa < *tu-ʔa。

① 匈牙利文“旧的、古老的”regi < *regi，“老的”öregi。

② 匈牙利文“老的、年岁大的”o。

邵语 tuqatuqaʃ < *tuqa-tuqa-l。

帕马语 matu < *ma-tu。

查莫罗语 amto < *ʔam-to，antʃia < *ʔati-ʔa。

9. *guna / *kona

莫图语 guna < *guna。（旧的）

维吾尔语 konɑ，哈萨克语 køne < *kona。（旧的）

10. *maru / *mro-ʔi / *burqa

勒窝语 marua < *maru-ʔa。

邹语 mameoi < *ma-mro-ʔi。（老的、旧的、老人）

桑塔利语 buɽhɛ（男人用词）< *burqa，buɽhi（女人用词）< *burqi。

11. *ʔapa-ʔo / *biqo

梅柯澳语 apao < *ʔapa-ʔo，abo < *ʔabo（老人）。

查莫罗语 biho < *biqo。

12. *ʔatigo

查莫罗语 antigo < *ʔatigo，gastodo < *gas-todo。

13. *kadadi / *ʔem-keda / *kat-ta / *kat

排湾语 kadẓadẓi < *kadadi。（旧的）布鲁语 em-keda < *ʔem-keda。

错那门巴语 $kat^{35}ta^{31}$ < *kat-ta。

德昂语硝厂沟话 kăt，布朗语曼俄话 $kɔt^{33}$，佤语布饶克方言 kuat（老的、老人）< *kat。

14. *lagʷa

雅贝姆语 laᵑgʷa < *lagʷa。

15. *su-ʔili

鲁凯语　suʔiɭi < *su-ʔili。

16. *ʔidaŋ / *maru-daŋ

卑南语　maʔiɖaŋ < *ma-ʔidaŋ。

鲁凯语　maruɖaŋ < *maru-daŋ。

17. *bulu-buluŋ

排湾语　vuɭuvuɭuŋ < *bulu-buluŋ。

18. *tatini / *tatun

赛夏语　tatiniʔ < *tatini。（旧的、老的）

布农语　tatun < *tatun。

19. *sasad

邵语　sasað < *sasad。

20. *radi / *rito

伊拉鲁吐语　radi < *radi。（老的、旧的）

马绍尔语　ɽitto < *rito。

21. *lasi-k

罗地语　lasi-k < *lasi-k。（老的、老人）

22. *kru / *guro-ka / *keri / *kər-kan

汉语　*kru（老）。

莫图语　guruka < *guro-ka。（白发、老）

柬埔寨文　tʃɛ̠əriːə < *keri。

图瓦语 kɤrkɑn < *kər-kan。

23. *khlu / *ʔuru-kulu

汉语 *khlu-ʔ（考）。

沙阿鲁阿语 ~~urukulu~~ < *ʔuru-kulu。（老的、旧的）

24. *buk

墨脱门巴语 phuk < *buk。

25. *r-niŋ

藏文 rn̥iŋ pa，道孚语 rn̥oŋ ba < *r-niŋ。（旧的）

26. *qoŋ

缅文 hoŋ^3 < *qoŋ。（旧的）

27. *kes / *g^{w}əs / *ʔakas / *manə-kis

壮语 ke^5，毛南语 ce^5 < *kes。

汉语 *g^{w}əs（旧）。

夸梅拉语 ak^{w}as < *ʔakas。

泰雅语 mənəkis < *manə-kis。

28. *mraʔ / *mare

布兴语 mraʔ < *mraʔ。

桑塔利语 mare < *mare。

29. *du

克木语 thau < *du。

30. *qaram / *brem

桑塔利语 haɽam < *qaram。（老、老头）

佤语艾帅话 prem，德昂语硝厂沟话 brim < *brem。（旧的）

31. *qot

尼科巴语 høt < *qot。

◇ 二 “老”的词源对应关系

1. “老的”和“老人、祖母、祖父”

“老的”可兼指“老人”，如佤语布饶克方言 kuat、户语 θə thăn^{31}、摩尔波格语 tuaʔ < *tuʔa-ʔ、汤加语 motuʔa < *mo-tuʔa，或与“祖母、祖父”的说法对应。如：

（1）藏文 rga，“老太太” rgan mo，“老头” rgan po。

（2）错那门巴语 kat^{35}ta^{31}，“老太太” kat^{35}mo^{53}，“老头” kat^{35}po^{53}。

（3）扎坝语 o^{55}lo^{55}，“老头” lo^{33}to^{55}。

（4）乌玛语 tuʔa，“祖母”沙外语 n-tuʔa。

（5）梅柯澳语 *ʔapa-ʔo，“祖父、祖母”勒窝语 ap^{w}ua < *ʔapu-ʔa。

（6）夸梅拉语 *ʔakas，“祖母”雅美语 akəʃ < *ʔakəs。

（7）瓜依沃语 *koko-ʔo，“祖父”印尼语 kakiki < *ka-kek。

2. “老的”和“白的”

（1）莫图语 guruka < *guro-ka。“白的”莫图语 kurokuro < *kuro，巴塘藏语、阿力克藏语 ka ro < *karo。

（2）邵语 *tuqa-tuqa-l。“白的”排湾语 vu-təqitəqil < *bu-təqi-təqi-l。

（3）梅柯澳语 *ʔapa-ʔo，“白的”萨摩亚语 paʔepaʔe < *paʔe。

（4）印尼语、巴厘语、乌玛语 *tu-ʔa，“白的”拉巴努伊语 tea-tea < *teʔa。

（5）鄂伦春语、鄂温克语 *la-gdi。“白的”鄂伦春语 bagdarɪn < *ba-gda-，嫩戈内语 gada < *gada。

（6）墨脱门巴语 *buk。“白的”毛南语 pok^{8} < *bok，布兴语 bŭk < *buk。

（7）达斡尔语 sɑridiː < *sari-di。“白的” 日语 çiroi < *siro-ʔi。

（8）邵语 sasað < *sasad。“白的” 桑塔利语 sada < *sada。

3.“老的” 和 “长、多” 等

（1）藏文 rga。“长、高” 桑塔利语 laɽga < *la-rga，“长的、高的、大的” 桑塔利语 raeka < *raka。“大的” 雅美语 ʐaku < *raku。

（2）雅贝姆语 *lag^{w}a。“长” 马那姆语 salaga < *sa-laga。卑南语 baɭakas < *ma-lakas。“大” 他加洛语 laki < *laki，巽他语 ləga < *laga。“多” 他杭语 jahko < *lako，墨脱门巴语 zak < *lak。

（3）沙阿鲁阿语 *ʔuru-kulu。“长” 古突厥语、土耳其语、维吾尔语 uzun < *ʔuru-n，傣语 jaːu^{2} < *ru，布兴语 ʒau < *ru。

（4）排湾语 *bulu-buluŋ。“长” 萨萨克语 belo < *belo，锡加语 bloŋ < *bloŋ，桑塔利语 boela < *bola。

4.“旧的” 和 “坏的”

（1）桑塔利语 *burqa，“坏的” 维吾尔语 buzuq、哈萨克语 buzəq < *buruq，桑塔利语 bɛritʃ < *beriq，日语 warui < *baru-ʔi。

（2）沙阿鲁阿语 *ʔuru-kulu，“坏的” 鄂伦春语、鄂温克语 əru < *ʔəru。

（3）查莫罗语 *ʔatigo。“坏的” 错那门巴语 tuk^{35}、墨脱门巴语 duk（pin）< *duk, 莫图语 dika < *dika。

（4）伊拉鲁吐语 *radi。“坏的” 德昂语甘塘话 rɛt^{33} < *ret，马达加斯加语 ratsi、坦纳语 rat < *rati。

（5）德昂语、佤语布饶克方言 *kat。“坏的”柬埔寨文 kaːtʃ < *kat。

三 词源关系分析

1. *la（*lo、*lolə、*lal、*lala）

“老的”扎坝语 *ʔolo，保安语 *lolə-。查莫罗语 lajan < *lalan。

“成长”古挪威语 ala、哥特语 alan。

“增加、饲养”拉丁语 alere < *ale-。

“老的、旧的”古英语、古弗里斯语 ald，“年老的，岁数较大的”西萨克逊语 eald，动词“成长”*ala 的过去分词。

“使长”希腊语 aldaino < *alda-。

2. *lag^{w}a（*lako、*lak、*laka、*laki、*laga）

“老的”雅贝姆语 *lag^{w}a。“长”马那姆语 salaga < *sa-laga。卑南语 baɭakas < *ma-lakas。“大”他加洛语 laki < *laki，巽他语 ləga < *laga。

“年老的”希腊语 elikiomenos < *eliko-meno-。

“长的”古英语 long，古弗里斯语 lang，哥特语 laggs < *lag-。

匈牙利文“旧的、古老的”regi < *regi，“老的”öregi。

3. *g^{w}eru（*keri、*kru、*guro、*gir、*gura）

“老的”柬埔寨文 tʃɡ̥əriːə < *keri，汉语 *kru（老），莫图语 *guro-ka。

希腊语 “旧的”gerikos < *geri-，“旧”（名词）gria、geros。

4. *b^{w}aru

“坏的”日语 warui < *b^{w}aru-ʔi。

“老的”乌尔都语 puraːna < *pura-。
“老的、以前的”俄语 prezʲnij < *prer-。

“老的”格鲁吉亚语 bɛbɛri < *beri。

5. *b^{w}aruk（*burqa、*buruq、*beriq）

“旧的”桑塔利语 *burqa。“坏的、丑的”印尼语 buruk，米南卡保语 buru^{ɔ}ʔ，亚齐语 broʔ。“坏的”维吾尔语 buzuq、哈萨克语 buzəq < *buruq，桑塔利语 bɛritʃ < *beriq。

“旧的”法语 vieille，西班牙语 velho，意大利语 vecchio < *b^{w}elqo。
“老的”阿尔巴尼亚语 plak。“旧的”粟特语 witʃnē < *p^{w}ik-。

6. *tar

“白的”阿伊努语 retar < *re-tar。他杭语 tar < *tar。

“老的、头灰白的”俄语 starɨj < *stari-，“老的”波兰语 stary < *stari-。

7. *lasi

“老的、老人”罗地语 lasi-k < *lasi-k。

“老的”阿尔巴尼亚语 laʃtë < *lasi-。

8. *keko（*koko、*kes、*kek）

“老的”瓜依沃语 *koko-ʔo。壮语、毛南语 *kes。

“老的”亚美尼亚语 tser < *ke-。粟特语 utʃnē < *uk-。

9. *sari

“老的”达斡尔语 saridiː < *sari-di。

“老的、黄的”和阗塞语 ysar- < *jsar。

“黄的”格鲁吉亚语 ʃuriani < *suri-ani。

“好”的词源关系

亚欧语言表“好”义的说法多与“新的”“美的”等说法有词源关系，也跟“高兴”“笑”等说法有词源关系。

◇ 一　东亚太平洋语言的“好的”

“好的”的主要说法有：

1. *deq / *deq-li / *dege-t / *dig^{w}a

古突厥语 jeq < *deq。

维吾尔语 jaχʃi，哈萨克语 dʒaqsə < *deq-li。

图瓦语 deget < *dege-t。

大瓦拉语 dewadewa < *dig^{w}a。

2. *girel / *kral / *gral-la / *kral-pa

土耳其语、维吾尔语 gyzɛl < *girel。（美的、好的）

汉语 *kral（嘉）。

拉达克语 rgjɑl lɑ < *gral-la。

他杭语 tʃjahpa < *kral-pa。

3. *ʔobudan / *buti

维吾尔语 obdan，哈萨克语 æbden < *ʔobudan。

他加洛语 būti，塔纳语 βət < *buti。

4. *ʔeke / *ke / *ge

图瓦语 ekke < *ʔeke。

载瓦语 ke^{51}，浪速语 kai^{31}，波拉语 kai^{55} < *ke。

怒苏怒语 ge^{33} < *ge。

5. *san / *ʔama-san

蒙古语 sɛːŋ，达斡尔语、土族语 sɑin < *san。

锡伯语 ɕan < *san。

夸梅拉语 -amasan < *ʔama-san。

6. *ʔamu / *ʔuma / *ʔumən

满文 amu- < *ʔamu。

日语 umai < *ʔuma-ʔi。（味美）

邹语 ʉmənʉ < *ʔumən。

7. *ʔara / *ro / *re

鄂伦春语、鄂温克语 aja，赫哲语 aji < *ʔara。

嫩戈内语 roi < *ro-ʔi。哈拉朱乌语 xɔru < *qoru。

汉语 *re（嫽）。

8. *dor

中古朝鲜语 tjohta < *dor。①

① “好的”芬兰语 tuore < *tore。

9. *lo / *le-ʔa / *lele-ʔi / *lole / *ʔale / *lili / *ʔli / *leʔ

日语 joi < *lo-ʔi。①

瓜依沃语 leʔa < *le-ʔa。

萨摩亚语 lelei < *lele-ʔi。

罗地语 ma-lole < *lole。

加龙语 alə < *ʔale。

吕苏语 li^{33}li^{53} < *lili。

克木语 lɤ̆ʔ < *leʔ。

10. *pirika

阿伊努语 pirikɑ < *pirika。（或 pirka）

11. *gosa

布鲁语 gosa < *gosa。（美的、好的）

12. *namo / *snam

莫图语 namo < *namo。

布朗语曼俄话 n̥am < *snam。

13. *diʔa / *ʔdi

马京达瑙语 diʔa < *diʔa。（美的、好的）

劳语 diana < *diʔa-na。

西双版纳傣语 di^{1}，水语 dai^{1}，侗语 lai^{1} < *ʔdi。

14. *leʔa-na

罗维阿纳语 leana < *leʔa-na。

① “好的” 匈牙利文 jo < *ro。

15. *bina-k

东部斐济语 βinak，西部斐济语 βina < *bina-k。

16. *bula-q / *malu / *bala

泰雅语 bəlaq < *bula-q，赛德克语 malu < *malu。

桑塔利语 bhala < *bala，bhal < *bal，bhɛlɛi < *bala-ʔi。

17. *mari-ʔe / *mar

菲拉梅勒语 marie < *mari-ʔe。

鄂罗克语 maːr < *mar。

18. *tapas

查莫罗语 tʃapas < *tapas。

19. *ʔaba-ʔi

姆贝拉语 a^{m}bai < *ʔaba-ʔi。

20. *masa-rili / *masi-ʔal

鲁凯语 maθarili < *masa-rili。

布农语 masiaɬ < *masi-ʔal。

21. *ɢre / *kre

道孚语 ʁjɛ < *ɢre。

汉语 *kre（姣、佳）。

22. *lek / *g-luk / *ma-ʔuleg / *to-lok

藏文 legs < *lek-s。墨脱门巴语 lek < *lek（美的、好的）。

汉语 *gluk（淑）< *g-luk。

查莫罗语 mauleg < *ma-ʔuleg。

尼科巴语 tøløːk < *to-lok，løːk < *lok。

克木语 lɤʔ < *lok。

23. *koŋ

缅文 $kɔŋ^3$ < *koŋ。

24. *gam

独龙语 $gɑm^{53}$ < *gam。

25. *mu

哈尼语 $mɯ^{31}$ < *mu。

26. *ʔroŋ / *m-reŋ

苗语养蒿话 ru^5，野鸡坡话 $ʔwjoŋ^c$ < *ʔroŋ。

汉语 *m-reŋ（令），[①] *raŋ（良）。

27. *nak / *njak

布兴语 nǎk < *nak。

汉语 *njak（若）。[②]

28. *bugin / *boge / *bage / *bagus

蒙达语 bugin < *bugin。

桑塔利语 boge < *boge，bhage < *bage。

印尼语 bagus < *bagus。

---

①《诗经·大雅·卷阿》："颙颙卬卬，如圭入璋，令闻令望。""令"，好的。

②《诗经·小雅·大田》："既庭且硕，曾孙是若。""若"，善也顺也。

29. *pre-per / *pra

柬埔寨文 prəpej < *pre-per。

义都珞巴语、达让僜语 pɹɑ^{55} < *pra。

扬雄《方言》卷一：“娥、㜲，好也。秦曰娥，宋魏之间谓之㜲。秦晋之间好而轻者谓之娥。自关而东，河济之间谓之女苗，或谓之姣。赵魏燕代之间曰姝，或曰妦。自关而西，秦晋之故都曰妍，好其通语也。”《方言》卷二：“釥、嫽，好也。青徐海岱之间谓之釥，或谓之嫽。好，凡通语也。”晋郭璞注曰：“釥亦作俏。”

二 “好”的词源对应关系

1.“好的”和“新的”

一些语言“好的”和“新的”词源关系上文《新》篇已说明。

2.“好的”和“美的”

“好的”和“美的”可兼指，如土耳其语、维吾尔语 gyzɛl，布鲁语 gosa，马京达瑙语 diʔa，墨脱门巴语 lek 等。汉语“妙”“娇”“姝”“嫽”等皆以“女”为义符，当以女人之美为佳。不同语言的对应如下：

（1）道孚语 *ɢre。“美的”蒙古语正蓝旗话 guɑː、都兰话 guj、东苏尼特话 gojo < *guro，锡伯语 kuariaŋ < *kuraŋ。

（2）古突厥语 *deq。“美的”西部裕固语 dɑŋɢənɑ < *dagə-na，撒拉语 jɑχtʃuχ < *daq-tuq，日语 utsɿku < *ʔutuku，桑塔利语 tshuk < *duk，布拉安语 dʒəgeg < *dəgeg。

（3）朝鲜语 *dor。“美的”伊拉鲁吐语 derə < *derə，桑塔利语 sunɖɛr < *sudar。

（4）赛德克语 malu，“美的”卡林阿语 balu < *balu。

（5）印尼语 *bagus，“美的”萨萨克语 eŋəs < *ʔegos。

（6）嫩戈内语 roi < *ro-ʔi，“美的”kariroi < *kari-ro-ʔi。

（7）布朗语曼俄话 *snam，“美的”n̥ɔm^{35} < *snom。

3.“好的”和“高兴”“笑”等

（1）道孚语 *ɢre，“高兴”那大语 gore < *gore。“笑”怒苏怒语 ɣɹe^{33} < *gre，莫图语 kiri < *kiri。

（2）古突厥语 *deq，“高兴”吕苏语 the^{33}gu^{53} < *degu。

（3）藏文 *lek-s。“高兴”却域语 rga^{13}rga^{55} < *rga-rga。“爱”桑塔利语 leka < *leka，莫图语 lalokau < *laloka-ʔu，桑塔利语 surik < *su-rik。

（4）布鲁语 *gosa。“高兴”中古朝鲜语 kispɯta < *gispu-。

（5）姆贝拉语 *ʔaba-ʔi。“高兴”维吾尔语、哈萨克语 uwɑn- < *ʔuban。

（6）哈拉朱乌语 *qoru，“高兴”ōro < *ʔoro。

三 词源关系分析

1. *geta（*get、*gada、*kata）

“好的”亚齐语 gɛt < *get。“美的”他加洛语 ganda < *gada。

“笑”桑塔利语 gadgadao < *gad-gada-ʔu，拉巴努伊语 kata < *kata。

“好的”古英语 god、古挪威语 goðr，古哥特语 goþs，德语 gut、荷兰语 goed，希腊语 agathos，古教堂斯拉夫语 godu（愉快之时）< *godu。俄语 godnɨj < *god。

2. *gale（*keli、*gles、*gala）

“好的”马林厄语 keli < *keli。

“美的”藏文 mdzes < *m-gles，达阿语 na-gaja < *gala。

“好的”希腊语 kalos < *kalo-。

3. *b^wani（*bina、*ban）

“好的”东部斐济语 βinak，西部斐济语 βina < *bina-k。

“高兴”维吾尔语、哈萨克语 uwɑn- < *ʔuban。

“好的”法语 bon、西班牙语 bueno、意大利语 buono < *bone。

4. *mali（*meli、*mil、*malu、*bula、*bila）

“好的”泰雅语 *bula-q，赛德克语 *malu。

“甜的”汤加语 melie < *meli-ʔe。

“美的”排湾语 buɭabuɭaj < *bula-ʔi。卡林阿语 balu < *balu。梅柯澳语 felō < *b^welo。那大语 bila < *bila。“香的”雅贝姆语 ŋa-malu < *malu。

“甜的”俄语 milɨj < *mili-。“甜的、可爱的”俄语 milenikij < *mileni-。

汉语 *mil（美）。

“可爱的、英俊的、迷人的”拉丁语 bellus < *belo-。

“美”俗拉丁语 bellitatem < *beli-。“美”法语 beltet < *bel-tet，英语 beauty。

“香的”壮语武鸣话 pjaŋ^1，仫佬语 m̥ɣaːŋ^1 < *ʔblaŋ。汉语 *blaŋ（芳）。

“花”马京达瑙语 *bela、排湾语 *beli-ŋaw、阿美语 *palu、桑塔利语 *bala，侗语、仫佬语、水语 *blaŋ。

“气味”圣经拉丁语 flator，英语 flavor < *pla-。

“嗅”中古荷兰语 smolen，英语 smell < *smele。

“花”古挪威语 blomi，哥特语 bloma，中古荷兰语 bloeme，拉丁语

florem、古法语 flor、意大利语 fiore，古爱尔兰语 blath，梵语 aboli < *bilo-。

5. *mari（*mar、*maru、*baru、*muri）

“好的”菲拉梅勒语 *mari-ʔe，鄂罗克语 *mar。

“新的”巴厘语 marə < *maru。那大语 muzi < *muri。

“好的”阿尔巴尼亚语 mirë < *miro。

“年轻男子”梵语 marya- < *marja。

6. *b^{w}aru（*per、*pra、*p^{w}aru、*b^{w}ore、*bor）

“好的”柬埔寨文 *pre-per，义都珞巴语、达让僜语 *pra。

“新的”依斯那格语 baru < *baru。

“香的”那大语 faru < *p^{w}aru。阿杰语 boře，哈拉朱乌语 buse < *b^{w}ore。汉语 *phər（芬）< *bor。

“好的”阿尔巴尼亚语 bujar < *bur-，亚美尼亚语 bari < *bari。

7. *sero

“新的”朝鲜语 sɛropta，searoun < *sero-。

“好的”粟特语 ʃir < *sir。和阗塞语 ʃara- < *sara。

“美的”亚美尼亚语 sirun。

8. *ʔeke

“好的”图瓦语 ekke < *ʔeke。

“好的”乌尔都语 atʃa < *aka。

9. *lek（*luk）

“好的”藏文 legs < *lek-s。“美的、好的”墨脱门巴语 lek < *lek。

“好的”尼科巴语、克木语 *lok。汉语 *gluk（淑）< *g-luk。

“爱”桑塔利语 leka < *leka，莫图语 lalokau < *laloka-ʔu。

“好的”和阗塞语 ʃakalaka < *saka-laka。

10. *nak（*njak）

“好的”布兴语 nǎk < *nak。汉语 *njak（若）。

“好的”粟特语 nēk < *nek。

“坏”的词源关系

亚欧语言“坏”的说法多与表示“丑的”“错的”“毁坏”“腐烂”等义的词有词源关系。

◇ 一 东亚太平洋语言的“坏”

“坏的”的主要说法有：

1. *buruq / *beriq / *buruk / *bura / *tubure

维吾尔语 buzuq，哈萨克语 buzəq < *buruq。[①]

桑塔利语 bɛritʃ < *beriq。

印尼语 buruk，米南卡保语buruᵓʔ，亚齐语 broʔ < *buruk。(坏的、丑的)

西部斐济语 burā < *bura。

日语 tsɿbure < *tubure。

2. *djamen

维吾尔语 jaman，哈萨克语 dʒaman，撒拉语 jamen < *djamen。

---

① *bur“破坏”。

3. *ʔeski

维吾尔语、柯尔克孜语、乌孜别克语 eski < *ʔeski。

4. *kote / *kat

土耳其语 køty < *kote。

柬埔寨文 kaːtʃ < *kat。

5. *baɢar

图瓦语 bɑʁɑj < *baɢar。

6. *dus / *do / *de

西部裕固语 jys < *dus。

哈尼语绿春话 dø < *do。

克木语 dɤʔ < *de。

7. *magu

蒙古语书面语 mɑɣu，蒙古语正蓝旗话 muː < *magu。

8. *ʔepuden / *ʔebetin

满文 efudʒen < *ʔepuden。

清代蒙文 ebettʃin < *ʔebetin。（瑕疵）

9. *ʔəru / *ro-ʔa

鄂伦春语、鄂温克语 əru < *ʔəru。

巴塔克语 rɔa < *ro-ʔa。（坏、丑）

10. *ʔeqelə / *ʔeq / *ʔaqil / *na-qila

赫哲语 əxələ，锡伯语 əx < *ʔeqelə / *ʔeq。

泰雅语 aqih < *ʔaqil。

排湾语 naʔuja，赛德克语 naqah < *na-qila。

11. *nad

中古朝鲜语 natpʌta < *nad-。

12. *b^waru

日语 warui < *b^waru-ʔi。

13. *b^wen

阿伊努语 wen < *b^wen。（坏、残忍、穷）

14. *mola-ʔat / *leŋ-b^wal

巴拉望语 mɔjaʔat < *mola-ʔat。

卡乌龙语 leŋβal < *leŋ-b^wal。

15. *ma-lisi

鲁凯语 malisi < *ma-lisi。

16. *ku-ʔatis / *ʔata-ʔi

卑南语 kuatis < *ku-ʔatis。

多布语 ʔataj < *ʔata-ʔi。

17. *gaga / *bu-ʔakaka / *qag

吉利威拉语 gaga < *gaga。

吉尔伯特语 buakaka < *bu-ʔakaka。

汉语 *qag（恶）。

18. *sa

菲拉梅里语 sā < *sa。

19. *baba

查莫罗语 baba < *baba， tailaje < *ta-ʔilale，daɳoso < *danoso。

20. *go-ʔala / *ʔolo / *ʔal

马那姆语 goala < *go-ʔala。

爪哇语 ɔlɔ < *ʔolo。

加龙语 al-ma-na < *ʔal-ma。

21. *g-rəl

汉语 *grəl（壞）< *g-rəl。

22. *ŋan / *ŋaŋa

藏文 ŋan < *ŋan。（坏的、臭的）

鲁凯语 mā-ŋaŋa < *ŋaŋa。

23. *qəmu

道孚语 qhə mə < *qəmu。

24. *duk / *dage / *dika / *na-dake

错那门巴语 tuk^{35}，墨脱门巴语 duk（pin）< *duk。

克伦语阿果话 da^{31}ɣe^{33} < *dage。

莫图语 dika < *dika。依斯那格语 nadakeʔ < *na-dake。

25. *krog / *ʔakrok

缅文 tsho^{3} < *krog。

柬埔寨文 ʔaːkrɔk < *ʔakrok。（坏、丑）

26. *den

景颇语 then³¹ < *den。

27. *liʔ / *lu

佤语马散话 laɯʔ，孟汞话 laiʔ < *liʔ。

德昂语茶叶箐话 l̥iau⁵⁵ < *s-lu。

28. *ret / * rət-s / *rati

德昂语甘塘话 rɛt³³ < *ret。汉语 *rət-s（戾）。[①]

马达加斯加语 ratsi，坦纳语 rat < *rati。

29. *ʔrak / *ʔrek / *rake

壮语武鸣话 jaːk⁷，黎语保定话 reːk⁷ < *ʔrak / *ʔrek。

拉巴努伊语 rake-rake < *rake。（坏、丑）

30. *tot-lok

尼科巴语 tøtløːk < *tot-lok。[②]

汉语 *g-lak（怿，败坏）。[③]

汉语 *k-laks（斁，败坏）。[④]

31. *garap

桑塔利语 kharap < *garap。

---

① 《诗经·小雅·节南山》："昊天不惠，降此大戾。""戾"，恶。

② "坏的"格鲁吉亚语 tsudi < *tudi，芬兰语 ilkeä < *ilke-。

③ 《诗经·大雅·板》："辞之怿矣，民之莫矣。"

④ 《诗经·大雅·云汉》："耗斁下土，宁丁我躬？"

32. *pili

柬埔寨文 piːəliːə < *pili。

二 “坏”的词源对应关系

1. “坏的”和“丑的”

“坏的”和“丑的”可兼指，如柬埔寨文 ʔaːkrɔk，拉巴努伊语 rake-rake，巴塔克语 rɔa，瓜依沃语 ria，印尼语 buruk，米南卡保语 buru^{ɔ}ʔ，亚齐语 broʔ 等。不同语言的对应如下：

（1）马达加斯加语 、坦纳语 *rati。“丑的”维吾尔语 sɛt、柯尔克孜语 sert < *serət。

（2）蒙古语 *magu。“丑的”蒙古语 muːxɛː、东部裕固语 muːχɢan < *muqe / *muɢan。

（3）鄂伦春语、鄂温克语 *ʔəru。“丑的”鄂伦春语 əru durutʃi < *ʔəru-duru-ti（坏—脸）。汉语 *ros（陋）< *ro-s。

（4）西部斐济语 *bura，“丑的”西部斐济语 buraburaihau < *bura-bura-ʔi-qaʔu。

（5）黎语保定话 *ʔrek，“丑的”西双版纳傣语 $jɔk^{7}$、壮语武鸣话 $jaːk^{7}jaɯ^{3}$ < *ʔrak / *ʔrak-ʔrak。

2. “坏的”和“旧的（老的）”

“坏的”和“旧的（老的）”的词源关系上文《老》篇已说明。

3. “坏的”和“错的”

（1）多布语 ʔataj < *ʔata-ʔi，“错的”宁德娄语 $a^{n}d^{r}aʔi$ < *ʔada-ʔi。

（2）维吾尔语、哈萨克语 *buruq。“错的”蒙古语、土族语 buruː，达斡尔语 boroː，东部裕固语 buryː < *buru。

（3）德昂语甘塘话 *ret。“错的”佤语 lut、德昂语 luiʔ < *lut。

（4）柬埔寨文 *ʔakrok。汉语 *mruk-s（谬）< *m-kruk，*sklak（错）< *s-krak。

（5）柬埔寨文 *kat。“错的”桑塔利语 sirgɛth < *sir-gat。（方法错）

4.“坏的”和“毁坏”“腐烂”

（1）汉语 *g-rəl（壞），*qrəl（毁）。“腐烂”藏文 rul < *rul，东乡语 iruliə- < *ʔirulə。

（2）鄂伦春语、鄂温克语 *ʔəru，“毁坏”吉尔伯特语 urua < *ʔuru-ʔa。汉语 *hruʔ（朽）< *qruʔ。“腐烂”贡诺语 huru < *quruʔ。

（3）中古朝鲜语 *nad-，“毁坏、伤害”瓜依沃语 ŋada-a < *ŋad。

（4）拉巴努伊语 rake-rake，“毁坏”姆布拉语 -rēge < *rege。

（5）印尼语等 *buruk。“毁坏”鲁凯语 wa-boɭoko < *boloko。“腐烂”泰雅语 ma-βuluk < *ma-buluk，他加洛语 bulok、巴拉望语 buluk、赛夏语 boɭok < *buluk。

（6）巴塔克语 *ro-ʔa。“腐烂”满文 nijaha- < *ʔira-qa。

（7）德昂语茶叶箐话 *slu。“腐烂”沙玛语 haluʔ < *qaluʔ，布努语 lau^{2} < *lu，马达加斯加语 lu < *lu。

◇ 三　词源关系分析

1. *qaga（*qag、*kaka、*gaga）

“坏的”吉利威拉语 *gaga，吉尔伯特语 *bu-ʔakaka，汉语 *qag（恶）。

“屎”东乡语 hɑnɣɑ < *qaga。满文 kaka < *kaka。（小儿屎）

希腊语“坏的”kakos < *kaka-，“丑的”kakakamemenos < *kaka-meno-。 阿尔巴尼亚语 “坏的”kekj < *keki，“坏”kekje < *keke。 “坏的”亚美尼亚语 tsar < *ka-。

“腐烂”鄂伦春语 munu，阿伊努语 munin，菲拉梅勒语 m^{w}ena，勒窝语 menunu。

2. *korapu（*garap、*koropu）

“坏的”桑塔利语 kharap < *garap。

“旧的”拉巴努伊语 korohuʔa < *koropu-ʔa。

梵语“丑的”kurupah < *kurupa-。

3. *b^{w}ila（*bola、*bila、*bala）

“坏的”巴拉望语 *mola-ʔat，卡乌龙语 *leŋ-bal。

“腐烂”宁德娄语 abola < *ʔabola，瓜依沃语 bila < *bila，汤加语 pala < *bala。

“坏的、邪恶的”古英语 yfel、古撒克逊语、古高地德语 ubil、古弗里斯语 evel、哥特语 ubils < *up^{w}el。“坏的”西班牙语 malo。 “坏的、歪的、便宜的”俄语 ploxoj < *ploso-。

4. *b^{w}ari（*b^{w}aru、*pari、*biri）

“坏的”日语 warui < *b^{w}aru-ʔi。

“敌人”泰雅语 paris、赛德克语 pais < *pari-s，桑塔利语 bɛiri < *biri。

“邪恶的”粟特语 βeʒ < *b^{w}er。乌尔都语 bura。 “毁坏”粟特语 mryntʃ，阿维斯陀经 mərəntʃa < *mərə-ta。

5. *b^warik（*buruk、*buruq、*beriq）

“坏的、丑的”印尼语、米南卡保语、亚齐语 *buruk。

“坏的”维吾尔语、哈萨克语 *buruq。桑塔利语 bɛritʃ < *beriq。

“痛苦”古教堂斯拉夫语 vragu、俄语 vrag、立陶宛语 vargas < *b^warag-。

“狼、非法”古挪威语 vargr，“狐狸”冰岛语 vargur，“罪犯”古英语 wearg。

6. *ʔeski

“坏的”维吾尔语、柯尔克孜语、乌孜别克语 *ʔeski。

“敌人”亚美尼亚语 osox < *osoq。

7. *bode（*pude、*buto）

“坏的”满文 *ʔepuden。

“脏的”桑塔利语 bo̱ɖe̱ < *bode。

“暗的”西部斐济语 butō < *buto。

“坏的”亚美尼亚语 vat < *b^wat，“暗的”muth < *mud。

8. *qelu（*qil、*qlu）

“坏的”赫哲语、锡伯语 *ʔeqelə，泰雅语 *ʔaqil。汉语 *qluʔ（醜）。

“腐烂”沙玛语 haluʔ < *qaluʔ，布努语 lau^2 < *lu，马达加斯加语 lu < *lu。

“脏的”科木希语 alili，汤加语 ʔuli < *ʔali。

“邪恶、伤害”赫梯语 hul < *qul。

汉语 *qlus（臭）。“臭的”壮语武鸣话 hau^1，布依语 rau^1 < *ʔlu。

9. *la（*lo）

“坏的”马那姆语 goala < *go-ʔala。爪哇语 ɔlɔ < *ʔolo。

> “邪恶”和阗塞语 yāla- < *jala。

10. *ru（*ro）

“坏的”鄂伦春语、鄂温克语 əru < *ʔəru。“坏的、丑的”巴塔克语 rɔa < *ro-ʔa。

> “假的、错的”粟特语 arn，阿维斯陀经 arəna < *arəna。

“亮”的词源关系

亚欧语言表“亮”义的说法多与“光”“太阳”“白天”“照耀、晒”等说法有词源关系，或与“黄的”“白的”等说法对应。

◇ 一 东亚太平洋语言的“亮”

“亮的”的主要说法有：

1. *duru-l / *taru-l / *dera / *daro / *toraŋ

土耳其语 durul- < *duru-l。

蒙古语 sɑruːl < *taru-l。

马达加斯加语 ma-dera < *dera。

查莫罗语 tʃlaro < *daro。

亚齐语 traŋ，巴塔克语 tɔraŋ，米南卡保语 taraŋ < *toraŋ。

2. *goruq / *ŋəri-n / *giroŋ

维吾尔语 joruq，哈萨克语 dʒɑrəq < *goruq。[①]

① “发亮的”芬兰语 kirkas。

鄂伦春语 ŋəːrin，鄂温克语 nəːrin < *ŋəri-n。

莽语 gi³¹ʑɔŋ⁵⁵ < *giroŋ。

3. *balqi / *bal / *mala

中古突厥语 bɑlqi < *balqi。[①]

克木语 bah < *bal。

塔几亚语 mala-n < *mala。

4. *gerel-dəq

图瓦语 gereldɤx < *gerel-dəq。

5. *gəl / *ʔəl

西部裕固语 ʁəldɑn，东部裕固语 gəldəŋ < *gəl-。

锡伯语 əldən < *ʔəl-。

6. *gəgi-ʔin / *gəgin / *gəgan

满文 geŋgijin，赫哲语 gəŋgin < *gəgi-ʔin / *gəgin。

达斡尔语 gəgəːn，东乡语 giəɣɑn，保安语 gəgɑŋ，东部裕固语 tʃɑɢɑːn < *gəgan。

7. *barg

朝鲜语 parkta < *barg-。

8. *ʔakaru

日语 akarui < *ʔakaru-ʔi。

---

① “亮的”匈牙利文 vilagos < *bʷilagos。

9. *galaŋ / *ŋil / *gla

巴厘语 galaŋ < *galaŋ。（亮，黄色）

汤加语 ŋiŋila，多布语 ŋalaj < *ŋila。

莽语 gɣua^{55} < *gla。

10. *ləl-ral / *lila / *qlə

赛夏语 ʃəlraɭ < *ləl-ral。

那大语 lila，东部斐济语 ðila < *lila。

汉语 *hlə（熙）< *qlə。①

11. *si-ʔaq

泰雅语 siʔax < *si-ʔaq。

12. *padaŋ / *pat

爪哇语 padaŋ < *padaŋ。

户语 pat < *pat。

13. *sinara

贡诺语 sinara < *sinara。

14. *tə-lar / *bi-lar

排湾语 təlar < *tə-lar。

马京达瑙语 ^{m}bilar < *bi-lar。

15. *ŋe-dala

罗维阿纳语 ŋedala < *ŋe-dala。

① 《诗经·大雅·酌》："时纯熙矣，是用大介。""熙"，光明。

16. *ki-ʔama

莫图语 kiamkiama < *ki-ʔama。

17. *sera

东部斐济语 sērau < *sera-ʔu。

18. *ma-lag

查莫罗语 malag < *ma-lag，malate < *ma-late，tomtom < *tom。

19. *m-reŋ / *raŋ

汉语 *mreŋ（明）< *m-reŋ。

佤语马散话 rɯaŋ < *raŋ。

20. *g-sal

藏文 gsal，嘉戎语 khsɐl < *g-sal。

21. *ga

独龙语、阿侬怒语 gɑ^{53} < *ga。

22. *m-laŋ / *laŋ / *balaŋ / *blaŋ / *liŋ

西双版纳傣语 lɛŋ^{2}，布央语郎架话 ma^{0}loŋ^{312} < *m-laŋ。

缅文 lɑŋ^{3} < *laŋ。

吕苏语 ba^{33}laŋ^{53}laŋ^{31} < *balaŋ。

德昂语硝厂沟话 blaŋ、南虎话 plaŋ < *blaŋ。

卡林嘎语 siliŋ < *si-liŋ。

23. *bra

怒苏怒语 bɹa^{31} < *bra。

24. *dig-dig

桑塔利语 ḍigḍig < *dig-dig，dʒhakdʒhak < *dak-dak，tshiktshok < *tik-tok。

25. *du-gur

桑塔利语 dugur < *du-gur。（明亮地）

二 “亮”的词源对应关系

1. “亮的”和“光”“太阳”

（1）贡诺语 *sinara。“光”马京达瑙语 nera < *nera。“太阳”土族语 nɑrɑ < *nara。东乡语 nɑrɑn，蒙古语、保安语 nɑrɑŋ < *nara-n。鄂罗克语 anar < *ʔanar。

（2）图瓦语 *gerel-əq。“光”蒙古语 gərəl，土族语 gəreːl，东部裕固语、图瓦语 gerel < *gerel。

（3）锡伯语 *ʔələn，“光”满文 elden、鄂温克语 ɪlaːn < *ʔelan。

（4）日语 *ʔakaru-ʔi，“光”hikari < *pi-kari，“太阳”hi < *pi。

（5）塔几亚语 *mala，“光”南密语 mala < *mala。

（6）缅文 *laŋ，“光”ɑ¹lɑŋ³rɔŋ² < *laŋ-roŋ。“照耀、光”尼科巴语 tøjaŋ < *to-laŋ。

（7）罗维阿纳语 *ŋe-dala，“太阳”萨萨克语 dʒəlo < *delo。

（8）马京达瑙语 *bi-lar，“太阳”锡加语 ləro、多布语 laru < *laru。

2. “亮的”和“照耀、晒”

（1）贡诺语 *sinara。“照耀”马都拉语 sunar < *sunar，嫩戈内语 neren < *nere-n。

（2）朝鲜语 *barg-。“晒”布朗语甘塘话 prak^{33}、曼俄话 phɔk^{35}、佤语马散话 hɔk < *prak。

（3）莫图语 kiamkiama，“照耀” kiama。

（4）那大语、东部斐济语 *lila。“照耀”东部斐济语 ðila < *lila。

（5）莽语 *gla，“照耀”马林厄语 sigla < *s-gla。

（6）维吾尔语、哈萨克语 *doru-q。“晒”中古朝鲜语 ptʃøta，端川话 tʃʃojinta < *p-dori-。

三 词源关系分析

1. *barg（*prak）

“亮的”朝鲜语 *barg-。

“亮的、闪光的”古英语 bryht，古挪威语 bjartr，哥特语 bairhts < *bareg-。 “照耀、发光”梵语 bhradʒate < *baraga-。

“晒”布朗语甘塘话 prak^{33}、曼俄话 phɔk^{35}、佤语马散话 hɔk < *prak。汉语 *prak（灼）。

2. *goruq

“亮的”维吾尔语 joruq，哈萨克语 dʒɑrəq < *goruq。

“亮的”俄语 jarkij < *garki-。“光”粟特语 tʃaraɣ < *karag。

“发亮的”芬兰语 kirkas。

3. *balqi

“亮的”中古突厥语 bɑlqi < *balqi。

“亮的”亚美尼亚语 paytsar < *palka-。“热的”阿尔巴尼亚语 flaktë < *b^{w}lak-。

“亮的”匈牙利文 vilagos < *b^{w}ilagos。“聪明的”芬兰语 välkky < *b^{w}alki。

4. *legi（*lgi、*lek）

“晒”满文 walgi-、鄂伦春语 ʊlgi- < *ba-lgi / *ʔulgi。

“照耀”拉加语 leɣi ɣa < *legi-ga。

“太阳”昌巴拉胡里语 jegi < *legi。汉语 *lek（耀）。

“亮的、光”拉丁语 lucidus < *luki-。“光”梵语 laghaḥ < *laga-。

“聪明的”芬兰语 älykas < *alukas。

“亮的”阿尔巴尼亚语 zgjuar < *rgu-。粟特语 rwɣʃn < *rug-。
“使清楚、证明、宣称”拉丁语 arguere < *arg^{w}e-。“白的”吐火罗语 B aːrkwi。

“发亮的”匈牙利文 ragyogo < *ragogo。

5. *gila（*gla、*gli）

“亮的”西部裕固语、东部裕固语 *gəl-an。莽语 *gla。

“光”布鲁语 glina-n < *gli-na。

“照耀”马林厄语 sigla < *si-gla。“闪电”多布语 ŋela、达阿语 kila < *gela。

“亮的”威尔士语 gloyw < *glo-。“太阳、天”古英语 swegl < *sugl。
“照耀”希腊语 gyalizo < *gali-。古法语 glisa、古丹麦语 glisse。

6. *sila（*sal、*sala）

“亮的”藏文、嘉戎语 *g-sal。

“太阳”加洛语 sɑ̄l，柴热尔语（Chairel）sɑl，拉龙语 sɑ̄lɑ < *sala。

"闪电"那大语 sila、锡加语 hila＜*sila。

"光"希腊语 selas＜*sela-。 "太阳"丹麦语、西班牙语、葡萄牙语 sol、意大利语 sole，瑞典语、丹麦语 sol。

7. *dora（*doru、*dera、*daro、*tora、*dur）

"亮的"马达加斯加语 ma-dera＜*dera，查莫罗语 tʃlaro＜*daro，亚齐语 traŋ、巴塔克语 tɔraŋ、米南卡保语 taraŋ＜*toraŋ。"曙光"东部裕固语 ojir＜*ʔudur。

"晒"中古朝鲜语 ptʃøta、端川话 tʃʃojinta＜*p-dori-，克木语 ntar、布兴语 tɛʔ tar＜*te-tar。"带来亮光、曝光"。桑塔利语 sōdōr＜*sodor

*dora 最初的意义应是"太阳"。"太阳"的引申意义是"白天""日"。"白天"土耳其语、维吾尔语 kyndyz，哈萨克语 kyndiz，西部裕固语 kundus＜*kudur。蒙古语 ɵder，达斡尔语 udur＜*ʔudur。

"白天"土耳其语、维吾尔语 kyndyz，哈萨克语 kyndiz，西部裕固语 kundus＜*qudur。蒙古语 ɵder、达斡尔语 udur＜*ʔudur。

8. *goru（*ŋəri、*karu）

"亮的"鄂伦春语、鄂温克语 *ŋəri-n，日语 *ʔakaru-ʔi。

"亮的"梵语 andʒor＜*agor。 "白天"法语 jour、意大利语 giorno＜*gor-。 "太阳"粟特语 ɣwr-＜*gur。

"美的"蒙古语正蓝旗话 guaː，都兰话 guj，东苏尼特话 gojo＜*guro。

"美"俄语、波兰语 krasa＜*krasa。

“暗”的词源关系

亚欧语言“暗”或指“黑”，与“炭”“夜晚”“深的”等说法有词源关系。与“暗”语义相关的，如汉语中有“暗淡”“黑暗”一类的说法。

◇ 一　东亚太平洋语言的“暗”

“暗”的主要说法有：

1. *qara-gu / *qaran-lik / *karaŋ

维吾尔语 qarɑŋʁu，哈萨克语 qarɑŋʁə，图瓦语 kɑrɑŋʁɤ < *qara-gu。（黑暗的）

土耳其语 karanlik < *qaran-lik。

桑塔利语 kaɽaŋ < *karaŋ。

2. *budəg

蒙古语 bʉdəg < *budəg。（暗淡的）

3. *mogo / *sə-bʷek

保安语 mɑɢəmoɢo < *mogo。（暗淡的）

户语 θə vɛk^{31} < *sə-bʷek。

4. *pʷar

满文 farhūn，锡伯语 farχun < *pʷar-。

5. *ʔatidi / *ʔatita

鄂温克语 attɪddɪ < *ʔatidi。①

马达加斯加语 antitra < *ʔatita。（暗色的）

6. *qak-tira

鄂伦春语 aktɪra，赫哲语 χaχtənə < *qak-tira。

7. *kura-ʔi / *kore / *karo

日语 kurai < *kura-ʔi。

莫图语 korema < *kore-ma。（黑、暗色的）

达密语 karos < *karos。（黑、暗的）

8. *tu-ʔa / *ʔədu / *du

印尼语 tua，爪哇语 tuɔ，贡诺语 toa，乌玛语 ma-tuʔa < *tu-ʔa。（暗色的）

朝鲜语 ətupta < *ʔədu-。

独龙语 dɯ^{53} < *du。

9. *gəlap / *kolap / *ʔlap

印尼语 kə-gəlap-an < *gəlap。

卡林阿语 kolop < *kolap。

---

① “暗的、黑的”匈牙利文 sötet < *sotet。

壮语武鸣话 lap^7，仫佬语 l̥ap^7 < *ʔlap。

10. *kalam / *galam

米南卡保语 kalam，亚齐语 klam < *kalam。

桑塔利语 galam < *galam。

11. *kodo / *kata

哈拉朱乌语 kɔdɔ，托莱语 kokodo < *kodo。（暗色的）

西部斐济语 kata < *kata。（暗色的）

12. *dibura

莫图语 dibura，多布语 demur < *dibura。

13. *diʔo-diʔo

西部斐济语 d^{r}iod^{r}iō < *diʔo-diʔo。

14. *səbo-ʔi / *smə

邹语 səvoi < *səbo-ʔi。

汉语 *smə-ʔ（晦）。

15. *misələ-man / *tuʔa-man

排湾语 misəl̥əman < *misələ-man。

阿美语 tuʔəman < *tuʔa-man。

16. *sari

雅美语 ṣazị < *sari。

17. *qom

查莫罗语 homhom < *qom。

18. *buto

西部斐济语 butō < *buto。（暗色的）

19. *lu-lik

宁德娄语 lulik < *lu-lik。

20. *ma-rok

马绍尔语 maɽok < *ma-rok。

21. *qrəms

汉语 *qrəms（暗）。

22. *mun-nag / *nak

藏文 mun nag < *mun-nag。

载瓦语 noʔ^{21}，波拉语 naʔ^{31} < *nak。

23. *moŋ / *biŋ

缅文 hmɔŋ^{2} < *s-moŋ。

阿者拉语 biŋibiŋ < *biŋ。

24. *rin

景颇语 sin^{33} < *rin。

25. *ʔdəŋ / *pətəŋ

侗语 təŋ^{5}，水语 ^{n}djəŋ^{5} < *ʔdəŋ。

萨萨克语 pətəŋ < *pətəŋ。

26. *ʔap / *ʔupa

德昂语硝厂沟话 ʔăp，茶叶箐话 ʔăʔ < *ʔap。

梅柯澳语 e-ʔupa < *ʔupa。

27. *ral

布兴语 ʒal < *ral。

28. *to-sal

尼科巴语 tøsah < *to-sal。（暗的、深蓝色，深棕色）

29. *nut / *ŋuŋut

桑塔利语 n̥ũt < *nut。

柬埔寨文 ŋəŋɯt < *ŋuŋut。

30. *nuba

蒙达语 nubā < *nuba。

31. *saŋula

尼科巴语 saŋuːla < *saŋula。

◇ 二 “暗”的词源对应关系

1. “暗的”和“黑的”“炭”“烟灰”

（1）维吾尔语、哈萨克语、图瓦语 *qara-gu。“黑的”古突厥语、维吾尔语、塔塔尔语 qɑrɑ，土耳其语 kara，东乡语 gɑrɑ，东部裕固语 xɑrɑ < *qara。“炭”那大语 aro，锡加语 arə-n < *ʔaro。

（2）土耳其语 *qaran-lik。“黑的”满文 sahali-、赫哲语 saqalki < *sa-qaliki，女真语（撒哈良）*sahaliaŋ < *sa-qalak。

（3）日语 *kura-ʔi，“黑的”kuroi < *kuro-ʔi。

（4）莫图语、多布语 *dibura。“黑的”劳语 bora < *bora。达阿语 na-vuri < *buri。“炭”卡那卡那富语 vara、沙阿鲁阿语 varaʔa < *bʷara-ʔa。

（5）马达加斯加语 *ʔatita。“黑的”乌玛语 mo-ʔeta < *mo-ʔeta，蒙达语 hende、桑塔利语 he̱nde̱ < *qede。“炭”戈龙塔洛语 duʔito < *du-ʔito。

（6）米南卡保语、亚齐语 *kalam。“黑的”临高语 lam^{1} < *ʔlam。

（7）保安语 *mogo。汉语 *s-muk（黑）。“烟灰”毛南语 vuk^{7}，水语 wuk^{7} < *ʔbuk。

（8）马绍尔语 *ma-rok。“黑的”锡伯语 jətɕin < *rəki-n。

2.“暗的”和“夜晚”

“暗的”和“夜晚”的词源关系第二卷《夜晚》篇已说明，如：

（1）藏文 *mun-nag。“黑的”藏文 nag、缅文 nak < *nag。“晚上”景颇语 sǎ^{31}naʔ^{55} < *sa-nak。“傍晚”朝鲜语 tʃənjək < *du-nig。

（2）米南卡保语、亚齐语 *kalam。“晚上”土耳其语 ɑkʃɑm、维吾尔语 ɑχʃɑm、哈萨克语 ɑqʃɑm < *ʔaq-lam。

（3）宁德娄语 *lu-lik。“黑的”布朗语胖品话 lak^{55}、甘塘话 lɔk^{55} < *lak。汉语 *laks（夜），*s-lak（夕）。

（4）缅文 *smoŋ。“夜”斐济语 boŋi、马绍尔语 pʷɔŋ < *pʷoŋi。

3.“暗的”和“深的”

（1）米南卡保语、亚齐语 *kalam。汉语 *qləm（深）。印尼语 dalam，巴厘语、马都拉语 daləm，那大语 ləma < *dalam / *ləma。

（2）波拉语、载瓦语 *nak。“深的” 缅文 nɑk、嘉戎语 rnak < *nak / *r-nak。

（3）宁德娄语 *lu-lik。“深的” 壮语武鸣话 lak^{8}、傣语 lək^{8}、黎语保定话 ɬoːk^{7} < *lək / *lok，阿昌语 lək^{55} < *lək，德昂语硝厂沟话 lɤk、茶叶箐话 lăk^{55} < *lək。

（4）鄂伦春语、赫哲语 *qak-tira。“深的” 古突厥语 teriŋ-、土耳其语 derin-、维吾尔语 tirɛn-、图瓦语 tereŋ-、撒拉语 tiruŋ- < *derin。

三　词源关系分析

1. *nag（*nak）

“暗的” 波拉语、载瓦语 *nak，藏文 *mun-nag。

“黑的” 藏文 nag、缅文 nak。

“晚上” 景颇语 *sa-nak，“夜” 缅文 ɲ̥ɑɲ̥^{1}nɑk^{4} < *niŋ-nak。

“夜、黑”古英语 niht、哥特语 nahts，立陶宛语 naktis，赫梯语 nekut-（晚上）。

“夜里” 梵语 nak，希腊语 νύξ，拉丁语 nox。“一夜” 希腊语 nyks。

“夜、黑” 古印欧语 nak-。

2. *du

“暗的”朝鲜语 *ʔədu-，独龙语 *du。“炭”戈龙塔洛语 duʔito < *du-ʔito。

“暗的” 古爱尔兰语 donn，“深色的” 古英语 dun。

3. *dam（*dom、*tam）

“暗的”沙玛语 lendom、戈龙塔洛语 londom < *le-dom。

“黑的”印尼语 hitam、米南卡保语 itam、阿卡拉农语 itum < *ʔitam，壮语龙州话 dam^{1}、黎语通什话 dam^{3}、布央语峨村话 ʔdam^{24} < *ʔdam。

> “暗的”古英语 dimm、古弗里斯语 dim。“暗的、愚昧的”梵语 tamaḥ < *tama-。
>
> “暗的”波兰语 tsiemna < *tem-。“暗”粟特语 təm。

4. *kado（*kodo、*kata）

“暗的”哈拉朱乌语、托莱语 *kodo，西部斐济语 *kata。

> 希腊语“暗”skotos < *skoto-，“暗的”skoteinos < *skote-。

5. *kora（*kura、*kuro、*kore）

“暗的”日语 *kura-ʔi，莫图语 *kore-ma。

“黑的”日语 kuroi < *kuro-ʔi。

> “暗的”希腊语 skoyros < *skoro-。
>
> “暗的”西班牙语 obscuro、意大利语 oscuro < *ob-skuro。
>
> “暗的”和阗塞语 khara- < *gara。

6. *galam（*kalam）

“暗的”桑塔利语 *galam，米南卡保语、亚齐语 *kalam。

> “暗的”英语 gloomy，“污浊的”中古低地德语 glum。
>
> “（天气）阴沉”英语 gloom。
>
> “暗的、不高兴的”俄语 ugrjomɨj < *ugrom-。

7. *b^{w}are（*buri、*bora、*p^{w}ar、*more、*mər）

“暗的”满文、锡伯语 *p^{w}ar-qun，汉语 *mər（微）。①

“黑的”鄂罗克语 more < *more，劳语 bora < *bora，达阿语 na-vuri < *buri。

“夜”嘉戎语 sə wɑr < *sə-b^{w}ar。

“黑的”希腊语 mayros < *maro-。“暗的”波兰语 mrotʃny。

8. *ro（*re、*ri）

“黑的”拉巴努伊语 ʔuri-ʔuri < *ʔuri，汤加语 ʔere < *ʔere，吉尔伯特语 rorō < *ro。

“炭”那大语 aro，锡加语 arə-n < *ʔaro。

“暗的”阿尔巴尼亚语 errët < *ero-。

9. *bode（*buto）

“暗色的”西部斐济语 butō < *buto。

“脏的”桑塔利语 bod̲e̲ < *bode。

“坏的”亚美尼亚语 vat < *b^{w}at，“暗的”muth < *mud。

10. *mogo（*muk）

“暗淡的”保安语 *mogo。

“暗的”亚美尼亚语 mug < *mug。

汉语 *s-muk（黑）。

“烟”巴拉望语 buk < *buk，巴拉望语、摩尔波格语 tabuk < *ta-buk。道孚语 mkhə、墨脱门巴语 mu gu < *mugu。他杭语 miŋku < *miku。

---

①《诗经·邶风·式微》：“式微，式微！胡不归？”

“烟”威尔士语 mwg，亚美尼亚语 mux < *muq。英语 smok，荷兰语 smook，德语 schmauch < *sk-muk。

11. *tira

“暗的”鄂伦春语 aktɪra，赫哲语 χaχtənə < *qak-tira。

“暗的”乌尔都语 andheːra < *adera。
“暗的”和阗塞语 ttārrā、粟特语 tārē < *tare。

12. *galam（*kalam）

“暗的”米南卡保语 kalam，亚齐语 klam < *kalam。桑塔利语 galam < *galam。

“黑的”乌尔都语 kala。

13. *tida（*tidi、*tita）

“暗的”鄂温克语 attɪddɪ < *ʔatidi。“暗色的”马达加斯加语 antitra < *ʔatita。

“暗”和阗塞语 ttāḍā < *tada。

“暗的、黑的”匈牙利文 sötet < *sotet。

14. *somə（*som、*smə）

“暗的”邹语 səvoi < *səbo-ʔi。

“夜”佤语马散话 -sɔm，布朗语曼俄话 nsum^{35} < *n-som。汉语 *smə-ʔ（晦）。

“晚上”乌尔都语 ʃaːm < *sam。
“夜”和阗塞语 ṣṣavā- < *sab^{w}a，粟特语 əxʃap < *əsap。

“干燥”的词源关系

亚欧语言表“干燥”义的说法与“硬”“晒”“枯”等说法有词源关系。

◇ 一　东亚太平洋语言的“干燥”

“干燥的”的主要说法有：

1. *quru / *qura-kaq / *qro

土耳其语 kuru-，维吾尔语 quru-，撒拉语 ɢurə < *quru。（干、枯）

苗语养蒿话 qha[1]、大南山话 ɴqhua[1] < *qro。

2. *qurak / *qurak-aq / *rogo

土耳其语 kurak < *qurak。

维吾尔语、哈萨克语 qurʁaq，图瓦语 kurkax < *qurak-aq。（干、枯）

那大语 roɣo < *rogo。

3. *qada / *da

蒙古语正蓝旗话 gɑtɑ-，布里亚特方言 xɑdɑ-，土族语 xɑdɑ < *qada。

罗地语 mada-k，哈拉朱乌语 mʌtʌ < *ma-da。

4. *qagura / * qaguri / *gariŋ / *goro / *gro / *gerere

蒙古语书面语 qɑɢurɑɪ < *qagura-。清代蒙文 hagūrai < *qaguri。

爪哇语、巽他语 gariŋ，印尼语 kəriŋ < *gariŋ。

萨萨克语 goro < *goro。

道孚语 ɣro ɣro < *gro。

达密语 gerere < *gerere。

5. *qagu / *qag^{w}u-ku / *ʔuga

达斡尔语 xuɑgu < *qagu。

日语 kawaku < *kag^{w}a-ku。

阿卡拉农语 ugah < *ʔuga。摩尔波格语 tuʔugah < *tu-ʔuga。

6. *qo / *ʔo

西部裕固语 qaq，东乡语 ɢo-，保安语 χo- < *qo-。

莽语 ʔo < *ʔo。

7. *ʔolqon / *ʔoloqo / *ʔolgon / *ʔolgo

满文 olhan，锡伯语 olχun < *ʔolqon。

女真语（饿罗活）*oloho < *ʔoloqo。

赫哲语 olgon，鄂温克语 ɔlgɔ-，鄂伦春语 ɔlgɔ- < *ʔolgon / *ʔolgo。

8. *maru / *maro / *mara

朝鲜语 marɯta < *maru-。

塔希提语 marō，卡加延语 mara < *maro / *mara。

9. *mamə-ʔal / *mamas / *mes

鲁凯语 maməal < *mamə-ʔal。

拉加语 mamah，三威治港语 mamas < *mamas。

帕马语 mes < *mes。

10. *ʔaŋlo

查莫罗语 aŋlo < *ʔaŋlo，malajo < *ma-lalo。

11. *ka-para / *bara

马林厄语 k^{h}apra < *ka-para。

马那姆语 barabara < *bara。

12. *baka

拉巴努伊语 paka < *baka。①

13. *ʔal-ʔalig / *mamə-ʔal / *s-ʔol

赛夏语 ʔæɭʔæɭiw < *ʔal-ʔalig。

鲁凯语 maməal < *mamə-ʔal。

佤语阿佤方言 s′ʔɔh < *s-ʔol。

14. *marum

卑南语 marum < *marum。

15. *dur

锡加语 duʔur < *dur。

16. *ma-tad /*ʔak-dit

排湾语 mətad < *ma-tad。

雅美语 akdʒit < *ʔak-dit。

---

①“干的、瞎的”匈牙利文 vak < *b^{w}ak。

17. *ma-qalib

布农语 maχaɬiv，邵语 maqaɬiw < *ma-qalib。

18. *kaʔu / *ʔaku

莫图语 kaukau < *kaʔu。

基诺语 a^{44}kɯ^{44} < *ʔaku。

19. *s-kreʔ

汉语 *skreʔ（燥）< *s-kreʔ。

20. *skam / *kam

藏文 skam < *skam。

独龙语 kɑm^{55} < *kam。（动词）

21. *gar-pa

他杭语 kharpa < *gar-pa。

22. *krok

缅文 khrɔk，景颇语 khʒoʔ^{55} < *krok。巴琉语 hɣɔk < *krok。

23. *no

尼科巴语 njɔː < *no。

24. *tak-tak / *dok-dok / *ma-tek-tek / *dogos

桑塔利语 tsaʈtsaʈ < *tak-tak，dʒo̠kdʒo̠k < *dok-dok。

托莱语 matektek < *ma-tek-tek。查莫罗语 dogŋos < *dogos。

25. *krus / *kros

壮语龙州话 khaɯ^{5}，武鸣话 haɯ^{5} < *krus。

佤语艾帅话 kroh < *kros。

26. *rorot

桑塔利语 ro̱ro̱tʃ < *rorot。

27. *praŋ / *raŋ

柬埔寨文 praŋ < *praŋ。

布兴语 raŋ < *raŋ。

28. *kel / *gal

尼科巴语 kel < *kel。（干的、硬的）

汉语 *gal-ʔ（旱）。①

二 “干燥”的词源对应关系

1. “干燥的”和“硬的”“石头”

（1）缅文、景颇语 *krok。“硬的”藏文 mkhregs po、阿昌语 kʐ̨ak^{55} < *m-krek-s / *krak。

（2）爪哇语、巽他语、印尼语 *gariŋ。“硬的”德昂语南虎话 khrɤŋ < *krəŋ。萨萨克语 karaŋ（石头）、印尼语 karaŋ（峭壁）、巽他语 karaŋ（岩石）< *karaŋ。

① “旱”从“干”。古汉语一些 *-n 韵尾的词，如“难”“展”“干”“分”“贫”等来自早一时期的*-r 或 *-l 韵尾。“干”*kal-s > *kans，甲骨文用来表示一种武器，是“杆”的本字。“干”代表“犯”义的词 *kal，与藏缅语“违反”*kal 对应。

（3）西部裕固语、东乡语、保安语 *qo-。“硬的”达阿语 na-koʔo < *ko-ʔo。

（4）桑塔利语 *dok-dok。“硬的”鲁凯语 matəkə < *ma-təkə，阿美语 ʔatəkak < *ʔa-təka。“石头”朝鲜语淳昌话 tok < *dog。“岩石”毛利语 toka < *doga。

（5）拉巴努伊语 *baka。“硬的”东部裕固语 bekə、汤加语 fefeka < *beka。

（6）巴厘语 tuh < *tus。“硬的”爪哇语 atɔs、巴厘语 katos < *qatos。

（7）壮语 *krus。“硬的”萨萨克语 kəras < *kuras。佤语马散话 krɔh、布朗语曼俄话 kɔh < *kroh，亚齐语 krɯ^{ə}h、米南卡保语 kareh < *kares。

2.“干燥的”和“晒、照”

“干燥的”和“晒、照”的词源关系第三卷《晒》篇已说明。如：

（1）土耳其语、撒拉语 *quru。“晒”西部裕固语 qurət- < *qurət。

（2）阿者拉语 tsaraʔ- < *taraʔ。“晒”维吾尔语 jɑj-、哈萨克语 dʒɑj-、西部裕固语 jɑz- < *dar。

（3）土耳其语 *qurak，“照耀”马京达瑙语 gerak < *gerak。

（4）查莫罗语 *ma-lalo，“晒”东部斐济语 ðila < *lila。

（5）赫哲语、鄂温克语、鄂伦春语 *ʔolgo-n。“晒”鄂伦春语 ʊlgi- < *ʔulgi。

3.“干燥的”和“枯”

（1）赫哲语、鄂温克语、鄂伦春语 *ʔolgo-n。“枯”锡伯语 olχu-，鄂伦春语、鄂温克语 ɔlgɔ- < *ʔolgo。

（2）爪哇语、巽他语、印尼语 *gariŋ。“枯”日语 kareru < *kare-ru。

（3）道孚语 *gro。“枯”壮语武鸣话 ɣo^{2}、布依语 zo^{2}、黎语保定话

khauɯ^{2} < *gro。

三 词源关系分析

1. *doga（*dok、*tek、*təka、*dog、*deka）

“干燥的”桑塔利语 *dok-dok。托莱语 *ma-tek-tek。

“硬的”鲁凯语 matəkə < *ma-təkə，阿美语 ʔatəkak < *ʔa-təka。

“石头”朝鲜语淳昌话 tok < *dog。“岩石”毛利语 toka < *doga，马绍尔语 dekæ < *deka。

“干燥的”希腊语 stegnos < *steg-。

2. *dura（*dur、*tera）

“干燥的”锡加语 *dur。“硬的”贡诺语 terasa < *tera-sa。

“干燥的”古英语 dryge，古挪威语 draugr，中古荷兰语 druge < *druge。

3. *dati（*tad、*dit）

“干燥的”排湾语 mətad < *ma-tad。雅美语 akdʒit < *ʔak-dit。

“干燥的”阿尔巴尼亚语 thatë < *dato。

4. *rorot

“干燥的”桑塔利语 ro̱ro̱tʃ < *rorot。

“干燥的”阿尔巴尼亚语 lot。

5. *kre

汉语 *skreʔ（燥）< *s-kre。

“干燥的”威尔士语 cras < *kra-。

“硬的”芬兰语 ankara < *a-kara。

6. *kal（*kel、*gal）

“干的、硬的”尼科巴语 kel < *kel。汉语 *gal（旱）。

“干燥的”和阗塞语 ṣakala- < *sakala。

7. *kag^{w}a（*qagu）

“干燥的”日语 kawaku < *kag^{w}a-ku。达斡尔语 xuɑgu < *qagu。

“干燥的”粟特语 ʃkwy < *səkk^{w}i。

“干燥的”阿维斯陀经 hiʃku < *qisku。

“湿”的词源关系

亚欧语言表“湿”义的说法与“水”“滴”“雾”等说法有词源关系。

一 东亚太平洋语言的“湿”

“湿的”的主要说法有：

1. *ʔol / *ʔoli / *ʔuluq-qun / *ma-li / *le-na

古突厥语 øl，维吾尔语 høl，图瓦语 øl < *ʔol。

撒拉语 ojʃi < *ʔoli。

鄂温克语 uluxxun < *ʔuluq-qun。

景颇语 mǎ^{31}ti^{33} < *ma-li。

马达加斯加语 lena < *le-na。

2. *nem / *sa-nəm

柯尔克孜语 nem，维吾尔语 nɛm，土耳其语 nemli < *nem / *nem-li。

保安语 sɑnəm < *sa-nəm。（潮湿的）

3. *dəm / *dime / *dum

哈萨克语 dəm < *dəm。

日语 dʒime-dʒime < *dime。（潮湿的）

布依语 tum^2 < *dum。

4. *noro / *nor-tan / * nor-ga / *noru-tu

蒙古语 noro-，土族语 noːrə < *noro。

蒙古语 nœːtəŋ，保安语 nitaŋ，达斡尔语 noitun，土族语 neːten < *nor-tan。

达斡尔语 noirgɑː- < *nor-ga。

邹语 noeʉtsʉ < *noru-tu。

5. *tig / *diku / *teg-ne / *deget

蒙古语 tʃiːg（潮湿），东部裕固语 tʃiːg（潮湿、湿）< *tig。

日语 dʒiku-dʒiku < *diku。（潮湿的）①

阿伊努语 tejne < *teg-ne。

桑塔利语 dʒe̠ge̠tʃ < *deget。

6. *ʔusi-qin / *le-ʔusa / *su-ʔa

满文 usihin，锡伯语 uɕxin < *ʔusi-qin。②

菲拉梅勒语 leusa < *le-ʔusa。

东部斐济语 suasua < *su-ʔa。

7. *nala-qin

鄂伦春语 ŋ̥alakin < *nala-qin。

8. *dəd / *dida

朝鲜语 tʃətʃta < *dəd-。

---

① 匈牙利文“湿的”csapadek < *tapa-dek。

② 匈牙利文“湿的、雨”esö < *eso，“湿的、有雨的”esös < *esos。

贡诺语 dʒidʒa < *dida。

9. *bari

莫图语 paripari < *bari。

10. *basaq / *boso / *musu-liq / *mis-ʔol / *malu-bus

印尼语、亚齐语 basah，他加洛语 basaʔ < *basaq。

罗维阿纳语 boboso < *boso。

赛德克语 muhuliq < *musu-liq。

赛夏语 misʔœh < *mis-ʔol。

查莫罗语 masmai < *mas-mas-ʔi。

布农语 małuvus < *malu-bus。

11. *nigi

大瓦拉语 niginigi < *nigi。

12. *sabu

宁德娄语 sabu < *sabu。[①]

13. *pot-gon / *botu / *bata

查莫罗语 fotgon < *pot-gon，umido < *ʔumido。

马林厄语 bot^{h}u < *botu。

戈龙塔洛语 mo-bata < *bata。

14. *di / *titi

阿杰 di < *di。

① “湿的”格鲁吉亚语 svɛli < *sb^{w}e-。

科木希语 titi < *titi。

15. *mi-seke

波那佩语 wisekesek < *mi-seke。

16. *qləp / *lab-si

汉语 *hləp（湿）< *qləp。

蒙古语书面语 ʃɑbʃi < *lab-si。（使湿）

17. *r-lon

藏文 rlon < *r-lon。

18. *kro

缅文 tso^{2}，克伦语阿果话 tso̱^{31} < *kro。

19. *pum

达让僜语 pɯm^{55} < *pum。

20. *ʔbis / *pis

壮语 bai^{5} < *ʔbis。

卡乌龙语 pis < *pis。

21. *ʔoda / *lumi-ʔado

桑塔利语 oda < *ʔoda。

达密语 lumi ado < *lumi-ʔado。

22. *dab-dab / *tep / *ma-tubu

桑塔利语 dʒabdʒab < *dab-dab，dʒo̱bo̱ < *dobo。

莽语 tɕɛp^{55}，布朗语 tɕɯp^{44} < *tep。

邵语 matubu < *ma-tubu。

23. *sam

柬埔寨语 saəm < *sam。

24. *nop

尼科巴语 njɔːp < *nop。

25. *lum

蒙达语 lum < *lum。

二 “湿”的词源对应关系

1. “湿的” 和 “水”

（1）蒙达语 *lum。“水”阿美语 nanum、排湾语 dzalum、沙阿鲁阿语 sałumu < *na-lum / *da-lum / *sa-lum。

（2）蒙古语、东部裕固语 *tig。“水”柬埔寨文 tɯk < *tuk，哈尼语 du̧^{33} < *duk。

（3）景颇语 *ma-li。“水”格曼僜语 a^{31}li^{35}、博嘎尔珞巴语 a li < *ʔali。

（4）东部斐济语 *su-ʔa。“水”蒙古语 uʃ、达斡尔语 usu < *ʔusu。

（5）桑塔利语 *ʔoda。“水”巴琉语 ^{n}de < *ʔde。

（6）勒窝语 metū < *metu。“水”日语 midzɿ < *midu。

2. “湿的” 和 “滴”

（1）宁德娄语 *sabu。“漏、滴”锡伯语 savdə-，赫哲语 səbdə-，满文

sabda-（渗漏）< *sab-。

（2）科木希语 *titi。“滴”印尼语 tetes、爪哇语 tɛtɛs、米南卡保语 titiᵊʔ < *tete-s。

（3）马林厄语 *botu。“滴”南密语 pʷat、沙外语 n-fɔt < *pʷat。

（4）莽语 *tep。“滴、滴落”亚齐语 titep < *tep。

（5）蒙古语、东部裕固语 *tig。“滴”藏文 ɦthig，嘉戎语 nthɐk < *m-dig。

（6）哈萨克语 *dəm。“滴”维吾尔语、哈萨克语 tom-，图瓦语 dɑmdɤ-，西部裕固语 dɑmdɑ- < *tom-。

3.“湿的”和“雾”

（1）哈萨克语 *dəm。“云、雾”羌语 udəm < *qudəm。“雾”布鲁语 dimu < *dimu。

（2）东部斐济语 *su-ʔa。“雾”查莫罗语 aso < *ʔaso。

（3）达让僜语 *pum。“雾”朝鲜语龙川话、义州话 hɛmtʃiri < *pem-giri。

（4）马林厄语 *botu。“雾”蒙古语 budoŋ、东部裕固语 budɑŋ < *budaŋ，达密语 budun < *budun。

（5）罗维阿纳语 *boso。“雾”撒拉语 bus dumɑn < *bus-duman。

三　词源关系分析

1. *qudan（*ʔoda、*ʔudun）

“湿的”桑塔利语 *ʔoda。“雨”印尼语、亚齐语、布农语 *qudan，鄂温克语 *ʔudun。

> “水”古教堂斯拉夫语、俄语 voda、古波斯语 wundan、古挪威语 vatn < *uadan。

“水”巴斯克语 uda-。

2. *giri（*kro、*kri、*kiri）

“湿的”缅文、克伦语阿果话 *kro。“水”墨脱门巴语 ri、缅文 re^{2}、怒苏怒语 ɣri^{33}、勒期语 kjei^{31} < *gri。他杭语 ki、勒期语 kjei^{31}、加洛语 tʃi、普米语 tʃə^{55} < *kri。“雾”日语 kiri < *kiri。

“湿的”希腊语 ygros < *igro-。

3. *basaq（*biseke）

“湿的”印尼语、亚齐语、他加洛语 *basaq，波那佩语 *biseke。

“湿的”俗拉丁语 muscidus < *muski-，古法语 moiste。

“湿的、泡”匈牙利语 ivas < *ib^{w}as。

4. *bonu

“露水”莫图语 hunu，戈龙塔洛语 wonu，爪哇语 bun，亚齐语 mbon < *bonu。

“湿的”希腊语 bregmenos < *breg-meno-。

5. *bulagr

“泉”蒙古语 bulɑg，达斡尔语 bulaːr，东部裕固语 bulɑɢ < *bulagr。

“湿的”阿尔巴尼亚语 vlagët < *b^{w}lage-。

“水”匈牙利语 felhigitott < *belegi-tot。

6. *nem（*nəm、*num）

“湿的”柯尔克孜语、维吾尔语、土耳其语 *nem，保安语 *sa-nəm。“水”阿美语 nanum。

“湿的”阿尔巴尼亚语 njomë < *nomo。

7. *muke（*muk）

“水”满文 muke，锡伯语 muku，赫哲语 mukə，鄂伦春语、鄂温克语 muu < *muke。女真语（木克）*mukhe < *muke。爱斯基摩语 immurk < *ʔimuk。

“湿的”俄语 mokrɨj、波兰语 mokry < *mok-r-。

8. *dida（*dəd、*tete）

“湿的”朝鲜语 *dəd-，贡诺语 *dida。“滴”印尼语 tetes、爪哇语 tɛtɛs、米南卡保语 titi^{ə}ʔ < *tete-s。

“湿的”亚美尼亚语 thatsh < *dad。

9. *nop

尼科巴语 *nop。

“湿的”粟特语 nəβde < *nəb-。

“咸”的词源关系

亚欧语言表“咸”义的说法多与“盐”的说法有词源关系，其他有语义和词源关系的还可以是“苦”“海”等的说法。

◇ 一 东亚太平洋语言的“咸”

“咸的”的主要说法有：

1. *tur-lu / *tor / *teriri / *dab-tar-qag

土耳其语 tuzlu，柯尔克孜语 tuzduu，塔塔尔语 tuzlə < *tur-lu。

清代蒙文、乌孜别克语 ʃor，达斡尔语 tʃor < *tor。

蒙古语 dɑbsɑrxɑg < *dab-tar-qag。

2. *qati / *guti

满文 hatuhūn，锡伯语、赫哲语 χatχun < *qati-qun。

鄂伦春语 gʊtɪː < *guti。

3. *sagə / *ma-ski

东部裕固语 sɑːgə < *sagə。

邹语 maski < *ma-ski。

4. *bəda / *pədaŋ

中古朝鲜语 ptʃʌta < *bəda-。

排湾语 qa-pədaŋ < *pədaŋ。

5. *siʔo-kara-ʔi

日语 çiokarai < *siʔo-kara-ʔi。

6. *ʔasin / *ma-sin / *ma-si / *sini

印尼语、爪哇语 asin < *ʔasin。

米南卡保语 masin < *ma-sin。

布鲁语 masi < *ma-si（海、咸）。

锡加语 hini < *sini（盐、咸）。

7. *tirak / *tarika

马京达瑙语 tʃərak < *tirak。

吉尔伯特语 tarika < *tarika。

8. *ʔasila

劳语、瓜依沃语 asila < *ʔasila。（盐、咸）[①]

9. *tadika / *tateka

莫图语 tadika < *tadika。

马绍尔语 tʃatʌk < *tateka。

---

① “咸的” 芬兰语 suolainen < *sula-。

10. *pa-ʔet

查莫罗语 faet < *pa-ʔet。

11. *gona

汤加语 kona，帕马语 gōn < *gona。

12. *ŋala

西部斐济语 ŋaðaŋaða < *ŋala。

13. *diʔa

哈拉朱乌语 dia < *diʔa。

14. *m-mara

菲拉梅勒语 mmara < *m-mara。（盐、苦、咸）

15. *grəm / *gara

汉语 *grəm（咸）。

黎语元门话 $kiam^2$ < *gram。

达阿语、窝里沃语 gara < *gara。（盐、咸）

16. *kha / *kla-khu

格曼僜语 kha^{53}，达让僜语 ka^{53} < *kha。

藏文 tshwa khu < *kla-khu。（保安语 ku。）

17. *ŋam / *gem

缅文 $ŋam^2$ < *ŋam。

克木语 gɛm，德昂语硝厂沟话 dʑɛm < *gem。

18. *rum

景颇语 ʃum^{33} < *rum。

19. *pri

嘉戎语 tsri < *pri。

柬埔寨文 praj < *pri。

20. *qlo / *lo

苗语养蒿话 lju^{5}，大南山话 tl̥eu^{5} < *qlo。

户语 lo^{33} < *lo。

21. *ʔdaŋ

壮语 daŋ^{5}，水语 ʔnaŋ^{5} < *ʔdaŋ。

22. *so-kil

佤语布饶克方言 so̠ŋ kih < *so-kil。

23. *rab-raba

桑塔利语 rabrab < *rab-raba。

24. *qarike

尼科巴语 haɽeikø < *qarike。

◇ 二 “咸”的词源对应关系

1. “咸的”和“盐”

南岛语较多“咸”即“盐”的说法。其他语言对应的情况如下：

（1）土耳其语、柯尔克孜语、塔塔尔语 *tur-lu。“盐”伊拉鲁吐语 tɛrirə < *teriri，吉尔伯特语 tetāri < *teri。

（2）朝鲜语 *bəda-，“盐”马都拉语 budʒa < *buda。

（3）满文、锡伯语、赫哲语 *qati-qun。“盐”排湾语 qatia < *qatiʔa。

（4）布鲁语 *ma-si。“盐”那大语 siʔe、萨萨克语 siə < *siʔe。

（5）汉语 *grəm（咸）。“盐”印尼语、马来语 garam < *garam。

（6）藏文 tshwa khu，“盐”tshwa。

（7）景颇语 ʃum^{33} < *rum，“盐” tʃum^{31} < *grum。

2. “咸的”和“苦的”

东亚太平洋的语言较多“咸、苦”有词源关系的说法。如：

（1）满文、锡伯语、赫哲语 *qati-qun。“苦、辣、酸”土耳其语 atʃi、维吾尔语 ɑtʃtʃiq < *ʔati / *ʔatiq。

（2）布鲁语 masi < *ma-si。“苦、咸”那大语 məsi、罗地语 masi-k < *masi。

（3）格曼僜语、达让僜语 *kha。“苦”藏文 kha mo、缅文 kha^{3} < *kha。

（4）藏文 tshwa khu < *kla-khu，汉语 *kla（苦）。①

（5）壮语、水语 *ʔdaŋ。“苦”京语 daŋ^{5} < *ʔdaŋ。

（6）汉语 *grəm（咸）。“苦”壮语武鸣话 ham^{2}、黎语 hoːm^{1} < *klom。

（7）莫图语 *tadika。“苦”莫图语 idita < *ʔidita，排湾语 qadid < *qadad。

3. “咸的”和“海”

（1）土耳其语等 *tur-lu。“海”满文 mederi、锡伯语 mədərj < *me-deri，阿伊努语 atuj < *ʔatur。“海水、海”吉尔伯特语 tāri < *tari。

（2）马绍尔语 tʃatʌk < *tateka，“海”马京达瑙语 tatsik < *tatik。

---

① 谐声字“居”丁古切。

（3）布鲁语 *ma-si，“海”那大语 məsi < *ma-si。

（4）劳语、瓜依沃语 *ʔasila。“海”劳语、瓜依沃语 asi < *ʔasi。

三 词源关系分析

1. *sila

“盐、咸”劳语、瓜依沃语 asila < *ʔasila。

“盐”独龙语 sɯ^{31}lɑʔ^{55} < *sulaʔ。“海”劳语、瓜依沃语 asi < *ʔasi。

“咸的”俄语 solenɨj、波兰语 słony < *sole-。威尔士语 hallt < *sal-。

“盐”古英语 sealt、古弗里斯语 salt，拉丁语 sal，古教堂斯拉夫语 soli。

“盐”俄语 solj、波兰语 sol < *soli。

“咸的”芬兰语 suolainen < *sula-，匈牙利文 halaleset < *salale-。

2. *sira

“咸的”马达加斯加语 misi sira。

“盐”马来语、亚齐语、巴塔克语 sira。汉语 *raʔ（滷），咸水。

“咸的”立陶宛语 suras，“酸的”古英语 sur，“生的”古教堂斯拉夫语 syru。

“酸的、酸辣的”法语 sur。

3. *mara（*smar、*bara、*bʷara）

“盐、苦、咸”菲拉梅勒语 mmara < *m-mara。“盐”克木语 m̥ar < *smar。

“苦”塔希提语 maramara < *mara。

“海”中古朝鲜语 parʌ < *bara，莫图语 daβara < *da-bʷara。

“咸的”希腊语 almyros、yphalmyros < *ubal-muro。

“苦的”意大利语 amaro、法语 amer、拉丁语 amarus < *amaro。

“海、洋、湖”古英语 mere、挪威语 marr、中古荷兰语 maer。

“海”高地德语 mari、古教堂斯拉夫语 morje、立陶宛语 mares。

“海的、含盐的”俄语 morskoj < *mors-。

“盐”格鲁吉亚语 marili < *mari-。“苦的”阿拉伯语 murr。

4. *gara（*kara）

“咸的”日语 *siʔo-kara-ʔi。“咸的、盐”达阿语、窝里沃语 *gara。

“苦的、粗糙的”俄语 gorjkij、波兰语 gorzki < *gori-。

5. *sagə

“咸的”东部裕固语 *sagə。

“咸的”亚美尼亚语 aʁi < *ag-i，“盐”aʁ < *ag。

6. *tateka（*tatek、*qadad、*tatik）

“咸的”马绍尔语 tʃatʌk < *tatek。

“苦的”莫图语 idita < *ʔidita，排湾语 qadid < *qadad。

“海”马京达瑙语 tatsik < *tatik。

“苦的”梵语 tikta。

“咸的”粟特语 namaδkēntʃ < *nama-dket。

“盐”阿维斯陀经 nəmaδka < *nama-dka。

7. *tura（*tur、*teri、*tarika）

“咸的”土耳其语、柯尔克孜语、塔塔尔语 *tur-lu。马京达瑙语 *tirak。吉尔伯特语 *tarika。

“盐”伊拉鲁吐语 tɛrirə < *teriri，吉尔伯特语 te tāri < *teri。

“苦的”粟特语 trxē < *trke-。

“苦”的词源关系

亚欧语言表“苦”义的说法与“咸”“盐”“肝、胆”等说法有词源关系。

一　东亚太平洋语言的“苦”

“苦”的主要说法有：

1. *ʔatiq / *təqu-mətuq / *ka-tik

土耳其语 atʃi，西部裕固语 ɑdzə̥ɣ，维吾尔语 ɑtʃtʃiq < *ʔatiq。（苦，辣，酸）

泰雅语 təqəmətux < *təqu-mətuq。

波那佩语 kaʈik < *ka-tik。

2. *gasu / *gosi / *gusi-di / *kasa

蒙古语 gɑʃɷː，东部裕固语 ɢɑʃuːŋ，达斡尔语 gɑsun < *gasu-n。（苦、酸）

满文 gosihon，锡伯语 ɢoçχun < *gosi-qun。

鄂伦春语 gʊtɪː，鄂温克语 gʊʃɪddɪ < *gusi-di。
桑塔利语 kasa < *kasa。

3. *bsu / *masi
中古朝鲜语 psɯta < *bsu-。
那大语 məsi，罗地语 masi-k < *masi。（苦、咸）

4. *niga
日语 nigai < *niga-ʔi。

5. *mala / *ta-mala
塔希提语 maramara，汤加语 tamala < *mala / *ta-mala。

6. *rimu
邹语 rɨmɨ < *rimu。

7. *ma-ʔalili
鲁凯语 maʔalili < *ma-ʔalili。

8. *ʔapəlil
卑南语 ʔapəlil < *ʔapəlil。

9. *ba-ʔit / *qar-qat
卡加延语 paʔit，印尼语 pahit，爪哇语 pait，锡加语 baʔis < *ba-ʔit。
桑塔利语 haɽhath < *qar-qat。

10. *kalek
卡乌龙语 makalek < *ma-kalek。

11. *mara

塔希提语 maramara < *mara。

菲拉梅勒语 mmara < *m-mara。（盐、苦、咸）

12. *kate / *gidi

嫩戈内语 katʃe < *kate。马达加斯语 ma-ngidi < *gidi。

13. *bigola

大瓦拉语 wigola < *bigola。

14. *sisim

多布语 sisim < *sisim。

15. *ʔidita / *qadad / *tito / *tot

莫图语 idita < *ʔidita。排湾语 qadid < *qadad。

桑塔利语 tito̱ < *tito。柬埔寨文 tʃɔt < *tot。

16. *kla / *kli / *klaŋ

藏文 kha mo，缅文 kha^{3}，汉语 *kha（苦）< *kla。①

达让僜语 khlai^{55} < *kli。

克木语、布兴语 tʃăŋ，巴琉语 tɕaŋ^{53} < *klaŋ。

17. *klom / *klum

壮语武鸣话 ham^{2}，黎语 hoːm^{1} < *klom。

壮语龙州话 khum^{1}，西双版纳傣语 xum^{1} < *klum。

---

① 谐声字“居”丁古切。

18. *ʔdaŋ

京语 daŋ⁵ < *ʔdaŋ。

19. *l-biŋ

柬埔寨文 lviːŋ < *l-biŋ。

20. *soŋ / *saŋ

佤语马散话 sɔŋ，德昂语硝厂沟话 sɔ̆ŋ，南虎话 săŋ，户语 ɕaŋ⁵⁵ < *soŋ。
莽语 θaŋ⁵¹ < *saŋ。
《尔雅》：“滷、矜、咸，苦也。”

二 “苦”的词源对应关系

1. “苦的”和“咸的”

“咸、苦”的对应关系上文《咸》篇已说明。

2. “苦”和“盐”

（1）嫩戈内语 *kate。“盐”排湾语 qatia < *qati-ʔa。鄂伦春语 katagan < *kata-gan。

（2）塔希提语 *mara，“盐”克木语 m̥ar < *smar。

（3）那大语、罗地语 *masi，“盐”东部斐济语 māsima < *masi-ma。

（4）卡乌龙语 *ma-kalek，“盐”南密语 dalik < *dalik。

3. “苦”和“肝、胆”

（1）土耳其语、西部裕固语、维吾尔语 *ʔatiq。“肝”马达加斯加语、爪哇语 ati，毛利语、亚齐语、达阿语 ate，夏威夷语 ākĕ < *ʔati。“胆”维吾尔语、哈萨克语 øt，西部裕固语 jøt < *ʔot。

（2）朝鲜语 *bsu-，“肝”嘉戎语 tə pʃu < *pəsu。

（3）桑塔利语 *qar-qat。“肝”阿美语、他加洛语 ataj，沙阿鲁阿语 ʔatsiʔi < *ʔataʔi。

（4）嫩戈内语 *kate。“肝”吉利威拉语 kate、托莱语 kati-、姆布拉语 kete、南密语 ketʃ < *kate。

（5）佤语等 *soŋ，“肝”缅文 tθaŋ̥^{3}、阿昌语 ʂ̥əŋ^{31}、彝语喜德话 sɿ < *soŋ。“胆”保安语 sɛlsoŋ < *sol-səŋ。

（6）邹语 rɨmɨ < *rimu。“肝”赛德克语 rumul、卑南语 rami < *ramul。

（7）罗图马语 ʔona < *ʔona。“肝”布鲁语 nena-n < *nena。

三 词源关系分析

1. *mara（*smar、*bara、*b^{w}ara）

“苦”塔希提语 maramara < *mara，“盐、苦、咸”菲拉梅勒语 mmara < *m-mara。“盐”克木语 m̥ar < *smar。“海”中古朝鲜语 parʌ < *bara，莫图语 daβara < *da-b^{w}ara。

“苦的”意大利语 amaro，法语 amer，葡萄牙语、西班牙语 amargo < *amar。

“苦的”亚美尼亚语 mɾu < *mru。

“海、洋、湖”古英语 mere，挪威语 marr，中古荷兰语 maer。

“海”高地德语 mari，古教堂斯拉夫语 morje，立陶宛语 mares。

“盐”格鲁吉亚语 marili < *mari-。“苦的”阿拉伯语 murr。

2. *kate（*kote、*kata）

“苦的”嫩戈内语 *kate，“坏的”土耳其语 køty < *kote。“肝”吉利威拉语 kate、托莱语 kati-、姆布拉语 kete、南密语 ketʃ < *kate。“盐”鄂伦春语 katagan < *kata-gan。

“肝”希腊语 sykoti < *sikote。

“苦的”阿尔巴尼亚语 hidhët < *qido-。亚美尼亚语 ktsu < *ktu。

“苦的”芬兰语 kitkerä < *kit-kera。

3. *bigola（*baɢar）

“苦的”大瓦拉语 *bigola。“坏的”图瓦语 baʁaj < *baɢar。

“苦的”希腊语 pikros、pageros < *pigero-。

4. *gara（*kara）

“咸的”日语 ɕiokarai < *siʔo-kara-ʔi。“咸的、盐”达阿语、窝里沃语 gara < *gara。

“苦的、粗糙的”俄语 gorjkij、波兰语 gorzki < *gori-。

“苦的”乌尔都语 karwa < *kar-。

5. *tateka（*tatek、*qadad、*tatik）

“苦的”莫图语 idita < *ʔidita，排湾语 qadid < *qadad。

“咸的”马绍尔语 tʃatʌk < *tatek。

“海”马京达瑙语 tatsik < *tatik。

“苦的”梵语 tikta。

“咸的”粟特语 namaδkēntʃ < *nama-dket。

“酸”的词源关系

亚欧语言表“酸”义的说法与“苦的、咸的”“臭的”等说法有词源关系。

◇ 一　东亚太平洋语言的“酸”

“酸的”的主要说法有：

1. *ʔati / *ʔadə / *qir-qat

土耳其语 atʃi，维吾尔语 ɑtʃtʃiq < *ʔati / *ʔat-tiq。（苦、辣、酸）

西部裕固语 ɑdz̩əɣ < *ʔadə-q。（苦、辣、酸）

桑塔利语 hiɽhɛth < *qir-qat。

2. *gasun / *qəsun / *gusu-qun

蒙古语 gɑʃɷː，东部裕固语 ɢɑʃuːŋ，达斡尔语 gɑsun < *gasun。（苦、酸）

东乡语 qɯʂ̩un（苦，酸），土族语 xaɕin < *qəsun。

满文 dʒuʃuhun，锡伯语 dʑyɕxun，鄂伦春语、鄂温克语 dʒiʃun < *gusu-qun。（苦、酸）

3. *sikura / *kula / *ʔukula / *dit-kuli

朝鲜语庆兴话 sikhurta，淳昌话 sikurapta < *sikura-。[①]

窝里沃语 ma-kolo，瓜依沃语 ukala < *kula / *ʔukula。

赫哲语 dʑitkuli < *dit-kuli。

4. *daru

日语 darui < *daru-ʔi。

5. *ʔasam / *ʔar-səm / *somʔ

印尼语 asam，米南卡保语 masam，巴厘语 masəm < *m-ʔasam。

卑南语 ʔarsəm < *ʔar-səm。（酸—酸）[②]

壮语武鸣话 som^3，西双版纳傣语 sum^3，毛南语 $səm^3$ < *somʔ。

6. *la-ŋet

雅美语 laŋet < *la-ŋet。

7. *mu-ŋelol

赛德克语 məŋehol，泰雅语 muŋihuj < *mu-ŋelol。

8. *ʔatitim

阿美语 ʔatʃitʃim < *ʔatitim。

9. *ma-liʔu / *le

鲁凯语 maɭiu < *ma-liʔu。

勒窝语 le < *le。

---

① “酸的”芬兰语 kirpeä < *kirp。

② “酸”布朗语胖品话 si ʔar。

10. *m-ʔog-som

巴拉望语 mɔgsɔm，摩尔波格语 ogsom < *m-ʔog-som。

11. *ʔaslom

阿卡拉农语 aslum，沙玛语 assom < *ʔaslom。

12. *ma-kik

达密语 makik，雅贝姆语 ŋa makiʔ < *ma-kik。

13. *kati / *katu-ʔa / *katut

布吉斯语 ma-katʃtʃi，贡诺语 katʃtʃi < *kati。

罗维阿纳语 kakatua < *katu-ʔa。（苦的、酸的）

爪哇语 kətʃut < *katut。

14. *ʔabʷa / *ma-ʔi / *me-ʔa

塔希提语 ʔavaʔava < *ʔabʷa。

吉尔伯特语 mai < *ma-ʔi。

马绍尔语 meɑ < *me-ʔa。（苦的、酸的）

15. *gon

帕马语 gōn < *gon。（苦的、酸的）

16. *skrar / *skrur / *karer

汉语 *skrar（酸）。[①]

藏文 skjur，墨脱门巴语 tɕur < *skrur。

波那佩语 karer < *karer。

---

① 谐声字“誜”所化切，“焌”仓聿切。

17. *roro

扎坝语 zo^{33}zo^{55} < *roro。

18. *rgo

道孚语 zgo zgo < *rgo。

19. *mrək

阿昌语 mʐək^{55} < *mrək。

20. *kri

景颇语 khʒi^{33}，达让僜语 hɹɯ^{55} < *kri。

21. *naʔ / *ʔoʔona

佤语马散话 nɤʔ，布朗语曼俄话 naʔ^{33} < *naʔ。

萨摩亚语 ʔoʔona < *ʔoʔona。（苦的、酸的）

22. *braŋ

德昂语硝厂沟话 praŋ，南虎话 braŋ，布朗语甘塘话 praŋ^{51} < *braŋ。

23. *dodo / *ma-tadis

桑塔利语 dʒo̱dʒo̱ < *dodo。

木鲁特语 matadis < *ma-tadis。

24. *kasat

桑塔利语 kasath < *kasat。

二 “酸”的词源对应关系

1.“酸的”和“苦的、咸的”

“酸的、苦的”用同一词表达的除了阿尔泰系的语言，南岛语中如帕马语 gōn、拉巴努伊语 maŋeʔo、罗维阿纳语 kakatua、萨摩亚语 ʔoʔona、托莱语 məpək、马绍尔语 meɑ 等。“酸的”和“苦的、咸的”交叉对应的如：

（1）土耳其语 atʃi、维吾尔语 ɑtʃtʃiq < *ʔati / *ʔat-tiq。“咸的”满文 hatuhūn、锡伯语、赫哲语 χatχun < *qati-qun。

（2）木鲁特语 *ma-tadis。“苦的”排湾语 qadid < *ʔadad，莫图语 idita < *ʔidita，排湾语 qadid < *ʔadad。

（3）贡诺语 *kati。“苦的”嫩戈内语 katʃe < *kate。

（4）三威治港语 konkon < *kon。“苦的”帕马语 gōn < *gon。

2.“酸的”和“臭的”

（1）帕马语 *gon。“臭的”撒拉语 sigingən < *sigin-gən。

（2）塔纳语 -aŋən < *ʔaŋən。“臭的”藏文 ŋan pa < *ŋan。

（3）塔希提语 *ʔab^{w}a。“臭的”满文 wahūn、锡伯语 vaχun < *b^{w}a-qun。

（4）雅美语 *la-ŋet，“臭的”萨萨克语 səŋit < *səŋit。

（5）萨摩亚语 *ʔoʔona。“臭的”道孚语 nə no < *nəno，基诺语 a^{33}nɛ^{44} < *ʔane。

（6）景颇语、达让僜语 *kri。“臭的”中古朝鲜语 kurita、淳昌话 khurita < *kuri-。

◇ 三 词源关系分析

1. *kate（*kati、*kote）

“酸的”布吉斯语、贡诺语 *kati。“苦的”嫩戈内语 katʃe < *kate。“坏的”土耳其语 køty < *kote。

“酸的”法语 acide、拉丁语 acidus < *akide。

“苦的”芬兰语 kitkerä < *kit-kera。

2. *sira

“咸的”马达加斯加语 misi sira，“盐”马来语、亚齐语、巴塔克语 sira。汉语 *raʔ（滷），咸水。

“酸的”古英语 sur，“咸的”立陶宛语 suras，“生的”古教堂斯拉夫语 syru。

“酸的、酸辣的”法语 sur。

3. *kuri（*kri）

“酸的”景颇语、达让僜语 *kri。“臭的”中古朝鲜语 kurita、淳昌话 khurita < *kuri-。

“酸的”法语 aigre、西班牙语 agrio、意大利语 agro < *agro。

“酸的”俄语 ugrjumij < *ugrum-。

4. *gasu（*gusu）

“苦的、酸的”蒙古语、东部裕固语、达斡尔语 *gasun，满通古斯语 *gusu-qun。

“酸的、醋一样的”俄语 kislɨj < *kisli-。“酸的”波兰语 kwaʃny < *k^{w}as-。

5. *daru

“酸的”日语 *daru-ʔi。

“酸的”阿尔巴尼亚语 tharët < *daro-。“苦的”亚美尼亚语 daɾn < *darn。

6. *ʔadə

“苦的、辣的、酸的”西部裕固语 ɑdʐəɣ < *ʔadə-q。

“酸的”阿尔巴尼亚语 athët < *ado-。亚美尼亚语 ththu < *dudu-。

“甜”的词源关系

亚欧语言表“甜”义的说法与“香的”“美的”等说法有词源关系。

◇ 一　东亚太平洋语言的“甜”

“甜的”的主要说法有：

1. *tatli / *ʔatali

维吾尔语 tɑtliq，哈萨克语 tætti，土耳其语 tatli，塔塔尔语 tɑtlə < *tatli-。

鄂温克语 antaʃi < *ʔatali。[①]

2. *tap-dəq

图瓦语 tɑpdɤx < *tap-dəq。[②]

3. *ʔam / *ʔama / *b-ʔam

锡伯语 amtəŋ，赫哲语 amtqoli < *ʔam-təŋ / *ʔam-qoli。

---

①“甜的”芬兰语 äitelä < *atela。

②“蜜”格鲁吉亚语 daphli < *dab-。

日语 amai < *ʔama-ʔi。

柬埔寨文 phʔaem < *b-ʔam。

4. *dadəg / *datu-qun / *duti

西部裕固语 dɑdəɣ < *dadəg。（甜的、香的）

满文 dʒantʃuhūn < *datu-qun。

鄂伦春语 dʒutɪː < *duti。

5. *dar

朝鲜语 tarta < *dar-。

6. *ma-mis / *ta-mis / *masi-ʔa / *morog-mis

沙玛语 mamis < *ma-mis。他加洛语 tamis < *ta-mis。

瓜依沃语 masiʔa < *masi-ʔa。

巴拉望语 mɔrɔg-mis < *morog-mis。

7. *ma-nis

印尼语、巴厘语、马都拉语 manis < *ma-nis。

8. *si-bos / *lo-moso

赛德克语 sisibos < *si-bos。

罗维阿纳语 lomoso < *lo-moso。

9. *ləgi

爪哇语 ləgi < *ləgi。

10. *meli-ʔe / *mali-mam/ *mril

汤加语 melie < *meli-ʔe。

鲁凯语 maliməm < *mali-mam。

汉语 *mril（美，《说文》甘也）。

11. *nana

伊拉鲁吐语 nanə < *nana。

12. *mo-na / *mo-mi / *mami

马那姆语 mona < *mo-na。罗图马语 mɔmi < *mo-mi。

沙阿鲁阿语 mami < *mami。

13. *meki-ʔa / *kiki

梅柯澳语 mekia < *meki-ʔa。勒窝语 kiki < *kiki。

14. *gas

帕马语 gās < *gas。

15. *qaləm / *qerem

排湾语 qaləməqəm < *qaləm。

桑塔利语 he̱ɽe̱m < *qerem。

16. *pit / *ma-met / *mit

卡乌龙语 pit < *pit。马绍尔语 mæmet < *ma-met。

汉语 *mit（蜜）。

17. *kam / *kami / *ŋam

汉语 *kam（甘）。

勉语江底话 kaːm^{1}，三江话 kwɔn^{1} < *kam。

东部斐济语 kamikamiða < *kami-la。

德昂语硝厂沟话、南虎话 ŋam < *ŋam。

18. *ma-ŋar

藏文 maŋar < *ma-ŋar。

19. *rjero

扎坝语 ʐe^{33}zo^{55} < *rjero。

20. *kro

缅文 khjo^{2}，阿侬怒语 khɹ̩^{55} < *kro。

21. *bi

嘉戎语 bi < *bi。

22. *ʔb^{w}an

壮语武鸣话、傣语 vaːn^{1}，水语、毛南语 faːn^{1} < *ʔb^{w}an。

23. *kum-qik

尼科巴语 kumtʃhik < *kum-qik，patʃhaːka < *pa-qaka。

24. *ŋaŋ / *nəŋ-en

户语 ŋʌaŋ^{33}，布朗语甘塘话 ŋɛŋ^{55} < *ŋaŋ。布昂语 nəŋɛn < *nəŋ-en。

25. *te / *ʔado

佤语马散话 tɛ，孟贡话 te̱ < *te。

达密语 da ado < *ʔado。

◇ 二 "甜"的词源对应关系

1. "甜的"和"香的"

（1）满文 *datu-qun。"香的"土耳其语 doja doja < *doda。

（2）排湾语 *qaləm。"香的"藏文 ʑim po、错那门巴语 lim po < *lim。鲁凯语 saŋəaɭəm < *saŋə-ʔalum，排湾语 saɭum < *sa-lum。

（3）桑塔利语 *qerem。"香的"印尼语 harum、亚齐语 harom < *qarum。

（4）壮语、水语、毛南语 *ʔbʷan。"香的"拉加语 bon-boni < *boni。

（5）汤加语 *meli-ʔe。"香的"雅贝姆语 ŋa-malu < *malu。

（6）布昂语 *nəŋ-en。"香的"萨摩亚语 manoŋi < *ma-noŋi。

2. "甜的"和"美的"

（1）汉语 *kam（甘）。"美的"维吾尔语 kørkɛm，哈萨克语 kørkem < *kor-kem。

（2）桑塔利语 *qerem。"美的"中古朝鲜语 arʌmtapta < *ʔarəm-。

（3）汤加语 *meli-ʔe。"美的"卡林阿语 balu < *balu。

（4）帕马语 *gas。"美的"布鲁语 gosa < *gosa，萨萨克语 eŋəs < *ʔegos。

（5）朝鲜语 *dar-。"美的"桑塔利语 sunɖɛr < *sudar。

（6）缅文、阿侬怒语 *kro。"美的"蒙古语正蓝旗话 guɑː、都兰话 guj、东苏尼特话 gojo < *guro。

◇ 三 词源关系分析

1. *met（*pit、*mut、*but、*bʷite）

"甜的"卡乌龙语 *pit，马绍尔语 *ma-met。

汉语 *mit（蜜）。汉语 *mit（飶，《说文》食之香也）。①“香的”卡加延语 ammut、摩尔波格语 hamut、阿卡拉农语 humut < *qamut。

“甜的”古英语 swete、拉丁语 suavis、梵语 svaːdus、希腊语 hedys < *sb^{w}eto。

“甜的、蜜”梵语 madhu < *madu，“甜的”madhusphiːtaː < *madu-sbita。

“甜的”乌尔都语 metha < *meda。

“笑”希腊语 meidio < *mido。

2. *rom（*qerem、*qarum、ʔarəm）

“甜的”桑塔利语 *qerem。“香的”印尼语 harum、亚齐语 harom < *qarum。

“美的”中古朝鲜语 arʌmtapta < *ʔarəm-。

“甜的香气”拉丁语 aroma，“香草”希腊语 aroma < *aroma。

“甜的”格鲁吉亚语 arɔmathuli < *aromadu-。

3. *mali（*meli、*malu、*bula）

“甜的”汤加语 *meli-ʔe。

“香的”雅贝姆语 ŋa-malu < *malu。

“好的”泰雅语 bəlaq< *bula-q，赛德克语 malu < *malu。

“甜的”俄语 milɨj < *mili-，阿尔巴尼亚语 ëmbël < *ombel。

4. *g^{w}ate（*kudi）

“香的”蒙古语 xʉdʒ，达斡尔语 kydʒi，东部裕固语 gudʒə，土族语 gudʑi < *kudi。

“甜的”亚美尼亚语 khaʁtshr < *gagd-。“香的”梵语 gandha < *gada。

① 《诗经·周颂·载芟》：“有飶其香，邦家之光。”

“红”的词源关系

亚欧语言表“红色”义的说法多与“血”“成熟的”等说法有词源关系。

◇ 一　东亚太平洋语言的“红”

“红、红的”的主要说法有：

1. *qiril / *dirə-rəl / *girila

古突厥语、维吾尔语 qizil，土耳其语 kizil，图瓦语 kɤzɤl < *qiril。

鲁凯语 dirərəl < *dirə-rəl。

达密语 giriya < *girila。

2. *ʔal / *ʔulan / *ʔuli-aŋ / *pa-qala / *ʔela / *pa-qala / *ʔela-ma / *mə-qula

古突厥语、土耳其语 al < *ʔal。

蒙古语 ulɑːŋ，土族语 fulɑːn < *ʔulan。

女真语（伏良）*fuliaŋ < *ʔuli-aŋ。

满文 pahala < *pa-qala。（青莲紫色）

贡诺语 eja，戈龙塔洛语 me-elamo < *ʔela / *ʔela-ma。

邵语 maqula < *mə-qula。

3. *pulgi-an / *burg

满文 fulgiyan，锡伯语 fəlgian < *pulgi-an。

朝鲜语 purkta < *burg-。

4. *pure

阿伊努语 hure < *pure。①

5. *ʔaka-ʔi / *kaka / *ʔagaga / *qoq

日语 akai < *ʔaka-ʔi。

莫图语 kakakaka < *kaka。查莫罗语 agaga < *ʔagaga。

布昂语 qoq < *qoq。

6. *pula / *pala / *pila

他加洛语 pula < *pula。

马京达瑙语 vara < *pala。罗地语 pilas < *pila-s。

7. *tata / *dita

西部斐济语 drādrā < *tata。波那佩语 weiṭāṭa < *ma-ʔi-tata。

嫩戈内语 ḍitʃaḍitʃa < *dita。②

8. *raka / *raq

吉尔伯特语 maraka-na < *ma-raka。

米南卡保语 sirah < *si-raq。

---

①“红的”匈牙利文 piros < *piros。“血”匈牙利文 ver，芬兰语、爱沙尼亚语 veri < *bʷere。

②“红的”格鲁吉亚语 tshitɛli < *dite-。

9. *ʔute

汤加语 ʔuteʔute < *ʔute。

10. *kula / *klo

汤加语 kulokula < *kula。

汉语 *klo（朱）。

11. *pelat

沙玛语 pejat < *pelat。

12. *mi-daraŋ / *dara / *toro

卑南语 midaraŋ < *mi-daraŋ。

塔几亚语 dara-n（他的血，红色）< *dara。

那大语 toro < *toro。

13. *mi-ʔa / *meme-ʔa / *momi

南密语 mia < *mi-ʔa。

拉加语 memea < *meme-ʔa。

日语 momi < *momi。（红绢，红色的丝绸衣服）

14. *kudi

多布语 k^{w}udi < *kudi。（红色，血）

15. *qudil / do-doli

排湾语 qudʑidʑil < *qudil。

鲁凯语 do-doli。

16. *kero / *ʔukru

劳语 kekero < *kero。

马林厄语 ukru < *ʔukru。

17. *gʷoŋ / *ge-ŋi

汉语 *gʷoŋ（红）。

道孚语 gɛ ŋi < *ge-ŋi。

18. *mar / *mala / *mali / *mira / *mura-saki

藏文 dmar < *d-mar。

他杭语 wala < *mala。

木鲁特语 malia，马都拉语 mira < *mali-a / *mira。

古日语 murasakji < *mura-saki。（紫色）

19. *ni / *sina / *me-na

缅文 ni^{2}，载瓦语 ne^{51} < *ni。

阿昌语 na^{55}，义都珞巴语 ɕi^{55}nɑ^{53} < *sina。

马达加斯加语 mena < *me-na。

20. *krak

佤语孟汞话 kra̠k，布朗语曼俄话 saʔ^{31} khχak^{35} < *krak。

汉语 *khrak（赤）< *krak。

21. *ʔdiŋ

壮语 diŋ^{1}，西双版纳傣语 dɛŋ^{1} < *ʔdiŋ。

22. *ʔlin

苗语枫香话 len^{1}，大南山话 la^{1} < *ʔlin。

23. *kiti / *kudi

柬埔寨文 tʃiːətɤj < *kiti。

多布语 k^{w}udi < *kudi。

24. *lim / *ləm

克木语 jim < *lim。

汉语 *ləm（彤）。

25. *dag

蒙达语 ɖagɖag < *dag。（深红的）

26. *ŋan-bo

尼科巴语 ŋaːnvø < *ŋan-bo。（红的、成熟的）

27. *krə-qom

柬埔寨文 krəhɔːm < *krə-qom。

28. *la-ture

尼科巴语 laturē < *la-ture。

29. *ʔarag

桑塔利语 arakh < *ʔarag，rɛŋgiɛ < *ragi-ʔa。

◇ 二 “红”的词源对应关系

1. “红、红的”和“血”

“红”往往是“血”的派生词，第二卷《血》篇已说明。如：

（1）姆布拉语 siŋsiŋŋana < *siŋa-na。“血”满文 seŋgi、锡伯语 ɕiŋ < *sigi。女真语（生吉）*seŋki < *segi。“健康的”古突厥语 sɑɣ、撒拉语 sɑχ < *sag。

（2）蒙达语 *dag。“血”他加洛语 dugoʔ、戈龙塔洛语 duhu < *dugus。

（3）塔几亚语 *dara。“血”马那姆语 dara、马都拉语 ɖara < *dara。印尼语 darah、亚齐语 darah < *daraq。

（4）吉尔伯特语 uraura < *ʔura。“血”贡诺语 rara < *rara。莫图语 rara-na、马绍尔语 ra < *rara。

（5）西部斐济语 drādrā < *dada。“血”东部斐济语、西部斐济语 drā，波那佩语 nʈa，嫩戈内语 ɖa < *da。

（6）日语 *qaka-ʔi。“血”查莫罗语 haga < *qaga，爱斯基摩语 aok < *ʔa-ʔok。

（7）日语 *momi。(红绢，红色的丝绸衣服)“血”克木语 mam < *mam。

2.“红、红的”和“熟的、成熟的”

（1）藏文 *d-mar。“成熟的”塔希提语、拉巴努伊语 para < *bara。

（2）罗地语 *pila-s。“成熟的”土耳其语 piʃmiʃ < *pilbil，维吾尔语 piʃʃiq、西部裕固语 bəhsəɣ < *bili-q，哈萨克语 pəsqan、图瓦语 bɤʃʁɑn < *bil-qan。

（3）他加洛语 *pula。“成熟的”萨摩亚语 pula < *bula。

（4）嫩戈内语 *dita。“成熟的”贡诺语 didi。

（5）蒙达语 *dag。“成熟的”布拉安语 taga < *taga。

（6）壮语、西双版纳傣语 *ʔdiŋ。“成熟的”印尼语 mataŋ < *ma-taŋ。

三 词源关系分析

1. *qaka（*kaka、*qoq、*qaga、*ʔok）

“红的”日语 *qaka-ʔi，莫图语 *kaka，布昂语 *qoq。

“血”查莫罗语 haga < *qaga，爱斯基摩语 aok < *ʔa-ʔok。

“红的”希腊语 kokkinos < *koki-，阿尔巴尼亚语 kukj < *kuki。

2. *siga（*sigi、*siŋi）

“红的”姆布拉语 siŋsiŋŋana < *siŋa-na。

“血”鄂温克语 ʃəːʃʃi、鄂伦春语 ʃəːkʃə、赫哲语 səxəsə < *sək-sə，满文 seŋgi、锡伯语 ɕiŋ < *sigi。

“健康的”古突厥语 sɑɣ、撒拉 sɑχ < *sag。“成熟”罗维阿纳语 saɣana < *siga-na。

“伤害”伊拉鲁吐语 sɛgigərə < *segi-gərə。

“红的”亚美尼亚语 ʃikakarmir < *sik-karmi-。

“血”西班牙语 sangre，意大利语、葡萄牙语 sangue。

“血”希腊语 syggeneia。

“红”匈牙利文 pirossag < *piros-sag。“血”匈牙利文 ver < *b^wer。

3. *ʔabi（*ʔiba、*pi、*me）

“红的”马达加斯加语 mena < *me-na。“血”劳语、瓜依沃语 *ʔabu，梅柯澳语 *ʔiba。朝鲜语 *pi。

“血”希腊语 aima。

4. *rake（*rak、*roko）

“红的”桑塔利语 *ʔarak、*ragi-ʔa，吉尔伯特语 *ma-raka，米南卡保

语 *si-raq。

“血”帕马语 rāk < *rak。

“伤害”桑塔利语 rokor < *roko-roko，拉巴努伊语 hakarakerake < *rake。

梵语“红的”rakta < *rak-，“血”asṛij < *asrig。
“红的”法语 rouge、西班牙语 rojo < *roge。
“红的”乌尔都语 surakh < *surag。
“紫色的”粟特语 arɣawān < *arga-。

5. *lat（*ʔlat）

“红的”黎语堑对话、保城话 ɬaːt^{7} < *ʔlat。

“血”黎语通什话 ɬaːt^{7}、黑土话 daːt^{7} < *ʔlat。

“怕”户语 lat^{33}、佤语艾帅话 lhat < *lat，柬埔寨文 khlaːtʃ < *klat。

“伤”马达加斯语 raṭra < *rato。

“红的”古英语 read、古挪威语 rauðr、布列吞语 ruz、俄语 rɨẓij、波兰语 rudy、古教堂斯拉夫语 rudru < *rudi-ru。阿维斯陀经 raoidita- < *rodi-。
“红的”希腊语 eruthros < *erud-ros，意大利语 rosso。

6. *krag（*krak、*grok）

“红色”佤语孟汞话 kra̠k，布朗语曼俄话 saʔ^{31} khχak^{35} < *khrak。汉语 *khrak（赤）< *krak。“血”藏文 khrag < *krak。

“怕”藏文 skrag，缅文 krɔk，怒苏怒语 gɹu̠^{53} < *s-grok。

“血”俄语 krovj、波兰语 krew < *kreg^{w}。“红的”波兰语 tʃerwony < *kerg^{w}o-。
“红的、血色的”俄语 okrobablennɨj < *okrog^{w}a-g^{w}le-（血—色的）。

“红的、紫色的”俄语 bagrovɨj < *ba-grog^{w}i-。

“血”阿尔巴尼亚语 ɡjak < *grak。

“红”格鲁吉亚语 ɣaʒɣaʒa < *gargara。

7. *kero（*kru、*kro）

“红色”劳语 *kero。马林厄语 *ʔukru。

“熟的”藏文 ɦtshos < *m-kros。

“红的”亚美尼亚语 karmir、粟特语 kərmir < *kar-mir。

“红的”藏文 dmar < *d-mar。

“紫色”古日语 murasakji < *mura-saki。

“白”的词源关系

亚欧语言“白色”“白的”义的说法与“干净的”“亮的”“照耀、晒”“冰、雪”等说法有词源关系。

一　东亚太平洋语言的“白”

“白、白的”的主要说法有：

1. *ʔaq / *mu-ʔoq

古突厥语、维吾尔语 ɑq，图瓦语 ɑk < *ʔaq。

帕马语 muoh < *mu-ʔoq。

2. *ʔatiq / *təqi-təqi-l / *teqa

土耳其语 atʃik < *ʔatiq。

排湾语 vu-təqitəqil < *təqi-təqi-l。

拉巴努伊语 tea-tea < *teqa。

3. *taga-n / *taŋa-n

蒙古语 tʃɑgɑːŋ，东乡语 tʂɯɢɑn，东部裕固语 tʃɑɢɑːn < *taga-n。

满文 ʃanjan，锡伯语 ɕaŋən，赫哲语 ɕaŋgin < *taŋa-n。

4. *gita / *ba-gda / *gada

鄂温克语 giltarın < *gita-rin。

鄂伦春语 bagdarın < *ba-gda-。

嫩戈内语 gada < *gada。

5. *para

中古朝鲜语 hajahʌta < *para-。

6. *siro / *suru

日语 ɕiroi < *siro-ʔi。满文 suru（白马）< *suru。

7. *sil-qi / *ʔi-sol

鄂罗克语 silqui < *sil-qi。

蒙达语 esel < *ʔe-sel。尼科巴语 isoh < *ʔi-sol。

8. *retar / *tar

阿伊努语 retar < *retar。

他杭语 tar < *tar。

9. *balaga-ʔi / *blak

赛德克语 bahagaj < *balaga-ʔi。[①]

德昂语南虎话 blaʔ < *blak。

---

①“白、直白”匈牙利文 vilagos < *bʷilagos。“白的”芬兰语 valkoinen < *bʷalko-。

10. *burun-ʔan / *bura / *bro

卑南语 burnan < *burun-ʔan。

锡加语 bura < *bura。

景颇语 phʒo^{31}，缅文 phru^{2}，基诺语 phro^{44}，纳西语 phə˞^{21} < *bro。

11. *ma-duq-las

布农语 maduχɬas < *ma-duq-las。

12. *putiq / *pudi / *ʔapata / *pudu

印尼语 putih，萨萨克语 putiʔ，马都拉语 puti，亚齐语 puteh，他加洛语 putiʔ < *putiq。

蒙达语 punɖi，桑塔利语 punɖ < *pudi。

查莫罗语 apatʃa < *ʔapata。

桑塔利语 punɖu< *pudu。（白头发）

13. *bodas

巽他语 bodas < *bodas。

14. *lala-ʔu

达密语 lalau < *lala-ʔu。

15. *kʷalam

雅贝姆语 kʷalam < *kʷalam。

16. *pula / *bolasa-n / *puli / *ma-puli / *pulu / *pliŋ

东部斐济语 βulaβula，西部斐济语 buðo，南密语 polu < *pula。

罗地语 fula-k < *pula-。赛夏语 bolalasan < *bolasa-n。

沙阿鲁阿语 mapuɬi，鲁凯语 maʔuli，邵语 mapuði < *ma-puli。

泰雅语 pələquji? < *puli-quli。

博嘎尔珞巴语 puŋ lu < *pulu。

佤语马散话 phiŋ、艾帅话 paiŋ < *pliŋ。

17. *kuro / *karo / *kru

莫图语 kurokuro < *kuro。

巴塘藏语、阿力克藏语 ka ro < *karo。

壮语武鸣话 ɣaːu^{1}，傣语 xaːu^{1}，黎语通什话 khaːu^{1} < *kru。

汉语 *kre（皎）。

18. *brak / *breʔ

汉语 *brak（白）。

剑川白语 pɛ^{42} < *breʔ。

19. *d-kar

藏文 dkar < *d-kar。

20. *lapu

加龙语 japu na < *lapu。

21. *bik / *bak / *paka / *buk

壮语武鸣话 piːk^{8}，侗语 paːk^{10}，毛南语 pok^{8} < *bik / *bak。

吉利威拉语 p^{w}aka < *paka。

布兴语 bŭk < *buk。

22. *klok / *kelo

克木语 klɔk < *klok。

梅柯澳语 kelo-ŋa < *kelo。

23. *sada

桑塔利语 sada < *sada。

◇◇ 二 “白”的词源对应关系

1. “白、白的”和“干净的”

（1）赛德克语 *balaga-ʔi。“干净的”满文 bolgo（清的）、锡伯语 bolχun < *bolgo-n。

（2）斐济语、南密语 *pula。“干净的”劳语 falu < *p^{w}alu。“雪”桑塔利语 pala < *pala。

（3）嫩戈内语 *gada。“干净的”赫哲语 gandʑin < *gadin，中古朝鲜语 skɛkʌtʃi < *sge-gəti，布鲁语 gida < *gida。

（4）锡加语 *bura。“干净的”印尼语 bərsih、马都拉语 bersi < *berəsi-q。“冰”土耳其语 buz，哈萨克语 muz，西部裕固语 bəz < *bur。

（5）日语 *siro-ʔi。“干净的”壮语武鸣话 seu^5、仫佬语 sjau^5 < *srus。

（6）莫图语 *kuro。“干净的”日语 kirei < *kire-ʔi。“冰”日语 koːri < *kori，阿伊努语 konru < *koru。

（7）藏文 *d-kar。“干净的”桑塔利语 tsikẽɽ < *tikar。

2. “白的”和“老的”

“白的”和“老的”的词源关系上文《老》篇已说明。

（1）达密语 *lala-ʔu。“老的”保安语 loləŋ < *lolə-ŋ。

（2）莫图语 *kuro。“老的”guruka < *guro-ka。

（3）排湾语 *təqi-təqi-l。“老的”邵语 tuqatuqaʃ < *tuqa-tuqa-l。

（4）拉巴努伊语 *teqa。“老的”印尼语 tua、巴厘语 tuə、乌玛语 tuʔa <

*tu-ʔa。

（5）萨摩亚语 paʔepaʔe < *paʔe。“老的”梅柯澳语 apao < *ʔapa-ʔo。

（6）嫩戈内语 *gada。“老的”鄂伦春语 ʃagdɪ、鄂温克语 ʃaddɪ < *lagdi。

（7）毛南语 *bok。“老的”墨脱门巴语 phuk < *buk。

（8）桑塔利语 *sada。“老的”邵语 sasað < *sasad。

（9）锡加语 *bura。“老的”桑塔利语 buɽhɛ（男人用词）< *burqa。

3.“白的”和“亮的”“照耀、晒”

（1）古突厥语、维吾尔语、图瓦语 *ʔaq。“亮的”泰雅语 siʔax < *si-ʔaq。

（2）汉语 *brak（白）。“亮的”朝鲜语 parkta < *barg-。“晒”布朗语甘塘话 prak^{33}、曼俄话 phɔk^{35}，佤语马散话 hɔk < *prak。

（3）巴塘藏语、阿力克藏语 *karo。“亮的”日语 akarui < *ʔakaru-ʔi。

（4）赛德克语 *balaga-ʔi。“亮的”中古突厥语 bɑlqi < *balqi。

（5）达密语 *lala-ʔu。“亮的”那大语 lila、东部斐济语 ðila < *lila。“照耀”东部斐济语 ðila < *lila。

（6）他杭语 *tar。“晒”维吾尔语 jɑj-、哈萨克语 dʒɑj-、西部裕固语 jɑz- < *dar。

三　词源关系分析

1. *bola（*pula、*plu）

“白的”斐济语、南密语、罗地语 *pula，赛夏语 *bolasa-n。

“白马”锡伯语 fula < *pula。汉语 *bes（骠）（《说文》黄马发白色，段注起白点斑驳也）。

"白色的" 俄语 belɨj、波兰语 biale < *beli-。
"马脸上的白色斑点" 古挪威语 blesi，"浅色的点" 英语 blaze。

锡伯语等专指"白马"，北欧的说法与之相近。

2. *bura（*para、*pro、*bura、*bur、*berəsi）

"白的" 景颇语、纳西语等 *pro，朝鲜语 *para-，锡加语 *bura。

"干净的" 印尼语 bərsih、马都拉语 bersi < *berə-siq。

"冰" 土耳其语 buz，哈萨克语 muz，西部裕固语 bəz < *bur。

"白的" 希腊语 aspros < *aspro-，梵语 supra。
"白" 梵语 ʃubrataː < *subra-。"白的" 阿尔巴尼亚语 bardhë < *bar-。
"雪" 阿尔巴尼亚语 borë < *bore。粟特语 wafrā < *b^{w}ap^{w}ra。

3. *balaga（*balqi、*bolgo、*brak、*barg）

"白的" 赛德克语 *balaga-ʔi。"亮的" 中古突厥语 bɑlqi < *balqi。

"干净的" 满文 bolgo（清的）、锡伯语 bolχun < *bolgo-n。

"白的" 西班牙语、葡萄牙语 blanco、法语 blanc、意大利语 bianco。
"白" 俄语 belok，波兰语 bialko。
"热的" 阿尔巴尼亚语 flaktë < *b^{w}lak-。

"白、直白" 匈牙利文 vilagos < *b^{w}ilagos。"白的" 芬兰语 valkoinen < *b^{w}alko-。

"亮的" 匈牙利文 vilagos < *b^{w}ilagos。"聪明的" 芬兰语 välkky < *b^{w}alki。

*-l- 对应于 *-r- 的词源关系如：

汉语 *brak（白）。"亮的" 朝鲜语 parkta < *barg-。

"亮的、闪光的" 古英语 bryht、古挪威语 bjartr、哥特语 bairhts < *bareg-。

“照耀、发光”梵语 bhradʒate < *baraga-。

“聪明的、突出的”粟特语 spraɣk < *sprag-。

*ma-（*ba-、*b^{w}a-）可能是形容词前缀，词根为 *luga“亮的、光”。如：

“亮的”中古突厥语 bɑlqi < *ba-lqi。

“亮的、光”拉丁语 lucidus < *luki-。“光”梵语 laghaḥ < *laga-。

“发亮的”匈牙利文 ragyogo < *ragogo。“聪明的”芬兰语 älykas < *alukas。

4. *gita（*gida）

“白的”鄂温克语 *gita-rin，鄂伦春语 *ba-gida-。

“干净的”中古朝鲜语 skɛkʌtʃi < *sge-gəti，布鲁语 gida < *gida。

“白”古英语 hwit，古挪威语 hvitr，哥特语 hveits < *kh^{w}ita-（< *g^{w}ita-）。

“照耀”古教堂斯拉夫语 sviteti、立陶宛语 sviesti、梵语 svetah（白）< *skh^{w}ita-。

5. *p^{w}adi（*pudi、*puti、*pada、*pat）

“白的”印尼语、萨萨克语、马都拉语、亚齐语、他加洛语 *puti-q。蒙达语、桑塔利语 *pudi。

“亮的”爪哇语 padaŋ < *padaŋ，户语 pat < *pat。

“白的”阿维斯陀经 spaēta < *sapeta。亚美尼亚语 spitak < *spita-k。

“白的”粟特语 əspēt < *əspet，和阗塞语 ʃʃita- < *spita。乌尔都语 safeːd < *saped。

6. *lub^{w}a（*lapu、*lab^{w}aŋ、*lub^{w}o）

“白的”加龙语 *lapu，雅美语 malavaŋ < *ma-lab^{w}aŋ，勒窝语 juwowo < *lub^{w}o。

“白的”西班牙语、葡萄牙语 albino，拉丁语 alba，古英语 albe。赫梯语“白的”alpa，“云”alpaʃ。“天鹅”古英语 elfet、古教堂斯拉夫语 lebedi。

7. *tar

“白的”阿伊努语 *re-tar，他杭语 *tar。

“老的、头灰白的”俄语 starɨj < *stari-。

“白的”格鲁吉亚语 dɛdri < *dedri。

“绿”的词源关系

亚欧语言表“绿色”义的说法与“蓝的”“黄的”“草、叶子”等说法有词源关系。一些语言中“绿的”又兼指“不成熟的”。

一　东亚太平洋语言的“绿”

“绿、绿的”主要说法有：

1. *gek

古突厥语、维吾尔语 køk，图瓦语 gøk < *gek。（蓝、草绿）

2. *dalil

土耳其语、维吾尔语 jeʃil，哈萨克语 dʒɑsəl < *dalil。

3. *noɢoŋ / *noɢan / *nogon

蒙古语 nogoːŋ，保安语 noɢoŋ < *noɢoŋ。

图瓦语 noʁɑn < *noɢan。

鄂温克语 nɔgɔn < *nogon。

4. *rogagi-ʔan / *regi-ʔan

满文 niowaŋgijan < *rogagi-ʔan

锡伯语 nyŋnian，赫哲语 nyŋgian < *regi-ʔan。①

5. *kutu-rin / *gaduŋ / *gada

鄂伦春语 tʃuturin < *kutu-rin。

摩尔波格语 gadduŋ < *gaduŋ。

查莫罗语 gada < *gada。

6. *purə / *barə / *bartoŋ

朝鲜书面语 phurɯta < *purə-。（青色、绿色）②

朝鲜语淳昌话 sɛparətha < *se-barə-。（青色、绿色）

柬埔寨文 bajtɔːŋ < *bartoŋ。

7. *sib-nin

阿伊努语 siwnin < *sib-nin。（黄、绿、蓝）

8. *kal-rakun

多布语 k^walrak^wun < *kal-rakun。（蓝、绿）

9. *ŋura / *sŋur / *s-ŋer

那大语 ŋura < *ŋura。

道孚语 sŋur ma < *sŋur。

德昂语胖品话 si ŋᴇr < *si-ŋer。

---

① “绿的”芬兰语 raːka < *raka。

② “绿的”芬兰语 vihreä < $*b^wire$-，匈牙利文 friss < $*p^wris$。

10. *maroro

马绍尔语 maɽoɽo < *maroro。

11. *ʔaɲe

梅柯澳语 aɲe-aɲe < *ʔaɲe。

12. *mo-garo / *kru

雅美语 mogaʐo < *mo-garo。

克木语 khiou，布兴语 khiu，布朗语曼俄话 kheu^{35} < *kru。

13. *ʔida-ʔu / *ʔido / ʔitu

印尼语 hidʒau，米南卡保语 idaw < *ʔida-ʔu。

爪哇语 idʒo < *ʔido。

马达加斯加语 ma-itsu < *ʔitu。

14. *mu-lunu

布拉安语 mulunu < *mu-lunu。

15. *mata / *rito-mata / *ma-mata

达密语、查莫罗语 mata < *mata。

拉巴努伊语 rito mata < *rito-mata。

伊拉鲁吐语 məmatə < *ma-mata。

16. *buma

罗维阿纳语 buma < *buma。

17. *gada / *gadaŋ

查莫罗语 gada < *gada。巴厘语 gadaŋ < *gadaŋ。

18. *tasi-q

泰雅语　tasiq < *tasi-q。（蓝、绿）

19. *salə-səsə

鲁凯语　saləsəsə < *salə-səsə。（蓝、绿）

20. *lebu-ʔe

乌玛语　mo-leβue < *lebu-ʔe。（蓝、绿）

21. *pun

南密语　p^{m}uɳ，科木希语　pun < *pun。（蓝、绿）

22. *ma-dilum / *lilu-ʔas

邵语　madiʃlum < *ma-dilum。（蓝、绿）

排湾语　ḷiluas < *lilu-ʔas。（蓝、绿）

23. *skhreŋ / *l-graŋ-ku

汉语　*skhreŋ（青）。①

藏文　ldʑaŋ khu，错那门巴语　dʑaŋ^{35}ku^{53} < *l-graŋ-ku。

24. *bu-sriŋ / *sraŋ

独龙语　pɯ^{31}çiŋ^{55} < *bu-sriŋ。

巴琉语　çaŋ < *sraŋ。

25. *krin / *run

缅文　tsin < *krin。

---

① 古汉语“青”的语义范畴已经被“蓝”“绿”“黑”所瓜分，现代北方方言口语中通常指近于“黑”的颜色。

汉语 *run（纶，青丝绶也）。

26. *brak

布兴语 brǎk < *brak。汉语 *brok（绿）。

27. *peto / *bede

蒙达语 peʈo < *peto。（绿的，不成熟的）

查莫罗语 betde < *bede。

28. *qari-qar

桑塔利语 hɛriɛɽ < *qari-qar。

29. *dem-ka / *dema

桑塔利语 ɖemka < *dem-ka。

他杭语 thewa < *dema。

◇ 二 “绿”的词源对应关系

1.“绿、绿的”和“蓝的”

南岛语、汉藏语多不区分“绿”和“蓝”。“绿的”和“蓝的”说法交叉对应的如：

（1）古突厥语、维吾尔语、图瓦语 *gek。“蓝的”蒙古语 gɵx < *geq，清代蒙文 kuke、东部裕固语 hgø、土族语 kugo < *kuge。

（2）梅柯澳语 *ʔaŋe。“蓝的”藏文 sŋon < *sŋon。“黄的”仫佬语 ŋ̊aːn < *sŋan。

（3）朝鲜语淳昌话 *se-barə-。“蓝的”劳语 boborā < *bora。

（4）雅美语 *mo-garo。“蓝的”阿杰语 kōr̆ō < *koro。

（5）排湾语 *lilu-ʔas。“蓝的”蒙达语、桑塔利语 lil < *lil。

2.“绿的”和“黄的”

（1）梅柯澳语 *ʔaŋe。“黄”鄂温克语、鄂伦春语 ʃɪŋarɪn < *siŋa-rɪn。汤加语 eŋeŋa、波那佩语 ɔŋɔ̄ŋ < *ʔoŋeŋa。

（2）道孚语 *sŋur。“黄”朝鲜语 nurɯta < *ŋurə-。

（3）朝鲜语淳昌话 *se-barə-。“黄”莫图语 laboralabora < *la-bora，罗图马语 perpero < *bero。

（4）罗维阿纳语 *buma。“黄”吉尔伯特语 bābobo < *bobo。

3.“绿的”和“草”

（1）蒙古语、保安语 *noɢoŋ。“菜、青草”蒙古语 nɔgɔː，达斡尔语 nuguɑ < *noɢo。

（2）朝鲜书面语 *purə-。“草”朝鲜语 phur < *pur。

（3）梅柯澳语 *ʔaŋe。“草”汉语 *sŋa（苏）。道孚语 rŋə rŋa < *sŋa。

（4）道孚语 *sŋur。“草”汉语 *sŋər（卉）。

（5）锡伯语、赫哲语 *regi-an。“草”缅文 mrɑk[4]，怒苏怒语 mɹɑ̠[53] < *m-rak。

（6）排湾语 *lilu-ʔas。“草”达密语 jeje < *lele。

（7）克木语、布兴语、布朗语曼俄话 *kru。“草”邹语 kukuzu < *kukuru，汉语 *tshuʔ（草）< *s-kru。

4.“绿的”和“叶子”

（1）蒙达语 *peto。“叶子”桑塔利语 pata < *pata。

（2）罗维阿纳语 *buma。“叶子”阿伊努语 ham < *pam。

（3）爪哇语 idʒo < *ʔido。“叶子”罗地语 do-k、南密语 do < *do。

（4）乌玛语 *lebu-ʔe。“叶子”布农语 siɬav < *si-lab，汉语 *s-lap（叶），景颇语 lap³¹、独龙语 lɑp⁵⁵、格曼僜语 lop⁵³ < *lap。

（5）勒窝语 memaena < *mema-ʔena。“叶子”加龙语 ɯsɯ-ane < *ʔusu-ʔane，博嘎尔珞巴语 a nə < *ʔane。

◇ 三 词源关系分析

1. *krin（*krun）

“绿的”缅文 tsin < *krin。汉语 *run（纶，青丝绶也）。

> “绿的、生的”古英语 grene、古弗里斯语 grene、古挪威语 grænn < *grene。

2. *gara（garo、*skhreŋ、graŋ、*kara、*gra）

“绿的”雅美语 *mo-garo，汉语 *skhreŋ（青），藏文、错那门巴语 *l-graŋ-ku。

“草”藏文 rtswa < *r-kra，嘉戎语 kɑ tsɑ、义都珞巴语 kɑ⁵⁵ɹe⁵⁵ < *kara。汉语 *s-gru（草）。

> “绿的”乌尔都语 hara < *kara。
> “草、药草”古英语 græs、古高地德语、哥特语 gras < *gra-s。
> “草”希腊语 gkazon < *garo-n。

3. *bʷida（*bʷidi、*bede、*pata、*peto）

“绿的”查莫罗语 *bede，蒙达语 *peto。

“叶子”桑塔利语 pata < *pata。“草”宁德娄语 *bʷidi-ʔu。

> “黄的”梵语 piːtaṃ < *pita-。“药草”希腊语 botano < *bota-。
>
> “香草”古英语 mint、古高地德语 minza、拉丁语 mintha、希腊语 minthe < *mida。

4. *b^{w}aru（*barə、*bora、*bero）

“绿的”朝鲜语淳昌话 *se-barə-。

“蓝的”劳语 boborā < *bora。

“黄的”莫图语 laboralabora < *la-bora，罗图马语 perpero < *bero。

> “绿的”乌尔都语 sabaz < *sabar。“绿的、新鲜的”俄语 svezịj < *sb^{w}eri-。
>
> “绿的”希腊语 prasinos < *prasi-。
>
> “绿的”阿尔巴尼亚语 gjebër < *gre-bor。“草”阿尔巴尼亚语 bar < *bar。
>
> “绿色的植物”和阗塞语 ṣavara- < *sab^{w}ara。

“绿的”芬兰语 vihreä < *b^{w}ire-，匈牙利文 friss < *p^{w}ris。

5. *qari（*qar、*ʔara、*ʔara）

“绿的”桑塔利语 *qari-qar，马那姆语 arairai < *ʔara-ʔi。

“黄的”雅美语 azạj < *ʔaraʔi，koazọy < *ko-ʔaro-ʔi。

> “绿的”梵语 harita < *qari-。

6. *ragi（*roga、*regi、*rak、*lak）

“绿的”满文 *rogagi-ʔan，锡伯语、赫哲语 *regi-an。

“草”缅文 mrɑk^{4}、怒苏怒语 mɹɑ̱^{53} < *m-rak。仫佬语 ɣak^{8} < *lak。

> “绿色”粟特语 zarɣōnē < *rargo-。
>
> “绿、田野、草地”俄语 lug。

7. *siro（*sar、*sira、*ser、*sur）

“黄的”蒙古语 ʃɑr < *sar。东乡语 ʂɯrɑ，东部裕固语 ʃərɑ < *sira。藏文 ser，纳西语 ʂɿ²¹，博嘎尔珞巴语 ɕɯr < *ser / *sur。

“绿的、生的”俄语 sɨroj < *siro-。

“黄的”格鲁吉亚语 ʃuriani < *sura-ni。

8. *dali（*dila、*dole、*dala、*dali）

“绿的”土耳其语、维吾尔语、哈萨克语 *dalil。

“黄的”他加洛语、卡加延语 dilaw < *dila-ʔu，查莫罗语 dole < *dole。“亮的”罗维阿纳语 ŋedala < *ŋe-dala。

“蛋”拉加语 idoli < *ʔidoli。

“黄的”希腊语 deilos < *dilo-。

9. *gani（*ŋan、*kuni、*gəgin）

“黄的”达阿语 na-kuni < *kuni，仫佬语 ŋ̊aːn³ < *sŋanʔ。

“亮的”满文 geŋgijin、赫哲语 gəŋgin < *gəgi-ʔin / *gəgin。

“绿的”亚美尼亚语 kanatʃ < *kana-。

10. *buma（*pam）

“绿的”罗维阿纳语 *buma。“叶子”阿伊努语 ham < *pam。

“不熟的”亚美尼亚语 hum < *pum。

“黄”的词源关系

亚欧语言表“黄色”义的说法与“绿的”“亮的”“蛋、蛋黄”等说法有词源关系。

◇ 一　东亚太平洋语言的“黄”

“黄、黄的”的主要说法有：

1. *sari / *sar / *sira / *sura-n / *sura-ŋ / *seri / *ser / *sur

土耳其语 sari，维吾尔语 seriq，塔塔尔语 sɑrə < *sari-。①

蒙古语 ʃɑr < *sar。东乡语 ʂɯrɑ，东部裕固语 ʃərɑ < *sira。

锡伯语 sujan，赫哲语 sojan < *sura-n。

女真语（素羊）*sujaŋ < *sura-ŋ。

锡加语 herə-t < *seri。

藏文 ser，纳西语 ʂʅ^{21}，博嘎尔珞巴语 ɕɯr < *ser / *sur。

2. *sug^{w}ara-n

满文 suwajan，鄂温克语、鄂伦春语 ʃɪŋarɪn < *sug^{w}ara-n。

① “黄的”匈牙利文 sarga，格鲁吉亚语 ʃuriani < *sura-ni。

3. *ŋurə

朝鲜语 nurɯta < *ŋurə-。①

4. *kiro-ʔi / *gor-gor

日语 kiːroi < *kiro-ʔi。

桑塔利语 go̱rgo̱r < *gor-gor。

5. *mu-libuŋ / *lobi-ʔalan / *qulibʷa-ʔi / *kali-ʔalab

泰雅语 məhibuŋ < *mu-libuŋ。

赛夏语 ɭabialan < *lobi-ʔalan。

排湾语 qulivaj < *qulibʷa-ʔi。

阿美语 kalialaw < *kali-ʔalab。

6. *mali-saru

沙阿鲁阿语 małisarʉ < *mali-saru。

7. *ʔaraʔi / *re-ʔa

雅美语 aʐaj < *ʔaraʔi，koaʐoy < *ko-ʔaro-ʔi。

塔希提语 reʔareʔa < *re-ʔa。

8. *malulu

卑南语 maɭuɭuʔ < *malulu。

9. *ŋila

依斯那格语 ŋila < *ŋila。

① “黄的” 芬兰语 pelkuri < *pel-kuri。

10. *dila-ʔu / *dole

他加洛语、卡加延语 dilaw < *dila-ʔu。

查莫罗语 dole < *dole。

11. *kuni / *kuniŋ

达阿语 na-kuni < *kuni。

印尼语、爪哇语、马都拉语 kuniŋ < *kuniŋ。

12. *sese / *sisi

那大语 sese < *sese。（黄、蛋黄）

扎坝语 ʂʅ^{55}ʂʅ^{33} < *sisi。

13. *ba-ʔilu

达密语 bailu < *ba-ʔilu。

14. *ʔoŋeŋa

汤加语 eŋeŋa，波那佩语 ɔŋɔ̄ŋ < *ʔoŋeŋa。

15. *la-bura / *bero

莫图语 laboralabora < *la-bura。

罗图马语 perpero < *bero。

16. *bobo / *me-ʔab^{w}a / *b^{w}o

吉尔伯特语 bā bobo < *bobo。

罗维阿纳语 meava < *me-ʔab^{w}a。

缅文 wɑː^{2} < *b^{w}o。

17. *gadaŋ

巴厘语 gadaŋ < *gadaŋ。①

18. *gogo-ʔa / *gʷaŋ

劳语 gogoa < *gogo-ʔa。

汉语 *gʷaŋ（黄）。普米语兰坪话 ɣã^{13} < *gaŋ。

19. *leru / *leros

勒窝语 leru < *leru。马京达瑙语 leros < *leros。

20. *do-ʔi

景颇语 thoi^{31} < *do-ʔi。

21. *ŋuŋu

却域语 ŋɯ^{55}ŋɯ^{33} < *ŋuŋu。

22. *gar / *ŋar / *me-gar

独龙语 guɑɹ^{53} < *gar。

克木语 tç ŋar < *ŋar。

姆布拉语 weᵑgāra < *me-gar。

23. *ʔleŋ / *qlenʔ / *loŋ / *səloŋ

傣语 ləŋ^{1}，壮语龙州话 ləːŋ^{1}，黎语保定话 zeːŋ^{1} < *ʔleŋ。

壮语武鸣话 hen^{3}，布依语 jian^{3} < *qlenʔ。

柬埔寨文 lɯaŋ < *loŋ。

户语 θə ɣɔŋ^{31}，布朗语 l̥ɤŋ < *səloŋ。

---

① “黄”格鲁吉亚语 qhvidɛli < *ɢʷide-。

24. *sman

侗语 maːn^{3}，水语 m̥aːn^{3} < *smanʔ。

25. *sŋan

仫佬语 ŋ̊aːn^{3} < *sŋanʔ。

26. *ʔor / *ʔur

布兴语 ʔɔr < *ʔor。

他杭语 ur < *ʔur。

27. *si-graŋ

佤语布饶克方言 si gra̱iŋ < *si-graŋ。

28. *teŋ

德昂语 dɛŋ < *teŋ。

29. *ni

莽语 n̥auɯ^{31} < *ni。

◇ 二 词源对应关系

1. “黄、黄的”和“绿的”

“黄、黄的”和“绿的”词源关系上文《绿》篇已说明。

2. “黄、黄的”和“亮的、光”

（1）东乡语、东部裕固语 *sira。“亮的”东部斐济语 sērau < *sera-ʔu。

（2）查莫罗语 *dole。“亮的”罗维阿纳语 ŋedala < *ŋe-dala。

（3）仫佬语 *sŋanʔ。“亮的”满文 geŋgijin、赫哲语 gəŋgin < *gəgi-ʔin / *gəgin。

（4）勒窝语 *leru。“亮的”马京达瑙语 ᵐbilar < *bi-lar。

（5）依斯那格语 *ŋila。“亮的”汤加语 ŋiŋila、多布语 ŋalaj < *ŋila，莽语 gɣua⁵⁵ < *gla。“发光”图瓦语 gɤlaŋa-。

3. “黄、黄的”和“蛋、蛋黄”

“黄、蛋黄”一词所指，如伊拉鲁吐语 taɸə、那大语 sese 等。其他“黄、黄的”和“蛋、蛋黄”有对应关系的如：

（1）汉语 *gaŋ（黄），“蛋”道孚语 zgə ŋa，藏文 sgo ŋa < *sgo-ŋa。

（2）查莫罗语 *dole，“蛋”拉加语 idoli < *ʔidoli。

（3）印尼语、爪哇语、马都拉语 *kuniŋ，“蛋黄”印尼语 kuniŋ təlur。

（4）贡诺语 didi，“蛋黄”贡诺语 didi badʒao < *didi-bada-ʔo。

（5）塔希提语 reʔareʔa，“蛋黄”reʔa。

◇ 三 词源关系分析

1. *gila（*ŋila、*gla、*gli、*gela）

“黄的”依斯那格语 *ŋila。“光”布鲁语 glina-n < *gli-na。

“亮的”汤加语 ŋiŋila、多布语 ŋalaj < *ŋila，莽语 gɣua⁵⁵ < *gla。

“照耀”马林厄语 sigla < *si-gla。“闪电”多布语 ŋela、达阿语 kila < *gela。“发光”图瓦语 gɤlaŋa-。

“黄的”古英语 geolu、古高地德语 gelo，古挪威语 gulr，意大利语 giallo < *gelo。 “照耀”希腊语 gyalizo < *gali-。古法语 glisa、古丹麦语 glisse。

“黄的”芬兰语 keltainen < *kel-ta-。

2. *qari（*ʔara、*qar、*re）

“黄的”雅美语 *ʔaraʔi，塔希提语 *re-ʔa。

“绿的”桑塔利语 hɛriɛʈ < *qari-qar。

“黄的”阿维斯陀经 zari < *rari。粟特语 zērtē < *rer-。

“绿的”梵语 harita < *qari-。

3. *dali（*dila、*dole、*dala、*dali）

“黄的”他加洛语、卡加延语 *dila-ʔu，查莫罗语 *dole。

“亮的”罗维阿纳语 ŋedala < *ŋe-dala。

“蛋”拉加语 idoli < *ʔidoli。

“绿的”土耳其语、维吾尔语 jeʃil、哈萨克语 dʒɑsəl < *dali-l。

“黄的”希腊语 deilos < *dilo-。

4. *siro（*sar、*sira、*ser、*sur）

“黄的”蒙古语 *sar，东乡语、东部裕固语 *sira。藏文、纳西语 *ser，博嘎尔珞巴语 *sur。

“老的、黄的”和阗塞语 ysar- < *jsar。

“绿的、生的”俄语 sɨroj < *siro-。

“黄的”格鲁吉亚语 ʃuriani < *suri-ani。

5. *g^wa（*go、*ga）

“黄的”劳语 *gogo-ʔa，普米语兰坪话 *gaŋ。汉语 *g^waŋ（黄）。

“蛋”藏文 sgo ŋa，道孚语 zgə ŋa < *sgo-ŋa。墨脱门巴语 go tham < *go-dam。佤语马散话 ka tɔm < *ka-tom。日语 tamago < *tama-go（球—蛋）。

“黄的、绿的”和阗塞语 gvā- < *g^{w}a。

“蛋”古英语 æg，希腊语 augo，古教堂斯拉夫语 aja，古高地德语 ei < *ago。

“蛋”俄语 jajtso、波兰语 jajko < *gagko。

6. *ral（*rul）

汉语 *qral（卵），“圆的”泰雅语泽敖利方言 m-tumurul < *tumu-rul。

“黄的”波兰语 ʒołte，俄语 zjɔltɨj < *rol-。

7. *b^{w}era（*bura、*bero、*barə）

“黄的”莫图语 *la-bura，罗图马语 *bero。

“蓝的”劳语 boborā < *bora。

“青色、绿色的”朝鲜语淳昌话 sɛparətha < *se-barə-。

“黄的”阿尔巴尼亚语 verdhë < *b^{w}er-。

8. *gani（*ŋan、*kuni、*gəgin）

“黄的”达阿语 *kuni，仫佬语 *sŋanʔ。

“亮的”满文 geŋgijin、赫哲语 gəŋgin < *gəgi-ʔin / *gəgin。

“绿的”亚美尼亚语 kanatʃ < *kana-。

“黑”的词源关系

亚欧语言表“黑”义的说法或兼指“暗的”，与“夜”“炭”“脏的”等说法有词源关系。

一　东亚太平洋语言的“黑”

“黑、黑的”的主要说法有：

1. *qara / *kari

古突厥语、维吾尔语、塔塔尔语 qɑrɑ，土耳其语 kara < *qara。

东乡语 gɑrɑ，东部裕固语 xɑrɑ < *qara。

桑塔利语 kari < *kari。

2. *baraŋ / *biroŋ

蒙古语 bɑrɑːŋ < *baraŋ。

萨萨克语 birəŋ < *biroŋ。

3. *sa-qaliki / *sa-qalak / *lake / *ʔlok / *lak

满文 sahali-，赫哲语 saqalki < *sa-qaliki。

女真语（撒哈良）*sahaliaŋ < *sa-qalak。

加龙语 jake-na < *lake。

阿昌语 lɔk^{55} < *ʔlok。

布朗语胖品话 lak^{55}，甘塘话 lɔk^{55} < *lak。

4. *rəki-n

锡伯语 jətɕin < *rəki-n。

5. *koŋ-no / *kune

鄂伦春语 koŋnɔ-，鄂温克语 xɔnnɔ- < *koŋ-no。

阿伊努语 kunne < *kune。（黑、暗）

6. *gəm

朝鲜语 kəmta < *gəm-。

7. *kuro-ʔi / *kore-ma / *koroŋ / *gura

日语 kuroi < *kuro-ʔi。

莫图语 korema < *kore-ma。（黑、暗色的）

托莱语 koroŋ < *koroŋ。

桑塔利语 khɛurɛ < *gura。

8. *more / *bora / *buri

鄂罗克语 more < *more。①

劳语 bora < *bora。

达阿语 na-vuri < *buri。

---

①“黑的”匈牙利文 komor。

9. *qalu-q / *mu-kalu-q

泰雅语 qalux < *qalu-q。

赛德克语 mukaluh < *mu-kalu-q。

10. *mataq-duŋ

布农语 mataχduŋ < *mataq-duŋ。

11. *b^{w}a-ʔeŋ

雅美语 vaeŋ < *b^{w}a-ʔeŋ。

12. *ʔud-ʔudam / *ʔitam / *ʔdam

卑南语 ʔuɖʔudam < *ʔud-ʔudam。

印尼语 hitam，米南卡保语 itam，阿卡拉农语 itum < *ʔitam。

壮语龙州话 dam^{1}，黎语通什话 dam^{3}，布央语峨村话 ʔdam^{24} < *ʔdam。

13. *ʔuri / *ʔere / *ro

拉巴努伊语 ʔuri-ʔuri < *ʔuri。

汤加语 ʔere < *ʔere。

吉尔伯特语 rorō < *ro。

14. *birik

布昂语 bərik < *birik。

15. *bola

瓜依沃语 bobolaʔa < *bola-ʔa。

16. *b^{w}ab^{w}a-ʔu

吉利威拉语 b^{w}ab^{w}au < *b^{w}ab^{w}a-ʔu。

17. *geʔo

罗地语 ^{ŋ}geo-k < *geʔo。

18. *mo-ʔeta / *ʔat / *qede

乌玛语 mo-ʔeta < *mo-ʔeta。

布兴语 ʔɑit < *ʔat。

蒙达语 hende，桑塔利语 he̱nde̱ < *qede。

19. *mite

那大语 mite，布鲁语 mite-t < *mite。

20. *s-muk

汉语 *s-muk（黑）。

21. *nag / *nak-nak

藏文 nag，缅文 nak < *nag。

扎坝语 na^{55}na^{55} < *nak-nak。

22. *maŋ

达让僜语 mɑŋ^{53} < *maŋ。

23. *m-laŋ

他杭语 mlaŋ < *m-laŋ。

24. *ʔnam / *ʔlam

侗语、仫佬语 nam^{1}，佯僙语 ʔnam^{1} < *ʔnam。

临高语 lam^{1} < *ʔlam。

25. *loŋ / *laŋ / *tiloŋ

佤语马散话 lauŋ、艾帅话 luŋ、孟贡话 loŋ < *loŋ。

户语 laŋ < *laŋ。

查莫罗语 tiloŋ < *tiloŋ。

26. *k-mu

柬埔寨文 khmau < *k-mu。

二 “黑”的词源对应关系

1. “黑、黑的”和“暗的”

“黑、黑的”和“暗的”词源关系本卷《暗》篇已说明。

2. “黑、黑的”和“夜”

“黑、黑的、暗的”和“夜晚”的词源关系第二卷《夜》篇已说明。如：

（1）临高语 *ʔlam。“晚上”土耳其语 ɑkʃɑm、维吾尔语 ɑχʃɑm、哈萨克语 ɑqʃɑm < *ʔaq-lam，印尼语 malam、马都拉语 maləm、亚齐语 malam < *ma-lam。

（2）侗语、仫佬语、佯僙语 *ʔnam。“夜”侗语 $an^{1}ȵam^{5}$ < *ʔa-nam。

（3）邵语 maqusum < *ma-qusum。“夜”佤语马散话 -səm、布朗语曼俄话 $nsum^{35}$ < *n-som。

（4）藏文、缅文 *nag，“晚上”景颇语 $să^{31}naʔ^{55}$ < *sa-nak。

（5）蒙古语 bɑrɑːŋ < *baraŋ，“夜”嘉戎语 sə wɑr < *sə-bar。

（6）卑南语 *ʔud-ʔudam。“晚上”东部裕固语 ødøgʃə、东乡语 udʑiəʂi < *ʔudi-gəti。“夜”排湾语 qadzəmədzəmətɕ < *qadam-dəmək。

（7）吉尔伯特语 *ro。“晚上”蒙古语 orœː，达斡尔语 oreː、东部裕固

语 ørøi < *ʔoro-i。

3.“黑、黑的”和“炭、烟灰”

（1）朝鲜语 kəmta < *gəm-，“炭”莫图语 guma < *guma。

（2）劳语 *bora，“炭”卡那卡那富语 vara、沙阿鲁阿语 varaʔa < *b^{w}ara-ʔa。

（3）吉尔伯特语 *ro，“炭”那大语 aro、锡加语 arə-n < *ʔaro。

（4）乌玛语 mo-ʔeta < *mo-ʔeta，“炭”戈龙塔洛语 duʔito < *du-ʔito。

（5）汉语 *s-muk（黑）。“烟灰”毛南语 vuk^{7}、水语 wuk^{7} < *ʔbuk。

4.“黑、黑的”和“脏的”

（1）柬埔寨文 *k-mu，“脏的”蒙达语 humu < *qumu。

（2）托莱语 *koroŋ，“脏的”佤语艾帅话 khrɯ̱iŋ < *kriŋ。

（3）锡伯语 *rəki-n，“脏的”吉尔伯特语 barekareka < *ma-reka-reka。

（4）汉语 *s-muk（黑），“脏的”错那门巴语 bɔk^{35}po^{53} < *bok。

三　词源关系分析

1. *nag（*nig、*nak）

“黑的”藏文、缅文 *nag。“傍晚”朝鲜语 *du-nig，“晚上”景颇语 *sa-nak，“夜”缅文 ȵ̥ɑȵ̥^{1}nɑk^{4} < *niŋ-nak。汉语 *s-nak（慝，恶的，见《诗经·大雅·民劳》）。

“夜、黑”古英语 niht，“夜”高地德语 naht、古弗里斯语、德语 natʃt。“夜里”，梵语 nak，希腊语 νύξ，拉丁语 nox，立陶宛语 naktis，哥特语 nahts，赫梯语 nekut-（晚上）。“夜、黑”古印欧语 nak-。①

2. *more（*bara、*bora、*par、*b^{w}ar）

“黑的”鄂罗克语 *more，蒙古语 *baraŋ，劳语 *bora。“暗的”满文 farhūn，锡伯语 farχun < *par-qun。汉语 *smə-s（晦）。“夜”嘉戎语 sə wɑr < *sə-b^{w}ar。

“黑的”希腊语 mayros < *maro-。

3. *kura（*kuro、*kore、*koro、*gura）

“黑的”日语 *kuro-ʔi，莫图语 *kore-ma，托莱语 *koroŋ，桑塔利语 *gura。

“黑的”希腊语 agrios < *agri-，梵语 kriʃna < *kris-。
俄语 tɕjɔrnɨj < *kor-，波兰语 tʃarny < *kar-。

4. *muk

汉语 *s-muk（黑）。“烟”巴拉望语 buk < *buk，巴拉望语、摩尔波格语 tabuk < *ta-buk。道孚语 mkhə、墨脱门巴语 mu gu < *mugu。他杭语 miŋku < *miku。

“烟”威尔士语 mwg，亚美尼亚语 mux < *muq。英语 smok，荷兰语 smook，德语 schmauch < *sk-muk。

“暗淡的”保安语 mɑɢəmoɢo < *mogo。

“暗的”亚美尼亚语 mug < *mug。

5. *birik

“黑的”布昂语 bərik < *birik。

---

① Custom logo design by LogoBee.com, Douglas Harper, 2001–2013.

“夜、暗”俄语 mrak < *mrak，“暗”波兰语 zmrok < *r-mrak。

“脏的”吉尔伯特语 barekareka < *bareka-reka。“土”朝鲜语 hɯrk < *b^{w}urəg。“灰尘”古突厥语 topraq、土耳其语 toprak < *to-prak。满文 buraki、赫哲语 burəŋgi < *buragi，巴拉望语 purək < *puruk。

“脏的”意大利语 sporco < *sporko。

6. *ro（*re、*ri）

“黑的”拉巴努伊语 *ʔuri，汤加语 *ʔere，吉尔伯特语 *ro。

阿尔巴尼亚语 “黑的、暗的”errët < *ero-，“黑的”zi < *ri。

“黑的”突厥语 *qara，东乡语、东部裕固语 *qara。

“黑的”和阗塞语 haryāsa- < *qarja。

7. *b^{w}a（*səbo）

“黑的”吉利威拉语 *b^{w}ab^{w}a-ʔu。“暗的”邹语 səvoi < *səbo-ʔi。

“黑的”亚美尼亚语 sev < *seb^{w}。

“黑的”粟特语 ʃāw，阿维斯陀经 syāva < *sjab^{w}a。

“黑的”格鲁吉亚语 ʃavi < *sab^{w}i。

8. *rəki

“黑的”锡伯语 jətɕin < *rəki-n。

“暗的”吐火罗语 $_{A}$ orkɨm < *orki-。

9. *galam（*kalam）

“暗的”米南卡保语 kalam，亚齐语 klam < *kalam。桑塔利语 galam < *galam。

“黑的”乌尔都语 kala。

“热”的词源关系

亚欧语言表“热的、烫的”义的说法与“烧”“太阳”“温暖”“火”“柴”等说法有词源关系。

◇ 一 东亚太平洋语言的“热”

“热、热的”的主要说法有：

1. *ʔisi-q / *se

古突厥语 isig，维吾尔语 issiq < *ʔisi-q。

羌语 sɛ < *se。

2. *qiri-q / *qəru-s

维吾尔语 qiziq，图瓦语 izix < *qiri-q。[①]

布昂语 ni qərus < *qəru-s。

---

① “热的、热烈的”匈牙利文 hires < *qire-s。

3. *sidaq

土耳其语 sidʒak，哈萨克语 əstəq < *sidaq。

4. *qal-qun / *qalu-qu / *ʔota-qoli / *kilu-q /*qalu

蒙古语 xɑluːŋ，东乡语 qɑlun < *qal-qun。

满文 halhūn，锡伯语 χalχun < *qal-qun。

女真语（哈鲁温）*haluwen < *qal-qun。

女真语（哈鲁兀）*haluwu < *qalu-qu。

赫哲语 otɕaqoli < *ʔota-qoli。

泰雅语 kilux < *kilu-q。

却域语 qa^{55}lu^{55} < *qalu。

5. *ʔəkudi / *ma-kat / *kata

鄂伦春语 əku，鄂温克语 əxuddi < *ʔəkudi。

雅美语 mak^{w}at < *ma-kat。

斐济语 katakata < *kata。（热的、温暖的）

6. *dəb

朝鲜语 təpta < *dəb-。①

7. *qatu / *ʔet

日语 atsɿi < *qatu-ʔi。

科木希语 ét < *ʔet。

8. *sa-ʔiba

鄂罗克语 saiwa < *sa-ʔiba。

---

①“温暖的”格鲁吉亚语 tbili < *tubi-。

9. *rara / *rari-on

布鲁语 rara-t（太阳的热），坦纳语 arion < *rara / *rari-on。

10. *kara / *kro / *ʔud-gar

波那佩语 karakar < *kara。

他杭语 kropa < *kro-。

桑塔利语 udgɛr < *ʔud-gar。

11. *poto

布鲁语 poto-t < *poto。

12. *ʔinit

卡林嘎语、他加洛语 īnit，巴厘语 m-init < *ʔinit。

13. *p^{w}ila / *b^{w}ela

马绍尔语 $p^{ɯ}$il < *p^{w}ila。

汤加语 vela，塔希提语 veʔaveʔa < *b^{w}ela。

14. *pigan

查莫罗语 pigan < *pigan。

15. *ʔago / *ʔagu / *go

劳语、瓜依沃语 ʔagoʔago < *ʔago。

博嘎尔珞巴语 agu，加龙语 au < *ʔagu。

克伦语阿果话 go < *go。

16. *ʔa-p^{w}e / *ma-ʔipe / *pu

坦纳语 $ap^{w}eap^{w}e$ < *ʔa-p^{w}e。

查莫罗语 maipe < *ma-ʔipe。

阿昌语、仙岛语 pu < *pu。

17. *pa-ʔəlit

阿美语 faəɬət < *pa-ʔəlit。

18. *pʷasi

沃勒阿依语 ɸʷesi < *pʷasi。

19. *ŋat / *ʔaŋat / *ʔa-kat

汉语 *ŋat（热）。

雅美语 anŋet，米南卡保语 aŋeʔ，印尼语 haŋet（热的、温暖的）< *ʔaŋat。

独龙语 $a^{31}kɑt^{55}$ < *ʔa-kat。

20. *kla

藏文 tsha po < *kla。

21. *tu

义都珞巴语 $tɯ^{55}$ < *tu。

22. *ʔok

缅文 ok < *ʔok。

23. *lu / *lo / *lolo / *lon

剑川白语 $ɣɯ^{31}$ < *lu。

基诺语 $ɬo^{44}$，哈尼语绿春话 $lɔ^{55}$ < *lo。

桑塔利语 lo̰lo̰ < *lolo。

西双版纳傣语 $hɔn^{4}$ < *lon。

24. *ʔa-tit / *ʔdat / *ma-titi / *tet

黎语 ti:t^{7}，布央语郎架话 qa^{0}tɔt^{11} < *ʔa-tit。

泰语 dɯət^{9}，武鸣壮语 da:t^{9}，布依语 da:t^{7} < *ʔdat。

沙阿鲁阿语 matsitsi < *ma-titi。

景颇语 kă^{31}thet^{55} < *tet。

25. *s-mi / *ʔmiʔ

德昂语南虎话 măi，硝厂沟话 m̥ai < *s-mi。

德宏傣语 mai^{3} < *ʔmiʔ。

26. *rat

尼科巴语 rat < *rat。

27. *rage / *rago

尼科巴语 ɽa:itʃhø < *rage。

马那姆语 ragogo < *rago。

28. *qon / *ʔun-qa

布朗语曼俄话 hɔn^{31}，克木语 hɔn < *qon。

柬埔寨文 ʔuɳha < *ʔun-qa。

汉语 *qən（蕴、熅，闷热）。①

29. *dal

柬埔寨文 tʃaeẖ < *dal。

① 《诗经·大雅·云汉》："旱既大甚，蕴隆虫虫。"

30. *gorom

桑塔利语 go̱ro̱m < *gorom。

二 “热”的词源对应关系

1. “热、热的”和“烧”

（1）土耳其语、哈萨克语 *sidaq。“烧”东部裕固语 ʃədɑ-、土族语 ʂdɑː- < *səda。

（2）蒙古语、东乡语 *qal-qun。“烧”图瓦语 okɤl < *ʔokol，布朗语 kɤl̥ ^{35}< *kol。

（3）汤加语、塔希提语 *b^{w}ela。“烧”波那佩语 mb^{w}ul < *b^{w}ule。

（4）桑塔利语 *lolo。“烧”桑塔利语 lo̱ < *lo，满文 ʃolo < *lolo。

（5）沙阿鲁阿语 *ma-titi。“烧”莽语 tet^{51} < *tet，桑塔利语 tsutʃ < *tut。

（6）布鲁语 *rara。“烧”莫图语 ara、马那姆语 ʔaraʔara < *ʔara。

2. “热、热的”和“太阳”

（1）布依语 *ʔdit。“太阳”西双版纳傣语 dɛt^{9}、布依语 dan^{1}daːt^{7} < *ʔdat。

（2）土耳其语、哈萨克语 *sidaq。“太阳”赛德克语 hido < *sido。“照耀”布鲁语 sida < *sida。

（3）布鲁语 *rara，“太阳”菲拉梅勒语 reā、拉巴努伊语 raʔa < *re-ʔa。

（4）汤加语、塔希提语 *b^{w}ela。“太阳”鲁凯语 vai、布农语 vaɬi < *b^{w}ali，朱昂语 belā、桑塔利语 bela < *bela。

（5）鄂罗克语“热”*ʔurin，“烧”urja- < *ʔuri，“太阳”aur < *ʔaure、uːri < *ʔuri。

3.“热、热的”和“温暖”

（1）柬埔寨文 tʃaeẖ < *dal。“温的”图瓦语 dʒɤlɤx < *deleq。

（2）布朗语曼俄话、克木语 *qon。汉语 *qən（温）。

（3）卡林阿语 *ʔinit。“温暖的”巽他语 hanɨt < *qanit。

（4）印尼语 panas，“温暖的”窝里沃语 ma-pane < *pane。

（5）汤加语、塔希提语 *b^{w}ela，“温暖的”大瓦拉语 wipoya < *b^{w}ipola。

（6）雅美语 *ma-kat，“温暖的”东部斐济语 katakata < *kata。

4.“热、热的”和“火”“柴”

（1）罗图马语 sunu < *sunu。“火、火焰”巽他语 sinɨ < *sini。

（2）日语 *qatu-ʔi。“火”博多语 ɑt、彝语巍山话 ɑ^{55}to^{33}、傈僳语 ɑ^{55}to^{55}< *ʔato。“柴”维吾尔语 otun，哈萨克语 otən，土耳其语 odun < *ʔotun。

（3）劳语、瓜依沃语 *ʔago。“火”佤语马散话 ŋau、艾帅话 ŋu、孟贡话 go < *go。

（4）德昂语南虎话、硝厂沟话 *s-mi。“火”藏文、拉达克语、他杭语 me < *me，马加尔语 hme < *sme。

（5）坦纳语 *ʔa-p^{w}e。“火”日语 hi < *pi，阿伊努语 abe < *ʔabe。

（6）剑川白语 *lu，“火”越南语 lɯə^{3} < *ʔluʔ。苗语养蒿话 tu^{4}（柴、火）、布努语 ka^{1}tu^{4}、勉语 tou^{4} < *duʔ。

三 词源关系分析

1. *kate（kudi、*kat、*kata、*git、*gat）

汉语 *ŋat（热）。

“热的”雅美语、米南卡保语、印尼语 *ʔaŋat。独龙语 *ʔa-kat。“照耀”

他加洛语 sikat < *si-kat。

“太阳”巴拉望语 sɔ-git < *so-git，南密语 n̥ egat < *sni-gat。

“热的”古英语 hat、古弗里斯语 het，古挪威语 heitr，哥特语 heito < *keta。
希腊语 kaytos < *kato-。

2. *sina（*sunu、*sni、*ʔana）

“热的”罗图马语 sunu < *sunu。

“太阳”瓜依沃语 sina、卡乌龙语 sinaŋ。那加语奥方言 āna < *ʔana，他杭语 tihnji < *ti-sni。

“热的”梵语 uʃna < *usna。

3. *b^{w}uri（*bru、*bur、*muru、*moru、*mor）

“热的（东西）”邹语 tsuvru < *tu-bru。

“温暖的”布鲁语 muru-k < *muru。“火”朝鲜语 pur < *bur，阿杰语 kēmɔřu < *ke-moru。

“火”希腊语 πυρ（pyr）、英语 fire、德语 feuer、荷兰语 vuːr、亚美尼亚语 hur < *pur。“热的”俄语 sveʐij < *sb^{w}eri-。

“热的”匈牙利文 fris < *p^{w}ri-s。“热的、燃烧的”匈牙利文 forro < *p^{w}oro。

4. *g^{w}ara（*kara、*kro、*gar）

“热的”波那佩语 *kara，他杭语 *kro-pa，桑塔利语 *ʔud-gar。

“热的”俄语 gorjatɕij，波兰语 gorąʦy < *gora-。
“使温暖”波兰语 ogrzatʃ < *ogra-。
“热的”乌尔都语、和阗塞语 garam-，粟特语 ɣarm < *gara-。
“温暖的”古英语 wearm，亚美尼亚语 jerm < *ger-m。
“温暖的”拉丁语 formus、希腊语 thermos < *g^{w}orm-。

汉语 *sŋre（烧），“烧荒”波拉语 ŋjɛ^{35} < *ŋre。

“晒、烤”景颇语 kʒa̱^{31} < *kra，“晒”阿杰语 kařa < *kara。

俄语“烧”dogoratj < *do-gora-，“烧掉”sgoratj < *s-gora-。

“烧”古教堂斯拉夫语 goriti- < *g^{w}ori-。赫梯语 war- < *g^{w}ar-。

5. *b^{w}algi（*brok、*prak）

“晒”满文 walgi- < *b^{w}algi。布朗语甘塘话 prak^{33}、曼俄话 phɔk^{35}、佤语马散话 hɔk、壮语龙州话 phjaːk^{7}、壮语武鸣话 taːk^{7}、德宏傣语 taːk^{9} < *prak。汉语 *brok（曝），*prak（灼）。

“热的”阿尔巴尼亚语 flaktë < *b^{w}lak-。

“烤”古法语 frire、拉丁语 frigere，梵语 bhrjjati，希腊语 phrygrin < *brige-。

“照耀”阿尔巴尼亚语 fërkoj < *b^{w}orko-，波兰语 blyskatʃ < *bluska-。

6. *b^{w}ela（*p^{w}ila）

“热的”马绍尔语 *p^{w}ila。汤加语、塔希提语 *b^{w}ela。

“热的”阿尔巴尼亚语 valë < *b^{w}alo。

“火、火焰”芬兰语 palo。

7. *p^{w}e（*pe、*pu）

“热的”坦纳语 *ʔa-p^{w}e，查莫罗语 *ma-ʔipe。阿昌语、仙岛语 *pu。

“火”日语 hi < *pi，阿伊努语 abe < *ʔabe，印尼语、马京达瑙语 api，汤加语、萨摩亚语 afi，拉巴努伊语、夏威夷语、毛利语 ahi < *ʔap^{w}i。

“热的”威尔士语 poeth < *po-。“火”梵语 pu。

8. *dəb

“热的”朝鲜语 təpta < *dəb-。

“火焰”阿卡拉农语 dabdab < *dab。

“炉子”亚齐语 dapu，藏文 thab < *dab。

“热的”和阗塞语 ttab-，粟特语 tafs < $*tab^{w}s$。

“宙斯神”希腊语 zeus < $*deb^{w}us$。

“白天”梵语 divasa，diva < $*dib^{w}a$。

格鲁吉亚语“温暖的”tbili < *tubi-，“烧、烤”tshva < $*db^{w}a$。

“冷”的词源关系

许多语言如同汉语分别用“冷”“寒”指某一样东西和天气使人感到冷，“冷”也可兼指天气。亚欧语言“寒、冷、冷的”与“冰、雪、霜”“抖”等说法有词源关系。

◇ 一　东亚太平洋语言的“冷”

表示“冷、寒、冷的”的主要说法有：

1. *tum / *tumeta / *ʔadəm / *tumura

古突厥语 tumliɣ，土耳其语 tumɑɣ < *tum-lig /-ag。

日语 tsɿmetai < *tumeta-ʔi。

爪哇语 aɖəm < *ʔadəm。

马那姆语 tumura < *tumura。

2. *mur

维吾尔语 muzlɑ-，哈萨克语 muzdɑ- < *mur-。

3. *sogu / *saqu / *səku

维吾尔语 soʁɑq，土耳其语 soɣuk，撒拉语 soχ < *sogu-q。

锡伯语 saχurun < *saqu-run。女真语（厦忽鲁）*sjahuru < *saqu-ru。

赛德克语 musəkui，赛夏语 maskəs < *mu-səku-ʔi / *ma-skə-s。（天冷）

4. *doŋ / *diŋin / *sitaŋ

西部裕固语 doŋ < *doŋ。

印尼语、米南卡保语、巴厘语 diŋin，贡诺语 diŋiŋ < *diŋin。

桑塔利语 sitɛŋ < *sitaŋ。

5. *kitə-n / *got / *pu-gut

清代蒙文 kuiten，东乡语 kuitɕiən，保安语 kitɑŋ < *kitə-n。

佤语马散话 kuat，德昂语硝厂沟话 gǎt < *got。

沙玛语 huggut < *pu-gut。

6. *beku-qen / *la-mig / *ku-mig

满文 beikuwen < *beku-qen。

他加洛语 lamig，摩尔波格语 ramig < *la-mig。

卡林阿语 kūmog < *ku-mig。

7. *ʔadaqo-li

赫哲语 adaqoli < *ʔadaqo-li。[①]

8. *ʔiŋin / *gan

鄂伦春语 iŋin < *ʔiŋin。

汉语 *gan（寒）。

---

① “冷的”匈牙利文 hideg < *qideg。

9. *ku / *kʷi / *sku / *ki / *kəŋ

朝鲜书面语 tʃhu- < *ku。朝鲜语蔚山话 tʃhwi- < *kʷi。

道孚语 ʂkhu ʂkhu < *sku。

黎语通什话 khai^{5} < *ki。

巴琉语 kəŋ^{53} < *kəŋ。

10. *samu / *simuʔ

日语 samui < *samu-ʔi。

木鲁特语 masimuʔ < *ma-simuʔ。

11. *me-ʔan

阿伊努语 mean < *me-ʔan。

12. *turu-tu

泰雅语 təreruʔ，赛德克语 turutuʔ < *turu-tu。

13. *lala-qəl

排湾语 laləqəɭ < *lala-qəl。（天冷）

14. *li-tik / *take-ʔo

卑南语 liʈək < *li-tik。（天冷）

拉巴努伊语 takeʔo < *take-ʔo。

15. *ma-tisi

邵语 matiθi < *ma-tisi。

16. *ridi-na

布鲁语 b-ridi-n，伊拉鲁吐语 ridənə < *ridi-na。

17. *toʔe-toʔe

汤加语 toʔetoʔe < *toʔe-toʔe。

18. *ma-niŋeŋ

查莫罗语 maniŋheŋ < *ma-niŋeŋ。

19. *ma-nini / *ʔini-gidi

勒窝语 manini < *ma-nini。

鄂温克语 inigiddi < *ʔini-gidi。

20. *bʷətə-rəl

排湾语 vətsərəl < *bʷətə-rəl。

21. *sekur / *keru / *kru

多布语 sekʷur < *sekur。

莫图语 keru < *keru。

白语剑川话 kɯ^{55}，鹤庆话 ŋkɯ^{31} < *kru。

22. *m-reŋ / *reŋ / *reŋi / *riŋe / *raŋ

汉语 *mreŋ（冷）< *m-reŋ。

布依语 çeŋ^{4} < *reŋ。

柬埔寨文 rəŋiːə < *reŋi。

鄂罗克语 riŋe < *riŋe。

阿者拉语 raŋaraŋ < *raŋa。

23. *graŋ

藏文 graŋ，他杭语 khaŋpa < *graŋ。

24. *gla

撒尼彝语 dʑe^{44}，木雅语 ndza^{33}ndza^{55} < *gla。

25. *grat

怒苏怒语 gɹa̱^{53}，阿昌语 kʐ̩uat < *grat。

26. *ʔram / *sorumu / *ram

毛南语 jaːm^{5} < *ʔram。

邹语 soeʉmʉ < *sorumu。

阿伊努语 jam < *ram。

27. *ʔdit

壮语武鸣话 nit^{7}，水语 ʔn̥it^{7} < *ʔdit。（天冷）

28. *ŋar / *gʷari

克木语 ŋăr < *ŋar。

瓜依沃语 gʷari < *gʷari。

29. *mada / *madi

蒙达语 mādā < *mada。

马那姆语 madidi < *madi。

30. *ʔupob / *poʔu

尼科巴语 ufov < *ʔupob。（天冷）

波那佩语 pou < *poʔu。

31. *le-ʔuk / *ʔluk / *quk

尼科巴语 leuitʃ < *le-ʔuk。（身子冷）

京语 juk^7 < *ʔluk。

克木语 huik < *quk。

32. *rabaŋ

桑塔利语 rabaŋ < *rabaŋ。（天冷）

◇ 二 "冷"的词源对应关系

1. "冷、冷的"和"冰、雪、霜"

（1）维吾尔语、哈萨克语 *mur-la/da。"冰"土耳其语 buz、哈萨克语 muz、西部裕固语 bəz < *bur。

（2）桑塔利语 *ra-baŋ。"冰"汉语 *prəŋ（仌）。[①]

（3）莫图语 *keru。"冰"日语 koːri < *kori。"雪"雅美语 kori < *kori。

（4）阿伊努语 *ram。"雪"马达加斯加语 uram-panala < *ʔuram。

（5）满文 *beku-qen。"冰"鄂伦春语 umukʃu、鄂温克语 omoʃʃo < *ʔumuk-su。

（6）卑南语 *li-tik。"冰"满文 dʒuhe、锡伯语 dʐuxo、赫哲语 dʐukə < *duqə。"雪"日语 juki < *duki。

（7）勒窝语 *ma-nini。"冰、雪"壮语武鸣话 nai^1 < *ʔni。"霜"彝语南华话 $n̥i^{33}$ < *ni。

（8）日语 *samu-ʔi。"冰、霜"莽语 $ʔim^{31}$ < *ʔim。"霜"日语 ɕimo < *simo。

（9）鄂温克语 *ʔini-gidi。"霜"满文 getʃen < *geten，撒拉语 kɑtu < *katu。

---

① "冰"古字为"仌"。《说文》："冰，水坚也。从仌从水。俗冰从疑。"徐铉注："今作笔陵切，以为冰冻之冰。"段玉裁注："以冰代仌，乃别制凝字。经典凡凝字皆冰之变也。""仌"名词读 *prəŋ，动词读 *ŋəŋ，后来又有"凝"字。

（10）尼科巴语 ufov < *ʔupob。“霜” 柯尔克孜语 bubɑq < *bubaq，布农语 pav < *pab。

（11）西部裕固语 doŋ < *doŋ。“霜” 蒙古语 tʃɑŋ < *taŋ。

（12）克木语 *ŋar。“霜” 嘉戎语 sŋɐr < *sŋar。

（13）汉语 *mreŋ（冷）< *m-reŋ，*sraŋ（霜）。“冰”壮语武鸣话 nai^{1} haːŋ^{1}，侗语 ləŋ^{6} < *ʔni-laŋ（冰—霜）。

（14）汉语 *gan（寒），“霜” 阿昌语 ŋ̊an^{55}、浪速语 ŋa̱ŋ^{31} < *sŋan。

（15）排湾语 laləqəɭ < *lala-qəl。“雪” 赛夏语 hæhœlæʔ < *salala。

2. “冷、冷的” 和 “抖”

（1）泰雅语、赛德克语 *turu-tu。“抖”中古朝鲜语 stəta、庆州话 ttərrinta < *s-dəri-。马京达瑙语 dʒədʒer、托莱语 dədədər < *dəder。

（2）克木语 *ŋar。“抖” 摩尔波格语 gorgor < *gor。

（3）拉巴努伊 *take-ʔo。“抖” 吉尔伯特语 takariri < *taka-riri。

（4）排湾语 laləqəɭ < *lala-qəl。“抖” 那大语 ləli < *lili。

（5）勒窝语 *ma-nini。“抖” 拉巴努伊语 nene < *nene。

（6）藏文、他杭语 *graŋ。“抖” 佤语阿佤方言 khrauɯŋ < *kraŋ。

（7）汤加语 *toʔe-toʔe。“抖” 萨摩亚语 tete < *tete，汉语 *toʔ（抖）。

◇ 三 词源关系分析

1. *keru（*kur、*kru、*kori）

“冷的”多布语 *sekur，莫图语 *keru，白语 *kru。“冰”日语 koːri < *kori。“雪” 雅美语 kori < *kori。

“冷”希腊语 kryos < *kro-。

“冷的”芬兰语 karu。

2. *gila（*gla、*kali）

“冷的”撒尼彝语、木雅语 *gla。“冰”撒尼彝语 kɑ^{33}lɪ^{55}mɒ^{33} < *kali。

拉丁语“结冰”gelare < *gela-，“霜”gelu。

“冷的”古英语 cald、古弗里斯语 kald，古挪威语 kaldr，哥特语 kalds < *kald-。

“冷”波兰语 hłod、俄语 xolod < *kolod。

“冰”阿尔巴尼亚语 akuɫl < *akul。

“冷的”芬兰语 kolea < *kole-。“凉的”格鲁吉亚语 grili < *gri-。

3. *beku（*muk）

“冷的”满文 *beku-qen。“冰”鄂伦春语 umukʃu、鄂温克语 omoʃʃo < *ʔumuk-su。

“霜”希腊语 pagos < *pago-。

“冷”匈牙利语 fagy < *p^{w}agi。

4. *b^{w}ətə（*madi）

“冷的”排湾语 *b^{w}ətə-rəl。马那姆语 madidi < *madi。

“冷的”阿尔巴尼亚语 ftohtë < *b^{w}toq-。

5. *siro（*siru、*siro、*sro）

“抖”桑塔利语 sisiɽɛu < *sisiru，塔几亚语 siror < *siroro，汉语 *sroʔ（擻）。

“冷的”亚美尼亚语 sarë < *saro。

6. *ridi

布鲁语 b-ridi-n，伊拉鲁吐语 ridənə < *ridi-na。

“冷的”乌尔都语 sard < *sard。

“满”的词源关系

亚欧语言表“满”义的说法与“多的”“饱的”“胖的”“月亮”“满月”等说法有词源关系。

◇ 一　东亚太平洋语言的“满”

“满的、满”的主要说法有：

1. *tol / *dalu / *tulel

维吾尔语 toʃ-，哈萨克语 tol-，撒拉语 doʃ- < *tol。①

满文 dʒalu，锡伯语 dʐalu-，鄂温克语 dʒalʊ- < *dalu。

桑塔利语 tuhel < *tulel。

2. *dugurə

蒙古语书面语 duüguüre-，蒙古语 dʉrə-，达斡尔语 duːrə-，东部裕固语 duːrtʃ-，保安语 dərgɛ- < *dugurə。

---

①“满的”匈牙利文 tele，teljes < *tele-s。芬兰语 taüydellinen < *taudel-。

3. *miti / *tumu / *tem / *tim / *matə-mul

日语 mitçiru < *miti-ru。

萨摩亚语 tumu < *tumu。

布兴语 tɛm < *tem。

西双版纳傣语、壮语龙州话 tim^{1} < *tim。

阿美语 matuməʃ，布农语 matmuð，卑南语 matəmuj < *matə-mul。

4. *penu / *penu-q / *penu-k / *benu

莫图语 honu，马达加斯加语 fenu< *penu。

印尼语 pənuh，萨萨克语 pənoʔ，乌玛语 ponuʔ < *penu-q。

嫩戈内语 penutʃ < *penu-k。

锡克语、那大语 bənu < *benu。

5. *muli / *b^{w}il / *b^{w}ule

沙阿鲁阿语 milii < *muli-ʔi。

帕马语 vil < *b^{w}il。

勒窝语 wule < *b^{w}ule。

6. *polu / *ma-pəluq

戈龙塔洛语 mo-polu < *polu。排湾语 mapəluq < *ma-pəluq。

7. *sali

多布语 sali < *sali。

8. *ma-siri

拉加语 masiri < *ma-siri。

9. *ʔidiq

宁德娄语 idih < *ʔidiq。

10. *bukə / *b^{w}uga

姆贝拉语 bok，托莱语 bukə < *bukə。

西部斐济语 βuga < *b^{w}uga。

11. *siɲi

罗维阿纳语 siɲi < *siɲi。

12. *p^{w}ap^{w}

马绍尔语 p^{ɯ}ap^{ɯ} < *p^{w}ap^{w}。

13. *s-leŋ

汉语 *leŋ（盈）< *s-leŋ。①

14. *gaŋ

藏文 gaŋ ba < *gaŋ。

15. *lu

史兴语 lu^{35} < *lu。

16. *bluŋ

达让僜语 blɯŋ^{55} < *bluŋ。

---

① 谐声字“緸”他丁切。

17. *preŋ / *pura

缅文 prɑn̥^{1}，阿昌语 pz̥əŋ^{35}，景颇语 phʒiŋ^{55} < *preŋ。

畲语多祝话 paŋ^{3}，勉语江底话 pwaŋ^{3}，大坪话 baŋ^{3} < *preŋ。

桑塔利语 purɛ < *pura。

18. *ʔlim / *s-ləm

壮语武鸣话 ɣim^{1}，布依语 zim^{1} < *ʔlim。

汉语 *sləm（充）< *s-ləm。（使满）

19. *nuk

布朗语曼俄话 nuk^{33}，佤语马散话 niɔk，艾帅话 nauk，户语 nok^{31} < *nuk。

20. *kiŋ

克木语 kĭŋ < *kiŋ。

21. *di

京语 dəi^{2} < *di。

22. *la-dar

桑塔利语 ladʒhar < *la-dar（充满的），tʃeɽem < *te-rem（很满的）。

23. *tok-ʔen

尼科巴语 tøːkŋen < *tok-ʔen。（满、饱）

24. *poŋ / *buŋu

柬埔寨文 pĕɲ < *poŋ。

梅柯澳语 puŋu < *buŋu。

◇ 二 "满"的词源对应关系

1. "满、满的"和"多"

"满"和"多"的词源关系上文《多》篇已提到，如：

（1）维吾尔语、哈萨克语、撒拉语 *tol。"多"维吾尔语 tolɑ、柯尔克孜语 tolo < *tola。

（2）京语 *di。"多"桑塔利语 ɛd̪i < *ʔadi。基诺语 thə^{42}、达让僜语 dɯ^{35} < *du。

（3）莽语 *lap。"多"满文 labdu、锡伯语 lavdw < *lab^{w}-du，巽他语 laba < *laba。

（4）汉语 *man（满）。"多"朝鲜语 man-hta < *man-，马林厄语 kmana < *ka-mana，邵语 manaʃa < *mana-sa。

（5）沙阿鲁阿语 *muli-ʔi。"多"哈萨克语 mol、赫哲语 malχun < *mol / *mal-qun。

（6）柬埔寨文 *poŋ。"多"藏文 maŋ po < *maŋ，户语 phaŋ^{55} < *baŋ。

（7）布兴语 *tem。"多"卡加延语 tama < *tama，科木希语 tomɛ < *tome。

（8）桑塔利语 *pura。"多"赛德克语 habaro < *sa-baro，鄂温克语、鄂伦春语 baraːn < *bara-n。

2. "满、满的"和"圆的"

（1）沙阿鲁阿语 *muli-ʔi。"圆的"阿美语 kimulu < *ki-mulu，柬埔寨文 mūl < *mul。

（2）马绍尔语 *p^{w}ap^{w}。"圆的"那大语 bebe，阿杰语 powe < *beb^{w}e。

（3）桑塔利语 *tulel，"圆的"塔几亚语 -tilanti < *tila-tila。

（4）巴琉语 laːn^{31} < *lan。“圆的”布依语 zan^{2} < *lan。

◇ 三　词源关系分析

1. *mola（*mol、*mal、*mla、*mul、*muli、*mulu、*mul）

“满的”阿美语、布农语、卑南语 *matə-mul，沙阿鲁阿语 *muli-ʔi。

“多的”“多”哈萨克语 mol、赫哲语 malχun < *mol / *mal-qun。

“圆的”阿美语 kimulu < *ki-mulu，柬埔寨文 mūl < *mul。

“满的”梵语 majaḥ < *mala-。“满月”梵语 amalendu < *a-mal-indu。

“满的”希伯来语 male，阿拉伯语 mali。

2. *bʷole（*bʷule、*polu、*pəlu、*plun）

“满的”帕马语 *bʷil，勒窝语 *bʷule，戈龙塔洛语 *polu，排湾语 *ma-pəluq。

“圆的”黎语保定话 pluːn^{1} < *plun。

“满的”古英语 full、古弗里斯语 ful、哥特语 fulls < *pul。希腊语 πλήρης，拉丁语plēnus，梵语 plātas < *ple-tus。

俄语 polnɨj、波兰语 pełny < *pol-。

“饱的”阿尔巴尼亚语 velët < *bʷelo-。

“多的”希腊语 polus < *polu-。“圆”希腊语 bole。

3. *bʷuga（*bukə、*bogo、*bʷeka）

“满的”姆贝拉、托莱语 *bukə。西部斐济语 *bʷuga。

“多的、大的”东乡语 fugiə、保安语 fuguo < *pugo。

“大的”鄂温克语 bɔŋgɔn < *bogo-n，吉利威拉语 βeka < *bʷeka。

“满的、多的”俄语 bogatɨj < *boga-。“满的”亚美尼亚语 amboʁj < *abog-。
“月亮、月份”粟特语 m’ɣy < *magi。

4. *dora（*durə、*der、*tran）

“圆的”爪哇语 bunder、印尼语 bundar < *bu-der。“多的”蒙达语 *der, 摩尔波格语 *dora-m，巴拉望语 *mo-dora-m, 柬埔寨文 *tran。

阿尔巴尼亚语“满的”thëthirë < *dediro，“满满地”tërë < *toro。
“多的”（不可数）梵语 adara。

5. *bʷura（*pura、*preŋ、*poro、*bara、*bare 等）

“满的”桑塔利语 *pura，缅文、阿昌语、景颇语 *preŋ，苗语野鸡坡话、畲语多祝话 paŋ³、勉语江底话 pwaŋ³、大坪话 baŋ³ < *preŋ。

“多的”马绍尔语 kupʷɔʈpʷɔʈ、阿杰语 põřõ < *ku-poro，查莫罗语 puroha < *puro-qa。赛德克语 habaro < *sa-baro，鄂温克语、鄂伦春语 baraːn < *bara-n。

“月亮”莫图语莫图莫图方言（Motomoto）papare < *bare。桑塔利语“满月”buru kunɛmi < *buru-kunami（月—满月），或 buru。

“满的”梵语 purna，paripuːɽna。乌尔都语 bhara hoa < *bara -。
和阗塞语“满的”purra-，“月亮”purrā-。“满月”粟特语 pərt。
“充入”粟特语 ambēr < *aber。
“多的”（不可数）梵语 bhuːri < *buri。

“满的、圆的”芬兰语 pyoüreaü < *pore-。

“圆的”中古突厥语 bur- < *bur。莫图语 kuboruboru < *ku-buru。

“圆的”和阗塞语 parbira < *par-bira。

6. *lap

“满的”莽语 lap^{51} < *lap。

“多”满文 labdu、锡伯语 lavdw < *lab-du，巽他语 laba < *laba。

“满的”威尔士语 llawn < $*lab^{w}$-。

“空”的词源关系

亚欧语言表“空”义的说法与“洞”“山谷”“壳、贝壳”等说法有词源关系。

一　东亚太平洋语言的“空”

“空、空的”的主要说法有：

1. *bol / *bilo

维吾尔语、撒拉语 boʃ-，哈萨克语 bos- < *bol。

贡诺语 bilo < *bilo。

2. *quruq

维吾尔语 quruq，哈萨克语 qur，西部裕固语 quruɣ < *quruq。[①]

3. *qosun / *qogosun

蒙古语 xoːsən，达斡尔语 xoːson，东部裕固语 χuːsən，东乡语

---

① “空的”匈牙利文 üres < *ure-s。

qosun < *qosun。

清代蒙文 hogosun < *qogosun。

4. *qodi / *kedo

蒙古语 xəndiː < *qodi。（空的、山谷）

马林厄语 kekedo < *kedo。

5. *roko / *lo-rok

达斡尔语 joːkon < *roko-n。（空的、山谷）

桑塔利语 lo̱ro̱k lo̱ro̱k < *lo-rok。（空手）

6. *dab-sar

东部裕固语 dʒɑbsɑr < *dab-sar。（空的、山谷）

7. *ʔutu

满文 untuhun < *ʔutu-qun。[①]

8. *karaʔ

日语 karaʔ- < *karaʔ。

9. *puluŋ

巴厘语 pujuŋ < *puluŋ。

10. *ʔoŋa-ʔo / *ʔaŋe

鲁凯语 oŋaoŋao < *ʔoŋa-ʔo。

梅柯澳语 aŋe < *ʔaŋe。

---

① "空的"芬兰语 autio < *ato。

11. *pu-ʔana

马达加斯加语 fuana < *pu-ʔana。

12. *ʔuku / *ʔukas / *kosoŋ

瓜依沃语 -uku < *ʔuku。

泰雅语 ʔukaʃ < *ʔukas。

印尼语、米南卡保语、巽他语 kosoŋ < *kosoŋ。

13. *beso / *pus

马林厄语 beso < *beso。

傣语 pau^5 < *pus。

14. *ʔasi-ʔani

莫图语 asi ani-na < *ʔasi-ʔani（东西—无）。

15. *guma

大瓦拉语 guma-na（空壳的）< *guma。

16. *lala

东部斐济语 lala < *lala。

17. *p^{w}ar

马绍尔语 p^{ɯ}aɽ < *p^{w}ar。

18. *ma-ʔini

梅柯澳语 maini < *ma-ʔini。

19. *pobo / *bi

托莱语 pobono < *pobo-na。

朝鲜语 pin < *bi-。

20. *roŋ

博嘎尔珞巴语 a roŋ < *roŋ。

21. *khreŋ / *kruŋ

克木语 khrŏŋ，莽语 kuŋ^{55} < *kroŋ。

汉语 *khreŋ-s（罄）。

阿昌语 kʐoŋ^{55}，波拉语 kuŋ^{31} < *kruŋ。

22. *s-toŋ

藏文 stoŋ pa，墨脱门巴语 toŋ < *s-toŋ。

23. *man

景颇语 man^{31} < *man。

24. *qoŋ-loŋ / *skoloŋ / *kloŋ /*qla

缅文 hoŋ^{3}loŋ^{3} < *qoŋ-loŋ。

普米语兰坪话 skõ^{55} õ^{55} < *skoloŋ。

水语 loŋ^{1}，壮语 kjoŋ^{1} < *kloŋ。

汉语 *qla（虚）。

25. *ʔuʔaŋ

达让僜语 uɑŋ^{55} < *ʔuʔaŋ。

26. *suna

桑塔利语 sunɛ < *suna，sun < *sun，tsupri < *tupri。

27. *gali

桑塔利语 khɛli < *gali。

◇ 二 “空”的词源对应关系

1. “空、空的”和“山谷”

（1）维吾尔语、撒拉语、哈萨克语 *bol。“山谷”东部斐济语 buða < *bula。

（2）瓜依沃语 *ʔuku，“山谷”泰雅语 uquʔ < *ʔuqu。

（3）桑塔利语 *gali，“山谷”吉利威拉语 sakala。

（4）日语 *karaʔ，“山谷”基诺语 a^{44}khro^{33} < *kro。

（5）蒙古语 *qodi。“山谷”劳语 dede。

2. “空、空的”和“洞、山洞”

（1）梅柯澳语 *ma-ʔini。“洞”梅柯澳语 ine < *ʔine，日语 ana < *ʔana。“山洞”拉巴努伊语 ʔana、塔希提语 ana < *ʔana。

（2）大瓦拉语 *guma，“洞”朝鲜语 kuməŋ < *gumuŋ。

（3）马绍尔语 *p^{w}ar，“洞穴”日语 hora-ana < *pora-ʔana。

（4）汉语 *khoŋ（空）。“洞”藏语拉萨话 sə^{55}khuŋ^{55}，畲语 khuŋ^{3}。

（5）满文 *ʔutu-qun。“洞”莽语 do^{31}、佤语艾帅话 dauʔ < *du。“山洞”克木语 ʔduʔ、户语 n thuʔ^{31} < *ʔduʔ。

（6）马林厄语 *kedo，“洞”德昂语茶叶箐话 ka tɛu^{51} < *kadu。

（7）藏文、墨脱门巴语 *s-toŋ。“洞”满文 duŋgu、锡伯语 duŋ < *duŋu。

3.“空、空的”和“壳、贝壳”

（1）维吾尔语、撒拉语、哈萨克语 *bol。“壳”布拉安语 fuli < *puli。

（2）汉语 *khreŋ。“贝壳”印尼语、爪哇语 kəraŋ < *koraŋ。

（3）东部斐济语 *lala，“贝壳”窝里沃语 lola < *lola。

（4）水语、壮语 *kloŋ，“贝壳”托莱语 kəlaŋ < *kolaŋ。

（5）马林厄语 *beso，“贝壳”莫图语 bisisi < *bisi。

（6）泰雅语 *ʔukas，“贝壳”梅柯澳语 oka < *ʔoka。

◇ 三 词源关系分析

1. *b^{w}aka（*baka、*bok）

“空的”瓜依沃语 baka < *baka。“洞”缅文 a^{3}pɔk^{4}、藏文 phog < *bok。“贝壳”拉巴努伊语 pakahera < *baka-pera。

> “空的”拉丁语 vacuus < *b^{w}aku-。

2. *de（*qodi、*dede）

“空的、山谷”蒙古语 *qodi。“山谷”劳语 *dede。

> “空的”希腊语 adieianos < *ade-。
>
> “空的”和阗塞语 ttäʃai < *tata-。

3. *ʔana（*ʔine）

“空的”马达加斯加语 *pu-ʔana。“洞”梅柯澳语 ine < *ʔine，日语 ana <

*ʔana。“山洞”拉巴努伊语 ʔana、塔希提语 ana < *ʔana。

“空的”梵语 suːnja < *suna。

4. *roko（*rok）

“空的、山谷”达斡尔语 joːkon < *roko-n。“空手”桑塔利语 *lo-rok。

“空的”梵语 riktaḥ < *rik-。

5. *beso（*bisi）

“空的”马林厄语 *beso。“贝壳”莫图语 bisisi < *bisi。

“空的”波兰语 puste、俄语 pustoj < *pus-。“空的、洞”苏格兰方言 bose。

“空的”阿尔巴尼亚语 boʃ < *bos。

6. *p^{w}ara（*p^{w}ar、*pora）

“空的”马绍尔语 $p^{ɯ}$aɽ < *p^{w}ar。

“洞穴”日语 hora-ana < *pora-ʔana。

“空的”葡萄牙语 vaziọ < *b^{w}aro。粟特语 wāre、和阗塞语 vāra < *$b^{w}$are。

“空的”波兰语 proʒny < *pror-，亚美尼亚语 parap。

7. *dab-sar

“空的、山谷”东部裕固语 dʒɑbsɑr < *dab-sar。

“空的”亚美尼亚语 thaphel < *dabe-。

8. *gali

“空的”桑塔利语 khɛli < *gali。

“空的”乌尔都语 khaːli < *gali。

9. *kas（*koso）

“空的”泰雅语 ʔukaʃ < *ʔukas。印尼语、米南卡保语、巽他语 kosoŋ < *kosoŋ。

“中空的”和阗塞语 kusi < *kusi。

“累”的词源关系

亚欧语言表“累、疲倦”义的词与“虚弱的”“软的”“空的”等说法有词源关系。

◇ 一 东亚太平洋语言的“累”

“累的”的主要说法有：

1. *dor-qun / *duri / *ʔeduri / *gu-deri / *tora-ʔo

土耳其语 jorgun- < *dor-qun。

土族语 dureː-，保安语 ɛdərə- < *duri / *ʔeduri。（疲乏）

蒙古语 dʒʉdrə-，东部裕固语 dʒøderiː- < *gu-deri。（疲乏）

桑塔利语 thorɽao < *tora-ʔo。

2. *tart

维吾尔语 tʃartʃ-，哈萨克语 ʃarʃ- < *tart。

3. *qaru / *ʔore

维吾尔语 hɑr-，柯尔克孜语 ɑruː- < *qaru。

马绍尔语 oɽɛ < *ʔore。

4. *duda / *dada / *dedeŋ

蒙古语 dʒʉdə-，东部裕固语 ʃuːdɑː- < *duda。（累、受苦）

撒拉语 jɑda- < *dada。

嫩戈内语 ɖeɖeŋ < *dedeŋ。

5. *daba / *dolo-dape

图瓦语 dʒɑbɑ- < *daba。

桑塔利语 ɖoja ɖape < *dolo-dape。

6. *muda

东部裕固语 muːdɑ- < *muda。

7. *ʔebere

满文 ebere- < *ʔebere。（疲倦）

8. *lada

满文 ʃada-，锡伯语 sadə- < *lada。（乏）

9. *ʔulu-na

鄂温克语 ʊlʊnna- < *ʔulu-na。

10. *qəsula / *salaq

东乡语 qɯʂulɑ- < *qəsula。

爪哇语 sajah < *salaq。

11. *tuka

日语 tsɿkareru < *tuka-reru。

12. *ma-dəli

排湾语 madzəɭi < *ma-dəli。

13. *ka-bal / *bale / *pela。

鲁凯语 kabaɭbal < *ka-bal。

沙玛语 bale < *bale。

汤加语 hela < *pela。

14. *rara / *lalaq / *ma-lula-ʔi

阿者拉语 raraiʔ < *rara-ʔiʔ。

印尼语、萨萨克语 ləlah < *lalaq。

阿美语 malulaj < *ma-lula-ʔi。

15. *sab^{w}i / *ma-bo / *pe

拉加语 savi < *sab^{w}i。

罗维阿纳语 mabo < *ma-bo。

景颇语 pa^{55}，博嘎尔珞巴语 a peː < *pe。

16. *ŋosro / *sari

邹语 ŋoseo < *ŋosro。

伊拉鲁吐语 sari < *sari。（累、虚弱）

17. *lusu

马都拉语 ləssu，印尼语 ləsu < *lusu。

18. *malo / *mula / *ʔola / *ʔala

马那姆语 mamalo < *malo。

达密语 mulā < *mula。

东部斐济语 oða < *ʔola。

桑塔利语 ala < *ʔala，ali < *ʔali，alao < *ʔalaʔo。

19. *sota

罗地语 sota < *sota。

20. *ropi

塔希提语、拉巴努伊语 rohi-rohi < *ropi。

21. *tape

巽他语 tʃape < *tape。

22. *rəl / *ba-ler

汉语 *rəls（累）< *rəl-s，*ral（羸），*glar-s（諈）。

锡加语 bəler < *ba-ler。

23. *bap / *pap

汉语 *bap（乏）。嘉戎语 spap < *s-pap。

24. *d-ka / *s-ka

藏文 dkaɦ < *d-ka。

道孚语 ʂka < *s-ka。

25. *noŋ

缅文 n̥ɔŋ[3] < *noŋ。

26. *ʔbak / *mak / *pigon

壮语武鸣话 pak[8]，黎语通什话 bok[7] < *ʔbak。

马绍尔语 mʷʌk < *mak。

朝鲜语 phikonhan < *pigon-。

27. *ŋe / *ŋaŋe

布兴语 ŋɛ < *ŋe。

那大语 ŋaŋe < *ŋaŋe。

28. *kin

柬埔寨文 tʃɯn < *kin。

《尔雅》：“倕、诿，累也。”

◇ 二 “累”的词源对应关系

1. “累的”和“弱的”

（1）日语 *tuka-reru，“虚弱的”巴厘语 ənduk < *ʔəduk。

（2）撒拉语 *dada，“虚弱的”那大语 ɗeɗe < *dede。

（3）达密语 *mula，“虚弱的”梅柯澳语 e-melo < *melo。

（4）土耳其语 *dor-qun。“弱的”马都拉语 gʱəddʱur < *gə-dur。

（5）汤加语 *pela。“虚弱的”托莱语 biluə < *bilu-。“身体单弱”满文 ebilun < *ʔebilun。

（6）汉语 *rəls（累）< *rəl-s，*ral（羸），“虚弱的”邹语 rozʔu < *rol-ʔu。

2. “累的”和“软的”

（1）满文 ebere- < *ʔebere，“软弱”eberi < *ʔeberi。

（2）土耳其语 *dor-qun，“软的”鄂温克语 dəjə < *dərə。

（3）排湾语 madzəl̥i < *ma-dəli。“软的”蒙古语 dʒɵːləŋ、东部裕固语 dʒyːlən、土族语 dʐoːlon < *dolən。

（4）马绍尔语 *mak。“软的”布朗语胖品话 m̥ɔk[31]、甘塘话 mɔk[31] < *s-mok，那大语 məku < *muku。

（5）达密语 *mula。“软的”萨摩亚语 malū、塔希提语 marū < *malu，苗语高坡话 mləŋ[6]、勉语大坪话 mai[6] < *mle。

3. “累的”和“空的”

（1）图瓦语 *daba，“空的”东部裕固语 dʒɑbsɑr < *dab-sar。

（2）印尼语、萨萨克语 *lalaq，“空的”东部斐济语 lala < *lala。

（3）汉语 *bap（乏），“空的”托莱语 pobono < *pobo-na。

（4）汤加语 *pela，“空的”贡诺语 bilo < *bilo。

◇ 三 词源关系分析

1. *duri（*dor、*deri、*dir、*dur）

“累的”土耳其语 *dor-，土族语 *duri，保安语 *ʔeduri，蒙古语、东部裕固语 *gu-deri。

“弱的”马都拉语 gʱəddʱur < *gə-dur。

“疲乏”古英语 teorian < *dori-。
“累的”阿尔巴尼亚语 lodhur < *lo-dur。

2. *papo（*pap、*bap、*pobo）

“累的”嘉戎语 spap < *s-pap，汉语 *bap（乏）。

“空的”托莱语 pobono < *pobo-na。

“累”英语 poop < *bop。

3. *la（*lala、*lora）

“累的”东部斐济语 *ʔola，桑塔利语 *ʔala。汉语 *g-lar-s（諈），*qlar-ʔ（惰）。

“变弱”桑塔利语 lorao < *lora-。

“空的”东部斐济语 lala < *lala。

“累的”英语 alas，拉丁语 lassus < *las-。

4. *doli（*dəli、*dolo、*dolə）

“累的”排湾语 madzəɭi < *ma-dəli，桑塔利语 *dolo-dape。

“软的”蒙古语 dʒɵːləŋ、东部裕固语 dʒyːlən、土族语 dʑoːlon < *dolən。

“累的”俄语 ustalɨj < *ustali-。

5. *dab-sar

“累的”图瓦语 *daba，桑塔利语 *dolo-dape。

“空的、山谷”东部裕固语 dʒɑbsɑr < *dab-sar。

“空的”亚美尼亚语 thaphel < *dabe-。

6. *duka（*duk、*tuka）

“累的”日语 tsɿkareru < *tuka-reru。

“弱的”巴厘语 ənduk，萨萨克语 eɳtʃek < *ʔeduk。

“累的”乌尔都语 thakka hoa < *daka -。
“弱的”亚美尼亚语 tkar < *tuka-。

“累的”格鲁吉亚语 daɣlili < *dag。

7. *tart

“累的”维吾尔语 tʃartʃ-，哈萨克语 ʃarʃ- < *tart。

“累的”粟特语 tāsād < *tasad。

8. *kedo

“空的”马林厄语 kekedo < *kedo。“懒的”贡诺语 kuttu < *kutu。

“弱的、累的”粟特语 xwāt < *k^{w}at。

“懒”的词源关系

亚欧语言表“懒”义的词与“坏的”“软的”“聋的、聋子”“瞎的、瞎子”等说法有词源关系。

◇ 一　东亚太平洋语言的“懒”

“懒、懒的”的主要说法有：

1. *qorun

维吾尔语 horun < *qorun。

2. *dalqa / *dalqu

哈萨克语 dʒalqaw，图瓦语 dʒalʁɤː < *dalqa。

蒙古语 dʒalxuː，达斡尔语 dʒalkoː < *dalqu。

3. *ʔarg-ləg / *lak^{w}a

西部裕固语 arɣləɣ < *ʔarg-ləg。

瓜依沃语 lalak^{w}a < *lak^{w}a。

4. *ruma

撒拉语 rumɑ < *ruma。

5. *beŋese

乌孜别克语 bɛŋgɛsɛ < *beŋese。

6. *ʔal-digu / *dagi

蒙古语书面语 ɑldʒɪɣu < *ʔal-digu。东乡语 dʐɑɣəi < *dagi。

7. *banu

满文 banuqun，锡伯语 banχun，赫哲语 banχon < *banu-qun。

8. *duta / *sa-dut

鄂伦春语 dʊta < *duta。

依斯那格语、卡林阿语 sadut < *sa-dut。

9. *lil-qan

鄂温克语 ʃɪlxan < *lil-qan。

10. *gegərə / *ger-bag

朝鲜语 keɣɯrɯta < *gegərə-。朝鲜语蔚山话 kɛrpakta < *ger-bag-。

11. *manogu-sada

日语 monogusada < *manogu-sada。

12. *ma-lese / *lose / *lisuʔ

印尼语 malas，巴厘语 maləs，米南卡保语 maleh < *ma-lese。

乌玛语 lose < *lose。沙玛语 lisuʔ < *lisuʔ。

13. *ʔapolo / *pela

梅柯澳语 apolo < *ʔapolo。罗地语 pela < *pela。

14. *kutu

贡诺语 kuttu < *kutu。

15. *pube

塔希提语 hupehupe < *pube。

16. *piko / *paka-biko

罗图马语 piko < *piko。汤加语 fakapikopiko < *paka-biko。

17. *qrat / *krət

汉语 *qrats（懒）< *qrat-s。①

水语 hət^{7}，毛南语 khət^{7} < *krət。

18. *ma-gura / *gran / *kran / *kura

独龙语 mɑ^{31}gɯ^{55}ɹɑ^{53} < *ma-gura。

壮语龙州话 kjaːn^{4}，傣语 xaːn^{4} < *gran。

苗语高坡话 ŋkin^{4}、复员话 ŋkaŋ^{4} < *gran。

克木语、德昂语南虎话 gran，布朗语甘塘话 khran^{33}，佤语孟贡话 khran< *gran。

布兴语 tɕan < *kran。

桑塔利语 kuɽhiɛ（男人用语）< *kura，kuɽhni（女人用语）< *kur-ni。

① 谐声字“獭”为透母。

19. *la-gon

景颇语 lǎ³¹kon³¹ < *la-gon。

20. *proŋ / *ʔbroŋ

缅文 pjɑŋ³ < *proŋ。

京语 bjəŋ⁵ < *ʔbroŋ。

21. *sabeŋ

阿侬怒语 ɕɑ³¹bɛŋ⁵⁵ < *sabeŋ。

22. *ralata

尼科巴语 ɽaːhata < *ralata。

23. *dili-sili

桑塔利语 ɖhilisili < *dili-sili。

二 “懒”的词源对应关系

1. “懒、懒的”和“坏的”

（1）维吾尔语 horun < *qorun，“坏的”鄂伦春语、鄂温克语 əru < *ʔəru。

（2）东乡语 *dagi。“坏的”莫图语 dika < *dika，依斯那格语 nadakeʔ < *na-dakeʔ。

（3）印尼语、巴厘语、米南卡保语 *ma-lese。“坏的”鲁凯语 malisi < *ma-lisi。

（4）汉语 *qrats < *qrat-s。“坏的”德昂语甘塘话 rɛt³³ < *ret，马达加斯

加语 ratsi、坦纳语 rat < *rati。

（5）罗地语 *pela。"坏的"柬埔寨文 piːəliːə < *pili。

2. "懒、懒的"和"软的"

（1）蒙古语、达斡尔语 *dalqu。"软的"蒙古语 dʒəːləŋ、东部裕固语 dʒyːlən、土族语 dʑoːlon < *dolən。

（2）维吾尔语 horun < *qorun，"软的"赫哲语 ujan < *ʔuran。

（3）乌玛语 *lose，"软的"布鲁语 em-losi < *losi。

（4）日语 *manogu-sada，"软的"莫图语 manoka-manoka < *manoka。

（5）罗地语 *pela，"软的、烂的"雅贝姆语 pale < *pale。

（6）缅文 *proŋ，"软的" 缅文 $pjɔ^{1}$、基诺语 a^{44} $prø^{55}$ < *proʔ。

（7）塔希提语 *pube，"软的"达密语 labub < *la-bub。

3. "懒、懒的"和"聋的、聋子""瞎的、瞎子"

（1）鄂伦春语 *duta，"聋子"满文 dutu、锡伯语 dutw < *dutu。

（2）朝鲜语 *gegərə-，"聋的、聋子"土耳其语 sağir、撒拉语 saʁər < *sa-gir。"瞎的、瞎子"蒙古语 soxər、达斡尔语 sogur、东乡语 soɢo、鄂温克语 ʃɔxɔr < *so-gur。

（3）东乡语 *dagi。"聋的"水语 dak^{7}、黎语保定话 $ɬoːk^{7}$、黎语黑土话 dak^{7}< *ʔdak，萨萨克语 kədok < *kə-dok。

（4）罗图马语 *piko，"聋的"巴拉望语 lɔpak < *lo-pak。

（5）缅文 *proŋ，汉语 *broŋ（聋）。

◇ 三 词源关系分析

1. *laga（*ləg、*lag、*lak^{w}a、*ʔarg）

“懒的”西部裕固语 *ʔarg-ləg，瓜依沃语 *lak^{w}a。“坏的”尼科巴语 tøtløːk < *tot-lok。“瞎的”他加洛语、阿卡拉农语 bulag，巴拉望语 bɔlɔʔ < *bu-lag。

“懒汉”古英语 slouch、slouk，古挪威语 slokr < *slok。
“懒的、慢的”古英语 asolcen。
“慢的、懒的”古英语 slaw、古挪威语 sljor < *slog^{w}o。

2. *b^{w}ila（*pela、*pale 、*bola、*bila、*bala）

“懒的”罗地语 *pela。“软的、烂的”雅贝姆语 pale < *pale。“腐烂”宁德娄语 abola < *ʔabola，瓜依沃语 bila < *bila，汤加语 pala < *bala。

“坏的、邪恶的”古英语 yfel、古撒克逊语、古高地德语 ubil、古弗里斯语 evel、哥特语 ubils < *upel。“坏的”西班牙语 malo。
“懒的”希腊语 tempeles < *tepele-，阿尔巴尼亚语 dembel。

3. *lar

汉语 *lar-ʔ（惰）。

“懒的”梵语 alaʃaḥ < *alara-。

4. *kedo（*kutu）

“懒的”贡诺语 kuttu < *kutu。“空的”马林厄语 kekedo < *kedo。

“弱的、累的”粟特语 xwāt < *k^{w}at。

“熟”的词源关系

汉语“熟的”指“成熟的、煮熟的”。亚欧地区多数语言“成熟的”和“煮熟的”有区别，有的是同根词的分化，又有不同语言的交叉对应。这两个意义的说法又都与“软的”“红的”等说法有词源关系。

◇ 一　东亚太平洋语言的“熟”

“成熟的、煮熟的”的主要说法有：

1. *pilbil / *bili-q / *bol-ba / $*b^wela$ / *bula

土耳其语 piʃmiʃ < *pilbil。

维吾尔语 piʃʃiq，西部裕固语 bəhsəɣ < *bili-q。

哈萨克语 pəsqan，图瓦语 bɤʃʁɑn < *bili-qan。

清代蒙文 bolba < *bol-ba。

萨摩亚语 vela < $*b^wela$（煮熟的），pula < *bula。（成熟的）

2. *deti-l

维吾尔语 jetil-，哈萨克语 dʒetil- < *deti-l。（成熟）

3. *ʔuru / *ʔir-qun / *ʔir-lə / *ran

满文 urehe，锡伯语 uru- < *ʔuru。

赫哲语 iχən，鄂伦春语 ir-，鄂温克语 irʃəː < *ʔir-qun / *ʔir-lə。

萨萨克语 ran < *ran。（煮熟的）

4. *ʔig / *na-ʔek

朝鲜语 ikta < *ʔig-。

塔几亚语 naek < *na-ʔek。（煮熟的）

5. *ni-ʔeru / *ʔuni / *noʔa

日语 nieru < *ni-ʔeru。（煮熟）

宁德娄语 uni < *ʔuni。（成熟的）

马那姆语 noʔa-noʔa < *noʔa。（成熟的）

6. *duku

日语 dʒjukusɿru < *duku-。（成熟）

7. *ma-sak / *ta-sak

印尼语 masak，巽他语 asak，萨萨克语 masak（成熟的）< *ma-sak。（煮熟的）

贡诺语 tasaʔ < *ta-sak。（煮熟的）

8. *turu

邹语 tsuru < *turu。（煮熟的）

9. *ləbəŋ

巴厘语 ləbəŋ < *ləbəŋ。（煮熟的）

10. *taga

布拉安语 taga < *taga。（煮熟的）

11. *ma-ʔeda / *ʔo-ʔotu / *ʔutu

莫图语 maeda < *ma-ʔeda。（煮熟的）

拉巴努伊语 ʔoʔotu < *ʔo-ʔotu。（煮熟的）

卡林阿语 ūtu < *ʔutu。（煮熟的）

12. *mataŋ / *matəŋ / *mada / *buta

印尼语 mataŋ < *mataŋ。（成熟的）

爪哇语 matəŋ < *matəŋ。（煮熟的）

瓜依沃语 mada < *mada。（成熟的）

斐济语 buta < *buta。（煮熟的）

13. *nə-bese

沙外语 n-mɔsɛ，伊拉鲁吐语 nəbəse < *nə-bese。（煮熟的）

14. *nə-bere / *bara

沙外语 n-mɔrɛ < *nə-bere。（成熟的）

塔希提语、拉巴努伊语 para < *bara。（成熟的）

15. *didi / *deʔu

贡诺语 didi < *didi。（成熟的）

斐济语 d^{r}eu < *deʔu。（成熟的）

16. *nula

瓜依沃语 nula < *nula。（煮熟的）

17. *ʔama / *maʔu / *ma

塔希提语 ama < *ʔama。（煮熟的）

托莱语 mau < *maʔu。（成熟的）

波那佩语 mā < *ma。（成熟的）

18. *mas / *ma-mosa

帕马语 mas < *mas。（煮熟的）

罗图马语 mamosa < *ma-mosa。（成熟的）

19. *tab^{w}a

吉尔伯特语 tawa < *tab^{w}a。（成熟的）[①]

20. *nede

嫩戈内语 neḏe < *nede。（成熟的）

21. *mo-nogu / *ʔinug

吉利威拉语 monogu < *mo-nogu。（成熟的）

卡加延语 inug < *ʔinug。（成熟的）

22. *g^{w}-luk

汉语 *g^{w}-luk（熟）。

壮语武鸣话 ɕuk^{8}，侗语 ɕok^{8}，毛难语 zɔk^{8} 。（汉语借词）

23. *m-klos / *kalo

藏文 ɦtshos < *m-klos。（煮熟的）

马绍尔语 kalo < *kalo。（成熟的）

---

① “成熟的”格鲁吉亚语 mtsipɛ < *m-tipe。

24. *krak / *m-grak

缅文 kjɑk < *krak。

嘉戎语 kə ndʒɑk < *m-grak。（成熟的）

25. *smin / *min / *mena / *mone

藏文 smin，缅文 hmɑŋ̥^{1} < *smin。（成熟的）

嘉戎语 kə smən < *smin。（煮熟的）

独龙语 min^{53} < *min。（煮熟的、成熟的）

拉加语 mena，勒窝语 mene，帕马语 men < *mena。（成熟的）

布昂语 monəq < *mone-。（成熟的）

26. *miga / *mage

纳木兹语 mi^{31}gæ^{53} < *miga。（煮熟的、成熟的）

莫图语 mage < *mage。（成熟的）

27. *sin

佤语艾帅话、德昂语、克木语 sin，布朗语曼俄话 sin^{35} < *sin。

苗语高坡话 sæin^{3}，畲语多祝话 sin^{3} < *sin。

28. *keter / *kadro

桑塔利语 ke̱tse̱r < *keter，kaɖro̱ < *kadro。

◇ 二 “熟”的词源对应关系

1. “煮熟的、成熟的”和“软的”

（1）萨摩亚语 *bula，“软的”托莱语 molo < *molo，汤加语 molū < *molu。

（2）萨萨克语 *ran，“软的”赫哲语 ujan < *ʔuran。

（3）印尼语、巽他语、萨萨克语 *ma-sak。“软的”宁德娄语 b^{w}eseken < *me-seken。

（4）巴厘语 *ləbəŋ。“软的”达密语 labub < *labub，蒙达语 lebe < *lebe。

（5）吉利威拉语 *mo-nogu。“软的”莫图语 manoka-manoka < *manoka。

（6）宁德娄语 *ʔuni。“软的”藏文 sn̥i mo < *s-ni，扎坝语 $nu^{33}nu^{55}$ < *nu-nu。

（7）瓜依沃语 *nula。汉语 *nalʔ（软）< *nal-ʔ。

2. “煮熟的、成熟的”和“红的”

（1）土耳其语 *pilbil。“红的”罗维阿纳语 pilas < *pila-s。

（2）萨摩亚语 *bula。“红的”他加洛语 pula < *pula，马京达瑙语 vara < $*p^{w}$ala。

（3）沙外语 *nə-bere。“红的”阿伊努语 hure < *pure。

（4）维吾尔语、哈萨克语 *deti-l。“红的”嫩戈内语 ɖitʃaɖitʃa < *dita。

（5）卡林阿语 *ʔutu。“红的”汤加语 ʔuteʔute < *ʔute。

（6）马绍尔语 kalo < *kalo。“红的”汤加语 kulokula < *kulo-kula。

（7）嘉戎语 *m-grak。汉语 *khrak（赤）< *krak。

（8）宁德娄语 *ʔuni。“红的”缅文 ni^{2}、载瓦语 ne^{51} < *ni。

（9）拉加语、勒窝语、帕马语 *mena。“红的”马达加斯加语 mena < *mena。

三 词源关系分析

1. *mata（*mada、$*b^{w}$ata、*buta）

“成熟的”印尼语 *mataŋ，瓜依沃语 *mada。

“煮熟的”爪哇语 *matəŋ，斐济语 *buta。

“成熟的”拉丁语 maturus < *matu-。

2. *siga（*sigi、*sak、*siŋa）

“成熟的”罗维阿纳语 saɣana < *siga-na，萨萨克语 *ma-sak。

“煮熟的”印尼语、巽他语 *ma-sak。

“红的”姆布拉语 siŋsiŋŋana < *siŋa-na。

“血”西班牙语 sangre，意大利语、葡萄牙语 sangue。

“血”希腊语 syggeneia。

3. *peka

“软的”拉巴努伊语 hekaheka < *peka-peka。

汉语 *puk（煏），“烤”印尼语 *pagaŋ。

“成熟的、可靠的”梵语 pakka < *paka。“成熟的”阿尔巴尼亚语 pjekur < *pek-。

“煮过的”梵文 pakvah < *pak^{w}-。

“烤”古教堂斯拉夫语 pecenu < *peke-。

“煮”吐火罗语 A pɨk- < *pik。

和阗塞语“煮”pajs < *peg-，“煮过的食物”paka，“煮过的”pātʃhai。

4. *b^{w}ali（*bili、*bol、*pil）

“熟的”土耳其语 *pilbil，维吾尔语、西部裕固语 *bili-q，哈萨克语、图瓦语 *bili-qan，清代蒙文 *bol-ba，萨摩亚语 *b^{w}ela。“红的”罗维阿纳语 pilas < *pila-s。他加洛语 pula < *pula，马京达瑙语 vara < *p^{w}ala。

“成熟的”俄语 spelɨj < *speli。

5. *b^{w}are（*bere、*bara、*pure）

“熟的”沙外语 *nə-bere。塔希提语、拉巴努伊语 *bara。“红的”阿伊努语 hure < *pure。

“成熟的”阿尔巴尼亚语 bërë < *bore。

6. *b^{w}ese（*bese、*bos、*mas、*mosa）

“煮熟的”沙外语、伊拉鲁吐语 *nə-bese。帕马语 mas < *mas。

“成熟的”罗图马语 mamosa < *ma-mosa。

“成熟的”亚美尼亚语 hasats < *pasa-。 “煮过的”和阗塞语 paha- < *pasa。

“生的”词源关系

水果未成熟和食物没煮熟，汉语称为“生”。亚欧语言表“不成熟”义的词与“硬的”“绿的”等说法有词源关系，“未煮熟的”与“活的”“新的”等说法有词源关系。

◇ 一　东亚太平洋语言的“生的”

“不成熟的”“未煮熟的”主要说法：

1. *toŋ / *ʔatuŋ

维吾尔语 toŋ < *toŋ。

独龙语 ɑ^{31}tɯŋ^{55} < *ʔatuŋ。

2. *tiki / *tuge / *tugun / *dig / *doka

哈萨克语 ʃijki，柯尔克孜语 tʃijki，撒拉语 tʃix < *tiki。

蒙古语 tʉːxeː，土族语 tuːgu，达斡尔语 tugun < *tuge / *tugun。

图瓦语 dʒɤx，西部裕固语 jiɣ < *dig。

斐济语 d^{r}oka < *doka。（未煮熟、不成熟）

3. *pisi-pan / *$b^{w}$is / *tela-$b^{w}$is / *pisi-ʔa

图瓦语 piʃipɑːn < *pisi-pan。

三威治港语 vys < *$b^{w}$is。（不成熟）

帕马语 telavis < *tela-$b^{w}$is。（不成熟）

阿者拉语 pisia < *pisi-ʔa。（未煮熟，不成熟）

4. *ʔel-qun / *ʔili-qun / *ʔal-qin

满文 eshun，锡伯语 usxun，鄂伦春语 əʃikin，鄂温克语 iʃixin < *ʔel-qun / *ʔili-qun。

赫哲语 nialkin < *ʔal-qin。

5. *sər / *ka-siri

中古朝鲜语 sərta < *sər-。

莫图语 kasiri < *ka-siri。（未煮熟）

6. *nama

日语 namade < *nama-。（未煮熟）

7. *mata / *mataq / *ʔamat

贡诺语 mata，马达加斯加语 manta，邹语 mato（未煮熟、不成熟）< *mata。（未煮熟）

哈拉朱乌语、达密语 mata < *mata。（生的、不成熟的、新的）

汤加语、拉巴努伊语 mata < *mata。（不成熟的）

波那佩语 amas，马绍尔语 amɛtʃ < *ʔamat。（未煮熟）

8. *dada / *ʔota

巴塔克语 dada < *dada。（未煮熟、不成熟）

塔希提语 ota < *ʔota。（未煮熟）

9. *ma-taq / *ʔataq

印尼语 məntah < *ma-taq。（未煮熟）

巽他语 atah < *ʔataq。（未煮熟）

10. *ʔora / *ma-ro / *ʔara-ʔi

吉尔伯特语 oraora < *ʔora。（未煮熟）

拉加语 b^{w}aro < *ma-ro。（未煮熟）

马那姆语 ʔarairai < *ʔara-ʔi。（不成熟）

11. *kələ-mana

托莱语 kələmanə < *kələ-mana。（未煮熟）

12. *ʔego / *na-ga-mata

戈龙塔洛语 me-e^{ŋ}go < *ʔego。（未煮熟）

达阿语 na^{ŋ}gamata < *na-ga-mata。（未煮熟）

13. *ma-ʔisa

梅柯澳语 maisa < *ma-ʔisa。（未煮熟）

14. *buka

马林厄语 buka < *buka。（未煮熟、不成熟）

15. *koru / *kor

阿杰语 kořu < *koru。（不成熟）

托莱语 kokor < *kor。（不成熟）

16. *lolo / *lulu

布吉斯语 ma-lolo < *lolo。（不成熟）

普米语九龙话 ɬu^{11}ɬu^{55} < *lulu。

17. *ma-lak^{w}a / *lelek

瓜依沃语 malak^{w}a < *ma-lak^{w}a。（不成熟）

博嘎尔珞巴语 le jək < *lelek。

18. *nok

卡乌龙语 nok < *nok。（不成熟）

19. *skreŋ

汉语 *skreŋ（生）。①（不熟、活的、鲜活，活着、生出、出生）

20. *r-gren / *gren

藏文 rdʑen pa < *r-gren。

史兴语 dʑẽ ^{33}dʑẽ ^{33} < *gren。

21. *ʔa-krim / *sa-grim

缅文 a^{1}tsim^{3} < *ʔa-krim。

阿侬怒语 ɕa^{33}dʑim^{55} < *sa-grim。

22. *səsə / *qse

普米语兰坪话 sə^{55}sə^{55} < *səsə。

道孚语 xsə xsə < *qse。

---

①"生"二等字，谐声字有精母字"旌"及"猩""星"等。

23. *ʔdup

壮语、傣语 dip^{7}，水语 djup^{7} < *ʔdup。

24. *ʔim

布朗语 ʔim^{35}，佤语艾帅话 ʔɪ̱m < *ʔim。

25. *ʔu

莽语 u^{51} < *ʔu。（未煮的）

26. *berel / *bral

桑塔利语 be̱re̱l < *berel。（不成熟的）

克木语 brɯal < *bral。（未煮的）

27. *ʔŋim / *ŋim

户语 ʔŋim^{31} < *ʔŋim。（生的、新鲜的）

勉语江底话 ȵom^{4}、览金话 ŋjim^{4} < *ŋim。（不成熟的）

◇ 二 “生”的词源对应关系

1. “未煮熟的、不成熟的”和“硬的”

（1）藏文 rdʑen pa < *r-gren，汉语 *krin（坚）。

（2）卡乌龙语 *nok，“硬的”梅柯澳语 ʔinoka < *ʔi-noka。

（3）马林厄语 buka < *buka，“硬的”汤加语 fefeka < *p^{w}eka。

（4）印尼语 *ma-taq，巽他语 *ʔataq。“硬的”赫哲语 taq taq < *taq，他加洛语 tigas、巽他语 tɨas < *tiqa-s。

（5）斐济语 *doka。“硬的”鲁凯语 matəkə、阿美语 ʔatəkak < *ma-təkə /

*ʔa-təka。

（6）鄂伦春语、鄂温克语 *ʔili-qun。“硬的”托莱语 leo < *le-ʔo。

（7）帕马语 *tela-bʷis。“硬的”达密语 totol < *tol，摩尔波格语 kotul < *ko-tul。

2. “未煮熟的、不成熟的”和“绿的”

（1）阿杰语 kəřu < *koru，“绿的”雅美语 mogaẓo < *mo-garo。

（2）汤加语、拉巴努伊语 *mata。“绿的”达密语 mata < *mata，拉巴努伊语 rito mata < *rito-mata，伊拉鲁吐语 məmatə < *ma-mata。

（3）布吉斯语 *lolo，“绿的”排湾语 ḷiluas < *lilu-ʔas。

（4）普米语兰坪话 *səsə，“绿的”鲁凯语 saləsəsə < *salə-səsə。

（5）缅文 $a^{1}tsim^{3}$ < *ʔa-krim，“绿的”tsin < *krin。

（6）汉语 *skreŋ（生）。“绿的”独龙语 $pɯ^{31}ɕiŋ^{55}$ < *bu-sriŋ，巴琉语 ɕaŋ < *sraŋ。

3. “未煮熟的、不成熟的”和“活、活的”

（1）吉尔伯特语 *ʔora，“活”塔希提语、拉巴努伊语 ora、萨摩亚语 ola< *ʔora。

（2）汉语 *skreŋ（生），“活的”景颇语 $khʒuŋ^{33}$ < *kruŋ。

（3）壮语、傣语、水语 *ʔdup。“活”印尼语 hidup、巴厘语 idup < *qidup。

（4）汤加语、拉巴努伊语 *mata。“活”达密语 mata < *mata。

4. “未煮熟的、不成熟的”和“新的”

（1）图瓦语、西部裕固语 *dig。“新的”古突厥语、维吾尔语 jeŋi，哈萨克语 dʒɑŋɑ，乌孜别克语 jɛngi < *diga。蒙古语 ʃin，达斡尔语 ʃinkən，东部裕固语 ʃənə < *tikən。

（2）中古朝鲜语 *sər-，“新的” sɛropta < *sero-。

（3）汤加语、拉巴努伊语 *mata，“新的”莫图语 matamata < *mata-mata。

（4）汉语 *skreŋ（生）。“新的” 苗语养蒿话 xhi^{1}、巴哼语文界话 seŋ^{1}、长垌话 ŋkheŋ^{1}、勉语大坪话 sjaŋ^{1} < *skreŋ。

（5）日语 *nama-。“新的” 蒙达语 nawā、桑塔利语 nãwǎ < *nama。

三　词源关系分析

1. *gara（*skreŋ、*greŋ、graŋ、*garo）

汉语 *skreŋ（生）。

“绿的”藏文、错那门巴语 *l-graŋ-ku。雅美语 *mo-garo，汉语 *greŋ（青）。

“新的” 苗语养蒿话 xhi^{1}、巴哼语文界话 seŋ^{1}、长垌话 ŋkheŋ^{1}、勉语大坪话 sjaŋ^{1} < *skreŋ。

“绿的、生的”古英语 grene、古弗里斯语 grene，古挪威语 grænn < *gra-。

“未煮的” 古英语 hreaw、古撒克逊语 hra，古挪威语 hrar，梵语 kravih < *kra-。

“新鲜的”希腊语 kreas < *kra-。“绿的”阿尔巴尼亚语 gjebër < *gre-bor。

2. *koru

“不熟的” 阿杰语 *koru，托莱语 *kor。

“活的” 景颇语 khʒuŋ^{33} < *kruŋ。

“生的” 法语、葡萄牙语 cru，意大利语 crudo < *kru-。

3. *mas

“未熟的” 波那佩语、马绍尔语 *ʔamas。

“新的”傣语、毛南语 mai^{5}，水语 m̥ai^{5} < *ʔmis。京语 mə:i^{5} < *ʔmis。布昂语 məwis < *mimis。

> “生的”希腊语 omos < *omo-。

4. *ʔora

“未熟的” 吉尔伯特语 *ʔora，“活”塔希提语、拉巴努伊语 ora、萨摩亚语 ola < *ʔora。

> “生的”希腊语 aoros < *aro-。

5. *siro（*sər、*sero、*siri、*sar、*sir）

“生的”中古朝鲜语 *sər-。“未煮熟”莫图语 kasiri < *ka-siri。

“新的”中古朝鲜语 sɛropta < *sero-。藏文 gsar pa，他杭语 tʃhar，独龙语 -ɕɑɹ^{55} < *g-sar。羌语 khsə < *g-sə。

> “未煮的”俄语 sɨroj < *siro-。“生的”波兰语 surowy < *suro-。

6. *nama（*nab^{w}a）

“生的”日语 *nama。“新的”蒙达语、桑塔利语 *nab^{w}a。

> “新的、年轻的”俄语 novɨj，波兰语 nowy < *nob^{w}i-。
>
> “新的”阿尔巴尼亚语 njomë < *nome。

7. *ʔim

“生的”布朗语 ʔim^{35}，佤语艾帅话 ʔɪ̱m < *ʔim。

> “不熟的”亚美尼亚语 hum < *qum。
>
> “生的”和阗塞语 hāma-。

土耳其语 ham、维吾尔语 χɑm，波斯语借词。

“深”的词源关系

亚欧语言表水“深”义的词与“远的”“长的”“黑的”“低的、下面”等说法有词源关系。

◇ 一　东亚太平洋语言的“深”

“深的”的主要说法有：

1. *terin / *kadri

古突厥语 teriŋ-，土耳其语 derin-，维吾尔语 tiren-，图瓦语 tereŋ-，撒拉语 tiruŋ- < *terin。

桑塔利语 kendri < *kadri。

2. *toŋ-qur

维吾尔语 tʃoŋqur-，哈萨克语 ʃuŋqər- < *toŋ-qur。

3. *gun

蒙古语 gʉŋ，东部裕固语 guŋ，达斡尔语 guəːn < *gun。

4. *qədaŋ / *ʔadiŋ / *ʔata

保安语 ɢədɑŋ < *qədaŋ。

布昂语 adiŋ < *ʔadiŋ。（长的、深的）

桑塔利语 atha < *ʔata。

5. *lumin

满文 ʃumin，锡伯语 çimin < *lumin。

6. *suŋ

赫哲语 suŋta，鄂伦春语 ʃuŋta，鄂温克语 ʃʊnta < *suŋ-ta。

7. *gip

中古朝鲜语 kiphta < *gip-。

8. *puka / *ʔasa-bak

日语 fukai < *puka-ʔi。

卑南语 asabak < *ʔasa-bak。

9. *roro-ʔa / *roro

邹语 roroʔa < *roro-ʔa。拉加语 roro < *roro。

10. *dalom / *ma-delom / *ləma / *lalim / *ʔram

印尼语 dalam，巴厘语、马都拉语 daləm，摩尔波格语 dalom < *dalom。

戈龙塔洛语 modelomo < *ma-delom。

那大语 ləma < *ləma。

他加洛语 lālim < *lalim。

侗语 jam[1]，水语 ʔjam[1] < *ʔram。

11. *ʔaŋul

阿美语 ʔaŋuŋul < *ʔaŋul。

12. *ʔiliro

赛夏语 ʔiḻizoʔ < *ʔiliro。

13. *talada

排湾语 taḻadʑ < *talada。

14. *dobu / *ti-tobu

莫图语 dobu < *dobu。

东部斐济语 titobu < *ti-tobu。

15. *nigi

南密语 nigi < *nigi。

16. *poponu

塔希提语 hohonu < *poponu。

17. *nubu / *ʔaneb / *nab

西部斐济语 nubu < *nubu。

帕马语 anev < *ʔaneb。

道孚语 nav nav < *nab。

18. *nano

吉尔伯特语 nano < *nano。

19. *sləm

汉语 *sləm（深），*ləm（淫）。[①]

---

①《诗经·大雅·有客》：“既有淫威，将福孔夷。”

20. *riŋ / *ruŋ

藏文 riŋ po（深，长），格曼僜语 $kɯ^{31}ɹɯɹuŋ^{53}$，博嘎尔珞巴语 a rɯŋ < *riŋ。

景颇语 $suŋ^{31}$ < *ruŋ。

21. *nak / *r-nak

缅文 nɑk，嘉戎语 rnak < *nak / *r-nak。

22. *lək / *lok / *lak

壮语武鸣话 lak^{8}，傣语 $lək^{8}$，黎语保定话 $ɬoːk^{7}$ < *lək / *lok。

阿昌语 $lək^{55}$ < *lək。

德昂语硝厂沟话 lɤk、茶叶箐话 $lăk^{55}$ < *lak。

23. *giruʔ / *gar-garu

布朗语胖品话 gru^{31}，克木语 dʒiruʔ < *giru。①

桑塔利语 gargrao < *gar-garu。（耕得深）

24. *kru

柬埔寨文 tʃrɤu < *kru。

◇ 二 “深”的词源对应关系

1. “深的”和“远的”

（1）突厥语族语言 *terin。“远的”维吾尔语 jirɑq、哈萨克语 dʒərɑq < *diraq，亚齐语 dʒaraʔ < *daraq。

（2）维吾尔语、哈萨克语 *toŋ-qur。“远的”白语剑川话 $tuĩ^{33}$ < *deŋ，

① “深的”格鲁吉亚语 ɣrma < *gruma。

德昂语硝厂沟话 toŋ、南虎话 doŋ < *doŋ，马京达瑙语 tandaŋ < *ta-daŋ。

（3）桑塔利语 *ʔata。“远的”爪哇语 adɔh < *ʔado-q，塔希提语 atea < *ʔate-ʔa，博嘎尔珞巴语 aːto < *ʔato。

（4）邹语 *roro-ʔa。“远的、长的”拉巴努伊语 roa < *ro-ʔa。

（5）阿昌语 *lək，“远的”托莱语 vəilik < *mə-ʔilik。

（6）布朗语胖品话、克木语 *giruʔ。“远的”满文 goro、锡伯语 ɢorw、赫哲语 goro、鄂温克语、鄂伦春语 gɔrɔ < *goro。

（7）桑塔利语 *gar-garu。汉语 *ɣjan（远）< *gar。

2. “深的”和“长的”

（1）邹语 *roro-ʔa，“长的”伊拉鲁吐语 mərərɔ < *mə-roro。

（2）博嘎尔珞巴语 *riŋ。“长的”藏语 riŋ、他杭语 rehŋpa < *riŋ / *reŋ-pa。缅文 hrɑŋ^{2} < *s-raŋ。

（3）桑塔利语 *ʔata。“长的”苗语养蒿话 ta^{3}、枫香话 nti^{3} < *ʔda，那大语 dada < *dada。

3. “深的”和“黑的”

（1）侗语、水语 *ʔram。“黑的”壮语龙州话 dam^{1}、黎语通什话 dam^{3}、布央语峨村话 ʔdam^{24} < *ʔdam。

（2）缅文、嘉戎语 *nak / *r-nak。“黑的”藏文 nag、缅文 nak < *nag。

（3）德昂语 *lak。“黑的”布朗语胖品话 lak^{55}、甘塘话 lɔk^{55} < *lak。

（4）桑塔利语 *ʔata。“黑的”乌玛语 mo-ʔeta < *mo-ʔeta。

4. “深的”和“低的、下面”

（1）莫图语 *dobu。“下面、低的”维吾尔语 tøwɛn、哈萨克语 tømen、乌孜别克语 tøbɛn < *toben，塔塔尔语 tybɛn < *tuben，卡林阿语 dob < *dob。

（2）德昂语 *lak。“低的、下面”土耳其语 aʃaɣi、撒拉语 ɑʃɑq < *ʔalagi。“下面”景颇语 teʔ^{31} < *lek。

（3）桑塔利语 *ʔata。“低的”达阿语 na-ede < *ʔede。“下面”拉加语 ata，宁德娄语 a^{n}d^{r}i < *ʔade。

（4）塔希提语 *poponu。“低的”莫图语 henu < *penu。

（5）“深的”日语 *puka-ʔi，卑南语 *ʔasa-bak。“下面”阿伊努语 pokna < *bok-na。

◇ 三 词源关系分析

1. *dab^{w}e（*dobu、*tobu、*tobe、*tube、*dob 等）

“深的”莫图语 *dobu，东部斐济语 *ti-tobu。“下面、低的”维吾尔语 tøwɛn、哈萨克语 tømen、乌孜别克语 tøbɛn < *toben，塔塔尔语 tybɛn < *tuben，卡林阿语 dob < *dob。“低的”窝里沃语 ta^{m}be < *tabe，沙外语 top < *top，巴厘语 endep < *ʔedep。

> “深的”古英语 deop、古弗里斯语 diap、古挪威语 djupr、立陶宛语 dubus < *dobu-。
> “低的”阿尔巴尼亚语 dobët < *dobe-。

2. *lagi（ *lak、*lek）

“深的”德昂语 *lak。“黑的”布朗语胖品话 lak^{55}、甘塘话 lɔk^{55} < *lak。“低的、下面”土耳其语 aʃaɣi、撒拉语 ɑʃɑq < *ʔalagi。“下面”景颇语 teʔ^{31} < *lek。汉语 *ljak（泽）。

> “低的”古英语 lah、古挪威语 lagr、古弗里斯语 lech、中古荷兰语 lage< *lage。

3. *lam（ *sləm、*dam）

汉语 *sləm（深）。“黑的”壮语龙州话 dam^{1}、黎语通什话 dam^{3}、布央语峨村话 ʔdam^{24} < *ʔdam。

> “深的”梵语 a lamp < *lam。

“浅”的词源关系

亚欧语言表水“浅”义的词与“薄的”“短的”等说法有词源关系。

◇ 一　东亚太平洋语言的“浅”

“浅”的主要说法有：

1. *terar

维吾尔语 tejiz，哈萨克语 tajaz，塔塔尔语 sajaz < *terar。

2. *sik

土耳其语 siɣ，图瓦语 sɤːk < *sik。

3. *satəq

撒拉语 ʃatəχ < *satəq。

4. *bogəs

西部裕固语 bohɢəs < *bogəs。

5. *nigən / *ma-nikaq

蒙古语 niŋgəŋ，达斡尔语 ningən，东乡语 ninkiɑn < *nigən。（薄的、浅的）

木鲁特语 maniŋkaʔ < *ma-nikaq。

6. *nim-gən

土族语 nemgen < *nim-gən。（薄的、浅的）

7. *mit / *made

满文 mitʃihi，锡伯语 mitʂan < *miti-qi / *mit-an。

西部斐济语 madē < *made。

8. *ʔarbi

赫哲语 arbi，鄂伦春语 arba，鄂温克语 albɛːxxʊn < *ʔarbi-qun。

9. *rat

中古朝鲜语 jathta < *rat-。

10. *ʔasa

日语 asai < *ʔasa-ʔi。

11. *ʔepuq

赛德克语 epux < *ʔepuq。

12. *səla-lar

排湾语 səlajar < *səla-lar。

13. *ʔolʔol-ran / *ʔele

赛夏语 ʔœhʔœhzan < *ʔolʔol-ran。

罗图马语 ʔelʔele < *ʔele。

14. *buk / *ʔbuk / *ʔbok

巴厘语 babuk，那大语 Ɓoko < *buk / *ʔbuk。

布依语 boʔ^{7} < *ʔbok。

15. *babu / *na-bob^{w} / *b^{w}eb^{w}eq / *baba-ʔu

布拉安语 babu < *babu。

阿卡拉农语 nabaw，摩尔波格语 babow < *na-bob^{w}。

雅美语 veveh < *b^{w}eb^{w}eq。

萨摩亚语 papaʔu < *baba-ʔu。

16. *pete / *pet / *pata / *ʔapata-ran

波那佩语 petepete，马绍尔语 pɛcpɛc < *pete / *pet。

阿美语 panta < *pata。

卑南语 apataran < *ʔapata-ran。

17. *serak / *karek

锡加语 herak < *serak。

达密语 karek < *karek。

18. *ku-ʔipo

莫图语 kuiho < *ku-ʔipo。

19. *ŋeŋa

梅柯澳语 ŋeŋa-ŋeŋa < *ŋeŋa。

20. *burum

多布语 burum < *burum。

21. *skran

汉语 *skhranʔ（浅）< *skran-ʔ。

22. *tin / *tənʔ / *ten

藏文 thuŋ ŋu，缅文 tin^{2} < *tin。

傣语 tɯn^{3}，黎语 thɯn^{3} < *tənʔ。

布朗语甘塘话 ten^{51} < *ten。

23. *mi-nab

道孚语 mi nav < *mi-nab（不—深）。

24. *ma-sna

扎坝语 ma^{55}n̊a^{55} < *ma-sna（不—深）。

25. *ni

苗语养蒿话 ɲ̥i^{4}，巴哼语文界话 ɲ̥hi^{4} < *ni。

26. *del

克木语 dɤl，布朗语曼俄话 tel < *del。

27. *ral

尼科巴语 rah < *ral。

28. *ta-pla

桑塔利语 tsaple < *ta-pla。

◇ 二 “浅”的词源对应关系

1. “浅的”和“薄的”

（1）蒙古语、达斡尔语、东乡语 *nigən。“薄的”满文 nekelijen < *neke-liren。

（2）维吾尔语、哈萨克语 *terar。“薄的”托莱语 məder < *mə-der。

（3）赫哲语、鄂伦春语 *ʔarbi。“薄的”藏文 *srab < *s-rab。

（4）布依语 *ʔbok，汉语 *bak（薄）。

（5）排湾语 *səla-lar。“薄的”卑南语 salsal < *sal-sal，布兴语 si laŋ < *silaŋ。

（6）桑塔利语 *ta-pla。“薄的”错那门巴语 $bla^{35}mo^{53}$ < *bla。

2. “浅的”和“短的”

（1）西部裕固语 *bogəs。“短的”蒙古语 bœgən、达斡尔语 bogunj、东乡语 boɣoni、东部裕固语 boɢno < *bogo-ni。

（2）阿美语 panta < *pata。“短的”塔希提语 poto、拉巴努伊语 poto-poto < *boto。布吉斯语 ma-pontʃo < *poto。

（3）傣语、黎语 *tənʔ。“短的”壮语武鸣话 tin^3、毛南语 din^4 < *tinʔ / *ʔdinʔ。

（4）布依语 *ʔbok。“短的”罗维阿纳语 papaka < *paka，萨摩亚语 puʔupuʔu < *buku。

3. “浅的”和“少的、小的”

（1）西部裕固语 *bogəs。“少的、小的”蒙古语 bag < *bag。

（2）日语 asai < *ʔasa-ʔi。“小的” 满文 osohon < *ʔoso-qon。

（3）苗语养蒿话、巴哼语文界话 *ni。“小的”沙阿鲁阿语 ma-ini < *ʔini，哈尼语绿春话、阿昌语 ȵi^{55}，基诺语 a^{44}ni^{55} < *ʔani。

（4）赛夏语 *ʔolʔol-ran，“小的” ʔolʔolaʔan < *ʔola-ʔan。

（5）波那佩语 *pete。“小的”布吉斯语 betʃtʃu < *betu，萨萨克语 betʃeʔ < *beteq。

◇ 三 词源关系分析

1. *kle

“小的”布朗语胖品话 kle^{35}< *kle。“一些”马达加斯加语 kle-kle。

“浅的”弗里斯语 skol、古英语 schalowe，“薄的”瑞典语 skäll。

“浅”匈牙利文 sekely < *sekelu。

2. *bate（*pete、*pata、*betu、*bete）

“浅的”波那佩语 *pete，阿美语 *pata，卑南语 *ʔapata-ran。“小的”布吉斯语 betʃtʃu < *betu，萨萨克语 betʃeʔ < *beteq。

“浅的”希腊语 abathes < *abade-。

3. *bla（*pla）

“浅的”桑塔利语 *ta-pla。“薄的”错那门巴语 bla^{35}mo^{53} < *bla。

“浅的”希腊语 epipolaios < *epipola-。波兰语 płytki < *plut-。

“浅、表面的”匈牙利文 felszines < *p^{w}el-sines。

4. *kade（*gat、*kedi、*gede）

“浅的”姆贝拉语 magat < *ma-gat。“小的”排湾语 kədzi̥、那大语 kədī < *kedi，道孚语 ge de < *gede。

“浅的”梵语 gaːdhaḥ < *gada-。

5. *mela（*məl、*bala）

汉语 *məl（微）。“薄的”邵语 mabaðaj < *ma-bala-ʔi。

“小的、浅的”俄语 melkij < *mel-。

“小的、少的”俄语 malenikij < *male-，波兰语 małe < *male。

“细小的、窄的”古英语 smæl、中古高地德语 smal、古弗里斯语 smel，古挪威语 smali < *smali。“小的、少的”波兰语 mały < *malu-。

6. *mit

“浅的”满文 *miti-qi，锡伯语 *mit-an。

“浅的”阿尔巴尼亚语 mët < *met。

7. *suk（*sik）

“浅的”土耳其语、图瓦语 *sik。

“浅的”亚美尼亚语 ʃukh < *sug。

“香”的词源关系

亚欧语言表“香”义的说法与“花”“气味”“甜的”“臭的”“嗅”“鼻子”等说法有词源关系。

◇ 一　东亚太平洋语言的“香”

“香、香的”的主要说法有：

1. *doda / *dadəg

土耳其语 doja doja < *doda。西部裕固语 dadəɣ < *dadəg。(甜的、香的)

2. *qul-bur / *ʔuli / *ʔuli-ŋul

维吾尔语 χuʃbuj < *qul-bur。①

鄂温克语 uʃi < *ʔuli。

卑南语 uliŋul < *ʔuli-ŋul。

3. *kudi

蒙古语 xʉdʒ，达斡尔语 kydʒi，东部裕固语 gudʒə，土族语

---

①“气味”匈牙利文 buüz < *bur。

gudʑi < *kudi。

4. *ʔati / *ʔude

保安语 ɑtɕi < *ʔati。

科木希语 udɛ-ɛ < *ʔude。

5. *qira-n / *ʔara / *ʔarun

满文 hijan < *qira-n。

鄂伦春语 aja < *ʔara。①

米南卡保语 arun < *ʔarun。

6. *sur-sar / *sarə-kən

赫哲语 sursar < *sur-sar。

赛夏语 sazəkən < *sarə-kən。

7. *b^{w}aŋ / *baŋe

锡伯语 vaŋ < *b^{w}aŋ。

他加洛语 baŋo，爪哇语 waŋi，马京达瑙语 bəŋe < *baŋe。

8. *gusu

中古朝鲜语 kusɯta < *gusu-。

9. *kaʔori

日语 kaori < *kaʔori。

---

① “气味”芬兰语 haju < *qaru。

10. *qarum

印尼语 harum，亚齐语 harom < *qarum。

11. *ʔonu / *snu

戈龙塔洛语 mo-onu < *ʔonu。

达让僜语 n̊n < *snu。

12. *boni / *bona-namo

拉加语 bon-boni < *boni。莫图语 bona-na namo < *bona-namo（花—气味）。

13. *ŋatu

汤加语 ŋaŋatu < *ŋatu。

14. *malu

雅贝姆语 ŋa-malu < *malu。

15. *ma-noŋi

萨摩亚语 manoŋi < *ma-noŋi。

16. *p^{w}aru / *bore / *phor

那大语 faru < *p^{w}aru。阿杰语 boře，哈拉朱乌语 buse < *bore。

汉语 *phən（芬）< *phor。

17. *p^{h}laŋ / *ʔblaŋ

汉语 *phjaŋ（芳）< *phlaŋ。①

---

① 如“房”汉语 *bjaŋ < *blaŋ，黎语 ploŋ^{3} < *ploŋ。

壮语武鸣话 pjaŋ^{1}，仫佬语 m̥ɣaːŋ^{1} < *ʔblaŋ。

18. *lim / ʔalum / *qarum / *lum

藏文 ʑim po，错那门巴语 lim po < *lim。

鲁凯语 saŋəaɭəm < *saŋə-ʔalum。排湾语 saɭum < *sa-lum。

19. *smi / *sumi

缅文 hmwe^{3} < *smi。

达阿语 sumi < *sumi。

20. *nam / *pu-nam

博嘎尔珞巴语 nam < *nam。

独龙语 pɯ^{31}nɑm^{53} < *pu-nam。

21. *gege

木雅语 ɣe^{33}ɣe^{35} < *gege。

22. *ʔup

阿昌语 up^{55} < *ʔup。

23. *ʔdaŋ

水语 ^{n}daːŋ^{1} < *ʔdaŋ。

布努语瑶里话 ntəŋ^{1}，勉语大坪话 daŋ^{1} < *ʔdaŋ。

24. *hom

壮语武鸣话 hoːm^{1}，傣语 hɔm^{1} < *hom。

佤语孟贡话 hōm，德昂语曼俄话 hɔm^{35}，户语 hɔm^{33} < *hom。

25. *ʔur

克木语 hə ʔɯr < *ʔur。

26. *ti-noŋo

尼科巴语 tinɔːŋø < *ti-noŋo。（气味、闻、香）

27. *malka / *molok

桑塔利语 mahka < *malka，mõ̱hõ̱k < *molok。

◇ 二 “香”的词源对应关系

1. “香的”和“花”

（1）西部裕固语 *dadəg，“花”tʃydʒyk < *tidig。

（2）中古朝鲜语 *gusu-，“花”中古朝鲜语 kos、孟山话 kkosi < *gosi。

（3）拉加语 *boni。“花”罗地语 buna-k、托莱语 pupu-nə < *buna，日语 hana < *pana。

（4）戈龙塔洛语 *ʔonu。“花”阿伊努语 nonno < *nono。

（5）他加洛语、爪哇语、马京达瑙语 *baŋe。“花”印尼语 buŋa < *boŋa，马都拉语、萨萨克语 kəmbaŋ < *kə-baŋ，缅文 ɑ^{1}pwɑŋ^{1}、浪速语 pəŋ^{35} < *poŋ。

（6）阿杰语、哈拉朱乌语 *bore。“花”莫图语 herahera < *pera，罗维阿纳语 havoro < *qaboro，布兴语 bar < *bar。

2. “香的”和“甜的”

“香的”和“甜的”词源关系上文《甜》篇已说明。

3. “香的”和“气味”“嗅”

（1）阿杰语、哈拉朱乌语 *bore。“气味”维吾尔语 buj < *bur。“嗅”维吾尔语 purɑ- < *bura，阿杰语 bor̃ər̆ə < *borərə。

（2）土耳其语 *doda。“气味”图瓦语 dʒɤt < *dət。“嗅”图瓦语 dʒɤt- < *dət，赫哲语 doldi- < *dodi。

（3）保安语 *ʔati，“嗅”坦纳语 -ato- < *ʔato。

（4）爪哇语、马京达瑙语 *baŋe。“嗅”拉巴努伊语 hoŋi < *poŋi，满文 weŋki-、锡伯语 veŋkə- < *b^{w}eŋi。

（5）排湾语 *sa-lum。“嗅”布依语、西双版纳傣语 dum^{1}，德宏傣语 lom^{6} < *ʔlum。

（6）博嘎尔珞巴语 *nam。“嗅”藏文 snom、景颇语 mă^{31}nam^{55} < *s-nom / *s-nam。

4. “香的”和“臭的”

（1）土耳其语 *doda，“臭的”图瓦语 dʒɤdɤx < *dədəq。

（2）汤加语 *ŋatu，“臭的”萨萨克语 səŋit < *səŋit。

（3）博嘎尔珞巴语 *nam。“臭的”缅文 nɑm^{2}、格曼僜语 n̥ɑm^{53} < *nam。

（4）戈龙塔洛语 *ʔonu。“臭的”基诺语 a^{33}nɛ^{44} < *ʔane。

5. “香的”和“嗅”“鼻子”

（1）阿杰语、哈拉朱乌语 *b^{w}ore。“嗅”维吾尔语 purɑ- < *pura。“鼻子”土耳其语、维吾尔语 burun，柯尔克孜语 murun，哈萨克语 murən < *burun。满文、赫哲语 oforo、锡伯语 ovur < *ʔoburu。

（2）拉加语 *boni。“鼻子”日语 hana < *pana，罗地语 pana < *pana（鼻子、鸟嘴）。

（3）科木希语 *ʔude。“鼻子”罗地语 idu < *ʔidu，莫图语 udu（鼻子、

嘴）< *ʔidu。

（4）克木语 *ʔur，“鼻子”马达加斯加语 uru-na < *ʔuru。

（5）达让僜语 *snu。“鼻子”藏文、拉达克语 snɑ、马加尔语 mi-nha < *sna，道孚语 sni，阿侬怒语 sɿ^{31}nɑ^{55} < *sina。

◇ 三 词源关系分析

1. *de（*ʔdi、*ti、*tutu）

“香的”科木希语 *ʔude。“花”布依语 daːi^{5} < *ʔdis，佤语艾帅话 tai < *ti，木鲁特语 tutu-n < *tutu。

> “香的”希腊语 eyodes < *ode。“嗅”立陶宛语 uodziu < *ode。
> “花”希腊语 dios，anthos < *ado-。

2. *sumi（*smi）

“香的”缅文 *smi，达阿语 *sumi。

> “香的”希腊语 eyosmos < *osmo，“气味” osme。

3. *g^{w}ate（*ŋatu、*kudi、*kat）

“香的”蒙古语族语言 *kudi，汤加语 *ŋatu。“鼻子”黎语通什话 khat^{7}、加茂话 kɯ^{2}hɔːt^{9} < *gə-kat。

> “香的”梵语 gandha < *gada。“甜的”亚美尼亚语 khaʁtshr < *gagd-。

4. *ʔura（*ʔur、*qira）

“香的”克木语 *ʔur，满文 *qira-n。

> “气味、香气”阿尔巴尼亚语 erë < *ero。

“甜的气味”希腊语 aroma < *aro-。“嗅”希腊语 ozon < *oro-。

“气味”芬兰语 haju < *qaru。

5. *bela（*beli、*bala、*bla）

“香的”壮语武鸣话、仫佬语、水语 *ʔblaŋ，汉语 *phlaŋ（芳）。“花”马京达瑙语 *bela、排湾语 *beli-ŋaw、阿美语 *palu、桑塔利语 *bala，侗语、仫佬语、水语 *blaŋ。

“气味”圣经拉丁语 flator、英语 flavor < *pla-。

“花”梵语 aboli < *aboli，乌尔都语 phoːl < *bol。

“花”古挪威语 blomi、哥特语 bloma、中古荷兰语 bloeme，拉丁语 florem、古法语 flor、意大利语 fiore，古爱尔兰语 blath < *bilo-。

“嗅”中古荷兰语 smolen、英语 smell < *smele。

古印欧语 *-m 标记无生命的目标或受动。*-r 为复数后缀，后演变为 *-s。

6. *bona（*boni、buna、*pana）

“香的”拉加语 *boni，莫图语 *bona-namo（花—气味）。“花”罗地语 buna-k、托莱语 pupu-nə < *buna，日语 hana < *pana。

“香”波兰语 woɲ < *b^{w}on。“花、泡沫”俄语 pena < *pena。

7. *burak（*braq）

“花”摩尔波格语、巴拉望语 burak，卡加延语 bulak，木鲁特语 busak < *burak，“果子”邹语 braxtsi < *braq-ti。

“水果”希腊语 phroyto < *bro-。拉丁语 fructus < *bruk-。

“香”俄语 pliwkus < *plukus。

“臭”的词源关系

亚欧语言表“臭”义的词与“屎”“气味”“嗅”“坏的”等说法有词源关系。

一　东亚太平洋语言的“臭”

“臭的”的主要说法有：

1. *sesiq / *sasiqu

维吾尔语 sesiq，哈萨克语 sɑsəq < *sesiq。

排湾语 sasəqu < *sasiqu。

2. *dədəq

图瓦语 dʒɤdɤx < *dədəq。

3. *sigin-gən

撒拉语 sigingən < *sigin-gən。

4. *dirəq

西部裕固语 jizəɣ < *dirəq。

5. *qomuki / *moko

蒙古语 əmxiː，东部裕固语 χəməkiː，土族语 fumugiː < *qomuki。

瓜依沃语 moko < *moko。

6. *mo-b^{w}a / *b^{w}a-qun / *p^{w}a / *b^{w}aʔu

达斡尔语 moːwɑː < *mo-b^{w}a。①

满文 wahūn，锡伯语 vaχun < *b^{w}a-qun。

赫哲语 faqoli < *p^{w}a-qoli。

卡加延语 bauʔ，巴塔克语、巽他语 bau，达阿语 na-vau < *b^{w}aʔu。

7. *ʔəru-ʔuli / *bo-ʔira / *sru

鄂伦春语 əru，鄂温克语 əru uʃi < *ʔəru-ʔuli。②

吉尔伯特语 boirā < *bo-ʔira。

汉语 *sru（溲，尿也）。

8. *kuri / *kuro / *ŋəru

中古朝鲜语 kurita，淳昌话 khurita < *kuri-。

邹语 na-kuzo < *kuro。

马京达瑙语 ŋəru < *ŋəru。

9. *kusa-ʔi / *ŋasu

日语 kusai < *kusa-ʔi。

---

①“坏的”匈牙利文 hibas < *qiba-s。

②“发臭”格鲁吉亚语 qhrəli < *ɢuro-。

雅贝姆语 ŋasu < *ŋasu。

10. *mo-buruk

巴拉望语 mɔburuk < *mo-buruk。

11. *ba-dek / *bona-dika

爪哇语 baɖək < *ba-dek。

莫图语 bona-na dika < *bona-dika。

12. *mara

西部斐济语 mara，萨摩亚语 masa < *mara。

13. *boni

拉加语 boni < *boni。

14. *nib^{w}e

布昂语 niβɛ < *nib^{w}e。

15. *ʔude

科木希语 udɛ-ta < *ʔude。

16. *ma-ŋot / *sə-ŋit

雅美语 maŋot < *ma-ŋot。

萨萨克语 səŋit < *sə-ŋit。

17. *qlu-s / *ʔlu / *lu

汉语 *qlus（臭）< *qlu-s。

壮语武鸣话 hau^{1}，布依语 ɣau^{1} < *ʔlu。

莽语 θɯ^{51} < *lu。

18. *ŋan

藏文 ŋan pa < *ŋan。（坏的、臭的）

19. *nam

缅文 nɑm^{2}，格曼僜语 ɲɑm^{53} < *nam。

吉尔伯特语 nam，马绍尔语 næm < *nam。

20. *no / *nəno / *ʔane

怒苏怒语 nɔ^{33} < *no。

道孚语 nə no < *nəno。

基诺语 a^{33}nɛ^{44} < *ʔane。

21. *gaŋ

景颇语 khaŋ^{33} < *gaŋ。

22. *ʔnin

侗语 ɲən^{1}，毛南语 ɲin^{1} < *ʔnin。

23. *ʔuʔ

克木语 hə ʔuʔ，户语 ʔui^{31} < *ʔuʔ。

24. *ʔus / *som-ʔos / *ʔa-ʔis

佤语马散话 si ʔɔi，德昂语硝厂沟话 ʔuh，布兴语 pa ʔuih < *ʔus。

柬埔寨文 sɔmʔoj < *som-ʔos。

桑塔利语 aĩs < *ʔa-ʔis。

二 “臭”的词源对应关系

1. “臭的”和“屎”

（1）达斡尔语 *mo-b^{w}a。“屎”维吾尔语 poq、哈萨克语 boq、撒拉语 boχ < *boq。

（2）日语 *kusa-ʔi，“屎”kuso < *kuso。

（3）朝鲜语 *kuri。“屎”缅文 khje^{3}、义都珞巴语 khɹi^{55}、基诺语 khri^{44} < *kri。

（4）侗语、毛南语 *ʔnin。“屎”错那门巴语 ȵin^{35} < *nin。

（5）布兴语 suʔ < *suk。“屎”尼科巴语 isok < *ʔi-sok。

2. “臭的”和“气味”“嗅”“鼻子”

（1）拉巴努伊语 piro < *biro。“气味”维吾尔语 buj < *bur，“嗅”purɑ- < *bura。“鼻子”满文、赫哲语 oforo、锡伯语 ovur < *ʔoburu。

（2）拉加语 *boni。“嗅”布拉安语 n-bun < *bun。“鼻子”日语 hana < *pana，罗地语 pana < *pana。

（3）缅文、格曼僜语 *nam。“嗅”藏文 snom、景颇语 mă^{31}nam^{55} < *s-nom / *s-nam。

（4）科木希语 *ʔude。“嗅”米南卡保语 idu < *ʔidu。“鼻子”罗地语 idu < *ʔidu、莫图语 udu < *ʔudu。

3. “臭的”和“香的”“气味”

（1）图瓦语 dʒɤdɤx < *dədəq。“香的”西部裕固语 dadəɣ < *dadəg。“气味”图瓦语 dʒɤt < *dət。

（2）西部裕固语 *dirəq。“气味”嘉戎语 təri < *təri。

（3）雅美语 *ma-ŋot。“香的”汤加语 ŋaŋatu < *ŋatu。

（4）拉巴努伊语 piro < *biro。汉语 *phər（芬）。

4. “臭的”和“坏的”

（1）巴拉望语 *mo-buruk。“坏的、丑的”印尼语 buruk，米南卡保语 buru^{ɔ}ʔ，亚齐语 broʔ< *buruk。

（2）菲拉梅勒语 purau < *bura-ʔu。“坏的”西部斐济语 burā < *bura。日语 warui < *b^{w}aru-ʔi。

（3）维吾尔语 *sesiq。“坏的”维吾尔语、柯尔克孜语、乌孜别克语 eski < *ʔeski。

（4）鄂伦春语、鄂温克语 *ʔəru-ʔuli。“坏的”鄂伦春语、鄂温克语 əru < *ʔəru。

（5）莫图语 bona-na dika。“坏的”dika < *dika。

（6）莽语 *lu，“坏的”德昂语茶叶箐话 l̥iau^{55} < *s-lu。

◇ 三　词源关系分析

1. *dika（*dek、*duk、*dake）

“臭的”爪哇语 *ba-dek，莫图语 *bona-dika。“坏的”错那门巴语 tuk^{35}、墨脱门巴语 duk(pin)< *duk，莫图语 dika < *dika，依斯那格语 nadakeʔ < *na-dakeʔ。

“散发气味”古英语 stink、高地德语 stinkan < *sdik。

2. *b^{w}ara（*bura、*b^{w}aru、*bur）

“臭的”菲拉梅勒语 purau < *bura-ʔu。“坏的”西部斐济语 burā < *bura。日语 warui < *b^{w}aru-ʔi。“气味”维吾尔语 buj < *bur，“嗅”pura- < *bura。

"臭的"希腊语 osphrantikos < *osbra-tiko-。

3. *dirəq

"臭的"西部裕固语 *dirə-q。"腐烂的"土耳其语 tʃyryk，维吾尔语 tʃirik，哈萨克语 ʃirik < *tiri-k。西部裕固语 jizəɣ < *diri-q。

"气味"波兰语 odor，"香气、嗅"拉丁语、古法语 odor。

4. *burak（*braq、*buruk）

"臭的"巴拉望语 *mo-buruk。"花"摩尔波格语、巴拉望语 burak，卡加延语 bulak，木鲁特语 busak < *burak，"果子"邹语 braxtsi < *braq-ti。

"水果"希腊语 phroyto < *bro-。拉丁语 fructus < *bruk-。 "香"俄语 pliwkus < *plukus。

"坏的"维吾尔语、哈萨克语 *buruq。桑塔利语 bɛritʃ < *beriq。

"坏的"乌尔都语 bura。 "痛苦"古教堂斯拉夫语 vragu，俄语 vrag，立陶宛语 vargas < *b^warag-。 "狼、非法"古挪威语 vargr，"狐狸"冰岛语 vargur，"罪犯"古英语 wearg。

5. *boq

"屎"维吾尔语 poq、哈萨克语 boq、撒拉语 boχ < *boq。

"臭的"俄语 pahutɕij < *paqu-。

6. *gin

"臭的"撒拉语 sigingən < *sigin-gən。

"气味、嗅"和阗塞语 gan- < *gan。 "臭的"粟特语 ɣntʃ，阿维斯陀经 gainti < *gan-。

“软”的词源关系

亚欧语言表“柔软”义的词与“腐烂的”“熟的”“弱的”等说法有词源关系。

◇ 一　东亚太平洋语言的“软”

“软的”的主要说法有：

1. *dumlaq / *dumdaq

维吾尔语 jumʃɑq，哈萨克语 dʒumsɑq，图瓦语 dʒɤmdʒɑk < *dumlaq / *dumdaq。

2. *dolən / *tala /

蒙古语 dʒɵːləŋ，东部裕固语 dʒyːlən，土族语 dʑoːlon < *dolən。

塔几亚语 matala-n < *ma-tala。

3. *ʔulu-qun / *ʔolu / *lulu

满文 uhuken，锡伯语 ulukun < *ʔulu-qun。①

① “软的” 芬兰语 hellaü < *qel-。

乌玛语 mo-ʔolu < *ʔolu。窝里沃语 ma-lulu < *lulu。

4. *dərə / *li-tar

鄂温克语 dəjə < *dərə。

桑塔利语 litsar < *li-tar。

5. *ʔib / *ʔipu

鄂伦春语 ibgən < *ʔib-qun。

巽他语 hipu < *ʔipu。

6. *ʔuran / *ran

赫哲语 ujan < *ʔuran。

朝鲜语 jənhata < *ran-。（软的、淡的、嫩的）

7. *laba-raka-ʔi / *labub / *lebe / *lib / *labit

日语 jawarakai < *laba-raka-ʔi。①

达密语 labub < *labub。

蒙达语 lebe < *lebe。桑塔利语 liblib < *lib。

桑塔利语 lɛbith < *labit，le̱bɽ̰e̱th < *lebret。

8. *lumuq / *ləmo

贡诺语 lumu，巴厘语 ləmuh，布拉安语 lumuk < *lumuq。

莽语 lɤ^{31}mø^{51} < *ləmo。

9. *ʔoso / *po-ʔasa

劳语 osooso < *ʔoso。马那姆语 poasapoasa < *po-ʔasa。

---

①“软的”匈牙利文 halk < *qalk。

10. *malu / *malu-mu / *mala-ʔum / *mle

汤加语 molu，萨摩亚语 malū，塔希提语 marū < *malu。

斐济语 malumu < *malu-mu。

布农语 maðaum < *mala-ʔum。

苗语高坡话 mləŋ^6，勉语大坪话 mai^6 < *mle。

11. *losi / *ni-les

布鲁语 em-losi < *losi。布昂语 nijes < *ni-les。

12. *manoka

莫图语 manoka-manoka < *manoka。

13. *pale

雅贝姆语 pale < *pale。（软的、烂的）

14. *no-ʔi

邹语 noinəʔi < *no-ʔi。

15. *b^{w}i

哈拉朱乌语 b^{w}i < *b^{w}i。

16. *nal-ʔ

汉语 *nalʔ（软）< *nal-ʔ。①

17. *s-ni / *nunu / *no-ʔi

藏文 sn̥i mo < *s-ni。

① “软的”格鲁吉亚语 nazɔ < *nalo。

扎坝语 nu^{33}nu^{55} < *nunu。

邹语 noinəʔi < *no-ʔi。

18. *proʔ / *piro

缅文 pjɔ^{1}，基诺语 a^{44} prø^{55} < *proʔ。

马绍尔语 pirɔrɔ < *piro。

19. *ʔon

壮语武鸣话 un^{5}，西双版纳傣语 ɔn^{3}，德宏傣语 on^{3} < *ʔon。

佤语马散话 ʔo̱n < *ʔon。

20. *s-mok / *məku / *ma-məku

布朗语胖品话 m̥ɔk^{31}，甘塘话 mɔk^{31} < *s-mok。

那大语 məku < *məku。

锡加语 məməku < *ma-məku。

21. *ʔnam

德昂语硝厂沟话 ȵtʃʌm，南虎话 ȵtʃam，曼俄话 kaʔ^{31}ȵɔm^{35} < *ʔnam。

22. *grum

布兴语 ʒɯm，克木语 dʑĭm < *grum。

23. *li-bur / * ʔeberi

桑塔利语 libur < *li-bur。

满文 eberi（软弱）< *ʔeberi。

24. *ta-nika

尼科巴语 tanjiːka < *ta-nika。

25. *naram / *norom / *nalama

蒙达语 naram < *naram。桑塔利语 no̱ro̱m < *norom。

依斯那格语 nalamaʔ < *nalama。

二 “软”的词源对应关系

1. “软的”和“烂的”

（1）鄂温克语 *dərə。“腐烂的”西部裕固语 jizəɣ < *diri-g，土耳其语 tʃyryk、维吾尔语 tʃirik、哈萨克语 ʃirik < *tiri-k。

（2）乌玛语 *ʔolu。“腐烂的”沙玛语 haluʔ、贡诺语 huru < *qaluʔ / *quru。

（3）扎坝语 *nunu。“腐烂的”勒窝语 menunu < *menu。

（4）雅贝姆语 *pale。“腐烂的”宁德娄语 abola < *ʔabola，瓜依沃语 bila < *bila，汤加语 pala < *bala。

（5）姆贝拉语 pepepŋana < *pepe-ŋana。“腐烂的”缅文 pup、勒期语 puːp、哈尼语绿春话 bu̱ < *bup，雅贝姆语 ge-mob < *mob，罗图马语 popo < *popo。

2. “软的”和“熟的”

“煮熟的、成熟的”和“软的”词源关系上文《熟》篇已举例说明。

3. “软的”和“弱的”

（1）日语 *laba-raka-ʔi。“弱的”jowai < *loba-ʔi。

（2）尼科巴语 *ta-nika。汉语 *nuk（弱）。

（3）佤语马散话 *ʔon。“弱的”布兴语 ʔɔn < *ʔon，德宏傣语 ʔon^{3} < *ʔonʔ。

（4）锡加语 *ma-məku，“弱的” məmək < *mə-mək。

（5）巴厘语、布拉安语 *lumuq。“弱的”印尼语 ləmah、米南卡保语 lamah、马达加斯加语 ma-lemi < *lamaq / *lemi。

◇ 三　词源关系分析

1. *buta（*but、*put、*bit）

“软的”桑塔利语 *la-bit，他加洛语 lambot、印尼语 ləmbut < *la-but，爪哇语 əmpuʔ < *ʔu-put。“弱的”三威治港语 ^{m}ba^{m}bat < *ma-bat。“腐烂的”马林厄语 boto、大瓦拉语 buda。

“软的”古英语 softe、古高地德语 semfti < *sopti。 “软的”波兰语 wiotki < *b^{w}ot-，阿尔巴尼亚语 butë < *bute。

2. *maluka（*mulaq、*maloka、*buluk、*buruk、*brak）

“软的”排湾语 luməljak < *lu-mulaq，莫图语 manoka-manoka < *maloka。“腐烂的”他加洛语 bulok、巴拉望语 buluk、赛夏语 boḷok < *buluk，泰雅语 ma-βuluk < *ma-buluk，巴厘语 bərək、巽他语 buruk < *buruk。汉语 *brak（粕，酒滓也）。

“软的”希腊语 malakos < *malako-。

其词根为 *b^{w}ale。

3. *bale（*pale、*bola、*bila、*bala）

“软的”雅贝姆语 *pale。“腐烂的”宁德娄语 abola < *ʔabola，瓜依沃语 bila < *bila，汤加语 pala < *bala。

“软的”希腊语 apalos < *apalo-。

4. *malu（*mle、*mala）

“软的”苗瑶语 *mle，汤加语、萨摩亚语、塔希提语 *malu，斐济语 *malu-mu。布农语 *mala-ʔum。

“软的”法语、意大利语 molle < *mole。 “软的”梵语 mr̥ina:la < *mri-nala。

5. *bret

“软的”桑塔利语 *le-bret。

“软的”西班牙语 blando、葡萄牙语 brando。

6. *labi（*laba、*labu、*lebe、*lib、*lap、*lipa）

“软的”日语 *laba-raka-ʔi，达密语 *labub，蒙达语 *lebe，桑塔利语 *lib。“薄的”亚齐语 lipeh < *lipe-，戈龙塔洛语 mo-lipa < *lipa，科木希语 ɛlolōp < *ʔelop，巴琉语 lap[11] < *lap。

“软的、腐烂的”俄语 slabɨj < *slabi。

“软的”格鲁吉亚语 rbili < *rubi-。

7. *mok（*məku、*bak）

“软的”布朗语 *s-mok，那大语 *məku，锡加语 *ma-məku。汉语 *bak（薄）。

“弱的、软的”古英语 wac、古挪威语 veikr、中古荷兰语 week < *bʷek。

"软的"俄语 mjagkij、波兰语 mię̨kki < *meg-。 "软的"亚美尼亚语 makbay < *mak-baj。

8. *lamu（*ləmo、*lumu）

"软的"莽语 *ləmo，贡诺语、巴厘语、布拉安语 *lumu-q。

"软的"阿尔巴尼亚语 lëmuar < *lemu-。

9. *nara（*noro、*nar、*nal）

"软的"蒙达语 *naram，桑塔利语 *norom。依斯那格语 nalamaʔ < *nalama。汉语 *nalʔ（软）< *nal-ʔ。

"软的"乌尔都语 naram < *naram。

"软的"格鲁吉亚语 nazɔ < *nalo。

10. *nu（*no）

"软的"扎坝语 *nunu。邹语 *no-ʔi。佤语马散话 *ʔon。

"弱的"布兴语 ʔɔn < *ʔon，德宏傣语 $ʔon^3$ < *ʔonʔ。

"软的"和阗塞语 nona-。

11. tari（*dərə、*tar）

"软的"鄂温克语 dəjə < *dərə。桑塔利语 litsar < *li-tar。

"弱小的"蒙古语、土族语 *doro-ʔi。"弱的"马都拉语 *gə-dur。桑塔利语 *ni-dor，蒙达语 *le-der。

"软的、嫩的"阿维斯陀经 taurna-，粟特语 tarn < *tar-。 "疲乏"古英语 teorian < *dori-。

“硬”的词源关系

亚欧语言表质地“硬”义的词与“石头”“干的”“生的”等说法有词源关系。

◇ 一　东亚太平洋语言的“硬”

“硬的”的主要说法有：

1. *qat / *qat-də / *qatos / *qitu

维吾尔语 qɑttiq，西部裕固语 qɑtdəɣ，图瓦语 kɑdɤx < *qat-dəq。

撒拉语 χətdə < *qat-də。

爪哇语 atɔs，巴厘语 katos < *qatos。泰雅语 hituʔ < *qitu。

2. *gatu-ŋ / *gut

蒙古语 gɑtuː，东部裕固语 ɢɑduː，土族语 xɑdoŋ < *gatu-ŋ。

朝鲜语 kutta < *gut-。

3. *maga / *pʷeka / *beka / *maku

满文 maŋga，锡伯语 maŋ < *maga。

汤加语 fefeka < *p^{w}eka。

东部裕固语 bekə < *bekə。

马林厄语 maku < *maku。

4. *taq

赫哲语 taq taq < *taq。

5. *dan

朝鲜语安城话、水原话 tantanhata < *dan-。

6. *kata-ʔi / *kata-n / *keteq

日语 katai < *kata-ʔi。

鄂伦春语 katan，鄂温克语 xata < *kata-n。

桑塔利语 ke̠ʈe̠tʃ < *keteq。

7. *ma-təkə / *ʔa-təka / *tiga-s / *ma-tuʔa

鲁凯语 matəkə，阿美语 ʔatəkak < *ma-təkə / *ʔa-təka。

他加洛语 tigas，巽他语 tɨas < *tiga-s。卑南语 maʈuʔa < *ma-tuʔa。

8. *karas / *kares / *kros / *kurus / *ŋira

印尼语 kəras < *karas。

亚齐语 kruɯ^{ə}h，米南卡保语 kareh < *kares。

佤语马散话 krɔh，布朗语曼俄话 kɔh < *kros。

桑塔利语 kuʈus < *kurus。

罗维阿纳语 ŋira < *ŋira。

9. *ko-tul / *tol

摩尔波格语 kotul < *ko-tul。达密语 totol < *tol。

10. *ko-ʔo / *kaʔu-ʔa

达阿语 na-koʔo < *ko-ʔo。东部斐济语 kaukaua < *kaʔu-ʔa。

11. *boto-ʔon

宁德娄语 botoʔon < *boto-ʔon。

12. *tera-sa / *kak-tar

贡诺语 terasa < *tera-sa。

墨脱门巴语 kak tar < *kak-tar。

13. *sa-kar / *gara

塔几亚语 sakar < *sa-kar。①

桑塔利语 khaʈa < *gara。

14. *ʔa-ʔuka

莫图语 auka < *ʔa-ʔuka。

15. *mala-ʔis

赛夏语 maɭais < *mala-ʔis。

16. *ʔi-noka

梅柯澳语 ʔinoka < *ʔi-noka。

17. *ti-graŋ / *graŋ / *krəŋ / *kreŋ

雅美语 tʃigraŋ < *ti-graŋ。

克木语 grăŋ < *graŋ。德昂语南虎话 khrɤŋ < *krəŋ。

① "硬的" 匈牙利文 szigoruü < *sigoru。

壮语龙州话 kheŋ^{1}，傣语 xɛŋ^{1} < *kreŋ。

18. *ma-soma

沃勒阿伊语 masowa < *ma-soma。

19. *kla-s / *klaʔ

汉语 *klas（固）< *kla-s。

仫佬语 kɣa^{3}，水语 da^{3} < *klaʔ。

20. *krin

汉语 *krin（坚）。

21. *krek-s / *krak

藏文 mkhregs po，阿昌语 kz̥ak^{55} < *m-krek-s / *krak。

22. *sra

藏文 sra mo < *sra。

23. *lar-kak

博嘎尔珞巴语 lar kak < *lar-kak。

24. *ma

缅文 mɑː^{2} < *ma。

25. *rugi

道孚语 rgi rgi < *rugi。

26. *gu

户语 khau^{31} < *gu。

27. *ŋek / *lar-kak

尼科巴语 ŋək < *ŋek。（硬的，强壮的）

博嘎尔珞巴语 lar kak < *lar-kak。墨脱门巴语 kak tar < *kak-tar。

28. *sokot

桑塔利语 so̱ko̱t < *sokot。

29. *kel

尼科巴语 kel < *kel。（干的，硬的）

◇ 二 “硬”的词源对应关系

1. “硬的”和“石头”

“硬的”和“石头”的词源关系第一卷《石头》篇已举例。如：

（1）达密语 *tol。“石头”赫哲语 dzo̜lu，鄂温克语、鄂伦春语 dʒɔlɔ < *dolu。朝鲜语 toːl < *dol。

（2）满文、锡伯语 *maga。“岩石”中古朝鲜语 pahø、庆州话 paŋku < *bagu。

（3）阿美语 *ʔa-təka。“石头”吉利威拉语 dakuna < *daku-na，马绍尔语 dekæ < *deka，波那佩语 ʈakai < *taka-ʔi。

（4）宁德娄语 *boto-ʔon。“石头”布农语、印尼语 batu，亚齐语 batɛə，他加洛语 bato，巴拉望语 batu-g < *batu。

（5）撒拉语 *qat-də。“石头”排湾语 qatsilaj < *qati-lal。

（6）雅美语 *ti-graŋ。“岩石”爪哇语 karaŋ、巽他语 karaŋ < *karaŋ。

（7）阿昌语 *krak。“石头”缅文 kjɔk < *krok。汉语 *glak（石）。

（8）尼科巴语 *kel。“岩石”泰雅语泽敖利方言 kuʃ < *kul。

2. “硬的”和“干的”

（1）雅美语 *ti-graŋ。“干的”爪哇语、巽他语 gariŋ、印尼语 kəriŋ < *gariŋ。

（2）日语 *kata-ʔi。“干的”蒙古语正蓝旗话 gɑtɑ-、布里亚特方言 xɑdɑ-、土族语 xɑdɑ < *qada。

（3）塔几亚语 *sa-kar。“干的”他杭语 kharpa < *gar-pa。

（4）桑塔利语 *kurus。“干的”壮语龙州话 khaɯ^{5}、武鸣话 haɯ^{5} < *krus。

（5）东部裕固语 *bekə。“干的”拉巴努伊语 paka < *baka。

3. “硬的”和“生的”

“硬的”和“生的”词源关系本卷上文《生》篇已举例。如：

（1）汉语 *krin（坚），“生的”藏文 rdʑen pa < *r-gren。

（2）梅柯澳语 *ʔi-noka。“不成熟的”卡乌龙语 nok < *nok。

（3）汤加语 fefeka < *p^{w}eka。“不成熟的”马林厄语 buka < *buka。

（4）赫哲语 *taq。“未煮熟的”印尼语 məntah < *ma-taq，巽他语 atah < *ʔataq。

（5）托莱语 leo < *le-ʔo。“生的”满文 eshun、锡伯语 usxun、鄂伦春语 əʃikin、鄂温克语 iʃixin < *ʔel-qun / *ʔili-qun。

三　词源关系分析

1. *karos（*karas、*kares、*kros、*kurus、*krus）

“硬的”印尼语 *karas，亚齐语、米南卡保语 *kares，佤语马散话、布朗语曼俄话 *kros，桑塔利语 *kurus。“干的”壮语龙州话 khaɯ^{5}、武鸣话 haɯ^{5} < *krus。

“硬的”亚美尼亚语 kartsr < *kart-。

“坚硬的”古英语 heard、古高地德语 harto，哥特语 hardus < *kor-。

希腊语“力量”kratos，“强壮的”kratys。

“硬的”芬兰语 ankara < *a-kara，匈牙利文 szigoruü < *sigoru。

“硬的”格鲁吉亚语 magari < *ma-gari。

“铁”匈牙利文 kard，当借自日耳曼语“坚硬的”*kor-d。

“硬的”雅美语 tʃigraŋ < *ti-graŋ。桑塔利语 khaɽa < *gara。

“硬的、锐利的”阿维斯陀经 tiɣra，粟特语 tarɣ < *ti-gra。

2. *kla

“硬的”仫佬语、水语 *klaʔ。汉语 *klas（固）< *kla-s。

“硬皮”拉丁语 callus < *kalo-。

“硬的”希腊语 skleros < *skle-，dyskolos < *duskolo-，khalenos < *gale-。

“冷的”撒尼彝语、木雅语 *gla。“冰”撒尼彝语 kɑ^{33}lɪ^{55}mɒ^{33} < *kali。

拉丁语“结冰”gelare < *gela-，“霜”gelu。

“冷的”古英语 cald、古弗里斯语 kald，古挪威语 kaldr，哥特语 kalds < *kald-。

“冷”波兰语 hłod < *kolod。“硬的、冷的”俄语 xolodnɨj < *kolod-。

3. *daro（*diri、*tar、*dor、*tera）

“硬的”贡诺语 *tera-sa，墨脱门巴语 *kak-tar。“石头”中古朝鲜语 torh < *dors，蒙达语 diri、桑塔利语 dhiri < *diri。

“硬的”梵语 dur。和阗塞语 dūra- < *dura。

“变硬”拉丁语 durare < *dura-。

“硬的”法语 dur，意大利语、西班牙语、葡萄牙语 duro。

希腊语“硬的”drimys < *dri-mus，“石头”lithori < *li-tori，“岩石”petra。

"硬的"威尔士语 dir,"强壮的"立陶宛语 dirzmas,"钢"布列吞语 dir。

"强壮的、僵硬的"古英语 stearc < *sderk。"瘦奶牛"古教堂斯拉夫语 sterica。

"强壮的"波斯语 suturg。

"硬的"俄语 strogij < *strog-,波兰语 tsięʒki < *ter-。

4. tiga(*tuʔa)

"硬的"他加洛语、巽他语 *tiga-s。卑南语 maʈuʔa < *ma-tuʔa。

"硬的、紧的"俄语 tugoj < *tugo-。

5. *por

"石头"阿伊努语 pojna < *por-na。

"硬的"阿尔巴尼亚语 fortë < *b^{w}or-。亚美尼亚语 bard < *bar-。

6. *sokot

"硬的"桑塔利语 so̱ko̱t < *sokot。

"硬的"乌尔都语 sakhat < *sagat。

7. *rugi

"硬的"道孚语 rgi rgi < *rugi。

"干的"土耳其语 kurak < *qurak,维吾尔语 qurʁaq,图瓦语 kurkax < *qurak-aq。

"硬的"粟特语 ʒuɣ < *rug。

“锐利”的词源关系

亚欧语言表“锐利、锋利”义的词与“割”“尖的”“薄的”“快的”等义的词有词源关系。

◇ 一　东亚太平洋语言的“锐利的”

“锐利”的主要说法有：

1. *ʔot-kir

维吾尔语 øtkyr，哈萨克语 øtkir < *ʔot-kir（尖—锋利）。

2. *diq-li

撒拉语 jixli < *diq-li。

3. *qurta

蒙古语 xurtʃ，东部裕固语 qurtʃɑ < *qurta-。

4. *ʔəsdəg / *didiq / *tega

西部裕固语 əʂdəɣ < *ʔəsdəg-。

图瓦语 dʒidix < *didiq。

那大语 tega < *tega。

5. *qudadə / *datun / *na-tada

土族语 xudʐɑdə < *qudadə。

满文 datʃun，锡伯语 datʂun< *datun。

达阿语 natadʒa < *na-tada。

6. *domu-l / *tom / *tadom / *na-tadam

达斡尔语 doːmul < *domu-l。

沙玛语 tōm < *tom。

印尼语、米南卡保语 tadʒam，卡林阿语 todom，摩尔波格语 tadom < *tadom。

依斯那格语 natadam < *na-tadam。

7. *lər / *lar-karo

赫哲语 lərgin < *lər-gin。

中古朝鲜语 narkharopta < *lar-karo-。

8. *ʔəmər

鄂伦春语 əmər < *ʔəmər。

9. *libin

鄂温克语 ʃəbbin < *libin。

10. *surudo-ʔi / *rada-ʔi

日语 sɿrudoi < *surudo-ʔi。

排湾语 radʑaj < *rada-ʔi。

11. *moraŋ

萨萨克语 məraŋ < *moraŋ。

12. *ma-talam

卡加延语 taləm，雅美语 mataʐam < *ma-talam。

13. *lasi-ʔa / *lis

劳语 lasia < *lasi-ʔa。

壮语武鸣话 ɣai^{6}，侗语 jai^{6} < *lis。

14. *dira-ŋ

锡加语 dira-ŋ，贡诺语 daraŋ < *dira-ŋ。（锋利的、尖的）

15. *ma-sila / *ʔa-sila

汤加语 māsila < *ma-sila。

塔纳语 asəla < *ʔa-sila。

16. *kaŋi

吉尔伯特语 kakaŋi，沃勒阿依语 kaŋi < *kaŋi。

17. *ŋata

斐济语 ŋata < *ŋata。

18. *ma-lam / *soma-lom / *lom

邵语 malamlam < *ma-lam。

赛夏语 somaɭəm < *soma-lom。

佤语布饶克方言 lɔm，莽语 lɔm^{51} < *lom。

19. *ma-garaŋ

鲁凯语 magaraŋ < *ma-garaŋ。

20. *mulu-ŋul

赛德克语 muhuŋul < *mulu-ŋul。

21. *la-dəp

爪哇语 lanɖəp < *la-dəp。

22. *lat-s / *krat

汉语 *las（锐）< *lat-s。

格曼僜语 kɹat^{55} < *krat。

23. *r-no

藏文 rno < *r-no。

24. *dak / *taka

缅文 thɑk，彝语武定话 thɑ̱^{2} < *dak。

莫图语 mataka < *ma-taka。

25. *di / *ti

独龙语 dai^{53} < *di。

景颇语 tai^{55} < *ti。

26. *lop

布朗语甘塘话 lɤp^{33}，布兴语 lɔ̆p，户语 lɤp^{31} < *lop。

27. *to-ʔelo / *ʔol

桑塔利语 tsoelo < *to-ʔelo。克木语 ʔoh < *ʔol。

28. *gar

桑塔利语 khar < *gar。

◇ 二 “锐利”的词源对应关系

1. “锐利的”和“割”

（1）土族语 *qudadə。“割”马那姆语 toto、罗地语 tate < *toto / *tate。“弄断”独龙语 sɯ^{31}dɑːt^{55} < *sə-dat。

（2）汉语 *lat-s（锐）。“割”布鲁语 lata < *lata。“剪”布依语 zat^{8} < *rat。“断”布朗语甘塘话 ʐat < *rat。

（3）汤加语 *ma-sila。“劈开”布鲁语 sila < *sila。

（4）邵语 *ma-lam。“割”载瓦语 jam^{21} < *lam。

2. “锐利的”和“薄的”“瘦的”

（1）赫哲语 *lər-gin。“薄的”锡加语 bleler < *be-ler。“瘦的”景颇语 lǎ^{31}si^{31} < *lari。

（2）布朗语甘塘话、布兴语、户语 *lop。“薄的”巴琉语 lap^{11} < *lap，戈龙塔洛语 mo-lipa < *lipa，尼科巴语 leːv < *leb。

（3）汤加语 *ma-sila。“薄的”卑南语 salsal < *sal-sal，布兴语 si laŋ < *silaŋ。

（4）锡加语、贡诺语 *dira-ŋ。“薄的”桑塔利语 tsiribiri < *tiri-biri，托莱语 məder < *mə-der。

（5）桑塔利语 *gar。“瘦的”马林厄语 gagaro < *garo。

（6）佤语布饶克方言、莽语 *lom。“瘦的”傣语 jɔm^{1}、水语 ʔɣum^{1} < *ʔlom。

3. “锐利的”和“尖的”

（1）雅美语 *ma-talam。“尖的”布拉安语 talam。

（2）佤语布饶克方言、莽语 *lom。“尖的”巴塔克语 tadʒom < *talom。

（3）景颇语 tai^{55} < *ti。“尖的”沃勒阿依语 ti。

（4）壮语武鸣话、侗语 *lis。“尖的”他加洛语 tulis。

4. “锐利的”和“快的”

汉语“快”原指“爽”，后兼指“锋利”和“迅速”。

（1）达斡尔语 doːmul < *domu-l。“快的”柯尔克孜语 əldɑm、西部裕固 ɑldɑm < *ʔal-dam。

（2）壮语武鸣话、侗语 *lis。“快的”壮语武鸣话 ɣu^{5}、毛南语 lju^{5} < *ʔlus。

（3）锡加语、贡诺语 *dira-ŋ。“快的”哈萨克语 tez、塔塔尔语 dʒitɨz，< *tir / *ditir，罗维阿纳语 tuture < *tuture。鲁凯语 marədar < *marə-dar。

（4）赫哲语 *lər-gin。“快的”鄂伦春语 dɪjar < *di-lar。

（5）布朗语甘塘话、布兴语、户语 *lop。“快的”排湾语 dʑalav < *da-lab。

三　词源关系分析

1. *kori（*kir、*kore）

“锐利的”维吾尔语、哈萨克语 *ʔot-kir。“薄的”女真语（捏克叶）

*nikheje < *ʔikore。“劈”道孚语 krə < *kro。“分开”嘉戎语 ka kro < *kro，景颇语 kă^{31}ʒan^{55} < *karan。

“锐利的、猛烈的”拉丁语 acer。“分开”希腊语 tʃorizo < *kori-。

“硬的、锐利的”匈牙利文 szigoruü < *sigoru。“锐利的”芬兰语 kirpeaü < *kirpe-。

2. *dare（*dira、*dar、*tara）

“锐利的”锡加语、贡诺语 *dira-ŋ。“劈”土耳其语 ajar- < *ʔadar，维吾尔语 jɑr-、哈萨克语 dʒɑr- < *dar。塔希提语 tarai < *tara-ʔi。

俄语“锐利的”diezn ɨj < *der-。“锐利的、狡猾的”xitrɨŋ < *sitri-。
“锐利的、辛辣的”波兰语 ostry < *ostru。
“锐利的”阿尔巴尼亚语 thartë < *dar-。

“薄的”格鲁吉亚语 tshvrili < *d^{w}ri-。

3. *rep（*rop、*rip）

“薄的”维吾尔语、乌孜别克语 nepiz < *rep-ʔir，乌孜别克语 jofqɛ < *rop-qe，南密语 terep < *te-rep。“细的”藏文 ʑib ʑib、墨脱门巴语 ze mo < *rip。

“锐利的”古英语 sceap、古弗里斯语 skerp、古挪威语 skarpr < *skarp-。
“锐利的”希腊语 akribos < *akribo-。
“撕开”瑞典语 reppa、丹麦语、弗里斯语 rippe。“切割”中古爱尔兰语 cerb。

“锐利的”布朗语甘塘话、布兴语、户语 *lop。“薄的”巴琉语 lap^{11} < *lap，戈龙塔洛语 mo-lipa < *lipa，尼科巴语 leːv < *leb。“砍”瓜依沃语 lafo < *lapo。

4. *tom（*tadom、*tadam）

“锐利的”沙玛语 *tom，印尼语、米南卡保语、卡林阿语、摩尔波格语 *tadom，依斯那格语 *na-tadam。

“锐利”希腊语 dieme < *deme。

5. *su（*so）

“薄的”日语 usɿi < *ʔusu-ʔi。“少的”女真语（我锁）*oso < *ʔoso。“小的”满文 osohon < *ʔoso-qon。赫哲语 uʂkuli < *ʔos-kuli。

“锐利”亚美尼亚语 sur < *su-。

6. *tiga（*ʔəsdəg、*didiq）

“锐利的”西部裕固语 əʂdəɣ < *ʔəsdəg-。图瓦语 dʒidix < *didiq。

“锐利的”和阗塞语 aʃäjä < *ataga。

“钝”的词源关系

亚欧语言表“钝”义的词与“粗的”“慢的”等说法有词源关系。

◇ 一 东亚太平洋语言的“钝”

“钝、钝的”的主要说法有：

1. *gal / *ma-ŋalə / *gulu / *ko-ŋol

维吾尔语 gɑl < *gal。

雅美语 maŋalə < *ma-ŋalə。

达阿语 na-ᵑgulu，萨萨克语 koŋol < *gulu / *ko-ŋol。

2. *mes / *ʔemes / *ʔapes / *masi

哈萨克语 øtpes，乌孜别克语 øtmɛs < *ʔot-mes（尖—钝）。

西部裕固语 əʂdəɣ emes < *ʔəsdəq-ʔemes（锐—钝）。

坦纳语 apəs < *ʔapes。

勒窝语 masi < *masi。

3. *doba-q / *dəpu-l / *dubu / *dəp

撒拉语 dombɑχ < *doba-q。①

① “钝的”匈牙利文 tompa < *topa。

马京达瑙语 dəmpul，马都拉语 tumpul < *dəpu-l。

马达加斯加语 dumbu < *dubu。

侗语、毛南语 $təp^8$ < *dəp。

4. *mo-qur / *ʔuru

蒙古语 moxoː，土族语 moɢur，东部裕固语 moχɢor < *mo-qur。

满文 mojo，锡伯语 moχur < *mo-qur。

劳语 ūru < *ʔuru。

5. *mu-gutu

东乡语 muɣutu < *mu-gutu。

6. *loləŋ

保安语 loləŋ < *loləŋ。

7. *tapur

达斡尔语 tʃapur < *tapur。

8. *ʔotə-bursən / *ʔoa-buro

赫哲语 ətəwurʂən < *ʔotə-bursən。

邹语 ʔao frofro < *ʔoa-buro。

9. *mama

鄂伦春语 mampa < *mama。

10. *təmu / *tum

鄂温克语 təːmu < *təmu。

缅文 tuṁ^{3}，阿昌语 təm^{35}，载瓦语 tum^{21} < *tum。

11. *nibu

日语 nibui < *nibu-ʔi。

12. *ma-dal / *dili

印尼语 madʒal，米南卡保语 madʒa < *ma-dal。

西部斐济语 dʳili < *dili。

13. *bol

巴塔克语 bolbol < *bol。

14. *bot / *batutu / *bʷut / *putu-l / *bado

托莱语 bot < *bot。

莫图语 patutu < *batutu。

帕马语 vut < *bʷut。

巴厘语 puntul < *putu-l。

桑塔利语 bhaɳɖo < *bado。

15. *mulu / *mil

东部斐济语 muðu < *mulu。

布兴语 mil < *mil。

16. *dodo

布鲁语 dodo-t < *dodo。

17. *buni

拉巴努伊语 puni-puni < *buni。

18. *ma-lalal

阿美语 malaləʃ < *ma-lalal。

19. *luən-s

汉语 *luən-s（钝）。

20. *glət / *qilut

嘉戎语 khlət < *glət。

排湾语 qiɭut < *qilut。

21. *goŋ

独龙语 gɔŋ^{53} < *goŋ。

22. *lon / *lonʔ

景颇语 to̱n^{33} < *lon。

水语 lon^{4} < *lonʔ。

23. *bum

佤语布饶克方言 bɯm < *bum。

24. *loŋ

布朗语 lɤiŋ^{41} < *loŋ。

25. *ʔdu

莽语 dy^{55} < *ʔdu。

26. *tat-rap

桑塔利语 tsatraph < *tat-rap。

二 “钝”的词源对应关系

1. “钝的”和“粗的”

（1）缅文、阿昌语、载瓦语 *tum。“粗的”维吾尔语 tom < *tom。

（2）佤语布饶克方言 *bum。“粗的”藏文 sbom po < *s-bom。

（3）马达加斯加语 *dubu。“粗的”缅文 tup < *tup。

（4）布朗语 *loŋ。“粗的”黎语 loŋ^{1} < *ʔloŋ。

（5）托莱语 *bot。“粗的”日语 futoi < *puto-ʔi，大瓦拉语 potopoto < *puto-poto。

（6）桑塔利语 *bado。“粗的” bo̱ḏe < *bode。

（7）鄂伦春语 *mama。“粗的”锡伯语 ma < *ma。

（8）巴塔克语 *bol。“粗的”他加洛语、摩尔波格语、沙玛语 kapal < *ka-pal，罗图马语 mafolu < *ma-polu。

（9）马京达瑙语、马都拉语 *dəpul。“粗的”印尼语 təbal、巴厘语、萨萨克语 təbəl < *ta-bal。

（10）马达加斯加语 *dubu。“粗的”米南卡保语 taba < *taba。

2. “钝的”和“慢的”

（1）印尼语、米南卡保语 *ma-dal。“慢的”藏文 dal < *dal，桑塔利语 dhilo̱ < *dilo。

（2）维吾尔语 *gal。“慢的”他加洛语 bāgal < *ma-gal，瓜依沃语 gole < *gole，博嘎尔珞巴语 ko leː < *kole。

（3）水语 *lonʔ。“慢的”爪哇语 alɔn < *ʔalon，布依语 lon^{5} < *ʔlon-s。

（4）托莱语 *bot。“慢的”马绍尔语 p^{ɯ}at < *p^{w}at。

（5）阿美语 *ma-lalal。“慢的”摩尔波格语 lalaj < *lala-ʔi。

三　词源关系分析

1. *dalo（*dal、*dilo）

“钝的”印尼语、米南卡保语 *ma-dal。“慢的”藏文 dal < *dal，桑塔利语 dhilo̱ < *dilo。

“钝的”古英语 dol。“愚笨的”古弗里斯语 dol，哥特语 dwals。

“钝的”芬兰语 tyly < *tulu。

2. *b^{w}ato（*bot、*batutu、*b^{w}ut、*puto、*p^{w}at）

“钝的”托莱语 *bot，莫图语 *batutu，帕马语 *b^{w}ut。“粗的”日语 futoi < *puto-ʔi，大瓦拉语 potopoto < *puto-poto。“慢的”马绍尔语 $p^{ɯ}$at < *p^{w}at。

“钝的”拉丁语 obtusus，法语 obtus < *obtu-。希腊语 apotomos < *apoto-。“钝的”英语 obtuse。“笨的”亚美尼亚语 buth < *bud。

“钝的”匈牙利文 buta。

“钝的”桑塔利语 *bado。“粗的”桑塔利语 bo̱ḍe < *bode。

“钝的”梵语 mandaḥ < *mada-。

3. *b^{w}alu（*bol、*mulu、*pal、*polu）

“钝的”巴塔克语 *bol，东部斐济语 *mulu。“粗的”他加洛语、摩尔波格语、沙玛语 kapal < *ka-pal，罗图马语 mafolu < *ma-polu。

“钝的”希腊语 amblys < *ablu-。英语 blunt，古挪威语 blundra < *blud-。亚美尼亚语 bolth < *bold。

“慢的”格鲁吉亚语 mɛli。

4. *deb^{w}a（*dubu、*dəp、*doba、*tup）

“钝的”马达加斯加语 *dubu，侗语、毛南语 *dəp，撒拉语 *doba-q。“粗的”缅文 tup < *tup。

“钝的、慢的”俄语 tupoj，“钝的”波兰语 tępy < *tepo-。

5. *b^{w}asi（*pes、*masi）

“钝的”坦纳语 *ʔapes。勒窝语 *masi。

“慢的”阿尔巴尼亚语 avaʃtë < *ab^{w}as-。

“胖”的词源关系

汉语“胖”指人，“肥”指动物，“粗”指物件。有的语言一种说法可兼指其中的两个概念，或三个概念。亚欧语言表“胖”义的词与“粗的、厚的”“肥的”“油”等说法有词源关系。

◇ 一 东亚太平洋语言的“胖”

“胖的、胖”的主要说法有：

1. *semir

维吾尔语、哈萨克语 *semir，西部裕固语 semǝs < *semir。

2. *kur / *gur / *ped-gor

西部裕固语 kur < *kur。

克木语 gŭr < *gur。（胖子）

桑塔利语 pedgoɽ（男人用词）< *ped-gor，pidguɽ（女人用词）< *pid-gur。（小孩胖）

3. *maq-lag / *maq-galur

蒙古语 mɑxlɑg < *maq-lag。

东部裕固语 mɑχɢɑluːr < *maq-galur。

4. *ma-guni / *kinə-təlu-ʔi

东乡语 mɑɣunni < *ma-guni。

泰雅语 kinətəhuj < *kinə-təlu-ʔi。

5. *tar-qoŋ / *tar-qun

保安语 tɑrɢoŋ < *tar-qoŋ。

满文 tarhūn，锡伯语 tarχun，赫哲语 targun < *tar-qun。

6. *ʔiləti

鄂伦春语 ilətʃi < *ʔiləti。

7. *bogo

鄂温克语 boggo < *bogo。

8. *sar-dida

朝鲜语 sartʃita < *sar-dida。（肥）

9. *puto / *mota

日语 futoru < *puto-ru。

桑塔利语 moʈa < *mota。（粗的、胖的）

10. *qarər

排湾语 qarəw < *qarər。

11. *tab^{w}a / *dabe-b^{w}a

雅美语 tava（肥），卡林阿语 taba < *tab^{w}a。

雅贝姆语 da^{m}be-b^{w}a < *dabe-b^{w}a。

12. *mara-maru / *ʔimaru

邵语 maramu < *mara-maru。

沙阿鲁阿语 ʔimarʉ < *ʔimaru。

13. *malu-ʔəlu

阿美语 maʃuəʃu < *malu-ʔəlu。

14. *kər-pəl

赛夏语 kərpəɭ < *kər-pəl（胖一粗大）。①

15. *ʔulanəʔ / *kə-lən

卑南语 ulanəʔ < *ʔulanəʔ。

户语 khə lɤin^{31} < *kə-lən。（人胖）

16. *digara / *ra-garan

莫图语 digara < *digara。（胖、胖的）

阿者拉语 ragaran < *ra-garan。（油脂、肥的）

17. *momo / *bum

毛利语 mōmōna < *momo-na。

景颇语 phum^{33} < *bum。（胖、肥）

---

①“胖的”芬兰语 pullea < *pule-。

18. *g-lak / *glak

汉语 *g-lak（硕）。①

布朗语胖品话 khlɤik < *glak。

19. *grak-s

藏文 rgjags，墨脱门巴语 dʑak < *grak-s。

20. *b^{w}ər / *bur

汉语 *b^{w}ər（肥）。

独龙语 bɯɹ^{53} < *bur。

21. *b^{w}aʔ

缅文 wa^{1} < *b^{w}aʔ。

22. *bru

阿昌语 pʐ̥au^{31}，怒苏怒语 tshu^{33} < *bru。

23. *si

土家语 si^{35} < *si。

24. *be

壮语武鸣话、傣语 pi^{2}，侗语 pui^{2} < *be。（胖、肥）

25. *man

傣语 man^{2} < *man。

① 《诗经》时代"硕"指肥大，如《驷驖》："奉时辰牡，辰牡孔硕。"

26. *glaŋ / *groŋʔ

德昂语硝厂沟话 glăiŋ < *glaŋ。

汉语 *groŋʔ（项，肥大）。①

27. *ʔitil / *bu-tel

桑塔利语 itil < *ʔitil，bhuţel < *bu-tel。

28. *pliŋ

户语 phɣiŋ^{31} < *pliŋ。（肉肥）

29. *gul

克木语 gŭl < *gul。

30. *sal-sal

桑塔利语 salsal < *sal-sal。（牲口肥）

二 “胖”的词源对应关系

1. “胖的”和“粗的、厚的”

（1）鄂温克语 *bogo。“粗的”赫哲语 bugdyn < *bug-dun，壮语武鸣话 buɯk^{7} < *ʔbuk。

（2）景颇语 *bum。“粗的”藏文 sbom po < *s-bom。

（3）藏文、墨脱门巴语 *grak-s。“粗的”朝鲜语 kurkta < *gurg-。

（4）邵语 *mara-maru。“粗的”鄂温克语 baragun < *bara-gun。

---

①《诗经·小雅·节南山》：“驾彼四牡，四牡项领。”

（5）日语 *puto-ru。“粗的”日语 futoi < *puto-ʔi，大瓦拉语 potopoto < *puto-poto。

（6）户语 *kə-lən。“厚的”维吾尔语 qelin、哈萨克语 qɑleŋ、西部裕固语 qɑlən、撒拉语 χɑlɑŋ < *qalen

（7）赛夏语 *kər-pəl。“厚的”布朗语曼俄话 kaʔ pɤl、克木语 m̥bɯl、布兴语 kɯm bɯl < *ka-bəl。

（8）独龙语 *bur。“厚的”马京达瑙语 ki^{m}bur < *kibur。

2. “胖的”和“油”

（1）维吾尔语、哈萨克语、西部裕固语 *semir。“油脂”邹语 simro < *simiro。拉巴努伊语 mori < *mori。

（2）西部裕固语 kur。汉语 *kir（脂）

（3）满文、锡伯语、赫哲语 *tar-qun。“油脂”嫩戈内语 taritʃ < *tari-q。

（4）朝鲜语 *sar-dida。“脂肪油皮”东乡语 fugun dza̢dza̢ < *ʔugun-dada。①

（5）邵语 *mara-maru。“油脂”独龙语 tɯ^{31}mɑɹ^{53}，藏文 mar（酥油）< *mar。

（6）傣语 *man。“油”傣语 man^{2}，毛南语 man^{2}（猪油）< *man。

（7）莫图语 digara，“油脂、甜的”diɣara < *digara。

（8）户语 *pliŋ，“油”柬埔寨文 preːŋ < *preŋ。

三　词源关系分析

1. *b^{w}ato（*puto、*poto、*pata、*bedo、*bit）

“胖的”日语 *puto-ru。

① “香的”西部裕固语 dadəɣ < *dadəg。

“粗的”日语 futoi < *puto-ʔi，大瓦拉语 potopoto < *puto-poto。桑塔利语 paʈa（头发树叶等粗）< *pata。桑塔利语 bod̪e < *bode，蒙古语 buduːŋ、达斡尔语 buduːn、东部裕固语 bydyːn、保安语 bɛdoŋ < *bedon。

汉语 *bit（肸，《说文》肥肉也）。

“胖的”古英语 fætt、古弗里斯语 fatt，古挪威语 feitr、荷兰语 vet < *p^{w}et。

“胖的、块大的”俄语 upitannɨj < *upita-。

“慢的”马绍尔语 p^{ɯ}at < *p^{w}at。

“钝的”拉丁语 obtusus，法语 obtus < *obtu-。希腊语 apotomos < *apoto-。

“钝的”英语 obtuse。“笨的”亚美尼亚语 buth < *bud。

2. *m^{w}ata（*mota、*bada）

“胖的、粗的”桑塔利语 *mota。

“大的、多的”莫图语 *bada。

“胖的”梵语 medaḥ < *meda-。乌尔都语 mota。

“大的”亚美尼亚语 mets < *met。

3. *bugo（*bogo、*bug、*buk）

“胖的”鄂温克语 *bogo。

“粗的”赫哲语 bugdyn < *bug-dun，壮语武鸣话 bɯk^{7} < *ʔbuk。

“胖的”希腊语 patʃhys < *pagi-。“美的”阿尔巴尼亚语 bukur < *buk-。

4. *gara（*garan、*giru、*gri）

“胖的”莫图语 digara，阿者拉语 *ra-garan。

“油脂、甜的” 莫图语 diɣara < *digara。“油脂”达密语 gigiru < *giru。

“油”黎语 guːi[6] < *gri。汉语*kir（脂）。

“肉”苗语养蒿话 ŋa[2]，青岩话 ɴqai[2]，勉语三江话 kai[2] < *gri。

“胖、油脂”古法语 gresse，“胖的、粗的”拉丁语 crassus < *gras-。
“胖的”亚美尼亚语 ger。

“胖的”匈牙利文 gazdag < *gar-dag。

5. *maru（*mar̰a、*mar）

“胖的”邵语 *mara-maru，沙阿鲁阿语 *ʔimaru。

“油脂”独龙语 tɯ[31]mɑɹ[53]，藏文 mar（酥油）< *mar。

阿尔巴尼亚语“胖的”majmë < *marmo。

6. *bʷar（*bur、*bər）

“胖的”独龙语 bɯɹ[53] < *bur。汉语 *bər（肥）。

“胖的”和阗塞语 päyä < *poro。
阿尔巴尼亚语“胖、油”vaj < *bʷar，“油的、油”vaji < *bʷari。
“强壮的”阿尔巴尼亚语 fortë < *bʷor-。

7. *bʷasi（*pes、*masi）

“钝的”坦纳语 apəs < *ʔapes。勒窝语 masi < *masi。

“慢的”阿尔巴尼亚语 avaʃtë < *abʷas-。“胖的”亚美尼亚语 hast < *pas-。

“胖的”格鲁吉亚语 msukani < *musu-kani。

"瘦"的词源关系

汉语"瘦"指人和动物，"细的、薄的、窄的"指物件。亚欧语言指人和动物"瘦的"词与"细的""薄的""小的"等说法有词源关系。

◇ 一　东亚太平洋语言的"瘦的"

"瘦的"主要说法有：

1. *ʔaruq / *ro / *sru-s

维吾尔语 oruq，哈萨克语 ɑrəq，撒拉语 ɑruχ < *ʔaruq。

壮语都安话 ro^2 < *ro。

汉语 *srus（瘦）< *sru-s。

2. *dut / *duta

西部裕固语 dʒyt < *dut。

达斡尔语 dʒuɑtɑː < *duta。

3. *dar-sən

土耳其语 dar，西部裕固语 dʒɑrsən < *dar-sən。

4. *ʔətimqe / *qətim-degi / *ʔə-dige

蒙古语 ətʃəŋxeː < *ʔətimqe。

达斡尔语 xətʃimkeː，东部裕固语 hdʒemdegi，东乡语 hətʂəngi < *qətim-degi。

满文 adʒige，锡伯语 adʑig < *ʔa-dige。（小）

5. *tur / *tur-qa / *ma-dər

土族语 turɢɑn < *tur。

满文 turga，赫哲语 turχa < *tur-qa。

托莱语 mədər < *ma-dər。（瘦小）

6. *rada-n

鄂伦春语 jada，鄂温克语 jandan < *rada-n。

7. *matə-qun

锡伯语 matʂwχun < *matə-qun。

8. *lase-ru

日语 jaseru < *lase-ru。

9. *ma-rila-ʔi

鲁凯语、排湾语 marilaj < *ma-rila-ʔi。

10. *ma-ŋiri-ʔu

阿美语 maŋiriw < *ma-ŋiri-ʔu。

11. *bali

赛夏语 baliʔ < *bali。

12. *ma-tuqa-lib

布农语 matuχałiv < *ma-tuqa-lib。

13. *ma-nipi / *nipis

梅柯澳语 manipi，萨摩亚语 manifi < *ma-nipi。（瘦、细）

他加洛语、摩尔波格语、卡加延语 nipis，罗地语 niʔis < *nipis。

14. *ti-pis

印尼语、爪哇语 tipis，巽他语 ipis < *ti-pis。

15. *sarib^w-sarib^w

卑南语 sariwasiw < *sarib^w-sarib^w。

16. *seb^{w}era

莫图语 seβera < *seb^{w}era。（瘦、细）

17. *ʔulogo-lab^{w}a

大瓦拉语 ujogojawa < *ʔulogo-lab^{w}a。

18. *bərag

布拉安语 bərag < *bərag。

19. *guraŋ

雅美语 maguraŋ < *ma-guraŋ。

20. *sa-skam / *g^{w}am / *g^{w}a

藏文 ɕa skam < *sa-skam。

莽语 guam^{31} < *g^{w}am。（瘦的、瘦人）

汉语 *gʷa（癯）。

21. *pin

缅文 pin² < *pin。

22. *krok / *grok

阿昌语 kuak⁵⁵，怒苏怒语 kɹə̱⁵³ < *krok。

佤语马散话 krɔʔ，布朗语曼俄话 hɤik³⁵ < *krok。克木语 dʑɔʔ < *grok。

23. *kri / *kuru

载瓦语 kji⁵⁵，波拉语 kji³⁵ < *kri。

窝里沃语 ma-ᵑkuru < *kuru。

24. *plom

壮语武鸣话 pjoːm¹，傣语 jɔm¹，水语 ʔɣum¹ < *plom。

25. *lari

景颇语 lă³¹si³¹ < *lari。

26. *leb

尼科巴语 leːv < *leb。

二 “瘦”的词源对应关系

1. “瘦的”和“细的”

（1）藏文 *sa-skam。“细的”柬埔寨文 skɔːm < *skom。

（2）卑南语 *sarib-sarib。“细的”藏文 ʑib ʑib、墨脱门巴语 ze mo < *rip。

南密语 terep < *te-rep。

（3）尼科巴语 *leb。“细的”布朗语 lɛp⁴⁴ < *lep，西双版纳傣语 lɛp⁸ < *lep。

（4）达斡尔语、东部裕固语、东乡语 *qətim-degi。“细的”维吾尔语 intʃik、哈萨克语 dʒiŋiʃke < *digi-tik。

2. “瘦的”和“薄的”

（1）卑南语 *sarib-sarib。“薄的”维吾尔语、乌孜别克语 nepiz < *rep-ʔir，乌孜别克语 jofqɛ < *rop-qe。藏文 *srab < *s-rab。

（2）达斡尔语、东部裕固语、东乡语 *qətim-degi。“薄的”土耳其语 atʃik < *ʔatik。

（3）景颇语 *lari。“薄的”满文 nekelijen < *neke-liren。

（4）尼科巴语 *leb。“薄的”巴琉语 lap¹¹、布朗语甘塘话 lɤp³³（锋利）< *lap。

3. “瘦的”和“小的”

（1）载瓦语、波拉语 *kri。“小的”纳西语 tɕi⁵⁵、史兴语 tʂʅ⁵⁵ < *kri。

（2）西部裕固语 *dut。“小、细”蒙达语 ɖethɖeth < *det，桑塔利语 dʒutʃ < *dut。

（3）蒙古语 *ʔətimqe。“小的”蒙达语 ʈum < *tum。桑塔利语 thimki < *dim-ki。

（4）缅文 *pin。“小的”阿伊努语 pon < *pon。

三　词源关系分析

1. *grok（*krok）

“瘦的”阿昌语、怒苏怒语 *krok，佤语马散话、布朗语曼俄话 *krok，

克木语 *grok。

“细的” 拉丁语 gracilis < *graki-。

2. *dina（*tan）

“薄的、稀少的”桑塔利语 etaŋ。< *ʔetan。“细的”大瓦拉语 dinadina-na < *dina。

“薄的、瘦的”古英语 Þynne，古挪威语 Þunnr，古高地德语 din < *tune。

“薄的、瘦的” 希腊语 adynatos < *aduna-。

“薄的、细的” 拉丁语 tenuis，“薄的、瘦的” 梵语 tanuh < *tenu。

“薄的、细的” 波兰语 tsienki < *ten-。

“细长的” 格鲁吉亚语 thanadi < *danadi。

3. *ro（*ʔaru）

“瘦的” 维吾尔语、哈萨克语、撒拉语 *ʔaruq，壮语都安话 *ro。

“薄的、瘦的” 希腊语 araios < *aro-。

4. *leb（*lep、*lap）

“瘦的”尼科巴语 *leb。“细的”布朗语 lɛp^{44} < *lep，西双版纳傣语 lɛp^{8} < *lep。“薄的” 巴琉语 lap^{11}、布朗语甘塘话 lɤp^{33}（锋利）< *lap。

“薄的” 希腊语 leptos < *lep-。“薄的、脆的” 俄语 slavɨj < *slab^{w}i-。

“薄的” 芬兰语 harva < *qarb^{w}。“细长的” 格鲁吉亚语 ɣaribi < *ga-ribi。

5. *kri

“瘦的” 载瓦语、波拉语 *kri。“小的” 纳西语 tɕi^{55}、史兴语 tʂʅ^{55} < *kri。

“薄的、瘦的” 梵语 kr̥iʃaḥ < *kris-。

“薄的” 匈牙利文 gyer < *ger，gyeren < *ger-。

6. *rada

“瘦的”鄂伦春语、鄂温克语 *rada-n。

> “薄的、少的”波兰语 rzadki < *rad-。

7. *keli（*kali、*kəli、*kle）

“细的”土家语 çi^{21}ka^{21}li^{21} < *si-kali。“薄的”满文 nekelijen < *ʔekeli-ren。泰雅语 kəhiʔ < *kəli。汉语 *s-kreʔ（小、少）。

> “瘦的、薄的”古英语 hlæne，“碎片”立陶宛语 klynas，“薄的、细的、瘦的”阿尔巴尼亚语 hollë < *hole。
>
> “虚弱的”拉脱维亚语 kleins < *kle-。

“干净”的词源关系

亚欧语言表“干净”义的词与“亮的”“新的”“白的”“好的”等说法有词源关系。

◇ 一 东亚太平洋语言的“干净”

“干净、干净的”主要说法有：

1. *ʔarig / *ʔarug / *ʔaru-n / *ʔaruq/ *ʔaru-n

古突厥语 ɑriɣ，西部裕固语 ɑrəɣ，撒拉语 ɑrə < *ʔarig。

蒙古语 ɑrjguːŋ < *ʔarug-uŋ。（干净、神圣）

东乡语 ɑrun，土族语 ɑruːn < *ʔaru-n。（干净、神圣）①

鄂温克语 arʊxxʊn，鄂伦春语 arʊn < *ʔaruq-un / *ʔaru-n。

2. *pakir / *ʔarik-parik

维吾尔语、乌孜别克语 pɑkiz < *pakir。

桑塔利语 ɛrik pɛrik < *ʔarik-parik。

---

① “干净的”匈牙利文 jo < *ro。

3. *tara

哈萨克语、柯尔克孜语 tɑzɑ < *tara。[①]

4. *bolgo / *bolqu-n

满文 bolgo（清），锡伯语 bolχun < *bolgo / *bolqu-n。

5. *gadin / *sge-gəti / *gida

赫哲语 gandʑin < *gadin。

中古朝鲜语 skɛkʌtʃi < *sge-gəti。

布鲁语 gida < *gida。

6. *kire / *kari / *tikar

日语 kirei < *kire-ʔi。

阿杰语 kori，瓜依沃语 kʷari < *kari。

桑塔利语 tsikɛ̃ɽ < *tikar。

7. *berə-siq / *la-ber

爪哇语 rəsiʔ，印尼语 bərsih，马都拉语 bersi < *berə-siq。

图瓦语 ʃɑbɛr < *la-ber。

8. *kədas

巴厘语 kədas < *kədas。

9. *gleq / *mi-gile-ʔu / *gle

亚齐语 gleh < *gleq。

吉利威拉语 migileu < *mi-gile-ʔu。

---

① “干净的”芬兰语 tyhjaü < *tur-。

达让僜语 gle < *gle。

10. *kilo / *kləŋ

窝里沃语 ma-^{ŋ}kilo < *kilo。

黎语通什话 ɬɯŋ^3 < *kləŋ。

11. *p^walu / *bila / *belen

劳语 falu < *p^walu。那大语 bila < *bila。

宁德娄语 belen < *belen。

12. *ʔiki

勒窝语 ikiiki < *ʔiki。

13. *b^wiʔa / *ʔap^wiʔa

罗维阿纳语 via < *b^wiʔa。

塔纳语 ap^wia < *ʔap^wiʔa。

14. *lil

卡乌龙语 jil < *lil。

15. *sab^wa / *soba / *ma / *maʔa

东部斐济语 saβasaβa < *sab^wa。多布语 soba < *soba。

塔希提语 mā < *ma。汤加语 maʔa < *maʔa。

16. *kaʔi

梅柯澳语 pa-kai < *kaʔi。

17. *me-luk / *g-luk

锡加语 meluk < *me-luk。

汉语 *gluk（淑，清湛也）< *g-luk。

18. *kiat / *klet

汉语 *kiat（洁），*slit（屑）。①

德昂语茶叶箐话 klet^{55} < *klet。

19. *g-kraŋ / *s-greŋ / *krəŋ / *sel-ŋore

藏文 gtsaŋ ma，道孚语 xtsoŋ ma < *g-kraŋ。

汉语 *sgreŋ（净）< *s-greŋ。

阿昌语 kẓəŋ^{31} < *krəŋ。（干净的、清的）

尼科巴语 sehŋøre < *sel-ŋore。

20. *so / *sus

嘉戎语 kə ʃo，哈尼语绿春话 so^{55} < *so。

壮语武鸣话 seu^{5}，仫佬语 sjau^{5} < *sus。

21. *sanʔ / *san-seŋ

缅文 san^{1} < *sanʔ。

景颇语 san^{31}seŋ^{51} < *san-seŋ。

22. *derek

加龙语 dərək-na < *derek。

23. *si-ŋaʔ / *si

佤语马散话 si ŋaʔ，德昂语南虎话 si ŋɛ < *si-ŋaʔ。

户语 θăi^{31} < *si。

---

①《诗经·邶风·谷风》：“宴尔新昏，不我屑以。”“屑”，清洁。

24. *grol

克木语 grɔh < *grol。

25. *barat-borot

桑塔利语 barath-boroth < *barat-borot。

26. *qet

尼科巴语 het < *qet。

二 “干净”的词源对应关系

1. “干净的”和“亮的”

（1）桑塔利语 *ʔarik-parik。“亮的”朝鲜语 parkta < *barg-。

（2）锡伯语 *bol-qun。“亮的”中古突厥语 bɑlqi < *bal-qi，克木语 bah < *bal。

（3）阿杰语、瓜依沃语 *kari。“亮的”日语 akarui < *ʔakaru-ʔi，莽语 gi^{31}ʑɔŋ^{55} < *giroŋ。

（4）达让僜语 *gle。“亮的”莽语 gɣua^{55} < *gla, 汤加语 ŋiŋila、多布语 ŋalaj < *ŋila-ʔi，巴厘语 galaŋ < *galaŋ（亮、黄色）。

（5）卡乌龙语 *lil。“亮的”赛夏语 ʃəlraɭ < *ləl-ral，那大语 lila、东部斐济语 ðila < *lila。

（6）汤加语 *maʔa。“亮的”莫图语 kiamkiama < *ki-ʔama。

2. “干净的”和“新的”

（1）锡伯语 *bol-qun。“新的”泰雅语 bah、雅美语 vaju < *balu。

（2）罗维阿纳语 *b^{w}iʔa。“新的”傣语 mai^5，水语 m̥ai^5 < *ʔmis。京语 mə:i^5 < *ʔmis。

（3）阿昌语 *krəŋ。“新的”苗语养蒿话 xhi^1、巴哼语文界话 seŋ^1、长垌话 ŋkheŋ^1、勉语大坪话 sjaŋ^1 < *skreŋ。

（4）尼科巴语 *sel-ŋore。“新的”佤语艾帅话 khra̱u̱ʔ、布朗语曼俄话 tʃhuʔ < *gruʔ。

（5）汤加语 *maʔa。“新的”梅柯澳语 mama < *mama。

◇ 三　词源关系分析

1. *g^{w}ale（*kilo、*klə、*gle、*ŋila、*gala）

“干净的”窝里沃语 *kilo，黎语 *kləŋ，达让僜语 *gle。

“亮的”莽语 gɣua^{55} < *gla, 汤加语 ŋiŋila、多布语 ŋalaj < *ŋila-ʔi，巴厘语 galaŋ < *galaŋ（亮、黄色）。

“干净的”古英语 klæne，古弗里斯语 clene，古高地德语 kleini < *kleni。

“干净的、光滑的”俄语 gladkij < *glad-。

“照耀”希腊语 gyalizo < *gali-。古法语 glisa、古丹麦语 glisse。

2. *parik（*pakir、*barg、*brak、*pirika）

“干净的”桑塔利语 *ʔarik-parik，维吾尔语 *pakir。

“亮的”朝鲜语 parkta < *barg-。汉语 *brak（白）。“好的”阿伊努语 pirikɑ < *pirika。（或 pirka）

“弄干净”英语 purge，古法语 purgier，拉丁语 purgare < *purga-。

“亮的、闪光的”古英语 bryht，古挪威语 bjartr，哥特语 bairhts < *bareg-。

“照耀、发光”梵语 bhradʒate < *baraga-。

3. *balaga（*bolgo、*balqi）

“干净的”锡伯语 bolχun < *bolgo-n。“清的”满文 bolgo。

“白的”赛德克语 *balaga-ʔi。“亮的”中古突厥语 bɑlqi < *balqi。

“白的”西班牙语、葡萄牙语 blanco，法语 blanc，意大利语 bianco。
“很白的”俄语 beluga。

4. *b^{w}alu（*p^{w}alu、*bila、*bele、*bula 等）

“干净的”劳语 *p^{w}alu，那大语 *bila，宁德娄语 *belen。

“好的”泰雅语 bəlaq、赛德克语 malu < *bula-q / *balu。桑塔利语 bhala < *bala，bhal < *bal，bhɛlɛi < *bala-ʔi。

“干净的”梵语 amalạ < *amala-。

5. *bari（ber、*pra、*mari、*mar）

“干净的”爪哇语、印尼语、马都拉语 *berə-siq，图瓦语 *la-ber。

“好的”义都珞巴语、达让僜语 pɹɑ^{55} < *pra。菲拉梅勒语 marie < *mari-ʔe，鄂罗克语 maːr < *mar。

“干净的”梵语 ʃuːbhra < *subra。“干净”俄语 uborka < *ubor-。

6. *kari（*kire）

“干净的”日语 *kire-ʔi，阿杰语、瓜依沃语 *kari。

“干净的”阿尔巴尼亚语 kjartë < *kar-。粟特语 kərān < *kəra-。

“脏”的词源关系

亚欧语言表“肮脏”义的说法与“土”“灰尘”“坏的”“黑的”等说法有词源关系。

◇ 一　东亚太平洋语言“脏”的说法

“肮脏、脏的”主要说法有：

1. *ʔipilas

维吾尔语 iplɑs，哈萨克语 əpəlɑs，土耳其语 pis < *ʔipilas。

2. *kir

土耳其语 kirli，西部裕固语、东部裕固语 kər < *kir-li。

3. *budir / *budar / *bodor

蒙古语 budʒɑr，达斡尔语 bɑdʒir，土族语 budʑir < *budir。

鄂温克语 bʊdʒir，鄂伦春语 bʊdʒar < *budar。

桑塔利语 bɛtur sɛʈur < *batur-satur，bo̱do̱r（水脏）< *bodor。

4. *no-gor / *kere-kere

保安语 noɢor < *no-gor。

菲拉梅勒语 kerekere < *kere-kere。

5. *bu-lar

图瓦语 buʃɑr < *bu-lar。

6. *laŋ-se / *lan-raq

满文 laŋse，锡伯语 laŋs < *laŋ-se。

撒拉语 lanzɑχ < *lan-raq。

7. *ʔada-qoli / *qəda / *kita / *qadi

赫哲语 adaqoli < *ʔada-qoli。东乡语 gəudʑiɑ < *qəda。

日语 kitanai < *kita-naʔi。

哈拉朱乌语 xadɨ < *qadi。

8. *dərə / *dur

中古朝鲜语 tərəpta < *dərə-。[①]

托莱语 dur < *dur。

9. *ku-tor / *su-turaq

印尼语 kotor，马都拉语 kutur，亚齐语 kutɔ < *ku-tor。

赛德克语 suturax < *su-turaq。

10. *dumi

他加洛语 dumi < *dumi。

---

① “脏的”匈牙利文 tragar < *tra-gar。

11. *taʔi

邹语 tsaʔi < *taʔi。

12. *mə-ʔuraʔu

泰雅语 məʔuraw < *mə-ʔuraʔu。

13. *rega-t

爪哇语 rəgət < *rega-t。

14. *daki / *duka

巴厘语 daki < *daki。

东部斐济语 duka < *duka。

15. *ʔeʔon

嫩戈内语 eon < *ʔeʔon。

16. *lebo

塔希提语 repo < *lebo。[①]

17. *ʔapən

塔纳语 apən < *ʔapən。

18. *malo-lit

雅美语 malolit < *malo-lit。

19. *ma-kudulu

鲁凯语 makuḍulu < *ma-kudulu。

---

①“脏的”芬兰语 rivo < *ribo。

20. *bareka-reka

吉尔伯特语 barekareka < *bareka-reka。

21. *ʔa

汉语 *ʔa（污）（乌）。

22. *h^{w}jat-s

汉语 *h^{w}jats（秽）。

23. *b-krok / *ma-krok / *grak

藏文 btsog pa < *b-krok。

景颇语 mǎ^{31}tsaʔ < *ma-krok。

西双版纳傣语 tsaʔ^{8} < *grak。

24. *ʔalum-ʔala

加龙语 alum-aja-na < *ʔalum-ʔala，asum-aja-na < *ʔasum-ʔala。

25. *ʔnim

独龙语 ȵim^{55} < *ʔnim。

26. ʔek

阿昌语 ək^{55} < *ʔek。

27. *li / *ʔali / *ʔele / *ma-ʔila

壮语武鸣话 hei^{2}，龙州话 a^{1}loi^{1}，布依语 ji^{2} < *li。

科木希语 alili，汤加语 ʔuli < *ʔali。

萨摩亚语 ʔeleʔele-a < *ʔele。

桑塔利语 mɛila < *ma-ʔila。

28. *ʔnaŋ

黎语 ȵaŋ^{3} < *ʔnaŋ。

29. *grəʔ

克木语 dʑɤʔ < *grəʔ。

30. *pəlu

莽语 pə^{31}lu^{55} < *pəlu。

31. *griŋ

佤语艾帅话 khrɯ̱iŋ < *griŋ。

32. *mum

尼科巴语 mum < *mum。（脏、泥）

33. *bode

桑塔利语 bo̱ḏe̱ < *bode。

34. *qumu / *ʔamus

蒙达语 humu < *qumu。

帕马语 amus < *ʔamus。

◇ 二 “脏”的词源对应关系

1. “脏的”和“土”

“脏的”和“土”的词源关系第一卷《土》篇已说明，如菲拉梅勒语“土”kere、“脏的”kerekere，萨摩亚语“土”ʔeleʔele、“脏的”ʔeleʔele-a，阿伊努语“土、泥、脏”toj < *tor，“泥、脏的”尼科巴语 mum < *mum 等。

“脏的”印尼语、马都拉语、亚齐语 *ku-tor，桑塔利语 *bo-dor，蒙古语、达斡尔语、土族语 *bu-dir，鄂温克语、鄂伦春语 *bu-dar 等与阿伊努语 *tor 有共同的词根。

2. “脏的”和“灰尘”

（1）吉尔伯特语 *bareka-reka。“灰尘”古突厥语 topraq、土耳其语 toprak < *to-prak。满文 buraki、赫哲语 burəŋgi < *buragi，巴拉望语 purək < *puruk。

（2）朝鲜语 *dərə-。“灰尘”土耳其语 toz，西部裕固语 doz，维吾尔语、哈萨克语 tozɑŋ < *tora-ŋ。

（3）塔纳语 *ʔapən。“灰尘”壮语武鸣话 pon^5、壮语邕宁话 $phan^6$ < *pons。

3. “脏的”和“坏的”

（1）吉尔伯特语 *bareka-reka。“坏的”维吾尔语 buzuq、哈萨克语 buzəq < *buruq，桑塔利语 bɛritʃ < *beriq。

（2）桑塔利语 *bode。“坏的”满文 efudʒen < *ʔepuden。

（3）泰雅语 *ma-qural。“坏的”泰雅语 aqih < *ʔaqil，排湾语 naʔuja、赛德克语 naqah < *na-qila。

（4）巴厘语 *daki。“坏的”莫图语 dika < *dika，依斯那格语 nadakeʔ < *na-dakeʔ。

4. “脏的”和“黑的、暗的”

（1）吉尔伯特语 *bareka-reka，爪哇语 *rega-t。“黑的”锡伯语 jətɕin < *rəki-n，布昂语 bərik < *birik。“暗的”马绍尔语 maɽok < *ma-rok。

（2）萨萨克语 gəmi < *gəmi。"黑的"朝鲜语 kəmta < *gəm-。

（3）西部裕固语、东部裕固语 *kir。"黑的"日语 kuroi < *kuro-ʔi，莫图语 korema < *kore-ma。"暗的"日语 kurai < *kura-ʔi。

（4）他加洛语 *dumi。"黑的"米南卡保语 itam、阿卡拉农语 itum < *ʔitam。

（5）蒙达语 *qumu。"黑的"柬埔寨文 khmau < *k-mu。

（6）桑塔利语 *bode。"暗的"西部斐济语 butō < *buto。

三 词源关系分析

1. *kiru（*kir、*kuro、*kore、*kura）

"脏的"西部裕固语、东部裕固语 *kir。"黑的"日语 kuroi < *kuro-ʔi，莫图语 korema < *kore-ma。"暗的"日语 kurai < *kura-ʔi。

"黑的"希腊语 agrios < *agri-，梵语 kriʃna < *kris-。

俄语 tɕjɔrnɨj < *kor-，波兰语 tʃarny < *kar-。

"土、地"粟特语 xurm < *k^{w}ur-。

2. *g^{w}ari（*gri、*gor、*gir、*gura）

"脏的"佤语艾帅话 *griŋ。"灰尘"三威治港语 ^{ŋ}go^{ŋ}gor < *gor，桑塔利语 ɖigir < *digir。"黑的"桑塔利语 kheurɛ < *gura，托莱语 koroŋ < *koroŋ。

"脏的"俄语 grjaznɨj < *grar-。"弄脏"希腊语 magarido < *magari-。

"泥、黏土"粟特语 ɣirē < *gire。

"黑的"希腊语 agrios < *agri-，梵语 kriʃna < *kris-。

"脏、屎"古英语 gor、古高地德语 gor（动物的屎），"反刍的食物"古挪威语 gor < *gor。

“脏的”匈牙利文 tragar < *tra-gar。

3. *grak（*krok、*krok）

“脏的”藏文 *b-krok，景颇语 *ma-krok，西双版纳傣语 *grak。

“泥”和阗塞语 khārgga- < *garga。

4. *b^wila（*malo、*bola、*bila、*bala、*bal）

“脏的”雅美语 *malo-lit。“坏的”巴拉望语 mɔjaʔat < *mola-ʔat，卡乌龙语 leŋβal < *leŋ-bal。“腐烂”宁德娄语 abola < *ʔabola，瓜依沃语 bila < *bila，汤加语 pala < *bala。

“脏的”梵语 malinam < *mali-nam。“坏的”西班牙语 malo。

“脏的”格鲁吉亚语 gasvrili < *gas-b^wri-。

5. *b^wareka（*bareka、*b^wurəg、*pirek、*puruk）

“脏的”吉尔伯特语 *bareka-reka。“土”朝鲜语 hɯrk < *b^wurəg。“灰尘”古突厥语 topraq、土耳其语 toprak < *to-prak。满文 buraki、赫哲语 burəŋgi < *buragi，巴拉望语 purək < *puruk。

“脏的”意大利语 sporco < *sporko，波兰语 brudzą tsy < *brug-。

“脏的”阿尔巴尼亚语 fëllikjur < *b^weliki。

“黑的”布昂语 bərik < *birik。

“夜、暗”俄语 mrak < *mrak，“暗”波兰语 zmrok < *r-mrak。

6. *b^wadir（*budir、*budar、*bodor、*batur）

“脏的”蒙古语、达斡尔语、土族语 *budir，鄂温克语、鄂伦春语 *budar。桑塔利语 *bodor、*batur-satur。

“屎”阿维斯陀经 muthra-，“尿”梵语 mutra-。

“脏的”阿尔巴尼亚语 ndyrë < *m-dure。

“脏的”匈牙利文 tragar < *tra-gar。

“脏的”赛德克语 suturax < *su-turaq，中古朝鲜语 tərəpta < *dərə-。“土”撒拉语 toraq < *tora-q，阿伊努语 toj < *tor。

“腐烂的”希腊语 sathros < *sadro-。
“土”意大利语、葡萄牙语 terra，梵语 dhara < *dera。
“坏的”和阗塞语 dara- < *dara。

“脏的”格鲁吉亚语 thalaxiani < *dalaqi-。

7. *dumi（*tum）

“脏的”他加洛语 *dumi。“黑的”米南卡保语 itam，阿卡拉农语 itum < *ʔitum。

“脏的、黑的”俄语 tjɔmnɨj < *tom-。

“烟”巴塔克语 timus < *timus。

“烟”梵语 dhumah，古教堂斯拉夫语 dymu，古波斯语 dumis，立陶宛语 dumai。
俄语 dɨm、波兰语 dym < *dum。阿尔巴尼亚语 tym < *tum。
“烟”乌尔都语 dhuwaːn < *dub^{w}a-。和阗塞语 dumä < *dumo。

8. *doki（*diki、*daki、*duka）

“脏的”巴厘语 *daki，东部斐济语 *duka。“泥”邹语 diŋki < *diki。

“土、地”阿尔巴尼亚语 tokë < *toke。

9. *bode（*buto）

“脏的”桑塔利语 *bode。“坏的”满文 efudʒen < *ʔepuden。“暗的”西部斐济语 butō < *buto。

“坏的”亚美尼亚语 vat < *b^{w}at。“腐烂的”亚美尼亚语 phtats < *buta-。

10. *qaga（*kaka、*qag）

“坏的”吉利威拉语 gaga，吉尔伯特语 buakaka < *bu-ʔakaka。汉语 *qag（恶）。“屎”东乡语 hɑnɣɑ < *qaga。满文 kaka < *kaka。（小儿屎）

“脏的”亚美尼亚语 keʁtot < *keg-tot。

希腊语“坏的”kakos < *kaka-，“丑的”kakakamemenos < *kaka-meno-。

阿尔巴尼亚语 “坏的” kekj < *keki，“坏” kekje < *keke。

“粪”和阗塞语 ga，kajaka < *kagaka。

“脏的”格鲁吉亚语 tʃhutʃhqhiani < *gugɢi-。

“腐烂”的词源关系

亚欧语言表“腐烂、烂的”义的说法与“软的”“脏的”等说法有词源关系。

◇ 一　东亚太平洋语言的“腐烂”

“腐烂、烂的”主要说法有：

1. *tirik / *dirig

土耳其语 tʃyryk，维吾尔语 tʃirik，哈萨克语 ʃirik < *tirik。

西部裕固语 jizəɣ < *dirig。

2. *dədən

图瓦语 dʒɤdɤːn < *dədən。

3. *ʔil-dura / *ga-draʔo

蒙古语正蓝旗话 əldʒrə-，布里亚特方言 ilzɑra- < *ʔil-dura。

桑塔利语 gaɖrao < *ga-draʔo。

4. *ʔiʔa

达斡尔语 niɑː- < *ʔiʔa。

5. *ʔira-qa / *ra / *ʔirin

满文 nijaha- < *ʔira-qa。

锡伯语 ja- < *ra。

赫哲语 niajin < *ʔirin。

6. *lali

鄂温克语 lalli- < *lali。

7. *munu / *mena / *menu / *munin

鄂伦春语 munu < *munu。

菲拉梅勒语 m^{w}ena < *mena。

勒窝语 menunu < *menu。

阿伊努语 munin < *munin。

8. *bsək / *busuk / *poska

中古朝鲜语 psəkta < *bsək-。

印尼语 busuk，爪哇语 bɔsɔʔ < *busuk。

桑塔利语 poska < *poska。

9. *kusa

日语 kusaru < *kusa-ru。

10. *musə-bura-ʔu

赛德克语 musəburau < *musə-bura-ʔu。

11. *buruk

巴厘语 bərək，巽他语 buruk < *buruk。

12. *mala-məkə

鲁凯语 malaməkə < *mala-məkə。

13. *na-kuro

邹语 nakuzo < *na-kuro。

14. *qaluq / *lu

沙玛语 haluʔ < *qaluq。马达加斯加语 lu < *lu。

布努语 lau^{2} < *lu。

15. *bo-daga / *daka

莫图语 bodaɣa < *bo-daga。

西部斐济语 $d^{r}ak^{w}a$ < *daka。

16. *buluk / *pulu

他加洛语 bulok，巴拉望语 buluk，赛夏语 boɭok < *buluk。

泰雅语 ma-βuluk < *ma-buluk。

罗地语 pulu-k < *pulu。

17. *ʔabola / *bila / *bala

宁德娄语 abola < *ʔabola。瓜依沃语 bila < *bila。

汤加语 pala < *bala。

18. *boni

拉加语 boni < *boni。

19. *lobu

西部斐济语 loβuloβu < *lobu。

20. *qruʔ / *quru / *mi-qur

汉语 *hruʔ（朽）< *qruʔ。

贡诺语 huru < *quru。

邵语 miŋqurqur < *mi-qur。

21. *rul / *m-ral / *daŋ-ruli / *ʔiruli

藏文 rul < *rul。汉语 *mral（靡）< *m-ral。

桑塔利语 dʒaŋruli < *daŋ-ruli。

东乡语 iruliə- < *ʔiruli。

22. *rat

景颇语 jat，墨脱门巴语 jit < *rat。

23. *bup / *mob / *popo

缅文 pup，勒期语 puːp，哈尼语绿春话 bu̠ < *bup。

雅贝姆语 ge-mob < *mob。

罗图马语 popo < *popo。

24. *nus

壮语武鸣话、布依语 nau^{6}，德宏傣语 lau^{6} < *nus。

25. *qraŋ

佤语阿佤方言 hraiŋ < *qraŋ。

26. *puk / *ma-buk

户语 puk < *puk。

排湾语 mavuk < *ma-buk。

27. *si-ʔum

佤语布饶克方言 si ʔum < *si-ʔum。

28. *bi

克木语 bɤi < *bi。

◇ 二 “腐烂”的词源对应关系

1. “腐烂、烂的”和“软”

“腐烂、烂的”和“软”的词源关系上文《软》篇已举例说明。如：

（1）马达加斯加语 *lu。“软的”满文 uhuken、锡伯语 ulukun < *ʔulu-qun，赫哲语 ujan < *ʔulan，乌玛语 mo-ʔolu < *ʔolu。

（2）桑塔利语 *ga-draʔo。“软的”鄂温克语 dəjə < *dərə，桑塔利语 litsar < *li-tar。

（3）汤加语 *bala，佤语布饶克方言 *si-ʔum。“软的”布农语 maðaum < *mala-ʔum。

（4）西部斐济语 *lobu。“软的”达密语 labub < *labub，蒙达语 lebe < *lebe，桑塔利语 liblib < *lib。

2. “腐烂、烂的”和“脏的”

（1）墨脱门巴语 *lit，汉语 *hjas（秽）< *qrat-s。

（2）瓜依沃语 *bila。“脏的”维吾尔语 iplɑs、哈萨克语 əpəlɑs < *ʔipilas。

（3）西部斐济语 *daka。“脏的”巴厘语 daki < *daki。东部斐济语 duka < *duka。

（4）佤语布饶克方言 *si-ʔum。“脏的”蒙达语 humu < *qumu。

（5）拉加语 *boni。“脏的”塔纳语 apən < *ʔapən。

（6）雅贝姆语 *mob。“脏的、泥”尼科巴语 mum < *mum。

（7）巴厘语、巽他语 *buruk，“脏的”吉尔伯特语 barekareka < *bareka-reka。

三 词源关系分析

1. *rat

“腐烂的”景颇语、墨脱门巴语 *rat。

“腐烂的”英语 rotten、古挪威语 rotna（腐烂）< *rot-。

“腐烂的”匈牙利文 romlott < *rom-lot。

2. *bʷalo（ *bola、*bila、*bala、*pulu、*pilas）

“腐烂的”宁德娄语 *ʔabola，瓜依沃语 *bila，汤加语 *bala，罗地语 *pulu。“脏的”维吾尔语 iplɑs、哈萨克语 əpəlɑs < *ʔipilas。

“腐烂的、脏的”古英语、古弗里斯语 ful，中古荷兰语 voul < *pul。

3. *dora（ *dra、*tura、*dərə、*tor）

“腐烂的”桑塔利语 *ga-draʔo。“脏的”赛德克语 suturax < *su-turaq，中古朝鲜语 tərəpta < *dərə-。“土”撒拉语 torɑq < *tora-q，阿伊努语 toj < *tor。

“腐烂的”希腊语 sathros < *sadro-。“坏的”威尔士语 drwg < *dru-。

“脏的”匈牙利文 tragar < *tra-gar。

“脏的”蒙古语 budʒɑr，达斡尔语 bɑdʒir，土族语 budʑir < *budir。鄂温克语 budʒir，鄂伦春语 budʒar < *budar。桑塔利语 bɛtur seʈur < *batur-satur。

> “屎”阿维斯陀经 muthra-，“屎”梵语 mutra-。
>
> “脏的”阿尔巴尼亚语 ndyrë < *m-dure。

4. *labo（*laba、*labu、*lebe、*lib、*lap、*lipa）

“腐烂的”西部斐济语 *lobu。“软的”达密语 labub < *labub，蒙达语 lebe < *lebe，桑塔利语 liblib < *lib。“脏的”塔希提语 repo < *lebo。

> “腐烂的、松懈的、弱的、软的”俄语 slabɨj < *slab-。

5. *mok（*məku、*bak、*puk、*buk）

“腐烂的”户语 *puk，排湾语 *ma-buk。“软的”布朗语 *s-mok，那大语 *məku，锡加语 *ma-məku。

> “弱的、软的”古英语 wac，古挪威语 veikr，中古荷兰语 week < *b^wek。
>
> “软的”俄语 mjagkij，波兰语 miękki < *meg-。

6. *bode（*buto）

“脏的”桑塔利语 bod̠e̠ < *bode。“坏的”满文 efudʒen < *ʔepuden。“暗的”西部斐济语 butō < *buto。

> “腐烂的”亚美尼亚语 phtats < *buta-。威尔士语 pwdr < *pud-。
>
> “坏的”亚美尼亚语 vat < *b^wat。

“饿”的词源关系

亚欧语言表“饿、饿的”义的说法与“扁的”“空的”等说法有词源关系。

◇ 一　东亚太平洋语言的“饿”

“饿、饿的”主要说法有：

1. *ʔat / *ʔat-dal / *ʔate

土耳其语、维吾尔语 ɑtʃ，哈萨克语 ɑʃ，图瓦语 ɑʃdɑʃ < *ʔat / *ʔat-dal。

罗图马语 pa ʔātē < *ʔate。

2. *turə

西部裕固语 tor，东部裕固语 turə < *turə。

3. *ʔolə-su / *ʔolo-ŋ / *pi-ʔolo

蒙古语 ɵlsɵ-，东乡语 oliəsu-，保安语 oləs，土族语 losə < *ʔolə-su。

蒙古语 ɵləŋ < *ʔolo-ŋ。（饥饿，名词）

劳语 fiolo < *pi-ʔolo。

4. *ol-boro / *ʔoborə

蒙古语 ɵlbɵrɵ- < *ol-boro。

鄂伦春语 əwəːrə- < *ʔoborə。

5. *ʔuru / *ʔoro / *m-ʔoro / *ʔuri-ʔaʔi

满文 uru-，锡伯语 urunu- < *ʔuru。[①]

乌玛语 mo-ʔoro < *ʔoro。

锡加语 moro-ŋ < *m-ʔoro。

泰雅语 ʔuziʔaj < *ʔuri-ʔaʔi。

6. *ʔomin / *ʔami-son

满文 omin- < *ʔomin。[②]

宁德娄语 amison < *ʔami-son。[③]

7. *dimə / *dəmən

赫哲语 dʑimə- < *dimə。

鄂温克语 dʒəmənən < *dəmən-ən。

8. *gobu

中古朝鲜语 kophɯta < *gobu-。

9. *sidaŋ

中古朝鲜语 sitʃaŋhata < *sidaŋ-。

10. *pimo-di

日语 himodʒiː < *pimo-di-ʔi。

---

① "饿的"匈牙利文 eheroü < *eqero。

② "饿的"芬兰语 -himoinen < *qimo-。

③ 第一、第二人称为 imison。

11. *la-par

印尼语、巽他语 lapar < *la-par。

12. *lapaq

萨萨克语 lapah，布昂语 lupuʔ < *lapaq。

13. *ma-tula / *tole-mate / *pi-tole

排湾语 matsula < *ma-tula。

马那姆语 tole-mate < *tole-mate。

莫图语 hitolo < *pi-tole。

14. *sabula-ʔu

卑南语 sabuɭaw < *sabula-ʔu。

15. *ʔobi-ʔa

罗维阿纳语 ovia-na < *ʔobi-ʔa。

16. *mu-ʔaba-ʔisi

鲁凯语 muabaisi < *mu-ʔaba-ʔisi。

17. *mere / moru-ŋ

阿杰语 mẽr̃ẽ < *mere。

锡加语 moru-ŋ。

18. *ŋəliq

爪哇语 ŋəlih < *ŋəliq。

19. *ŋar

汉语 *ŋar（饿）。

20. *l-tok / *sə-duk

藏文 ltogs，阿历克藏语 rtok < *l-tok-s。

巴厘语 səduk < *sə-duk。

21. *srut

阿昌语 ʂut^{55} < *srut。

22. *mut

载瓦语 mut^{21}，勒期语 muːt^{55} < *mut。

23. *ʔik / *ʔak / *maru-ʔaki / *ʔak-tin

壮语武鸣话 iːk^{7}，西双版纳傣语 jaːk^{7}，水语 ʔjaːk^{7} < *ʔik / *ʔak。

拉巴努伊语 maruaki < *maru-ʔaki。（饿—饿）

雅美语 aktʃin < *ʔak-tin。

24. *sre / *siro

苗语吉卫话 ɕi^{1}，巴哼语长垌话 sɛ^{1}，勉语江底话 sje^{1} < *sre。

邹语 siro < *siro。

25. *kir

汉语 *kir（饥）。

26. *bran

德昂语南虎话 ka prăn，茶叶箐话 ka bjan^{51} < *bran。

27. *reŋa / *rege-t

蒙达语 reŋa < *reŋa。桑塔利语 re̱ŋge̱tʃ < *rege-t。

28. *gak

桑塔利语 khãk < *gak。

29. *kin-palare

尼科巴语 kinpahare < *kin-palare。

◇ 二 “饿”的词源对应关系

1. “饿、饿的”和“扁的、平的”

（1）萨萨克语、布昂语 *lapaq。“扁的”撒拉语 ʃabɑχ < *labaq，维吾尔语 jɑlpɑq，哈萨克语 dʒɑlpɑq < *da-labaq，藏文 leb leb。

（2）卑南语 *sabula-ʔu。“扁的”道孚语 pja pja < *pla-pla。

（3）德昂语 *bran。“扁的”缅文 prɑ^3。

（4）汉语 *ŋar（饿）。“平的”多布语 toŋar-ni < *to-ŋar。

（5）罗维阿纳语 *ʔobi-ʔa。“平的”马京达瑙语 bea < *be-ʔa。

（6）莫图语 *pi-tole。“平的”达阿语 na-dele < *dele。

2. “饿、饿的”和“空的”

（1）土耳其语、维吾尔语、哈萨克语 *ʔat。“空的”蒙古语 xəndiː < *qodi。

（2）满文、锡伯语 *ʔuru。“空的”维吾尔语 quruq、哈萨克语 qur、西部裕固语 quruɣ < *quruq。

（3）印尼语、巽他语 *la-par。“空的”马绍尔语 p^{ɯ}aɽ < *p^{w}ar。

（4）朝鲜语 *sidaŋ-。“空的”藏文 stoŋ pa、墨脱门巴语 toŋ < *s-toŋ。

◇ 三　词源关系分析

1. *ŋar

汉语 *ŋar（饿）。

"平的"多布语 toŋar-ni < *to-ŋar。

"饿"古英语 hungor，古弗里斯语 hunger，古高地德语 hungar < *qugar。

2. *b^woma（*pimo、*bom、*b^wopa、*baba）

"饥饿"雅贝姆语 tobom < *to-bom，日语 *pimo-di-ʔi。

"扁的"阿者拉语 bu^mp < *bup，帕马语 vopa < *b^wopa，马那姆语 bababa < *baba。

"空的"托莱语 pobono < *pobo-na。

"饥饿"俗拉丁语 fames、古法语 famine < *pam-。

3. *nape（*nabepu、*nob^wi、*tanap）

"饥饿"马林厄语 nabehu < *nabepu，"饿"罗维阿纳语 inovia < *$ʔinob^w$i-ʔa。

"平的"卡林阿语 tanap < *tanap，依斯那格语 natanāp < *na-tanap。

"饿"梵语 tanupa < *tanupa。

4. *peni（*pəni、*bin）

"饿"满文 *ʔomin < *ʔobin。"平的"夸梅拉语 -apəni < *ʔapəni。

"饿"希腊语 peino < *peno。

5. *ʔuro（*ʔuru、*ʔoro、*ʔuri）

"饿的"满文、锡伯语 *ʔuru，乌玛语 *ʔoro，锡加语 *m-ʔoro，泰雅语 *ʔuri-ʔaʔi。

“空的”维吾尔语 quruq，哈萨克语 qur，西部裕固语 quruɣ < *quru-q。

“饿的”阿尔巴尼亚语 urët < *uro-。

“饿的”匈牙利文 eheroü < *eqero，格鲁吉亚语 mʃiɛri < *m-sieri。。

6. *dure（*turə、*tire、*dere、*dur）

“饿的”西部裕固语、东部裕固语 *turə。

“渴”桑塔利语 tirsɛ < *tir-sa，贡诺语 tirere < *tire，伊拉鲁吐语 rudərə < *ru-dere。

“渴”古英语 Þurst、古高地德语 durst < *tur-，梵语 triʃna < *tris-。

“渴的、饿的”阿尔巴尼亚语 etur < *etur。

“干燥的”古英语 dryge，古挪威语 draugr，中古荷兰语 druge < *truge。

“空的”格鲁吉亚语 tsariɛli < *tari-eli。

7. *sab^{w}i（*sab^{w}）

“累的”拉加语 savi < *sab^{w}i。“渴的”排湾语 maqusav < *ma-qusab^{w}。

“饿的”亚美尼亚语 sovats < *sob^{w}a-。

“饱”的词源关系

亚欧语言表“饱”义的词与“满的”“多的”“圆的”等说法有词源关系。

一 东亚太平洋语言的“饱”

“饱、饱的”主要说法有：

1. *toq / *təq

土耳其语 tok，维吾尔语、哈萨克语 toq，撒拉语 doχ < *toq。

羌语 təχ < *təq。

2. *tadu / *todu

蒙古语 tʃɑdɑ-，达斡尔语 tʃɑdə-，东乡语 tʂudu-，土族语 tɕɑdə < *tadu。

图瓦语 toduː < *todu。

3. *ʔebi / *ʔab-sur / *ʔab-qan

满文 ebi- < *ʔebi。

雅美语 abʂuj < *ʔab-sur。

布农语 abχan < *ʔab-qan。

4. *ʔələ

赫哲语、鄂伦春语、鄂温克语 ələ- < *ʔələ。

5. *buru / *pru / *bru

中古朝鲜语 puruɯta < *buru-。

汉语 *pruʔ（饱）< *pru-ʔ。

基诺语 prɯ^{33}，拉祜语 bu^{54} < *bru。

勉语江底话 peu^{3}，东山话 pjau^{3} < *pru。

6. *təŋi

泰雅语 təŋiʔ < *təŋi。

7. *ma-b^{w}atu-ruku / *ma-b^{w}atu / *ma-b^{w}atul / *butu-kər

卡那卡那富语 mavʉtsʉrukʉ < *ma-b^{w}atu-ruku。

排湾语 mavətu < *ma-b^{w}atu。

阿美语 mafətʃul < *ma-b^{w}atul。

卑南语 buʈəkər < *butu-kər。

8. *ma-b^{w}utuku / *ma-b^{w}atuku / *busug

鲁凯语 mabutsuk < *ma-b^{w}utuk。沙阿鲁阿语 mavatsuku < *ma-b^{w}atuku。

卡林阿语 busug，木鲁特语 mūsug < *busug。

9. *balok

赛夏语 baɭbaɭok < *balok。

10. *m-graŋ / *raŋ

藏文 ɦgraŋ < *m-graŋ。

博嘎尔珞巴语 raŋ < *raŋ。

11. *pku

道孚语 fkə < *pku。

12. *b^{w}aʔ

缅文 wɑ^{1} < *b^{w}aʔ。

13. *gra

独龙语 ɑ^{31}gɹɑ^{53}，怒苏怒语 gɹɑ^{55} < *gra。

14. *gaga

阿侬怒语 gɑ^{55}gɑ^{31} < *gaga。

15. *ʔlun

格曼僜语 lun^{55} < *ʔlun。

16. *pruŋ

仙岛语 pʐuŋ < *pruŋ。

17. *let

博嘎尔珞巴语 jet < *let。

18. *klaŋs

仫佬语 kɣaŋ^{5}，侗语 ȶaŋ^{5}，水语、毛南语 tjaŋ^{5} < *klaŋs。

19. *ʔims / ʔjam-s

壮语武鸣话、傣语 im^{5} < *ʔims。

汉语 *ʔjams（餍）< *ʔjam-s。

20. *biʔ

克木语 biʔ < *biʔ。

21. *gap

户语 khap^{31} < *gap。

22. *tul

布兴语 tsɯih < *tul。

23. *ʔno

京语 nɔ^{1} < *ʔno。

24. *sak

佤语马散话 sak，艾帅话 sa̱k，布朗语曼俄话 sak^{35} < *sak。

25. *tok-ŋen

尼科巴语 tøːkŋen < *tok-ŋen。（满、饱）

二　“饱”的词源对应关系

1. “饱、饱的”和“满的”

（1）仙岛语 *pruŋ。“满的”缅文 prɑŋ̥^{1}、阿昌语 pẓəŋ^{35}、景颇语 phʒiŋ^{55} < *preŋ。

（2）赛夏语 *balok。“满的”排湾语 ma-puljuq < *puluq。

（3）布兴语 *tul。“满的”维吾尔语 toʃ-、哈萨克语 tol-、撒拉语 doʃ- < *tol，桑塔利语 tuhel < *tulel。

（4）缅文 *b^{w}aʔ。“满的”科木希语 oba < *ʔoba。

（5）京语 *ʔno。“满的”锡克语、那大语 bənu < *benu。

2. “饱、饱的”和“多的”

（1）土耳其语、维吾尔语、哈萨克语、撒拉语 *toq。“多的”土耳其语 tʃok、维吾尔语 dʒiq < *toq / *diq。

（2）布兴语 *tul。“多的”维吾尔语 tolɑ、柯尔克孜语 tolo < *tola。

（3）卑南语 *butu-kər。“多的”女真语（伏测）*futʃhe < *pute，马达加斯加语 betʃak、多布语 betaj < *beta-ka / *beta-ʔi。

（4）赫哲语、鄂伦春语、鄂温克语 *ʔələ。“多的”帕马语 haulu < *pa-ʔulu，清代蒙文 ule- < *ʔule。

（5）赛夏语 *balok。“多的”他杭语 jahko < *lako，墨脱门巴语 zak < *lak。

3. “饱、饱的”和“圆的”

（1）独龙语、怒苏怒语 *gra。“圆的”藏文 sgor < *s-gor，博嘎尔珞巴语 kor kor < *kor。

（2）博嘎尔珞巴语 *let。“圆的”桑塔利语 gulɛɳɖ < *gulad。

（3）格曼僜语 *ʔlun。“圆的”壮语武鸣话 duːn^{1}、黎语通什话 lun^{5} < *ʔlun。

（4）京语 *ʔno。“圆的”邹语 taunu < *ta-ʔunu。

三　词源关系分析

1. *b^{w}ura（*pru、*buru、*pura、*pre、*poro）

“饱的”汉语 *pru-ʔ，基诺语、拉祜语 *bru，勉语 *pru，朝鲜语 *buru-，仙岛语 *pruŋ。“满的”桑塔利语 purɛ < *pura，缅文 prɑŋ̊^{1}、阿昌语 pz̥əŋ^{35}、

景颇语 phʒiŋ^{55} < *preŋ。“多的”马绍尔语 kupʷɔɽpʷɔɽ、阿杰语 põřõ< *ku-poro，查莫罗语 puroha < *puro-qa。

“满的”梵语 purna，“多的”（不可数）bhuːri < *buri。

2. *gʷari（*gra、*kor、*gor、*gər）

“饱的”独龙语、怒苏怒语 *gra。“圆的”藏文 *s-gor，博嘎尔珞巴语 *kor，鄂伦春语 *to-gor-in，西部裕固语 *do-gor。

“圆的”希腊语 gyro，“指环、圆”gyros < *guro-s。
“弯曲的”梵语 vakraː < *ba-kra。“圆、轮子”梵语 tʃakra < *kakra。

3. *rado（*let、*lad、*redo）

“饱的”博嘎尔珞巴语 *let。“圆的”桑塔利语 gulɛɳɖ < *gulad。“圆的”查莫罗语 *redodo。

“圆的”古法语 roont，俗拉丁语 retundus，古意大利语 ritondo < *reto-。
“轮子”意大利语 ruota，葡萄牙语 rota，西班牙语 rueta < *rota-。

4. *sado（*sada）

“足够的”沙巴语 sadaŋ，摩尔波格语 sodoŋ，巴拉望语 sɔdɔŋ < *sadoŋ。巴厘语 sandaŋ < *sadaŋ。

“饱的”古英语 sæd，古挪威语 saðr，古高地德语 sat < *sad。
“饱的、满的”俄语 sitɨj，波兰语 syty < *siti-。
拉丁语“填满、满足”satiatus，“足够的”satis。

5. *bʷole（*bʷule、*polu、*pəlu、*plun）

“满的”帕马语 vil < *bʷil。勒窝语 wule < *bʷule。戈龙塔洛语 mo-polu<

*polu。勒窝语 wule < *b^wule，排湾语 mapəluq < *ma-pəluq。"圆的"黎语保定话 plu:n^1 < *plun。

"饱的"阿尔巴尼亚语 velët < *b^welo-。

"满的"古英语 full，古弗里斯语 ful，哥特语 fulls < *pul。希腊语 πλήρης，拉丁语plēnus，梵语 plātas < *ple-tus。俄语 polnɨj、波兰语 pełny < *pol-。

"多的"希腊语 polus < *polu-。"圆"希腊语 bole。

“渴”的词源关系

“渴、渴的”与“水”的需要的表达有直接关系，亚欧语言表“渴”义的词与“水”“干的”“热的”等说法有词源关系。

◇ 一　东亚太平洋语言的“渴”

“渴、渴的”主要说法有：

1. *susa / *sub^{w}sa / *ma-qusab^{w}

土耳其语 susa-，撒拉语 susɑ-，图瓦语 suwsɑ- < *susa / *sub^{w}sa。

排湾语 maqusav < *ma-qusab^{w}。

2. *ʔusa / *qa-us

维吾尔语 ussɑ-，西部裕固语 us- < *ʔusa。

印尼语 haus < *qa-us。

3. *ʔum-dagas / *ʔudasa

蒙古语书面语 umdɑɣɑs- < *ʔum-dagas。

蒙古语 undɑːsɑ-，东乡语 undɑsu-，土族语 ndɑsə < *ʔudasa。①

4. *ʔaga / *qaŋa

达斡尔语 xɑnku-，蒙古语 ɑŋgɑ- < *ʔaga。鄂伦春语 aŋka-，鄂温克语 aŋga- < *ʔaga。

满文 kaŋka-，锡伯语 qaŋqə- < *qaŋa。

5. *ʔolqu-mi

赫哲语 olχumi- < *ʔolqu-mi。

6. *marə / *maro

中古朝鲜语 marɯta < *marə-。（干、渴）

马绍尔语 maɽɔ，帕马语 maroro < *maro。

7. *kag^{w}a-ku

日语 kawaku < *kag^{w}a-ku。（干、渴）

8. *madi-ʔaqu / *ʔa-ʔaqu / *masu-ʔaqu / *ʔaqu-ʔaqu

布农语 madiaχu < *madi-ʔaqu。

卑南语 ʔaʔaw < *ʔa-ʔaqu。

阿美语 maʃuʔaw < *masu-ʔaqu。

依斯那格语 awwaw，雅美语 awaw < *ʔaqu-ʔaqu。

9. *la-ʔu

卡加延语 laʔu < *la-ʔu。

10. *bo-dak / *daka / *diku-ʔa

巴厘语 bədak < *bo-dak。吉利威拉语 daka，吉尔伯特语 te daka< *daka。

---

①“渴的”格鲁吉亚语 ɔtsdaati < *otda-ati。

嫩戈内语 dikua < *diku-ʔa。

11. *ma-kasa

布鲁语 makasa-n < *ma-kasa。

12. *ʔab^{w}is / *b^{w}osu

米南卡保语 awih < *ʔab^{w}is。

勒窝语 m^{w}osu < *b^{w}osu。

13. *ʔak^{w}a

夸梅拉语 -ak^{w}ak^{w}a < *ʔak^{w}a。

14. *bupu

塔希提语 pūhā < *bupu。

15. *ranu-mase / *me-mesa

莫图语 ranu mase < *ranu-mase（水—死，渴死）。

罗维阿纳语 memeha < *me-mesa。

16. *ʔa-ʔil

达密语 ail < *ʔa-ʔil。

17. *khjat / *ʔgat

汉语 *khjat（渴）。

仫佬语、毛南语 kha:t^{7} < *khat。（汉语借词）

苗语吉卫话 ɴqhe^{7}，布努瑶里话 ŋkhou^{7}，勉语江底话 ga:t^{7} < *ʔgat。

18. kha skom

藏文 kha skom （口—干）。

19. re^{2}ŋɑt

缅文 re^{2}ŋɑt（水—要）。

20. *kuʔ-ʔak-ʔom

克木语 tɕuʔ ʔɯak ʔŏm < *kuʔ-ʔak-ʔom。

21. *ʔak-namʔ

西双版纳傣语、侗语 jaːk^{9}nam^{4} < *ʔak-namʔ。

22. *qot

莽语 hɐt^{55}，户语 hɔt^{35} < *qot。

23. *so-rek

柬埔寨文 sɔmreːk < *so-rek。

24. *tiras

桑塔利语 tirɛs < *tiras，tirɛsa（饥、渴）< *tira-sa。

25. *ʔire-le

尼科巴语 inɽehe < *ʔire-le。

26. *tetaŋ

蒙达语 tatāŋ，桑塔利语 tetaŋ < *tetaŋ。

◇ 二　“渴”的词源对应关系

1. “渴、渴的”和“干的”

日语和朝鲜语“渴”即“干”，其他有词源交叉对应关系的如：

（1）达斡尔语、蒙古语 *ʔaga。“干的”达斡尔语 xuɑgu ＜ *qagu。

（2）赫哲语 *ʔolqu-mi。“干的”赫哲语 olgon、鄂温克语 ɔlgɔ- ＜ *ʔolgo-n。

（3）帕马语 *maro。“干的”塔希提语 marō、卡加延语 mara ＜ *maro / *mara。

（4）米南卡保语 *ʔabis。“干的”拉加语 mamah、三威治港语 mamas ＜ *mamas。帕马语 mes ＜ *mes。

（5）嫩戈内语 *diku-ʔa。“干的”桑塔利语 tsaʈtsaʈ ＜ *tak-tak，dʒo̱kdʒo̱k ＜ *dok-dok。

（6）苗瑶语 *ʔgrat。“干的”桑塔利语 ro̱ro̱tʃ ＜ *rorot。

（7）藏文 kha skom，“干”skam ＜ *skam。

2. “渴、渴的”与“热的”

土耳其语、撒拉语 *susa，维吾尔语、西部裕固语 *ʔusa 可能与“热的”有词源关系。“热的”古突厥语 isig、维吾尔语 issiq ＜ *ʔisi-q，鄂罗克语 saiwa ＜ *sa-ʔiba，羌语 sɛ ＜ *se。

（1）蒙古语、东乡语、土族语 *ʔudata。“热的”泰语 dɯət^{9}、武鸣壮语 da:t^{9}、布依语 da:t^{7} ＜ *ʔdat，沙阿鲁阿语 matsitsi ＜ *ma-titi。

（2）苗瑶语 *ʔgrat。“热的”尼科巴语 rat ＜ *rat。

（3）莽语、户语 *qot。“热的”日语 atsɿi ＜ *qatu-ʔi。

（4）米南卡保语 *ʔabis。“热的”沃勒阿依语 ɸ^{w}esi ＜ *p^{w}asi。

（5）塔希提语 pūhā ＜ *bupu。“热的”塔纳语 ap^{w}eap^{w}e ＜ *ʔap^{w}e。

3. “渴”与“水”

（1）图瓦语 *sub^{w}-sa，字面意思是“水—渴”。“渴”维吾尔语、西部裕固语 < *ʔusa。

（2）莫图语 ranu mase，字面意思是“水—死”，即“渴得要死”。

（3）西双版纳傣语、侗语 ja:k^{9}nam^{4} < *ʔak-namʔ，字面意思是“饿—水”。“饿的”壮语武鸣话 i:k^{7}、西双版纳傣语 ja:k^{7}、水语 ʔja:k^{7} < *ʔik / *ʔak。“水”泰语、西双版纳傣语、壮语龙州话 nam^{4} < *namʔ。

（4）克木语 tɕuʔ ʔɯak ʔŏm，字面意思是“痛—喝—水”，即“很想喝水”。

（5）缅文 re^{2}ŋɑt，字面意思是“水—要”。“要”如波拉语 ŋo̠^{31}。

三 词源关系分析

1. *dure（*tire、*dere、turə）

“渴”桑塔利语 *tir-sa，贡诺语 tirere < *tire，伊拉鲁吐语 ruderə < *ru-dere。

“干燥的”锡加语 duʔur < *dur。

“饿的”西部裕固语 tor，东部裕固语 turə < *turə。

“渴”古英语 þurst、古高地德语 durst < *tur-，梵语 triʃna < *tris-。

“渴的、饿的”阿尔巴尼亚语 etur < *etur。

“干燥的”古英语 dryge，古挪威语 draugr，中古荷兰语 druge < *truge。

2. *b^{w}asi（*b^{w}is、*b^{w}osu、*p^{w}asi）

“渴”南卡保语 *ʔab^{w}is，勒窝语 m^{w}osu < *b^{w}osu。

“热的”沃勒阿依语 ɸ^{w}esi < *p^{w}asi。

“渴”希腊语 dipsa（名词），dipso（动词）< *di-psa。梵语 pipa:sa: < *pipasa。

“渴的”梵语 pipa:sita < *pipasi-。

3. *sa

“渴”维吾尔语、西部裕固语 < *ʔusa。图瓦语 *sub^{w}-sa“水—渴”。

“渴的”俄语 issoxʂij < *isoq-si-。

4. *ʔag^{w}a（*ʔaga）

“渴”蒙古语、达斡尔语、鄂伦春语、鄂温克语 *ʔaga。

“渴的”吐火罗语 A jokani < *ika-ni，粟特语 tʃanā < *ka-na。

“喝”赫梯语 eg^{w}。吐火罗语 A jok < *ik。

“水”西班牙语、葡萄牙语 agua，意大利语 acqua，拉丁语 aqua < *ag^{w}a。

“痒”的词源关系

亚欧语言表“痒”义的词与“挠”“咬”“疮”等说法有词源关系。

◇ 一　东亚太平洋语言的“痒”

“痒、痒的”主要说法有：

1. *qitiq / *ʔotiqə

维吾尔语 qitʃiq，哈萨克语 qəʃəw < *qitiq。

赫哲语 otiə- < *ʔotiqə。

2. *ɢidir / *gatar

图瓦语 gidʒiːr < *ɢidir。

锡加语 gatar < *gatar。

3. *qamu

蒙古语 xɑmu，东部裕固语 χɑmuː < *qamu。（痒、癣疥）

4. *qaŋo / *ŋo / *maŋe-ʔo

达斡尔语 xɑngu，保安语 ŋgo < *qaŋo。（痒、癣疥）

吉尔伯特语 ŋoŋo < *ŋo。

拉巴努伊语 maŋeo-ŋeo < *maŋe-ʔo。

5. *rota

满文 jotʃa- < *rota。

6. *ʔiqa / *qaqa

锡伯语 yχa- < *ʔiqa。

史兴语 $χɜ^{55}χa^{33}$ < *qaqa。

7. *ʔutum-gidi / *ʔutum-an

鄂温克语 ʊtʊmʊgdi，鄂伦春语 ʊtʊːnan < *ʔutum-gidi / *ʔutum-an。

8. *garə / *sikir

朝鲜语 karjəpta < *garə-。

桑塔利语 sikiɽ < *sikir。

9. *kalu / *kalaʔ

日语 kajui < *kalu-ʔi。[①]

雅贝姆语 ŋa-kalaʔ < *kalaʔ。

10. *kuku-ʔi / *guge / *giŋə

泰雅语 kəkuj < *kuku-ʔi。

达密语 guge < *guge。

① “痒” 芬兰语 halu < *qalu。

木雅语 $ŋgi^{33}ŋə^{53}$ < *giŋə。

11. *kak-sis

赛夏语 kaksis < *kak-sis。

12. *gatal / *katel

印尼语 gatal，爪哇语 gatəl，排湾语 gatsəl < *gatel。

雅美语 kateh，布拉安语 katal < *katel。

13. *kat / *kate / *gat / *kakat / *gata-ʔe

达阿语 ma-ka-kat < *kat。

那大语 kate < *kate。

米南卡保语 gata < *gata。①

泰雅语泽敖利方言 ma-kakat < *kakat。

桑塔利语 gitgit < *git，gatae（喉咙痒）< *gata-ʔe。

14. *mila / *ma-mala

斐济语 milamila < *mila。

罗图马语 mamala < *ma-mala。

瓜依沃语 lai < *la-ʔi。

15. $*b^{w}eli$ / $*b^{w}ilu$

汤加语 veli < $*b^{w}eli$。

勒窝语 vilulu < $*b^{w}ilu$。

---

①“痒”（动词）匈牙利文 viszket < $*b^{w}is$-ket，芬兰语 kutista < *kutis-。格鲁吉亚语 kɛtsi < *keti。

16. *maʔi

莫图语 maimai < *maʔi。

17. *g-laŋ / *gla

汉语 *laŋ（痒）< *g-laŋ。

藏文 za，错那门巴语 cha^{55}，缅文 ja^{3}，景颇语 kă^{31}ja^{55} < *gla。①

18. *ma-so

达让僜语 mɑ^{31}so^{53} < *ma-so。

19. *busaŋ

阿侬怒语 bɯ^{31}sɑŋ^{55} < *busaŋ。

20. *siŋa

土家语 si^{55}ŋa^{21} < *siŋa。

21. *klum

壮语武鸣话 hum^{2}，布依语 ɣum^{2}，西双版纳傣语 xum^{2}，黎语 khom^{1} < *klum。

22. *kret / *kerit

苗语石门话 khau^{7}，勉语江底话 sjet^{7}，大坪话 kɛt^{7} < *kret。

嫩戈内语 keritʃ < *kerit。

23. *ʔa-ŋak

克木语、布兴语 ŋăʔ，户语 ʔŋăʔ，德昂语 a ŋɛk < *ʔa-ŋak。

① 参见吴安其《汉藏语同源研究》，中央民族大学出版社 2002 年版，第 167 页。

24. *gar-gat

桑塔利语 gargath < *gar-gat。

◇ 二 “痒”的词源对应关系

1. “痒、痒的”和“挠”

（1）桑塔利语 *gar-gat。“挠”雅美语 gizịgidḑən < *giri-giden。

（2）桑塔利语 *git。“挠”依斯那格语 kitkit < *kit。

（3）嫩戈内语 *kerit。“挠”摩尔波格语 korut。

（4）朝鲜语 *garə-。“挠”马那姆语 garasi < *gara-si。

（5）汤加语 $*b^{w}eli$。“挠”勒窝语 vili < $*b^{w}ili$。

（6）达密语 *guge。“挠”达让僜语 $guɑ^{35}$ < *ga。

（7）达让僜语 *ma-so。“挠”白语 so^{55} < *so。

2. “痒、痒的”和“叮、咬”

“痒、痒的”可能是“叮咬”的说法的引申，相关的“挠”的说法是这个说法的再引申。

（1）桑塔利语 *gar-gat。“咬”东部裕固语 ɢɑdʒɑ- < *gada。日语 kadʒiru < *kadi-ru。

（2）桑塔利语 *git。“咬”印尼语 gigit、他加洛语 kagat < *gigit / *kagit。

（3）克木语、布兴语、户语、德昂语 *ʔa-ŋak。“咬”德昂语茶叶箐话 $gǎk^{55}$、南虎话 găʔ < *gak。“叮、咬”缅文 kok < *kok。

（4）吉尔伯特语 *ŋo。“咬”查莫罗语 ŋaŋas < *ŋaŋa-s。

（5）苗语瑶语 *kret。“咬”独龙语 $gɹat^{55}$ < *grat，汉语 *glat（噬）。

（6）朝鲜语 *garə-。“咬”阿者拉语 gara-、罗维阿纳语 ɣarata < *gara /

*gara-ta。桑塔利语 ger < *ger。

（7）史兴语 *qaqa。“叮”史兴语 xə^{55}xa^{31} < *qeqa。

3. “痒、痒的”和“疮”

（1）满文 jotʃa- < *rota。“疮”西部裕固语 jɑhldʐi < *raldi，马达加斯加语 raʈ^{r}a < *rata。

（2）桑塔利语 *gar-gat。“疮”撒拉语 ɢɑt < *gat。

（3）莫图语 *maʔi。“疮”藏文 rma < *r-ma。

（4）罗图马语 *ma-mala。“疮”义都珞巴语 ma^{55}lu^{55} < *malu。

◇ 三 词源关系分析

1. *guke（*kuku、*guge、*giŋə）

“痒”泰雅语 *kuku-ʔi，达密语 *guge，木雅语 *giŋə。

“痒”古英语 giccan、古高地德语 jucchen < *gika-。

“痒”乌尔都语 khujli < *gugli。

图瓦语 gidʒiːr < *ɢigir。

2. *kapi（*kupi、*kəp^{w}i、*gap、*kap）

“痒、疮”莫图语 kuhi-kuhi < *kupi。“痒”夸梅拉语 kəɸiaɸia < *kəp^{w}i-ʔa。“叮、咬”德宏傣语 kaːp^{8} < *gap，尼科巴语 kap < *kap。“抓”德宏傣语、壮语 kap^{7} < *kap。

“痒、疮”古英语 sceabb、古挪威语 skabb < *skab。

“痒”（名词）阿尔巴尼亚语 zgjebe < *sgebe。

“抓挠”古英语、哥特语 skaban，古挪威语 skafa，中古荷兰语

scaven < *skabe-。

“痒”（名词）格鲁吉亚语 kavili < *kab^{w}i。

3. *bagalu（*paga、*gla）

“伤、疮”大瓦拉语 paga < *paga，马林厄语 baɣalu < *bagalu。

“痒”希腊语 phagoyra < *bagora。

4. *roda（*rota、*radi、*rata）

“痒”满文 *rota。“疮”西部裕固语 jɑhldzi̯ < *raldi，马达加斯加语 raʈ^{r}a < *rata。

“痒”（名词）俄语 zud < *rude。

“滑”的词源关系

汉语的“滑”可指“光滑的”“平滑”和“滑动”等。亚欧语言表“光滑”义的词与“平的”“软的”“漂、漂浮”等说法有词源关系。

◇ 一　东亚太平洋语言的“滑”

“光滑、光滑的”主要说法有：

1. *ta-ʔilgəq / *ta-lgəq / *ʔilqun

维吾尔语 tijilʁaq < *ta-ʔilgəq。[①]

图瓦语 dajkak，哈萨克语 tajʁaq < *ta-lgəq。

满文 nilhūn < *ʔilqun。

2. *qal-təri / *qam-dəra / *qa-təra / *daro

蒙古语 gɛltri-，东部裕固语 χaldər < *qal-təri。

土族语 xamdəraː，保安语 χandər < *qam-dəra / *qa-təra。

那大语 dʒoro < *daro。

---

① “光滑、狡猾”匈牙利文 elegans < *elegan-。

桑塔利语 heṉḏer < *qeder。

3. *name-raka / *po-reko

日语 namerakada < *name-raka-da。

拉巴努伊语 pororeko < *po-reko。

4. *make

朝鲜语 maekkeureon < *make-ʔuron。

5. *qalus

印尼语 halus， 爪哇语、马都拉语 alus < *qalus。

6. *m-linag / *lanug

布拉安语 m-linag < *m-linag。

沙玛语 lanuʔ < *lanug。

7. *s-nalu

马林厄语 snal̥u < *s-nalu。

8. *ma-lemu-s / *qalam

巴塔克语 lemus，木鲁特语 malumis < *ma-lemu-s。

排湾语 qalamqam < *qalam。

9. *dada

瓜依沃语 dada < *dada。

10. *muto / *mudu-luliq

帕马语 muto < *muto。

赛德克语 muduhuliq < *mudu-luliq。

11. *dolo / *dila-ʔus

劳语 dolo < *dolo。

卑南语 dilaʔus < *dila-ʔus。

12. *ma-nada

莫图语 manada-manada < *ma-nada。

13. *dab^{w}i-ʔa

东部斐济语 d^{r}aβia < *dab^{w}i-ʔa。

14. *more

菲拉梅勒语 moremore < *more。

15. *luran

雅美语 luʐan < *luran。

16. *pone-ʔo

邹语 poneo < *pone-ʔo。

17. *grət / *grut

汉语 *grət（滑）。

布努语 ŋku^{8}，勉语长坪话 gwət^{8}，大坪话 gut^{8} < *grut。

18. *m-dar / *dere / *dara-ma

藏文 -bdar，夏河藏语 ndʑər < *m-dar。

桑塔利语 dʒe̠ɽe̠ < *dere。

西部斐济语 darama < *dara-ma。

19. *klat / *klet

独龙语 tɯ^{31}klat^{55} < *klat。

阿昌语 tʂhuat^{55}，浪速语 tʃa̠t^{55} < *klat。

户语 khlɛt^{31} < *klet。

20. *nen / *nina

景颇语 mǎ^{31}nen^{33} < *ma-nen。

塔希提语 mānina < *ma-nina。

21. *lap / *ga-lep / *sə-lap

博嘎尔珞巴语 a lap < *lap。

布昂语 galɛp < *ga-lep。

巽他语 səlap < *sə-lap。

22. *m-lak / *bə-lig / *gə-lek

壮语武鸣话 mlaːk^{8}， 临高语 miak^{8} < *m-lak。

巴厘语 bəlig < *bə-lig。

马京达瑙语 ᵑgəlek < *gə-lek。

23. *ʔlu / *milu

布依语 zau^{2}，毛南语 lau^{1} < *ʔlu。

那大语 milu < *milu。

24. *nul

布朗语 ȵul < *nul。

25. *nu

佤语布饶克方言 n̥u < *nu。

26. *ŋaŋ

德昂语 ŋiaŋ < *ŋaŋ。

27. *bla

克木语 blia < *bla。

28. *sem-rel / *mo-roli

布兴语 sɤm ʒel < *sem-rel。

乌玛语 moroliʔ < *mo-roli。

29. *tikar

桑塔利语 tsikɛ̃ɽ < *tikar。

◇ 二 “滑”的词源对应关系

1. “光滑、光滑的”和“平的”

（1）桑塔利语 *tikar。“平的”塔塔儿语 tigɨz < *tigir。

（2）那大语 *daro。“平的”撒拉语 dyz < *dur。

（3）劳语 *dolo。“平的”达阿语 na-dele < *dele。

（4）蒙古语、东部裕固语 *qal-təri。“平的”那大语 dʒere < *dere。

2. “光滑、光滑的”和“软的”

（1）巴塔克语、木鲁特语 *ma-lemu-s。“软的”贡诺语 lumu、巴厘语

ləmuh、布拉安语 lumuk < *lumuq。

（2）布朗语 *nul。汉语 *nalʔ（软）< *nal-ʔ。

（3）佤语布饶克方言 *nu。“软的”扎坝语 nu33nu55 < *nu-nu。邹语 noinəʔi < *no-ʔi。

（4）劳语 *dolo。“软的”蒙古语 dʒɵːləŋ、东部裕固语 dʒyːlən、土族语 dʑoːlon < *dolən。

（5）印尼语、爪哇语、马都拉语 *qalus。“软的”布鲁语 em-losi < *losi。

（6）布依语、毛南语 *ʔlu。“软的”乌玛语 mo-ʔolu < *ʔolu，满文 uhuken、锡伯语 ulukun < *ʔulu-qun，赫哲语 ujan < *ʔulan。

3. “光滑、光滑的”和“漂浮、漂”

（1）藏文、夏河藏语 *m-dar。“漂浮”达斡尔语 dərdə- < *der-。

（2）蒙古语、东部裕固语 *qal-təri。“漂浮”哈萨克语 qɑlqə-、图瓦语 ɢɑlɢ- < *qalqal。

（3）满文 *ʔilqun。“漂浮”东乡语 həliə- < *qəli。

（4）瓜依沃语 *dada。“漂浮”贵琼语 di31ndi35 < *didi。“浮”鄂温克语 dəddə < *dəd。

（5）东部斐济语 *dabʷi-ʔa。“浮”布拉安语 l-am-təw < *l-teb，桑塔利语 tsape < *tape。

（6）克木语 *bla。“浮”佤语布饶克方言 si blo̱i < *si-blo。

三 词源关系分析

1. *muto（*mudu）

“滑的”帕马语 *muto，赛德克语 *mudu-luliq。“软的”他加洛语 lambot、

印尼语 ləmbut < *la-but，爪哇语 əmpuʔ < *ʔu-put。“腐烂的”马林厄语 boto、大瓦拉语 buda。

古英语“光滑的”smoð，“平的、软的”smoðe < *smode。

“软的”桑塔利语 *la-bit。“弱的”三威治港语 ^{m}ba^{m}bat < *ma-bat。

“软的”古英语 softe，古高地德语 semfti < *sobti。

2. *lek（*lak、*lig）

“滑的”壮语武鸣话、临高语 *m-lak，巴厘语 *bə-lig。马京达瑙语 *gə-lek。维吾尔语 *ta-ʔilgə-q。

“光滑的”古英语 slike。

“滑的”古撒克逊语 slicht，古弗里斯语 sliucht，古高地德语 sleht < *slek-。

“光滑的”希腊语 malakos < *malako-。

“滑倒”（动词）芬兰语 liukua < *luku-，“滑”（动词）匈牙利文 lecsiszol < *leki-sol。

3. *lap（*lep）

“滑的”博嘎尔珞巴语 *lap，布昂语 *ga-lep，巽他语 *sə-lap。

“滑的、秃的”拉丁语 glaber < *glab-，“滑的、滑溜的”英语 glib。

“光滑的、流动的”俄语 plavnɨŋ < *plab^{w}-。

“光滑的、平的”俄语 rovnɨj < *rob^{w}-。

“光滑的”格鲁吉亚语 gluvi < *glub^{w}i。

4. *reko（*raka）

“滑的”拉巴努伊语 *po-reko，日语 *name-raka-da。

“滑的、滑溜的”低地德语 glibberig < *glibe-rig。

“光滑的”亚美尼亚语 oʁork < *oɢo-ruk。

5. *lu

“滑的”布依语、毛南语 *ʔlu。“软的”乌玛语 mo-ʔolu < *ʔolu，满文 uhuken、锡伯语 ulukun < *ʔulu-qun，赫哲语 ujan < *ʔulan。

“滑的”希腊语 leios < *lo-。

6. *lemu（*lamu、*lama）

“滑的”巴塔克语、木鲁特语 *ma-lemu-s，排湾语 *qalam。

“光滑的”阿尔巴尼亚语 lëmuar < *lemu-。

7. *more

“滑的”菲拉梅勒语 moremore < *more。

“光滑的”乌尔都语 hamwaːr < *qamar。

“对”的词源关系

亚欧语言表“对的、正确的”义的词与“直的”“真的”等说法有词源关系。

◇ 一　东亚太平洋语言的“对”

“对的、正确的”主要说法有：

1. *durus

维吾尔语 durus，哈萨克语 durəs < *durus。

桑塔利语 durus < *durus。

2. *dogru / *tugra

土耳其语 doɣru < *dogru。

维吾尔语 toʁra，哈萨克语 tuwra < *tugra。（直的、正确的）

3. *dige / *dugi / *dugu / *təgə / *dik

图瓦语 dʒigɛ < *dige。

达斡尔语　dʒugi- < *dugi。

鄂温克语 dʒugu < *dugu。（正确）

鄂伦春语 tədʒəː < *təgə。（正确）

桑塔利语 ʈhik < *dik。

4. *ʔere / *ʔor / *ʔoro

西部裕固语 ere < *ʔere，jirə < *ʔirə。

朝鲜语 orhta < *ʔor-。

莫图语 maoro < *ma-ʔoro。（直的、对的）

5. *dob / *tob-ʔir / *tub / *tub-s

蒙古语 dʒɵb，达斡尔语 tob，土族语 dʒob < *dob。

满文 tob（正直），赫哲语 tob < *tob。锡伯语 tov jərxin < *tob-ʔir-。（正确）

南密语 tuva < *tub。（直的、对的）

汉语 *tub-s（对）。

6. *tada-si / *tuda / *didi

日语 tadaɕiː < *tada-si。

布吉斯语 tudʒu < *tuda。

拉加语 didini < *didi-。

7. *bətu-l

印尼语 bətul < *bətu-l。

8. *bə-ner / *nor

爪哇语 bənər < *bə-ner。

三威治港语 noür < *nor。（直的、正确的）

9. *kono

达阿语 na-kono < *kono。（对的、真的）

10. *naba

贡诺语 naba < *naba。

11. *kato

雅贝姆语 kato < *kato。（直的、正确的）

12. *tano

汤加语 tonu，拉巴努伊语 tano < *tano。

13. *sik

卡乌龙语 sik < *sik。

14. *tari / *bə-der

阿杰语 tāři < *tari。

马都拉语 bənder < *bə-der。

15. *doglo

马林厄语 doglo < *doglo。（直的、对的）

16. *ʔa-ʔolo

劳语 aolo < *ʔa-ʔolo。

17. *m-grik

藏文 ɦgrig < *m-grik。

18. *s-man / *mens / *men

缅文 hmɑn < *s-man。

西双版纳傣语 mɛn^{6} < *mens。

克木语 mĕn，布朗语 men^{44} < *men。

19. *ʔduʔ

毛南语 daːu^{4}，黎语 dau^{3} < *ʔduʔ。

20. *kro

佤语布饶克方言 kho̱，户语 khɔ^{31} < *kro。

21. *rak / *torok

布兴语 ʒak < *rak。

桑塔利语 to̱ro̱k < *torok。（时间或方法正确）

◇ 二 “对”的词源对应关系

1. “对的” 和 “直的”

东亚太平洋语言“直的”引申为“对的”。《左传·襄公七年》：“恤民为德，正直为正，正曲为直，参和为仁。”“直的”即“对的”，如维吾尔语 toʁrɑ、哈萨克语 tuwrɑ、南密语 tuva、雅贝姆语 kato、马林厄语 doglo、莫图语 maoro 等。“对的” 和 “直的” 词源关系上文《直》篇已说明。有交叉对应关系的如：

（1）藏文 *m-grik。汉语 *glək（直），“直的”马京达瑙语 ^{ŋ}gəluk < *gəluk。

（2）维吾尔语、哈萨克语 *duru-s。“直的” 撒拉语 dyz、西部裕固语 duz < *dur，达密语 madur < *ma-dur。

（3）朝鲜语 orhta < *ʔor-。“直的”莫图语 maoro < *ma-ʔoro。

（4）汉语 *tub-s（对）。“直的”南密语 tuva <*tub，满文 tuwamgija < *tubam-gira。

（5）日语 *tada-si。“直的”斐济语 dodonu < *dodo-nu，汤加语 totonu < *toto-nu。

（6）阿杰语 *tari，“直的”tāri < *tari。

（7）劳语 *ʔa-ʔolo，“直的”ʔolo ʔoloa < *ʔolo-ʔa。

（8）达阿语 *kono，“直的”na-noa < *no-ʔa。

2. “对的”和“真的”

（1）爪哇语 bənər < *bə-ner。“真的”印尼语 bənar < *bə-nar。

（2）马都拉语 *bə-der。“真的”bəndər < *bə-dər。

（3）布吉斯语 *tuda。“真的”他加洛语 totoʔa < *toto-ʔa。

（4）毛南语、黎语 *ʔduʔ。“真的”哈拉朱乌语 dɔ < *do。

◇ 三　词源关系分析

1. *ruk（*g-rik、*g-lək、*galuk、*ku-rug）

“对的”藏文 *m-g-rik，布兴语 *rak。“直”汉语 *g-lək，马京达瑙语 ^{ŋ}gəluk < *gəluk。真的”依斯那格语 kurug < *ku-rug，佤语布饶克方言 ruk < *ruk。

“正确的、直的”古英语 riht、古萨克逊语 reht、古弗里斯语 riutʃt < *rik-。
“延伸、立着”希腊语 orektos < *orek-。“对的”拉丁语 rectus < *rek-。
“直的”梵语 ṛidʒuḥ < *rigu-。

“正确的”匈牙利文 jogos < *rogo-。

2. *duri（*duru、*dur、*dər 等）

“对的”维吾尔语、哈萨克语、桑塔利语 *durus。“直的”撒拉语 dyz、西部裕固语 duz < *dur，达密语 madur < *ma-dur。“真的”马都拉语 bəndər < *bə-dər。

“正确的”阿尔巴尼亚语 drejtë < *drei-。

“正确的”乌尔都语 dauyeː < *daure。

“直的”拉丁语 directus（过去分词），法语 droit，意大利语 diritto < *dire-。

“注视”古英语 starian，古高地德语 staren < *sdar-。

“正确的”格鲁吉亚语 stshɔri < *sdori。

“树”维吾尔语 dɛrɛχ、东部裕固语 derek < *dereq，桑塔利语 dare < *dare。

“信任的”古英语 triewe、古弗里斯语 triuwi、哥特语 triggws < *drig^{w}e。

“树”古英语 Þreo、古弗里斯语 thre、梵语 dru、拉丁语 tres < *dero。

3. *dig^{w}a（*dige、*dugi、*təgə、*tig-qun、*tik、*tika、*tuk^{w} 等）

“对的”图瓦语 *dige，达斡尔语 *dugi。“正确”鄂温克语 *dugu，鄂伦春语 *təgə。“直的”鄂伦春语 ʃiːggən < *tig-qun，维吾尔语 tik < *tik，拉巴努伊语 ti-tika < *-tika，夸梅拉语 -atuk^{w}-atuk^{w} < *ʔatuk^{w}，贵琼语 tə^{55}kha^{55} < *təga。

“对的”希腊语 dikaios < *dika-，梵语 adhikaːraḥ < *adikara-。

“对的、肯定的”俄语 totçnɨj < *tok-。

4. *men（*man）

“对的”缅文 *s-man，西双版纳傣语 *mens，克木语、布朗语 *men。

“正确的”拉丁语 emendo < *emendo。

5. *boro（*pro、*bro）

“直的”基诺语 a^{44}pro^{33} < *pro。缅文 phrɔŋ^{1} < *broŋ。

“对的、肯定的”俄语 vernɨj < *b^{w}er-，“正确的、好的”波兰语 dobra。

6. *tus（*dos）

“直的”土族语 tusdɑːn < *tus-dan。罗地语 ^{n}dos < *dos。

“正确的”亚美尼亚语 tʃiʃt < *tis-。

“直的”匈牙利文 tisztan < *tis-tan。

7. *tuda（*tada）

“对的”日语 *tada-si。布吉斯语 *tuda。

“错的”和阗塞语 adāta- < *a-data。（不—正确的）

“错”的词源关系

亚欧语言表“错”义的词与“弯曲的”“假的”“坏的”等说法有词源关系。

◇ 一　东亚太平洋语言的“错”

“错、错的”主要说法有：

1. *qata / *ʔada

维吾尔语 χɑtɑ，哈萨克语 qɑtɑ，土耳其语 hata < *qata。

宁德娄语 a^{n}d^{r}aʔi < *ʔada-ʔi。（错的、假的）

2. *ʔemes / ʔema-ʔi

西部裕固语 emes < *ʔemes。

马那姆语 giriʔi-emaʔi < *giri-ʔi-ʔema-ʔi。

3. *sobu-nigi / *sob / *ʔasub

撒拉语 sovuniɣi < *sobu-nigi。

东乡语 sowu < *sob。①

阿者拉语 asub < *ʔasub。（错误、假的）

① “错的”芬兰语 sopimaton < *sopi-maton。“错的”匈牙利文 hiba < *siba。

4. *ʔədu / *ʔədul

蒙古语 əndʉː < *ʔədu。达斡尔语 əndəl < *ʔədul。

5. *buru

蒙古语、土族语 buruː，达斡尔语 boroː，东部裕固语 buryː < *buru。

6. *goloɢ

保安语 goloɢ < *goloɢ。

7. *talara

满文 taʃara < *talara。

8. *turi

朝鲜语 thɯrrita < *turi-。

9. *ʔalama

日语 ajamaru < *ʔalama-ru。

10. *sala-q / *sala-k / *sloŋ

印尼语、巽他语、米南卡保语 salah，卡加延语 salaʔ < *sala-q。（错的、假的）

罗地语 sala-k < *sala-k。（错的、错误、迷失）

莫语 loŋ^{1}，佯僙语 lɔːŋ^{11} < *sloŋ。

11. *saru / *sraŋ

伊拉鲁吐语 səru < *saru。

汉语 *sraŋ（爽）。①

12. *garo

劳语 garo < *garo。

13. *giri-ʔi-ʔema-ʔi。

马那姆语 giriʔi-emaʔi < *giri-ʔi-ʔema-ʔi。

14. *kere

莫图语 kerere < *kere。（错的、假的）

15. *sese / *se-ʔa / *so^{33}

萨摩亚语 sesē < *sese。

罗维阿纳语 sea < *se-ʔa。

户语 θɔ < *so。

16. *gido / *sir-gat

嫩戈内语 giɖo < *gido。

桑塔利语 sirgɛth < *sir-gat（方法错），bagɖao < *ba-gda-ʔu（方向错）。

17. *lala

东部斐济语 ðala < *lala。（错的，错误，假的）

18. *m-kruq-s

汉语 *m-kruq-s（谬）。

① 《诗经·小雅·蓼萧》：“其德不爽，寿考不忘。”“爽”，差错。

19. *nor

藏文、博嘎尔珞巴语 nor < *nor。

20. *sma

缅文 hmɑ^{3} < *sma。

21. *sut

景颇语 ʃut^{55}，仙岛语 ʂut^{55} < *sut。

22. *ʔlak / *skhrak

壮语武鸣话 lok^{7}，临高语 sɔk^{7}，仫佬语 thaːk^{7} < *ʔlak。

汉语 *skhrak（错）。

23. *lut

佤语 lut，德昂语 luiʔ < *lut。

24. *pu-men

克木语 pu mĕn < *pu-men（不一对）。

25. *bit / *pit

布兴语 phiet < *bit。

阿昌语 phit^{55} < *pit。

二 “错”的词源对应关系

1. “错、错的”和“弯曲的”

（1）保安语 *goloɢ。“弯曲的”东部裕固语 ɢorɣi < *ɢorgi。

（2）劳语 *garo。“弯曲的”日语 magaru < *ma-garu，伊拉鲁吐语 kərkɔrə < *korə。

（3）汉语 *m-krug-s（谬）。“弯曲的”保安语 mɛroɢ、土族语 muriː < *merog，摩尔波格语 boriŋkuʔ < *borikuʔ。

（4）嫩戈内语 *gido。“弯曲的”桑塔利语 koɳɖe < *kode，嫩戈内语 giɖo < *gedo。

（5）佤语、德昂语 *lut。“弯曲的”尼科巴语 loːt < *lot。

2. “错、错的”和“假的”

“错的”和“假的”说法相同的如印尼语、巽他语 salah、卡加延语 salaʔ、东部斐济语 ðala、莫图语 kerere、宁德娄语 $a^n d^r a$ʔi 等。其他对应关系如：

（1）汉语 *m-kruq-s（谬）。“假的”西部裕固语 uzuk < *ʔuruk。

（2）汉语 *sklak（错）。“假的”鄂伦春语 oloːk < *ʔolok。

（3）景颇语、仙岛语 *sut。“假的”景颇语 sot^{55} < *sot。

（4）缅文 *sma。“假的”博嘎尔珞巴语 məː < *mə。

3. “错、错的”和“坏的”

（1）嫩戈内语 *gido。“坏的”土耳其语 køty < *kote。

（2）塔希提语 hape < *pabe，“坏的”查莫罗语 baba < *baba

（3）汉语 *skhrak（错），“坏、丑”柬埔寨文 ʔaːkrɔk < *ʔakrok。

（4）蒙古语族语言 *buru。“坏的”维吾尔语 buzuq、哈萨克语 buzəq < *buruq。

（5）维吾尔语、哈萨克语 *qata。“坏的”卑南语 kuatis < *ku-ʔatis，多布语 ʔataj < *ʔata-ʔi。

三 词源关系分析

1. *rog（ *ruk、*riku）

“弯曲的”保安语 mɛroɢ、土族语 muriː < *merog，摩尔波格语 boriŋkuʔ < *boriku。

“错的、弯曲的”古挪威语 rangr，中古荷兰语 wranc < *b-rag。
“错的”英语 wrong。

2. *dika（ *teki、*duk、*dage、*dake）

“错的”柯尔克孜语 tʃeki < *teki。

“坏的”错那门巴语 tuk^{35}、墨脱门巴语 duk（pin）< *duk，克伦语阿果话 da^{31}ɣe^{33} < *dage，莫图语 dika < *dika，依斯那格语 nadakeʔ < *na-dake。

“错的”希腊语 adikos < *adik-。

3. *b^{w}ali（ *pala、*b^{w}al、*pili）

“错的”梅柯澳语 apala < *ʔapala。

“坏的”卡乌龙语 leŋβal < *leŋ-b^{w}al，柬埔寨文 piːəliːə < *pili。

“错的”西班牙语 falso，“骗人的”拉丁语 falsus < *p^{w}al-。

“错”匈牙利文 fals。

“腐烂”宁德娄语 abola < *ʔabola。汉语 *mil（糜）。

“坏的、邪恶的”古英语 yfel，古撒克逊语，古高地德语 ubil，古弗里斯语 evel，哥特语 ubils < *upel。“坏的”西班牙语 malo。
“错的”波兰语 mylny < *mul-。

4. *turi

“错的”朝鲜语 thurrita < *turi-。

“错的”俄语 durnoj < *dur-。

“错的”格鲁吉亚语 mtsdari < *mt-dari。

5. *kogi（*guko、*guk、*kok、*gok）

“弯曲的”罗维阿纳语 kogi，托莱语 gege < *kogi。印尼语、巽他语 beŋkok，爪哇语 bɛŋkɔʔ < *be-kok。缅文 kɔk^{4}，藏文 gug，傈僳语 go̠^{31} < *guk。汉语 *khok（曲），*gok（局）。

“错误”阿尔巴尼亚语 kekje < *keki。

“弯曲的、钩状”古英语 hoced < *hok-。

“钩子”古英语 hoc，古弗里斯语 hok，中古荷兰语 hoek < *kog。

“弯”芬兰语（名词）koukistus < *kokis-tus。

6. *qelu（*qelə、*qil、*qala）

“坏的”赫哲语 əxələ < *ʔeqelə。泰雅语 aqih < *ʔaqil。排湾语 naʔuja < *na-qala。

“错的”亚美尼亚语 sxal < *sqal。

7. *ru（*ro）

“坏的”鄂伦春语、鄂温克语 əru < *ʔəru。“坏的、丑的”巴塔克语 rɔa < *ro-ʔa。

“假的、错的”粟特语 arn，阿维斯陀经 arəna < *arəna。

“强壮”的词源关系

亚欧语言表“强壮”义的说法与“力气”“硬的”“粗的、厚的”等说法有词源关系。

一　东亚太平洋语言的“强壮”

“强壮的”主要说法有：

1. *gut-lu / *qukitə

土耳其语 gytʃly < *gut-lu。（强大的、有力的）

东部裕固语 kudʒintə，保安语 kutɕitə < *qukitə。（力壮的）

2. *quder / *kator

蒙古语 xʉder < *quder。（力壮的）

马绍尔语 katʃɔ̄ɽ < *kator。

3. *ʔetu-qun / *qete / *ʔat

满文 etuhun < *ʔetu-qun。

哈拉朱乌语 xʌtʌ < *qete。

桑塔利语 ãʈ < *ʔɑnt < *ʔat。

4. *se

朝鲜语 seta < *se-。

5. *taku / *təguq / *dəgo / *tak

日语 takumaɕiː < *taku-ma-si。

萨萨克语 təguh < *təguq。那大语 dəgo < *dəgo。嫩戈内语 tatʃ < *tak。

6. *taso

邹语 taso < *taso。

7. *lu-sog / *ba-sag

他加洛语 lusog < *lu-sog。摩尔波格语 basag < *ba-sag。

8. *gogo / *kaka / *gege

巴塔克语 gogo < *gogo。南部梅柯澳语 kaka < *kaka。

道孚语 gɛ ngə < *gege。（结实）

9. *go-ʔada

莫图语 goada < *go-ʔada。

10. *kora / *bal-gar / *tə-gor

吉尔伯特语 korakora < *kora。

桑塔利语 balgar < *bal-gar。

锡加语 təgor < *tə-gor。

11. *ʔoŋor / *ŋira

托莱语 oŋor < *ʔoŋor。罗维阿纳语 ŋiŋira < *ŋira。

12. *ma-kətəŋə

鲁凯语 makətsəŋə < *ma-kətəŋə。

13. *tol

达密语 totol < *tol。（强壮的、硬的）

14. *gan / *kanʔ

汉语 *gans（健）< *gan-s。①

布依语 kan^{3} < *kanʔ。

15. *ŋaŋ / *keŋ

景颇语 ŋaŋ^{31} < *ŋaŋ。（结实）

布兴语 kɛŋ < *keŋ。

16. *kom

阿昌语 kəm^{55} < *kom。（结实）

17. *gak / *ŋek

载瓦语 khak^{55} < *gak。（结实）

尼科巴语 ŋək < *ŋek。（硬的，强壮的）

18. *tor-nam

塔金语 tornam < *tor-nam。

---

①"强壮的"格鲁吉亚语 ɣɔniɛri < *goni-。

19. *kraŋ

壮语武鸣话 ɕaːŋ^{5}，水语 xaŋ^{3} < *kraŋ。

20. *bra

佤语布饶克方言 braʔ < *bra。

21. *kat-ka

布朗语 kat^{44}ka^{441} < *kat-ka。

22. *lol-loʔ

克木语 lɔh lɤʔ < *lol-loʔ。

23. *dor-bʷar

桑塔利语 dʒorwar < *dor-bʷar。

24. *kum-lek

尼科巴语 kumleːk < *kum-lek。

二 “强壮”的词源对应关系

1. “强壮的”和“力气”

（1）土耳其语 *gut-lu，“力气”哈萨克语 kyʃ、塔塔尔语 kytʃ、图瓦语 gyʃ < *gut。

（2）蒙古语 *quder，“力气”维吾尔语 maʁdur、乌孜别克语 maʁdir < *ma-gədir。

（3）壮语武鸣话、水语 *kraŋ。“力气”壮语武鸣话 ɣeŋ^{2}、德宏傣语 hɛŋ^{2}、布依语 zeŋ^{2} < *leŋ。阿昌语 a^{31}xʐaŋ^{55} < *ʔakraŋ。

（4）他加洛语 *lu-sog，“力气”藏文 ɕug、错那门巴语 ɕuk^{53} < *sug。

（5）马绍尔语 *kator，“力气” 格曼僜语 tor < *tor。

（6）巴塔克语 *gogo，“力气” 拉祜语 ɔ^{31}ɣɑ^{53} < *ʔoga。

（7）“强壮的、力气”塔几亚语 dabai < *daba-ʔi。

2. “强壮的”和“硬的”

（1）桑塔利语 *ʔat。“硬的”维吾尔语 qɑttiq、西部裕固语 qɑtdəɣ、图瓦语 kɑdɤx < *qat-dəq，撒拉语 χətdə < *qat-də。

（2）土耳其语 *gut-li，“硬的”朝鲜语 kutta < *gut-，蒙古语 gɑtuː、东部裕固语 ɢɑduː、土族语 xɑdoŋ < *gatu-ŋ。

（3）达密语 *tol。“硬的”摩尔波格语 kotul < *ko-tul，达密语 totol < *tol。

（4）桑塔利语 *bal-gar，“硬的” khaɽa < *gara。

（5）罗维阿纳语 ŋiŋira < *ŋira。“硬的” ŋira < *ŋira。

3. “强壮的”和“粗的、厚的”

（1）那大语 *dəgo。汉语 *tuk（笃）。“厚的”蒙古语 dʒudʒɑːŋ、达斡尔语 dʒudʒɑːn、保安语 dʑidʒɑŋ < *dugan，朝鲜语铁山话 tukəpta < *dugə-，藏文 ɦthug po < *m-tuk。“粗大”撒拉语 dʒoʁɑn、哈萨克语 dʒuwɑn、西部裕固语 joɣən < *dugan。

（2）东部裕固语、保安语 *qudetə。“厚的”中古朝鲜语 tuthəpta < *dutə-，马林厄语 thuta < *duta，景颇语 that^{31}、独龙语 tat^{55} < *tat，布朗语甘塘话 tɤt^{33} < *tət。

（3）巴塔克语 *gogo。汉语 *ɣoʔ（厚）< *go-ʔ。①

① 古文“垕”。

（4）桑塔利语 *dor-bar。“粗的”鄂温克语 baragun < *bara-gun。

◇ 三 词源关系分析

1. *dori（ *tor、*tera、*der、*dir、*diri）

“强壮的”马绍尔语 *kator。

“力气” 格曼僜语 tor < *tor。

“硬的”贡诺语 terasa < *tera-sa，墨脱门巴语 kak tar < *kak-tar。“石头”中古朝鲜语 torh < *dors，蒙达语 diri、桑塔利语 dhiri < *diri。

“力壮的”蒙古语 *quder，“力气”维吾尔语 maʁdur、乌孜别克语 maʁdir < *ma-gədir。

“强壮的”立陶宛语 dirzmas，“硬的”威尔士语 dir，“钢”布列吞语 dir。
“硬的”梵语 dur。“变硬”拉丁语 durare < *dura-。
“硬的”法语 dur，意大利语、西班牙语、葡萄牙语 duro。
希腊语“硬的”drimys < *dri-mus，“石头”lithori < *li-tori。

印欧语在词根 *dori 成为 *stori 的基础上的表达如：

“强壮的、硬的”古教堂斯拉夫语 strublu < *stru-blu。
“贫瘠的”拉丁语 sterilis < *steri-。“粗的”立陶宛语 storas。
“固态的”希腊语 stereos < *stere-，“坚固的”梵语 sthirah < *sdira-。

在词根 *stori 成为 *storig 的基础上的表达如：

“强壮的、僵硬的”古英语 stearc < *sderk。“瘦奶牛”古教堂斯拉夫语 sterica。
“强壮的”波斯语 suturg。“强壮的”俄语 strogij < *strog-。

2. *bura（*bra、*bur、*bər）

“强壮的”佤语布饶克方言 *bra。

“胖的”独龙语 buɯɹ^{53} < *bur。汉语 *bər（肥）。

“强壮的”阿尔巴尼亚语 fortë < *b^{w}or-。

3. *garo（ *kora、*gar、*gor、*karas、*kares、*kros、*kurus）

“强壮的”吉尔伯特语 *kora，桑塔利语 balgar < *bal-gar，锡加语 təgor < *tə-gor。

“硬的”印尼语 kəras < *karas，亚齐语 kru^{ə}h、米南卡保语 kareh < *kares，佤语马散话 krɔh、布朗语曼俄话 kɔh < *kros，桑塔利语 kuʈus < *kurus。

“强壮的”希腊语 geros。“强的、严格的”俄语 gruvɨj < *gru-。

4. *tol（ *tul）

“强壮的、硬的”达密语 *tol。

“硬的”摩尔波格语 kotul < *ko-tul，达密语 totol < *tol。

“强壮的”梵语 sthuːla < *sdula。

5. *rugi（ *lek、*rək）

“强壮的”尼科巴语 kumleːk < *kum-lek。

“硬的”道孚语 rgi rgi < *rugi。汉语 *rək（力）。

“强壮的”亚美尼亚语 uʒuʁ < *urug。

“弱”的词源关系

亚欧语言表“弱”义的词与“软的”“薄的”“累的”“小的”等说法有词源关系。

◇ 一 东亚太平洋语言的“弱”

“弱、弱的”主要说法有：

1. *ʔagir

维吾尔语 ɑdʒiz，塔塔尔语 ʁɑdʒiz < *ʔagir。[①]

2. *gem-nəq

西部裕固语 gemnəɣ < *gem-nəq。

3. *qel-sir

哈萨克语 ælsiz，撒拉语 halis，图瓦语 ɛlsis < *qel-sir。

---

① “弱的、虚弱的”匈牙利文 gyarlo < *giro-。

4. *kerke

西部裕固语 kejke < *kerke。

5. *nim-dan

乌孜别克语 nimdʒɑn < *nim-dan。

6. *doro-ʔi / *nidor / *le-der / *kom-dor / *gə-dur

蒙古语 dorœː，土族语 dori < *doro-ʔi。（弱小）

桑塔利语 nidʒo̱r < *ni-dor。

蒙达语 lendʒer < *le-der。

桑塔利语 ko̱mdʒo̱r < *kom-dor。

马都拉语 g^{ɦ}ədd^{ɦ}ur < *gə-dur。

7. *ʔə-biri

达斡尔语 əbirj < *ʔə-biri。（弱小）

8. *ki-man

东部裕固语 keimɑn < *ki-man。（弱小）

9. *dolan

东乡语 dzo̜lian < *dolan。（弱小）

10. *ʔebilun / *bilu

满文 ebilun < *ʔebilun。（身体单弱）

托莱语 biluə < *bilu-ʔə。

11. *lob^{w}a / *lopi / *labu-

日语 jowai < *lob^{w}a-ʔi。

鲁凯语 ma-ɭopi < *lopi。

西北部梅柯澳语 labu-labu-ŋa < *labu-。

12. *lamaq / *lemu

印尼语 ləmah，米南卡保语 lamah < *lamaq。①

勒窝语 malumu，马达加斯加语 ma-lemi < *lemu。

13. *riki-q

爪哇语 riŋkih < *riki-q。

14. *lete / *lit

乌玛语 le^{n}te，达阿语 na-le^{n}te < *lete。

帕马语 lit < *lit。

15. *ʔeduk

巴厘语 ənduk，萨萨克语 eɲtʃek < *ʔeduk。

16. *mə-mək

锡加语 məmək < *mə-mək。

17. *dede

那大语 ɗeɗe < *dede。

18. *melo

梅柯澳语 e-melo < *melo。

19. *baru

塔希提语 paruparu < *baru。

---

①“弱的”芬兰语 laimea < *lame-。

20. *ral / *rorʔu / *loraʔu

汉语 *ral（羸）。

邹语 rozʔu < *rorʔu。

桑塔利语 lorao < *loraʔu。（变弱）

21. *nuk / *njik / *ma-noka

汉语 *nuk（弱）。

壮语武鸣话 jiːk^{8} < *njik。

莫图语 manoka < *ma-noka。

22. *lagi-pa

塔金语 jagipa < *lagi-pa。

23. *ʔon / *ʔonʔ

布兴语 ʔɔn < *ʔon。

德宏傣语 ʔon^{3} < *ʔonʔ。

24. *bloʔ-loʔ

克木语 blɤʔ jɤʔ < *bloʔ-loʔ。

25. *ʔot-kum-lek

尼科巴语 øtkumleːk < *ʔot-kum-lek（不—强壮）。

26. *dapo-dopo

桑塔利语 dʒapa dʒopo < *dapo-dopo。

二 “弱”的词源对应关系

1. “弱、弱的”和“软的”

（1）东乡语 *dolan。“软的”蒙古语 dʒɵːləŋ、东部裕固语 dʒyːlən、土族语 dʑoːlon < *dolən。

（2）蒙达语 *le-der。“软的”桑塔利语 litsar < *li-tar。

（3）日语 *lob^{w}a-ʔi。“软的”日语 jawarakai < *laba-raka-ʔi，达密语 labub < *labub，蒙达语 lebe < *lebe。

（4）勒窝语、马达加斯加语 *lemu。“软的”巴厘语 ləmuh、布拉安语 lumuk < *lumuq。

（5）梅柯澳语 *melo。“软的”汤加语 molu、萨摩亚语 malū、塔希提语 marū < *malu，斐济语 malumu < *mlu-mu。

（6）德宏傣语 *ʔonʔ,“软的”西双版纳傣语 ɔn^{3}、德宏傣语 on^{3} < *ʔonʔ。

（7）壮语武鸣话 *njik,“软的”尼科巴语 tanjiːka < *ta-nika。

（8）莫图语 *ma-noka,“软的”manoka-manoka。

2. “弱、弱的”和“薄的”

（1）乌孜别克语 *nim-dan。“薄的、浅的”蒙古语 niŋgəŋ、达斡尔语 ningən、土族语 nemgen、东乡语 ninkiɑn < *nim-gən,“薄的”鄂温克语 nəmi < *nemi。

（2）壮语武鸣话 *njik。“薄的”满文 nekelijen < *neke-liren。

（3）达斡尔语 *ʔə-biri。“薄的”那大语 piro < *piro，莫图语 seβera < *se-b^{w}era。

（4）维吾尔语、塔塔尔语 *ʔagir。“薄的”女真语（捏克叶）*nikheje < *ʔikore。

3. “弱、弱的”和“累的”

“弱的”和“累的”的词源关系上文《累》篇已说明。如：

（1）巴厘语 *ʔəduk，“累的”日语 tsɿkareru < *tuka-reru。

（2）那大语 *dede，“累的”撒拉语 jɑda- < *dada。

（3）汉语 *ral（羸），*rəls（累）< *rəl-s。

◇ 三　词源关系分析

1. *b^{w}eko（*bak、*b^{w}ek）

“弱的”布昂语 niwēk ma < *ni-b^{w}ek。

“累的”壮语武鸣话 pak^8，黎语通什话 bok^7< *ʔbak。

“短的”罗维阿纳语 papaka，马京达瑙语 vokok < *b^{w}ako。

“窄的”拉巴努伊语 vako-vako < *b^{w}ako。

> “弱的、软的”古英语 wac，古挪威语 veikr，中古荷兰语 week < *b^{w}ek。
>
> “弱者、孩子”古挪威语 vakr，“女孩、年轻女性”古英语 wencel。

汉语 *bak（薄）。“薄的”怒苏怒语、缅文 *bag。

“短”蒙古语 bœgən、达斡尔语 bogunj、东乡语 boɣoni < *bogon。“（人）细”罗维阿纳语 vivigi < *b^{w}igi。

> 阿尔巴尼亚语“小的”vogël < *b^{w}oge-，“小”（代词、副词、形容词）pak。
>
> “小的、少的”亚美尼亚语 phokhr < *bog-。

2. *bilo（*blo、*bilu、*bal、*bale、*bla）

“弱的”克木语 *bloʔ-loʔ，托莱语 *bilu-ʔə。“身体单弱”满文 *ʔebilun。

“累的”鲁凯语 kabaɭbal < *ka-bal。沙玛语 bale< *bale。“薄的”错那门巴语 bla^{35}mo^{53} < *bla。

> “弱”拉丁语 flebilis，古法语 foible < *bole-bili-。
>
> “弱的”梵语 durbala < *dur-bala。“软的”希腊语 apalos < *apalo-。

3. *lab^{w}i（*lob^{w}a、*lopi、*labu、*laba、*lebe 等）

“弱的”日语 *lob^{w}a-ʔi，鲁凯语 *lopi。西北部梅柯澳语 *labu-。

“软的”日语 jawarakai < *laba-raka-ʔi，达密语 labub < *labub，蒙达语 lebe < *lebe。

“薄的”巴琉语 lap^{11} < *lap，戈龙塔洛语 mo-lipa < *lipa，科木希语 ɛ̄lolōp < *ʔelop，亚齐语 lipeh < *lipe-s。“细的”布朗语 lɛp^{44} < *lep，西双版纳傣语 lɛp^{8} < *lep。

> “弱的、薄的、细的、脆的”俄语 slabɨj，“弱的、脆的”波兰语 slaby < *slabi-。
>
> “细的、薄的”希腊语 leptos < *lep-。“弱的”阿尔巴尼亚语 dobët < *dobe-。

“薄的”芬兰语 harva < *qarb^{w}a。“细长的”格鲁吉亚语 ɣaribi < *ga-ribi。

4. *duri（*doro、*dor、*deri、*dir、*dur）

“弱小的”蒙古语、土族语 *doro-ʔi。“弱的”马都拉语 *gə-dur。桑塔利语 *ni-dor，蒙达语 *le-der。

“累的”土耳其语 *dor-，土族语 *duri，保安语 *ʔeduri，蒙古语、东部裕固语 *gu-deri。“弱的”马都拉语 g^{ɦ}ədd^{ɦ}ur < *gə-dur。

“软的”鄂温克语 dəjə < *dərə。桑塔利语 litsar < *li-tar。

> “软的、嫩的”阿维斯陀经 taurna-，粟特语 tarn < *tar-。
>
> “疲乏”古英语 teorian < *dori-。

5. *duka（*duk、*tuka）

“弱的”巴厘语 ənduk，萨萨克语 en̥tʃek < *ʔeduk。

“累的”日语 tsʅkareru < *tuka-reru。

“弱的”亚美尼亚语 tkar < *tuka-。

“累的”格鲁吉亚语 daɣlili < *dag，dakantsuli < *dakatu-。

“轻”的词源关系

亚欧语言表“轻”义的词与“少的”“空的”“浮、漂浮”等说法有词源关系。

◇ 一 东亚太平洋语言的“轻”

“轻、轻的”主要说法有：

1. *genigi

维吾尔语 jenik < *genigi。①

2. *rimu-l / *ʔərim-kun

撒拉语 jymul < *rimu-l。

鄂伦春语 əjəmkun，赫哲语 ənimku < *ʔərim-kun。

3. *degi-l / *dik

维吾尔语 jɛŋgil，乌孜别克语 jengil，哈萨克语 dʒeŋil < *degi-l。

西部裕固语 jiɣ，图瓦语 dʒiːk < *dik。

---

① “轻的”匈牙利文 gyenge < *genge。

4. *qugoŋ / *qukoŋ

蒙古语书面语 koünggen，蒙古语 xəŋgəŋ，达斡尔语 xungəːn，东部裕固语 køŋgøn，土族语 kungon < *qugoŋ。

保安语 kuŋkoŋ < *qukoŋ。

5. *bequ / *peʔo

满文 weihuken，锡伯语 vəixukun < *bequ-kun。

马林厄语 feo，那大语 feʔa < *peʔo。

6. *ʔəni-qun

鄂温克语 ənixxun < *ʔəni-qun。

7. *gabi

中古朝鲜语 kapʌiɣapta < *gabi-。

8. *karu

日语 karui < *karu-ʔi。

9. *təqal / *kata-kal / *tulo-kal

排湾语 sa-tsəqal < *təqal。

卑南语 kaʈakal < *kata-kal。

赛德克语 tsulokah < *tulo-kal。

10. *dama-ŋ

马都拉语 dʱammaŋ < *dama-ŋ。

11. *se-ʔak

锡加语 heak < *se-ʔak。

12. *de-ʔaŋ / *ne-ʔaŋ

萨萨克语 deaŋ < *de-ʔaŋ。

巴塔克语 nɛaŋ < *ne-ʔaŋ。

13. *se-pep / *pepa

布昂语 səpɛp < *se-pep。

托莱语 pəpa < *pepa。

14. *pa-raga

莫图语 haraɣa < *pa-raga。

15. *ʔaluk / *ʔalka

塔纳语 alukaluk < *ʔaluk。

桑塔利语 alka < *ʔalka，alga < *ʔalga。

16. *mama / *ma-ʔa

萨摩亚语、塔希提语 māmā < *mama。

拉巴努伊语 maʔa-maʔa < *ma-ʔa。

17. *keŋ / *ka-ruŋ

汉语 *kheŋ（轻）。

佤语马散话 tɕhiɔŋ，艾帅话 tɕhauŋ，布朗语曼俄话 kaʔ^{31}ʒuŋ^{35} < *ka-ruŋ。

18. *raŋ

藏文 jaŋs po，阿昌语 ʑaŋ^{55} < *raŋ。

19. *gigi

木雅语 ɣi^{55}ɣi^{53} < *gigi。

20. *lo / *lu

嘉戎语 kə jo，傈僳语 lo^{33} < *lo。

汉语 *lu（鞧）。

21. *poʔ

缅文 pɔ^{1} < *poʔ。

22. *ro

土家语 zu^{53}，却域语 ʑe^{55}ʑe^{33} < *ro。

23. *ʔbu

壮语武鸣话、西双版纳傣语 bau^{1}，德宏傣语 mau^{1} < *ʔbu。

24. *klaʔ

侗语 ȶha^{3}，水语 ʑa^{3} < *klaʔ。

25. *pru

苗语养蒿话 fha^{1}，畲语多祝话 fui^{1}，勉语东山话 hjəu^{1} < *pru。（轻、糠）

26. *n-ral / *si-ral

克木语 n dʑal < *n-ral。布兴语 sɿ^{1} ʒal < *si-ral。

27. *kə-seŋ

户语 kə θɛŋ^{33} < *kə-seŋ。

28. *ra-b^{w}al

桑塔利语 rawal < *ra-b^{w}al。

◇ 二 “轻”的词源对应关系

1. “轻、轻的”和“少的”

（1）西部裕固语、图瓦语 *dik。“小的、少的”达斡尔语 utʃikən < *ʔutikən。

（2）日语 *karu-ʔi。“少的” 达阿语 na-kura < *kura。

（3）壮语武鸣话、西双版纳傣语、德宏傣语 *ʔbu。“少的”马林厄语 bua < *bu-ʔa。

（4）鄂温克语 *ʔəni-qun。“少的”傈僳语 ne^{55}，木雅语 ni^{55}ni^{55}< *nini。

（5）土家语、却域语 *ro。“少的”布鲁语 ro-ro-in < *ro，黎语保定话 rau^{2} < *ru。

2. “轻、轻的”和“空的”

（1）佤语马散话、艾帅话、布朗语曼俄话 *kruŋ。“空的”克木语 khrŏŋ、莽语 kuŋ^{55} < *kroŋ。

（2）莫图语 *pa-raga，“空的”达斡尔语 joːkon < *roko-n。

（3）汉语 *kheŋ（轻）。“空的”阿昌语 kʐoŋ^{55}、波拉语 kuŋ^{31}，汉语 *khoŋ（空）。

（4）托莱语 *pepa。“空的”托莱语 pobono < *pobo-na。

（5）藏文、阿昌语 *raŋ。“空的”博嘎尔珞巴语 a roŋ < *roŋ。

（6）巴塔克语 *ne-ʔaŋ。“空的”达让僜语 uɑŋ^{55} < *ʔuʔaŋ。

3. “轻、轻的”和“漂浮、浮”

（1）朝鲜语 *gabi-。“漂浮”蒙古语 gəbə-、清代蒙文 kubu-（漂流）< *gubu。

（2）缅文 *poʔ。“漂浮”缅文 pɔ^{2}、彝语 bu^{33} < *bu，汉语 *bu（浮），

黎语通什话 bau^{1} < *ʔbu。

（3）马都拉语 *dama-ŋ。“漂浮”独龙语 suɯ^{31}dɑːm^{55} < *sudam。

（4）苗语养蒿话、畲语多祝话、勉语东山话 *pru。“浮”莫图语 hure < *pure。伊拉鲁吐语 nabɔrɔ < *na-boro。

（5）桑塔利语 *-b^{w}al。“浮”萨萨克语 ompal- ompal < *ʔopal，排湾语 sə-vaḽi < *b^{w}ali。

三　词源关系分析

1. *luga（*luk、*lka、*lga）

“轻的”塔纳语 *ʔaluk，桑塔利语 *ʔalka、*ʔalga。

“轻的”古英语 leoht，中古荷兰语 licht，拉丁语 levis < *leg^{w}i-。

“轻的”法语 leger，西班牙语 ligero，意大利语 leggero < *lege-。

“轻的、快的、短的、细小的”梵语 laghuḥ < *lagu-。

“轻的”乌尔都语 halka < *qalka。

“轻的”俄语 ljɔgkij，波兰语 lekki < *leg-。亚美尼亚语 luys < *luj-。

“轻的、干脆的”匈牙利文 vilagos < *b^{w}i-lagos。

2. *pote（*pot、*bete、*beti）

“轻的”姆布拉语 -potpot < *pot，吉尔伯特语 bēbete < *bete。“浮”吉尔伯特语 beibeti < *beti。

“轻的”希腊语 poteinos < *poti-。

3. *ʔana（*ʔəni、*ʔine）

“轻的”鄂温克语 *ʔəni-qun。“空的”马达加斯加语 fuana < *pu-ʔana。

“洞”梅柯澳语 ine < *ʔine，日语 ana < *ʔana。

> “空的”梵语 suːnja < *suna。

4. *roko（*raga、*rok）

“轻的”莫图语 *pa-raga。“空的、山谷”达斡尔语 joːkon < *roko-n。“空手”桑塔利语 *lo-rok。

> “空的”梵语 riktaḥ < *rik-。

5. *kola（*kla、*kle）

“轻的”侗语 *klaʔ。“少的”布朗语胖品话 kle^{35} < *kle。

“空的”水语 loŋ^{1}，壮语 kjoŋ^{1} < *kloŋ。

> “轻的”乌尔都语 jalaːna < *gala。
>
> “轻的”阿尔巴尼亚语 tʃelët < *kelo-。

6. *gabi（*gubu）

“轻的”朝鲜语 *gabi-。“漂浮”蒙古语 gɵbə-、清代蒙文 kubu-（漂流）< *gubu。

> “轻的”威尔士语 ysgafn < *usgap-。

“重”的词源关系

亚欧语言表“重”义的词与“多的”“慢的”等说法有词源关系。

◇ 一　东亚太平洋语言的“重”

“重、重的”主要说法有：

1. *ʔeg^{w}ir / *ʔagar

维吾尔语 eʁir，撒拉语 ɑʁər，哈萨克语 ɑwər < *ʔeg^{w}ir。①

桑塔利语 ɛgɛr < *ʔagar。（前头重的）

2. *qudu / *qudun / *ʔodo

蒙古语 xʉnd，达斡尔语 xundu，东部裕固语 kundə，保安语 kuntə < *qudu。

土族语 kundun < *qudun。

马京达瑙语 mə^{n}do < *m-ʔodo。

① “重的”芬兰语 ankara < *an-kara，格鲁吉亚语 bɔbɔkari < *bobo-kari。

3. *saləg

东部裕固语 sɑləɣ < *saləg。

4. *ʔugin

满文 udʒen，锡伯语 udʑin < *ʔugin。

5. *ʔurgə-di / *ʔurgə

鄂温克语 uggəddi < *ʔurgə-di。

赫哲语 urgə，鄂伦春语 urgə < *ʔurgə。

6. *mugə / *meka-ʔu

朝鲜语 mukə- < *mugə-。

梅柯澳语 meau < *meka-ʔu。

7. *ʔomosa

日语 omosa < *ʔomosa。①

8. *ʔaludun

卑南语 aɭudun < *ʔaludun。

9. *biʔat

巴厘语 baat < *biʔat。

10. *blot

布拉安语 blɔt < *blot。

11. *ʔabot

爪哇语 abɔt < *ʔabot。

---

①“重的”匈牙利文 almos < *al-mos。

12. *dok / *dogo

巴塔克语 dɔkdɔk < *dok。

桑塔利语 do̱gdo̱go̱ < *dogo。

13. *tomo / *dam

达阿语 na-tomo，乌玛语 ma-tomo < *tomo。

克木语 kə dăm < *dam。[①]

14. *meta-ʔu

莫图语 metou < *meta-ʔu。

15. *gelo

劳语 gulu，瓜依沃语 gelo（重的、慢的）< *gelo。

16. *marasi / *mara

拉加语 marahi < *marasi。罗图马语 maha < *mara。

17. *bita

西部斐济语 bibita < *bita。

18. *tule-dil / *sa-dəluŋ

赛德克语 tsuhedil < *tule-dil。

排湾语 sadʑəɭuŋ < *sa-dəluŋ。

19. *lil-ʔil

赛夏语 ʃilʔiɭ < *lil-ʔil。

① “重的”格鲁吉亚语 mdzimɛ < *m-dime。

20. *gran

佤语马散话 tɕhian、艾帅话 kian，德昂语南虎话 dʑǎn < *gran。

21. *l-grid / *bi-grat / *karətə-ŋ

藏文 ldʑid < *l-grid。

他加洛语 bigat，印尼语 bərat，巽他语 birat < *bi-grat。

阿美语 karətəŋ < *karətə-ŋ。

22. *gəgə / *ma-gin

木雅语 ɣə^{33}ɣə^{53} < *gəgə。

布昂语 maɣin < *ma-gin。

23. *kə-li / *li

嘉戎语 kə li < *kə-li。

缅文 le^{3}，仙岛语 lai^{31}，南华彝语 li^{21}，景颇语 li^{33} < *li。

24. *ʔnak / *nak / *ma-nik

壮语武鸣话、西双版纳傣语 nak^{7} < *ʔnak。

克木语 nak < *nak。

卡乌龙语 manik < *ma-nik。

25. *sni

苗语养蒿话 ɲ̥hoŋ^{3}，畲语多祝话 ɲ̥je^{3}，勉语东山话 n̥i^{3} < *sni。

26. *naŋ

京语 naŋ^{6} < *naŋ。

27. *kiliŋ

布兴语 tʃi liŋ < *kiliŋ。

28. *gorob

桑塔利语 go̱ro̱b < *gorob。

29. *la-ŋan

尼科巴语 laŋan < *la-ŋan。

◇ 二 “重”的词源对应关系

1. “重、重的”和“多的”

（1）缅文、仙岛语、南华彝语、景颇语 *li。“多的”壮语 laːi¹、黎语 ɬaːi¹ < *ʔli，沙外语 fɛʔlɛ < *peʔ-le。

（2）壮语武鸣话、西双版纳傣语 *ʔnak。“多的”印尼语 baɲak < *ba-nak。

（3）西部斐济语 bibita < *bita。“多的”多布语 betaj < *beta-ʔi，莫图语 bada < *bada。

（4）朝鲜语 *mugə-。“多的”布吉斯语 mega、伊拉鲁吐语 mogə < *moga，勒窝语 mʷoki < *moki，梅柯澳语 maʔo < *mako，东乡语 fugiə、保安语 fuguo < *pugo。

2. “重、重的”和“慢的”

（1）维吾尔语、撒拉语、哈萨克语 *ʔegir。“慢的”土耳其语 aɣir < *ʔagir。

（2）赫哲语、鄂伦春语 *ʔurgə。“慢的”蒙古语和静话 ɑrguːl < *ʔargu-l。

（3）土族语 *qudun。“慢的”鄂温克语 ʊdaːn < *ʔudan，巴厘语 adeŋ < *ʔadeŋ。

（4）克木语 *dam。“慢的”保安语 dɑmoχɑŋ < *damo-qaŋ。

（5）劳语、瓜依沃语 *gelo。“慢的”瓜依沃语 gole < *gole。

（6）苗语养蒿话、畲语多祝话、勉语 *sni。“慢的”缅文 hne³、拉祜语 nɑi⁵³ < *s-ni。

◇ 三　词源关系分析

1. *moga（*mugə、*meka、*mako、*pugo）

“重的”朝鲜语 *mugə-，梅柯澳语 *meka-ʔu。“多的”布吉斯语 mega、伊拉鲁吐语 mogə < *moga，勒窝语 mʷoki < *mʷoki，梅柯澳语 maʔo < *mako，东乡语 fugiə、保安语 fuguo < *pugo。

> “重的、慢的”古英语 hefig，古高地德语 hebig，古挪威语 hofugr < *qebig。
> “巨大的”希腊语 megas，拉丁语 magnus，古英语 micel，古挪威语 mikill，梵语 mahaː，赫梯语 mekkish < *mega-。

2. *gʷira（*gʷir、*gar）

“重的”维吾尔语、撒拉语、哈萨克语 *ʔegir，桑塔利语 *ʔagar。“慢的”土耳其语 aɣir < *ʔagir。汉语 *gra（夏）、*kras（暇），*sgra（粗）。

> “重的”拉丁语 gravis < *gra-，梵语 guruh < *gura-。
> “重的”粟特语 ɣərān < *gəra-。
> “重的”和阗塞语 ggarkh- < *gar-。
> “重的、胖的、厚的”波兰语 gruby < *gru-。
> “大的、粗的、胖的”古法语 gros，拉丁语 grossus < *gros-。
> “胖的”法语 gras，意大利语 grasso < *graso。

“重的”芬兰语 ankara < *an-kara，格鲁吉亚语 bɔbɔkari < *bobo-kari。

3. *lag

“重的”东部裕固语 *sa-ləg。“石头”嘉戎语 ɟji lək < *gi-lək，汉语 *g-lak（硕）。

> “重的、迟钝的”荷兰语 log，英语 logy < *logi。

4. *baro（*bara、*moro、*baro）

“重的”阿者拉语 barabin < *bara-bin，达密语 morõ < *moro。“多的”鄂温克语、鄂伦春语 baraːn < *bara-n，赛德克语 habaro < *sa-baro。“慢的”东部斐济语 berabera < *bera。

> “重的”希腊语 baros < *baro-。
> “重的”乌尔都语 bhaːri < *bari，wazni < *b^{w}ar-。
> “多的”（不可数）梵语 bhuːri < *buri。

5. *b^{w}ele（*p^{w}ele、*b^{w}il、*b^{w}ule、*polu）

“多的”沙外语 fɛʔlɛ < *p^{w}ele。“满的”帕马语 vil < *b^{w}il，勒窝语 wule < *b^{w}ule，戈龙塔洛语 mo-polu < *polu。

> “多的”希腊语 polus，“更多、多”拉丁语 plus < *polu-。
> “满的”古英语 full，古弗里斯语 ful，哥特语 fulls < *pul。
> “重的、多的”俄语 obiljnɨij < *obil-。

6. *gi（*gə、*gin、*gan）

“重的”木雅语 *gəgə，布昂语 *ma-gin。汉语 *gans（健）< *gan-s。

> “重的、丑的”阿尔巴尼亚语 kekj < *keki。“重的”亚美尼亚语 tsanr < *kan。

“粗”的词源关系

汉语“粗”“细”相对，描述长条形物件径的大小，或指颗粒大小，有别于“宽、窄”“厚、薄”等的区分。有的语言和英语等一样，“粗、细”和“厚、薄”为相同的对立范畴。亚欧语言表“粗、粗大”义的词与“多”“长”“胖”等说法有词源关系。

◇ 一　东亚太平洋语言的“粗”

“粗、粗的、粗大”的主要说法有：

1. *tom / *timu

维吾尔语 tom < *tom。（粗大的）

佤语布饶克方言 tiŋ mu̠ < *timu。

2. *dugan / *mu-tak

撒拉语 dʒoʁɑn，哈萨克语 dʒuwɑn，西部裕固语 joɣən < *dugan。（粗大的）

桑塔利语 mutɛk < *mu-tak。（棍子粗）

3. *bedoŋ/n / *bode / *pata / *puto / *pitu

蒙古语 bʉdʉːŋ，达斡尔语 buduːn，东部裕固语 bydyːn，保安语 bɛdoŋ < *bedon。

桑塔利语 bo̠ɖe < *bode，paʈa（头发、树叶等粗）< *pata。

日语 futoi < *puto-ʔi。①

大瓦拉语 potopoto < *puto-poto。

科木希语 pitʃu < *pitu。

4. *kub-su / *kaba / *kuba

满文 kubsuhun < *kub-su-qun。（人粗大）

土耳其语 kaba < *kaba。

达阿语 na-kuᵐba < *kuba。

5. *ma

锡伯语 ma < *ma。

6. *bara-gun

鄂温克语 baragun < *bara-gun。

7. *gurg

朝鲜语 kurkta < *gurg-。

8. *bug / *ʔbək

赫哲语 bugdyn < *bug-dun。

壮语武鸣话 bɯk⁷ < *ʔbək。

① “粗” 匈牙利文 buta。

9. *taba-l / *taba

印尼语 təbal，巴厘语、萨萨克语 təbəl < *taba-l。

南密语 thabo，米南卡保语 taba < *taba。

10. *kapa-l / *kuba

他加洛语、摩尔波格语、沙玛语 kapal < *kapa-l。

西部斐济语 kuba < *kuba。

11. *ku-dumul / *damul

排湾语 kuɖəməɭ，鲁凯语 mā-koɖəməɭə < *ku-dumul。

阿卡拉农语 dāmuɬ < *damul。

12. *ʔapar

锡加语 ʔapar < *ʔapar。

13. *lib^{w}e

阿杰语 jivɛ̄ < *lib^{w}e。

14. *ʔudu-na

莫图语 uduna < *ʔudu-na。

15. *mo-ʔata

罗维阿纳语 moata < *mo-ʔata。

16. *ma-tel / *ma-toli / *mi-tel

帕马语 matetel < *ma-tel。

马那姆语 matoli < *ma-toli。

马绍尔语 mitʃɛl < *mi-tel。

17. *kum

夸梅拉语 -kumkum < *kum。

18. *ma-polu / *ʔibil

罗图马语 mafolu < *ma-polu。

蒙达语、桑塔利语 ibĭl < *ʔibil。

19. *sgra / *gri

汉语 *sgra（粗）。

缅文 kri^{3}，阿昌语 kzə̠^{31}，仙岛语 kɯ^{31} < *gri。（大、粗）

怒苏怒语 ɣɹi^{55} < *gri。

20. *s-bom

藏文 sbom po < *s-bom。

21. *tup

缅文 tup < *tup。

22. *la-bru

景颇语 la^{55}bʒau^{55} < *la-bru。

23. *qara

却域语 qa^{31}ra^{55} < *qara。

24. *krəŋ

西双版纳傣语 xəŋ^{1}，德宏傣语 xəŋ^{5} < *krəŋ。

25. *ʔloŋ

黎语 loŋ^{1} < *ʔloŋ。

26. *qeŋ

布兴语 hɛŋ < *qeŋ。

27. *snam

克木语 n̥ăm < *snam。

28. *ploŋ

莽语 ploŋ < *ploŋ。

29. *qek

布朗语 hɤk^{13}，德昂语 khɯk < *qek。

30. *mota / *mo-maten

蒙达语 mot̪ā，桑塔利语 mot̪a < *mota。

吉尔伯特语 mmaten < *mo-maten。

二 “粗”的词源对应关系

1. “粗、粗的”和“大的”

（1）蒙古语族语言 *bedon。“大的”古突厥语 bedūk < *bedu-k，达阿语 na-bete、莫图语 bada < *bede / *bada。

（2）鄂温克语 *bara-gun。“大的”土耳其语 byjyk、西部裕固语 bezək < *bere-k，阿伊努语 poro < *boro，多布语 bari < *bari。

（3）赫哲语 *bug-dun。“大的”鄂温克语 bɔŋgɔn < *bogo-n。“大、多”东乡语 fugiə、保安语 fuguo < *pugo。

（4）缅文 *tup。“大的”塔几亚语 tubu-n < *tubu。

（5）阿杰语 *lib^{w}e。“大的”斐济语 leβu < *lebu。

（6）汉语 *sgra（粗），*gra（夏），*kras（嘏）。

（7）黎语 *ʔloŋ。“大的”傣语、黎语 loŋ^{1} < *ʔloŋ。

2. “粗、粗的”和“厚的”

（1）撒拉语等 *dugan。“厚的”蒙古语 dʒudʒaːŋ、达斡尔语 dʒudʒaːn、保安语 dʑidʒaŋ < *dugan。朝鲜语铁山话 tukəpta < *dugə-。

（2）莫图语 uduna < *ʔudu-na。“厚的”扎坝语 dy^{55}dy^{55} < *dudu，缅文 thu^{2} < *du。

3. “粗、粗的”和“胖的”

“粗、粗的”和“胖的、胖”的词源关系上文《胖》篇已提到，如：

（1）赫哲语 *bug-dun。“胖的”鄂温克语 boggo < *bogo。

（2）藏文 *s-bom。“胖的、肥的”景颇语 phum^{33} < *bum。

（3）朝鲜语 *gurg-。“胖的”藏文 rgjags，墨脱门巴语 dʑak < *grak-s。

（4）日语 futoi < *puto-ʔi，“胖”futoru < *puto-ru。

（5）莽语 *ploŋ。“胖的”户语 phɣiŋ^{31} < *pliŋ。

三 词源关系分析

1. *duga（*dugan、*ʔodug、*m-dug、*tuk、*dugə）

“粗的”撒拉语等 *dugan。“厚的”达密语 odug < *ʔodug，藏文

ɦthug < *m-dug。汉语 *tuk（笃），蒙古语 dʒudʒaːŋ、达斡尔语 dʒudʒaːn、保安语 dʑidʒaŋ < *dugan，朝鲜语铁山话 tukəpta < *dugə-。

> “粗的、厚的、密的”古英语 Þicce，古高地德语 dicchi，古挪威语 Þykkr < *tiki。

2. *gra（*gara）

汉语 *sgra（粗），*gra（夏）、*kras（瘕）。“胖的”莫图语 digara，阿者拉语 ra-garan。“油脂、甜的” 莫图语 diɣara < *digara。

> “大的、粗的、胖的”古法语 gros，拉丁语 grossus < *gros-。
> “胖的”法语 gras、意大利语 grasso < *graso。
> “胖、油脂”古法语 gresse，“胖的、粗的”拉丁语 crassus < *gras-。
> “重的、胖的、厚的”波兰语 gruby < *gru-。“大的”阿尔巴尼亚语 gjerë < *gero。
> “大的、高的、粗的”古英语 great，古撒克逊语 grot，古弗里斯语 grat < *grot。

3. *dale（*teli、*tel、*dal、*datulo）

“粗的”帕马语 *ma-tel，马那姆语 *ma-toli，马绍尔语 *mi-tel。“大的”排湾语 kuɖaɭ < *ku-dal，查莫罗语 dantʃulo < *datulo。“大的、多的” 萨摩亚语 tele < *tele。

> “厚的”希腊语 tholos < *dolo-。“厚的、大肚子的”俄语 tolstɨj < *tol-。
> “粗的、傻的”俄语 tuloj < *tulo-。

4. *mada（*mota、*maten、*bada）

“粗的”蒙达语、桑塔利语 *mota，吉尔伯特语 *mo-maten。“大的”桑塔利语 bhanɖa < *bada。“大的、多的”莫图语 bada < *bada。

梵语“粗的、迟钝的” manda，“胖的” medaḥ < *meda-。
“大的”阿尔巴尼亚语 madh。

5. *bega（*bug、*bogo、*beka、*pugo）

“粗的”赫哲语 *bug-dun。“大的”鄂温克语 bɔŋgɔn < *bogo-n，吉利威拉语 βeka < *beka。“大的、多的”东乡语 fugiə，保安语 fuguo < *pugo。“胖的”鄂温克语 boggo < *bogo。汉语 *pag（溥，大也）。

“大的、宽的”俄语 ʂipokij < *sipoki-。胖的”希腊语 patʃos < *pako-。“巨大的”希腊语 megas，拉丁语 magnus，梵语 mahaː，赫梯语 mekkish < *mega-。“大的”亚美尼亚语 mets < *mek。

“大的、宽的”匈牙利文 atbogo < *at-bogo。

“细”的词源关系

汉语“细”与“粗”相对，指长条形物件的径较小，或指颗粒较小。亚欧语言表“细”义的词与“小的”“薄的”“瘦的”等说法有词源关系。

◇ 一　东亚太平洋语言的“细”

“细、细的”主要说法有：

1. *diŋi-tik / *tik

维吾尔语 intʃik，哈萨克语 dʒiŋiʃke < *digi-tik。

户语 tik^{31} < *tik。（小、细）

波那佩语 āṯikiṯik < *ʔa-tik。

2. *letigi

撒拉语 leʃgi，西部裕固语 ʃigi < *letigi。

3. *nari / *nar / *ganər / *nerere

蒙古语 neriːŋ，达斡尔语 nɑrin，东部裕固语 nɑrən，保安语 nɑroŋ < *nari-n。

满文 narhūn，锡伯语 narχun < *nar-qun。

嫩戈内语 nerere < *nerere。

4. *sugar-an

满文 ʃuŋgajan < *sugar-an。（树细高）

5. *nəm / *nimi

赫哲语 nəmnə，鄂温克语 nənəxxun，鄂伦春语 nəmkun < *nəm-qun。（薄的、细的）

马林厄语 nim̥i < *nimi。

6. *ganu

朝鲜语 kanɯrta < *ganu-。①

7. *poso / *ti-pis / *ni-pis / *ʔage-nəbʷis

日语 hosoi < *poso-ʔi。

印尼语、巴厘语、萨萨克语 tipis < *ti-pis。

他加洛语、摩尔波格语、沙玛语 nipis < *ni-pis。

布昂语 aɣɛ nəβis < *ʔage-nəbʷis。

8. *ma-nipi / *ʔenep

马那姆语 manipi < *ma-nipi。

卡乌龙语 enep < *ʔenep。

9. *ʔalus

锡加语 ʔalus < *ʔalus。

---

① “大的”格鲁吉亚语 ganiɛri < *gani-eri（小一不）。

10. *seb^{w}era

莫图语 seβera < *seb^{w}era。（瘦、细）

11. *b^{w}igi

罗维阿纳语 vivigi < *b^{w}igi。（人细）

12. *garo

马林厄语 gagaro < *garo。（人细）

13. *ʔaŋe

塔纳语 aŋeŋe < *ʔaŋe。

14. *ma-re / *raʔi

西部斐济语 mare < *ma-re。

拉巴努伊语 rai-rai < *raʔi。

15. *sni / *niʔ

景颇语 kă^{31}tʃi^{31}，阿昌语、哈尼语绿春话 ȵi^{55} < *sni。（小、细）

克木语 ȵɛʔ < *niʔ。（小、细）

16. *rip / *te-rep / *repe

藏文 ʑib ʑib，墨脱门巴语 ze mo < *rip。①

南密语 terep < *te-rep。

劳语 refe refea < *repe-ʔa。

① 参见吴安其《汉藏语同源研究》，第 114 页。

17. *se / *seŋ

缅文 se < *se。

马京达瑙语 seŋ < *seŋ。

18. *kuluŋ

格曼僜语 kɯ^{31}juŋ^{55} < *kuluŋ。（小、细）

19. *si-kali

土家语 çi^{21}ka^{21}li^{21} < *si-kali。

20. *gri

怒苏怒语 dzi^{33} < *gri。

21. *ʔut

黎语 uːt^{7} < *ʔut。

22. *sreŋ

苗语先进话 ṣoŋ^{1}，畲语多祝话 soŋ^{1} < *sreŋ。

23. *sal

佤语布饶克方言 s̠iah < *sal。

汉语 *sal（琐）。①

24. *lep

布朗语 lɛp^{44} < *lep。

西双版纳傣语 lɛp^{8} < *lep。

①《诗经·小雅·节南山》："琐琐姻亚，则无膴仕。""琐"，微小。

25. *skom / *skhram

柬埔寨文 skɔːm < *skom。

汉语 *skhram（纤）。

26. *qi

尼科巴语 høi < *qi。

27. *det

蒙达语 ɖethɖeth < *det。（小、细）

◇ 二 “细”的词源对应关系

1. “细、细的”和“小的”

一些语言“细的”即“小的”，如景颇语 kă^{31}tʃi^{31}，阿昌语、哈尼语绿春话 ȵi^{55}，格曼僜语 kɯ^{31}juŋ^{55}，蒙达语 ɖethɖeth，户语 tik^{31} 等汉藏、南亚语系的语言。其词源关系上文《小》篇已举例。如：

（1）土家语 *si-kali。“小、少”汉语 *s-kreʔ。

（2）马绍尔语 mani < *ma-ni。“小的”沙阿鲁阿语 ma-ini < *ʔini。

（3）德宏傣语 kɛt^{8} < *get。“小的”马绍尔语 tʃet < *ket，印尼语 sədkit < *sed-kit，贡诺语 si-kiddi < *si-kidi。

（4）维吾尔语、哈萨克语 *digi-tik。“小的”满文 adʒige、锡伯语 adʑig < *ʔadige。

2. “细、细的”和“薄的”

（1）藏文、墨脱门巴语 *rip。“薄的”维吾尔语、乌孜别克语 nepiz < *rep-ʔir，乌孜别克语 jofqɛ < *rop-qe。

（2）维吾尔语、哈萨克语 *digi-tik。“薄的”土耳其语 atʃik < *ʔatik。

（3）佤语布饶克方言 *sal。“薄的”卑南语 salsal < *sal-sal，布兴语 si laŋ < *silaŋ。

（4）布朗语 lɛp⁴⁴ < *lep。“薄的”巴琉语 lap¹¹、布朗语甘塘话 lɤp³³（锋利）< *lap。

3. “细、细的”和“瘦的”

“细、细的”和“瘦的”词源关系上文《瘦》篇已举例。如：

（1）蒙达语 *det。“瘦的”西部裕固语 dʒyt < *dut，达斡尔语 dʒuataː < *duta。

（2）锡加语 *ʔalus。“瘦的”日语 jaseru < *lase-ru。

（3）怒苏怒语 *gri。“瘦的”载瓦语 kji⁵⁵、波拉语 kji³⁵ < *kri。

（4）布朗语 lɛp⁴⁴ < *lep。“瘦的”尼科巴语 leːv < *leb。

三　词源关系分析

1. *dina（*tun、*tin、*din）

“细的”大瓦拉语 dinadina-na < *dina。

“小的、少的”达斡尔语 tʃuəːn < *tun。

“短的”壮语武鸣话 tin³，毛南语 din⁴< *tinʔ / *ʔdinʔ。

“浅的”傣语 tɯn³、黎语 thɯn³ < *tunʔ，缅文 tin² < *tin。

“窄的、细的”古英语 þynne，中古低地德语 dunne < *tune。
“薄的、细的”拉丁语 tenuis < *tenu-。“细的”梵语 tanuka < *tenu-。
“薄的、瘦的、细的”希腊语 adynatos < *aduna-。“纤细的”俄语 tonkij < *ton-。

“很小的”古英语 tyne < *tune。

2. *lep（*lap）

“细的”西双版纳傣语、布朗语 *lep。

“薄的”巴琉语 lap^{11}、布朗语甘塘话 lɤp^{33}（锋利）< *lap。

“瘦的”尼科巴语 leːv < *leb^{w}。

“弱的、薄的、细的、脆的”俄语 slabɨj，“弱的、脆的”波兰语 slaby < *slabi-。

“细的、薄的”希腊语 leptos < *lep-。

3. *keli（*kali、*kəli、*kle）

“细的”土家语 *si-kali，汉语 *s-kreʔ（小、少）。

“薄的”满文 nekelijen < *ʔekeli-ren。泰雅语 kəhiʔ < *kəli。

“瘦的、薄的”古英语 hlæne，“碎片”立陶宛语 klynas，“薄的、细的、瘦的”阿尔巴尼亚语 hollë < *hole。

“虚弱的”拉脱维亚语 kleins < *kle-。

4. *skhram

汉语 *skhram（纤）。

“细的”希腊语 kalligramos < *kali-gram-。

“厚”的词源关系

汉语“厚”“薄”相对，“厚”指板状物侧面较宽。亚欧语言表“厚”义的词与“粗的”“宽的”“大的”等说法有词源关系。

◇ 一　东亚太平洋语言的“厚”

“厚、厚的”主要说法有：

1. *qalen

维吾尔语 qelin，哈萨克语 qɑleŋ，西部裕固语 qɑlən，撒拉语 χɑlɑŋ < *qalen。

2. *dugan / *dugə / *ʔodug / *m-duk / *tuk

蒙古语 dʒudʒɑːŋ，达斡尔语 dʒudʒɑːn，保安语 dʑidʒɑŋ < *dugan。

朝鲜语铁山话 tukəpta < *dugə-。

达密语 odug < *ʔodug。（厚的、宽的）

藏文 ɦthug po < *m-duk。

汉语 *tuk（笃）。

3. *diramin / *diramu

满文 dʒiramin < *diramin。

锡伯语 dʑiram，赫哲语 diramu，鄂伦春语、鄂温克语 dırama < *diramu。

4. *dutə / *duta / *tat / *tət

中古朝鲜语 tuthəpta < *dutə-。

马林厄语 thuta < *duta。

景颇语 that^{31}，独龙语 tat^{55} < *tat。

布朗语甘塘话 tɤt^{33} < *tət。

5. *ʔatu / *du / *dudu

日语 atsɿi < *ʔatu-ʔi。

缅文 thu^{2} < *du。

扎坝语 dy^{55}dy^{55} < *dudu。

6. *ʔirone

阿伊努语 ironne < *ʔirone。

7. *ʔotə-moru / *maki-timuru

邹语 otsəmoeʉ < *ʔotə-moru。

卡那卡那富语 makitsimʉrʉ < *maki- timuru。

8. *ʔudəmul / *təbal / *kar-bal

排湾语 ʔudẓəməɭ < *ʔudəmul。

印尼语 təbal，萨萨克语 təbəl < *təbal。

赛夏语 karbaɭ < *kar-bal。

9. *makas-pal / *maka-bal

布农语 makaspaɭ < *makas-pal。

木鲁特语 makapal < *maka-bal。

10. *kə-təbə

卑南语 kətəbə < *kə-təbə。

11. *ki-bur

马京达瑙语 ki^{m}bur < *ki-bur。

12. *go / *ga

汉语 *ɣoʔ（厚）< *go-ʔ。①

普米语兰坪话 ɣa^{13} < *ga。

13. *ruru

吕苏语 ʑy^{53}ʑy^{53} < *ruru。

14. *la

纳西语 lɑ^{55}，土家语 la^{35} < *la。

15. *dala

纳木兹语 dæ^{53}ɬa^{31} < *dala。

16. *ʔna / *ʔano

壮语、傣语、黎语、侗语 na^{1}，水语 ʔna^{1} < *ʔna。

---

① 古文“垕”。

17. *ta / *ʔata

苗语养蒿话 ta^{1}，炯奈语 tei^{1} < *ta。

罗维阿纳语 moata < *mo-ʔata。

18. *ka-bul / *bol / *ka-blo

布朗语曼俄话 kaʔ pɤl，布兴语 kɯm bɯl < *ka-bul。

克木语 m bɤl < *bol。

义都珞巴语 $kɑ^{55}blo^{55}$ < *ka-blo。

19. *pu

佤语布饶克方言 pu < *pu。

20. *qot

德昂语 hɔt < *qot。

21. *ʔdam

莽语 dam^{51} < *ʔdam。

22. *man

巴琉语 man^{13} < *man。

二 “厚”的词源对应关系

1. “厚、厚的”和“粗的”

“厚、厚的”和“粗的”词源关系上文《粗》篇已举例说明，如：

（1）莽语*ʔdam。“粗的”维吾尔语 tom < *tom。佤语布饶克方言

tiŋ mṵ < *timu。

（2）蒙古语、达斡尔语、保安语 *dugan。“粗大的”撒拉语 dʒoʁɑn、哈萨克语 dʒuwɑn、西部裕固语 joɣən < *dugan。

（3）缅文 *du。“粗的”莫图语 uduna < *ʔudu-na。

（4）排湾语 *ʔudəmul。“粗的”排湾语 kuɖəməɭ、鲁凯语 mā -koɖəməɭə < *ku-dumul。

2. “厚、厚的”和“宽的”

（1）壮语、傣语等 *ʔna。“宽的”塔希提语、拉巴努伊语 ʔaʔano < *ʔa-ʔano。

（2）藏文 ɦthug < *m-dug。“宽的”达密语 odug < *ʔodug。

（3）纳西语、土家语 *la。“宽的”羌语 lɑ。

（4）莽语 dam^{51} < *ʔdam。“宽的”景颇语 tam^{31} < *dam。

（5）克木语 *bol。“宽的”布拉安语 m-abal < *ʔabal。

3. “厚、厚的”和“大的”

（1）景颇语、独龙语 *tat。汉语 *dat-s（大）。“大的”卡那卡那富语 tatia < *tati-ʔa。

（2）纳木兹语 *dala。“大的”排湾语 kuɖaɭ < *ku-dal。汉语 *g-lal（僤）。①

（3）缅文 *du。“大的”纳西语 $dɯ^{21}$ < *du，史兴语 $mɜ^{33}duɜ^{53}$ < *ma-du。

（4）德昂语 *qot。“大的”布朗语 $ʔat^{55}$ < *ʔat。

（5）佤语布饶克方言 *pu。“大的、多的”尼科巴语 poːi < *pu。

① 《诗经·大雅·桑柔》：“我生不辰，逢天僤怒。”“僤”，大也。

◇ 三 词源关系分析

1. *duga（*dug、*duga、*tuk、*dugə、*tak）

"厚的"达密语 *ʔodug，藏文 *m-dug，汉语 *tuk（笃），蒙古语、达斡尔语、保安语 *dugan，朝鲜语铁山话 *dugə-。"粗大的"撒拉语 dʒoʁɑn、哈萨克语 dʒuwɑn、西部裕固语 joɣən < *dugan。"粗的"桑塔利语 mutɛk < *mu-tak。

"粗的、厚的、密的"古英语 þicce，古高地德语 dicchi，古挪威语 þykkr < *tiki。

2. *dala（*dal、*tele）

"厚的"纳木兹语 *dala。"大的"排湾语 kuɖaɭ < *ku-dal。"大的、多的"萨摩亚语 tele < *tele。

"厚的"希腊语 tholos < *dolo-。"厚的、大肚子的"俄语 tolstɨj < *tol-。"粗的、傻的"俄语 tuloj < *tulo-。

3. *pugo（*pək）

"厚的"塔纳语 əpəkəpək < *ʔəpək。"大的、多的"东乡语 fugiə、保安语 fuguo < *pugo。

"厚的、粗的"希腊语 pyknos < *puk-。

4. *ruru

"厚的"吕苏语 *ruru。

"厚的、鼓起的"俄语 ʐirnɨj < *rir-。

5. *dat（*tat、*tati）

“厚的”景颇语、独龙语 *tat。“大的”汉语 *dat-s（大），卡那卡那富语 tatia < *tati-ʔa。

> “厚的”阿尔巴尼亚语 dendur < *ded-。

6. *den

“大的”藏文 tɕhen，错那门巴语 then^{55} < *den。

> “厚的”亚美尼亚语 thanjr < *dani-。

7. *diramin（*diramu）

“厚的”满文 dʒiramin < *diramin。锡伯语 dʑiram，赫哲语 diramu，鄂伦春语、鄂温克语 dɪrama < *diramu。

> “厚的”和阗塞语 dara- < *dara。
>
> “厚的、大的”和阗塞语 stura- < *stura。

“薄”的词源关系

汉语中片状物有“厚、薄”之分，柱形、粒形物体别之以“粗、细”，人和动物以“胖、瘦”相区别。如英语，thick 和 thin 可兼指物体的“厚、薄”“粗、细”和人的“胖、瘦”。亚欧诸语中有类似汉语的“薄、细、瘦”的区分，“薄”义的词与“窄的”“短的”“小的”“细的”等说法有词源关系，或与“叶子”的说法有词源关系。

一 东亚太平洋语言的“薄”

“薄、薄的”主要说法有：

1. *rep-ʔir / *rop-qe / *te-rep / *s-rab

维吾尔语、乌孜别克语 nepiz < *rep-ʔir。乌孜别克语 jofqɛ < *rop-qe。

南密语 terep < *te-rep。

藏文 *srab < *s-rab。[①]

① “薄的”芬兰语 harva < *qarb^{w}a。

2. *ʔatik

土耳其语 atʃik < *ʔatik。

3. *duqa

哈萨克语 dʒuqɑ，图瓦语 dʒuʁɑ，西部裕固语 juɢɑ < *duqa。[①]

4. *nimgən / *nim-kun / *nemi

蒙古语 niŋgəŋ，达斡尔语 ningən，土族语 nemgen，东乡语 ninkiɑn < *nimgən。（薄的、浅的）

锡伯语 niŋkin，赫哲语、鄂伦春语 nəmkun < *nim-kun。

鄂温克语 nəmi < *nemi。

5. *ʔekeli-ren / *kəli

满文 nekelijen < *ʔekeli-ren。

泰雅语 kəhiʔ < *kəli。

6. *ʔikore

女真语（捏克叶）*nikheje < *ʔikore。[②]

7. *ʔir

朝鲜语 jər-pta < *ʔir。

8. *ʔusu / *ʔisi-ʔi / *ʔis

日语 usɿi < *ʔusu-ʔi。

阿者拉语 isiʔ < *ʔisi-ʔi。（少、薄、窄）

---

① "薄的"格鲁吉亚语 txɛli < *tuqe。

② "薄的"匈牙利文 gyer < *ger，gyeren < *ger-。

布朗语 jih^{35} < *ʔis。

9. *ka-bar / *la-par

阿伊努语 kabar < *ka-bar。

桑塔利语 lapar < *la-par。

10. *nipisi / *ʔenep

沙玛语 nipis，贡诺语 nipisi < *nipisi。

卡乌龙语 enep < *ʔenep。

11. *ʔami

嫩戈内语 ami < *ʔami。

12. *piro / *seb^{w}era / *bəra

那大语 piro < *piro。（窄、薄）

莫图语 seβera < *seb^{w}era。巴厘语 bərag < *bəra-g。

13. *dalala-ʔi / *tele

查莫罗语 dalalai < *dalala-ʔi。

莽语 tə^{31}le^{51} < *tele。

14. *se-paŋ / *ʔbaŋ

贡诺语 seppaŋ < *se-paŋ。

壮语 baŋ^{1}，侗语 maŋ^{1} < *ʔbaŋ。

15. *sal / *silaŋ

卑南语 salsal < *sal-sal。

布兴语 si laŋ < *silaŋ。

16. *ʔepuq

赛德克语 epux < *ʔepuq。

17. *lus-pit

排湾语 luspit < *lus-pit。

18. *manis-bis / *lis-pis-ʔan / *nipisi

布农语 manisbis < *manis-bis。赛夏语 lihpihan < *lis-pis-ʔan。沙玛语 nipis，贡诺语 nipisi < *nipisi。

19. *ma-bala-ʔi

邵语 mabaðaj < *ma-bala-ʔi。

20. *mə-der / *tari-pis / *turu-ʔa

托莱语 məder < *mə-der。雅美语 taẓipiṣ < *tari-pis。桑塔利语 tsuɽutsuɽua < *turu-ʔa，tsiribiri < *tiri-biri。

21. *beler

锡加语 bleler < *beler。

22. *gla-ʔa

马林厄语 glaʔa < *gla-ʔa。

23. *ʔami

嫩戈内语 ami < *ʔami。

24. *bak / *bag

汉语 *bak（薄）。

怒苏怒语 ba^{55}，缅文 po^{3} < *bag。

25. *bla / *balu / *bala

错那门巴语 bla^{35}mo^{53} < *bla。

墨脱门巴语 ba lu < *balu。

邵语 mabaðaj < *ma-bala-ʔi。

26. *bibi

吕苏语 bi^{53}bi^{53} < *bibi。

27. *sram

阿昌语 ɕam^{35}，载瓦语 ɕam^{35} < *sram。

28. *ʔbaŋ / *se-paŋ

壮语武鸣话 baːŋ^{1}，侗语 maːŋ^{1}，仫佬语 ʔwaːŋ^{1} < *ʔbaŋ。

贡诺语 seppaŋ < *se-paŋ。

29. *sri / *sre

佤语布饶克方言 rhi̠ < *sri。德昂语 r̥ɛɤ < *sre。

30. *lap / *lipa / *ʔelop / *lipe-s

巴琉语 lap^{11} < *lap。

戈龙塔洛语 mo-lipa < *lipa。科木希语 ɛ̄lolōp < *ʔelop。

亚齐语 lipeh，印尼语 tipis < *lipe-s。

31. *daʔ

克木语 n daʔ < *daʔ。

32. *la

户语 lja^{31} < *la。

33. *ʔetaŋ

桑塔利语 etaŋ < *ʔetaŋ。

二 “薄”的词源对应关系

1. “薄、薄的”和“细的”

“薄、薄的”和“细的”词源关系上文《细》篇已说明。

2. “薄”和“短”

“薄”和“短”说法的对应上文《近》篇已说明。

3. “薄、薄的”和“窄的”

（1）卡乌龙语 *ʔenep。“窄的”阿昌语 n̥ap < *snap。

（2）托莱语 *mə-der。“窄”维吾尔语、哈萨克语、东部裕固语 tɑr < *tar，马达加斯加语 teri < *teri。

（3）土耳其语 *ʔatik。“窄的”波那佩语 ʈē ʈik < *titik。

（4）南密语 terep < *te-rep。“窄的”托莱语 irivo < *ʔiribo。

（5）阿者拉语 *ʔisi-ʔi。“窄的”汤加语 lausiʔi < *laʔu-siʔi。

（6）汉语 *bak（薄）。“窄的”拉巴努伊语 vako-vako < *bʷako。

（7）排湾语 *lus-pit。“窄的”卡林阿语 supit < *supot，锡加语 ipot < *ʔipot。

（8）查莫罗语 *dalala-ʔi。“窄的”戈龙塔洛语 mo-totolo < *tolo。

（9）嫩戈内语 *ʔami。“窄的”梅柯澳语 ope < *ʔobe。

4.“薄”和“小、少”

（1）土耳其语 *ʔatik。“小”满文 adʒige，锡伯语 adʑig < *ʔadige。

（2）日语 *ʔusu-ʔi。“小”满文 osohon < *ʔoso-qon。赫哲语 uʂkuli < *ʔos-kuli。“少”女真语（我锁）*oso < *ʔoso。

（3）嫩戈内语 *ʔami。“小、少”罗图马语 meʔameʔa < *me-ʔa。

（4）马绍尔语 mæni < *ma-ni。“小”沙阿鲁阿语 ma-ini < *ʔini，哈尼语绿春话、阿昌语 ȵi^{55}，基诺语 a^{44}ni^{55} < *ʔani。

（5）女真语 *ʔikore。汉语 *s-kreʔ（小）。

5.“薄、薄的”和“叶子”

（1）日语 *ʔusu-ʔi。“叶子”加龙语 ɯsɯ-ane < *ʔusu-ʔane。

（2）巴琉语 *lap。“叶子”景颇语 lap^{31}、独龙语 lɑp^{55}、格曼僜语 lop^{53} < *lap，布农语 siɬav < *si-lab，汉语 *s-lap。

（3）错那门巴语 *bla。“叶子”桑塔利语 palha < *pala，苗语大南山话 mploŋ^{2}、石门坎话 ndlɦau^{2} < *blaŋ。

（4）怒苏怒语、缅文 *bag。“叶子”泰雅语赛考利克方言 ʔabaw、泽敖利方言 ʔaβaɣ < *ʔabag，锡伯语 avχ < *ʔabq。

（5）藏文 *srab < *s-rab。“叶子”朝鲜语 nipsaky < *rib-sagi，东部裕固语 ɬɑbdʒəg、西部裕固语 lɑhpdʐəq < *lab-dag。

三　词源关系分析

1. *lep（*lap、*lop、*lipe）

“薄的”巴琉语 *lap，戈龙塔洛语 *lipa，科木希语 *ʔelop，亚齐语 lipeh < *lipe-s。“细的”布朗语 lɛp^{44} < *lep，西双版纳傣语 lɛp^{8} < *lep。

> “细的、薄的”希腊语 leptos < *lep-。“薄的、脆的”俄语 slavɨj < *slab^{w}i-。

2. *keli（*kali、*kəli）

“薄的”满文 *ʔekeli-ren，泰雅语 *kəli。“细的”土家语 ɕi^{21}ka^{21}li^{21} < *si-kali。

> “瘦的、薄的”古英语 hlæne，“碎片”立陶宛语 klynas，“薄的、细的、瘦的”阿尔巴尼亚语 hollë < *hole。
>
> “虚弱的”拉脱维亚语 kleins < *kle-。
>
> “细的”希腊语 kalligramos < *kali-gra-。

3. *kore（*kuru、*kro、*kri、*kru）

“薄的”女真语 *ʔikore。“短的”劳语 *kuru，普米语兰坪话、土家语 *kroŋ。“小的”纳西语 tɕi^{55}、史兴语 tʂʅ^{55} < *kri。

> “薄的”梵语 kr̥iʃḥ < *kris-。
>
> “小的、少的、短的”希腊语 mikros < *mi-kro-。“很短的”梵语 atʃira < *akira。

“薄的、不足的”匈牙利文 gyer < *ger。

4. *tele

“薄的”莽语 tɤ^{31}le^{51} < *tele。

> “薄的”意大利语 sottile < *so-tile。

5. *bage（*bag、*bogo、*b^{w}igi）

汉语 *bak（薄）。“薄的”怒苏怒语、缅文 *bag。“小的、少的”蒙古语 bag。“短”蒙古语 bœgən、达斡尔语 bogunj、东乡语 boɣoni < *bogon。“（人）细”罗维阿纳语 vivigi < *b^{w}igi。

> 阿尔巴尼亚语“小的”vogël < *b^{w}oge-，“小”（代词、副词、形容词）pak。
> “小的、少的”亚美尼亚语 phokhr < *bog-。

“弱的”布昂语 niwēk ma < *ni-b^{w}ek。“累的”壮语武鸣话 pak^{8}，黎语通什话 bok^{7}< *ʔbak。“短的”罗维阿纳语 papaka，马京达瑙语 vokok < *b^{w}ako。“窄的”拉巴努伊语 vako-vako < *b^{w}ko。

> “弱的、软的”古英语 wac，古挪威语 veikr，中古荷兰语 week < *b^{w}ek。
> “弱者、孩子”古挪威语 vakr，“女孩、年轻女性”古英语 wencel。

6. *ragi（*rag、*rik）

“薄的、瘦的”巴厘语 bərag < *mə-rag。“小的”莫图语 *ma-ragi，马绍尔语 *rik。

> “薄的”希腊语 lignos < *ligno-。“小、少”希腊语 oligos、ligos < *ligo-。

7. *duna（*dina、*din、*tun、*tin）

“细的”大瓦拉语 dinadina-na < *dina。“短的”壮语武鸣话 tin^{3}，毛南语 din^{4}< *tinʔ / *ʔdinʔ。“浅”傣语 tɯn^{3}、黎语 thɯn^{3} < *tunʔ，缅文 tin^{2} < *tin。

“小的、少的”达斡尔语 tʃuəːn < *tun。

“窄的、细的”古英语 þynne，中古低地德语 dunne < *tune。

“薄的、细的”拉丁语 tenuis < *tenu-。

“很小的”古英语 tyne < *tune。“尖”古挪威语 tindr。

“薄的、细的”波兰语 tsienki < *ten-。

8. *bila（ *plo、*pla、*bla、*balu）

“薄的”错那门巴语 *bla，墨脱门巴语 *balu，邵语 *ma-bala-ʔi，锡加语 *beler。“短的”勒窝语 plasi < *plasi。

“薄的、纤细的”波兰语 ʃtɕupły < *sku-plu。

“近的”俄语 bliz̦nij < *blir-，波兰语 bliski < *blis-。

9. *mi（ *me）

“薄的”嫩戈内语 *ʔami。“小、少”罗图马语 meʔameʔa < *me-ʔa。

“薄的”阿尔巴尼亚语 i mët < *mo-。

10. *buluk

“短的、低的”锡加语 buluk < *buluk。

“薄的”亚美尼亚语 barak < *barak。

11. *dala（*dalala、*tele）

“薄的”查莫罗语 dalalai < *dalala-ʔi。莽语 tə^{31}le^{51} < *tele。

“窄的”戈龙塔洛语 mo-totolo < *tolo。

“锋利的”和阗塞语 khaudala- < *gau-dala。

“美”的词源关系

一些语言“好的”即“美的”，为语义抽象化后的引申。“美”多与指女子外貌“美”有关，早期或用于称赞能生育的。“美、美的”与“强壮的”等说法有词源关系。古人以强壮能生育为“美”，今人或以瘦为“美”。古时食物匮乏，有生殖崇拜。今社会食物充足，审美不同。

亚欧语言“亮”作为感受的表达可引申指“美、美的”。

一　东亚太平洋语言的“美”

“美、美的”主要说法有：

1. *kor-kem / *gure-l / *guro

维吾尔语 kørkɛm，哈萨克语 kørkem < *kor-kem。

土耳其语、维吾尔语 gyzɛl < *gure-l。（美的、好的）

蒙古语正蓝旗话 guaː，都兰话 guj，东苏尼特话 gojo < *guro。

2. *dagə-na / *dəge

西部裕固语 daŋɢənɑ < *dagə-na。

布拉安语 dʒəgeg < *dəge。

3. *suluq

图瓦语 sulux < *suluq。

4. *saʔi-qan

满文 saikan，达斡尔语 sɑikən，东部裕固语 sɑiχɑn < *saʔi-qan。

5. *karaŋ / *s-kraŋ / *du-graŋ

锡伯语 kuariaŋ < *karaŋ。

汉语 *s-kraŋ（臧，善也）。①

独龙语 dɯ^{31}gɹɑŋ^{53} < *du-graŋ。

6. *nada

鄂伦春语 nandaxan < *nada-qan。

7. *ʔarma-kan / *ʔram / *ʔarəmda

鄂温克语 ajmakaːn < *ʔarma-kan。

汉语 *ʔram（厭，美也）②

中古朝鲜语 arʌmtapta < *ʔarəmda-。

8. *ʔutuku / *duk / *toka / *diga

日语 utsɿku < *ʔutuku。

桑塔利语 tshuk < *duk。

斐济语 totoka < *toka。

---

①《诗经·大雅·桑柔》：“维彼不顺，自独俾臧。”

②《诗经·周颂·载芟》：“驿驿其达，有厌其杰。”

大瓦拉语 diidiga < *diga。

9. *bula-ʔi / *balu / *b^{w}elo

排湾语 buɭabuɭaj < *bula-ʔi。

卡林阿语 balu < *balu。

梅柯澳语 felō < *b^{w}elo。（好、女人美丽）

10. *gada / *li-kad

他加洛语 ganda < *gada。

沙玛语 liŋkad < *li-kad。

11. *napi-la / *nepe

依斯那格语 napija，雅美语 japija < *napi-la。

拉巴努伊语 nehe-nehe < *nepe。

12. *ʔidaq / *daq-tuq

印尼语 indah，巽他语 endah < *ʔidaq。

撒拉语 jɑχtʃuχ < *daq-tuq。

13. *ʔalu

爪哇语 aju < *ʔalu。

14. *mi-ʔor / *qoru / *qru

锡加语 mior < *mi-ʔor。

哈拉朱乌语 xɔru < *qoru。

汉语 *hju（休）< *qru。①

① 《诗经·大雅·民劳》：“无弃尔劳，以为王休。”“休”，美。

15. *gosa / *ʔegos

布鲁语 gosa < *gosa。

萨萨克语 eŋəs < *ʔegos。

16. *derə / *suder

伊拉鲁吐语 derə < *derə。

桑塔利语 sunɖɛr < *suder。

17. *ko-maru

梅柯澳语 komaru < *ko-maru。（胖的、强壮的，能孕的）

18. *paʔi-raʔi / *reʔa

莫图语 hairai < *paʔi-raʔi。（美的、外貌好）

马绍尔语 reɑ < *reʔa。

19. *tola

乌玛语 ^{n}tʃola < *tola。

20. *tane-ʔa

勒窝语 tanea < *tane-ʔa。

21. *kari-roʔi

嫩戈内语 kariroi < *kari-roʔi。

22. *taʔu

拉巴努伊语 tau < *taʔu。

23. *s-luk / *lek

汉语 *sluk（淑）< *s-luk。

墨脱门巴语 lek < *lek。（美的、好的）

24. *məl / *bila

汉语 *məl（媺）。

那大语 bila < *bila。

25. *m-gles / *glo / *gala

藏文 mdzes，彝语喜德话 ndʐɑ^{55} < *m-gles。

汉语 *glo（姝）。

达阿语 na-gaja < *gala。

26. *slaʔ / *solaq / *solan

缅文 hlɑ^{1} < *slaʔ。

萨萨克语 solah < *solaq。（美的、好的）

桑塔利语 sohan < *solan。

27. *dom

阿昌语 tɔm^{35} < *dom。克木语 dom < *dom。

28. *glom

景颇语 tso̱m^{31} < *glom。

29. *snom

布朗语曼俄话 n̥om^{35} < *snom。

30. *sbom / *pobʷa

佤语马散话 m̥ɔm、孟贡话 bɔ̱m < *sbom。

勒窝语 powa < *pobʷa。

31. *ʔu

莽语 aɯ⁵¹ < *ʔu。

◇ 二 “美”的词源对应关系

1.“美、美的”和“好的”

“美、美的”和“好的”词源关系上文《好》篇已举例说明。兼指的如土耳其语、维吾尔语 gyzɛl，布鲁语 gosa，马京达瑙语 diʔa，墨脱门巴语 lek 等。

2.“美、美的”和“强壮的”

（1）蒙古语 *guro。“强壮的”吉尔伯特语 korakora < *kora，罗维阿纳语 ŋiŋira < *ŋira。

（2）西部裕固语 *dagə-na。“强壮的”日语 takumaɕiː < *taku-ma-si，萨萨克语 təguh < *təguq，那大语 dəgo < *dəgo，嫩戈内语 tatʃ < *tak。

（3）锡伯语 *karaŋ。“强壮的”壮语武鸣话 ɕaːŋ⁵、水语 xaŋ³ < *kraŋ。

（4）沙玛语 *li-kad。“强壮的”布朗语 kat⁴⁴ka⁴⁴¹ < *kat-ka。

（5）乌玛语 *tola。“强壮的”达密语 totol < *tol。

（6）印尼语、巽他语 *ʔidaq。“强壮的”莫图语 goada < *go-ʔada。

3.“美、美的”和“亮的”

（1）布拉安语 *dəge。“亮的”桑塔利语 ɖigɖig < *dig-dig。

（2）桑塔利语 *suder。“亮的”维吾尔语 joruq、哈萨克语 dʒɑrəq < *doru-q。米南卡保语 daraŋ、马达加斯加语 ma-dera < *deraŋ / *dera，查莫罗语 tʃlaro < *daro。

（3）达阿语 *gala。“亮的”汤加语 ŋiŋila、多布语 ŋalaj < *ŋila，莽语 gɣua[55] < *gla。

（4）缅文 *slaʔ。“亮的”藏文 gsal、嘉戎语 khsɐl < *g-sal。

（5）克木语 *dom。“亮的”查莫罗语 tomtom < *tom。

三　词源关系分析

1. *bʷela（*bʷelo、*bula、*balu、*bila）

“美的”排湾语 *bula-ʔi，卡林阿语 *balu，梅柯澳语 *bʷelo，那大语 *bila。

> “可爱的、英俊的、迷人的”拉丁语 bellus < *belo-。
> “美”俗拉丁语 bellitatem < *beli-。“美”法语 beltet < *bel-tet，英语 beauty。

2. *geta（*get、*gut、*gada、*kad）

“美的”他加洛语 *gada，沙玛语 *li-kad。“好的”亚齐语 gɛt < *get。“强大的、有力的”土耳其语 gytʃly < *gut-lu。“力壮的”东部裕固语 kudʒintə，保安语 kutɕitə < *qukitə。“幸运的”巴厘语 agət < *ʔagət。

> “好的”古英语 god，古挪威语 goðr，古哥特语 goþs，德语 gut，荷兰语 goed，希腊语 agathos，古教堂斯拉夫语 godu（愉快之时）< *godu。

3. *gila（*gle、*gala、*ŋila、*gla、*gli）

“美的”藏文 *m-gles，达阿语 *gala。“亮的”汤加语 ŋiŋila、多布语

ŋalaj < *ŋila，莽语 gɣua^{55} < *gla。“光” 布鲁语 glina-n < *gli-na。“照耀” 马林厄语 sigla < *si-gla。“闪电” 多布语 ŋela、达阿语 kila < *gela。

希腊语 “美” kallone < *kalo-，“好的” kalos < *kalo-。 “照耀” 希腊语 gyalizo < *gali-。古法语 glisa、古丹麦语 glisse。

4. *ʔora（*ʔor、*qoru、*ro、*qoru 等）

“美的”锡加语 *mi-ʔor，哈拉朱乌语 *qoru。“好的”嫩戈内语 roi < *ro-ʔi，哈拉朱乌语 xɔru < *qoru，苗语养蒿话 ru^{5}、野鸡坡话 ʔwjoŋ^{c} < *ʔroŋ。

“美的” 希腊语 oraios < *ora-，梵语 manohara < *mano-qara。

5. *dora（*derə、*der、*doru、*dera、*daro）

“美的” 伊拉鲁吐语 *derə，桑塔利语 *suder。

“亮的”维吾尔语 joruq、哈萨克语 dʒɑrəq < *doru-q。米南卡保语 daraŋ、马达加斯加语 ma-dera < *deraŋ / *dera，查莫罗语 tʃlaro < *daro。

梵语 “美的” sundara < *su-dara，“亮的” andʒor < *ador。

6. *mali（*məl、*meli、*mil、*malu）

汉语 *məl（媺）。“好的”泰雅语 bəlaq< *bula-q，赛德克语 malu < *malu。“甜的” 汤加语 melie < *meli-ʔe。“香的” 雅贝姆语 ŋa-malu < *malu。

“甜的”俄语 mil-j < *mili-。“甜的、可爱的”俄语 milenikij < *mileni-。

“美的” 格鲁吉亚语 lamazi < *la-mali。

7. *guro（*kora、*ŋira、*kir）

“美的” 蒙古语 *guro。“强壮的” 吉尔伯特语 korakora < *kora，罗维阿纳语 ŋiŋira < *ŋira。

“美” 俄语、波兰语 krasa < *krasa。

“亮的”维吾尔语 joruq，哈萨克语 dʒɑrəq < *goru-q。日语 akarui < *ʔakaru-ʔi。鄂伦春语 ŋəːrin，鄂温克语 nəːrin < *ŋəri-n。莽语 $gi^{31}ʑɔŋ^{55}$ < *giroŋ。

“亮的”梵语 andʒor < *agor。俄语 jarkij，波兰语 jasno < *gar。

“发亮的”芬兰语 kirkas。

“油脂”达密语 gigiru < *giru。“油”壮语 $laːu^{2}$、黎语 $guːi^{6}$ < *gru。

“胖、油脂”古法语 gresse，“胖的、粗的”拉丁语 crassus < *gras-。 “胖的”亚美尼亚语 ger。

“胖的”匈牙利文 gazdag < *gar-dag。

8. *bugo（*bug、*buk）

“胖的”鄂温克语 boggo < *bogo。“粗的”赫哲语 bugdyn < *bug-dun，壮语武鸣话 $bɯk^{7}$ < *ʔbuk。

“美的”阿尔巴尼亚语 bukur < *buk-。“胖的”希腊语 patʃhys < *pagi-。

9. *sru

“丑”图瓦语 dʒeksurun < *dek-surun（不—美）。[①]

“美的”亚美尼亚语 sirun。

① “不”维吾尔语 jaq，哈萨克语、图瓦语 dʒoq < *deq。

“丑”的词源关系

“丑”与“美”义对立，多指外在“丑陋”，或引申指引人不快的其他形式。一些语言以“美”的否定形式为“丑”。“丑”因其贬义的缘故或兼有“坏”义。亚欧语言表“丑”义的词与“坏的”“臭的”“腐烂的”等说法有词源关系。

◇ 一　东亚太平洋语言的“丑”

“丑、丑的”主要说法有：

1. *serət

维吾尔语 sɛt，柯尔克孜语 sert < *serət。[①]

2. *dek-surun

图瓦语 dʒeksurun < *dek-surun（不—美）。

3. *rəq / *ʔər-sun / *riʔa

西部裕固语 zə̤q < *rəq。

---

① “丑的”匈牙利文 rut。

锡伯语 ərsun < *ʔər-sun。

瓜依沃语 ria < *riʔa。

4. *qinik / *mi-niku

乌孜别克语 χynyk < *qinik。

日语 minikui < *mi-niku-ʔi。

5. *muqe / *muq-ɢan / *səmu

蒙古语 muːxɛː，东部裕固语 muːχɢan < *muqe / *muq-ɢan。

锡加语 həmu < *səmu。

6. *mu-durti / *ʔəru-duruti

达斡尔语 muːdurti < *mu-durti。①

鄂伦春语 əru durutʃi < *ʔəru-duruti。

7. *boti-qe

满文 botʃihe < *boti-qe。

8. *mi

朝鲜语 mipta < *mi-。

9. *kuluŋ

排湾语 sə-kuɭuŋ < *kuluŋ。

10. *ma-rabo-ʔi

雅美语 maʐawoj < *ma-rabo-ʔi。

① “丑的”匈牙利文 undorito < *udorito。

11. *buruk

印尼语 buruk，米南卡保语 buru^{ə}ʔ，亚齐语 broʔ < *buruk。（坏的、丑的）

12. *biluk / *balaku

托莱语 bilək < *biluk。

汤加语 palakū < *balaku。

13. *moso-b^{w}ala / *ʔapala

巴拉望语 mɔsɔwala < *moso-b^{w}ala。

梅柯澳语 apala < *ʔapala。（坏的、丑的）

14. *lab^{w}-ʔal

卡加延语 lawʔaj < *lab^{w}-ʔal。

15. *dəlek

印尼语 dʒəlek < *dəlek。

16. *leto

戈龙塔洛语 mo-lēto < *leto。

17. *sab

三威治港语 sa^{m}b < *sab。

18. *kama-ʔira

吉尔伯特语 kamaira < *kama-ʔira。（恶心的）

19. *tepa / *be-dob

马绍尔语 tʃepa < *tepa。

桑塔利语 be̱dho̱b < *be-dob。

20. *ʔolo

爪哇语 ɔlɔ < *ʔolo。

21. *qluʔ

汉语 *qluʔ（醜）。

22. *ro-s / *ru

汉语 *ros（陋）< *ro-s。

博嘎尔珞巴语 ka ru < *ru。

23. *m-dog-nes / *daki

藏文 mdog ȵes < *m-dog-nes。

窝里沃语 ma-daki < *daki。

24. *ma-msor

嘉戎语 mɐ kə mʃor < *ma-msor（不—美）。

25. *di

彝语喜德话 di^{33} < *di。

26. *ʔrak / *ʔrak-ʔraʔ / *rake

西双版纳傣语 jɔk^{7}，壮语武鸣话 jaːk^{7}jaɯ^{3}< *ʔrak / *ʔrak-ʔraʔ（丑—丑）。

黎语保定话 reːk^{7}muɯn^{1} < *ʔrek-ʔmən（坏—脸）。

拉巴努伊语 rake-rake < *rake。（丑的、坏的）

27. *gul

克木语 gŭl < *gul。

28. *məl

布朗语 mɤl^{41} < *məl。

29. *plu

佤语布饶克方言 plau < *plu。

30. *grop

莽语 gɣɔp^{55} < *grop。

31. *ʔa-krok

柬埔寨文 ʔa:krɔk < *ʔa-krok。（坏、丑）

二　“丑”的词源对应关系

1. “丑、丑的”和“坏的”

“丑的”和“坏的”可兼指，如柬埔寨文 ʔa:krɔk，拉巴努伊语 rake-rake，巴塔克语 rɔa，瓜依沃语 ria，印尼语 buruk，米南卡保语 buru^{ɔ}ʔ，亚齐语 broʔ 等。其词源关系上文《坏》篇已举例说明。

2. “丑、丑的”和“臭的”“腐烂的”

（1）印尼语、米南卡保语、亚齐语 *buruk。“臭的”巴拉望语 mɔburuk < *mo-buruk。“腐烂的”巴厘语 bərək，巽他语 buruk < *buruk。

（2）锡伯语 *ʔər-sun。“臭的”鄂伦春语 əru、鄂温克语 əru uʃi < *ʔəru。

（3）窝里沃语 *daki。“臭的”莫图语 bona-na dika < *bona-dika。

（4）佤语布饶克方言 *plu。“腐烂的”罗地语 pulu-k < *pulu。

（5）托莱语 *biluk。“腐烂的”他加洛语 bulok，巴拉望语 buluk，赛夏语 boɭok < *buluk。泰雅语 ma-βuluk < *ma-buluk。

（6）卡加延语 *labʷ-ʔal。“腐烂的”西部斐济语 loβuloβu < *lobu。

三 词源关系分析

1. *grok（*krok、*krog）

“坏的、丑的”柬埔寨文 *ʔakrok。“坏的”缅文 $tsho^3$ < *krog。

“害怕”藏文 skrag、缅文 krɔk、怒苏怒语 $gɹu̠^{53}$ < *s-grok。

“丑的”古英语 uglike，“可怕的”古挪威语 uggligr < *uglig。

2. *garap（*grop）

“丑的”莽语 *grop。“坏的”桑塔利语 kharap < *garap。

“丑的”梵语 kurupah < *kurupa-。

3. *lato（*leto、*lat）

“丑的”戈龙塔洛语 *leto。“腐烂”景颇语 jat、墨脱门巴语 jit < *lat。

“丑的”法语 laid，“悲哀的”古高地德语 leid < *lad。

4. *pʷalo（ *pʷili、*plu、*bila、*pilas）

“丑的”勒窝语 pʷilipʷili < *pʷili，佤语布饶克方言 *plu。

“腐烂的”瓜依沃语 bila < *bila，罗地语 pulu-k < *pulu。

“脏的”维吾尔语 iplɑs、哈萨克语 əpəlɑs < *ʔipilas。

"丑的"古英语 ful < *pul。

"腐烂的、脏的"古英语、古弗里斯语 ful，中古荷兰语 voul < *pul。

5. *qaga（*qag、*gaga、*kaka）

"丑的"吉利威拉语 -migaga < *mi-gaga。汉语 *qag（恶）。

"坏的"吉利威拉语 gaga < *gaga。

"屎"东乡语 hɑnɣɑ < *qaga。满文 kaka < *kaka。（小儿屎）

"丑的"阿尔巴尼亚语 kekj < *keki，亚美尼亚语 tgeʁ < *t-geg。

希腊语"坏的"kakos < *kaka-，"丑的"kakakamemenos < *kaka-meno-。

"丑的"粟特语 tʃkɔʃttʃ < *kəko-stk。

"丑妇人"古英语 hag，"女巫"荷兰语 heks < *kag-。

"丑的"格鲁吉亚语 ugvanɔ < *ug^{w}ano。

6. *serət

"丑的"维吾尔语 sɛt，柯尔克孜语 sert < *serət。

"丑的"乌尔都语 badsoːrat < *bad-sorat。

汉语 *hjas（秽）< *qrat-s。

"腐烂的"英语 rotten、古挪威语 rotna（腐烂）< *rot-。

"腐烂的"匈牙利文 romlott < *rom-lot。"丑的"匈牙利文 ronda。

7. *b^{w}ere（*boro、*bere、*b^{w}er、*pirə）

"怕"蒙达语 boro，桑塔利语 bo̱ro̱ < *boro。

"吃惊"罗图马语 ferehiti < *bere-piti。

"熊"却域语 wɛr^{13} < *b^{w}er。"鬼"撒拉语 pirə < *pirə。

"怕"古英语 færan，古高地德语 faren，古挪威语 færɑ（辱骂）< *pare。

"怕"俄语 bojatjsja < *b^{w}ola-。

“熊”古英语 bera，古高地德语 bero，古挪威语 björn。
“丑的”俄语 bezobraznɨj < *berobrar-。
“坏的”粟特语 βəʒ < *b^{w}ər。

8. *bode（*boti、*pude、*buto）

“丑的”满文 botʃihe < *boti-qe。

“坏的”满文 *ʔepuden。

“脏的”桑塔利语 bo̱ḓe̱ < *bode。“暗的”西部斐济语 butō < *buto。

“坏的”亚美尼亚语 vat < *b^{w}at，“暗的”muth < *mud。

“愚蠢”的词源关系

亚欧语言表“愚蠢”义的词与义为“疯的”“慢的”等说法有词源关系。

一 东亚太平洋语言的“愚蠢”

“愚蠢、愚蠢的”主要说法有：

1. *ʔaq-meq

土耳其语 ahmak-tʃa，维吾尔语 ɛχmɛq，哈萨克语 ɑqmɑq < *ʔaq-meq。

2. *sa-kar / *ʔagar / *ŋgara-g / *na-gara

土耳其语 sakar < *sa-kar。

西部裕固语 əŋgɑr，撒拉语 ɑŋgɑr < *ʔagar。

土族语 ngɑrɑɢ < *ŋgara-g。

姆布拉语 nagara < *na-gara。

3. *me-dok / *duki / *tuk

图瓦语 meːdʒok < *me-dok。

满文 duŋki < *duki。（浑）

布朗语 tɯk^{35} < *tuk。

4. *ʔərgu

蒙古语 ərgʉː < *ʔərgu。

5. *mu-gur

达斡尔语 mugur < *mu-gur。

6. *metu / *menən / *menu

满文 mentuhun，锡伯语 məntwxun < *metu-qun。

赫哲语 mənən < *menən。

满文 menuhun < *menu-qun。（傻）

7. *kudu / *kuta / *keti-na

鄂伦春语 kʊːdʊ < *kudu。

格曼僜语 kɯ^{31}tɑ^{35} < *kuta。

马达加斯加语 ketrina < *keti-na。

8. *ʔoro-kada

日语 orokada < *ʔoro-kada。

9. *ŋutiq

泰雅语 ma-ŋutiq < *ŋutiq。

10. *kuluŋ

排湾语 ma-kuɭuŋ，鲁凯语 ma-koɭoŋo < *kuluŋ。

11. *bodoq / *bodo / *poto

印尼语、米南卡保语 bodoh，爪哇语 boɖo，萨萨克语 bodo < *bodoq。

桑塔利语 bodo < *bodo。

阿者拉语 opoto < *ʔo-poto。

12. *bə-log

巴厘语 bəlog < *bə-log。

13. *boŋ

托莱语 boŋ < *boŋ。

14. *kab^{w}a / *ŋaba-ʔi

莫图语 kaβakaβ < *kab^{w}a。

梅柯澳语 ŋaŋapai < *ŋaba-ʔi。

15. *ʔopoto

阿者拉语 opoto < *ʔopoto。

16. *baba

吉尔伯特语 baba < *baba。

17. *b^{w}ale / *bele / *blu

汤加语 vale < *b^{w}ale。布鲁语 bele-n < *bele。

莽语 bluɯa^{51} < *blu。

18. *ʔetene

拉巴努伊语 ʔetene < *ʔetene。

19. *ʔaʔu

塔希提语 maʔau < *ma-ʔaʔu。

20. *ŋo / *s-ŋə / *ŋa-ʔo

汉语 *ŋo（愚），*sŋə（癡）< *s-ŋə。

马那姆语 ŋaoŋao < *ŋa-ʔo。

21. *r-moŋs

藏文 rmoŋs < *r-moŋs。

22. *ŋok

景颇语 ŋok^{31} < *ŋok。

23. *mok / *boka

缅文 mok < *mok。

桑塔利语 boka < *boka。

24. *dubaŋ

独龙语 dɯ^{31}bɑŋ^{55} < *dubaŋ。

摩尔波格语、巴拉望语 dupaŋ < *dubaŋ。

25. *len

错那门巴语 len^{55} < *len。

26. *ŋuŋ / *ʔŋaŋ / *ŋaŋa

壮语龙州话 ŋuːŋ^{6}，毛南语 ʔŋaːŋ^{5} < *ŋuŋ / *ʔŋaŋ。

锡加语 ŋaŋa-ŋ，西部斐济语 ŋāŋā < *ŋaŋa。

27. *ʔeʔ

侗语 e^{3} < *ʔeʔ。

28. *lel

桑塔利语 lelha（男人用语）< *lel-ʔa，lilhi（女人用语）< *lel-ʔi。

29. *ʔiʔar

克木语 ʔiar < *ʔiʔar。

30. *bum / *bam

佤语布饶克方言 phɯ̰ m < *bum。

景颇语 pam^{31} < *bam。

二　“愚蠢”的词源对应关系

1. “愚蠢、愚蠢的”和“疯的”

（1）莫图语 kaβakaβ，“疯的” kaβa < *kab^{w}a。

（2）汤加语 *b^{w}ale。“疯的”乌玛语 βuli < *b^{w}uli，他加洛语 baliw < *bali-ʔu。

（3）吉尔伯特语 *baba。“疯的”沙外语 bɛbow < *bebo-ʔu。

（4）土耳其语 *sa-kar。“疯的”瓜依沃语 kakaru < *karu。

（5）印尼语、米南卡保语、爪哇语 *bodoq。“疯的”巴厘语 buduh < *buduq，大瓦拉语 badebade < *bade。

（6）桑塔利语 *lel-ʔa。“疯的”三威治港语 lilai < *lila-ʔi。

（7）藏文 *r-moŋs。“疯的”卡乌龙语 meŋeh-an < *meŋes。

（8）蒙古语 *ʔərgu。“疯的”却域语 rɢa^{13} < *rga。

（9）莽语 *blu。“疯的”克伦语阿果话 bly^{31} < *blu。

2. “愚蠢、愚蠢的”和“慢的”

（1）阿者拉语 *ʔopoto。“慢的”波那佩语 p^{w}ant < *p^{w}at。

（2）满文、锡伯语 *metu-qun。“慢的”三威治港语 me^{n}d^{r}ao < *meda-ʔo。

（3）塔几亚语 serawoi < *serabo-ʔi。“慢的”拉格语 ravrav < *rab^{w}。

（4）拉巴努伊语 *ʔetene。“慢的”吉利威拉语 sitanasitana < *sitana。

三　词源关系分析

1. *dupa（*dapa、*dopo）

“愚蠢的”独龙语、摩尔波格语、巴拉望语 *dubaŋ。

“慢的”桑塔利语 dapadopo。

> “惊讶的、迟钝的、傻的”拉丁语 stupidus，法语 stupide < *stupi-。
> “傻”粟特语 δywyāk < *dib^{w}i-。

2. *kab^{w}a（*ŋaba）

“愚蠢的、疯的”莫图语 *kab^{w}a，“愚蠢的”梅柯澳语 *ŋaba-ʔi。

> “笨拙的、傻的”拉丁语 goffe，“傻子”英语 goff < *gobe。

3. *kuda（*kudu、*kuta、*keti）

“愚蠢的”鄂伦春语 *kudu，格曼僜语 *kuta，马达加斯加语 *keti-na。

> 希腊语“愚蠢的”koytos < *koto-，tʃhados < *gado-。

4. *ruga（*rgu、*rga）

“愚蠢的”蒙古语 *ʔərgu。

“疯的”却域语 rɢa^{13} < *rga。

> “愚蠢的”梵语 muːrkhaḥ < *mu-rga-。俄语 duratɕkij < *durak-。
>
> “愚蠢的”阿尔巴尼亚语 kjeʃarak< *kesa-rak。

5. *tena（*tene、*tana）

“愚蠢的”拉巴努伊语 *ʔetene。

“慢的”吉利威拉语 sitanasitana < *sitana。

> “愚蠢的、粗的”俄语 tunoj < *tuno-。

6. *b^{w}ato（*bot、*batutu、*b^{w}ut、*puto、*p^{w}at）

“愚蠢的”阿者拉语 *ʔopoto。

“钝的”托莱语 bot < *bot，莫图语 patutu < *batutu，帕马语 vut < *b^{w}ut。

“粗的”日语 futoi < *puto-ʔi，大瓦拉语 potopoto < *puto-poto。

“慢的”马绍尔语 p^{ɯ}at < *p^{w}at。

> “钝的”拉丁语 obtusus，法语 obtus < *obtu-。希腊语 apotomos < *apoto-。
>
> “钝的”英语 obtuse。“笨的”亚美尼亚语 buth < *bud。

7. *gar（*kar、*gur）

“愚蠢的”土耳其语 sakar，西部裕固语、撒拉语 *ʔagar。达斡尔语 *mu-gur。

> “愚蠢的”粟特语 skārnē < *skar-，ɣyry < *giri。

“快”的词源关系

亚欧语言表“快、迅速”义的词与“箭”“飞”等说法有词源关系。

◇ 一 东亚太平洋语言“快”的说法

“快、迅速地”的主要说法有：

1. *bat / *tə-bat / *sa-pat

维吾尔语 pat，柯尔克孜语 bɑt < *bat。

印尼语 tʃəpat，爪哇语 tʃəpət，沙玛语 sapat < *tə-bat / *sa-pat。

2. *gitir / *tir / *dirar

塔塔尔语 dʒit-z < *gitir。

哈萨克语 tez < *tir。[①]

鄂伦春语 dɪjar < *dirar。

---

① “快的”匈牙利文 tartos < *tar-tos。

3. *sulun / *slin / *ʔlen

图瓦语 ʃuluːn < *sulun。

汉语 *slin（迅）。

莽语 lɛn[55] < *ʔlen。

4. *ʔal-dam

柯尔克孜语 əldɑm，西部裕固 ɑldɑm < *ʔal-dam。

5. *qur-dan

蒙古语 xurdɑŋ，达斡尔语 xordun，保安语 ɢurdoŋ < *qur-dan。

6. *tur-gəŋ / *tur-gən / *tuture

蒙古语 tʉrgəŋ，东部裕固语 turgen < *tur-gəŋ/n。

鄂温克语 tʊggən < *tur-gən。

罗维阿纳语 tuture < *tuture。

7. *qodun

满文 hū dun，锡伯语、赫哲语 χodun < *qodun。

8. *spar / *ʔaperu / *bare

中古朝鲜语 spʌrri < *spar-ri。

瓜依沃语 ʔaferu < *ʔaperu。

阿杰语 bɛ̆rē < *bare。

9. *pala-ku

日语 hajaku < *pala-ku。

10. *qila-ʔu / *ʔali-kal / *ʔeli

泰雅语 hilaw < *qila-ʔu。

赛夏语 ʔalikæh < *ʔali-kal。劳语 ʔeliʔeli < *ʔeli。

11. *dala-ʔu / *dali-s

排湾语 dʑalav < *dala-ʔu。

卡林阿语 dalas，阿卡拉农语 daliʔ < *dali-s。

12. *kaliki

阿美语 kaliki < *kaliki。

13. *ma-bis-kab

布农语 mabiskav < *ma-bis-kab。

14. *duli / *tole

马都拉语 duli < *duli。（立刻）

东部斐济语 totolo < *tole。

15. *bili-s

他加洛语 bilis < *bili-s。

16. *lal / *glal

布拉安语 m-lal < *lal。

汉语 *glal（遄）。

17. *paraga

莫图语 haraɣa < *paraga。

18. *b^wab^we

汤加语、萨摩亚语 vave < *b^wab^we。

19. *glit / *glət

汉语 *glit（疾），[1] *glət（隧，迅速）。[2]

20. *m-grog-s / *grak

藏文 mgjogs < *m-grog-s。

独龙语 khɹaʔ < *grak。

21. *karo

达让僜语 kɑ^{31}ɹo^{53} < *karo。

22. *kla / *kle

格曼僜语 klɑ^{55} < *kla。

克伦语阿果话 khle^{55} < *kle。

23. *bra / *bere

独龙语 ɑ^{31}bɹɑ^{55} < *bra。

阿杰语 bɛřē < *bere。

24. *mran / *mara-ʔa / *mara

缅文 mrɑn^{2} < *mran。

马那姆语 maraʔa < *mara-ʔa。

波那佩语 marāra < *mara。

---

①“疾”从“矢”得声。

②《诗经·大雅·桑柔》：“大风有隧，有空大谷。”

25. *rap / *ropo

阿昌语 mʐap^{55} < *m-rap。

锡加语 ropo < *ropo。

26. *labʷan

景颇语 lă ^{31}wan^{33} < *labʷan。

27. *ʔlus

壮语武鸣话 ɣu^{5}，毛南语 lju^{5} < *ʔlus。

28. *rəʔan

佤语马散话 rɤʔan < *rəʔan。

29. *bʷi

克木语 vai < *bʷi。

30. *pan

德昂语 pan < *pan。

31. *dig-dig

桑塔利语 ḍigḍig < *dig-dig。

《尔雅》：“肃、齐、遄、速、亟、屡、数、迅，疾也。”

◇ 二 “快”的词源对应关系

1. “快、迅速地”和“箭”

（1）缅文 *mran，“箭” mrɑ^{3} < *mra。

（2）克伦语阿果话 khle^{55}，“箭” khli^{31}tsha^{31}。

（3）独龙语 *bra，“箭”德昂语硝厂沟话 bla、错那门巴语 bla^{53}。

（4）德昂语 *pan。“箭”印尼语 panah、阿卡拉农语 panaʔ < *panaq。

（5）景颇语 *lab^{w}an，“箭”摩尔波格语 salab < *salab。

（6）壮语武鸣话、毛南语 *ʔlus，“箭”纳西语 lɯ^{33}sɿ^{33} < *lusi。

（7）马那姆语 *mara-ʔa，“箭”勒窝语 mera < *mera。

（8）东部斐济语 *tole，“箭”桑塔利语 ɖol < *dol。

（9）锡加语 *ropo，“箭”波那佩语 arep < *ʔarep。

（10）劳语 *ʔeli，“箭”鲁凯语 ɭaili < *la-ʔili。

2. “快、迅速地”和“飞”

一些“快、迅速地”的说法是“飞”的派生词。如：

（1）克木语 *b^{w}i。“飞”莽语 paɯ^{55}、京语 bai^{1} < *ʔbi。

（2）独龙语 *bra。“飞”道孚语 bjo、吕苏语 bʑe < *bro。

（3）排湾语 *dala-ʔu。“飞”女真语（得勒）*tele < *dele，羌语 da la < *dala。

（4）柯尔克孜语、西部裕固语 *ʔal-dam。“飞”阿侬怒语 dɛm^{55} < *dem。

三 词源关系分析

1. *bura（*bra、*bro、*bere）

“快”独龙语 *bra，阿杰语 *bere。

“飞”道孚语 bjo、吕苏语 bʑe < *bro。

> “快”俄语 borzoj，“迅速地”捷克语 brzy，“匆忙”立陶宛语 bruzdeti < *buro-。

2. *rapo（*ropo、*rep、*m-rap）

“快”锡加语 *ropo，阿昌语 *m-rap。

“飞、跳”莫图语 roho < *ropo。

“箭”波那佩语 arep < *ʔarep。

“快、匆忙”拉丁语 rapidus，法语 rapidite < *rapi-。“快”梵语 rewa < *reb^{w}a。

3. *karo（*grak、*grog）

“快”达让僜语 *karo。独龙语 *grak，藏文 *m-grog-s。

“快的”希腊语 gorgos < *gorgo-，gregoros < *gore-。俄语 skor-j < *skor-。

“快的”匈牙利文 gyors < *gors，igaz < *igar。

4. *b^{w}ili（*bili）

“快”他加洛语 *bili-s。

“飞”鄂罗克语 wili < *b^{w}ili。

“快”梵语 babila < *bila。

“飞”法语 voler、西班牙语 volar、意大利语 volare < *b^{w}ole-re。

5. *lab^{w}a（*lap、*lapu）

“快”景颇语 *lab^{w}an。

“飞”赛夏语 ɭomajap < *l-om-alap，马京达瑙语 lelap < *lelap，卡乌龙语 jap、西部斐济语 ðaβu < *lapu，雅美语 salap < *sa-lap。

“箭”摩尔波格语 salab。

“快”梵语 javana < *lab^{w}a-。

“快的”芬兰语 edellaü oleva < *edela-oleb^{w}a。

6. *subi（*subu、*siba）

“鸟”蒙古语 ʃubu < *subu。清代蒙文 sibagu < *sibagu。

“鸟”赫梯语 suwais < *suba-is。阿维斯陀经 viʃ < *b^{w}is。

“天鹅”古英语、古高地德语 swan，丹麦语 svane < *sb^{w}ane。

“快的”阿尔巴尼亚语 ʃpejtë < *spe-。

7. *ture（*tur、*dere、*der 等）

“快”鄂温克语 tʊggən < *tur-gən。罗维阿纳语 tuture < *tuture。

“飞”满文 deje-、锡伯语 dəji- < *dere，达斡尔语 derdə- < *der-，克木语 tɯr < *tur。“鸟”日语 tori，阿伊努语 tʃir < *tir。

“鹰”锡伯语 diəmin < *dirə-min。“乌鸦”鄂伦春语 tʊrakɪ < *tura-ki。

“快”和阗塞语 drrā ve < *dra-。

“飞”阿尔巴尼亚语 fluturoj < *b^{w}lu-turor。

8. *dig-dig

“快”桑塔利语 ḍigḍig < *dig-dig。

“快”粟特语 tū xitʃk < *tuk-tuk。

“快的”格鲁吉亚语 tskli < *tik-。

“锐利的”西部裕固语 əʂdəɣ < *ʔəsdəg-。图瓦语 dʒidix < *didiq。

“锐利的”和阗塞语 aʃäjä < *ataga。

“慢”的词源关系

亚欧语言表“慢”义的词与“长的”“远的”“钝的”“懒的”“迟的”等说法有词源关系。

◇ 一 东亚太平洋语言的“慢”

“慢”的主要说法有：

1. *ʔasta / *sedo-na / *ʔoste / *sita-na

维吾尔语、柯尔克孜语 ɑstɑ，乌兹别克语 ɑstɛ < *ʔasta。[①]

东部裕固语 sedonɑ < *sedo-na。

桑塔利语 o̤ste̤ < *ʔoste（慢的、逐渐地），sito̤ tʃ so̤ to̤ tʃ < *sitot-sotot（慢的、小心地）。

吉利威拉语 sitanasitana < *sita-na。

2. *ʔaqirə-n / *ʔagir

哈萨克语、柯尔克孜语 ɑqərən，塔塔尔语 ɛkɨrɨn < *ʔaqirə-n。

---

① “慢的、傻的”匈牙利文 ostoba < *osto-。

土耳其语 aɣir < *ʔagir。

3. *ʔarar / *ʔar-gul / *ta-ʔere

蒙古语 ɑjɑːr，图瓦语 ɛrɛj，东部裕固语 ɑjɑr < *ʔarar。

蒙古语和静话 ɑrguːl < *ʔar-gul。

塔希提语 tāere < *ta-ʔere。（慢的、迟的）

4. *damo-qaŋ

保安语 dɑmoχɑŋ < *damo-qaŋ。

5. *diɢor

土族语 dʑiɢoːr < *diɢor。

6. *ʔelqə / *laqan

满文 elhe，锡伯语 əlxə，赫哲语、鄂伦春语 əlkə < *ʔelqə。

印尼语 lahan-lahan < *laqan。

7. *təni / *ʔudan / *ʔuda-gan

中古朝鲜语 tʃhjəntʃhjəni < *təni。

鄂温克语 ʊdaːn < *ʔudan。

蒙古语书面语 udɑɣɑn < *ʔuda-gan。

8. *kuri / *kora-ʔiti / *kre

日语 juʔkuri < *luʔ-kuri。

拉巴努伊语 koraʔiti < *kora-ʔiti。

佤语马散话 khui，德昂语硝厂沟话 krɛ < *kre。

9. *quʔa-ʔi

泰雅语 huʔaj < *quʔa-ʔi。

10. *ŋob^{w}e-ʔo

邹语 ŋoveo < *ŋob^{w}e-ʔo。

11. *gə-malu

排湾语 gəmalu < *gə-malu。

12. *ma-tələŋ

阿美语 matʃəɬəŋ < *ma-tələŋ。

13. *ma-daʔuk

布农语 madaukdauk < *ma-daʔuk。

14. *bala-ʔi / *ma-bali

赛夏语 balbalaj < *bala-ʔi。

雅美语 mawali < *ma-bali。

15. *ba-gal

他加洛语 bāgal < *ba-gal。

16. *la-bat / *p^{w}at / *mola-bat

印尼语 lambat < *la-bat。（慢的、迟的）

马绍尔语 p^{ɯ}at < *p^{w}at。

巴拉望语 mɔlambat < *mola-bat。

17. *ʔadeŋ / *dəŋ

巴厘语 adeŋ < *ʔadeŋ。

德昂语南虎话 thɤŋ < *dəŋ。

18. *dekeŋ

贡诺语 deŋkeŋ < *dekeŋ。

19. *ma-b^{w}e / *b^{w}i / *bibi / *mi / *beʔe

那大语 mave < *ma-b^{w}e。

哈拉朱乌语 b^{w}i < *b^{w}i。

桑塔利语 bɛibɛi < *bibi。

巴琉语 mai^{33} < *mi。

达让僜语 be^{55}e^{55} < *beʔe。

20. *ʔole / *ʔalon / *ʔlon

达阿语 na-ole，爪哇语 alɔn < *ʔole / *ʔalon。

布依语 lon^{5} < *ʔlon-s。

21. *bera

东部斐济语 berabera < *bera。（慢的、迟的）

22. *g^{w}an / *ʔgan

汉语 *g^{w}an（缓）。

毛南语 ŋgan^{1} < *ʔgan。

23. *dal / *dilo / *dol

藏文 dal < *dal。

桑塔利语 dhilo̱ < *dilo。

马京达瑙语 hedʒol < *qe-dol。

24. *kole / *kale / *gole

博嘎尔珞巴语 ko leː < *kole。

桑塔利语 kale < *kale。

瓜依沃语 gole < *gole。

25. *s-ne / *no-ʔi

缅文 hne³，拉祜语 nɑi⁵³ < *s-ne。

窝里沃语 ma-noe < *no-ʔi。

26. *lole

哈尼语绿春话 lo³³je³³ < *lole。

27. *lok

布朗语甘塘话 lɔk³³ < *lok。

28. *gruʔ

布兴语 dʒɯʔ < *gruʔ。

29. *nan / *nen

户语 nan³³ < *nan。

阿昌语 n̥en³¹ < *nen。

30. *qape

蒙达语 hā pe-hā pe < *qape。

◇ 二 “慢”的词源对应关系

1.“慢”和“长、远”

如同汉语“漫”引申为“慢”，东亚太平洋的许多语言“长、远”和“慢”有词源关系。

（1）布依语 *ʔlon-s。“长”布朗语甘塘话 lan^{31} < *lan。

（2）哈尼语绿春话 *lole。“远、长”姆布拉语 molo < *m-ʔolo。

（3）瓜依沃语 *gole。“长”南密语 galia < *gali-ʔa，罗维阿纳语 ɣelena < *gele-na。

（4）巴厘语 adeŋ < *ʔadeŋ。“长”布昂语 adiŋ < *ʔadiŋ。“远”德昂语硝厂沟话 toŋ、南虎话 doŋ < *doŋ，马京达瑙语 tandaŋ < *ta-daŋ。

（5）蒙古语、图瓦语、东部裕固语 *ʔarar。“长”伊拉鲁吐语 mərərɔ < *mə-roro。

（6）土耳其语 *ʔagir。“远”满文 goro、锡伯语 ɢorw、赫哲语 goro、鄂温克语、鄂伦春语 *goro。

（7）布朗语甘塘话 *lok。“远”托莱语 vəilik < *mə-ʔilik。

（8）哈拉朱乌语 *b^{w}i。“远”缅文 we^{3}、阿昌语 ve^{31}、拉祜语 vɯ^{53} < *b^{w}i。

2.“慢”和“钝”

“慢”和“钝”的词源关系上文《钝》篇已举例说明。如：

（1）拉格语 ravrav < *rab^{w}。“钝的” 桑塔利语 tsatraph < *tat-rap。

（2）他加洛语 *ma-gal。“钝的”维吾尔语 *gal。

（3）布依语 *ʔlon-s。“钝的”水语 *lonʔ。

（4）马绍尔语 *p^{w}at。“钝的”托莱语 *bot。

（5）摩尔波格语 lalaj < *lala-ʔi。“钝的”阿美语 *ma-lalal。

3. “慢”和“迟的”

（1）马绍尔语 *p^{w}at。“迟的”波那佩语 p^{w}ant < *p^{w}at。

（2）蒙达语 *qape。“迟的”罗图马语 fepi < *p^{w}ebi。

（3）东部斐济语 berabera，“迟的”bera。

（4）达阿语 na-ole。“迟的”马达加斯加语 ela。

（5）哈尼语绿春话 *lole。“迟的”沙外语 mɛlil < *me-lili。

三 词源关系分析

1. *laga（*lok、*ləg、*lak^{w}a）

“慢的”布朗语甘塘话 *lok。“懒的”西部裕固语 *ʔarg-ləg，瓜依沃语 *lak^{w}a。“瞎的”他加洛语、阿卡拉农语 bulag，巴拉望语 bɔlɔʔ < *bu-lag。

> “慢的、懒的”古英语 slaw，古挪威语 sljor < *slog^{w}o。
> “懒的、慢的”古英语 asolcen。

2. *bora（*bera、*mara、*mər）

“慢”东部斐济语 berebere < *bera。“远的”阿美语 maraaj < *mara-ʔaʔi，朝鲜语 mərta < *mər-。

> “慢的”希腊语 bradys < *bra-。波兰语 wolny < *b^{w}ol-。
> “远”古英语 feorr，古高地德语 ferro，古挪威语 fjarre，哥特语 fairra < *paro。

3. *no（*ne）

“慢的”缅文、拉祜语 *s-ne，窝里沃语 *no-ʔi。

> “慢的”梵语 ʃnaiḥ < *sna-。

4. *b^{w}ado（*p^{w}at、*bat）

“慢的”马绍尔语 *p^{w}at。印尼语 *la-bat。巴拉望语 *mola-bat。“钝的”桑塔利语 *b^{w}ado。

> 梵语“慢的”manda，“钝的”mandaḥ < *mada-。

“慢”希伯来语 vytyvt < *b^{w}utu-，阿拉伯语 bathiy'。

5. *let

“迟的”布拉安 leʔet < *let。

> “慢的”古英语 læt，古挪威语 latr，拉丁语 lentus < *let-。
>
> “磨损的、懒的”哥特语 lats。

6. *sedo（*sta）

“慢的”维吾尔语、柯尔克孜语、乌兹别克语 *ʔasta，东部裕固语 *sedo-na。

> “慢的”乌尔都语 ahista < *aqista。
>
> “慢的”和阗塞语 asttā ṇa- < *asta-。
>
> “迟的”哥特语 seiþus，“之后”古英语 sið，“自从”德语 siet < *sidu。

“慢的、傻的”匈牙利文 ostoba < *osto-。“慢的”芬兰语 hidas < *sida-。

7. *dali（*dilo、*tələ、*dal、*dili）

“慢的”藏文 dal < *dal，桑塔利语 dhilo̱ < *dilo。阿美语 matʃəɬəŋ < *ma-tələŋ。

“钝的”印尼语 madʒal，米南卡保语 madʒa < *ma-dal。西部斐济语 d^{r}ili < *dili。

> “钝的”古英语 dol。“愚笨的”古弗里斯语 dol，哥特语 dwals。
>
> “慢的”俄语 miedlennɨj < *medle-。

8. *b^{w}asi（*pes、*masi）

“钝的”坦纳语 apəs < *ʔapes。勒窝语 masi < *masi。

“慢的”阿尔巴尼亚语 avaʃtë < *ab^{w}as-。

9. *do（*du）

“钝的”莽语 dy^{55} < *ʔdu。布鲁语 dodo-t < *dodo。

“慢的”亚美尼亚语 dandaʁ < *dada-。

“愚笨的”格鲁吉亚语 thuthutsi < *duduti。

“不”的词源关系

如同现代汉语，许多语言有“不”“没”有别的否定词。古汉语“不”用于已然或尚未发生的否定，“弗”用于非陈述语气表示不会、不可能。“毋”*ma、“非”*pər 用于非陈述语气。亚欧语言否定词与“少的”“空的”等说法有词源关系。

◇ 一 东亚太平洋语言的“不”

“不”的主要说法有：

1. *degi / *təgə / *deko / *tago / * dak / *diki / *təko

土耳其语 deɣil < *degi-l。（名词性谓语否定词，有人称变化）

维吾尔语 jɑq，哈萨克语、图瓦语 dʒoq < *deg。

保安语 təgə，蒙文 bitekei < *təgə / *bi-təgi。

嫩戈内语 deko，马那姆语 tago < *deko / *tago。

印尼语 tidak，巴拉望语 diki < *ti-dak / *diki。

布朗语胖品话 tʃɤk^{31} < *təko。

2. *emes / *ʔume / *ʔem^{w}e

维吾尔语 ɛmɛs < *emes。

满文 ume，锡伯语 əm < *ʔume。（不要）

三威治港语 em^{w}e < *ʔem^{w}e。

3. *ʔulə / *ʔula

蒙古语 ʉl，达斡尔语 ul，东乡语 uliə < *ʔulə。

卡加延语 ula < *ʔula。

4. *ʔəsi / *ʔəsi-n / *so

蒙古语 əs，东乡语 əsə < *ʔəsə。

鄂温克语 əʃin，鄂伦春语 ə- < *ʔəsi-n。

波那佩语 sō < *so。

5. *ʔaqu / *ʔeqo

满文 akū，锡伯语 aqu（没有）< *ʔaqu。

锡加语 eʔo < *ʔeqo。

6. *mar / *məl

朝鲜语 mar- < *mar。

汉语 *məl（微）。《诗经·邶风·柏舟》：“微我无酒，以敖以游。”①

7. *ʔani / *ʔini

朝鲜语 anita < *ʔani-。（不是）

阿伊努语 áni < *ʔani。

---

① 邶为商故邑，武王克商，封纣子武庚于此，今河南汤阴。该文下有“我心匪鉴，不可以茹。”以“匪”为否定词。

邵语 ani < *ʔani。

泰雅语 ʔiniʔ，排湾语、赛德克语 ini，布农语 ni < *ʔini。

8. *naʔi / *ʔina

日语 nai < *naʔi。

拉巴努伊语 ʔina < *ʔina。

9. *ʔe-ʔega / *sigaʔi

大瓦拉语 eega < *ʔe-ʔega。

西部斐济语 sikai，拉加语 siɣai < *sigaʔi。

10. *ʔoka / *ʔaka / *ʔika / *koʔi

赛夏语 ʔokaʔ < *ʔoka。阿美语 aka < *ʔaka。（不要）

汤加语 ʔikai < *ʔika-ʔi。南密语 koi < *koʔi。

11. *la-si / *la-ʔaʔi

莫图语 lasi < *la-si。梅柯澳语 laai < *la-ʔaʔi。

12. *qidi / *qəde / *ʔida / *ʔadi / *di

他加洛语 hindiʔ，萨萨克语 əndeʔ < *qidi / *qəde。

米南卡保语 indaʔ < *ʔida。

卑南语 aɖi < *ʔadi。

雅美语 dʒi < *di。

13. *ʔab^{w}u

卡乌龙语 aβu < *ʔab^{w}u。

14. *gala / *kalo

吉尔伯特语 gala < *gala。

木鲁特语 kalo < *kalo。

15. *muŋa

查莫罗语 muŋa < *muŋa。

16. *pjəʔ / *pit / *putə / *pətə

汉语 *pjəʔ（否），*pit（弗）。

东部裕固语 putə < *putə。

托莱语 pətə < *pətə。

17. *pə

汉语 *pə（不）。

克木语 pɤ（不、别），户语 pɤ^{31} < *pə。

18. *mo-ʔo

布鲁语 moo < *mo-ʔo。

19. *pər / *pere

汉语 *pər（非、匪）。

勒窝语 pere < *pere。

20. *mak / *bəko-n

汉语 *mak（莫，甲骨文等为无定指代词）。

嘉戎语 di-mek，戈尔何棱语（Kolhreng 库基语支）ni-mak < *mak。

雅美语 bəkən，卡林阿语 bokon，亚齐语 kən < *bəko-n。

21. *mi

藏文 mi，羌语 mi^{55} < *mi。维吾尔语 mi < *mi。

壮语龙州话 mi^{2}，水语 me^{2}，毛南语 kam^{3} < *mi / *ka-mi。

22. *ma / *maʔ / *ba / *baŋ

汉语 *ma（毋）。

拉萨藏语 ma^{13}，缅文 mɑ^{1} < *maʔ。维吾尔语 ma < *ma。

阿者拉语 i-maʔ < *maʔ。布昂语 ma，阿杰语 b^{w}a < *ma。

布努语 ma^{2} < *ma。

布兴语、桑塔利语 ba < *ba。桑塔利语 baŋ < *baŋ。

23. *ta

雅美语 ta < *ta。

黎语 ta^{1} < *ta。

24. *ʔə

德昂语南虎话 ʔɤ < *ʔə。

25. *pum

柬埔寨文 pum < *pum。

26. *koŋ

京语 khoŋ^{1} < *koŋ。

27. *ʔaŋ

佤语马散话 ʔaŋ < *ʔaŋ。

28. *qela / *ʔale

桑塔利语 hela < *qela，alo（别）< *ʔalo。

查莫罗语 ahe < *ʔale。

29. *ka-ge

蒙达语 ka-ge < *ka-ge。

30. *ʔot

尼科巴语 øt < *ʔot。

31. *roʔo / *ʔora

尼科巴语 røø、høø < *roʔo，ør < *ʔor。

爪哇语 ora < *ʔora。

◇ 二 “不”的词源对应关系

1. “不”和“少的”

（1）维吾尔语 *emes。“少”满文 komso、锡伯语 qomsw、赫哲语 qomtɕœ < *qomso，罗维阿纳语 visvis < *bʷis。

（2）维吾尔语、哈萨克语、图瓦语 *deg。“少”朝鲜语 tʃəkta < *dək-，查莫罗语 dekike < *deki。

（3）蒙古语、东乡语 *ʔəsə。“少”莫图语 sisi-na < *sisi，汤加语 siʔi < *si-ʔi，阿者拉语 isiʔ < *ʔisi-ʔi。

（4）汉语 *mak（莫）。“少”蒙古语 bag < *bag。

（5）勒窝语 *pere。“少”布鲁语 breu-breu-k < *bre-ʔu。

（6）波那佩语 *so。“少”女真语（我锁）*oso < *ʔoso。

（7）朝鲜语 *ʔani-。“少”傈僳语 ne^{55}、木雅语 ni^{55}ni^{55} < *nini。

（8）日语 *naʔi。“少”缅文 nɑŋ̥^{3} < *naŋ，巴琉语 ŋ̥aŋ^{53} < *naŋ。

（9）卡乌龙语 *ʔab^{w}u。“少”马林厄语 bua < *bu-ʔa。

（10）东部裕固语 *putə。“少”布吉斯语 betʃtʃu < *betu，萨萨克语 betʃeʔ < *beteq。

（11）布兴语、桑塔利语 *ba。“少”梅柯澳语 afa < *ʔaba，托莱语 pəuau < *pa-ʔu。

（12）尼科巴语 *ʔor。“少”土耳其语、维吾尔语、西部裕固语 ɑz < *ʔar。

2.“不”和“空的”

（1）他加洛语 *qidi。“空的”蒙古语 xəndiː < *qodi。

（2）朝鲜语 *ʔani-。“空的”莫图语 asi ani-na < *ʔasi-ʔani，梅柯澳语 maini < *ma-ʔini。

（3）汉语 *ma（毋）。“空的”景颇语 man^{31} < *man。

（4）佤语马散话 *ʔaŋ。“空的”达让僜语 uɑŋ^{55} < *ʔuʔaŋ。

（5）吉尔伯特语 *gala。“空的”桑塔利语 khɛli < *gali。

（6）桑塔利语 hela < *qela。“空的”东部斐济语 lala < *lala。

（7）汉语 *pər（非、匪）。“空的”马绍尔语 p^{ɯ}aɽ < *p^{w}ar。

（8）南密语 *ko-ʔi。“空的”瓜依沃语 -uku < *ʔuku。

三　词源关系分析

1. *ni

“不”阿伊努语 *ʔani，邵语 ani < *ʔani，朝鲜语 *ʔani-，泰雅语、排湾

语、赛德克语、布农语 *ʔini。“少”傈僳语 ne^{55}、木雅语 $ni^{55}ni^{55}$ < *nini。

> “不”古英语 na，古挪威语、古弗里斯语、古高地德语、俄语 ne < *ne。
> 西班牙语、意大利语 no。波兰语 nie < *ne。
> “不是的”和阗塞语 n̥o。

2. *naʔi（*ʔina）

“不”日语 *naʔi。拉巴努伊语 *ʔina。

> “不”梵语、乌尔都语 nahi < *naqi。
> “没有”（介词）和阗塞语 anā 。

3. *ga（*ko、*ka、*ku）

“不”大瓦拉语 *ʔe-ʔega，赛夏语 *ʔoka，阿美语 *ʔaka，汤加语 *ʔika-ʔi。“空的”瓜依沃语 -uku < *ʔuku。

> “不”希腊语 otʃhi < *ogi，亚美尼亚语 otʃh < *og。

4. *me

“不”维吾尔语 *emes，满文、锡伯语 *ʔume，三威治港语 *ʔeme。

> “不”希腊语 me。

5. *ra（*ro、*ru）

“不”尼科巴语 *roʔo，爪哇语 *ʔora。“少的”布鲁语 ro-ro-in < *ro。黎语保定话 rau^{2} < *ru。

> “不”阿尔巴尼亚语 jo < *ro。

“不”格鲁吉亚语 ara。

“这”的词源关系

指示代词通常为两分和三分，也有不同方式的四分。两分的如古汉语有“彼、此”，现代汉语书面语为“这、那”。三分的通常区分为近指、中指和远指，也有在两分的基础上在远指中再区分出一种“近的远指”。亚欧语言近指示词“这”与“近的”“我、我们”等说法有词源关系。

◇ 一 东亚太平洋语言的“这”

“这”的主要说法有：

1. *bu / *bu-l

土耳其语、维吾尔语 bu，图瓦语 bo（这、这个）< *bu。

哈萨克语 bul < *bu-l。

2. *ʔene / *ʔini / *qini / *ʔene-ʔo / *ʔine / *ʔina-ʔi / *ʔani-ʔi / *ʔina

蒙古语 ən，达斡尔语 ənə，清代蒙文 ene < *ʔene。

保安语 inə < *ʔini。

邹语 eni，印尼语 ini < *ʔini。赛德克语 hini < *qini。

查莫罗语 ine，汤加语 eni < *ʔine / *ʔeni。

莫图语 inai < *ʔina-ʔi。泰雅语 qanij < *ʔani-ʔi。

马绍尔语 eņeo < *ʔene-ʔo，eņin < *ʔenin（我们之间的），in < *ʔin（我们这边的）。

桑塔利语 inɛ < *ʔina，ini < *ʔini。

3. *ʔi

朝鲜语 i < *ʔi（或 *ni）。

4. *ʔeke

满文 eke，蒙文 eke < *ʔeke。

5. *ʔere / *ʔiri

满文 ere，锡伯语 ər，鄂温克语 ərĭ，赫哲语 əi < *ʔere。

朝鲜语 iri < *ʔiri。（这儿）

6. *ko-no / *ko-re

日语 kono < *ko-no，kore < *ko-re。

7. *si / *ʔi-ʔisi / *ʔise

鄂罗克语 si < *si。

卡那卡那富语 iisi < *ʔi-ʔisi。

马加尔语 ise < *ʔise。

8. *kuni

阿美语 kuni < *kuni。

9. *saʔ-itin

布农语 saitin < *saʔ-itin。

10. *ka-ʔi

鲁凯语 kaj < *ka-ʔi。

11. *qala / *la

邵语 haja < *qala。雅美语 ja < *la。

12. *ni / *ne-ʔi / *ʔniʔ / *ne / *ni-ʔa

占语 ni < *ni。

夏威夷语 nei < *ne-ʔi。

壮语龙州话 nai^{3}，畲语 ni^{3} < *ʔniʔ。

侗语、水语 naːi^{6} < *ni。

布朗语甘塘话 ni^{31}，克木语 n̥iʔ < *ni / *sniʔ。

蒙达语 ne < *ne。蒙达语 ini < *ʔini。（这个）

桑塔利语 niɛ < *ni-ʔa，noa < *no-ʔa。

13. *ʔito / *ʔitu / *ʔiti / *tu

他加洛语 ito < *ʔito。排湾语 itsu < *ʔitu。

桑塔利语 iti < *ʔiti。（这、这时、那时）

他杭语 tʃu < *tu。

14. *ʔuʔa

夏威夷语 ʔuʔa < *ʔuʔa。

15. *ʔi-sko / *sugu / *ku

桑塔利语 isko < *ʔi-sko。

加龙语 sɯgɯ < *sugu。扎坝语 kʊ^{13} < *ku。

16. *s-krə

汉语 *s-krə（兹）。①

17. *ʔan

汉语 *ʔan（焉）。②

格曼僜语 an < *ʔan。

尼科巴语 ŋian < *ŋi-ʔan。

18. *ʔe / *ʔi / *ʔoqo

达让僜语 e^{55} < *ʔe。

布兴语 ʔe < *ʔe。布芒语、佤语艾帅话 ʔi < *ʔi。

斐济语 oqo < *ʔoqo。马绍尔语 e < *ʔe。

19. *li / *liʔ / *s-lu

景颇语 n^{33}tai^{33} < *n-li。汉语 *sliʔ（是）< *s-liʔ。③

德宏傣语 lai^{4} < *liʔ。

白语剑川话 lɯ^{31} < *s-lu。

---

① “兹”精母字“丝省声”。

② “焉”为指示词见于《小雅・白驹》《小雅・有菀》等。

③ “时”为指示词见于《秦风・驷驖》《大雅・大明》，“时”*slə 是“是”的方言读法。

20. *di / *ʔidi-ni / *s-du

藏文 ɦdi，藏语夏河话 ndə < *m-di。普米语兰坪话 di^{13} < *di。

卑南语 iḍini < *ʔidi-ni。

白语大理话 $tɯ^{31}$ < *s-du。

21. *ʔna

苗语养蒿话 $noŋ^3$，大南山话 na^3，枫香话 $naŋ^3$，勉语大坪话 na^3 < *ʔna。

22. *gi

克木语乌方言 gi < *gi。

桑塔利语 nĩ khĩ < *ni-gi。（这个）

23. *ŋil

尼科巴语 ŋih < *ŋil。

殷商和西周时代汉语东部方言近指为“兹”，远指为“之”。西周时另有近指的“斯”和“此”。“其”“是”“实”是不分远近的兼指代词。[①] 春秋时代的“寔”认为是“实”的异体字，为指示词见于《召南・小星》，可能对应于藏缅语的说法。“实”*qlik 为指示词见于《邶风・雄雉》《鄘风・柏舟》《郑风・扬之水》等。

近现代汉语书面语指示代词“这（這）”最早出现在唐代，早期也写作“遮”。有意见认为“这（這）”源于有指示作用的古汉语的“者”。[②]“这（這）、遮”中古为 *tsjo，“者”中古为 *tsjoʔ，可通。

现代汉语方言近指代词，如属北方方言多用“这”，南方方言多用“个（格）”。闽南话有承古汉语的“兹”也有承中古的“这”。

---

① 洪波：《汉语历史语法研究》，商务印书馆 2010 年版，第 84 页。

② 蒋绍愚、曹广顺主编：《近代汉语语法史研究综述》，商务印书馆 2005 年版，第 47 页。

二 词源对应关系

1.“这”和“近的”

（1）满文、锡伯语、鄂温克语、赫哲语 *ʔere。“近的”蒙文 oira、达斡尔语 uɑir、东部裕固语 oiro < *ʔora。

（2）汉语 *qlit（实）。①“近的”满文 hantʃi，锡伯语 χantɕi，赫哲语 qaltɕi < *qalti。

（3）景颇语 *n-li。“近的”罗图马语 ʔelʔele < *ʔele，桑塔利语 kaele < *ka-ʔele。

（4）克木语 *sniʔ。“近的”缅文 ni^{3}、景颇语 ni^{31}、阿昌语 ne^{31}、怒苏怒语 ni^{55} < *nig，格曼僜语 mɯ^{31}nai^{53} < *mu-ni。

（5）桑塔利语 *ʔiti。“近的”满文 hantʃi、锡伯语 χantɕi、赫哲语 qaltɕi < *qati。

（6）满文、蒙文 *ʔeke。“近的”马达加斯加语 akaiki < *ʔaka-ʔiki。

（7）汉语 *s-krə（兹）。“近的”波那佩语 keren < *kere-n。

2.“这”和“我、我们”

一些语言的第一人称代词可能来自近指指示代词。

（1）满文、锡伯语、鄂温克语、赫哲语 *ʔere。“我”日语 ore < *ʔore。

（2）加龙语 *sugu。“我”泰雅语 sakuʔ、爪哇语 aku < *saku / *ʔaku。

（3）夏威夷语 *ʔuʔa。“我”萨摩亚语 aʔu，汤加语、拉巴努伊语 au < *ʔaʔu。

（4）莫图语 *ʔina-ʔi。“我”拉加语、三威治港语 inau < *ʔina-ʔu，劳语、

① “实”作为指示词原本可能有两个读音，*qlit 和 *qlik。

瓜依沃语 nau < *na-ʔu。

（5）占语 *ni。“我”阿伊努语 kuani < *ku-ʔani，姆布拉语 nio < *ni-ʔo，那加语奥方言（Ao）ni < *ni。“我们”土家语 $a^{35}ȵi^{55}$ < *ʔani。

（6）布芒语、佤语艾帅话 *ʔi。“我”仡佬语贞丰话 $ʔi^{42}$ < *ʔi。“我们”布兴语、克木语 ʔiʔ，户语 eʔ < *ʔiʔ / *ʔeʔ。

（7）景颇语 *n-li。“咱们”蒙达语 a li < *li。

（8）他加洛语 *ʔito。“我们”莫图语 ita < *ʔita，伊拉鲁吐语 itə < *ʔitə。

（9）马加尔语 *ʔise。“我们”罗图马语 ʔisa < *ʔisa。

（10）土耳其语、维吾尔语 *bu。“咱们”蒙达语 ā bu < *ʔabu。

3. “这”和“今天”

东亚太平洋的一些语言中“这—日（白天）”或“日（白天）—这”来表示“今天、现在”。如：

（1）土耳其语、维吾尔语 *bu。“太阳、日子”维吾尔语、哈萨克语 kyn，撒拉语 gun < *gun。“今天”维吾尔语 bygyn，哈萨克语 bygin，图瓦语 bøgyn，西部裕固语 buɣən < *bu-gun。

（2）蒙古语、达斡尔语、清代蒙文 *ʔene。“白天”蒙古语 ɵder、达斡尔语 udur < *ʔudur。“今天”蒙古语 ɵneːder，达斡尔语 ənə udur，东部裕固语 oŋdur，保安语 nudə < *ʔeno-ʔudur。（这—白天）

（3）满文、锡伯语、鄂温克语、赫哲语 *ʔere。“今天”鄂伦春语 ənniji，鄂温克语 əri inigi < *ʔeri-ʔinig。

（4）泰雅语 *ʔani-ʔi。“今天”马达加斯加语 anɖru-ani，卡加延语 anduni < *ʔadu-ʔani（日—这）。

（5）“那（近指）”错那门巴语 mo^{35} < *mo。“今天”嘉戎语 mə sni < *mə-sni（这—日）。

错那门巴语的“那（近指）”*mo，可能与土耳其语、维吾尔语、图瓦语的“这”*bu 有词源关系。

◇ 三　词源关系和词源分布

东亚太平洋诸语中指示代词“这”的对应较为集中，分布较广的说法主要可区分为 A、B、C、D、E 和 F 六组。

A 组

蒙古语 ən，达斡尔语 ənə，清代蒙文 ene < *ʔene。保安语 inə < *ʔini。

邹语 eni，印尼语 ini < *ʔini。赛德克语 hini < *qini。

查莫罗语 ine，汤加语 eni < *ʔine / *ʔeni。

莫图语 inai < *ʔina-ʔi。泰雅语 qanij < *ʔani-ʔi。

马绍尔语 eɳeo < *ʔene-ʔo，eɳin < *ʔenin（我们之间的），in < *ʔin（我们这边的）。

桑塔利语 inɛ < *ʔina，ini < *ʔini。

卑南语 iɖini < *ʔidi-ni。

爱斯基摩语 ûna < *ʔuna。

鄂罗克语 sina < *si-na（或 si）。

格曼僜语 an < *ʔan，汉语 *ʔan（焉），① 可能来自 *ʔani，如同蒙古语。

苗语养蒿话 noŋ^{3}，大南山话 na^{3}，枫香话 naŋ^{3}，勉语大坪话 na^{3} < *ʔnaʔ。

B 组

占语 ni < *ni。夏威夷语 nei < *ne-ʔi。壮语龙州话 nai^{3}，畲语 ni^{3} < *ʔniʔ。

侗语、水语 naːi^{6} < *ni。

布朗语甘塘话 ni^{31}，克木语 n̥iʔ < *ni / *sniʔ。

①“焉”为指示词见于《小雅·白驹》《小雅·有菀》等。

蒙达语 ne < *ne。蒙达语 ini < *ʔini。（这个）

桑塔利语 niɛ < *ni-ʔa，noa < *no-ʔa。

C 组

藏文 ɦdi，藏语夏河话 ndə < *m-di。普米语兰坪话 di^{13} < *di。

卑南语 iɖini < *ʔidi-ni。

白语大理话 tɯ^{31} < *s-du，他杭语 tʃu < *tu，排湾语 itsu < *ʔitu。

景颇语 n^{33}tai^{33} < *n-li。

汉语 *sliʔ（是）< *s-liʔ。（与藏语 *di 等有词源关系）

D 组

满文 eke，清代蒙文 eke < *ʔeke。

日语 kono < *ko-no，kore < *ko-re。

扎坝语 kʊ^{13} < *ku，加龙语 sɯgɯ < *sugu，桑塔利语 isko < *ʔi-sko。

克木语乌方言 gi < *gi。

E 组

朝鲜语 i < *ʔi（或 *ni）。

布兴语 ʔe，布芒语、佤语艾帅话 ʔi < *ʔi。这些说法可能与朝鲜语 *ʔi 一样，来自 *ni。

F 组

满文 ere，锡伯语 ər，鄂温克语 ərĭ，赫哲语 əi < *ʔere。

汉语 *s-krə（兹）。

上述 A、B 两组可以分别构拟为 *ʔini、*ʔani 和 *ni 等形式，早期词根为 *ni。大体上 A 组的语言属于南岛—阿尔泰语群，B、C 组的语言属于汉藏—南亚语群。这些词与“近的”“我、我们”等说法有词源关系。

近指代词，梵语 enaṃ < *ena-m、idaṃ < *ida-m，古英语 þes < *de-si、意大利语 il、法语 ce < *ke 可以认为与东亚太平洋的语言对应。

鄂罗克语 si-，卡那卡那富语 iisi < *ʔi-ʔisi，马加尔语 ise < *ʔise 等可能

与古英语定冠词 se 和拉丁语 se-“某方的”有词源关系。

梵语近指代词 imaṃ < *ema-m，对应于东亚语言中隐藏的底层指示词。如“那（近指）”错那门巴语 mo^{35} < *mo，“今天”嘉戎语 mə sni < *mə-sni（这一日）的构词成分 *mə，及“现在”日语 ima、古突厥语 emti（< *ʔemu-di）、西部裕固语 ɑm、三威治港语 *me、彝语喜德话 ɑ^{21}m̩^{33}、墨脱门巴语 ʔo ma 等（许多语言的“现在”来自“今天”和近指代词，或是“今天”的简约说法）。

美洲印第安语的近指代词与东亚太平洋语言兼有 A、B、C 三组的情况，如：

阿巴齐语（Apache）diːhi < *di-li。（这个）

车罗科语（Cherokee）hiano < *qi-ʔano。

达科他语（Dakota）de，苏语（Sioux）deh < *de。

那瓦特尔语（Nahuatl）inin < *ʔin-ʔin。

恰好说明印第安语群来自早期分化、扩散和交流之后的东亚的语言。指示代词有保留语言中原先说法，也有后起的。如吴方言“个”，可能来自量词，但读作入声。唐宋时代汉语书面语中记为“底”的指示代词可能来自方位词，可能与 C 组读作 *ti 有词源关系。

现代汉语方言近指的代词，如福建长汀的 ni^{42}，当属于 B 组。

四　词源关系分析

1. *di

“这”藏文、藏语夏河话 *m-di，普米语兰坪话 *di，卑南语 *ʔidi-ni。

“这”梵语 idaṃ < *ida-。

2. *to（*tu、*ta）

“这”他加洛语 *ʔito，排湾语 *ʔitu。

“这”古英语 þes，古挪威语 þessi，荷兰语 deze < *te-si。“这”希腊语 ayto，oytos < *ato-。梵语 etaːm̩ < *eta-。
“这”俄语 ɛta，波兰语 ta < *eta。
“这”和阗塞语 tta- < *ta。粟特语 at、ta。

“这”古英语 þis 中性，þes 阳性，þeos 阴性，词根是 *te-，“这些”古英语 þo。古英语的 *-si 可能来自另一类指示代词。如鄂罗克语 *si，卡那卡那富语 *ʔi-ʔisi，马加尔语 *ʔise 等可能与古英语这个 *-si 有词源关系。“这”亚美尼亚语 sa。

3. *ʔina（*ʔna）

“这”莫图语 *ʔina-ʔi。苗瑶语 *ʔna。

“这”梵语 enam̩ < *ena-。粟特语 ēnē < *ene。

4. *la

“这”邵语 *qala，雅美语 *la。

“这”意大利语 il，梵语 iyam̩ < *ila-。亚美尼亚语 ays < *al-。

5. *ma（*mo）

“这”土耳其语、维吾尔语 bu，图瓦语 bo（这、这个）< *bu。

“那（近指）”错那门巴语 mo^{35} < *mo。

“今天”嘉戎语 mə sni < *mə-sni（这一日）的构词成分 *mə。

“现在”日语 ima、三威治港语 *me、彝语喜德话 $ɑ^{21}m̩^{33}$、墨脱门巴语 ʔo ma 等。

“这”梵语 imam̩ < *ema-m。
“这”和阗塞语 mū、粟特语 mu < *mu。

6. *ke（*ko）

“这”满文、清代蒙文 *ʔeke，日语 *ko-no。

“这”阿尔巴尼亚语 kjo < *ko。

“这”桑塔利语 isko < *ʔi-sko。

“这”和阗塞语 ṣā̯ ka- < *saka。

7. *si（ʔisi、*ʔise）

“这”鄂罗克语 *si，卡那卡那富语 *ʔi-ʔisi，马加尔语 *ʔise。

“这”和阗塞语 ṣa- < *sa，ṣi < *si。

“这”古英语 þes < *de-si。古英语定冠词 se。

“这”高加索格鲁吉亚语 ɛs < *es。

8. *re（*ri）

“这”满通古斯语 *ʔere。“这儿”朝鲜语 *ʔiri。

“这”乌尔都语 yeː < *re。

9. *ni（*sni）

“这”蒙达语 *ne。布朗语甘塘话 ni^{31} < *ni，克木语 n̥iʔ < *sniʔ。

“这个”蒙达语 ini < *ʔini。

“这”粟特语 ē ni < *eni。

“那”的词源关系

亚欧语言指示词多两分，三分的有近指的“那”和远指的“那”的区分，远指的“那”后起。近指的“那”与“远的”“你、你们”“其他”等说法有词源关系，第三人称代词多来自该指示代词。

◇ 一　东亚太平洋语言的“那”

“那”的主要说法有：

1. *ʔol / *ʔali / *ʔalo / *ʔala / *k-lə / *qila / *qula

古突厥语 ol，图瓦语 ol（他、那），柯尔克孜语 ɑl（他、那）< *ʔol。①

清代蒙文 ali < *ʔali。

查莫罗语 ajo < *ʔalo。斐济语 ajā < *ʔala。（更远）

汉语 *k-lə（之）。

赛德克语 hija < *qila。邵语 huja < *qula。

① “那”匈牙利语 az < *al。

2. *lu

土耳其语 ʃu，维吾尔语、撒拉语 u（他、那）< *lu。

3. *tərə / *tari / *tere / *der

蒙古语、保安语 ter，东乡语 tərə，锡伯语 tər < *tərə。

鄂伦春语 tarı，鄂温克语 tarĭ < *tari。

满文 tere < *tere。（那个）

蒙达语 hender < *qeder。

4. *te / *ti / *tə / *ʔiti

土族语 te，赫哲语 ti < *te / *ti。①

布依语 te^{1}，毛南语 te^{1}（他们）< *te。

桑塔利语 iti < *ʔiti。

5. *də / *ta-na / *ku-ʔada

朝鲜语 tʃə < *də。（远指）

鄂罗克语 tana < *ta-na。

鲁凯语 kuaḍa < *ku-ʔada。（远指，主格）

6. *so-no

日语 sono < *so-no，ano < *ʔa-no。②

7. *qasa / *ʔi-ʔisa

泰雅语 qasa < *qasa。卡那卡那富语 iisa < *ʔi-ʔisa。

---

①"那"芬兰语 tuo < *to。

②"那、她、它"芬兰语 se，"那、他"格鲁吉亚语 is。

8. *kana-ʔu / *kena

沙阿鲁阿语 kanau < *kana-ʔu。

夏威夷语 kenā ʔ < *kena。（你那边的）

9. *kura

阿美语 kura < *kura。

10. *sa-ʔitan

布农语 saitan < *sa-ʔitan。

11. *ʔuli-tu

雅美语 ujitu < *ʔuli-tu。

12. *ʔilan

他加洛语 ijan < *ʔilan。

13. *la / *kola

夏威夷语 ja < *la，kēlā < *kela。

斐济语 kojā < *kola。（远）

14. *na / *ʔena-ʔo / *ʔena / *ʔona / *ʔa-ʔena / *ʔno / *ne

汤加语 na < *na。

查莫罗语 enao < *ʔena-ʔo。

蒙达语 ena < *ʔena。

桑塔利语 ona < *ʔona，hana < *qana。

加龙语 a-e-na < *ʔa-ʔena。

拉祜语 no^{53} < *ʔno。（远指）

布朗语甘塘话 ne^{31}，克木语 nai < *ne。

15. *ʔidu / *du-ʔa

卑南语 iɖu < *ʔidu。

排湾语 dzua < *du-ʔa。

16. *ʔir / *qira / *riʔ

汉语 *ʔir（伊）。《大雅・小明》："心之忧矣，自诒伊戚。"

赛夏语 hizaʔ < *qira。

莫语 si^{4} < *riʔ。

17. *ʔoqo-ri

斐济语 oqori < *ʔoqo-ri。（对方附近）

18. *ke

马绍尔语 ke < *ke，me < *me。

19. *gə / *gjes / *go / *ge / *kjə

汉语 *gjə（其）< *gə。朝鲜语 kɯ < *gə。（近的远指）[①]

仫佬语 ka^{6}，侗语 ţa^{6} < *gjes。

傈僳语 go^{33} < *go。

户语 ɣe^{31} < *ge。京语 kiə^{1} < *kjə。

20. *pral / *pəl

汉语 *pralʔ（彼），*pəl（匪）< *pəl。

① "那"匈牙利文 aki，hogi < *qogi。

21. *de / *ʔadi

藏文 de < *de。阿昌语 the < *de。彝语喜德话 $a^{33}di^{55}$ < *ʔadi。

22. *bʷe / *bu

错那门巴语 mo，格曼僜语 we < *bʷe。

白语剑川话 $mɯ^{31}$，大理话 $pɯ^{31}$ < *bu。

23. *kutu

他杭语 kjutʃu < *kutu。

24. *ʔo-se

马加尔语 ose < *ʔo-se。

25. *ʔa

博嘎尔珞巴语 aː < *ʔa。

26. *qo / *ʔo

缅文 ho^{2} < *qo。拉祜语 o^{53} < *ʔo。

27. *ʔi

土家语 ai^{55} < *ʔi。

28. *ʔaʔi

莽语 $ʔa^{31}ʔy^{51}$ < *ʔaʔi。

29. *ŋa-mol

尼科巴语 ŋamɔh < *ŋa-mol。

殷商卜辞远指为“之”，西周沿用，另有“彼”。卜辞中“厥”是定指标记，如同英语的 the。西周开始“厥”的特指标记作用逐渐为“其”“是”“之”等所代替，只有在仿古的语体中“厥”才有商代和西周早期的这种作用。

魏晋时期多用“尔”。近现代汉语书面语的远指代词“那”出现于唐代，学术界或者认为来源于“若”或者认为来源于“尔”。“这、那”在唐代产生后，只能作定语，不能单独作主语。“阿堵”见于南方书面语文献，“兀底”则见于北方书面语文献。①

现代汉语方言远指代词，如属北方方言的多用“那”和“兀”，南方方言如上海话用“伊”，温州、福建用“许”。闽南话有兼指的“安”，相当于古汉语兼指的“焉”*ʔan。

西安话中“这”为近指、“兀”为远指，太原话中“这”为近指、“兀”为远指、“那”为中指。山西的中指的代词“闹、能”，可能来自“那”。

二 “那”的词源对应关系

1.“那”和“远的”

（1）鄂伦春语、鄂温克语 *tari。“远的”维吾尔语 jiraq、哈萨克语 dʒəraq < *diraq，亚齐语 dʒaraʔ < *daraq。

（2）古突厥语、图瓦语、柯尔克孜语 *ʔol。“远的”蒙古语 xol、达斡尔语 xol、东乡语 ɢolo、东部裕固语 χolo < *qolo。

（3）查莫罗语 *ʔalo。“远的”那大语 ola < *ʔola。

（4）鲁凯语 *ku-ʔada。“远的”爪哇语 adɔh < *ʔado-q，塔希提语 atea < *ʔate-ʔa，博嘎尔珞巴语 aːto < *ʔato。

① 蒋绍愚、曹广顺主编:《近代汉语语法史研究综述》，商务印书馆 2005 年版，第 49 页。

（5）日语 *so-no。“远的”塔纳语 isou < *ʔi-soʔu。罗图马语 sousou < *soʔu。

（6）户语 *ge。“远的”土家语 ɣɯe^{21} < *ge，佤语孟贡话 gai < *gi。

（7）夏威夷语 *kela。“远的”壮语 kjai^{1}、黎语 lai^{1} < *kli。

2.“那”和“你”

（1）汤加语 *na。“你”汉语 *na（汝），加洛语 nā < *na，加龙语 no < *no。

（2）马绍尔语 *me。“你”佤语艾帅话 ma̤i̤ʔ、巴琉语 mi^{33}、京语 mai^{2} < *mi。

（3）白语 *bu。“你”临高语 mə、泰语 mɯŋ^{2} < *mu-ŋ。

（4）傈僳语 *go。“你”巴兴语、朗卡斯语（Rangkas）ga < *ga。

（5）尼科巴语 *ŋa-mol。“你”尼科巴语 meh < *mel。

3.“那”和“他”

许多语言的第三人称代词来自指示代词“那”。

三　词源关系分析

1. *tari（*tari）

“那”蒙古语、保安语、东乡语、锡伯语 *tərə，鄂伦春语、鄂温克语 *tari。“那个”满文 *tere。

> “另外的”哥特语 anþar，高地德语 andar，荷兰语 ander。
>
> “第二的”古英语 oþer < *ater。
>
> “其他”和阗塞语 aḏāra- < *adara。

2. *te

“那”土族语 *te，布依语、毛南语 *te。

“那”俄语、波兰语 to，希腊语、梵语、古教堂斯拉夫语定冠词 to。 “那”希腊语 toso < *to-so，（阳性）古英语 so。

芬兰语 tuo < *to。

3. *da（*de、*do）

“那”藏文 *de，阿昌语 *de，鲁凯语 *ku-ʔada。“远的”爪哇语 adɔh < *ʔado-q，塔希提语 atea < *ʔate-ʔa，博嘎尔珞巴语 aːto < *ʔato。

“那”粟特语 xēδ < *qed。亚美尼亚语 da。 “那”和阗塞语 ttāṇa < *ta-。 古英语定冠词（主格复数和使动格单数）þa < *ta，“你”þe < *te。

4. *ke

“那”马绍尔语 *ke，户语 *ge。“你”波那佩语 ke < *ke，汤加语 koe < *koʔe。

“那”希腊语 ekeinos < *eki-，拉丁语 que < *kʷe。

“那”匈牙利文 aki，hogi < *qogi。

5. *qila（*ʔila、*qula、*sila）

“那”清代蒙文 *ʔali。赛德克语 *qila，他加洛语 *ʔilan，邵语 *qula。“他”雅美语、沙玛语 ija < *ʔila，他加洛语、卡林阿语 sija < *sila。

“那”拉丁语 illa < *ila，阿尔巴尼亚语 tsila < *kila。

6. *qira（*ʔir）

“那”赛夏语 *qira。汉语 *ʔir（伊）。

“那”阿尔巴尼亚语 ajo < *aro，亚美尼亚语 or。

7. *qo（*ʔo）

“那”缅文 ho^{2} < *qo。拉祜语 o^{53} < *ʔo。

“那”乌尔都语 wo < *ʔo。

8. *na

“那”蒙达语 *ʔena，桑塔利语 *qana。汤加语 *na，查莫罗语 *ʔena。加龙语 *ʔena。

“其他”和阗塞语 aɳa- < *ana。

“我”的词源关系

语言的人称代词来自传承，有的另有来历，与发生学分类不一致。一种语言或方言可使用两套或多套人称代词，语义表达上或有所分工。

语言的基本词比较稳定的，有较多的语义引申、构词的功能，或有语法化后的保留。在词汇系统中，基本词的最初角色可被替换，但最初的及其后来演变的形式、作为构词成分的形式可以被保留下来。语言人称代词的宾格、与格等形式和动词的人称后缀通常来自早期的人称代词，并可对应其他语言。

亚洲、欧洲和非洲语言的第一人称代词单数词根（包括非主格及复数转用为单数的形式）有数个跨语系对应的关系，其他基本语词的对应可排除人称代词对应的偶然性，这些对应可能是早期的人类迁移和语言的接触留下的。

亚欧语言第一人称代词单数和复数可替代，与“人”“这”等说法有词源关系。

一　东亚太平洋语言的“我”

“我”的主要说法有：

1. *ben

古突厥语、土耳其语 ben，维吾尔语 mɛn，哈萨克语、图瓦语 mɛn < *ben。

2. *bi / *ʔim / *mi

蒙古语 biː，满文、锡伯语、赫哲语 bi，鄂温克语、鄂伦春语 biː < *bi。①

雅库特语 im（后缀）< *ʔim。

那加语南桑亚方言（Namsangia）mi < *mi。

3. *de

朝鲜语 tʃe < *de。

4. *gʷata-kuli

日语 watakuʃi < *gʷata-kuli，wataçi < *gʷata-li。②

5. *ʔore / *ʔi-ʔara / *ʔara-ʔu / *ʔre

日语 ore < *ʔore。

马林厄语 iara < *ʔi-ʔara。罗维阿纳语 arau < *ʔara-ʔu。

勉语江底话 je^{1}、览金话 ja^{1}、龙定话 ʐe^{1} < *ʔre。

6. *ku-ʔani / *ni-ʔo / *ni / *qi-ni

阿伊努语 kuani < *ku-ʔani。③

姆布拉语 nio < *ni-ʔo。那加语奥方言（Ao）ni < *ni。

尼科巴语 tʃhi-ni < *qi-ni。

---

① 兰司铁认为可能丢失了主格标记 *-n（《阿尔泰语言学导论》，陈伟、沈成明译，中国社会科学出版社 1981 年版，第 71 页）。

② *-ta 可能是早期的主格标记，如鲁凯语“我们”主格为 ko-to。

③ “我”（宾格）匈牙利文 en。

7. *saku / *ʔaku / *la-ku

泰雅语 sakuʔ，爪哇语 aku < *saku / *ʔaku。

赛德克语、邵语 jaku，布农语 ðaku，赛夏语 jako < *la-ku。①

8. *agu / *gu-ʔaqo / *go

布拉安语 agu < *agu。

查莫罗语 guaho < *gu-ʔaqo。阿杰语 gɔ < *go。

卡纳斯语 gu，巴兴语、瓦尤语（Vayu）gō，吐龙语 go < *go。

9. *ʔa

卡加延语 a < *ʔa。

10. *taʔu

大瓦拉语 tau，汤加语 tau（我们）< *taʔu。

京语 taːu^{1} < *taʔu。

11. *ʔina-ʔu / *na-ʔu / *na

拉加语、三威治港语 inau < *ʔina-ʔu。劳语、瓜依沃语 nau < *na-ʔu。

朝鲜语 na < *na。

12. *b^{w}a-ʔu / *ʔa-b^{w}a-ʔu / *ʔa-bo / *b^{w}aŋ

塔希提语 vau < *b^{w}a-ʔu。菲拉梅勒语 avau < *ʔa-b^{w}a-ʔu。

米南卡保语 ambo < *ʔa-bo。

苗语养蒿话 vi^{4}，畲语 vaŋ^{4} < *b^{w}aŋ。

---

① *la 和 *ku 可能都是早期不同人群的第一人称。

13. *sa / *sa-ʔu

布昂语 sa < *sa。多布语 sau < *sa-ʔu。

14. *g-la / *la / *lo / *le

汉语 *g-la（余）> *laʔ（予）和 *la（余）。①

莫图语 lau，斐济语 jau < *la-ʔu。

达密语 aja < *ʔa-la。

沙外语 ja，依斯那格语 jaʔ < *la。查莫罗语 jo < *lo。

那加语棱马方言（Rengma）ālē < *ʔale。

那加语马兰方言（Maram）jē，克伦语阿果话 je < *le。

桑塔利语 ale < *ʔale。

15. *ŋa / *ʔaŋa / *ŋa-ʔu / *ŋa-ʔi

汉语 *ŋa（吾）< *ŋa。

藏文、马加尔语 ŋa，缅文 ŋɑɑ^{2} < *ŋa。

博多语 āŋ，迪马萨语 ɑŋ，加洛语 ā ŋā < *ʔaŋa。卡西语 ŋā < *ŋa。

马绍尔语 ŋa，卡乌龙语（Kaulong）ŋo < *ŋa。

马那姆语 ŋau，波那佩语 ŋēi < *ŋa-ʔu / *ŋa-ʔi。

16. *bəda-g

藏文 bdag < *bəda-g。②

---

① “余”谐声有定母字“途”，邪母字“徐”，书母字“赊”，船母字“荼”，透母字“稌”等。

② *bəda 可能相当于藏人自称，-g 来自 *go。“我”如巴兴语、瓦由语 gō，吐龙语 go。

17. *ki

克伦语叶因巴方言（Yeinba）kē，他多语（Thado）kē，格曼僜语 ki < *ki。

拉基语 ki^{24} < *ki。

拉加语 tsi^{1} < *ki。

朗龙语 kɑi-mā < *ki-ma。

18. *ku / *ku-naku / *koŋ

泰语 ku^{2}，老挝语、布依语 ku^{1}，壮语龙州话 kau^{1} < *ku。

卑南语 ku < *ku。

鲁凯语 kunaku < *ku-naku。

阿伊努语 ku < *ku。

苗语大南山话 ko^{3}，石门坎话 ku^{3}，绞坨话 $koŋ^{3}$ < *koŋ。

19. *nu / *ʔinu / *naʔu / *ʔinaʔu

侗语 jau^{2}，水语 ju^{2}，莫语 $ʔeu^{2}$ < *nu。

埃皮岛（Epi）勒窝语（Lewo, Varsu）inu。

马莱塔岛劳语（Lau）nau，庞特科特岛（Pentecot）拉加语（Raga）inau < *naʔu < *ʔinaʔu。

20. *ʔi

仡佬语贞丰话 $ʔi^{42}$ < *ʔi。

21. *ʔo / *ʔa-ʔu / *ʔu

佤语马散话 ʔɣʔ，布朗语茶叶箐话、甘塘话 $ʔau^{51}$，德昂语南虎话 ʔo < *ʔo。

莽语 $ʔa^{31}ʔu^{31}$ < *ʔa-ʔu。

巴塔克语、汤加语、拉巴努伊语 au，锡加语、萨摩亚语 aʔu < *ʔa-ʔu。

查莫罗语 hu < *ʔu。

22. *ʔapre

桑塔利语 apɽḙ̃ < *ʔapre。

23. *glom / *ləm

柬埔寨文 khɲom < *glom。

汉语 *ləm（朕）。

24. *ʔiŋ / *ʔaʔiŋ

蒙达语、桑塔利语 iŋ < *ʔiŋ。

柬埔寨文 ʔaeŋ < *ʔaʔiŋ。

《尔雅》:“卬、吾、台、予、朕、身、甫、余、言，我也。”“朕”甲骨卜辞为时王之自称。汉语“吾”*ŋa,《诗》不用。“予”不见于甲骨文，春秋末期的《论语》用“予”不用“余”，战国时代的《左传》用“我”，或用“余”。汉语书面语的“吾”*ŋa 应是春秋以后汉语西部方言带来的。

汉语第一人称代词“台（辝）”见于春秋金文。郭沫若:“乃春秋时代及其后之音变。后世所用之‘已’字，亦同此音变。”[①]“辝”*glə > *ljə，[②]“余”*la，元音不同。《诗经》时代中部方言微、歌部字，之、鱼部的字可押韵。书面语一些读 *ə 的字中部方言中可读 *a。

---

① 郭沫若:《金文丛考·汤盘孔鼎之扬榷》(郭沫若全集考古编第 5 卷)，人民出版社 1954 年版。

②“辝”邪母字。

◇ 二 "我"的词源对应关系

1. "我"和"人"

东亚南部和太平洋岛屿部分语言"我"和"人"的说法可能有词源关系。如：

（1）大瓦拉语 *taʔu。"人"邹语 tsou、卡那卡那富语 tsau、卑南语 ʈau、雅美语 tao < *ta-ʔu。邵语 θaw、巴则海语 saw < *ta-ʔu。巴拉望语 taw、戈龙塔洛语 tawu、他加洛语 tāʔo，达阿语、布吉斯语、贡诺语 tau，乌玛语 tau-（na）< *ta-ʔu。

（2）马那姆语 *ŋa-ʔu、波那佩语 *ŋa-ʔi。"人"毛利语、汤加语、萨摩亚语、拉巴努伊语 taŋata，夏威夷语 kă nă kă < *taŋa-ta。

（3）布拉安语 *agu。"人"他加洛语 tā gu < *ta-gu。

（4）桑塔利语 *ʔapre。"人"佤语马散话 phui、艾帅话 pui、孟汞话 phi < *pri。

（5）仡佬语贞丰话 *ʔi。"人"户语 $iʔ^{31}$ < *ʔiʔ，德昂语南虎话 to $ʔi^{51}$、茶叶箐话 du^{51} $ʔi^{51}$ < *du-ʔi。

2. "我"和"我们"

商代汉语甲骨卜辞"我"*ŋa-r（*-r 为复数后缀）的词根和藏缅语第一人称单数的 *ŋa 对应，是殷商的自称，商之后代表单数。第一人称单、复数的关系其他如：

（1）日语 *b^{w}ata-kuli。"我们"蒙古语 bəd、土族语 buda、保安语 bədə < *buda。

（2）日语 *ʔore，"我们"朝鲜语 uri < *ʔuri。

（3）那加语奥方言 *ni。"我们"土家语 $a^{35}ȵi^{55}$ < *ʔani，他杭语 njiː < *ni。

（4）大瓦拉语 tau，"我们"汤加语 tau。

（5）仡佬语贞丰话 *ʔi。“我们”布兴语、克木语 ʔiʔ，户语 eʔ < *ʔiʔ / *ʔeʔ。

（6）突厥语族语言 *ben。“我们” 满文 be。

3. “我” 和 “这”

“我” 和指示词 “这” 的词源关系上文《这》篇已说明。

4. 主格、宾格和所有格

下为泰雅语、排湾语和布农语第一、第二人称代词的主格、宾格和所有格形式。泰雅语、赛德克语的宾格后缀 -nan 可能是底层语言的遗存。

（1）泰雅语人称代词的主格、宾格和所有格

我	（主格）sakuʔ	（宾格）kənan	（所有格）makuʔ
我们	（主格）taʔ	（宾格）ʔətan	（所有格）taʔ
你	（主格）suʔ	（宾格）sunan	（所有格）suʔ
你们	（主格）simuw	（宾格）səmunan	（所有格）mamuw

泰雅语、赛德克语的宾格后缀为 -nan。

（2）排湾语人称代词的主格、宾格和所有格

我	（主格）aʔən	（宾格）tɕanu aʔən	（所有格）ni aʔən a
我们	（主格）amən	（宾格）tɕanu amən	（所有格）ni amən a
你	（主格）sun	（宾格）tɕanu sun	（所有格）su，ni su a
你们	（主格）mun	（宾格）tɕanu mun	（所有格）ni mun

（3）布农语人称代词的主格、宾格和所有格

我	（主格）ðaku	（宾格）maðaku	（所有格）inak
我们	（主格）ðami	（宾格）maðami	（所有格）inam
你	（主格）su	（宾格）masu	（所有格）masu
你们	（主格）mu	（宾格）mamu	（所有格）imu

三　词源关系分析

1. *g^{w}a（*go、*gu、*ŋa）

"我"阿杰语 *go，巴兴语、瓦由语、吐龙语 *go，布拉安语 *agu。日语 *g^{w}a-ta-。藏文、缅文、马加尔语、汉语 *ŋa。

"我"拉丁语、希腊语 ego，丹麦语 jeg < *eg^{w}e。俄语、波兰语 ja < *ga。

"我"古英语 ic，古挪威语 ek，哥特语 ik，赫梯语 uk < *ek^{w}。

"我"梵文 aham < *aka-。

"我们"古英语 we，古挪威语 ver，古高地德语 wir，哥特语 weis < *g^{w}e-r。

匈牙利语"我" ego（名词性）。"我"爱斯基摩语 uwaŋa < *ʔugaŋa。

2. *mi（*bi）

"我"蒙古语和满通古斯语 *bi，那加语南桑亚方言 *mi，雅库特语 *-ʔim。"我们"阿美语 kami、卡那卡那富语 kimi、卑南语 mimi < *ka-mi / *mi，排湾语 amən < *ʔa-min，邵语 jamin < *la-min。

"我"（动词人称后缀）梵语、斯拉夫语、希腊语 -mi。

"我"（宾格）古英语 me、古弗里斯语 mi < *mi-，古高地德语 mir < *mi-r。①

"我"（宾格）古教堂斯拉夫语、拉丁语、希腊语 me。

"我"（宾格）俄语、波兰语 mnie < *mne，希腊语 emena。

"我"（宾格）阿尔巴尼亚语 më < *mo，（所有格）mi。

"我的"古英语 mine。

① "我"（宾格）哥特语、古挪威语 mik，赫梯语 ammuk，词根为 *mi-，*-k 当为宾格后缀。古高地德语*-r 为宾格后缀。

“我的”俄语 moj、波兰语 moje < *mo-。希腊语 mou。
“我的”亚美尼亚语 im < *imi。

“我的”满文 mini，排湾语 amən < *ʔa-min，如同阿尔泰语第二人称与台湾南岛语的对应。“我”突厥语 *ben 的 *-n 对应印欧语人称代词后缀。

“我”波斯语 man。“我的”古波斯语 manā，阿维斯陀经 mana。
“我”乌尔都语 main < *ma-，（宾格）muje < *ma-ge。
“我”（宾格）拉脱维亚语 mani，（所有格）manis，（与格）man。
“我”（宾格）和阗塞语 ma。

芬兰—乌戈尔语系的芬兰语和匈牙利语第一人称代词有类似印欧语的情况，如：

芬兰语“我”minaü（主格、宾格）< *mi-na，“我的”minun，“我们”me。

动词人称后缀通常来自早一时期的人称代词，分布于梵语、斯拉夫语、希腊语的动词人称后缀 -mi 原本可能是第一人称代词的词根形式，如“我们”（主格）希腊语 emeis < *emi-s（*-s 古印欧语主格标记）。

3. *ni（*ne、*na）

“我”阿伊努语 kuani < *ku-ʔani，南岛语系语言姆布拉语 nio < *ni-ʔo。那加语奥方言 ni < *ni，尼科巴语 tʃhi-ni < *qi-ni。“我们”土家语 *ʔani，他杭语 *ni。

“这”莫图语 inai < *ʔina-ʔi，泰雅语 qanij < *ʔani-ʔi，桑塔利语 ini < *ʔini。

“我”（主格、宾格）阿尔巴尼亚语 unë < *une。
“我”（宾格）亚美尼亚语 inj < *ini。
“我们”（主格、宾格）拉丁语 nos，古爱尔兰语、威尔士语 ni。

"我"朝鲜语 *na，拉加语、三威治港语 *ʔina-ʔu。劳语、瓜依沃语 *na-ʔu。莫图语卡巴地方言 nana。

"人"苗语养蒿话 $nɛ^{2}$、野鸡坡话 na^{A}、大南山话 nen^{1} < $*s\text{-}ne^{n}$，畲语 ne^{2} < *ne，锡伯语 nan < *na-n。

"这"梵语 enaṃ < *ena-。

4. *si（*se）

"这"鄂罗克语 si < *si，卡那卡那富语 iisi < *ʔi-ʔisi，马加尔语 ise < *ʔise。

"我"（主格）亚美尼亚语、拉脱维亚语 es < *es。

"我"匈牙利文 sze < *se。印第安人西部阿帕齐语 ʃii < *si。

5. *de

"我"朝鲜语 *de。"我们"朝鲜语庆兴话 tʃətɯr < *dədu-r。

"我"粟特语 əzu < *ədu，阿维斯陀经 azem < *adem。

四　人称代词的分布和人群的迁徙

同一语系或同一语族的语言人称代词有的一致，有的不同。不同方言或亲属语或用不同的人称代词，可能来自不同的底层语言，也可能因为某种社会环境的因素采用特别的人称方式。①

一种语言或方言可使用两套或多套人称代词，尤其是书面语中。如汉语的书面语一直并用几种第一人称代词。欧洲、亚洲和非洲的一些语言，第一

① 如宋以后汉语用"俺"为第一人称，或认为"俺"是"我们"一类说法的合音。"俺"原为第一人称复数的排除式，后表有自尊意味的单数。

人称代词宾格、与格等形式和动词的人称后缀可对应其他语言。亚洲、欧洲和非洲语言的第一人称代词单数词根（包括非主格形式及复数转用为单数的形式）可区分为几个跨语系对应的主要类型。相隔遥远的语言基本语词对应关系可排除对应的偶然性。

在人称代词和其他基本词的词源关系研究中我们参考有关语言归属的结论，并不认为以往有关语言发生学关系的解释是完全合理的。研究策略是优先考虑词的传播途径和解释传播的原因。

亚洲、澳大利亚、欧洲和非洲等地语言的第一人称代词的单数形式有相同或相近几大类，其他基本词词根的语音对应关系可以说明它们的对应并不是出于巧合。

1. 第一人称的主要词源关系

欧洲、亚洲、大洋洲和非洲语言分布最广的第一人称代词的单数和一些复数形式可归为舌尖鼻音组 *ni（*ne、*na）、舌根鼻音及塞音组 *g^wa（*go、*gu、*ŋa）和唇鼻音及塞音组 *mi（*bi）三类，其次为舌尖塞音组 *d-（*t-）。

（1）舌根鼻音及塞音组

该组的分布从非洲到澳大利亚和太平洋岛屿，又从非洲到欧洲。可区分为以下两类：

① 东亚语言第一人称代词词根 *g^wa（*go、*ŋa），对应印欧语第一人称单数的主格古英语 ic、古挪威语 ek、哥特语 ik、赫梯语 uk，拉丁语、希腊语 ego，丹麦语 jeg < *eg^we。

澳大利亚土著语言第一人称代词词根 ɣa 当来自 *g^wa，现代调查的如阿雅巴杜语（Ayabadhu）等的 *ŋa（记录为 nga-）。

与之共存的第二人称代词或为 *ni 等，除了汉语和藏缅语的，其他如“你”维多利亚州土著语言 nin、ninan，中部和南部土著语言 nini、nia，西部土著语言 nini、niya，昆士兰州土著语言 nino、nayon。阿雅巴杜语主格 nhita

(< *ni-)。“你们”阿瓦巴卡尔语（Awabakal）nur 等。

② a *ku 和 *gu 见于华南地区的侗台语、太平洋岛屿上的南岛语和非洲尼罗—撒哈拉语系撒哈拉语族的语言，可能与其他语言的 *go、*g^{w}a 有词源关系。

该组诸语共存的第二人称代词或为舌尖音 *ni、*nir 等，及 *ti、*du、*tu 等。

（2）舌尖鼻音组

该组又可区分为以下三类，分布于非洲、欧洲、南亚、澳大利亚和太平洋岛屿。

①“我”朝鲜语 na，拉加语、三威治港语 *ʔina-ʔu，劳语、瓜依沃语 *na-ʔu，威尔士语 innau < *inā 等词根为 *na。

“我”泰米尔语 nāṉ，马拉雅拉姆语（Malayalam）ṇān < *nan。

②“我”（主格）希伯来语 ani < *ani。亚非系奥摩语 *in-，亚非系库西特语 *ʔani。

“我”澳大利亚中部和南部的土著语言 onye、ini、unyi，昆士兰土著语言 nia、niu、iu。

③“我”科拉米语（Kolami）an，匈牙利文 en（宾格），亚非系奥摩语 *in-。

部分匈牙利语词末音节元音丢失，如“火”tuüz，爱沙尼亚语、芬兰语 tuli < *tuli。“太阳、白天”nap < *nap，“天”梵语 nabhas- < *naba-。故匈牙利文 en < *ene，可归入第一类。

巴布亚新几内亚土著语言的第一人称代词单数基本上可归于该组，并有其中三类形式。该三类形式应有共同来源。美洲印第安语第一人称代词单数为 *na、*no 的可归于该组，另外的主要为 y-。[①]

① 参见 en.wikipedia.org/wiki/Amerind_languages#Pronouns。

该组诸语共存的第二人称代词或为舌尖音 *ti、*te、*tu、*int- 等，及 *mi、*mo 等。

（3）唇鼻音及塞音组

第一人称单数与格、宾格古英语 me、古弗里斯语 mi < *mi-，以及梵语、斯拉夫语、希腊语等动词的第一人称后缀为 -mi，对应威尔士语（主格、宾格）mi。

该组说法的词根形式主要是 *mi（*bi、*me），其分布从非洲到欧洲和北亚。如阿尔泰语系语言蒙古语 biː，满文、锡伯语、赫哲语 bi，鄂温克语、鄂伦春语 biː < *bi。在欧亚语言中的分布比舌尖鼻音组的 *ni（*ne、*na）更广。在欧洲除了印欧语，高加索语系中如“我”格鲁吉亚语 mɛ（主、宾格）< *me。非洲的语言中如“我”祖鲁语 mina，科萨语 mna，斯瓦西里语 mimi < *mi-。

澳大利亚新南威尔士的土著语言中，为 mi、mina，与欧洲和非洲的读法相同。

该组诸语共存的第二人称代词或为舌尖音 *ti、*du、*tu 等，及 *su、*se 等。

第一人称单数和复数说法的另外一组可称为舌尖塞音组，其分布也比较广。如，科伊桑语系科伊科伊语 ti、三达维语 *ti，巴布亚非南岛语系语言库欧特语 tu-、阿卡—科德语（Aka-Kede）等 di-，楚克奇语 tə-，朝鲜语的另一说法 tʃe < *de。“我们”卡林阿语 dita < *dita，朝鲜语庆兴话 tʃətɯr < *dədu-r。“我们”（排除式）泰语 tu^{2}，仡佬语贞丰话 tau^{35} < *tu。“我们”（包括式）莫图语 ita，罗图马语 ʔisa < *ʔita。伊拉鲁吐语 itə < *ʔitə。邹语 ato < *ʔato。

2. 人称代词和人群的迁移的推测

（1）第一人称代词分布历史的推测

根据 Y 基因的分类和分布的研究，认为澳大利亚原住民、巴布亚人和达罗毗荼人 6 万年前来到东南亚和澳大利亚，蒙古利亚人种的形成在距今 3 万年前。[①]

第一人称单数代词词根 $*g^wa$（*go、*gu、*ŋa）和 *mi（*bi、*me）在亚、欧两地的广泛分布，使用这些代词的语言可能较早时已经分布在非洲、欧洲和亚洲。七万三千五百年前苏门答腊的多巴火山爆发，东南亚人群濒于灭绝。此后 $*g^wa$ 类的语言南下到达澳大利亚大陆。*ni 类人称代词的语言西来抵巴布亚新几内亚，也进入澳大利亚。

非洲科伊桑语系努恩语的第一人称代词有 ŋ、na、m- 等，似乎保留了早期非洲语言的成分。祖鲁语第一人称单数的前缀为 ŋi-，二人称复数的前缀为 ni-，也可以说明这一点。

东亚早期的语言可能跟澳大利亚土著的语言关系比较密切，$*g^wa$（*gu、*ŋ-）为第一人称代词。第一人称代词单数为舌尖鼻音组 *ni（*ne、*na）的语言可能从南亚插入分布于巴布亚新几内亚，并进入澳大利亚。

（2）语源和人群迁徙的推测

东亚太平洋地区语言的差异和分布，从蒙古利亚人种形成以来，大体上应该是从较为简单变得较为复杂，这一情况我们可以从一些较为古老的词的分布中了解到。划分诸语系的依据大多是以近数千年的语言接触和分化留下的。如阿尔泰和南岛语系的语言，汉藏和南亚语系的诸语，结构上分别比较接近，是相近的语言底层、部落交际语的扩散和相互接触造成的，它们的对应关系可以追溯至更早的一些主要的源头。根据跨大陆和跨语系的词源和语源的比较可以看到东亚太平洋的语言不仅仅和南亚达罗毗荼语系的语言、巴布亚及澳大利亚原住民的语言有渊源关系，还与美洲的印第安人的语言、欧洲和非洲的语言有渊源关系。

第一人称单数代词词根 $*g^wa$（*go、*gu、*ŋa）和 *mi（*bi、*me）在

① 王传超、李辉：《从 Y 染色体解释东亚人群的历史》，Investigative Genetics, 2013，4（1）：11。

亚、欧两地的广泛分布，拥有这些代词的语言可能较早时已分布于非洲、欧洲和亚洲。非洲科伊桑语系努恩语的第一人称代词有 ŋ、na、m- 等，似乎保留了早期另外一类非洲语言的人称代词。祖鲁语第一人称单数的前缀为 ŋi-，第二人称复数的前缀为 ni-，也可以说明这一点。

撒哈拉语族的 *gu 对应华南地区、太平洋岛屿上的 *ku 和 *gu，其他基本词的对应也是如此，撒哈拉语族的语言可能来自华南或南亚。

亚非语系的语言词源看与南亚的语言关系更为密切，该语言的使用者把非洲使用第一人称代词 *mi（*m-）和 *gʷa（*gu、*ŋ-）的人群和欧洲的隔开，可能是末次冰期以后才分布于非洲北部地区。

南亚达罗毗荼语系的语言与东亚语言关系密切，未发现该语系的语言中有第一人称代词 *gʷa（*go、*gu、*ŋa）和 *mi 的分布。其基本词的词源关系把亚非语系和东亚南方语系的语言连接起来，可能与其向外扩张有关。

澳大利亚、巴布亚新几内亚土著语言的一些基本词与东亚太平洋不同支系语言有关词有词源关系，可能是两次人群迁徙的结果。*gʷa（*gu、*ŋ-）为第一人称代词的语言可能是从东亚中部影响到东亚各地，其移民成为澳大利亚的主要居民。舌尖鼻音组 *ni（*ne、*na）为第一人称代词单数的语言可能从南亚进入分布于巴布亚新几内亚，并进入澳大利亚，在东亚的影响基本上没有越过黄河。

欧洲的语言一方面与非洲早期的语言有密切的关系，另一方面又与亚洲的语言有密切的关系，主要应是早期非洲的居民向欧洲迁徙，欧亚两地的居民有过数次来回迁徙的结果。

科伊桑语系语言这些词与欧洲语言的有词源关系，欧洲的语言又与北亚的语言关系密切。

"我们"的词源关系

东亚太平洋有的语言第一人称有双数的表达，复数有排除式和包括式的区别。藏缅语双数的表达有"我和你"这样的构成，南岛语有类似汉语"我们俩"这样的构成。阿尔泰语表示多数的"我们"大多用复数后缀，南岛语多以其他方式。

一　东亚太平洋语言的"我们"

"我们"的主要说法有：

1. *bi-r / *biri-r / *bir-der / *be

土耳其语、维吾尔语 biz，图瓦语 bis < *bi-r。

撒拉语 pisir < *biri-r。

西部裕固语 məs-der < *bir-der。

满文 be < *be。①

① "我们"匈牙利文 mi，芬兰语 me。

2. *bu-ta / *bu / *ʔa-bu / *ʔa-bun

蒙古语 bəd，土族语 buda，保安语 bədə[①] < *bu-ta（我—你）。

锡伯语 bo，赫哲语 bu，鄂伦春语、鄂温克语 buː < *bu。

蒙达语 a bu（包括式），桑塔利语 abo < *ʔa-bu。

桑塔利语 abon < *ʔa-bun。

3. *ʔuri / *ʔir

朝鲜语 uri < *ʔuri。

帕马语 ir < *ʔir。

4. *gə-kədə-r

朝鲜语蔚山话 tʃəkətər < *gə-kədə-r。

5. *gʷatali-tati

日语 wataçitatʃi < *gʷatali-tati。

6. *ka-mi / *mi / *qame

阿美语 kami，卡那卡那富语 kimi < *ka-mi。

卑南语 mimi < *mi。

查莫罗语 hame < *qame。

7. *ʔa-min / *la-min / *la-mi / *sa-mi-ʔi

排湾语 amən < *ʔa-min。（排除式）

邵语 jamin < *la-min。（排除式）

赛德克语 jami < *la-mi。（排除式）

泰雅语 samij < *sa-mi-ʔi。（排除式）

---

① 包括式主格为 mangə。

8. *kuna-ʔi

鲁凯语 kunai < *kuna-ʔi。（排除式）

9. *ʔi-lata / *laten

沙阿鲁阿语 iɬata < *ʔi-lata。（包括式）

雅美语 jaten < *laten。（包括式）

10. *ʔuraŋ

巽他语 uraŋ < *ʔuraŋ。（包括式）

11. *dita / *dədu-r

卡林阿语 dita < *dita。

朝鲜语庆兴话 tʃətɯr < *dədu-r。

12. *talu

宁德娄语 talu < *talu。（包括式，双数）

13. *ʔita / *ʔitə / *quta / *ta

莫图语 ita，罗图马语 ʔisa < *ʔita。（包括式）

伊拉鲁吐语 itə < *ʔitə。（包括式）

查莫罗语 huta < *quta。

卑南语 ta < *ta。（包括式）

14. *kətə / *kita / *kita-t / *kitaʔu-tolu

马绍尔语 kətʃ < *kətə。

印尼语 kita，米南卡保语 kito < *kita。

坦纳语 kitat < *kita-t。

汤加语 kitautolu < *kitaʔu-tolu。

15. *gite / *gita

贡诺语 gitte < *gite。（排除式）

拉加语 ɣita < *gita。（包括式）

16. *ŋa-ʔira

吉尔伯特语 ŋaira < *ŋa-ʔira。

17. *ŋa-r / *ŋa-to / *ŋa-lu / *ŋa-noŋ

汉语 *ŋar（我）< *ŋa-r。①

藏文 ŋa tsho，缅文 ŋɑɑ^{2}to^{1} < *ŋa-to。

博嘎尔珞巴语 ŋoː lu，加龙语 ŋolu < *ŋa-lu。

马鲁语 ŋå -noŋ < *ŋa-noŋ。（排除式）

18. *ni / *ʔani

他杭语 njiː < *ni。

土家语 a^{35}n̥i^{55} < *ʔani。

19. *kan

马加尔语 kan < *kan。

20. *tu / *ʔato / *to

泰语 tu^{2}，仡佬语贞丰话 tau^{35} < *tu。

邹语 ato < *ʔato。（包括式）

宁德娄语 to < *to。（包括式）

---

① 商代为第一人称复数形式，西周开始指单数。

21. *gu / *gore / *kru

黎语通什话 gau^{4}（包括式）< *gu。

阿杰语 gɛre < *gore。（单数 gɔ < *go）

那加语索布窝马方言（Sopvoma）i-kru < *kru。

22. *ple

苗语大南山话 pe^{1}、石门坎话 pi^{1}、绞坨话 pæ^{1}，勉语 bwo^{1} < *ple。

23. *ʔa-le / *ʔali / *ʔa-liŋ

蒙达语、桑塔利语 a le，德昂语硝厂沟话 ʑe < *ʔa-le。①（排除式）

蒙达语 a li < *ʔali。（包括式）

桑塔利语 alaŋ（包括式）< *ʔa-laŋ，ɛliȵ < *ʔa-liŋ。

24. *ʔiʔ / *qiq

布兴语、克木语 ʔiʔ，户语 eʔ < *ʔiʔ / *ʔeʔ。

尼科巴语 hih < *qiq， ih < *ʔiq。

汉语书面语反映北方方言 12 世纪初已有第一人称代词复数的包括式和排除式的区分。包括式有过"自家、自家懣、咱每、喒、咱门、咱们"等书写形式，明清以后为"咱们"。排除式有过"我懣、俺、俺每、我每、俺们、我们"等书写形式，明清以后为"我们"。②

---

① 可能来自最初部落的自称。

② 蒋绍愚、曹广顺主编：《近代汉语语法史研究综述》，商务印书馆2005年版，第35页。

二 “我们”的词源对应关系

1.“人”“我们”和“我”

一些语言把自己部落支系的自称作为“人”的通称，有的作为第一人称的复数形式。“我们”和“我”“人”的词源关系上文《我》篇已举例说明。如：

“我们”马绍尔语 kətʃ < *kətə。印尼语 kita，米南卡保语 kito < *kita。“朋友”东部斐济语 itau < *ʔita-ʔu。“人”卡加延语 ittaw < *ʔita-ʔu。

“我们”朝鲜语 uri < *ʔuri，对应日语“我”ore，可能与“我们（排除式）”巽他语 *ʔuraŋ 有早期的词源关系。“人、男人”桑塔利语 hoɽ < *qor。“人”米南卡保语 uraŋ、亚齐语 urɯəŋ、马都拉语 uriŋ < *ʔuraŋ。

“我们”布兴语、克木语 ʔiʔ，户语 eʔ < *ʔiʔ / *ʔeʔ。尼科巴语 hih < *qiq，ih < *ʔiq。“人”户语 iʔ^{31} < *ʔiʔ。

“我们”桑塔利语 ale < *ʔale。“男人”达罗毗荼语系语言科他语（Keta）āle，库鲁语（Kuruh）āl。

2.“我们”和“这”

“我们”和“这”的词源关系上文《这》篇已举例说明。

3. 阿尔泰语“我们”的复数表示方式

阿尔泰语人称代词的复数使用后缀 *-r，或与另外语言的单数形式相同。

（1）土耳其语、维吾尔语、图瓦语 *bi-r。“我”蒙古语 biː，满文、锡伯语、赫哲语 bi，鄂温克语、鄂伦春语 biː < *bi。

（2）撒拉语 *biri-r，“我”men < *ben。

（3）西部裕固语 *bir-der，“我”men < *ben。

（4）蒙古语、土族语、保安语 *bu-da，“我”锡伯语、赫哲语、鄂伦春语、鄂温克语 *bu。如同兰司铁所说明的，*bu-ta 即“我—你”。（《阿尔泰语言学导论》第 74 页）“你”蒙古语 taː < *ta。

（5）“我们的”蒙古语 mɑnɛː，达斡尔语 mɑːniː，土族语 munə，保安语 mɑnə < *muna-ʔi。“我”蒙古语 biː < *bi。

（6）日语 *gʷatali-tati。“你们”日语 omaetatɕi < *ʔomaʔe-tati。

（7）朝鲜语 uri < *ʔuri。“我”日语 ore < *ʔore。

4. 侗台语复数表示方式

试比较侗台诸语的人称代词：

	我	我们	你	你们	他	他们
泰语	ku^{2}	tu^{2}	mɯŋ^{2}	su^{1}	man^{2}	khau^{1}
版纳傣语	to^{1}xa^{3}	tu^{1}xa^{3}	to^{1}tsău^{3}	su^{1}tsău^{3}	to^{1}tan^{6}	xău^{1} tsău^{3}
德宏傣语	kau^{6}	tu^{6}	maɯ^{2}	su^{1}tsău^{3}	man^{2}	xau^{1}
石家语	kuː^{1}	roː^{2}	cau^{3}	suː$^{1'}$	man^{2}	rau$^{1'}$
武鸣壮语	kou^{1}	ɣau^{2}	mɯŋ^{2}	sou^{1}	te^{1}	kjoŋ^{5}te^{1}
布依语	ku^{1}	pɔ^{2}zau^{2}	mɯŋ^{2}	pɔ^{2}su^{1}	te^{1}	pɔ^{2}te^{1}
临高语	hau^{2}	hau^{2}lo^{4}	mə^{2}	mə^{2}lo^{4}	kə^{2}	kə^{2}lo^{4}

侗台语“我”*ku 是和卑南语 ku，鲁凯语 kunaku < *ku-naku，阿伊努语 ku 等对应的底层词。版纳傣语的 -xa^{3} 表示谦称，-tsău^{3} 表示尊称。单数人称代词使用 to^{1} 前缀似乎是类推的结果。

石家语人称代词与泰语、傣语的相近，“我”kuː^{1}是亲密者之间的自称，另外还有 hɔːi^{4}。

排除式的“我们”泰语、仡佬语贞丰话 *tu，与宁德娄语包括式 *to 对应。

南岛语中第一人称复数的排除式和包括是通常是区分的，侗台语大抵如此。壮语方言中“我们”和“咱们”，有的作区分，有的不作区分，代表性的说法如：

	平果	宜山	砚山	文马
我们	tou^{1}	tu^{1}	rau^{2}	zɤu^{2}
咱们	rau^{2}	hjau^{2}	phɯ^{1}	zɤu^{2}

泰语包括式的“咱们”rau^{2}、德宏傣语 hau^{2}、石家语 rau$^{1′}$、布依语（pɔ^{2}）zau^{2} 等有词源关系。

侗语、水语、仫佬语、毛南语和拉加语的人称代词：

	我	我们	你	你们	他	他们
侗语	jaːu^{2}	ȶiu^{2}	ȵa^{2}	ɕaːu$^{1′}$	qhe$^{1′}$	ja^{2} qhe$^{1′}$
水语	ju^{2}	ndiu^{1}	ȵa^{2}	pi^{2}saːu^{1}	man^{1}	pi^{2}man^{1}
仫佬语	ʔəi^{1}	niu^{1}	ȵa^{2}	saːu^{1}	mɔ^{6}	mɔ^{6}
毛南语	ɦe^{2}	nde^{1}	ŋ̍^{2}	se^{1}	man^{2}	te^{1}
拉加语	tsi^{1}	ta^{2}	ma^{2}	liːu^{3}	lak^{8}	tu^{6}

侗语 aːu，毛南语 e 对应，如表所示，来自侗水语的 *u。元音链移，*u 成为复元音。

“我”水语 ju^{2}，侗语 jaːu^{2}，毛南语 ɦe^{2}，与临高语 hau^{2} 同源。拉加语 tsi^{1} < *ki，与佐佬语“我”同源。

“咱们”侗语南部方言 ȶau^{1}，侗语南部下坎话 taːu^{1} /ʔdjaːu^{1}，水语 ndaːu^{1}，仫佬语 hɣaːu^{1}，毛南语 ndaːu^{1}，拉加语 tau^{1} 等同源。

黎语支的黎语和村语（又称村话）分布在海南岛。黎语内部方言差别较大。黎语有诸多方言，加茂话与其他方言的差别较大，声调的对应情况不清。人称代词如：

	我	我们	你	你们	他	他们
通什话	hou^{1}	fau^{1}	meɯ^{1}	tau^{1}	na^{1}	rau^{2}
黑土话	hou^{1}	ʔa^{2}rou^{1}	mɯ^{1}	mei^{3}zu^{1}	na^{1}	rau^{1}
保定话	hou^{1}, de^{3}	fa^{1}	meɯ^{1}	meɯ^{1}ta^{1}	na^{1}	khun^{1}

加茂话	kau^{1}	ʔau^{1}	məi^{1}	tshau^{1}	na^{1}	mou^{5}
村语	kə^{21}	ha^{21}	mɔ^{21}	ma^{35}	na^{21}	ki^{35}na^{21}

“我”通什话 hou^{1}，加茂话 kau^{1} < *ku。

“我们”通什话 fau^{1}，保定话 fa^{1}，黎语中沙话 ʔa^{3}tau^{1}，似乎是 *patalu 的约音。“咱们”通什话 gau^{4} < *grau，与泰语 rau^{2}、石家语 rau$^{1'}$，侗语 ȶau^{1} 等同源。

分布在贵州的贞丰仡佬语、比贡仡佬语、木佬语，分布在越南的拉基语，云南富宁县布央语峨村话、郎架话和巴哈话三种方言的人称代词为：

	我	我们	你	你们	他	他们
贞丰话	ʔi^{42}	tau^{35}	mu^{31}	tsau^{35}	tse^{35}	tse^{35}
比贡话	i^{13}	a^{13}tɔ^{33}na^{33}	məɯ^{31}	məɯ^{31}na^{33}	vie^{13}	vie^{13}na^{33}
拉基语	la^{33}ki^{24}	la^{33}te^{55}	la^{33}m^{55}	thɛ^{55}me^{33}te^{33}	la^{33}ke^{11}	thɛ^{55}ke^{11}
木佬语	zə^{53}	tsɿ^{53}zɑu^{31}	mo^{31}	tsɿ^{53}sɑu^{31}	ko^{53}	tsɿ^{53} ko^{53}
峨村话	ku^{24}	ɕom^{55}θa^{24}	ma^{33}	ɕom^{55}ma^{33}	ke^{24}	ɕom^{55}ke^{24}
郎架话	ku^{54}	tsum^{54}ku^{54}	ma^{312}	tsum^{54}ɕa^{54}	kɛ^{54}	tsum^{54}kɛ^{54}
巴哈话	ku^{322}	ho^{55}ku^{322}	mə^{31}	ho^{55}mə^{31}	kə^{55}	ho^{55}kə^{55}

“我们”仡佬语贞丰话 tau^{35} < *tu，与泰语、黎语的同源。

仡佬语比贡话使用后起的复数后缀 -na^{33}，如“我们”a^{13}tɔ^{33}na^{33}，a^{13}- 是前缀，tɔ^{33} 是词根，与拉基语 te^{55} 同源。

5. 古东亚语复数表示方式

*-ri 和 *-lu 是东亚语言的人称复数后缀。如：

“我们”博嘎尔珞巴语 ŋoː lu，加龙语 ŋolu < *ŋa-lu。蒙达语、桑塔利语 a le，德昂语硝厂沟话 ʐe < *ʔa-le。

“你们”南岛语、汉藏语仍用 *-lu 表示复数。如，劳语 gomolu，拉加语 kimiu，达阿语 komi < *komi-lu。临高语 mə^{2}lo^{4} < *mə-lu。查莫罗语

hamjo < *qam-lo。加龙语 nolu < *no-lu。

藏缅语族喜马拉雅语支的语言（分布在印度），有米里语（Miri）-lu 和满查底语（Manchati, Patini）-re 这样的人称复数后缀。

汉语“我”古音 *ŋa-r，商代为第一人称复数形式，西周开始指单数，*-r 为复数后缀，词根同“吾”*ŋa，对应藏缅语中最常见的第一人称单数，如藏文、马加尔语 ŋa，缅文 ŋɑɑ^{2} 等。“我们”太平洋的吉尔伯特语 ŋaira < *ŋa-ʔira 等可以说明更远的渊源关系。

◇ 三　词源关系分析

1. *ni

“我们”土家语 *ʔani，他杭语 *ni。“我”阿伊努语 kuani < *ku-ʔani，姆布拉语 nio < *ni-ʔo，那加语奥方言 ni < *ni，尼科巴语 tʃhi-ni < *qi-ni。朝鲜语 na < *na。

“我们”（主格、宾格）阿尔巴尼亚语 ne < *ne，古爱尔兰语、威尔士语 ni。

“我们”（宾格）阿维斯陀经 na，古教堂斯拉夫语 ny。

“我们”（主格、宾格）拉丁语 nos。

“我们”（宾格）古英语 us、荷兰语 ons、德语 uns，梵语 nas、俄语、波兰语 nas < *nas。

“我们”（宾格）和阗塞语 nä，（主格、宾格）粟特语 nā < *na。

“我们全体”梵语 nah。“这”梵语 enaṃ < *ena-。

“我们的”古英语 ure、古弗里斯语 use、古高地德语 unsar、哥特语 unsar < *uns-ar。

“我们的”俄语 naş，波兰语 naʃa < *nasja，阿尔巴尼亚语 ynë < *une

“我”（宾格）匈牙利文 en。“我们”印第安人西部阿帕齐语 nee < *ne。

“我”（主格）希伯来语 ani < *ani。

2. *mi（*bi、*be）

“我们”突厥语 *bi-r、*biri-r，满文 *be。卑南语 *mi，阿美语、卡那卡那富语 *ka-mi。“我”那加语南桑亚方言 mi < *mi。

“我们”（主格）希腊语 emeis < *emi-s。（*-s 古印欧语主格标记）

“我们”（主格）俄语 m-，波兰语 my < *mu。拉脱维亚语 mēs。

“我们”乌尔都语 hum < *qum，（宾格）hameː < *qame。

“我们”（主、宾格）和阗塞语 buhu < *busu。

“我们”（宾格）希腊语 mas、emas < *ema-s，（所有格）mas。

“我”（宾格）古英语 me，古弗里斯语 mi，哥特语、古挪威语 mik < *mi-。

“我们”匈牙利文 mi，芬兰语 me。

“我们”亚美尼亚语（主格）menkh < *men-g，（宾格）mez < *me-l，（所有格）mer < *me-r。

“我们”粟特语（主格）māɣ < *ma-g。

3. *gore（*gru）

“我们”阿杰语 *gore（单数 gɔ < *go），黎语通什话 gau^4（包括式）< *gru。吉尔伯特语 *ŋa-ʔira。

“我们”古英语 we、古挪威语 ver、古高地德语 wir、哥特语 weis < *g^{w}e-r。

“我们”古波斯语 vajaṃ、梵文 vajam、阿维斯陀经 vajē m < *g^{w}are-。

*-r 古印欧语人称复数后缀，如第二人称的单、复数所有格形式，古英语 eower、古弗里斯语 iuwer、哥特语 izwar、古挪威语 yðvarr < *idu-ar。“他

们”古瑞典语 Þer、古挪威语 Þeir < *de-r。

*-r 为古老的复数后缀。印欧语和突厥语一样，无词首的舌根鼻音，古印欧语的这个鼻音，可演变为 *g。现代汉语方言中如闽南话“我”的白读为 guo，*ŋ- 转为 g-。可以认为“我”朝鲜语 *gə，阿杰语 *go，藏缅语族的巴兴语、瓦由语、吐龙语 *go 与日耳曼语的对应。

“我们”希腊语 *emi-，“我”梵语 *-mi，词根对应土耳其语、维吾尔语、图瓦语“我们”*bi-r。从上面的例子可以看出，印欧语与阿尔泰和藏缅语言的第一人称代词分别有较为密切的对应关系。

4. *de（*dita、*dədu）

“我们”卡林阿语 dita < *dita。朝鲜语庆兴话 tʃətuɯr < *dədu-r。“我”朝鲜语 tʃe < *de。

“我”粟特语 əzu < *ədu，阿维斯陀经 azem < *adem。

“你”的词源关系

亚欧语言第二人称单数“你”与“你们”“那”等说法有词源关系。近代汉语“你”来自“爾（尔）”，“您”是“你”的敬称。殷商甲骨文以“爾（尔）”*ni-r 和“乃”*s-noʔ 为第二人称代词。

澳大利亚土著语言中普遍分布的第二人称代词的两类形式 indu（inda 等）和 ni（nin、nuru 等），与东亚语言跨语系分布的两类形式对应。

一 东亚太平洋语言的“你”

“你”的主要说法有：

1. *sen / *si

古突厥语、土耳其语、哈萨克语、图瓦语 sen，维吾尔语 sɛn < *sen。

满文 si，鄂伦春语、鄂温克语 ʃiː，赫哲语 ɕi < *si。

2. *ti / *tu

蒙古语 tʃiː（主格）< *ti，tʃam-（宾格等），tʃin-（领格）。

保安语 tʃi < *ti。东乡语 tʂɯ < *tu。

3. *ta / *tan / *tane

蒙古语 taː < *ta，tan- < *tan。（尊称）

朝鲜语 tʃane < *tane。

4. *kimi

日语 kimi < *kimi。

5. *ʔa-na-ta / *ʔi-ʔana-ʔu

日语 anata < *ʔa-na-ta。

马达加斯加语 ianau < *ʔi-ʔana-ʔu。

6. *ʔe-ʔani

阿伊努语 eɑni < *ʔe-ʔani。

7. *ʔi-su / *ka-su / *su / *su-ʔu / *sun

泰雅语 ʔisuʔ，赛德克语 isɯ，鲁凯语 kasu < *ʔi-su / *ka-su。

布农语 su，邹语 suu，排湾语 sun < *su / *su-ʔu / *sun。

8. *lo-ʔo / *lu

赛夏语 ʃoʔo < *loʔo。卑南语 ju < *lu。

9. *ʔiqu

邵语 ihu < *ʔiqu。

10. *ʔika-ʔu / *ʔiko / *ka-ʔu / *ko-ʔe / *siko

他加洛语 ikaw，木鲁特语 okow < *ʔika-ʔu。

莫图语 io，达阿语、乌玛语、布吉斯语、斐济语 iko < *ʔiko。

那大语 kau < *ka-ʔu。

爪哇语、拉巴努伊语 koe < *ko-ʔe。

卡林阿语 sīka < *siko。

11. *ka-mu / *mu / *ta-mu / *mu-ŋ

印尼语、萨萨克语 kamu，大瓦拉语 tam < *ka-mu / *ta-mu。

黎语通什话 meɯ^{1}，中沙话 meɯ^{1}，加茂话 məi^{1} < *mu。

临高语 mə^{2}，泰语 muɯŋ^{2} < *mu-ŋ。①

布干语 mɯ^{31} < *mu。

12. *ʔa

多布语 ʔa < *ʔa。

13. *ʔata

萨萨克语 anta < *ʔata，sida < *sida。

14. *ge / *qago / *ʔago-ʔi / *ga

南密语 go，阿杰语 gɛ < *ge。

查莫罗语 hago < *qago。

罗维阿纳语 aɣoi < *ʔago-ʔi。

巴兴语、朗卡斯语（Rangkas）gɑ < *ga。

15. *ŋon

卡乌龙语 ŋon < *ŋon。

---

① -ŋ 是衍生的，壮傣语中同样情况的还有“手”“给”等词。

16. *ni-r / *ni / *ni-ŋ

汉语 *ni-r（尔）。①

道孚语 ȵi，土家语 ȵi^{35}，那加语索布窝马方言（Sopvoma） ni < *ni。

迪马萨语 niŋ < *ni-ŋ。

17. *na-ʔ / *na / *nja / *nan / *naŋ / *ga-na

汉语 *na-ʔ（汝）。

独龙语 nɑ^{53}，加洛语 nā < *na。

水语 ȵa^{2} < *nja。

墨脱门巴语 nan < *nan。

博多语、朗龙语 nɑŋ，马加尔语 naŋ，景颇语 naŋ^{33}，载瓦语 naŋ^{31} < *naŋ。

那加语莫桑方言 mnɑŋ < *m-naŋ。

罗东语（Rodong）khana < *ga-na。

18. *no / *snu / *snu-ʔaŋ / *nu

嘉戎语 no，加龙语 no，义都珞巴语 ȵo^{35} < *no。汉语 *no-ŋ（戎，你）。②

怒苏怒语 ȵu^{55}，哈尼语 no^{55} < *snu。

阿昌语 nuaŋ^{55} < *snu-ʔaŋ。

姆布拉语 nu < *nu。

19. *ŋu

莫语、毛南语 ŋ^{2} < *ŋu。

20. *god / *kodə

藏文 khjod < *god。

---

① 与 *ŋar（我）类似，本为复数形式，后转指单数。

②《诗经·大雅·烝民》：“缵戎祖考，王躬是保。”。

保安语 tɕiodə（宾格）< *kodə。

21. *ʔe / *ʔi

他杭语 eː < *ʔe。

错那门巴语 ʔi^{53} < *ʔi。

22. *maŋ / *ʔoma-ʔe / *ma-n / *ba

缅文 mɑŋ^{3}，阿兹语（Atsi）mjɑ̀ŋ < *maŋ。

日语 omae < *ʔoma-ʔe。

尼科巴语 man < *ma-n，mana < *ma-na。

克木语 ba（男）< *ba。

23. *mi / ʔami / *miŋ / *ʔa-mi

克木语 me（男），巴琉语 mi^{33}，京语 mai^{2}，德昂语硝厂沟话 mǎi、茶叶箐话 mǎi^{51} < *mi。

佤语艾帅话 mai̤ ʔ < *miʔ。

莽语 ʔa^{31}mi^{31} < *ʔami。

柬埔寨文 mɯŋ < *miŋ。

坎布语（喜马拉雅语支） ɑ̄m-mi < *ʔa-mi。

24. *ʔam / *ʔem / *ʔa-ʔom

蒙达语 ām，桑塔利语 am < *ʔam。

桑塔利语 em < *ʔem。

雅贝姆语 aom < *ʔa-ʔom。

25. *mel

尼科巴语 meh < *mel。

26. *ʔaben

蒙达语 ā ben < *ʔaben。（你、你们俩）

二　“你”的词源对应关系

1. “你”和“你们”

（1）布农语 *su。“你们”满文 suwe < *su-me，鄂伦春语 ʃuː、赫哲语 su < *su。壮语武鸣话 sou^{1}、布依语 su^{1}、水语 saːu^{1} < *su。

（2）日语 kimi < *kimi。“你们”拉加语 kimiu < *kimi-ʔu，达阿语 komi < *komi。

（3）印尼语、萨萨克语 *ka-mu。“你们”卡那卡那富语、萨萨克语 kamu < *ka-mu。

（4）蒙达语、桑塔利语 *ʔam。“你们”瓦零语（Waling）ɑm，东马里语（Dungmali）ām < *ʔam。

2. “你”和“那”

“你”和“那”的词源对应关系上文《那》篇已举例，如：

（1）汉语 *na（汝）。“那”汤加语 na，查莫罗语 enao < *ʔena-，蒙达语 ena < *ʔena。桑塔利语 ona < *ʔona、hana < *qana。汉语 *na（那）是后来才有的指示词，来历不明。

（2）巴琉语、京语 *mi。“那”马绍尔语 me < *me。

（3）巴兴语、朗卡斯语 *ga。“那”傈僳语 go^{33} < *go，仫佬语 ka^{6} < *ga。

（4）印尼语、萨萨克语 *ka-mu。“那”白语剑川话 mɯ^{31}、大理话 pɯ^{31} < *bu。

（5）尼科巴语 *mel。“那”尼科巴语 ŋamɔh < *ŋa-mol。

三 词源关系分析

1. *tu（*ti、*du）

“你”蒙古语、保安语 *ti，东乡语 *tu。① 萨萨克语 anta，南密语 do，莫图语卡巴地方言 uida。

“那”土族语 te、赫哲语 ti < *ti。卑南语 iḍu < *ʔidu，排湾语 dzua < *du-ʔa。“你的”保安语 tɕinə < *tinə。

> “你”古英语、古挪威语、哥特语 þu，古高地德语 du < *tu。亚美尼亚语 du < *du。
>
> 拉丁语、立陶宛语、拉脱维亚语 tu，古教堂斯拉夫语 ty < *tu。威尔士语 ti < *ti。
>
> “你”俄语 tɨ、波兰语 ty < *tu，“你、你们”阿尔巴尼亚语 të < *to。
>
> “你”乌尔都语 to teː < *tote。和阗塞语 te。
>
> “你、这些”和阗塞语 tä < *to。
>
> “你的”古英语、古挪威语 þin，高地德语 din < *tino。
>
> “你的”阿尔巴尼亚语 yte < *ute。

“你”匈牙利语 te。“你”希伯来语 ata，阿拉伯语 anta、anti。

“你”亚非系的奥摩语 *int-，库西特语 *ʔânt-，埃及语 *ntt、闪米特 *ʔnt 和柏柏尔语*keyy / kem。

“你”澳大利亚新南威尔士州（New South Wales）土著语言 yind-a、addu，维多利亚州（Victoria）土著语言 nindo，中部和南部土著语言 nindo、yundo，西部土著语言 yinda、nundu，昆士兰州土著语言 inda、indu。

---

① 土族语 tɕə（主格），tɕəmu（宾格等），tɕən-（领格）。保安语 tɕi（主格），tɕiodə（宾格），tɕinə（领格）。

2. *su

“你”布农语 *su，邹语 *su-ʔu，泰雅语、赛德克语 *ʔi-su，鲁凯语 *ka-su，排湾语 *sun。“你们”满文 suwe < *su-me，鄂伦春语 ʃuː、赫哲语 su < *su。壮语武鸣话 sou^{1}、布依语 su^{1}、水语 saːu^{1} < *su。“那”日语 sono < *so-no。

“你”希腊语 sy < *su。“你的”希腊语 sos < *so-s。

“那”希腊语 toso < *to-so，（阳性）古英语 so。

“你”突厥语族语言 *sen，满通古斯语 *si。

“你”芬兰语 sinaü、爱沙尼亚语 sina < *si-。“你、你们”格鲁吉亚语 ʃɛn < *sen。

3. *ben

“你、你们俩”蒙达语 āben < *ʔaben。

“你、你们”（主格、宾格）波兰语 pan、panna < *pana。

“你、你们”粟特语 fa < *p^{w}a。

4. *ni

“你们”朝鲜书面语 nəhɯi、洪城话 nəɣɯi、庆州话 nəji < *nə-ri。汉语 *ni-r（尔）。“你”道孚语、土家语、那加语 *ni，迪马萨语 *ni-ŋ。

“你们”阿尔巴尼亚语 njeriu < *ne-ru。

“你”印第安人西部阿帕齐语 ni < *ni。

“你”达罗毗荼语系泰米尔语 nin、nir、nun，卡纳利语（Canarese）、马来阿兰语（Malayalan）nin、ni，泰卢固语（Telugu）nin。

“你”澳大利亚维多利亚州（Victoria）土著语言 nin、ninan，中部和南部土著语言 nini、nia，西部土著语言 nini、niya，昆士兰州土著语言 nino、nayon。“你们”阿瓦巴卡尔语（Awabakal）nur。

5. *mi（*miŋ）

“你”克木语、巴琉语、京语、德昂语 *mi。柬埔寨语 *miŋ。佤语艾帅话 *miʔ。莽语 *ʔami。炊布语 *ʔa-mi。

“你”和阗塞语 imi。

“你们”的词源关系

亚欧语言第二人称代词“你们”与“你”“那”等说法有词源关系。

◇ 一　东亚太平洋语言的“你们”

“你们”的主要说法有：

1. *si-ler / *sir-ler / *sile-ler / *sen-ler

维吾尔语 silɛr，撒拉语 selər < *si-ler。

哈萨克语 sizder < *sir-ler。图瓦语 silɛlɛr < *sile-ler。塔塔尔语 senlɛr < *sen-ler。①

2. *tan-ar / *ta-gula / *ta

蒙古语 taːnăr < *tan-ar，tan- < *ta-n。（尊称）

土族语 taŋgula < *ta-gula。

保安语 ta < *ta，taɢalə < *ta-ɢalə（造—联格）。

---

①“你们”芬兰语 senkin < *sen-kin。

3. *su-me / *su

满文 suwe < *su-me。

鄂伦春语 ʃuː，赫哲语 su，锡伯语 so < *su。

壮语武鸣话 sou[1]，布依语 su[1]，水语 saːu[1] < *su。

4. *nə-ri / *nə-dur / *nəgə-dur

朝鲜书面语 nəhɯi，洪城话 nəɣɯi，庆州话 nəji < *nə-ri。

朝鲜语庆兴话 nətɯr < *nə-dur。朝鲜语蔚山话 nəkətər < *nəgə-dur。

5. *ʔomaʔe-tati

日语 omaetatɕi < *ʔomaʔe-tati。

6. *kimi-tati / *kimo-ʔu-tolu / *kəmi-raʔu / *kimi-ʔu

日语 kimitatɕi < *kimi-tati。

汤加语 kimoutolu < *kimo-ʔu-tolu。

夸梅拉语 kəmirau < *kəmi-raʔu。

拉加语 kimiu < *kimi-ʔu。

7. *mu / *ʔumu-ʔi / *la-mu / *ʔi-la-mu / *mu-ʔu / *ka-mu / *mo-lo / *si-muʔu / *mun

布农语 mu < *mu。

莫图语 umui < *ʔumu-ʔi。

赛德克语 jamu < *la-mu。沙阿鲁阿语 iɬamu < *ʔi-la-mu。

邹语 muu < *mu-ʔu。

卡那卡那富语 kamu < *ka-mu。萨萨克语 kamu < *ka-mu。（你、你们）

赛夏语 mojo < *mo-lo。泰雅语 simuw < *si-muʔu。

排湾语 mun < *mun。

8. *muʔi-mu

卑南语 mujmu < *muʔi-mu。

9. *ʔin-lo

雅美语 inju < *ʔin-lo。

10. *kunu-mi

鲁凯语 kunumi < *kunu-mi。

11. *ʔiqu-man

邵语 ihuman < *ʔiqu-man。

12. *ka-lo / *ka-ʔu

他加洛语 kajo < *ka-lo。

卡加延语 kaw < *ka-ʔu。

13. *gamu / *gomo-lu / *komi

布拉安语 gamu < *gamu。劳语 gomolu < *gomo-lu。

达阿语 komi < *komi。

14. *ʔa

达密语 ā < *ʔa。

15. *qam-lo

查莫罗语 hamjo < *qam-lo。

16. *kamu

波那佩语 kum^{w}a < *kuma。

17. *meʔu / *me

沙外语 mew < *meʔu。

尼科巴语 me < *me。

18. *ʔam-da / *ʔam

朱昂语 ɑmɖɑ < *ʔam-da。

瓦零语（Waling）ɑm，东马里语（Dungmali）ɑ̄m < *ʔam。

19. *god-gro

藏文 khjod tsho < *god-gro。

20. *ni-ni

道孚语 ȵi ȵi < *ni-ni。

21. *ni-le-kru / *na-ru

那加语索布窝马方言 ni-le-kru，夸依佬方言 nɑ-ro < *ni-le-kru / *na-ru。

22. *no-lu

加龙语 nolu < *no-lu。

23. *maŋ-tu

缅文 mɑŋ^{2}to^{1} < *maŋ-tu。

24. *nan-de

景颇语 nan^{55}the^{33} < *nan-de。

25. *ni-ga

安德罗语（Andro） niŋ-gɑ < *ni-ga。[①]

26. *mə-lu / *mo

临高语 $mə^{2}lo^{4}$ < *mə-lu。

丹那语（Dana）mø < *mo。

27. *me-te / *ʔmi-ta

拉基语 $thɛ^{55}me^{33}te^{33}$ < *te-me-te。

黎语保定话 $meɯ^{1}ta^{1}$ < *ʔmi-ta。

28. *bo

克木语 bɔ < *bo。

29. *pe / *ʔape-ʔa / *ʔape

佤语马散话 peʔ，德昂语茶叶箐话 pe^{51} < *pe。

蒙达语 āpeā < *ʔape-ʔa。桑塔利语 ape < *ʔape。

30. *ʔaprug

桑塔利语 ɛprug < *ʔaprug。

二 “你们”的词源对应关系

1. “你们”和“你”

“你们”和“你”的词源对应关系上文《你》篇已说明。

① 安德罗语，藏缅语博多语支，分布于印度，借用达罗毗荼语的形式，可与泰米尔语的“你们”比较。

2. “你们”和“那”

“你们”和“那”的词源对应关系上文《那》篇已说明。

汉语 *na（汝、女）是春秋时期开始书面语中广泛使用的第二人称代词，如同藏缅语的“你”*na 和 *no。汉语中古早期开始大约受其他方言影响书面语中用“那”*na 代替“彼”。东亚太平洋语言中“那”的早期词根为 *na 的，如汤加语 na、查莫罗语 enao、蒙达语 ena、桑塔利语 on、加龙语 a-e-na、拉祜语 no^{53}。

3. 阿尔泰语第二人称的复数表示方式

与第一人称复数的表达方式一样，第二人称的复数也大多用加后缀的方式表示，如：

（1）维吾尔语、撒拉语 *si-ler。“你”满文 si，鄂伦春语、鄂温克语 ʃiː，赫哲语 çi < *si。

（2）塔塔尔语 *sen-ler。“你”古突厥语、土耳其语、哈萨克语、图瓦语 sen，维吾尔语 sɛn < *sen。*-ler 是 *-le 再加 *-r。

（3）蒙古语 *tan-ar，“你”taː < *ta，tan- < *tan。

（4）日语 *kimi-tati。“你”kimi < *kimi。

4. 南岛语第二人称的复数表示方式

早期南岛语群语言第二人称的复数或与单数的相同，或借用另外的词根来表示。

（1）汤加语 kimoutolu < *kimo-ʔu-tolu。“你们”拉加语 kimiu < *kimi-ʔu。*-tolu 是南岛语后起的复数后缀，可能来自“三”。

（2）查莫罗语 hamjo < *qam-lo。“你”印尼语、萨萨克语 kamu。

（3）他加洛语 kajo < *ka-lo，“你”卡加延语 ka < *ka。

（4）卡加延语 kaw < *ka-ʔu，“你”ka < *ka。

（5）木鲁特语 akaw < *ʔaka-ʔu，“你” okow < *ʔoko-ʔu。

南岛语中保留着复数后缀 *-lo。

台湾的南岛语第二人称的单数用 *su（对应于通古斯语），复数词根为 *mu，如“你们”卡那卡那富语、萨萨克语 kamu < *ka-mu，“你”印尼语、萨萨克语 *ka-mu。

5. 汉藏语第二人称的复数表示方式

-ra、-re、*-ri、*-lu（*-du）大约是早期藏缅语群语言人称代词复数的后缀。例如，拉达克语“我们” ŋɑ-ʒɑ（包括式），“你们” hjo-ʒɑ。喜马拉雅语支巴尼语（Patni）“我们”ŋje-re，“你们”kje-re。怒苏怒语“我们”na^{33}dɯ^{31}，“你们” ȵ̥u^{33}dɯ^{31}。

6. 南亚语第二人称的复数表示方式

“你”蒙达语 ām，桑塔利语 am < *ʔam，桑塔利语 em < *ʔem，对应藏缅语中出现的“你们”，如瓦零语 ɑm、东马里语 ām < *ʔam。

“你们”佤语马散话、德昂语茶叶箐话 *pe。蒙达语 *ʔape-ʔa、桑塔利语 *ʔape，与“你们”尼科巴语 *me、沙外语 *meʔu，“你”克木语 me 等有词源关系。

三　词源关系分析

1. *tu（*ti、*du、 *ta）

“你们”保安语 *ta，蒙古语 *ta-n。“你”萨萨克语 anta < *ʔata。“你”蒙古语、保安语 *ti，东乡语 *tu。

“那”土族语 te、赫哲语 ti < *ti。卑南语 iḍu < *ʔidu，排湾语

dzua < *du-ʔa。

“你们”（单、复数所有格）古英语 eower，古弗里斯语 iuwer、哥特语 izwar，古挪威语 yðvarr < *idu-ar。

“你、你们”亚美尼亚语 du < *du。

“你们”意大利语 te。“你、你们”阿尔巴尼亚语 të < *to。

“你们”阿尔巴尼亚语 teje < *te-re。

希腊语、梵语、古教堂斯拉夫语定冠词 to。“那”希腊语 toso < *to-so。

2. *g^we（*ge、*go）

“你们”马林厄语 ɣotilo < *go-tilu。“你”南密语、阿杰语 *ge，查莫罗语 *qago，罗维阿纳语 *ʔago-ʔi。“那”傈僳语 go^{33} < *go。

“你们”古英语 ge（主格）、古撒克逊语 gi < *ge，立陶宛语 jus < *gus。

“你们”古英语 eow（与格和宾格的复数）、古弗里斯语 iuwe < *ig^we。

“你们”意大利语 voi < *g^wi。梵语 jujam，阿维斯陀经 juzem < *gurem。

“你们”俄语 v-、波兰语 wy < *g^wi。

“你们”亚美尼亚语（主格）jez < *ge-l，（所有格）dzer < *de-r。

“那”希腊语 ekeinos < *eki-，拉丁语 que < *k^we。

维吾尔语动词的第二人称单数 -ŋi < *ŋi，复数-ŋiz < *ŋi-r（可能来自早期人称代词）。

3. *su

“你们”满文 suwe < *su-b^we，鄂伦春语 ʃuː、赫哲语 su < *su。壮语武鸣话 sou^1、布依语 su^1、水语 saːu^1 < *su。

“你们”希腊语 su，seis < *su-，eseis < *esu-。

4. *si

“你们”维吾尔语、撒拉语 *si-ler。“你”满文 si，鄂伦春语、鄂温克语 ʃiː，赫哲语 ɕi < *si。“那”马加尔语 ose < *ʔo-se。

“你们”意大利语 si，“你们是”梵语 asi。

5. *nə-ri

“你们”朝鲜语 *nə-ri。

“你们”阿尔巴尼亚语 njeriu < *ne-ru。

6. *pe

“你们”佤语马散话、德昂语茶叶箐话 *pe，蒙达语 *ʔape-ʔa，桑塔利语 *ʔape。

“你们”乌尔都语 aːp < *ap。

“你、你们”粟特语 fa < *p^{w}a。

7. *ʔama（*ʔam）

“你们”瓦零语、东马里语 *ʔam。“你”蒙达语 ām，桑塔利语 am < *ʔam。

“你们”满文 suwe < *su-me。

“你”克木语、巴琉语、京语、德昂语 *mi。柬埔寨语 *miŋ。佤语艾帅话 *miʔ。莽语 *ʔami。坎布语 *ʔa-mi。

“你、你们”和阗塞语 imi，ama。

“什么”的词源关系

亚欧语言疑问代词“什么”与“谁”“问”等说法有词源关系。

一　东亚太平洋语言的“什么”

“什么”的主要说法有：

1. *ni / *ʔem-ne / *na-ni / *nin

古突厥语、土耳其语、哈萨克语 ne，塔塔尔语 ni < *ni。

柯尔克孜语 emne < *ʔem-ne。

日语 nani < *na-ni。

德昂语胖品话 nin < *nin。

2. *nime / *ni-nam

维吾尔语 nimɛ，西部裕固语 nime < *nime。

毛南语 ni^{4}nam^{2} < *ni-nam。

3. *naŋ / *ʔənaŋ

撒拉语 naŋ < *naŋ。

仫佬语 ə^{5}naŋ^{2} < *ʔənaŋ。

4. *ʔima / *man / *ma

东部裕固语 ima < *ʔima。[①]

鄂罗克语 man < *man。（谁、什么）

壮语武鸣话 ma^{2}，侗语 maŋ^{2} < *ma-ŋ。

5. *ner-se

塔塔尔语 nɛrsɛ < *ner-se。

6. *ʔimar / *murə / *ʔb^{w}ər / *smər

蒙古语、土族语、达斡尔语 jɑmɑr < *ʔimar。

朝鲜语 muɣəs < *murə-s。

柬埔寨文 ʔvɤj < *ʔb^{w}ər。

布兴语 m̥ɤh < *smər。

7. *ʔigu / *ʔiqu-n

蒙古语书面语 jɑɣu，蒙古语 jʉ < *ʔigu。

鄂伦春语 ɪkʊn，鄂温克语 ʊxʊn < *ʔiqu-n。

8. *ʔiʔan

土族语 jɑːn，保安语 jɑŋ < *ʔiʔan。

9. *qaʔi

满文、锡伯语 ai，赫哲语 χajə < *qaʔi。[②]

---

① "什么"匈牙利文 ami，芬兰语 mikaü。

② "何处"古突厥语 qana < *qa-na。（兰司铁：《阿尔泰语言学导论》，第 83 页）

10. *ʔəlukə

达斡尔语 əlkəː < *ʔəlukə。

11. *pama-ta

阿伊努语 hamanta < *pama-ta。

12. *ʔanuma / *numa / *manu / *ʔamana-ʔi

排湾语 anəma，邵语 numa < *ʔanuma / *numa。

赛德克语 manu，鲁凯语 manəmaə < *manu。

卑南语 amanaj < *ʔamana-ʔi。

13. *ʔanu / *ka-no

巴拉望语、卡加延语 anu，他加洛语 ano < *ʔanu。

赛夏语 kanoʔ < *ka-no。

14. *ʔina

依斯那格语 inna < *ʔina。

15. *qapa / *ʔapa / *ba

查莫罗语 hafa < *qapa。

萨萨克语、巴厘语 apə，印尼语、贡诺语、马京达瑙语、那大语 apa < *ʔapa。

景颇语 pha^{33} < *ba。

缅文 $bhaa^{2}$ < *ba。

16. *ʔaga

布吉斯语 agga < *ʔaga。

17. *la / *la-b^{w}a

多布语 ja，西部斐济语 ða < *la。

东部斐济语 ðaβa < *la-b^{w}a。

18. *ŋe

嫩戈内语 ŋe < *ŋe。

19. *ʔere

达密语 ere < *ʔere。①

20. *gar / *ga-re

汉语 *gar（何）。

藏文 ga-re < *ga-re。

21. *gat / *gat-s

汉语 *gat（曷），*gats（害）< *gat-s。②

22. *ʔa

汉语 *ʔa（乌）。③

萨摩亚语 ā < *ʔa。（谁、什么）

桑塔利语 ã < *ʔa。

23. *gaŋ / *g^{w}aŋ

藏文 gaŋ < *gaŋ。

---

①“什么”格鲁吉亚语 ra。

②“害”偶见于东部方言的作品，如《齐风·葛覃》：“害澣害否？归宁父母。”

③ 古汉语疑问副词。

汉语 *gʷaŋ（遑）。①

24. *ta / *ʔata

他杭语 taː < *ta。独龙语 a^{31}ta^{55} < *ata。

塔几亚语 ata < *ʔata。

25. *pi-si / *ʔasi

阿昌语 pi^{35}si^{55} < *pi-si。

傈僳语 a^{55}ʃi^{31} < *ʔasi。

26. *ʔbus-saŋ

西双版纳傣语 bau^{5}saŋ^{1} < *ʔbus-saŋ。

27. *gilaŋ / *laŋ-ma

壮语龙州话 ki^{2}laŋ^{1} < *gilaŋ。

布依语 jaːŋ^{2}ma^{2} < *laŋ-ma。

28. *ʔabi

布兴语 ʔa bi < *ʔabi。

29. *tet

桑塔利语 tʃeth < *tet，tʃetame < *teta-me。

30. *ʔoko

蒙达语、桑塔利语 oko < *ʔoko。

① 《诗经·邶风·谷风》：“我躬不阅，遑恤我后！”。

31. *ʔasul

尼科巴语 asuh < *ʔasul。

现代汉语方言表“什么”的疑问代词大致可区分为承中古汉语、承古汉语或另有来历三类。如现代汉语书面语“什么”原写作“甚麽”，唐代常见的是“甚”，五代为“甚摩、什摩”，宋代为“什麽”。“甚底”是复合形式，见于宋元，现代保留于淮扬一带的方言中。中古书面语还有过“是物、是勿、是没、是末、是麽、甚物、甚没、甚谟、甚摩、什没（拾没）、什摩、甚麽、甚末、什麽”等形式。敦煌出土文献中还出现了“没、阿没、莽、阿莽”等形式。其中“是物、是勿、是没”出现最早，见于唐代的《神会语录》。

中原和南方中古书面语的“是物、是勿”为 *zjimət，“甚谟、甚摩、什摩”为 *zjəmo。“甚”唐代辅音清化前读作 *zjiəm，使用限于西北地区。学术界一些意见认为“甚”是“甚摩”的约音，“什么”来自“是物”，“是物”来自“是何物”。汉语古方言中“等、底”也表疑问。[①]

闽南方言有承中古的“是物、物”和承古方言的“底”。福建长汀客家话为“甚西”，上海话、河南获嘉话、兰州话是“啥”，山西话是“甚、什么”。[②]温州北边乐清一带为 ga²mu²（何物），温州一带另有来历的有 a¹n̥i²。

二 “什么”的词源对应关系

1.“什么”和“谁”

（1）古突厥语、土耳其语、哈萨克语、塔塔尔语 *ni。“谁”鄂伦春语 niː、赫哲语 ni < *ni。卡那卡那富语 niini、巴拉望语 n-ʔ < *ni-ʔini / *ni。

① 蒋绍愚、曹广顺主编：《近代汉语语法史研究综述》，商务印书馆 2005 年版，第 57 页。
② 黄伯荣主编：《汉语方言语法类编》，青岛出版社 1996 年版，第 506—524 页。

（2）东部裕固语 *ʔima。“谁”泰雅语 ʔimaʔ < *ʔimaʔ，乌玛语 to ʔuma < *ʔuma。

（3）卡乌龙语 ele < *ʔele。“谁”蒙古语 alj、东乡语 ali < *ali，他加洛语 alin < *ali-n，壮语武鸣话 pou^{4}laɯ^{2} < *buʔ-li（人—什么）。

（4）傈僳语 *ʔasi。“谁”彝语南华话 ɑ^{21}se^{21}、武定话 ɑ^{11}se^{33} < *se。

（5）布兴语 *ʔabi。“谁”独龙语 a mi < *mi。布兴语 bi、巴琉语 ^{m}bai^{53} < *bi / *ʔbi。

（6）赫哲语 *ʔarə。“谁”黎语通什话 a^{3}ra^{2} < *ʔara，宁德娄语 are < *ʔare。

（7）蒙达语、桑塔利语 *ʔoko。“谁”桑塔利语 ọkọe < *ʔoko-ʔe。

（8）塔几亚语 *ʔata。“谁”莫图语 ede-na < *ʔada-na。

（9）印尼语、贡诺语、马京达瑙语、那大语 *ʔapa。“谁”印尼语 siapa < *si-ʔapa。

2.“什么”和“这”

（1）古突厥语、土耳其语、哈萨克语、塔塔尔语 *ni。“这”占语 ni < *ni，蒙古语 ən、达斡尔语 ənə、清代蒙文 ene < *ʔene，保安语 inə < *ʔini。

（2）土族语、保安语 *ʔi-ʔan。“这”汉语 *ʔan（焉），格曼僜语 an < *ʔan。

（3）依斯那格语 inna < *ʔina。“这”莫图语 inai < *ʔina-ʔi。

（4）达密语 *ʔere。“这”满文 ere、锡伯语 ər、鄂温克语 ərǐ、赫哲语 əi < *ʔere。

（5）满文、锡伯语、赫哲语 *ʔaʔi。“这”鲁凯语 kaj < *ka-ʔi。

（6）傈僳语 *ʔasi。“这”鄂罗克语 si < *si。

3.“什么”和“问”

“什么”和“问”的词源关系第三卷《问》篇中已举例说明。如：

（1）古突厥语、土耳其语、哈萨克语、塔塔尔语 *ni。“问”苗语养蒿话

nɛ^{6}、勉语江底话 naːi^{6} < *ni，塔希提语 ani < *ʔani，布拉安语 m-ni < *ni。

（2）普米语兰坪话 mi^{55} < *mi。“问”缅文 me^{3}、怒苏怒语 mi^{55} < *mi。

（3）傈僳语 *ʔasi。“问”侗语 ɕaːi^{1}、水语、毛南语 saːi^{3} < *siʔ。

（4）布兴语 *smər。“问”蒙达语 sawāl < *samal。

三　词源关系分析

1. *keta（*kadi、*kete、*ketaq）

汉语 *gat（曷），“什么”义都珞巴语 kɑ^{55}di^{55} < *kadi。“谁”景颇语 kǎ^{31}tai^{33}、彝语喜德话 kha^{34}ti^{33} < *kadi。“问”布朗语 kte < *kete，布昂语 ketaɢ < *ketaq。

“什么”古英语 hwæt，古高地德语 hwaz，古弗里斯语 hwet < *kʷat。

“谁、哪一个”拉丁语 quod < *kʷod。

“谁”古教堂斯拉夫语 kuto，俄语 tɕto < *kuto。波兰语 ktory < *kuto-。

“什么”拉丁语 quidnam < *kʷid-nam。

2. *ʔati（*ta、*ʔata、*ʔiti）

“什么”他杭语 *ta，独龙语、塔几亚语 *ʔata。“谁”塔几亚语 inti < *ʔiti。“哪一个”木鲁特语 ati < *ʔati。“这”桑塔利语 iti < *ʔiti。

“什么”希腊语 ti、tis < *ti-。波兰语 tso < *to。

“什么”和阗塞语 aʃtū < *attu。

“这”希腊语 ayto，oytos < *ato-。梵语 etaːm̩ < *eta-。

3. *bi（*pi、*pe）

“什么”布兴语 *ʔabi，阿昌语 *pi-si，窝里沃语 opea < *ʔope-ʔa。

“什么”希腊语 poios < *poi-。

4. *ga（*ko）

“什么”布吉斯语 *ʔaga，蒙达语、桑塔利语 *ʔoko。

“什么”拉丁语 quae < *kʷa。

“什么”乌尔都语 kya、和阗塞语 tʃa < *kja。

“谁”芬兰语 kuka，匈牙利文 aki。

5. *kima（*kim）

“什么”壮语武鸣话 ki³ma² < *kima。“谁”土耳其语、维吾尔语 kim，西部裕固语 kəm < *kim。

“什么”梵语 kiṃ < *kim。波兰语 tʃym < *kim。

“哪一个”和阗塞语 kamā- < *kama。

6. *se（*si）

“什么”傈僳语 *ʔasi，阿昌语 *pi-si。“谁”彝语南华话 ɑ²¹se²¹、武定话 ɑ¹¹se³³ < *se。

“什么、多少”阿尔巴尼亚语 sa。

7. *ni

古突厥语、土耳其语、哈萨克语、塔塔尔语 *ni。“谁”鄂伦春语 niː、赫哲语 ni < *ni。卡那卡那富语 niini、巴拉望语 n-ʔ < *ni-ʔini / *ni，爪哇语 əndi < *ʔəni。

“什么”亚美尼亚语 intʃh < *ini-k。

8. *man（*mana）

“什么”卑南语 amanaj < *ʔamana-ʔi。赛德克语 manu，鲁凯语

manəmaə < *manu。布朗语甘塘话 manman < *man-man。“谁”布朗语甘塘话 man。

“什么”亚非系的奥摩语 *ma-，库西特语 *ma，乍得语 *ma / *mi，埃及语 *m、闪米特语 *mā 和柏柏尔语 *ma。

“谁”格鲁吉亚语 vin < *bʷin。

9. *gare（*gar）

“什么”藏文 ga-re。汉语 *gar（何）。

“什么”和阗塞语 tʃira- < *kira。

“谁”的词源关系

亚欧语言疑问代词“谁”与“什么”“这”“问”等说法有词源关系。

◇ 一　东亚太平洋语言的“谁”

“谁”的主要说法有：

1. *kim

土耳其语、维吾尔语 kim，西部裕固语 kəm < *kim。

2. *ʔali / *ʔali-n / *qale / *ʔaba-ʔila / *buʔ-li / *ʔili

蒙古语 alj，东乡语 ali < *ʔali。

他加洛语 alin < *ʔali-n。

查莫罗语 haje < *qale。

壮语武鸣话 pou^{4}laɯ^{2} < *buʔ-li（人—什么）。

加龙语 jəli < *ʔili。

3. *b^{w}e / *ʔabu

满文 we < *b^{w}e。鄂温克语 awʊ，锡伯语 və < *ʔabu。①

4. *ni / *qen / *ni-ʔini / *niʔ / *ʔəni / *nen

鄂伦春语 niː，赫哲语 ni < *ni。

蒙古语书面语 ken，喀喇沁方言 χɯn < *qen。

卡那卡那富语 niini，巴拉望语 nɨʔ < *ni-ʔini / *niʔ。

爪哇语 əndi < *ʔəni。

多布语 ba-ni < *ba-ni（单数），ba-di < *ba-ni（复数）。

朝鲜语 nuku < *ni-gi。（什么—那）

中古朝鲜语 ənɯ < *ʔəni。（哪个）

纳西语 ə^{33}ne^{21} < *ʔə-ni。

布朗语曼俄话 nɤn^{35} < *nen。

5. *dare / *dera

日语 dare < *dare。

吉尔伯特语 dera < *dera。

6. *ʔimaʔ / *ma / *si-ma / *ʔuma / *mo

泰雅语 ʔimaʔ < *ʔima。排湾语 ma < *ma。

布农语 sima < *si-ma。

乌玛语 to ʔuma < *ʔuma。

克木语 mɤʔ，户语 a mɔ^{31} < *mo。

---

①“谁”格鲁吉亚语 vin < *b^{w}in。

7. *ʔima-naʔi / *ʔina / *ʔa-n

卑南语 imanaj < *ʔima-naʔi。

依斯那格语 inna < *ʔina。

柬埔寨文 ʔaː-naː < *ʔa-na。

8. *si-ʔa / *si / *ʔise-ʔi / *se

邹语 sia < *si-ʔa。夸梅拉语（Kwamera）si < *si。

拉格语 ihei，帕马语 isei < *ʔise-ʔi。

彝语南华话 $ɑ^{21}se^{21}$、武定话 $ɑ^{11}se^{33}$ < *se。

9. *sinu

雅美语 ʂinu < *sinu。

10. *kosi

摩尔波格语 kosi < *kosi。

11. *sito

布拉安语 sinto < *sito。

12. *si-ʔapa

印尼语 siapa < *si-ʔapa（定冠词—什么）。

13. *ʔi-ga

布吉斯语 iga < *ʔi-ga。

14. *aba-ʔila / *ʔala-ʔina

吉利威拉语 aβaila < *aba-ʔila（人—什么）。

梅柯澳语 ala-ina < *ʔala-ʔina。

15. *lape

哈拉朱乌语 japɛ < *lape。

16. *ʔada-na

莫图语 ede-na < *ʔada-na。

17. *gluk

汉语 *gluk（孰），① *g^{w}lir（谁）。

18. *ʔa-sale

桑班语（Sangpang）ɑsɑ̄ le < *ʔa-sale。

19. *su / *ko-su / *ʔa-su

藏文 su，嘉戎语 sə < *su。

基诺语 khɔ^{33}su^{33} < *ko-su。

哈尼语绿春话 a^{31}so^{55} < *ʔa-su。

20. *dala

他杭语 khala < *dala。

21. *sir / *sur

那加语奥方言 ʃir < *sir。

博多语 sur < *sur，sɑr < *sar。

① *luk，藏缅语疑问词，现保留于安多藏语等中。

22. *mi / *bi / *ʔbi

独龙语 a mi < *mi。

布兴语 bi，巴琉语 ᵐbai^{53} < *bi / *ʔbi。

23. *kadi

景颇语 kă ^{31}tai^{33}，彝语喜德话 kha^{34}ti^{33} < *kadi。

24. *gu

壮语文马话 gəɣ^{2}，广南话 kaɯ^{2} < *gu。

25. *ʔara / *ʔare

黎语通什话 a^{3}ra^{2} < *ʔara。①

宁德娄语 are < *ʔare。

26. *man

布朗语甘塘话 man < *man。

27. *qi-ʔo / *ʔi

尼科巴语 tʃhiø < *qi-ʔo。京语 aːi^{1} < *ʔi。

28. *ʔoko-ʔe

桑塔利语 o̤ko̤e < *ʔoko-ʔe。

29. *tele

桑塔利语 tsele < *tele。（什么、谁）

《尔雅》：“畴、孰，谁也。”

① “什么”格鲁吉亚语 ra。

二　“谁”的词源对应关系

1. “什么”和“谁”

“什么”和“谁”的词源关系除了上文《什么》篇说明的兼用，还有前者作为后者的构词成分的情况，常见的另一成分是指人的词。如：

（1）“谁”壮语武鸣话 pou^{4}laɯ^{2} < *buʔ-li，字面意思是“人—什么”。*buʔ是尊称。如“主人”壮语武鸣话 pou^{4}ɕaɯ^{3}、布依语 pu^{4}su^{3}，“哑巴”壮语武鸣话 pou^{4}ŋom^{4}、布依语 pu^{4}ŋam^{4}。这个 *buʔ 原本是指“女人”或年长的女性。如“女人”印尼语 pər-əmpu-an < *ʔəbu，汉语 *bəʔ（妇）。

“什么”和“谁”的兼用，如“什么”卡乌龙语 ele < *ʔele；“谁”蒙古语 alj、东乡语 ali < *ali，他加洛语 alin < *ali-n。

吉利威拉语 aβaila < *aba-ʔila，字面意思也是“人—什么”。*aba，原本指“女人”，后成为尊称。

（2）“什么”和“谁”的兼用，如“什么”傈僳语 a^{55}ʃi^{31} < *ʔasi；“谁”邹语 sia < *si-ʔa。夸梅拉语 si < *si，拉格语 ihei、帕马语 isei < *ʔise-ʔi，彝语南华话 ɑ^{21}se^{21}、武定话 ɑ^{11}se^{33} < *se。

“谁”印尼语 siapa < *si-ʔapa，*si- 为定冠词。“这”鄂罗克语 si < *si，卡那卡那富语 iisi < *ʔi-ʔisi，马加尔语 ise < *ʔise。

（3）“什么”达斡尔语 əlkəː < *ʔəlukə。汉语 *gluk（孰）< *g-luk。

2. “谁”“什么”和“问”

（1）鄂伦春语 niː、赫哲语 ni < *ni。“什么”古突厥语、土耳其语、哈萨克语 ne，塔塔尔语 ni < *ni。“问”苗语养蒿话 nɛ^{6}、勉语江底话 naːi^{6} < *ni，塔希提语 ani < *ʔani，布拉安语 m-ni < *ni。

（2）独龙语 *mi。“什么”普米语兰坪话 mi^{55} < *mi。“问”缅文 me^{3}、

怒苏怒语 mi⁵⁵ < *mi。

（3）夸梅拉语 si < *si。“什么”傈僳语 a⁵⁵ʃi³¹ < *ʔasi。“问”侗语 ɕaːi¹、水语、毛南语 saːi³ < *siʔ。

（4）布朗语甘塘话 man，“什么”布朗语甘塘话 manman < *man-man。汉语 *mən-s（问）。

◇ 三　词源关系分析

1. *keta（*kadi、*kete、*ketaq）

“谁”景颇语 kă ³¹tai³³，彝语喜德话 kha³⁴ti³³ < *kadi。“什么”义都珞巴语 kɑ⁵⁵di⁵⁵ < *kadi。“问”布朗语 kte < *kete，布昂语 ketaɢ < *ketaq。

“谁、哪一个”拉丁语 quod < *kʷod。粟特语 kat。 “谁”古教堂斯拉夫语 kuto，俄语 kto < *kuto。波兰语 ktory < *kuto-。 “什么”古英语 hwæt，古高地德语 hwaz，古弗里斯语 hwet < *kʷat。

2. *ga（*ko）

“谁”布吉斯语 *ʔi-ga。“什么”布吉斯语 *ʔaga，汉语 *gʷa（胡）。

“谁”古英语、古弗里斯语 hwa，古高地德语 hwer，哥特语 hvo < *kʷa。 梵语 kaː，阿尔巴尼亚语 kjë < *ke。 “谁”和阗塞语 kye < *kje。 “什么”乌尔都语 kya、和阗塞语 tʃa < *kja。

“谁”桑塔利语 o̭ko̭e < *ʔoko-ʔe。

“谁”阿维斯陀经 ko，乌尔都语 kon < *ko-n。

3. *kima（*kim）

“谁”土耳其语、维吾尔语 *kim，西部裕固语 kəm < *kim。“什么”壮语武鸣话 $ki^{3}ma^{2}$ < *kima。

“什么”梵语 kiṃ < *kim。“什么、谁”波兰语 tʃym < *kim。

“谁”芬兰语 kuka，匈牙利文 aki。

4. *bi（*pi、*pe）

“谁”布兴语 *bi，巴琉语 *ʔbi。“什么”布兴语 *ʔabi，阿昌语 *pi-si，窝里沃语 opea < *ʔope-ʔa。

“谁、什么”希腊语 poios < *pi-os。

5. *$b^{w}e$（*bu）

“谁”满文 *$b^{w}e$。鄂温克语、锡伯语 *ʔabu。

“谁”亚美尼亚语 ov < *ob^{w}。

“谁”格鲁吉亚语 vin < *$b^{w}in$。

6. *la

“谁”吉利威拉语 *aba-ʔila（人—什么），梅柯澳语 *ʔala-ʔina。“什么”多布语 ja、西部斐济语 ða < *la，东部斐济语 ðaβa < *la-$b^{w}a$。

“谁”梵语 ja < *la。

7. *kosi

“谁”摩尔波格语 *kosi。

“谁”赫梯语 kuiʃ、立陶宛语 kas < *$k^{w}as$，阿尔巴尼亚语 kuʃ < *kus。

“多少”的词源关系

亚欧语言“多少”多为复合词，有的径直用某一类疑问词，如同拉丁语。复合词中一类是两个不同来历疑问词的联合，另一类是疑问词和表“数目”的词结合。

一 东亚太平洋语言的“多少”

“多少”的主要说法有：

1. *qate / *tu-ʔato

土耳其语 katʃ，维吾尔语 qantʃɛ，哈萨克语 qanʃa，西部裕固语 qaʂ < *qate。

查莫罗语 tʃuanto < *tu-ʔato。

2. *ʔadi / *qaʔdi

蒙古语 xədiː，土族语 kədə，保安语 keːdə < *qedi。赫哲语 adi < *ʔadi。

西双版纳傣语 $xa^{6}dai^{1}$ < *qaʔdi。

3. *dede

图瓦语 dʒedʒe < *dede。

4. *gidu / *gati / *kade / *kudə / *qa-kuda

东乡语 giəduɣɑn < *gidu-gan。

博嘎尔珞巴语 ɦiːdɯ < *gidu。木雅语 ɦæ^{33}ti^{53} < *gati。

景颇语 kă ^{31}te^{31} < *kade。

巴厘语 kudə < *kudə。

乌玛语 ha^{ŋ}kudʒa < *qa-kuda。

5. *ʔudu / *ʔoro-ʔuda。

满文 udu < *ʔudu。

劳语 oro ʔudā < *ʔoro-ʔuda。

6. *ʔoqi

鄂伦春语 ɔːkɪ，鄂温克语 ɔːxɪ < *ʔoqi。

7. *ʔər-ma / *ʔira / *ʔra

朝鲜语 ərma < *ʔər-ma。

马那姆语 ira，吉尔伯特语 iraua < *ʔira / *ʔira-ʔuʔa。

黎语保定话 ra^{3} < *ʔra。

8. *ʔikura / *kura

日语 ikura < *ʔikura。

贡诺语 si-kura < *kura。

9. *pi-ra

泰雅语 piraʔ，赛德克语 pija，赛夏语 pizaʔ，爪哇语 pirɔ < *pi-ra。

10. *ʔupiʔa-ʔini

卡那卡那富语 upini，沙阿鲁阿语 upiaini < *ʔupiʔa-ʔini。

11. *piga

依斯那格语、卡林阿语、巴塔克语 piga，梅柯澳语 pika < *piga。

12. *kulaʔ

木鲁特语 kulaʔ < *kulaʔ。

13. *pila

阿卡拉农语 pilah，沙玛语 pila，汤加语 fiha，斐济语 βiða < *pila-q。

14. *pida

排湾语 pida，摩尔波格语 pida，莫图语 hida < *pida。

15. *piʔa

邹语 pio，排湾语 pia，萨摩亚语 fia < *piʔa

16. *pisi / *ʔe-b^{w}is

罗图马语 hisi，三威治港语 evis < *pisi / *ʔe-b^{w}is。

17. *ki-r / *ki

汉语 *kjərʔ（幾）< *ki-r。

土家语 kai^{55} < *ki。

18. *ga-grod

藏文 ga tshod < *ga-grod。

19. *qeri / *re

道孚语 χɛ ʑi，纳西语 ze^{33} < *qeri / *re。

20. *ga-mja / *qa-ma

怒苏怒语 $kha^{55}m̥ia^{31}$ < *ga-mja。

拉祜语 $qhɑ^{31}mɑ^{31}$ < *qa-ma。

21. *maŋ-smja / *ʔi-sma

缅文 $mɑŋ^{2}hmja^{1}$ < *maŋ-smja。

德昂语南虎话 ʔi m̥ɑ < *ʔi-sma。

22. *sŋu

基诺语 $ŋɯ^{55}$ < *sŋu。

23. *reta

纳西语 $ze^{33}tɑ^{21}$ < *reta。

24. *ki-li

壮语武鸣话 $kei^{3}laːi^{1}$、龙州话 $ki^{3}laːi^{1}$ < *ki-li。

25. *li-ra

黎语通什话 $ɬai^{1}ra^{2}$ < *li-ra。

26. *ge-smu

德昂语硝厂沟话 khᴇ m̥ɑu < *ge-smu。

27. *si-bi

布兴语 sʔbi < *si-bi。

28. *khim-in / *khim-naŋ

蒙达语 tʃhimin < *khim-in（可数），tʃhimnāŋ < *khim-naŋ（不可数）。

29. *po-man

柬埔寨文 ponmaːn < *po-man。

30. *timi-nak

桑塔利语 timinɛkj < *timin-ʔak（怎么—数目），tin。（timin“怎么”）

二 东亚太平洋语言的主要疑问词

1. *ga

（1）汉语“何”*gar，为疑问代词或疑问副词。如《小雅·何草不黄》“何草不黄？何日不行？何人不将？经营四方。”稍晚可为疑问副词，如《召南·何彼襛矣》：“何彼襛矣，唐棣之华！曷不肃雝？王姬之车。”

“胡”*g^wa，疑问副词。如《大雅·桑柔》：“匪言不能，胡斯畏忌？”

“爰”*gjan < *ga-r，是周代中部方言与“何”有词源关系的疑问词，见于《邶风》《鄘风》《魏风》中，如：

爰有寒泉？在浚之下。（《邶风·凯风》）爰居爰处？爰丧其马？（《邶风·击鼓》）

爰采唐矣？沬之乡矣。（《鄘风·桑中》）乐土乐土，爰得我所？（《魏风·硕鼠》）

汉语甲骨文“其” *gə 主要用来表示疑问，西周金文为祈使语气词。《诗经》中“其”除了作指示词，也作为形容词的前缀和后缀。作为疑问词“何”的后缀，文字上为“何其”。

（2）藏文“什么” gaŋ < *gaŋ，“多少、几个” ga tshod < *ga-grod，“几时” ga dus。

（3）怒苏怒语“多少” kha^{55}m̥ia^{31} < *ga-mja，“几时” kha^{55}ba^{33}，“哪里” kha^{55}do^{33}。“怎么”怒苏怒语 kha^{55}su̠^{53} < *ga-su，是两个疑问词的合成，*su 即藏语、嘉戎语等的“谁”。

（4）载瓦语“多少” khă^{55}mja^{55} < *ga-mja，“几时” kha^{51}kun^{51}，“哪里” kha^{51}ma^{55}。

（5）景颇语“多少” kă^{31}te^{31} < *ka-de，“几时” kă^{31}loi^{55}，“这么” kă^{31}niŋ^{31}。

（6）布吉斯语“什么”agga，“谁”iga < *ʔi-ga，“为什么”magi < *ma-ga-ʔi，“多少” si-aga。

2. *bi（*mi）

（1）布兴语“谁”ŋ bi，“什么”ʔa bi，“几时”hau bi，“多少”si bi < *si-bi。

（2）独龙语“谁” a mi < *mi。

（3）普米语兰坪话“什么” mi^{55} < *mi。

3. *ni

（1）“谁”鄂伦春语 niː、赫哲语 ni < *ni。“什么”古突厥语、土耳其语、哈萨克语 ne，塔塔尔语 ni < *ni。

（2）“多少”哈拉朱乌语 ba-ni < *ba-ni。

4. *ma

（1）“谁”排湾语 ma < *ma，泰雅语 ʔimaʔ < *ʔima，布农语 sima < *si-ma。

（2）东部裕固语“什么”ima < *ʔima，鄂罗克语“谁、什么”man < *man。

（3）多布语 “何处”ba，“谁”ba-ni < *ba-ni（单数），“几时”ibaren。

（4）夸梅拉语“多少”kewa < *ke-b^{w}a。

5. *keta（*kadi、*kete、*kade、*kudə、*gidu、*gati）

（1）“谁”景颇语 kǎ^{31}tai^{33}，彝语喜德话 kha^{34}ti^{33} < *kadi。

（2）“什么”义都珞巴语 kɑ^{55}di^{55} < *kadi。

（3）“多少”博嘎尔珞巴语 ɦiːdɯ < *gidu。木雅语 ɦæ^{33}ti^{53} < *gati。景颇语 kǎ^{31}te^{31} < *kade。巴厘语 kudə < *kudə。乌玛语 ha^{ŋ}kudʒa < *qa-kuda。

三　词源关系分析

1. *ga

“多少”怒苏怒语 kha^{55}m̥ia^{31} < *ga-mja，“怎么”怒苏怒语 kha^{55}su̠^{53} < *ga-su。“什么”藏文 gaŋ < *gaŋ，汉语 *g^{w}a（胡）。

> “多少”亚美尼亚语 khani < *ga-ni。
> “多少”和阗塞语 tʃa < *ka。
> “怎么”古英语 hu、古撒克逊语 hwo < *kh^{w}o，哥特语 hvaiwa < *k^{w}ai-k^{w}a。

“谁”鄂伦春语 niː、赫哲语 ni < *ni。“什么”古突厥语、土耳其语、哈萨克语 ne，塔塔尔语 ni < *ni。

2. *geta（*kadi、*kete、*kade、*kudə、*gidu、*gati）

“多少”博嘎尔珞巴语 *gidu，木雅语 *gati，景颇语 *kade，巴厘语 *kudə，乌玛语 ha^{ŋ}kudʒa < *qa-kuda。

“多少”和阗塞语 tʃada < *kada。 拉丁语“多少”（可数）quot < *k^{w}ot，（不可数）quantus < *k^{w}atus。 “多少”粟特语 wat < *g^{w}at。

“谁”景颇语 kǎ ^{31}tai^{33}，彝语喜德话 kha^{34}ti^{33} < *kadi。“什么”义都珞巴语 kɑ^{55}di^{55} < *kadi。

“谁、哪一个”拉丁语 quod < *k^{w}od， “谁”古教堂斯拉夫语 kuto，俄语 kto < *k^{w}oto。 “什么”古英语 hwæt、古高地德语 hwaz、古弗里斯语 hwet < *k^{w}at。

3. *ki-li

“多少”壮语武鸣话、龙州话 *ki-li。“多的”壮语 laːi^{1}，黎语 ɬaːi^{1} < *ʔli。

波兰语“多少”（可数、不可数）ile < *ile，“多的”litʃni < *lik-。

“一”的词源关系

亚欧语言数词“一”主要与“少的”词源关系密切，它们的出现晚于这个描述词。有的与“一些”义的说法有词源关系。语言传播分化的过程中内部可保留不同的数词底层。

◇ 一　东亚太平洋语言的“一”

“一”的主要说法有：

1. *deke

土耳其语 tek，维吾尔语 jɛkkɛ，哈萨克语 dʒeke < *deke。（一、单独的）

2. *bi-r / *bi

土耳其语、维吾尔语 bir，撒拉语、西部裕固语 bər，雅库特语 biːr < *bi-r。布央语 pi^{53} (B2) < *bi。

3. *nəkə / *snak

蒙古语 nəg，达斡尔语 nək，土族语、保安语 nəgə < *nigə。

卡米语（藏缅语库基语支）（Khami）hnā k < *snak。

4. *ʔemu / *ʔumun / *mine

满文 emu，锡伯语、赫哲语 əmkən < *ʔemu / *ʔemu-kən。

鄂伦春语 umun，鄂温克语 əmun < *ʔumun。

鄂罗克语 mine < *mine。

5. *pana

中古朝鲜语 hana，铁山话等 hanna < *pana。

6. *pito

日语 hitotsɿ < *pito-。

7. *sinep

阿伊努语 sinep < *sinep。

8. *qutuq

泰雅语 *qutux < *qutuq。

9. *kijal

赛德克语 kijal < *kijal。

10. *ʔəʔa

鲁凯语 əa < *ʔəʔa。

11. *ʔasa / *ʔisa / *sa

赛夏语 ʔæhæʔ < *ʔasa。

他加洛语、摩尔波格语 isa，乌玛语 isaʔ，雅美语 iʂa < *ʔisa。

亚齐语 sa < *sa。

12. *to-ni / *ta-ʔani

邹语 tsoni < *to-ni。

沙阿鲁阿语、卡那卡那富语 tsaani < *ta-ʔani。

13. *ta / *tata / *ʔita / *təta-ʔi

莫图语 ta < *ta。

邵语 tata < *tata。

排湾语 ita，劳语 eta < *ʔita。

阿美语 tʃətʃaj < *təta-ʔi。

14. *tasa

萨摩亚语 tasa，汤加语 taha < *tasa。

15. sada / *bi-sata / *sidi

巴塔克语 sada < *sada。

阿者拉语 bis^{n}taʔ < *bi-sata。

爪哇语 sidʒi，巽他语 hidʒi < *sidi。

16. *ʔisala / *sila

卡加延语 isaja < *ʔisala。

西部斐济语 hila < *sila。

17. *ʔira-ʔi

马达加斯加语 irai < *ʔira-ʔi。

18. *satu / *tu

印尼语 satu < *satu。

黎语保定话 tseɯ^{3}、加茂话 tsɯ^{5}、堑对话 tɯ^{5}，村语 tsi^{13} < *tu。①

19. *le

多布语 je < *le。

20. *keke / *sə-keke / *kiq

罗维阿纳语 keke < *keke。

萨萨克语 səkek < *sə-keke。

他杭语 kiːh < *kiq。

21. *ta-si / *ʔemo-si / *si

萨摩亚语 tasi，拉巴努伊语 tahi < *ta-si。

布鲁语 em-sia-n，大瓦拉语 emosi < *ʔemo-si。

仡佬语 sɿ^{42} < *si。

22. *ʔit / *ʔidi

汉语 *ʔit（一）。

满查底语（Manchati）idi，卡瑙里语（Kanauri）id < *ʔidi。

23. *g-tik / *teke-leʔi / *tika-ʔi / *tika

藏文 gtɕig，巴尔蒂语 tʃik，嘉戎语 kə tɛk < *g-tik。②

达密语 tekelei < *teke-leʔi。

托莱语 tikai < *tika-ʔi。

---

① “潜水”黎语保定话、堑对话 tsom^{1}，元门话 tum^{1} < *tum。

② 早期藏文时代的古藏语 tɕ- 有 *pl-、*kr- 和 *t- 等主要来历。

三威治港语 tʃika < *tika。

24. *ro

道孚语 ro < *ro。

25. *la-ŋi

景颇语 lă ^{55}ŋai^{51} < *la-ŋi。

26. *tiʔ / *ti

缅语仰光话 tiʔ，普米语兰坪话 ti^{13}，布央语巴哈话 ti^{55} < *tiʔ。

哈尼语 thi^{31}，基诺语 thi^{44} < *ti。

佤语艾帅话 tiʔ < *ti。。

27. *la

载瓦语 ʒa^{21}，土家语 la^{35} < *la。

28. *ka-li

那加语 kɑ-li < *ka-li。

29. *ʔdu / *du-ʔa / *mu-du

泰语 diəu^{2}，版纳傣语 deu^{1}，水语 ʔdaːu^{3}，黎语通什话 ʔeɯ^{3} < *ʔdu。

东部斐济语 dua < *du-ʔa。

蒙达语族卡利亚语 muḍu < *mu-du。

30. *qi / *ʔi

黎语通什话 ʔɯ^{3}，中沙话、加茂话 kɯ^{2} < *qi。

苗语养蒿话、大南山话 i^{1}，畲语 i^{6} < *ʔi。

31. *mat / *mot

蒙达语 mĩ t，桑塔利语 mith < *mit。布兴语 mǎt，京语 mot^{8} < *mot。

钦博语（藏缅语库基—钦语支） tu-màt。

32. *ʔu / *ʔe-ʔu

德昂语硝厂沟话、南虎话 ʔu < *ʔu。

波那佩语 ēu < *ʔe-ʔu。

33. *mak

莽语 mak^{55} < *mak。

34. *mur

柬埔寨文 muːəj < *mur。

35. *neŋ

布兴语、克木语 nɤŋ < *neŋ。

36. *ʔeŋ

尼科巴语 hēŋ < *ʔeŋ。

37. 加龙语、博嘎尔珞巴语 aken，桑塔利语 eka 伊朗语族语言借词。

◇ 二 “一”的词源对应关系

1. “一”和“少的”

（1）藏文、嘉戎语 *g-tik。“少”泰雅语 tikaj < *tika-ʔi 。

（2）道孚语 *ro。“少”布鲁语 ro-ro-in < *ro，黎语保定话 rau^{2} < *ru。

（3）突厥语 *bi-r，*-r 阿尔泰语静词后缀，日语仍在使用。“少”嘎卓语 mɛ^{55} < *me。

（4）土耳其语、维吾尔语等 *deke。“少”朝鲜语 tʃəkta < *dək-，查莫罗语 dekike < *deki。

（5）日语 *pito-tu。“少”依斯那格语 bittiʔ < *biti。

（6）泰雅语 *qutux < *qutuq，“少”赛德克语 qutuh < *qutiq。

（7）爪哇语、巽他语 *sidi。“少”印尼语 sədikit < *sədi-kit（少—少）。

（8）仡佬语 *si。“少”阿者拉语 isiʔ 、莫图语 sisi-na < *ʔisi-。

（9）柬埔寨文 *mur。“少”波那佩语 m^{w}ur < *mur。

（10）东部斐济语 *du-ʔa。“少”鄂温克语 xɔndɔ < *qodo，窝里沃语 sa-ede、布昂语 tʃedde < *ʔede。

（11）大瓦拉语 *ʔemo-si。“少”满文 komso、锡伯语 qomsw、赫哲语 qomtɕœ < *qomso。

（12）朝鲜语 *pana。“少”拉加语 hen < *pen。

（13）布兴语、克木语 *neŋ。“少”缅文 nɑŋ̊^{3} < *naŋ，巴琉语 ȵaŋ^{53} < *naŋ。

2.“一”和“一些”

（1）萨摩亚语、拉巴努伊语 *tasi。“一些”塔希提语、拉巴努伊语 te-tahi < *te-tasi。

（2）阿美语 *təta-ʔi。“一些”马绍尔语 tʃet < *tet。

（3）那加语 kɑ-li < *ka-li。“一些”马达加斯加语 keli-keli < *keli。

（4）莫图语 ta < *ta。“一些”瓜依沃语 ta。

（5）他加洛语、摩尔波格语、乌玛语、雅美语 *ʔisa。“一些”梅柯澳语 isa < *ʔisa。

（6）土家语 *la，“一些” la^{55} < *ʔla。

三　词源关系分析

印欧语的数词“一”当有多个来源。

1. *ona（*ana、*on、*naŋ）

“一”吉尔伯特语 teuana < *te-ʔuana，马绍尔语 tʃuon < *tu-ʔon。“少的”傈僳语 ne^{55} < *ne，克木语 ȵɛʔ < *neʔ，莽语 ʔan^{51} < *ʔan，缅文 nɑȵ^{3} < *naŋ，巴琉语 ȵaŋ^{53} < *naŋ。

> “一”古英语、古弗里斯语 an，哥特语 ains，布立吞语 un，古教堂斯拉夫语 ino-，希腊语 enas，拉丁语 unus < *ona-s。
>
> 阿尔巴尼亚语（数词）një < *no，（名词）një si < *no-si。

“一”爱沙尼亚语（形容词）ainus < *anu-s， *-s 为后缀。

2. *keke

“一”罗维阿纳语 *keke，萨萨克语 *sə-keke。

> “一”梵语 eka、ekaḥ、ekaṃ < *eka-。
>
> 波斯语 aivaka- < *ig^{w}aka-。
>
> 粟特语 ēw < *eg^{w}。乌尔都语 aik < *ik。

“一”爱沙尼亚语 uüks、芬兰语 yksi < *ik-，匈牙利语 egy < *egi。

3. *ʔidi（*ʔede、*qodo）

“一”满查底语、卡瑙里语 *ʔidi。“少”鄂温克语 xɔndɔ < *qodo，窝里沃语 sa-ede、布昂语 tʃedde < *ʔede。

> “一”俄语 odin，波兰语 jedno < *odino。

4. *mu

“一”满文 *ʔemu，锡伯语、赫哲语 *ʔemu-kən。

“一”亚美尼亚语 mek < *me-k。

亚美尼亚语数词“一、二、三”带后缀 *-k。

5. *ʔisa

“一”他加洛语、摩尔波格语、乌玛语、雅美语 *ʔisa。

“一”希腊语 eis < *es，赫梯语 as，吐火罗语 sas、se。

“一”和阗塞语 ʃa- < *sa。

“独自”粟特语 ēuuiʃ < *eu-is。

6. *deke（*tik、*tika、*dok）

“一”藏文、嘉戎语 *g-tik。“一、单独的”突厥语 *deke。汉语 *dok（独）。

“少的”泰雅语 tikaj < *tika-ʔi。朝鲜语 tʃəkta < *dək-，查莫罗语 dekike < *deki。

“独自”粟特语 ēutātʃ < *eu-tak。

“二”的词源关系

亚欧语言数词“二”与“多”，也与“一些”“少”的说法有词源关系。突厥语和蒙古语“二”与“多”的词源关系可能是末次冰期以后建立的。跨语系分布说法的出现可能稍早一些。

一　东亚太平洋语言的“二”

“二”的主要说法有：

1. *ʔiki / *sigə / *sək

土耳其语 iki，雅库特语、维吾尔语 ikki < *ʔiki。

西部裕固语 ʂigə < *sigə。

阿昌语 $sək^{55}$ < *sək。

2. *quru-r / *ʔuru-ʔə

蒙古语 xojər，东乡语 ɢuɑr，东部裕固语 ɢuːr < *quru-r。

托莱语 uruə < *ʔuru-ʔə。

3. *du-r / *tu

鄂伦春语 dʒuːr，锡伯语 dʐu，赫哲语 dʐuru < *du-r。

阿伊努语 tu < *tu。

4. *dub^{w}e / *dub^{w}u-r / *dub^{w}a

满文 dʒuwe < *dub^{w}e。

朝鲜语中古文献 tuwur < *dub^{w}u-r。

雅美语 ɖuwa，依斯那格语、巴拉望语 duwa < *dub^{w}a。

5. *puta-tu / *piti

日语 futatsɿ < *puta-tu。

塔希提语 piti < *piti。

6. *sariŋ

泰雅语 saziŋ < *sariŋ。

7. *dusa / *tusa

赛德克语 daha，鲁凯语 ɖusa，排湾语 dʐusa，布农语 dusa < *dusa。

阿美语、邵语 tuʃa < *tusa。

8. *ruso / *rosa

邹语 euso < *ruso。

赛夏语 roʃaʔ < *rosa。

9. *duʔa / *ʔdu

印尼语 dua，摩尔波格语 dua < *duʔa。

黎语通什话、通什话 ɬau^3，黑土话 dou^3 < *ʔdu。

10. *da-rua /*ruʔa / *suʔa

他加洛语 dalawa < *da-rua。

莫图语 rua，汤加语 ua，斐济语 rua，马绍尔语 ɽua < *ruʔa。

马京达瑙语 sua < *suʔa。

11. *ŋuʔa

梅柯澳语 ŋua < *ŋuʔa。

12. *ʔelu / *lu

沙外语 pɛ-lu，帕马语 elu < *ʔelu。

黎语保定话、通什话 ɬau^{3}，加茂话 ɬjau^{4} < *lu。

13. *loro / *lur

爪哇语 loro < *loro。

昌巴拉胡里语（Chamba Lahuli）juɽ < *lur。

14. *raru

塔几亚语 raru < *raru。

15. *ro / *ka-ru

多布语 ro < *ro。阿杰语 kařu，夸梅拉语 kəru < *ka-ru。

16. *nit

汉语 *nits < *nit-s（二）。①

① "次"古文从"二"得声。《说文》："次，不前不精也。从欠二声。"故其韵尾原为*-ts。

17. *rar-s

汉语 *rar-s（麗）。①

18. *g-nis / *gi-ni / *nis

藏文 gn̥is < *g-nis。

迪马萨语 gin-ni < *gi-ni。

马加里语 nis < *nis。

19. *ʔani

加龙语 anji < *ʔani。

20. *s-nas / *nasi

缅文 hnɑs < *s-nas。

尼瓦里语 nasi < *nasi。

21. *la-koŋ

景颇语 lǎ ^{55}khoŋ^{51} < *la-koŋ。

22. *ka-leŋ

卡杜语 kaleŋ < *ka-leŋ。

23. *ʔra / *ra

佯僙语 ra^{1}，侗语南部方言 ja^{2}，水语 ɣa^{1} < *ʔra。

佤语马散话 ra < *ra。

---

①“麗”商一期甲骨文从两耒两犬。《小尔雅·广言》：“麗，两也。”后世用“俪”表示“俩”。

24. *sa

仡佬语 sa^{35}，布央语峨村话 θa^{24} < *sa。

25. *soŋ

壮语武鸣话 soːŋ^{1}，龙州话 ɬoŋ^{1} < *soŋ。

26. *ʔo / *ʔa

苗语养蒿话 o^{1}，大南山话 au^{1} < *ʔo。

布朗语胖品话 ʔa^{51}，德昂语硝厂沟话 ʔa < *ʔa。

尼科巴语 ɑ̃ < *ʔa。

27. *glal

莽语 dʑɯal < *glal。

28. *bi

巴琉语 ^{m}bi^{55} < *bi。

29. *bari / *baru

蒙达语 bɑ̄r，桑塔利语 bar，古尔古语（Kurku）bārī < *bari。①

哈拉朱乌语 bāru < *baru。

30. *pir

柬埔寨语 pir < *pir。

31. *net / *ʔanat

尼科巴语卡尔方言 nət < *net。

---

① 桑塔利语 do，伊朗语族语言借词。

那加语登沙方言（Tengsa）ā nnat < *ʔanat。

◇ 二 “二”的词源对应关系

1. “二” 和 “多的”

（1）土耳其语、雅库特语、维吾尔语 *ʔiki。“多”蒙古语正蓝旗话 jix、都兰话 ike < *ʔike。

（2）西部裕固语 *sigə。“多”达斡尔语 xig、东部裕固语 ʃige、土族语 ʂge < *sige。

（3）日语 *puta-tu。“多”女真语（伏测）*futʃhe < *pute-。

（4）鄂伦春语、锡伯语、赫哲语 *du-r。“多”基诺语 $thə^{42}$、达让僜语 $dɯ^{35}$ < *du，依斯那格语 adu、马京达瑙语 dō < *ʔado。

（5）沙外语 *pelu，“多” fɛʔlɛ < $*p^{w}e$-le。

（6）布朗语胖品话、德昂语硝厂沟话 *ʔa。“多”克伦语阿果话 $ā^{55}$ < *ʔa。

（7）苗语 *ʔo。“多”日语 oːi < *ʔo-ʔi，梅柯澳语 maʔo < *ma-ʔo。

（8）哈拉朱乌语 *baru。“多”赛德克语 habaro < *sa-baro。

（9）柬埔寨语 pir < *pir。“多”阿杰语 põřõ < *ku-poro，查莫罗语 puroha < *puro-qa。

（10）莽语 *glal，“多”汉语 *klal（多）< *k-lal。

2. “二” 和 “少的”

（1）满文 dʒuwe < $*dub^{w}e$。“少”阿杰语 duwẽ < *duwe。

（2）多布语 ro < *ro。“少”布鲁语 ro-ro-in < *ro，黎语保定话 rau^{2} < *ru。

（3）巴琉语 $^{m}bi^{55}$ < *bi。“少”嘎卓语 $mɛ^{55}$ < *me。

（4）加龙语 *ʔani。“少” 傈僳语 ne^{55} < *ne，木雅语 ni^{55}ni^{55} < *nini。

3. “二” 和 “一些、几个”

（1）藏文 *ɡ-nis。“几个”嘉戎语 toŋ nᴇs < *to-nis。“一些”萨摩亚语 nisi。

（2）印尼语 *duʔa。“一些” 纳西语 dɯ^{33}χu^{33} < *duqu。

（3）土耳其语、雅库特语、维吾尔语 *ʔiki。“一些” 波那佩语 ekei < *ʔeke-ʔi。

（4）满文 dʒuwe < *dub^{w}e。“一些” 阿杰语 duwẽ < *dub^{w}e。

（5）莫图语等 *ruʔa。“一些” 宁德娄语 raʔon < *raʔo-n。

（6）柬埔寨语 pir < *pir。“一些” 萨萨克语 pira < *pira。

◇ 三 词源关系分析

1. *dub^{w}e（*dubu、*dub^{w}a）

“二” 满文 *dub^{w}e，朝鲜语 *dub^{w}u-r，雅美语、依斯那格语、巴拉望语 *dub^{w}a。

“一些、少的” 阿杰语 duwẽ < *duwe。（*duwe 可能来自 *dub^{w}e，“一些” 如巴塔克语 deba。）

> “二” 粟特语 δyβ- < *dib^{w}。梵语 dvau、阿维斯陀经 dva、和阗塞语 duva < *dub^{w}e。
>
> “二”古英语 twa，古弗里斯语 twene，古教堂斯拉夫语 duva，俄语 dva，拉丁语 duo，希腊语 duo < *duwe。
>
> “二” 波兰语 dwa，dwoja，dwojka。
>
> “两倍的、对折” 古法语 doble，拉丁语 duplus < *dub-lus。

印欧语的构拟中“二” 通常为 *dwō，就日耳曼语 w 和梵语 v 而言，或

来自 *b^{w}。

“两根搓成的线”古英语 twin、荷兰语 twijn < *d^{w}in。

“加倍”古挪威语 tvinna < *t^{w}ina。

2. *du（*tu、*do）

“二”通古斯语 *du-r，阿伊努语 tu < *tu。印尼语、摩尔波格语 *du-ʔa，黎语 *ʔdu。藏文“二、对手”do，“双”dor < *do-r。

“二”阿尔巴尼亚语 dy < *du。

“二”粟特语 əδu < *ədu。乌尔都语 du。

“细绳”日语 tsɿna < *tuna。

“缠绕”木雅语 tə^{55}to^{33}、扎坝语 ə^{55}de^{55} < *do。

“旋转、缠绕”土耳其语 døn- < *don。“绳子”日语 dzuna（綱）< *duna。

3. *quru

“二”蒙古语、东乡语、东部裕固语 *quru-r。

“二”亚美尼亚语 erku < *eru-ku。

亚美尼亚语数词“一、二、三”带后缀 *-k。“二”格鲁吉亚语 ɔri < *ori。

A. 梅耶认为亚美尼亚语（亚尔明尼亚语）“二”erku 与其他印欧语的 *duwe 同源。他说，我们“进而可以拟定亚尔明尼亚语的 erk（i）- 相当于拉丁语的 b-，虽然初看起来好像这是非常奇怪的”。[①]

① A. 梅耶：《历史语言学中的比较方法》，科学出版社 1957 年版，第 27 页。

“三”的词源关系

满通古斯语，阿尔泰语的“三”可能来自手指示数法的语言表达。南岛语、汉藏语和南亚语“三”与“多的”“满的”一类的说法有词源关系。

◇ 一　东亚太平洋语言的“三”

“三”的主要说法有：

1. *ʔut

土耳其语、维吾尔语 ytʃ，雅库特语 ys，西部裕固语 vuʂ，撒拉语 udʒ < *ʔut。

2. *gurə-b / *ɢurə-b-an

蒙古语 gurəb，东部裕固 ɢurwɑn < *gurə-b / *ɢurə-b-an。

3. *ʔila-n

满文 ilan，赫哲语、锡伯语 ilan，鄂伦春语 ɪlan < *ʔila-n。

4. *səri / *re

朝鲜语中古文献 seh，楚山话等 səji < *səri。

阿伊努语 re < *re。

5. *mik-tu

日语 miʔtsɿ < *mik-tu。

6. *tibu-gal

泰雅语赛考利方言 tsiwugal，泽敖利方言 tuɣał < *tibu-gal（二—五）。

7. *teru / *toru

赛德克语 teru，邹语 tueu，邵语 turu < *teru。

塔希提语、拉巴努伊语 toru < *toru。

8. *tigu

印尼语 tigu，米南卡保语 tigo < *tigu。

9. *tulu / *tolu / *ta-tolo / *tel / *tilu

排湾语 tɕəɭu，赛夏语 toɭoʔ，卑南语 tuɭu < *tulu。

汤加语、斐济语 tolu < *tolu。

他加洛语 tatlo < *ta-tolo。

沙外语 pɛ-tel < *tel。

马绍尔语 tʃilu，波那佩语 silū < *tilu。

10. *to-nuga / *toʔi

大瓦拉语 tonuga < *to-nuga。

莫图语 toi < *toʔi。

11. *ʔo-ʔiso

梅柯澳语 oiso < *ʔo-ʔiso。

12. *teni-ʔuʔa

吉尔伯特语 teniua < *teni-ʔuʔa。

13. *ʔoru

瓜依沃语 oru < *ʔoru。

14. *ŋeta

罗维阿纳语 ŋeta < *ŋeta。

15. *kə-səl

塔纳语 kəsəl < *kə-səl。

16. *səm / *g-sum / *ma-sum / *sum / *ʔa-gum

汉语 *səm（三）。

藏文 gsum，嘉戎语 kə sɑm < *g-sum。

景颇语 mǎ ^{31}sum^{33} < *ma-sum。

缅文 sum^{3}，罗东语 sū m-rɑ < *sum。

博嘎尔珞巴语 a ɦum < *ʔa-gum。

17. *ʔa-ʔum

加龙语 aum < *ʔa-ʔum。

18. *tum / *ʔa-tum / *tam / *gi-tam

他多语 thum < *tum。

老梅梯语 ɑ-hum < *ʔa-tum。

加洛语 gi-tā m < *gi-tam。

博多语 thā m < *tam。

19. *lum

那加语达布棱方言（Tableng）lum < *lum。

20. *plu

黎语保定话 fu^{3}、通什话 tshu^{3}、加茂话 taːu^{1} < *plu。

21. *pre

苗语野鸡坡话 pzi^{1}，畲语 pi^{1}，勉语江底话 pja^{1} < *pre。

马鲁语 pre < *pre。

22. *la-ʔi / *lo-ʔi / *ʔi

泰罗语（Tai-loi） lɑ oi < *la-ʔi。

佤语马散话 luɛ，布朗语曼俄话 loi^{35}，尼科巴语 lōe < *lo-ʔi。

布朗语胖品话 ʔuai^{51}，德昂语南虎话 ʔoi < *ʔi。户语 kə ɔi^{31} < *kə-ʔi。

23. *kə-ʔam

克木语 tɕə ʔam < *kə-ʔam。

24. *ʔba

京语 ba^{1} < *ʔba。

25. *ʔapi / *pi

蒙达语 ɑpi-ā，桑塔利语 pe̱，古尔古语 ā pɑi < *ʔapi。①

① 桑塔利语 tin，印度语族语言借词。

莽语 pai⁵⁵，巴琉语 pe⁵⁵ < *pi。

◇ 二　词源对应关系

1. 阿尔泰语的“三”

阿尔泰语的“三”（除了满通古斯语的）可能来自手指示数法的语言表达。

（1）突厥语 *ʔut，指曲起两手指，留下“中间”的。“中间”撒拉语 oddɑ < *ʔoda。

（2）蒙古语 *gurə-b，东部裕固 *ɢurə-b-an，*-b 数词后缀，词根义为“弯曲”，指手指的弯曲。“弯曲的”蒙古语 dɛxər < *de-kər，土族语 guguriː < *guguri，土耳其语 eɣri、维吾尔语 ɛgri、哈萨克语 ijir、塔塔尔语 kɛkri < *qe-giri。

（3）满通古斯语 *ʔila-n，“编辫子”鄂伦春语 ɪltʃa-，鄂温克语 ɪlʃaran < *ʔilə-ta-。

（4）朝鲜语 *səri，可能来自手指示数，以“竖起中间的三个指头”表示“三”。“竖”朝鲜语 sero。兰司铁认为满语 sertei“三齿叉”，蒙古语 serege、seridʒi“三齿叉、叉子”等以其为构词成分。①

（5）日语 *mik-tu，*-tu 数词后缀。可能与突厥语一样，指“弯起”手指。“卷”日语 maki。“弯曲的”鄂温克语 mʊʃʃᴇᴇxʊ，鄂伦春语 mʊktʃika < *muk-teka。

2. 南岛语的“三”

泰雅语与阿尔泰系的语言关系密切，“三”*tibu-gal 仍可能来自手指示

---

① G. J. 兰司铁：《阿尔泰语言学导论》，第 65 页。

数法的表达。其他南岛语的“三”通常与“多的”有词源关系。

（1）泰雅语 *tibu-gal，字面意思是“二—五”，手的五个指头中少了两个。印尼语、米南卡保语 *tigu 是泰雅语一类说法的简约形式。“二”雅美语 ɖuwa，依斯那格语、巴拉望语 duwa < *dub^{w}a。

（2）赛德克语、邹语、邵语 *teru，塔希提语、拉巴努伊语 *toru。排湾语、赛夏语、卑南语 *tulu，汤加语、斐济语 *tolu。

“多的”萨摩亚语 tele < *tele，嫩戈内语 atʃala < *ʔatala，维吾尔语 tolɑ、柯尔克孜语 tolo < *tola。

（3）大瓦拉语 *to-nuga。“多的”印尼语 baɲak、米南卡保语 baɲaʔ < *ma-nak。

（4）莫图语 *toʔi。“多的”依斯那格语 adu、马京达瑙语 dō < *ʔado，撒拉语 ɑtoχ < *ʔato-q。

（5）瓜依沃语 *ʔoru。“多的”劳语 ʔoro < *ʔoro，雅美语 azo < *ʔaro。

3. 藏缅语和汉语的“三”

（1）藏文 gsum、嘉戎语 *g-sum。*g- 为藏语支和部分博多语支语言的数词前缀。

（2）他多语 *tum、老梅梯语 *ʔa-tum 与加洛语 *gi-tam、博多语 *tam 等有词源关系。

（3）那加语达布棱方言 lum，马林方言（Maring）khijum < *gi-lum 等的 *lum 可能是上述 *sum 和 *tum 等的早期形式。

（4）汉语 *səm（三），*srəm（叁、参）。“参”本为星宿名，古又指“三”。如《周礼》：“设其参，辅其伍”。

藏缅语和汉语“三”的早期读音为 *srum，来自“多的、满的”，如“满的”壮语武鸣话 ɣim^{1}、布依语 zim^{1} < *ʔlim，西双版纳傣语、龙州话 tim^{1} < *tim。

“三”匈牙利文 harom < *sarom。

4. 苗瑶语和侗台语的“三”

（1）苗语的“三”和“满”有相近的说法，如：

	养蒿话	大南山话	野鸡坡话	
三	pi^{1}	pe^{1}	pzi	< *pri
满	pɛ^{3}	po^{3}	paŋ	< *preŋ

它们的声母在王辅世先生的《苗语古音构拟》中归为一类。“满的”苗语野鸡坡话、畲语多祝话 paŋ^{3}、勉语江底话 pwaŋ^{3}、大坪话 baŋ^{3} < *preŋ。缅文 prɑŋ^{1}、阿昌语 pz̥əŋ^{35}、景颇语 phʒiŋ^{55} < *preŋ。

（2）黎语 *plu。“满的”勒窝语 wule < *b^{w}ule，戈龙塔洛语 mo-polu < *polu，排湾语 mapəluq < *ma-pəluq。“圆的”黎语保定话 pluːn^{1} < *plun。

（3）西双版纳傣语 sam^{1}、临高语 tam^{1} 借自汉语“三”。

仡佬语 tau^{35}、布央语 tu^{24} < *tu，来自南岛语。

5. 南亚语的“三”

（1）泰罗语 *la-ʔi，佤语、布朗语、尼科巴语 *lo-ʔi，德昂语南虎话 *ʔi，户语 *kə-ʔi。“多的”桑塔利语 in < *ʔin，“满的”尼科巴语 tøːkŋen < *tok-ʔen。

（2）蒙达语、桑塔利语、古尔古语 *ʔapi，莽语、巴琉语 *pi。“大的、多的”尼科巴语 poːi < *p^{w}i。

◇ 三 词源关系分析

1. *dori（*teru、*toru、*der）

“三”赛德克语、邹语、邵语 *teru，塔希提语、拉巴努伊语 *toru。

“三”古英语 Þreo、古弗里斯语 thre、阿维斯陀经 thri < *tri。
梵语、俄语、阿尔巴尼亚语 tri、古教堂斯拉夫语 trje < *tri。
粟特语 əθre < *ətre，和阗塞语 dra-。
拉丁语 tres，希腊语 treis，赫梯语 teries < *deri-s。波兰语 troje、trojka。
“多的”（不可数）梵语 adara。“手指”梵语 tardʒaniː < *tar-gani。

“三”柬埔寨文 traj < *trai。（巴利语借词）

“手指”印尼语、米南卡保语 dʒari < *dari，泰雅语 turiŋ < *turiŋ。

“多的”蒙达语 ɖher < *der。柬埔寨文 tʃraən < *tran。

“多的”和阗塞语 tvarai < *tʷara-。

“绳子”邹语 tresi < *ture-si。“牛缰绳”鄂温克语 dor < *dor。

“缰绳”英语 tether。
“线、绳子”古瑞典语 tiuther。古弗里斯语 tiader < *teder。
“马缰绳”古英语 hælftre。
“缠绕”希腊语 koyrdizo、khordizo < *gor-diro。
“线、拧”低地德语 twern < *tor-n。

2. *re

“三”阿伊努语 re < *re。

“多的”劳语 ʔoro < *ʔoro，雅美语 azo < *ʔaro。

“三”亚美尼亚语 erekh < *ere-k。

3. *teni

吉尔伯特语 teniua < *teni-ʔuʔa。

“三”乌尔都语 teːn < *ten。

“四”的词源关系

“四”突厥语 *duro-t，与蒙古语族语言 *duro-b、满通古斯语 *duri-n 有共同来历，可能来自手指示数法。南岛语早期部落交际语“四”的词根可能是 *pat，汉藏语是 *li，南亚语是 *pon。

印欧语的“四”是从“一”和“三”复合而来。

◇◇ 一　东亚太平洋语言的“四”

“四”的主要说法有：

1. *duro-t / *duro-b / *duri-n

土耳其语 dørt，哈萨克语 tørt，西部裕固语 diort < *duro-t。

蒙古语 dərəb，达斡尔语 durəb，东乡语 dʑiəron < *duro-b-n。

鄂伦春语、鄂温克语 dijin，赫哲语 dujin < *duri-n。

2. *neri / *ʔine

中古朝鲜语 neh，庆州话 nəji < *neri。

阿伊努语 ine ＜ *ʔine。

3. *don / *duin

日语 jon < *don。

满文 duin，女真语（对因）*tuin < *duin。[①]

4. *parat

泰雅语赛考利克方言 pajat < *parat。

5. *səpat / *supata / *pətu / *pat / *ʔapat / *b^wutu / *putu

赛德克语 sepat，排湾语 səpats，鲁凯语 səpatə < *səpat。

卡那卡那富语 suupata < *supata。

沙阿鲁阿语 paatʉ < *patu。

布农语 pat < *pat。

雅美语、木鲁特语 apat，印尼语 əmpat，爪哇语 papat < *ʔapat。

那大语 vutu < *b^wutu。

锡加语 hutu < *putu。

6. *ʔo-ʔati / *ʔete

马那姆语 oati < *ʔo-ʔati。

嫩戈内语 etʃe < *ʔete。

7. *ʔa-le

雅贝姆语 aʔle < *ʔa-le。

8. *ʔeman

马绍尔语 emæn < *ʔeman。

① “四”格鲁吉亚语 ɔdxi < *otqi，印古什语 dɪʔ < *diq。

9. *ʔib^{w}a-ʔib^{w}o / *ke-p^{w}a / *b^{w}a / *pa

塔几亚语 iwaiwo < *ʔib^{w}a-ʔib^{w}o。

夸梅拉语 keɸa < *ke-p^{w}a。

汤加语 fā，斐济语 βā ＜ *b^{w}a。

布央语 pa^{24} ＜ *pa。

10. *b^{w}ari / *gaʔi-b^{w}ari

勒窝语 vari < *b^{w}ari。

拉格语 ɣai-vasi < *gaʔi-b^{w}ari。

11. *nal

卡乌龙语 nal < *nal。

12. *pani

莫图语 hani，梅柯澳语 pani < *pani。

13. *ma-de

罗维阿纳语 made < *ma-de。

14. *ʔa-ʔuʔa

吉尔伯特语 aua < *ʔa-ʔuʔa。

15. *slit-s / *lit

汉语 *slit-s（四）。

克伦语唐土方言（Taungthu）li^{t} < *lit。

16. *bli / *buli / *pli / *bri

藏文 bʑi，错那门巴语 pli^{53}，独龙语 ɑ^{31}bli^{53} < *bli。

马加里语 buli < *buli。

苗语野鸡坡话 plou^{1}，畲语 pi^{6}，勉语东山话 pləi^{1}、江底话 pjei^{1} < *pli。

迪马萨语（Dimasa）bri < *bri。

17. *bi-di

嘉戎语 wdi，那加语色马方言（Sema）bi-di < *bi-di。

18. *li / *ma-li / *pa-li

缅文 le^{3}，基诺语 li^{44} < *li。

景颇语 mă ^{31}li^{33} < *ma-li。

朗龙语 pā-li < *pa-li。

19. *mi

阿昌语 mi^{31} < *mi。

20. *bit

马鲁语 bjit < *bit。

21. *ma-ri / *ri

梅梯语 mɑ-ri < *ma-ri。

土家语 zie^{55}，拉达克语（Ladakhi）ʐ̥i < *ri。

22. *ʔapi

加龙语 appi < *ʔapi。

23. *to

黎语通什话 tsho^{3}、加茂话 tiəu^{1}，村语 hau^{42} < *to。

24. *sen-sili

克木语 sen si li ＜ *sen-sili。

25. *saʔu

卡西语 sāw ＜ *saʔu。

26. *ʔupun / *pon / *bon / *pu

蒙达语 upun，古尔古语 upūn < *ʔupun。

桑塔利语 pon < *pon。[①]

佤语马散话 pon，布朗语曼俄话 pun，尼科巴语 $_A$ fën < *pon。

尼科巴语 $_B$ fōɑn，泰罗语 pun < *pon。

高棉语 buon < *bon。

仡佬语 pu^{35} ＜ *pu。

二 “四”的词源对应关系

1. 阿尔泰语的“四”

（1）突厥语 *duro-t，与蒙古语族语言 *duro-b、通古斯语 *duri-n 有共同来历。[②] 这个词原意可能是指“弯里面的大拇指”。“里面”锡伯语 dœr-xi、赫哲语 doç-ki < *doro，蒙古语 dotor、达斡尔语 tuɑtɑr < *do-tor，东部裕固语 hdoro < *doro。

蒙古语族语言数词后缀 *-b 见于“三、四、五”。如“三”蒙古语 gurəb、东部裕固 ɢurwɑn < *gurə-b / *ɢurə-b-an，“五”蒙古语 tɑb、东乡语

① 桑塔利语 tsar，印地语借词。

② G. J. 兰司铁：《阿尔泰语言学导论》，第 63 页。

tɑwun < *ta-b（-un）。

（2）"四十"朝鲜语中古文献 mahɯn、楚山话等 mahɯn < *mar-un，其词素"四"*mar- < *bar 对应南岛语系语言勒窝语 vari < *bʷari。拉格语 ɣai-vasi < *gaʔi-bʷari。

（3）"四"满文 duin、女真语（对因）*tuin。"四十"满文 dehi、锡伯语 dix < *du-qi。后缀 *-qi 借自突厥语。

（4）日语 jon ＜ *don，与满文 duin、女真语（对因）*tuin 相近。日语 j- 来自古阿尔泰语的 *d- 或 *l-。如："好"日语 joi < *do-ʔi，古突厥语 jeq < *deq。"行走"日语 juki- < *duki，"跑"鄂伦春语 tʊkʃa- < *tukə-。

2. 南岛语的"四"

南岛语"四"早期部落交际语的词根可能是 *pat，后来有 *ʔapat、*bʷutu、*putu 等说法，采用该词根的语言主要分布在中国台湾、印尼和菲律宾等地。密克罗尼西亚、马绍尔群岛、新喀里多尼亚、巴布亚新几内亚等地的语言多保留早期部落语言的底层说法。

南岛语系语言的 *pon 可能来自南亚语系语言。

"四"塔几亚语 iwaiwo < *ʔibʷa-ʔibʷo，词根对应汤加语 fā、斐济语 βā < *bʷa，夸梅拉语 keɸa < *ke-pʷa 等，是另一词源关系。

3. 汉藏语的"四"

（1）藏缅语中如藏文、错那门巴语、独龙语 *bli，缅文、基诺语 *li，景颇语 *ma-li，朗龙语 *pa-li 等的词根为 *li。*li 或变异为 *ri、*di。

（2）汉语 *slit-s，克伦语唐土方言 *lit。唐土方言"五"ŋàt < *ŋa-t，*-t 为后缀。汉语 *slit 的词根与上述藏缅语的相同。

（3）苗瑶语 *pli，与藏缅语的 *bli 对应，其中数词的 *p- 前缀对应藏缅语数词的 *b- 前缀。

（4）黎语通什话、加茂话、村语 *to，那大语 *b^{w}utu、锡加语 *putu。

布央语 *pa 与汤加语、斐济语 *p^{w}a 等有词源关系。

仡佬语 *pu 可能与南亚语的 *ʔupun 等有词源关系。

4. 南亚语的“四”

南亚语的“四” *pon 可能来自古部落交际语。

三 词源关系分析

*duro（*duri）

“四”突厥语 *duro-t，蒙古语族语言 *duro-b、满通古斯语 *duri-n，词根对应亚美尼亚语 tʃhorʃ < *dor-。

> “四”亚美尼亚语 tʃhorʃ < *dor-s。
>
> “四”粟特语 ʃatfā r、古波斯语 tʃatvar、阿维斯陀经 tʃathwaro、梵文 catvarah < *kat^{w}ar。
>
> “四”和阗塞语 ttʃahora、乌尔都语 tʃaːr < *takora < *katora。
>
> “四”古爱尔兰语 cethir、立陶宛语 keturi、拉丁语 quattuor < *k^{w}at^{w}or。
>
> “四”古教堂斯拉夫语 tʃetyre、俄文 tɕetɨre [tɕhitirje]、波兰文 cztery [tʃhiterə]、阿尔巴尼亚语 katër < *katire。
>
> “四”希腊语 tessares < *tes-tares。
>
> “四”威尔士语 pedwar、古英语 feower、古弗里斯语 fiower、古挪威语 fjorir、哥特语 fidwor < *p^{w}i-d^{w}or。

印欧语的“四”可能是从“三”发展来的，“四”即“一”和“三”。如拉丁语“四” quattuor < *k^{w}a-t^{w}or

“一”梵语 eka、ekaḥ、ekaṃ < *eka-。波斯语 aivaka- < *ig^{w}aka-。粟特

语 ē w < *eg^w。乌尔都语 aik < *ik。

“三”古英语 Þreo、古弗里斯语 thre、阿维斯陀经 thri < *tri。梵语、俄语、阿尔巴尼亚语 tri、古教堂斯拉夫语 trje < *tri。粟特语 əθre < *ətre，和阗塞语 dra-。

“五”的词源关系

亚欧语言数词“五”主要与手的说法有词源关系。

◇ 一 东亚太平洋语言的“五”

“五”的主要说法有：

1. *bel

土耳其语 beʃ，维吾尔语 bɛʃ，哈萨克语 bes < *bel。

2. *ta-b

蒙古语 tɑb，东乡语 tɑwun < *ta-b（-un）。

3. *tu-ga

满文 sundʒa，赫哲语 sundʑa，鄂伦春语 tʊŋŋa < *tu-ga。

4. *da-sus

朝鲜现代书面语 tasəs，中古文献 tasʌs，铁山话 tassɯ < *da-sus。

5. *ʔitu-tu

日语 itsɿtsɿ < *ʔitu-tu。①

6. *lima

排湾语、鲁凯语 ḷima < *lima。（手、五）

汤加语 nima < *lima。

7. *rima / *kəri-rima

邵语 rima，三威治港语 erim < *rima。（手、五）

瓜依沃语 kərirum < *kəri-rima。

8. *ʔima-gal / *ʔima / *ma

泰雅语赛考利克方言 magal，泽敖利方言 ʔima-ɣal < *ʔima-gal。

莫图语、梅柯澳语 ima < *ʔima。

黎语通什话 pa^{4}，村语 bɔ^{13}，仡佬语 mɯi^{31}，布央语 ma^{33} < *ma。

9. *dima

马达加斯加语 dima，布农语 tima < *dima。

10. *sedoŋ / *sat

南密语 sedoŋ < *sedoŋ。

布朗语甘塘话 sat^{55} < *sat。

11. *kap^{w}e

塔几亚语 kafe-n < *kap^{w}e。（五，他的大拇指）

---

①“五”匈牙利文 oüt < *ot，格鲁吉亚语 xudi < *quti。

12. *ʔima-tekeleʔi

达密语 imatekelei < *ʔima-tekeleʔi（手——一）。

13. *ʔe-ʔip

卡乌龙语 eip < *ʔe-ʔip。

14. *kani

阿杰语 kani < *kani。

15. *s-ŋa / *l-ŋa / *m-ŋa / *bu-ŋa / *bo-ŋa / *ʔaŋo / *ʔa-ŋa

汉语 *sŋaʔ（五）< *s-ŋa。

藏文 lŋa，拉达克语 rgɑ < *l-ŋa。

嘉戎语 kə-mŋo < *m-ŋa。

那加语莫桑方言（Mosang）bu-ŋɑ < *bu-ŋa。

加洛语、马加尔语 boŋa < *bo-ŋa。

缅文 ŋɑ^3，罗东语 ŋɑ̆-rɑ，马加里语 bɑ-ŋɑ < *bo-ŋa。加龙语 aŋo < *ʔaŋo。

那加语班巴拉方言（Banpara）ɑ-gɑ̃ < *ʔa-ŋa。

16. *bɑ

博多语 bɑ < *bɑ。

17. *ku-len

格曼僜语 kɯ^{31}len^{55} < *ku-len。

18. *bum

阿卡语 phum < *bum。

19. *pla

苗语养蒿话 tsa^{1}，腊乙坪话 pʐɑ^{1}，绞坨话 pʐi^{1}，甲定话 plɑ^{1} < *pla。

瑶语罗香话 pla^{1}，江底话 pjɑ^{1} < *pla。

20. *pan

佤语马散话 phuan，布朗语曼俄话 phɔn^{35}，莽语 han^{51} < *pan。

21. *ʔnam

越南语 nam^{1} < *ʔnam。

22. *pram

高棉语 pràm < *pram。柬埔寨文 pram < *pram。

23. *ta-nu / *ta-ni

尼科巴语$_{A}$ ta-neu < *ta-nu。

尼科巴语$_{B}$ ta-nɑi < *ta-ni。

24. *more

蒙达语 mãɽē，桑塔利语 mõ̰ɽḛ̃，古尔古语 mono < *more。

二　词源对应关系

1. 阿尔泰语的“五”

（1）土耳其语、维吾尔语、哈萨克语 *bel。“手臂”维吾尔语 bilɛk、哈萨克语 bilek < *belak，“手”卡乌龙语 βili-n < *bʷili。

（2）蒙古语、东乡语 *ta-b（-un），早期阿尔泰语词根 *ta- 指“手”。如日语“手”为 te。*-b 作为数词后缀出现在“三”“四”“五”和“十”中。

（3）满文、赫哲语、鄂伦春语 *tuga。“手、手臂”阿伊努语 teke < *teke。

（4）朝鲜语 *da-sus，*da- 对应蒙古语、东乡语 *ta-。

*sus < *su-r“五”。

“手”中古朝鲜语 son < *sonu，汉语 *snuʔ。“五十”朝鲜语中古文献 syn、楚山话等 swin < *su-un。

（5）日语 *ʔitu-tu，词根为 *tu，与满通古斯语同。

就数词“四”“五”看来古蒙古语与古朝鲜语关系较密切，日语与满通古斯语较密切。

2. 南岛语的“五”

南岛语的“五”来自“手”，一些语言中用同一个词分别表示这两个意思。

（1）泰雅语 *ʔima-gal。*gal 原来就是“五”。

（2）塔几亚语 kafe-n，意思是“他的大拇指”，“大拇指”用来代表数目“五”。

（3）南密语 *sedoŋ < *sedo-ŋ。“手指”波那佩语 sent < *seti。

3. 藏缅语的“五”

藏缅语的“五”通常和汉语一样，以 *ŋa 为词根。但前缀多样。

（1）藏文、拉达克语 *l-ŋa，可能与“手”的说法有关，“手”如藏文 lag、蒙古语 ɑlɑg、达斡尔语 xɑləg < *qalag，东部斐济语 liŋa-、毛利语 riŋa 等有词源关系。

（2）嘉戎语 *m-ŋa，那加语莫桑方言 *bu-ŋa，加洛语、马加尔语 *bo-ŋa 等可能表示早期它们的数词有 *m- 这样的前缀。这一点，我们可以在藏缅语“四”的前缀中得到证明。

（3）格曼僜语 kɯ^{31}len^{55} < *ku-len，kɯ^{31}- 为该语言的数词前缀，见于

“一”至“六”诸词，*-len 当来自 *le-ŋa。

4. 苗瑶语的“五”

“五”苗瑶语 *pla。“手”苗语养蒿话 pi^{4}、腊乙坪话 tɯ^{4}、绞坨话 ʂe^{4}，勉语江底话 pwo^{4} < *bri。“手”侗语南部方言 lja^{2}、侗语北部方言 mja^{2}、水语 mja^{1} < *mla，苗瑶语 *pla 可能与之有词源关系。

5. 汉语和侗台语的“五”

汉语“五”中古 *ŋoʔ < *sŋa（-ʔ）。汉语谐声时代的“五”有 *s-前缀。

临高语“五”有 ŋa^{3}、ŋo^{4} 和 ŋu^{4} 三种读法。ŋa^{3} 来自 *hŋaʔ，借自汉语。如“大雁”，版纳傣语 han^{5}（năm^{4}），侗语 ŋaːn^{6}（qo^{3}），第一音节借自汉语“雁”*ŋan。“藕”琼山临高语 ŋɔu^{1}，布依语 ŋəu^{3} 汉语借词。“藕”泰语 buə^{2}，临城临高语 mak^{8}len^{1}，西双版纳傣语 hak^{8}bo^{1}，壮语武鸣话 bu^{1}。西双版纳傣语 hak^{8}“根”。“藕”壮傣语中原本有自己的说法，后来才借了汉语的“藕”。

壮傣、侗水语原本有 A、B、C、D 四个原始调，后来因声母清浊的不同分化为八个调，有的语言中由于元音有长短的不同声调再分化。壮傣语“五”单双数调的不同分别是声母清浊的不同。临高的 ŋa^{3} 和 ŋu^{4} 分别对应于壮语的 ha^{3} 和 ŋu^{4}。

6. 南亚语的“五”

（1）尼科巴语 $_{A}$ *ta-nu，与“手指”德昂语茶叶箐话 si nu^{51}、硝厂沟话 ka nɤu 等，汉语“手”*snuʔ 等有词源关系。

（2）高棉语 *p-ram、越南语 *ʔnam 可能有词源关系，来自早期如同南岛语“手”的读法，如邵语、塔希提语、拉巴努伊语 rima。

（3）蒙达语、桑塔利语 *more。“前臂、肘”桑塔利语 bẽhĩ < *mali。

（4）佤语马散话 phuan、布朗语曼俄话 phɔn^{35}、莽语 han^{51}、桑塔利语 paɳts 等可能是印度伊朗语族语言借词。

三 词源关系比较

1. *bage（*boŋa、*baga、*baŋi）

“五”加洛语、马加尔语 *boŋa。“手”赛德克语 baga < *baga，阿者拉语 baŋi- < *baŋi。“肩”马那姆语 bage < *bage。

“五”立陶宛语 penke，梵语、阿维斯陀经 pantʃa，乌尔都语、粟特语 pantʃ < *panka。

“五”拉丁语 quinque、法语 cinq，亚美尼亚语 hing < *p^{w}ing^{w}。

“五”古教堂斯拉夫语 peti，俄语 pjatj，波兰语 piątka，希腊语 pente，阿尔巴尼亚语 pesë < *penki。

“五”和阗塞语 pajsa < *pag-。

“小指”荷兰语 pinkje。

“手指”古英语 fingor，古撒克逊语 fingar，哥特语 figgrs < *p^{w}ingar。

拉丁语“五”第一音节辅音的读法是逆同化的结果。

“五”古教堂斯拉夫语 peti，俄语 pjatj，波兰语 piątka，希腊语 pente 可能 < *penki。亚美尼亚语 hing 词尾辅音浊化。

“手”或“手指”指“五”，印欧语和东亚太平洋语言是平行的语义变化。

2. *g^{w}at（*ŋat）

“五”克伦语唐土方言（Taungthu）ŋat < *ŋat。“手”卡瑙里语（Kanauri）、荷朗库尔语（Hrangkhol）gut < *g^{w}ut。

“肘”西班牙语 codo、法语 coude < *kode。

3. *bum

“五”阿卡语 phum < *bum。

“五”古英语 fif、古挪威语 fimm、哥特语 fimf、古高地德语 funf，和阗塞语 paṃ < *p^{w}imp（< *pik^{w}）。

日耳曼语 *k^{w} 成为 p 这一类的变化在其他印欧语中也可以见到。①

① A. 梅耶：《历史语言学中的比较方法》，第 89 页。

主要参考文献

A. 梅耶：《历史语言学中的比较方法》，科学出版社 1957 年版。

安俊：《赫哲语简志》，民族出版社 1986 年版。

陈康：《台湾高山族语言》，中央民族学院出版社 1992 年版。

陈宗振等：《中国突厥语族语言词汇集》，民族出版社 1990 年版。

陈宗振、雷选春：《西部裕固语简志》，民族出版社 1985 年版。

陈其光：《苗瑶语文》，中央民族大学出版社 2012 年版。

龚煌城：《汉藏语研究论文集》，北京大学出版社 2004 年版。

贺嘉善：《仡佬语简志》，民族出版社 1983 年版。

黄布凡主编：《藏缅语族语言词汇》，中央民族学院出版社 1992 年版。

江桥整理：《清代满蒙汉文词语音义对照手册》，中华书局 2009 年版。

金理新：《汉藏语系核心词》，民族出版社 2012 年版。

李基文：《中古女真语音韵学研究》，黄有福译，《民族语文研究情报资料集》（2）（3），中国社会科学院民族研究所语言室 1983 年版。

李锦芳：《布央语研究》，中央民族大学出版社 1999 年版。

梁敏、张均如：《侗台语族概论》，中国社会科学出版社 1996 年版。

布和、刘照雄：《保安语简志》，民族出版社 1982 年版。

道布：《蒙古语简志》，民族出版社 1983 年版。

胡增益：《鄂伦春语简志》，民族出版社 1986 年版。

胡增益、朝克：《鄂温克语简志》，民族出版社 1986 年版。

黄树先：《汉语核心词探索》，华中师范大学出版社 2010 年版。

G. J. 兰司铁：《阿尔泰语言学导论》，陈伟、沈成明译，中国社会科学出版社 1981 年版。

Э.Р. 捷尼舍夫编：《突厥语历史比较语法（语音学）》，沈成明、陈伟译，中国社会科学出版社 2014 年版。

L. L. 卡瓦利–斯福扎、E. 卡瓦利–斯福扎：《人类的大迁徙》，乐俊河译，科学出版社 1998 年版。

李树兰、仲谦：《锡伯语简志》，民族出版社 1986 年版。

P. K. 本尼迪克特：《汉藏语言概论》，乐赛月、罗美珍译，中国社会科学院民族所语言研究室 1972 年版。

潘悟云：《汉语历史音韵学》，上海教育出版社 2000 年版。

孙竹主编：《蒙古语族语言词典》，青海人民出版社 1990 年版。

宣德五、金祥元、赵习：《朝鲜语简志》，民族出版社 1985 年版。

宣德五、赵习、金淳培：《朝鲜语方言调查报告》，延边人民出版社 1990 年版。

谢大任：《拉丁语汉语词典》，商务印书馆 1988 年版。

欧阳觉亚、郑贻青：《黎语调查研究》，中国社会科学出版社 1983 年版。

小坂隆一、周国炎、李锦芳：《仡央语言词汇集》，贵州民族出版社 1998 年版。

颜其香、周植志：《中国孟高棉语族语言与南亚语系》，中央民族大学出版社 1995 年版。

王均等：《壮侗语族语言简志》，民族出版社 1984 年版。

吴安其：《汉藏语同源研究》，中央民族大学出版社 2002 年版。

吴安其：《史前华南的语言接触》，《民族语文》2008 年第 3 期。

吴安其：《侗台语语音的历史演变》，《语言研究》2008 年第 4 期。

吴安其：《南岛语分类研究》，商务印书馆 2009 年版。

吴安其：《东亚古代人群迁徙的语言证据》，《民族语文》2012 年第 2 期。

吴安其：《东亚太平洋语言的渊源关系》，《民族语文》2013 年第 1 期。

吴安其：《东亚的语言和印欧语》，《民族语文》2014 年第 3 期。

王辅世：《苗语古音构拟》，东京：国立亚非语言文化研究所 1994 年版。

王辅世、毛宗武：《苗瑶语古音构拟》，中国社会科学出版社 1995 年版。

赵相如、朱志宁：《维吾尔语简志》，民族出版社 1985 年版。

照那斯图：《土族语简志》，民族出版社 1981 年版。

张济民：《仡佬语研究》，贵州民族出版社 1993 年版。

郑张尚芳：《上古音系》，上海教育出版社 2003 年版。

《中国大百科全书》（语言文字卷），中国大百科全书出版社 1988 年版。

中央民族学院少数民族语言研究所第五研究室编：《壮侗语族语言词汇集》，中央民族学院出版社 1985 年版。

A. Campbell, *Santali-English Dictionary,* the Santali Mission Press, 1899.

Andrew Pawley, *Chasing Rainbows: Implications for the Rapid Dispersal of Austronesian Languages for Subgroup and Reconstruction*, Selected Paper from the Eighth International Conference on Austronesian Linguistics, Taipei, 1999.

Antonio Loprieno, *Ancient Egyptian A Linguistic Introduction*, Cambridge Universty Press, 1995.

Arthur, *Eskimo-English English-Eskimo Dictionary,* Asian Eductional Services, 1997.

Barbara F. Grimes, *Ethnologue Language of the World,* Eleventh Edition, Summer Institute of Linguistics, Dllas, Texas, 1988.

B.Gharib, *Dictionary Sogdian-Persian-English*, Farhangan Publictions, 1995.

D.A.Kidd, *Collins Latin Dictionary & Grammar,* HaperCollins Publishers 1997.

Daniel Foxvog, *Elementary Sumerian Glossary*, University of Califonia at Berkely. Home.comcast.net/.

Darrell T. Tryon, *The Austronesian, Comparative Austronesian Dictionary,* Berlin, New York, 1995.

Darrell T. Tryon, *Comparative Austronesian Dictionary, An Introducton to Austronesian Study,* Berlin, 1995.

Dorothy Bray, *Western Apache-English Dictionary,* Gary Francisco Kelller, 2011.

Douglas Harper, *Online Etymology Dictionary*, 2001–2014. www.etymonline.com/index.

D. Taylor, F. Everitt and Karne Bahadur Tamang, *A Vocabulary of the Tahang Language,* the Summer Institute of Linguistics Instiyute of Nepal Studies, Nepal, 1972.

E.T.D. Gaudoin, *A Small English-Haka Chin Vocabulary*, The Rangoon Times Press, 1935.

Fermin Herrera, *Hippocrene Concise Dictionary English-Nahuatl Nahuatl-English*, Hippocrene Books, 2010.

Ft. Pierre, *English-Dakota Dictionary*, Working Indians Civil Association Inc., 1969.

G. A. Crierson , K.C.I.E., *Linguistic Survey of India*, Vol. I, Motilal Banarsidass, 1973.

Gary and Barbara Shepherd, *A Vocabulary of the Magar Language*, Bummer Institute of Linguistics Institute of Nepal Studies, Tribhuvan University, 1972.

G. Whitehead, *Dictionary of Car-Nicobarese Language*, Asian Educational Services, 1993.

Graham Thurgood, *From Ancient Cham to Modern Dialects*, University of

Hawaii Press, 1999.

Jeff A.Benner, *The Ancient Hebrew Language and Alphabet*, 2002, www.ancient-hebrew.org/bookstore.

Judith M. Jacob, *A Concise Cambodian-English Dictionary,* Oxford University Press, 1974.

H. W. Bailey, *Dictionary of Khotan Saka*, Cambrige Univerdity Press, 1979.

K. Das Gupta, *An Outline on Tagin Language*, Dr. P. C. Dutta, 1983.

K. Das Gupta, *An Introduction to the Gallong Language*, North-East Frontier Agency, Shillong, 1963.

Kevin Jarrett, *A Dictionary of Manga, A Kanuri Language of Eastern Niger and NE Nigeria,* 2007, www.rogerblench. Info/RBOP.htm.

Koh Masuda, *Kenkyusha's New Japanese-English Dictionary*, Tokyo, 1974.

Lawrence A. Reid, *New Linguistic Evidence for the Austric Hypothesis*, Selected Paper from the Eighth International Conference on Austronesian Linguistics, Taipei, 1999.

L. E. Threlkeld, *An Australian Language as Spoken by the Awabakal*, 1892. Re-arranged, and Edited, by Jone Fraser, B. A., LL. D., www.newcastle.edu.au/Resources/Divisions/.

Maninara Bhusan Bhaduri, B.L., *A Mundari-English Dictionary*, Northern Book Centre, New Delhi, 1983.

О.Семереньи, *Введение в сравнительное яэькнни*, Москва прогесс, 1980. 原著：Oswald Szemerényi, *Einführung in die vergleichende Sprachwissenschaft*, 1970。

Paul War Cloud Grant, *Sioux Dictionary*, State Publishing Co., 1971.

P. Judd, Mary Kawena Pukui, G. Stokes, *an English-Hawiian Dictionary*.

P. M. Ryan,. *The Revised Dictionary of Modern Maori,* Heinemann, Printed in Hong Kong, 1983.

Prentice Robinson, *Cherokee Dictinary*, Cherokee Language and Culture, 1996.

Prods Oktor Skjærvø, *An Introduction to Manichiean Sogdian*, 2007, www.fas.harvard.edu.

Rob Scriven, *Collins Pocket Arabic Dictionary,* Haper Collins Publishers, 2011.

Roger Blech, Mallam Dendo, *Kordofanian and Niger-Congo: New and Revised Lexical Evidence,* United Kingdom, homepage.ntlworld.com/roger_blench/RBOP.htm.

R. L.Trask, *Historical Linguistics*, Edward Arnold Publishers Limited, 1996.

R. M. Macphail, *Campbell's English-Santali Dictionary*, Eastern Books, 1984.

Robert Blust, *Subgrouping, Circularity and Extinction: Some Issues in Austronesian Comparative Linguistics*, Selected Paper from the Eighth International Conference on Austronesian Linguistics, Taipei, 1999.

Robert J. Jeffers and Ilse Lehiste, *Principals and Methods for Historical Linguistics*, the Massachusetts Institute of Technology, 1979.

Roger Lass, *Historical Linguistics and Language Change*, Cambridge University Press, 1997.

Sereistarostin, Annadybo, Olegmudrak, *Etymological Dictionary of the Altaic Languages*, Brill Leiden Boston, 2003.

Shawn C. Knight, *Egyptian Writing System and Grammar*, 2009.

Theodora Bynon, *Historical Linguistics*, Cambridge University Press, 1977.

Thomas V. Gamkrelidze and Vjacheslav V. Ivanov, *Indo-European and the Indo-Europeans*, Publishing House of the Tbilisi State University, 1984.

Wikipedia, *Ainu-English Dictionary,* the free encyclopedia.

Winfred P. Lehmann, *Historical Linguistics: An Introduction*, New Fetter Lane, 1992, 外语教学与研究出版社 2002 年版。

东亚太平洋语言目录

一　阿尔泰语

阿尔泰语系（Altaic Family）的语言主要分布在亚洲的北部，从日本、中国东北、俄罗斯的西伯利亚到中亚，分属突厥、蒙古、满通古斯、朝鲜和日语五个语族。阿伊努语和鄂罗克语也应归入阿尔泰语系，阿伊努语和日语有着一致的 *p- > h- 的演变，基本词汇方面有一定的差异。早期日语可能受阿伊努语影响，保持更多的阿尔泰交际语及本地交际语的词汇特征。日语除了 -n，没有其他辅音结尾的词干，缺少早期南岛语的前缀。

《中国大百科全书》采用巴斯卡科夫的分类法，把突厥语族语言划分为西匈和东匈两个语支。巴斯卡科夫的分类中西匈语支包括布尔加尔、乌古斯、克普恰克和葛逻禄四个语组，东匈语支包括维吾尔、吉尔吉斯—克普恰克两个语组。[①]

1. 中国

中国境内的突厥语族的语言有：维吾尔语（Uighur）、乌孜别克语（Uzbek）、撒拉语（Salar, Sala）、西部裕固语（Yugur, West）、塔塔尔语（Tatar）、

① 埃·捷尼舍夫：《突厥语言研究导论》，陈鹏译，中国社会科学出版社 1981 年版，第 589 页。

哈萨克语（Kazakh）、柯尔克孜语（Kirghiz），图瓦语（萨彦语、乌梁海语，Tuvin, Tuva）。

中国境内的蒙古语族的语言有：蒙古语（Mongolian）、达斡尔语（Daur, Tahur）、东部裕固语（Yugur, East）、保安语、东乡语（Dongxiang, Santa）、土族语（Tu, Mongour）。

中国境内的满通古斯语族的语言有：满语（Manchu, Man）、锡伯语（Xibe, Sibo），赫哲语（那乃语）（Nanai, Hezhen, Hezhe），鄂温克语（Evink, Tungus）、鄂伦春语（Oroqen）。

朝鲜语（Korean）。

2. 中亚

卡拉卡尔帕克语（乌兹别克斯坦）（Karakalpak）、乌兹别克语（乌兹别克斯坦）（Uzbek）、哈萨克语（哈萨克斯坦）（Kazakh）。

3. 日本、朝鲜

日本：日语、阿伊努语（Ainu）、鄂罗克语（Orok, Oroc）、朝鲜语。①

朝鲜：朝鲜语。

4. 俄罗斯

突厥语：阿塞拜疆语（Azerbaijani, Azerbaijan）、巴什基尔语（Bashkir）、楚瓦什语（Chuvsh）、嘎嘎乌孜语（哈卡斯语，Gagauz, Khakas）、吉尔吉斯语（柯尔克孜语，Kirghiz）、卡拉恰伊语（Karachay-Balkar）、拉伊姆语（Karaim）、卡库梅克语（Kumyk）、欧依洛特语（阿尔泰语，Oirot, Olyutor, Altai）、舒尔语（Shor, Mras Tatar）、塔塔尔语（Tatar）、土耳其语（Turkish）、土库曼语（Turkmen）、图瓦语（Tuvin）、乌迪赫语（Udihe）、维吾尔语（Uighur）、

① 鄂罗克据其基本词的词源看（材料来自www. Dragon-inn.org）不应归入通古斯语，似乎是阿尔泰语中一支独立的语言。

雅库特语（Yakut）。

通古斯语：埃文语（Even）、埃文基语（Evenki）、那乃语（赫哲语，Nanai, Hezhe）、奥洛基语（Orochi, Oroch）、鄂罗克语（Orok, Oroc）。

俄境内的其他尔泰语系的语言：日语、阿伊努语、朝鲜语、蒙古语（包括布里亚特方言、卡尔梅克方言）等。

5. 乌克兰、罗马尼亚

拉伊姆语（Karaim）、克里米亚语（Crimean Turkish, Crimean Tatar）。

6. 土耳其

阿塞拜疆语（Azerbaijani）、嘎嘎乌孜语（Balkan Gagauz Turkish）、克里米亚语（Crimean Turkish, Crimean Tatar）、哈萨克语（Kazakh）、吉尔吉斯语（Kirghiz）、库米克语（Kumyk）、土耳其语（Turkish）、土库曼语（Turkmen）、维吾尔语（Uighur）、乌兹别克语（Uzbek）。

7. 阿富汗

突厥语：阿塞拜疆语（Azerbaijani）、卡拉恰伊语（Karachay-Balkar）、哈萨克语（Kazakh）、吉尔吉斯语（Kirghiz）、塔塔尔语（Tatar）、土库曼语（Turkmen）、维吾尔语（Uighur）、乌兹别克语（Uzbek）。

蒙古语族语言：莫古利语（Mogholi, Moghol）。

二　南岛语

1. 中国

分布在台湾的有泰雅语（Atayal,Tayal）、赛德克语（Sediq, Sedeq, Taroko）、

赛夏语（Saisyat, Saiset）、布农语（Bunun）、邹语（Tsou）、卡那卡那富语（Kanakanabu）、沙阿鲁阿语（Saaroa）、鲁凯语（Rukai, Drukai）、排湾语（Paiwan）、卑南语（Pyuma, Pelam）、阿美语（Amis, Ami）、雅美语（Yami, Lanyu），巴则海语（Pazeh）、邵语（Thao）等。[①]

泰雅语分布在台湾北部埔里以北浊水、北港流域，有赛考利克（Sqoleq）和泽敖利（Tsole）两种方言。赛德克语分布在台湾南投县和花莲县，有雾社、春阳和泰鲁阁三种方言。赛德克族是泰雅语族群的支系，赛德克语是泰雅语相近的亲属语。

赛夏语又叫作萨斯特语，分布在台湾西北部新竹县、苗栗县，有大隘和东河两种方言。

布农语或叫作布嫩语，分布在台湾中部的南投、花莲、高雄、台东等地山区，划分为北部、中部和南部三种方言。

邹语分布在台湾中南部玉山以西的阿里山山区，有达邦、图富雅、鲁赫都三种方言。卡那卡那富语和沙阿鲁阿语分布在台湾南部山区，是相近的语言，或认为是邹语的方言。

鲁凯语分布在阿里山以南、大武山以北的高雄和台东地区，有大南、雾台、茂林、多纳和万山五种方言。大南方言分布在台东县卑南乡，雾台方言分布在屏东县雾台乡，茂林、多纳和万山方言分布在高雄县茂林乡。大南方言和雾台方言分别受到卑南语和排湾语较多的影响，茂林、多纳和万山方言受布农语的影响较大。

排湾语分布在台湾南端的大武山山区屏东、台东县境内，有东南部和西北部两种方言。

卑南语分布在台湾南端的东部沿海卑南溪以南知本溪以北地区，内部有方言差别。

---

① 陈康：《台湾高山族语言》，中央民族学院出版社 1992 年版。陈康、许进来：《台湾赛德克语》，华文出版社 2001 年版。

阿眉斯语分布在台湾东部沿海地区，区分为中部阿眉斯（Central Amis）、太巴望—马太鞍（Tavalong-Vataan）、南部阿眉斯（South Amis）、北部阿眉斯（Northern Amis）和成昆—广山（Chengkung-Kwangshan）五种方言。成昆—广山方言与中部阿眉斯方言相近。阿眉斯是阿眉斯人的自称，阿眉斯语又叫作阿美语、阿眉语。

雅美语分布在离台湾本岛四十五海里的大、小兰屿岛上，内部方言差别不大。

凯达格兰语原分布在台湾台北一带，有马赛（Basal）、雷朗（Luilang）和德罗比阿湾（Trobiawan）三种方言，已消亡。

噶玛兰语分布在台湾北部宜兰一带，20 世纪 30 年代时仅在家庭内使用，1987 年时使用者不足百人。

巴则海语分布在台中一带，接近消亡或已消亡。

猫雾捒语或叫做巴布萨语，原分布在台湾中西部沿海地区，濒于消亡。

邵语分布在台湾中部日月潭地区，濒于消亡。

回辉语（Huihui, Hainan Cham）又叫作回辉话，分布在海南岛三亚市羊栏镇。[①]

2. 菲律宾

菲律宾分布着 100 多种南岛语。学术界或将菲律宾的南岛语划归马来—玻利尼西亚西支的五个语群：菲律宾北部语群（Northern Philippines）、菲律宾中部语群（Meso Philippines）、菲律宾南部语群（Southern Philippines）、南棉兰老语群（South Mindanao）和沙玛—巴贾瓦语群（Sama-Bajaw）。

皮利皮诺语（Pilipino, Filipino）是在他加洛语基础上发展起来的语言，是现代菲律宾的官方语言。

---

① 郑贻青：《回辉话研究》，上海远东出版社 1997 版。

菲律宾中部语群的语言主要有：他加洛语（他加禄语，Tagalog）、阿卡拉农语（Aklanon）、比科拉诺语（Bicolano）、务宿语（Visayan, Cebuano）、卡皮斯语（Capiznon）、库约语（Cuyonon）、达沃语（Davawenyo）、伊利甘语（Hiligaynon）、卡拉干语（Kalagan）、巴拉望语（Palawano）、基那拉雅语（Kinaray-a）、洛克语（Loocnon）、曼萨卡语（Mansaka）、马斯巴特语（Masbatenyo）、朗布隆语（Romblon, Romblomanon）、陶苏格语（Tausug）和萨马语（Samaran）。

菲律宾北部语群的语言主要有：卡林阿语（Kalinga）、博利瑙语（Bolinao）、班都克语（Bontok）、卡加延语（Cagayan）、本格特—伊戈罗特语（Benguet-Igorot）、伊巴那格语（Ibanag）、伊富高语（Ifugao）、伊洛干诺语（Ilocano）、依斯那格语（Isnag）、依他威特语（Itawit）、依瓦坦语（Ivatan）、康康那伊语（Kankanaey）、邦板牙语（Pampangan）、邦阿西楠语（Pangasinan）和桑巴尔语（Sambal）。

菲律宾南部语群的语言主要有：布基农语（Bukidnon）、卡加延语（Kagayanen）、马京达瑙语（Maguindanao）和马诺波语（Manobo）。

棉兰老语群的语言主要有巴厘语（Blaan）、第波利语（Tiboli）和第鲁拉伊语（Tiruray），沙玛—巴贾瓦语群的语言主要有雅肯语（Yakan）和沙玛语（Sama）。

3. 马来西亚

马来西亚有数十种南岛语，分别划归马来—波利尼西亚西语支的巽他语群（Sundic）、婆罗洲语群（Borneo）和沙玛—巴贾瓦语群。

巽他语群的语言主要有：马来语（Malay, Bahasa Malaysia）、杜阿诺语（Duano）、米南卡保语（Minangkabau）、文莱语（Brunei）、布吉斯语（Bugis）、伊板语（Iban）和爪哇语（Javanese）。

婆罗洲语群的语言主要有：比萨雅语（Bisya）、杜孙语（Dusun）、卡达仁语（Kadazan）、伦达叶赫语（Lundayeh）、路乌斯语（Rungus）、木鲁特语（Murut）、比亚大赫语（Biatah）、布卡尔沙东语（Bukar Sadong）、达雅克语（Dayak）、贾戈伊语（Jagoi）、梅兰瑙语（Melanau）和杜通语（Tutong）。

分布在马来西亚的还有沙玛—巴贾瓦语群的沙玛语和沙玛—巴贾瓦语群的巴贾瓦语。

4. 印度尼西亚

印度尼西亚由苏门答腊、爪哇、加里曼丹、苏拉威西和伊里安等岛屿组成。印度尼西亚的南岛语通常被划归于马来—波利尼西亚的西支和中支。西支的语言分别归于巽他语群、婆罗洲语群、苏拉威西语群。

巽他语群的语言是印度尼西亚使用人口最多的语言，主要分布在加里曼丹、爪哇和苏门答腊，如：印度尼西亚语（Bahasa Indonesian）、马来语、巴厘语（Bali, Balinese）、爪哇语（Javanese, Jawa）、马都拉语（Madura, Madurese）、巽他语（Sunda）、奥兴语（Osing, Banyuwangi）、滕格尔语（Tengger, Tenggerese）、阿赫语（Ahe, Ahe Dayak）、班贾尔语（Banjar, Banjarese）、肯达延语（Kendayan, Kendayan Dayak）、肯尼贾尔语（Keninjal, Keninjal Dayak）、马来达雅克语（Malayic Dayak）、锡拉科语（Selako, Selako Dayak）、萨萨克语（Sasak, Lombok）、松巴哇语（Sumbawa, Semawa）、阿朋语（Abung）、巴塔克语（Batak）、科林基语（Kerinci, Kerintji）、哥友语（Gayo）、科梅棱语（Komering）、克鲁伊语（Krui）、楠榜语（Lampung, Lampong）、卢布语（Lubu）、明打威语（Mentawai）、米南卡保语（Minangkabau）、尼亚斯语（Nias）、穆西语（Musi）、欧根语（Ogan）、巴邻旁语（Palembang）、巴西马赫语（Pasemah, Besemah）、比西西尔语（Pesisir）、浦比安语（Pubian）、雷姜语（Rejang）、锡古勒语（Sikule）和锡默乌卢语（Simeulue）。

婆罗洲语群的语言主要有：安板盎语（Ampanang）、巴古姆巴伊语（Bakumpai）、本雅都语（Benyadu）、比雅达赫语（Biatah, Lundu）、德琼根语

（Djongkan）、多荷伊语（Dohoi, Uut Danum）、杜孙语（Dusun）、卡哈延语（Kahayan）、卡丁安语（Katingan）、拉汪安语（Lawangan）、马安延语（Maanyan, Maanyan Dayak）、纳朱语（Ngaju）、帕古语（Paku）、里本语（Ribun）、塞曼当语（Semandang）、西盎语（Siang）和吞君语（Tunjung, Tunjung Dayak）。

苏拉威西语群的语言主要有：巴兰塔语（Balantak）、宾科客语（Bingkokak）、布吉斯语（Bugis, Buginese）、邦库语（Bungku）、布奥尔语（Buol）、坎帕拉几安语（Campalagian）、达阿语（Da'a, Penkawa）、戈龙塔洛语（Gorontalo）、凯伊地邦语（Kaidipang, Dio）、贡诺语（Kondjo）、劳乌吉语（Lauje, Laudje）、勒多语（Ledo, Kaili, Palu）、望加锡语（Makassar, Macassarese）、马马萨语（Mamasa）、马穆朱语（Mamuju）、曼达尔语（Mandar）、马辛仁普鲁语（Masenrempulu）、默孔加语（Mekongga）、孟温斗语（Mongondow, Bolaang）、莫罗内内语（Moronene, Maronene）、穆纳语（Muna）、帕莫纳语（Pamona）、帕他厄语（Pattae）、拉塔汉语（Ratahan）、隆空语（Rongkong）、萨卢安语（Saluan）、桑义赫语（Sangihe, Sangir）、舍拉雅尔语（Selayar）、塔劳语（Talaud）、托阿拉语（Toala）、托拉基语（Tolaki）、托利托伊语（Tolitoi）、通布鲁语（Tombulu, Tombalu）、托米尼语（Tomini）、通达诺语（Tondano）、通巴杜语（Tombatu, Tonsawang）、通西亚语（Tonsea）、通滕波阿语（Tontemboan）、托拉贾语（Toraja, Toraja-Sadan）、图康伯西语（Tukangbesi）、乌玛语（Uma, Pipikoro）和窝里沃语（Wolio, Buton, Butonese）。

印度尼西亚划归于马来波利尼西亚中支的语言分布在马鲁古（Maluku）群岛和努沙·登加拉（Nusa Tenggara）群岛的语言主要有：阿鲁纳语（Alune）、布鲁语（Buru）、拉腊特语（Larat,）、葛舍尔语（Geser, Goram）、卡伊语（Kai, Kei）、勒梯语（Letti）、马基安语（Makian）、苏拉语（Sula）、扬德纳语（Yamdena）。另外还有比玛语（Bima, Bimanese）、恩德一里沃语（Ende-Lio）、加洛里语（Galo）、科当语（Kedang, Kedangese）、坎马克语（Kemak, Ema）、曼拜语（Mambai）、芒加莱语（Manggarai, Badjava）、那大语（Ngada）、罗地语（Roti）、萨武语（Sawu, Hawu）、锡加语（Sikka）、索洛语（Solor）、松巴语（Sumba）、德屯语（Tetun, Tetum）、帝汶语（Timor）、土库得得语（Tukudede）、韦叶哇语（Weyewa, Wejewa）和比亚克语（Biak）。

分布在印度尼西亚的还有沙玛—巴贾语群的巴贾乌语和占语群的亚齐语（Aceh）。亚齐语与分布在东南亚的占语有相近的亲缘关系应归于一个语群。

5. 巴布亚新几内亚

巴布亚新几内亚的语言中共有二百二十六种是南岛语系的语言。[①] 该地的南岛语或划归马来—波利尼西亚语的东中部语支，主要有：阿者拉语（Adzera）、阿瓦乌语（Avau）、巴里—维杜语（Bali-Vitu）、波拉语（Bola）、布昂语（Buang）、布因语（Buin）、布卡乌阿语（Bukaua）、布哇伊多卡语（Bwaidok）、达密语（Dami, Ham）、多布语（Dobu）、杜阿乌语（Duau）、金米语（Gimi）、哈里阿语（Halia）、哈姆打伊语（Hamtai）、伊杜那语（Iduna）、卡里阿伊语（Kaliai）、卡乌龙语（Kaulong）、科奥帕拉语（Keopara）、吉利威拉语（Kiriwina, Kilivila）、利希尔语（Lihir）、宁德娄语（Nyindrou）、马乐乌—吉陵厄语（Maleu-Kilenge）、马伦语（Malon）、姆布拉语（Mbula）、马穆斯语（Mamusi）、马那姆语（Manam）、曼达克语（Mandak）、梅柯澳语（Mekeo）、蒙恩语（Mengen）、米斯马—帕尼阿梯语（Misima-Paneati）、莫里马语（Morima, Molima）、莫图语（Motu）、木由语（Muyu）、那卡那依语（Nakanai）、那拉语（Nala）、尼桑语（Nissan）、帕特帕塔尔语（Patpatar）、拉莫阿阿伊那语（Ramoaajna）、罗罗语（Roro）、西那加罗语（Sinagoro）、西奥语（Sio）、索罗斯语（Solos）、苏阿乌语（Suau）、塔几亚语 (Takia)、坦加语（Tangga）、大瓦拉语（Tawala）、梯加克语（Tigak, Omo）、梯坦语（Titan）、托莱语（Tolai）、屯加语（Tungak）、乌沃尔语（Uvol, Lote）、瓦姆帕耳语

① Ethnologue, Language of the World, 2000.

（Wampar）和雅贝姆语（Yabim）。

6. 所罗门群岛和瓦努阿图

所罗门群岛和瓦努阿图地区的语言有一百多种，只有几种是该地早期居民的语言，其余的是南岛语。这些南岛语或归于马来—玻利尼西亚语东中部语支（Central-Eastern）。

所罗门群岛主要的南岛语有：阿勒阿勒语（Areare）、阿罗斯语（Arosi）、巴乌罗语（Bauro）、比拉奥语（Birao）、法塔勒卡语（Fataleka）、葛拉语（Gela）、西部瓜达尔卡那尔语（West Guadalcanal）、库沙柯语（Kusaghe）、瓜依沃语（Kwaio）、郎阿郎阿语（Langalanga）、劳语（Lau）、陵沃语（Lingo）、马郎沃语（Malango）、马罗佛语（Marovo）、翁通语（Ontong Java）、罗维阿那语（Roviana）、托阿巴伊塔语（Toabaita）、瓦乐瑟语（Varese）、扎巴纳语（Zabana）、布葛荷图语（Bughotu）、杜科语（Duke, Nduke）、古拉阿拉阿语（Gulaalaa）、卡胡阿语（Kahua）、夸拉阿厄语（Kwaraae）、龙伽语（Lungga）、马林厄语（Maringe）、摩诺语（Mono）、伦内语（Rennell）、沙阿语（Saa）、塔立舍语（Talise）、塔武拉语（Tavula, Vagua）。

分布在瓦努阿图的语言主要有：安比利姆语（Ambrym）、阿帕马语（Apma, Central Raga）、阿钦语（Atchin, Nale）、埃法特语（Efate）、菲拉—梅勒语(Fila-Mele)、夸梅拉语（Kwamera）、蓝巴西语（Lambahi）、乐纳科尔语（Lenakel）、勒窝语（Lewo）、梅尔拉乌语（Merlav, Merelava）、摩特拉乌语（Motlav）、纳马库拉语（Namakula）、纳姆巴斯语（Nambas）、恩杜伊恩杜伊语（Nduindui）、帕马语（Paama）、拉加语（Raga）、莎语（Sa）、莎考语（Sakao）、坦纳语（Tanna）、乌利比武—瓦拉—拉诺语（Uripiv-Wala-Rano）、瓦奥语（Vao）和白沙语（Whitesands）。

7. 密克罗尼西亚和马绍尔群岛

密克罗尼西亚的多数南岛语和马绍尔群岛的马绍尔语（Marshallese）划归于马来—玻利尼西亚的东中部语支，只有加洛林群岛的雅浦语（Yapese）划归于西部语支。

这一地区的其他语言主要有：加洛林语（Carolinian）、卡平阿马朗伊语（Kapingamarangi）、库沙伊埃语（Kusaie）、莫基尔语（Mokil）、莫特洛克语（Mortlock）、帕芳语（Paafang）、平厄拉普语（Pingelap）、波那佩语（Ponape）、普卢瓦特语（Puluwat）、特鲁克语（Truk）、乌列梯语（Ulithi）和沃勒阿伊语（Woleain）。

8. 新喀里多尼亚和太平洋其他地区

新喀里多尼亚地区：阿杰语（Ajie）、科木希语（Cemuhi）、德胡语（Dehu）、杜姆贝阿语（Dumbea）、富图纳语（Futuna）、佛埃语（Fwai）、牙埃语（Iaai）、爪哇语（Javanese）、南密语（nami）、嫩戈内语（Nengone）、努梅语（Numee）、帕伊西语（Paici）、乌韦阿语（Ouvean）、瓦尔利西语（Wallisian）、雅拉峪语（Yalayu）、峪阿加语（Yuaga）和哈拉朱乌语（Xaracuu）。

太平洋西部的帕劳群岛（Palau）、关岛（Guam）和马里亚纳群岛（Marina），中部的基里巴斯（Kiribati）、图瓦卢（Tuvalu）、新喀里多尼亚（New Caledonia）、斐济（Fiji）、汤加（Tonga）、萨摩亚（Samoa）和库克群岛（Cook），南部的新西兰和东部的夏威夷群岛、波利尼西亚诸岛（Polynesia）、土阿莫土群岛（Tuamotu）、加洛林岛、马克萨斯群岛（Marquese）、塔希提（Tahiti）和复活节岛（Easter Island）等地分别分布着：帕劳语（Palau）、查莫罗语（Chamorro）、吉尔伯特语（Kiribati）、图瓦卢语（Tuvalu）、斐济语（Fiji, Eastern Fiji）、西部斐济语（Western Fiji, Nadroga）、坎达武语(Kadavu)、劳安语(Lauan)、罗图马语 (Rotuman)、纽阿托普塔普语（Niuatoputapu）、汤加语（Tonga）、萨摩亚语（Samoan）、拉罗汤加语（Rarotongan）、拉卡杭加—马尼黑基语（Rakahanga-Manihiki）、夏威夷语（Hawaii）、芒加勒瓦语（Mangareva）、奥斯特拉尔语（Austral）、马克萨斯语（Marquesan）、土阿莫图语（Tuamotu）、塔希提语（Tahitian）、拉巴努伊语（Rapanui）、毛利语（Maori）和纽埃语（Niue, Niuean）。

9. 东南亚和马达加斯加

越南、柬埔寨和海南岛的南岛语属于占语支，藩朗占语（Phan Rang），分布在越南的藩朗和藩离（Phan Ri）等地。西部方言如朱鲁语（Chru）分布在越南的林同省（Lim Dong），有莱和努昂（Noang, La-Dang）两种方言。哈罗伊语（Haroi, Bahnar Cham）分布在越南的富安（Phu Yen）、平定（Binh Dinh）和富本（Phu Bon）等地。加莱语（Jarai）分布在越南的嘉莱—昆嵩省（Gia Lai-Cong Tum）和多乐省（Dac Lac）。雷德语（Rade）分布在越南的多乐省和富庆省（Phu Khanh）等地。洛嘉莱语（Roglai）分布在越南。洛嘉莱语的北部方言又称为拉德莱语（Radlai），分布在芽庄（Nha Trang）西部和南部山区等地；南部方言分布在顺海省（Thuan Hai）等地。

莫肯语（巴兴语，Moken, Basing）、莫克棱语（Moklen）、乌拉克拉沃语（Urak Lawoi'）分布在泰国。

马达加斯加语（Malagasy）分布在马达加斯加。

姆肯语（Moken），分布在缅甸。

三　汉藏语

1. 中国

（1）藏缅语

藏—喜马拉雅—羌语支（藏–羌语支）（国内通常将这些语言归入藏语支、

羌语支，有的归入景颇语支）：藏语、错那门巴语、墨脱门巴语、嘉戎语、羌语、普米语、道孚语、却域语、扎坝语、木雅语、贵琼语、史兴语、吕苏语、博嘎尔珞巴语、独龙语、阿侬怒语、达让僜语、格曼僜语、义都珞巴语。境外学者提到西藏的罗米语（Lhomi），未知境内学者识别为何种语言。

彝缅语支：阿昌语、仙岛语、载瓦语、浪速语、波拉语、勒期语、怒苏怒语、白语、彝语、基诺语、傈僳语、土家语、纳西语、哈尼语、拉祜语、苦聪语、纳木兹语、嘎卓语等。

景颇语支：景颇语。

（2）汉语：北方方言、吴方言、湘方言、闽方言（闽南话、闽北话）、粤方言、客家方言、赣方言等。

（3）侗台语

壮泰语支：壮语（武鸣壮语、邕江壮语、高栏壮语等）、布依语、傣语（西双版纳傣语、德宏傣语等）、临高语。

侗水语支：侗语、仫佬语、水语、毛南语、莫语、锦语、佯僙语、标话、拉加语等。

仡央语支：仡佬语、布央语、拉基语等。

黎语支：黎语（通什话、保定话、黑土话、加茂话等）、村语。

（4）苗瑶语

苗畲语支：苗语（湘西方言、川黔滇方言、黔东方言）、布努语、巴哼语、炯奈语、畲语（莲花方言、罗浮方言）。

瑶语支：勉语（勉方言、金门方言、标敏方言、藻敏方言）。

2. 印度

（1）藏缅语

藏—喜马拉雅—羌语支（藏–羌语支）：巴尔蒂语（Balti）、巴兴语（Bahing）、楚里卡塔语（Chulikata）、旦戎加语（Danjongka）、迪马尔语（Dimal）、加龙语（Galong, Gallong）、豪尔巴语（Haurpa）、荷罗戈语（Hloke）、加戈德语（Kagate）、古龙语（Kulung）、拉达克语（Ladakhi）、罗米语（Lhomi）、尼瓦里语（Niwari）、普利克语（Purik）、夏尔巴语（Sherpa, Sharpa）、锡金米语（Sikkimese）、藏语（Tibetan）、塔金语（Tagin）、陶楚语（Thauchu）、达克巴语（Takpa）、藏斯卡利语（Zangskari）等。属于喜马拉雅语支的有：布南语（Bunan, Gahri）、昌巴拉胡里语（Chamba Lahuli）、朝当西语（Chaudangsi）、达尔米亚语（Darmiya）、卡那西语（Kanashi）、卡瑙里语（Kanauri）、满查底语（Manchati, Patini）、米里语（Miri）、朗加斯语（Rangkas）等。

博多—加洛语支(Bodo-Garo)：阿迪语(Adi)、阿帕坦尼语(Apatani, Apa)、博多语（Bodo）、丘里卡塔语（Chulikata）、德奥里语（Deori）、迪加洛语（Digaro）、迪马萨语（Dimasa）、加洛语（Garo）、古隆语（Gurung）、卡恰里语（Kachari）、科奇语（Koch）、科克布洛克（Kok Borok）、拉龙语（Lalung）、林布语（Limbu）、罗荷隆语（Lohorong）、马加尔语（Magari, Magar）、梅甘语（Megam）、米左语（Miju）、莫因巴语（Moinba）、姆鲁语（Mru）、尼斯语（Nisi）、拉巴语（Rabha）、朗卡斯语（Rangkas）、利昂语（Riang）、塔芒语（Tamang）、吐龙语（Thulung）、瓦尤语（Vayu）、雅卡语（Yakha）等。

库基—那加语支（Kuki-Naga）由库基—钦（Kuki-Chin）和那加（Naga）两支构成。分布在印度的库基—那加语支的语言有：爱摩尔语（Aimol）、阿那尔语（Anal）、班尤几语（Banjogi）、别特语（Biete）、钦语（Chin）、齐鲁语（Chiru）、达尔龙语（Darlong）、冈特语（Gangte）、黑洛依—蓝干语（Hiroi-Lamgang, Lamgang）、荷朗库尔语（Hrangkhol）、哈尔蓝语（Hallam）、赫马尔语（Hmar）、卡米语（Khami）、戈尔何棱语（Kolhreng）、康语（Kom）、来语（Lai）、朗龙语（Langrong）、勒普查语（Lepcha）、卢舍依语（Lusei）、梅梯语（Meithei）、老梅梯语（Old Meithei）、米基尔语（Mikir）、布鲁姆语（Purum）、班库语（Pankhu）、拉尔特语（Ralte）、申杜语（Shendu）、新姆特语（Simte）、希因语（Siyin）、达湾沙语（Taungtha）、外飞语（Vaiphei）、雅

敦语（Yadwin）、左米语（Zome）等。

钦语（Chin）包括巴浣（Bawn）、钦本（Chinbon）、法兰（Falam）、哈卡（Haka）、苦米（Khumi）、马拉（Mara）、钦薄克（Chinbok）、白德（Paite）、他多（Thado）、底迪姆（Tiddim）等多种方言，或视为不同的语言。

那加语支（Naga）有三十二种差别较大的方言，如安格米方言（Angami）、奥方言（Ao）、班巴拉方言（Banpara）、昌方言（Chang）、俄姆比奥方言（Empeo）、荷罗达方言（Hlota）、邝奥依方言（Khangoi）、加布依方言（Kabui）、哥乍马方言（Kezama）、夸依佬方言（Khoirao）、夸依令方言（Kwoireng）、马林方言（Maring）、莫桑方言（Mosang）、米基尔方言（Mikir）、马兰方言（Maram）、南桑亚方言（Namsangia）、帕当方言（Phadang）、棱马方言（Rengma）、色马方言（Sema）、索布窝马方言（Sopvoma）、达布棱方言（Tableng）、耽鲁方言（Tamlu）、坦库尔方言（Tangkhul）、登沙方言（Tengsa）、吐苦米方言（Thukumi）、雅楚米方言（Yachumi）等。

彝缅语支：阿拉肯语（Arakanese）、载瓦语（Atsi, Szi）、拉斯语（Lasi）、马鲁语（Maru）、马因沙语（Maingtha）、桑蒙语（Samong,，Phun）、拉旺语（侬语，Rawang, Nung）、梅加语（Megya）、达温尤语（Taungyo）、因沙语（Intha）、达窝因语（Tavoyan）、查温他语（Changtha）、荷本语（Hpon）、扬比语（Yangbye）、怒苏怒语等。

景颇语支等：景颇语（Kachin）、泡语（Pao, Pabra）。

分布在印度的卢依语群（Luish Group）的语言有安德罗语（Andro）、生迈语（Sengmai）、蔡勒尔语（Chairel）、卡多语（Kadu）。

（2）侗台语

坎梯语（Khamti, Kham-Tai）。

3. 尼泊尔、不丹

藏—喜马拉雅—羌语支（藏–羌语支）：阿尔沙利语（Arthare）、巴兴语

（Bahing）、班塔瓦语（Bantawa）、比昂斯语（Byangsi）、禅特尔语（Chantel）、车旁语（Chepang）、达尔米亚语（Darmiya）、迪马尔语（Dimal）、多尔波语（Dolpo）、宗卡语（Dzongkha）、戈勒语（Ghale）、古隆语（Gurung）、江格里（Janggali）、吉勒尔语（Jirel）、加戈德语（Kagate）、戈布姆坦普语（Kebumtamp）、卡灵语（Khaling）、坎语（Kham）、库当语（Kutang）、罗米语（Lhomi）、林布语（Limbu）、罗荷隆语（Lohorong）、珞巴语（Loba）、马加尔语（Magari, Magar）、马囊巴语（Manangba）、木加里语（Mugali）、那巴语（Naba, Nawa）、尼瓦里语（Niwari）、朗卡斯语（Rangkas）、老特语（Raute）、萨戈登巴语（Sagtengpa）、沙尔查帕卡语（Sharchagpakha）、桑拉语（Sangla）、夏尔巴语（Sherpa）、逊瓦尔语（Sunwar）、他杭语（Tahang）、他芒语（Tamang）、他卡利语（Thakali）、吐龙语（Thulung）、底楚龙语（Tichurong）、藏语（Tibetan）、瓦尤语（Vayu）、雅卡语（Yakha）等。喜马拉雅语支，朝当西语（Chaudangsi）、塔米语（Thami）。

博多—加洛语支（Bodo-Garo）：博多语（Bodo）。

库基—那加语支（Kuki-Naga）：勒普查语（Lepcha）。

4. 孟加拉

（1）藏缅语

博多—加洛语支（Bodo-Garo）：加洛语（Garo）、科奇语（Koch）、科克布洛克（Kok Borok）、利昂语（Riang）等。

彝缅语支：阿拉肯语（Arakanese）、缅甸语（Burmese）、

库基—那加语支：卢舍依语（Lusei）、梅梯语（Meithei）、姆鲁语（Mru）、潘库语（Pankhu）、申杜语（Shendu）。

钦语（Chin）包括阿术（Asho）、巴浣（Bawn）、法兰（Falam）、哈卡（Haka）、苦米（Khumi）等多种方言。

5. 巴基斯坦

藏—博蒂语支（Tibeto-Bodish）：巴尔蒂语（Balti）。

6. 缅甸

（1）藏缅语

藏—喜马拉雅—羌语支（藏—羌语支）：侬语（Nung）、[①]日旺语（Rawang, 独龙语）、他曼语（Taman）。

彝缅语支：阿昌语（Achang, Achan）、阿卡语（Akha, Kaw）、[②]阿拉肯语（Arakanese, Maghi）、载瓦语（Atsi, Tsaiwa, Szi）、缅甸语（Burmese）、差温他语（Chauangtha）、哈尼语（Hani, Woni）、潘语（Hpon, Hpun）、荷朗库尔语（Hrangkhol）、荷斯梵语（Hsifan）、因沙语（Intha）、因沙语（Intha）、卢依语（Lui）、苦聪语（Kutsung）、拉祜语（Lahu）、傈僳语（Lisu）、马鲁语（Maru）、他翁右语（Taungyo）、杨比语（Yangbye）。

库基—那加语支：阿那尔语（Anal, Namfau）、钦语（Chin）、冈特语（Gangte）、卢舍依语（Lusei）、梅梯语（Meithei）、姆鲁语（Mru）、那加语开姆安方言（Khiamngan）、那加语登沙方言（Tengsa）、布鲁姆语（Purum）、由斯语（Yos）、左米语（Zome）等。

钦语（Chin）包括阿术（Asho）、巴浣（Bawn）、钦本（Chinbon）、达埃（Daai）、法兰（Falam）、哈卡（Haka）、苦米（Khumi）、苦米阿瓦（Khumi Awa）、马拉（Mara）、钦薄克（Chinbok）、楠（Ngawn）、白德（Paite）、森堂（Senthang）、陶尔（Tawr）、他多（Thado）、底迪姆（Tiddim）等多种方言，或视为不同的语言。

克伦语支：克伦语（Karen）、卡雅赫语（Kayah）。

克伦语（Karen）包括比力克方言（Brek）、比威方言（Bwe）、格巴方言

① 即中国怒苏怒语，或称怒语、侬语。

② 即中国哈尼语，或称爱尼语。

（Geba）、格科方言（Geko）、拉赫他方言（Lahta）、马努马那武方言（Manumanaw）、帕达翁方言（Padaung）、帕库方言（Paku）、帕奥方言（Pa’o）、珀沃方言（Pwo）、布尔米方言（Burmese）、因巴乌方言（Yinbaw）、乍叶因方言（Zayein）。

景颇语支：景颇语（Kachin）。

（2）侗台语

坎梯语（Khamti, Kham-Tai）、西双版纳傣语（Lu, Pai-i）、掸语（Shan）、[①] 傣那语（Tai Nua）。

（3）苗瑶语

苗语（Hmong Njua, Blue Miao）

7. 泰国

（1）藏缅语

彝缅语支：阿卡语（Akha, Kaw）、毕苏语（Bisu, Baisu）、姆比语（Mpi）、普诺语（Phunoi）、乌共语（Ugong）。

克伦语支：克伦语（Karen）、卡雅赫语（Kayah, Red Karen）。克伦语（Karen）包括比威方言（Bwe）、帕达翁方言（Padaung）、帕奥方言（Pa’o）、珀沃方言（Pwo）、斯高方言（Sgaw, White Karen）。

（2）侗台语

昆语（Khun, Khun Shan）、尼奥语（Nyaw）、普傣语（Phu Thai）、普安语（Phuan）、石家语（Saek）、掸语（Shan）、[②] 宋语（Song）、泰语（Thai）。

（3）苗瑶语

白苗语（Hmong Daw, White Miao）、蓝苗语（Hmong Njua, Blue Miao）、红苗语（Red Miao）、勉语（优勉，Mien, Iu Mien）。

---

① 即中国德宏傣语。

② 同上。

（4）汉语

客家方言、闽南方言、闽北方言、粤方言。

8. 老挝

（1）藏缅语

藏—喜马拉雅—羌语支（藏—羌语支）：侬语（Nung）、卢依语群（Luish Group）、卡杜语（Kado）。

彝缅语支：阿卡语（Akha, Kaw）、哈尼语（Hani）、卡多语（Kaduo）、拉祜语（Lahu）、帕那语（Phana'）、普诺语（Phunoi）。

（2）侗台语

老挝语（Lao）、西双版纳傣语（Lu, Pai-i）、普傣语（Phu Thai）、普安语（Phuan）、石家语（Saek）、黑泰语（Black Tai）、红泰语（Red Tai）、白泰语（White Tai）、傣语（Tai Nua）、泰语（Thai）。

（3）苗瑶语

苗白语（Hmong Daw, White Miao）、蓝苗语（Hmong Njua, Blue Miao）、勉语（高山瑶，Mien, Highland Mien）。

（4）汉语普通话。

9. 越南

（1）藏缅语

彝缅语支：阿卡语（Akha, Kaw）。

（2）侗台语

布依语（Pouyei, Bo-i）、仡佬语（Gelo, Kelao）、拉梯语（Lati, Akhu, P'ula）、西双版纳傣语（Lu, Pai-i）、满高栏语（Man Cao Lan，高栏壮语）、侬语（Nhang, Nong）、黑泰语（Black Tai）、红泰语（Red Tai）、白泰语（White Tai）、土语（Tho）、越南语（Veitnamese）。

（3）苗瑶语

白苗语（Hmong Daw, White Miao）、蓝苗语（Hmong Njua, Blue Miao）、苗语川黔滇方言（Flower Miao，花苗）、红苗语（Red Miao）、勉语（高山瑶，Mien, Highland Mien）。

（4）汉语粤方言。

10. 马来西亚

汉语普通话、客家方言、闽南方言、闽北方言、粤方言。

四　南亚语

1. 中国境内的南亚语

中国境内的南亚语系的语言属于孟高棉语族，主要分布在云南，有佤语、德昂语、布朗语、京语、巴琉语（徕语）、莽语、户语、布赓语、布芒语、布兴语和克木语等。京语是越南移民带来的越南语，分布在广西和海南。

（1）佤语，有巴饶克、阿佤和佤三个方言。巴饶克方言有岩帅（艾帅）、班洪两个土语，阿佤方言有马散、阿佤来、大芒糯和细允四个土语，佤方言没有土语差别。分布在缅甸的巴饶克方言称为巴饶克语（Palaung）。

（2）布朗语，有布朗、乌两个方言。

（3）德昂语，旧称崩龙语，是德昂族所使用的语言。德昂语可分为三个方言，即布雷方言、汝买方言、梁方言。缅甸的汝买语（Rumai），即德昂语汝买方言。

（4）克木语，是克木人（kəmuʔ、khmuʔ）的语言。

（5）克蔑语，是我国云南自称 $khə^{31}met^{53}$“克蔑”的人使用的语言。

（6）布兴语，是我国云南省境内自称为 puʃiŋ 的人的语言。

（7）莽语，自称为 $maŋ^3$“莽”的人所使用的语言。

（8）户语，又称宽语、空格语。

（9）布芒语，是自称 $bu^{24}maŋ^{24}$ 的傣族使用的一种语言。

（10）布赓语，又称“布干语”或“本甘语”。

（11）巴琉语，是巴琉人（$pə^2liu^1$）使用的语言，“俫”为他称，“巴琉”为自称。

（12）京语，即越南语，中国的使用人口为一万二千人（1982）。

2. 印度

印度分布着蒙达、尼科巴和孟高棉三个语族的南亚语。

蒙达语族：阿伽里亚语（Agariya）、阿苏里语（Asuri）、布米依语（Bhumij）、比朱利语（Bijori）、比尔何尔语（Birhor）、嘎塔语（Gata）、何语（Ho, Lanka Kol）、朱昂语（Juang）、卡尔马利语（Karmali）、卡里阿语（Kharia）、柯达语（Koda）、科尔古语（Korku）、蒙达语（Mundari）、尼哈里语（Nihali）、帕令基语（Parengi）、桑塔利语（Santali）、苏拉语（Sora）、杜里语（Turi）。

尼科巴语族：尼科巴语（Nicobarese）、卡尔语（Car）、南尼科巴语（Southern Nicobarese）、舒姆—蓬语（Shom Peng）、德利萨语（Teressar）。

孟高棉语族：卡西语（Khasi）、普纳尔语（Pnar）。

3. 孟加拉

蒙达语族：何语（Ho, Lanka Kol）、桑塔利语（Santali）。

孟高棉语族：卡西语（Khasi）。

4. 尼泊尔

蒙达语族：蒙达语（Mundari）、桑塔利语（Santali）。

5. 柬埔寨

柬埔寨的南亚语属于孟高棉语族。柬埔寨语（Cambodian），又称中部高棉语（Khmer, Central）。古伊语（Kuy），或称古高棉语（Old Khmer）。其他南亚语系的语言有：

布劳语（Brao）、冲语（Chong）、拉玛姆语（Lamam）、姆侬语（Mnong）、皮尔语（Pear）、萨姆里语（Samre）、萨奥奇语（Sa'och）、苏姆莱语（Somray）、斯提恩语（Stieng）、苏奥伊语（Suoy）、越南语（Vietnamese）等。

6. 越南

孟高棉语族：阿勒姆语（Arem）、巴那尔语（Bahnar）、布鲁语（Bru）、察老语（Chrau）、错阿语（Cua）、哈朗—多安语（Halang Doan）、赫莱语（Hre, Davak）、晃语（Hung）、杰和语（Jeh）、卡图语（Katu）、卡图阿语（Katua）、抗语（Khang）、考语（Khao）、中部高棉语 Khmer, Central）、克木语（Khmu）、库阿语（Khua）、库和语（Koho）、莽语（Mang）、马伊语（May）、东部姆侬语（Mnong, Eastern）、南部姆侬语（Mnong, Southern）、芒语（Muong）、帕科语（Pacoh）、普翁语（Phuong）、蓬语（Pong, Poong, Pong Tay）、布奥语（Puoc）、色当语（Sedang）、斯提恩语（Stieng）、塔古阿语（Takua）、塔奥伊何语（Ta'oih）、塔伊—哈特语（Tay Hat）、托德拉何语（Yodrah）、德里恩语（Trieng）、越南语（Vietnamese）。

7. 泰国

孟高棉语族：布朗语（Blang）、西部布鲁语（Bru, Western）、冲语（Chong）、中部高棉语（Khmer, Central）、北部高棉语（Khmer, Northern）、克木语（Khmu）、钦达克语（Kintaq）、古伊语（Kuy）、拉美特语（Lamet）、东部拉佤语（Lawa, Eastern）、西部拉佤语（Lawa, Western）、马尔语（Mal）、马来语（Malay）、莽语（Mang）、姆拉比里语（Mlabri）、孟语（Mon）、尼阿古

尔语（Nyahkur）、排语（Phai）、布雷语（Pray）、苏语（So）、苏特里语（So Tri）、越南语（Vietnamese）。

肯叟语（Kensiu, Kense, Sakai）、肯达语（Kindaq）、通阿语（Tonga）。（语族归属不明）

8. 老挝

孟高棉语族：阿拉卡语（Alak）、昂古语（Angku）、阿勒姆语（Arem）、比特语（Bit）、波语（Bo）、布劳语（Brao）、西部布鲁语（Bru, Western）、从语（Con）、哈朗（Halang）、哈朗—多安语（Halang Doan）、伊尔语（Ir）、杰和语（Jeh）、景语（Jeng）、坎都语（Kantu）、卡僧语（Kasseng）、卡当语（Kattang）、卡图语（Katu）、卡通卢昂语（Kha Tong Luang）、柯罗尔语（Khlor）、中部高棉语（Khmer, Central）、克木语（Khmu）、库阿语（Khua）、库伊语（Kuy）、拉美特语（Lamet）、勒翁语（Leun）、马尔语（Mal）、芒空语（Mangkong）、马伊语（May）、姆拉比里语（Mlabri）、额语（Ngeq）、乌翁语（Nguon）、那芬语（Nyaheun）、翁语（Ong）、欧伊语（Oy）、帕科语（Pacoh）、帕卡坦语（Pakatan）、排语（Phai）、盆宋语（Phon Song）、蓬语$_1$（Pong, Poong, Pong Tay）、蓬语$_2$（Pong）、蓬语$_3$（Pong）、普厄语（Puoc）、萨布安语（Sapuan）、苏语（So）、苏特里语（So Tri）、苏克语（Sok, Sork）、塔里恩语（Talieng）、下达维语（Ta'oih, Lower）、上达维语（Ta'oih, Upper）、塔棱语（Tareng）、塔翁语（Thavung）、越南语（Vietnamese）。

9. 缅甸

孟高棉语族：昂古语（Angku）、布朗语（Blang）、达瑙语（Danau）、克木语（Khmu）、孟语（Mon）、巴饶克语（Palaung）、汝买语（Rumai）、日昂—朗语（Riang Lang）、泰罗伊语（Tai Loi）、佤语（Wa）、因恰语（Yinchia）。

10. 马来西亚

孟高棉语族：巴特克语（Batek）、比斯斯语（Besisi）、彻翁语（Chewong）、加呼特语（Jah Hut）、吉海语（Jehai）、拉诺语（Lanoh）、闽勒语（Minriq）、色买语（Semai）、色玛—比里语（Semaq Beri）、色米莱语（Semelai）、特米尔语（Temiar）、特莫语（Temoq）。

肯叟语（Kensiu, Kense, Sakai）、通阿语（Tonga）。（语族归属不明）

词项音序检索表（275）

Q

R

S

T

W

X

Y

Z